Fischer/Klanten

Bankrecht

Bankrecht

Grundlagen der Rechtspraxis

4. Auflage
2010

herausgegeben von
Rechtsanwalt Reinfrid Fischer, Berlin
Rechtsanwalt Thomas Klanten, Frankfurt am Main

bearbeitet von
Dr. Florian von Alemann, Reinfrid Fischer, Dr. Stefan Gebauer,
Anja Greenwood, Stefan Kern, Thomas Klanten, Dr. Christian Koch,
Peter Langweg, Daniela Weber

RWS Verlag Kommunikationsforum GmbH · Köln

Die Deutsche Bibliothek – CIP-Einheitsaufnahme

Fischer, Reinfrid; Klanten, Thomas
Bankrecht – Grundlagen der Rechtspraxis/
hrsg. von Reinfrid Fischer; Thomas Klanten. –
Köln: RWS Verlag Kommunikationsforum, 2010
ISBN 978-3-8145-8147-7

Postfach 27 01 25, 50508 Köln
E-Mail: info@rws-verlag.de, Internet: http://www.rws-verlag.de

Druck und Verarbeitung: Druckhaus »Thomas Müntzer« GmbH, Bad Langensalza

Vorwort

Zehn Jahre nach dem Erscheinen der 3. Auflage können Verlag, Autoren und Herausgeber die 4. Auflage des Werkes „Bankrecht – Grundlagen der Rechtspraxis“ vorlegen. Die Fortentwicklung des Bank- und Kapitalmarktrechtes in allen Bereichen, nicht zuletzt infolge der Finanzmarktkrise, machte praktisch eine vollständige Neubearbeitung erforderlich. Das Konzept des Werkes gilt unverändert: Mit Beschränkung auf das Wesentliche wird ein grundlegender Überblick über die Materie des Bankrechts gegeben. Dabei sollen ein hoher Praxisbezug und die Darstellung aktueller Entwicklungen gewährleistet werden. Das umfassende Sachverzeichnis und die Auflistung weiterführender Literatur stellen zugleich einen Einstieg für vertiefte Bearbeitungen sicher.

Die Gliederung der Vorauflage ist in wesentlichen Teilen fortgeführt worden. Um ihrer wachsenden Bedeutung Rechnung zu tragen, erfolgt die Darstellung des Rechts der Einlagensicherung in einem eigenständigen Kapitel. Die Implikationen des Wettbewerbs- und Beihilferechtes für den Bankensektor sowie die Regelungen über den Fernabsatz von Finanzdienstleistungen erforderten weitere neue Kapitel. Dagegen werden die Rechtsgrundlagen der Euro-Einführung fast zwölf Jahre nach dem Start der gemeinsamen Währung und nach über acht Jahren Bargelderfahrung mit dem Euro nicht mehr dargestellt.

Im Übrigen haben Autoren und Herausgeber versucht, allen wesentlichen Entwicklungen Rechnung zu tragen. Exemplarisch betrifft dies die Strukturreform der Bankenaufsicht durch das Gesetz über die integrierte Finanzdienstleistungsaufsicht, die Umsetzung von Basel II vor allem in der SolvabilitätsVO und die regulatorischen Maßnahmen, die als Reaktion auf die Finanzmarktkrise zur Marktstabilisierung und bei der Einlagensicherung getroffen wurden. Weitere Beispiele sind die veränderten Rahmenbedingungen des Bankensektors aufgrund des Wegfalls von Anstaltslast und Gewährträgerhaftung, die Umsetzung der 3. Geldwäsche-Richtlinie und der geänderten Verbraucherkreditrichtlinie, die Fortentwicklung der AGB-Rechtsprechung, die Rechtsprechung zu den so genannten Schrottimmobilien, das neue Zahlungsdiensterecht sowie die umfangreichen Änderungen, die das Wertpapierrecht durch die Umsetzung der MiFID sowie die Beratungsrechtsprechung erfahren hat.

Um den zunehmend detailreichen und spezialisierten Stoff fachkundig zu bearbeiten, wurde der Autorenkreis um ausgewiesene Bankrechtspraktiker erweitert: Dr. Florian von Alemann hat das europäisches und deutsches Wettbewerbsrecht, Dr. Stefan Gebauer und Daniela Weber haben das Wertpapiergeschäft, Anja Greenwood das Kapitel über den Fernabsatz von Finanzdienstleistungen, Stefan Kern das Thema Kredit und Kreditsicherung, Dr. Christian Koch das Kapitel über Bankgeheimnis und Schufa sowie das Thema Zahlungsverkehr und Peter Langweg das Kapitel zur Geldwäschebekämpfung bearbeitet. Neben der

Verantwortung für das Gesamtwerk haben die Herausgeber folgende Kapitel als Autoren übernommen: Reinfrid Fischer die Rechtsgrundlagen und die Organisation der Deutschen Kreditwirtschaft, die Banken- und Finanzdienstleistungsaufsicht, Einlagensicherung und Anlegerentschädigung sowie das AGB-Recht, Thomas Klanten den Abschnitt Depotrecht sowie den Sparverkehr und das sonstige Einlagengeschäft.

Autoren und Herausgeber sind für Hinweise zum Inhalt und zur Gestaltung dankbar.

Berlin/Frankfurt am Main, im Mai 2010

Reinfrid Fischer
Thomas Klanten

Inhaltsverzeichnis

Verzeichnis der Anhänge

Bearbeiterverzeichnis

Dr. Florian von Alemann .... Kapitel 5
Rechtsanwalt
Wilmer Cutler Pickering Hale and Dorr LLP, Berlin

Reinfrid Fischer .... Kapitel 1
Rechtsanwalt — Kapitel 2
Wilmer Cutler Pickering Hale and Dorr LLP, Berlin — Kapitel 3
Kapitel 6

Dr. Stefan Gebauer .... Kapitel 11 Teil I–II
Rechtsanwalt, Leiter Recht
Deutsche WertpapierService Bank AG, Frankfurt a. M.

Anja Greenwood, LL.M. (Nottingham) .... Kapitel 8
Rechtsanwältin, Legal & Compliance
European Energy Exchange AG, Leipzig

Stefan Kern .... Kapitel 9
Assessor, Leiter Vorstandssekretariat und Recht
Sparkasse Haslach-Zell, Haslach

Thomas Klanten .... Kapitel 11 Teil VI
Rechtsanwalt, Generalbevollmächtigter — Kapitel 12
Deutsche WertpapierService Bank, Frankfurt a. M.

Dr. Christian Koch .... Kapitel 7
Rechtsanwalt, Abteilung Recht — Kapitel 10
Bundesverband der Deutschen Volksbanken und
Raiffeisenbanken e. V., Berlin

Peter Langweg .... Kapitel 4
Rechtsanwalt, Abteilung Recht
Bundesverband der Deutschen Volksbanken und
Raiffeisenbanken e. V., Berlin

Daniela Weber, LL.M. (Norwich) .... Kapitel 11 Teil III–V
Rechtsanwältin, stv. Leiterin Recht
Deutsche WertpapierService Bank AG, Frankfurt a. M.

Abkürzungsverzeichnis

a. A. .... anderer Ansicht
abgedr. .... abgedruckt
ABl. .... Amtsblatt der Europäischen Gemeinschaften
Teil C: Mitteilungen
Teil L: Rechtsvorschriften
Abs. .... Absatz
ABS .... Asset-Backed-Securities
AbzG .... Abzahlungsgesetz
a. F. .... alte Fassung
AGB .... Allgemeine Geschäftsbedingungen
AGB-Bk .... Allgemeine Geschäftsbedingungen der privaten Banken
AGB-Spk .... Allgemeine Geschäftsbedingungen der Sparkassen
AGBG .... AGB-Gesetz
AktG .... Aktiengesetz
Alt. .... Alternative
AltEinkG .... Alterseinkünftegesetz
AMR .... Anweisung der Deutschen Bundesbank über Mindestreserven vom 20.1.1983
AnzV .... Anzeigenverordnung
AO .... Abgabenordnung
ArbZG .... Gesetz zur Regelung der Arbeitszeit
Art. .... Artikel
Aufl. .... Auflage
AuslInvestmG .... Auslandsinvestmentgesetz

BaFin .... Bundesanstalt für Finanzdienstleistungsaufsicht
BAKred .... Bundesaufsichtsamt für das Kreditwesen
BAnz .... Bundesanzeiger
BAWe .... Bundesaufsichtsamt für den Wertpapierhandel
BB .... Betriebs-Berater (Zeitschrift)
BBankG .... Bundesbankgesetz
BCCI .... Bank of Credit and Commerce International
BdB .... Bundesverband deutscher Banken e. V.
BDSG .... Bundesdatenschutzgesetz
BDTA .... Bundesverband der Deutschen Tabakwaren-Großhändler und Automatenaufsteller e. V.
Begr. .... Begründung

Beschl.	Beschluss
BGB	Bürgerliches Gesetzbuch
BGB-InfoV	BGB-Informationspflichten-Verordnung
BGBl.	Bundesgesetzblatt
BGH	Bundesgerichtshof
BGHZ	Sammlung der Entscheidungen des BGH (Zivilsachen)
BIZ	Bank für internationalen Zahlungsausgleich
BKR	Bank- und Kapitalmarktrecht (Zeitschrift)
BMF	Bundesministerium der Finanzen
BMJ	Bundesministerium der Justiz
BörsG	Börsengesetz
BR-Drucks.	Bundesrats-Drucksache
BSE-Abkommen	Abkommen über das beleglose Scheckeinzugsverfahren
BSE-Verfahren	Belegloses Scheckeinzugsverfahren
BSpkG	Bausparkassengesetz
bspw.	beispielsweise
BStBl.	Bundessteuerblatt
BT-Drucks.	Bundestagsdrucksache
BuB	Bankrecht und Bankpraxis (Loseblattwerk)
BVerfG	Bundesverfassungsgericht
BVerwG	Bundesverwaltungsgericht
bzw.	beziehungsweise
CBF	Clearstream Banking Frankfurt
CCP	Central Counterparty
CEBS	Ausschuss der europäischen Bankaufsichtsbehörden
CESR	Ausschuss der europäischen Wertpapierregulierungsbehörden
CFD	Contracts for Difference
c. i. c.	culpa in contrahendo
CR	Computer und Recht (Zeitschrift)
DAI	Deutsches Aktieninstitut
DB	Der Betrieb (Zeitschrift)
DepotG	Depotgesetz
DFÜ	Datenfernübertragung
DKV	Deutscher Kassenverein AG (jetzt: Deutsche Börse Clearing)

DokKOM .... Dokument der Europäischen Kommission
DSGV .... Deutscher Sparkassen- und Giroverband e. V.
DStR .... Deutsches Steuerrecht (Zeitschrift)
DTAUS .... Datenträgeraustausch
DÜG .... Diskontsatz-Überleitungs-Gesetz
DZWiR .... Deutsche Zeitschrift für Wirtschaftsrecht

EAEG .... Einlagensicherungs- und Anlegerentschädigungsgesetz
ec .... eurocheque
ECOFIN .... Europäischer Ministerrat der Wirtschafts- und Finanzminister
ECU .... European Currency Unit (Eur. Währungseinheit)
EEX .... European Energy Exchange (Energiebörse), Leipzig
EG .... Europäische Gemeinschaft
EGAktG .... Einführungsgesetz zum Aktiengesetz
EGBGB .... Einführungsgesetz zum Bürgerlichen Gesetzbuch
EGHGB .... Einführungsgesetz zum Handelsgesetzbuch
EGInsO .... Einführungsgesetz zur Insolvenzordnung
EGV .... Vertrag zur Gründung der Europäischen Gemeinschaft
EKS .... EURO Kartensysteme
EMZ .... Elektronischer Massenzahlungsverkehr
EONIA .... Euro Overnight Index Average
EPC .... European Payments Council
EPI .... Vereinbarung über das eurocheque-System
ERA .... Einheitliche Richtlinien und Gebräuche für Dokumenten-Akkreditive
EStG .... Einkommensteuergesetz
ESZB .... Europäisches System der Zentralbanken
ESZB-Satzung .... Satzung des Europäischen Systems der Zentralbanken und der Europäischen Zentralbank
etc. .... et cetera
EU .... Europäische Union
EuGH .... Europäischer Gerichtshof
EURIBOR .... Euro Interbank Offered Rate
EuroEG .... Euro-Einführungsgesetz
EuZW .... Europäische Zeitschrift für Wirtschaftsrecht
e. V. .... eingetragener Verein
EWG .... Europäische Wirtschaftsgemeinschaft

EWI	Europäisches Währungsinstitut
EWiR	Entscheidungen zum Wirtschaftsrecht (Loseblattwerk/Zeitschrift)
EWR	EuropäischerWirtschaftsraum
EWS	Europäisches Währungssystem
EWU	Europäische Währungsunion
EWWU	Europäische Wirtschafts- und Währungsunion
EZB	Europäische Zentralbank
EZÜ-Abkommen	Abkommen über die Umwandlung beleghaft erteilter Überweisungsaufträge in Datensätzen und deren Bearbeitung
FARL-FDL	Richtlinie über den Fernabsatz von Finanzdienstleistungen an Verbraucher
FATF	Financial Action Task Force
FIBOR	Frankfurt Interbank Offered Rate
FinDAG	Finanzdienstleistungsaufsichtsgesetz
FIONA	Frankfurt Interbank Overnight Average
FMFG	Finanzmarktförderungsgesetz
FMS	Finanzmarktstabilisierungsfonds
FMSA	Bundesanstalt für Finanzmarktstabilisierung
FMStG	Finanzmarktstabilisierungsgesetz
FMStFV	Verordnung zur Durchführung des Finanzmarktstabilisierungsfondsgesetzes
FRUG	Finanzmarktrichtlinie-Umsetzungsgesetz
GAA	Geldausgabeautomat
GA	Geldautomat
GBMaßnG	Grundbuchmaßnahmengesetz
GenG	Genossenschaftsgesetz
GewO	Gewerbeordnung
GG	Grundgesetz
ggf.	gegebenenfalls
GS-Gutschrift	Girosammeldepotgutschrift
GSE-Verfahren	Großbetrag-Scheckeinzugsverfahren
GWB	Gesetz gegen Wettbewerbsbeschränkungen
GwG	Geldwäschegesetz
GZS	Gesellschaft für Zahlungssysteme mbH
h. A.	herrschende Ansicht
HBCI	Homebanking Computer Interface

Hdb. .... Handbuch
HGB .... Handelsgesetzbuch
h. M. .... herrschende Meinung
HRE .... Hypo Real Estate
Hrsg. .... Herausgeber
HüSt .... Handelsüberwachungsstelle
HWiG .... Gesetz über den Widerruf von Haustürgeschäften
HypBankG/HBG .... Hypothekenbankgesetz

IBIS .... Integriertes Börsenhandels- und Informations-System
ICC .... Internationale Handelskammer
i. d. R. .... in der Regel
i. H. d. .... in Höhe der/des
i. H. v. .... in Höhe von
InsO .... Insolvenzordnung
InvAG .... Investmentaktiengesellschaft
InvG .... Investmentgesetz
IPR .... Internationales Privatrecht
IRBA .... Interner Rating basierender Ansatz
i. R. d. .... im Rahmen der/des
i. R. v. .... im Rahmen von
i. S. d..................................... im Sinne der/des
ISDA .... International Swaps and Derivatives Association
ISE-Verfahren .... Imagegestütztes Scheckeinzugsverfahren
ISMA .... Internationals Securities Market Association
i. S. v. .... im Sinne von

JA .... Juristische Arbeitsblätter (Zeitschrift)
JuS .... Juristische Schulung (Zeitschrift)

KAG .... Kapitalanlagegesellschaft
KAGG .... Gesetz über die Kapitalanlagegesellschaften
KapMuG .... Kapitalanleger-Musterverfahrensgesetz
KfW .... Kreditanstalt für Wiederaufbau
KG .... Kammergericht
KG .... Kommanditgesellschaft
KO .... Konkursordnung
krit. .... kritisch
KSA .... Kreditrisiko-Standardansatz
KWG .... Kreditwesengesetz

LB/GZ .... Landesbank/Girozentrale
LG .... Landgericht
LZB .... Landeszentralbank

MaBV .... Makler- und Bauträgerverordnung
MDR .... Monatszeitschrift des deutschen Rechts
MiFID .... Richtlinie über Märkte für Finanzinstrumente
MMR .... MultiMedia und Recht, Zeitschrift für Informations-, Telekommunikations- und Medienrecht
MTF .... multilateral trading facilities
m. w. N. .... mit weiteren Nachweisen

n. F. .... neue Fassung
NJW .... Neue Juristische Wochenschrift (Zeitschrift)
NJW-CoR .... Computerreport der NJW (Zeitschrift)
Nr. .... Nummer

OGAW .... Organismen zur gemeinsamen Anlage in Wertpapieren
OHG .... Offene Handelsgesellschaft
OLG .... Oberlandesgericht
öPG .... Gesetz über die Pfandbriefe und verwandten Schuldverschreibungen öffentlich-rechtlicher Kreditanstalten
OrgKG .... Gesetz zur Bekämpfung des illegalen Rauschgifthandels und anderer Erscheinungsformen der organisierten Kriminalität
OWiG .... Ordnungswidrigkeitengesetz

p. a. .... per anno
PAngV .... Preisangabenverordnung
PartGG .... Partnergesellschaftsgesetz
PEP .... Politisch exponierte Personen
PEX .... Deutscher Pfandbriefindex
PfandBG .... Pfandbriefgesetz
pFV/pVV .... positive Forderungsverletzung
PIN .... Persönliche Identifikationsnummer
POS .... Point of Sale
POZ .... Point of Sale ohne Zahlungsgarantie
PrKV .... Preisklauselverordnung

RBerG .... Rechtsberatungsgesetz
RDV .... Recht der Datenverarbeitung (Zeitschrift)

RechKredV .... Verordnung über die Rechnungslegung der Kreditinstitute
RegE .... Regierungsentwurf
REX .... Deutscher Rentenindex
RiLi .... Richtlinie
RMX .... Risk Management Exchange Börse
RSP .... Recht der Sparkassenpraxis
Rz. .... Randzahl

SchAbk .... Scheckabkommen
ScheckG/SchG .... Scheckgesetz
SchlichtVerfVO .... Schlichtungsstellenverfahrensverordnung
SchVG .... Schuldverschreibungsgesetz
SEPA .... Single Euro Payments Area
SET .... Secure Electronic Transaction
1. SigÄndG .... Erstes Gesetz zur Änderung des Signaturgesetzes
SigG .... Signaturgesetz
SigRiLi .... Signaturrichtlinie
SoB WP .... Sonderbedingungen für Wertpapiergeschäfte
sog. .... so genannt
SpkG .... Sparkassengesetz
StGB .... Strafgesetzbuch
StPO .... Strafprozessordnung

TAN .... Transaktionsnummer
TzWrG .... Teilzeit-Wohnrechtegesetz

ÜG .... Überweisungsgesetz
UKlaG .... Unterlassungsklagengesetz
Urt. .... Urteil
UStG .... Umsatzsteuergesetz
u. U. .... unter Umständen
UWG .... Gesetz gegen unlauteren Wettbewerb

VAG .... Versicherungsaufsichtsgesetz
VerbrKrG .... Verbraucherkreditgesetz
VerkProspG .... Verkaufsprospektgesetz
VermVErkProspV .... Vermögensanlagen-Verkaufsprospekt-Verordnung
vgl. .... vergleiche
VO .... Verordnung
VwGO .... Verwaltungsgerichtsordnung

WährG	Währungsgesetz
WG	Wechselgesetz
wistra	Wirtschaftsstrafrecht (Zeitschrift)
WM	Wertpapier-Mitteilungen (Zeitschrift)
WpAIV	Wertpapierhandelsanzeige- und Insiderverzeichnisverordnung
WpDPV	Wertpapierdienstleistungs-Prüfungsverordnung
WpDVerOV	Wertpapierdienstleistungs-Verhaltens- und Organisationsverordnung
WpHG	Wertpapierhandelsgesetz
WpÜG	Wertpapiererwerbs- und Übernahmegesetz
WR-Gutschrift	Gutschrift in Wertpapierrechnung
WuB	Entscheidungssammlung zum Wirtschafts- und Bankrecht
ZAG	Zahlungsdiensteaufsichtsgesetz
z. B.	zum Beispiel
ZBB	Zeitschrift für Bankrecht und Bankwirtschaft
ZfIR	Zeitschrift für Immobilienrecht
ZHR	Zeitschrift für das gesamte Handels- und Wirtschaftsrecht
ZIEV	Zahlungsinstitut-Eigenkapitalverordnung
Ziff.	Ziffer
ZIP	Zeitschrift für Wirtschaftsrecht
ZKA	Zentraler Kreditausschuss
ZKW	Zeitschrift für das gesamte Kreditwesen
ZPO	Zivilprozessordnung
ZSEG	Gesetz über die Entschädigung von Zeugen und Sachverständigen
ZVG	Gesetz über die Zwangsversteigerung und die Zwangsverwaltung

Literaturverzeichnis

Achtelik/Ganguli

Herausforderung: Das neue Anti-Geldwäsche-Regime, Bankpraktiker, Heft 11/2008 Beilage 2, S. 4

Ady/Paetz

Die Umsetzung der Verbraucherkreditrichtlinie in deutsches Recht und besondere verbraucherpolitische Aspekte, WM 2009, 1061

Aepfelbach/Cimiotti

Zur Sicherung des ec-Kartensystems, WM 1998, 1218

Ahlers

Die neuen Bedingungen für ec-Karten, WM 1995, 601

Aigner/Hofmann

Virtuelle Kaufhäuser: Auswirkungen des Fernabsatzgesetzes, MMR Heft 8/2002 Beilage, S. 30

AnwaltKommentar BGB

hrsg. v. Dauner-Lieb/Heidel/Ring, Bd. 1, 2005 (zit.: *Bearbeiter* in: Anwalt-Komm-BGB)

Arhold

Die Rechtsprechung der Gemeinschaftsgerichte im Beihilfenrecht in den Jahren 1998-2008, EStAL 2007, 151

Assmann

Interessenkonflikte auf Grund von Zuwendungen, ZBB 2008, 21

Assmann/Schneider, U H. (Hrsg.)

Wertpapierhandelsgesetz, Kommentar, 5. Aufl. 2009 (zit.: Assmann/Schneider-*Bearbeiter*, WpHG)

Assmann/Schütze

Handbuch des Kapitalanlagerechts, 3. Aufl. 2007 (zit.: Kapitalanlagerecht)

Aubert/Kernen/Schönle

Das schweizerische Bankgeheimnis, 1978

Auernhammer

Bundesdatenschutzgesetz, Kommentar, 3. Aufl. 1993

Bähre/Schneider

Kreditwesengesetz, Kommentar, 3. Aufl. 1986

Balzer
Discount-Broking im Spannungsfeld zwischen Beratungsausschluss und Verhaltenspflichten nach WpHG, DB 1997, 2311

Bamberger/Roth (Hrsg.)
Kommentar zum Bürgerlichen Gesetzbuch, Bd. 1 2. Aufl. 2007, Bd. 3 2. Aufl. 2008 (zit.: Bamberger/Roth-*Bearbeiter,* BGB)

Baumbach/Lauterbach/Albers/Hartmann
Zivilprozessordnung, Kommentar, 68. Aufl. 2010 (zit.: Baumbach/Lauterbach-*Bearbeiter,* ZPO)

Baumbach/Hefermehl/Casper
WechselG/ScheckG, Recht der kartengestützten Zahlungen, 23. Aufl. 2008 (zit.: Baumbach-*Bearbeiter*)

Baumbach/Hopt
Handelsgesetzbuch, Kommentar, 34. Aufl. 2010

Bechtold
Kartellgesetz, Gesetz gegen Wettbewerbsbeschränkungen, Kommentar, 5. Aufl. 2008

Beck/Samm/Kokemoor
Gesetz über das Kreditwesen – KWG, Kommentar mit Materialien und ergänzenden Vorschriften, hrsg. v. Samm/Kokemoor, Loseblatt Stand: 4/2010 (zit.: KWG)

Beckmann/Bauer
Bankaufsichtsrecht, Entscheidungssammlung, Loseblattwerk, Stand: 1989

Beise
Zur Wirksamkeit der Stornoklausel in Ratenkreditbedingungen, BB 1986, 1175

Benicke
Internationale Zuständigkeit deutscher Gerichte nach Art. 13, 14 EuGVÜ für Schadensersatzklagen geschädigter Anleger, WM 1997, 945

Berg
Zur Haftung von Vorstandsmitgliedern der Sparkassen in Bayern, BayVBl. 2000, 385

Berger
Niedersächsisches Sparkassengesetz: NSpG, Kommentar, 2. Aufl. 2006

Berger
Die Neuregelung des verbraucherrechtlichen Widerrufsrechts in § 361a BGB, JURA 2001, 289

Berger

Der Ausschluss gesetzlicher Rückgewähransprüche bei der Erbringung unbestellter Leistungen, JuS 2001, 649

Berger

Die Abtretung ärztlicher Honorarforderungen, NJW 1995, 1584

Bergmann/Möhrle/Herb

Datenschutzrecht; Kommentar zum Bundesdatenschutzgesetz, den Datenschutzgesetzen der Länder und zum Bereichsspezifischen Datenschutz, Loseblattwerk, Stand: 11/2009

v. Bernuth

Harte Patronatserklärungen in der Klauselkontrolle, ZIP 1999, 1501

Bette

Vertraglicher Abtretungsausschluß im deutschen und grenzüberschreitenden Geschäftsverkehr, WM 1994, 1909

Beuthien

Genossenschaftsgesetz – GenG mit Umwandlungs- und Kartellrecht sowie Statut der Europäischen Genossenschaft, Kommentar, 14. Aufl. 2004

Bieser

Signaturgesetz: die digitale Signatur im europäischen und internationalen Kontext, RDV 2000, 197

Bitter

Kreditkarten: Die schöne neue Einkaufswelt des BGH, ZIP 2002, 1219

Blaurock

Das Stornorecht der Kreditinstitute, NJW 1984, 1

Bodewig

Die neue europäische Richtlinie zum Fernabsatz, DZWiR 1997, 447

v. Böhlen/Kan (Hrsg.)

MiFiD-Kompendium, 2008

Boente/Riehm

Besondere Vertriebsformen im BGB, Jura 2002, 222

Boos/Fischer/Schulte-Mattler

Kreditwesengesetz, Kommentar, 3. Aufl. 2008 (zit.: Boos/Fischer/Schulte-Mattler-*Bearbeiter,* KWG)

Borges

Preisanpassungsklauseln in der AGB-Kontrolle, DB 2006, 1999

Borges

Rechtsfragen des Phishing – Ein Überblick, NJW 2005, 3313

Borges
Die Wertstellung im Giroverhältnis – zugleich eine Besprechung der BGH-Urteile vom 6. Mai und 17. Juni 1997, WM 1998, 105

Bork
Die Wirksamkeit von Unterwerfungsklauseln in AGB, ZIP 2008, 2049

Bosch/Groß
Das Emissionsgeschäft, 2004

Braun
Rechtliche Folgen einer Überweisung bei unzureichender Information des Empfängers, ZIP 1996, 617

Bräutigam/Leupold
Online-Handel, betriebswirtschaftliche und rechtliche Grundlagen, einzelne Erscheinungsformen des E-Commerce, 2003

Brechmann/Glutting/Harter/Klanten et al.
Wertpapiere in Theorie und Praxis, 6. Aufl. 2006

Breinersdorfer
Das Haftungsverhältnis zwischen den Banken bei der Bank-zu-Bankauskunft im Kundeninteresse, WM 1992, 1557

Brennecke
Nomen est omen? – Zur Europarechtskonformität des Bezeichnungsschutzes für Sparkassen, ZBB 2007, 1

Brinkhaus/Scherer
Gesetz über Kapitalanlagegesellschaften, Auslandinvestmentgesetz, Kommentar, 2003 (zit.: Brinkhaus/Scherer-*Bearbeiter,* KAGG/AuslInvG)

Bruchner
Kein „stillschweigender" Abtretungsausschluss bei Bankforderungen, BKR 2004, 394

Bruchner/Ott/Wagner-Wieduwilt
Verbraucherkreditgesetz, Kommentar, 2. Aufl. 1994 (zit.: VerbrKrG)

Bruchner/Stützle
Leitfaden zu Bankgeheimnis und Bankauskunft, 2. Aufl. 1990 (zit.: Bankgeheimnis und Bankauskunft)

Brück/Schalast/Schanz
Das Finanzmarktstabilisierungsgesetz: Hilfe für die Banken – Systemwechsel im Aktien- und Insolvenzrecht?, BB 2008, 25

Brückner
Erlaubnis nach § 32 KWG für Personenhandelsgesellschaften, ZKW 1989, 412

Buchmann
Die Insolvenz der Pfandbriefbank, WM 2009, 442

Büllesbach
Finanzdatenschutz in Europa, CR 2000, 544

Bülow
Der Verbraucherbegriff des BGB – Missverständnisse zur Vollharmonisierung, WM 2006, 1513

Bülow
Verbraucherkreditrecht, Kommentar, 5. Aufl. 2002

Bülow
Verbraucherkreditrecht im BGB, NJW 2002, 1145

Bülow
Fernabsatzrichtlinie und Verbraucherkreditgesetz, DZWiR 1998, 89

Bülow
WechselG/ScheckG/AGB, Kommentar, 2. Aufl. 1995

Bülow/Artz
Heidelberger Kommentar zum Verbraucherkreditrecht, 6. Aufl. 2006 (zit.: HK-VerbrKrR)

Bülow/Artz
Am Vorabend einer neuen Verbraucherkreditrichtlinie, WM 2005, 1153

Bülow/Artz
Fernabsatzverträge und Strukturen eines Verbraucherprivatrechts im BGB, NJW 2000, 2049

Bunte
AGB-Banken und Sonderbedingungen, 2. Aufl. 2009 (zit.: AGB-Banken)

Bürger
Das Fernabsatzrecht und seine Anwendbarkeit auf Rechtsanwälte, NJW 2002, 465

BVR/DSGV/VöB (Hrsg.)
Handbuch der Compliance-Organisation, 2. Aufl. 2003

Calliess/Ruffert (Hrsg.)
Das Verfassungsrecht der Europäischen Union, 3. Aufl. 2007 (zit.: Calliess/Ruffert-*Bearbeiter*, EU-Verfassungsrecht)

Canaris
Die Vermutung „aufklärungsrichtigen Verhaltens“ und ihre Grundlagen, in: Festschrift für Walther Hadding, hrsg. v. Häuser/Hammen/Hennrichs/Steinbeck/Siebel/Welter, 2004, S. 3 ff.

Canaris
Die Bedeutung des „materiellen" Garantiefalles für den Rückforderungsanspruch bei der Garantie „auf erstes Anfordern", ZIP 1998, 493

Canaris
Voraussetzungen und Inhalt des Anspruchs auf Freigabe von Globalsicherheiten gemäß § 242 BGB, ZIP 1997, 813

Canaris
Interessenlage, Grundprinzipien und Rechtsnatur des Finanzierungsleasing, AcP 190 (1990), 410

Canaris
Bankvertragsrecht, 1. Teil, 3. Bearb., 1988

Canaris
Leistungsstörungen beim Unternehmenskauf, ZGR 1982, 395

Claussen
Bank- und Börsenrecht, 4. Aufl. 2008

Clemente
Die Sicherungsgrundschuld, 3. Aufl. 1998

Cloppenburg/Kruse
Die Weitergabe von Insiderinformationen an und durch Journalisten, WM 2007, 1109

Consbruch/Fischer
Kreditwesengesetz, Bank-, Bankaufsichts- und Kapitalmarktrecht mit amtlichen Verlautbarungen, Loseblattwerk, Stand: 11/2009

Cranshaw
Das Effizienzgebot bei der Rückforderung rechtswidriger Staatsbeihilfen, insbesondere im Dreiecksverhältnis, WM 2008, 338

Dahm
Besteuerung von Lebensversicherungsverträgen nach dem Steueränderungsgesetz 1992 – eine unendliche Geschichte, WM 1995, Beilage 2

Dahm/Schebesta/Schroeter/Weber
Bankgeheimnis und Bankauskunft in der Praxis, 5. Aufl. 1995

Däubler-Gmelin
Eine Erfolgsgeschichte von Anfang an: 10 Jahre Ombudsmannverfahren des Bundesverbands deutscher Banken, WM 2002, 1342

Damueld
Asprekte zu Diskussionen und Bewertungen über die Sicherheit der ec-PIN, Sparkasse 1999, 319

Derleder

Wirksamkeitsanforderungen an die vertragliche Mitverpflichtung von Ehegatten und anderen Familienangehörigen für Ratenkredite nach dem Verbraucherkreditgesetz, NJW 1993, 2401

Derleder/Knops/Bamberger (Hrsg.)

Handbuch zum deutschen und europäischen Bankrecht, 2. Aufl. 2009 (zit.: Derleder/Knops/Bamberger-*Bearbeiter*, Hdb. Bankrecht)

Dierkes

Best Execution in der deutschen Börsenlandschaft, ZBB 2008, 11

Dilger

Verbraucherschutz bei Vertragsabschlüssen im Internet, Dissertation, 2002

DIRK e. V. (Hrsg.)

Handbuch Investor Relations, 2004

Doehner/Hoffmann

Kreditfinanzierter Fondsbeitritt und Anlegerschutz, ZIP 2004, 1884

Domke

Fernabsatz von Finanzdienstleistungen: Dispositionskredit und Fernabsatz, BB 2006, 2035

Domke

Fernabsatz von Finanzdienstleistungen: Die Länge der Widerrufsfrist bei nach Vertragsschluss erfolgter Widerrufsbelehrung, BB 2006, 61

Domke

Nachholung gesetzlicher Informationspflichten bei Fernabsatzverträgen über Finanzdienstleistungen, BB 2005, 228

Domke

Das Widerrufsrecht des Verbrauchers bei Fernabsatzverträgen über Finanzdienstleistungen, BB 2007, 341

Dörrie

Der Verbraucherdarlehensvertrag im Fernabsatz, ZBB 2005, 121

Drasdo

Rechtsfolgen des Verstoßes gegen MaBV-Normen, NJW 2007, 2741

Drexl

Die wirtschaftliche Selbstbestimmung des Verbrauchers, Habilitationsschrift, 1998

Dürr

Bankleiterqualifikation, ZIP 1987, 1289

Eckert
Zivilrechtliche Fragen des Kreditkartengeschäfts, WM 1987, 161

Ehlermann/Goyette
The Interface between EU State Aid Control and the WTO Disciplines on Subsidies, EStAL 2006, 695

Ehricke/Rotstegge
Drittschutz zu Gunsten anderer Konzerngesellschaften bei Verletzung des Bankgeheimnisses, ZIP 2006, 925

Eichholz/Reusch
Die Zulässigkeit von Geschäftskreisbeschränkungen bei Bausparkassen, WM 1993, 405

Einsele
Bank- und Kapitalmarktrecht, 2006

Einsele
Wertpapiere im elektronischen Bankgeschäft, WM 2001, 7

Einsele
Das UNIDROIT-Projekt zu intermediärverwahrten Wertpapieren als Konzept für eine Modernisierung des deutschen Depotrechts, WM 2005, 1109

Ellenberger/Schäfer
Fehlgeschlagene Wertpapieranlagen, 2006

Ellenberger/Schäfer/Clouth/Lang
Praktikerhandbuch Wertpapier- und. Derivategeschäft, 2. Aufl. 2010

Elßner/Schirmbacher
Die Gesellschaft bürgerlichen Rechts als Verbraucher?, VuR 2003, 247

Ende/Klein
Grundzüge des Vertriebsrecht im Internet: Fernabsatz und Vertrieb von Waren und Dienstleistungen, 2001 (zit.: Grundzüge des Vertriebsrechts im Internet)

Erman (Begr.)
Handkommentar zum Bürgerlichen Gesetzbuch, hrsg. v. H. P. Westermann, Bd. I, 12. Aufl. 2008 (zit.: Erman-*Bearbeiter,* BGB)

Europäische Kommission (Hrsg.)
European Economy, Special Edition: State Aid and the Single Market, 1999

Faber
Elemente verschiedener Verbraucherbegriffe in EG-Richtlinien, zwischenstaatlichen Übereinkommen und nationalem Zivil- und Kollisionsrecht, ZEuP 1998, 854

Fehrenbacher/Herr
Die BGB-Gesellschaft – eine natürliche Person im Sinne des Verbraucherschutzrechts?, BB 2002, 1006

Felke
Widerrufsrecht für als Haustürgeschäft geschlossene Realkreditverträge, MDR 2002, 226

Felke
Die Pfändung der „offenen Kreditlinie" im System der Zwangsvollstreckung, WM 2002, 1632

Felke
Rechtsfragen des Kreditvertriebs über das Internet, Dissertation, 2003 (zit.: Kreditvertrieb)

Felke/Jordans
Umsetzung der Fernabsatz-Richtlinie für Finanzdienstleistungen, NJW 2005, 710

Felke/Jordans
Der Referentenentwurf für die Umsetzung der Fernabsatzrichtlinie für Finanzdienstleistungen, WM 2004, 166

Findeisen
Zahlungsdiensterichtlinie: Umsetzung in Deutschland, BankPraktiker 2009, 322

Finke
Der Fernabsatz von Finanzdienstleistungen an Verbraucher, 2004

Fischer, G.
Schutz vor missbräuchlicher Nutzung der Bürgschaft auf erstes Anfordern, WM 2005, 529

Fischer, G.
Aktuelle Rechtsprechung des Bundesgerichtshofs zur Bürgschaft und zum Schuldbeitritt, WM 1998, 1705

Fischer, R.
Haftung und Abberufung von Vorstand und Aufsichtsorgan bei Kreditinstituten, in: Krieger/Schneider, U. H. (Hrsg.), Handbuch Managerhaftung, 2. Aufl. 2010

Fischer, R.
Haftung und Abberufung von Bankvorständen, DStR 2007, 1083

Fischer, R.
Entlastung des Sparkassenvorstands und Bestätigung der Sparkassenaufsichtsbehörde, WM 2007, 1005

Fischer, R.
Informationsrechte des Verwaltungsrats und Vertraulichkeitsgebot bei Sparkassen, ZIP 2004, 2169

Fischer, R.
Rechtsfolgen des Beihilfeverbots für öffentliche Bürgschaften, WM 2001, 277

Fischer, R.
Aktuelle Fragen des kartengestützten Zahlungsverkehrs, in: Hadding/Hopt/Schimansky, Kartengesteuerter Zahlungsverkehr; Außergerichtliche Streitschlichtung, Bankrechtstag 1998, 1999, S. 157

Fischer, R.
Preisvereinbarung bei institutsübergreifender Geldautomatenverfügung, in: Festschrift für Herbert Schimansky 1999, S. 111

Fischer, R.
Neue Entwicklungen in der Haftung für Rat und Auskunft, in: Köndgen (Hrsg.), RWS-Forum 1, 1987, S. 95

Fischer/Herbst
Recht der Sparkassenpraxis, Loseblattwerk, Stand: 2/2010 (zit.: RSP)

Fishahn
Datenschutz und Bankgeheimnis, CR 1985, 632

Fleckner
Das Refinanzierungsregister – Tatbestandliche Grenzen und Vorschläge zur Verbesserung, WM 2006, 697

Fleckner
Insolvenzrechtliche Risiken bei Asset Backed Securities, ZIP 2004, 585

Fleischer
Die „Business Judgment Rule“: Vom Richterrecht zur Kodifizierung, ZIP 2004, 685

Franck/Massari
Die Zahlungsdiensterichtlinie: Günstigere und schnellere Zahlungen durch besseres Vertragsrecht?, WM 2009, 1117

Freckmann
Die höchstrichterliche Rechtsprechung zum Sicherungsumfang einer Bürgschaft nach § 7 MaBV, BKR 2003, 399

Freitag
Die Beendigung des Darlehensvertrages nach dem Schuldrechtsmodernisierungsgesetz, WM 2001, 2370

Früh
Abtretungen, Verpfändungen, Unterbeteiligungen, Verbriefungen und Derivate bei Kreditforderungen vor dem Hintergrund von Bankgeheimnis und Datenschutz, WM 2000, 497

Fuchs (Hrsg.)
Wertpapierhandelsgesetz – WpHG, Kommentar, 2009

Fuchs
Das Fernabsatzgesetz im neuen System des Verbraucherschutzrechts, ZIP 2000, 1273

Fuchs
Zur Disponibilität gesetzlicher Widerrufsrechte, AcP 196 (1996), 313

Fülbier/Aepfelbach/Langweg
GwG – Kommentar zum Geldwäschegesetz, 5. Aufl. 2006

Gaberdiel/Gladenbeck
Kreditsicherung durch Grundschulden, 8. Aufl. 2008

Gaertner/Gierschmann
Das neue Fernabsatzgesetz, DB 2000, 1601

Ganter
Aktuelle Probleme der Kreditsicherheiten in der Rechtsprechung des BGH, WM 1996, 1705

Ganter
Die nachträgliche Übersicherung eines Kredites, ZIP 1994, 257

Gebauer
Verdachtsmitteilungen gem. § 10 WpHG – Auslegung und Umsetzung in der Praxis, in: Kapitalmarkt – Recht und Praxis, Gedächtnisschrift für Ulrich Bosch, 2005, S. 31

Gericke/Saager
Die Weiterleitungspflicht der Depotbank gemäß Nr. 16 der Sonderbedingungen für Wertpapiergeschäfte und Praxisprobleme, WM 2008, 623

Geschwandtner
Ist Werbung mit der Einlagensicherheit ein Missstand i. S. des § 23 Abs. 1 KWG?, WM 2006, 2124

Geschwandtner/Bach
Bezeichnungsschutz für Sparkassen quo vadis?, NJW 2007, 129

Glatt
Vertragsschluss im Internet, ZUM 2001, 390

Göbel
Überblick zum erweiterten Pflichtenkreis der Kreditinstitute aufgrund der EU-Richtlinie über grenzüberschreitende Überweisungen, WM 1997, 1832

Goette
Leitung, Aufsicht, Haftung – zur Rolle der Rechtsprechung bei der Sicherung einer modernen Unternehmensführung, in Festschrift 50 Jahre Bundesgerichtshof, 2000, S. 123

Gola/Schomerus
BDSG – Bundesdatenschutzgesetz, Kommentar, 9. Aufl. 2007

Gößmann
Electronic Commerce – die EU-Fernabsatzrichtlinie und ihre Auswirkungen auf den Handel über neue Medien, MMR 1998, 88

Gößmann
Recht des Zahlungsverkehrs, 3. Aufl. 1997

Gößmann/van Look
Die Banküberweisung nach dem Überweisungsgesetz, WM 2000, Sonderbeilage 1, S. 31

Grabitz/Hilf (Hrsg.)
Das Recht der Europäischen Union, Bd. 3, 1999, Stand: 34. Lfg. 2008 (zit.: Grabitz/Hilf-*Bearbeiter*, Recht der EU, Bd. 3)

Grigoleit
Besondere Vertriebsformen im BGB, NJW 2002, 1151

Grigoleit
Rechtsfolgenspezifische Analyse „besonderer" Informationspflichten am Beispiel der Reformpläne für den E-Commerce, WM 2001, 597

von der Groeben/Schwarze (Hrsg.)
Vertrag über die Europäische Union und Vertrag zur Gründung der Europäischen Gemeinschaft, Kommentar, 6. Aufl. 2004

Groß
Kapitalmarktrecht, Kommentar zum Börsengesetz, zur Börsenzulassungs-Verordnung, zum Wertpapierprospektgesetz und zum Verkaufsprospektgesetz, 4. Aufl. 2008

Großfeld/Noelle
Haftung des Vorstands einer Genossenschaftsbank als Strukturproblem, AG 1986, 275

Gruson
Noch einmal zum Fortbestehen von Anstaltslast und Gewährträgerhaftung für die Sicherung von Anleihen von Landesbanken, EuZW 1997, 429

Günther
Schuldrechtsmodernisierung und E-Commerce, ITRB 2002, 9

Habersack/Mayer
Globalverwahrte Aktien als Gegenstand sachenrechtlicher Verfügungen, WM 2000, 1678

Hadding
Sind Vertriebsvergütungen von Emittenten an Kreditinstitute geschäftsbesorgungsrechtlich an den Kunden herauszugeben?, ZIP 2008, 529

Hadding
Die Bürgschaft der öffentlichen Hand bei einem Verstoß gegen das Durchführungsverbot von Beihilfen, WM 2005, 485

Hadding
Zur Abgrenzung von Unterrichtung, Aufklärung, Auskunft, Beratung und Empfehlung als Inhalt nachrechtlicher Pflichten, in: Festschrift für Herbert Schimansky, 1999, S. 67

Hadding
Die EG-Richtlinie über grenzüberschreitende Überweisung, in: Horn/Schimansky, Bankrecht 1998, RWS-Forum 12, S. 125

Hadding
Drittschadensliquidation und „Schutzwirkungen für Dritte" im bargeldlosen Zahlungsverkehr, in: Festschrift für Winfried Werner, 1989, S. 174

Hadding/Häuser
Zum Anspruch des vormaligen Scheckinhabers auf den Inkassoerlös gegen ein versehentlich beauftragtes Kreditinstitut, WM 1989, 592

Hadding/Häuser
Reichweite der Einlösungsgarantie und Rechtsmißbrauch beim ec-Scheck, WM 1993, 1357

Hadding/Hopt/Schimansky
Entgeltklauseln in der Kreditwirtschaft und E-Commerce von Kreditinstituten, Bankrechtstag 2001, 2002 (zit.: *Bearbeiter* in: Hadding/Hopt/Schimansky, Bankrechtstag 2001)

Hadding/Hopt/Schimansky
Kartengesteuerter Zahlungsverkehr; Außergerichtliche Streitschlichtung, Bankrechtstag 1998, 1999 (zit.: *Bearbeiter* in: Hadding/Hopt/Schimansky, Bankrechtstag 1998)

Häde
Die Zahlung mit Kredit- und Scheckkarten, ZBB 1994, 33

Häfner
Fehlgeschlagene Kapitalanlagen, 3. Aufl. 2008

Haffke
Über die Zulassung von Außenseitern, ZKW 1980, 664

Hähnchen
Das Gesetz zur Anpassung der Formvorschriften des Privatrechts und anderer Vorschriften an den modernen Rechtsgeschäftsverkehr, NJW 2001, 2831

Harbeke
Die POS-Systeme der deutschen Kreditwirtschaft – Eine Darstellung unter rechtlichen Aspekten, WM 1994, Sonderbeilage 1, S. 1

Härting
Internetrecht, 2. Aufl. 2005

Härting
Fernabsatz – Änderungen durch das Schuldrechtsmodernisierungsgesetz, MDR 2002, 61

Härting
Der dauerhafte Datenträger, Anmerkungen zu OLG München, Urteil vom 25.1.2001, K&R 2001, 310

Härting
Fernabsatzgesetz, Kurzkommentar, 2000 (zit.: FernAbsG)

Härting
Verbraucherwerbung nach dem Fernabsatzgesetz, CR 2000, 691

Härting
Erstkontakt mit dem Verbraucher nach dem Fernabsatzgesetz, DB 2000, 2312

Härting/Schirmbacher
Finanzdienstleistungen im Fernabsatz, CR 2005, 48

Härting/Schirmbacher
Fernvertrieb von Finanzdienstleistungen an Verbraucher: Umsetzung der Fernabsatzrichtlinie für Finanzdienstleistungen, DB 2003, 1777

Härting/Schirmbacher
Fernabsatz von Finanzdienstleistungen, CR 2002, 809

Härting/Schirmbacher
Fernabsatzgesetz – Ein Überblick über den Anwendungsbereich, die Systematik und die wichtigsten Regelungen, MDR 2000, 917

Hassemer
Elektronischer Geschäftsverkehr im Regierungsentwurf zum Schuldrechtsmodernisierungsgesetz, MMR 2001, 635

Häublein

Rechtsfolgen unterlassener Belehrung über das Verbraucherwiderrufsrecht nach den Urteilen des EuGH vom 25.10.2005, NJW 2006, 1553

Hauschka (Hrsg.)

Corporate Compliance, Handbuch der Haftungsvermeidung im Unternehmen, 2007

Häuser

Das Zurückweisungsrecht des Empfängers einer „aufgedrängten“ Gutschrift, in WM Festgabe für Thorwald Hellner, 1994, S. 10

Häuser

Die Scheckeinlösung in der neueren Rechtsprechung, WM 1988, 1505

Hefermehl/Köhler/Bornkamm

Gesetz gegen den unlauteren Wettbewerb – UWG, Kommentar, 26. Aufl. 2008 (zit.: Hefermehl/Köhler/Bornkamm-*Bearbeiter,* UWG)

Heidel (Hrsg.)

Aktienrecht, Anwaltkommentar, 2003 (zit.: *Bearbeiter* in: Heidel, AnwK-AktG)

Heidelberger Kommentar zum Verbraucherkreditrecht

hrsg. v. Bülow/Artz, 6. Aufl. 2006 (zit.: HK-VerbrKrR)

Heidenhain

Handbuch des Europäischen Beihilfenrechts, 2003 (zit.: Heidenhain-*Bearbeiter*, Hdb. Beihilfenrecht)

Heinsius/Horn/Than

Kommentar zum Depotgesetz, 1975

Heinrichs

Entwicklung des Rechts der Allgemeinen Geschäftsbedingungen im Jahre 1995, NJW 1996, 1381

Hennrichs

Funktionsauslagerung (Outsourcing) bei Kreditinstituten – Bericht über den Bankrechtstag 2000 der Bankrechtlichen Vereinigung e.V. am 30. Juni 2000 in Wien, WM 2000, 1561

Heiss

Die Richtlinie über den Fernabsatz von Finanzdienstleistungen an Verbraucher aus Sicht des IPR und des IZVR, IPRax 2003, 100

Held/Schulz

Fernabsatz von Finanzdienstleistungen – Umsetzung in der Bankpraxis, BKR 2005, 270

Hellner
Verwahrung und Verwaltung von Wertpapieren im Ausland, in: Festschrift für Theodor Heinsius 1991, S. 211

Hellner/Steuer/Schröter/Weber (Hrsg.)
Bankrecht und Bankpraxis, Loseblattwerk, Stand: 11/2008 (zit.: *Bearbeiter* in: BuB)

Hendricks
SCHUFA-rechtliche Aspekte, ZHR 149 (1985), 199

Herbst/Fischer/Engelken/Schaarschmidt
Die Sparkassenkredite (Die rechtlichen Grundlagen des Kredits, seiner Sicherung und Einziehung), 8. Aufl. 1991 (zit.: *Bearbeiter* in: Herbst/ Fischer/Engelken/Schaarschmidt, Sparkassenkredite)

v. Heymann
Die neuere Rechtsprechung zur Bankenhaftung bei Immobilien-Kapitalanlagen, NJW 1999, 1577

Hingst/Himmelreich/Krawinkel
Neue rechtliche Rahmenbedingungen für die Kontrollorgane von Banken und Sparkassen, WM 2009, 2016

Hoch/Kern/Schmieder
Bearbeitungs- und Prüfungsleitfaden Sachsicherheiten, 2007 (zit.: Sachsicherheiten)

Hoenike/Hülsdunk
Die Gestaltung von Fernabsatzangeboten im elektronischen Geschäftsverkehr nach neuem Recht, MMR 2002, 415

Hoeren
Rechtliche Grundlagen des SCHUFA-Scoring-Verfahrens, RDV 2007, 93

Hoeren
Banken und Outsourcing – Zur Reichweite von § 25a KWG, DuD 2002, 736

Hoffmann
Spezielle Informationspflichten im BGB und ihre Sanktionierung, ZIP 2005, 829

Hoffmann
Der Diskussionsstand zur Reform der Verbraucherkreditrichtlinie, BKR 2004, 308

Hoffmann
Der Verbraucherbegriff des BGB nach Umsetzung der Finanz-Fernabsatzrichtlinie, WM 2006, 560

Hofmann

Die ec/maestro-Karte als Rektapapier, WM 2005, 1305

Hofmann/Walter

Die Veräußerung notleidender Kredite – aktives Risikomanagement der Bank im Spannungsverhältnis zwischen Bankgeheimnis und Datenschutz, WM 2004, 1566

Hoppmann

Der Vorschlag für eine Fernabsatzrichtlinie für Finanzdienstleistungen, VersR 1999, 673

Hopt

50 Jahre Anlegerschutz und Kapitalmarktrecht: Rückblick und Ausblick, WM 2009, 1873

Hopt

Neues Schuldverschreibungsrecht – Bemerkungen und Anregungen aus Theoric und Praxis, in: Festschrift für Eberhard Schwark, Unternehmensrecht zu Beginn des 21. Jahrhunderts, 2009, S. 441

Hopt/Wiedemann

AktG, Großkommentar, Loseblattwerk, 4. Aufl. 1992 ff., Stand: 31. Lfg. 2008 (zit.: *Bearbeiter* in: Großkomm-AktG)

Horn, Ch.

Verbraucherschutz bei Internetgeschäften, MMR 2002, 209

Horn, N.

Die Erfüllung von Wertpapiergeschäften unter Einbeziehung eines zentralen Kontrahenten an der Börse, WM 2002, Sonderbeilage 2

Horn, N.

Die richterliche Kontrolle von Entgeltklauseln nach dem AGB-Gesetz am Beispiel der Kreditwirtschaft, WM 1997, Sonderbeilage 1

Horn, N.

Culpa in Contrahendo, JuS 1995, 377

Horn, N.

Globalbürgschaft und Bestimmtheitsgrundsatz, in: Festschrift für Franz Merz, 1992, S. 217

Horn, N./Krämer

Aufklärungs- und Beratungspflichten der Banken – Systematik der Rechtsentwicklung, in: Horn/Krämer, Bankrecht 2002, RWS-Forum 2003, S. 73

Hörter/Wagner

Visionen im Bankmanagement, zukünftige Anforderungen an die Führung von Banken, 1997

Hüffer, U.
Aktiengesetz, Kommentar, 9. Aufl. 2010

Hüffer, U.
Weitergeleiteter Auftrag, WM 1987, 644

Hüffer, J.
Wertpapier-Verkaufsprospektgesetz – Prospektpflicht und Anlegerschutz,1996

Hummel/Breuer
Das Recht der Bankgeschäfte im europäischen Binnenmarkt, in: Hummel/Breuer (Hrsg.) Handbuch Europäischer Kapitalmarkt, 2001, (zit.: *Bearbeiter* in: Hummel/Breuer)

Hupka
Kapitalmarktaufsicht im Wandel – Rechtswirkungen der Empfehlungen des Committee of European Securities Regulators (CESR) im deutschen Kapitalmarktrecht,WM 2009, 1351

Iglesias/van Miert/Monti/Kroes
EC State aid law – Le drout des Aides d'Etat and la CE-Liber Amicorum Francisco Santaolalla Gadea, 2008

Immenga/Mestmäcker
Wettbewerbsrecht, 4. Aufl. 2007

Immenga/Rudo
Die Beurteilung von Gewährträgerhaftung und Anstaltslast der Sparkassen und Landesbanken nach dem EU-Beihilferecht, 1997

Jauernig
Bürgerliches Gesetzbuch, Kommentar, 13. Aufl. 2009

Kamanabrou
Die Umsetzung der Fernabsatzrichtlinie, WM 2000, 1417

Karper
Sorgfaltspflichten beim Online-Banking – Der Bankkunde als Netzwerkprofi?, Zur möglichen Neubewertung des Haftungsmaßstabs, DuD 2006, 215

Khan/Borchardt
The private market investor principle – reality check or distorting mirror, in: Iglesias/Van Miert/Monti/Kroes (Hrsg.), EC State aid law – Le droit des Aides d'Etat and la CE – Liber Amicorum Francisco Santaolalla Gadea, 2008

Kieback/Ohm
Zulässigkeit der Beschlagnahmeanordnung und Kostenerstattungsanspruch der Kreditinstitute, WM 1986, 313

Kind/Werner
Rechte und Pflichten im Umgang mit PIN und TAN, CR 2006, 353

Kirchherr/Stützle
Aktuelle Probleme zu Bankgeheimnis und Bankauskunft, ZIP 1984, 515

Klamt/Koch
Das neue Überweisungsgesetz; Besprechung der Änderung des BGB aus Anlass der EU-Richtlinie 97/5/EG über grenzüberschreitende Überweisungen; §§ 676a bis g BGB; Überweisungsvertrag, Bank, Ausführungsfrist, Zahlungsvertrag, Girovertrag, NJW 1999, 2776

Klanten
Neue Sonderbedingungen für das Wertpapiergeschäft, Sparkasse 1995, 113

Klanten
Freigabe- und Verwertungsregeln in Kreditsicherungsverträgen, Sparkasse 1995, 439

Klanten
Haftungsrisiken der Sparkassen im Zahlungsverkehr, Sparkasse 1993, 84

Klüpfel/Gaberdiel/Gnamm/Höppel
Kommentar zum Sparkassengesetz, Das Sparkassenrecht in Baden-Württemberg, 7 Aufl. 2006 (zit.: SpkG BW)

Knöfel
Auf dem Weg zu einem neuen Schuldrecht für den Fernabsatz von Finanzdienstleistungen, ZGS 2004, 182

Koberstein/Windpassinger
Wahrung des Bankgeheimnisses bei Asset-Backed Securities-Transaktionen, WM 1999, 473

Koch
Der Zahlungsverkehr in der Bankpraxis, 1. Aufl. 2008

Koch
Abtretbarkeit von Darlehensforderungen im Lichte des AGB-Rechts, BKR 2006, 182

Koch
Versicherbarkeit von IT-Risiken: In der Sach-, Vertrauensschaden- und Haftpflichtversicherung, 2005

Koch
Geschäftsverkehr im Internet am Beispiel des Vertriebes von Bankprodukten, Diss., 2002

Koch
Discount-Broker, Diss., 2001

Koch
Scoring-Systeme in der Kreditwirtschaft, MMR 1998, 458

Koch/Lohmann
Richtlinie des Europäischen Parlaments und des Rates über Zahlungsdienste im Binnenmarkt – Wesentliche Inhalte, Bewertung und mögliche Auswirkungen auf den europäischen Zahlungsverkehrsmarkt –, WM 2008, 57

Kocher
Neue Vorschriften für den Fernabsatz von Finanzdienstleistungen an Verbraucher, DB 2004, 2679

Koenig
Öffentlich-rechtliche Anstaltslast und Gewährträgerhaftung als staatliche Beihilfen gem. Artikel 92 EGV?, EuZW 1995, 595

Koenig/Haratsch
Staatliche und kommunale Bürgschaften auf dem Prüfstand des EG-Beihilfenrechts, ZHR 169 (2005), 77

Koenig/Sander
Zur Beihilfenaufsicht über Anstaltslast und Gewährträgerhaftung nach Art. 93, EuZW 1997, 363

Kölner Kommentar zum WpHG
hrsg. v. Hirte/Möllers, 2007 (zit.: *Bearbeiter* in: KölnKomm-WpHG)

Köndgen
Wieviel Aufklärung braucht der Wertpapierkunde, ZBB 1996, 361

Köndgen
Gewährung und Abwicklung grundpfandrechtlich gesicherter Kredite, 3. Aufl. 1994 (zit.: Grundpfandrechtlich gesicherte Kredite)

König/Kühling/Ritter
EG-Beihilfenrecht, 2. Aufl. 2005

Köper
Ungerechtfertigte Bereicherung der Banken bei Missbrauch der Zahlstellenfunktion, MDR 2005, 1141

Krebs
Verbraucher, Unternehmer oder Zivilpersonen, DB 2002, 517

Krepold/Fischbeck
Bankrecht, 2009

Krieger/Schneider, U. H. (Hrsg.)
Handbuch Managerhaftung, 2. Aufl. 2010

Kriegner
Die Fernabsatz-Richtlinie für Finanzdienstleistungen an Verbraucher, Diss., 2003

Kröger/Gimmy
Handbuch zum Internetrecht, 2. Aufl. 2002, (zit.: Kröger/Gimmy-*Bearbeiter,* Hdb. Internetrecht)

Kübler/Prütting/Bork
Insolvenzordnung, Kommentar, Loseblattwerk, Stand: 2/2010

Kümpel
Bank- und Kapitalmarktrecht, 3. Aufl. 2004

Kümpel
Die allgemeinen Verhaltensregeln der Wertpapierhandelsgesetzes, WM 1995, 689

Kümpel
Sonderbedingungen für Börsentermingeschäfte, WM 1991, Sonderbeilage 1

Kümpel
Der Bestimmtheitsgrundsatz bei Verfügungen über Sammeldepotguthaben – Zur Theorie des Bruchteilseigentums sui generali, WM 1980, 422

Kümpel/Veil
Wertpapierhandelsgesetz, Systematische Darstellung, 2. Aufl. 2005

Kutter
Aktuelle Fragen des Bauträgervertrages unter besonderer Berücksichtigung der Änderung der Makler- und Bauträgerverordnung, in: Hagen/Brambring (Hrsg.), Immobilienrecht 1998, RWS-Forum 13, 1998, S. 193

Lambert-Lang/Tropf/Frenz
Handbuch der Grundstückspraxis, 2. Aufl. 2004 (zit.: Lambert-Lang/Tropf/Frenz-*Bearbeiter,* Grundstückspraxis)

Lang/Beyer
Vorzeitige Ablösung von Festzinsdarlehen und Vorfälligkeitsentschädigung, WM 1998, 897

Lang/Erdmann-Fietz
Die Zukunft des befristeten Kontokorrentkredits – Die Entscheidungen des BGH vom 18.3.2003 (XI ZR 202/02 = ZIP 2003, 840 = WM 2003, 922) und vom 20.5.2003 (XI ZR 235/02 = ZIP 2003, 1435) sowie des LG Ravensburg vom 24.3.2003 (6 T 41/02) und die Reaktionsmöglichkeiten der Praxis, ZBB 2004, 137

Langenbucher
Kredithandel nach dem Risikobegrenzungsgesetz, NJW 2008, 3169

Langenbucher
Bankgeheimnis und Kapitalmarktfähigkeit von Kreditportfolios, BKR 2004, 330

Langenbucher
Die Risikozuordnung im bargeldlosen Zahlungsverkehr, 2001 (zit.: Risikozuordnung)

Langenbucher/Gößmann/Werner
Zahlungsverkehr, Handbuch zum Recht der Überweisung, Lastschrift, Kreditkarte und der modernen Zahlungsformen, 2004 (zit.: Zahlungsverkehr)

Lehleiter/Hoppe
Die Haftung des Bankverantwortlichen bei der Kreditvergabe, BKR 2007, 178

Lenz/Borchardt (Hrsg.)
EU- und EG- Vertrag, Kommentar, 4. Aufl. 2006, (zit.: Lenz/Borchard-*Bearbeiter*)

Lerche
Bankgeheimnis – Verfassungsrechtliche Rechtsgrundlagen, ZHR 149 (1985), 174

Leuering/Zetzsche
Die Reform des Schuldverschreibungs- und Anlageberatungsrechts – (Mehr) Verbraucherschutz im Finanzmarktrecht?, NJW 2009, 2856

Lieb
Das Leitbild des Finanzierungsleasing im Spannungsfeld von Vertragsfreiheit und Inhaltskontrolle, DB 1988, 946

Liesecke
Neuere Rechtsprechung, insbesondere des Bundesgerichtshofes, zum Einheitlichen Wechsel- und Scheckrecht, WM 1969, 1366

von der Linden
AGB-rechtliches Transparenzgebot bei Zinsanpassungsklauseln, WM 2008, 195 und 381

Lorenz
Vertragsaufhebung wegen culpa in contrahendo – Schutz der Entscheidungsfreiheit oder des Vermögens?, ZIP 1998, 1054

Lütcke
Fernabsatzrecht, Kommentar zu den §§ 312b–312f BGB, 2002

Lutter
Zur Rechtmäßigkeit von internationalen Risikogeschäften durch Banken der öffentlichen Hand, BB 2009, 786

Lutter
Bankenkrise und Organhaftung, ZIP 2009, 197

Lutter
Die Business Judgment Rule und ihre praktische Anwendung, ZIP 2007, 841

Lutter
Information und Vertraulichkeit im Aufsichtsrat, 3. Aufl. 2006

Lutter
Pflichten und Haftung von Sparkassenorganen, 1991

Lwowski
Das Recht der Kreditsicherung, 8. Aufl. 2000 (zit.: Kreditsicherung)

Maidorn
Der automatisierte Kontenabruf – Rechtsschutz gegen einen „Realakt", NJW 2006, 3752

Mankowski
Zum Nachweis des Zugangs bei elektronischen Erklärungen, NJW 2004, 1901

Mankowski
Fernabsatzrecht: Information über das Widerrufsrecht und Widerrufsbelehrung bei Internetauftritten, CR 2001, 767

Mankowski
Website als dauerhafter Datenträger, CR 2001, 404

Mankowski
Websites und Versandhandelsprivileg, CR 2001, 30

Mann
Das Finanzmarktstabilisierungsgesetz – eine kritische Analyse, DZWiR 2008, 496

Marsch-Barner/Schäfer
Handbuch börsennotierte AG, 2. Aufl. 2009

Martinek
Moderne Vertragstypen, Bd. I Factoring und Leasing, 1991; Bd. III Computerverträge, Kreditkartenverträge sowie sonstige moderne Vertragstypen, 1993

Masuch
Formularvertragliche Globalbürgschaft für einen unlimitierten Kontokorrentkredit, BB 1998, 2590

Masuch/Koch
Fernabsatz von Finanzdienstleistungen, Umsetzung der neuen rechtlichen Vorgaben und Auswirkungen auf die Praxis der Kreditinstitute, 2005

Meder
Die Kreditkartenzahlung im Internet, WM 2002, 1993

Meder
Kreditkartenmißbrauch: Die Verteilung des Haftungsrisikos im Telephone-Order-, Mail-Order- und Internet-Verfahren, ZBB 2000, 89

Meder
Kreditkartengeschäfte und Anweisungswiderruf gegenüber dem Kartenausgeber, NJW 1994, 2597

Meents
Ausgewählte Probleme des Fernabsatzgesetzes bei Rechtsgeschäften im Internet, CR 2000, 610

Meents
Verbraucherschutz bei Rechtsgeschäften im Internet,1998

Melchior
Das Alterseinkünftegesetz im Überblick, DStR 2004, 1061

Meller-Hannich
Verbraucherschutz im Schuldvertragsrecht, Habilitationsschrift, 2005

Melzer
Vorfälligkeitsentschädigung als Gegenanspruch der Bank bei anteiliger Rückzahlung des Disagios?, BB 1995, 321

Mestmäcker/Schweitzer
Europäisches Wettbewerbsrecht, 2. Aufl. 2004 (zit.: EU-Wettbewerbsrecht)

Metz
Discount-Broker: Bankgeschäfte und technologische Veränderungen, VuR 1996, 183

Meub
Fernabsatz und E-Commerce nach neuem Recht, DB 2002, 359

Michalski
Das Schuldanerkenntnis in der Praxis, insbesondere als Mittel der Kreditsicherung, ZBB 1995, 260

Michalski
Die Patronatserklärung, WM 1994, 1229

Micklitz
Zum Recht des Verbrauchers auf die eigenen Sprache, ZEuP 2003, 635

Micklitz
Die Fernabsatzrichtlinie im deutschen Recht, 1998, (zit.: FARL im dt. Recht).

Micklitz/Ebers
Der Abschluss von privaten Versicherungsverträgen im Internet, VersR 2002, 641

Micklitz/Reich
Die Fernabsatzrichtlinie im deutschen Recht, VIEW Schriftenreihe, Bd. 4, 1998

Micklitz/Rott
Vergemeinschaftung des EuGVÜ in der Verordnung (EG) Nummer 44/2001, EuZW 2001, 325

Micklitz/Schirmbacher
Duties to inform contained in Directive 2002/65/EC concerning the distance marketing of consumer financial services, EUREDIA 2003, 457

Micklitz/Tonner
Vertriebsrecht, Handkommentar Haustür-, Fernabsatzgeschäft und elektronischer Geschäftsverkehr, 2002, (zit.: *Bearbeiter* in: Hk-VertriebsR)

Mohrhauser
Der Fernabsatz von Finanzdienstleistungen an Verbraucher, 2006

Mülbert
Die Aktie zwischen mitgliedschafts- und wertpapierrechtlichen Vorstellungen, in: Festschrift für Gerd Nobbe, 2009, S. 691

Mülbert
Außengesellschaft – manchmal ein Verbraucher?, WM 2004, 905

Münchener Kommentar zum Aktiengesetz
hrsg. v. Goette/Habersack/Kalss, 3. Aufl., Bd. 2 2008

Münchener Kommentar zum Bürgerlichen Gesetzbuch
hrsg. v. Rebmann/Säcker/Rixecker, Bd. 1, §§ 1-240, 5. Aufl. 2006; Bd. 2, §§ 241-432, 5. Aufl. 2007; Bd. 2a, §§ 241-432, 4. Aufl. 2003; Bd. 3 §§ 433-610, 5. Aufl. 2007; Bd. 4, §§ 607-704, 3. Aufl. 1997; Bd. 8 5. Aufl. 2008 (zit.: *Bearbeiter* in: MünchKomm-BGB)

Münchener Kommentar zum Handelsgesetzbuch
hrsg. v. K. Schmidt, Bd. 5, §§ 343–372, 2. Aufl. 2009 (zit.: *Bearbeiter* in: MünchKomm-HGB)

Nielsen
Die Revision der Einheitlichen Richtlinien und Gebräuche für Dokumenten-Akkreditive (ERA 500) zum 1. Januar 1994, WM 1994, Beilage 2

Nobbe
Der Verkauf von Krediten, ZIP 2008, 97

Nobbe
Bankgeheimnis, Datenschutz und Abtretung von Darlehensforderungen, WM 2005, 1537

Nobbe
Die Rechtsprechung des Bundesgerichtshofs zum Überweisungsverkehr, WM 2001, Sonderbeilage 4

Nobbe
Aktuelle höchst- und obergerichtliche Rechtsprechung, 1999

Nobbe
Aktuelle Entwicklungen zu Sicherungsübereignung und Globalzession im Lichte des AGB-Gesetzes, ZIP 1996, 657

Nobbe/Kirchhof
Bürgschaften und Mithaftungsübernahmen finanziell überforderter Personen, BKR 2001, 5

Nocke
Anhebung des Verbraucherschutzniveaus im Fernabsatz, FLF 2005, 73 und 114

Obermüller
Insolvenzrecht in der Bankpraxis, 7. Aufl. 2007

Ohlhoff
Verbotene Beihilfen nach dem Subventionsabkommen der WTO im Lichte aktueller Rechtsprechung, EuZW 2000, 645

Otto
Der strafrechtliche Schutz des Bankgeheimnisses, wistra 1999, 202

Palandt
Bürgerliches Gesetzbuch, 69. Aufl. 2010 und 68. Aufl. 2009 (zit.: Palandt-*Bearbeiter,* BGB)

Pamp
Entgeltklausel für die Ausstellung einer Ersatzkarte bei Beschädigung oder Verlust der Kreditkarte, WM 2002, 573

Pannen/Wolff
ABS-Transaktionen in der Insolvenz des Originators – das Doppeltreuhandmodell und die neuen Refinanzierungsregister, ZIP 2006, 52

Paech
Grenzüberschreitende Wertpapierverfügungen – Rechtssicherheit und Effizienz durch Kompatibilität des Depotrechts – Erläuterungen zum UNIDROIT-Konventionsentwurf, WM 2005, 1101

Pfeiffer
Die Geldkarte – Ein Problemaufriß, NJW 1997, 1036

Pfundt/v. Rosen
Kapitalmarkt im Wandel, Investment Banking am Finanzplatz Deutschland, 2008

Pützhoven
Europäischer Verbraucherschutz im Fernabsatz. Die Richtlinie 97/7/EG und ihre Einbindung in nationales Verbraucherrecht, Diss., 2001

Quardt
Zur Abschaffung von Anstaltslast und Gewährträgerhaftung, EuZW 2002, 424

Recknagel
Vertrag und Haftung beim Internet-Banking, 2005

Redeke
Auswirkungen des UMAG auf die Verfolgung von Organhaftungsansprüchen seitens des Aufsichtsrats, ZIP 2008, 1549

Redert
Besteuerung von Lebensversicherungen; Finanzverwaltung legt. Beschränkung der Privilegien aus, NWB 2006, 1413

Rehbein
Rechtsfragen zum Bankgeheimnis, ZHR 149 (1985), 144

Reich
Die neue Richtlinie 97/7/EG über den Verbraucherschutz bei Vertragsabschlüssen im Fernabsatz, EuZW 1997, 581

Reich/Micklitz
Europäisches Verbraucherrecht, 4. Aufl. 2003

Reifner
Das Recht auf ein Girokonto, ZBB 1995, 243

Reinicke/Tiedtke
Schutz des Bürgen durch das Haustürwiderrufsgesetz, DB 1998, 2001

Reinicke/Tiedtke
Zweifelsfragen bei der Anwendung des Verbraucherkreditgesetzes, ZIP 1992, 217

Reinicke/Tiedtke
Die Bürgschaft für alle bestehenden und künftigen Forderungen des Gläubigers aus seiner bankmäßigen Geschäftsverbindung mit dem Hauptschuldner, JZ 1986, 426

Reischauer/Kleinhans
Kreditwesengesetz, Kommentar, 2006 (zit.: KWG)

Reiser
Das beleglose Scheckeinzugsverfahren im deutschen Kreditgewerbe, WM 1986, 409

Reithmann
Erwerber, Bauträger, Bank – Interessenausgleich im Bauträgervertrag, NJW 1997, 1816

Reithmann/Martiny
Internationales Vertragsrecht, 6. Aufl. 2004

Rellermeyer
Objektive Bezugsgrößen für die Bewertung von Kreditsicherheiten, WM 1994, 1009

Reuter
Der Fernabsatz und seine rechtliche Ausgestaltung der Europäischen Union, 2003

Riehm
Die überschießende Umsetzung vollharmonisierender EG-Richtlinien im Privatrecht, JZ 2006, 1035

Riehm
Das Gesetz über Fernabsatzverträge und andere Fragen des Verbraucherrechts, Jura 2000, 505

Riesenhuber
Information – Beratung – Fürsorge – Kritische Bemerkungen zum Vorschlag einer Verbraucherkredit-Änderungsrichtlinie, Zeitschrift für Bankrecht und Bankwirtschaft, ZBB 2003, 325

Riesenhuber
Fernabsatz von Finanzdienstleistungen im europäischen Schuldvertragsrecht, WM 1999, 1441

Rinze/Heda
Non-Performing Loan und Verbriefungs-Transaktionen: Bankgeheimnis, Datenschutz, § 203 StGB und Abtretung, WM 2004, 1557

Rögele/Görke
Novelle des Investmentgesetzes (InvG), BKR 2007, 393

Roitzsch/Wächter
Gesellschaftsrechtliche Probleme des Finanzmarktstabilisierungsgesetzes, DZWiR 2009, 1

Roitzsch/Wächter
Zweifelsfragen beim Erwerb von Risikopositionen nach dem FMStG, ZIP 2008, 2303

v. Rosen (Hrsg.)
Directors Dealings, Studien des DAI, Heft 19, 2002

Rösler
Bauträgerfinanzierung nach der Bauträger-I-Entscheidung, ZfIR 2001, 259

Rösler
Formbedürftigkeit der Vollmacht – Eine Darstellung nach Fallgruppen, NJW 1999, 1150

Rösler/Lang
Zinsklauseln im Kredit- und Spargeschäft der Kreditinstitute, ZIP 2006, 214

Rösler/Werner
Erhebliche Neuerungen im zivilen Bankrecht: Umsetzung von Verbraucherkredit- und Zahlungsdiensterichtlinie, BKR 2009, 1

Rösler/Wimmer
Zahlungsverpflichtungen und Zahlungsströme bei vorzeitiger Beendigung von Darlehensverträgen – eine kombiniert juristisch-betriebswirtschaftliche Analyse, WM 2000, 164

Rösler/Wimmer/Lang
Vorzeitige Beendigung von Darlehensverträgen, Begründung und Berechnung von Vorfälligkeitsentschädigung und Nichtabnahmeentschädigung aus juristischer und finanzmathematischer Sicht, 2002

Rössel
Finanzdienstleistungen im Fernabsatz, ITRB 2004, 236

Roßnagel
Recht der Multimedia-Dienste, 2000

Roth
Das Fernabsatzgesetz, JZ 2000, 1013

Rott
Die neue Verbraucherkredit-Richtlinie 2008/48/EG und ihre Auswirkungen auf das deutsche Recht,WM 2008, 1104

Rott
BB-Gesetzgebungsreport: Die Umsetzung der Richtlinie über den Fernabsatz von Finanzdienstleistungen im deutschen Recht, BB 2005, 53

Rott
„Heininger" und die Folgen für das Widerrufsrecht, VuR 2002, 49

Rust/Voß/Ritz/Zeising
Wertpapierprospektgesetz (WpPG) und EU-Prospektverordnung: WpPG, Kommentar, 2009

Sanio
CESR und die europäische Finanzmarktregulierung – die hohe Schule der Äquilibristik, in: Kley/Leven/Rudolph/Schneider, Festschrift für Rüdiger von Rosen, Aktie und Kapitalmarkt – Anlegerschutz, Unternehmensfinanzierung und Finanzplatz, 2008, S. 511

Sannwald
Entschädigungsansprüche von Kreditinstituten gegenüber auskunftsersuchenden Ermittlungsbehörden, NJW 1984, 2495

Schäfer, C.
Die harte Patronatserklärung – vergebliches Streben nach Sicherheit? – Zum Bestimmtheitsproblem und zur dogmatischen Einordnung, WM 1999, 153

Schäfer, F.
Sind die §§ 31 ff. WpHG n. F. Schutzgesetze i. S. v. § 823 Abs. 2 BGB?, WM 2007, 1872

Schäfer/Hamann
Kapitalmarktgesetze 2. Aufl. 2006

Schäfer/Lang
Die aufsichtsrechtliche Umsetzung der Zahlungsdiensterichtlinie und die Einführung des Zahlungsinstituts, BKR 2009, 11

Schäfer/Mimberg
Verkaufsbeschränkungen bei der Emission von Wertpapieren, in: Festschrift für Walther Hadding, 2004, S. 1063

Schaffland

Datenschutz und Bankgeheimnis bei Fusion – (k)ein Thema?, NJW 2002, 1539

Schaffland/Wiltfang

Bundesdatenschutzgesetz (BDSG), Loseblattwerk, Stand: 2010

Schanz

Börseneinführung, 3.Aufl. 2007

Schantz

Die Vereinbarkeit der Abtretung von Darlehensforderungen mit Bankgeheimnis und Datenschutzrecht, VuR 2006, 464

Schebesta

Rechtsfragen bei CpD-Konten und „Und-“Konten, WM 1985, 1329

Schebesta/Siedler

Die AGB der Volksbanken und Raiffeisenbanken, 2. Aufl. 2008

Schenke/Ruthig

Amtshaftungsansprüche von Bankkunden bei der Verletzung staatlicher Bankenaufsichtspflichten, NJW 1994, 2324

Schimansky

Verkauf von Kreditforderungen und Unterwerfung unter die sofortige Zwangsvollstreckung, WM 2008, 1049

Schimansky

Zinsanpassung im Aktivgeschäft: entsprechend vorgestellten Klauseln den Anforderungen des BGH?, WM 2003, 1449

Schimansky/Bunte/Lwowski (Hrsg.)

Bankrechts-Handbuch, 3. Aufl. 2007 (zit.: Schimansky/Bunte/Lwowski-*Bearbeiter*, Bankrechts-Hdb.)

Schlegelberger

Kommentar zum Handelsgesetzbuch in der seit dem 1. Oktober 1937 geltenden Fassung (ohne Seerecht). Erläutert von Geßler/Hefermehl/Hildebrandt/Schröder, 1960 ff.

Schlierbach

Anstaltslast und Gewährträgerhaftung, Kommunalwirtschaft 1975, 447

Schlierbach/Püttner

Das Sparkassenrecht in der Bundesrepublik Deutschland, 5. Aufl. 2003 (zit.: Sparkassenrecht)

Schmidt, D.

Einlagensicherung im deutschen Kreditwesen, 1977

Schmidt, K.
Die BGB-Außengesellschaft – rechts- und parteifähig, NJW 2001, 993

Schmidt, M.
Die Sorgfaltspflicht des Vorstands nach § 93 Abs. 1 AktG bei Kreditvergabeentscheidungen aus ökonomischer Sicht, ZBB 2006, 31

Schmidt/Lutter
Aktiengesetz, Kommentar, 2008

Schmidt-Räntsch
Gesetz zur Beschleunigung fälliger Zahlungen, ZfIR 2000, 337

Schmidt-Räntsch
Zum Gesetz über Fernabsatzverträge und andere Fragen des Verbraucherrechts sowie zur Umstellung von Vorschriften auf Euro, VuR 2000, 427

Schneider, Ch.
Der Vertrieb von Versicherungen über das Internet, Diss., Berlin 2004

Schneider, U.H.
Pflichten und Haftung bei grenzüberschreitenden Überweisungen, WM 1999, 2189

Schönke/Schröder
Strafgesetzbuch, Kommentar, 27. Aufl. 2006

Schönle
Bank- und Börsenrecht, 2. Aufl. 1976

Schönle
Das schweizerische Bankgeheimnis, 1978

Schrödermeier
Nachforschungspflichten einer Bank als Vermögensverwalterin zur Person ihrer Kunden, WM 1995, 2053

Schröter
Die neuen Bedingungen für ec-Karten, ZBB 1995, 395

Schröter
Die Freigabe von Globalsicherheiten, WM 1997, 2193

Schulte, Th./Schulte, U.
Informationspflichten im elektronischen Geschäftsverkehr – wettbewerbsrechtlich betrachtet, NJW 2003, 2140

Schulte-Mattler
Wucherzins bei Ratenkrediten und die Solvabilitätsverordnung, WM 2007, 1865

Schulze/Dörner/Ebert/Eckert/Hoeren/Kemper/Saenger/Schulte-Nölke/Staudinger
BGB Handkommentar, 4. Auflage 2005 (zit.: *Bearbeiter* in: Hk-BGB)

Schwark
Börsenrecht und Anlegerschutz, in: Kley/Leven/Rudolph/Schneider, Festschrift für Rüdiger von Rosen, Aktie und Kapitalmarkt – Anlegerschutz, Unternehmensfinanzierung und Finanzplatz, 2008 , S. 493

Schwark
Die Verhaltensnormen der §§ 31 ff. WpHG, in: Hadding/Hopt/Schimansky (Hrsg.), Das Zweite Finanzmarktförderungsgesetz in der praktischen Umsetzung, Bankrechtstag 1995, 1996, S. 109 (zit.: *Schwark* in: Bankrechtstag 1995)

Schwark
Kapitalmarktrechts-Kommentar, 3. Aufl. 2004

Schwintowski
Aufklärungspflichten beim Discount-Brokerage, ZBB 1999, 385

Schwintowski/Schäfer, F. A.
Bankrecht, Commercial Banking – Investment Banking, 3. Aufl. 2010 und 2. Aufl. 2004 (zit.: Schwintowski/Schäfer, Bankrecht)

Sehte
Erweiterung der bank- und kapitalmarktrechtlichen Organisationspflichten um Reporting-Systeme, ZBB 2007, 421

Seibert
Die neue „Verordnung über den Ersatz von Aufwendungen der Kreditinstitute" – mit einer Einführung, ZIP 2003, 1270

Selmer
Steuerrecht und Bankgeheimnis, 1989

Sichtermann/Feuerborn/Kirchherr/Terdenge
Bankgeheimnis und Bankauskunft, 3. Aufl. 1984

Siebel/Gebauer
Prognosen im Aktien- und Kapitalmarktrecht – Lagebericht, Zwischenbericht, Verschmelzungsbericht, Prospekt usw., Teil I, WM 2001, 118

Simitis (Hrsg.)
Bundesdatenschutzgesetz, 6. Aufl. 2006 (zit.: Simitis u. a.-*Bearbeiter*, BDSG)

Simon
The Application of the Market Economy Investor Principle in the German Landesbanken cases, EStAL 2007, 499

Slocock
EC and WTO Subsidy Control Systems – some Reflections, EStAL 2007, 249

Soergel
Kommentar zum Bürgerlichen Gesetzbuch, Bd. 2a, Allgemeiner Teil 3, §§ 13, 14, 126a-127, 194-225, 13. Aufl. 2002; Bd. 20, Familienrecht 4 §§ 1741-1921 BGB, 13. Aufl. 2000 (zit.: Soergel-*Bearbeiter*, BGB)

Spindler
Finanzkrise und Gesetzgeber – Das Finanzmarktstabilisierungsgesetz, DStR 2008, 2268

Spindler
Compliance in der multinationalen Bankengruppe, WM 2008, 905

Spindler
Aufklärungspflichten eines Finanzdienstleisters über eigene Gewinnmargen? – Ein „Kick-Back" zu viel, WM 2009, 1821

v. Staudinger (Begr.)
Kommentar zum Bürgerlichen Gesetzbuch mit Einführungsgesetz und Nebengesetzen, 13. Bearbeitung, Einführungsgesetz zum Bürgerlichen Gesetzbuche, Art. 219–245 EGBGB, 2003; Buch 1, Einleitung zum BGB und Allgemeiner Teil 1, §§ 1–14; Verschollenheitsgesetz, 2004; Buch 1, Allgemeiner Teil 3 und Beurkundungsverfahren, §§ 90–133; §§ 1–54, 63 BeurkG, 2004; Buch 2, Recht der Schuldverhältnisse, §§ 311, 311a, 312a–f, 2005

Stein
Homebanking mit HBCI: Wo sind die Einsatzgebiete?, Bank und Markt, 1998, 39

Steindorff
Nichtigkeitsrisiko bei Staatsbürgschaften, EuZW 1997, 7

Steins
Entwicklung der Informationspflichten im E-Commerce durch Rechtsprechung und Schuldrechtsreform, WM 2002, 53

Steuer
Girokonto für jedermann, WM 1998, 439

Steuer
Aktive Verbraucherpolitik der privaten Banken: Zehn Jahre Ombudsmannverfahren, Die Bank 2002, 460

Stockhausen
Die Einführung des HBCI-Standards aus bankrechtlicher Sicht, WM 2001, 605

Stoltenberg
Erlaubnis nur für natürliche oder juristische Personen?, ZKW 1989, 54
Strohmeyer
Regierungsentwurf zur verbesserten Durchsetzbarkeit von Anlegeransprüchen aus Falschberatung, ZBB 2009, 197
Süchting/Schneider/Link
Die fachliche Eignung von Verbandsprüfern der Sparkassen als Geschäftsleiter eines Kreditinstituts nach § 33 KWG unter besonderer Berücksichtigung der bankpraktischen Anforderungen, ZBB 1991, 120
Szagunn/Haug/Ergenzinger
Gesetz über das Kreditwesen, 6. Aufl. 1997, KWG
Szagunn/Wohlschieß
KWG, Kommentar, 5. Aufl. 1990

Taupitz
Kreditkartenmißbrauch: Thesen zur zulässigen Verteilung des Haftungsrisikos in AGB, NJW 1996, 217
Terpitz
Konsequenzen aus dem Scheckurteil des BGH vom 13. Juni 1988, Sparkassen 1989, 330
Terpitz
Stornoklausel; Widerruf; Überweisung; Bank; Rückbuchung; Bereicherung, NJW 1984, 1330
Than
Neue Rechtsentwicklungen für den grenzüberschreitenden Effektengiroverkehr, in: Festschrift für Siegfried Kümpel, hrsg. v. Ekkenga/Hadding/Hammen, 2003, S. 543
Theisen
Rechtsfolgen eines Schadensersatzanspruchs aus culpa in contrahendo, NJW 2006, 3102
Thilo
Bankgeheimnis, Bankauskunft und Datenschutzgesetze, NJW 1984, 582, 583
Thode
Rechtssicherheit für den Bauträgervertrag – eine Phantasmagorie, ZfIR 2001, 345
Thode/Peres
Anstaltslast und Gewährträgerhaftung bei kommunalen Sparkassen und Landesbanken, BB 1997, 1749

Thomas/Tischbein
Bankgeheimnis, Bankauskunft und Datenschutzgesetze, WM 1999, 1649

Tiedemann
Strafrechtliche Bemerkungen zu den Schutzgesetzen bei Verletzung des Bankgeheimnisses, ZIP 2004, 294

Tiedtke
Die Rechtsprechung des Bundesgerichtshofs zum Bürgschaftsrecht seit 1990, ZIP 1995, 521

Tiedtke/Langheim
Zur Wirksamkeit von Staatsbürgschaften, die unter Verstoß gegen europäisches Beihilfenrecht erteilt worden sind, ZIP 2006, 2251

Tollmann
Die Sicherstellung der Insolvenzfestigkeit bei der Asset Backed Securitization nach dem neuen Refinanzierungsregister, WM 2005, 2017

Ullmann
Der Bauträgervertrag – quo vadit?, NJW 2002, 1073

Ulmer
Computerprogramme im Fernabsatz, ITRB 2001, 140

Ulmer/Brandner/Hensen
AGB-Recht, Kommentar, 10. Aufl. 2006

Ungnade/Gorynia
Datenschutz und Kreditgewerbe, WM 1991, 124

Usinger
Fälligkeit- und Hinterlegungsvereinbarungen in Bauträgerverträgen, NJW 1987, 934

Veil
Vermögensverwaltung und Anlageberatung im neuen Wertpapierhandelsrecht – eine behutsame Reform der Wahlverhaltensregeln?, ZBB 2008, 34

Veil
Anlageberatung im Zeitalter der MiFID – Inhalt und Konzeption der Pflichten und Grundlagen einer zivilrechtlichen Haftung, WM 2007, 1821

Vogelsang
Der Einlagensicherungsfonds des Bundesverbands deutscher Banken im Lichte des Versicherungsrechts, 1990 (zit.: Einlagensicherungsfonds)

Vonderau

Von TARGET2 zu TARGET2-Securities – die europäische Integration in der Abwicklung geht weiter, ZKW 22/2009, Beilage der Deutschen Bundesbank, S. 2

Wältermann

Finanzierungen unter Einsatz von Lebensversicherungsansprüchen im Hinblick auf das Alterseinkünftegesetz – Handlungsbedarf zum Jahresende?, DStR 2004, 2029

Wagemann

Bankgeheimnis: Auskünfte gegenüber Staatsanwaltschaften, BankPraktiker 2008, 100

Wagner, E.

Neue Argumente zur Pfändbarkeit des Kontokorrentkredits, WM 1998, 1657

Wagner, M.

Die Einlagensicherung bei Banken und Sparkassen nach dem Einlagensicherungs- und Anlegerentschädigungsgesetz, 2004 (zit.: Einlagensicherung)

Wagner, O.

Die geänderten Sonderbedingungen für Wertpapiergeschäfte, WM 2007, 1725

Waldenberger

Alles schwebend unwirksam – Distanzgeschäfte nach dem Referentenentwurf eines Fernabsatzgesetzes, K&R 1999, 345

Weber

Die Rechtsprechung des BGH zur SCHUFA-Klausel, WM 1986, 846

Weber-Rey/Baltzer

Aufsichtsrechtliche Regelungen für Vermittler von Finanzanlagen und Vermögensverwalter nach der 6. KWG-Novelle, WM 1997, 2288

Wehrt

Die wettbewerbliche Funktion transparenter Zinsfälligkeitsabreden, ZBB 1994, 161

Weichert/Wenninger

Die Neuregelung der Erkundigungs- und Aufklärungspflichten von Wertpapierdienstleistungsunternehmen gem. Art. 19 RiL 2004/39/EG (MiFID) und Finanzmarkt-Richtlinie-Umsetzungsgesetz, WM 2007, 627 ff.

Weis/Rösler
Das Wahlrecht der finanzierenden Bank im Rahmen einer Freistellungsverpflichtungserklärung nach § 3 MaBV, ZIP 2002, 1520

Welter/Lang
Handbuch der Informationspflichten im Bankverkehr, 2004 (zit.: Hdb. der Informationspflichten)

Wendehorst
Das neue Gesetz über Fernabsatzverträge und andere Fragen des Verbraucherrechts, DStR 2000, 1311

v. Westphalen
Ausgewählte arbeits- und datenschutzrechtliche Fragen beim „Outsourcing" im Rahmen des § 25a Abs. 2 KWG, WM 1999, 1810

v. Westphalen
Rechtmäßigkeit der Entgelte im Privatkundengeschäft der Banken, WM 1995, 1209

v. Westphalen
Die Haftung des Leasinggebers beim „sale-and-lease-back", BB 1991, 149

v. Westphalen (Hrsg.)
Vertragsrecht und AGB-Klauselwerke, Loseblattwerk, 1993 ff., Stand: 12/2009 (zit.: *Bearbeiter* in: v. Westphalen, Vertragsrecht und AGB-Klauselwerke)

v. Westphalen/Emmerich/v. Rottenburg
Verbraucherkreditgesetz, Kommentar, 3. Aufl. 2002, (zit.: v. Westphalen/Emmerich/v. Rottenburg-*Bearbeiter*, VerbrKrG).

Willingmann
Auf dem Weg zu einem einheitlichen Vertriebsrecht für Waren und Dienstleistungen in der Europäischen Union? – Die Richtlinie über den Verbraucherschutz bei Vertragsabschlüssen im Fernabsatz (97/7/EG), VuR 1998, 395

Wilmer/Hahn
Fernabsatzrecht mit Finanzdienstleistungs-, Versicherungs- und Haustürgeschäfterecht, 2. Aufl. 2005, (zit.: Wilmer/Hahn-*Bearbeiter*)

Wimmer
Zinsanpassung bei variablen Darlehen: Eignung alternativer Referenzzinssätze, WM 2008, 2237

Wissel/Becker
Inadmissible State Aid in the Case of Tripartite Legal Relationships, EStAL 2008, 250

Wolf/Lindacher/Pfeiffer
AGB-Recht, Kommentar, 5. Aufl. 2009

Zahn
Der kaufrechtliche Nacherfüllungsanspruch – ein trojanisches Pferd im Leasingvertrag?, DB 2002, 985

Zenke/Ellwanger
Handel mit Energiederivaten, 2003

Zingel
Die Verpflichtung zur bestmöglichen Ausführung von Kundenaufträgen nach dem Finanzmarkt-Richtlinie-Umsetzungsgesetz, BKR 2007, 173

Zöller (Begr.)
Zivilprozessordnung, Kommentar, 28. Aufl. 2010 und 27. Aufl. 2009, (zit.: Zöller-*Bearbeiter*, ZPO)

Zöllner
Datenschutzrechtliche Aspekte der Bankauskunft, ZHR 149 (1985), 179

Kapitel 1 Rechtsgrundlagen und Organisation der deutschen Kreditwirtschaft

Übersicht

I. Einführung

1.1 Der Kreditwirtschaft kommt eine **Schlüsselfunktion innerhalb der Volkswirtschaft** zu. Als Kapitalsammelstelle der Privaten, der Unternehmen und der öffentlichen Hände bedarf sie eines besonderen Vertrauens in ihre Solvenz, Stabilität und Seriosität. Krisen in der Kreditwirtschaft haben häufig negative Auswirkungen auf andere Bereiche der Wirtschaft, wie die Bankenkrise des Jahres 1923 (Zusammenbruch der Danat- und Nationalbank) oder die jüngsten Erschütterungen der Weltwirtschaft als Folge der sog. Subprime-Krise[1)] samt Zusammenbruch des US-amerikanischen Investmenthauses Lehman Brothers am 15. September 2008 deutlich machten. Nicht nur die Anlagen der Sparer und Finanzinvestoren werden durch eine Bankenkrise gefährdet. Auch Störungen der Finanzierung der Wirtschaft – besonders des Mittelstands – können schwerwiegende Nachteile der Gesamtwirtschaft bewirken.

1.2 Dies ist einer der Hauptgründe für die starke **Reglementierung der Branche** durch das Kreditwesengesetz, das Wertpapierhandelsgesetz und eine Vielzahl weiterer Spezialgesetze, Verordnungen und aufsichtlicher Verlautbarungen. Die weitere Aufgabe, die Wirtschaft, die öffentlichen Hände und die Privaten mit Krediten zu versorgen und Projekte zu finanzieren, begründet die zweite Seite ihrer volkswirtschaftlichen Schlüsselfunktion. In diesem Rahmen ergänzen Wertpapierhandel und Börsen die Kapitalsammlung und Finanzierung der Wirtschaft sowohl mit Eigen- wie mit Fremdkapital (Schuldverschreibungen). Allerdings nimmt die Kreditwirtschaft nicht allein die Funktion der Kapitalsammlung und Finanzierung wahr. Sie steht in Wettbewerb insbesondere mit Versicherungsunternehmen, der Direktfinanzierung der Wirtschaft, z. B. durch Industrieobligationen oder konzerninterne Finanzierung und mit spezialisierten Finanzdienstleistern z. B. i. R. d. Vermittlung und Bündelung der Kapitalaufbringung durch besicherte Schuldverschreibungen (Asset-Backed-Securities – ABS).

1) Siehe dazu unten Rz. 1.8.

II. Rechtsquellen des deutschen Bankrechts

Das Bankrecht stellt kein homogenes Rechtsgebiet dar, sondern setzt sich aus einem breiten Spektrum von Gesetzes- und Vertragsrecht zusammen. Spezifische bankrechtliche Regelungen finden sich im BGB, dem Handels- und Gesellschaftsrecht, dem Insolvenzrecht, dem Wertpapier- und Depotrecht, Spezialgesetzen, wie dem Pfandbriefgesetz oder dem Investmentgesetz, und zum erheblichem Teil im Öffentlichen Recht, besonders dem Recht der Banken- und Wertpapieraufsicht. 1.3

1. Bürgerliches Recht

Das BGB regelt die allgemeinen Grundlagen für im Bankverkehr entwickelte Vertragstypen, für die es keine gesetzliche Regelung gibt. Beispiele sind die verschiedenartigen Einlagenverträge aber auch die Rechtsgrundlagen für so komplexe Geschäfte wie derivative Finanzinstrumente. Das Vertragsverhältnis zwischen Bank und Kunde basiert auf den in den §§ 675 ff. BGB enthaltenen Regelungen des **Geschäftsbesorgungsvertrags.** 1.4

Das BGB enthält die Grundregelungen zum **Darlehensvertrag** und dabei insbesondere die Bestimmungen der §§ 491 ff. BGB über Verbraucherdarlehen einschließlich des Überziehungskredites. Zur Darlehenssicherung dient insbesondere die Grundschuld (§§ 1191 ff. BGB), die Abtretung (§§ 398 ff. BGB), die Bürgschaft (§ 765 ff. BGB) sowie das Pfandrecht an beweglichen Sachen und Rechten (§§ 1204 ff. BGB).

§§ 675a bis 676c BGB enthalten spezifische Regelungen für die Geschäftsbesorgung durch Kreditinstitute, u. a. für den **Girovertrag und den Zahlungsdienstevertrag.**

Das Recht der **Inhaber- und der Orderschuldverschreibungen** ist in den §§ 793 ff. BGB angelegt. Auch Schuldversprechen, Schuldanerkenntnis und Anweisung (§§ 780 ff. BGB) können dem Bankrecht zugeordnet werden.

2. Handels- und Gesellschaftsrecht

§ 355 HGB enthält neben § 675f BGB eine wesentliche Rechtsgrundlage für den Girovertrag – nämlich die **Kontokorrentabrede**. Außerdem enthalten die Bestimmungen über Handelsgeschäfte eine Reihe von Regelungen, die für das Bankrecht Bedeutung haben – so z. B. § 354a HGB (Begrenzung des Abtretungsausschlusses), §§ 363 ff. HGB hinsichtlich des Wertpapiergeschäfts sowie die Regelungen zum **Kommissionsgeschäft** als Basis für den Wertpapierhandel. Das **Wechsel- und Scheckrecht** ist schließlich eine klassische bankrechtliche Materie, wenn sie im modernen Bankgeschäft auch eher abnimmt. 1.5

Weiterhin kommt den speziellen **Vorschriften über den Jahresabschluss** für Kreditinstitute und Finanzdienstleistungsinstitute der §§ 340 ff. HGB eine be- 1.6

sondere Bedeutung zu. Hinzu kommen die Spezialregelungen der Kreditinstituts-Rechnungslegungs-VO (RechKredV) und der Prüfungsberichtsverordnung. Diese Bestimmungen bilden eine Grundlage und ergänzen die bankaufsichtlichen Anforderungen an die Institute und spielen daher bei der Beurteilung von Anforderungen und Beanstandungen der Bankenaufsicht eine maßgebliche Rolle.

3. Wertpapier-, Börsen- und Depotrecht

1.7 Wesentliche gesetzliche Grundlagen für das Wertpapiergeschäft sind neben den §§ 793 ff. BGB, das Wertpapierprospektgesetz, das Depotgesetz, das Verkaufsprospektgesetz sowie ergänzende Verordnungen hierzu. Zum Recht der Schuldverschreibungen gehört auch das in der Praxis kaum bekannte Gesetz über Schuldverschreibungen aus Gesamtemissionen (Schuldverschreibungsgesetz) vom 31. Juli 2009. Es kommt bei bestimmten Emissionen und insbesondere bei der Insolvenz von Kreditinstituten, die Inhaberschuldverschreibungen ausgegeben haben, zur Anwendung.

Das **Wertpapierhandelsgesetz** ist zwar grundsätzlich ein dem Kreditwesengesetz ähnliches Aufsichtsgesetz, enthält aber eine Vielzahl von allgemeinen und besonderen Verhaltensregeln im Kundenverkehr, im Marktauftritt, bei der Emission von und im Handel mit Wertpapieren usw. In diesem Zusammenhang beinhaltet auch das Wertpapierübernahmegesetz samt der ergänzenden Verordnungen und amtlichen Verlautbarungen hierzu eine bankrechtlich bedeutsame Materie. Das **Börsengesetz**, die Börsenzulassungsverordnung und eine Vielzahl ergänzender Verordnungen und Geschäftsbedingungen des Börsenverkehrs bilden die Rechtsgrundlagen für den Börsenhandel.

4. Finanzmarktstabilisierungsgesetz

a) Die Subprime-Krise

1.8 Die Krise der Finanzmärkte seit etwa Mitte 2007 und insbesondere die sog. Subprime-Krise mit dem Zusammenbruch von Lehman Brothers am 15. September 2008, einer der bedeutendsten amerikanischen Investmentbanken, führten zu einer **weltweiten Vertrauenskrise** in das Finanzsystem mit Folgewirkungen für die Weltwirtschaft. Ausgelöst wurde die Subprime-Krise vor allem durch eine nahezu schrankenlose Anlage in **nachrangigen Verbriefungen** (Asset-Backed-Securities – ABS) fragwürdiger US-amerikanischer Immobilien- und Verbraucherkredite. Die zugrunde liegenden Kreditforderungen waren infolge einer exzessiven Vertriebsstrategie der US–amerikanischen Kreditgeber hoch ausfallgefährdet. Dieses Geschäftsmodell basierte auf nachfolgender Poolbildung, Verbriefung (Securitization) und Risikoverlagerung durch Veräußerung an Banken oder andere institutionelle Anleger. Zusätzlich wurden die Forderungen der Wertpapierpools in Tranchen mit abgestuften Ausfallrisiken und entsprechend unterschiedlicher Verzinsung nach Bonität (Subprime-Strukturierung) aufgeteilt, wobei auch die einzelnen Tranchen nach dem gleichen Muster wasserfallartig und immer undurchsichtiger weiter aufgespalten wurden. Die Anlage in solchen strukturierten Wertpapieren erfolgte häufig über zwischengeschaltete Zweckgesellschaften (Special Investment Vehicles-SIV), deren Liquidität durch meist kurzfristige Refinanzierungszusagen gesichert war.[2)]

Auf diese Weise konnten Volumina aufgebaut werden, die weit über den durch die bankaufsichtlichen Eigenmittelanforderungen begrenzten Kreditmöglichkeiten der liquiditätssichernden Institute lagen. Denn das Eigenkapitalregime des KWG wurde durch die Nutzung nicht bilanzierungspflichtiger und somit schwer kontrollierbarer Garantien oder durch nicht erfasste revolvierende kurzfristige (maximal 364 Tage) Kreditzusagen ausgehebelt. Diese eher ungewöhnliche Form der Refinanzierung oder Gewährleistung der eigenen Zweckgesellschaften legt den Schluss nahe, dass sehr viel mehr bankgeschäftliche Erfahrung und Gestaltungsphantasie auf die **Vermeidung der bankaufsichtlichen Kontroll- und Begrenzungsmechanismen** aufgewandt wurde als auf die Erfassung und Beherrschung der eingegangenen Risiken. 1.9

Der Zusammenbruch dieses Systems hatte einen weltweiten Vertrauensverlust in die Stabilität der Finanzinstitute zur Folge, der unter anderem dazu führte, dass deren Refinanzierung im Interbankenverkehr weitgehend zum Erliegen kam. Neben einem immensen Wertberichtigungsbedarf kam es daher auch zu einer nachhaltigen **Liquiditätskrise im Finanzsektor**. 1.10

b) Maßnahmen des Gesetz- und Verordnungsgebers

Nach Beratungen der Finanzminister der G-7 Staaten am 10. Oktober 2008 und der Staats- und Regierungschefs der Mitgliedstaaten der Eurozone am 12. Oktober 2008 legte die Bundesregierung innerhalb weniger Tage den Gesetzentwurf eines Finanzmarktstabilisierungsgesetzes vor, das extrem kurzfristig von den gesetzgebenden Organen verabschiedet wurde und bereits am 20. Oktober 2008 in Kraft trat.[3)] Ziel des Gesetzes ist es laut Gesetzesbegründung, durch ein Maßnahmenpaket ein tragfähiges Instrumentarium zu schaffen, um die bestehenden **Liquiditätsengpässe zeitnah zu überwinden und die Stabilität des deutschen Finanzmarktes** zu stärken. 1.11

Das als Artikelgesetz konzipierte Finanzmarktstabilisierungsgesetz enthält das **Finanzmarktstabilisierungsfondsgesetz** (FMStFG), ein Gesetz zur Beschleunigung und Vereinfachung des Erwerbs von Anteilen an sowie von Risikopositionen von Unternehmen des Finanzsektors durch den Finanzmarktstabilisierungsfonds (sog. **Beschleunigungsgesetz**) sowie begleitende Regelungen im 1.12

---

2) Eine anschauliche Darstellung enthält der Beschluss des OLG Düsseldorf v. 9.12.2009 – I 6 W 45/09, ZIP 2010, 28.

3) Gesetz zur Umsetzung eines Maßnahmenpakets zur Stabilisierung des Finanzmarktes (Finanzmarktstabilisierungsgesetz – FMStG) v. 17.10.2008, BGBl. I, 1982.

KWG, im Versicherungsaufsichtsgesetz, der Insolvenzordnung u. a. Ergänzend wurde am 7. April 2009 das **Rettungsübernahmegesetz** verabschiedet, das für einen kurzen Zeitraum – bis 30. Juni 2009 – eine Enteignung zuließ. Von dieser auf die Hypo Real Estate Bank gezielten Möglichkeit machte der Bund jedoch nicht Gebrauch, sondern erreichte die notwendige Kapitalmehrheit auf gesellschaftsrechtlicher Basis. Das FMStFG sieht die Errichtung eines Sonderfonds zur Finanzmarktstabilisierung (SoFFin) vor, der im Wesentlichen folgende Maßnahmen finanzieren kann:

- Die **Übernahme staatlicher Garantien** für neu begründete Refinanzierungsverbindlichkeiten mit Laufzeiten von bis zu drei Jahren.
- Die **Beteiligung des Bundes** an Unternehmen des Finanzsektors.
- Die **Übernahme von Risikopositionen** (z. B. wertberichtigungsbedürftige Forderungen oder Wertpapierpositionen der Banken) durch den Bund.

1.13 Bevorzugt soll die Übernahme von Garantien z. B. für neu emittierte Schuldverschreibungen eingesetzt werden. Diese Maßnahme zielt in erster Linie auf die **Überwindung von Liquiditätsengpässen** zur Verbesserung der Refinanzierungsmöglichkeiten durch hierfür gewährte Staatsgarantien. Beteiligungen des Bundes (auch nachrangige) sollen im Bedarfsfall der Stärkung der Eigenkapitalbasis von Unternehmen des Finanzsektors dienen. Die schließlich in § 8 FMStFG vorgesehene Risikoübernahme ermöglicht den Ankauf in der Regel wertberichtigter Forderung, Wertpapiere oder weiterer Finanzinstrumente.

1.14 Der maximale Rahmen von Stabilisierungsmaßnahmen ist auf 480 Mrd. Euro festgelegt. Dementsprechend sieht § 9 FMStFG eine Kreditermächtigung i. H. v. 70 Mio. Euro zur Deckung von Aufwendungen und Maßnahmen zur Rekapitalisierung oder Risikoübernahme vor, die unter bestimmten Umständen um bis zu 10 Mrd. Euro überschritten werden kann. Weitere 20 Mrd. Euro dürfen vom Bundesministerium der Finanzen aufgenommen werden, um Garantien des Fonds bis zur Höhe von 400 Mrd. Euro im Falle von Inanspruchnahmen zu decken.

1.15 Die **Ausführungsbestimmungen** sind in der Verordnung zur Durchführung des Finanzmarktstabilisierungsfondsgesetzes (FMStFV) vom 20. Oktober 2008 geregelt. Neben Bestimmungen über die Verwaltung des SoFFin enthält die Verordnung Verfahrensregelungen für Garantieübernahmen, Rekapitalisierung oder Risikoübernahmen sowie die dabei mit den Antragsstellern zu vereinbarenden Bedingungen und Auflagen.

1.16 Das Maßnahmenpaket der Bundesregierung wurde mit der Europäischen Kommission insbesondere im Hinblick auf den Beihilfeaspekt abgestimmt und von dieser gebilligt. Dies schließt jedoch die **Beihilfekontrolle** der Kommission hinsichtlich der einzelnen Stabilisierungsmaßnahmen, insbesondere der dabei vereinbarten Entgelte und sonstigen Konditionen, nicht aus.[4)]

c) Das Finanzmarktstabilisierungsfondsgesetz

Adressaten der Stabilisierungsmaßnahmen des Bundes können nur **Unternehmen des Finanzsektors** sein. Dazu gehören im Wesentlichen: 1.17

- Kreditinstitute und Finanzdienstleistungsinstitute gemäß § 1 Abs. 1 und Abs. 1a KWG;
- Versicherungsunternehmen einschließlich Rückversicherungsgesellschaften;
- Pensionsfonds;
- Kapitalanlagegesellschaften nach dem Investmentgesetz;
- Betreiber von Wertpapier- und Terminbörsen.

Als Instrument zur Umsetzung der vorgesehenen Stabilisierungsmaßnahmen bestimmen die §§ 1–3 FMStFG die Errichtung des **Finanzmarktstabilisierungsfonds** – FMS. Er ist nicht rechtsfähig, kann aber unter seinem Namen im rechtsgeschäftlichen Verkehr handeln, klagen und verklagt werden. Der Fonds dient der Stabilisierung des Finanzmarktes durch Überwindung von Liquiditätsengpässen und durch Schaffung von Rahmenbedingungen für eine Stärkung der Eigenkapitalbasis von Finanzinstituten (§ 2 FMStFG). 1.18

Weiterhin ist gemäß § 3a FMStFG die Bundesanstalt für **Finanzmarktstabilisierung** – FMSA als bundesunmittelbare, rechtsfähige Anstalt des öffentlichen Rechts im Geschäftsbereich des Bundesministeriums der Finanzen mit Sitz in Frankfurt am Main errichtet. Dieser Anstalt ist gemäß § 1 FMStFV die **Verwaltung des Finanzmarktstabilisierungsfonds** einschließlich der Entscheidungen über Maßnahmen nach dem FMStFG übertragen. Sie untersteht der Rechts- und Fachaufsicht des Bundesministeriums der Finanzen. Grundsatzfragen und Angelegenheiten von besonderer Bedeutung entscheidet ein Lenkungsausschuss auf Vorschlag der Finanzmarktstabilisierungsanstalt (§ 4 Abs. 1 Satz 2 FMStFG). 1.19

Die **Übernahme von Garantien** dient der Sicherung der kurz- und mittelfristigen Refinanzierungsbasis – und damit auch der Liquidität – der Institute des Finanzsektors. Sie ist an eine Reihe einschränkender Bedingungen geknüpft. Garantiert werden können Neuemissionen und sonstige Verbindlichkeiten, die nach Inkrafttreten des Gesetzes begründet wurden und längstens bis 31. Dezember 2015 laufen sowie eine Laufzeit von regelmäßig 36 und maximal 60 Monaten haben. Die Übernahme einer Garantie setzt grundsätzlich eine angemessene Eigenkapitalausstattung des Garantienehmers voraus. An der Eigenmittelausstattung orientiert sich auch die Obergrenze für eine Garantieüber- 1.20

4) Näheres vgl. Rz. 5.35 ff., 5.62 ff.

nahme. Ist diese nicht gegeben, kommt ergänzend eine Kapitalzuführung durch Beteiligung des Bundes nach § 7 FMStFG in Betracht. Die Garantie ist angemessen zu verzinsen, worauf auch die Beihilfekontrolle der Europäischen Kommission achtet.

1.21 Als Rekapitalisierungsmaßnahmen sieht das Gesetz die **Beteiligung des Bundes** an Instituten des Finanzsektors vor. Möglich ist jede Art von Eigenkapitalbeteiligung an Unternehmen des Finanzsektors, also z. B. der Erwerb von Anteilen, besonders Vorzugaktien, stillen Beteiligungen oder anderer Eigenmittelbestandteile der begünstigten Institute. Derzeit dürften im Wesentlichen aber nur stille Beteiligungen vereinbart werden.

1.22 Die Beteiligungsübernahme soll an eine Reihe von **einschränkenden Bedingungen** geknüpft werden. Nach § 5 Abs. 2 FMStFV kann z. B. verlangt werden, dass bestimmte Risikogeschäfte reduziert oder unterlassen werden, Kreditinstitute, insbesondere den Kreditbedarf der inländischen Wirtschaft und dabei vor allem kleiner und mittlerer Unternehmen zu üblichen Konditionen befriedigen und dass die Vergütungssysteme die Leitungsorgane nicht zur Eingehung unangemessener Risiken verleiten, sondern an langfristigen und nachhaltigen Zielen ausgerichtet und transparent gestaltet werden.

1.23 Die weitere Vorgabe in § 5 Abs. 2 Nr. 3 und 4 FMStFV, dass der Fonds darauf hinwirken soll, dass die **Vergütung von Organmitgliedern** angemessen sein und demgemäß einschließlich Tantiemen usw. 500.000 Euro pro Jahr nicht übersteigen soll, hat erhebliche Diskussionen ausgelöst[5] und ist zumindest i. R. unkündbarer Dienstverträge der Organmitglieder allenfalls bei freiwilligem Verzicht umsetzbar,[6] was die FMStV durch den Vorbehalt „i. R. d. zivilrechtlichen Möglichkeiten" auch zum Ausdruck bringt. Die Sicht, dass die Höhe der Vergütung weder die „Politiker" noch die „Fernsehzuschauer" etwas angehe,[7] teilt der Verfasser hinsichtlich Politik oder Gesetzgeber nicht. Vielmehr gewährleisten die gesellschaftsrechtlichen Rahmenbedingungen die vorausgesetzte Möglichkeit, dass die Anteilseigner eine ihren Interessen gerechte und konkret umsetzbare Kontrolle der Vergütungen auch tatsächlich ausüben können, nicht. In den westlichen Wirtschaftssystemen hat sich vielmehr eine von gegenseitiger Interessenidentität getragene **Allianz der Vorstände und ihrer Aufsichtsorgane** herausgebildet, die – zumindest im Hinblick auf die Vergütungspraxis – einer **nicht effizienten Kontrolle durch die Anteilseigner** unterliegt. Auf dieser Basis entwickelte sich eine weltweite Praxis von risikolosen Erfolgsbeteiligungen sowie sonstiger Vergütungen, die auch bei Anerkennung einer kaum quantifizierbaren Angemessenheitsgrenze jeden vernünftigen Rahmen eines nur zur Dienstleistung verpflichteten Nichtunternehmers sprengen. Das

5) Vgl. z. B. *Brück/Schalast/Schanz*, BB 2008, 25, 29; *Mann*, DZWiR 2008, 499.

6) Näheres siehe *Brück/Schalast/Schanz*, BB 2008, 25, 29 u. *Spindler*, DStR 2008, 2268, 2272.

7) So *Roitzsch/Wächter*, DZWiR 2009, 1, 6.

Gesetz zur Angemessenheit der Vorstandsvergütung vom 31. Juli 2009[8] bemüht sich zwar um mehr Transparenz bei der Festsetzung von Vergütungssystemen und um allgemeine Kriterien für Erfolgsbeteiligungen. Eine effiziente Einschränkung faktischer Selbstbedienung der Leitungs- und Aufsichtsorgane und unangemessene Vergütungen dürfte es aber kaum bewirken. Die für von der SoFFin unterstützte Institute gefundene Lösung einer fixen Grenze von 500.000 Euro kann gleichfalls nur als vorläufige Notlösung dienen. Es verbleibt der rechtspolitische Bedarf, die Auswüchse der geschilderten Entwicklung durch geeignete und hinreichend flexible gesellschaftsrechtliche Mechanismen zu verhindern.

Als weitere Bedingung sollen während der Laufzeit der Rekapitalisierungsmaßnahme **keine Dividenden** ausgeschüttet werden. Die Rekapitalisierungsmaßnahme ist schließlich angemessen zu vergüten.[9] Im Falle der Gewährung einer stillen Beteiligung an die Commerzbank wurde eine Verzinsung der stillen Einlage i. H. v. 9 % vereinbart. Die Beihilfeaufsicht der Europäischen Kommission geht bei krisengefährdeten Instituten von einer noch höheren Vergütung für Kapitalmaßnahmen aus.[10] 1.24

Rekapitalisierungsmaßnahmen sind jedoch **nicht als dauerhafte Teilverstaatlichung** geplant. Bei der Wiederveräußerung der von dem Fonds erworbenen Anteile oder sonstigen Kapitalbestandteile soll den Aktionären oder Gesellschaftern der betroffenen Unternehmen ein Bezugsrecht eingeräumt werden (§ 13 Beschleunigungsgesetz). Außerdem soll die Veräußerung marktschonend erfolgen (§ 3 FMStFV). 1.25

Risikoübernahmen durch den Fonds sollen nur ausnahmsweise erfolgen. Danach können Forderungen, Wertpapiere, Derivative, sonstige Finanzinstrumente, Beteiligungen, Garantien oder Gewährleistungen samt zugehöriger Sicherheiten zum Buchwert oder einen niedrigeren Marktwert durch den Fonds erworben oder auf andere Weise abgesichert werden. Zivilrechtliche Abtretungs- oder Übertragungshindernissen hindern eine wirksame Übertragung an den SoFFin nicht. Ebenso ist die Übertragung in einem späteren Insolvenzverfahren gemäß § 16 Abs. 1 Satz 1 Beschleunigungsgesetz nicht anfechtbar.[11] Im Ergebnis fungiert der Fonds als „bad bank".[12] Die Obergrenze für Risikoübernahmen des antragsstellenden Unternehmens beträgt 5 Mrd. Euro. § 4 1.26

8) BGBl. I, 2509.

9) Weitere Einzelheiten vgl. § 2 Abs. 2 FMStFV.

10) *Drost*, Handelsblatt v. 30.12.2008; vgl. im Übrigen zu den anwendbaren Beihilfegrundsätzen, Rz. 5.79.

11) *Roitzsch/Wächter*, ZIP 2008, 2303 weisen allerdings darauf hin, dass diese Einschränkungen der Rechte Dritter bei Vertragsverhältnissen mit Auslandsbezug unter Umständen keine Anwendung finden.

12) *Spindler*, DStR 2008, 2268.

FMStFV sieht vor, dass eine Reihe von weiteren Auflagen und Bedingungen vereinbart werden sollen – so z. B. eine Rückkaufverpflichtung des Veräußerers im Bedarfsfalle. Die Maßnahme bringt angesichts des Ankaufs zum Buch- oder niedrigeren Marktwert für das veräußernde Institut zwar keine finanzielle Entlastung, ermöglicht aber eine geeignete Verwertung ohne kurzfristige Liquiditäts- oder Marktzwänge.

1.27 Weiterhin kann der Fonds Garantien für Schuldtitel von **Zweckgesellschaften** übernehmen, die die Zweckgesellschaft als Gegenleistung für die Übernahme (notleidender) strukturierter Wertpapiere und damit verbundener Absicherungsgeschäfte an Institute begibt (§ 6a FMStFG). Die FMSA kann schließlich teilrechtsfähige **Abwicklungsgesellschaften** errichten, die an seiner Stelle Risikopositionen von Instituten übernehmen (§ 8a FMStFG). Das Gesetz trifft weiterhin Regelungen für rechtlich selbständige landesrechtliche Abwicklungsanstalten mit ähnlicher Funktion.

d) Beschleunigungsgesetz

1.28 Das Gesetz dient der Erleichterung und Beschleunigung von Rekapitalisierungsmaßnahmen, um schnelle und effiziente Beteiligungen an unterkapitalisierten Instituten des Finanzsektors zu ermöglichen. Dazu sieht das Beschleunigungsgesetz eine Reihe **gesellschafts-, kapitalmarkt- und wirtschaftsrechtlicher Lockerungen** vor allem des Aktiengesetzes, des HGB, des Börsengesetzes und des Kartellgesetzes vor.

1.29 Neu ist vor allem ein **gesetzlich genehmigtes Kapital**, das der Vorstand einer Aktiengesellschaft des Finanzsektors ohne Beteiligung der Hauptversammlung nur mit Zustimmung des Aufsichtsrats beschließen kann. Das Gesetz ist bei zum 31. Dezember 2010 befristet. Das Bezugsrecht der Aktionäre ist ohne deren Mitwirkung ausgeschlossen. Soweit bereits genehmigtes Kapital besteht, reduziert sich dieses im Umfang des nach § 3 Beschleunigungsgesetz genehmigten Kapitals. Auch bei der Ausstattung der Aktien entscheidet der Vorstand ausschließlich mit Zustimmung des Aufsichtsrats. Er kann insbesondere Vorzugsaktien ohne Stimmrecht ausgeben, bei denen der Vorzug nicht nachzahlbar ist. Die vom Vorstand beschlossene Kapitalerhöhung durch Einführung von genehmigtem Kapital ist unverzüglich in das Handelsregister einzutragen, ohne dass der Registerrichter eine Prüfung vornimmt. Entsprechende Regelungen gelten für die Ausgabe von Genussrechten und stillen Einlagen (§ 8 und § 15 Beschleunigungsgesetz). Die Eingehung einer stillen Beteiligung gilt laut gesetzlicher Regelung nicht als Unternehmensvertrag und bedarf keiner Eintragung in das Handelsregister.

1.30 Daneben kann eine Erhöhung des Grundkapitals unter Ausschluss des Bezugsrechts zugunsten des Fonds auch durch die Hauptversammlung unter erleichterten Bedingungen beschlossen werden (§ 7 Beschleunigungsgesetz). Eine

Priorität gegenüber der Beschlussfassung alleine durch den Vorstand besteht nicht. Vielmehr kommt die **Beschlussfassung durch die Hauptversammlung** z. B. in Betracht, wenn das Grundkapital um mehr als 50 % erhöht werden soll oder wenn hinreichend Zeit vorhanden ist. Die Einberufungsfrist für die Hauptversammlung betrug ursprünglich nur einen Tag und seit 2. August 2009 21 Tage. Die Anmeldung zum Handelsregister und die Eintragung haben unverzüglich zu erfolgen, wobei der Registerrichter ausschließlich eine offensichtliche Nichtigkeit des Beschlusses berücksichtigen muss.

1.31 Gegen diese Maßnahmen sind **verfassungsrechtliche und europarechtliche Einwände** formuliert worden. So wird vertreten, dass die weitgehenden Eingriffe in die mitgliedschaftliche Stellung und die vermögensrechtlichen Ansprüche der Aktionäre den Eigentumsschutz des Art. 14 GG verletzen können.[13] Außerdem bestünden europarechtliche Zweifel aufgrund der Kapitalrichtlinie 77/91, die zwingend die Befassung der Hauptversammlung mit Kapitalerhöhung und Bezugsrechtsausschluss sowie der Beschaffung eines genehmigten Kapitals vorsieht und in Deutschland unmittelbar anwendbares Recht ist.[14] Im Zusammenhang mit den parlamentarischen Kontrollrechten werden auch aus handelsrechtlicher Sicht verfassungsrechtliche Bedenken erhoben.[15]

e) Rettungsübernahmegesetz

1.32 Am 7. April 2009[16] ist ergänzend das Gesetz zur Rettung von Unternehmen zur Stabilisierung des Finanzmarktes erlassen worden. Es soll nach der Gesetzesbegründung[17] als **Ultima Ratio** die Möglichkeit der Verstaatlichung einer in Schwierigkeiten geratenen Bank ermöglichen. Bedingung ist, dass die zivil- und gesellschaftsrechtlichen Handlungsoptionen nach dem FMStFG samt Beschleunigungsgesetz nicht ausreichen. Es soll in jedem Fall nachrangig gegenüber diesen Instrumenten sein. Unter diesen Voraussetzungen können Enteignungen zur Sicherung der Finanzmarktstabilität vorgenommen werden.

1.33 Der **Enteignungsakt** erfolgt durch Rechtsverordnung der Bundesregierung, die ohne Zustimmung des Bundesrates erlassen werden kann. Das Bundesfinanzministerium führt das Enteignungsverfahren durch. Rechtsschutz besteht vor dem Bundesverwaltungsgericht als einzigster Instanz. § 6 Abs. 2 Rettungsübernahmegesetz bestimmt außerdem, dass ein Unternehmen, dessen Eigentümer enteignet wurden, unverzüglich wieder zu privatisieren ist, sobald es nachhaltig stabilisiert ist. Den früheren Anteilsinhabern soll ein Recht auf bevorzugten Erwerb eingeräumt werden.

---

13) *Roitzsch/Wächter*, DZWiR 2009, 1, 2.

14) *Roitzsch/Wächter*, DZWiR 2009, 1, 2; *Spindler*, DStR 2008, 2268, 2273.

15) *Brück/Schalast/Schanz*, BB 2008, 2527.

16) BGBl. I , 725, 729.

17) BT-Drucks. 16/12100.

1.34 Anlass für dieses Gesetz waren die Verhältnisse bei der Hypo Real Estate (HRE), deren nicht schon vorher vom Bund übernommenen Aktien nach diesem Gesetz hätten enteignet werden können. Dazu kam es allerdings nicht, weil die SoFFin die Minderheitsaktionäre mit aktienrechtlichen Mitteln (§§ 327a ff. AktG – Squeeze Out) ausschließen konnte. Die Enteignungsmöglichkeit soll nicht dauerhaft bestehen beleiben. Dennoch ist das Gesetz nicht befristet, weil Pflichten – z. B. zur Reprivatisierung – und Rechte der Enteigneten nicht begrenz sein sollen. Faktisch ist das Gesetz **wirkungslos** geblieben, weil nach § 6 Abs. 1 Rettungsübernahmegesetz eine Enteignungsentscheidung nur bis zum 30. Juni 2009 getroffen werden konnte und eine Enteignung nicht erfolgte.

f) Weitere flankierende Regelungen

1.35 Eine Reihe weiterer **Erleichterungen für Stabilisierungsmaßnahmen** des Bundes sind teils im Beschleunigungsgesetz und teils in weiteren Artikeln des FMStG geregelt. Wenn der Fonds durch seine Kapitalbeteiligung die Kontrolle über das zu stabilisierende Institut erlangt, wird er von der Bundesanstalt für Finanzdienstleistungsaufsicht von der Pflicht zur Abgabe und Veröffentlichung eines Pflichtangebots gemäß § 35 WpÜG befreit. Weiter ist der Fonds von verschiedenen kapitalmarktrechtlichen Anzeige- und Mitteilungspflichten entlastet. Eine Börsenzulassung zum regulierten Markt muss für die aufgrund genehmigten Kapitals ausgegebenen Aktien erst beantragt werden, wenn der Fonds die Aktien an einen Dritten veräußert. Schließlich sind die kartellrechtlichen Beschränkungen – besonders die Fusionskontrolle – auf den Fonds nicht anwendbar. Allerdings dürfte dies kaum praktische Auswirkungen haben, weil auf die Unternehmen der Finanzwirtschaft in der Regel auch die weitgehend parallelen europarechtlichen Wettbewerbsbestimmungen der Art. 81, 82 EGV anwendbar sind, die durch den nationalen Gesetzgeber nicht aufgehoben werden konnten.

1.36 Bedeutsam ist schließlich die **Änderung des Überschuldungsbegriffs** in § 19 Abs. 2 InsO. Mit Art. 5 FMStG wurde der vor in Kraft treten (1999) geltende zweistufige Überschuldungsbegriff wieder eingeführt. Die neue Regelung geht von einer Überschuldung aus „wenn das Vermögen des Schuldner die bestehenden Verbindlichkeiten nicht mehr deckt, es sei denn, die Fortführung des Unternehmens ist nach den Umständen überwiegend wahrscheinlich“. Der wesentliche Unterschied zur vorher geltenden Regelung besteht darin, dass bisher die Fortführungsprognose nur i. R. d. Vermögensbewertung berücksichtigt werden konnte (§ 19 Abs. 2 Satz 2 InsO a. F.). Nach der nunmehr geltenden Regelung kann die Gegenüberstellung von Schulden und Vermögen unterbleiben, wenn eine positive Fortführungsprognose gestellt werden kann. Dies soll den Unternehmen mehr Spielraum im Vorfeld einer möglichen Insolvenzantragspflicht geben. Die Regelung, die nicht nur für Unternehmen des Finanzsektors anwendbar ist, sondern generell in die Insolvenzordnung eingefügt wurde, gilt allerdings nur befristet. Ab 1. Januar 2014 tritt die bisherige Regelung wieder in Kraft.

5. Aufsichts- und sonstiges öffentliches Recht

Zentrale **Aufsichtsgesetze** für die Finanzwirtschaft sind das Finanzdienstleistungsaufsichtsgesetz, das Kreditwesengesetz, das Zahlungsdiensteaufsichtsgesetz und das schon erwähnte Wertpapierhandelsgesetz. Eine Vielzahl ergänzender und **ständig im Fluss befindlicher Regelungen** – z. B. die Solvabilitätsverordnung, die Groß- und Millionenkreditverordnung und die Liquiditätsverordnung – sowie ergänzende Verlautbarungen der Bankenaufsicht gestalten die Materie äußerst komplex. In diesen Zusammenhang gehört auch das Geldwäschegesetz, da es den Finanzinstituten weitgehende Pflichten zur Geldwäscheprävention auferlegt. 1.37

Für spezialisierte Institute gelten **Spezialgesetze** wie das Bausparkassengesetz oder das Investmentgesetz sowie das Investmentsteuergesetz. Hier gilt das Spezialbankprinzip, d. h. dass die Institute nur die in diesen Gesetzen zugelassenen Geschäfte betreiben dürfen. Die frühere gleichartige Geschäftsbeschränkung für Hypothekenbanken und Pfandbriefbanken besteht nicht mehr. Nach dem heute geltenden Pfandbriefgesetz dürfen alle Kreditinstitute bei Einhaltung bestimmter gesetzlicher Voraussetzungen das Pfandbriefgeschäft betreiben. 1.38

Auch die Abgabenordnung enthält eine Reihe von die Banken und ihre Kunden unmittelbar berührenden Regelungen, so § 154 AO zur **Legitimationspflicht** bei Kontoeröffnung und Kontenwahrheit, § 30 und § 30a hinsichtlich des Steuergeheimnisses und des Schutzes des Bankkunden sowie §§ 93 ff. AO über die Auskunftspflicht, der sich auch Kreditinstitute trotz Bank- und Steuergeheimnis nicht entziehen können. 1.39

Das **Einlagensicherungs- und Anlegerentschädigungsgesetz** samt ergänzender Verordnungen sowie die Satzungen der bei den Spitzenverbänden des Kreditgewerbes sowie der Kreditanstalt für Wiederaufbau errichteten Sicherungsfonds regeln die Ansprüche geschädigter Anleger bei Insolvenz von Kredit- oder Finanzdienstleistungsinstituten. 1.40

Im Bereich des Strafrechts ist besonders der Tatbestand der **Untreue** eine ständige Bedrohung für Bankvorstände bei Verletzung ihrer Sorgfaltspflichten. Weitere Straftatbestände mit Bankbezug sind Kreditbetrug (§ 265b StGB), Missbrauch von Scheck- und Kreditkarten (§ 266b StGB) sowie Unterschlagung und Insolvenzstraftaten. 1.41

6. Organisationsrecht der öffentlich rechtlichen Kreditinstitute

Sparkassen sind nach den **Landessparkassengesetzen** sowie Sparkassenverordnungen und weiteren untergesetzlichen Rechtsnormen organisiert. Auch Kom- 1.42

munalrecht spielt z. B. bei den Rechtsbeziehungen zum Sparkassenträger oder bei der Bildung von Sparkassenzweckverbänden eine Rolle. Eine Reihe von Landessparkassengesetzen enthalten auch organisatorische Bestimmungen für Landesbanken. Daneben bestehen jeweils Errichtungsgesetze, bei länderübergreifender Tätigkeit auch Staatsverträge, die die Rechtsgrundlagen und die Organisation der Landesbanken regeln. Weitere **Errichtungsgesetze** bestimmen die Rechtsverhältnisse, z. B. der Kreditanstalt für Wiederaufbau, der Landwirtschaftlichen Rentenbank und der sonstigen Förderinstitute der Länder. Das Organisationsrecht der öffentlich-rechtlichen Institute ist jedoch nicht so ausgefeilt wie das Gesellschaftsrecht. Daher lassen sich viele Fragen des Organisationsrechts – z. B. der Organhaftung, des Verhältnisses zwischen Aufsichtsorgan und Geschäftsführungsorgan, der Wirkung der Entlastung usw. – nur durch Anleihen aus dem Gesellschaftsrecht unter Berücksichtigung der Besonderheiten der öffentlich-rechtlichen Organisationsform lösen.

III. Rechtsgrundlagen im europäischen Bankrecht

1.43 Das Bank- und Kapitalmarktrecht ist maßgeblich beeinflusst durch die europaweite **Rechtsharmonisierung** in Form von Richtlinien des Europäischen Parlaments und des Rates. Die Harmonisierung betrifft nahezu alle Gebiete des Bank- und Kapitalmarktrechts vom Verbraucherschutz im Bereich des Kredit- und Einlagengeschäfts bis zu den speziellen Bilanzierungsbestimmungen für Kreditinstitute. Ein Schwergewicht bildet dabei die Harmonisierung des Aufsichtsrechts über Kredit- und Finanzdienstleistungsinstitute sowie des Wertpapierrechts und der Regelungen zur Sicherung der Integrität der Finanzmärkte. Die Geldwäscheprävention stellt ein weiteres Feld weltweit abgestimmter europäischer Rechtsharmonisierung dar.

1. Internationale Zusammenarbeit

1.44 Wesentlichen Einfluss auf die europäische Richtliniensetzung haben auch internationale Vereinbarungen. Im Bereich des Bankaufsichtsrechts arbeiten die Bankaufsichtsbehörden und die Zentralbanken im sog. **Baseler Ausschuss** zusammen. Er ist bei der Bank für internationalen Zahlungsausgleich (BIZ) eingerichtet und setzt sich aus Behördenvertretern aus den Beneluxländern, Kanada, Frankreich, Deutschland, Italien, Japan, Spanien, Schweden, der Schweiz, des Vereinigten Königreichs und der USA zusammen. Wesentliche Aufgabe ist die Entwicklung und Fortschreibung einheitlicher **Standards der Bankenaufsicht** insbesondere zu den Eigenkapitalanforderungen und der erforderlichen Geschäftsorganisation. Er hat bislang zahlreiche Empfehlungen herausgegeben, die über die europäische Richtliniengebung in das deutsche Bankaufsichtsrecht Eingang fanden.

Auch im Bereich der **Geldwäscheprävention** wird das europäische und damit auch das deutsche Recht durch eine internationale Zusammenarbeit maßgeblich beeinflusst. **Die Financial Action Task Force (FATF)**[18] on Money Laundering ist eine im Juni 1989 ins Leben gerufene Expertengruppe aus 31 Staaten sowie der Europäischen Kommission mit Sitz bei der OECD in Paris. Sie analysiert die Methoden der Geldwäsche und entwickelt Maßnahmen zu deren Aufdeckung und Bekämpfung. Ihre Empfehlungen bilden eine Basis für die europäische und deutsche Rechtsetzung sowie die Behördenpraxis zur Geldwäschebekämpfung. 1.45

2. Harmonisierung des Bankaufsichtsrechts

Mit einer Reihe fortentwickelter Richtlinien legte die Europäische Kommission seit 1977[19] einen ersten einheitlichen Standard für bankaufsichtliche Bestimmungen fest. Mit der Zweiten Bankrechtskoordinierungsrichtlinie[20] wurde die weitere EG-Rechtsangleichung im Bereich der Bankenaufsicht fortgeschrieben. Entscheidende Neuregelung war, dass nach dem **Grundsatz der Sitzlandkontrolle** Kreditinstitute EG-weit tätig sein können, ohne nationale Aufsichtsbestimmungen in den Gastländern beachten zu müssen. Dieses als sog. **„Europäischer Pass"** bezeichnete Konzept setzte eine Harmonisierung zahlreicher bankaufsichtlicher Bestimmungen voraus, die in der Zweiten Bankrechtskoordinierungsrichtlinie und der Eigenmittelrichtlinie[21] vorgeschrieben wurden. 1.46

Die Sitzlandkontrolle wurde auf Grund der Zweiten Bankrechtskoordinierungsrichtlinie ergänzt durch eine verstärkte Zusammenarbeit der nationalen Bankaufsichtsbehörden im sog. **beratenden Bankenausschuss** bei der Kommission der Europäischen Gemeinschaften. Die Europäischen Bankaufsichtsbehörden sind seither verpflichtet, der Kommission eine Reihe von bankaufsichtlich bedeutsamen Tatsachen laufend zu melden (§ 53b KWG). Im Übrigen wurde eine engere unmittelbare Zusammenarbeit der europäischen Bankaufsichtsbehörden bei der grenzüberschreitenden Beaufsichtigung der Kreditinstitute – einschließlich einer gegenseitigen Unterrichtungspflicht über bankaufsichtliche Maßnahmen, die gegenüber Zweigstellen von Kreditinstituten aus 1.47

18) Financial Action Task Force on Money Laundering – Expertengruppe mit Sitz bei der OECD in Paris. Sie besteht aus 31 Mitgliedern u. zwei internationalen Organisationen (Europäische Kommission u. Gulf Cooperation Council).

19) Richtlinie 77/780/EWG des Rates zur Koordinierung der Rechts- und Verwaltungsvorschriften über die Aufnahme und Ausübung der Tätigkeit der Kreditinstitute v. 12.12.1977, ABl. Nr. L 322/30.

20) Richtlinie 89/646/EWG des Rates zur Koordinierung der Rechts- und Verwaltungsvorschriften über die Aufnahme und Ausübung der Tätigkeit der Kreditinstitute v. 15.12.1989, ABl. Nr. L 386/1.

21) Richtlinie 89/299/EWG des Rates über die Eigenmittel von Kreditinstituten v. 17.4.1989, ABl. EG Nr. L 124/16.

anderen EG-Mitgliedstaaten trotz Sitzlandkontrolle ergriffen werden[22] – geregelt. Weitere Schritte der europaweiten Harmonisierung des Bankaufsichtsrechts waren die Zweite Konsolidierungsrichtlinie,[23] die Großkreditrichtlinie[24] und die Solvabilitätsrichtlinie.[25]

1.48 Schließlich brachte die E-Geldrichtlinie[26] Vorgaben für den Deutschen Gesetzgeber zur **Regelung von elektronischem Geld**. Als elektronisches Geld wird der Ersatz von Münzen oder Banknoten betrachtet, der elektronisch, bspw. auf eine Chipkarte oder einem Computer gespeichert wird und der generell dafür gedacht ist, Kleinbetragszahlungen elektronisch durchzuführen. Die Richtlinie schreibt vor allem die Einbeziehung von E-Geldinstituten unter die Bankenaufsicht samt Anforderungen an das Anfangskapital und das laufende Eigenkapital, Kapitalanlagebeschränkungen usw. und die Verpflichtung zum Rücktausch elektronischen Geldes vor.

3. Europäische Eigenkapitalanforderungen

1.49 Eigenkapitalanforderungen hatte die Arbeit des Baseler Ausschusses für Bankenaufsicht zum Gegenstand, die über die europäische Richtliniengebung in das deutsche Bankaufsichtsrecht Eingang fanden. Die wohl bedeutendste Empfehlung des Baseler Ausschusses ist die Rahmenvereinbarung Internationale Konvergenz der Eigenkapitalmessung und Eigenkapitalanforderungen vom 26. Juni 2004 (sog. **Basel II**-Übereinkunft). Die Umsetzung der überarbeiteten Baseler Eigenkapitalübereinkunft auf europäischer Ebene wurde durch die **Neufassungen der Bankenrichtlinie**[27] und der Kapitaladäquanzrichtlinie[28] bewirkt, die die früheren Bankrechtskoordinierungsrichtlinien, die Eigenmittelrichtlinie, die Solvabilitätsrichtlinie und die Konsolidierungsrichtlinien ersetzten. In Deutschland wurden die Anforderungen durch das Gesetz zur Um-

---

22) Vgl. § 8 Abs. 4 KWG.

23) Zweite Richtlinie 92/30/EWG des Rates über die Beaufsichtigung von Kreditinstituten auf konsolidierter Basis v. 6.4.1992, ABl. Nr. L 110/52.

24) Richtlinie 92/121/EWG des Rates über die Überwachung und Kontrolle der Großkredite von Kreditinstituten v. 21.12.1992, ABl. Nr. L 29/1.

25) Richtlinie 89/647/EWG des Rates über einen Solvabilitätskoeffizienten für Kreditinstitute v. 18.12.1989, ABl. Nr. L 386/14.

26) Richtlinie 2000/46/EG des Europäischen Parlaments und des Rates über die Aufnahme, Ausübung und Beaufsichtigung der Tätigkeit von E-Geldinstituten v. 18.9.2000, ABl. Nr. L 275/39.

27) Richtlinie 2006/48/EG des Europäischen Parlaments und des Rates über die Aufnahme und Ausübung der Tätigkeit der Kreditinstitute v. 14.6.2006, ABl. Nr. L 177/1.

28) Richtlinie 2006/49/EG des Europäischen Parlaments und des Rates über die angemessene Eigenkapitalausstattung von Wertpapierfirmen und Kreditinstituten v. 14.6.2006, ABl. Nr. L 177/2001.

setzung der neu gefassten Bankenrichtlinie und der neu gefassten Kapitaladäquanzrichtlinie[29] sowie durch ergänzende Verordnungen eingeführt.

4. Finanzkonglomeraterichtlinie[30]

Die Richtlinie geht auf Entwicklungen auf den Finanzmärkten ein, durch die **Finanzgruppen** entstehen, die ihre Dienstleistungen und Produkte in verschiedenen Finanzbranchen anbieten, die sog. Finanzkonglomerate. Sie verpflichtet die Mitgliedsstaaten, eine zusätzliche Beaufsichtigung der Konglomerate, die in beträchtlichem Umfang branchenübergreifend tätig sind, einzuführen. Die Umsetzung in das deutsche Recht erfolgte durch das Finanzkonglomeraterichtlinie-Umsetzungsgesetz vom 21. Dezember 2004.[31] Die **gruppenweite Beaufsichtigung** von Kreditinstituten, Versicherungsunternehmen und Wertpapierunternehmen umfasst insbesondere die Solvabilität und Risikokonzentration auf Konglomeratsebene sowie gruppeninterne Transaktionen, das interne Risikomanagement und die Zuverlässigkeit und fachliche Eignung der Geschäftsleitung. 1.50

5. Harmonisierung des Wertpapierbereichs

Die Wertpapierdienstleistungsrichtlinie[32] bezweckte eine Harmonisierung der **Aufsicht über Wertpapierfirmen**, die keine Kreditinstitute sind. Die Richtlinie gilt für Unternehmen, die im Wesentlichen folgende Dienstleistungen erbringen: Anlagevermittlung, Abschlussvermittlung, Finanzkommissionsgeschäft, Finanzportfolioverwaltung, Eigenhandel mit Kunden, ferner Nebendienstleistungen wie das Depotgeschäft, die Vermietung von Schließfächern, die Kreditgewährung zur Finanzierung von Wertpapiergeschäften, Devisengeschäfte u. a. Die Umsetzung dieser Richtlinie sollte allen Erbringern dieser Dienstleistungen, besonders Wertpapierhäusern aus Ländern mit Trennbanksystem (z. B. Großbritannien), die noch nicht in den Genuss des europäischen Passes der Kreditinstitute gelangt waren, aber auch allen sonstigen Anbietern Wettbewerbsgleichheit mit Kreditinstituten verschaffen. 1.51

Mit der **Kapitaladäquanzrichtlinie**[33] wurden die Regelungen über die europaweite Zulassung und Unterstellung der Wertpapierdienstleistungsinstitute 1.52

---

29) Gesetz v. 17.11.2006, BGBl. I, 2606.

30) Richtlinie 2002/87/EG des Europäischen Parlaments und des Rates über die zusätzliche Beaufsichtigung der Kreditinstitute, Versicherungsunternehmen und Wertpapierfirmen eines Finanzkonglomerats v. 16.12.2002, ABl. Nr. L 35/1.

31) BGBl. I, 3610.

32) Richtlinie 93/22/EWG des Rates über Wertpapierdienstleistungen v. 10.5.1993, ABl. Nr. L 141/27.

33) Richtlinie 93/6/EWG des Rates über die angemessene Eigenkapitalausstattung von Wertpapierfirmen und Kreditinstituten v. 15.3.1993, ABl. Nr. L 141/1.

unter die Bankenaufsicht um weitere Regelungen, besonders hinsichtlich der Eigenmittelanforderungen, ergänzt. Ziel war eine Harmonisierung der Beaufsichtigung von Risiken, die bei der Durchführung von Geschäften mit Finanzinstrumenten einschließlich Derivaten entstehen. Die Kapitaladäquanzrichtlinie enthält daher Vorschriften zum Anfangskapital, zur Berechnung der Eigenmittel, zu Großrisiken, zum Fremdwährungsrisiko, zum internen Controlling und zur Beaufsichtigung auf konsolidierter Basis. Neu war vor allem, dass nicht nur wie bisher das Adressen- bzw. Ausfallrisiko, sondern auch die Marktrisiken einer umfassenden Kontrolle und Begrenzung unterzogen werden mussten.

1.53 Die ursprüngliche Wertpapierdienstleistungsrichtlinie, die kapitalmarktbezogene EG-Insiderrichtlinie, die Transparenzrichtlinie und weitere Richtlinien wurden im Jahre 2004 durch die **Richtlinie über Märkte für Finanzinstrumente (MiFID)**[34] und die Richtlinie über Insidergeschäfte und Marktmanipulationen (**Marktmissbrauchsrichtlinie**)[35] sowie weitere Richtlinien ersetzt. Vor allem wurde der Anlegerschutz nochmals umfassend geändert und verschärft. Mit der Übernahme in deutsches Recht durch das Finanzmarktrichtlinie-Umsetzungsgesetz (FRUG) ergaben sich nochmals grundlegende Änderungen des KWG, des Wertpapierhandelsrechts und des Börsenrechts. Zu der MiFID Richtlinie haben das Europäische Parlament und der Rat im Jahre 2006 eine Durchführungsrichtlinie[36] und eine Durchführungsverordnung[37] erlassen.

6. Börsen- und Investmentwesen

1.54 Auch im Börsenwesen und der Börsenaufsicht wurden die maßgeblichen Regelungen durch EG-Richtlinien bestimmt. Neben der schon genannten Richtlinie über Märkte für Finanzinstrumente (MiFID) sind dies die **Börsenprospekt-Richtlinie**, die Börsenprospekt-Richtlinie-Verordnung vom 29. April 2004 und die Börsenzulassungs-Richtlinie vom 4. November 2003. Schließlich wurden auch das Investmentgesetz und die Aufsicht über Kapitalanlagegesellschaften durch die **Investment-Richtlinie** (OGAW) maßgeblich bestimmt. Die Börsenprospekt-Richtlinie hatte zur Folge, dass heute allein die Bundesanstalt für Finanzdienstleistungsaufsicht und nicht mehr auch die Börsenzulassungsstellen für die Prospektprüfung zuständig ist.

34) Richtlinie 2004/39/EG v. 21.4.2004, ABl. Nr. L 145/1.

35) Richtlinie 2003/6/EG v. 28.1.2003, ABl. Nr. L 96/16.

36) Richtlinie 2006/7339/EG v. 10.8.2006, ABl. Nr. L 241/26.

37) Verordnung Nr. 1287/2006 v. 10.8.2006, ABl. Nr. L 241/1.

7. Geldwäschebekämpfung

Die **Geldwäscherichtlinie**[38] – wesentlich verschärft und erweitert in der heute geltenden Fassung[39] – verpflichtet die Mitgliedsstaaten dazu, Maßnahmen zur Bekämpfung der Geldwäsche zu ergreifen. Dabei wurden Pflichten vor allem Kreditinstituten und Finanzinstituten auferlegt. Die Umsetzung der Richtlinie erfolgte durch den Erlass des Geldwäschegesetzes und die Einführung oder Änderung von Straftatbeständen. Aufgrund der neuen Geldwäscherichtlinie vom 26. Oktober 2005 wurde das **Geldwäschegesetz** durch das Geldwäschebekämpfungsergänzungsgesetz vom 13. August 2008[40] neu gefasst und dabei sein Anwendungsbereich erweitert und weiter verschärft. Es legt den Finanzinstituten und weiteren Gewerbetreibenden eine Reihe präventiver Verpflichtungen auf, die teilweise strafbewehrt sind. So gelten insbesondere besondere Pflichten zur Legitimationsprüfung, Kontroll- und Überwachungspflichten, interne Organisationspflichten, Meldepflichten und die Pflicht zur Anzeige verdächtiger Transaktionen bzw. deren vorübergehender Aussetzung. Die Geldwäscherichtlinie hatte auch maßgeblichen Einfluss auf das Bankaufsichtsrecht. Denn verantwortliche Behörde für die Umsetzung der Verpflichtungen nach dem Geldwäschegesetz ist die Bundesanstalt für Finanzdienstleistungsaufsicht. **1.55**

Darüber hinaus haben internationale Einflüsse – besonders des Baseler Ausschusses für Bankenaufsicht und der Finanzminister der G7-Staaten bzw. der FATF[41] – zu Geldwäscheregelungen unmittelbar im KWG geführt, nämlich zur Einführung des **automatisierten Abrufs von Konteninformationen** nach § 24c KWG und zur Verpflichtung zum **Kontenscreening** nach § 25c Abs. 2 KWG. Mit diesen Regelungen wurden Eingriffe in Datenschutz und informationelles Selbstbestimmungsrecht und ferner Kontroll- und Überwachungspflichten der Institute gegenüber ihren Kunden in Deutschland eingeführt, die vor den Ereignissen des 11. September 2001 kaum denkbar waren. Nach heftiger Diskussion und gegen erhebliche – auch rechtsstaatliche – Bedenken der Spitzenverbände der Kreditwirtschaft und anderer wurde mit der Schaffung des § 24c KWG der automatisierte Abruf von Konteninformationen neu eingeführt. Danach haben die Kreditinstitute stets aktuell zu haltende Dateien mit den wesentlichen Kundendaten zu führen, auf die die Bankenaufsicht entweder aus eigener Initiative oder auf Anforderung anderer Behörden unmittelbar automatisierten Zugriff hat, ohne dass dies dem Kreditinstitut oder dem betroffenen Kunden bekannt werden darf. Der geänderte § 25c Abs. 2 KWG **1.56**

---

38) Richtlinie 91/308/EWG des Rates zur Verhinderung der Nutzung des Finanzsystems zum Zwecke der Geldwäsche v. 10.6.1991, ABl. Nr. L 166/77.

39) Richtlinie 2005/60/EG des Europäischen Parlaments und des Rates zur Verhinderung der Nutzung des Finanzsystems zum Zwecke der Geldwäsche und der Terrorismusfinanzierung v. 26.10.2005, ABl. Nr. L 309/15 ff.

40) BGBl. I, 1690.

41) vgl. oben Rz. 1.44.

führt eine Pflicht zum Kontenscreening ein. Danach sind die Institute verpflichtet, zum Zwecke der Geldwäschebekämpfung und der Betrugsprävention ein ständiges Monitoring durch Rasterung aller Kundenbeziehungen auf geldwäsche- und betrugsverdächtige Sachverhalte oder Transaktionen zu unterhalten. Ob dies der Schlusspunkt einer immer weiter übergreifenden **Polizeifunktion der Kreditinstitute in Vertraulichkeitsbereiche von Bevölkerung** und Wirtschaft gewesen ist, wird die Zukunft erweisen. Eine internationale Allianz von Terrorfurcht und Ordnungswille der Staaten haben einen langjährigen Konsens über rechtsstaatliche Grenzen der Überwachung des Einzelnen und seiner schutzbedürftigen Intimsphäre zur Disposition gestellt, obwohl auch bisher schon Kriminalitätsbekämpfung als hohes Gut galt.

8. Einlagensicherung und Anlegerentschädigung

1.57 Mit Erteilung des Europäischen Passes sollte auch die Sicherung der Einleger auf einem Mindestniveau harmonisiert werden. Die hierzu erlassene Einlagensicherungsrichtlinie[42] verpflichtet die Mitgliedstaaten dazu, die Erlaubnis zum Betreiben des Einlagengeschäfts von der Zugehörigkeit zu einem Einlagensicherungssystem abhängig zu machen, das **Einlagen mindestens bis zum Betrag von 20.000 ECU/Euro** schützt. Entsprechendes gilt für den Schutz der Anleger bei Wertpapierfirmen und Kreditinstituten, die Wertpapierdienstleistungen erbringen. Die Regelung der Anlegerentschädigungsrichtlinie[43] lehnt sich weitgehend an den Inhalt der Einlagensicherungsrichtlinie an. Der Schutzumfang erfasst die von Kunden einer Wertpapierfirma oder einem Kreditinstitut **anvertraute Gelder, Wertpapiere oder Finanzinstrument**. Die Einlagensicherungsrichtlinie ist allerdings als Folge der Finanzmarktkrise des Jahrs 2008 umfassend geändert worden und schreibt in den Mitgliedsstaaten nunmehr eine Mindesteinlagensicherung von 50.000 Euro und ab 31. Dezember 2010 von 100.000 Euro vor.[44] Die Anlegerentschädigungsrichtlinie ist bislang nicht angepasst worden, so dass es beim bisherigen Sicherungsvolumen geblieben ist.

1.58 Umgesetzt wurden die beiden Richtlinien durch **das Einlagensicherungs- und Anlegerentschädigungsgesetz** (EAEG).[45] Das Gesetz verpflichtete erstmals Institute i. S. v. § 1 Abs. 1 EAEG, Mitglied einer Entschädigungseinrichtung zu sein. Die Regelungen haben vor allem für die Gläubiger der Finanzdienstleistungsinstitute, die bislang keinen freiwilligen Einlagensicherungseinrichtungen

42) Richtlinie 94/19/EG des Europäischen Parlaments und des Rates über Einlagensicherungssysteme v. 30.5.1994, ABl. Nr. L 135/5.

43) Richtlinie 97/9/EG des Europäischen Parlaments und des Rates v. 3.3.1997, ABl. Nr. L 84/22.

44) Näheres dazu siehe Rz. 3.8.

45) Art. 1 des Gesetzes zur Umsetzung der EG-Einlagensicherungsrichtlinie und der EG-Anlegerentschädigungsrichtlinie v. 16.7.1998, BGBl. I, 1842.

angehört hatten, Bedeutung, während bei fast allen Kreditinstituten der Anschluss an die freiwilligen Sicherungseinrichtungen den entscheidenden Einlegerschutz darstellt. In diesem Zusammenhang hat auch die **Richtlinie über die Sanierung und Liquidation** von Kreditinstituten Bedeutung.[46)]

9. Geschäftsrecht und Verbraucherschutz

Die Europäische Rechtssetzung hat sich besonders auch dem Verbraucherschutz angenommen. Für den Vertrieb von Finanzdienstleistungen außerhalb der Geschäftsräume des Instituts regelt die **Fernabsatzrichtlinie**[47)] verbraucherschützende Anforderungen – insbesondere das Widerrufsrecht u. a. Die Änderungen des BGB zum Überweisungsverkehr beruhen auf der **Überweisungsrichtlinie.**[48)] Sie ist inzwischen durch die weitergehende Zahlungsdiensterichtlinie[49)] abgelöst worden. Konsequenz war die komplette Neuregelung der erst einige Jahre vorher neu eingeführten BGB-Bestimmungen zum Zahlungsverkehr[50)] (§§ 675c ff. BGB). Eine Reihe von ergänzenden Regelungen – so die Richtlinie über Abrechnungen in Zahlungs- sowie Wertpapierliefer- und -abrechnungssystemen, eine Empfehlung der Kommission zu Geschäften mit elektronischen Zahlungsinstrumenten, eine Verordnung zu grenzüberschreitenden Zahlungen in Euro usw. – sind außerdem für den Bereich des Zahlungsverkehrs erlassen worden. 1.59

Die Zahlungsdiensterichtlinie führte außerdem dazu, dass der Zahlungsverkehr nicht mehr als Bankgeschäft i. S. d. KWG gilt, sondern gesondert, allerdings der Bankenaufsicht weitgehend nachgebildet, beaufsichtigt wird. Geregelt ist dies im Zahlungsdiensteaufsichtsgesetz[51)] samt zahlreicher ergänzender Verordnungen. Die EU-getriebene Bürokratisierung schreitet auch hier unaufhaltsam voran. 1.60

Eine bedeutsame Richtlinie für das Kreditgeschäft mit Verbrauchern stellt die **Verbraucherkreditrichtlinie**[52)] dar, die zunächst im Verbraucherkreditgesetz und heute im BGB ihren Niederschlag gefunden hat. Auch die Verbraucher- 1.61

46) Richtlinie 2001/24/EG EG des Europäischen Parlaments und des Rates v. 4.4.2001, ABl. Nr. L 125/15.

47) Richtlinie 2002/65/EG des Europäischen Parlaments und das Rates über den Fernabsatz von Finanzdienstleistungen an Verbraucher v. 23.9.2002, ABl. Nr. L 271/16.

48) Richtlinie 97/5/EG des Europäischen Parlaments und des Rates über grenzüberschreitende Überweisungen v. 27.1.1997, ABl. Nr. L 43/25.

49) Richtlinie 2007/64/EG des Europäischen Parlaments und des Rates v. 13.11.2007, Abl. Nr. L 319 v. 5.12.2007.

50) Art. 1 des Gesetzes v. 29.7.2009, BGBl. I, 2355.

51) Gesetz v. 25.6.2009, BGBl. I, 1506

52) Richtlinie 87/102/EWG v. 22.12.1986, ABl. Nr. L 42/48, zuletzt geändert durch Richtlinie 98/7/EG v. 16.2.1998, ABl. Nr. L 101/17.

kreditrichtlinie ist durch eine fortgeschriebene EG-Richtlinie[53] ersetz worden. Sie wurde durch Neufassung der §§ 491a ff. BGB sowie weiterer BGB-Regelungen (besonders zum Widerrufsrecht) umgesetzt.[54]

1.62 Eine Vielzahl weiterer Richtlinien berühren den geschäftlichen oder organisatorischen Rechtsrahmen der Finanzwirtschaft. Die **Kapitalverkehrsrichtlinie**[55] konkretisiert eine der Grundfreiheiten des EG-Vertrags auf dem Sektor des Kapitalverkehrs. Zum Jahresabschluss haben neben der Bankbilanzrichtlinie die EG-Verordnung zur Anwendung internationaler Rechnungslegungsstandards sowie die Richtlinie zur Offenlegung von Jahresabschlussunterlagen Bedeutung.

IV. Organisation der Kreditwirtschaft

1. Universalbanken/Spezialbanken

1.63 Die Kreditwirtschaft lässt sich in verschiedene Arten und Typen von Instituten bzw. in Gruppen einteilen. Zunächst lassen sich Universalkreditinstitute und Spezialkreditinstitute unterscheiden. **Universalbanken** betreiben grundsätzlich alle Bankgeschäfte, die nicht durch Gesetz bestimmten Spezialbanken vorbehalten sind. Sie betreiben vor allem das Einlagen- und Anlagegeschäft samt Pfandbriefgeschäft, das Kreditgeschäft, das Finanzkommissionsgeschäft, das Zahlungsdienstegeschäft (Zahlungsverkehr) sowie das Kartengeschäft und das Wertpapier-, Emissions- und Depotgeschäft.

1.64 Der Bereich der **Spezialbanken** umfasst eine heterogene Gruppe von Instituten, die sich entweder aufgrund ihrer Geschäftsausrichtung und Satzung auf bestimmte Geschäftsarten konzentrieren. Dazu gehören die Realkreditinstitute, Bausparkassen, Kfz-Finanzierungsbanken oder Schiffsbanken. Weiterhin besteht eine Reihe von öffentlich-rechtlich oder privat-rechtlich organisierten Banken mit Sonderaufgaben wie die Kreditanstalt für Wiederaufbau, die Landwirtschaftliche Rentenbank, die AKA Ausfuhr-Kreditgesellschaft mbH, Wohnungsunternehmen mit Spareinrichtungen und öffentlich-rechtliche Förderinstitute – besonders die Bürgschaftsbanken. Die Investmentgesellschaften gelten seit der Neuregelung durch Gesetz vom 21. Dezember 2007 nicht mehr als Kreditinstitute. Bei ihnen besteht die Besonderheit, dass sie ausschließlich die ihnen durch Gesetz erlaubten Geschäftsarten betreiben dürfen, die andererseits anderen Unternehmen verschlossen sind.

---

53) Richtlinie 2008/48/EG des Europäischen Parlaments und des Rates v. 23.4.2008, ABl. Nr. L 133/66.

54) Art. 1 des Gesetzes v. 29.7.2009, BGBl. I, 2355.

55) Richtlinie 88/861 EWG des Rates zur Durchführung von Art. 67 des Vertrages v. 24.6.1988, ABl. Nr. L 178/5.

Nach der **Bankenstatistik** der Deutschen Bundesbank[56] betätigten sich im September 2009 in der Bundesrepublik im Wesentlichen folgende Typen von Kreditinstituten (Gesamtzahl ca. 1.951 mit Bilanzsummen von insgesamt ca. 8,2 Billionen Euro): 1.65

Kreditbanken:

- 5 Großbanken inkl. Postbank AG,
- 168 Regionalbanken und sonstige Kreditbanken,
- 103 unselbständige Zweigstellen ausländischer Banken.

Institute des Sparkassensektors:

- DekaBank-Deutsche Girozentrale,
- 9 Landesbanken/Girozentralen,
- 431 Sparkassen.

Institute des Genossenschaftssektors:

- DZ Bank AG Deutsche Zentral-Genossenschaftsbank,
- 1 weitere genossenschaftliche Zentralbank (WGZ),
- 1171 Kreditgenossenschaften, z. B. Volksbanken und Raiffeisenbanken.

Spezialkreditinstitute:

- 18 Realkreditinstitute,
- 25 Bausparkassen,
- 18 Banken mit Sonderaufgaben.

Größenstruktur und wesentliche **Geschäftszahlen** der Kreditinstitute ergeben sich aus der nachfolgenden Tabelle aus dem Monatsbericht der Deutschen Bundesbank für Februar 2010 (Statistischer Teil S. 24, 25): 1.66

56) Statistisches Beiheft, Ausgabe Dezember 2009, S. 105.

DEUTSCHE BUNDESBANK
EUROSYSTEM
Monatsbericht
Februar 2010

IV. Banken

2. Wichtige Aktiva und Passiva der Banken (MFIs) in Deutschland nach Bankengruppen *)

Mrd €

Stand am Monatsende	Anzahl der berichtenden Institute	Bilanzsumme	Kassenbestand und Guthaben bei Zentralnotenbanken	Kredite an Banken (MFIs)			Kredite an Nichtbanken (Nicht-MFIs)					Beteiligungen	Sonstige Aktivpositionen
				insgesamt	darunter: Guthaben und Buchkredite	darunter: Wertpapiere von Banken	insgesamt	darunter: Buchkredite mit Befristung bis 1 Jahr einschl.	darunter: Buchkredite mit Befristung über 1 Jahr	darunter: Wechsel	darunter: Wertpapiere von Nichtbanken		
	Alle Bankengruppen												
2009 Juli	1 965	7 681,0	69,4	3 122,4	2 236,4	852,9	3 991,8	518,3	2 711,9	1,0	741,6	157,2	340,1
Aug.	1 962	7 663,2	75,1	3 113,4	2 224,8	857,4	3 945,6	492,2	2 703,0	1,0	731,4	157,7	371,4
Sept.	1 951	7 591,8	102,0	3 012,1	2 130,9	854,1	3 950,5	500,9	2 695,9	1,0	734,7	157,1	370,0
Okt.	1 945	7 570,4	75,4	3 018,5	2 143,8	851,1	3 953,2	502,4	2 694,2	1,0	737,1	152,9	370,4
Nov.	1 937	7 565,4	87,6	3 003,7	2 130,7	850,4	3 945,9	492,6	2 693,1	0,9	740,7	153,8	374,3
Dez.	1 939	7 509,8	96,2	2 988,9	2 124,1	826,9	3 915,8	459,1	2 702,0	1,0	739,8	151,4	357,5
	Kreditbanken 5)												
2009 Nov.	276	2 253,0	43,0	897,2	757,6	136,2	1 088,0	253,8	619,2	0,4	205,2	72,9	151,9
Dez.	278	2 191,9	47,9	889,1	752,5	116,8	1 055,1	220,5	622,4	0,5	207,0	74,7	125,1
	Großbanken 6)												
2009 Nov.	5	1 338,4	30,0	564,2	478,7	82,9	556,6	154,3	270,9	0,3	123,1	66,1	121,4
Dez.	4	1 292,4	34,8	562,5	479,7	63,6	529,0	129,8	270,2	0,4	124,8	66,8	99,4
	Regionalbanken und sonstige Kreditbanken												
2009 Nov.	169	727,2	11,0	225,0	172,5	51,6	461,2	73,9	306,0	0,1	80,1	6,5	23,5
Dez.	170	717,3	11,5	220,6	168,4	51,6	456,1	68,8	306,8	0,1	79,8	7,6	21,4
	Zweigstellen ausländischer Banken												
2009 Nov.	102	187,4	2,0	108,0	106,3	1,6	70,2	25,6	42,2	0,0	2,0	0,3	7,0
Dez.	104	182,2	1,5	106,1	104,4	1,6	70,1	22,0	45,4	0,0	2,4	0,3	4,2
	Landesbanken												
2009 Nov.	10	1 467,2	9,2	674,7	495,0	167,7	683,4	95,4	439,9	0,1	139,2	27,3	72,8
Dez.	10	1 457,9	6,9	678,0	499,7	165,5	676,1	89,7	441,8	0,1	135,8	22,9	74,0
	Sparkassen												
2009 Nov.	431	1 064,3	19,8	267,4	97,6	167,6	740,6	62,7	579,6	0,3	97,8	18,7	17,8
Dez.	431	1 073,3	23,3	270,2	100,1	168,7	741,8	61,5	580,9	0,2	99,0	18,7	19,3
	Genossenschaftliche Zentralbanken												
2009 Nov.	2	257,9	0,6	162,2	117,4	44,4	67,0	19,0	19,6	0,0	28,3	14,8	13,4
Dez.	2	248,5	0,1	159,0	114,5	43,9	62,0	16,4	19,9	0,0	25,6	14,8	12,6
	Kreditgenossenschaften												
2009 Nov.	1 157	691,1	13,5	200,5	78,4	119,4	446,5	34,1	354,7	0,1	57,5	11,3	19,3
Dez.	1 157	690,0	14,9	195,5	75,6	118,7	448,2	33,6	355,9	0,1	58,5	11,5	19,8
	Realkreditinstitute												
2009 Nov.	18	764,8	0,6	264,4	164,0	99,4	482,9	9,9	356,2	–	116,8	1,3	15,6
Dez.	18	771,5	1,2	266,4	166,4	98,9	483,8	10,2	355,9	–	117,7	1,3	18,8
	Bausparkassen												
2009 Nov.	25	193,1	0,1	55,9	36,8	19,2	124,7	1,5	110,9	.	12,3	0,3	12,1
Dez.	25	193,6	0,1	56,3	37,2	19,1	124,8	1,5	111,2	.	12,2	0,3	12,1
	Banken mit Sonderaufgaben												
2009 Nov.	18	874,1	0,9	481,5	384,0	96,6	312,9	16,2	213,0	–	83,6	7,2	71,5
Dez.	18	883,1	1,7	474,3	378,1	95,4	324,0	25,7	214,1	–	84,1	7,2	75,9
	Nachrichtlich: Auslandsbanken 7)												
2009 Nov.	148	819,2	23,0	321,6	261,1	60,3	433,3	80,2	271,7	0,1	79,2	6,2	35,1
Dez.	148	798,3	11,8	322,1	261,9	57,7	429,6	70,7	274,8	0,2	81,7	6,2	28,7
	darunter: Banken im Mehrheitsbesitz ausländischer Banken 8)												
2009 Nov.	46	631,8	21,1	213,6	154,8	58,7	363,2	54,5	229,5	0,1	77,2	5,9	28,0
Dez.	44	616,1	10,2	216,0	157,4	56,0	359,5	48,7	229,4	0,2	79,3	5,9	24,4

* Für den Zeitraum bis Dezember 1998 werden im Abschnitt IV (mit Ausnahme der Tabelle IV. 1) Aktiva und Passiva der Banken (ohne Bausparkassen) in Deutschland gezeigt, ab Januar 1999 Aktiva und Passiva der Monetären Finanzinstitute (MFIs) in Deutschland. Nicht enthalten sind Aktiva und Passiva der Auslandsfilialen sowie der – ebenfalls zu den MFIs zählenden – Geldmarktfonds und der Bundesbank. Für die Abgrenzung der Positionen s. Anm. zur Tabelle IV.3. — **1** Für „Bausparkassen": Einschl. Bauspareinlagen; s. dazu Tab. IV.12. — **2** In den Termineinlagen enthalten. — **3** Ohne Bauspareinlagen; s. a. Anm. 2. — **4** Einschl. börsenfähiger nachrangig begebener Inhaberschuldverschreibungen; ohne nicht börsenfähige Inhaberschuld-

DEUTSCHE
BUNDESBANK

Monatsbericht
Februar 2010

IV. Banken

Einlagen und aufgenommene Kredite von Banken (MFIs)			Einlagen und aufgenommene Kredite von Nichtbanken (Nicht-MFIs)								Inhaber-schuld-verschrei-bungen im Umlauf 4)	Kapital einschl. offener Rück-lagen, Genuss-rechts-kapital, Fonds für allgemeine Bank-risiken	Sonstige Passiv-posi-tionen	Stand am Monats-ende
	darunter:			darunter:										
					Termineinlagen mit Befristung 1)		Nach-richtlich: Verbind-lich-keiten aus Repos 2)	Spareinlagen 3)						
insgesamt	Sicht-einlagen	Termin-ein-lagen	insgesamt	Sicht-einlagen	bis 1 Jahr einschl.	über 1 Jahr 1)		insgesamt	darunter mit drei-monatiger Kündi-gungsfrist	Spar-briefe				
Alle Bankengruppen														
2 116,7	347,1	1 769,6	3 070,6	1 066,7	475,4	824,4	134,1	574,8	456,5	129,2	1 633,5	373,3	487,0	2009 Juli
2 096,2	340,9	1 755,3	3 045,4	1 062,9	463,2	813,2	119,8	580,2	461,1	125,9	1 639,4	373,8	508,4	Aug.
2 046,0	348,8	1 697,2	3 047,5	1 081,8	442,9	813,8	126,1	584,6	464,2	124,4	1 611,6	373,7	512,9	Sept.
2 030,1	352,6	1 677,5	3 057,0	1 117,8	415,3	810,9	135,9	591,3	468,4	121,6	1 595,0	374,3	514,0	Okt.
2 026,6	386,4	1 640,1	3 066,5	1 130,8	410,9	810,0	134,4	595,1	471,4	119,7	1 581,1	377,6	513,7	Nov.
2 007,7	342,5	1 665,2	3 046,0	1 107,5	405,9	809,7	116,3	604,1	481,5	118,8	1 575,9	378,8	501,3	Dez.
Kreditbanken 5)														
714,5	244,5	469,9	1 020,9	510,3	185,5	172,7	65,9	128,8	100,4	23,6	212,9	122,7	182,1	2009 Nov.
705,0	226,8	478,1	988,0	496,4	168,1	172,1	48,9	127,8	103,0	23,8	208,4	122,7	167,8	Dez.
Großbanken 6)														
432,4	166,5	265,9	552,1	249,6	113,5	104,0	60,7	75,8	70,6	9,2	173,9	78,2	101,7	2009 Nov.
432,5	165,6	266,9	520,6	237,1	93,5	103,5	43,2	76,9	72,3	9,5	170,5	77,5	91,4	Dez.
Regionalbanken und sonstige Kreditbanken														
155,9	46,0	109,9	420,4	236,4	60,1	56,9	5,2	52,9	29,8	14,1	38,9	38,2	73,8	2009 Nov.
150,1	34,5	115,6	420,9	237,2	62,3	56,5	5,7	50,8	30,6	14,1	37,9	39,0	69,4	Dez.
Zweigstellen ausländischer Banken														
126,2	32,0	94,1	48,4	24,3	12,0	11,9	–	0,0	0,0	0,2	0,0	6,2	6,6	2009 Nov.
122,4	26,7	95,7	46,5	22,0	12,2	12,1	–	0,0	0,0	0,2	0,0	6,2	7,1	Dez.
Landesbanken														
449,2	68,3	380,9	402,9	87,5	99,8	200,1	61,3	13,8	12,3	1,7	458,8	72,8	83,5	2009 Nov.
445,5	54,1	391,4	407,0	79,9	114,4	197,2	65,3	13,9	12,2	1,6	446,1	73,8	85,6	Dez.
Sparkassen														
197,5	15,3	182,2	722,8	308,1	47,7	15,2	–	281,9	218,9	70,0	31,7	57,6	54,7	2009 Nov.
201,4	15,9	185,5	730,6	310,8	47,5	15,7	–	287,3	223,1	69,2	30,8	57,6	53,0	Dez.
Genossenschaftliche Zentralbanken														
131,7	32,4	99,3	36,5	11,4	7,1	15,8	4,3	–	–	2,3	60,9	11,7	17,1	2009 Nov.
129,1	29,9	99,2	33,0	7,6	7,8	15,4	1,2	–	–	2,3	58,2	11,7	16,5	Dez.
Kreditgenossenschaften														
110,0	3,9	106,1	479,2	203,1	56,5	28,7	–	169,9	139,2	21,0	30,3	39,7	32,0	2009 Nov.
106,7	3,7	103,0	482,5	203,2	55,2	29,0	–	174,4	142,5	20,8	29,6	39,7	31,4	Dez.
Realkreditinstitute														
220,7	5,5	215,3	186,3	4,2	6,2	175,4	0,0	0,4	0,4	0,0	318,0	20,3	19,5	2009 Nov.
226,5	4,7	221,8	186,2	4,4	6,6	174,8	0,0	0,4	0,4	0,0	314,2	20,3	24,3	Dez.
Bausparkassen														
28,8	3,1	25,7	127,5	0,4	1,9	124,1	–	0,3	0,3	0,8	6,8	7,3	22,7	2009 Nov.
28,2	2,5	25,7	130,7	0,6	1,8	127,2	–	0,3	0,3	0,8	6,3	7,3	21,1	Dez.
Banken mit Sonderaufgaben														
174,2	13,5	160,8	90,3	5,7	6,2	78,1	2,9	–	–	0,4	461,8	45,6	102,1	2009 Nov.
165,4	4,9	160,5	87,9	4,7	4,5	78,3	0,8	–	–	0,4	482,3	45,8	101,8	Dez.
Nachrichtlich: Auslandsbanken 7)														
276,9	92,0	184,9	363,4	179,0	71,5	84,3	13,7	20,8	20,6	7,7	76,2	42,7	60,1	2009 Nov.
266,6	76,0	190,6	359,2	175,8	70,4	84,4	10,2	21,0	20,8	7,5	74,7	43,1	54,7	Dez.
darunter: Banken im Mehrheitsbesitz ausländischer Banken 8)														
150,7	59,9	90,8	315,0	154,7	59,5	72,4	13,7	20,8	20,5	7,5	76,1	36,5	53,5	2009 Nov.
144,2	49,3	94,9	312,7	153,8	58,2	72,4	10,2	21,0	20,7	7,3	74,7	36,9	47,7	Dez.

verschreibungen. — 5 Die Kreditbanken umfassen die Untergruppen „Großbanken", „Regionalbanken und sonstige Kreditbanken" und „Zweigstellen ausländischer Banken". — 6 Deutsche Bank AG, Dresdner Bank AG, Commerzbank AG, Bayerische Hypo- und Vereinsbank AG und Deutsche Postbank AG. — 7 Summe der in anderen Bankengruppen enthaltenen Banken im Mehrheitsbesitz ausländischer Banken sowie der Gruppe (rechtlich unselbständiger) „Zweigstellen ausländischer Banken". — 8 Ausgliederung der in anderen Bankengruppen enthaltenen rechtlich selbständigen Banken (MFIs) im Mehrheitsbesitz ausländischer Banken.

2. Gruppenstruktur

a) Drei-Säulen-System

1.67 Eine weitere maßgebliche Unterscheidung der Kreditwirtschaft beruht auf deren **Rechtsform**. Das sog. Drei-Säulen-System der Deutschen Kreditwirtschaft, bestehend aus privaten Banken, genossenschaftlich organisierten Kreditinstituten und öffentlich-rechtlichen Instituten ist in der Bundesrepublik und im Verhältnis zur Europäischen Kommission umstritten.

1.68 Die Unterscheidung der Gruppen nach ihrer Rechtsform ist allerdings nur bei den privaten Banken durchgehalten, während die genossenschaftliche Zentralbank (DZ-Bank) als Aktiengesellschaft organisiert ist und im Sparkassen- und Landesbankensektor **auch Institute in privater Rechtsform** (z. B. die HSH-Nordbank und die WestLB) vorhanden sind. Außerdem unterhalten Institute der Genossenschaftsorganisation und der Sparkassenorganisation in erheblichem Umfang Beteiligungen oder Töchter in der Rechtsform privater Gesellschaften – teils als Unternehmen mit Ergänzungsfunktion (Investmentgesellschaften, Bausparkassen, Datenverarbeitungsgesellschaften, Unternehmen zur Wertpapierabwicklung u. a.), teils als Finanzanlagen oder für strategische Geschäftszwecke.

b) Strukturdiskussion

1.69 Das Thema **Rechtsform und Privatisierung** wird seit Jahrzehnten diskutiert. Im Laufe der Zeit haben sich nicht nur die Beteiligten dieser Diskussion verändert, sondern auch die Argumente. Ursprünglich ging es im Wesentlichen um tatsächliche oder vermeintliche Bevorzugungen, die die öffentliche Hand ihren Instituten gewährte. Mit Wegfall der Privilegien verschob sich die Diskussion zunächst in eine wirtschaftstheoretische Sichtweise. Protagonisten waren marktfundamentalistische Wissenschaftler, die die Selbstregulierungskräfte des Wettbewerbs zum einzigen Maßstab nehmen und staatliche Ordnungspolitik für verfehlt halten. Die Bankenseite erhofft sich von einer Privatisierung vor allem eine **Verbesserung der internationalen Wettbewerbsfähigkeit und Ertragsstärke der privaten Banken**. Am 27. Mai 2004 erklärte z. B. der Präsident des BdB, Herr Breuer, dass es ohne Privatisierung der Sparkassen keine Konsolidierung auf dem Deutschen Bankenmarkt geben werde. Es gab Interessenbekundungen z. B. der Hypo Vereinsbank und der Commerzbank am Erwerb von Sparkassen. Es ist kein Geheimnis, dass sich das private Bankgewerbe sowie Auslandsbanken von der Übernahme zumindest der interessanteren Sparkassen eine Ertragsverbesserung und vor allem besseren Zutritt zum Primärgeschäft versprechen.

1.70 Allerdings gibt es eine breite Front von **Gegnern einer Änderung der Rechtsform**, so die Regierungen der meisten Bundesländer, die Kommunen und Kommunalverbände, die Gewerkschaften, besonders Verdi, teilweise die Mittelstandsverbände. Auch eine Mehrheit in der Bevölkerung ist offenkundig gegen grundlegende Strukturänderungen im Sparkassensektor wie verschiedene Umfragen und Volksbegehren (z. B. Sachsen) zeigen.

c) Untersuchungen zur Rechtsform

Untersuchungen zum Rechtsform- und Privatisierungsthema wurden i. R. d. Financial Sector Assessment Program, einem Gemeinschaftsprogramm von internationalen Währungsfonds und Weltbank erarbeitet sowie in einem Gutachten des Instituts der Deutschen Wirtschaft. Der erstere Bericht (**IWF-Bericht**)[57] befasst sich mit der Deutschen Bankenstruktur und wurde am 3. November 2003 vorgelegt. Er bescheinigt dem deutschen Bankensystem 1.71

- eine hohe Stabilität,
- hohe Wettbewerbsintensität verbunden mit
- einem kostengünstigen Angebot an Finanzdienstleistungen und
- einem flächendeckenden Zugang zu Finanzdienstleistungen für alle Kundengruppen.

Die Gutachter von IWF und Weltbank haben das deutsche Bankensystem dabei einem **Stresstest** unterzogen, bei dem die Krisensituation des Jahres 2002 mit erheblichen zusätzlichen Belastungen simuliert wurde. Sie haben festgestellt, dass das deutsche System 1.72

- ein hohes Potential zur Krisenbewältigung besitzt;
- hinsichtlich der öffentlichen Banken und der Kreditgenossenschaften erkennt der Bericht auch deren wesentlichen Beitrag, insbesondere zur
- Wettbewerbsintensität und
- flächendeckenden Versorgung mit Finanzdienstleistungen an;
- andererseits macht der IWF-Bericht einen rückläufigen Trend der Profitabilität der Banken aus.

Die **Konsequenzen**, die der IWF-Bericht aus seinem Befund zieht, sind allerdings überraschend. Er legt sich zwar nicht auf eine einzige oder Ideallösung fest, schlägt aber immerhin eine säulenübergreifende Konsolidierung der deutschen Banken vor. Hierzu sollten eine 1.73

- Reduzierung des Engagements der öffentlichen Hand,
- ein Rechtsformwechsel von öffentlichen Banken in die private Rechtsform als „ermutigendes Zeichen" sowie
- die Aufgabe des Regionalprinzips als wettbewerbsbeschränkendes Hindernis
- und weitere Änderungen erfolgen.

---

57) German's Financial System Stability Assessment Report 03/43.

1.74 Ähnliche Ergebnisse bringt das im Juni 2004 im Auftrag des Bundesfinanzministeriums erstellte **Gutachten des DIW** mit dem Untertitel „Untersuchung der Grundlagen und Entwicklungsperspektiven des Bankensektors in Deutschland (Drei-Säulen-System)".[58] Es bestätigt ähnlich wie der IWF-Bericht dem deutschen Finanzsystem, dass es sich seit dem 2. Weltkrieg auf der Grundlage des Drei-Säulen-Systems als außerordentlich stabil erwiesen habe. Auch heutzutage gelte das deutsche Bankensystem als stressresistent.

1.75 Allerdings bestätigten auch die DIW-Gutachter dem deutschen Bankenmarkt eine im internationalen Vergleich geringe Rentabilität. Dabei habe sich jedoch gezeigt, dass Teile des **öffentlich-rechtlichen Bankensektors überproportional profitabel** arbeiten und sich voraussichtlich nach der Modifikation von Anstaltslast und dem Wegfall der Gewährträgerhaftung weiterhin behaupten können. Dennoch werde sich der Effizienzdruck im gesamten öffentlich-rechtlichen Bankensektor erhöhen. In diesem Zusammenhang sei der Privatisierungsgedanke weiter zu verfolgen. Es seien kreative Lösungen wie in Nachbarländern gefragt. Als Beispiele nennen die Gutachter die Umwandlung der Sparkassen in Kreditgenossenschaften in Frankreich und Stiftungslösungen.

d) Privatisierungsforderung

1.76 Die Analysen von IWF bzw. Weltbank sowie des DIW sind interessant, wenn auch nicht ganz überraschend. Umso überraschender und kaum nachvollziehbar sind die **Schlüsse**, die die Gutachten ziehen. Selbstverständlich sind auch in Deutschland angesichts der sich schnell wandelnden nationalen und internationalen Umfeldbedingungen ständige Anpassungs- und Reformprozesse erforderlich. Es ist aber nicht ersichtlich, warum das dreigliedrige deutsche Bankensystem als solches in Frage gestellt wird, wenn die Gutachter diesem **Erfolgskriterien wie Stabilität, Krisenfestigkeit, Wettbewerbsintensität und eine optimale Versorgungsfunktion** von Wirtschaft und Bevölkerung bescheinigen. Die Krisenfestigkeit hat sich insbesondere in der Finanzmarktkrise des Jahres 2008 bestätigt. Während die meisten Großinstitute teilweise existenzgefährdende Verluste erlitten und einige Staatshilfen in Anspruch nehmen mussten, erwiesen sich Sparkassen und Kreditgenossenschaften als krisenresistent. Hätte Deutschland eine ähnliche Bankenstruktur wie z. B. Großbritannien, dürfte die Krise noch gewaltigere Staatshilfen beansprucht haben.

1.77 Auch dass das **Regionalprinzip** eine Wettbewerbsbeschränkung darstelle, ist allenfalls vordergründig richtig. In der wirtschaftlichen Realität sorgt es dafür, dass der Wettbewerb überall im Lande stattfindet, vor allem auch in ländlichen, strukturschwachen Gebieten, weil die geschäftspolitische Ausrichtung auf die

---

58) www.diw.de.

Region ein wirtschaftliches Eigeninteresse der regionalen Institute an einer prosperierenden örtlichen Wirtschaft zwangsläufig gebietet.

Die im internationalen Vergleich schwächere Ertragslage der deutschen Banken kann einen **Verzicht auf die strukturellen Vorzüge** – auch im internationalen Vergleich – des Deutschen Bankensystems nicht rechtfertigen. Denn „die Eigentumsordnung wird nicht von den Marktteilnehmern, sondern vom nationalen Gesetzgeber festgelegt".[59] Die aus der Sicht der betriebswirtschaftlichen **Nutzenoptimierung des privaten Bankensektors** begründete Forderung kann daher für den Landesgesetzgeber kein Maßstab sein. Der Landesgesetzgeber orientiert sich nicht am Individualnutzen einzelner Unternehmensgruppen, sondern am Gemeinwohl. Für ihn ist entscheidend, ob das dreigliedrige deutsche Bankensystem und dabei insbesondere die Rolle der öffentlichen Institute aus gesamtwirtschaftlicher Sicht zweckmäßig sind. Dies bestätigen beide Gutachten in ihrer gesamtwirtschaftlichen Analyse der deutschen Bankenstruktur. 1.78

3. Verbandsorganisation

a) Spitzenverbände und sonstige Bankenverbände

Die Kreditinstitute der Bundesrepublik Deutschland sind entweder in Spitzenverbänden oder in speziellen Fachverbänden, teilweise auch mit Doppelmitgliedschaft, organisiert. Die Spitzenverbände nehmen nicht nur die typischen Verbandsfunktionen der Beratung und Interessenvertretung der Mitglieder gegenüber Gesetzgebung und Behörden wahr. Besonders bei den **Verbundinstituten** der Sparkassen- und Genossenschaftsorganisation erfüllen die Verbände teilweise auch **ausgelagerte Unternehmensfunktionen** der Mitglieder wie z. B. Gemeinschaftswerbung, einheitliche Produktentwicklung, Entwicklung technischer Standards und der EDV sowie die Unterhaltung von für die Mitglieder nutzbaren Gemeinschaftseinrichtungen. 1.79

Die privaten Geschäftsbanken sind im **Bundesverband Deutscher Banken e. V. (BdB)**, der auch unter dem Namen Bankenverband auftritt, zusammengeschlossen. Dieser unterhält eine Prüfungseinrichtung im Zusammenhang mit seiner Funktion als Träger der Einlagensicherungs- und Anlegerentschädigungseinrichtungen. Dem BdB gehören elf regionale Bankenverbände sowie der Verband Deutscher Schiffsbanken an. 1.80

Die Sparkassen sind 13 **regionalen Sparkassenverbänden** angeschlossen – soweit öffentlich-rechtlich organisiert als Pflichtmitglieder. Diese unterhalten jeweils eine Prüfungseinrichtung, die die Funktion des **gesetzlichen Jahresabschlussprüfers** wahrnimmt. Nur von der Bundesanstalt für Finanzdienstleistungsaufsicht angeordnete Sonderprüfungen sowie – begrenzt auf Ausnahmefälle – Jah- 1.81

59) *Wittkowski*, Börsenzeitung v. 31.12.2004.

resabschlussprüfungen von Sparkassen in den Ländern Rheinland-Pfalz und Sachsen-Anhalt werden von privaten Wirtschaftsprüfern durchgeführt. Die regionalen Sparkassenverbände, die Landesbanken sowie die DGZ-DekaBank bilden den **Deutschen Sparkassen- und Giroverband e. V. (DSGV)** Er ist der Spitzenverband der deutschen Sparkassenorganisation. Daneben besteht der Deutschen Sparkassen- und Giroverband öffentliche Körperschaft. (DSGVöK)[60], der Spezialaufgaben der deutschen Sparkassenorganisation wahrnimmt

1.82 Die Landesbanken sind außerdem Mitglieder des **Bundesverbands öffentlicher Banken e. V. (VÖB)**, dem auch die weiteren öffentlich-rechtlichen Banken, die nicht dem Sparkassensektor zugehören (besonders die Förderinstitute des Bundes und der Länder), angeschlossen sind.

1.83 Die Genossenschaftsbanken werden vom **Bundesverband der Volksbanken und Raiffeisenbanken e. V. (BVR)** vertreten. Ihm sind die genossenschaftlichen Prüfungsverbände angeschlossen, die die Funktion des gesetzlichen Jahresabschlussprüfers der in der Rechtsform der Genossenschaft organisierten Kreditinstitute wahrnehmen.

1.84 Es bestehen eine Reihe **weiterer, spezialisierter Verbände**, so der Verband deutscher Pfandbriefbanken (VdP), der Verband der Auslandsbanken, der Bankenfachverband (für Teilzahlungsinstitute, Autobanken usw.), der Verband der Sparda-Banken sowie der Verband der freien öffentlichen Sparkassen. Die privaten und die öffentlichen Bausparkassen sind jeweils in einem eigenen Bausparkassenverband, die Investmentgesellschaften im Bundesverband Deutscher Investmentgesellschaften zusammengeschlossen.

b) Der zentrale Kreditausschuss (ZKA)

1.85 Die fünf sog. Spitzenverbände des Kreditgewerbes – der BdB, der DSGV, der BVR, der VÖB und der VdP – bilden den zentralen Kreditausschuss. Der zentrale Kreditausschuss ist nicht als Verein oder in einer sonstigen Rechtsform organisiert, sondern besteht als eine Art **Arbeitsgemeinschaft**. Er nimmt die gemeinsame Interessenvertretung der in seinen Mitgliedsverbänden organisierten Institute gegenüber Gesetzgebung und Behörden wahr. Daneben arbeiten die Mitglieder auf eine Reihe von Feldern zusammen, da eine Kooperation zwischen den Instituten z. B. im Zahlungsverkehr, bei der Wertpapierabwicklung und im Kreditgewerbe systembedingt notwenig ist. Daher wurden auch die Zahlungsverkehrsabkommen und weitere gemeinsame Vereinbarungen im zentralen Kreditausschuss entwickelt. Ein weiteres Feld der Zusammenarbeit ist die Bereinigung von Wettbewerbsstreitigkeiten zwischen Mitgliedsinstituten im zentralen Wettbewerbsausschuss des ZKA.

---

60) Gesetz v. 6.4.1933, RGBl. I, 166 (BGBl. II, 7621) sowie Satzung des DSGVöK v. 16.5.1984, zuletzt geändert am 29.11.2006.

c) Einlagen- und Unternehmenssicherungseinrichtungen der kreditwirtschaftlichen Verbände

Der BdB, der VÖB und die Bausparkassenverbände unterhalten **freiwillige Einlagensicherungsfonds**, bei denen die Kundenforderungen gegen Mitgliedsinstitute im Falle der Zahlungsunfähigkeit abgesichert sind. Daneben unterhalten beide Verbände eine **Entschädigungseinrichtung** nach dem Einlagensicherungs- und Anlegerentschädigungsgesetz. Für den Sparkassensektor bestehen bei den regionalen Sparkassenverbänden sog. **Sparkassenstützungsfonds, die Unternehmenssicherung** betreiben. Im Falle der Krise eines Mitgliedsinstituts bewirken sie die Sanierung (häufig auch Sanierungsfusion mit anderen Sparkassen), so dass Ausfälle von Anlegern vermieden werden. Ein gleiches System unterhält der BVR für seine Mitgliedsinstitute. Die Landesbanken sind einer beim DSGV geführten Sicherungsreserve angeschlossen, die gleichfalls dazu dient, die angeschlossenen Institute selbst zu schützen, insbesondere ihre Liquidität und Solvenz zu gewährleisten. Eine Darstellung der Pflicht zur Einlagensicherung und Anlegerentschädigung sowie des Systems der Unternehmenssicherung in der Sparkassen- und Genossenschaftsorganisation sowie Einzelheiten der jeweiligen Fonds sind im Kapitel III dargestellt. **1.86**

4. Beschwerdestellen-/Schlichtungsverfahren

a) Europarechtliche Verpflichtung

Art. 83 der EG-Zahlungsdiensterichtlinie[61)] verpflichtet die Mitgliedstaaten, **1.87**
dafür zu sorgen,

> „dass angemessene und wirksame außergerichtliche Beschwerdeverfahren und Streitbeilegungsverfahren für die Beilegung von Streitigkeiten zwischen Zahlungsdienstenutzern und ihren Zahlungsdienstleistern über die aus der Richtlinie erwachsenden Rechte und Pflichten eingerichtet werden, wobei sie gegebenenfalls auf bestehende Einrichtungen zurückgreifen."

Weiterhin enthält Art. 14 der Fernabsatzrichtlinie für Finanzdienstleistungen[62)] folgende Verpflichtung:

> „Die Mitgliedstaaten fördern die Einrichtung oder die Weiterentwicklung angemessener und wirksamer außergerichtlicher Beschwerde- und Rechtsbehelfsverfahren für die Beilegung von Verbraucherstreitigkeiten über Finanzdienstleistungen im Fernsabsatz."

---

61) Richtlinie 2007/64/EG des Europäischen Parlaments und des Rates v. 13.11.2007, ABl. Nr. L 319 v. 5.12.2007.

62) Richtlinie 2002/65/EG des Europäischen Parlaments und des Rates über den Fernabsatz von Finanzdienstleistungen an Verbraucher v. 23.09.2002, ABl. Nr. L 271/16.

1.88 Der deutsche Gesetzgeber hat dies zunächst im AGB-Gesetz umgesetzt und die Regelung in § 14 **des Unterlassungsklagengesetzes** (UKlaG) übernommen. Danach können die Beteiligten eines Vertrags über Zahlungsdienste, Verbraucherdarlehen oder sonstige im Fernabsatz vertriebene Finanzdienstleistungen bei Streitigkeiten eine Schlichtungsstelle anrufen. Dies ist allerdings nicht zwingend. Vielmehr kann der Vertragspartner anstelle des Schlichtungsverfahrens oder im Falle des Unterliegens im Schlichtungsverfahren die ordentlichen Gerichte anrufen. § 14 Abs. 2 UKlaG regelt die Verfahrensgrundsätze – insbesondere Unparteiigkeit des Schlichters, allgemeine Zugänglichkeit, rechtliches Gehör und Umsetzung des Rechts.

1.89 Bei der Deutschen **Bundesbank ist eine solche Schlichtungsstelle** eingerichtet. Hierzu wurde eine Verordnung über das Verfahren der Schlichtungsstellen für Überweisungen[63)] erlassen. Die Deutsche Bundesbank bietet über ihre Internetseite ein Merkblatt für das Schlichtungsverfahren an und erstellt einen Tätigkeitsbericht. Die Bedeutung der Schlichtungsstelle der Deutschen Bundesbank ist allerdings gering, da die meisten Schlichtungen durch andere Stellen abgewickelt werden.

1.90 Denn der Bundesminister der Justiz kann gemäß § 14 Abs. 3 UKlaG durch Rechtsverordnung die Streitschlichtungsaufgaben auf **andere geeignete Stellen** übertragen. Davon hat er Gebrauch gemacht und die Schlichtungsstellen der Spitzenverbände des Kreditgewerbes (nur für einen Teil ihrer Mitglieder) sowie den Sparkassenverband Baden-Württemberg und den Rheinischen Sparkassen- und Giroverband mit der Wahrnehmung dieser Aufgaben beliehen. Diese Stellen sind ausschließlich für die Streitschlichtung zuständig, soweit ihre Mitgliedsinstitute Beschwerdegegner sind.

1.91 Bei Zahlungsdiensterahmenverträgen muss dem Kunden gemäß Art. 248 Abs. 1 Nr. 8 EGBGB vor Vertragsschluss ein Hinweis auf das außergerichtliche Rechtsbehelfsverfahren nach § 14 UKlaG erteilt werden. Bei Verbraucherdarlehensverträgen und Fernabsatzverträgen über Finanzdienstleistungen müssen Institute dem Verbraucher gemäß Art. 247 § 1 Abs. 1 Nr. 7 EGBGB gleichfalls vor Vertragsschluss einen Zugang zu einem außergerichtlichen Beschwerde- und Rechtsbehelfsverfahren mitteilen. Dies erfolgt im Preis- und Leistungsverzeichnis. Bei Instituten, die einem mit der Schlichtungsaufgabe beliehenen Verband angehören, ist auf die Schlichtungsstelle des jeweiligen Verbandes hinzuweisen. Institute, die keiner beliehenen Schlichtungsstelle angeschlossen sind, müssen hinsichtlich der Streitigkeiten nach § 14 UKlaG – neben der möglichen

---

63) Neufassung v. 10.7.2002, BGBl I, 2577, zuletzt geändert durch Gesetz v. 29.7.2009, BGBl. I, 2355.

Angabe der Schlichtungsstelle ihres Verbandes – auf die bei der Deutschen Bundesbank eingerichtete Schlichtungsstelle verweisen. Für Beschwerden gegen Zahlungsdienstleister wegen Verstößen gegen die §§ 675c und 676c BGB enthält § 28 ZAG eine gesonderte Beschwerdemöglichkeit die der BaFin. Beschwerdeberechtigt sind die Kunden (ZD-Nutzer), geeignete Interessenverbände und ähnliche Einrichtungen sowie die gewerbliche Industrie- und Handelkammer. Bei Beschwerden von Zahlungsdienstnutzern weißt die BaFin ihrer Antwort auch auf das Verfahren zur außergerichtlichen Streitbeilegung nach § 14 des Unterlassungsklagengesetzes hin (§ 28 Abs. 2 Satz 2 ZAG).

b) Streitschlichtungsverfahren des privaten Bankgewerbes

Das älteste und am weitesten entwickelte Streitschlichtungsverfahren ist beim 1.92
BdB eingerichtet. Die Schlichtungsstelle des BdB ist vom Bundesministerium der Justiz gemäß § 14 Abs. 3 UKlaG für seine Mitglieder mit der Aufgabe der Streitschlichtung beliehen. Die Zuständigkeit erstreckt sich nicht nur auf Streitigkeiten aus dem Bereich der nach § 14 Abs. 1 UKlaG vorgesehenen Streitfälle, sondern auf jede Art von Kundenbeschwerden. Die entsprechende „Verfahrensordnung für die Schlichtung von Kundenbeschwerden im deutschen Bankgewerbe“[64] sieht allerdings eine Reihe von **Verfahrensvoraussetzungen** vor[65]:

- Der Beschwerdeführer muss **Verbraucher** sein (Ausnahme für Beschwerden aus dem Bereich der Zahlungsdienste),
- das Verfahren darf nicht bereits **bei einem Gericht** oder in einem anderen Schlichtungsverfahren anhängig sein und
- der Anspruch darf nicht bereits **verjährt** sein, jedenfalls wenn sich die Bank darauf beruft.

Außerdem kann die Schlichtung abgelehnt werden,

- wenn sie die Klärung einer **grundsätzlichen Rechtsfrage** betrifft oder
- wenn über den Sachverhalt **Beweis erhoben** werden müsste.

Es findet ein Vorprüfungsverfahren statt, bei dem vor allen die Verfahrensvoraussetzungen geklärt werden. Ist die Beschwerde zulässig, wird sie einem unabhängigen Schlichter – meist ehemalige Richter oder Ministerialbeamte – vorgelegt. Ist die Beschwerde nach Meinung des Schlichters nicht berechtigt, weist er

---

64) Abgedruckt in NJW 1992, 2745 sowie BAnz v. 5.3.2003, S. 3901 sowie eine überarbeitete Fassung bei Schimansky/Bunte/Lwowski-*Steuer*, Bankrechts-Hdb. § 3 Rz. 28.

65) Eine ausführliche Darstellung des Schlichtungsverfahrens, besonders des BdB mit umfangreichem Schrifttumsverzeichnet, findet sich bei Schimansky/Bunte/Lwowski-*Steuer*, Bankrechts-Hdb. § 3.

sie ab. Dem Betroffenen entstehen keine Kosten. Für die Dauer des Schlichtungsverfahrens ist die Verjährung vereinbarungsgemäß gehemmt. Die Anrufung der ordentlichen Gerichte bleibt möglich. Für den Fall, dass der Beschwerde stattgegeben wird, haben sich die Mitgliedsinstitute des Bundesverbandes Deutscher Banken verpflichtet, den Schlichterspruch bis zur Höhe eines Streitwertes im Zuständigkeitsbereich des Amtsgerichts – derzeit 5.000 Euro – zu akzeptieren. Es geht allerdings nicht immer um Geldforderungen, sondern z. B. auch um die Zustimmung zur Löschung eines Schufa-Eintrags, u. a. Anwaltskosten oder sonstige Kosten außerhalb des Beschwerdeverfahrens trägt weder der Bankenverband noch der Beschwerdegegner. Der Ablauf des Verfahrens ergibt sich aus folgender Übersicht.

ABLAUF DES VERFAHRENS

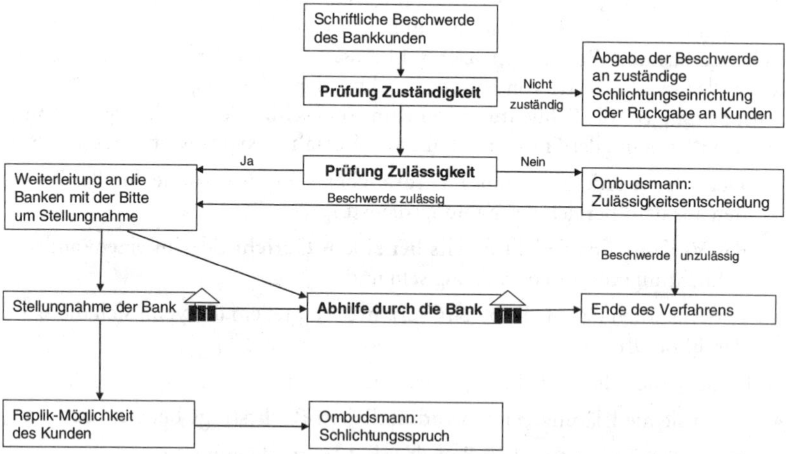

1.93 Das Streitschlichtungsverfahren für Verbraucherbeschwerden wird hauptsächlich für Streitigkeiten im Zusammenhang mit der Kontoführung samt Zahlungsverkehr, aus dem Kreditgeschäft, dem Wertpapiergeschäft und beim Girokonto für jedermann in Anspruch genommen, wie die beiden folgenden Übersichten zeigen: Von Anfang Juli 1992 bis Ende Juni 2008 entschied der Ombudsmann des privaten Bankgewerbes 9833 Streitfälle zugunsten des Kunden, 9477 zugunsten der Bank und regte in 588 Fällen einen Vergleich an[66]. Die bearbeiteten Verfahren verteilten sich wie folgt:

66) Quelle: Banken 2008 – Fakten/Meinungen/Perspektiven (Jahresbericht), S. 142.

Verfahrenseingänge und –ausgänge im Fünf-Jahres-Vergleich*

	2004	2005	2006	2007	2008
Gesamtzahl der Beschwerden	4.263	2.791	3.753	3.610	4.837
Vom Kunden nicht weiterverfolgte Beschwerden	822	457	607	617	734
Nach der Verfahrensordnung unzulässige Beschwerden	1.116	718	598	385	602
Nach der Verfahrensordnung zulässige Beschwerden	2.325	1.616	2.548	2.608	3.501**
Ausgang zugunsten des Kunden (auch teilweise)	1.106	851	1.423	1.403	1.661
Vergleich durch Ombudsmann angeregt	79	43	51	68	70
Ausgang zugunsten der Bank	1.140	722	1.074	1.137	1.286

* Quelle: Tätigkeitsbericht 2008 des Obudsmannes des BdB, Berlin vom September 2009.
** Von den 3.501 zulässigen Beschwerden befinden sich 484 Beschwerden noch in Bearbeitung.

Sachgebiete im Fünf-Jahres-Vergleich*

Sachgebiet	2004	2005	2006	2007	2008
Wertpapiergeschäft in %	915 21,5	681 24,4	725 19,3	796 22,0	1.868 38,6
Kreditgeschäft in %	1.986 46,6	1.026 36,8	1.006 26,8	898 24,9	1.000 20,7
Zahlungsverkehr in %	969 22,7	644 23,1	1.234 32,9	1.172 32,5	1.252 25,9
Girokonto für Jedermann in %	136 3,2	170 6,0	431 11.5	386 10,7	353 7,3
Bürgschaften/Drittsicherheiten in %	23 0,5	19 0,7	19 0,5	18 0,5	11 0,2
Spargeschäft in %	202 4,7	243 8,7	300 8,0	272 7,5	254 5,3
Sonstige Gebiete in %	32 0,8	8 0,3	38 1,0	68 1,9	99 2,0
Summe	**4.263**	**2.791**	**3.753**	**3.610**	**4.837**

* Quelle: Tätigkeitsbericht 2008 des Obudsmannes des BdB, Berlin vom September 2009; Stand Juni 2009.

c) Streitschlichtung im übrigen Kreditgewerbe

Im Bereich der **Sparkassenorganisation** sind die Schlichtungsstellen des DSGV, 1.94
des Sparkassenverbandes Baden-Württemberg und des Rheinischen Sparkassen- und Giroverbandes mit der Aufgabe der Streitschlichtung beliehen. Die Schlichtungsstelle des DSGV ist allerdings nur für die bayrischen Sparkassen,

die Berliner Landesbank (samt Sparkassenteil), die Hamburger Sparkasse, die Bremer Sparkasse und die Sparkasse Bremerhaven zuständig. Auch die anderen regionalen Sparkassenverbände unterhalten Schlichtungsstellen. Sämtliche Schlichtungsstellen behandeln Kundenbeschwerden jeder Art – einschließlich derer von Firmenkunden, auch soweit die Schlichtungsstelle der Deutschen Bundesbank formell zuständig wäre.

Die Verfahrensordnungen der Streitschlichtungsstellen sind ähnlich ausgestaltet wie beim BdB. Es findet ein Vorprüfungsverfahren beim Verband statt. Die beliehenen Schlichtungsstellen haben externe Schlichter berufen. Bei den nicht beliehenen regionalen Sparkassenverbänden werden nur teilweise **externe Schlichter** bestellt. Bei der Mehrzahl der Sparkassenverbände übt die Schlichtungsfunktion ein Verbandsbediensteter, der insoweit weisungsfrei gestellt ist, aus. Eine förmliche **Bindung an den Schlichterspruch** – wie es bei den privaten Banken bis zum Streitwert von 5.000 Euro vorgesehen ist – besteht in der Sparkassenorganisation nicht. Es kann jedoch davon ausgegangen werden, dass die „moralische" Wirkung eines Schlichterspruchs die Sparkasse regelmäßig zur Befolgung veranlassen dürfte. Allerdings sind die Schlichtungsstellen auf die Erzielung einer einvernehmlichen Lösung zwischen Beschwerdeführer und Sparkasse ausgerichtet.

1.95 Der **VÖB** hat gleichfalls ein nicht bindendes Schlichtungsverfahren für Beschwerden von Privatkunden und Beschwerden aus dem Bereich des Zahlungsverkehrs gegen seine Mitglieder eingeführt. Schlichter ist ein ehemaliger Vorsitzender des Bankensenats eines OLG. Die Verfahrensordnung für die Schlichtung von Kundenbeschwerden des VÖB sieht ähnliche Verfahrensvoraussetzungen vor wie die des BdB. Es findet ein Vorprüfungsverfahren durch die Kundenbeschwerdestelle des VÖB statt.

1.96 Auch im Bereich der **Kreditgenossenschaften** besteht ein nach § 14 Abs. 3 UKlaG beliehenes Streitschlichtungsverfahren auf Ebene des BVR. Ombudsmann des BVR ist ein ehemaliger BGH-Richter des Bankensenats, der die Streitschlichtung für die als Genossenschaften organisierten Kreditinstitute erledigt. Die vom Bundesministerium der Justiz genehmigte Verfahrensordnung regelt den Ablauf weitgehend ähnlich wie bei den privaten Banken und beim VÖB. Anders als bei den privaten Banken ist auch beim BVR-Schlichtungsverfahren **keine Bindungswirkung** für die Bank vorgesehen. Es findet ein Vorprüfungsverfahren durch die Kundenbeschwerdestelle des BVR statt.

5. Funktion der Deutschen Bundesbank

1.97 Ursprünglich war die Deutsche Bundesbank als zentrale Währungs- und Notenbank auf der Grundlage des Art. 88 GG errichtet worden. Im Zusammenhang mit der Errichtung der Europäischen Wirtschafts- und Währungsunion durch den Maastricht-Vertrag vom 7. Februar 1992[67] wurde Art. 88 GG geändert[68]. Danach können ihre Aufgaben und Befugnisse i. R. d. Europäischen Union der Europäischen Zentralbank übertragen werden, die unabhängig und dem vorrangigen Ziel der Sicherung der Preisstabilität verpflichtet ist. Als Konsequenz des Vertrags von Maastricht wurden die **Europäische Zentralbank (EZB)** und das **System der Europäischen Zentralbanken (ESZB)** errichtet. Die Deutsche Bundesbank ist daher seit 1. Januar 1999 nicht mehr Währungs- und Notenbank. Die Zuständigkeit für die Geld- und Währungspolitik ging vielmehr zum 1. Januar 1999 auf die Gemeinschaftsebene über.

Die Deutsche Bundesbank ist eine **bundesunmittelbare juristische Person des öffentlichen** Rechts mit einem Grundkapital von 2,5 Mrd. Euro. Sie ist gemäß § 3 des Bundesbankgesetzes „integraler Bestandteil des europäischen Systems der Zentralbanken. Sie wirkt an der Erfüllung seiner Aufgaben mit dem vorrangigen Ziel mit, die Preisstabilität zu gewährleisten.“ Außerdem **verwaltet sie die Währungsreserven** der Bundesrepublik Deutschland, beteiligt sich an der Organisation der Abwicklung des **Zahlungsverkehrs** im Inland und Ausland und nimmt weitere Aufgaben wahr. Sie hat ihren Sitz in Frankfurt und unterhält neun Hauptverwaltungen. Sie ist bei der Ausübung ihrer Befugnisse von Weisungen der Bundesregierung **unabhängig**, hat jedoch die Bundesregierung in Angelegenheiten von wesentlicher währungspolitischer Bedeutung zu beraten und wirtschaftspolitisch zu unterstützen, soweit dies mit ihrer Einbindung in das ESZB vereinbart ist. 1.98

Die Bundesbank kann Giroeinlagen und andere Einlagen von jedermann annehmen (Zentralbankkonto), betreibt aber vor allem mit Kreditinstituten und der öffentlichen Hand **Bankgeschäfte**. Teilweise dient dies auch der Durchführung der Geldpolitik des Eurosystems. Eine weitere wichtige Funktion kommt der Deutschen Bundesbank i. R. d. bargeldlosen Zahlungsverkehrs zu. Ein wesentlicher Teil des Massenzahlungsverkehrs und insbesondere des Auslandszahlungsverkehrs wird über die Deutsche Bundesbank abgewickelt. [69] 1.99

Sie erfüllt damit zwar die Kriterien eines Kreditinstituts nach § 1 Abs. 1 Satz 2 KWG, ist jedoch von der Bankenaufsicht in § 2 KWG ausgenommen. Sie ist vielmehr selbst **Teil der Bankenaufsicht**, wie § 7 KWG ausdrücklich festlegt. Derzeit gibt es Bestrebungen, die Bankenaufsicht – wie in verschiedenen anderen Ländern – ausschließlich auf die Deutsche Bundesbank zu übertragen (so Koalitionsvertrag der Bundesregierung 2009). Insbesondere verarbeitet sie mit ihrem wesentlich größeren Apparat die Meldungen und Anzeigen sowie Prüfungsberichte über den Jahresabschluss oder angeordnete Sonderprüfungen 1.100

---

67) Vgl. Ratifizierungsgesetz v. 28.12.1992, BGBl. II, 1251.

68) Gesetz v. 21.12.1992, BGBl. I, 2086.

69) Näheres vgl. Schimansky/Bunte/Lwowski-*Hang*, Bankrecht-Hdb., § 123 Rz. 54 ff.

und wertet diese aus. Daneben führt die Deutsche Bundesbank die Bankenstatistik als eine wesentliche Grundlage der Beobachtung und Analyse der wirtschaftlichen Entwicklung in der Bundesrepublik Deutschland.

V. Die einzelnen Institutsgruppen

1. Private Banken

1.101 Private Banken machen gemessen an der Bilanzsumme[70] ca. **36 % des deutschen Bankenmarktes** aus. Sie können in jeder privatrechtlichen Gesellschaftsform errichtet werden. Die Rechtsform des Einzelkaufmanns ist seit 1976 (§ 2b Abs. 1 KWG) für Kreditinstitute verboten. Die bestehenden Privatbankiers erhielten jedoch Bestandsschutz (Art. 2 § 4 Abs. 1 der 2. KWG-Novelle)[71]. Die Großbanken sind als Aktiengesellschaften, die Regionalbanken und sonstigen Kreditbanken einschließlich der Spezialfinanzierer (z. B. Autobanken) ebenfalls als Aktiengesellschaften oder GmbHs und die sog. Privatbanken als Personenhandelsgesellschaften organisiert.

1.102 Mit dem Postumwandlungsgesetz[72] wurde die **Postbank** in eine AG umgewandelt. Sie steht teilweise im Beteiligungsbesitz der Deutschen Bank, ein Teil der Aktien ist an der Börse eingeführt. Für die Deutsche Postbank AG gelten keine geschäftlichen Beschränkungen mehr. Seit 1. Januar 1995 unterliegt sie in vollem Umfang dem Kreditwesengesetz (vgl. § 64 KWG) und damit der Bankenaufsicht. Sie fungiert weitgehend als Direktbank, jedoch steht ihr der Schalterdienst der Deutschen Post AG zur Verfügung.

2. Kreditgenossenschaften

1.103 Die Banken des Genossenschaftssektors, der ca. **10 % des deutschen Bankenmarktes** ausmacht, sind mitgliedschaftlich in der Rechtsform der Genossenschaft nach dem Genossenschaftsgesetz errichtet und im Genossenschaftsregister eingetragen. Sie sind Pflichtmitglieder in einem (regionalen) genossenschaftlichen Prüfungsverband, der die Jahresabschlussrechnung vornimmt. Sie sind – ohne gesetzliche Regelung – jeweils auf ein lokales Gebiet beschränkt. Sie stellen zahlenmäßig die größte Gruppe und volumenmäßig meist das jeweils kleinste Kreditinstitut auf örtlicher Ebene dar.

1.104 Gesetzeszweck der Kreditgenossenschaften ist die **Förderung des Erwerbs oder der Wirtschaft ihrer Mitglieder** mittels gemeinschaftlichen Geschäftsbetriebs. Der Mitgliederkreis ist offen. Im Gegensatz zur Gesetzeslage bis 1973

70) Gemäß Bankenstatistik der Deutschen Bundesbank, Juli 2007, S. 106.

71) Zweites Gesetz zur Änderung des Gesetzes über das Kreditwesen v. 24.3.1976, BGBl. I, 725.

72) Gesetz zur Umwandlung der Unternehmen der Deutschen Bundespost in die Rechtsform der Aktiengesellschaft v. 14.9.1994, BGBl. I, 2325, 2343.

können sie alle Bankgeschäfte auch mit Nichtmitgliedern tätigen. Die Mitglieder bringen das Kapital, die sog. Geschäftsguthaben, auf und sind am Ertrag über eine Dividendenausschüttung beteiligt.

Kreditgenossenschaften sind ganz überwiegend als Genossenschaften mit **beschränkter Nachschusspflicht** errichtet. Allerdings ist von dieser Nachschusspflicht im Genossenschaftssektor zumindest seit dem 2. Weltkrieg trotz einer großen Zahl von Krisenfällen nie Gebrauch gemacht worden. Das genossenschaftliche Sicherungssystem hat bislang alle Krisenfälle aufgefangen.

3. Genossenschaftliche Zentralkassen

Die Genossenschaftsorganisation ist theoretisch in einem dreistufigen, heute aber praktisch in einem **zweistufigen Verbund** gegliedert. Die Primärstufe bilden die Volks- und Raiffeisenbanken als Universalkreditinstitute. Neben der DZ Bank ist in Nordrhein-Westfalen eine weitere genossenschaftliche Zentralkasse auf regionaler Ebene errichtet (WGZ-Bank). Die beiden genossenschaftlichen Zentralkassen sind Aktiengesellschaften, deren Kapital sich im Besitz der Primärgenossenschaften befindet. Die DZ Bank und die WGZ Bank haben ihre Fusion – rückwirkend zum 1. Januar 2009 – geplant, aber bislang nicht umgesetzt. Sie ergänzen die Volks- und Raiffeisenbanken auf allen Geschäftsgebieten insbesondere dort, wo diese wegen ihrer geringen Größenordnung nicht allein tätig werden können. 1.105

Die DZ Bank dient als **Zentralkreditinstitut** der Förderung des gesamten Genossenschaftswesens. Sie wurde auf der Grundlage des DG-Bank-Umwandlungsgesetzes von einer öffentlich-rechtlichen Körperschaft in eine AG umgewandelt. Wesentlicher Bestandteil ihrer Aufgabe ist die Förderung der genossenschaftlichen Primärstufe und der genossenschaftlichen Zentralbanken. Sie wirkt bei der Förderung der genossenschaftlichen Wohnungswirtschaft mit. Fusionen zwischen genossenschaftlichen Kreditinstituten der Primärstufe und der Aktiengesellschaft sind nicht zulässig. Sie konzentriert sich auf das Geschäft mit größeren Kunden und im Übrigen auf die Förderung ihrer genossenschaftlichen Mitglieder durch Funktionen bei der Liquiditätsvorsorge, im Zahlungsverkehr, durch Gemeinschaftsgeschäfte usw. Sie betreibt auch ein erhebliches eigenes Finanzgeschäft im Bereich des internationalen Bankgeschäftes. 1.106

4. Banken mit Sonderaufgaben in privater Rechtsform

Die privatrechtlich organisierten Banken mit Sonderaufgaben wurden für spezielle Zwecke der Banken oder der privaten und öffentlichen Wirtschaft errichtet. Es sind dies z. B.: 1.107

- Die **IKB Deutsche Industriekreditbank AG**, Düsseldorf/Berlin, konzentriert sich auf die Gewährung mittel- und langfristiger Kredite, hauptsächlich an mittelständische Unternehmen.
- Die **AKA Ausfuhrkredit GmbH**, Frankfurt/Main, ist eine Gemeinschaftsgründung von Banken und dient der Finanzierung mittel- und langfristiger Exportgeschäfte, besonders im Investitionsgüterbereich.
- **Aareal Bank AG**, Wiesbaden, – hervorgegangen aus der DePfa Bank AG BauBoden – befasst sich hauptsächlich mit internationalen strukturierten Immobilienfinanzierungen und weiteren Dienstleitungen für die Immobilienwirtschaft.
- Die **Deutsche Verkehrsbank AG**, Frankfurt/Main, ist Hausbank der Deutsche Bahn AG. Sie tätigt jedoch auch sonstige Bankgeschäfte, hauptsächlich im Zusammenhang mit dem Reise- und Frachtverkehr.
- Die Deutsche Gesellschaft für wirtschaftliche Zusammenarbeit, **DEG mbH**, Köln, finanziert überwiegend aus Eigenkapital, das ihr die Bundesrepublik zur Verfügung gestellt hat, Entwicklungshilfevorhaben.

5. Sparkassensektor

1.108 Etwa die **Hälfte des Geschäftsvolumens** aller deutschen Kreditinstitute wird von öffentlich-rechtlichen Instituten erbracht. Auf Sparkassen und Landesbanken/Girozentralen entfällt ein Anteil der Bilanzsumme der deutschen Kreditwirtschaft von ca. **37 %**.

a) Organisationsgrundlagen

1.109 Die **Landessparkassengesetze** bestimmen die Voraussetzungen für die Errichtung und Auflösung der Sparkassen, deren Rechtsnatur, Trägerschaft, Aufgabenstellung, Verwaltung und innere Organisation samt Kompetenzabgrenzung der Organe, Sparkassenaufsicht und Haftung. Das Geschäftsrecht sowie Ausführungsbestimmungen sind in Sparkassenverordnungen oder Mustersatzungen enthalten. Abweichungen von den Mustersatzungen bedürfen in den meisten Ländern der Genehmigung der Landessparkassenaufsicht. Kommunale Sparkassen sind **Anstalten des öffentlichen Rechts** im Bereich der Kommunalen Daseinsvorsorge. Damit besteht für sie eine Grundrechtsbindung.[73] Aufgrund des Gleichheitssatzes des Art. 3 GG gilt für Sparkassen damit ein Verbot der Ungleichbehandlung von Kunden, soweit hierfür nicht ein sachlich gerechtfertigter Grund vorliegt. Die Selbstverpflichtung verbunden mit dem aus der Grundrechtsbindung der öffentlich-rechtlichen Sparkassen folgenden

73) BGH, Urt. v. 11.3.2003 – XI ZR 403/ 01, WM 2003, 823 = WuB I A 3. Nr. 26 AGB-Sparkassen 1.03; *Brömmelmeyer*, NJW 2003, 1658 – Sachsen/NPD-Ortsverband.

Gleichbehandlungsgebots begründet daher einen Rechtsanspruch auf Führung des Girokontos.[74]

Nur kommunale Körperschaften – also Gemeinden, Städte, Kreise und Zweckverbände – können **Sparkassen errichten**. Einige historische Ausnahmen bestehen z. B. mit der Braunschweigischen Landessparkasse als rechtlich unselbständiger Teil der Norddeutschen Landesbank. Eine weitere Ausnahme besteht in Sachsen. Dort ist Träger einiger größerer Sparkassen (z. B. Dresden und Leipzig) die Sachsen-Finanzgruppe. Neben kommunalen Körperschaften ist das Land Sachsen an der Sachsen-Finanzgruppe beteiligt. Die Berliner Sparkasse ist als teilrechtsfähige Anstalt errichtet. Die Landesbank Berlin AG ist mit der Trägerschaft beliehen. Die sechs noch bestehenden sog. freien Sparkassen sind in privater Rechtsform errichtet und genießen hinsichtlich ihrer Bezeichnung als Sparkasse Bestandsschutz.[75] 1.110

b) Aufgaben

Nach den Sparkassengesetzen haben Sparkassen einen **öffentlichen Auftrag**[76], der vor allem die kreditwirtschaftliche Versorgung des Mittelstands und aller Bevölkerungsteile ihres Gebiets zum Inhalt hat. Vgl. z. B. § 2 SpkG NW[77]: 1.111

„Unternehmenszweck, öffentlicher Auftrag“

(1) Die Sparkassen haben die Aufgabe, der geld- und kreditwirtschaftlichen Versorgung der Bevölkerung und der Wirtschaft insbesondere des Geschäftsgebietes und ihres Trägers zu dienen.

(2) Die Sparkassen stärken den Wettbewerb im Kreditgewerbe. Sie fördern die finanzielle Eigenvorsorge und Selbstverantwortung vornehmlich bei der Jugend, aber auch in allen sonstigen Altersgruppen und Strukturen der Bevölkerung. Sie versorgen im Kreditgeschäft vorwiegend den Mittelstand sowie die wirtschaftlich schwächeren Bevölkerungskreise. Die Sparkassen tragen zur Finanzierung der Schuldnerberatung in Verbraucher- oder Schuldnerberatungsstellen bei.

(3) Die Sparkassen führen ihre Geschäfte nach kaufmännischen Grundsätzen unter Beachtung ihres öffentlichen Auftrags. Gewinnerzielung ist nicht Hauptzweck des Geschäftsbetriebes.

(4) Die Sparkassen dürfen im Rahmen dieses Gesetzes und den nach diesem Gesetz erlassenen Begleitvorschriften alle bankküblichen Geschäfte betreiben.“

---

74) Vgl. *Fischer*, WuB III A § 5 BaySparkO 1.09 – zu AG Passau, Urt. v. 31.3.2009 – 15 C 2028/08, WM 2009, 1599.

75) Vgl. § 40 Abs. 1 KWG.

76) Zum öffentlichen Auftrag vgl. BVerfG, Urt v. 6.5.1975 – 1 BvR 2235/93, DB 1975, 1058; BVerwG, Urt. v. 5.11.1971 – Vn B 35.70, DÖV 1972, 350 f.; BVerwG, Urt. v. 29.11.1972 – VIC 19.69, DÖV 1973, 492; VGH NW, Urt. v. 15 9.1986 – VerfGH 17/85, WM 1987, 231 ff., dazu *Lecheler*, EWiR 1987, 49.

77) Neufassung, GVBl. NW v. 18.11.2008, S. 696.

1.112 Sparkassen sind nur insoweit **gewinnorientiert**, als dies zur Eigenkapitalbildung erforderlich ist. Mangels der Möglichkeit der Außenfinanzierung stellt die **Erwirtschaftung des erforderlichen Eigenkapitals** heute allerdings einen bedeutenden Faktor der Unternehmenssteuerung von Sparkassen dar. Soweit eine ausreichende Eigenkapitalausstattung (Sicherheitsrücklage) gewährleistet ist, können Teile des Gewinns an die Träger zur gemeinnützigen Verwendung ausgeschüttet werden.[78)] Dies ist jedoch nur in geringem Umfang der Fall.

c) Geschäftsrecht, Regionalprinzip und Kontrahierungspflicht

1.113 Obwohl Sparkassen Universalkreditinstitute sind, unterliegen sie nach den Sparkassengesetzen und dem Satzungsrecht quantitativen und qualitativen **Geschäftsbeschränkungen**, die enger sind als die des allgemeinen Bankaufsichtsrechts (KWG). Je nach Landessparkassengesetz sind den Sparkassen entweder bestimmte – meist besonders risikoreiche – Geschäfte verboten, oder sie sind von vornherein auf die ihnen ausdrücklich gestatteten Geschäftsarten beschränkt (**Enumerationsprinzip**).[79)] Typische Geschäftsbeschränkungen sind z. B. Kredithöchstgrenzen und -kontingente, Grenzen für Aktien- und Beteiligungserwerb, das Verbot von Spekulationsgeschäften u. a. Die Geschäftsbeschränkungen dienen nicht nur der Risikominimierung, sondern auch der Konzentration auf die gesetzliche Aufgabe. Infolge weitgehender Liberalisierung des Sparkassengeschäftsrechts der meisten Länder haben diese Beschränkungen im Geschäftsverkehr mit Kunden aber nur geringe praktische Bedeutung.

1.114 Wichtigste geschäftliche Beschränkung ist das **Regionalprinzip**, das die **Errichtung von Zweigstellen** außerhalb des eigenen Gewährträgergebiets verbietet.

Vgl. z. B. § 1 Abs. 2 SpkG NW:

„Die Sparkassen können im Gebiet ihres Trägers Haupt- und Zweigstellen errichten. Kreissparkassen dürfen im Gebiet kreisangehöriger Gemeinden und Gemeindeverbände mit eigener Sparkasse keine Zweigstellen errichten. Bei Vorliegen besonderer Umstände kann die Aufsichtsbehörde nach Anhörung der betroffenen Sparkasse, ihres Trägers und des Sparkassen- und Giroverbandes Ausnahmen zulassen."

1.115 Daneben gilt das **Regionalprinzip besonders im Kreditgeschäft** aufgrund satzungsrechtlicher oder gesetzlicher Regelungen, die das Schwergewicht der Sparkassentätigkeit auf das Trägergebiet und das nähere Umfeld beschränken. Vgl. z. B. § 3 SpkG NW[80)]

„(1) Kreditvergaben sind zulässig an Personen mit Sitz oder Niederlassung

78) Vgl. z. B. § 25 Abs. 3 SpkG NW.

79) Vgl. *Schlierbach/Püttner*, Sparkassenrecht, X. 4 c.

80) Vgl. ferner *Schlierbach/Püttner*, Sparkassenrecht, XI.

a) innerhalb des Trägergebietes und in dem von der Sparkassensatzung festgelegten Gebiet (Satzungsgebiet) ohne Einschränkung,

b) außerhalb des Trägergebietes, aber im Inland, nur ausnahmsweise,

c) innerhalb der Europäischen Union und der Schweiz nur, wenn die Sparkasse das Kreditgeschäft weiterhin überwiegend innerhalb des Träger- und Satzungsgebietes betreibt und insoweit die regionale Aufgabenerfüllung als Schwerpunkt erhalten bleibt,

d) außerhalb der Europäischen Union nur ausnahmsweise, wenn die Kredite in unmittelbarem Zusammenhang mit der kreditwirtschaftlichen Versorgung der Bevölkerung und der Wirtschaft im Satzungsgebiet stehen (Anknüpfungsgrundsatz).

(2) Die Einschränkungen nach Absatz 1 gelten nicht für

a) Anlagen in Finanzinstrumenten i. S. d. § 1 Abs. 11 Satz 1 des Gesetzes über das Kreditwesen (KWG) sowie in Derivaten,

b) Geschäfte in Kreditderivaten innerhalb der deutschen Sparkassen-Finanzgruppe,

c) Beteiligungen,

d) Kredite an ein inländisches öffentlich-rechtliches Kreditinstitut, eine inländische Sparkasse in privater Rechtsform oder ein Institut gemäß § 1 Abs. 1b Gesetz über das Kreditwesen (KWG), das der internationalen Sparkassenorganisation angehört,

e) Kredite an Institute für die Abwicklung von Finanzdienstleistungen i. R. d. Außenwirtschaftsverkehrs."

Inwieweit eine Kontrahierungspflicht für Sparkassen besteht, ist umstritten.[81] 1.116
Teilweise bestehen ausdrückliche Regelungen, teilweise nicht. Angesichts der Grundrechtsbindung von Sparkassen gilt ein Verbot der Ungleichbehandlung von Kunden, soweit hierfür nicht ein sachlich gerechtfertigter Grund vorliegt. Die Sparkassenorganisation ist, ebenso wie die übrige Kreditwirtschaft unter nachhaltigem politischen Druck eine Selbstverpflichtung zur Führung solcher Konten auf Guthabenbasis eingegangen. Die Bindung an das Gleichheitsgebot begründet bei Sparkassen daher einen Rechtsanspruch auf Führung des Girokontos für Personen aus ihrem Geschäftsgebiet, auch soweit dies nicht in das Sparkassengesetz oder -verordnungen zwingend geregelt ist.[82] In § 5 SpG NW sind Kontrahierungspflichten wie folgt formuliert:

Kontrahierungspflichten

(1) Die Sparkassen sind verpflichtet, Spareinlagen i. H. v. mindestens einem Euro entgegenzunehmen.

---

81) Vgl. z. B. *Schlierbach/Püttner*, Sparkassenrecht, S 120; a. A. *Klüpfel/Gaberdiel/Gnamm/Höppel*, SparkG, S. 82 u. *Berger*, Niedersächsisches Sparkassengesetz, Kommentar, 2. Aufl., § 4 Rz. 32.

82) Vgl. *Fischer*, WuB III A § 5 BaySparkO 1.09 – zu AG Passau, v. 31.3.2009 – 15 C 2028/08, WM 2009, 1599.

(2) Die Sparkassen sind verpflichtet, für natürliche Personen aus dem Trägergebiet auf Antrag Girokonten zur Entgegennahme von Einlagen in Euro zu führen. Eine Verpflichtung zur Führung eines Girokontos besteht nicht, wenn

a) der Kontoinhaber Dienstleistungen bei Kreditinstituten missbraucht hat,

b) das Konto ein Jahr lang umsatzlos geführt wurde,

c) das Konto kein Guthaben aufweist und der Kontoinhaber trotz Aufforderung nicht für Guthaben sorgt,

d) aus anderen wichtigen Gründen die Aufnahme oder Fortführung der Geschäftsbeziehung den Sparkassen im Einzelfall nicht zumutbar ist.

Die Ablehnung eines Antrags nach Satz 1 ist schriftlich zu begründen.

d) Trägerschaft und Haftung

1.117 Die bis zum 18. Juli 2005 geltende **Anstaltslast und Gewährträgerhaftung** bestimmte, dass die Errichtungskörperschaft ihre Sparkasse während ihres Bestehens durch Zuführung der erforderlichen Mittel oder auf andere Weise funktionsfähig zu erhalten hat (Anstaltslast).[83] Weiterhin hafteten nach den Sparkassengesetzen aller Länder die kommunalen Träger für die Verbindlichkeiten der kommunalen Sparkassen unbeschränkt, aber subsidiär (Gewährträgerhaftung). Die Vereinbarkeit der Gewährträgerhaftung mit den Beihilfebestimmungen des EG-Vertrags wurde aufgrund einer Beschwerde des privaten Bankgewerbes in Frage gestellt. Nach jahrelanger Auseinandersetzung ergab sich eine Klärung der Frage mit der Verständigung vom 17. Juli 2001 zwischen der EG-Kommission und der Bundesrepublik. Danach wurden Anstaltslast und Gewährträgerhaftung durch Änderung der Sparkassengesetze zum 19. Juli 2005 abgeschafft. Altverbindlichkeiten sind noch bis 18. Juli 2015 durch die Haftung der Träger geschützt.

e) Aufsicht und Prüfung

1.118 Sparkassen unterliegen, wie alle Anstalten des öffentlichen Rechts, einer Landesaufsicht – neben der Bankenaufsicht nach dem Kreditwesengesetz. Die Sparkassenaufsicht erstreckt sich darauf, dass Verwaltung und Geschäftsführung der Sparkassen Gesetz und Satzung entsprechen. Sie ist somit grundsätzlich auf eine **Rechtsaufsicht** beschränkt. Der Sparkassenaufsicht steht ein umfassendes Informationsrecht über alle Angelegenheiten der Sparkasse – ähnlich wie der Bundesanstalt für Finanzdienstleistungsaufsicht nach § 44 KWG – zu. In der Regel bedient sie sich hierzu der Prüfungsstelle des regionalen Sparkassen- und Giroverbands oder einer Wirtschaftsprüfungsgesellschaft.

83) Näheres siehe *Schlierbach/Püttner*, Sparkassenrecht, XI. 2; *Schlierbach,* Kommunalwirtschaft 1975, 447; *Thode/Peres,* BB 1997, 1749.

Sparkassen werden nach den Sparkassengesetzen von den **Prüfungsstellen** der regionalen Sparkassenverbände geprüft.[84] Diese werden von Wirtschaftsprüfern geleitet und sind Wirtschaftsprüfungsgesellschaften vergleichbar. Die Prüfung richtet sich nach den für Wirtschaftsprüfer geltenden Grundsätzen ordnungsmäßiger Prüfung und den speziellen besonderen Regelungen des HGB für die Prüfung von Kreditinstituten. 1.119

f) Innere Organisation

Organe der Sparkassen sind **Verwaltungsrat und Vorstand**, nach einigen Sparkassengesetzen auch noch der Kreditausschuss. Ähnlich wie im Aktienrecht gilt der Grundsatz einer strengen **Funktionstrennung**. Die Geschäftsführung des Vorstands ist nur dort eingeschränkt, wo anderen Organen in den Sparkassengesetzen Zuständigkeiten ausdrücklich zugewiesen sind. Der Verwaltungsrat ist Aufsichtsorgan, bestimmt die generellen Richtlinien der Geschäftspolitik und überwacht die Geschäftsführung. Er wählt den Vorstand und hat eine Reihe von Genehmigungsvorbehalten, z. B. beim Erwerb von Grundstücken, bei Zweigstellenerrichtung u. a. 1.120

Die Mitglieder des Verwaltungsrats werden in den meisten Ländern zu zwei Dritteln vom Träger gewählt, das restliche Drittel von den Bediensteten (Ausnahme: Bayern, das keine, und Rheinland-Pfalz, das nur eine eingeschränkte Mitbestimmung bei Sparkassen kennt). Obwohl der Verwaltungsrat das Bindeglied zwischen Träger und Sparkasse darstellt, sind seine Mitglieder an **keinerlei Weisungen des kommunalen Trägers** oder anderer Stellen gebunden[85]. Eine Abwahl einzelner Mitglieder ist, soweit in einzelnen Sparkassengesetzen nicht ausdrücklich anders geregelt, nicht zulässig.[86] 1.121

In den meisten Ländern ist zusätzlich ein **Kreditausschuss** entweder als selbständiges Organ oder als Ausschuss des Verwaltungsrats vorgesehen. Der Kreditausschuss entscheidet auf Vorschlag des Vorstands über die bedeutenderen Kredite. Ein selbständiges Initiativrecht oder Änderungsrecht steht ihm nicht zu. Der Kreditausschuss setzt sich meist aus Mitgliedern des Verwaltungsrats und des Vorstands zusammen. 1.122

---

84) In Rheinland-Pfalz wurde dieses Prüfungsmonopol durch eine Gesetzesänderung v. 23.6.1999 aufgelockert: Wurden die Prüfungen in einem Zeitraum von mindestens drei aufeinander folgenden Geschäftsjahren durch die Prüfungsstelle durchgeführt, so können für den darauf folgenden Zeitraum von höchstens drei aufeinander folgenden Geschäftsjahren andere Prüfer i. S. d. § 319 HGB u. § 36 WpHG bestellt werden (§ 19 Abs. 2 Satz 2 SpkG RP; ähnlich auch in Sachsen-Anhalt).

85) Vgl. z. B. § 15 Abs. 6 SpkG NW.

86) OVG Münster, Urt v. 22.8.1978 – XV A 788/76, NJW 1979, 1726 f.

g) Recht der Landesbanken/Girozentralen

1.123 Landesbanken/Girozentralen sind überwiegend in der Rechtsform der Anstalt des öffentlichen Rechts (einzelne auch als AG) organisiert. Die **Rechtsgrundlage** findet sich in den meisten Ländern in den Sparkassengesetzen, teilweise auch in gesonderten Errichtungs- oder Fusionsgesetzen.[87)]

1.124 Träger sind meist das Land und der regionale Sparkassen- und Giroverband oder Zweckverbände von Sparkassen – so in den neuen Bundesländern. Die **Trägerverhältnisse** ändern sich derzeit allerdings: Zurzeit bestehen folgende Landesbanken:

- **Bayern LB** (mit 49,9 % am Kapital der SaarLB beteiligt);
- **Bremer Landesbank Kreditanstalt Oldenburg – Girozentrale** (92,5 % hält die NORD/LB);
- **HSH Nordbank AG**, hervorgegangen aus der Hamburgischen Landesbank und der Landesbank Schleswig-Holstein Girozentrale;
- **Landesbank Baden-Württemberg (LBBW)** (SachsenLB und LB Rheinland-Pfalz in 2008 auf die LBBW verschmolzen);
- **Landesbank Berlin (LBB)** (Träger Landesbank Berlin Holding AG, an dieser zu nahezu 100 % der DSGV beteiligt);
- **Landesbank Hessen-Thüringen – Girozentrale (Helaba);**
- **Norddeutsche Landesbank – Girozentrale (NORD/LB)** (zu 92,5 % an der Bremer Landesbank beteiligt);
- **Landesbank Saar (SaarLB)** (Beteiligungsverhältnisse: Bayrische Landesbank 49,9 %, Saarland 25,2 % und der Sparkassenverband Saar 24,9 %);
- **WestLB AG** (Umstrukturierung beabsichtigt).

1.125 Beteiligungsverhältnisse und Bilanzsummen ergeben sich aus den nachstehenden Tabellen (ohne Bremer Landesbank und SaarLB – Beteiligungsverhältnisse siehe vorstehend):

87) Vgl. z. B. § 37 SpkG NW oder Gesetz über die Norddeutsche Landesbank – Girozentrale v. 14.5.1970, Nds GVBl., S. 186.

Bilanzsummen und Beteiligungsanteile an den Landesbanken in % und Bilanzsumme*

HSH Nordbank		LB Hessen-Thüringen		LB BW		Bayern LB		NordLB		WestLB		LB Berlin	
Bilanzsumme, Mrd.Euro	186	Bilanzsumme, Mrd.Euro	177	Bilanzsumme, Mrd.Euro	440	Bilanzsumme, Mrd.Euro	395	Bilanzsumme, Mrd.Euro	247	Bilanzsumme, Mrd.Euro	259	Bilanzsumme, Mrd.Euro	150
Hansestadt Hamburg	10,9	Sparkassen- und Giroverband Hessen-Thüringen	85,0	Sparkassenverband BW	40,5	Freistaat Bayern	94,0	Niedersachsen	41,75	Rheinischer Sparkassen- und Giroverband	25,032	Sparkassenfinanzgruppe	98,60
Schleswig-Holstein	10,4	Hessen	10,0	Baden-Württemberg	19,6	Sparkassenverband	6,0	Sachsen-Anhalt	8,25	West.-Lipp. Sparkassenverband	25,032	Streubesitz	1,40
HSH Finanzfonds	64,2	Freistaat Thüringen	5,0	Stadt Stuttgart	18,9			Sparkassenverband Nds	37,25	Nordrhein-Westfalen	17,766		
Sparkassen	5,3			Landesbeteiligung BW	18,3			Sparkassen Sachsen-Anhalt und Mecklenburg-Vorpommern	12,75	NRW-Bank	30,862		
J.C.Flowers	9,2			L-Bank	2,7					LV Rheinland/West.-Lippe	1,306		

* Quelle: Handelsblatt vom 23.12.2009, S. 18; Stand: 30.9.2009

1.126 Die **Geschäftstätigkeit** der Landesbanken ist universell, jedoch mit den Schwergewichten als Sparkassenzentralbank, Staats- und Kommunalbank, Pfandbriefanstalt und – in den meisten Ländern – Bausparkasse (teilweise in Form der Anteilsinhaberschaft an selbständigen Bausparkassen-AGs). Als Folge der Verbundaufgabe bieten die Landesbanken ihre Dienste überall dort an, wo Sparkassen aus satzungsmäßigen oder praktischen Gründen nicht oder nicht effizient genug tätig werden können – z. B. bei Gemeinschaftskrediten, beim Auslandsgeschäft, beim Effekten- und Depotgeschäft. Allerdings sind auch die Sparkassen für die Landesbanken tätig, indem sie deren Pfandbriefe und Bauspardarlehen vertreiben, ihre Liquiditätsanlagen überwiegend bei der Landesbank unterhalten und weitere gemeinschaftliche Geschäfte betreiben. Als Staats- und Kommunalbank sind die Landesbanken Hausbanken ihrer Länder, decken deren Finanzbedarf und legen Staats- oder Kommunalanleihen zur Refinanzierung auf. Als universelle Geschäftsbanken können sie Bankgeschäfte jeder Art betreiben. Sie beschränken sich jedoch überwiegend auf Großkundschaft und institutionelle Anleger, unterhalten keine oder nur vereinzelt Zweigstellen und nehmen regelmäßig keine Spareinlagen an (Ausnahmen: Landesbanken, die als unselbständigen Teil eine Sparkasse betreiben – Landesbank Berlin, Landesbank Hessen-Thüringen, NordLB und LBBW – grundsätzlich gebietsmäßig begrenzt auf das Geschäftsgebiet ehemaliger Sparkassen).

1.127 Die **innere Organisation** der in öffentlicher Rechtsform errichteten Landesbanken ist ähnlich wie bei Sparkassen. Organe sind Aufsichtsrat bzw. Verwaltungsrat und Vorstand und bei einigen Landesbanken eine Trägerversammlung. Der Verwaltungsrat überwacht die Geschäftsführung, bestellt die Vorstandsmitglieder und erlässt Richtlinien für die Geschäftspolitik. Außerdem bestehen Genehmigungsvorbehalte des Verwaltungsrats, z. B. beim Erwerb von Beteiligungen oder bei der Ausgabe von Pfandbriefen. Der Verwaltungsrat besteht aus Vertretern der Träger – also meist den zuständigen Landesministern –, den Präsidenten der jeweiligen Sparkassen- und Giroverbände, weiteren gewählten Mitgliedern und in den meisten Ländern zu einem Drittel aus Mitbestimmungsvertretern. Die teilweise daneben bestehende Gewährträgerversammlung ist auf grundlegende Entscheidungen – z. B. Satzungsänderungen, Wahl der Verwaltungsratsmitglieder, Feststellung des Jahresabschlusses, Entlastung der Organe usw. – beschränkt. Die Landesbanken/Girozentralen stehen ebenfalls unter Staatsaufsicht, die durch die Länder ausgeübt wird.

h) DGZ. Deka-Bank-Deutsche Kommunalbank

1.128 Die Deutsche Girozentrale – Deutsche Kommunalbank übte vor dem 2. Weltkrieg die Funktion der überregionalen Zentralbank für die Sparkassenorganisation aus. Diese Aufgabe wird von ihr jedoch nicht mehr wahrgenommen, zumal einige Landesbanken/Girozentralen bedeutend größer sind. Die DGZ. Deka-Bank betreibt heute **ähnliche Geschäfte wie die regionalen Landesbanken**, jedoch spezialisiert auf die Staatsfinanzierung, auf europäische und internationale Geld- und Emissionsgeschäfte u. a. Seit ihrer Fusion mit der ehemaligen Deka Bank GmbH ist sie außerdem Muttergesellschaft für die **Investmentfonds** der Sparkassenorganisation (DEKA, DESPA, DIM). Die regionalen Sparkassen- und Giroverbände sind mittelbar über einen selbständigen Verband, den DSGV öffentliche Körperschaft (nicht DSGV e. V.), Unternehmensträger der DGZ. Die Landesbanken sind unmittelbar mit 50 % beteiligt.

6. Öffentlich-rechtliche Kreditinstitute mit Sonderaufgaben

Die öffentlich-rechtlichen Spezialkreditinstitute erfüllen in der Regel staatliche 1.129
Sonderaufgaben. Sie erhielten meist Ende der 40er/Anfang der 50er Jahre des 20. Jahrhunderts aufgrund von bundes- oder landesrechtlichen Spezialgesetzen **Förderaufgaben,** die im Zusammenhang mit den Kriegsfolgen insbesondere der Finanzierung des Wiederaufbaus, der Eingliederung von Flüchtlingen, der Agrarförderung, des Lastenausgleichs usw. dienten. Sie hatten meist aus staatlichen Mitteln oder internationalen Hilfen gebildete Sondervermögen, die zum Teil heute noch bestehen. Im Laufe der Entwicklung haben sich die Aufgaben verlagert, so z. B. zur Durchführung staatlicher Programme im Bereich der Förderung der mittelständischen Wirtschaft und für Existenzgründungen, zur Finanzierung des Wohnungsbaus, zum Aufbau Ost usw. Teilweise arbeiten die öffentlich-rechtlichen Spezialkreditinstitute bei der Durchführung der Förderprogramme auch mit Universalkreditinstituten zusammen, indem diesen Kapital oder Zinszuschüsse für geförderte Kredite zur Verfügung gestellt werden. Beispiele sind:

- **Die Kreditanstalt für Wiederaufbau**, Frankfurt/Main,[88] die i. R. v. För- 1.130
derprogrammen langfristige Investitionen, Entwicklungshilfeprogramme und das Exportgeschäft – besonders im mittelständischen Bereich – finanziert. Eine besondere Rolle spielt sie bei der Investitionsförderung der gewerblichen Wirtschaft in den neuen Bundesländern. Die Fremdmittelbeschaffung erfolgt über die Emission von Schuldverschreibungen und Darlehensaufnahmen; eine zusätzliche Aufgabe erhielt die KfW durch § 6 Abs. 1 ESAG. Danach führt sie die gesetzlich vorgesehenen Entschädigungsfonds entsprechend den Regelungen des Einlagensicherungs- und Anlegerentschädigungsgesetzes. Derzeit ist bei ihr aber nur die Entschädigungseinrichtung der Wertpapierhandelsunternehmen in Berlin errichtet.
- **Die Landwirtschaftliche Rentenbank**, Frankfurt/Main,[89] die vorzugswei- 1.131
se die Kreditversorgung der Land- und Forstwirtschaft zur Aufgabe hat.

---

88) Gesetz über die Kreditanstalt für Wiederaufbau i. d. F. der Bekanntmachung v. 23.6.1969, BGBl. I, 573.

89) Gesetz über die landwirtschaftliche Rentenbank i. d. F. der Bekanntmachung v. 15.7.1963, BGBl. I, 465, 548.

7. Sonderregelungen für die Pfandbriefemission

1.132 Bis zum Jahre 2005 durften gedeckte Schuldverschreibungen (z. B. Pfandbriefe, Schiffspfandbriefe, Kommunalobligationen) nur von Hypothekenbanken, Schiffsbanken und öffentlich-rechtlichen Kreditinstituten ausgegeben werden. Mit dem Pfandbriefgesetz[90)] wurde dieses Spezialbankprinzip samt Emissionsprivileg abgeschafft. Das bis dahin geltende Hypothekenbankgesetz[91)] sowie das Gesetz über Pfandbriefe und verwandte Schuldverschreibungen[92)] wurden abgeschafft. Seither können grundsätzlich **sämtliche Kreditinstitute das Pfandbriefgeschäft** betreiben.

1.133 Das Pfandbriefgeschäft umfasst die Ausgabe gedeckter Schuldverschreibungen. Sie können durch Grundpfandrechte (Hypothekenpfandbriefe), durch Forderungen gegen staatliche Stellen (öffentliche Pfandbriefe) sowie durch Schiffshypotheken (Schiffspfandbriefe) gedeckt sein. Die im Umlauf befindlichen Pfandbriefe einer Gattung müssen i. H. d. Nennwertes jederzeit durch **Deckungswerte** von mindestens gleicher Höhe und mindestens gleichem Zinsertrag gedeckt sein (§ 4 Abs. 1 PfandBG). Es muss jedoch nicht nur der Nennwert, sondern auch der – je nach Markt- und Börsenpreisen der gedeckten Forderungen – Barwert gedeckt sein. Die Barwertdeckung muss 2 % der zu sichernden Schuldverschreibungen der jeweiligen Gattung übersteigen. Das Nähere regelt § 4 Abs. 2 PfandBG sowie die Pfandbriefbarwertverordnung. Als Deckung sind nur Grundschulden bis zur Höhe von 60 % des Beleihungswertes des Grundstücks, für das sie bestellt sind, zugelassen. Es können auch Werte aus dem EWR-Raum sowie der Schweiz, USA, Kanada und Japan – teilweise in begrenztem Umfang – als Deckung herangezogen werden.

1.134 Die zur Sicherung der Pfandbriefgläubiger dienenden Deckungswerte sind in ein gemäß § 5 Abs. 1 Satz 1 PfandBG von dem Emissionsinstitut einzurichtenden **Deckungsregister** einzutragen. Die im Deckungsregister eingetragenen Werte dienen grundsätzlich nur zur Befriedigung der Pfandbriefgläubiger. Im Insolvenzfalle können andere Gläubiger auf diese Werte nur insoweit zugreifen, als die Pfandbriefgläubiger befriedigt werden (Befriedigungsvorrecht im Insolvenzfall gemäß § 30 Abs. 1 PfandBG).

---

90) Gesetz v. 27.5.2005, BGBl. I, 1373.

91) I. d. F. der Bekanntmachung v. 9.9.1998, BGBl. I, 2775.

92) Schuldverschreibungen öffentlich-rechtlicher Kreditanstalten i. d. F. der Bekanntmachung v. 9.9.1998, BGBl. I, 2773.

8. Bausparkassen

Das Bausparkassengeschäft darf nach dem Bausparkassengesetz nur von Bausparkassen betrieben werden, die – von begrenzten Ergänzungsgeschäften abgesehen – auf diese Geschäftsart beschränkt sind.[93] 1.135

a) Organisationsform

Für private Bausparkassen ist die Rechtsform der AG vorgeschrieben. Für private Bausparkassen in anderer Rechtsform besteht jedoch Bestandsschutz (§ 18 Abs. 2 BSpkG). Öffentlich-rechtliche Bausparkassen (Landesbausparkassen) sind in der Regel als unselbständige Teile der Landesbanken/Girozentralen, in einzelnen Ländern (Baden-Württemberg) auch als selbständige Anstalten des öffentlichen Rechts oder als AG errichtet. Das **Spezialitätsprinzip** gilt bei den unselbständigen öffentlichen Bausparkassen nur eingeschränkt, weil die Landesbanken/Girozentralen mit ihren übrigen Teilen das allgemeine Bankgeschäft betreiben dürfen. Das Bausparkassengesetz (§ 18 Abs. 3) sieht jedoch eine starke organisatorische Verselbständigung vor, so dass – auch ohne eigene Rechtspersönlichkeit – das Bauspargeschäft in sich geschlossen mit gesondert zugewiesenem Betriebskapital, mit selbständiger Vermögens- und Bestandsverwaltung, eigener Buchführung und gesondert erstelltem Jahresabschluss betrieben werden muss. 1.136

b) Geschäftsmodell

Das Bauspargeschäft unterscheidet sich vom Einlagen- und Realkreditgeschäft der übrigen Kreditinstitute dadurch, dass der Bausparer nach einem genau geregelten Plan verzinsliche Einlagen leistet und dafür einen Rechtsanspruch auf Gewährung eines Baudarlehens erwirbt. Das Bauspargeschäft ist damit ein **Kollektivsystem** zwischen Bausparern und Kreditnehmern. Für die übrige Kreditwirtschaft wäre eine solche Geschäftsart als „Zwecksparunternehmen" gemäß § 3 Nr. 2 KWG verboten. 1.137

Die Bausparkassen unterliegen der **Aufsicht durch die Bundesanstalt für Finanzdienstleistungsaufsicht**. Die Bauspar- und Darlehenstarife einschließlich der Allgemeinen Geschäftsbedingungen müssen von der Bankenaufsicht genehmigt werden. Die Inhaltskontrolle und sonstige AGB-Regelungen des BGB gelten auch für genehmigte Bedingungen der Bausparkassen. 1.138

In beschränktem Umfang sind den Bausparkassen Ergänzungsgeschäfte – so z. B. Vor- und Zwischenfinanzierungen der Bauspardarlehen aus außerkollektiv aufgenommenen Geldern – gestattet. Weiterhin sind ihnen die Anlage verfügbarer Gelder z. B. in Wertpapieren, Geldaufnahmen bei Kreditinstituten, die Ausgabe kurz- und mittelfristiger Schuldverschreibungen, Beteiligungen an be- 1.139

---

93) Vgl. *Eichholz/Reusch*, WM 1993, 405 ff.

stimmten für das Bauspargeschäft förderlichen Unternehmen u. a. erlaubt (im Einzelnen siehe § 4 BSpkG). Wegen der **Zweckbindung der Bausparmittel** (§ 6 BSpkG) dürfen sonstige Geschäfte nicht aus Bauspareinlagen oder Tilgungsrückflüssen von Bauspardarlehen finanziert werden.

9. Investmentgesellschaften

1.140 Das Investmentgesetz gilt nur für sog. offene Wertpapier- oder Immobilienfonds – also nur für Investmentgesellschaften, die einen wechselnden Bestand von Wertpapieren, stillen Beteiligungen und/oder Grundstücken unterhalten. So genannte **geschlossene Fonds**, bei denen Anteilscheine, Beteiligungszertifikate o. Ä. für ein festes, einmal angeschafftes Immobilien- oder Sachwertvermögen (z. B. Schiffe, Flugzeuge) ausgegeben werden, werden von der Regelung nicht erfasst. Solche Sachwertgesellschaften werden meist in Form von Handelsgesellschaften oder GmbHs errichtet. Anstelle von Investmentzertifikaten werden Gesellschaftsanteile – häufig Kommanditbeteiligungen – ausgegeben.

a) Organisationsform und Aufsicht

1.141 Auch das Investmentgeschäft darf nur von speziellen Kapitalanlagegesellschaften in der Rechtsform der Aktiengesellschaft oder der GmbH betrieben werden. Das Investmentgesetz[94] schreibt vor, dass die Kapitalanlagegesellschaft ein vom **Gesellschaftsvermögen gesondertes Fondsvermögen** unterhält, für das Anteilscheine ausgegeben werden. Die Investmentgesellschaften gelten seit der Liberalisierung des Rechts der Kapitalanlagegesellschaften durch das Investmentänderungsgesetz vom 21. Dezember 2007[95] nicht mehr als Kreditinstitute. Die bankaufsichtliche Regulierung der Investmentgesellschaften ist nunmehr ausschließlich im Investmentgesetz geregelt. Damit sollten die regulatorischen Anforderungen den europarechtlichen Vorgaben angepasst und damit z. B. hinsichtlich der Eigenkapitalanforderungen herabgesetzt werden. Die Kapitalanlagegesellschaften unterstehen aber weiterhin der Aufsicht durch die Bundesanstalt für Finanzdienstleistungsaufsicht. Die wesentlichen Aufsichtsbestimmungen wie Erlaubnispflicht, Anteilinhaberkontrolle, betriebliche Organisationspflichten, Zuverlässigkeit und fachliche Eignung der Geschäftsleiter usw. sind im Investmentgesetz weitgehend parallel zum KWG geregelt.

b) Fondstypen und Anlagebestimmungen

1.142 Das Investmentgesetz enthält nach Fondstyp differenzierte Anlagebestimmungen, die vor allem darauf gerichtet sind, eine gesunde **Risikomischung** zu

94) Gesetz v. 15.12.2003, BGBl. I, 2776.

95) BGBl. I, 3089; Erläuterungen zu diesem Gesetz enthält der Aufsatz von *Rögele/Görke*, BKR 2007, 393.

erreichen. Die von der Investmentgesellschaft geführten Fonds sind im eigenen Namen für gemeinschaftliche Rechnung in Form von Geldmarkt-, Wertpapier-, Beteiligungs- oder Immobilien-, Altersvorsorge-, Infrastruktur- und Spezial-Sondervermögen gesondert von dem eigenen Vermögen der Investmentgesellschaft anzulegen. Weitere im Investmentgesetz geregelte Anlageformen sind Dachfonds, Sondervermögen mit zusätzlichen Risiken (Hedgefonds) und Investmentaktiengesellschaften. Die Anleger erhalten Anteilsscheine bzw. Anlageaktien an dem **Sondervermögen/der Investmentaktiengesellschaft**. Dieses haftet nicht für Verbindlichkeiten der Investmentgesellschaft. Bei Investmentaktiengesellschaften ist zwischen Unternehmensaktien und im Regelfall stimmrechtslosen Anlageaktien zu unterscheiden (vgl. § 96 Abs. 1 bis 1c InvG). Neben breit gestreuten Investmentfonds für eine Vielzahl von Anlegern werden auch Spezialfonds für einzelne, meist institutionelle Anleger (Versicherungsgesellschaften, Banken, Pensionsfonds usw.) geführt. Bedingungen und Anlagepolitik – bei Versicherungsgesellschaften z. B. durch das Versicherungsaufsichtsgesetz bedingt – werden mit dem oder den Anteilsinhabern des Spezialfonds abgestimmt. Weitere Bestimmungen bestehen für die Liquiditätshaltung, die Ausgabe der Anteilscheine, den Verkaufsprospekt einschließlich der Prospekthaftung, für den Jahresabschluss und die Besteuerung.

Kapitel 2 Banken- und Finanzdienstleistungsaufsicht

Übersicht

Der grundlegende **Ordnungsrahmen** für alle Kredit- und Finanzdienstleistungsinstitute ist das Kreditwesengesetz (KWG), das laufend geändert wurde.[1] Es ist in erster Linie ein Aufsichtsgesetz für Kreditinstitute und Finanzdienstleistungsunternehmen und enthält die Voraussetzungen für die Zulassung zum Geschäftsbetrieb, Anforderungen an das laufende Bankgeschäft, Geschäftsbeschränkungen, Vorsorgemaßnahmen für ausreichendes Eigenkapital und Liquidität sowie Kontroll- und Selbstkontrollinstrumente. 2.1

Das KWG unterstellt jede Art von Instituten unabhängig von ihrer Rechtsform als Aktiengesellschaft, Genossenschaft, Stiftung oder Anstalt des öffentlichen Rechts (letztere trotz des Bestehens einer öffentlich-rechtlichen Anstaltsaufsicht) einer besonderen Gewerbeaufsicht durch die **Bundesanstalt für Finanzdienstleistungsaufsicht** (BaFin). Allerdings ist geplant, die Bankenaufsicht allein auf die Deutsche Bundesbank zu verlagern (Koalitionsvertrag der Bundesregierung 2009). Die Aufsicht über Finanzdienstleistungsunternehmen wurde erst mit der 6. KWG-Novelle[2] Ende 1997 eingeführt. Vorher diente das KWG ausschließlich der Bankenaufsicht. 2.2

Nach § 6 Abs. 1 KWG sind **„Institute"** der Aufsicht durch die Bundesanstalt für Finanzdienstleistungsaufsicht (BaFin) unterstellt. Institute sind in § 1 Abs. 1b als Kreditinstitute und Finanzdienstleistungsinstitute definiert. Deren Definition ergibt sich aus einer gesetzlichen Aufzählung der typischen **Bankgeschäfte** (vgl. § 1 Abs. 1 Satz 2 KWG) bzw. der **Finanzdienstleistungen** (§ 1 Abs. 1a KWG). Wer eines dieser Geschäfte gewerbsmäßig oder in einem Umfang betreibt, der einen in kaufmännischer Weise eingerichteten Geschäftsbetrieb erfordert, unterliegt den Bestimmungen des KWG. Dabei sind die Kreditinstitute jedoch nicht auf diese Geschäftsarten beschränkt. 2.3

I. Grundlagen des Bankaufsichtsrechts

1. Gesetzeszweck des KWG

> „Die Bankenaufsicht soll durch vorbeugende Überwachung allgemein das Entstehen von Schäden im Kreditwesen und von Verlusten der Institutsgläubiger verhindern, also vorwiegend Gefahren abwehrend wirken".[3] 2.4

Die mit dem Konzessionsprinzip und anderen Regelungen verbundenen Einschränkungen der Gewerbefreiheit, insbesondere der Grundrechte der freien Entfaltung der Persönlichkeit (Art. 2 Abs. 1 GG) und der freien Berufswahl

---

1) Gesetz über das Kreditwesen (Kreditwesengesetz – KWG) i. d. F. der Neubekanntmachung v. 9.9.1998, BGBl. I, 2777; zuletzt geändert durch Art. 27 des Jahressteuergesetzes 2009, BGBl.I, 2794.

2) Sechstes Gesetz zur Änderung des Gesetzes über das Kreditwesen = Art. 1 des Gesetzes zur Umsetzung von EG-Richtlinien zur Harmonisierung bank- und wertpapieraufsichtsrechtlicher Vorschriften v. 22.10.1997, BGBl. I, 2518.

3) Regierungsbegründung zum Entwurf des KWG v. 1961, BT-Drucks. 3/1114.

(Art. 12 Abs. 1 GG), müssen nach der Rechtsprechung des Bundesverfassungsgerichts[4)] besonders gerechtfertigt sein. Das **Erfordernis einer Bankenaufsicht** wurde bei Erlass des KWG von 1961 in dem Bericht des Wirtschaftsausschusses[5)] – im Wesentlichen auch heute noch maßgeblich – wie folgt umrissen:

> „Da alle wesentlichen Zweige der Volkswirtschaft auf das Kreditgewerbe als Kreditgeber und Geldsammelstelle angewiesen sind, greifen Störungen in diesem Wirtschaftszweig leicht auf die gesamte Volkswirtschaft über. Müssten z. B. die Kreditinstitute wegen unvorsichtiger Liquiditätspolitik ihre Kredite in großem Umfange vorzeitig zurückrufen, so könnte dies zu erheblichen Funktionsstörungen in der kreditnehmenden Wirtschaft führen. Da die Kreditinstitute vorwiegend mit fremden Geldern arbeiten, treffen Schwierigkeiten bei ihnen auch einen viel größeren Gläubigerkreis, als wenn ein anderes Wirtschaftsunternehmen illiquide wird. Darüber hinaus bleiben solche Schwierigkeiten erfahrungsgemäß nicht auf ein Kreditinstitut beschränkt, vielmehr breitet sich eine durch ein Kreditinstitut verursachte Unruhe leicht auch auf die Einleger anderer Kreditinstitute aus. So kann in wirtschaftlich labilen Zeiten der gefürchtete allgemeine Run auf die Bankschalter entstehen, der die gesamte Kreditwirtschaft in die Gefahr des Zusammenbruchs führen kann und dessen Folgen die gesamte Volkswirtschaft treffen.
>
> Solchen Entwicklungen muss der Staat im Interesse der Gesamtwirtschaft schon in ihrer Entstehung entgegenwirken. Er muss dazu durch eine laufende Aufsicht auf die Geschäftstätigkeit der Kreditinstitute Einfluss nehmen."

2.5 Eine kurze Formulierung des Aufsichtszwecks findet sich im Jahresbericht 2002 der BaFin (S. 11) wie folgt:

> „Eine effiziente Aufsicht über die Finanzmärkte schafft Vertrauen bei Anlegern und Marktteilnehmern. Das Sicherstellen der Solvenz der Finanzinstitute und der Schutz der Kunden sind Leitbilder eines modernen Aufsichtsrechts. Eine wirksame Aufsicht, die internationalen Standards entspricht, trägt zur Stabilisierung des nationalen und internationalen Finanzsystems bei."

2.6 Dementsprechend ergeben sich folgende Gründe für eine Bankenaufsicht:

- **Schlüsselfunktion der Kreditwirtschaft** bei der Vermittlung von anlagesuchendem Kapital an die kreditnehmende Wirtschaft und Private: Die dabei stattfindende Kapitalakkumulation, Risikosteuerung und Fristentransformation bewirkt eine Optimierung der Kapitalallokation und erfüllt damit eine wesentliche Bedingung für die Funktionsfähigkeit einer modernen Volkswirtschaft.

2.7
- **Instrument staatlicher Geld- und Wirtschaftspolitik**: Insbesondere die Deutsche Bundesbank und die Europäische Zentralbank nutzen die Schlüsselfunktion der Kreditwirtschaft zur Beeinflussung der Wirtschaftspolitik, z. B. über die Mindestreserve- und Offenmarktpolitik. Diese Instrumental-

---

4) BVerfG, Urt. v. 11.6.1958 – 1 BvR 596/56, BVerfGE 7, 377 ff.

5) Sog. Ruland-Bericht zu BT-Drucks. 3/2563, abgedr. in: *Reischauer/Kleinhans*, KWG, KZA, 580.

funktion der Kreditwirtschaft begründet ein erhebliches staatliches Interesse an einem funktionsfähigen Kreditapparat.

- **Vertrauensempfindlichkeit der Kreditwirtschaft**: Die Kapitalbereitstellung der Anleger und die meist langfristige Bindung in Dauerschuldverhältnissen auch der Kreditnehmer bedingen eine hohe Vertrauensempfindlichkeit. Beispiele aus der Bankgeschichte – z. B. der Zusammenbruch der Darmstädter- und Nationalbank 1931, die Herstatt-Krise 1974 und der Zusammenbruch der Bank of Credit and Commerce International (BCCI) 1992, aber auch die sog. „Subprime-Krise" des Jahres 2008[6)] – zeigten, dass Zahlungsschwierigkeiten einzelner Institute eine starke Verunsicherung auch der unbeteiligten Anleger verursachen, auch gesunde Institute in eine Liquiditätskrise ziehen und als Folge eine Krise der Gesamtwirtschaft bewirken können. 2.8

- Bekämpfung der Geldwäsche: Seit Erlass des Geldwäschegesetzes vom 25. Oktober 1993[7)] ist als neue Aufgabe der Bankenaufsicht die Bekämpfung der Geldwäsche mit Hilfe der Kredit- und Finanzdienstleistungsinstitute hinzugekommen. Das Geldwäschegesetz beruht auf der EG-Geldwäsche-Richtlinie.[8)] Kredit- und Finanzdienstleistungsinstitute dienen dabei weitgehend als Instrument und Hilfseinrichtungen, um die Geldwäsche und damit die organisierte Kriminalität zu bekämpfen. Dies wurde mit Einführung des automatisierten Kontenabrufs nach § 24c KWG und der Pflicht zum Geldwäschemonitoring gemäß § 25a Abs. 1 Nr. 3 durch das Vierte Finanzmarktförderungsgesetz noch verstärkt. Es soll vermieden werden, dass diese Institute zur Einschleusung illegal erworbenen Geldes in den legalen Finanzkreislauf unter Verschleierung seiner wahren Herkunft missbraucht und damit die Kriminalitäts- und Terrorprävention unterstützt werden.[9)] Die nach § 16 Abs. 2 Nr. 2 GwG hierfür zuständige Bankenaufsicht kontrolliert, dass Kredit- und Finanzdienstleistungsinstitute ihre besonderen Organisations-, Kontroll- und Anzeigepflichten nach dem Geldwäschegesetz ordnungsgemäß erfüllen. 2.9

2. Keine Amtshaftungsansprüche

Nach dem Konzept des KWG, insbesondere § 6 Abs. 2 dient die Bankenaufsicht hauptsächlich der Gewährleistung eines funktionsfähigen Kreditgewerbes 2.10

6) Vgl. Kap. 1 Rz. 1.8 ff.

7) BGBl. I, 1770, inzwischen neu gefasst durch Art. 1 des Geldwäschebekämpfungsergänzungsgesetz v. 13.8.2008, BGBl. I, 1690.

8) Richtlinie 91/808/EWG des Rates zur Verhinderung der Nutzung des Finanzsystems zum Zwecke der Geldwäsche v. 10.6.1991, ABl. Nr. L 166, S. 77, inzwischen ersetzt durch die Richtlinie 2005/60/EG v. 26.10.2005, ABl. Nr. L 309, S. 15.

9) Regierungsbegründung zum Geldwäschegesetz, BT-Drucks. 13/6620, S. 20.

im Interesse der Gesamtwirtschaft. Wichtigste Voraussetzung hierfür ist die Erhaltung des Vertrauens in die Solvenz und Seriosität der Institute, also der Gläubigerschutz, aber auch die Ordnungsmäßigkeit der Durchführung von Bankgeschäften und Finanzdienstleistungen.

2.11 Hingegen kommt dem KWG keine drittschützende Wirkung individueller Gläubiger zu. Dies stellt § 4 Abs. 4 FinDAG fest, indem der BaFin ausdrücklich „**Aufgaben nur im öffentlichen Interesse**“ zugewiesen sind. Die im KWG von 1961 ursprünglich nicht enthaltene Klarstellung war notwendig geworden, nachdem der Bundesgerichtshof im sog. Wetterstein-Urteil[10)] und im Herstatt-Urteil[11)] entgegen der bis dahin h. M. und entgegen den Vorinstanzen den Zweck der Bankenaufsicht nicht auf die Interessen der Allgemeinheit und die Funktionsfähigkeit des Kreditgewerbes beschränkt, sondern Amtshaftungsansprüche einzelner Gläubiger nach § 839 BGB und Art. 34 GG bejaht hatte.

2.12 Der Ausschluss der drittschützenden Wirkung durch § 4 Abs. 4 FinDAG wurde in der Literatur jedoch vereinzelt als verfassungs- oder EG-rechtswidrig angegriffen.[12)] Dementsprechend hat der Bundesgerichtshof dem Europäischen Gerichtshof noch zur gleich lautenden Vorgängerbestimmung (§ 6 Abs. 4 a. F. KWG) die Frage vorgelegt, ob verschiedene Europäische Richtlinien erfordern, dass Maßnahmen der Bankenaufsicht im Interesse von Sparern und Anlegern wahrzunehmen sind, sodass sich daraus Amtshaftungsansprüche ergeben können.[13)] Der Europäische Gerichtshof[14)] hat das Erfordernis von Schadensersatzansprüchen des Einzelnen bei unzureichender Ausübung der Aufsicht jedoch verneint. Dementsprechend hat der Bundesgerichtshof Amtshaftungsansprüche für unzureichende Bankenaufsicht abgelehnt.[15)] Die Regelung in § 6 Abs. 4 FinDAG schließt allerdings nicht aus, dass die unmittelbaren **Adressaten bankaufsichtlicher Maßnahmen**, also z. B. die betroffene Bank im Falle des Entzugs der Bankerlaubnis oder bei Maßnahmen gegen Geschäftsleiter, einen Anspruch aus Amtspflichtverletzung haben können.

3. Verbraucherschutz?

2.13 In der jüngeren politischen und öffentlichen Diskussion werden zunehmend bankaufsichtliche Aufgaben mit anderen ordnungspolitischen Zielsetzungen wie

---

10) BGH, Urt. v. 15.2.1979 – III ZR 108/76, WM 1979, 482 = NJW 1979, 1354.

11) BGH, Urt. v.12.7.1979 – III ZR 154/77, WM 1979, 934 = NJW 1979, 1879.

12) *Beck/Samm/Kokemoor*, KWG, § 6 Rz. 68–74; *Schenke/Ruthig*, NJW 1994, 2324.

13) BGH, Vorlagebeschluss v. 16.5.2002 – III ZR 48/01, ZIP 2002, 1136 = NJW 2002, 2464 = WM 2002, 1266, dazu EWiR 2002, 961 *(Hanten)*.

14) EuGH, Urt. v. 12.10.2004 – C-222/02, ZIP 2004, 2039 = NJW 2004, 3479, dazu EWiR 2005, 219 *(Pott)*.

15) BGH, Urt. v. 2.6.2005 – III ZR 365/03, ZIP 2005, 1168 = WM 2005, 1162, dazu EWiR 2005, 793 *(Schwintek)*.

Verbraucherschutz oder Sozialschutz von Kreditnehmern in Verbindung gebracht. Dieser **politisch starken Tendenz** konnte sich die Bankenaufsichtsbehörde im Laufe ihrer Entwicklung nicht entziehen. In der bankaufsichtlichen Praxis, etwa seit Mitte der 70er Jahre, spielten Gesichtspunkte wie Verbraucherschutz, Minderjährigenschutz, Kontrolle von Allgemeinen Geschäftsbedingungen, Zugang sozial schwacher Bevölkerungskreise zu den Dienstleistungen der Kreditwirtschaft (Girokonto für jedermann), Datenschutz u. a. eine zunehmende Rolle. Grundsätzlich ist dies allerdings im KWG so nicht angelegt.

In diesem Zusammenhang besteht bei den Kunden der Institute häufig die **2.14** Vorstellung, dass die Bankenaufsicht streitschlichtend oder eingreifend **Kundenbeschwerden** regeln sollte. Die Bankenaufsicht hat in der Vergangenheit nicht selten solche Einzelbeschwerden aufgegriffen, ohne dass eine generelle bankaufsichtliche Bedeutung erkennbar war.[16] Ein weiterer Schritt in Richtung behördlicher Wahrnehmung des Verbraucherschutzes vermittels der Bankenaufsicht wurde durch die Einrichtung einer **Querschnittsabteilung „Verbraucher- und Anlegerschutz**; Zertifizierung von Altersvorsorgeverträgen und besondere Rechtsfragen“ in der im Mai 2002 gegründeten BaFin getan. Die Querschnittsabteilungen der BaFin haben die Aufgabe, sektorenübergreifenden Fragen nachzugehen, also solchen Fragen, die sowohl in der Banken-, der Versicherungs- als auch der Wertpapieraufsicht auftreten. Die Abteilung verfügt u. a. über ein Referat für Anfragen und Beschwerden zum Bereich Banken und ein „Call-Center“ zur Entgegennahme von Beschwerden. Die materiellen Grundlagen der Bankenaufsicht wurden indessen nicht verändert. Daher hält die BaFin grundsätzlich an der bisherigen Praxis der Behandlung von Verbraucherbeschwerden fest und führt in ihrem ersten Jahresbericht (Jahr 2002, S. 27) folgendes aus:

> „Kundenbeschwerden sind eine wichtige Erkenntnisquelle im Hinblick auf mögliche Missstände bei den beaufsichtigten Unternehmen. Sie geben Anlass zu prüfen, ob ein Unternehmen gegen Verhaltenspflichten verstoßen hat und ob sogar aufsichtsrechtliche Maßnahmen zu ergreifen sind. Insbesondere im Versicherungsbereich ist die Bearbeitung von Beschwerden nach Wegfall der Genehmigungspflicht der Allgemeinen Versicherungsbedingungen sozusagen ‚Auge und Ohr‘ der Aufsicht. Allerdings erhoffen sich viele Verbraucher von ihren Beschwerden, rechtliche Unterstützung durch die BaFin für die Geltendmachung von Schadensersatzansprüchen zu erhalten. Da die BaFin allein im öffentlichen Interesse tätig wird, kann sie den einzelnen Kunden bei Auseinandersetzungen über die Auslegung vertraglicher und gesetzlicher Regelungen jedoch nur auf den Rechtsweg oder an die Schlichtungs- sowie Beratungsstellen der Verbände verweisen.“

In der heutigen Aufsichtspraxis geht die BaFin teilweise darüber hinaus, greift **2.15** Verbraucherbeschwerden regelmäßig auf und sieht sich offenbar auch als **Ver-**

16) Vgl. z. B. Jahresbericht des Bundesaufsichtsamts für das Kreditwesen 2001, S. 65 ff.

mittler zwischen Institut und Kunde.[17] Sie prüft, ob ein Unternehmen gegen Verhaltenspflichten verstoßen hat und ob aufsichtsrechtliche Maßnahmen zu ergreifen sind. Die BaFin hilft – soweit ihr das möglich ist – dem einzelnen Kunden, etwa indem sie auf das Unternehmen einwirkt, einen Fehler zu korrigieren oder indem sie die rechtliche Situation erläutert. Häufig versucht die BaFin auch zu vermitteln und Institute zu Kulanzregelungen zu bewegen.[18] Die BaFin ist damit – auch hier dem Zeitgeist folgend – von der ursprünglichen Konzeption der Aufsicht nur im öffentlichen Interesse und der ausschließlichen Entscheidungskompetenz von Gerichten und Schlichtungsstellen abgerückt.

4. Schutzgesetz nach § 823 Abs. 2 BGB

2.16 Grundsätzlich ist nicht davon auszugehen, dass die Bestimmungen des KWG Schutzgesetz i. S. v. § 823 Abs. 2 BGB zugunsten der Bankkunden sind. Dies ergibt sich mittelbar aus § 4 Abs. 4 FinDAG, der klarstellt, dass der Schutzzweck der Aufsicht dem öffentlichen Interesse dient. Einzelne KWG-Bestimmungen können nach der Rechtsprechung jedoch im **Verhältnis zwischen Vertragsparteien drittschützende Wirkung des KWG** entfalten. So hat der Bundesgerichtshof den Charakter eines Schutzgesetzes für die §§ 32, 54 KWG im Streit zwischen Anleger und Unternehmer ohne Bankerlaubnis für möglich gehalten.[19] Außerdem können sich Anfechtungsmöglichkeiten oder Schadenersatzansprüche wegen Vertragspflichtverletzung ergeben, wenn der Gläubiger bei Vertragsabschluss darauf vertraut hat, dass er mit einem ordentlich zugelassenen Bank- oder Finanzdienstleistungsunternehmen zu tun hat.

5. Begriff des Instituts

2.17 Der Aufsicht der (BaFin) unterliegen „Institute". Institut ist der **Oberbegriff für Kreditinstitute und Finanzdienstleistungsinstitute** (§ 1 Abs. 1b KWG). § 1 Abs. 1 und Abs. 1a KWG enthält detaillierte Begriffsbestimmungen des Kreditinstituts und des Finanzdienstleistungsinstituts. Danach sind Kreditinstitute Unternehmen, die Bankgeschäfte gewerbsmäßig oder in einem Umfang betreiben, der einen in kaufmännischer Weise eingerichteten Geschäftsbetrieb erfordert.

2.18 **Gewerbsmäßigkeit** liegt vor, „wenn der Betrieb auf eine gewisse Dauer angelegt ist und der Betreiber ihn in der Absicht der Gewinnerzielung verfolgt."[20]

---

17) Vgl. Jahresbericht 2004 der BaFin – Querschnittsaufgaben, S. 73.

18) Vgl. Jahresbericht 2005 der BaFin – Querschnittsaufgaben, S. 192 ff.

19) BGH, Urt. v. 13.4.1994 – II ZR 16/93, BGHZ 125, 367, 379 = ZIP 1994, 867 = NJW 1994, 1801, dazu EWiR 1994, 681 *(v. Gerkan)*; BGH, Urt. v. 21.4.2005 – III ZR 238/03, ZIP 2005, 1223 = WM 2005, 1217 = NJW 2005, 2703, dazu EWiR 2005, 611 *(Bruns)*.

20) Gesetzesbegründung zur 6. KWG-Novelle, BR-Drucks. 963/96, S. 62.

Es sollen auch Unternehmen, die Geschäfte nur in geringem Umfang, aber gewerbsmäßig betreiben, erfasst werden. Ein in **kaufmännischer Weise eingerichteter Geschäftsbetrieb** liegt vor, wenn insbesondere eine kaufmännische Buchführung, eine geordnete Ablage des Schriftverkehrs, eine geregelte Kassenführung und Inventur erforderlich sind, also Handelsbücher nach §§ 238 ff. HGB geführt und ein Jahresabschluss aufgestellt werden müssen. Auf Gewinnerzielungsabsicht kommt es hierbei – anders als bei der Gewerbsmäßigkeit – nicht an.[21] Finanzdienstleistungsinstitute sind Unternehmen, die unter den gleichen Bedingungen (Gewerbsmäßigkeit, kaufmännischer Geschäftsbetrieb) Finanzdienstleistungen erbringen, sofern sie nicht gleichzeitig die Definition des Kreditinstituts erfüllen. Die Unterscheidung ist insofern von Bedeutung, als Finanzdienstleistungsinstitute geringere aufsichtliche Anforderungen zu erfüllen haben. Dies hängt mit den unterschiedlichen Risiken zusammen. Während Kreditinstitute z. B. unmittelbar Schuldner von Einlagen oder Vertragspartner bei Wertpapierdepots sind, erschöpft sich die Tätigkeit der Finanzdienstleistungsinstitute im Wesentlichen in der Vermittlung und Verwaltung von Finanzinstrumenten u. Ä.

6. Freigestellte Institute und Geschäfte

Die Definition des Instituts umfasst auch Unternehmen, die nicht der Banken- 2.19
aufsicht unterliegen sollen, entweder weil sie **öffentliche Funktionen** wahrnehmen oder von einer **anderen Fachaufsicht** kontrolliert werden. § 2 Abs. 2 und 6 KWG nehmen deshalb eine Reihe von Unternehmen von der Anwendung des KWG aus. Dies sind:

- die Deutsche Bundesbank,
- die Kreditanstalt für Wiederaufbau,
- die Sozialversicherungsträger und die Bundesanstalt für Arbeit,
- private und öffentlich-rechtliche Versicherungsunternehmen,
- freigestellte Geschäfte,
- die Pfandleihunternehmen,
- Unternehmensbeteiligungsgesellschaften,[22]
- Wagniskapitalbeteiligungsgesellschaften,[23]
- Unternehmen, die bestimmte Finanzdienstleistungen nur als Nebengeschäft (z. B. Sortenhandel von Hotels) erbringen.

---

21) VG Berlin, Urt. v. 19.8.1996 – 25 A 41.94, WM 1997, 218 = NJW-RR 1997, 808.

22) Nach dem Gesetz über Unternehmensbeteiligungsgesellschaften v. 17.12.1986, BGBl. I, 2488.

23) Nach dem Gesetz über Wagnisbeteiligungsgesellschaften v. 12.8.2008, BGBl. I, 1672.

2.20 Außerdem enthält § 2 Abs. 4, 5 und 7 bis 11 KWG eine Vielzahl von Ausnahmen, wonach das KWG oder einzelne Bestimmungen nicht anwendbar sind oder eine Freistellung durch die Bankenaufsicht erfolgen kann. **Weitere Ausnahmen von der Anwendung des KWG** ergeben sich aus einer – allerdings uneinheitlich und undurchsichtig ausgeübten – Verwaltungspraxis der BaFin. So hat das Bundesaufsichtsamt für das Kreditwesen bereits 1964 entschieden, dass sog. **Brauerei- und Gastwirtedarlehen** nicht der Bankenaufsicht unterliegen.[24] Dabei handelt es sich in der Regel um Einrichtungsdarlehen, die Gastwirte i. R. langfristiger Lieferverträge von Brauereien erhalten können. Rechtsgrund der Freistellung ist, dass diese Geschäfte keinen bankmäßigen Charakter aufweisen und regelmäßig unter Umständen und Bedingungen gewährt werden, die vernünftigerweise eine Bank nicht anbieten würde und ins Gewicht fallende bankaufsichtliche Zwecke dadurch nicht berührt werden.[25] Aus ähnlichen Gründen unterliegen auch Darlehen, die Arbeitgeber – zur Betriebsbindung oder aus sozialen Gründen – Arbeitnehmern gewähren (**Arbeitgeberdarlehen**), nicht der Bankenaufsicht. Andererseits hat die BaFin eine Erlaubnispflicht für Provisionsvorschüsse und ähnliche Leistungen an selbständige Handelsvertreter, die von ansonsten nicht aufsichtspflichtigen Dienstleistern – z. B. Versicherungsmaklern – gewährt werden, angenommen.[26]

2.21 **Konzerninterne Bankgeschäfte** – z. B. Darlehensgeschäfte oder Cash-Management-Systeme zwischen Konzernunternehmen – begründen die bankaufsichtliche Erlaubnispflicht nicht. Denn § 2 Abs. 1 Nr. 7 KWG stellt ausdrücklich fest, dass Unternehmen, die nur konzerninterne Bankgeschäfte betreiben, nicht als Kreditinstitute gelten. § 2 Abs. 6 Nr. 5 KWG regelt Entsprechendes für Finanzdienstleistungsinstitute.

7. Begriff der Bankgeschäfte

2.22 § 1 Abs. 1 Satz 2 KWG enthält einen **Katalog von Bankgeschäften**. Die Bedeutung des Katalogs beschränkt sich auf die Definition dessen, was als Bankgeschäfte und damit als Voraussetzung für die Kreditinstitutseigenschaft gelten soll. Hingegen ist den Kreditinstituten – anders als z. B. Kapitalanlagegesellschaften und Bausparkassen – nicht untersagt, **andere Geschäfte** zu betreiben. Hierzu gehören insbesondere banknahe und sonstige Hilfs- und Ergänzungsgeschäfte wie jede Art von Finanzdienstleistungsgeschäften, der Verkauf von Reiseschecks, die Vermietung von Schrankfächern usw., aber auch völlig bankfremde Geschäfte, wie insbesondere das Warengeschäft von Kreditgenossen-

---

24) Schreiben des BaKred v. 1.10.1964, I.2-1113.

25) In diesem Sinne *Beck/Samm/Kokemoor*, KWG, § 1 Rz. 111.

26) Krit. hierzu *Heukamp/Görner*, Börsenzeitung v. 7.11.2006; vgl. ferner *maf*, BaFin fordert Neuregelung der Vorschusspraxis, Börsenzeitung v. 21.10.2006.

schaften oder der Betrieb des Bankgeschäfts als Hilfstätigkeit eines sonstigen gewerblichen Unternehmens.

a) Einlagengeschäft

Als Bankgeschäft gilt die **Annahme fremder Gelder** als Einlagen oder anderer rückzahlbarer Gelder des Publikums, sofern der Rückzahlungsanspruch nicht in Inhaber- oder Orderschuldverschreibungen verbrieft wird und ohne Rücksicht darauf, ob Zinsen vergütet werden. Ein unbedingter Rückzahlungsanspruch besteht z. B. nicht, wenn vereinbart wird, dass der Rückzahlungsanspruch in der Insolvenz oder für den Fall, dass er die Insolvenz auslöst, ausgeschlossen sein soll. **2.23**

Ein einfacher Rangrücktritt schließt hingegen die Eigenschaft als Bankgeschäft nicht aus. Einlagengeschäft ist in der Regel auch bei partiarischen (nicht banküblich besicherten) Darlehen und stillen Einlagen ohne Verlustteilnahme u. a. gegeben. Publikumsgelder sind auch solche, die Gesellschafter oder Vereinsmitglieder zur Verfügung stellen, nicht hingegen konzerninterne Einlagen.[27] **2.24**

b) Pfandbriefgeschäft

ist die Ausgabe **gedeckter Schuldverschreibungen**, die durch Grund- oder Schiffspfandbriefe oder Forderungen gegen staatliche Stellen gesichert sind (z. B. Hypothekenpfandbrief – vgl. § 1 Abs. 1 Pfandbriefgesetz – PfandBG).[28] **2.25**

c) Kreditgeschäft

ist die Gewährung von Gelddarlehen oder Akzeptkrediten. Der Kreditbegriff knüpft an den Darlehensbegriff des § 488 BGB an. Die Begriffe **Kredit und Darlehen** werden im Bankgeschäft ohne systematische Unterscheidung nebeneinander gebraucht. Typische Kreditarten sind der: **2.26**

- **Kontokorrent- oder Dispositionskredit** (Krediteröffnungsvertrag), Investitionsdarlehen,
- **Teilzahlungskredit** i. d. R. für private Kunden zur Anschaffung von beweglichen Sachen, häufig als persönlicher Kleinkredit, Anschaffungsdarlehen, Allzweckkredit oder ähnlich bezeichnet

---

27) Näheres vgl. Merkblatt der BaFin, Hinweise zum Tatbestand des Einlagengeschäfts v. 9.1.2009, abgedr. in: *Consbruch/Fischer*, KWG, B 52.1, und *Fischer/Herbst*, RSP, Teil A 1.1.15.10.

28) Näheres vgl. Merkblatt der BaFin, Hinweise zum Tatbestand des Pfandbriefgeschäfts v. 6.1.2009, abgedr. in: *Consbruch/Fischer*, KWG, B 52.2, und *Fischer/Herbst*, RSP, Teil A 1.1.15.11.

- der **Akzeptkredit**, bei dem die Bank vom Kunden ausgestellte, mit ihrem Akzept ausgestattete Wechsel akzeptiert und damit auch eigene Wechselverbindlichkeiten eingeht,
- der **Lombardkredit**, der gegen Verpfändung von Wertpapieren gewährt wird,
- der **Real- oder Hypothekarkredit** gegen Gewährung von Grundpfandrechten meist zur Finanzierung von Immobilien,
- der **Körperschafts- oder Kommunalkredit**, also die Finanzierung der öffentlichen Hand, i. d. R. ohne Bestellung von Sicherheiten.

2.27 Nicht zum Kreditgeschäft zählen **sonstige Forderungen**[29] z. B. aus Kauf, Miete usw., auch dann, wenn sie **gestundet** werden, die Leistung von Anzahlungen oder Vorschüssen auf Lieferungen oder Leistungen, Provisionsvorschüsse selbständiger Handelsvertreter, wenn sie regelmäßig aus Provisionsansprüchen zurückgezahlt werden, das Kreditkartengeschäft, zumindest soweit es im Wege des Forderungskaufes betrieben wird, und die Kreditvermittlung in fremdem Namen. Ebenso begründet das Wertpapierleihgeschäft kein Gelddarlehen und wird somit von der Definition nicht erfasst.[30]

d) Diskontgeschäft

2.28 Darunter wird der **Ankauf von Wechseln oder Schecks** unter Abzug eines Zwischenzinses bis zum Fälligkeitszeitpunkt verstanden. Werden Wechsel oder Schecks jedoch nur zum Einzug hereingenommen (Inkassogeschäft), liegt kein Diskontgeschäft vor. Werden bei einer Hereinnahme zum Einzug die Gegenwerte vor ihrem Eingang bei der Bank den Kunden gutgeschrieben, ist dies ein Kreditgeschäft.[31]

e) Finanzkommissionsgeschäft

2.29 Die **Anschaffung und Veräußerung von Finanzinstrumenten** jeder Art für andere erfolgt i. d. R. in Form des Kommissionsgeschäfts nach §§ 383 ff. HGB. Der Begriff Finanzinstrument ist in § 1 Abs. 11 KWG definiert. Neben der kommissionsweisen Anschaffung und Veräußerung von Wertpapieren und Wertpapierderivaten sind auch Warentermin-, Zinssatz- und andere Indexge-

---

29) Zur Qualifikation als Gelddarlehen bei gewerbsmäßiger Auszahlung von Schecks vgl. VG Berlin, Beschl. v. 21.2.1994 – 25 A 205/91, ZIP 1994, 1594 = WM 1994, 2238, dazu EWiR 1995, 177 *(Ebenroth/Reiner)*.

30) Näheres vgl. Merkblatt der BaFin, Hinweise zum Tatbestand des Kreditgeschäfts v. 8.1.2009, abgedr. in: *Consbruch/Fischer,* KWG, B 52.3, und *Fischer/Herbst,* RSP, Teil A 1.1.15.12.

31) Näheres vgl. Merkblatt der BaFin, Hinweise zum Tatbestand des Diskontgeschäfts v. 6.1.2009, abgedr. in: *Consbruch/Fischer,* KWG, B 52.4, und *Fischer/Herbst,* RSP, Teil A 1.1.15.13.

schäfte in die Definition einbezogen. Erfasst wird auch der Handel in ausländischen Wertpapieren. Werden Finanzinstrumente lediglich in fremdem Namen und für fremde Rechnung vermittelt, so trifft die Definition nicht zu (keine Anschaffung oder Veräußerung).

f) Depotgeschäft

Die **Verwahrung und Verwaltung von Wertpapieren** für andere ist ebenfalls Bankgeschäft. Der Wertpapierbegriff ist in § 1 Abs. 11 Satz 2 KWG selbständig definiert und entspricht dem in § 2 Abs. 1 WpHG. Schecks und Wechsel fallen – ebenso wie nach § 1 Abs. 1 DepotG – nicht darunter.[32] 2.30

g) Investmentgeschäft

Das **Investmentgeschäft** (früher § 1 Abs. 1 Satz 2 Nr. 6 KWG) ist seit der Liberalisierung durch das Investmentänderungsgesetz am 28. Dezember 2007 nicht mehr im Katalog der Bankgeschäfte erfasst. Das Investmentgeschäft umfasst die vom eigenen Vermögen gesonderte Anlage von fremdem Geld in Wertpapieren, Grundstücken und weiteren im Investmentgesetz zugelassenen Vermögensgegenständen nach dem **Grundsatz der Risikomischung** (Investmentfonds). Die Einleger erhalten Anteilsscheine (Investmentzertifikate) für ihre Beteiligung an dem Sondervermögen. Die Definition umfasst nur offene Fonds, bei denen die eingelegten Gelder grundsätzlich in wechselnden Werten angelegt werden. Die Auflegung sog. geschlossener Fonds, also der Anlage der Gelder in bestimmten Objekten – z. B. Immobilien oder Schiffen – ist vom Investmentgesetz nicht erfasst. 2.31

h) Revolvinggeschäft

Die Eingehung der Verpflichtung, **Darlehensforderungen vor Fälligkeit** zu erwerben, spielt in der Praxis kaum mehr eine Rolle.[33] 2.32

i) Garantiegeschäft

Bankgeschäft ist auch die **Übernahme von Bürgschaften, Garantien und sonstigen Gewährleistungen** für andere. Hierzu gehört insbesondere der Avalkredit, also die Übernahme von Bürgschaften, Garantien und Kreditaufträgen für Kunden. Garantien und Gewährleistungen werden gewährt z. B. zur Absicherung von längerfristigen Zahlungs- und Lieferverpflichtungen der Kunden, 2.33

32) Näheres vgl. Merkblatt der BaFin, Hinweise zum Tatbestand des Depotgeschäfts v. 6.1.2009, abgedr. in: *Consbruch/Fischer*, KWG, B 52.5, und *Fischer/Herbst*, RSP, Teil A 1.1.15.15.

33) Näheres vgl. Merkblatt der BaFin, Hinweise zum Tatbestand des § 1 Abs. 1 Satz 2 Nr. 7 KWG (Darlehensrückkaufgeschäft) v. 7.1.2009, abgedr. in: *Consbruch/Fischer*, KWG, B 52.7, und *Fischer/Herbst*, RSP, Teil A 1.1.15.17.

als Sicherheitsleistung bei Bauaufträgen und als Garantien in der internationalen Abwicklung von Bankgeschäften. Typische Bankbürgschaften sind Zoll-, Steuer- oder Prozessbürgschaften. Erscheinungsformen der Bankgarantie sind die Bietungs- und Ausschreibungsgarantie, die Erfüllungsgarantie, Anzahlungs- und Rückzahlungsgarantien, Zahlungsgarantien gegenüber Lieferanten sowie Scheck- und Wechseleinlösungsgarantien. Solche Gewährleistungen müssen für andere übernommen werden. Die Gewährleistung eigener Verpflichtungen begründet nicht die Kreditinstitutseigenschaft. Auch Haftungsübernahmen innerhalb eines Konzerns werden nicht erfasst. Hingegen sind die Kreditgarantiegemeinschaften des Handwerks oder Handels grundsätzlich Kreditinstitute.[34)]

j) Scheck-, Wechseleinzugs- und Reisescheckgeschäft

2.34 Bis zum 30. Oktober 2009 galt das gesamte Girogeschäft als Bankgeschäft. Mit Inkrafttreten des Zahlungsdiensteaufsichtsgesetztes wurde das Girogeschäft aus dem Katalog der Bankgeschäfte gestrichen bzw. durch das Scheckeinzugsgeschäft, Wechseleinzugsgeschäft und Reisescheckgeschäft (§ 1 Abs. 1 Satz 2 Nr. 9 KWG) ersetzt. Das Girogeschäft, das nunmehr die Bezeichnung Zahlungsdienste trägt, steht zwar nach wie vor unter der Aufsicht der BaFin, jedoch aufgrund des speziellen Zahlungsdiensteaufsichtsgesetzes[35)].

2.35 Der Tatbestand des § 1 Abs. 1 Satz 2 Nr. 9 KWG ist erfüllt, wenn der bargeldlose Scheckeinzug (Scheckeinzugsgeschäft), der bargeldlose Wechseleinzug (Wechseleinzugsgeschäft) oder die Ausgabe von Reiseschecks (Reisescheckgeschäft) betrieben wird. Zahlungsvorgänge, denen ein Scheck oder Wechsel zugrunde liegt, sind vom Anwendungsbereich der europäischen Zahlungsdiensterichtlinie ausgenommen. Diese Tätigkeiten gelten daher nach wie vor als erlaubnispflichtige Bankgeschäfte und dürfen von Instituten die nur über eine Erlaubnis nach dem Zahlungsdiensteaufsichtsgesetz verfügen, nicht betrieben werden. Das Reisescheckgeschäft wurde aufgrund seiner mit dem Scheck- und Wechselinkasso vergleichbaren Risikostruktur in den Katalog des § 1 Abs. 1 Satz 2 Nr. 9 KWG aufgenommen.

k) Emissionsgeschäft

2.36 Vom Finanzkommissionsgeschäft unterscheidet sich das Emissionsgeschäft als „Underwriting“ durch die **Übernahme von Finanzinstrumenten für eigenes Risiko zur Platzierung** oder durch die Übernahme gleichwertiger Garantien. Dies ist insbesondere bei sog. Übernahmekonsortien der Fall, bei denen meh-

---

34) Näheres vgl. Merkblatt der BaFin, Hinweise zum Tatbestand des Garantiegeschäfts v. 8.1.2009, abgedr. in: *Consbruch/Fischer*, KWG, B 52.8, und *Fischer/Herbst*, RSP, Teil A 1.1.15.18.

35) S. dazu unten Rz. 2.422.

rere Unternehmen eine Emission zu einem festen Kurs in den eigenen Bestand übernehmen und dem Emittenten sofort den Gegenwert vergüten. Die übernommenen Effekten werden anschließend im eigenen Namen und für eigene Rechnung platziert, soweit der Markt dies erlaubt.

Wird die Emission jedoch für Rechnung des Emittenten platziert, also kein Absatzrisiko übernommen, gilt die Transaktion als Finanzkommissionsgeschäft. Wird die Emission von einem Vermittler im eigenen oder fremden Namen, aber **für Rechnung des Emittenten** an den Markt gebracht, liegt kein Bankgeschäft vor. Das Geschäft ist jedoch Finanzdienstleistung i. S. v. § 1 Abs. 1a Satz 2 Nr. 2 KWG (**Abschlussvermittlung**). Übernimmt der vermittelnde Dienstleister jedoch eine Garantie für den Erfolg der Platzierung – z. B. indem er sich verpflichtet, nicht verkaufte Werte in den Eigenbestand zu übernehmen – so unterfällt die Transaktion der Definition des Emissionsgeschäftes i. S. v. § 1 Abs. 1 Satz 2 Nr. 10 KWG, auch wenn das Geschäft in offener Stellvertretung vermittelt wird.[36] 2.37

l) E-Geld Geschäft

E-Geld Geschäft ist die **Ausgabe und Verwaltung von elektronischem Geld.** 2.38
Davon erfasst werden das Geldkartengeschäft und das Netzgeldgeschäft. § 22p KWG sieht vor, dass elektronisches Geld rücktauschbar sein muss und die Rücktauschbedingungen vertraglich geregelt werden müssen. Als Geldkartengeschäft gilt die Ausgabe vorausbezahlter Karten zu Zahlungszwecken, es sei denn, der Kartenemittent ist auch der Leistungserbringer, der die Zahlung aus der Karte erhält. Als Bankgeschäfte erfasst werden somit lediglich *dreiseitige Systeme* – also solche, bei denen neben dem Leistungserbringer und dem Kunden ein gesonderter Kartenemittent beteiligt ist. Die typischen Kundenkarten von Kaufhäusern usw. begründen die Eigenschaft als Bankgeschäft also nicht.

Als E-Geld-Geschäft gilt weiterhin „die Schaffung und die Verwaltung von 2.39
Zahlungseinheiten in Rechnernetzen“ (Netzgeld). Dabei handelt es sich um vorausbezahlte elektronische Zahlungseinheiten, die als Zahlungsmittel anstelle von Bargeld oder Buchgeld verwendet werden können. Der Geldanspruch wird vom Benutzer auf einer PC-Festplatte gespeichert und zur Abwicklung von Fernzahlungen durch Dialog zwischen den beteiligten Rechnern abgewickelt.[37]

---

36) Näheres vgl. Merkblatt der BaFin, Hinweise zum Tatbestand des Emissionsgeschäfts v. 7.1.2009, abgedr. in: *Consbruch/Fischer,* KWG, B 52.10, und *Fischer/Herbst,* RSP, Teil A 1.1.15.20.

37) Näheres vgl. Merkblatt der BaFin, Hinweise zum Tatbestand des E-Geld-Geschäfts v. 9.1.2009, abgedr. in: *Consbruch/Fischer,* KWG, B 52.11, und *Fischer/Herbst* RSP, Teil A 1.1.15.21.

m) Zentraler Kontrahent

2.40 Der zentrale Kontrahent (Central Counterparty CCP) fungiert im **Börsenhandel als Vertragspartei zwischen Käufer und Verkäufer**. Damit kommt z. B. ein Wertpapierkaufvertrag nicht zwischen dem ursprünglichen Inhaber und dem Erwerber, sondern jeweils mit dem zwischengeschalteten zentralen Kontrahenten zu Stande. Eine Legaldefinition enthält § 1 Abs. 31 KWG.[38)]

8. Begriff der Finanzdienstleistungsgeschäfte

2.41 Die Finanzdienstleistungen sind in § 1 Abs. 1a Satz 2 KWG definiert. Es handelt sich im Wesentlichen um die Vermittlung oder Verwaltung von Finanzinstrumenten. Im Einzelnen gelten als Finanzdienstleistungen folgende Geschäftsarten:

a) Anlagevermittlung

2.42 Anlagevermittlung ist die Vermittlung von Geschäften über die Anschaffung und die Veräußerung von Finanzinstrumenten oder deren Nachweis. Der Anlagevermittler handelt als Bote oder Makler und beschränkt sich auf die Entgegennahme und Übermittlung der Aufträge.

b) Anlageberatung

2.43 Anlagebratung ist die Abgabe von persönlichen Empfehlungen an (auch potenzielle) Kunden für Geschäfte mit Finanzinstrumenten, sofern die Empfehlung die persönlichen Umstände des Anlegers berücksichtigen oder als für ihn geeignet darstellen soll.[39)]

c) Betrieb eines multilateralen Handelssystems

2.44 Dies bezeichnet ein börsenähnliches Handelssystem für Finanzinstrumente, das die Interessen von Käufern und Verkäufern innerhalb seines Systems und nach festgelegten Bestimmungen zu einem Vertrag über den Kauf von Finanzinstrumenten zusammenführt.

---

38) Näheres vgl. Merkblatt der BaFin, Hinweise zum Tatbestand der Tätigkeit als zentraler Kontrahent v. 30.12.2008, abgedr. in: *Consbruch/Fischer*, KWG, B 52.12, und *Fischer/Herbst*, RSP, Teil A 1.1.15.22.

39) Vgl. auch Informationsblatt der BaFin v. 12.11.2007, abgedr. in: *Fischer/Herbst*, RSP, Teil A 1.2.01.

d) Platzierungsgeschäft

Ein Platzierungsgeschäft stellt einen Unterfall des Emissionsgeschäfts dar, jedoch ohne feste Übernahmeverpflichtung. Die Abgrenzung zur Abschlussvermittlung und zum Emissionsgeschäft ist bislang allerdings unklar.[40] **2.45**

e) Abschlussvermittlung

Abschlussvermittlung ist die Anschaffung und Veräußerung von Finanzinstrumenten im fremden Namen für fremde Rechnung. Der Abschlussvermittler tritt als offener Stellvertreter für seinen Kunden auf. Handelt hingegen der Vermittler in eigenem Namen für Rechnung des Kunden, so liegt das Finanzkommissionsgeschäft – also ein Bankgeschäft i. S. v. § 1 Abs. 1 Satz 2 Nr. 4 KWG – vor. **2.46**

f) Finanzportfolioverwaltung

Der Begriff bezeichnet die Vermögensverwaltung von Finanzinstrumenten mit Entscheidungsspielraum des Verwalters. Der Finanzportfolioverwalter kann die Finanzinstrumente jedoch nicht selbst verwahren, da dies als Depotgeschäft wiederum die Kreditinstitutseigenschaft nach § 1 Abs. 1 Satz 2 Nr. 5 KWG begründen würde. Der Finanzportfolioverwalter tritt vielmehr nur als Bevollmächtigter seiner Kunden auf. **2.47**

g) Eigenhandel

Eigenhandel ist der Handel von Finanzinstrumenten für andere. Das Finanzdienstleistungsinstitut kauft oder verkauft hier zwar im eigenen Namen und für eigene Rechnung, aber als Dienstleister für einen Kunden.[41] Nach § 1 Abs. 1a Satz 3 KWG soll aber auch der Handel mit Finanzinstrumenten für eigene Rechnung, der keine Dienstleistung für andere darstellt (**Eigengeschäft**), als Finanzdienstleistung gelten. Allerdings ist ein Großteil der Eigengeschäfte durch § 2 Abs. 1 Nr. 9 und Abs. 6 Nr. 9, 11, 13 und 14 KWG frei gestellt. Unter die Definition des Eigenhandels und des Eigengeschäfts fallen auch Warentermingeschäfte – so insbesondere der Handel in Energiederivaten (Stromtermingeschäfte) sowie der Handel mit Klimaschutzzertifikaten.[42] **2.48**

---

40) Vgl. Boos/Fischer/Schulte-Mattler-*Schäfer*, KWG, § 1 Rz. 123n sowie Merkblatt der BaFin v. 27.12.2007, abgedr. in: *Consbruch/Fischer*, KWG, B 64.25, und *Fischer/Herbst*, RSP, Teil A 1.2.51.

41) *Weber-Rey/Baltzer*, WM 1997, 2289.

42) Vgl. auch Merkblatt der BaFin, Hinweise zur Erlaubnispflicht von Geschäften im Zusammenhang mit Stromhandelsaktivitäten, abgedr. in: *Consbruch/Fischer*, KWG, B 64.15, und *Fischer/Herbst*, RSP, Teil A 1.1.15.70.

h) Drittstaateneinlagenvermittlung

2.49 Ist die Vermittlung von Einlagengeschäften mit Unternehmen außerhalb des europäischen Wirtschaftsraums. Das Unternehmen sammelt als Bote treuhänderisch Einlagengelder im Inland und leitet sie an Adressen in Staaten außerhalb des europäischen Wirtschaftsraumes weiter.

i) Ehemals Finanztransfergeschäft

2.50 Das Finanztransfergeschäft gilt seit Inkrafttreten des Zahlungsdiensteaufsichtsgesetzes nicht mehr als Finanzdienstleistung, steht jedoch nach diesem Gesetz weiterhin unter der Aufsicht der BaFin.[43)]

j) Sortengeschäft

2.51 Darunter ist der Handel mit ausländischen Zahlungsmitteln einschließlich Reiseschecks (Wechselstuben) zu verstehen. Für Unternehmen, die das Sortengeschäft nicht als Haupttätigkeit betreiben und keine anderen Finanzdienstleistungen anbieten, wie z. B. Hotels, Reisebüros oder Kaufhäuser, gilt eine Ausnahme von der Anwendung des KWG (§ 2 Abs. 6 Nr. 12 KWG).

k) Kreditkartengeschäft

2.52 Das Kreditkartengeschäft setzt stets drei Beteiligte – den Kartenemittent, den Akzeptant (z. B. Einzelhändler) und den Nutzer – voraus. Die Ausgestaltung der Rechtsbeziehungen ist je nach Kartenbedingungen unterschiedlich. In Betracht kommen Forderungskauf, Garantieübernahme u. U. auch verbunden mit Kreditgewährung, insbesondere bei Bargeldauszahlungen auf Kreditkarte.

l) Factoring

2.53 Factoring ist als laufender Ankauf von Forderungen auf der Grundlage von Rahmenverträgen mit oder ohne Rückgriff definiert. Es umfasst den laufenden Ankauf von Forderungen aus Lieferungen oder Leistungen der Factoring-Kunden nach Maßgabe eines Rahmenvertrages. Je nach vertraglicher Ausgestaltung kann der Factoring-Kunde dabei dem Factor die gesamte Debitorenbuchhaltung einschließlich des Inkasso- oder Mahnwesens und dem gerichtlichen Forderungseinzug überlassen. Das Geschäft kann Finanzierungsfunktion (Ankauf und Kreditierung der Forderungen) Dienstleistungsfunktionen (Übernahme der Debitorenverwaltung) und Delkrederefunktion (Übernahme des Ausfallrisikos) umfassen.[44)]

---

43) S. dazu unten Rz. 2.425.

44) Näheres vgl. Merkblatt der BaFin, Hinweise zum Tatbestand des Factoring v. 5.1.2009, abgedr. in: *Consbruch/Fischer*, KWG, B 53.9 und *Fischer/Herbst* RSP, Teil A 1.1.15.51.

m) Finanzierungsleasing

Finanzierungsleasing umfasst den Abschluss von Finanzierungsleasingverträgen als Leasinggeber und die Verwaltung von Objektgesellschaften. § 2 Abs. 6 Satz 1 Nr. 17 stellt allerdings Leasing-Objektgesellschaften, die nur für ein einzelnes Leasingobjekt tätig werden, von der Aufsicht frei. Ferner sind für das Factoring-Geschäft und das Finanzierungsleasing-Geschäft eine Reihe von Bestimmungen des KWG nicht anwendbar (vgl. § 2 Abs. 7 Satz 1 Satz 2 KWG).[45] 2.54

n) Anlageverwaltung

Anlageverwaltung ist die Anschaffung und Veräußerung von Finanzinstrumenten für eine Gemeinschaft natürlicher Personen mit Entscheidungsspielraum des Finanzdienstleisters (§ 1 Abs. 1a Satz 2 Nr. 11 KWG). 2.55

9. Ausländische Institute, Zweigstellen und Repräsentanzen

Unterhält ein ausländisches Unternehmen in Deutschland eine **Tochtergesellschaft**, die Bank- oder Finanzdienstleistungsgeschäfte betreibt, so wird diese von der Definition des Instituts nach § 1 Abs. 1b KWG erfasst. Auch wenn der Sitz der Mutterbank in einem Mitgliedsstaat der Europäischen Gemeinschaft liegt, gilt nichts Besonderes, da die Tochterbank eine selbständige deutsche juristische Person ist. 2.56

Unterhält ein ausländisches Unternehmen im Inland eine **unselbständige Betriebsstelle** (Zweigniederlassung oder Zweigstelle), so gelten die §§ 53 ff. KWG. Bank- oder Finanzdienstleistungszweigstellen von Unternehmen mit Sitz außerhalb der Europäischen Gemeinschaft werden nach § 53 KWG bankaufsichtlich im Wesentlichen wie selbständige Institute behandelt. Sie bedürfen trotz ihrer rechtlichen Unselbständigkeit gem. § 53 KWG einer **Erlaubnis**. Sie ist im Wesentlichen an dieselben Voraussetzungen wie die Errichtung eines selbständigen Instituts geknüpft. Die Zweigniederlassung muss also ebenfalls mindestens zwei persönlich und fachlich qualifizierte Geschäftsleiter haben, über ein der Zweigniederlassung zugewiesenes Betriebskapital und über eine gesonderte Rechnungslegung verfügen. Zusätzlich zu den allgemeinen Ablehnungsgründen des § 33 Abs. 1 KWG kann die Erlaubnis für die Zweigniederlassung auch dann versagt werden, wenn die Gegenseitigkeit der Zulassung nicht aufgrund zwischenstaatlicher Vereinbarungen mit dem Herkunftsstaat gesichert ist (§ 53 Abs. 2 Nr. 5 KWG). Mehrere inländische Zweigstellen desselben ausländischen Unternehmens gelten als ein Institut. 2.57

---

45) Näheres vgl. Merkblatt der BaFin, Hinweise zum Tatbestand des Finanzierungsleasing v. 19.1.2009, abgedr. in: *Consbruch/Fischer*, KWG, B 53.10, und *Fischer/Herbst*, RSP, Teil A 1.1.15.50.

2.58 Die **bankaufsichtlichen Pflichten** müssen von der oder den inländischen Zweigstellen unabhängig von den Verhältnissen des Gesamtunternehmens **gesondert erfüllt** werden. Rechtliche Selbständigkeit erlangen die Zweigstellen dadurch jedoch nicht. Partei im zivilrechtlichen Sinne bleibt das ausländische Gesamtunternehmen. Die inländische Zweigstelle hat jedoch, unabhängig von etwaigen gegenteiligen Weisungen des Gesamtunternehmens, die Bestimmungen des KWG und die bankaufsichtlichen Anforderungen zu erfüllen.[46] Grenzüberschreitende Bank- oder Finanzdienstleistungen aus Ländern außerhalb des Europäischen Wirtschaftsraums bzw. ohne Europäischen Pass sind grundsätzlich nicht zulässig, weil diese erlaubnispflichtig sind und der Erlaubnisinhaber seine Hauptverwaltung im Inland haben muss.[47]

2.59 Die Unterstellung von Zweigniederlassungen ausländischer Unternehmen unter die deutsche Bankenaufsicht nach § 53 KWG gilt nicht für Einlagenkreditinstitute und Wertpapierhandelshäuser (§ 1 Abs. 3a Satz 1 und 2 KWG) **aus den Vertragsstaaten des Europäischen Wirtschaftsraums**. Allerdings setzt dies voraus, dass die Unternehmen in ihrem Herkunftsland bankaufsichtlich zugelassen und beaufsichtigt werden und die Anforderungen der Bankrechtskoordinierungsrichtlinie und der Richtlinie über einen Solvabilitätskoeffizienten erfüllt sind. Dies ist die Konsequenz des sog. europäischen Passes, nach dem Institute, die in einem Mitgliedsstaat zugelassen sind, ihre Geschäfte in der gesamten Gemeinschaft ohne weitere bankaufsichtliche Zulassung ausüben dürfen.

2.60 Eine **Repräsentanz** eines ausländischen Instituts im Inland wird bankaufsichtlich grundsätzlich nicht überwacht. Als Repräsentanz gelten solche Vertretungen eines Instituts, die keine erlaubnispflichtige Tätigkeit ausüben, insbesondere keine Geschäfte vermitteln oder abschließen, aber z. B. Informationen geben, Kunden betreuen oder Werbung und Imagepflege betreiben usw. Jedoch sind die Errichtung, Verlegung und Schließung einer Repräsentanz eines ausländischen Instituts der BaFin und der Deutschen Bundesbank anzuzeigen.[48]

10. Verbotene Geschäfte

2.61 Bestimmte Geschäfte haben sich aus der Sicht des Gläubigerinteresses als gefährlich oder für die Gesamtwirtschaft als nachteilig erwiesen und sind nach § 3 KWG verboten. Der Betrieb solcher Geschäfte ist nach § 54 Abs. 1 Nr. 1 KWG **strafrechtlich** – Freiheitsstrafe bis zu drei Jahren oder Geldstrafe – **sanktio-**

---

46) BGH, Urt. v. 2.4.1970 – VII ZR 128/68, BGHZ 53, 383 = NJW 1970, 1187.

47) Vgl. im Einzelnen Hinweise der BaFin zur Erlaubnispflicht nach § 32 Abs 1 KWG i. V. m. § 1 Abs. 1 und 1a KWG von grenzüberschreitend betriebenen Bankgeschäften und/oder grenzüberschreitend erbrachten Finanzdienstleistungen, Stand April 2005, abgedr. in: *Consbruch/Fischer*, KWG, B 64.18.

48) Vgl. § 53a KWG.

niert. Außerdem kann die BaFin gegen den Betrieb solcher Geschäfte gemäß § 37 KWG unmittelbar einschreiten. Die verbotswidrig getätigten Geschäfte sind im Regelfall nach § 134 BGB nichtig. Anders ist dies bei grundsätzlich erlaubten, aber ohne Erlaubnis betriebenen Geschäften.[49] Verboten sind:

a) Werkssparkassen

Dies sind Unternehmen, die **Einlagen überwiegend von den eigenen Betriebsangehörigen** entgegennehmen. Die Gefahr besteht hier insbesondere darin, dass die überwiegende Anlage im eigenen Unternehmen die notwendige Anlagestreuung nicht erfüllt. Außerdem kumuliert im Konkursfall das Risiko des Verlustes der Ersparnisse mit dem des Verlustes des Arbeitsplatzes. Allerdings hindert das Verbot die ganz übliche Praxis der Kreditinstitute nicht, Einlagen von eigenen Angestellten entgegenzunehmen und Girokonten zu führen. Diese Einlagen dürfen nur nicht den überwiegenden Teil des Einlagengeschäftes ausmachen. 2.62

b) Zwecksparunternehmen

Verboten ist auch die Annahme von Geldbeträgen, wenn der überwiegende Teil der Geldgeber einen Rechtsanspruch darauf hat, **aus diesen Einlagen Darlehen oder Warenkredit zu erhalten.** Gemeint sind also Sparpläne, die bei Fälligkeit zusätzlich einen Darlehensanspruch begründen. Hier können die Gefahren eines Schneeballsystems entstehen. Das Verbot gilt jedoch ausdrücklich nicht für Bausparkassen, deren Bausparkollektiv den typischen Fall eines Zwecksparunternehmens darstellt. Das Kollektiv ist jedoch durch das Bausparkassengesetz gesichert, das den Bausparkassen besondere Beschränkungen auferlegt, deren Einhaltung die Bundesanstalt überwacht. Weiterhin ist Kreditinstituten weder verboten, Spareinlagen zu beleihen, noch einem (nicht überwiegenden) Teil der Kunden Sparpläne anzubieten, bei denen eine spätere Kreditgewährung zugesichert wird. Verboten ist lediglich, dass der überwiegende Teil der Geldgeber einen Rechtsanspruch auf Kreditgewährung erhält. 2.63

c) Missbrauch des bargeldlosen Zahlungsverkehrs

Schließlich darf weder beim Kreditgeschäft noch beim Einlagengeschäft ausgeschlossen oder erheblich erschwert werden, über den Kreditbetrag oder die Einlage durch Barabhebung zu verfügen. Dies hindert allerdings nicht, im Einzelfall die Barabhebung auszuschließen z. B. um die bestimmungsgemäße Verwendung der Kreditvaluta sicherzustellen. 2.64

---

49) VGH Kassel, Urt. v. 20.5.2009 – 6 A 1040/09, ZIP 2010, 319 (LS) = WM 2009, 1889 und nachfolgend Rz. 2.98.

d) Geschäfte mit Geldwäscherisiken

2.65 Außerdem sind wegen der Gefahr von Geldwäsche oder Terrorismusfinanzierung nach § 25h KWG folgende Geschäfte verboten:

2.66 • Die Aufnahme oder Fortführung einer Geschäftsbeziehung mit einer **Bank-Mantelgesellschaft.** Nach der entsprechenden Definition in der EG-Geldwäscherichtlinie ist dies ein Kreditinstitut, das in einem Land gegründet wurde, in dem es nicht physisch präsent ist und das keiner regulierten Finanzgruppe angeschlossen ist.

2.67 • Die Führung sog. **payable through accounts.** Dies sind Konten, die zwar im Namen der kontoführenden Bank oder einer dritten Bank errichtet sind, über die aber ein Kunde wie über ein eigenes Konto verfügen kann.

2.68 • Verstöße gegen diese Verbote sind **ordnungswidrig** und anders als die vorstehend genannten verbotenen Geschäfte nicht strafbar, soweit sie keine Beihilfe zur Geldwäsche oder sonstigen strafbaren Handlungen darstellen.

II. Organisation und Instrumente der Bankaufsicht

1. Rechtsform

2.69 Die Bankenaufsicht wird von der BaFin in Zusammenarbeit mit der Deutschen Bundesbank ausgeübt. Die BaFin ist gemäß § 1 Abs. 1 FinDAG eine **bundesunmittelbare, rechtsfähige Anstalt des öffentlichen Rechts**. Sie untersteht der Rechts- und Fachaufsicht des Bundesministeriums der Finanzen, ist also – anders als die Deutsche Bundesbank – weisungsabhängig. Allerdings verzichtet das Ministerium bislang weitgehend auf Weisungen gegenüber der BaFin. Organisationsaufbau, Organe und Haushaltsführung richten sich nach ihrer Satzung.[50] Sie übt ihre Tätigkeit unmittelbar von ihren beiden Sitzen in Bonn und Frankfurt/Main aus. Die Einrichtung eines dezentralen Mittel- und Unterbaus hätte gemäß Art. 87 Abs. 1 Satz 1 und Abs. 3 Satz 2 GG einer besonderen gesetzlichen Ermächtigung bedurft. Dieser Unterbau wird ersetzt durch die intensive Zusammenarbeit mit der Deutschen Bundesbank gemäß § 7 KWG.

2. Behördenorganisation

2.70 Die BaFin wird seit der Neuorganisation durch das Aufsichtsstrukturmodernisierungsgesetz vom 28. März 2008[51] von ihrem **Direktorium**, bestehend aus dem **Präsidenten** und den **vier Exekutivdirektoren** (einschließlich Vizepräsident) geleitet. Das Direktorium hat sich gemäß § 2 Abs. 3 BaFin-Satzung ein

50) Verordnung über die Satzung der BaFin v. 29.4.2002 (BGBl. I, 1499), zuletzt geändert durch Art. 15 der VO v. 15.2.2009 (BGBl. I 160, 262), abgedr. in: *Consbruch/Fischer*, KWG, A 24, und *Fischer/Herbst*, RSP, Teil A 1.0.1.

51) BGBl. I, 493.

Organisationsstatut und eine Geschäftsordnung gegeben.[52] Die Geschäftsführung der BaFin wird von einem **Verwaltungsrat** überwacht, der auch die Erfüllung ihrer Aufgaben unterstützen soll. Er setzt sich zusammen aus sechs Vertretern der Bundesministerien, die den Vorsitzenden und dessen Stellvertreter stellen, fünf Mitgliedern des Deutschen Bundestages, fünf Vertretern der Kreditinstitute, vier Vertretern der Versicherungsunternehmen und einem Vertreter der Kapitalanlagegesellschaften. Der Verwaltungsrat ist vom Präsidenten der BaFin über seine Geschäftsführung zu unterrichten und hat ein Auskunftsrecht. Wichtigste Befugnisse sind die Feststellung des Haushaltsplans und der Rechnungslegung nach Ende des Haushaltsjahres, letzteres jedoch nur mit Zustimmung des Bundesministeriums der Finanzen. Weiterhin besteht bei der BaFin ein **Fachbeirat**, der diese bei der Erfüllung ihrer Aufgaben berät und Empfehlungen einbringen kann. Er besteht aus insgesamt 24 Mitgliedern der Finanzwissenschaft, der Kredit- und Versicherungswirtschaft, der Deutschen Bundesbank und der Verbraucherschutzvereinigungen. Daneben bestehen noch weitere Fachbeiräte zu einzelnen Tätigkeitsbereichen.

Die BaFin ist in die **drei Direktionsbereiche Bankenaufsicht, Versicherungsaufsicht und Wertpapieraufsicht/Assetmanagement** sowie eine Reihe von Spezialabteilungen gegliedert.[53] Die BaFin beschreibt die Organisation ihrer Aufsicht wie folgt: 2.71

> „Bankenaufsicht, Versicherungsaufsicht und der Bereich Wertpapieraufsicht/Asset-Management sind drei verschiedene Organisationseinheiten der BaFin – sog. Aufsichtssäulen.
>
> In ihnen beaufsichtigen die Fachreferate in insgesamt zwölf Abteilungen Kreditinstitute, Versicherungsunternehmen, Finanzdienstleistungsinstitute und Kapitalanlagegesellschaften. Fragen mit grundsätzlicher Bedeutung für das Aufsichtsrecht werden in Grundsatzreferaten bearbeitet.
>
> Sektorübergreifende Aufgaben übernehmen nicht die Aufsichtssäulen, sondern die Querschnittsabteilungen. Eine davon bündelt beispielsweise sämtliche internationale Aktivitäten der BaFin und vertritt die deutschen Interessen in EU- und anderen internationalen Gremien. Andere Querschnittsabteilungen sind unter anderem dafür zuständig, Beschwerden zu bearbeiten und unerlaubte Finanzgeschäfte zu verfolgen.
>
> Auch Grundsatzfragen quantitativ-mathematischer Modellierung bei Markt-, Kredit-, Liquiditäts- und operationellen Risiken fallen als sektorübergreifende Themen in die Zuständigkeit einer Querschnittsabteilung. Ihre Mitarbeiter prüfen diese Modelle vor Ort. Eine Gruppe beschäftigt sich zudem ausschließlich damit, Geldwäsche und Terrorismusfinanzierung zu bekämpfen."

Neben den drei Direktionsbereichen besteht ein **Leitungsstab – Koordination und Controlling** – (Abteilung L), dem die Referate Büroleitung, strategisches 2.72

---

52) BaFin-Satzung v. 20.6.2008, abgedr. in: *Consbruch/Fischer*, KWG, A 25, A 26 und *Fischer/Herbst*, RSP, Teil A 1.0.1.2 und A1.0.1.1.

53) Der Organisationsplan der BaFin ist im Internet auf der Homepage der BaFin abrufbar.

Controlling, Projektmanagement, Organisationsentwicklung und Innenrevision/Korruptionsbekämpfung angehören.

2.73 Der weiteren **Abteilung Z** sind neben zentralen Aufgaben wie Haushalt, Personalwesen usw. die Gruppen Informationstechnik, Geldwäsche und Querschnitt-/Risikomodellierung zugeordnet. Diese für die Kreditinstitute und Finanzdienstleistungsinstitute bedeutsamen Aufsichtsfunktionen sind somit nicht in den jeweiligen Direktionsbereich eingegliedert, sondern für alle Aufsichtsbereiche gemeinsam organisiert.

2.74 Schließlich bestehen eine Abteilung **internationale, bi- und multilaterale Aufgaben** sowie drei **Querschnittsabteilungen**, nämlich Q 1 – Risiko- und Finanzmarktanalysen, Q 2 – Verbraucher- und Anlegerschutz, Zertifizierung von Altersvorsorgeverträgen und besondere Rechtsfragen und Q 3 – Integrität des Finanzsystems.

2.75 Der **Direktionsbereich Bankenaufsicht** ist nach Institutsgruppen gegliedert. Die Abteilung BA 1 beaufsichtigt Großbanken und ausgewählte Kreditbanken, die Abteilung BA 2 Sparkassen, Landesbanken und Bausparkassen, die Abteilung BA 3 sonstige Kreditbanken, Regional- und Spezialbanken einschließlich Pfandbriefbanken sowie Börsenmakler und Wertpapierhandelsunternehmen und die Abteilung BA 4 die Kreditgenossenschaften. Die Abteilungen BA 1 und BA 2 sind jeweils für qualitative Aufsichtsstandards und die BA 4 für Fragen der Währungsumstellung zuständig. Die Abteilung BA 3 koordiniert abteilungsübergreifend Grundsatzfragen und die Maßnahmenaufsicht.

2.76 Die **Finanzdienstleistungsunternehmen** sind dem Direktionsbereich Wertpapieraufsicht/Assetmanagement in der Abteilung WA 3 unterstellt. Diese Abteilung befasst sich außerdem mit der **Aufsicht über die Kreditinstitute nach dem Wertpapierhandelsgesetz** sowie mit Grundsatzfragen zur Auslegung und Prüfung der Wohlverhaltensregeln nach §§ 31 ff. WpHG. Dieser Direktionsbereich ist außerdem für Grundsatzfragen der Wertpapieraufsicht, Unternehmensübernahmen u. a. (WA 1), für die Insiderüberwachung, ad hoc-Publizität, die Marktüberwachung und -analyse, die Prospektprüfung u. a. zuständig (WA 2) sowie die Abteilung WA 4 für die Aufsicht über Investmentfonds. Der Direktionsbereich **Versicherungsaufsicht** besteht aus fünf Abteilungen, die im Wesentlichen nach Versicherungssparten, internationalen Versicherungsgruppen und Finanzkonglomeraten und der Aufsicht über betriebliche Altersversorgungseinrichtungen gegliedert sind.

3. Zusammenarbeit mit der Deutschen Bundesbank

2.77 Bisher arbeiten die BaFin und die Deutsche Bundesbank gemäß § 7 KWG bei der Bankenaufsicht zusammen. Geplant ist allerdings eine vollständige Verlagerung der Bankenaufsicht auf die Deutsche Bundesbank. Nach dem bisher noch geltenden dualen System informieren sie sich gegenseitig über bedeutsame Erkenntnisse aus ihrer jeweiligen Tätigkeit. Insbesondere stellt die Bundesbank die relevanten Ergebnisse aus der Bundesbankstatistik nach § 18 Bundesbankgesetz zur Verfügung. Darüber hinaus ist nur die Bundesbank mit ihrem weit verzweigten organisatorischen Apparat in der Lage, das **bankaufsichtliche Meldesystem zu verarbeiten**. Das KWG sieht daher vor, dass die Zusammenarbeit auch die laufende Überwachung der Institute durch die Bundesbank umfasst.

Die zwischen der BaFin und der Bundesbank vereinbarte **Aufsichtsrichtlinie**[54] konkretisiert, wie die laufende Überwachung praktisch durchgeführt wird. Die abschließende **Beurteilung des konkreten Einzelfalls** und die Entscheidung über bankaufsichtliche Maßnahmen obliegt der **BaFin**. Sie bestimmt auch, wie die Institute festgestellte Mängel inhaltlich und zeitlich zu beseitigen haben. Dabei baut sie auf einem von der Bundesbank festgestellten und vorab bewerteten Sachverhalt auf. Die BaFin legt zudem die aufsichtsrechtlichen Regelungen aus und entscheidet – nach Abstimmung mit der Bundesbank – abschließend über die Aufsichts- und Prüfungsplanung. Gleiches gilt für die Frage, ob ein Institut als aufsichtsintensiv oder als Probleminstitut einzuordnen ist. 2.78

Der **Bundesbank** obliegt hingegen die **laufende Überwachung** bei allen Instituten. Dies beinhaltet insbesondere die Sachverhaltsaufklärung, bei der sie auch die Risiken bewertet, die sich für die Institute ergeben können. Zugleich überwacht die Bundesbank die von der BaFin geforderte Mängelbeseitigung bei den Instituten. Die Bundesbank führt bankgeschäftliche Prüfungen im Auftrag der BaFin durch. An Wirtschaftsprüfer werden solche Prüfungen nur im Einvernehmen mit der Bundesbank vergeben. Die BaFin kann jedoch in besonders begründeten Ausnahmefällen eigene Prüfungen vornehmen. Die Bundesbank führt zudem die routinemäßigen Aufsichtsgespräche durch, wobei diese risikoorientiert nicht jedes Jahr mit jedem Institut geführt werden sollen. Die bankaufsichtliche Sachverhaltsaufklärung durch die Bundesbank umfasst vor allem die Auswertung der von den Instituten eingereichten Unterlagen einschließlich der Anzeigen, Jahresabschlüsse und Prüfungsberichte. Außerdem sind die massenweise anfallenden Meldungen – z. B. Großkreditanzeigen nach § 13 KWG oder Millionenkreditmeldungen nach § 14 KWG – gegenüber der Bundesbank abzugeben, die diese – zum Teil mit ihrer Stellungnahme – an die BaFin weiterleitet. 2.79

Weiterhin ist die Bundesbank an grundlegenden Maßnahmen der BaFin beteiligt. Sie hat ein **Anhörungs- oder Mitwirkungsrecht** bei Erlass von Verordnungen, die die Bankenaufsicht betreffen. Daneben ist ein „Forum für Finanzmarktaufsicht" eingerichtet, dem die BaFin und die Bundesbank angehören.[55] 2.80

---

54) Von Oktober 2003, neu gefasst am 21.2.2008, abgedr. in: *Consbruch/Fischer*, KWG, A 40.3, und *Fischer/Herbst*, RSP, Teil A 1.1.17.

55) Vgl. § 3 FinDAG.

Es koordiniert die aufsichtliche Zusammenarbeit und berät Fragen der Allfinanzaufsicht, die für die Stabilität des Finanzsystems von Bedeutung sind.

4. Internationale und europäische Bankenaufsicht

2.81 Soweit die Institute die europarechtlichen Voraussetzungen erfüllen (z. B. Erlaubnis zum Betrieb des Einlagen- und des Kreditgeschäfts), werden sie innerhalb der Europäischen Gemeinschaft grundsätzlich von der Aufsichtsbehörde des Sitzlandes beaufsichtigt und erhalten damit den sog. „europäischen Pass". Diese **„Sitzlandkontrolle"** wird ergänzt durch eine Zusammenarbeit der nationalen Bankenaufsichtsbehörden im **beratenden Bankenausschuss** bei der Kommission der Europäischen Gemeinschaften. Außerdem hat die BaFin der Kommission der Europäischen Gemeinschaften eine Reihe von bankaufsichtlich bedeutsamen Tatsachen laufend zu melden. Bei der grenzüberschreitenden Beaufsichtigung der Kreditinstitute arbeiten die nationalen Bankenaufsichtsbehörden auch unmittelbar zusammen.[56)] Insbesondere unterrichtet die BaFin die Bankenaufsichtsbehörde des Herkunftslandes über geplante eigene bankaufsichtliche Maßnahmen, soweit sie – trotz Herkunftslandkontrolle – zuständig ist. Unabhängig hiervon arbeiten die Bankenaufsichtsbehörden im sog. Baseler Ausschuss für Bankenaufsicht[57)] i. R. d. Bank für internationalen Zahlungsausgleich zusammen. Zweck ist eine Verbesserung und Harmonisierung des bankaufsichtlichen Instrumentariums der westlichen Wirtschaftsnationen. Für den Bereich der Geldwäschebekämpfung arbeitet die deutsche Bankenaufsicht in der im Jahr 1989 gegründeten „Financial Action Task Force on Money Laundering" (FATF).[58)]

2.82 Für die Zukunft ist allerdings eine **Ausweitung der europäischen Befugnisse** geplant. Die im September 2009 vorgelegten Vorschläge der EU-Kommission sehen Folgendes vor:

- Es soll ein Europäischer Ausschuss für Systemrisiken (ESRB) sowie ein Europäisches System für die Finanzaufsicht (ESFS) eingerichtet werden.
- Die drei bestehenden EU-Ausschüsse für den Wertpapier-, den Banken- und den Versicherungssektor sollen zu eigenständigen EU-Aufsichtsbehörden aufgewertet werden und erhalten erweiterte Befugnisse. Sie sollen von der Europäischen Kommission zu erlassende, verbindliche technische Standards erarbeiten. Zudem sollen sie in bestimmten Bereichen direkte Weisungsrechte gegenüber nationalen Aufsichtsbehörden und Instituten bekommen.

---

56) Vgl. z. B. §§ 53d, 8 Abs. 3 und 24b Abs. 1 Satz 3 KWG.

57) Vgl. Rz. 1.44.

58) Vgl. Rz. 1.45.

- Die neuen Strukturen sollen nach den Vorstellungen der EG-Kommission bereits am 1. Januar 2011 in Kraft treten.

5. Verschwiegenheitspflicht

Die Mitarbeiter der BaFin und von ihr beauftragte Personen unterliegen nach § 9 KWG einer besonderen Verschwiegenheitspflicht. Dies dient dem Schutz der Institute und – ergänzend zum Bankgeheimnis – dem Schutz der Kunden. Die Verletzung der Verschwiegenheitspflicht ist nach §§ 203 ff. StGB **strafbar.** Die Verschwiegenheitspflicht umfasst alle i. R. d. Bankenaufsicht bekannt gewordenen Tatsachen, wenn die Geheimhaltung im Interesse des Instituts oder eines Dritten liegt. Gemeint sind damit zunächst Geschäfts- und Betriebsgeheimnisse des Instituts, aber auch die Angelegenheiten der Geschäftsleiter, Mitarbeiter und vor allem der Bankkunden. Anderenfalls wäre das Bankgeheimnis erheblich durchlöchert, da die BaFin praktisch zu allen – auch kundenbezogenen – Vorgängen Zugang hat.[59] 2.83

Die BaFin muss jedoch mit einer Reihe von innerstaatlichen und europäischen Behörden zusammenarbeiten und muss in diesem Zusammenhang **Informationen austauschen** können. Deshalb enthält § 9 Abs. 1 Satz 4 KWG eine detaillierte Ausnahmeregelung, nach der ein unbefugtes Offenbaren nicht vorliegt, wenn Tatsachen z. B. an Staatsanwaltschaften, andere – auch ausländische – Aufsichtsbehörden, an Insolvenzverwalter, Rechnungsprüfer oder Einlagensicherungseinrichtungen zur notwendigen Aufgabenerfüllung dieser Stellen weitergegeben werden. Allerdings müssen die Informationsempfänger ebenfalls einer entsprechenden Schweigepflicht unterliegen, was für das Inland § 9 Abs. 1 Satz 5 KWG ausdrücklich bestimmt und für ausländische Informationsempfänger – also insbesondere Aufsichtsbehörden – zur Voraussetzung für die befugte Informationsweitergabe erklärt ist. 2.84

Die Verschwiegenheitspflicht schränkt die Verpflichtung zur **Rechts- und Amtshilfe** nach Artikel 35 GG grundsätzlich ein. Außerhalb der in § 9 KWG geregelten „befugten" Informationsweitergabe gibt es also keine Amtshilfe durch die BaFin. Für das Besteuerungsverfahren wird dies noch dadurch verstärkt, dass die Mitarbeiter der BaFin samt der beauftragten Personen grundsätzlich nicht den allgemeinen Auskunfts-, Beistands- und Anzeigepflichten nach §§ 93, 97, 105 Abs. 1, 111 Abs. 5 und 116 Abs. 1 AO unterliegen. Auskunftspflichten gegenüber den Finanzbehörden bestehen jedoch in **Steuerstrafverfahren** – ebenso wie gegenüber der Staatsanwaltschaft – und in damit zusammenhängenden Besteuerungsverfahren, sofern an der Verfolgung ein zwingendes öffentliches Interesse besteht oder vorsätzliche Falschangaben gegenüber der Steuerbehörde gemacht wurden. Vor Gericht muss ein Mitarbeiter 2.85

---

59) Vgl. § 44 KWG.

der BaFin angesichts der gesetzlichen Schweigepflicht von seinem Zeugnisverweigerungsrecht nach § 55 StPO bzw. § 384 Nr. 2 ZPO grundsätzlich Gebrauch machen.

6. Förmliche Maßnahmen der Bankenaufsicht

2.86 Die BaFin informiert in zahlreichen **Bekanntmachungen und Verlautbarungen** die Institute über ihre Verwaltungspraxis. Darüber hinaus hat die BaFin in einer Vielzahl von allgemeinen Verlautbarungen meist an die Spitzenverbände des Kreditgewerbes oder der Finanzdienstleistungsinstitute zur Weitergabe an die Institute zu Rechts- und Auslegungsfragen des KWG Stellung genommen und Verhaltenspflichten statuiert. Derzeit dürften ca. 300 derartiger allgemeiner Verlautbarungen für die Kreditinstitute Bedeutung haben.[60] Vor Bekanntgabe der wichtigeren Verlautbarungen pflegt die BaFin die zuständigen Branchenverbände anzuhören. Die Verlautbarungen werden teilweise als solche, teilweise als Leitfäden, Rundschreiben oder Mitteilungen, teilweise als Schreiben meist an die Verbände des Kreditgewerbes gefasst.

2.87 Grundsätzlich stehen der BaFin die allgemeinen Verwaltungsmittel einer hoheitlich handelnden Verwaltungsbehörde zur Verfügung. Sie hat mit § 6 Abs. 3 KWG die ausdrückliche Befugnis,

> „im Rahmen der ihr zugewiesenen Aufgaben gegenüber dem Institut und seinen Geschäftsleitern Anordnungen zu treffen, die geeignet und erforderlich sind, Missstände in dem Institut zu verhindern oder zu beseitigen, welche die Sicherheit der dem Institut anvertrauten Vermögenswerte gefährden können, oder die ordnungsmäßige Durchführung von Bankgeschäften oder Finanzdienstleistungen beeinträchtigen" (**Anordnungsbefugnis**).

2.88 Nach § 6 Abs. 3 KWG kann sie im Wege von **Verwaltungsakten** Anordnungen in allen Bereichen der ihr zugewiesenen Aufgaben treffen, z. B. zur Sicherstellung einer ordnungsgemäßen Geschäftsorganisation in den Instituten, zur Ausgestaltung der Innenrevision, zur Gewährleistung ihrer Aufsicht und der Verantwortlichkeit des Instituts bei Outsourcing-Maßnahmen u. a. Die mit der 6. KWG-Novelle eingeführte Anordnungskompetenz setzt entweder eine konkrete Beeinträchtigung der ordnungsgemäßen Durchführung der Bank- oder Finanzdienstleistungsgeschäfte oder einen Missstand voraus, der die Sicherheit der einem Institut anvertrauten Vermögenswerte gefährdet.[61] Daneben sind der BaFin im KWG spezifische Eingriffsbefugnisse eingeräumt, so z. B. bei der Erteilung und dem Entzug der Betriebserlaubnis, bei dem Verlangen, Geschäftsführer abzuberufen usw.

2.89 Die BaFin kann die Befolgung ihrer Verfügungen nach § 17 FinDAG mit **Zwangsmitteln** nach den Bestimmungen des Verwaltungsvollstreckungsgeset-

---

60) Überwiegend abgedr. in: *Consbruch/Fischer*, KWG, und *Fischer/Herbst*, RSP, Teile A und D.

61) Gesetzesbegründung, BR-Drucks. 963/96, S. 74.

zes durchsetzen. Die wichtigeren formellen Maßnahmen der BaFin sind gemäß § 49 KWG **sofort vollziehbar.** Die BaFin kann außerdem bei Ordnungswidrigkeiten **Geldbußen** festsetzen und ist hierfür zuständige Verwaltungsbehörde i. S. d. § 36 Abs. 1 Nr. 1 OWiG. Außerdem stehen ihr eine Reihe von speziellen Befugnissen besonders bei Gläubigergefährdung in Krisensituationen von Instituten[62] oder zur Verhinderung verbotener Geschäfte zur Verfügung.[63] Die BaFin kann auch gegen Nichtkreditinstitute vorgehen – so wenn Bankgeschäfte ohne die erforderliche Erlaubnis vorgenommen werden oder die Bezeichnung Bank oder Sparkasse von dazu nicht befugten Unternehmen geführt wird.

7. Informelles Verfahren

Die Masse der laufenden Aufsichtsmaßnahmen vollzieht sich jedoch in einem informellen Verfahren bzw. als Vorläufer potenzieller förmlicher Maßnahmen. Die BaFin fordert Informationen an, teilt ihre Auffassung mit, spricht mehr oder minder deutlich **Mahnungen oder Missbilligungen** aus und kündigt mögliche Konsequenzen an, die dann in einem förmlichen Verfahren umgesetzt werden müssten, wenn das Institut den Anforderungen nicht nachkommt. Ob solche informellen Missbilligungen rechtlich zulässig sind, wurde von der BaFin in Zweifel gezogen. Der Hessische Verwaltungsgerichtshof, bestätigt durch das Bundesverwaltungsgericht, hat inzwischen geklärt, dass solche informellen Maßnahmen zulässig sind und unter dem Gesichtspunkt der Wahl des mildesten Mittels sogar geboten sein können.[64] 2.90

Schärfste informelle Waffe ist dabei die Ankündigung, bei Zuwiderhandlungen die **Ordnungsmäßigkeit der Geschäftsführung** und die Qualifikation der Geschäftsleiter zu überprüfen. Angesichts der Möglichkeit, nach § 36 Abs. 1 KWG die Abberufung von Geschäftsleitern verlangen zu können, bedeutet dies für die Betroffenen eine Bedrohung ihrer wirtschaftlichen und beruflichen Existenz. Dieses nicht selten auch zur Durchsetzung einer bestrittenen Rechtsauffassung der BaFin in weniger bedeutenden Einzelfällen eingesetzte Mittel ist rechtsstaatlich fragwürdig. Zwar steht dem Betroffenen theoretisch die Möglichkeit der Nichtbeachtung zu. Angesichts ihrer persönlichen Existenzgefährdung wagt dies jedoch kaum je einer der Betroffenen, sodass eine Überprüfung durch die Gerichte kaum stattfindet. Außerdem verletzt diese Verfahrensweise die Verhältnismäßigkeit der Mittel. Die Gesetzesbegründung zur 6. KWG-Novelle[65] geht auf diese bankaufsichtliche Praxis, „informellen 2.91

---

62) Näheres vgl. Rz. 2.532.

63) §§ 3 und 4 KWG.

64) VGH Kassel, Urt. v. 31.5.2006 – 6 UE 3256/05, WM 2007, 392, dazu EWiR 2006, 693 *(Schwintek)*, bestätigt v. BVerwG, Beschl. v. 6.11.2006 – 6 B 82.06, WM 2007, 1655 = ZBB 2007, 391; vgl. auch Rz. 2.171.

65) BR-Drucks. 963/96, S. 74.

Druck auf die verantwortlichen Geschäftsleiter auszuüben“, ausdrücklich ein. Sie hält diesen Zustand für nicht befriedigend und begründet damit die neu geschaffene unmittelbare Eingriffsbefugnis.

8. Kosten der Bankenaufsicht

2.92 Die BaFin ist finanziell vom Bund unabhängig, da sie ihre Kosten ausschließlich aus **Gebühren und Umlagen, die die Beaufsichtigten zu tragen haben**, deckt. Geldbußen gehören jedoch nicht zu den Einnahmen der BaFin, sondern sind gemäß § 19 Abs. 2 OWiG an die Bundeskasse abzuführen. Die mit Errichtung der BaFin im Jahre 2002 verbundene neue Organisationsstruktur und die Abkopplung vom Bundeshaushalt hatten eine enorme Kostensteigerung einschließlich einer starken Ausweitung des Stellenplans zur Folge.[66] Die Gebühren für die einzelnen Amtshandlungen der BaFin sind in der Verordnung über die Erhebung von Gebühren und die Umlegung von Kosten nach dem Finanzdienstleistungsaufsichtsgesetz (FinDAGKostV)[67] detailliert aufgelistet. Die Umlage für die durch Gebühren nicht gedeckten Kosten ist ebenfalls in der FinDAGKostVO (§§ 5 ff.) geregelt. Die detaillierten Bestimmungen versuchen eine Verteilungsgerechtigkeit entsprechend dem Aufwand, den die jeweilige Gruppe der Beaufsichtigten verursacht, festzulegen. Der Einzelanteil des jeweiligen Instituts bestimmt sich grundsätzlich nach seiner Bilanzsumme im Verhältnis zur Bilanzsumme aller Institute der Gruppe. Allerdings wird ein Mindestbeitrag erhoben, der mit einem gewissen „Grund-Arbeitsaufwand“ je Kreditinstitut begründet wird. Die Kosten für von der BaFin angeordnete Sonderprüfungen nach § 44 KWG und sonstige durch einzelne Kreditinstitute besonders veranlasste Kosten haben diese in voller Höhe unmittelbar zu tragen. Die Höhe ergibt sich aus einem umfangreichen **Gebührenverzeichnis.**[68]

9. Rechtsschutz

2.93 Gegen die Maßnahmen der BaFin sind die **allgemeinen verwaltungsrechtlichen Rechtsbehelfe** zulässig. Soweit die BaFin also durch Verwaltungsakt handelt, ist Widerspruch bei der BaFin gemäß §§ 68 ff. VwGO zu erheben. Falls die BaFin nicht abhilft, erlässt sie selbst den mit schriftlicher Begründung und Rechtsmittelbelehrung versehenen Widerspruchsbescheid nach §§ 72 ff. VwGO. Für die innerhalb eines Monats seit Zustellung des Widerspruchsbescheids einzureichende Anfechtungs- oder Verpflichtungsklage ist das Verwaltungsgericht Frankfurt/Main zuständig. Die Klage ist gegen die Bundesrepublik Deutschland, vertreten durch die BaFin, zu richten.

---

66) Näheres vgl. Boos/Fischer/Schulte-Mattler-*Lindemann*, KWG, § 16 FinDAG Rz. 29 ff.

67) Vom 29.4.2002 (BGBl. I, 1504), abgedr. in: *Consbruch/Fischer*, KWG, A 29, und *Fischer/Herbst*, RSP, Teil A 1.0.2.

68) Anlage zu § 2 Abs. 1 FinDAGKostVO.

Die Rechtsbehelfe gegen Verwaltungsakte haben nach § 80 Abs. 1 VwGO zwar grundsätzlich aufschiebende Wirkung, § 49 KWG enthält jedoch weit reichende Ausnahmen (**sofortige Vollziehbarkeit**). Gegen die sofortige Vollziehung kann bei der BaFin Antrag auf Aussetzung der Vollziehung gestellt werden. Gibt die BaFin diesem nicht statt, kann beim Verwaltungsgericht Frankfurt – auch vor Erhebung der Anfechtungsklage – Antrag auf Anordnung der aufschiebenden Wirkung gemäß § 80 Abs. 5 VwGO gestellt werden. Soll die Vollziehung während des Berufungsverfahrens erfolgen, ist der Antrag beim Hess. Verwaltungsgerichtshof zu stellen. 2.94

Gegen **Bußgeldbescheide** der Bundesanstalt ist der Antrag auf gerichtliche Entscheidung innerhalb einer Woche nach Zustellung bei der Bundesanstalt zu stellen. Wenn die BaFin den Bußgeldbescheid nicht zurücknimmt, übersendet sie die Angelegenheit an die Staatsanwaltschaft. Zuständiges Gericht ist das Amtsgericht Frankfurt/Main.

Gegenüber den **häufigen informellen** Maßnahmen der Bundesanstalt gibt es unter bestimmten Umständen ebenfalls Rechtsschutz. Wenn derartige Mahnungen, Androhungen usw. beschwerenden Charakter haben, so ist die Feststellungsklage nach § 43 Abs. 1 VwGO oder die allgemeine Leistungsklage zulässig.

III. Erlaubnispflicht

1. Grundlagen

Institute bedürfen zum Betrieb der in § 1 Abs. 1 und Abs. 1a KWG bezeichneten Geschäfte nach § 32 Abs. 1 KWG der schriftlichen Erlaubnis der BaFin. Grundsätzlich ist nach dem in Art. 12 GG garantierten Prinzip der Berufs- und Gewerbefreiheit jedermann zwar berechtigt, jedes Gewerbe auszuüben. Objektive und subjektive Zulassungsvoraussetzungen sind jedoch nach der Rechtsprechung des Bundesverfassungsgerichts[69)] aus Gründen des Gemeinwohls zulässig. Dies trifft für den **Erlaubnisvorbehalt** nach § 32 KWG zu. Eine Bedürfnisprüfung, wie sie noch der Vorläufer des geltenden KWG enthielt, ist nach den vorstehend zitierten Entscheidungen des Bundesverfassungsgerichts und seit der Ersten Bankrechtskoordinierungsrichtlinie europarechtlich nicht mehr zulässig. 2.95

Die Erteilung der Erlaubnis ist ein begünstigender Verwaltungsakt, auf den der Antragsteller bei Vorliegen der Voraussetzungen einen **Rechtsanspruch** hat. Ergänzend gelten die Vorschriften des Verwaltungsverfahrensgesetzes. § 33 Abs. 1 KWG enthält einen abschließenden **Katalog der Versagungsgründe**. Dies entspricht dem Prinzip, dass Einschränkungen der Berufs- und Gewerbe- 2.96

---

69) BVerfG, Urt. v. 11.6.1958 – 1 BvR 596/56, BVerfGE 7, 377; BVerfG, Urt. v. 25.2.1969 – 1 BvR 224/67, BVerfGE 25, 236 ff.

freiheit nur aus bestimmten, klar definierten Gründen zulässig sind. § 6 KWG verleiht der BaFin jedoch bestimmte bankaufsichtliche Aufgaben, zu denen nicht eine allgemeine Rechtskontrolle gehört. Faktisch nimmt die BaFin dennoch eine weitgehende Rechtskontrolle besonders bei Fragen von Verbraucher- und Sozialschutz unter dem Gesichtspunkt der Ordnungsmäßigkeit der Geschäftsführung vor. Dennoch ist z. B. die Durchsetzung der Einhaltung firmenrechtlicher oder wettbewerbsrechtlicher Bestimmungen oder sonstiger Gesetzesnormen Aufgabe der Betroffenen bzw. der Gerichte (einschließlich des Registergerichts z. B. für firmenrechtliche Zweifelsfragen). Darüber hinaus kann die BaFin i. R. ihrer laufenden Aufsicht die Einhaltung sonstiger Gesetzesnormen verlangen und durchsetzen, wenn sie Auswirkungen auf die Ordnungsmäßigkeit der Geschäftsführung oder die Gläubigersicherheit haben. Die Zulassung von Versagungsgründen außerhalb der Absätze 1 und 3 des § 33 KWG ist allenfalls in krassen Fällen von schwerwiegenden Gesetzesverstößen (z. B. im Zusammenhang mit Geldwäsche, Anlagebetrug usw.) vertretbar.

2.97 Voraussetzung der Erlaubniserteilung ist ein **schriftlicher Antrag**, der die in § 32 Abs. 1 Satz 2 Nr. 1 bis 7 KWG genannten Angaben und Unterlagen enthält. Ist der Antrag insoweit unzureichend, so ist dies ein Versagungsgrund (§ 33 Abs. 3 Nr. 4 KWG). Allerdings muss die BaFin entsprechend dem Grundsatz der Verhältnismäßigkeit zunächst den Antragsteller zur Ergänzung oder Nachlieferung der erforderlichen Unterlagen auffordern. Das Verfahren regelt im Einzelnen § 23 AnzV.

2. Rechtsfolgen unerlaubter Geschäfte

2.98 **Ohne Erlaubnis** betriebene Bank- oder Finanzdienstleistungsgeschäfte sind **grundsätzlich wirksam.** § 134 BGB ist nicht anwendbar, da sich die Erlaubnispflicht nur gegen das Institut und dies auch erst ab einem bestimmten Geschäftsumfang richtet, nicht jedoch gegen den Geschäftspartner.[70] Schadensersatzansprüche können sich jedoch aus positiver Forderungsverletzung ergeben, insbesondere wenn der Kunde bei Geschäftsabschluss darauf vertraut hat, dass es sich um ein ordentlich zugelassenes Bank- oder Finanzdienstleistungsunternehmen handele und ohne dieses Vertrauen die Geschäfte nicht abgeschlossen

70) H. M. z. B. BGH, Entsch. v. 23.1.1980 – VIII ZR 91/79, NJW 1980, 1394 = WM 1980, 374; LG Essen, Urt. v. 7.5.1991 – 12 O 126/90, ZBB 1992, 157 (LS) = WM 1992, 1224 = NJW-RR 1992, 303; a. A. noch LG Köln, NJW 1964, 252 mit krit. Anm. *Dempewolf* und neuerdings VGH Kassel, Urt. v. 20.5.2009 – 6 A 1040/09, n. rkr, ZIP 2010, 319 (LS) = WM 2009, 1889 – zur Vorinstanz vgl. krit. EWiR 2009, 125 *(v. Livonius/Bernau)*; einschränkend OLG Stuttgart, Urt. v. 1.4.1980 – 6 U 184/79, NJW 80, 1798 im Fall eines Sparkaufvertrages; weitere Nachweise vgl. Boos/Fischer/Schulte-Mattler-*Fischer*, KWG, § 32 Rz. 17; *Reischauer/Kleinhans*, KWG, § 32 Rz. 24.

hätte. Die Rechtsprechung hält § 32 Abs. 1 KWG für ein Schutzgesetz i. S. d. § 823 Abs. 2 BGB zugunsten von Kapitalanlegern.[71)]

2.99 Wer ohne die erforderliche Erlaubnis Bankgeschäfte betreibt oder Finanzdienstleistungen erbringt, begeht nicht nur eine Ordnungswidrigkeit, sondern macht sich strafbar. Die **Strafsanktion** ist Freiheitsstrafe bis zu drei Jahren (bei fahrlässiger Begehung bis zu einem Jahr), oder Geldstrafe (§ 54 Abs. 1 Nr. 2 KWG). Die Strafdrohung kann auch Angestellte, jedenfalls in leitender Stellung oder als Gehilfen treffen. Strafbar macht sich auch, wer über den Rahmen einer eingeschränkten Erlaubnis hinaus Bankgeschäfte betreibt oder Finanzdienstleistungen erbringt. Daneben kann auch das Unternehmen, in dem die nicht erlaubten Geschäfte betrieben werden, nach § 30 OWiG i. V. m. § 59 KWG mit einer Geldbuße bis zu 1 Mio. Euro (bei fahrlässiger Begehung bis 500.000 Euro) belegt werden.

3. Träger der Erlaubnis

2.100 Die Erlaubnispflicht entsteht, sobald die Tätigkeit neu begonnen wird oder bei vorheriger geringfügiger Ausübung einen entsprechenden Umfang annimmt. Gleiches gilt, wenn bei einer Teilkonzession neue Geschäfte aufgenommen werden sollen und bei Veränderungen des Erlaubnisinhabers. **Träger der Erlaubnis** sind entweder natürliche oder juristische Personen. Einzelkaufleute können nach § 2a KWG nicht mehr zum Betrieb eines Kreditinstituts zugelassen werden. Bestehende Einzelbankiers genießen Bestandsschutz. Bei Personenhandelsgesellschaften sind nach h. M. Träger der Erlaubnis die einzelnen persönlich haftenden Gesellschafter.[72)] Dies führt dazu, dass beim Eintritt eines Gesellschafters in eine OHG dieser eine Bankerlaubnis benötigt. Dies gilt unabhängig davon, ob er an der Geschäftsführung beteiligt ist. Nicht persönlich haftende Gesellschafter wie Kommanditisten oder stille Gesellschafter benötigen keine Erlaubnis.

2.101 Erlaubnispflichtig ist ein Institut ferner bei **Änderung der Rechtsform**, sofern ein neuer Rechtsträger entsteht. Daher hängt das Erfordernis einer erneuten Erlaubnis davon ab, ob die rechtliche Identität des Erlaubnisträgers erhalten

---

71) Vgl. z. B. BGH, Urt. v. 13.4.1994 – II ZR 16/94, ZIP 1994, 867 = NJW 1994, 1801, dazu EWiR 1994, 681 *(v. Gerkan)*; OLG Celle, Urt. v. 14.8.2002 – 9 U 67/02, ZIP 2002, 2168 = WM 2003, 325; KG Berlin, Entsch. v. 20.7.2001 – 9 U 1912/00, NZG 2002, 383 = AG 2003, 324; BGH, Vers.-Urt. v. 21.4.2005 – II ZR 238/03, ZIP 2005, 1223 = WM 2005, 1217 mit Bespr. *Faßbender/Liepe*, WuB IV A. § 823 BGB 1.05, dazu EWiR 2005, 611 *(Bruns)*; BGH, Urt. v. 11.7.2006 – VI ZR 340/04, ZIP 2006, 1764 = WM 2006, 1896; ebenso Beck/Samm/Kokemoor-*Samm*, KWG, § 32 Rz. 16.

72) Boos/Fischer/Schulte-Mattler-*Fischer*, KWG, § 32 Rz. 24; a. A. *Stoltenberg*, ZKW 1989, 54; *Brückner*, ZKW 1989, 412.

bleibt[73] oder ein neuer Rechtsträger entsteht. Denn der persönliche Charakter der Erlaubniserteilung lässt keinen Übergang im Wege der Einzel- oder Gesamtrechtsnachfolge zu. Bei Änderung der Rechtsform besteht die Erlaubnispflicht daher vor allem in folgenden Fällen:

- **Verschmelzung** durch Neugründung nach § 36 UmwG;
- **Spaltung** zur Neugründung gemäß § 135 UmwG;
- **Verschmelzung von Kreditgenossenschaften** durch Neugründung gemäß § 96 ff. UmwG;[74]
- **Fusion durch Neubildung** öffentlich-rechtlicher Kreditinstitute (vgl. z. B. § 27 Abs. 1 Satz 1 Alt. 1 und 3 SpkG NW);
- **Umwandlung einer Personenhandelsgesellschaft** in eine Kreditgenossenschaft oder eine Kapitalgesellschaft oder jeweils umgekehrt;
- **Umwandlung eines öffentlich-rechtlichen Unternehmens** in eine Kapitalgesellschaft (bei öffentlich-rechtlichen Sparkassen nach den Landessparkassengesetzen nicht möglich);
- sonstige **Übertragung des Geschäftsbetriebs** auf natürliche oder juristische Personen, sofern der übernehmende Rechtsträger über keine Bankerlaubnis verfügt.

2.102 Nicht erforderlich ist dagegen eine Erlaubnis bei einer Verschmelzung durch Aufnahme (§ 4 UmwG) oder Umwandlung (§ 190 ff. UmwG), sofern nur die Rechtsform verändert wird, jedoch der Rechtsträger erhalten bleibt. Beispiele sind:

- Umwandlung einer Aktiengesellschaft in eine GmbH und umgekehrt;
- Umwandlung einer OHG in eine KG (bei Änderung der persönlich haftenden Gesellschafter benötigen diese jedoch eine Erlaubnis);
- Beteiligung eines stillen Gesellschafters;
- jede Art von Fusion durch Aufnahme, sofern der aufnehmende Rechtsträger über eine Erlaubnis verfügt, z. B. bei öffentlich-rechtlichen Kreditinstituten (vgl. z. B. § 27 Abs. 1 Satz 1 Alt. 2 SpkG NW).

4. Voraussetzungen der Erlaubniserteilung

a) Ausreichendes Anfangskapital

2.103 Die Erlaubniserteilung setzt voraus, dass die zum Geschäftsbetrieb erforderlichen Mittel, insbesondere ein ausreichendes Anfangskapital, vorhanden sind. Daneben müssen sie für ihren laufenden Geschäftsbetrieb gemäß § 10 Abs. 1

---

73) Schreiben des BMJ an die Landesjustizverwaltungen v. 6.2.1963 (7200 – 2 – 34-130/62), abgedr. in: *Consbruch/Fischer*, KWG, 4.22, 2.

74) Kritisch hierzu *Reischauer/Kleinhans*, KWG, § 32 Anm. 12.

Satz 1 KWG über angemessene Eigenmittel verfügen.[75] Kreditinstitute, die das Einlagengeschäft und das Kreditgeschäft betreiben (**Einlagenkreditinstitute**) und zentrale Kontrahenten, müssen über ein Anfangskapital i. H. d. Gegenwertes von **5 Mio. Euro**, E-Geldinstitute i. H. d. Gegenwertes von 1 Mio. Euro verfügen. Für bestimmte Arten von Kreditinstituten gelten nach der Praxis der BaFin oder nach spezialgesetzlichen Regelungen andere Kriterien, so bei beschränkter Erlaubnis ohne Einlagengeschäft ein Gründungskapital von 1,5 Mio. Euro, bei Bausparkassen 15 Mio. Euro und bei Hypothekenbanken 25 Mio. Euro.[76] Eine Kapitalanlagegesellschaft muss 730.000 bis 10 Mio. Euro je nach Geschäftszuschnitt aufweisen.[77]

Bei **Finanzdienstleistungsinstituten** wird nach den betriebenen Geschäftsarten differenziert. Das Anfangskapital muss mindestens betragen bei 2.104

- Anlagevermittlern, Abschlussvermittlern und Finanzportfolioverwaltern, die kein Eigentum und keinen Besitz an Geldern oder Wertpapieren von Kunden erhalten, 50.000 Euro (Ausnahmen bei Abschluss einer geeigneten Versicherung – vgl. § 33 Abs. 1 Satz 2 KWG)
- anderen Finanzdienstleistungsinstituten, die nicht auf eigene Rechnung mit Finanzinstrumenten handeln, 125.000 Euro und
- bei Finanzdienstleistungsinstituten, die auf eigene Rechnung mit Finanzinstrumenten handeln sowie Wertpapierhandelsbanken 730.000 Euro.

b) Organisatorische Vorkehrungen

Institute müssen nach § 25a KWG besondere organisatorische Pflichten – insbesondere hinsichtlich der Steuerung, Überwachung und Kontrolle der Risiken, der ordnungsmäßigen **Geschäftsorganisation** samt **interner Kontrollverfahren** und einer ausreichenden Buchführung und Dokumentation sowie Vorkehrungen zur Verhinderung von Geldwäsche und Terrorismusfinanzierung – erfüllen.[78] Die Erlaubnis kann versagt werden, wenn das Institut nicht bereit oder in der Lage ist, die erforderlichen organisatorischen Vorkehrungen zum ordnungsgemäßen Betreiben der Geschäfte zu schaffen. Diese hängen im Einzelnen von Art und Umfang der geplanten Geschäfte ab. Die Voraussetzungen sind i. R. d. nach § 32 Abs. 1 Satz 2 Nr. 5 vorzulegenden Geschäftsplans samt Organigramm darzulegen (vgl. § 14 Abs. 7 AnzV). 2.105

---

75) Siehe nachfolgend Rz. 2.253.

76) In Form von Kernkapital – siehe nachfolgend Rz. 2.273 ff., § 2 Abs. 1 Nr. 1 PfandBG.

77) § 11 Abs. 1 und 2 Investmentgesetz (InvG).

78) Einzelheiten s. nachfolgend Rz. 2.114 ff.

c) Hauptverwaltung im Inland

2.106 Hauptverwaltung bedeutet die Stelle, von der aus das Unternehmen geleitet und verwaltet wird. Sofern dies auf mehrere Orte verteilt ist, kommt es auf den Schwerpunkt, in der Regel auf den **Sitz der Geschäftsleitung**, an. Ein hiervon unterschiedlicher gesellschaftsvertraglicher oder satzungsmäßiger Sitz einer Kapitalgesellschaft ist nicht maßgeblich.

d) Anforderungen an Antragsteller und Inhaber bedeutender Beteiligungen

2.107 **Antragsteller** und Geschäftsleiter müssen **persönlich zuverlässig** sein. Antragsteller ist bei einer Personenhandelsgesellschaft jeder persönlich haftende Gesellschafter, auch bei nachträglichem Eintritt in die Gesellschaft. Somit kann die Erlaubnis versagt werden, wenn auch nur ein Gesellschafter nicht zuverlässig ist. Anders als bei Übertragung der Geschäftsleiterfunktion auf andere fachlich qualifizierte Personen kann die persönliche Zuverlässigkeit eines jeden der Gesellschafter nicht ersetzt werden. Bei juristischen Personen müssen die gesetzlichen Vertreter zuverlässig sein. Die persönliche Zuverlässigkeit wird unterstellt, wenn der Antragsteller eine inländische Gebietskörperschaft ist.

2.108 Wenn Tatsachen vorliegen, aus denen sich ergibt, dass bei einer **bedeutenden Beteiligung** an dem Kreditinstitut der Inhaber oder gesetzliche Vertreter oder persönlich haftende Gesellschafter des beteiligten Unternehmens nicht den im Interesse einer soliden und umsichtigen Führung des Kreditinstituts zu stellenden Ansprüchen genügt, ist die Erlaubnis zu versagen. Sofern an dem Institut eine bedeutende Beteiligung erworben oder unterhalten wird, darf die Zuverlässigkeit und Eignung des Anteilsinhabers bzw. des Gesellschafters nicht zweifelhaft sein (§ 33 Abs. 1 Nr. 3 KWG).

2.109 Als bedeutende Beteiligung gilt der unmittelbare oder über zwischengeschaltete Unternehmen mittelbar gehaltene **Anteil von mindestens 10 %** des Kapitals oder der Stimmrechte eines Instituts (§ 1 Abs. 9 KWG). Die Erlaubnis ist zu versagen, wenn die BaFin zu dem Ergebnis kommt, dass der Inhaber einer bedeutenden Beteiligung nicht den „im Interesse einer soliden und umsichtigen Führung des Instituts zu stellenden Ansprüchen genügt" oder nicht zuverlässig ist. Nicht nur bei einschlägigen Straftaten (Betrug, Untreue, Geldwäsche, Bilanzvergehen, schwere Kapitalverbrechen u. a.) oder bei unzureichenden wirtschaftlichen Verhältnissen des Inhabers der bedeutenden Beteiligung, sondern auch bei unklaren Verhältnissen, wird nach der Praxis der BaFin die Erlaubnis versagt. Besonders Investoren aus den ehemaligen GUS-Staaten, Nahost-Staaten und anderen Drittstaaten haben häufig erhebliche Probleme, die Anforderungen der BaFin an Zuverlässigkeit und Eignung nachzuweisen.

e) Zuverlässigkeit und Qualifikation der Geschäftsleiter

Jede Art von Instituten muss über mindestens zwei persönlich zuverlässige und fachlich geeignete Geschäftsleiter verfügen.[79] Eine Ausnahme vom **Vier-Augen-Prinzip** gilt für Finanzdienstleistungsinstitute, die sich kein Eigentum und keinen Besitz an Geldern oder Wertpapieren von Kunden verschaffen können. Sie benötigen nur einen Geschäftsleiter (Umkehrschluss aus § 33 Abs. 1 Satz 1 Nr. 5 KWG). Die für die fachliche Qualifikation erforderlichen theoretischen und praktischen Kenntnisse müssen bei den Geschäftsleitern „in den betreffenden Geschäften" (§ 33 Abs. 2 Satz 1 KWG) vorhanden sein. Mit dieser Formulierung ist klargestellt, dass z. B. ein Unternehmen, das sich nur mit Anlagevermittlung befasst, keinen Geschäftsleiter mit voller Bankleiterqualifikation benötigt. Vielmehr genügen hinreichende theoretische und praktische Kenntnisse in den betriebenen Geschäftsarten und eine Leitungserfahrung, die sich nach der Größe des betreffenden Finanzdienstleistungsinstituts richtet. 2.110

f) Behinderung der Aufsicht aufgrund der Konzernstruktur

Die BaFin kann die Erlaubnis auch dann versagen, wenn das Institut mit dem Inhaber einer bedeutenden Beteiligung nach § 15 AktG verbunden ist und wegen dieser Unternehmensverbindung oder ihrer Struktur eine wirksame Aufsicht über das Institut unmöglich ist. Diese Regelung soll ähnlich wie der vorstehende Versagungsgrund eine Behinderung der Aufsicht durch **undurchsichtige Unternehmensverbindungen** und z. B. auch den Missbrauch von Kreditinstituten zur Unterhaltung von Geldwäschegesellschaften verhindern. Schließlich kann die Erlaubnis auch versagt werden, wenn die Aufsicht des Mutterunternehmens des inländischen Tochterinstituts mit der BaFin nicht befriedigend kooperiert. 2.111

g) Unzureichende Angaben

Schließlich kann die BaFin die Erlaubnis versagen, wenn die zur Beurteilung der beantragten Erlaubnis erforderlichen Unterlagen nicht vollständig eingereicht werden. Dazu gehört der Nachweis des Vorhandenseins des erforderlichen Eigenkapitals, die Darlegung der persönlichen Zuverlässigkeit und fachlichen Qualifikation der Geschäftsleiter einschließlich Lebenslauf usw., Angaben zu Rechtsform, Firmenbezeichnung, Sitz, Geschäftszweck, Zusammensetzung der Organe, Darlegung der Beteiligungsstruktur einschließlich der erforderlichen Angaben über die Inhaber bedeutender Beteiligungen u. a. Außerdem muss ein **Geschäftsplan** vorgelegt werden, aus dem die Art der geplanten Geschäfte, der organisatorische Aufbau und die geplanten internen Kontrollverfahren des Kreditinstituts (Innenrevision u. a.) hervorgehen. 2.112

79) Näheres zur Geschäftsleiterqualifikation vgl. Rz. 2.141 ff.

5. Einschränkung der Erlaubnis

2.113 Die BaFin kann die Erlaubnis einschränken, wenn dies so beantragt ist, z. B. bei Spezialkreditinstituten oder wenn das Einlagengeschäft oder das Kreditgeschäft nicht betrieben werden soll, um die Verpflichtung zu vermeiden, ein Anfangskapital im Gegenwert von mindestens 5 Mio. ECU/Euro vorweisen zu müssen. Verfügt die BaFin von sich aus eine Einschränkung der Erlaubnis, so kann diese nur auf einen der in § 33 Abs. 1 KWG genannten **Versagungsgründe** gestützt werden. Die Erlaubnis kann nach § 32 Abs. 2 Satz 1 KWG unter **Auflagen** erteilt werden, die aber die Zulassungsvoraussetzungen der §§ 32, 33 KWG nicht erweitern dürfen. Typische Auflage ist der Ausschluss eines persönlich haftenden Gesellschafters aus der Geschäftsführung und Vertretung, wenn dieser nicht hinreichend fachlich qualifiziert ist.

IV. Anforderungen an die Betriebsorganisation

1. Organisatorische Vorkehrungen

2.114 § 25a KWG verpflichtet die Institute, eine ordnungsmäßige Geschäftsorganisation einzurichten. Diese umfasst insbesondere:

- ein angemessenes und wirksames **Risikomanagement**,
- Regelungen zur jederzeitigen **Bestimmung der finanziellen Lage**,
- eine vollständige **Dokumentation** samt zehnjähriger Aufbewahrungspflicht für Buchungsbelege.

Das Risikomanagement soll insbesondere umfassen:

- Die Ermittlung der **Risikotragfähigkeit**,
- die Festlegung von **Risikostrategien**,
- ein **internes Kontrollsystem**,
- eine **Innenrevision**,
- ein **Notfallkonzept** besonders für das IT-System.

a) MaRisk

2.115 Zur Konkretisierung hat die BaFin am 20. Dezember 2005 **Mindestanforderungen an das Risikomanagement (MaRisk)** veröffentlicht, die mehrfach, zuletzt mit Rundschreiben vom 14. August 2009[80)] überarbeitet und wesentlich gestrafft wurden. Die revidierten MaRisk gehen von einem prinzipienorientierten Ansatz mit einer Reihe von Öffnungsklauseln aus, die den Instituten Gestaltungsspielräume für primär betriebswirtschaftlich bestimmte Umsetzungslösungen einräumen. Die bis dahin selbständig geregelten Grundsätze und

---

80) Rundschreiben 15/2009, abgedr. in: *Consbruch /Fischer*, KWG, B 64.36, und *Fischer/ Herbst*, RSP, Teil A 1.2.41.

Beschränkungen für Outsourcing-Maßnahmen wurden in die MaRisk integriert und auch insoweit dem Management mehr eigenverantwortliche Spielräume zur risikoorientierten Gestaltung von Auslagerungen belassen. Sie zielen auf ein Konzept einer ganzheitlichen Risikobetrachtung. Das Risikomanagement i. S. dieses Rundschreibens umfasst die Festlegung angemessener Strategien sowie die Einrichtung angemessener interner Kontrollverfahren. Darüber hinaus enthalten die MaRisk eine Vielzahl von organisatorischen Anforderungen und Detailregelungen für die gesamte Geschäftsorganisation.

b) Funktionstrennung

Wesentliche Prinzipien der MaRisk sind die Funktionstrennung besonders im Handelsgeschäft sowie im Kreditgeschäft zwischen Markt und Marktfolge bis zur Ebene der Geschäftsleitung und das **Zwei-Voten-Prinzip**, nach dem grundsätzlich beide Bereiche einer Kreditgewährung zustimmen müssen. Dies schließt – je nach Art, Umfang, Komplexität, Risikogehalt und Kompetenzregelung – eine Einzelentscheidung oder Nichtbeachtung eines Votums durch den letzten Kompetenzträger nicht aus. 2.116

c) Risikostrategie

Auf der Grundlage eines **Gesamtrisikoprofils** soll sichergestellt sein, dass die wesentlichen Risiken durch das Risikodeckungspotential laufend abgedeckt sind. Dabei hat die Geschäftsleitung eine Geschäftsstrategie und eine dazu konsistente Risikostrategie – ggf. unterteilt in Teilstrategien – festzulegen. Weiterhin ist ein internes Kontrollsystem einzurichten, das Regelungen zur Aufbau- und Ablauforganisation sowie Risikosteuerungs- und -controllingprozesse umfasst. Die damit verbundenen Aufgaben, Kompetenzen, Verantwortlichkeiten, Kontrollen und Kommunikationswege sind klar zu definieren und aufeinander abzustimmen. 2.117

Das **Risikomanagement** soll einen Überblick über alle Risiken des Instituts, eine Identifizierung und Grundlagen für die Handhabung der wesentlichen Risiken umfassen. Die wesentlichen Risiken sind dabei das Adressenausfallrisiko (einschließlich Länderrisiken), das Marktpreisrisiko (Kursrisiko, Zinsänderungsrisiko, Währungsrisiko und Marktpreisrisiko aus Warengeschäften), das Liquiditätsrisiko und Risiken aus den operationellen Abläufen innerhalb des Instituts. 2.118

Zur **Risikosteuerung** und zum **Risikocontrolling** werden in der Praxis Risikoszenarien ermittelt und Stresstests durchgeführt. Operationelle Risiken sollen insbesondere eine funktionsfähige und laufende Entwicklung der Aufbau- und Ablauforganisation durch entsprechende Qualifizierung der Mitarbeiter, laufende Anpassung der technisch-organisatorischen Ausstattung, eine hinreichende Notfallplanung und funktionsfähige Vorgaben (Organisationshandbü- 2.119

cher) für sämtliche Geschäfte und vor allem Geschäfte in neuen Produkten oder neuen Märkten umfassen.

d) Personalausstattung

2.120 Eine ordnungsgemäße Geschäftsorganisation setzt nach den MaRisk zunächst eine an den Geschäftsaktivitäten und der Risikosituation ausgerichtete quantitativ und qualitativ hinreichende Personalausstattung voraus. Es sind Stellenbeschreibungen erforderlich, die Aufgaben, Inhalte, Kompetenzen, Verantwortlichkeiten und die Weisungsbefugnisse darstellen.

e) Anreizsysteme

2.121 Die Erfahrungen mit der jüngsten Finanzkrise haben bei der Neufassung 2009 der MaRisk eine Regelung zu den Anreizsystemen veranlasst. Danach müssen „Vergütungssysteme so ausgerichtet sein, dass schädliche Anreize zur Eingehung unverhältnismäßig hoher Risikopositionen vermieden werden“ (MaRisk, AT 7.4 Satz 2). Weitere risikobezogene Vorgaben sind für die **Vorstandsvergütung** mit Hinweisen zu anzuwendenden Parametern formuliert (MaRisk, AT 7.1.7). Ergänzend hat die BaFin in einem Rundschreiben[81)] Stellung genommen und angekündigt, dass eine Regelung durch Rechtsverordnung der Bundesregierung ab etwa Mitte 2010 geplant ist.

f) Operationelle Risiken

2.122 Die organisatorischen Anforderungen zur Beherrschung der operationellen Risiken sollen insbesondere eine funktionsfähige Entwicklung der Aufbau- und Ablauforganisation durch entsprechende Qualifizierung der Mitarbeiter, laufende Anpassung der technisch-organisatorischen Ausstattung, eine hinreichende Notfallplanung und funktionsfähige Vorgaben (**Organisationshandbücher**) für sämtliche Geschäfte und vor allem Geschäfte in neuen Produkten oder neuen Märkten umfassen.

g) Kreditgeschäft

2.123 Bei der Organisation der Kreditprozesse sehen die MaRisk eine Trennung zwischen **risikorelevanten und nicht risikorelevanten Engagements** vor. Maßgebliche Kriterien hierfür sind Größenkonzentrations- und Klumpenrisiken, das Maß der Ausfallwahrscheinlichkeit sowie die Werthaltigkeit der Sicherheiten. Zur Risikobeherrschung müssen Vorgaben für die Kreditbearbeitung, Intensivbetreuung, Problemkreditbetreuung, Problemkreditbearbeitung und Risikovorsorge getroffen werden. Zeichnet sich ein Ausfallrisiko ab, ist eine Risikovorsorge in Form von Wertberichtigungen noch vor dem endgültigen

---

81) Rundschreiben 22/2009 (BA) v. 18.12.2009, abgedr. in: *Fischer/Herbst*, RSP, Teil A 1.2.91.

Ausfall des Kredits zu bilden. Die Kriterien, nach denen Wertberichtigungen zu bilden sind, müssen in den Organisationsrichtlinien niedergelegt sein.

Zur **Risikosteuerung und Risikoüberwachung** im Kreditgeschäft ist zunächst eine Risikostrategie mit entsprechenden Limiten zu formulieren. Es sind Überwachungsinstrumente zur Früherkennung und Quantifizierung von Ausfallrisiken sowie ein funktionsfähiges Berichtswesen hierzu einzurichten. Zur Risikobeurteilung ist ein aussagefähiges Risikoklassifizierungsverfahren (Rating und Scoring) zu unterhalten. Die Risikoklassifizierung des einzelnen Kreditnehmers bildet die Grundlage für weitere Kreditentscheidungen und die Festsetzung der Konditionen. 2.124

Die jüngsten Erfahrungen mit der Zuverlässigkeit **externer Ratingsysteme** hat die BaFin veranlasst in der Neufassung 2009 der MaRisk klarzustellen, dass die „Verwendung externer Bonitätseinschätzungen … das Institut nicht von seiner Verpflichtung (enthebt), sich ein Urteil über das Adressenausfallrisiko, zu bilden und dabei eigene Erkenntnisse und Informationen in die Kreditentscheidung einfließen zu lassen" (MaRisk BTO 1.2.4.). Inzwischen ist auch die EU-Rating VO[82] in Kraft getreten, die eine Registrierung und Überwachung von Ratingagenturen vorsieht. Außerdem dürfen Ratingagenturen keine Beratungsleistungen für Unternehmen, die sie bewerten, erbringen. Ab 1. Januar 2011 soll die Überwachung der Ratingagenturen auf die Europäische Wertpapieraufsichtsbehörde (ESMA) übergehen. 2.125

h) Handelsgeschäft

Ein ähnliches Risikocontrolling ist für die Handelsgeschäfte erforderlich, das **Strategie, Risikolimite und Kompetenzen** umfasst. Auch für das Handelsgeschäft muss eine aufbauorganisatorische Trennung zwischen Handel, Risikocontrolling sowie der Abwicklung und Kontrolle bis zur Ebene der Geschäftsleitung eingerichtet sein. Voraussetzung ist, dass für sämtliche Handelsgeschäfte verbindliche Vorgaben z. B. zu Konditionen samt Nebenabreden und der grundsätzlichen Abwicklung zu marktgerechten Bedingungen vereinbart sind. Die Geschäfte müssen durch das System vollständig erfasst werden. Die Abwicklung muss sicherstellen, dass die Handelsgeschäfte unverzüglich bestätigt und abgerechnet werden. Die laufende Kontrolle umfasst insbesondere die Marktgerechtigkeit der Geschäftsabschlüsse, die Einhaltung der Limite sowie die Ordnungsmäßigkeit der Abwicklung und Dokumentation. 2.126

i) Kontrollsysteme

Schließlich erfordert eine ordnungsgemäße Betriebsorganisation eine ausreichende Kontrolle der Umsetzung der festgelegten Risikostrategie. Diese er- 2.127

82) Verordnung (EG) Nr. 1060/2009 v. 16.9.2009, ABl. Nr. L 302 v. 17.11.2009, S. 1.

folgt durch **prozessabhängige Kontrollsysteme** bei den jeweiligen Geschäften und Geschäftsarten und eine **prozessunabhängige interne Revision**, die in jedem Institut eingerichtet sein muss. Die interne Revision hat risikoorientiert die Funktionsfähigkeit des Risikomanagements nach den individuellen Anforderungen des jeweiligen Instituts und den getroffenen Vorgaben, die Funktionsfähigkeit der prozessabhängigen Kontrollsysteme und die Ordnungsmäßigkeit aller Geschäfte und sonstigen Prozesse zu prüfen.

j) Outsourcing

2.128 Zu einer ordnungsmäßigen Betriebsorganisation gehört gemäß § 25a Abs. 2 KWG auch, dass bei Auslagerung von Aktivitäten und Prozessen auf andere Unternehmen (Outsourcing) die Ordnungsmäßigkeit der Geschäfte und der Geschäftsorganisation nicht beeinträchtigt und keine übermäßigen zusätzlichen Risiken begründet werden. Sofern bestimmte geschäftliche oder organisatorische Prozesse (EDV-Dienstleistungen, Durchführung der Innenrevision, Notfalldienste, Kreditüberwachung usw.) auf externe Unternehmen ausgelagert werden, darf dadurch die **Steuerungsmöglichkeit der Geschäftsleitung** und die bankaufsichtliche Überwachung nicht faktisch gelockert werden. Die Auslagerung darf auch nicht dazu führen, dass die Geschäftsleitung nicht mehr für sämtliche – auch die ausgelagerten – Tätigkeiten allein verantwortlich wäre.

2.129 Bestimmte **kardinale Funktionen sind grundsätzlich nicht auslagerbar**, so Unternehmensplanung, -koordination und -kontrolle. Die Innenrevision kann ausgelagert werden, sofern die Geschäftsleitung einen hausinternen Revisionsbeauftragten bestellt, der Planung und Abwicklung der Innenrevision mit dem beauftragten Dritten abstimmt und überwacht.[83] Die Auslagerung bedarf einer schriftlichen Vereinbarung mit dem Outsourcingunternehmen, die gewährleistet, dass die Durchführung der ausgelagerten Tätigkeiten den erforderlichen Qualitätsstandards des auslagernden Instituts entspricht, eine Information und Kontrolle durch die Geschäftsleitung, die interne Revision und den Jahresabschlussprüfer ermöglicht sowie die Einhaltung sonstiger bankaufsichtlicher Anforderungen sicherstellt. Einzelheiten sind in den MaRisk geregelt. Allerdings gehen die MaRisk von dem Grundsatz aus, dass Zuverlässigkeit, Art, Umfang, Ausgestaltung und Kontrolle ausgelagerter Funktionen von der Geschäftsleitung zu beurteilen sind.

83) Vgl. Boos/Fischer/Schulte-Mattler-*Braun*, KWG, § 25a Rz. 633.

2. Organisationspflichten zur Bekämpfung von Geldwäsche, Terrorismusfinanzierung und Betrug

a) Grundlagen

Mit der Geldwäscherichtlinie der Europäischen Gemeinschaften[84] bzw. dem Geldwäschegesetz, das mehrfach, zuletzt durch das Geldwäschebekämpfungsergänzungsgesetz[85] geändert und verschärft wurde, sind den Kreditinstituten umfangreiche **Organisations-, Kontroll- und Anzeigepflichten** zur Mitwirkung bei der Bekämpfung der organisierten Kriminalität, insbesondere der Geldwäsche auferlegt worden. Das Geldwäschegesetz schreibt in den §§ 4 und 8 besondere Identifizierungspflichten, Aufzeichnungs- und Aufbewahrungspflichten, in § 10 Abs. 1 die Pflicht zur Erstattung von Strafanzeige bei Verdacht der Geldwäsche und in § 9 interne Sicherungsmaßnahmen vor. Dazu gehören insbesondere die Bestellung eines der Geschäftsleitung unmittelbar nachgeordneten Geldwäschebeauftragten, die Entwicklung und Aktualisierung interner Grundsätze sowie geschäfts- und kundenbezogener Sicherungssysteme und Kontrollen und Schulungsmaßnahmen für die Mitarbeiter. Die Aufzeichnungs- und Aufbewahrungspflichten müssen eine Dokumentation der ausgeführten Geschäfte und eine lückenlose Überwachung durch die Bundesanstalt ermöglichen. Die entsprechenden Aufzeichnungen sind mindestens sechs Jahre aufzubewahren. Die BaFin hat in einer Vielzahl von Verlautbarungen, Rundschreiben und sonstigen Äußerungen die Pflichten der Kreditinstitute nach dem Geldwäschegesetz und ergänzenden Regelungen konkretisiert. 2.130

b) Kontenscreening und sonstige interne Sicherungsmaßnahmen

§ 25c Abs. 1 KWG verpflichtet die Institute, über angemessene geschäfts- und kundenbezogene Sicherungssysteme gegen Geldwäsche und gegen betrügerische Handlungen zu verfügen. Damit wird das von der FATF geforderte **know-your-customer-Prinzip** umgesetzt. Aus § 25a Abs. 2 KWG folgt, dass die Kundentransaktionen einer laufenden automatischen Rasterüberprüfung auf geldwäsche- oder betrugsverdächtige Sachverhalte unterzogen werden müssen. Davon sollen sämtliche Geschäftsbereiche wie Einlagengeschäft, Kreditgeschäft, Zahlungsverkehr, Wertpapierdienstleistungsgeschäft usw. erfasst werden. Ein solches Geldwäschepräventionssystem erfordert vor allem im Massengeschäft die Unterhaltung **EDV-gestützter Monitoring-Systeme**, die die Geschäftsbeziehung anhand kriminologisch entwickelter Risikoparameter laufend überprüfen. Die Sicherungssysteme sollen außerdem dazu dienen, Geschäftsvorfälle im Zusammenhang mit Terrorismusfinanzierung und betrügerische 2.131

84) Richtlinie 91/308/EWG des Rates zur Verhinderung der Nutzung des Finanzsystems zum Zwecke der Geldwäsche v. 10.6.1991, ABl. Nr. L 166, S. 77, inzwischen ersetzt durch die Richtlinie 2005/60/EG v. 26.10.2005 (ABl. Nr. L 309, S. 15).

85) Gesetz v. 13.8.2008, BGBl. I, 1690.

Handlungen zulasten des Instituts aufzudecken und damit mittelbar dem Instituts- und Gläubigerschutz zu dienen. Lediglich bei kleinen Instituten und Instituten ohne Retailgeschäft kann die BaFin Kriterien festlegen, bei deren Vorliegen auf ein EDV-gestütztes Überwachungssystem verzichtet werden kann. Ergänzt werden die Regelungen durch die Bestimmungen in den §§ 25d bis f KWG über die Anwendung vereinfachter oder verschärfter Sorgfaltsanforderungen je nach geschäftlicher Transaktion und Vertragspartner. Außerdem bestehen umfangreiche Aufzeichnungs- und Aufbewahrungspflichten. In Institutsgruppen haben die übergeordneten Institute nach § 25g KWG dafür zu sorgen, dass die Sicherungsmaßnahmen und sonstigen Präventionspflichten auch gruppenweit eingehalten werden.

c) Automatisierter Zugriff auf Kundendaten

2.132 Kreditinstitute haben stets aktuell zu haltende Dateien mit den wesentlichen Kundendaten zu führen, auf die die Bankenaufsicht entweder aus eigener Initiative oder auf Anforderungen anderer Behörden unmittelbar automatisierten Zugriff hat (§ 24c KWG). Die Abrufmöglichkeit muss so organisiert sein, dass der Abruf dem Kreditinstitut oder dem betroffenen Kunden nicht bekannt wird. Die BaFin hat mit Rundschreiben 17/2002[86)] zu den Details und insbesondere den technischen Abläufen des **Kontenabrufsystems** die maßgebenden Vorgaben veröffentlicht. Außerdem haben das Bundesfinanzministerium und die Spitzenverbände des Kreditgewerbes (ZKA) zu einer Reihe von Detailfragen, insbesondere auch zu Ausnahmen, Stellung genommen.

d) Verfassungspolitische Fragwürdigkeit

2.133 Mit der Verpflichtung zum Kontenscreening und zum automatisierten Abruf von Kontendaten haben Gesetzgeber und die Exekutive noch wesentlich weitergehend als schon durch das Geldwäschegesetz die **Kreditinstitute zur Kriminalitätsbekämpfung instrumentalisiert**. Abgesehen von dem großen Kostenaufwand, die die Einrichtung und Fortschreibung der technischen Systeme erfordert und abgesehen von der Belastung des Vertrauens der Kunden in ihre Bankverbindung sind dies Maßnahmen, die vor den Ereignissen des 11. September 2001 nur aus autoritären staatlichen Systemen bekannt und mit dem deutschen Verständnis von Persönlichkeitsrecht, Menschenwürde und Datenschutz nicht vereinbar waren. Eine internationale Allianz von Terrorfurcht und Schutzbedürfnis der Staatsmacht hat entgegen vielfach vorgebrachten verfassungspolitischen Bedenken offenbar eine grundlegende Abkehr von den zu Beginn der Bundesrepublik Deutschland entwickelten Vorstellungen von Schutz und Freiheitsrechten der Bürger bewirkt und die Gefahren moderner Terror-

86) Rundschreiben v. 26.9.2002 – GZ. 12 – O 1918 – 30/02.

bedrohung höher gewichtet als die historischen Erfahrungen zum Entstehen und der Entwicklung totalitärer Regime.

e) Kontensperre

§ 6a KWG gibt der BaFin eine Rechtsgrundlage zur Anordnung von Finanzsanktionen gegen die aus der Finanzierung des Terrorismus drohenden Gefahren. Danach kann die Bundesanstalt insbesondere Kontoverfügungen oder die **Durchführung von Finanztransaktionen** untersagen, wenn Tatsachen vorliegen, die darauf schließen lassen, dass Kundenwerte einer terroristischen Vereinigung nach § 129a StGB dienen könnten. Die betroffenen Vermögenswerte werden damit für deren Inhaber praktisch gesperrt. Eine Teilfreigabe kann nach § 6a Abs. 3 KWG erfolgen, wenn die gesperrten Mittel für den notwendigen Lebensunterhalt des Inhabers oder seiner Familienmitglieder benötigt werden. § 6a Abs. 2 KWG konkretisiert Verdachtsmomente insbesondere auf Personen, deren Namen in die im Zusammenhang mit der Bekämpfung des Terrorismus erstellte und laufend fortgeschriebene Liste[87)] des Rates der Europäischen Union aufgenommen wurden. 2.134

V. Anforderungen an die Geschäftsleiter

1. Bedeutung

Die Geschäftsleiter der Institute müssen **persönlich zuverlässig und fachlich geeignet** sein. Die fachliche Eignung setzt nach gesetzlicher Definition in § 33 Abs. 2 KWG voraus, dass die Geschäftsleiter in ausreichendem Maße theoretische und praktische Kenntnisse in den betreffenden Geschäften sowie Leitungserfahrung haben. Die Geschäftsleiter sind gegenüber der BaFin für die Einhaltung der Bestimmungen des KWG und der aufsichtlichen Anordnungen verantwortlich. Außerdem weist ihnen das KWG besondere Funktionen zu, z. B. bei der einstimmigen Beschlussfassung über Groß- und Organkredite, bei Anzeigepflichten usw. Eine Einschränkung ihrer Verantwortlichkeit, z. B. durch satzungsmäßige Aufgabenzuweisung an das Aufsichtsorgan oder i. R. eines vorbehaltlosen Beherrschungsvertrags, ist dementsprechend nicht zulässig. Werden nicht hinreichend qualifizierte Geschäftsleiter bestellt oder zeigt sich später die mangelnde Zuverlässigkeit oder Qualifikation, so kann die BaFin die Abberufung verlangen oder notfalls das Kreditinstitut schließen (§ 35 Abs. 2 Nr. 3 und § 36 KWG). 2.135

87) Liste des Rates der Europäischen Union zum gemeinsamen Standpunkt des Rates 2001/931/GASP über die Anwendung besonderer Maßnahmen zur Bekämpfung des Terrorismus v. 27.12.2001, ABl. Nr. L 344, S. 93 sowie Aktualisierung durch gemeinsamer Standpunkt 2008/586/GASP v. 15.7.2008, ABl. Nr. L 188.

2. Definition des Geschäftsleiters

2.136 § 1 Abs. 2 KWG definiert Geschäftsleiter als diejenigen natürlichen Personen, die nach Gesetz, Satzung oder Gesellschaftsvertrag zur **Führung der Geschäfte und zur Vertretung** eines Instituts berufen sind. Geschäftsleiter sind demnach alle persönlich haftenden Gesellschafter, es sei denn, sie sind nach dem Gesellschaftsvertrag von der Geschäftsführung oder Vertretung ausgeschlossen. Geschäftsleiter sind weiterhin die Mitglieder des Vorstands einer AG, eines öffentlich-rechtlichen Kreditinstituts oder einer eingetragenen Genossenschaft und zwar auch dann, wenn sie nur ehrenamtlich tätig sind, ferner die Geschäftsführer einer GmbH. Ist eine GmbH Komplementärin einer GmbH & Co. KG, so sind die Geschäftsführer der GmbH gleichzeitig Geschäftsleiter des Kreditinstituts.

2.137 Auch **stellvertretende Vorstandsmitglieder** sind Geschäftsleiter i. S. d. KWG, wenn sie zur Geschäftsführung und Vertretung des Kreditinstituts befugt sind. Dies ist normalerweise der Fall. Bei einigen öffentlich-rechtlichen Kreditinstituten ist die Bestellung von Stellvertretern möglich, die nur im Verhinderungsfall die Funktion eines ordentlichen Mitglieds erfüllen. Nach rechtlich zweifelhafter Auffassung der Bundesanstalt gelten auch diese Verhinderungsvertreter im Vertretungsfall als Geschäftsleiter,[88] die die entsprechende Qualifikation aufweisen müssen.

3. Persönliche Zuverlässigkeit

2.138 Die persönliche Zuverlässigkeit ist ein **allgemeines gewerberechtliches Erfordernis.** Fehlt die persönliche Zuverlässigkeit, so kann schon nach allgemeinen gewerberechtlichen Grundsätzen (§ 35 GewO) die Ausübung eines Gewerbes untersagt werden. Tatsachen, aus denen sich die Unzuverlässigkeit ergeben soll, müssen sich auf das konkret ausgeübte Gewerbe beziehen. Es gibt keine Unzuverlässigkeit schlechthin. Ferner kann die Zuverlässigkeit nicht losgelöst von den konkreten Aufgaben beurteilt werden, sondern muss sich auf die **Funktion des Betreffenden in dem Unternehmen** beziehen.[89] Unzuverlässigkeit ist anzunehmen, wenn der Betreffende nach seiner gesamten Persönlichkeit nicht die Gewähr dafür bietet, dass er seine Tätigkeit ordnungsgemäß ausführen wird.

2.139 Bei einem Kredit- oder Finanzdienstleistungsinstitut sind angesichts der hohen Vertrauensempfindlichkeit der Branche und der Besonderheiten des Geschäfts hohe Maßstäbe anzulegen. Bei der Beurteilung der Umstände des Einzelfalls kommt es auf die **unterschiedlichen Anforderungen je nach Geschäftsart**

---

88) Mitteilung Nr. 2/63 des Bundesaufsichtsamtes, abgedr. in: *Consbruch/Fischer*, KWG, B 62.1, und *Fischer/Herbst*, RSP, Teil A 1.2.71.

89) BVerwG, Urt. v. 27.6.1961 – 1 C 34.60, NJW 1961, 1834.

und Größe des Instituts an. Hinsichtlich der Zuverlässigkeit sind z. B. bei einem Finanzdienstleister, der keine Vermögenswerte entgegennehmen darf, weniger strenge Maßstäbe anzuwenden als z. B. bei dem Geschäftsleiter eines Universalkreditinstituts.

Die erforderliche Zuverlässigkeit wird **grundsätzlich unterstellt**, wenn keine Tatsachen vorliegen, aus denen sich die Unzuverlässigkeit ergibt. Die BaFin beurteilt nach den eingereichten Unterlagen (Lebenslauf, Zeugnisse usw.) und eigenen Kenntnissen (frühere Tätigkeit als Geschäftsleiter, Auszug aus dem Strafregister) nach pflichtgemäßem Ermessen, ob Bedenken gegen die Zuverlässigkeit bestehen. Solche können sich z. B. aus Vorstrafen, schwerwiegenden Verstößen gegen Ordnungsvorschriften insbesondere des KWG, dem Abschluss von Spekulationsgeschäften mit unvertretbarem Risiko, erheblichen Unregelmäßigkeiten im Arbeitsleben, schwerer oder nachhaltiger Nichtbeachtung von betrieblichen Anordnungen, Verschulden eines Insolvenzverfahrens, krankhaften Verhaltensstörungen u. a. ergeben. **2.140**

4. Fachliche Eignung

Der Inhaber und alle Geschäftsleiter müssen die zur Leitung eines Instituts erforderliche Qualifikation haben. Im Gegensatz zum Erfordernis der Zuverlässigkeit wird die fachliche Eignung nicht schon dann vermutet, wenn keine negativen Tatsachen vorliegen. Vielmehr muss sich aus dem Lebenslauf, insbesondere der Ausbildung, Vorerfahrungen, bisheriger Tätigkeit und ausgeübten Verantwortungsbereichen die **fachliche Eignung positiv ableiten** lassen. **2.141**

a) Institutsspezifische Anforderungen

Dabei müssen in jedem Einzelfall die erforderlichen theoretischen und praktischen Kenntnisse bei den Geschäftsleitern „in den betreffenden Geschäften" (§ 33 Abs. 2 Satz 1 KWG) vorhanden sein. Es genügen hinreichende theoretische und praktische Kenntnisse in den betriebenen Geschäftsarten und eine Leitungserfahrung, die sich nach der Größe des Instituts richtet. Somit hängt die **erforderliche Qualifikation entscheidend von der Geschäftsart und Größe** des betreffenden Instituts ab. Für die Leitung eines Universalkreditinstituts sind andere fachliche Anforderungen zu stellen als z. B. für ein Spezialinstitut wie eine Bausparkasse oder eine Kapitalanlagegesellschaft. Ebenso sind wesentlich andere Kenntnisse und Erfahrungen für die Leitung eines Finanzdienstleistungsunternehmens, eines Energiederivatehändlers oder eines Wertpapierhandelsunternehmens erforderlich. Auch hierbei ist wiederum nach der Geschäftsart zu unterscheiden. So bedarf z. B. die auf die Geschäfte nach § 33 Abs. 1 Nr. 1 lit. a KWG begrenzte Anlagevermittlung anderer und deutlich geringerer Qualifikationsanforderungen als z. B. die des Geschäftsleiters eines Finanzdienstleistungsunternehmens, das für eigene Rechnung mit Finanzinstrumenten handeln darf. **2.142**

b) Theoretische Kenntnisse

2.143 Die fachliche Eignung für die Leitung eines Instituts setzt nach § 33 Abs. 2 KWG ausreichende theoretische und praktische Kenntnisse sowie Leitungserfahrung voraus. Theoretische Kenntnisse sollten **betriebswirtschaftliche, volkswirtschaftliche, steuerliche und wirtschaftsrechtliche Kenntnisse** – auch solche des KWG – umfassen. Sie werden i. d. R. durch die Berufsausbildung, Weiterbildung, akademisches Studium, in der Praxis gewonnene theoretische Kenntnisse oder durch die in der Kreditwirtschaft angebotenen speziellen Lehrgänge erworben. Für Spezialinstitute wie Hypothekenpfandbriefbanken, Bausparkassen, Schiffsfinanzierer usw. sind entsprechende Spezialkenntnisse erforderlich.

c) Praktische Erfahrung

2.144 Weiterhin müssen Geschäftsleiter **praktische Kenntnisse** in den betriebenen Geschäftsarten und **Leitungserfahrung** haben. Diese Erfahrungen sollen innerhalb eines Instituts erworben sein. Dabei legt die BaFin bei Kreditinstituten besonderen Wert auf Erfahrungen im Kreditgeschäft, während praktische Erfahrungen ausschließlich im Passiv- oder Wertpapierbereich, in Organisation oder in Stabsabteilungen von der BaFin meist nicht als ausreichend angesehen werden. Die Leitungserfahrung soll auf der Ebene der oder unmittelbar unter der Geschäftsleitung erworben sein. Dabei werden eigene Entscheidungs- und Vertretungsbefugnisse z. B. als Abteilungs-, Zweigstellen- oder Gruppenleiter erwartet. Leitungserfahrung setzt Personalführung voraus und muss Eigenverantwortlichkeit und hinreichende Entscheidungsbefugnisse beinhalten. Der Nachweis wird z. B. durch Vorlage von Arbeitszeugnissen erbracht, aus denen sich die bisherigen Kompetenzen (z. B. Umfang der Kreditbewilligungsbefugnis), Anzahl und Funktionen der unterstellten Mitarbeiter, Dauer der jeweiligen Tätigkeit usw. ergeben.

2.145 Bei **Finanzdienstleistungsinstituten kleineren Zuschnitts** reichen geringere Anforderungen aus. Dies gilt schon deshalb, weil diese Institute häufig nur einen geringen Personalbestand – unter Umständen auch nur einen Geschäftsleiter (vgl. § 33 Abs. 1 Nr. 6 KWG) – haben und daher z. B. umfangreiche Personalführung nicht erwartet werden kann. Entsprechendes gilt hinsichtlich der Breite der Fachkenntnis. Krediterfahrung muss mangels Kreditgeschäft naturgemäß ebenfalls nicht vorliegen.

d) Regelvermutung

2.146 Nach § 33 Abs. 2 Satz 2 KWG wird die fachliche Qualifikation vermutet,

> „wenn eine dreijährige leitende Tätigkeit bei einem Institut von vergleichbarer Größe und Geschäftsart"

nachgewiesen wird. Von einer **vergleichbaren Größe** geht die BaFin aus, wenn sich das Geschäftsvolumen der Institute um nicht mehr als das Doppelte unterscheidet. Aber auch größere Abweichungen – etwa der bei einer Sparkasse mit einem Geschäftsvolumen von 1 Mrd. Euro und einer von 5 Mrd. Euro – begründen keinen grundlegenden Unterschied. Außerdem ist das Kriterium der vergleichbaren Größe nur i. R. d. Regelvermutung maßgebend, während eine langjährige und vertiefte Qualifikation die bedeutsamere Rolle spielt. Andererseits ergibt die Geschäftsleitertätigkeit in einem großen Haus mit spezialisierten Vorstandsfunktionen nicht unbedingt die hinreichend breite Qualifikation für die Tätigkeit in einem Zwei-Personen-Vorstand.

Die Vermutung ist sowohl im positiven wie im negativen Sinne **widerlegbar**. So **2.147** kann für die fachliche Qualifikation ein andersartiger Nachweis erbracht werden. Negativ widerlegt wird die Vermutung durch besondere Mängel trotz Erfüllung der Regelvoraussetzungen (z. B. abberufener Geschäftsleiter, Mitverschulden am Insolvenzfall eines Instituts usw.). In jedem Falle ist eine individuelle Prüfung der fachlichen Eignung anhand aller Umstände des Einzelfalles erforderlich. So kann z. B. die Leitungserfahrung auch außerhalb eines Kreditinstituts in einem Industrieunternehmen erworben sein, ebenso wie sich die theoretischen Kenntnisse z. B. aus der Tätigkeit als Wirtschaftsprüfer von Kreditinstituten ergeben kann.

> „Grundvorschrift für die Festlegung der fachlichen Eignung ist nicht § 33 Abs. 2 KWG, sondern § 33 Abs. 1 Nr. 3 KWG, der eine alle Umstände des Einzelfalles einzubeziehende Prüfung und Feststellung der fachlichen Eignung vorschreibt. ... § 33 Abs. 2 KWG engt damit nicht die nach § 33 Abs. 1 Nr. 3 vorgeschriebene individuelle Prüfung der fachlichen Eignung anhand aller Umstände des Einzelfalles auf generelle Merkmale ein, so dass die Behörde bei Fehlen eines der in § 33 Abs. 2 KWG aufgeführten Merkmale der weiteren Prüfung enthoben wäre. Erfüllt ein Bewerber die Merkmale des § 33 Abs. 2 KWG nicht, so bedeutet dies vielmehr nur, dass ihm die gesetzlich widerlegbare Vermutung seiner fachlichen Eignung nicht zur Seite steht und somit eine alle Umstände des Einzelfalles konkret ausschöpfende individuelle Prüfung Platz greifen muss.“[90)]

5. Aufsichtliche Praxis bei Kreditinstituten

- **Vorstandsmitglied/Geschäftsleiter:** Die fachliche Eignung bei der bisheri- **2.148** gen Tätigkeit liegt vor, wenn sich während der Vorstandstätigkeit keine disqualifizierenden Tatsachen ergeben haben. Die fachliche Eignung für ein anderes Institut hängt von der Vergleichbarkeit der künftigen Tätigkeit nach Geschäftsart und Größe des Instituts ab. Bei nur nebenamtlichen Geschäftsleitern oder solchen, die nur für das Warengeschäft zuständig sind und dementsprechend nicht die volle Geschäftsleiterqualifikation aufweisen müssen, gilt dies naturgemäß nicht.

---

90) BVerwG, Urt. v. 16.10.1979 – 1 C 44.75, WM 1981, 48, abgedr. in: *Beckmann/Bauer*, Bankaufsichtsrecht, Nr. 13 zu § 33 Abs. 1 Nr. 3.

2.149 • **Zweigstellenleiter:** Es gilt im Grundsatz dasselbe wie bei Vorstandsmitgliedern. Allerdings setzt dies voraus, dass der Zweigstellenleiter hinreichende Entscheidungskompetenzen und Leitungsfunktion gegenüber Mitarbeitern hatte. Bei Ein-Mann-Zweigstellen oder sonst unbedeutenden Funktionen wird regelmäßig eine zusätzliche Qualifikation aus anderweitiger Tätigkeit erforderlich sein.

2.150 • **Abteilungsleiter:** Die Leitung einer Spezialabteilung wie Organisation, Controlling oder Vorstandssekretariat reicht allein in der Regel nicht aus. Sie kann – bei entsprechender Personalführung und Entscheidungskompetenz – jedoch die Leitungserfahrung begründen. Hinzukommen müssen Kenntnisse in den wesentlichen Bereichen des Instituts.

2.151 • **Abschlussprüfer** stellen ein wesentliches Nachwuchspotential für Führungskräfte von Sparkassen und Kreditgenossenschaften dar. Die Bankenaufsicht verfolgte zumindest bisher eine restriktive Linie, indem sie die Erfahrungen mit der Prüfung von Kreditinstituten auch verbunden mit Leitungsfunktionen innerhalb von Prüfungsteams nicht ausreichen ließ. Diese Auffassung ist heftig umstritten.[91)] Im Einzelfall kommt es auf die konkreten Anforderungen der in Aussicht genommenen Geschäftsleiterfunktion an. Eine in der Praxis geübte Kompromisslösung besteht darin, dass der Prüfer bereits während seiner Laufbahn oder unmittelbar vor einer Vorstandsbestellung eine verantwortliche Position innerhalb eines Kreditinstituts für einen vorübergehenden Zeitraum wahrnimmt.

2.152 • **Stabstätigkeiten:** Die Tätigkeit als Vorstandsassistent kann zwar Kenntnisse über die Aufgaben und Funktionsweise der Führung eines Kreditinstituts vermitteln. Es fehlt dabei aber regelmäßig an der eigenständigen Erfüllung von bankgeschäftlichen Aufgaben und Kompetenzen. Die Tätigkeit als Vorstandsassistent allein reicht daher regelmäßig für die fachliche Qualifikation nicht aus.

2.153 • **Mitglieder von Aufsichtsorganen:** Die Regierungsbegründung zur 3. KWG-Novelle nennt zwar ausdrücklich die Möglichkeit des Erwerbs der fachlichen Qualifikation durch die Mitgliedschaft im Aufsichts- oder Verwaltungsrat eines Kreditinstituts. Dies kann aber nur dann der Fall sein, wenn daneben praktische Erfahrungen und Leitungsfunktionen nachgewiesen werden können.

2.154 • **Mitarbeiter von fachbezogenen Behörden:** Beamte und Angestellte aus Landes- und Bundesbehörden können zwar erhebliche theoretische Kenntnisse und auch Leitungserfahrung mitbringen. Es fehlt jedoch die praktische Erfahrung. Eine Berufung zum Geschäftsleiter wird regelmäßig nur dann in Betracht kommen, wenn solche praktischen Erfahrungen entweder

---

91) Vgl. ausführlich *Süchting/Schneider/Link*, ZBB 1991, 120; *Dürr*, ZIP 1987, 1289, 1290.

aus einer früheren Tätigkeit in einem vergleichbaren Institut erworben wurden oder innerhalb eines Übergangszeitraums bis zur Geschäftsleiterbestellung nachgeholt werden.

2.155 Die Bankenaufsicht stellt strenge Anforderungen und hält sich meist an die Regelvoraussetzungen des § 33 Abs. 2 KWG.[92] Für Vorstandsaspiranten empfiehlt es sich, sich in **Zeugnissen** die genauen Funktionen und Kompetenzen samt ggf. Kreditbewilligungsbefugnis, Über- und Unterstellung von Personal, Dauer der jeweiligen Tätigkeit usw. bestätigen zu lassen. Das Verfahren zum Nachweis der Voraussetzungen zur Geschäftsleiterbestellung richtet sich nach § 5 AnzV.

6. Auflagen

2.156 Bestehen bankenaufsichtliche Bedenken gegen eine Vorstandsbestellung, so können i. R. d. Erlaubnisverfahrens, einer Voranfrage oder nach erfolgter Bestellung Auflagen verfügt werden, bei deren Erfüllung die BaFin die Erlaubnis erteilt bzw. auf ein Abberufungsverlangen verzichtet. So kann zunächst eine Anstellung z. B. für ein Jahr unmittelbar unterhalb des Vorstands mit entsprechenden Kompetenzen gefordert werden. Eine Alternative ist die Bestellung zunächst nur zum stellvertretenden Vorstandsmitglied oder Verhinderungsvertreter, obwohl die BaFin im Grundsatz von Stellvertretern die gleiche Qualifikation fordert. Dabei können weitere Auflagen erteilt werden, z. B. die Festlegung im Innenverhältnis, dass der Geschäftsleiter für einen vorübergehenden Zeitraum keine Kreditbewilligungsbefugnis erhält, dass er keine Einzelvertretung wahrnehmen kann u. a. Im Bereich der Kreditgenossenschaften wurde häufig auch der Besuch von Fortbildungslehrgängen der Genossenschaftsorganisation zur Auflage gemacht.

7. Voranfrage

2.157 Eine Genehmigungspflicht für die Berufung von Geschäftsleitern besteht nicht, sondern lediglich eine Anzeigepflicht jeweils der beabsichtigten und der vollzogenen Bestellung (§ 24 Abs. 1 Nr. 1 KWG). Um jedoch dem Risiko der Abberufung neu bestellter Vorstandsmitglieder nach § 36 KWG zu entgehen, können Institute bei **zweifelhaften Vorstandsbestellungen** Voranfragen an die BaFin stellen. Für die Beantwortung einer Voranfrage durch die BaFin ist regelmäßig erforderlich, dass alle für die Beurteilung maßgeblichen Unterlagen vorab übersandt werden. Eine Auskunft der BaFin, nach der keine Bedenken gegen die Bestellung bestehen, bedeutet nur, dass die eingereichten Unterlagen für die Beurteilung ausreichend sind und sich daraus keine Gründe für ein Abberufungsverlangen ergeben. Eine positive Bestätigung der Qualifikation ist

92) Vgl. *Haffke*, ZKW 1980, 664 ff.

damit wie bei der kommentarlosen Entgegennahme einer Anzeige nach § 24 Abs. 1 Nr. 1 KWG nicht verbunden.

2.158 Äußert die BaFin hingegen Bedenken gegen die Bestellung, so ist dies lediglich eine vorläufige, rechtlich nicht verbindliche Stellungnahme und kein Verwaltungsakt. Dennoch hat dies gravierende Auswirkungen für den Betroffenen, da er in einem solchen Falle kaum zum Geschäftsleiter bestellt wird. Gegen die Stellungnahme zur Voranfrage ist die **vorbeugende Unterlassungsklage** sowohl des Institutes wie des betroffenen Bewerbers zulässig.[93] Diese kann auch gegenüber schlicht hoheitlichem Handeln erhoben werden, wenn ein Rechtsschutzbedürfnis des Betroffenen besteht. Hingegen kann die BaFin mit keinem Rechtsmittel gezwungen werden, sich zur fachlichen Qualifikation eines Vorstandsbewerbers zu äußern. Anfragen von Bewerbern ohne konkrete Vorstandsbestellung werden daher in der Regel nicht inhaltlich beurteilt, zumal die fachliche Eignung von der Größe und Geschäftsart eines bestimmten Kreditinstituts abhängt.

VI. Tätigkeitsverbot und Abberufung von Geschäftsleitern

2.159 Die BaFin kann nach § 36 KWG verlangen, dass ungeeignete Geschäftsleiter abberufen werden oder sie kann ihnen mit sofortiger Wirkung die Tätigkeit als Geschäftsleiter untersagen. Die Gründe nach § 36 Abs. 1 KWG sind identisch mit denen zum Erlaubnisentzug. Als weiteren Grund nennt § 36 Abs. 2 KWG **vorsätzliche oder leichtfertige Verstöße gegen Aufsichtsnormen,** die trotz Vorwarnung fortgesetzt werden. Das Abberufungsverlangen kann selbständig angeordnet werden, ohne dass es zu einem sofortigen Tätigkeitsverbot kommt. Hingegen kann das Tätigkeitsverbot nur verfügt werden, wenn die BaFin gleichzeitig oder vorher die Abberufung verlangt hat. Das Tätigkeitsverbot bezieht sich nicht nur auf die Ausübung der gegenwärtigen Geschäftsführungs- und Vertretungsfunktion, sondern (bis zur Aufhebung) auf jede Geschäftsleiterfunktion beim selben oder anderen Instituten.[94]

2.160 Das Abberufungsverlangen ist ein Verwaltungsakt, der sich an das Institut und nicht an den betroffenen Geschäftsleiter richtet. **Adressat** ist demnach nur das Institut, das die Abberufung durchzuführen hat. Da das Abberufungsverlangen gegenüber dem Geschäftsleiter Drittwirkung erzeugt, ist er Betroffener i. S. d. § 41 Abs. 1 Satz 1 VwVfG. Damit hat dieser ein selbständiges Anfechtungsrecht. Das Tätigkeitsverbot richtet sich unmittelbar an den Geschäftsleiter. Er ist materieller Adressat, an den der Verwaltungsakt zuzustellen ist. Das Institut ist allerdings mittelbar betroffen, weshalb eine Bekanntgabe an dieses regelmäßig erfolgt.

---

93) Boos/Fischer/Schulte-Mattler-*Fischer*, KWG, § 36 Rz. 58.

94) Regierungsbegründung zur 6. KWG-Novelle, BR-Drucks. 963/96, Nr. 54.

Auch nach § 46 Abs. 1 Satz 1 Nr. 3 KWG kann ein Tätigkeitsverbot verfügt werden. Abgesehen davon, dass dieses nicht in Verbindung mit einem Abberufungsverlangen ausgesprochen werden muss, handelt es sich um eine einstweilige Maßnahme zur **Gefahrenabwehr bei Gläubigergefährdung**, die mit der Wiederherstellung ordnungsmäßiger Zustände endet. Allerdings kann auch in diesem Falle nach Klärung der Verantwortlichkeit ein Abberufungsverlangen oder ein dauerhaftes Tätigkeitsverbot nach § 36 KWG folgen. **2.161**

Typische Qualifikationsmängel als Abberufungsgründe sind eine unsachgemäße Geschäftsführung z. B. im Bereich der Geschäftsorganisation (§ 25a Abs. 1 KWG), bei Kontroll- und Sicherheitsvorkehrungen, bei der Führung der Geschäftsbücher, die Verletzung von Satzungsbestimmungen wie Kompetenzverletzungen oder Nichteinhaltung von Zustimmungsvorbehalten anderer Organe, ferner Buchungsmanipulationen, kriminelle Handlungen u. a. Die Verletzung aufsichtlicher Bestimmungen kann zwar grundsätzlich die Qualifikation in Frage stellen. Ein damit begründetes Abberufungsverlangen oder ein Tätigkeitsverbot muss jedoch die spezielleren gesetzlichen Voraussetzungen der § 36 Abs. 1 i. V. m. § 35 Abs. 2 Nr. 6 KWG oder § 36 Abs. 2 KWG erfüllen. **2.162**

1. Verantwortlichkeit des Geschäftsleiters

Abberufung und Tätigkeitsverbot können verfügt werden, wenn Gründe des § 35 Abs. 2 Nr. 3, 4 und 6 KWG zum Entzug der Erlaubnis vorliegen. Der Geschäftsleiter muss allerdings für die Mängel, die zum Erlaubnisentzug führen, persönlich verantwortlich sein. Hierfür ist nicht Voraussetzung, dass er die Mängel selbst verursacht hat. Es genügt, dass sie **in seinem Verantwortungsbereich entstanden** sind, wobei ihm auch unterlassene Kontrollen, mangelhafte Durchsetzung angeordneter Maßnahmen oder Desorganisation ohne entsprechende Kompetenzzuweisung zuzurechnen sind. Bei Unklarheiten in den Verantwortungsbereichen liegt regelmäßig ein Mangel in der Geschäftsorganisation vor, für den sämtliche Geschäftsleiter nach dem Grundsatz der Gesamtverantwortlichkeit verantwortlich sind. **2.163**

Mit dem **Grundsatz der Gesamtverantwortung** lässt sich aber nicht jeder Mangel der Geschäftsorganisation oder jeder sonstige Verstoß gegen bankaufsichtliche Pflichten jedem Geschäftsleiter zurechnen. Der auch im Bankaufsichtsrecht geltende gesellschaftsrechtliche Grundsatz der Gesamtverantwortung geht zwar einerseits davon aus, dass jeder Geschäftsleiter, also auch der nicht ressortzuständige, Erfolg oder Misserfolg des Instituts zu verantworten hat. Die Gesamtverantwortung bezieht sich aber auf den Unternehmenserfolg als solchen und nicht auf Details der Ressortverantwortlichkeit der anderen Vorstandsmitglieder. Sie umfasst die elementaren Angelegenheiten des Unternehmens, also z. B. die Unternehmensstrategie, die Grundlagen der Betriebs- und Geschäftsorganisation und existenziell bedeutsame Einzelgeschäfte, nicht aber die Vielzahl von organisatorischen Einzelheiten wie z. B. die Erfüllung der **2.164**

Offenlegungsanforderungen des § 18 KWG durch die Mitarbeiter oder die Umsetzung dieser Pflicht durch das ressortzuständige Vorstandsmitglied.[95] Vielmehr beschränkt sich die Verantwortlichkeit bei Maßnahmen i. R. d. arbeitsteiligen Betriebsorganisation auf unmittelbar eigene Fehlentscheidungen oder eine Verletzung von Kontroll-, Auswahl- und Überwachungspflichten gegenüber den anderen Vorstandsmitgliedern und den Mitarbeitern des eigenen Ressorts.

2.165 Das **Delegationsprinzip** bewirkt dabei, dass sich die Verantwortlichkeit auf eine Sekundärpflicht in Form der sorgfältigen Auswahl der beauftragten Personen und der funktionsfähigen Organisation der delegierten Aufgaben reduziert, sowie im Falle der arbeitsteiligen Delegation auf gleicher Ebene auf eine Plausibilitätskontrolle und verstärkte Überwachung bei Auffälligkeiten. Dabei bezieht sich die Überwachungspflicht nicht allein auf die dem Vorstand untergeordneten Ebenen, sondern erstreckt sich auch auf die Vorstandsebene selbst, entsprechend der Aufteilung im Geschäftsverteilungsplan auf einzelne Ressorts. Die Mitwirkungspflicht ist i. R. v. Delegation abgestuft und führt zu unterschiedlichen Formen der Verantwortung. Grundsätzlich darf jedes Vorstandsmitglied darauf vertrauen, dass alle Vorstandsmitglieder ihre Aufgaben ordnungsgemäß erfüllen. Die fachliche Verantwortung der anderen Vorstandsmitglieder tritt daher solange hinter diejenige des Ressortleiters zurück, als kein greifbarer Anlass zur Vermutung von Fehlleistungen des Zuständigen besteht. Das ressortmäßig nicht zuständige Vorstandsmitglied ist also grundsätzlich von der fachlichen Einzelverantwortung entlastet. Vielmehr ist ihm aufgrund der Aufgabenteilung verwehrt, in den einem Anderen zugewiesenen Geschäftsbereich einzugreifen.[96]

2.166 Der Bundesgerichtshof hat die abgestufte Verantwortlichkeit des Vorstandsvorsitzenden bei Kreditentscheidungen durch einen mehrköpfigen Vorstand anschaulich wie folgt beurteilt:

> „Wird die Entscheidung über eine Kreditvergabe wie hier von einem mehrköpfigen Gremium getroffen, kommen auch für den Fall des Einstimmigkeitsprinzips unterschiedliche Verantwortlichkeiten der Beteiligten in Frage. So wird sich der Vorstandsvorsitzende, es sei denn, es gehe um besonders hohe Risiken, auf den Bericht des Kreditsachbearbeiters und des Kreditvorstands verlassen dürfen. Nur wenn sich daraus Zweifel oder Unstimmigkeiten ergeben, ist Rückfrage oder eigene Nachprüfung geboten. Das Gleiche gilt für weitere Beteiligte wie die Mitglieder eines Kreditausschusses.“[97]

---

95) Vgl. *Fischer*, DStR 2007, 1083, 1087.

96) *Beuthien*, Genossenschaftsgesetz, § 34 Rz. 14; ähnlich *Spindler* in: MünchKomm-AktG, § 93 Rz. 71 mit Rechtsprechungsnachweisen; ähnlich *Großfeld/Noelle*, AG 1986, 275, 278; BGH, Urt. v. 4.6.2000 – 1 StR 280/99, NJW 2000, 2364, 2366 = ZIP 2000, 1210, dazu EWiR 2001, 391 *(Marxen/Karitzky)*.

97) BGH, Urt. v. 4.6.2000 – 1 StR 280/99, NJW 2000, 2364, 2366 = ZIP 2000, 1210, dazu EWiR 2001, 391 *(Marxen/Karitzky)*.

2. Verwaltungspraxis

Die BaFin stützt sich bei Abberufungsverlangen regelmäßig auf **Feststellungen des Jahresabschlussprüfers** oder eines Sonderprüfers und erklärt, dass sie sich diese voll inhaltlich zu eigen mache. Diese Praxis übersieht, dass Feststellungen von Prüfern regelmäßig eine Situation oder einen Zustand beschreiben, ohne dass dies zwingend auf die Vermeidbarkeit, die Vorwerfbarkeit und die persönliche Zurechnung schließen lässt. Hierzu müsste die BaFin eigene Feststellungen und Wertungen treffen. Diese Praxis des ehemaligen Bundesaufsichtsamts für das Kreditwesen wurde in einem Urteil des Verwaltungsgerichts Berlin vom 18. September 2001[98] zu einem Abberufungsverlangen deutlich kritisiert. Das Gericht fordert eine umfassende Sachverhaltsaufklärung und -abwägung. Dabei muss, anders als bei Prüfungsberichten, die sich auf die Darlegung von Mängeln beschränken, zusätzlich festgestellt werden, dass der Abzuberufende für die Mängel verantwortlich ist. Notwendig ist dabei auch die Feststellung, dass objektiv erforderliche und mögliche Maßnahmen unterlassen wurden. Soweit z. B. ein Institut in einer Restrukturierungsphase oder aufgrund des Zusammentreffens besonderer Erschwernisse nicht in der Lage ist, sämtliche bankaufsichtlichen Anforderungen zeitnah zu erfüllen, ist ein Abberufungsverlangen nur dann gerechtfertigt, wenn die Bundesanstalt nachweisen kann, dass es **realistische Handlungsalternativen** gegeben hätte, die die kritische Situation vermieden hätten. 2.167

Bei der Beurteilung ergriffener Maßnahmen und der Prioritätensetzung steht den Geschäftsleitern ein **unternehmerischer Entscheidungsspielraum** zu. Außerdem sind die wirtschaftlichen Rahmenbedingungen – in dem entschiedenen Fall handelte es sich um ein krisengeschütteltes Gebiet am Rande Ostdeutschlands – zu berücksichtigen. Weiterhin hat eine angemessene Gewichtung von Verstößen oder verfehlten Unternehmenszielen im Verhältnis zu realisierbaren Alternativen und zu erzielten Fortschritten oder Erfolgen stattzufinden. Der Schluss von der Schwere der Problemlage auf die persönliche Verantwortlichkeit der Geschäftsleiter reicht für eine ordnungsmäßige Begründung eines Verwaltungsaktes mit schwerwiegender Rechtsfolge – regelmäßig Zerstörung der beruflichen und wirtschaftlichen Existenz der Betroffenen – nicht aus. Die Abwendung einer Gefahrenlage durch unqualifizierte Geschäftsleiter ist zwar ein vorrangiges Ziel zur Gläubigersicherung und zur Erhaltung der Ordnungsmäßigkeit im Kreditgewerbe. Die Abberufung allein löst das Problem aber nicht. Vielmehr muss die BaFin zuverlässig davon ausgehen können, dass andere Geschäftsleiter die Probleme deutlich effizienter in den Griff bekommen könnten. 2.168

98) VG Berlin, Az.: 25 A 16.99, n. v. (Seelow).

3. Abberufung nach Verwarnung

2.169 Geschäftsleiter, die vorsätzlich oder leichtfertig gegen Bestimmungen des KWG oder des WpHG oder gegen die zur Durchführung dieser Gesetze erlassenen Verordnungen oder Anordnungen der Bundesanstalt verstoßen, können gemäß § 36 Abs. 2 KWG nach vorheriger Verwarnung ebenfalls abberufen werden. Der Gesetzeswortlaut bestätigt, dass Maßnahmen nach § 36 Abs. 2 KWG nicht auf sonstige **Gesetzesverstöße** gestützt werden können, zumal es nicht Aufgabe der Bundesanstalt ist, zivilrechtliche, verbraucherschützende oder sonstige allgemeine Rechtsnormen zu überwachen.

2.170 Ein Abberufungsverlangen nach § 36 Abs. 2 KWG setzt eine **Verwarnung** durch die Aufsicht voraus. Die Verwarnung ist ein Verwaltungsakt. Dieser ist bei schwerwiegenden Verstößen bereits nach einem einmaligen Vorfall möglich. Die vorstehend dargestellten Anforderungen an die Begründung eines Abberufungsverlangens (persönliche Zurechenbarkeit, Vermeidbarkeit, angemessene Gewichtung usw.) gelten für die Erteilung einer Verwarnung entsprechend.

2.171 Andererseits geht der Hessische Verwaltungsgerichtshof von einer „Ermessensunterschreitung" aus, die die Anfechtung einer Verwarnung begründet, wenn die BaFin nicht auch die Möglichkeit einer **formlosen Missbilligung als milderes Mittel** prüft.[99] Das Gericht sah eine

> „zur Rechtswidrigkeit führende erhebliche Ermessensunterschreitung ... darin, dass die BaFin erkennbar die Möglichkeit einer einfachen oder formlosen Missbilligung als möglicherweise ausreichende Reaktion auf die begangenen Pflichtverstöße nicht in Betracht gezogen hat."

Die BaFin machte vor dem Bundesverwaltungsgericht geltend, dass eine Missbilligung, da gesetzlich nicht geregelt, kein rechtlich zulässiges Aufsichtsmittel sei. Das Bundesverwaltungsgericht ließ die Revision mit Beschluss vom 6. November 2006[100] nicht zu. Es ist der Auffassung, dass vieles schon dafür spricht, dass eine formlose Missbilligung eine zulässige Maßnahme i. R. d. § 6 KWG sei. Unabhängig hiervon sei diese aber auch ohne ausdrückliche Ermächtigung als milderes Mittel gegenüber einer förmlichen Verwarnung zulässig und unter dem Gesichtspunkt der Verhältnismäßigkeit je nach Sachlage auch geboten.

2.172 Die Entscheidung dürfte für die bankaufsichtliche Praxis erhebliche **Bedeutung** haben. Zum einen muss die BaFin vor Erlass einer förmlichen Verwarnung oder eines Abberufungsverlangens regelmäßig den Einsatz einer Missbilligung, Beanstandung oder sonstigen nicht förmlichen Maßnahme prüfen. Zum

---

99) VGH Kassel, Urt. v. 31.5.2006 – 6 UE 3256/05, WM 2007, 392, dazu EWiR 2006, 693 *(Schwintek)*.

100) BVerwG, Beschl. v. 6.11.2006 – 6 B 82.06, WM 2007, 1655 = ZBB 2007, 391.

anderen kann sich die Rechtsverteidigung gegen eine Verwarnung darauf stützen, dass weniger belastende Maßnahmen ausgereicht hätten.

2.173 Der Entscheidung kommt aber noch eine andere Bedeutung zu. Eine Verwarnung kann nur bei leichtfertigem Verhalten des Betroffenen ausgesprochen werden. Dies ist ein **unrealistisches gesetzliches Tatbestandsmerkmal**. Es setzt ein ungewöhnlich großes Maß an Nachlässigkeit voraus, mit dem der Geschäftsleiter Pflichten nicht wahrnimmt oder in grober Achtlosigkeit darauf vertraut, dass die notwendigen bankaufsichtlichen Maßnahmen von anderen erfüllt werden. Mängel bei der Geschäftsführung beruhen jedoch regelmäßig nicht auf Unwilligkeit oder besonders großer Nachlässigkeit, sondern darauf, dass der Geschäftsleiter die korrekte Anwendung der bankaufsichtlichen Regelungen nicht in den Griff bekommt. Dies galt früher vor allem für § 18 KWG, auf den Verwarnungen gestützt wurden und heute für § 25a KWG samt Mindestanforderung an das Risikomanagement. In diesen Fällen verhält sich der Geschäftsleiter kaum je leichtfertig. Die Praxis zeigt vielmehr, dass der Geschäftsleiter bei kritischen Situationen die Problemlage auch ohne Leichtfertigkeit nicht zutreffend bewertet oder mit der Problemlösung überfordert ist.

2.174 Die Praxis der BaFin unterstellt regelmäßig das gesetzliche Tatbestandsmerkmal der Leichtfertigkeit, ohne diese vertretbar zu begründen. Wenn erhebliche Mängel z. B. aus einem früheren Prüfungsbericht oder einer Beanstandung der BaFin erkennbar waren und vom Geschäftsleiter nicht behoben wurden, wird daraus auf Leichtfertigkeit geschlossen. Die BaFin begründet dies formelhaft z. B. damit, dass sich aus der Schwere der Verstöße die Leichtfertigkeit ergebe – ein recht eigenwilliger Schluss. Würde die BaFin das Tatbestandsmerkmal der Leichtfertigkeit zutreffend begründen, könnte sie kaum je eine Verwarnung erteilen. Ihr bliebe dann nur die auch sachlich richtige Möglichkeit, die fachliche **Qualifikation des Geschäftsleiters** in Zweifel zu ziehen. Dies kann gleichfalls ein Abberufungsverlangen begründen – und zwar ohne vorherige Verwarnung.

2.175 Es erscheint jedoch widersprüchlich und unangemessen, wenn der leichtfertig handelnde Geschäftsleiter eine **Bewährungschance** in Form der zwingend vorgeschriebenen vorherigen Verwarnung erhalten muss, während der Geschäftsleiter, der möglicherweise nur vorübergehend Probleme nicht in den Griff bekommt, ohne Verwarnung abberufen werden kann.[101] Hier zeigt sich die weitere Bedeutung des zitierten Beschlusses des Bundesverwaltungsgerichts. Denn die BaFin kann eine nicht förmliche Abmahnung auch als Vorstufe einer potenziellen Abberufung wegen mangelnder fachlicher Eignung einsetzen, ohne den fragwürdigen Vorwurf der Leichtfertigkeit begründen zu müssen. Die Entscheidung des Bundesverwaltungsgerichts stellt klar, dass die BaFin die Möglichkeit hat, im Vorfeld und zur Vermeidung der Abberufung eines Ge-

---

101) So Boos/Fischer/Schulte-Mattler-*Fischer*, KWG, § 36 Rz. 23a.

schäftsleiters von diesem eine Beseitigung der Mängel unter Hinweis auf die Möglichkeit der Abberufung zu verlangen. Es bleibt abzuwarten, ob sich die BaFin-Praxis in diese Richtung entwickelt.

2.176 Aus dem Gesetzeswortlaut ergibt sich weiter, dass einzelne Verstöße gegen Regelungen trotz vorheriger Verwarnung nicht für ein Abberufungsverlangen ausreichen. Vielmehr muss ein **Verhalten** vorliegen, das fortgesetzt wird. Dies setzt voraus, dass ein inhaltlicher Zusammenhang zwischen mehreren Regelverstößen vorliegt, was allerdings nicht bedeutet, dass es sich um Verstöße gegen gleiche Bestimmungen handeln muss. Es genügt z. B., dass Anzeigepflichten verschiedener Art vernachlässigt oder Kreditbegrenzungen nicht eingehalten werden. Jedenfalls muss ein zeitlicher Zusammenhang zwischen Verwarnung und erneutem Verstoß bestehen. Beachtet der Geschäftsleiter die Verwarnung über einen längeren Zeitraum und verstößt er erst später erneut gegen eine bankaufsichtliche Bestimmung, so ist dies kein fortgesetztes Verhalten. Die BaFin nimmt diesen Zeitraum mit ca. drei Jahren an.

VII. Haftung von Bankvorständen

1. Grundlagen

2.177 Geschäftsleiter haften für die Erfüllung ihrer Vertragspflichten aus ihrem Dienstverhältnis, primär jedoch aufgrund der gesetzlichen **Organhaftung**. Die Haftungsgrundlage ist für Institute der Rechtsform der Aktiengesellschaft oder Genossenschaft weitgehend gleichlautend in § 93 Abs. 2 AktG und § 34 Abs. 2 GenG geregelt. Vorstandsmitglieder, die ihre Pflichten verletzen, sind zum Schadensersatz als Gesamtschuldner verpflichtet.

a) Haftungsgrundlagen für öffentlich-rechtliche Institute

2.178 Für öffentlich-rechtliche Institute ist die Rechtslage hingegen aufgrund **landesrechtlicher Gesetzgebungszuständigkeit und teilweise fehlender Regelungen** differenziert. Eine gesetzlich geregelte Haftungsgrundlage für Sparkassenvorstände enthalten die Sparkassengesetze von Baden-Württemberg, Niedersachsen und den neuen Bundesländern außer Thüringen (§§ 24 Abs. 5 SpkG Baden-Württemberg, § 20 Abs. 4 SpkG Brandenburg, § 20 Abs. 3 SpkG Mecklenburg-Vorpommern, § 10 Abs. 1 Satz 4 SpkG Niedersachsen, § 20 Abs. 3 Sächsisches SpkG und § 20 Abs. 3 SpkG Sachsen-Anhalt). Für die Norddeutsche Landesbank und die Nieders. Förderbank gibt es gleichfalls eine spezifische Regelung in § 9 Abs. 2 des NordLB-Staatsvertrags[102] bzw. § 10 Nieders. FörderbankG. Teilweise wird auch auf die Sorgfalts- und Haftungsregelungen des Aktienge-

---

102) Staatsvertrag zwischen dem Land Niedersachsen, dem Land Sachsen-Anhalt und dem Land Mecklenburg-Vorpommern über die Norddeutsche Landesbank v. 22.8.2007, GVBl., 632.

setzes verwiesen, so z. B. bei der Aufbaubank Thüringen (§ 4 Nr. 3 AufbaubankG Thüringen) und bei der Investitionsbank Hessen (§ 9 Abs. 3 InvestitionsbankG Hessen).

Abgesehen von den Verweisungen auf das Aktiengesetz beschränken sich die genannten **gesetzlichen Regelungen** auf die Feststellung, dass Vorstandsmitglieder, die ihre Pflichten verletzen, der Sparkasse oder der Landesbank zum Ersatz des hieraus entstandenen Schadens verpflichtet sind. Weitere Regelungen, wie sie das Aktien- und Genossenschaftsrecht kennt, z. B. zur Beweislast oder Verjährung, bestehen nicht. Einen mittelbaren Hinweis auf eine bestehende Haftung enthalten die Sparkassengesetze von Rheinland-Pfalz und dem Saarland. Dort ist nämlich geregelt, dass die Entlastung keine Haftungsfreistellung bewirkt, was eine Haftung voraussetzt (§ 19 Abs. 5 Satz 3 SpkG Rheinland-Pfalz und § 24 Abs. 5 Satz 2 Saarländisches SpkG). Eine Regelung im Umkehrschluss, nämlich eine unbeschränkte Haftung, lässt sich auch aus § 20 SpkG Schleswig-Holstein schließen. Diese Bestimmung erklärt die Haftungsbegrenzung des Landesbeamtengesetzes für Mitglieder des Verwaltungsrats und der Ausschüsse für entsprechend anwendbar. Aus dem Fehlen einer entsprechenden Regelung kann für Vorstandsmitglieder auf eine unbeschränkte Haftung geschlossen werden.[103)] 2.179

Für die Sparkassen der Länder ohne gesetzliche Regelung und die weiteren in öffentlicher Rechtsform geführten Landesbanken ist **keine ausdrücklich geregelte Haftungsgrundlage** ersichtlich. Dennoch gilt nach heute h. M.,[104)] dass auch ohne gesetzliche Regelung der allgemeine organisationsrechtliche Grundsatz gilt, der den §§ 93 AktG, 43 GmbHG, 34 GenG zugrunde liegt: Aus der Übertragung der Organfunktion folgt die Verantwortlichkeit für die korrekte Erfüllung der Organaufgabe. Aufgabe und Haftungsverantwortlichkeit bilden eine Einheit, deren Grundlage das **organschaftliche Rechtsverhältnis** zwischen Organmitglied und Unternehmen ist.[105)] Demnach besteht ein organschaftliches Treue- und Pflichtenverhältnis, aus dem das Organmitglied zur sorgfältigen und gewissenhaften Erfüllung seiner Aufgaben verpflichtet ist. Entsteht der Sparkasse oder Landesbank ein Schaden durch die schuldhafte Verletzung dieser Pflichten, so haftet das Organmitglied.[106)] Dies entspricht weitgehend den Regeln des privaten Verbandsrechts, sodass auf dessen Haftungsgrundsätze sowie die Kommentierung und das Fallmaterial, insbesondere zur Aktiengesellschaft, zurückgegriffen werden kann.[107)] 2.180

---

103) Ebenso *Schlierbach/Püttner*, Sparkassenrecht, S. 221 Fn. 1.

104) *Lutter*, Pflichten und Haftung, S. 10 ff.; *Lutter*, BB 2009, 786, 791; *Schlierbach/Püttner*, Sparkassenrecht, S. 221.

105) *Lutter*, Pflichten und Haftung, S. 11.

106) *Lutter*, Pflichten und Haftung, S. 12; *Schlierbach/Püttner*, Sparkassenrecht, S. 220 ff.

107) *Lutter*, Pflichten und Haftung, S. 11 f.

b) Ausnahmsweise Haftungsprivilegierung

2.181 Für die Institute des Finanzsektors gelten grundsätzlich die gleichen Haftungsmaßstäbe wie für andere Unternehmen, also die unbeschränkte Haftung für jede Fahrlässigkeit. Eine Ausnahme wird für die Mitglieder des Vorstands der **bayerischen Sparkassen** vertreten.[108] Diese Auffassung stützt sich darauf, dass das bayerische Sparkassenrecht keine Regelung der Organhaftung enthält, jedoch nach Art. 20 Abs. 2 Bayer. SpkG ergänzend die Bestimmungen des allgemeinen Kommunalrechts heranzuziehen sind. Damit gelte die **kommunalrechtliche Haftungsprivilegierung** auch für die Mitglieder des Vorstands. Diese Auffassung findet eine gewisse Stütze darin, dass die Mitglieder des Vorstands der bayerischen Sparkassen – anders als in den anderen Bundesländern – nicht Bedienstete der Sparkasse, sondern von deren Trägern sind. Dennoch begegnet diese Auffassung angesichts der gleichartigen Aufgaben, Pflichten und Funktionen von bayerischen Sparkassenvorständen im Vergleich zu den Vorständen anderer Sparkassen und Banken rechtspolitischen Bedenken. Auch erscheint die Anwendung des Kommunalrechts keineswegs zwingend. Vielmehr lässt sich die Regelungslücke ebenso wie in den anderen Bundesländern ohne spezifische Organhaftungsregelung durch entsprechende Anwendung der allgemeinen Organhaftungsgrundsätze schließen.[109]

2.182 Eine weitere Besonderheit ergibt sich aus der ausdrücklichen Haftungsprivilegierung im **Niedersächsischen Sparkassengesetz** (NSpkG). Der niedersächsische Gesetzgeber hat den im Referentenentwurf zum UMAG[110] enthaltenen Vorschlag einer Haftungsmilderung übernommen,[111] der letztlich jedoch nicht Eingang in § 93 AktG gefunden hat. § 10 Abs. 1 Satz 5 NSpkG enthält für die Vorstände der Sparkassen eine Haftungsbeschränkung für bestimmte fahrlässig begangene Pflichtverletzungen. Danach liegt eine haftungsbegründende Pflichtverletzung nicht vor, wenn das Vorstandsmitglied **ohne grobe Fahrlässigkeit annehmen durfte, auf der Grundlage angemessener Informationen** zum Wohl der Sparkasse zu handeln. Der Vorstand haftet also auch dann nicht, wenn er leicht fahrlässig keine hinreichenden Informationen eingeholt oder diese nicht sorgfältig genug ausgewertet hat, oder das Unternehmensinteresse mit leichter Fahrlässigkeit fehlerhaft eingeschätzt hat. Dies bedeutet aber nicht, dass der Vorstand generell nur für Vorsatz und grobe Fahrlässigkeit haften würde. Die Haftungserleichterung für niedersächsische Sparkassenvorstände gilt vielmehr nur für die Informationsbeschaffung und -auswertung sowie die Abwägung bei unternehmerischen Entscheidungen, nicht aber für sonstige haf-

---

108) Vgl. *Berg*, BayVBl. 2000, 385 ff.

109) Im Ergebnis ebenso *Lutter*, Pflichten und Haftung, S. 11, 12.

110) Gesetz zur Unternehmensintegrität und Modernisierung des Anfechtungsrechts (UMAG) v. 22.9.2005, BGBl. I, 2802.

111) Näheres zur Gesetzesentwicklung vgl. *Berger*, NSpkG, § 10 Rz. 15 Fn. 49.

tungsbegründende Sachverhalte. Die Haftungsprivilegierung greift z. B. nicht, wenn keine Entscheidungsgrundlagen ermittelt und bewertet, gesetzliche oder satzungsmäßige Bestimmungen verletzt oder das mit der Entscheidung verbundene Risiko in unverantwortlicher Weise falsch eingeschätzt wird.[112] Eine gleichartige Haftungsmilderung gilt für die Vorstände der Norddeutschen Landesbank und der Niedersächsischen Förderbank.

c) Deliktische Haftung

Als weitere Anspruchsgrundlage kommen **deliktische Haftung** gemäß § 823 Abs. 2 und § 826 BGB und § 34 Abs. 5 GenG bei Insolvenz einer Genossenschaft in Betracht. Gleiches gilt für **Direktansprüche** von Gläubigern gegen die Organe des Instituts z. B. nach § 93 Abs. 5 AktG oder § 34 Abs. 5 GenG. Schadensersatzansprüche von Gläubigern gegen Organmitglieder haben in der Finanzwirtschaft bislang – soweit bekannt – in Praxis und Rechtsprechung kaum Bedeutung erlangt. 2.183

Eine prominente Ausnahme stellt jedoch der Rechtsstreit zwischen der Kirchgruppe und der Deutschen Bank bzw. deren früherem Vorstandsvorsitzenden dar (**Kirch-Breuer-Fall**)[113]. Dabei ging es um eine (abgetretene) Schadensersatzforderung eines Unternehmens der Kirch-Gruppe gegen den Sprecher des Vorstands der Deutschen Bank, weil dieser in einer Fernsehsendung geäußert hatte, dass die sanierungsbedürftige Gruppe von den bisherigen Hausbanken keine Kredite mehr erhalten werde. Die stark beachtete Entscheidung des BGH berührt neben komplexen Fragen der Schadenskausalität und der Schutzbereichserstreckung[114]auch banktypische Verhaltenspflichten der Organmitglieder. Der BGH begründet die Haftung mit **Nebenpflichten aus dem besonderen Vertrauensverhältnis** zwischen Bank und Kunde. Eine solche Nebenpflicht aus dem Darlehensvertrag verpflichte zur Rücksichtnahme und Loyalität gegenüber dem Darlehensnehmer und dazu, 2.184

> „die Kreditwürdigkeit des Darlehensnehmers weder durch Tatsachenbehauptungen, auch wenn sie wahr sind, noch durch Werturteile oder Meinungsäußerungen zu gefährden".

Durch die öffentlichen Äußerungen über die fehlende Sanierungsbereitschaft und damit die geringe Kreditwürdigkeit der insolvenzgefährdeten Kreditnehmerin sei diese Loyalitätspflicht verletzt worden. Dies stelle einen Eingriff in das durch § 823 Abs. 1 BGB geschützte Recht am eingerichteten und ausgeübten Gewerbebetrieb dar.

---

112) *Berger*, NSpkG, § 10 Rz. 15.

113) BGH Urt. v. 24.1.2006 – XI ZR 384/03, ZIP 2006, 317 (m. Bespr. *Ehricke/Rotstegge*, S. 925) = WM 2006, 380, dazu EWiR 2006, 289 *(Rösler)*.

114) Hierzu vgl. *Ehricke/Rotstegge*, ZIP 2006, 925 ff.

d) Haftung für Organkredite

2.185 Schließlich besteht nach § 17 KWG eine spezifische Haftung der Mitglieder des Vorstands und des Aufsichtsorgans von Kreditinstituten für **Organkredite**. Werden Kredite an Organmitglieder oder sonstige der Bank nahe stehende natürliche oder juristische Personen gewährt, so bedarf es nach § 15 KWG eines einstimmigen Beschlusses der Geschäftsleiter sowie der Zustimmung des Aufsichtsorgans. Wird dies missachtet, haften die pflichtwidrig handelnden Geschäftsleiter, und zwar ohne dass es auf ein weiteres Verschulden ankommt. Die Haftung besteht sogar dann, wenn Organmitglieder zwar unbeteiligt sind, aber trotz Kenntnis nicht dagegen einschreiten. Fälle der Haftung für fehlerhafte Organkredite nach § 17 KWG sind allerdings selten.

e) Unbeschränkte Haftung

2.186 Die Haftung ist grundsätzlich **unbeschränkt** und soweit gesetzlich geregelt auch unbeschränkbar. Das heißt, die Mitglieder des Vorstands haften auch für leicht fahrlässige Pflichtverletzungen.[115] Die Rechtsprechung hat keine dem Arbeitsrecht vergleichbare Haftungsmilderung etwa aufgrund der Schwere der Aufgabe, die zweifellos vorliegt, oder entsprechend der gefahrgeneigten Arbeit entwickelt. Vielleicht liegt dies auch daran, dass dies zumindest im Bankenbereich in der praktischen Relevanz wenig Unterschied machen dürfte. Die Fälle, die im Bankenbereich aufgegriffen werden, beruhen regelmäßig auf eklatanten Pflichtverstößen mit erheblichen Schadensfolgen, sodass man sich die Frage der leichten oder groben Fahrlässigkeit kaum stellt.

2. Business Judgement Rule

2.187 Der Bundesgerichtshof hat in einem Grundsatzurteil aus dem Jahr 1997[116] – der sog. ARAK/Garmenbeck-Entscheidung – den Handlungsrahmen eines ordentlichen und gewissenhaften Geschäftsleiters abgesteckt:

> „Dem Vorstand muss für die Leitung der Geschäfte ein weiter **Handlungsspielraum** zugebilligt werden, ohne den unternehmerisches Handeln schlichthin nicht denkbar ist. Dieser Handlungsspielraum umfasst auch das bewusste Eingehen geschäftlicher Risiken sowie die Gefahr von Fehlbeurteilungen und Fehleinschätzungen, der jeder Unternehmensleiter, mag er auch noch so verantwortungsbewusst handeln, ausgesetzt ist. Eine Schadensersatzpflicht kommt erst in Betracht, wenn die Grenzen, in denen sich ein von Verantwortungsbewusstsein getragenes, ausschließlich am Unternehmenswohl orientiertes, auf sorgfältige Ermittlung der Entscheidungsgrundlagen beruhendes unternehmerisches Han-

---

115) Eine Ausnahme soll für bayerische Sparkassen gelten, vgl. *Berg*, BayVBl. 2000, 385; eine gewisse Haftungserleichterung gilt auch in Niedersachsen, § 10 Abs. 1 Satz 4 NSpkG.

116) BGH, Urt. v. 21.4.1997 – II ZR 175/95, ZIP 1997, 883 = WM 1997, 970, dazu EWiR 1997, 677 *(Priester)*; Zur Entwicklung der Rechtsprechung vgl. *Goette*, in: FS 50 Jahre BGH, S. 123.

deln bewegen muss, deutlich überschritten sind, die Bereitschaft unternehmerisches Risiko einzugehen in unverantwortlicher Weise überspannt worden ist oder das Verhalten des Vorstands aus anderen Gründen als pflichtwidrig gelten muss."

Diese grundlegende Entscheidung ist in mehreren BGH-Urteilen, die **Kreditinstitute** betrafen, aufgegriffen und vertieft worden. In einer Entscheidung vom 3. Dezember 2001[117] hält der Bundesgerichtshof den Handlungsrahmen für überschritten, 2.188

> „wenn aus der Sicht eines ordentlichen und gewissenhaften Geschäftsleiters einer Genossenschaftsbank das hohe Risiko eines Schadens unabweisbar ist und keine vernünftigen geschäftlichen Gründe dafür sprechen, es dennoch einzugehen."

Eine Pflichtverletzung sei gegeben,

> „wenn das Vorstandsmitglied gegen die in dieser Branche anerkannten Erkenntnisse und Erfahrungssätze verstößt".

Mit seinem Urteil vom 21. März 2005[118] bezieht sich der Bundesgerichtshof auf das Urteil aus 2001 und ergänzt: 2.189

> „Für Vorstandsmitglieder einer Genossenschaftsbank bedeutet dies, dass Kredite grundsätzlich nicht ohne übliche Sicherheiten und nur unter Beachtung der Beleihungsobergrenzen gewährt werden dürfen … . Da sich das Verschulden nur auf die haftungsbegründende Pflichtverletzung und nicht auch auf den haftungsausfüllenden Schaden beziehen muss …, kommt es auf die Vorhersehbarkeit des konkreten Schadens zum Zeitpunkt des Abschlusses des Darlehensvertrags nicht an."

Der mit der ARAK/Garmenbeck-Entscheidung entwickelte weite Handlungsspielraum bezieht sich im Wesentlichen nur auf die Ermessensausübung bei Entscheidungsfindung, nicht auf die Entscheidungsvorbereitung. Die Anwendung der sog. Business Judgement Rule[119] setzt voraus, dass die Entscheidung mit aller Sorgfalt branchenüblich vorbereitet und „das Für und Wider sorgfältig abgewogen" wurden.[120] Der Geschäftsleiter begeht eine grobe Pflichtverletzung, „wenn er nicht auf ausreichender Informationsgrundlage handelt oder bewusst übergroße Risiken, insbesondere Klumpenrisiken eingeht"[121] Hinsichtlich Art und Umfang der Entscheidungsvorbereitung gibt es keinen weiten Ermessensspielraum. Nur wenn dies beachtet wird, darf der Vorstand Risi- 2.190

---

117) BGH, Urt. v. 3.12.2001 – II ZR 308/99, ZIP 2002, 213 = WM 2002, 220, dazu EWiR 2002, 341 *(Schäfer)*.

118) BGH, Urt. v. 21.3.2005 – II ZR 54/03, ZIP 2005, 981 = WM 2005, 933, dazu EWiR 2005, 501 *(Jungmann)*.

119) Ursprünglich im US-amerikanischen Rechtskreis entwickelt, vgl. *Lutter*, ZIP 2007, 841, 842.

120) BGH, Beschl. v. 3.11.2008 – II ZR 236/07, ZIP 2009, 223 = NZR 2009, 117; OLG Dresden, Urt. v. 25.9.2007 – 2 U 318/07, ZBB 2008, 125, dazu EWiR 2008, 139 *(Lieder)*.

121) OLG Düsseldorf, Beschl. v. 9.12.2009 – I 6 W 45/09, NZG 2010, 306, n. rkr.; betraf IKB – Verbriefungsaktionen (Finanzmarktkrise 2008).

ken eingehen, darf sich hinsichtlich künftiger Entwicklungen irren oder, wie der Bundesgerichtshof formuliert, „*Fehlbeurteilungen und Fehleinschätzungen*" unterliegen. Die Vorstandsentscheidung muss also ohne Fahrlässigkeit sorgsam vorbereitet und auf der Grundlage umfassender Information gefasst werden (**Grundsatz der informierten Entscheidung**).

2.191 Die Entscheidung muss außerdem **nachvollziehbar** sein, d. h. ex ante betrachtet müssen für die Entscheidungsfindung vernünftige Gründe vorgelegen haben, wenn auch ebenso vernünftige Gründe eine andere Entscheidung hätten rechtfertigen können. Dass die Entscheidung außerdem gutgläubig, d. h. zumindest aus subjektiver Sicht im Interesse des Unternehmens liegend und neutral – d. h. ohne persönliche Interessen – ergehen muss, ist selbstverständlich.[122)]

Voraussetzung für den von der Rechtsprechung eingeräumten Handlungsspielraum ist also, dass folgende Kriterien beachtet werden müssen:

Die Entscheidung muss auf informierter Grundlage,

- gutgläubig,
- neutral und
- nachvollziehbar getroffen werden.[123)]

3. Bankspezifische Sorgfaltspflichten

2.192 Das Schwergewicht der aus Rechtsprechung und Praxis bekannt gewordenen Haftungsfälle betrifft Pflichtverletzungen im **Zusammenhang mit dem Kreditgeschäft**. Vereinzelt wurden auch Anlageentscheidungen im Wertpapiereigengeschäft zum Gegenstand von Schadensersatzansprüchen gemacht.[124)]

2.193 Die **organisatorischen Anforderungen** gemäß § 25a KWG bzw. der MaRisk[125)] haben maßgebliche Bedeutung für die Haftungsfrage. Werden z. B. die nach den MaRisk jeweils festgelegten Organisationsregelungen zur Funktionstrennung zwischen Markt und Marktfolge und des Zwei-Voten-Prinzips missachtet, liegt ein im Grundsatz haftungsbegründender Pflichtverstoß vor, der in der Regel weder mit dem Argument der ansonsten gegebenen Ordnungsmäßigkeit der Kreditgewährung oder dem Gesichtspunkt pflichtgemäßen Alternativverhaltens (Einholung des Votums der Marktfolge) begegnet werden kann.[126)] Etwas anderes gilt nur, soweit ordnungsmäßige betriebsinterne Regelungen je

---

122) Zu Beispielen, wo dies zweifelhaft sein kann, vgl. *Lutter*, ZIP 2007, 841, 844.

123) Eine anschauliche Erläuterung enthält der Aufsatz von *Lutter*, ZIP 2007, 841, 842 ff.; ferner *Fleischer*, ZIP 2004, 685.

124) *Lutter*, ZIP 2009, 197.

125) Vgl. vorstehend Rz. 2.115.

126) Ebenso *Lehleiter/Hoppe*, BKR 2007, 178, 182.

nach Art, Umfang, Komplexität, Risikogehalt und Kompetenzregelung eine Einzelentscheidung oder Nichtbeachtung eines Votums durch den letzten Kompetenzträger zulassen.

Bearbeitungsfehler werden häufig nicht auf Vorstandsebene, sondern von den zuständigen Bearbeitern verursacht. Eine mangelhafte Aufbau- oder Ablauforganisation begünstigt solche Fehlentwicklungen. Haftungsfälle können sich daher keineswegs nur dann ergeben, wenn der Vorstand selbst an einer Entscheidung unmittelbar beteiligt war, sondern auch aus einer vom Vorstand zu verantwortenden mangelhaften Organisation und **Fehlern auf nachgeordneter Ebene**. Für den Haftungsnachweis stellt sich in diesem Fall zwar ein gewisses Kausalitätsproblem. Generell kann man aber davon ausgehen, dass mangelhafte Vorgaben für die Kreditbearbeitung und Risikokontrolle den Anscheinsbeweis[127] für in diesem Zusammenhang auftretende Fehler der nachgeordneten Stelle und daraus resultierende Schäden erbringen kann. **2.194**

Bei einer **Kreditentscheidung** stellt sich die Frage, ob ein Ausfallrisiko besteht, nicht. Es besteht immer. Entscheidend ist die Frage, wie hoch das Risiko ist und in welcher Relation es zu den Ertragschancen steht. Dies setzt eine auf die Zukunft gerichtete Einschätzung voraus. Daher darf sich die Kreditentscheidung nicht auf eine „Prophezeiung" stützen, sondern auf eine Prognose.[128] Kardinale Bedeutung kommt dabei der **Offenlegung der wirtschaftlichen Verhältnisse** gemäß § 18 KWG zu.[129] Alle z. B. für eine Kreditentscheidung maßgeblichen Zahlen, Fakten und sonstigen Beurteilungsgrundlagen müssen ermittelt, sorgfältig ausgewertet und – notfalls mittels externer Sachkunde – bewertet werden. Hierzu sind zunächst die Ausgangsdaten der wirtschaftlichen Situation des Kreditnehmers als auch Informationen zu den persönlichen Verhältnissen, der fachlichen Erfahrung und dem bisherigen Auftreten des Kreditnehmers sowie Daten des zu finanzierenden Objekts bzw. der Marktstellung und Branche zu ermitteln. **2.195**

Auf Basis dieser Informationen müssen **Prämissen** gesetzt werden, also zukunftsbezogene Annahmen hinsichtlich der weiteren Entwicklung des Kreditnehmers, seiner Strategie und des wirtschaftlichen Umfelds wie Konjunktur, erwartete Preis- und Ertragsentwicklung. Die bei diesen Prämissen unterstellten Annahmen müssen sachlogisch und plausibel sein. Ob sie letztlich eintreten, liegt außerhalb des Verantwortungsbereichs des Entscheidungsträgers. Die **2.196**

---

127) So z. B. bei Verletzung von Verkehrssicherungspflichten, BGH, Urt. v. 4.10.1983 – VI ZR 98/82, NJW 1984, 432; zum Anscheinsbeweis generell vgl. Baumbach/Lauterbach-*Hartmann*, ZPO, Anh. zu § 266 Rz. 22 ff.; *Oetker* in: MünchKomm-BGB, § 249 Rz. 421 ff.

128) Eine scharfsinnige Analyse dazu enthält ein Aufsatz von *M. Schmidt*, ZBB 2006, 31.

129) Vgl. z. B. BGH, Urt. v. 3.12.2001 – II ZR 308/99, ZIP 2002, 213 = WM 2002, 220; BGH, Urt. v. 21.3.2005 – II ZR 54/03, ZIP 2005, 981 = WM 2005, 933.

ermittelten Daten müssen richtig, vollständig und relevant sein. Die zukunftsbezogenen Prämissen müssen plausibel, relevant und neutral sein.[130] Die auf dieser Basis getroffene **Entscheidung muss vertretbar und nachvollziehbar** sein, braucht sich aber im Nachhinein nicht als erfolgreich erweisen. Solange die Entscheidung in dem beschriebenen weiten unternehmerischen Handlungsspielraum auf informierter Basis getroffen wurde, ist sie nicht pflichtwidrig. Sie wird auch nicht dadurch widerlegt, dass nachgewiesen wird, dass z. B. ein gegenteiliges Votum auf gleicher Entscheidungsgrundlage die sich nachträglich als richtig erweisende Handlungsalternative vorgeschlagen hatte. Vielmehr ist dies genau der Gegenstand des unternehmerischen Entscheidungsspielraums.

2.197 Eine besondere Situation stellt sich für den Bankenvorstand **bei Sanierungskrediten**, wenn entschieden werden muss, ob ausfallgefährdete Kredite durch weitere Kreditvergaben gerettet werden können. Ein signifikantes Beispiel einer solchen Situation hatte das Kammergericht bei seinem Urteil vom 22. März 2005[131] zu entscheiden. Es ging um die Finanzierung von Plattenbauten. Die wirtschaftlich wenig erfahrenen Initiatoren hatten bereits erhebliche Kredite von der Bank zum Ankauf und zur Sanierung von Plattenbauten bekommen, waren in einer kritischen wirtschaftlichen Situation, hatten sich aber dennoch zum Kauf und zur Sanierung weiterer Plattenbauten verpflichtet, was die Bank finanzierte. Das Gericht beurteilt einen solchen Fall wie folgt:

> „In dieser Situation bestand für die ... Bank die Entscheidungslage, entweder ... die geschäftlichen Aktivitäten der A. weiter zu fördern oder die neuen Kredite zu versagen und somit ... die A. zumindest in erhebliche wirtschaftliche Schwierigkeiten mit der Gefahr des finanziellen Zusammenbruchs und damit auch ...eines Ausfalls des bisherigen Kreditengagements zu bringen ... In dieser Situation haben die Beklagten nicht gegen ihre Sorgfaltspflichten verstoßen, indem sie sich für die erste Handlungsalternative entschieden und der A. trotz der kritischen Anmerkungen des internen Revisionsberichtes ... die zu dieser Zeit erforderlichen weiteren Ankaufkredite bewilligt haben ... ."

2.198 Diesen Ausführungen ist im Grundsatz zuzustimmen. Allerdings wurde in der Literatur Kritik an der Entscheidung geübt.[132] Diese bezog sich aber nicht auf die grundsätzlichen Ausführungen, sondern darauf, dass das Gericht sich zu wenig mit der **Tatsachengrundlage** auseinandergesetzt habe. So sollen neben der mangelnden Berücksichtigung der fehlenden kaufmännischen und technischen Erfahrung der Initiatoren vor allem auch erhebliche technische Fehler bei der Grundlagenermittlung gemacht worden sein. Dies wären typische Fehler bei der Ermittlung der Entscheidungsgrundlage.

---

130) Zu Informationspflichten und Entscheidungsermessen im Zusammenhang mit den Ursachen der Bankenkrise 2008 vgl. *Lutter*, ZIP 2009, 197, 199.

131) KG Berlin, Urt. v. 22.3.2005 – 14 U 248/03, ZIP 2005, 1866 = WM 2005, 1570, dazu EWiR 2006, 97 *(Drescher)*.

132) *M. Schmidt*, ZBB 2006, 31, 38.

Das Urteil enthält noch einen anderen Aspekt zur Anwendung des § 18 KWG. Auf den ersten Blick betrachtet – und von der Bankenaufsicht nicht selten als erschwerendes Kriterium herangezogen – scheint bei **ausfallgefährdeten Krediten** eine besondere Sorgfalt hinsichtlich der Offenlegung der wirtschaftlichen Verhältnisse erforderlich zu sein. Sofern man solche Unterscheidungen überhaupt trifft, ist eher das Gegenteil der Fall. Wenn die Bank nämlich weiß, dass ihr Kreditnehmer mehr oder minder zahlungsunfähig ist, nutzen ihr ordnungsgemäß unterschriebene Bilanzen oder die Erfüllung sonstiger mehr formaler Anforderungen des § 18 KWG wenig. In dieser Situation sind Prognoseentscheidungen über den Sanierungsplan, den Objektwert und allenfalls die Sicherheitenbewertung die maßgeblichen Entscheidungsgrundlagen. Auch hierzu hat das vorstehend zitierte Urteil des Kammergerichts interessante Aspekte beleuchtet: 2.199

> „Jedoch waren sich die Beklagten bereits auf Grund des ihnen vorliegenden bzw. bekannten Entwurfes des Revisionsberichtes bewusst, dass die Bonität der Initiatoren persönlich nicht ausreichte, ein Kreditvolumen in dieser Größenordnung zu bewegen. Eine weitere Prüfung deren Bonität war damit entbehrlich, da damit bereits feststand, dass die Vermögenslage allein der Initiatoren an sich nicht ausreichte, eine weitere Kreditvergabe zu rechtfertigen. Der Vorschrift des § 18 KWG war damit im Ergebnis Genüge getan, da die Beklagten schon auf Grund des Revisionsberichtes ein hinreichend klares Bild von den mit der Kreditvergabe verbundenen Risiken hatten ... ."

Eine Pflichtverletzung liegt bei **Gesetzesverstößen**, Verstößen gegen die Satzung oder Kompetenzüberschreitungen stets vor.[133)] Nach der Rechtsprechung[134)] soll es in einem solchen Fall keine Entlastungsmöglichkeit geben und insbesondere der Gegenbeweis, dass der Schaden auch bei rechtmäßigem Alternativverhalten eingetreten wäre, ausgeschlossen sein. Hinsichtlich Gesetzesverletzungen muss man diesen Grundsatz auf die Verletzung harter Normen, also solcher, die ohne Beurteilungs- oder Auslegungsspielräume unmittelbar anwendbar sind, beschränken. Andernfalls wäre z. B. bei einer auch nur unbedeutenden Verletzung des § 18 KWG immer ein Schadensersatzanspruch gegeben, ohne dass der Nachweis erlaubt wäre, dass auch bei sorgfältigerer Anwendung der Offenlegungsbestimmungen der Kredit vergeben worden wäre. 2.200

4. Gesamtverantwortung und Zurechnung

Die Schadensersatzpflicht setzt ebenso wie eine Verwarnung oder ein Abberufungsverlangen der Bankenaufsicht nach § 36 Abs. 2 KWG die persönliche Verantwortlichkeit des Anspruchsgegners voraus. Der Verweis auf die organschaftliche Gesamtverantwortung jedes Geschäftsleiters genügt aber für den 2.201

---

133) Vgl. *Lutter*, ZIP 2007, 841, 842.

134) Vgl. z. B. BGH, Urt. v. 4.11.1996 – II ZR 48/95, ZIP 1996, 2164 = WM 1996, 2340; OLG Koblenz, Urt. v. 24.9.2007 – 12 U 1437/04, NZG 2008, 280 = Beck RS 2008, 2728.

Nachweis der persönlichen Verantwortlichkeit nicht. Die **Gesamtverantwortung** als Mitglied des Geschäftsführungsorgans bedeutet nämlich nicht, dass jeder Geschäftsleiter für alles verantwortlich wäre. Sie beinhaltet vielmehr eine Mitverantwortung für nicht delegierbare Entscheidungsgegenstände, so also insbesondere für die Unternehmensstrategie oder für Einzelentscheidungen von fundamentaler Bedeutung für das Unternehmen. Unterhalb dieser Ebene bewirkt das **Delegationsprinzip**,[135] dass sich die Verantwortlichkeit auf Sekundärpflichten beschränkt. Bei der horizontalen Delegation, also bei der Arbeitsteilung zwischen den Vorstandsmitgliedern, beschränkt sich die Vorstandspflicht auf eine Plausibilitätskontrolle wichtiger Entscheidungen und eine verstärkte Überwachung bei Auffälligkeiten des zuständigen Vorstands. Auf der horizontalen Ebene erfüllt der Vorstand seine Pflichten, wenn er die Delegation aufgrund einer sorgfältigen Auswahl der beauftragten Mitarbeiter sachgerecht organisiert und diese ausreichend überwacht, wobei gleichfalls bei Auffälligkeiten eine intensivere Überwachung erforderlich ist.[136] Der Vorstandsvorsitzende hat im Hinblick auf die Plausibilitätskontrolle und die Überwachung der Mitarbeiter grundsätzlich keine herausgehobene Aufgabe.[137]

5. Darlegungs- und Beweislast

2.202 § 93 Abs. 2 Satz 2 AktG und ebenso § 34 Abs. 2 Satz 2 GenG sehen eine **Umkehr der Beweislast**[138] vor. Ist streitig, ob die Sorgfalt eines ordentlichen und gewissenhaften Geschäftsleiters angewandt wurde, so trifft den Geschäftsleiter die Beweislast. Obwohl es dafür keine gesetzliche Regelung gibt, wendet der Bundesgerichtshof die Umkehr der Beweislast auch für die GmbH an, zumal die Beweislastumkehr von der Rechtsprechung bereits angewandt wurde, als es eine gesetzliche Regelung hierfür noch nicht gab.[139] Es ist daher davon auszugehen, dass dies für Sparkassen gleichfalls gilt. Ein Problem besteht für den verklagten Vorstand, wenn er aus dem Unternehmen ausgeschieden ist. Im letzteren Fall gewährt die Rechtsprechung dem Vorstand umfangreiche Informations- und Einsichtsrechte zu den schadensbegründenden Vorgängen.[140]

---

135) Vgl. z. B. *Spindler* in: MünchKomm-AktG, § 93 Rz. 131 ff.; ähnlich *Großfeld/Noelle*, AG 1986, 275, 278.

136) Boos/Fischer/Schulte-Mattler-*Fischer*, KWG, § 36 Rz. 15, vgl. ferner oben Rz. 2.165.

137) BGH, Urt. v. 6.4.2000 – 1 StR 280/99, NJW 2000, 2364, 2366 = ZIP 2000, 1210, dazu EWiR 2001, 391 *(Marxen/Karitzky)*.

138) Ausführlich zu Darlegungs- und Beweislast, Krieger/Schneider-*Kurzwelly*, Hdb. Managerhaftung, § 12.

139) Vgl. BGH, Urt. v. 4.11.2002 – II ZR 224/00, ZIP 2002, 2314 = WM 2002, 2509, dazu EWiR 2003, 225 *(Schimmer)*. Die Entscheidung verweist u. a. auch auf die historische Entwicklung dieser Rechtsprechung vor der gesetzlichen Regelung.

140) BGH, Urt. v. 4.11.2002, ZIP 2002, 2314, 2316 = WM 2002, 2509, dazu EWiR 2003, 225 *(Schimmer)*.

Wird das Einsichtsrecht z. B. aus Gründen der Vertraulichkeit nicht gewährt, dreht sich die Beweislast wieder um.

Nach dieser Beweislastregel muss die Bank darlegen und ggf. beweisen, dass ein Schaden entstanden ist sowie den Zurechnungszusammenhang, also dass die **Schadensursache typischerweise aus dem Pflichtenkreis des Vorstands** stammt, wobei der Bank die Beweiserleichterungen des § 287 ZPO zugute kommen können.[141] Das Vorstandsmitglied muss seine *Haftungsentlastung darlegen und beweisen*, also vor allem, dass es die Sorgfalt eines ordentlichen und gewissenhaften Geschäftsleiters beachtet hat. Dazu gehört der Nachweis der sorgfältigen Auswahl der an der Schadensverursachung beteiligten Mitarbeiter bzw. einer hinreichenden Organisation und Kontrolle seines Verantwortungsbereichs sowie einer aktiven Mitwirkung und Überwachung der grundlegenden Entscheidungen aller Vorstandsmitglieder. Außerdem steht ihm die Entlastungsmöglichkeit des rechtmäßigen Alternativverhaltens offen, also dass der Schaden auch dann entstanden wäre, wenn er sich rechtmäßig verhalten hätte. 2.203

6. Pflicht zur Anspruchsverfolgung

Das Aufsichtsorgan oder der Verwaltungsrat ist verpflichtet, mögliche Schadensersatzansprüche aus Pflichtverletzungen des Vorstands zu prüfen und ggf. auch zu verfolgen. Anderenfalls macht er sich selbst schadensersatzpflichtig. Dieser Grundsatz ergibt sich aus der schon zitierten ARAK/Garmenbeck-Entscheidung. Mit der Stärkung der Aktionärsrechte durch das UMAG samt Erweiterung des Klagezulassungsverfahrens für Aktionäre (§§ 147 Abs. 1 Satz 1 und 148 Abs. 1 AktG) wurde die Pflicht zur Anspruchsverfolgung noch verstärkt.[142] Dem Aufsichtsorgan steht grundsätzlich **kein autonomer Ermessenspielraum** zu, wenn positive Aussicht auf Durchsetzung der Ansprüche besteht und überwiegende Interessen des Unternehmenswohls nicht entgegenstehen. 2.204

Hinsichtlich der **Berücksichtigung von Unternehmensinteressen** ist die ARAK/Garmenbeck-Entscheidung hinreichend flexibel formuliert. Ob das Aufsichtsorgan realistische Schadensersatzansprüche verfolgt, darf er anhand eines Kosten-Nutzen-Vergleichs entscheiden. Der Bundesgerichtshof führt hierzu wörtlich aus: 2.205

> „Davon – also von der Geltendmachung des Schadensersatzanspruchs – darf er nur dann ausnahmsweise absehen, wenn gewichtige Gründe des Gesellschaftswohls dagegen sprechen und diese Umstände die Gründe, die für eine Rechtsverfolgung sprechen, überwiegen oder ihnen zumindest gleichwertig sind. In diesem

141) Vom BGH zuletzt bestätigt durch Beschl. v. 7.1.2007 – II ZR 304/04, ZIP 2007, 322 = DStR 2007, 402.

142) Vgl. *Redeke*, ZIP 2008, 1549.

Zusammenhang können ... Gesichtspunkte wie negative Auswirkungen auf Geschäftstätigkeit und Ansehen der Gesellschaft in der Öffentlichkeit, Behinderung der Vorstandsarbeit und Beeinträchtigung des Betriebsklimas durchaus Bedeutung haben."

2.206 Bei konkreten Anhaltspunkten hat der Aufsichtrat daher sorgfältig und sachgerecht zu analysieren, ob Pflichtverletzungen des Vorstands in Betracht kommen und daraus ein Schadensersatzanspruch resultiert. Ist dies der Fall hängt die Anspruchsverfolgung vor allem von

- Rechts- und Beweisrisiken,
- Kosten der Rechtsverfolgung,
- Beitreibbarkeit (Bonität oder Deckung durch D&O) und evtl.
- gegenläufigen überwiegenden Interessen des Unternehmenswohls

im **Verhältnis zur Schadenshöhe** ab.

Bei der Beurteilung der Unternehmensinteressen kommen insbesondere folgende Gesichtspunkte in Betracht:

- Öffentlichkeitswirkung für das Unternehmen (z. B. schwarze Liste, Ratingverschlechterung),
- Gefährdung von Umstrukturierungs- oder Sanierungsbemühungen,
- negative personelle Konsequenzen (z. B. Verlust von Führungsteams),
- Betriebsklima,

andererseits

- Präventionsgesichtspunkte,
- negative Öffentlichkeitswirkung bei Verfolgungsverzicht.

2.207 Bei Kreditinstituten dürfte die Öffentlichkeitswirkung eine besondere Rolle spielen. Denn Banken sind besonders **vertrauensempfindliche Institute**. Langwierige und meistens in der Öffentlichkeit ausgebreitete Rechtsstreitigkeiten um Versäumnisse ehemaliger Vorstände schaden dem Ansehen einer Bank regelmäßig. Wenn es sich um ein ehemaliges, z. B. fusioniertes Sanierungsinstitut handelt, werden außerdem Probleme, über die inzwischen Gras gewachsen ist, wieder hochgepflügt. Derartiges kann sogar auf das Rating einer Bank Einfluss haben. Betrachtet man auf der anderen Seite das vollstreckbare Vermögen eines durchschnittlichen Bankvorstands und die hohen Risiken und Kosten der Rechtsverfolgung, so wird das leicht ein Verlustgeschäft, da auch bei einem erfolgreichen Verfahren die Rechtsverfolgungskosten von der vollstreckbaren Masse abgehen.

2.208 Steht allerdings eine **D&O-Versicherung** im Hintergrund, so wird das Aufsichtsorgan kaum zu dem Ergebnis kommen können, dass der Aufwand die Mühe nicht lohnt. Kommt der Aufsichtsrat zu einem negativen Ergebnis, kann die Hauptversammlung mit einfacher Mehrheit oder auch eine Minderheit von

Aktionären nach § 148 AktG die Klagezulassung zur Geltendmachung von Schadensersatzansprüchen im eigenen Namen beantragen.

7. Verjährung

Der Organhaftungsanspruch verjährt gemäß § 93 Abs. 6 AktG, § 34 Abs. 6 GenG **fünf Jahre nach Entstehung des Schadens**. Dies scheint ein langer Zeitraum, ist es aber häufig nicht, weil der Schaden meist erst später erkannt wird. Denn es kommt nicht auf die Kenntnis des Organs an, das den Schadensersatzanspruch geltend macht, sondern auf den Eintritt des Schadens. Dabei nimmt die Rechtsprechung einen Schaden nicht erst dann an, wenn er der Höhe nach feststeht. Es genügt, dass der Schaden dem Grunde nach entstanden ist, also eine Sorgfaltspflichtverletzung eine Verschlechterung der Vermögenslage bewirkt, ohne dass zu diesem Zeitpunkt bereits feststeht, ob der Schaden bestehen bleibt und in welcher Höhe er entsteht.[143] Es genügt also, dass eine Feststellungsklage erfolgreich erhoben werden könnte. 2.209

Dies wirft in der Praxis erhebliche Probleme auf. Denn mögliche Pflichtwidrigkeiten des Vorstands bei Kreditvergabe sind zunächst schwer erkennbar. Wenn z. B. die Bonität des Kreditnehmers oder die Sicherheiten aufgrund pflichtwidrig fehlerhaft ermittelter Beurteilungsgrundlagen zu günstig eingeschätzt werden, ist ein Schaden zwar latent angelegt, aber noch **nicht erkennbar**. Eine bloße Vermögensgefährdung durch die Eingehung der Kreditengagements reicht jedoch nicht aus, um die Verjährung in Lauf zu setzen. Durch die Verletzungshandlung muss eine – als Schaden anzusehende – Verschlechterung der Vermögenslage eintreten, ohne dass allerdings zu diesem Zeitpunkt bereits feststehen muss, ob der Schaden bestehen bleibt und damit endgültig wird. Selbst wenn der Bericht des Jahresabschlussprüfers Mängel z. B. bei der Offenlegung der wirtschaftlichen Verhältnisse feststellt, ist zu diesem Zeitpunkt nicht zwangsläufig auch ein Schaden erkennbar. Dies ist erst dann der Fall, wenn eine Wertberichtigung erforderlich wird.[144] Solange der Kreditnehmer seine Verbindlichkeiten noch erfüllen kann und keine nachhaltige Sicherheitenverschlechterung oder eine Korrektur der Sicherheitenbewertung erfolgt, ist eine Wertberichtigung auch nicht möglich. 2.210

Vor dem **Erfordernis einer Wertberichtigung** ist ein Schaden, der über das allgemeine Kreditrisiko hinausgeht, noch nicht konkretisierbar. Daher wäre auch eine Klage auf Feststellung der Schadensersatzpflicht kaum erfolgreich. Dies spricht dafür, den maßgebenden Zeitpunkt erst dann anzunehmen, wenn entweder eine Wertberichtigung gebildet wird oder bei ordnungsmäßiger Beurteilung der zu diesem Zeitpunkt in der Bank bereits bekannten Tatsachen gebildet 2.211

143) BGH, Urt. v. 23.3.1987 – II ZR190/86, BGHZ 100, 228, 233 = ZIP 1987, 776, dazu EWiR 1987, 739 *(K. Müller)*.

144) *Fischer*, DStR 2007, 1083, 1088.

werden müsste.[145] In der Praxis kann selbst danach noch ein langer Zeitraum vergehen, bevor dem Aufsichtsorgan realistischerweise bekannt werden kann, dass bestimmte Wertberichtigungen auf Pflichtverletzungen des Vorstands beruhen. Rechtsprechung hierzu ist bislang nicht bekannt.

2.212 Bei **Sparkassen** und anderen öffentlich-rechtlichen Kreditinstituten ist die Frage der Verjährungsfrist offen. Obwohl in einigen Sparkassengesetzen Regelungen zur Haftung des Vorstands getroffen sind, findet sich keine Bestimmung über die Verjährung. Ob eine Analogie zur fünfjährigen Verjährungsfrist des Aktienrechts veranlasst ist, ist bislang nicht entschieden. Die insoweit spärliche sparkassenrechtliche Literatur[146] vertritt die Auffassung, es gelte die gesetzliche, also die dreijährige Verjährungsfrist nach Kenntniserlangung durch den Verwaltungsrat. Die Begründung, dass die Unterlassung einer ausdrücklichen Regelung die Anwendung der gesetzlichen Verjährungsfrist gebiete,[147] erscheint nicht überzeugend. Die sparkassenrechtlichen Bestimmungen enthalten entweder gar keine oder nur rudimentäre Regelungen zur Organhaftung.[148] Dass Organhaftungsansprüche auch ohne gesetzliche Regelung bestehen, ist hingegen h. M.[149] Dies setzt die analoge Anwendung der gesellschaftsrechtlichen Haftungsregelungen voraus, die konsequenter Weise auch die Verjährung umfassen.[150]

8. Wirkung der Entlastung

2.213 § 93 Abs. 4 Satz 2 AktG schließt einen Haftungsverzicht durch den Aufsichtsrat ausdrücklich aus. Die mit der Feststellung des Jahresabschlusses regelmäßig verbundene Entlastung bewirkt also **keinen Haftungsverzicht**. Das Genossenschaftsrecht kennt eine solche Regelung nicht. Trotzdem gilt im praktischen Ergebnis kaum etwas anderes. Denn der Bundesgerichtshof hat den Grundsatz aufgestellt, dass eine Verzichtswirkung nur dann eintreten kann, wenn das Entlastungsorgan den Schaden und die schadensbegründenden **Umstände kennt**. In einer Entscheidung vom 3. Dezember 2001[151] hat er die Verzichtswirkung selbst in einem Fall abgelehnt, in dem der Generalversammlung über Probleme mit der Kreditvergabe berichtet und deutliche Kritik an der vom Vorstand ein-

---

145) OLG Frankfurt, Urt. v. 12.12.2007 – 17 U 111/07, AG 2008, 453.

146) *Berger*, NSpkG, § 10 Rz. 14 mit unzutreffendem Verweis (vgl. dort Fn. 47) auf Palandt-*Heinrichs*, BGB, § 195 Rz. 20; *Klüpfel/Gaberdiel/Gnamm/Höppel*, SpkG BW, § 25 Anm. V.6.

147) *Klüpfel/Gaberdiel/Gnamm/Höppel*, SpkG BW, § 25 Anm. V.6.

148) Vgl. vorstehend Rz. 2.169.

149) *Lutter*, Pflichten und Haftung, S. 10 ff.; *Lutter*, BB 2009, 791; *Schlierbach/Püttner*, Sparkassenrecht, S. 221.

150) *Lutter*, Pflichten und Haftung, S. 11.

151) BGH, Urt. v. 3.12.2001 – II ZR 308/99, ZIP 2002, 213 = WM 2002, 220, dazu EWiR 2002, 341 *(Schäfer)*.

geschlagenen Kreditpolitik formuliert wurden. Ansprüche, die aus dem Bericht nicht oder in wesentlichen Punkten nur so unvollständig erkennbar sind, dass die Tragweite der Entlastungsentscheidung nicht voll überblickbar ist, werden nach Auffassung des Bundesgerichtshofs von der Verzichtswirkung nicht erfasst. Da der Generalversammlung bzw. der Vertreterversammlung einer Genossenschaftsbank der Prüfungsbericht nicht vorliegt und auch kaum je über einzelne Kreditausfälle samt der schadensbegründenden Maßnahmen berichtet wird, kommt damit eine Haftungsentlastung in der Genossenschaftsorganisation praktisch nicht in Betracht.

Im **Sparkassenrecht** ist dies etwas anders. In einer Reihe von Bundesländern ist zwar – ebenso wie im Aktienrecht – die Verzichtswirkung ausdrücklich gesetzlich ausgeschlossen, in anderen aber nicht. In den letzteren Bundesländern, z. B. in Baden-Württemberg, Bayern, Niedersachsen und in drei neuen Bundesländern, gilt keine solche Regelung. Dort erhält der Verwaltungsrat den Prüfungsbericht und kann somit von kritischen Feststellungen Kenntnis nehmen. Daher ist für diese Länder vertretbar, dass die Entlastung einen Haftungsverzicht zumindest dann bewirkt, wenn die Umstände von Schaden und Pflichtwidrigkeit aus dem Prüfungsbericht erkennbar sind.[152] In Baden-Württemberg und einigen neuen Bundesländern darf die Entlastung nur nach Bestätigung der Sparkassenaufsichtsbehörde erteilt werden. Die Verweigerung der Zustimmung ist allerdings an eng auszulegende Kriterien der Feststellungen des Jahresabschlussprüfers gebunden.[153] Wird die Bestätigung erteilt, ist dies daher kein Indiz für eine Haftungsentlastung. 2.214

Außerdem kann der **Entlastungsbeschluss anfechtbar** sein, nämlich dann, wenn Gegenstand der Entlastung ein Verhalten ist, das eindeutig einen schweren Gesetzes- oder Satzungsverstoß darstellt.[154] Auch kommt eine Anfechtung in Betracht, wenn das Aufsichtsorgan die Entlastung aus grob sachwidrigen Gründen – wie persönlichen Verflechtungen, kollusives Zusammenwirken bei der Schadensstiftung u. a. – erteilt. 2.215

VIII. Anforderungen an Mitglieder des Aufsichtsorgans

1. Sachkunde und Zuverlässigkeit

Die besonderen Qualifikationsanforderungen des § 33 Abs. 2 KWG für Geschäftsleiter muss ein Mitglied des Aufsichtsorgans nicht aufweisen, sondern die eines **ordentlichen und gewissenhaften Überwachers** eines gleichartigen Instituts. Für Kreditinstitute werden allgemeine wirtschaftliche Erfahrung und 2.216

---

152) H. M. z. B. *Schlierbach/Püttner*, Sparkassenrecht, S. 261; *Berger*, NSpkG, § 23 Rz. 22 m. w. N.

153) Näheres vgl. *Fischer*, WM 2007, 1005.

154) BGH, Urt. v. 25.11.2002 – II ZR 133/01, ZIP 2003, 387 (m. Anm. *Streit*, S. 392) = ZBB 2003, 202.

Grundkenntnisse der spezifischen Geschäfte, die das Institut betreibt, samt deren Risiken und des allgemeinen Organisationsablaufs, ferner Kenntnisse der Rechtsgrundlagen des Instituts samt Bankaufsichtsrecht für notwendig gehalten. Die Organmitglieder müssen diejenigen Mindestkenntnisse und -fähigkeiten besitzen oder sich aneignen, die notwendig sind, um alle normalerweise anfallenden Geschäftsvorgänge ohne fremde Hilfe verstehen und sachgerecht beurteilen zu können. Die Sachkunde muss so weit reichen, dass das Mitglied imstande ist, die vorgelegten Unterlagen einschließlich Bilanz und Prüfungsbericht zu verstehen, ggf. Ergänzungen zu fordern und aufgrund dieser Information die Situation des Instituts, die Vorstandsarbeit und die zu treffenden Entscheidungsgegenstände zu beurteilen.

2.217 Die Einschaltung von Außenstehenden als **ständige Berater** zur Erledigung von Vorbereitungsarbeiten für Aufsichtsrats- oder Verwaltungsratssitzungen sind unzulässig. Darunter würde nicht nur die Vertraulichkeit, sondern auch das Prinzip der Eigenverantwortlichkeit leiden. Allerdings können von einem Aufsichtsratsmitglied nicht auf allen Gebieten Spezialkenntnisse der sehr komplexen bankgeschäftlichen und organisatorischen Abläufe verlangt werden. Es ist dann Sache des Organs, in konkreten Einzelfällen externe Sachkunde einzuholen.

2.218 Für **Sparkassen** gelten einige Besonderheiten. Neben der Überwachungsaufgabe bestimmt der Verwaltungsrat nach den Sparkassengesetzen der Länder[155)] auch die Richtlinien der Geschäftspolitik. Damit ist das Management-System der Sparkassen tendenziell auf eine engere Verzahnung der Aufgaben von Vorstand und Verwaltungsrat als bei der Aktiengesellschaft angelegt.[156)] Der Sorgfaltsmaßstab ist in den Sparkassengesetzen weniger detailliert, aber im Grundsatz ähnlich wie für Aufsichtratsmitglieder formuliert. Er bemisst sich an den Anforderungen an einen ordentlichen und gewissenhaften Überwacher in einem Kreditinstitut eigener Prägung bzw. der Sorgfalt eines ordentlichen Kaufmanns (so z. B. § 19 Abs. 1 Satz 2 SpkG BW und § 14 Abs. 1 Satz 1 Sächsisches SpkG).

2. Bankaufsichtliches Sachkundeerfordernis

a) Regelung in § 36 Abs. 3 KWG

2.219 Die **allgemeinen Sachkundeanforderungen** des Gesellschafts-, Genossenschafts- und Sparkassenrechts für die Mitglieder der Aufsichtsorgane wurden für Kredit – und Finanzdienstleistungsinstitute mit dem Gesetz zur Stärkung der Finanzmarkt- und Versicherungsaufsicht vom 29. Juli 2009[157)] im Bankauf-

155) Außer in Niedersachsen, wo der Verwaltungsrat den Vorstand nur berät und dessen Geschäftsführung überwacht – vgl. § 16 Abs. 1 Nieders. SpkG.

156) *Lutter*, Pflichten und Haftung, S. 138 f.

157) BGBl. I 2009, 2305.

sichtsrecht konkretisiert. Nach dem zum 1. August 2009 in Kraft getretenen § 36 Abs. 3 KWG müssen die Mitglieder des Verwaltungs- oder Aufsichtsorgans eines Instituts zuverlässig sein und

> „die zur Wahrnehmung der Kontrollfunktion sowie zur Beurteilung und Überwachung der Geschäfte, die das Unternehmen betreibt, erforderliche Sachkunde besitzen. Dabei sind der Umfang und die Komplexität der von dem Institut betriebenen Geschäfte zu berücksichtigen".[158)]

Außerdem beschränkt § 36 Abs. 3 Satz 5 KWG den **Wechsel von Geschäftsleitern in das Aufsichtsorgan**, wenn bereits zwei ehemalige Geschäftsleiter des Unternehmens dort Mitglied sind. Dies entspricht einer Forderung des Deutschen Corporate Governance Kodex.[159)] Es besteht eine Anzeigepflicht für die Bestellung eines Mitglieds des Verwaltungs- und Aufsichtsorgans, bei der Angaben zur Beurteilung der Zuverlässigkeit und Sachkunde (Einreichung von Lebenslauf – entsprechend § 5 AnzV, Führungszeugnis nach § 30 Abs. 5 BZRG, Straffreiheitserklärung) gemacht werden müssen (§ 24 Abs. 1 Nr. 15 KWG). Die BaFin überwacht die Zuverlässigkeits- und Sachkundeanforderungen und kann die Abberufung der Mitglieder des Aufsichtsorgans verlangen (dazu nachfolgend Rz. 2.246). 2.220

b) Unzureichende Sachkunde in der Praxis

Die **tatsächlich vorhandene Sachkunde** dürfte zumindest bei den kleinen und mittleren Instituten trotz der auch bisher bestehenden gesetzlichen Anforderungen diesem Standard kaum entsprechen. Die Wahl der Mitglieder in die Verwaltungsräte von Sparkassen folgt großenteils kommunalpolitischen Gepflogenheiten. Parteipolitische Verdienste dürften nicht selten das wirtschaftliche Sachkundeerfordernis überlagern, was dazu führt, dass auch Verwaltungsangestellte, Hausfrauen, Lehrer, usw. ohne hinreichende bankwirtschaftliche Erfahrung Mitglieder des Verwaltungsrats werden. Nicht viel anders sind die Verhältnisse bei kleinen und mittleren Kreditgenossenschaften. Hinzu kommt, dass nach den meisten Sparkassengesetzen der Hauptverwaltungsbeamte oder der Landrat oder Bürgermeister geborener Vorsitzender des Verwaltungsrats ist, also eine Auswahl nach Sachkundekriterien gar nicht erfolgen kann. Trotzdem ist nicht zu verkennen, dass diese allenfalls partiell sachkundeorientierte Besetzungspraxis der Aufsichtsorgane von Sparkassen und Kreditgenossenschaften diesen Organisationen offenbar keine signifikanten Nachteile gebracht haben, wie deren hohe Wirtschaftlichkeit und **Krisenfestigkeit** im Vergleich zu den Großinstituten – jüngst auch im Zusammenhang mit der Finanzmarktkrise 2008/2009 – belegt. 2.221

---

158) Zu Einzelheiten der gesetzlichen Regelung vgl. auch *Hingst/Himmelreich/Krawinkel*, WM 2009, 2016.

159) Deutscher Corporate Governance Kodex v. 26.2.2002 in der Fassung der Neubekanntmachung im elektronischen Bundesanzeiger v. 24.7.2006, 5.4.2.

2.222 Schließlich dürfte auch bei der **Arbeitnehmerseite** im Aufsichtsorgan die wirtschaftliche Sachkunde im Verhältnis zum Gesichtspunkt der Interessenvertretung nicht die primäre Rolle spielen. Bei Arbeitnehmervertretern aus dem eigenen Unternehmen kann allerdings davon ausgegangen werden, dass sie zumindest aufgrund ihrer Berufstätigkeit über allgemeine kreditwirtschaftliche Kenntnisse verfügen und die Spezifika des eigenen Unternehmens kennen. Bei externen Gewerkschaftsvertretern erscheint dies nicht unbedingt gewährleistet.

c) Großzügige Kriterien der Gesetzesbegründung

2.223 Diese Problemlage war dem Gesetzgeber bekannt. Die Bundesregierung betont in der Gesetzesbegründung[160], dass sich die fachliche Eignung nach der **Art der getätigten Geschäfte** zu richten habe und die Anforderungen bei kleineren Instituten andere als bei international tätigen Banken seien. Der Finanzausschuss des deutschen Bundestages hat ergänzend ungewöhnlich flexible und detaillierte Erläuterungen[161] zu den neuen gesetzlichen Anforderungen gegeben. Die Sachkunde sei danach jedenfalls bei Personen mit Erfahrungen im Bereich der Rechnungslegung oder der Abschlussprüfung anzunehmen oder solchen, die an herausgehobener Stelle eines Unternehmens tätig waren. Darüber hinaus räumt der Finanzausschuss einen flexiblen und sehr weitem Spielraum zur Beurteilung der fachlichen Eignung der Mitglieder des Aufsichtsorgans ein:

2.224 „Daneben erfüllen auch solche Personen die Voraussetzungen, die über berufliche Erfahrungen aus einer Tätigkeit in einer **anderen Branche oder der öffentlichen Verwaltung** verfügen oder sich durch **berufsbezogene Weiterbildung** die erforderlichen Kenntnisse angeeignet haben oder bereit sind, sich diese Kenntnisse … anzueignen. Auch diese Personen sind unter dem Aspekt der Überwachung der Geschäftsführung aus einem anderen, weniger finanzmarktgeprägten Blickwinkel als Mitglied eines Verwaltungs- oder Aufsichtsorgans geeignet.

2.225 Dabei können im Wege der **Arbeitsteilung im Verwaltungs- und Aufsichtsorgan** Tätigkeiten, die vertiefte Fachkenntnisse erfordern, auf ausgewählte Mitglieder übertragen werden, die einen besonderen Ausschuss, wie etwa den Kreditausschuss, den Risikoausschuss oder Bilanzausschuss bilden. Die übrigen Mitglieder des Verwaltungs- und Aufsichtsorgans müssen aber über ausreichende Sachkunde verfügen, um die vom jeweiligen Ausschuss für das gesamte Verwaltungs- und Aufsichtsorgan erstellten Berichte nachvollziehen und eigenständig beurteilen zu können. Die Anforderungen sind damit nicht auf einen abstrakten Experten ausgerichtet, sondern abhängig vom konkreten Geschäftsmodell des jeweiligen Instituts und der innerhalb des Verwaltungs- und Aufsichtsorgans wahrgenommenen Funktion“.

---

160) BT-Drucks. 16/12783, S. 16.

161) Beschlussempfehlung und Bericht des Finanzausschusses zu dem Gesetzentwurf zur Stärkung der Finanzmarkt- und der Versicherungsaufsicht BT-Drucks. 16/13684, S. 40 ff.

d) Flexible Anforderungen der BaFin

Die BaFin hat in einem **Merkblatt**[162] weitere Erläuterungen gegeben. Danach sind die Anforderungen an Mitglieder von Aufsichts- und Verwaltungsräten an der Größe, Komplexität und systemischen Relevanz des Instituts zu messen. Für Arbeitnehmervertreter sollen zwar keine abweichenden Kriterien gelten. Bei Beschäftigten des jeweiligen Unternehmens, geht die BaFin jedoch davon aus, dass das gesetzliche Kriterium „Verständnis für die wirtschaftlichen und rechtlichen Abläufe im Tagesgeschehen eines Instituts" zumindest dann vorliegt, wenn sie nicht lediglich Unterstützungsfunktionen in dem Institut wahrnehmen. 2.226

Weiterhin nimmt die BaFin bei **Kaufleuten, buchführungspflichtigen Land- und Forstwirten sowie sonstigen Unternehmern** i. S. d. § 141 AO regelmäßig die allgemeine wirtschaftliche Sachkunde an. Sie sei bspw. dann zu bejahen, wenn das Gewerbe des Organmitglieds dem Großteil der Institutskunden der Art nach vergleichbar ist. Danach verfügt z. B. der Geschäftsführer oder Inhaber eines mittelständigen Betriebs über die erforderliche kreditwirtschaftliche Sachkunde für das Aufsichtsorgan einer Kreditgenossenschaft oder Sparkasse, deren gewerbliche Kunden zum größeren Teil dieser Art von Unternehmen entsprechen. 2.227

Schließlich könne auch die Tätigkeit in anderen Branchen oder der **öffentlichen Verwaltung** oder aufgrund von **politischen Mandaten** die erforderliche Sachkunde begründen, wenn diese Tätigkeit maßgeblich auf wirtschaftliche und juristische Fragestellungen ausgerichtet ist. Allerdings sollte die Tätigkeit eine gewisse Verantwortlichkeit beinhalten, während ganz nachgeordnete Positionen nicht geeignet seien, die erforderliche Sachkunde zu begründen. Danach verfügten auch Kämmerer, Bürgermeister oder Landräte einer Gebietskörperschaft regelmäßig über die erforderliche Sachkunde. Diese Aussage mag zwar etwas gewagt sein, nimmt aber auf die Gesetzeslage Rücksicht, nach der bei Sparkassen diese Funktionsträger geborene Vorsitzende von Verwaltungsräten sind, die nicht oder nur unter erheblichen rechtlichen und tatsächlichen Komplikationen austauschbar wären. 2.228

Selbst wenn diese schon weit gefassten Anforderungen nicht erfüllt sind, können die erforderlichen Kenntnisse nach den Erläuterungen der BaFin – wie auch vom Finanzausschuss des Deutschen Bundestages angenommen – grundsätzlich durch Fortbildung erworben werden, sogar nach der Bestellung. Der Inhalt der Fortbildung soll Größe und Komplexität des Instituts berücksichtigen. Die **Fortbildung** soll die grundlegenden wirtschaftlichen und rechtlichen Abläufe im Tagesgeschehen des jeweiligen Instituts, das Risikomanagement 2.229

162) Merkblatt zur Kontrolle von Mitgliedern von Verwaltungs- und Aufsichtsorganen gemäß KWG und VAG v. 22.2.2010.

sowie die Funktionen und die Verantwortung der Mitglieder des Aufsichtsorgans umfassen. Auch Kenntnisse über die Grundzüge der Bilanzierung sowie des Aufsichtsrechts sollten erworben werden. Werden die Kenntnisse erst nach Beginn der Tätigkeit in dem Aufsichtsorgan erworben, sollte dies innerhalb von 6 Monaten nach Bestellung – ausnahmsweise (z. B. Saisonbeschäftigung) auch später – erfolgen. Die Bereitschaft zu entsprechender Fortbildung soll im Zusammenhang mit der Anzeige der Bestellung erklärt werden. Nach Abschluss der Fortbildung soll die BaFin einen entsprechenden Teilnahmenachweis erhalten.

2.230 Mit diesen großzügigen Auslegungsgrundsätzen kommt die BaFin der nicht kurzfristig änderbaren Realität in der Kreditwirtschaft entgegen. Die Möglichkeit, Sachkunde nachträglich zu erwerben, nimmt auf die **Realität bei einem erheblichen Teil der Kreditwirtschaft** Rücksicht. Die kreditwirtschaftlichen Verbände boten zwar schon vorher vielfach Fortbildungskurse und Seminare an, von denen aber nur teilweise Gebrauch gemacht wurde. Die neuen Sachkundeanforderungen dürften zumindest bewirken, dass sich die Mitglieder der Aufsichtsorgane künftig in höherem Maße fortbilden müssen und damit langfristig das Sachkundeniveau ansteigen könnte.

3. Informationsrechte und -pflichten

2.231 Zur Ausübung der Aufsichtsfunktion fordert das Merkblatt der BaFin, dass Mitglieder des Aufsichtsorgans die Geschäftsstrategie und die Risikosituation des Unternehmens laufend beobachten und sich ein Urteil darüber bilden. Insbesondere bei bereits festgestellten oder zu erwartenden erheblichen Änderungen der Risikosituation sei auch zwischen den Sitzungen eine enge Begleitung der Entwicklung des Instituts erforderlich. Die BaFin bezieht sich dabei auf § 36 Abs. 3 Satz 4 KWG wonach Mitglieder des Aufsichtsorgans ihre Überwachungs- und Kontrollfunktion so auszuüben hätten, dass wesentliche Verstöße der Geschäftsleiter gegen die Grundsätze einer ordnungsgemäßen Geschäftsführung entdeckt und verhindert werden können. Dies setze den **notwendigen zeitlichen Einsatz** besonders für die Vorbereitung von Sitzungen und eine aktive Inanspruchnahme des Auskunftsrechts gegenüber der Geschäftsleitung voraus.

2.232 Die Mitglieder des Aufsichtsorgans können ihre Aufgabe nur dann sachgerecht erfüllen, wenn sie hinreichend informiert sind. Die **Information** muss so aufbereitet sein, dass sie die erforderliche Entscheidungsgrundlage für alle zu behandelnden Fragen im Aufsichtsorgan darstellt. Je nach Entscheidungsgegenstand müssen die zur Beurteilung erforderlichen Maßnahmen, geschäftspolitischen Zwecke, Konsequenzen und Risiken vom Vorstand dargestellt bzw. die entsprechenden Daten geliefert werden. Weitere Informationsquellen sind die Ergebnisse von Ausschüssen, die Prüfungsberichte und Pressedarstellungen. Allerdings befasst sich der Aufsichts- oder Verwaltungsrat – von gewichtigen Ausnahmen abgesehen – weder mit Einzelgeschäften, noch mit den Details der organisatorischen Entwicklung. Für die Information genügt die Darstellung der wesentlichen Planungen, Entwicklungen, Risiken und organisatorischen Veränderungen.

Der Vorstand ist zur selbständigen, rechtzeitigen, offenen und gewissenhaften **Unterrichtung** über alle wichtigen Vorgänge unabhängig von etwaigen konkreten Fragen der Organmitglieder verpflichtet, ggf. auch zur Aktenvorlage.[163)] Wichtige Angelegenheiten sind bei Kreditinstituten unter anderem die wirtschaftliche Lage, die Solvabilität und Liquidität entsprechend den bankaufsichtlichen Anforderungen nach §§ 10 bis 11 KWG und der Solvabilitätsverordnung, besondere Risiken, größere Wertberichtigungen oder Abschreibungen, Beanstandungen der Aufsicht, geplante Strukturmaßnahmen u. a. 2.233

Die Information durch den Vorstand muss nicht nur inhaltlich zutreffen, für Zwecke des Aufsichtsorgans hinreichend vollständig und in sich schlüssig sein, sondern auch in einer Form zur Verfügung gestellt werden, die es den Mitgliedern ermöglicht, die **Informationen in zumutbarer Weise** zur Kenntnis zu nehmen. Für leicht überblickbare Sachverhalte, z. B. solche die lediglich eine Fortschreibung bekannter Umstände usw. darstellen, genügen wesentlich geringere Anforderungen – z. B. nur mündlicher Vortrag in der Sitzung – als für sachlich schwierige Beratungs- oder Entscheidungsgegenstände. Der in der Regierungsbegründung[164)] zum Transparenz- und Publizitätsgesetz niedergelegte Grundsatz, dass umfangreiche oder komplizierter Unterlagen früher als andere zur Verfügung gestellt werden müssen, gilt ebenso wie das Erfordernis, dass bei besonders schwierigen Beschlussgegenständen oder solchen von bedeutsamer Tragweite ein größerer Zeitraum für eine gewissenhafte Prüfung erforderlich ist. Andererseits müssen die Unterlagen den aktuellen Stand wiedergeben. Soweit dies nicht i. R. einer hinreichend frühzeitigen Vorlage möglich ist, lässt sich das Problem durch kurzfristige Ergänzung – ggf. auch mündlich in der Sitzung – lösen. 2.234

Jedes Organmitglied ist dafür verantwortlich, dass es, soweit erkennbar, die erforderlichen Informationen erhält. Dies bedeutet allerdings nicht, dass jedes Organmitglied jedwede Information an sich selbst einfordern könnte. Zur Erfüllung der aktiven Informationspflicht genügt der Hinweis auf eine ggf. unzureichende Entscheidungsvorbereitung mit dem Antrag, entsprechende **Informationen dem Aufsichtsorgan zu übermitteln.** Erhält ein solcher Antrag nicht die notwendige Mehrheit oder ist er aus anderen Gründen nicht durchsetzbar, wurde der Antragsteller seiner Informationsverpflichtung gerecht. 2.235

---

163) *Spindler* in: MünchKomm-AktG, § 90 Rz. 48 ff.; *Schlierbach/Püttner*, Sparkassenrecht, S. 187.

164) BT-Drucks. 14/8769, S. 15.

4. Verschwiegenheitspflicht

2.236 Die gesetzliche Pflicht der Mitglieder der Aufsichtsorgane zur Verschwiegenheit gilt für privatrechtlich wie öffentlich rechtlich organisierte Institute[165] gleichermaßen. Bei letzteren sind Verletzungen der Verschwiegenheitspflicht zudem **strafbewehrt.**

> „Wer unbefugt ein fremdes Geheimnis, namentlich ... ein Betriebs- oder Geschäftsgeheimnis, offenbart, das ihm als Amtsträger oder für den öffentlichen Dienst besonders Verpflichteter ... anvertraut oder sonst bekannt geworden ist",

macht sich gemäß § 203 Abs. 2 Nr. 1 StGB strafbar.[166] Der Amtsträgerbegriff nach § 11 Abs. 1 Nr. 2 StGB umfasst unter anderem sonstige in einem öffentlich-rechtlichen Amtsverhältnis stehende Personen, was für die Mitglieder der Organe von Sparkassen und Landesbanken allgemein angenommen wird.[167]

2.237 Auch die **Kommunal- und Staatsvertreter** in den öffentlich rechtlich organisierten Instituten unterliegen der strikten Schweigepflicht auch gegenüber ihren Entsendungskörperschaften. Eine Offenbarung von vertraulichen Informationen über die geschäftlichen Verhältnisse oder Sitzungsgang und Abstimmungsverhalten z. B. gegenüber der Trägerkörperschaft, Partei oder Fraktion stellt eine Verletzung der Verschwiegenheitspflicht dar.[168] Es besteht keine rechtlich anzuerkennende Güterabwägung zwischen dem Informationsinteresse von Institutsträger, Politik oder Öffentlichkeit im Verhältnis zu der gesetzlich angeordneten Verschwiegenheitspflicht. Entsprechendes gilt im Verhältnis der Mitarbeitervertreter gegenüber Personalrat oder Gewerkschaft.

a) Vertrauensempfindlichkeit

2.238 Die Verschwiegenheitspflicht hat in der Kreditwirtschaft angesichts von **Bankgeheimnis** und besonderer Vertrauensempfindlichkeit der Branche[169] herausragende Bedeutung. Sie erfasst jede vertrauliche Information aus dem Geschäftsbetrieb und den gesamten Beratungsinhalt (Beratungs- und Abstimmungsgeheimnis). Alle kundenbezogenen Tatsachen sind durch das Bankgeheimnis geschützt, vertrauliche Interna der geschäftlichen Entwicklung, der Planung usw. unterliegen dem Schutz des Betriebsgeheimnisses und personelle Angelegenheiten wie z. B. Bewerbungsunterlagen dem Daten- und Persönlichkeitsschutz.

---

165) *Lutter*, Pflichten und Haftung, S. 121 ff.; *Schlierbach/Püttner*, Sparkassenrecht, S. 178; *Berger*, NSpkG, § 15 Rz. 1 ff.; *Klüpfel/Gaberdiel/Gnamm/Höppel*, SpkG BW, § 19 III.

166) Anwendbarkeit von § 203 StGB auf das Bankgeheimnis vom BGH in Zweifel gezogen, vgl. Urt. v. 27.10.2009 – XI ZR 255/08, ZIP 2009, 2329 = ZBB 2010, 57, dazu EWiR 2010, 97 *(Krüger)*.

167) Vgl. *Schönke/Schröder*, StGB, § 11 Rz. 21 ff.; *Berger*, NSpkG, § 25 Rz. 9; *Fischer*, ZIP 2004, 2169, 2157, vgl. aber vorherige Fn.

168) *Schlierbach/Püttner*, Sparkassenrecht, S. 178 unter Verweis auf VGH BW, Entsch. v. 12.3.2001 – 1 S 785/00, VBl. BW 2001, 261 f.; *Berger*, NSpkG, § 15 Rz. 1.

169) Vgl. Boos/Fischer/Schulte-Mattler-*Fischer*, KWG, Einf. Rz. 62.

b) Beratungsgeheimnis

Beratungen des Plenums und der Ausschüsse sind auch ohne besondere Kennzeichnung grundsätzlich vertraulich. Sowohl Gegenstand als auch Ablauf der Sitzung und das Verhalten der Mitglieder unterliegen der Schweigepflicht.[170)] Kein Mitglied darf öffentlich über den Verlauf der Sitzung berichten. Besonders schutzbedürftig ist dabei neben dem Bank- und Betriebsgeheimnis das Beratungs- und **Abstimmungsverhalten** der Sitzungsteilnehmer. Das besondere Vertraulichkeitsgebot ergibt sich insoweit aus dem Schutzbedürfnis der Sitzungsteilnehmer, da anderenfalls eine unbefangene Meinungsäußerung und Meinungsbildung der Mitglieder des Aufsichtsorgans gefährdet sein können.[171)] Das Beratungsgeheimnis fällt daher in weitestem Umfang unter die Schweigepflicht.[172)] **2.239**

c) Gefährdung der Vertraulichkeit

Der in der Kreditwirtschaft besonders wichtige Schutz der Vertraulichkeit ist in der Praxis gefährdet durch anderweitige Pflichten und Einbindungen der Organmitglieder. Die Mitglieder der **Vertretung der Träger** bei den öffentlich-rechtlichen Instituten sind ihren Fraktionen und den Bürgern ihres Wahlbezirks besonders verbunden,[173)] die **Mitbestimmungsvertreter** sind häufig Mitglieder des Personalrats und den Arbeitnehmerinteressen verpflichtet.[174)] Schließlich können sich Kollisionen auch aus geschäftlichen Verpflichtungen und Beziehungen zu Kunden oder sonstigen Geschäftspartnern des Instituts ergeben. **2.240**

Das Spannungsverhältnis zwischen Geheimhaltungserfordernis bzw. Missbrauchsgefahr einerseits und dem Informationsbedarf der Aufsichts- oder Verwaltungsratsmitglieder andererseits kann nicht in der Weise gelöst werden, dass den Organmitgliedern entscheidungsnotwendige Informationen vorenthalten oder ohne hinreichende Prüfungsmöglichkeit übermittelt werden. Vorstand und Aufsichtsorgan gelten in gleicher Weise als vertrauenswürdig. Ein Bankgeheimnis oder Betriebsgeheimnis zwischen Vorstand und Verwaltungsrat ist daher in keinem Falle anzuerkennen. Gegenüber einem pflichtgemäßen, d. h. nicht überwachungsfremden Zweck dienenden Auskunftsverlangen des Auf- **2.241**

170) *Hüffer*, AktG, § 113 Rz. 6a; *Habersack* in: MünchKomm-AktG, § 116 Rz. 54; *Hopt/Roth* in: Großkomm-AktG, § 116 Rz. 250 ff; Schmidt/Lutter-*Drygala*, AktG, § 116 Rz. 24.

171) *Hüffer*, AktG, § 116 Rz. 6a ff.

172) BGH, Urt. v. 5.6.1975 – II ZR 156/73, BGHZ 64, 332 = NJW 1975, 1412.

173) Hierauf weist *Berger*, NSpkG, § 15 Rz. 1 hin.

174) Zur Problematik bei den Mitbestimmungsvertretern vgl. *Spindler* in: MünchKomm-AktG, § 90 Rz. 54 und *Schlierbach/Püttner*, Sparkassenrecht, S. 178, 179.

sichtsorgans kann sich der **Vorstand daher nicht auf das Bankgeheimnis** berufen.[175)]

d) Vorkehrungen zur Wahrung der Vertraulichkeit

2.242 Jedoch kann die geschilderte Vertrauensempfindlichkeit vieler Beratungs- und Beschlussgegenstände Anlass sein, besondere Vorkehrungen zur Gewährleistung des Geheimnisschutzes vorzusehen, ohne dem Aufsichtsorgan die für seine Tätigkeit erforderlichen Informationen zu verweigern. Von Bedeutung ist dabei die Frage der Übermittlung schriftlicher Sitzungsunterlagen. Der Gesetzestext des § 90 Abs. 1 AktG besagt zwar, dass **schriftliche Berichte** jedem Aufsichtsratsmitglied auf Verlangen zu übermitteln sind. Dies steht jedoch unter dem Vorbehalt eines gegenteiligen Beschlusses des Aufsichtsrats. Das Schwergewicht der Regelung des § 90 Abs. 5 Satz 2 AktG liegt nicht in der Art der Übermittlung, sondern darin, dass jedes Aufsichtsratsmitglied die Übermittlung von schriftlichen Berichten verlangen kann, soweit der Aufsichtsrat nichts anderes beschlossen hat.[176)]

2.243 Die **Art der Übermittlung** bedeutet daher nicht zwangsläufig Übersendung an die Privat- oder Geschäftsanschrift. Im Zusammenhang mit § 90 Abs. 5 Satz 2 AktG werden zwar unterschiedliche Möglichkeiten der Informationsvermittlung diskutiert – so z. B. die Übersendung per Post, per E-Mail, per Telefax oder durch Aushändigung zur Mitnahme und Rückgabe. Keine dieser Formen und auch nicht das Prinzip, dass die Unterlagen grundsätzlich außerhalb der Geschäftsräume des Unternehmens eingesehen werden dürfen, ist im Gesetz festgeschrieben. Vielmehr ist unter Übermittlung auch die Aushändigung schriftlicher Unterlagen in den Geschäftsräumen der Gesellschaft zu verstehen.[177)] Eine „Übermittlung" ist – z. B. in Sonderfällen besonderer Geheimhaltung – selbst dann gegeben, wenn die Unterlagen dem Mitglied nur während der Sitzung zur Einsicht bereitgestellt werden.[178)]

2.244 Besonders im Hinblick auf die Vertraulichkeit von Beratungsgegenständen und die Verschwiegenheitspflicht der Aufsichtsratsmitglieder sind hierzu auch **satzungsrechtliche Regelungen** möglich, soweit sie den Rahmen des § 90 Abs. 5 AktG einhalten. Dass die Aufstellung von Richtlinien zur Wahrung oder Konkretisierung der Vertraulichkeit generell zulässig ist, ergibt sich unter anderem

---

175) Vgl. *Lutter*, Information und Vertraulichkeit im Aufsichtsrat, Rz. 138; *Spindler* in: MünchKomm-AktG, § 90 Rz. 53; *Schlierbach/Püttner*, Sparkassenrecht, S. 187.

176) So z. B. *Spindler* in: MünchKomm-AktG, § 90 Rz. 45.

177) *Spindler* in: MünchKomm-AktG, § 90 Rz. 45; *Hüffer*, AktG, § 90 Rz. 14; zur Aushändigung von Unterlagen bei Sparkassen vgl. *Fischer*, ZIP 2004, 2169, 2176.

178) *Oltmans* in: Heidel, AnwK-AktG, § 90 Rz. 19.

aus einer Entscheidung des Bundesgerichtshofs[179] und der Gesetzesbegründung zum Gesetz zur Kontrolle und Transparenz im Unternehmensbereich (KonTraG)[180]. Danach kann

> „der Aufsichtsrat eine Informationsordnung erlassen ..., die die Berichtspflicht im einzelnen regelt."

Sofern besondere Umstände dies erfordern – z. B. bei Befangenheit oder persönlicher Betroffenheit – kann außerdem im Einzelfall das Aufsichtorgan durch Beschluss ein einzelnes Mitglied von einer **bestimmten Information ausschließen** oder beschließen, dass besonders vertrauensempfindliche Informationen z. B. nur dem Vorsitzenden oder einem Ausschuss (z. B. Personalausschuss, Hauptausschuss) zugänglich gemacht werden. 2.245

IX. Abberufung und Tätigkeitsverbot von Mitgliedern des Aufsichtsorgans

Die Bankenaufsicht hat seit August 2009 die Möglichkeit, von einem Institut oder einer Finanzholding-Gesellschaft zu verlangen, dass sie ungeeignete Mitglieder ihres Verwaltungs- oder Aufsichtsorgans abberuft. Die Regelung in § 36 Abs. 3 KWG wurde mit dem Gesetz zur Stärkung der Finanzmarkt- und Versicherungsaufsicht vom 29. Juli 2009[181] in das KWG eingefügt. Nach der Gesetzesbegründung[182] besteht auch für die **bereits bestellten Mitglieder** des Aufsichtsorgans, gleichgültig ob sie der Arbeitgeber- oder der Arbeitnehmerseite zuzurechnen sind, „keine schützenswerte Vertrauensposition, wenn sie unzuverlässig oder fachlich ungeeignet sind." Soweit eine Abberufung durch das Gericht in Betracht kommt (z. B. § 103 Abs. 3 AktG), kann auch die BaFin den Antrag auf Abberufung stellen, wenn der Aufsichtsrat dem Abberufungsverlangen der Aufsichtsbehörde nicht nachgekommen ist (§ 36 Abs. 3 Satz 7 KWG). 2.246

1. Abberufungsgründe

Als Grund für ein solches Abberufungsverlangen nennt das Gesetz entweder mangelnde **Zuverlässigkeit**, mangelnde **Sachkunde** oder die unzureichende **Wahrnehmung der Überwachungs- und Kontrollaufgabe**. Die mangelnde Zuverlässigkeit oder fehlende fachliche Qualifikation kann die BaFin aus den nach § 24 Abs. 1 Nr. 15 KWG bei Bestellung einzureichenden Unterlagen (Lebenslauf, Führungszeugnis u. a.) oder aus späteren Erkenntnissen aus ihrer laufenden Aufsicht z. B. aufgrund der Jahresabschlussprüfungen oder einer Sonderprüfung erkennen. 2.247

---

179) BGH, Urt. v. 5.6.1975 – II ZR 156/73, BGHZ 64, 325, 332 = NJW 1975, 1412; *Hüffer*, AktG, § 116 Rz. 7.

180) BT-Drucks. 13/9712, S. 15.

181) BGBl. I 2009, 2305.

182) BT-Drucks. 16/12783, S. 16.

2.248 Das Gesetz konkretisiert die mangelnde Ausübung der Aufsichts- und Kontrollaufgabe in § 36 Abs. 3 Satz 4 KWG. So soll ein Abberufungsverlangen z. B. dann begründet sein, wenn das Mitglied des Aufsichtsorgans wesentliche Verstöße des Unternehmens gegen die Grundsätze einer ordnungsgemäßen Geschäftsführung wegen sorgfaltswidriger Ausübung seiner Überwachungs- und Kontrollfunktion nicht bemerkt oder das Mitglied **nicht alles Erforderliche zur Beseitigung der Verstöße** veranlasst hat. In diesem Fall ist vor einem Abberufungsverlangen allerdings eine Verwarnung der Organe des Unternehmens durch die BaFin Voraussetzung des Abberufungsverlangens. Bei fehlender Zuverlässigkeit oder Sachkunde ist ein Abberufungsverlangen hingegen ohne vorherige Verwarnung möglich.[183] Eine vorwerfbare Pflichtverletzung liegt nur dann vor, wenn der Vorstand das Aufsichtsorgan über die Lage des Unternehmens und die geschäftliche Situation hinreichend informiert hat oder das Mitglied aufgrund eigener Kenntnisse ernsthafte Zweifel an den vom Vorstand erteilten Informationen oder an der Geschäftspolitik haben musste.[184]

2.249 Unter den gleichen Voraussetzungen wie ein Abberufungsverlangen kann die BaFin den Mitgliedern des Aufsichtsorgans die Ausübung ihrer Tätigkeit untersagen. Allerdings kann sie ein solches **Tätigkeitsverbot** – anders als bei Geschäftsleitern – nicht unmittelbar gegenüber dem betroffenen Mitglied aussprechen, sondern kann nur verlangen, dass dieses von den hierzu berufenen Organen des betroffenen Unternehmens ausgesprochen wird, soweit dies gesellschaftsrechtlich überhaupt möglich ist.[185]

2. Abberufungsverlangen bei geborenen Mitgliedern

2.250 Fraglich ist, wie ein Abberufungsverlangen realisiert werden kann, wenn das Mitglied nicht bestellt werden muss, sondern kraft Amtes die Aufsichtsfunktion wahrnimmt. Dies ist insbesondere bei Sparkassen und Landesbanken der Fall. So ist Vorsitzender des Verwaltungsrats einer Sparkasse kraft Gesetzes meist der Hauptverwaltungsbeamte, Oberbürgermeister oder Landrat und bei Landesbanken der vom Gesetz für zuständig erklärte Minister oder der Präsident des Sparkassenverbands (vgl. z. B. § 11 Satzung NordLB, anders z. B. § 12 Satzung der LBBW). Ein Abberufungsverlangen würde ein **Ausscheiden aus dem Hauptamt** voraussetzen. Dementsprechend müsste sich die BaFin bei einer Sparkasse an die kommunale Gebietskörperschaft mit der Forderung wenden, ihren Hauptverwaltungsbeamten, Landrat oder Bürgermeister aus dem Amt zu

183) Vgl. BaFin, Merkblatt zur Kontrolle von Mitgliedern von Verwaltungs- und Aufsichtsorganen gemäß KWG und VAG v. 22.2.2010; wird abgedr. in: *Consbruch/Fischer*, KWG, nach B 64.39, und *Fischer/Herbst*, RSP, Teil A 1.2.91.

184) So Ausschussempfehlung des Finanzausschusses, BT-Drucks. 16/13684, S. 41.

185) Vgl. BaFin, Merkblatt zur Kontrolle von Mitgliedern von Verwaltungs- und Aufsichtsorganen gemäß KWG und VAG v. 22.2.2010; wird abgedr. in: *Consbruch/Fischer*, KWG, nach B 64.39, und *Fischer/Herbst*, RSP, Teil A 1.2.91.

entfernen. Entsprechendes würde für die Landesregierung im Hinblick auf Minister als geborene Vorsitzende des Aufsichtsrats einer Landesbank gelten.

Ob dies – besonders im Falle der Wahl eines Kommunalbeamten in sein Hauptamt – rechtlich überhaupt möglich ist, sei dahingestellt. Jedenfalls erscheint eine solche Situation lebensfremd – abgesehen von dem Fall schwerkrimineller Verfehlungen, die aufgrund gesetzlicher Bestimmungen zur Entfernung aus dem Hauptamt oder zur Amtsniederlegung führen. Die **Realitätsferne** dieser Regelung dürfte auch der Grund dafür sein, dass die BaFin in ihren Erläuterungen zum Sachkundeerfordernis davon ausgeht, dass bei dem Kämmerer und dem Hauptverwaltungsbeamten einer Gebietskörperschaft und vermutlich auch bei den anderen geborenen Vorsitzenden die Sachkunde regelmäßig anzunehmen ist. 2.251

Ob bei künftigen Bankenkrisen, die auf Versagen des Aufsichtsorgans mit zurückzuführen sind, die Bankenaufsicht tatsächlich den Mut und die Macht aufbringen wird, ungeeignete Mitglieder des Aufsichtsorgans abzuberufen, wird die Zukunft erweisen. Nicht ausgeschlossen ist, dass diese, wie auch andere Regelungen in der Folge der Bankenkrise, mehr **Alibi-Funktion für die Politik** als praktische Bedeutung haben werden. 2.252

X. Die Eigenmittel der Institute

1. Überblick

Neben dem Erfordernis eines ausreichenden Gründungskapitals müssen Institute Institutsgruppen und Finanz-Holding-Gruppen jeweils nach § 10 Abs. 1 Satz 1 KWG für ihren **laufenden Geschäftsbetrieb** 2.253

> „im Interesse der Erfüllung ihrer Verpflichtungen gegenüber ihren Gläubigern, insbesondere zur Sicherheit der ihnen anvertrauten Vermögenswerte, angemessene Eigenmittel haben."

Die Eigenmittelanforderungen des KWG – auch als Solvabilität bezeichnet, vgl. § 10 Abs. 1 Satz 9 KWG – stellen den wohl bedeutsamsten bankaufsichtlichen **Steuerungsfaktor für die Unternehmensentwicklung** – Kosten, Wachstum und Wettbewerb – dar.

Die Eigenkapitalanforderungen sind in jüngerer Zeit maßgeblich durch den Baseler Ausschuss für Bankenaufsicht[186] beeinflusst worden. Die Rahmenvereinbarung über internationale Konvergenz der Eigenkapitalmessung und Eigenkapitalanforderungen vom 26. Juni 2004 (sog. **Basel II-Übereinkunft**) führte zu grundlegenden Neufassungen der Europäischen Bankenrichtlinie und der Kapitaladäquanzrichtlinie. Diese wurden durch eine umfangreiche KWG-Änderung[187] umgesetzt. Nach der Neukonzeption des bankaufsichtlichen Eigenkapitalre- 2.254

186) Vgl. oben Rz. 1.44, 1.49.

187) Gesetz v. 17.11.2006, BGBl. I, 2606.

gimes seit dem 1. Januar 2007 sollen die Eigenmittel Vorsorge zur Abdeckung der drei wichtigsten Risikopotentiale – des Adressenausfallrisikos z. B. bei Kreditverlusten (Säule 1 des Basel II – Systems), des Marktrisikos aus Währungspositionen, Warengeschäften und sonstigen Handelsgeschäften (Wertpapiere, Derivate u. a.) (Säule 2) und des operationellen Risikos (Säule 3) – treffen.

2.255 Nach den Erfahrungen mit der Finanzmarktkrise 2008/2009 werden **weitere Verschärfungen der Eigenmittelanforderungen** i. R. d. Baseler Ausschusses (Basel III) und weiterer internationaler Abstimmung vorbereitet. Themen sind dabei z. B. den „harten Teil" des Kernkapitals noch stringenter zu definieren und auf mindestens 50 % festzusetzen, die Risikogewichte zu erhöhen, die Risikovorsorge und die Liquiditätsanforderungen insbesondere bei systemrelevanten Banken zu erhöhen, einen maximalen Verschuldungsgrad ergänzend zu den Mindesteigenkapitalquoten und einen Selbstbehalt für Verbriefungsaktionen einzuführen u. a.

2.256 Im Zuge der **Neukonzeption** durch Basel II wurden die bisherigen Eigenmittel- und Liquiditätsgrundsätze durch die Solvabilitätsverordnung[188)] sowie durch die Liquiditätsverordnung[189)] ersetzt. Auch die bisherige Großkredit- und Millionenkreditverordnung[190)] wurde vom Bundesministerium der Finanzen in eine vollständige Neufassung gebracht. Die vielleicht bedeutsamste Neuerung für die Praxis der Kreditvergabe an Unternehmen ist die Verpflichtung der Kreditinstitute, die Kreditwürdigkeit ihrer Kunden anhand spezieller Risikomesssysteme (***Ratings***) individuell einzustufen. Die Neuregelung hatte eine wesentlich stärkere Differenzierung und teilweise Verschärfung der Eigenmittelanforderungen zur Folge.

2.257 Das System der erforderlichen Eigenmittelunterlegung zerlegt das Adressenausfall- und das Marktpreisrisiko in bestimmte Bausteine (**building block approach**) in Abhängigkeit von der Art der Risiken. Für die einzelnen Risikoarten werden sodann nach unterschiedlichen Verfahren Teilanrechnungsbeträge ermittelt, die jeweils mit haftendem Eigenkapital oder Eigenmitteln zu unterlegen sind. Damit wird erreicht, dass Eigenkapital bzw. Eigenmittel nur einmal zur Unterlegung von Adressenausfall- oder Marktpreisrisiken verwendet werden kann. Hinzu kommt, dass die Eigenmittel, die zur Abdeckung von anderen Risiken – z. B. Großkreditüberschreitungen nach §§ 13 Abs. 3 und 13a Abs. 3

---

188) Verordnung über die angemessene Eigenmittelausstattung von Instituten, Institutsgruppen und Finanzholding-Gruppen v. 14.12.2006, BGBl. I, 2926.

189) Verordnung über die Liquidität der Institute v. 14.12.2006, BGBl. I, 3117.

190) Verordnung über die Erfassung, Bemessung, Gewichtung und Anzeige von Krediten im Bereich der Großkredit- und Millionenkreditvorschriften des Kreditwesengesetzes v. 14.12.2006, BGBl. I, 3065.

KWG – benötigt werden, nicht zusätzlich zur Eigenmittelunterlegung nach der Solvabilitätsverordnung verwendet werden dürfen.

Die Eigenmittelanforderungen sind im KWG, der Solvabilitätsverordnung – die Solvabilitätsverordnung allein enthält 340 zum Teil sehr umfangreiche und komplexe Bestimmungen – und der Groß- und Millionenkreditverordnung (GroMiKV) zu einem **hochdifferenzierten System geschäftsbegrenzender Relationen** zwischen unterschiedlichen Eigenmittelformen (Kernkapital, Ergänzungskapital, Drittrangmittel) und unterschiedlich gewichteten Eigenkapitalbestandteilen und ebenfalls unterschiedlich gewichteten Risikopositionen entwickelt. Daneben knüpfen zahlreiche weitere aufsichtliche Normen – z. B. die Voraussetzungen für den Entzug der Betriebserlaubnis, die Begrenzung der Großkredite, Maßnahmen bei Gefahr u. a. – an den Eigenmitteln an. Dabei müssen grundsätzlich auch die Finanzdienstleistungsunternehmen die Eigenkapitalanforderungen des KWG erfüllen. 2.258

2. Risikoarten

Das **Adressenausfallrisiko** ist in §§ 9 ff. SolvV definiert. Es handelt sich um bilanzielle und außerbilanzielle Adressenausfallpositionen (teilweise definiert in § 19 KWG), derivate Adressenausfallpositionen und Vorleistungspositionen. Es umfasst das gesamte risikotragende Aktivgeschäft und weitere detailliert beschriebene Risiken. 2.259

Unter **Marktrisiken** sind insbesondere das Zinsänderungs-, das Kurs- und das Fremdwährungsrisiko zu verstehen. Weitere Kernpunkte des Risikobegrenzungssystems sind eine dynamisierte – also an den täglichen Veränderungen orientierte – Erfüllung der Eigenmittelanforderungen und die Verhinderung der Mehrfachbelegung von Eigenmitteln durch Adressenausfallrisiken einerseits und Marktpreisrisiken andererseits (**building block approach**). 2.260

Das **operationelle Risiko** ist in §§ 269 ff. SolvV wie folgt definiert: 2.261

> „Gefahr von Verlusten, die infolge der Unangemessenheit oder des Versagens von internen Verfahren und Systemen, Menschen oder infolge externer Ereignisse eintreten. Diese Definition schließt Rechtsrisiken ein".

3. Risikobemessung

Für die Messung des Kreditrisikos sind der Kreditrisiko-Standardansatz (**KSA**) und der auf internen Ratings basierende Ansatz (**IRBA**) zugelassen. Für den Kreditrisiko-Standardansatz sind in der Solvabilitätsverordnung für die einzelnen Risikopositionen – z. B. für die öffentliche Hand, für gedeckte Schuldverschreibungen, grundpfandrechtlich gesicherte Forderungen, Forderungen aus dem Mengengeschäft, hinsichtlich Länderrisiken usw. – Bemessungsgrundlagen festgelegt, die auf der Grundlage historischer Erfahrungswerte ermittelt wurden. Soweit eine Bonitätsbeurteilung erforderlich ist, kann diese durch eine von der BaFin anerkannte externe Ratingagentur erfolgen. Diese Ansätze sind zu 2.262

verwenden, falls das Institut sich nicht für die Anwendung des IRBA entscheidet. Die Anwendung solcher interner Risikomessverfahren setzt jedoch eine vorherige Zulassung der anzuwendenden Methoden durch die BaFin voraus (vgl. § 10 Abs. 1 Satz 2 KWG, § 58 SolvV). Sie wird nur erteilt, wenn die Nutzungsvoraussetzungen für entsprechend hoch entwickelte interne Ratingsysteme vorliegen. Das Nähere regeln §§ 58 ff. SolvV.

4. Handelsbuchinstitute

2.263 Das KWG unterscheidet seit der 6. KWG-Novelle zwei Kategorien von Instituten – nämlich Handelsbuchinstitute und Nichthandelsbuchinstitute. Diese Unterscheidung ist notwendig geworden, um den Anwendungsbereich der EG-rechtlich vorgeschriebenen **Beaufsichtigung der Marktpreisrisiken** abzugrenzen. Nur Handelsbuchinstitute müssen die aufwändigen Vorschriften und Geschäftsbeschränkungen zur Kontrolle und Begrenzung von Marktrisiken in vollem Umfang anwenden. § 2 Abs. 11 KWG, ergänzt durch §§ 44 ff. GroMiKV, definiert je nach dem Umfang der Handelsbuchpositionen, ob ein Unternehmen als Handelsbuchinstitut oder Nichthandelsbuchinstitut gilt. Dies ist vor allem für die Anwendung der Großkreditvorschriften (vgl. § 13 bzw. § 13a KWG) sowie der unterschiedlichen Eigenmittelanforderungen der Solvabilitätsverordnung (vgl. § 1 Satz 2 SolV) von Bedeutung. Die Sonderbestimmungen, die Handelsbuchinstitute bei Ermittlung ihrer Eigenkapitalunterlegung anzuwenden haben, sind in § 59 ff. GroMiKV geregelt.

a) Handelsbuch

2.264 Das Handelsbuch grenzt **Geschäftsarten, die Marktrisiken enthalten**, von anderen Geschäften ab. Sie sind bei Handelsbuchinstituten mit Eigenmitteln zu unterlegen. Wesentliches Bestimmungsmerkmal ist eine kurzfristige Verkaufsabsicht, um einen Handelsgewinn zu erzielen. In § 1a KWG sind die Handelsbuchpositionen definiert. Danach gehören grundsätzlich zum Handelsbuch:

- **Finanzinstrumente und Handelswaren**: Finanzinstrumente sind in § 1 Abs. 11 KWG als Wertpapiere, Anteile, Geldmarktinstrumente, Devisen- oder Rechnungseinheiten und Derivate definiert.
- **Handelbare Forderungen und Anteile**: Weitere Handelsbuchpositionen sind handelbare Forderungen und Anteile, die das Institut zum Zweck des Wiederverkaufs im Eigenbestand hält oder die von dem Institut übernommen werden, um potenzielle Unterschiede zwischen den Kauf- und Verkaufspreisen oder Preis- und Zinsschwankungen kurzfristig zu nutzen.
- **Pensions- und Darlehensgeschäfte auf Positionen des Handelsbuchs:** Einbezogen sind Bestände und Geschäfte zur Absicherung von Marktrisiken des Handelsbuches und damit in Zusammenhang stehende Refinanzierungsgeschäfte.

- **Aufgabegeschäfte**: Ein Aufgabegeschäft liegt vor, wenn ein Börsenmakler für die Ausführung eines Auftrages zunächst keinen Geschäftspartner findet und sich zunächst selbst einsetzt.
- **Gebührenforderungen**, Provisionen etc. sind ebenfalls erfasst, soweit sie mit den Positionen des Handelsbuchs unmittelbar verknüpft sind.

b) Anlagebuch

Das Anlagebuch ist als **Restgröße gegenüber dem Handelsbuch** negativ abgegrenzt. Zum Anlagebuch gehören gemäß § 1a Abs. 2 KWG somit alle anderen Positionen eines Instituts, die dem Handelsbuch nicht zuzurechnen sind. Dies sind vor allem das Kreditgeschäft, aber auch Wertpapiere und Derivate, je nach der mit dem Erwerb erfolgten Zielsetzung (Anlage oder Handel). **2.265**

Die **Abgrenzung** zwischen Handelsbuch und Anlagebuch ist nicht ausschließlich nach den gesetzlichen Definitionen möglich, sondern hängt vom Verhalten und den unternehmerischen Zwecken bei Abschluss der jeweiligen Geschäfte ab. Das entscheidende Kriterium für die Zuordnung einer Position zum Handelsbuch ist der auf die Erzielung eines Handelserfolgs ausgerichtete Geschäftszweck.[191] **2.266**

Maßgeblich für die Abgrenzung ist somit die **interne Zwecksetzung** durch das Institut. Deshalb hat die Entscheidung, ob eine Position dem Handelsbuch oder dem Anlagebuch zuzuordnen ist, nach institutsintern festgelegten, **nachprüfbaren Kriterien** zu erfolgen, die der BaFin und der Deutschen Bundesbank mitzuteilen sind. Die Umwidmung von Positionen in das Handelsbuch oder das Anlagebuch ist in den Unterlagen des Instituts nachvollziehbar zu dokumentieren und zu begründen. Die Einhaltung der institutsintern festgelegten Kriterien hat der Abschlussprüfer i. R. d. Jahresabschlussprüfung zu überprüfen und zu bestätigen (§ 1a Abs. 4 KWG). **2.267**

5. Nichthandelsbuchinstitute

Als Nichthandelsbuchinstitute gelten Unternehmen, die die sog. **Bagatellgrenze** nach § 2 Abs. 11 KWG nicht überschreiten. Diese unterscheidet absolute und relative Obergrenzen danach, ob **2.268**

- der Anteil des Handelsbuches des Instituts i. d. R. 5 % der Gesamtsumme der bilanz- und außerbilanzmäßigen Geschäfte nicht überschreitet,
- die Gesamtsumme der einzelnen Positionen des Handelsbuches den Gegenwert von 15 Mio. Euro i. d. R. nicht überschreitet,

---

191) Regierungsbegründung zum Entwurf der 6. KWG-Novelle, BT-Drucks. 13/7142, S. 70, abgedr. in: ZBB 1997, 81, 92.

- der Anteil des Handelsbuches zu keiner Zeit 6 % der Gesamtsumme der bilanz- und außerbilanzmäßigen Geschäfte und
- die Gesamtsumme der Positionen des Handelsbuches zu keiner Zeit den Gegenwert von 20 Mio. Euro überschreiten.

Werden diese beiden zuletzt genannten Grenzen auch nur einmalig überschritten, dann sind die schärferen Bestimmungen für Handelsbuchinstitute anzuwenden. Die Sonderbestimmungen für Nichthandelsinstitute – besonders die für diese Institute geltenden organisatorischen Maßnahmen, Anzeigen u. a. – sind in §§ 47 ff. GroMiKV geregelt.

2.269 Die Sonderregelung für Nichthandelsinstitute soll vor allem **kleinere Institute**, die nur in geringem Umfang mit Finanzinstrumenten handeln, von der Einrichtung kostenintensiver EDV-Systeme zur Erfassung der Marktrisikopositionen entbinden. Gleichzeitig werden diese Institute von der Pflicht entlastet, Marktrisikopositionen mit Eigenkapital zu unterlegen. Erleichterungen bestehen besonders bei der Anwendung der Großkreditbestimmungen nach § 13 KWG, der nach § 22 KWG erlassenen Großkredit- und Millionenkreditverordnung und bei der Anwendung der Solvabilitätsverordnung. Die Nichthandelsbuchinstitute haben nur das Adressenausfallrisiko mit Eigenkapital zu unterlegen.

6. Definition von Eigenmitteln und Eigenkapital

2.270 Die Eigenmittel bestehen aus dem haftenden Eigenkapital und den Drittrangmitteln (§ 10 Abs. 2 Satz 1 KWG). Das haftende Eigenkapital setzt sich aus Kernkapital (§ 10 Abs. 2a KWG) und Ergänzungskapital (§ 10 Abs. 2b KWG), jeweils abzüglich bestimmter Positionen zusammen. Das **Kernkapital** umfasst im Wesentlichen das bilanzielle Eigenkapital, während Ergänzungskapital und Drittrangmittel teilweise aus Fremdkapital, Haftungszusagen und der Differenz zwischen dem Buchwert bestimmter Positionen und dem tatsächlichen Wert (versteuerte stille Reserven) sowie dem Nettogewinn aus dem Handelsbuch bestehen.

2.271 Beim Ergänzungskapital wird nochmals nach zwei Kategorien unterschieden. Zum Teil wird Ergänzungskapital in gleicher Höhe wie Kernkapital (**Ergänzungskapital 1. Klasse**) anerkannt. Weitere Bestandteile dürfen nur maximal die Hälfte des Kernkapitals (**Ergänzungskapital 2. Klasse**) ausmachen. **Drittrangmittel** können ausschließlich zur Absicherung von Marktrisiken verwendet werden. Das haftende Eigenkapital dient ferner als Bemessungsgrundlage für die Begrenzungen der Adressenrisiken, für qualifizierte Beteiligungen (§ 12 KWG), Großkredite (§§ 13 und 13a KWG) und Unternehmensorgankredite (§ 15 Abs. 3 Nr. 2 KWG).

a) Modifiziertes verfügbare Eigenkapital

Zur Berechnung der Angemessenheit der Eigenkapitalanforderungen für **Adressenrisiken und das operationelle Risiko** nach § 2 SolvV ist das modifizierte verfügbare Eigenkapital (§ 1 Abs. 1d KWG) zu ermitteln, indem vom haftenden Eigenkapital Eigenkapitalbestandteile, die zur Unterlegung bestimmter Risiken gebunden sind, sowie weitere Positionen (§ 1 Abs. 6a KWG) abgezogen und andere hinzugerechnet werden. Das zur Unterlegung des Adressenrisikos und des operationellen Risikos nicht benötigte modifizierte verfügbare Eigenkapital dient zusammen mit den verfügbaren Drittrangmitteln zur Unterlegung der Marktrisiken (§ 2 Abs. 3 SolvV). 2.272

b) Kernkapital

Als Kernkapital sind im wesentlichen das eingezahlte, nicht rückzahlbare Kapital und die Rücklagen anerkannt. Im Einzelnen gilt als Kernkapital: 2.273

- Das **eingezahlte Geschäftskapital** bei Einzelkaufleuten und Personenhandelsgesellschaften (§ 10 Abs. 2 Nr. 1 KWG). Entnahmen und Gesellschaftskredite sind abzuziehen.
- Das **Grund- oder Stammkapital** bei Aktiengesellschaften, Kommanditgesellschaften auf Aktien und Gesellschaften mit beschränkter Haftung (§ 10 Abs. 2 Nr. 2 KWG). 2.274
- Bei **Niederlassungen ausländischer Unternehmen** das zugewiesene Betriebskapital und in der Niederlassung belassene Überschüsse (§ 53 Abs. 2 Nr. 4 KWG). 2.275
- Die **Geschäftsguthaben** bei eingetragenen Genossenschaften (§ 2 Abs. 2 Nr. 3 KWG). 2.276
- Das **Dotationskapital** bei öffentlich-rechtlichen Kreditinstituten (§ 10 Abs. 2 Nr. 5 KWG). Nach dem Wortlaut gilt dies nicht für Sparkassen, da diese normalerweise nicht über Dotationskapital verfügen. In den seltenen Fällen, in denen der Träger seiner Sparkasse dennoch Dotationskapital zur Verfügung gestellt hat, ist dieses als Kernkapital bankaufsichtlich anerkannt worden. 2.277
- Die **offenen Rücklagen** bei jeder Art von Instituten. Bei Sparkassen stellen sie regelmäßig das gesamte Kernkapital dar, da diese normalerweise kein Kernkapital von ihren Trägern zugeführt bekommen. Bei den übrigen Kreditinstituten machen die Rücklagen meist einen erheblichen Teil des Kernkapitals aus. Als Kernkapital anerkannte Rücklagen entstehen nicht nur aus Gewinnzuweisungen, sondern z. B. auch aus Kapitalerhöhungen zu einem über dem Nominalwert liegenden Preis (Agio). 2.278
- **Stille Einlagen** nach §§ 230 ff. HGB. Voraussetzung ist nach § 10 Abs. 4 KWG eine Vereinbarung mit dem Kapitalgeber, dass die stille Einlage am 2.279

Verlust teilnimmt und im Falle der Liquidation erst nach Befriedigung der Gläubiger zurückgezahlt wird (**Nachrangabrede**). Außerdem muss die stille Einlage für mindestens fünf Jahre gewährt sein. Die letzten zwei Jahre vor Fälligkeit wird sie nicht mehr als Eigenkapital anerkannt. Außerdem müssen im Verlustfalle Zinszahlungen aufgeschoben werden können. Besserungsabreden für einen durch Verluste verminderten Rückzahlungsanspruch dürfen einen späteren Gewinnausgleich für maximal vier Jahre zusagen. Nach heute allgemein h. A. können stille Einlagen nicht nur von privatrechtlichen Kapital- und Handelsgesellschaften aufgenommen werden, sondern auch von Sparkassen und Kreditgenossenschaften.[192)]

2.280 • Ein **Sonderposten für allgemeine Bankrisiken** gilt ebenfalls als Kernkapital (§ 10 Abs. 2a Nr. 7 KWG). Kreditinstitute können nach § 340g HGB auf der Passivseite ihrer Bilanz zur Sicherung gegen allgemeine Bankrisiken einen „Fonds für allgemeine Bankrisiken" bilden, soweit dies nach vernünftiger kaufmännischer Beurteilung wegen der besonderen bankgeschäftlichen Risiken notwendig ist,

2.281 • der **Bilanzgewinn**, soweit seine Zuweisung zum bilanziellen Eigenkapital bereits beschlossen ist.

2.282 Abzuziehen vom Kernkapital sind bestimmte **Abzugspositionen** wie z. B. der Bilanzverlust, bilanzierte immaterielle Vermögensgegenstände, Kredite an Gesellschafter u. a. (§ 10 Abs. 2a Satz 2 KWG).

c) Begriff des Ergänzungskapitals

2.283 Als Ergänzungskapital sind langfristig zur Verfügung stehende und für die Gläubiger haftende Mittel und bestimmte Reserven anerkannt. Im Einzelnen gelten als Ergänzungskapital:

• **Vorzugsaktien** bei Aktiengesellschaften (§ 10 Abs. 2b Nr. 2 KWG i. V. m. §§ 139 ff. AktG): Grund für die mindere Anerkennung im Vergleich zum Kernkapital ist die bei Vorzugsaktien bestehende Verpflichtung, ausgefallene Dividenden in späteren Jahren nachzuzahlen.

2.284 • **Haftsummenzuschlag** bei Kreditgenossenschaften: Nach § 10 Abs. 2b Nr. 8 KWG kann ein Zuschlag, der der Haftsummenverpflichtung – gemeint ist die Nachschusspflicht – der Genossenschaftsmitglieder Rechnung trägt, als Ergänzungskapital anerkannt werden. Die Höhe ist in der Zu-

192) Vgl. z. B. § 12 Abs. 2 Nr. 14 SpkG BW oder § 22 SpkG Hessen; für Kreditgenossenschaften vgl. Schreiben des Bundesministers der Justiz v. 7.3.1990, abgedr. in: *Reischauer/Kleinhans*, KWG, § 10 Anm. 21.

schlagsverordnung vom 6. Dezember 1963[193] festgelegt. Der Zuschlag beträgt bei Genossenschaften mit beschränkter Nachschusspflicht 75 % des Gesamtbetrags der Haftsummen aller ungekündigten Geschäftsanteile und bei Genossenschaften mit unbeschränkter Nachschusspflicht 200 % des Gesamtbetrags der ungekündigten Geschäftsanteile. Er ist jedoch insgesamt auf 25 % des ohne den Zuschlag vorhandenen haftenden Eigenkapitals begrenzt.

- **Genussrechtskapital**: Kapital, das nach § 10 Abs. 5 KWG gegen Gewährung von Genussrechten eingezahlt ist, wird dem haftenden Eigenkapital zugerechnet. Genussrechte sind Vermögensrechte, die typischerweise einem Gesellschafter zustehen können. Es handelt sich um Gläubigerrechte schuldrechtlicher Art ohne Mitgliedschaftsrechte. Genussrechtskapital wird unter im Wesentlichen den gleichen Bedingungen wie stille Einlagen dem Ergänzungskapital zugerechnet. Die Genussscheinemissionen der Kreditinstitute sind größtenteils festverzinslichen Wertpapieren angeglichen, jedoch mit der nach dem KWG vorgeschriebenen Nachrang- und Haftungsklausel. Nicht nur private, sondern auch öffentlich-rechtliche Kreditinstitute haben Genussscheine zur Eigenkapitalstärkung ausgegeben. 2.285
- **Vorsorgereserven**: Kreditinstitute dürfen nach § 340f HGB bestimmte Forderungen und Wertpapiere in ihrer Bilanz niedriger bewerten, als dies sonst nach den Bestimmungen des Handelsgesetzbuches zulässig ist, um den besonderen Risiken des Aktivgeschäfts Rechnung zu tragen. Die dadurch entstehenden versteuerten Vorsorgereserven gelten als Ergänzungskapital. 2.286
- **Neubewertungsreserven:** Außerdem kann das haftende Eigenkapital bis zu 1,4 % aus im Anhang zur letzten Jahresbilanz ausgewiesenen Neubewertungsreserven bestehen. Diese nicht realisierten (stillen) Reserven entstehen dadurch, dass Grundstücke, Gebäude und bestimmte Wertpapiere nicht mit ihrem vollen Verkehrswert in der Bilanz bewertet werden. Die durch die niedrigere Bewertung entstehenden Reserven werden nach einem in § 10 Abs. 4a bis 4c KWG detailliert geregelten Verfahren ermittelt und bewertet. Voraussetzung ist, dass sämtliche Grundstücke und Gebäude nach den Anforderungen des § 16 PfandBG in die Wertermittlung einbezogen werden, sich überbewertete Aktiva also mindernd auswirken. Entsprechendes gilt für die Bewertung von Wertpapieren grundsätzlich nach ihrem Kurswert. Liegt die Summe der Beleihungswerte aller Grundstücke und 2.287

193) Verordnung über die Festsetzung eines Zuschlags für die Berechnung des haftenden Eigenkapitals von Kreditinstituten in der Rechtsform der eingetragenen Genossenschaft (Zuschlagsverordnung) v. 6.12.1963, BGBl. I, 871, geändert durch die Verordnung v. 20.12.1984, BGBl. I, 1727, abgedr. in: *Consbruch/Fischer*, KWG, B 25, und *Fischer/Herbst*, RSP, Teil A 1.1.4.

Gebäude und/oder der Kurswerte aller Wertpapiere höher als die Buchwerte, werden 45 % dieser Neubewertungsreserven als Ergänzungskapital anerkannt. Außerdem gilt die Besonderheit, dass sie nur dann anerkannt werden, wenn das Kernkapital die erforderliche Mindesthöhe um mindestens 10 % (4,4 % statt 4 %) überschreitet.

2.288 • **Nachrangige Verbindlichkeiten** sind sonstige Verbindlichkeiten des Kreditinstituts (z. B. Schuldverschreibungen oder Einlagen), bei denen eine Nachrangabrede für den Fall der Insolvenz oder der Liquidation vereinbart ist (§ 10 Abs. 5a KWG). Sie sind unter ähnlichen Bedingungen wie Genussrechtskapital als Ergänzungskapital anerkannt. Es braucht jedoch keine Teilnahme am laufenden Verlust vereinbart zu sein.

2.289 • **Wertberichtigungsüberschuss:** Soweit ein Institut den internen Ratings basierenden Ansatz (IRBA) anwendet, kann sich eine Differenz zwischen den danach ermittelten Risikogewichten und den gebildeten Wertberichtigungen ergeben. Dieser ist in den Grenzen des § 10 Abs. 2b Nr. 9 KWG als Ergänzungskapital anerkannt.

2.290 Als **Ergänzungskapital 2. Klasse** gelten der Haftsummenzuschlag und die nachrangigen Verbindlichkeiten eines Kreditinstituts. Sie werden zusammengerechnet höchstens bis zur Hälfte des Kernkapitals, also bis maximal einem Viertel des gesamten anrechnungsfähigen haftenden Eigenkapitals anerkannt.

7. Drittrangmittel

2.291 Diese Eigenmittelkategorie kann ausschließlich zur **Unterlegung von Marktrisiken** herangezogen werden. Diese sind hierfür aber nicht zwingend erforderlich, da sie voll durch Kern- oder Ergänzungskapital ersetzbar sind, die dann aber nicht zur bankaufsichtlichen Unterlegung anderer Risiken zur Verfügung stehen. Drittrangmittel setzen sich zusammen aus dem Nettogewinn und kurzfristigen nachrangigen Verbindlichkeiten.

2.292 Der **Nettogewinn** ist dabei eine fiktive Größe, die sich ergibt, wenn alle Handelsbuchpositionen abzüglich aller Aufwendungen und Ausschüttungen sowie des Liquidationsverlustes aus dem Handelsbuch rechnerisch glattgestellt werden (§ 10 Abs. 2c Satz 2 Nr. 1 KWG). Diese Ermittlung ist allerdings außerordentlich aufwändig, sodass sie allenfalls für große, bilanztechnisch gut ausgestattete Institute in Betracht kommt.

2.293 Bedeutung als Drittrangmittel haben jedoch die **kurzfristigen nachrangigen Verbindlichkeiten** i. S. d. § 10 Abs. 2c Satz 1 Nr. 2 i. V. m. Abs. 7 KWG. Sie sind grundsätzlich gleich ausgestaltet wie die als Ergänzungskapital zweiter Klasse anerkannten Nachrangverbindlichkeiten, müssen jedoch nur eine Mindestlaufzeit von zwei Jahren haben. Außerdem ist in den Vertragsbedingungen ausdrücklich festzulegen, dass auf das nachrangige Darlehen weder Tilgungs-

noch Zinszahlungen geleistet werden dürfen, wenn dies eine Verletzung der Eigenmittelanforderungen des Instituts bewirken würde.

Die Anerkennung von Drittrangmitteln steht in enger **Relation zum Kernkapital**. Ergänzungskapitalteile, die nicht zur Unterlegung von Risiken aus dem Anlagebuch benötigt werden, können dabei als Drittrangmittel eingerechnet werden. Insgesamt dürfen die Drittrangmittel und das freie Ergänzungskapital maximal 250 % des freien Kernkapitals (Kernkapital, das nicht zur Unterlegung von Risiken aus dem Anlagebuch benötigt wird) betragen. Bei Wertpapierhandelsunternehmen gilt eine auf 200 % des freien Kernkapitals reduzierte Anerkennung der Drittrangmittel, es sei denn, schwer realisierbare Aktiva (§ 10 Abs. 2c Satz 5 KWG) werden von den Drittrangmitteln abgezogen. 2.294

8. Abzüge vom Eigenkapital

§ 10 Abs. 2a Satz 2, Abs. 3b und Abs. 6 KWG sehen eine Reihe von Abzügen vom Kern- oder Ergänzungskapital vor. So müssen z. B. eingetretene **Verluste** schon vor Bilanzwirksamkeit vom Kernkapital abgezogen werden. Besitzt eine Kapitalgesellschaft Aktien oder Geschäftsanteile an der eigenen Gesellschaft, so sind sie ebenfalls abzuziehen. Schließlich müssen Gesellschafterkredite dann vom Kernkapital abgezogen werden, wenn sie nicht marktüblich verzinst oder besichert sind. 2.295

9. Eigenmittelanforderungen und -relationen

a) Institute

Kreditinstitute und die meisten Finanzdienstleistungsinstitute müssen über Eigenmittel von mindestens **8 %** der nach der Solvabilitätsverordnung bewerteten und gewichteten Risikopositionen – **Adressenrisiken, operationelle Risiken und Marktrisiken** – verfügen. Somit dürfen sämtliche gewichteten risikotragenden Bilanzaktiva und sonstigen anrechnungspflichtigen Risikopositionen maximal das 12,5-fache der Eigenmittel betragen (§ 2 Abs. 6 SolvV). Dabei muss das Kernkapital mindestens die Hälfte, also 4 % der Risikopositionen ausmachen. Sofern den Eigenmitteln auch nicht realisierte Reserven bei Grundstücken, Gebäuden und im Wertpapierbestand zugerechnet werden sollen, was nur mit Hilfe eines aufwändigen Bewertungsverfahrens möglich ist, muss die Kernkapitalquote mindestens 4,4 % betragen. 2.296

b) Freistellung für konzerninterne Forderungen und Verbundsysteme

Die Eigenmittelanforderungen der §§ 10, 13, und 13a KWG sind gemäß § 2a i. V. m. § 10c KWG für konzerninterne Forderungen innerhalb einer Institutsgruppe oder einer Finanzholding-Gruppe sowie gegen Mitglieder desselben institutsbezogenen Einlagensicherungssystems (Verbundsysteme), nicht anwendbar. Für verbundangehörige Institute ist diese Freistellung aber nur anwendbar, 2.297

wenn die Verbundsysteme gesetzlich festgelegte Anforderungen erfüllen, die der konzerninternen Risikotragung entsprechen. Für Sparkassen und Kreditgenossenschaften sowie deren jeweilige Zentralinstitute hat die BaFin anerkannt, dass diese Voraussetzungen vorliegen.[194)] Demnach werden Adressrisiken aus Forderungen gegen Mitglieder derselben Institutsgruppe oder Finanzholding-Gruppe oder zwischen Sparkassen und ihren Landesbanken oder Kreditgenossenschaften und ihrer Zentralbank (DZ Bank) bei Anwendung der Eigenmittelanforderungen einschließlich der Großkreditbegrenzung mit **null Prozent gewichtet**. Sie müssen also nicht mit Eigenkapital unterlegt werden und können die Großkreditgrenzen überschreiten.

c) Eigenkapital-Kosten-Relation bei Finanzdienstleistern

2.298 Wertpapierhandelsunternehmen und bestimmte Wertpapierdienstleistungsunternehmen müssen außerdem mindestens **25 % ihrer jährlichen Gemeinkosten** durch Eigenkapital abdecken. Unter Gemeinkosten sind die Kosten zu verstehen, die in der Gewinn- und Verlustrechnung des letzten Jahresabschlusses unter den allgemeinen Verwaltungsaufwendungen, den Abschreibungen und den Wertberichtigungen auf immaterielle Anlagewerte und Sachanlagen ausgewiesen wurden. Die BaFin kann diese Anforderungen nach § 10 Abs. 9 Satz 3 KWG noch erhöhen. Allerdings belastet diese Eigenmittel-Kosten-Relation nicht die sonstigen Eigenkapitalanforderungen, sodass das Eigenkapital auch zur Risikoabdeckung zur Verfügung steht.[195)]

d) Eigenmittel bei E-Geld-Instituten

2.299 E-Geld-Institute benötigen nach § 10 Abs. 10 KWG Eigenmittel i. H. v. mindestens 2 % der Summe ihrer Verbindlichkeiten aus nicht in Anspruch genommenen elektronischen Geld-Beträgen.

e) Zeitpunkt der Ermittlung

2.300 Die Einhaltung der Eigenkapital- und Eigenmittelanforderungen ist grundsätzlich für jeden Geschäftstag zum Geschäftsschluss zu ermitteln. Hiervon kann abgesehen werden, wenn eine höhere Eigenmittelquote (8,4 % anstelle 8 %) eingehalten wird und anderweitig sichergestellt ist, dass die Eigenmittelanforderungen laufend eingehalten werden (§ 2 Abs. 5 KWG).

194) Vgl. Boos/Fischer/Schulte-Mattler-*Boos*, KWG, § 10c Rz. 30.

195) Näheres vgl. Rz. 2.516 f.

XI. Die Solvabilitätsanforderungen

1. Überblick

Die Solvabilitätsverordnung setzt im Wesentlichen die technischen Regelungen über die angemessene Eigenmittelausstattung (Solvabilität) der Institute sowie der Institutsgruppen und Finanzholding-Gruppen nach § 10 Abs. 1 Satz 9 KWG um. Dabei regelt sie auch die bankaufsichtliche Anerkennung von Kreditrisikominderungstechniken sowie die berücksichtigungsfähigen Sicherungsinstrumente. Schließlich enthält sie umfassende Anrechnungsregelungen für die Adressenausfallrisiken aus Verbriefungstransaktionen. Sie sind auf internationaler Ebene harmonisiert. Die Inhalte umfassen danach vor allem 2.301

- Verfahren zur Ermittlung der Eigenmittelausstattung,
- Ausgestaltung der zulässigen Risikomessverfahren für Adressenausfall-, Marktpreis- und operationelle Risiken sowie die Voraussetzungen für die Anwendung der verschiedenen Ansätze,
- Regelungen zur Anerkennung von Kreditrisikominderungstechniken und Verbriefungstransaktionen,
- Zusammensetzung, Führung und Verwaltung des Handelsbuchs der Institute sowie zur Anwendung von Vorschriften über das Handelsbuch in Institutsgruppen und Finanzholding-Gruppen,
- Art, Inhalt, Umfang, Zeitpunkt und Form der Angaben sowie der zulässigen Datenträger, Übertragungswege und Datenformate,
- Inhalt der offen zu legenden Informationen und die Verfahren und Regelungen zur Erfüllung besonderer Transparenzpflichten der Institute (Offenlegungspflicht).

Die Solvabilitätsverordnung ist in fünf Teile gegliedert. Teil 1 enthält die **allgemeinen Regelungen** zum Anwendungsbereich, zur Angemessenheit der Eigenmittel, zu den anrechnungspflichtigen Positionen und zu den Meldepflichten. 2.302

In Teil 2 sind die Vorschriften für die **Adressenrisiken** geregelt. 2.303

- Kapitel 1 enthält die **Grundlagen zu den Adressenausfallpositionen**, den Aufrechnungspositionen und den Vorleistungspositionen.
- Die Bemessungsgrundlage für **derivative Adressenausfallpositionen** sind in Kapitel 2 und
- die Ermittlung der **Risikogewichte nach dem KSA** in Kapitel 3 enthalten.
- Grundlagen und Einzelregelungen des auf dem **IRBA** beruhenden Bemessungssystems enthält Kapitel 4. Dies betrifft vor allem die IRBA-Zulassung, die Definition und Eignung von Ratingsystemen und Beteiligungsmodellen, die Anwendbarkeit des IRBA, die Risikogewichtung der IRBA-Positionswerte, die Mindestanforderungen an die Nutzung des IRBA u. a.

- Kapitel 5 befasst sich mit den **Sicherungsinstrumenten**, insbesondere finanziellen Sicherheiten, sonstigen berücksichtigungsfähigen IRBA-Sicherheiten, Gewährleistungen, Garantien und Kreditderivaten sowie mit den Mindestanforderungen und der Berechnung von **Kreditrisikominderungstechniken**. Wesentlichen Raum nehmen darin auch Regelungen zu Aufrechnungsvereinbarungen ein.
- Kapitel 6 befasst sich mit dem Anwendungsbereich der **Verbriefungsregelungen**, den Anforderungen an Institute, die als Organisator oder Sponsor von Verbriefungstransaktionen gelten, der Nutzung von Bonitätsbeurteilungen für Verbriefungen, der Anrechnung von KSA – und IRBA – Verbriefungstransaktionen sowie Abzugsbeträgen für Verbriefungspositionen.

2.304 Teil 3 enthält die Bestimmungen zum **operationellen Risiko**. Geregelt sind die Ansätze zur Bestimmung des Anrechnungsbetrags für das operationelle Risiko, dessen Berechnung sowie weitere Regelungen.

2.305 In Teil 4 sind die Ermittlung der **Marktrisikopositionen** – Währungsgesamtposition, Rohwarenpositionen und Handelsbuchrisikopositionen sowie die Ermittlungsmethoden und weitere Einzelheiten – geregelt.

2.306 In Teil 5 sind schließlich die Anforderungen und Verfahren zur **Offenlegungspflicht** der Institute enthalten. Die gesetzlich verpflichtende Offenlegung der Unternehmenssituation erfordert eine Risikomanagementbeschreibung sowie Angaben zur Eigenmittelstruktur und der Angemessenheit der Eigenmittelausstattung, zu den Adressenausfallrisiken, zum Marktrisiko, zum operationellen Risiko sowie zu Beteiligungen und dem Zinsänderungsrisiko im Anlagebuch.

2.307 Der Solvabilitätsverordnung sind drei Anlagen angefügt:

- Anlage I enthält insgesamt 28 Tabellen mit bankaufsichtrechtlich vorgegebenen **Anrechnungs- und Risikogewichtungssätzen**.
- Anlage II listet insgesamt dreizehn **Formeln zur institutsinternen Bestimmung anrechnungsrelevanter Risikofaktoren** auf. Zum besseren Verständnis sind die Formeln mit erklärenden Erläuterungen versehen.
- Anlage III umfasst die **Meldebögen** zur Abgabe der Meldungen der Institute. Im Einzelnen sind 67 Meldebögen vorgesehen, davon 33 Bögen für Einzelinstitute, 34 Bögen für zusammengefasste Meldungen und außerdem zusätzlich ein aggregierter Übersichtsbogen. Die Meldebögen basieren auf einem einheitlichen Meldeformat, auf welches sich die Bankaufsichtsbehörden EU-weit verständigt haben.

2. Angemessenheit der Eigenmittel

2.308 Unter Rz. 2.296 ff. wurde dargestellt, dass die Eigenmittel der Institute, Institutsgruppen und Finanz-Holding-Gruppen mindestens 8 % der nach der Solvabilitätsverordnung bewerteten und gewichteten Risikopositionen betragen müssen. Die **Solvabilitätsgesamtkennziffer** definiert das prozentuale Verhältnis zwischen den anrechenbaren Eigenmitteln und dem 12,5fachen der Anrechnungsbeträge für alle zu deckenden Risiken. § 2 Abs. 1 SolvV bestimmt, dass täglich zum Geschäftsschluss sowohl die Eigenkapitalanforderungen für Adressenrisiken und das operationelle Risiko als auch die Eigenmittelanforderungen für Marktrisiken erfüllt sein müssen. Adressenrisiko und operationelle Risiken werden mit modifiziertem verfügbaren Eigenkapital unterlegt. Überschüssiges modifiziertes verfügbares Eigenkapital und Drittrangmittel decken die Markt- und Optionsrisiken.

Die Institute haben der Deutschen Bundesbank die Erfüllung der Eigenmittel- 2.309
anforderungen mit den in Anlage 3 zur SolvV enthaltenen Formularen zu melden. Auch die Nichteinhaltung der Eigenmittelanforderungen muss gemäß § 7 SolvV unverzüglich angegeben werden.

3. Adressrisiken

Adressrisiken entstehen durch die Gefahr des Ausfalls von Geschäftspartnern. 2.310
Bei früheren Regelungsansätzen (ursprüngliche Fassung des ehemaligen Grundsatz I) gingen die bankaufsichtlichen Anforderungen davon aus, dass Risiken im Wesentlichen aus dem Kreditgeschäft und sonstigen Aktiva entstehen, wenn die Zahlungsunfähigkeit von Kunden zu Ausfällen führt. Mit zunehmender Bedeutung **neuer Finanzierungstechniken**, besonders komplexe strukturierte Produkte, Derivate samt Finanztermingeschäften, Zins- und Währungsswaps, Optionsgeschäfte u. a. wurden weitere Ausfallrisiken bei Zahlungsunfähigkeit des Geschäftspartners ermittelt, die heute mit Eigenkapital unterlegt werden müssen. Entsprechendes gilt für die Anlage in Wertpapieren, für Vorleistungsrisiken und außerbilanzielle Ausfallrisiken.

Die **Methode zur Berechnung von Adressenausfallrisiken** wird durch den 2.311
Kreditrisiko-Standardansatz (KSA) bzw. alternativ durch die auf internen Ratings basierenden Ansätze (IRBA) ermittelt und gewichtet. Der Gesamtanrechnungsbetrag wird mit 0,08 multipliziert, um zu ermitteln, ob dieser Gesamtbetrag das modifizierte verfügbare Eigenkapital nicht überschreitet. § 9 SolvV unterscheidet:

- Bilanzielle Adressenausfallrisikopositionen,
- derivative Adressenausfallrisikopositionen,
- außerbilanzielle Ausfallrisikopositionen und
- Vorleistungsrisikopositionen.

a) Die bilanziellen Adressenausfallrisikopositionen

Zu den bilanziellen Adressenausfallrisikopositionen gehören nach § 10 SolvV 2.312
die **risikotragenden Bilanzaktiva**, so insbesondere Kredite nach der Definition

des § 19 KWG, festverzinsliche Wertpapiere, Aktien, Beteiligungen und Leasinggegenstände, Sachanlagen, sonstige Vermögensgegenstände und aktivische Rechnungsabgrenzungsposten. Für Forderungen innerhalb einer Institutsgruppe oder einer Finanzholding-Gruppe sowie innerhalb eines Verbundsystems wird das Risiko mit null gewichtet.[196]

b) Die außerbilanziellen Adressenausfallrisikopositionen

2.313 Hierbei handelt es sich um Risiken, die aus einer möglichen künftigen Inanspruchnahme entstehen können und in der Regel unter dem Bilanzstrich ausgewiesen werden (**Eventualrisiken**). Dies sind insbesondere Bürgschaften und Garantien, die Eröffnung und Bestätigung von Akkreditiven, veräußerte Bilanzaktiva mit Rückgriffsvorbehalt des Erwerbers und weitere in § 19 Abs. 1 Satz 3 KWG genannte Geschäfte sowie bestimmte Credit Default Swaps, Terminkäufe und Stillhalteverpflichtungen u. a.

c) Die derivativen Adressenausfallrisikopositionen

2.314 Unter Derivaten i. S. v. § 11 SolvV werden durch Kauf, Tausch oder sonstige **Bezugnahme auf einen Basiswert ausgestaltete Festgeschäfte** oder Optionsgeschäfte verstanden, deren Wert durch den Basiswert bestimmt wird oder sich in Folge eines zeitlich hinausgeschobenen Erfüllungszeitpunkts ändern kann. Dazu gehören auch finanzielle Differenzgeschäfte. Basiswert für ein Derivat kann wiederum ein anderes Derivat sein. Von der Definition werden Swaps, Termingeschäfte und Optionen umfasst. Vorliegend geht es dabei primär um das Adressenausfallrisiko, also die Möglichkeit, dass der Geschäftspartner insolvent wird. Da das Institut jedoch mit der Leistung zum Erfüllungszeitpunkt rechnet, und sich bei Ausfall seines Geschäftspartners anderweitig eindecken muss, sind entsprechende Kreditäquivalenzbeträge gemäß §§ 9 ff. SolV zur erforderlichen Eigenkapitalunterlegung nach folgenden Methoden zu ermitteln:

2.315 • Die **Laufzeitmethode** ist im Wesentlichen nur für Nichthandelsbuchinstitute mit geringem Derivategeschäft zugelassen. Sie stellt ein pauschaliertes Berechnungsmodell dar, nach dem die Derivategeschäfte und Gewährleistungen insgesamt mit laufzeitbezogenen Prozentsätzen anzurechnen sind. Die Höhe der Anrechnungssätze ergibt sich aus Anlage 1 zur GroMiKV.

2.316 • Bei der **Marktbewertungsmethode** muss der potenzielle Eindeckungsaufwand für jedes Geschäft täglich ermittelt werden. Er ist um einen Zuschlag zu erhöhen, um dem Risiko künftiger Marktveränderungen zu begegnen. Auch dieser Zuschlag ergibt sich aus Anlage 1 zur GroMiKV.

2.317 • Die **Standardmethode** ist ein mathematisches Verfahren, das das Kreditrisiko auf Basis modellierter Marktbewertungen abbildet. Die Berechnung er-

---

196) Näheres siehe oben Rz. 2.297.

folgt mit Hilfe einer in Anlage 2 zur GroMiKV vorgeschriebenen Gleichung, nach der der Kapitaläquivalenzbetrag zu berechnen ist.

- Die **interne Modellemethode** ist eine gegenüber der Standardmethode noch verfeinerte Berechnungsart, bei der eine Schätzung auf der Basis von Erfahrungswerten erfolgt, die auf die Laufzeit verteilt und daraus die Marktwerte ermittelt werden. Die Details zur Anwendung der Standardmethode und der interne Modellemethode enthalten die §§ 218 ff. SolvV. 2.318

d) Vorleistungsrisikopositionen

§ 14 SolvV definiert das Risiko von Handelsbuchinstituten, die daraus entstehen, dass Forderungen aus Geschäftsabschlüssen – z. B. aus Wertpapierkäufen, Warenkäufen u. a. von dem Institut bereits erfüllt sind, die **Gegenseite jedoch noch nicht geleistet** hat. Beruhen Zahlungsverzögerungen auf Ausfällen von Abwicklungs- oder Verrechnungssystemen so kann die Berücksichtigung dieser Verzögerung bis zur Wiederherstellung des Systems mit Zustimmung der BaFin unterbleiben. 2.319

4. Risikogewichtung (Rating)

Die Solvabilitätsverordnung setzt als wesentliches Ergebnis der Beratungen von Basel II eine wesentlich **differenziertere Erfassung und Gewichtung der Bonitätsrisiken** um. In dem früheren System des KWG und des Grundsatzes 1 galt eine pauschalierte Risikoklassifizierung nach Bonität der Schuldner (z. B. öffentliche Hand, Kreditinstitute, Unternehmen) oder der gestellten Sicherheit (berücksichtigungsfähig waren aber nur Grundpfandrechte und öffentliche Bürgschaften). Pauschal vorgegebene Gewichtungen haben besonders bei der Risikoklassifizierung des KSA zwar teilweise noch Berücksichtigung gefunden. Bei dem geltenden System der Solvabilitätsverordnung ist jedoch eine wesentlich differenziertere Bewertung der Risiken umgesetzt, die vor allem im IRBA eine Einschätzung der individuellen Ausfallwahrscheinlichkeit zulässt. 2.320

Die **Ausfallwahrscheinlichkeit** kann entweder **extern von einer Ratingagentur oder intern von dem Institut**, sofern es ein entsprechend leistungsfähiges und von der BaFin zugelassenes System eingerichtet hat, beurteilt werden. Die möglichst zutreffende Beurteilung der Kredit- und sonstigen Risiken stellt einerseits ein wesentliches Instrument zur Verhinderung von Ausfällen bzw. für die Vorsorge für unvermeidbare Ausfälle dar. Eine zu vorsichtige Risikopolitik führt jedoch zu einer hohen Eigenkapitalunterlegungspflicht und damit zu höheren Kosten. Die Anwendung des **KSA** mit seinen pauschaleren Risikobemessungsansätzen hat vor allem bei Kunden mit guter Bonität eine **tendenziell höhere Eigenkapitalunterlegungspflicht** zur Folge. Daher lohnt sich die Entwicklung und Zulassung entsprechend leistungsfähiger Risikobemessungssysteme (IRBA) zumindest für größere Institute oder gemeinschaftlich im 2.321

Verbund, um durch Berücksichtigung individueller, auch positiver Bonitätsmerkmale und werthaltiger Sicherheiten eine zuverlässige Ermittlung der Auswahlwahrscheinlichkeiten und tendenziell eine geringere Eigenkapitalunterlegungspflicht zu erzielen.

2.322 Die Institute sind allerdings nicht gezwungen, für sämtliche Forderungsklassen den **gleichen Ermittlungsansatz** zu verwenden. Es ist zulässig, dass für die eine Forderungsklasse (z. B. Unternehmen oder Mengengeschäft) der IRBA und für eine andere (Zentralregierungen, Institute) der KSA angewandt wird.

a) Ermittlung nach dem Kreditrisiko-Standardansatz

2.323 Die §§ 24 ff. SolvV regeln die Ermittlung der risikogewichteten KSA-Positionswerte zur Bestimmung der erforderlichen Eigenkapitalunterlegung. Hierfür müssen zunächst sämtliche zu berücksichtigenden Geschäfte Forderungsklassen zugeordnet werden. Als KSA-Forderungsklassen sind z. B. Zentralregierungen, Regionalregierungen und Gebietskörperschaften, sonstige öffentliche Stellen und bestimmte öffentliche Einrichtungen, für Institute, für Schuldverschreibungen von Kreditinstituten, für sonstige Unternehmen, für das Mengengeschäft, für Immobiliarkredite u. a. in § 25 SolvV definiert. Für die so gebildeten Risikoklassen sind differenzierte Risikogewichte festgelegt. Diese bilden jedoch nicht für alle Risikopositionen die endgültige Risikogewichtung. Vielmehr kann ergänzend die Einstufung durch eine von der BaFin anerkannte Ratingagentur berücksichtigt werden.

2.324 Die Verwendung von **externen Bonitätsbeurteilungen** und Länderklassifizierungen ist in den §§ 41 ff. SolvV geregelt. Für die Bestimmung des KSA-Risikogewichts anhand einer Bonitätsbeurteilung muss das Institut der BaFin eine Ratingagentur für die betreffende bonitätsbeurteilungsbezogene Forderungskategorie benennen. Soweit diese Ratingagentur von der BaFin anerkannt ist, kann das Institut das KSA-Risikogewicht entsprechend der Bonitätsbeurteilung durch diese Ratingagentur bestimmen. Soweit keine anerkannte Ratingeinstufung vorliegt, gilt das in den §§ 26 ff. festgesetzte KSA-Risikogewicht, bei einem Unternehmenskredit z. B. 100 %.

2.325 Bei außerbilanziellen Positionen wie z. B. nicht in Anspruch genommenen Kreditlinien, Akkreditiven, Bürgschaften und Garantien ist weiterhin ein **KSA-Konversionsfaktor** zu bestimmen. Er ist in § 50 SolvV festgelegt, z. B. für nicht unmittelbar kündbare Kreditlinien mit einer Ursprungslaufzeit von höchstens einem Jahr mit 20 %.

2.326 **Der risikogewichtete Positionswert** ergibt sich, indem der KSA-Positionswert mit dem der Forderungsklasse und Bonitätsstufe entsprechenden Risikogewicht multipliziert wird. Das Produkt hieraus – der risikogewichtete Positionswert – wird mit 0,08 % multipliziert, um die Höhe der erforderlichen Eigenkapitalunterlegung zu ermitteln. Z. B. würde die Bundesrepublik Deutschland als Zentralregierung und AAA geratet einen risikogewichteten Positionswert von 0 erhalten, sodass keine Eigenkapitalunterlegung erforderlich wäre. Ein ungerateter Unternehmenskredit erhält einen risikogewichteten Positionswert von 100 % und wäre somit mit 8 % Eigenkapital zu unterlegen. Dies kann im Einzelfall allerdings günstiger sein als bei einer IRBA-Gewichtung, da im IRBA-System auch risikogewichtete Positionswerte von mehr als 100 % möglich sind.

b) Ermittlung nach dem auf internen Ratings basierenden Ansatz

Die Risikobemessung nach dem IRBA ist in den §§ 55 ff. SolvV geregelt. Der wesentliche Unterschied besteht darin, dass für die Ermittlung von risikogewichteten Positionswerten von Adressenausfallrisikopositionen **Schätzungen und Risikoparameter** auf der Basis von internen Ratingsystemen verwendet werden. Die aufsichtliche Zulassung solcher Systeme ist in den §§ 58 bis 70 SolvV geregelt. Es können zwei unterschiedliche Ansätze verwendet werden, nämlich der: 2.327

- **IRB-Basisansatz**. Dabei wird nur die Ausfallwahrscheinlichkeit geschätzt, während die anderen Parameter durch die SolvV vorgegeben sind.
- **Fortgeschrittener IRB-Ansatz**. Dabei werden sämtliche Bemessungsfaktoren auf der Basis interner Berechnungen oder Schätzungen ermittelt.

Der IRBA verwendet ähnliche Forderungsklassen, nämlich Zentralregierungen, Institute, Mengengeschäft, Beteiligungen, Verbriefungen Unternehmen und sonstige kreditunabhängige Aktiva, die in den §§ 74 ff. SolvV jeweils differenziert definiert bzw. mit Unterklassen versehen sind. Bei der Schätzung der Ausfallwahrscheinlichkeit spielt neben historischen Daten auch die **Restlaufzeit** eine bedeutsame Rolle. Das System geht von dem Grundsatz aus, dass ein Kredit umso risikoreicher ist, je länger die Restlaufzeit beträgt. 2.328

Der **risikogewichtete IRBA-Positionswert** ergibt sich aus dem Produkt des IRBA-Risikogewichts mit dem Positionswert. Das IRBA-Risikogewicht bemisst sich nach der zu ermittelnden Ausfallwahrscheinlichkeit (Regelungen hierzu in den §§ 86 ff. SolvV). Die Mindestanforderungen an die hierfür erforderliche Nutzung von Ratingsystemen samt der Verwendung entsprechender mathematisch statistischer Verfahren sind in den §§ 106 ff. SolvV geregelt. 2.329

Zur Risikoquantifizierung für Zwecke des IRBA enthält § 125 SolvV eine Definition des **Ausfalls**. Diese wird bereits angenommen, wenn eine Wertberichtigung gebildet werden muss, wesentliche Zahlungsverpflichtungen mehr als 90 Tage fällig sind, ein Forderungsverkauf mit erheblichem Verlust erfolgt u. a. Diese für Zwecke der Ermittlung der Ausfallwahrscheinlichkeit festgesetzte Definition beinhaltet also eine Situation, die den endgültigen Verlust des eingesetzten Kapitals nicht voraussetzt, da z. B. die Wertberichtigung wieder aufgelöst werden oder die Zahlungsstockung beendet sein können. Daneben ist in 2.330

§ 126 SolvV der **Verlust** definiert. Er wird als „ökonomischer Verlust“ bezeichnet und umfasst neben dem Ausfall des in Anspruch genommenen Betrags auch ausstehende Zinsen, Entgelte und weitere Kosten.[197)]

c) Kreditrisikominderungstechniken

2.331 Sofern bestimmte Voraussetzungen erfüllt werden, darf ein Institut bei Ermittlung der risikogewichteten Positionswerte finanzielle Sicherheiten, Gewährleistungen und sonstige berücksichtigungsfähige IRBA-Sicherheiten risikomindernd in Anrechnung bringen. Die §§ 155 ff. SolvV benennen die berücksichtigungsfähigen finanziellen Sicherheiten, z. B. Bareinlagen, Schuldverschreibungen, Aktien, Gold oder Investmentanteile. Weiterhin können grundpfandrechtliche Sicherheiten sowie Gewährleistungen berücksichtigt werden. Außerdem können Aufrechnungsvereinbarungen über Derivate oder über Geldforderungen und Geldschulden als Kreditrisikominderung die Eigenkapitalunterlegungspflicht mindern.

2.332 Bei den Kreditrisikominderungstechniken wird gleichfalls nach KSA und IRBA unterschieden. Beim KSA erhalten die besicherten Ausfallrisikopositionen ein festes Risikogewicht nämlich bei Besicherung mit

- **finanziellen Sicherheiten** (Bareinlagen, Schuldverschreibungen, Aktien, Investmentanteile, Gold
  - ein Risikogewicht von 0,
- Garantien und Kreditderivaten
  - ein Risikogewicht, das dem des Garanten entspricht,
- Grundpfandrechten bei wohnwirtschaftlich genutzten Immobilien
  - ein Risikogewicht von 35 %,
- Grundpfandrechten bei gewerblich genutzten Immobilien
  - ein Risikogewicht von 50 %.

Beim IRBA können weitere Sicherungen, besonders Forderungsabtretungen und Sicherungsübereignungen risikomindernd berücksichtigt werden. Bei Anwendung des fortgeschrittenen IRBA erfolgt eine entsprechende Schätzung und Bewertung des Sicherungswerts.

5. Operationelles Risiko

2.333 Zur Eigenkapitalunterlegung als Vorsorge für Ereignisse wie – z. B. menschliche Fehlleistungen, einschließlich krimineller Handlungen, Systemversagen (besonders IT), Mängel der internen Funktionsabläufe oder aufgrund externer Einflüsse wie Streiks, externer krimineller Handlungen, Naturkatastrophen

197) Näheres vgl. Boos/Fischer/Schulte-Mattler-*Daun*, KWG, § 126 SolvV Rz. 5.

usw. – sehen die §§ 269 ff. folgende Methoden zur Bestimmung des Anrechnungsbetrags für das operationelle Risiko vor:

- Der **Basisindikatoransatz** ermöglicht die Bestimmung des Anrechnungsbetrags für das operationelle Risiko auf pauschalierter Basis. § 271 SolvV definiert einen Indikator im Wesentlichen aus den durchschnittlichen Bruttoerträgen des Instituts in den letzten drei Jahren. Der pauschalierte Anrechnungsbetrag ist mit 15 % des Dreijahresdurchschnitts dieses Indikators festgesetzt. 2.334
- Auch der **Standardansatz** verwendet pauschalierte Parameter. Er knüpft gleichfalls an den relevanten Indikator des Basisansatzes aus den Bruttoerträgen des Instituts an. Dieser relevante Indikator ist jedoch den wesentlichen, sog. regulatorischen Geschäftsfeldern zuzuordnen. § 273 Abs. 4 SolvV nennt als regulatorische Geschäftsfelder unter anderem die Unternehmensfinanzierung, den Handel, den Zahlungsverkehr, das Firmenkundengeschäft, das Privatkundengeschäft u. a. und gewichtet diese zwischen 12 % und 18 %. 2.335
- Im fortgeschrittenen Messverfahren werden interne Verfahren zur Ermittlung des operationellen Risikos angewandt (**Advanced Measurement Approach – AMA**). Der AMA ist in §§ 278 ff. SolvV näher geregelt. Die Verwendung dieses Messverfahrens bedarf einer besonderen Zulassung durch die BaFin. Auch hier ist eine Differenzierung nach Geschäftsfeldern und Risikoarten erforderlich. Zur Anwendung des AMA sind Verluste aus eingetretenen Schadensfällen des jeweiligen Instituts über mehrere Jahre jeweils für die einzelnen Geschäftsfelder zu ermitteln. Alternativ können auch Erfahrungswerte externer Verlustdaten eingesetzt werden. Versicherungen, die solche Risiken teilweise abdecken, können entlastend berücksichtigt werden. Allerdings ist die Anerkennung des Versicherungsschutzes auf 20 % der Kapitalunterlegungspflicht begrenzt. 2.336

Insgesamt darf die Summe der Anrechnungsbeträge für Adressenrisiken und für das operationelle Risiko das modifizierte verfügbare Eigenkapital nicht übersteigen. 2.337

6. Eigenmittelunterlegung für Marktrisiken

Die Pflicht zur Eigenmittelunterlegung von Zins- und Preisänderungsrisiken aus der Geschäftstätigkeit (Marktrisikopositionen) der Institute stellt die 2. Säule der Rahmenvereinbarung des Baseler Ausschusses für Bankenaufsicht vom 26. Juni 2004 dar. Die Summe der Anrechnungsbeträge für Marktrisikopositionen muss gemäß § 2 Abs. 3 SolvV durch das freie, also nicht für Adressenrisiken und das operationelle Risiko gebundene modifizierte verfügbare Eigenkapital zzgl. der verfügbaren Drittrangmittel täglich zu Geschäftsschluss 2.338

gedeckt sein. Die **Marktrisikopositionen**, näher definiert in § 4 Abs. 3–7 SolvV, sind:

- Währungsrisikopositionen,
- Rohwarenrisikopositionen,
- Handelsbuch-Risikopositionen,
- andere Marktrisikopositionen.

2.339 Für **Nichthandelsbuchinstitute** gilt nur eine beschränkte Pflicht zur Ermittlung und Eigenkapitalunterlegung der Marktrisikopositionen. Die Eigenmittelunterlegung erfolgt für diese Institute nur für Währungsrisikopositionen und Rohwarenrisikopositionen, während die Handelsbuch-Risikopositionen nicht ermittelt werden müssen.

2.340 Die Solvabilitätsverordnung bestimmt in den §§ 394 ff. für die Ermittlung jeder der vier Marktrisikopositionen differenzierte Regelungen. Bei den **Handelsbuch-Risikopositionen** wird unterschieden zwischen zinsbezogenen und aktienkursbezogenen Finanzinstrumenten. Es werden jeweils **Nettopositionen** aus den Unterschiedsbeträgen aus den Beständen an gleichen Finanzinstrumenten und einander entsprechenden, gegenläufig ausgerichteten Derivaten gebildet.

2.341 Die Solvabilitätsverordnung gibt grundsätzlich Berechnungsmethoden vor. Bei der **Jahresbandmethode** werden die Risikopositionen in Laufzeitbändern erfasst und danach gegliedert, ob aus den Positionen Verluste bei steigenden oder bei sinkenden Marktentwicklungen (Long- oder Short-Positionen) entstehen können. Bei der **Durationsmethode** sind die Zinsnettopositionen entsprechend ihrer Laufzeit in Laufzeitbänder einzustellen, die nach unterschiedlichen Zeitspannen (unter einem Monat bis über 20 Jahre) gegliedert werden. Für diese Zeitspannen unterstellt die Regelung (Tabelle 24 zur Anlage 1 SolvV) bestimmte Renditeänderungen zwischen 0,6 % und 1 %. Diese anzunehmenden Renditeänderungen sind mit einer für jede Nettoposition festzustellenden finanzmathematischen Kennzahl zu multiplizieren, um die Gewichtungssätze zu ermitteln.

2.342 Bei der Berechnung der Währungsgesamtposition, der Rohwarenposition, der Handelsbuch-Risikopositionen und der anderen Marktrisikopositionen sind Liefer- und Zahlungsansprüche aus **Optionsgeschäften** zu berücksichtigen. Für die Berücksichtigung dieser Optionsgeschäfte sowie die Berechnung des entsprechenden Anrechnungsbetrages enthalten die §§ 308 ff. SolvV Regelungen einschließlich Berechnungsmethoden.

2.343 Zur Ermittlung der Anrechnungsbeträge oder Teilanrechnungsbeträge für alle Marktrisikopositionen können mit Zustimmung der BaFin auch **eigene Risikomodelle** der Institute auf der Basis komplexer mathematischer Verfahren verwendet werden. Sie sind in § 313 SolvV Abs. 2 Satz 1 als

> „zeitbezogene stochastische Darstellungen der Veränderungen von Marktkursen, -preisen und -zinssätzen und ihren Auswirkungen auf den Marktwert ein-

zelner Finanzinstrumente oder Gruppen von Finanzinstrumenten auf der Basis der Empfindlichkeit dieser Finanzinstrumente oder Finanzinstrumentsgruppen gegenüber Veränderungen der für sie maßgeblichen risikobestimmenden Faktoren"

beschrieben. Grundlage sind mögliche Abweichungen von einem Erwartungswert, Simulationsrechnungen auf der Basis historischer Erfahrungen samt Einbeziehung von Zufallsvariablen sowie Stresstests für unvorhergesehene Entwicklungen.

7. Offenlegung von Unternehmensinformationen

Als sog. Säule 3 der Rahmenvereinbarung des Baseler Ausschusses für Bankenaufsicht vom 26. Juni 2004 ist eine Pflicht zur Offenlegung von Risikoinformationen und deren Handhabung in das deutsche Bankaufsichtsrecht eingeführt worden. § 26a KWG setzt die entsprechende europarechtliche Vorgabe[198] in deutsches Recht um. Zweck ist es nach Erwägungsgrund 62 der Bankenrichtlinie, die **Marktdisziplin** zu stärken und die Kreditinstitute zu veranlassen, ihre Marktstrategie, ihre Risikosteuerung und ihr internes Management zu verbessern. Danach haben die Institute regelmäßig qualitative und quantitative Informationen über ihr Eigenkapital, die eingegangenen Risiken, die Risikomanagementverfahren einschließlich ggf. verwandter interner Modelle, die Risikominderungstechniken und Verbriefungsaktionen zu veröffentlichen. 2.344

Die Einzelheiten zur Offenlegungspflicht regeln die §§ 319 ff. SolvV. Grundsätzlich gilt eine **jährliche Verpflichtung zur Offenlegung**, wobei die BaFin eine häufigere Offenlegung anordnen kann. Die Offenlegung erfolgt auf der eigenen Internetseite oder einem anderen geeigneten Medium. Die wesentlichen Gegenstände der Offenlegungspflicht bilden die Kriterien: 2.345

Eigenmittelstruktur und Angemessenheit der Eigenkapitalausstattung: 2.346

- Zusammensetzung der Eigenmittel in Kern- und Ergänzungskapital sowie Drittrangmittel,
- Details über gewählte Ansätze zur Ermittlung der Anrechnungsbeträge,
- Zusammensetzung der Eigenmittelanforderungen nach KSA oder IRBA,
- Methode und Umfang der derivativen Ausfallrisikopositionen,
- Angaben zu Verfahren und Umfang des operationellen Risikos,
- Zusammensetzung der Eigenmittelanforderungen für Marktrisiken,
- Eigenmittelanforderungen insgesamt und Verhältnis von Kernkapital, modifiziertem verfügbaren Eigenkapital und Eigenmitteln.

198) Bankenrichtlinie 2006/48/EG v. 14.6.2006 (ABl. Nr. L 171, S. 1).

2.347 **Risikomanagementverfahren – Strategie, Prozesse, Struktur und Organisation der Steuerung von:**

- Adressenausfallrisiken einschließlich der Zusammensetzung des Kreditportfolios nach Laufzeit, Branche und geografischer Verteilung mit Zusatzangaben zu notleidenden Krediten (Offenlegung der Wertberichtigungen und sonstigen Risikovorsorge),
- operationelle Risiken,
- Marktrisiken,
- Zinsänderungsrisiken im Anlagebuch,
- Beteiligungen einschließlich des jeweiligen Zeitwertes.

2.348 **Kreditrisikominderungstechniken:**

- Angaben zu risikomindernd berücksichtigten Sicherheiten im KSA und IRBA.

2.349 **Verbriefungstransaktionen:**

- Darstellung der Risiken aus Verbriefungen als Originator, Sponsor oder Investor einschließlich angewandter Bilanzierungs- und Bewertungsmethoden.

XII. Die Liquiditätsanforderungen

1. Grundlagen

2.350 Risiken für Bank- und Finanzdienstleistungsinstitute entstehen nicht nur aus der Eingehung von Adressen- oder Marktrisiken. Ein Institut kann auch dann in eine Krise geraten, wenn es zwar hinreichend solvent ist, aber die **aktuellen Zahlungsanforderungen** seiner Kunden wegen längerfristiger Bindung seiner Mittel nicht erfüllen kann. Die lange gepflegte Vorstellung, dass ein Institut von guter Bonität sich die notwendigen liquiden Mittel jederzeit am Kapitalmarkt beschaffen könne, hat die Finanzkrise des Jahres 2008 widerlegt. Sie hat darüber hinaus gezeigt, dass die bisherigen Erfahrungssätze einer soliden Liquiditätsplanung in einer extremen Krisensituation nicht ausreichen.

2.351 **Liquidität** bzw. jederzeitige Zahlungsbereitschaft ist die Fähigkeit, die fälligen Zahlungsverpflichtungen fristgerecht erfüllen zu können. Kredit- und Finanzdienstleistungsinstitute müssen jederzeit zahlungsbereit sein, um die laufend fälligen Forderungen der Einleger oder sonstigen Gläubiger erfüllen zu können. § 11 Abs. 1 KWG bestimmt daher, dass die Institute

> „ihre Mittel so anlegen müssen, dass jederzeit eine ausreichende Zahlungsbereitschaft (Liquidität) gewährleistet ist".

2.352 Liquiditätsrisiken bestehen primär darin, dass bei längerfristiger Anlage kurzfristig hereingenommener Gelder die Zahlungsbereitschaft nicht gewährleistet ist (**Refinanzierungs- oder Transformationsrisiko**) oder zumindest unerwartet teure Refinanzierungsmittel vom Kapitalmarkt beschafft werden müssen. Ähnlich beruht das **Abrufrisiko** darauf, dass in unerwartet hohem Umfang Gläubiger ihre Einlagen abrufen oder Kreditnehmer Kreditlinien in Anspruch nehmen. Das **Terminrisiko** besteht darin, dass Schuldner der Bank ihre Verbindlichkeiten nicht fristgemäß erfüllen.

Die klassische Grundvorstellung für die Liquiditätsplanung geht von der **goldenen Bankregel** aus. Sie besagt, dass Fristen und Fälligkeiten im Aktiv- und im Passivgeschäft einander entsprechen müssen. Danach dürfen kurzfristige Gelder auch nur kurzfristig ausgeliehen werden. Langfristige Verbindlichkeiten können gleichlaufend langfristig ausgeliehen werden. Diese Vorstellung entspricht jedoch nicht der Tatsache, dass die Fristentransformation eine wesentliche Voraussetzung für die Erzielung von Erträgen im Bankgeschäft darstellt und zudem eine wichtige Funktion bei der Finanzierung von Wirtschaft und Bevölkerung erfüllt. Außerdem würde selbst eine strikte Einhaltung der goldenen Bankregel die Liquidität nicht absolut sicher garantieren können, da unberücksichtigt bleibt, dass Schuldner ihre Verbindlichkeiten verzögert zurückzahlen oder insolvent werden können. 2.353

Fristentransformation ist möglich, weil grundsätzlich davon ausgegangen werden kann, dass die Passiva einer Bank erfahrungsgemäß nicht vollständig zum Fälligkeitszeitpunkt abgerufen, sondern stillschweigend oder ausdrücklich prolongiert werden. Deutlich wird dies bei Spareinlagen mit dreimonatiger Kündigungsfrist, die regelmäßig über Jahre unverändert bestehen bleiben oder bei Tages- oder Termingeld, das großenteils automatisch verlängert wird. Hieraus und aus laufenden Neuzugängen an Einlagen ergibt sich ein Bodensatz, der nach bestimmten Erfahrungssätzen bei der Liquiditätssteuerung eingesetzt werden kann (**Bodensatztheorie**). 2.354

Die vom KWG bzw. der Liquiditätsverordnung geforderten, heute geltenden Liquiditätsanforderungen verstehen die Liquidität als einen **dynamischen Prozess**, bei dem die Ein- und Auszahlungsströme erfasst werden und in bestimmten Relationen zueinander gehalten werden müssen. Die dabei getroffenen Annahmen beruhen jedoch ebenso wie bei den Anforderungen an die Solvabilität auf Erfahrungssätzen und können – wie die Finanzkrise des Jahres 2008 gezeigt hat – keine Garantie für eine jederzeitige Zahlungsbereitschaft geben. Denn der für die Beurteilung der Zahlungsbereitschaft mit entscheidende Gesichtspunkt der Beschaffungsmöglichkeit von Liquidität auf einem jederzeit voll funktionsfähigen Kapitalmarkt war in Folge der krisenhaften Entwicklungen nicht mehr gegeben. 2.355

2. Die Liquiditätsverordnung

Die Liquiditätsverordnung ist im Verhältnis zur Solvabilitätsverordnung mit 12 Paragrafen kurz gefasst. Sie konkretisiert die Anforderungen an die jederzei- 2.356

tige Zahlungsbereitschaft der Institute gemäß § 11 KWG, trifft eine verbindliche Regelung allerdings nur für die kurzfristige Zahlungsbereitschaft (Fälligkeit bis zu einem Monat). Die geforderte Liquidität setzt außer der Unterhaltung eines Bestands an liquiden Geldern ein gesundes **Verhältnis der nicht fälligen Anlagen zu den Finanzierungsmitteln** voraus.

2.357 Der **Anwendungsbereich** ist nicht mit dem der Solvabilitätsverordnung identisch. Die Liquiditätsregelungen des § 11 KWG gelten für Kreditinstitute, für Finanzdienstleistungsinstitute, soweit diese Eigenhandel betreiben oder über Kundenwerte verfügen können, sowie für E-Geldinstitute. Sie sind jedoch weder auf Gruppenebene noch für Finanzholding-Gruppen anwendbar. Für Bausparkassen und E-Geldinstitute gelten Sonderregelungen (§§ 8 und 9 LiqV). Abweichend vom Standardansatz der Liquiditätsverordnung können Institute institutseigene Liquiditätsmess- und -steuerungsverfahren anwenden, wenn diese bestimmte Anforderungen erfüllen, bei der BaFin angemeldet sind und diese die Eignung bestätigt hat (vgl. § 10 LiqV).

2.358 Das System des Standardansatzes basiert ähnlich wie das des ehemaligen Grundsatz II auf einer Liquiditätskennzahl, die das Verhältnis zwischen verfügbaren Zahlungsmitteln und abrufbaren Zahlungsverpflichtungen angibt. Die Zahlungsmittel werden den Zahlungsverpflichtungen innerhalb bestimmter Fristigkeiten (**Laufzeitbänder**) gegenüber gestellt. Zahlungsmittel und Zahlungsverpflichtung werden jeweils nach den Restlaufzeiten (definiert in § 7 LiqV) ermittelt und sind jeweils einem der folgenden Laufzeitbänder zuzuordnen:

- fällig täglich oder bis zu einem Monat (Laufzeitband 1),
- fällig in über einem Monat bis zu drei Monaten (Laufzeitband 2),
- fällig in über drei Monaten bis zu sechs Monaten (Laufzeitband 3),
- fällig in über sechs Monaten bis zu zwölf Monaten (Laufzeitband 4).

2.359 Als **Zahlungsmittel** gelten (§ 3 LiqV):

- Kassenbestand,
- Guthaben bei Zentralnotenbanken,
- Inkassopapiere (z. B. Wechsel und Schecks),
- unwiderrufliche Kreditzusagen von Banken,
- handelbare Wertpapiere,
- bei Zentralbanken refinanzierungsfähige Sicherheiten u. a.

2.360 Die kurzfristigen **Zahlungsverpflichtungen** (Laufzeitband 1) definiert § 4 Abs. 1 LiqV und gewichtet sie je nach erwarteter Abrufwahrscheinlichkeit:

- täglich fällige Verbindlichkeiten bei Kreditinstituten mit 40 %,
- täglich fällige Verbindlichkeiten gegenüber Kunden mit 10 %,

- Spareinlagen i. S. d. § 21 Abs. 4 RechKredV mit 10 %,
- Eventualverbindlichkeiten (z. B. Bürgschaften, Wechsel) mit 10 %,
- Platzierungs- und Übernahmeverpflichtungen mit 20 % u. a.

Die meisten Zahlungsverpflichtungen für Fristigkeiten von mehr als einem Monat (Laufzeitbänder 2 bis 4) sind in § 4 Abs. 2 und 3 LiqV nach ihrer Restlaufzeit mit 100 % gewichtet. Eine nur 20 %ige Anrechnung besteht z. B. für Verbindlichkeiten von Girozentralen oder Zentralkassen gegenüber den ihnen angeschlossenen Sparkassen oder Kreditgenossenschaften. Kreditzusagen für Investitions- und Baukredite sind – je nach Laufzeitband – zwischen 12 % und 48 % gewichtet.

Nur für die **kurzfristigen Zahlungsverpflichtungen** (Laufzeitband 1) ist die Einhaltung einer Liquiditätsanforderung **verbindlich** vorgeschrieben. Die Liquidität gilt als ausreichend, wenn die verfügbaren Zahlungsmittel den während dieses Zeitraums abrufbaren (gewichteten) Zahlungsverpflichtungen mindestens entsprechen (Liquiditätskennzahl > 1). **2.361**

Für die Zahlungsverpflichtungen von mehr als einem Monat (Laufzeitbänder 2 bis 4) hat das Institut lediglich **Beobachtungskennzahlen** zu berechnen, die das Verhältnis zwischen den jeweiligen Zahlungsmitteln und den Zahlungsverpflichtungen in den Laufzeitbändern angeben. Die Institute haben die ermittelten Kennzahlen der Deutschen Bundesbank zum Ende eines jeden Monats nach dem Stand zum Meldestichtag zu melden. **2.362**

XIII. Konsolidierungsverfahren und Beschränkungen von Beteiligungen

1. Grundlagen

Sind Banken oder sonstige Institute, die die Eigenmittelanforderungen einhalten müssen, miteinander konzernmäßig verflochten, so würde ohne eine ausgleichende Regelung dasselbe Eigenkapital mehrfach genutzt werden können. Dies beruht darauf, dass mit der Beteiligung an Tochter- oder Enkelinstituten diesen Eigenkapital zur Verfügung steht, das bei der übergeordneten Bank bereits zur Unterlegung von Risiken genutzt sein kann **(Kreditpyramiden)**. Daher muss nicht nur das jeweilige Einzelinstitut, sondern auch die Institutsgruppe insgesamt gemäß § 10a Abs. 1 KWG über eine angemessene Eigenmittelausstattung für Adress- und Marktrisiken verfügen. **2.363**

Eine Konsolidierungspflicht entsteht, wenn ein Institut an einem oder mehreren anderen Instituten mit mehr als 50 % der Kapitalanteile beteiligt ist oder beherrschenden Einfluss ausüben kann. Außerdem gilt eine Konsolidierungspflicht für sog. qualifizierte Minderheitsbeteiligungen. Eine qualifizierte Minderheitsbeteiligung liegt nach § 10a Abs. 4 Satz 1 KWG vor, wenn ein gruppenangehöriges Unternehmen eine mindestens 20 %ige Kapitalbeteiligung hält, die Institute oder Unternehmen gemeinsam mit einem anderen Unternehmen **2.364** leitet und für die Verbindlichkeiten dieser Institute oder Unternehmen auf ihre Kapitalanteile beschränkt haftet.

2. Konsolidierungspflicht

2.365 In die Konsolidierung sind folgende nachgeordneten Arten von Unternehmen einzubeziehen:

- Kreditinstitute,
- Finanzdienstleistungsinstitute,
- Finanzunternehmen,
- Anbieter von Nebendienstleistungen,
- Gemeinschaftsunternehmen aus den genannten Unternehmensarten im Falle einer qualifizierten Beteiligung,
- Finanzholding-Gruppen.

2.366 Die Eigenkapitalanforderungen müssen nicht nur von jedem einzelnen Kreditinstitut, sondern zusätzlich von der **Gesamtheit der untereinander erheblich beteiligten Institute** (Institutsgruppe) erfüllt werden. Eine Konsolidierung findet nach § 10a Abs. 2 KWG zwischen allen in- und ausländischen genannten Instituten einschließlich Hypothekenbanken, Bausparkassen, Leasing- und Factoringgesellschaften und Finanzholdings statt, soweit ein (übergeordnetes) Kreditinstitut eine Beteiligung von mindestens 50 % + 1 unterhält oder auf andere Weise beherrschender Einfluss ausgeübt werden kann oder sofern eine qualifizierte Beteiligung besteht.

2.367 Bei Mehrheitsbeteiligungen oder sofern ein beherrschender Einfluss auf das nachgeordnete Unternehmen ausgeübt werden kann, erfolgt eine **Vollkonsolidierung.** Es wird also so verfahren, wie wenn eine 100 %ige Beteiligung bestünde. Die entsprechenden Risikopositionen aller beteiligten Institute werden zusammengefasst und der Buchwert der Beteiligung herausgerechnet.

2.368 Bei konsolidierungspflichtigen Minderheitsbeteiligungen wird das sog. **Quotenkonsolidierungsverfahren** angewandt. Danach ist das Eigenkapital des übergeordneten Kreditinstituts mit dem seiner Beteiligungshöhe entsprechenden Kapitalanteil an dem nachgeordneten Institut zusammenzufassen und davon der Buchwert der Beteiligung abzuziehen. Entsprechend sind die Risikopositionen des übergeordneten Instituts mit dem quotalen Anteil der Risikopositionen der nachgeordneten Institute zusammenzurechnen. Anhand dieser quotalen Zusammenfassung wird die Eigenmittelauslastung der gesamten Gruppe ermittelt.

3. Konsolidierungsverfahren

2.369 Nach dem bankaufsichtlichen Eigenmittelregime müssen neben dem Adressenausfallrisiko die **Marktrisikopositionen auf konsolidierter Basis** ermittelt und mit Eigenmitteln unterlegt werden. Dabei ist die gruppeninterne Verrechnung gegenläufiger Risikopositionen im Grundsatz möglich. Dies setzt allerdings voraus, dass das nachgeordnete Unternehmen, mit dem der Ausgleich erfolgen soll, in die zentrale Risikosteuerung des übergeordneten Unternehmens einbezogen ist und weitere Voraussetzungen erfüllt sind (§ 10a Abs. 6 Satz 13 KWG).

Das **übergeordnete Kreditinstitut** ist dafür **verantwortlich**, dass die Anforde- 2.370
rungen eingehalten werden, und hat die maßgeblichen Kennziffern für die Risikopositionen nach den gleichen Grundsätzen wie bei einem Einzelinstitut zu ermitteln und die Meldungen für die gesamte Gruppe zu erstatten. Die nachgeordneten Kreditinstitute sind verpflichtet, den übergeordneten die erforderlichen Angaben zu liefern. Unberührt bleibt die Verpflichtung eines jeden Einzelinstituts der Gruppe, die Eigenmittelanforderungen auch individuell zu erfüllen.

4. Beschränkung des Beteiligungsbesitzes

§ 12 KWG enthält eine **Beschränkung des Beteiligungsbesitzes** für Einlagen- 2.371
kreditinstitute an Unternehmen die **nicht der Finanzbranche angehören**. Sie bemisst sich aber nicht an der absoluten Beteiligungshöhe, sondern ist am Eigenkapital des beteiligten Einlagenkreditinstituts orientiert. Somit können auch 100 %ige Beteiligungen z. B. an kleineren Unternehmen unterhalten und z. B. Rettungserwerbe getätigt werden. Eine qualifizierte Beteiligung (mindestens 10 % des Kapitals oder der Stimmrechte) an einem Unternehmen, das weder Institut, noch Finanzunternehmen noch Erstversicherungs- oder Rückversicherungsunternehmen noch Anbieter von Nebendienstleistungen ist, darf 15 % und sämtliche derartigen Beteiligungen 60 % des Eigenkapitals der beteiligten Bank nicht übersteigen. Maßgeblich ist der Nennbetrag und nicht der Buchwert der qualifizierten Beteiligung. Die Beteiligungsbeschränkungen sind auch auf Gruppenebene konsolidiert einzuhalten (§ 12 Abs. 2 KWG). Da Beteiligungen als Kredite gelten, bestehen daneben die – im Regelfall allerdings weiteren – Großkreditgrenzen der §§ 13 und 13a KWG.

Die BaFin kann **Ausnahmen** zulassen. Die Überschreitung muss jedoch mit 2.372
Eigenkapital unterlegt werden, das damit zur Unterlegung anderer Risiken nicht mehr zur Verfügung steht.

Ein **E-Geld-Institut** darf grundsätzlich keinerlei Beteiligung an einem anderen 2.373
Unternehmen unterhalten (§ 12 Abs. 3 KWG). Eine Ausnahme besteht für die Beteiligung an Serviceunternehmen wie etwa für das Processing, die Zahlungsabwicklung oder die Netzbetreuung.

XIV. Anforderungen an das Kreditgeschäft

1. Grundlagen

2.374 Der Ausfall von Krediten oder sonstigen Forderungen stellt das **Hauptrisiko** des traditionellen Bankgeschäfts dar. In der neueren Entwicklung von KWG und Bankenaufsicht werden daneben zunehmend auch andere Risiken – so insbesondere **Markt- und Preisrisiken, Rechtsrisiken sowie Risiken aus dem Geschäftsbetrieb** (EDV und sonstige operationelle Risiken) erfasst und gewichtet. Im Bereich von Kredit- und sonstigen Adressenausfallrisiken haben Erfahrungen mit Bankenkrisen gezeigt, dass insbesondere die Kumulierung von Großengagements auf wenige Kreditnehmer sowie eine einseitige Risikostruktur (**Klumpenrisiken, Branchenrisiken**) zu gefährlicher Abhängigkeit und existenzgefährdenden Ausfällen führen können. Gefahren entstehen aber auch aus der unzureichenden Kenntnis der wirtschaftlichen Situation des Kreditnehmers und aus unkontrollierter Kreditgewährung an Personen, die dem Kreditinstitut nahe stehen. Entsprechende Vorsorgemaßnahmen sind in den §§ 13 bis 18 KWG vorgesehen:

2.375 Eine Beschränkung der maximalen Höhe des Kreditengagements gegenüber einem einzelnen Kreditnehmer oder mehreren, voneinander wirtschaftlich abhängigen Kreditnehmern (Kreditnehmereinheit) und des Gesamtvolumens der besonders großen Kredite soll die einseitige Abhängigkeit von Kreditnehmern vermeiden und eine gesunde **Kreditstreuung** gewährleisten. Außerdem sind große Engagements in die besondere Verantwortung und Kontrolle unmittelbar durch die Geschäftsleiter gestellt. Daher dürfen Großkredite nur aufgrund eines einstimmigen Beschlusses sämtlicher Geschäftsleiter gewährt werden.

2.376 Das System der **Millionenkreditmeldungen** schafft bei der Deutschen Bundesbank eine Evidenzzentrale für Kreditvergaben von 1,5 Mio. Euro oder mehr. Aus Rückmeldungen erfahren die Kreditinstitute die Gesamtverschuldung ihrer Kreditnehmer bei allen Kreditgebern.

2.377 Bei Krediten an Organmitglieder, Mitarbeiter und sonstige nahe stehende natürliche oder juristische Personen besteht die Gefahr, dass aufgrund von Eigeninteresse („Selbstbedienung") oder aufgrund persönlicher Abhängigkeit Risiken und Verluste infolge unvertretbarer Vorzugsbehandlung z. B. bei Prüfung der Bonität, Bestellung von Sicherheiten oder der Gestaltung der Konditionen entstehen. Solche **Organkredite** sind zwar ohne weiteres zulässig. Allerdings dürfen Vorzugskonditionen nur i. R. v. Mitarbeiterprogrammen eingeräumt werden. Organkredite sind nach § 15 KWG ebenfalls einer besonderen Verantwortung und Beobachtung durch die Geschäftsleiter (einstimmige Beschlussfassung) und das Aufsichtsorgan (ausdrückliche Zustimmung) des Kreditinstituts unterstellt. Schließlich sind die Kreditinstitute verpflichtet, sich die wirtschaftlichen Verhältnisse ihrer Kreditnehmer z. B. durch Vorlage aktueller Bilanzen laufend offen legen zu lassen. § 18 KWG schreibt diese Pflicht ausdrücklich für Kredite ab einer Größenordnung von 750.000 Euro oder 10 % des haftenden Eigenkapitals des Instituts vor. Der Grundsatz gilt aber generell für risikotragende Engagements.

2. Gespaltener Kreditbegriff

Der Ausfall von Krediten oder sonstigen Forderungen stellt ein wesentliches Risiko des Bankgeschäfts dar. Deshalb schreibt das KWG außer den Kreditbegrenzungen durch die Eigenmittelanforderungen in den §§ 13–18 eine Reihe weiterer Beschränkungen und Kontrollen vor. Dabei verwendet das KWG für die unterschiedlichen Kreditbestimmungen unterschiedliche Kreditbegriffe. Dieser **gespaltene Kreditbegriff** wurde mit der 5. KWG-Novelle (in Kraft seit 31. Dezember 1995) eingeführt. Die Ursache liegt in einer eigenständigen Definition des Großkredits durch die EG-Großkreditrichtlinie, die für die sonstigen Kreditbeschränkungen und Kontrollen des deutschen KWG nicht passt. Unabhängig hiervon gilt als Kredit nicht nur der valutierte (tatsächlich ausgezahlte) Betrag, sondern bereits die verbindliche **Zusage** oder Einräumung eines Kreditrahmens. Ausnahmen von der regelmäßigen Berechnung des Kreditvolumens bestehen besonders bei den Millionenkreditbestimmungen (§ 14 Abs. 1 Satz 1 KWG). Hier ist die Inanspruchnahme des Kredits, also die tatsächliche Verschuldung, maßgebend. 2.378

Als Kreditgewährung gilt nicht nur der erstmalige Vertragsschluss, sondern auch jede **Krediterhöhung** oder Änderung der Vertragsbedingungen. Alle als Kredit geltenden Verbindlichkeiten des Kreditnehmers werden bei der Errechnung von Kreditgrenzen grundsätzlich zusammengerechnet. Da jedoch differenzierte Ausnahmeregelungen – z. B. je nach Besicherung – bestehen, unterfallen bestimmte Kreditarten den Beschränkungen und Kontrollen nicht. Guthaben und sonstige Forderungen des Kreditnehmers werden grundsätzlich nicht abgezogen. Auch ein Kredit, der vollständig durch Guthaben gedeckt ist, bleibt Kredit. 2.379

a) Kreditbegriff für Groß- und Millionenkredite

Nach § 19 Abs. 1 KWG ist für die Anwendung der Groß- und Millionenkreditbestimmungen der **weiteste Kreditbegriff** des KWG maßgebend. 2.380

Er umfasst:

- Bilanzaktiva (definiert in § 19 Abs. 1 Satz 2 Nr. 1 bis 10 KWG),
- Derivate (definiert in § 19 Abs. 1a KWG),
- andere außerbilanzielle Geschäfte (definiert in § 19 Abs. 1 Satz 3 Nr. 1 bis 15 KWG).

2.381 Die **Groß- und Millionenkreditverordnung** (GroMiKV) vom 14. Dezember 2006[199] enthält umfangreiche, den Gesetzeswortlaut ergänzende Regelungen über die Erfassung, Bemessung und Gewichtung von Groß- und Millionenkrediten.

b) Ausnahmen und Anrechnungserleichterungen

2.382 § 20 KWG regelt differenzierte Ausnahmen von den Verpflichtungen der Groß- und Millionenkreditbestimmungen. Keine Anwendung finden diese z. B. für die Entstehung von kurzfristigen Forderungspositionen i. R. d. üblichen Abwicklung von Wechselkursgeschäften oder Wertpapiergeschäften sowie auf abgeschriebene Kredite. Die Anzeigepflicht der Großkreditbestimmungen gelten nicht für Kredite an Zentralregierungen und sonstige öffentlich-rechtliche Einrichtungen. Weiterhin enthält § 20 Abs. 3 KWG differenzierte Anrechnungsbestimmungen für Kredite an die öffentliche Hand, an Kreditinstitute und Wertpapierhandelsunternehmen u. a. Schließlich regelt § 20b KWG die Anerkennung von Sicherungsinstrumenten als anzeige- und anrechnungsentlastend. Die im KWG geregelten Grundsatznormen sind jedoch nur der Rahmen für das hochdifferenzierte Anrechnungs- und Gewichtungssystem samt der Anwendung von Kreditrisikominderungstechniken, das sich aus dem Zusammenspiel der KWG-Bestimmungen mit denen der Groß- und Millionenkreditverordnung und der Solvabilitätsverordnung ergibt.

c) Kreditbegriff für Organkredite und die Offenlegungspflicht

2.383 § 21 KWG regelt, welche Aktiva für die Organkreditbestimmungen und die Offenlegungspflicht als Kredit gelten. Er umfasst:

- jede Art von **Gelddarlehen**, entgeltlich erworbene Geldforderungen (also auch Forderungen aus dem Factoringgeschäft), Akzeptkredite, Forderungen aus Namensschuldverschreibungen (jedoch nicht Inhaberschuldverschreibungen);
- die **Diskontierung von Wechseln** und Schecks, also den Ankauf dieser Papiere bis zur Einlösung;
- **Geldforderungen aus Handelsgeschäften.** Eine Ausnahme ist jedoch für das Warengeschäft der Kreditgenossenschaften getroffen, sofern die Forderungen nicht über die handelsübliche Frist hinaus gestundet sind;
- **Bürgschaften**, Garantien, sonstige Gewährleistungen und die Bestellung von Sicherheiten für Dritte. Hierzu zählen auch Akkreditive, Ausbietungsgarantien, nicht jedoch Garantien für eigene Leistungen;

---

199) Verordnung über die Erfassung, Bemessung, Gewichtung und Anzeige von Krediten im Bereich der Großkredit- und Millionenkreditvorschriften des Kreditwesengesetzes (Groß- und Millionenkreditverordnung – GroMiKV) v. 14.12.2006 (BGBl. I, 3065) abgedr. in: *Consbruch/Fischer*, KWG, B 16, und *Fischer/Herbst*, RSP, Teil A 1.1.5.

- die Verpflichtung, für die Erfüllung entgeltlich übertragener Geldforderungen einzustehen oder sie zurück zu erwerben (**Pensionsgeschäfte**);
- **Beteiligungen** ab einer Beteiligungshöhe von mindestens 25 % des Kapitals des Beteiligungsunternehmens (abweichend von § 271 HGB);
- **Leasinggegenstände**, also Gegenstände, die das Kreditinstitut als Leasinggeber Dritten überlassen hat.

Für **Kredite an die öffentliche Hand** und bestimmte andere Kreditnehmer und für Kredite mit speziellen Sicherheiten brauchen die Organkreditbestimmungen bzw. die Offenlegungspflicht nicht angewandt zu werden. Nach § 21 Abs. 2 KWG gelten diese Kreditarten nicht als Kredite i. S. d. §§ 15–18 KWG. Außerdem sind weitere Ausnahmen in den §§ 13–18 KWG geregelt. 2.384

d) Kreditnehmereinheit

Konzernunternehmen oder sonst eng miteinander verbundene Kreditnehmer bilden wirtschaftlich eine **Risikoeinheit**. Deshalb fingiert § 19 Abs. 2 KWG, dass die Mitglieder einer solchen Risikoeinheit als ein Kreditnehmer gelten (sog. **Konzernklausel**). Denn – so der Gesetzeswortlaut – zwischen den Teilnehmern der Risikoeinheit können Abhängigkeiten bestehen, die „es wahrscheinlich erscheinen lassen, dass, wenn einer dieser Kreditnehmer in finanzielle Schwierigkeiten gerät, dies auch bei den anderen zu Zahlungsschwierigkeiten führt“. Dabei muss die wirtschaftliche Abhängigkeit allerdings beidseitig sein. Eine einseitige Abhängigkeit z. B. aufgrund maßgeblicher Lieferbeziehungen u. a. genügt für die Annahme der Kreditnehmereinheit nicht. 2.385

Die Zusammenrechnung mehrerer Kreditnehmer zu einer Risikoeinheit hat zur Folge, dass deren Engagements zusammen zu rechnen sind. Dementsprechend werden besonders die **Großkreditgrenzen erreicht** oder überschritten, wenn sich dies aus der Summe der Kredite an alle an sich selbständigen, aber zusammenzufassenden Kreditnehmer ergibt. Eine Risikoeinheit fingiert § 19 Abs. 2 Satz 2 KWG insbesondere bei: 2.386

- **Konzernunternehmen**, Unternehmen mit Gewinnabführungsverpflichtung und in Mehrheitsbesitz oder unter beherrschendem Einfluss stehenden Unternehmen. Alle Konzernunternehmen und sonstige Beteiligten gelten als ein Kreditnehmer;
- Personenhandelsgesellschaften und ihren **persönlich haftenden Gesellschaftern**;
- Kreditnehmern, für deren Rechnung weiterer Kredit aufgenommen wird (sog. **Strohmannkredite**). Nach der Aufsichtspraxis ist ein Strohmannkredit regelmäßig anzunehmen, wenn der nach außen auftretende Kreditnehmer die Kreditvaluta an einen Dritten weiterleitet, der den Tilgungsdienst zu übernehmen hat. Dabei spielt es keine Rolle, ob die Tilgungsleistungen

unmittelbar oder mittelbar über den Strohmann an das Kreditinstitut gezahlt werden. Der angegebene Verwendungszweck sowie die Stellung von Sicherheiten durch einen Dritten sind ein Indiz, nicht aber unbedingt Voraussetzung für die Anwendung des § 19 Abs. 2 Satz 2 Nr. 3 KWG.[200] Ein Strohmannkredit ist jedoch definitionsgemäß nicht gegeben, wenn ein Gesellschafter einer Kapitalgesellschaft Kredit nimmt und diesen im eigenen Namen der Gesellschaft zur Verfügung stellt.

3. Großkredite

a) Großkreditgrenzen

2.387 Als Großkredite gelten Kredite, die **10 % des haftenden Eigenkapitals** des Kreditinstituts übersteigen (§ 13 Abs. 1 Satz 1 KWG). Die Regelung für Großkredite unterscheidet seit der 6. KWG-Novelle zwischen Handelsbuchinstituten (§ 13a KWG) und Nichthandelsbuchinstituten (§ 13 KWG).

Das **Volumen** sämtlicher Großkredite darf zusammen **das Achtfache des haftenden Eigenkapitals** nicht übersteigen. Der einzelne Großkredit darf bei Nichthandelsbuchinstituten seit 1998 **25 % des haftenden Eigenkapitals** nicht übersteigen. Eine Grenze von 20 % gilt für bestimmte Kreditvergaben im Konzern.

2.388 Die Großkrediteinzelgrenze und die Volumenbeschränkung können mit Zustimmung der BaFin **überschritten** werden, wenn die über die Grenzen hinausgehenden Beträge voll durch haftendes Eigenkapital abgedeckt werden (§ 13 Abs. 3 KWG). Diese Teile des haftenden Eigenkapitals müssen dann aber bei der Ermittlung der Einhaltung der Eigenkapitalanforderungen (Solvabilität) abgezogen werden. Im Übrigen ist der vorsätzliche oder fahrlässige Verstoß gegen die Großkreditbeschränkungen nach § 56 Abs. 1 Nr. 6 KWG als Ordnungswidrigkeit sanktioniert.

b) Großkreditgrenzen bei Handelsbuchinstituten

2.389 Bei Handelsbuchinstituten sind – anders als bei Nichthandelsbuchinstituten – die Risikopositionen eines Kreditnehmers getrennt nach Anlagebuch (Anlagebuchposition) und nach Handelsbuch (Handelsbuchgesamtposition) zu ermitteln. Zusammen bilden diese Positionen die kreditnehmerbezogene Gesamtposition. Dabei kennt § 13a KWG **für Handelsbuchinstitute zwei Großkreditdefinitionen**: Ein Gesamtbuchgroßkredit liegt vor, wenn die kreditnehmerbezogene Gesamtposition aus Anlagebuch und Handelsbuch 10 % der Eigenmittel erreicht. Ein Anlagebuchgroßkredit wird im Unterschied hierzu ermittelt, indem man von der kreditnehmerbezogenen Gesamtposition die

---

200) Schreiben des ehemaligen Bundesaufsichtsamts für das Kreditwesen v. 21.10.1976, abgedr. in: *Consbruch/Fischer*, KWG, B 61.7, und *Fischer/Herbst*, RSP A 1.2.41.

Kredite an denselben Kreditnehmer abzieht, die dem Handelsbuch zugeordnet sind (kreditnehmerbezogene Handelsbuchgesamtposition). Ein Anlagebuchgroßkredit besteht in diesem Fall, sofern 10 % des haftenden Eigenkapitals auch nach der Subtraktion erreicht sind (§ 13a Abs. 1 Satz 3 KWG). Damit wird jeweils die Anzeigepflicht und die Pflicht zur Großkreditbeschlussfassung ausgelöst.

Handelsbuchinstitute haben differenzierte Großkreditobergrenzen zu beachten. Im Einzelnen gilt: 2.390

- die **Anlagebuch-Großkrediteinzelobergrenze** (§ 13a Abs. 3 Satz 1 KWG), nach der die kreditnehmerbezogene Anlagebuchgesamtposition 25 % des haftenden Eigenkapitals nicht überschreiten darf,
- die **Anlagebuch-Großkreditgesamtobergrenze** (§ 13a Abs. 3 Satz 5 KWG), nach der alle Anlagebuchgroßkredite zusammen das Achtfache des haftenden Eigenkapitals nicht überschreiten dürfen,
- die **Gesamtbuch-Großkrediteinzelobergrenze** (§ 13 Abs. 4 Satz 1 KWG), nach der die kreditnehmerbezogene Gesamtposition 25 % der Eigenmittel nicht überschreiten darf und
- die **Gesamtbuch-Großkreditgesamtobergrenze** (§ 13a Abs. 4 Satz 5 KWG), nach der die Gesamtbuchgroßkredite zusammen das Achtfache der Eigenmittel nicht überschreiten dürfen.

Allerdings können diese Grenzen überschritten werden, wenn die BaFin zustimmt und die **Überschreitungsbeträge** mit gebundenen, also anders nicht anrechenbarem haftendem Eigenkapital bzw. haftenden Eigenmitteln unterlegt werden (§ 13a Abs. 3 jeweils Sätze 2 und 4 KWG). 2.391

c) Großkreditkonsolidierung

Großkreditbegrenzungen und -anzeigen sind nicht nur von jedem einzelnen Kreditinstitut, sondern nach § 13a KWG auch von einem Kreditinstitutskonzern sowie gemäß § 13b KWG von Institutsgruppen und Finanzholding-Gruppen insgesamt einzuhalten. Als **gruppenangehörig** gelten bei der Großkreditkonsolidierung Kreditinstitute, die mit mindestens 50 % untereinander beteiligt sind. Die Ermittlung des Volumens der Kreditinstitutsgruppe richtet sich nach dem **Quotenkonsolidierungsverfahren.**[201] 2.392

Wenn bei einem gruppenangehörigen Kreditinstitut ein Großkredit vorliegt, müssen alle Kredite (auch die Nichtgroßkredite) sämtlicher gruppenangehöriger Banken an denselben Kreditnehmer quotal zusammengefasst werden. Wenn der so ermittelte Gesamtbetrag 10 % des konsolidierten Eigenkapitals der Gruppe überschreitet, liegt ein Großkredit vor. Er darf 25 % des konsolidierten Ei- 2.393

201) Siehe oben Rz. 2.368.

genkapitals nicht überschreiten. Das übergeordnete Kreditinstitut ist für die Einhaltung der Großkreditbegrenzung verantwortlich und hat die entsprechenden Anzeigen an die Deutsche Bundesbank zu veranlassen.

d) Beschlussfassung

2.394 Großkredite dürfen nach § 13 Abs. 2 Satz 1 bzw. § 13a Abs. 2 KWG nur aufgrund eines vorherigen **einstimmigen Beschlusses** sämtlicher Geschäftsleiter gewährt werden. Demnach müssen alle Vorstandsmitglieder oder sonstigen Geschäftsleiter – also auch die nach der internen Geschäftsverteilung nicht für Kreditvergaben zuständigen – den Großkredit vor der Bewilligung gebilligt haben. Müssen nach der Satzung des Kreditinstituts noch andere Stellen dem Kredit zustimmen – z. B. ein aus Mitgliedern des Vorstands und des Aufsichtsrates gebildeter Kreditausschuss –, so ist eine einstimmige Beschlussfassung je nach interner Satzungsregelung dort nicht erforderlich. Die einstimmige Beschlussfassung muss nicht nur die Höhe des zu gewährenden Kredits, sondern auch die Konditionen wie Laufzeit, Sicherheitenbestellung, Verzinsung und Rückzahlungsbedingungen umfassen. Die Beschlussfassung ist aktenkundig zu machen.

2.395 Als Kreditvergabe gilt auch die **Erhöhung** oder Überziehung eingeräumter Kreditlinien. Allerdings ist es möglich, einen weiteren Kreditrahmen zu beschließen, als dem Kreditnehmer vertraglich eingeräumt wird. Erhöhungen oder Überziehungen sind dann innerhalb dieses internen Rahmens ohne erneute Beschlussfassung möglich. Änderungen der Kreditkonditionen bedürfen erneut der einstimmigen Beschlussfassung, und zwar auch dann, wenn sie nur Kreditteile betreffen, die allein die Großkreditgrenze nicht erreichen. Die Verlängerung bestehender Kreditengagements bedarf nach der Praxis der BaFin jedoch keiner erneuten Beschlussfassung.[202)]

2.396 Die Beschlussfassung soll **vor der Kreditvergabe** erfolgen. In Eilfällen kann die Kreditgewährung ausnahmsweise jedoch schon vor der Beschlussfassung erfolgen. Der Beschluss ist dann unverzüglich nachzuholen. Erfolgt dies nicht spätestens innerhalb eines Monats nach Kreditvergabe, so ist dies der BaFin und der Deutschen Bundesbank unverzüglich anzuzeigen.

2.397 Wurden Großkredite ohne einstimmige Beschlussfassung vergeben, insbesondere wenn bei nachgeholter Beschlussfassung die Einstimmigkeit nicht zustande kam, so berührt dies die **zivilrechtliche Wirksamkeit** des Geschäfts nicht. Jedoch wird man davon ausgehen müssen, dass sich das Kreditinstitut in einem

---

202) *Bähre/Schneider*, KWG, § 13 Anm. 5; a. A. – unter Hinweis auf den Zweck des § 13 KWG – *Szagunn/Wohlschieß*, KWG, § 13 Anm. 34; vgl. zu der ähnlichen Lage bei Organkrediten Boos/Fischer/Schulte-Mattler-*Groß*, KWG, § 15 Rz. 39 unter Hinweis auf ein Schreiben des BAKred v. 17.2.1964, GeschNr. I 2-231/234.

solchen Fall darum bemühen muss, i. R. seiner vertraglichen Möglichkeiten den Kredit mindestens unter die Großkreditgrenze zurückzuführen.

e) Anzeigepflicht

Großkredite müssen der Bundesbank regelmäßig angezeigt werden. Die Anzeige von Großkrediten muss gesammelt jeweils zum 15. der Monate Januar, April, Juli und Oktober für die Großkredite des vorangegangenen Quartals erfolgen (§ 53 i. V. m. § 8 GroMiKV). Überschreitungen der verschiedenen Großkreditgrenzen sind der Deutschen Bundesbank unverzüglich anzuzeigen. Die Deutsche Bundesbank wertet die Anzeigen aus und leitet sie mit einer Stellungnahme an die BaFin weiter. 2.398

Die Anzeige enthält alle **wesentlichen Angaben** über den Kredit – also den Kreditnehmer, die Kreditart, die Höhe des Kredits und die gestellten Sicherheiten. Bei den Verbundinstituten (Sparkassen und Kreditgenossenschaften) werden die Anzeigen nicht direkt an die Bundesbank, sondern über die jeweils zuständigen Sparkassenverbände oder Prüfungsverbände der Genossenschaften eingereicht. Einzelheiten zum Anzeigenverfahren sind in § 8 GroMiKV geregelt. 2.399

f) Ausnahmen

§ 20 Abs. 1 bis 5 KWG und die **Groß- und Millionenkreditverordnung** lassen Ausnahmen von der Anwendung der Großkreditbestimmungen zu. Bestimmte Kredite gelten überhaupt nicht als Großkredite, andere brauchen nicht angezeigt oder nicht einstimmig beschlossen zu werden oder sind bei der Auslastung der Großkreditbegrenzungen nicht oder nur geringer gewichtet anzurechnen. 2.400

Ganz freigestellt sind im Wesentlichen folgende Kredite: 2.401

- **Staats- und Kommunalkredite**, auch an die Europäischen Gemeinschaften und Zentralregierungen oder Notenbanken in Ländern der Zone A (§ 1 Abs. 5a KWG),
- von diesen Einrichtungen **gewährleistete Kredite,**
- **durch Staatspapiere**, Bareinlagen oder Eigenemissionen des kreditgewährenden Instituts besonders **gesicherte Kredite.**

Bei der Einhaltung der Kreditbegrenzungen und der Pflicht zur einstimmigen Beschlussfassung brauchen außerdem nicht berücksichtigt zu werden u. a.: 2.402

- kurzfristige Kredite an **Kreditinstitute** in Ländern der Zone A,
- **gedeckte Schuldverschreibungen,**

- grundpfandrechtlich gesicherte **Wohnungsbaukredite**, wenn das finanzierte Objekt vom Kreditnehmer **selbst genutzt** oder vermietet wird, soweit die Beleihung 50 % des Grundstückswerts nicht übersteigt,
- sonstige **Realkredite** bis 50 % des Grundstückswerts.

Weitere Arten von Forderungen werden nach §§ 16 ff. GroMikV nicht oder nur mit 20 % oder 50 % angerechnet.

4. Millionenkredite, Organkredite, Offenlegungspflicht

a) Anzeige von Millionenkrediten

2.403 Bei der Deutschen Bundesbank ist eine **Evidenzzentrale** für große Kredite eingerichtet, an die die Institute die Verschuldung ihrer Kreditnehmer mit Inanspruchnahmen von mindestens 1,5 Mio. Euro melden. In das Meldeverfahren sind auch die meisten der nach § 2 KWG freigestellten Unternehmen, also insbesondere die Versicherungsunternehmen einschließlich der Sozialversicherungsträger und die Bundesanstalt für Arbeit, einbezogen. Trotzdem ist das System – auch abgesehen von der Anzeigengrenze von 1,5 Mio. Euro – nicht vollständig, da z. B. Lieferantenkredite oder die Verschuldung bei ausländischen Kreditgebern nicht erfasst wird. Dennoch bietet das System eine wichtige Hilfe zur Risikokontrolle bei großen Kreditengagements.

2.404 Die Kreditgeber haben nach § 14 Abs. 1 Satz 1 KWG der Deutschen Bundesbank in dreimonatigem Turnus diejenigen Kreditnehmer anzuzeigen, die bei ihnen zu irgendeinem Zeitpunkt während der letzten drei Monate vor der Meldung mindestens 1,5 Mio. Euro in Anspruch genommen haben. Angezeigt wird nicht die Höchstverschuldung, sondern die **Verschuldung am Meldestichtag**, die also auch unter 1,5 Mio. Euro liegen kann, wenn innerhalb der Meldeperiode die 1,5 Mio. Euro-Grenze wenigstens einmal erreicht war. Die Anzeigen sind jeweils bis zum 15. eines jeden dritten Monats, also bis zum 15. Januar, 15. April usw. zu erstatten. Maßgebend für das Erreichen der Meldegrenze ist nicht die Kreditzusage, sondern die tatsächliche Inanspruchnahme (Verschuldung). § 74 i. V. m. § 8 GroMiKV regelt die Meldestichtage (jeweils der 30. März, der 30. Juni usw.) und weitere Einzelheiten zum Verfahren. Außerdem hat die Deutsche Bundesbank ein ausführliches Merkblatt für die Abgabe der Millionenkreditanzeigen herausgegeben.[203)]

2.405 Bestimmte Kreditarten des sehr weit gefassten Kreditbegriffs sind nach § 20 Abs. 6 KWG von der Pflicht zur Anzeige von Millionenkrediten **ausgenommen**. Es sind dies neben kurzfristigen Vorleistungen für Wechselkurs- und Wertpapiergeschäfte insbesondere Kredite an inländische Gebietskörperschaf-

---

203) Merkblatt der Deutschen Bundesbank für die Abgabe der Groß- und Millionenkreditanzeigen v. 11.12.2009, abgedr. in: *Consbruch/Fischer*, KWG, B 63.30, und *Fischer/Herbst*, RSP, Teil A 1.1.5.2.

ten, Kredite an die Europäischen Gemeinschaften, Anteile an anderen Unternehmen, Wertpapiere des Handelsbestands und abgeschriebene Kredite.

b) Benachrichtigung der Kreditgeber

Die Deutsche Bundesbank informiert alle Kreditgeber, die Millionenkreditanzeigen abgegeben haben, über die Gesamtverschuldung ihrer gemeldeten Kunden. Das Verfahren ist in § 75 GroMiKV geregelt. Es werden die Anzahl, aber nicht die Namen der beteiligten Kreditgeber und die Höhe der Gesamtverschuldung mitgeteilt. Entsprechend den detaillierten Angaben zu Art und Besicherung der gewährten Kredite in den Anzeigen gliedert die Bundesbank ihre **Rückmeldungen** an die Kreditgeber ebenfalls nach Bilanzaktiva, Finanzswaps usw., Aval- und Realkrediten, staats- und kommunalverbürgten Krediten, sonstigen außerbilanziellen Geschäften u. a. auf. 2.406

Bereits **vor Kreditvergabe** können Institute die Evidenzzentrale der Deutschen Bundesbank nutzen. Sie erhalten Auskunft über die Verschuldung eines kreditsuchenden Kunden, wenn sie der Deutschen Bundesbank mitteilen, dass sie eine Kreditvergabe über mindestens 1,5 Mio. Euro oder eine entsprechende Erhöhung an einen bestimmten Kunden beabsichtigen und der Kunde der Mitteilung zugestimmt hat (§ 14 Abs. 2 Satz 4 KWG). 2.407

5. Organkredit

Bei Krediten an **natürliche Personen oder Unternehmen, die dem Institut besonders nahe stehen,** sind bestimmte Kontrollpflichten einzuhalten. Sie müssen einstimmig von allen Geschäftsleitern beschlossen sowie vom Aufsichtsorgan gebilligt werden. Außerdem dürfen sie – außer i. R. v. Mitarbeiterprogrammen nur zu marktmäßigen Konditionen gewährt werden. 2.408

a) Definition der Organkredite

Als Organkredite gelten: 2.409

Kredite an natürliche Personen, insbesondere an

- **Geschäftsleiter** des Instituts,
- **Gesellschafter** des Instituts in der Rechtsform der Personenhandelsgesellschaft oder der GmbH, ferner an stille Gesellschafter,
- Mitglieder des eigenen **Aufsichtsorgans,**
- **Prokuristen** und Generalbevollmächtigte des Instituts,
- **Ehegatten** und Kinder der vorstehenden Personen,
- persönlich haftende Gesellschafter, Organmitglieder, Prokuristen, Generalbevollmächtigte von im Verhältnis zu dem kreditgewährenden Institut **beherrschenden oder abhängigen Unternehmen** sowie deren Ehegatten und Kinder (§ 15 Abs. 2 KWG).

2.410 **Kredite an Unternehmen, insbesondere an**

- juristische Personen oder Personenhandelsgesellschaften, wenn **personelle Verbindungen** zu dem kreditgewährenden Institut bestehen (z. B. ein Mitglied des Aufsichtsrates der kreditnehmenden Gesellschaft ist gleichzeitig Vorstandsmitglied einer kreditgewährenden Bank);
- Unternehmen, an denen das Kreditinstitut oder einer seiner Geschäftsleiter mit mehr als 10 % i. S. d. § 271 Abs. 1 HGB beteiligt ist. Bei einer **Beteiligung** von mindestens 25 % gilt jeder Anteilsbesitz – abweichend von § 271 HGB – als Beteiligung;
- Entsprechendes gilt für Kredite an Unternehmen, die **an dem Institut** mit mehr als 10 % bzw. mindestens 25 % des Kapitals **beteiligt** sind oder wenn deren gesetzlicher Vertreter oder Gesellschafter eine solche Beteiligung unterhält.

b) Ausnahmen

2.411 Die Organkreditbestimmungen finden nach § 21 Abs. 2 KWG jedoch keine Anwendung auf Kredite an Gebietskörperschaften, bestimmte kurzfristige ungesicherte Geldanlagen bei Kreditinstituten, geldmarktfähige Wechsel und abgeschriebene Kredite. **Keine Anwendung** finden nach § 21 Abs. 3 KWG außerdem die Bestimmungen über Unternehmensorgankredite auf Realkredite, soweit sie den Erfordernissen des PfandBG entsprechen, weiterhin Kredite an juristische Personen des öffentlichen Rechts, die Europäischen Gemeinschaften u. a. und ferner Kredite, die von Gebietskörperschaften gewährleistet sind. Bei Krediten an Prokuristen und Generalbevollmächtigte gelten die Organkreditbestimmungen nach § 15 Abs. 3 KWG erst ab einem Kreditbetrag von mehr als einem Jahresgehalt. Unternehmensorgankredite und Kredite an stille Gesellschafter des Kreditinstituts sind freigestellt, wenn sie weniger als 1 % des haftenden Eigenkapitals des kreditgebenden Instituts oder weniger als 50.000 Euro betragen.

c) Anforderungen an die Beschlussfassung

2.412 Ebenso wie Großkredite bedürfen Organkredite eines einstimmigen Beschlusses **sämtlicher Geschäftsleiter** des kreditgewährenden Instituts. Soll einem Geschäftsleiter Kredit gewährt werden, so ist dieser als Betroffener von der Beschlussfassung ausgeschlossen.[204)] Die Zustimmung hat grundsätzlich vor der Kreditvergabe zu erfolgen. Die nachträgliche Zustimmung einzelner Geschäftsleiter in Eilfällen ist ebenso wie bei Großkreditbeschlüssen möglich.

---

204) Mitteilung Nr. 2/63 des Bundesaufsichtsamtes v. 28.10.1963, Nr. 2, abgedr. in: *Consbruch/Fischer*, KWG, B 62.1.

Außerdem muss das **Aufsichtsorgan** – also der Aufsichtsrat oder Verwaltungsrat – des Kreditinstituts der Kreditgewährung zustimmen. Hier ist Einstimmigkeit nicht erforderlich, sondern es genügt die satzungsmäßig vorgesehene, also normalerweise einfache Mehrheit. Der Aufsichtsrat kann, sofern ihm das nach seiner Satzung gestattet ist, die Beschlussfassung auf einen Ausschuss delegieren. **2.413**

Die Zustimmung des Aufsichtsorgans und der einstimmige Beschluss der Geschäftsleiter müssen sich nicht nur auf die Höhe des Kredits und die Person des Kreditnehmers, sondern auch auf die **Konditionen**, insbesondere die Verzinsung und die Rückzahlung des Kredits, erstrecken. Sollen die Konditionen (außer Verlängerung der Laufzeit des Kredits) nachträglich geändert werden, gelten die Beschlussanforderungen auch hierfür,[205)] ebenso wenn der Kredit um mehr als 10 % erhöht wird (§ 15 Abs. 3 Nr. 3 KWG). **2.414**

§ 15 Abs. 4 Satz 6 KWG ermöglicht sog. **Vorratsbeschlüsse** bei Organkrediten an natürliche Personen. Danach können für bestimmte Kreditgeschäfte oder Arten von Kreditgeschäften sowohl hinsichtlich der einstimmigen Beschlussfassung der Geschäftsleiter als auch der Zustimmung des Aufsichtsorgans für ein Jahr im voraus Rahmenbeschlüsse gefasst werden. Innerhalb dieser Grenzen können Kredite dann ohne weitere Formalien gewährt werden. **2.415**

d) Haftung

Wird ein Kredit ohne die einstimmige Zustimmung der Geschäftsleiter oder ohne die Zustimmung des Aufsichtsorgans gefasst und werden diese Beschlüsse auch nicht nachgeholt, so ist der Kredit nach § 15 Abs. 5 KWG ohne Rücksicht auf entgegenstehende Vereinbarungen sofort **zurückzuzahlen**. Außerdem **haften die Geschäftsleiter** und die Mitglieder des Aufsichtsorgans, soweit sie pflichtwidrig gehandelt haben, für den daraus entstehenden Schaden, z. B. einen Kreditausfall, nach § 17 KWG sogar auch dann, wenn sie zwar unbeteiligt sind, aber trotz Kenntnis nicht dagegen einschreiten.[206)] **2.416**

6. Offenlegungspflicht

a) Bilanzvorlage

Von Kreditnehmern, denen Kredite von mehr als 750.000 Euro oder mehr als 10 % des haftenden Eigenkapitals gewährt werden, hat sich das Kreditinstitut die **wirtschaftlichen Verhältnisse offen legen zu lassen** (§ 18 KWG). Dies **2.417**

---

205) Boos/Fischer/Schulte-Mattler-*Groß*, KWG, § 15 Rz. 38 unter Bezugnahme auf Schreiben des ehemaligen Bundesaufsichtsamts für das Kreditwesen v. 20.6.1974 und v. 6.9.1974, abgedr. in: *Consbruch/Fischer*, KWG, B 62.8, B 62.9, und *Fischer/Herbst*, RSP, Teil A 1.2.4.1.

206) Näheres s. vorstehend Rz. 2.185.

schließt nicht aus, dass auch unterhalb dieser Grenze Bonität und wirtschaftliche Leistungsfähigkeit den Umständen entsprechend sorgfältig geprüft werden müssen. Ist der Kreditnehmer nicht bereit, die für § 18 KWG notwendigen Auskünfte (auch während der gesamten Kreditlaufzeit) zu geben, kann dies ein Grund zur außerordentlichen Kündigung sein.[207] Ergänzend vereinbaren die Kreditinstitute in der Regel in ihren Vertragsbedingungen ein solches Kündigungsrecht.

2.418 Das Kreditinstitut hat sich bei Unternehmen die neuesten Jahresbilanzen samt Gewinn- und Verlustrechnung und bei nicht bilanzierungspflichtigen Unternehmen entsprechende Unterlagen wie Steuererklärung und Vermögensübersichten vorlegen zu lassen. Häufig genügt dies jedoch nicht, sodass noch andere Erkenntnisquellen wie etwa die Vorlage von Unterlagen über Auftragsbestände, Umsätze, Ertragsprognosen usw. genutzt werden müssen. Erforderlich ist außerdem eine **laufende Überprüfung** der wirtschaftlichen Situation des Kreditnehmers. Daher haben die Kreditinstitute während der gesamten Laufzeit des Kredits neueste Bilanzen, Einkommensnachweise usw. anzufordern. Das Ergebnis dieser Überprüfungen muss aktenkundig gemacht werden.

b) Auswertung

2.419 Alle aus den vorgelegten Unterlagen und sonstigen zugänglichen Quellen maßgeblichen Zahlen, Fakten und sonstigen Beurteilungsgrundlagen müssen ermittelt und ausgewertet werden. Die sich daraus ergebenden geschäftlichen Chancen müssen gegen die Risiken nach **Für und Wider abgewogen** werden.[208] Zu weiteren Einzelheiten – auch hinsichtlich der Sondersituation von Sanierungskrediten – vgl. vorstehend Rz. 2.197.

c) Ausnahmen von der Offenlegungspflicht

2.420 Nach § 18 Satz 2 ff. KWG kann nur in **Ausnahmefällen** im Hinblick auf die gestellten Sicherheiten oder auf Mitverpflichtete von der Offenlegung **abgesehen** werden. Dazu genügt aber nicht die Bestellung normaler Sicherheiten. Es müssen vielmehr besondere Umstände hinzukommen. Anerkannt sind z. B. die Verpfändung von Sparguthaben, Sparbriefen und sonstigen Einlagen, von Versicherungsansprüchen, Wertpapieren usw., wenn deren Wert (ggf. nach Kursabschlag) den Kredit samt Zinsen abdeckt. Ferner genügt die Bürgschaft oder Wechselverpflichtung eines bonitätsmäßig unzweifelhaften Dritten, dessen wirtschaftliche Verhältnisse das Kreditinstitut nach den gleichen Maßstäben geprüft hat.[209]

---

207) BGH, Urt. v. 1.3.1994 – XI ZR 83/93, WM 1994, 838 = WuB E I 1.-8.94 *(Eckhardt/Letzeler)*.

208) *M. Schmidt*, ZBB 2006, 31, 38.

209) Boos/Fischer/Schulte-Mattler-*Bock*, KWG, § 18 Rz. 72.

Schließlich kann das Kreditinstitut bei ordnungsgemäß bedienten Realkrediten (grundpfandrechtliche Sicherung bis 80 % des Beleihungswerts des Pfandobjekts) für selbstgenutztes Wohneigentum auf die Offenlegung der wirtschaftlichen Verhältnisse verzichten. Weitere mittelbare Ausnahmen ergeben sich aus der Definition des Kreditbegriffs in § 21 Abs. 2 bis 4 KWG. Freigestellt sind danach insbesondere Kredite an inländische juristische Personen des öffentlichen Rechts sowie die Europäischen Gemeinschaften und die Europäische Investitionsbank, von Gebietskörperschaften verbürgte Kredite, Realkredite i. S. d. PfandBG (Beleihungsgrenze 60 %), Interbankenkredite mit einer Laufzeit von maximal drei Monaten (für Forderungen innerhalb der Verbundsysteme der Sparkassen- und Genossenschaftsorganisation gilt keine Begrenzung der Laufzeit), Forderungen aus Factoring-Geschäften u. a. 2.421

XV. Gesonderte Beaufsichtigung der Zahlungsdienste

1. Gesetzliche Regelung

Mit dem Zahlungsdiensteumsetzungsgesetz wurden die aufsichtsrechtlichen Vorschriften der Zahlungsdiensterichtline 2007/64/EG[210)] in deutsches Recht umgesetzt. Dieses Muster an Brüsseler Regulierungswahn regelt nicht nur eine Vielzahl aufsichtlicher Anforderungen, sondern detailverliebt auch die zivilrechtliche, haftungsmäßige und verbraucherschützende Ausgestaltung für einen i. R. d. Finanzwirtschaft relativ unbedeutenden Teilbereich. Mit dem Zahlungsdiensteumsetzungsgesetz[211)] wurde auch das neue Gesetzes über die Beaufsichtigung von Zahlungsdiensten (**Zahlungsdiensteaufsichtsgesetzes – ZAG**) mit Wirkung zum 31. Oktober 2009 in Kraft gesetzt. Das bis dahin als Bankgeschäft geltende Girogeschäft wurde überwiegend in den Aufsichtsbereich des ZAG einbezogen. 2.422

2. Definition der Zahlungsdienste

Als **Zahlungsdienste** gelten gemäß § 1 Abs. 2 ZAG insbesondere:

- Barein- oder Barauszahlungen auf Konten sowie die Kontoführung (**Ein- und Auszahlungsgeschäft**). In diesem Zusammenhang dürfen ohne Erlaubnis zum Betrieb des Einlagengeschäfts nach KWG auch zinslose Guthaben geführt werden (§ 2 Abs 2 ZAG). 2.423
- Bargeldloser Zahlungsverkehr insbesondere durch Überweisungen, Lastschrift- oder Zahlungskarten (**Zahlungsgeschäft**). Nicht dazu zählen das Scheckeinzugsgeschäft, Wechseleinzugsgeschäft und Reisescheckgeschäft, 2.424

210) Richtlinie 2007/64/EG und 2006/48/EG des Europäischen Parlaments und des Rates v. 13.11.2007 zur Änderung der Richtlinien 97/7/EG und 2006/48/EG sowie zur Aufhebung der Richtlinie 97/5/EG, ABl. Nr. L 319, S. 1.

211) Zum neuen Recht der Zahlungsdienste vgl. Kap. 10 Rz. 10.6 ff.

auf die der Anwendungsbereich des § 1 Abs. 1 Satz 2 Nr. 9 KWG begrenzt wurde. Das Zahlungskartengeschäft kann in den Grenzen von § 2 Abs. 3 ZAG ohne Bankerlaubnis die **Kreditgewährung** umfassen, wenn der Kredit im Zusammenhang mit der Ausführung eines Zahlungsvorgangs gewährt wird und eine Laufzeit von nicht mehr als zwölf Monaten vereinbart ist.

2.425 • Die Besorgung von Zahlungsaufträgen für andere im baren oder bargeldlosen Zahlungsverkehr (**Finanztransfergeschäft**). Das Finanztransfergeschäft ist regelmäßig ein Barzahlungsdienst. Der Zahler übergibt einem Zahlungsdienstleister Bargeld, einen Scheck oder ein sonstiges Zahlungsinstrument. Der Dienstleister veranlasst, dass der Zahlungsempfänger oder dessen Zahlungsdienstleister einen entsprechenden Geldbetrag erhält. Der Dienst vollzieht sich regelmäßig über Telefon oder ein anderes Telekommunikationsnetz. Barzahlung ist allerdings nicht Voraussetzung für das Finanztransfergeschäft. Wie der Zahlungsdienstnutzer den Geldbetrag einbringt, sei es in bar oder sei es per Überweisung, Scheck, electronic cash, Einzugsermächtigung und dergleichen, ist unerheblich, ebenso in welcher Form der Empfänger den Geldbetrag erhält. Unter dem Tatbestand des Finanztransfergeschäfts wird somit jeder Zahlungsvorgang erfasst, bei dem zwischen dem Zahlungsdienstleister und dem Zahlungsdienstnutzer keine kontenmäßige Beziehung besteht.

2.426 Zahlungsdienste liegen nur vor, wenn sie **für andere betrieben** werden, nicht hingegen die Zahlungsdispositionen der Großunternehmen für eigene Rechnung. Der Effektengiroverkehr ist gleichfalls kein Zahlungsdienst. Er gehört zum Wertpapier- oder Depotgeschäft. Weiterhin fallen nicht unter die Definition der Zahlungsdienste Kreditkartengeschäft i. S. v. § 1 Abs. 1a Satz 2 Nr. 8 KWG.

2.427 § 1 Abs. 10 ZAG regelt **Ausnahmen**, so u. a. Zahlungsvorgänge zwischen Zahler und Zahlungsempfänger über einen Handelsvertreter oder Zentralregulierer, der befugt ist, den Verkauf oder Kauf von Waren oder Dienstleistungen im Namen des Zahlers oder des Zahlungsempfängers auszuhandeln oder abzuschließen, der gewerbsmäßige Geldtransport sowie Geldwechselgeschäfte

3. Aufsichtsanforderungen

2.428 Das Zahlungsdiensteaufsichtsgesetz ist ähnlich wie das KWG nach dem **Erlaubnisprinzip** konzipiert, allerdings mit verminderten Anforderungen. Das Zahlungsinstitut muss eine juristische Person oder eine Personenhandelsgesellschaft sein. Es muss mit einem Anfangskapital von – je nach geschäftlichem Zuschnitt – mindestens 20.000 Euro bis mindestens 125.000 Euro ausgestattet sein und über ein angemessenes laufendes Eigenkapital verfügen usw. Weiterhin gelten ähnliche Regelungen zu Erlaubnisantrag, Erlaubnisentzug, Maßnahmen bei Gefahr, Prüfungsrechten der BaFin usw. Besondere Regelungen gelten, wenn das Zahlungsinstitut Zahlungsdienste über Agenten erbringen will sowie für die Auslagerung von Geschäftstätigkeiten (§§ 19 und 20 ZAG).

Schließlich enthält § 28 ZAG besondere Regelungen für ein **außergerichtliches Beschwerdeverfahren** für Nutzer der Zahlungsdienstleistungen sowie für institutionelle Einrichtungen wie Industrie- und Handelskammern, Verbände zur Förderung gewerblicher Interessen u. a. Zuständig für die Beschwerde ist die BaFin. Soweit Nutzer von Zahlungsdiensten Verstöße gegen die zivilrechtlichen Regelungen der Zahlungsdienste in den §§ 675 c bis 676 c rügen, können Beschwerden daneben bei den nach § 14 Unterlassungsklagengesetz zuständigen Stellen eingereicht werden. 2.429

Kreditinstitute und E-Geldinstitute bedürfen keiner zusätzlichen Erlaubnis nach dem Zahlungsdiensteaufsichtsgesetz. Dies ergibt sich aus § 8 Abs. 1 Satz 1 ZAG. Denn die Erlaubnispflicht besteht nur für die Erbringung von Zahlungsdiensten „als Zahlungsinstitut". Als solche gelten jedoch nur Unternehmen, die nicht Kreditinstitut oder E-Geldinstitut sind (vgl. § 1 Abs. 1 Nr. 5 i. V. m. Nr. 1 und 2 ZAG). 2.430

4. Begleitregelungen

Ergänzend zum Zahlungsdiensteaufsichtsgesetz gelten Eigenkapitalregelungen[212], die ZAG Monatsausweisverordnung[213], die ZAG Anzeigenverordnung[214], die Zahlungsinstituts-Rechungslegungsverordnung[215] (entspricht der RechKredV) und die Zahlungsinstituts-Prüfungsberichtsverordnung[216], die den jeweiligen Verordnungen zum KWG entsprechen. Außerdem gilt die Agentennachweisverordnung[217], die Regelungen zum Qualifikationsnachweis eines für Zahlungsdienste eingesetzten Agenten sowie zur Sicherstellung der dauerhaften Einhaltung dieser Pflichten enthält. Schließlich hat die Deutsche Bundesbank ein Merkblatt über die Erteilung einer Erlaubnis zum Erbringen von Zahlungsdiensten gemäß § 8 Abs. 1 ZAG[218] herausgegeben. 2.431

---

212) Zahlungsinstitut-Eigenkapitalverordnung (ZIEV) v. 15.10.2009, BGBl. I, 3643.

213) Verordnung v. 15.10.2009, BGBl. I, 3591.

214) Verordnung v. 15.10.2009, BGBl. I, 3603.

215) Verordnung v. 2.11.2009, BGBl. I, 3680.

216) Verordnung v. 15.10.2009, BGBl. I, 3648.

217) Verordnung v. 15.10.2009, BGBl. I, 3641.

218) Abrufbar unter www.bundesbank.de/bankenaufsicht/bankenaufsicht_zahlungsinstitute.php; *Fischer/Herbst*, RSP D 4.0.1.1

XVI. Spareinlagen, Konditionen, Werbung und Bezeichnungsschutz

1. Spareinlagen

2.432 Das KWG enthielt bis Mitte 1993 Bestimmungen über den Sparverkehr. Sie sind mit der 4. KWG-Novelle gestrichen worden. Eine Ersatzregelung ist jedoch in § 21 Abs. 4 der Verordnung über die Rechnungslegung der Kreditinstitute (RechKredV)[219)] enthalten. Sie ist dafür maßgebend, unter welchen Bedingungen Kundeneinlagen **im Rechnungswesen** eines Kreditinstituts **als Spareinlagen bezeichnet** werden dürfen.

Als Spareinlagen dürfen in der Bilanz danach nur Gelder ausgewiesen werden, die gewisse Voraussetzungen erfüllen:

2.433 • Ausfertigung einer **Urkunde**. Das Kreditinstitut erstellt bei der ersten Anlage ein Sparbuch (auch in Loseblattform) oder eine andere Sparurkunde wie z. B. ein Sparzertifikat. Die Spareinlage muss als solche gekennzeichnet sein, was z. B. durch die Bezeichnung Sparbuch der Fall ist. **Bauspareinlagen** gelten **nicht** als Spareinlagen i. S. d. RechKredV. Für sie gelten die besonderen Regelungen des Bausparkassengesetzes.

2.434 • Gläubiger können grundsätzlich nur **natürliche Personen und juristische Personen des öffentlichen Rechts** wie z. B. Kreise, Städte usw. sein. Soweit es sich bei Personenhandelsgesellschaften, Genossenschaften oder Kapitalgesellschaften um **gemeinnützige Einrichtungen** handelt, können sie ebenfalls Spareinlagen begründen. Ferner ist die Errichtung von Sparkonten für Mietkautionskonten nach § 551 Abs. 3 BGB oder § 14 Abs. 4 Heimgesetz zulässig.

2.435 • Bei Spareinlagen muss eine **Kündigungsfrist** von mindestens 3 Monaten vereinbart sein. Sie können also nicht als Sicht- oder Termineinlagen ausgestaltet werden. In den Sparbedingungen kann jedoch vereinbart werden, dass bis zu 2.000 Euro pro Kalendermonat ohne Einhaltung der Kündigungsfrist zurückgefordert werden können (**Monatsfreibetrag**). Bei Spareinlagen mit länger vereinbarter Kündigungsfrist gibt es grundsätzlich keinen kündigungsfreien Betrag. Die RechKredV enthält – anders als die frühere KWG-Regelung – keine Verpflichtung zur Berechnung von Vorschusszinsen. Die meisten Kreditinstitute haben jedoch eine entsprechende Regelung in ihre Vertragsbedingungen für den Sparverkehr aufgenommen.

2.436 • Die Spareinlage darf **nicht für Zahlungsverkehrszwecke** bestimmt sein. Daher ist eine Verfügung durch Überweisung oder Scheck unzulässig. Das hindert aber nicht, dass Überweisungen oder der Scheckeinzug zugunsten eines Sparkontos erfolgen. Darüber hinaus sind in Ausnahmefällen Abbuchungen oder Überweisungen auch ohne Vorlage der Sparurkunde zulässig

---

219) Verordnung über die Rechnungslegung der Kreditinstitute (RechKredV) v. 10.2.1992, BGBl. I, 203.

– so z. B. bei Daueraufträgen zugunsten eines anderen Sparkontos des Sparers bei demselben Kreditinstitut, bei Belastungen mit Forderungen des Kreditinstituts z. B. aus Wertpapierkäufen, bei zwingender Verhinderung z. B. infolge Krankheit des Sparers oder bei Verlust des Sparbuchs.

Die Kreditinstitute verwenden im Sparverkehr regelmäßig besondere **Sparbedingungen**, die sie mit den Kunden wie sonstige Allgemeine Geschäftsbedingungen vereinbaren. In der Regel erfolgt die Einbeziehung durch einen drucktechnisch hervorgehobenen Hinweis im Kontoeröffnungsantrag und Aushändigung oder Auslage in den Geschäftsräumen. Die Bedingungen für den Sparverkehr geben die Anforderungen, wie sie in § 21 Abs. 4 RechKredV geregelt sind, wieder. Außerdem enthalten sie Bestimmungen zum Verfahren der Ein- und Auszahlungen, der Legitimationswirkung des Sparbuchs, der Verzinsung, der Möglichkeit, durch Kennwort oder Sperrvermerk die Verfügungsmöglichkeit des Berechtigten zu sichern sowie über die Kündigungsfrist.[220] 2.437

Bei variabel vereinbarten Zinsen ist der jeweils geltende Zinssatz aus dem Preisaushang sowie dem Preisverzeichnis zu entnehmen. Eine **Änderung der Zinsen** während der Laufzeit der Spareinlage ist entsprechend § 315 BGB zulässig. Die zum Darlehensrecht entwickelte Rechtsprechung, die das einseitige Zinsbestimmungsrecht nach § 315 BGB für Kredite praktisch ausschließt, ist für Spareinlagen nicht anwendbar.[221] 2.438

2. Bauspareinlagen

Das Geschäft der Bausparkassen ist eine Kombination von Einlagengeschäft und Kreditgeschäft. Der Bausparer leistet verzinsliche Einlagen nach einem genau geregelten Plan. Er erwirbt dafür einen **Rechtsanspruch auf Gewährung eines Baudarlehens**. Für die Zuteilung des Bauspardarlehens wird nach einer mathematischen Formel eine Bewertungszahl ermittelt, die außer von der Höhe der angesparten Beiträge von der Entwicklung des gesamten Einlagengeschäfts der Bausparkasse und von dem Umfang der abgerufenen Darlehen abhängt. In jedem Fall muss ein Mindestsparbetrag erreicht sein, der bei den Standardtarifen 40 % der Bausparsumme ausmacht. Die Einlagenzinsen sind ebenso wie die späteren Darlehenszinsen für die gesamte Spar- und Darlehensphase grundsätzlich fest. 2.439

---

220) Weitere Erläuterungen der Sparbedingungen vgl. nachfolgend Rz. 12.37 und Schimansky/Bunte/Lwowski-*Gößmann*, Bankrechts-Hdb., § 70.

221) OLG Hamm, Urt. v. 5.2.2003 – 31 U 101/02, ZIP 2003, 1142 = WM 2003, 1169, dazu EWiR 2003, 1009 *(Steiner)*; OLG Düsseldorf, Urt. v. 17.10.2003 – I 16 U 197/02, WM 2004, 319 = ZBB 2004, 158; vgl. auch Schimansky/Bunte/Lwowski-*Gößmann*, Bankrechts-Hdb., § 70 Rz. 24.

3. Konditionen

2.440 Die BaFin beaufsichtigt i. R. ihrer Aufgabe zur Durchsetzung eines „ordnungsmäßigen“ Bank- und Finanzdienstleistungsgeschäfts (§ 6 KWG) in gewissem Umfang auch die Konditionengestaltung, obwohl die früher im KWG vorhandene Kompetenz zur Konditionenregelung (§ 23 Abs. 1 a. F.) nicht mehr besteht. In einem Schreiben vom 19. Dezember 1973[222] hat sich das ehemalige BAKred zu unklaren Konditionenregelungen oder verschleierten Gebühren- und Abrechnungsmodalitäten und in weiteren Schreiben zu Wertstellungsgepflogenheiten[223] geäußert. Eine detaillierte Verlautbarung vom 22. März 1995[224] verbietet grundsätzlich **Bankgeschäfte mit Minderjährigen**. Hierbei dürfte die Bankenaufsicht an die Grenze ihrer Kompetenz gegangen sein, da es trotz zivilrechtlicher Unwirksamkeit dieser Geschäfte eine Frage von geschäftspolitischer Entscheidung und Risikobereitschaft der Unternehmensführung ist, ob und wie Jugendliche durch den Abschluss rechtlich nicht verbindlicher Geschäfte an das Institut herangeführt werden. Der Abschluss von Geschäften mit Jugendlichen ist in der gesamten übrigen Wirtschaft – ohne Rücksicht auf den „Taschengeldparagrafen“ – unangefochten weit verbreitete Übung.

2.441 Der **Verpflichtung zur Preisangabe** nach §§ 1 und 5 PAngV kommen die Kreditinstitute durch einen Preisaushang der Regelsätze im standardisierten Privatkundengeschäft und durch ein umfassendes Preisverzeichnis nach. Speziell für das Kreditgeschäft enthält § 6 PAngV eine detaillierte, auf mathematischen Methoden beruhende Regelung zur Berechnung des effektiven Jahreszinses. Darüber hinaus enthält insbesondere § 492 Abs. 1 Satz 5 BGB detaillierte Pflichten zur Konditionenangabe.

4. Werbung

2.442 Nach § 23 KWG kann die BaFin bestimmte **Arten der Werbung untersagen**, um Missständen bei der Werbung der Institute zu begegnen. Nach dem Schutzzweck des § 23 KWG ist der Begriff der Werbung weit auszulegen. Werbung i. S. d. § 23 KWG umfasst auch die Öffentlichkeitsarbeit. Auch wenn allgemeine Informationen i. R. d. Öffentlichkeitsarbeit gesamtwirtschaftlich problematische Fehlvorstellungen, z. B. über die Geldwertstabilität, über die Sicherheit von Anlagen o. Ä. hervorrufen können, ist somit die Eingriffsbefugnis gegeben.

---

222) GeschNr. I 1-141-1/72, abgedr. in: *Consbruch/Fischer*, KWG, B 66.5, und *Fischer/Herbst*, RSP, Teil A 1.2.61

223) Abgedr. in: *Consbruch/Fischer*, KWG, B 66.5.

224) GeschNr. I 1-3.1.3 und I 2-72-2/93, abgedr. in: *Consbruch/Fischer*, KWG, B 66.21, und bei *Fischer/Herbst*, RSP, Teil A 1.2.61.

a) Missstand

Der Begriff des Missstandes i. S. v. § 23 KWG bestimmt sich nach den in § 6 Abs. 2 KWG vorausgesetzten Zwecken. Ein Missstand ist zu befürchten, wenn bestimmte Werbemaßnahmen Nachteile für das **Vertrauen in die Kreditwirtschaft** hervorrufen oder die ordnungsmäßige Geschäftsabwicklung oder **Gesamtinteressen der Wirtschaft** beeinträchtigen können. Ein Verstoß gegen das Gesetz gegen den unlauteren Wettbewerb oder andere Wettbewerbsnormen reicht allein nicht aus,[225] ist aber auch nicht zwingend erforderlich. Die Verfolgung unlauterer Werbung ist grundsätzlich Sache der Wettbewerber oder von Wettbewerbsschutzverbänden. Erst wenn unlautere Wettbewerbsmaßnahmen bankaufsichtlich relevante Nachteile befürchten lassen, kann ein Missstand gegeben sein. Dies ist allerdings auch dann denkbar, wenn ein UWG-Verstoß nicht vorliegt, jedoch bestimmte Angebots- oder Werbearten die bankaufsichtlich geschützten Ziele beeinträchtigen können. 2.443

b) Praxis der Bankenaufsicht

Als Missstand wurde die **bausparexterne Laienwerbung** angesehen. Deshalb wurde verboten, an Personen, die nicht Bausparer der jeweiligen Bausparkasse sind, für den Nachweis von Interessenten Geld- oder Sachwerte auszuloben. Außerdem wurde den Wertpapierdienstleistungsunternehmen die unaufgeforderte telefonische Kontaktaufnahme mit Nichtkunden („**cold calling**") per Allgemeinverfügung untersagt.[226] Darüber hinaus hat die Bankenaufsicht in allgemeinen Stellungnahmen Bedenken gegen bestimmte Arten der Werbung geäußert, z. B. gegen bestimmte Formen der **Werbung mit der Bankenaufsicht**. Sie akzeptiert jedoch, wenn Unternehmen sachlich damit werben, von der BaFin beaufsichtigt zu werden.[227] Dies ist auf Hinweise mit rein informatorischem Charakter beschränkt. Die BaFin wird aber beanstanden, wenn Unternehmen mit blickfangartigen Herausstellungen, etwa einer optischen Aufmachung als Gütesiegel oder einer reißerischen Wortwahl, mit der Unterstellung unter die Aufsicht werben. 2.444

Die Werbung mit der **Sicherheit der Einlagen** wurde gleichfalls kritisch gesehen. Ein generelles Verbot von Hinweisen auf die Einlagensicherheit ist heute auch nicht mehr vertretbar. Dies ergibt sich schon aus § 23a Abs. 1 KWG. Danach ist ein Kreditinstitut sogar verpflichtet, die Kunden über die Zugehörig- 2.445

225) Zu weitgehend *Reischauer/Kleinhans,* KWG, § 23 Anm. 25; wie hier Boos/Fischer/Schulte-Mattler-*Fischer*, KWG, § 23 Rz. 7; *Szagunn/Haug/Ergenzinger,* KWG, § 23 Rz. 3.

226) Allgemeinverfügung des Bundesaufsichtsamts für den Wertpapierhandel v. 27.7.1999, BAnz. Nr. 149, abgedr. in: *Consbruch/Fischer*, KWG, B 66.23 und *Fischer/Herbst*, RSP, Teil D 3.0.1.13.

227) Vgl. zur Gesamtproblematik der Werbung mit der Bankenaufsicht *Geschwandtner*, WM 2006, 2124.

keit zu einer Sicherungseinrichtung im Preisaushang sowie vor Aufnahme der Geschäftsbeziehung über die wesentlichen Regelungen einschließlich Umfang und Höhe der Sicherung zu informieren. Aber auch außerhalb von Preisaushang und Geschäftsanbahnung dürfte ein Verbot eines sachlichen Hinweises auf die Sicherung der Einlagen keinen Missstand nach § 23 Abs. 1 KWG darstellen.[228] Für die Abgrenzung zwischen sachlicher Information und wettbewerbsrechtlich bedenklicher Panikmache oder Herabsetzung von Mitbewerbern dürften ähnliche Kriterien wie vorstehend zur Werbung mit der Aufsicht gelten.

2.446 In einem Rundschreiben[229] vom 11. Februar 2010 hat die BaFin ausführlich zur **Werbung von Wertpapierdienstleistungsunternehmen** aufgrund der Pflichten nach § 31 Abs. 2 WpHG und § 4 WpDVerOV Stellung genommen. Anhand zahlreicher Beispielfälle erläutert die BaFin die Anforderungen an eine ausreichende und verständliche Darstellung der an Privatkunden gerichteten Informationen von Wertpapierdienstleistungen. Maßgebliches Prinzip ist dabei eine redliche, eindeutige und nicht irreführende Information, die auch die Risiken hinreichend darstellt.

c) Verfahren der BaFin

2.447 Die nach § 23 KWG möglichen Maßnahmen der BaFin sind Verwaltungsakte, entweder in Form einer **Einzelverfügung oder einer Allgemeinverfügung,** die sich an einen bestimmten oder bestimmbaren Adressatenkreis richten (§ 35 Satz 2 VwVfG). Eine Einzelverfügung ist nach § 41 Abs. 2 VwVfG zuzustellen und mit Rechtsmittelbelehrung zu versehen. Allgemeinverfügungen können öffentlich bekannt gegeben werden (§ 21 Abs. 3 Satz 2 VwGO). Auch die sonstigen rechtsstaatlichen Anforderungen wie Gewährung rechtlichen Gehörs, Begründung der Verfügung und Rechtsmittelbelehrung müssen bei Verfügungen nach § 23 KWG eingehalten sein. Förmliche Verfügungen der BaFin können nach erfolglosem Widerspruchsverfahren mit der Anfechtungsklage beim Verwaltungsgericht Frankfurt (vgl. § 1 Abs. 3 FinDAG) angefochten werden.

2.448 Wenn allgemeine Anordnungen erlassen werden sollen, hat die BaFin gemäß § 23 Abs. 2 KWG die Spitzenverbände der Institute und des Verbraucherschutzes zu hören. Es genügt, die **Spitzenverbände der betroffenen Institutsgruppen anzuhören**. Richtet sich eine Allgemeinverfügung z. B. nur an Bausparkassen oder nur an bestimmte Finanzdienstleistungsinstitute, so genügt die Anhörung von deren Interessenvertretung. Auf der Verbraucherseite dürfte vor allem die Arbeitsgemeinschaft der Verbraucherverbände angehört werden

228) So auch *Geschwandtner*, WM 2006, 2124.

229) Nr. 01/2010, GZ.: Wa 36 – Wp – 2002 – 2008/0001.

müssen. Handelt es sich jedoch um spezifische Werbearten, kann auch ein spezialisierter Verband z. B. des Anlegerschutzes gemeint sein, sofern es sich um einen Spitzenverband (Bundesebene) handelt.

Ein vorsätzlicher oder fahrlässiger Verstoß gegen Werbeanordnungen stellt nach § 56 Abs. 3 Nr. 5 KWG eine Ordnungswidrigkeit dar. Eine nicht befolgte Werbeanordnung kann mit Zwangsmitteln nach § 17 FinDAG durchgesetzt werden. Voraussetzung ist, dass es sich um eine in Form eines Verwaltungsaktes gekleidete Verfügung handelt. Abweichungen von den informellen bankaufsichtlichen Verlautbarungen zu Fragen der Werbung sind keine Ordnungswidrigkeiten. **2.449**

d) Selbstregelungsverfahren der Verbände

Die Spitzenverbände der Kreditwirtschaft haben 1958 den **Zentralen Wettbewerbsausschuss** gebildet. Dieser übt zwei Funktionen aus. Er gibt Stellungnahmen zu Arten der Werbung in der Kreditwirtschaft heraus und schlichtet Streitfälle bei Auseinandersetzungen zwischen Kreditinstituten über die Zulässigkeit einzelner Werbemaßnahmen. Ein Sonderrecht, nach dem die Kreditwirtschaft außerhalb dieses Rahmens eigene Wettbewerbsregeln aufstellen dürfte, besteht nicht. Vielmehr bewegen sich Stellungnahmen und Streitschlichtung i. R. d. Auslegungsspielräume des Gesetzes gegen den unlauteren Wettbewerb samt Nebengesetzen und des Gesetzes gegen Wettbewerbsbeschränkungen. Dabei können jedoch die gleichen Gesichtspunkte, die die BaFin bei ihren Maßnahmen zu beachten hat, also insbesondere die gesamtwirtschaftliche Funktion und die Vertrauensempfindlichkeit des Kreditgewerbes samt entsprechender berufsständischer Überzeugungen, Berücksichtigung finden. **2.450**

Der Zentrale Wettbewerbsausschuss hat bislang fünf Stellungnahmen zu bestimmten Werbearten abgegeben. Zwei Stellungnahmen befassen sich mit **Geldgeschenkwerbung**. Geldgeschenke in Form von Geschenkgutscheinen sollen nur aus besonderen, in der Person des Empfängers liegenden Gründen (Geburt, Einschulung, Schulentlassung, Konfirmation, Abschluss der Lehrausbildung, Heirat) gewährt und auf 5 DM beschränkt sein. In den mehr als 30 Jahren seit der letzten Fassung dieser Stellungnahme haben sich allerdings die Verhältnisse geändert, sodass sie heute bedeutungslos geworden sein dürften. **2.451**

Weiterhin hat der Zentrale Wettbewerbsausschuss in einer Stellungnahme die **Werbung mit dem Kaufkraftschwund** für wettbewerbswidrig gehalten. Trotz der unter Umständen sachlich richtigen Information zielt eine solche Werbung auf irrationale Ängste und ist insbesondere aus gesamtwirtschaftlichem Interesse problematisch, da sie die Gefahr in sich birgt, Inflationstendenzen noch zu verstärken. **2.452**

Die faire und seriöse Abwicklung des Bankgeschäfts betrifft die Stellungnahme Nr. 4 zum **Missbrauch des bargeldlosen Zahlungsverkehrs**. Darin wird vor al- **2.453** lem für unlauter gehalten, vom Kundenauftrag zu Akquisitionszwecken abzuweichen. Die fünfte Stellungnahme betrifft die Gestaltung der Werbung für verzinsliche Geldanlagen.

2.454 Zur **Streitschlichtung** des Zentralen Wettbewerbsausschusses hat sich folgendes Verfahren herausgebildet: Hält ein Kreditinstitut die Werbung eines Wettbewerbers für unzulässig, so beanstandet es diese beim Veranlasser. Sofern dies erfolglos bleibt, wird eine Streitschlichtung auf der Ebene der regionalen Verbände oder bei überregionalen Werbemaßnahmen (z. B. von Großbanken, zentrale Werbemaßnahmen der Verbände) auf Ebene der Spitzenverbände versucht. Ergibt auch dies keine Bereinigung des Streitfalles, so trifft der Zentrale Wettbewerbsausschuss eine Entscheidung nach Anhörung der betreffenden Verbände. Die Entscheidung hat zwar nur empfehlenden Charakter, wird aber in der Regel eingehalten.

2.455 Die **Bedeutung** des Zentralen Wettbewerbsausschusses ist in den letzten Jahren sowohl im Hinblick auf die Streitschlichtungsfunktion als auch auf seine Stellungnahmen gesunken, zumal die Hinweise der Stellungnahmen teilweise nicht mehr beachtet werden.

5. Bezeichnungsschutz

a) Bank/Bankier

2.456 Die Bezeichnungen Bank, Bankier, Volksbank, Sparkasse, Bausparkasse, u. a. sind in §§ 39, 40 KWG für die entsprechenden Kreditinstitute reserviert. Andere Unternehmen dürfen diese Bezeichnungen auch nicht als Wortteile in der Firma, als Zusatz zur Firma, zur Bezeichnung des Geschäftszwecks oder in der Werbung verwenden. Dabei steht die Bezeichnung Bank jedem Kreditinstitut, das die **Erlaubnis nach § 32 KWG** besitzt, offen, während die spezielleren Bezeichnungen Volksbank, Sparkasse usw. nur von den entsprechenden Unternehmen verwendet werden dürfen.

2.457 Die Regelung dient dem Vertrauensschutz in die ordnungsmäßige Durchführung der Bankgeschäfte, indem verhindert werden soll, dass Unternehmen, die nicht den Anforderungen des KWG und der Aufsicht durch die Bundesanstalt unterliegen, den Anschein bankgeschäftlicher Tätigkeit erwecken. Einen ähnlichen Schutz genießen im Bereich der Finanzwirtschaft die Bezeichnungen Bauspar- und Bausparkasse, Kapitalanlagegesellschaft, Investmentgesellschaft und Investmentfonds (§ 3 Abs. 1 Investmentgesetz), Wagniskapitalbeteiligungsgesellschaft (§ 3 WKBG), Pfandbrief, Kommunalschuldverschreibungen und Kommunalobligation (§ 41 i. V. m. § 1 Abs. 1 PfandBG).

b) Volksbank

2.458 § 39 Abs. 2 KWG schützt spezifisch die Bezeichnung Volksbank für solche Kreditinstitute, die in der Rechtsform einer eingetragenen **Genossenschaft** betrieben werden und einem Prüfungsverband angehören. Diese dürfen außerdem die Bezeichnung Spar- und Darlehenskasse führen. Auch Raiffeisenbanken können sich somit als Volksbank bezeichnen. Der spezifische Bezeichnungsschutz hindert eine Volksbank (oder ebenso eine Sparkasse) nicht, sich nur als Bank zu bezeichnen, da die Voraussetzungen des § 39 Abs. 1 KWG vorliegen. Daher sind auch Werbeslogans, die die Bezeichnung Bank verwenden, für diese Kreditinstitute zulässig (z. B. „Deine Bank heißt Sparkasse“).

c) Sparkasse

Die Bezeichnung Sparkasse oder eine Bezeichnung, in der dieses Wort enthalten ist, ist **öffentlich-rechtlichen Sparkassen** und den bestehenden sog. freien Sparkassen nach § 40 Abs. 1 KWG vorbehalten. Der Schutz umfasst ebenfalls entsprechende Wortverbindungen, also z. B. Stadtsparkasse, Kreissparkasse, Landessparkasse, Sparkassenbuch, Sparkassenkonto, Eisenbahnsparkasse, Volkssparkasse usw. Geschützt sind auch aufgespaltene Bezeichnungen wie etwa Spar- und Leihkasse oder Spar- und Kreditkasse, nicht hingegen die gesondert gebrauchten Wortteile Spar oder Kasse (z. B. Kreditkasse, Spareinrichtung, Sparverein usw.). **2.459**

Die grundsätzliche Beschränkung des Bezeichnungsschutzes auf Kreditinstitute in öffentlicher Rechtsform ist von Seiten des privaten Bankgewerbes aus **europarechtlicher Sicht** in Frage gestellt worden.[230] Hintergrund war die Verpflichtung des Landes Berlin, aufgrund einer Beihilfeentscheidung der Europäischen Kommission vom 18. Februar 2004 die Bankgesellschaft Berlin – und mit dieser die teilrechtsfähige Berliner Sparkasse – zu veräußern. Ein von der Kommission der Europäischen Gemeinschaften zu § 40 KWG eröffnetes Vertragsverletzungsverfahren wurde nach Einigung mit der Bundesregierung eingestellt. Hinsichtlich des Berliner Falls sei der Bezeichnungsschutz von höherrangigem, unmittelbar anwendbarem europäischen Beihilferecht **2.460**

> „dergestalt überlagert, dass die aufgrund des Berliner Sparkassengesetzes errichtete teilrechtsfähige Anstalt nicht durch § 40 KWG an der Fortführung der Bezeichnung ‚Berliner Sparkasse‘“

gehindert wird.[231] Im Übrigen wurde dabei aber anerkannt, dass es mit dem Gemeinschaftsrecht vereinbar ist, sparkassentypische Gemeinwohlaufgaben im Sparkassenrecht zu verankern und daran die Bezeichnung „Sparkasse“ zu knüpfen.

Würde eine öffentlich-rechtliche Sparkasse in eine private Rechtsform überführt, was nach den Sparkassengesetzen der Länder derzeit nicht möglich ist, so könnte sie die Bezeichnung Sparkasse nicht fortführen. Ändert hingegen **2.461**

---

230) Vgl. hierzu ausführlich *Brennecke*, ZBB 2007, 1 und *Geschwandtner/Bach*, NJW 2007, 129.

231) So Pressemeldung des Bundesministeriums der Finanzen v. 6.12.2006, www.businessportal24.com.

eine bestehende **privatrechtlich organisierte Sparkasse** ihre Rechtsform, so kann sie nach § 40 Abs. 1 Nr. 3 KWG die Bezeichnung Sparkasse fortführen,

> „solange sie aufgrund ihrer Satzung besondere Merkmale, insbesondere eine am Gemeinwohl orientierte Aufgabenstellung und eine Beschränkung der wesentlichen Geschäftstätigkeit auf den Wirtschaftsraum, in dem das Unternehmen seinen Sitz hat, in dem Umfang wie vor der Umwandlung aufweist" (§ 40 Abs. 1 Nr. 3 KWG)."

d) Bausparkasse

2.462 Der Schutz der Bezeichnung Bausparkasse entspricht einer ebenfalls im allgemeinen Verkehr verankerten Bezeichnung. Allerdings enthält § 40 Abs. 2 KWG keinen unmittelbaren Schutz der Bezeichnung Bausparkasse, sondern **gestattet die Benutzung** dieser Bezeichnung nur, obwohl die Voraussetzungen des Absatz 1 nicht vorliegen. Dies ergibt sich aus dem Wortlaut „dürfen führen" anstelle „dürfen nur führen". Die Regelung ist notwendig, da in der Wortverbindung die geschützte Bezeichnung Sparkasse vorkommt, jedoch die Voraussetzungen des Absatz 1 nicht bei jeder Bausparkasse vorliegen.

2.463 **§ 16 BausparkassenG** enthält jedoch einen eigenständigen Schutz der Bezeichnung Bausparkasse. Er bezieht sich sowohl auf Wortverbindungen als auch auf den selbständigen Wortteil Bauspar. Im Übrigen ist die Regelung weitgehend der der §§ 39, 40 KWG angenähert und beschränkt die Benutzung der Bezeichnung in der Firma, als Firmenzusatz, zu Geschäftszwecken und zu Werbezwecken auf die befugten Unternehmen. Weiterhin sind die Verfahrensregelungen der §§ 42 und 43 KWG (Entscheidungen der BaFin und Funktion des Registergerichts beim Bezeichnungsschutz) in § 16 BausparkassenG für anwendbar erklärt.

e) Spar- und Darlehenskasse

2.464 Eine gleichartige Ausnahme vom Verbot der Benutzung der Bezeichnung Sparkasse ist hinsichtlich der Spar- und Darlehenskassen getroffen. Über den Gesetzeswortlaut hinaus umfasst die Regelung auch die ältere Bezeichnung Spar- und Darlehnskasse. Die Ausnahme von dem Verbot der Nutzung der Bezeichnung durch sonstige Unternehmen gilt für **eingetragene Genossenschaften.** Traditionell sind Spar- und Darlehenskassen – meist unter Beifügung des Namens ihres Sitzes – kleinere bis mittlere ländliche Kreditgenossenschaften. § 40 Abs. 2 KWG beschränkt die Benutzung der Bezeichnung jedoch nicht hierauf, sondern lässt die Rechtsform der eingetragenen Genossenschaft genügen.

2.465 Damit dürfen sich auch **Volksbanken** als Spar- und Darlehenskassen bezeichnen. Allerdings können im Einzelfall wettbewerbsrechtliche Gründe entgegenstehen. Insbesondere in Geschäftsgebieten, in denen gleichzeitig eine Spar- und Darlehenskasse eingeführt ist, kann der Gesichtspunkt der Ausbeutung fremden Rufes oder der der Irreführung nach den Bestimmungen des UWG einen Unterlassungsanspruch begründen.

f) Auslandsbank/Auslandssparkasse

Zweigniederlassungen von Einlagenkreditinstituten oder Wertpapierhandelsunternehmen aus Ländern des europäischen Wirtschaftsraumes dürfen ohne Erlaubnis der BaFin im Inland Bankgeschäfte betreiben, sofern sie in ihrem Sitzstaat eine entsprechende Zulassung besitzen (§ 53b KWG). § 39 Abs. 1 Nr. 1 KWG stellt klar, dass diese im Inland nicht erlaubnispflichtigen Unternehmensteile die Bezeichnungen Bank oder Bankier ebenso wie inländische Institute benutzen dürfen. Entsprechendes gilt für Zweigniederlassungen von Sparkassen aus dem EG-Ausland, sofern sie in ihrem Heimatland die Bezeichnung Sparkasse (z. B. Österreich) befugt benutzen und mit einem auf die ausländische Herkunft hinweisenden Zusatz in Deutschland auftreten (§ 53b Abs. 3 KWG i. V. m. Art. 18 Abs. 2 der EG-Bankenrichtlinie).[232] **2.466**

g) Schutzumfang

Nur Kreditinstitute, die die jeweiligen Anforderungen erfüllen, dürfen die geschützten Bezeichnungen gebrauchen. Dies gilt für die Benutzung in der Firma, als Zusatz zur Firma, zur Bezeichnung des Geschäftszwecks oder zu Werbezwecken. Damit umfasst der Bezeichnungsschutz **jedweden geschäftlichen Auftritt.** Soweit allerdings die Benutzung der Begriffe im **allgemeinen Sprachgebrauch** offensichtlich keinen Zusammenhang mit bankgeschäftlicher Tätigkeit hat, besteht kein Anlass für ein Verbot. Dies klärt § 41 KWG ausdrücklich. Ein bankfremder Wortgebrauch findet sich z. B. in den Wortverbindungen Datenbank, Spielbank, Freibank usw. **2.467**

Weiterhin ist es zulässig, dass **Serviceeinrichtungen**, die Kreditinstituten nahe stehen, auf diese Tatsache hinweisen, sofern ein Irrtum über die eigene bankgeschäftliche Tätigkeit ausgeschlossen ist. Dies ist z. B. der Fall bei Hinweisen auf die Servicefunktion durch „für“ oder „der“ (Grundstücksgesellschaft für die Volksbank XY, Leasinggesellschaft der XY-Bank usw., nicht aber z. B. Sparkassen-Leasinggesellschaft, Bank-Projekt-GmbH[233] oder bei Wortverbindungen, die eindeutig die Banktätigkeit ausschließen wie Bankverlag, Sparkassenversicherung, Sparkassenverband, Gewerkschaft Banken, Handel und Versicherungen usw.). **2.468**

---

232) Vgl. auch Boos/Fischer/Schulte-Mattler-*Vahldiek*, KWG, § 53b Rz. 120.

233) Weitere Rechtsprechungsbeispiele vgl. Boos/Fischer/Schulte/Mattler-*Fischer*, KWG, § 39 Rz. 13.

XVII. Informationspflichten, Jahresabschluss und Prüfung

1. Laufende Anzeigen und Meldungen

2.469 Die Bankaufsichtsbehörden sind darauf angewiesen, laufend über die wesentlichen Entwicklungen bei den beaufsichtigten Instituten informiert zu werden. Neben den Anzeigen über Groß-, Millionen- und Organkredite haben die Kreditinstitute deshalb alle wesentlichen organisatorischen Maßnahmen und Veränderungen ihres Geschäftsbetriebs der BaFin und der Deutschen Bundesbank anzuzeigen. **§ 24 KWG** enthält einen umfangreichen Katalog der anzuzeigenden Tatbestände, unter anderem für:

- Absicht und Vollzug der Bestellung sowie für das Ausscheiden von **Geschäftsleitern**;
- Veränderungen der **Beteiligungen** des Kreditinstituts mit der Verpflichtung, jährlich eine Sammelanzeige abzugeben;
- Beteiligungsveränderungen **am anzeigenden Institut**;
- Änderungen der **Rechtsform** und Kapitalveränderungen;
- Eröffnung, Schließung oder Verlegung von **Zweigstellen**;
- **Sitzverlegung**;
- einen **Verlust** i. H. v. 25 % des haftenden Eigenkapitals und das **Absinken des Anfangskapitals** unter die gesetzliche Mindestanforderung u. a.

2.470 Das KWG enthält in zahlreichen Bestimmungen weitere Anzeigepflichten z. B. die Anzeige der Absicht des Investors, eine bedeutende Beteiligung an einem Institut zu erwerben (§ 2c KWG), über die Bestellung des Jahresabschlussprüfers (§ 28 Abs. 1 Satz 1 KWG) u. a. Die Einzelheiten des **Verfahrens** über sämtliche Anzeigenarten – z. B. welche Einzelangaben gemacht werden müssen, welche Formblätter in wie viel Ausfertigungen eingereicht werden müssen usw. – sind in der **Anzeigenverordnung** geregelt.

2. Monatsausweise

2.471 Die wichtigste laufende Informationsquelle über die Entwicklung der Institute ergibt sich aus der Verpflichtung nach § 25 KWG, der Deutschen Bundesbank bis zum fünften Geschäftstag nach Monatsende **monatliche Zwischenbilanzen** (Monatsausweise) einzureichen. Diese Monatsausweise sind identisch mit der nach § 18 BBankG von der Deutschen Bundesbank erhobenen monatlichen Bilanzstatistik.

2.472 Der Monatsausweis stellt einen dem Jahresabschluss entsprechenden Status des Rechenwerks des Instituts dar und wird auf einheitlich vorgeschriebenen Vordrucken erstellt. Er dient der Deutschen Bundesbank einmal für ihre statistischen Zwecke (Beurteilung der kreditpolitischen Entwicklung der Gesamtwirtschaft) und zum anderen der Bankenaufsicht für die Beurteilung der laufenden geschäftlichen Entwicklung und Liquiditätslage der einzelnen Institute. Weiterhin dient er als Basis für die **Berechnung der Einhaltung der Solvabilitätsanforderungen.** Institutskonzerne haben nach § 25 KWG **quotal zusammengefasste Monatsausweise** entsprechend dem Quotenkonsolidierungsverfahren der Deutschen Bundesbank einzureichen. Näheres und insbesondere die zu verwendenden Formblätter regeln zwei Monatsausweisverordnungen.[234)]

Die vorsätzliche oder leichtfertige Unterlassung oder fehlerhafte Abgabe von Anzeigen, Monatsausweisen, Jahresabschlüssen usw. ist nach § 56 Nr. 4 und 5 KWG **ordnungswidrig.** Außerdem kann die BaFin Zwangsmaßnahmen ergreifen oder Ersatzhandlungen vornehmen lassen (z. B. die Veranlassung der Bestellung eines Abschlussprüfers beim zuständigen Registergericht nach § 28 Abs. 2 KWG). 2.473

3. Auskunftsrechte der Bankenaufsicht

Der Aufsicht steht nach § 44 Abs. 1 KWG ein umfassendes Auskunfts- und Prüfungsrecht zu. Die BaFin kann von den Instituten und den Mitgliedern ihrer Organe **Auskünfte über alle Geschäftsangelegenheiten**, die Vorlegung von Büchern und Schriften, die Teilnahme an Gremiensitzungen und sogar deren Einberufung verlangen. Sie kann sich dabei sowohl über die allgemeine Situation wie Rentabilität und Liquidität, als auch über einzelne Geschäftsvorfälle informieren. Die Vorlegung von Büchern und Schriften umfasst das gesamte Rechnungswesen, aber auch Aktenvermerke, Kreditverträge, Sitzungsprotokolle, Geschäftsanweisungen usw. Vertreter der BaFin können in diesem Rahmen jederzeit und ohne Vorankündigung die Geschäftsräume des Instituts betreten und sich an Ort und Stelle informieren. Das Grundrecht des Art. 13 GG ist insoweit eingeschränkt. 2.474

Die BaFin kann Auskünfte und Prüfungen mit eigenem Personal durchführen, kann aber nach § 44 Abs. 3 i. V. m. § 8 Abs. 1 KWG auch **andere Stellen** wie z. B. die Deutsche Bundesbank, Wirtschaftsprüfer usw. damit betrauen. Die Institute müssen auch diesen Stellen Auskünfte geben und das Betreten der Geschäftsräume gestatten. Alle mit der Informationsbeschaffung beauftragten Personen unterliegen ebenso wie die Bediensteten der BaFin selbst der Schweigepflicht nach § 9 KWG. 2.475

---

234) Monatsausweis-Verordnung v. 31.5.1999, BGBl. I, 1080; vgl. außerdem die Skontroführer-Monatsausweisverordnung v. 31.5.1999, BGBl. I, 1086, die Zusammengefasste Monatsausweis-Verordnung v. 17.3.1999, BGBl. I, 362 und die Länderrisikoverordnung v. 19.12.1985, BGBl. I, 2497, abgedr. in: *Fischer/Herbst*, RSP, Teil A 1.1.7–1.1.7.2 und *Consbruch/Fischer*, KWG, B 17–19.

4. Sonderprüfungen der Bankenaufsicht

2.476 § 44 Abs. 1 Nr. 1 KWG ermächtigt die BaFin ausdrücklich, auch ohne Prüfungen vorzunehmen. Diese Regelung stellt klar, dass die BaFin auch laufend routinemäßige Prüfungen, sog. **unvermutete Prüfungen** vornehmen lassen kann. Der Effekt liegt in der Unberechenbarkeit der Anordnung einer solchen Prüfung und des Prüfungsumfangs. Solche routinenmäßigen Prüfungen werden in unregelmäßigen Abständen für alle Institute angeordnet. Dabei werden schon aus Kostengründen nicht der gesamte Geschäftsbetrieb, sondern einzelne sachlich oder räumlich abgrenzbare Geschäftsbereiche – z. B. Teile des Kreditgeschäfts oder eine Zweigstelle – geprüft. Mit diesen Routineprüfungen werden i. d. R. Wirtschaftsprüfer bzw. bei Sparkassen und Kreditgenossenschaften deren Prüfungseinrichtungen oder auch sonstige Wirtschaftsprüfer beauftragt.

2.477 Darüber hinaus wird die BaFin insbesondere dann eine Prüfung anordnen, wenn sie Anlass zu der Vermutung hat, dass wesentliche Verstöße gegen Gesetz und Recht vorliegen, oder sich eine Krise des Instituts anbahnt. Den Prüfern von Routineprüfungen und **veranlassten Sonderprüfungen** obliegen die gleichen Verpflichtungen zur unverzüglichen, unmittelbaren Information der BaFin über bedeutsame Feststellungen (Redepflicht), wie dies beim Jahresabschlussprüfer gemäß § 29 KWG der Fall ist.

2.478 Die **Kosten für Prüfungen** durch die BaFin oder von ihr bestellte Personen muss gemäß § 51 Abs. 3 Satz 1 KWG das Institut tragen. Gegen Prüfungsanordnungen und Kostenentscheide der BaFin ist der Verwaltungsrechtsweg, also Widerspruch und Anfechtungsklage nach §§ 68 und 42 VwGO gegeben. Allerdings haben diese Rechtsbehelfe gemäß § 49 KWG keine aufschiebende Wirkung. Im Übrigen können die zur Erteilung einer Auskunft verpflichteten Organmitglieder des Kreditinstituts und sonstigen Personen die Auskunft verweigern, soweit sie oder ihre Angehörigen sich strafbar gemacht haben könnten.

5. Jahresabschluss und Prüfung

2.479 Nach § 26 KWG haben die Institute ihren Jahresabschluss **innerhalb von drei Monaten** seit Ende des Geschäftsjahres aufzustellen und den noch nicht geprüften Jahresabschluss – später auch den geprüften und festgestellten Jahresabschluss – der BaFin und der Deutschen Bundesbank unverzüglich einzureichen. Kreditinstitute, die nach § 340i HGB einen Konzernabschluss und einen Konzernlagebericht aufzustellen haben, müssen auch diesen nach gleichen Grundsätzen einreichen.

2.480 Die Verpflichtung zur Prüfung des Jahresabschlusses durch einen **Wirtschaftsprüfer** oder eine Wirtschaftsprüfungsgesellschaft ist in § 340k HGB enthalten. Gleiches gilt für Konzernabschluss und Konzernlagebericht. Bei Finanzdienstleistungsinstituten bis 150 Mio. Euro Bilanzsumme kann die Jahresabschlussprüfung nach § 340k Abs. 4 HGB von einem vereidigten Buchprüfer durchgeführt werden. Bei Kreditgenossenschaften und Sparkassen gilt die Besonderheit, dass sie nicht von einem selbst gewählten Wirtschaftsprüfer, sondern von ihrem zuständigen **Prüfungsverband** bzw. von der Prüfungsstelle des regionalen Sparkassenverbands geprüft werden.

Pflichten, Ablauf und Gliederung von Prüfung und Prüfungsbericht sind in der Verordnung über den Inhalt der Prüfungsberichte zu den Jahresabschlüssen und Zwischenabschlüssen der Institute[235)] ausführlich geregelt. Die BaFin hat außerdem Erläuterungen zur **Prüfungsberichtsverordnung** (PrüfbV) herausgegeben.[236)] Die Kosten der Prüfung einschließlich der Sonderkosten für die zusätzlichen Erläuterungen und Auskünfte des Abschlussprüfers an die Bankenaufsicht hat das geprüfte Institut zu tragen. **2.481**

Die Jahresabschlussprüfung dient in erster Linie dazu, die Ordnungsmäßigkeit des Rechnungswesens und die Einhaltung von Gesetz und Recht zu beurteilen. Für Institute ist in § 29 Abs. 1 KWG ausdrücklich vorgeschrieben, dass die Prüfung darüber hinaus auch die **wirtschaftlichen Verhältnisse** und die Geschäftsentwicklung umfassen soll. Der Prüfer hat außerdem die Einhaltung der Anzeigebestimmungen, der Pflichten nach dem Geldwäschegesetz und der Offenlegungspflicht nach § 18 KWG sowie die Ordnungsmäßigkeit von Sondergeschäften wie des Pfandbriefgeschäfts, des Bausparkassengeschäfts, des Factoring- und Leasinggeschäfts (§§ 41 ff. PrüfBV) festzustellen. **2.482**

Der Prüfer ist verpflichtet, seinen Prüfungsbericht nicht nur seinem Auftraggeber, sondern unverzüglich nach Beendigung der Prüfung der BaFin und der zuständigen Landeszentralbank unmittelbar einzureichen. Auch während der Prüfung hat der Prüfer aufgrund der sog. **Redepflicht** die Bankenaufsicht von gravierenden Vorkommnissen zu unterrichten, so wenn er erkennt, dass das Testat nicht oder nur eingeschränkt erteilt werden kann, der Bestand oder die Entwicklung des Instituts wesentlich beeinträchtigt sind oder schwerwiegende Verstöße der Geschäftsleiter erkennbar werden. **2.483**

6. Depotprüfung

Das Wertpapier- und Depotgeschäft ist nach § 29 Abs. 2 Satz 2 KWG bzw. § 36 Abs. 1 WpHG bei Kreditinstituten unabhängig von der Jahresabschlussprüfung einmal jährlich zu prüfen. Da die deutschen Kreditinstitute regelmäßig auch Wertpapierdienstleistungsunternehmen sind, ist § 36 Abs. 1 WpHG vorrangig anzuwenden. Die Depotprüfung hat **jährlich gesondert unangemeldet** zu erfolgen, kann jedoch vom Jahresabschlussprüfer oder einem anderen von **2.484**

---

235) Prüfungsberichtsverordnung (PrüfbV) v. 23.11.2009, BGBl. I, 3793 abgedr. in: *Consbruch/Fischer*, KWG, P 25 und *Fischer/Herbst*, RSP, Teil C 4.1.3.

236) Vgl. *Consbruch/Fischer*, KWG, P 25.1.

dem Institut beauftragten Prüfer durchgeführt und mit seinen sonstigen Prüfungshandlungen verbunden werden. Gegenstand und Inhalt der Depotprüfung richten sich bei Instituten, die Wertpapierdienstleistungen erbringen, nach der Wertpapierdienstleistungs-Prüfungsverordnung[237], ansonsten nach den §§ 56 ff. Prüfungsberichtsverordnung.

2.485 Die Hervorhebung der Depotprüfung beruht auf dem besonderen Vertrauensbedarf des Wertpapiergeschäfts und darauf, dass die Kontrolle der ordnungsmäßigen Abwicklung des Wertpapier- und Depotgeschäfts bei der Jahresabschlussprüfung nicht mit der hinreichenden Intensität erfolgen könnte. Zweck der Depotprüfung ist insbesondere festzustellen, ob die zum **Schutz der Kunden getroffenen Bestimmungen des Depotgesetzes** und der §§ 128 und 135 AktG eingehalten sind.

2.486 Gegenstand der Prüfung nach der Wertpapierdienstleistungs-Prüfungsverordnung sind die Meldepflichten nach § 9 WpHG und vor allem die Verhaltensregeln und Organisationspflichten nach §§ 31 ff. WpHG. Näheres zur Depotprüfung ist nachfolgend unter Rz. 11.352 f. dargestellt. Weitere aufsichtliche Prüfungsverordnungen bestehen für die Investmentgesellschaften und die Zahlungsinstitute.[238]

XVIII. Beendigung der Betriebserlaubnis

1. Erlöschen der Erlaubnis

2.487 Die Erlaubnis **erlischt unmittelbar aufgrund des Gesetzes,** wenn von ihr nicht innerhalb eines Jahres seit ihrer Erteilung Gebrauch gemacht wird. Die **Frist** beginnt mit dem Zugang des Erlaubnisbescheids. Sie berechnet sich nach §§ 187 Abs. 1, 188 Abs. 2 BGB, endet also nach Ablauf des Tages mit gleichem Datum des Folgejahres. Ist dieser Tag ein Samstag, Sonntag oder gesetzlicher Feiertag, so endet die Frist entsprechend § 193 BGB mit Ablauf des nächsten Werktages. Einer Feststellung des Erlöschens durch die BaFin bedarf es nicht.

2.488 Die Erlaubnis **erlischt nicht, wenn mindestens eine der erlaubten Geschäftsarten** innerhalb der Frist betrieben worden ist. Die gegenteilige Auffassung von *Wiegelmann*[239], nach der ein Teilerlöschen der nicht betriebenen Ge-

---

237) Verordnung über die Prüfung der Wertpapierdienstleistungsunternehmen nach § 36 des Wertpapierhandelsgesetzes (Wertpapierdienstleistungs-Prüfungsverordnung – WpDPV) v. 16.12.2004, BGBl. I, 3515, abgedr. bei *Consbruch/Fischer*, KWG, P 26 und *Fischer/Herbst*, RSP, Teil C 4.1.4.

238) Vgl. Investment-Prüfungsberichtsverordnung (InvPrüfBV) v. 15.12.2008 (BGBl. I, 2467 und Zahlungsinstituts-Prüfungsberichtsverordnung (ZahlPrüfBV) v. 15.10.2009 (BGBl. I, 3648); abgedr. in: *Consbruch/Fischer*, KWG, P 27 und P 30 und bei *Fischer/Herbst*, RSP, Teil C 4.3 und C 4.4.2.

239) In *Zenke/Ellwanger,* Handel mit Energiederivaten, Rz. 235; wie hier aber h. M. z. B. Boos/Fischer/Schulte-Mattler-*Fischer*, KWG, § 35 Rz. 4; Beck/Samm/Kokemoor-*Samm*, KWG, § 35 Rz. 13; *Reischauer/Kleinhans*, KWG, § 35 Anm. 3.

schäftsarten eintritt, würde eine Volllizenz praktisch ausschließen. Denn kaum eine Bank oder ein Finanzdienstleistungsinstitut betreibt alle im jeweiligen Katalog nach § 1 Abs. 1 Satz 2 bzw. Abs. 1a Satz 2 KWG aufgezählten Geschäftsarten. Die Gewährung ausschließlich von Teillizenzen oder deren automatisches Entstehen durch Teilerlöschen der Erlaubnis für die nicht betriebenen Geschäftsarten steht nicht im Einklang mit dem gesetzlich angelegten und von der Bankenaufsicht langjährig praktizierten Normalfall der Erlaubniserteilung.

Vorbereitende Tätigkeiten wie die Beschaffung der Geschäftsräume, die Ein- 2.489
stellung von Personal usw. reichen nicht aus. Dauern die vorbereitenden Maßnahmen unerwartet lang, kann die BaFin dennoch keine Fristverlängerung gewähren, da die Erlaubnis ohne ihr Zutun automatisch erlischt. Gegebenenfalls muss eine neue Erlaubnis beantragt werden.

Gebrauch machen von der Erlaubnis bedeutet, dass mindestens eines der er- 2.490
laubten Bank- oder Finanzdienstleistungsgeschäfte innerhalb der Jahresfrist gewerbsmäßig oder in einem Umfang betrieben wurde, der einen in kaufmännischer Weise eingerichteten Geschäftsbetrieb erfordert. Auch bei einer nur auf einzelne Geschäftsarten beschränkten Erlaubnis genügt es, wenn eine dieser Geschäftsarten innerhalb der Jahresfrist im erforderlichen Umfang betrieben worden ist.

Ausschluss aus einer Entschädigungseinrichtung. Die in § 1 Abs. 1 EAEG 2.491
genannten Institute sind automatisch einer Entschädigungseinrichtung zugeordnet.[240] Verletzen diese Institute ihre Beitrags- oder Mitwirkungspflichten gegenüber ihrer Entschädigungseinrichtung, so können sie mit Zustimmung der BaFin nach § 11 EAEG ausgeschlossen werden. Zwangsläufige Folge ist das Erlöschen der Erlaubnis. Gegen das Erlöschen, das kraft Gesetzes eintritt, gibt es kein Rechtsmittel. Jedoch kann das betroffene Institut Rechtsmittel gegen den Ausschluss einlegen. Zuständig sind die Verwaltungsgerichte, und zwar auch dann, wenn der Ausschluss durch eine private Entschädigungseinrichtung – z. B. der Entschädigungseinrichtung deutscher Banken GmbH – erfolgt. Denn diese ist insoweit mit öffentlich-rechtlichen Aufgaben beliehen.[241]

Die Erlaubnis kann auch aus Gründen erlöschen, die sich aus **anderen Geset-** 2.492
zen oder allgemeinen Rechtsgrundsätzen ergeben. So erlischt sie bei Verzicht, Tod des Erlaubnisinhabers oder im Falle der Auflösung einer juristischen Person als Erlaubnisinhaber.

240) Vgl. §§ 6 Abs. 1 und 7 Abs. 1 EAEG.

241) Vgl. § 1 der Verordnung über die Zuweisung von Aufgaben und Befugnissen einer Entschädigungseinrichtung an die Entschädigungseinrichtung deutscher Banken GmbH v. 24.8.1998, BGBl. I, 2390.

2. Aufhebung der Erlaubnis

a) Grundlagen

2.493 Die Bundesanstalt kann unter den gesetzlichen Voraussetzungen die Erlaubnis aufheben. Aufhebung bedeutet **Rücknahme einer rechtmäßig und Widerruf einer rechtswidrig erteilten Erlaubnis.** Der Gesetzestext stellt klar, dass ergänzend die allgemeinen Gründe der §§ 48, 49 VwVfG zur Rücknahme oder zum Widerruf eines Verwaltungsaktes auch für die erteilte Betriebserlaubnis gelten. Darüber hinaus zählt § 35 Absatz 2 KWG spezifische Aufhebungsgründe auf. Daneben sind z. B. in § 2 Abs. 2 PfandBG und § 8 Abs. 2 Bausparkassengesetz zusätzliche Gründe für die Aufhebung einer Erlaubnis zum Betrieb von Bankgeschäften geregelt. Die Aufhebung kann auch dann erfolgen, wenn die Erlaubnis nicht durch förmlichen Verwaltungsakt, sondern aufgrund der Übergangsbestimmungen der §§ 61 und 63a ff. KWG als erteilt gilt.

2.494 Die BaFin ist gemäß § 35 Abs. 3 KWG weder bei den allgemeinen Aufhebungsgründen, noch bei denen des Absatzes 2 an die **Jahresfrist** der §§ 48 Abs. 4 Satz 1 und 49 Abs. 2 Satz 2 VwVfG gebunden. Sie kann also eine Erlaubnis auch dann noch aufheben, wenn sie schon länger als ein Jahr Kenntnis von den Aufhebungsgründen hatte. Diese Regelung bezweckt, der BaFin hinreichend Zeit zu geben, durch weniger einschneidende Maßnahmen Mängel zu beseitigen und einen rechtmäßigen Zustand herzustellen.

2.495 Ob eine Erlaubnis bei Vorliegen der Gründe zurückgenommen wird, steht im pflichtgemäßen **Ermessen** der BaFin. Neben den allgemeinen Verwaltungsgrundsätzen der Gleichbehandlung, der Verhältnismäßigkeit und der Wahl des mildesten Mittels sind die Zwecke des KWG maßgebend. Bei der Abwägung, ob ein Erlaubnisentzug angemessen ist, müssen nicht nur wegen der berechtigten Interessen des Inhabers, sondern auch aus dem Gesichtspunkt des Gläubiger- und Kundenschutzes alle Alternativen ausgeschöpft sein. Eine Schließung und die anschließende Einleitung eines Insolvenzverfahrens führt fast immer zu Zusatzverlusten durch eine starke Entwertung des noch vorhandenen Vermögens. Ein Erlaubnisentzug ist daher auch für die Gläubiger und sonstigen Kunden des Instituts regelmäßig nachteilig, selbst wenn die meisten Einlagen durch Entschädigungseinrichtungen geschützt sind.

b) Ruhen des Geschäftsbetriebs

2.496 Die BaFin kann die Erlaubnis aufheben, wenn der Geschäftsbetrieb seit mehr als sechs Monaten nicht mehr ausgeübt worden ist. Damit ist fraglich, ob während der Jahresfrist von Absatz 1 mangels Aufnahme des Geschäftsbetriebs die Erlaubnis wieder entzogen werden kann. Aus Wortlaut und Regelungszusammenhang ist zu schließen, dass die Anwendung des Absatzes 2 Nr. 1 voraussetzt, dass der Betrieb in dem nach § 1 Abs. 1 Satz 1 bzw. Abs. 1a Satz 1 KWG **vorausgesetzten Umfang oder gewerblich betrieben worden ist.** Anderenfalls gilt ausschließlich die Jahresfrist des Absatzes 1, die zu einem automatischen Erlöschen führt. Sie kann nicht durch die BaFin nach Absatz 2 Nr. 1 verkürzt werden. Dies ergibt sich auch daraus, dass zum Aufbau des Geschäftsbetriebs naturgemäß ein längerer Zeitraum benötigt wird, als für die Wiederaufnahme nach Unterbrechung eines zunächst bestehenden Geschäftsbetriebs. Etwas anderes kann nur dann gelten, wenn sich während der Jahresfrist herausstellt, dass die Erlaubnis nicht hätte erteilt werden dürfen, z. B. weil der Antragsteller unzutreffende Angaben gemacht hat.

Die Frist berechnet sich ebenso wie bei Absatz 1 nach §§ 187 Abs. 1, 188 Abs. 2 **2.497** BGB. Sie beginnt mit der Beendigung der letzten erlaubten Geschäftsart. Dazu genügt, dass die Geschäfte nicht mehr gewerbsmäßig betrieben werden und unter den Umfang absinken, der einen in kaufmännischer Weise eingerichteten Geschäftsbetrieb erfordert. Ein Erlaubnisentzug kommt jedoch nicht in Betracht, wenn auch nur **eines der erlaubten Geschäfte** in dem erforderlichen Umfang oder gewerbsmäßig betrieben wird. Dies rechtfertigt auch nicht die aus anderen Gründen mögliche Rücknahme der **Erlaubnis für Teilbereiche.**

Die Einstellung des Geschäftsbetriebs ist nach § 24 Abs. 1 Nr. 8 KWG anzei- **2.498** gepflichtig. Sofern eine solche Anzeige erfolgt, steht der Zeitpunkt der Einstellung fest. Erfolgt eine solche Anzeige nicht, müssen **Tatsachen** vorliegen, aus denen sich ergibt, dass die Geschäfte nicht mehr in hinreichendem Umfang betrieben werden. Dies kann z. B. anhand der Bücher und der sonstigen tatsächlichen Umstände ermittelt werden. Weitere Indizien können sich aus den Monatsausweisen nach § 25 Abs. 1 KWG, aus der Führung oder Schließung von Geschäftslokalen, aus dem Jahresabschluss bzw. der laufenden Buchführung usw. ergeben.

Die Frist endet, sobald wieder eines der erlaubnispflichtigen Geschäfte betrie- **2.499** ben wird. Nur gelegentliche Geschäftsabschlüsse reichen dazu jedoch nicht aus, sondern die Geschäfte müssen gewerbsmäßig betrieben werden oder einen Umfang erreichen, der einen kaufmännischen Geschäftsbetrieb erfordert. Werden die Geschäfte nach mehr als sechsmonatiger Unterbrechung wieder aufgenommen, ohne dass die BaFin eingeschritten ist, so **erlischt dieser Entzugsgrund**.

c) Unzureichende Mittel

Die Erlaubnis kann aufgehoben werden, wenn ihre Voraussetzungen nach § 33 **2.500** Abs. 1 Satz 1 und Abs. 3 Nr. 1 bis 3 KWG nicht (mehr) vorliegen. Nach der gesetzlichen Regelung rechtfertigt eine Unterschreitung des Mindestanfangskapitals die Aufhebung der Erlaubnis, obwohl es ein normaler Vorgang ist, dass auch bei einer erfolgreichen Gründung **Anfangsverluste** das eingebrachte Kapital vermindern. Die in § 33 Abs. 1 Nr. 1 lit. a bis g KWG genannten Beträge stellen jedoch die **Mindestgrenze** dar, die grundsätzlich nicht unterschritten werden soll.

Die BaFin kann entsprechend Art. 10 Abs. 1 der Bankenrichtlinie und Art. 10 Abs. 1 und 4 der Kapitaladäquanzrichtlinie allerdings, sofern es die Umstände rechtfertigen, eine begrenzte Frist einräumen, um das betreffende Institut in die Lage zu versetzen, die Mindestnormen wieder einzuhalten. Anderenfalls muss es seine Tätigkeit einstellen. Eine Ausnahme gilt nach § 64 b KWG für vor dem 1. Januar 1993 zugelassene Einlagenkreditinstitute.

2.501 Unter „zum Geschäftsbetrieb erforderlichen Mitteln" sind seit der 6. KWG-Novelle – anders als die bisherige Literaturmeinung – nicht nur Kapital, sondern auch **Sachmittel** zu verstehen. Daher kann die Erlaubnis auch dann entzogen werden, wenn das Institut nicht in der Lage ist, die für den vorgesehenen Betrieb notwendigen Mittel wie Geschäftsräume, Fachpersonal, EDV-Einrichtungen usw. zu beschaffen. Die erforderlichen Mittel bestimmen sich nach den Anforderungen, die sich aus dem bei Erlaubniserteilung eingereichten Geschäftsplan ergeben. Das Erfordernis, die notwendigen organisatorischen Vorkehrungen zum ordnungsgemäßen Geschäftsbetrieb zu schaffen, ergibt sich außerdem aus der Verweisung in § 35 Abs. 2 Nr. 3 auf § 33 Abs. 1 Satz 1 Nr. 7 KWG.

d) Zuverlässige und fachlich geeignete Geschäftsleiter

2.502 **Mindestanzahl.** Nach § 33 Abs. 1 Nr. 2, 4 und 5 KWG müssen die Institute mindestens zwei[242)] zuverlässige und fachlich geeignete Geschäftsleiter haben. Ebenso müssen die Erlaubnisinhaber zuverlässig und fachlich geeignet sein. „Mindestens" bedeutet, dass je nach Zuschnitt des Instituts auch mehr geeignete Geschäftsleiter erforderlich sein können. Fällt ein Geschäftsleiter durch Tod oder Ausscheiden weg oder stellt sich seine mangelnde Zuverlässigkeit oder fachliche Eignung erst nachträglich heraus, so ist dies ein **Grund zum Erlaubnisentzug,** wenn die erforderliche Mindestzahl unterschritten wird.

2.503 Hat das Institut jedoch mehr Geschäftsleiter als mindestens erforderlich, so ist das Ausscheiden eines Geschäftsleiters für den Erlaubnisentzug unbeachtlich. Fehlt einem von ihnen die persönliche Zuverlässigkeit oder die fachliche Eignung, so kann allein dies den Erlaubnisentzug rechtfertigen, da nach dem Wortlaut des § 33 Abs. 1 Nr. 2 und 4 KWG jeder der Geschäftsleiter diesen Anforderungen genügen muss. Die BaFin wird jedoch nach dem Grundsatz des mildesten Mittels die Abberufung eines solchen Geschäftsleiters verlangen. Letzteres ist auch dann möglich, wenn die Mindestanzahl von zwei Geschäftsleitern unterschritten wird. Eine kurzfristige **Unterschreitung auch der Mindestanzahl** von zwei Geschäftsleitern ist vertretbar. Gleiches gilt, wenn einer von zwei Geschäftsleitern z. B. durch Tod oder fristlose Kündigung ausscheidet.

242) Ausnahme bei bestimmten Finanzdienstleistungsinstituten, vgl. § 33 Abs. 1 Nr. 5 KWG.

Mängel bei Geschäftsleitern. Als Normalfall in der Praxis dürften sich Bedenken gegen die Eignung von Geschäftsleitern aus deren Verhalten während ihrer Geschäftsführung ergeben. Dies sind regelmäßig neue Tatsachen. Die persönliche Zuverlässigkeit kann z. B. durch das Auftreten von Krankheiten, Suchtabhängigkeit oder durch das Bekanntwerden von kriminellen Handlungen in Frage gestellt sein. Auch sonstige Verhaltensweisen, die zeigen, dass der betreffende Geschäftsleiter Persönlichkeitsmängel aufweist, die die Fähigkeit zur ordentlichen Geschäftsführung des Instituts beeinträchtigen, können ein Grund sein. Sobald Mängel in der laufenden Tätigkeit des Geschäftsleiters erkennbar werden, ist es letztlich gleichgültig, ob dies Zweifel an der persönlichen Zuverlässigkeit oder der fachlichen Eignung begründet, da beides die gleichen Rechtsfolgen auslöst.[243)] Ein **Entzug der Erlaubnis** wegen Mängeln der Geschäftsleiter dürfte **allenfalls im Ausnahmefall** in Betracht kommen, da regelmäßig das Abberufungsverlangen nach § 36 KWG das angemessene Mittel ist. 2.504

Gekorener Geschäftsleiter. Notfalls kann die BaFin auch eine andere mit der Führung der Geschäfte betraute und zur Vertretung ermächtigte Person widerruflich als Geschäftsleiter bezeichnen (§ 1 Abs. 2 Satz 2 KWG). Erweist sich ein solcher nach § 1 Abs. 2 Satz 2 KWG „gekorener" Geschäftsleiter als ungeeignet, so ist dies **kein Grund für einen Erlaubnisentzug.** Dies ergibt sich einmal aus der fehlenden Verweisung in § 35 Abs. 2 Nr. 3 i. V. m. § 33 Abs. 1 Nr. 2 und 4 auf § 1 Abs. 2 Satz 1 KWG und außerdem daraus, dass die BaFin selbst die Entscheidung über den Geschäftsleiter getroffen hat. Im Ergebnis kann ein Mangel in der Person des gekorenen Geschäftsleiters dennoch – zumindest theoretisch – zu einem Entzug der Erlaubnis führen. In einem solchen Fall wird die BaFin nämlich die Bestellung des gekorenen Geschäftsleiters widerrufen. Verfügt das Institut dann nicht mehr über die erforderliche Anzahl von Geschäftsleitern, so ist dies ein Entzugsgrund, wenn nicht in zumutbarer Frist Abhilfe geschaffen wird. 2.505

e) Mangelnde Zuverlässigkeit von Gesellschaftern

Wenn der Inhaber einer bedeutenden Beteiligung an dem Institut, ein Gesellschafter oder ein gesetzlicher Vertreter des beteiligten Unternehmens nicht zuverlässig ist oder aus anderen Gründen nicht den im Interesse einer soliden und umsichtigen Führung des Instituts zu stellenden Ansprüchen genügt, kann die Erlaubnis nach § 33 Abs. 1 Nr. 3 KWG versagt werden. Wesentliche Motive für diese Regelung sind, dass unzuverlässige Gesellschafter **unsachliche Einflüsse auf das Institut ausüben** könnten, die zu einer Gefährdung der Gläubiger führen und vor allem die Möglichkeit der Benutzung des Instituts zu 2.506

243) Zur Praxis beim Erlaubnisentzug bzw. zu einem Abberufungsverlangen vgl. Boos/Fischer/Schulte-Mattler-*Fischer*, KWG, § 36 Rz. 18 ff.

Geldwäschehandlungen oder sonstigen kriminellen Betätigungen begründen können.

2.507 Eine Erlaubnisrücknahme ist grundsätzlich nur dann gerechtfertigt, wenn **neue oder bislang unbekannte Tatsachen** Probleme erkennen lassen. Ausnahmsweise können auch hier §§ 48 Abs. 2 und 49 Abs. 2 VwVfG einschlägig sein – z. B. bei unlauterer Einflussnahme auf die Erlaubniserteilung. Andererseits kann – trotz des Gesetzeswortlautes – Unzuverlässigkeit des Gesellschafters kein Anlass sein, wenn daraus keine negativen Einflüsse auf das Institut zu erwarten sind z. B. wenn er nach Satzung und den Befugnissen der Mitgesellschafter keinen gefährdenden Einfluss nehmen kann.

f) Organisationsmängel

2.508 Verlegt das Institut seine **Hauptverwaltung ins Ausland,** so ist dies ein Grund zum Entzug der Erlaubnis. Ebenso kann die Erlaubnis entzogen werden, wenn die **notwendige Betriebsorganisation** nach § 33 Abs. 1 Satz 1 Nr. 7 KWG nicht vorliegt. Maßgeblich sind Art und Umfang der abgewickelten Geschäfte. Der Entzug der Erlaubnis wird vor allem in Frage kommen, wenn das Institut die Anforderungen des **§ 25a KWG** einschließlich z. B. der Mindestanforderung an das Risikomanagement (jedenfalls bei einem Kreditinstitut) u. a. nicht einhält. Vor einer Schließung wird die BaFin regelmäßig versuchen müssen, durch Beanstandungen usw. darauf hinzuwirken, dass die notwendigen organisatorischen Vorkehrungen für einen ordnungsmäßigen Geschäftsbetrieb getroffen werden.

g) Beeinträchtigung der Aufsicht

2.509 Die Erlaubnis kann entzogen werden, wenn eine wirksame Aufsicht beeinträchtigt erscheint, insbesondere wenn die Tatbestände des § 33 Abs. 3 Nr. 1–3 KWG vorliegen. So kann eine **unübersichtliche Konzernstruktur** nach § 33 Abs. 3 Nr. 1 und 3 KWG Anlass für die Versagung und damit auch für den Entzug der Erlaubnis sein. Weiterer Grund kann sein, dass das Mutterunternehmen einer unzureichenden oder unkooperativen Aufsicht in seinem Sitzstaat unterliegt. Ergeben sich neue Unternehmensstrukturen z. B. dadurch, dass sich die Beteiligungsverhältnisse verändern, Zwischengesellschaften eingeschaltet werden usw., so sind dies **neue Tatsachen,** die – wenn die übrigen Voraussetzungen des § 33 Abs. 3 Nr. 1 KWG vorliegen – die Aufhebung der Erlaubnis rechtfertigen können.

2.510 Fraglich ist hingegen, ob **ohne Änderung der Unternehmensstrukturen seit Erlaubniserteilung** neue Erkenntnisse darüber, dass aufsichtliche Maßnahmen angesichts der Unternehmensstruktur nicht greifen oder erst jetzt analysierte Mängel der Beaufsichtigung des Mutterinstituts den Entzug der Erlaubnis rechtfertigen können. Dies ist im Grundsatz zu bejahen. Denn nach § 33

Abs. 3 KWG genügen Tatsachen, die die „Annahme" rechtfertigen, dass aufgrund der Unternehmensstruktur eine wirksame Aufsicht beeinträchtigt bzw. das Mutterinstitut nicht wirksam beaufsichtigt wird. Eine solche Annahme kann auch aufgrund neuer Erkenntnisse über die Wirksamkeit von Aufsichtsmaßnahmen getroffen werden. Außerdem ergibt der Zweck der Bestimmung, die eine auf Dauer wirksame Aufsicht gewährleisten soll, dass es genügt, wenn später erkennbar wird, dass eine bestimmte Unternehmensstruktur ein Hindernis für eine wirksame Aufsicht darstellt. Eine entsprechende Annahme muss allerdings konkret belegt werden.

h) Gefahr für die Erfüllung der Verpflichtungen des Instituts

Die Erlaubnis kann auch entzogen werden, wenn die Erfüllung der Verpflich- **2.511**
tungen des Instituts gegenüber seinen Gläubigern, insbesondere die Sicherheit der dem Institut anvertrauten Vermögenswerte gefährdet ist. Eine Gefahr für die Erfüllung der Verpflichtungen gegenüber den Gläubigern kann sich vor allem ergeben, wenn die **wirtschaftliche Lage des Instituts nachhaltig gefährdet** ist. Unterkapitalisierung, dauerhafte Unrentabilität und unzureichende Liquidität sind typische Gründe. Aber auch sonstige Mängel bei der Erfüllung der Verpflichtungen gegenüber den Gläubigern können die Aufhebung rechtfertigen – so erhebliche Organisationsmängel, unfähige Geschäftsleiter oder die Nichteinhaltung von gläubigerschützenden Bestimmungen, wie insbesondere des Depotgesetzes. Werden z. B. Treuhandgelder nicht auftragsgemäß verwendet oder Wertpapiere nicht nach den Bestimmungen des Depotgesetzes behandelt, so gefährdet dies – ggf. auch ohne Eigenkapital- oder Liquiditätsmängel – die Erfüllung der Verpflichtungen des Instituts gegenüber seinen Gläubigern. Allerdings ergeben die meisten dieser Sachverhalte auch eigenständige Aufhebungsgründe nach § 35 Abs. 2 Nr. 3 und Nr. 6 KWG. Verstöße gegen die Eigenkapitalanforderungen begründen als solche hingegen keine Anwendung von § 35 Nr. 4 KWG. Die bankaufsichtlichen Maßnahmen bei **Verstößen gegen die Eigenmittel – und Liquiditätsbestimmungen sind vielmehr in § 45 KWG geregelt.**

Das Gesetz stellt eine Vermutung für eine Gefährdung der Sicherheit der an- **2.512**
vertrauten Vermögenswerte bei Verlusten i. H. d. Hälfte des haftenden Eigenkapitals gemäß § 10 KWG oder von jeweils 10 % in drei aufeinander folgenden Jahren auf. Diese Vermutung ist allerdings in doppelter Weise nicht zwingend. Einerseits können bereits **geringere Verluste** eine Gefahr für die Erfüllung der Verpflichtungen des Instituts darstellen. Dies kann insbesondere bei von vornherein knapper Eigenmittelausstattung oder starker **Aufblähung der Verbindlichkeiten** der Fall sein. Andererseits zwingt das Vorliegen von Verlusten in der im Gesetz genannten Höhe nicht dazu, eine Gefahr für die Erfüllung der Verpflichtungen anzunehmen. Bei einem mit Eigenkapital gut ausgestatteten Institut dürfte besonders in der **Gründungsphase** der dreimalige Verlust von

10 % des Kapitals keineswegs auf eine dauerhaft ungünstige Entwicklung und eine damit verbundene Gläubigergefährdung schließen lassen. Sofern das Mindestanfangskapital nicht unterschritten wird und sich eine auf Dauer positive Entwicklung abzeichnet, dürfte somit kein Aufhebungsgrund für die Erlaubnis vorliegen. Auch die Entwicklungen während der Finanzkrise 2008/2009 haben bei sog. systemrelevanten Instituten gezeigt, dass die BaFin selbst bei sehr großen Verlusten keinen Erlaubnisentzug praktiziert, sondern davon ausgeht, dass andere Lösungen – z. B. Staatshilfen – eine mögliche Gläubigergefährdung beseitigen.

2.513 Für die gesetzliche Vermutung ist wegen des **dynamischen Eigenkapitalbegriffs** des § 10 KWG bei der Anwendung von § 35 Abs. 2 Nr. 4 KWG vom Stand des Eigenkapitals zum letzten Bilanzstichtag auszugehen und ein Zuwachs an Eigenkapital im anschließenden Geschäftsjahr zu berücksichtigen. Diesem Eigenkapital ist die Summe aller seit dem letzten Bilanzstichtag eingetretenen Verluste gegenüberzustellen.[244] **Eigenkapitalminderungen** können auch **außerhalb der Bilanzfeststellung,** z. B. durch Kapitalrückzahlung, Änderung der aufsichtsrechtlichen Anerkennung oder Abzugspositionen nach § 10 Abs. 2a Satz 2 KWG, entstehen.

2.514 Unter Verlust ist nicht nur das im Jahresabschluss ausgewiesene Ergebnis zu verstehen. Vielmehr umfasst der Begriff auch sich unterjährig abzeichnende Verluste. Bei der Ermittlung dieses Verlustes sind zunächst die Erträge den Aufwendungen gegenüberzustellen. Bei den Aufwendungen sind die laufenden Kosten und realisierten Verluste, z. B. aus Kreditausfällen, der Inanspruchnahme aus Finanzderivaten, dem Verkauf von Wertpapieren oder anderen Vermögensgegenständen anzusetzen. Weiterhin sind auch die noch **nicht realisierten Buchverluste** aus Abschreibungen oder Wertberichtigungen auf Forderungen oder andere Vermögensgegenstände, Aufwendungen für die Bildung von Rückstellungen, z. B. für drohende Verluste aus Finanzderivaten ohne Deckung oder andere schwebende Geschäfte zu berücksichtigen. Andererseits kann auf der Ertragsseite eine beabsichtigte und kurzfristig realisierbare Auflösung stiller Reserven Berücksichtigung finden.[245]

2.515 Die BaFin erfährt über Verluste entweder aus dem Jahresabschluss oder einer Anzeige nach § 24 Abs. 1 Nr. 5 KWG. Das Institut muss schon aufgrund der organisatorischen Pflichten nach § 25a Abs. 1 KWG und der dort vorgeschriebenen **Risikocontrollingsysteme** jederzeit über die geschäftliche Lage und damit über unterjährige Verluste informiert sein.

---

244) VG Köln, Beschl. v. 30.5.2001 – 14 L 928/01, WM 2001, 1612 = ZBB 2001, 386, bestätigt von OVG Münster, Beschl. v. 31.7.2001 – 4 B 743/01, WM 2002, 847 = ZBB 2002, 54, dazu EWiR 2002, 589 *(Fischer)*.

245) *Fischer,* EWiR 2002, 567; Näheres zur Ermittlung unterjähriger Verluste vgl. Boos/Fischer/Schulte-Mattler-*Braun*, KWG, § 24 Rz. 68 bis 73.

i) Kostendeckung bei Wertpapierhandelsunternehmen

Ein Wertpapierhandelsunternehmen i. S. v. § 1 Abs. 3 d Satz 2 KWG muss nach § 10 Abs. 9 KWG **Eigenmittel aufweisen, die mindestens einem Viertel** seiner Kosten entsprechen. § 35 Abs. 2 Nr. 5 KWG sanktioniert die Unterschreitung des Eigenkapitalerfordernisses mit der Möglichkeit zur Aufhebung der Erlaubnis. Dies ist durch Art. 4 Abs. 3 der Kapitaladäquanzrichtlinie nicht zwingend vorgeschrieben. Danach müssen die zuständigen Behörden lediglich dafür Sorge tragen, dass das betreffende Institut so rasch wie möglich geeignete Abhilfemaßnahmen ergreift. Entsprechend dem Grundsatz der Angemessenheit der Mittel muss die BaFin dem Wertpapierhandelsunternehmen zunächst die Möglichkeit geben, entweder durch Einwerbung neuer Eigenmittel oder durch Veränderung seiner Kostenstruktur den Mangel zu beheben. Sofern Gefahr für die Erfüllung der Verpflichtungen des Instituts gegenüber seinen Gläubigern besteht, greift der Aufhebungsgrund der Nr. 4 ein. In diesem Rahmen kann das Absinken der Eigenmittel unter ein Viertel der Kosten des Wertpapierhandelsunternehmens ein Indiz für die nachhaltige Unrentabilität und damit für eine Gläubigergefährdung sein. Als darüber hinausgehender selbständiger Aufhebungsgrund dürfte die Bestimmung allenfalls dann Bedeutung haben, wenn das Wertpapierhandelsunternehmen trotz **Beanstandung und Gelegenheit zur Abhilfe** die Situation nicht verändert. 2.516

Die Kosten werden gemäß § 10 Abs. 9 Satz 1 KWG grundsätzlich aus der Gewinn- und Verlustrechnung des letzten Jahresabschlusses ermittelt.[246] Eine **unterjährige Kostenermittlung** ist jedoch nicht ausgeschlossen. Bei knapper Einhaltung des § 10 Abs. 9 KWG und starkem Ansteigen der Kosten im Folgejahr können die Eigenmittel unter die 25 %-Grenze der Kosten absinken, wenn nicht gleichzeitig hinreichende Gewinne erzielt und dem Eigenkapital zugeführt oder von außen Eigenmittel eingeworben werden können. Ist letzteres nicht zu erwarten, ist bei starkem Kostenanstieg die Bestimmung auch unterjährig anwendbar. 2.517

j) Verstöße gegen Aufsichtsrecht

Verletzt das Institut nachhaltig Bestimmungen des KWG, des WpHG oder der entsprechenden Durchführungsverordnungen oder Anordnungen, kann die Erlaubnis aufgehoben werden. Wenn trotz Abmahnung schwerwiegend und nachhaltig gegen Aufsichtsbestimmungen verstoßen wird, so steht außerdem die Zuverlässigkeit oder fachliche Eignung des Erlaubnisinhabers bzw. der Geschäftsleiter in Frage. Dies rechtfertigt die Abberufung der Geschäftsleiter bzw. im Extremfall auch die Aufhebung der Erlaubnis. 2.518

246) Vgl. dazu Boos/Fischer/Schulte-Mattler-*Braun*, KWG, § 10 Rz. 218 f.

3. Rechtsfolgen bei Beendigung der Erlaubnis

2.519 Mit dem Erlöschen oder der Aufhebung der Erlaubnis endet die Befugnis, Bankgeschäfte oder Finanzdienstleistungen im erlaubnispflichtigen Umfang zu betreiben. Wer dagegen verstößt, macht sich nach § 54 Abs. 1 Nr. 2 KWG **strafbar.** Die BaFin kann **nach § 37 KWG einschreiten.** Dies gilt auch für die **automatischen Erlöschensgründe,** z. B. wenn der Erlaubnisinhaber mehr als ein Jahr Geschäfte nur unterhalb der Erlaubnisschwelle betrieben hatte und nunmehr Geschäfte in größerem Umfang wieder aufnimmt.

2.520 § 38 KWG enthält Regelungen zu Folgen der Aufhebung und des Erlöschens der Erlaubnis. Danach kann die BaFin bei privatrechtlich organisierten Instituten die **Abwicklung** anordnen. Bei öffentlich-rechtlich organisierten Instituten besteht diese Möglichkeit nicht. Die BaFin kann weder die Abwicklung bestimmen, noch allgemeine Weisungen hierfür erlassen. Dies würde jedoch in der Regel durch die für das öffentlich-rechtliche Institut zuständigen Aufsichtsbehörden (z. B. Sparkassenaufsichtsbehörden) erfolgen.

2.521 In jedem Fall muss das Unternehmen seine **Vertragspflichten aus den laufenden Geschäften** erfüllen. Daraus ergibt sich, dass die Fortsetzung des Geschäftsbetriebs zur Abwicklung der laufenden Bank- oder Finanzdienstleistungsgeschäfte keiner Erlaubnis nach § 32 KWG bedarf und nicht nach § 54 Abs. 1 Nr. 2 KWG strafbar ist. Dies setzt aber voraus, dass sich die Abwicklung auf die Erfüllung der vertraglich geschuldeten Leistung beschränkt, Möglichkeiten zur schnellsten Beendigung der laufenden Geschäfte (Kündigung usw.) genutzt werden und die Geschäfte i. R. v. Anordnungen der BaFin nach § 38 KWG getätigt werden. Zulässig sind z. B. die Durchführung noch vor Erlaubnisentzug in Auftrag gegebener oder zur Abwicklung erforderlicher Zahlungsaufträge, Auszahlung fälliger Einlagen, Entgegennahme von Schuldnerzahlungen usw. Neue Geschäfte sind hingegen nur zur Unterstützung der Abwicklung bzw. i. R. einer der BaFin angeordneten Abwicklung zulässig.

2.522 Weiterhin kann die **Bezeichnung Bank, Volksbank usw.** nach §§ 39 ff. KWG während der Abwicklung beibehalten werden. Allerdings sollte ein die Abwicklung kennzeichnender Zusatz („in Liquidation“) hinzugefügt werden.[247] Auch während der Abwicklung bleibt das Unternehmen Institut i. S. d. KWG. Das Institut untersteht als solches weiterhin der **Aufsicht der BaFin** und hat die Bestimmungen des KWG während der Abwicklung anzuwenden. Dies gilt grundsätzlich auch für die Abgabe von Anzeigen, von Monatsausweisen usw., sofern keine Befreiung nach § 31 Abs. 2 KWG erteilt wird. Die Geschäftsleiter, sofern sie nicht aufgrund § 36 KWG abberufen wurden, bleiben in dieser Funktion mit allen Rechten und Pflichten während der Abwicklung. Dies gilt selbst-

247) Szagunn/Haug/Ergenzinger, KWG, § 35 Rz. 33.

verständlich nicht, wenn das Insolvenzverfahren eröffnet wird, da dann der Insolvenzverwalter nach § 80 Abs. 1 InsO zuständig wird.

4. Rechtsschutz

Erlischt die Erlaubnis, so ist dies eine unmittelbar aufgrund des Gesetzes eintretende Rechtsfolge, gegen die es kein Rechtsmittel gibt. Stellt jedoch die BaFin das **Erlöschen** förmlich fest, so ist dagegen die Feststellungsklage gemäß § 43 VwGO zulässig. Denn es besteht ein rechtlich geschütztes Feststellungsinteresse des bisherigen Erlaubnisinhabers am Fortbestand der Erlaubnis. Gegen Maßnahmen der BaFin zur Einstellung und Abwicklung des Geschäftsbetriebs gemäß § 37 KWG können Widerspruch und Anfechtungsklage erhoben werden. **2.523**

Gegen die Aufhebung der Erlaubnis sind Widerspruch und Anfechtungsklage vor dem Verwaltungsgericht Frankfurt a. M. zulässig. Diese Rechtsmittel haben aber **in den Fällen des § 35 Abs. 2 Nr. 2 bis 4 KWG keine aufschiebende Wirkung**. Dagegen kann zwar die Aussetzung der sofortigen Vollziehung gemäß § 80 Abs. 5 VwGO beantragt werden. Vor den Verwaltungsgerichten ist dies aber selten erfolgreich. Der Gesetzgeber hat die sofortige Vollziehbarkeit in Kenntnis gravierender wirtschaftlicher Auswirkung für das betroffene Institut ermöglicht und dabei das öffentliche Interesse offenbar höher gewichtet.[248] Die BaFin kann in diesen Fällen Maßnahmen nach § 37 KWG daher sofort ergreifen. **2.524**

Grundsätzlich kann **nur der Erlaubnisträger**, bei juristischen Personen also das Institut selbst, vertreten durch seinen Vorstand, bei Personenhandelsgesellschaften jeder persönlich haftende Gesellschafter, Rechtsmittel einlegen. Liegt der Aufhebungsgrund allerdings in der Person eines Geschäftsleiters (mangelnde persönliche oder fachliche Eignung), kann auch dieser Widerspruch oder Anfechtungsklage erheben.[249] **2.525**

XIX. Zwangs- und Sondermaßnahmen

1. Mangelndes Eigenkapital

§ 45 KWG ermächtigt die BaFin zu einer Reihe **von sanktionsartigen Eingriffen**, wenn Eigenmittel oder Liquidität nicht mehr den Anforderungen entsprechen. Bevor die BaFin einschneidende Maßnahmen ergreift, hat sie nach § 45 Abs. 4 KWG zunächst eine Frist zu setzen, innerhalb derer das Institut die **2.526**

---

248) So ständige Rechtsprechung zu der vergleichbaren Situation der Abberufung eines Geschäftsleiters, z. B. OVG Berlin, Urt. v. 2.10.2001 – 1 SN 27.01, ZBB 2002, 338, dazu EWiR 2002, 533 *(Fischer)*.

249) So auch Beck/Samm/Kokemoor-*Samm*, KWG, § 35 Rz. 101; *Reischauer/Kleinhans*, KWG, § 35 Anm. 13.

Mängel zu beseitigen hat. In der Praxis der BaFin erfolgt vor formeller Fristsetzung in der Regel ein Schriftverkehr mit dem Institut. § 45 KWG sieht folgende Maßnahmen der BaFin vor:

2.527 • **Untersagung von Entnahmen** durch die Inhaber oder die Gesellschafter. Dazu zählen Entnahmen nach § 122 HGB, aber auch darüber hinaus „alle Vermögenszuwendungen an einen Gesellschafter zulasten seines Kapitalanteils bzw. – buchungsmäßig – zulasten seines Kapitalkontos".[250)]

2.528 • **Verbot von Gewinnausschüttungen:** Die BaFin kann die Ausschüttung von Gewinnen einschränken oder ganz untersagen. Dies wird insbesondere dann in Frage kommen, wenn das Eigenkapital unzureichend ist und der Eigenkapitalaufbau – wie besonders bei Sparkassen – hauptsächlich aus Gewinnen erfolgt.

2.529 • **Kreditverbot:** Dabei hat die BaFin die Möglichkeit, nicht das gesamte Kreditgeschäft zu drosseln, sondern kann das Verbot auf einzelne Kreditarten, z. B. solche, die besonders risikoreich sind oder ab bestimmten Kreditgrößen beschränken. Eine Rückführung von bereits ausgereichten Krediten oder auch nur ein Verbot der Auszahlung bereits verbindlich zugesagter Kredite ermöglicht § 45 KWG nicht.[251)]

2.530 • Kredite, die trotz Verbots nach § 45 KWG gewährt werden, bleiben wirksam. § 134 BGB ist insoweit nicht anwendbar, es sei denn, dass sich Geschäftsleitung und Kunde bewusst über das Verbot hinweggesetzt haben.

2. Sonstige Mängel

2.531 § 45a KWG ermächtigt die BaFin dazu, **Finanzholding-Gesellschaften** die Ausübung ihrer Stimmrechte zu untersagen, wenn die auf übergeordneter Ebene erforderlichen Angaben nicht übermittelt oder die Führung der Finanzholding-Gesellschaft nicht zuverlässig oder nicht qualifiziert ist. Bei **organisatorischen Mängeln** i. S. d. § 25a KWG kann die BaFin anordnen, dass das Institut zusätzlich Eigenmittel vorhalten muss, risikobegrenzende Maßnahmen einrichtet oder einzelne Geschäftsarten nicht oder nur beschränkt betreiben darf (§ 45b KWG).

3. Maßnahmen bei Gefahr

2.532 Wenn eine konkrete Gefahr für die Erfüllung der Verpflichtungen eines Instituts gegenüber seinen Gläubigern besteht, kann die BaFin vor allem nach § 35

---

250) KG Berlin, Beschl. v. 31.7.1978 – AR (B) 11/78 – 2 Ws (B) 47/78 – 331 OWi 1127/77, zitiert nach: *Reischauer/Kleinhans*, KWG, § 45 Anm. 6.

251) Anders als bei Maßnahmen bei Gefahr nach § 46 KWG, vgl. KG Berlin, Beschl. v. 26.10.1984 – AR (B) 109/84 – 5 Ws (B) 251/84 – 330 OWi 404/83, zitiert nach: *Beckmann/Bauer*, KWG, § 46 Nr. 9.

Abs. 2 Nr. 4 KWG die Erlaubnis aufheben, sofern die Gefahr nicht durch andere Maßnahmen abgewendet werden kann, oder die Abberufung von Geschäftsleitern nach § 36 Abs. 1 KWG verlangen. Maßnahmen nach §§ 35 und 46 KWG sind auch möglich, wenn die Gefahr besteht, dass die Aufsicht nicht wirksam ausgeübt werden kann. Die nach § 46 KWG zulässigen Eingriffe sind **einstweilige Maßnahmen**, um während eines vorübergehenden Zeitraums die Gefahr zu beseitigen oder Zeit zu gewinnen, um z. B. eine Sanierung, eine Sanierungsfusion oder eine geordnete Abwicklung zu ermöglichen.

Die Anwendung des § 46 KWG setzt voraus, dass eine drohende oder eine bereits eingetretene **Gefahr für die Gläubiger** besteht. Dies wird in den in § 35 Abs. 2 Nr. 4 KWG genannten Fällen – Verlust i. H. d. Hälfte des Eigenkapitals oder von jeweils mehr als 10 % des Eigenkapitals in mindestens drei aufeinander folgenden Geschäftsjahren – fingiert. Entsprechendes gilt bei sonstigen gefährlichen Entwicklungen (hohe Unterschlagungen usw.). Auch das Fehlen von qualifizierten Geschäftsleitern kann Maßnahmen nach § 46 KWG auslösen, sofern keine geeigneten Geschäftsleiter bestellt werden. **2.533**

Die BaFin kann insbesondere folgende einstweiligen Maßnahmen treffen: **2.534**

- **Anweisungen für die Geschäftsführung**: Z. B. bestimmte gefährliche oder unrentable Geschäftsarten zu unterlassen.
- **Verbot der Annahme von Einlagen:** Die Anordnung dieser Maßnahme dient dazu, neue Gläubiger vor Verlusten zu schützen. Allerdings löst dies in der Regel eine Vertrauenskrise bei dem Kreditinstitut aus, der dann nur mit weitergehenden Maßnahmen (Moratorium) begegnet werden kann.
- **Verbot oder Begrenzung der Gewährung von Krediten:** Es gilt dasselbe wie bei entsprechenden Maßnahmen nach § 45 KWG.
- **Tätigkeitsverbot:** Den Inhabern oder Geschäftsleitern kann die Ausübung ihrer Tätigkeit untersagt oder vorübergehend beschränkt werden. Dies bedeutet nicht zwangsläufig die Abberufung, sondern umfasst eine vorübergehende Untersagung der gesamten Geschäftsleitung oder bestimmter Tätigkeiten, der aber nicht selten das Abberufungsverlangen nach § 36 KWG folgt.
- **Aufsichtsperson:** Außerdem kann eine Aufsichtsperson bestellt werden, die innerhalb eines festgelegten Aufgabenkreises für die Ordnungsmäßigkeit der Geschäftsführung Sorge trägt, ohne selbst die Geschäftsführung und Vertretung wahrzunehmen.
- **Antragsrecht für Notvorstand:** Wenn jedoch keine vertretungsberechtigten Personen – z. B. wegen Abberufung – vorhanden sind, kann die BaFin die gerichtliche Bestellung beantragen, soweit dies in anderen Gesetzen vorgesehen ist. Gemeint ist insbesondere die Bestellung eines Notvorstands nach § 85 AktG.

- **Verbot von Gewinnausschüttungen und Entnahmen:** Hierzu gelten die Ausführungen zu § 45 KWG entsprechend. Entgegenstehende Beschlüsse über Gewinnausschüttungen sind nichtig.

4. Insolvenzantragsrecht

2.535 Weder die Gläubiger noch die Inhaber oder Geschäftsleiter eines Instituts können Insolvenzantrag stellen. Der Antrag kann nach § 46b Satz 4 KWG nur von der BaFin gestellt werden. Das Insolvenzgericht prüft in diesem Falle nicht, ob die Voraussetzungen für die Eröffnung des Insolvenzverfahrens vorliegen. Anstelle der in anderen Gesetzen der Geschäftsleitung auferlegten Pflicht zur Stellung des Insolvenzantrages tritt die Verpflichtung, Zahlungsunfähigkeit oder Überschuldung der BaFin anzuzeigen.

5. Moratorium

2.536 Die BaFin wird aber zunächst nach § 46a Abs. 1 KWG ein Moratorium – d. h. eine vorübergehende Einstellung oder Beschränkung des gesamten Geschäftsverkehrs mit Veräußerungs- und Zahlungsverbot, Schalterschließung u. a. – verfügen. Mit dem Moratorium soll im Krisenfall Zeit gewonnen werden, damit anstelle eines Insolvenzverfahrens eine Sanierung oder andersartige Abwicklung ermöglicht wird und die Einlagensicherungseinrichtung eingreifen kann. Dies ist bei den Bankenkrisen der letzten Jahre erfolgreich praktiziert worden.

6. Rechtsschutz

2.537 Das **Rechtsbehelfsverfahren** richtet sich nach verwaltungsrechtlichen Grundsätzen. Näheres ist oben unter Rz. 2.93 dargestellt.

Kapitel 3 Einlagensicherung und Anlegerentschädigung

Übersicht

I. Einführung

3.1 In Deutschland besteht ein sehr **weitgehender Einlegerschutz**. Das System ist gekennzeichnet durch freiwillige Sicherungseinrichtungen der Bankenverbände, die die Kundeneinlagen des Großteils aller privaten Banken nahezu vollständig sichern. Für Sparkassen, Genossenschaftsbanken und Landesbanken bestehen Institutssicherungssysteme, die eine Insolvenz – und damit Verluste von Kunden – bereits im Vorfeld durch Sanierung oder Unterstützung von Sanierungsfusionen verhindern. Die wesentlichen Grundzüge des heute geltenden freiwilligen Sicherungssystems beruhen auf Entwicklungen nach der sog. Herstattkrise im Jahr 1974. Seinerzeit plante die Bundesregierung die Schaffung einer gesetzlichen Einlagensicherung, was jedoch von den Spitzenverbänden des deutschen Kreditgewerbes nicht gewünscht war.[1] Mit der Errichtung der heute bestehenden und zwischenzeitlich modifizierten Sicherungssysteme kamen die Spitzenverbände des Kreditgewerbes daher einer gesetzlichen Regelung zuvor.[2]

II. Rechtsgrundlagen

3.2 Daneben besteht auf der Basis europarechtlicher Vorgaben für alle Einlagenkreditinstitute und Institute, die mit Finanzinstrumenten handeln oder diese vermitteln sowie für Kapitalanlagegesellschaften die gesetzliche Pflicht zur Mitwirkung in einem gesetzlichen Sicherungssystem. Die bestehenden Institutssicherungseinrichtungen sind als ein solches Pflichtsystem anerkannt. Außer den Kreditgenossenschaften und Sparkassen sowie den Landesbanken wirken daher die meisten privaten Banken in **zwei Sicherungssystemen** mit, dem gesetzlichen und dem zusätzlich unterhaltenen freiwilligen.

3.3 Grundlage ist das Einlagensicherungs- und Anlegerentschädigungsgesetz (EAEG). Es verpflichtet, entsprechend den Vorgaben der EG-Einlagensicherungsrichtlinie[3] und der Anlegerentschädigungsrichtlinie[4], Einlagen und Verbindlichkeiten aus Wertpapiergeschäften der privaten Kunden und kleineren Unternehmen vor Verlusten zu schützen. Deshalb sind Institute bestimmten **Entschädigungseinrichtungen** zugeordnet. Dazu gehören auch Zweigniederlassungen aus-

---

1) *D. Schmidt*, Einlagensicherung im deutschen Kreditwesen, S. 7.

2) *Weber/Nolte* in: BuB, Rz. 1/611; *Bunte*, AGB-Banken, Nr. 20 Rz. 488.

3) Richtlinie 94/19/EG des Europäischen Parlaments und des Rates v. 30.5.1994, ABl. v. 31.5.1994 Nr. L 135, zuletzt geändert durch Richtlinie 2009/14/EG v. 11.3.2009, ABl. v. 13.3.2009 Nr. L 68.

4) Richtlinie 94/19/EG des Europäischen Parlaments und des Rates v. 3.3.1997, ABl. v. 26.3.1997 Nr. L 84, S. 22–31.

ländischer Institute i. S. v. § 53 KWG. Das Einlagensicherungs- und Anlegerentschädigungsgesetz orientiert sich an den Mindeststandards der beiden Richtlinien. Dies gilt insbesondere für den Schutzumfang, die nach den EG-Richtlinien zulässigen Ausnahmeregelungen und die Freistellung für die bestehenden institutssichernden Systeme der Sparkassenorganisation und der Kreditgenossenschaften. Die Kostenbelastung und der Verwaltungsaufwand für die beteiligten Kreditinstitute und Wertpapierfirmen sollte möglichst gering gehalten werden. Andererseits blieb es den Kreditinstituten unbenommen, ihre bisherigen freiwilligen Sicherungssysteme parallel zur gesetzlichen Einlagensicherung fortzuführen.

Die Erfahrungen mit der ab dem Jahr 2008 eskalierten **Finanzmarktkrise**[5] 3.4
haben den EG-Richtliniengeber veranlasst, die Einlagensicherungsrichtlinie zu ergänzen und insbesondere den Sicherungsumfang für Einlagen von vorher 20.000 Euro auf 50.000 Euro und ab dem 31. Dezember 2010 auf 100.000 Euro anzuheben. Der deutsche Gesetzgeber ist dem mit dem Gesetz zur Änderung des Einlagensicherungs- und Anlegerentschädigungsgesetzes[6] gefolgt. Bei dieser Gelegenheit hat er weitere Verbesserungen zur Früherkennung von Risiken und zur Schadensprävention vorgenommen sowie Bestimmungen über die Erhebung von Sonderbeiträgen und die Aufnahme von Krediten durch die Entschädigungseinrichtungen konkretisiert.

III. Staatliche Sicherung für systemrelevante Banken

Allerdings sind Einlagensicherungs- und Anlegerentschädigungssysteme quan- 3.5
titativ nicht in der Lage, die Kunden von Großinstituten umfänglich zu schützen. Außerdem hat die Finanzmarktkrise und die Insolvenz des US-Bank Lehman Brothers samt ihrer ausländischen Tochterbanken im September 2008 weltweit bestätigt, dass die Staaten den Zusammenbruch von Großinstituten **oder sonstigen für systemrelevant gehaltenen Finanzinstituten** nicht nochmals zulassen wollen. Besonders die immensen staatlichen Unterstützungsleistungen in USA[7] Großbritannien[8], Deutschland[9] und weiteren Ländern bestätigen, dass das Prinzip too big to fail die großen Banken vor einem Zusammenbruch schützt, was allerdings eine Wettbewerbsverzerrung zugunsten der großen uns systemrelevanten Banken bewirkt. Dies stellt einen ordnungspolitischen Gesichtspunkt dar, der beim möglichst weitgehenden Schutz der Kunden kleiner und mittlerer Banken vor Vermögensverlusten zu beachten ist.

5) Näheres hierzu vgl. Rz. 1.8 ff.

6) Gesetz v. 25.6.2009, BGBl. I, 1528.

7) Z. B. für AIG, Fanny Mae, Freddie Mac und fast alle US-Großbanken.

8) Z. B. Northern Rock, Royal Bank of Scotland und Lloyds TSB u. a.

9) Z. B. Commerzbank, Hypo Real Estate, Industriekreditbank und mehrere Landesbanken.

3.6 Auf europäischer Ebene wird als weitere Konsequenz der Finanzmarktkrise derzeit diskutiert, das Einlagensicherungs- und Anlegerentschädigungssystem weiter zu verändern und eventuell stärker zu harmonisieren.[10)] Unter anderem werden eine zumindest teilweise **Europäisierung** (pan-europäisches Einlagensicherungssystem) oder ein Sicherungsverbund erwogen. Die in Deutschland sehr weitgehende Sicherung wird auch von deutscher privater Bankenseite teilweise als Problem gesehen. In Frage steht dabei die Zulässigkeit wietergehender freiwilliger Sicherungssysteme, wobei allerdings ein Verbot solcher Sicherungen europa- und verfassungsrechtlich nur schwer vorstellbar ist. In Deutschland stellen die Institutssicherungssysteme der Genossenschaftsbanken und der Sparkassen und Landesbanken einen maßgeblichen Grund dafür dar, dass die privaten Banken zur Sicherung der Wettbewerbsfähigkeit eine ebenfalls sehr weitgehende Einlagensicherung vorhalten, was jedoch kostenaufwändig ist. Andererseits sind die großen und/oder systemrelevanten Banken, deren potentielle Einlagensicherungsrisiken von keinem System zuverlässig abgedeckt werden können, nach dem Prinzip **too big to fail faktisch vom Staat gesichert**. Für sie sind daher hohe Beitragslasten zur Aufrechterhaltung eines weitgehenden Sicherungssystems für die mittleren und kleineren ohne praktischen Nutzen. Allerdings kann diese Beitragslast ordnungspolitisch als partieller Ausgleich für den Wettbewerbsvorteil der faktischen Staatsgarantie verstanden werden.

IV. Gesetzliches Entschädigungssystem

1. Entschädigungsanspruch

3.7 Nach § 2 des EAEG sind alle Institute, die Einlagen entgegennehmen oder Verbindlichkeiten aus Wertpapiergeschäften eingehen, verpflichtet, ihre Kunden durch Zugehörigkeit zu einer Entschädigungseinrichtung zu sichern. Gläubiger haben einen zivilrechtlich einklagbaren Anspruch auf Entschädigung gegen die Entschädigungseinrichtung ihres Schuldnerinstituts, wenn dieses zahlungsunfähig wird. Jedoch sind entsprechend § 3 Abs. 2 EAEG folgende Einleger **aus dem Schutzbereich ausgenommen:**

- Einlagenkreditinstitute und Finanzinstitute, Versicherungsunternehmen sowie
- Kapitalanlagegesellschaften einschließlich der von ihnen verwalteten Sondervermögen,
- mittelgroße und große Kapitalgesellschaften i. S. v. § 267 Abs. 2 und 3 HGB und vergleichbare Unternehmen mit Sitz im Ausland,
- Konzernunternehmen des Instituts,
- Gebietskörperschaften und deren rechtlich unselbständige Sondervermögen,

10) Z. B. mit Working document for the Meeting of the Working Group on Deposit Guarantee Schemes DGS WG/04/09 der EG-Kommission v. 29.10.2009.

- Geschäftsleiter, persönlich haftende Gesellschafter oder Mitglieder von Aufsichtsorganen des Instituts sowie deren Ehegatten und Verwandte ersten und zweiten Grades, wenn es sich nicht um eigenes Vermögen der Ehegatten oder Verwandten handelt,
- Gläubiger, die mitverantwortlich für die Krise des Instituts sind,
- Gläubiger mit Ansprüchen aus Geldwäschegeschäften.

2. Art und Höhe des Entschädigungsanspruchs

Der Entschädigungsanspruch schützt Forderungen aus Einlagen im Gegenwert von **50.000 Euro bzw. ab 31. Dezember 2010 voraussichtlich von 100.000 Euro**. Die Entschädigungspflicht umfasst Einlagen in einer Währung eines Mitgliedsstaates der EU oder in Euro, nicht hingegen in sonstigen Währungen wie Dollar oder Schweizer Franken. Der Einlagenbegriff ist in § 1 Abs. 2 EAEG selbständig definiert. Er umfasst im Wesentlichen Guthaben auf Konten und Forderungen in verbriefter Form, nicht jedoch Inhaber- oder Orderschuldverschreibungen. Bankinhaberschuldverschreibungen und Schuldverschreibungen nach dem Pfandbriefgesetz sind somit beim Emittenten nicht als Einlagen geschützt. Ebenso sind von dem zahlungsunfähigen Institut emittierte Genussscheine oder stille Einlagen keine Einlagen i. S. d. EAEG und somit nicht geschützt. Einlagen, die über die gesetzliche Sicherungsgrenze hinausgehen, sollen nach einer neuen Entscheidung des Bundesgerichtshofs[11] von einer nur der gesetzlichen Entschädigungseinrichtung angeschlossenen Bank einem an „Normalsicherheit einer Geldanlage" interessierten Kunden nicht angeboten werden dürfen. Dies gelte selbst dann, wenn das Institut den Kunden gemäß § 23a KWG hinreichend über seine Einlagensicherung informiert hat. 3.8

Verbindlichkeiten aus Wertpapiergeschäften sind jeweils bis zu einem Entschädigungswert von 20.000 Euro gesichert. Der Entschädigungsanspruch ist auf 90 % der Verbindlichkeiten aus Wertpapiergeschäften begrenzt (Selbstbehalt von 10 %). Das bedeutet also, dass Gläubiger eines zahlungsunfähigen Schuldnerinstituts eine Entschädigung im Gegenwert von maximal 20.000 Euro aus Ansprüchen zur Verschaffung von Wertpapieren über ca. 22.222 Euro und nochmals eine Entschädigung über 50.000 (bzw. 100.000) Euro für Forderungen aus Einlagegeschäften erhalten können. 3.9

Als Verbindlichkeiten aus Wertpapiergeschäften sind **Verpflichtungen zur Rückzahlung von Geldern oder zur Herausgabe von Finanzinstrumenten**, die dem Anleger gehören oder für seine Rechnung im Zusammenhang mit Wertpapiergeschäften gehalten werden, geschützt. Dies ist bei Unterschlagung oder sonstiger Veruntreuung der Fall. Andere Schadenersatzansprüche z. B. 3.10

11) BGH, Urt. v. 14.7.2009 – XI ZR 152/08, ZIP 2009, 1654 = WM 2009, 1647, dazu EWiR 2009, 623 *(N. Michel)*.

wegen fehlerhafter Beratung, entgangener Kursgewinne oder mangelhafter Nebendienstleistungen sind nicht geschützt. Dies gilt auch für Schadensersatzansprüche wegen nicht ausgeführter Wertpapiergeschäfte.

3.11 Es ist das Guthaben einschließlich Zinsen oder der Marktwert des Finanzinstrumentes bei Eintritt des Entschädigungsfalles zu ersetzen. Soweit Finanzinstrumente bereits erworben und dem Kunden zugewiesen waren, ist letzteres nicht zweifelhaft. Bei ordnungsgemäßer Depotführung ist ein Verlust nach § 32 DepotG angesichts des Aussonderungsrechts allerdings nicht realistisch. Fraglich ist, welcher Anspruch bei einer stecken gebliebenen Finanzdienstleistung besteht, wenn der Kunde bereits Geld gezahlt hat. Hier ergibt die Gesetzesformulierung (Umkehrschluss) in § 1 Abs. 4 und § 4 Abs. 2 Satz 2 EAEG, dass Beschaffungsansprüche auf Wertpapiere oder sonstige Finanzinstrumente als solche zu entschädigen sind. Es ist also nicht das eingezahlte Geld zurückzugeben, sondern der Wert der nicht vermittelten Finanzinstrumente zu ersetzen. Beinhaltet die Dienstleistung allerdings den Anspruch, Eigentum an Geld zu verschaffen – besonders aus dem Verkauf von Wertpapieren – so gilt dieser Anspruch bei einem Einlagenkreditinstitut als Einlage mit der Folge, dass diese den höheren Einlagenschutz genießt, aber für die Berechnung des maximalen Entschädigungsanspruches mit anderen Einlagen zusammenzurechnen ist.

3. Entschädigungsverfahren

3.12 Ein Entschädigungsfall ist gemäß § 5 Abs. 1 EAEG von der Bundesanstalt für Finanzdienstleistungsaufsicht (BaFin) unverzüglich festzustellen, nachdem sie davon erfahren hat, dass ein Institut seine Verbindlichkeiten nicht erfüllen kann. § 5 Abs. 4 EAEG sieht für Ansprüche aus Einlagen **kurze Abwicklungsfristen für die Entschädigungsleistung** vor. Die Entschädigungseinrichtung hat die von den Kunden des insolventen Instituts angemeldeten Ansprüche unverzüglich zu prüfen und geprüfte Einlageforderungen innerhalb von 20 Arbeitstagen nach Feststellung des Entschädigungsfalls (mit Zustimmung der BaFin ausnahmsweise nach 30 Arbeitstagen) zu erfüllen. Geht die Anmeldung später als zwei Wochen nach Feststellung des Entschädigungsfalls ein, läuft die Frist ab Eingang der Anmeldung. Bei Ansprüchen aus Wertpapiergeschäften beträgt die Frist drei Monate nach Feststellung der Anspruchsberechtigung durch die Entschädigungseinrichtung und kann um nochmals drei Monate verlängert werden.

4. Zuordnung zu einer Entschädigungseinrichtung

3.13 Das Gesetz sieht im Grundsatz die Zugehörigkeit zu gesetzlichen Entschädigungseinrichtungen vor,

> „die den öffentlichen Auftrag haben, die Einlagensicherung und Anlegerentschädigung durchzuführen“.[12]

---

12) Regierungsbegründung, ZBB 1998, 201.

Die öffentlich-rechtliche Lösung ist nach Auffassung der Bundesregierung geboten,

> „weil die durch die Richtlinien vorgegebene Pflichtzugehörigkeit der Kreditinstitute und Wertpapierfirmen zu einem Sicherungssystem durch den Staat im Rahmen seiner Rechtsordnung gewährleistet werden muss. Andernfalls könnten unter Umständen Ansprüche auf der Grundlage der Richtlinien direkt an den Staat gestellt werden".[13)]

Die Regelung legt die Pflicht der Institute **zur Zugehörigkeit zu einem Entschädigungssystem nach folgenden Institutsgruppen** (§ 6 Abs. 1 EAEG) fest: 3.14

- Privatrechtliche Einlagenkreditinstitute,
- öffentlich-rechtliche Einlagenkreditinstitute,
- andere Institute; hierunter fallen: Kreditinstitute, die keine Einlagen-Kreditinstitute sind und entweder das Finanzkommissions- oder das Emissionsgeschäft betreiben, Kapitalanlagegesellschaften und Finanzdienstleistungsinstitute, die die Anlage- und Abschlussvermittlung, die Finanzportfolioverwaltung oder den Eigenhandel betreiben.

Das Bundesverfassungsgericht hat in einem Beschluss vom 24. November 2009[14)] zur **Verfassungsmäßigkeit der Gruppeneinteilung** Stellung genommen. Es sei nicht grundsätzlich zu beanstanden, dass der Gesetzgeber keine einheitliche Entschädigungseinrichtung für alle Einlagenkreditinstitute und Wertpapierhandelsunternehmen und damit keine einheitliche Risikogemeinschaft, sondern Risikogemeinschaften und Risikozuweisung gemäß § 6 Abs. 1 EAEG segmentiert hat. Angesichts der spezifisch unterschiedlichen Ausgangssituation der Einlagekreditinstitute auf der einen Seite und der „anderen Institute" auf der anderen Seite sei die Anknüpfung an erprobte organisatorische Strukturen bereits vorhandener Entschädigungseinrichtungen mit der korrespondierenden Bildung unterschiedlicher Institutsgruppe gut vertretbar. Auch vor dem Hintergrund der historischen Entwicklung der Einlagensicherung in Deutschland sowie der gemeinschaftsrechtlichen Regulierung der Finanzmärkte stellte die Aufteilung der Ausfallrisiken auf die unterschiedlichen Institutsgruppen im Ansatz eine sach- und zweckgerechte Lösung dar. 3.15

Die Entschädigungseinrichtungen sind im Gesetz als **nicht rechtsfähige Sondervermögen** des Bundes bei der Kreditanstalt für Wiederaufbau (KfW) angelegt (§ 6 EAEG). Jedoch lässt das EAEG in § 7 zu, dass auch juristische Personen des Privatrechts durch Rechtsverordnung des Bundesministeriums der Finanzen als Entschädigungseinrichtungen beliehen werden. Voraussetzung ist, dass diese bereit sind, die gesetzlich vorgesehenen Aufgaben der Entschädigungseinrich- 3.16

13) Regierungsbegründung, ZBB 1998, 201.

14) BVerfG, Beschl. v. 24.11.2009 – 2 BvR 1387/04, ZIP 2010, 168 = WM 2010, 17.

tung zu übernehmen und hinreichende Gewähr für die Erfüllung der Ansprüche bieten. Letzteres soll nach § 7 Abs. 1 EAEG der Fall sein, wenn die Entschädigungseinrichtung zuverlässige und qualifizierte Geschäftsführer hat und über die notwendige finanzielle und organisatorische Ausstattung verfügt. Hierfür sollen eigene Mittel im Gegenwert von mind. 1 Mio. Euro vorhanden sein. Für die damit geschützte Institutsgruppe ist kein Fonds bei der KfW errichtet. Solche beliehenen Entschädigungseinrichtungen bestehen für die Gruppe der **privaten und der öffentlichen Banken**. Die beliehenen Entschädigungseinrichtungen unterliegen der Aufsicht durch die BaFin, die Prüfungen entsprechend § 44 Abs. 1 KWG vornehmen und Anordnungen zur Verhinderung von Missständen treffen kann (§ 7 Abs. 3 EAEG). Sie müssen einen Geschäftsbericht erstellen und diesen von einer Wirtschaftsprüfungsgesellschaft prüfen lassen (§ 10 EAEG). Der Prüfer hat den Bericht der BaFin und der Deutschen Bundesbank unverzüglich nach Beendigung der Prüfung einzureichen.

3.17 Das Institut selbst hat kein Entscheidungsrecht, da es **kraft Gesetzes zugeordnet** ist. Ein Institut kann jedoch von der BaFin auf Antrag der Entschädigungseinrichtung einer anderen Institutsgruppe zugeordnet werden, wovon teilweise Gebrauch gemacht wurde (z. B. Bausparkasse Schwäbisch Hall im genossenschaftlichen System und privatrechtliche Tochterbanken öffentlich-rechtlicher Banken im institutssichernden System der Sparkassenorganisation). Ein Austritt aus der gesetzlichen Entschädigungseinrichtung ist nicht möglich, es sei denn, das Institut gibt die sicherungspflichtigen Geschäfte samt Erlaubnis hierzu auf oder lässt sich unter den Voraussetzungen des § 6 Abs. 2 EAEG von der BaFin einer anderen Entschädigungseinrichtung zuordnen.

5. Beitragspflichten der Institute

3.18 Die Institute trifft die öffentlich-rechtliche Verpflichtung, Beiträge an ihre Entschädigungseinrichtung zu leisten, die auf der Basis von hierzu erlassenen **Rechtsverordnungen** für die jeweiligen Entschädigungseinrichtungen festgesetzt wurden. Das EAEG enthält in § 8 detaillierte Vorgaben zur Beitragspflicht. Die Vorgängerregelung wurde aus verfassungs- und europarechtlichen Gründen verschiedentlich angegriffen. Die Klagen hatten jedoch keinen Erfolg.[15)] Allerdings hatte das Verwaltungsgericht Berlin in einem Beschluss vom 17. September 2008[16)] ernstliche Zweifel daran geäußert, ob das EAEG hinreichend bestimmte Regelungen zur Sonderabgabenpflicht enthält. Außerdem

15) Vgl. z. B. BVerwG, Urt. v. 21.4.2004 – 6 C 20/03, WM 2004, 2108 = NJW 2004, 3198; VG Berlin, Urt. v. 6.7.2009 – 1 A 327.07, bisher unveröffentlicht; im Ergebnis ebenso BVerfG, Beschl. v. 24.11.2009 – 2 BvR 1387/04, ZIP 2010, 168 = WM 2010, 17.

16) VG Berlin. Beschl. v. 17.9.2008 – 1 A 105.08, ZIP 2008, 2064, dazu EWiR 2009, 47 *(P. Steffen)*.

kam das Gericht zu dem Ergebnis, dass eine hinreichende Rechtsgrundlage für die Erhebung von Vorausleistungen (Kreditfinanzierung) auf künftige Sonderbeitragspflichten nicht bestehe. Mit der wesentlich präzisierten und erweiterten Neufassung der Regelungen zur Beitragserhebung durch das Gesetz zur Änderung des Einlagensicherungs- und Anlegerentschädigungsgesetzes vom 25. Juni 2009[17] wurde eine detailliertere Rechtsgrundlage für die Beitragserhebung geschaffen.

Die Jahresbeiträge sollen so bemessen sein, dass sie die zu erwartenden Ansprüche und die Verwaltungskosten der Entschädigungseinrichtung decken. Sie sollen **risikoorientiert bemessen** werden. Dies ermöglicht die Beitragsbemessung nach dem Umfang der gesicherten Forderungen und individueller Risikolage des Instituts auszugestalten, was in Form von Strukturzuschlägen berücksichtigt werden kann. Die Beiträge sind jeweils zum 30. September eines Jahres fällig und können mit Mitteln des Verwaltungszwangs – also ohne Erwirkung eines gerichtlichen Titels – eingezogen werden. 3.19

Neben den regelmäßigen Jahresbeiträgen können im Bedarfsfall **Sonderbeiträge erhoben und Kredite aufgenommen** werden, zu deren Verzinsung und Rückführungen weitere Sonderzahlungen eingezogen werden können. Allerdings sieht die gesetzliche Regelung eine Höchstgrenze und eine Schonungsklausel für die Erhebung von Sonderbeiträgen und Sonderzahlungen vor, um die Institute nicht über ihre Leistungsfähigkeit hinaus zu belasten. Sonderbeiträge sind Vorausleistungen zur Deckung von Entschädigungszahlungen, sofern die vorhandenen Mittel der Entschädigungseinrichtung nicht ausreichen (§ 8 Abs. 3a EAEG). Reichen auch Sonderzahlungen zur Deckung des Entschädigungsbedarfs nicht aus, so hat die Entschädigungseinrichtung einen Kredit aufzunehmen. Ist absehbar, dass sie den Kredit nicht aus dem verfügbaren Vermögen bedienen kann, hat sie für die Tilgung, Zinsen und Kosten Sonderzahlungen zu erheben. Kredit kann auch anstelle von Sonderbeiträgen aufgenommen werden, wenn zu erwarten ist, dass dieser innerhalb von zwei Jahren aus dem verfügbaren Vermögen der Entschädigungseinrichtung ohne Sonderzahlungen zurückgeführt werden kann.

Die **Höhe von Sonderbeiträgen und Sonderzahlungen** bemisst sich nach dem Verhältnis des jeweils zuletzt fälligen Jahresbeitrags des zugeordneten Instituts zur Gesamtsumme aller Jahreszahlungen. Allerdings dürfen die erhobenen Sonderbeiträge und Sonderzahlungen innerhalb eines Jahres das 5fache des für ein Institut zuletzt fälligen Jahresbeitrags nicht übersteigen. Wenn in drei aufeinander folgenden Abrechnungsjahren Sonderbeiträge oder Sonderzahlungen geleistet wurden, ist die Erhebung von weiteren Sonderbeiträgen oder Sonderzahlungen im jeweils folgenden Jahr auf das 2fache des letzten Jahresbeitrags 3.20

17) BGBl. I 2009, 1528.

begrenzt. Würde die Erhebung von Sonderbeiträgen oder Sonderzahlungen zu einer Gläubigergefährdung des verpflichteten Instituts führen, so kann ihm mit Zustimmung der BaFin die Leistungspflicht ganz oder teilweise erlassen werden.

6. Prüfung der Institute

3.21 Die zugeordneten Institute müssen ihrer Entschädigungseinrichtung den festgestellten Jahresabschluss samt Prüfungsbericht vorlegen. Die Entschädigungseinrichtungen sollen regelmäßig Prüfungen sowie aus gegebenem Anlass Sonderprüfungen vornehmen (§ 9 Abs. 1 EAEG). Sie können außerdem **Auskünfte** einholen, Unterlagen anfordern und die Geschäftsräume der Institute betreten. Mit der Prüfung können auch Dritte – vor allem die entsprechenden Verbandseinrichtungen oder andere Wirtschaftsprüfungsgesellschaften – beauftragt werden, wovon regelmäßig Gebrauch gemacht wird. Bereits vor Erlaubniserteilung nach § 32 KWG (§ 9 Abs. 3 EAEG) kann die Entschädigungseinrichtung, der das Institut voraussichtlich zugeordnet wird, Prüfungen vornehmen, um das Risiko einschätzen und bei seiner Stellungnahme gegenüber der BaFin verwerten zu können. Kosten von Prüfungen haben die betroffenen Institute zu tragen, ebenso die Kosten der Durchführung eines Entschädigungsverfahrens (§ 9 Abs. 7 EAEG – regelmäßig als Insolvenzforderung).

7. Ausschluss aus der Entschädigungseinrichtung

3.22 Ein Ausschluss durch die Entschädigungseinrichtung bedarf des besonderen Verfahrens nach § 11 EAEG. Wenn die beitragspflichtigen Institute gegen ihre Mitwirkungspflichten verstoßen, insbesondere wenn sie Beiträge nicht leisten oder Prüfungen nicht dulden, bleibt die gesetzliche Zuordnung grundsätzlich bestehen. Die betroffene Entschädigungseinrichtung hat zunächst die BaFin und die Deutsche Bundesbank zu unterrichten. Das Institut wird dann von der BaFin aufgefordert, seine Verpflichtungen zu erfüllen. Bleibt dies erfolglos, so kann die Entschädigungseinrichtung dem Institut mit einer Frist von zwölf Monaten den Ausschluss ankündigen. Der endgültige Ausschluss bedarf der Zustimmung der BaFin. Die Entschädigungseinrichtung haftet dann nur noch für Verbindlichkeiten des Instituts, die vor dem Ausschluss begründet wurden. Der Ausschluss hat nach § 35 Abs. 1 Satz 2 KWG das **automatische Erlöschen der Erlaubnis** zum Betreiben von Bankgeschäften oder zur Erbringung von Finanzdienstleistungen zur Folge.

V. Institutssichernde Einrichtungen

3.23 Die in der Einlagensicherungsrichtlinie und der Anlegerentschädigungsrichtlinie eröffnete Möglichkeit, Mitgliedsinstitute geeigneter Institutssicherungssysteme von der Pflicht zur Zugehörigkeit in einer Entschädigungseinrichtung freizustellen, hat der Gesetzgeber in § 12 EAEG umgesetzt. Voraussetzung ist, dass diese Sicherungseinrichtungen aufgrund ihrer Satzungen die Kreditinstitute selbst schützen – also durch Sanierung im Krisenfall die Insolvenz verhindern – und über die dazu erforderlichen Mittel verfügen. Neue institutssichernde Einrichtungen können allerdings nicht zugelassen werden, da die zugrunde liegenden EG-Richtlinien die Ausnahme auf Fonds beschränkt haben, die 1995 bereits bestanden. Der Gesetzgeber hat daher nur die Sicherungseinrichtungen der regionalen Sparkassenverbände und des Bundesverbandes der Volksbanken **und Raiffeisenbanken** (BVR) (§ 12 Abs. 1 EAEG) zugelassen. Dies schließt aber nicht aus, dass die bestehenden Sicherungseinrichtungen neue Mitglieder aufnehmen, die dann keiner anderen Entschädigungseinrichtung angeschlossen sein müssen. In Betracht kommen hierfür aber nur Einlagenkreditinstitute, da sich nur darauf die Sonderregelung des § 12 Abs. 1 Satz 1 EAEG bezieht. In entsprechender Anwendung von § 6 Abs. 2 EAEG ist für die Umgruppierung von Entschädigungseinrichtung zu Institutssicherung eine Mitwirkung der BaFin erforderlich, da anderenfalls eine Gefahr für die abgebende Entschädigungseinrichtung (Lastentragung und -verteilung) nicht ausgeschlossen werden könnte. Bei Neugründungen – z. B. von Kreditgenossenschaften – ist dies nach dem Wortlaut des § 12 Abs. 1 EAEG („sind keiner Entschädigungseinrichtung zugeordnet") jedoch nicht erforderlich, sofern das Institut bei Erlaubniserteilung seiner institutssichernden Einrichtung bereits angehört.

Die BaFin überwacht, ob die institutssichernden Einrichtungen die gesetzlichen **3.24** Anforderungen – besonders die Gewährleistung von Solvenz und Liquidität und das Vorhandensein der erforderlichen Mittel – erfüllen. Sie haben einen Geschäftsbericht aufzustellen, diesen prüfen zu lassen und der Bankenaufsicht einzureichen. Die BaFin kann auch bei diesen Einrichtungen Prüfungen nach § 44 Abs. 1 KWG durchführen. Eine Missbrauchsaufsicht samt besonderem Anordnungsrecht wie bei beliehenen Einrichtungen steht der BaFin jedoch nicht zu. Erfüllt die institutssichernde Einrichtung die gesetzlichen Anforderungen nicht, kann die BaFin das Bundesministerium der Finanzen informieren. Dieses kann definitiv feststellen, dass die gesetzlichen Anforderungen nicht erfüllt sind. Dies hätte zur Folge, dass die angeschlossenen Institute automatisch den gesetzlich vorgesehenen Einrichtungen zugeordnet und dort beitragspflichtig würden.

VI. Gesetzliche Entschädigungseinrichtung der privaten Banken

Mit Einführung des EAEG haben die privaten Banken eine nach § 7 EAEG be- **3.25** liehene Sicherungseinrichtung – die **„Entschädigungseinrichtung Deutscher Banken GmbH (EdB)"** – errichtet.[18] Der Entschädigungseinrichtung sind auch

18) Beleihung durch Verordnung über die Zuweisung von Aufgaben und Befugnissen einer Entschädigungseinrichtung an die Entschädigungseinrichtung Deutscher Banken GmbH v. 24.8.1998, BGBl. I, 2389.

die wenigen privaten Banken, die nicht dem Bundesverband deutscher Banken (BdB oder Bankenverband) als Mitglied angehören, zugeordnet – so z. B. private Bausparkassen und einige Spezialinstitute. Für sie gilt der weitergehende Schutz des Einlagensicherungsfonds der privaten Banken nicht. Der BdB führt eine öffentlich einsehbare Liste sämtlicher von der EdB geschützten Banken.

3.26 Die Verordnung über die Beiträge zur Entschädigungseinrichtung Deutscher Banken GmbH[19] vom 10. Juli 1999 regelt die Beitragspflicht für die der gesetzlichen Entschädigungseinrichtung zugeordneten Institute, also aller privaten Banken, auch soweit sie nicht Mitglieder des BdB sind. Der regelmäßige Jahresbeitrag beträgt – von Sonderfällen abgesehen – **0,016 % der Bilanzposition „Verbindlichkeiten** gegenüber Kunden", **mindestens 15.000 Euro**. Eine Höchstgrenze ist allerdings mit 0,6 % des haftenden Eigenkapitals nach § 10 Abs. 2 KWG festgesetzt. Reichen die Mittel nicht aus, können gemäß § 8 EAEG Sonderbeiträge erhoben oder Kredite aufgenommen werden.

3.27 Der BdB hat den **Prüfungsverband** deutscher Banken e. V. errichtet. Dieser dient dem Zweck, durch Prüfungen bei sämtlichen, den beiden Sicherungssystemen der privaten Banken angeschlossenen Kreditinstituten Krisensituationen möglichst frühzeitig zu erkennen und damit nach Möglichkeit präventiv zu verhindern. Die Prüfungen werden neben den – regelmäßig von anderen Prüfungsgesellschaften durchgeführten – Jahresabschluss- und sonstigen Prüfungen (z. B. nach § 44 KWG) vorgenommen und sollen möglichst alle Geschäftsbereiche umfassen.

VII. Freiwillige Einlagensicherung der privaten Banken

1. Art und Zielsetzung des Fonds

3.28 Der BdB führt neben der gesetzlich vorgeschriebenen Entschädigungseinrichtung einen Einlagensicherungsfonds, der in erster Linie den unmittelbaren und sehr weitgehenden Einlegerschutz im Insolvenzfall bezweckt. Der Fonds ist als **Sondervermögen** des BdB errichtet und wird aus Mitgliedsbeiträgen gespeist. Mitglieder sind im Wesentlichen die deutschen privaten Banken samt der privaten Spezialinstitute, soweit sie das Einlagengeschäft betreiben, sowie Auslandsbanken einschließlich deren unselbständige Niederlassungen. Der BdB führt neben der EdB-Liste eine weitere öffentlich zugängliche Mitgliederliste aller ihm angeschlossenen – und damit durch seinen Einlagensicherungsfonds geschützten – Banken.

3.29 Der wesentliche Zweck des ergänzenden Einlagensicherungsfonds besteht darin, **Wettbewerbsgleichheit** für die privaten Banken mit den Institutssicherungssystemen der Kreditgenossenschaften, Sparkassen und sonstigen öffentlichen Banken, bei denen infolge des Insolvenzschutzes sämtliche Verbindlichkeiten

19) BGBl. I 1999, 1540 i. d. F. v. 17.8.2009, BGBl. I, 2879.

der angeschlossenen Institute gesichert sind, herzustellen. Andernfalls wäre damit zu rechnen, dass eine Vielzahl von potenziellen Kunden ihre großen Einlagen bei Kreditgenossenschaften, Sparkassen oder sonstigen öffentlichen Banken unterhalten würden oder die Banken wesentlich höhere Risikoprämien in Form höherer Zinsen oder sonstiger Entgelte für diese Einlagen bezahlen müssten. Anders als bei der Pflichtmitgliedschaft in der gesetzlichen Entschädigungseinrichtung (vgl. § 3 Abs. 2 Satz 1 Nr. 4 und 9 EAEG) schließt die Einlagensicherung daher weder die öffentliche Hand noch Großunternehmen außer anderen Banken von der Sicherung aus. Es kommt gerade darauf an, der öffentlichen Hand, gewerblichen Unternehmen und der Großindustrie ein hohes Schutzniveau zu bieten, um mit den konkurrierenden öffentlichen und genossenschaftlichen Instituten wettbewerbsfähig zu sein. Der eher soziale Aspekt des Schutzes kleinerer Einleger wird durch die gesetzliche Einlagensicherung bis zur Höhe von derzeit 50.000 Euro und ab dem Jahr 2010 i. H. v. 100.000 Euro gewährleistet.

2. Schutzumfang

§ 2 Abs. 2 des Statuts des Einlagensicherungsfonds[20] (BdB-Statut) lässt **als Schutzmaßnahmen** neben Zahlungen an Gläubiger 3.30

> „alle zur Hilfeleistung geeigneten Maßnahmen [...], insbesondere Zahlungen an einzelne Gläubiger [...], Leistungen an Banken, die Übernahme von Garantien oder die Übernahme von Verpflichtungen i. R. v. Maßnahmen gemäß § 46a KWG"

zu. Solche Hilfsmaßnahmen könnten z. B. für die Sanierung gefährdeter Banken oder die Unterstützung einer Sanierungsfusion genutzt werden, wovon der Bankenverband aber selten Gebrauch macht.[21] Denn aus Sicht der Bankengemeinschaft wird die Rettung von Konkurrenten eher negativ gesehen, weshalb eine gescheiterte (und nicht systemrelevante) Bank im Grundsatz aus dem Markt ausscheiden sollte.

Gesichert werden nach § 6 des BdB-Statuts dieses Fonds **alle Verbindlichkeiten gegenüber Nicht-Kreditinstituten**, die in der Bilanzposition als „Verbindlichkeiten aus dem Bankgeschäft gegenüber anderen Gläubigern" auszuweisen sind. Dies sind im Wesentlichen Sichteinlagen, Termineinlagen und Spareinlagen einschließlich der auf den Namen lautenden Sparbriefe. Die Sicherung umfasst auch die Verbindlichkeiten der ausländischen Niederlassungen deutscher Mitgliedsbanken. **Nicht gesichert sind Inhaberschuldverschreibungen** und Forderungen anderer Kreditinstitute sowie Forderungen von Organmitgliedern u. a. Die Entschädigung umfasst im Krisenfall je Gläubiger bis zu 30 % des (für Zwecke der Einlagensicherung besonders definierten) Eigenkapitals der Schuldnerbank. 3.31

---

20) Stand Juni 2009 – www.bankenverband.de

21) Ausnahmen waren in jüngster Zeit z. B. Unterstützungsmaßnahmen zum Verkauf bzw. zur Sanierung der Düsseldorfer Hypothekenbank und beim Bankhaus Wölbern.

Dies bedeutet, dass selbst bei einer kleineren Privatbank mit einem Eigenkapital von 20 Mio. Euro jede Einlage bis zur Höhe von 6 Mio. Euro pro Einleger befriedigt wird.

3.32 Unter der Bilanzposition **„Verbindlichkeiten gegenüber Kunden"** sind gemäß § 340 a Abs. 2 HGB i. V. m. § 21 Abs. 2 Satz 1 der nach § 330 HGB erlassenen Verordnung über die Rechnungslegung der Kreditinstitute („RechKredV") alle Arten von Verbindlichkeiten gegenüber aus- und inländischen Nichtbanken (Kunden) auszuweisen, sofern es sich nicht um verbriefte Verbindlichkeiten handelt. Wie sich aus der Aufgliederung der Passivposition Nr. 2 des Formblatts 1 zur RechKredV ergibt, sind unter dieser Bilanzposition nicht nur kurz- und langfristige Spareinlagen, sondern etwa auch „andere Verbindlichkeiten" mit vereinbarter Laufzeit oder Kündigungsfrist zu erfassen. Nicht darunter fallen demgegenüber neben Verbindlichkeiten gegenüber anderen Kreditinstituten bspw. Eventualverbindlichkeiten (Bürgschaften oder Garantien) oder „sonstige Verbindlichkeiten" (z. B. Lieferanten- oder Steuerforderungen), die jeweils unter gesonderten Passivposten aufzuführen sind. Auch stille Beteiligungen, nachrangige Darlehen und Kapitaleinlagen sowie bestimmte verbriefte Verbindlichkeiten sind dort nicht zu erfassen und genießen somit wegen abweichender bilanzieller Behandlung keinen Einlagenschutz.[22)]

3. Entschädigungsverfahren

3.33 Entschädigungen sollen so durchgeführt werden, dass die Gläubiger in einem **einheitlichen Verfahren** nach dem weitergehenden Schutz des Einlagensicherungsfonds befriedigt werden. Dies bedeutet, dass Kunden von insolventen Mitgliedern des BdB vom Einlagensicherungsfonds nach Maßgabe des weiten Sicherungsumfangs entschädigt werden. Intern verrechnet der Einlagensicherungsfonds seine Aufwendungen bis zur Höhe der Entschädigungsgrenze nach dem EAEG mit Mitteln der Entschädigungseinrichtung (EdB). Zur Abwicklung von Entscheidungsfällen bedient sich der BdB eines Tochterunternehmens seines Prüfungsverbandes, der Einlagensicherungs- und Treuhandgesellschaft mbH, Köln (EIS). Sie führt die Entschädigungen sowohl der EdB nach dem EAEG als auch des Einlagensicherungsfonds des BdB nach dessen Statut durch. Ferner leistet sie Unterstützung für den Insolvenzverwalter und übernimmt weitere Dienstleistungen in diesem Zusammenhang.

3.34 Die Entschädigung wird davon abhängig gemacht, dass die Gläubiger ihre Ansprüche gegen die insolvente Bank, soweit sie befriedigt wurden, an den Einlagensicherungsfonds bzw. die Entschädigungseinrichtung abtreten. Für die Leistungen aufgrund der gesetzlichen Entschädigungspflicht gilt dies kraft Gesetzes (§ 5 Abs. 5 EAEG). **Nicht befriedigte Forderungen** der an sich ge-

---

22) Schimansky/Bunte/Lwowski-*Bunte*, Bankrechts-Hdb., § 25 Rz. 13; *Weber/Nolte* in: BuB, Rz. 1/620.

schützten Kunden können z. B. solche aus Inhaberschuldverschreibungen sein und Forderungen gegen Nichtmitglieder des BdB, die nur bis zur Entschädigungsgrenze von 50.000 Euro bzw. demnächst 100.000 Euro geschützt sind. Darüber hinaus gehende Beträge können nur als Insolvenzforderung geltend gemacht werden. Der BdB macht die an ihn abgetretenen Forderungen oder Forderungsteile des Einlagensicherungs- bzw. des Entschädigungsfonds ebenfalls im Insolvenzverfahren geltend.

4. Beitragspflicht für die Fonds

Die Mittel für die beiden Sicherungseinrichtungen werden durch Beiträge aufgebracht, die zusätzlich zu den Pflichtbeiträgen zur EdB entrichtet werden müssen. Die Beiträge für den Einlagensicherungsfonds der Mitglieder des BdB werden i. R. eines **Klassifizierungssystems** ermittelt. Die Klassifizierung erfolgt jährlich oder anlassbezogen durch eine Tochtergesellschaft des Prüfungsverbands Deutscher Banken, der GBB Gesellschaft für Bankbeurteilung im privaten Bankgewerbe mbH. Diese ermittelt Kennziffern zur Vermögens- und Ertragslage und beurteilt die Managementqualität. Je nach Beurteilung wird die Bank in eine von 22 Klassen zwischen AAA und D[23)] eingestuft. Institute mit niedrigeren Klassifizierungen müssen höhere Beiträge entrichten. Sie unterliegen außerdem einer intensiveren Prüfung durch den Prüfungsverband. Der normale jährliche Beitrag der Mitglieder des BdB beträgt 0,6 ‰ der Bilanzposition „Verbindlichkeiten gegenüber Kunden" des letzten Jahresabschlusses und kann je nach Klassifizierung bis auf das 2,5fache angehoben werden. 3.35

5. Einheitliche AGB-Regelung und Signum

Für alle sicherungspflichtigen Institute besteht nach § 23a KWG die Verpflichtung, ihre Kunden über die Zugehörigkeit zu einer Sicherungseinrichtung zu informieren und auf nicht gesicherte Anlagen in den Vertragsunterlagen, im Preisaushang und den Allgemeinen Geschäftsbedingungen an hervorgehobener Stelle hinzuweisen (zu den Rechtspflichten nach § 23a KWG im Einzelnen vgl. Rz. 380 ff.). Der BdB konkretisiert und ergänzt für seine Mitglieder die AGB-Information und verpflichtet diese in § 5 Abs. 4 des Statuts, einen für alle angeschlossenen Mitglieder einheitlichen Text in Form der ausformulierten **AGB-Klausel Nr. 20** zu verwenden. Die Klausel weist auf den Anschluss an den Einlagensicherungsfonds, auf die Sicherung aller Kundenforderungen, die in der Bilanzposition „Verbindlichkeiten gegenüber Kunden" auszuweisen sind, auf die Sicherungsgrenze, die ausgeschlossenen Forderungen (besonders aus Inhaberschuldverschreibungen), den Forderungsübergang bei Erstattung, Auskunftsrechte u. a. hin. Darüber hinaus enthalten § 5 Nr. 13 und 14 des BdB-Statuts 3.36

23) § 4a des BdB-Statuts i. V. m. § 5 der Anlage hierzu.

weitere Regelungen zu Informationsmöglichkeiten sowie zu dem einheitlich verwendeten Signum für die Zugehörigkeit zum BdB-Einlagensicherungsfonds.

VIII. Ausschluss eines Rechtsanspruchs der BdB-Einlagensicherung

3.37 § 6 Nr. 10 des BdB-Statuts enthält eine Regelung, nach der ein Rechtsanspruch auf ein Eingreifen oder auf Leistungen des Einlagensicherungsfonds nicht besteht. Nach Erläuterungen des Bankenverbands ist allerdings **nicht bezweckt, von dieser Regelung Gebrauch zu machen** – allenfalls bei einer Überforderung des Fonds und der eventuellen Notwendigkeit einer Quotierung von Entschädigungsleistungen.[24] Die Einführung dieser Regelung erklärt sich daraus, dass zum Zeitpunkt der Errichtung des Fonds die Gewährung eines Rechtsanspruchs Tatbestände des Körperschaftsteuerrechts, des (damals noch bestehenden) Vermögensteuer- und des Gewerbesteuerrechts ausgelöst hätte.[25] Inzwischen hat der Gesetzgeber dieses Problem zugunsten der Sicherungseinrichtung zwar weitgehend gelöst.[26] Unabhängig hiervon hätte bei Einräumung eines Rechtsanspruchs die Gefahr der Qualifizierung des Einlagensicherungsfonds als Versicherung bestanden.[27] Dies hätte Versicherungsteuerpflicht ausgelöst und überdies dazu geführt, dass der Fonds der Versicherungsaufsicht – heute die BaFin – unterstellt worden wäre.[28] Allerdings müsste Gleiches auch hinsichtlich der Entschädigungseinrichtungen gelten, die mit der Abwicklung der Entschädigungsleistungen nach dem EAEG beliehen sind. Da den Einlegern ein Entschädigungsanspruch nach § 3 Abs. 1 EAEG zweifelsfrei zusteht, müsste das gleiche versicherungsaufsichtliche und versicherungssteuerliche Problem bestehen. Denn eine gesetzliche Befreiung ist insoweit nicht getroffen worden. Gemäß Runderlass des Bundesfinanzministeriums wird jedoch das Versicherungssteuergesetz nicht angewandt.

1. Erklärungen des BdB zum Ausschluss eines Rechtsanspruchs

3.38 Der Bankenverband hat in seiner Öffentlichkeitsarbeit und seiner ständigen Informationspraxis allerdings stets die zuverlässige Sicherung der Einlagen der Kunden seiner Mitglieder nachdrücklich betont. Schon bei Einführung der erweiterten Einlagensicherung im Jahre 1976 erklärte er gegenüber der Presse, dass die Guthaben der Kunden bei privaten Banken bis zur jeweiligen Sicherungsgrenze voll gesichert sind und dies für das breite Publikum praktisch die

---

24) *Weber/Nolte* in: BuB, Rz. 1/658.

25) Vgl. Schimansky/Bunte/Lwowski-*Bunte*, Bankrechts-Hdb., § 25 Rz. 20, *Weber/Nolte* in: BuB, Rz. 1/657.

26) Vgl. § 5 Abs. 1 Nr. 16 KStG und § 3 Nr. 21 GewStG.

27) Eingehend *Vogelsang*, Einlagensicherungsfonds, S. 133 ff.; Schimansky/Bunte/Lwowski-*Bunte*, Bankrechts-Hdb., § 25 Rz. 20.

28) Nachweis bei *M. Wagner*, Einlagensicherung, S. 128 m. w. N.

volle Sicherung sämtlicher Guthaben bei Banken bedeute.[29] Auch im heutigen Internetauftritt des Bankenverbands finden sich unter der Rubrik Einlagensicherung Formulierungen wie „Volle Sicherheit für das breite Publikum" und zahlreiche Detailinformationen über Sicherungsgrenze, den Ausschluss der Sicherung von Inhaberschuldverschreibungen u. a. sowie den Hinweis auf das Verzeichnis der Mitgliedsinstitute. Ein Hinweis auf den Ausschluss des Rechtsanspruchs findet sich lediglich, wenn man die Internetrubrik „Antworten auf häufig gestellte Fragen" aufruft. An 23. Stelle von 25 Fragen erwähnt der BdB den Ausschluss des Rechtsanspruchs, erklärt den Grund und versichert:

> „Der Einlagensicherungsfonds hat bisher in allen Entschädigungsfällen jeden Einleger entschädigt und sich zu keiner Zeit auf den nicht vorhandenen Rechtsanspruch berufen."

Dennoch gibt es Streitfälle über das Eingreifen der Einlagensicherung, z. B. wenn unklar ist, ob ein satzungsmäßiger Ausschlussgrund (z. B. streitige Kreditinstitutseigenschaft des Einlegers[30], Forderungserwerb des Einlagengläubigers von einer Bank[31] oder streitiger Einlagencharakter der Forderung) vorliegt.

2. Wertung der BdB-Einlagensicherung im Rechtssystem

Gesetzgeber, Rechtsprechung, Bankenaufsicht, Politik und Öffentlichkeit 3.39
gehen davon aus, dass die Einlagensicherung der privaten Banken als maßgeblicher Bestandteil des Gläubigersicherungssystems im deutschen Kreditwesen zuverlässig und sicher ist. Dies beruht maßgeblich auf der Darstellung und den steten Erklärungen, die der Bankenverband über Jahrzehnte öffentlich abgegeben hat. Daher erscheint es unbefriedigend, den Forderungsinhaber bei einem Rechtsstreit über die Entschädigung rechtlos zu stellen. In der juristischen Literatur, die sich mit dem statuarisch ausgeschlossenen Rechtsanspruch auseinandersetzt, wird diese Tatsache als nur theoretisch oder ohne praktische Bedeutung bezeichnet oder ein Rechtsanspruch auf vertraglicher Grundlage oder aufgrund des in Anspruch genommenen Vertrauens vertreten.

> „Mit der Errichtung des Einlagensicherungsfonds hat der Bundesverband der deutschen Banken e. V. die berechtigte Erwartung geweckt, er werde bei der Insolvenz einer angeschlossenen Bank in Zukunft eingreifen und die Anleger entschädigen. Auf dieser Grundlage kommen die Verträge zwischen Bank und Kunde heute zustande. Mit dem Hinweis auf den Einlagensicherungsfonds in Nr. 20 Satz 1 wird die Erwartung des Kunden, seine Einlagen seien gegen eine Bankeninsolvenz geschützt, noch einmal ausdrücklich bestätigt".[32]

---

29) Vgl. *D. Schmidt*, Einlagensicherung im deutschen Kreditwesen, S. 75 f.; *Vogelsang*, Einlagensicherungsfonds, S. 146 ff.

30) OLG Köln, Urt. v. 9.1.1986 – 12 U 11/85, n. v.

31) Ein solcher Fall wurde von der FAZ v. 10.11.2009, S. 22 berichtet.

32) Schimansky/Bunte/Lwowski-*Bunte*, in: Bankrechts-Hdb., § 25 Rz. 22; ausführliche Darstellung der Literatur hierzu bei *M. Wagner*, Einlagensicherung, S. 163 ff.

a) Gesetzgeber

3.40 Der **Gesetzgeber** geht offenbar von der Rechtssicherheit der Einlagensicherung aus. Dies betrifft z. B. das Gebiet der **Mündelsicherheit**. Nach § 1807 Abs. 1 Nr. 5 BGB kann die Anlage von Mündelgeld

> „bei einer inländischen Sparkasse [...] oder bei einem anderen Kreditinstitut, das einer für die Anlage ausreichenden Einlagensicherung angehört"

angelegt werden. Nach h. M. sind demnach Anlagen bei Kreditinstituten, die dem Einlagensicherungsfonds des BdB angeschlossen sind, bis zur Höhe der Sicherungsgrenze mündelsicher.[33] Bemerkenswert ist dabei, dass die Regelung lediglich darauf abstellt, dass die Schuldnerbank einer für die Anlage ausreichenden Sicherungseinrichtung angehört, während selbst bei öffentlich-rechtlichen Sparkassen noch die besondere Eignung von der zuständigen Behörde des Landes erklärt sein muss.[34] In weiteren Rechtsbereichen, in denen es auf sichere Geldanlagen ankommt, z. B. im kommunalen Haushaltsrecht und im Sozialrecht, gilt die Anlage bei privaten Banken nur dann als ordnungsgemäß, wenn sie i. R. d. Sicherungsgrenzen der Einlagensicherung getätigt wird.[35] Nicht vereinbar mit der Intention des Gesetzgebers wäre es jedoch, wenn es wegen des statuarischen Ausschluss des Rechtsanspruchs im Streitfall in das Belieben eines privaten Dritten, des Bankenverbands, gestellt wäre, ob die mündelsichere Anlage bei Insolvenz des Schuldners befriedigt wird oder nicht. Zwar dürfte der Gesetzgeber die Satzungsregelung zum fehlenden Rechtsanspruch gekannt haben. Er ging aber offenkundig davon aus, dass diese Regelung nicht angewandt wurde ist und allenfalls in einer außergewöhnlichen Situation wie z. B. die Insolvenzgefahr des Einlagensicherungsfonds von ihr Gebrauch gemacht werden kann.

b) Rechtsprechung

3.41 Ebenso wie der Gesetzgeber ging der **Bundesgerichtshof** in einer Reihe von Entscheidungen von der zuverlässigen Sicherung der Einlagen bei deutschen Banken aus. Denn auch außerhalb des Bereichs der Mündelsicherheit hat der Bundesgerichtshof betont, dass die Zugehörigkeit zum Einlagensicherungsfonds maßgebliches Kriterium für die sorgfältige **Anlage von Fremdgeldern** ist. So hat er z. B. entschieden, dass der gewerblich tätige Treuhänder größere Treuhandbeträge in der Regel nicht bei einer Bank anlegen darf, bei der die Gelder nur im durch das EAEG gewährleisteten gesetzlichen Mindestumfang i. H. v. damals 20.000 Euro abgesichert sind.[36] In gleicher Weise hat der Notar

---

33) Vgl. etwa *Wagenitz* in: MünchKomm-BGB, § 1807 Rz. 22; Bamberger/Roth-*Bettin*, BGB, § 1807 Rz. 8; Soergel-*Zimmermann*, BGB, § 1807 Rz. 16.

34) Vgl. BT-Drucks. 11/6949, S. 69.

35) Näheres bei *Weber/Nolte* in: BuB, Rz. 1/612.

36) BGH, Urt. v. 21.12.2005 – III ZR 9/05, ZIP 2006, 272 = WM 2006, 371.

ihm anvertraute **Notargelder** nur auf solchen Notaranderkonten anzulegen, die eine entsprechende Einlagensicherung für den Insolvenzfall gewährleisten.[37] In einer Entscheidung aus dem Jahr 2009 hat der Bundesgerichtshof schließlich eine Schadensersatzpflicht angenommen, wenn eine Bank, die nicht dem Einlagensicherungsfonds angeschlossen ist, sondern nur die Mindestsicherung nach dem EAEG bietet, an einen sicherheitsorientierten Anleger Einlagen oberhalb der Sicherungsgrenze anbietet, obwohl die Information über Art und Umfang der Einlegerentschädigung nach § 23a KWG ordnungsgemäß erfolgt war.[38]

c) Vereinzelte Anerkennung

Vereinzelt hat die Rechtsprechung jedoch den **Ausschluss des Rechtsanspruchs anerkannt.** Das Oberlandesgericht Köln hat in einer Entscheidung vom 9. Januar 1986[39] § 6 Nr. 10 des BdB-Statuts angewandt, obwohl der BdB dort erklärt hatte, dass er seinen Abweisungsantrag nicht auf diese Bestimmung stützen wolle. In dem Teilabschnitt, der sich mit der Anwendung von § 6 Nr. 10 des BdB-Statuts befasst, beurteilt das Oberlandesgericht Köln nur kurz und formal den Wortlaut der statuarischen Regelungen ohne auf sonstige Anspruchsgrundlagen einzugehen. Denn die ausführlichere Begründung des Gerichts stützt sich darauf, dass die Klägerin Kreditinstitutseigenschaft hatte und somit ohnehin nicht zum geschützten Anlegerkreis gehörte. Zum Verzicht des BdB auf die Geltendmachung des Ausschlusses eines Rechtsanspruchs führt das Oberlandesgericht Köln aus, dass eine einschlägige Satzungsbestimmung nicht zur Disposition der Parteien stehe. Es erscheint jedoch fraglich, ob die – zudem möglicherweise rechtsmissbräuchliche – Berufung auf ein formelles Recht nicht doch verzichtbar ist. Selbst wenn man der Rechtsansicht des Oberlandesgericht Köln grundsätzlich folgte, hätte das Gericht die angewandte Bestimmung des Statuts auf ihren Inhalt und ihre Rechtswirksamkeit sowie Schadensersatzansprüche prüfen müssen, wenn es für die Entscheidung darauf angekommen wäre. Eine Inhaltskontrolle ist trotz der Satzungsautonomie des BdB im vorliegenden Zusammenhang zulässig und geboten.[40] 3.42

Schließlich findet sich in einem Urteil des **Bundesgerichtshofs** vom 18. März 2008[41] der folgende beschreibende Satz: 3.43

> „Auf Leistungen des Einlagensicherungsfonds besteht gemäß § 6 Ziff. 10 des Statuts dieses Fonds … kein Rechtsanspruch."

37) BGH, Urt. v. 8.12.2005 – III ZR 324/04, ZIP 2006, 275 = WM 2006, 368, dazu EWiR 2006, 269 *(Volmer)*.

38) BGH, Urt. v. 14.7.2009 – XI ZR 152/08, ZIP 2009, 1654 = WM 2009, 1647, dazu EWiR 2009, 623 *(N. Michel)*.

39) OLG Köln, Urt. v. 9.1.1986 – 12 U 11/85, n. v.

40) Vgl. BGH, Urt. v. 24.10.1988 – II ZR 311/87, NJW 1989, 1724 ff. = ZIP 1989, 14.

41) BGH, Urt. v. 18.3.2008 – XI ZR 454/06, ZIP 2008, 824 = WM 2008, 830, dazu EWiR 2008, 329 *(Schulz/Schröder)*.

Bei dem entschiedenen Fall ging es aber nicht um Ansprüche des Kunden einer insolventen Bank gegen den BdB, sondern um die des Pfandgläubigers des geschützten Kunden. Tatsächlich hatte der BdB die Entschädigung an den Gläubiger unter Einschaltung einer Sparkasse als Abwickler der Ansprüche geleistet. Der Bundesgerichtshof stützt sich daher in dem ganz überwiegenden Teil der Entscheidungsgründe auf das Rechtsverhältnis zwischen Pfandgläubiger und Sparkasse. Er erörtert vor allem die Frage, ob sich das Pfandrecht der dortigen Klägerin an dem Entschädigungsanspruch nach dem EAEG fortsetzt, was er verneint. Der Bundesgerichtshof brauchte sich daher nicht weiter damit auseinander zu setzen, welche Rechtsansprüche zwischen dem primären Einlagengläubiger und dem BdB bestehen. Es ist auch nicht davon auszugehen, dass der Bundesgerichtshofs die sowohl wirtschafts- als auch gesellschaftspolitisch bedeutsame und in der Literatur vielfach und kontrovers diskutierte Grundsatzfrage der Verbindlichkeit der Einlagensicherung bei den privaten Banken mit einem kurzen, nicht weiter begründeten Satz abtun wollte. Die Äußerung hat damit nicht einmal die Qualität eines obiter dictum.

d) Widerspruch zwischen begründetem Vertrauen und fehlendem Rechtsschutz

3.44 Im Ergebnis bleibt festzuhalten, dass offenbar ein **allgemeiner Konsens** zwischen dem Bankenverband, der Gesetzgebung, der Rechtsprechung und der öffentlichen Meinung besteht, dass im Entschädigungsfall alle nach dem Statut des Einlagensicherungsfonds gesicherten Einlagen auch tatsächlich befriedigt werden. Eine wortgetreue Anerkennung des nur formalen Ausschlusses eines Rechtsanspruchs liefe sowohl der eigenen Intention des BdB als Statutgeber als auch dem von Gesetzgebung, Rechtsprechung, Bankenaufsicht und Öffentlichkeit in die Einlagensicherung gesetzten Vertrauen zuwider. Es ist schwer vorstellbar, dass z. B. die Sicherheit einer mündelsicheren Anlage vom Belieben des BdB abhängen sollte und der geschützte Anleger selbst in einem für andere Gläubiger anerkannten Entschädigungsfall rechtlos gestellt wäre.

3. Vertragsbeziehung zwischen Kunde und Bankenverband

3.45 Der Bankenverband veranlasst seine Mitglieder, die in Nr. 20 der AGB-Bk enthaltene Erklärung über die Zugehörigkeit der Bank zum Einlagensicherungsfonds, an deren Kunden zu übermitteln. Er nutzt also das Mittel der Mitgliederpflicht, um zu erreichen, dass den Kunden seiner Mitglieder gegenüber diese Erklärung abgegeben wird. Dass diese Erklärung wesentlich dazu beiträgt, dass die Kunden Geschäftsabschlüsse mit Mitgliedsinstituten tätigen, liegt auf der Hand. Die statuarische Verpflichtung, die Erklärung in Nr. 20 der AGB an die Kunden zu übermitteln, beinhaltet eine **Vollmachtserteilung** nach § 167 Abs. 1 BGB. Denn die Mitgliedsbank entscheidet, ob und mit wem sie Geschäfte abschließt und damit auch, ob und an wen sie die Erklärung zur Sicherung der Einlagen weiter vermittelt. Der Einwand von *Wagner*[42], eine Vertreterstellung scheide aus, weil die Banken i. R. d. Vertragsschlusses „eigene Willenserklärungen" abgeben, „bei denen sie sich den Inhalt der Nr. 20 AGB Banken für den Abschluss der bankgeschäftlichen Verträge mit dem Kunden zu Eigen machen", geht fehl. Der Einwand übersieht, dass es Wesen der Vollmacht ist (im Gegensatz zur Botenstellung), dass der Bevollmächtigte eine eigene Willenserklärung im Namen des Vertretenen abgibt. Im Übrigen wäre es im Ergebnis gleichgültig ob die Mitgliedsbank in Vertretung des BdB oder nur als dessen Bote gehandelt hat. In jedem Falle würde eine Erklärung mit dem in Nr. 20 AGB enthaltenen Inhalt mit ihn bindender Wirkung überbracht.

Selbst wenn man in der statuarischen Verpflichtung, die Sicherungserklärung an die Kunden weiterzugeben, keine Vollmachtserteilung sehen wollte, treten zumindest die Rechtswirkungen einer **Duldungsvollmacht** ein. Denn der BdB veranlasst die Erklärung, dass sein Einlagensicherungsfonds die Einlagen schützt. Darüber hinaus ist dem Bankenverband auch bekannt, dass diese Erklärung ein maßgebendes Motiv für den Abschluss der jeweiligen Einlagenverträge sein kann. **3.46**

Die über die Nr. 20 der AGB-Bk übermittelte Sicherungserklärung verweist allerdings „zu Einzelheiten des Sicherungsumfangs auf § 6 des Statuts". Die in § 6 Nr. 10 des BdB-Statuts enthaltene Erklärung ist aus mehreren Gründen jedoch unwirksam. So sind Adressat und Umfang des ausgeschlossenen Rechtsanspruchs aus der Formulierung nicht zu entnehmen. Vor allem aber beinhaltet der **Verweis auf das BdB-Statut** keine hinreichend transparente und überraschende Vereinbarung, die zu einer so kardinalen Rechtsfolge wie die des Ausschlusses eines Rechtsanspruchs führen könnte (dazu nachfolgend Rz. 351 f.). **3.47**

4. Ernsthaftigkeit der Erklärung des Ausschlusses – § 118 BGB?

Der in § 6 Nr. 10 des BdB-Statuts versteckte Hinweis steht in Widerspruch zu den steten öffentlichen Erklärungen des BdB zur zuverlässigen Sicherung der geschützten Einlagen. Wäre der Ausschluss des Rechtsanspruchs hingegen ernst gemeint, so müsste eine so elementare Einschränkung, die in **diametralem Gegensatz zu den vielfältigen Bekundungen** zur „vollen Sicherheit" der geschützten Einlagen steht, an hervorgehobener Stelle sowohl in Nr. 20 AGB als auch in den sonstigen Erklärungen zu finden sein. Denn der Grund für die äußerst zurückhaltende Erwähnung des fehlenden Rechtsanspruchs liegt zum einen darin, die Anleger bei den Mitgliedsinstituten nicht zu verunsichern, und zum anderen darin, dass der BdB sich erklärtermaßen gegenüber den geschützten Anlegern auf den Ausschluss des Rechtsanspruchs selbst gar nicht berufen **3.48**

42) *M. Wagner*, Einlagensicherung, S. 165.

will. Gleiches ist in der quasi amtlichen Verbandserläuterung ausgeführt.[43] Auch in dem schon zitierten Verfahren vor dem Oberlandesgericht Köln hat der BdB tatsächlich erklärt, dass er sich auf den Ausschluss des Rechtsanspruchs nicht berufe.[44]

3.49 Maßgeblich für die Auslegung von Erklärungen (auch von Vereinssatzungen), ist die (objektive) durchschnittliche Verständnismöglichkeit des angesprochenen Personenkreises. Dabei müssen gemäß § 133 BGB maßgebliche, außerhalb der Erklärung liegende Begleitumstände mit herangezogen werden. Der für die Kunden nahezu unerkennbare Ausschluss des Rechtsanspruchs wird durch die geschilderte Art der öffentlichen Darstellung der Einlagensicherung dominiert. Der BdB hat damit den Ausschluss des Rechtsanspruchs gegenüber den Kunden seiner Mitglieder entweder gar nicht wirklich erklärt oder ihnen gegenüber eine nicht ernst gemeinte Willenserklärung i. S. v. § 118 BGB **in der festen Erwartung abgegeben, dass sie nicht wahrgenommen wird oder dass die mangelnde Ernstlichkeit** – nämlich sich auf den nur formalen Ausschluss des Rechtsanspruchs zu berufen – von den Erklärungsempfängern erkannt wird. Damit ist der Vorbehalt des Ausschlusses des Rechtsanspruchs gegenüber den Kunden der angeschlossenen Mitglieder entweder nicht erfolgt oder gemäß § 118 BGB unwirksam.

3.50 Im Verhältnis zu möglichen **Rechtsansprüchen der Mitglieder** auf Hilfen aus dem Einlagensicherungsfonds dürfte § 118 BGB allerdings nicht anwendbar sein. Die Lage ist insoweit entscheidend anders, als die Mitglieder die entsprechende Bestimmung mit beschlossen haben und damit wesentlich sachnäher sowie sachkundiger sind und die Ambivalenz von Regelungen und öffentlichen Erklärungen eher einordnen können. Außerdem enthält § 10 des BdB-Statuts eine insoweit wesentlich klarere Regelung.

5. AGB-rechtliche Unwirksamkeit

3.51 Der Ausschluss des Rechtsanspruchs in Nr. 20 AGB-Bk wäre, sofern er nicht nach § 118 BGB nichtig wäre, auch als überraschende, intransparente und den Vertragszweck gefährdende Klausel gemäß §§ 305c, 307 Abs. 1 Satz 2 und Abs. 2 Nr. 2 BGB unwirksam.[45] Sie ist überraschend, weil Nr. 20 der AGB-Bk zwar Art und Umfang der Sicherung verspricht, den Ausschluss anderer Forderungen ausdrücklich erwähnt (Inhaberschuldverschreibungen u. a.), Regelungen zum Verfahren (wie etwa den in Nr. 20 Nr. 4 geregelten Forderungsübergang) trifft, aber den entscheidenden, rechtshindernden Gesichts-

---

43) *Weber/Nolte* in: BuB, Rz. 1/657; an dieser Stelle verweist die vom BdB herausgegebene Kommentierung selbst auf verschiedene Literaturmeinungen, die einen Rechtsanspruch bejahen, ohne dass dem entgegengetreten wird.

44) OLG Köln, Urt. v. 9.1.1986 – 12 U 11/85, n. v.

45) Ebenso *M. Wagner*, Einlagensicherung, S. 170.

punkt des Ausschlusses eines Rechtsanspruches **verschleiert.** Denn es ist realitätsfern, dass sich der Bankkunde nach Kenntnisnahme von dem scheinbar hohen Sicherungsniveau das BdB-Statut aushändigen lässt und dort in der nahezu drei Druckseiten umfassenden Regelung des § 6 zum „Umfang der Einlagensicherung" den in Nr. 10 versteckten Hinweis zur Kenntnis nimmt. Aus gleichen Gründen ist die Regelung intransparent.

Sie gefährdet ferner **wesentliche Vertragszwecke.** Denn wie bereits erwähnt, 3.52
ist für Anlegerkunden die Tatsache der zuverlässigen Sicherung ihrer Einlagen maßgeblicher Grund des Geschäftsabschlusses mit einer privaten Bank. Gäbe es nicht diese oder eine ähnliche Sicherung, würden die Anlagebeträge bei einer sichereren Adresse, z. B. bei einer öffentlichen Bank, angelegt oder es müssten höhere Zinsen als Risikoprämie bezahlt werden. Durch den Ausschluss des Rechtsanspruchs würde dieser Zweck gefährdet. Der Ausschluss des Rechtsanspruchs ist damit unwirksam.

6. Vertrag zugunsten Dritter

Wenn – z. B. mangels Einbeziehung der AGB – ein unmittelbarer Vertragsan- 3.53
spruch zwischen Kunde und BdB nicht zu Stande kommt, kann ein Direktanspruch aus einem Vertrag zugunsten Dritter (§ 328 BGB) begründet sein. Auch gesellschaftsvertragliche Regelungen können Leistungspflichten zugunsten Dritter aufweisen.[46] Die Drittbegünstigung ergibt sich aus Text und Zweck des für den Bankenverband und seine Mitglieder verbindlichen Statuts. Die Tatsache, dass mit der Errichtung und Unterhaltung des Fonds sowie mit der Befriedigung der geschützten Einlagen auch das eigene Interesse an einer Verbesserung ihrer Wettbewerbsposition sowie möglicherweise gesamtwirtschaftliche Interessen (Vertrauen in den Finanzplatz) gefördert werden sollen, hindert nicht, dass die Rechtsbeziehung auch und **sogar vorrangig dazu dient, den Einlegern Vorteile zukommen zu lassen.**

Der Annahme, dass das BdB-Statut Ansprüche Dritter unmittelbar gegen den 3.54
Bankenverband begründet, steht § 6 Nr. 10 des Statuts nicht entgegen, jedenfalls wenn man der unter Rz. 3.48 ff. dargestellten Auffassung folgt, nach der der Ausschluss des Rechtsanspruchs durch den das Sicherungsversprechen abgebenden BdB im Verhältnis zu den geschützten Einlegern nicht ernst gemeint ist. Die Wirkungen sind auch nicht beabsichtigt. Ihre Anwendung wäre, selbst wenn die Bestimmung als solche formal rechtsbeständig wäre, nicht mit den Grundsätzen von Treu und Glauben gemäß § 242 BGB vereinbar. Vielmehr machen ständige Bekundungen des BdB, ebenso wie die bekanntermaßen praktizierte Handhabung und sein Interesse im Wettbewerb mit den anderen Kreditinstitutsgruppen an einer unzweifelhaften Sicherung der Einlagen deutlich, dass

---

46) Bamberger/Roth-*Janoschek*, BGB, § 328 Rz. 35.

es seinem Willen entspricht, den Kunden seiner Mitglieder im Falle einer Insolvenz eine bestmögliche (Rechts-)Stellung zukommen zu lassen. Diese Ausgangslage ist Grundlage der Verbandsmitgliedschaft. Sie führt zu einer **unmittelbaren Drittbegünstigung** i. S. d. § 328 Abs. 1 BGB. Daher stehen in einem Entschädigungsfall den Einlegern anstelle von unmittelbaren Vertragsansprüchen Ansprüche gegen den BdB nach den Grundsätzen über echte Verträge zugunsten Dritter zu.

7. Ermessen des BdB

3.55 Die Einräumung eines Rechtsanspruchs hat zur Folge, dass dem Bankkunden bei Feststellung eines Entschädigungsfalls ein einklagbarer Anspruch auf sachgerechte Entscheidung und Entschädigung auf Basis des BdB-Statuts und insbesondere auf **Gleichbehandlung** zusteht. Eine Garantie für eine vollständige Befriedigung aller Einlagen besteht hingegen nicht. Aus Statut und Sachzusammenhang – insbesondere der Begrenztheit der Fondsmittel – ergibt sich, dass dem BdB ein Ermessen zusteht, wie er einen Entschädigungsfall abwickelt, z. B. ob er in der Lage ist, alle Einlagen voll zu befriedigen, in welcher zeitlichen Abfolge dies geschieht u. a. – vorausgesetzt er beachtet strikt die Vorgaben seines Statuts bei allen geschützten Einlegern gleichermaßen.

8. Schadensersatzansprüche

a) Verschulden bei Vertragsanbahnung

3.56 Geht man dennoch davon aus, dass weder unmittelbare Vertragsansprüche noch Ansprüche aus einem echten Vertrag zugunsten Dritter bestehen, so können zumindest Schadensersatzansprüche gemäß § 280 Abs. 1 i. V. m. § 311 Abs. 2 und 3, § 241 Abs. 2 BGB begründet sein. Das für die Bejahung eines Schadensersatzanspruchs gemäß § 280 Abs. 1 BGB vorausgesetzte Schuldverhältnis liegt in der zwischen den Kunden und dem BdB entstandenen **Sonderbeziehung** nach § 311 Abs. 2 BGB. Diese entsteht aufgrund der vom BdB veranlassten Pflichtinformation in Nr. 20 AGB-Bk, der in § 5 Nr. 13 und 14 des BdB-Statuts vorgesehenen Möglichkeit, über Leistungen des Einlagensicherungsfonds zu informieren sowie durch seinen Internetauftritt. Nicht zuletzt die bereits bei Geschäftsanbahnung mit einer Mitgliedsbank erklärte Aufforderung des BdB an die Bankkunden, sich im Insolvenzfalle wegen Entschädigungsleistungen an ihn zu wenden und Insolvenzansprüche auf ihn übergehen zu lassen, stellen die zumindest potenzielle Aufnahme einer Geschäftsbeziehung in Form der Abwicklung der Entschädigungsleistung samt Forderungsübergang dar. Dies wirkt maßgeblich auf Interessen des Kunden ein, der ohne diese Aussicht möglicherweise eine andere Anlageentscheidung treffen würde.

3.57 Selbst wenn man damit weder eine unmittelbare vertragliche Beziehung noch eine „Vertragsanbahnung" i. S. d. § 311 Abs. 2 Nr. 2 BGB für gegeben hielte, ist der BdB mit den Kunden zumindest geschäftlich in Kontakt getreten. Der Tatbestand des **„ähnlichen geschäftlichen Kontakts“** i. S. d. § 311 Abs. 2 Nr. 3 BGB geht über die Tatbestände des § 311 Abs. 2 Nr. 1 und 2 BGB hinaus und erfasst ein vorgelagertes Stadium (Auffangtatbestand). Erforderlich ist lediglich, dass durch die Aufnahme des Kontaktes mit dem Ziel, vielleicht einen Vertrag abzuschließen oder anderweitig mit dem anderen Teil geschäftlich zu verkehren, diesem eine erhöhte Einwirkungsmöglichkeit auf die Rechtsgüter, Rechte und Interessen eröffnet wird.[47] Aufgrund dieser gezielten und weit reichenden Einwirkung auf die Rechtssphäre der Bankkunden liegt zumindest ein „ähnlicher geschäftlicher Kontakt“ i. S. v. § 311 Abs. 2 Nr. 3 BGB zwischen den Bankkunden und dem BdB vor.

b) Haftung aus in Anspruch genommenem Vertrauen

Darüber hinaus besteht auch eine Sonderbeziehung nach § 311 Abs. 3 BGB. 3.58
Gemäß § 311 Abs. 3 Satz 1 BGB kann ein Schuldverhältnis mit den Pflichten nach § 241 Abs. 2 BGB auch zu Personen entstehen, die nicht selbst Vertragspartei werden sollen. Nach § 311 Abs. 3 Satz 2 BGB ist dies insbesondere dann anzunehmen, wenn der Dritte **in besonderem Maße Vertrauen für sich in Anspruch** nimmt und dadurch die Vertragsverhandlungen oder den Vertragsschluss erheblich beeinflusst. Die bewusst beim Bankkunden geweckte Entschädigungserwartung trägt wesentlich dazu bei, geschäftliche Beziehungen mit den Mitgliedsbanken zu unterhalten.

Die in § 311 Abs. 2 und 3 BGB in Bezug genommenen Pflichten nach § 241 Abs. 2 BGB verpflichten jeden Teil dazu, auf die Rechte, Rechtsgüter und Interessen des anderen Teils Rücksicht zu nehmen. Zu diesen besonderen Schutz- und Rücksichtnahmepflichten zählen auch **Informations- und Aufklärungspflichten**. Die Verletzung einer solchen Aufklärungspflicht ist unter anderem dann anzunehmen, wenn der andere Teil nicht oder nur mangelhaft über Umstände aufgeklärt wird, die der Wirksamkeit des Vertrages entgegenstehen.[48] In Nr. 20 Abs. 3 AGB-Bk veranlasst der BdB zwar einen intransparenten Verweis auf das BdB-Statut, das lediglich an versteckter Stelle (§ 6 Nr. 10) den mangelnden Rechtsanspruch erwähnt.

Die unzureichende Information über die bedeutsame Tatsache des Ausschlusses 3.59
eines Rechtsanspruchs stellt die Verletzung einer gemäß § 241 Abs. 2 BGB gebotenen Aufklärungspflicht dar, die dem BdB die i. S. v. § 276 BGB zuzurechnen ist und ihn zum Schadensersatz verpflichtet. Bei Leistungsverweigerung besteht der **Schaden** in dem Ausfall einer nach dem BdB-Statut gesicherten Einlage, je-

47) Vgl. *Emmerich* in: MünchKomm-BGB, § 311 Rz. 74 f.

48) Vgl. *Emmerich* in: MünchKomm-BGB, § 311 Rz. 96 ff.; Bamberger/Roth-*Janoschek*, BGB, § 311 Rz. 70 ff.

denfalls wenn das Vertrauen auf die Einlagensicherung maßgeblich für den Geschäftsabschluss mit der später insolventen Bank war.

IX. Sicherungssystem der Kreditgenossenschaften

3.60 Beim Bundesverband der Deutschen Volksbanken und Raiffeisenbanken e. V. (BVR) besteht ein kombiniertes Sicherungssystem mit einem **Garantiefonds und einem Garantieverbund**, dem die Primärgenossenschaften, die Zentralinstitute (die DZ-Bank und die Westdeutsche Genossenschafts Zentralbank), die genossenschaftlichen Pfandbriefbanken und die Bausparkasse Schwäbisch Hall angeschlossen sind. Es können auch Nicht-Einlagenkreditinstitute einschließlich Investmentgesellschaften dem Garantiefonds als BVR-Mitglieder angeschlossen werden. Das Sicherungssystem bezweckt entsprechend § 12 EAEG primär Unternehmenssicherung durch präventive Maßnahmen (Prophylaxe und Sanierungshilfen im Krisenfall). Die Rechtsgrundlage ist das Statut der Sicherungseinrichtung des Bundesverbands der deutschen Volksbanken und Raiffeisenbanken – BVR[49] samt Verfahrensregeln hierzu. Dem Sicherungssystem ist es trotz zahlreicher Inanspruchnahmen und großen finanziellen Anstrengungen der Solidargemeinschaft stets gelungen, Insolvenzen seiner Mitgliedsbanken zu verhindern und damit eine Erstattung von Einlagen zu vermeiden.

1. Modifizierter Bankenschutz

3.61 Als Aufgabe formuliert das Statut, drohende oder bestehende wirtschaftliche Schwierigkeiten bei den Mitgliedsbanken abzuwenden oder zu beheben (**Institutsschutz**) und eine Beeinträchtigung des Vertrauens in die genossenschaftlichen Banken zu verhüten. Daneben erwähnt das Statut jedoch auch ausdrücklich die **Sicherung der Einlagen** und der Schuldverschreibungen (anders als bei den Mitgliedsbanken des BdB). Damit soll ein „modifizierter Bankenschutz" realisiert werden, also auch die Alternative, Kreditgenossenschaften in die Insolvenz gehen zu lassen und lediglich die Gläubiger voll zu entschädigen. Außerdem dient der Einlegerschutz der Sicherung von Verbindlichkeiten von Kreditgenossenschaften, die aus der Sicherungseinrichtung austreten oder ausgeschlossen werden und bis zum Zeitpunkt des Ausscheidens begründet waren. Bislang ist kein Fall bekannt geworden, bei dem das genossenschaftliche Sicherungssystem den Institutsschutz verweigert hätte. Sanierungen erfolgen allerdings häufig im Zusammenhang mit Übernahmen oder Fusionen mit anderen Instituten. **Dividendenzahlungen** an Mitglieder der Kreditgenossenschaften sind nach dem Statut zwar ausdrücklich nicht gewährleistet. Dennoch führte der Gesichtspunkt des Vertrauensschutzes und der Kapitalerhaltung der Kreditgenossenschaften in der Regel dazu, dass Dividendenzahlungen an die Ge-

---

49) I. d. F. v. 1.1.2010; s. Anhang I. 2, S. 1027.

nossenschaftsmitglieder durch Mittel der Sicherungseinrichtung ermöglicht wurden.

2. Krisenprävention

Das Statut der genossenschaftlichen Sicherungseinrichtungen verpflichtet die Mitglieder zu prophylaktischen Maßnahmen zur Krisenvermeidung. Die Mitglieder haben an einem **Informationssystem** einschließlich eines Betriebsvergleichs teilzunehmen und in diesem Rahmen Bankenaufsicht, Bundesbank und ihre Prüfungsverbände zu ermächtigen, dem BVR als Sicherungseinrichtung Informationen zu geben. Darüber hinaus haben die Banken besondere Sorgfaltspflichten einzuhalten. Das Statut gibt hierzu einen Katalog von **Geboten und Verboten** vor, nach denen insbesondere leistungsfähige Planungs-, Steuerungs- und Überwachungssysteme und ferner die erforderlichen personellen, sachlichen und organisatorischen Voraussetzungen für die Beherrschung der Risiken zu unterhalten sind. Weiterhin sind unangemessen hohe Risiken, ein überproportionales Kreditwachstum usw. zu vermeiden. Ergänzend wurde Ende 2002 ein Risikoklassifizierungssystem, ähnlich wie das der Banken, eingeführt. 3.62

Der BVR und der zuständige Prüfungsverband haben bei kritischen Entwicklungen die Bank auf Konsequenzen – z. B. den Ausschluss aus der Sicherungseinrichtung – hinzuweisen und auf eine Änderung der Geschäftspolitik hinzuwirken. Dabei können sie die Ausarbeitung eines Neustrukturierungskonzepts durch die Bank und weitere sachliche und personelle Konsequenzen fordern. Das ab dem Jahr 2001 ausgebaute **Prophylaxesystem** soll dazu beitragen, die in der Vergangenheit zahlreichen Krisenfälle (vermutlich mehrere 100 Sanierungen in den vorangegangenen 40 Jahren) und die dadurch bedingten hohen Beitragslasten der Mitglieder zu reduzieren. 3.63

3. Beitrags- und Garantieverpflichtungen

Die Beiträge zum Garantiefonds sind nach einem Risikoklassifizierungsverfahren gestaffelt und werden nach einem an der **Solvabilitätsverordnung orientierten Bemessungsgrundlage** ermittelt. Je nach Anwendung des Kreditrisiko-Standardansatzes (KSA) oder des internen Ratings basierenden Ansatzes (IRBA)[50] wird der Grundbeitrag des Instituts individuell bestimmt. Die **Risikoklassifizierung** des Instituts richtet sich nach den Verfahrensregeln zum Statut der Sicherungseinrichtungen.[51] Sie unterscheiden 9 Risikoklassen. Je nach Risikoklasse beträgt der Jahresbeitrag 80 bis 140 % des Grundbeitrags. Für die Pfandbriefbanken und Bausparkassen des Genossenschaftssektors gilt eine abwei- 3.64

50) S. dazu Rz. 2.320 ff.

51) Stand: 1.1.2010.

chende Beitragsermittlung. Darüber hinaus können je nach Bedarf Sonderbeiträge erhoben werden. Insgesamt darf maximal das 5fache (bei bestimmten Instituten maximal das 4fache) des Grunderhebungssatzes eingefordert werden. Von der Möglichkeit, Sonderbeiträgen zu erheben, hat die genossenschaftliche Sicherungseinrichtung aufgrund eines anhaltenden hohen Sicherungsbedarfs mehrfach Gebrauch gemacht.

3.65 Sanierungsinstitute, die Hilfen vom Garantiefonds erhalten haben, sind für die **Sanierungsphase**, höchstens jedoch für fünf Jahre, von einer Sonderbeitragspflicht ausgenommen. Sie haben jedoch besondere Sanierungsauflagen zu erfüllen. Außerdem werden regelmäßig Besserungsvereinbarungen mit der Verpflichtung zur Rückzahlung von Sanierungsleistungen getroffen. Soweit die betroffenen Banken die Auflagen nicht erfüllen, ist im Extremfall der Ausschluss aus der Sicherungseinrichtung möglich, soweit bekannt jedoch bisher nie praktiziert.

3.66 Neben den Beitragszahlungen haben die Mitglieder **Garantieerklärungen** i. H. d. 8- bis 10fachen des für sie zutreffenden Grunderhebungssatzes abzugeben (Garantieverbund vgl. § 17 Abs. 3 des Statuts der BVR-Sicherungseinrichtung i. V. m. Nr. 13 der Verfahrensregeln zum Statut). Aus diesen Garantieerklärungen wird ein treuhänderisch verwaltetes Garantievolumen beim BVR gebildet. Mit diesen Garantiemitteln können Bürgschaften und Garantien als Bilanzhilfen gewährt werden. Voraussetzung ist, dass bei vorsichtiger Beurteilung der Ertragsentwicklung eine Freistellung von der Garantieverpflichtung binnen fünf Jahren zu erwarten ist. Wird dennoch eine Garantie in Anspruch genommen, so werden zunächst Garantiefondsmittel eingesetzt. Nur wenn dies nicht ausreicht, werden die erforderlichen Aufwendungen auf die Garantie gebenden Banken im Verhältnis ihres Anteils am Garantieverbund umgelegt. Bei hohem Bedarf erfolgt eine auf maximal vier Jahre verteilte Ratenzahlung.

X. Sicherungssystem der Sparkassenorganisation

3.67 Das Sicherungssystem der Sparkassenorganisation ist nach § 12 EAEG als **institutssichernde Einrichtung** anerkannt. Es schützt alle Institute der Sparkassenorganisation einschließlich der privatrechtlich organisierten Sparkassen und einiger nahe stehender Institute. Zum 1. Januar 2006 wurden die satzungsrechtlichen Grundlagen für das Sicherungssystem überarbeitet. Hierbei wurden das zum 1. Januar 2010 nochmals verfeinerte Risikomonitoring und die Möglichkeiten für Präventionsmaßnahmen gestärkt und ein risikobasiertes Beitragssystem eingeführt.

1. Regionale Fonds mit Haftungsverbund

3.68 Die zwölf regionalen Sparkassen- und Giroverbände haben **Sparkassenstützungsfonds** errichtet, denen sämtliche Sparkassen als Pflichtmitglieder angehören.

Die Sparkassenstützungsfonds sind rechtlich unselbständige Teile des Verbandsvermögens. Sie stehen untereinander über einen sog. „überregionalen Ausgleich" in einem Haftungsverbund. Reichen die Mittel eines regionalen Sparkassenstützungsfonds für Sanierungsmaßnahmen nicht aus, können die anderen Fonds in Anspruch genommen werden. Zweck der Sparkassenstützungsfonds ist die Unternehmenssicherung. In § 2 Satz 3 der jeweiligen Satzungen ist aber niedergelegt, dass stets die Einlagen der Kunden und die Schuldverschreibungen der Mitgliedssparkassen im Besitz von Kunden geschützt sind. Zweck, Organisation und Mitgliederpflichten sind in weitgehend gleich lautenden Satzungen der regionalen Sparkassen und Giroverbände niedergelegt.[52)]

2. Stützungsfall und Stützungsmaßnahmen

Nach den Mustersatzungen der Sparkassenstützungsfonds liegt ein Stützungsfall vor, wenn für eine Sparkasse die Möglichkeit besteht, 3.69

> „dass sie aus eigener Kraft nicht in der Lage ist, Ansprüche von Gläubigern voll zu erfüllen oder eine Unterbilanz zu vermeiden".

Bislang sind Maßnahmen der Sparkassenstützungsfonds nur als Ergänzung zur Anstaltslast vorgesehen. Sie sollen den Träger bei Erfüllung seiner Anstaltslast unterstützen und dabei insbesondere auf eine effiziente Krisenbewältigung hinwirken. Typische Stützungsmaßnahmen sind die Übernahme von Gewährleistungen, Refinanzierungsmaßnahmen und Zinsbeihilfen zugunsten des Trägers oder verlorene Zuschüsse. Grundsätzlich soll eine Besserungsvereinbarung getroffen werden, nach der Stützungsleistungen aus künftigen Gewinnen der Sparkasse an den Fonds zurückgezahlt werden. Außerdem können Stützungsleistungen, ähnlich wie bei den Kreditgenossenschaften, von Auflagen – insbesondere personellen Konsequenzen, der Auflösung stiller Reserven, einem Gewinnausschüttungsverbot u. a. – abhängig gemacht werden.

3. Prüfungspflicht

Zur Einschätzung der Gefahr eines Stützungsfalles steht dem zuständigen Sparkassenstützungsfonds (regelmäßig über die jeweilige Prüfungsstelle) das Recht zu, die wirtschaftliche Situation der Mitgliedssparkassen auf deren Kosten zu prüfen. Diese Prüfung ist **mindestens jährlich** unabhängig von der Jahresabschlussprüfung, regelmäßig aber mit dieser verbunden, anhand eines für die gesamte Sparkassenorganisation einheitlichen Kennzahlensystems zur Früherkennung einer fragwürdigen oder anmerkungsbedürftigen Risikoentwicklung durchzuführen. Dabei ist die wirtschaftliche Lage der Sparkasse zu analysieren und für die Beteiligten nachvollziehbar zu beschreiben. Ähnlich wie bei den Banken und den Kreditgenossenschaften kann der Regionalverband Empfeh- 3.70

52) Mustersatzung abgedr. in *Fischer/Herbst*, RSP, Bd. D, 7.1.3; s. Anhang I. 5, S. 1101.

lungen zur Änderung der Geschäfts- und insbesondere der Risikopolitik der Sparkasse geben und künftige Stützungsleistungen von der Einhaltung von Auflagen abhängig machen.

4. Fondsvolumen, Beitrags- und Nachschusspflicht

3.71 Anders als bei den privaten Banken, jedoch ähnlich wie bei den Kreditgenossenschaften ist die Beitragspflicht für die Sparkassenstützungsfonds auf die **risikotragenden Aktiva bezogen.** Die Beiträge werden von den jeweiligen Regionalverbänden i. R. d. Verbandsumlage eingezogen. Die risikoorientierte Beitragsbemessung greift zur Bestimmung der Bemessungsgrundlage und des Beitragssatzes auf regulatorische Größen zurück. Zur Ermittlung des Gesamtvolumens, das für jedes einzelne Institut bestimmt wird, werden eine Bemessungsgrundlage als Volumengröße und ein Beitragssatz als relative Größe miteinander multipliziert.

3.72 Das Gesamtvolumen des Sparkassenstützungsfonds setzt sich aus den **Barmitteln und der Nachschusspflicht** zusammen und wird auf der Grundlage einheitlicher Grundsätze ermittelt. Die aufzubringenden Barmittel betragen mindestens ein Drittel des Gesamtvolumens (Einzahlungs-Soll). In der verbleibenden Höhe (maximal zwei Drittel des Gesamtvolumens) besteht eine Nachschusspflicht. Die Mitgliedssparkassen leisten jährlich Barmittel i. H. v. mindestens 15 % des Einzahlungs-Solls, soweit der Fonds 65 % des Einzahlungs-Solls nicht erreicht. Sie leisten jährlich Barmittel i. H. v. mindestens 7,5 % des Einzahlungs-Solls, soweit die Summe der Barmittel 65 % des Einzahlungs-Solls erreicht oder übersteigt, aber noch nicht das volle Einzahlungssoll erreicht. In Ergänzung dieser regelmäßigen Auffüllungspflicht können auch Sonderumlagen erhoben werden. Die Inanspruchnahme aus der Nachschuss- bzw. Auffüllungspflicht darf nicht zu einer substanziellen Gefährdung der einzelnen Mitgliedssparkasse führen.

5. Landesbanken Girozentralen und öffentliche Bausparkassen

3.73 Für die Landesbanken und die DekaBank ist beim Deutschen Sparkassen- und Giroverband (DSGV) eine sog. **Sicherungsreserve** errichtet. Auch diese ist als Unternehmenssicherung konzipiert. Sie soll also

> „die angeschlossenen Institute selbst schützen, insbesondere ihre Liquidität und Solvenz gewährleisten“[53].

Das System von Haftungsvolumen, Auffüllungs- und Nachschusspflicht entspricht dem des Sparkassenstützungsfonds. Die Beiträge richten sich ebenso

---

53) § 2 Abs. 1 der Satzung der Sicherungsreserve, abgedr. in *Fischer/Herbst*, RSP, Bd. D, 7.1.2; s. Anhang I. 4, S. 1087.

wie bei den Sparkassen nach den „Grundsätzen für die **risikoorientierte Beitragsbemessung** der Sicherungseinrichtungen der Sparkassenfinanzgruppe".

Der Sicherungsfonds der **Landesbausparkassen** wird ebenfalls beim DSGV geführt. Ihm gehören die selbständigen und die als rechtlich unselbständige Teile der Landesbanken Girozentralen organisierten Landesbausparkassen (LBS) an. Organisation, Aufbau und Beitragspflicht entsprechen dem System der Sicherungsreserve der Landesbanken Girozentralen. 3.74

6. Haftungsverbund innerhalb der Sparkassenorganisation

Ergänzend zu dem überregionalen Ausgleich der Sparkassenstützungsfonds stehen auch die anderen Sicherungseinrichtungen der Sparkassenorganisation – also die der Landesbanken, Girozentralen und der Landesbausparkassen – mit denen der Sparkassen in einem gegenseitigen Haftungsverbund. Danach werden bei **Erschöpfung der Mittel eines Sicherungssystems** die Mittel des jeweils anderen Systems für Sanierungsleistungen eingesetzt. Damit wurde sichergestellt, dass sämtliche Institute der Sparkassenorganisation einem Sicherungssystem angehören, das die Voraussetzungen des § 12 Abs. 1 EAEG („Sicherungseinrichtungen der regionalen Sparkassen- und Giroverbände") erfüllt. Eine Zuordnung zu einer gesetzlichen Entschädigungseinrichtung war daher – anders als bei den sonstigen öffentlichen Banken – nicht geboten. 3.75

XI. Sonstige öffentliche Banken

Ebenso wie der BdB verfährt der Bundesverband Öffentlicher Banken (VöB). Auch er hat eine Einrichtung geschaffen, die gem. §§ 6 und 7 EAEG mit der Aufgabe der Einlegerentschädigung beliehen wurde.[54] Ihr gehören derzeit insgesamt 21 öffentliche Banken – besonders öffentliche Investitions- und Aufbaubanken der Länder – sowie nahe stehende Einrichtungen an. Die Beitragspflicht ist ähnlich wie bei der Entschädigungseinrichtung Deutscher Banken in der Verordnung über die Beiträge zur **Entschädigungseinrichtung des Bundesverbands Öffentlicher Banken** GmbH vom 10. Juli 1999 geregelt.[55] 3.76

Gleichzeitig wird auch der schon vorher bestehende, **darüber hinausgehende Einlagensicherungsfonds** des Bundesverbandes Öffentlicher Banken weiter betrieben, für den satzungsgemäß ebenfalls Beiträge zu leisten sind. Ihm gehören 13 Mitglieder an. Er sichert Einlagen und sonstige Verbindlichkeiten, jedoch keine Verbindlichkeiten aus Inhaberschuldverschreibungen. Einlagen des Bundes, der Länder und deren Sondervermögen sowie nahe stehender Personen sind 3.77

54) Verordnung über die Zuweisung von Aufgaben und Befugnissen einer Entschädigungseinrichtung an die Entschädigungseinrichtung des Bundesverbandes Öffentlicher Banken Deutschlands GmbH v. 24.8.1998, BGBl. I, 2390.

55) BGBl. I 1999, 1538 i. d. F. v. 5.6.2003, BGBl. I, 846, zuletzt geändert durch Änderungsverordnung v. 17.8.2009, BGBl. I, 2877.

von der Sicherung ausgeschlossen. Allerdings ist der Großteil der öffentlich-rechtlichen Kreditinstitute, nämlich die Sparkassen, Landesbanken/Girozentralen und öffentlichen Bausparkassen dieser Sicherungseinrichtung nicht angeschlossen. Diese Institute gehören dem Unternehmenssicherungssystem der Sparkassenorganisation an.

XII. Private Bausparkassen

3.78 Die privaten Bausparkassen mit Ausnahme der privatrechtlich oder öffentlich-rechtlich organisierten Landesbausparkassen und der Bausparkasse Schwäbisch Hall – zugehörig zum Sicherungssystem des Genossenschaftssektors – sind der Entschädigungseinrichtung Deutscher Banken gemäß § 6 Abs. 1 i. V. m. § 7 Abs. 2 EAEG als Pflichtmitglieder zugeordnet. Daneben unterhält der Verband der privaten Bausparkassen den Bausparkassen-Einlagensicherungsfonds e. V. Durch diesen werden die **Bauspareinlagen** privater Kunden einschließlich Zinsen **in unbegrenzter Höhe** sowie die sonstigen Einlagen privater Kunden (wie z. B. Festgelder) einschließlich Zinsen bis zu 250.000 Euro je Kunde gesichert. Für die Allianz Dresdner Bauspar AG und die Deutsche Bank Bauspar AG, beides Bankentöchter, ist stattdessen der Einlagensicherungsfonds für Bank-Bausparkassen errichtet, der alle Einlagen der Kunden einschließlich Zinsen in unbegrenzter Höhe sichert.

XIII. Sonstige Institute (Wertpapierhandelsunternehmen)

3.79 Für die sonstigen Institute – also die Finanzdienstleistungsinstitute, soweit sie nicht zu einer der vorstehenden Institutsgruppen gehören – besteht keine beliehene Entschädigungseinrichtung. Soweit sie gemäß § 1 Abs. 1 EAEG von der Sicherungspflicht erfasst sind (Wertpapierhandelsunternehmen), sind sie dem entsprechenden Sondervermögen der **Entschädigungseinrichtung der Wertpapierhandelsunternehmen bei der Kreditanstalt für Wiederaufbau (EdW)** nach § 6 Abs. 1 Satz 2 Nr. 3 EAEG gesetzlich zugeordnet. Dazu gehören auch Finanzdienstleistungsinstitute, die nicht befugt sind, sich Eigentum oder Besitz an Geldern oder Wertpapieren zu verschaffen. Auch diese sind nach einer Entscheidung des Oberverwaltungsgericht Berlin[56)] verpflichtet, Beiträge zur EdW zu leisten, obwohl ein Entschädigungsfall kaum – allenfalls bei erlaubniswidriger Besitzverschaffung und Veruntreuung – eintreten kann. Das System ist auch von anderen Instituten unter Berufung auf Rechtsprechung des Bundesverfassungsgerichts[57)] insbesondere damit angegriffen worden, dass die zugeordneten Institute keine durch besondere Gemeinsamkeiten von der Allgemeinheit oder anderen spezifischen Gruppen abgrenzbare homogene Gruppe

56) BVerfG, Beschl. v. 24.11.2009 – 2 BvR 1387/04, ZIP 2010, 168 = WM 2010, 17.

57) BVerfG, Beschl. v. 31.5.1990 – 2 BvL 12, 13/88, 2 BvR 1436/87, BVerfGE 82, 159, 180.

mit gemeinsamer Interessenlage darstellten. Bislang ist die Rechtsprechung dem aber nicht gefolgt.[58)]

1. Jahresbeiträge

Die **Höhe der Beiträge** ist in der „Verordnung über die Beiträge zu der Entschädigungseinrichtung der Wertpapierhandelsunternehmen bei der Kreditanstalt für Wiederaufbau" (EdWBeitrV) vom 19. August 1999[59)], grundlegend geändert durch die Vierte Änderungsverordnung vom 17. August 2009[60)], geregelt. Auch die Beitragsregelung zur EdW wurde vor allem im Zusammenhang mit dem enormen Entschädigungsbedarf des seit 15. März 2005 laufenden und bislang noch nicht abgewickelten Entschädigungsfall **Phoenix Kapitaldienst GmbH** gerichtlich angegriffen. Der Fall erfordert Entschädigungszahlungen der EdW von ca. 200 Mio. Euro, während das Beitragsaufkommen nur bei ca. 3,5 bis 4 Mio. Euro jährlich lag und den Fonds somit vollkommen überforderte. Die Klagen hatten dennoch keinen Erfolg.[61)] Die zu erwartenden Beitragsbelastungen hatten verschiedene Institute veranlasst, aus dem EdW-System auszuscheiden, z. B. durch Beantragung einer Erlaubnis als Einlagenkreditinstitut oder Fusion mit einem solchen, durch Sitzverlegung ins Ausland (z. B. Luxemburg) oder durch Rückgabe der Erlaubnis. Allerdings hatte das Verwaltungsgericht Berlin in einem Beschluss vom 17. September 2008[62)] ernstliche Zweifel daran geäußert, ob das EAEG hinreichend bestimmte Regelungen zur Sonderabgabenpflicht enthält. Mit der Neufassung der Regelungen zur Beitragserhebung im EAEG[63)] und der Änderung der EdW-Beitragsverordnung wurden eine detailliertere gesetzliche Ermächtigungsgrundlage sowie die Voraussetzungen für eine um durchschnittlich das 3,5fache höhere jährliche Beitragserhebung geschaffen. Außerdem wurde ein „Kundenstrukturzuschlag" eingeführt, der sich am Entschädigungsrisiko orientiert. 3.80

2. Sonderbeiträge und Belastungsgrenzen

Die Neuregelung in der EdW-Beitragsverordnung sieht regelmäßige Jahresbeiträge für Kreditinstitute, die keine Einlagenkreditinstitute sind, vor. Die Höhe der Jahresbeiträge ist in § 2a EdWBeitrV als Prozentsatz der **„beitragsrelevanten** 3.81

58) BVerwG, Urt. v. 21.4.2004 – 6 C 20/03, ZIP 2004, 1847 = WM 2004, 2108.

59) BGBl. I 1999, 1891.

60) BGBl. I 2009, 2881.

61) Vgl. z. B. BVerwG, Urt. v. 21.4.2004 – 6 C 20/03, ZIP 2004, 1847 = WM 2004, 2108; VG Berlin, Urt. v. 6.7.2009 – 1 A 327.07, bisher unveröffentlicht; im Ergebnis ebenso BVerfG, Beschl. v. 24.11.2009 – 2 BvR 1387/04, ZIP 2010, 168 = ZIP 2010, 17.

62) VG Berlin, Beschl. v. 17.2.2008 – 1 A 105.08, ZIP 2008, 2064, dazu EWiR 2009, 47 (*P. Steffen*).

63) Gesetz zur Änderung des Einlagensicherungs- und Anlegerentschädigungsgesetzes v. 25.6.2009, BGBl. I, 1528.

Erträge" je nach Institutstyp zwischen 1,23 und 3,85 % festgelegt. Sie dürfen nach § 1 Abs. 1 Satz 2 EdWBeitrV aber maximal 10 % des Jahresüberschusses betragen. Bei Instituten mit mehr als 1.000 entschädigungsberechtigten Gläubigern erhöht sich der Jahresbeitrag stufenweise um 10 bis maximal 20 %. Bei Abschluss einer geeigneten Vertrauensschadenhaftpflichtversicherung wird gemäß § 2d EdWBeitrV eine Beitragsermäßigung i. H. v. 15 % gewährt.

3.81a Die Möglichkeit, Sonderbeiträge zu erheben, Kredite aufzunehmen und Sonderzahlungen einzufordern sowie die Belastungsobergrenzen entsprechend den Regelungen in § 8 Abs. 3a ff. EAEG. § 5b EdWBeitrV regelt außerdem die nach § 8 Abs. 6 Satz 7 EAEG mögliche Befreiung von Sonderbeiträgen auf Antrag eines dadurch gefährdeten Institut. Die Phoenix-Insolvenz erfordert allerdings einen so hohen Finanzbedarf, dass derzeit nicht abgesehen werden kann, wann dieser gedeckt sein wird, auch wenn, was zu erwarten ist, die Höchstgrenzen für die Erhebung von Sonderbeiträgen ausgeschöpft werden. Der EdW steht gemäß § 9 Abs. 1 EAG ein **Prüfungsrecht** zu, das sie auf geeignete Dritte übertragen kann. Sie hat hierzu Prüfungsrichtlinien erlassen, die die Einzelheiten regeln.[64)]

XIV. Hinweispflichten nach § 23a KWG

1. Hinweis auf Sicherungseinrichtung

3.82 Nach § 23a KWG haben alle Institute, die das Einlagengeschäft, das Finanzkommissionsgeschäft oder das Emissionsgeschäft betreiben bzw. Finanzdienstleistungen als Anlage- oder Abschlussvermittler, als Finanzportfolioverwalter oder im Eigenhandel anbieten und demnach gemäß § 2 EAEG einer Entschädigungseinrichtung bzw. nach § 12 EAEG einer institutssichernden Einrichtung angehören, ihre **Kunden darüber zu informieren** und weitere Hinweise zu geben. Verstöße gegen die in § 23a KWG geregelten Hinweispflichten sind Ordnungswidrigkeiten (§ 56 Abs. 3 Nr. 6 und 7 KWG). Die Bestimmung hat anlegerschützende Bedeutung und dient dazu

> „Kapitalanleger für den Gesichtspunkt der Einlagensicherung zu sensibilisieren und ihnen eine eigenverantwortliche, sachkundige Entscheidung bei der Auswahl des Kreditinstituts zu ermöglichen".[65)]

3.83 Der Anwendungsbereich des § 23a KWG erstreckt sich auf **Informationen über alle Einrichtungen zur Sicherung** der Ansprüche von Einlegern und Anlegern, nicht nur auf die im EAEG geregelten Entschädigungseinrichtungen.[66)] Für eine zutreffende und vollständige Information ist daher auch auf ergänzende Sicherungen hinzuweisen, was aber ohnehin im Eigeninteresse der Institute

---

64) Vgl. www.e-d-w.de.

65) BGH, Urt. v. 14.7.2009 – XI ZR 152/08, ZIP 2009, 1654, 1655 = WM 2009, 1647, dazu EWiR 2009, 623 *(N. Michel)*.

66) Begr. RegE, BR-Drucks. 257/98, S. 41.

liegt. Die Hinweispflicht gilt auch gegenüber Kunden ausländischer Zweigniederlassungen. Die Mitglieder des Bankenverbands weisen dementsprechend darauf hin, dass die Bank dem Einlagensicherungsfonds des BdB und der Entschädigungseinrichtung EdB angeschlossen ist. Entsprechend verfahren die Mitglieder des Bundesverbandes Öffentlicher Banken.

Die genossenschaftlich organisierten Kreditinstitute müssen darauf hinweisen, dass sie der Sicherungseinrichtung des Bundesverbandes der deutschen Volksbanken und Raiffeisenbanken angeschlossen sind. Darüber hinaus enthält die Information noch den gesetzlich nicht erforderlichen, aber möglichen Hinweis, dass damit alle Einlagen der Kunden in vollem Umfang geschützt sind. 3.84

Ähnlich verfahren die Mitglieder der Sicherungseinrichtungen der **Sparkassenorganisation.** Auch dort genügt der Hinweis auf den Anschluss an den jeweiligen Sparkassenstützungsfonds bzw. die Sicherungsreserve der Landesbanken/Girozentralen oder den Sicherungsfonds der Landesbausparkassen. 3.85

2. Information im Preisaushang

Die Institute sind nach § 23a Abs. 1 Satz 1 KWG verpflichtet, in ihrem Preisaushang über die Zugehörigkeit zu einer Sicherungseinrichtung zu informieren. Bei universell tätigen Kreditinstituten betrifft dies den **Preisaushang für die Regelsätze im standardisierten Privatkundengeschäft,** bei sonstigen Instituten einschließlich der Finanzdienstleistungsinstitute das nach § 5 Abs. 1 PangV vorgeschriebene Preisverzeichnis oder einen entsprechenden Preisaushang. Der Gesetzestext in Satz 1 der Vorschrift, nach dem die Informationspflicht auf Kunden, die nicht Institute sind, beschränkt ist, ist weitgehend gegenstandslos. Im Preisaushang, der von jedermann einsehbar ist, kann nicht nach Kundengruppen differenziert werden. Allenfalls Institute, deren Kunden ausschließlich andere Institute sind, brauchen keine Informationen zu geben. 3.86

Es muss darüber informiert werden, welcher Sicherungseinrichtung das Institut angehört. Institute, die nur der gesetzlichen Entschädigungseinrichtung angehören, brauchen auch nur auf diese Tatsache im Preisaushang hinzuweisen. Ferner muss der Preisaushang einen Hinweis dazu enthalten, ob und ggf. welche rückzahlbaren Gelder vom Schutzumfang nicht erfasst sind (also besonders Inhaberschuldverschreibungen). Eine Aufzählung **nicht geschützter Gläubigergruppen** kann im Preisaushang schon aus Gründen der Übersichtlichkeit nicht erfolgen. Ein Hinweis auf den Ausschluss von Entschädigungsansprüchen von Kreditinstituten ist angesichts der ausdrücklich abweichenden Regelung in § 23a KWG ohnehin nicht geboten. 3.87

3. Information in den Vertragsunterlagen

Weiterhin hat das Institut neue Kunden vor Aufnahme der Geschäftsbeziehung über die Sicherung ihrer Vermögenswerte zu unterrichten. Danach hat die In- 3.88

formation stattzufinden, **bevor** das Institut mit dem Anleger **„in eine Geschäftsbeziehung eintritt"**. Der Kunde muss also über den Schutz seiner Vermögenswerte unterrichtet werden, bevor er sich vertraglich festlegt.

3.89 Die Information muss in leicht verständlicher Form auch für wirtschaftlich unerfahrene Kunden formuliert sein. Sie muss in Textform erfolgen, z. B. in den Allgemeinen Geschäftsbedingungen oder in einer gesonderten schriftlichen Unterlage. In der Kreditwirtschaft üblich ist die Aushändigung eines Hinweisblattes. Als **Mindestinhalt** müssen die genaue Bezeichnung der Sicherungseinrichtung, die Art der geschützten Vermögenswerte, der quantitative Schutzumfang ggf. einschließlich eines Selbstbehalts, ausgeschlossene Gläubigergruppen, soweit sie nicht Institute sind und – ggf. entsprechend Satz 3 – vom Schutzumfang ausgenommene Vermögenswerte darin genannt sein. Angehörige eines Institutssicherungssystems müssen dieses bezeichnen und die Tatsache, dass damit jede Art von Forderungen geschützt wird.

3.90 Auch in dem Hinweis vor Aufnahme der Geschäftsbeziehung ist nicht nur der Schutzumfang der gesetzlich vorgeschriebenen Sicherung zu bezeichnen, sondern auch der **Schutz durch ergänzende Einrichtungen.** Dabei braucht nur der Gesamtumfang der nach den Satzungen vorgesehenen Entschädigungsleistungen erwähnt werden. Eine Differenzierung nach gesetzlich vorgeschriebenen und freiwilligen Leistungen bzw. nach dem insoweit unterschiedlichen Adressatenkreis des Schutzes ist weder dem Gesetzeswortlaut, noch aus dem Zweck der Informationspflicht zu entnehmen. Eine solche Differenzierung wäre für den Kunden auch kaum nachvollziehbar oder könnte Missverständnisse auslösen. Die Informationspflicht entfällt nur bei Kunden, die Instituteigenschaft haben. Gegenüber den anderen in § 3 Abs. 2 EAEG ausgeschlossenen weiteren Kundengruppen braucht die Information aber nur beinhalten, dass kein Schutz besteht, soweit sie nicht – wie z. B. beim Bundesverband deutscher Banken – durch die ergänzende Einlagensicherung geschützt sind – so z. B. Großunternehmen.

3.91 § 4 Abs. 1 Satz 1 EAEG schützt auch Verbindlichkeiten aus Wertpapiergeschäften. Dabei geht es vor allem um die richtige Verwendung von Zahlungen für Wertpapiergeschäfte und den Schutz vor **Veruntreuung von Wertpapieren**. Schadenersatzansprüche z. B. wegen fehlerhafter Beratung sind hingegen nicht geschützt. Da der Einlagensicherungsfonds des Bundesverbandes deutscher Banken Ansprüche aus dem Abhandenkommen von Wertpapieren nicht schützt, gilt insoweit nur der gesetzliche Schutz, den die Entschädigungseinrichtung EdB bietet. Daher weisen die dem ergänzenden Einlagensicherungssystem angeschlossenen Banken, die das Wertpapiergeschäft betreiben, ausdrücklich darauf hin, dass im Falle des Abhandenkommens von Wertpapieren die maximale Entschädigung – anders als z. B. bei Einlagen – auf 20.000 Euro bei einem vom Kunden zu tragenden Selbstbehalt von 10 % begrenzt ist.

4. Hinweis auf nicht gesicherte Einlagen

Ein besonderer Warnhinweis ist erforderlich, falls das Institut rückzahlbare Gelder annimmt, die vom Schutzumfang ausgeschlossen sind. Damit bezieht sich die Pflicht zu Warnhinweisen auf die vom Schutzumfang des EAEG nicht erfassten rückzahlbaren Gelder. Betroffen sind vor allem **nicht gedeckte Inhaberschuldverschreibungen und Gelder in Währungen von Staaten außerhalb des Europäischen Wirtschaftsraumes** (§ 4 Abs. 2 Satz 2 EAEG – letztere aber vom ergänzenden Einlagensicherungsfonds der privaten Banken geschützt) – also z. B. Einlagen in Dollar oder Schweizer Franken. Soweit es sich bei den nicht gesicherten Geldern um gedeckte Schuldverschreibungen nach den Vorschriften des Pfandbriefgesetzes handelt, braucht kein solcher Warnhinweis gegeben zu werden. Ebenso bedarf es keines Warnhinweises, wenn das Institut keine ungeschützten Bankschuldverschreibungen ausgibt und keine Fremdwährungskonten für Kunden führt. Darüber hinaus hat der Bundesgerichtshof entschieden, dass selbst wenn alle nach § 23a KWG vorgesehenen Informationen in der erforderlichen leicht verständlichen Form gegeben wurden, einem an einer normalen Sicherheit orientierten Anleger keine den geschützten Sicherungsumfang übersteigenden Einlagen angeboten werden dürfen.[67] Zu Ende gedacht würde dies bedeuten, dass alle Banken entsprechenden Anlegern keine Bankschuldverschreibungen anbieten dürften. 3.92

Der Hinweis auf den mangelnden Schutz muss in den Allgemeinen Geschäftsbedingungen, im Preisaushang und an **hervorgehobener Stelle in den Vertragsunterlagen** enthalten sein und muss vom Kunden unterschrieben werden. Das Erfordernis, dass die Information keine anderen Erklärungen beinhalten darf, bedeutet nicht, dass der Hinweis gesondert von den Informationen vor Vertragsschluss erfolgen müsste. Denn die Informationspflicht vor Aufnahme der Geschäftsbeziehung nach Satz 2 entspricht der Informationspflicht „in den Vertragsunterlagen" nach Satz 4. Damit wird auch der Schutzzweck in Art. 12 der Wertpapierdienstleistungsrichtlinie umgesetzt, dessen Wortlaut verlangt, dass der Kunde vor Eintritt in die Geschäftsbeziehung Aufschluss über den Schutz und ggf. vorhandene Lücken in der Absicherung seiner Vermögenswerte erhält. Allerdings darf der Warnhinweis nicht in einem längeren Text untergehen, sondern ist entsprechend dem Gesetzeswortlaut an hervorgehobener Stelle zu geben. Eine Möglichkeit hierzu ist, den Warnhinweis unmittelbar über der vom Kunden zu leistenden Unterschrift fett gedruckt anzubringen. 3.93

5. Information auf Anfrage

Auf Anfrage des Kunden muss das Institut weitere Informationen über die Bedingungen der Sicherung einschließlich der für die Geltendmachung der Ent- 3.94

---

67) BGH, Urt. v. 14.7.2009 – XI ZR 152/08, ZIP 2009, 1654, 1658 = WM 2009, 1647, dazu EWiR 2009, 623 *(N. Michel)*.

schädigungsansprüche erforderlichen Formalitäten geben. Diese Pflicht umfasst alle Informationen, die für die **Sicherung der Werte** des Kunden und vor allem für die **Durchsetzung von Entschädigungsansprüchen** maßgebend sein können. Hierzu gehören allgemeine Hinweise oder die Beantwortung von Fragen z. B. darüber, ob bestimmte Werte gesichert sind, die Adresse der Sicherungs- oder Entschädigungseinrichtung, Art und Weise der Geltendmachung von Entschädigungsansprüchen einschließlich der Satzungsbestimmungen über die Abwicklung der Entschädigungsleistung u. a.

3.95 Bei **Instituten mit Unternehmenssicherung** gibt es allerdings keine „Entschädigungsleistung". Hier ist auf Anforderung die Wirkung des Sicherungssystems zu erläutern – also dass das Institut im Krisenfall mit Hilfe der Sicherungseinrichtung zahlungsfähig erhalten wird und der Kunde seine Forderungen unverändert bei diesem geltend machen kann.

XV. Rechtsfolgen bei Ausscheiden aus der Sicherungseinrichtung

3.96 Beim Ausscheiden aus einer Sicherungseinrichtung sind die Nicht-Institutskunden sowie die BaFin und die Deutsche Bundesbank über diese Tatsache unverzüglich schriftlich zu unterrichten. Angesichts der automatischen Zuordnung ohne eigene Wahlmöglichkeit kann ein Institut nach § 11 EAEG aus der Entschädigungseinrichtung grundsätzlich **nicht austreten, sondern nur ausgeschlossen werden**, z. B. wenn es gegen seine Mitwirkungspflicht verstößt. Der Ausschluss hat nach § 35 Abs. 1 Satz 2 KWG das automatische Erlöschen der Erlaubnis zum Betreiben von Bankgeschäften oder zur Erbringung von Finanzdienstleistungen zur Folge. Somit wird die Informationspflicht nach § 23a Abs. 2 in diesen Fällen erst praktisch relevant, wenn das Institut ohnehin keine Bankgeschäfte oder Finanzdienstleistungen mehr erbringen darf. Für die bis dahin begründeten Verbindlichkeiten gilt der Schutz durch die Entschädigungseinrichtung jedoch weiter.

3.97 Die Bestimmung kann praktische Bedeutung haben, wenn ein Institut aus einer nach § 12 EAEG anerkannten **institutssichernden Einrichtung ausscheidet.** Bei öffentlich-rechtlichen Sparkassen ist dies allerdings angesichts der Pflichtmitgliedschaft in ihren Regionalverbänden und damit automatisch in den Sicherungseinrichtungen ebenfalls nicht möglich. Denkbar ist dieser Fall jedoch bei den anderen Instituten, die den Sicherungseinrichtungen der Sparkassenorganisation angeschlossen sind und bei Kreditgenossenschaften. Die Informationspflicht gegenüber der BaFin und der Deutschen Bundesbank schafft die Voraussetzung für entsprechende bankaufsichtliche Reaktionen. Die gesetzliche Rechtsfolge ist, dass das Institut einer Entschädigungseinrichtung nach § 6 EAEG zugeordnet wird. Damit wird die zunächst den Kunden gegebene Information über die Sicherungseinrichtung und den Schutzumfang unzutreffend. Alle Kunden sind daher über die veränderte Situation zu unterrichten.

Die Informationspflicht der Kunden entsteht auch, wenn ein Institut sich auf seinen Antrag von der BaFin nach § 6 Abs. 2 EAEG einer **anderen Entschädigungseinrichtung zuordnen** lässt oder aus einer Zusatzeinrichtung – also z. B. dem Einlagensicherungsfonds des Bundesverbands deutscher Banken – ausscheidet und nur noch den gesetzlichen Mindestschutz genießt. Denn auch dann sind die bis dahin den Kunden gegebenen Informationen über die Zugehörigkeit zu einer bestimmten Sicherungseinrichtung bzw. hinsichtlich des zusätzlichen Schutzumfangs unzutreffend geworden. 3.98

Kapitel 4 Geldwäschebekämpfung

Übersicht

I. Entwicklung der Geldwäschebekämpfung

4.1 Die **Entwicklung der Gesetzgebung zur Geldwäschebekämpfung** beginnt bereits am 27. Juni 1980, als der Ministerrat der Mitglieder des Europarats mit Empfehlung Nr. R(80)10 den Mitgliedstaaten nahe gelegt hat, in ihre Bankensysteme Vorsichtsmaßnahmen gegen die Geldwäsche zu integrieren, wie z. B. durch die Verpflichtung der Banken zur Identifizierung ihrer Kunden und zur Einführung interner Sicherungsvorkehrungen. Einer der ersten maßgeblichen internationalen Schritte war die Verabschiedung des Übereinkommens der Vereinten Nationen gegen den unerlaubten Verkehr mit Suchtstoffen und psychotropen Stoffen **(Wiener-Drogen-Konvention)** vom 20. Dezember 1988, in dem die Mitgliedstaaten unter anderem zur Einführung des Straftatbestandes der Geldwäsche aufgefordert wurden. Ebenfalls im Dezember 1988 wurde die Baseler Grundsatzerklärung der G-7-Staaten verabschiedet. Adressat dieser Erklärung der Zentralbankgouverneure war das Bankgewerbe. Die Erklärung verlangte von den Banken unter anderem, ihre Kunden zu identifizieren und bei verdächtigen Geschäften mit den Behörden zusammenzuarbeiten oder diese Geschäfte abzulehnen. Am 8. November 1990 verabschiedete der Europarat eine Konvention über das Waschen und Aufspüren, die Beschlagnahme und Einziehung der Erträge aus Straftaten (**Straßburger Konvention**). Sie enthielt die Verpflichtung, die vorsätzliche Geldwäsche unter Strafe zu stellen. Auf dem

Weltwirtschaftsgipfel in Paris wurde im Juni 1989 von den G-7-Staaten die Aktionsgruppe "Finanzielle Maßnahmen gegen die Wäsche von Drogengeldern durch Banken" **(Financial Action Task Force-FATF)** eingesetzt, die am 19. April 1990 insgesamt 40 Empfehlungen veröffentlichte. 1996 und 2003 wurden die 40 Empfehlungen aufgrund der vorliegenden Erfahrungen aktualisiert und darin die Bekämpfung der Terrorismusfinanzierung integriert. Die ursprünglichen 40 Empfehlungen waren die wesentliche Grundlage für den Vorschlag der ersten Geldwäscherichtlinie der EG-Kommission. Insgesamt wurden die 40 Empfehlungen zwischenzeitlich von 130 Ländern angenommen. Im Zusammenhang mit den Terroranschlägen vom 11. September 2001 hat die FATF am 31. Oktober 2001 zudem acht Sonderempfehlungen zur Bekämpfung der Terrorismusfinanzierung verabschiedet. Diese sind in das deutsche Geldwäschebekämpfungsgesetz vom 8. August 2002 eingeflossen.

4.2 Am 23. März 1990 hat die Kommission der EG einen Vorschlag für die erste Richtlinie des Rates zur Verhinderung der Nutzung des Finanzsystems zum Zwecke der Geldwäsche vorgelegt, die am 10. Juni 1991 verabschiedet und in Deutschland durch das Geldwäschegesetz, das am 29. November 1993 in Kraft trat, umgesetzt wurde.[1)]

4.3 Mit der Richtlinie 2005/60/EG des Europäischen Parlaments und des Rates vom 26. Oktober 2005 zur Verhinderung der Nutzung des Finanzsystems zum Zwecke der Geldwäsche und der Terrorismusfinanzierung liegt nunmehr die 3. europäische Geldwäscherichtlinie vor, die durch die Richtlinie 2006/70/EG der Kommission vom 1. August 2006 mit Durchführungsbestimmungen insbesondere hinsichtlich der Begriffsbestimmung von „politisch exponierten Personen" und der Festlegung der technischen Kriterien für vereinfachte Sorgfaltspflichten flankiert wird. Die Umsetzung der **3. EG-Geldwäscherichtlinie** in nationales Recht erfolgte durch das am 20. August 2008 im Bundesgesetzblatt verkündete Geldwäschebekämpfungsergänzungsgesetz.[2)] Das Gesetz ist am 21. August 2008 in Kraft getreten.

II. Neufassung des Geldwäschegesetzes

4.4 Das **Geldwäschebekämpfungsergänzungsgesetz** beinhaltet eine vollständige Neufassung des Geldwäschegesetzes, wobei spezifische Pflichten für Kreditinstitute und Versicherungsunternehmen in das Kreditwesengesetz (§§ 25c bis 25h KWG) bzw. das Versicherungsaufsichtsgesetz (§§ 80c bis 80f VAG) ausgelagert wurden.

1) Ausführlicher: *Fülbier/Aepfelbach/Langweg*, GwG, Einl. Rz. 21 ff.

2) Gesetz zur Ergänzung der Bekämpfung der Geldwäsche und der Terrorismusfinanzierung (Geldwäschebekämpfungsergänzungsgesetz-GwBekErgG) v. 13.8.2008, BGBl. I, 1690.

Es sieht keine **Übergangsregelung** vor. Die neuen Regelungen waren deshalb mit Inkrafttreten unmittelbar gültig. Allerdings erforderte die Umsetzung der in den neu gefassten geldwäscherechtlichen Regelungen enthaltenen neuen Anforderungen umfassende Anpassungen der internen Prozesse und Datenverarbeitungssysteme durch die Kreditinstitute, weshalb eine vollständige Umsetzung des neuen Regelwerks zum Zeitpunkt des Inkrafttretens nicht möglich war. Dies hat auch die Bundesregierung in ihrer Gegenäußerung zu der Stellungnahme des Bundesrates[3] zum Ausdruck gebracht. Das Bundesministerium der Finanzen und die Bundesanstalt für Finanzdienstleistungsaufsicht haben sich vor diesem Hintergrund mit dem Zentralen Kreditausschuss darauf verständigt[4], dass die Implementierung der neuen Anforderungen innerhalb eines Übergangszeitraums von neun Monaten ab Inkrafttreten des Gesetzes, also bis zum 21. Mai 2009, abgeschlossen sein musste. Die keiner weiteren Umsetzungsmaßnahmen bedürfenden gesetzlichen Verbote des § 25h KWG (siehe unten Rz. 4.117 ff.) waren hingegen ab Inkrafttreten des Gesetzes sofort zu beachten und können seither Gegenstand aufsichtlicher Maßnahmen sein. 4.5

Neben Kreditinstituten und Versicherungsunternehmen werden zwischenzeitlich weitere **Adressaten** wie Finanzdienstleistungsinstitute, Finanzunternehmen, Versicherungsvermittler, Investmentaktiengesellschaften, Rechtsanwälte, Patentanwälte, Notare, Wirtschaftsprüfer, vereidigte Buchprüfer, Steuerberater, Steuerbevollmächtigte, bestimmte Dienstleister für Gesellschaften und Treuhandvermögen oder Treuhänder, Immobilienmakler, Spielbanken sowie Personen, die gewerblich mit Gütern handeln, durch die Bestimmungen des Geldwäschegesetzes verpflichtet. Nach wie vor konzentrieren sich jedoch die Maßnahmen zur Bekämpfung der Geldwäsche und Terrorismusfinanzierung im Wesentlichen auf Kreditinstitute, Finanzdienstleistungsinstitute und Versicherungsunternehmen, da die anderen Adressaten der gesetzlichen Regelungen zum einen nicht so unmittelbar mit Transaktionen von Geld oder sonstigen Vermögenswerten befasst sind und zum anderen keiner so weitgehenden Aufsicht unterliegen, die die Umsetzung der gesetzlichen Pflichten in vergleichbarer Weise durchsetzen und kontrollieren würde. 4.6

Dem deutschen Gesetzgeber zufolge stellen die neuen Regelungen eine „1:1-Umsetzung“ der 3. EG-Geldwäscherichtlinie dar und enthalten somit keine strengeren Regelungen gegenüber den in der Richtlinie enthaltenen Mindestvorgaben. Der bereits in der Richtlinie angelegte, sog. **risikobasierte Ansatz** soll mit der Neufassung auf eine gesetzliche Grundlage gestellt werden. Stärker am Risiko orientierte Sorgfaltspflichten sollen Teil eines viel zitierten „Paradigmenwechsels“ der Maßnahmen zur Bekämpfung der Geldwäsche sein. Dieser 4.7

---

3) BT-Drucks. 16/9080, S. 4 a. E.

4) Gemäß Schreiben des Zentralen Kreditausschusses an das Bundesministerium der Finanzen und die Bundesanstalt für Finanzdienstleistungsaufsicht v. 20.8.2008, n. v.

wird häufig mit dem Schlagwort vom regelbasierten zum risikobasierten Ansatz umschrieben. Danach soll der Grundsatz eingeführt werden, dass in bestimmten Fällen einerseits vereinfachte Sorgfaltspflichten gegenüber Kunden zugelassen werden, in Situationen mit einem erhöhten Risiko der Geldwäsche oder Terrorismusfinanzierung andererseits verstärkte Sorgfaltspflichten.[5] Im Gegensatz zum regelbasierten Ansatz soll der neue risikoorientierte Ansatz Risikofaktoren stärker berücksichtigen und den Verpflichteten insoweit mehr Spielräume bei der Justierung ihres individuellen Risikomanagements gewähren.[6] Demgemäß werden nach dem Risikogehalt allgemeine, vereinfachte und verstärkte Sorgfaltspflichten unterschieden. Leider lässt bereits die Richtlinie den hiernach gebotenen durchgehenden, je nach Risikosituation differenzierenden Ansatz an einigen wichtigen Stellen vermissen. So sind dem Beurteilungsspielraum der Verpflichteten bereits dadurch enge Grenzen gesetzt, dass sowohl die 3. EG-Geldwäscherichtlinie als auch die nationalen gesetzlichen Vorgaben einerseits die Anwendung vereinfachter Sorgfaltspflichten auf abschließend und detailliert beschriebene Anwendungsfälle beschränken, andererseits aber die Anwendung verstärkter Sorgfaltspflichten durch zahlreiche Öffnungsklauseln über die eigentlich in den Fokus gestellten Fälle erweitern. Durch die zahlreichen, kumulativ zu erfüllenden und detailtiefen Bedingungen, die an die Anwendung vereinfachter Sorgfaltspflichten geknüpft werden, werden diese für die Praxis in den Kreditinstituten kaum – wenn nicht sogar gar keine – Bedeutung erlangen. Andererseits obliegt den Verpflichteten bei der Nichtanwendung verstärkter Sorgfaltspflichten jeweils die Darlegungslast des § 3 Abs. 4 Satz 2 GwG. Danach müssen Verpflichtete den zuständigen Behörden auf Verlangen darlegen können, dass der Umfang der von ihnen getroffenen Maßnahmen im Hinblick auf die Risiken der Geldwäsche und Terrorismusfinanzierung als jeweils angemessen anzusehen ist. Dass diese neue Situation unbefriedigend ist, liegt auf der Hand. Es wäre daher zu wünschen gewesen, dass die beteiligten Normgeber auf europäischer und nationaler Ebene sowie die internationalen Standardsetzer mehr Mut zur Etablierung eines echten risikoorientierten Ansatzes gezeigt hätten.[7] Ein echter „Paradigmenwechsel" jedenfalls sieht anders aus.

4.8 Nachfolgend sollen die wesentlichen gesetzlichen Anforderungen an Kreditinstitute nach dem Geldwäschegesetz und den §§ 25c bis 25h KWG dargestellt werden:

---

5) Erwägungsgründe 22 und 24 der Richtlinie 2005/60/EG des Europäischen Parlaments und des Rates v. 26.10.2005, ABl. Nr. L 309, S. 15.

6) FATF, Die 40 Empfehlungen (2003), Empfehlung 5; Erwägungsgründe 22 ff. der Richtlinie 2005/60/EG des Europäischen Parlaments und des Rates v. 26.10.2005, ABl. Nr. L 309, S. 15.

7) *Achtelik/Ganguli,* Beilage 2 zu BP 11/2008, S. 12 f.

III. Allgemeine Sorgfaltspflichten

§ 3 GwG umschreibt diejenigen Sorgfaltspflichten, die von den Verpflichteten grundsätzlich erfüllt werden müssen, um zu verhindern, dass sie von Dritten zu Zwecken der Geldwäsche oder der Terrorismusfinanzierung missbraucht werden. Die Allgemeinen Sorgfaltspflichten umfassen im Wesentlichen 4.9

- die Identifizierung des Vertragspartners,
- die Ermittlung des Geschäftszwecks,
- die Abklärung des wirtschaftlich Berechtigten,
- die kontinuierliche Überwachung der Geschäftsbeziehung und Aktualisierung des Datenbestandes sowie
- die Verpflichtung, die Geschäftsbeziehung nicht zu begründen oder beenden, wenn diese Pflichten nicht erfüllt werden können.

Gegenüber dem bis August 2008 gültigen Geldwäschegesetz enthält der heute geltende Pflichtenkatalog insbesondere mit den Obliegenheiten zur Abklärung des Geschäftszweckes sowie der Aktualisierungspflicht zusätzliche Sorgfalts- und Abklärungspflichten. Die allgemeinen Sorgfaltspflichten nach § 3 GwG sind grundsätzlich gegenüber allen Vertragspartnern anzuwenden. Ausnahmen bestehen lediglich hinsichtlich der gesetzlich in den §§ 5 GwG und 25d KWG eng umrissenen Fälle, in denen vereinfachte Sorgfaltspflichten zulässig sind. Dagegen sollen erhöhte Risiken durch die Anwendung zusätzlicher, dem Risiko angemessener, verstärkter Sorgfaltspflichten ausgeglichen werden. Diese sind in den Fällen des § 6 GwG und § 25f KWG sowie bei Fallgestaltungen anzuwenden, bei denen das Kreditinstitut aufgrund eigener Einschätzung ein erhöhtes Risiko feststellt. 4.10

1. Pflichtauslösende Ereignisse

Die allgemeinen Sorgfaltspflichten sind jeweils bei Begründung einer Geschäftsbeziehung, im Falle der Durchführung einer außerhalb einer bestehenden Geschäftsbeziehung anfallenden Transaktion ab Erreichen des jeweiligen Schwellenwertes, im Falle der Feststellung von Tatsachen, die darauf schließen lassen, dass eine Transaktion einer Geldwäsche oder der Terrorismusfinanzierung dient sowie im Falle von Zweifeln an Angaben zur Identität des Vertragspartners oder des wirtschaftlich Berechtigten zu erfüllen. 4.11

Gemäß § 3 Abs. 2 Nr. 1 GwG sind die allgemeinen Sorgfaltspflichten bei **Begründung einer auf Dauer angelegten geschäftlichen Beziehung**, die in unmittelbarer Verbindung mit den geschäftlichen Aktivitäten des Verpflichteten steht, anzuwenden. Hauptanwendungsfälle in der Kreditwirtschaft sind die Eröffnung von Konten, Depots und Schließfächern i. S. v. § 154 AO. Vertragliche Beziehungen, die keinen Bezug zu den geschäftstypischen Aufgaben oder Leistungen des Kreditinstituts aufweisen oder die allein der Aufrechterhaltung des Geschäftsbetriebs dienen, unterfallen nicht einer Geschäftsbeziehung in 4.12

diesem Sinne. Beispiele für solche allgemeinen, nicht banktypischen Rechtsbeziehungen sind Verträge mit Versorgungsunternehmen, IT-Wartungs-/Dienstleistungsverträge, Dienstverträge mit Gebäudereinigungsunternehmen sowie sonstige allgemeine Beschaffungsgeschäfte.

4.13 Darüber hinaus sind die allgemeinen Sorgfaltspflichten gemäß § 3 Abs. 2 Nr. 2 GwG anlässlich einer **außerhalb einer bestehenden Geschäftsbeziehung anfallenden Transaktion** im Wert von 15.000 Euro oder mehr zu erfüllen. Dabei umfasst der Begriff der Transaktion – wie auch schon in dem bis August 2008 geltenden Geldwäschegesetz – jede Handlung mit dem Ziel einer Vermögensverschiebung und damit sowohl Bartransaktionen als auch unbare Transaktionen. Anders als in dem bis August 2008 geltenden Geldwäschegesetz beschränkt das aktuelle Gesetz die Anwendbarkeit der Sorgfaltspflichten jedoch nicht mehr auf Bartransaktionen, sondern erstreckt sie gleichermaßen auf unbare Transaktionen. Darüber hinaus ist die Anwendung der Sorgfaltspflichten auch nicht mehr auf die Annahme von Vermögenswerten beschränkt, sondern umfasst nunmehr sowohl die Annahme als auch die Abgabe von Vermögenswerten. Als pflichtauslösende Geschäftsvorfälle kommen daher in der kreditwirtschaftlichen Praxis unter anderem die Annahme und Abgabe von Bargeld, Wertpapieren und Edelmetallen, Überweisungen sowie sachenrechtliche Eigentümerwechsel in Betracht.

4.14 Durch die Beschränkung des Anwendungsbereichs auf gelegentliche Transaktionen außerhalb einer dauerhaften Geschäftsbeziehung bleibt es jedoch in der kreditwirtschaftlichen Praxis trotz dieser systematischen Veränderungen im Wesentlichen bei den auch bislang **identifizierungspflichtigen Transaktionsgeschäften**: Da der unbare Zahlungsverkehr zwangsläufig innerhalb einer bestehenden Geschäftsbeziehung (Kontoverbindung) stattfindet, entsteht hierdurch auch nach neuem Recht keine Pflicht zur Anwendung der allgemeinen Sorgfaltspflichten. Auch Auszahlungen vom Konto erfolgen ausschließlich innerhalb einer bestehenden Geschäftsbeziehung, da sie nur an Berechtigte erfolgen und bereits aus zivilrechtlichen Gründen entsprechend dokumentiert werden. Regelmäßig außerhalb einer bestehenden Geschäftsverbindung finden jedoch kontoungebundene Bargeschäfte (Tafelgeschäfte) statt. Bei Überschreiten der gesetzlichen Schwellenwerte sind daher die allgemeinen Sorgfaltspflichten anzuwenden. Zur Abgrenzung, ob eine Bareinzahlung auf ein bei dem jeweiligen Kreditinstitut geführtes Konto innerhalb oder außerhalb der bestehenden Geschäftsverbindung erfolgt, erlaubt der Gesetzgeber auch ein Abstellen auf die Offensichtlichkeit des Handelns für den Vertragspartner (Kontoinhaber). Neben anderen äußeren Umständen des jeweiligen Geschäfts kann z. B. das gewählte Einzahlungsverfahren indizieren, ob die Einzahlung innerhalb oder außerhalb der bestehenden Geschäftsbeziehung erfolgt. Die Verwendung eines Zahlscheins indiziert die Begründung eines eigenständigen Vertragsverhältnisses mit dem Auftretenden außerhalb einer bestehenden Geschäftsbeziehung, denn nur das Zahlscheinverfahren ermöglicht dem Empfänger, den Zahlungseingang einer bestimmten Person anhand des Verwendungszwecks zuzuordnen. Eine andere Form, z. B. die Einzahlung auf Grundlage eines Einzahlungsbelegs, kann dagegen auf eine Einzahlung innerhalb der bestehenden Geschäftsbeziehung hindeuten.

An Transaktionen innerhalb einer bestehenden Geschäftsbeziehung knüpft das Gesetz keine spezifischen Pflichten. Bei Transaktionen außerhalb einer bestehenden Geschäftsbeziehung sind die allgemeinen Sorgfaltspflichten bei Erreichen der **normierten Schwellenwerte** zu erfüllen: 4.15

- 15.000 Euro bei der Annahme/Abgabe von Bargeld, Edelmetallen, effektiven Wertpapieren sowie bei sachenrechtlichen Eigentumswechseln und
- 2.500 Euro bei Sortengeschäften, die nicht über ein Konto des Kunden abgewickelt werden.

Ebenfalls erfasst sind Fälle, in denen Anhaltspunkte dafür bestehen, dass Transaktionen künstlich aufgespalten werden, um den Schwellenwert zu unterlaufen und einer Identifizierung zu entgehen (sog. „Smurfing"). 4.16

Darüber hinaus ist neben den Vorschriften des GwG und KWG die EG-**Geldtransferverordnung**[8] zu beachten. Danach müssen bei Zahlscheingeschäften zur Gutschrift bei einer anderen Bank bei Beträgen über 1.000 Euro der Name und die Anschrift des Auftraggebers anhand eines Legitimationspapieres festgestellt, dokumentiert und dem Auftraggeberdatensatz beigefügt werden. 4.17

Des Weiteren sind die allgemeinen Sorgfaltspflichten zu erfüllen, wenn sich der **Verdacht** ergibt, dass eine Transaktion **einer Geldwäsche** nach § 261 StGB oder der Terrorismusfinanzierung dient bzw. im Falle ihrer Durchführung dienen würde. Ausnahmeregelungen, Befreiungen und Schwellenbeträge gelten in diesem Fall nicht. 4.18

Schließlich sind im Fall von **Zweifeln**, ob die erhobenen Angaben zur Identität des Vertragspartners oder des wirtschaftlich Berechtigten zutreffend sind, die allgemeinen Sorgfaltspflichten – ggf. erneut – zu erfüllen. 4.19

2. Identifizierung des Vertragspartners

Nach § 4 Abs. 3 und 4 GwG besteht die Identifizierung aus der **Feststellung der Identität** durch das Erheben bestimmter Angaben und die **Überprüfung der Identität** anhand eines gültigen amtlichen Lichtbildausweises, eines Auszugs aus dem Handels- oder Genossenschaftsregister oder anderer gleichwertiger Dokumente. 4.20

8) Verordnung (EG) 1781/2006 des Europäischen Parlaments und des Rates über die Übermittlung von Angaben zum Auftraggeber bei Geldtransfers v. 8.12.2006, ABl. Nr. L 345.

4.21 Die **zu identifizierende Person** ist jeweils der Vertragspartner, d. h. diejenige natürliche oder juristische Person, mit der eine Geschäftsbeziehung eingegangen wird bzw. die Vertragspartner einer außerhalb einer Geschäftsbeziehung durchgeführten Transaktion ist. Maßgeblich ist dabei das zivilrechtliche Verständnis; es wird also jeweils auf die Vertragsbeziehung abgestellt, die der Geschäftsverbindung bzw. Gelegenheitstransaktion zugrunde liegt. Als Vertragspartner ist dabei allein der Vertragspartner der Geschäftsbeziehung bzw. der Auftraggeber einer außerhalb einer Geschäftsbeziehung durchgeführten Transaktion zu identifizieren. Diesem Leitbild entsprechend ist zwar der Auftraggeber z. B. eines Zahlscheingeschäfts zu identifizieren, nicht jedoch dessen Empfänger. Der persönlich Auftretende ist demnach nur dann Anknüpfungspunkt kundenbezogener Sorgfaltspflichten, wenn er gleichzeitig Vertragspartner ist.

4.22 Dementsprechend ist ein als **Bote oder Vertreter** handelnder persönlich Auftretender nicht Gegenstand der Sorgfaltspflichten, sondern der tatsächliche Vertragspartner, für den die Handlungen oder Erklärungen des Auftretenden wirken.

4.23 Gemäß § 4 Abs. 3 Nr. 1 GwG sind zur **Feststellung der Identität bei natürlichen Personen** der Nachname und mindestens ein Vorname, der Geburtsort, das Geburtsdatum, die Staatsangehörigkeit, die Anschrift sowie Art, Nummer und ausstellende Behörde des Legitimationsdokuments aufzuzeichnen. Im Hinblick auf die Pflicht zur Legitimation von Konto- und Depotinhabern sowie Verfügungsberechtigten nach § 154 AO halten die Bundesanstalt für Finanzdienstleistungsaufsicht und das Bundesministerium der Finanzen darüber hinaus weiterhin an der Erfassung aller Vornamen des Konto-/Depotinhabers fest, soweit diese vorliegen. Damit sollen behördliche Abfragen aus der Kontoabrufdatei gemäß § 24c KWG erleichtert werden. Die Art der Datenerfassung ist dabei freigestellt. In Betracht kommen insbesondere eine Ausweiskopie, die elektronische sowie die schriftliche Erfassung.

4.24 Die **Verifizierung** der Angaben soll anhand gültiger amtlicher Lichtbildausweise, die den Anforderungen des Passgesetzes entsprechen, oder ausländerrechtlich anerkannter Ersatzpapiere erfolgen. In Betracht kommen damit vorrangig der Personalausweis oder Reisepass sowie deutsche Passersatzpapiere. Die Gesetzesbegründung zu § 4 Abs. 4 Nr. 1 GwG[9] enthält weitere Hinweise zu geeigneten Legitimationsdokumenten.

4.25 Besondere Regelungen bestehen für die **Fernidentifizierung**, also Fälle, in denen der Vertragspartner zur Feststellung der Identität nicht persönlich anwesend ist (siehe unten Rz. 4.76 f.).

4.26 Erstmals enthält das Geldwäschegesetz auch Vorgaben zur Identifizierung juristischer Personen. Zur **Feststellung der Identität juristischer Personen oder**

9) BT-Drucks. 16/9038, S. 37 ff.

Personengesellschaften sind nach § 4 Abs. 3 Nr. 2 GwG die Firma, der Name oder die Bezeichnung des Vertragspartners, seine Rechtsform, die Anschrift des Sitzes bzw. der Hauptniederlassung, soweit vorhanden die Registernummer und die Namen der Mitglieder des Vertretungsorgans oder der gesetzlichen Vertreter zu erfassen. Ist ein Mitglied des Vertretungsorgans oder der gesetzliche Vertreter selbst eine juristische Person, so sind die genannten Angaben mit Ausnahme der Mitglieder des Vertretungsorgans bzw. der gesetzlichen Vertreter zu dieser juristischen Person zu erheben. Wie bei natürlichen Personen ist auch bei juristischen Personen die Art und Weise der Erfassung grundsätzlich freigestellt.

Die Erfassung der gesetzlichen Vertreter bzw. Mitglieder des Vertretungsorgans umfasst keine förmliche Identifizierung als Vertragspartner i. S. v. § 4 Abs. 3 GwG. Sie beschränkt sich vielmehr auf die Aufzeichnung der geforderten Angaben. Darüber hinaus sind die Erleichterungen der Nr. 7 Buchstaben h bis k des Anwendungserlasses zu § 154 AO anwendbar. 4.27

Die **Verifizierung** der Angaben soll nach § 4 Abs. 4 Nr. 2 GwG möglichst anhand eines Auszuges aus dem Handels-, Genossenschafts- oder einem vergleichbaren amtlichen Register oder Verzeichnis anhand der Gründungsdokumente oder gleichwertiger beweiskräftiger Dokumente erfolgen. Dabei kann die Verifizierung der Dokumentation z. B. durch die Kopie des Registerauszuges oder den Ausdruck des elektronischen Registerauszuges als Nachweis über die erfolgte Einsichtnahme erfolgen. Hilfsweise können auch andere gleichwertige beweiskräftige Unterlagen herangezogen werden. Im Falle ausländischer juristischer Personen oder Personengesellschaften muss sich die Auswahl der zur Verifizierung verwendeten Unterlagen jeweils am lokalen Standard orientieren. 4.28

Mit der Pflicht zur Erhebung der Identifizierungsangaben korrespondiert die **Mitwirkungspflicht** des Vertragspartners nach § 4 Abs. 6 GwG, die erforderlichen Informationen und Unterlagen für die Identifizierung dem Kreditinstitut zur Verfügung zu stellen und entsprechende Änderungen anzuzeigen. 4.29

Zwar sieht § 4 Abs. 1 GwG vor, dass die Identifizierung vor der Begründung der Geschäftsbeziehung bzw. der Durchführung der Transaktion zu erfolgen hat, jedoch gestattet § 25e KWG als Spezialregelung zum **Zeitpunkt der Identifizierung**, dass die Überprüfung der Identität des Vertragspartners und des wirtschaftlich Berechtigten auch unverzüglich nach der Eröffnung eines Kontos oder Depots abgeschlossen werden kann. Dies gilt jedoch nur, wenn sichergestellt ist, dass der Vertragspartner vor Abschluss der Überprüfung der Identität keine Abverfügungsmöglichkeit erhält. 4.30

§ 4 Abs. 2 GwG gestattet das **Absehen von einer Identifizierung**, wenn der Vertragspartner bereits bei einer früheren Gelegenheit identifiziert worden ist. Dies ist jedoch entsprechend zu dokumentieren. Darüber hinaus bestehen 4.31

unter bestimmten Voraussetzungen Erleichterungen in den Fällen vereinfachter Sorgfaltspflichten nach §§ 5 GwG und 25d KWG (siehe unten Rz. 4.60 ff.).

3. Ermittlung des Geschäftszweckes

4.32 Nach § 3 Abs. 1 Nr. 2 GwG wird von den Kreditinstituten verlangt, sich über den Zweck und die angestrebte Art der Geschäftsbeziehung zu unterrichten, soweit dies nicht bereits aus der Natur der jeweiligen Geschäftsverbindung ersichtlich ist. Hierdurch sollen das sog. „Know-your-customer"-Prinzip ergänzt und die Kreditinstitute besser in die Lage versetzt werden, ein Risikoprofil über ihre jeweiligen Vertragspartner zu entwickeln. Der Geschäftszweck ist dann aus der Natur der jeweiligen Geschäftsbeziehung ersichtlich, wenn das Produkt den jeweiligen Zweck indiziert. So dient bspw. ein Kontokorrentkonto als Privat- oder Geschäftskonto der Abwicklung des Zahlungsverkehrs, ein Sparkonto der Ansammlung und Anlage von Vermögen und ein Depotkonto der Verwaltung und Verwahrung von Wertpapieren. Damit dürfte sich der Geschäftszweck im Bankgeschäft in der Regel aus dem genutzten Produkt ergeben. Darüber hinaus ist dessen Ermittlung auch durch Fragen und Angaben des Kunden denkbar. Eine gesonderte Erfassung von Informationen ist dabei nur insoweit sinnvoll, als sich der Geschäftszweck nicht aus der Kundenbeziehung unmittelbar ergibt. Bei Geschäftsbeziehungen mit natürlichen Personen und nicht geschäftlicher Nutzung der Bankprodukte kann daher grundsätzlich angenommen werden, dass der Zweck die allgemeine private Nutzung (z. B. zu Zwecken des Zahlungsverkehrs etc.) ist. Hier besteht daher grundsätzlich kein Bedarf nach weiteren Informationen, solange die Ergebnisse der laufenden Überwachung des Kunden keinen Anlass zu Zweifeln geben. Bei Geschäftskunden kann die Einholung von Angaben zum Nutzungszweck dagegen erforderlich sein, wenn sich dieser nicht aus der Geschäftsbeziehung selbst ergibt. Dabei erscheint es sinnvoll, die Intensität der einzuholenden Informationen über den Geschäftszweck an der dem Kunden zugeordneten Risikokategorie auszurichten.

4. Abklärung des wirtschaftlich Berechtigten

4.33 Bestandteil der allgemeinen Sorgfaltspflichten ist nach § 3 Abs. 1 Nr. 3 GwG ferner die Abklärung, ob der Vertragspartner für einen wirtschaftlich Berechtigten handelt und, soweit dies der Fall ist, dessen Identifizierung nach Maßgabe des § 4 Abs. 5 GwG. Ist der Vertragspartner keine natürliche Person, so muss zusätzlich dessen Eigentums- und Kontrollstruktur mit angemessenen Mitteln abgeklärt werden.

4.34 Als wirtschaftlich Berechtigter ist jeweils die im Hintergrund stehende **natürliche Person** zu ermitteln. Aufgrund der durch die 3. EG-Geldwäscherichtlinie vorgegebenen Definition kommen juristische Personen als wirtschaftlich Berechtigte nicht mehr in Frage.

Somit muss zur Ermittlung des wirtschaftlich Berechtigten bei **zwischengeschalteten juristischen Personen** grundsätzlich durch diese hindurch auf die dahinterstehende natürliche Person gesehen werden. 4.35

Insgesamt umfasst die **gesetzliche Definition** des wirtschaftlich Berechtigten gemäß § 1 Abs. 6 GwG drei unterschiedliche Fallkonstellationen des wirtschaftlich Berechtigten: 4.36

- Erstens: diejenige natürliche Person, auf deren Veranlassung eine Transaktion letztlich durchgeführt bzw. eine Geschäftsbeziehung begründet wird;
- Zweitens: diejenige natürliche Person, die den Vertragspartner direkt oder indirekt kontrolliert bzw. in deren Eigentum der Vertragspartner letztlich steht;
- Drittens: die natürliche Person, die hauptnütziger Begünstigter einer fremdnützigen Gestaltung ist.

Das **Handeln auf Veranlassung eines Dritten** entspricht im Wesentlichen dem Handeln für Rechnung eines Dritten i. S. d. § 8 GwG a. F. Im Unterschied zur alten Rechtslage ist jedoch jeweils auf dic im Hintergrund unmittelbar oder auch nur mittelbar stehende natürliche Personen abzustellen, da nach der neuen gesetzlichen Definition der wirtschaftlich Berechtigte keine juristische Person sein kann. Der Vertragspartner geht in diesen Fällen die Geschäftsbeziehung mit der Absicht ein, die Leistungen und Produkte nicht im eigenen Interesse, sondern – insbesondere als Treuhänder – für die Interessen eines Dritten zu nutzen. Innerhalb einer bestehenden Geschäftsbeziehung besteht jedoch regelmäßig keine Pflicht zur Abklärung, ob einzelne Transaktionen auf Veranlassung eines anderen durchgeführt werden, wenn nicht Zweifel an der Richtigkeit der bei der Begründung der Geschäftsbeziehung erhobenen Angaben zum wirtschaftlich Berechtigten existieren. 4.37

Bei **Anderkonten von rechtsberatenden Berufen** gemäß § 2 Abs. 1 Nr. 7 GwG müssen die wirtschaftlich Berechtigten regelmäßig nicht festgestellt werden (vgl. unten Rz. 4.65). 4.38

Die Fallkonstellation, dass eine natürliche Person **direkt oder indirekt Kontrolle** über den Vertragspartner **ausübt bzw. Eigentum** an ihm **hält**, kann im Ergebnis nur bei juristischen Personen und Personenmehrheiten als Vertragspartner vorkommen, nicht jedoch bei natürlichen Personen. Bei Gesellschaften besteht gemäß § 1 Abs. 6 GwG die unwiderlegliche Vermutung der Kontrolle, wenn unmittelbar oder mittelbar mehr als 25 % der Eigentums- oder Stimmrechtsanteile kontrolliert werden. Die Abklärungspflicht bei juristischen Personen und Personenmehrheiten als Vertragspartner besteht daher sowohl aus der Ermittlung des wirtschaftlich Berechtigten, also der Person, die Eigentümer des Kunden ist oder diesen kontrolliert bzw. unter Anwendung der Vermutungsregel als kontrollierend zu betrachten ist, als auch aus der Erfassung der Eigentums- und Kontrollstrukturen mit angemessenen Mitteln. 4.39

4.40 Bei ausschließlich unmittelbarer Beteiligung natürlicher Personen am Vertragspartner (**einstufiger Beteiligungsstruktur**) sind wirtschaftlich Berechtigte diejenigen Anteilsinhaber, die mehr als 25 % der Anteile halten. Deren Namen und – soweit aus Risikogesichtspunkten indiziert und erhältlich – auch weitere Identifikationsmerkmale (z. B. Anschrift) sind zu erfassen und – soweit erfasst – zudem als wirtschaftlich Berechtigte in die Kontoabrufdatei gemäß § 24c KWG einzustellen. Bei solchen einstufigen Beteiligungsstrukturen ist damit in der Regel auch gleichzeitig die Pflicht zur Erfassung der Eigentums- und Kontrollstrukturen erfüllt.

4.41 Bei **mehrstufigen Beteiligungsstrukturen**, also in Fällen, in denen Anteile am Vertragspartner nicht nur von natürlichen Personen, sondern wiederum von juristischen Personen oder Personenmehrheiten gehalten werden, sind darüber hinaus diejenigen natürlichen Personen zu ermitteln, die die zwischengeschalteten Gesellschaften kontrollieren, die mehr als 25 % der Anteile an dem Vertragspartner halten. Eine Beherrschung oder Kontrolle über zwischengeschaltete Gesellschaften liegt regelmäßig dann vor, wenn die im Hintergrund stehende natürliche Person die zwischengeschalteten Gesellschaften tatsächlich beherrscht oder kontrolliert, also insbesondere die Unternehmenspolitik steuern und die gesetzlichen Vertreter und Organe bestimmen kann. Eine solche kontrollierende Stellung liegt aufgrund der gesellschaftsrechtlichen Einflussmöglichkeiten immer dann vor, wenn eine Person eine Mehrheit (mehr als 50 %) der Anteile an der Gesellschaft hält. Auch ohne eine Mehrheitsbeteiligung kann eine entsprechende kontrollierende Stellung vorliegen, wenn sich eine der gesellschaftsrechtlichen Einflussmöglichkeit entsprechende Kontrollmöglichkeit aus anderen Umständen, z. B. durch vertragliche Abreden ergibt. Im Ergebnis entspricht daher die Kontrolle bzw. Beherrschung des Vertragspartners i. R. d. Abklärung des wirtschaftlich Berechtigten im Wesentlichen den konzernrechtlichen Begriffen der Kontrolle und Beherrschung.

4.42 Im Falle von juristischen Personen und Personenmehrheiten als Vertragspartner ist die **Beteiligungsstruktur** mit angemessenen Mitteln und risikoorientiert zu erfassen und in geeigneter Weise aufzuzeichnen. Dies kann durch schriftliche Aufzeichnungen oder auch schematisch in Form eines Diagramms erfolgen. Dabei sollten Angaben zu den Eigentumsverhältnissen bei allen wesentlichen Beteiligungen erfasst werden. Von einer wesentlichen Beteiligung kann in der Regel bei mehr als 25 % der Anteile ausgegangen werden.

4.43 **Börsennotierte Gesellschaften**, die an gemeinschaftsrechtlichen Transparenzanforderungen genügenden Börsen notiert sind, unterfallen nicht der Pflicht zur Abklärung des wirtschaftlich Berechtigten und der Erfassung der Eigentums- und Kontrollstrukturen. Außerdem gilt für börsennotierte Gesellschaften sowie für bestimmte andere Verpflichtete die Ausnahmeregelung des § 5 Abs. 2 GwG, wonach die kundenbezogenen Sorgfaltspflichten unter bestimmten Bedingungen entfallen können (siehe unten Rz. 4.60 ff.). Umgekehrt gilt, dass die

Pflicht zur Abklärung des wirtschaftlich Berechtigten bei börsennotierten Gesellschaften besteht, wenn die betreffende Börse nicht zu den privilegierten Börsen zählt.

Bei **fremdnützigen Gestaltungen** wie Treuhandgestaltungen einschließlich Trusts, Stiftungen und vergleichbaren Rechtsgestaltungen wird gemäß der Legaldefinition des § 1 Abs. 6 GwG die Eigenschaft als wirtschaftlich Berechtigter vermutet, wenn eine natürliche Person als Begünstigter von 25 % oder mehr des verwalteten Vermögens bestimmt worden ist oder – sofern eine begünstigte Person noch nicht bestimmt worden ist – bei der Gruppe der hauptsächlich Begünstigten. Im letzteren Fall lässt sich die hauptsächliche Begünstigung nicht mit einem starren Prozentsatz festlegen, sondern ist im Einzelfall anhand der Relation der möglicherweise „hauptsächlich Begünstigten" gegenüber den anderen Begünstigten zu bewerten. **4.44**

Wurde ein wirtschaftlich Berechtigter ermittelt, so sind zur **Feststellung der Identität** dessen Nachname und mindestens ein Vorname zu erfassen. Weitere Identifizierungsmerkmale wie bspw. die Anschrift und das Geburtsdatum sind hingegen nur zu erheben, soweit dies mit Blick auf das im Einzelfall bestehende Geldwäsche- oder Terrorismusfinanzierungsrisiko angezeigt ist. **4.45**

Die **Überprüfung der Identität** des wirtschaftlich Berechtigten erfolgt nach § 4 Abs. 5 Satz 2 GwG durch risikoangemessene Maßnahmen. Die Angemessenheit der Maßnahmen richtet sich zunächst nach dem Geldwäsche- oder Terrorismusfinanzierungsrisiko der Geschäftsbeziehung bzw. Transaktion. Gleichzeitig ist zu berücksichtigen, welche Erkenntnismöglichkeiten dem Kreditinstitut zur Klärung des Sachverhalts zur Verfügung stehen. Hierzu weist die Bundesanstalt für Finanzdienstleistungsaufsicht explizit darauf hin[10)], dass auch in Fällen eines normalen Risikos stets Maßnahmen zur Überprüfung der Identität des wirtschaftlich Berechtigten ergriffen werden müssen; lediglich der Umfang der insoweit zu treffenden Maßnahmen könne risikoangemessen ausgestaltet werden. Ein vollständiger Verzicht auf Maßnahmen zur Überprüfung der Identität des wirtschaftlich Berechtigten soll damit in Fällen des normalen Risikos nicht zulässig sein. Dabei soll das Ersuchen des Kunden um zweckdienliche Daten keine geeignete Maßnahme zur Überprüfung der Identität des wirtschaftlich Berechtigten darstellen. Anders als bei der Identifizierung des Vertragspartners dürften jedoch Verifizierungsmaßnahmen bei wirtschaftlich Berechtigten nicht in allen Fällen durchführbar sein. Dies folgt insbesondere aus der Zweiteilung der wirtschaftlich Berechtigten, die sowohl als Treugeber als auch als Eigentümer/Stimmrechtsinhaber auftreten können. Um der Vorgabe der Bankaufsicht zu genügen, muss es daher ausreichen, die Angaben zum wirtschaftlich Berechtigten beim Kunden zu erfragen und – soweit möglich – anhand **4.46**

10) BaFin-Rundschreiben Nr. 14/2009 (GW) an alle Kreditinstitute (und andere) in der Bundesrepublik Deutschland v. 29.7.2009, Ziff. III.

von öffentlich zugänglichen Quellen oder Dokumentenkopien zu plausibilisieren. Dies kann z. B. anhand von Ausweiskopien, Registerauszügen, Gesellschafterverträgen, Satzungen, aber auch Telefonbucheinträgen oder mittels eigener Internetrecherche erfolgen.

4.47 Mit der Pflicht zur Abklärung des wirtschaftlich Berechtigten korrespondiert die **Mitwirkungspflicht** des Vertragspartners nach § 4 Abs. 6 GwG, die erforderlichen Informationen und Unterlagen für die Abklärung des wirtschaftlich Berechtigten sowie der Eigentums- und Kontrollstruktur dem Kreditinstitut zur Verfügung zu stellen und entsprechende Änderungen anzuzeigen.

5. Kontinuierliche Überwachung der Geschäftsbeziehung und Aktualisierung des Datenbestandes

4.48 Gemäß § 3 Abs. 1 Nr. 4 GwG ist die **Geschäftsbeziehung**, einschließlich der in ihrem Verlauf durchgeführten Transaktionen, **kontinuierlich zu überwachen**. Dadurch soll sichergestellt werden, dass die innerhalb einer Geschäftsbeziehung durchgeführten Transaktionen mit den beim Kreditinstitut vorhandenen Informationen über den Vertragspartner und ggf. über den wirtschaftlich Berechtigten, deren Geschäftstätigkeit und Kundenprofil übereinstimmen. Der Gesetzgeber[11)] geht davon aus, dass nur so während einer laufenden Geschäftsbeziehung bei der Abwicklung von einzelnen Transaktionen Auffälligkeiten oder Abweichungen vom gewöhnlichen Geschäftsverhalten festgestellt werden können. Insbesondere ließen sich dadurch versteckte Risikoindikatoren erkennen, die zum Zeitpunkt der Eingehung der Geschäftsbeziehung noch nicht existierten oder erkennbar waren, sondern erst während der laufenden Geschäftsbeziehung auftreten.

4.49 Darüber hinaus statuiert § 3 Abs. 1 Nr. 4 GwG die Pflicht, i. R. d. kontinuierlichen Überwachung sicherzustellen, dass die jeweiligen Dokumente, Daten oder Informationen in angemessenem zeitlichen Abstand aktualisiert werden. Dies soll die Effektivität und Aussagekraft der laufenden Überwachung des Vertragspartners gewährleisten. Die **Aktualisierungspflicht** umfasst die i. R. d. Erfüllung der kundenbezogenen Sorgfaltspflichten zu erhebenden Informationen. Wie die übrigen allgemeinen Sorgfaltspflichten ist auch die Aktualisierungspflicht nicht nur auf alle neuen Vertragspartner, sondern zu geeigneter Zeit auch auf die bestehende Kundschaft auf risikoorientierter Grundlage anzuwenden.

4.50 Die Aktualisierungsverpflichtung berührt nicht die datenschutzrechtlichen Grenzen für die Erfassung von Kundendaten. Sie verlangt von den Kreditinstituten jedoch die Einführung von geeigneten **Maßnahmen zur Aktualisierung** ihrer Kundendaten. Eine Pflicht zur starren, periodischen Aktualisierung des gesamten

11) BT-Drucks. 16/9038, S. 34.

Datenbestandes beinhaltet die gesetzliche Vorgabe nicht. Insbesondere ist i. R. d. Aktualisierung der Kundendaten keine erneute Identifizierung i. S. d. § 4 GwG sowie keine Aktualisierung der nach § 8 Abs. 1 Satz 2 GwG zu erfassenden Daten (also Ausweisart, -nummer sowie ausstellende Behörde) erforderlich. Etwas anderes gilt lediglich bei offensichtlich falschen Daten.

Offensichtlich falsch sind nach Inkrafttreten des neuen Geldwäschegesetzes die **Angaben zu juristischen Personen als wirtschaftlich Berechtigte** nach dem § 8 GwG a. F., da nach § 1 Abs. 6 GwG nur noch natürliche Personen als wirtschaftlich Berechtigte zu erfassen sind. Daher gilt in diesen Fällen eine Sonderfrist zur Aktualisierung der Kundendaten und der in die Datei zum automatisierten Abruf von Kontoinformationen nach § 24c KWG eingestellten diesbezüglichen Daten von fünf Jahren, beginnend am 1. Januar 2009.[12] **4.51**

Bereits vor Inkrafttreten des neuen Geldwäschegesetzes waren die Kunden von Banken und Sparkassen nach den jeweils geltenden Allgemeinen Geschäftsbedingungen verpflichtet, wesentliche Änderungen ihrer Daten unverzüglich anzuzeigen (vgl. Rz. 6.37). Dies trägt seit jeher zu einer angemessenen **Aktualität der Kundendaten** von Kreditinstituten bei. Darüber hinaus unterliegen Vertragspartner seit Inkrafttreten des neuen Geldwäschegesetzes gemäß § 4 Abs. 6 und § 6 Abs. 2 Nr. 1 Satz 6 GwG der gesetzlichen Verpflichtung, Änderungen ihrer Daten unverzüglich anzuzeigen. Auch sonstige Maßnahmen der Kreditinstitute bieten seit Langem Gewähr für eine angemessene Aktualität des Datenbestandes. So wurden und werden i. R. v. allgemeinen Kundenkontakten im Verlauf der Geschäftsbeziehung sich ergebende Änderungen ständig aktualisiert. Auch nicht zustellbare Post ist seit jeher ein Anlass, die Kundendaten zu überprüfen. Schließlich ergeben sich weitere Anhaltspunkte i. R. d. EDV-Überwachung laufender Geschäftsbeziehungen. **4.52**

Aktualisierungsmaßnahmen setzen nicht zwingend eine Kontaktaufnahme mit dem Kunden voraus. Vielmehr können Kreditinstitute auch auf anderweitig erhältliche Informationen zurückgreifen, sofern diese aus einer zuverlässigen Quelle stammen. **4.53**

6. Beendigungsverpflichtung

Kann das Kreditinstitut die Sorgfaltspflichten nach § 3 Abs. 1 Nr. 1 bis 3 GwG (Identifizierung des Vertragspartners, Ermittlung des Geschäftszwecks und Abklärung des wirtschaftlich Berechtigten) nicht erfüllen, darf die Geschäftsbeziehung nicht begründet oder fortgesetzt und keine Transaktion durchgeführt werden. Soweit eine Geschäftsbeziehung bereits besteht, ist diese vom Verpflichteten ungeachtet anderer gesetzlicher oder vertraglicher Bestimmungen durch Kündigung oder auf andere Weise zu beenden. Diese aufgrund der **4.54**

12) Vgl. ZKA-Hinweise zur Geldwäschebekämpfung 2008, Zeile 61.

Richtlinienvorgaben neu eingeführte Pflicht zur Beendigung bestehender Geschäftsverbindungen, zur Nichtdurchführung von Transaktionen sowie zur Nichtaufnahme neuer Geschäftsverbindungen im Falle der Nichterfüllung der Kundensorgfaltspflichten erstreckt sich darüber hinaus gemäß § 6 Abs. 1 Satz 2 GwG auf die Abklärung des PEP-Status des Vertragspartners (siehe unten Rz. 4.68 ff.).

4.55 Die Beendigungsverpflichtung ist **bei bestehenden Geschäftsverbindungen** durch risikobasierte Wahrnehmung des Rechts zur ordentlichen oder außerordentlichen Kündigung zu erfüllen. Dies kann ggf. unter Hinweis auf die Verletzung der Mitwirkungspflichten des Vertragspartners sowie die durch § 3 Abs. 6 GwG gesetzlich vorgeschriebene Kündigungspflicht geschehen. Darüber hinaus sollte überprüft werden, ob Anlass zur Erstattung einer Verdachtsanzeige (siehe unten Rz. 4.107 ff.) besteht.

4.56 Bei Anwendung der Verpflichtung zur Kündigung einer bestehenden Geschäftsbeziehung oder Beendigung auf andere Weise ist jedoch nach der Gesetzesbegründung zu § 3 Abs. 6 GwG[13)] im Einzelfall der **Grundsatz der Verhältnismäßigkeit** zu beachten, sodass hier die Verpflichtung entfallen kann, wenn nach Abwägung des wirtschaftlichen Interesses des Kreditinstituts an der Fortsetzung der Geschäftsbeziehung mit dem Geldwäsche- oder Terrorismusfinanzierungsrisiko des jeweiligen Vertragspartners und der jeweiligen Transaktion eine Beendigung unangemessen wäre. Die Verpflichtung zur Kündigung einer bestehenden Geschäftsbeziehung tritt jedoch auch in diesen Fällen ein, wenn die Sorgfaltspflichtverletzungen nachhaltig und andauernd sind.

4.57 Eine Beendigung einer Geschäftsbeziehung kann auch dann unverhältnismäßig sein, wenn die Erfüllung der Sorgfaltspflichten tatsächlich unmöglich ist. Ein Fall der Unverhältnismäßigkeit aufgrund **tatsächlicher Unmöglichkeit** liegt z. B. dann vor, wenn i. R. d. Abklärung des wirtschaftlich Berechtigten festgestellt wird, dass über 25 % der Anteile an dem Vertragspartner von einer Gesellschaft kontrolliert werden, die an einer Börse notiert ist, die nicht den europäischen Transparenzanforderungen genügt, und sich die Anteilsinhaber deshalb nicht ermitteln lassen, es aber ansonsten keine Hinweise auf ein konkretes Geldwäsche- oder Terrorismusfinanzierungsrisiko gibt.

4.58 Die Erwägungen zur Verhältnismäßigkeit sind sowohl auf die Fälle laufender Geschäftsbeziehungen als auch auf deren Neubegründung und gelegentliche Transaktionen anwendbar.

4.59 Die Entscheidung, im Einzelfall mit Rücksicht auf den Verhältnismäßigkeitsgrundsatz bzw. wegen tatsächlicher Unmöglichkeit von der Beendigung abzusehen, ist zu begründen. Darüber hinaus sind geeignete, risikobasierte Maßnahmen zu treffen, um dem ggf. erhöhten Risiko wegen Fortsetzung der

---

13) BT-Drucks. 16/9038, S. 36.

Geschäftsbeziehung angemessen zu begegnen. Begründung und ergriffene Maßnahmen sind zu dokumentieren.

IV. Vereinfachte Sorgfaltspflichten

Nach §§ 5 GwG und 25d KWG können Kreditinstitute von den Pflichten zur Identifizierung des Vertragspartner, der Ermittlung des Geschäftszweckes, der Abklärung des wirtschaftlich Berechtigten sowie der Überwachung und Aktualisierung der Kundendaten absehen, wenn die im Gesetz genannten förmlichen Bedingungen hierfür erfüllt sind und im konkreten Fall kein erhöhtes Risiko vorliegt. **4.60**

Obwohl der Gesetzestext des § 5 Abs. 1 GwG ein „Absehen" von den oben genannten Sorgfaltspflichten vorsieht, sind im Hinblick auf die in jedem Fall bestehende Verpflichtung der Ermöglichung der Erkennung von Verdachtsmomenten und zur Anzeige im Verdachtsfall (siehe unten Rz. 4.107 ff.) sowie um die Entscheidung treffen zu können, ob die Voraussetzungen für die Anwendung vereinfachter Sorgfaltspflichten nach § 5 Abs. 2 GwG und § 25d KWG überhaupt gegeben sind, gleichwohl **Feststellungen zur Identität** des Vertragspartners zu treffen. Einer förmlichen Identifizierung i. S. d. § 4 GwG bedarf es jedoch nicht. Ausreichend ist insofern die Erfassung seines Namens. So sind die Kreditinstitute ausweislich der Gesetzesbegründung zu § 5 Abs. 1 GwG[14] gehalten, auch diese Geschäftsbeziehungen zu überwachen, um komplexe und ungewöhnlich große Transaktionen ohne klar ersichtlichen wirtschaftlichen oder rechtmäßigen Zweck aufzudecken und ggf. als einen Verdachtsfall anzuzeigen. Darüber hinaus müssen sie in der Lage sein, der Bundesanstalt für Finanzdienstleistungsaufsicht auf Verlangen darlegen zu können, dass die Voraussetzungen zur Anwendung vereinfachter Sorgfaltspflichten tatsächlich vorliegen und diese in angemessenem Umfang erfüllt worden sind. **4.61**

In § 5 Abs. 2 Satz 1 GwG sind folgende **Vertragspartner** abschließend aufgezählt, bei denen regelmäßig von einem geringen Risiko der Geldwäsche und der Terrorismusfinanzierung ausgegangen werden kann und bei denen die vereinfachten Sorgfaltspflichten angewendet werden dürfen: **4.62**

- Kreditinstitute i. S. v. § 1 Abs. 1 KWG mit Ausnahme der in § 2 Abs. 1 Nr. 3 bis 8 KWG genannten Unternehmen und im Inland gelegene Zweigstellen und Zweigniederlassungen von Kreditinstituten mit Sitz im Ausland (§ 5 Abs. 2 Nr. 1 GwG);
- Kredit- oder Finanzinstitute i. S. d. Richtlinie 2005/60/EG mit Sitz in einem Mitgliedstaat der EU[15] oder mit Sitz in einem Drittstaat, die dort gleich-

---

14) BT-Drucks. 16/9038, S. 39.

15) Dies gilt gem. BaFin-Rundschreiben Nr. 14/2009 (GW) an alle Kreditinstitute (und andere) in der Bundesrepublik Deutschland v. 29.7.2009, Ziff. I.c), nicht für Griechenland und Polen.

wertigen Anforderungen und einer gleichwertigen Aufsicht unterliegen (§ 5 Abs. 2 Nr. 1 GwG);

- börsennotierte Gesellschaften, deren Wertpapiere zum Handel auf einem organisierten Markt i. S. d. § 2 Abs. 5 WpHG in einem oder mehreren Mitgliedstaaten der EU[16] zugelassen sind (§ 5 Abs. 2 Nr. 2 GwG);
- börsennotierte Gesellschaften aus Drittstaaten, die Transparenzanforderungen im Hinblick auf Stimmrechtsanteile unterliegen, die denjenigen des Gemeinschaftsrechts gleichwertig sind (§ 5 Abs. 2 Nr. 2 GwG);
- inländische Behörden i. S. d. § 1 Abs. 4 Verwaltungsverfahrensgesetz und der entsprechenden Regelungen der Verwaltungsverfahrensgesetze der Bundesländer (§ 5 Abs. 2 Nr. 4 GwG);
- ausländische Behörden oder ausländische öffentliche Einrichtungen einschließlich EU-Behörden, soweit bestimmte Anforderungen an Aufsicht und Transparenz gewahrt sind (vgl. hierzu den Gesetzestext § 5 Abs. 2 Nr. 4 GwG).

4.63 Aktuell erfüllen **ausländische Kredit- und Finanzinstitute** i. S. v. Art. 2 Abs. 1 Nr. 1 und 2 der 3. EG-Geldwäscherichtlinie, die ihren Sitz in einem Land oder Territorium haben, das auf der von der EU-Kommission veröffentlichten Liste über gleichwertige Länder[17] verzeichnet ist, die Voraussetzungen des § 5 Abs. 2 GwG.

4.64 Unter die Kategorie der **börsennotierten Gesellschaften aus Drittstaaten** nach § 5 Abs. 2 Nr. 2 GwG fallen börsennotierte Unternehmen und deren Konzern angehörige Tochtergesellschaften, sofern deren Wertpapiere zum Handel auf einem geregelten Markt in der Richtlinie 2004/39/EG zugelassen sind. Die „geregelten Märkte" i. S. d. Richtlinie 2004/39/EG sind in der „Übersicht über die geregelten Märkte und einzelstaatliche Rechtsvorschriften zur Umsetzung der entsprechenden Anforderungen der Wertpapierdienstleistungsrichtlinie" aufgeführt.[18] Eine verbindliche Liste solcher Länder und Territorien liegt derzeit noch nicht vor.

4.65 Des Weiteren privilegiert § 5 Abs. 2 Nr. 3 GwG **Anderkonten von Angehörigen rechtsberatender Berufe** i. S. d. § 2 Abs. 1 Nr. 7 GwG (= Rechtsanwälte, Patentanwälte, Notare). Weil diese Berufsträger selbst Verpflichtete des GwG sind, können sie ein geringes Risiko darstellen. Im Rahmen der Abklärung des

16) Dies gilt gem. BaFin-Rundschreiben Nr. 14/2009 (GW) an alle Kreditinstitute (und andere) in der Bundesrepublik Deutschland v. 29.7.2009, Ziff. I.c), nicht für Griechenland und Polen.

17) Protokoll der 15. Sitzung des Komitees zur Verhinderung von Geldwäsche und Terrorismusfinanzierung am 18.4.2008 gemeinsames Verständnis der Mitgliedstaaten über die Gleichwertigkeit von Bedingungen in Drittstaaten.

18) Richtlinie 93/22/EWG des Rates v. 1.3.2008 zur Umsetzung der entsprechenden Anforderungen der Wertpapierdienstleistungsrichtlinie, ABl. Nr. C 57, S. 11.

wirtschaftlich Berechtigten von Anderkonten, die von Angehörigen dieser Berufsgruppe geführt werden, ist es daher ausreichend, wenn sichergestellt ist, dass das Kreditinstitut Angaben zum wirtschaftlich Berechtigten auf Nachfrage erhält. Regelmäßig wird eine derartige Auskunftsverpflichtung bereits durch die banküblichen Sonderbedingungen für das Führen von Anderkonten gewährleistet. Die Privilegierung des § 5 Abs. 2 Nr. 3 GwG beschränkt sich allerdings auf die Abklärung des wirtschaftlich Berechtigten bei Anderkonten und erstreckt sich weder auf die sonstige Geschäftsbeziehung zu dem Berufsträger noch auf sonstige Sorgfaltspflichten.

Darüber hinaus enthält § 25d KWG eine **abschließende Aufzählung von Produkten**, bei denen lediglich ein geringes Risiko der Geldwäsche oder der Terrorismusfinanzierung besteht und hinsichtlich derer daher vereinfachte Sorgfaltspflichten Anwendung finden können, wenn nicht im konkreten Fall ein erhöhtes Risiko vorliegt. Hierzu gehören insbesondere staatlich geförderte, kapitalgedeckte Altersvorsorgeverträge, Verträge zur Anlage von vermögenswirksamen Leistungen, soweit die Voraussetzungen für eine staatliche Förderung durch den Vertrag erfüllt werden und Kreditverträge i. R. eines staatlichen Förderprogramms, die über eine Förderbank des Bundes oder der Länder abgewickelt werden, und deren Darlehenssumme zweckgebunden verwendet werden muss. Voraussetzung ist jeweils, dass Vertragssummen von insgesamt 15.000 Euro während der Laufzeit der Verträge nicht überschritten werden. Darüber hinaus benennt § 25d KWG eine Reihe von Finanzierungsprodukten mit geringem Volumen und jeweils unter der Voraussetzung, dass das Eigentum an der finanzierten Sache bis zur Abwicklung des Vertrages nicht auf den Vertragspartner oder den Nutzer übergeht und Vertragssummen von insgesamt 15.000 Euro während der Laufzeit der Verträge nicht überschritten werden. 4.66

Schließlich ermöglicht § 25d KWG die Anwendung vereinfachter Sorgfaltspflichten auch in **anderen Fällen**, wobei jedoch jeweils eine Vielzahl gesetzlicher Kriterien und sehr niedrige Schwellenwerte kumulativ zu erfüllen sind. Dadurch ist der praktische Anwendungsbereich der vereinfachten Sorgfaltspflichten außerordentlich eingeschränkt und läuft überwiegend sogar leer. Auf eine detailliertere Darstellung soll daher unter Verweis auf den Gesetzestext in diesem Zusammenhang verzichtet werden. 4.67

V. Verstärkte Sorgfaltspflichten

Auch mit den Regelungen der § 6 GwG und § 25f KWG versucht der Gesetzgeber dem Umstand Rechnung zu tragen, dass die Risiken der Geldwäsche und der Terrorismusfinanzierung nicht in allen Fällen gleich hoch sind. Für bestimmte Fallgestaltungen wird daher die Anwendung verstärkter Sorgfaltspflichten verlangt. 4.68

1. Politisch exponierte Personen (PEP)

4.69 § 6 Abs. 2 Nr. 1 GwG fordert zunächst die Anwendung angemessener, risikoorientierter Verfahren zur Bestimmung des PEP-Status des Vertragspartners einer Geschäftsbeziehung und darauf basierend im Falle einer als politisch exponiert erkannten Person die Anwendung verstärkter Sorgfaltspflichten. Diese verstärkten Sorgfaltspflichten gelten nur gegenüber natürlichen und nicht im Inland ansässigen Personen, die unter den gesetzlichen PEP-Begriff fallen. Entscheidend ist dabei der dem Kreditinstitut bekannte Wohnsitz und nicht dessen Staatsbürgerschaft oder der Ort der Funktion. Die gesetzlichen Pflichten zur Abklärung des PEP-Status, beschränken sich daher grundsätzlich auf im Ausland ansässige natürliche Personen. Das Gesetz und die zugrunde liegende Richtlinie erfordern eine zwingende Einstufung des Kunden als PEP bei folgenden **Funktionen**:

- Staats- und Regierungschefs, Minister und stellvertretende Minister bzw. Staatssekretäre,
- Parlamentsmitglieder,
- Mitglieder oberster Gerichte oder Justizbehörden,
- Botschafter, Geschäftsträger, hochrangige Offiziere der Streitkräfte und
- Mitglieder der Leitungs-, Verwaltungs- und Aufsichtsgremien staatlicher Unternehmen.

4.70 Dabei gelten öffentliche Ämter unterhalb der nationalen Ebene in der Regel nur dann als wichtig, wenn deren **politische Bedeutung** mit der ähnlicher Positionen auf nationaler Ebene vergleichbar ist. Kommunale Funktionen sind dabei grundsätzlich nicht erfasst. Regionale Funktionen können allenfalls bei föderalen Strukturen relevant werden. Funktionen auf europäischer und internationaler Ebene sind ebenfalls erfasst. Ein Jahr nach Aufgabe der qualifizierenden Ämter entfällt der PEP-Status. Diesbezüglich weist die Bundesanstalt für Finanzdienstleistungsaufsicht[19] jedoch darauf hin, dass die Bank bei der Risikoeinstufung eines Kunden auch den Umstand einer früheren PEP-Eigenschaft zu beachten und entsprechend aufzuzeichnen hat. Dies bedeutet jedoch nicht, dass die Bank ihre Maßnahmen zur Erkennung politisch exponierter Personen auf ehemalige PEPs auszudehnen hat. Ist jedoch der PEP-Status eines Kunden bekannt, so ist dieser Umstand auch nach Wegfall des PEP-Status hinsichtlich der Risikoeinstufung des Kunden beachtlich.

4.71 Miterfasst sind darüber hinaus enge Familienmitglieder, also direkte Verwandte und Ehepartner sowie bekanntermaßen **nahe stehende Personen**. In Bezug auf die bekanntermaßen nahe stehenden Personen besteht keine Nachforschungs-

---

19) BaFin-Rundschreiben Nr. 14/2009 (GW) an alle Kreditinstitute (und andere) in der Bundesrepublik Deutschland v. 29.7.2009, Ziff. II.a).

pflicht. Ist die Beziehung jedoch öffentlich bekannt oder hat das Kreditinstitut Grund zu der Annahme, dass eine derartige Beziehung besteht, so ist diese beachtlich.

Die Abklärung des PEP-Status hat bei Transaktionen außerhalb einer bestehenden Geschäftsbeziehung im Wert von 15.000 Euro oder mehr, der Begründung von auf Dauer angelegten Geschäftsbeziehungen sowie in angemessenen zeitlichen Abständen während der laufenden Geschäftsbeziehung zu erfolgen. Dabei kann sich das Kreditinstitut auf die Angaben des Kunden stützen und/oder die Kundendaten mit kommerziellen PEP-Datenbanken abgleichen. **4.72**

Handelt es sich bei dem Vertragspartner um eine nicht im Inland ansässige, politisch exponierte Person i. S. d. gesetzlichen Vorgaben, so ist die **Zustimmung der übergeordneten Führungsebene** vor Begründung der Geschäftsbeziehung einzuholen, um in die Verantwortung für die Aufnahme der Geschäftsbeziehung einbezogen zu werden. Die jeweils zuständige übergeordnete Organisationseinheit für diese Fragen wird durch interne Regelungen des Kreditinstituts bestimmt. **4.73**

Ferner hat das Kreditinstitut **Maßnahmen** zur Ermittlung der Herkunft des Vermögens zu ergreifen, die Geschäftsbeziehung einer verstärkten kontinuierlichen Überwachung zu unterziehen und zwingend als erhöhtes Risiko einzustufen. **4.74**

Auch im Hinblick auf den PEP-Status besteht eine **Mitwirkungspflicht** des Vertragspartners. Dieser hat die für die Abklärung notwendigen Informationen zur Verfügung zu stellen und sich im Laufe der Geschäftsbeziehung ergebende Änderungen unverzüglich dem Kreditinstitut anzuzeigen. **4.75**

2. Identifizierung physisch abwesender Vertragspartner

Als verstärkte Sorgfaltspflicht wird nach § 6 Abs. 2 Nr. 2 GwG auch die Identifizierung nicht persönlich anwesender Vertragspartner eingestuft. In diesen Fällen soll die Überprüfung der Identität des Geschäftspartners entweder anhand eines geeigneten Ausweispapiers (siehe oben Rz. 4.24), anhand einer beglaubigten Kopie eines solchen Dokument oder anhand einer qualifizierten elektronischen Signatur i. S. v. § 2 Nr. 3 des Signaturgesetzes erfolgen. Darüber hinaus muss sichergestellt werden, dass die erste Transaktion unmittelbar von einem Konto auf den Namen des Vertragspartners erfolgt, das dem Anwendungsbereich der 3. EG-Geldwäscherichtlinie oder gleichwertiger Anforderungen unterfällt. **4.76**

Für den Fall der Feststellung der Identität eines physisch nicht anwesenden Vertragspartners durch eine **qualifizierte elektronische Signatur** ist zusätzlich erforderlich, dass die Gültigkeit des Zertifikats, die Anzeige des Zertifizierungsdiensteanbieters gemäß § 4 Abs. 3 des Signaturgesetzes, die Unversehrtheit des Zertifikats und der Bezug des Zertifikats zu den signierten Daten zu **4.77** prüfen sind. In der Bankpraxis spielt die Identifizierung mittels einer qualifizierten elektronische Signatur indes noch keine Rolle.

3. Korrespondenzbanken in Drittstaaten

4.78 Gemäß § 25f KWG gelten verstärkte Sorgfaltspflichten auch bei der Abwicklung des Zahlungsverkehrs i. R. v. Geschäftsbeziehungen zu Korrespondenzinstituten mit Sitz in einem Nicht-EU-Staat. Hintergrund für diese Sonderregelung ist ausweislich der Gesetzesbegründung[20], dass die gewöhnlichen Sorgfaltspflichten gegenüber dem Kunden hier nicht greifen, weil regelmäßig kein unmittelbarer vertraglicher Kontakt zu dem Kunden der anderen Bank bestehe, der eine Transaktion veranlasst oder empfängt. Die Korrespondenzbanken würden insofern nur als durchleitende Stelle tätig. Mangels vertraglicher Beziehungen mit dem Auftraggeber oder Empfänger einer Zahlung bei Korrespondenzbankbeziehungen liefen diese Institute Gefahr, dass sie Gelder erhalten oder weiterleiten, die aus Straftaten stammen oder hierfür verwendet werden, ohne dass sie die kriminelle Herkunft erkennen können. Dieser Ratio widerspreche es nicht, dass vereinfachte Sorgfaltspflichten i. S. d. § 5 Abs. 2 Nr. 1 GwG auch zwischen Korrespondenzbank und Respondent angewandt werden können, soweit dies eine einzelne Geschäftsaktivität des Interbankengeschäfts zwischen beiden Kreditinstituten außerhalb von Korrespondenzbankbeziehungen betrifft und dementsprechend dem fehlenden unmittelbaren Kontakt zu dem Kunden der anderen Bank insoweit keine Bedeutung zukomme. Ein bestehendes Rechtsverhältnis zwischen zwei Banken könne mithin gleichzeitig die Erfüllung verstärkter und vereinfachter Sorgfaltspflichten zur Folge haben.

4.79 Die **erhöhten Sorgfaltspflichten** bei Geschäftsbeziehungen und beim Zahlungsverkehr mit Korrespondenzbanken mit Sitz in Drittstaaten umfassen insbesondere die Einholung von Informationen aus öffentlich zugänglichen Quellen über die Geschäftstätigkeit und Leitungsstruktur der Korrespondenzbank mit dem Ziel, deren Geschäftstätigkeit zu verstehen und das mit der Korrespondenzbankbeziehung verbundene Risiko bewerten zu können. Ferner sollen vor Begründung einer solchen Geschäftsbeziehung die jeweiligen Verantwortlichkeiten der beiden Institute in Bezug auf die Erfüllung der Sorgfaltspflichten festgelegt und dokumentiert werden. Darüber hinaus ist sicherzustellen, dass vor Begründung der Korrespondenzbankbeziehung die Zustimmung der übergeordneten Führungsebene eingeholt wird. Schließlich sind Maßnahmen gegen solche Korrespondenzbankbeziehungen zu ergreifen, die ihrerseits Kontobeziehungen für Bank-Mantelgesellschaften unterhalten oder Transaktionen über Durchlaufkonten unterhalten (siehe unten Rz. 4.117 ff.).

---

20) BT-Drucks. 16/9038, S. 52 f.

Hinsichtlich des **Begriffs der Korrespondenzbankbeziehung** haben sich durch die gesetzliche Verankerung in § 25 f KWG keine inhaltlichen Änderungen gegenüber dem Verständnis aus dem BAKred-Rundschreiben vom 6. November 2000[21] ergeben. Danach werden Korrespondenzbankbeziehungen typischerweise zur Abwicklung des Zahlungsverkehrs für Kunden bzw. zur Durchleitung von Kundengeldern eingeschaltet. Dies geschieht üblicherweise durch die Einrichtung von sog. Loro- oder Nostrokonten. Lediglich durch den Austausch von SWIFT-Schlüsseln oder durch das Verwahrgeschäft werden keine Korrespondenzbankbeziehungen gegründet. 4.80

4. Finanztransfer- und Sortengeschäfte

Die Annahme von Bargeld zum Zwecke des Sortentausches oder i. R. d. Erfüllung eines Zahlungsauftrags im Finanztransfergeschäft ist nach den Feststellungen der FATF[22] mit erhöhten Geldwäscherisiken verbunden, die die Erfüllung besonderer Sorgfaltspflichten erforderlich macht. Ausweislich der Gesetzesbegründung[23] sind insbesondere Barzahlungen, die „over the counter" von Gelegenheitskunden als Sortengeschäft i. S. d. § 1 Abs. 1a Satz 2 Nr. 7 KWG abgewickelt werden, mit einem solchen hohen Risiko behaftet. Das Gesetz sieht daher i. R. d. verstärkten Sorgfaltspflichten des § 25f Abs. 3 KWG besondere, herabgesetzte Schwellenwerte für die Pflicht zur Identifizierung des Vertragspartners und die Abklärung des wirtschaftlich Berechtigten vor. 4.81

So statuierte § 25f Abs. 3 KWG zunächst auch für das **Finanztransfergeschäft** die Identifizierungspflicht und Pflicht zur Abklärung des wirtschaftlich Berechtigten unabhängig vom Betrag der Transaktion. Im Rahmen des Zahlungsdiensteumsetzungsgesetzes[24] wurde das Finanztransfergeschäft als Finanzdienstleistung nach § 1 Abs. 1a KWG jedoch gestrichen und findet sich als Geschäft eines Zahlungsdienstleisters nunmehr in § 1 Abs. 2 Nr. 6 Zahlungsdiensteaufsichtsgesetz (ZAG). In diesem Zuge wurde wurden die verstärkten Sorgfaltspflichten nach § 25f KWG auf Sortengeschäfte beschränkt. Die entsprechende Regelung für Finanztransfergeschäfte findet sich seither in § 22 Abs. 3 ZAG, das jedoch auf Einlagenkreditinstitute keine Anwendung findet. Nach § 1 Abs. 2 Nr. 6 ZAG sind Finanztransfergeschäfte Dienste, bei denen ohne Einrichtung eines Zahlungskontos auf den Namen eines Zahlers oder eines Zahlungsempfängers ein Geldbetrag des Zahlers ausschließlich zur Übermittlung eines entsprechenden Betrags an den Zahlungsempfänger oder an einen anderen, 4.82

---

21) BAKred, Schreiben v. 6.11.2000 (Z5-C651), abgedr. in: *Consbruch/Fischer*, KWG, Nr. 11.73.

22) Fiancial Action Task Force.

23) BT-Drucks. 16/9038, S. 53.

24) Gesetz zur Umsetzung der aufsichtsrechtlichen Vorschriften der Zahlungsdiensterichtlinie v. 25.6.2009, BGBl. I 2009, 1560 ff.

im Namen des Zahlungsempfängers handelnden Zahlungsdienstleister entgegengenommen wird oder bei dem der Geldbetrag im Namen des Zahlungsempfängers entgegengenommen und diesem verfügbar gemacht wird.

4.83 Bei **Sortengeschäften** von 2.500 Euro und mehr, die nicht über ein Konto des Kunden abgewickelt werden, gilt nach § 25f Abs. 3 KWG ebenfalls die Pflicht zur Identifizierung des Vertragspartners und zur Abklärung des wirtschaftlich Berechtigten.

VI. Ausführung durch Dritte

4.84 Gemäß § 7 GwG können Kreditinstitute und andere Verpflichtete des Geldwäschegesetzes zur Erfüllung ihrer Pflichten zur Identifizierung des Vertragspartners, zur Einholung von Informationen über den Zweck und die angestrebte Art der Geschäftsbeziehung sowie zur Abklärung des wirtschaftlich Berechtigten auf Dritte zurückgreifen. Dabei unterscheidet das Gesetz zwischen denjenigen Dritten, auf die kraft Gesetzes ohne weiteres zur Ausführung der Sorgfaltspflichten zurückgegriffen werden kann und sonstigen Dritten, die aufgrund vertraglicher Vereinbarung für den Verpflichteten tätig werden können und deren Zuverlässigkeit vom Verpflichteten überprüft werden muss. Die **Verantwortung** für die Erfüllung der Sorgfaltspflichten verbleibt jedoch jeweils beim Verpflichteten und kann nicht auf einen Dritten übertragen werden.

4.85 Die zur Ausführung eingesetzten Dritten haben dem Verpflichteten unverzüglich und unmittelbar die **erlangten Angaben und Informationen** sowie auf Anfrage von Ihnen aufbewahrte Kopien und Unterlagen zur Identifizierung eines Vertragspartners und eines etwaigen wirtschaftlich Berechtigten zu übermitteln. Zur Vermeidung von Manipulationsmöglichkeiten dürfen die Angaben und Informationen insbesondere nicht durch den Kunden selbst an den Verpflichteten übermittelt werden. Eine Auslagerung i. S. d. § 25a Abs. 2 KWG stellt die Ausführung durch Dritte nicht dar, da § 7 GwG insoweit eine Spezialregelung darstellt.

4.86 Als **kraft Gesetz** zur Ausführung **Geeignete** gelten alle in den Mitgliedstaaten der Europäischen Union ansässigen

- Kreditinstitute,
- Finanzdienstleistungsinstitute i. S. v. § 1 Abs. 1a Satz 2 Nr. 1, 2–5 und 8 KWG,
- Versicherungsunternehmen, die Lebensversicherungen oder Unfallversicherungen mit Prämienrückgewähr anbieten,
- Versicherungsvermittler i. S. d. § 59 Versicherungsvertragsgesetz soweit sie Lebensversicherungen oder Dienstleistungen mit Anlagezweck vermitteln, mit Ausnahme der gemäß § 34d Abs. 3 oder 4 Gewerbeordnung tätigen Versicherungsvermittler,

- Rechtsanwälte, Patentanwälte sowie Notare und
- Wirtschaftsprüfer, vereidigte Buchprüfer, Steuerberater und Steuerbevollmächtigte.

Dabei reicht es aus, wenn die jeweils **örtlich geltenden Anforderungen** an die kundenbezogenen Sorgfaltspflichten von in den Mitgliedstaaten der Europäischen Union ansässigen Dritten erfüllt werden. 4.87

Soweit eine gesetzliche Registrierungs- oder Zulassungspflicht besteht und Gleichwertigkeit bei den geldwäscherechtlichen Anforderungen an Sorgfalts- und Aufbewahrungspflichten sowie hinsichtlich der Aufsicht besteht, können gemäß § 7 Abs. 1 Satz 3 GwG einige der aufgeführten kraft Gesetz Geeigneten auch herangezogen werden, wenn sie **außerhalb der Europäischen Union ansässig** sind. 4.88

Darüber hinaus wird das **Postident-Verfahren** der Deutschen Post AG weiterhin von der Bundesanstalt für Finanzdienstleistungsaufsicht ohne weiteres als geeignet anerkannt. Ein gesonderter neuer Rahmenvertrag bzw. eine gesonderte Zuverlässigkeitsprüfung sind daher bei Nutzung dieses Verfahrens nach wie vor nicht erforderlich. 4.89

Beim **Postident-Verfahren** handelt es sich um eine Dienstleistung der Deutschen Post AG zur Identifizierung im Auftrag. Diese wird in zwei Varianten angeboten: Beim **„Postident Basic"** erstellt das Kreditinstitut einen Brief an seinen (zukünftigen) Kunden mit allen für den Kunden bestimmten Unterlagen. Zusätzlich ist dem Brief ein Coupon beizulegen, den der Kunde zwecks Identifizierung bei seiner Postfiliale vorlegt. Dort wird der Kunde von einem Postmitarbeiter anhand eines amtlichen Ausweispapiers nach den Vorgaben des Geldwäschegesetzes identifiziert. Der Kunde bestätigt die Angaben durch seine eigenhändige Unterschrift, die mit der seines Ausweises abgeglichen wird. Das mit den Identifizierungsdaten des Kunden versehene Postident-Formular wird hiernach umgehend per Brief an das Institut zurückgesandt. Beim **„Postident Comfort"** findet die Identifizierung des Kunden durch den Postzusteller statt. Zuvor informiert das Institut den Kunden über die bevorstehende Identifizierung und sendet die Kundenunterlagen nebst vorausgefülltem Coupon an die Deutsche Post AG. Die Unterlagen werden dem Kunden nach erfolgter Identifizierung vom Zusteller ausgehändigt.[25)] 4.90

Werden jedoch **andere Dritte** zur Ausführung der oben genannten Sorgfaltspflichten eingesetzt, bedarf es hierzu einer vertraglichen Vereinbarung zwischen dem Verpflichteten und dem Dritten. Der auf vertraglicher Basis handelnde Dritte wird lediglich als Erfüllungsgehilfe des Verpflichteten tätig. Im Verhältnis zum Dritten muss daher sichergestellt werden, dass die eigenen Kontrollmöglichkeiten des Verpflichteten, aber auch die der Aufsichtsbehörde, nicht beein- 4.91

---

25) Ausführlicher: *Fülbier/Aepfelbach/Langweg*, GWG, § 2 Rz. 41 ff.

trächtigt werden. Außerdem müssen vor Übertragung der Aufgaben Maßnahmen zur Überprüfung der Zuverlässigkeit ergriffen und später stichprobenartig die ordnungsgemäße Durchführung der übertragenen Aufgaben überprüft werden. In jedem Fall bleibt der Verpflichtete für die Erfüllung der Sorgfaltspflichten selbst verantwortlich, das heißt Verletzungen der Sorgfaltspflichten durch den eingeschalteten Dritten werden dem Verpflichteten zugerechnet.

VII. Aufzeichnungs- und Aufbewahrungspflicht

4.92 Gemäß § 8 GwG sind sämtliche nach dem Geldwäschegesetz erhobenen Angaben und eingeholten Informationen über Vertragspartner, wirtschaftlich Berechtigte, Geschäftsbeziehungen und Transaktionen aufzuzeichnen und mindestens fünf Jahre aufzubewahren. Darüber hinausgehende gesetzliche **Aufbewahrungsfristen** bleiben jedoch unberührt.

4.93 Für alle im Zusammenhang mit der Begründung einer Geschäftsbeziehung erhobenen Angaben beginnt die Aufbewahrungsfrist mit dem Schluss des Kalenderjahres, in dem die Geschäftsbeziehung endet. In allen anderen Fällen beginnt sie mit dem Schluss des Kalenderjahres, in dem die jeweilige Angabe festgestellt worden ist.

4.94 Neben der Anfertigung einer Fotokopie zur Aufzeichnung der Identifikationsdaten sind gleichrangig auch andere **Möglichkeiten der Dokumentation**, wie Niederschrift oder EDV-Erfassung zulässig. Im Falle einer Einsichtnahme in elektronisch geführte Register oder Verzeichnisdaten gilt die Anfertigung eines Ausdrucks als Aufzeichnung der darin enthaltenen Angaben. Soweit im Falle der Identifizierung physisch abwesender Vertragspartner (siehe oben Rz. 4.76 f.) die Identifizierung einer natürlichen Person anhand einer qualifizierten elektronischen Signatur und die entsprechende Prüfung der Signatur durchgeführt wurden, ist auch der Umstand der Prüfung aufzuzeichnen.

4.95 Die Gesetzesformulierung stellt dabei eine eindeutige **Ermächtigungsgrundlage** für die Anfertigung von Fotokopien der zur Identifizierung herangezogenen Ausweisdokumente gemäß § 4 Abs. 1 Alt. 2 BDSG dar, weshalb das Einverständnis des Kunden mit der Anfertigung einer Kopie keiner ausdrücklichen – schriftlichen – Einwilligung gemäß § 4a BDSG bedarf. Das Einverständnis kann vielmehr auch konkludent z. B. durch Hingabe des Ausweisdokuments erklärt werden.[26)]

4.96 Eine konkrete **Form der Aufbewahrung** schreibt das Gesetz nicht vor. Aufzeichnungen können vielmehr auch als Wiedergabe auf einem Bildträger oder auf anderen Datenträgern gespeichert werden. Dabei muss jedoch sichergestellt sein, dass die gespeicherten Daten mit den festgestellten Angaben überein-

---

26) *Fülbier/Aepfelbach/Langweg*, GwG, § 9 Rz. 11; Begr. RegE Geldwäschebekämpfungsgesetz, BT-Drucks. 14/8739, S. 15.

stimmen und während der Dauer der Aufbewahrungsfrist verfügbar und jederzeit innerhalb angemessener Frist lesbar gemacht werden können.

VIII. Interne Sicherungsmaßnahmen

§ 9 Abs. 1 GwG verpflichtet die Adressaten des Geldwäschegesetzes allgemein dazu, angemessene interne Sicherungsmaßnahmen dagegen zu treffen, dass sie zur Geldwäsche und zur Terrorismusfinanzierung missbraucht werden können. § 9 Abs. 2 GwG konkretisiert diese allgemeine Verpflichtung durch einzelne Vorgaben. § 25c KWG spezifiziert die internen Sicherungsmaßnahmen für Kreditinstitute. 4.97

Nach § 9 Abs. 2 Nr. 1 GwG müssen Kreditinstitute einen „der Geschäftsleitung unmittelbar nachgeordneten **Geldwäschebeauftragten"** bestimmen, der Ansprechpartner für die Strafverfolgungsbehörden, das Bundeskriminalamt – Zentralstelle für Verdachtsanzeigen – und die Bundesanstalt für Finanzdienstleistungsaufsicht ist. Die Pflicht zur Bestellung eines Geldwäschebeauftragten für die in § 25c Abs. 1 KWG genannten Institute und Unternehmen findet auch in Bezug auf ihre nachgeordneten Unternehmen, Zweigstellen und Zweigniederlassungen Anwendung.[27] 4.98

Die Vorgabe, dass der Geldwäschebeauftragte **der Geschäftsleitung unmittelbar nachgeordnet** sein soll, bezieht sich lediglich auf dessen Tätigkeit als Geldwäschebeauftragter, in deren Rahmen er unmittelbar der Geschäftsleitung berichtet. Übt die Person noch andere Funktionen in dem Kreditinstitut aus, müssen diese hierarchisch nicht zwangsläufig auch in der zweiten Hierarchieebene angesiedelt sein. Es reicht aus, wenn dem Geldwäschebeauftragten eine leitende Stellung in seinem Fachbereich eingeräumt wird und er nur insofern eine leitende Tätigkeit ausübt. Damit ist der gesetzlichen Anforderung genüge getan.[28] Der Geldwäschebeauftragte soll mit sämtlichen Angelegenheiten zur Einhaltung des Geldwäschegesetzes innerhalb des Kreditinstituts befasst sein. Er ist als zentrale Stelle für die Durchführung und Umsetzung des Geldwäschegesetzes und der aufsichtlichen Vorgaben zuständig. 4.99

Dem Geldwäschebeauftragten sind die **notwendigen Mittel und Verfahren** für eine ordnungsgemäße Durchführung seiner Aufgaben zur Verfügung zu stellen und wirksam einzusetzen. 4.100

Gemäß § 9 Abs. 2 Nr. 2 GwG und § 25c Abs. 1 KWG haben Kreditinstitute angemessene geschäfts- und kundenbezogene **Sicherungssysteme und Kontrollen** zur Verhinderung der Geldwäsche, der Terrorismusfinanzierung sowie des Betruges zulasten des Instituts zu schaffen. „Angemessen" sind nach Auf- 4.101

---

27) Zur gruppenweiten Einhaltung von Sorgfaltspflichten vgl. Rz. 4.115.

28) *Fülbier/Aepfelbach/Langweg*, GwG, § 14 Rz. 31.

fassung der Bundesanstalt für Finanzdienstleistungsaufsicht[29] dabei solche Maßnahmen und Systeme, die der jeweiligen Risikosituation des einzelnen Kreditinstituts entsprechen und diese hinreichend abdecken. Die Sicherungssysteme haben sich insbesondere an der Größe, Organisation und Gefährdungssituation des einzelnen Instituts, insbesondere dessen Geschäfts- und Kundenstruktur, auszurichten.

4.102 Zur Ermittlung dessen, was „angemessen" ist, ist nach Auffassung der Bundesanstalt eine eigene **Gefährdungsanalyse** des Institutes bezüglich der Risikostruktur und der von dem Institut angebotenen Dienstleitungen zu erstellen.[30] Ziel der institutsinternen Gefährdungsanalyse soll es sein, die institutsspezifischen Risiken, zu Zwecken der Geldwäsche, Terrorismusfinanzierung sowie des Betruges zulasten des Instituts missbraucht zu werden, zu erfassen, zu identifizieren, zu kategorisieren, zu gewichten sowie darauf aufbauend geeignete Geldwäsche-Präventionsmaßnahmen zu treffen.[31]

4.103 Nach § 25c Abs. 2 KWG haben Kreditinstitute angemessene **Datenverarbeitungssysteme** zu betreiben und zu aktualisieren, mittels derer sie in der Lage sind, Geschäftsbeziehungen und einzelne Transaktionen im Zahlungsverkehr zu erkennen, die aufgrund des verfügbaren Erfahrungswissens über die Methoden der Geldwäsche, der Terrorismusfinanzierung und betrügerischer Handlungen zum Nachteil von Instituten als zweifelhaft oder ungewöhnlich anzusehen sind. Zweck solcher EDV-gestützter Monitoring-Systeme ist es, auf der Grundlage von Verdachtsparametern, die auf dem Erfahrungswissen über Geldwäscheprävention beruhen, typischerweise geldwäscherelevante Transaktionen aus der ganz überwiegenden Mehrzahl der nicht geldwäscherelevanten Transaktionen zu erkennen und alsdann zu prüfen, ob die Voraussetzungen für eine weitere Abklärung des Sachverhalts, für die Erstattung einer Verdachtsanzeige und für die Vornahme anderer risikominimierender Maßnahmen vorliegen.

4.104 § 25c Abs. 2 Satz 3 KWG stellt als **datenschutzrechtliche Ermächtigungsvorschrift** klar, dass die Erfüllung dieser Anforderungen durch die pflichtigen Kreditinstitute dem Datenschutzrecht nicht zuwider läuft.

4.105 Weil die Anschaffung solcher Systeme insbesondere bei mittelständischen und Spezialinstituten zu unverhältnismäßigen Belastungen führen kann, hat die Bundesanstalt für Finanzdienstleistungsaufsicht in einem Schreiben an das Institut der Wirtschaftsprüfer[32] eine **Ausnahme für kleinere Institute** formuliert. Danach können kleinere Institute auf die Installierung dieser EDV-Systeme

29) BaFin-Rundschreiben Nr. 8/2005 an alle Kreditinstitute in der Bundesrepublik Deutschland v. 24.3.2005, Nr. 1, abgedr. in: *Consbruch/Fischer*, KWG, Nr. 11.83a.

30) *Fülbier/Aepfelbach/Langweg*, GwG, § 14 Rz. 87.

31) *Fülbier/Aepfelbach/Langweg*, GwG, § 14 Rz. 88.

32) BaFin, Schreiben an das Institut der Wirtschaftsprüfer in Deutschland e. V. (IdW) v. 8.11.2005 (GW 1-B 590).

verzichten, wenn sie über eine so geringe Anzahl von Vertragsparteien und wirtschaftlich Berechtigten oder Transaktionen verfügen, dass sie diese im Hinblick auf die darin liegenden Risiken oder ohne ein EDV-System wirksam von Hand überwachen können. Hiervon könne in der Regel bei Instituten mit einer Bilanzsumme von unter 250 Mio. Euro ausgegangen werden.

Nach § 9 Abs. 2 Nr. 3 GwG ist darüber hinaus sicherzustellen, dass die mit der **4.106** Durchführung von Transaktionen und mit der Anbahnung und Begründung von Geschäftsbeziehungen befassten Beschäftigten über die Methoden der Geldwäsche und Terrorismusfinanzierung sowie die geldwäscherechtlichen Pflichten unterrichtet werden. Dabei enthält das Gesetz keine Vorgaben hinsichtlich der Häufigkeit von Schulungsmaßnahmen. Die Kreditinstitute haben vielmehr risikoorientiert zu entscheiden, wann eine **Unterrichtung** sinnvoll ist. Dies wird insbesondere dann der Fall sein, wenn eine Änderung der geldwäscherechtlichen Pflichten zu vermitteln ist, neue Erkenntnisse über die Methoden der Geldwäsche und Terrorismusfinanzierung bekannt geworden sind oder Wissenslücken bei Mitarbeitern festgestellt wurden.

IX. Anzeige von Verdachtsfällen

Nach § 11 Abs. 1 GwG haben Kreditinstitute bei Feststellung von Tatsachen, **4.107** die darauf schließen lassen, dass eine Tat nach § 261 StGB (Geldwäsche) oder eine Terrorismusfinanzierung begangen oder versucht wurde oder wird, diese unverzüglich der zuständigen Strafverfolgungsbehörde anzuzeigen. Darüber hinaus ist eine Kopie der Verdachtsanzeige dem Bundeskriminalamt – Zentralstelle für Verdachtsanzeigen – zu übermitteln. Die Verdachtsanzeigepflicht besteht unabhängig von der Höhe der Transaktionen. Gegenüber dem bis August 2008 geltenden Geldwäschegesetz wurde die Verdachtsmeldepflicht auf die Fälle ausgeweitet, in denen sich erst nachträglich ein Verdacht der Geldwäsche oder der Terrorismusfinanzierung herausstellt. Ferner stellt der Gesetzestext nunmehr klar, dass auch der festgestellte Versuch einer Geldwäschehandlung oder Terrorismusfinanzierung anzuzeigen ist.

Anzuzeigen sind festgestellte Tatsachen, die darauf schließen lassen, dass eine **4.108** Geldwäsche oder Terrorismusfinanzierung begangen oder versucht wurde oder wird. Unter Tatsachen sind alle Auffälligkeiten bei der Abwicklung von Transaktionen oder Abweichungen vom gewöhnlichen Geschäftsgebaren der Wirtschaftsbeteiligten zu verstehen, sofern in Ihnen ein Bezug zu Geldwäschetransaktionen i. S. d. § 261 StGB (oder einer Terrorismusfinanzierung) erkennbar wird.[33] Dabei müssen **konkrete (objektiv erkennbare) Anhaltspunkte** z. B. für den Verdacht vorliegen, die Transaktion diene der Terrorismusfinanzierung oder verschleiere die Tatsache, dass der fragliche Gegenstand aus einem Ver-

33) Begr. RegE GewAufspG, BT-Drucks. 12/2704, S. 15.

brechen, einem Drogengeschäft oder einer anderen Katalogtat des § 261 StGB stammt. In strafprozessualer Hinsicht handelt es sich um einen Anfangsverdacht i. S. d. § 152 Abs. 2 StPO. Dieser lässt einen Beurteilungsspielraum zu: Nach der (eigenen) kriminalistischen Erfahrung muss es als möglich erscheinen (gewisse Wahrscheinlichkeit), dass eine verfolgbare Straftat (hier: Geldwäsche oder Terrorismusfinanzierung) vorliegt.[34)]

4.109 Die Anzeige muss **unverzüglich** (also ohne schuldhaftes Zögern gemäß § 121 BGB) mündlich, fernmündlich, fernschriftlich oder durch elektronische Datenübermittlung erfolgen. Dabei steht dem Anzeigenden eine angemessene Überlegungsfrist zu. Zuständige Strafverfolgungsbehörde in Sachen Geldwäschegesetz ist i. d. R. eine spezialisierte Einheit auf Landesebene, wobei überwiegend die Landeskriminalämter gegenüber den Staatsanwaltschaften favorisiert wurden.

4.110 Die Verdachtsanzeige sollte eine Darstellung derjenigen Tatsachen enthalten, die den Verdacht aus Sicht des Anzeigenden plausibel machen. Dabei können Unterlagen, z. B. in Form von Fotokopien von Übersichten über Kontoumsätze, insoweit herausgegeben werden, als sie die dargestellten Tatsachen belegen.

4.111 Nach § 261 Abs. 9 Satz 1 Nr. 1 StGB wirkt die Verdachtsanzeige nach § 11 GwG strafbefreiend für diejenigen Mitarbeiter des Kreditinstituts, die an der Transaktion mitgewirkt haben und sich dadurch ggf. strafbar gemacht haben könnten. Dabei steht die Pflicht zur Anzeige nach § 11 Abs. 1 GwG dem Erfordernis der Freiwilligkeit der Anzeige für die **Strafbefreiung** nach § 261 Abs. 9 StGB nicht entgegen.

4.112 Nach § 12 Abs. 1 GwG dürfen der Auftraggeber der Transaktion und sonstige Dritte nicht von einer Verdachtsanzeige oder von einem daraufhin eingeleiteten Ermittlungsverfahren in Kenntnis gesetzt werden. Das **Verbot der Informationsweitergabe** gilt jedoch nicht gegenüber staatlichen Stellen, der Bundesanstalt für Finanzdienstleistungsaufsicht sowie zwischen den in § 2 Abs. 1 Nr. 1 bis 8 GwG genannten Verpflichteten in Fällen, die sich auf denselben Vertragspartner und dieselbe Transaktion beziehen und an der zwei oder mehr Verpflichtete beteiligt sind, sofern sie ihren Sitz in einem Mitgliedstaat der europäischen Union haben.

4.113 Liegt ein Verdachtsfall vor, darf eine angetragene Transaktion grundsätzlich frühestens dann ausgeführt werden, wenn dem Kreditinstitut die Zustimmung der Staatsanwaltschaft übermittelt wurde oder wenn der zweite Werktag nach dem Abgangstag der Anzeige verstrichen ist, ohne dass die **Durchführung der Transaktion** strafprozessual untersagt worden ist. Der Sonnabend gilt hierfür nicht als Werktag.

---

34) *Fülbier/Aepfelbach/Langweg*, GwG, § 11 Rz. 52 f.

Ist jedoch ein Aufschub der Transaktion nicht möglich, so darf sie durchgeführt werden. Die Anzeige ist in diesem Fall unverzüglich nachzuholen. Hierunter fallen insbesondere sog. **Eilgeschäfte**, bei denen der Kunde die unverzügliche Durchführung der Transaktion ausdrücklich wünscht oder sich die Eilbedürftigkeit aus der Art der Finanztransaktion selbst ergibt, wie z. B. im Falle von Bareinzahlungen, Barauszahlungen und termingebundenen Geschäften. Gleiches gilt, wenn durch einen Aufschub die Verfolgung der Nutznießer einer mutmaßlichen Geldwäsche oder einer Terrorismusfinanzierung behindert würde. 4.114

X. Gruppenweite Einhaltung von Sorgfaltspflichten

Die dem Kreditwesengesetz unterliegenden Kreditinstitute, Finanzdienstleistungsinstitute sowie nach § 10a Abs. 3 Satz 6 oder 7 KWG oder nach § 10b Abs. 3 Satz 8 KWG als übergeordnete Unternehmen geltende Finanzholding-Gesellschaften und gemischten Finanzholding-Gesellschaften haben gemäß § 25g KWG[35] sicherzustellen, dass in ihren nachgeordneten Unternehmen, Zweigstellen und Zweigniederlassungen im In- und Ausland die Sorgfaltspflichten nach §§ 3, 5, und 6 GwG und §§ 25d und 25f KWG sowie die Aufzeichnungs- und Aufbewahrungspflicht nach § 8 GwG eingehalten werden. Verantwortlich für die ordnungsgemäße Erfüllung dieser Pflichten sind die Geschäftsleiter. Für den Fall, dass am ausländischen Sitz strengere Pflichten als nach deutschem Recht gelten, sind dort diese strengeren Pflichten zu erfüllen. Nicht einbezogen in die Pflichten zur gruppenweiten Umsetzung sind die Vorschriften zur Durchführung der Identifizierung nach § 4 GwG. Somit müssen die konkreten Vorgaben des § 4 GwG zur Durchführung der Identifizierung nicht im Ausland angewandt werden. Vielmehr sollen dort die Regelungen des jeweiligen Ortsrechts gelten. 4.115

Sind die hiernach i. R. d. Begründung von Geschäftsbeziehungen oder der Durchführung von Transaktionen zu treffenden Maßnahmen in einem Staat außerhalb der Europäischen Union und des Europäischen Wirtschaftsraums, in dem das Unternehmen ansässig ist, nicht zulässig oder tatsächlich nicht durchführbar, hat das übergeordnete Unternehmen oder Mutterunternehmen sicherzustellen, dass ein nachgeordnetes Unternehmen, eine Zweigstelle oder Zweigniederlassung in diesem Drittstaat keine Geschäftsbeziehung begründet oder fortsetzt und keine Transaktionen ausführt. Soweit eine Geschäftsbeziehung bereits besteht, hat das übergeordnete Unternehmen oder Mutterunternehmen sicherzustellen, dass diese durch Kündigung oder auf andere Weise beendet wird. Die Bundesanstalt für Finanzdienstleistungsaufsicht hat die Anforderun- 4.116

35) § 25g KWG wurde durch das Gesetz zur Fortentwicklung des Pfandbriefrechts v. 20.3.2009 insbesondere um die unter Rz. 4.116 beschriebene Beendigungs- und Nichtdurchführungsverpflichtung ergänzt.

gen des § 25g KWG an die gruppenweite Umsetzung von Sorgfaltspflichten mit Rundschreiben 17/ 2009 (GW) konkretisiert.[36)]

XI. Verbotene Geschäfte

4.117 § 25h Nr. 1 KWG verbietet die Aufnahme oder Fortführung einer Korrespondenz- oder sonstigen Geschäftsbeziehung mit einer Bank-Mantelgesellschaft i. S. d. Art. 3 Nr. 10 der 3. EG-Geldwäscherichtlinie. **Bank-Mantelgesellschaften** sind nicht angemessen beaufsichtigte Banken ohne physische Präsenz im nominellen Sitzland/Territorium, die keinem beaufsichtigten Bankkonzern angehören.

4.118 Nach § 25h Nr. 2 KWG sind ferner die Errichtung und Führung von Konten auf den Namen des Instituts oder für dritte Institute, über die Kunden zur Durchführung von eigenen Transaktionen eigenständig verfügen können, verboten. Derartige **Durchlaufkonten** ermöglichen dem Kunden, über Konten, die im Namen des kontoführenden Kreditinstituts oder eines dritten Kreditinstituts errichtet worden sind, wie über ein eigenes Konto zu verfügen. Zahlungen an oder auf Rechnung dieses Kunden bleiben dadurch anonym. Die Führung solcher Konten widerspricht in Deutschland bereits dem steuerrechtlichen Prinzip der Kontenwahrheit gemäß § 154 Abs. 1 AO.

4.119 Die gesetzlichen Verbote des § 25h KWG sind ab Inkrafttreten des Gesetzes zu beachten und können Gegenstand aufsichtlicher Maßnahmen sein. Die ansonsten geltende Übergangsfrist (siehe oben Rz. 4.5) findet auf sie ausdrücklich keine Anwendung.

XII. Aufsicht

4.120 Die Aufsicht über die Einhaltung der geldwäscherechtlichen Pflichten nach dem Geldwäschegesetz und dem Kreditwesengesetz übt für die Kreditanstalt für Wiederaufbau das Bundesministerium der Finanzen, für die übrigen Kreditinstitute, mit Ausnahme der Deutschen Bundesbank, die Bundesanstalt für Finanzdienstleistungsaufsicht aus. Sie kann i. R. d. ihr gesetzlich zugewiesenen Aufgaben die geeigneten und erforderlichen Maßnahmen und Anordnungen treffen, um die Einhaltung der gesetzlich festgelegten Anforderungen sicherzustellen.

XIII. Ordnungswidrigkeiten/Bußgeldvorschriften

4.121 Die Verletzung der meisten im Geldwäschegesetz enthaltenen Pflichten wird nach § 17 GwG als Ordnungswidrigkeit geahndet. Dies gilt seit Inkrafttreten des Geldwäschebekämpfungsergänzungsgesetzes sogar für die Nichtanzeige

36) BaFin-Rundschreiben Nr. 17/2009 (GW) an alle Kreditinstitute (und andere) in der Bundesrepublik Deutschland v. 23.9.2009.

eines Verdachtsfalls, obwohl in diesen Fällen zusätzlich insbesondere eine Strafbarkeit wegen leichtfertigen Nichterkennens einer Geldwäschehandlung nach § 261 Abs. 5 StGB in Frage kommt. Vorsätzliche und zum Teil auch leichtfertige Verstöße gegen Pflichten des Geldwäschegesetzes werden mit bis zu 100.000 Euro Geldbuße geahndet. Der vorsätzliche oder fahrlässige Verstoß gegen die gesetzlichen Verbote des § 25h KWG kann nach § 56 Abs. 3 Nr. 7c und 7d KWG mit einer Geldbuße bis zu 150.000 Euro geahndet werden.

Bei Verstößen gegen das Geldwäschegesetz und das Kreditwesengesetz können sowohl die **Geschäftsleitung** oder der **Vorstand** als auch die einzelnen Geschäftsleiter oder Vorstandsmitglieder nach § 9 Abs. 1 Nr. 1 OWiG zur Verantwortung gezogen werden, wobei grundsätzlich der Aufgabenkreis eines Organs Berücksichtigung finden dürfte. Darüber hinaus könnte eine Strafe oder Geldbuße über die Geschäftsleitung oder den Vorstand der juristischen Person auch wegen Verletzung der Aufsichtspflicht gemäß § 130 OWiG verhängt werden. **4.122**

Gemäß § 9 Abs. 2 Nr. 2 OWiG ist ein Gesetz, nach dem besondere persönliche Merkmale die Möglichkeit der Ahndung begründen, auch auf den Beauftragten anzuwenden, wenn diese Merkmale nicht bei ihm, aber bei dem Inhaber des Betriebes vorliegen. Voraussetzung hierfür ist, dass der Betreffende von dem Inhaber des Betriebes oder einem sonst dazu Befugten ausdrücklich beauftragt wurde, in eigener Verantwortung Pflichten zu erfüllen, die den Inhaber des Betriebes treffen. Da Kreditinstitute regelmäßig den **Geldwäschebeauftragten** mit der Erfüllung der geldwäscherechtlichen Pflichten beauftragen und diesen als eine der Geschäftsleitung unmittelbar nachgeordnete Person auch die Verantwortlichkeit für die Pflichterfüllung trifft, ist auch der Geldwäschebeauftragte als Normadressat der geldwäscherechtlichen Pflichten anzusehen. Schließlich kann auch der **einzelne Bankmitarbeiter** als verantwortlich Handelnder anzusehen sein, wobei die Frage ausschlaggebend sein dürfte, inwieweit bei diesem noch Entscheidungsbefugnis und somit Verantwortlichkeit gegeben ist. **4.123**

Nach den vorgenannten Regelungen ist die Verantwortlichkeit eines jeden mit der Durchführung der geldwäscherechtlichen Verhaltenspflichten Betrauten im Wege eines Bußgeldverfahrens denkbar. In diesem Zusammenhang ist besonders zu berücksichtigen, dass nach § 17 Abs. 1 GwG bereits der leichtfertige Verstoß in eine der bußgeldbewehrten Pflichten geahndet wird.[37] **4.124**

---

37) Ausführlicher hierzu: *Fülbier/Aepfelbach/Langweg*, GwG, § 17 Rz. 4 ff.

Kapitel 5 Europäisches und deutsches Wettbewerbsrecht

Übersicht

I. Einführung

Das Wettbewerbsrecht setzt sich aus einer Reihe von Einzelrechtsgebieten zusammen, die teils auf europäischer Ebene und teils auch im deutschen Recht geregelt sind. Zum Wettbewerbsrecht zählen einerseits das **Kartellrecht** im engeren Sinn und das **Verbot des Missbrauches** einer marktbeherrschenden Stellung sowie die **Fusionskontrolle** und andererseits das europäische **Beihilfenrecht.**[1] Während das Beihilfenrecht fast ausschließlich in den Art. 107 bis 109 5.1

1) Nicht dazu gezählt wird an dieser Stelle das Lauterkeitsrecht wie es insbesondere in dem Gesetz gegen unlauteren Wettbewerb (UWG) niedergelegt ist. Während das Lauterkeitsrecht der Bekämpfung bestimmter unlauterer Wettbewerbshandlungen dient, soll das in diesem Kapitel dargestellte europäische und deutsche Wettbewerbsrecht wettbewerbliche Marktstrukturen sichern. Vgl. zur Abgrenzung *Hefermehl/Köhler/Bornkamm*, UWG, Einl., Rz. 6.12.

AEUV und dem dazu gehörigen europäischen Sekundärrecht geregelt ist, existieren bei den anderen Rechtsgebieten Überschneidungen zwischen europäischen und deutschen Recht. Die inhaltlichen Unterschiede zwischen dem europäischen Wettbewerbsrecht auf Grundlage der Art. 101, 102 AEUV und dem deutschen Kartellgesetz (GWB) sind allerdings im Ergebnis gering. Bei Sachverhalten, die unter das europäische Recht fallen, geht dieses wegen des allgemeinen Anwendungsvorrangs des europäischen Gemeinschaftsrechts dem deutschen Recht vor.[2]

5.2 Das Wettbewerbsrecht findet auf den Bankensektor uneingeschränkt Anwendung. Weder auf europäischer noch auf deutscher Ebene existieren (noch) **Bereichsausnahmen** für Kreditinstitute. Die ehemaligen deutschen Sondervorschriften für die Kreditwirtschaft in § 29 GWB a. F. (und noch früher in § 102 GWB a. F.) sind durch die 7. GWB-Novelle im Jahr 2005 endgültig abgeschafft worden.[3] Der Europäische Gerichtshof hat außerdem bereits im Jahr 1981 entschieden, dass Banken nicht generell mit Dienstleistungen von allgemeinem wirtschaftlichen Interesse i. S. d. Art. 106 Abs. 2 AEUV betraut sind und damit nur eingeschränkt unter das europäische Wettbewerbsrecht fallen würden.[4] Die uneingeschränkte Anwendung des Wettbewerbsrechts auf den Bankensektor wird nicht zuletzt durch den Abschlussbericht der Branchenuntersuchung („Sector Inquiry“) der Kommission vom 31. Januar 2007 bestätigt.[5]

5.3 Vor dem Hintergrund der weltweiten Finanzkrise, die im Jahr 2007 zunächst im US-amerikanischen Markt für Immobilienfinanzierung begann und sich seit September 2008 mit dem Zusammenbruch der Investmentbank Lehman Brothers drastisch verschärfte (näher dazu Rz. 5.35 ff.), ist vor allem das europäische Beihilfenrecht neu in den Fokus geraten. Die verschiedenen Stützungsmaßnahmen der EU-Mitgliedstaaten zur Stabilisierung der Finanzmärkte unterliegen – anders als z. B. in den USA, wo es keine entsprechende Kontrolle staatlicher Fördermaßnahmen gibt – ganz überwiegend den strengen Regeln des europäischen Beihilfenrechts. Die Anwendung der Beihilfenregeln auf den Finanzsektor vor dem Hintergrund der weltweiten Krise ist Gegenstand einer Reihe von individuellen Entscheidungen sowie mehreren generellen Mitteilungen der Europäischen Kommission seit September 2008.

---

2) EuGH, Urt. v. 15.7.1964 – 6/64, Slg. 1964, 1141 – Costa/E.N.E.L.; v. d. Groeben/Schwarze-*Tiedje/Troberg*, EUV/EGV, Art. 49 Rz. 120.

3) Ziel der 7. GWB-Novelle war nicht zuletzt die Angleichung des deutschen an das europäische Recht. Zum Anwendungsbereich der alten Sonderbestimmungen vgl. Schimanski/Bunte/Lwowski-*Bunte*, Bankrechts-Hdb., § 140 Rz. 6 ff (S. 2405).

4) EuGH, Urt. v. 14.7.1981 – 172/80, Slg. 1981, 2021, Rz. 7 = ZIP 1983, 837 – Züchner/Bayerische Vereinsbank; vgl. auch Entscheidung der Kommission v. 11.6.2002 – Lombard Club, ABl. 2004 Nr. L 56, S. 1 (Rz. 392 ff.).

5) Mitteilung der Kommission – KOM (2007) 33 v. 31.1.2007 –Untersuchung des Retail-Bankgeschäfts gemäß Art. 17 der Verordnung (EG) 1/2003, Rz. 54.

II. Europäisches Beihilfenrecht

5.4 Das europäische Beihilfenrecht richtet sich primär an die **EU-Mitgliedstaaten.** Es greift in deren Wirtschaftspolitik ein, indem es nationaler Wirtschaftsförderung durch Subventionierung von Unternehmen Grenzen setzt. Fördermaßnahmen der Europäischen Gemeinschaft fallen dagegen nicht in den Anwendungsbereich des Beihilfenrechts.[6)] Zuständig für die Beihilfenkontrolle ist in erster Linie die Europäische Kommission.[7)] Eine solche Form der föderalen Aufsicht über staatliche Wirtschaftsförderung ist weltweit einzigartig.[8)] Zum Beispiel hat in den USA die Bundesebene keine Kontrolle über Beihilfen der einzelnen Staaten.[9)]

5.5 Wegen der Adressierung des Beihilfenrechts an die EU-Mitgliedstaaten können Private und öffentlich-rechtliche Kreditinstitute stets nur als **Dritte** an Beihilfenverfahren beteiligt sein. Die formale Stellung solcher Drittbeteiligter ist in der Beihilfenverfahrensverordnung 659/1999[10)] (nachfolgend „Verfahrensverordnung") generell äußerst schwach ausgeprägt.[11)] Materiell können Kreditinstitute dagegen in unterschiedlichen Rollen von der Anwendung des Beihilfenrechts betroffen sein:

- **Beihilfen *an* Kreditinstitute**: Die direkteste Form der Betroffenheit stellen staatliche Beihilfen zugunsten von Kreditinstituten dar. Als Empfänger staatlicher Beihilfen kommen Kreditinstitute vor allem in Bezug auf Stützungsmaßnahmen i. R. d. aktuellen Finanzkrise in Betracht. Auch in der (inzwischen weitgehend abgeschlossenen) Diskussion um Anstaltslast und Gewährträgerhaftung waren die öffentlich-rechtlichen Kreditinstitute als Empfänger betroffen.
- **Beihilfen *durch* Kreditinstitute:** Darüber hinaus können Kreditinstitute unter bestimmten Umständen als Beihilfengeber in Betracht kommen. Nach ständiger Rechtsprechung der Gemeinschaftsgerichte können auch

6) V. d. Groeben/Schwarze-*Mederer*, EUV/EGV, Vor Art. 87 Rz. 5; *König/Kühling/Ritter*, EG-Beihilfenrecht, S. 55 f.

7) Zur Rolle nationaler Gerichte vgl. die Hinweise in der ständigen Rechtsprechung der Gemeinschaftsgerichte seit EuGH, Urt. v. 21.11.1991 – C-354/90, Slg. 1991, I-5505 Rz. 12 – FNCE/Frankreich, dazu EWiR 1992, 269 *(Schroeder/Deselaers)*.

8) Beihilfenregelungen bilden allerdings einen Kernbestandteil des Rechts der WTO; vgl. *Ohlhoff*, EuZW 2000, 645 ff.; *Slocock*, EStAL 2007, 249; *Ehlermann/Goyette*, EStAL 2006, 695.

9) Vgl. *Meiklejohn*, in: Europäische Kommission (Hrsg.), European Economy, Special Edition: State Aid and the Single Market, S. 7.

10) Verordnung (EG) 659/1999 des Rates v. 22.3.1999 über besondere Vorschriften für die Anwendung von Art. 93 des EG-Vertrages, ABl. 1999 Nr. L 83, S. 1.

11) Nach der Rechtsprechung der Gemeinschaftsgerichte haben Drittbeteiligte im Wesentlichen die Rolle von Informationsquellen der Kommission, vgl. EuG, Urt. v. 14.12.2000 – T-613/97, Slg. 2000, II-4055, Rz. 89 – Ufex u. a./Kommission (Ufex I).

Zuwendungen öffentlicher Unternehmen, die mittelbar oder unmittelbar vom Staat kontrolliert werden, unter das Beihilfenrecht fallen.[12] Soweit öffentlich-rechtliche Kreditinstitute im Einzelfall einen nicht marktgerechten Vorteil gewähren und ihr Handeln dem Staat zurechenbar ist, kann es sich daher um staatliche Beihilfen i. S. v. Art. 107 Abs. 1 AEUV handeln.

- **Auswirkung des Beihilfenrechts auf Verträge von Kreditinstituten mit Dritten:** Schließlich kann das Beihilfenrecht Auswirkungen auf Verträge von Kreditinstituten mit Dritten haben, obwohl das Kreditinstitut selbst weder als Beihilfenempfänger noch als Beihilfengeber betroffen ist. Das gilt insbesondere für das Instrument der staatlichen Bürgschaft. Welche Auswirkungen die (beihilfen-) rechtlichen Beziehungen des Staates als Bürgen mit dem begünstigten Dritten auf das Verhältnis zwischen Bank und Dritten haben, ist umstritten.

1. Allgemeine Grundlagen des Europäischen Beihilfenrechts

5.6 Das europäische Beihilfenrecht ruht auf zwei zentralen Säulen: dem umfassenden **Beihilfenbegriff** nach Art. 107 Abs. 1 AEUV und der **Anmeldepflicht** für neue Beihilfen gekoppelt mit einem **Durchführungsverbot** bis zur Genehmigung durch die Europäische Kommission nach Art. 108 Abs. 3 AEUV.

5.7 Nach dem EU-Vertrag und der auf dieser Grundlage entwickelten Praxis sind staatliche Beihilfen weder absolut noch unbedingt verboten.[13] Es handelt sich bei Art. 107 Abs. 1 AEUV vielmehr um ein **Verbot mit Erlaubnisvorbehalt**. Soweit eine staatliche Maßnahme die Voraussetzungen von Art. 107 Abs. 1 AEUV erfüllt, finden die formellen und materiellen Voraussetzungen der Art. 107–109 AEUV Anwendung. Staatliche Beihilfen nach Art. 107 Abs. 1 AEUV unterliegen der Kontrolle der Europäischen Kommission und sind nur insoweit zulässig, als sie nach Art. 107 Abs. 2 und 3 AEUV mit dem gemeinsamen Markt vereinbar sind.

a) Beihilfenbegriff nach Art. 107 Abs. 1 AEUV

5.8 Der Begriff der Beihilfe nach Art. 107 Abs. 1 AEUV und damit der Anwendungsbereich des Beihilfenrechts ist außerordentlich weit. Darunter fallen staat-

---

12) EuGH, Urt. v. 16.5.1999 – C-482/99, Slg. 2002, I-4397, Rz. 34 ff. – Frankreich/Kommission (Stardust Marine); EuGH, Urt. v. 14.10.1987 – 248/84, Slg. 1987, 4013, Rz. 17 – Deutschland/Kommission; EuG, Urt. v. 12.12.1996 – T-358/94, Slg. 1996, II-2109, Rz. 56, 62 – Air France/Kommission.

13) So die in st. Rspr. wiederholte Formel seit EuGH, Urt. v. 22.3.1977 – 78/76, Slg. 1977, 595, Rz. 8 – Steinike und Weinlig/Bundesrepublik Deutschland.

liche Maßnahmen, die alle fünf Tatbestandsmerkmale[14)] des Art. 107 Abs. 1 AEUV erfüllen:

- **Begünstigung:** Eine Begünstigung kann nach ständiger Rechtsprechung sowohl in positiven Leistungen liegen, als auch Maßnahmen, die in unterschiedlicher Form die Belastungen vermindern, die ein Unternehmen normalerweise zu tragen hat, ohne im engeren Sinn Subventionen zu sein.[15)] Dabei kommt es alleine auf die objektiven Wirkungen der Maßnahmen an.[16)] Eine Maßnahme stellt dann keine Begünstigung i. S. d. Beihilfenrechts dar, wenn ein marktwirtschaftlicher handelnder Kapitalgeber ebenso gehandelt hätte („private investor principle").[17)]
- **Selektivität:** Nur Maßnahmen, die bestimmte Unternehmen oder Produktionszweige begünstigen, fallen unter den Begriff der Beihilfe. Das Merkmal der Selektivität wird außerordentlich weit ausgelegt. Sowohl regional als auch auf einzelne Branchen begrenzte Maßnahmen können selektiv i. S. d. Beihilfenregeln sein.[18)]
- **Übertragung staatlicher Mittel:** Die Begünstigung muss in der Übertragung staatlicher Mittel liegen. Staatliche Mittel sind einerseits alle Mittel aus staatlichen Haushalten und andererseits Mittel unter staatlicher Kontrolle, wenn die konkrete Verwendung dem Staat zurechenbar ist, d. h. etwa Mittel öffentlicher Unternehmen.
- **Wettbewerbsverfälschung:** Die Eignung zur Wettbewerbsverfälschung ist ausreichend für den Tatbestand der staatlichen Beihilfe. Dies ist bei prak-

14) Teilweise ist auch von vier oder sogar drei Tatbestandsmerkmalen die Rede, da einzelne Merkmale zum Teil zusammen geprüft werden. Solange bei der konkreten Prüfung die Voraussetzungen der verschiedenen Merkmale unterschieden und im Einzelnen nachgeprüft werden, ergeben sich daraus keine inhaltlichen Unterschiede. Zur genauen Abgrenzung der verschiedenen Voraussetzung für das Vorliegen einer staatlichen Beihilfe erscheint jedoch die Unterscheidung zwischen fünf Tatbestandsmerkmalen vorzugswürdig.

15) Zuletzt EuGH, Urt. v. 22.6.2006 – verb. Rs. C-182/03 und C-217/03, Slg. 2006, I-5479, Rz. 86 – Belgien/Kommission; EuGH, Urt. v. 23.3.2006 – C-237/04, Slg. 2006, I-2843, Rz. 42 – Enirisorse/Sotacarbo, jeweils m. w. N; st. Rspr. seit EuGH, Urt. v. 22.3.1977 – 78/76, Slg. 1977, 595, Rz. 8 – Steinike und Weinlig/Bundesrepublik Deutschland.

16) EuG, Urt. v. 7.6.2006 – T-613/97, Slg. 2006, II-1531, Rz. 160 – Ufex u. a./Kommission (Ufex II); EuGH, Urt. v. 20.11.2003 – C-126/01, Slg. 2003, I-13769, Rz. 34 – Ministre de l'Économie/GEMO, m. w. N.

17) St. Rspr. seit EuGH, Urt. v. 10.7.1986 – 234/84, Slg. 1986, 2263, Rz. 14 – Belgien/Kommission (Meura); EuGH, Urt. v. 10.7.1986 – 40/85, Slg. 1986, 2321, Rz. 13 – Belgien/Kommission (Boch); vgl. auch Entscheidung der Kommission v. 15.10.2003, ABl. 2004 Nr. L 119, S. 1 (Rz. 84) – RAI SpA; *Arhold*, EStAL 2007, 151, 160; Heidenhain-*Heidenhain*, Hdb. Beihilfenrecht, § 4 Rz. 4.

18) Eine gewisse Einschränkung der regionalen Selektivität ergibt sich aus der jüngeren Rechtsprechung des EuGH. Eine Beschränkung des Wirkungsbereichs einer Maßnahme auf einzelne Teile des Staatsgebiets führt danach nicht mehr automatisch zu Selektivität, vgl. EuGH, Urt. v. 6.9.2006 – C-88/03, Slg. 2006, I-7115, Rz. 57 – Portugal/Kommission.

tisch allen Begünstigungen der Fall. Eine Ausnahme besteht insbesondere dann, wenn Maßnahmen einen Bereich betreffen, in dem etwa wegen eines existierenden staatlichen Monopols kein aktueller oder potentieller Wettbewerb herrscht.

- **Handelsbeeinträchtigung:** Schließlich muss die Begünstigung den innergemeinschaftlichen Handel beeinträchtigen. Davon wird praktisch immer ausgegangen, wenn ein betroffenes Unternehmen in einem Bereich tätig ist, in dem überhaupt Handelsbeziehungen zwischen den Mitgliedstaaten existieren. Lediglich rein lokale Sachverhalte können mangels Handelsbeeinträchtigung ausnahmsweise aus dem Anwendungsbereich des Beihilfenrechts herausfallen. Davon ist im Bereich der Finanzdienstleistungen – auch in Bezug auf Sparkassen – nicht auszugehen.

5.9 Die Europäische Kommission legt den Begriff der Beihilfe nach Art. 107 Abs. 1 AEUV teilweise außerordentlich weit aus. Das hat insbesondere eine Ausweitung ihrer Aufsichtsbefugnisse zur Folge. Allerdings handelt es sich nach der Rechtsprechung der Gemeinschaftsgerichte bei den Tatbestandsmerkmalen des Art. 107 Abs. 1 AEUV um **objektive Rechtsbegriffe**, die anhand objektiver Kriterien auszulegen sind. Der Kommission steht daher bei der Beurteilung, ob eine staatliche Maßnahme eine Beihilfe i. S. dieser Vorschrift ist, grundsätzlich kein Ermessen zu.[19)]

b) Anmeldepflicht und Durchführungsverbot für neue Beihilfen

5.10 Die Einführung von neuen Beihilfen i. S. d. Art. 107 Abs. 1 AEUV muss vorab bei der Europäischen Kommission angemeldet werden. Dabei ist es unerheblich, ob es sich um eine Einzelbeihilfe handelt oder eine allgemeine Beihilfenregelung. Ob eine Beihilfe neu ist oder es sich um eine bestehende Beihilfe handelt, die nicht anmeldepflichtig ist, richtet sich nach Art. 1 lit. c der Verfahrensverordnung. **Bestehende Beihilfen** sind im Wesentlichen solche, die bei Inkrafttreten des ehemaligen EG-Vertrages schon existierten oder die bereits einmal von der Europäischen Kommission genehmigt worden sind. Anmeldepflichtig und anmeldeberechtigt sind stets nur die Mitgliedstaaten.[20)]

5.11 Ausgenommen von der Anmeldepflicht sind diejenigen Beihilfen, die durch eine **Gruppenfreistellungsverordnung** freigestellt sind (vgl. Art. 2 Abs. 1 Ver-

---

19) EuG, Urt. v. 27.1.1998 – T-67/94, Slg. 1998, II-1, Rz. 52 – Ladbroke Racing/Kommission; EuG, Urt. v. 17.10.2002 – T-98/00, Slg. 2002, II-3961, Rz. 40 – Linde/Kommission.

20) EuG, Urt. v. 5.8.2003 – verb. Rs. T-116/01 und T-118/01, Slg. 2003, II-2957, Rz. 64 – P&O European Ferries u. a./Kommission; bestätigt durch EuGH Urt. v. 1.6.2006 – C-442/03, Slg. 2006, I-4845, Rz. 103 – P&O European Ferries u. a./Kommission.

fahrensverordnung)[21] oder die nach der Auslegung des Beihilfenbegriffs durch Leitlinien oder Mitteilungen der Europäischen Kommission nicht alle Tatbestandsmerkmale von Art. 107 Abs. 1 AEUV erfüllen. Auch die einzelnen aufgrund einer angemeldeten und genehmigten Beihilferegelung gewährten Beihilfen müssen nicht mehr gesondert angemeldet werden.

Nach Art. 108 Abs. 3 Satz 3 AEUV und Art. 3 Verfahrensverordnung dürfen Beihilfemaßnahmen bis zu einer Genehmigung durch die Kommission nicht durchgeführt werden. Das **Durchführungsverbot** betrifft jede anmeldepflichtige Beihilfe.[22] Eine Verletzung des Durchführungsverbots macht die Gewährung einer Beihilfe **formell rechtswidrig**. Die Rechtswidrigkeit wird auch durch eine spätere Entscheidung der Kommission über die Vereinbarkeit der Beihilfe mit dem Gemeinsamen Markt nicht geheilt.[23] Das Durchführungsverbot des Art. 108 Abs. 3 Satz 3 AEUV und Art. 3 Verfahrensverordnung hat nach ständiger Rechtsprechung unmittelbare Wirkung in den Mitgliedstaaten.[24] Wettbewerber des Beihilfenempfängers können sich daher vor nationalen Gerichten auf eine Verletzung des Durchführungsverbots berufen.[25] 5.12

Eine besondere Bedeutung erhalten Verletzungen des Durchführungsverbotes dadurch, dass der Bundesgerichtshof in Art. 108 Abs. 3 Satz 3 AEUV ein Verbotsgesetz i. S. d. § 134 BGB sieht. Das hat zur Folge, dass **privatrechtliche Verträge**, mit denen eine Beihilfe unter Verstoß gegen das Durchführungsverbot gewährt wurde, **nichtig** sind.[26] Die Konsequenzen dieser Rechtsprechung für vertragliche Beziehungen im Dreiecksverhältnis sind allerdings umstritten. – Dazu ausführlich unten Rz. 5.82 ff. 5.13

---

21) Die nunmehr wichtigste Gruppenfreistellungsverordnung im Beihilfenbereich ist die Verordnung (EG) Nr. 800/2008 der Kommission v. 6.8.2008 zur Erklärung der Vereinbarkeit bestimmter Gruppen von Beihilfen mit dem Gemeinsamen Markt in Anwendung der Art. 87 und 88 EG-Vertrag (nunmehr Art. 107 und 108 AEUV) (allgemeine Gruppenfreistellungsverordnung), ABl. 2008 Nr. L 214, S. 3. Die allgemeine Gruppenfreistellungsverordnung fasst die verschiedenen vorher bestehenden einzelnen Verordnungen zusammen und vereinheitlicht die jeweils geltenden Regeln. Für den Finanzsektor spielt die allgemeine Gruppenfreistellungsverordnung allerdings bestenfalls eine untergeordnete Rolle, weil die erfassten Beihilfengruppen in aller Regel nicht einschlägig sein dürften.

22) EuGH, Urt. v. 13.1.2005 – C-174/02, Slg. 2005, I-85, Rz. 15 – Streekgewest, st. Rspr.

23) EuGH, Urt. v. 5.10.2006 – C-368/04, Slg. 2006, I-9957, Rz. 41 – Transalpine Ölleitung; EuGH, Urt. v. 21.10.2003 – C-261/01, Slg. 2003, I-12249, Rz. 63 – van Calster; EuGH, Urt. v. 21.11.1991 – C-354/90, Slg. 1991, I-5505, Rz. 16 – FNCE/Frankreich.

24) St. Rspr. seit EuGH, Urt. v. 11.12.1973 – 120/73, Slg. 1973, 1471, Rz. 8 – Lorenz; vgl. auch EuGH, Urt. v. 5.10.2006 – C-368/04, Slg. 2006, I-9957, Rz. 41 – Transalpine Ölleitung; EuGH, Urt. v. 21.10.2003 – C-261/01, Slg. 2003, I-12249, Rz. 63 – van Calster.

25) EuGH, Urt. v. 13.1.2005 – C-174/02, Slg. 2005, I-85, Rz. 17 – Streekgewest; EuGH, Urt. v. 21.10.2003 – C-261/01, Slg. 2003, I-12249, Rz. 53 – van Calster.

26) BGH, Urt. v 12.10.2006 – III ZR 299/05, VersR 2007, 367; BGH, Urt. v. 20.1.2004 – XI ZR 53/03, NVwZ 2004, 636, 637 = ZIP 2004, 498, m. w. N.

c) Vereinbarkeit von Beihilfen mit dem gemeinsamen Markt

5.14 Die Prüfung und Entscheidung über die Vereinbarkeit von Beihilfen mit dem gemeinsamen Markt ist ausschließlich der Europäischen Kommission vorbehalten. Materiell richtet sich die Vereinbarkeit von Beihilfen mit dem gemeinsamen Markt nach den Art. 107 Abs. 2 und 3 AEUV und den jeweils dort geregelten Fallgruppen.

5.15 Die Anwendung von Art. 107 Abs. 2 AEUV stellt eine **gebundene Entscheidung** der Europäischen Kommission dar. Wenn die jeweiligen Voraussetzungen vorliegen, muss die Europäische Kommission – ohne dass ihr soweit ein Ermessen zukommt[27)] – die Beihilfen als vereinbar mit dem gemeinsamen Markt genehmigen. In der Praxis kommt den Fallgruppen von Art. 107 Abs. 2 AEUV wegen ihres engen Anwendungsbereichs allerdings insgesamt nur eine geringe Bedeutung zu.[28)] Für den Bankensektor dürfte Art. 107 Abs. 2 AEUV keine Rolle spielen.

5.16 Die in der Praxis insgesamt und auch für den Bankensektor entscheidenden Ausnahmeregelungen für die Vereinbarkeit von Beihilfen mit dem gemeinsamen Markt finden sich in Art. 107 Abs. 3 AEUV. Im Rahmen des Artikels verfügt die Europäische Kommission nach ständiger Rechtsprechung der Gemeinschaftsgerichte über ein **weites Ermessen.**[29)] Die Europäische Kommission ist nach der Rechtsprechung jedoch generell gehalten, die Ausnahmetatbestände eng auszulegen.[30)] Anhaltspunkte über die Art und Weise der Ermessensausübung durch die Europäische Kommission finden sich in der Vielzahl von **Leitlinien, Mitteilungen, Gemeinschaftsrahmen und Kodizes**, welche die Europäische Kommission veröffentlicht.[31)] Diese Verwaltungsveröffentlichungen sorgen für eine gewisse Ermessenssteuerung, da die Gemeinschaftsgerichte die

27) EuGH, Urt. v. 17.9.1980 – 730/79, Slg. 1980, 2671, Rz. 17 – Philip Morris/Kommission.

28) Vgl. Schlussanträge der Generalanwältin *Stix-Hackl* v. 8.9.2005 – C-148/04, Slg. 2005, I-11137, Rz. 44 – Unicredito Italiano.

29) Vgl. etwa EuGH, Urt. v. 6.9.2006 – C-88/03, Slg. 2006, I-7115, Rz. 99 – Portugal/ Kommission, m. w. N.

30) EuGH, Urt. v. 23.2.2006 – C-346/03, Slg. 2006, I-1875, Rz. 79 – Atzeni; EuGH, Urt. v. 19.9.2000 – C-156/98, Slg. 2000, I-6857, Rz. 49 = ZIP 2000, 1738 – Deutschland/Kommission; EuG, Urt. v. 15.12.1999 – T-132/96, Slg. 1999, II-3663, Rz. 132 = ZIP 2000, 91 – Freistaat Sachsen/Kommission, m. Anm. *Schohe*, ZIP 2000, 104, dazu EWiR 2000, 287 *(Meixner)*.

31) Zur Zulässigkeit der Ermessensteuerung durch derartige Akte vgl. EuGH, Urt. v. 18.6.2002 – C-242/00, Slg. 2002, I-5603, Rz. 27 – Deutschland/Kommission; einen Überblick über einen Großteil dieser Dokumente bietet die Internetseite der Generaldirektion Wettbewerb unter http://ec.europa.eu/comm/competition/state_aid/legislation/legislation.html (Stand: 03/2010).

Europäische Kommission an die von ihr veröffentlichten Grundsätze bindet, wenn sie eine Abweichung nicht gesondert rechtfertigen kann.[32)]

Für die Vereinbarkeit von **Beihilfen an Kreditinstitute** mit dem gemeinsamen Markt sind vor allem die Vorschriften von Art. 107 Abs. 3 lit. b und c AEUV relevant. Auf Art. 107 Abs. 3 lit. c AEUV stützen sich die allgemeinen Regeln für **Rettungs- und Umstrukturierungsbeihilfen.** Art. 107 Abs. 3 lit. b AEUV enthält demgegenüber unter anderem die Fallgruppe von Beihilfen zur Behebung einer **beträchtlichen Störung im Wirtschaftsleben** eines Mitgliedstaates. 5.17

d) Rückforderung rechtswidriger Beihilfen

Eine formell und materiell rechtswidrige Beihilfe muss – soweit sie bereits gewährt worden ist – **zwingend zurückgefordert** werden. Nach ständiger Rechtsprechung ist die Rückforderung einer Beihilfe „die logische Folge der Feststellung ihrer Rechtswidrigkeit".[33)] Ziel der Rückforderung ist die Wiederherstellung der früheren Lage vor der Gewährung der Beihilfe.[34)] Von der Rückforderungspflicht gibt es kaum Ausnahmen. 5.18

Insbesondere der Grundsatz des **Vertrauensschutzes** kann nach der Rechtsprechung der Gemeinschaftsgerichte nur in äußerst begrenzten Ausnahmefällen gegen eine Rückforderungsentscheidung eingewandt werden. Generell darf danach ein begünstigtes Unternehmen auf die Ordnungsmäßigkeit einer Beihilfe nur dann vertrauen, wenn diese nach dem vertraglich vorgesehenen Verfahren angemeldet worden ist. Einem **sorgfältigen Gewerbetreibenden** sei es regelmäßig möglich, sich zu vergewissern, dass dieses Verfahren tatsächlich eingehalten wurde.[35)] Ausnahmsweise kann Vertrauensschutz entstehen, wenn die Europäische Kommission durch ihr Verhalten die begründete Erwartung geweckt hat, dass sie eine Maßnahme nicht als Beihilfe ansieht, sie als beste- 5.19

32) EuG, Urt. v. 30.1.2002 – T-35/99, Slg. 2002, II-261, Rz. 77 – Keller/Kommission; EuG, Urt. v. 5.11.1997 – T-149/95, Slg. 1997, II-2031, Rz. 61, 63 – Ducros/Kommission.

33) Zuletzt EuGH, Urt. v. 15.12.2005 – C-148/04, Slg. 2005, I-11137, Rz. 113 – Unicredito Italiano; st. Rspr. seit EuGH, Urt. v. 21.3.1990 – C-142/87, Slg. 1990, I-959, Rz. 66 – Belgien/Kommission (Tubemeuse).

34) EuGH, Urt. v. 15.12.2005 – C-148/04, Slg. 2005, I-11137, Rz. 113 – Unicredito Italiano; EuGH, Urt. v. 29.4.2004 – C-372/97, Slg. 2004, I-3679, Rz. 4 – Italien/Kommission, m. w. N.

35) EuGH, Urt. v. 23.2.2006 – C-346/03, Slg. 2006, I-1875, Rz. 64 – Atzeni; EuGH, Urt. v. 20.3.1997 – C-24/95, Slg. 1997, I-1591, Rz. 25 – Alcan Deutschland.

hende Beihilfe einordnet oder erstmalig gegenüber vergleichbaren Fällen von dem Vorliegen einer Beihilfe ausgeht.[36)]

5.20 Ein Mitgliedstaat kann sich nur dann auf die Unmöglichkeit einer Rückforderung berufen, wenn ihm die Durchführung einer Rückforderungsentscheidung **absolut unmöglich** gewesen ist.[37)] Dieser Einwand kann regelmäßig erst in einem Vertragsverletzungsverfahren wegen Missachtung einer Rückforderungsentscheidung geltend gemacht werden.

5.21 Zeitlich ist die Rückforderung nach Art. 15 Verfahrensverordnung auf eine Frist von zehn Jahren seit Gewährung der Beihilfe beschränkt. Diese Frist wird jedoch nach Art. 15 Abs. 2 Verfahrensverordnung durch jede bezüglich der betreffenden Beihilfe durch die Europäische Kommission oder einen Mitgliedstaat auf Antrag der Kommission **ergriffene Maßnahme** unterbrochen und beginnt danach von Neuem zu laufen. Zu den fristunterbrechenden Maßnahmen zählen auch einfache Auskunftsersuchen der Europäischen Kommission, von denen der Empfänger der Beihilfe nicht in Kenntnis gesetzt wurde.[38)]

2. Staatliche Kapitalzufuhren an Kreditinstitute

5.22 Ein wichtiges Feld beihilfenrechtlicher Auseinandersetzungen stellten schon vor der aktuellen Finanzkrise **staatliche Kapitalzufuhren** an Kreditinstitute dar. Dies betraf in Deutschland insbesondere Kapitalzufuhren in verschiedenen Formen an Landesbanken.[39)] In erster Linie stellt sich dabei die Frage, ob es sich bei der Kapitalzufuhr überhaupt um eine Beihilfe handelt. Unabhängig von der gewählten Form der Kapitalzufuhr – z. B. Bareinlagen, Vermögensübertragungen, stille Einlagen oder verschiedene Formen von Hybridkapital – richtet

36) Entscheidung 2006/226/EG der Kommission v. 7.12.2005 Investitionen der Shetland Leasing and Property Developments Ltd. auf den Shetlandinseln, ABl. 2006 Nr. L 81, S. 36 (Rz. 61); Entscheidung 2003/81/EG der Kommission v. 22.8.2002 über die spanische Beihilferegelung zugunsten der Koordinierungszentren von Vizcaya – Staatliche Beihilfe C 48/2001 (ex NN 43/2000), ABl. 2003 Nr. L 31, S. 26 (Rz. 40 ff.); Entscheidung 2002/347/EGKS der Kommission v. 21.11.2001 über Steuervergünstigungen Frankreichs für Auslandsniederlassungen von Unternehmen, ABl. 2002 Nr. L 126, S. 27 (Rz. 33); Entscheidung 2001/212/EG der Kommission v. 16.5.2000 über die italienische Beihilferegelung zugunsten von Großunternehmen in Schwierigkeiten, ABl. 2001 Nr. L 79, S. 29 (Rz. 71 ff.); Entscheidung 2006/621/EG der Kommission v. 2.8.2004 über die staatliche Beihilfe, die Frankreich zugunsten von France Télécom gewährt hat, ABl. 2006 Nr. L 257, S. 11 (Rz. 263); Entscheidung 2005/565/EG der Kommission v. 9.3.2004 über eine durch Österreich angewendete Beihilfenregelung betreffend die Energieabgabenvergütung auf Erdgas und Elektrizität in den Jahren 2002 und 2003, ABl. 2005 Nr. L 190, S. 13 (Rz. 66).

37) EuGH, Urt. v. 14.12.2006 – C-485/03, Slg. 2006, I-11887, Rz. 72 – Kommission/Spanien; EuGH, Urt. v. 26.6.2003 – C-404/00, Slg. 2003, I-6695, Rz. 45 – Kommission/Spanien; EuGH, Urt. v. 15.1.1986 – 52/84, Slg. 1986, 89, Rz. 14 – Kommission/Belgien.

38) EuGH, Urt. v. 6.10.2005 – C-276/03 P, Slg. 2005, I-8437, Rz. 36 – Scott/Kommission.

39) Vgl. die Übersicht bei *Simon*, EStAL 2007, 499.

sich diese Frage nach dem Grundsatz des **marktwirtschaftlich handelnden Kapitalgebers.**

Danach muss geprüft werden, ob ein hypothetischer privater Investor in vergleichbarer Lage wie der Staat unter normalen Marktbedingungen ebenfalls zu der konkreten Kapitalzufuhr bereit wäre. Diese Prüfung setzt eine erhebliche Abstrahierung voraus, weil ein privater Investor sich niemals in einer vollkommen vergleichbaren Situation wie der Staat befindet. Die besondere **öffentliche Rolle des Staates als Investor** muss bei der Anwendung des Grundsatzes des marktwirtschaftlich handelnden Kapitalgebers außen vor bleiben.[40] Weder regional- noch steuer- oder sozialpolitische Erwägungen dürfen berücksichtigt werden.[41] 5.23

Zur konkreten Anwendung des Grundsatzes des marktwirtschaftlich handelnden Kapitalgebers hat sich eine komplexe Kasuistik herausgebildet. Orientierungen hat die Europäische Kommission bereits in ihrer Beteiligungsmitteilung aus dem Jahr 1984[42] und in ihrer Mitteilung über öffentliche Unternehmen in der verarbeitenden Industrie[43] gegeben. Die Grundregel besteht nach Kommission und Gemeinschaftsgerichten darin, dass ein privater Investor stets nach **Gewinnmaximierung** strebt.[44] Es kommt dabei nicht darauf an, ob das begünstigte Unternehmen insgesamt rentabel ist oder nicht.[45] Welche Renditeerwartung für das eingesetzte Kapital jeweils angemessen ist, hängt vom Einzelfall ab. Die Gemeinschaftsgerichte haben grundsätzlich anerkannt, dass der Maßstab des hypothetischen Investors auch langfristige Rentabilitätsaussichten umfassen kann.[46] Gleichzeitig hat das Gericht (ehemals Gericht erster Instanz) das Vorgehen der Kommission in der WestLB-Entscheidung vom 8. Juli 1999 akzeptiert, in der die Kommission bei der Bestimmung der angemessenen Rendite von der im Bankgewerbe insgesamt üblichen **Durchschnittsrendite** ausge- 5.24

---

40) Vgl. Iglesias/Van Miert/Monti/Kroes-*Kahn/Borchardt*, EC State aid law – Le droit des Aides d'Etat and la CE – Liber Amicorum Francisco Santaolalla Gadea.

41) EuGH, Urt. v. 10.7.1996 – 234/84, Slg, 1986, 2263, Rz. 14 – Belgien/Kommission; EuG, Urt. v. 13.9.2006 – T-210/02, Slg. 2006, II-2789, Rz. 106 – British Aggregates/Kommission.

42) Kommission, Beteiligungsmitteilung, Bull. EG 9-1984, S. 104 ff.

43) Mitteilung der Kommission über die Anwendung der Art. 92 und 93 EWG-Vertrag und des Art. 5 der Kommissionsrichtlinie 80/723/EWG über öffentliche Unternehmen in der verarbeitenden Industrie, ABl. 1993 Nr. C 307, S. 3.

44) EuG, Urt. v. 12.12.2000 – T-296/97, Slg. 2000, II-3871, Rz. 84 – Alitalia/Kommission; EuG, Urt. v. 6.3.2003 – T-228/99, Slg. 2003, II-435, Rz. 255 – WestLB/Kommission.

45) EuG, Urt. v. 6.3.2003 – T-228/99, Slg. 2003, II-435, Rz. 208 – WestLB/Kommission.

46) EuGH, Urt. v. 12.12.2000 – T-296/97, Slg. 2000, II-3871, Rz. 96 – Alitalia/Kommission; EuGH, Urt. v. 21.3.1991 – C-305/89, Slg. 1991, I-1603, Rz. 20 – Italien/Kommission; EuGH, Urt. v. 14.9.1994 – verb. Rs. C-278/92, C-279/92 und C-280/92, Slg. 1994, I-4103, Rz. 20 ff. – Spanien/Kommission; EuG, Urt. v. 15.9.1998 – verb. Rs. T-126/96 und T-127/92, Slg. 1998, II-3437, Rz. 79 – BFM und EFIM/Kommission.

gangen ist.[47] Allerdings handele es sich bei der Durchschnittsrendite nur um ein Analyseinstrument und nicht um ein automatisches Kriterium für die Frage, ob eine Beihilfe vorliegt.[48]

5.25 Daneben lassen sich die marktwirtschaftlichen Bedingungen einer Kapitalbeteiligung an einem profitablen Unternehmen auch auf der Grundlage der **Eigenkapitalkosten** („cost of equity“) des betreffenden Unternehmens inklusive eines Risikoaufschlages,[49] bzw. des **Marktwertes** des Unternehmens insgesamt ermitteln. Es existieren jeweils verschiedene Berechnungsmethoden für diese Ansätze.[50] Die Kommission hat im Bankensektor zuletzt vor allem das Discounted Cash Flow (Ertragswertmethode)/Dividend Discount Model (DDM) zur Ermittlung des Marktwerts herangezogen.[51] Beim DDM-Modell wird ein Diskontierungsfaktor auf die künftig auszuschüttenden Dividenden angewandt und so der Barwert der Dividendenströme einer Bank ermittelt. Daneben wird zur Ermittlung der Eigenkapitalkosten das Capital Asset Pricing Model (CAPM) angewandt, das vor allem bei der Berechnung der Investitionsrendite großer börsennotierter Unternehmen standardmäßig zum Einsatz kommt.[52]

5.26 Soweit sich daraus ergibt, dass die Kapitalzufuhr unter marktwirtschaftlichen Bedingungen erfolgte, liegt keine Beihilfe vor. In diesem Fall besitzt die Europäische Kommission keine weiteren Aufsichtsbefugnisse. Falls die Kapitalzufuhr nicht marktgerecht war, handelt es sich nach aller Voraussicht um eine staatliche Beihilfe i. S. d. Art. 107 Abs. 1 AEUV. In diesem Fall gilt die Anmeldepflicht und das Durchführungsverbot bis zu einer Genehmigung durch die Europäische Kommission. Die Europäische Kommission muss dann prüfen, ob die Beihilfe mit dem gemeinsamen Markt vereinbar ist.

---

47) EuG, Urt. v. 6.3.2003 – T-228/99, Slg. 2003, II-435, Rz. 247 ff. – WestLB/Kommission.

48) EuG, Urt. v. 6.3.2003 – T-228/99, Slg. 2003, II-435, Rz. 251 f. – WestLB/Kommission.

49) Vgl. *Heidenhain*, Hdb. Beihilfenrecht, § 6 Rz. 72 ff.; vgl. auch Entscheidung der Kommission v. 8.7.1999, ABl. 2000 Nr. L 150, S. 1 (Rz. 206 ff.).

50) Vgl. etwa die Darstellung in der Entscheidung 2006/741/EG der Kommission v. 20.10.2004 über ein Beihilfe Deutschlands zugunsten der Landesbank Schleswig Holstein – Girozentrale, jetzt HSH Nordbank AG, ABl. 2006 Nr. L 307, S. 134 (Rz. 157 f.).

51) Schreiben K(2005)3311 endg. der Kommission v. 6.9.2005 an die Bundesrepublik Deutschland – Staatliche Beihilfe NN 72/2005 – Deutschland, Kapitalerhöhung BayernLB, S. 6 f.; Schreiben K(2007)3244 endg. der Kommission v. 18.7.2007 an die Bundesrepublik Deutschland – Staatliche Beihilfe NN 34/2007 – Deutschland, Kapitalzuführungen Nord/LB, Rz. 44 ff.

52) Schreiben K(2005)3311 endg. der Kommission v. 6.9.2005 an die Bundesrepublik Deutschland – Staatliche Beihilfe NN 72/2005 – Deutschland, Kapitalerhöhung BayernLB, Rz. 44; Schreiben K(2007)3244 endg. der Kommission v. 18.7.2007 an die Bundesrepublik Deutschland – Staatliche Beihilfe NN 34/2007 – Deutschland, Kapitalzuführungen Nord/LB, Rz. 29; dazu auch *Simon*, EStAL 2007, 499, 503.

3. Rettungs- und Umstrukturierungsbeihilfen für Kreditinstitute in Schwierigkeiten

Bis zum Ausbruch der aktuellen Finanzkrise und ihrer Verschärfung nach dem Zusammenbruch von *Lehman Brothers* im September 2008 existierten **keine sektorspezifischen Regeln** im Beihilfenrecht für die Kreditwirtschaft. Für Unterstützungsmaßnahmen zugunsten von Kreditinstituten in Schwierigkeiten kamen die allgemeinen Regeln zur Anwendung. Auch nachdem die Europäische Kommission im Zuge der Finanzkrise spezielle Leitlinien für Bankenbeihilfen erlassen hat, behalten diese allgemeinen Regeln ihre Bedeutung. Sie können neben den speziellen Kriseninstrumenten weiter Anwendung finden, wenn deren Voraussetzungen nicht vorliegen. 5.27

Die allgemeinen Voraussetzungen für die Gewährung von staatlichen Beihilfen an Unternehmen in wirtschaftlichen Schwierigkeiten hat die Europäische Kommission in ihren **Leitlinien für Rettungs- und Umstrukturierungsbeihilfen** aus dem Jahr 2004 niedergelegt.[53] Danach sollen solche Beihilfen grundsätzlich die Ausnahme bleiben. Das Ausscheiden leistungsschwacher Unternehmen sei ein normaler Marktvorgang.[54] Die Kommission wendet daher strenge Bedingungen für die Zulässigkeit von Rettungs- und Umstrukturierungsbeihilfen an. Neben der Pflicht zur Erstellung von Rettungs- bzw. Umstrukturierungsplänen gehört dazu auch der Grundsatz, dass solche Beihilfen nur einmal gewährt werden dürfen („one time last time").[55] 5.28

Der Unterschied zwischen Rettungs- und Umstrukturierungsbeihilfen besteht darin, dass **Rettungsbeihilfen** lediglich die kurzfristige Fortführung eines Unternehmens ermöglichen sollen, bis ggf. ein Umstrukturierungs- oder Liquidierungsplan aufgestellt ist. Grundsätzlich muss es sich um Liquiditätsbeihilfen in Form von Darlehensbürgschaften oder Darlehen handeln.[56] Bei **Rettungsbeihilfen im Bankensektor** kann davon jedoch eine Ausnahme gemacht werden, damit das betreffende Kreditinstitut seine Banktätigkeit vorübergehend in Übereinstimmung mit den geltenden aufsichtsrechtlichen Vorschriften weiter- 5.29

---

53) Mitteilung der Kommission – Leitlinien der Gemeinschaft für staatliche Beihilfen zur Rettung und Umstrukturierung von Unternehmen in Schwierigkeiten, ABl. 2004 Nr. C 244, S. 2.

54) Mitteilung der Kommission – Leitlinien der Gemeinschaft für staatliche Beihilfen zur Rettung und Umstrukturierung von Unternehmen in Schwierigkeiten, ABl. 2004 Nr. C 244, S. 2 (Rz. 4).

55) Mitteilung der Kommission – Leitlinien der Gemeinschaft für staatliche Beihilfen zur Rettung und Umstrukturierung von Unternehmen in Schwierigkeiten, ABl. 2004 Nr. C 244, S. 2 (Rz. 72 ff.).

56) Mitteilung der Kommission – Leitlinien der Gemeinschaft für staatliche Beihilfen zur Rettung und Umstrukturierung von Unternehmen in Schwierigkeiten, ABl. 2004 Nr. C 244, S. 2 (Rz. 25).

führen kann. Allerdings dürfen die Beihilfen nicht aus Finanzmaßnahmen struktureller Art bestehen, die bei den Eigenmitteln der Bank ansetzen.[57)]

5.30 Der Mitgliedstaat ist verpflichtet, der Kommission innerhalb von sechs Monaten nach Genehmigung oder – falls die Beihilfen ohne Anmeldung gewährt wurden – nach Gewährung der Beihilfen entweder einen **Umstrukturierungsplan** oder einen **Liquidationsplan** vorzulegen oder aber den Nachweis zu erbringen, dass das Darlehen vollständig zurückgezahlt und/oder die Bürgschaft ausgelaufen ist.[58)]

5.31 **Umstrukturierungsbeihilfen** dienen demgegenüber der Unterstützung einer Unternehmenssanierung, zu der das betreffende Unternehmen nicht mehr alleine in der Lage ist. Wegen der damit notwendigerweise verbundenen Wettbewerbsverzerrung legt die Europäische Kommission hierbei besonders strenge Maßstäbe an.[59)] Voraussetzung ist in jedem Fall ein Umstrukturierungsplan, der die Wiederherstellung der **langfristigen Rentabilität** des Unternehmens innerhalb einer angemessenen Frist auf der Grundlage realistischer Annahmen erlaubt.[60)] Die Beihilfe muss auf das unbedingt erforderliche Maß beschränkt bleiben und das geförderte Unternehmen muss einen nach seiner Größe gestaffelten Eigenbetrag leisten.[61)]

5.32 Die Europäische Kommission hat bereits vor der aktuellen Finanzkrise, bzw. ihrer Verschärfung ab September 2008 in verschiedenen Fällen **Umstrukturierungsbeihilfen zugunsten von Banken** genehmigt. Im Fall der Entscheidung über die Beihilfen für die *Bankgesellschaft Berlin* hat die Europäische Kommission die Genehmigung mit weit reichenden Bedingungen zur Veräußerung des Anteils des Landes Berlin an der Bankgesellschaft Berlin verbunden.[62)] Im Fall der Umstrukturierungsbeihilfen zugunsten der österreichischen *BAWAG-PSK*

---

57) Mitteilung der Kommission – Leitlinien der Gemeinschaft für staatliche Beihilfen zur Rettung und Umstrukturierung von Unternehmen in Schwierigkeiten, ABl. 2004 Nr. C 244, S. 2 (Rz. 25).

58) Mitteilung der Kommission – Leitlinien der Gemeinschaft für staatliche Beihilfen zur Rettung und Umstrukturierung von Unternehmen in Schwierigkeiten, ABl. 2004 Nr. C 244, S. 2 (Rz. 25).

59) Mitteilung der Kommission – Leitlinien der Gemeinschaft für staatliche Beihilfen zur Rettung und Umstrukturierung von Unternehmen in Schwierigkeiten, ABl. 2004 Nr. C 244, S. 2 (Rz. 31).

60) Mitteilung der Kommission – Leitlinien der Gemeinschaft für staatliche Beihilfen zur Rettung und Umstrukturierung von Unternehmen in Schwierigkeiten, ABl. 2004 Nr. C 244, S. 2 (Rz. 34 f.).

61) Mitteilung der Kommission – Leitlinien der Gemeinschaft für staatliche Beihilfen zur Rettung und Umstrukturierung von Unternehmen in Schwierigkeiten, ABl. 2004 Nr. C 244, S. 2 (Rz. 43 f.).

62) Entscheidung der Kommission v. 18.2.2004 über eine Umstrukturierungsbeihilfe Deutschlands zugunsten der Bankgesellschaft Berlin AG, ABl. 2005 Nr. L 166, S. 1 (Rz. 312 und Anhang).

hat die Europäische Kommission die Veräußerung einer Reihe von Beteiligungen und die Beschränkung der Geschäftstätigkeit zur Bedingung gemacht, um die Wettbewerbsverzerrung in Grenzen zu halten.[63] Die Entscheidung zu Beihilfen zugunsten der tschechischen *Agrobanka* stellt wiederum insofern eine Besonderheit dar, weil es um die Anwendung der Übergangsregeln im Beitrittsvertrag für Beihilfenmaßnahmen vor Beitritt zu der Europäischen Union ging.

Zwischen Sommer 2007 und September 2008 hatte die Europäische Kommission erstmalig Gelegenheit, auch **Rettungsbeihilfen für Banken** zu genehmigen. Bis dahin waren bei ihr keine solchen Beihilfen angemeldet worden. Zunächst erklärte die Europäische Kommission Unterstützungsmaßnahmen für die *Northern Rock* als Rettungsbeihilfen für vereinbar mit dem gemeinsamen Markt.[64] Interessanterweise sah die Europäische Kommission einen Teil der Maßnahmen nicht als staatliche Beihilfen an, und zwar die Zurverfügungstellung kurzfristiger Liquidität durch die englische Zentralbank gegen Stellung von Sicherheiten und zu prohibitiven Zinsen.[65] **5.33**

Eine zweite genehmigte Rettungsbeihilfe betraf den am 27. März 2008 von Deutschland angemeldeten Risikoschirm für die *WestLB*.[66] Nachdem Deutschland allerdings den in der Genehmigungsentscheidung geforderten Umstrukturierungsplan eingereicht hatte, hat die Europäische Kommission ein förmliches Prüfverfahren eingeleitet, weil sie Zweifel hatte, dass mit dem Umstrukturierungsplan die langfristige Rentabilität der WestLB wieder hergestellt werden kann.[67] Am 12. Mai 2009 hat die Kommission schließlich den Risikoschirm unter Auflagen genehmigt. Dazu gehört eine Reduzierung der Aktiva um 50 % sowie eine Änderung der Eigentümerstruktur bis 2011.[68] **5.34**

63) Entscheidung der Kommission v. 27.7.2007 über die staatliche Beihilfe C 50/2006, die Österreich zugunsten der BAWAG-PSK gewährt hat, ABl. 2008 Nr. L 83, S. 7.

64) Schreiben C(2007)6127 endg. der Kommission v. 5.12.2007 – State aid NN 70/2007 – United Kingdom, Rescue Aid to Northern Rock.

65) Schreiben C(2007)6127 endg. der Kommission v. 5.12.2007 – State aid NN 70/2007 – United Kingdom, Rescue Aid to Northern Rock, Rz. 32 ff.

66) Schreiben C(2008)1628 endg. der Kommission v. 30.4.2008 – Staatliche Beihilfe NN 25/2008 – WestLB Risikoschirm.

67) Entscheidung der Kommission v. 1.10.2008 – Staatliche Beihilfe C 43/2008, ABl. 2008 Nr. C 322, S. 16.

68) Darüber hinaus hat die Europäische Kommission bis Jahresende 2008 weitere Rettungsbeihilfe genehmigt, u. a. am 31.7.2008 eine Rettungsbeihilfe für die dänische Roskilde Bank (NN 36/2008), am 1.10.2008 eine Rettungsbeihilfe für die britische Bradford and Bingley – NN 41/2008, am 2.10.2008 eine Rettungsbeihilfe für die Hypo Real Estate Holding AG – NN 44/2008 und am 12.11.2008 eine Rettungsbeihilfe für die schwedische Carnegie – NN 64/2008.

4. Sonderregeln zu Bankenbeihilfen i. R. d. Finanzkrise

5.35 Spätestens mit dem Zusammenbruch von *Lehman Brothers* am 15. September 2008 wurde deutlich, dass die allgemeinen beihilfenrechtlichen Regeln – selbst bei flexibler Anwendung – bei der Bewältigung der Krise nicht ausreichen würden. Der Rat „Wirtschaft und Finanzen" der Europäischen Union („ECOFIN-Rat") verabschiedete daher auf seiner Sitzung am 7. Oktober 2008 Schlussfolgerungen zu unverzüglichen Reaktionen auf die Finanzturbulenzen.[69)] Darin betonte er unter anderem die Notwendigkeit, die Interessen von Wettbewerbern durch die Anwendung des Beihilfenrechts zu schützen, und begrüßte die Ankündigung der Europäischen Kommission, Leitlinien zur Anwendung des Beihilfenrechts im Kontext der Finanzkrise zu veröffentlichen.

5.36 Am 13. Oktober 2008 und am 5. Dezember 2008 veröffentlichte die Europäische Kommission Mitteilungen zur Anwendung des Beihilfenrechts auf Maßnahmen zur Stützung von Finanzinstituten im Kontext der Finanzkrise („Bankenmitteilung")[70)] sowie speziell zur Rekapitalisierung von Finanzinstituten („Rekapitalisierungsmitteilung").[71)] Darüber hinaus hat die Kommission am 25. Februar 2009 eine Mitteilung zu der Behandlung wertgeminderten Aktiva veröffentlicht (Impaired Assets-Mitteilung[72)]) und eine Mitteilung zur Umstrukturierung von Banken.[73)] Die Mitteilungen stellen **rechtlich nicht bindende Akte** der Kommission dar, in denen diese erläutert, wie sie ihr Ermessen bei der Prüfung von mitgliedstaatlichen Maßnahmen auszuüben gedenkt. Die Europäische Kommission kann jedoch nach der Rechtsprechung nicht ohne Angabe von Gründen von den von ihr selbst veröffentlichten Grundsätzen abweichen.[74)]

5.37 Die Mitteilungen der Europäischen Kommission versuchen, eine Balance zu schaffen zwischen der Anwendung des Beihilfenrechts sowie der Vermeidung übermäßiger Wettbewerbsverzerrungen und der Ermöglichung von Stützungsmaßnahmen für Kreditinstitute. Daher sollen die einzelnen Maßnahmen nach der Kommission jeweils möglichst weitgehend zu **normalen Marktkondi-**

---

69) ECOFIN Schlussfolgerungen v. 7.10.2008 – Dok. SN 4750/1/08 REV 1, S. 6.

70) Mitteilung der Kommission – Die Anwendung der Vorschriften für staatliche Beihilfen auf Maßnahmen zur Stützung von Finanzinstituten im Kontext der derzeitigen globalen Finanzkrise, ABl. 2008 Nr. C 270, S. 8.

71) Commission Communication – Recapitalisation of financial institutions in the current financial crisis: limitation of the aid to the minimum necessary and safeguards against undue distortions of competition – C(2008) 8259 endg., v. 5.12.2008.

72) Mitteilung der Kommission über die Behandlung wertgeminderter Aktiva im Bankensektor der Gemeinschaft, ABl. 2009 Nr. C 71, S. 1.

73) Mitteilung der Kommission über die Wiederherstellung der Rentabilität und die Bewertung von Umstrukturierungsmaßnahmen im Finanzsektor i. R. d. derzeitigen Krise gemäß den Beihilfevorschriften, ABl. 2009 Nr. C 195, S. 9.

74) EuG, Urt. v. 30.1.2002 – T-35/99, Slg. 2002, II-261, Rz. 77 – Keller/Kommission; EuG, Urt. v. 5.11.1997 – T-149/95, Slg. 1997, II-2031, Rz. 61, 63 – Ducros/Kommission.

tionen ausgestaltet werden. Während der Finanzkrise herrschen am Markt gerade keine normalen Bedingungen. Die Bestimmung der normalen Marktkonditionen kann daher im Einzelfall schwierig sein.

a) Die Bankenmitteilung der Europäischen Kommission

Die Mitteilung der Kommission zur Anwendung des Beihilfenrechts auf Stützungsmaßnahmen für Finanzinstitute baut methodisch teilweise auf den Rettungs- und Umstrukturierungsleitlinien auf (dazu siehe oben Rz. 5.27). Die grundlegende Neuerung der Bankenmitteilung besteht darin, dass die Europäische Kommission erstmalig generell die Ausnahmevorschrift des Art. 107 Abs. 3 lit. b AEUV („Beihilfen zur Behebung einer **beträchtlichen Störung im Wirtschaftsleben**") als Rechtsgrundlage für die Genehmigung von Beihilfen anerkennt. Bislang hatte sie diese Vorschrift äußerst restriktiv ausgelegt[75] und nur einmal im Fall von Griechenland im Jahr 1985 anerkannt, dass eine beträchtliche Störung im Wirtschaftsleben vorlag.[76] 5.38

Die Bankenmitteilung sieht vor, dass sämtliche auf dieser Grundlage genehmigten Maßnahmen **alle sechs Monate** durch den betreffenden Mitgliedstaat **überprüft** werden müssen und die Kommission über das Ergebnis dieser Prüfung unterrichtet wird.[77] 5.39

Hinsichtlich der Genehmigungsfähigkeit der verschiedenen Maßnahmen unterscheidet die Europäische Kommission zwischen **gesunden Banken**, die nur durch die Krisenumstände in Schwierigkeiten geraten sind, und Banken, die durch **eigene Versäumnisse**, wie Ineffizienzen, mangelhaftem Aktiv-Passiv-Management oder risikoreichen Strategien, gefährdet sind.[78] Es ist allerdings nicht klar, wie eine solche **Unterscheidung zwischen guten und schlechten Banken** in der Praxis durchgeführt werden soll. Die Ursachen der Gefährdung einer Bank werden im Regelfall eher eine Kombination von endogenen und exogenen Faktoren sein. Ob eine konkrete Bank wegen eigener Versäumnisse oder aufgrund äußere Umstände in Schwierigkeiten gerät, scheint mehr eine graduelle als eine kategoriale Unterscheidung zu sein. Die Europäische Kom- 5.40

75) Noch im April 2008 hatte die Kommission in der Entscheidung über Rettungsbeihilfen für die WestLB eine Anwendung von Art. 87 Abs. 3 lit. b EG-Vertrag abgelehnt, vgl. Schreiben der Kommission – C(2008)1628 endg., v. 30.4.2008 – Staatliche Beihilfe NN 25/2008 – WestLB Risikoschirm, Rz. 41 ff.

76) Entscheidung der Kommission v. 7.10.1987 betreffend das Gesetz 1386/1983 über Industriebeihilfen der griechischen Regierung, ABl. 1988 Nr. L 76, S. 18.

77) Mitteilung der Kommission – Die Anwendung der Vorschriften für staatliche Beihilfen auf Maßnahmen zur Stützung von Finanzinstituten im Kontext der derzeitigen globalen Finanzkrise, ABl. 2008 Nr. C 270, S. 8 (Rz. 13).

78) Mitteilung der Kommission – Die Anwendung der Vorschriften für staatliche Beihilfen auf Maßnahmen zur Stützung von Finanzinstituten im Kontext der derzeitigen globalen Finanzkrise, ABl. 2008 Nr. C 270, S. 8 (Rz. 14).

mission legt selbst im Übrigen keine genauen Kriterien fest, nach denen die von ihr verlangte Unterscheidung durchgeführt werden soll.

5.41 Die Anwendung der Bankenmitteilung setzt voraus, dass die Funktionsfähigkeit der Finanzmärkte auf dem Spiel steht.[79] Das ist jedenfalls immer dann der Fall, wenn eine systemrelevante Bank i. S. d. Schlussfolgerungen des ECOFIN-Rats gefährdet ist.[80]

5.42 Krisenbeihilfen müssen nach der Europäischen Kommission die folgenden allgemeinen Voraussetzungen erfüllen:[81]

- Zielgenaue Ausrichtung;
- **Angemessenheit**, d. h. Beschränkung auf das erforderliche Maß;
- Möglichst **geringe negative Nebeneffekte** für den Wettbewerb;
- **Nichtdiskriminierende** Gewährung der Beihilfen.[82]

5.43 Die Europäische Kommission benennt auf diesen Grundlagen vier verschiedene Formen von Beihilfenmaßnahmen, die zur Stützung von Finanzinstituten in Frage kommen.

- **Garantien zur Deckung von Verbindlichkeiten.** Während reine Garantieerklärungen zugunsten von Privatkundeneinlagen generell als unproblematisch angesehen werden, werden darüber hinausgehende Garantien an eine Reihe von Voraussetzungen geknüpft. Insbesondere müssen sie auf das notwendige Maß beschränkt bleiben, Begünstigte und/oder der gesamte Sektor müssen jeweils einen **beträchtlichen Eigenbetrag** leisten, es müssen Schutzmechanismen zur Vermeidung von übermäßigen Wettbewerbsverzerrungen eingerichtet werden und für die Empfänger von Garantiezahlungen müssen **Umstrukturierungs- und/oder Liquidationspläne** vorgelegt werden. – Zum Inhalt von Umstrukturierungsplänen siehe unten Rz. 5.57 ff.
- **Rekapitalisierung.** Für Rekapitalisierungsmaßnahmen sollen die dargestellten Grundsätze für Garantieerklärungen sinngemäß gelten. Nach einer Rekapitalisierung muss in jedem Fall ein Umstrukturierungsplan vorgelegt werden.

---

79) Mitteilung der Kommission – Die Anwendung der Vorschriften für staatliche Beihilfen auf Maßnahmen zur Stützung von Finanzinstituten im Kontext der derzeitigen globalen Finanzkrise, ABl. 2008 Nr. C 270, S. 8 (Rz. 9 und 11).

80) Vgl. ECOFIN Schlussfolgerungen v. 7.10.2008 – Dok. SN 4750/1/08 REV 1, S. 6.

81) Mitteilung der Kommission – Die Anwendung der Vorschriften für staatliche Beihilfen auf Maßnahmen zur Stützung von Finanzinstituten im Kontext der derzeitigen globalen Finanzkrise, ABl. 2008 Nr. C 270, S. 8 (Rz. 15).

82) Mitteilung der Kommission – Die Anwendung der Vorschriften für staatliche Beihilfen auf Maßnahmen zur Stützung von Finanzinstituten im Kontext der derzeitigen globalen Finanzkrise, ABl. 2008 Nr. C 270, S. 8 (Rz. 16).

Eine Kapitalspritze darf den Begünstigten nicht die Möglichkeit geben, aggressive Geschäftsstrategien zu verfolgen, zu expandieren oder auf andere Weise den Wettbewerb zu verzerren. Daher sollen die Begünstigten einen möglichst hohen Eigenbetrag leisten.[83]

- **Kontrollierte Liquidation**. Auch für eine kontrollierte Liquidation sollen die Regeln für Garantieerklärungen sinngemäß gelten. Darüber hinaus soll insbesondere darauf geachtet werden, das moralische Risiko so gering wie möglich zu halten, indem Anteilseigner und bestimmte Arten von Gläubigern von der Begünstigung ausgeschlossen werden. Bei Verkäufen eines Finanzinstituts oder von Teilen eines solchen muss darauf geachtet werden, dass Marktbedingungen eingehalten werden.[84]

- **Bereitstellung anderer Liquiditätshilfen**. Sonstige Liquiditätshilfen, insbesondere die Bereitstellung von Mitteln durch Zentralbanken, stellen nach der Bankmitteilung unter Umständen keine staatlichen Beihilfen dar.[85] Das soll insbesondere dann der Fall sein können, wenn das begünstigte Finanzinstitut zum Zeitpunkt der Bereitstellung der Mittel solvent ist und die Liquiditätshilfe nicht Teil eines größeren Maßnahmenpakets ist, die Fazilität vollständig mit Sicherheiten unterlegt ist, die Zentralbank einen Strafzins verlangt und die Maßnahme auf Initiative der Zentralbank getroffen wurde und nicht durch eine Rückbürgschaft des Staates gedeckt ist.[86]

  Soweit Liquiditätsbeihilfen dennoch Beihilfen darstellen, wird die Kommission sie nach den Grundsätzen der Rettungs- und Umstrukturierungsleitlinien prüfen.[87]

Die Europäische Kommission sagt zu, Anmeldungen von Beihilfen auf Grund- 5.44
lage der Bankenmitteilung in einem **beschleunigten Verfahren** zu prüfen. Voraussetzung dafür ist eine enge Zusammenarbeit mit den Mitgliedstaaten und die frühzeitige und umfassende Information der Kommission. Falls erforder-

83) Mitteilung der Kommission – Die Anwendung der Vorschriften für staatliche Beihilfen auf Maßnahmen zur Stützung von Finanzinstituten im Kontext der derzeitigen globalen Finanzkrise, ABl. 2008 Nr. C 270, S. 8 (Rz. 38).

84) Mitteilung der Kommission – Die Anwendung der Vorschriften für staatliche Beihilfen auf Maßnahmen zur Stützung von Finanzinstituten im Kontext der derzeitigen globalen Finanzkrise, ABl. 2008 Nr. C 270, S. 8 (Rz. 43–50).

85) S. schon die Northern Rock Entscheidung der Kommission, ABl. 2008 Nr. C 43, S. 1.

86) Mitteilung der Kommission – Die Anwendung der Vorschriften für staatliche Beihilfen auf Maßnahmen zur Stützung von Finanzinstituten im Kontext der derzeitigen globalen Finanzkrise, ABl. 2008 Nr. C 270, S. 8 (Rz. 51).

87) Mitteilung der Kommission – Die Anwendung der Vorschriften für staatliche Beihilfen auf Maßnahmen zur Stützung von Finanzinstituten im Kontext der derzeitigen globalen Finanzkrise, ABl. 2008 Nr. C 270, S. 8 (Rz. 52).

lich, will die Kommission Entscheidung innerhalb von 24 Stunden oder über das Wochenende treffen.[88]

b) Die Rekapitalisierungsmitteilung der Europäischen Kommission

5.45 Speziell zu Rekapitalisierungsmaßnahmen hat die Europäische Kommission am 5. Dezember 2008 eine weitere Mitteilung veröffentlicht.[89] In Ergänzung zu der Bankenmitteilung werden darin genauere Regeln für die Ausgestaltung von Rekapitalisierungsmaßnahmen festgelegt, um die damit verbundenen Wettbewerbsverzerrungen so weit wie möglich zu reduzieren. Darunter fallen insbesondere Regeln zur Festsetzung der Rendite für das gewährte Kapital. Generell sei eine möglichst weite Annäherung an Marktpreise die beste Gewähr dafür, eine Wettbewerbsverzerrung zu begrenzen.[90]

5.46 Die Rekapitalisierungsmitteilung baut auf der **Empfehlung der Europäischen Zentralbank** vom 20. November 2008 auf, in der eine Methodik für die Preisfindung für Rekapitalisierungsmaßnahmen zugunsten von gesunden Banken niedergelegt ist. Diese Methodik führt zu einer durchschnittlich erforderlichen Rendite von 6 % für nachrangige Schulden und von 9,3 % für Stammaktien.[91]

5.47 Die Europäische Kommission weist in der Rekapitalisierungsmitteilung zunächst darauf hin, dass sie eine vereinbarte Mindestrendite ohne weitere Prüfung akzeptieren wird, wenn ein **privater Investor** mit einer Beteiligung von mindestens 30 % an der Rekapitalisierung die gleichen Bedingungen akzeptiert.[92]

5.48 Bei **Rekapitalisierungsmaßnahmen für gesunde Banken** erkennt die Europäische Kommission an, dass die Renditen unterhalb des aktuellen Marktniveaus liegen können, weil die Marktbedingungen zur Zeit nicht normal seien. Allerdings sollten die Renditen sich **nicht zu weit von dem aktuellen Marktniveau** entfernen, um eine zu geringe preisliche Berücksichtigung des Risikos zu vermeiden, was nach der Europäischen Kommission mit zu der aktuellen Finanz-

88) Mitteilung der Kommission – Die Anwendung der Vorschriften für staatliche Beihilfen auf Maßnahmen zur Stützung von Finanzinstituten im Kontext der derzeitigen globalen Finanzkrise, ABl. 2008 Nr. C 270, S. 8 (Rz. 53).

89) Commission Communication – Recapitalisation of financial institutions in the current financial crisis: limitation of the aid to the minimum necessary and safeguards against undue distortions of competition – C(2008) 8259 endg., v. 5.12.2008.

90) Commission Communication – Recapitalisation of financial institutions in the current financial crisis: limitation of the aid to the minimum necessary and safeguards against undue distortions of competition – C(2008) 8259 endg., v. 5.12.2008, Rz. 19.

91) Recommendations of the Governing Council of the European Central Bank on the pricing of recapitalisations of 20.11.2008, http://www.ecb.int/pub/pdf/other/recommendations_on_pricing_for_recapitalisationsen.pdf (Stand: 03/2010).

92) Commission Communication – Recapitalisation of financial institutions in the current financial crisis: limitation of the aid to the minimum necessary and safeguards against undue distortions of competition – C(2008) 8259 endg., v. 5.12.2008, Rz. 21.

krise geführt hat. Die Methodik der Europäischen Zentralbank sei für die Renditeermittlung bei gesunden Banken grundsätzlich angemessen.[93)]

Rekapitalisierungsmaßnahmen sollten jeweils einen Anreizmechanismus enthalten, um das staatliche Kapital zurückzugeben, sobald die Marktlage es erlaubt. Der einfachste Mechanismus bestehe in der **Höhe der geförderten Rendite**. Die Europäische Kommission werde den gewählten Anreizmechanismus auf Einzelfallbasis untersuchen.[94)] 5.49

Verhaltensmaßregeln könnten im Einzelfall erforderlich sein, um Wettbewerbsverzerrungen zu reduzieren. Je höher die geforderte Rendite für eine staatliche Kapitalzufuhr sei, desto geringer sei die Notwendigkeit für solche Verhaltensmaßregeln.[95)] 5.50

Die Europäische Kommission bestätigt außerdem noch einmal die schon in der Bankenmitteilung niedergelegte Pflicht zur Überprüfung der Rekapitalisierungsmaßnahmen nach sechs Monaten.[96)] 5.51

Rekapitalisierungsmaßnahmen für nicht gesunde Banken sollen nach der Europäischen Kommission strengeren Regeln unterliegen. Allerdings gibt die Europäische Kommission wie schon in der Bankenmitteilung nicht im Detail an, wie die Unterscheidung zwischen gesunden und nicht gesunden Banken in der Praxis genau getroffen werden soll. Für nicht gesunde Banken soll jedenfalls eine höhere Rendite verlangt werden als für gesunde Banken. Außerdem muss bei Rekapitalisierungsmaßnahmen für nicht gesunde Banken ein Umstrukturierungs- und/oder Liquidationsplan vorgelegt werden. Weiterhin sollen strenge Verhaltensmaßregeln gelten.[97)] 5.52

c) Die Impaired Assets-Mitteilung der Europäischen Kommission

Am 25. Februar 2009 hat die Europäische Kommission ihre Leitlinien für die Gewährung von Beihilfen an Finanzinstitute während der Krise durch die „Mit- 5.53

93) Commission Communication – Recapitalisation of financial institutions in the current financial crisis: limitation of the aid to the minimum necessary and safeguards against undue distortions of competition – C(2008) 8259 endg., v. 5.12.2008, Rz. 26–30.

94) Commission Communication – Recapitalisation of financial institutions in the current financial crisis: limitation of the aid to the minimum necessary and safeguards against undue distortions of competition – C(2008) 8259 endg., v. 5.12.2008, Rz. 31–34.

95) Commission Communication – Recapitalisation of financial institutions in the current financial crisis: limitation of the aid to the minimum necessary and safeguards against undue distortions of competition – C(2008) 8259 endg., v. 5.12.2008, Rz. 35–39.

96) Commission Communication – Recapitalisation of financial institutions in the current financial crisis: limitation of the aid to the minimum necessary and safeguards against undue distortions of competition – C(2008) 8259 endg., v. 5.12.2008, Rz. 40–42.

97) Commission Communication – Recapitalisation of financial institutions in the current financial crisis: limitation of the aid to the minimum necessary and safeguards against undue distortions of competition – C(2008) 8259 endg., v. 5.12.2008, Rz. 43–45.

teilung der Kommission über die Behandlung wertgeminderter Aktiva im Bankensektor der Gemeinschaft" ergänzt.[98] Darin legt sie Grundzüge fest für Entlastungsmaßnahmen von wertgeminderten Aktiva (insbesondere sog. **„toxischer Vermögenswerte"**), um die Bilanzen von Banken zu stabilisieren und dadurch die Kreditvergabe wieder anzukurbeln. Zahlreiche Details, wie z. B. eine Stichtagsregelung, legt die Kommission allerdings nicht endgültig fest, sondern verweist auf die Notwendigkeit einer Einigung auf europäischer Ebene.

5.54 Die Mitteilung schreibt daher auch kein allgemeines europäisches Modell vor, wie etwa in der Form einer sog. **Bad Bank**, sondern legt Leitlinien fest, um schwerwiegende Wettbewerbsverzerrungen zu vermeiden. Entlastungsmaßnahmen sollten grundsätzlich auf eine begrenzte Anzahl von Banken mit systemischer Bedeutung beschränkt werden.[99] Die Kommission legt daher strenge Kriterien für die beihilfenrechtliche Zulässigkeit von Entlastungsmaßnahmen fest. Generell gilt nach der Kommission, erstens eine **uneingeschränkte Transparenz** und volle Offenlegung *ex ante* der betroffenen Aktiva erforderlich ist, zweitens die **korrekte Bewertung** dieser Aktiva vor Eingreifen des Staates und drittens eine angemessene Vergütung des Staates für die – in welcher Form auch immer – gewährte Entlastung, damit ungeachtet des gewählten Modells eine gleichwertige Verantwortung und **Kostenbeteiligung der Anteileigner** sichergestellt ist.[100]

5.55 Die Frist für Anträge auf Entlastung sollte auf **sechs Monate ab Einführung eines Entlastungsprogramms** durch die Regierungen der Mitgliedstaaten beschränkt werden.[101] Um Kohärenz bei der Festlegung der entlastungsfähigen Vermögenswerte in den einzelnen Mitgliedstaaten zu gewährleisten, sollten Kategorien (**„Körbe"**) von Vermögenswerten entwickelt werden, die den Grad der Wertminderung wiedergeben.[102] Wesentlich für die Entlastungsmaßnahmen sind gemeinsame Prinzipien für die Bewertung der betroffenen Vermögenswerte. Dazu schlägt die Kommission nur relativ allgemein gehaltene Grundsätze vor und verweist auf eine noch auf **Gemeinschaftsebene festzulegende Bewertungsmethode.**[103]

---

98) Mitteilung der Kommission über die Behandlung wertgeminderter Aktiva im Bankensektor der Gemeinschaft, ABl. 2009 Nr. C 72, S. 1.

99) Mitteilung der Kommission über die Behandlung wertgeminderter Aktiva im Bankensektor der Gemeinschaft, ABl. 2009 Nr. C 72, S. 1 (Rz. 12).

100) Mitteilung der Kommission über die Behandlung wertgeminderter Aktiva im Bankensektor der Gemeinschaft, ABl. 2009 Nr. C 72, S. 1 (Rz. 21).

101) Mitteilung der Kommission über die Behandlung wertgeminderter Aktiva im Bankensektor der Gemeinschaft, ABl. 2009 Nr. C 72, S. 1 (Rz. 26).

102) Mitteilung der Kommission über die Behandlung wertgeminderter Aktiva im Bankensektor der Gemeinschaft, ABl. 2009 Nr. C 72, S. 1 (Rz. 32).

103) Mitteilung der Kommission über die Behandlung wertgeminderter Aktiva im Bankensektor der Gemeinschaft, ABl. 2009 Nr. C 72, S. 1 (Anhang IV).

Verfahrensrechtlich geht die Kommission davon aus, dass Entlastungsmaßnahmen entweder in Form von Einzelbeihilfen oder i. R. v. genehmigten Entlastungsprogrammen erfolgen können. Im letzteren Fall muss zwar das Entlastungsprogramm selbst bei der Kommission angemeldet und von ihr genehmigt werden, eine Einzelanmeldung der auf dieser Grundlage durchgeführten Entlastungsmaßnahmen ist jedoch nicht mehr erforderlich. In jedem Fall verlangt die Kommission jedoch, dass für jedes begünstigte Institut binnen drei Monaten nach einer Entlastungsmaßnahme entweder ein **Umstrukturierungsplan** oder eine **Rentabilitätsanalyse** vorgelegt wird.[104] Im Rahmen der Rentabilitätsprüfung sollten alle relevanten Risikofaktoren einer vollständigen Analyse unterzogen werden, damit die derzeitige und voraussichtliche Kapitaladäquanz der Bank bestätigt werden kann.[105] Je nach Gewicht der aus der Entlastung resultierenden Wettbewerbsverzerrung müssen Banken **Ausgleichsmaßnahmen** treffen, etwa in Form einer Verkleinerung oder dem Verkauf von rentablen Geschäftsbereichen oder von Tochtergesellschaften oder von Verhaltensmaßregeln zur Begrenzung der geschäftlichen Expansion.[106] 5.56

d) Die Umstrukturierungsmitteilung der Kommission

Am 23. Juli 2009 veröffentlichte die Kommission ihre vierte und voraussichtlich vorerst letzte Mitteilung zum Bankensektor in der Finanzkrise, die „Mitteilung über die Wiederherstellung der Rentabilität und die Bewertung von Umstrukturierungsmaßnahmen".[107] Darin legt sie die die Grundzüge für die Erstellung von **Umstrukturierungsplänen** und **Rentabilitätsanalysen** fest, die nach den übrigen Mitteilungen in bestimmten Fällen erforderlich sind. Das ist insbesondere der Fall bei Banken, die Zahlungen aufgrund einer staatlichen Garantie erhalten, sowie bei Rekapitalisierungsmaßnahmen für nicht gesunde Banken.[108] Die Umstrukturierungsmitteilung selbst betrifft nur den Inhalt solcher Pläne. 5.57

Die in der Umstrukturierungsmitteilung festgelegten Grundsätze bauen weitgehend auf den **allgemeinen Rettungs- und Umstrukturierungsleitlinien** auf 5.58

---

104) Mitteilung der Kommission über die Behandlung wertgeminderter Aktiva im Bankensektor der Gemeinschaft, ABl. 2009 Nr. C 72, S. 1 (Anhang V).

105) Mitteilung der Kommission über die Behandlung wertgeminderter Aktiva im Bankensektor der Gemeinschaft, ABl. 2009 Nr. C 72, S. 1 (Rz. 51).

106) Mitteilung der Kommission über die Behandlung wertgeminderter Aktiva im Bankensektor der Gemeinschaft, ABl. 2009 Nr. C 72, S. 1 (Rz. 57).

107) Mitteilung der Kommission über die Wiederherstellung der Rentabilität und die Bewertung von Umstrukturierungsmaßnahmen im Finanzsektor i. R. d. derzeitigen Krise gemäß den Beihilfevorschriften, ABl. 2009 Nr. C 195, S. 9.

108) Darüber hinaus müssen die Mitgliedstaaten nach der Impaired Assets-Mitteilung Rentabilitätsanalysen im Fall von begrenzten Beihilfen an grundsätzlich gesunde Banken vorlegen.

(siehe dazu oben Rz. 5.27 ff.). Die in diesen allgemeinen Regeln enthaltenen Anforderungen an die der Kommission vorzulegenden Umstrukturierungspläne passt die neue Mitteilung an den Bankensektor und die besonderen Umstände die Finanzkrise an.

5.59 Ebenso wie nach den allgemeinen Regeln sind die drei wichtigsten Grundsätze für Bankenumstrukturierungspläne die **Wiederherstellung der langfristigen Rentabilität**, eine **Lastenverteilung** durch einen signifikanten Eigenbeitrag der geförderten Bank und ihrer Anteilseigner und die **Begrenzung von Wettbewerbsverzerrungen**. Umstrukturierungspläne müssen der Kommission jeweils einzeln zur Genehmigung vorgelegt werden und zu allen drei Grundsätzen umfangreiche Darstellungen und Nachweise enthalten.

5.60 In Bezug auf die Wiederherstellung der langfristigen Rentabilität unterscheidet sich die neue Umstrukturierungsmitteilung von den allgemeinen Regeln insbesondere dadurch, dass von den Banken ein **Stresstest** erwartet wird, der die langfristige Rentabilität auch unter Zugrundelegung eines „Worst Case"-Szenarios nachweist.[109] Darüber hinaus wird der Zeitraum, in dem die Umstrukturierung stattfinden muss, von normalerweise zwei bis drei auf fünf Jahre verlängert, um rückläufige Marktentwicklungen durch Notverkäufe zu vermeiden und trotzdem eine schnelle Umstrukturierung zu erreichen.[110] Zu den möglichen Umstrukturierungsmaßnahmen zählt ausdrücklich auch der **Verkauf einer Bank**, der allerdings nicht nur beihilfenrechtlich, sondern auch nach den normalen Fusionskontrollregeln geprüft werden wird.[111]

5.61 Nach dem allgemeinen Grundsatz der **Lastenverteilung** sollen Restrukturierungskosten nicht alleine vom Staat getragen werden. Die Unternehmen und ihre Anteilseigner sollen sich so weit wie möglich mit eigenen Mitteln beteiligen, um sog. „moral hazard" zu vermeiden und Anreize für das künftige Verhalten zu schaffen.[112] Anders als nach den allgemeinen Regeln hat die Kommission aber darauf verzichtet, im Bankenbereich feste **Schwellenwerte für die Eigenbeteiligung** festzusetzen, um die Rückkehr zum normalen Marktgesche-

---

109) Mitteilung der Kommission über die Wiederherstellung der Rentabilität und die Bewertung von Umstrukturierungsmaßnahmen im Finanzsektor i. R. d. derzeitigen Krise gemäß den Beihilfevorschriften, ABl. 2009 Nr. C 195, S. 9 (Rz. 13).

110) Mitteilung der Kommission über die Wiederherstellung der Rentabilität und die Bewertung von Umstrukturierungsmaßnahmen im Finanzsektor i. R. d. derzeitigen Krise gemäß den Beihilfevorschriften, ABl. 2009 Nr. C 195, S. 9 (Rz. 15).

111) Mitteilung der Kommission über die Wiederherstellung der Rentabilität und die Bewertung von Umstrukturierungsmaßnahmen im Finanzsektor i. R. d. derzeitigen Krise gemäß den Beihilfevorschriften, ABl. 2009 Nr. C 195, S. 9 (Rz. 17 ff.).

112) Mitteilung der Kommission über die Wiederherstellung der Rentabilität und die Bewertung von Umstrukturierungsmaßnahmen im Finanzsektor i. R. d. derzeitigen Krise gemäß den Beihilfevorschriften, ABl. 2009 Nr. C 195, S. 9 (Rz. 22).

hen nicht zu behindern.[113] Es soll allerdings Rückholklauseln geben, um Abweichungen von der Ex-ante Lastenverteilung ggf. nachträglich anzupassen. Banken sollen zwar in die Lage versetzt werden, aus ihren Geschäftsgewinnen eine angemessene Vergütung für Fremdkapital zu zahlen. Dagegen sollen jedoch staatliche Beihilfen nicht zur Vergütung von Eigenkapital und nachrangigen Verbindlichkeiten (Hybridkapital) eingesetzt werden. Im Ermessen der Bank stehende Maßnahmen zur Sicherstellung von **Dividenden- und Kuponzahlungen** für im Umlauf befindliche nachrangige Verbindlichkeiten sind daher während der Umstrukturierung unzulässig.[114]

Die **Begrenzung von Wettbewerbsverzerrungen** zieht sich als roter Faden durch das gesamte Beihilfenrecht. Umstrukturierungsbeihilfen haben ein besonders hohes wettbewerbsverzerrendes Potential, weil die betroffenen Unternehmen sich regelmäßig nicht selbst am Markt finanzieren können und ohne staatliche Beihilfen liquidiert werden müssten. Nach der Kommission hängen die jeweils erforderlichen Maßnahmen zur Begrenzung dieser Wettbewerbsverzerrungen im Fall von Bankenumstrukturierungen im Einzelnen von Umfang, Reichweite und Art der Geschäftstätigkeiten aus, denen die betreffende Bank bei Umsetzung eines plausiblen Umstrukturierungsplans nachgehen würde.[115] **5.62**

Folgende Grundprinzipien wird die Kommission jedoch anwenden: **5.63**

- **Festsetzung eines marktnahen Preises.** Eine möglichst marktnahe Verfügung für die staatlichen Beihilfen sieht die Kommission grundsätzlich als am besten geeignet an, um Wettbewerbsverzerrungen zu vermeiden. Soweit eine marktnahe Vergütung anfangs nicht möglich ist, weil ansonsten die Umstrukturierung gefährdet wäre, sollen Umstrukturierungspläne Klauseln enthalten, um Wettbewerbsverzerrungen später zu verringern, etwa durch frühzeitige Rückzahlung von Beihilfen.[116]
- **Reduzierung der Geschäftstätigkeit.** Banken, die Umstrukturierungsbeihilfen erhalten, müssen ihre Geschäftstätigkeit ggf. durch den Verkauf von Tochtergesellschaften Niederlassungen, Kundenportfolios oder Geschäftsbereichen signifikant verringern. Eine Verringerung der Bilanzsumme durch

113) Mitteilung der Kommission über die Wiederherstellung der Rentabilität und die Bewertung von Umstrukturierungsmaßnahmen im Finanzsektor i. R. d. derzeitigen Krise gemäß den Beihilfevorschriften, ABl. 2009 Nr. C 195, S. 9 (Rz. 24).

114) Mitteilung der Kommission über die Wiederherstellung der Rentabilität und die Bewertung von Umstrukturierungsmaßnahmen im Finanzsektor i. R. d. derzeitigen Krise gemäß den Beihilfevorschriften, ABl. 2009 Nr. C 195, S. 9 (Rz. 26).

115) Mitteilung der Kommission über die Wiederherstellung der Rentabilität und die Bewertung von Umstrukturierungsmaßnahmen im Finanzsektor i. R. d. derzeitigen Krise gemäß den Beihilfevorschriften, ABl. 2009 Nr. C 195, S. 9 (Rz. 30).

116) Mitteilung der Kommission über die Wiederherstellung der Rentabilität und die Bewertung von Umstrukturierungsmaßnahmen im Finanzsektor i. R. d. derzeitigen Krise gemäß den Beihilfevorschriften, ABl. 2009 Nr. C 195, S. 9 (Rz. 34).

bloße Abschreibungen ist nicht ausreichend.[117] Die Kommission hat etwa von der *Commerzbank* i. R. d. Genehmigung ihres Umstrukturierungsplans eine Reduzierung der Bilanzsumme um etwa 45 % verlangt.[118]

- **Regeln zur Verhinderung wettbewerbswidrigen Verhaltens.** Banken werden darüber hinaus während der Umstrukturierung Verhaltensregeln auferlegt, um Wettbewerbsverzerrungen zu begrenzen. Dazu zählt das Verbot, während mindestens drei Jahren Wettbewerber zu übernehmen, sowie das Verbot von Konditionen- und Preisführerschaft und der Werbung mit der staatlichen Unterstützung.[119]

5.64 Schließlich gilt nach der Umstrukturierungsmitteilung das strenge **Einmaligkeitsprinzip** („one time last time") der allgemeinen Regeln im Bankenbereich nicht notwendigerweise. Nach diesem Grundsatz kann ein Unternehmen nur einmal innerhalb von zehn Jahren Umstrukturierungsbeihilfen erhalten. Die Kommission wird dies i. R. v. Bankumstrukturierungen weniger streng handhaben.[120]

5.65 Die Grundsätze zum Nachweis der langfristigen Rentabilität finden analoge Anwendung, wenn Mitgliedstaaten **Rentabilitätsanalysen** anstelle von vollen Umstrukturierungsplänen vorlegen müssen. In diesen Fall finden die zusätzlichen Anforderungen zur Lastenverteilung und Begrenzung von Wettbewerbsverzerrungen jedoch keine Anwendung. Die Kommission wird außerdem im Fall von Rentabilitätsanalysen i. d. R. deutlich weniger detaillierte Informationen anfordern.[121]

5.66 Der Umfang von vollen Restrukturierungsplänen wird durch die im Anhang zu der Umstrukturierungsmitteilung beispielhaft wiedergegebenen Mustergliederung illustriert, welche alleine drei Seiten umfasst. Nach Genehmigung eines Plans verlangt die Kommission regelmäßige detaillierte Umsetzungsberichte, von denen der erste spätestens sechs Monate nach Genehmigung vorzulegen ist.

---

117) Mitteilung der Kommission über die Wiederherstellung der Rentabilität und die Bewertung von Umstrukturierungsmaßnahmen im Finanzsektor i. R. d. derzeitigen Krise gemäß den Beihilfevorschriften, ABl. 2009 Nr. C 195, S. 9 (Rz. 35 ff.).

118) Entscheidung der Kommission v. 7.5.2009 – N 244/2009 – Commerzbank – Deutschland, Rz. 112.

119) Mitteilung der Kommission über die Wiederherstellung der Rentabilität und die Bewertung von Umstrukturierungsmaßnahmen im Finanzsektor i. R. d. derzeitigen Krise gemäß den Beihilfevorschriften, ABl. 2009 Nr. C 195, S. 9 (Rz. 39 ff.).

120) Mitteilung der Kommission über die Wiederherstellung der Rentabilität und die Bewertung von Umstrukturierungsmaßnahmen im Finanzsektor i. R. d. derzeitigen Krise gemäß den Beihilfevorschriften, ABl. 2009 Nr. C 195, S. 9 (Rz. 27).

121) Mitteilung der Kommission über die Wiederherstellung der Rentabilität und die Bewertung von Umstrukturierungsmaßnahmen im Finanzsektor i. R. d. derzeitigen Krise gemäß den Beihilfevorschriften, ABl. 2009 Nr. C 195, S. 9 (Rz. 8).

e) Genehmigungspraxis der Kommission in Bezug auf mitgliedstaatliche Maßnahmenpakete

Die Europäische Kommission hat bis März 2010 eine erhebliche Anzahl von generellen Beihilfenregelungen und Einzelmaßnahmen der Mitgliedstaaten zugunsten von Kreditinstituten auf der Basis ihrer Mitteilungen genehmigt.[122] Sobald die Europäische Kommission eine Beihilfenregelung genehmigt hat, richtet sich die Gewährung einzelner Unterstützungsmaßnahmen ausschließlich **nach der genehmigten Regelung** und nicht nach der Banken- oder Rekapitalisierungsmitteilung. Soweit eine einzelne Unterstützungsmaßnahme der genehmigten Beihilfenregelung entspricht, ist keine gesonderte Anmeldung bei der Europäischen Kommission mehr erforderlich. Andernfalls muss die einzelne Maßnahme bei der Kommission als Einzelbeihilfe angemeldet werden. Die Kommission kann jeweils überprüfen, ob gewährte Unterstützungsmaßnahmen mit der angemeldeten Regelung vereinbar sind. Dazu wird sie die von ihr veröffentlichten Mitteilungen zur Auslegung heranziehen. **5.67**

Im Fall des deutschen Finanzmarktstabilisierungspakets hat die Europäische Kommission am 27. Oktober 2008 ihre Genehmigung erteilt.[123] Darin kommt die Europäische Kommission zu dem Ergebnis, dass die angemeldete Maßnahme mit den in der Bankenmitteilung niedergelegten Grundsätzen vereinbar ist. Die Genehmigung war ursprünglich auf sechs Monate beschränkt. Die Kommission hat am 22. Juni 2009 eine Verlängerung bis zum 31. Dezember 2009 genehmigt.[124] **5.68**

5. Finanzmarktstabilisierungspaket der Bundesregierung

Am 18. Oktober 2008 ist in Deutschland das Finanzmarktstabilisierungsgesetz[125] („FMStG“) erlassen worden, das darauf abzielt, Liquiditätsengpässe der Finanzinstitutionen zu überwinden und die Stabilität des deutschen Finanzmarktes zu stärken (siehe dazu ausführlich Rz. 1.11 ff.). Durch das FMStG wird ein Fonds unter der Bezeichnung **„Finanzmarktstabilisierungsfonds“** sowie eine Finanzmarktstabilisierungsanstalt (**„SoFFin“**) errichtet, welche im Namen des Fonds die Aufgaben nach dem FMStG wahrnimmt (nähere Informationen siehe unter Rz. 1.12; 1.17 ff.). Das FMStG wird durch die am 20. Oktober 2008 erlassene Finanzmarktstabilisierungsfonds-Verordnung („FMStFV“) ergänzt, die nä- **5.69**

122) Im elektronischen Beihilfenregister der Europäischen Kommission sind insgesamt 145 Entscheidungen bis März 2010 verzeichnet. Siehe unter http://ec.europa.eu/competition/elojade/isef/index.cfm (Stand: März 2010).

123) Schreiben K(2008)6422 der Kommission v. 27.2.2008 – Staatliche Beihilfenregelung N 512/2008 – Deutschland, Rettungspaket für Kreditinstitute.

124) Entscheidung der Kommission v. 22.6.2009 – N 330/2009.

125) BGBl. S. 1982.

here Bestimmungen zur Umsetzung des FMStG enthält. Das FMStG führt drei verschiedene Stützungsmaßnahmen zugunsten von Kreditinstituten ein:

- **Garantieübernahmen für Verbindlichkeiten:** Nach § 6 FMStG können für ab Inkrafttreten des Gesetzes für bis zum 31. Dezember 2009 begebene Schuldtitel und begründete Verbindlichkeiten Garantien bis zu einer Gesamthöhe von 400 Mrd. Euro übernommen werden. Für die Übernahme einer Garantie ist ein angemessenes und marktgerechtes Entgelt zu erheben.
- **Rekapitalisierung:** Nach § 7 FMStG kann sich der Finanzmarktstabilisierungsfonds an der Rekapitalisierung von Unternehmen des Finanzsektors beteiligen, insbesondere durch den Erwerb von Anteilen oder stillen Beteiligungen oder durch die Übernahmen von anderen Bestandteilen der Eigenmittel dieser Unternehmen. Eine Beteiligung soll nur erfolgen, wenn ein wichtiges Interesse des Bundes vorliegt. Der Fonds muss für die Rekapitalisierung eine marktgerechte Vergütung erhalten. Die Obergrenze für Rekapitalisierungen für ein einzelnes Unternehmen liegt bei 10 Mrd. Euro Die Rekapitalisierung kann von Eigenleistungen der Anteilseigner abhängig gemacht werden.
- **Risikoübernahme.** Nach § 8 FMStG kann der Finanzmarktstabilisierungsfonds vor dem 18. Oktober 2008 erworbene Risikopositionen, insbesondere Forderungen, Wertpapiere, derivate Finanzinstrumente, Rechte und Pflichten aus Kreditzusagen oder Gewährleistungen und Beteiligungen, jeweils nebst zugehöriger Sicherheit, erwerben oder auf andere Weise absichern.

5.70 Ein Rechtsanspruch auf Leistungen des Finanzmarktstabilisierungsfonds ist ausdrücklich ausgeschlossen (§ 4 Abs. 1 FMStG).

5.71 In § 5 FMStFV werden verschiedene allgemeine Bedingungen für die Inanspruchnahme der verschiedenen Stabilisierungsmaßnahmen festgelegt. Dazu gehören eine **Überprüfung der Geschäftspolitik** und deren Nachhaltigkeit, die Beachtung des Kreditbedarfs der inländischen Wirtschaft, insbesondere von kleineren und mittleren Unternehmen, die Überprüfung des internen Vergütungssystems, die **Begrenzung der Vergütung der Organmitglieder** auf maximal 500.000 Euro und das Verbot der Ausschüttung von Dividenden während der Dauer der Stabilisierungsmaßnahmen. Der Fonds kann weitere Bedingungen auferlegen, um Wettbewerbsverzerrungen zu vermeiden. Es ist vorgesehen, dass der Fonds sich Informationsrechte einräumen lässt, um nach sechs Monaten eine Überprüfung vornehmen zu können.

5.72 Nach Veröffentlichung der Impaired Assets-Mitteilung hat Deutschland das Finanzmarktstabilisierungspaket um eine Regelung zu „faulen Wertpapieren“ ergänzt. Dafür sind die §§ 6a bis 6d sowie die §§ 8a und 8b in das FMStG eingefügt worden, die **zwei Modelle für sog. „Bad Banks“** vorsehen.

- Nach dem Zweckgesellschafts- oder SPV (Special Purpose Vehicle)-Modell nach §§ 6a bis 6d FMStG können Banken Zweckgesellschaften gründen, auf die sie ihre vor dem 12. Dezember 2008 erworbenen risikobehafteten Wertpapiere auslagern können. Die Übertragung findet mit einem zehnprozentigen Abschlag von dem in den Bilanzen stehen Wert (Buchwert) zum Stichtag 30. Juni 2009 oder 31. März 2009 oder zum tatsächlichen Wert statt, je nachdem welcher Wert der höchste ist. Im Gegenzug erhält die Bank gegen Gebühr von der Zweckgesellschaft eine Schuldverschreibung in gleicher Höhe, für die der Staat durch den SoFFin eine Garantie übernimmt. Diese Garantie kann die Bank bei der Bundesbank für neues Geld einreichen. Übertragende Banken sind zur Zahlung von Ausgleichsbeträgen an die Zweckgesellschaft sowie zum Verlustausgleich verpflichtet.
- Nach dem Konsolidierungsmodell gemäß §§ 8a und 8b FMStG können bis zum 31. Dezember 2008 erworbene Risikopositionen sowie nicht strategisch notwendige Geschäftsbereiche auf Abwicklungsanstalten übertragen werden. Die Anteilseigner der Banken bleiben dabei Inhaber der abzuwickelnden Vermögensgegenstände und müssen auch für künftige Verluste aus der Abwicklung haften.

Die Europäische Kommission hat das Zweckgesellschaftsmodell am 31. Juli 2009 genehmigt.[126] Das Konsolidierungsmodell ist beihilfenrechtlich neutral und bedurfte daher keiner Genehmigung durch die Kommission. 5.73

6. Staatliche Bürgschaften

Staatliche Bürgschaften sind klassisches Förderinstrument. Die Europäische Kommission hat die Grundsätze für die beihilferechtliche Bewertung **staatlicher Bürgschaften und Garantien** ursprünglich in ihrer Mitteilung über die Anwendung der Art. 107 und 108 AEUV auf staatliche Beihilfen in Form von Haftungsverpflichtungen und Bürgschaften aus dem Jahr 2000 festgelegt.[127] Diese Mitteilung ist inzwischen ersetzt worden durch eine aktualisierte Fassung aus dem Jahr 2008.[128] 5.74

a) Die Bürgschaftsmitteilung der Europäischen Kommission

Die Bürgschaftsmitteilung der europäischen Kommission legt einerseits die Kriterien fest, nach denen staatliche Bürgschaften als Beihilfen gelten, und stellt anderseits Regeln auf, um das **Beihilfeelement einer Bürgschaft** zu ermitteln. 5.75

126) Entscheidung der Kommission v. 31.7.2009 – N314/2009 – Deutschland.

127) ABl. 2000 Nr. C 71, S. 14.

128) Mitteilung der Kommission über die Anwendung der Art. 87 und 88 des EG-Vertrags auf staatliche Beihilfen in Form von Haftungsverpflichtungen und Bürgschaften, ABl. 2008 Nr. C 155, S. 10.

Im Gegensatz zu einem verlorenen Zuschuss kommt dem Begünstigten bei einer Bürgschaft nicht automatisch die gesamte Bürgschaftssumme zugute. Es muss daher jeweils berechnet werden, wie hoch das Subventionsäquivalent einer Bürgschaft ist.

5.76 Nach der Bürgschaftsmitteilung stellt eine staatliche Bürgschaft oder Garantie dann eine Beihilfe i. S. d. Art. 107 Abs. 1 AEUV dar, wenn sie einem der beteiligten Unternehmen einen **nicht marktgerechten Vorteil** verschafft.[129] Beihilfenempfänger ist dabei im Regelfall der Kreditnehmer. Unter bestimmten Umständen kann jedoch auch der **Kreditgeber als Begünstigter** angesehen werden. Das kann etwa dann der Fall sein, wenn für einen bereits gewährten Kredit im Nachhinein eine staatliche Garantie übernommen wird, ohne dass die Konditionen des Kredits oder der finanziellen Verpflichtung entsprechend angepasst werden, oder wenn ein garantierter Kredit dazu benutzt wird, um einen anderen, nicht garantierten Kredit an dasselbe Kreditinstitut zurückzuzahlen.[130]

5.77 Im Allgemeinen sieht die Europäische Kommission Einzelbürgschaften unter den folgenden Voraussetzungen als marktgerecht an, sodass sie keine staatlichen Beihilfen darstellen:[131]

- Der Kreditnehmer befindet sich nicht in finanziellen Schwierigkeiten;
- die Bürgschaft ist an eine **bestimmte Finanztransaktion** geknüpft und auf einen festen Höchstbetrag beschränkt sowie von begrenzter Laufzeit;
- die Bürgschaft deckt **höchstens 80 % des ausstehenden Kreditbetrages** oder der sonstigen finanziellen Verpflichtungen ab (ausgenommen Garantien für Schuldtitel); und
- es wird ein **marktübliches Entgelt** für die Bürgschaft gezahlt.

5.78 Entsprechende Grundsätze gelten für generelle Bürgschaftsregelungen.[132]

5.79 Zur Ermittlung des Beihilfeelements hat die Europäische Kommission in der Bürgschaftsmitteilung aus dem Jahr 2008 detailliertere Regeln festgelegt, als in der vorherigen Mitteilung. Grundsätzlich soll das Beihilfeelement nach der

---

129) Mitteilung der Kommission über die Anwendung der Art. 87 und 88 des EG-Vertrags auf staatliche Beihilfen in Form von Haftungsverpflichtungen und Bürgschaften, ABl. 2008 Nr. C 155, S. 10, 13 (Nr. 3.1).

130) Mitteilung der Kommission über die Anwendung der Art. 87 und 88 des EG-Vertrags auf staatliche Beihilfen in Form von Haftungsverpflichtungen und Bürgschaften, ABl. 2008 Nr. C 155, S. 10, 12 (Nr. 2.3).

131) Mitteilung der Kommission über die Anwendung der Art. 87 und 88 des EG-Vertrags auf staatliche Beihilfen in Form von Haftungsverpflichtungen und Bürgschaften, ABl. 2008 Nr. C 155, S. 10, 13 f. (Nr. 3.2).

132) Mitteilung der Kommission über die Anwendung der Art. 87 und 88 des EG-Vertrags auf staatliche Beihilfen in Form von Haftungsverpflichtungen und Bürgschaften, ABl. 2008 Nr. C 155, S. 10, 16 f. (Nr. 3.4).

Kommission der **Differenz zwischen dem marktüblichen Entgelt** für die einzeln oder i. R. einer Regelung gewährte Garantie und dem **tatsächlich gezahlten Entgelt** für diese Maßnahme entsprechen.[133)] Soweit ein marktübliches Entgelt nicht ohne weiteres festgestellt werden kann, muss ein Entgelt auf der Basis der Referenzzinssätze unter Berücksichtigung des mit dem garantierten Geschäft verbundenen Risikoprofil, des Garantienehmers und der geleisteten Sicherheit ermittelt werden.[134)] Für generelle Bürgschaftsregelungen kann die Ermittlung des Beihilfeelements auch auf Grundlage einer gesondert bei der Kommission angemeldeten und genehmigten Methodik erfolgen.[135)] Gewisse Erleichterungen gelten für Bürgschaften zugunsten von kleinen und mittleren Unternehmen.

In der Vergangenheit sind staatliche Bürgschaften in der Praxis überwiegend als **De-Minimis-Beihilfen** behandelt worden. Der Bund und die Länder haben dabei pauschal einen Subventionswert von 0,5 % der Bürgschaftssumme zugrunde gelegt.[136)] Dadurch konnten sie den Schwellenwert der inzwischen außer Kraft getretenen alten De-Minimis-Verordnung 69/2001[137)] i. H. v. 100.000 Euro mit Bürgschaften von bis zu 20 Mio. Euro einhalten. Die zu Beginn des Jahres 2007 in Kraft getretene De-Minimis-Verordnung 1998/2006[138)] setzte dieser Praxis ein Ende. Danach können Bürgschaften auf der Grundlage einer Bürgschaftsregelung nur noch bis zu einem Höchstbetrag von 1,5 Mio. Euro als De-Minimis-Beihilfe gelten, wenn nicht eine andere **Berechnungsmethode** für den Subventionswert der Kommission angemeldet und von dieser genehmigt wur- **5.80**

133) Mitteilung der Kommission über die Anwendung der Art. 87 und 88 des EG-Vertrags auf staatliche Beihilfen in Form von Haftungsverpflichtungen und Bürgschaften, ABl. 2008 Nr. C 155, S. 10, 18 f. (Nr. 4.1).

134) Mitteilung der Kommission über die Anwendung der Art. 87 und 88 des EG-Vertrags auf staatliche Beihilfen in Form von Haftungsverpflichtungen und Bürgschaften, ABl. 2008 Nr. C 155, S. 10, 19 (Nr. 4.2).

135) Mitteilung der Kommission über die Anwendung der Art. 87 und 88 des EG-Vertrags auf staatliche Beihilfen in Form von Haftungsverpflichtungen und Bürgschaften, ABl. 2008 Nr. C 155, S. 10, 19 f. (Nr. 4.4).

136) Siehe etwa Entscheidung 2003/706/EG der Kommission v. 23.4.2003 betreffend die von Deutschland durchgeführten Beihilferegelungen – Bürgschaftsregelungen des Landes Brandenburg von 1991 und 1994 – Staatliche Beihilfe C 45/1998, ABl. 2003 Nr. L 263, S. 1 (Rz. 23 und 35 f.).

137) ABl. 2001 Nr. L 10, S. 30. Inzwischen ersetzt durch Verordnung (EG) 1998/2006, ABl. 2006 Nr. L 379, S. 5.

138) Verordnung (EG) 1998/2006 der Kommission v. 15.12.2006 über die Anwendung der Art. 87 und 88 EG-Vertrag auf De-minimis-Beihilfen, ABl. 2006 Nr. L 379, S. 5.

de. Die Bundesrepublik hat inzwischen eine solche Berechnungsmethode angemeldet, die von der Kommission genehmigt wurde.[139)]

5.81 Aber auch davor war es zweifelhaft, ob die pauschale 0,5 %-Formel den **gemeinschaftsrechtlichen Anforderungen** genügt. Die Kommission hatte diese Methode zwar in einem Schreiben an die Bundesrepublik von November 1998 vorläufig gebilligt. Allerdings bezieht sie sich darin ausdrücklich darauf, dass sie die Formel nur zur

> "Wahrung der Rechtssicherheit ... bis zur weiteren Festlegung der Beihilfeintensität auf der Grundlage von weiteren Studien bereit"

erklärt.[140)] Spätestens die Bürgschaftsmitteilung aus dem Jahr 2000 dürfte dieser vorläufigen Billigung die Rechtsgrundlage entzogen haben. Ausdrückliche Zweifel an der 0,5 %-Formel äußert die Kommission außerdem in ihrer Entscheidung aus dem Jahr 2003 zu der Bürgschaftsrichtlinie von Brandenburg.[141)] Trotz der inzwischen geltenden neuen De-Minimis-Verordnung und der angemeldeten Berechnungsmethode bleibt die Frage für Altfälle weiter relevant.

b) Auswirkungen der beihilfenrechtlichen Unzulässigkeit einer Bürgschaft im Dreiecksverhältnis

5.82 Nicht abschließend geklärt ist die Frage, welche Konsequenzen die beihilfenrechtliche Unzulässigkeit einer Bürgschaft für das gesamte mit der Bürgschaft verbundene Vertragsverhältnis hat. Bei der Gewährung einer Bürgschaft entsteht ein **Dreiecksverhältnis**, in dem neben dem Kreditnehmer als Beihilfenempfänger und dem Staat als Bürgschaftsgeber auch der Kreditgeber (regelmäßig ein Kreditinstitut) als Bürgschaftsnehmer beteiligt ist.

5.83 Ausgangspunkt ist die Pflicht, rechtswidrig gewährte Beihilfen zurückzufordern (siehe oben Rz. 5.18 ff.). Dies gilt unmittelbar allerdings nur für das **eigentliche Beihilfenverhältnis**, d. h. die Beziehung zwischen Staat und Kreditnehmer (auch Valutaverhältnis i. S. d. bereicherungsrechtlichen Terminologie). In der Bürgschaftsmitteilung lässt die Europäische Kommission die Rechtsfol-

---

139) Schreiben K(2007)4287 der Kommission v. 25.9.2007 – Staatliche Beihilfe N 197/2007, Methode zur Berechnung der Beihilfeintensität von Bürgschaften; ergänzt durch Schreiben K(2007)5626 der Kommission v. 28.11.2007 – Staatliche Beihilfe N 541/2007, Ergänzung der deutschen Bürgschaftsmethode zur Ausweitung auf Bürgschaften für Betriebsmittelkredite und durch Schreiben K(2008)2675 der Kommission v. 17.6.2008 – Staatliche Beihilfe N 762/2007, Ausweitung der deutschen Bürgschaftsmethode auf Bürgschaften für Spezialfinanzierungen.

140) Schreiben D/54570 der Kommission v. 11.11.1998 zum Vorschlag zweckdienlicher Maßnahmen nach Art. 93(1) EG-Vertrag betreffend die Richtlinien für staatliche Bürgschaften, S. 3.

141) Entscheidung Nr. 2003/706/EG der Kommission v. 23.4.2003 betreffend die von Deutschland durchgeführten Beihilferegelungen — Bürgschaftsregelungen des Landes Brandenburg von 1991 und 1994 — Staatliche Beihilfe C 45/1998, ABl. 2003 Nr. L 263, S. 1 (Rz. 35 f.).

gen der Unzulässigkeit einer Bürgschaft für das Rechtsverhältnis zwischen Staat und Dritten aus europarechtlicher Sicht ausdrücklich offen. Die Frage müsse **nach nationalem Recht** geklärt werden. Kreditgeber könnten allerdings ein Interesse daran haben, sich grundsätzlich zur Vorsicht zu vergewissern, dass die Beihilfenvorschriften eingehalten worden sind.[142)]

Auf Grundlage der Rechtsprechung des Bundesgerichtshof, dass Art. 108 Abs. 3 Satz 3 AEUV ein Verbotsgesetz i. S. d. § 134 BGB darstellt (siehe oben Rz. 5.13) wird vertreten, dass auch der **Bürgschaftsvertrag** zwischen Staat und Kredit gewährender Bank im Falle einer Verletzung des Durchführungsverbotes nichtig sei.[143)] Die überwiegende Meinung scheint allerdings davon auszugehen, dass die Nichtigkeit nur das Valutaverhältnis betrifft und nicht das Verhältnis zu der drittbeteiligten Bank erfassen kann.[144)] **5.84**

Insbesondere auf der Grundlage der jüngeren BGH-Rechtsprechung erscheint eine automatische Nichtigkeit auch des Bürgschaftsvertrages **unhaltbar** zu sein. Sie ist weder dogmatisch geboten, noch wird sie vom Europarecht zwingend vorausgesetzt. Rechtspolitisch besteht im Übrigen kein Bedürfnis nach der Nichtigkeit des Bürgschaftsvertrages. **5.85**

In seinem Urteil vom 12. Oktober 2006 hat der Bundesgerichtshof bestätigt, dass staatliche Bürgschaften grundsätzlich **anhand der Leistungskette** im Dreiecksverhältnis rückabzuwickeln sind. Die Leistung des Staates gegenüber dem Begünstigten bestehe alleine in der Bürgschaftszusage. Es bestehe daher kein Anspruch der staatlichen Stellen gegenüber dem Begünstigten auf Rückzahlung der Darlehnsvaluta an den Staat.[145)] Der Bundesgerichtshof nimmt zwar zu der Frage einer Nichtigkeit des Bürgschaftsvertrages nicht ausdrücklich Stellung. Das Urteil betont jedoch ein weiteres Mal, dass nach zivilrechtlicher Dogmatik eine **Rückabwicklung an dem konkreten vertraglichen Verhältnis** ansetzt, das mit dem rechtlichen Fehler behaftet ist, auch wenn es um die Umsetzung einer Beihilfenentscheidung der Europäischen Kommission geht. Eine Gesamtbetrachtung scheidet grundsätzlich aus. Der Bundesgerichtshof lässt allerdings am Schluss offen, ob sich unter Umständen aus dem europäischen Effizienzgebot etwas anderes ergeben kann, wenn eine Rückabwicklung **5.86**

142) Mitteilung der Kommission über die Anwendung der Art. 87 und 88 des EG-Vertrags auf staatliche Beihilfen in Form von Haftungsverpflichtungen und Bürgschaften, ABl. 2008 Nr. C 155, S. 10, 12 (Nr. 2.3.2).

143) So vor allem *Steindorff*, EuZW 1997, 7; und zuletzt Schimansky/Bunte/Lwowski-*Bunte*, Bankrechts-Hdb., § 142 Rz. 42e ff., m. w. N.

144) Siehe aus jüngerer Zeit insbesondere *Fischer*, WM 2001, 277; *Hadding*, WM 2005, 485; *Koenig/Haratsch*, ZHR 169 (2005), 77; *Wissel/Becker*, EStAL 2008, 250.

145) BGH, Urt. v. 12.10.2006 – III ZR 299/05, NVwZ 2007, 973; dazu *Cranshaw*, WM 2008, 338.

anhand der Leistungskette das gemeinschaftsrechtliche Rückgewährgebot vereiteln würde.[146)]

5.87 Das ist aber in aller Regel nicht der Fall. Die Pflicht zur Rückforderung unzulässiger Beihilfen dient der **Wiederherstellung der Lage vor Gewährung der Beihilfe.** Die Beihilfe besteht bei einer staatlichen Bürgschaft entweder darin, dass das begünstigte Unternehmen einen günstigeren Kredit erhält, als ohne die Bürgschaft, oder darin, dass es überhaupt einen Kredit erhält, den es ohne die Bürgschaft nicht erhalten hätte. In beiden Fällen ergibt sich aus dem europäischen Effizienzgebot keine Notwendigkeit für eine Nichtigkeit des Bürgschaftsvertrages.

- Im ersten Fall betrifft das Rückforderungsgebot nur den Unterschied zwischen den Kreditkonditionen mit und ohne die Bürgschaft. Dieser Betrag muss von dem begünstigten Unternehmen zurückgefordert werden, ohne dass damit der Bürgschaftsvertrag oder auch das Darlehensverhältnis notwendig betroffen sind.[147)]
- Falls das Unternehmen ohne die Bürgschaft gar **keinen Kredit erhalten** hätte, kann der Staat auf die Bank einwirken, das Kreditverhältnis zu kündigen. Eine solche Möglichkeit sehen die Bürgschaftsrichtlinien der Länder jeweils vor.[148)] Auch ohne ein ausdrücklich eingeräumtes Recht in dieser Hinsicht könnte eine Pflicht der Banken bestehen, von einem Sonderkündigungsrecht Gebrauch zu machen.[149)]
- Relevant wird die Frage nach dem Schicksal des Bürgschaftsvertrages vor allem in den Fällen, in denen das **begünstigte Unternehmen insolvent** ist und den Kredit nicht zurückzahlen kann. In diesem Fall wird argumentiert, dass die Wirksamkeit des Bürgschaftsvertrages die Wettbewerbsverzerrung fortsetzen würde.[150)] Allerdings besteht die Wettbewerbsverzerrung durch die Gewährung einer Beihilfe – auch in Form einer staatlichen Bürgschaft – stets nur **gegenüber den Wettbewerbern des Begünstigten.** Ist dieser insolvent, muss der Staat als Insolvenzgläubiger zunächst wie ein privater Wirtschaftsteilnehmer sämtliche Forderungen gegenüber dem insolventen Unternehmen eintreiben.[151)] Dazu gehört ggf. auch die nach § 744 BGB übergegangene Darlehensforderung. Wird das begünstigte Unternehmen in

146) BGH, Urt. v. 12.10.2006 – III ZR 299/05, NVwZ 2007, 973 Rz. 34 ff.

147) So auch *Fischer*, WM 2001, 277, 285.

148) Vgl. *Tiedtke/Langheim*, ZIP 2006, 2251, 2257.

149) *Fischer*, WM 2001, 277, 285.

150) Schimansky/Bunte/Lwowski-*Bunte*, Bankrechts-Hdb., § 142 Rz. 46a.

151) Entscheidung 2000/536/EG der Kommission v. 2.6.1999 über die von Italien dem Unternehmen Seleco SpA gewährte staatliche Beihilfe, ABl. 2000 Nr. L 227, S. 24 (Rz. 113 und 115); EuGH, Urt. v. 29.4.2004 – C-277/00, Slg. 2004, I-3925, Rz. 85 – Deutschland/Kommission (SMI).

Folge des Insolvenzverfahrens liquidiert, wird dadurch die wettbewerbsverzerrende Wirkung der Beihilfe aufgehoben, weil das Unternehmen damit aus dem Markt ausscheidet.

- Im Verhältnis zwischen bürgendem Staat und Kredit gewährender Bank liegt dagegen im Regelfall **keine Wettbewerbsverzerrung**. Zur Wiederherstellung der Lage vor Gewährung der Bürgschaft ist daher die Nichtigkeit des Bürgschaftsvertrages in keiner Weise erforderlich.

Von einer Nichtigkeit auch des Bürgschaftsvertrages kann allenfalls dann ausgegangen werden, wenn einer der Fälle vorliegt, in denen die Bürgschaft gleichzeitig eine **Beihilfe zugunsten des Kreditgebers** darstellt (siehe oben Rz. 5.5). In diesem Fall ist die Bank selbst Begünstigte einer Beihilfe, sodass auch ihr gegenüber eine Rückforderung geboten sein kann. Dies ist aber ein Ausnahmefall. **5.88**

Im Übrigen könnte auf Grundlage des Urteils des Bundesgerichtshof vom 6. November 2008 möglicherweise ein **Schadensersatzanspruch der Bank** gegen den Staat wegen dessen Verletzung der Beihilfenvorschriften bestehen.[152] **5.89**

7. Anstaltslast und Gewährträgerhaftung

Eine wichtige beihilfenrechtliche Auseinandersetzung der Vergangenheit betraf das Verhältnis der öffentlich-rechtlichen Kreditinstitute zu ihren staatlichen Trägern.[153] Nach dem früher bestehenden Modell hatten die staatlichen Träger einerseits im Innenverhältnis die Verpflichtung, die wirtschaftliche Basis der öffentlich-rechtlichen Kreditinstitute zu sichern, sie mit den nötigen finanziellen Mitteln auszustatten und etwaige finanzielle Lücken auszugleichen (**Anstaltslast**) und andererseits bestand eine unmittelbare Haftung des Trägers für Verbindlichkeiten im Außenverhältnis gegenüber Dritten (**Gewährträgerhaftung**).[154] Seit Mitte der neunziger Jahre war die Europäische Kommission der Auffassung, dass die beiden Rechtsinstitute Beihilfen i. S. d. Art. 107 Abs. 1 AEUV zugunsten der öffentlich-rechtlichen Kreditinstitute darstellten. Auf eine Beschwerde privater Banken von Ende 1999 eröffnete die Kommission ein Verfahren, das schließlich am 17. Juli 2001 durch eine politische Verständigung zwischen Kommission und Bundesregierung („**Brüsseler Verständigung**") beigelegt wurde. In einer weiteren Verständigung vom 27. März 2002 wurden noch offene Fragen geklärt.[155] **5.90**

---

152) BGH, Urt. v. 6.11.2008 – IV ZR 171/07, MDR 2009, 203 Rz. 21 ff.

153) Vgl. dazu etwa *Gruson*, EuZW 1997, 429; *Immenga/Rudo*, Die Beurteilung von Gewährträgerhaftung und Anstaltslast der Sparkassen und Landesbanken nach dem EU-Beihilfenrecht, *passim*; *Koenig*, EuZW 1995, 595; *Koenig/Sander*, EuZW 1997, 363.

154) *Heidenhain*, Hdb. Beihilfenrecht, § 7 Rz. 58.

155) Siehe Schreiben C (2002) 1286 der Kommission v. 27.3.2002 – Staatliche Beihilfe Nr. E 10/2000 – Deutschland; vgl. dazu auch *Simon*, EStAL 2007, 499; *Quardt*, EuZW 2002, 424.

5.91 Nach der Brüsseler Verständigung wird die Gewährträgerhaftung abgeschafft und die Anstaltslast durch vier Grundsätze ersetzt:

- Die finanzielle Beziehung zwischen dem öffentlichen Eigner und dem öffentlichen Kreditinstitut dürfen sich nicht **von einer normalen marktwirtschaftlichen Eigentümerbeziehung** unterscheiden, so wie der zwischen einem privaten Anteilseigner und einer Gesellschaft mit beschränkter Haftung oder einer Aktiengesellschaft.
- Jeglicher **Automatismus wirtschaftlicher Unterstützung** durch den Eigner zugunsten des öffentlichen Kreditinstituts muss ausgeschlossen werden. Eine unbeschränkte Haftung für Verbindlichkeiten des Instituts darf nicht übernommen werden.
- Für öffentliche Kreditinstitute müssen im Insolvenzfall dieselben Regeln gelten wie für private Banken.
- Wirtschaftliche Unterstützung kann nur **im Einklang mit den Regeln des Beihilferechts** geleistet werden.

5.92 Im Kern ist damit auch die Anstaltslast abgeschafft worden. Es ist aber nicht ausgeschlossen, dass sich ein Träger aufgrund einer wirtschaftlichen Kosten-/Nutzenabwägung (als **vernünftig handelnder Investor**) an der Sanierung eines öffentlich-rechtlichen Kreditinstituts beteiligt, insbesondere wenn anderenfalls das Risiko größerer wirtschaftlicher Nachteile für ihn besteht.

III. Kartellrecht und Fusionskontrolle

5.93 Wie bereits eingangs festgestellt (siehe oben Rz. 5.2), existiert für die Kreditwirtschaft keine kartellrechtliche Bereichsausnahme. Sowohl das Kartellrecht im engeren Sinn, als auch das Verbot des Missbrauchs einer marktbeherrschenden Stellung sowie die Regeln der Fusionskontrolle finden auf den Finanzsektor uneingeschränkt Anwendung.[156)]

5.94 Die Europäische Kommission hat die Anwendbarkeit der Wettbewerbsregeln sowie ihren Willen, für eine effektive Durchsetzung dieser Regeln zu sorgen, durch ihre **Branchenuntersuchung des Retail-Bankengeschäfts** vom Juni 2005 bis Januar 2007 erneut unterstrichen. In ihrem Abschlussbericht vom 31. Januar 2007 stellt sie fest, dass in bestimmten Bereichen möglicherweise kein wirksamer Wettbewerb herrscht.[157)] Sie kündigt an, ein genaueres Augenmerk auf die Konzeption und den Betrieb von Zahlungssystemen, die Kredit-

---

156) So ausdrücklich Entscheidung der Kommission v. 11.6.2002 – Lombard Club, ABl. 2004 Nr. L 56, S. 1 (Rz. 392 ff.).

157) Mitteilung der Kommission – KOM (2007) 33 v. 31.1.2007 – Untersuchung des Retail-Bankgeschäfts gemäß Art. 17 der Verordnung (EG) 1/2003.

auskunftssysteme, die Zusammenarbeit zwischen Banken und die Festlegung von Preisen und Geschäftsstrategien zu richten.[158]

1. Kartellverbot

Nach Art. 101 Abs. 1 AEUV/§ 1 GWB sind jegliche **Vereinbarungen** oder **aufeinander abgestimmte Verhaltensweisen** zwischen Unternehmen oder Unternehmensvereinigungen verboten, soweit sie eine **spürbare Wettbewerbsbeschränkung** bewirken. 5.95

Nach der **Bagatellbekanntmachung** der Europäischen Kommission vom 22. Dezember 2001 sollen Absprachen regelmäßig nicht spürbar sein, wenn die beteiligten Unternehmen einen gemeinsamen Marktanteil von **10 % bei horizontalen Vereinbarungen**, d. h. zwischen Unternehmen derselben Produktions- oder Handelsstufe, bzw. **15 % bei vertikalen Vereinbarungen**, d. h. zwischen Unternehmen verschiedener Wirtschaftsstufen, nicht übersteigen.[159] Das Bundeskartellamt hat am 13. März 2007 eine Bekanntmachung mit entsprechenden Grundsätzen herausgegeben.[160] Die Grenzen für die Spürbarkeit gelten jeweils nicht für die sog. Kernbeschränkungen, d. h. insbesondere Preisabsprachen oder Marktaufteilungen. 5.96

Bestimmte Vereinbarungen können nach Art. 101 Abs. 3 AEUV, bzw. § 2 GWB freigestellt sein. Durch die neue europäische Kartellverordnung 1/2003 vom 16. Dezember 2002 und die darauf folgende Anpassung des deutschen Rechts durch die 7. GWB-Novelle, die am 1. Juli 2005 in Kraft getreten ist, ist das frühere Verfahren der Freistellung durch eine Entscheidung der Kartellbehörden ersetzt worden durch ein System der **Legalausnahme**. 5.97

Vereinbarungen, die die Voraussetzungen von Art. 101 Abs. 3 AEUV, bzw. § 2 GWB erfüllen, sind danach ***de jure* freigestellt**, ohne dass es einer expliziten Entscheidung bedarf. Die Unternehmen sind somit selbst dafür verantwortlich, die Voraussetzungen der Freistellungsnormen zu prüfen. Dazu gehören auch **europäische Gruppenfreistellungsverordnungen**, die nach § 2 Abs. 2 GWB auch im deutschen Recht entsprechend gelten. Es existiert für den Bankensektor allerdings bislang keine allgemeinen Gruppenfreistellungsverordnung. 5.98

---

158) Mitteilung der Kommission – KOM (2007) 33 v. 31.1.2007 – Untersuchung des Retail-Bankgeschäfts gemäß Art. 17 der Verordnung (EG) 1/2003 (Rz. 53).

159) Europäische Kommission, Bekanntmachung über Vereinbarungen von geringer Bedeutung, die den Wettbewerb gemäß Art. 81 Absatz 1 des Vertrags zur Gründung der Europäischen Gemeinschaft nicht spürbar beschränken (de minimis), ABl. 2001 Nr. C 368, S. 13.

160) Bekanntmachung 18/2007 des Bundeskartellamtes über die Nichtverfolgung von Kooperationsabreden mit geringer wettbewerbsbeschränkender Bedeutung („Bagatellbekanntmachung") v. 13.3.2007.

5.99 Voraussetzungen für eine Freistellung nach Art. 101 Abs. 3 AEUV, bzw. § 2 GWB sind

- **Effizienzvorteile** durch die Vereinbarungen oder Verhaltensweisen:

  „Verbesserung der Warenerzeugung oder -verteilung oder Förderung des technischen oder wirtschaftlichen Fortschritts",
- eine **angemessene Beteiligung der Verbraucher** an den erzielten Effizienzvorteilen,
- die **Unerlässlichkeit** der Wettbewerbsbeschränkung und
- **keine Ausschaltung des Wettbewerbs** für einen wesentlichen Teil des betroffenen Marktes.

5.100 Das Funktionieren der Kreditwirtschaft setzt vielfältige Formen der **Zusammenarbeit zwischen Banken** voraus. Ohne gemeinsame Abrechnungssysteme, Vereinbarungen über Interbanken-Gebühren oder elektronische Zahlungssysteme wäre die moderne Finanzwirtschaft nicht denkbar. Soweit durch die Zusammenarbeit erst die Voraussetzungen dafür geschaffen werden, um eine bestimmte Leistung anbieten zu können, kann eine Wettbewerbsbeschränkung nach dem **Gedanken der Arbeitsgemeinschaft** ausscheiden.[161)] Voraussetzung dafür ist allerdings, dass die Vereinbarung nicht über das erforderliche Maß für die Funktionsfähigkeit des betreffenden Produkts hinausgeht. Vereinbarungen über Zinsen, Gebühren und Entgelte sind in der Vergangenheit überwiegend als Wettbewerbsbeschränkungen eingestuft worden.[162)]

5.101 Im Einzelfall kann es darüber hinaus an der Spürbarkeit fehlen. Die Europäische Kommission hat bspw. die **Spürbarkeit verneint** bei Vereinbarungen über Banköffnungszeiten und über ein optimales Verrechnungs- und Abbuchungssystem,[163)] Vereinbarungen einer Kostenpflicht bei Wertstellungsverzögerungen und über Schließfachbedingungen,[164)] sowie Vereinbarungen über das Verfahren der bankgeschäftlichen Bearbeitung, die Festsetzung von Referenzdevisenkursen und die Gewährung unbedeutender Nebenleistungen an den Bankkunden.[165)]

5.102 Viele der bestehenden Systeme zur Zusammenarbeit sind in der Vergangenheit nach alter Rechtslage freigestellt worden.[166)] Diese Entscheidungen entbinden

---

161) Vgl. dazu etwa *Bechtold*, GWB, § 1 Rz. 85.

162) Vgl. Schimansky/Bunte/Lwowski-*Bunte*, Bankrechts-Hdb., § 141 Rz. 16.

163) Europäische Kommission, Entscheidung v. 30.9.1986, ABl. 1986 Nr. L 295, S. 28 – Irish Banks.

164) Europäische Kommission, Entscheidung v. 12.12.1986, ABl. 1987 Nr. L 43, S. 51 – ABI.

165) Europäische Kommission, Entscheidung v. 19.7.1989, ABl. 1989 Nr. L 253, S. 1 – Niederländische Banken.

166) Einen Überblick dazu s. bei Schimansky/Bunte/Lwowski-*Bunte*, Bankrechts-Hdb., § 141 Rz. 34 ff. und § 140 Rz. 64 ff.

die Unternehmen zwar nicht davon, selbst zu prüfen, ob die Freistellungsvoraussetzungen weiterhin vorliegen. Die alten Freistellungsentscheidungen können aber ein Indiz für die Freistellungsfähigkeit liefern. Generell sind nach der Kommission Vereinbarungen, die alleine den **Interbanken-Verkehr** betreffen weniger problematisch, als solche, die preisbildende Faktoren für das Verhältnis zwischen Kreditinstituten und Kunden zum Gegenstand haben.[167)]

Die Europäische Kommission hat in den letzten Jahren vor allem zwei Kartellentscheidungen im Bankensektor erlassen. In ihrer Entscheidung vom 11. Dezember 2001 verhängte sie Geldbußen i. H. v. insgesamt über 100 Mio. Euro gegen eine Reihe **deutscher Banken** wegen einer Vereinbarung über die Gebühren für den Ankauf und Verkauf von Banknoten des Euro-Gebiets während der am 1. Januar 1999 beginnenden dreijährigen Übergangszeit.[168)] In ihrer Entscheidung vom 11. Juni 2002 (**„Lombard Club-Entscheidung"**) verhängte sie Geldbußen i. H. v. insgesamt 124,26 Mio. Euro gegen die wichtigsten österreichischen Banken wegen der Absprache von Preisen, Gebühren und Werbemaßnahmen im Zeitraum von 1. Januar 1995 bis 24. Juni 1998.[169)] 5.103

2. Verbot des Missbrauchs einer marktbeherrschenden Stellung

Art. 102 AEUV/§§ 19, 20 GWB verbieten darüber hinaus den **Missbrauchs einer marktbeherrschenden Stellung**. Im Gegensatz zu dem Kartellverbot, das stets ein mehrseitiges Tätigwerden voraussetzt, findet das Verbot des Missbrauchs einer marktbeherrschenden Stellung Anwendung auf einseitige Handlungen eines marktbeherrschenden Unternehmens. Die marktbeherrschende Stellung kann allerdings auch gemeinsam durch mehrere Unternehmen eingenommen werden (**„kollektive Marktbeherrschung"**), wenn zwischen ihnen eine enge Verflechtung besteht. Verboten ist nicht die Innehabung der marktbeherrschenden Stellung an sich, sondern nur deren Ausnutzung für wettbewerbswidrige Zwecke.[170)] 5.104

An das Verhalten von marktbeherrschenden Unternehmen sind **strengere Anforderungen** zu stellen, als an andere Unternehmen. Verhaltensweisen, die einem nicht marktstarken Unternehmen erlaubt sind, können einem marktbeherrschenden Unternehmen untersagt sein.[171)] Die – nicht abschließenden – Regelbeispiele für verbotenes Verhalten in Art. 102 AEUV enthalten, 5.105

- die unmittelbare oder mittelbare Erzwingung von **unangemessenen Einkaufs- oder Verkaufspreisen** oder sonstigen Geschäftsbedingungen,

---

167) Vgl. Entscheidung der Kommission v. 19.7.1989, ABl. 1989 Nr. L 253, S. 1 – Niederländische Banken.

168) Entscheidung der Kommission v. 11.12.2001, ABl. 2003 Nr. L 15, S. 1 – Deutsche Banken.

169) Entscheidung der Kommission v. 11.6.2002, ABl. 2004 Nr. L 56, S. 1 – Lombard Club.

170) Vgl. etwa *Calliess/Ruffert*, EU-Verfassungsrecht, Art. 82.

171) *Mestmäcker/Schweitzer*, EU-Wettbewerbsrecht, § 17 Rz. 1.

- die Einschränkung der Erzeugung, des Absatzes oder der technischen Entwicklung zum Schaden der Verbraucher,
- die Anwendung **unterschiedlicher Bedingungen** bei gleichwertigen Leistungen gegenüber Handelspartnern, wodurch diese im Wettbewerb benachteiligt werden, und
- die an den Abschluss von Verträgen geknüpfte Bedingung, dass die Vertragspartner **zusätzliche Leistungen** annehmen, die weder sachlich noch nach Handelsbrauch in Beziehung zum Vertragsgegenstand stehen.

5.106 Das Bundeskartellamt hat etwa eine Überprüfung eingeleitet, ob die sog. Domestic Multilateral Interchange Fees (MIF) – also die **nationalen Interbankenentgelte**, die bei der Abwicklung von Zahlungsvorgängen mit MasterCard und VISA-Kreditkarten in Deutschland von der Bank des Händlers an die Bank des Karteninhabers abzuführen sind – zu Beschränkungen des Wettbewerbs in Deutschland führen und wegen des Verstoßes gegen den Missbrauch einer marktbeherrschenden Stellung oder das Kartellverbot unzulässig sind.[172)] Es hat allerdings bislang keine Entscheidung erlassen.[173)]

3. Fusionskontrolle

5.107 Die Fusionskontrollregeln legen fest, welche Arten von Unternehmenszusammenschlüssen vorab durch die Wettbewerbsbehörden kontrolliert werden müssen. Grundsätzlich besteht ab der Erreichung von bestimmten Schwellenwerten eine **Anmeldepflicht für den Zusammenschluss**, die mit einem **Vollzugsverbot** bis zur Freigabe durch die Wettbewerbsbehörden gekoppelt ist. Fusionskontrollregeln existieren sowohl auf europäischer Ebene auf Grundlage der Fusionskontrollverordnung 139/2004 („FKVO“) als auch auf nationale Ebene nach den §§ 35 ff. GWB. Die zuständigen Behörden sind zum einen die Europäische Kommission und zum anderen das Bundeskartellamt (BKartA).

5.108 Auch für die Fusionskontrolle nach europäischem und nationalem Recht finden die allgemeinen Regeln uneingeschränkt Anwendung. Auf eine detaillierte Darstellung des Fusionskontrollrechts wird daher an dieser Stelle verzichtet.[174)]

5.109 Es ist jedoch zum einen darauf hinzuweisen, dass nach den **Mitteilungen der Europäischen Kommission zu Unterstützungsmaßnahmen** an Banken i. R. d.

---

172) Bundeskartellamt, Tätigkeitsbericht 2005/2006, BT-Drucks. 16/5710, S. 159.

173) Allerdings hat die Europäische Kommission am 6.3.2008 entschieden, ein Verfahren nach Art. 81 EG-Vertrag gegen Visa wegen Cross Border Interchange Fees einzuleiten.

174) Siehe zur Fusionskontrolle etwa die Darstellung bei *Immenga/Mestmäcker*, Wettbewerbsrecht, Bd. 1: EG, V. Abschnitt sowie Bd. 2: GWB, §§ 35–43.

Finanzkrise Einschränkungen für die Fusionstätigkeit von geförderten Banken auferlegt werden können.[175)]

Eine Besonderheit besteht zum anderen in **speziellen Regeln zur Umsatzberechnung**. Nach Art. 5 Abs. 3 FKVO und § 38 Abs. 4 GWB werden für die Schwellenwerte bei Kreditinstituten anstelle der Umsätze Zinserträge, laufende Erträge aus Aktien und festverzinslichen Wertpapieren, Beteiligungen, Anteilen an verbundenen Unternehmen, Provisionserträge, Nettoerträge aus Finanzgeschäften und sonstige betriebliche Erträge, jeweils abzüglich der Umsatzsteuer herangezogen. 5.110

175) Mitteilung der Kommission – Die Anwendung der Vorschriften für staatliche Beihilfen auf Maßnahmen zur Stützung von Finanzinstituten im Kontext der derzeitigen globalen Finanzkrise, ABl. 2008 Nr. C 270, S. 8 (Rz. 38); Commission Communication – Recapitalisation of financial institutions in the current financial crisis: limitation of the aid to the minimum necessary and safeguards against undue distortions of competition – C(2008) 8259 endg., v. 5.12.2008, Rz. 37.

Kapitel 6 Die Allgemeinen Geschäftsbedingungen

Übersicht

I. Allgemeine Grundlagen

Die allgemeinen Geschäftsbedingungen der Banken und Sparkassen haben den Zweck, 6.1

- die Kunde-Bank-Beziehung, auch soweit gesetzliche Regelungen fehlen, unter Berücksichtigung einschlägiger Rechtsprechung zu konkretisieren,
- gleichartige Verträge zu rationalisieren, zu typisieren und zu standardisieren, um so die Vielzahl der Geschäftsvorfälle effizient bewältigen zu können, und
- die vertraglichen Inhalte für das Institut, aber auch für den Kunden transparent und kalkulierbar zu gestalten.

6.2 Unter den rechtlichen Begriff der Allgemeinen Geschäftsbedingungen i. S. v. § 305 BGB gehören sämtliche für eine Vielzahl von Verträgen vorformulierten Vertragsbedingungen, die eine Vertragspartei (Verwender) der anderen Vertragspartei bei Abschluss eines Vertrages stellt. Damit fallen unter den Begriff der Allgemeinen Geschäftsbedingungen nicht nur die AGB der Banken/Sparkassen, sondern auch sämtliche Sonderbedingungen. Auch vorformulierte Vertragswerke wie bspw. Kreditverträge oder Sparverträge sind Allgemeine Geschäftsbedingungen in diesem Sinne.

6.3 Die Kreditinstitute legen fast ausschließlich die von ihren Spitzenverbänden ausgearbeiteten AGB (abgedruckt in Anhang II.1 für die privaten Banken und in Anhang II.2 für die Sparkassen) ihren Kundenbeziehungen für den privaten und gewerblichen Bereich zugrunde. Die empfohlenen AGB sind in den Kreditinstitutsgruppen **weitgehend inhaltsgleich**. Die AGB der Sparkassen weichen in der Nummernfolge ab und enthalten einige zusätzliche klarstellende Regelungsdetails, die sich jedoch regelmäßig aus dem Gesetz oder aus einschlägiger Rechtsprechung ergeben. Die AGB-Hinweise zur Einlagensicherung unterscheiden sich bei Banken, Kreditgenossenschaften und Sparkassen angesichts der unterschiedlichen Sicherungssysteme. Einen Hinweis auf das Ombudsmannverfahren enthalten nur die AGB der Banken.

6.4 Seit Inkrafttreten des AGB-Gesetzes, das durch das Schuldrechtsmodernisierungsgesetz vom 26. November 2001[1)] in die §§ 305 ff. BGB übernommen wurde, hat sich die **Rechtsprechung** in erheblichem Maße mit den AGB der Banken und Sparkassen auseinandergesetzt und sie am AGB-Gesetz bzw. heute an den §§ 305 ff. BGB gemessen. Die Spitzenverbände der Kreditwirtschaft passen die AGB dieser sich ständig weiterentwickelnden Rechtsprechung an.

6.5 Durch die am 1. Juli 2005 in Kraft getretene 7. Novelle zum Gesetz gegen Wettbewerbsbeschränkungen wurde das bis dahin geltende Anmelde- und Genehmigungsverfahren ersetzt durch das sog. Legalausnahmesystem ersetzt. Danach erteilt das Bundeskartellamt nicht wie früher eine Freistellung für die angemeldeten AGB, sondern trifft im Falle der Anzeige eine Untätigkeitsentscheidung. Nach dem Legalausnahmesystem obliegt es damit im Ergebnis der Selbsteinschätzung des Unternehmens, über die **kartellrechtliche Rechtmäßigkeit** im Geschäftsverkehr eingesetzter Vereinbarungen und damit auch in einer Branche weitgehend einheitlicher AGB zu entscheiden. Dem Bundeskartellamt werden **Änderungen der Geschäftsbedingungen** regelmäßig angezeigt. Das Bundeskartellamt nimmt die angezeigte Änderung zur Kenntnis, erteilt jedoch keine Genehmigung. Die Kenntnisnahme durch das Bundeskartellamt ist zwar ein Indiz für die kartellrechtliche Rechtmäßigkeit, schützt jedoch vor gegenteiliger Rechtsprechung nicht.

---

1) BGBl. I 2001, 3138.

Seit 1993 gilt eine grundlegend überarbeitete, gekürzte und zum besseren Verständnis vereinfachte Neufassung der AGB-Empfehlungen aller Spitzenverbände der Banken und Sparkassen. Nach kleineren zwischenzeitlichen Änderungen erfolgte im Jahre 2009 eine weitere **grundlegende Überarbeitung** der AGB. Sie trat zum 31. Oktober 2009 in Kraft und war zur Umsetzung 6.6

- der Neuregelung des Rechts der Zahlungsdienste,
- einschließlich der Regelungen zur Umsetzung der EU-Verbraucherkreditlinie,
- der Entscheidung des Bundesgerichtshofs vom 21. April 2009[2] zu der von Sparkassen (und ähnlich von Banken) vorher verwendeten Entgeltklausel,
- einer Klarstellung zur Einlagensicherung bei Niederlassungen von Instituten aus dem EWR in den AGB der Banken und
- eines neuen Hinweises auf das Ombudsverfahren in den AGB der Banken,

erforderlich geworden.

Neben den AGB werden zahlreiche **Sonderbedingungen**, z. B. für die verschiedenen Zahlungsverkehrsarten, den Sparverkehr, den Scheckverkehr, Wertpapiergeschäfte, Optionsgeschäfte, Anderkonten und Vertragsvordrucke mit AGB-Charakter, verwendet.[3] Im Folgenden werden die für die Praxis besonders bedeutsamen Rechtsfragen im Zusammenhang mit den AGB der Banken (AGB-Bk) und Sparkassen (AGB-Spk) behandelt.[4] 6.7

II. Einbeziehung

Die nach § 305 BGB erforderliche Einbeziehung der AGB in den Vertrag erfolgt meist bei der ersten Geschäftsverbindung mit der Bank – also bei Kontoeröffnung, Abschluss eines Kreditvertrags usw. Kontoeröffnungsformulare enthalten regelmäßig einen hervorgehobenen Hinweis auf die Geltung der AGB. Die AGB werden dem Kunden bei Vertragsschluss regelmäßig ausgehändigt. Vertretbar erscheint es, die AGB in elektronischer Form in einer Weise gespeichert vorzuhalten, dass ein jederzeitiges Ausdrucken möglich ist. Bei Geschäftsabschlüssen im Außendienst ebenso wie bei schriftlichem Geschäftsabschluss empfiehlt es sich, eine Fassung der AGB beizufügen oder in Sonderfällen zumindest die Einsichtnahme ausdrücklich und nachweisbar anzubieten. Zu beachten ist aber, dass im Bereich der Zahlungsdienste dem Zahlungsdienstenutzer die vorvertraglichen Informationen und Vertragsbedingungen in Textform mit- 6.8

2) BGH, Urt. v. 21.4.2009 – XI ZR 78/08, ZIP 2009, 1106 = WM 2009, 1077, dazu EWiR 2009, 393 *(Fornasier)*.

3) Vgl. die Aufzählung der Sonderbedingungen von *Sonnenhol* in: BuB, Rz. 1/19.

4) Literatur zu den AGB der Banken und Sparkassen: Schimansky/Bunte/Lwowski-*Bunte,* Bankrechts-Hdb., §§ 4–25; *Bunte,* AGB-Banken; *Sonnenhol* in BuB, Rz. 1/1 ff.; *Schebesta/Siedler,* Die AGB der Volksbanken und Raiffeisenbanken.

zuteilen sind. Die AGB und die Sonderbedingungen sind daher regelmäßig auszuhändigen.

6.9 Für die **Einbeziehung von Änderungen** ist in den AGB eine Regelung getroffen, wonach dem Kunden die Änderung von AGB oder Sonderbedingungen sowie die Einführung zusätzlicher Bedingungen spätestens zwei Monate vor dem vorgesehenen Wirksamwerden angeboten wird. Die Änderung gilt als genehmigt, wenn der Kunde nicht innerhalb eines Monats widerspricht (Nr. 1 Abs. 2 AGB-Bk/Nr. 2 AGB-Spk). Die Banken haben sich in ihren AGB dazu verpflichtet, den Kunden auch den Inhalt der Änderung schriftlich bekannt zu geben. Nach den AGB der Sparkassen genügt der **schriftliche Hinweis** auf die Änderungen und – ebenso wie bei der erstmaligen Einbeziehung – die zumutbare Möglichkeit der Kenntnisnahme. Der schriftliche Hinweis erfolgt durch Brief an den Kunden, durch Kontoauszugsaufdruck oder Beilage und ggf. zusätzlich durch Bekanntmachung in einer Tageszeitung. Setzt der Kunde trotz dieses Hinweises die Vertragsbeziehung widerspruchslos fort, so kann darin gemäß § 151 BGB die konkludente Annahme der geänderten Vertragsbedingungen gesehen werden.[5] Widerspricht der Kunde der Änderung, so wird das Vertragsverhältnis zu den bisherigen Bedingungen fortgesetzt. Ein Grund zu fristloser Kündigung ist der Widerspruch nicht.[6] Dem Kreditinstitut verbleibt die Möglichkeit der ordentlichen Kündigung. In der Praxis wird das Kreditinstitut im Falle eines Widerspruchs oft keine andere Wahl als die ordentliche Kündigung haben, da es den Kreditinstituten im Massengeschäft nicht möglich ist, verschiedene AGB zu beachten – dies gilt insbesondere, wenn der Kunden der Änderung von speziellen Sonderbedingungen, z. B. im Zahlungsverkehr, widersprechen sollte.

6.10 Für die zahlreichen **vorformulierten Vertragsvereinbarungen**, wie z. B. in Darlehensbedingungen, Sparbedingungen usw., gelten zwar grundsätzlich keine anderen Einbeziehungsregelungen. Da sie in der Regel in der Vertragsurkunde selbst enthalten sind, bedarf es keines besonderen Einbeziehungsverfahrens. Soweit Sonderbedingungen ausnahmsweise nicht gleichfalls ausgehändigt werden, ist darauf zu achten, dass beim ersten Geschäftsabschluss ein Hinweis auch auf die Sonderbedingungen einschließlich der Möglichkeit zur Kenntnisnahme gegeben wird.

6.11 Die Einbeziehung von Geschäftsbedingungen in einen **Vertrag mit Ausländern** – eine Konstellation, die insbesondere in Grenzgebieten relevant werden kann – ist zumindest dann unproblematisch, wenn Deutsch Verhandlungs- und

---

5) *Heinrichs*, NJW 1996, 1381, 1383, unter Bezugnahme auf die Änderungsklausel in den AGB-Banken; *Canaris*, Bankvertragsrecht, Rz. 27, 28.

6) OLG Köln, Beschl. v. 28.8.1995 – 16 W 45/95, WM 1996, 150 = NJW 1996, 1065.

Vertragssprache ist. Dies gilt im Grundsatz auch dann, wenn der Ausländer die deutsche Sprache nicht beherrscht, sich aber widerspruchslos darauf einlässt.[7)]

Fallen **Verhandlungs- und Vertragssprache** auseinander, z. B. weil der Vertragsinhalt in der Muttersprache des Ausländers erläutert wird, so muss zumindest der Hinweis auf die AGB in der Verhandlungssprache erfolgen.[8)] Teilweise wird für diesen Fall eine Übersetzung der gesamten AGB in die Verhandlungssprache gefordert. Wird auch eine andere Vertragssprache gewählt, so müssen die AGB in dieser Sprache vorliegen. Eine Ausnahme kann nur gelten, wenn eine wirksame gegenteilige Vereinbarung getroffen wird oder bei „exotischen" Sprachen die Übersetzung in eine Weltsprache (Englisch) erfolgt.[9)]

III. Grundlagen der Geschäftsverbindung

1. Rechtsnatur

Die Geschäftsverbindung zwischen Kreditinstituten und ihren Kunden ist 6.12
regelmäßig ein **Dauerschuldverhältnis**, das meist verschiedenartige Vertragsverhältnisse umfasst (z. B. Zahlungsdienstevertrag, Sparkonto, Kredit usw.). Die AGB sollen sämtliche, auch später begründete Vertragsverhältnisse umfassen und bringen dies durch die Worte „gelten für die gesamte Geschäftsverbindung zwischen dem Kunden und den inländischen Geschäftsstellen der Bank" (Nr. 1 Abs. 1 AGB-Bk, ähnlich Nr. 1 Abs. 2 AGB-Spk) zum Ausdruck.

Allerdings ist die Beziehung zwischen Bank und Kunde nicht immer durch eine 6.13
solche laufende Geschäftsbeziehung gekennzeichnet. Denn auch **Einmalgeschäfte** sind üblich – so z. B. der Kauf von Sorten oder Münzen, ein Überwiesunsauftrag aufgrund einer Bareinzahlung, die Übernahme einer Bürgschaft, der Abschluss eines Bausparvertrages oder eines Kreditgeschäfts ohne sonstige laufende Geschäftsverbindung. Auch hier werden meist, jedoch nicht immer, die Allgemeinen Geschäftsbedingungen vereinbart. Die Allgemeinen Geschäftsbedingungen der Kreditinstitute gehen von einer dauerhaften Geschäftsverbindung[10)] aus, was jedoch weder eine kurzfristige Beendigung noch die Geltung für Einmalgeschäfte ausschließt.

Ob sich diese Geschäftsabschlüsse auf der Basis eines **„Allgemeinen Bankver-** 6.14
trags" – vollziehen, ist in der bankrechtlichen Literatur umstritten.[11)] Die Gegenmeinung beruft sich darauf, dass nur i. R. d. jeweiligen Einzelverträge bei-

---

7) So für eine Bürgschaftserklärung LG Köln, Urt. v. 16.4.1986 – 10 O 10/86, WM 1986, 821, dazu WuB I F 1 a. – Bürgschaft – 15.86 *(Moritz)*.

8) OLG München, Urt. v. 29.1.1974 – 4 U 171/73, NJW 1974, 1659.

9) *Canaris*, Bankvertragsrecht, Rz. 2514; Ulmer/Brandner/Hensen-*Schmidt*, AGB-Recht, Anh. § 305 Rz. 14.

10) Vgl. Nr. 1 Abs. 1 Satz 1 AGB-Bk; ähnlich Nr. 1 Abs. 2 Satz 1 AGB-Spk.

11) Nachweise vgl. Schimansky/Bunte/Lwowski-*Hopt*, Bankrechts-Hdb., § 1 Rz. 53 samt Fn. 5.

derseitige Vertragspflichten bestünden. Jedoch übernimmt zumindest die Bank mit Aufnahme der Geschäftsbeziehung eine Reihe von Verhaltenspflichten, die unabhängig von dem jeweiligen Einzelvertrag bestehen – so insbesondere zur Wahrung des Bankgeheimnisses, Aufklärungs- und Beratungspflichten sowie die grundsätzliche Verpflichtung, mit ihrem Leistungsangebot dem Kunden zur Verfügung zu stehen.[12)] Es bestehen auch Verhaltenspflichten des Kunden, insbesondere eine Verpflichtung zur Vorsorge gegenüber Fälschung oder betrügerischen Manipulationen sowie eine laufende Pflicht zur Prüfung von Kontounterlagen usw. Diese Pflichten ergeben sich allerdings unmittelbar auch aus den jeweiligen Einzelverträgen.

6.15 Die **Rechtsprechung** scheint nach zunächst uneinheitlicher Entwicklung die Lehre vom allgemeinen Bankvertrag abzulehnen. Jedenfalls hat der 11. Zivilsenat in einer Entscheidung vom 24. September 2002[13)] ausgeführt, dass sich die Geltung eines allgemeinen Bankvertrags ohne besondere Anhaltspunkte aus der Existenz einer langjährigen Geschäftsbeziehung oder den AGB der Banken nicht unmittelbar herleiten lasse. Bei der Entscheidung ging es um eine Verpflichtung der Bank, den Kunden auf günstigere Anlagemöglichkeiten hinzuweisen, was der Bundesgerichtshof ablehnt.

6.16 Nimmt man einen allgemeinen Bankvertrag an, so ist dieser als Rahmenvertrag i. S. d. § 305 Abs. 3 BGB sowie als **Dienstvertrag mit Geschäftsbesorgungscharakter** gemäß §§ 675 Abs. 1, 611 BGB zu werten. Die Bank verpflichtet sich, dem Kunden für die Besorgung der allgemeinen Bankgeschäfte zur Verfügung zu stehen.

6.17 Im Ergebnis dürfte der Streit über das Bestehen eines allgemeinen Bankvertrags kaum praktische Auswirkungen haben. Die maßgebliche Bedeutung kommt dem allgemeinen Bankvertrag nämlich bei der Geltung von vertraglichen Nebenpflichten zu. Diese Pflichten lassen sich jedoch jeweils auch aus den Allgemeinen Geschäftsbedingungen sowie den Leistungspflichten des Einzelvertrages samt Nebenpflichten aus dem Schuldverhältnis – culpa in contrahendo, Beachtung von Schutzpflichten und Vertrauenshaftung[14)] – ableiten.

2. Nebenpflichten

6.18 Der Geschäftsbesorgungsvertrag zwischen Bank und Kunde ist durch ein besonderes Vertrauensverhältnis gekennzeichnet, das insbesondere die Wahrung des Bankgeheimnisses beinhaltet. Weiterhin verpflichtet sich die Bank zur Interessenwahrung des Kunden. Dies hat vor allem Bedeutung bei Interessenkon-

---

12) Schimansky/Bunte/Lwowski-*Hopt*, Bankrechts-Hdb., § 1 Rz. 57.

13) BGH, Urt. v. 24.9.2002 – XI ZR 345/01, ZIP 2002, 2082 = WM 2002, 2281, dazu EWiR 2003, 151 *(Kort)*.

14) §§ 311 Abs. 2 Nr. 1 und 2, Abs. 3, 241 Abs. 2 und 242 BGB.

flikten zwischen den Eigeninteressen der Bank z. B. bei der Anlageberatung und unter Umständen auch bei Interessenkonflikten mit dritten Kunden.

Weiterhin kommt der Bank eine **Aufklärungs- und Beratungspflicht** beim Abschluss von Geschäften zu. Die Bank haftet in diesem Rahmen für die Verletzung ihrer Schutz- und Verhaltenspflichten. So hat der Bundesgerichtshof z. B. mit Urteil vom 14. Juli 2009[15] entschieden, dass eine Bank, die nur der Entschädigungseinrichtung Deutscher Banken, nicht aber dem Einlagensicherungsfonds angeschlossen ist, einem Kunden, der ein besonderes Interesse an der Nominalsicherheit einer Geldanlage offenbart hat, keine Einlage bei ihr empfehlen darf, die das Schutzniveau (seinerzeit 20.000 Euro) der bei ihr gesicherten Einlagen übersteigt. Die Aufklärungspflicht bei Geschäftsabschlüssen bedeutet allerdings nicht, dass die Bank den Kunden unaufgefordert über die Zweckmäßigkeit von Geschäftsabschlüssen, die sie nicht selbst dem Kunden anbietet, aufklären müsste.[16] Auch bei der Bestellung von Sicherheiten zugunsten der Bank ist diese nur im Eigeninteresse verpflichtet, die Werthaltigkeit zu prüfen. Dem Kunden gegenüber haften sie grundsätzlich nicht für Fehler bei der Sicherheitenbewertung. 6.19

Schließlich wird allgemein von einem **Gleichbehandlungsgebot** der Bank gegenüber ihren Kunden bei sog. neutralen Geschäften ausgegangen. Dies bedeutet, dass die Bank den Kunden zumindest im Mengengeschäft nicht willkürlich anders behandeln darf, als andere Kunden. Dies schließt allerdings die Einräumung von Sonderkonditionen, z. B. aufgrund der Bonität oder einer besonders vertieften Geschäftsbeziehung oder sonstiger Sonderverhältnisse, nicht aus. Die grundsätzliche Gleichbehandlungspflicht ergibt sich aus den §§ 138, 242 BGB und § 20 GWB sowie Regelungen zur Abwicklung von Wertpapiergeschäften. 6.20

Aus dem Gleichbehandlungsgebot kann jedoch **kein allgemeiner Kontrahierungszwang** abgeleitet werden. Die Bank kann die Aufnahme einer Geschäftsbeziehung ohne Angabe von Gründen grundsätzlich ablehnen. Etwas anderes gilt nur für Sparkassen für einzelne Geschäftsbereiche.[17] So sehen die meisten Sparkassengesetze der Länder einen Kontrahierungszwang für die Annahme von Spareinlagen für Kunden aus dem eigenen Geschäftsgebiet und teilweise auch die Verpflichtung zur Führung eines Girokontos für jedermann vor.[18] Im 6.21

---

15) BGH, Urt. v. 14.7.2009 – XI ZR 152/08, 153/08, ZIP 2009, 1654 = WM 2009, 1647, dazu EWiR 2009, 623 *(N. Michel)*.

16) Zu Grenzen der Aufklärungspflicht bei Beratung über Zinsswap-Geschäfte vgl. OLG Frankfurt, Urt. v. 29.7.2009 – 23 U 76/08, noch n. rkr., ZIP 2009, 1708 = WM 2009, 1563.

17) Vgl. *Schlierbach/Püttner*, Sparkassenrecht, S. 121; BGH, Urt. v. 11.3.2003 – XI ZR 403/01, ZIP 2003, 714 = WM 2003, 823, dazu EWiR 2003, 501 *(Reiff)* – betraf Kündigung eines Girokontos der NPD.

18) Vgl. AG Passau, Urt. v. 31.3.2009 – 15 C 2028/08, WM 2009, 1566, bespr. in WuB III A. – § 5 Abs. 2 und 3 bayer. Sparkassenordnung – 1.09 *(Fischer)*.

Übrigen sind aber auch Sparkassen und Banken nicht verpflichtet, den Kunden außerhalb der Anlageberatung auf günstige Geschäftsmöglichkeiten – z. B. den Wechsel von einem niedrig verzinslichen Konto zu einem höher verzinslichen – hinzuweisen.[19]

6.22 Die **Einschaltung Dritter** ist zumindest dann ohne weiteres zulässig, wenn sich dies aus dem Auftrag oder den Umständen zwangsläufig ergibt (vgl. auch nachfolgend Rz. 6.33). Dies trifft bei Wertpapieraufträgen hinsichtlich der börsenmäßigen Ausführung oder bei der Einholung einer Bankauskunft bei einem anderen Kreditinstitut jedenfalls zu. Typischer Fall ist die Überweisung auf ein Konto bei einer anderen Bank. Der Bundesgerichtshof hatte in einer Entscheidung vom 19. März 1991[20] zu den Haftungsverhältnissen bei einer Überweisung an eine ausländische Empfängerbank Stellung genommen. Er hat ausgeführt, dass die Bank ihre Verpflichtung bereits dann erfüllt hat, wenn sie den Auftrag an die von ihr eingeschaltete Zwischenbank weitergeleitet und die Deckung bereitgestellt hat. Scheitere die Durchführung an Gründen, die nicht in der Sphäre der erstbeauftragten Bank liegen, so habe sie dennoch einen Aufwendungsersatzanspruch, weil die ausländische Bank nicht als ihr Erfüllungsgehilfe angesehen werden könne. Anders als bei einer Überweisung innerhalb des Filialnetzes einer Bank schulde die erstbeauftragte Bank nicht die ordnungsmäßige Gutschrift, sondern lediglich deren Veranlassung bei der anderen Bank (und ggf. die sorgfältige Auswahl). Die Situation hat sich allerdings durch das **Überweisungsgesetz** und neuestens durch die Neufassung der §§ 675b ff. BGB aufgrund des Zahlungsdiensteumsetzungsgesetzes geändert. Nach dem Vertragskonzept der Neuregelung muss die Bank für den Erfolg der Überweisung einstehen. Bei einer institutsübergreifenden Überweisung gelten die zwischengeschalteten Institute als Erfüllungsgehilfen i. S. d. § 278 BGB. – Näheres vgl. Kap. 10 Zahlungsverkehr.

3. Interbankenverkehr

6.23 Im Geschäftsverkehr der Banken untereinander gelten die AGB ebenfalls. Allerdings ist dabei zu entscheiden, welche der möglicherweise unterschiedlichen AGB der beiden Banken gelten. Nach *Baumbach/Hopt*[21] sind die AGB desjenigen Kreditinstituts anzuwenden, das dem anderen seine **Dienste zur Ver-**

19) BGH, Urt. v. 18.12.2001 – XI ZR 360/00, ZIP 2002, 297 = WM 2002, 281, dazu EWiR 2002, 281 *(Joswig)*.

20) BGH, Urt. v. 19.3.1991 – XI ZR 102/90, ZIP 1991, 862 = WM 1991, 797, dazu EWiR 1991, 661 *(Blaurock)* und WuB I D I. – 4.91 *(Horn)*; anders bei einer Überweisung innerhalb des Filialnetzes – nicht Dritter – vgl. Baumbach/Hopt-*Hopt*, HGB, Nr. 3 AGB-Bk Rz. 6 f.

21) Baumbach/Hopt-*Hopt*, HGB, Nr. 1 AGB-Bk Rz. 4; vgl. auch BGH, Urt. v. 17.10.1989 – XI ZR 39/89, ZIP 1989, 1532 = WM 1989, 1836, dazu EWiR 1990, 41 *(Alisch)*.

fügung stellt, z. B. durch Kontoeröffnung, Wertpapierverwahrung, Ausführung eines Auftrags oder durch Erteilung einer Auskunft.

Damit ist zu entscheiden, wem in dem Vertragsverhältnis die Rolle des Kunden und wem die Rolle der Bank i. S. d. AGB zukommt. Kriterium hierfür ist, wer die **vertragstypische oder charakteristische Leistung** erbringt, die dem Vertrag das Gepräge gibt – z. B. wer bei einem Wertpapier-Kaufauftrag die Wertpapiere zu beschaffen hat.[22)] Allerdings ist dies nicht immer klar abgrenzbar. Zum Beispiel im Geldhandel treten beide Parteien gleichermaßen auf. Hier wird teilweise vertreten, dass die AGB überhaupt nicht gelten. Dies wird zu Recht kritisiert.[23)] In einer Vielzahl dieser Fälle kann sich die Lösung auch danach ergeben, wer die Initiative für das Geschäft ergreift. Als Verwender von AGB kann in diesen Fällen die andere Bank als Anbieter der Leistung angesehen werden. 6.24

4. Verhältnis zu Sonderbedingungen

Die AGB bilden den rechtlichen Rahmen für die gesamte Geschäftsverbindung. 6.25
In ihnen sind die allgemeinen Regeln für jede Art der bankmäßigen Geschäftsverbindung festgelegt. Neben den Vertragsvereinbarungen in den standardisierten Einzelverträgen verwenden die Kreditinstitute im Kundenverkehr mehr als 20 sog. Sonderbedingungen.[24)] Die Sonderbedingungen regeln die **spezifischen Inhalte einzelner Vertragsarten** und konkretisieren die geschuldete Leistung und die gegenseitigen Rechte und Pflichten der jeweiligen Geschäftsarten.

Die meisten einzelnen Geschäftsbeziehungen werden mit Hilfe von Vertrags- 6.26
vordrucken begründet. Sonderbedingungen gelten hierfür nicht schon deshalb, weil sie in den AGB erwähnt sind. Vielmehr bedarf es einer gleichartigen **Einbeziehung** wie bei allen allgemeinen Geschäftsbedingungen. Deshalb werden sie im Einzelvertrag ausdrücklich anerkannt oder regelmäßig ausgehändigt. Der früher in Nr. 1 Abs. 2 der AGB-Spk enthaltene Hinweis, dass die jewieligen Sonderbedingungen in den Geschäftsräumen eingesehen werden können, ist mit der Neuregelung 2009 gestrichen worden. Grund war vor allem die mit der Umsetzung der Zahlungsdienstrichtlinie eingeführte Verpflichtung, dass der Zahlungsdienstleister dem Nutzer die Vertragsbedingungen in Textform mitteilt.

Das **Rangverhältnis** zwischen AGB, Sonderbedingungen und Einzelvertrag 6.27
richtet sich grundsätzlich nach dem Prinzip der spezielleren Regelung. Bei Widersprüchen gehen im Zweifel der Einzelvertrag den Sonderbedingungen und die Sonderbedingung den AGB vor. Dies folgt nicht nur aus § 305b BGB,

22) *Kümpel*, Bank- und Kapitalmarktrecht, Rz. 2.94; *Canaris*, Bankvertragsrecht, Rz. 2522.

23) Schimansky/Bunte/Lwowski-*Bunte*, Bankrechts-Hdb., § 6 Rz. 9.

24) Eine Aufzählung findet sich bei *Sonnenhol* in: BuB, Rz. 1/19.

sondern auch aus der Systematik, welche z. B. in Nr. 1 Abs. 1 AGB-Bk zu Ausdruck kommt. Soweit sich Widersprüche damit nicht eindeutig auflösen lassen, gilt die Unklarheitenregel des § 305c Abs. 2 BGB, somit die für den Kunden günstigere Bestimmung.

5. Bankgeheimnis und Bankauskunft

6.28 Die AGB der Banken enthalten in Nr. 2 eine Definition von Bankgeheimnis und Bankauskunft und regeln die Voraussetzung für deren Erteilung. Die AGB der Sparkassen enthalten keine Definition des Bankgeheimnisses, sondern erwähnen dieses nur in Nr. 1 Abs. 1 Satz 2 ihrer AGB als Verpflichtung der Sparkasse. Rechte und Pflichten bei der Bankauskunft sind in den Sparkassen-AGB in Nr. 3 geregelt. Die Bestimmung entspricht weitgehend der Bankenregelung, enthält jedoch eine Verpflichtung gegenüber dem Kunden, ihm i. R. d. Geschäftsbeziehung für Bankauskünfte nach bestem Wissen zur Verfügung zu stehen. Die Einzelheiten von Bankgeheimnis und Bankauskunft sind unten in Kap. 7 dargestellt.

IV. Pflichten und Haftung

1. Regelungssystem

6.29 Die **bis 1992 geltende Fassung** der AGB der Kreditinstitute enthielt eine Reihe von **Freizeichnungsklauseln**, die die Haftung der Kreditinstitute beschränken sollten. Nach § 309 Nr. 7b BGB ist ein Haftungsausschluss bei grober Fahrlässigkeit für eigenes Verschulden oder Verschulden des Erfüllungsgehilfen im nichtkaufmännischen Bereich unwirksam. Daher umfassten die Haftungsausschlüsse leicht fahrlässiges Verschulden der Bank – z. B. bei der Haftung für Verzögerung und Fehlleitung oder der Haftung für Rat und Auskunft. Probleme bereitete dabei unter anderem das sich aus § 307 Abs. 2 Nr. 2 BGB ergebende Verbot, die Haftung für vertragswesentliche Pflichten (Kardinalpflichten) auch im Falle nur leichter Fahrlässigkeit auszuschließen. Daher waren einige der Freizeichnungsklauseln nicht unproblematisch. Außerdem setzte sich die Erkenntnis durch, dass die bisherigen Haftungsbeschränkungen nicht mehr zeitgemäß waren und angesichts sehr strenger Haftungsmaßstäbe der Rechtsprechung nur begrenzte praktische Wirkungen hatten.

6.30 Bei der seit 1993 geltenden Fassung der AGB wird grundsätzlich auf eine Freizeichnung für eigenes Verschulden einschließlich des Verschuldens für Erfüllungsgehilfen verzichtet. Die Bank haftet nach der klarstellenden Regelung in Nr. 3 Abs. 1 Satz 1 AGB-Bk (ähnlich Nr. 19 Abs. 1 Satz 1 AGB-Spk) **für jedes Verschulden** ihrer Mitarbeiter und ihrer Erfüllungsgehilfen. Allerdings ist der Vorbehalt gemacht, dass abweichende Regelungen insbesondere in Sonderbedingungen und einzelvertraglichen Haftungsbeschränkungen möglich bleiben.

2. Beratungs- und Aufklärungspflichten

Die Haftung der Bank konkretisiert sich zum einen bei der Verletzung ihrer Beratungs-, Aufklärungs- und Warnpflichten. Bei Hinweisen und Auskünften der Bank außerhalb einer konkreten Auftragsausführung ist in der Regel davon auszugehen, dass ein Beratungs- oder Auskunftsvertrag zwischen Kunde und Bank zustande kommt. Nach der Rechtsprechung genügt hierfür, dass die **Auskunft** für den Anfragenden **erkennbar von erheblicher Bedeutung** ist und er sie zur Grundlage wesentlicher Vermögensverfügungen macht.[25] Dies gilt besonders für die Erteilung einer Bankauskunft. Näheres wird im Zusammenhang mit Bankgeheimnis und Bankauskunft (Kap. 7) erläutert. 6.31

Eine zunehmende Bedeutung gewinnen die **Beratungspflichten** i. R. d. Vermittlung von Wertpapieren und sonstigen Finanzinstrumenten nach den Verhaltensregeln für Wertpapierdienstleistungsunternehmen der §§ 31 ff. WpHG. Die Einzelheiten der Aufklärungspflichten der Bank in diesem Zusammenhang werden bei der Darstellung des Rechts der Kapitalanlage (Kap. 11) erläutert. Bei sonstigen Geschäften – insbesondere im Kreditgeschäft oder bei der Hereinnahme einer Bürgschaft ist grundsätzlich davon auszugehen, dass die Bank keine besondere Aufklärungs- oder Prüfungspflicht hinsichtlich der Wirtschaftlichkeit oder Zweckmäßigkeit der Kreditaufnahme trifft – ebenso nicht hinsichtlich der Leistungsfähigkeit ihres Schuldners.[26] Ausnahmen aufgrund von Sonderverhältnissen besonders bei krasser Überforderung eines Bürgen, bei der Finanzierung von Bauherrn- und Erwerbermodellen und bei der Koppelung eines Kreditvertrags mit einer Kapitallebensversicherung sind bei der Darstellung der jeweiligen Einzelgeschäfte näher erläutert.[27] Eine Haftung der Bank ergibt sich vor allem dann, wenn sie vom Kundenauftrag ohne rechtfertigenden Grund abweicht oder den Auftrag aus sonstigen Gründen fehlerhaft ausführt. 6.32

3. Auftragsausführung durch Dritte

Bedient sich die Bank für die Auftragsausführung Dritter, die nicht Erfüllungsgehilfen sind (durch Verrichtungsgehilfen ausgeführte sog. weitergeleitete Aufträge), enthalten die AGB eine **Haftungsbeschränkung auf das Auswahlverschulden** (vgl. Nr. 3 Abs. 2 AGB-Bk/Nr. 19 Abs. 2 AGB-Spk). Die Abgrenzung zwischen Erfüllungsgehilfe und Verrichtungsgehilfe richtet sich 6.33

25) Vgl. z. B. BGH, Urt. v. 22.3.1979 – VII ZR 159/77, BGHZ 74, 103, 106 = NJW 1979, 1449; BGH, Urt. v. 8.12.1998 – XI ZR 50/98, ZIP 1999, 275 ff., dazu EWiR 1999, 879 *(Steiner)*.

26) Vgl. BGH, Urt. v. 16.3.1989 – III ZR 37/88, ZIP 1989, 487 = WM 1989, 595, dazu EWiR 1989, 441 *(Rümker)*.

27) Vgl. zusammenfassend auch Schimansky/Bunte/Lwowski-*Bunte*, Bankrechts-Hdb., § 8 Rz. 25–28.

danach, ob die Bank den Auftrag nach den Umständen selbst auszuführen hatte oder der Kunde damit rechnen musste, dass die Einschaltung eines Dritten – wie z. B. bei Erwerb eines Wertpapiers über die Börse oder der Einholung einer Bankauskunft bei einer anderen Bank – notwendig wird. Soweit Angestellte oder Dritte der Bank bei ihrer Auftragsausführung behilflich sind, wie z. B. Rechenzentren, externe Berater und Prüfer usw. sind sie im Verhältnis zum Kundenauftrag Erfüllungsgehilfen.

6.34 Wird hingegen ein Dritter im Wege der **Substitution** i. S. d. § 664 BGB eingeschaltet, so greift die Haftungsbeschränkung auf das Auswahlverschulden. Streitig ist, in welchen Fällen eine Substitution zulässig ist.[28] Denn grundsätzlich ist der Auftrag persönlich auszuführen, zumal der Kunde auf die besondere Sachkunde und Erfahrung seiner Bank vertraut. Die AGB der Banken lassen die Substitution dann zu, wenn

> „ein Auftrag seinem Inhalt nach typischerweise in der Form ausgeführt wird, dass die Bank einen Dritten mit der weiteren Erledigung betraut".

Die AGB der Sparkassen machen die Substitution davon abhängig, dass sie

> „unter Berücksichtigung der Art des Auftrags und der Interessen von Sparkasse und Kunde erforderlich erscheint".

Hopt hält zumindest die Bankenformulierung für nicht hinreichend klar und damit für unwirksam, auch wenn er hinsichtlich der Rechtsfolge im praktischeren Ergebnis kaum Auswirkungen sieht.[29]

4. Pflichten und Obliegenheiten des Kunden

6.35 Gleichzeitig konkretisieren die AGB den an sich selbstverständlichen Grundsatz, dass auch den Kunden bestimmte **Mitwirkungs- und Sorgfaltspflichten** treffen. Teils handelt es sich dabei um Handlungspflichten des Kunden, die der Bank die ordnungsmäßige Ausführung des Auftrags erst ermöglichen oder Schaden vermeiden, teils um Obliegenheiten zur Vermeidung von Eigenschäden, bei denen aber die Geltendmachung von Schadensersatzansprüchen gegenüber der Bank nicht ausgeschlossen ist. Die Mitwirkungspflichten sind in Nr. 11 AGB-Bk und Nr. 20 AGB-Spk beispielhaft beschrieben. Verletzt der Kunde Pflichten, und führt dies z. B. zu einer fehlerhaften Auftragsausführung, so kann die Bank ihm trotzdem ihre Aufwendungen samt Entgelten in Rechnung stellen. Verletzt er Obliegenheiten, so ist klargestellt, dass Ansprüche gegen die Bank auf Ersatz des daraus entstehenden Schadens ausgeschlossen sind. Sofern auch die Bank ein Verschulden trifft, richtet sich die Schadenstragung entsprechend § 254 BGB nach dem Maß des jeweiligen Mitverschuldens (Nr. 3 Abs. 1 Satz 3 AGB-Bk/Nr. 19 Abs. 1 Satz 2 AGB-Spk).

---

28) Ausführlich dazu Schimansky/Bunte/Lwowski-*Bunte*, Bankrechts-Hdb., § 8 Rz. 33 ff.
29) Baumbach/Hopt-*Hopt*, HGB, Nr. 3 AGB-Banken Rz. 6, 7.

5. Identifizierung und Adresse des Kunden

§ 154 AO und § 3 Nr. 1 GWG legen der Bank Pflichten hinsichtlich der **Identifizierung** ihrer Kunden auf. Vor Erledigung von Aufträgen, die über ein Konto abgewickelt werden sollen, bzw. vor Überlassung eines Schließfaches muss sie sich Gewissheit über die Person und Anschrift des Auftraggebers verschaffen (näheres einschließlich der Identifizierungspflichten nach dem Geldwäschegesetz vgl. Kap. 4). Daher muss der Kunde seinen vollständigen Namen, Geburtsdatum und Wohnsitz zutreffend bekannt geben. Bei einer juristischen Person reicht die Bezugnahme auf die amtliche Veröffentlichung (Handelsregister) aus. Entsprechendes gilt für Verfügungsberechtigte, also z. B. für Ehegatten mit Kontovollmacht, Zeichnungsberechtigte oder Vertreter einer juristischen Person. Auch hier muss die Bank die Identität feststellen und dokumentieren. Dies begründet die mittelbare Verpflichtung des Kunden, dafür zu sorgen, dass seine Vertreter zutreffend identifiziert werden. 6.36

Ändern sich für die Geschäftsverbindung wesentliche Verhältnisse des Kunden, des wirtschaftlich Berechtigten oder seiner Vertreter, so gehört es zu seinen Sorgfaltspflichten, dies unverzüglich der Bank mitzuteilen (Nr. 11 Abs. 1 AGB-Bk/ Nr. 20 Abs. 1a AGB-Spk). Er muss insbesondere Änderungen seines Namens, seiner Anschrift, seines Personenstandes, seiner Verfügungs- oder Verpflichtungsfähigkeit (z. B. Änderung des ehelichen Güterstandes) sowie **Änderungen** der der Bank früher mitgeteilten Vertretungs- und Verfügungsbefugnisse (Vollmacht, Prokura) **bekannt geben.** Dies gilt auch dann, wenn die Tatsachen in öffentlichen Registern eingetragen und veröffentlicht sind. Damit wird im Verhältnis Bank/Kunde die Publizität des Handelsregisters oder anderer öffentlicher Register eingeschränkt. *Hopt* hält eine solche Regelung für bedenkenlos, sieht allerdings die Möglichkeit, dass die Bank trotzdem bei schuldhaftem Nichtauswerten des Handelsregisters ein Mitverschulden mit Haftungsfolge treffen kann.[30] 6.37

Schadensfälle können sich insbesondere ergeben, wenn wichtige Mitteilungen der Bank dem Kunden wegen einer Anschriftenänderung nicht zugestellt werden können. Teilweise schädigt sich damit der Kunde selbst, wenn er die Möglichkeit verliert, auf Hinweise der Bank zu reagieren. Teilweise können Schäden bei der Bank entstehen, weil z. B. eine Vertragsänderung (Zinsanpassung) oder Kündigung nicht wirksam wird oder Kosten aufgrund mehrfacher Zustellungsversuche entstehen.[31] Schäden können insbesondere auch dann entstehen, wenn nicht mehr verfügungsbefugte Personen – z. B. ein entlassener Geschäfts- 6.38

---

30) Baumbach/Hopt-*Hopt*, HGB, Nr. 11 AGB-Bk Rz. 3; ebenso Schimansky/Bunte/Lwowski-*Bunte*, Bankrechts-Hdb. § 16 Rz. 8.

31) KG, Urt. v. 3.12.1984 – 12 U 1397/84, WM 1985, 714, dazu EWiR 1985, 451 *(Graf v. Westphalen)* und WuB I E. – 15.85 *(Welter)*; Schimansky/Bunte/Lwowski-*Bunte*, Bankrechts-Hdb., § 16 Rz. 4.

führer oder Prokurist – Aufträge erteilen. Der Schaden entsteht insofern zunächst bei der Bank, weil infolge des Erlöschens der Vertretungsmacht kein wirksamer Auftrag erteilt wurde und somit auch kein Aufwendungsersatzanspruch besteht. Dies ist jedoch der klassische Fall eines Schadensersatzanspruchs der Bank gegen den Kunden infolge der Verletzung seiner Mitwirkungspflichten. Allerdings ist denkbar, dass eine mangelhafte Auswertung der Handelsregisterauszüge wenigstens des eigenen Gerichtsbezirks der Bank trotz der Hinweispflicht des Kunden eine Schadensteilung infolge mitwirkenden Verschuldens begründet.

6. Mangel der Geschäftsfähigkeit und der Vertretungsmacht

6.39 Früher enthielten die AGB eine Haftungsverlagerung für den Fall, dass nach Geschäftsabschluss ein Mangel in der Geschäftsfähigkeit des Kunden oder seines Vertreters eintritt und die Bank hiervon unverschuldet keine Kenntnis hat.[32] Diese Haftungsverlagerung ist vom Bundesgerichtshof[33] für unwirksam erklärt worden. Die AGB der Banken enthalten hierzu keinerlei Regelung mehr. Allerdings ist das Erlöschen der Vertretungsmacht mitzuteilen. Hierunter könnte auch der Fall verstanden werden, dass **der Vertreter geschäftsunfähig** wird.

6.40 Nach den AGB der Sparkassen erfasst die Mitteilungspflicht ausdrücklich auch diesen Fall. Zur Begründung wird angeführt, der **Schutz des Geschäftsunfähigen** greife hier nicht, da die Mitteilungspflicht den in seiner Geschäftsfähigkeit nicht beeinträchtigten Kunden selbst betrifft. Dieses Ergebnis ist nach den AGB der Sparkassen nicht nur dann anwendbar, wenn der Kunde die ihm bekannte Geschäftsunfähigkeit seines Vertreters nicht rechtzeitig mitteilt, sondern auch, wenn sie ihm nicht bekannt sein kann. Denn Nr. 4 Abs. 2 AGB-Spk bestimmt ausdrücklich, dass der Kunde den Schaden trägt, der daraus entstehen sollte,

> "dass die Sparkasse von einem eintretenden Mangel in der Geschäftsfähigkeit seines Vertreters unverschuldet keine Kenntnis erlangt."

Diese Haftungsverlagerung für den Fall der unverschuldeten Entstehung eines Schadens entspricht der Haftungsverteilung nach zurechenbaren Sphären, da die Geschäftsfähigkeit des Vertreters des Kunden in dessen überblickbarem Lebensbereich liegt.

6.41 Die AGB der Sparkassen enthalten in Nr. 4 Abs. 1 mittelbar eine darüber hinausgehende **Haftungsverlagerung.** Denn ergänzend zu den Mitteilungspflich-

---

32) Vgl. LG Hamburg, Beschl. v. 17.7.1986 – 12 O 288/86, WM 1987, 555, dazu WuB I A. – Nr. 23 AGB-Bk – 1.87 *(Kasten)*; OLG Hamm, Urt. v. 4.6.1984 – 3 U 297/83, WM 1984, 926.

33) BGH, Urt. v. 25.6.1991 – XI ZR 257/90, ZIP 1991, 994 = WM 1991, 1368, dazu EWiR 1991, 839 *(Brandner)* und WuB I A. – Nr. 23 AGB-Bk – 1.92 *(Wagner-Wieduwilt)*.

ten regelt diese Bestimmung, dass die der Sparkasse bekannt gegebenen Vertretungs- und Verfügungsbefugnisse so lange gelten, bis ihr eine schriftliche Mitteilung über das Erlöschen oder eine Änderung zugeht, es sei denn, diese Umstände sind der Sparkasse bekannt oder grob fahrlässig nicht bekannt. Dies soll auch für Änderungen von in öffentliche Register eingetragenen Befugnissen gelten. Da die Sparkasse nach dieser Regelung unabhängig vom tatsächlichen Bestehen der Vertretungsmacht einen Auftrag auch dann ausführen kann, wenn der Geschäftsherr die Mitteilung vom Wegfall der Vertretungsmacht ohne Verschulden nicht bewirken konnte, wirkt dies praktisch wie eine Haftungsverlagerung. Die Begründung für diese verschuldensfreie Haftungsverlagerung ergibt sich aus Gesichtspunkten der Anscheinshaftung und der Sphärentheorie. Im praktischen Ergebnis dürfte jedoch kein wesentlicher Unterschied bestehen, da es selten vorkommen dürfte, dass dem Kunden eine rechtzeitige Mitteilung vom Erlöschen von Vertretungsbefugnissen unverschuldet nicht möglich ist.

7. Weisungen des Kunden

Zu den selbstverständlichen Sorgfaltspflichten des Kunden gehört es, der Bank bei Auftragserteilung genaue, klare und **eindeutige Weisungen** zu erteilen. Änderungen, Bestätigungen oder Wiederholungen von Aufträgen müssen als solche deutlich gekennzeichnet sein (Nr. 11 Abs. 2 Satz 4 AGB-Bk/Nr. 20 Abs. 1b Satz 2 AGB-Spk). Die Bank behält sich Rückfragen bei Unklarheiten vor, die zu schadensbegründenden Verzögerungen führen können. Schäden können auch dadurch entstehen, dass ein Auftrag doppelt ausgeführt wird, wenn er z. B. zunächst telefonisch erteilt und anschließend schriftlich bestätigt wurde, ohne dass die Bestätigung als solche kenntlich gemacht wurde. Auch hier ist die Rechtsfolge, dass Schäden, die bei der Bank oder dem Kunden aufgrund vermeidbar fehlerhafter Auftragserteilung entstehen, vom Kunden zu tragen sind. 6.42

Klassischer Fall ist die Angabe einer **fehlerhaften Kontonummer**. In ständiger Rechtsprechung ist zwar entschieden, dass die Bank sich nach der Empfängerbezeichnung zu richten hat.[34] Deshalb wurde die frühere AGB-Regelung, nach der der Kunde Schäden zu tragen hat, wenn der Überweisungsauftrag entsprechend der Kontonummer an der Stelle der Empfängerbezeichnung ausgeführt wurde, für unwirksam erklärt. An dieser Grundsituation ändert sich auch nichts durch die in den AGB ausdrücklich statuierte Sorgfaltspflicht des Kunden, nach der er bei Aufträgen auf Richtigkeit und Vollständigkeit des Namens 6.43

34) Vgl. z. B. BGH, Urt. v. 9.3.1987 – II ZR 238/86, ZIP 1987, 693 = WM 1987, 530, dazu EWiR 1987, 425 *(Pleyer)*; BGH, Urt. v. 8.10.1991 – XI ZR 207/90, ZIP 1991, 1413 = WM 1991, 1912, dazu EWiR 1991, 1185 *(Hadding)* und WuB I D. – 1.91 *(Harbeke)* sowie unten Kapitel 10 – Zahlungsverkehr.

des Zahlungsempfängers, der angegebenen Kontonummer und der Bankleitzahl oder der IBAN und BIC zu achten hat (Nr. 11 Abs. 2 Satz 3 AGB-Bk/Nr. 20 Abs. 1b Satz 2 AGB-Spk). Denn bei einer Fehlüberweisung infolge falscher Kontonummer, aber richtiger Namensangabe hat die Bank ihre **Leistungspflicht aus dem Vertrag nicht erfüllt** und hat keinen Aufwendungsersatzanspruch. Sie kann aber einen Schadensersatzanspruch haben, der sich je nach Mitverschulden zwischen Bank und Kunde nach § 254 HGB verteilt. Will z. B. ein Kunde an Herrn A. Meyer Geld überweisen, entnimmt aber die Kontonummer aus einer Liste versehentlich aus der darunterstehenden Rubrik von P. Meyer, so wird die Bank nur bei größter Sorgfalt anhand des Anfangsbuchstabens den Irrtum erkennen können. In einem solchen Fall liegt es nahe, auch dem Auftraggeber ein Mitverschulden an der Entstehung eines Schadens zuzurechnen.

6.44 Obwohl nach ständiger Rechtsprechung für die Bank die Empfängerbezeichnung maßgebend ist, hindert dies eine Sorgfaltspflicht des Kunden zur korrekten Angabe der Kontonummer nicht. Verletzt er diese, so setzt er eine schadensbegründende Ursache, die eine **Schadensverteilung** rechtfertigt. Dies hat der Bundesgerichtshof in seiner Entscheidung vom 6. Oktober 1991[35] ausdrücklich bestätigt und dabei sogar die Möglichkeit anerkannt, dass das Verschulden des Auftraggebers so überwiegt, dass dieser den Schaden allein zu tragen hat (betrügerische Manipulation eines Organmitglieds des Auftraggebers).

8. Hinweispflichten des Kunden

6.45 Der Kunde hat auf die besondere **Eilbedürftigkeit** von Aufträgen, und zwar außerhalb des Auftragsformulars, hinzuweisen (Nr. 11 Abs. 3 AGB-Bk/Nr. 20 Abs. 1e und f AGB-Spk). Die Vorschrift ist umstritten.[36]

6.46 Die Klausel beinhaltet zweierlei. Sofern der Kunde eine außerhalb des normalen Standards besonders eilige Ausführung wünscht – häufig mit zusätzlichen Kosten verbunden –, muss er dies gesondert in Auftrag geben. Die Bank schuldet eine Ausführung nur i. R. d. banküblichen Fristen, selbst wenn der Kunde diese nicht genau kennt. Die Bank ist auch nicht in der Lage, etwaige Mitteilungen an den Empfänger in dem Auftragsformular zur Kenntnis zu nehmen. Insofern gilt, dass ein Auftrag, der nicht als Sonderauftrag erteilt wird, lediglich als normaler Auftrag ausgeführt werden kann.

---

35) BGH, Urt. v. 8.10.1991 – XI ZR 207/90, ZIP 1991, 1413 = WM 1991, 1912, dazu EWiR 1991, 1185 *(Hadding)*, und WuB I D. – 1.91 *(Harbeke)*.

36) *Sonnenhol* in BuB, Rz. 1/305; Wolf/Lindacher/Pfeiffer-*Pamp*, AGB-Recht, Anh. 310 B 48; *Fandrich* in: Graf v. Westphalen, Vertragsrecht und AGB-Klauselwerke, Banken- und Sparkassen – AGB, Stand 10/08, Rz. 48. 70 ff.

Die entscheidende Frage stellt sich aber dann, wenn die Bank den Auftrag verzögert ausführt und daraus ein weit über den Zinsentgang hinausgehender, unverhältnismäßig großer **Schaden** entsteht. Beispielfälle sind der Verlust von Skontoabzügen, die Entstehung von Vertragsstrafen bei nicht fristgemäßer Zahlung, die Verderblichkeit von Waren, die bis zum Eingang von Zoll- oder Steuerschulden festgehalten werden, usw. Zumindest die Formulierung der Sparkassen-AGB (insbesondere, wenn bei „nicht fristgemäßer Ausführung von Aufträgen außergewöhnliche Schäden drohen“, Nr. 20 Abs. 1 f AGB-Spk) legt nahe, dass der unterlassene Hinweis auf die Eilbedürftigkeit Konsequenzen bei der Schadensregulierung auch in dem Fall haben soll, in dem bei banküblicher Ausführung kein Schaden entstanden wäre. Die Bestimmung steht vor dem Hintergrund, dass es sich regelmäßig um Aufträge im Massenverkehr handelt, bei dem Verzögerungen nicht immer auszuschließen sind. Ohne den Hinweis in den AGB würde die Bank bei schuldhafter Verzögerung oder Fehlleitung eines Auftrags ihren Kunden für jeden Schaden in vollem Umfang einzustehen haben, auch wenn er in keinem Verhältnis zum Überweisungsbetrag oder dessen Entgelt steht.[37] 6.47

Konsequenz dieser Auffassung ist, dass die Hinweispflicht des Kunden zu einer **Schadensverteilung gemäß § 254 BGB** auch dann führt, wenn die Bank die verspätete Ausführung zu vertreten hat.[38] Die gesetzlichen Haftungsregelungen der §§ 675y ff. BGB ändern an der Verschuldenshaftung nach Vertragsrecht insoweit nichts. 6.48

9. Prüfungspflichten des Kunden

Die AGB enthalten keine Regelungen mehr, die Erklärungen fingieren[39], und keine Zugangsfiktion mehr. Schon die früher in Nr. 1 Abs. 1 AGB-Bk/Nr. 6 Abs. 1 AGB-Spk enthaltene **Zugangsfiktion** war ausdrücklich auf Mitteilungen von minderer Bedeutung beschränkt. Fraglich war allerdings, wo die Abgrenzung zwischen den mehr oder weniger bedeutsamen Mitteilungen, bei der die Zugangsfiktion gelten soll, liegt. Streitig war dies insbesondere bei der Übersendung des Rechnungsabschlusses, für die z. B. das Oberlandesgericht Hamburg[40] die Zugangsfiktion gelten ließ, während das Oberlandesgericht Düssel- 6.49

37) Vgl. *Schebesta/Siedler*, Die AGB der Volksbanken und Raiffeisenbanken, Rz. 378.

38) So auch *Sonnenhol* in: BuB, Rz. 1/306; ebenso Schimansky/Bunte/Lwowski-*Bunte*, Bankrechts-Hdb., § 16 Rz. 25; Wolf/Lindacher/Pfeiffer-*Pamp*, AGB-Recht, Anh. 310, B 18; ablehnend Ulmer/Brandner/Hensen-*Fuchs*, AGB-Recht, Anh. 310 Rz. 108.

39) Mit Ausnahme der sehr eingeschränkten Anerkennung des Rechnungsabschlusses, unten Rz. 6.54.

40) OLG Hamburg, Urt. v. 21.12.1984 – 14 U 209/83, WM 1986, 383, dazu WuB I A. – Nr. 1 Abs. 2 AGB-Bk – 1.86 *(Sonnenhol)*.

dorf[41], wenn auch in einem extrem gelagerten Fall, zum gegenteiligen Ergebnis kam.

6.50 Die geltende AGB-Regelung legt den Kunden die Verpflichtung auf, Mitteilungen der Bank unverzüglich zu prüfen. Ebenso hat er das Ausbleiben von Mitteilungen, mit denen er rechnen musste, unverzüglich zu reklamieren (Nr. 11 Abs. 4 und 5 AGB-Bk, Nr. 20 Abs. 1g und h AGB-Spk). Damit ist eine **Kontrollpflicht** sowohl für die eingegangenen als auch für die zu erwartenden Mitteilungen wie Kontoauszüge, Wertpapierabrechnungen, Depot- und Erträgnisaufstellungen, Abrechnungen usw. begründet. Auch hier gilt die vorstehend getroffene Unterscheidung. Sofern der Kunde eine unerwünschte Auftragsausführung selbst veranlasst hat, ist es sein Schaden, wenn er diese mangels sorgfältiger Prüfung der Abrechnungen nicht mehr korrigieren kann. Dies ist z. B. der Fall, wenn er Wertpapiere verkaufen wollte, irrtümlich aber einen Kaufauftrag gestellt hat. Wenn er bei sofortiger Prüfung der Abrechnung den Schaden eines Wertverlustes noch hätte verhindern können, begründet die Unterlassung eindeutig seinen Schaden. Anders verhält es sich jedoch, wenn aufgrund missverständlicher Angaben der Auftrag fehlerhaft ausgeführt wird. Hier haftet grundsätzlich die Bank. Wenn der Schaden jedoch bei rechtzeitigem Hinweis auf die fehlerhafte Ausführung noch hätte verhindert oder beschränkt werden können, gelten auch hier die Grundsätze für eine Schadensverteilung je nach dem Grad des Verschuldens. So hatte das Landgericht Lübeck[42] entschieden, dass ein gewerblicher Kunde, der die Überprüfung seiner Kontoauszüge über einen längeren Zeitraum unterlässt und deshalb Fehlbuchungen nicht bemerkt, den Schaden von der Bank nicht ersetzt bekommen kann.

10. Betriebsstörungen

6.51 Nr. 3 Abs. 3 AGB-Bk bzw. Nr. 19 Abs. 3 AGB-Spk schließt die **Haftung für Betriebsstörungen** insbesondere infolge von höherer Gewalt oder sonstiger von dem Kreditinstitut nicht zu vertretender Vorkommnisse aus. Beispiele sind Bombendrohung, Banküberfall, Kriegs- und Naturereignisse, Streik, Aussperrung, Verkehrsstörung oder hoheitliche Verfügungen. Die Bank muss allerdings auf die von ihr nicht beabsichtigte Einschränkung ihres Betriebs hinweisen. Verschiedentlich wird vertreten, dass zumindest unberechtigte Streiks von Bankmitarbeitern oder eine unrechtmäßige Aussperrung die Haftungsfreistellung ausschließen.

---

41) OLG Düsseldorf, Urt. v. 16.7.1987 – 6 U 327/86, WM 1987, 1215, dazu EWiR 1987, 1053 *(Hüffer)*.

42) LG Lübeck, Urt. v. 5.3.1993 – 4 O 306/92, WM 1993, 1131, dazu WuB I A. – Nr. 15 AGB-Bk – 1.93 *(Zeller)*.

11. Haftungsverteilung

6.52 Wie erwähnt, gehen die AGB davon aus, dass die Bank grundsätzlich für jedes eigene Verschulden und das ihrer Erfüllungsgehilfen haftet. Die Rechtsprechung legt bei Banken einen strengen Sorgfaltsmaßstab an. Die AGB der Sparkassen bringen dies in Nr. 1 Abs. 1 Satz 2 ihrer AGB durch folgenden Satz zum Ausdruck:

> „Der Kunde kann sich darauf verlassen, dass die Sparkasse seine Aufträge mit **der Sorgfalt eines ordentlichen Kaufmanns** ausführt."

Zur Haftung genügt also die Außerachtlassung jedweder im Geschäftsverkehr erforderlichen Sorgfalt von Mitarbeitern oder anderen zur Ausführung herangezogenen Personen (§ 276 Abs. 1 BGB).[43]

V. Kontoführung

1. Kontokorrent

6.53 Die Geschäfts- und Privatgirokonten werden „in laufender Rechnung", also als Kontokorrent gemäß § 355 HGB, geführt.[44] Nr. 7 Abs. 1 AGB der Sparkassen bestätigt dies ausdrücklich. Für die Banken-AGB, die diese Regelung nicht enthalten, gilt aber nichts anderes. Dies bedeutet, dass die beiderseitigen Ansprüche aus Gutschriften zugunsten des Kunden und dessen Verfügungen zulasten seines Kontos in laufender Rechnung geführt und in bestimmten Zeitabschnitten abgerechnet werden. Das Bankkonto wird somit anders als das Staffelkontokorrent geführt, bei dem die jeweilige Leistung rechtswirksam sofort verrechnet wird, sodass sich laufend ein Saldoanspruch ergibt. Die beim Bankkonto erstellten **Tageskontoauszüge** mit Tagessaldo haben also nicht die Rechtswirkung einer verbindlichen Saldoziehung. Sie dienen lediglich als Überblick und zur Kontrolle der von der Bank für den Kunden vorgenommenen Buchungsvorgänge, zur Zinsberechnung u. a.[45] Die verbindliche Verrechnung erfolgt vielmehr erst mit dem Rechnungsabschluss und dem damit verbundenen Saldoanerkenntnis.

2. Rechnungsabschluss

6.54 Die Kreditinstitute erteilen in bestimmten, mit den Kunden vereinbarten Zeitabschnitten (nach Nr. 7 Abs. 1 AGB-Bk im Regelfall vierteljährlich) Rechnungsabschlüsse. Mit dem Rechnungsabschluss erfolgt eine verbindliche Saldierung aller Umsätze einschließlich der bis dahin angefallenen Zinsen, Auslagen usw. Die Einzelansprüche gehen unter, und es entsteht **im Wege der Novation ein selbständiger Saldoanspruch**. Der im Privatkundengeschäft übliche vierteljährliche Rechnungsabschluss entspricht § 493 Abs. 1 Satz 1 BGB. Danach dürfen Zinsen für Überziehungskredite, die nicht den umfangreichen Former-

---

43) Zu typischen Haftungsfällen vgl. Beispiele bei *Sonnenhol* in: BuB, Rz. 1/86 ff.

44) BGH, Urt. v. 30.6.1982 – VIII ZR 129/81, ZIP 1982, 935 = WM 1982, 838.

45) Vgl. BGH, Urt. v. 28.11.1980 – I ZR 159/78, ZIP 1981, 403 = WM 1981, 238.

fordernissen des § 492 Abs. 1 BGB entsprechen, nicht in kürzeren Perioden als drei Monate belastet werden.

6.55 Nr. 7 Abs. 2 AGB-Bk/Nr. 7 Abs. 3 AGB-Spk enthalten eine (zulässige) **Genehmigungsfiktion**, wenn der Kunde nicht spätestens innerhalb von sechs Wochen nach Zugang des Rechnungsabschlusses Einwendungen erhebt. Die Bank muss bei Erteilung des Rechnungsabschlusses hierauf besonders hinweisen. Allerdings bedeutet die Genehmigung des Rechnungsabschlusses nicht, dass Fehlbuchungen nicht mehr ausgeglichen werden könnten.

6.56 Stellt sich später die Unrichtigkeit des genehmigten Saldoanerkenntnisses heraus, so kann **Berichtigung** nach den Grundsätzen der ungerechtfertigten Bereicherung (§§ 812 ff. BGB) verlangt werden. Dann muss aber derjenige, der sich darauf beruft, die Fehlerhaftigkeit des Rechnungsabschlusses beweisen. Die AGB-Banken bringen dies in Nr. 7 Abs. 2 Satz 4 wie folgt zum Ausdruck:

> „Der Kunde kann auch nach Fristablauf eine Berichtigung des Rechnungsabschlusses verlangen, muss dann aber beweisen, dass zu Unrecht sein Konto belastet oder eine ihm zustehende Gutschrift nicht erteilt wurde."

6.57 Auch die Bank kann das Saldoanerkenntnis nach den Vorschriften über die ungerechtfertigte Bereicherung kondizieren, wenn – beweisbar – fehlerhafte Gutschriften vorgenommen wurden. Damit leben die girovertraglichen Ansprüche wieder auf, die der Bank vor der Feststellung des Rechnungsabschlusses zustanden.[46)]

> „Das fingierte Saldoanerkenntnis [...] stellt keine rechtsgeschäftliche Genehmigung anderweitiger Verfügungen der Bank über Zahlungseingänge dar, die dem Konto gutzuschreiben waren."[47)]

6.58 Der Entscheidung des Bundesgerichtshofs lag ein Sachverhalt zugrunde, bei dem bestimmte Zahlungen auf einem Darlehenskonto des Kunden verbucht werden sollten. Die Bank hatte abredewidrig einen Teil des Darlehenseingangs zur Tilgung sonstiger nicht gesicherter Forderungen verwendet.

> „Das fingierte Saldoanerkenntnis nach Nr. 15 AGB-Bk a. F. (entspricht Nr. 7 Abs. 2 AGB-Bk n. F.) führt zwar auch zum Erlöschen der im Rechnungsabschluss zu Unrecht unberücksichtigt gebliebenen Forderungen, kann aber unter den Voraussetzungen der §§ 812 ff. zurückgefordert werden [...], bewirkt also im Ergebnis lediglich eine Beweislastumkehr zu Lasten des Kontoinhabers: Er hat darzulegen und zu beweisen, dass der Saldo falsch berechnet wurde [...]. Eine rechtsgeschäftliche Genehmigung rechtswidriger anderweitiger Verbuchung von Beträgen, die bei ordnungsmäßigem Vorgehen der Bank dem Konto hätten gutgeschrieben werden müssen, liegt darin nicht."[48)]

---

46) OLG Düsseldorf, Urt. v. 18.4.1985 – 6 U 7/85, ZIP 1985, 796 = WM 1985, 690, dazu EWiR 1985, 437 *(Monßen)*.

47) BGH, Urt. v. 18.10.1994 – XI ZR 194/93, ZIP 1994, 1930 = WM 1994, 2273, dazu EWiR 1995, 105 *(v. Stebut)* und WuB I A 1. – Nr. 15 AGB-Bk – 1.95 *(Bülow)*; ebenso schon BGH, Urt. v. 13.12.1967 – Ib ZR 168/65, NJW 1968, 591 und BGH, Urt. v. 24.4.1985 – I ZR 176/83, ZIP 1985, 991 = NJW 1985, 3010, dazu EWiR 1985, 597 *(Canaris)*.

48) BGH, Urt. v. 18.10.1994 – XI ZR 194/93, ZIP 1994, 1930, 1931 = WM 1984, 2273, dazu EWiR 1995, 105 *(v. Stebut)*.

3. E. v.-Gutschrift

Für den Kunden eingehende Geldbeträge werden seinem Konto gutgeschrieben, wenn der Auftrag nicht anders lautet. Einzugspapiere, also Schecks, Wechsel und Lastschriften, zieht die Bank im Auftrag des Kunden ein. Häufig schreibt sie dem Kunden den Betrag schon vor Eingang des Gegenwertes gut. Diese Gutschrift steht nach Nr. 9 Abs. 1 Satz 1 und 2 AGB-Bk/Nr. 9 Abs. 1 Satz 1 und 3, 23 Abs. 2 AGB-Spk unter dem Vorbehalt des Eingangs des Gegenwerts (Eingang vorbehalten = E. v.-Gutschrift). Die Gutschrift steht damit unter der **aufschiebenden Bedingung der Nichteinlösung.**[49] 6.59

Geht der Gegenwert nicht ein, z. B. weil der Scheck gesperrt wurde, der Schuldner zahlungsunfähig ist oder behördliche Maßnahmen (z. B. Devisenbeschränkungen) den Einzug verbieten, so wird der gutgeschriebene Betrag rückbelastet. Dies gilt nach ausdrücklicher Regelung in den AGB auch dann, wenn zwischenzeitlich ein Rechnungsabschluss erfolgte. Die Gutschrift vor Eingang des Gegenwerts ist **wirtschaftlich eine Kreditgewährung**. Insbesondere wenn die Bank über größere E. v.-gutgeschriebene Beträge verfügen lässt, muss sie dieses Kreditrisiko beachten. Eine Entscheidung des Bundesgerichtshofs[50] enthält dafür ein instruktives Beispiel. Ein Verrechnungsscheck über 49.000 DM war einem Kundenkonto gutgeschrieben worden. Die Sparkasse ließ die sofortige Abhebung des Betrages zu, nachdem sich der Angestellte über die Deckung auf dem ebenfalls bei ihr geführten Ausstellerkonto vergewissert hatte. Der Scheck wurde jedoch – jedenfalls nach Auffassung des Bundesgerichtshofs – rechtzeitig widerrufen, weshalb der zunächst belastete Scheckbetrag dem Aussteller gutgeschrieben werden musste. Der Gegenwert des gutgeschriebenen und abgehobenen Scheckbetrags war beim Empfänger mangels Zahlungsfähigkeit nicht mehr zu erhalten. 6.60

Die E. v.-Gutschrift führt auch dazu, dass der Kunde über ein auf seinem Tagesauszug ausgewiesenes Guthaben zu verfügen glaubt, obwohl sich später aufgrund der **aufschiebenden Bedingungen des Nichteingangs des Gegenwertes** herausstellen kann, dass er sein Konto überzogen hat und hierfür Zinsen berechnet werden. Diese Situation ist sogar hinsichtlich des Saldos eines Rechnungsabschlusses denkbar, da E. v.-Gutschriften auch nach einem Rechnungsabschluss rückbelastet werden können. Die Kreditinstitute weisen heute regelmäßig durch Aufdruck im Kontoauszug bzw. Hinweis im Internet-Abruf darauf hin, dass der Kontoauszug Beträge mit späterer Wertstellung enthalten kann. 6.61

---

49) Ob die Gutschrift aufschiebend oder auflösend bedingt ist, ist streitig – vgl. in Wolf/Lindacher/Pfeiffer-*Pamp*, AGB-Recht, Klauseln B 40.

50) BGH, Urt. v. 13.6.1988 – II ZR 324/87, ZIP 1988, 1105 = WM 1988, 1325, dazu EWiR 1988, 1025 *(Hadding)* und WuB I D 3. – 15.88 *(Fischer)*.

4. Storno von Gutschriften

6.62 Gutschriften, die z. B. infolge eines Irrtums, eines Schreibfehlers oder aus anderen Gründen fehlerhaft vorgenommen werden, darf die Bank durch einfache Buchung korrigieren (Nr. 8 Abs. 1 und 2 AGB-Bk/AGB-Spk). Es handelt sich dabei nicht um die Erfüllung eines Bereicherungsanspruches, sondern um ein **selbständiges Recht auf Rückgängigmachen der Gutschrift.**[51)]

6.63 Dieser mit der Stornierung geltend gemachte Rückzahlungsanspruch schließt den Einwand der Entreicherung nach § 818 Abs. 3 BGB aus (so ausdrücklich Nr. 8 Abs. 1 letzter Halbs. AGB-Bk). Erfolgt hingegen die Rückbelastung als **Berichtigungsbuchung** erst nach dem Rechnungsabschluss, so gilt Bereicherungsrecht und damit auch § 818 Abs. 3 BGB.[52)]

6.64 Das Stornorecht greift nur dann, wenn dem Kreditinstitut auch ein materieller Anspruch gegen den Kunden zusteht. Das **Stornorecht begründet also keinen eigenen Anspruch.**[53)] Voraussetzung ist also, dass eine fehlerhafte Buchung vorliegt. Dies ist z. B. der Fall, wenn ein Überweisungsauftrag zwar noch rechtzeitig widerrufen wurde, eine Gutschrift beim Empfänger aber dennoch erfolgte. Anders liegt der Fall, wenn der Überweisende zu spät erkennt, dass er an den falschen Empfänger überwiesen hat und den Betrag von der Empfängerbank zurückfordert. Auf die materielle Berechtigung kommt es hierbei nicht an.

6.65 In einem vom Oberlandesgericht Hamm[54)] entschiedenen Fall hatte die Sparkasse eine Gutschrift storniert, weil der Absender der Überweisung versehentlich den falschen Empfänger angegeben hatte. Durch die Stornierung verringerte sich das Guthaben des Empfängers, der in Konkurs gegangen war. Der Konkursverwalter verlangte zu Recht die Wiedergutschrift, da eine **irrtümliche Fehlüberweisung kein Stornogrund** ist. Der Absender hatte nur einen Bereicherungsanspruch aufgrund der Fehlüberweisung, den er nur noch als Konkursforderung geltend machen konnte.

6.66 Anders entschied der Bundesgerichtshof den Fall, dass ein eingelöster Scheck **zu Unrecht wieder rückbelastet** wurde. Ein Kunde hatte bei seiner Sparkasse einen Scheck eingereicht, der ihm E. v. gutgeschrieben wurde. Die Sparkasse zog den Scheck beim bezogenen Institut ein, das eine Bezahlt-Meldung erteilte. Damit ist der Scheck nach h. M. eingelöst, gleichgültig ob die Bank den Scheckbetrag vom Aussteller erhält. Dieser hatte den Scheck widerrufen, worauf die

---

51) BGH, Urt. v. 29.5.1978 – II ZR 166/77, BGHZ 72, 9 = WM 1978, 998.

52) Schimansky/Bunte/Lwowski-*Bunte*, Bankrechts-Hdb., § 13 Rz. 16.

53) BGH, Urt. v. 9.5.1983 – II ZR 241/82, ZIP 1983, 1056 = WM 1983, 907; OLG Hamm, Urt. v. 27.3.1985 – 20 U 315/84, WM 1985, 1065, dazu EWiR 1985, 439 *(Peters)*; ausführliche Nachweise zum Stornorecht vgl. *Blaurock*, NJW 1984, 1; *Terpitz*, NJW 1984, 1330.

54) OLG Hamm, Urt. v. 29.11.1990 – 27 U 180/90, ZIP 1991, 364, dazu EWiR 1991, 213 *(Lenzen)*.

Bank eine Rückbelastung des schon eingelösten Schecks vornahm. Obwohl mit der Einlösung des Schecks der E. v.-Vorbehalt weggefallen war, belastete die Sparkasse das Konto ihres Kunden mit der Rücklastschrift. Der Bundesgerichtshof hält dies für rechtmäßig, da Nr. 9 Abs. 1 Satz 4 AGB-Spk (ähnlich Nr. 9 Abs. 1 Satz 4 AGB-Bk) eine Stornierung nicht nur dann zulässt, wenn das Einzugspapier nicht eingelöst wird, sondern auch dann, wenn der Gegenwert nicht zugeht. Der Bundesgerichtshof hielt diese Klausel für vereinbar mit §§ 3 und 9 AGBG (heute §§ 305 c und 307 BGB) und verwies darauf, dass sich ein Aufwendungsersatzanspruch des Kunden nur auf das tatsächlich Erlangte bezieht.[55] Der Bundesgerichtshof ging allerdings nicht der Frage nach, ob die Sparkasse die Rückbelastung des eingelösten Schecks durch die bezogene Bank hätte zurückweisen müssen.

Erfolgt die **Stornobuchung nach Rechnungsabschluss**, so genügt ein nicht weiter begründeter Widerspruch des Kunden, um die Bank zu verpflichten, den Betrag dem Konto wieder gutzuschreiben und ihren Rückzahlungsanspruch gesondert geltend zu machen (so ausdrücklich Nr. 8 Abs. 2 Satz 2 AGB-Bk/AGB-Spk). Storno- und Korrekturbuchungen müssen im Kontoauszug gekennzeichnet werden. **6.67**

Nach Nr. 8 Abs. 3 Satz 2 AGB-Bk erfolgt die Stornobuchung bzw. die Rückgängigmachung mit **Wertstellung** zum Zeitpunkt der Fehlbuchung (die Sparkassenfassung enthält eine solche Bestimmung nicht). *Hopt*[56] hält diese Bestimmung für unwirksam. Denn die rückwirkende Stornobelastung könne zu Zinsnachteilen führen (Überziehung), auf die der Kunde sich mangels Kenntnis nicht einstellen könne. Die Regelung sei deshalb eine unangemessene Benachteiligung. Hingegen kam das Oberlandesgericht Düsseldorf ausdrücklich zur gegenteiligen Ansicht und hat in einem Leitsatz festgestellt, dass eine Kontobelastung infolge irrtümlicher Kontogutschrift auch nach kondiziertem Saldoanerkenntnis gemäß § 812 BGB als (verzinsliche) Kontoüberziehung behandelt werden darf.[57] **6.68**

5. Storno von Belastungsbuchungen

Die AGB regeln in Nr. 9 Abs. 2 AGB-Bk/AGB-Spk ferner die **Stornierung von Belastungsbuchungen**. Sie kann bis zum übernächsten Bankarbeitstag **6.69**

---

55) BGH, Urt. v. 6.5.1997 – XI ZR 135/96, ZIP 1997, 1148 = WM 1997, 1194, dazu EWiR 1997, 1073 *(Häuser)*.

56) Baumbach/Hopt-*Hopt*, HGB, Nr. 8 AGB-Bk Rz. 7; ähnlich Ulmer/Brandner/Hensen-*Fuchs*, AGB-Recht, Anh. 310 Rz. 101.

57) OLG Düsseldorf, Urt. v. 18.4.1985 – 6 U 7/85, ZIP 1985, 796 = WM 1985, 690, dazu EWiR 1985, 437 *(Monßen)* und WuB I A. – Nr. 4, 14 AGB-Bk – 2.85 *(Stützle)*; ebenfalls keine Bedenken, *Sonnenhol* in: BuB, Stand 2/00, Rz. 1/231, und Schimansky/Bunte/Lwowski-*Bunte*, Bankrechts-Hdb., § 13 Rz. 26.

nach Buchung vorgenommen werden. Der Bundesgerichtshof[58)] hat daraus einen einheitlichen Zeitpunkt für die Wirksamkeit von Belastungsbuchungen geschlossen. Damit sei ein vorgelegter Scheck bis zum Ablauf der Stornierungsfrist noch widerruflich. Ein solcher vom Einlösungswillen der bezogenen Bank unabhängiger einheitlicher Einlösungszeitpunkt ist jedoch unpraktikabel.[59)] Es ist daher in den AGB klargestellt worden, dass eine Stornierung während der Zwei-Tages-Frist nur dann möglich ist, wenn das Kreditinstitut die Einlösung nicht schon vorher erkennbar vorgenommen hat (vgl. Nr. 9 Abs. 2 Satz 2 AGB-Bk/AGB-Spk). Dies ist jedenfalls bei Einlösung eines Barschecks und bei Absendung einer Bezahltmeldung an den Scheckeinreicher der Fall.[60)]

6.70 Eine andere Form der Stornoklausel wird häufig in Kredit- oder Bürgschaftsverträgen vereinbart. Danach soll die Bank berechtigt sein, Belastungsbuchungen auf einem Girokonto, die zur Tilgung eines Kredits bestimmt sind, zu stornieren, wenn das Girokonto zum Zeitpunkt der Belastung kein ausreichendes Guthaben ausgewiesen hat. Der Zweck besteht in der **Erhaltung von Sicherheiten.** Denn wenn der Kredit getilgt wird, erlischt z. B. die akzessorische Bürgschaft hierfür, während eine tatsächliche Tilgung wegen der Überziehung des Girokontos nicht stattgefunden hat. Das Oberlandesgericht München[61)] hat eine Vereinbarung, wonach die Abbuchung von Darlehensraten aus dem Girokonto nur dann wirksam sein soll, wenn sie aus einem Guthaben erfolgt, als zulässig angesehen. Jedoch begegnet eine zeitlich in keiner Form begrenzte Stornoklausel Bedenken nach § 307 Abs. 1 BGB.[62)]

6.71 Daher ist diese **Rückbuchungsmöglichkeit** in neueren Vertragsvordrucken auf drei Monate begrenzt. Trotzdem ist nicht sicher, ob die zitierte Klausel in allen Fällen zur Erhaltung der Bürgschaft oder sonstiger Sicherheiten führt. Dies erscheint zumindest dann fraglich, wenn auf dem Girokonto eine Kreditlinie eingeräumt war und die Abbuchungen zugunsten des Kreditkontos i. R. d. Dispositionsgrenze lagen. Einen ähnlichen Fall hatte das Oberlandesgericht Karlsruhe[63)] zu entscheiden. Das Gericht ist trotz § 356 HGB davon ausgegangen, dass eine Bürgschaft für ein Darlehen, das aus einem Kontokorrentkredit getilgt wird, wegen Tilgung der Hauptschuld erlischt. Aus der – allerdings angreifbaren – Begründung lässt sich schließen, dass auch die Vereinbarung der

---

58) BGH, Urt. v. 13.6.1988 – II ZR 324/87, ZIP 1988, 1105 = WM 1988, 1325, dazu EWiR 1988, 1025 *(Hadding)* und WuB I D 3. Scheckverkehr 15.88 *(Fischer)*.

59) Näheres *Terpitz*, Sparkasse 1989, S. 330, 332.

60) Schimansky/Bunte/Lwowski-*Bunte*, Bankrechts-Hdb., § 14 Rz. 37 ff.

61) OLG München, Urt. v. 18.1.1977 – 25 U 3809/76, WM 1977, 776.

62) Vgl. hierzu *Beise*, BB 1986, 1175.

63) OLG Karlsruhe, Urt. v. 10.11.1987 – 18 U 56/87, NJW-RR 1998, 1194, dazu EWiR 1988, 691 *(Fischer)*.

zitierten Rückbuchungsklausel nichts genützt hätte. In der Praxis der Kreditsicherungsverträgen könnte folgende Regelung das Problem lösen:

„Erstreckung auf Kontoüberziehungen

Werden die monatlichen Tilgungsraten für das Darlehen zu Lasten eines Girokontos des Hauptschuldners abgebucht und entsteht hierdurch eine Überziehung dieses Girokontos, so erstreckt sich die Bürgschaft nicht nur auf den noch auf dem Darlehenskonto geschuldeten Darlehensrest, sondern auch auf die durch die Ratenbelastung auf dem Girokonto des Hauptschuldners entstandene Kontoüberziehung bis zu einem Betrag von höchstens drei Monatsraten zuzüglich der hieraus aufgelaufenen Zinsen.“

6. Aufrechnungsbeschränkung

Eine Aufrechnung des Kunden mit Gegenforderungen ist nach Nr. 4 AGB-Bk/Nr. 11 AGB-Spk nur zulässig, wenn die **Gegenforderung unbestritten oder rechtskräftig** festgestellt ist. Bestreitet das Kreditinstitut die Aufrechnungsforderung und beruft es sich auf das Aufrechnungsverbot, so darf sich das Gericht nach einer Entscheidung des Bundesgerichtshofs[64)] nicht mehr mit der Aufrechnungsforderung befassen, sondern hat die Aufrechnung als unzulässig zurückzuweisen. Somit kann in dem von der Bank betriebenen Klageverfahren keine Sachentscheidung mit Rechtskraftwirkung über die nicht aufrechenbare Gegenforderung ergehen. 6.72

Die **Kreditinstitute sind nicht beschränkt**, ihrerseits mit Gegenforderungen aufzurechnen. Die Aufrechnungsbefugnis ergibt sich unmittelbar aus den §§ 387 ff. BGB. Die Aufrechnung mit Gegenforderungen kann grundsätzlich auch dann erklärt werden, wenn die Bank erkennt, dass die Aufrechnung für Dritte nachteilige Auswirkungen haben kann, da sich die Bank grundsätzlich nicht um das Verhältnis zwischen ihren Kunden und Dritten zu kümmern braucht.[65)] 6.73

In der zuletzt zitierten Entscheidung kommt das Oberlandegerichts Hamm aufgrund der konkreten Fallgestaltung zum gegenteiligen Ergebnis. Die Aufrechnung wurde ausnahmsweise für missbräuchlich erklärt, weil die Aufrechnungslage mangels vorheriger Fälligkeit der Gegenforderung erst während des Prozesses entstanden war und außerdem vom Schuldner irrtümlich herbeigeführt wurde (Veranlassung einer dem Schuldner selbst zustehenden Gutschrift auf ein Konto, für das er lediglich Kontovollmacht hatte). Die Entscheidung ist zwar nicht sehr konsequent, zeigt aber, dass die Rechtsprechung bei der Beurteilung der Aufrechnungsbefugnis **Billigkeitserwägungen** einfließen lässt. Als 6.74

---

64) BGH, Urt. v. 17.2.1986 – II ZR 285/84, ZIP 1986, 494 = WM 1986, 477, dazu EWiR 1986, 427 *(Koller)* und WuB I A. – Nr. 2 Abs. 1 AGB-Bk – 1.86 *(Bruchner)*.

65) BGH, Urt. v. 21.4.1971 – VIII ZR 233/69, WM 1971, 824; im Grundsatz ebenso OLG Hamm, Urt. v. 6.4.1984 – 11 U 220/83, WM 1985, 1288, dazu WuB IV A. – § 387 BGB – 5.86 *(Fischer)*.

missbräuchlich hatte auch der Bundesgerichtshof in einem Urteil vom 28. April 1987 die Aufrechnung mit einer Forderung angesehen, die die Bank in nicht banküblicher Weise allein zu dem Zweck erworben hatte, durch die Aufrechnung gegen eine Guthabenforderung ihres Kunden dem Zedenten die Möglichkeit des Zugriffs auf dessen Vermögen zu verschaffen.[66)]

VI. Preise, Entgelte, Auslagen

1. Leistungsbestimmungsrecht

6.75 Die AGB stellen klar, dass Kreditinstitute auch ohne Individualvereinbarung berechtigt sind, Entgelte zu fordern (Nr. 12 AGB-Bk/Nr. 17 AGB-Spk). Damit ist eine **originäre Rechtsgrundlage** für die Erhebung von Entgelten geschaffen. Dabei erkennt es die Rechtsprechung im Grundsatz an, wenn,

> „sich ein Kreditinstitut für Sonderleistungen, die nicht Gegenstand der vertraglichen Vereinbarungen sind, aber im Zusammenhang mit der Geschäftsverbindung stehen, die Erhebung eines angemessenen Entgeltes vorbehält. Vielmehr muss ihm – auch im Interesse des Kunden – unbenommen bleiben, neue Leistungen anzubieten und hierfür ein Entgelt zu nehmen."[67)]

Die **Höhe der Entgelte** ergibt sich aus dem „Preisaushang – Regelsätze im standardisierten Privatkundengeschäft" und ergänzend aus dem „Preisverzeichnis". Selbstverständlich gehen abweichende Preisvereinbarungen vor.

6.76 Die Rechtsprechung hat in der Kreditwirtschaft verwendete Preisklauseln in zahlreichen Urteile überprüft. Im Rahmen der AGB-Vorschriften bildet § 307 Abs. 3 BGB den Ausgangspunkt für die Frage, ob eine **Preisklausel** der gerichtlichen Überprüfung unterliegt. Nach § 307 Abs. 3 BGB unterliegen der Inhaltskontrolle nach § 307 Abs. 1 und 2 sowie nach § 308 und § 309 BGB nur solche Bestimmungen in Allgemeinen Geschäftsbedingungen, durch die von Rechtsvorschriften abweichende oder diese ergänzende Regelungen vereinbart werden. In Bezug auf § 307 Abs. 3 BGB hat die Rechtsprechung des Bundesgerichtshofs die grundlegende Unterscheidung zwischen **„Preisabrede"**, die wegen § 307 Abs. 3 BGB der Inhaltskontrolle entzogen ist und der kontrollfähigen **„Preisnebenabrede"** eingeführt. Unter Preisnebenabreden sind nach Auffassung des Bundesgerichtshofs Preisklauseln zu verstehen, die zwar mittelbare Auswirkungen auf Preis und Leistung haben, an deren Stelle aber, wenn eine wirksame vertragliche Regelung fehlt, das dispositive Gesetzesrecht treten kann. Diese Unterscheidung ist in der Literatur in vielfacher Hinsicht kritisiert wor-

---

66) BGH, Urt. v. 28.4.1987 – VI ZR 1, 43/86, ZIP 1987, 974 = WM 1987, 834, dazu EWiR 1987, 755 *(Rümker)* und WuB IV A. – § 387 BGB – 1.87 *(Schroeter)*; anders OLG Düsseldorf, Teil-Urt. v. 12.12.1985 – 6 U 103/85, ZIP 1986, 158 = WM 1986, 191, dazu EWiR 1986, 341 *(Engau)*.

67) BGH, Urt. v. 21.4.2009 – XI ZR 78/08, ZIP 2009, 1106, 1108 = WM 2009, 1077, dazu EWiR 2009, 393 *(Fornasier)*.

den:[68] Zum Einen ist in vielen Fällen eine Abgrenzung in Haupt- und Nebenleistung nicht immer eindeutig möglich. Zum Anderen muss es eine geschäftspolitische Entscheidung des jeweiligen Unternehmens bleiben können, wie die von ihm erbrachte Leistung gegenüber dem Kunden in Rechnung gestellt wird.

Liegt nach der vorzunehmenden Unterscheidung zwischen Preisabrede und Preisnebenabrede eine kontrollfähige Preisnebenabrede vor, ist Voraussetzung für die Erhebung eines Entgelts, dass es sich um die Erbringung einer Leistung seitens des Instituts handelt. Aus diesem Gesichtspunkt hat sich eine gefestigte Rechtsprechung des Bundesgerichtshofs[69] entwickelt. 6.77

Mit der vorstehend zitierten Entscheidung hatte der Bundesgerichtshof die bis Oktober 2009 in Nr. 17 Abs. 2 der AGB Spk (ähnlich Nr. 12 Abs. 3 AGB-Bk alt) verwendete Klausel für unwirksam erklärt. Sie regelte nach der vom Bundesgerichtshof angewandten kundenfeindlichsten Auslegung nicht nur, wie die Sparkasse Entgelte festlegen kann, sondern auch, ob Entgelte erhoben werden. Dabei sei nicht eindeutig ausgeschlossen, dass eine Bepreisung für Leistungen erfolgt, bei denen dies nach der Rechtsprechung des Bundesgerichtshofs nicht zulässig ist. Eine Leistung ist nach dieser Rechtsprechung zu verneinen, wenn

- lediglich eine gesetzliche Verpflichtung erfüllt wird;
- etwas bepreist wird, was lediglich als Bestandteil der allgemeinen Betriebskosten einzustufen ist;
- etwas bepreist wird, was mit einem anderen Leistungsentgelt bereits abgegolten ist;
- die Bank nur im eigenen Interesse tätig wird.

Die zum 31. Oktober 2009 neu gefassten AGB enthalten nunmehr eine Bestimmung, die klarstellt, dass kein Entgelt für Tätigkeiten berechnet wird, zu denen die Bank/Sparkasse gesetzlich oder aufgrund einer vertraglichen Nebenpflicht verpflichtet ist oder die sie im eigenen Interesse erbringt (Nr. 12 Abs. 3 AGB-B/ Nr. 17 Abs. 4 AGB-Spk). 6.78

Hierzu im Einzelnen:

a) Erfüllung einer gesetzlichen Verpflichtung

Der Bundesgerichtshof geht davon aus, dass eine Tätigkeit, die lediglich der Erfüllung einer gesetzlichen Verpflichtung dient, nicht bepreist werden 6.79

68) Ulmer/Brandner/Hensen-*Fuchs*, AGB-Recht, § 307 Rz. 75 ff., Wolf/Lindauer/Pfeiffer-*Wolf*, AGB-Recht, § 307 Rz. 303 ff.

69) So zuletzt BGH, Urt. v. 21.4.2009 – XI ZR 78/08, ZIP 2009, 1106, 1108 = WM 2009, 1077, m. w. N, dazu EWiR 2009, 393 *(Fornasier)*.

kann.[70] Kritiker[71] wenden gegen diese Fallgruppe ein, dass es keinen allgemeinen Rechtssatz des Inhalts gibt, dass Adressat einer gesetzlichen Verpflichtung die entstehenden Kosten selbst zu tragen habe. Zumindest müsse eine Bepreisung jedoch in den Fällen zulässig sein, in denen die Tätigkeit des Kreditinstituts einen doppelfunktionalen Charakter habe, d. h. indem sie bspw. zugleich der Erbringung einer gesetzlichen Verpflichtung diene und ein Dienstleistungselement gegenüber dem Kunden enthalte. Diese Rechtsprechung führt auch zu einer unsachgemäßen Kostenverlagerung vom Veranlasser auf Unbeteiligte, was beim Verbot der Bepreisung von Pfändungs- und Überweisungsbeschlüssen und bei der Bearbeitung von Anträgen auf staatliche Vorzüge (z. B. mehrfach geänderter Freistellungsauftrag) deutlich wird. Die Rechtsprechung wendet den Grundsatz, dass eine Bepreisung bei der Erfüllung gesetzlicher Verpflichtungen nicht zulässig sei, unabhängig davon an, ob es sich um eine gesetzliche Verpflichtung gegenüber dem Kunden oder um eine solche gegenüber dem Staat handelt.

b) Keine isolierte Bepreisung von Betriebskosten

6.80 Ein weiteres Abgrenzungskriterium zum Begriff der bepreisungsfähigen Dienstleistung ergibt sich aus dem vom Bundesgerichtshof vertretenen Standpunkt, dass „allgemeine Betriebskosten" grundsätzlich nicht gesondert gegenüber dem Kunden in Rechnung gestellt werden können.[72] Dies wird mit der Auffassung begründet, ein Kaufmann müsse seine Gemeinkosten in den Preis einkalkulieren und könne diese nicht nach dem Verursacherprinzip auf einzelne Kunden abwälzen.

c) Verbot, die gleiche Leistung doppelt zu bepreisen

6.81 Eine weitere vom Bundesgerichtshof entwickelte Fallgruppe betrifft das Verbot die gleiche Leistung doppelt zu bepreisen. Dieses Verbot erscheint konsequent. Eine intransparente Bepreisung darf im Ergebnis nicht dazu führen, dass die-

---

70) Vom BGH entschieden z. B. für Löschungsbewilligung – BGH, Urt. v. 7.5.1991 – XI ZR 244/90, BGHZ 114, 330 = ZIP 1991, 857, dazu EWiR 1991, 735 *(Heinrichs)*; für Freistellungsauftrag – BGH, Urt. v. 15.7.1997 – XI ZR 269/96, ZIP 1997, 1638 = NJW 1997, 2752, dazu EWiR 1997, 1057 *(Reifner/Tiffe)*; für Pfändungs- und Überweisungsbeschluss – BGH, Urt. v. 18.5.1999 – XI ZR 219/98, NJW 1999, 2276 = WM 1999, 1271; für Barauszahlung – BGH, Urt. v. 30.11.1993 – XI ZR 80/93, BGHZ 124, 254 = ZIP 1994, 21 = WM 1993, 2237, dazu EWiR 1994, 105 *(Hensen)*; für Benachrichtigung Nichteinlösung von Bankeinzügen – BGH, Urt. v. 13.2.2001 – XI ZR 197/00, ZIP 2001, 504 = NJW 2001, 1419, dazu EWiR 2001, 453 *(Reiff)*, u. a.

71) Z. B.: *Horn*, WM 1997, Sonderbeilage Nr. 1, S. 15.

72) BGH, Urt. v. 30.11.1993 – XI ZR 80/93, BGHZ 124, 254 = ZIP 1994, 21 = WM 1993, 2237, dazu EWiR 1994, 105 *(Hensen)*; BGH, Urt. v. 30.11.2004 – XI ZR 200/93, ZIP 2005, 245 = NJW 2005, 1275, dazu EWiR 2005, 419 *(Reiff)*; krit. hierzu Ulmer/Brandner/Hensen-*Fuchs*, AGB-Recht, § 307 Rz. 84 ff.

selbe Leistung mehrfach bepreist wird. Diese Fallgruppe ist jedoch abzugrenzen von der Aufspaltung einer Leistung in mehrere Teilleistungen und der einzelnen Bepreisung dieser Teilleistungen mit einem Teilentgelt. Eine derartige Aufspaltung und Bepreisung mit Teilentgelten muss weiterhin möglich sein.

d) Verbot der Bepreisung von Leistungen ausschließlich im „eigenen" Interesse

Ferner hat der Bundesgerichtshof entschieden, dass ein Kreditinstitut einen Vorgang dann nicht bepreisen kann, wenn es bei der Vornahme der in Rede stehenden Tätigkeit ausschließlich im eigenen Interesse tätig wird. Abgrenzungen sind bei dieser Fallgruppe problematisch, weil zahlreiche Tätigkeiten eines Instituts einen Doppelcharakter dahin gehend haben, dass zwar ein Eigeninteresse des Instituts besteht, aber gleichwohl auch im Interesse des Kunden gehandelt wird. In diesen Fällen muss es möglich sein, dem Kunden auch ein Entgelt in Rechnung zu stellen. 6.82

Ist eine am zuvor dargestellten Maßstab zulässige, individuelle „AGB-Vereinbarung" nicht getroffen und ist ein entsprechendes Entgelt im Preisaushang oder Preisverzeichnis nicht enthalten, so kann die Bank die Höhe ihrer Entgelte nach billigem Ermessen gemäß § 315 BGB bestimmen. Hinsichtlich der Zinsanpassung bei Kreditverträgen haben die hierzu ergangenen Grundsatzurteile des Bundesgerichtshofs bei den AGB-Banken dazu geführt, dass auf die jeweils geltende Kreditvereinbarung verwiesen wird (vgl. Nr. 12 Abs. 3 AGB-Bk).[73] 6.83

2. Zinsanpassungsklauseln

Das Leistungsbestimmungsrecht ist grundsätzlich auch für die **Vereinbarung variabler Zinsen** anerkannt. Zinsklauseln dieser Art sind – ebenso wie Preisvorbehalts- und Preisanpassungsklauseln – an der Generalklausel des § 307 BGB zu messen. Soweit Zinsklauseln ein einseitiges Leistungsbestimmungsrecht einräumen, sind diese dann wirksam, wenn für sie ein sachlicher Grund besteht. Das Bedürfnis der Banken, den Zinssatz den wechselnden und bei Vertragsabschluss meist nicht überschaubaren künftigen Refinanzierungsmöglichkeiten anzupassen, ist ein solcher Grund. Der Bundesgerichtshof begründet das berechtigte Interesse hierzu wie folgt: 6.84

> „In AGB enthaltene Preisanpassungsklauseln sind, insbesondere bei auf Dauer angelegten Geschäftsverbindungen wie Verträgen mit Kreditinstituten, zwar nicht grundsätzlich unwirksam. Sie sind ein geeignetes und anerkanntes Instrument zur **Bewahrung des Gleichgewichts von Preis und Leistung bei langfristigen** Verträgen. Sie dienen dazu, einerseits dem Verwender das Risiko langfristiger Kalkulation abzunehmen und ihm seine Gewinnspanne trotz nach-

73) Nachweise bei Schimansky/Bunte/Lwowski-*Bunte*, Bankrechts-Hdb., § 17 Rz. 52.

träglicher ihn belastender Kostensteigerungen zu sichern, und andererseits den Vertragspartner davor zu bewahren, dass der Verwender mögliche künftige Kostenerhöhungen vorsorglich schon bei Vertragsschluss durch Risikozuschläge aufzufangen versucht."[74)]

Diese an einer materiellen Inhaltskontrolle orientierten Maßstäbe des XI. Senats des Bundesgerichtshofs werden in der Literatur allerdings als mittelbare Preiskontrolle und damit als Verstoß gegen Art. 4 Abs. 2 der Europäischen AGB-Richtlinie[75)] kritisiert. Zu ähnlichen und marktwirtschaftlich vertretbaren Ergebnissen kämen andere Senate des Bundesgerichtshofs durch Anwendung des Transparenzgebots.[76)]

6.85 Anpassungsklauseln dürfen jedoch die Bank nicht einseitig begünstigen; dies setzt voraus, dass die Bank nicht nur zur Erhöhung des Zinssatzes berechtigt, sondern entsprechend der Kapitalmarktlage auch zur Herabsetzung verpflichtet ist. Die frühere Rechtsprechung nach der insoweit nicht eindeutige Klauseln nicht stets unwirksam, sondern im Zweifel in diesem Sinne auszulegen sind,[77)] hat der Bundesgerichtshof inzwischen aufgegeben. Auch Zinsanpassungsklauseln im Kreditgeschäft müssen demnach den allgemeinen Anforderungen an Preisanpassungsklauseln genügen.[78)] Sie müssen eindeutige, für den Kunden nachprüfbare Kriterien für Anlass und Umfang von Zinsanpassungen enthalten und das **Äquivalenz-Prinzip** gewährleisten. Behält sich die Bank Preiserhöhungen z. B. bei Kostensteigerungen vor, muss eine entsprechende spiegelbildliche Verpflichtung zur Weitergabe von Kostenminderungen an den Kunden geregelt sein. Außerdem dürfen bei Anknüpfung an Kostenkriterien nur die konkreten Kostensteigerungen abgewälzt werden. Eine Erhöhung darüber hinaus muss durch die Formulierung der Klausel ausgeschlossen sein. Wesentlich ist, dass das ursprüngliche Äquivalenzverhältnis von Leistung und Gegenleistung – selbst dann, wenn es für die Bank bei Vertragsschluss ungünstig war – auch nach Zinsanpassung erhalten bleibt. Ein Ermessen darf sich die Bank insoweit nicht vorbehalten. Schließlich muss die Klausel so transparent sein, dass der Kunde erkennen kann, in welchem Umfang und nach welchen nachprüfbaren Maßstäben er mit Zinsanpassungen rechnen muss.

---

74) BGH, Urt. v. 21.4.2009 – XI ZR 78/08, ZIP 2009, 1106, 1109 = WM 2009, 1077, m. w. N, dazu EWiR 2009, 393 *(Fornasier)*.

75) Richtlinie 93/13/EWG des Rates v. 5.4.1993, ABl. L 95 v. 21.4.1993, S. 29 ff.

76) *Fornasier* in: EWiR Nr. 17.2 AGB-Spk 2/2009, S. 393, 394 zu BGH, Urt. v. 21.4.2009 – XI ZR 78/08, ZIP 2009, 1106 = WM 2009, 1077.

77) BGH, Urt. v. 6.3.1986 – III ZR 195/84, ZIP 1986, 698 = WM 1986, 580, dazu EWiR 1986, 653 *(Köndgen)*; ebenso OLG Hamm, Urt. v. 16.11.1984 – 20 U 132/83, WM 1985, 159, dazu EWiR 1985, 261 *(Köndgen)* und WuB I A. – Nr. 14 AGB-Bk – 1.85 *(Becker)*.

78) BGH, Urt. v. 21.4.2009 – XI ZR 78/08, ZIP 2009, 1106 = WM 2009, 1077, dazu EWiR 2009, 393 *(Fornasier)*.

Nach Ansicht des Bundesgerichtshofs muss sich die Bank bei Zinsanpassungen grundsätzlich i. R. d. Zinssätze für Kredite dieser Art und Größenordnung halten, wie sie sich aus den in den Monatsberichten der Deutschen Bundesbank veröffentlichten Statistiken ergeben: bis Juni 2003 die Bundesbankstatistik und ab Januar 2003 die im Euro-Währungsgebiet erhobene „Zinsstatistik für monetäre Finanzinstitute". Bei einer Zinssatzänderung müssen vergleichbare Kreditnehmer vergleichbar behandelt werden; bei der Konditionsfindung muss deshalb eine **Orientierung am „Normalzinssatz"** des Instituts oder der betreffenden Niederlassung erfolgen.[79] **6.86**

Die Änderung der Zinsen muss dem Schuldner nach einem Urteil des Oberlandesgerichts Saarbrücken[80] mitgeteilt werden. In dem zugrunde liegenden Sachverhalt sollte der Kunde die Zinssatzänderung allein aus der Abrechnung erkennen. Das Gericht führt aus, dass eine Regelung, wonach die bankinterne Festsetzung allein maßgeblich sein soll, gegen § 9 Abs. 1 AGBG (heute § 307 BGB) verstößt. Nr. 12 Abs. 4 AGB-Bk erklärt daher ausdrücklich, dass **Zinsänderungen dem Kunden mitgeteilt** werden. Dies ändert nichts daran, dass es sich um ein einseitiges Leistungsbestimmungsrecht handelt. Eine irgendwie geartete Zustimmung des Schuldners ist nicht erforderlich. **6.87**

Bei einem langfristigen Darlehen mit Festzinsvereinbarung für einen beschränkten Zeitraum muss dem Darlehensnehmer zum Ablauf der Festzinsperiode ein Kündigungsrecht eingeräumt werden.[81] Das Recht, den Vertrag bei Veränderung der Konditionen zu kündigen, steht dem Kunden nach § 489 Abs. 2 BGB heute ohnehin zu. Seit Inkrafttreten des Risikobegrenzungsgesetzes folgt aus § 492a BGB für Immobiliardarlehen mit Verbrauchern ohnehin eine Informationspflicht der Bank, den Kunden drei Monate vor dem Auslaufen der Zinsbindung zu informieren. Mit dem Inkrafttreten des Zahlungsdiensteumsetzungsgesetzes gilt ab 10. Juni 2010 für Verbraucherkredite die Verpflichtung, den Kunden drei Monate vor Auslauf der Sollzinsbindung darüber und ggf. über die Höhe der neuen Sollzinsbindung zu unterrichten. Gleiches gilt für die Beendigung eines Verbraucherdarlehensvertrages für die Pflichtangaben, wenn gleichzeitig eine Fortführung des Darlehensvertrages angeboten wird. **6.88**

---

79) Weiteres zu den Gestaltungsmöglichkeiten, inhaltlichen Anforderungen und Schranken von Zinsanpassungsklauseln vgl. z. B. *von der Linden*, WM 2008, 195 und 381, *Borges*, DB 2006, 1999.

80) OLG Saarbrücken, Urt. v. 22.12.1987 – 7 U 42/86, NJW 1988, 3210, dazu EWiR 1989, 455 *(Vortmann)*; ebenso Palandt-*Grüneberg*, BGB, § 315 Anm. 11; a. A. OLG München, Urt. v. 22.9.1983 – 24 U 140/83, WM 1983, 1275.

81) BGH, Urt. v. 6.4.1989 – III ZR 281/87, ZIP 1989, 697 = WM 1989, 740, dazu EWiR 1989, 629 *(Hensen)* und WuB I E 4 – 5.89 *(Bellinger)*; anders noch BGH, Urt. v. 4.10.1984 – III ZR 199/83, WM 1985, 8, zu der etwas anderen Fallgestaltung, dass mit Ablauf der Festzinsperiode ein variabler Zinssatz gelten soll.

6.89 Die AGB räumen dem Kunden **bei Zinserhöhung ein Kündigungsrecht** innerhalb eines Monats nach Bekanntgabe der Änderung ein (Nr. 12 Abs. 4 Satz 2 AGB-Bk/Nr. 17 Abs. 2 Satz 5 AGB-Spk). Kündigt er, so wird bis zur Fälligkeit die Erhöhung nicht wirksam. Angesichts § 489 Abs. 1 Nr. 1 BGB hat die Bestimmung nur geringe Bedeutung (z. B. Verkürzung der Kündigungsfrist bei variablen Darlehen – vgl. § 489 Abs. 2 BGB). Andererseits lässt § 489 Abs. 1 Nr. 1 BGB eine Kündigung auch bei Herabsetzung der Zinsen zu, was für den Kunden interessant sein kann, wenn während der Zinsbindung das allgemeine Zinsniveau stärker gesunken ist als die Zinsherabsetzung durch seinen Darlehensgeber.

6.90 Die zum 31. Oktober 2009 neu gefassten AGB-Klauseln differenzieren bei der Regelung der Zinsänderung zwischen Verbraucherkrediten und sonstigen Darlehen. Nr. 12 Abs. 4 und 5 AGB-Bk (ähnlich Nr. 17 Abs. 5 und 6 ABG-Spk) nehmen auf die jeweilige Kreditvereinbarung mit dem Kunden Bezug. Änderungen von Entgelten werden dem Kunden spätestens zwei Monate vor dem vorgeschlagenen Zeitpunkt ihres Wirksamwerdens in Textform angeboten. Bei einer Erhöhung kann der Kunde, sofern nichts anderes vereinbart ist, die davon betroffene Kreditvereinbarung innerhalb von sechs Wochen nach der Bekanntgabe der Änderung mit sofortiger Wirkung kündigen. In diesem Falle werden die bisherigen Zinsen oder Entgelte weiter berechnet. Die Regelung enthält weiterhin eine Zustimmungsfiktion, wenn er eine Ablehnung der Änderung von Entgelten nicht vor dem vorgeschlagenen Zeitpunkt des Wirksamwerdens der Änderung anzeigt. Auf diese Genehmigungswirkung muss ihn die Bank nach ihren AGB besonders hinweisen. Die vorher geltende Regelung, die es dem Kunden ermöglichte, auch bei Herabsetzung der Zinsen außerordentlich zu kündigen, dürfte damit entfallen sein. Für Verbraucherdarlehen verweist die Regelung auf die gesetzlichen Bestimmungen. Dies bedeutet insbesondere, dass Information und Zinsangebot sich nach § 493 BGB (Informations- und Angebotsfrist drei Monate) richten.

3. Überziehungszinsen

6.91 Die Regelungen über Überziehungskredite wurden im BGB mit Wirkung zum 11. Juni 2010 neu gestaltet. Nach wie vor wird der Begriff Überziehungskredit im Verbraucherkreditrecht und in der Bankpraxis für unterschiedliche Sachverhalte etwas missverständlich gebraucht. Im engeren Sinne ist ein Überziehungskredit nur die vom Kunden außerhalb einer ausdrücklichen, vertraglichen Vereinbarung veranlasste, von der Bank jedoch vorübergehend geduldete Inanspruchnahme von Kapital – § 505 Abs. 1 BGB (**geduldeter Überziehungskredit**). § 504 BGB spricht hingegen vom **eingeräumten Überziehungskredit** und meint damit Kontokorrent- bzw. Dispositionskredite. Die Inanspruchnahme von Kredit ohne ausdrückliche Vereinbarung oder über den vereinbarten Betrag hinaus (Überziehung im engeren Sinne) ist als **selbständige Kreditart** zu werten[82], was inzwischen auch in der Gesetzeslage seinen Niederschlag gefunden hat.

Die Bank kann nach ihren AGB – regelmäßig in Verbindung mit dem Preisaushang bzw. dem Preis- und Leistungsverzeichnis – für jede der von ihr gebotenen Leistungsarten einen eigenen Preis mit dem Kunden vereinbaren, sofern sie die Anforderungen des §§ 504 und 505 BGB einhält, insbesondere die nach Art. 247 §§ 16 und 17 EGBGB erforderlichen Informationen erteilt. Der **höhere Zinssatz** rechtfertigt sich aus dem erhöhten Risiko und dem besonderen Arbeitsaufwand. Im Gegensatz zum Kontokorrentkredit, der als Kreditrahmen einmal eingeräumt und dann vom Kunden beliebig ausgenutzt werden kann, muss jede Überziehung einzelfallbezogen bonitätsabhängig geprüft und bewilligt werden (häufig im Wege der Nachdisposition). Außerdem bewegt sich der zunähst ungenehmigte Überziehungskredit oberhalb des von der Bank dem Kunden eingeräumten Limits und stellt als die (aufgedrängte) Spitze der Kreditgewährung naturgemäß das größte Risiko dar. 6.92

Die Höhe der Überziehungszinsen wird im Preisaushang gesondert ausgewiesen. § 505 Abs. 2 BGB verlangt für seinen Anwendungsbereich außerdem, dass das Kreditinstitut bei geduldeten Überziehungen eines laufenden Kontos für länger als einen Monat dem Kunden weitere Informationen in Textform zu Höhe, Zinssatz und sonstigen Konditionen der Überziehung gibt (Art. 247 § 17 Abs. 2 EGBGB). 6.93

4. Bereitstellungszinsen

Die Vereinbarung von Bereitstellungszinsen für die Zeit zwischen **Darlehenszusage und Darlehensauszahlung** ist rechtlich unbedenklich. Auch wenn von vornherein feststeht, dass die Darlehensauszahlung erst zu einem wesentlich späteren Zeitpunkt zu erwarten ist, bestehen gegen die Vereinbarung von Bereitstellungszinsen i. H. v. 0,25 % p. M. nach Auffassung des Bundesgerichtshofs keine Bedenken.[83] Die Bereitstellungszinsen stehen der Bank auch dann zu, wenn es nach Darlehenszusage nicht zur Auszahlung des Darlehens kommt.[84] Dies gilt nach einem Urteil des Oberlandesgerichts Hamm[85] selbst 6.94

82) OLG Hamm, Urt. v. 15.10.1982 – 19 U 170/82, ZIP 1983, 292 = WM 1983, 222; OLG Koblenz, Urt. v. 2.7.1986 – 7 U 736/85, WM 1987, 1389, 1391; OLG Nürnberg, Urt. v. 21.3.1990 – 4 U 3979/89, ZIP 1990, 1558 = WM 1990, 1370, 1372, dazu EWiR 1990, 967 *(Vortmann)*.

83) BGH, Urt. v. 6.3.1986 – III ZR 234/84, ZIP 1986, 833 = WM 1986, 577, dazu EWiR 1986, 531 *(Hensen)*; ausführlich: Schimansky/Bunte/Lwowski-*Bruchner*, Bankrechts-Hdb., § 78 Rz. 96.

84) BGH, Urt. v. 12.12.1985 – III ZR 184/84, ZIP 1986, 359 = WM 1986, 156, dazu EWiR 1986, 243 *(Rümker)*.

85) OLG Hamm, Urt. v. 6.10.1986 – 2 U 46/86, WM 1987, 105, dazu EWiR 1987, 129 *(Alisch)*.

dann, wenn die Bank von dem **Beleihungsvertrag zurückgetreten** ist, weil der Kreditnehmer Kreditunterlagen nicht beigebracht hat.

5. Nichtabnahmeentschädigung

6.95 Die Vereinbarung einer Nichtabnahmeentschädigung ist weder überraschend i. S. d. § 305c BGB, noch verstößt sie gegen § 307 BGB. Dies gilt auch, wenn sich die Bank für den Fall, dass die Unfähigkeit des Darlehensnehmers zur Erfüllung seiner Verpflichtungen (z. B. Beibringung werthaltiger Sicherheiten) bereits vor Ablauf der Abnahmefrist feststeht, das Recht vorbehält, sich von ihrem Darlehensversprechen zu lösen. Auch in diesem Fall ist sie berechtigt, pauschalierten **Schadensersatz für entgangenen Gewinn** (Nichtabnahmeentschädigung) zu verlangen.[86)]

6.96 Der Bundesgerichtshof hat entschieden, dass die Höhe der Nichtabnahmeentschädigung von dem Zeitraum abhängig sein muss, für den der Kreditgeber

> „nach den Darlehensbedingungen eine rechtlich geschützte Zinserwartung hatte".[87)]

Die Höhe der Nichtabnahmeentschädigung muss daher in einem **angemessenen Verhältnis zur Unkündbarkeit** des Darlehens bzw. zur Zinsbindungsfrist stehen oder von vornherein vertraglich von ihr abhängig gemacht werden. Notwendig ist nach § 309 Nr. 5 BGB, dass die Vereinbarung dem Kunden die Gelegenheit belässt, nachzuweisen, dass dem Kreditinstitut nur ein geringerer Schaden entstanden ist. Daneben kann, sofern vereinbart, die Erstattung von Bearbeitungsentgelten verlangt werden, wenn beides zusammen nicht den tatsächlichen Schaden bzw. den Rahmen des zulässigen pauschalierten Schadensersatzes überschreitet.

6.97 Bei **variabel verzinsten Darlehen** kann für die Berechnung des Zinsschadens (Zinsmarge gegenüber der Wiederanlage und bei gesunkenem Zinsniveau ggf. Zinsverschlechterungsschaden) daher nur die gesetzliche Kündigungsfrist nach § 489 Abs. 2 BGB zugrunde gelegt werden, bei befristeten Darlehen der Zeitraum bis zur Fälligkeit bei nächstmöglicher Kündigung durch den Darlehensnehmer.

6.98 Da es sich bei der Nichtabnahmeentschädigung um Schadensersatz handelt, kann entweder der konkrete Schaden in Rechnung gestellt oder eine Pauschale vereinbart werden. Gebräuchlich ist z. B. die Vereinbarung einer **Pauschale** von

---

86) BGH, Urt. v. 12.12.1985 – III ZR 184/84, ZIP 1986, 359 = WM 1986, 156, dazu EWiR 1986, 243 *(Rümker)*; ausführlich Schimansky/Bunte/Lwowski-*Bruchner*, Bankrechts-Hdb., § 80 Rz. 1 ff.

87) BGH, Urt. v. 12.3.1991 – XI ZR 190/90, ZIP 1991, 575 = WM 1991, 760, dazu EWiR 1991, 443 *(Derleder)*.

0,5 % p. a. für die unkündbare Restlaufzeit,[88)] aber auch höherer Sätze, z. B. 0,75 %.[89)]

Soll der **konkrete Schaden** ermittelt werden, z. B. weil keine Vereinbarung getroffen ist oder diese als zu hoch angesehen wird, so gelten die gleichen Berechnungsmethoden wie bei der Vorfälligkeitsentschädigung.[90)] – Zur Berechnung der Vorfälligkeitsentschädigung unten Rz. 6.107. **6.99**

6. Disagio/Damnum

Besonders im langfristigen Darlehensgeschäft ist die Vereinbarung einer zu Vertragsbeginn fälligen Einmalvergütung üblich. Diese wird vom Nominalbetrag des Darlehens abgezogen, sodass nur der um das Disagio verminderte Betrag zur Auszahlung kommt. Ursprünglich sollte das Disagio Kosten des Vertragsschlusses, die Bearbeitungsgebühr oder Auszahlungsrisiken usw. abdecken. In neuerer Zeit erhielt das Disagio aber mehr die **Funktion der Steuerung des Nominalzinssatzes** und entsprach häufig einem Kundenwunsch, da ein marktübliches Disagio gemäß § 11 Abs. 2 Satz 4 EStG als Werbungskosten oder Betriebsausgaben sofort steuerlich geltend gemacht werden kann (in der Regel bis maximal 5 %). **6.100**

Die Beurteilung des Rechtscharakters des Disagios hat sich entsprechend gewandelt. Ursprünglich hat der Bundesgerichtshof das Disagio als laufzeitunabhängige Einmalvergütung anerkannt.[91)] In Abweichung von dieser älteren Rechtsprechung hat der Bundesgerichtshof in mehreren Urteilen entschieden, dass das Disagio im Zweifel ein laufzeitabhängiger Ausgleich für einen niedrigeren Nominalzins ist, der **bei vorzeitiger Vertragsbeendigung dem Kunden anteilig zurückgewährt** werden muss.[92)] **6.101**

Dies gilt für Festzinsdarlehen ebenso wie für variable Darlehen. Der Bundesgerichtshof betont allerdings, dass je nach den Umständen im Einzelfall auch ein **anderer Parteiwille** – etwa eine laufzeitunabhängige Einmalvergütung – vereinbart sein kann. Das Oberlandesgericht Hamm legt hierbei strenge Maßstäbe **6.102**

88) OLG Zweibrücken, Urt. v. 1.12.1994 – 4 U 47/94, WM 1996, 621, dazu WuB I E 3. – 6.96 *(W. Weber)*.

89) Schimansky/Bunte/Lwowski-*Bruchner*, Bankrechts-Hdb., § 80 Rz. 8.

90) OLG Zweibrücken, Urt. v. 1.12.1994 – 4 U 47/94, WM 1996, 62.

91) BGH, Urt. v. 21.2.1985 – III ZR 207/83, ZIP 1985, 673 = WM 1985, 686, dazu EWiR 1985, 371 *(Mahler)*, und BGH, Urt. v. 12.12.1985 – III ZR 184/84, ZIP 1986, 359 = WM 1986, 156, dazu EWiR 1986, 243 *(Rümker)*.

92) BGH, Urt. v. 29.5.1990 – XI ZR 231/89, BGHZ 111, 287 = ZIP 1990, 848 = WM 1990, 1150, dazu EWiR 1990, 767 *(H.P. Westermann)*; ähnlich schon BGH, Urt. v. 1.6.1989 – III ZR 219/87, ZIP 1989, 903 = WM 1989, 1011, dazu EWiR 1989, 753 *(Vortmann)*.

an und hält eine Vertragsklausel, die eine Rückerstattung generell ausschließt, für unzulässig.[93)]

6.103 Eine laufzeitunabhängige Einmalvergütung kann aber dann vorliegen, wenn nach Höhe des Disagios und sonstigen **Begleitumständen** davon ausgegangen werden kann, dass z. B. Darlehensauszahlungs- und Bearbeitungsgebühren laufzeitunabhängig übernommen werden sollten.[94)] Auch bei zinsverbilligten Darlehen aus **öffentlichen Förderprogrammen** geht die Rechtsprechung davon aus, dass das Disagio nicht den Charakter eines laufzeitabhängigen Zinsbestandteils hat.[95)]

6.104 Die **Berechnung der anteiligen Erstattungspflicht** des Disagios bemisst sich regelmäßig nicht nach der Gesamtlaufzeit eines Darlehens, sondern nach der Zinsbindungsfrist.[96)]

6.105 Aus dem Zinscharakter ergibt sich, dass der Rückerstattungsanspruch bei Annuitätsdarlehen nicht linear, sondern **staffelmäßig**, abhängig vom jeweiligen Kapitalrest, berechnet werden kann. Bei einem tilgungsfreien Darlehen erfolgt eine lineare Verteilung des Darlehens über den Zeitraum der Zinsfestschreibung. Bei Annuitätsdarlehen ist der Nominalzinsanteil auf die Leistungsraten zu verteilen. Da damit der Zinsanteil laufend sinkt, ergibt dies im Zeitablauf einen sich verringernden Disagioanteil (Staffelzinsmethode).

6.106 Der Zeitraum der Disagioverrechnung beginnt nicht mit Vertragsschluss, sondern mit Vereinnahmung des Disagios – normalerweise der Darlehensvalutierung. Der **Verrechnungszeitraum** ist aufgrund der Preisangabenverordnung und der Pflichten nach § 492 Abs. 1 Satz 5 Nr. 5 BGB bei Vertragsschluss anzugeben. Dies bildet die Grundlage dafür, welcher Teil des Disagios als Zins bereits verbraucht und welcher Teil zurückzuerstatten ist.[97)]

7. Vorfälligkeitsentgelt

6.107 Will der Kunde ein Darlehen vorzeitig zurückzahlen, so ist zu unterscheiden: Soweit ihm ein **Kündigungsrecht** nach § 489 BGB zusteht, muss die Bank die vorzeitige Rückzahlung zulassen, auch wenn sie selbst eine längere vertragliche Bindung eingegangen ist. Das Kündigungsrecht darf nach § 489 Abs. 4 Satz 1

93) OLG Hamm, Urt. v. 2.6.1997 – 31 U 194/96, WM 1997, 2168.

94) LG Bielefeld, Urt. v. 21.2.1996 – 2 S 420/95, WM 1996, 1676, dazu WuB I E 3. – 11.96 *(Martinek)*.

95) BGH, Urt. v. 12.5.1992 – XI ZR 258/91, ZIP 1992, 825 = WM 1992, 1058, dazu EWiR 1992, 659 *(Alisch)*; BGH, Urt. v. 19.10.1993 – XI ZR 49/93, ZIP 1993, 1781 = WM 1993, 2204, dazu EWiR 1994, 29 *(v. Stebut)*.

96) BGH, Urt. v. 11.7.1995 – XI ZR 28/95, ZIP 1995, 1505 = WM 1995, 1617, dazu EWiR 1995, 1061 *(Steiner)* und WuB I E 3. – 5.95 *(Beckers)*.

97) BGH, Urt. v. 27.1.1998 – XI ZR 158/97, ZIP 1998, 418 = WM 1998, 495, dazu EWiR 1998, 449 *(Wehrt)* und WuB I E 3. – 4.98 *(Marburger)*.

BGB nicht ausgeschlossen oder erschwert werden. Daraus folgt, dass kein Entgelt oder Schadensersatz für die Kündigung nach § 489 BGB verlangt werden kann.[98] In Betracht kommt allenfalls die Vereinbarung von Aufwendungsersatz für den entstandenen zusätzlichen Abwicklungsaufwand,[99] was aber kaum konkretisierbar und rechtlich zweifelhaft ist.

Nicht selten will der Kunde das Darlehen jedoch **vor Ablauf der verbindlich vereinbarten** oder der gesetzlichen **Kündigungsfrist** nach § 489 BGB zurückzahlen. Die Gründe können in persönlichen Verhältnissen des Kunden oder in Wirtschaftlichkeitsüberlegungen (Verkauf des Grundstücks zur besseren Geldanlage; günstigere Finanzierungsmöglichkeit) liegen. Für die Bank ist dies nach dem Grundsatz pacta sunt servanda – Verträge sind einzuhalten – grundsätzlich unbeachtlich. **6.108**

Eine Ausnahme besteht jedoch dann, wenn dem Kunden ein berechtigtes Interesse zur Seite steh. Ein solches ist nach § 490 Abs. 2 BGB insbesondere dann gegeben, wenn der Darlehensnehmer „ein Bedürfnis nach einer anderweitigen Verwertung der Sicherheit des Darlehens beliehenen Sache hat" (Verkauf des Grundstücks wegen beruflicher Veränderung oder wirtschaftlicher Notlage). Mit Inkrafttreten des Schuldrechtsmodernisierungsgesetzes hat der Gesetzgeber mit § 490 Abs. 2 BGB die zu dieser Frage vom Bundesgerichtshof judizierte Rechtsprechung[100] umgesetzt, ohne sich auf die entscheidenden Fälle zu beschränken.[101] **6.109**

Unbeachtlich ist, aus welchen Gründen der Kunde die Grundstücksveräußerung beabsichtigt. Es kommt also nicht darauf an, dass er sich in einer besonderen Not- oder Zwangslage – beruflich veranlasster Umzug usw. – befindet. Außerdem soll ein Anspruch auf Ablösung auch dann bestehen, wenn der Kunde das beliehene Grundstück zur Absicherung eines beim Darlehensgeber nicht erhältlichen weiteren Kredits benötigt.[102] Damit besteht in typischen Fallkonstellationen eines vorzeitigen Ablösungswunsches auch ein entsprechender Anspruch gegenüber dem Kreditgeber. In anderen Situationen, vor allem dem Fall einer vorzeitigen Ablösung, um **günstigere Finanzierungskonditionen** bei einem anderen Institut zu erhalten, besteht ein solcher Anspruch nicht. **6.110**

98) Zu weiteren Fragen der Disagio-Berechnung vgl. BGH, Urt. v. 7.7.1988 – III ZR 111/87, ZIP 1988, 1450, dazu EWiR 1989, 127 *(Vortmann)*; OLG Hamburg, Urt. v. 18.6.1993 – 9 U 5/93, WM 1993, 1877, dazu EWiR 1994, 117 *(Vortmann)*, zu § 247 BGB a. F.

99) *Melzer*, BB 1995, 321, 322.

100) BGH, Urt. v. 1.7.1997 – XI ZR 267/96, ZIP 1997, 1641 = ZfIR 1997, 596 = WM 1997, 1747, dazu EWiR 1997, 921 *(Medicus)* und WuB I E 3. – 1.98 *(v. Heymann/Rösler)*.

101) Vgl. *Freitag*, WM 2001, 2370.

102) BGH, Urt. v. 1.7.1997 – XI ZR 197/96, ZIP 1997, 1646 = WM 1997, 1799, dazu EWiR 1997, 923 *(Metz)* und WuB I E 3. – 1.98 *(v. Heymann/Rösler)*.

6.111 Der Kreditnehmer muss dem Darlehensgeber gemäß § 490 Abs. 2 Satz 3 BGB **alle Nachteile ausgleichen,** die diesem durch die vorzeitige Ablösung entstehen. Das Kreditinstitut

> „soll durch die vorzeitige Rückzahlung des Darlehenskapitals und die Zahlung der Vorfälligkeitsentschädigung im wirtschaftlichen Ergebnis so gestellt werden, wie es stünde, wenn das Darlehen für den ursprünglich vereinbarten Festschreibungszeitraum fortgeführt und mit Zinsen bedient worden wäre".[103)]

Für Verbraucherdarlehen gilt jedoch eine ab 11. Juni 2010 eingeführte Sonderregelung des § 502 BGB, die eine Begrenzung der Schadensberechnung enthält.

6.112 Der Schaden kann neben dem **Zinsmargenschaden** auch den **Zinsverschlechterungsschaden** umfassen. Die Beträge sind auf den Zeitpunkt der Zahlung der Vorfälligkeitsentschädigung mit dem aktiven Wiederanlagezins abzuzinsen.[104)] Obwohl in der Rechtsprechung des Bundesgerichtshofs die Maßstäbe für die Vorfälligkeitsentschädigung erläutert wurden, ergab sich daraus keine Klarheit über die Details der möglichen **Berechnungsmethoden.** Zur Ermittlung des Zinsschadens kommen grundsätzlich zwei Methoden in Betracht:

6.113 Beim **Aktiv-Aktiv-Vergleich** werden die mit dem Kunden vereinbarten, noch ausstehenden Vertragszinsen mit den Zinsen verglichen, die für ein neues Darlehen für den Zeitraum, der der Restlaufzeit des aufzuhebenden Darlehens entspricht, mit dem Kunden vereinbart würden. Der **Aktiv-Passiv-Vergleich** stellt den Unterschied zwischen den noch geschuldeten Zinsen des aufzuhebenden Darlehens und den marktüblichen Renditen fristenkongruenter Kapitalmarkttitel öffentlicher Schuldner gegenüber.[105)] Diesbezüglich hat der Bundesgerichtshof mit Urteil vom 30. November 2004[106)] festgestellt, dass für die Berechnung der Vorfälligkeitsentschädigung der Pfandbriefindex (PEX) nicht geeignet ist, da diesem nicht tatsächlich gehandelte, sondern synthetische Pfandbriefe zugrunde liegen – d. h. nicht Umsätze, sondern lediglich Angebote – und der PEX daher das Marktgeschehen nicht real abbilde.

6.114 Die errechnete Differenz ist um **ersparte Verwaltungskosten** und kalkulatorische **Kosten für das Darlehensrisiko** zu kürzen und der Betrag unter Zugrundelegung des aktiven Wiederanlagezinses abzuzinsen. Die Bank kann ferner ein angemessenes Entgelt für den zusätzlichen Aufwand verlangen.[107)] Details zur laufzeit-

---

103) BGH, Urt. v. 1.7.1997 – XI ZR 267/96, ZIP 1997, 1641 = ZfIR 1997, 596 = WM 1997, 1747, dazu EWiR 1997, 921 *(Medicus)*.

104) OLG München, Urt. v. 30.3.1998 – 31 U 6090/96, WM 1998, 1484, dazu WuB I E 3. – 7.98 *(Marburger)*.

105) BGH, Urt. v. 1.7.1997 – XI ZR 267/96, ZIP 1997, 1646 = ZfIR 1997, 596 = WM 1997, 1747, dazu EWiR 1997, 821 *(Medicus)*.

106) BGH, Urt. v. 30.11.2004 – XI ZR 285/03, ZIP 2005, 293 = WM 2005, 322, dazu EWiR 2005, 291 *(Knops)*.

107) OLG Hamm, Urt. v. 3.11.1997 – 31 U 95/97, WM 1998, 1811, dazu WuB I E 3. – 9.98 *(Frings)*; ähnlich OLG Schleswig, Urt. v. 8.1.1998 – 5 U 124/95, WM 1998, 861, dazu WuB I E 3. – 5.98 *(Rösler)*.

und fristenkongruenten Abrechnung, zum Abzug von ersparten Verwaltungs- und Risikoaufwendungen, zur Berücksichtigung einer Bearbeitungsgebühr u. a. sind in Literatur und Rechtsprechung ausführlich erläutert.[108)]

Lässt die Bank eine vorzeitige Darlehensablösung zu, ohne dass eine Verpflichtung hierzu besteht, so kann das Nichtabnahmeentgelt grundsätzlich frei vereinbart werden. Allerdings ist auch hier eine Orientierung an den geschilderten Schadensersatzgesichtspunkten üblich. Jedenfalls darf die Grenze des § 138 BGB nicht überschritten werden. Die Vereinbarung eines Vorfälligkeitsentgeltes kann auch zum Inhalt haben, dass ein nach Laufzeit noch nicht verbrauchtes Disagio einbezogen und demnach nicht oder nicht vollständig rückerstattet wird. Es sollte dann aber in der Abgeltungsvereinbarung eindeutig klargestellt werden, dass die Ansprüche des Darlehensnehmers einschließlich derer auf anteilige Rückerstattung eines Disagios mit der **Aufhebungsvereinbarung** abgegolten sind.[109)] 6.115

8. Kontoführungspreise

Die Kreditinstitute wenden sehr unterschiedliche Preismodelle für die Kontoführung an. Die bis in die 70er Jahre überwiegend **kostenlose Führung von Privatgirokonten** war von den meisten Kreditinstituten zwischenzeitlich aufgegeben worden (Ausnahmen z. B. Schüler- und Studentenkonten und vereinzelt als generelles Angebot, z. B. Postbank ab bestimmter Umsatzhöhe), wird heute aber wieder zunehmend angeboten. Ein Anspruch des Kunden auf eine kostenlose Kontoführung besteht indes nicht und wäre auch sachwidrig. Denn die Abwicklung von Aufträgen über das Girokonto ist eine der Hauptleistungen der Kreditinstitute für ihre Kunden. Wird diese Hauptleistung kostenlos erbracht, so müsste eine verursacherfremde Verlagerung der entstehenden Kosten und notwendigerweise zu erzielenden Gewinne auf andere Kunden erfolgen. Dies ist im Grundsatz kaum vertretbar. Der Gesichtspunkt der Kapitalnutzung aus dem sog. Bodensatz (durchschnittliche Guthaben auf den Konten, meist nicht oder niedrig verzinst) deckt bei einem durchschnittlichen Girokonto die Kosten auch nicht annähernd. Die von den Kreditinstituten verwendeten **Preismodelle** knüpfen teilweise an die Anzahl der Aufträge an. Dabei wird häufig nach Kostenaufwand differenziert, wobei individuelle, beleggebundene (z. B. Über- 6.116

---

108) Schimansky/Bunte/Lwowski-*Bruchner/Krepold*, Bankrechts-Hdb., § 79 Rz. 39 ff. und *Rösler/Wimmer/Lang*, Vorzeitige Beendigung von Darlehensverträgen, S. 158 ff. sowie die in den vorstehenden Fundstellenhinweisen zitierten Urteilsbesprechungen zu OLG Hamm, OLG Schleswig, OLG München und BGH; ausführlich *Lang/Beyer*, WM 1998, 897 ff.

109) Zur Zulässigkeit einer solchen Vereinbarung vgl. BGH, Urt. v. 5.10.1993 – XI ZR 35/93, WM 1993, 2001, 2005 = ZIP 1993, 1609, dazu EWiR 1993, 1151 *(Wittkowski)*, und BGH, Urt. v. 8.10.1996 – XI ZR 283/95, ZIP 1996, 1895 = WM 1996, 2047, dazu EWiR 1996, 1113 *(Reifner)*; a. A. offenbar *Melzer*, BB 1995, 321, 323 (Schlussbemerkung, jedoch ohne Begründung).

weisungen, Scheckeinzug usw.) und Bartransaktionen teurer sind als beleglose Vorgänge (z. B. Dauerauftrag, Lastschrifteinzug, Aufträge im Datenträgeraustausch u. a. bzw. die Geschäftsabwicklung mit Hilfe des Internet). Zunehmend werden auch – je nach Kontonutzung – differenzierende Pauschalmodelle eingeführt oder Mischsysteme mit einem Grundpreis und einem Postenpreis. Grundsätzlich handelt es sich dabei um eine kontrollfreie Preisbestimmung.[110)]

6.117 Abweichend von der Vorinstanz[111)] hatte jedoch der Bundesgerichtshof[112)] einen **Preis für die Barein- und Barauszahlung** beim eigenen Konto für eine kontrollfähige Nebenabrede gehalten und nach § 9 AGBG (§ 307 BGB) für unzulässig erklärt. Bartransaktionen resultierten aus einem mit dem Girovertrag verbundenen, ausdrücklich oder stillschweigend vereinbarten Verwahrungsvertrag oder einem entsprechenden (Kontokorrent-)Kreditvertrag. Der Bundesgerichtshof begründet das Verbot der Entgeltlichkeit von Barzahlungen am Schalter im wesentlichen damit, dass die Bank damit nur ihrer Hauptpflicht aus dem Verwahr- bzw. Darlehensverhältnis nachkomme. Er hält es für eine unangemessene Benachteiligung, für die Erfüllung dieser Hauptleistungspflicht nach § 270 BGB ein Entgelt zu berechnen. Den aus wirtschaftlicher Sicht im Vordergrund stehenden Dienstleistungscharakter der laufenden Bargeldversorgung der Kunden erkennt der Bundesgerichtshof nicht an. Die Entgeltlichkeit der Barauszahlung über Geldautomaten lässt die Entscheidung zu, sofern dem Kunden die Möglichkeit verbleibt, am Schalter Bargeld kostenlos zu erhalten. Die Entscheidung hat erhebliche Kritik hervorgerufen, da sie eine lebensfremde Qualifizierung der Bargeldversorgung durch die Kreditinstitute voraussetze und eine verursachergerechte Preisgestaltung verhindere. Außerdem fördere das Ergebnis den Trend zu pauschalen Preismodellen, die die sozial schwachen Kontonutzer eher belasten.[113)]

6.118 Eine Ausnahme soll nach Ansicht des Bundesgerichtshofs[114)] gelten, wenn eine **Freipostenregelung** mit mindestens fünf Freiposten pro Monat vereinbart ist. In dem vom Bundesgerichtshof für rechtmäßig erkannten Fall hatte eine Sparkasse in den neuen Bundesländern für die Kontoführung einen Pauschalpreis

---

110) Zu der in der Rechtsprechung nicht immer konsequent getroffenen Abgrenzung von nicht kontrollfähiger Preisvereinbarung und kontrollfähiger Preisnebenabrede vgl. Schimansky/Bunte/Lwowski-*Bunte*, Bankrechts-Hdb., § 5 Rz. 52e ff., mit zahlreichen praktischen Beispielen von Preis- und Preisnebenabreden in der Kreditwirtschaft.

111) OLG Frankfurt, Urt. v. 11.2.1993 – 6 U 180/91, ZIP 1993, 502 = WM 1993, 742, dazu EWiR 1993, 419 *(Pfeiffer)* und WuB IV B. – § 8 AGBG – 1.93 *(Habersack)*.

112) BGH, Urt. v. 30.11.1993 – XI ZR 80/93, BGHZ 124, 254 = ZIP 1994, 21 = WM 1993, 2237, dazu EWiR 1994, 105 *(Hensen)* und WuB IV B. – § 8 AGBG – 1.94 *(Fischer)*.

113) Vgl. *Graf v. Westphalen*, WM 1995, 1209; WuB IV B. – § 8 AGBG – 1.94 *(Fischer)*.

114) BGH, Urt. v. 7.5.1996 – XI ZR 217/95, ZIP 1996, 1079 = WM 1996, 1080, dazu EWiR 1996, 817 *(Chr. Klaas)* und WuB IV C. – § 8 AGBG – 2.96 *(Horn)*; anders nach OLG Naumburg, Urt. v. 3.8.1995 – 4 U 34/95, WM 1995, 1578, dazu EWiR 1995, 941 *(Huff)* und WuB IV C. – § 8 AGBG – 1.95 *(Engau)*.

von 3 DM und zuzüglich 0,40 DM für beleghafte und 0,25 DM für beleglose Transaktionen berechnet. In dem Pauschalpreis waren fünf kostenfreie Transaktionen umfasst, sodass der Kunde fünfmal bar ein- oder bar auszahlen konnte, ohne den Postenpreis in Rechnung gestellt zu bekommen.

9. Sonstige Preise und Auslagen

Die Einzelverträge insbesondere im Darlehensbereich enthalten eine Reihe weiterer Preisklauseln. Auch werden für zahlreiche **Einzelleistungen** Preise berechnet, die im bankgeschäftlichen Sprachgebrauch häufig als „Gebühren" bezeichnet werden (tatsächlich handelt es sich auch insoweit um Preise oder Entgelte, da Gebühren Entgelte für behördliche Leistungen sind). Beispiele sind „Gebühren" für Auskünfte, Beglaubigungen, Rangrücktrittserklärungen u. a., die nicht zu beanstanden sind, da es sich um zusätzliche Sonderleistungen handelt, die mit der Vertragsabwicklung nicht zwangsläufig verbunden sind.[115)] **6.119**

Hingegen hat der Bundesgerichtshof[116)] in einer grundlegenden Entscheidung das Entgelt für die **Löschungsbewilligung** der Grundschuld trotz Ausweises im Preisverzeichnis für eine unangemessene Benachteiligung gemäß § 9 Abs. 1 AGBG (heute § 307 BGB) erklärt. Die Löschungsbewilligung stelle keine selbständige Dienstleistung für den Kunden dar. Die Bank erfülle vielmehr ihre aus § 1144 BGB folgende eigene Verpflichtung. In einer analogen Anwendung der für die Quittungserteilung geltenden Regelung in § 369 BGB dürfen hierfür allenfalls Kosten (z. B. Beglaubigungsgebühren), jedoch kein selbständiges Entgelt berechnet werden. Daraus kann der generelle Schluss gezogen werden, dass für zwangsläufig mit der Hauptleistung verbundene Nebenleistungen kein gesondertes Entgelt berechnet werden darf. **6.120**

Ebenso hatte der Bundesgerichtshof[117)] entschieden, dass die Bank für die **Nichtausführung von Zahlungsverkehrsaufträgen** – insbesondere einer Lastschrift – wegen fehlender Deckung kein Entgelt in AGB vereinbaren kann. Es liege ein Verstoß sowohl gegen § 9 Abs. 1 als auch gegen Abs. 2 Nr. 1 AGBG (heute § 307 Abs. 1 bzw. Abs. 2 Nr. 1 BGB) vor. Die Verweigerung der Ausführung des Zahlungsauftrags bzw. der Einlösung einer Lastschrift mangels Deckung entspreche nicht dem Auftrag des Kunden und erfolge lediglich im **6.121**

---

115) Vgl. OLG Köln, Urt. v. 11.1.1982 – 22 U 123/81, ZIP 1982, 157 – Auskünfte; OLG Frankfurt, Urt. v. 20.9.1990 – 6 U 117/88, WM 1990, 2036 – Rangrücktrittserklärung, dazu EWiR 1991, 3 *(Vortmann)*; LG Frankfurt/M., Urt. v. 19.4.1988 – 2/13 O 438/87, WM 1988, 1664 – Beglaubigung, dazu EWiR 1989, 215 *(Parthe)*.

116) BGH, Urt. v. 7.5.1991 – XI ZR 244/90, ZIP 1991, 857 = WM 1991, 1113, dazu EWiR 1991, 735 *(Heinrichs)*.

117) BGH, Urt. v. 21.10.1997 – XI ZR 5/97, ZIP 1997, 2151 = WM 1997, 2298, dazu EWiR 1998, 49 *(Canaris)* und WuB IV C. – § 9 AGBG – 3.98 *(Grundmann/Burg)*; BGH, Urt. v. 21.10.1997 – XI ZR 296/96, ZIP 1997, 2153 = WM 1997, 2300, dazu EWiR 1998, 339 *(Reifner/Tiffe)*.

Eigeninteresse der Bank. Eine Überwälzung des eigenen Arbeitsaufwands als Entgelt sei nicht zulässig.

6.122 Der Bundesgerichtshof hat allerdings die Frage, ob ein – ggf. pauschalierter – **Schadensersatzanspruch** besteht, ausdrücklich offen gelassen und nur darauf hingewiesen, dass bei der im Streitfall zugrunde gelegten Klausel keine Möglichkeit des Kunden bestand, einen geringeren Schaden nachzuweisen. Ein solcher Schadensersatzanspruch kann sich vor allem daraus ergeben, dass den Kunden eine Vertragspflicht trifft, für ausreichende Deckung oder eine entsprechende Kreditlinie zu sorgen.[118)] Der Aufwand, der aus der schuldhaften Nichterfüllung dieser Pflicht entsteht, könnte als Schadens- oder Aufwendungsersatzanspruch geltend gemacht werden. Dies dürfte jedenfalls bei Weisungen des Kunden (Überweisungsaufträge, Scheckeinzug usw.) – ggf. pauschaliert – gerechtfertigt sein.

6.123 Bei der Lastschrifteinlösung scheidet ein Schadensersatzanspruch jedoch aus anderem Grunde aus. Nach der herrschenden Genehmigungstheorie besteht vor Genehmigung durch den Kunden (meist fingiert durch Unterlassung des Widerspruchs gegen die Lastschrift) kein Rechtsverhältnis zwischen Bank und Kunde mit Bezug auf die **Lastschrift**. Geht die Lastschrift zurück, so besteht keine Rechtspflicht zur Bereithaltung von Deckung.[119)]

6.124 Bei der Verweigerung der Lastschrifteinlösung durch die Bank muss diese den Kunden über die Nichteinlösung benachrichtigen. Dies könnte als vergütungspflichtige Leistung des Instituts angesehen werden, weshalb verschiedene Kreditinstitute, sog. **Benachrichtigungsentgelte** bei deckungslos zurückgewiesenen Lastschrifteinzügen in Rechnung gestellt haben. (Anerkannt vom Amtsgericht Buxtehude und vom Amtsgericht Haßfurt; a. A. Amtsgericht Lennestadt).[120)] Demgegenüber hat der Bundesgerichtshof mit Urteil vom 13. Februar 2001[121)] auch eine AGB-Bestimmung, nach denen die Bank für die Benachrichtigung des Kontoinhabers über die **Nichteinlösung von Schecks und Lastschriften** sowie über die Nichtausführung von Überweisungen und Daueraufträgen wegen fehlender Deckung ein Entgelt fordert, für unwirksam erklärt.

6.125 Weiterhin hatte der Bundesgerichtshof ein Entgelt für die **Verwaltung von Freistellungsaufträgen** für unzulässig erklärt.[122)] Dabei ging es um die steuer-

118) Zweifelnd Schimansky/Bunte/Lwowski-*Schimansky*, Bankrechts-Hdb., § 49 Rz. 36.

119) BGH, Urt. v. 8.3.2005 – XI ZR 154/04, ZIP 2004, 798 = WM 2005, 874.

120) AG Buxtehude, Urt. v. 7.9.1998 – 31 C 682/98, WM 1999, 270; AG Haßfurt, Urt. v. 12.11.1998 – 1 C 452/98, WM 1999, 271; AG Lennestadt, Urt. v. 7.1.1999 – 3 C 561/98, ZIP 1999, 358, dazu EWiR 1999, 977 *(Metz/Strube)*.

121) BGH, Urt. v. 13.2.2001 – XI ZR 197/00, ZIP 2001, 504 = NJW 2001, 1419, dazu EWiR 2001, 453 *(Reiff)*.

122) BGH, Urt. v. 15.7.1997 – XI ZR 269/96, ZIP 1997, 1638 = WM 1997, 1663, dazu EWiR 1997, 1057 *(Reifner/Tiffe)* und WuB IV C. – § 8 AGBG – 3.97 *(Langbein)*; ebenso BGH, Urt. v. 15.7.1997 – XI ZR 279/96, ZIP 1997, 1640 = WM 1997, 1665.

liche Regelung, nach der damals 6.000 DM (bzw. heute 801 Euro und bei Verheirateten 1.602 Euro) an Kapitaleinkünften steuerfrei bleiben. Durch eine entsprechende Freistellungserklärung kann der Steuerpflichtige gegenüber seinem Kreditinstitut erreichen, dass bis zu diesem Betrag Abgeltungssteuer nicht erhoben wird. Der Kunde kann seine Freistellungsaufträge auch auf mehrere Kreditinstitute splitten und dementsprechend laufend ändern. Der damit verbundene Verwaltungsaufwand der Kreditinstitute ist hoch. Das BGH-Urteil setzte sich erneut über die Bedenken gegen eine nach § 8 AGBG unzulässige Preiskontrolle hinweg und hält die Vereinbarung des Entgelts für eine Preisnebenabrede. Er setzt sich damit in Widerspruch zu den meisten OLG-Entscheidungen[123] und begründet seine Auffassung im Wesentlichen damit, die Bearbeitung von Freistellungsaufträgen entspreche einer durch die **Steuergesetze auferlegten Pflicht des Kreditinstituts**. Dies gelte auch für die nachträgliche Änderung von Freistellungsaufträgen. Die Entscheidung des Bundesgerichtshofs hat erhebliche Kritik ausgelöst, sowohl aus Rechtsgründen, als auch deshalb, weil sie erneut eine verursachergerechte Kostenverteilung zugunsten einer pauschalen Überwälzung auf die Gesamtheit unterstützt.

Die Preisverzeichnisse der Kreditinstitute enthielten häufig auch Entgelte für **6.126** die Abgabe der **Drittschuldnererklärung** und die Bearbeitung einer **Pfändung.** Pfändungs- und Überweisungsbeschlüsse verursachen in einem Kreditinstitut regelmäßig erhebliche Kosten. Zumindest mittelbar sind sie vom Kunden veranlasst, indem er rechtskräftig festgestellte Forderungen seiner Gläubiger nicht befriedigt. Auch hier hat der Bundesgerichtshof eine Überwälzung dieser Kosten aufgrund gesetzlich durch die ZPO auferlegter Rechtspflichten im Wesentlichen aus denselben Gründen wie bei der Entscheidung zu den Freistellungsaufträgen für unzulässig erklärt.[124] Schon vorher hatten das Oberlandesgericht Düsseldorf und das Oberlandesgericht Köln[125] ein Entgelt für die Bearbeitung von Pfändungs- und Überweisungsbeschlüssen als Verstoß gegen § 9 Abs. 1 und Abs. 2 Nr. 1 AGBG (heute § 307 BGB) gewertet. Der Bundesgerichtshof hat zu zahlreichen weiteren Entgeltvereinbarungen positiv oder negativ Stellung genommen. Eine detaillierte Liste solcher entscheidenden Preisvereinbarungen findet sich im Bankrechtshandbuch.[126]

Nicht kontrollfähig ist nach Auffassung des Bundesgerichtshofs eine Klausel, **6.127** in der eine Sparkasse in Allgemeinen Geschäftsbedingungen ein Entgelt für die

---

123) OLG-Entscheidungen zum Entgelt für Verwaltung von Freistellungsaufträgen, zitiert bei *Langbein*, WuB IV C. – § 8 AGBG – 3.97.

124) BGH, Urt. v. 18.5.1999 – XI ZR 219/98, ZIP 1999, 1090 = WM 1999, 1271.

125) OLG Düsseldorf, Urt. v. 29.7.1998 – 6 U 205/97, ZIP 1998, 1580 = WM 1998, 2013 und OLG Köln, Urt. v. 11.12.1998 – 6 U 46/98, WM 1999, 633, dazu EWiR 1999, 387 *(Siller)*.

126) Schimansky/Bunte/Lwowski-*Bunte*, Bankrechts-Hdb., § 17 Rz. 25 ff. und *Bunte*, AGB-Banken, Nr. 12 Rz. 287 ff.

Ausstellung eines neuen Sparkassenbuches ohne Kraftloserklärung nach Verlust des alten vereinbart.[127)]

6.128 **Mahngebühren** kann die Bank allenfalls dann verlangen, wenn der Kunde bereits in Verzug ist, nicht hingegen, wenn die Mahnung den Verzug erst begründet.[128)] Eine Schadenspauschale darf den üblicherweise zu erwartenden Schaden gemäß § 309 Nr. 5 BGB nicht übersteigen. Eine Mahngebühr von mehr als 5 DM ist nach Ansicht des Landgerichts Frankfurt[129)] danach unzulässig. Für die Zulässigkeit der entsprechenden Preisposition im Preis- und Leistungsverzeichnis ist es ferner bedeutsam, dass diese dem Kunden den Nachweis gestattet, dass der Schaden niedriger als die Pauschale ist. Von der Bank selbst **verauslagte Kosten** (Porti, Telefonkosten usw.) können nach Nr. 12 Abs. 6 AGB-Bk/Nr. 18 AGB-Spk dem Kunden in Rechnung gestellt werden, soweit diese dem Auftrag oder dem mutmaßlichen Interesse des Kunden entsprechen und nicht allgemeine Geschäftskosten sind.

10. Wertstellung

6.129 Der Zeitpunkt, zu dem Gutschriften oder Belastungen auf einem Girokonto in die **Zinsrechnung** eingehen (Wertstellung), wurde von den Kreditinstituten meist im Preisverzeichnis geregelt. Früher wurden Gutschriften z. B. aus Einzahlungen, Scheckeinzügen usw. einen oder mehrere Tage nach dem tatsächlichen Vorkommen wertgestellt, während Belastungen in der Regel taggleich verrechnet wurden. Der Bundesgerichtshof hat in einer grundlegenden Entscheidung[130)] diese Wertstellungspraxis – jedenfalls soweit sie Bareinzahlungen auf Girokonten betrifft – und in einer weiteren Entscheidung aus dem Jahre 1997 auch für den kaufmännischen Verkehr[131)] für unwirksam erklärt. Dabei hat der Bundesgerichtshof allerdings eine pauschalierende Wertstellung für den Einzug von Lastschriften (Schecks, Lastschrifteinzüge usw.) zugelassen, wenn der hinausgeschobene Zeitpunkt der Wertstellung der durchschnittlichen Einzugsdauer entspricht (z. B. drei bzw. fünf Arbeitstage bei Auslandseinzügen).[132)]

---

127) BGH, Urt. v. 7.7.1998 – XI ZR 351/97, ZIP 1998, 1391 = WM 1998, 1623, dazu EWiR 1998, 865 *(Siller)* und WuB I A 3. – Nr. 17 AGB-Sp 1993 – 1.99 *(Sonnenhol)*.

128) LG Verden, Urt. v. 17.12.1986 – 8 O 362/86, WM 1987, 422, dazu EWiR 1987, 657 *(Fischer)*.

129) LG Frankfurt/M., Urt. v. 19.4.1988 – 2/13 O 438/87, WM 1988, 1664 – Beglaubigung, dazu EWiR 1989, 215 *(Parthe)*.

130) BGH, Urt. v. 17.1.1989 – XI ZR 54/88, ZIP 1989, 154 = WM 1989, 126, dazu EWiR 1989, 111, 112 *(Köndgen)* und WuB I A. – Nr. 14 AGB-Bk – 2.89 *(M. Wolf)*.

131) BGH, Urt. v. 17.6.1997 – XI ZR 239/96, ZIP 1997, 1540 = WM 1997, 1661 = NJW 1997, 3168, dazu EWiR 1997, 913 *(H. Huber)*; ausführlich besprochen von *Borges*, WM 1998, 105.

132) BGH, Urt. v. 6.5.1997 – XI ZR 208/96, ZIP 1997, 1146 = WM 1997, 1192, dazu EWiR 1997, 723 *(Bülow)*.

Seit 31. Oktober 2009 ist im Zusammenhang mit der Umsetzung der EG-Zahlungsdiensterichtlinie in § 675t BGB eine gesetzliche Reglung zum Wertstellungsdatum (**taggleiche Wertstellung**) und zur Verfügbarmachung von Geldbeträgen nach Erbringung von Zahlungsdiensten getroffen worden. 6.130

VII. Sicherheiten

1. Anspruch auf Bestellung von Sicherheiten

Nr. 13 Abs. 1 AGB-Bk/Nr. 22 Abs. 1 AGB-Spk begründen einen generellen Anspruch der Bank auf Bestellung oder Verstärkung von Sicherheiten für die Ansprüche aus der bankmäßigen Geschäftsverbindung. Die Bestellung der Sicherheit wird normalerweise im Einzelvertrag vereinbart. Die AGB-Regelung wird vor allem dann relevant, wenn die bestellten Sicherheiten nicht mehr ausreichen oder ein Kredit zunächst ohne Sicherheiten gewährt wurde. Voraussetzung für dieses **Nachsicherungsrecht** ist, dass aufgrund nachträglich eintretender oder bekannt gewordener Umstände, z. B. aufgrund einer drohenden oder eingetretenen Verschlechterung der wirtschaftlichen Verhältnisse des Kunden, eines Mithaftenden oder Bürgen oder des Werts bestehender Sicherheiten eine veränderte Risikolage eintritt. Auch wenn die Bank zunächst die Bestellung der vereinbarten Sicherheiten nicht verlangt, liegt darin kein Verzicht auf ihr vertragliches Besicherungsrecht.[133] 6.131

Auch die Gewährung eines ungesicherten Kredits oder die Bestellung bestimmter Sicherheiten ist grundsätzlich nicht als Ausschluss des Nachsicherungsanspruches zu verstehen. Ist hingegen ausdrücklich vereinbart, dass nur bestimmte oder bei einem **Blankokredit** keine Sicherheiten bestellt werden, so entfällt der Nachsicherungsanspruch.[134] 6.132

Dies wird im Zweifel der Fall sein, wenn in einem Kreditvordruck bei der Rubrik „Sicherheiten" das Wort „keine" eingetragen ist. Dieses Verständnis ist ausdrücklich in Nr. 13 Abs. 2 Satz 4 AGB-Bk geregelt. Die Bank hat aber die Möglichkeit, bei Gefährdung des Kredits durch Verschlechterung der Vermögenslage des Kunden eine **Kündigung aus wichtigem Grund** anzudrohen (Nr. 19 Abs. 3 AGB-Bk/Nr. 26 Abs. 2 AGB-Spk), die der Kunde durch Bestellung geeigneter Sicherheiten abwenden kann. Ein Nachsicherungsrecht besteht außerdem wegen § 494 Abs. 6 Satz 2 und 3 BGB bei **Verbraucherkrediten** nicht, es sei denn, der Nettokreditbetrag übersteigt 75.000 Euro. 6.133

Die Bank muss bei ihrer Forderung zur Bestellung oder Verstärkung von Sicherheiten eine angemessene **Frist** einräumen. Wenn die Bank von ihrem Recht zur außerordentlichen Kündigung nach Nr. 19 Abs. 3 AGB-Bk/Nr. 26 Abs. 2 6.134

---

133) OLG Koblenz, Urt. v. 27.11.1984 – 3 U 1124/83, WM 1986, 61.

134) Baumbach/Hopt-*Hopt*, HGB, Nr. 13 AGB-Bk Rz. 7; ähnlich Schimansky/Bunte/Lwowski-*Bunte*, Bankrechts-Hdb., § 18 Rz. 23, 24. und *Bunte*, AGB-Banken, Nr. 13 Rz 316.

AGB-Spk Gebrauch machen will, falls der Kunde keine hinreichenden Sicherheiten bestellt, muss sie hierauf ebenfalls zuvor hinweisen. Unterlässt sie dies, so kann sie erst kündigen, wenn sie erneut den Kunden mit entsprechender Fristsetzung zur Bestellung von Sicherheiten aufgefordert hat. Für Verbraucherdarlehen enthalten die AGB einen ausdrücklichen Vorbehalt, sofern die gesetzlichen Bestimmungen (z. B §§ 498 f. BGB) zwingende abweichende Regelungen vorsehen (Nr. 19 Abs. 4 AGB-Bk/Nr. 26 Abs. 3 AGB-Spk).

6.135 Von einem **Bürgen** kann allerdings die **Bestellung von Sicherheiten** nicht verlangt werden, auch dann nicht, wenn die AGB aufgrund anderer Kundenbeziehung mit ihm vereinbart sind. Denn der Bundesgerichtshof sieht das Leitbild der Bürgschaft als ausschließlich persönliche Verpflichtung, die nicht durch Sicherheiten unterlegt werden muss.[135] Die Bank kann jedoch vom Hauptschuldner die Verstärkung von Sicherheiten verlangen oder die außerordentliche Kündigung androhen, wenn die Bürgschaftsverpflichtungen zu ihrer Sicherung nicht mehr ausreichen. Der Hauptschuldner kann dann den Bürgen veranlassen, neben seiner persönlichen Verpflichtung (Dritt-)Sicherheiten zu bestellen.

2. AGB-Pfandrecht

6.136 Die Geltung der AGB-Pfandklausel nach Nr. 14 AGB-Bk/Nr. 21 AGB-Spk, nach der im Grundsatz alle i. R. d. bankmäßigen Geschäftsverbindung in die Verfügungsgewalt der Bank gelangten Gegenstände als Pfand für ihre Ansprüche gegen den Kunden dienen, ist allgemein anerkannt.[136] Mit Vereinbarung der AGB entsteht somit ein Pfandrecht nach §§ 1204 ff. BGB zugunsten der Bank/Sparkasse. Es erfasst **jede Art von Wertgegenständen**, also auch Wertpapiere, Schecks, Wechsel und Forderungen des Kunden gegen die Bank selbst, soweit diese mit Willen des Kunden in die Verfügungsgewalt der Bank gekommen sind.[137]

6.137 Mit der sog. **Filialklausel** (Nr. 14 Abs. 2 Satz 1 AGB-B) soll klargestellt werden, dass sämtliche Ansprüche – auch solche, die ihr bei ihren in- oder ausländischen Zweigstellen zustehen – durch das AGB-Pfandrecht gesichert sind. Der Regelungsgehalt der Filialklausel, die sich in den AGB-Spk nicht findet, ist schwer erkennbar, denn die Ansprüche stehen der Bank als einheitliche juristische Person zu. Dabei kommt es nicht drauf an, mit welcher Außenstelle (oder über das

135) BGH, Urt. v. 11.10.1984 – IX ZR 73/83, ZIP 1984, 1454 = WM 1984, 1465; BGH, Urt. v. 25.9.1990 – XI ZR 142/89, ZIP 1990, 1392 = WM 1990, 1910, dazu EWiR 1990, 1197 *(Brink)* und WuB I F 1 a. – 6.91 *(Ott)*.

136) *Canaris*, Bankvertragsrecht, Rz. 2656.

137) BGH, Urt. v. 29.11.1984 – IX ZR 44/84, ZIP 1985, 150 = WM 1985, 78, dazu EWiR 1985, 25 *(Rümker)*; BGH, Urt. v. 9.6.1983 – III ZR 105/82, ZIP 1983, 1053 = WM 1983, 926.

Internet, den Briefverkehr usw.) die Ansprüche begründet wurden. Das AGB-Pfandrecht sichert hingegen ohne entsprechende vertragliche Vereinbarung keine Ansprüche von juristisch selbständigen Tochterunternehmen oder sonstigen Konzernmitgliedern.

Dem AGB-Pfandrecht unterliegen nicht nur alle bestehenden, sondern auch **künftige und bedingte Ansprüche,** die der Bank zustehen. Nach einem Nichtannahmebeschluss des Bundesgerichtshofs[138)] sollen **Rückgriffsansprüche aus Bürgschaftsleistungen** von Sparkassen für deren Avalkreditnehmer nicht durch das Pfandrecht gesichert sein. Das AGB-Pfandrecht entsteht nach dieser Entscheidung erst mit Fälligkeit der Bürgschaftsverpflichtung. Zwar erkennt der Bundesgerichtshof weiterhin an, dass es auf den Zeitpunkt der Entstehung der Forderung nicht ankommt, da das AGB-Pfandrecht grundsätzlich auch für künftige Forderungen bestellt ist. Nr. 21 Abs. 3 Satz 3 AGB-Spk sichert aber Ansprüche gegen Kunden aus übernommenen Bürgschaften erst ab deren Fälligkeit. Obwohl der Bundesgerichtshof erkennt, dass mit der AGB-Spk-Regelung der umgekehrte Fall gemeint ist, nämlich die Inanspruchnahme des Kunden aus einer von ihm für Verbindlichkeiten eines anderen Kunden der Sparkasse übernommenen Haftung, wendet er die Bestimmung nach der Unklarheitenregelung gemäß § 305c Abs. 2 BGB auch auf den vorliegenden Fall an. Die Bankenfassung (Nr. 14 Abs. 2 Satz 2 AGB-Bk) ist insoweit klarer. Sparkassen können sich somit bei Avalübernahmen vor Fälligkeit der Avalverpflichtung nicht auf ihr AGB-Pfandrecht verlassen, sondern sollten sich erforderlichenfalls gesondert Sicherheiten bestellen lassen. **6.138**

Die Entstehung des AGB-Pfandrechts – auch an künftigen Forderungen – bewirkt ein **vorrangiges Pfandrecht**. Dies gilt auch für die Guthaben des Kunden z. B. auf Girokonten, Sparkonten usw. Gegenstand des Pfandrechts ist hier die eigene Verbindlichkeit der Bank gegenüber dem Kunden (also ein „Pfandrecht an eigener Schuld").[139)] Daher geht das AGB-Pfandrecht einer Kontenpfändung vor.[140)] **6.139**

Dies gilt nach der Entscheidung des Oberlandesgerichts Hamm[141)] auch bei der Pfändung des **Anspruchs des Pfändungsschuldners gegen seine Bank** auf Inanspruchnahme eines vereinbarten Kredits. Das vorrangige AGB-Pfandrecht der Bank verhindert einen Zahlungsanspruch des Pfändungsgläubigers auf Auszahlung des Kredits. **6.140**

138) BGH, Urt. v. 3.11.1998 – XI ZR 346/97, ZIP 1999, 103 = WM 1998, 2463, dazu EWiR 1999, 129 *(H.-W. Eckert)*.

139) BGH, Urt. v. 9.6.1983 – III ZR 105/82, ZIP 1983, 1053 = WM 1983, 926, 927.

140) BGH, Urt. v. 29.11.1984 – IX ZR 44/84, ZIP 1985, 150 = WM 1985, 78, dazu EWiR 1985, 25 *(Rümker)*; BGH, Urt. v. 9.6.1983 – III ZR 105/82, ZIP 1983, 1053 = WM 1983, 926.

141) OLG Hamm, Urt. 4.11.1985 – 2 U 242/84, WM 1986, 372, dazu WuB I A. – Nr. 19 AGB-Bk – 1.86 *(Häuser)*.

6.141 Allerdings bewirkt der zeitliche Vorrang der Vereinbarung des AGB-Pfandrechts bereits bei Aufnahme der Geschäftsbeziehung nicht etwa die Unpfändbarkeit z. B. von Girokonten. Dies ergibt sich aus § 357 Satz 1 HGB. Beauftragt der Kunde die Bank, nach Pfändung z. B. einen Überweisungsauftrag auszuführen, so geht der Aufwendungsersatzanspruch dem **Anspruch des Pfändungsgläubigers** nicht vor. Wurde allerdings der Auftrag bereits vor der Pfändung erteilt, jedoch anschließend ausgeführt, so gilt § 357 Satz 2 HGB. Danach ist der Aufwendungsersatzanspruch des Instituts vorrangig gegenüber dem Pfandrecht des Pfändungsgläubigers, kann also noch in die laufende Rechnung eingestellt werden.

6.142 Kein AGB-Pfandrecht entsteht, am **Inhalt von Schließfächern** oder an der Bank übergebenen **Verwahrstücken**, weil die Bank regelmäßig keinen Besitz am Inhalt erlangt. Auch wenn sie nach Kündigung und unterlassener Abholung das Schließfach bzw. die Verpackung des Stücks öffnet, erlangt sie Besitz daran ohne den für die Entstehung des AGB-Pfandrechts notwendigen Übertragungswillen des Kunden. In den Schließfach- bzw. Verwahrbedingungen ist aber regelmäßig für diesen Fall ein besonderes Pfand- oder Verwertungsrecht vereinbart.

6.143 Das AGB-Pfandrecht entsteht nicht, wenn dies mit der **Zweckbestimmung** des der Forderung zugrunde liegenden Geschäfts nicht vereinbar ist, wie Nr. 14 Abs. 3 Satz 1 AGB-Bk/Nr. 21 Abs. 2 AGB-Spk ausdrücklich bestimmen. Dies ist z. B. der Fall, wenn der Bank Gelder durch Bareinzahlung oder Überweisung mit dem Auftrag zugeleitet werden, den Gegenwert einem Dritten gutzuschreiben. Außerdem wird vor allem bei Geschäften mit Kreditcharakter hinsichtlich des Auszahlungsanspruchs bzw. hinsichtlich der zum Diskont eingereichten Wechsel häufig deshalb kein Pfandrecht entstehen, weil die Verfügungsmöglichkeit über den Gegenwert wesentliches Element des zugrunde liegenden Kreditvertrags ist.

6.144 Ist das AGB-Pfandrecht wegen der Zweckbestimmung des Geschäfts ausgeschlossen, so kann ein **Pfändungspfandrecht** eingreifen. Dies hat das Oberlandesgericht Düsseldorf festgestellt.[142] In dem entschiedenen Fall war die Bank in einem Grundstückskaufvertrag angewiesen worden, den auf das Girokonto des Verkäufers überwiesenen Grundstückskaufpreis zur Tilgung der auf dem Grundstück lastenden Grundschulden zu verwenden. Das Gericht sah darin eine Zweckbestimmung, die das AGB-Pfandrecht ausschließt. Eine vor Eingang des Geldes ausgebrachte umfassende Pfändung des Girokontos konnte diesen Betrag jedoch erfassen.

---

142) OLG Düsseldorf, Urt. v. 23.6.1988 – 10 U 23/88, ZIP 1988, 1173 = WM 1988, 1688, dazu EWiR 1988, 845 *(Werhahn)* und WuB I A – Nr. 19 AGB-Bk – 1.89 *(Sonnenhol)*.

Ebenso besteht an einem vom Mieter eingerichteten **Mietkautionskonto** nach einem Urteil des Oberlandesgerichts Nürnberg[143] kein AGB-Pfandrecht. Im vorliegenden Falle hatte der Mieter das Mietkautionskonto mit dem entsprechenden Sperrvermerk angelegt. Die Bank beruft sich jedoch auch gegenüber dem Vermieter auf ihr Pfandrecht wegen ihrer Ansprüche gegen den Mieter. Das Oberlandesgericht Nürnberg hält dies für unzulässig, obwohl ein Vertragsverhältnis nur zwischen Bank und Mieter bestand. Dies hat die praktische Auswirkung, dass dem Sperrvermerk eine Schutzwirkung zugunsten des nicht an dem Sparkontovertrag beteiligten Vermieters zukommt. **6.145**

Weiterhin entsteht kein Pfandrecht, wenn der Pfandgegenstand dem Kunden nur treuhänderisch zur Verfügung steht – also insbesondere beim **offenen Treuhandkonto.** Erforderlich ist hierzu jedoch, dass der Kunde die treuhänderische Bindung gegenüber der Bank bei Kontoeröffnung offen legt. Angesichts der weiten Fassung des Begriffs des wirtschaftlich Berechtigten (vgl. § 1 Abs. 6 GwG) dürfte es nicht genügen, dass der Kunde i. R. d. Identifizierungspflicht (§ 3 Abs. 1 Nr. 1 GwG) mitteilt, dass er für fremde Rechnung handelt und die Bank dies in den Kontoführungsunterlagen vermerkt.[144] **6.146**

Wenn der Kunde erst **später offen legt**, dass er für fremde Rechnung handelt, wird dadurch das Pfandrecht nicht aufgehoben. Wenn die Bank in diesem Falle allerdings ihr Pfandrecht rückwirkend an erst nach Offenlegung eingehenden Geldern des Treugebers geltend macht, kann ein Schadensersatzanspruch nach § 826 BGB gegeben sein.[145] **6.147**

Der **Ausschluss des AGB-Pfandrechts** setzt eine entsprechende, zumindest konkludente Willensäußerung des Kunden voraus. Einer einvernehmlichen vertraglichen Regelung bedarf es zum Ausschluss des Pfandrechts hingegen nicht.[146] Der Bundesgerichtshof hat daher die Geltung der Pfandklausel auch in einem Fall angenommen, in dem der Bank zwar bekannt war, dass Kontoguthaben für bestimmte Bauvorhaben eines Bauträgers bestimmt waren und nur nach Baufortschritt ausgezahlt werden sollten, eine treuhänderische Bindung des Kontoinhabers jedoch nicht bekannt war.[147] **6.148**

---

143) OLG Nürnberg, Urt. v. 15.5.1998 – 8 U 4293/97, ZIP 1998, 1222 = WM 1998, 1968, dazu EWiR 1998, 769 *(H.-G. Eckert)* und WuB I A 2. – Nr. 14 AGB-Bk 1993 – 1.98 *(Heemann)*.

144) Vgl. *Kümpel*, Bank- und Kapitalmarktrecht, Rz. 6.93.

145) BGH, Urt. v. 25.9.1990 – XI ZR 94/89, ZIP 1990, 1463 = WM 1990, 1954; dazu EWiR 1991, 47 *(Parthe)*.

146) Schimansky/Bunte/Lwowski-*Bunte*, Bankrechts-Hdb., § 19 Rz. 43 und 46.

147) BGH, Urt. v. 14.3.1985 – III ZR 186/83, ZIP 1985, 523 = WM 1985, 688, dazu EWiR 1985, 333 *(Krohn)* und WuB I A. – Nr. 19 AGB-Bk – 3.85 *(Fischer)*; anders allerdings für Baugeld i. S. d. Gesetzes über die Sicherung von Bauforderungen (GSB) BGH, Urt. v. 13.10.1987 – VI ZR 270/86, ZIP 1987, 1436 = WM 1987, 1457, dazu EWiR 1988, 59 *(Alisch)* und WuB I A. – Nr. 19 AGB-Bk – 1.88 *(Fischer)*.

6.149 Für bestimmte Kreditverhältnisse bestellte Sicherheiten werden im Grundsatz nicht von der Pfandklausel erfasst, da die **spezielle Sicherheitenbestellung** als den AGB vorgehende „Individualabrede" zu verstehen ist. Meistens wird jedoch in den Sicherungsverträgen eine erweiterte Sicherungszweckerklärung vereinbart, nach der die verpfändeten oder zur Sicherung übertragenen Gegenstände für sämtliche Forderungen des Kreditinstituts haften, sodass insoweit auch ohne Pfandklausel ein entsprechend weiter Sicherungszweck gilt.

6.150 Umgekehrt ist zweifelhaft, ob die Pfandklausel auch für Forderungen aus einem **Blankokredit** geltend gemacht werden kann. Es könnte die Auffassung vertreten werden, dass sich aus dem Wesen des Blankokredits ein Verzicht auf Sicherungen und damit auch ein Verzicht auf die Anwendung der AGB-Pfandklausel herleiten lässt. Andererseits bedeutet der Verzicht auf Bestellung besonderer Sicherheiten nicht zwangsläufig, dass bereits vorher aufgrund der Pfandklausel vereinbarte Sicherungen nicht gelten sollten. Im Übrigen liegt der Grund für eine Blankokreditgewährung häufig gerade darin, dass die Wertgegenstände, über die die Bank verfügt, eine besondere Sicherheit entbehrlich erscheinen lassen. Daher sprechen die besseren Gründe dafür, dass die Pfandklausel auch Ansprüche aus Blankokrediten sichert. Ist allerdings weder ein klarstellender Hinweis auf die Geltung des AGB-Pfandrechts im Kreditvertrag enthalten und ausdrücklich vereinbart, dass keine Sicherheiten bestellt werden müssen, dürfte das AGB-Pfandrecht nicht gelten.

3. Freigabeverpflichtung

6.151 Nr. 16 Abs. 2 AGB-Bk/Nr. 22 Abs. 2 AGB-Spk gewähren einen schuldrechtlichen Freigabeanspruch des Kunden für nicht mehr benötigte Sicherheiten. Die Kreditverträge bzw. die Sicherungsabreden enthalten in der Regel eine entsprechende Freigabeverpflichtung, sodass die AGB-Bestimmung nur als Auffangregel dient (näheres siehe Kap. 9 Kredit und Kreditsicherung).

4. Sicherheitenverwertung

6.152 Nach der Rechtsprechung des Bundesgerichtshofs ist es grundsätzlich erforderlich, die Verwertung von Sicherheiten so **rechtzeitig anzukündigen**, dass der Kunde eine hinreichende Möglichkeit zur Abwendung hat oder Einwendungen vorbringen kann.[148] Die AGB der Sparkassen (Nr. 21 Abs. 5 Satz 1) regeln dies ausdrücklich, da eine Verwertung nur zulässig ist,

> „wenn der Kunde seinen Verbindlichkeiten bei Fälligkeit und trotz Mahnung mit angemessener Nachfrist und unter Androhung der Verwertung entsprechend § 1234 Abs. 1 BGB nicht nachkommt".

---

148) BGH, Urt. v. 7.7.1992 – XI ZR 274/91, ZIP 1992, 1068 = WM 1992, 1359, dazu EWiR 1992, 835 *(Kohte)*; ähnlich schon BGH, Urt. v. 22.6.1989 – III ZR 72/88, ZIP 1989, 968 = WM 1989, 1086, dazu EWiR 1989, 837 *(M. Wolf)* und WuB I F 4. – 4.89 *(Bruchner)*.

Im Übrigen beschränkt sich die AGB-Regelung bei Banken und Sparkassen (Nr. 17 Abs. 1 AGB-Bk/Nr. 21 Abs. 5 Satz 2 AGB-Spk) auf die Feststellung, dass die Bank bei **mehreren Sicherheiten die Wahl** hat, welche sie verwerten will, bei dieser Auswahl jedoch auf die berechtigten Belange des Kunden und von Drittsicherungsgebern Rücksicht nehmen muss. Die Bank ist allerdings nicht verpflichtet, Sicherheiten zu verwerten, sondern kann – z. B. bei Untersicherung – diese zunächst behalten und in das sonstige Vermögen vollstrecken lassen. Im Übrigen sind die früher in den AGB enthaltenen Detailregelungen über die Art der zulässigen Verwertung meist in den Einzelverträgen geregelt. 6.153

VIII. Kündigung der Geschäftsverbindung

Wenn nichts anderes vereinbart ist, kann sowohl die Bank als auch der Kunde die gesamte Geschäftsverbindung oder einzelne Geschäftsbeziehungen **jederzeit ohne Einhaltung einer Kündigungsfrist** und ohne Angabe von Gründen ordentlich kündigen (Nr. 18 Abs. 1 und 19 Abs. 1 AGB-Bk/Nr. 26 AGB-Spk). 6.154

Eine **Teilkündigung** einzelner nicht abtrennbarer Leistungselemente – z. B. Lastschriften abzubuchen, Daueraufträge auszuführen und in Bankbriefkästen eingeworfene Überweisungen zu bearbeiten – eines zu banküblichen Bedingungen geschlossenen Girovertrags ist hingegen unzulässig. Denn dies würde nach einem Urteil des Bundesgerichtshofs vom 8. November 2005[149)] einseitig den Inhalt des Vertrages verändern, ohne dass es sich bei den gekündigten Leistungen um abtrennbare Geschäftsbeziehungen i. S. v. Nr. 19 Abs. 1 Satz 1 AGB-Bk handelt. 6.155

Die Bank ist nach der ausdrücklichen AGB-Regelung weiterhin verpflichtet, die Belange des Kunden angemessen zu berücksichtigen und insbesondere nicht zur Unzeit zu kündigen. Nach Nr. 19 Abs. 1 Satz 1 AGB-Bk muss die Bank bei Kündigung einer Geschäftsbeziehung außerhalb des Bereichs von Krediten und Kreditzusagen eine **angemessene Kündigungsfrist** einhalten. Sie beträgt bei Zahlungsdiensteverträgen (laufende Konten oder Kartenverträge) und Depots mindestens zwei Monate (vgl. auch § 675 Abs. 2 Satz 2 BGB). Hat die Bank dem Kunden für die Kündigung eines Kontos entgegen Nr. 19 Abs. 1 Satz 3 AGB-Bk eine kürzere Kündigungsfrist gesetzt, wird die Kündigung gleichwohl mit Ablauf von zwei Monaten wirksam.[150)] Auch bei Überziehungskrediten ist die grundsätzlich fristlose, ordentliche Kündigung – bei Berücksichtigung des Kundeninteresses – zulässig, insbesondere nicht nach § 499 BGB ausgeschlossen (vgl. § 505 Abs. 4 BGB) und auch nicht nach § 307 BGB unangemessen.[151)] 6.156

---

149) BGH, Urt. v. 8.11.2005 – XI ZR 74/05 (LG Mainz), ZIP 2006, 175 = NJW 2006, 430 = WM 2006, 179, dazu EWiR Nr. 19 AGB-Bk 1/06, 321 *(Hensen)*.

150) BGH, Urt. v. 8.11.2005 – XI ZR 74/05 (LG Mainz), ZIP 2006, 175 = NJW 2006, 430 = WM 2006, 179, dazu EWiR Nr. 19 AGB-Bk 1/06, 321 *(Hensen)*.

151) OLG Köln, Urt. v. 22.1.1999 – 6 U 70/98, WM 1999, 1004; ebenso Vorinstanz LG Köln, Urt. v. 25.2.1998 – 26 O 90/97, WM 1998, 1067, dazu WuB I A 2. – Nr. 19 AGB-Bk 1993 – 2.98 *(Livonius)*.

6.157 Für die Praxis bedeutsamer ist das **Kündigungsrecht aus wichtigem Grund** ohne Einhaltung einer Kündigungsfrist. Ein wichtiger Grund liegt vor, wenn die Fortsetzung der Geschäftsbeziehung dem Kündigenden nicht mehr zugemutet werden kann. Allerdings muss es sich um neue Umstände handeln, die die Unzumutbarkeit begründen. Lagen sie schon bei Vereinbarung der Geschäftsbeziehung vor und waren der Bank bekannt, so stellt dies grundsätzlich keinen wichtigen Grund dar.[152] Aber auch dabei sind die berechtigten Belange des anderen Vertragspartners zu berücksichtigen, wie die AGB-Reglung in Nr. 19 Abs. 3 Satz 1 AGB-B/Nr. 26 Abs. 2 Satz 2 AGB-Spk ausdrücklich feststellt. Nach dem in der Kündigungsregelung der AGB aufgezählten Beispielskatalog ist ein außerordentliches Kündigungsrecht insbesondere dann gegeben, wenn eine wesentliche Verschlechterung oder Gefährdung der Vermögensverhältnisse des Kunden eintritt (Zahlungseinstellung, Wechselprotest usw.), wenn er seiner Verpflichtung zur Bestellung oder Verstärkung von Sicherheiten nicht nachkommt, wenn er falsche Angaben über seine Vermögensverhältnisse usw. macht und dies für die Bank von Bedeutung ist u. a. Solche Gründe sind in der Rechtsprechung anerkannt.[153]

6.158 Auch **andere Gründe** können eine außerordentliche Kündigung rechtfertigen, so z. B. die Drohung des Kunden, seine Zahlungsunfähigkeit zu erklären und die Zahlungen einzustellen,[154] oder unberechtigte Vorwürfe und Belästigungen[155] der Bankmitarbeiter oder wenn der Kunde die Bank für unseriöse Geschäfte benutzt.[156]

6.159 Das Verbot der **Kündigung zur Unzeit**[157] ergibt sich aus dem Verbot des Rechtsmissbrauchs und dem sich aus dem Dauerschuldverhältnis ergebenden Vertrauensschutz in Analogie zu den §§ 627 Abs. 2, 671 Abs. 2 und 675 Abs. 1 Halbs. 2 BGB.[158] Das Verbot der Kündigung zur Unzeit gilt sowohl für die

---

152) OLG Köln, Urt. v. 15.5.2002 – 13 U 7/02, WM 2003, 1892.

153) Vgl. z. B. BGH, Urt. v. 20.5.2003 – XI ZR 50/02, ZIP 2003, 1336 = WM 2003, 1416, dazu EWiR 2003, 893 *(M. Weber)* – betraf unmittelbar drohende Gefahr der Zahlungsunfähigkeit des Kunden; BGH, Beschl. v. 26.5.1988 – III ZR 115/87, WM 1988, 1223, dazu EWiR 1988, 1069 *(Alisch)* und WuB I A. – Nr. 17 AGB-Bk – 1.88 *(Sonnenhol)* – betraf Vorladung zur Abgabe der eidesstattlichen Versicherung; OLG Celle, Urt. v. 27.4.1988 – 3 U 72/86, WM 1989, 11, dazu WuB I A. – Nr. 19 AGB-Bk – 4.89 *(Rehbein)* – betraf Unfähigkeit des Schuldners zur Verstärkung bankmäßiger Sicherheiten.

154) OLG Hamm, Urt. v. 12.9.1990 – 31 U 102/90, WM 1991, 402, dazu EWiR 1991, 541 *(Brink)*.

155) Vgl. OLG Köln, Urt. v. 22.7.1992 – 16 U 31/92, WM 1993, 325, dazu EWiR 1993, 293 *(Günnewig)*.

156) OLG München, Urt. v. 5.5.1995 – 14 U 875/94, WM 1996, 1623, WuB I A 2. – Nr. 19 AGB-Bk 1993 – 1.98 *(Gößmann)*.

157) Zum Verbot der Kündigung zur Unzeit vgl. ausführlich Schimansky/Bunte/Lwowski-*Bruchner*, Bankrechts-Hdb., § 79 Rz. 122 ff.

158) BGH, Urt. v. 28.6.1977 – III ZR 13/75, WM 1977, 834; BGH, Urt. v. 10.11.1977 – III ZR 39/76, WM 1978, 234; BGH, Beschl. v. 28.2.1985 – III ZR 223/83, WM 1985, 769, dazu EWiR 1985, 531 *(v. Stebut)*.

ordentliche als auch für die Kündigung aus wichtigem Grund. Grundsätzlich ist bei der Kündigung auf die Belange des Kunden Rücksicht zu nehmen, ihm insbesondere eine **Schonfrist** zur Bereinigung seiner Verhältnisse oder zur Umschuldung zu gewähren, soweit dies der Bank zumutbar ist. Der Bundesgerichtshof wendet diese Schonpflicht zurückhaltend an, wobei keineswegs immer eine vorherige Abmahnpflicht besteht.[159)]

Allerdings hat der Bundesgerichtshof[160)] die Pflicht zur **vorherigen Abmahnung** jedenfalls dann auferlegt, wenn beim Kunden Zweifel darüber bestehen **6.160** können, ob sein Verhalten von dem Kreditinstitut beanstandet wird. Die Begründung einer außerordentlichen Kündigung ohne angemessene Schonfrist wird z. B. dann problematisch, wenn das Kreditinstitut die Überziehungen über einen längeren Zeitraum geduldet hat. Bei der Beurteilung der Rücksichtnahmepflicht darf die Bank jedoch ihre eigenen Interessen angemessen wahren. So wird in der Regel die Einräumung einer Schonfrist oder das Erfordernis vorheriger Abmahnungen dann nicht zumutbar sein, wenn die Bank damit die Realisierung ihrer eigenen Forderungen gefährdet – insbesondere bei Pfändungen oder sonstigen Zwangsmaßnahmen Dritter.

---

159) So grundlegend BGH, Urt. v. 10.11.1977 – III ZR 39/76, WM 1978, 234, 236, und BGH, Beschl. v. 26.9.1985 – III ZR 14/85, WM 1985, 1437, dazu EWiR 1986, 63 *(Teske)*, dazu WuB I A. – Nr. 17 AGB-Bk – 2.86 *(Bruchner)*.

160) BGH, Urt. v. 6.3.1986 – III ZR 245/84, ZIP 1986, 770 = WM 1986, 605, dazu EWiR 1986, 641 *(v. Stebut)* und WuB I A. – Nr. 17 AGB-Bk – 5.86 *(Schröter)*; ähnlich OLG Hamm, Urt. v. 21.6.1985 – 11 U 111/84, ZIP 1985, 1387 = WM 1985, 1411, dazu EWiR 1985, 725 *(Alisch)* und WuB I A. – Nr. 17 AGB-Bk – 4.86 *(Fischer)*; OLG Frankfurt/M., Urt. v. 13.1.1992 – 4 U 80/90, WM 1992, 1018, 1021.

Kapitel 7 Bankgeheimnis, Bankauskunft und SCHUFA

Übersicht

I. Bankgeheimnis

1. Gegenstand und Rechtsgrundlagen

7.1 Das Bankgeheimnis ist das **Berufs- und Geschäftsgeheimnis** im Kreditgewerbe. Es weist zwei Erscheinungsformen auf. Einmal versteht man unter dem Bankgeheimnis die Verpflichtung des Kreditinstituts, Stillschweigen über die vermögensmäßigen und sonstigen Belange eines Kunden, ggf. auch eines Nicht-Kunden, zu wahren, von denen das Kreditinstitut i. R. oder bei Gelegenheit seiner geschäftlichen Tätigkeit Kenntnis erlangt hat. Zum anderen umfasst es das Recht, entsprechend dieser Geheimhaltungspflicht Auskünfte gegenüber jedermann zu verweigern,[1] sofern nicht ausnahmsweise eine ausdrückliche gesetzliche Offenbarungspflicht besteht oder das Kreditinstitut aus sonstigen Gründen von seiner Verschwiegenheitspflicht entbunden ist.

7.2 Die Geschäftsbeziehung zwischen Kunde und Bank ist also durch ein besonderes, gegenseitiges Vertrauensverhältnis geprägt. Daraus ergibt sich die Verpflichtung der Bank zur Verschwiegenheit. Dies ist in der Neufassung 1993 der AGB-Bk ausdrücklich anerkannt.[2]

7.3 Das Bankgeheimnis umfasst **alle nicht offenkundigen Tatsachen und Wertungen**[3], die der Bank i. R. d. Geschäftsverbindung mit dem Kunden bekannt werden. Nicht nur geschäftliche, sondern auch private Tatsachen – z. B. Adresse, Familienverhältnisse usw. – werden vom Bankgeheimnis umfasst. Allerdings braucht die Bank nur die Tatsachen geheim zu halten, von denen sie weiß oder annehmen muss, dass der Kunde sie nicht offen legen will.

7.4 Das Bankgeheimnis ist gesetzlich nicht geregelt. Allerdings gehen Banken, deren Kunden und auch der Gesetzgeber z. B. in § 9 Abs. 1 KWG, § 32 BBankG, § 30a AO und § 12 GWG von seiner Existenz aus.[4] Im Folgenden sollen die rechtlichen Grundlagen des Bankgeheimnisses näher betrachtet werden.

---

1) Vgl. *Sichtermann/Feuerborn/Kirchherr/Terdenge*, Bankgeheimnis und Bankauskunft, S. 38; *Aubert/Kernen/Schönle*, Das schweizerische Bankgeheimnis, S. 29; *Weber* in: BuB, Rz. 2/840; *Schwintowski/Schäfer*, Bankrecht, § 3 Rz. 1, 6; *Kümpel*, Bank- und Kapitalmarktrecht, Rz. 2.150; *Claussen*, Bank- und Börsenrecht, § 3 Rz. 1.

2) Nr. 2 Abs. 1 AGB-Bk lautet: „Die Bank ist zur Verschwiegenheit über alle kundenbezogenen Tatsachen und Wertungen verpflichtet, von denen sie Kenntnis erlangt (Bankgeheimnis). Informationen über den Kunden darf die Bank nur weitergeben, wenn gesetzliche Bestimmungen dies gebieten oder der Kunde eingewilligt hat oder die Bank zur Erteilung einer Bankauskunft befugt ist."

3) Dies unterstreichen die „Breuer-Urteile", BGH, Urt. v. 24.1.2006 – XI ZR 384/03, ZIP 2006, 317 = WM 2006, 380; OLG München, Urt. v. 10.12.2004 – 21 U 2392/03, ZIP 2004, 19, 22 = WM 2004, 74; LG München, Urt. v. 18.2.2003 – 33 O 8439/02, WM 2003, 725, 736 = NJW 2003, 1046, dazu EWiR 2003, 461 *(Siller)*.

4) *Nobbe*, WM 2005, 1537 ff.

a) Verfassungsrecht

Das Bankgeheimnis genießt nach überwiegend vertretener Auffassung keinen unmittelbaren institutionellen verfassungsrechtlichen Schutz. Es ist nicht einbezogen in jenen durch Art. 2 Abs. 1 i. V. m. Art. 1 Abs. 1 GG geschützten unantastbaren Kernbereich privater Lebensgestaltung, d. h. jene Intim- und Privatsphäre, die absolut und vorbehaltlos geschützt wird.[5] Das durch Art. 2 Abs. 1 GG garantierte Recht auf freie Entfaltung der Persönlichkeit, die **allgemeine Handlungsfreiheit**, umfasst aber die Vertragsfreiheit und damit zugleich die Befugnis, sich nach eigenem Belieben eine wie auch immer geartete „Geheimnissphäre“ zu schaffen und aufrechtzuerhalten.[6] Die Handlungsfreiheit kann durch einfaches Gesetz eingeschränkt werden; allerdings muss dieses Gesetz seinerseits in Einklang mit den obersten Grundwerten der freiheitlich demokratischen Grundordnung, insbesondere mit den ungeschriebenen, elementaren Verfassungsgrundsätzen der Rechtsstaatlichkeit, speziell dem Übermaßverbot, stehen. Insoweit sind legislatorischen Eingriffen in das Bankgeheimnis verfassungsrechtliche Grenzen gesetzt[7]; sie unterliegen der Kontrolle des Bundesverfassungsgerichts, das der Kunde mit der Verfassungsbeschwerde anrufen kann.[8] 7.5

Da das Bankgeheimnis den Kreditinstituten das Recht gewährt, Auskünfte gegenüber Dritten zu verweigern, und diesen damit vielfach erst die Möglichkeit verschafft, ihre Dienstleistungen zu erbringen, können Gesetze, die das Bankgeheimnis einschränken, aus dem Blickwinkel der Kreditinstitute die durch Art. 12 GG garantierte **Berufsfreiheit** verletzen.[9] 7.6

b) Strafrecht

Einen speziellen strafrechtlichen Schutz des Bankgeheimnisses[10] wie ihn Art. 47 des schweizerischen Bankengesetzes oder § 38 des österreichischen Bankwesengesetzes vorsehen, normiert das deutsche Recht nicht. Allerdings kann nach den §§ 43, 44 BDSG die unbefugte Weitergabe personenbezogener Daten, also eines Teilbereichs der vom Bankgeheimnis erfassten Daten, mit Strafe bedroht sein. Darüber hinaus wird die Auffassung vertreten, dass § 203 Abs. 2 7.7

5) *Canaris*, Bankvertragsrecht, Rz. 36 m. w. N.; *Selmer*, Steuerrecht und Bankgeheimnis, S. 7 ff.; *Kümpel*, Bank- und Kapitalmarktrecht, Rz. 2.145 ff.; *Rehbein*, ZHR 149 (1985), 144; vgl. aber *Lerche*, ZHR 149 (1985), 174.

6) *Canaris*, Bankvertragsrecht, Rz. 37; *Rehbein*, ZHR 149 (1985), 144; *Weber* in: BuB, Rz. 2/857; vgl. dazu auch BVerfG, Urt. v. 15.12.1983 – 1 BvR 209/83, BVerfGE 65, 1, 42 = WM 1984, 98 – Volkszählungsurteil.

7) *Selmer*, Steuerrecht und Bankgeheimnis, S. 10.

8) *Schwintowski/Schäfer*, Bankrecht, § 3 Rz. 7.

9) *Schwintowski/Schäfer*, Bankrecht, § 3 Rz. 9; Schimansky/Bunte/Lwowski-*Bruchner*, Bankrechts-Hdb., § 39 Rz. 6.

10) Vgl. hierzu insgesamt *Tiedemann*, ZIP 2004, 294 ff.

StGB, der die unbefugte Weitergabe bestimmter Privatgeheimnisse durch einen Amtsträger betrifft, auf die Mitarbeiter öffentlich-rechtlicher Kreditinstitute Anwendung findet,[11] sodass insofern die Verletzung des Bankgeheimnisses einen Straftatbestand erfüllen würde.

c) Zivilrecht

7.8 Der Kunde ist vor einer Verletzung der Geheimhaltungspflicht vor allem dadurch geschützt, dass Verletzungen dieser Vertragspflicht durch das Kreditinstitut zivilrechtliche Sanktionen auslösen.[12] Er hat in diesem Falle einen Schadensersatzanspruch[13] aus § 280 BGB (früher wegen **positiver Forderungsverletzung)** einer vertraglichen Nebenpflicht[14], darüber hinaus können **deliktsrechtliche Schadensersatzansprüche** bestehen.[15] Der Kunde kann bei einer Verletzung der Geheimhaltungspflicht schließlich berechtigt sein, das Geschäftsverhältnis aus wichtigem Grund mit sofortiger Wirkung zu kündigen.[16] Besteht die Besorgnis, dass das Kreditinstitut die ihm obliegende Geheimhaltungspflicht in unmittelbarer Zukunft verletzen wird, so kommen zudem klagbare Ansprüche auf Unterlassung in Betracht, die im Verfahren des einstweiligen Rechtsschutzes durchgesetzt werden können.[17]

d) Arbeitsrecht

7.9 Die Beachtung des Bankgeheimnisses wird schließlich auch dadurch gewährleistet, dass Angestellte von Kreditinstituten kraft ausdrücklicher Regelung in

---

11) Schönke/Schröder-*Lenckner*, StGB, § 203 Rz. 44, wonach auch die allg. Einwilligung gemäß Nr. 3 Abs. 2 AGB-Spk für sich allein betrachtet die Strafbarkeit nicht ausschließt. Gegen eine Strafbarkeit OLG Schleswig, Urt. v. 18.10.2007 – 5 U 19/07, ZIP 2007, 2308, 2309 f. = WM 2007, 2103, dazu EWiR 2007, 731 *(D. Schulz)*; LG Kiel, Beschl. v. 17.7.2007 – 18 O 420/07, BKR 2007, 465 f., *Nobbe*, ZIP 2008, 97, 101, *Nobbe*, WM 2005, 1537, 1543.

12) S. insgesamt die Ausführungen der Gerichte in den „Breuer-Urteilen", BGH, Urt. v. 24.1.2006 – XI ZR 384/03, ZIP 2006, 317 = WM 2006, 380; OLG München, Urt. v. 10.12.2004 – 21 U 2392/03, ZIP 2004, 19, 22 = WM 2004, 74; LG München, Urt. v. 18.2.2003 – 33 O 8439/02, WM 2003, 725, 736 = NJW 2003, 1046, dazu EWiR 2003, 461 *(Siller)*.

13) Zur Berechnung des Schadens vgl. Schimansky/Bunte/Lwowski-*Bruchner*, Bankrechts-Hdb., § 39 Rz. 115, 116.

14) BGH, v. 27.2.2007 – XI ZR 195/05, BKR 2007, 194; *Schönle*, Das schweizerische Bankgeheimnis, § 5 I 2; *Canaris*, Bankvertragsrecht, Rz. 69; Palandt-*Heinrichs*, BGB, § 280 Rz. 28b, nach *Schönle* kommt daneben ein Schadensersatzanspruch wegen teilweiser Unmöglichkeit (§ 280 BGB) in Betracht.

15) *Schwintowski/Schäfer*, Bankrecht, § 3, Rz. 47; *Claussen*, Bank- und Börsenrecht, § 3 Rz. 5, 7; *Canaris*, Bankvertragsrecht, Rz. 47.

16) *Canaris*, Bankvertragsrecht, Rz. 72; allerdings besteht dieses Recht schon gemäß Nr. 18 AGB-Bk (Nr. 26 AGB-Spk).

17) *Sichtermann/Feuerborn/Kirchherr/Terdenge*, Bankgeheimnis und Bankauskunft, S. 204 f.; *Schwintowski/Schäfer*, Bankrecht, § 3 Rz. 47.

Tarifverträgen, in Anstellungsverträgen oder mit Blick auf eine im **Anstellungsvertrag** zumindest konkludent vereinbarte Nebenpflicht[18] Stillschweigen über ihnen bekannt gewordene, dem Bankgeheimnis unterliegende Tatsachen wahren müssen. In der Praxis werden vielfach auch ausdrückliche Verpflichtungserklärungen von den Angestellten eingeholt. Verstöße können Schadensersatzansprüche des Arbeitgebers begründen und eine fristlose Entlassung rechtfertigen.[19] Die Verschwiegenheitspflicht besteht auch nach Beendigung des Dienstverhältnisses zum Kreditinstitut fort.[20] Die beamteten Mitarbeiter öffentlich-rechtlicher Kreditinstitute sind zudem nach den maßgeblichen beamtenrechtlichen Vorschriften zur **Amtsverschwiegenheit** verpflichtet. Eine entsprechende Verpflichtung besteht für Mitarbeiter öffentlich-rechtlicher Sparkassen nach den Sparkassengesetzen und -satzungen.[21]

e) Abgrenzung zum Bundesdatenschutzgesetz

§ 1 Abs. 3 Satz 2 BDSG bestimmt, dass die Verpflichtung zur Wahrung gesetzlicher Geheimhaltungspflichten oder von Berufs- oder besonderen Amtsgeheimnissen, die nicht auf gesetzlichen Vorschriften beruhen, unberührt bleibt. Ausgehend vom Wortlaut dieser Vorschrift geht also das Bankgeheimnis als Berufsgeheimnis dem BDSG vor. Diese Auffassung wird auch in der amtlichen Begründung zum Regierungsentwurf des Art. 1 des Gesetzes zur Fortentwicklung der Datenverarbeitung und des Datenschutzes vertreten.[22] Grund hierfür ist die Tatsache, dass bereits vor Erlass des BDSG zahlreiche, überwiegend standesrechtlich verwurzelte Geheimhaltungsregelungen existierten, die das BDSG nicht verdrängen wollte.[23] Nach anderer Ansicht wird dagegen vertreten, dass die in § 1 Abs. 3 Satz 2 BDSG gewählte Formulierung „bleibt unberührt" bedeute, dass die speziellen Geheimhaltungsregelungen dem BDSG nur dann vorgehen, wenn ihr Schutzniveau umfangreicher sei.[24] 7.10

Die zuletzt genannte Auffassung ist abzulehnen. Sie widerspricht zunächst der historischen Auslegung, wonach das BDSG gerade die bestehenden spezifischen Geheimhaltungsregelungen nicht verdrängen soll. Hätte der Gesetzgeber keinen Gleichlauf zwischen Bankgeheimnis und BDSG gewollt, so hätte er dies auch deutlicher im Wortlaut des Gesetzestextes zum Ausdruck bringen kön- 7.11

18) Palandt-*Putzo*, BGB, § 611 Rz. 41.

19) LAG Düsseldorf, Entsch. v. 15.10.1981 – 3 Sa 424/81; *Schwintowski/Schäfer*, Bankrecht, § 3 Rz. 47, 48.

20) OLG Köln, Urt. v. 8.7.1992 – 11 U 43/92, WM 1993, 289 = NJW-RR 1993, 2174, dazu EWiR 1992, 443 *(Feuerborn)*.

21) Vgl. näher *Schlierbach/Püttner*, Sparkassenrecht, S. 75.

22) BT-Drucks. 11/4306, S. 39; s. a. *Auernhammer*, BDSG, § 1 Rz. 29.

23) *Auernhammer*, BDSG, Einf. Rz. 33 ff.

24) Simitis u. a.-*Walz*, BDSG, § 1 Rz. 184 f.; *Gola/Schomerus*, BDSG, § 1 Rz. 23 ff.

nen. Geht man nicht von einem Gleichlauf zwischen Bankgeheimnis und Datenschutz aus, so wäre die Folge, dass das Bankgeheimnis auch dann nicht zu berücksichtigen ist, wenn es im Einzelfall einen besseren Schutz gewährleistet als der Datenschutz, was insbesondere dann nicht interessengerecht ist, wenn das BDSG nicht zur Anwendung kommt und ausschließlich das Bankgeheimnis (bspw. in den Fällen, in denen Daten juristischer Personen verarbeitet werden) gilt.[25] Insofern ist von einem **Nebeneinander von Bankgeheimnis und BDSG** auszugehen.[26]

2. Inhaber des Rechts auf Geheimhaltung

7.12 Inhaber des Rechts auf Geheimhaltung ist grundsätzlich der Kunde, also der Vertragspartner des Kreditinstituts.[27] Ist dieser geschäftsunfähig oder in seiner Geschäftsfähigkeit beschränkt, so ist als **Geheimnisherr**, also derjenige, dessen Wille für die Geheimhaltung maßgeblich ist, grundsätzlich der gesetzliche Vertreter anzusehen.[28] Im Insolvenzverfahren ist, soweit die Geheimhaltungspflicht einen zur Masse gehörenden Gegenstand betrifft, auf die Person des Insolvenzverwalters abzustellen, auf den Willen des Schuldners kommt es daneben nicht an.[29] Hinsichtlich sonstiger persönlicher Umstände, deren Kenntnis für die Abwicklung des Insolvenzverfahrens ohne Belang ist, bleibt der Schuldner Geheimnisherr. Verstirbt der Kunde, wird neuer Geheimnisherr dessen Erbe[30]; allerdings sind persönlichkeitsbezogene Geheimnisse denkbar, die nach dem ausdrücklichen oder mutmaßlichen Willen des Erblassers auch dem Erben gegenüber nicht aufgedeckt werden dürfen.[31]

3. Reichweite des Bankgeheimnisses

7.13 Die Geheimhaltungspflicht trifft zunächst das Kreditinstitut selbst, also den Bankier oder die Organe. Kooperieren mehrere Kreditinstitute, wie z. B. bei

25) *Canaris*, Bankvertragsrecht, Rz. 72.

26) Vgl. auch *Zöllner*, ZHR 149 (1985), 179, 181; *Fishahn*, CR 1985, 632, 635; *Büllesbach*, CR 2000, 546.

27) *Schwintowski/Schäfer*, Bankrecht, § 3 Rz. 11.

28) *Canaris*, Bankvertragsrecht, Rz. 50; Ausnahmen können sich für den Fall, dass der Minderjährige erwerbstätig ist, aus den §§ 112, 113 BGB ergeben.

29) Vgl. zum früheren Konkursverfahren *Canaris*, Bankvertragsrecht, Rz. 51 m. w. N.; zur Geltung des Bankgeheimnisses bei Anfragen des vorläufigen Insolvenzverwalters (§ 22 InsO) s. a. *Obermüller*, Insolvenzrecht in der Bankpraxis, Rz. 2.48.

30) *Weber* in: BuB, Rz. 2/846.

31) *Canaris*, Bankvertragsrecht, Rz. 51; vgl. auch OLG Stuttgart, Beschl. v. 18.10.1982 – 8 W 388/92, MDR 1983, 236 ff., wonach bei Geheimnissen, die der vermögensrechtlichen Sphäre des Erblassers zuzurechnen sind, der Erbe Geheimnisherr wird, während Umstände, die der Intimsphäre des Erblassers zuzurechnen sind, auch dem Erben gegenüber nicht offenbart werden dürfen.

Konsortialkrediten (auf der Kreditgeberseite stehen mehrere Institute),[32] trifft die Pflicht zur Geheimhaltung alle beteiligten Kreditinstitute. Angestellte sowie sonstige Hilfspersonen sind dem Institut gegenüber arbeitsrechtlich zur Beachtung des von diesem zu wahrenden Stillschweigens verpflichtet. Die Geheimhaltungspflicht erstreckt sich auch auf die Zeit nach Beendigung der Geschäftsverbindung.[33]

Die Pflicht zur Geheimhaltung besteht gegenüber jedermann, auch gegenüber staatlichen Stellen. Sie ist auch gegenüber Angestellten und Mitgliedern von Aufsichtsorganen des eigenen Kreditinstituts zu wahren (**sog. „inneres Bankgeheimnis“**)[34], sofern nicht i. R. eines ordnungsgemäßen Geschäftsablaufes eine Kenntnisnahme gerade durch den Betreffenden notwendig ist.[35] Das Bankgeheimnis verpflichtet das Kreditinstitut jedoch nicht, auf die **Vorteile einer arbeitsteiligen Wirtschaft** zu verzichten.[36] Es kann Tätigkeiten auf Dritte auslagern, z. B. Buchungen bei externen, d. h. rechtlich selbständigen Rechenzentren vornehmen lassen. Allerdings ist durch entsprechende Vereinbarungen sicherzustellen, dass bei den Dritten die Vertraulichkeit gewahrt bleibt. 7.14

a) Outsourcing

Beim Outsourcing von Bankdienstleistungen[37] sind stets zwei Gesichtspunkte von Bedeutung: 7.15

Zum einen ist im Hinblick auf eine nur eingeschränkt zulässige Datenübermittlung zu prüfen, ob der mit dem Outsourcing verbundene Datenaustausch zwischen Kreditinstitut als Outsourcing-Geber und dem Dienstleister als Outsourcing-Nehmer eine **Auftragsdatenverarbeitung** i. S. d. § 11 BDSG oder eine **Funktionsübertragung** darstellt. Bei einer Auftragsdatenverarbeitung liegt keine Datenübermittlung vor. Eine Funktionsübertragung ist demgegenüber nur zulässig, wenn der Kunde seine Einwilligung hierzu erklärt hat oder der Erlaubnistatbestand des § 28 Abs. 1 BDSG erfüllt ist. 7.16

Zum anderen ergibt sich aus der vertraglich geregelten Verschwiegenheitspflicht der Banken, dass ein überwiegendes Interesse der Bank allein – wie dies teilweise bei den Erlaubnistatbeständen des Datenaustauschs nach BDSG aus- 7.17

32) S. dazu näher *Früh* in: BuB, Rz. 3/333 ff.

33) BGH, Entsch. v. 12.5.1958 – II ZR 103/57, BGHZ 27, 241, 246; BGH, Entsch. v. 4.7.1983 – VIII ZR 59/72, WM 1973, 892.

34) Vgl. hierzu insbesondere *Bruchner/Stützle*, Bankgeheimnis und Bankauskunft, S. 11 m. w. N.; Schimansky/Bunte/Lwowski-*Bruchner/Krepold*, Bankrechts-Hdb., § 39 Rz. 21 f.

35) *Claussen*, Bank- und Börsenrecht, § 3 Rz. 9.

36) Vgl. dazu näher *Weber* in: BuB, Rz. 2/852 ff.; Schimansky/Bunte/Lwowski-*Bruchner/Krepold*, Bankrechts-Hdb., § 39 Rz. 26 f.

37) S. hierzu den allgemeinen Überblick bei *v. Westphalen*, WM 1999, 1810 ff.; sowie *Hennrichs*, WM 2000, 1561 ff.; *Hoeren*, DuD 2002, 736 ff.

reicht – nicht genügt, um Daten Dritten zugänglich zu machen. Die Anforderungen sind somit strenger als die nach dem BDSG, sodass ein Datenaustausch i. R. d. Outsourcing auf seine Vereinbarkeit mit dem Bankgeheimnis zu untersuchen ist.[38)]

7.18 Die Konsequenz hieraus wäre, dass Kreditinstitute stets eine Einwilligungserklärung aller Kunden für ihre Outsourcing-Maßnahmen einholen müssten, wenn diese Maßnahme nicht als Auftragsdatenverarbeitung, sondern als Funktionsübertragung angesehen werden sollte. Dies dürfte sich als unpraktikabel erweisen. Vor dem Hintergrund des Schutzzwecks des Bankgeheimnisses, den Kunden vor einem etwaigen Nachteil durch das Bekanntwerden seiner Daten zu schützen, dürfte es vielmehr genügen, wenn im Vertrag mit dem Outsourcing-Nehmer dieser zur Wahrung des Bankgeheimnisses ausdrücklich verpflichtet wird. Unterliegt der Dienstleister somit denselben Verschwiegenheitspflichten wie das Kreditinstitut, so kann entsprechend den Grundsätzen des inneren Bankgeheimnisses[39)] ein Datenaustausch vorgenommen werden.[40)] Mit dem inneren Bankgeheimnis wird die Verpflichtung zur Verschwiegenheit auch innerhalb einer Bank umschrieben; die nicht unmittelbar mit der Information betrauten Bankmitarbeiter sind dementsprechend insoweit grundsätzlich als Dritte anzusehen. Allerdings hat dieses innere Bankgeheimnis selbstverständlich Grenzen: Die Bank als organisatorische Einheit muss sich bei der Erfüllung ihrer vertraglichen Aufgaben notwendigerweise ihrer Angestellten bedienen.[41)] Werden zur ordnungsgemäßen Ausübung der mit dem Bankvertrag verbundenen Aufgaben erforderliche Hilfskräfte hinzugezogen, so stellt dies keine Verletzung des Bankgeheimnisses dar.[42)] Folglich gilt es zu untersuchen, ob der Outsourcing-Nehmer aufgrund der betrieblichen Gegebenheiten in die Abwicklung eines Geschäftsvorfalles eingebunden ist und aus der sich hieraus ergebenden **funktionalen Notwendigkeit die Kenntnisnahme** kundenspezifischer Daten

---

38) Zum Konkurrenzverhältnis BT-Drucks. 11/4306, S. 39; BGH, Urt. v. 27.11.1990 – XI ZR 308/89, ZIP 1991, 90 = BB 1991, 155; *Bergmann/Möhrle/Herb*, Datenschutzrecht, § 28 Rz. 48 ff; *Ungnade/Goryina*, WM 1991, 124.

39) Schimansky/Bunte/Lwowski-*Bruchner*, Bankrechts-Hdb., § 39 Rz. 13; *Bruchner/Stützle*, Bankgeheimnis und Bankauskunft, S. 11, 97.

40) *Weber* in: BuB, Rz. 2/855.

41) Vor dem Hintergrund eines strafrechtlich relevanten Offenbarens von Geheimnissen weist *Otto*, wistra 1999, 202 darauf hin, dass in den in Rede stehenden Fällen ein Geheimnis nicht einer individuellen Person anvertraut ist, sondern einer Einrichtung, dem Kreditinstitut. Es komme daher darauf an, dass die Einrichtung im funktionalen Sinne i. R. einer ordnungsgemäßen Erledigung der jeweiligen Angelegenheit gleichsam auf dem Dienstweg Kenntnis von den der Verschwiegenheit unterliegenden Daten erlangt hat (allgemein anerkannt für Behörden, OLG Frankfurt, Urt. v. 26.11.1996 – 3 Ws 789/96, NStZ-RR 1997, 69).

42) S. zur strafrechtlichen Komponente *Schönke/Schröder*, StGB, § 203 Rz. 19.

folgt.[43] Im Bereich des Asset-Backed-Securities ist dies durch das Bundesaufsichtsamt für das Kreditwesen[44] anerkannt.[45]

Insofern hat auch die **Bundesanstalt für Finanzdienstleistungsaufsicht** in ihrem Rundschreiben Nr. 11/2001 zur Auslagerung von Bereichen auf ein anderes Unternehmen nach § 25a Abs. 2 KWG die Zulässigkeit von Outsourcing-Maßnahmen[46] grundsätzlich anerkannt, wenn das Auslagerungsunternehmen dem Geschäftsgeheimnis des Instituts und, soweit ihm Kundendaten bekannt sind, dem Bankgeheimnis des auslagernden Instituts unterstellt ist. Das Auslagerungsunternehmen hat sich ausdrücklich zu verpflichten, die Vertraulichkeit der Kundendaten zu wahren. Bietet das Auslagerungsunternehmen seine Dienstleistungen mehreren Instituten an, so ist durch besondere technische, personelle und organisatorische Maßnahmen sicherzustellen, dass die Vertraulichkeit der Daten nicht nur gegenüber Dritten, sondern auch zwischen den verschiedenen auslagernden Instituten gewahrt bleibt. Eine Information des Kunden über die Auslagerung bzw. die Zustimmung des Kunden zur Auslagerung ist nur dann einzuholen, wenn das Institut hierzu gesetzlich oder vertraglich verpflichtet ist. 7.19

b) Fusionen

Im Rahmen von Fusionen werden Wirtschaftsprüfer mit der Bewertung der einzelnen Vermögenspositionen betraut, um gemäß §§ 293b–e AktG zu überprüfen, ob die im Unternehmensvertrag vorgesehenen Regelungen den wirtschaftlichen Gegebenheiten entsprechen. Wirtschaftsprüfer sind gemäß §§ 1 Abs. 1, 17 Wirtschaftsprüferordnung zur Verschwiegenheit verpflichtet. Dieses Berufsgeheimnis stellt sicher, dass die Daten nicht über die Unternehmenssphäre hinaus gelangen und daher die Wirtschaftsprüfer aufgrund der funktionalen Notwendigkeit Kenntnis von kundenspezifischen Daten erlangen dürfen. Infolgedessen wird mit der insoweit stattfindenden Offenbarung von Daten nicht gegen das Bankgeheimnis verstoßen. Fusionieren die Unternehmen letztendlich, so ist über die Rechtsnachfolge sichergestellt, dass das Bankgeheimnis gewahrt wird.[47] 7.20

43) *Weber* in: BuB, Rz. 2/852.

44) Heute: Bundesanstalt für Finanzdienstleistungsaufsicht.

45) Vgl. Rundschreiben des BAKred 4/97 v. 19.3.1997, WM 1997, 1821 ff., dort Abschnitt III; s. zu diesem Komplex auch *Koberstein/Windpassinger*, WM 1999, 473 ff.

46) Die Regelungen sind nun in Abschnitt AT 9. der MaRisk (Rundschreiben 15/2009 (BA) – Mindestanforderungen an das Risikomanagement – GZ. BA 54 – FR 2210 – 2008/0001 – vom 14.8.2009) zusammengefasst.

47) Zu datenschutzrechtlichen Aspekten bei der Fusion von Banken und der Ausgliederung von Geschäftsbereichen vgl. Regierungspräsidium Darmstadt, Datenschutzbericht 2000, Kapitel 5.1.; sowie *Schaffland*, NJW 2002, 1539 ff.

c) Abtretung von Forderungen

7.21 Der Bundesgerichtshof hat mit Urteil vom 27. Februar 2007[48)] entschieden, dass weder das Bankgeheimnis noch datenschutzrechtliche Gesichtspunkte der Wirksamkeit einer Abtretung von Kreditforderungen durch ein Kreditinstitut entgegenstehen. Damit ist der Bundesgerichtshof der Entscheidung des Oberlandesgerichtes Frankfurt am Main vom 25. Mai 2004[49)] ausdrücklich nicht gefolgt. Das Oberlandesgericht hatte noch vertreten, dass in der Vereinbarung einer Verschwiegenheitspflicht (hier: Bankgeheimnis) i. d. R. ein stillschweigender Ausschluss der Abtretung gemäß § 399 BGB enthalten sei.

7.22 Dem Urteil des Bundesgerichtshof lag der folgende Sachverhalt zugrunde:

Die Klägerin begehrte aus abgetretenem Recht einer Bank von den beiden beklagten Eheleuten die Rückzahlung eines Darlehens. Die Bank hatte mit den Beklagten im Oktober 1998 einen Darlehensvertrag zum Kauf einer Eigentumswohnung geschlossen. Der Vertrag enthielt allgemeine Darlehensbedingungen, deren Ziffer 11 wie folgt lautete:

> "Refinanzierung
>
> Die Bank ist berechtigt, im Falle der Refinanzierung die Darlehensforderung abzutreten und die vom Darlehensnehmer bestellten Sicherheiten an die Refinanzierungsstelle zu übertragen."

Nachdem über das finanzierte Objekt im Jahre 2002 die Zwangsversteigerung angeordnet worden war, kündigte die Bank den Darlehensvertrag und verlangte unter Setzung einer zweimonatigen Frist die Rückzahlung von ca. 287.000 Euro. Im September 2003 trat sie dann ihre Forderung an die Klägerin ab.

7.23 Nach Ansicht des Bundesgerichtshofs kann die Klägerin die Rückzahlung des Darlehens verlangen, da sie die Forderung gegen die Beklagten wirksam durch Abtretung von der Bank erworben hat. Die Abtretung sei weder gemäß § 399 Alt. 2 BGB durch Vereinbarung ausgeschlossen noch stehe ihr ein **gesetzliches Abtretungsverbot** entgegen. Der Abtretungsausschluss nach § 399 Alt. 2 BGB setze einen entsprechenden Vertrag voraus, für den hier keine Anhaltspunkte vorlägen. Ganz im Gegenteil sei in Ziffer 11 der Darlehensbedingungen die Berechtigung zur Abtretung sogar ausdrücklich vorgesehen. Auch aus dem Bankgeheimnis ergebe sich kein Abtretungsausschluss.

7.24 Der Bundesgerichtshof sieht das Bankgeheimnis als besondere Ausprägung der allgemeinen Pflicht der Bank an, die Vermögensinteressen des Vertragspartners

---

48) BGH, Urt. v. 27.2.2007 – XI ZR 195/05, ZIP 2007, 619 = BKR 2007, 194, dazu EWiR 2007, 267 *(S. Weber/Bulach)*.

49) OLG Frankfurt, Urt. v. 25.5.2004 – 8 U 84/02, BKR 2004, 330, 333 ff. Abl. dazu: *Langenbucher*, BKR 2004, 333; *Rinze/Hedar*, WM 2004, 1557; *Klüwer/Meister*, WuB I B3. – 04; *Hofmann/Walter*, WM 2004, 1566; *Bruchner*, BKR 2004, 394 ff.

zu schützen und nicht zu beeinträchtigen. Aus dieser rein schuldrechtlichen Verpflichtung folge aber kein dinglich wirkendes Abtretungsverbot. Weiterhin verstoße die Abtretung auch nicht gegen ein gesetzliches Verbot gemäß § 134 BGB. Als Verbotsgesetz komme zunächst § 203 Abs. 1 StGB (Verletzung von Privatgeheimnissen durch bestimmte Berufsgruppen) in Betracht. Diese Vorschrift sei aber auf eine Bank bereits ihrem Wortlaut nach nicht anwendbar.

Auch aus den Regelungen des BDSG folge kein Abtretungsverbot. Nach Ansicht des Bundesgerichtshof erlangen entsprechend der Wertung des § 1 Abs. 3 Satz 2 BDSG die Vorschriften des BDSG im Verhältnis zum Bankgeheimnis ohnehin nur dann Bedeutung, wenn eine Frage aufgrund des Bankgeheimnisses nicht abschließend beantwortet werden kann. Zudem wäre es aus Sicht des Bundesgerichtshof wertungswidersprüchlich, die Abtretung einer Darlehensforderung gegen eine natürliche Person an einem datenschutzrechtlichen Abtretungsverbot scheitern zu lassen, während die Abtretung einer Forderung gegen eine juristische Person mangels Anwendbarkeit des BDSG an einem solchen Verbot von vornherein nicht scheitern könne. Als drittes Argument führt der Bundesgerichtshof an, dass die vom Gesetzgeber nach § 398 BGB grundsätzlich gewollte Abtretbarkeit von Geldforderungen weitestgehend ausgehebelt würde, wenn man in Fällen wie dem vorliegenden die Wirksamkeit der Abtretung an datenschutzrechtlichen Regelungen scheitern ließe. Deshalb sieht der Bundesgerichtshof die Vorgaben des BDSG i. R. einer Abtretung nicht als Verbotsgesetz i. S. d. § 134 BGB an. 7.25

Ergänzend weist der Bundesgerichtshof allerdings darauf hin, dass ein Verstoß gegen die Verschwiegenheitspflicht bzw. gegen datenschutzrechtliche Bestimmungen zu einem Schadenersatzanspruch des Kunden gegen die Bank gemäß §§ 280 Abs. 1, 241 Abs. 2 BGB führen kann. 7.26

Fraglich ist, ob sich für öffentlich-rechtliche Institute Besonderheiten ergeben. In der strafrechtlichen Rechtsprechung und Literatur wird zum Teil die Ansicht vertreten, dass es sich bei Vorständen und Bediensteten der Sparkassen und Landesbanken um **Amtsträger i. S. d. § 203 Abs. 2 Nr. 1 StGB** handele. Wenn man dieser Ansicht folgen würde, könnte dieses zu einem Abtretungsverbot für Darlehensforderungen nach §§ 134 BGB, 203 Abs. 2 StGB führen. Der damalige Vorsitzende des Bankrechtssenats beim Bundesgerichtshofs *Gerd Nobbe* vertritt allerdings in einem Aufsatz aus dem Jahre 2005 die Ansicht, dass eine unterschiedliche strafrechtliche Behandlung des Bankgeheimnisses bei öffentlichen Kreditinstituten einerseits und bei Privat- und Genossenschaftsbanken andererseits durch nichts zu rechtfertigen sei, da die Institutsgruppen bei der Ausreichung von Krediten zueinander im Wettbewerb stünden.[50] Eine 7.27

50) *Nobbe*, WM 2005, 1537, 1543. Ebenso OLG Schleswig, Urt. v. 18.10.2007 – 5 U 19/07, ZIP 2007, 2308, 2309 f. = WM 2007, 2103, dazu EWiR 2007, 731 *(D. Schulz)*; LG Kiel, Beschl. v. 17.7.2007 – 18 O 420/07, BKR 2007, 465 f.; *Nobbe*, ZIP 2008, 97, 101.

unterschiedliche Behandlung verstoße gegen das Willkürverbot des Art. 3 Abs. 1 GG, weil sie wesentlich Gleiches trotz inhaltlich weitgehend identischer Darlehensverträge und Interessenlage der Parteien ohne jeden sachlichen Grund ungleich behandele. Es ist daher davon auszugehen, dass der Bundesgerichtshof den vorliegenden Fall nicht anders entschieden hätte, wenn es sich um die Abtretung der Darlehensforderung einer Sparkasse/Landesbank gehandelt hätte.

7.28 Nach dem Urteil des Bundesgerichtshof ist festzuhalten, dass die Abtretung einer Darlehensforderung durch ein Kreditinstitut auch ohne eine legitimierende Klausel im Kreditvertrag wirksam ist. Dies gilt unabhängig davon, ob der Kredit zum Abtretungszeitpunkt notleidend ist oder nicht.[51)]

7.29 Klauseln, die die Weitergabe von Kundendaten für den Fall der Abtretung von Forderungen regeln, könnten in der Bankpraxis jedoch sinnvoll sein, um mögliche Schadenersatzansprüche von Kunden auszuschließen. Dies gilt insbesondere bei einer Abtretung nicht notleidender Kreditforderungen, während die Abtretung notleidender Kreditforderungen nach der überwiegenden Ansicht in Rechtsprechung und Literatur auch ohne eine legitimierende Klausel keinen Verstoß gegen das Bankgeheimnis oder datenschutzrechtliche Bestimmungen darstellt.[52)]

4. Informationsanspruch des Kunden und Dritter

7.30 Der Kunde selbst hat aufgrund des Bankvertrags ein Recht auf Auskunft. Über den Stand seiner Konten, seines Depots oder die Durchführung ihm erteilter Aufträge ist er selbstverständlich zu unterrichten. Dies umfasst i. R. d. Zumutbaren auch einen Auskunftsanspruch für frühere, schon mitgeteilte Kontobewegungen – allerdings ggf. gegen entsprechende Kostenerstattung.[53)]

7.31 Werden Forderungen gegen das Kreditinstitut abgetreten, dann ist auch der Zessionar auskunftsberechtigt. Gleiches gilt für den **Pfandgläubiger** bei Verpfändung einer Forderung. Bei der stillen Zession ist dies aus datenschutzrechtlicher Sicht allerdings nicht unproblematisch.

7.32 **Erben,** nicht aber Pflichtteilsberechtigte haben Anspruch auf Auskunftserteilung. Für den Rechtsnachfolger des Erblassers ist dies eine automatische Rechtsfolge. Der Auskunftsanspruch des Erben geht dem Geheimhaltungs-

---

51) Die von einzelnen Stimmen im Schrifttum (vgl. *Schantz*, VuR 2006, 464, 467) vertretene Meinung, zur Verwirklichung des verfassungsmäßigen Rechts auf informationelle Selbstbestimmung sei die Sanktion der Nichtigkeit der Abtretung notwendig, ist vom BVerfG mit Beschl. v. 17.7.2007 – 1 BvR 1025/07, ZIP 2007, 2348 = WM 2007, 1694 = NJW 2007, 3707 abgelehnt worden. S. a. *Nobbe*, ZIP 2008, 97, 102; BGH, Urt. v. 27.10.2009 – XI ZR 225/08, ZIP 2009, 2329 = WM 2009, 2307.

52) *Nobbe*, WM 2005, 1537, 1547. Eine Muster-Abtretungsklausel ist abgedr. bei *Koch*, BKR 2006, 182 ff. (Fn. 37).

53) OLG Hamm, Urt. v. 4.5.1992 – 31 U 186/91, WM 1992, 1100, dazu WuB I B 4. – 2.92 (*Locher*).

interesse eines Zuwendungsempfängers, der auch Bankkunde ist, vor. Der Erbe kann seinen Auskunftsanspruch gegen die Bank an den Pflichtteilsberechtigten, dem er zur Auskunft verpflichtet ist, abtreten.[54)]

Bevollmächtigte oder gesetzliche Vertreter haben dieselbe Rechtsstellung wie der Vertretene, allerdings nur, soweit ihre Verfügungsberechtigung reicht. **7.33**

Deckungszusagen bei Schecks oder Wechseln tangieren das Bankgeheimnis nicht. Denn mit der Scheckbegebung hat der Aussteller die Deckung und Einlösung zugesagt, was inzident das Einverständnis mit der Nachprüfung enthält. Für den Lastschrifteinreicher gilt diese Überlegung hingegen nicht, zumal für die Bank nicht erkennbar ist, ob überhaupt eine wirksame Einzugsermächtigung vorliegt. Auch wenn dies der Fall ist, hängt die Berechtigung der Lastschrift von weiteren Voraussetzungen (z. B. Rechnungsstellung u. a.) ab, sodass die Bank nicht davon ausgehen kann, der Kunde habe stillschweigend sein Einverständnis zur Auskunft über die Deckung der Lastschrift erteilt.[55)] **7.34**

Beim Nachweis eines berechtigten Interesses kann dem Inhaber eines Schecks auch Auskunft über den Namen und die Anschrift des Scheckausstellers (Kontoinhaber) erteilt werden. Eine Berufung auf die Verschwiegenheitspflicht gegenüber dem **Scheck- oder Wechselaussteller** hinsichtlich solcher Tatsachen, deren Kenntnis zur Durchsetzung der Scheckansprüche notwendig sind, würde ebenfalls zu der eigenen Erklärung (Zahlungsanweisung) in Widerspruch stehen und somit rechtsmissbräuchlich sein.[56)] **7.35**

Die bezogene Bank ist verpflichtet, dem Scheckaussteller, also ihrem Kunden, Auskunft über die **Identität des Scheckeinreichers** zu geben. Dies folgt aus §§ 675, 666 BGB. Die Auskunftspflicht besteht auch dann, wenn der Scheckeinreicher ebenfalls Kunde der Bank ist.[57)] **7.36**

Beim früheren POZ-Verfahren[58)] und sonstigen kartengestützten Einzugsverfahren (sog. „**wilde Lastschriften**") kann der Kunde wie bei jedem Lastschrifteinzug der Belastung widersprechen. Da der Einreicher der Lastschrift nur die im Magnetstreifen gespeicherten Daten, allenfalls noch den Namen aus der Unterschrift, jedoch nicht die Anschrift des Kunden hat, ist er zur Durchsetzung seiner Ansprüche auf eine Auskunft des Kreditinstituts angewiesen. Er lässt sich deshalb auf dem Einzugsbeleg dazu ermächtigen, eine Auskunft ein- **7.37**

54) BGH, Urt. v. 28.2.1989 – XI ZR 91/88, ZIP 1989, 490 = WM 1989, 518, dazu EWiR 1989, 563 *(Parthe)* und WuB I B 3. – 3.89 *(Stützle)*.

55) Ebenso Schimansky/Bunte/Lwowski-*Bruchner*, Bankrechts-Hdb., § 39 Rz. 22.

56) Schimansky/Bunte/Lwowski-*Bruchner*, Bankrechts-Hdb., § 39 Rz. 20.

57) BGH, Beschl. v. 22.4.1997 – XI ZB 10/97, ZIP 1997, 1104 = WM 1997, 1202, dazu EWiR 1997, 813 *(Pfeiffer)* und WuB I B 3. – 2.97 *(Livonius)*.

58) Das POZ-System der deutschen Kreditwirtschaft ist zum 31.12.2006 eingestellt worden. Dementsprechend enthalten die aktuellen Debitkarten-Kundenbedingungen hierzu keine Ausführungen mehr.

zuholen. Es stellt sich die Frage, ob im Widerspruch gegen die Lastschrift ein Widerruf der Einwilligung zu sehen ist oder der Kunde sie ausdrücklich widerrufen kann. Nach Auffassung des Verfassers ist dies nicht zulässig. Mit der Unterschrift unter dem Einzugsbeleg und der Einwilligungserklärung hat der Kunde einen Vertrauenstatbestand gesetzt, auf den sich der Händler verlassen durfte.

7.38 *Harbeke*[59] hält offenbar einen Widerruf der Einwilligungserklärung grundsätzlich für beachtlich. Ein Widerruf wäre jedoch noch in höherem Maße rechtsmissbräuchlich als bei der unterstellten Einwilligung des Scheckausstellers. Allenfalls wenn ganz besondere Anhaltspunkte vorliegen, kann der Widerspruch beachtlich sein, so wenn der Karteninhaber glaubhaft macht, dass ein Nichtberechtigter mit seiner (gestohlenen) Karte verfügt hat. Allerdings ist darauf hinzuweisen, dass bei sog. „wilden Lastschriftverfahren" (nicht i. R. d. früheren POZ) auch bei wirksamer Einwilligung **für die Bank keine Verpflichtung** besteht, dem Händler Auskünfte zu geben.[60]

7.39 Wer Sicherheiten für einen Dritten zur Verfügung gestellt hat, hat einen Auskunftsanspruch insoweit, als dies für ihn zur Beurteilung seiner Haftung notwendig ist. In erster Linie hat der **Sicherheitengeber** aber einen Informationsanspruch gegenüber dem Hauptschuldner, auf den er i. d. R. zu verweisen hat. So ist nach einer Entscheidung des Oberlandesgerichtes Oldenburg[61] das Kreditinstitut, dem eine Grundschuld zusteht, zur Angabe der auf dem Grundstück gesicherten Verbindlichkeiten dem **Sicherungsgeber** (Eigentümer) gegenüber dann verpflichtet, wenn dieser vom persönlichen Schuldner die gewünschte Auskunft nicht erlangen kann. Dabei braucht der Eigentümer dem Grundschuldgläubiger nicht zu beweisen, dass der Schuldner zur Erteilung der Auskunft nicht in der Lage ist; es genügt, dass er glaubhaft dartut, dass er vom Schuldner die Auskunft nicht erlangen kann.

7.40 Der **Bürge** hat vor Inanspruchnahme grundsätzlich keinen besonderen Auskunftsanspruch über die Vermögensverhältnisse des Hauptschuldners. Hat der Schuldner die Übernahme einer Bürgschaft veranlasst, wird man aber davon ausgehen können, dass er damit auch sein Einverständnis zu Auskünften über die Hauptschuld erteilt hat.[62]

7.41 Weitergehend sind die Auskunftsrechte eines Bürgen dann, wenn er aus einer **Bürgschaftsverpflichtung in Anspruch genommen** wird und das Kreditinstitut befriedigt. Da dann die Ansprüche aus der Forderung nach § 774 BGB

---

59) *Harbeke*, WM 1994, Beilage 1, S. 15.

60) LG Wuppertal, Urt. v. 23.12.1996 – 14 O 113/96, WM 1998, 122, dazu WuB I B 3. – 1.98 *(Pankewitz)*.

61) OLG Oldenburg, Beschl. v. 28.3.1985 – 3 W 22/85, WM 1985, 748, dazu EWiR 1985, 583 (Gaberdiel) und WuB I B 3. – Bankgeheimnis – 1.85 *(Locher)*.

62) *Sichtermann/Feuerborn/Kirchherr/Terdenge*, Bankgeheimnis und Bankauskunft, S. 185.

auf den Bürgen übergehen, kann er nach §§ 401, 402 BGB alle Auskünfte vom Kreditinstitut verlangen, die zum Rückgriff gegenüber dem Hauptschuldner erforderlich sind, z. B. Auskunft über für die Hauptschuld bestellte Sicherheiten.

Umgekehrt genießt auch der Bürge Geheimhaltungsschutz; verlangt der Hauptschuldner **Auskünfte über die Bürgschaft**, insbesondere über vom Bürgen zur Unterlegung seiner Bürgschaft gestellte Sicherheiten, ist er an den Bürgen selbst zu verweisen. 7.42

Nachrangige Grundpfandrechtsgläubiger, die sich nicht besondere Auskunftsrechte haben einräumen lassen (z. B. in der Vereinbarung über die Abtretung von Rückgewähransprüchen), haben gegenüber einem anderen Grundpfandrechtsinhaber grundsätzlich keinen Auskunftsanspruch über die Höhe der Valutierung der vorrangigen Grundschuld.[63] 7.43

5. Auskunftsverweigerungsrechte

Aus dem Bankgeheimnis ergibt sich die Verpflichtung des Kreditinstituts, Auskünfte stets zu verweigern, wenn keine gesetzliche Pflicht und keine Ermächtigung des Kunden vorliegen. Dementsprechend muss das Kreditinstitut ohne Einwilligung des Kunden von seinem **Zeugnisverweigerungsrecht** nach § 383 Abs. 1 Nr. 6, § 384 Nr. 3 ZPO Gebrauch machen. Kein Bankgeheimnis gilt selbstverständlich gegenüber der Verpflichtung zur Abgabe der Drittschuldner-Erklärung nach einer Forderungspfändung gemäß § 840 ZPO. Entsprechende Zeugnisverweigerungsrechte wie in der ZPO finden im Arbeits-, Verwaltungs- und Sozialgerichtsverfahren Anwendung. Ebenso haben die meisten Behörden wie Rentenversicherungsträger, die Arbeits- und Sozialämter u. a. keine Auskunftsansprüche. 7.44

Die schriftliche Ermächtigung zur Auskunftseinholung ist in jedem Einzelfall nachzuweisen. Auch **gegenüber der Polizei** besteht keine Auskunftspflicht und kein Auskunftsrecht, und zwar auch dann nicht, wenn die Polizei auf Ersuchen der Staatsanwaltschaft auftritt (streitig).[64] 7.45

II. Gesetzliche Auskunftspflichten

1. Strafverfahren

Im Strafverfahren und im Ordnungswidrigkeitenverfahren besteht **kein Zeugnisverweigerungsrecht**. Das Bankgeheimnis ist nicht im Katalog der zur Zeugnisverweigerung berechtigten Berufsgeheimnisse von § 53 StPO aufge- 7.46

63) BGH, Urt. v. 14.7.1987 – IX ZR 57/86, ZIP 1987, 1237 = WM 1987, 1127, dazu EWiR 1987, 1167 *(Gnamm)* und WuB I B 3. – 5.87 *(Bruchner)*.

64) *Sichtermann/Feuerborn/Kirchherr/Terdenge*, Bankgeheimnis und Bankauskunft, S. 329 f. m. w. N.

führt. Allerdings müssen Mitarbeiter öffentlich-rechtlicher Kreditinstitute eine Aussagegenehmigung gemäß § 54 StPO einholen. Umstritten ist, ob die Staatsanwaltschaft einen Zeugen zuvor laden muss oder ob auch ohne vorherige Ladung eine sofortige Aussagepflicht besteht. Der Wortlaut des § 161a StPO spricht dafür, dass der Zeuge erst nach vorheriger Ladung zur Aussage verpflichtet ist.[65)]

7.47 Immer wieder erscheinen Staatsanwälte in den Räumen des Kreditinstituts, um Mitarbeiter unmittelbar zu vernehmen. Liegen keine besonderen Gründe vor, dann hat die Staatsanwaltschaft von **„Überraschungsvernehmungen"** abzusehen, zumal der Mitarbeiter i. d. R. wegen der Vielzahl bearbeiteter Vorgänge einer sachlichen Vorbereitung auf die Vernehmung bedarf.

7.48 Der Zeuge ist verpflichtet, sich gewissenhaft auf seine **Vernehmung** vorzubereiten und ggf. geeignete Unterlagen zur Auffrischung des Gedächtnisses beizuziehen; dies bedeutet andererseits aber nicht, dass sich der Zeuge Kenntnis von Vorgängen beschaffen muss, an denen er nicht beteiligt war. Aus diesem Grunde scheidet i. d. R. auch die Vernehmung von leitenden Mitarbeitern eines Kreditinstituts aus, die gern als „Druckmittel" mit einer angeblichen Zeugenpflicht angegangen werden. Wird durch das Kreditinstitut ein sachkundiger Zeuge angeboten, so kann nicht auf der Vernehmung eines Vorgesetzten bestanden werden, der sich die notwendigen Kenntnisse erst durch Dritte verschaffen müsste. Aus Zweckmäßigkeitserwägungen wird es sich oft anbieten, die Zeugenaussage schriftlich vorzunehmen.

7.49 Richten sich **Ermittlungen** auch **gegen Mitarbeiter** eines Kreditinstituts, z. B. wegen Beihilfe zu einer Straftat (Steuerhinterziehung), so ist der Mitarbeiter bei einer Zeugenvernehmung darauf hinzuweisen. Als Beschuldigter braucht er dann keine Aussagen zur Sache zu machen. Im Übrigen steht auch einem Mitarbeiter des Kreditinstituts das Zeugnisverweigerungsrecht nach § 55 StPO zu, wenn die Beantwortung der Fragen ihn selbst oder einen Angehörigen in Gefahr bringen würde, wegen einer Straftat oder einer Ordnungswidrigkeit verfolgt zu werden.

2. Kostenerstattung

7.50 In welchem Umfang Kreditinstitute für ihre Tätigkeit im Ermittlungsverfahren, insbesondere für die Auswertung von Kontounterlagen und die Anfertigung von Fotokopien bei einem Auskunftsersuchen bzw. zur Abwendung einer Durchsuchung, zu entschädigen sind, war lange heftig umstritten.[66)] Inzwischen ist durch das JVEG (früher ZSEG) geregelt, dass auch Dritte einen **Entschädigungsanspruch** haben, wenn sie Strafverfolgungsbehörden Auskünfte ge-

---

65) Zum Streitstand vgl. Schimansky/Bunte/Lwowski-*Bruchner*, Bankrechts-Hdb., § 39 Rz. 45 m. w. N. *Wagemann*, BankPraktiker 2008, 100 ff.

66) Vgl. *Sannwald*, NJW 1984, 2495 m. w. N.; *Kieback/Ohm*, WM 1986, 313.

ben.[67] Danach dürfen für angefallenen Arbeitsaufwand maximal 17 Euro pro Stunde (§ 23 Abs. 1 Satz 1 i. V. m. § 22 Satz 1 JVEG) in Rechnung gestellt werden. Für die Anfertigung von Kopien werden 0,50 Euro für die ersten 50 Seiten und 0,15 Euro für jede weitere Seite gemäß § 23 Abs. 2 i. V. m. § 7 Abs. 2 JVEG ersetzt. Die notwendige Benutzung einer Datenverarbeitungsanlage wird nach § 23 Abs. 3 JVEG entschädigt.[68]

3. Beschlagnahme

Nach § 95 Abs. 2, § 98 StPO können Gegenstände, die als Beweismittel für die Untersuchung von Bedeutung sein können, von der Staatsanwaltschaft beschlagnahmt werden, wenn sie nicht freiwillig herausgegeben werden. Nach § 95 StPO sind solche Gegenstände auf Anforderung vorzulegen und den Ermittlungsbehörden zu übergeben. 7.51

Voraussetzung ist das Vorliegen eines begründeten und konkreten Verdachts, dass die geforderten Gegenstände als Beweismittel eine Rolle spielen können. Die Voraussetzungen für einen solchen **Anfangsverdacht** richten sich nach § 152 Abs. 2 StPO. Insoweit müssen zureichende und tatsächliche Verdachtsgründe für eine bestimmte, bereits begangene Straftat vorliegen, vage Anhaltspunkte und bloße Vermutungen genügen nicht.[69] Das Bundesverfassungsgericht stellt dabei auf eine ex ante Betrachtung ab[70] und fordert darüber hinaus die Umschreibung der aufzuklärenden Straftat.[71] Dabei müssen tatsächliche Angaben über den Inhalt des Tatvorwurfs enthalten sein. Ein Anfangsverdacht kann nur dann vorliegen, wenn aufgrund dieser konkret angeführten Tatsachen nach kriminalistischer Erfahrung die Möglichkeit einer verfolgbaren Straftat gegeben ist.[72] Vage Anhaltspunkte oder bloße Vermutungen reichen für einen Anfangsverdacht nicht aus, sondern führen zu einer rechtswidrigen Ausforschungsdurchsuchung.[73] 7.52

---

67) KG, Beschl. v. 10.5.1991 – 2 AR 35/91 u. 5 Ws 87/91, WM 1991, 1545, dazu WuB I B 3. – 5.91 (Redaktion); OLG Düsseldorf, Beschl. v. 13.6.1989 – 3 Ws 375/89, WM 1989, 1375, dazu WuB I B 3. – 5.89 *(Benckendorff)*; OLG Frankfurt, Beschl. v. 5.9.1990 – 2 Ws 186/90, WM 1991, 160, dazu WuB I B 3. – 2.91 *(Locher)*; zu darüber hinausgehenden Ansprüchen aus enteignungsgleichem Eingriff vgl. *Selmer*, Steuerrecht und Bankgeheimnis, S. 161 ff.

68) S. a. *Wagemann*, BankPraktiker 2008, 100, 103.

69) BVerfG, Beschl. v. 7.9.2006 – 2 BvR 1219/05, NJW 2007, 1443.

70) BVerfG, Urt. v. 20.2.2001 – 2 BvR 1444/00, NJW 2001, 1121, 1124.

71) BVerfG, Beschl. v. 8.3.2004 – 2 BvR 27/04, NJW 2004, 1517, 1518.

72) BVerfG, Beschl. v. 8.3.2004 – 2 BvR 27/04, NJW 2004, 1517, 1518; BVerfG, Beschl. v. 7.9.2006 – 2 BvR 1219/05, NJW 2007, 1443.

73) So schon BVerfG, Beschl. v. 24.5.1977 – 2 BvR 988/75, NJW 1977, 1489. Zum Tatverdacht s. a. *Wagemann*, BankPraktiker 2008, 100, 102.

7.53 Die Beschlagnahme und die Aufforderung nach § 95 StPO bedürfen i. d. R. eines **richterlichen Beschlusses**, der Ort und Gegenstand (z. B. Konten des Kunden X) bezeichnen muss.[74] Nur bei **Gefahr im Verzug**[75] sind ausnahmsweise die Staatsanwaltschaft und deren Hilfsbeamte berechtigt, die Herausgabe selbst zu erzwingen. Ein solcher „Gefahr im Verzug" dürfte bei Kreditinstituten kaum je gegeben sein, da nicht anzunehmen ist, dass dort Beweismittel vernichtet werden.[76] Etwas anderes gilt allenfalls, wenn sich die staatsanwaltschaftlichen Ermittlungen gegen Mitarbeiter des Kreditinstituts selbst richten.

7.54 Die richterliche Anordnung der Beschlagnahme ist nach § 34 StPO zu begründen und hat mindestens Folgendes zu umfassen:

- die namentliche Bezeichnung des Beschuldigten,
- die genaue Bezeichnung des Durchsuchungsobjekts,
- konkrete Angaben zum Tatverdacht, sowie
- den Durchsuchungszweck.[77]

4. Abwendungsauskunft

7.55 Häufig stellen Ermittlungsbehörden ohne formelle Zeugeneinvernahme oder Beschlagnahme **Auskunfts- oder Vorlageersuchen**. Sie sind für Kreditinstitut und Staatsanwaltschaft unkomplizierter als das förmliche Verfahren. Grundsätzlich dürfen Kreditinstitute derartigen Ersuchen ohne Einwilligung des betroffenen Kunden nicht nachkommen.

7.56 Wird jedoch eine formelle Zeugeneinvernahme oder Beschlagnahme angedroht, so ist eine **„Abwendungsauskunft bzw. -vorlage"** zulässig, da dadurch der Kunde auch nicht mehr belastet wird als im formellen Verfahren. Dies gilt jedenfalls dann, wenn Ermittlungsmaßnahmen mit der Maßgabe angeordnet werden, dass die Zeugeneinvernahme, Beschlagnahme oder Durchsuchung durch Erteilung von Auskünften bzw. die Vorlage entsprechender Unterlagen abgewendet werden können. Da der Polizei keine Zwangsbefugnisse zustehen, können solche Abwendungsauskünfte ebenfalls nur im staatsanwaltschaftlichen Ermittlungsverfahren erteilt werden.

7.57 Auch wenn ein Durchsuchungsbeschluss keine ausdrückliche Abwendungsbefugnis enthält, erfordern der Verhältnismäßigkeitsgrundsatz und die Anwen-

---

74) Hinsichtlich des Herausgabeverlangens nach § 96 StPO streitig. Vgl. auch *Wagemann*, BankPraktiker 2008, 100, 101 f.

75) Zur Begriffsbestimmung s. Schimansky/Bunte/Lwowski-*Bruchner/Krepold*, Bankrechts-Hdb., § 39 Rz. 137 ff. m. w. N.

76) Ebenso Schimansky/Bunte/Lwowski-*Bruchner/Krepold*, Bankrechts-Hdb., § 39 Rz. 147 m. w. N.

77) Vgl. Schimansky/Bunte/Lwowski-*Bruchner/Krepold*, Bankrechts-Hdb., § 39 Rz. 151 ff.

dung des mildesten Mittels, dass dem Kreditinstitut anheim gegeben wird, die Durchsuchung durch **freiwillige Herausgabe von Unterlagen abzuwenden.**[78)]

Das Kreditinstitut kann seinen **Kunden über Ermittlungsmaßnahmen unterrichten.** Es ist hierzu jedoch nicht verpflichtet. Begründete Ersuchen der Ermittlungsbehörden, eine Benachrichtigung des Kunden zu unterlassen, sollten befolgt werden, zumal strafrechtliche Risiken auch für Mitarbeiter des Kreditinstituts bestehen (Strafvereitelung). Bei einer Anzeige wegen **Verdachts der Geldwäsche** bzw. bei einem daraufhin eingeleiteten Ermittlungsverfahren ist die Benachrichtigung des Kunden jedenfalls nach § 11 Abs. 3 GwG verboten. Entsprechend untersagt § 16 Abs. 8 WpHG auskunftspflichtigen Unternehmen, im Falle eines Auskunftsverlangens der Bundesanstalt für Finanzdienstleistungsaufsicht die Personen zu unterrichten, deren Daten an die Behörde weitergegeben wurden. 7.58

5. Ordnungswidrigkeitenverfahren

Im Ermittlungsverfahren in **Bußgeldsachen** tritt die Verwaltungsbehörde an die Stelle der Staatsanwaltschaft; entsprechend den in der StPO geregelten Möglichkeiten kann diese Verwaltungsbehörde demnach auch Mitarbeiter von Kreditinstituten als **Zeugen laden und vernehmen** und bei Gefahr im Verzug Durchsuchungen und Beschlagnahmen anordnen. 7.59

6. Auskunftspflichten gegenüber Sozial- und weiteren Behörden

Abweichend von dem Grundsatz, dass auch gegenüber Behörden das Bankgeheimnis gilt, sind Kreditinstitute nach § 118 Abs. 4 SGB VI verpflichtet, bei **zu Unrecht gezahlten Renten** gegenüber dem Rentenversicherungsträger Auskunft über Kontoverfügungen zu erteilen. Voraussetzung ist, dass Rentenleistungen nach dem Tode des Berechtigten auf ein Konto bei dem Kreditinstitut überwiesen worden sind und entgegen § 118 Abs. 3 SGB VI von dem Kreditinstitut nicht rückerstattet werden, weil darüber – z. B. von der Ehefrau oder den Erben – bereits anderweitig verfügt worden ist.[79)] 7.60

Weiterhin sind Kreditinstitute nach § 315 Abs. 2 Satz 1 SGB III verpflichtet, gegenüber der **Bundesagentur für Arbeit** im Zusammenhang mit der Bedürftigkeitsprüfung bei der Arbeitsförderung Auskunft über Guthaben und Ver- 7.61

78) LG München II, Beschl. v. 28.3.1988 – 4 Qs 67/88, WM 1989, 79, dazu WuB I B 3. – 2.89 *(Locher)*. Fallbeispiele für eine zulässige Abwendungsauskunft bei *Wagemann*, BankPraktiker 2008, 100, 103 ff.

79) Vgl. dazu SG Berlin, Urt. v. 25.8.2003 – S 18 RA 160/03; LSG Baden-Württemberg, Urt. v. 29.11.1994 – L 13 J 560/94, WM 1995, 1876; SG Stuttgart, Urt. v. 10.4.1995 – S 2 J 3146/94, WM 1995, 1879, dazu WuB I B 2. – 1.96 *(Gößmann)*; vgl. auch die Erläuterung des Zentralen Kreditausschusses zu § 118 Abs. 3 SGB VI und zu § 620 Abs. 4 RVO, abgedr. in WM 1992, 2078.

mögensgegenstände des Arbeitslosen, seines Ehegatten oder Partners einer eheähnlichen Gemeinschaft zu erteilen. Nach dem Grundsatz der Erforderlichkeit muss dabei ein hinreichender Anlass für jedes einzelne Auskunftsverlangen bestehen. Dies ist bei begründeten Zweifeln an der Richtigkeit der vom Arbeitssuchenden gemachten Angaben oder bei sonstigem Missbrauchsverdacht der Fall. In besonders gravierenden Fällen ist auch eine Auskunft über zurückliegende Zeiträume von § 315 Abs. 2 Satz 1 SGB III gedeckt.

7. Automatisierter Abruf von Kontoinformationen

7.62 Bereits seit Ende 2003 hat jedes Kreditinstitut eine Datenbank zu führen, auf die die Bundesanstalt für Finanzdienstleistungsaufsicht Zugriff hat, § 24c KWG. In dieser Datei sind die folgenden Daten zu speichern: Name und bei natürlichen Personen der Geburtstag des Kontoinhabers, von weiteren Verfügungsberechtigten über das Konto, eines abweichend wirtschaftlich Berechtigten i. S. v. § 8 Abs. 1 GwG sowie die Kontonummer, den Tag der Kontoeröffnung und den Tag der Kontoauflösung.

7.63 Die Bundesanstalt für Finanzdienstleistungsaufsicht kann aus dieser Datei Daten nicht nur zur Erfüllung der eigenen Aufgaben abrufen, sondern auch Strafverfolgungsbehörden, Gerichte und verschiedene Behörden haben Zugriff auf die Daten.[80)] Hierzu gehören nach §§ 93 Abs. 7, 8, 93b AO i. V. m. § 24c KWG auch die Finanzbehörden.[81)]

7.64 **Weitere Durchbrechungen des Bankgeheimnisses** zugunsten von staatlichen Behörden finden sich im AWG, dem KWG sowie diversen Aufsichtsgesetzen. Im Rahmen der in den genannten gesetzlichen Bestimmungen enthaltenen Auskunftsverpflichtungen der Kreditinstitute sind diese befugt, die gesetzlich geregelten Auskunftspflichten unter Preisgabe von Kundendaten zu erfüllen.

III. Auskünfte in Finanz- und Steuerangelegenheiten

1. Auskunftspflicht und Schutz des Bankgeheimnisses

7.65 Gegenüber den Steuerbehörden gilt – anders als im Zivilprozess – das **Bankgeheimnis im Grundsatz nicht.** Auch Kreditinstitute müssen nach § 93 AO **Auskünfte über Steuerverhältnisse Dritter – ihrer Kunden – erteilen und gemäß** §§ 97, 104 AO Urkunden usw. vorlegen. Das Recht der Steuerbehörde, Auskünfte einzuholen, ist jedoch durch § 93 Abs. 1 Satz 3 AO als **subsidiäres Recht** ausgestaltet und durch § 30a AO erheblich eingeschränkt. Auskünfte

---

80) S. insges. zum Thema *Maidorn*, NJW 2006, 3752.

81) Schimansky/Bunte/Lwowski-*Bruchner*/*Krepold*, Bankrechts-Hdb., § 39 Rz. 238 f. Zur Verfassungswidrigkeit des § 24c KWG: BVerfG, Beschl. v. 22.3.2005 – 1 BvR 2357/04, 1 BvQ 2/05, WM 2005, 641 = NJW 2005, 1179 und BVerfG, Beschl. v. 13.6.2007 – 1 BvR 1550/03, 1 BvR 2357/04, 1 BvR 603/05, ZIP 2007, 1356 = WM 2007, 1360, dazu EWiR 2008, 189 *(Erm/Glatzel)*.

sollen nur dann eingeholt werden, wenn die Sachverhaltsaufklärung durch die Beteiligten nicht zum Ziel führt oder keinen Erfolg verspricht.

Außerdem sollen die Finanzbehörden auf das Vertrauensverhältnis zwischen Kreditinstituten und deren Kunden besonders Rücksicht nehmen, keine allgemeinen **Kontenüberwachungen** vornehmen oder **Kontrollmitteilungen** ausschreiben u. a. Nachdem diese Grundsätze ursprünglich im sog. Bankenerlass nur verwaltungsbehördlich festgeschrieben waren, hat der Gesetzgeber dies ausdrücklich in die Abgabenordnung übernommen: 7.66

„§ 30a AO – Schutz von Bankkunden

(1) Bei der Ermittlung des Sachverhalts (§ 88) haben die Finanzbehörden auf das Vertrauensverhältnis zwischen den Kreditinstituten und deren Kunden besonders Rücksicht zu nehmen.

(2) Die Finanzbehörden dürfen von den Kreditinstituten zum Zwecke der allgemeinen Überwachung die einmalige oder periodische Mitteilung von Konten bestimmter Art oder bestimmter Höhe nicht verlangen.

(3) Die Guthabenkonten oder Depots, bei deren Errichtung eine Legitimationsprüfung nach § 154 Abs. 2 vorgenommen worden ist, dürfen anlässlich der Außenprüfung bei einem Kreditinstitut nicht zwecks Nachprüfung der ordnungsmäßigen Versteuerung festgestellt oder abgeschrieben werden. Die Ausschreibung von Kontrollmitteilungen soll insoweit unterbleiben.

(4) In Vordrucken für Steuererklärungen soll die Angabe der Nummern von Konten und Depots, die der Steuerpflichtige bei Kreditinstituten unterhält, nicht verlangt werden, soweit nicht steuermindernde Ausgaben oder Vergünstigungen geltend gemacht werden oder die Abwicklung des Zahlungsverkehrs mit dem Finanzamt dies bedingt.

(5) Für Auskunftsersuchen an Kreditinstitute gilt § 93. Ist die Person des Steuerpflichtigen bekannt und gegen ihn kein Verfahren wegen einer Steuerstraftat oder einer Steuerordnungswidrigkeit eingeleitet, soll auch im Verfahren nach § 208 Abs. 1 Satz 1 ein Kreditinstitut erst um Auskunft und Vorlage von Urkunden gebeten werden, wenn ein Auskunftsersuchen an den Steuerpflichtigen nicht zum Ziele führt oder keinen Erfolg verspricht.“[82)]

2. Sammelauskunftsverfahren

Das Urteil des Bundesfinanzhofes vom 24. März 1987[83)] zur Zulässigkeit von Sammelauskunftsersuchen der Steuerfahndungsbehörden hat zu Missverständnissen über die Geltung dieser Grundsätze Anlass gegeben. Das Gericht hatte erklärt, dass es der Steuerfahndungsbehörde nicht grundsätzlich verwehrt sei, an ein Kreditinstitut ein Sammelauskunftsersuchen um Auskunft über seine Provisionszahlungen an alle in einer bestimmten Zeit für das Kreditinstitut tätig 7.67

82) Vgl. ergänzend den Anwendungserlass des BMF v. 23.3.1993, BStBl 1993, 330, abgedr. in: *Dahm/Schebesta/Schroeter/Weber*, Bankgeheimnis und Bankauskunft in der Praxis, S. 88, und *Fischer/Herbst*, RSP, Bd. A, 5.3.1; krit. zur gesamten Regelung des § 30a AO BVerfG, Urt. v. 27.6.1991 – 2 BvR 1493/89, ZIP 1991, 1123, 1129 ff. = WM 1991, 1199.

83) BFH, Urt. v. 24.3.1987 – VII R 30/86, WM 1987, 884, dazu WuB I B 3. – 4.87 *(Bruchner)*.

gewordenen Kreditvermittler zu richten. Diese Entscheidung betrifft **nicht das Bank-Kunden-Verhältnis**, sondern das Verhältnis der Bank zu Provisionsempfängern. § 30a AO ist hierfür nicht einschlägig. Das Kreditinstitut ist insofern jedem sonstigen Unternehmen vergleichbar, bei dem kein besonderer Schutz des Vertrauensverhältnisses besteht und z. B. Kontrollmitteilungen über Lieferanten- oder Abnehmerbeziehungen zulässig sind.

7.68 Unzulässig sind indes Sammelauskunftsersuchen, die bspw. darauf gerichtet sind, alle Bankkunden mitzuteilen, deren Nachnahme mit einem bestimmten Anfangsbuchstaben beginnt, alle Überweisungen über 100.000 Euro oder sämtliche Geldtransfers ins Ausland.[84)]

3. Verfahren der Steuerbehörden

7.69 Werden in steuerlichem Zusammenhang Auskünfte von Kreditinstituten erbeten, so ist zunächst sorgfältig zu prüfen, in welcher **Funktion die Finanzverwaltung** tätig wird. Im Verfahren der Finanzverwaltung als Besteuerungs- oder als Vollstreckungsbehörde sowie i. R. d. Steuerfahndung richtet sich der Auskunftsanspruch nach der Abgabenordnung (§ 93). Wird die „Strafsachenstelle" oder die Staatsanwaltschaft tätig, dann richtet sich der Auskunftsanspruch nach § 161a StPO.

7.70 Wird zu Besteuerungszwecken von den Finanzbehörden eine Auskunft eingeholt, so sollte das Kreditinstitut auf einem **schriftlichen Auskunftsersuchen** bestehen und eine Begründung verlangen. Aus der Begründung muss sich ergeben, weshalb die Finanzbehörde nicht zunächst die Befragung der Beteiligten durchführt. Der bloße Hinweis auf das Vorliegen der Voraussetzungen des § 93 AO genügt nicht. Wird das Auskunftsersuchen auf § 93 AO gestützt, dann kann gemäß § 107 AO bei der Finanzbehörde **Kostenerstattung** verlangt werden.[85)]

7.71 Wird die Steuerfahndung tätig, dann ist sie verpflichtet, anzugeben, in welchem Bereich sie tätig wird. Im reinen **Besteuerungsverfahren**, solange demnach ein Steuerstraf- oder Ordnungswidrigkeitenverfahren nicht eingeleitet wurde, haben auch die Steuerfahndungsstellen nur die Befugnisse der Finanzbehörden im Besteuerungsverfahren. Es besteht demnach nach § 93 AO nur eine Auskunftspflicht unter der Voraussetzung, dass die bisherige Sachverhaltsaufklärung durch den Steuerpflichtigen nicht zum Ziel geführt hat oder keinen Erfolg verspricht.

7.72 Ist ein **Steuerstraf- oder Ordnungswidrigkeitenverfahren** eingeleitet, dann kommt es darauf an, ob die Staatsanwaltschaft oder die Finanzverwaltung das Verfahren durchführt. Die Aufgabenverteilung richtet sich nach § 386 AO.

---

84) *Thomas/Tischbein*, WM 1999, 1649 ff.

85) BFH, Urt. v. 24.3.1987 – VII R 113/84, WM 1987, 886, dazu WuB I B 3. – 2.87 *(Stützle)*.

Gegenüber den als Hilfsbeamte der Staatsanwaltschaft tätigen Steuerfahndern besteht keine Pflicht, Angaben zur Sache zu machen. Dieses Recht hat vielmehr allein die Staatsanwaltschaft. Nach einer Entscheidung des Oberlandesgerichtes Hamm[86)] hat die Steuerfahndung im Steuerstrafverfahren die Stellung der Polizei als Hilfsbeamte der Staatsanwaltschaft. Sie kann zwar Dritte um Auskünfte ersuchen, diese Auskunftsersuchen jedoch nicht zwangsweise durchsetzen. Daraus ergibt sich für die Praxis der Kreditinstitute, dass sie wegen des Bankgeheimnisses Auskunftsersuchen der Steuerfahnder im Steuerstraf- und -ordnungswidrigkeitenverfahren ebenso wie gegenüber der Polizei nicht stattgeben dürfen. Eine Pflicht zur Informationserteilung haben Kreditinstitute nur, wenn die Finanzbehörde das Verfahren selbständig durchführt und gemäß § 399 Abs. 1 AO eine Zeugenaussage verlangt oder die Beschlagnahme der einschlägigen Unterlagen angeordnet worden ist.

Den Fahndungsstellen steht im Ermittlungsverfahren für die Fälle der **„Gefahr im Verzug"** ein eigenes Beschlagnahme- und Durchsuchungsrecht zu. Hier gilt dasselbe wie bei der Staatsanwaltschaft. Die Rechtsprechung des Bundesverfassungsgerichtes hat sehr weitgehende und nur pauschal begründete Durchsuchungsaktionen bei Kreditinstituten durch die Steuerfahndung als rechtlich zulässig beurteilt.[87)] 7.73

Richtet sich die Ermittlung nicht gegen das Kreditinstitut oder seine Mitarbeiter selbst, dann wird eine Gefahr im Verzug kaum je gegeben sein. Ermittlungen der Steuerfahndung bei Kreditinstituten werden regelmäßig aufgrund richterlicher Durchsuchungs- oder Anordnungsbeschlüsse, die sich gegen einzelne Bankkunden richten, vorgenommen. 7.74

4. Anzeigepflicht im Erbfall

Zu erwähnen ist in diesem Zusammenhang noch die Anzeigepflicht gemäß § 33 Abs. 1 ErbStG i. V. m. § 1 ErbStDV. Die Kreditinstitute sind nach dieser Bestimmung verpflichtet, die in ihrem Gewahrsam befindlichen **Vermögensgegenstände** und die gegen sie gerichteten Forderungen, die zum Vermögen des Erblassers gehörten oder über die ihm die Verfügungsmacht zustand, sofern diese 2.500 Euro übersteigen, dem für die Verwaltung der Erbschaftsteuer zuständigen Finanzamt anzuzeigen. Die Anzeige ist innerhalb eines Monats, seitdem der Todesfall dem Institut bekannt geworden ist, zu erstatten. Zu achten ist darauf, dass die Anzeigepflicht auch für Treuhand- und Anderkonten gilt; 7.75

86) OLG Hamm, Beschl. v. 4.6.1985 – 1 VAs 133/84, WM 1985, 996, dazu WuB I B 3. – 3.85 *(Stützle)*.

87) BVerfG, Beschl. v. 23.3.1994 – 2 BvR 396/94, ZIP 1994, 610 = WM 1994, 691, dazu EWiR 1994, 573 *(Ransiek)*, und BVerfG, Beschl. v. 13.12.1994 – 2 BvR 894/94, ZIP 1995, 101, dazu EWiR 1995, 149 *(Ransiek)*; krit. Schimansky/Bunte/Lwowski-*Bruchner*, Bankrechts-Hdb., § 39 Rz. 103 m. w. N.

Guthabenkonten sind auch mitzuteilen, wenn der Kontoinhaber durch einen Vertrag zugunsten eines Dritten mit dem Kreditinstitut vereinbart hatte, dass bei seinem Tod der betroffene Vermögensgegenstand auf einen Dritten übergehen soll. Bei Gemeinschaftskonten entsteht die Meldepflicht schon beim Tod eines Mitinhabers.

5. Meldung nach dem Zinsabschlaggesetz

7.76 Kreditinstitute sind verpflichtet, bei Kapitalerträgen den sog. Zinsabschlag vorzunehmen und an die Steuerbehörden abzuführen. Bis zur Höhe der Freibeträge für Kapitaleinkünfte kann der Steuerpflichtige den Abzug vermeiden, indem er bei seinem Kreditinstitut einen sog. **Freistellungsauftrag** nach § 44a Abs. 1 Nr. 1 i. V. m. Abs. 2 Nr. 1 EStG stellt. Um Missbräuche zu vermeiden, sieht § 45d EStG ein besonderes Mitteilungsverfahren vor. Danach müssen Kreditinstitute dem Bundeszentralamt für Steuern für jeden Kunden jährlich die Kapitalerträge mitteilen, bei denen aufgrund eines Freistellungsauftrags kein Steuerabzug vorgenommen wurde. Diese Daten dürfen nach der gesetzlichen Regelung allerdings ausschließlich zur Prüfung der rechtmäßigen Inanspruchnahme des Sparerfreibetrages bzw. des Pauschbetrages für Werbungskosten verwendet werden.

IV. Bankauskünfte

7.77 Die AGB-Banken enthalten in Nr. 2 Abs. 2 bis 4 (entspricht Nr. 3 AGB-Spk) eine detaillierte Regelung über Zulässigkeit und Inhalt von Bankauskünften. Das seit 1. Januar 1986 eingeführte und vorher mit den Datenschutzbehörden und den Verbraucherverbänden abgestimmte Verfahren ist gekennzeichnet durch

- eine Definition des Inhalts der Bankauskunft und
- eine Unterscheidung zwischen Geschäftskunden und Privatkunden.

7.78 Da die Kreditinstitute grundsätzlich zur Wahrung der Verschwiegenheit verpflichtet sind, setzt die Bankauskunft eine entsprechende **Ermächtigung des betroffenen Kunden** voraus.

1. Geschäftskunden/Privatkunden

7.79 Die AGB-Regelung unterstellt das **Einverständnis des Geschäftskunden,** wenn er keine anderslautende Weisung erteilt hat. Als Geschäftskunden gelten nur juristische Personen und im Handelsregister eingetragene Kaufleute. Trotz der unterstellten Einwilligung sollte im Einzelfall das Interesse des Auskunftsempfängers und des Kunden gegeneinander abgewogen werden. Kann das Kreditinstitut, das zu wahrheitsgemäßen Angaben verpflichtet ist und sich andernfalls schadensersatzpflichtig macht, keine positive Auskunft geben, empfiehlt es sich u. U., eine Ermächtigung zur Auskunftserteilung auch bei Geschäftskunden einzuholen. In diesem Zusammenhang sollte aber nicht der Inhalt der voraussichtlichen Auskunft mit dem Kunden besprochen und „ausgehandelt“ werden.

Sonstige Kunden – auch geschäftserfahrene Kunden wie Rechtsanwälte, Steuerberater, Wirtschaftsprüfer, Minderkaufleute, Handwerker – gelten als **Privatkunden**. Über sie darf eine Auskunft nur erteilt werden, wenn eine **ausdrückliche Zustimmung** vorliegt. Die Zustimmung kann dem Kreditinstitut allgemein oder im Einzelfall oder dem Anfragenden gegeben werden. Liegt die Einwilligung dem Anfrager vor, so ist sie dem Kreditinstitut schriftlich vorzulegen. Ausnahmen können nur dort gelten, wo die Einwilligung üblich ist und zuverlässig unterstellt werden kann – besonders bei Kreditkartenunternehmen. Gleiches gilt im Bankauskunftsverfahren zwischen den Kreditinstituten. Auch hier genügt die Versicherung des anfragenden Kreditinstituts, ihm liege die Einverständniserklärung des Privatkunden vor. 7.80

Es besteht keine Verpflichtung des Kreditinstituts, beim Kunden rückzufragen, ob er eine Auskunft über sich wünscht. Die **Rückfrage** empfiehlt sich im Regelfall auch nicht, da der Kunde sonst u. U. Einfluss auf den Inhalt der Auskunft nehmen will. Die Ablehnung der Auskunftserteilung muss jedoch so formuliert werden, dass kein negativer Eindruck beim Anfrager entsteht. Üblich ist etwa folgende Formulierung: 7.81

> „Über Privatkunden erteilen wir nach allgemeiner Übung im Kreditgewerbe ohne Zustimmung des Kunden keine Auskunft.“

2. Anforderungen an den Inhalt der Bankauskunft

Die AGB (Nr. 2 Abs. 2 AGB-Bk/Nr. 3 Abs. 1 Satz 2 AGB-Spk) definieren Bankauskünfte als 7.82

> „allgemein gehaltene Feststellungen und Bemerkungen über die wirtschaftlichen Verhältnisse des Kunden, seine Kreditwürdigkeit und Zahlungsfähigkeit; betragsmäßige Angaben über Kontostände, Sparguthaben, Depot- oder sonstige dem Kreditinstitut anvertraute Vermögenswerte sowie Kreditinanspruchnahmen werden nicht gemacht.“

Die Bank ist verpflichtet, die Auskunft mit der **Sorgfalt** eines ordentlichen Kaufmanns wahrheitsgemäß und vollständig zu erteilen. Nach allgemeiner Bankübung sind Bankauskünfte inhaltlich knapp, maßvoll, schonend und vorsichtig formuliert, enthalten keine geschäftlichen Einzelheiten, sondern beschränken sich auf allgemein gehaltene Feststellungen, Bemerkungen und Urteile. Insbesondere dürfen keine Kontostände, Guthaben usw. genannt werden. Neben den Daten über Identität, Rechtsform, Geschäftszweck und Geschäftsführung enthalten die Auskünfte über Geschäftskunden i. d. R. nur eine allgemeine Beurteilung, die etwa folgende Angaben enthält: Bewertung der Geschäftsverbindung einschließlich der Kontoführung, sonstige wirtschaftliche Verhältnisse, Kreditwürdigkeit, ggf. besondere Verhältnisse.[88] 7.83

---

88) Näheres vgl. Schimansky/Bunte/Lwowski-*Bruchner*, Bankrechts-Hdb., § 40 Rz. 8.

7.84 Daneben werden besonders zwischen Banken sog. Schemaauskünfte verwendet, die vorgedruckt Angaben zur Geschäftsverbindung, den wirtschaftlichen Verhältnissen und eine Kreditbeurteilung enthalten. Dabei sollte aus Beweisgründen gesondert bezeichnet werden, zu welchen der vorgedruckten Antwortalternativen Aussagen getroffen werden, um Missverständnisse zu vermeiden.

7.85 Die Auskunft muss aber – entsprechend dem subjektiven Kenntnisstand der Bank – richtig sein. Die Auskunft darf nicht durch **unvollständige Angaben** eine nicht vorhandene Bonität vortäuschen, z. B. dadurch, dass Verbindlichkeiten des Kreditnehmers oder Unregelmäßigkeiten bei deren Erfüllung unberücksichtigt bleiben. Dies gilt besonders dann, wenn die Bank ein eigenes Interesse an der Finanzierung des Kunden, über den die Auskunft erteilt wird, hat.[89)]

7.86 Für die Richtigkeit ist entscheidend, dass sie unabhängig vom Wortlaut einen zutreffenden **Gesamteindruck** vermittelt. Reichen die Erkenntnisse der Bank für eine hinreichende Beurteilung des Kunden nicht aus, so muss dies zum Ausdruck kommen. Dementsprechend hatte der Bundesgerichtshof[90)] eine fehlerhafte Bankauskunft in einem Fall angenommen, in dem der Auskunft gebenden Bank lediglich vorläufige Bilanzen vorlagen. Die Bank hatte aber unter Hinweis auf eine Bilanz den Eindruck erweckt, ihr liege ein genauer Überblick über die Vermögensverhältnisse des Kunden vor. Eine ähnliche, auf den Gesamteindruck abstellende Beurteilung hat der Bundesgerichtshof bei der Vermittlung einer Kommanditbeteiligung angewandt, die als **„bankgeprüft"** herausgestellt wurde. Es fehlte aber eine seriöse eigene Prüfung der Prospektangaben durch die Bank, was sie nach einer weiteren Entscheidung des Bundesgerichtshofs[91)] zum Schadensersatz verpflichtete.

7.87 Andererseits trifft den Auskunftsempfänger die Obliegenheit, die **Auskünfte sorgfältig auszuwerten** und auch „zwischen den Zeilen zu lesen". Denn die Bank kann die Auskunft bei Interessenwahrung ihres Kunden und zur Vermeidung von Schadensersatzansprüchen nur vorsichtig formulieren. Aus dem erkennbaren Fehlen von Angaben muss auch der Empfänger entsprechend sorgfältige Schlüsse ziehen.[92)]

7.88 Danach braucht das Kreditinstitut nur seinen tatsächlichen gegenwärtigen Erkenntnisstand mitzuteilen, auch wenn er lückenhaft ist. Es darf nur kein fal-

89) OLG Oldenburg, Urt. v. 29.8.1986 – 11 U 31/86, WM 1987, 836, dazu WuB I B 4. – 1.87 *(Fischer)*.

90) BGH, Urt. v. 28.1.1985 – II ZR 10/84, WM 1985, 381, dazu EWiR 1985, 153 *(Feuerborn)*.

91) BGH, Urt. v. 12.2.1986 – IVa ZR 76/84, ZIP 1986, 562 = WM 1986, 517, dazu EWiR 1986, 473 *(Niehoff)*.

92) BGH, Urt. v. 27.6.1989 – XI ZR 52/88, ZIP 1989, 1250 = WM 1989, 1409, dazu EWiR 1989, 855 *(Rümker)* und WuB I B 4. – 2.89 *(Peterhoff)*; OLG Frankfurt, Urt. v. 5.6.1984 – 5 U 188/83, ZIP 1984, 1078 = WM 1985, 253, dazu WuB I B 4. – 1.85 *(Weber)*; OLG Oldenburg, Urt. v. 11.6.1990 – 13 U 28/90, WM 1990, 1453, dazu WuB I B 4. – 2.90 *(Stützle)*.

scher Eindruck vermittelt werden. Jedenfalls braucht das Kreditinstitut keine **Erkundigungen bei Dritten** einzuziehen, ob ergänzende Erkenntnisse gewonnen werden können.

3. Berichtigungspflicht

Erteilt die Bank versehentlich eine **unrichtige Auskunft**, dann ist sie zur Berichtigung verpflichtet. Ist die Fehlerhaftigkeit verschuldet, so liegt es zur Vermeidung von Schadensersatzansprüchen schon im eigenen Interesse des Kreditinstituts, die Berichtigung vorzunehmen. Aber auch bei der unverschuldet unrichtigen Auskunft ergibt sich aus dem Grundsatz von Treu und Glauben und der Haftung für vorangegangenes Tun eine entsprechende Berichtigungspflicht.[93] Eine Berichtigungspflicht kann aber nur bei positiver Kenntnis der die Unrichtigkeit begründenden Tatsachen bestehen. Eine Überprüfung aller gegebenen Auskünfte kommt schon aus Praktikabilitätsgründen nicht in Frage. 7.89

Zur Klarstellung ist darauf hinzuweisen, dass die Berichtigungspflicht nur anfänglich unrichtige Auskünfte umfasst. **Eine später eintretende Verschlechterung** der Vermögensverhältnisse ist nicht nachzumelden. Die Auskunft ist im Zeitpunkt der Erteilung nämlich richtig. Eine Garantenstellung für die wirtschaftliche Lage des betroffenen Kunden ist damit nicht begründet. Außerdem wäre es unmöglich, alle erteilten Auskünfte daraufhin zu überprüfen, ob sich später etwas geändert hat. Es empfiehlt sich jedoch, bei der Auskunftserteilung ausdrücklich darauf hinzuweisen, dass über Veränderungen der Vermögensverhältnisse nur aufgrund neuer Anfragen Auskunft gegeben wird. 7.90

4. Bank-an-Bank-Auskunft

Nach der AGB-Regelung erhalten Bankauskünfte nur eigene Kunden sowie andere Kreditinstitute für deren eigene Zwecke und die ihrer Kunden. Nichtkunden werden grundsätzlich keine Bankauskünfte erteilt. Ausnahmen werden bei banknahen Unternehmen wie Kreditkartengesellschaften gemacht. Die Spitzenverbände des Kreditgewerbes haben **„Grundsätze für die Durchführung des Bankauskunftsverfahrens zwischen Kreditinstituten“**[94] erstellt, die dem Bundesaufsichtsamt für das Kreditwesen und dem Bundeskartellamt vorgelegt wurden. Hervorzuheben ist, dass ebenso wie bei Kundenanfragen der Anfragegrund, mit dem das berechtigte Interesse an der Bankauskunft glaubhaft gemacht wird, angegeben werden muss. Eine typische Anfrage lautet z. B., ob der Kunde für einen Warenkredit i. H. v. x Euro gut ist. Außerdem hat das anfragende Kreditinstitut klarzustellen, ob es die Auskunft im eigenen oder im 7.91

---

93) *Canaris*, Bankvertragsrecht, Rz. 81; *Sichtermann/Feuerborn/Kirchherr/Terdenge*, Bankgeheimnis und Bankauskunft, S. 414 m. w. N.

94) Anhang III.1 sowie Anhang III.2 (= Kommuniqué über das Bankauskunftsverfahren v. 17.10.1984).

Kundeninteresse einholt. Fehlt eine solche Angabe, so empfiehlt es sich, die Anfrage entweder unbeantwortet zurückzugeben oder die Weitergabe an Dritte zu untersagen.

7.92 Kann das im Bank-an-Bank-Auskunftsverfahren angefragte Kreditinstitut die Auskunft nicht selbst erteilen, kann es sie an ein drittes Kreditinstitut **weiterleiten**. In diesem Fall ist das Anfrageschreiben weiterzugeben. Die Antwort soll nur der Auskunft gebenden Stelle, nicht hingegen der Zwischenbank mitgeteilt werden. Auf diese Weise soll verhindert werden, dass Auskünfte zur eigenen Kundenwerbung missbraucht werden. Diese Grundsätze sind daher auch dann anzuwenden, wenn eine Filialbank anfragt. Auch hier ist die anfragende Filiale anzugeben. Die Auskunft sollte nur direkt an diese Stelle geleitet werden.

7.93 Bei **Auskunftsverweigerungen** soll schonend verfahren werden. Insbesondere wenn kein hinreichender Einblick in die wirtschaftlichen Verhältnisse vorliegt oder die Einwilligung fehlt, ist dies in der Antwort zum Ausdruck zu bringen.

7.94 Umstritten war die Frage, ob das anfragende Kreditinstitut den **Namen des Auskunftsempfängers** nennen darf oder muss. Die Grundsätze sehen vor, dass das anfragende Kreditinstitut zunächst den Namen nicht nennt. Es ist jedoch verpflichtet, den Namen des anfragenden Kunden dann anzugeben, wenn dem Kunden, über den eine Auskunft erteilt wurde, ein Anspruch auf Nennung des Anfragers zusteht und er diesen geltend macht. Ein solcher Anspruch wird regelmäßig gegeben sein. Die Auffassung, dass der anfragende Kunde durch das Bankgeheimnis geschützt sei, ist nicht vertretbar. Er muss damit rechnen, dass der Kunde, über den die Auskunft erteilt wurde, ein schutzwürdigeres Interesse daran hat, auf Wunsch zu erfahren, wer eine Auskunft mit welchem Inhalt erhalten hat.[95]

5. Haftung für fehlerhafte Auskunft

7.95 Schadensersatzansprüche wegen fehlerhafter Auskunft sind möglich gegenüber dem Anfragenden, gegenüber einem Dritten, der von der Auskunft Kenntnis erlangt, und gegenüber dem, über den die Auskunft erteilt wird.

7.96 Die Rechtsprechung legt strenge Maßstäbe hinsichtlich der Sorgfaltspflichten der Bank an, sodass bereits bei verhältnismäßig geringfügigen Fehlern eine Haftung angenommen wird. Dies gilt besonders, wenn die Auskunft unvollständig oder unsorgfältig formuliert ist. **Haftungsfälle** sind z. B.

- günstige Auskunft ohne Hinweis auf nur unzureichende Beurteilungsgrundlagen,

95) Zur Begründung s. *Fischer* in: RWS-Forum 1, S. 95, 101; a. A. Schimansky/Bunte/Lwowski-*Bruchner*, Bankrechts-Hdb., § 40 Rz. 35.

- Angaben von Grundbesitz ohne Hinweis auf erhebliche dingliche Belastungen,
- fehlender Hinweis auf eine Kündigung des gewährten Kredits,
- fehlender Hinweis auf Unregelmäßigkeiten (Wechsel- oder Scheckproteste) bei günstiger Auskunft u. a.

a) Haftung gegenüber dem Anfragenden

Die Begründung der Haftung für Rat und Auskunft war lange umstritten. Der Bundesgerichtshof nimmt jedoch in ständiger Rechtsprechung einen **Auskunftsvertrag** bzw. „eine vertragsähnliche Beziehung" auch ohne besondere Vereinbarung an.[96] 7.97

Eine Haftung aus Auskunftsvertrag wird regelmäßig angenommen, wenn die Auskunft für den Empfänger **erkennbar von erheblicher Bedeutung ist und er sie zur Grundlage wesentlicher Entscheidungen** macht. Dies gilt insbesondere, wenn der Auskunftgeber – wie Kreditinstitute regelmäßig – besonders sachkundig ist und ein eigenes wirtschaftliches Interesse hat.[97] Dementsprechend haftet die Auskunft gebende Bank für eine schuldhaft unrichtige Auskunft sowohl bei einer Kundenauskunft nach Nr. 3 Abs. 4 Alt. 1 AGB-Bk als auch im Bank-an-Bank-Auskunftsverfahren gegenüber der anfragenden Bank, wenn diese die Auskunft im eigenen Interesse einholt. 7.98

b) Haftung gegenüber Dritten

Wird eine **Bankauskunft über ein anderes Kreditinstitut** eingeholt, so bestehen keine unmittelbaren vertraglichen Beziehungen zwischen Auskunftsgeber und Auskunftsempfänger. Die Rechtsprechung hat für vergleichbare Auskunftsfälle die Grundsätze des Vertrags mit Schutzwirkung zugunsten Dritter angewendet. 7.99

> „Wer als Fachmann Auskunft über die Bonität eines (zukünftigen) Geschäftspartners des Auskunftsempfängers erteilt und weiß, dass für den Empfänger die Auskunft Grundlage für weitreichende geschäftliche Maßnahmen ist, handelt i. d. R. in dem Bewusstsein, eine verbindliche, möglicherweise Haftungsfolgen

---

96) So z. B. BGH, Urt. v. 28.1.1985 – II ZR 10/84, WM 1985, 381, dazu EWiR 1985, 153 *(Feuerborn)*; BGH, Urt. v. 11.10.1988 – XI ZR 1/88, ZIP 1988, 317 = WM 1988, 1828, dazu EWiR 1989, 37 *(Seiler)*; BGH, Beschl. v. 18.6.1991 – XI ZR 282/90, ZIP 1991, 1136 = WM 1991, 1629, dazu EWiR 1991, 971 *(Vortmann)* und WuB I B 4. – 1.93 *(Locher)*, eingehend besprochen von *Breinersdorfer*, WM 1992, 1557 f.

97) BGH, Urt. v. 29.5.1978 – II ZR 173/77, WM 1978, 896; *Sichtermann/Feuerborn/Kirchherr/Terdenge*, Bankgeheimnis und Bankauskunft, S. 345 Anm. 40 und S. 396.

auslösende Willenserklärung und nicht nur eine unverbindliche Wissenserklärung abzugeben."[98]

7.100 Holt jedoch eine Bank eine Auskunft für ihren Kunden bei einer anderen Bank ein, so muss sie dies nach Nr. 2 der Grundsätze für die Durchführung des Bankauskunftsverfahrens zwischen Kreditinstituten ausdrücklich angeben. Anderenfalls darf sie die Auskunft an den Kunden nicht weitergeben. Der Hinweis darauf, dass die **Auskunft im Kundeninteresse** eingeholt wird, führt dazu, dass die Bank selbst keinen Schadensersatzanspruch erwirbt. Nach Auffassung des Bundesgerichtshofs fehlt es in diesem Fall selbst bei grob fahrlässig unrichtiger Auskunft „an dem erforderlichen Zurechnungszusammenhang" zwischen dem Schaden der im Kundeninteresse anfragenden Bank und der auskunftsgebenden Bank.[99]

7.101 Ebenso haftet die Bank bei Auskünften, die von einer anderen Bank im **Eigeninteresse** eingeholt werden, nicht für Schäden, die Dritten entstehen, weil die Empfängerbank die Auskunft unbefugt weitergegeben hat. Denn es besteht keine vertragsähnliche Haftung für „alle, die es angeht". Haftungsvoraussetzung ist, dass der Auskunftsgeber sich bewusst war, dass die Auskunft für einen Dritten bestimmt war und dieser sie zur Grundlage bedeutsamer Entscheidungen machen werde.[100]

7.102 Ähnlich hatte der Bundesgerichtshof in einem Fall entschieden, in dem ein Sparkassenvorstand in einer öffentlichen Veranstaltung gegenüber dem Landrat die Auskunft gegeben hatte, dass die Finanzierung eines bestimmten Bauvorhabens gesichert sei. Hierauf hatte sich ein Bauhandwerker verlassen und machte Schadensersatzansprüche geltend, nachdem die Baufinanzierung letztlich nicht zustande kam – ohne Erfolg.[101]

c) Haftung gegenüber dem von der Auskunft betroffenen Kunden

7.103 Hier ist zu unterscheiden zwischen der unzulässigen richtigen und der fehlerhaften Auskunft. Eine richtige Auskunft, die jedoch mangels Einwilligung nicht hätte erteilt werden dürfen, verstößt gegen das **Bankgeheimnis**. Sie verpflichtet im Grundsatz zwar zum Schadensersatz. In der Praxis dürfte es aller-

98) So BGH, Urt. v. 25.9.1985 – IVa ZR 237/83, WM 1985, 1520; ähnlich BGH, Urt. v. 23.1.1985 – IVa ZR 66/83, ZIP 1985, 398 = WM 1985, 450, dazu EWiR 1985, 151 *(Köndgen)*, und BGH, Urt. v. 19.3.1986 – IVa ZR 127/84, WM 1986, 711, dazu EWiR 1986, 651 *(Vietor)*.

99) BGH, Beschl. v. 18.6.1991 – XI ZR 282/90, ZIP 1991, 1136 = WM 1991, 1629, dazu EWiR 1991, 971 *(Vortmann)* und WuB I B 14. – 1.93 *(Locher)*; *Breinersdorfer*, WM 1992, 1557, 1561.

100) So BGH, Urt. v. 30.3.1976 – VI ZR 21/74, WM 1976, 498, 499, und OLG Köln, Urt. v. 15.2.1984 – 13 U 207/83, WM 1985, 598, dazu WuB I B 4. – 3.85 *(Stützle)*.

101) BGH, Urt. v. 16.10.1990 – XI ZR 165/88, WM 1990, 1990, dazu EWiR 1991, 41 *(J. Eckert)* und WuB I B 4. – 1.91 *(v. Heymann)*.

dings kaum Anwendungsfälle einer Schadensersatzpflicht für eine unzulässig weitergegebene richtige Information über Kunden geben. Denn selbst wenn dies z. B. zur Durchsetzung von Gläubigeransprüchen usw. führt, liegt wegen der damit verbundenen Schuldtilgung **kaum ein ersatzfähiger Schaden** vor, so z. B. kein Schaden bei Verurteilung wegen Steuerhinterziehung.[102)]

Anwendungsfälle einer Schadensersatzpflicht sind hingegen falsche, insbesondere **rufschädigende Angaben** über Kundenverhältnisse. Diese Problematik spielt vor allem bei der nachteiligen Bankauskunft eine Rolle. 7.104

d) Haftung für unterlassene Auskunft

Die Bank ist nach Nr. 2 Abs. 3 AGB-Bk berechtigt, hingegen nicht verpflichtet, Auskünfte zu erteilen. Auch gegenüber einem Kunden lässt sich **keine bankvertragliche Nebenpflicht auf Auskunftserteilung** ableiten.[103)] 7.105

Nach Nr. 3 Abs. 1 AGB-Spk steht die Sparkasse ihren Kunden für Bankauskünfte zur Verfügung. Daraus schließen manche einen Auskunftsanspruch auch des Anfragenden. Im Ergebnis besteht dennoch wenig Unterschied, da auch die Sparkassen im Interesse und zur Schonung ihrer Kunden die Möglichkeit haben, eine ungünstige Auskunftserteilung abzulehnen. Ihr ist außerdem bei unklaren Verhältnissen nicht zuzumuten, das Haftungsrisiko einzugehen. 7.106

Die Bank ist auch gegenüber einer anderen Bank, z. B. bei Kreditablösung eines zweifelhaften Schuldners, nicht zur Aufklärung über dessen Vermögensverhältnisse verpflichtet.[104)] 7.107

Fraglich ist allerdings, ob der **betroffene Kunde** einen Anspruch hat, dass bei erteilter oder zulässig unterstellter Einwilligung über ihn Auskunft gegeben wird. Angesichts der ständigen Bankübung wird er sich darauf verlassen, dass seine Geschäftspartner Auskünfte erhalten. Daher empfiehlt es sich, den Kunden über die Verweigerung von Auskünften zu unterrichten, damit er sich darauf einstellen kann. 7.108

e) Pflicht zu Hinweisen über andere Kunden

Verschiedentlich wird vertreten, dass ein Kreditinstitut auch außerhalb einer Auskunftsanfrage unaufgefordert verpflichtet ist, Hinweise bezüglich der Vermögensverhältnisse eines anderen Kunden zu geben.[105)] 7.109

---

102) Vgl. OLG Köln, Urt. v. 8.7.1992 – 11 U 43/92, WM 1993, 289, dazu EWiR 1993, 443 *(Feuerborn)* und WuB I B 3. – 2.93 *(Locher)*.

103) BGH, Urt. v. 9.4.1987 – III ZR 126/85, WM 1987, 1546, dazu EWiR 1988, 27 *(Peterhoff)* und WuB I E 2 c. – 1.88 *(Assmann)*.

104) BGH, Urt. v. 27.6.1989 – XI ZR 52/88, ZIP 1989, 1250 = WM 1989, 1409, dazu EWiR 1989, 855 *(Rümker)* und WuB I B 4. – 2.89 *(Peterhoff)*.

105) *Sichtermann/Feuerborn/Kirchherr/Terdenge*, Bankgeheimnis und Bankauskunft, S. 413 ff.

7.110 Nach der Rechtsprechung ist eine solche Verpflichtung lediglich dann anzunehmen, wenn das Kreditinstitut vorher einen besonderen **Vertrauenstatbestand** gesetzt hatte. Dies gilt insbesondere für die unvollständige Beratung und wenn ein **Eigeninteresse** des Kreditinstituts am Zustandekommen des Geschäfts hinzukommt. So hat der Bundesgerichtshof ausgeführt, dass es

> „nach ständiger Rechtsprechung nicht Aufgabe eines Kreditinstituts ist, den Darlehensnehmer vor Geschäften, die mit einem Risiko verbunden sind, zu warnen. Das schließt eine abweichende Beurteilung im Einzelfall indes nicht aus. Sie kann etwa dann geboten sein, wenn die Bank selbst einen zu den allgemeinen wirtschaftlichen Risiken des Projekts hinzutretenden speziellen Gefährdungstatbestand für den Anleger schafft oder dessen Entstehung jedenfalls begünstigt.“[106]

7.111 Ein deutliches Beispiel stellt eine ältere Entscheidung des Bundesgerichtshofs dar.[107] Dort hatte die Bank einem Kunden empfohlen, sich an einem bestimmten sanierungsbedürftigen Unternehmen zu beteiligen und diese **Beteiligung finanziert**. Die Bank war selbst Hauptkreditgeber des Unternehmens. Es liegt auf der Hand, dass in einem solchen Fall einer zweifelhaften Empfehlung, die mehr der Sicherung der eigenen Kredite als dem wirtschaftlichen Interesse des Anlegers entspricht, eine Pflicht zur vollständigen Information z. B. über die Sanierungsbedürftigkeit besteht.

7.112 Der Bundesgerichtshof hatte weiterhin eine Aufklärungs- und Warnpflicht der Bank dann ausnahmsweise angenommen,

> „wenn die Bank in bezug auf die speziellen Risiken des zu finanzierenden Vorhabens gegenüber dem Darlehensnehmer einen konkreten Wissensvorsprung hat, z. B. wenn ihr die (drohende) Zahlungsunfähigkeit des Geschäftspartners bekannt ist . . ., oder wenn sie sich im Zusammenhang mit Kreditgewährungen sowohl an den Bauträger als auch an die einzelnen Erwerber in schwerwiegende Interessenkonflikte . . . verwickelt.“[108]

7.112a Der Bundesgerichtshof nimmt in dieser Entscheidung auch zum Konflikt zwischen der Pflicht des Kreditinstituts, den Kunden auf Risiken hinzuweisen, und der Pflicht zur Wahrung des Bankgeheimnisses Stellung. Dies sei im Einzelfall durch **Güterabwägung** zu lösen.

7.113 Nach einer anderen Entscheidung des Bundesgerichtshofs[109] gilt für die Aufklärungspflicht das Prinzip des **Vorrangs des Kundeninteresses** gegenüber dem Eigeninteresse der Bank.

---

106) BGH, Urt. v. 10.10.1985 – III ZR 92/84, WM 1986, 6, dazu EWiR 1986, 39 *(Rümker)*.

107) BGH, Urt. v. 29.5.1978 – II ZR 173/77, WM 1978, 896.

108) BGH, Urt. v. 27.11.1990 – XI ZR 308/89, ZIP 1991, 90 = WM 1991, 85, dazu EWiR 1991, 131 *(Feuerborn)* und WuB I B 3. – 1.91 *(Obermüller)*.

109) BGH, Urt. v. 30.5.1995 – XI ZR 180/94, ZIP 1995, 1075 = WM 1995, 1306, dazu EWiR 1995, 857 *(Allmendinger)* und WuB I E 1. – 8.95 *(Menk)*.

Eine **Hinweispflicht im Zahlungsverkehr** ist im Grundsatz **abzulehnen.** Im Überweisungs-, Scheckeinzugs- und Lastschriftverkehr verhalten sich die Kreditinstitute streng innerhalb der Grenzen des ihnen erteilten formalen Auftrags und brauchen keine Erwägungen über dessen Zweckmäßigkeit aus der Sicht des Kunden anzustellen. Daher obliegen nach ständiger Rechtsprechung den am Überweisungsverkehr beteiligten Banken grundsätzlich keine Warn- und Schutzpflichten gegenüber dem Überweisenden und dem Zahlungsempfänger. In besonders gelagerten **Ausnahmefällen**, z. B. bei einer der Bank bekannten Veruntreuung durch den Empfänger, bei Rentenzahlungen auf das Konto des Verstorbenen oder bei Zahlungseinstellungen wird jedoch eine solche Verpflichtung angenommen[110)] und dies mit einigen Entscheidungen des Bundesgerichtshofs begründet.[111)] Bei diesen Entscheidungen handelte es sich jedoch um Fälle, bei denen die **Bank insolvent** wurde. Hier rechtfertigt sich eine Warnpflicht aus dem besonderen Vertrauens- und Gläubigerschutzinteresse gegenüber Kreditinstituten. Ein Rückschluss auf eine Warnpflicht bei Insolvenz eines sonstigen Unternehmens erscheint daraus nicht gerechtfertigt. Abgesehen davon, dass dies bei der Massenhaftigkeit der Zahlungsverkehrsvorgänge kaum möglich erscheint, müsste die Bank mit einem warnenden Hinweis den betroffenen Kunden schädigen. Ist es ihr eigener Kunde, so stünde dies in jedem Falle in Widerspruch zum Bankgeheimnis. Die praktische Konsequenz wäre außerdem, dass die Bank jeden Auftraggeber warnen müsste und damit den gesamten Geschäftsverkehr des Empfängers blockieren würde, was dessen Zusammenbruch bedeuten und Sanierungsmöglichkeiten ausschließen würde. Selbst bei der Insolvenz erscheint es nicht angemessen, Banken eine Parteirolle zwischen dem Auftraggeber und den Konkursgläubigern zuzuordnen. 7.114

6. Bepreisung von Bankauskünften

Die von den Spitzenverbänden des Kreditgewerbes vereinbarten Grundsätze für die Durchführung des Bankauskunftsverfahrens[112)] enthalten keine Ausführungen zu der Frage der Bepreisbarkeit von Bankauskünften. Allerdings ist davon auszugehen, dass Kreditinstitute untereinander Kreditauskünfte aufgrund des **"Gegenseitigkeitsprinzips"** überwiegend unentgeltlich erteilen. Es ist im Allgemeinen auch nicht üblich, Auslagen für Schreibarbeiten, Porto, Telex- oder sonstige Übermittlungstätigkeiten ersetzt zu verlangen. In letzter Zeit ist jedoch in zunehmendem Umfang zu beobachten, dass Kreditinstitute für die Erteilung von Bankauskünften untereinander ein Entgelt in Rechnung stellen. Rechtlich ist dies nicht zu beanstanden. Betriebswirtschaftlich erscheint jedoch die Erhe- 7.115

---

110) *Canaris*, Bankvertragsrecht, Rz. 105 m. w. N.

111) BGH, Urt. v. 29.5.1978 – II ZR 89/76, WM 1978, 588; BGH, Urt. v. 29.9.1986 – II ZR 283/85, ZIP 1986, 1537 = WM 1986, 1409, dazu EWiR 1986, 1191 *(Fischer)*.

112) Anhang III.1.

bung von Entgelten in diesen Fällen kaum sinnvoll, da der Verwaltungsaufwand für die Erstellung der Rechnungen und die Überwachung des Zahlungsflusses höher sein dürfte als der gezogene Vorteil. Dieser wird sich weiter noch dadurch kompensieren, wenn alle Institute in gleicher Weise vorgehen. Im Übrigen widerspricht diese Vorgehensweise auch der sonst zu beobachtenden Tendenz, auf die Erhebung von Bagatellbeträgen zu verzichten, wie dies z. B. im Zahlungsverkehr zu beobachten ist.

7.116 Letztendlich obliegt es jedoch der individuellen Entscheidung des jeweiligen Instituts, ob es für eine Bankauskunft ein Entgelt erhebt oder nicht. Das Institut wird dies insbesondere von einer betriebswirtschaftlichen Bewertung abhängig machen. Eine Entscheidung, ob ein Institut eine Auskunft erteilt, wird darüber hinaus davon abhängen, ob das anfragende Kreditinstitut seinerseits grundsätzlich ebenfalls zur Auskunftserteilung tendiert. Sollte dies nicht der Fall sein, so ist das dem Bankauskunftsverfahren zugrunde liegende „Gegenseitigkeitsprinzip" in Frage gestellt.

7. Bankauskunft und Datenschutzrecht

a) Anwendbarkeit des BDSG

7.117 Bankauskünfte sind bei Vorliegen bestimmter Voraussetzungen auch an datenschutzrechtlichen Bestimmungen zu messen. Maßgebend ist grundsätzlich das BDSG. Für die öffentlich-rechtlichen Kreditinstitute gelten zwar stattdessen in einigen Bundesländern die Bestimmungen des jeweiligen Landesdatenschutzgesetzes. Diese stimmen jedoch insoweit mit denen des BDSG überein.[113] Deshalb kann bei der Prüfung der datenschutzrechtlichen Zulässigkeit der Erteilung von Bankauskünften von den Regelungen des BDSG ausgegangen werden. In den Anwendungsbereich des BDSG fallen gemäß § 1 Abs. 2 BDSG nur personenbezogene Daten. Diese liegen vor, wenn Einzelangaben über persönliche und sachliche Verhältnisse einer bestimmten oder bestimmbaren natürlichen Person gemacht werden.[114] Darunter fallen auch die häufig in Bankauskünften enthaltenen Werturteile[115], wenn diese einer bestimmten natürlichen Person zugeordnet werden. Nicht anwendbar ist das BDSG auf Daten, die juristische Personen und Personengesellschaften (OHG, KG) betreffen, es sei denn, bei Personen-

113) Vgl. ausführlich *Hartmann* in: BuB, Rz. 17/24 ff. sowie *Sichtermann/Feuerborn/Kirchherr/Terdenge*, Bankgeheimnis und Bankauskunft, S. 422; *Kirchherr/Stützle*, ZIP 1984, 515, 519; *Thilo*, NJW 1984, 582, 583; *Bruchner/Stützle*, Bankgeheimnis und Bankauskunft, S. 184 f.

114) Zu den Einzelheiten vgl. *Hartmann* in: BuB, Rz. 17/30 ff.

115) Simitis u. a.-*Dammann*, BDSG, § 3 Rz. 12; *Schaffland/Wiltfang*, BDSG, § 3 Rz. 6.

gesellschaften wird gleichzeitig etwas über die Verhältnisse der einzelnen Gesellschafter ausgesagt.[116)]

b) Zulässigkeit der Bankauskunft nach dem BDSG

Sofern die genannten Voraussetzungen für die Anwendbarkeit des BDSG vorliegen, handelt es sich bei der Erteilung von Bankauskünften um Datenübermittlungen i. S. d. BDSG. Nach § 4 Abs. 1 BDSG hängt die datenschutzrechtliche Zulässigkeit der Erteilung von Bankauskünften deshalb davon ab, ob der Betroffene eingewilligt hat oder Rechtsvorschriften sie erlauben. 7.118

aa) Auskünfte mit Einwilligung nach § 4 BDSG

Nach Nr. 2 Abs. 3 AGB-Bk können Bankauskünfte ohne ausdrückliche Zustimmung nur noch über juristische Personen und im Handelsregister eingetragene Kaufleute erteilt werden. Bei allen anderen Kunden ist für die Erteilung von Bankauskünften eine ausdrückliche Zustimmung erforderlich, die allgemein oder für den Einzelfall abgegeben werden kann. In dieser ausdrücklichen Einwilligung in eine Bankauskunft wird in aller Regel gleichzeitig die **Einwilligung in die Datenverarbeitung** enthalten sein. Voraussetzung ist allerdings, dass die Einwilligung der Form des § 4a BDSG entspricht, d. h. sie muss grundsätzlich schriftlich erteilt worden sein und Zweck und Tragweite der Einwilligung sowie den möglichen Empfänger der Daten erkennen lassen.[117)] 7.119

bb) Auskünfte ohne Einwilligung nach § 4 BDSG

Die Frage nach der datenschutzrechtlichen Zulässigkeit von Bankauskünften ohne Einwilligung nach § 4 BDSG stellt sich nach der Aufnahme des Zustimmungserfordernisses in die AGB nur noch für solche natürlichen Personen, die im Handelsregister eingetragene Kaufleute sind, und für Kunden, die zwar ausdrücklich, aber ohne Einhaltung der Formvorschriften des § 4a BDSG zugestimmt haben. 7.120

Liegt eine Einwilligung nicht oder nicht in rechtlich beachtlicher Weise vor, so ist die Datenübermittlung gemäß § 4 Abs. 1 BDSG zulässig, wenn das BDSG oder eine andere Rechtsvorschrift – wozu nach h. M. jede materielle Rechtsnorm zählt[118)] – sie erlaubt. Mangels Regelung in einer besonderen Rechtsvorschrift richtet sich die datenschutzrechtliche Zulässigkeit einer Bankauskunft nach § 28 Abs. 1 Satz 1 BDSG.[119)] Das gilt auch für Sparkassen. Bei Ihnen handelt es 7.121

---

116) Vgl. hierzu BGH, Urt. v. 17.12.1985 – VI ZR 244/84, WM 1986, 189 ff; *Bruchner/Stützle*, Bankgeheimnis und Bankauskunft, S. 184 f.; *Schwintowski/Schäfer*, Bankrecht, § 1 Rz. 171.

117) *Schaffland/Wiltfang*, BDSG, § 4 Rz. 8 ff.

118) *Schaffland/Wiltfang*, BDSG, § 4 Rz. 3; *Hartmann* in: BuB, Rz. 17/73.

119) Vgl. *Thilo*, NJW 1984, 589; *Kirchherr/Stützle*, ZIP 1984, 529; *Bruchner/Stützle*, Bankgeheimnis und Bankauskunft, S. 187.

sich um öffentlich-rechtliche Unternehmen, die am Wettbewerb teilnehmen. Diese sind gem. § 27 Abs. 1 Nr. 2 BDSG insofern den privaten Unternehmen gleichgestellt.

7.122 Nach § 28 Abs. 1 Satz 1 BDSG ist eine Übermittlung zulässig, wenn

- es der **Zweckbestimmung eines Vertragsverhältnisses** oder vertragsähnlichen Vertrauensverhältnisses mit dem Betroffenen dient,
- soweit es zur **Wahrung berechtigter Interessen** der verantwortlichen Stelle erforderlich ist und kein Grund zu der Annahme besteht, dass das **schutzwürdige Interesse des Betroffenen** an dem Ausschluss der Verarbeitung oder Nutzung überwiegt, oder
- wenn die **Daten allgemein zugänglich sind** oder die verantwortliche Stelle sie veröffentlichen dürfte, es sei denn, dass das schutzwürdige Interesse des Betroffenen an dem Ausschluss der Verarbeitung oder Nutzung gegenüber dem berechtigten Interesse der verantwortlichen Stelle offensichtlich überwiegt.

(1) Übermittlung i. R. d. Zweckbestimmung des Vertragsverhältnisses

7.123 Bereits bisher ging die im Schrifttum überwiegend vertretene Auffassung davon aus, dass die Datenweitergabe des auskunftserteilenden Kreditinstituts i. R. d. Zweckbestimmung des Vertragsverhältnisses mit dem Kunden erfolgt, soweit die Bankauskunft im Einklang mit dem Bankgeheimnis erteilt wird.[120)]

7.124 Erlaubnistatbestand ist danach § 28 Abs. 1 Satz 1 Nr. 1 BDSG. Diese Auffassung wird jedoch teilweise[121)] mit der Begründung abgelehnt, dass der Zweck des Vertragsverhältnisses zwischen Kunden und auskunftserteilendem Kreditinstitut nicht die Beantwortung von Auskunftsanfragen sei. Vielmehr diene das Vertragsverhältnis der Durchführung und Erledigung anderer Geschäfte, wie der Führung eines Girokontos, der Gewährung von Darlehen etc. Allerdings wird auch von dieser Auffassung eingeräumt, dass anderes u. a. dann gilt, wenn sich der Kunde mit der Erteilung der Bankauskunft ausdrücklich einverstanden erklärt hat. Nach einhelliger Meinung ist deshalb die Erteilung von Bankauskünften für den Fall, dass sich der Kunde damit ausdrücklich einverstanden erklärt hat, ohne die Formvorschrift des § 4a BDSG einzuhalten, durch § 28 Abs. 1 Satz 1 Nr. 1 BDSG gedeckt.

7.125 Wegen des in Nr. 2 Abs. 3 AGB-Bk verankerten Zustimmungserfordernisses für den „Privatkunden" stellt sich die Frage nach der datenschutzrechtlichen Zulässigkeit lediglich noch für die im Handelsregister eingetragenen Kaufleute, über die auch ohne ausdrückliche Zustimmung Bankauskünfte erteilt werden

---

120) Vgl. hierzu die Hinweise bei *Kirchherr/Stützle*, ZIP 1984, 520 (Fn. 52); *Schaffland/Wiltfang*, BDSG, § 28 Rz. 62.

121) *Sichtermann/Feuerborn/Kirchherr/Terdenge*, Bankgeheimnis und Bankauskunft, S. 435 ff.

können. Gerade für diesen Personenkreis gilt in ganz besonderem Maße, dass der Vertrag mit der Bank dem Kunden u. a. auch ermöglichen soll, auf sein Kreditinstitut als Referenz zu verweisen und dessen Auskunft i. R. seiner geschäftlichen Tätigkeit zu nutzen. Unter Kaufleuten stellt die Einholung und Erteilung von Bankauskünften einen Handelsbrauch dar. Deshalb muss für diesen Personenkreis davon ausgegangen werden, dass das Kreditinstitut bereits mit Vertragsabschluss die Ermächtigung erhält, Bankauskünfte zu erteilen. Die Erteilung von Bankauskünften über die im Handelsregister eingetragenen Kaufleute ist deshalb nur dann nicht durch § 28 Abs. 1 Satz 1 Nr. 1 BDSG gedeckt, wenn eine anderslautende Weisung vorliegt. Außerdem kann die Auskunft ausnahmsweise wegen ihres Gehalts nicht mehr als von dem generellen Einverständnis umfasst angesehen werden. In diesem Fall wäre eine Auskunftserteilung wegen fehlender Banküblichkeit nicht mehr von der Zweckbestimmung des Vertrages mit dem Kunden gedeckt. Ob das Einverständnis im Einzelfall gegeben ist, ist anhand aller für diesen Auskunftsfall maßgebenden Umstände – unter Geltung des Handelsbrauchs in erster Linie nach der im Allgemeinen gegebenen Interessenlage – zu prüfen. Schon von daher können nach dem Vertrag mit dem Kunden keine „uneingeschränkten Informationen" weitergegeben werden, sondern nur solche, die von den beiderseitigen Interessen – also insbesondere auch denen des Betroffenen – getragen werden.

Insgesamt lässt sich feststellen: 7.126

Soweit die Bankauskunft den vorstehend entwickelten Voraussetzungen entspricht, liegt sie i. R. d. vertraglichen Beziehungen. Sofern darin zugleich eine Datenübermittlung zu sehen ist, ist diese nach § 28 Abs. 1 Satz 1 Nr. 1 BDSG zulässig. Auskünfte, die diesen Voraussetzungen nicht genügen, sind dem Kreditinstitut schon aus Gründen des Bankgeheimnisses verboten. Eine Diskrepanz zwischen vertraglicher und datenschutzrechtlicher Zulässigkeit ist demnach nicht denkbar.

(2) Übermittlung zur Wahrung berechtigter Interessen

Da die Erteilung von Bankauskünften als Datenübermittlung schon nach § 28 7.127
Abs. 1 Satz 1 Nr. 1 BDSG regelmäßig zulässig ist, stellt sich die Frage der Zulässigkeit nach Absatz 1 Satz 1 Nr. 2 unter systematischen Gesichtspunkten an sich nicht, da diese Regelung als Auffangtatbestand gegenüber der 1. Alternative zu sehen ist. Allenfalls in atypisch gelagerten Ausnahmefällen kann es bei Bankauskünften über im Handelsregister eingetragene Kaufleute auf diese Regelung ankommen. Lediglich ergänzend sei darauf hingewiesen, dass die hier zu fordernden Zulässigkeitsvoraussetzungen[122] ebenfalls erfüllt wären. Die Bankauskunft ist regelmäßig entweder durch berechtigte Interessen des An-

122) Vgl. dazu allgemein: *Hartmann* in: BuB, Rz. 17/105 ff., 119 ff., 140.

fragenden, der die Angaben zur Überprüfung der Kreditwürdigkeit seines Geschäftspartners benötigt, gedeckt. Das betrifft insbesondere auch negative Daten. Denn gerade solche sind für die Beurteilung eines mit Kreditrisiken verbundenen Geschäftes zum Schutz vor Schäden von besonderer Bedeutung. Zudem ist der Betroffene ohnehin jedenfalls auf Anfrage gegenüber seinen Vertragspartnern – auch bereits im vorvertraglichen Stadium – verpflichtet, Aufschluss über seine Bonität zu geben, soweit dies für den Abschluss des Vertrages wesentlich ist.

7.128 Auf der anderen Seite dürfen schutzwürdige Belange des Betroffenen nicht beeinträchtigt werden. Soweit eine Auskunft nach den Grundsätzen des Bankgeheimnisses zulässig und somit von den vertraglichen Beziehungen von Kreditinstitut und Kunden gedeckt ist, entspricht die Auskunft einer bereits bei Vertragsschluss sowie im einzelnen Auskunftsfall vorzunehmenden Interessenabwägung. In diesen Fällen stehen damit die Interessen des Betroffenen der Auskunft nicht entgegen.

V. SCHUFA

1. Hintergrund

7.129 Die 1927 gegründete **„Schutzgemeinschaft für allgemeine Kreditsicherung"** (SCHUFA) ist eine Gemeinschaftseinrichtung der kreditgebenden deutschen Wirtschaft. Banken und Sparkassen sind ganz überwiegend Vertragspartner der SCHUFA; aber auch Unternehmen aus dem Bereich des Handels (insbesondere Versandhandelsunternehmen und Kaufhäuser), Kreditkarten- und Leasinggesellschaften sowie Telekommunikationsunternehmen wirken an der SCHUFA mit.[123)] Seit 2000 sind die bisherigen SCHUFA-Gesellschaften in der SCHUFA Holding AG vereint.

7.130 Aufgabe der SCHUFA ist es, ihren Vertragspartnern Informationen in Gestalt von formalisierten Merkmalen zu geben, um sie vor Verlusten im Kreditgeschäft zu schützen und ihnen damit gleichzeitig die Möglichkeit zu eröffnen, die Kreditnehmer durch Beratung vor einer übermäßigen Verschuldung zu bewahren.[124)]

7.131 Die SCHUFA speichert und übermittelt die Daten an ihre Vertragspartner im EU-Binnenmarkt, um diesen Informationen zur Beurteilung der Kreditwürdigkeit von natürlichen Personen zu geben. Die SCHUFA stellt personenbezogene Daten nur zur Verfügung, wenn ein berechtigtes Interesse hieran im Einzelfall glaubhaft dargelegt wurde. Zur Schuldnerermittlung gibt die SCHUFA Adressdaten bekannt.

---

123) Schimansky/Bunte/Lwowski-*Bruchner*, Bankrechts-Hdb., § 41 Rz. 1.

124) Zur Entstehungsgeschichte der SCHUFA vgl. *Hendricks*, ZHR 149 (1985), 199.

2. Unterschiede zwischen Bankauskünften und SCHUFA-Meldungen

SCHUFA-Meldungen unterscheiden sich von Bankauskünften dadurch, dass sie nur ganz bestimmte, in einem Katalog vorgegebene Merkmale enthalten, die für die Beurteilung der Kreditfähigkeit von Kreditnehmern bedeutsam sind; sie umfassen keine Aussagen über Einkommen und Vermögen, vor allem keine allgemeine Bonitätsbeurteilung.[125)] **7.132**

Das Bankauskunftsverfahren hat seinen Schwerpunkt im Bereich der gewerblichen Kunden, während das SCHUFA-Verfahren ausschließlich die Privatkundschaft betrifft. **7.133**

3. SCHUFA-Verfahren

Die SCHUFA arbeitet nach dem **Prinzip der Gegenseitigkeit**. Das bedeutet, dass nur derjenige von der SCHUFA Auskünfte erhalten kann, der ihr auch Informationen liefert. Die Auskünfte, die ein Vertragspartner erhält, beruhen auf den Informationen, die andere Vertragspartner zuvor an die SCHUFA weitergegeben haben oder die diese öffentlichen Verzeichnissen (z. B. dem Schuldnerverzeichnis) entnommen hat. Die Vertragspartner erhalten nur dann Daten von der SCHUFA, wenn sie ein berechtigtes Interesse an der Datenübermittlung glaubhaft darlegen. Ein Vertragspartner der SCHUFA darf daher nur über solche Personen eine Auskunft einholen, die bei ihm einen Geld- oder Warenkredit aufnehmen oder eine Bürgschaftsverpflichtung eingehen wollen. Kreditinstitute dürfen außerdem vor der Eröffnung eines Girokontos eine SCHUFA-Auskunft einholen, weil den Kunden üblicherweise nach relativ kurzer Zeit ein Dispositionskredit eingeräumt und ihnen die Teilnahme am Geldautomaten- und electronic cash-Verfahren angeboten werden. Neben den Auskünften aufgrund von Anfragen erhalten Vertragspartner, wenn das berechtigte Interesse fortbesteht (bspw. bei einem laufenden Kredit), von der SCHUFA auch nachträglich bekannt gewordene Informationen, die die ursprüngliche Auskunft ergänzen (Nachmeldungen). Der Vertragspartner wird z. B. informiert, wenn sich Unregelmäßigkeiten bei der Abwicklung eines Kredits ergeben, den der Kunde bei einem anderen Anschlusspartner der SCHUFA aufgenommen hat. **7.134**

Da der Informationsbedarf der einzelnen Gruppen von Vertragspartnern der SCHUFA nicht einheitlich ist, gibt es verschiedene SCHUFA-Anschlussverträge mit unterschiedlichen **Informationsrechten und Meldepflichten**.[126)]: **7.135**

- Kreditinstitute und Kreditkartenunternehmen unterhalten sog. **A-Verträge**. Das besagt, dass sie sowohl Negativmerkmale über ein etwaiges vertragswidriges Verhalten als auch Informationen über die Aufnahme und ver-

125) Schimansky/Bunte/Lwowski-*Bruchner*, Bankrechts-Hdb., § 41 Rz. 2.

126) Vgl. zum Folgenden näher Schimansky/Bunte/Lwowski-*Bruchner*, Bankrechts-Hdb., § 41 Rz. 4 ff.

tragsgemäße Abwicklung von anderen Krediten und Bürgschaften erhalten, sie können also die anderweitige Verschuldung feststellen. Diese Auskünfte beinhalten jedoch keine Angaben darüber, wer die Daten gemeldet hat.

- Einzelhandels- und Versandhandelsunternehmen, Waren- und Kaufhäuser sowie sonstige Unternehmen, die Warenkredite (z. B. durch Lieferung gegen Rechnung oder unter Einräumung von Zahlungszielen) an Privatpersonen geben, unterhalten demgegenüber sog. **B-Verträge**, auf deren Grundlage ihnen lediglich Negativauskünfte erteilt werden.
- Unternehmen, die grundpfandrechtlich gesicherte Kredite einschließlich solcher gegen Negativerklärung gewähren, können für diesen Kreditbereich wahlweise mit der SCHUFA einen A-Vertrag oder B-Vertrag abschließen. Unterhalten sie einen A-Vertrag, melden sie lediglich die Tatsache der Kreditgewährung, nicht aber die Höhe des Darlehensbetrages.

7.136 Die Kreditinstitute übermitteln zurzeit **folgende Merkmale** an die SCHUFA:

- Merkmale über die Beantragung, Aufnahme einer Geschäftsbeziehung, eines Kredits oder die Übernahme einer Bürgschaft sowie deren vertragsgemäße Beendigung bzw. Erledigung;
- Merkmale über nicht vertragsmäßiges Verhalten des Kunden und die Einleitung gerichtlicher Maßnahmen, wie z. B. Kündigung eines Girokontos oder Kredits, Scheckrückgabe, Scheckkartenmissbrauch;
- Wechselprotest, Beantragung eines Mahnbescheides bei unbestrittener Forderung, Erlass eines Vollstreckungsbescheides sowie Zwangsvollstreckungsmaßnahmen.

7.137 Außerdem werden Daten aus öffentlichen Verzeichnissen und amtlichen Bekanntmachungen entnommen. Dazu zählen:

- Eidesstattliche Versicherung,
- Haftbefehl zur Erzwingung einer eidesstattlichen Versicherung,
- Eröffnung eines Verbraucher-/Insolvenzverfahrens bzw. Konkursverfahrens,
- Abweisung und Einstellung eines Verbraucher-/Insolvenzverfahrens bzw. Konkursverfahrens mangels Masse.

7.138 Von der SCHUFA nicht erfasst werden dagegen Informationen über das Einkommen oder Vermögen des Schuldners, über seinen Familienstand oder über seinen Arbeitgeber.

4. SCHUFA-Klausel

7.139 Mit Urteil vom 19. September 1985 hat der 3. Zivilsenat des Bundesgerichtshofs[127] zur damals verwendeten SCHUFA-Klausel entschieden, dass die For-

---

127) BGH, Urt. v. 19.9.1985 – III ZR 213/83, ZIP 1985, 1253 = WM 1985, 1305, dazu EWiR 1985, 837 *(Koller)*; vgl. hierzu *Weber*, WM 1986, 846.

mularbestimmung eines Kreditvertrages, nach der die Bank berechtigt ist, alle Daten des Kreditnehmers über die Aufnahme und Abwicklung des Kredits an die SCHUFA zu übermitteln, wegen unangemessener Benachteiligung gegen § 9 AGB-Gesetz a. F. verstößt und daher unwirksam ist. Die Benachteiligung sieht der Bundesgerichtshof darin, dass die Klausel mit wesentlichen Grundgedanken des BDSG nicht vereinbar ist. Dabei geht das Gericht vom Vorliegen einer wesentlichen Benachteiligung aus,

> „wenn eine formularmäßige Einwilligung sich nicht auf bestimmte Kreditdaten beschränkt, sondern pauschal unter der Bezeichnung ‚Daten des Kreditnehmers über die Abwicklung des Kredits' auch Angaben über einseitige Maßnahmen des Kreditgebers zur Durchsetzung vermeintlicher Ansprüche gegen den Kreditnehmer, beispielsweise Mahnungen, Kündigungen, Mahnbescheide usw. umfassen soll und den Kreditgeber uneingeschränkt ermächtigt, auch derartige Negativmerkmale ohne Interessenabwägung im Einzelfall und sogar in Fällen, in denen eine solche Abwägung negativ ausfallen würde, an ein Kreditinformationssystem zu übermitteln."

Aus dem Urteil des Bundesgerichtshofs lässt sich daher ableiten[128], dass eine SCHUFA-Klausel keine pauschale Ermächtigung zur Übermittlung nicht näher spezifizierter Merkmale enthalten darf, sondern aufzählen muss, zur Übermittlung welcher Daten an die SCHUFA das Kreditinstitut berechtigt sein soll. Dies bedeutet aber auch, dass bestimmte Negativmerkmale nur nach einer Einzelfallabwägung der Interessen der übermittelnden Stelle, eines Dritten oder der Allgemeinheit, mit den schutzwürdigen Belangen des Betroffenen an die SCHUFA übermittelt werden dürfen (§ 28 BDSG). 7.140

Die im Jahre 1986 eingeführten und seither allgemein verwendeten SCHUFA-Klauseln für Kontoeröffnungsanträge, Kreditanträge[129] und Bürgschaftserklärungen, die bei den entsprechenden Geschäftsvorgängen jeweils neu eingeholt werden müssen, sind entsprechend diesen datenschutzrechtlichen Grundsätzen aufgebaut.[130] **Im ersten Absatz** der Klausel willigt der Kunde in die Übermittlung von **Positivmerkmalen** an die SCHUFA ein (§ 4 BDSG). Von dieser Einwilligungserklärung wird auch die „Beantragung" der Kontoverbindung bzw. des Kredits sowie die „vorgesehene" Bürgschaft erfasst. 7.141

Eine Einwilligung ist bereits für die Anfrage bei der SCHUFA erforderlich; der Unterzeichnung der SCHUFA-Klausel bedarf es jedoch nach einer Absprache mit den Datenschutzaufsichtsbehörden zu diesem Zeitpunkt noch nicht. Es genügt, wenn der Kunde über die Anfrage bei der SCHUFA formlos unterrichtet wird und dies widerspruchslos hinnimmt. 7.142

---

128) Vgl. auch *Schwintowski/Schäfer*, Bankrecht, § 3 Rz. 71 ff.

129) Die SCHUFA-Klausel für Kreditanträge ist im Anhang unter III.3 abgedr.; zur näheren Information ist ein einheitliches Merkblatt verfasst worden, das unter III.4 im Anhang wiedergegeben ist; vgl. zur Erläuterung *Weber*, WM 1986, 845.

130) *Schwintowski/Schäfer*, Bankrecht, § 3 Rz. 67 ff.; Schimansky/Bunte/Lwowski-*Bruchner*, Bankrechts-Hdb., § 41 Rz. 14.

7.143 **Im zweiten Absatz** der SCHUFA-Klausel wird § 28 BDSG inhaltlich wiedergegeben und dem Kunden damit verdeutlicht, dass unabhängig von seiner Einwilligungserklärung auch Daten aufgrund nicht vertragsgemäßen Verhaltens (z. B. Forderungsbetrag nach Kündigung, Konten- oder Kreditkartenmissbrauch) an die SCHUFA übermittelt werden können, soweit dies aufgrund der geschilderten Interessenabwägung im Einzelfall zulässig ist.

7.144 Neben den angeführten datenschutzrechtlichen Vorschriften müssen Kreditinstitute bei der Übermittlung von Daten an die SCHUFA auch das Bankgeheimnis wahren. Aus diesem Grunde dürfen Daten an die SCHUFA nur dann übermittelt werden, wenn der Kunde das Kreditinstitut insoweit auch vom Bankgeheimnis befreit hat.[131)] Die Befreiung vom Bankgeheimnis ist **im dritten Absatz** der SCHUFA-Klausel geregelt.

7.145 **Im vierten Absatz** der SCHUFA-Klauseln wird aus Gründen der Transparenz die Art der sonstigen Anschlussfirmen der SCHUFA außerhalb des Kreditgewerbes beschrieben, um den Kunden darüber zu informieren, dass seine Daten auch an sonstige Unternehmen übermittelt werden.

7.146 Bei der Durchführung der Interessenabwägung (§ 28 BDSG), die vor Übermittlung von Daten nicht vertragsgemäßen Verhaltens an die SCHUFA erfolgen muss, ist es erforderlich, in jedem Einzelfall die berechtigten Interessen der übermittelnden Stelle, des Empfängers der Auskunft oder der Allgemeinheit mit den schutzwürdigen Belangen des Betroffenen vorzunehmen. Nach Ansicht des Bundesgerichtshofs[132)] kann diese Interessenabwägung bei sog. „harten" **Negativmerkmalen** – wie bspw. Zwangsvollstreckungsmaßnahmen – pauschal erfolgen. Regelmäßig wird in diesen Fällen eine Datenübermittlung an die SCHUFA zulässig sein, weil die Belange des Betroffenen typischerweise hinter den für die Datenübermittlung sprechenden Gründen zurücktreten. Bei dieser pauschalen Interessenabwägung ist daher lediglich zu prüfen, ob im konkreten Fall ausnahmsweise Umstände vorliegen, die eine Übermittlung nicht erlauben.

7.147 In aller Regel wird die Übermittlung von Negativmerkmalen an die SCHUFA zulässig sein, wenn das Verhalten des Kunden auf Zahlungsunfähigkeit beruht oder auf seiner Unwilligkeit, eine unstreitige Forderung zu begleichen, denn in diesem Fall werden die berechtigten Interessen des Kreditinstituts, der SCHUFA-Vertragspartner und der Allgemeinheit die schutzwürdigen Belange des Kunden üblicherweise überwiegen. Etwas anderes gilt indes, wenn eine Zahlungsverweigerung auf der Überzeugung beruht, zur Leistung rechtlich nicht verpflichtet zu sein.

---

131) Zur Frage, inwieweit die Wahrnehmung berechtigter Interessen auch ohne Einwilligung eine Übermittlung erlaubt, vgl. *Bruchner/Stützle*, Bankgeheimnis und Bankauskunft, S. 194.

132) BGH, Urt. v. 7.7.1983 – III ZR 159/82, ZIP 1983, 1312 = WM 1983, 1188.

Falls ein Kunde seine Einwilligung zur Datenübermittlung an die SCHUFA zurückzieht, dürfen von diesem Zeitpunkt an keine weiteren Meldungen mehr an die SCHUFA erfolgen. Dies gilt auch für die Negativmerkmale, da mit dem Widerruf der Einwilligung auch die Befreiung vom Bankgeheimnis wegfällt. Die Bank ist dann verpflichtet, der SCHUFA umgehend den Widerspruch zur SCHUFA-Klausel zu melden.[133] **7.148**

Im Jahre 1990 ist die SCHUFA-Klausel modifiziert worden: Die Beteiligung der neu – allerdings in nur sehr beschränktem Umfang – zum Verfahren zugelassenen Inkassounternehmen erforderte eine Erweiterung der Klausel, außerdem sind die Kreditkartenunternehmen, die schon immer Vertragspartner der SCHUFA waren, angesichts der stark gestiegenen Bedeutung dieser Geschäftsform als Datenempfänger ausdrücklich erwähnt. Die Novellierung der SCHUFA-Klausel im Jahre 2000 resultierte insbesondere aus der Umstrukturierung der SCHUFA sowie der Einführung von Scoring-Verfahren.[134] In der Klauselfassung selbst ist der „Konsumentenbegriff“ durch den Begriff „natürliche Person“ ersetzt worden. Zudem wird nunmehr darauf hingewiesen, dass die Vertragspartner der SCHUFA auch im europäischen Binnenmarkt angesiedelt sein können. Diese Angabe ist erforderlich, da im Europäischen Binnenmarkt der Gleichbehandlungsgrundsatz gilt, d. h. im Zweifel auch ausländische Kreditinstitute Anspruch auf die Dienstleistung der SCHUFA haben. Mit dem Hinweis in der SCHUFA-Klausel auf das von der SCHUFA angebotene Scoring-Verfahren wird einer Forderung der Datenschutzaufsichtsbehörden hinsichtlich der Transparenz dieser Verfahren entsprochen. **7.149**

5. SCHUFA-Score-Verfahren

Für das SCHUFA-Score-Verfahren wird der SCHUFA-Datenbestand anonym ausgewertet. Auf Grund der Auswertungsergebnisse kann z. B. prognostiziert werden, dass sich ein bestimmter Kreditvertrag ähnlich entwickeln wird, wie die Kreditverträge von Vergleichspersonen in der Vergangenheit. Eine solche, in einem Score zusammengefasste Prognose beschreibt immer ein allgemeines Risiko für Kreditverträge mit vergleichbaren Merkmalen; sie stellt keine Bewertung der Bonität eines konkreten Kunden dar. **7.150**

Der einzelne Score wird für einen bestimmten Zeitpunkt berechnet und hat nur in Verbindung mit einer konkreten Auskunft eine Aussagekraft, während er bereits am nächsten Tag überholt sein kann. Folglich wird er nicht gespeichert und kann auch nicht in Verbindung mit einer Eigenauskunft mitgeteilt werden. Die Entscheidung, ob ein Kreditantrag angenommen oder abgelehnt wird, trifft allein der Kreditgeber. Nur er kann aufgrund der ihm zur Verfügung stehenden **7.151**

---

133) Schimansky/Bunte/Lwowski-*Bruchner*, Bankrechts-Hdb., § 41 Rz. 17.

134) Zum Scoring-Verfahren der SCHUFA s. *Hoeren*, RDV 2007, 93 ff.; zu Scoring-Systemen in der Kreditwirtschaft vgl. *Koch*, MMR 1998, 458 ff.

Informationen, einschließlich des Scorewertes, das mit einem Kreditvertrag verbundene Risiko umfassend bewerten.[135)]

7.152 Neben dem Hinweis in der SCHUFA-Klausel auf das SCHUFA-Score-Verfahren enthält das SCHUFA-Merkblatt weitergehende Hinweise.

6. Ansprüche des Betroffenen

7.153 Dem von einer SCHUFA-Auskunft betroffenen Kunden steht ein **Auskunftsanspruch** gemäß § 33 Abs. 1 BDSG zu, wenn erstmals Daten über ihn gespeichert werden. Es ist aber davon auszugehen, dass diese Information dem Kunden bereits mit dem Hinweis in der Schufa-Klausel gegeben wird. Weiterhin kann der Betroffene jedoch auch Auskunft über die über ihn gespeicherten Daten gemäß § 34 Abs. 1 BDSG verlangen. Dabei bejaht der Bundesgerichtshof einen Anspruch auf Nennung des Empfängers von Auskünften, sofern eine unrechtmäßige Übermittlung stattgefunden hat oder wenn fehlerhafte Daten weitergegeben wurden.[136)]

7.154 Gegenüber der speichernden Stelle – also insbesondere gegenüber der SCHUFA – hat der Betroffene einen **Anspruch auf Berichtigung oder Sperrung** unrichtiger Daten (§ 35 BDSG). Eine nach § 35 BDSG gebotene Sperrung von Daten lässt sich nicht dadurch umgehen, dass die Daten von vornherein oder nach Auftreten von Zweifeln an ihrer Richtigkeit mit einem entsprechenden Vorbehalt versehen und weiterverwendet werden.[137)]

7.155 Die SCHUFA hatte in dem vorliegenden Fall dem anfragenden Kreditinstitut mitgeteilt, dass Zwangsmaßnahmen gegen den Kunden ergriffen wurden, aber gleichzeitig darauf hingewiesen, dass sie sich möglicherweise nicht auf den Betroffenen beziehen. Trotz dieses Vorbehalts hat das Gericht – zu Recht – § 35 Abs. 2 Satz 1 BDSG analog angewandt und dem Kunden einen Anspruch auf Sperrung dieser Daten gegeben.

---

135) Zum SCHUFA-Scoring-Verfahren sowie zur datenschutzrechtlichen Zulässigkeit s. *Hoeren*, RDV 2007, 93 ff.

136) BGH, Urt. v. 22.5.1984 – VI ZR 105/82, ZIP 1984, 816 = WM 1984, 867.

137) OLG Hamburg, Beschl. v. 23.1.1987 – 11 W 96/86, WM 1987, 418, dazu EWiR 1987, 329 *(Teske)* und WuB I B 7. – 1.87 *(Locher)*.

Kapitel 8 Fernabsatz von Finanzdienstleistungen

Übersicht

I. Überblick

1. Die Richtlinie 2002/65/EG

8.1 Grundlage der deutschen Regelungen zum Fernabsatz ist die **Richtlinie 2002/65/EG über den Fernabsatz von Finanzdienstleistungen an Verbraucher (FARL-FDL),**[1] die am 23. September 2002 verabschiedet wurde. Das deutsche Umsetzungsgesetz trat etwas verspätet am 2. Dezember 2004[2] in Kraft. Einige Regelungen der FARL-FDL sind inzwischen i. R. anderer Richtlinien[3] konkretisiert worden und werden dadurch in zunehmendem Maße Teil eines europäischen Regelungsrahmens für Verbrauchergeschäfte im Finanzdienstleistungsbereich. Zur Zeit überprüft die Kommission den Erfolg der Regelungen der Richtlinie für den Binnenmarkt.[4] Deshalb ist davon auszugehen, dass in den nächsten Jahren eine Überarbeitung der Richtlinie vorgenommen wird.

8.2 Die FARL-FDL ist die erste verbraucherschützende Richtlinie, die das Prinzip der **Voll- oder Maximalharmonisierung** verfolgt. Anders als bei dem bisher vom europäischen Gesetzgeber im Verbraucherschutzrecht genutzten Prinzip der **Mindestharmonisierung,**[5] legt eine vollharmonisierende Richtlinie sowohl das Mindest- als auch das Höchstmaß des Verbraucherschutzes verbindlich fest. Allerdings sieht die Richtlinie an wesentlichen Stellen Abweichungen von der Vollharmonisierung vor und lässt strengere Regelungen der Mitgliedstaaten

1) Richtlinie über den Fernabsatz von Finanzdienstleistungen an Verbraucher und zur Änderung der Richtlinie 90/619/EWG und der Richtlinien 97/7/EG und 98/27/EG, ABl. Nr. L 271 v. 9.10.2002, S. 16 ff.

2) Gesetz zur Änderung der Vorschriften über Fernabsatzverträge bei Finanzdienstleistungen, BGBl. I 2004, 3102 ff.

3) Zu nennen sind hier z. B. die Richtlinie 2007/64/EG über Zahlungsdienste im Binnenmarkt, ABl. Nr. L 319 v. 5.12.2007, S. 1 ff. und die Richtlinie 2005/29/EG über unlautere Geschäftspraktiken im binnenmarktinternen Geschäftsverkehr zwischen Unternehmern und Verbrauchern, ABl. Nr. L 149 v. 11.6.2005, S. 22 ff. und Wechselwirkungen mit der Richtlinie 2008/48/EG über Verbraucherkreditverträge, ABl. Nr. L 133 v. 22.5.2008, S. 66 ff.

4) Vgl. Final Report, Part I: General Analysis, Impact of Directive 2002/65/EC concerning the distance marketing of consumer financial services on the conclusion of cross-border financial service contracts between professionals and consumers, S. I, abrufbar unter: http://ec.europa.eu/consumers/rights/docs/iff_eu_final_report_part1.pdf (letzter Abruf am 5.5.2010); Final Report, Part II: National Reports, abrufbar unter: http://ec.europa.eu/consumers/rights/docs/iff_eu_final_report_part2.pdf (letzter Abruf am 5.5.2010) und Final report, Analysis of the Economic Impact of Directive 2002/65/EC concerning the distance marketing of consumer financial services on the conclusion of cross-border contracts for financial services between suppliers and consumers within the Internal Market, http://ec.europa.eu/consumers/rights/docs/final_rep_financial_services_2009.pdf (letzter Abruf am 5.5.2010).

5) Mindestharmonisierende Richtlinien enthalten eine Öffnungsklausel, die es den Mitgliedstaaten erlaubt, bereits bestehende verbraucherschützende Vorschriften, die über dem Schutzniveau der Richtlinie liegen, beizubehalten und ggf. nachträglich Vorschriften zu erlassen, die das Schutzniveau der Richtlinie überschreiten, vgl. Lenz/Borchard-*Grub*, EU- und EG-Vertrag, Art. 153 Rz. 10.

zu. Deshalb ist es den Mitgliedstaaten z. B. gestattet, im Bereich der Informationspflichten strengere Bestimmungen zu erlassen oder aufrechtzuerhalten.[6] Auch beim Widerruf[7] und bei den Regelungen über die Beweislast[8] sind Einbruchstellen für abweichende nationale Vorschriften vorgesehen. Im Bereich der Sanktionierung von Verstößen gegen die Vorgaben der Richtlinie[9] lässt die Richtlinie den Mitgliedstaaten sogar völlig freie Hand.

Für den deutschen Rechtsanwender ist der vollharmonisierende Charakter der Richtlinie deshalb von Bedeutung, weil nicht nur Abweichungen zuungunsten des Verbrauchers einen Verstoß gegen die Richtlinie darstellen, sondern auch für den Verbraucher günstigere Regelungen im nationalen Recht. Können derartige Verstöße nicht durch eine **richtlinienkonforme Auslegung** des nationalen Rechts korrigiert werden, kommen Ansprüche des Verbrauchers gegen den Mitgliedstaat in Betracht, der die Richtlinie fehlerhaft umgesetzt hat. Für **international tätige Finanzdienstleister** führt die teilweise Vollharmonisierung allerdings nicht dazu, dass die Anforderungen an den Vertrieb von Finanzdienstleistungen innerhalb der EU einheitlich sind. Aufgrund der vielen Abweichungen von der Vollharmonisierung müssen bei internationalen Geschäften weiterhin die ggf. abweichenden Bestimmungen des Aufenthaltsstaates des Verbrauchers beachtet werden. 8.3

2. Ziele des Fernabsatzrechts

Das Fernabsatzrecht dient im Wesentlichen dazu, das Informationsdefizit des Verbrauchers auszugleichen, der einen Vertrag unter Nutzung eines Fernkommunikationsmittels schließt. Dies soll dadurch erreicht werden, dass der Finanzdienstleister verpflichtet wird, den Verbraucher **vorvertraglich** umfassend über sich und den Finanzdienstleistungsvertrag zu **informieren**. Zusätzlich wird dem Verbraucher ein 14-tägiges **Widerrufsrecht** gewährt. Aufgrund der umfassenden vorvertraglichen Information des Verbrauchers ist die 14-tägige Widerrufsfrist als eine Überlegungsfrist zu verstehen, die es dem Verbraucher ermöglicht, seine Entscheidung über den Vertragsschluss zu überdenken.[10] Die Regeln des Fernabsatzrechtes sind zwingend zu beachten und dürfen nicht durch anderweitige Gestaltung umgangen werden, vgl. § 312g BGB. 8.4

---

6) Art. 4 Abs. 2 FARL-FDL.

7) Art. 6 Abs. 3 FARL-FDL.

8) Art. 15 FARL-FDL.

9) Art. 11 FARL-FDL.

10) *Bülow/Artz*, Verbraucherkreditrecht, § 495 Rz. 38; *Drexl*, Die wirtschaftliche Selbstbestimmung des Verbrauchers, S. 303 ff.; *Meller-Hannich*, Verbraucherschutz, S. 151; *Fuchs*, AcP 196 (1996), 313, 355 f.

3. Umsetzung der Richtlinie in Deutschland

8.5 Der deutsche Gesetzgeber hat die neuen Regelungen zum Fernabsatz von Finanzdienstleistungen in das BGB integriert und bei den Bestimmungen zum allgemeinen Fernabsatz (§§ 312b ff. BGB) angesiedelt. Die Informationspflichten selbst sind in § 312c BGB nur ansatzweise geregelt. Die inhaltlichen Anforderungen an die Information des Verbrauchers ergeben sich vielmehr aus Art. 246 § 1 und 2 EGBGB (§ 1 und 2 BGB-InfoV a. F.).

8.6 Im Zuge der Umsetzung der neuen **Verbraucherkreditrichtlinie** und der **Zahlungsdiensterichtlinie** in deutsches Recht hat auch das Fernabsatzrecht Änderungen erfahren, die allerdings größtenteils struktureller Natur sind. Diese Änderungen sind zum **11. Juni 2010** in Kraft getreten.[11)]

II. Anwendungsbereich

8.7 Von den Regelungen zum Fernabsatz von Finanzdienstleistungen sind Verträge zwischen Verbrauchern und Unternehmern über die Erbringung von Finanzdienstleistungen im Wege des Fernabsatzes erfasst, vgl. § 312b BGB.

1. Persönlicher Anwendungsbereich

8.8 Der persönliche Anwendungsbereich der Fernabsatzregeln wird über die Vertragsparteien – Verbraucher und Unternehmer – bestimmt.

a) Verbraucher

8.9 Der **Verbraucherbegriff** ist in § 13 BGB gesetzlich definiert. Nach dieser Vorschrift ist Verbraucher

> „jede natürliche Person, die ein Rechtsgeschäft zu einem Zwecke abschließt, der weder ihrer gewerblichen noch ihrer selbständigen beruflichen Tätigkeit zugerechnet werden kann".

8.10 Verbraucher ist also derjenige Kunde, der zu **privaten Zwecken** oder i. R. einer **abhängigen beruflichen Tätigkeit** rechtsgeschäftlich tätig wird. Letzteres stellt zwar eine Abweichung von dem in Art. 2 lit. b FARL-FDL definierten Verbraucherbegriff dar, allerdings ist diese Erweiterung des Anwendungsbereichs des Fernabsatzrechts auf unselbständig Beschäftigte zulässig, da die Mit-

---

11) Gesetz zur Umsetzung der Verbraucherkreditrichtlinie sowie zur Neuordnung der Vorschriften über das Widerrufs- und Rückgaberecht, BGBl. I 2009, 2355 ff. Es wird auf die neuen Regelungen Bezug genommen. Die alten Fundstellen der entsprechenden Regelungen finden sich in Klammern hinter den neuen Bestimmungen. Etwaige inhaltliche Änderungen werden kurz erläutert.

gliedstaaten die Fernabsatzbestimmungen auf Personenkreise erstrecken können, die von der Richtlinie nicht vorgesehen sind.[12)]

Nicht unter den Anwendungsbereich des Fernabsatzrechts fallen damit **juristische Personen** (z. B. Aktiengesellschaften, Gesellschaften mit begrenzter Haftung, Vereine, Genossenschaften) oder rechtsfähige Personenhandelsgesellschaften (z. B. offene Handelsgesellschaften oder Kommanditgesellschaften).[13)] 8.11

Auf der anderen Seite können mehrere **gemeinschaftlich handelnde** natürliche Personen Verbraucher sein, solange der Gruppe keine Rechtsfähigkeit zukommt und sie nicht zu gewerblichen Zwecken handelt.[14)] **Gewerbliches Handeln** liegt dann vor, wenn eine Tätigkeit auf eine gewisse Dauer angelegt ist, planmäßig und gegen Entgelt erfolgt.[15)] Die **Verwaltung eigenen Vermögens**, wie z. B. der Erwerb von Aktien oder die Beteiligung an einem Fonds ist deshalb in der Regel kein gewerbliches Handeln.[16)] Die Grenze von privater Vermögensanlage zu gewerblicher Tätigkeit ist erst dann überschritten, wenn die Geschäfte zum Gegenstand einer planmäßigen, auf Dauer angelegten, in Erwerbsabsicht erfolgenden Tätigkeit werden.[17)] 8.12

Anders als im Verbraucherkreditrecht ist das Fernabsatzrecht auf **Existenzgründer** grundsätzlich nicht anwendbar. Im Rahmen von § 13 BGB tendiert der Bundesgerichtshof[18)] dazu, Existenzgründer nicht als Verbraucher zu behandeln, eine § 507 BGB vergleichbare Sonderregelung für das Fernabsatzrecht fehlt. 8.13

Hat das Geschäft eines Kunden sowohl einen privaten als auch einen gewerblichen Charakter **(dual-use-Fälle)**, fehlt es an einer klaren gesetzlichen Abgren- 8.14

12) Bamberger/Roth-*Schmidt-Räntsch*, BGB, § 13 Rz. 4; *Finke*, Fernabsatz v. Finandienstleistungen, § 7 Rz. 266; *Schneider*, Vertrieb v. Versicherungen, S. 219; *Bülow*, WM 2006, 1513, 1514; *Riehm*, JZ 2006, 1035, 1036, 1041; *Bülow/Artz*, WM 2005, 1153 f.; *Knöfel*, ZGS 2004, 182, 183; a. A. *Hoffmann*, WM 2006, 560, 562.

13) *Micklitz* in: MünchKomm-BGB, § 13 Rz. 11; Palandt-*Heinrichs*, BGB, § 13 Rz. 2; *Faber*, ZEuP 1998, 854, 863.

14) *Micklitz* in: MünchKomm-BGB, § 13 Rz. 15; *Faber*, ZEuP 1998, 854, 862.

15) *Micklitz* in: MünchKomm-BGB, § 14 Rz. 18 ff.; *Faber*, ZEuP 1998, 854, 868 ff.

16) *Micklitz* in: MünchKomm-BGB, § 13 Rz. 45; Soergel-*Pfeiffer*, BGB, § 13 Rz. 32.

17) *Micklitz* in: MünchKomm-BGB, § 13 Rz. 45; v. Westphalen/Emmerich/v. Rottenburg-*v. Westphalen*, VerbrKrG, § 1 Rz. 15; *Faber*, ZEuP 1998, 854, 870; *Benicke*, WM 1997, 945, 950.

18) BGH, Beschl. v. 24.2.2005 – III ZB 36/04, ZIP 2005, 622 = NJW 2005, 1273 ff.; ebenso: OLG Düsseldorf, Beschl. v. 4.5.2004 – I-26 Sch 5/04, NJW 2004, 3192 ff.; OLG Oldenburg, Beschl. v. 12.11.2001 – 9 SchH 12/01, NJW-RR 2002, 641 f.; vgl. dazu auch *Micklitz* in: MünchKomm-BGB, § 13 Rz. 50 ff.

zungsregelung.[19] Es sollte deshalb in diesen Fällen grundsätzlich von einem Verbrauchergeschäft ausgegangen werden.

8.15 Ob **BGB-Gesellschaften** Verbraucher i. S. v. § 13 BGB sind, ist nicht eindeutig geklärt.[20] Obwohl der II. Senat des Bundesgerichtshofs mit seiner Entscheidung vom 29. Januar 2001[21] der Außengesellschaft bürgerlichen Rechts Teilrechtsfähigkeit zuerkannt hat, hat der IX. Senat in einer noch zum Verbraucherkreditgesetz ergangenen Entscheidung vom 23. Oktober 2001[22] deren Verbrauchereigenschaft angenommen. In der Literatur wird diese Entscheidung teilweise kritisiert und die Verbrauchereigenschaft der Außen-GbR abgelehnt.[23] Bis zu einer endgültigen höchstrichterlichen Entscheidung sollte aus Gründen praktischer Vorsicht von der Verbrauchereigenschaft der BGB-Gesellschaft ausgegangen werden.

8.16 Einen zusätzlicher Anwendungsbereich für Teile des Fernabsatzrechts eröffnet § 5 Abs. 3 der Wertpapierdienstleistungs-Verhaltens- und Organisationsverordnung (WpDVerOV). Diese Vorschrift bestimmt, dass § 312c Abs. 1 BGB auf Privatkunden entsprechend anwendbar ist, die **Unternehmer** i. S. v. § 14 BGB sind. Allerdings gilt dies nur, soweit § 312c Abs. 1 BGB die Offenlegung der Identität und des geschäftlichen Zwecks des Kontakts und die Zurverfügungstellung von Informationen **bei Telefongesprächen** regelt.

8.17 Für die Anbieter von Finanzdienstleistungen lässt sich daraus die Schlussfolgerung ziehen, dass **Privatkunden** grundsätzlich dem Schutzbereich der Regelungen zum Fernabsatz von Finanzdienstleistungen unterfallen. Bei **Geschäftskunden** ist nach der Rechtsform zu unterscheiden. Juristische Personen und rechtsfähige Personengesellschaften genießen keinen Schutz. Bei **Freiberuflern und Einzelkaufleuten** ist danach zu unterscheiden, ob sie in Ausübung ihrer gewerblichen oder selbständig beruflichen Tätigkeit oder zu privaten Zwecken handeln. In letzterem Fall sind sie als Verbraucher i. S. v. § 13 BGB zu behandeln. Gerade bei Distanzgeschäften wird es für den Anbieter von Finanzdienst-

---

19) Z. T. wird die Verbrauchereigenschaft bejaht, wenn der Vertragszweck im Wesentlichen außerhalb der beruflichen Tätigkeit liegt (Giuliano/Lagarde-Bericht, BT-Drucks. 10/503, S. 55); *Reithmann/Martiny*, Intern. Vertragsrecht, Rz. 803, denkbar ist aber auch, in Zweifelsfällen immer von einem Verbraucher auszugehen (*Härting*, FernAbsG, Einl. Rz. 57) oder nach Haupt- und Nebenzweck der Tätigkeit zu unterscheiden, (*Ring* in: AnwK-BGB, § 14 Rz. 19; *Wendehorst*, DStR 2000, 1311; *Dörner* in: Hk-BGB, § 14 Rz. 2).

20) Vgl. zu dieser Problematik *Mülbert*, WM 2004, 905 ff.; *Elßner/Schirmbacher*, VuR 2003, 247 ff.; *Artz*, JZ 2002, 457 ff.; *Fehrenbacher/Herr*, BB 2002, 1006 ff.; *Krebs*, DB 2002, 517 ff.

21) BGH, Urt. v. 29.1.2001 – II ZR 331/00, ZIP 2001, 330 = NJW 2001, 1056 ff.; BGH, Beschl. v. 18.2.2002 – II ZR 331/00, ZIP 2002, 614 = NJW 2002, 1207.

22) BGH, Urt. v. 23.10.2001 – XI ZR 63/01, ZIP 2001, 2224 = NJW 2002, 368 ff.

23) *Micklitz* in: MünchKomm-BGB, § 14 Rz. 10; *Mülbert*, WM 2004, 905, 910 ff.; *Elssner/Schirmbacher*, VuR 2003, 247, 248; *Fehrenbacher/Herr*, BB 2002, 1006, 1009; *Krebs*, DB 2002, 517, 518; *Schmidt*, NJW 2001, 993, 997.

leistungen nicht einfach sein, sich ein genaues Bild über seine Vertragspartner zu machen. Er muss deshalb die Voraussetzungen für ein Verbrauchergeschäft (Rechtsform und Zweckbestimmung) von seinem Vertragspartner abfragen und entsprechend dokumentieren. Für Online-Geschäfte empfiehlt es sich, den **gesamten Auftritt** eines Unternehmens an die Anforderungen der fernabsatzrechtlichen Regelungen anzupassen, da mit einer Internetseite sowohl Verbraucher als auch Unternehmer angesprochen werden. Lediglich Erstere können dann allerdings die weitergehenden verbraucherschützenden Rechte geltend machen, die sich aus den Fernabsatzregeln ergeben.

b) Unternehmer

Der Unternehmerbegriff ist in § 14 BGB definiert. Danach ist Unternehmer 8.18

> „eine natürliche oder juristische Person oder eine rechtsfähige Personengesellschaft, die bei Abschluss eines Rechtsgeschäfts in Ausübung ihrer gewerblichen oder selbständigen beruflichen Tätigkeit handelt".

Kreditinstitute sind in jedem Fall Unternehmer i. S. dieser Vorschrift. Auch die Vermittler von Finanzdienstleistungen müssen die fernabsatzrechtlichen Regelungen beachten.[24] Gleiches gilt, wenn sich der Unternehmer beim Vertragsschluss eines Vertreters bedient.[25]

2. Sachlicher Anwendungsbereich

Aus § 312b Abs. 1 BGB ergibt sich, dass der sachlichen Anwendungsbereich 8.19 des Fernabsatzrechts nur dann eröffnet ist, wenn zwischen Verbraucher und Unternehmer ein **Fernabsatzvertrag** geschlossen wurde. Gemäß § 312b Abs. 1 BGB sind Fernabsatzverträge

> „Verträge über die Lieferung von Waren oder über die Erbringung von Dienstleistungen, einschließlich Finanzdienstleistungen, die zwischen einem Unternehmer und einem Verbraucher unter ausschließlicher Verwendung von Fernkommunikationsmitteln abgeschlossen werden, es sei denn, dass der Vertragsschluss nicht im Rahmen eines für den Fernabsatz organisierten Vertriebs- oder Dienstleistungssystems erfolgt".

a) Finanzdienstleistung

Der Fernabsatzvertrag muss eine Finanzdienstleistung betreffen. Der Begriff 8.20 der Finanzdienstleistung ist in § 312b Abs. 1 Satz 2 BGB **legal definiert**. Danach sind Finanzdienstleistungen

> „Bankdienstleistungen sowie Dienstleistungen im Zusammenhang mit einer Kreditgewährung, Versicherung, Altersversorgung von Einzelpersonen, Geldanlage oder Zahlung".

---

24) Staudinger-*Thüsing*, BGB, § 312b Rz. 20.

25) Grabitz/Hilf-*Micklitz*, EU-Recht, Bd. 3, A 3 Rz. 14; *Finke*, Fernabsatz v. Finanzdienstleistungen, § 3 Rz. 17; *Berger*, JURA 2001, 289, 290.

Für die Definition des Begriffs der Finanzdienstleistung kann nicht auf § 1 Abs. 1a KWG zurückgegriffen werden.[26] Für den Anwendungsbereich des KWG bestimmt § 1 Abs. 1a KWG den Finanzdienstleistungsbegriff abschließend und stellt nur einen Ausschnitt aus dem viel weiter gefassten fernabsatzrechtlichen Finanzdienstleistungsbegriff dar.[27] Der Gesetzgeber hat sich bewusst für eine Definition des fernabsatzrechtlichen Finanzdienstleistungsbegriffs in § 312b Abs. 1 BGB entschieden, um den Unterschied zu § 1 Abs. 1a KWG hervorzuheben.[28] Die beispielhafte und nicht abschließend zu verstehende Umschreibung der Finanzdienstleistung in § 312b Abs. 1 Satz 2 BGB soll sicherstellen, dass **jede Art von Finanzdienstleistung**, die einem Verbraucher angeboten werden kann, vom Fernabsatzrecht erfasst wird. Dadurch sollen etwaige Lücken ausgeschlossen werden, die sich aus einer festen Definition hätten ergeben können.[29] Finanzdienstleistungen sind also alle klassischen Bankdienstleistungen wie Giroverträge, Überweisungsverträge und das Einlagengeschäft.[30]

8.21 Die typischen Dienstleistungen in Zusammenhang mit einer Kreditgewährung sind Verbraucherdarlehensverträge und sonstige Darlehensverträge. Zu den Dienstleistungen im Zusammenhang mit einer Kreditgewährung gehören auch Teilzahlungsvereinbarungen und andere Formen der Finanzierungshilfe, da der Finanzdienstleistungsbegriff der FARL-FDL weder darauf abstellt, dass die Dienstleistung banktypisch ist,[31] noch ob sie entgeltlich erfolgt.[32] Nicht vollständig geklärt ist die Einordnung des Finanzierungsleasings, da der Grundcharakter des Leasingvertrages eher einem Mietvertrag entspricht. Allerdings weisen Finanzierungsleasingverträge den für eine Finanzierungshilfe typischen Charakter einer Kreditgewährung auf,[33] (siehe Kap. 9 Rz. 9.379) so dass es sich auch hierbei um Finanzdienstleistungen handelt.[34] Mit Dienstleistungen im Zusammenhang mit Versicherungen sind insbesondere Schadensversicherungen,

---

26) Staudinger-*Thüsing*, BGB, § 312b Rz. 24; *Nocke*, FLF 2005, 73; *Felke/Jordans*, WM 2004, 166; *Knöfel*, ZGS 2004, 182, 183; *Rössel*, ITRB 2004, 236.

27) So auch RegE z. einem Gesetz über Fernabsatzverträge und andere Fragen des Verbraucherrechts sowie zur Umstellung von Vorschriften auf Euro, BT-Drucks. 14/2658, S. 32.

28) Vgl. RegE z. einem Gesetz zur Änderung der Vorschriften über Fernabsatzverträge bei Finanzdienstleistungen, BT-Drucks. 15/2946, S. 18.

29) Begr. der Kommission zum geänderten Richtlinienentwurf v. 23.7.1999, KOM (1999) 385 endg., S. 4.

30) Vgl. § 1 Abs. 1 Nr. 1 bis 10 KWG, Boos/Fischer/Schulte-Mattler-*Schäfer*, KWG, § 1 Rz. 32 ff.; *Wendehorst* in: MünchKomm-BGB, § 312b Rz. 14.

31) So aber *Wendehorst* in: MünchKomm-BGB, 4. Aufl. 2001, § 312b Rz. 75, allerdings noch für den Ausschluss von Finanzgeschäften nach § 312b Abs. 3 a. F.

32) *Knöfel*, ZGS 2003, 182, 183.

33) *Bülow/Artz*, Verbraucherkreditrecht, § 499 Rz. 70 f.; vgl. auch § 499 Abs. 2 BGB.

34) *Wendehorst* in: MünchKomm-BGB, § 312b Rz. 17; Staudinger-*Thüsing*, BGB, § 313b Rz. 27; *Reuter*, Fernabsatz, Rz. 19; *Knöfel*, ZGS 2004, 182, 183; *Schmidt-Räntsch*, VuR 2000, 427, 428; vgl. auch Nr. 3 der nicht abschließenden Liste von Finanzdienstleistungen im Anhang des ersten Richtlinienentwurfs, ABl. Nr. C 385 v. 11.12.1998, S. 10 ff.

Lebensversicherungen und nicht kündbare Krankenversicherungen gemeint. Unter den Begriff der Geldanlage fallen z. B. Wertpapiergeschäfte,[35] Termin- und Optionsgeschäfte sowie die Portfolioverwaltung und die Anlageberatung. Auch Gesellschaftsbeteiligungen zur Vermögensanlage stellen eine Finanzdienstleistung i. S. v. § 312b Abs. 1 Satz 2 BGB dar.[36]

Keine Finanzdienstleistungen i. S. v. Art. 2 lit. b FARL-FDL sind vom Verbraucher zu erbringende **Kreditsicherheiten** wie Grundschuld oder Bürgschaft, da der Finanzdienstleistungsbegriff verlangt, dass die Finanzdienstleistung vom Anbieter erbracht wird.[37] 8.22

Auf das Verbraucherdarlehen ist das Fernabsatzrecht neben den Bestimmungen der §§ 491 ff. BGB anwendbar. Durch das Nebeneinander von Fernabsatz- und Verbraucherschutzregeln kann es zu einer Konkurrenzsituation kommen, wenn Verbraucherdarlehensverträge im Wege des Fernabsatzes vertrieben werden.[38] Allerdings beantwortet § 312b Abs. 5 BGB die Frage nach dem anwendbaren Recht i. S. d. **Günstigkeitsprinzips**, so dass über das Fernabsatzrecht hinausgehende Verbraucherschutzvorschriften des Verbraucherdarlehensrechts unberührt bleiben. 8.23

b) Fernkommunikationsmittel

Eine **Legaldefinition** des Fernkommunikationsmittels findet sich in § 312b Abs. 2 BGB. Danach sind Fernkommunikationsmittel 8.24

> „Kommunikationsmittel, die zur Anbahnung oder zum Abschluss eines Vertrags zwischen einem Verbraucher und einem Unternehmer ohne gleichzeitige körperliche Anwesenheit der Vertragsparteien eingesetzt werden können, insbesondere Briefe, Kataloge, Telefonanrufe, Telekopien, E-Mails sowie Rundfunk, Tele- und Mediendienste“.

Es ist durchaus möglich, dass sich die Parteien während der Vertragsverhandlungen **unterschiedlicher Fernkommunikationsmittel** bedienen.[39] Denkbar ist deshalb, dass der erste geschäftliche Kontakt über das Internet erfolgt und der eigentliche Vertragsschluss per Brief zu Stande kommt. Sobald allerdings 8.25

35) Der Bundesrat hat kritisiert, dass der Begriff der Wertpapierdienstleistungen nicht ausdrücklich in die deutsche Definition des Finanzdienstleistungsbegriffs aufgenommen wurde, vgl. Stellungnahme des Bundesrates, RegE z. einem Gesetz zur Änderung der Vorschriften über Fernabsatzverträge bei Finanzdienstleistungen, BT-Drucks. 15/2946, S. 32.

36) *Masuch* in: MünchKomm-BGB, § 312 Rz. 30; BGH, Urt. v. 31.1.2005 – II ZR 200/03, ZIP 2005, 565 = NJW-RR 2005, 180, 181.

37) *Held/Schulz*, BKR 2005, 270, 271.

38) RegE z. einem Gesetz zur Änderung der Vorschriften über Fernabsatzverträge bei Finanzdienstleistungen, BT-Drucks. 15/2946, S. 19; Staudinger-*Thüsing*, BGB, § 312b Rz. 96.

39) Begr. der Kommission zum Richtlinienvorschlag, KOM (1998) 468 endg., S. 11; Grabitz/Hilf-*Micklitz*, EU-Recht, Bd. 3, A 3 Rz. 7; Palandt-*Grüneberg*, BGB, § 312b Rz. 8; *Nocke*, FLF 2005, 73, 74.

bei einer vertragsrelevanten Handlung ein **persönlicher Kontakt** zwischen Anbieter und Verbraucher entsteht, ist die Anwendung des Fernabsatzrechts ausgeschlossen.[40] Lässt sich ein Verbraucher z. B. in der Bankfiliale ausführlich über verschiedene Geldanlagemöglichkeiten beraten, schließt dann aber den Vertrag über das Internet ab, finden die Fernabsatzregelungen keine Anwendung. Zwar lässt die Formulierung in § 312b Abs. 1 BGB vermuten, dass es allein darauf ankommt, dass der Vertragsschluss unter Verwendung von Fernkommunikationsmitteln stattgefunden hat, allerdings ist der deutsche Gesetzgeber davon ausgegangen, dass der Unternehmer bis zu und einschließlich des Vertragsabschlusses ausschließlich Fernkommunikationsmittel verwendet haben muss.[41] § 312b BGB ist deshalb einschränkend dahin gehend auszulegen, dass bis einschließlich dem Vertragsschluss **kein persönlicher Kontakt** zwischen Verbraucher und Unternehmer stattgefunden haben darf.[42] Dies gilt auch in Fällen, in denen der persönliche Kontakt nur sehr kurz war und der Verbraucher sich nicht über alle in den fernabsatzrechtlichen Informationspflichten enthaltenen Details informieren konnte. Eine hinreichende Rechtssicherheit ist aufgrund der andernfalls bestehenden Abgrenzungsschwierigkeiten nicht zu erreichen.[43] Vor dem Versuch, die Fernabsatzregelungen durch einen kurzen persönlichen Kontakt zu umgehen, wird der Verbraucher durch § 312g Satz 2 BGB geschützt.

8.26 Für die **praktische Anwendung** ist allerdings fraglich, ob eine Unterscheidung danach getroffen werden kann, ob sich der Verbraucher bei der Vertragsanbahnung in einem persönlichen Gespräch über die Finanzdienstleistung informiert hat oder nicht. Schließt er trotz persönlicher Beratung anschließend über das Internet den entsprechenden Vertrag ab, wird ihm dort die für Fernabsatzgeschäfte geltende Formularseite zur Verfügung gestellt, da im Internet nicht zwischen reinen Fernabsatzfällen und solchen mit persönlichem Kontakt in der Vertragsanbahnungsphase unterschieden wird. Die Fernabsatzvorschriften gelten dann aufgrund vertraglicher Vereinbarung. Zwar könnte man durch Anklicken eines entsprechenden Feldes Nicht-Fernabsatzfälle identifizieren, aufgrund der weitreichenden Folgen bei fehlerhafter Information ist davon jedoch abzuraten.

---

40) *Härting*, FernAbsG, § 1 Rz. 60; *Ring* in: AnwK-BGB, § 312b Rz. 70; *Riehm*, JURA 2000, 505, 510.

41) RegE z. einem Gesetz über Fernabsatzverträge und andere Fragen des Verbraucherrechts sowie zur Umstellung von Vorschriften auf Euro, BT-Drucks. 14/2658, S. 34.

42) So die h. M. *Härting*, FernAbsG, § 1 Rz. 64 ff.; *Wendehorst* in: MünchKomm-BGB, § 312b Rz. 53; Palandt-*Grüneberg*, BGB, § 312b Rz. 8; Staudinger-*Thüsing*, BGB, § 312b Rz. 35; *Schneider*, Vertrieb v. Versicherungen, S. 235; *Held/Schulz*, BKR 2005, 270, 271; *Fuchs*, ZIP 2000, 1273, 1275; *Reich*, EuZW 1997, 581, 583.

43) In diesem Sinne Staudinger-*Thüsing*, BGB, § 312b Rz. 40; *Grigoleit*, NJW 2002, 1151, 1152; *Gößmann*, MMR 1998, 88, 89; anders: *Härting*, FernAbsG, § 1 Rz. 70 ff.; *Micklitz* in: HK-VertriebsR, § 312b Rz. 46; *Lütcke*, Fernabsatzrecht, § 312b Rz. 62.

8.27 Für den Vertragsschluss unter Einsatz eines **Boten** hat der Bundesgerichtshof[44] eine **wertende Ausfüllung** des Begriffs Fernkommunikationsmittels vorgenommen. Da der Bote zwar in direktem Kontakt zum Verbraucher steht, aber i. d. R. zu Vertragsinhalt und Vertragsgegenstand keine Angaben machen kann, stehe sein Einsatz der Annahme eines Fernabsatzvertrages nicht entgegen. Wird dagegen das Rechtsgeschäft unter Einsatz eines Vertreters abgeschlossen, ist das Fernabsatzrecht nicht anwendbar, vorausgesetzt, der Vertreter nutzt nicht seinerseits ausschließlich Fernkommunikationsmittel.[45] Allerdings kann dann möglicherweise das **Haustürwiderrufsrecht** zur Anwendung kommen, wenn ein Außendienstmitarbeiter eines Finanzdienstleisters in persönlichen Kontakt mit dem Verbraucher tritt und die Voraussetzungen von § 312 Abs. 1 BGB erfüllt sind.

8.28 Sind auf Seiten des Verbrauchers **mehrere Personen** beteiligt, müssen diese sich ihre Erklärungen wechselseitig zurechnen lassen, wenn gegenüber einer Person ein persönlicher Kontakt zum Unternehmer stattgefunden hat. Bei der Mitverpflichtung von Ehegatten über § 1357 Abs. 2 Satz 2 BGB finden die Fernabsatzregeln deshalb keine Anwendung, wenn sich ein Ehepartner persönlich in der Filiale beraten lässt und der andere unter ausschließlicher Verwendung von Fernkommunikationsmitteln den Vertrag abschließt.[46]

8.29 Hat bis zum Vertragsschluss zu irgendeinem Zeitpunkt ein persönlicher Kontakt zwischen Unternehmer und Verbraucher stattgefunden, sollte der betreffende Mitarbeiter dies unter Angabe von Ort und Zeit des persönlichen Kontakts **dokumentieren und archivieren**, um ggf. später den erforderlichen Nachweis über die Nichtanwendbarkeit der Fernabsatzregelungen erbringen zu können.

c) Für den Fernabsatz organisiertes Vertriebs- und Dienstleistungssystem

8.30 Die Fernabsatzregeln finden zudem nur dann Anwendung, wenn der Fernabsatzvertrag i. R. eines für den Fernabsatz organisierten Vertriebs- und Dienstleistungssystems abgeschlossen wird. Daraus ergibt sich, dass gelegentliche Geschäfte und solche außerhalb einer Absatzstruktur für den Fernabsatz von den Fernabsatzregeln nicht erfasst werden.[47] Wird also nur gelegentlich und ausnahmsweise ein Auftrag am Telefon entgegengenommen, fehlt es an einem sol-

---

44) BGH, Urt. v. 21.10.2004 – III ZR 380/03, ZIP 2004, 2240 = NJW 2004, 3699.

45) *Härting*, FernAbsG, § 1 Rz. 38; *Wendehorst* in: MünchKomm-BGB, § 312b Rz. 49; Staudinger-*Thüsing*, BGB, § 312b Rz. 31; *Fuchs*, ZIP 2000, 1273, 1275; *Roth*, JZ 2000, 1013, 1015.

46) *Wendehorst* in: MünchKomm-BGB, § 312b Rz. 63.

47) Erwägungsgrund 18 FARL-FDL, Grabitz/Hilf-*Micklitz*, EU-Recht, Bd. 3, A 3 Rz. 10; *Willingmann*, VuR 1998, 395, 398; *Reich*, EuZW 1997, 581, 583.

chen System.[48] Ein für den Fernabsatz organisiertes Vertriebs- und Dienstleistungssystem liegt aber jedenfalls dann vor, wenn der Anbieter in seinem Betrieb die **personellen, sachlichen und organisatorischen Voraussetzungen** für **regelmäßige** Geschäfte im Fernabsatz geschaffen hat.[49] Das bedeutet, dass der Anbieter seinen Vertrieb oder ein Vertriebssegment speziell auf den Fernabsatz ausgerichtet hat. Nicht erforderlich ist, dass der Anbieter seine Dienstleistungen ausschließlich im Fernabsatz erbringt.[50] Erfasst sind folglich neben den Direktbanken auch Banken, die neben dem Filialgeschäft Geschäfte im Fernabsatz, also beispielsweise über das Internet schließen. Entscheidend ist, dass ein Fernabsatzsystem **objektiv** vorliegt. Dass der Unternehmer sich bewusst für ein solches System entschieden hat, ist nicht erforderlich.[51] Auf der anderen Seite ist es ausreichend, wenn der Anbieter gegenüber dem Verbraucher den Anschein erweckt, über ein solches Vertriebssystem zu verfügen.[52] Wie häufig der Unternehmer tatsächlich Fernabsatzverträge schließt und ob sein Vertriebssystem tatsächlich den Anforderungen an ein Fernabsatzsystem entspricht, ist unerheblich.

8.31 Ein für den Fernabsatz **organisiertes Vertriebssystem** liegt dann **nicht** vor, wenn lediglich eine Telefonnummer, Faxnummer, E-Mail-Adresse oder Internet-Seite in einer Werbung oder im Telefonbuch angegeben wird, da solche Kontaktmöglichkeiten auch zur bloßen Information über die Finanzdienstleistung genutzt werden können. Anderes gilt dann, wenn diese Kontaktinformationen mit dem Hinweis auf eine Möglichkeit zum Vertragsschluss versehen sind.[53]

---

48) Begr. zum ersten Kommissionsentwurf, KOM (1998) 468 endg., S. 11; Palandt-*Grüneberg*, BGB, § 312b Rz. 11; *Finke*, Fernabsatz v. Finanzdienstleistungen, § 3 Rz. 30; *Riehm*, JURA 2000, 505, 510; *Wendehorst*, DStR 2000, 1311, 1314; *Bodewig*, DZWiR 1997, 447, 448.

49) Begr. RegE z. einem Gesetz über Fernabsatzverträge und andere Fragen des Verbraucherrechts sowie zur Umstellung von Vorschriften auf Euro, BT-Drucks. 14/2658, S. 30; BGH, Urt. v. 21.10.2004 – III ZR 380/03, ZIP 2004, 2240 = NJW 2004, 3699, 3701; *Wendehorst* in: MünchKomm-BGB, § 312b Rz. 56; Palandt-*Grüneberg*, BGB, § 312b Rz. 11; *Finke*, Fernabsatz v. Finanzdienstleistungen, § 3 Rz. 30; *Fuchs*, ZIP 2000, 1273, 1275; *Kamanabrou*, WM 2000, 1417, 1420; *Wendehorst*, DStR 2000, 1311, 1314.

50) *Ring* in: AnwK-BGB, § 312b Rz. 82; *Lütcke*, Fernabsatz, § 312b Rz. 73; Staudinger-*Thüsing*, BGB, § 312b Rz. 47; *Dilger*, Verbraucherschutz bei Vertragsabschlüssen im Internet, S. 69; *Finke*, Fernabsatz v. Finanzdienstleistungen, § 3 Rz. 30; *Fuchs*, ZIP 2000, 1273, 1275; *Riehm*, JURA 2000, 505, 510; *Roth*, JZ 2000, 1013, 1015.

51) *Wendehorst* in: MünchKomm-BGB, § 312b Rz. 59; *Willingmann*, VuR 1998, 395, 398.

52) *Wendehorst* in: MünchKomm-BGB, § 312b Rz. 60; *Finke*, Fernabsatz v. Finanzdienstleistung, § 3 Rz. 32; *Pützhoven*, Europäischer Verbraucherschutz, S. 48 f.; *Wendehorst*, DStR 2000, 1311, 1314; *Micklitz/Reich*, BB 1999, 2093; *Willingman*, VuR 1998, 395, 397 f.; *Reich*, EuZW 1997, 581, 583; a. A. *Meents*, Verbraucherschutz im Internet, S. 185 f.

53) *Wendehorst* in: MünchKomm-BGB, § 312b Rz. 61; Palandt-*Grüneberg*, BGB, § 312b Rz. 11; *Dilger*, Verbraucherschutz bei Vertragsabschlüssen im Internet, S. 69 f.; *Finke*, Fernabsatz v. Finanzdienstleistungen, § 3 Rz. 32; *Wendehorst*, DStR 2000, 1311, 1314.

d) Beweiserleichterung

Im Falle eines Streites über das Vorliegen eines Fernabsatzvertrages sieht § 312b Abs. 1 BGB eine Beweiserleichterung für dem Verbraucher vor.[54)] Kann der Verbraucher beweisen, dass der Vertrag unter ausschließlicher Verwendung von Fernkommunikationsmitteln geschlossen wurde, muss der Unternehmer beweisen, dass dies nicht i. R. eines organisierten Fernabsatzsystems erfolgte.[55)] 8.32

e) Rahmenverträge

Aus § 312b Abs. 4 BGB ergeben sich Besonderheiten für Rahmen- und Kettenverträge. 8.33

aa) Auf eine erstmalige Vereinbarung folgende Vorgänge

§ 312b Abs. 4 Satz 1 BGB betrifft 8.34

> „Vertragsverhältnisse, die eine erstmalige Vereinbarung mit daran anschließenden aufeinander folgenden Vorgängen oder eine daran anschließende Reihe getrennter, in einem zeitlichen Zusammenhang stehender Vorgänge der gleichen Art umfassen".

In diesen Fällen finden die Vorschriften über Fernabsatzverträge nur auf die **erste Vereinbarung** Anwendung, die folgenden Vorgänge sind von den Fernabsatzregeln befreit. Voraussetzung dafür ist aber, dass die an die Erstvereinbarung anschließenden **Vorgänge aufeinanderfolgen** oder **gleichartig** sind und in einem **zeitlichen Zusammenhang** stehen. Unter dem Begriff der erstmaligen Vereinbarung versteht der Gesetzgeber insbesondere 8.34a

> „Verträge über Girokonten oder Depots, bei denen eine Vereinbarung geschlossen wird, die dann in einem zeitlichen Zusammenhang durch Einzelüberweisungsverträge bzw. Einzelanschaffungen auf das Depot ausgefüllt wird".[56)]

Der Kreditwirtschaft erleichtert diese Vorschrift die tägliche Abwicklung des Massengeschäfts. 8.34b

Als erstmalige Vereinbarung i. S. v. § 312b Abs. 4 Satz 1 BGB kommen **Rahmenverträge**[57)] bzw. **sonstige Dauerschuldverhältnisse**[58)] in Betracht, da ihnen typischerweise in dem geforderten zeitlichen Zusammenhang rechtsge- 8.35

---

54) Dies erfolgt durch die Formulierung: *„es sei denn"*.

55) Begr. RegE z. einem Gesetz über Fernabsatzverträge und andere Fragen des Verbraucherrechts sowie zur Umstellung von Vorschriften auf Euro, BT-Drucks. 14/2658, S. 31; *Wendehorst* in: MünchKomm-BGB, § 312b Rz. 68; Staudinger-*Thüsing*, BGB, § 312b Rz. 54.

56) Begr. RegE z. einem Gesetz zur Änderung der Vorschriften über Fernabsatzverträge bei Finanzdienstleistungen, BT-Drucks. 15/2946, S. 19.

57) So kommt z. B. dem Girovertrag die Funktion eines Rahmenvertrages zu, vgl. *Casper* in: MünchKomm-BGB, § 676f Rz. 3.

58) Palandt-*Grüneberg*, BGB, § 312b Rz. 19; *Masuch/Koch*, Fernabsatz v. Finanzdienstleistungen, 1.2.2.3.

schäftliche Erklärungen folgen. Zum Beispiel kann eine Vereinbarung bereits aufgrund der allgemeinen Verkehrsauffassung oder aufgrund der gesetzlichen Vorschriften so ausgestaltet sein, dass sie typischerweise mehrere Anschlussvorgänge gleicher Art umfasst (sog. Typizität der erstmaligen Vereinbarung).[59] Welche Vorgänge im Einzelnen vom **Girovertrag** umfasst sind, lässt sich z. B. unter Berücksichtigung des gesetzlichen Leitbilds des § 676f BGB a. F. ermitteln. Danach ist das Kreditinstitut durch den Vertrag mit dem Kunden verpflichtet, ein Konto einzurichten, eingehende Zahlungen gutzuschreiben und abgeschlossene Überweisungsverträge zulasten dieses Kontos abzuwickeln. Daraus ergibt sich, dass ein im Fernabsatz geschlossener **Girovertrag** den Fernabsatzregeln unterliegt, nachfolgende Verfügungen über das Konto, z. B. Überweisungen i. R. d. Online-Banking, als dem Girovertrag nachfolgende Vorgänge gemäß § 312b Abs. 4 Satz 1 BGB von den Vorgaben des Fernabsatzrechts befreit sind.[60] Für die nachfolgenden Vorgänge sind also weder die Informationspflichten nach § 312c BGB zu erfüllen noch steht dem Verbraucher ein Widerrufsrecht zu.

8.36 Zusätzlich besteht die Möglichkeit, durch eine **Vereinbarung** zwischen Unternehmer und Verbraucher festzulegen, welche Vorgänge im Einzelnen von der erstmaligen Vereinbarung umfasst werden sollen.[61] Damit kann der Unternehmer bei der Kontoeröffnung i. R. eines umfassenden Leistungsangebots bereits vereinbaren, dass Teil dieses Angebotes z. B. auch das Online-Banking oder die Nutzung einer Kreditkarte ist, auch wenn der Kunde von diesen Möglichkeiten erst später Gebrauch macht. Diese Vorgehensweise hat zur Folge, dass das Fernabsatzrecht nur bei der Kontoeröffnung zu beachten ist und alle i. R. dieser Kontoeröffnung vereinbarten Zusatzleistungen als nachfolgende Vorgänge von den Fernabsatzregelungen befreit sind. Allerdings muss dann schon i. R. d. Kontoeröffnung umfassend über das komplette Leistungsangebot informiert werden. Es ist also auf jeden Fall erforderlich, dass die im Rahmenvertrag aufgeführten Dienstleistungen nicht nur optional vorgesehen sind, sondern deren **Nutzung** auch **konkret vereinbart** wird. Sonst wäre die zusätzliche Dienstleistung gerade nicht Bestandteil der erstmaligen Dienstleistungsvereinbarung. Hinzu kommt, dass eine vertragliche Einbeziehung weiterer Dienstleistungen die Kreditinstitute nur dann von den fernabsatzrechtlichen Pflichten entbindet, wenn die Inanspruchnahme dieser zusätzlichen Dienstleistungen **keinen gesonderten Vertragsschluss** mehr erfordert.[62] Will sich der Unternehmer die Entscheidung über die Gewährung bestimmter Dienstleis-

---

59) *Masuch/Koch*, Fernabsatz v. Finanzdienstleistungen, 1.2.2.3; *Held/Schulz*, BKR 2005, 270, 272.

60) *Held/Schulz*, BKR 2005, 270, 272.

61) *Masuch/Koch*, Fernabsatz v. Finanzdienstleistungen, 1.2.2.3; *Held/Schulz*, BKR 2005, 270, 272.

62) *Held/Schulz*, BKR 2005, 270, 272.

tungen noch vorbehalten,[63] so können diese Dienstleistungen nicht privilegierend in den Rahmenvertrag einbezogen werden, da in diesen Fällen der Abschluss eines Zusatzvertrages erforderlich ist. Darüber hinaus müssen die von einem solchen Rahmenvertrag ausdrücklich erfassten einzelnen Dienstleistungen in einem gewissen banktypischen Zusammenhang stehen und es dürfen keine vollkommen produktfremden Vorgänge mitgeregelt werden.[64]

(1) Erstmalige Vereinbarung im Präsenzgeschäft

Wird die erstmalige Vereinbarung im Präsenzgeschäft abgeschlossen, nachfolgende Einzelvorgänge aber im Wege des Fernabsatzes durchgeführt, stellt sich die Frage, ob auf die nachfolgenden Vorgänge das Fernabsatzrecht vollumfänglich angewendet werden muss. **8.37**

Zum Teil wird vertreten,[65] dass auch die nachfolgenden Vorgänge nicht unter das Fernabsatzrecht fallen. Dies wird damit begründet, dass der Kunde, der die erstmalige Vereinbarung im Präsenzgeschäft schließt, nicht schützenswerter sei als der Kunde, der die erste Dienstleistungsvereinbarung im Fernabsatz schließt. Die typischen Gefahren des Distanzgeschäfts träfen diesen Kunden nicht, wenn er die erstmalige Vereinbarung im Präsenzgeschäft abschließt, so dass es gerechtfertigt sei, die verbraucherschützenden Bestimmungen auch auf die nachfolgenden Vorgänge nicht anzuwenden. Obwohl diese Argumente durchaus nachvollziehbar sind, ist eine solche Lösung im Hinblick auf § 312b BGB problematisch, da der Anwendungsbereich des Fernabsatzrechts für die nachfolgenden Vorgänge zweifelsfrei eröffnet ist. Wird sie nicht anerkannt, führt dies aufgrund der dann vorliegenden Verletzung der Informationspflichten zu einem unbefristeten Widerrufsrecht des Verbrauchers. Auch § 312b Abs. 4 Satz 2 BGB kann hier nur begrenzt helfen. Zwar könnte der Unternehmer den Verbraucher dann z. B. bei der ersten Online-Überweisung belehren. In der Folge wären alle weiteren Online-Überweisungen von der Informationspflicht befreit, es sei denn, zwischen den einzelnen Überweisungen liegt mehr als ein Jahr. Auf der anderen Seite bleibt nach § 312b Abs. 4 Satz 2 BGB das Widerrufsrecht gleichwohl bestehen. In Betracht kommt deshalb, dem Kunden bei jedem Abschluss einer erstmaligen Vereinbarung, auch wenn sie im Präsenzgeschäft erfolgt, die Informationsunterlagen für den Fernabsatz auszuhändigen.[66] Dann sind die nachfolgenden Dienstleistungen – auch wenn sie im Fernabsatz erbracht werden – von den Fernabsatzregelungen befreit. Eine sol- **8.38**

---

63) Z. B. über die Gewährung einer Kreditkarte.

64) *Held/Schulz*, BKR 2005, 270, 272.

65) *Masuch/Koch*, Fernabsatz v. Finanzdienstleistungen, 1.2.2.3; *Kriegner*, Fernabsatz-Richtlinie für Finanzdienstleistungen, S. 69; *Härting/Schirmbacher*, CR 2005, 48, 49; *Riesenhuber*, WM 1999, 1441, 1443.

66) *Held/Schulz*, BKR 2005, 270, 274.

che Vorgehensweise hätte aber gleichzeitig zur Folge, dass der Verbraucher auch bei diesem Präsenzgeschäft ein Widerrufsrecht hat, welches sich dann aus der vertraglichen Vereinbarung ergibt. Dieser Nachteil ist aber im Vergleich zu den oben genannten Problemen hinnehmbar, da der Anbieter den Ablauf der Widerrufsfrist abwarten kann, bevor er mit seinen Dienstleistungen beginnt.

(2) Ergänzungen oder Änderungen der erstmaligen Vereinbarung

8.39 Der Ausnahmetatbestand des § 312b Abs. 4 BGB kommt **nicht zur Anwendung**, wenn die erstmalige Vereinbarung um zusätzliche Dienstleistungen ergänzt oder die Vertragsmodalitäten geändert werden.[67] Wird allerdings eine erstmalige Dienstleistungsvereinbarung, die schon vor Inkrafttreten der Fernabsatzregeln geschlossen wurde, aufgrund von im Vertrag vorgesehenen Änderungsmechanismen angepasst, findet auf diese Vertragsanpassung das Fernabsatzrecht keine Anwendung, da der Vertrag lediglich in modifizierter Form fortgesetzt wird.[68] Auch eine Verlängerung einer ersten Vereinbarung zu gleichen Bedingungen führt nicht zur Anwendung des Fernabsatzrechts, soweit sie mittels der üblichen Klauseln vereinbart wurde, nach denen sich der Vertrag um einen bestimmten Zeitraum verlängert, wenn er nicht gekündigt wird.[69] In einer solchen Situation liegt schon gar kein neuer Vorgang vor, da die Verlängerung bereits im ursprünglichen Vertrag angelegt wurde. Auch fehlt es an einem neuen Vertragsschluss, da lediglich ein bestehender Vertrag nicht beendet wird.[70] Auch wenn die Vertragsverlängerung gesondert vereinbart wird, spricht vieles dafür, sie vom Fernabsatzrecht auszunehmen. Voraussetzung dafür ist aber, dass der Vertrag zu den gleichen Bedingungen fortgesetzt wird.[71] Jedenfalls würde eine Vertragsverlängerung zu gleichen Konditionen aber unter § 312b Abs. 4 Satz 2 BGB fallen, falls zwischen dem ursprünglichen Vertrag und der Verlängerung nicht mehr als ein Jahr liegt.

(3) Einräumung eines Überziehungskredits

8.40 Bei Überziehungskrediten hängt die Anwendbarkeit des Fernabsatzrechts maßgeblich davon ab, ob es sich um einen **vereinbarten Überziehungskredit** (Dispositionskredit) oder um einen **geduldeten Überziehungskredit** han-

---

67) Vgl. Erwägungsgrund 17 FARL-FDL; *Schneider*, Vertrieb v. Versicherungen, S. 242; ähnlich *Riesenhuber*, WM 1999, 1443.

68) *Masuch/Koch*, Fernabsatz v. Finanzdienstleistungen, 1.2.2.3.

69) *Schneider*, Vertrieb v. Versicherungen, S. 241, 242.

70) BGH, Urt. v. 29.4.2002 – II ZR 330/00, ZIP 2002, 1251 = NJW 2002, 2170, 2171 zu Mietverträgen; *Schneider*, Vertrieb v. Versicherungen, S. 241.

71) *Kriegner*, Fernabsatz-Richtlinie von Finanzdienstleistungen, S. 69 Fn. 124; Kröger/Gimmy-*Hoppmann/Moos*, Hdb. Internetrecht, S. 171; *Riesenhuber*, WM 1999, 1141, 1443; a. A. *Schneider*, Vertrieb v. Versicherungen, S. 241.

delt.[72] Der vereinbarte Überziehungskredit wird üblicherweise durch einen **Krediteröffnungsvertrag**[73] oder durch **einseitige Mitteilung des Kreditinstituts** eingeräumt.[74] Der Krediteröffnungsvertrag ist nach h. M. ein Grund- oder Rahmenvertrag, der ein Kreditabrufrecht des Kreditnehmers begründet.[75] Erst die Ausübung des Abrufrechts[76] führt dazu, dass der eigentliche Einzelkreditvertrag zustande kommt.[77] Nach der herrschenden Trennungstheorie sind Krediteröffnungsvertrag und die innerhalb dieses rechtlichen Rahmens gewährten einzelnen Darlehen rechtlich getrennt.[78] Im Hinblick auf § 312b Abs. 4 Satz 1 BGB bedeutet dies, dass die **Fernabsatzregeln** bei der nachträglichen Einräumung eines Überziehungskredits **auf den Krediteröffnungsvertrag** als erstmalige Dienstleistungsvereinbarung **anwendbar** sind, sofern dieser unter ausschließlicher Verwendung von Fernkommunikationsmitteln geschlossen wird. Die nachfolgenden einzelnen Darlehensverträge, die durch den Abruf des Kunden zustande kommen, unterfallen als nachfolgende Vorgänge der Privilegierung des § 312b Abs. 4 Satz 1 BGB,[79] so dass weder Informationspflichten zu beachten sind, noch ein Widerrufsrecht besteht.[80]

Wird der Überziehungskredit durch eine **einseitige Mitteilung** des Kreditinstituts eingeräumt, kommt der eigentliche Vertragsschluss erst durch die tatsächliche Inanspruchnahme des Kredits durch den Kunden zustande. Da in dieser Situation der Vertragsschluss für das Kreditinstitut nicht absehbar ist, kann es seiner Pflicht, den Verbraucher vorvertraglich zu informieren, nicht nachkommen. Zur Lösung dieser Problematik wurde z. T. vorgeschlagen, vollständig **auf** **8.41**

---

72) Gemäß § 493 Abs. 1 Satz 1 BGB sind Überziehungskredite von den verbraucherkreditrechtlichen Anforderungen befreit. Diese Befreiung wird durch die neue Verbraucherkreditrichtlinie (2008/48/EG) teilweise aufgehoben (Umkehrschluss aus Art. 2 Abs. 2 lit. e.). Allerdings gelten für Überziehungskredite weiterhin Sonderregeln, vgl. z. B. Art. 2 Abs. 3 und 4, Art. 6, Art. 11 Abs. 5, Art. 12, die sich in § 504 und § 505 BGB wiederfinden; vgl. auch unten Rz. 9.15.

73) Schimansky/Bunte/Lwowski-*Wunderlich*, Bankrechts-Hdb., § 77 Rz. 1 ff.; *Felke*, WM 2002, 1632, 1635.

74) *Domke*, BB 2006, 2035, 2036; *Felke*, WM 2002, 1632, 1633.

75) *K.P. Berger* in: MünchKomm-BGB, Vor § 488 Rz. 57; *Früh* in: BuB, Bd. I Rz. 3/10a; Schimansky/Bunte/Lwowski-*Wunderlich*, Bankrechts-Hdb., § 77 Rz. 1; *Domke*, BB 2006, 2035, 2036; *Felke*, WM 2002, 1632, 1635.

76) Das Abrufrecht wird zumeist als einseitiges Gestaltungsrecht angesehen: *Domke*, BB 2006, 2035, 2036; *Felke*, WM 2002, 1632, 1635; *Wagner*, WM 1998, 1657, 1659.

77) *Früh* in: BuB, Bd. I Rz. 3/10a; *Domke*, BB 2006, 2035, 2036.

78) Palandt-*Weidenkaff*, BGB, Einf. § 488 Rz. 20; Schimansky/Bunte/Lwowski-*Wunderlich*, Bankrechts-Hdb., § 77 Rz. 1; *Domke*, BB 2006, 2035, 2036.

79) *Masuch/Koch*, Fernabsatz v. Finanzdienstleistungen, 1.2.2.3; *Domke*, BB 2006, 2035, 2036 f.

80) Das gilt selbst dann, wenn man davon ausgeht, dass der Kreditabruf beim Kontokorrentkredit den Krediteröffnungsvertrag ausfüllt, sog. Einheitstheorie, denn genau das bezweckt die Regelung des Art. 1 Abs. 2 FARL-FDL i. V. m. Erwägungsgrund 16.

die einseitige Mitteilung zu verzichten und Dispositionskredite nur noch i. R. eines Krediteröffnungsvertrages zu vergeben.[81] Versteht man dagegen die einseitige Mitteilung **als Angebot zum Abschluss eines Darlehensvertrages**, könnte man dem Kunden in diesem Zusammenhang alle erforderlichen Informationen übermitteln. Allerdings kommt der Vertrag erst mit der ersten Inanspruchnahme des Kredits zustande, mit der Folge, dass erst dann die 14-tägige Widerrufsfrist des § 312d i. V. m. § 355 BGB zu laufen beginnt. Schließlich wurde vorgeschlagen, den Kreditvertragsabschluss durch eine Vereinbarung dergestalt vorzuverlegen, dass spätere Kreditabrufe als Ausübung des einseitigen Gestaltungsrechts des Kreditnehmers den Kreditvertrag ausfüllen.[82] Letzterer Vorschlag erfüllt am ehesten die Bedürfnisse der Praxis, da die Informationspflichten i. R. d. Kreditvertragsabschlusses erfüllt werden können und der Ablauf der Widerrufsfrist aufgrund des erkennbaren Zeitpunkts des Vertragsschlusses feststeht.

8.42 Eine **spätere Erhöhung der Kreditlinie** im Wege des Fernabsatzes stellt eine Erweiterung des Kapitalnutzungsrechts des Verbrauchers und damit eine Modifizierung des ursprünglichen Krediteröffnungsvertrags dar. Dies hat grundsätzlich zur Folge, dass die **Fernabsatzregeln zu beachten** sind. Der Finanzdienstleister kann die Anwendung der Fernabsatzregeln nur dadurch vermeiden, dass **Limiterhöhungsklauseln** bereits im Krediteröffnungsvertrag vorgesehen werden.[83]

8.43 Ist zwischen Bank und Kunde kein Kreditrahmen vereinbart bzw. ein bereits vereinbarter Kreditrahmen ausgeschöpft und führt die Bank dennoch im Einzelfall eine Überweisung oder Auszahlung trotz fehlender Deckung durch, liegt eine **geduldete Überziehung** vor, vgl. § 505 Abs. 1 BGB (§ 493 Abs. 2 BGB a. F.).[84] Solche geduldete Überziehungen sind dem **Girovertrag immanent** und fallen deshalb unter die Privilegierung des § 312b Abs. 4 Satz 1 BGB.[85] Dies ergibt sich daraus, dass der Preisaushang der Kreditinstitute, der auch die Preise für sonstige Leistungen *im Zusammenhang mit dem Girovertrag* nennt, die entsprechenden Zinssätze für die geduldete Überziehung ausweist. Letztlich ist eine geduldete Überziehung ohne zugrunde liegendes Girokonto nicht denkbar.[86]

---

81) *Koch/Masuch*, Fernabsatz v. Finanzdienstleistungen, S. 29.

82) *Domke*, BB 2006, 2035, 2037.

83) *Domke*, BB 2006, 1035, 2037.

84) *Felke*, WM 2002, 1632; Palandt-*Weidenkaff*, BGB, § 493 Rz. 14; Schimansky/Bunte/Lwowski-*Bitter*, Bankrechts-Hdb., § 33 Rz. 68; *Wagner*, WM 1998, 1657, 1666.

85) *Masuch/Koch*, Fernabsatz v. Finanzdienstleistungen, 1.2.2.3. Dafür spricht Erwägungsgrund 17 der FARL-FDL, der Abhebungen vom eigenen Konto als nachfolgende Vorgänge betrachtet, da solche Abhebungen auch die Überziehung des Kontos zur Folge haben können.

86) *Masuch/Koch*, Fernabsatz v. Finanzdienstleistungen, 1.2.2.3.

bb) Sonstige im Zusammenhang stehende Vorgänge

Die von § 312b Abs. 4 Satz 2 BGB beschriebene Situation betrifft ebenfalls aufeinander folgende Vorgänge bzw. getrennte Vorgänge gleicher Art, bei denen es aber an einer **ersten Dienstleistungsvereinbarung fehlt**. Anders als nach § 312b Abs. 4 Satz 1 BGB ist die Anwendbarkeit der Fernabsatzregeln nur im Hinblick auf die **Informationspflichten** ausgeschlossen. Das **Widerrufsrecht** bleibt von dieser Ausnahmeregelung **unberührt**. Findet jedoch länger als ein Jahr kein Vorgang der gleichen Art mehr statt, so gilt der nächste Vorgang als der erste Vorgang einer neuen Reihe i. S. v. Satz 2, vgl. § 312b Abs. 4 Satz 3 BGB. 8.44

Aufeinander folgende oder getrennte Vorgänge gleicher Art liegen z. B. bei der Zeichnung neuer Anteile desselben Investmentfonds vor.[87)] Unklar ist aber, ob sich der Umfang der jeweiligen Geschäfte unterscheiden darf oder ob diese absolut identisch sein müssen. Für letzteren Ansatz spricht, dass nur dann die Informationspflichten für beide Geschäfte gleich wären und damit ein besonderes Schutzbedürfnis des Verbrauchers nicht besteht.[88)] Auf der anderen Seite spricht § 312b Abs. 4 Satz 2 BGB nicht von identischen Vorgängen, sondern von „Vorgängen gleicher Art“. Die Wahl dieser Formulierung lässt vermuten, dass die Ausnahme nicht nur dann greifen soll, wenn mehrere völlig identische Vorgänge aufeinander folgen. Würde die Ausnahme identische Vorgänge voraussetzen, wäre ihr Anwendungsbereich stark eingeschränkt, da selbst bei der monatlichen Zeichnung derselben Anzahl von Investmentfondsanteilen der Preis Schwankungen unterliegt. 8.45

Trotzdem ist dieser Ausnahmetatbestand praktisch wenig bedeutsam, da der geforderte zeitliche Zusammenhang zwischen den einzelnen Vorgängen eine konstante Überwachung der einzelnen Vertragsverhältnisse erfordert. 8.46

3. Zeitlicher Anwendungsbereich

Art. 229 § 11 Abs. 1 Satz 1 EGBGB regelt den zeitlichen Anwendungsbereich der Fernabsatzregelungen im Finanzdienstleistungsbereich. Danach gelten die neuen Fernabsatzregelungen nur für Verträge, die **nach dem 8. Dezember 2004 geschlossen** wurden. Dabei kommt es allein auf den Vertragsschluss an. Ob es sich um Alt- oder Neukunden handelt, ist nicht relevant. Für die Vertragsverhältnisse, die in § 312b Abs. 4 BGB beschrieben sind, findet sich in Art. 229 § 11 Abs. 1 Satz 2 EGBGB eine besondere Überleitungsvorschrift. Bei Gesamtvorgängen nach § 312b Abs. 4 Satz 1 BGB soll es danach für die Anwendung der Fernabsatzregeln auf den **Abschluss der erstmaligen Dienstleistungsvereinbarung** ankommen. Wurde die erstmalige Dienstleistungsvereinbarung vor Inkrafttreten der Fernabsatzregeln geschlossen, gilt für diese und auf ihr basie- 8.47

87) Vgl. Erwägungsgrund 17 FARL-FDL.

88) *Finke*, Fernabsatz v. Finanzdienstleistungen, § 3 Rz. 43.

rende Vorgänge das Fernabsatzrecht nicht. Für Gesamtvorgänge i. S. v. § 312b Abs. 4 Satz 2 BGB hatte der Unternehmer bei dem ersten Vorgang nach Inkrafttreten der Fernabsatzregeln sowohl die Informationspflichten als auch das Widerrufsrecht zu beachten. Für nachfolgende Vorgänge gilt dann die Privilegierung des § 312b Abs. 4 Satz 2 BGB.

4. Ausnahmen vom Anwendungsbereich

8.48 Verträge über **Versicherungen sowie deren Vermittlung** sind gemäß § 312b Abs. 3 Nr. 3 BGB von den Fernabsatzregelungen der §§ 312b ff. BGB ausgenommen. Die von der FARL-FDL vorgegebenen Regelungen finden sich stattdessen in §§ 7 bis 9 Versicherungsvertragsgesetz (VVG).

8.49 Gemäß § 312b Abs. 3 Nr. 7 BGB ist das Fernabsatzrecht auch dann nicht anwendbar, wenn Verträge unter Verwendung von **Warenautomaten oder automatisierten Geschäftsräumen** geschlossen werden. Allerdings ist dieser Ausnahmetatbestand für Finanzdienstleistungen wenig relevant, da Voraussetzung für einen Vertragsschluss in einem automatisierten Geschäftsraum in der Regel eine Dienstleistungsvereinbarung zwischen Unternehmer und Verbrauch ist, so dass bei Folgevorgängen gemäß § 312b Abs. 4 Satz 1 BGB ohnehin kein Widerrufsrecht besteht und Informationspflichten nicht zu erfüllen sind.

III. Unterrichtung des Verbrauchers

8.50 Ist der Anwendungsbereich des Fernabsatzrechts eröffnet, treffen den Unternehmer Unterrichtungspflichten, die sich aus Art. 246 § 1 und 2 EGBGB (§ 312c BGB i. V.m. § 1 und 2 BGB-InfoV a. F.) ergeben. Diese Vorschriften enthalten Bestimmungen zum Zeitpunkt, der Art und Weise und zum Inhalt der dem Verbraucher zu erteilenden Informationen.

1. Zeitpunkt der Information

a) Vorvertragliche Informationserteilung

8.51 Beim Fernabsatz von Finanzdienstleistungen wird – anders als beim Fernabsatz von Waren und Dienstleistungen – nicht zwischen vorvertraglicher und nachvertraglicher Information unterschieden. Vielmehr ist der Verbraucher bereits **vorvertraglich in vollem Umfang** zu informieren. Dies ergibt sich aus Art. 246 § 1 Abs. 1 und § 2 Abs. 1 Nr. 1 EGBGB (§ 312c Abs. 1 und Abs. 2 Nr. 1 BGB a. F.). Danach hat der Unternehmer den Verbraucher zu informieren, „rechtzeitig, bevor dieser durch eine Vertragserklärung gebunden ist". Der Begriff „*Vertragserklärung*" umschreibt die auf den Abschluss eines Fernabsatzvertrages gerichtete Willenserklärung, gleichgültig, ob es sich um Angebot oder Annahme handelt.[89] Rechtzeitig ist die Information dann, wenn sie den

---

89) Begr. RegE z. einem Gesetz zur Änderung der Vorschriften über Fernabsatzverträge bei Finanzdienstleistungen, BT-Drucks. 15/2946, S. 20.

Verbraucher in die Lage versetzt, eine **wirtschaftlich selbstbestimmte Entscheidung über den Vertragsschluss** zu treffen.[90] Es ist deshalb zu vermeiden, den Verbraucher durch die Gestaltung einer Internetseite zu veranlassen, den Vertrag abzuschließen, ohne von den Informationen Kenntnis zu nehmen.[91] Die Information ist auch dann **nicht mehr rechtzeitig**, wenn der Unternehmer durch eine bewusst kurze Gültigkeitsdauer des Angebots den Verbraucher unter Druck setzt, um ihn zu einem übereilten Vertragsschluss zu bewegen.[92] Außerdem sollte die Information nicht unübersichtlich gestaltet sein oder automatisch mit dem Absenden der Vertragserklärung verknüpft werden. Grundsätzlich gilt außerdem, dass sich mit zunehmender Komplexität und finanziellem Risiko des Geschäfts der Zeitraum verlängert, der zwischen der Informationserteilung und dem Vertragsschluss liegen sollte.[93]

Lässt die Art der Finanzdienstleistung eine lange Zeit zwischen Angebot und Vertragsschluss nicht zu (z. B. bei volatilen Finanzinstrumenten), ist auch eine kurzfristige Information ausreichend, da die Verkürzung der Überlegungszeit des Verbrauchers nicht willkürlich durch den Anbieter herbeigeführt wird, sondern auf den Besonderheiten des Geschäfts beruht.[94] **8.52**

Im Rahmen des Internetvertriebs ist es sinnvoll, die **Informationserteilung losgelöst vom Vertragsschluss** zu gestalten oder den Verbraucher ausdrücklich auf die Informationen hinzuweisen und ihm die Möglichkeit zu geben, den Prozess des Vertragsschlusses zu unterbrechen, um von den Informationen Kenntnis zu nehmen.[95] Gibt der Unternehmer bereits ein konkretes Angebot zum Abschluss eines Vertrages i. S. d. §§ 145 ff. BGB ab, müssen dem Verbraucher in diesem Zusammenhang auch die Pflichtinformationen mitgeteilt werden. Handelt es sich dagegen lediglich um werbeähnliche Maßnahmen, mit denen das Interesse der Verbraucher an einem bestimmten Produkt geweckt, sie **8.53**

---

90) Vgl. Erwägungsgrund 21 FARL-FDL; Begr. RegE z. einem Gesetz zur Änderung der Vorschriften über Fernabsatzverträge bei Finanzdienstleistungen, BT-Drucks. 15/2946, S. 20; *Ring* in: AnwK-BGB, § 312c Rz. 12; *Härting*, Internetrecht, Rz. 438; *Härting/Schirmbacher*, CR 2005, 48, 49; *Rott*, BB 2005, 53, 55; *Meub*, DB 2002, 359, 361; *Mankowski*, CR 2001, 767, 770.

91) *Finke*, Fernabsatz v. Finanzdienstleistungen, § 4 Rz. 85.

92) *Ring* in: AnwK-BGB, § 312c Rz. 12; *Kriegner*, Fernabsatz-Richtlinie von Finanzdienstleistungen, S. 125 f.; *Micklitz/Reich*, Die FARL im deutschen Recht, Kap. 1 Nr. 48; *Fuchs*, ZIP 2002, 1273, 1277, der als Beispiel das blinkende Icon mit dem Wortlaut "*Dieses Angebot gilt nur noch 2 Minuten*" aufführt; *Mankowski*, CR 2001, 767, 770; *Kamanabrou*, WM 2000, 1417, 1422.

93) Begr. RegE z. einem Gesetz über Fernabsatzverträge und andere Fragen des Verbraucherrechts sowie zur Umstellung von Vorschriften auf Euro, BT-Drucks. 14/2658, S. 38; *Wilmer/Hahn*, Fernabsatzrecht, § 312c Rz. 8; *Finke*, Fernabsatz v. Finanzdienstleistungen, § 4 Rz. 84; *Reuter*, S. 200; *Kamanabrou*, WM 2000, 1417, 1422.

94) *Finke*, Fernabsatz v. Finanzdienstleistungen, § 4 Rz. 84.

95) *Schneider*, Fernabsatz v. Versicherungen, S. 266.

aber noch nicht zur Abgabe einer Willenserklärung aufgefordert werden sollen und mit einer solchen auch nicht zu rechnen ist, genügt der Hinweis, dass auf Nachfrage weitere Informationen zur Verfügung gestellt werden können.[96)]

8.54 In jedem Fall ist die Unterrichtung dann rechtzeitig erfolgt, wenn die Informationen in Werbeprospekten oder im Internet[97)] zur Verfügung gestellt werden, solange es der Verbraucher in der Hand hat, ob und wann er seine bindende Willenserklärung abgibt.[98)]

b) Informationserteilung unverzüglich nach Abschluss des Vertrags

8.55 Abweichend vom Regelfall der vorvertraglichen Informationserteilung genügt es nach Art. 246 § 2 Abs. 1 Nr. 1 Alt. 2 EGBGB (§ 312c Abs. 2 Nr. 1 Halbs. 2 BGB a. F.), dass die Information des Verbrauchers unverzüglich nach Vertragsschluss nachgeholt wird,

> „wenn auf Verlangen des Verbrauchers der Vertrag telefonisch oder unter Verwendung eines anderen Fernkommunikationsmittels geschlossen wird, das die Mitteilung in Textform vor Vertragsschluss nicht gestattet".

8.55a Dies hat allerdings zur Folge, dass die **Widerrufsfrist** erst an dem Tag zu laufen beginnt, an dem der Verbraucher die Informationen und die Vertragsbedingungen erhält, vgl. § 312d Abs. 2 BGB. Zusätzlich folgt aus § 355 Abs. 2 Satz 3 BGB (§ 355 Abs. 2 Satz 2 BGB a. F.), dass im Falle einer (wenn auch gesetzlich legitimierten) verspäteten Information die Widerrufsfrist statt 14 Tagen einen Monat beträgt.[99)]

8.56 Die Voraussetzungen für eine nachvertragliche Information des Verbrauchers liegen nach dem heutigen Stand der Technik lediglich dann vor, wenn der Vertrag telefonisch geschlossen wird. Allerdings ist denkbar, dass auch zukünftige Technologien die Voraussetzungen erfüllen. Bei telefonischen Vertragsschlüssen ist die Information des Verbrauchers **unverzüglich** nachzuholen. Für die nähere Bestimmung des Begriffs *„unverzüglich"* kann auf die Legaldefinition in § 121 BGB zurückgegriffen werden. Da der Informationsverpflichtete bei Vertragsschluss alle erforderlichen Informationen und Vertragsbedingungen kennt,

---

96) *Masuch/Koch*, Fernabsatz v. Finanzdienstleistungen, 2.1.2.

97) Die Präsentation im Internet ist allerdings in Bezug auf die Pflicht zur *„Mitteilung"* der Information gem. § 312c Abs. 2 BGB problematisch.

98) *Wendehorst* in: MünchKomm-BGB, § 312c Rz. 77; Staudinger-*Thüsing*, BGB, § 312c Rz. 20; *Ring* in: AnwK-BGB, § 312c Rz. 13; *Fuchs*, ZIP 2000, 1273, 1277; *Kamanabrou*, WM 2000, 1417, 1422; vgl. auch Begr. RegE z. einem Gesetz über Fernabsatzverträge und andere Fragen des Verbraucherrechts sowie zur Umstellung von Vorschriften auf Euro, BT-Drucks. 14/2658, S. 38.

99) Begr. RegE z. einem Gesetz zur Umsetzung der Verbraucherkreditrichtlinie, des zivilrechtlichen Teils der Zahlungsdiensterichtlinie sowie zur Neuordnung der Vorschriften über das Widerrufs- und Rückgaberecht, BT-Drucks. 16/11643, S. 104.

bedeutet *„unverzüglich“* in diesem Fall, dass dem Verbraucher die Unterlagen **sofort** nach Vertragsschluss zuzusenden sind.[100)]

c) Informationserteilung jederzeit während der Laufzeit des Vertrags

Zusätzlich zu der vorvertraglichen Unterrichtung kann der Verbraucher gemäß § 312c Abs. 3 BGB jederzeit während der Laufzeit des Vertrages die **Vertragsbestimmungen einschließlich der Allgemeinen Geschäftsbedingungen** in einer **Urkunde** verlangen. Kosten für die Übersendung sollen dem Verbraucher nicht entstehen.[101)] Der in § 312c Abs. 3 BGB verwendete Begriff der Urkunde knüpft zwar an § 126 BGB an, allerdings ist eine **Unterschrift nicht** erforderlich. Der Anspruch aus § 312c Abs. 3 BGB kann während der Laufzeit des Vertrages zwar zu einem beliebigen Zeitpunkt, aber **nur einmal** geltend gemacht werden. Stellt der Unternehmer dem Verbraucher die Vertragsbestimmungen einmal zur Verfügung, erlischt seine Verpflichtung gemäß § 312c Abs. 3 BGB i. S. v. § 362 Abs. 1 BGB.[102)] Nach Beendigung des Vertrages kann der Verbraucher die Information nicht mehr verlangen.[103)] **8.57**

2. Allgemeine Anforderungen an die Darbietung der Information

Art. 246 § 1 Abs. 1 EGBGB (§ 312c Abs. 1 BGB a. F.) regelt die allgemeinen Anforderungen an die Darbietung der Information. Danach müssen die Information in einer dem eingesetzten **Fernkommunikationsmittel entsprechenden** Weise **klar und verständlich** unter **Angabe des geschäftlichen Zwecks** zur Verfügung gestellt werden. **8.58**

Daraus ergibt sich, dass der geschäftliche Zweck der Information unmissverständlich zu erkennen sein muss.[104)] Geschäftliche Kommunikation unter dem Deckmantel einer Verbraucherumfrage ist daher nicht zulässig.[105)] Mit dieser Regelung soll **anonyme oder getarnte Werbung** verhindert werden.[106)] In diesem Zusammenhang ist allerdings zu beachten, dass die Regelungen des UWG **8.59**

---

100) Staudinger-*Thüsing*, BGB, § 312c Rz. 50; *Micklitz/Schirmbacher*, EUREDIA 2003, 457, 480.

101) RegE z. einem Gesetz zur Änderung der Vorschriften über Fernabsatzverträge bei Finanzdienstleistungen BT-Drucks. 15/2946, S. 22; Staudinger-*Thüsing*, BGB, § 312c Rz. 127; *Härting*, Internetrecht, Rz. 514.

102) Gegenäußerung der BReg, RegE z. einem Gesetz zur Änderung der Vorschriften über Fernabsatzverträge bei Finanzdienstleistungen, BT-Drucks. 15/2946, S. 37.

103) *Micklitz/Schirmbacher*, EUREDIA 2003, 457, 483.

104) *Wendehorst* in: MünchKomm-BGB, § 312c Rz. 16.

105) *Ring* in: AnwK-BGB, § 312c Rz. 25; *Wendehorst* in: MünchKomm-BGB, § 312c Rz. 13, die die Regelung für überflüssig hält, weil anonyme bzw. getarnte Telefonwerbung immer auch ein Verstoß gegen Vorschriften des UWG beinhaltet; Staudinger-*Thüsing*, BGB, § 312c Rz. 13; *Härting*, DB 2000, 2312, 2313.

106) *Wendehorst* in: MünchKomm-BGB, § 312c Rz. 13.

ein derartiges Vorgehen ohnehin nicht gestatten und entsprechend sanktionieren. Vielmehr ist Werbung gegenüber einem Verbraucher grundsätzlich von dessen **ausdrücklicher Einwilligung** abhängig, vgl. § 7 Nr. 2 und 3 UWG. Zudem verstößt eine **formularmäßig** erteilte Einwilligung des Verbrauchers gegen § 307 Abs. 1 Nr. 1 BGB und ist damit unwirksam.[107)] Lediglich die Werbung per **Briefpost** ist solange zulässig, wie der Verbraucher nicht widerspricht.[108)]

8.60 Außerdem ist das sog. **Transparenzgebot**[109)] zu beachten. Das heißt, die Informationen sind so zu gestalten, dass sie für den Durchschnittsverbraucher leicht verständlich sind und diesem eine informierte Entscheidung über den Vertragsschluss ermöglichen, **ohne** vorher **Rechtsrat** einholen zu müssen.[110)] Es sollte deshalb möglichst auf juristische Fachbegriffe verzichtet und nicht lediglich auf gesetzliche Vorschriften verwiesen werden.[111)] Zusätzlich ist der Verbraucher ausdrücklich auf die Informationen hinzuweisen. Dieser Hinweis muss so ausgestaltet sein, dass er vom Durchschnittsverbraucher auch bei flüchtiger Betrachtung bemerkt wird und klar erkennen lässt, welcher Art diese Informationen sind.[112)] Die Informationen selbst müssen übersichtlich und unmittelbar erkennbar sein. Zudem muss die Information vom Verbraucher so lange eingesehen werden können, wie er dies wünscht.[113)] Die Pflichtinformationen können in **Allgemeine Geschäftsbedingungen** aufgenommen werden. Allerdings sind sie dann drucktechnisch besonders hervorzuheben oder es muss auf andere Weise für ausreichend Transparenz gesorgt werden.[114)]

---

107) BGH, Urt. v. 16.7.2008 – VIII ZR 348/06, ZIP 2008, 1826 = WM 2008, 1941 ff. = WuB IV F § 4 BDSG 1.09 *(Haertlein/Thümmler)*; OLG Hamm, Beschl. v. 15.11.2007 – 4 U 23/07, VuR 2008, 54.

108) Begr. RegE z. einem Gesetz zur Änderung der Vorschriften über Fernabsatzverträge bei Finanzdienstleistungen, BT-Drucks. 15/2946, S. 15, 17; BGH, Urt. v. 16.2.1973 – I ZR 160/71, NJW 1973, 1119; BGH, Urt. v. 20.12.1988 – VI ZR 182/88, NJW 1989, 902 ff.

109) *Wendehorst* in: MünchKomm-BGB, § 312c Rz. 85; Staudinger-*Thüsing*, BGB, § 312c Rz. 27.

110) BGH, Urt. v. 9.5.2001 – IV ZR 121/00, NJW 2001, 2014, 2016; BGH, Urt. v. 24.3.1999 – IV ZR 90/98, NJW 1999, 2279, 2280; BGH, Urt. v. 19.10.1999 – XI ZR 8/99, ZIP 2000, 16 = NJW 2000, 651, 652; *Wendehorst* in: MünchKomm-BGB, § 312c Rz. 85; Staudinger-*Thüsing*, BGB, § 312c Rz. 28; *Finke*, Fernabsatz v. Finanzdienstleistungen, § 4 Rz. 77; *Härting*, Internetrecht, Rz. 458; *Härting*, CR 2000, 691, 693; *Aigner/Hofmann*, MMR-Beilage 8/2001, S. 30, 32.

111) *Wendehorst* in: MünchKomm-BGB, § 312c Rz. 37; *Härting*, FernAbsG, § 2 Rz. 69; *Härting*, Internetrecht, Rz. 458; *Finke*, Fernabsatz v. Finanzdienstleistungen, § 4 Rz. 77.

112) *Wendehorst* in: MünchKomm-BGB, § 312c Rz. 30; *Mankowski*, CR 2001, 767, 771.

113) *Härting*, Internetrecht, Rz. 448.

114) *Lütcke*, Fernabsatz, § 312c Rz. 59; *Wendehorst* in: MünchKomm-BGB, § 312c Rz. 38; *Finke*, Fernabsatz v. Finanzdienstleistungen, § 4 Rz. 77; *Reich/Micklitz*, Europäisches Verbraucherrecht, § 15 Rz. 23; *Nocke*, FLF 2005, 73, 77; *Aigner/Hofmann*, MMR-Beilage 8/2001, S. 30, 33; *Fuchs*, ZIP 2000, 1273, 1278; *Härting/Schirmbacher*, MDR 2000, 917, 920; *Härting*, CR 2000, 691, 693; *Roth*, JZ 2000, 1013, 1016; *Micklitz*, ZEuP 1999, 875, 881; *Gößmann*, MMR 1998, 88, 91; mit Bedenken *Micklitz/Reich*, Die FARL im deutschen Recht, Kap. 1 Nr. 47.

Schließlich ist die Information in einer dem genutzten Fernkommunikationsmittel angepassten Weise zu erteilen. Diese Anforderung wird zum Teil auch als **Mediengerechtheit** bezeichnet.[115] Die jeweils zu erfüllenden Anforderungen ergeben sich aus den technischen Möglichkeiten des betreffenden Kommunikationsmittels. Das bedeutet, dass an die Präsentation der Informationen im Internet strengere Anforderungen gestellt werden, als beispielsweise an die Information am Telefon.[116] Auf Internetseiten kann der Verbraucher über einen deutlichen Link zu den Informationen geführt werden. Die Nutzung solcher Links wird für den Aufbau von Webseiten regelmäßig verwendet und ist jedem Internetnutzer bekannt.[117] Allerdings muss sich aus dem Link ohne weiteres ergeben, welche Art von Informationen sich auf der verlinkten Seite befinden.[118] Nicht produktspezifische Informationen können zusammengefasst und von einer allgemeinen Stelle aus abrufbar gemacht werden. Produktspezifische Informationen, wie die Beschreibung der einzelnen Dienstleistungen und der Preis, sollten sich unmittelbar bei der Produktpräsentation befinden.[119] Nicht zulässig ist es, wenn sich der Verbraucher die Informationen durch eine Vielzahl von Querverweisen zusammensuchen muss.[120] 8.61

3. Form der vorvertraglichen Informationserteilung

Zwar wird bei der Unterrichtung des Verbrauchers nicht nach vorvertraglich und nachvertraglich zu erteilenden Informationen unterschieden, dafür findet die Informationserteilung im Fernabsatz von Finanzdienstleistungen auf zwei **formell verschiedenen Stufen** statt. 8.62

a) Formfreie Information gemäß Art. 246 § 1 Abs. 1 EGBGB (§ 312c Abs. 1 BGB a. F.)

Auf der ersten Stufe steht die formfreie Information des Verbrauchers gemäß Art. 246 § 1 Abs. 1 EGBGB (§ 312c Abs. 1 BGB a. F.). Danach ist die Information dem Verbraucher lediglich rechtzeitig vor Abgabe seiner Vertragserklärung **zur Verfügung zu stellen.** Neben den allgemeinen Anforderungen an die Darbietung der Information stellt Art. 246 § 1 Abs. 1 EGBGB (§ 312c Abs. 1 8.63

115) *Härting*, Internetrecht, Rz. 444; *Micklitz/Schirmbacher*, EUREDIA 2003, 457, 465; *Hoenike/Hülsdunk*, MMR 2002, 415, 417.

116) *Finke*, Fernabsatz v. Finanzdienstleistungen, § 4 Rz. 78.

117) *Lütcke*, Fernabsatzrecht, § 312c Rz. 65; *Wendehorst* in: MünchKomm-BGB, § 312c Rz. 34; Staudinger-*Thüsing*, BGB, § 312c Rz. 22; *Härting*, Internetrecht, Rz. 445; *Steins*, WM 2002, 53, 56; *Mankowski*, CR 2001, 767, 770; *Fuchs*, ZIP 2000, 1273, 1277; *Kamanabrou*, WM 2000, 1417, 1422; a. A. OLG Frankfurt, Urt. v. 17.4.2001 – 6 W 37/01, CR 2001, 782 f. mit Anm. *Vehslage*, MMR 2001, 529.

118) *Härting*, Internetrecht, Rz. 445; *Aigner/Hofmann*, MMR Beilage 8/2001, S. 30, 33.

119) *Härting*, Internetrecht, Rz. 446.

120) *Härting*, Internetrecht, Rz. 449.

BGB a. F.) **keine weiteren Anforderungen an die Form** der Informationserteilung. Im Rahmen von Art. 246 § 1 Abs. 1 EGBGB (§ 312c Abs. 1 BGB a. F.) ist entscheidend, dass der Verbraucher auf die Information zugreifen kann. Der Finanzdienstleister muss die Information deshalb mindestens **zum Abruf bereithalten**. Dafür ist es ausreichend, die Informationen über das gewählte Medium zur Verfügung zu stellen, z. B. dadurch, dass der Anbieter sie ins Internet einstellt oder einen Faxabruf ermöglicht.[121)]

b) Formgebundene Information gemäß Art. 246 § 2 Abs. 1 EGBGB (§ 312c Abs. 2 Nr. 1 BGB a. F.)

8.64 Auf dieser Stufe sind dem Verbraucher neben den **Pflichtinformationen** aus Art. 246 § 1 Abs. 1 und 2 EGBGB (§ 1 Abs. 1 und 2 BGB-InfoV a. F.) **alle Vertragsbedingungen mitzuteilen.**[122)] Zusätzlich schreibt der Gesetzgeber vor, dass die Informationen in der von § 126b BGB näher geregelten **Textform** zu übermitteln sind.[123)]

8.64a Aus § 126b BGB ergibt sich, dass für die Textform

> „die Erklärung in einer Urkunde oder auf andere zur dauerhaften Wiedergabe in Schriftzeichen geeigneten Weise abgegeben, die Person des Erklärenden genannt und der Abschluss der Erklärung durch Nachbildung der Namensunterschrift oder anders erkennbar gemacht werden"

muss.

8.65 Der Textform entsprechen damit sowohl **Erklärungen auf Papier** ohne Unterschrift als auch **elektronische Dokumente** ohne elektronische Signatur.[124)] Außerdem ist der Textform genüge getan, wenn die Informationen auf **Diskette, CD-ROM oder DVD per Post** versendet werden. Gleiches gilt für **E-Mails**, die an den Verbraucher geschickt und auf der Festplatte des Computers gespeichert werden.[125)] Dabei sollte darauf geachtet werden, dass gängige Dateiformate verwendet werden,[126)] bzw. der Verbraucher die Art des Datenträgers und

---

121) *Wendehorst* in: MünchKomm-BGB, § 312c Rz. 95; *Härting*, Internetrecht, Rz. 438; *Rott*, BB 2005, 53, 55.

122) Begr. RegE z. einem Gesetz zur Änderung der Vorschriften über Fernabsatzverträge bei Finanzdienstleistungen, BT-Drucks. 15/2946, S. 21; Staudinger-*Thüsing*, BGB, § 312c Rz. 75.

123) Vgl. allgemein zur Textform: *Hähnchen*, NJW 2001, 2831, 2832.

124) Staudinger-*Hertel*, BGB, § 126b Rz. 1.

125) Grabitz/Hilf-*Micklitz*, EU-Recht, Bd. 3, A 3 Rz. 60; *Micklitz/Reich*, Die FARL im deutschen Recht, Kap. 1 Nr. 51; *Micklitz/Schirmbacher*, EUREDIA 2003, 457, 484; *Micklitz/Ebers*, VersR 2002, 641, 659; *Riehm*, JURA 2000, 505, 508.

126) *Fuchs*, ZIP 2000, 1273, 1279, der es auch schon ausreichen lässt, wenn sich der Anbieter eines gängigen, am Markt verbreiteten Mediums oder Programms bedient, den Verbraucher darüber informiert und zusätzlich Informationen in Papierform zur Verfügung stellt.

das entsprechende Dateiformat wählen kann.[127)] Auf dieser Stufe ist es **nicht ausreichend**, die Informationen lediglich zum Abruf auf der Internetseite des Unternehmers bereitzustellen, da es dabei an der dauerhaften Wiedergabe fehlt.[128)]

Darüber hinaus verlangt Art. 246 § 2 Abs. 1 EGBGB (§ 312c Abs. 2 BGB a. F.), dass die Informationen dem Verbraucher **mitgeteilt** werden. Das heißt, dass der Unternehmer aktiv dafür Sorge zu tragen hat, dass die Informationen dem Verbraucher i. S. v. § 130 Abs. 1 Satz 1 BGB auch tatsächlich **zugehen.**[129)] Dementsprechend kann vom Verbraucher nicht verlangt werden, dass er selbst aktiv wird, um in den Besitz der Verbraucherinformation zu gelangen.[130)] Die reine Möglichkeit des Herunterladens der Information stellt deshalb keine Mitteilung i. S. v. Art. 246 § 2 Abs. 1 EGBGB (§ 312c Abs. 2 BGB a. F.) dar, da die Last der Informationsverschaffung einseitig beim Verbraucher liegt[131)] An diesem Ergebnis ändert sich auch nichts, wenn der Unternehmer sich vom Verbraucher bestätigen lässt, dass dieser die Informationen heruntergeladen hat.[132)] Eine Mitteilung der Information liegt aber dann vor, wenn der Finanzdienstleister im E-Commerce das Vertragsabschlussprogramm so gestaltet, dass alle relevanten Informationen vor Abgabe der Vertragserklärung des Ver- **8.66**

127) Begr. RegE z. einem Gesetz über Fernabsatzverträge und andere Fragen des Verbraucherrechts sowie zur Umstellung von Vorschriften auf Euro, BT-Drucks. 14/2658, S. 41; *Ring* in: AnwK-BGB, § 312c Rz. 60; Staudinger-*Thüsing*, BGB, § 312c Rz. 40; *Finke*, § 4 Rz. 103 ff.; *Fuchs*, ZIP 2000, 1273, 1279; ähnlich *Wendehorst* in: MünchKomm-BGB, § 312c Rz. 93.

128) LG Kleve, Urt. v. 22.11.2002 – 5 S 90/02, MMR 2003, 424, 425; *Reuter*, Fernabsatz, S. 202; *Härting/Schirmbacher*, CR 2005, 48, 51; *Günther*, ITRB 2002, 9, 11 f.; *Härting*, MDR 2002, 61, 64; *Horn*, MMR 2002, 209, 212; *Micklitz/Ebers*, VersR 2002, 641, 658; *Mankowski*, CR 2001, 30, 33; *Mankowski*, CR 2001, 404 ff.; *Ulmer*, ITRB 2001, 140, 141; a. A. OLG München, Urt. v. 25.1.2001 – 29 U 4113/00, ZIP 2001, 520 = NJW 2001, 2263 = CR 2001, 401 mit Anm. *Mankowski*; *Steins*, WM 2002, 53, 59; *Gaertner/Gierschmann*, DB 2000, 1601, 1602; *Waldenberger*, K&R 1999, 345, 348.

129) RegE z. einem Gesetz über Fernabsatzverträge und andere Fragen des Verbraucherrechts sowie zur Umstellung von Vorschriften auf Euro, BT-Drucks. 14/2658, S. 40; *Micklitz* in: HK-VertriebsR, § 312c Rz. 57; *Wendehorst* in: MünchKomm-BGB, § 312c Rz. 112; *Mohrhauser*, Fernabsatz v. Finanzdienstleistungen, S. 86; *Nocke*, FLF 2005, 73, 77; *Kocher*, DB 2004, 2679, 2682; *Micklitz/Ebers*, VersR 2002, 641, 659.

130) *Micklitz/Ebers*, VersR 2002, 641, 659.

131) Begr. RegE z. einem Gesetz über Fernabsatzverträge und andere Fragen des Verbraucherrechts sowie zur Umstellung von Vorschriften auf Euro, BT-Drucks. 14/2658, S. 40 f.; *Ring* in: AnwK-BGB, § 312c Rz. 52; *Micklitz/Schirmbacher*, EUREDIA 2003, 457, 484; *Härting*, MDR 2002, 61, 64; *Fuchs*, ZIP 2000, 1273, 1279; ähnlich: *Micklitz/Ebers*, VersR 2002, 641, 658; *Roth*, JZ 2000, 1013, 1017; anders: *Gaertner/Gierschmann*, DB 2000, 1601 ff.; *Riesenhuber*, WM 1999, 1441, 1449; die Problematik eher bei der Beweislast ansiedelnd: *Bülow/Artz*, NJW 2000, 2049, 2055 und *Kamanabrou*, WM 2000, 1417, 1423.

132) *Finke*, Fernabsatz v. Finanzdienstleistungen, § 4 Rz. 95; so aber *Gaertner/Gierschmann*, DB 2000, 1601, 1602.

brauchers **automatisch** auf der Festplatte des Verbrauchers oder auf einem anderen dauerhaften Datenträger gespeichert werden.[133]

Letztlich bleibt die für den Unternehmer einfachste und sicherste Art, den Verbraucher ordnungsgemäß zu informieren, ihm die Information auf Papier zukommen zu lassen.[134]

8.67 Aus den unterschiedlichen formellen Anforderungen an die Informationserteilung folgt **nicht**, dass der Verbraucher **doppelt zu informieren** ist. Vielmehr werden die formfreie Vorabinformation und die Mitteilung der Information in Textform in der Regel **zusammenfallen**, weil die Informationen in beiden Fällen vorvertraglich zu erteilen und inhaltlich identisch sind.[135]

4. Inhalt der Informationen

8.68 Konkrete Angaben zu den Informationen, die dem Verbraucher mitzuteilen sind, finden sich in Art. 246 § 1 EGBGB (§ 1 BGB-InfoV a. F.). Diese Vorschrift unterscheidet zwischen Informationen, die bei jedem Fernabsatzgeschäft zu erteilen sind (Abs. 1) und solchen Informationspflichten, die lediglich beim Fernabsatz von Finanzdienstleistungen zu erfüllen sind (Abs. 2). Die FARL-FDL dagegen untergliedert die Informationspflichten in solche betreffend den Anbieter, die Finanzdienstleistung, den Fernabsatzvertrag und Rechtsbehelfe. Der deutsche Gesetzgeber hat diese Gliederung nicht übernommen, trotzdem wird in der Praxis teilweise darauf zurückgegriffen.

8.69 **Art. 246 § 1 Abs. 1 EGBGB (§ 1 Abs. 1 BGB-InfoV a. F.) verlangt:**

- In **Nummer 1**, dass der Unternehmer seine **Identität** und das **öffentliche Unternehmensregister**, bei dem der Rechtsträger eingetragen ist, und die zugehörige Registernummer oder gleichwertige Kennung angibt.

8.70
- In **Nummer 2** Angaben über die **Identität eines Vertreters** des Unternehmers in dem Mitgliedstaat, in dem der Verbraucher seinen Wohnsitz hat, wenn es einen solchen Vertreter gibt, oder die Identität einer anderen gewerblich tätigen Person als dem Anbieter, wenn der Verbraucher mit dieser geschäftlich zu tun hat, und die Eigenschaft, in der diese Person gegenüber dem Verbraucher tätig wird.

  In Betracht kommen vor allem die Niederlassung, die für die Betreuung des entsprechenden Kunden in dessen Mitgliedstaat zuständig ist, aber auch jede andere Person, die mit dem Verbraucher in irgendeinem Vertragsstadium geschäftlich in Kontakt tritt, wie z. B. ein Vermittler. Um die Informa-

---

133) *Ulmer* in: MünchKomm-BGB, 4. Aufl. 2001, § 361a Rz. 103; *Schneider*, Vertrieb v. Versicherungen, S. 263; ähnlich *Fuchs*, ZIP 2000, 1273, 1279; *Härting*, K&R 2001, 310, 312.

134) Die meisten Finanzdienstleister haben sich für diese Variante entschieden.

135) Begr. RegE z. einem Gesetz zur Änderung der Vorschriften über Fernabsatzverträge bei Finanzdienstleistungen, BT-Drucks. 15/2946, S. 25.

tionspflicht aber nicht unnötig auszudehnen, sollte der Begriff der *„anderen gewerblich tätigen Person"* auf solche Personen beschränkt bleiben, die nicht dem Unternehmen selbst angehören und im eigenen Namen gegenüber dem Verbraucher auftreten.[136)]

- In **Nummer 3** die Angabe der **ladungsfähigen Anschrift** des Unternehmers und jeder anderen Anschrift, die für die Geschäftsbeziehung zwischen diesem, seinem Vertreter oder einer anderen gewerblich tätigen Person gemäß Nummer 2 und dem Verbraucher maßgeblich ist; bei juristischen Personen, Personenvereinigungen oder Personengruppen auch den Namen eines Vertretungsberechtigten. 8.71

  Mit *„ladungsfähiger Anschrift"* ist die **geographische Anschrift** gemeint.[137)] Die Angabe eines Postfachs ist nicht ausreichend.[138)] Zum Teil wird außerdem die Auffassung vertreten, der Unternehmer sei über den Wortlaut der Vorschrift hinaus aus Treu und Glauben (§ 242 BGB) dazu verpflichtet, Telefon- und Faxnummern bzw. E-Mail- und Internetadressen anzugeben, wenn er sich dieser Kommunikationsmittel bedient.[139)] Für den E-Commerce ergibt sich diese Verpflichtung bereits aus § 5 Abs. 1 Nr. 2 Telemediengesetz (TMG).[140)]

- In **Nummer 4** Informationen über die **wesentlichen Merkmale** der Ware oder Dienstleistung sowie Informationen darüber, wie der Vertrag zustande kommt. Die Information soll den Verbraucher in die Lage versetzen, das Leistungsangebot für die Zwecke des konkreten Vertragsschlusses zu bewerten und mit anderen Angeboten vergleichen zu können.[141)] Aufzuklären 8.72

---

136) *Masuch/Koch*, Fernabsatz v. Finanzdienstleistungen, 2.3.1.2; danach müsste z. B. die Identität eines Call-Centers nicht offen zulegen sein, sofern dieses nicht eigenständig auftritt.

137) BVerwG, Urt. v. 13.4.1999 – 1 C 24-97, NJW 1999, 2608, 2609 f.; Bamberger/Roth-*Schmidt-Räntsch*, BGB, § 1 BGB-InfoV Rz. 10; Baumbach/Lauterbach/Albers-*Hartmann*, ZPO, § 182 Rz. 11; *Wendehorst* in: MünchKomm-BGB, § 312c Rz. 20; Staudinger-*Thüsing*, BGB, Art. 240 EGBGB Rz. 8; *Wilmer/Hahn*, Fernabsatzrecht, § 1 InfPflV Rz. 8; Zöller-*Stöber*, ZPO, § 182 Rz. 11; *Härting*, Internetrecht, Rz. 465; *Micklitz/Schirmbacher*, EUREDIA, 2003, 457, 467.

138) OLG Hamburg, Urt. v. 27.3.2003 – 5 U 113/02, NJW 2004, 1114, 115, NJW 2004, 1114, 1115; *Lütcke*, Fernabsatzrecht, § 312c Rz. 13; *Wendehorst* in: MünchKomm-BGB, § 312c Rz. 20; Staudinger-*Thüsing*, BGB, § 312c Rz. 59; eine anderslautende Entscheidung des BGH (Urt. v. 11.4.2002 – I ZR 306/99, NJW 2002, 2391) betraf § 355 Abs. 2 BGB a. F. und lässt daher keine Rückschlüsse auf Art. 246 § 1 Abs. 1 Nr. 3 EGBGB zu.

139) *Wendehorst* in: MünchKomm-BGB, § 312c Rz. 20; Staudinger-*Thüsing*, BGB, Art. 240 EGBGB Rz. 8; *Masuch/Koch*, Fernabsatz v. Finanzdienstleistungen, 2.3.1.3 halten die Angabe jedenfalls für sinnvoll.

140) Das am 1.3.2007 in Kraft getretene Telemediengesetz hat das vorher für die Nutzung von Telediensten geltende Teledienstegesetz (TDG) abgelöst.

141) Begr. RegE z. einem Gesetz über Fernabsatzverträge und andere Fragen des Verbraucherrechts sowie zur Umstellung von Vorschriften auf Euro, BT-Drucks. 14/2658, S. 38; *Wendehorst* in: MünchKomm-BGB, § 312c Rz. 22.

ist folglich über alle **wesentlichen Produktmerkmale**, zu denen alle Eigenschaften gehören, die das Produkt charakterisieren.[142] Welche Informationen aber letztlich konkret umfasst sind, ist eine Frage des Einzelfalls, wobei die Gepflogenheiten der entsprechenden Branche eine entscheidende Rolle spielen.[143]

8.73 • In **Nummer 5**, dass der Verbraucher über die **Mindestlaufzeit des Vertrags** informiert wird, wenn dieser eine dauernde oder regelmäßig wiederkehrende Leistung zum Inhalt hat.

8.74 • In **Nummer 6** Angaben über einen **Vorbehalt**, eine in Qualität und Preis gleichwertige Leistung zu erbringen und über einen Vorbehalt, die versprochene Leistung im Fall ihrer Nichtverfügbarkeit nicht zu erbringen.

8.75 • In **Nummer 7** Angaben über den **Gesamtpreis** der Finanzdienstleistung einschließlich aller damit verbundenen Preisbestandteile sowie aller über den Unternehmer abgeführten Steuern, oder, wenn kein genauer Preis angegeben werden kann, seine **Berechnungsgrundlage**, die dem Verbraucher eine Überprüfung des Preises ermöglicht.

Wird die Berechnungsgrundlage angegeben, sind die entsprechenden Formeln offen zu legen und zwar so, dass der Verbraucher sie auch nachvollziehen kann. Entscheidend ist, dass der Verbraucher aus objektiven Kriterien den Gesamtpreis errechnen kann, den er für die Inanspruchnahme der Finanzdienstleistung zu zahlen hat.[144] Die verwendeten Zeichen und Begriffe sind vom Unternehmer folglich klar und verständlich zu erläutern.

Wichtig ist zudem, dass der für die Finanzdienstleistung maßgebliche Preis möglichst **konkret** benannt wird. Ein Verweis auf das Preis- und Leistungsverzeichnis reicht nur dann aus, wenn auf den für den einzelnen Vertrag geltenden Preis konkret hingewiesen wird.[145] Zu beachten ist weiterhin, dass Art. 246 § 1 Abs. 1 Nr. 7 EGBGB (§ 1 Abs. 1 Nr. 7 BGB-InfoV a. F.)

---

142) Staudinger-*Thüsing*, BGB, § 312c Rz. 62.

143) *Härting*, FernAbsG, § 2 Rz. 83 ff.; *Wilmer/Hahn*, Fernabsatzrecht, § 1 InfPflV Rz. 9; *Wendehorst* in: MünchKomm-BGB, § 312c Rz. 22; Staudinger-*Thüsing*, BGB, Art. 240 EGBGB Rz. 9.

144) *Härting/Schirmbacher*, CR 2005, 48, 50; *Micklitz/Schirmbacher*, EUREDIA 2003, 457, 470.

145) *Masuch/Koch*, Fernabsatz v. Finanzdienstleistungen, 2.3.1.7. Viele Finanzdienstleister belassen es allerdings bei einem einfachen Verweis auf das Preis- und Leistungsverzeichnis, vgl. Cortal Consors unter: www.cortalconsors.de, Fernabsatzinformationen i. R. d. Antragsformulars abrufbar (letzter Aufruf am 5.5.2010).

die Preisangabenverordnung (PAngVO) unberührt lässt und nur ergänzend daneben tritt.[146)]

- In **Nummer 8** ggf. einen Hinweis auf **zusätzlich anfallende Liefer- und Versandkosten** sowie auf mögliche **weitere Steuern oder Kosten**, die **nicht** über den Unternehmer abgeführt oder von ihm in Rechnung gestellt werden. 8.76

  Da nach dieser Informationspflicht auf Steuern und Kosten hinzuweisen ist, die den Unternehmer nicht selbst betreffen, ist die Vorschrift restriktiv auszulegen und auf solche Steuern und Kosten zu beschränken, die sich unmittelbar aus dem Abschluss des Finanzdienstleistungsvertrages ergeben.[147)] Da die seit 1. Januar 2009 geltende Abgeltungsteuer für Kapitalerträge[148)] direkt vom Anbieter an das Finanzamt abgeführt wird, fällt diese Steuer nicht unter Art. 246 § 1 Abs. 1 Nr. 8 EGBGB (§ 1 Abs. 1 Nr. 8 BGB-InfoV a. F.)[149)]

- In **Nummer 9** Informationen über die Einzelheiten hinsichtlich der Zahlung und der Lieferung oder Erfüllung. 8.77

  An dieser Stelle sind z. B. Angaben zu einem eventuellen Zahlungsziel und zu den Zahlungsmodalitäten zu machen.[150)] Der Unternehmer muss zudem mitteilen, auf welches Konto die Zahlungen des Verbrauchers zu erfolgen haben und zu welchem Zeitpunkt.[151)] Nicht aufzuklären ist über die Folgen einer verspäteten Leistung oder einer Nichtleistung.[152)] Einzelheiten zur

146) Begr. RegE z. einem Gesetz über Fernabsatzverträge und andere Fragen des Verbraucherrechts sowie zur Umstellung von Vorschriften auf Euro, BT-Drucks. 14/2658, S. 39; *Micklitz* in: HK-VertriebsR, § 312c Rz. 87; Staudinger-*Thüsing*, BGB, Art. 240 EGBGB Rz. 15; *Wendehorst* in: MünchKomm-BGB, § 312c Rz. 35, die allerdings der Ansicht ist, dass die vorvertraglichen Informationspflicht grundsätzlich mit den Anforderungen der Preisangabenverordnung identisch ist; ebenso *Härting*, FernAbsG, § 2 Rz. 118, der die Regelung deshalb für überflüssig hält; *Kocher*, DB 2004, 2679, 2681.

147) *Micklitz/Schirmbacher*, EUREDIA 2003, 457, 471, die sonst befürchten, dass diese Informationspflicht einer Steuerberatung gleich kommt.

148) Vgl. § 20 Einkommensteuergesetz (EStG).

149) Vorher waren Kapitalerträge in Bezug auf die Einkommensteuer veranlagungspflichtig. Da die Einkommensteuer vom Verbraucher abzuführen ist, musste der Anbieter auf diese Steuer hinweisen.

150) *Micklitz* in: HK-VertriebsR, § 312c Rz. 92; *Lütcke*, Fernabsatz, § 312c Rz. 40; *Wendehorst* in: MünchKomm-BGB, § 312c Rz. 37; *Wilmer/Hahn*, Fernabsatzrecht, § 1 InfPflV Rz. 14; *Finke*, Fernabsatzvertrag v. Finanzdienstleistungen, § 4 Rz. 57; *Masuch/Koch*, Fernabsatzvertrag v. Finanzdienstleistungen, 2.3.1.9; *Micklitz/Schirmbacher*, EUREDIA 2003, 457, 472.

151) *Micklitz* in: HK-VertriebsR, § 312c Rz. 92; Staudinger-*Thüsing*, BGB, Art. 240 EGBGB Rz. 17.

152) *Härting*, FernAbsG, § 2 Rn 127; *Lütcke*, Fernabsatz, § 312c Rz. 42; *Wendehorst* in: MünchKomm-BGB, § 312c Rz. 37; Staudinger-*Thüsing*, BGB, Art. 240 EGBGB Rz. 17; *Finke*, Fernabsatzvertrag v. Finanzdienstleistungen, § 4 Rz. 58.

Erfüllung sind z. B. Angaben über den Zeitpunkt oder Zeitraum der Leistung des Anbieters und den Ort der Leistungserbringung.[153)]

8.78 • In **Nummer 10** einen Hinweis auf das **Bestehen oder Nichtbestehen eines Widerrufs- oder Rückgaberechts** sowie auf die **Bedingungen, Einzelheiten der Ausübung**, insbesondere den Namen und die Anschrift desjenigen, gegenüber dem der Widerruf zu erklären ist, und die Rechtsfolgen des Widerrufs oder der Rückgabe einschließlich Informationen über den Betrag, den der Verbraucher im Fall des Widerrufs oder der Rückgabe gemäß § 357 Abs. 1 BGB für die erbrachte Dienstleistung zu zahlen hat (**Widerrufsbelehrung**).

Neu ist, dass der Verbraucher nun auch im Falle des **Nichtbestehens** eines Widerrufsrechts zu belehren ist. Zu den Angaben über die Bedingungen des Widerrufs gehört eine deutliche Information über den **Beginn**, die **Dauer** und die **Berechnung der Widerrufsfrist** sowie darüber, dass zur Wahrung der Widerrufsfrist die rechtzeitige Absendung der Widerrufserklärung genügt, vgl. § 355 Abs. 1 Satz 2 Halbs. 2 BGB.[154)] Zu den Einzelheiten der Ausübung gehört, dass der Widerruf in **Textform** zu erklären ist und **keiner Begründung** bedarf, vgl. § 355 Abs. 1 Satz 2 Halbs. 1 BGB.[155)] Zusätzlich ist der Verbraucher über die **Folgen des Widerrufs** zu belehren.

Für den Unternehmer von großer Bedeutung ist der Hinweis auf den **Betrag**, den der Verbraucher ggf. zu entrichten hat, wenn er von seinem Widerrufsrecht Gebrauch macht und der Unternehmer bereits mit der Ausführung der Dienstleistung begonnen hat. Die Information über den zu zahlenden Betrag ist Voraussetzung dafür, dass der Unternehmer im Falle eines Widerrufs des Verbrauchers Wertersatz für die vom Unternehmer erbrachte Dienstleistung leisten muss, vgl. § 312d Abs. 6 BGB (dazu unten Rz. 8.126 ff.).

Die Erfüllung der umfangreichen Belehrungspflicht aus Art. 246 § 1 Abs. 1 Nr. 10 EGBGB (§ 1 Abs. 1 Nr. 10 BGB-InfoV a. F.) sollte den Anbietern von Finanzdienstleistungen bisher durch eine in Anlage 2 der BGB-InfoV zu findende **Musterbelehrung** erleichtert werden, vgl. § 1 Abs. 4 Satz 2 BGB-InfoV a. F.[156)] Die sich aus dem **Verordnungsrang** des Belehrungsmusters ergebende **Rechtsunsicherheit** wurde i. R. d. Gesetzes zur Umsetzung der Verbraucherkreditrichtlinie, des zivilrechtlichen Teils der Zahlungsdiensterichtlinie sowie zur Neuordnung der Vorschriften über das

153) *Lütcke*, Fernabsatz, § 312c Rz. 41; *Wendehorst* in: MünchKomm-BGB, § 312c Rz. 38.

154) *Wendehorst* in: MünchKomm-BGB, § 312c Rz. 41.

155) *Wendehorst* in: MünchKomm-BGB, § 312c Rz. 41.

156) Begr. RegE z. einem Gesetz zur Änderung der Vorschriften über Fernabsatzverträge bei Finanzdienstleistungen, BT-Drucks. 15/2946, S. 26.

Widerrufs- und Rückgaberechts[157] dadurch aufgehoben, dass das Belehrungsmuster mit **Gesetzesrang** ausgestattet wurde.[158] Das neue Belehrungsmuster ist in **Anlage 1 zu Art. 246 EGBGB** zu finden, vgl. Art. 246 § 2 Abs. 3 EGBGB. Da die Musterbelehrung mit der Verankerung im EGBGB den Rang eines formellen Gesetzes hat, soll es Gerichten verwehrt sein, das Muster als unwirksam zu verwerfen. Aus dem neuen § 360 Abs. 3 BGB ergibt sich deshalb, dass die Widerrufsbelehrung ordnungsgemäß ist, wenn das Muster der Anlage 1 zu Art. 246 § 2 Abs. 3 Satz 1 EGBGB in Textform verwendet wird. Die Unternehmer dürfen in den Grenzen des Gebotes deutlicher Gestaltung in **Format und Schriftgröße von den Mustern abweichen** und **Zusätze für die Firma** oder eine **Unternehmenskennzeichnung** anbringen. Andere Abweichungen führen zur Zerstörung der **Gesetzlichkeitsfiktion.**[159] Die Gesetzlichkeitsfiktion gilt allerdings nur insoweit, als das Muster nicht europäischen Vorgaben zuwider läuft.[160] Abweichungen des Musters von höherrangigem Richtlinienrecht können für die Unternehmer deshalb weiterhin problematisch sein.

- In **Nummer 11** einen Hinweis auf alle spezifischen **zusätzlichen Kosten,** die der Verbraucher für die Benutzung des Fernkommunikationsmittels zu tragen hat, wenn solche zusätzlichen Kosten durch den Unternehmer in Rechnung gestellt werden. 8.79

  Hiermit sind Kosten gemeint, die entstehen, wenn die Informationen über eine kostenpflichtige Telefon- oder Faxnummer übermittelt werden.[161] Allerdings kann es nicht darauf ankommen, ob der Unternehmer die Kosten selbst in Rechnung stellt oder ein Dritter, wenn die Kosten zumindest teilweise direkt oder indirekt an den Unternehmer abgeführt werden, um einen zusätzlichen Service abzugelten. Da sich diese Einschränkung des deutschen Rechts in der FARL-FDL nicht wiederfindet, ist das Gesetz an dieser Stelle im Wege der **richtlinienkonformen Auslegung** zu korrigieren.[162] Im Ergebnis müssen deshalb auch solche Kosten angegeben werden, die durch einen Dritten in Rechnung gestellt werden, aber – wenn auch nur teilweise – an den Unternehmer abgeführt werden.

---

157) BGBl. I 2009, S. 2355 ff.

158) Begr. RegE z. einem Gesetz zur Umsetzung der Verbraucherkreditrichtlinie, des zivilrechtlichen Teils der Zahlungsdiensterichtlinie sowie zur Neuordnung der Vorschriften über das Widerrufs- und Rückgaberecht, BT-Drucks. 16/11643, S. 109 f.

159) Unwirksam ist die Belehrung indes nur dann, wenn die Abweichung nicht der geltenden Gesetzeslage entspricht, anders *Rösler/Werner*, BKR 2009, 1, 4.

160) Die nach aktueller Rechtslage bestehenden Fehler werden durch die Neuregelung nicht behoben, vgl. Gestaltungshinweis 7 der Musterbelehrung, der immer noch keinen Hinweis auf den vom Verbraucher zu zahlenden Betrag enthält.

161) *Micklitz/Schirmbacher*, EUREDIA 2003, 457, 472.

162) *Wendehorst* in: MünchKomm-BGB, § 312c Rz. 46.

8.80 • In **Nummer 12** Angaben zu einer Befristung der Gültigkeitsdauer der zur Verfügung gestellten Informationen, beispielsweise die Gültigkeitsdauer befristeter Angebote, insbesondere hinsichtlich des Preises.

In der Praxis betrifft die Information hauptsächlich befristete Angebote. Bei in der Kreditwirtschaft nicht unüblichen Sonderaktionen, bei denen bestimmte Finanzdienstleistungen zu Sonderkonditionen angeboten werden, ist deshalb auf die Gültigkeitsdauer dieser Angebote gesondert hinzuweisen. Es ist aber auch denkbar, dass sich z. B. die ladungsfähige Anschrift eines Unternehmens in naher Zukunft ändert. Dann ist auch darüber zu informieren.[163)]

8.81 **Nur beim Fernabsatz von Finanzdienstleistungen** ist der Verbraucher gemäß Art. 246 § 1 Abs. 2 EGBGB (§ 1 Abs. 2 BGB-InfoV a. F.) **zusätzlich über Folgendes zu informieren:**

• In **Nummer 1** über die **Hauptgeschäftstätigkeit** des Unternehmers und die für seine Zulassung zuständige **Aufsichtsbehörde.**

8.82 • Nach **Nummer 2** ist ggf. darauf hinzuweisen, dass sich die Finanzdienstleistung auf Finanzinstrumente bezieht, die wegen ihrer spezifischen Merkmale oder der durchzuführenden Vorgänge mit **speziellen Risiken** behaftet sind oder deren **Preis Schwankungen auf dem Finanzmarkt** unterliegt, auf die der Unternehmer keinen Einfluss hat, und dass in der Vergangenheit erwirtschaftete Erträge kein Indikator für künftige Erträge sind.

Unter diese Regelung fallen z. B. Finanzdienstleistungen in Bezug auf Wertpapiere, Geldmarktinstrumente oder Derivate, also alle Finanzinstrumente i. S. v. § 1 Abs. 11 KWG und § 2 Abs. 1 und 2 WpHG.[164)] Zu beachten ist, dass diese Informationspflicht neben die aus dem WpHG bekannten Aufklärungspflichten tritt (vgl. auch Kap. Rz. 11.292 ff.). Für **Discount Broker,**[165)] die ihre Geschäfte ausschließlich im Wege des Fernabsatzes tätigen und keine Anlageberatung (*execution-only*) durchführen, gelten aus wertpapierrechtlicher Sicht lediglich reduzierte Aufklärungspflichten, die durch standardisierte Aufklärungsformulare erfüllt werden können.[166)] Die fernabsatzrechtlichen Aufklärungspflichten haben sie allerdings genauso zu

---

163) Staudinger-*Thüsing*, BGB, § 312c Rz. 73.

164) *Masuch/Koch*, Fernabsatz v. Finanzdienstleistungen, 2.3.2.2; vgl. umfassend zu § 1 Abs. 11 KWG, Boos/Fischer/Schulte-Mattler-*Schäfer*, KWG § 1 Rz. 217 ff.

165) Zum Begriff vgl.: *Koch*, Discount Broker, S. 5 ff.; *Schwintowski*, ZBB 1999, 385; *Balzer*, DB 1997, 2311; *Köndgen*, ZBB 1996, 361, 364; *Metz*, VuR 1996, 183.

166) Vgl. für die alte Rechtslage: BGH, Urt. v. 5.10.1999 – XI ZR 296/98, ZIP 1999, 1915 = ZBB 1999, 380; Assmann/Schneider-*Koller*, WpHG, § 31 Rz. 165 ff.; *Wilmer/Hahn*, Fernabsatzrecht, § 1 InfPflV Rz. 21; Horn/Krämer-*Horn*, Bankrecht 2002, S. 73, 126 f.; *Felke/Jordans*, NJW 2005, 710; *Felke/Jordans*, WM 2004, 166, 167; *Balzer*, DB 1997, 2311, 2317; krit.: *Schwintowski*, ZBB 1999, 385, 386 f.; seit der Umsetzung der MiFID ergibt sich dies aus § 31 Abs. 7 Nr. 2 WpHG; *Weichert/Wenninger*, WM 2007, 627, 633.

beachten, wie andere Finanzdienstleister auch. Die Anbieter von Finanzdienstleistungen erfüllen die Informationspflichten meist dadurch, dass sie deren Wortlaut beinahe wörtlich wiedergeben.[167)]

- In **Nummer 3** über die **vertraglichen Kündigungsbedingungen** einschließlich etwaiger Vertragsstrafen. 8.83

- In **Nummer 4** auf die Mitgliedstaaten der Europäischen Union, deren Recht der Unternehmer der Aufnahme von Beziehungen zum Verbraucher vor Abschluss des Fernabsatzvertrags zugrunde legt. 8.84

  Die Informationspflicht betrifft allein das **Stadium der Vertragsanbahnung** und verlangt vom Finanzdienstleister, dem Verbraucher mitzuteilen, welchem Recht diese vorvertragliche Kommunikation mit dem Verbraucher **nach Auffassung des Unternehmers** unterliegt. In Betracht kommen dafür das Wettbewerbsrecht[168)] und das Recht der vorvertraglichen Schuldverhältnisse. Dabei genügt ein Hinweis auf das anwendbare Recht. Einzelne Vorschriften und deren Rechtsfolgen müssen nicht benannt werden.[169)] Welches Recht allerdings **tatsächlich** auf die vorvertragliche Kommunikation anwendbar ist, wird damit nicht entschieden.[170)] Diese Frage richtet sich allein nach den Regelungen des internationalen Privatrechts. Eine fehlerhafte Einschätzung des anwendbaren Rechts durch den Finanzdienstleister ist solange unbeachtlich, wie der Unternehmer nachweisen kann, bei der Ermittlung des anwendbaren Rechts die erforderliche Sorgfalt beachtet zu haben. Das kann z. B. dadurch geschehen, dass der Anbieter eine entsprechende Rechtsauskunft eines Anwalts nachweist.[171)] Kann er diesen Nachweis erbringen, führt die falsche Information nicht dazu, dass die Widerrufsfrist nicht zu laufen beginnt.[172)]

- In **Nummer 5** auf eine **Vertragsklausel** über das auf den Fernabsatzvertrag **anwendbare Recht** oder über das **zuständige Gericht**. Fehlt es an einer entsprechenden Vertragsklausel, muss der Anbieter auch keine Auskunft 8.85

---

167) Vgl. z. B. „Informationen gemäß den Fernabsatzvorschriften und § 31 Abs. 3 WpHG" bei Cortal Consors, abrufbar unter: http://www.cortalconsors.de, (letzter Aufruf am 5.5.2010), Fernabsatzinformationen i. R. d. Antragsformulars abrufbar.

168) *Felke/Jordans*, WM 2004, 166, 167; *Kocher*, DB 2004, 2679, 2681.

169) Staudinger-*Thüsing*, BGB, § 312c Rz. 84; *Finke*, Fernabsatz v. Finanzdienstleistungen, § 4 Rz. 65; im Ergebnis ähnlich *Heiss*, IPRax 2003, 100, 103.

170) Staudinger-*Thüsing*, BGB, § 312c Rz. 83; *Finke*, Fernabsatz v. Finanzdienstleistungen, § 4 Rz. 67; *Härting/Schirmbacher*, CR 2005, 48, 51; *Härting/Schirmbacher*, DB 2003, 1777, 1780; *Micklitz/Schirmbacher*, EUREDIA 2003, 457, 476.

171) *Finke*, Fernabsatz v. Finanzdienstleistungen, § 4 Rz. 67; a. A. Staudinger-*Thüsing*, BGB, § 312c Rz. 83.

172) Staudinger-*Thüsing*, BGB, § 312c Rz. 83.

geben.[173] Im Übrigen ist zu beachten, dass bei grenzüberschreitenden Geschäften Art. 17 EuGVVO[174] Gerichtsstandsvereinbarungen mit Verbrauchern Grenzen setzt.[175] Auch die Wirkung von Rechtswahlklauseln, die dem Verbraucher den Schutz seiner Rechtsordnung nehmen, ist beschränkt.[176] Soweit deutsches Recht anwendbar ist, sind Gerichtsstandsvereinbarungen bei Verbraucherverträgen vor Entstehung der Streitigkeit grundsätzlich unzulässig.[177] Eine Ausnahme besteht gemäß § 38 Abs. 2 ZPO nur, wenn mindestens eine der Vertragsparteien keinen allgemeinen Gerichtsstand im Inland hat. § 38 Abs. 2 ZPO ist allerdings nur anwendbar, wenn die Anwendungsvoraussetzungen der EuGVVO nicht erfüllt sind.[178]

8.86 • In **Nummer 6** über die **Sprachen**, in welchen die Vertragsbedingungen und die Pflichtinformationen mitgeteilt werden, sowie die Sprachen, in welchen sich der Unternehmer verpflichtet, mit Zustimmung des Verbrauchers die Kommunikation während der Laufzeit dieses Vertrags zu führen.

Diese Informationspflicht besteht aus zwei Teilen. Zunächst muss der Unternehmer dem Verbraucher mitteilen, in welchen Sprachen er **vorvertraglich kommunizieren** kann. Das heißt, dass der Anbieter nicht in einer bestimmten Sprache mit dem Verbraucher kommunizieren muss, sondern er die Sprache der zu übersendenden Information und der Vertragsbedingungen frei wählen kann.[179]

Der zweite Teil der Regelung betrifft die **Kommunikation nach Vertragsschluss**. Sie soll sicherstellen, dass eine Kommunikation zwischen Anbieter und Verbraucher während der Vertragslaufzeit problemlos möglich ist.[180] Aus dieser Bestimmung ergibt sich, dass es unzulässig ist, vorvertraglich mit dem Verbraucher z. B. in deutscher Sprache zu kommunizieren und nachvertraglich eine Sprache zu wählen, deren Verwendung der Verbrau-

173) *Finke*, Fernabsatz v. Finanzdienstleistungen, § 4 Rz. 68; *Rott*, BB 2005, 53, 57; *Heiss*, IPRax 2003, 100, 102; anders *Härting/Schirmbacher*, DB 2003, 1777, 1780.

174) Verordnung (EG) 44/2001 über die gerichtliche Zuständigkeit und die Anerkennung und Vollstreckung von Entscheidungen in Zivil- und Handelssachen, ABl. Nr. L 12 v. 16.1.2001, S. 1 ff.

175) Vgl. dazu *Rott*, BB 2005, 53, 57; *Heiss*, IPRax 2003, 100, 101; *Micklitz/Rott*, EuZW 2001, 325, 330 ff.

176) Vgl. Art. 29 Abs. 1 und u. U. auch Art. 34 EGBGB; *Rott*, BB 2005, 53, 57; *Heiss*, IPRax 2003, 100, 101.

177) Derleder/Knops/Bamberger-*Kohte*, Hdb. Bankrecht, § 8 Rz. 33.

178) Baumbach/Lauterbach/Albers-*Hartmann*, ZPO, § 38 Rz. 22; Zöller-*Vollkommer*, ZPO, § 38 Rz. 24 m. w. N.

179) Vgl. dazu Erwägungsgrund 31, der von der „Wahl der Sprache durch den Anbieter" ausgeht; *Heiss*, IPRax 2003, 100, 103; *Rott*, BB 2005, 53, 57 sieht die freie Sprachwahl durch das Transparenzgebot in Art. 3 Abs. 2 FARL-FDL eingeschränkt, wenn der Anbieter gezielt einen konkreten Markt oder gar einen konkreten Verbraucher anspricht.

180) *Wilmer/Hahn*, Fernabsatzrecht, § 1 InfPflV Rz. 25.

cher nicht zugestimmt hat.[181] Auch kann der Anbieter für die nachvertragliche Kommunikation nicht mehrere Sprachen nennen und sich ein einseitiges Wahlrecht vorbehalten.[182] Da eine **ausdrückliche Zustimmung** des Verbrauchers zur gewählten Sprache erforderlich ist, muss das Wahlrecht unter mehreren Sprachen beim Verbraucher liegen. Das Recht, eine Sprache für die Vertragsabwicklung vorzuschlagen, liegt allerdings beim Unternehmer.[183] Jedoch soll dem Verbraucher die Möglichkeit gegeben werden, sich durch die vorvertragliche Information ggf. gegen einen Vertragsschluss zu entscheiden, wenn er in der Sprache des Anbieters nicht mit diesem kommunizieren kann.

- In **Nummer 7** über einen möglichen Zugang des Verbrauchers zu einem **außergerichtlichen Beschwerde- und Rechtsbehelfsverfahren** und ggf. über die Voraussetzungen für diesen Zugang. 8.87

  Für deutsche Finanzdienstleister ergibt sich die zuständige Schlichtungsstelle aus § 14 Abs. 1 Nr. 1 und Abs. 2 und 3 UKlaG. Dies ist grundsätzlich die bei der **Deutschen Bundesbank eingerichtete Schlichtungsstelle**. Ist allerdings gemäß § 14 Abs. 3 UKlaG i. V. m. § 7 der Schlichtungsstellenverfahrensverordnung (SchlichtVerfVO) die Streitschlichtung auf eine private Stelle übertragen worden, dann ist diese Schlichtungsstelle vom Finanzdienstleister anzugeben.[184] Von dieser Ermächtigung wurde mit § 7 Abs. 1 Nr. 1–4 SchlichtVerfVO Gebrauch gemacht und die Schlichtungsaufgaben nach § 14 UKlaG auf die **Verbände der deutschen Banken** übertragen.[185] Deren Schlichtungsstellen sind somit von deutschen Finanzdienstleistern anzugeben.

- In **Nummer 8** über das Bestehen eines **Garantiefonds** oder andere Entschädigungsregelungen, die nicht unter die Richtlinie 94/19/EG des Europäischen Parlaments und des Rates vom 30. Mai 1994 über Einlagensicherungssysteme[186] und die Richtlinie 97/9/EG des Europäischen Parlaments 8.88

181) *Micklitz/Schirmbacher*, EUREDIA 2003, 457, 477.

182) *Micklitz/Schirmbacher*, EUREDIA 2003, 457, 477.

183) *Micklitz/Schirmbacher*, EUREDIA 2003, 457, 477.

184) Vgl. *Masuch/Koch*, Fernabsatz v. Finanzdienstleistungen, 2.3.2.7. Die Zuständigkeit der privaten Streitschlichtungsstellen auch für den Fernabsatz von Finanzdienstleistungen ergibt sich aus § 9 Abs. 4 i. V. m. § 7 Abs. 1 der Schlichtungsstellenverfahrensordnung, abrufbar unter: http://www.bundesbank.de/download/schlichtungsstelle/schlichtungsstelle_verfahrenvo.pdf (letzter Aufruf am 5.5.2010).

185) § 7 Nr. 1: Bundesverband deutscher Banken, § 7 Nr. 2: Bundesverband Öffentlicher Banken Deutschlands, § 7 Nr. 3: Sparkassen- und Giroverband, § 7 Nr. 4: Bundesverband der Deutschen Volksbanken und Raiffeisenbanken; vgl. auch *Däubler-Gmelin*, WM 2002, 1342 f.; *Steuer*, Die Bank 2002, 460 ff.

186) ABl. Nr. L 135 v. 31.5.1994, S. 5 ff.

und des Rates vom 3. März 1997 über Systeme für die Entschädigung der Anleger[187] fallen.

Die Entschädigungssysteme der Richtlinien 94/19/EG und 97/9/EG sind von dieser Informationspflicht ausgenommen, da beide Richtlinien ihrerseits dazu verpflichten, über in ihnen vorgesehene Entschädigungssysteme zu informieren.[188] Deshalb bezieht sich die Informationspflicht in erster Linie auf **freiwillige Sicherungsfonds.** Mit **anderen Entschädigungsregeln** sind Sicherungssysteme gemeint, die nicht als Fonds angelegt sind, aber ebenfalls dem Schutz des Anlegers vor Verlust seines Kapitals dienen.[189]

Unter Art. 246 § 1 Abs. 2 Nr. 8 EGBGB (§ 1 Abs. 2 Nr. 8 BGB-InfoV a. F.) fallen z. B. die Sicherungseinrichtungen der regionalen Sparkassen- und Giroverbände oder der Volks- und Raiffeisenbanken und die Einlagensicherungsfonds des Bundesverbandes deutscher Banken und des Bundesverbands öffentlicher Banken.[190]

5. Informationserteilung bei telefonischer Kommunikation

8.89 Bei Telefongesprächen sieht Art. 246 § 1 Abs. 3 EGBGB (§ 1 Abs. 3 BGB-InfoV a. F.) einen **reduzierten Informationskatalog** vor. Danach hat der Unternehmer nur die Informationen nach Art. 246 § 1 Abs. 1 EGBGB (§ 1 Abs. 1 BGB-InfoV a. F.) zur Verfügung zu stellen. Allerdings gilt dies nur dann, wenn der Unternehmer den Verbraucher darüber informiert hat, dass **auf Wunsch weitere Informationen** übermittelt werden können und welcher Art diese Informationen sind, und wenn der Verbraucher **ausdrücklich** auf die Übermittlung dieser weiteren Informationen vor Abgabe seiner Vertragserklärung verzichtet hat.[191] Da die **Beweislast** für die Erfüllung dieser Pflicht beim Finanzdienstleister liegt, sollten derartige Telefonate möglichst aufgezeichnet oder zumindest umfassend dokumentiert werden.[192] Außerdem hat der Unternehmer gemäß § 312c Abs. 2 BGB (§ 312c Abs. 1 Satz 2 BGB a. F.) **zu Beginn** eines von ihm **veranlassten** Telefongesprächs **seine Identität** und den **Zweck** des geschäftlichen Kontakts **ausdrücklich** offen zu legen.

---

187) ABl. Nr. L 84 v. 26.3.1997, S. 22 ff.

188) Art. 6 Abs. 2 und 3 und Art. 9 Richtlinie 94/19/EG bzw. Art. 10, Art. 11 Abs. 2 und 3 Richtlinie 97/9/EG; Staudinger-*Thüsing*, BGB, § 312c Rn 89; *Finke*, Fernabsatz v. Finanzdienstleistungen, § 4 Rz. 71.

189) Staudinger-*Thüsing*, BGB, § 312c Rz. 91.

190) Palandt-*Grüneberg*, BGB, § 1 BGB-InfoV Rz. 16; *Masuch/Koch*, Fernabsatz v. Finanzdienstleistungen, 2.3.2.8.

191) *Masuch/Koch*, Fernabsatz v. Finanzdienstleistungen, 2.6.3.2; *Rott*, BB 2005, 53, 58.

192) *Mohrhauser*, Fernabsatz v. Finanzdienstleistungen, S. 98; *Rott*, BB 2005, 53, 58; *Kocher*, DB 2004, 2679, 2681.

Auch wenn der Verbraucher auf die vorvertragliche Information verzichtet, bleibt gemäß Art. 246 § 2 Abs. 1 Nr. 1 Alt. 2 EGBGB (§ 312c Abs. 2 Nr. 1 BGB a. F.) für den Finanzdienstleister die Pflicht bestehen, dem Verbraucher das **vollständige Informationspaket nach Vertragsschluss** zu übermitteln. Zu beachten ist, dass die Möglichkeit zur nachträglichen Übermittlung der Information nur dann besteht, wenn der telefonische Vertragsschluss **auf Verlangen** des Verbrauchers erfolgt. Fehlt es an einer solchen Initiative des Verbrauchers, müssen die umfassenden Informationen ohnehin vorvertraglich in Textform mitgeteilt werden. Ein Vertragsschluss am Telefon, der nicht auf den ausdrücklichen Wunsch des Verbrauchers zurückgeht, ist somit nicht möglich. 8.90

Entschärft wird die schwierige Informationssituation bei Telefongesprächen dadurch, dass auch bei telefonischer Kommunikation auf die **Sonderregelung für Gesamtvorgänge** in § 312b Abs. 4 BGB zurückgegriffen werden kann. Bei einem telefonisch erteilten Überweisungsauftrag oder einer Wertpapier-Kauforder muss der Finanzdienstleister weder seine Identität noch den geschäftlichen Zweck seines Anrufs angeben, noch muss er die Informationspflichten erfüllen, da diese Einzelvorgänge von einem **Giro- oder Depotvertrag als erstmalige Dienstleistungsvereinbarung** umfasst sind. Außerhalb dieser Ausnahmeregelung werden Vertragsschlüsse am Telefon ohnehin kaum vorkommen, da auch lauterkeitsrechtliche Regelungen häufig gegen die Kontaktaufnahme zu einem Verbraucher sprechen, zu dem der Anbieter nicht bereits in einer Vertragsbeziehung steht.[193] 8.91

6. Zusätzliche Informationspflichten

Das Fernabsatzrecht trifft keine abschließenden Regelungen zum Vertrieb von Finanzdienstleistungen, sondern regelt lediglich eine bestimmte Vertriebsart, nämlich den Fernabsatz. Dementsprechend macht § 312c Abs. 4 BGB deutlich, dass je nach verwendetem Fernkommunikationsmittel oder entsprechend der angebotenen Finanzdienstleistung weitere Informationspflichten zu beachten sind.[194] Allerdings sind identische Informationspflichten, die sich aus verschiedenen Vorschriften ergeben können, nur **einmal** zu erfüllen.[195] Betreffen zwei Informationspflichten zwar denselben Themenkreis, geht aber die eine über die andere hinaus, muss stets die **umfangreichere Pflicht** erfüllt werden. Verschiedene Informationspflichten aus unterschiedlichen Regelungsbereichen bestehen nebeneinander. Zu beachten ist außerdem, dass einige der zusätzli- 8.92

193) Vgl. § 7 Abs. 2 Nr. 2 und 3 UWG; *Masuch/Koch*, Fernabsatz v. Finanzdienstleistungen, 2.1.6.

194) *Finke*, Fernabsatz v. Finanzdienstleistungen, § 4 Rz. 72; *Reuter*, Fernabsatz, S. 198 f.; *Nocke*, FLF 2005, 73, 76; *Rott*, BB 2005, 53, 55; vgl. umfassend zu den Informationspflichten im Bankverkehr *Welter/Lang*, Hdb. Informationspflichten im Bankverkehr.

195) In Bezug auf die Widerrufsbelehrung: *Härting*, FernAbsG § 3 Rz. 20; *Wendehorst* in: MünchKomm-BGB, § 312c Rz. 152; Staudinger-*Thüsing*, BGB, § 312c Rz. 131.

chen Informationspflichten einen **weiteren Personenkreis** schützen und nicht ausschließlich zugunsten von Verbrauchern wirken.

8.93 Bei einem im Fernabsatz geschlossenen **Verbraucherdarlehensvertrag** traten bisher neben die fernabsatzspezifischen[196] die produktspezifischen Informationspflichten des Verbraucherkreditrechts aus § 492 Abs. 1 Satz 5 Nr. 1–7 BGB a. F. Darunter fielen beispielsweise die Angabe des effektiven Jahreszinses, die Bedingungen, unter denen der effektive Jahreszins geändert werden kann und die Gesamtkosten des Darlehens für den Verbraucher (siehe auch Kap. 9 Rz. 9.54 ff.).[197]

Seit der Umsetzung der neuen Verbraucherkreditrichtlinie in deutsches Recht finden sich die **wesentlich ausführlicheren vorvertraglichen Informationspflichten** für Verbraucherdarlehen in dem neu hinzugefügten § 491a Abs. 1 BGB, der sowohl in Bezug auf den Zeitpunkt als auch bzgl. Form und Inhalt der Information auf Art. 247 EGBGB verweist. Gemäß Art. 247 § 2 Abs. 1 EGBGB hat die Unterrichtung des Verbrauchers unter Verwendung der **Europäischen Standardinformation für Verbraucherkredite** entsprechend dem Muster in Anlage 3 zu erfolgen. Dies wird für die Praxis eine große Hilfe sein, da gemäß Art. 247 § 2 Abs. 3 EGBGB die Informationspflichten als erfüllt gelten, wenn der Darlehensgeber dem Darlehensnehmer das ordnungsgemäß ausgefüllte Muster in Textform übermittelt hat. Für Verbraucherkredite, die im Wege des Fernabsatzes vertrieben werden, gelten mit der Übermittlung des Musters **gleichzeitig** die Anforderungen von § 312c Abs. 1 BGB als erfüllt.

8.94 Der geforderte Inhalt der Informationen findet sich nun in Art. 247 § 3 Abs. 1 EGBGB und umfasst bekannte Informationen wie z. B. zum Effektivzins, zum Nettodarlehensbetrag, zur Laufzeit und zum Gesamtbetrag. Hinzu kommen neue Informationen wie der Warnhinweis zu den Folgen ausbleibender Zahlungen, der Hinweis auf das Bestehen bzw. Nichtbestehen eines Widerrufsrechts und auf das Recht des Darlehensnehmers, das Darlehen vorzeitig zurückzuzahlen. Zusätzliche vorvertragliche Informationspflichten können sich aus Art. 247 § 4 EGBGB ergeben, soweit die dort enthaltenen Angaben für den in Betracht kommenden Vertragsschluss relevant sind.

8.95 Vertreibt ein Finanzdienstleister seine Produkte auch oder ausschließlich über das Internet, fällt er damit in den Anwendungsbereich der **E-Commerce** Regeln, die ebenfalls ein ganzes Bündel von Informationspflichten enthalten. In **§§ 5 und 6 Telemediengesetz** (TMG) sind Informationspflichten geregelt, die

---

196) Vgl. ausführlich zu den fernabsatzrechtlichen Informationspflichten bezogen auf den Verbraucherdarlehensvertrag, *Dörrie*, ZBB 2005, 121, 125 ff.

197) Vgl. ausführlich zu den einzelnen Informationspflichten nach § 492 Abs. 1 BGB a. F.: Derleder/Knops/Bamberger-*Reifner*, Hdb. Bankrecht, § 15 Rz. 147 ff.; *Felke*, Kreditvertrieb, S. 130 ff.; Schimansky/Bunte/Lwowski-*Peters*, Bankrechts-Hdb., § 81 Rz. 160 ff.; *Schwintowski/Schäfer*, Bankrecht, § 15 Rz. 68 ff.

unabhängig von der Anbahnung oder dem Zustandekommen einer konkreten Vertragsbeziehung zu erfüllen sind.[198] Einige der dort genannten Informationspflichten decken sich mit denen, die beim Fernabsatz von Finanzdienstleistungen zu erfüllen sind. So muss z. B. der Diensteanbieter den Verbraucher über seinen Namen informieren und die geographische Anschrift mitteilen, unter der er niedergelassen ist (§ 5 Nr. 1 TMG). Auch sind Handelsregisternummer und ggf. die zuständige Aufsichtsbehörde zu nennen (§ 5 Nr. 4 und Nr. 3 TMG).

Besondere Pflichten für den elektronischen Geschäftsverkehr finden sich im deutschen Recht in **§ 312e BGB i. V. m. § 3 BGB-InfoV**. In § 3 Nr. 4 BGB-InfoV ist z. B. geregelt, dass der Verbraucher über die für den Vertragsschluss zur Verfügung stehenden Sprachen zu informieren ist. Im E-Commerce sind zudem neben den Informationspflichten auch die anderen in § 312e Abs. 1 BGB niedergelegten Pflichten zu erfüllen.[199] So sind z. B. gemäß § 312e Abs. 1 Nr. 4 BGB die Vertragsbestimmungen und die Allgemeinen Geschäftsbedingungen auf **der Internetseite speicherbar** zur Verfügung zu stellen. Ein Kreditinstitut, das seinen Kunden das Online-/Internet-Banking anbietet, muss dementsprechend auch die Voraussetzung des § 312e BGB i. V. m § 3 BGB-InfoV beachten.[200] 8.96

Die Informationspflichten im E-Commerce sind nicht nur bei Geschäften mit Verbrauchern zu beachten. Vielmehr sollen sie Informationsasymmetrien ausgleichen, die auch bei Geschäften mit unternehmerischen Kunden bestehen. 8.97

Zusätzliche Informationspflichten ergeben sich beispielsweise auch aus dem Recht des Zahlungsverkehrs (siehe dazu Kap. 10 Rz. 10.57 ff.), dem Anlegerschutz[201] und dem Recht der Altersvorsorge.[202] 8.98

7. Haftung für fehlerhafte Informationen

Einer der wichtigsten Gründe für den Finanzdienstleister, seine Informationspflichten ordnungsgemäß zu erfüllen, besteht in der **Verknüpfung** des Beginns der Widerrufsfrist mit der ordnungsgemäßen Informationserteilung, § 312d Abs. 2 BGB.[203] Informiert der Anbieter den Verbraucher nicht oder ist die In- 8.99

198) *Schneider*, Vertrieb v. Versicherungen, S. 29.

199) *Schneider*, Vertrieb v. Versicherungen, S. 263.

200) *Masuch/Koch*, Fernabsatz v. Finanzdienstleistungen, 2.5.

201) § 31 Abs. 3 WpHG i. V. m. § 5 Wertpapierdienstleistungs-Verhaltens- und Organisationsverordnung (WpDVerOV); §§ 42, 43 und 137 Investmentgesetz (InvG) i. V. m. § 121 Abs. 1 Satz 2 und 3 InvG; § 8 f Verkaufsprospektgesetz; vgl. unten Rz. 11.168 ff.

202) § 7 des Gesetzes über die Zertifizierung von Altersvorsorge- und Basisrentenverträgen.

203) *Mohrhauser*, Fernabsatz v. Finanzdienstleistungen, S. 56; *Reuter*, Fernabsatz, S. 208; *Dörrie*, ZBB 2005, 121, 131; *Felke/Jordans*, NJW 2005, 710, 711; *Felke/Jordans*, WM 2004, 166, 169; *Rott*, BB 2005, 53, 59; *Rott*, VuR 2002, 49, 50 f.; *Kocher*, DB 2004, 2679, 2683; *Fuchs*, ZIP 2000, 1273, 1280.

formation fehlerhaft, beginnt die Widerrufsfrist nicht zu laufen. Anders als im allgemeinen Fernabsatz erlischt das Widerrufsrecht bei fehlerhafter Belehrung auch nicht nach Ablauf einer bestimmten Frist (absolute Widerrufsfrist), sondern steht dem Verbraucher dann **faktisch unbegrenzt** zur Verfügung, § 355 Abs. 4 Satz 2 Halbs. 2 BGB.[204] Unterlässt der Unternehmer die Aufklärung über den bei einem Widerruf zu zahlenden Betrag, entsteht zudem der entsprechende Vergütungsanspruch des Unternehmers nicht.

8.100 Als weiteres wesentliches Instrument zur Sanktionierung von Verstößen gegen verbraucherschützende Regelungen – und damit auch die Informationspflichten beim Fernabsatz von Finanzdienstleistungen – sieht das deutsche Recht in § 2 Abs. 2 Nr. 1 UKlaG für **Verbraucherschutzorganisationen** und andere klagebefugte Verbände i. S. v. § 3 UKlaG die Möglichkeit vor, **Unterlassungsklagen** wegen verbraucherschutzgesetzeswidriger Praktiken zu erheben.[205]

8.101 Auch das **Gesetz gegen den unlauteren Wettbewerb (UWG)** enthält Rechtsgrundlagen zur Ahndung von Informationsverstößen. Bei einem Verstoß gegen § 3 UWG (i. V. m. § 4 Nr. 11 UWG),[206] kann der Unternehmer nach § 8 UWG ebenfalls auf **Unterlassung** oder nach § 9 UWG auf **Schadenersatz** in Anspruch genommen werden.[207] Zusätzlich kommt die Möglichkeit der **Gewinnabschöpfung** gemäß § 10 UWG in Betracht.[208] Im Vorfeld eines gerichtlichen Verfahrens dürfte zudem häufig das **außergerichtliche Abmahnverfah-**

---

204) *Härting*, Internetrecht, Rz. 530; *Masuch/Koch*, Fernabsatz v. Finanzdienstleistungen, 2.6.5.1; *Mohrhauser*, Fernabsatz v. Finanzdienstleistungen, S. 56; *Felke/Jordans*, WM 2004, 166, 169; *Nocke*, FLF 2005, 73, 77; *Reuter*, Fernabsatz, S. 208.

205) *Micklitz* in: HK-VertriebsR, § 312c Rz. 114; *Wendehorst* in: MünchKomm-BGB, § 312c Rz. 134; Staudinger-*Thüsing*, BGB, § 312c Rz. 92; *Finke*, Fernabsatz v. Finanzdienstleistungen, § 8 Rz. 330; *Mohrhauser*, Fernabsatz v. Finanzdienstleistungen, S. 57; *Dörrie*, ZBB 2005, 121, 131; *Nocke*, FLF 2005, 73, 77; *Kocher*, DB 2004, 2679, 2682; *Boente/Riehm*, JURA 2002, 222, 229; *Grigoleit*, NJW 2002, 1151, 1155.

206) Vgl. ausführlich zu den Voraussetzungen für einen Wettbewerbsverstoß nach dem 2004 umfassend reformierten UWG Hefermehl/Köhler/Bornkamm-*Köhler*, UWG, § 3 und § 4 Rz. 11.1 ff., insb. Rz. 11.156c ff. Auch nach der Reform haben einige vor der Reform ergangene Urteile weiterhin Bestand. Zu einer nicht ordnungsgemäßen Belehrung vgl. daher BGH, Urt. v. 25.10.1989 – VIII ZR 345/88, ZIP 1989, 1575 = GRUR 1990, 46; LG Magdeburg, Urt. v. 29.8.2002 – 36 O 115/02 (014), NJW-RR 2003, 409. Eine fehlerhafte Belehrung kann unlauter i. S. v. § 4 Nr. 2 UWG sein, vgl. dazu BGH, Urt. v. 4.7.2002 – I ZR 55/00, ZIP 2002, 1730 = NJW 2002, 3396, 3399; BGH Urt. v. 31.10.2002 – I ZR 132/00, NJW-RR 2003, 1481 f. Zur wettbewerbsrechtlichen Relevanz der Informationspflichten im elektronischen Geschäftsverkehr, vgl. *Schulte/Schulte*, NJW 2003, 2140 ff.

207) OLG Frankfurt, Urt. v. 17.4.2001 – 6 W 37/01, MDR 2001, 744 = MMR 2001, 529 mit Anm. *Steins*; *Ring* in: AnwK-BGB, § 312c Rz. 70; *Schulte-Nölke* in: Hk-BGB, § 312c Rz. 8; *Lütcke*, BGB, § 312c Rz. 137 f.; *Wendehorst* in: MünchKomm-BGB, § 312c Rz. 134; Staudinger-*Thüsing*, BGB, § 312c Rz. 92; *Dörrie*, ZBB 2005, 121, 131; *Nocke*, FLF 2005, 73, 77; *Kocher*, DB 2004, 2679, 2682; *Grigoleit*, NJW 2002, 1151, 1155.

208) *Masuch/Koch*, Fernabsatz v. Finanzdienstleistungen, 2.6.5.3; *Hoffmann*, ZIP 2005, 829, 834.

ren in Anspruch genommen werden, wodurch ein gerichtliches Verfahren mit der Kostenfolge des § 93 ZPO vermieden werden kann.[209)]

Inwieweit Verstöße gegen die Unterrichtungspflicht auch im Vertragsverhältnis zwischen Unternehmer und Verbraucher sanktioniert werden, ist noch nicht abschließend geklärt. Eine ausdrückliche Regelung i. R. d. Fernabsatzvorschriften ist unterblieben.[210)] **8.102**

Bei unrichtiger oder nicht erfolgter Information über die **Merkmale der Finanzdienstleistung** gemäß Art. 246 § 1 Abs. 1 Nr. 4 EGBGB (§ 1 Abs. 1 Nr. 4 BGB-InfoV a. F.) ist ein Irrtum über eine verkehrswesentliche Eigenschaft gemäß **§ 119 Abs. 2 BGB** zumindest denkbar.[211)] Gleiches kann für Angaben zur **Identität des Unternehmers** gelten. Nur in seltenen Ausnahmefällen – nämlich wenn der Unternehmer die Unrichtigkeit seiner Angaben kennt oder kennen müsste und weiß, dass er den Verbraucher dadurch zum Vertragsschluss veranlassen könnte – kommt ein Anfechtungsgrund aus **§ 123 BGB** in Betracht. Problematisch wird dabei neben dem Nachweis der Arglist vor allem der Nachweis der Kausalität des Informationsmangels für die Abgabe der Willenserklärung sein. Sollte es dennoch zu einer Anfechtung durch den Verbraucher kommen, könnte der Anbieter grundsätzlich Ersatz seines Vertrauensschadens gemäß § 122 BGB verlangen. Darin läge allerdings ein widersprüchliches Verhalten i. S. v. § 242 BGB, da der Unternehmer den Irrtum pflichtwidrig hervorgerufen hat. Die Geltendmachung des Anspruchs aus § 122 BGB ist deshalb treuewidrig, § 242 BGB.[212)] **8.103**

Weiterhin kann ein Verstoß gegen die Informationspflichten im Zuge der Anwendung **allgemeiner rechtsgeschäftlicher Grundsätze** berücksichtigt werden. Bei falschen, für den Verbraucher aber günstigen Informationen über Vertragsbedingungen wird eine **Auslegung** der Willenserklärung des Unternehmers aus Sicht des objektiven Empfängerhorizonts ergeben (§§ 133, 157 BGB), dass der Vertrag zu den für den Verbraucher günstigeren Konditionen zustande kommt.[213)] Fehlt es z. B. an dem Hinweis darauf, wie der Vertrag zustande kommt (Art. 246 § 1 Abs. 1 Nr. 4 EGBGB bzw. § 1 Abs. 1 Nr. 4 BGB-InfoV a. F.), kann dies dazu führen, dass eine Vertragserklärung des Kunden im Internet keine Willenserklärung i. S. v. § 145 BGB darstellt, da der Kunde **8.104**

---

209) *Finke*, Fernabsatz v. Finanzdienstleistungen, § 8 Rz. 330.

210) Krit. dazu *Rott*, BB 2005, 53, 59, 64; *Härting/Schirmbacher*, CR 2002, 809, 816.

211) *Micklitz* in: HK-VertriebsR, § 312c Rz. 127; *Boente/Riehm*, JURA 2002, 222, 228.

212) Begr. RegE z. Schuldrechtsmodernisierungsgesetz, BT-Drucks. 14/6040, S. 173; *Boente/Riehm*, JURA 2002, 222, 228; *Glatt*, ZUM 2001, 390, 395; *Hassemer*, MMR 2001, 635, 639.

213) *Micklitz* in: HK-VertriebsR, § 312c Rz. 116; *Wendehorst* in: MünchKomm-BGB, § 312c Rz. 138, die hier auch die Anwendung von § 305c Abs. 2 oder § 242 BGB für vertretbar erachtet, *Meller-Hannich*, Verbraucherschutz und Schuldvertragsrecht, S. 212; *Hoffmann*, ZIP 2005, 829, 836.

nach den objektiven Umständen nicht davon ausgehen musste, eine rechtlich verbindliche Erklärung abzugeben und auch nach dem objektiven Empfängerhorizont von einer bindenden Erklärung nicht zwangsläufig ausgegangen werden kann.[214)] Auch muss sich der Unternehmer an einer fehlerhaften Leistungsbeschreibung festhalten lassen.[215)] Wird der Verbraucher nicht über die wesentlichen Merkmale der Finanzdienstleistung informiert (Art. 246 § 1 Abs. 1 Nr. 4 EGBGB bzw. § 1 Abs. 1 Nr. 4 BGB-InfoV a. F.) oder fehlt es an der Angabe des Gesamtpreises (§ 1 Abs. 1 Nr. 7 BGB-InfoV bzw. Art. 246 § 1 Abs. 1 Nr. 7 EGBGB) kommt u. U. schon gar kein wirksamer Vertrag zustande, weil die *essentialia negotii* des Vertrages nicht festgelegt wurden.[216)] Dies kann allerdings nur dann gelten, wenn die Informationen auch nicht in den ordnungsgemäß einbezogenen AGB enthalten sind.

8.105 Zudem kommt bei der Verletzung von Informationspflichten ein **Anspruch auf Vertragsaufhebung** aus §§ 280 Abs. 1, 311 Abs. 2, 241 Abs. 2 BGB (*culpa in contrahendo*) in Betracht. Bedarf für eine solche Haftung besteht insbesondere bei den Finanzdienstleistungen, bei denen das Widerrufsrecht gemäß § 312d Abs. 6 BGB ausgeschlossen oder gemäß § 312d Abs. 3 BGB erloschen ist. Zusätzlich wäre eine Haftung nach culpa in contrahendo bei Verträgen hilfreich, bei denen ein Widerrufsrecht zwar besteht, die Pflicht zur anteiligen Zahlung die Sanktionswirkung des unbefristeten Widerrufs aber stark einschränkt.[217)] Inzwischen ist anerkannt, dass besondere Informationspflichten nicht nur Obliegenheiten, sondern echte Rechtspflichten begründen,[218)] so dass bei der Verletzung von Informationspflichten des Fernabsatzrechts ebenfalls ein Anspruch aus §§ 280 Abs. 1, 311 Abs. 2, 241 Abs. 2 BGB in Betracht kommt.

---

214) Begr. RegE z. Schuldrechtsmodernisierungsgesetz, BT-Drucks. 14/6040, S. 173; *Meller-Hannich*, Verbraucherschutz und Schuldvertragsrecht, S. 212; *Boente/Riehm*, JURA 2002, 222, 228; *Grigoleit*, WM 2001, 597, 601; u. U. kann nach h. M. allerdings eine vorläufige Bindung an die Erklärung wegen fahrlässiger Verursachung des Rechtsscheins einer Willenserklärung eintreten, der durch Anfechtung analog § 119 Abs. 1 Alt. 1 BGB beseitigt werden kann, vgl. dazu BGH, Urt. v. 7.6.1984 – IX ZR 66/83, NJW 1984, 2279 sowie *Kramer* in: MünchKomm-BGB, § 119 Rz. 95 ff. m. w. N.

215) *Wendehorst* in: MünchKomm-BGB, § 312c Rz. 138; *Finke*, Fernabsatz v. Finanzdienstleistungen, § 8 Rz. 328.

216) *Finke*, Fernabsatz v. Finanzdienstleistungen, § 8 Rz. 328; *Meller-Hannich*, Verbraucherschutz und Schuldvertragsrecht, S. 212; *Boente/Riehm*, JURA 2002, 222, 228.

217) *Finke*, Fernabsatz v. Finanzdienstleistungen, § 8 Rz. 328; *Dörrie*, ZBB 2005, 121, 132; *Rott*, BB 2005, 53, 59.

218) Vgl. zu § 2 HWiG a. F. EuGH, Urt. v. 25.10.2005 – C-350/03, Slg. 2005, I-9215 – Schulte/Badenia, NJW 2005, 3551 ff.; EuGH, Urt. v. 25.10.2005 – C-229/04, Slg. 2005, I-9273 – Crailsheimer Volksbank, NJW 2005, 3555 ff.; vgl. zu beiden Urteilen *Häublein*, NJW 2006, 1553 ff.; nachfolgend u. a. BGH, Urt. v. 19.9.2006 – XI ZR 204/04, ZIP 2006, 2262 = NJW 2007, 357 ff.; BGH, Urt. v. 26.2.2008 – XI ZR 74/06, ZIP 2008, 686 = NJW 2008, 1585 ff.

Allerdings kommt eine Haftung aus culpa in contrahendo nur bei solchen Informationspflichtverletzungen in Betracht, die die vorvertragliche Willensbildung des Verbrauchers **tatsächlich gestört** haben und für den Vertragsschluss von **wesentlicher Bedeutung** sind.[219)] Daher ist auf der Rechtsfolgenseite zwischen den einzelnen verletzten Informationspflichten und der Schwere der Verletzung zu differenzieren.[220)] So sind Falschangaben z. B. über die Handelsregisternummer i. d. R. unschädlich. Anders stellt sich die Situation dar, wenn der Unternehmer über die Möglichkeit einer Sprachwahl für die Zeit nach Vertragsschluss falsch informiert.[221)] Eine für den Vertragsschluss kausale Pflichtverletzung kann auch darin liegen, dass bei volatilen Finanzinstrumenten ein Hinweis auf die Risiken unterbleibt. Letztlich wird aber die Frage, ob eine Verletzung der Informationspflichten kausal für den Vertragsabschluss war, eine **Einzelfallentscheidung** bleiben, da ihre Beantwortung von unterschiedlichen Faktoren abhängt, die nicht allgemeingültig zu bestimmen sind. So wird z. B. die Angabe einer falschen Postleitzahl eher irrelevant sein, eine komplett falsche Adressangabe – z. B. die Angabe einer inländischen statt der tatsächlich ausländischen Anschrift – schon eher eine Willensstörung begründen können. Zusätzlich muss der Verbraucher beweisen, dass er den Vertrag bei ordnungsgemäßer Aufklärung nicht abgeschlossen hätte.[222)] Eine Beweiserleichterung durch die Vermutung aufklärungsrichtigen Verhaltens kommt hier nicht in Betracht.[223)] **8.106**

Denkbar sind auch Ansprüche aus § 823 Abs. 2 i. V. m. § 312c Abs. 2 BGB bzw. § 826 BGB. Meist wird allerdings der Nachweis der Kausalität zwischen Pflichtverletzung und Schaden problematisch sein. Genau wie bei der culpa in contrahendo muss der Verbraucher nachweisen, dass der Schaden (i. d. R. die Bindung an den Vertrag) gerade auf der Verletzung der Informationspflichten beruht. Auch hier wird wieder nach der Art der verletzten Informationspflicht zu differenzieren sein. Gelingt dem Verbraucher dieser Nachweis, kann sein **8.107**

---

219) BGH, Urt. v. 13.2.2003 – IX ZR 62/02, ZIP 2003, 806 = NJW-RR 2003, 1035; BGH, Urt. v. 26.9.1997 – V ZR 29/96, ZIP 1998, 154 = NJW 1998, 302, 303; *Finke*, Fernabsatz v. Finanzdienstleistungen, § 8 Rz. 328; *Emmerich* in: MünchKomm-BGB, § 311 Rz. 262; *Meller-Hannich*, Verbraucherschutz und Schuldvertragsrecht, S. 215; *Mohrhauser*, Fernabsatz v. Finanzdienstleistungen, S. 57; *Felke/Jordans*, NJW 2005, 710, 711, *Felke/Jordans*, WM 2004, 166, 169; *Rott*, BB 2005, 53, 59; *Boente/Riehm*, JURA 2002, 222, 228; *Grigoleit*, WM 2001, 597, 599; *Hassemer*, MMR 2001, 635, 639; *Lorenz*, ZIP 1998, 1054, 1056; wohl auch *Horn*, JuS 1995, 377, 380; *Canaris*, ZGR 1982, 395, 416 f.

220) *Finke*, Fernabsatz v. Finanzdienstleistungen, § 8 Rz. 328; *Boente/Riehm*, Jura 2002, 222, 229; *Hassemer*, MMR 2001, 635, 639.

221) *Felke/Jordans*, NJW 2005, 710, 711; *Felke/Jordans*, WM 2004, 166, 169.

222) Bamberger/Roth-*Schmidt-Räntsch*, BGB, § 312c Rz. 51.

223) Z. B. BGH, Urt. v. 6.4.2001 – V ZR 402/99, ZIP 2001, 1152 = NJW 2001, 2021, 2022; BGH, Urt. v. 26.9.1997 – V ZR 29/96, ZIP 1998, 154 = NJW 1998, 302, 303; vgl. *Emmerich* in: MünchKomm-BGB, § 311 Rz. 267 ff.; Analyse der uneinheitlichen Rechtsprechung vgl. *Canaris* in: FS Hadding, S. 3 ff.

Anspruch im Wege der Naturalrestitution (§ 249 BGB) auch auf Vertragsauflösung gerichtet sein.

8.108 Ein Anspruch aus § 826 BGB wird meist daran scheitern, dass eine vorsätzliche sittenwidrige Schädigung nicht vorliegt oder vom Verbraucher nicht bewiesen werden kann.[224)]

IV. Widerrufsrecht

1. Generelles Widerrufsrecht des Verbrauchers

8.109 Neben die Informationspflichten stellt das Fernabsatzrecht zum Schutze des Verbrauchers ein generelles Widerrufsrecht, § 312d Abs. 1 BGB. Das Widerrufsrecht ermöglicht es dem Verbraucher, sich nach Vertragsschluss **ohne Angabe von Gründen** wieder vom Vertrag zu lösen. Bei diesem Widerrufsrecht handelt es sich nicht um ein Widerrufsrecht i. S. d. Verhinderung des Wirksamwerdens einer Willenserklärung des Verbrauchers (§ 130 Abs. 1 Satz 2 BGB), sondern um ein in seiner Wirkung dem Rücktrittsrecht entsprechendes Gestaltungsrecht.[225)] Heute geht man davon aus, dass Verträge, die einer Vertragspartei ein Widerrufsrecht einräumen, **schwebend wirksam** sind.[226)] Im Fall eines Widerrufs wird der Vertrag aber nicht unwirksam, sondern er wird in ein Rückgewährschuldverhältnis umgewandelt. Im Ergebnis führt die Einräumung des Widerrufsrechts dazu, dass der Vertrag mit dem Vertragsschluss voll wirksam wird und lediglich widerrufbar ist.[227)]

2. Ausnahmen vom Widerrufsrecht

8.110 Grundsätzlich besteht das Widerrufsrecht bei allen Fernabsatzverträgen, auf die das Fernabsatzrecht als solches anwendbar ist. Bei einigen Finanzdienstleis-

224) Diskutiert bei Haustürgeschäften, vgl. etwa OLG Rostock, Urt. v. 1.3.2001 – 1 U 122/99, ZIP 2001, 1009 = WM 2001, 1413, 1415; OLG Bamberg, Urt. v. 28.11.2000 – 5 U 39/00, ZBB 2001, 35; OLG Braunschweig, Rechtsentscheid v. 15.9.1999 – 1 RE-Miet 2/99, NJW-RR 2000, 63, 65; OLG Hamm, Urt. v. 18.1.1999 – 31 U 146/98, WM 1999, 1057 = WuB I E 3. – 4.99 *(van Look)*; restriktiver aber OLG Stuttgart, Urt. v. 4.3.1997 – 6 U 161/96, MDR 1998, 144, 145; vgl. *Felke*, MDR 2002, 226, 227; *Dörrie*, ZBB 2005, 121, 131 schlägt Plausibilitätserwägungen bzw. eine allgemeine Missbrauchs- und Verhältnismäßigkeitskontrolle i. R. v. § 242 BGB vor.

225) *Masuch* in: MünchKomm-BGB, § 355 Rz. 29 ff.; *Fuchs*, ZIP 2000, 1273, 1281; *Riehm*, JURA 2000, 505, 507; *Hoppmann*, VersR 1999, 673, 677; *Bülow*, DZWiR 1998, 89; *Willingmann*, VuR 1998, 395, 400; *Reich*, EuZW 1997, 581, 585.

226) Vgl. Begr. RegE z. einem Gesetz über Fernabsatzverträge und andere Fragen des Verbraucherrechts sowie zur Umstellung von Vorschriften auf Euro, BT-Drucks. 14/2658, S. 47; *Tonner* in: HK-VertriebsR, § 355 Rz. 24 ff.; *Riehm*, JURA 2000, 505, 507; *Bülow*, DZWiR 1998, 89.

227) *Tonner* in: HK-VertriebsR, § 355 Rz. 25; *Masuch* in: MünchKomm-BGB, § 355 Rz. 30 f.; *Mohrhauser*, Fernabsatz v. Finanzdienstleistungen, S. 58.

tungen oder unter bestimmten situativen Voraussetzungen kann ein Widerrufsrecht allerdings unangemessen sein.

a) Preisschwankungen auf dem Finanzmarkt

Nach § 312d Abs. 4 Nr. 6 BGB ist das Widerrufsrecht für Finanzdienstleistungen, deren Preis auf dem Finanzmarkt Schwankungen unterliegt, auf die der Unternehmer keinen Einfluss hat und die innerhalb der Widerrufsfrist auftreten können, ausgeschlossen. Finanzdienstleistungen, die unter diesen Widerrufsausschluss fallen, werden beispielhaft aufgeführt. Genannt werden Dienstleistungen im Zusammenhang mit Aktien, Anteilsscheinen, die von einer Kapitalanlagegesellschaft oder einer ausländischen Investmentgesellschaft ausgegeben werden, und andere handelbare Wertpapiere, Devisen, Derivate oder Geldmarktinstrumente. Nicht unter diese Ausnahmevorschrift fallen Bundesschatzbriefe und Finanzierungsschätze des Bundes, da für diese der Rücknahmekurs feststeht und der Preis deshalb keinen Schwankungen unterliegt. 8.111

Zu beachten ist, dass beim Kauf von Investmentanteilen i. S. v. § 1 InvG ausnahmsweise doch ein Widerrufsrecht bestehen kann, wenn die Voraussetzung von § 126 Abs. 1 InvG erfüllt sind.[228] 8.112

b) Kurzfristige Versicherungen

Bei kurzfristigen Versicherungen mit einer Laufzeit von weniger als einem Monat ist das Widerrufsrecht ebenfalls ausgeschlossen, vgl. § 8 Abs. 3 Nr. 1 VVG. 8.113

c) Beiderseitige Erfüllung

Wird der Vertrag auf **ausdrücklichen** Wunsch des Verbrauchers von **beiden Seiten voll erfüllt**, bevor der Verbraucher sein Widerrufsrecht ausübt, ist dieses ebenfalls ausgeschlossen, § 312d Abs. 3 BGB. 8.114

Eine ausdrückliche Zustimmung des Verbrauchers liegt nur dann vor, wenn die **Initiative** bezüglich einer vollständigen Erfüllung des Vertrages vor Ablauf der Widerrufsfrist vom Verbraucher ausgegangen ist.[229] Eine formularmäßige Er- 8.115

---

228) Nach § 126 Abs. 1 InvG besteht ein Widerrufsrecht dann, wenn der Käufer von solchen Anteilen durch mündliche Verhandlungen außerhalb der ständigen Geschäftsräume desjenigen, der die Anteile verkauft oder den Verkauf vermittelt hat, dazu bestimmt worden ist, eine auf den Kauf gerichtete Willenserklärung abzugeben; vgl. dazu Kommentierung zu den Vorgängervorschriften Brinkhaus/Scherer-*Schödermeiner/Balzer*, KAGG/AuslInvG, § 23 KAGG Rz. 2 ff.; Brinkhaus/Scherer-*Pfüller*, KAGG/AuslInvG, § 11 AuslInvestmG Rz. 3 ff. und *Wendehorst* in: MünchKomm-BGB, § 312d Rz. 120.

229) *Wendehorst* in: MünchKomm-BGB, § 312d Rz. 52.

klärung des ausdrücklichen Wunsches des Verbrauchers ist deshalb nicht möglich.[230]

8.116 Durch die strengen Anforderungen wird diese Ausnahme bei Finanzdienstleistungen selten zu einem Ausschluss des Widerrufs führen. Zum Ausgleich wird der Verbraucher durch § 312d Abs. 6 BGB zur Zahlung einer Vergütung verpflichtet, wenn der Anbieter bereits mit der Ausführung der Dienstleistung begonnen hat, aber eine vollständige Erfüllung noch nicht eingetreten ist. Hinzu kommt, dass ein Widerruf bei einem vollständig erfüllten Vertrag in der Regel ins Leere laufen würde, da bei einer vollständig erbrachten Leistung meist auch die Gegenleistung in voller Höhe erbracht werden muss.[231]

8.117 Die Reichweite dieses Erlöschensgrundes ist zusätzlich dadurch begrenzt, dass seine Voraussetzungen bei einem **Dauerschuldverhältnissen nicht erfüllt** werden können. Nutzen Finanzdienstleister also Rahmenverträge, um von der Ausnahmeregelung des § 312b Abs. 4 BGB zu profitieren, greift § 312d Abs. 3 BGB für diese nicht ein.[232]

d) Widerspruchsausschluss trotz fehlender Information

8.118 Das Widerrufsrecht bleibt auch dann nach § 312d Abs. 3 bzw. Abs. 4 Nr. 6 BGB ausgeschlossen, wenn der Unternehmer die mit diesen Ausschlusstatbeständen korrespondierenden **Aufklärungspflichten nicht erfüllt** hat, da das Erlöschen des Widerrufsrechts nicht von der Erfüllung der Informationspflichten abhängt.[233] In diesen Fällen kommt lediglich ein Schadensersatzanspruch nach §§ 280 Abs. 1, 311 Abs. 2, 241 Abs. 2 BGB (culpa in contrahendo) in Betracht.[234]

3. Ausübung des Widerrufsrechts

8.119 § 355 Abs. 1 Satz 2 BGB legt fest, dass der Widerruf des Verbrauchers gegenüber dem anderen Teil, also gegenüber dem Finanzdienstleister, **in Textform** zu erklären ist. Eine telefonischer Widerruf oder auch ein mündlicher Widerruf in einer Geschäftsstelle des Unternehmers genügen damit nicht.

---

230) *Masuch/Koch*, Fernabsatz v. Finanzdienstleistungen, 3.1.4; *Kocher*, DB 2004, 2679, 2683.

231) Vgl. Begr. zum zweiten Entwurf der FARL-FDL, KOM (1999) 385 endg., S. 7; *Reuter*, Fernabsatz, S. 210.

232) *Held/Schulz*, BKR 2005, 270, 273.

233) BGH, Urt. v. 16.3.2006 – III ZR 152/05, NJW 2006, 1971, 1974; Bamberger/Roth-*Schmidt-Räntsch*, BGB, § 312d Rz. 32; Erman-*Saenger*, BGB, § 312d Rz. 14; *Lütcke*, BGB, § 312b Rz. 61; Palandt-*Grüneberg*, BGB, § 312d Rz. 14; *Held/Schulz*, BKR 2005, 270, 273.

234) BGH, Urt. v. 16.3.2006 – III ZR 152/05, NJW 2006, 1971, 1974; krit. aber im Ergebnis ebenso: *Wendehorst* in: MünchKomm-BGB, § 312d Rz. 54; Palandt-*Grüneberg*, BGB, § 312d Rz. 14; *Masuch/Koch*, Fernabsatz v. Finanzdienstleistungen, 3.1.1.2; *Reuter*, Fernabsatz, S. 210.

Aus § 355 Abs. 1 Satz 2 Halbs. 1 BGB geht außerdem explizit hervor, dass der Widerruf **nicht begründet** werden muss. Er muss auch **nicht** als Widerruf bezeichnet werden, sondern es genügt, wenn sich unter Beachtung des objektiven Empfängerhorizonts ergibt, dass sich der Verbraucher vom Vertrag lösen will (§§ 133, 157 BGB).[235)] Als einseitiges Gestaltungsrecht wird der Widerruf erst mit Zugang beim Unternehmer wirksam, § 130 BGB.[236)] Die **Beweislast** für den Zugang und die rechtzeitige Absendung des Widerrufs liegt beim Verbraucher.[237)] Allerdings kann sich der Verbraucher dann, wenn die Absendung des Widerrufs feststeht oder bewiesen werden kann, im Hinblick auf den Zugang auf den Beweis des ersten Anscheins berufen.[238)] 8.120

4. Widerrufsfrist

Beim Fernabsatz von Finanzdienstleistungen ist der Beginn der Widerrufsfrist **abweichend** von § 355 BGB geregelt. Gemäß § 312d Abs. 2 Satz 1 BGB beginnt die Widerrufsfrist nicht vor **Erfüllung der Informationspflichten** gemäß § 312c Abs. 2 BGB. Nach § 355 Abs. 4 Satz 2 Halbs. 2 BGB bleibt das Widerrufsrecht des Verbrauchers außerdem trotz Ablaufs der Widerrufsfrist nicht nur dann bestehen, wenn der Verbraucher nicht ordnungsgemäß über sein Widerrufsrecht belehrt worden ist. Vielmehr gilt bei Finanzdienstleistungen ein ewiges Widerrufsrecht auch dann, wenn der Unternehmer seiner Mitteilungspflicht gemäß Art. 246 § 2 Abs. 1 Nr. 1 EGBGB (§ 312c Abs. 2 Nr. 1 BGB a. F.) nicht nachkommt.[239)] § 355 Abs. 3 Satz 3 BGB (§ 355 Abs. 2 Satz 4 BGB a. F.) verlagert bei streitigem Fristbeginn die **Beweislast** zusätzlich auf den Unternehmer. 8.121

Daher beginnt die Widerrufsfrist im Fernabsatz nicht vor Erfüllung aller Informationspflichten gemäß § 312c Abs. 2 BGB. Dabei beginnt die Widerrufsfrist bei Dienstleistungen nicht vor dem Tag des Vertragsschlusses. 8.122

Holt der Unternehmer die Belehrung des Verbrauchers nach dem Vertragsschluss nach, setzt diese Belehrung die Widerrufsfrist in Gang. Das folgt aus § 312d Abs. 2 BGB, der den Beginn der Widerrufsfrist abweichend von § 355 Abs. 3 Satz 1 BGB (§ 355 Abs. 2 Satz 1 BGB a. F.) an die ordnungsgemäße Erfüllung der Informationspflichten knüpft, falls der Verbraucher nicht bereits 8.123

235) *Wendehorst* in: MünchKomm-BGB, § 355 Rz. 34; Palandt-*Grüneberg*, BGB, § 355 Rz. 6.

236) *Tonner* in: HK-VertriebsR, § 355 Rz. 30; *Wendehorst* in: MünchKomm-BGB, § 355 Rz. 34.

237) *Tonner* in: HK-VertriebsR, § 355 Rz. 31; *Wendehorst* in: MünchKomm-BGB, § 355 Rz. 39; Palandt-*Grüneberg*, BGB, § 355 Rz. 23.

238) *Wendehorst* in: MünchKomm-BGB, § 355 Rz. 39; ebenso *Ulmer* in: MünchKomm-BGB, 4. Aufl. 2001, § 361a Rz. 59.

239) *Held/Schulz*, BKR 2005, 270, 273; *Knöfel*, ZGS 2004, 182, 186; *Kocher*, DB 2004, 2679, 2683.

vor Vertragsschluss informiert wurde. Erfolgt die Information verspätet, sieht § 312d Abs. 2 BGB eine **Hemmung der Widerrufsfrist** vor, um den Schutz des verspätet informierten Verbrauchers zu gewährleisten.[240)]

8.124 Wird die Information des Verbrauchers nach Vertragsschluss nachgeholt, beträgt die **Widerrufsfrist** gemäß § 355 Abs. 2 Satz 3 BGB (§ 355 Abs. 2 Satz 2 BGB a. F.) **einen Monat**. Diese Regelung gilt für alle Fälle der verspäteten Belehrung und damit auch für telefonische Vertragsabschlüsse, bei denen eine Belehrung in Textform vor Vertragsschluss aus technischen Gründen nicht erfolgen kann.[241)]

5. Rechtsfolgen des Widerrufs

8.125 Widerruft der Verbraucher seine auf Abschluss des Vertrages gerichtete Willenserklärung, ist er an seine Erklärung **nicht mehr gebunden**. Gemäß § 357 Abs. 1 BGB finden im Falle eines Widerrufs die Vorschriften über den gesetzlichen Rücktritt (§§ 346 ff. BGB) Anwendung. Dieser Verweis auf die Rücktrittsregeln bewirkt, dass der Widerruf als Gestaltungsrecht zu einer Umwandlung des Vertrages in ein Rückgewährschuldverhältnis führt, so dass dem Widerruf eine **ex-nunc-Wirkung** zukommt.[242)]

a) Vergütungspflicht

8.126 Grundsätzlich ergibt sich aus § 357 Abs. 1 Satz 1 i. V. m. § 346 Abs. 2 Nr. 1 BGB, dass der Verbraucher für bereits **erbrachte Leistungen** des Unternehmers in der Zeit zwischen Vertragsschluss und Widerruf **zahlungspflichtig** ist.

8.127 Die nach § 346 Abs. 1 BGB grundsätzlich bestehende Pflicht zur Herausgabe der empfangenen Leistungen und gezogenen Nutzungen wird bei Dienstleistungen durch § 346 Abs. 2 Nr. 1 BGB ersetzt, der statt der Rückgewähr **Wertersatz** vorsieht, da aufgrund des immateriellen Charakters von Dienstleistungen eine Rückgabe ausgeschlossen ist. Für die Berechnung des Wertersatzes ist gemäß § 346 Abs. 2 Satz 2 Halbs. 1 BGB grundsätzlich auf die **vertraglich vereinbarte Vergütung** abzustellen.[243)]

---

240) Begr. RegE z. einem Gesetz zur Änderung der Vorschriften über Fernabsatzverträge bei Finanzdienstleistungen, BT-Drucks. 15/2946, S. 23; *Wendehorst* in: MünchKomm-BGB, § 355 Rz. 71; Staudinger-*Thüsing*, BGB, § 312d Rz. 17; *Domke*, BB 2005, 228, 229; *Dörrie*, ZBB 2005, 121, 131.

241) Krit. dazu *Domke*, BB 2006, 61; *Schirmbacher*, CR 2006, 673, 674 ff.

242) *Tonner* in: HK-VertriebsR, § 357 Rz. 4; *Wendehorst* in: MünchKomm-BGB, § 357 Rz. 10; Palandt-*Grüneberg*, BGB, § 357 Rz. 2; *Domke*, BB 2007, 341, 342; *Riehm*, JURA 2000, 505, 507.

243) *Mohrhauser*, Fernabsatz v. Finanzdienstleistungen, S. 64; *Wendehorst* in: MünchKomm-BGB, § 357 Rz. 20; *Gaier* in: MünchKomm-BGB, § 346 Rz. 44.

Für **Darlehensverträge** trifft § 346 Abs. 2 Satz 2 Halbs. 2 BGB eine **Sonderregelung**, wonach Verbrauchern im Hinblick auf den Wertersatz für die Gebrauchsüberlassung des Darlehens der Nachweis gestattet ist, dass der Wert des Gebrauchsvorteils niedriger war, als die vereinbarte Vergütung. Dem Verbraucher ist damit die Möglichkeit eröffnet, nachzuweisen, dass er das Darlehen anderweitig zu günstigeren Konditionen hätte erhalten können.[244] 8.128

Die **Zahlungspflicht** ist allerdings an **enge Voraussetzungen** geknüpft, um dem Verbraucher die freie Entscheidung über die Ausübung seines Widerrufsrechts nicht übermäßig zu erschweren. Die qualifizierenden Voraussetzungen für die Vergütungspflicht des Verbrauchers finden sich in § 312d Abs. 6 BGB. 8.129

Danach ist Wertersatz für die erbrachte Dienstleistung nur dann zu leisten, wenn: 8.130

- der Verbraucher vor Abgabe seiner Vertragserklärung auf diese Rechtsfolge **hingewiesen** wurde und
- er **ausdrücklich zugestimmt** hat, dass der Unternehmer vor Ablauf der Widerrufsfrist mit der Ausführung der Dienstleistung beginnt.

Fehlt es an einer dieser beiden Voraussetzungen, hat der Unternehmer **keinen** (auch keinen bereicherungsrechtlichen) Anspruch auf Wertersatz.[245] Hinzu kommt, dass der Unternehmer die **Beweislast** für die Erfüllung dieser Voraussetzungen trägt.[246] Das Erfordernis der **ausdrücklichen** Zustimmung hat außerdem zur Folge, dass eine Zustimmung i. R. v. AGB wegen § 308 Nr. 5 BGB nicht ausreicht.[247] Es muss deshalb von Seiten der Anbieter genau darauf geachtet werden, dass Erfüllungshandlungen nur nach ausdrücklicher Zustim- 8.131

244) Diese Möglichkeit wird durch Art. 14 Abs. 3 lit. b Satz 2 der neue Verbraucherkreditrichtlinie eingeschränkt, der allein die vertraglich vereinbarte Gegenleistung zum Maßstab nimmt und für den Verbraucher günstigere Abweichungen nicht gestattet. Im Rahmen der Umsetzung der Verbraucherkreditrichtlinie wurde der Anwendungsbereich von § 346 Abs. 2 Satz 2 Halbs. 2 BGB a. F. durch § 495 Abs. 2 Nr. 2 Satz 3 BGB auf grundpfandrechtlich gesicherte Verträge beschränkt, die von der Verbraucherkreditrichtlinie nicht erfasst sind, vgl. Begr. RegE z. einem Gesetz zur Umsetzung der Verbraucherkreditrichtlinie, des zivilrechtlichen Teils der Zahlungsdiensterichtlinie sowie zur Neuordnung der Vorschriften über das Widerrufs- und Rückgaberecht, BT-Drucks. 16/11643, S. 127.

245) *Masuch/Koch*, Fernabsatz v. Finanzdienstleistungen, 3.3; *Held/Schulz*, BKR 2005, 270, 273; *Kocher*, DB 2004, 2679, 2683.

246) Begr. RegE z. einem Gesetz zur Änderung der Vorschriften über Fernabsatzverträge bei Finanzdienstleistungen, BT-Drucks. 15/2946, S. 23; Staudinger-*Thüsing*, BGB, § 312d Rz. 76; *Mohrhauser*, Fernabsatz v. Finanzdienstleistungen, S. 65; *Dörrie*, ZBB 2005, 121, 134; *Härting/Schirmbacher*, CR 2005, 48, 53; *Knöfel*, ZGS 2004, 182, 185; *Kocher*, DB 2004, 2679, 2683; *Rott*, BB 2005, 53, 60.

247) *Dörrie*, ZBB 2005, 121, 134; *Felke/Jordans*, WM 2004, 166, 170; *Felke/Jordans*, NJW 2005, 709, 711.

mung des Verbrauchers vorgenommen werden. Sonst sind Rückforderungsansprüche des Anbieters ausgeschlossen.[248)]

b) Rückgabepflichten

8.132 Im Falle eines Widerrufs des Fernabsatzvertrages durch den Verbraucher ergeben sich außerdem aus § 357 Abs. 1 Satz 1 i. V. m. § 346 Abs. 1 BGB Rückgabepflichten. Der Verbraucher hat die aufgrund des Fernabsatzvertrages empfangenen Leistungen zurückzugewähren, bei Verbraucherdarlehensverträgen also die Darlehensvaluta.[249)] Auf der anderen Seite ist auch der Finanzdienstleister verpflichtet, Leistungen des Verbrauchers zurückzuerstatten, z. B. eine Festgeldeinlage, wobei er allerdings berechtigt ist, den vom Verbraucher zu leistenden Wertersatz **vorher abzuziehen**. Wichtig ist, dass diese Rückgewähransprüche **nicht** an § 312d Abs. 6 BGB gekoppelt sind, so dass sie von einer Information des Verbrauchers oder seiner Zustimmung zum Beginn der Dienstausführung unabhängig sind.[250)] Die Rückgabepflichten sind innerhalb von **30 Tagen** nach der Widerrufserklärung des Verbrauchers zu erfüllen. In Bezug auf die Rückgabepflichten des Verbrauchers beginnt diese Frist mit Abgabe des Widerrufs, im Hinblick auf die Rückgabepflichten des Unternehmers mit deren Zugang, vgl. § 357 Abs. 1 Satz 2, 3 i. V. m. § 286 Abs. 3 BGB.[251)]

6. Konkurrenzregelung für Widerrufsrechte beim Fernabsatz von Verbraucherdarlehensverträgen

8.133 Durch die Einführung eines Widerrufsrechts für im Fernabsatz geschlossene Finanzdienstleistungsverträge stehen einem Verbraucher bei im Fernabsatz geschlossenen Verbraucherdarlehensverträgen grundsätzlich zwei Widerrufsrechte zu, das verbraucherkreditrechtliche aus § 495 BGB und das fernabsatzrechtliche aus § 312d BGB. Um eine Dopplung von Widerrufsrechten zu vermeiden und eine eindeutige Rechtslage zu schaffen, wurde mit § 312d Abs. 5 BGB eine **Konkurrenzregel** geschaffen.[252)]

8.134 Nach dieser Vorschrift ist das fernabsatzrechtliche Widerrufsrecht aus § 312d BGB ausgeschlossen, wenn dem Verbraucher bereits aufgrund der §§ 495 und 499 bis 507 BGB ein Widerrufs- oder Rückgaberecht zusteht. Das heißt, dass

---

248) *Felke/Jordans*, WM 2004, 166, 170; *Felke/Jordans*, NJW 2005, 709, 711.

249) BGH, Urt. v. 12.11.2002 – XI ZR 47/01, ZIP 2003, 64 = NJW 2003, 422 f.; *Mohrhauser*, Fernabsatz v. Finanzdienstleistungen, S. 65.

250) *Wendehorst* in: MünchKomm-BGB, § 312d Rz. 129; *Mohrhauser*, Fernabsatz v. Finanzdienstleistungen, S. 65.

251) Vgl. RegE z. einem Gesetz zur Änderung der Vorschriften über Fernabsatzverträge bei Finanzdienstleistungen BT-Drucks. 15/2946, S. 23 f.

252) RegE z. einem Gesetz zur Änderung der Vorschriften über Fernabsatzverträge bei Finanzdienstleistungen BT-Drucks. 15/2946, S. 23; *Nocke*, FLF 2005, 114; *Wendehorst* in: MünchKomm-BGB, § 312d Rz. 15.

sich bei einem im Fernabsatz geschlossenen Verbraucherdarlehensvertrag das Widerrufsrecht aus § 495 BGB und nicht aus § 312d BGB ergibt. Da das fernabsatzrechtliche Widerrufsrecht aber in Bezug auf den Fristbeginn für den Verbraucher **günstiger** ist, als das verbraucherkreditrechtliche, bestimmte § 312d Abs. 5 Satz 2 BGB in der bis 10. Juni 2010 geltenden Fassung, dass der günstigere fernabsatzrechtliche Beginn der Widerrufsfrist auch für das Widerrufsrecht aus § 495 BGB gilt.

Da die **neue Verbraucherkreditrichtlinie** in Art. 14 Abs. 1 Satz 2 eine von der **8.135**
FARL-FDL abweichende Regelung zum Beginn der Widerrufsfrist trifft, sah sich der deutsche Gesetzgeber aufgrund der auch von der Verbraucherkreditrichtlinie vorgesehenen Vollharmonisierung gezwungen, den für Verbraucher günstigeren Fristbeginn für den Fernabsatz von Verbraucherdarlehen und entgeltlichen Finanzierungshilfen **aufzuheben.**[253] Dieser Schluss ist allerdings nicht zwingend, da der abweichende Fristbeginn für den Fernabsatz von Verbraucherdarlehensverträgen auf Art. 6 Abs. 1 Satz 2 FARL-FDL zurückzuführen ist, von dessen Vorgaben ebenfalls nicht abgewichen werden darf. Da die FARL-FDL **Spezialregelungen** für die Vertriebsform Fernabsatz trifft, ist davon auszugehen, dass deren Bestimmungen für den Fernabsatz von Verbraucherdarlehen Vorrang vor den allgemein gültigen Regelungen der Verbraucherkreditrichtlinie haben. § 312d Abs. 5 Satz 2 BGB hätte folglich unverändert beibehalten werden müssen.

Zu beachten ist, dass § 312d Abs. 5 BGB nur insoweit den Vorrang des Wider- **8.136**
rufsrechts aus § 495 BGB bestimmen kann, als ein solches **dem Grunde** nach auch besteht. Ist das nicht der Fall, lebt das Widerrufsrecht aus § 312d Abs. 1 BGB wieder auf.[254]

Wird das fernabsatzrechtliche Widerrufsrecht vom verbraucherkreditrechtli- **8.137**
chen verdrängt, bleiben trotzdem die in § 312d Abs. 6 BGB verankerten **zusätzlichen Voraussetzungen für eine Vergütungspflicht** des Verbrauchers im Falle eines Widerrufs anwendbar.

7. Personenmehrheiten

Sind auf Kundenseite mehrere Personen beteiligt, ist ein Vertrag bereits dann **8.138**
widerrufbar, wenn lediglich **einer der Kunden** Verbraucher ist.[255] Wird das

253) Begr. RegE z. einem Gesetz zur Umsetzung der Verbraucherkreditrichtlinie, des zivilrechtlichen Teils der Zahlungsdiensterichtlinie sowie zur Neuordnung der Vorschriften über das Widerrufs- und Rückgaberecht, BT-Drucks. 16/11643, S. 101 f.

254) Z. B. wenn dem Verbraucher bei Überziehungskrediten wegen §§ 504 Abs. 2 und 505 Abs. 4 BGB (§ 495 Abs. 2 BGB a. F.) kein Widerrufsrecht zusteht.

255) *Wendehorst* in: MünchKomm-BGB, § 312d Rz. 104; *Masuch/Koch*, Fernabsatz v. Finanzdienstleistungen, 3.1.5.1.

Widerrufsrecht ausgeübt, treffen die **Wirkungen** dieses Widerrufs alle Personen einheitlich.[256)]

8.139 Erlischt das Widerrufsrecht – z. B. durch Ablauf der Widerrufsfrist oder aufgrund einer vollständigen Erfüllung des Vertrages – für einen Verbraucher, erlischt es gemäß §§ 357 Abs. 1, 351 Satz 2 BGB im Zweifel auch für die anderen.[257)]

8.140 Bei der Mitverpflichtung von Ehegatten nach § 1357 Abs. 1 Satz 2 BGB entspricht es dem Sinn und Zweck von § 1357 BGB, jedem Ehegatten das Recht einzuräumen, dass Widerrufsrecht auch für solche Geschäfte auszuüben, die der andere allein abgeschlossen hat.[258)]

8. Beweislast

8.141 Da der deutsche Gesetzgeber mit § 355 Abs. 3 Satz 3 BGB (§ 355 Abs. 2 Satz 4 BGB a. F.) die Beweislast für den Beginn der Widerrufsfrist dem **Unternehmer** auferlegt hat, obliegt es diesem, die ordnungsgemäße Übermittlung der Informationen und Vertragsbedingungen, deren Zugang beim Verbraucher und den Zeitpunkt des Vertragsschlusses nachzuweisen. Dies ergibt sich zwar nicht unmittelbar aus § 355 Abs. 2 Satz 4 BGB (§ 355 Abs. 3 Satz 3 BGB a. F.), aber aus der **engen funktionalen Verknüpfung** von § 355 Abs. 3 BGB (§ 355 Abs. 2 BGB a. F.) mit der Sonderregelung für den Fristbeginn im Fernabsatz in § 312d Abs. 2 BGB.[259)] Für den Finanzdienstleister ist es deshalb von größter Bedeutung, die für den Fristbeginn relevanten Tatsachen umfassend **zu dokumentieren.** Bei den herkömmlichen Fernkommunikationsmitteln ergeben sich diesbezüglich keine Besonderheiten. Wenn Verbraucher und Finanzdienstleister über das Internet kommunizieren, ist es schwieriger, die ordnungsgemäße Information des Verbrauchers nachzuweisen.[260)]

8.142 Werden die Informationen lediglich auf der Internetseite des Unternehmers zur Verfügung gestellt, kann der Finanzdienstleister z. B. über die Verwendung besonderer Programmteile sicherstellen, dass eine Speicherung der Information auf der Festplatte des Verbrauchers oder der Ausdruck tatsächlich erfolgt.[261)]

256) *Wendehorst* in: MünchKomm-BGB, § 312d Rz. 104; anders: *Masuch* in: MünchKomm-BGB, § 355 Rz. 24, der § 139 BGB über den Fortbestand der vertraglichen Bindung für alle übrigen Beteiligten entscheiden lassen will.

257) *Masuch* in: MünchKomm-BGB, § 355 Rz. 24; *Wendehorst* in: MünchKomm-BGB, § 321d Rz. 105.

258) Umstritten; wie hier: *Wendehorst* in: MünchKomm-BGB, § 312d Rz. 106 m. w. N.

259) *Wendehorst* in: MünchKomm-BGB, § 312c Rz. 148; *Mohrhauser*, Fernabsatz v. Finanzdienstleistungen, S. 89; *Nocke*, FLF 2005, 73, 77; *Rössel*, ITRB 2004, 236, 238; *Bürger*, NJW 2002, 465, 468.

260) *Mohrhauser*, Fernabsatz v. Finanzdienstleistungen, S. 89; *Riehm*, JURA 2000, 505, 508; *Roth*, JZ 2000, 1013, 1017.

261) *Riehm*, JURA 2000, 505, 508.

Auch kann der Zugang der Information dadurch dokumentiert werden, dass der Zeitpunkt des Downloads zusammen mit der IP-Adresse des Verbrauchers beim Unternehmer gespeichert wird.[262] Versendet der Finanzdienstleister die Informationen per E-Mail, kommt der Eingangs- bzw. Lesebestätigung der Wert eines **Anscheinsbeweises** zu.[263] Eine geeignete Variante, um die Übermittlung der Information an den Verbraucher nachzuweisen, besteht auch darin, dem Verbraucher das Vertragsformular zusammen mit den Vertragsbestimmungen und den Pflichtinformationen gebündelt in der Pdf-Datei entweder per E-Mail zuzuschicken oder den Download von der Internetseite des Anbieters zu verlangen. Dadurch kann der Anbieter erreichen, dass der Verbraucher neben dem Vertragsformular alle anderen nach dem Fernabsatzrecht erforderlichen Unterlagen erhält.[264] Der Verbraucher müsste dann zusammen mit dem unterschriebenen Vertragsformular eine Bestätigung über den Erhalt der Informationen an den Anbieter zurückschicken.[265] Zu beachten ist bei einer solchen Vorgehensweise aber § 309 Nr. 12 BGB, der **Empfangsbekenntnisse** nur dann gestattet, wenn sie **gesondert unterschrieben** oder mit einer **gesonderten elektronischen Signatur** versehen sind.[266] Eine online erfolgte Empfangsbestätigung ist deshalb unwirksam.

Der sicherste und von den meisten Finanzdienstleistern bisher praktizierte **8.143**
Weg führt immer noch über eine Zusendung der Information auf Papier und die anschließende Bestätigung des Erhalts der Informationen und Vertragsbedingungen auf einer gesondert zu unterzeichnenden Erklärung, die vom Finanzdienstleister sorgfältig zu archivieren ist.

262) *Ulmer* in: MünchKomm-BGB, 4. Aufl. 2001, § 361a a. F. Rz. 103.

263) *Einsele* in: MünchKomm-BGB, § 130 Rz. 46; *Mankowski*, NJW 2004, 1901 ff.

264) Vgl. zu weiteren technischen Möglichkeiten, den Nachweis über den Zugang der Informationen zu führen, *Mohrhauser,* Fernabsatz v. Finanzdienstleistungen, S. 89 ff.

265) *Wendehorst* in: MünchKomm-BGB, § 312c Rz. 148; *Nocke*, FLF 2005, 73, 77; *Bülow/Artz*, NJW 2000, 2049, 2055; *Finke*, Fernabsatz v. Finanzdienstleistungen, § 4 Rz. 106 schlägt vor, Anfang oder Ende der Informationen mit einem Code zu versehen, den der Verbraucher dem Unternehmer zusammen mit seiner Vertragserklärung übermitteln muss.

266) BGH, Urt. v. 15.1.1987 – III ZR 153/85, ZIP 1987, 519 = NJW 1987, 2014 ff.; OLG Köln, Urt. v. 22.10.1999 – 6 U 35/99, VersR 2000, 169; *Koch/Masuch*, Fernabsatz v. Finanzdienstleistungen, 2.6.4.; *Held/Schulz*, BKR 2005, 270, 274.

Kapitel 9 Kreditgeschäft und Kreditsicherung

Übersicht

I. Kreditvertrag

Die Begriffe Kredit und Darlehen werden häufig synonym für **Gelddarlehen** verwendet. 9.1

Der **Kreditbegriff** in der Bankpraxis geht jedoch über Verträge weit hinaus, bei denen dem Kreditnehmer der Darlehensgegenstand in Form von Bar- oder Buchgeld valutiert wird. Der Kreditgegenstand kann auch darin bestehen, dass dem Vertragspartner von Seiten der Bank deren Haftung oder Bonität im Geschäftsverkehr zur Verfügung gestellt wird.[1] Insoweit wird das Kreditgeschäft in der Bankpraxis begrifflich oftmals sogar mit dem Aktivgeschäft gleichgesetzt. Ausgehend von den in § 1 Abs. 1 Satz 2 KWG genannten Begriffsbestimmungen des Aufsichtsrechts gehören zum Kreditgeschäft in diesem Sinne u. a. das Diskontgeschäft und das Garantiegeschäft. Auch im Übrigen unterscheidet sich der Kreditbegriff des Kreditwesengesetzes grundlegend vom Darlehensbegriff des BGB.[2] Der Schwerpunkt der nachfolgenden Darstellung liegt bei den Gelddarlehen. 9.2

Hinsichtlich der Unterscheidung der beiden Begriffe wird der Kredit häufiger für kurz- oder mittelfristige, der Begriff Darlehen für längerfristige Geschäfte gebraucht – dies allerdings nicht konsequent (so z. B. langfristige Investitionskredite, Realkredite u. a.). Daneben wird der Kreditvertrag jedoch auch als 9.3

---

1) Zum weiten Kreditbegriff eingehend Staudinger-*Hopt/Mülbert*, BGB, Vorbem. zu §§ 607 ff. Rz. 12; *Kümpel*, Bank- und Kapitalmarktrecht, Rz. 5.67.

2) Vgl. §§ 13 ff. KWG und oben Rz. 2.374 ff.

Oberbegriff für all die Verträge angesehen, in denen der Gläubiger einem Schuldner einen Vermögensvorteil auf Zeit überlässt und der Schuldner ihn zu einem späteren Zeitpunkt ausgleicht.[3] Für diese Einordnung spricht u. a. § 1 Abs. 1 Satz 2 KWG, welcher die spezifischen Bankgeschäfte des Gelddarlehens und des Akzeptkredites mit der Umschreibung Kreditgeschäft zusammenfasst. In diesem Sinne ist das Gelddarlehen als diejenige Kreditart zu verstehen, bei welcher ein Geldbetrag an den Darlehensnehmer überlassen wird und vertragsgemäß regelmäßig wiederkehrende Zinszahlungen zu entrichten sind.

9.4 Weite Teile der zivilrechtlichen Regelungen zum Kreditgeschäft finden sich nach der Schuldrechtsmodernisierung weiterhin im BGB.[4] So wurden mit Wirkung zum 1. Januar 2002 die in den §§ 607 ff. a. F. bestimmten einheitlichen Regelungen zum Sach- und zum Gelddarlehen aufgespalten und die Normen zu den Gelddarlehen nunmehr in den §§ 488 ff. BGB kodifiziert. In diesem Zusammenhang wurden die Vorschriften des VerbrKrG in das BGB und die Rechtsschöpfung des Vorfälligkeitsentgelt in den § 490 Abs. 2 BGB integriert. Daneben wurde die Sprache modernisiert – ohne hierdurch freilich zu substantiellen Verbesserungen zu gelangen.[5]

1. Kreditarten

a) Verbraucher- und Firmendarlehen

9.5 Das **Verbraucherdarlehen** wird begrifflich umfassend in den §§ 491 bis 498 BGB geregelt. Im Rahmen der Schuldrechtsmodernisierung waren die Normen des VerbrKrG, welches zur Umsetzung der VerbrKrRL erlassen worden war,[6] in das BGB integriert worden. Aufgrund der sog. „Heininger-Entscheidung" des EuGH, welche noch vor Inkrafttreten des Schuldrechtsmodernisierungsgesetzes erging,[7] waren schon die ersten Änderungen veranlasst, sodass der Gesetzgeber die Regelungen im Bereich des Widerrufes für Immobiliardarlehen

3) *Bülow*, NJW 2002, 1145.

4) Gesetz zur Modernisierung des Schuldrechts v. 26.11.2001, BGBl. I, 3138.

5) Vgl. hierzu insbesondere *Berger* in: MünchKomm-BGB, Vorbem. zu § 488 Rz. 2.

6) Verbraucherkreditgesetz (VerbrKrG) = Art. 1 des Gesetzes über Verbraucherkredite, zur Änderung der Zivilprozessordnung und anderer Gesetze v. 17.12.1990, BGBl. I, 2840, aufgrund der Richtlinie des Rates 87/102/EWG v. 22.12.1986 zur Angleichung der Rechts- und Verwaltungsvorschriften über den Verbraucherkredit (Verbraucherkreditrichtlinie), ABl. Nr. L 42, S. 48, geändert durch Richtlinie 90/88/EWG des Rates v. 22.2.1990 zur Änderung der Richtlinie 87/102/EWG v. 22.12.1986 zur Angleichung der Rechts- und Verwaltungsvorschriften über den Verbraucherkredit, ABl. Nr. L 61, S. 14; zuletzt geändert durch Richtlinie des europäischen Parlaments und des Rates 98/7/EG v. 16.2.1998 zur Änderung der Richtlinie 87/102/EWG, ABl. Nr. L 101, S. 17 (Berechnung des effektiven Jahreszinses).

7) EuGH, Urt. v. 13.12.2001 – C 481/99, ZIP 2002, 31 (m. Bespr. *Hoffmann*, S. 145) = ZfIR 2002, 15 (m. Anm. *O. Fischer*, S. 19) = ZBB 2002, 29 (m. Anm. *Kulke*, S. 33), dazu EWiR 2002, 261 *(Pfeiffer)* und WuB IV D. – § 5 HWiG *(Roth)*.

(Realdarlehen) und zum verbundenen Geschäft bei Immobiliendarlehen novellierte.[8] Eine Neuausrichtung wird das Verbraucherdarlehensrecht im Zuge der neuen Verbraucherkreditrichtlinie[9] und deren Umsetzung in deutsches Recht[10] erfahren. Die Neufassung des Verbraucherdarlehensrechts, welches am 11. Juni 2010 in Kraft tritt, soll verbraucherrechtliche Bestimmungen, im Wesentlichen zur Werbung, zu (vor-)vertraglichen Informationen, zum Widerruf und zur vorzeitigen Rückzahlung des Darlehens harmonisieren. Ziel der neuen Vorschriften ist ein echter Binnenmarkt und ein hohes Verbraucherschutzniveau.[11]

Ein Kreditvertrag hat ein Verbraucherdarlehen zum Gegenstand, wenn ein Unternehmer als Darlehensgeber einem Verbraucher einen Geldbetrag in der vereinbarten Höhe zur Verfügung stellt und der Verbraucher zur Zahlung eines Entgeltes, also regelmäßig eines Zinses, verpflichtet ist. 9.6

Verbraucher ist eine natürliche Person, die beim konkreten Geschäft nicht zu einem Zweck handelt, der ihrer bereits ausgeübten gewerblichen oder selbständigen beruflichen Tätigkeit zugerechnet werden kann (§ 13 BGB). Unter den Begriff der natürlichen Person kann jedoch auch eine Mehrheit von Darlehensnehmern i. S. v. Gesamtschuldnern fallen. Auch eine BGB-Gesellschaft kann vom Anwendungsbereich der Verbraucherdarlehensnormen erfasst sein, soweit sie nur aus natürlichen Personen besteht.[12] Durch die Person des Darlehensnehmers und den zusätzlich festzustellenden Darlehenszweck ergeben sich zwei objektiv bestimmbare Einordnungskriterien. Von praktischer Bedeutung ist die Einordnung, weil die Verbraucherkreditnormen sowohl für das Zustandekommen wie für die Beendigung des Darlehensvertrages Sonderregelungen gegenüber den allgemeinen Vorschriften enthalten (unten Rz. 9.29 ff.). 9.7

Als **Firmendarlehen** (auch **Unternehmerdarlehen**) lassen sich alle sonstigen Darlehensgeschäfte bezeichnen. Zu dieser Gruppe gehören somit sämtliche Finanzierungsgeschäfte, bei denen Darlehensnehmer eine juristische Person des Privatrechts oder des öffentlichen Rechts, eine Personenhandelsgesellschaft (OHG, KG), eine Partnerschaftsgesellschaft oder eine gewerblich tätige Ge- 9.8

---

8) Art. 25 des OLG-Vertretungsänderungsgesetzes (OLG-VertrÄndG) v. 23.7.2002, BGBl. I, 2850; vgl. hierzu Häfner-*Münscher*, Fehlgeschlagene Kapitalanlagen, Rz. 448 ff. und Palandt-*Weidenkaff*, BGB, Vorbem. zu §§ 491 Rz. 4.

9) Richtlinie 2008/48/EG v. 23.4.2008, ABl. L 133, S. 66, ber. ABl. 2009 L 207, S. 14

10) Gesetz zur Umsetzung der Verbraucherkreditrichtlinie, des zivilrechtlichen Teils der Zahlungsdiensterichtlinie sowie zur Neuordnung der Vorschriften über das Widerrufs- und Rückgaberechts v. 29.7.2009, BGBl. I 2009, 2355.

11) BT-Drucks. 16/11643 v. 21.1.2009, S. 94.

12) BGH, Urt. v. 23.10.2001 – XI ZR 63/01, BGHZ 149, 80 = ZIP 2001, 2224 = ZfIR 2002, 23 (m. Anm. *Dörrie*, S. 26), dazu EWiR 2002, 93 *(Saenger/Bertram)*, a. A. *Mülbert*, WM 2004, 905.

sellschaft bürgerlichen Rechts ist.[13] Diese Einordnung gilt unabhängig davon, ob das Firmendarlehen für eine bereits ausgeübte gewerbliche oder selbständige berufliche Tätigkeit bestimmt ist oder der Aufnahme einer solchen Tätigkeit dienen soll. Darlehen an natürliche Personen, mit deren Hilfe eine gewerbliche oder selbständige berufliche Tätigkeit aufgenommen werden soll, sind nur dann Firmendarlehen, wenn der Nettodarlehensbetrag 50.000 Euro übersteigt. Im Übrigen unterfallen diese Darlehen gemäß § 507 BGB dem Verbraucherdarlehensrecht. Im Zuge der Umsetzung der neuen Verbraucherkreditrichtlinie werden Inhalte zu den Existenzgründerdarlehen ab dem 11. Juni 2010 in § 512 BGB n. F. geregelt. Der bisherige Grenzwert wird auf 75.000 Euro angehoben.

9.9 Eine weitere, zu den gegenübergestellten Firmen- und Verbraucherdarlehen nahezu deckungsgleiche Einteilung von Krediten ist in den **gewerblichen Krediten** und in den **Konsumentenkrediten** zu sehen. Diese Einordnung entspringt nicht juristischen, sondern bankwirtschaftlichen Ansätzen. Als Konsumentenkredite werden in der Kategorisierung der Deutschen Bundesbank Kredite an "wirtschaftlich unselbständige und sonstige Privatpersonen" bezeichnet.[14] Dem Konsumentenkredit gegenüber steht der gewerbliche Kredit, welcher im banküblichen Sprachgebrauch Kredite an Unternehmen, sonstige Gewerbetreibende, an wirtschaftlich selbständige Personen und an Freiberufler umfasst.[15]

b) Zahlungs-, Aval-, Diskontkredit

9.10 Kredite, bei denen der vereinbarte Betrag in Form von Bargeld oder entsprechend der Vereinbarung der Vertragsparteien, z. B. durch eine Überweisung in Form von Buchgeld, tatsächlich valutiert, also ausgezahlt werden soll, werden als **Zahlungskredite** bezeichnet.[16] Ihrer Rechtsnatur nach ist diese Kreditart Darlehen i. S. v. § 488 BGB.

9.11 Beim **Avalkredit** wird dagegen keine effektive Valutierung vereinbart. Es handelt sich hierbei um einen Haftungskredit. Das Kreditinstitut übernimmt eine Eventualverbindlichkeit in Form einer Bürgschaft oder Garantie gegenüber einem Dritten und stellt somit seine Haftung oder Bonität zur Verfügung (vgl. auch unten Rz. 9.396). Der Bürgschafts- oder Garantieübernahme im Außenverhältnis liegt im Innenverhältnis eine entsprechende Weisung des Bankkun-

---

13) Eingehend *Kümpel*, Bank- und Kapitalmarktrecht, Rz. 5.279 ff.; zu den Partnerschaftsgesellschaften vgl. das Gesetz über Partnerschaftsgesellschaften Angehöriger Freier Berufe (Partnerschaftsgesellschaftsgesetz – PartGG) v. 25.7.1994, BGBl. I, 1744, zuletzt geändert durch Gesetz v. 10.11.2006, BGBl. I, 2553.

14) Vgl. hierzu die Monatsberichte der Deutschen Bundesbank, abrufbar unter www.bundesbank.de/volkswirtschaft/vo_monatsberichte_2009.php.

15) Schimansky/Bunte/Lwowski-*Häuser*, Bankrechts-Hdb., § 83 Rz. 1.

16) Staudinger-*Hopt/Mülbert*, BGB, Vorbem. zu §§ 607 ff. Rz. 17.

den zugrunde. Dieses Rechtsverhältnis zwischen dem Institut und dem Avalauftraggeber ist ein Geschäftsbesorgungsvertrag gemäß § 675 BGB.[17)]

Die Höhe des Entgeltes, die sog. Avalprovision, bemisst sich nach der Dauer und Größe des übernommenen Risikos für die Bank. Für eine Besicherung ihrer potentiellen Leistungspflicht aus der Bürgschaft wird die Bank an Maßstäbe des sonstigen Kreditgeschäfts anknüpfen. Das AGB-Pfandrecht gemäß Nr. 21 Abs. 3 Satz 3 AGB-Spk – anders als Nr. 14 Abs. 2 Satz 2 AGB-Bk – sichert einen Rückgriffsanspruch gegen den Kunden erst ab Fälligkeit und nicht bereits ab Zusage der Avalbürgschaft.[18)] 9.12

Beim **Diskontgeschäft** nimmt die Bank Wechsel vor deren Fälligkeit vom Kunden als Wechselinhaber herein und stellt diesem im Gegenzug den Nennbetrag der Wechselforderung unter Abzug des vereinbarten Diskontzinses und sonstiger Provisionen zur Verfügung. Da sich die Bank bei der Wechselhereinnahme regelmäßig dessen Rückgabe an den Kunden für den Fall vorbehält, dass er bei Fälligkeit nicht eingelöst werden kann, handelt es sich wirtschaftlich gesehen um einen Kredit. Die vertragswesentlichen Elemente – Erwerb des Wechsels gegen Zahlung – entsprechen dagegen denen eines Kaufvertrages. Seiner Rechtsnatur nach wird das Diskontgeschäft daher ganz überwiegend als Rechtskauf oder kaufähnliches Verhältnis gemäß §§ 433 ff. BGB angesehen. Dies ergibt sich daraus, dass die Bank, wie üblich bei einem Kauf, den Wechsel endgültig zu Eigentum erwerben soll.[19)] 9.13

Bis Ende 1998 konnte die Bank gute Handelswechsel, die sie im Diskontgeschäft erwarb und aus denen neben ihr noch mindestens zwei als zahlungsfähig bekannte Verpflichtete (z. B. Akzeptant, Indossanten) hafteten, im Wege des Rediskontgeschäfts an die Deutsche Bundesbank verkaufen (vgl. §§ 15, 19 Abs. 1 Nr. 1 BBankG a. F.). Vom Nennbetrag der Wechselforderung wurde bei der Rediskontierung der jeweilige, vom Zentralbankrat i. R. d. geldpolitischen Maßnahmen festgesetzte Diskontsatz abgezogen. Mit Beginn der dritten Stufe der EWU ist das Rediskontgeschäft bei der Bundesbank entfallen. Handelswechsel, aus denen neben dem Kreditinstitut ein notenbankgeeignetes Nicht- 9.14

---

17) BGH, Urt. v. 6.7.2000 – IX ZR 206/99, ZIP 2000, 1576 = NJW-RR 2000, 1717, dazu EWiR 2001, 63 *(Koller)*; BGH, Urt. v. 19.9.1985 – IX ZR 16/85, = ZIP 1985, 1380 = WM 1985, 1387, dazu EWiR 1985, 973 *(Horn)*; OLG Köln, Urt. v. 23.11.1998 – 16 U 24/98 = ZIP 1999, 308 = WM 1999, 726, dazu EWiR 1999, 421 *(Artz)*.

18) Vgl. auch BGH, Beschl. v. 5.11.1998 – IX ZR 246/97 = ZIP 1999, 79 = WM 1998, 2463, dazu EWiR 1999, 337 *(Johlke/Schröder)*; BGH, Urt. v. 13.3.2007 – XI ZR 383/06 = ZIP 2007, 905 = WM 2007, 874, dazu EWiR 2007, 417 *(Toussaint)*; vgl. auch oben Rz. 9.333, 9.337.

19) BGH, Urt. v. 25.11.1976 – II ZR 3/75, WM 1977, 638; *Kümpel*, Bank- und Kapitalmarktrecht, Rz. 5.333, 5. 337; weitere Nachweise bei Staudinger-*Hopt/Mülbert*, BGB, Vorbem. zu §§ 607 ff. Rz. 654. a. A. *Berger* in: MünchKomm-BGB, Vorbem. zu § 488 Rz. 21.

bankunternehmen verpflichtet ist, können vom Institut seither allerdings zur Besicherung von Notenbankkrediten an die Bundesbank verpfändet werden[20]

c) Überziehungskredit

9.15 Kredite lassen sich des Weiteren danach abgrenzen, ob ihre Valutierung für einen bestimmten Zeitpunkt bzw. einen Zeitraum vereinbart oder ob die Inanspruchnahme des Kredits i. R. d. Vertragsbedingungen und Vertragslaufzeit einseitig in das Ermessen des Bankkunden gestellt ist. Bei letzterer Kreditart, dem **Überziehungskredit**, stellt die Bank dem Kunden für ein in laufender Rechnung geführtes Konto eine Kreditlinie zur Verfügung. Im Privatkundenbereich werden Überziehungskredite regelmäßig als Dispositionskredit, im Firmenkundenbereich als Kontokorrentkredit bezeichnet.

9.16 Wird die Möglichkeit, das Konto innerhalb des Kreditlimits zu überziehen, mit einem Verbraucher vereinbart, dann kommt § 493 Abs. 1 BGB bzw. § 504 BGB n. F.[21] zur Anwendung, wenn außer den Zinsen für den in Anspruch genommenen Kredit keine weiteren Kosten in Rechnung gestellt und die Zinsen nicht in kürzeren Perioden als drei Monaten belastet werden. Unter „weitere Kosten" sind z. B. Vermittlungsprovisionen oder Versicherungskosten zu fassen, nicht jedoch kreditunabhängige Kontoführungskosten.[22] Bei dieser **eingeräumten Überziehung** hat das Kreditinstitut den Verbraucher vor Inanspruchnahme des Kredits über dessen Höchstgrenze, den bei Unterrichtung geltenden Jahreszins, die Bedingungen, unter denen der Zinssatz geändert werden kann, und die Möglichkeiten der Vertragsbeendigung zu informieren. Außerdem ist der Verbraucher während der Inanspruchnahme des Kredits über jede Änderung des Zinssatzes zu unterrichten. In der Praxis geschieht dies, wie vom Gesetz auch vorgesehen, regelmäßig durch Ausdruck auf dem Kontoauszug.

9.17 Eine **geduldete Überziehung** liegt demgegenüber vor, wenn der Bankkunde den Kontosaldo über das Guthaben oder den eingeräumten Dispositionskredit hinaus ohne vorherige Absprache mit dem Kreditinstitut in Anspruch nehmen will. Die jeweilige kontobezogene Handlung des Kunden, z. B. ein Zahlungsverkehrsvorgang, enthält dann zugleich in konkludenter Form das entsprechende Angebot auf Kreditgewährung. Gemäß § 493 Abs. 2 BGB bzw. § 505 BGB n. F. hat das Kreditinstitut bei geduldeten Überziehungen eines Verbrauchers diesen über den Jahreszins, die Kosten sowie die diesbezüglichen Änderungen zu unterrichten, sofern das Konto länger als drei Monate überzogen wird.

---

20) Vgl. Rundschreiben der Deutschen Bundesbank v. 12.12.2006 Nr. 42/2006.

21) Mit Inkrafttreten des Gesetzes zur Umsetzung der Verbraucherkreditrichtlinie u. a. v. 29.7.2009, BGBl. I 2009, 2355 ändert sich die Nummerierung der Paragraphen zum Verbraucherdarlehensrecht. Zu den inhaltlichen Neuerungen vgl. Rz. 9.103.

22) *Bülow/Artz* in: Hk-VerbrKrR, § 493 Rz. 21.

Die Anwendung dieser Gesetzesregelung kommt nur in Betracht, wenn die geduldete Überziehung einvernehmlich zustande kommt, das Kreditinstitut also dem Kundenantrag auf Kreditgewährung rechtsgeschäftlich zustimmen kann. Dies ist z. B. der Fall, wenn der Kunde einen Überweisungsauftrag einreicht, zu dessen Ausführung eine geduldete Überziehung erforderlich ist. Führt das Kreditinstitut diese Überweisung i. R. d. Girovertrages aus, liegt hierin zugleich die Zustimmung zur geduldeten Überziehung. 9.18

Keine vertragliche Vereinbarung wird über die geduldete Überziehung dagegen dann getroffen, wenn sie vom Kunden eigenmächtig herbeigeführt wird (**eigenmächtige Überziehung** oder „Zwangskredit" genannt). Dies ist etwa der Fall, wenn der Kunde an institutsfremden Geldautomaten Geld abhebt, obwohl die konkrete Summe vom Kontoguthaben oder dem eingeräumten Dispositionskredit nicht gedeckt ist. Die kontoführende Bank garantiert dem fremden Institut die am Geldautomaten ausgegebene Summe, unabhängig davon, ob eine entsprechende Kontodeckung gegeben ist oder nicht.[23] Gegenüber ihrem Kunden hat sie nicht den für den Vertragsschluss vorausgesetzten Handlungsspielraum, dem Antrag auf weitere Kreditgewährung zuzustimmen. In der eigenmächtigen Überziehung liegt folglich im Grundsatz eine zum Schadensersatz verpflichtende Verletzung des Girovertrages durch den Kunden[24], sie wird in der Praxis allerdings wie eine geduldete Überziehung behandelt. Für geduldete Überziehungen kann die Bank vom Kunden ein besonderes Entgelt verlangen, das auch in Allgemeinen Geschäftsbedingungen vereinbart werden kann (unten Rz. 9.236). Ein wesentlicher Unterschied zwischen der geduldeten Überziehung und der eigenmächtigen Überziehung besteht darin, dass bei letzteren die Informationspflichten des § 493 Abs. 2 BGB bzw. § 505 BGB n. F. nicht bestehen.[25] 9.19

2. Vertragsschluss, Bindungswirkungen

Der auf einen Zahlungskredit gerichtete Darlehensvertrag gemäß § 488 BGB kommt nach den allgemeinen Bestimmungen der §§ 145 ff. BGB durch Angebot und Annahme zustande. Indem die Bank die Darlehensvaluta zur Verfügung stellt, liegt bereits die Erfüllung einer Verpflichtung i. R. dieses **Konsensualvertrages** vor. 9.20

Unter Berufung auf den Wortlaut des § 607 Abs. 1 BGB a. F. („... empfangen hat") ging dagegen die Realvertragstheorie davon aus, dass ein Darlehensver- 9.21

23) *Ahlers*, WM 1995, 601, 605; vgl. auch Schimansky/Bunte/Lwowski-*Gößmann*, Bankrechts-Hdb., § 54 Rz. 16.

24) Palandt-*Weidenkaff*, BGB, § 493 Rz. 17.

25) Schimansky/Bunte/Lwowski-*Jungmann*, Bankrechts-Hdb., § 81 Rz. 86; a. A. Palandt-*Weidenkaff*, BGB, § 493 Rz. 14.

trag erst mit der Auszahlung des Darlehensbetrages zustande kommt.[26] Bereits den Gesetzesmaterialien zum BGB ist zu entnehmen, dass der Gesetzeswortlaut lediglich ausdrücken wollte, dass der vorherige Darlehensempfang für die spätere Erstattungspflicht notwendig ist. Hiervon geht auch das Konsensualprinzip aus.[27] Dieser Theorienstreit, welcher für die Praxis im Ergebnis keine nennenswerten Auswirkungen hatte, wurde mit der Einführung des Schuldrechtsmodernisierungsgesetz zum 1. Januar 2002 zugunsten der Konsensualvertragstheorie entschieden, wie sich eindeutig aus dem neu gefassten § 488 Abs. 1 BGB ergibt.[28]

9.22 Im vertragstypischen Gegenseitigkeitsverhältnis gemäß § 320 BGB stehen sich beim Darlehen einerseits der Zinsanspruch der Bank sowie die Abnahme der vereinbarten Geldsumme[29] und andererseits das **Kapitalnutzungsrecht** des Darlehensnehmers i. S. d. Hingabe und fortdauernden Belassung der Valuta gegenüber.[30] Hieraus folgt zugleich, dass der Vertragszinsanspruch nur so lange besteht, wie auch das Recht zur Nutzung des Darlehenskapitals noch nicht, z. B. durch Kündigung, beendet ist. Wird das vertragliche Gegenseitigkeitsverhältnis aufgrund von Leistungsstörungen, etwa den Schuldnerverzug des Kreditnehmers, beeinträchtigt und nicht mehr in der vereinbarten Form fortgesetzt, dann können ebenfalls keine vertraglichen Zinsen mehr verlangt werden. Die Bank ist vielmehr auf Verzugszinsen als Schadensersatz angewiesen.[31]

9.23 Die Hauptleistungspflicht des Darlehensgebers auf Verschaffung bzw. Hingabe der Darlehensvaluta bewirkt freilich nicht die Verpflichtung zur Lieferung von Geldscheinen. Vielmehr kann die Darlehensgewährung auch in der Gewährung von **Buchgeld** erfolgen. Indem die Bank den Darlehensbetrag auf ein Konto des Kreditnehmens bei einer fremden Bank überweist oder aber auf ein bei ihr geführtes (Kunden-) Konto gutschreibt, wird dem Darlehensnehmer eine Forderung gewährt, welche die Vertragserfüllung i. S. v. § 362 BGB bewirkt.[32]

9.24 Die Bank darf sich in Allgemeinen Geschäftsbedingungen, d. h. formularvertraglich, keine unangemessen lange Frist für die Annahme eines Darlehensan-

---

26) BGH, Urt. v. 8.4.1965 – III ZR 238/64, WM 1965, 496 = MDR 1965, 557; BGH, Urt. v. 13.4.1978 – III ZR 125/76, NJW 1978, 2294 = MDR 1978, 1002.

27) Vgl. Motive zum Entwurf eines BGB, Bd. II, S. 306.

28) Vgl. BT-Drucks. 14/6040.

29) BGH, Urt. v. 12.3.1991 – XI ZR 190/90, ZIP 1991, 575 = NJW 1991, 1817, dazu EWiR 1991, 443 *(Derleder)*.

30) *Berger* in: MünchKomm-BGB, Vorbem. zu § 488 Rz. 17 sowie § 488 Rz. 25.

31) BGH, Urt. v. 28.4.1988 – III ZR 57/87, BGHZ 104, 337 = ZIP 1988, 759 = WM 1988, 929, dazu EWiR 1988, 657 *(Rümker)* und WuB I E 1. – 12.88 *(Bruchner)*; näher zu dieser Entscheidung unten Rz. 9.277.

32) *Berger* in: MünchKomm-BGB, § 488 Rz. 29; Schimansky/Bunte/Lwowski-*Lwowski*/*Wunderlich*, Bankrechts-Hdb., § 76 Rz. 3.

trages vorbehalten. Die Vereinbarung einer sechswöchigen **Bindungsfrist** in den AGB einer Hypothekenbank ist als Verstoß gegen § 308 Nr. 1 BGB und damit als unwirksam anzusehen. Die Regelung in den AGB, welche der Bank eine einmonatige Annahmefrist von Darlehensanträgen einräumt, ist dem hingegen wirksam. [33] Für die Beurteilung, welche Frist noch als angemessen anzusehen ist, ist darauf abzustellen, welche Prüfungen die Bank vor ihrer Kreditentscheidung anzustellen hat. So dürften auch solche Vereinbarungen zulässig sein, nach denen sich die Annahmefrist der Bank verlängert, bis ihr die entscheidungswichtigen Unterlagen für die Risikoprüfung (z. B. Wertgutachten usw.) vorliegen.

Keine Bindungswirkung entfalten nach dem Grundsatz des § 306 Abs. 1 BGB **9.25** bei ansonsten wirksamem Vertragsschluss Regelungen im Kreditvertrag, die mit den AGB-rechtlichen Wertungen nicht übereinstimmen. Dies gilt z. B. für die früher häufig verwendeten **Vollmachtsklauseln**. Hierdurch bevollmächtigten sich mehrere Kreditnehmer gegenseitig, während der Laufzeit des Kreditvertrages sämtliche Erklärungen mit entsprechender Wirkung für alle Kreditnehmer abzugeben und entgegenzunehmen.

Nach h. M. widersprechen solche AGB-Vereinbarungen dem Leitgedanken **9.26** eines Gesamtschuldverhältnisses (§ 425 BGB) und verstoßen gegen § 307 Abs. 1 BGB. Das gilt jedenfalls dann, wenn die Klauseln auch Erklärungen mit wesentlichen Vertragswirkungen (z. B. Kündigung) ohne Mitwirkung des jeweils vertretenen Teils ermöglichen.[34] Der III. Zivilsenat des Bundesgerichtshofes hat dementsprechend die AGB-Vereinbarung eines Ratenkreditvertrags für unwirksam erklärt, in der sich mehrere Kreditnehmer gegenseitig zur Entgegennahme aller Erklärungen der Bank sowie zur Beantragung von Stundungen und Laufzeitverlängerungen bevollmächtigt hatten.[35]

Eine andere AGB-rechtliche Beurteilung verbleibt nur für Vollmachtsklauseln, **9.27** die nicht vertragswesentliche Erklärungen zum Gegenstand haben. In diesem Sinne wurde in einer Entscheidung des V. Senats[36] eine Klausel, durch die sich die gesamtschuldnerisch haftenden Bruchteilseigentümer bei der Bestellung einer Sicherungsgrundschuld zur Abgabe und Entgegennahme von Willenserklärungen bevollmächtigten, einschränkend dahin ausgelegt, dass Erklärun-

---

33) BGH, Urt. v. 6.3.1986 – III ZR 234/84, ZIP 1986, 833 = WM 1986, 577, dazu EWiR 1986, 531 *(Hensen)* und WuB I E 4. – 1.86 *(Schmuck)*; BGH, Urt. v. 24.3.1988 – III ZR 21/87, ZIP 1988, 559 = WM 1988, 607, dazu EWiR 1988, 627 *(M. Wolf)*, und WuB I E 4. – 3.88 *(Sonnenhol)*; Palandt-*Grüneberg*, BGB, § 308 Rz. 4.

34) Ulmer/Brandner/Hensen-*Brandner*, AGB-Recht, Anh. §§ 310 BGB Rz. 1016.

35) BGH, Urt. v. 22.6.1989 – III ZR 72/88, BGHZ 108, 98 = ZIP 1989, 968 = WM 1989, 1086, dazu EWiR 1989, 837 *(M. Wolf)*.

36) In diesem Sinne der V. Senat des BGH, Urt. v. 15.1.1988 – V ZR 183/86, ZIP 1988, 899 = WM 1988, 446, dazu EWiR 1988, 439 *(Selb)* und WuB II L. – § 426 BGB – 1.88 *(v. Rottenburg)*.

gen, welche die Sicherungsabrede erweitern oder die Grundschuld von der Sicherungsabrede isolieren könnten, nicht erfasst seien.

9.28 Wegen der im Einzelfall unklaren Abgrenzung noch zulässiger Bevollmächtigungen empfiehlt es sich für die Praxis der Kreditinstitute, alle wichtigen Erklärungen gegenüber sämtlichen Schuldnern abzugeben.

3. Sonderregelungen nach dem Verbraucherdarlehensrecht

a) Anwendungsbereich

9.29 Besondere Regelungen gelten für das wirksame Zustandekommen von Verbraucherdarlehensverträgen. Die Anforderungen gelten grundsätzlich für sämtliche Verträge, die die in § 491 Abs. 1 BGB aufgestellten Begriffsmerkmale erfüllen (vgl. oben Rz. 9.5).[37)]

aa) Ausnahmen vom Anwendungsbereich

9.30 Nicht dem Gesetz unterfallen daher z. B. **Avalkredite** (oben Rz. 9.8), und zwar auch dann, wenn sie für eine natürliche Person in deren privaten Tätigkeitsbereich übernommen werden. Denn die Eventualverbindlichkeit dient nicht unmittelbar Finanzierungszwecken, erfüllt also nicht Begriffsmerkmale des Verbraucherkredits nach § 491 Abs. 1 BGB.[38)]

9.31 Keine Anwendung findet das Verbraucherkreditgesetz ferner bei **Universalkreditkarten ohne Kreditvertragsabrede** (sog. Charge Cards). Meistverbreitetes Beispiel für diese Form der Kreditkarte ist in Deutschland die Mastercard. Bei der Mastercard wird zwischen der kartenausgebenden Stelle – der EURO Kartensysteme (EKS) oder einem einzelnen Kreditinstitut, das sich zur Abwicklung der Dienstleistungen dann der EKS bedient – und dem Karteninhaber vereinbart, dass der Kartenausgeber zur Bezahlung ordnungsgemäßer Rechnungen aus Geschäften des Karteninhabers mit Vertragsunternehmen verpflichtet ist. Der Karteninhaber wiederum hat der kartenausgebenden Stelle deren Aufwendungen zu ersetzen (vgl. unten Kapitel 10). Zwischen Kartenausgeber und Karteninhaber ist somit kein Darlehensverhältnis, sondern dem Rahmen nach ein Geschäftsbesorgungsvertrag gemäß § 675 BGB vereinbart. Es fehlt bereits begrifflich am Darlehensvertrag i. S. d. § 491 BGB. Die Rechts-

---

37) Das Gesetz zur Umsetzung der Verbraucherrichtlinie, des zivilrechtlichen Teils der Zahlungsdiensterichtlinie sowie zur Neuordnung der Vorschriften über das Widerrufs- und Rückgaberecht v. 29.7.2009 BGBl. I 2009, 2355 tritt zum 11.6.2010 in Kraft. Neben inhaltlichen Änderungen (vgl. hierzu unten Rz. 9.103 ff.) ändert sich auch teilweise die Paragraphenfolge.

38) Begründung zum RegE VerbrKrG, BT-Drucks. 11/5462, S. 18; *Bülow/Artz* in: Hk-VerbrKrR, § 491 Rz. 116; OLG Köln, Urt. v. 23.11.1998 – 16 U 24/98, ZIP 1999, 308, dazu EWiR 1999, 421 *(Artz)* und WuB I E 2. § 1 VerbrKrG 1.99 *(Bydlinski)*; a. A. noch LG Köln, Urt. v. 27.1.1998 – 3 O 436/97, WM 1998, 1393.

konstruktion ähnelt wegen der vom Kartenausgeber zur Verfügung gestellten Haftung eher einem Avalkredit.[39)]

Ausnahmen vom sachlichen Anwendungsbereich des Gesetzes sind für Darlehen, die im Übrigen die Merkmale des § 491 Abs. 1 BGB erfüllen, in Abs. 2 dieser Norm aufgezählt. Neben den **Bagatellkrediten** (§ 491 Abs. 2 Nr. 1 BGB; Darlehen bis 200 Euro) und den bereits erwähnten **Existenzgründungsdarlehen**, deren Nettodarlehensbetrag 50.000 Euro bzw. 75.000 Euro übersteigt (§ 507 BGB bzw. § 512 BGB n. F.; vgl. oben Rz. 9.8), gehören hierzu u. a. zinsverbilligte **Wohnungsbauförderungsdarlehen**, die aus öffentlichen Mitteln und unmittelbar von der zuständigen öffentlich-rechtlichen Anstalt an den Verbraucher gewährt werden. Diese in § 491 Abs. 2 Nr. 3 BGB getroffene Regelung wurde erst i. R. d. sog. technischen Novelle[40)] in den Ausnahmekatalog aufgenommen. Zugrundeliegende Erwägung für die Gesetzesergänzung war, dass der Verbraucherschutz bei den unmittelbar gewährten Förderdarlehen bereits durch die sorgfältigen Prüfungen der zuständigen öffentlichen Stellen gewährleistet sei und die Förderdarlehen ohne Gewinnerzielungsabsicht und außerhalb des allgemeinen Wettbewerbs vergeben würden.[41)] Die Förderdarlehen zum Wohnungsbau sind nach Inkrafttreten des neuen Verbraucherdarlehensrecht unter § 491 Abs. 2 Nr. 5 BGB n. F. zu fassen und weiterhin vom Anwendungsbreich der Verbrauchervorschriften ausgenommen.[42)] 9.32

Für die mittelbar gewährten **Förderdarlehen**, d. h. solche, die über ein sonstiges Kreditinstitut geleitet werden, das aus Sicht des Kreditnehmers dann in der Kreditgeberposition steht, bleiben die Vorschriften des Verbraucherkreditgesetzes dagegen anwendbar. Nach neuer Rechtslage sollen die „durchgeleiteten" Förderdarlehen, bei denen der Darlehensnehmer den Vertrag mit seiner Hausbank abschließt, diese aber den Vertrag zu den Bedingungen der Förderbank anbietet, von § 491 Abs. 2 Nr. 5 BGB n. F. umfasst und somit vom Anwendungsbereich gleichfalls ausgenommen sein. Dies deshalb, da nach neuer Rechtslage auf das Kriterium der „unmittelbaren Kreditvergabe" verzichtet wird.[43)] 9.33

bb) Teilausnahmen

Vom sachlichen Anwendungsbereich des Verbraucherkreditgesetzes **teilweise ausgenommen** sind die in § 491 Abs. 3 BGB genannten Vertragstypen. 9.34

---

39) *Bruchner/Ott/Wagner-Wieduwilt*, VerbrKrG, § 3 Rz. 24 ff. a. A. *Bülow/Artz* in: Hk-VerbrKrR, § 491 Rz. 109.

40) Gesetz zur Änderung des Bürgerlichen Gesetzbuchs (Bauhandwerkersicherung) und anderer Gesetze (technische VerbrKrG-Novelle) v. 27.4.1993, BGBl. I, 509.

41) Vgl. Begründung RegE technische VerbrKrG-Novelle, BT-Drucks. 12/4526, S. 16; *Bruchner/Ott/Wagner-Wieduwilt*, VerbrKrG, § 3 Rz. 56.

42) Vgl. BT-Drucks. 16/11643, S. 115

43) Vgl. BT-Drucks. 16/11643, S. 115.

9.35 Hierzu zählen gemäß § 491 Abs. 3 Nr. 1 BGB bzw. § 491 Abs. 3 BGB n. F. Verbraucherdarlehensverträge, die in ein nach den Vorschriften der Zivilprozessordnung errichtetes **gerichtliches Protokoll** aufgenommen oder **notariell beurkundet** sind. Soweit Mindestangaben wie Jahreszins, Kosten und die Voraussetzungen für deren Veränderlichkeit in Protokoll bzw. Urkunde enthalten sind, finden auf solche Kredite u. a. die Form- und Inhaltsvorschriften (u. a. Verpflichtung zur Angabe eines Gesamtbetrages und eines Effektivzinses), die Widerrufs- und Rücktrittsvorschriften und zuletzt die Bestimmungen über verbundene Geschäfte keine Anwendung. Die bisher ebenfalls in § 491 Abs. 3 Nr. 1 BGB enthaltene Ausnahmeregelung für notariell beurkundete Verträge entfällt nach neuer Rechtslage. Ausnahmen von den zwingenden Vorgaben sind für notariellbeurkundete Vertäge – aufgrund der Richtlinie – nur i. R. d. Widerrufsrechts möglich. Für den Ausschluss des Widererufsrechts ist in § 495 Abs. 3 Nr. 2 BGB n. F. eine Spezialvorschrift gegeben.

9.36 Die Bestimmungen über verbundene Geschäfte sind gemäß § 491 Abs. 3 Nr. 2 BGB ferner auf solche Kreditverträge nicht anzuwenden, die der Finanzierung von Wertpapier-, Devisen-, Derivaten- oder Edelmetallgeschäften dienen (sog. **Effektenkredite**). Auch diese Vorschrift ist durch die technische Novelle in das Verbraucherkreditgesetz aus Klarstellungsgründen eingefügt worden. Die Teilausnahme, welche im Wesentlichen und nur mit einer Klarstellung hinsichtlich der Geltung auch für Derivate in das BGB übernommen wurde, soll verhindern, dass der Kreditnehmer das Risiko, das sich aus dem von der Bank nur vermittelten Effektengeschäft für ihn ergibt, auf das kreditgebende Institut abwälzen könnte.[44] In Umsetzung der Vorgabe in der Verbraucherkreditrichtlinie wird der Ausnahmetatbestand entsprechend der MiFiD-Richtlinie auf alle Finanzinstrumente (vgl. § 1 Abs. 11 KWG) ausgedehnt. Die Regelung wird in § 358 Abs. 6 und § 359 Satz 2 BGB n. F. vorgezogen.

9.37 Eine teilweise Ausnahme enthält das Verbraucherkreditgesetz ferner für die in § 493 BGB bzw. §§ 504, 505 BGB n. F. benannten Überziehungskredite (vgl. oben Rz. 9.15 ff.). Diese Verträge bedürfen für ihre Wirksamkeit nicht des in § 492 BGB geregelten Schriftformerfordernisses.

cc) Sonderfall Immobiliardarlehensverträge

9.38 Auch für **Immobiliardarlehensverträge** gelten diverse Ausnahmeregelungen von den Bestimmungen des Verbraucherdarlehensrechts. Der Begriff des Immobiliardarlehensvertrages ist für die Regelungen des Verbraucherdarlehensrechts in § 492 Abs. 1a Satz 2 BGB bzw. § 503 Abs. 1 BGB n. F. legal definiert; gleichwohl ist die Definition nicht verallgemeinerungsfähig.[45] Die Immobiliar-

---

44) Vgl. Begründung RegE technische VerbrKrG-Novelle, BT-Drucks. 12/4526, S. 18; *Bruchner/Ott/Wagner-Wieduwilt*, VerbrKrG, § 3 Rz. 116.

45) Schimansky/Bunte/Lwowski-*Jungmann*, Bankrechts-Hdb., § 81 Rz. 88.

darlehensverträge und die ihnen zugedachten Bereichsausnahmen i. R. d. Verbraucherkreditvorschriften haben eine lange Odyssee mit einer Vielzahl von Veränderungen und Modifizierungen hinter sich. Sollte entsprechend dem Regierungsentwurf zum Verbraucherkreditgesetz das Realdarlehen (Immobiliardarlehen) noch ganz aus dem Geltungsbereich der Verbraucherkreditvorschriften ausgenommen werden,[46)] so wurde ihm letztlich nur eine beschränkte Ausnahme hinsichtlich der Widerrufsmöglichkeit, dem Einwendungsdurchgriff, der Verzugszinsen und der Gesamtfälligstellung zuerkannt. Hintergrund für diese Ausnahmen von den Regelungen des Verbraucherkreditgesetzes war, dass der Gesetzgeber die taggenaue Refinanzierung jener Kredite nicht gefährden wollte.[47)] Der Ausschluss des Widerrufsrechts kollidierte jedoch mit dem Widerrufsausschluss nach den Vorschriften des Haustürwiderrufsrechts. Für in einer Haustürsituation geschlossene Verbraucherdarlehensverträge sollten entsprechend den gesetzlichen Vorgaben die Vorschriften zum Verbraucherdarlehensrecht vorgehen, welche wie ausgeführt für Realdarlehen kein Widerrufsrecht vorsahen. Die hieraus resultierende Konsequenz, dass für grundpfandrechtlich besicherte und in einer Haustürsituation vereinbarte Darlehen kein Widerrufsrecht bestehen sollte, wurde durch den Europäischen Gerichtshof in der „Heininger-Entscheidung“[48)] moniert. Aufgrund dieser Entscheidung entwickelte der Gesetzgeber die heute geltende, mitunter recht komplexe Regelung zum Immobiliardarlehensvertrag.[49)] Von den ursprünglichen Bereichsausnahmen, wie sie oben benannt sind, blieben letztlich nur noch weniger weitgreifende übrig. Bei grundpfandrechtlich besicherten Verbraucherdarlehensverträgen kommen nunmehr nicht zu Anwendung die Regelungen über die **Gesamtbetragsangabe** (§ 492 Abs. 1 Satz 5 Nr. 2 BGB bzw. § 492 Abs. 2 BGB n. F. i. V. m. Art. 247 § 6 EGBGB n. F.). Aufgrund von § 497 Abs. 4 BGB bzw. § 503 BGB n. F. kommen die Regelungen über die Behandlung der Verzugszinsen nach § 497 Abs. 2 BGB, über Teilleistungen (§ 497 Abs. 3 Satz 1 und 2 BGB), über die Gesamtfälligstellung nach § 498 BGB und über die Verjährung der Zinsen in Vollstreckungstiteln (§ 497 Abs. 3 Satz 4 BGB) nicht bzw. abgeschwächt zur Anwendung. Die sehr weitreichenden Vorschriften zum Einwendungsdurchgriff nach § 358 BGB und zur Widerruflichkeit entsprechend den §§ 495, 355 ff. BGB sind nunmehr auf Immobiliardarlehensverträge anwendbar.

---

46) Vgl. § 2 Abs. 1 Nr. 3 des RegE zum Verbraucherkreditgesetz – BT-Drucks. 11/5462, S. 18.

47) BT-Drucks. 11/5462, S. 18.

48) EuGH, Urt. v. 13.12.2001 – Rs. C 481/99, ZIP 2002, 31 (mit Bespr. *Hoffmann*, S. 145) = WM 2001, 2434 = NJW 2002, 281, dazu EWiR 2002, 261 *(Pfeiffer)* und WuB IV D. § 5 HWiG *(Roth)*.

49) Vgl. hierzu das OLG-VertrÄndG v. 23.7.2002, BGBl. I, 2850 sowie Schimansky/Bunte/Lwowski-*Jungmann*, Bankrechts-Hdb., § 81 Rz. 92.

9.39 Voraussetzung für das Bestehen eines Immobiliardarlehensvertrages ist die **Abhängigkeit der Darlehensgewährung** von der Sicherung durch ein Grundpfandrecht und zwar i. S. einer subjektiven Komponente: Nach § 492 Abs. 1a Satz 2 BGB bzw. § 503 Abs. 1 Satz 1 BGB n. F. muss der Darlehensgeber die Gewährung des Darlehens von der Sicherung durch ein Grundpfandrecht abhängig gemacht haben. Hieraus folgt zum einen, dass die lediglich Absicherung des Darlehens durch ein Grundpfandrecht für sich genommen für die Einordnung als Immobiliardarlehen nicht genügt; vielmehr muss der Darlehensgeber, insbesondere i. R. d. schuldrechtlichen Verpflichtung des Darlehensvertrages, die Gewährung des Grundpfandrechts vorausgesetzt haben. Aus der Subjektivität dieses „Abhängigmachens" folgt zum anderen, dass für die Einordnung eines Verbraucherdarlehens als privilegiertes Immobiliardarlehen die tatsächliche Bestellung des Grundpfandrechts gar nicht erforderlich ist.[50] Die Hereinnahme von weiteren Sicherheiten ist unschädlich, denn die alleinige Abhängigkeit der Darlehensgewährung von der Sicherheit wird durch das Gesetz nicht gefordert.[51]

9.40 Als weiteres Tatbestandsmerkmal i. S. einer objektiven Komponente muss das Darlehen zu üblichen Bedingungen gewährt werden. Von entscheidender Bedeutung sind in diesem Zusammenhang die für ein Realdarlehen üblichen (niedrigen) Zinsen sowie – hiermit im Zusammengang stehend – die (längere) vereinbarte Laufzeit. Konnten in der Vergangenheit die Monatsberichte der Deutschen Bundesbank Anhaltspunkte für die Einordnung eines bestimmten Darlehens als Real- bzw. Immobiliardarlehen geben,[52] so sind die entsprechenden Berichte nach deren Umstellung auf die EWU-Zinsstatistik für die Einordnung nicht mehr sonderlich aussagekräftig; insoweit wird sich eine einzelfallspezifische Ermittlung der für das konkrete Darlehen zum Zeitpunkt der Gewährung marktüblichen Zinsen nicht vermeiden lassen.[53]

9.41 Ohne Belang für die Qualifizierung eines Immobiliardarlehens ist es auch, ob das Darlehen zu 100 % durch das Grundpfandrecht besichert ist oder ob Beleihungsgrenzen wie die des § 14 PfandBG, §§ 11, 12 HypBG a. F. oder des § 7 Abs. 1 BausparkG eingehalten sind.[54] Dies ergibt sich daraus, dass § 492 Abs. 1a

---

50) BGH, Urt. v. 24.4.2007 – XI ZR 340/05, ZIP 2007, 1255 = ZfIR 2007, 676 (m. Anm. *Häublein*, S. 680), dazu EWiR 2007, 733 *(Lang)*, dazu WuB I G 5 – 9.07 *(Bülow)*.

51) BGH, Urt. v. 5.2.2002 – XI ZR 327/01, ZIP 2002, 888 = ZfIR 2002, 364 (m. Anm. *Nittel*, S. 366), dazu EWiR 2002, 403 *(Derleder)*; vgl. hierzu Schimansky/Bunte/Lwowski-*Jungmann*, Bankrechts-Hdb., § 81 Rz. 100 sowie *Bülow/Artz* in: Hk-VerbrKrR, § 492 Rz. 150 f.

52) BGH, Urt. v. 22.6.1999 – XI ZR 316/98, ZIP 1999, 1483 = ZfIR 1999, 741, dazu EWiR 2000, 53 *(Pfeiffer)*.

53) Schimansky/Bunte/Lwowski-*Jungmann*, Bankrechts-Hdb., § 81 Rz. 48 und 105.

54) BGH, Urt. v. 18.4.2000 – XI ZR 193/99, ZIP 2000, 1051 = ZfIR 2000, 704 (*Bruchner*, S. 677), dazu EWiR 2000, 699 *(Pfeiffer)*.

Satz 2 BGB bzw. § 503 Abs. 1 Satz 1 BGB n. F. die Üblichkeit der Darlehensbedingungen als Voraussetzung definiert und nicht, ob das Darlehen selbst üblich ist. Insoweit ist auch nicht entscheidend, ob der Darlehensnehmer und der Sicherungsgeber Personen verschieden sind, es sich also um eine Drittsicherheit handelt oder ob das Grundpfandrecht schon vor der Darlehensgewährung bestanden hat.[55]

Auch **Zwischenfinanzierungen** können nach § 492 Abs. 1a Satz 2 BGB bzw. § 503 Abs. 1 Satz 1 BGB n. F. von der Ausnahmevorschrift für Realdarlehen umfasst sein. Unter Zwischenfinanzierung ist die Bereitstellung kurz- oder mittelfristiger Gelder zu verstehen, deren Ablösung durch die Mittel der Endfinanzierung vorgesehen ist. Zwischenfinanzierungen werden häufig eingesetzt bei Baukrediten, welche durch eine demnächst fällig werdende Lebensversicherung oder ein Bauspardarlehen abgelöst werden sollen. Sie kommen jedoch auch in Form von kurzfristigen Darlehen vor, die von vornherein auf eine Endfinanzierung durch ein grundpfandrechtlich abgesichertes Darlehen gerichtet sind. Typischerweise bestehen für die Zwischendarlehen keine grundpfandrechtlichen Sicherheiten. Würde man sie konsequenterweise nicht als Immobiliardarlehen qualifizieren, so würde es schwerwiegende Probleme bereiten, wenn sich der Vertrag über die Zwischenfinanzierung verbraucherrechtlich anders entwickeln würde als der eigentliche Immobiliardarlehensvertrag.[56] Insoweit sollen aufgrund gesetzgeberischer Entscheidung Zwischenfinanzierungen i. S. d. Ausnahmevorschrift des § 492 Abs. 1a Satz 2 BGB bzw. § 503 Abs. 1 Satz 1 BGB n. F. privilegiert sein. Entscheidend ist, dass dieselben Voraussetzungen wie für grundpfandrechtlich gesicherte Verbraucherdarlehen vorliegen, von der grundpfandrechtlichen Besicherung abgesehen.[57] Unter die Privilegierung fallen auch **Bausparkredite**, für welche entsprechend § 7 Abs. 3 bis 5 BausparkG von einer Grundpfandrechtsbestellung abgesehen wurde. 9.42

Eine eingeschränkte entsprechende Anwendbarkeit haben die Verbraucherdarlehensregelungen des BGB auf Finanzierungsleasingverträge, §§ 499 Abs. 2, 500 BGB bzw. § 506 Abs. 2 BGB n. F. (vgl. hierzu unten Rz. 9.379) sowie auf Finanzierungshilfen, § 499 Abs. 1 BGB bzw. § 506 Abs. 1 BGB n. F. 9.43

dd) Kreditsicherheiten

Lange Zeit umstritten war, inwieweit das Verbraucherdarlehensrecht bei der **Hereinnahme von Kreditsicherheiten** zu beachten ist. Zu einigen Sicherungsformen liegt zwischenzeitlich eine gefestigte Rechtsprechung vor. 9.44

55) BGH, Urt. v. 26.10.2004 – XI ZR 255/03, ZIP 2005, 69 = ZfIR 2005, 145 (m. Anm. *Volmer,* S. 151), dazu EWiR 2005, 231 *(Medicus)*; BGH, Urt. v. 24.4.2006 – XI ZR 29/05, BGHZ 167, 223 = ZIP 2006, 987, dazu EWiR 2006, 351 *(Kindler/Libbertz)*.

56) *Bülow/Artz* in: Hk-VerbrKrR, § 492 Rz. 160.

57) *Bülow/Artz* in: Hk-VerbrKrR, § 492 Rz. 162.

9.45 So sind die Verbraucherdarlehensvorschriften auf den **Schuldbeitritt**, also die Mitverpflichtung eines weiteren Kreditnehmers, nicht unmittelbar anzuwenden, weil eine gemäß § 491 Abs. 1 BGB erforderliche entgeltliche Darlehensgewährung fehlt. Die Regelungen sind nach Auffassung des Bundesgerichtshofes aber analog anzuwenden, und zwar auch dann, wenn der Darlehensvertrag in Bezug auf den Hauptkreditnehmer selbst dem Verbraucherkreditgesetz nicht unterfällt, z. B. weil ein Darlehen an eine GmbH gewährt wird und der Mitverpflichtete Geschäftsführer der Gesellschaft ist. Denn für die Bewertung nach dem Schutzzweck des Gesetzes sei allein auf die Verbrauchereigenschaft des Schuldbeitretenden abzustellen. Insoweit hält der Bundesgerichtshof für entscheidend, dass der Mitverpflichtete unmittelbar als Gesamtschuldner gemäß §§ 488, 421 BGB für die Darlehensrückzahlung haftet. Da die kreditgebende Bank durch den Beitritt einen weiteren Schuldner gewinnt, sieht der Bundesgerichtshof die Anwendung der Verbraucherdarlehensregelungen auf die Mitverpflichtung unter rechtlicher wie auch wirtschaftlicher Bewertung als gerechtfertigt an.[58)]

9.46 Die Rechtsprechung des Bundesgerichtshofes differenziert jedoch nicht danach, ob der Schuldbeitretende echter **Mitdarlehensnehmer** oder aber nur **Mithaftender** ist (zur Unterscheidung vgl. unten Rz. 9.473 f.). Der Mithaftende übernimmt die Absicherung eines von einem anderen aufgenommenen und für dessen Zwecke verwendeten Darlehens.[59)] Bei der Mithaftung steht der Sicherungsgedanke im Vordergrund. Daneben wird die Entscheidung, ob bei Aufnahme eines Kredits eine Mithaftung oder aber eine Bürgschaft gestellt wird, regelmäßig von der Wahl der Bank abhängen. Insoweit sind hinsichtlich der Anwendbarkeit der Verbraucherdarlehensvorschriften beide Sicherungsmittel gleich zu behandeln und der **Mithaftende dem Bürgen** gleichzustellen (zur Bürgschaft vgl. die sogleich folgenden Ausführungen).[60)]

9.47 Bezieht sich der Schuldbeitritt auf ein Rechtsverhältnis, das selbst nicht die objektiven Voraussetzungen des Darlehensvertrages gemäß § 491 Abs. 1 BGB erfüllt, z. B. auf einen Avalkredit, unterfällt auch die Mitverpflichtung nicht den Verbraucherdarlehensregelungen.[61)]

---

58) BGH, Urt. v. 5.6.1996 – VIII ZR 151/95, BGHZ 133, 71 = ZIP 1996, 1209, dazu EWiR 1996, 813 *(Bülow)*; BGH, Urt. v. 10.7.1996 – VIII ZR 213/95, BGHZ 133, 220 = ZIP 1996, 1657, dazu EWiR 1996, 1097 *(Reifner/Trabhardt)*; BGH, Urt. v. 30.7.1997 – VIII ZR 244/96, ZIP 1997, 1694 = WM 1997, 2000, dazu EWiR 1997, 1047 *(Heinrichs)*; BGH, Urt. v. 8.11.2005 – XI ZR 34/05, BGHZ 165, 43 = ZIP 2006, 68, dazu EWiR 2006, 319 *(Tiedtke)*, dazu WuB I F 1d.-1.06 *(Bydlinski)*; BGH, Urt. v. 24.7.2007 – XI ZR 208/06, ZIP 2007, 1850 = WM 2007, 1833, dazu EWiR 2008, 31 *(Siller)*, dazu WuB I E 2. § 1 VerbrKrG 1.08 *(Bülow)*.

59) *Nobbe/Kirchhof*, BKR 2001, 5, 6.

60) Schimansky/Bunte/Lwowski-*Schmitz/Wassermann/Nobbe*, Bankrechts-Hdb., § 91 Rz. 299 f.

61) OLG Köln, Urt. v. 23.11.1998 – 16 U 24/98, ZIP 1999, 308 = WM 1999, 726, dazu EWiR 1999, 421 *(Artz)*.

Auf **Bürgschaftsverträge** – und insoweit auch gleichfalls auf den Schuldbeitritt i. S. einer Mithaftung – findet das Verbraucherkreditgesetz jedenfalls dann keine Anwendung, wenn die Bürgschaft einen gewerblichen Kredit oder ein sonstiges gemäß § 491 Abs. 2 BGB vom Anwendungsbereich des Verbraucherkreditrechts ausgenommenes Darlehen sichert. Die Bürgschaft ist – wie der Schuldbeitritt – kein Darlehensvertrag i. S. d. § 491 Abs. 1 BGB. Auch eine entsprechende Anwendung im beschriebenen Rahmen scheidet nach Ansicht des Bundesgerichtshofes jedoch aus. Denn trotz eines oftmals vergleichbaren wirtschaftlichen Zwecks von Bürgschaft und Schuldbeitritt wird bei der Bürgschaft keine eigenständige Kreditschuld, sondern nur eine akzessorische Dritthaftung begründet. Die Bürgschaft ist auch im Gegensatz zum Schuldbeitritt fremdnützig, bei ihr steht i. d. R. das persönliche Interesse des Bürgen und nicht das sachliche Interesse wie beim Schuldbeitretenden im Vordergrund.[62] Mit anderen Worten: Der Schuldbeitretende möchte haften, der Bürge möchte helfen. Für letzteren sieht das Gesetz in §§ 765 ff. BGB Schutzvorschriften vor,[63] welche ihn spezifisch, wirkungsvoll und schutzzweckentsprechend schützen (dazu unten Rz. 9.408 ff.). 9.48

Dass der Bundesgerichtshof offen gelassen hat, ob Bürgschaftsverträge unter das Verbraucherkreditgesetz fallen, bei denen die abgesicherte Hauptschuld ein Verbraucherdarlehen ist, erklärt sich aus der vom Europäischen Gerichtshof im März 1998 erlassenen Vorabentscheidung zur Anwendbarkeit der EG-Haustürwiderrufsrichtlinie auf Bürgschaftsverträge (vgl. unten Rz. 9.420). Bei konsequenter Anwendung der Rechtsgrundsätze, die der Bundesgerichtshof in seiner o. g. Entscheidung vom 21. April 1998 herangezogen hat, dürfte das Verbraucherkreditrecht aber auch für diese Fallgestaltungen nicht einschlägig sein. 9.49

Auch hatte der Europäische Gerichtshof aufgrund einer (weiteren) Vorlage festgestellt, dass die **Verbraucherschutzrichtlinie** die Bürgschaft aus ihrem Geltungsbereich ausschließen wolle. Dies gelte auch dann, wenn weder der Bürge noch der Kreditnehmer i. R. ihrer Erwerbstätigkeit gehandelt haben.[64] 9.50

---

62) Erman-*Saenger*, BGB, § 491 Rz. 21.

63) BGH, Urt. v. 21.4.1998 – IX ZR 258/97, ZIP 1998, 949 (m. Bespr. *Bülow*, S. 1187) = ZBB 1999, 153 (*Auer*, S. 161), dazu EWiR 1998, 567 *(Deimel)*; so auch die h. M., z. B. *Bruchner/Ott/Wagner-Wieduwilt*, VerbrKrG, § 1 Rz. 64; a. A. (Bürgschaft als Verbraucherkreditgeschäft i. S. v. § 491 Abs. 1 BGB) *Bülow/Artz* in: Hk-VerbrKrR, § 491 Rz. 123 f.; differenzierend: *Ulmer* in: MünchKomm-BGB, § 491 Rz. 84, wonach für den Bürgen entscheidende Angaben des § 492 Abs. 1 BGB, wie z. B. der Gesamtbetrag aller Teilzahlungen, auf das Schriftformerfordernis des § 766 BGB auszudehnen sind.

64) EuGH, Urt. v. 23.3.2000 – C 208/98, ZIP 2000, 574 = WM 2000, 713, dazu EWiR 2000, 929 *(Pfeiffer)*, dazu WuB I E 2- Art. 1 RL 87/102/EWG 1.00 *(Steinbeck)*; zum Vorlagebeschluss: LG Potsdam, Beschl. v. 27.4.1998 – 12 O 20/97, ZIP 1998, 1147 = WM 1998, 1287, dazu EWiR 1999, 81 *(Deimel)*; vgl. auch *Bülow*, ZIP 1999, 1613, 1614 f.

9.51 Wie sich aus der neueren Rechtsprechung ergibt, tendiert der Bundesgerichtshof weiterhin zur **grundsätzlichen Nichtanwendbarkeit** der Verbraucherkreditregelungen auf einen Bürgschaftsvertrag.[65)]

9.52 Nicht anwendbar ist das Verbraucherkreditgesetz nach der BGH-Rechtsprechung ferner auf die **Bestellung eines Grundpfandrechtes** und die damit verbundene Sicherungszweckerklärung. In beiden Fällen liege kein Darlehensvertrag gemäß § 491 Abs. 1 BGB vor, auch der Schutzzweck des Gesetzes sei nicht einschlägig.[66)]

ee) Zeitlicher Anwendungsbereich

9.53 Ihrem **zeitlichen Anwendungsbereich** nach finden die Vorschriften der §§ 491 ff. BGB auf sämtliche nach dem 1. Januar 2002 geschlossenen Verbraucherdarlehensverträge Anwendung. Für vor diesem Stichtag geschlossene Verträge gilt das BGB sowie das Verbraucherkreditgesetz in der bis zum 31. Dezember 2001 geltenden Fassung. Nach Art. 229 § 5 Satz 2 EGBGB sind auf diese Altverträge jedoch ab dem 1. Januar 2003 gleichfalls die neuen Verbraucherdarlehensvorschriften anzuwenden. Für ab dem 11. Juni 2010 geschlossene Darlehensverträge gelten die Vorschriften welche i. R. d. Umsetzung der Verbraucherkreditrechtslinie 2008/48/EG verabschiedet worden sind.[67)]

b) Schriftformerfordernis und Fehlerfolgen

9.54 Verbraucherdarlehensverträge müssen gemäß § 492 Abs. 1 BGB in schriftlicher Form abgeschlossen werden. Gesetzliche Schriftform i. S. d. § 126 BGB ist demgegenüber nach den allgemeinen Vorschriften des Darlehensrechts nicht erforderlich. Diese lassen den formfreien Abschluss von Verträgen zu.

9.55 Die vom Verbraucher für den Vertragsschluss zu unterzeichnende Willenserklärung muss für Darlehensverträge im Allgemeinen die in § 492 Abs. 1 BGB bzw. § 492 Abs. 2 BGB n. F. i. V. m. Art. 247 §§ 6 bis 13 EGBGB n. F., für Teilzahlungsgeschäfte die in den § 502 BGB bzw. §§ 507 ff. BGB n. F. genannten detaillierten Angaben enthalten.

9.56 Hintergrund der Formerfordernisse sind Informations- und Warnfunktionen. Der Verbraucher soll in die Situation versetzt werden, die konkreten Belastungen aus dem Darlehen zu überschauen, um hierdurch fehlerhafte wirtschaftliche Entscheidungen und damit verbunden die wirtschaftliche Überforderung zu vermeiden.[68)]

---

65) Vgl. BGH, Urt. v. 10.1.2006 – XI ZR 169/05, BGHZ 165, 363 = ZIP 2006, 363 (m. Bespr. *Zahn*, S. 1069), dazu EWiR 2006, 195 *(Derleder)*.

66) BGH, Urt. v. 28.1.1997 – XI ZR 251/95, ZIP 1997, 643 = ZfIR 1997, 342 = WM 1997, 663, dazu EWiR 1997, 621 *(Vortmann)*; so auch *Clemente*, Sicherungsgrundschuld, Rz. 332.

67) Vgl. hierzu unten weiter Rz. 9.103 ff.

68) Vgl. BGH, Urt. v. 26.5.1999 – VIII ZR 1999, 2664, BGHZ 142, 23 = ZIP 1999, 1169 = NJW 1999, 2664; Schimansky/Bunte/Lwowski-*Peters*, Bankrechts-Hdb., § 81 Rz. 142.

Zu diesen Angaben gehört gemäß § 492 Abs. 1 Satz 5 Nr. 1 bzw. § 492 Abs. 2 BGB n. F. i. V. m. Art. 247 § 6 und § 3 Abs. 1 Nr. 4 EGBGB n. F. die **Angabe des Nettodarlehensbetrages.** Hiermit ist der um die mitfinanzierten Einmalkosten (Bearbeitungsgebühren, Disagio, Restschuldversicherungsprämien etc.) bereinigte Nennbetrag des Darlehens gemeint. Mit Umsetzung der Verbraucherkreditrichtlinie wird der Begriff Nettodarlehensbetrag in Art. 247 § 3 Abs. 2 Satz 2 BGB entsprechend dem auf europäischer Ebene eingeführten „Gesamtkreditbetrag“ legaldefiniert. Beim Nettodarlehensbetrag werden hiernach künftig, anders als nach bisheriger Rechtslage, auch finanzierte Kosten erfasst und zwar unabhängig davon, ob sie obligatorisch sind oder nicht. Anstelle des Nettodarlehensbetrages ist die **Höchstgrenze des Darlehens** zu nennen, wenn aufgrund der variablen Darlehensform (Kontokorrentkredit; Überziehungskredit) der Nettodarlehensbetrag nicht bestimmbar ist. 9.57

Ebenfalls zu benennen ist der **Gesamtbetrag** aller vom Darlehensnehmer zu erbringenden Zahlungen. Dies gilt zunächst dann, wenn im Zeitpunkt des Vertragsschlusses sämtliche vom Darlehensnehmer zu entrichtende Teilzahlungen, wie Tilgungen, Zinsen und sonstige Kosten feststehen, § 492 Abs. 1 Satz 5 Nr. 2 Alt. 1 BGB bzw. § 492 Abs. 2 BGB n. F. i. V. m. Art. 247 § 6 und § 3 Abs. 2 EGBGB n. F. Soweit ein Darlehen mit veränderlichen Bedingungen gegeben ist, so ist der Gesamtbetrag auf der Grundlage der bei Abschluss des Vertrages maßgeblichen Bedingungen anzugeben, § 492 Abs. 1 Satz 5 Nr. 2 Alt. 2 BGB bzw. § 492 Abs. 2 BGB n. F. i. V. m. Art. 247 § 6 Abs. 3 EGBGB n. F. Keine Pflicht zur Gesamtbetragsangabe ist bei Darlehen gegeben, bei welchen die Inanspruchnahme bis zu einer Höchstgrenze freigestellt ist und bei Immobiliardarlehen, § 492 Abs. 1a BGB bzw. § 503 BGB n. F. (vgl. bereits oben Rz. 9.32 und 9.38 ff.). 9.58

Unklarer und auch umstrittener ist die Thematik der **unechten Abschnittsfinanzierungen.** Eine solche liegt vor, wenn dem Verbraucher von Anfang an ein langfristiges Recht zur Nutzung des überlassenen Kapitals eingeräumt, die Nutzungskonditionen aber nur für einen Teil dieses Zeitraums verbindlich vereinbart werden, sodass absehbar die Notwendigkeit besteht, vor Ablauf der Gesamtlaufzeit des Darlehens über diese Konditionen eine neue Vereinbarung zu treffen. Kennzeichnend für die bloße Prolongation ist damit, dass das Darlehen zum Ende des Finanzierungsabschnitts nicht ohne weiteres fällig wird, sondern nur dann, wenn der Darlehensnehmer der vorgeschlagenen Konditionenänderung widerspricht.[69] In einem solchen Fall ist jedoch unklar, ob die Bank dem Darlehensnehmer den Gesamtbetrag dergestalt mitteilen muss, dass 9.59

69) BGH, Urt. v. 8.6.2004 – XI ZR 150/03, BGHZ 159, 270 = ZIP 2004, 1445, dazu EWiR 2004, 1055 *(Medicus)*, dazu WuB I E 2. § 4 VerbrKrG 2.04 *(Saenger/Sauthoff)*; OLG Frankfurt, Urt. v. 24.1.2007 – 9 U 5/06, WM 2007, 1176 = ZBB 2007, 309 dazu WuB I E 1. 7.07 *(Siegmann)*.

die nach Ablauf der Zinsbindungsfrist veränderlichen Anfangskonditionen auf die gesamte Kreditlaufzeit hochgerechnet werden. Nach Auffassung des Bundesgerichtshofes und weiten Teilen der Literatur sollen die unechten Abschnittsfinanzierungen unter die Regelung des § 492 Abs. 1 Satz 5 Nr. 2 Alt. 2 BGB fallen, da eine veränderliche Darlehensbedingung auch dann vorliege, wenn die Kondition zwar für die Zinsperiode unveränderlich sei, nicht jedoch für die gesamte kalkulierte Vertragslaufzeit feststehe.[70] Für die Berechnung des Gesamtbetrages bei der unechten Abschnittsfinanzierung hat sich folgende Handhabung etabliert: Neben dem Abschnittsgesamtbetrag für die Festzinsperiode werden die Belastungen aus der Restlaufzeit des Darlehens hinzugerechnet, wobei für den Zins die Anfangskondition herangezogen und der erreichte Tilgungsstand als fester Faktor zur Annuitätsbestimmung beibehalten wird. In diesem Sinne lässt sich auch die neue gesetzliche Regelung des § 492 Abs. 2 BGB n. F. i. V. m. Art. 247 § 6 Abs. 3 EGBGB n. F. verstehen, ohne dass sie freilich zusätzliche Klarheit zu dieser Thematik verschafft.

9.60 Die Vorgaben zur unechten Abschnittsfinanzierung und insoweit die Verpflichtung zur Gesamtbetragsangabe bestehen auch bei Darlehen, für die eine Tilgung nicht vorgesehen ist, also bei endfälligen Darlehen bzw. Festdarlehen. Dies gilt jedenfalls für den regelmäßig gegebenen Fall, dass bei Fälligkeit die Darlehenstilgung aus einer parallel angesparten Lebensversicherung erfolgen soll.[71]

9.61 Nach § 492 Abs. 1 Satz 5 Nr. 3 BGB ist die **Art und Weise der Rückzahlung** des Darlehens anzugeben. Zu diesen Hinweisen gehört in EG-richtlinienkonformer Auslegung nach h. M. auch die Angabe von **Anzahl**, zeitlichen Abständen und Zeitpunkt der Zahlungen für Zinsen, Tilgung und sonstige Kosten, d. h. der **Leistungsraten.**[72] Die gesetzliche Neuregelung spricht nunmehr ausdrücklich von „Betrag, Zahl und Fälligkeit der einzelnen Teilzahlungen", vgl. § 492 Abs. 2 BGB n. F. i. V. m. Art. 247 § 6 und § 3 Abs. 1 Nr. 7 EGBGB n. F.

9.62 Sind Modalitäten der Rückzahlung nicht vereinbart, wie regelmäßig bei einem Kontokorrentkredit, sind die Regelungen über die Vertragsbeendigung aufzu-

70) BGH, Urt. v. 8.6.2004 – XI ZR 150/03, BGHZ 159, 270 = ZIP 2004, 1445, dazu EWiR 2004, 1055 *(Medicus)*, dazu WuB I E 2. § 4 VerbrKrG 2.04 *(Saenger/Sauthoff)*; BGH, Urt. v. 25.4.2006 – XI ZR 193/04, BGHZ 167, 252 = ZIP 2006, 940 = ZfIR 2006, 461 (m. Anm. *Ohlrogge*, S. 466), dazu EWiR 2006, 445 *(Medicus)*; *Ulmer* in: MünchKomm-BGB, § 492 Rz. 45; Staudinger-*Kessal-Wulf*, BGB, § 492 Rz. 44; a. A. mit überzeugenden Gründen Schimansky/Bunte/Lwowski-*Peters*, Bankrechts-Hdb., § 81 Rz. 175 ff.

71) BGH, Urt. v. 19.10.2004 – XI ZR 337/03, ZIP 2004, 2373 = ZfIR 2005, 17 (m. Kurzanm. *Volmer*, S. 19), dazu EWiR 2005, 649 *(Vortmann)*.

72) OLG Karlsruhe, Urt. v. 27.10.1998 – 17 U 316/97, WM 1999, 222 = ZBB 1999, 100, dazu EWiR 1999, 619 *(Artz)*; *Ulmer* in: MünchKomm-BGB, § 492 Rz. 47; a. A. OLG Stuttgart, Urt. v. 30.9.2003 – 6 U 102/03, ZIP 2003, 1975 = WM 2003, 2234, dazu EWiR 2004, 143 *(Steiner)*, dazu – mit der h. M. – WuB I E 2. § 4 VerbrKrG 1.04 *(v. Westphalen)*.

führen, § 492 Abs. 1 Satz 5 Nr. 3 Alt. 2 BGB. Vgl. hierzu die Neuregelung des § 504 Abs. 1 BGB n. F. i. V. m. Art. 247 § 16 EGBGB n. F.

Daneben sind im Verbraucherdarlehensvertrag der **Zinssatz** sowie **sonstige Kosten des Darlehens** anzugeben. Sind die Kosten ihrer Höhe nach bekannt, sind sie im einzelnen zu bezeichnen, anderenfalls sind sie dem Grunde nach anzuführen, § 492 Abs. 1 Satz 5 Nr. 4 BGB. Unter den Begriff Kosten fallen die Aufwendungen, welche der Verbraucher bei planmäßiger Abwicklung des Darlehens zu tragen hat, so insbesondere Vermittlungskosten, soweit diese den Zinssatz nicht verteuern,[73] Bearbeitungsgebühren, Provisionen und ein etwaiges Disagio. Bei einem Forward-Darlehen, bei welchem die Valutierung des Darlehens erst deutlich in der Zukunft erfolgt, sind etwaige Einmalprämien anzugeben. Besteht der Preis des Forward-Darlehens in einer Erhöhung des Darlehenszinses, reicht der Hinweis auf die verteuernde Wirkung der konkreten Vereinbarung aus.[74] Im Zuge der gesetzlichen Neuregelung wird die Pflichtangabe zum Zinssatz (in der gesetzlichen Diktion nunmehr „Sollzinssatz“) in § 492 Abs. 2 BGB n. F. i. V. m. Art. 247 § 6 und § 3 Abs. 1 Nr. 5 und zu den Kosten in Nr. 10 EGBGB n. F. geregelt. 9.63

Gemäß § 492 Abs. 1 Satz 5 Nr. 5 BGB ist zudem der **effektive** und bei veränderlichen Konditionen der **anfängliche effektive Jahreszins** anzugeben. Der effektive Jahreszins ist in § 492 Abs. 2 Satz 1 BGB legal definiert. Hiernach ist die jährliche Gesamtbelastung als Vomhundertsatz des Nettodarlehensbetrags unter Einbeziehung der Gesamtkosten einschließlich einmaliger Kosten anzugeben.[75] Für die Berechnung des effektiven und des anfänglichen effektiven Jahreszinses verweist § 492 Abs. 2 Satz BGB auf § 6 der Preisangabenverordnung (PAngV). Unter die einzubeziehenden Kosten fallen neben dem nominellen Zins unter Berücksichtigung der Zinssollstellungstermine laufende Bearbeitungsgebühren der Bank, Provisionen und Vermittlungskosten sowie eine etwaiges Disagio (bzw. Agio).[76] Auf diese Weise soll ein Gleichlauf für Preisangaben in der Phase der Werbung, für die die Preisangabenverordnung unmittelbar einschlägig ist, und bei Vertragsabschluss, der den Verbraucherkreditvorschriften des BGB unterfällt, gewährleistet werden.[77] **Mit Umsetzung der neuen Verbraucherkreditrichtlinie** in nationales Recht wird der effektive Jahreszins in § 492 Abs. 2 BGB n. F. i. V. m. Art. 247 § 6 und § 3 Abs. 1 Nr. 3 EGBGB n. F. geregelt. Die Prozentzahl ist entsprechend der europäischen Vorgaben stets als „effektiver Jahreszins“ zu bezeichnen, auch wenn sich 9.64

73) Schimansky/Bunte/Lwowski-*Peters*, Bankrechts-Hdb., § 81 Rz. 221.

74) Schimansky/Bunte/Lwowski-*Peters*, Bankrechts-Hdb., § 81 Rz. 207, 211.

75) *Ulmer* in: MünchKomm-BGB, § 492 Rz. 56; Staudinger-*Kessal-Wulf*, BGB, § 492 Rz. 57.

76) *Ulmer* in: MünchKomm-BGB, § 492 Rz. 63.

77) *Bruchner/Ott/Wagner-Wieduwilt*, VerbrKrG, § 4 Rz. 144.

dieser ändern kann.[78] Die bisher in § 492 Abs. 2 BGB a. F. enthaltene Legaldefinition des effektiven Jahreszinses ist nunmehr entfallen. Art. 247 § 3 EGBGB n. F. verweist lediglich noch auf die Bestimmung des § 6 PAngV, wonach es sich beim effektiven Jahreszins um den Preis des Kredits in Form der Gesamtkosten als jährlicher Vomhundertsatz handelt.

9.65 In den effektiven Jahreszins sind nach neuer Gesetzeslage die Kosten für **Kreditsicherheiten** einzurechnen. Ausgenommen sind hierbei Notarkosten (§ 6 Abs. 3 Nr. 5 PAngV) und Kosten für Sicherheiten bei Immobiliardarlehensverträgen (§ 6 Abs. 3 Nr. 6 PAngV). Zahlungen für eine **Kapitallebensversicherung**, welche zur Tilgung des Darlehens verwendet werden soll, sind nach bisheriger Rechtslage bei der Berechnung des effektiven Jahreszinses nicht zu berücksichtigen.[79] Vor dem Hintergrund des neuen § 6 Abs. 3 Nr. 4 PAngV, wonach die Kosten für „Zusatzleistungen" nur dann privilegiert sind, wenn sie keine Voraussetzung für die Kreditvergabe sind, ist diese Einordnung nach neuer Rechtslage jedoch fraglich. Dagegen sind Zusatzleistungen i. S. einer Restschuldversicherung in den Effektivzins miteinzubeziehen, wenn der Abschluss des Versicherungsvertrages obligatorisch für den Kreditvertragsabschluss ist; nach neuer Rechtslage ist eine Miteinbeziehung schon dann erforderlich, wenn der Abschluss eines Versicherungsvertrages Voraussetzung für den Abschluss eines Kreditvertrages zu dem vom Kreditgeber vorgesehenen Vertragsbedingungen ist.[80]

9.66 Zusammen mit dem anfänglichen effektiven Jahreszins ist auch anzugeben, unter welchen Voraussetzungen die preisbestimmenden Faktoren geändert werden können.

9.67 Nach § 492 Abs. 1 Satz 4 Nr. 6 BGB bzw. § 492 Abs. 2 BGB n. F. i. V. m. Art. 247 § 6 und § 3 Abs. 1 Nr. 10 EGBGB n. F. sind **Versicherungskosten** anzugeben, insbesondere für Restschuldversicherungen und Kapitallebensversicherungen.[81] Sachversicherungen sind dann aufzuführen, wenn diese beim Darlehensvertragsabschluss durch den Kreditgeber verlangt werden. Voraussetzung ist stets ein zeitlicher und sachlicher Bezug zwischen dem Abschluss des Versicherungsvertrages und dem des Kreditvertrages.[82]

9.68 Zuletzt sind vom Darlehensnehmer zu bestellende **Sicherheiten** anzugeben, § 492 Abs. 1 Satz 5 Nr. 7 BGB bzw. § 492 Abs. 2 BGB n. F. i. V. m. Art. 247

---

78) Vgl. BT-Drucks. 16/11643, S. 201 und 124.

79) BGH, Urt. v. 18.1.2005 – XI ZR 17/04, BGHZ 162, 20 = ZIP 2005, 339, dazu EWiR 2006, 31 *(Metz)*; Schimansky/Bunte/Lwowski-*Peters*, Bankrechts-Hdb., § 81 Rz. 222.

80) BT-Drucks. 16/11643, S. 236; § 6 Abs. 3 PAngV n. F.

81) BGH, Urt. v. 18.1.2005 – XI ZR 17/04, BGHZ 162, 20 = ZIP 2005, 339, dazu EWiR 2006, 31 *(Metz)*.

82) BGH, Urt. v. 5.12.2006 – XI ZR 341/05, ZIP 2007, 414 = ZfIR 2007, 814 (LS), dazu EWiR 2007, 735 *(Wolters)*.

§ 6 und § 3 Abs. 1 Nr. 10 EGBGB n. F., wobei hier die schuldrechtliche Verpflichtung zur Sicherheitenbestellung gemeint ist, nicht die Sicherheitenbestellung selbst.[83)] Soweit bereits bestehende Sicherheiten zur Besicherung des Darlehens herangezogen werden sollen, ist der Hinweis auf deren Erstreckung auf die Darlehensschuld ausreichend.[84)]

Vor dem Hintergrund des Verkaufes von Kreditforderungen an Finanzinvestoren hat der Gesetzgeber das **Risikobegrenzungsgesetz** beschlossen (vgl. hierzu auch unter Rz. 9.301 ff.). Dieses Gesetz trat zum 19. August 2008 in Kraft und führte zu mehreren Änderungen im Kreditrecht und insbesondere im Verbraucherdarlehensrecht. Ein neu eingefügter § 492 Abs. 1a Satz 3 BGB bzw. § 493 BGB n. F. verlangt nunmehr für Immobiliardarlehensverträge einen deutlich gestalteten Hinweis darauf, dass ein Wechsel in der Gläubigerstellung auch ohne Zustimmung des Darlehensnehmers möglich ist. Diese neue Regelung betrifft zum einen die rechtsgeschäftliche Abtretung der Forderungen und zum anderen die Übertragung des Vertragsverhältnisses i. S. d. § 123 UmwG (Spaltung). Der Hinweis in den Darlehensverträgen ist nur dann abkömmlich, wenn die Abtretung im Vertrag ausdrücklich ausgeschlossen ist oder aber die Zustimmung durch den Darlehensnehmer hinsichtlich der Übertragung notwendig ist. Zum Verständnis dieser neuen Norm sei auf die Rechtsprechung des Bundesgerichtshofes verwiesen, wonach die Abtretung eines notleidenden Kredites durch eine Genossenschaftsbank an eine Beteiligungsgesellschaft als wirksam angesehen wurde.[85)] Der Gesetzgeber hatte sich entschlossen, an dieser rechtlichen Situation nichts zu ändern, gleichwohl den Darlehensgeber zu der dargestellten Information zu verpflichten. **9.69**

Eine weitere Änderung aus dem Risikobegrenzungsgesetz betrifft die Informationsverpflichtung des Kreditgebers nach **Ablauf der Zinsbindungsperiode**. Nach Ablauf der Zinsbindung besteht zum einen die Möglichkeit, dass der Darlehensgeber und der Darlehensnehmer (vertraglich) einen neuen Darlehenszins vereinbaren. Denkbar ist es auch, insbesondere wenn die Verhandlungen über den neuen Zins nicht zu einer Einigung führen, dass der Darlehensgeber entsprechend einer regelmäßig vereinbarten Berechtigung den Zinssatz einseitig neu festsetzt. Zuletzt ist auch die Kündigung des Darlehens nach und unter den Voraussetzungen des § 489 Abs. 1 Nr. 1 BGB durch den Darlehensnehmer möglich. Nach der neuen Bestimmung des § 492a Abs. 1 BGB bzw. § 493 BGB n. F. muss der Darlehensgerber zukünftig mit einer Vorlauf- **9.70**

---

83) Palandt-*Weidenkaff*, BGB, § 492 Rz. 15, allg. Meinung.

84) Staudinger-*Kessal-Wulf*, BGB, § 492 Rz. 66.

85) BGH, Urt. v. 27.2.2007 – XI ZR 195/05, BGHZ 171, 180 = ZIP 2007, 619 = ZfIR 2007, 308 (m. Anm. *Deuber*, S. 313), dazu EWiR 2007, 267 *(Weber/Bulach)*, dazu WuB I B 2.-1.07 *(Cahn)*; gegen die Ausführungen des BGH bestehen keine verfassungsrechtlichen Bedenken: BVerfG, Beschl. v. 11.7.2007 – 1 BvR 1025/07 = ZIP 2007, 2348 = NJW 2007, 3707 = WM 2007, 1694; hierzu WuB I B 2.-1.08 *(Schimansky)*.

zeit von drei Monaten mitteilen, ob er zur weiteren Kreditgewährung bereit ist. Die aktuellen Konditionen sind bejahendenfalls mitzuteilen. Gleiches gilt, wenn das **Ende der Vertragslaufzeit** bevorsteht. Hier sind die Pflichtangaben des § 492 Abs. 1 Satz 5 BGB bzw. § 493 Abs. 2 i. V. m. § 491a Abs. 1 BGB n. F. aufzuführen.

9.71 Die gegebenen Informationspflichten betreffen auch den neuen Gläubiger nach einer erfolgten Forderungsabtretung. Dies gilt nur dann nicht, wenn entsprechend den Vereinbarungen zwischen Zedent und Zessionar im Verhältnis zum Darlehensnehmer allein der bisheriger Darlehensgeber auftritt.

9.72 Der in der Rechtsprechung und in der Literatur geführte Streit, ob die Formvorschriften des § 492 Abs. 1 BGB bzw. der vormals entsprechenden Vorschrift des § 4 Abs. 1 Satz 4 Nr. 1 VerbrKrG a. F. auch für **Darlehensvollmachten** gelten, wurde durch den Gesetzgeber i. R. d. Schuldrechtsmodernisierung entschieden.[86] § 492 Abs. 4 BGB verlangt nunmehr die Formvorgaben auch für die Darlehensvollmacht. Hierdurch soll verhindert werden, dass der Schutz des Verbrauchers, der sich beim Vertragsschluss vertreten lässt, leerläuft. Von der Formverpflichtung ausgenommen sind Prozessvollmachten sowie notariell beurkundete Vollmachten, § 492 Abs. 4 Satz 2 BGB.

9.73 **Rechtsfolge** bei Nichteinhaltung der Schriftform oder bei Fehlen einer der in § 492 Abs. 1 Satz 5 Nr. 1 bis 6 BGB bzw. § 492 Abs. 2 BGB n. F. i. V. m. Art. 247 §§ 6 bis 13 EGBGB n. F. vorgeschriebenen Angaben ist nach § 494 Abs. 1 BGB die **Nichtigkeit des Kreditvertrages**.

9.74 Die Rechtsfolge tritt jedoch nicht ein, wenn die Voraussetzungen des § 494 Abs. 2 Satz 1 BGB vorliegen, der Verbraucher das Darlehen also empfängt oder in Anspruch nimmt. Der **Formmangel** wird auf diese Weise **geheilt**. Ein „heilender Empfang" ist auch bei der vereinbarungsgemäßen Zahlung an einen Dritten gegeben.[87]

9.75 Beruht der an sich gegebene Formmangel in solchen Fällen darauf, dass eine der gemäß § 492 Abs. 1 BGB vorgeschriebenen Angaben fehlt, enthält § 494 Abs. 2 Satz 2 bis 6 BGB bzw. § 494 Abs. 2 bis 6 BGB n. F. besondere Regelungen für eine Modifizierung des Vertragsinhaltes, die mit der Darlehensinanspruchnahme durch den Verbraucher verbunden ist. Von praktischer Bedeutung ist vor allem die **Zinsreduzierung**, die bei fehlender Angabe des Darlehenszinssatzes, des (anfänglichen) effektiven Jahreszinses oder der Angabe des Gesamtbetrages in § 494 Abs. 2 Satz 2 BGB vorgesehen ist. Für diese Fälle reduziert sich der Vertragszins auf den gesetzlichen Zinssatz i. H. v. 4 % (§ 246 BGB).

---

86) Die h. M. hatte die Formverpflichtung verneint: BGH, Urt. v. 24.4.2001 – XI ZR 40/00, BGHZ 147, 262 = ZIP 2001, 911 = ZfIR 2001, 542 (m. Anm. *Pfeiffer*, S. 544), dazu EWiR 2001, 563 *(Saenger)*; a. A. *Derleder*, NJW 1993, 2401.

87) BGH, Urt. v. 25.4.2006 – XI ZR 193/04, BGHZ 167, 252 = ZIP 2006, 940 = ZfIR 2006, 461 (m. Anm. *Ohlrogge*, S. 466).

Nicht angegebene Kosten, wie solche für eine Restschuldversicherung oder auch Vermittlungskosten, werden bei Nichtangabe vom Darlehensnehmer nicht geschuldet, § 494 Abs. 2 Satz 3 BGB bzw. § 494 Abs. 4 Satz 1 BGB n. F. Fehlt die Angabe von Kreditsicherheiten, so können diese nicht gefordert werden, soweit der Nettodarlehensbetrag 50.000 Euro – bzw. nach neuer Rechtslage 75.000 Euro – nicht übersteigt (§ 494 Abs. 2 Satz 6 BGB bzw. § 494 Abs. 6 Satz 2 BGB n. F.). Eine neue Regelung findet sich aufgrund der Umsetzung der neuen Verbraucherkreditrichtlinie in § 494 Abs. 6 Satz 1 BGB n. F., wonach bei fehlenden Angaben zu Laufzeit oder zum Kündigungsrecht im Vertrag der Darlehensnehmer jederzeit zur Kündigung berechtigt ist. 9.76

Ein Verstoß gegen § 492 Abs. 1 Satz 5 Nr. 3 BGB bzw. § 492 Abs. 2 BGB n. F. i. V. m. Art. 247 § 6 und § 3 Abs. 1 Nr. 7 EGBGB n. F., wonach die **Art und Weise der Rückzahlung** des Darlehens anzugeben ist, führt hingegen nicht zur Reduzierung des vertraglichen Zinssatzes. Dies ergibt sich eindeutig aus dem Wortlaut des § 494 Abs. 2 Satz 2 BGB.[88] 9.77

Soweit bei Immobiliardarlehensverträgen ein deutlich gestalteter Hinweis auf die **Möglichkeit der Forderungsabtretung** bzw. der Vertragsübertragung fehlt, sieht das Gesetz zunächst keine spezifischen Sanktionen vor. Insbesondere soll nach ausdrücklichem gesetzgeberischem Wunsch der Vertrag nicht nach § 494 Abs. 1 BGB nichtig sein.[89] Denkbar sind jedoch Ansprüche des Darlehensnehmers nach § 280 Abs. 1 BGB,[90] wobei jedoch die Bestimmung einer Schadensposition nicht einfach sein dürfte. Allenfalls dann, wenn sich der neue Gläubiger nicht entsprechend den gesetzlichen oder den vertraglichen Regelungen verhält, erscheint eine gesamtschuldnerische Haftung des abtretenden Instituts denkbar. Soweit, was zukünftig regelmäßig der Fall sein dürfte, übertragbare Darlehen zu günstigeren Konditionen ausgereicht werden, könnte das abtretende Institut dem schadensersatzbegehrenden Darlehensnehmer Positionen der Vorteilsausgleichung entgegenhalten. 9.78

Sind die Formvorschriften hinsichtlich einer durch den Darlehensnehmer erteilten Vollmacht nicht eingehalten, so führt dies zur Nichtigkeit der Vollmacht. Die Nichtigkeit führt nach den allgemeinen Regelungen (§ 177 BGB) zur schwebenden Unwirksamkeit des Darlehensvertrages, welche durch den Empfang bzw. die Inanspruchnahme des Darlehens beseitigt wird.[91] Es gelten sodann die Sanktionen des § 494 Abs. 2 BGB. 9.79

Treten die Sanktionen i. S. d. Zinssatzermäßigung oder des Nichtbestehens der Kostenansprüche ein, so sind nach § 494 Abs. 2 Satz 4 BGB bzw. § 494 Abs. 5 9.80

88) Vgl. BGH, Urt. v. 19.10.2004 – XI ZR 337/03, ZIP 2004, 2373 = ZfIR 2005, 17 (m. Kurzanm. *Volmer*, S. 19), dazu EWiR 2005, 649 *(Vortmann)*.

89) BT-Drucks. 16/9821, S. 20.

90) *Langenbucher*, NJW 2008, 3169, 3170.

91) Schimansky/Bunte/Lwowski-*Peters*, Bankrechts-Hdb., § 81 Rz. 378.

BGB n. F. bei ratenweise zu erfüllenden Rückzahlungen die Teilzahlungsbeträge unter Berücksichtigung der verminderten Zinsen bzw. weggefallenen Kosten neu zu berechnen. Die Berechnung muss durch die Bank durchgeführt werden.[92] Die Auffassung der h. M., wonach der Darlehensnehmer ein Wahlrecht zwischen der Minderung der Teilzahlungsraten und einer Verkürzung der Darlehenslaufzeit habe,[93] ist im Hinblick auf den eindeutigen Wortlaut des Gesetzes wenig verständlich.

9.81 Keine Heilung des Formmangels nach § 494 Abs. 2 BGB kommt in Betracht, wenn für einen **Schuldbeitritt** (i. S. d. Mitdarlehensnehmerschaft, vgl. oben Rz. 9.46 und 9.473) die Formvoraussetzungen des § 492 BGB nicht beachtet sind. Denn der Mitverpflichtete empfängt die Darlehensvaluta nicht, kann also auch nicht vom Kapitalnutzungsrecht zu seinem Vorteil Gebrauch machen. Dies gilt nach Auffassung der Rechtsprechung auch dann, wenn der Beitretende aus der Darlehensauszahlung an den Hauptkreditnehmer mittelbare Vorteile erlangt.[94]

9.82 Soweit entsprechende Pflichtangaben im Darlehensvertrag zwar angegeben, jedoch fehlerhaft sind, führt dies nicht zur Nichtigkeit des Vertrages.[95] Eine Ausnahme hiervon statuiert § 494 Abs. 3 BGB für den Fall, dass der (anfängliche) effektive Jahreszins zu niedrig angegeben wird. In diesem Fall ist der Jahreszins bis zur Grenze des gesetzlichen Zinssatzes (4 %, § 246 BGB) verhältnismäßig herabzusetzen.[96]

c) Widerrufsrecht

9.83 § 495 BGB normiert ein – von der ursprünglichen EG-Richtlinie nicht vorgegebenes – Widerrufsrecht des Verbrauchers. Ein entsprechendes Widerrufsrecht war gemäß § 1b AbzG bereits vor Inkrafttreten des Verbraucherkreditgesetzes für Kreditaufnahmen zur Finanzierung von Warenkäufen vorgesehen und zwischenzeitlich mit Geltung des VerbrKrG in dessen § 7 kodifiziert. § 495 Abs. 1 BGB entspricht den Vorlagen aus Art. 14 Abs. 1 Satz 1 der neuen Verbraucherkreditrichtlinie, sodass kein Umsetzungs- bzw. Anpassungsbedarf besteht. Die auf den Abschluss des Darlehensvertrages gerichtete Willenserklärung des Verbrauchers wird demnach erst wirksam, wenn er sie nicht binnen

---

92) BGH, Urt. v. 9.5.2006 – XI ZR 119/05, ZIP 2006, 1238 = ZfIR 2006, 799 (m. Kurzanm. *Mediger*, S. 802), dazu EWiR 2007, 639 *(Wolters)*.

93) *Ulmer* in: MünchKomm-BGB, § 494 Rz. 31; *Bülow/Artz* in: Hk-VerbrKrR, § 494 Rz. 62.

94) BGH, Urt. v. 12.11.1996 – XI ZR 202/95, ZIP 1997, 197 = WM 1997, 158, dazu EWiR 1997, 237 *(Habersack)*; OLG Karlsruhe, Urt. v. 27.10.1998 – 17 U 316/97, WM 1999, 222 = ZBB 1999, 100, dazu EWiR 1999, 619 *(Artz)*; nunmehr auch *Ulmer* in: MünchKomm-BGB, § 494 Rz. 20.

95) BGH, Urt. v. 14.10.2003 – XI ZR 134/02, ZIP 2003, 2149 = ZfIR 2004, 36 (LS), dazu EWiR 2004, 255 *(Mues)*.

96) Palandt-*Weidenkaff*, BGB, § 494 Rz. 12.

einer **Frist von zwei Wochen** schriftlich widerruft, wofür die rechtzeitige Absendung ausreicht, § 495 i. V. m. § 355 BGB.

Während die Regelungen des vorangegangenen Abzahlungsgesetzes den Schutz des Verbrauchers vor übereilten Entscheidungen bezweckten und die Formvorschriften des § 492 BGB Warn- und Informationsfunktion hatten, will das Widerrufsrecht des § 495 BGB (§ 7 VerbrKrG a. F.) dem Verbraucher die wirtschaftliche Bedeutung und Tragweite seiner Kreditentscheidung verdeutlichen. Es soll ihm ermöglicht werden, die Schwierigkeit der Vertragsmaterie, insbesondere mittels der obligatorischen Informationen des § 492 BGB, zu ergründen, um dann während der gewährten Überlegungsfrist eine selbstverantwortliche Entscheidung treffen zu können.[97] Dieses durch das Gesetz gesteckte Ziel ist sicherlich nachvollziehbar und auch für die Kreditwirtschaft zu akzeptieren. Allein fraglich ist, warum sich der Gesetzgeber zur Verwirklichung seiner Intention der Mechanismen eines Vertragsbruches bedient. Die auf der Grundlage der ihm ausgereichten Informationen selbstverantwortliche Entscheidung kann der Verbraucher, letztlich also der mündige und rechtsgeschäftsfähige Bürger, auch ohne eine solche zusätzliche Frist treffen. **9.84**

Die Vorschriften zum Widerruf von Verbraucherdarlehensverträgen haben seit der Geltung des Abzahlungsgesetzes vielfache Änderungen erfahren, welche insbesondere durch die europäischen Rechtsprechung veranlasst waren.[98] Die aktuelle Fassung ist durch das OLG-VertrÄndG neu gefasst und seit dem 1. August 2002 in Kraft.[99] Die entscheidende Änderung liegt darin, dass entgegen der früheren Fassungen auch Immobiliardarlehen widerruflich ausgestaltet sind. **9.85**

Der Beginn des Fristlaufes hängt gemäß § 495 Abs. 1 i. V. m. § 355 Abs. 2 BGB bzw. § 355 Abs. 3 BGB n. F. davon ab, dass der Verbraucher über sein Recht in ausreichender Weise belehrt wird. Die Widerrufsbelehrung muss die Belehrung über das Recht zum zweiwöchigen Widerruf und über die Widerrufsfolgen enthalten.[100] Es muss ein ausdrücklicher und auch unmissverständlicher Hinweis auf den Fristbeginn aufgeführt werden. Daneben ist mitzuteilen, dass für die Fristwahrung das rechtzeitige Absenden des Widerrufes ausreichend ist.[101] Es ist der Name und die Anschrift des Widerrufsempfängers anzugeben, sowie die Belehrung über die verlangte Textform (vgl. § 126b BGB) des etwaigen Widerrufes. Erforderlich ist auch die Klarstellung, dass der Widerruf keiner Be- **9.86**

---

97) Vgl. hierzu BT-Drucks. 11/5462, S. 21; *Bülow/Artz* in: Hk-VerbrKrR, § 495 Rz. 38; *Fuchs*, AcP 196 (1996), 313, 351.

98) Vgl. zu der Entwicklung und den jeweiligen Geltungen die umfassende Darstellung bei Schimansky/Bunte/Lwowski-*Peters*, Bankrechts-Hdb., § 81 Rz. 429 ff.

99) OLG-VertrÄndG v. 23.7.2002, BGBl. I 2002, 2850.

100) BGH, Urt. v. 12.4.2007 – VII ZR 122/06, BGHZ 172, 58 = ZIP 2007, 1067 = ZfIR 2007, 575 (m. Anm. *Kulke*, S. 577), dazu EWiR 2007, 455 *(Franz)*.

101) BGH, Urt. v. 12.4.2007 – II ZR 224/05, ZIP 2005, 1124 = WM 2005, 1166.

gründung bedarf. Die Belehrung muss eindeutig und deutlich gestaltet sein. Sie muss in Textform verfasst sein, sodass sie auch mittels Telefax oder E-Mail verfasst werden kann.[102] Mit Umsetzung der neuen Verbraucherkreditrichtlinie in deutsches Recht (vgl. hierzu Rz. 9.103 ff.) bleibt das Widerrufsrecht nach § 495 Abs. 1 BGB grundsätzlich unverändert bestehen. Es gelten jedoch die Vorgaben des § 495 Abs. 2 BGB n. F. Hiernach tritt an Stelle der Widerrufsbelehrung die entsprechende Pflichtangabe im Vertrag (Art. 247 § 6 Abs. 2 EGBGB n. F.) und die Widerrufsfrist beginnt nicht vor Vertragsschluss.

9.87 Aufgrund der Ermächtigung des § 245 EGBGB hat das Bundesministerium der Justiz durch Rechtsverordnung den Inhalt und die Gestaltung der Belehrung festgelegt, **§ 14 BGB-InfoV**. Daneben wurde ein Muster zur Gestaltung einer Widerrufsbelehrung als Anlage 2 erstellt, bei dessen Verwendung die Anforderungen des § 355 Abs. 2 BGB erfüllt werden, § 14 Abs. 1 BGB-InfoV. Dass vereinzelt vertreten wird, diese Musterbelehrung erfülle die gesetzlichen Anforderungen an eine Widerrufsbelehrung nicht,[103] spiegelt das Dilemma des verbraucherschützenden Widerrufsrecht. Zum einen wird hierdurch deutlich, dass der Gesetzgeber vom Darlehensgeber zu viel abverlangt, wenn er selbst nicht in der Lage ist, eine zumindest zweifelsfreie Belehrung zu erstellen.[104] Zum anderen ist es geradezu widersinnig, dass gerade die Normen, die einem (unbedarften) Verbraucher eine klare und transparente Information ermöglichen sollen, so komplex und verwirrend sind, dass die Erstellung einer rechtssicheren Widerrufsbelehrung mit so vielen Problemen verbunden ist. Mit Umsetzung der neuen Verbraucherkreditrichtlinie versucht der Gesetzgeber diesem Problem zumindest in förmlicher Sicht entgegenzusteuern. So wird § 14 BGB-InfoV durch § 360 Abs. 3 BGB n. F. ersetzt und die dortigen Inhalte somit in den Rang eines formellen Gesetzes gehoben. Die Musterbelehrungen sollen als Anlagen zum EGBGB ebenfalls den Rang eines formellen Gesetzes haben. Damit soll es den Gerichten verwehrt werden, die Muster als unwirksam zu verwerfen.[105]

9.88 Die ehemals erforderliche Unterzeichnung der Widerrufsbelehrung ist nach der geltenden Rechtslage nicht mehr erforderlich.

9.89 Soweit der Darlehensvertrag durch den Verbraucher tatsächlich widerrufen wird, ist jeder Vertragspartner verpflichtet, die empfangenen Leistungen zurückzugewähren, § 357 Abs. 1 Satz 1 i. V. m. § 346 Abs. 1 BGB; gezogene Nutzungen sind herauszugeben.[106]

---

102) Palandt-*Heinrichs*, BGB, § 126b Rz. 3.

103) LG Halle, Urt. v. 13.5.2005 – 1 S 28/05, WM 2007, 119 = ZBB 2007, 68 (LS); Staudinger-*Kaiser*, BGB, § 355 Rz. 4.

104) Schimansky/Bunte/Lwowski-*Peters*, Bankrechts-Hdb., § 81 Rz. 477.

105) Vgl. BT-Drucks. 16/11643, S. 109 f.

106) Schimansky/Bunte/Lwowski-*Peters*, Bankrechts-Hdb., § 81 Rz. 521.

d) Verbundene Geschäfte

Die §§ 495 i. V. m. 358, 359 BGB enthalten Regelungen für sog. verbundene Geschäfte. Als verbundenes Geschäft definiert § 358 Abs. 3 BGB einen **Vertrag über die Lieferung einer Ware (oder die Erbringung einer anderen Leistung) und einen Darlehensvertrag**, wenn das Darlehen der Finanzierung des anderen Vertrages dient und beide Verträge **als wirtschaftliche Einheit** anzusehen sind. Eine wirtschaftliche Einheit ist dann anzunehmen, wenn sich beide Verträge als Teilstück eines einheitlichen Geschäfts darstellen, beide Verträge also derart miteinander verbunden sind, dass keiner ohne den anderen abgeschlossen worden wäre.[107)] Als Regelbeispiel einer wirtschaftlichen Einheit wird in § 358 Abs. 3 Satz 2 BGB angeführt, dass sich der Darlehensgeber bei der Vorbereitung oder dem Abschluss des Darlehensvertrages der Mitwirkung des Verkäufers bedient. 9.90

§ 358 BGB umfasst die Vorschrift des § 9 VerbrKrG (sowie die Regelungen des § 4 FernAbsG und des § 6 TzWrG) und greift damit – in teilweise modifizierter Form – die von der Rechtsprechung zum Abzahlungsgesetz entwickelten Grundsätze über den **Einwendungsdurchgriff** bei finanzierten Abzahlungsgeschäften auf. Nach dieser Rechtsprechung konnten Einwendungen aus dem finanzierten Geschäft auch gegenüber dem Kreditgeber geltend gemacht werden, wenn Kreditvertrag und finanziertes Geschäft eine wirtschaftliche Einheit bildeten und aus Sicht des Darlehensnehmers der für den Darlehensgeber ersichtliche Eindruck bestand, dieser und der Verkäufer ständen ihm als einheitliche Vertragspartner gegenüber.[108)] Die Einordnung eines Geschäftes als finanzierter Kauf nach dem Abzahlungsgesetz hing somit objektiv davon ab, dass weder der Kauf- noch der Darlehensvertrag ohne das jeweils andere Geschäft geschlossen worden wären; subjektiv musste der beschriebene Eindruck des Darlehensnehmers hinzukommen.[109)] 9.91

Dieses subjektive Element hat in den Wortlaut des § 358 BGB bzw. schon in die Vorgängervorschrift des § 9 Abs. 1 VerbrKrG keinen Eingang gefunden. Es soll vielmehr objektiv durch die im Regelbeispiel genannte, bereits vor Abschluss des Kreditvertrages bestehende Beziehung zwischen Kreditgeber und Verkäufer aufgegriffen werden. Gleichwohl zeigten sich z. T. Tendenzen in der Rechtsprechung, die Maßstäbe, die zu den subjektiven Anforderungen im Bereich des Abzahlungsgesetzes entwickelt worden sind, auf nach dem Verbrau- 9.92

---

107) *Bülow/Artz* in: Hk-VerbrKrR, § 495 Rz. 231.

108) BGH, Urt. v. 25.3.1982 – III ZR 198/80, BGHZ 83, 301 = ZIP 1982, 667; BGH, Urt. v. 29.3.1984 – III ZR 24/83, BGHZ 91, 9 = ZIP 1984, 682; BGH, Urt. v. 14.6.1984 – III ZR 110/83, BGHZ 91, 338 = ZIP 1984, 932; BGH, Urt. v. 15.1.1987 – III ZR 222/85, ZIP 1987, 699 = WM 1987, 365, dazu EWiR 1987, 309 *(Löwe)*.

109) BGH, Urt. v. 5.5.1992 – XI ZR 242/92, ZIP 1992, 1220 = WM 1992, 1355, dazu EWiR 1992, 763 *(Teske)*.

cherkreditgesetz geschlossene Verträge zu übertragen, indem eine Zweckbindung der Darlehensvaluta für den Warenerwerb gefordert wird. Hierin wird man indes wohl nur ein typisierendes Merkmal sehen können, das für die Annahme der wirtschaftlichen Einheit spricht, dessen Fehlen aber nicht zur Ablehnung eines verbundenen Geschäfts führt.[110)]

9.93 In der aktuellen Rechtsprechung des Bundesgerichtshofes und in der h. L. werden die subjektiven Erfordernisse für die Annahme einer wirtschaftlichen Einheit nunmehr endgültig abgelehnt.[111)] Begründet wird dies zum einen mit dem eindeutigen Gesetzeswortlaut des § 358 BGB.[112)] Bei Immobilienkäufen seien zum anderen der Umstand, dass auch der geschäftsunerfahrene Laie von der Personenverschiedenheit von Verkäufer und Darlehensgeber wisse, in der ehemaligen Ausnahmevorschrift für Realdarlehen des § 3 Abs. 2 Nr. 2 VerbrKrG enthalten,[113)] welche im Zuge der europäischen Rechtsprechung durch den Gesetzgeber i. S. v. § 358 Abs. 3 BGB wiederum modifiziert wurde.[114)]

9.94 Die wirtschaftliche Einheit von **Darlehen und Immobilienerwerb** und somit die Verbundregelungen der §§ 358, 359 BGB sind nunmehr unter speziellen Voraussetzungen anzunehmen bzw. möglich (vgl. § 358 Abs. 3 Satz 3 BGB). Eine wirtschaftliche Einheit ist dann gegeben, wenn sich der Darlehensgeber das Veräußerungsinteresse des Unternehmers zueigen macht, also als Makler auftritt. Zum zweiten liegt eine wirtschaftliche Einheit vor, wenn der Darlehensgeber bei der Planung, der Werbung oder der Durchführung des Projekts Funktionen des Veräußerers übernimmt. Der dritte Anknüpfungspunkt ist die einseitige Begünstigung des Veräußerers durch den Darlehensgeber.

9.95 Der i. R. eines verbundenen Geschäfts geschlossene Darlehensvertrag unterliegt in vollem Umfang den Verbraucherschutzregelungen des BGB. Die auf diesen Vertrag gerichtete Willenserklärung kann der Verbraucher gemäß den §§ 355, 358 Abs. 2 BGB widerrufen.

---

110) Vgl. OLG Köln, Urt. v. 5.12.1994 – 12 U 75/94, ZIP 1995, 21 = WM 1995, 611, dazu EWiR 1995, 305 *(Dauner-Lieb)*; Staudinger-*Kessal-Wulf*, BGB, § 9 VerbrKrG Rz. 32.

111) BGH, Urt. v. 9.4.2002 – XI ZR 91/99, BGHZ 150, 248 = ZIP 2002, 1075 (m. Anm. *Ulmer*, S. 1080 und m. Bespr. *Hoffmann*, S. 1066) = ZfIR 2002, 434 (m. Bespr. *Pap/Sauer*, S. 523) = ZBB 2002, 194 (*Derleder*, S. 202), dazu EWiR 2002, 523 *(Lange)*; Schimansky/Bunte/Lwowski-*Lwowski/Münscher*, Bankrechts-Hdb., § 81 Rz. 557; *Habersack* in: MünchKomm-BGB, § 358 Rz. 24.

112) Schimansky/Bunte/Lwowski-*Lwowski/Münscher*, Bankrechts-Hdb., § 81 Rz. 557.

113) BGH, Urt. v. 9.4.2002 – XI ZR 91/99, BGHZ 150, 248 = ZIP 2002, 1075 (m. Anm. *Ulmer*, S. 1080 u. m. Bespr. *Hoffmann*, S. 1066) = ZfIR 2002, 434 (m. Bespr. *Pap/Sauer*, S. 523) = ZBB 2002, 194 (*Derleder*, S. 202), dazu EWiR 2002, 523 *(Lange)*.

114) EuGH, Urt. v. 13.12.2001 – C 481/99, ZIP 2002, 31 (mit Bespr. *Hoffmann*, S. 145) = WM 2001, 2434, dazu EWiR 2002, 261 *(Pfeiffer)* und WuB IV D. § 5 HWiG *(Roth)*; BGH, Urt. v. 9.4.2002 – XI ZR 91/99, BGHZ 150, 248 = ZIP 2002, 1075; vgl. auch oben Rz. 9.38 ff.

Durch § 358 Abs. 2 BGB werden die **Wirkungen des Widerrufsrechts** für den Darlehensvertrag auch auf das finanzierte Geschäft erweitert. Die diesbezügliche Willenserklärung des Verbrauchers wird zwar sofort wirksam; gleichwohl entfällt mit dem Widerruf nicht nur die Bindungswirkung an den widerrufenen Darlehensvertrag, sondern auch an den finanzierten Vertrag, sodass beide Verträge rück abzuwickeln sind, §§ 357, 346 BGB. 9.96

Unter Umständen ist auch der Widerruf des finanzierten Geschäfts möglich, so bei Vorliegen eines Haustürgeschäftes (§ 312 BGB) oder eines Fernabsatzvertrages (§ 312d BGB). Nach § 358 Abs. 1 BGB entfällt mit dem Widerruf des mit dem Darlehensvertrag verbundenen Geschäfts auch die Bindungswirkung an die auf den Darlehensvertrag gerichtete Willenserklärung, § 358 Abs. 1 BGB. Mit der Einführung eines neues § 359a BGB wird der Anwendungsbereich des § 358 BGB ausgeweitet. Hiernach sind § 358 Abs. 1 und Abs. 2 BGB entsprechend anzuwenden, soweit der Vertragsgegenstand im Darlehensvertrag genau bezeichnet ist. Bedeutsam ist § 359a BGB für jene Fälle, in denen der mit einem Dritten geschlossene Vertrag über die angegebene Ware der Dienstleistungen als Haustürgeschäft (§ 312 BGB) oder als Fernabsatzvertrag (§ 312b BGB) widerrufen wird. Zum Zweiten wird gem. § 359a Abs. 2 BGB das Widerrufsrecht bzgl. des Darlehensvertrages auf Zusatzverträge, wie Versicherungen, Kontoführungsverträge sowie Spar- bzw. Kreditkombinationen als Tilgungsersatz erstreckt. 9.97

§ 359 BGB regelt darüber hinaus den **Durchgriff von Einwendungen** gegen den verbundenen Vertrag auf den Kreditvertrag. Entsprechend dieser schon i. R. d. Abzahlungsgesetzes bekannten Rechtsfigur[115)] kann der Verbraucher gegenüber dem Darlehensgeber die Leistungen aus dem Darlehensvertrag verweigern, soweit Einwendungen aus dem verbundenen Vertrag ihn gegenüber dem Unternehmer zur Leistungsverweigerung berechtigen würden. Es wird insoweit auf eine hypothetische Rechtslage abgestellt, die bestünde, wenn der Verbraucher nur einem Vertragspartner gegenüberstände. 9.98

Das Recht zur **Leistungsverweigerung** besteht dann, wenn der Verbraucher Einreden jeglicher Art sowie Schadensersatzansprüche gegen den Unternehmer vorbringen kann. Aufgrund der akzessorischen Natur des Einwendungsdurchgriffes ist es auch notwendig, dass den Einwendungen gegenüber dem finanzierten Geschäft gleichfalls keine Einwendungen entgegenstehen, so insbesondere, dass keine Verjährung gegeben ist.[116)] 9.99

Als Ausnahme vom Einwendungsdurchgriff definiert das Gesetz in § 359 BGB das **Bagatelldarlehen.** Soweit das finanzierte Entgelt – i. S. d. Nettokreditbetrages und ohne Berücksichtigung etwaiger Anzahlungen – den Betrag von 9.100

115) BGH, Urt. v. 20.2.1967 – III ZR 128/65, BGHZ 47, 233 = NJW 1967, 1028; BGH, Urt. v. 18.1.1973 – III ZR 69/71, NJW 1973, 452 = MDR 1973, 387.

116) BGH, Urt. v. 27.6.2000 – XI ZR 174/99, ZIP 2000, 1430 = ZfIR 2000, 700 (m. Anm. *Sauer*, S. 702), dazu EWiR 2001, 87 *(Schwintowski)*, dazu WuB I G 5. – 17.00 *(Westermann)*.

200 Euro nicht überschreitet, (nach neuer Rechtslage in Umsetzung der Verbraucherkreditrichtlinie: „weniger als 200 Euro beträgt“(!)) scheidet der Einwendungsdurchgriff aus. Dies gilt ebenso, wenn die Einwendung auf einer nachträglichen, vom Verbraucher und dem Unternehmer **vorgenommenen Vertragsänderung** beruht. Soweit dem Verbraucher ein **Nacherfüllungsanspruch** gegenüber dem Unternehmer zusteht, muss er diesen zunächst gegenüber dem Unternehmer (erfolglos) geltend machen, bevor Einwendungen gegenüber dem Darlehensgeber erhoben werden können.

9.101 Etwaige Mängeleinreden oder sonstige Erklärungen, wie z. B. Anfechtungen, gegen das finanzierte Geschäft sind nach h. A. gegenüber dem Darlehensgeber vorzubringen. Nach Auffassung des Bundesgerichtshofes soll dem Verbraucher hinsichtlich der Geltendmachung von Rückabwicklungsansprüchen auch kein Wahlrecht zustehen. Vielmehr soll hier alleine der Darlehensgeber zuständig sein.[117)]

9.102 Als Rechtsfolge sieht das Gesetz ausdrücklich ein Leistungsverweigerungsrecht des Verbrauchers gegenüber dem Darlehensgeber vor, § 359 Satz 1 BGB. Gesetzlich nicht vorgesehen ist jedoch ein Rückforderungsdurchgriff, mit welchem nicht nur weitere Ratenzahlungen verweigert, sondern bereits geleisteter Kapitaldienst zurückgefordert werden kann. Dieser Rückforderungsdurchgriff wird von Teilen der juristischen Literatur unter Hinweis auf seine fehlende gesetzliche Statuierung abgelehnt.[118)] Der Bundesgerichtshof bejaht in seiner neuen Rechtsprechung dem hingegen den Rückforderungsdurchgriff, freilich mit unterschiedlicher Begründung. Der II. Zivilsenat leitet den Anspruch aus § 359 BGB bzw. § 9 Abs. 3 VerbrKrG a. F. ab, wohingegen der XI. Zivilsenat auf die allgemeine zivilrechtliche Norm des § 813 Abs. 1 Satz 1 BGB zurückgreift.[119)]

e) Umsetzung der neuen Verbraucherkredit-Richtlinie – Das neue Verbraucherdarlehensrecht

9.103 Neben den bereits dargestellten Auswirkungen auf das bestehende Verbraucherdarlehensrecht, insbesondere im Hinblick auf die Gliederung des BGB und dem Ergänzungen im EGBGB führt die Umsetzung der neuen Verbraucher-

---

117) BGH, Urt. v. 11.10.1995 – VIII ZR 325/94, BGHZ 131, 66 = ZIP 1995, 1808, dazu – ablehnend – EWiR 1995, 1227 *(Bülow)*; ebenfalls kritisch *Bülow/Artz* in: Hk-VerbrKrR, § 495 Rz. 294.

118) *Reinicke/Tiedtke*, ZIP 1992, 217; vgl. auch Staudinger-*Kessal-Wulf*, BGB, § 359 Rz. 25; *Habersack* in: MünchKomm-BGB, § 359 Rz. 75; differenzierend auch OLG Stuttgart, Urt. v. 8.1.2001 – 6 U 57/00, ZIP 2001, 692 = WM 2001, 1667, dazu EWiR 2001, 447 *(Frisch)*.

119) BGH, Urt. v. 21.7.2003 – II ZR 387/02, BGHZ 156, 46 = ZIP 2003, 1592, dazu EWiR 2004, 177 *(Tiedtke)*; BGH, Urt. v. 4.12.2007 – XI ZR 227/06, BGHZ 174, 334 = ZIP 2008, 304 = ZfIR 2008, 137 (m. Anm. *Wolters*, S. 141), dazu EWiR 2008, 365 *(Madaus)*.

kreditrichtlinie (2008/48/EG) zu einschneidenden Neuerungen beim qualitativen Verbraucherdarlehensrecht. Insoweit erschient es lohnenswert die Hintergünde, die wesentlichen Änderungen und insbesondere die inhaltlichen Neuerungen gesondert zu beleuchten.

aa) Ausgangssituation

Schon in einem Bericht aus dem Jahre 1995 stellte die Europäische Kommission fest, dass die ursprüngliche Verbraucherkredit-Richtlinie 87/102/EWG vom 22. Dezember 1986 kein ausreichendes Verbraucherschutzniveau in Europa bewirkt habe. Auch sei durch sie nicht der angestrebte Binnenmarkt für Verbraucherkredite erreicht worden.[120] Ende des Jahres 2002 unterbreitete die Kommission einen ersten Vorschlag für eine neue Verbraucherkredit-Richtlinie, welche – im Gegensatz zur bestehenden Richtlinie – eine **Vollharmonisierung der Verbraucherkreditvorschriften** in Europa anstrebte. Es dauerte jedoch noch mehr als fünf Jahre, bis nach diversen Diskussionen und Verhandlungen zwischen Kommission, Europäischem Parlament und Europäischem Rat die endgültige Richtlinie im April 2008 verabschiedet worden ist. Die neue Richtlinie 2008/48/EG soll zum 12. Mai 2010 an die Stelle der bestehenden Richtlinie treten. 9.104

Die in den Mitgliedstaaten unterschiedlich ausgeprägten Verbraucherschutzniveaus brachten die ursprüngliche Intention der Vollharmonisierung ins Straucheln, da einige Mitgliedsstaaten, insbesondere diejenigen, die die ursprüngliche Richtlinie 87/102/EWG vollständig umgesetzt hatten, ihr Schutzniveau hätten zurückfahren müssen.[121] Gleichwohl wurde am Prinzip der Vollharmonisierung festgehalten, welches aber durch eine Vielzahl von Optionsmöglichkeiten durchbrochen werden kann.

Der bundesdeutsche Gesetzgeber hat schnell reagiert. So wurde bereits am 17. Juni 2008 ein Referentenentwurf des Bundesjustizministeriums für ein Gesetz zur Umsetzung der Verbraucherkreditrichtlinie vorgelegt. Nach einem ersten Entwurf der Bundesregierung im November 2008 und einer Stellungnahme des Bundesrates am 19. Dezember 2008 wurde der Gesetzesentwurf am 21. Januar 2009 dem Bundestag zugeleitet. Da sich die Entwürfe auch auf die früher umzusetzende Zahlungsdienste-Richtlinie beziehen, sollten auch die neuen Vorschriften zur Umsetzung der Verbraucherkreditrichtlinie bereits zum 31. Oktober 2009 in Kraft treten. Der Bundestag hat das Gesetz zur Umsetzung der Verbraucherkredit-Richtlinie am 2. Juli 2009 verabschiedet, dessen 9.105

---

120) KOM(95) 117 endg.; vgl. hierzu und im weiteren *Rott*, WM 2008, 1104.

121) *Rott*, WM 2008, 1104.

umfassende Neuregelungen im Verbraucherdarlehensrecht nun zum 11. Juni 2010 in Kraft treten.[122)]

9.106 Die gesetzliche Neuregelung enthält neben den Regelungen zur Verbraucherkredit-Richtlinie und den Vorschriften zur Umsetzung der zivilrechtlichen Vorgaben der Zahlungsdienste-Richtlinie einen dritten Schwerpunkt, welcher in der Neufassung des Widerrufs- und Rückgaberechts liegt.[123)] Alle drei Regelungsbereiche beinhalten neben zivilrechtlichen Normen auch „technische Vorschriften", so z. B. Muster bzw. Informationsanforderungen, sodass sich der Entwurf der Bundesregierung dazu entscheidet, diese „technischen Regelungen" aus dem BGB in das EGBGB auszugliedern.[124)] Eine solche Ausgliederung findet sich insbesondere bei den neuen „vorvertraglichen Informationspflichten" (§ 491a BGB n. F. i. V. m. Art. 247 §§ 3 bis 5 und 8 bis 13 EGBGB) als auch bei den altbekannten Pflichtangeben des § 492 BGB (nunmehr § 492 Abs. 2 BGB n. F. i. V. m. Art. 247 §§ 6 bis 13 EGBGB).

bb) Systematik der Neuregelung

9.107 Die Neuregelung greift an einigen Stellen in das bestehende Recht und in die Gesetzessystematik des BGB ein. Das Darlehensvertragsrecht wird nunmehr in ein Kapitel „Allgemeine Vorschriften" (§§ 488 bis 490 BGB n. F.) und in ein Kapitel „Besondere Vorschriften für Verbraucherdarlehensverträge" (§§ 491 bis 502 BGB n. F.) unterteilt. In § 503 BGB n. F. werden die Sonderregelungen für grundpfandrechtlich besicherte Verbraucherdarlehen zusammengefasst, in den §§ 504, 505 BGB die Vorschriften zu den Kontoüberziehungen. Die §§ 506 ff. BGB n. F. befassen sich mit den entgeltlichen Finanzierungshilfen, der § 510 BGB n. F. mit den Ratenlieferungsverträgen und die §§ 511, 512 BGB n. F. widmen sich abschließenden Regelungen.

9.108 Im Folgenden sollen ausgehend von der Richtlinie einige Neuerungen im Verbraucherdarlehensrecht vorgestellt werden.

cc) Anwendungsbereich

9.109 Zunächst keine Veränderungen sieht die neue Richtlinie im **persönlichen Anwendungsbereich** vor, insbesondere da eine von der Kommission gewünschte Ausweitung der Regelungen auf Sicherungsgeber letztlich nicht verabschiedet worden ist.[125)]

---

122) Gesetz zur Umsetzung der Verbraucherkreditrichtlinie, des zivilrechtlichen Teils der Zahlungsdiensterichtlinie sowie zur Neuordnung der Vorschriften über das Widerrufs- und Rückgaberecht v. 29.7.2009, BGBl. I 2009, 2355.

123) Dieser Punkt betrifft keine europarechtlichen Vorgaben, sondern ist allein im nationalen Recht begründet, vgl. *Ady/Paetz*, WM 2009, 1061.

124) *Ady/Paetz*, WM 2009, 1061.

125) *Rott*, WM 2008, 1104.

Im **sachlichen Anwendungsbereich** soll die Richtlinie gemäß Art. 2 Abs. 1 RiLi für Kreditverträge gelten, welche entsprechend der geltenden Definition als Kreditgewährung bzw. Kreditversprechen i. S. eines Darlehens, eines Zahlungsaufschubes oder einer sonstigen Finanzierungshilfe bestimmt werden. In den weiteren Absätzen des Art. 2 werden diverse Totalausnahmen, partielle Ausnahmen und fakultative Ausnahmen geregelt. 9.110

Eine **Totalausnahme** vom Regelungsbereich der Richtlinie definiert Art. 2 RiLi weiterhin für Kreditverträge bzw. Kreditversprechen, welche zum Erwerb an einem Grundstück oder einem Gebäude ausgereicht werden. Diese vollumfängliche Ausnahmeregelung gilt ausweislich lit. a) nunmehr auch für (alle) grundpfandrechtlich gesicherte Kredite. Die Mitgliedstaaten können die Bestimmungen der Richtlinie jedoch auf Bereiche anwenden, die aufgrund der Ausnahmeregelungen nicht in den Geltungsbereich fallen. Entsprechend dem Regierungsentwurf sollen **Immobiliardarlehensverträge** auch nach bundesdeutschem Recht wie in der Vergangenheit in weiten Teilen den Verbraucherdarlehensvorschriften unterliegen. In § 503 BGB n. F., der die Sonderregelungen für grundpfandrechtlich gesicherte Verbraucherdarlehen zusammenfasst, werden lediglich einige Ausnahmen im Anwendungsbereich vorgesehen. So sollen, entsprechend der bereits bestehenden Rechtslage, die Verzugsregelungen der allgemeinen Verbraucherdarlehen, wie sie in § 497 Abs. 2 und 3 Satz 1, 2, 4 und 5 BGB bestimmt sind, nicht zur Anwendung kommen. Der Verzugszinssatz beträgt abweichend von § 497 Abs. 1 BGB (weiterhin) 2,5 Prozentpunkte über dem Basiszinssatz und eine Gesamtfälligstellung wegen Zahlungsverzuges bedarf abweichend von § 498 Abs. 1 BGB den Verzug von mindestens zwei aufeinander folgenden Teilzahlungen (ganz oder Teilweise) und mindestens 2,5 % des Darlehensnennbetrages, § 503 Abs. 2 uns 3 BGB n. F. Nicht anzuwenden sind nach § 503 BGB n. F. auch die Vorschriften zum Kündigungsrecht des Darlehensgebers, § 499 BGB n. F., zum Kündigungsrecht des Darlehensnehmers, § 500 BGB n. F. und zur Vorfälligkeitsentschädigung bei vorzeitiger Rückzahlung des Darlehens, § 502 BGB n. F. 9.111

Ausgenommen vom Anwendungsbereich sind nach der Richtlinie zins- und entgeltfreie Kredite bzw. Kredite, welche zu geringen Entgelten ausgereicht werden und innerhalb von drei Monaten zurückzuzahlen sind. Die entsprechenden Ausnahmen sind kraft Definition in § 491 Abs. 1 Nr. 3 BGB n. F. statuiert. 9.112

Ebenfalls zu erwähnen sind die Ausnahmen vom Regelungsbereich der Verbraucherkreditvorschriften für Kreditverträge, welche als Ergebnis eines Vergleiches vor einem Richter oder einer anderen gesetzlich befugten Stelle geschlossen worden sind. Nach § 491 BGB n. F. sollen insoweit die Vorschriften zu verbundenen Verträgen (§ 359 Abs. 2, 4 und 5), zu vorvertraglichen Informationspflichten (§ 491a BGB n. F.) und zur Schriftform bzw. zu Formmängeln (§ 492 BGB n. F. i. V. m. Art. 247 §§ 6 bis 13 EGBGB n. F. bzw. § 494 9.113

BGB n. F.) ausgenommen werden. Auch Informationspflichten des Kreditinstitutes während des Vertragsverhältnisses nach § 493 BGB n. F. und zum Widerrufsrecht nach § 495 BGB n. F. finden keine Anwendung.

9.114 Die Ausnahmeregelungen in der Richtlinie für Miet- sowie Leasingverträge, bei denen das Eigentum nicht auf den Mieter/Leasingnehmer übergehen soll, werden per argumentum e contrario in § 506 Abs. 2 BGB n. F. umgesetzt. Wie sich aus dieser Vorschrift ergibt, werden Finanzierungsleasingverträge in aller Regel wie Finanzierungshilfen behandelt werden müssen, sodass weite Teile der Verbraucherdarlehensvorschriften auch für diese Leasingform anzuwenden sind, § 506 Abs. 1 BGB n. F.

9.115 Der Anwendungsbereich wird betragsmäßig auf Kredite zwischen **200 Euro und 75.000 Euro** festgelegt, lit. c).

9.116 Nach § 491 Abs. 2 Nr. BGB n. F. werden zwar Verbraucherdarlehen mit einem Nettodarlehensbetrag von weniger als 200 Euro entsprechend der Richtlinie vom Anwendungsbereich der Verbraucherdarlehensvorschriften ausgeschlossen; ein Ausschluss der Anwendung bei Kreditbeträgen von über 75.000 Euro findet sich indes nicht, sodass eine betragsmäßige Begrenzung im deutschen Recht weiterhin nicht gegeben sein wird.

dd) Das Schutzinstrumentarium der Richtlinie und dessen Umsetzung in bundesdeutsches Recht

9.117 Das **Schutzinstrumentarium** der Richtlinie umfasst Anforderungen an die Kreditwerbung, vorvertragliche Pflichten des Kreditgebers, Vorschriften zu Vertragsinhalt und Vertragsform, Kündigungsmöglichkeiten des Verbrauchers, das Widerrufsrecht, die Möglichkeit zur vorzeitigen Rückzahlung, Bestimmungen zum verbundenen Geschäft, spezifische Regelungen für Überziehungskredite sowie Vorgaben für die Kreditvermittlung.

9.118 Soweit in einer **Kreditwerbung** Zinssätze oder sonstige Kosten benannt sind, müssen in die Werbung diverse Standardinformationen aufgenommen werden. Dies sind unter anderem der Sollzins (fest/variabel), der Gesamtkreditbetrag, der effektive Jahreszins und die etwaige Laufzeit des Vertrages. Das Angebot muss mittels eines „repräsentativen Beispiels“ dargestellt werden, wobei ein typischer, durchschnittlicher Darlehensvertrag vorzustellen ist. Ist eine Restschuldversicherung für den Darlehensvertragsschluss obligatorisch, so ist dies an hervorgehobener Stelle zu vermerken. Diese Anforderung der Richtlinie setzt die bundesdeutsche Neuregelung in § 6a Abs. 3 PAngV n. F. um. Hierbei konkretisiert die Neufassung die Anforderungen an die erforderliche Repräsentativität des Beispiels. So muss die werbende Bank bei der Auswahl des Beispiels von einem effektiven Jahreszins ausgehen, welcher erwartungsgemäß auf mindestens zwei Drittel der auf der Grundlage der Werbung zustande kommenden Verträge zutrifft.

Die Richtlinie verlangt weiter diverse **vorvertragliche Verbraucherinformationen**. Die Information ist anhand des der Richtlinie beigefügten Formulars „Standardinformation für europäische Verbraucherkredite“ zu erteilen, wobei die Verwendung des Formulars auf Seiten des Kreditgebers zu einem höheren Maß an Rechtssicherheit und auf Seiten des Verbrauchers zu einer größeren Transparenz und Übersichtlichkeit führen soll. Aufgrund der vielfältigen zu erteilenden Informationen darf bezweifelt werden, dass das Formular seinen eigentlichen Zweck auf mehr Verbrauchertransparenz tatsächlich noch erfüllt.[126) Für die bundesdeutsche Praxis erwähnenswert sind folgende Informationsverpflichtungen: Ein Warnhinweis zu etwaigen Folgen bei ausbleibendem Kapitaldienst, Bestehen/Nichtbestehen eines Widerrufsrechtes, Anspruch auf vorzeitige Rückzahlung des Darlehens, Anspruch des Darlehensgebers auf eine Vorfälligkeitsentschädigung und die zeitliche Geltung eines Darlehensangebotes. Diese entsprechenden Vorgaben sind nunmehr in § 491a Abs. 1 BGB n. F. i. V. m. Art. 247 EGBGB n. F. umgesetzt. Die maßgeblich zu erteilenden Informationen sind in Art. 247 § 3 bis § 8 zusammengefasst. Die entsprechende Unterrichtung kann unter Verwendung von in der Anlage zu dem Art. 247 EGBGB n. F. aufgeführten Mustern erfolgen. Nach Art. 247 § 2 Abs. 3 EGBGB n. F. gilt die Verpflichtung zur Unterrichtung nach § 491a Abs. 1 BGB n. F. als erfüllt, wenn der Darlehensgeber dem Darlehensnehmer das ordnungsgemäß ausgefüllte Muster in Textform übermittelt hat. 9.119

Neben der vorvertraglichen Verbraucherinformation wird durch die Richtlinie eine zusätzlich **vorvertragliche Beratung** durch den Kreditgeber gefordert. Hierbei müssen die Hauptmerkmale des Produktes und dessen konkrete Auswirkungen auf den Verbraucher dargestellt werden. Der Verbraucher soll hierdurch in die Lage versetzt werden, zu beurteilen, ob der Vertrag den Bedürfnissen und seiner finanziellen Situation gerecht wird, Art. 5 Abs. 6 RiLi. Seine Umsetzung erfährt dieses Richtlinienregelung in § 491a Abs. 3 BGB n. F. Hiernach soll der Darlehensgeber nunmehr verpflichtet sein, dem Darlehensnehmer vor Abschluss eines Verbraucherdarlehensvertrages „angemessene Erläuterungen“ zu geben, damit letzterer in die Lage versetzt wird, zu beurteilen, ob der Vertrag dem von ihm verfolgten Zweck und seinen Vermögensverhältnissen gerecht wird. Neben den vorvertraglichen Informationen des § 491a Abs. 1 BGB n. F sind die Hauptmerkmale der vom Darlehensgeber angebotenen Verträge sowie ihre vertragstypischen Auswirkungen, wie z. B. die Folgen eines Zahlungsverzuges zu erläutern. Auffällig ist zunächst, dass die Neufassung mit dem Begriff des „Erläuterns“ einen Terminus wählt, welcher in der bundesdeutschen zivilrechtlichen Ordnung anders als „Aufklärung“ oder „Beratung“ keine konkrete rechtliche Wertung besitzt. Insoweit wird die Auffassung vertreten, der Begriff des „Erläuterns“ sei semantisch irgendwo zwischen 9.120

126) *Riesenhuber*, ZBB 2003, 325.

„beraten" und „informieren" anzusiedeln, sodass die bisherige Aufklärungspflicht graduell aber doch spürbar in Richtung „Beratung" erweitert wird.[127] Unter welchen Umständen eine „angemessene Erläuterung" zu bejahen ist, ist letztlich augenblicklich noch unklar. Überwiegende Einigkeit besteht darin, dass eine abstrakt-generelle Beschreibung des angebotenen Darlehensvertrages durch den Darlehensgeber nicht ausreichen soll.[128] Nach der Begründung des Gesetzesentwurfes[129] bedeutet „Erläutern", dass der Darlehensgeber dem Darlehensnehmer den Vertrag und die Vertragsbedingungen verständlich zu machen hat. Maßgebend sind hierbei die Komplexität des konkreten Darlehensgeschäfts als auch die Verständnismöglichkeit des Darlehensnehmers. Wie in der Begründung klargestellt wird, ist die „Erläuterung" von der Beratung aufgrund eines besonderen Beratungsvertrages abzugrenzen. Bei der Erläuterung geht es nicht darum, dass der Darlehensgeber dem Darlehensnehmer zu einem für seine Zwecke optimal zugeschnittenen Vertrag rät. Vielmehr soll der Darlehensgeber die Eigenschaften und die Folgen der angebotenen Verträge darstellen, um die Entscheidung des Darlehensnehmers zu unterstützen. § 491a Abs. 3 Satz 2 BGB n. F. konkretisiert die Erläuterungspflicht. Zu erläutern sind insbesondere die vorvertraglichen Informationen des Absatzes 1, die vertragstypischen Auswirkungen und die Hauptmerkmale der angebotenen Vertragstypen. Weitere Erläuterungspflichten bleiben von dieser Konkretisierung unberührt, wie sich aus dem Begriff „gegebenenfalls" ergibt. Die Begründung des Regierungsentwurfes stellt daneben klar, dass die durch die Rechtsprechung begründeten Aufklärungspflichten zu den Darlehensverträgen nicht geändert werden soll. Daneben ist klargestellt, dass eine „Erläuterung" dann nicht gegeben werden muss, wenn hierfür schlicht kein Anlass besteht.[130]

9.121 Als neuartiges Leitbild wurde in der Verbraucherkreditrichtlinie die **„verantwortliche Kreditvergabe"** eingeführt.[131] Auch wenn die ursprünglichen Kommissionsvorschläge deutlich entschärft worden sind, so muss der Kreditgeber gleichwohl nach Art. 8 Abs. 1 RiLi eine **Kreditwürdigkeitsprüfung** durchführen. Unklar ist indes, ob der konkrete Regelungsgehalt zivilrechtlicher oder aufsichtsrechtlicher Natur ist. Eine zivilrechtlich verpflichtende Überprüfung der Kreditwürdigkeit ist dem deutschen Recht bisher – aus guten Gründen –

---

127) *Ady/Paetz*, WM 2009, 1061, 1066.

128) *Ady/Paetz*, WM 2009, 1061, 1067 m. w. N.

129) BT-Drucks. 16/11643, S. 118.

130) BT-Drucks. 16/11643, S. 119.

131) *Ulmer* in: MünchKomm-BGB, Vorbem. zu § 491 Rz. 20.

unbekannt.[132] Bei den Vorgaben der Richtlinie dürfte es sich denn auch eher um bankaufsichtsrechtliche Inhalte handeln als um zivilrechtliche, was auch vom bundesdeutschen Gesetzgeber so gesehen wird. Entsprechend der **Neufassung** soll die Kreditwürdigkeitsprüfung als bankaufsichtsrechtlicher Regelungsmechanismus in § 18 Abs. 2 KWG n. F integriert werden. Diese Einordnung der europarechtlichen Vorgabe ist aber nicht zweifelsfrei. Es entspricht zwar ständiger höchstrichterlicher Rechtsprechung, dass § 18 KWG keine Aufklärungspflichten begründet und insofern Verstöße hiergegen nicht zu Schadensersatzansprüchen führen können.[133] Spricht man dem Art. 8 Abs. 1 RiLi jedoch zivilrechtlichen Geltungsanspruch zu,[134] was aufgrund seines Regelungsgehaltes nicht gänzlich von der Hand zu weisen ist, so stellt sich die Frage der korrekten Einordnung durch den bundesdeutschen Gesetzgeber. Insoweit liegt es nicht fern, dem neuen § 18 KWG hinsichtlich seines Regelungsinhaltes „Kreditwürdigkeitsprüfung des Verbrauchers" richtlinienkonform Einfluss auf die privatrechtliche Sonderverbindung zuzuerkennen (z. B. als Schutzgesetz i. S. v. § 823 Abs. 2 BGB oder i. R. einer c. i. c.-Haftung etc.).[135] Dieses Ergebnis mag rechtpolitisch unbefriedigend sein, auszuschließen ist es gleichwohl nicht.

Auch hinsichtlich des in der Richtlinie 87/102/EWG umfassend geregelten **Vertragsinhaltes** gibt es weitere Verschärfungen. So ist dem Verbraucher auf seine Nachfrage ein Tilgungsplan auszuhändigen (umgesetzt in § 492 Abs. 3 Satz 2 BGB n. F.; vgl. auch Art. 247 § 6 Abs. 1 Nr. 4 EGBGB n. F.) und er ist nach Art. 10 RiLi über weitere Rechte, wie über das Widerrufsrecht oder über das Recht zur vorzeitigen Darlehensrückzahlung zu informieren (umgesetzt in Art. 247 § 3 Abs. 1 Nr. 13 bzw. Nr. 14 EGBGB n. F.). Das ursprünglich gegebene Schriftformerfordernis wurde nunmehr aufgegeben, sodass der Vertrags- 9.122

132) Eine solche Verpflichtung würde massiv in die grundgesetzlich garantierte Vertragsfreiheit eingreifen. Ein entsprechender Eingriff wäre nur bei Vorliegen schutzwürdiger Interessen gerechtfertigt. Es besteht jedoch ein hinreichender Schutz des durch das Sozialstaatsprinzip geforderten Existenzminimums aufgrund der Pfändungsschutzbestimmungen des ZPO. Es ist daher nicht notwendig, diese Maßstäbe mechanisch auf das Zivilrecht und hier auf die Generalnorm des § 138 BGB zu übertragen; vgl. hierzu BGH, Urt. v. 16.3.1989 – III ZR 37/88, ZIP 1989, 487 = NJW 1989, 1665, dazu EWiR 1989, *(Rümker)*; BGH, Urt. v. 28.2.1989 – IX ZR 130/88, BGHZ 107, 92 = ZIP 1989, 427 (m. Bespr. *Reinicke/Tiedtke*, S. 613), dazu EWiR 1989, 327 *(Medicus)*; OLG Brandenburg, Urt. v. 1.3.2007 – 5 U 72/06, n. v.; OLG Celle, Urt. v. 28.10.2005 – 3 U 137/05, n. v.

133) BGH, Urt. v. 5.12.1972 – VI ZR 120/71, NJW 1973, 321 = MDR 1973, 400.

134) So wohl *Hoffmann*, BKR 2004, 308, 312 und *Rott*, WM 2008, 1104, 1109.

135) Vgl. hierzu auch *Ady/Paetz*, WM 2009, 1061, 1067, welche darauf hinweisen, dass bei den „entgeltlichen Finanzierungshilfen" die Verpflichtung zur Kreditwürdigkeitsprüfung durch den RegE zivilrechtlich statuiert sei (§ 509 BGB n. F.). Die gleichermaßen aus der Verbraucherkreditrichtlinie resultierende Pflicht zur Kreditwürdigkeitsprüfung bei Verbraucherdarlehen müsse hinsichtlich ihrer Schutzwirkung auf Darlehensnehmer einheitlich beurteilt werden.

schluss auch mittels E-Mail möglich sein wird. Insoweit wird die maßgebliche Regelung des § 492 Satz 2 BGB gestrichen. Bei Überziehungskrediten (die Richtlinie spricht von „Überziehungsmöglichkeiten“) wird ein reduziertes Informationsprogramm festgelegt. Die entsprechende Umsetzung wird in § 504 Abs. 2 BGB n. F. bzw. Art. 247 § 16 EGBGB n. F. erfolgen.

9.123 Kündigungen durch den Darlehensgeber sind bei unbefristeten Verträgen zukünftig nur möglich, wenn eine Kündigungsfrist von mindestens zwei Monaten vereinbart ist, § 499 Abs. 1 BGB n. F. Demgegenüber können Verbraucher ein unbefristetes Darlehen jederzeit kündigen, wobei eine Kündigungsfrist von lediglich einem Monat vereinbart werden darf, vgl. § 500 Abs. 1 BGB n. F.

9.124 Nach Art. 16 RiLi bzw. nach § 500 Abs. 2 BGB n. F. ist der Verbraucher außerhalb der grundpfandrechtlich gesicherten Immobiliardarlehensverträge zur **vorzeitigen Rückzahlung** des Darlehens berechtigt. Hinsichtlich der dann vom Darlehensnehmer zu leistenden **Vorfälligkeitsentgelte** legt die Richtlinie genaue Obergrenzen fest. So darf die Entschädigung einerseits maximal 1 % des vorzeitig zurückgezahlten Kreditbetrages bei einer Restlaufzeit von mindestens einem Jahr betragen, ansonsten lediglich 0,5 %, andererseits den Betrag der Zinsen, die in diesem Zeitraum angefallen wären, nicht übersteigen. Die entsprechende Vorgabe wird in § 502 Abs. 1 BGB n. F. umgesetzt.

9.125 Weiter bestimmt die Richtlinie Regelungen zum verbundenen Geschäft, welches dem deutschen Recht schon hinreichend bekannt sind, jedoch ohne die in der Vergangenheit problematische Rechtsfolgenseite beim Widerruf eines verbundenen Geschäft zu definieren. Die entsprechenden Regelungen verbleiben mit leichten Variationen in §§ 495, 358 und 359 BGB.

9.126 Wuchertatbeständen sowie insolvenzrechtliche Fragen werden durch die Richtlinie nicht angesprochen. Diese Themenstellungen verbleiben somit in der Kompetenz der Mitgliedstaaten.[136)]

9.127 Gleiches gilt für den Schuldbeitritt. Da Kreditsicherheiten aus dem Anwendungsbereich der neuen Richtlinie ausgenommen sind (vgl. oben), entspricht die bundesdeutsche rechtliche Situation den Richtlinienvorgaben, wonach der Schuldbeitritt i. S. v. Mitdarlehensnehmerschaft in den Anwendungsbereich der Verbraucherkreditvorschriften fällt, jedoch der Schuldbeitritt i. S. d. Mithaftung nicht umfasst wird (vgl. hierzu oben Rz. 9.45). Spezifische Neuregelungen sind insoweit nicht vorgesehen.

4. Haustürgeschäfte und die Entscheidung „Heininger“

9.128 Aufgrund der Haustürgeschäfterichtlinie 85/577/EWG vom 20. Dezember 1985 trat zum 1. Mai 1986 das Gesetz über den Widerruf von Haustürgeschäften (HWiG) in Kraft. Nach den Regelungen des HWiG sollte für Kunden

136) *Rott*, WM 2008, 1104.

die Möglichkeit bestehen, sich von Verträgen zu lösen, die auf einem durch Überrumpelung bedingten übereilten Entschluss beruhen.[137)] Die Gefahr einer solchen Überrumpelung und eines unüberlegten Geschäftsabschlusses ist in der ungewöhnlichen räumlichen Umgebung begründet.[138)]

Mit dem Inkrafttreten des Verbraucherkreditgesetzes zum 1. Januar 1991 wurde in § 5 Abs. 2 HWiG die subsidiäre Anwendung der Haustürwiderrufsvorschriften gegenüber den Verbraucherkreditregelungen festgelegt. Es sollte hierdurch ein doppeltes Widerrufsrecht nach Haustürwiderrufsgesetz und Verbraucherkreditgesetz vermieden werden.[139)] 9.129

Das VerbrKrG bestimmte in § 7 a. F. ein Widerrufsrecht für Verbraucherdarlehen. Es sah jedoch Ausnahmeregelungen vor, nach denen unter bestimmten Voraussetzungen ein Widerrufsrecht nicht bestand. So fand bei Realkrediten/Immobiliardarlehen nach § 3 Abs. 2 Nr. 2 VerbrKrG a. F. die Vorschrift des § 7 VerbrKrG a. F. ausdrücklich keine Anwendung. Eine Widerrufsbelehrung nach dem VerbrKrG musste insoweit nicht erteilt werden. Aufgrund der Subsidiaritätsklausel des § 5 Abs. 2 HWiG a. F. erachteten der Bundesgerichtshof sowie die h. M. in der Literatur das sich aus dem HWiG ergebende Widerrufsrecht für nicht anwendbar.[140)] Aufgrund eines Vorlagebeschlusses des XI. Zivilsenates entschied der Europäische Gerichtshof, dass Realkredite/Immobiliardarlehen von der Haustürgeschäfterichtline erfasst werden und dass das dort geregelte Widerrufsrecht Vorrang vor der Verbraucherkreditrichtlinie habe. Daneben sei eine Befristung des Widerrufsrechts für den Falle einer nicht ordnungsgemäßen Widerrufsbelehrung, wie in § 7 Abs. 2 Satz 3 VerbrKrG a. F. bzw. § 355 Abs. 3 BGB a. F. bestimmt, mit Europäischem Recht nicht zu vereinbaren.[141)] In seinem Urteil vom 9. April 2002 setzte der Bundesgerichtshof die Vorgaben des Europäischen Gerichtshofes in deutsches Recht um.[142)] Hiernach sei der Wortlaut des § 5 Abs. 2 HWiG a. F. richtlinienkonform einschränkend auszulegen, sodass das HWiG nur dann verdrängt werde, wenn konkret das VerbrKrG ein Widerrufsrecht gewähre. Sei dies – wie beim Realkredit – nicht der Fall, so müsse es bei der Anwendbarkeit des § 1 HWiG und dessen Widerrufsmöglichkeit bleiben. 9.130

137) Vgl. Begründung RegE HWiG, BT-Drucks. 10/2876, S. 6, abgedr. in: ZIP 1985, 376.

138) BGH, Urt. v. 27.1.2004 – XI ZR 37/03, ZIP 2004, 606 = ZfIR 2004, 728 (m. Bespr. *Kulke*, S. 713), dazu EWiR 2004, 883 *(Lürken)*, hierzu WuB I G 5.-7.04 *(Bülow)*.

139) Der gleiche Vorrang war zuvor bereits für das Abzahlungsgesetz geregelt.

140) BGH, Beschl. v. 30.11.1999 – XI ZR 91/99, WM 2000, 26 = NJW 2000, 521.

141) EuGH, Urt. v. 13.12.2001 – C-481/99, ZIP 2002, 31 (m. Bespr. *Hoffmann*, S. 145) = ZfIR 2002, 15 (m. Anm. *O. Fischer*, S. 19) = ZBB 2002, 29 (*Kulke*, S. 33) , hierzu EWiR 2002, 261 *(Pfeiffer)*.

142) BGH, Urt. v. 9.4.2002 – XI ZR 91/99, BGHZ 150, 248 = ZIP 2002, 1075 (m. Anm. *Ulmer*, S. 1080 u. m. Bespr. *Hoffmann*, S. 1066) = ZVI 2002, 147 = ZfIR 2002, 434 (m. Bespr. *Pap/Sauer*, S. 523) = ZBB 2002, 194 (*Derleder*, S. 202), dazu EWiR 2002, 523 *(Lange)*.

9.131 Sowohl der XI. als auch der II. Zivilsenat des Bundesgerichtshofes schlossen daneben aus der „Heininger-Entscheidung" des Europäischen Gerichtshofes, dass zusätzlich zu der im VerbrKrG vorgeschriebenen Widerrufsbelehrung für Personalkredite eine zweite Widerrufsbelehrung nach den Vorschriften des HWiG erforderlich sein soll.[143)]

9.132 Die Rechtsprechung des Europäischen Gerichtshofes veranlasste den bundesdeutschen Gesetzgeber, ein einheitliches, sowohl für Haustürgeschäfte (§ 312 Abs. 1 Satz 1 BGB) als auch für Verbraucherdarlehen (§ 495 Abs. 1 BGB) geltendes Widerrufsrecht zu schaffen. Insofern kann nun für Darlehensverträge, welche nach Einführung des OLG-VertrÄndG geschlossen worden sind, eine identisch ausgestaltete Widerrufsbelehrung erteilt werden.[144)] Soweit eine Widerrufsbelehrung nicht bzw. nicht ordnungsgemäß erfolgte, gilt nunmehr auch einheitlich das Bestehenbleiben des Widerrufsrechts, § 355 Abs. 3 Satz 3 BGB bzw. § 355 Abs. 4 Satz 3 BGB n. F.[145)]

5. Aufklärungspflichten, insbesondere bei der Finanzierung von Immobilienkapitalanlagen

a) Grundsatz

9.133 Bankgeschäfte und die dabei zugrunde liegenden wirtschaftlichen Entscheidungen können für den Kreditnehmer von weitreichender, ja existenzieller Bedeutung sein. Es stellt sich hierbei die Frage, inwieweit ein finanzierendes Kreditinstitut verpflichtet ist, den Kreditnehmer über den Inhalt des Kreditvertrages oder über die Risiken der von ihm beabsichtigten Darlehensverwendung aufzuklären.[146)] Aufklärungsverpflichtungen sind als besondere schuldrechtliche Schutzpflichten zwar nicht einklagbar.[147)] Jedoch kann die Verletzung von Aufklärungs- oder Beratungsverpflichtungen durch die Bank eine Haftung auf Schadensersatz zur Folge haben, §§ 311 Abs. 2, 280 Abs. 1, 241 Abs. 2 BGB (culpa in contrahendo, c. i. c.) oder § 280 Abs. 1 BGB (positive Vertragsverletzung). Wurden Aufklärungspflichten tatsächlich verletzt, so steht dem Kunden

---

143) BGH, Urt. v. 14.6.2004 – II ZR 395/01, BGHZ 159, 281 = ZIP 2004, 1402 (m. Bespr. *Doehner/Hoffmann*, S. 1884) = ZfIR 2004, 634, dazu EWiR 2004, 1109 *(Derleder)*; BGH, Urt. v. 8.6.2004 – XI ZR 167/02 = ZIP 2004, 1639 = ZfIR 2004, 993 = WM 2004, 1579, dazu EWiR 2005, 79 *(Allmendinger)*.

144) OLG-VertrÄndG v. 23.7.2002, BGBl. I, 2850; vgl. oben Rz. 9.5

145) Vgl. zu den unterschiedlichen zeitlichen Anwendungsbereichen der Widerrufsregelungen im Zuge der Änderungen durch die Schuldrechtsmodernisierung und das OLG-VertrÄndG Palandt-*Grüneberg*, BGB, Vorbem. zu § 355 Rz. 6; umfassend: Schimansky/Bunte/Lwowski-*Peters*, Bankrechts-Hdb., § 81 Rz. 429 ff.; Schimansky/Bunte/Lwowski-*Lwowski/Wunderlich*, Bankrechts-Hdb., § 76 Rz. 99, 120. Zuletzt erfolgten Änderungen aufgrund der Umsetzung der neuen Verbraucherkreditrichtlinie (2008/48/EG). Die Neuregelungen treten zum 11.6.2010 in Kraft, BGBl. I 2009, 2355.

146) Vgl. hierzu sowie zum Folgenden: Häfner-*Kern*, Fehlgeschlagene Kapitalanlagen, Rz. 109 ff.

147) Palandt-*Heinrichs*, BGB, § 242 Rz. 37.

ein **Anspruch auf Befreiung** von dem abgeschlossenen Vertrag und auf Ersatz seiner nutzlosen Aufwendungen zu. Dies führt zum Freiwerden von den Verpflichtungen des Darlehensvertrages und zur Rückerstattungsverpflichtung der Bank von geleisteten Kapitaldienstraten (vgl. auch unten Rz. 9.194., 208).[148)]

b) Inhalt des Kreditvertrages

Ausgangspunkt für die Bestimmung von Aufklärungsverpflichtungen ist der in der arbeitsteiligen Wirtschaft anerkannte Grundsatz der **rollenbedingten Verantwortlichkeit**.[149)] Hierfür sind die übernommenen Rollen bzw. Funktionen einerseits und die unterschiedlichen Interessenlagen des Darlehensnehmers und des Darlehensgebers andererseits zu berücksichtigen.[150)] Die Rolle des (reinen) Darlehensgebers ist es, dem Darlehensnehmer gegen Entgelt das Kapital zur zeitweiligen Nutzung zu überlassen; er trägt somit das Risiko der Zahlungsunfähigkeit des Kreditnehmers. Der Darlehensnehmer verwendet das Kapital für eine Vermögensanlage, um eine Rendite zu erwirtschaften; er trägt dann aber auch das wirtschaftliche und unternehmerische Risiko der Investition.[151)] 9.134

Dem Grunde nach hat eine Bank somit grundsätzlich keine Verpflichtung zur Aufklärung oder Warnung bezüglich des Verwendungszweckes des Darlehens. Eine kreditgebende Bank muss ein Schutz- oder Aufklärungsbedürfnis ihres Kreditnehmers auch nicht annehmen. Die Bank kann vielmehr davon ausgehen, dass der Kreditnehmer selbst fachkundig ist oder sich fachkundiger Hilfe bedient und sich insoweit die erforderlichen Informationen selbst beschafft.[152)] 9.135

Eine Bank muss nicht darüber aufklären, dass der Kreditnehmer in Anbetracht seiner **finanziellen Situation** gar nicht in der Lage gewesen sei, die aus dem Darlehensvertrag resultierenden Belastungen zu tragen. Der Darlehensnehmer kennt seine Einkommens- und Vermögensverhältnisse am besten und kann insoweit die Tragbarkeit der aus dem Darlehensvertrag resultierenden Belastungen beurteilen.[153)] 9.136

148) *Theisen*, NJW 2006, 3102.

149) Häfner-*Kern*, Fehlgeschlagene Kapitalanlagen, Rz. 129 m. w. N.

150) BGH, Urt. v. 15.4.1997 – IX ZR 112/96, ZIP 1997, 1058 = NJW 1997, 3230, dazu EWiR 1997, 877 *(Medicus)*.

151) *Von Heymann*, NJW 1999, 1577, 1578.

152) BGH, Urt. v. 3.6.2008 – XI ZR 131/07, ZIP 2008, 1368 = BKR 2008, 464, dazu EWiR 2008, 579 *(Wolf)*; BGH, Urt. v. 3.6.2008 – XI ZR 319/06, ZIP 2008, 1714 = NJW 2008, 2576, dazu EWiR 2008, 551 *(Podewils)*.

153) Vgl. OLG Frankfurt, Urt. v. 20.6.1996 – 16 U 135/95, WM 1998, 337 = ZBB 1998, 123 (LS) dazu WuB I E 1.-2.98 *(Bader)*; so auch BGH, Urt. v. 14.10.2003 – XI ZR 21/03, ZIP 2003, 2295 = WM 2004, 24 = BKR 2004, 124; vgl. Häfner-*Kern*, Fehlgeschlagene Kapitalanlagen, Rz. 152; vgl. hierzu auch die Ausführungen zu der neuen VerbrKrRL, Rz. 9.103.

9.137 Eine Aufklärungspflicht über die Leistungsfähigkeit kann auch nicht aus **§ 18 KWG** hergeleitet werden. Nach dieser bankaufsichtsrechtlichen Norm darf ein Kreditinstitut einen Kredit von insgesamt mehr als 250.000 Euro nur gewähren, wenn es sich vom Kreditnehmer die wirtschaftlichen Verhältnisse offen legen lässt. Eine Verpflichtung zu einer Aufklärung ist hier nicht statuiert. § 18 KWG hat nicht den Charakter eines Schutzgesetzes zugunsten eines Darlehensnehmers. Ebenso können auch keine entsprechenden Schutzpflichten zugunsten des Darlehensnehmers hergeleitet werden.[154)]

9.138 Noch nicht abschließend geklärt ist, inwieweit eine Bank über Auswirkungen einer **Kombination von Festdarlehen und Kapitallebensversicherung** aufklären muss. Der Bundesgerichthof hatte eine Aufklärungspflichtverletzung eines Kreditinstitutes hinsichtlich der Kombination eines sog. Idealkredites und einer Lebensversicherung angenommen.[155)] Die Undurchschaubarkeit der Belastung wiege für den Darlehensnehmer besonders schwer, wenn ihm lediglich an der Kreditgewährung als solcher und nicht auch am Abschluss eines Kapitalversicherungsvertrages gelegen sei. Hieraus ist jedoch keine grundsätzliche Informationsverpflichtung des Kreditinstituts herzuleiten, da zum einen der Einzelfall spezifische Besonderheiten aufwies. Zum anderen erfolgte die Entscheidung aus der Zeit vor Inkrafttreten des Verbraucherkreditgesetzes. Die besonderen Aufklärungspflichten wurden im Wesentlichen damit begründet, dass die voraussichtlichen Kosten unter Berücksichtigung aller Vor- und Nachteile dem Kreditnehmer nicht offenbar seien. Nach Inkrafttreten des Verbraucherkreditgesetzes im Jahre 1991 stellen sich Fragen nach gesonderten Aufklärungspflichten hinsichtlich der Kosten des Darlehens nicht mehr. Dem Verbraucher soll durch die Verbraucherdarlehensvorschriften die Möglichkeit eingeräumt werden, sich über die Vertragsbedingungen und die gesamte Kostenbelastung zu informieren.[156)] § 492 BGB (§ 4 VerbrKrG a. F.) kodifiziert im Wesentlichen die Pflichten, welche der Bundesgerichtshof in seiner Entscheidung aus dem Jahre 1989 einforderte. Die generalklauselartige Haftung aus c. i. c. entfällt jedoch in dem Falle, in welchem abschließende Sonderregelungen bestehen.[157)]

9.139 Eine Aufklärungspflicht durch die Bank ist nur dann gegeben, wenn sie ihrem Kunden an Stelle eines von diesem gewünschten üblichen Ratenkredites einen mit einer Kapitallebensversicherung verbundenen Kreditvertrag anbietet, obwohl ein Versicherungsbedürfnis nicht besteht und die Vertragskombination

154) OLG Dresden, Urt. v. 6.6.2001 – 8 U 2694/00, WM 2003, 1802 = ZBB 2003, 373, rechtskräftig aufgrund Nichtannahmebeschlusses des BGH, Beschl. v. 12.3.2002 – XI ZR 248/01; OLG Stuttgart, Beschl. v. 4.4.2000 – 9 W 57/99, WM 2000, 1190 = ZBB 2000, 274 (LS), dazu EWiR 2000, 955 *(Balzer)*, dazu WuB I G 5.-12.00 *(Wulff)*.

155) BGH, Urt. v. 9.3.1989 – III ZR 269/87, ZIP 1989, 558 = NJW 1989, 1667, dazu EWiR 1989, 449 *(Reifner)*.

156) BT-Drucks. 11/5462, S. 12.

157) Häfner-*Kern*, Fehlgeschlagene Kapitalanlagen, Rz. 155.

für den Kunden wirtschaftlich ungünstiger ist als ein marktüblicher Ratenkredit.[158)]

Die Rechtsfolge eines etwaigen Verstoßes gegen die entsprechende Aufklärungspflicht führt (lediglich) zur Erstattung der Differenz zu einem günstigeren Darlehen, i. d. R. einem Annuitätendarlehen.[159)] 9.140

Der Grundsatz der **rollenbedingten Verantwortlichkeit** führt auch dazu, dass die Überprüfung von Kreditsicherheiten ausschließlich im Interesse der Bank erfolgt.[160)] Eine Verpflichtung zur Überprüfung der Werthaltigkeit der Immobilie im Interesse des Kunden ist nicht gegeben. 9.141

c) Verwendung der Darlehensmittel: Fallgruppen

Ein Kreditinstitut ist grundsätzlich nicht verpflichtet, den Darlehensnehmer über den **Verwendungszweck des Darlehens,** also über etwaige Projektrisiken oder aber auch Projektbeteiligte aufzuklären. Dies gilt für den Fall, dass es sich auf die Rolle als Kreditgeber beschränkt. Aufklärungs- bzw. Warnpflichten sind nur in Ausnahmefällen gegeben und zwar dann, wenn im Einzelfall ein Aufklärungsbedürfnis auf Seiten des Anlegers besteht und ein **Hinweis der Bank nach Treu und Glauben** geboten erscheint.[161)] Hierzu hat die Rechtsprechung Grundsätze entwickelt, nach welchen Aufklärungs- oder Informationspflichten bestehen. Es ist von vier Ausnahmefallgruppen auszugehen: 9.142

- Die Bank geht im Zusammenhang mit der Planung, der Durchführung oder des Vertriebes des Projektes nach außen erkennbar **über ihre Rolle als Kreditgeberin hinaus;**
- Das Kreditinstitut schafft einen zu den allgemein wirtschaftlichen Risiken des Projektes hinzutretenden besonderen **Gefährdungstatbestand** für den Kreditnehmer bzw. begünstigt das Entstehen eines solchen Gefährdungstatbestandes;
- Die Bank befindet sich im Zusammenhang mit der Kreditgewährung sowohl an einen Initiator als auch an den einzelnen Anleger in einem schwerwiegenden **Interessenkonflikt;**

---

158) BGH, Urt. v. 18.11.2003 – XI ZR 322/01, ZIP 2004, 209 = ZfIR 2004, 465 = WM 2004, 172, dazu EWiR 2004, 481 *(Kulke)*.

159) BGH, Urt. v. 20.3.2007 – XI ZR 414/04, ZIP 2007, 954 = WM 2007, 876, dazu EWiR 2007, 389 *(Wolf)*; BGH, Urt. v. 16.5.2006 – XI ZR 6/04, ZIP 2006, 1187 = WM 2006, 1194, dazu EWiR 2006, 463 *(Rösler)*; BGH, Urt. v. 20.5.2003 – XI ZR 248/02, ZIP 2003, 1240 = NJW 2003, 2529, dazu EWiR 2003, 899 *(Wagner)*.

160) BGH, Urt. v. 20.3.2007 – XI ZR 414/04, ZIP 2007, 954 = WM 2007, 876, dazu EWiR 2007, 389 *(Wolf)*; BGH, Urt. v. 16.5.2006 – XI ZR 6/04, ZIP 2006, 1187 = WM 2006, 1194, dazu EWiR 2006, 463 *(Rösler)*.

161) BGH, Urt. v. 27.11.1990 – XI ZR 308/89, ZIP 1991, 90 = NJW 1991, 693, dazu EWiR 1991, 131 *(Feuerborn)*.

- Die Bank verfügt in Bezug auf spezielle Risiken des Vorhabens über einen konkreten **Wissensvorsprung**.

9.143 Eine Haftung des Kreditinstitutes kommt dann in Betracht, wenn dieses über seine **Rolle als Finanzierungsbank hinausgegangen** ist, sodass es gleichsam als Partei des finanzierten Geschäftes erscheint.[162)] Dies ist dann anzunehmen, wenn sie die Funktion anderer Projektbeteiligter in einer nach außen erkennbaren Weise übernimmt.[163)] Durch die zusätzliche Funktionsübernahme setzt die Bank einen zusätzlichen, auf die übernommene Funktion bezogenen Vertrauenstatbestand.

9.144 Ein Überschreiten der Kreditgeberrolle ist jedoch nicht darin zu sehen, wenn die Darlehensbedingungen die Auszahlung der Darlehensvaluta von einem Beitritt in einen Mietpool abhängig machen. Hierin ist das banktübliche und typischerweise mit der Rolle als Kreditgeber verbundene Bestreben der Bank nach Absicherung des Kreditengagements zu sehen.[164)]

9.145 Daneben wurde durch die Rechtsprechung die Haftungsfallgruppe des **besonderen Gefährdungstatbestandes** entwickelt. Hiernach kann sich eine Aufklärungspflicht der Bank ergeben, wenn sie einen zu den allgemeinen wirtschaftlichen Risiken hinzutretenden Gefährdungstatbestand für den Kunden schafft oder dessen Entstehen begünstigt.[165)]

9.146 Ein besonderen Gefährdungstatbestandes kann dann angenommen werden, wenn die Bank ein Darlehen an einen bereits überschuldeten Bauträger gewährt und sie gleichzeitig weiß, dass die Fertigstellung des Projektes nicht gesichert ist und somit die Erwerber Gefahr laufen, mit der Kapitalanlage auszufallen.[166)]

9.147 Ein zur Aufklärung verpflichtender besonderer Gefährdungstatbestand ist dann anzunehmen, wenn das Kreditinstitut das eigene wirtschaftliche Wagnis auf den Kunden verlagert und diesen bewusst mit einem Risiko belastet, welches über die mit dem zu finanzierenden Vorhaben normalerweise verbundenen Gefahren hinausgeht.[167)]

---

162) BGH, Urt. v. 16.5.2006 – XI ZR 6/04, ZIP 2006, 1187 = WM 2006, 1194, dazu EWiR 2006, 463 *(Rösler)*.

163) BGH, Urt. v. 12.11.2002 – XI ZR 25/00, ZIP 2003, 160, 161 = ZBB 2003, 32 (LS), dazu EWiR 2003, 975 *(Fritz)*.

164) BGH, Urt. v. 16.5.2006 – XI ZR 6/04, ZIP 2006, 1187 (Berichtigung S. 1579) = ZfIR 2006, 623 (m. Bespr. *Häublein*, S. 601) = ZBB 2006, 365 (*Derleder*, S. 375), dazu WuB I G 5.-6.06 *(Bülow)*.

165) BGH, Urt. v. 28.4.1992 – XI ZR 165/91, ZIP 1992, 990 = NJW 1992, 2146, 2147, dazu EWiR 1992, 751 *(Steiner)*.

166) BGH, Urt. v. 24.4.1990 – XI ZR 236/89, WM 1990, 920, 922 = MDR 1990, 916, dazu EWiR 1990, 755 *(Reithmann)*.

167) BGH, Urt. v. 20.3.2007 – XI ZR 414/04, ZIP 2007, 954 = WM 2007, 876, dazu EWiR 2007, 389 *(Wolf)*; BGH, Urt. v. 16.5.2006 – XI ZR 6/04, ZIP 2006, 1187 = BKR 2006, 337, dazu EWiR 2006, 463 *(Rösler)*.

Ein besonderes Schutzbedürfnis des Kreditnehmers ist ferner anzunehmen, wenn eine Bank ihren unerfahrenen Kunden dazu verleitet, einen Kredit zur **Aktienspekulation** aufzunehmen. Aufsichtsrechtlich ist das kreditfinanzierte Wertpapiergeschäft eine Wertpapiernebendienstleistung gemäß § 2 Abs. 3a Nr. 2 WpHG, wenn die kreditgebende Bank auch die Wertpapiergeschäfte ausführt. Auf die Nebendienstleistung sind die Verhaltensregeln des Wertpapierhandelsgesetzes anzuwenden (unten Rz. 11.158 ff.). Zivilrechtlich ist für die besonderen Aufklärungspflichten daran anzuknüpfen, dass die Bank durch ihr aktives Vorgehen einen besonderen Gefährdungstatbestand gesetzt hat. Sie ist dann über die Risiken der Geschäftskonstruktion, etwa die Notwendigkeit erheblicher Aktienwertsteigerungen zur Abdeckung der Kreditzinsen, aufklärungspflichtig.[168] 9.148

Aufklärungspflichten der finanzierenden Bank können sich auch dann ergeben, wenn sie sich in einem **schwerwiegende Interessenkonflikt** befindet.[169] Ein solcher Interessenkonflikt kann insbesondere darin liegen, dass die Bank sowohl globale Kreditgeberin eines Initiators ist und gleichzeitig auch die Erwerber der Immobilie bzw. die Gesellschafter des Fonds finanziert. Über diese „Doppelfinanzierung" hinaus müssen jedoch noch weitere Umstände hinzutreten, um zu einer Aufklärungspflicht seitens der Bank zu kommen.[170] 9.149

Das Bestreben der Bank, ein notleidendes Darlehen durch mehrere sichere Darlehen zu ersetzten, begründet für sich genommen noch keine Aufklärungsverpflichtungen.[171] Solche sind aber dann anzunehmen, wenn sich die Bank in einen schwerwiegenden Interessenkonflikt verwickelt, welcher namentlich in der Konkursgefährdung des Bauträgers bzw. Initiators liegt.[172] 9.150

Bezahlt eine Bank dem Finanzierungsvermittler eine Vermittlungsprovision und hat der Anleger/Darlehensnehmer hierüber aber keine Kenntnis, ist die Bank im Bereich der Vermögensverwaltung zur Offenlegung der Provisionen verpflichtet. Die Offenlegungspflicht bezweckt die Wahrung des Kundeninteresses. Denn eine Bank, die mit einem Vermögensverwalter vereinbart, ihm einen Teil der Provisionen zu vergüten, die sie künftig von Kunden erhält, schafft dadurch für den Vermögensverwalter einen Anreiz, sowohl bei der Auswahl der Bankverbindung als auch hinsichtlich der Anzahl und des Umfangs der für seine Kunden über die Bank abzuwickelnden Geschäfte nicht al- 9.151

168) BGH, Urt. v. 28.1.1997 – XI ZR 22/96, ZIP 1997, 580 = WM 1997, 662, dazu EWiR 1997, 443 *(Jaskulla)*.

169) Auch „Interessenkollision" genannt.

170) BGH, Urt. v. 20.3.2007 – XI ZR 414/04, ZIP 2007, 954 = WM 2007, 876, dazu EWiR 2007, 389 *(Wolf)*.

171) BGH, Urt. v. 21.1.1988 – III ZR 179/86, ZIP 1988, 1583 = NJW 1988, 1583, 1584, dazu EWiR 1988, 437 *(Hegmanns)*.

172) BGH, Urt. v. 27.11.1990 – XI ZR 308/89, ZIP 1991, 90 = NJW 1991, 693, 694, dazu EWiR 1991, 131 *(Feuerborn)*.

lein das Interesse der Kunden zu berücksichtigen. Es ist zu befürchten, dass auch das eigene Interesse an möglichst umfangreichen Vergütungen der Bank der Beweggrund ist.[173] Anders verhält es sich jedoch bei einem Initiator bzw. einem Fondsmanager einer Immobilienkapitalanlage. Diese Personen schulden gerade nicht ähnlich einem Vermögensverwalter die Wahrnehmung der Interessen des Kreditsuchenden bzw. des Anlegers.[174] Sie genießen auch nicht das außerordentliche Vertrauen eines Vermögensverwalters.

9.152 Eine Bank ist sodann zur Aufklärung verpflichtet, soweit sie in Bezug auf die speziellen Risiken des zu finanzierenden Vorhabens gegenüber dem Darlehensnehmer einen konkreten **Wissensvorsprung** hat.[175]

9.153 In diesem Zusammenhang ist nochmals zu betonen, dass die Rolle des Darlehensgebers zunächst lediglich darin besteht, dem Darlehensnehmer gegen Entgelt das Kapital zur zeitweiligen Nutzung zu überlassen. Der Darlehensnehmer verwendet das Kapital für eine Vermögensanlage mit der Hoffnung auf Rendite, wodurch er dann aber auch das wirtschaftliche und unternehmerische Risiko der Investition trägt. Hieraus folgt dann aber auch, dass allgemeine Informationen, welche das Kreditinstitut als Experte im Bereich des Kapitalmarktes besitzt, nicht unaufgefordert an den Kapitalanleger weitergeben muss. Vielmehr obliegt es jenem, sich die Informationen, welche für seine unternehmerische Entscheidung wichtig sind, zu beschaffen.[176] Hiervon ausgehend müssen weitere Voraussetzung vorliegen, um Aufklärungsverpflichtungen zu begründen:

9.154 Der Bank müssen Kenntnisse vorliegen, welche sich auf das konkrete Vorhaben richten und über allgemeine wirtschaftliche Risiken des Anlagegeschäftes hinausgehen.[177] Dies wird man dann annehmen können, wenn die Bank erkennt, dass das finanzierende Projekt zum Scheitern verurteilt ist.[178]

9.155 Die konkrete Erkenntnis der Bank muss sich auch aus Quellen ergeben, welche dem Kreditnehmer gerade nicht zur Verfügung stehen. Sind z. B. für den Anleger oder durch einen von ihm einzuschaltenden Sachverständigen Mängel an einer Immobilie i. R. einer Objektbesichtigung erkennbar, kann schon begriffsnotwendig keinen Wissensvorsprung gegeben sein.[179]

---

173) BGH, Urt. v. 19.12.2000 – XI ZR 349/99, BGHZ 146, 235 = ZIP 2001, 230, dazu EWiR 2001, 255 *(Tilp)*; vgl. auch Rz. 11.335.

174) BGH, Urt. v. 20.1.2004 – XI ZR 460/02, ZIP 2004, 500 = BKR 2004, 185 = WM 2004, 521, dazu EWiR 2004, 389 *(Medicus)*.

175) BGH, Urt. v. 28.4.1992 – XI ZR 165/91, ZIP 1992, 990 = NJW 1992, 2146, 2147, dazu EWiR 1992, 751 *(Steiner)*.

176) Häfner-*Kern*, Fehlgeschlagene Kapitalanlagen, Rz. 207.

177) BGH, Urt. v. 26.6.2000 – XI ZR 174/99, ZIP 2000, 1430 = NJW 2000, 3558, dazu EWiR 2001, 87 *(Schwintowski)*.

178) Schimansky/Bunte/Lwowski-*Siol*, Bankrechts-Hdb., § 44 Rz. 31.

179) Häfner-*Kern*, Fehlgeschlagene Kapitalanlagen, Rz. 209.

Es besteht für das finanzierende Institut auch **keine Nachforschungsverpflichtung.** Es muss lediglich das präsente Wissen offenbart und zwar dann, wenn sie jenes als für den Kunden wesentlich erkennt.[180) 9.156

Ein Wissensvorsprung des Kreditinstitutes darüber, dass der vom Erwerber der Immobilie zu zahlende Kaufpreis in keinem angemessenen Verhältnis zum tatsächlichen **Wert des zu erwerbenden Objektes** steht, begründet nach der ständigen Rechtsprechung des Bundesgerichtshofes grundsätzlich keine Aufklärungspflicht.[181) Die gilt schon deshalb, da eine Aufklärungspflicht über die Unangemessenheit des Kaufpreises nicht einmal den Verkäufer einer Immobilie trifft.[182) 9.157

Eine Aufklärungspflicht kann in Betracht kommen, wenn der Wert der Leistung, also insbesondere der konkrete Kaufpreis einer Immobilie, **knapp doppelt so hoch ist wie der Wert der Gegenleistung.**[183) Ansatzpunkt für die Aufklärungsverpflichtung ist das Wissen (oder Wissen müssen) der Bank über die sittenwidrige Übervorteilung des Anlegers durch den Verkäufer bzw. Initiator. Voraussetzung für die Aufklärungspflicht ist insoweit das objektiv bestehende Missverhältnis von Kaufpreis und Verkehrswert sowie die positive Kenntnis der Bank von diesem Missverhältnis.[184) 9.158

Eine **erkannte arglistige Täuschung** des Verkäufers gemäß § 123 BGB über wesentliche Eigenschaften der Kaufsache ist dem Immobilienkapitalanleger durch die Bank mitzuteilen, soweit sie hiervon Kenntnis hatte.[185) Der Bank obliegen also auch dann Hinweispflichten, wenn einerseits zwar ein sittenwidrig überhöhter Kaufpreis nicht gegeben ist, der Verkäufer, der Initiator oder der Vermittler aber **vorsätzlich** falsche Angaben über den Verkehrswert der Immobilie gemacht haben. 9.159

Die **Ertragsfähigkeit einer Immobilienkapitalanlage**, also die erwarteten Mieterträge oder die etwaige Wertsteigerung liegen in der Risikosphäre des Anlegers. Die Bank darf davon ausgehen, dass die wesentlichen Umstände der Kapitalanlage durch den Anleger eigenverantwortlich bedacht und überprüft worden sind.[186) 9.160

180) Schimansky/Bunte/Lwowski-*Siol*, Bankrechts-Hdb., § 44 Rz. 26.

181) BGH, Urt. v. 19.9.2006 – XI ZR 204/04, ZIP 2006, 2262 = WM 2006, 2343, dazu EWiR 2007, 295 *(Häublein)*, dazu in WuB IV A. § 311 BGB 1.07 *(Jungmann/Hoffmann)*.

182) BGH, Urt. v. 13.3.2007 – XI ZR 159/05, NJOZ 2007, 4234.

183) BGH, Urt. v. 16.5.2006 – XI ZR 6/04, BGHZ 168, 1 = ZIP 2006, 1187, dazu EWiR 2006, 463 *(Röseler)*.

184) BGH, Beschl. v. 19.6.2007 – XI ZR 402/06; Häfner-*Kern*, Fehlgeschlagene Kapitalanlagen, Rz. 220.

185) BGH, Urt. v. 17.10.2006 – XI ZR 205/05, ZIP 2007, 18 = WM 2007, 114, dazu EWiR 2007, 229 *(Wolters)* hierzu WuB IV A. § 311 BGB 2.07 *(Jungmann)*.

186) BGH, Urt. v. 20.3.2007 – XI ZR 414/04, ZIP 2007, 954 = WM 2007, 876, dazu EWiR 2007, 389 *(Wolf)*.

9.161 Eine Pflicht zur Aufklärung kann aber bestehen, wenn das Kreditinstitut im Zeitpunkt der Kreditvergabe an den Anleger von der **Insolvenzreife** des Initiators der Immobilienkapitalanlage Kenntnis hatte.[187)]

9.162 Bei Immobilienkapitalanlagen sind **Innenprovisionen** regelmäßig Teil der Vertriebskosten, die jeder gewerblich tätige Verkäufer in den Verkaufspreis einrechnet, ohne sie dem Käufer offen zu legen. In der Folge kann auch von der finanzierenden Bank eine solche Offenlegung nicht verlangt werden.[188)] Dies gilt auch dann, wenn die Provisionen, welche im Kaufpreis enthalten und an den Vertrieb gezahlt wurden, teilweise im Prospekt aufgeführt und teilweise versteckt waren.[189)] Eine Grenze gilt wiederum dann, wenn eine aktive Täuschungshandlung des Anlegers durch den Prospekt und insoweit durch die Initiatoren erfolgt ist.

9.163 Weitergehende **Aufklärungspflichten** nimmt die Rechtsprechung des Weiteren unter den Aspekten eines Wissensvorsprungs des Kreditgebers und der Schutzbedürftigkeit des Kreditnehmers **bei Umschuldungen** an. Hier muss die umschuldende Bank über mit diesem Vorgang möglicherweise verbundene wirtschaftliche Nachteile,[190)] insbesondere eine Verschlechterung der Konditionen beim Neukredit, aufklären.[191)]

9.164 Das Oberlandesgericht München hat eine Aufklärungspflicht bei einer Umschuldung zudem insoweit angenommen, als die Bank einen geschäftlich unerfahrenen Kunden bei der Ermittlung des tatsächlich benötigten Umschuldungskredites zu unterstützen habe.[192)] Eine derartige Verpflichtung zur Errechnung des Kreditbedarfs wird aber nach den dargelegten Grundsätzen nur gerechtfertigt sein, wenn ein Wissensvorsprung der Bank und das entsprechende Schutzbedürfnis des Kunden offensichtlich sind.

d) Im Besonderen: Die Thematik der „Schrottimmobilien"

9.165 Kaum ein juristisches Thema aus dem Bereich des Verbraucherschutzes, ja aus dem gesamten Kreditrecht, hat die Justiz und auch die Öffentlichkeit in den letzten Jahren so sehr beschäftigt wie die Thematik der kreditfinanzierten fehl-

---

187) BGH, Urt. v. 27.11.1990 – XI ZR 308/89, ZIP 1991, 90 = NJW 1991, 693, 694 = WM 1991, 85, dazu EWiR 1991, 131 *(Feuerborn)*.

188) BGH, Urt. v. 12.11.2002 – XI ZR 3/01, ZIP 2003, 22 (m. Anm. *Rörig*, S. 26) = ZfIR 2003, 101 = WM 2003, 61, dazu EWiR 2003, 167 *(Frisch)*.

189) BGH, Urt. v. 15.3.2005 – XI ZR 135/04, ZIP 2005, 846, 848 = WM 2005, 828, dazu EWiR 2005, 531 *(Weber/Madaus)*.

190) BGH, Urt. v. 5.11.1987 – III ZR 98/86, ZIP 1988, 497 = WM 1988, 181, dazu EWiR 1988, 223 *(W. Gottwald)*.

191) OLG Düsseldorf, Urt. v. 30.8.1988 – 24 U 121/88, WM 1988, 1690, dazu EWiR 1989, 251 *(Bülow)*.

192) OLG München, Urt. v. 10.1.1989 – 18 U 4940/87, WM 1990, 396, dazu EWiR 1990, 349 *(Vortmann)* und WuB I E 1. – 15.90 *(Koller)*.

geschlagenen Immobilienkapitalanlagen. Die Problematik der „Schrottimmobilien“ hat zu einer Prozesslawine geführt, in welchen die unterschiedlichsten juristischen Problemstellungen behandelt werden.[193)]

Seit Beginn der 1990er Jahre wurden im Glauben an einen Boom in der Baubranche nach der Wiedervereinigung massenhaft Eigentumswohnungen und Immobilienfonds vertrieben. Der Erwerb jener Immobilien in Form von Bauherren-, Bauträger- bzw. Enderwerbermodellen oder der Beteiligung an einem geschlossenen Immobilienfonds wurde regelmäßig fremdfinanziert, wofür neben notwendiger Kapitalverschaffung auch steuerrechtliche Gründe ursächlich waren. In der Folge wurde häufig das Anlageziel aus unterschiedlichsten Gründen verfehlt und die Renditeerwartungen der Anleger, welche freilich durch Vermittler, Verkäufer und Initiatoren der Modelle geschürt worden waren, enttäuscht. Mögliche Ansprüche der Anleger gegen den genannten Personenkreis erwiesen sich häufig als nicht mehr durchsetzbar, sodass die Anleger nur noch die finanzierende Bank als solventen Mitwirkenden ausmachten. 9.166

Die rechtlichen Regelungen zur Lösung der entsprechenden Sachverhalte sind jedoch wenig konkret, was letztlich zu einer extremen Unsicherheit in der juristischen Einschätzung der Thematik und zu einer stark divergierenden Rechtsprechung führte. Ein Höhepunkt nahm hier die Kontroverse zwischen dem II. und dem XI. Zivilsenat des Bundesgerichtshofes ein, welche in einer Entscheidungsserie des II. Zivilsenates am 14. Juni 2004 begann und erst im April 2006 beigelegt werden konnte.[194)] 9.167

Viele der aktuellen Gerichtsentscheidungen befassen sich mit dem HWiG und dem VerbrKrG a. F. Die heutige Fassung der in die §§ 491 ff. BGB aufgegangenen Verbraucherkreditvorschriften ist zu einem guten Teil als gesetzgeberische Reaktion auf die geführten Prozesse geprägt. Mit den entsprechenden Gesetzesänderungen sowie den Entscheidungen des XI. Zivilsenates des Bundesgerichtshofes sind die wesentlichen Streitfragen für die Zukunft geklärt.[195)] 9.168

Neben etwaigen Schadensersatzansprüchen gegen die finanzierende Bank, welche aufgrund der engen Vorgaben des Bundesgerichtshofes häufig nicht zum gewünschten Ziel der Befreiung von dem abgeschlossenen Vertrag und auf Ersatz des geleisteten Kapitaldienst führt (vgl. hierzu oben Rz. 9.133 ff.), wurden durch die Rechtsprechung weitere Regelungen geprüft und diskutiert: 9.169

---

193) Vgl. hierzu insbesondere Häfner-*Häfner*, Fehlgeschlagene Kapitalanlagen, Rz. 1 ff.

194) Vgl. hierzu die jeweiligen Presseerklärungen des BGH v. 14.6.2004, Nr. 66/2004 sowie v. 25.4.2006, Nr. 62/2006.

195) Zweifelnd Schimansky/Bunte/Lwowski-*Jungmann*, Bankrechts-Hdb., § 81 Rz. 112 ff.

aa) Widerruf des Darlehensvertrages, insbesondere nach den Vorschriften des HWiG

9.170 Aufgrund der mitunter engen Zusammenarbeit von Projektinitiator und finanzierender Bank wurden neben dem Steuersparmodell selbst auch die Darlehensverträge durch die Projektvertriebe an die Anleger ausgereicht und mitunter in Haustürsituationen geschlossen. Im Nachgang zu der „Heininger-Entscheidung" des Europäischen Gerichtshofes vom 13. Dezember 2001[196] hatte der Bundesgerichtshof entschieden, der Wortlaut des § 5 Abs. 2 HWiG a. F. sei richtlinienkonform einschränkend auszulegen, sodass das HWiG nur dann verdrängt werde, wenn konkret das VerbrKrG ein Widerrufsrecht gewähre.[197] Ist nun ein Widerrufsrecht nicht (mehr) gegeben, weil ein privilegierter Realkredit nach § 3 Abs. 2 Nr. 2 VerbrKrG a. F. vorliegt oder die einjährige Widerrufsfrist nach § 7 VerbrKrG a. F. verstrichen ist, so kann der Darlehensvertrag unbefristet als Haustürgeschäft widerrufen werden.

9.171 Um den Vertrag widerrufen zu können, muss zunächst eine Haustürsituation vorliegen. Hiernach muss der Verbraucher durch Verhandlungen in seiner Privatwohnung oder am Arbeitsplatz (§ 1 Abs. 1 Nr. 1 HWiG a. F./§ 312 Abs. 1 Nr. 1 BGB n. F.) zu der Vertragserklärung bestimmt worden sein. Zu den Haustürsituationen werden nach im Interesse des Unternehmers durchgeführte Freizeitveranstaltungen und überraschende Ansprachen in Verkehrsmitteln und im Bereich öffentlich zugänglicher Verkehrsmittel gezählt (§ 1 Abs. 1 Nr. 2 und 3 HWiG a. F./§ 312 Abs. 1 Nr. 2 und 3 BGB n. F.).

9.172 Unter Privatwohnung wird der gesamte räumliche Wohnbereich gefasst, wobei es irgendeine Privatwohnung sein muss und nicht notwendig die des Verbrauchers/Darlehensnehmers. Das Merkmal der „Privatwohnung" erfasst auch Gestaltungen, in denen eine von dem Direktvertreiber gewonnene Privatperson ihre Wohnung als Verhandlungsort zur Verfügung stellt.[198] Privatwohnung i. S. d. § 1 Abs. 1 Nr. 1 HWiG a. F. ist auch die Privatwohnung des Vertragspartners des Kunden oder eines vom Vertragspartner eingeschalteten Vermittlers, die der Kunde nicht bewusst zu Zwecken eines geschäftlichen Kontakts aufgesucht hat.[199]

---

196) EuGH, Urt. v. 13.12.2001 – C-481/99, ZIP 2002, 31 (m. Bespr. *Hoffmann*, S. 145) = ZfIR 2002, 15 (m. Anm. *O. Fischer*, S. 19) = ZBB 2002, 29 (*Kulke*, S. 33) = WM 2001, 2434, dazu EWiR 2002, 261 *(Pfeiffer)*.

197) BGH, Urt. v. 9.4.2002 – XI ZR 91/99, BGHZ 150, 248 = ZIP 2002, 1075 (m. Anm. *Ulmer*, S. 1080 u. m. Bespr. *Hoffmann*, S. 1066) = ZVI 2002, 147 = ZfIR 2002, 434 (m. Bespr. *Pap/Sauer*, S. 523) = ZBB 2002, 194 (*Derleder*, S. 202) = WM 2002, 1181, dazu EWiR 2002, 523 *(Lange)*.

198) BGH, Urt. v. 15.11.2004 – II ZR 375/02, ZIP 2005, 67 = ZfIR 2005, 187 (m. Anm. *Wolf*, S. 189) = WM 2005, 124, dazu EWiR 2005, 381 *(Reiff)*.

199) BGH, Urt. v. 13.6.2006 – XI ZR 432/04, ZIP 2006, 1626 = WM 2006, 1669, dazu EWiR 2006, 685 *(Madaus)*.

Für das in § 1 Abs. 2 Nr. 1 HWiG a. F./§ 312 Abs. 3 Nr. 1 BGB enthaltene Tatbestandsmerkmal „ohne vorherige Bestellung“ ist entscheidend, ob der Kunde die andere Vertragspartei ausdrücklich oder konkludent zu Vertragsverhandlungen, also nicht zur bloßen Präsentation oder zur Information bestellt hat. Dabei ist unerheblich, ob der Kunde diese Erklärung von sich aus oder auf Nachfrage abgibt. Er darf jedoch zur Bestellung nicht vom Unternehmer provoziert werden. Eine entsprechende Konstellation nimmt der Bundesgerichtshof an, wenn zwar der äußere Tatbestand einer Einladung durch den Kunden vorliegt, dieser aber erst durch das unaufgeforderte Erscheinen des Unternehmers veranlasst wurde.[200] 9.173

Besonders umstritten waren in diesem Zusammenhang Bestellungen, die vom Kunden/Anleger anlässlich einer **telefonischen Kontaktaufnahme** durch den Unternehmer (Initiator bzw. Verkäufer) ausgesprochen wurden. Eine unbeachtliche Bestellung, die das Recht auf Widerruf nicht ausschließt, liegt in solchen Konstellationen jedenfalls bei einer unerbetenen telefonischen Anfrage des Unternehmers vor. Dagegen kann eine nach § 1 Abs. 2 Nr. 1 HWiG wirksame Bestellung bei einem Telefonanruf des Unternehmers vereinbart werden, wenn der Anruf dem Kunden angekündigt wird oder wenn sich dieser mit dem Anruf, z. B. auf einer von ihm übersandten Bestellkarte, einverstanden erklärt hat.[201] 9.174

Eine isolierte Telefonwerbung ohne anschließende Verhandlungen in der Wohnung des Kunden oder Vertragsabschlüsse per Telefon fallen nicht in den Anwendungsbereich des § 1 Abs. 1 Nr. 1 HWiG a. F. Soweit ein Kunde also nach telefonischem Werbegespräch einen Kreditvertrag in den Geschäftsräumen der Bank unterschreibt, steht ihm nach dieser Vorschrift kein Widerrufsrecht zu. Denn eine überrumpelnde Verhandlungssituation für den Kunden liegt beim Telefongespräch nicht in gleicher Weise vor wie bei persönlichen Verhandlungen in der Wohnung.[202] 9.175

In Abgrenzung hierzu unterfällt ein Vertragsabschluss in den Geschäftsräumen der Bank nach vorherigem persönlichen Kontakt außerhalb der Geschäftsräume dann § 1 HWiG a. F., wenn dieser Kontakt in der Wohnung des Kunden stattgefunden hat und hierbei der Gegenstand des späteren Vertragsabschlusses bereits angesprochen wurde. Das Tatbestandsmerkmal „Verhandlungen“ i. S. d. Gesetzes ist nach Auffassung des Bundesgerichtshofes weit zu verstehen.[203] 9.176

---

200) BGH, Urt. v. 18.11.1982 – III ZR 61/81, ZIP 1983, 38 = WM 1982, 1429; BGH, Urt. v. 25.10.1989 – VIII ZR 345/88, BGHZ 109, 127 = ZIP 1989, 1575 = WM 1989, 1800, dazu EWiR 1990, 387 *(Hensen)*.

201) BGH, Urt. v. 25.10.1989 – VIII ZR 345/88, BGHZ 109, 127 = ZIP 1989, 1575 = WM 1989, 1800, dazu EWiR 1990, 387 *(Hensen)*.

202) BGH, Urt. v. 16.1.1996 – XI ZR 57/95, ZIP 1996, 373 = WM 1996, 390, dazu EWiR 1996, 319 *(Koller)*.

203) BGH, Urt. v. 16.1.1996 – XI ZR 116/95, ZIP 1996, 370 = WM 1996, 387, dazu EWiR 1996, 409 *(Medicus)*.

9.177 Weiter ist erforderlich, dass die Haustürsituation für den Vertragsschluss **ursächlich** war. Ein enger zeitlicher Zusammenhang zwischen der Vertragsverhandlung und der auf den Vertragsschluss gerichteten Willenserklärung ist nicht erforderlich. Entscheidend sind hier stets die Umstände des Einzelfalls, sodass die Kausalität grundsätzlich durch den Tatrichter festzustellen ist.[204)]

9.178 Nach richtlinienkonformer und vom Wortlaut des § 1 HWiG gedeckter Auslegung muss sich ein Vertragspartner, der nicht selbst die Vertragsverhandlungen führt, die in der Person des Verhandlungsführers objektiv bestehende Haustürsituation zurechnen lassen. Auf die Frage, ob sich eine Zurechenbarkeit der Haustürsituation aus einer entsprechenden Anwendung des § 123 Abs. 2 BGB ergibt, kommt es entgegen der vormaligen Rechtsprechung nicht an.[205)]

9.179 Zu beachten ist weiter, dass das Widerrufsrecht einen Monat nach vollständiger Erbringung der Leistung, also vollständigen Rückzahlung des Darlehens, erlischt (§ 2 Abs. 1 Satz 4 HWiG, geltend bis zum 30. September 2000 bzw. § 2 HWiG, geltend bis zum 31. Dezember 2001). Die durch den deutschen Gesetzgeber vorgesehene zeitliche Beschränkung ist europarechtlich nicht zu beanstanden.[206)]

9.180 Ein Widerruf der auf den Darlehensvertrag gerichteten Willenserklärung ist nun möglich innerhalb der gesetzlich vorgegebenen Frist[207)] oder aber unbegrenzt, wenn eine **ordnungsgemäße Widerrufsbelehrung** durch den Unternehmer bzw. das Kreditinstitut nicht erteilt worden war.[208)]

9.181 Wie bereits oben ausgeführt (vgl. Rz. 9.128), war aufgrund der Subsidiaritätsklausel des § 5 Abs. 2 HWiG und dem hierdurch vermeintlich vorgehenden § 3 Abs. 2 Nr. 2 VerbrKrG (geltend bis zum 31. Dezember 2001) durch die Kreditinstitute bei Realkrediten/Immobiliardarlehen grundsätzlich keine Widerrufsbelehrung an den Verbraucher erteilt worden. Indem der Bundesgerichtshof im Zuge der „Heininger-Entscheidung“ den § 5 Abs. 2 HWiG a. F. richtlinienkonform einschränkend auslegt, gewährt er hierdurch dem Darlehensnehmer ein dauerhaftes Widerrufsrecht.

9.182 Eine Widerrufsbelehrung durfte nach § 2 Abs. 1 Satz 3 BGB (in der bis zum 30. September 2000 geltenden Fassung) keine „anderen Erklärungen“ als die gesetzlich vorgegebenen Pflichtangaben enthalten. Aufgrund des § 5 Abs. 2

---

204) BGH, Urt. 18.12.2007 – XI ZR 76/06, ZIP 2008, 357 = WM 2008, 292, dazu EWiR 2008, 241 *(Lang/Fuhrmann)*.

205) BGH, Urt. v. 14.2.2006 – XI ZR 255/04, ZIP 2006, 652 = ZfIR 2006, 542 (m. Anm. *Meschede*, S. 546) = WM 2006, 1340.

206) EuGH, Urt. v. 10.4.2008 – C-412/06, ZIP 2008, 772 (m. Bespr. *Häublein*, S. 2005) = WM 2008, 869, dazu EWiR 2008, 367 *(Maier)*; krit.: *Häublein*, ZIP 2008, 2005.

207) Eine Woche bzw. in der ab dem 1.10.2000 geltenden gesetzlichen Fassung zwei Wochen.

208) § 312 Abs. 1 i. V. m. § 355 Abs. 3 Satz 3 BGB bzw. Abs. 4 BGB in der ab dem 11.6.2010 geltenden Fassung.

HWiG erteilten die Kreditinstitute bei (nicht durch ein Grundpfandrecht besicherten) Personalkrediten zwar keine Widerrufsbelehrung nach dem HWiG, wohl aber eine solche nach der Vorschrift des § 7 VerbrKrG a. F. Problematisch ist nun, dass eine Belehrung nach dem VerbrKrG den Passus enthalten muss, wonach ein Widerrufsrecht als nicht erfolgt gilt, wenn das empfangene Darlehen nicht innerhalb von zwei Wochen zurückgezahlt wird. In dieser Aussage wird nun durch den Bundesgerichtshof eine „andere Erklärung" i. S. d. § 2 Abs. 1 Satz 3 HWiG gesehen, mit der Folge, dass die Belehrung als unwirksam angesehen wurde.[209)] Diese als gefestigt anzusehende Rechtsprechung überzeugt gleichwohl nicht. Die Auffassung des Bundesgerichtshofs hätte zur Folge, dass in solchen Fällen Widerrufsbelehrungen sowohl nach VerbrKrG a. F. als auch nach HWiG a. F. hätten erteilt werden müssen, die inhaltlich nahezu, aber eben nicht völlig identisch gewesen wären. Eine solche „Doppelbelehrung" wäre insoweit weit verwirrender für den Verbraucher.

Im Falle eines verbundenen Geschäfts nach § 9 VerbrKrG a. F. (§§ 495, 358 **9.183**
Abs. 2 BGB n. F.) muss die Widerrufsbelehrung nach den Verbraucherkreditvorschriften den Zusatz enthalten, dass der Verbraucher mit dem Widerruf der auf das Darlehen gerichteten Willenserklärung auch an das verbundene Geschäft nicht mehr gebunden ist. Ein solcher Zusatz ist nach Auffassung des Bundesgerichtshofes keine „andere Erklärung" i. S. d. § 2 HWiG a. F. und somit unschädlich. Der genannte Zusatz ist zwar für die Wirksamkeit der Widerrufsbelehrung nach dem Haustürwiderrufsgesetz nicht konstitutiv und weist einen eigenständigen Inhalt auf. Der Hinweis stelle bei einem verbundenen Geschäft aber eine sinnvolle Ergänzung der Widerrufsbelehrung dar, weil er den Verbraucher auf die weiteren Rechtsfolgen eines Widerrufs nach § 1 Abs. 1 HWiG a. F. hinweist. Somit wird dessen Bedeutung verdeutlicht.[210)]

Als **Rechtsfolge für den Widerruf des Darlehensvertrages** bestimmt § 3 **9.184**
HWiG a. F., dass im Falle des Widerrufes die erhaltenen Leistungen zurückzugewähren sind. Insofern muss der Anleger das Darlehen i. S. d. Nettokreditbetrages, also ohne Disagio, an die Bank zurückerstatten. Daneben muss er eine marktübliche Verzinsung entrichten. Der Darlehensnehmer seinerseits hat

209) BGH, Urt. v. 12.11.2002 – XI ZR 3/01, ZIP 2003, 22 (m. Anm. *Rörig*, S. 26) = ZfIR 2003, 101 = WM 2003, 61, dazu EWiR 2003, 167 *(Frisch)*; abl. Häfner-*Häfner*, Fehlgeschlagene Kapitalanlagen, Rz. 52; OLG Schleswig, Urt. v. 22.4.2004 – 5 U 62/03, ZIP 2005, 163 = WM 2004, 1959.

210) BGH, Urt. v. 24.4.2007 – XI ZR 191/06, ZIP 2007, 1152 = ZfIR 2007, 761 (m. Anm. *Hoppe*, S. 763) = WM 2007, 1117, dazu EWiR 2007, 597 *(Rösler)*.

Anspruch auf Rückerstattung der geleisteten Zins- und Tilgungsraten und deren Verzinsung. Die gegenseitigen Ansprüche sind aufrechenbar.[211)]

9.185 Diese durch den Bundesgerichtshof festgestellte Rechtsfolge wurde vereinzelt heftig kritisiert und führte auch zu zwei Vorlagebeschlüssen an den Europäischen Gerichtshof durch das Landgericht Bochum[212)] und das Oberlandesgericht Bremen.[213)] Letztlich hat der Europäische Gerichtshof die durch den Bundesgerichtshof ausgesprochene Rechtsprechung bestätigt bzw. akzeptiert.[214)]

9.186 Soweit jedoch ein **verbundenes Geschäft** nach § 9 Abs. 1 VerbrKrG a. F./§ 358 Abs. 1 BGB n. F. vorliegt, führt der Widerruf des Darlehensvertrages dazu, dass der Verbraucher das Darlehen nicht zurückzuzahlen braucht. Vielmehr kann er die finanzierende Bank auf den finanzierten Fondsanteil bzw. die Immobilie verweisen, welche er zur Übertragung anbieten muss.[215)]

9.187 Ein verbundenes Geschäft liegt dann vor, wenn das Darlehen der Finanzierung des Immobilienkaufpreises bzw. der Beteiligung dient (vgl. hierzu auch oben Rz. 9.90). Die vom Gesetz geforderte „wirtschaftliche Einheit“ ist dann anzunehmen, wenn sich der Darlehensgeber bei Vorbereitung bzw. Abschluss des Darlehensvertrages der Mitwirkung des Verkäufers oder dessen Vertriebes bedient. Die wirtschaftliche Einheit wird unwiderleglich vermutet, wenn Darlehensvertrag nicht aus Initiative des Darlehensnehmers zustande kommt, sondern weil der Verkäufer/Anlagevertreiber durch seinen Vertrieb neben den Anlageunterlagen auch die Darlehensverträge des Finanzierungsinstitutes vorgelegt hat, welches sich zuvor zur Finanzierung bereit erklärt hat.[216)]

---

211) BGH, Urt. v. 21.11.2006 – XI ZR 347/05, ZIP 2007, 264 = ZfIR 2007, 132 (m. Anm. *Wolters*, S. 135) = WM 2007, 200, dazu EWiR 2007, 321 *(Kulke)*; BGH, Urt. v. 9.4.2002 – XI ZR 91/99, BGHZ 150, 248 = ZIP 2002, 1075 (m. Anm. *Ulmer*, S. 1080 u. m. Bespr. *Hoffmann*, S. 1066) = ZfIR 2002, 434 (m. Bespr. *Pap/Sauer*, S. 523) = WM 2002, 1181, dazu EWiR 2002, 523 *(Lange)*; BGH, Urt. v. 12.11.2002 – XI ZR 47/01, BGHZ 152, 331 = ZIP 2003, 64 (m. Anm. *Lindner*, S. 67) = ZfIR 2003, 148 = WM 2002, 2501, dazu EWiR 2003, 423 *(Häuser)*. Einzelheiten bei Häfner-*Münscher*, Fehlgeschlagene Kapitalanlagen, Rz. 385, 388.

212) LG Bochum, Beschl. v. 29.7.2003 – 1 O 795/02, ZIP 2003, 1437 (m. Bespr. *Hoffmann* 2004, S. 49) = ZfIR 2003, 676 (m. Anm. *Westermann*, S. 680) = NJW 2003, 2612, dazu EWiR 2003, 869 *(Lange)*.

213) OLG Bremen, Beschl. v. 27.5.2004 – 2 U 20/02, ZIP 2004, 1253 = ZfIR 2004, 586 = NJW 2004, 2243.

214) EuGH, Urt. v. 25.10.2005 – C 350/03, ZIP 2005, 1959 (m. Bespr. *Hoffmann*, S. 1985) = ZfIR 2005, 815 (m. Bespr. *Hoppe/Lang*, S. 800) = ZBB 2005, 436 (*Ehricke*, S. 443) = WM 2005, 2079, dazu EWiR 2005, 835 *(Derleder)*.

215) BGH, Urt. v. 17.9.1996 – XI ZR 164/95, ZIP 1996, 1940 = WM 1996, 2100, dazu EWiR 1996, 1091 *(Koller)*; BGH, Urt. v. 25.4.2006 – XI ZR 193/04, BGHZ 167, 252 = ZIP 2006, 940 = ZfIR 2006, 461 (m. Anm. *Ohlrogge*, S. 466), dazu EWiR 2006, 445 *(Medicus)*.

216) BGH, Urt. v. 25.4.2006 – XI ZR 193/04, BGHZ 167, 252 = ZIP 2006, 940 = ZfIR 2006, 461 (m. Anm. *Ohlrogge*, S. 466) , dazu EWiR 2006, 445 *(Medicus)*.

Nach der bis zum 30. September 2002 geltenden Rechtslage waren grundpfandrechtlich besicherte Darlehen nach § 3 Abs. 2 Nr. 2 VerbrKrG a. F. insoweit privilegiert, als dass der Einwendungsdurchgriff auf diese Darlehen keine Anwendung fand. Um diese Privilegierung entspannte sich eine bemerkenswerte Auseinandersetzung zwischen dem II. und dem XI. Zivilsenates des Bundesgerichtshofes, in welcher der II. Zivilsenat argumentierte, dass die Übernahme eines bereits bestehenden Grundpfandrechtes für die Anwendbarkeit des § 3 Abs. 2 Nr. 2 VerbrKrG a. F. nicht ausreiche. Vielmehr sei für die Privilegierung die Mitwirkung des Darlehensnehmers wegen der Warnfunktion des notariell zu beurkundenden Grundschuldbestellung erforderlich.[217] Der Irrtum in dieser Argumentation lag freilich in dem Umstand, dass Grundschulden nicht notwendiger Weise beurkundet werden müssen. Entsprechend urteilte der XI. Zivilsenat (abschließend), dass für die Bereichsausnahme des § 3 Abs. 2 Nr. 2 VerbrKrG a. F. die Bestellung des Grundpfandrechtes durch den Anleger selbst nicht Voraussetzung sei. In der Konsequenz führt dies zur Unanwendbarkeit der Verbundvorschriften beim Realkredit.[218] 9.188

Mit dem OLG-VertrÄndG gelten seit 1. Oktober 2002 für Immobiliengeschäfte die Sondervorschriften des § 358 Abs. 3 BGB. Hiernach liegt ein verbundenes Geschäft nur vor, wenn die Bank das Immobiliengeschäft über die Zurverfügungstellung des Darlehens hinaus besonders fördert (vgl. hierzu oben Rz. 9.94). 9.189

Ein weiterer Diskussionspunkt bestand darin, ob die **unterbliebene Belehrung** des Verbrauchers zu einem **Schadensersatzanspruch** führen kann. Der XI. Zivilsenat ist hierbei der Auffassung, dass aufgrund der europarechtlichen Vorgaben[219] die Haustürgeschäfterichtlinie eine „echte" Rechtspflicht des Unternehmers beinhalte. Insoweit ist § 2 HWiG a. F. / §§ 312, 355 Abs. 2 BGB n. F. richtlinienkonform als Rechtspflicht des Unternehmers zu verstehen, deren Verletzung Ersatzansprüche zur Folge haben kann. Ein etwaiger Schadensersatzanspruch des Darlehensnehmers aus Verschulden bei Vertragsschluss wegen unterbliebener Belehrung setzt zwingend ein Verschulden der Bank voraus. Eine verschuldensunabhängige Haftung wird aufgrund § 276 BGB a. F. abgelehnt. Der Darlehensnehmer muss auch konkret nachweisen, dass er den Darlehensvertrag bei ordnungsgemäßer Belehrung tatsächlich widerrufen und die 9.190

217) BGH, Urt. v. 14.6.2004 – II ZR 393/02, BGHZ 159, 294 = ZIP 2004, 1394 (m. Bespr. *Doehner/Hoffmann*, S. 1884) = ZfIR 2004, 626, dazu EWiR 2004, 827 *(Koller)*.

218) BGH, Urt. v. 26.10.2004 – XI ZR 255/03, BGHZ 161, 15 = ZIP 2005, 69 = ZfIR 2005, 145 (m. Anm. *Volmer*, S. 151); BGH, Urt. v. 18.1.2005 – XI ZR 201/03, ZIP 2005, 481 = WM 2005, 375, dazu EWiR 2005, 459 *(Kulke)*.

219) Vgl. EuGH, Urt. v. 25.10.2005 – C 350/03, ZIP 2005, 1959 (m. Bespr. *Hoffmann*, S. 1985) = ZfIR 2005, 815 (m. Bespr. *Hoppe/Lang*, S. 800) = WM 2005, 2079.

Anlage nicht getätigt hätten. Auf die sog. Vermutung aufklärungsrichtigen Verhaltens kann sich ein Anleger/Darlehensnehmer nicht stützen.[220)]

bb) Schadensersatz und institutionalisiertes Zusammenwirken

9.191 In den oben dargestellten Urteilen des Europäische Gerichtshof vom 25. Oktober 2005 wurde herausgehoben, dass durch die „Haustürgeschäfterichtlinie" (85/577/EWG) lediglich ein Mindestmaß an Verbraucherschutz gewährleistet wird und die Rechtsprechung des XI. Zivilsenates zu den Erwerbermodellen grundsätzlich bestätigt.[221)] Insofern verbleibt es dabei, dass der Darlehensgeber im Fall des wirksamen Widerrufs (§ 1 Abs. 1 HWiG a. F.) eines Realkreditvertrages gemäß § 3 Abs. 1 HWiG a. F. Anspruch auf Erstattung des ausgezahlten Nettokreditbetrages sowie auf dessen marktübliche Verzinsung hat.[222)]

9.192 Der Europäische Gerichtshof forderte die mitgliedstaatlichen Gerichte gleichwohl auf, die Verbraucher vor den Folgen der Risiken von Kapitalanlagen der vorliegenden Art zu schützen.

9.193 Der Europäische Gerichtshof beschränkt seine Forderung nach Schutz des Verbrauchers zunächst auf jene Fälle, in welchen jener es durch eine wirksam erteilte Widerrufsbelehrung hinsichtlich des Darlehensvertrages hätte vermeiden können, sich den Risiken aus dem Kaufvertrag auszusetzen. Dies setzt voraus, dass der Darlehensvertrag vor dem Kaufvertrag geschlossen worden ist. In diesem Falle ist das nationale Gericht aufgefordert, die bestehenden nationalen Regelungen so weit wie möglich in diesem Sinne auszulegen.

9.194 In einer Grundsatzentscheidung vom 16. Mai 2006[223)] befasste sich der Bundesgerichtshof mit den Vorgaben der Europarichter. Bei der Frage, wie die durch den Europäischen Gerichtshof gestellte Aufforderung nach Effektivierung des Verbraucherschutzes gewährleistet werden kann, setzt der Bundesgerichtshof im Bereich der Beweislastverteilung an. Dieser zunächst überraschende Ansatz ist nach weiterer Durchsicht verständlich, da, wie der Bundesgerichtshof umfassend nachweist, die bestehenden materiellrechtlichen nationalen

---

220) BGH, Urt. v. 19.9.2006 – XI ZR 204/04, BGHZ 169, 109 = ZIP 2006, 2262 = ZfIR 2007, 287 (m. Bespr. *Derleder*, S. 257) = WM 2006, 2343, dazu EWiR 2007, 295 *(Häublein/Martin)*.

221) Vgl. zum Folgenden *Kern*, BKR 2006, 337, 345 (Anm. zu BGH).

222) BGH, Urt. v. 16.5.2006 – XI ZR 6/04, ZIP 2006, 1187 (Berichtigung S. 1579) = ZfIR 2006, 623 (m. Bespr. *Häublein*, S. 601) = BKR 2006, 337 (m. Anm. *Kern)* = WM 2006, 1194, hierzu WuB I G 5.-6.06 *(Bülow)*; BGH, Urt. v. 12.11.2002 – XI ZR 47/01, BGHZ 152, 331 = ZIP 2003, 64 (m. Anm. *Lindner*, S. 67) = WM 2002, 2501, dazu EWiR 2003, 423 *(Häuser)*.

223) BGH, Urt. v. 16.5.2006 – XI ZR 6/04, ZIP 2006, 1187 (Berichtigung S. 1579) = ZfIR 2006, 623 (m. Bespr. *Häublein*, S. 601) = WM 2006, 1194 (m. Anm. *Bülow)*, dazu EWiR 2006, 463 *(Rösler)*.

Normen nicht i. S. d. EuGH-Anforderung auslegungsfähig sind. Insoweit kann das Regelwerk des HWiG a. F. nicht dazu führen, den durch den Europäischen Gerichtshof angemahnten Schutz des Verbrauchers zu gewährleisten. Der Bundesgerichtshof greift somit auf die Regelungen zur Haftung aufgrund von Aufklärungspflichtverletzungen i. R. einer c. i. c. bzw. pFV zurück (§§ 280, 311 BGB).

Eine Bank ist zur Risikoaufklärung über das finanzierte Geschäft verpflichtet, wenn sie in Bezug auf spezielle Risiken des Vorhabens einen konkreten Wissensvorsprung vor dem Vertragspartner hat und sie den Vorsprung im Wissen auch erkennen kann (vgl. hierzu oben Rz. 9.152). Hiervon ausgehend bestimmt der Bundesgerichtshof rechtfortbildend, dass die Kenntnis der finanzierenden Bank von dem arglistigen Verhalten des Verkäufers oder auch Vermittlers i. S. einer Beweiserleichterung widerleglich vermutet wird, soweit kumulativ **9.195**

- der Verkäufer/Vermittler und die finanzierende Bank in institutionalisierter Weise zusammenwirken,
- der Verkäufer/Vermittler neben der Kapitalanlage auch die Finanzierung angeboten hat und
- die Unrichtigkeit der Angaben über das Anlageobjekt nach den Umständen des Einzelfalles evident war, sodass sich die Erkenntnis aufdrängt, die Bank habe sich der Kenntnis der arglistigen Täuschung geradezu verschlossen.

Die Beweiserleichterung kommt nur bei Vorliegen eines Realdarlehens in Betracht, da innerhalb des „verbundenen Geschäftes" und den damit zusammenhängenden Normen ein ausreichender Schutz für den Anleger gewährleistet ist.[224] Ebenfalls denkbar sind Schadensersatzansprüche aufgrund von Aufklärungsverschulden, wenn die arglistigen Täuschungshandlungen durch die **Initiatoren** oder **Gründungsgesellschafter** begangen worden sind und die Initiatoren mit der Bank in institutionalisierter Art und Weise zusammengewirkt haben. Dieser Personenkreis steht außerhalb des Verbundgeschäftes, sodass Ansprüche aufgrund eines Einwendungsdurchgriffs nicht möglich sind.[225] Im Umkehrschluss müssen Ansprüche aufgrund eines zur Aufklärung verpflichtenden Wissensvorsprunges bei Vorliegen eines institutionalisierten Zusammenwirkens mit den außerhalb des Verbundes stehenden Personen gegenüber der finanzierenden Bank möglich sein.[226] **9.196**

Indem der Bundesgerichtshof die Konstruktion „Aufklärungspflichtverletzung" zur Umsetzung der EuGH-Vorgaben wählt, entkoppelt er die Sachver- **9.197**

---

224) Häfner-*Kern*, Fehlgeschlagene Kapitalanlagen, Rz. 276.

225) BGH, Urt. v. 25.4.2006 – XI ZR 106/05, BGHZ 167, 239 = ZIP 2006, 1084, dazu EWiR 2006, 477 *(Häublein)*.

226) BGH, Urt. v. 21.11.2006 – XI ZR 347/05, ZIP 2007, 264 = WM 2007, 200, dazu EWiR 2007, 321 *(Kulke)*, dazu WuB I G 5.-2.07 *(Bülow)*.

halte von diesen Kausalitätsüberlegungen bzw. -vorgaben. Dies führt dazu, dass eine Ersatzpflicht der Bank auch dann in Betracht kommt, wenn der Kaufvertrag/der Fondsbeitritt vor dem Darlehensvertrag geschlossen wurde, der Anleger somit auch durch Ausübung seines Rechts, den Darlehensvertrag zu widerrufen, sich nicht von dem Immobiliengeschäft hätte lösen können.[227)]

9.198 Von einem institutionalisierten Zusammenwirken kann bei ständig bestehenden Geschäftsbeziehungen zwischen dem Verkäufer, dem Initiator, den Vermittlern und der finanzierenden Bank ausgegangen werden. Denkbar sind hier Vertriebsvereinbarungen, Rahmenverträge oder Vertriebsabsprachen. Sie können sich aus dem Überlassen von Büroräume bzw. im Verwenden von Formulare des Kreditgebers ergeben.

9.199 Die **evidente Unrichtigkeit** wurde durch den Bundesgerichtshof angenommen, wenn die angebliche monatliche Nettomiete der Immobilie um über 45 % über der tatsächlich erzielbaren Miete liegt.[228)] Eine offensichtliche Unrichtigkeit der Angaben kann darin gesehen werden, dass die Höhe der versprochenen Ausschüttungen aus einem Mietpool mit 325 DM/Monat durch den Mietpool objektiv und von vornherein nicht erwirtschaftet werden konnten.[229)]

9.200 Das Vorliegen der **arglistigen Täuschung** ist weitere Voraussetzung für die Beweiserleichterung. Dies wurde durch den Bundesgerichtshof jüngst ausdrücklich bestätigt.[230)]

cc) Einwendungsdurchgriff und verbundenes Geschäft

9.201 Neben den oben dargestellten Rückabwicklungen beim „verbundenen Haustürgeschäft" sind noch weitere Fragestellungen zu beantworten, welche sich aus dem verbundenen Geschäft des § 9 Abs. 1 VerbrKrG a. F./§ 358 BGB ergeben.

9.202 Nach § 9 Abs. 3 VerbrKrG a. F./§ 359 BGB kann der Anleger dem Darlehensgeber die Einwendungen entgegen halten, die ihn gegenüber dem Verkäufer bzw. Vertragspartner zur Leistungsverweigerung berechtigen würden (Einwendungsdurchgriff). Bei Bestehen solcher Einwendungen braucht der Darlehensnehmer das Darlehen nicht zurückzuzahlen, sondern kann die Immobilie oder den Fondsanteil zur Verfügung stellen. Bis zum OLG-VertrÄndG war dieses Recht freilich ein stumpfes Schwert: Beim Immobilienkaufvertrag war

227) Häfner-*Kern*, Fehlgeschlagene Kapitalanlagen, Rz. 277.

228) BGH, Urt. v. 16.5.2006 – XI ZR 6/04, ZIP 2006, 1187 (Berichtigung S. 1579) = ZfIR 2006, 623 (m. Bespr. *Häublein*, S. 601) = BKR 2006, 337 = WM 2006, 1194.

229) BGH, Urt. v. 27.5.2008 – XI ZR 132/07, ZIP 2008, 1268 = WM 2008, 1260, dazu EWiR 2008, 707 *(Ditges)* in welchem der BGH die Feststellungen des Berufungsgerichts zur evidenten Unrichtigkeit ausdrücklich billigt.

230) BGH, Urt. v. 23.10.2007 – XI ZR 167/05, ZIP 2008, 112 = WM 2008, 154, dazu EWiR 2008, 129 *(Maier)*, dazu WuB I G 5.-6.08 *(Arnold)*.

das finanzierende Darlehen regelmäßig grundpfandrechtlich besichert, was zum einen Ausschluss der Vorschriften des Einwendungsdurchgriffes aufgrund der Privilegierungsvorschriften des § 3 Abs. 2 Nr. 2 VerbrKrG a. F. führte. Einwendungen gegen eine Fondsbeteiligung können zunächst nur gegen die Fondsgesellschaft geltend gemacht werden. Der unter Verletzung einer Aufklärungspflicht oder durch Täuschung zum Gesellschaftsbeitritt veranlasste Anleger kann sein Recht, jederzeit fristlos unter Forderung des ihm nach den Regeln des **fehlerhaften Gesellschaftsbeitritts** zustehenden Abfindungsguthabens aus der Anlagegesellschaft auszuscheiden, auch dem Rückzahlungsanspruch des Kreditinstituts entgegenhalten.[231] Problematisch an dieser Variante ist freilich, dass das Abfindungsguthaben in vielen Fällen weit unter den ausgereichten Darlehen lag und somit der Anleger die Darlehen häufig ohne nennenswerten Abzug an die Bank zurückzahlen muss.

Das gleiche Ergebnis folgt auch einem Widerruf der Fondsbeteiligung nach den Vorschriften des HWiG a. F./§ 312 BGB. Auch in diesem Falle gelten die Regeln über die fehlerhafte Personengesellschaft, sodass der Anleger seine erworbene Fondsmitgliedschaft nur für die Zukunft beenden kann, mit der Folge, dass er nicht seine Einlage zurückverlangen kann, sondern nur einen Anspruch auf ein etwaiges **Auseinandersetzungsguthaben** hat.[232] 9.203

Im Falle des kreditfinanzierten Immobilienerwerbes ist ein Widerruf des (verbundenen) Kaufvertrages aufgrund der notwendigen notariellen Beurkundung nicht möglich, § 1 Abs. 2 Nr. 3 HWiG a. F./§ 312 Abs. 3 Nr. 3 BGB. 9.204

Ansprüche gegen Gründungsgesellschafter, Fondsinitiatoren, maßgebliche Betreiber, Manager und Prospektherausgeber kann der Anleger bzw. Darlehensnehmer nicht gemäß § 9 Abs. 3 VerbrKrG a. F./§ 359 BGB dem Rückzahlungsverlangen der Bank entgegensetzen. Die zunächst entgegengesetzte Auffassung des II. Zivilsenates[233] wird durch diesen nicht mehr vertreten.[234] 9.205

Hierbei lässt es die Rechtsprechung des Bundesgerichtshofes nicht bewenden: Ist ein Darlehensnehmer durch falsche Angaben zum Erwerb einer Fondsbeteiligung bewogen worden, kann er auch den mit dem Anlagevertrag gemäß § 9 9.206

---

231) BGH, Urt. v. 21.7.2003 – II ZR 387/02, BGHZ 156, 46 = ZIP 2003, 1592 = ZfIR 2003, 717 (m. Bespr. *Lang*, S. 852), dazu EWiR 2004, 177 *(Tiedtke)*; BGH, Urt. v. 25.4.2006 – XI ZR 219/04, ZIP 2006, 1088 = ZfIR 2006, 502 (m. Bespr. *Derleder*, S. 489) = WM 2006, 1060, dazu EWiR 2006, 475 *(Aigner)*.

232) BGH, Urt. v. 21.7.2003 – II ZR 387/02, BGHZ 156, 46 = ZIP 2003, 1592 = ZfIR 2003, 717 (m. Bespr. *Lang*, S. 852), dazu EWiR 2004, 177 *(Tiedtke)*; BGH, Urt. v. 25.4.2006 – XI ZR 219/04, ZIP 2006, 1088 = ZfIR 2006, 502 (m. Bespr. *Derleder*, S. 489) = WM 2006, 1060, dazu EWiR 2006, 475 *(Aigner)*.

233) BGH, Urt. v. 14.6.2004 – II ZR 407/03, WM 2004, 1536 = NJW 2004, 2742, dazu EWiR 2004, 941 *(Häublein)*, dazu Urteilsbesprechung *Doehner/Hoffmann*, ZIP 2004, 1884.

234) BGH, Urt. v. 25.4.2006 – XI ZR 106/05, BGHZ 167, 239 = ZIP 2006, 1084 = ZfIR 2006, 509 (m. Bespr. *Derleder*, S. 489), dazu EWiR 2006, 477 *(Häublein/Martin)*.

Abs. 1 VerbrKrG a. F./§ 359 BGB n. F. verbundenen Darlehensvertrag nach § 123 BGB **anfechten**, wenn die Täuschung auch für dessen Abschluss kausal war. Den daneben bestehenden Anspruch aus Verschulden bei Vertragsschluss gegen den Vermittler kann der Darlehensnehmer ebenfalls gegen die kreditgebende Bank geltend machen, da der Vermittler bei einem verbundenen Geschäft nicht Dritter i. S. v. § 123 Abs. 2 BGB ist.[235)]

9.207 Ein weiterer Streitpunkt zwischen Anlegern und Banken sowie in der Folge zwischen dem II. und dem XI. Zivilsenat des Bundesgerichtshofes war die Frage, wie sich etwaige **Formmängel** des Verbraucherkreditvertrages auf den Darlehensvertrag und den damit verbundenen Kauf- bzw. Beteiligungsvertrag auswirken. Auch hier setzte sich letztlich der XI. Zivilsenat durch. Es kann somit als gefestigte Rechtsprechung angenommen werden, dass nach § 6 Abs. 1 VerbrKrG a. F./§ 494 Abs. 1 BGB ein Kreditvertrag nur dann nichtig ist, wenn die vorgeschriebenen Angaben, insbesondere die Gesamtbetragsangabe völlig fehlen, nicht jedoch, wenn sie falsch sind. Ein wegen fehlender Gesamtbetragsangabe nichtiger Darlehensvertrag wird gemäß § 6 Abs. 2 Satz 1 VerbrKrG a. F./§ 494 Abs. 2 BGB gültig, wenn dem Anleger bzw. Kreditnehmer die Darlehensvaluta zufließt und zwar auch dann, wenn dies nicht direkt, sondern vertragsgemäß unmittelbar an einen Treuhänder geschieht. Dies gilt auch dann, wenn Darlehensvertrag und Fondsbeitritt ein verbundenes Geschäft gemäß § 9 Abs. 1 VerbrKrG a. F./§§ 495, 358 BGB n. F. darstellen.[236)]

9.208 Geklärt ist mittlerweile auch, wann und unter welchen Voraussetzungen dem Darlehensnehmer nicht nur ein Einwendungsdurchgriff gegen die Darlehensforderung zusteht, sondern unter welchen Umständen er den geleisteten Kapitaldienst zurückfordern kann. So ist ein **Rückforderungsanspruch** aus § 813 Abs. 1 Satz 1 BGB herzuleiten. Eine analoge Anwendung des § 9 Abs. 2 Satz 4 VerbrKrG a. F. kommt nach Auffassung des Bundesgerichtshofes nicht in Betracht, da die allgemeine zivilrechtliche Regelung des § 813 BGB unmittelbar anwendbar sei. Die rechtshindernde Einwendung aus dem Vertragsverhältnis zwischen Verkäufer und Käufer stelle sich durch die nach § 9 Abs. 3 Satz 1 VerbrKrG a. F./§ 359 Abs. 1 Satz 1 BGB eröffnete Möglichkeit zur Geltendmachung dieser Einwendung im Verhältnis des Darlehensnehmers zum Darlehensgeber als von Anfang bestehende dauernde Einrede dar. Das auf das Darlehen Geleistete kann daher vom Kreditnehmer nach § 813 Abs. 1 Satz 1 BGB zurückverlangt werden.[237)]

---

235) BGH, Urt. v. 25.4.2006 – XI ZR 106/05, BGHZ 167, 239 = ZIP 2006, 1084 = ZfIR 2006, 509 (m. Bespr. *Derleder*, S. 489), dazu EWiR 2006, 477 *(Häublein)*.

236) BGH, Urt. v. 25.4.2006 – XI ZR 106/05, BGHZ 167, 239 = ZIP 2006, 1084 = ZfIR 2006, 509 (m. Bespr. *Derleder*, S. 489), dazu EWiR 2006, 477 *(Häublein)*.

237) BGH, Urt. v. 4.12.2007 – XI ZR 227/06, BGHZ 174, 334 = ZIP 2008, 304 = ZfIR 2008, 137 (m. Anm. *Wolters*, S. 141), dazu EWiR 2008, 365 *(Madaus)*.

dd) Verstoß gegen das Rechtsberatungsgesetz (RBerG)

Beim Erwerb der Steuersparmodelle ließen sich die Anleger häufig beim Abschluss sämtlicher notwendiger Verträge durch einen Treuhänder vertreten. Diese Treuhänder waren zumeist Steuerberatungsgesellschaften, welche mit den jeweiligen Initiatoren in Verbindung standen. Gegen diese Art der Vertretung wandte sich der Bundesgerichtshof mit einer Entscheidung vom 29. September 2000.[238] Hiernach ist eine entsprechende **Treuhandabrede** nach Art. 1 § 1 Abs. 1 RBerG i. V. m. § 134 BGB nichtig, da die nach den entsprechenden Vereinbarungen zu erbringende Leistung, so insbesondere die Vertragsabschlüsse, Rechtsbesorgungen darstellen, welche dem Treuhänder zumeist nicht gestattet waren. Die Nichtigkeit des Treuhandvertrages führt nach Auffassung des Bundesgerichtshofes zur Nichtigkeit der Abschlussvollmacht, welche ihrerseits den durch den Treuhänder im Namen des Anlegers abgeschlossenen Darlehensvertrag erfasst. Der Darlehensvertrag ist insoweit schwebend unwirksam, § 177 BGB, da es dem Treuhänder an der wirksam erteilten Vertretungsmacht fehlt.[239] 9.209

Unter den Voraussetzungen der **Rechtsscheinhaftung** kann der Darlehensvertrag gleichwohl wirksam werden. Nach den §§ 171, 172 BGB hat der Anleger zurechenbar den Rechtsschein einer wirksamen Bevollmächtigung geschaffen, wenn der finanzierenden Bank spätestens bei Abschluss des Darlehensvertrages das Original oder die Ausfertigung der notariellen Vollmacht vorliegt.[240] Nicht ausreichend ist eine lediglich beglaubigte Abschrift der Vollmacht. Beweispflichtig dafür, ob die Vollmacht in entsprechender Form vorlag, ist die Bank.[241] 9.210

Soweit die Voraussetzungen der Rechtsscheinhaftung nicht vorliegen, ist der Darlehensvertrag nach § 812 Abs. 1 BGB rückabzuwickeln. Der Darlehensnehmer kann die Rückerstattung der geleisteten Zinsen und Tilgungen verlangen sowie der ausgereichten Kreditsicherheiten. Erhaltene Mieteinnahmen bzw. Fondsausschüttungen müssen nicht Anspruchsmindernd berücksichtigt werden,[242] wohl aber Steuervorteile.[243] 9.211

---

238) BGH, Urt. v. 28.9.2000 – IX ZR 279/99, BGHZ 145, 265 = ZfIR 2001, 123 (m. Anm. *Bruchner*, S. 128), dazu EWiR 2001, 133 *(Grziwotz)*; vgl. hierzu umfassend: Häfner-*Arnold*, Fehlgeschlagene Kapitalanlagen, Rz. 543 ff.

239) BGH, Urt. v. 26.10.2004 – XI ZR 255/03, BGHZ 161, 15 = ZIP 2005, 69 = ZfIR 2005, 145 (m. Anm. *Volmer*, S. 151); Häfner-*Häfner*, Fehlgeschlagene Kapitalanlagen, Rz. 66.

240) BGH, Urt. v. 25.4.2006 – XI ZR 219/04, ZIP 2006, 1088 = ZfIR 2006, 502 (m. Bespr. *Derleder*, S. 489).

241) Vgl. hierzu BGH, Urt. v. 10.10.2006 – XI ZR 265/05, ZIP 2007, 173 = ZfIR 2007, 279 (m. Kurzanm. *Volmer*, S. 282).

242) BGH, Urt. v. 27.2.2007 – XI ZR 55/06.

243) BGH, Urt. v. 24.4.2007 – XI ZR 17/06, ZIP 2007, 1200 = ZfIR 2007, 716 (m. Anm. *Hahn*, S. 719), dazu EWiR 2008, 23 *(Allmendinger)*; Häfner-*Häfner*, Fehlgeschlagene Kapitalanlagen, Rz. 79.

II. Zins

1. Festzins/variabler Zins

9.212 Die Darlehenszinsen als vertragliche Gegenleistung zum Kapitalnutzungsrecht können entweder für einen bestimmten Zeitraum fest oder i. R. einer Zinsanpassungsregelung variabel vereinbart werden.

9.213 **Festzinsen** werden häufig bei Realkrediten zur Baufinanzierung vereinbart, da hier die Kreditnehmer ein Interesse daran haben, ihre Belastung längerfristig planen zu können. Entsprechend § 489 Abs. 1 Nr. 3 BGB (bzw. § 489 Abs. 1 Nr. 2 BGB in der ab dem 11. Juni 2010 geltenden Fassung) kann eine Festzinsvereinbarung ohne zwischenzeitliches Kündigungsrecht des Kreditnehmers längstens für zehn Jahre vereinbart werden (vgl. auch unten Rz. 9.260). Die Kündigung des Kreditnehmers ist daher nach diesem Zeitraum auch dann möglich, wenn die Bank ihrerseits – z. B. in einer Niedrigzinsphase – auch darüber hinausreichende Festzinskonditionen (15 oder 20 Jahre) einräumt.

9.214 Bei **variablen Zinsvereinbarungen** müssen die zur Zinsanpassung getroffenen Regelungen den Anforderungen an ein einseitiges Leistungsbestimmungsrecht gemäß § 315 BGB gerecht werden. In diesem Rahmen kann die Zinsanpassungsregelung auch in AGB enthalten sein. Den Billigkeitsmaßstäben des § 315 BGB entspricht die Regelung, wenn sie die Bank nicht einseitig begünstigt, diese also nicht nur zur Erhöhung des Zinses berechtigt, sondern bei entsprechender Kapitalmarktlage auch zu dessen Herabsetzung verpflichtet ist.[244)]

9.215 Erforderlich ist es, die Zinsänderungen zeitnah und entsprechend der Veränderung der Durchschnittszinssätze für vergleichbare Kredite an den Kreditnehmer weiterzugeben. Hierbei genügen Klauseln in AGB, die eine Änderung der Verhältnisse am Kapitalmarkt als Maßstab für eine Zinssatzanpassung nennen, soweit sie ausreichend genau bestimmt sind.[245)] Ausreichend und erforderlich ist nach einer Auffassung in der Rechtsprechung die Zinssatzanpassung bzw. -überprüfung im Rhythmus von **drei Monaten** und bei einer Veränderung des ermittelten Referenzzinssatzes um 0,2 %.[246)]

---

244) BGH, Urt. v. 6.3.1986 – III ZR 195/84, BGHZ 97, 212 = ZIP 1986, 698, dazu EWiR 1986, 653 *(Köndgen)*; eingehend Schimansky/Bunte/Lwowski-*Bruchner*, Bankrechts-Hdb., § 78 Rz. 59, 63 ff. im Einzelnen oben Rz. 6.84.

245) OLG Celle, Urt. v. 20.12.2000 – 3 U 69/00, ZBB 2002, 407 = WM 2002, 1878, hierzu WuB I E 1.-6.02 *(Drescher)*; strengere Anforderungen stellen einzelne Landgerichte, welche eine genaue Beschreibung der Parameter für die Zinsänderung verlangen bzw. die Angabe des Referenzzinssatzes und der Anpassungsmarge; LG Köln, Urt. v. 6.12.2000 – 26 O 29/00, ZIP 2001, 65 = WM 2001, 201, dazu EWiR 2001, 199 *(Lang)*; LG Dortmund, Urt. v. 30.6 2000 – 8 O 559/99, ZIP 2001, 66 = WM 2000, 2095, dazu EWiR 2001, 201 *(Derleder)*; vgl. auch *Reifner*, JZ 1995, 866.

246) OLG Celle, Urt. v. 20.12.2000 – 3 U 69/00, ZBB 2002, 407 = WM 2002, 1878, hierzu WuB I E 1.-6.02 *(Drescher)*; OLG Celle, Urt. v. 24.10.1990 – 3 U 240/89, WM 1991, 1025, hierzu WuB I E 4.-9.91 *(Menk)*.

Einem Kreditnehmer kann ein Anspruch aus § 280 Abs. 1 BGB auf Zinssatzsenkung zustehen, soweit das Kreditinstitut die gebotene Zinssenkung nicht vornimmt.[247] 9.216

Aufgrund einer nicht gegebenen höchstrichterlichen Rechtsprechung und der insoweit uneinheitlichen Instanzrechtsprechung[248] sind viele Kreditinstitute dazu übergegangen, die Voraussetzungen für eine Zinssatzanpassung durch die Anbindung an einen **allgemein zugänglichen Parameter** zu präzisieren. Als Anknüpfungspunkt für die Feststellung von Zinsschwankungen wird von der Kreditwirtschaft der Zinssatz für **EURIBOR**-Dreimonatsgeld[249] gewählt. Eine Veränderung von 0,25 soll das Recht des Kreditinstituts zur Zinsanpassung nach oben bzw. die Pflicht zur Zinssenkung auslösen. Auch hier ist das Ausmaß der Zinsanpassung grundsätzlich in das billige Ermessen der Bank gestellt.[250] Vor dem Hintergrund der Regelung des § 308 Nr. 4 BGB sowie des § 307 Abs. 1, Abs. 2 BGB wird jedoch vermehrt die Wirksamkeit einer solchen **Zinsanpassung mit Ermessen** des Kreditinstitutes bezweifelt.[251] So wird eingewandt, der Kunde könne bei einer Klausel, welche eine Zinsanpassung „nach billigem Ermessen und unter Berücksichtigung der Verhältnisse am Geld- und Kapitalmarkt" verfolge, nicht abschätzen, in welchem Umfang ihn höhere Belastungen treffen können.[252] Um etwaige Problem- oder Fragestellungen zu umgehen, bieten sich zwei Vorgehensweisen an: Zum einen kann die konkrete **Zinsanpassungsklausel ohne ein Ermessen** des Kreditinstitutes ausgestaltet werden. Die Zinsanpassung richtet sich hier nach der Veränderung des Refinanzierungssatzes. Das Kreditinstitut überprüft den Zinssatz regelmäßig zum Ende des vereinbarten Zeitraums und passt den Vertragszins entsprechend der Veränderung beim Refinanzierungszins an. Denkbar und üblich ist es hierbei, die Veränderung erst dann vorzunehmen, wenn eine Veränderung zu einem bestimmtem Prozentsatz stattgefunden hat (z. B. 0,2 %-Punkte). Der Kreditnehmer wird sodann über die entsprechende Anpassung informiert. Zum anderen kann eine **Zinsgleitklausel** vereinbart werden, wonach sich der Vertragszins automatisch der Entwicklung des vertraglich vereinbarten Refinanzierungszinssatzes anpasst. 9.217

---

247) OLG Celle, Urt. v. 20.12.2000 – 3 U 69/00, ZBB 2002, 407 = WM 2002, 1878; vgl. hierzu, insbesondere auch zu der Frage der Verwirkung des Anspruches Schimansky/Bunte/Lwowski-*Bruchner*, Bankrechts-Hdb., § 78 Rz. 65.

248) Vgl. WuB I E 1.-6.02 *(Drescher)*.

249) Bei dem EURIBOR handelt es sich um einen Refinanzierungssatz, der täglich für einwöchige bzw. Ein- bis Zwölfmonatsgelder am Interbankenmarkt aus den Briefsätzen spezieller Banken für die jeweilige Laufzeit errechnet wird.

250) Vgl. hierzu *Wimmer*, WM 2008, 2237; *Schimansky*, WM 2003, 1449.

251) *Rösler/Lang*, ZIP 2006, 214, 218; *Schimansky*, WM 2003, 1449.

252) Vgl. in diesem Zusammenhang auch die aktuellen Entscheidungen des BGH, Urt. v. 21.4.2009 – XI ZR 78/08, ZIP 2009, 1106 = NJW 2009, 2051, dazu EWiR 2009, 393 *(Fornasier)* sowie BGH, Urt. v. 21.4.2009 – XI ZR 55/08, BB 2009, 905 (LS).

9.218 Ähnliche Fragestellungen finden sich auch bei **Festzinsverlängerungen.** Im Rahmen einer unechten Abschnittsfinanzierung wird das Darlehen zum Ende des Finanzierungsabschnittes nicht fällig, vielmehr sind lediglich die Konditionen anzupassen. Denkbar ist hier das einseitige Bestimmungsrecht für den neuen Festzinssatz durch das Kreditinstitut. Ein solches wird anerkannt, wenn der Kreditnehmer ein Kündigungsrecht mit angemessener Kündigungsfrist (vier bis sechs Wochen) eingeräumt ist.[253)] Soweit der bisherige Festzins jedoch variabel fortgeführt werden soll, finden die vorstehenden Ausführungen Beachtung. Nach Ablauf der Zinsbindung kann das Kreditinstitut die Kondition an die Zinssätze für Darlehen dieser Art anlehnen und für die Zukunft entsprechend anpassen. Eine entsprechende AGB-rechtliche Regelung dürfte wirksam sein.[254)]

9.219 Bei der Wahl des Referenzzinssatzes ist die Anbindung an die Spitzenrefinanzierungsfazilität der Europäischen Zentralbank mit einem fest definierten Aufschlag denkbar und praktiziert.[255)] Ebenso möglich sind die Kapitalmarktindizes EONIA, REX und PEX.[256)]

2. Zinsfälligkeit und -berechnung

9.220 Nach § 488 Abs. 2 BGB sind Zinsen bei längerfristigen Darlehen nach dem Ablauf je eines Jahres zu entrichten. Die Vorschrift stellt jedoch lediglich eine Auslegungsregel dar und kommt nur dann zur Anwendung, wenn vertraglich nichts anderes bestimmt ist. Die üblichen Darlehensverträge in der Bankpraxis sehen entsprechende abweichende Vereinbarungen vor. Für die **Zinsfälligkeit** betrifft dies vor allem die Verpflichtung des Kreditnehmers zur unterjährigen, regelmäßig monatlichen oder quartalsweisen Zinszahlung.

9.221 Eine besondere Art der **Zinsberechnung** betreffen die Vereinbarungen über die nachschüssige Tilgungsverrechnung oder -berücksichtigung bei Annuitätendarlehen. Bei diesen Darlehen vereinbaren Bank und Darlehensnehmer eine gleichbleibende Leistungsrate, die jeweils einen Zins- und einen Tilgungsanteil enthält. Während der Darlehensnehmer zunächst überwiegend Zinsen zahlt, steigt der Tilgungsanteil der jeweiligen Leistungsrate mit fortschreitender Darlehenslaufzeit an.

---

253) BGH, Urt. v. 6.4.1989 – III ZR 281/87, ZIP 1989, 697 = WM 1989, 740, dazu EWiR 1989, 629 *(Hensen)*; *Rösler/Lang*, ZIP 2006, 214, 219.

254) *Rösler/Lang*, ZIP 2006, 214, 219.

255) Vgl. WuB I E 1.-6.02 *(Drescher)*.

256) **EONIA:** Euro Overnight Index Average: Tagesgeldzinssatz, der durch die Europäische Zentralbank berechnet wird. Er besteht aus (Durchschnitts-) Zinssätzen, die eine bestimmte Gruppe von Kreditinstituten auf dem Interbankenmarkt für ungesicherte Tagesgeldausleihungen tatsächlich vereinbart hat. **REX:** Deutscher Rentenindex: Index deutscher Staatsanleihen. **PEX:** Deutscher Pfandbriefindex: Hypothekenpfandbriefindex des Verbandes deutscher Hypothekenbanken; *Rösler/Lang,* ZIP 2006, 214, 215.

Entsprechend dem Leitbild des § 20 Abs. 2 HBG a. F. wurde bei den Annuitätendarlehen in der Vergangenheit formularvertraglich vereinbart, dass der Tilgungsanteil der jeweiligen Rate nicht nach dem aktuellen, noch offenen Kapitalstand, sondern nach der Darlehensschuld zu bestimmten Stichtagen (vorhergehendes Jahresende, Quartalsende) zu berechnen war. Die umstrittene Zulässigkeit solcher Vereinbarungen hat die ganz überwiegende Meinung in der Rechtsprechung nach den allgemeinen zivilrechtlichen Maßstäben bejaht.[257] 9.222

Der Bundesgerichtshof hat gleichwohl eine Vielzahl formularvertraglicher Regelungen unter Rückgriff auf AGB-rechtliche Maßstäbe, insbesondere das von ihm aus § 307 Abs. 1 BGB abgeleitete **Transparenzgebot**, für unwirksam erklärt. 9.223

Die in der grundlegenden Entscheidung vom November 1988 zur Überprüfung gestellte Klausel enthielt in Absatz 1 die Vereinbarung der nachschüssigen Tilgungsberücksichtigung, nämlich dass die Zinsen „nach dem Stand des Kapitals am Schluss des vergangenen Tilgungsjahres berechnet“ werden sollten. Erst in Absatz 3 waren die Termine der Leistungsraten genannt. Um die zinssteigernde Wirkung der Vereinbarung zu durchschauen, musste also die Verbindung zwischen Absatz 1 und Absatz 3 gedanklich hergestellt werden. 9.224

> „Die streitige Klausel ist hier aber deshalb zu missbilligen, weil die AGB der Beklagten die zinssteigernde Wirkung dieser Klausel nicht hinreichend deutlich erkennbar werden lassen. ... Wenn eine Nebenabrede ihre preiserhöhende Wirkung nicht hinreichend erkennbar werden lässt, sondern sie verschleiert, kann gerade das den Ausschlag geben, die Regelung als eine unangemessene Benachteiligung des Kunden zu bewerten.“[258]

Wirksam bleibt die Klausel nach den Maßstäben des Bundesgerichtshofes, wenn dem Bankkunden die zinssteigernde Wirkung in sonstiger Weise verdeutlicht wird. Dies kann durch die Aushändigung von Annuitätentabellen bzw. Tilgungsplänen oder durch Angabe des effektiven Jahreszinses geschehen. Die Vereinbarung einer nachschüssigen Tilgungsberücksichtigung war somit jedenfalls bei Verträgen, die nach Inkrafttreten der neu gefassten Preisangabenverordnung (PAngV), deren § 6 (vormals § 4) die Verpflichtung zur Angabe des effektiven Jahreszinses vorsieht, im Jahre 1985 unproblematisch. 9.225

Bei Verträgen, die vor 1985, aber nach Inkrafttreten des AGB-Gesetzes am 1. April 1977 geschlossen wurden, ist ansonsten die Transparenzprüfung maß- 9.226

---

257) BGH, Urt. v. 24.11.1988 – III ZR 188/87, BGHZ 106, 42 = ZIP 1988, 1530 (m. Bespr. *Baums*, ZIP 1989, 7) = WM 1988, 1780, dazu EWiR 1989, 1 *(Löwe)* und WuB I E 4. – 2.89 *(Canaris)*; OLG Hamm, Urt. v. 9.11.1987 – 5 U 151/87, WM 1988, 527, dazu WuB I E 4.WuB – 4.88 *(v. Rottenburg)*; a. A. nur LG Stuttgart, Urt. v. 30.9.1986 – 26 O 251/86 = ZIP 1986, 1315, dazu EWiR 1986, 1053 *(Köndgen)* und WuB I E 4. – 1.87 *(Fischer)*.

258) BGH, Urt. v. 24.11.1988 – III ZR 188/87, BGHZ 106, 42 = ZIP 1988, 1530 (m. Bespr. *Baums*, ZIP 1989, 7) = WM 1988, 178, dazu EWiR 1989, 1 *(Löwe)*; *Wagner-Wieduwilt*, WM 1989, 37; nochmals ausdrücklich BGH, Urt. v. 4.2 1997 – XI ZR 149/96 = ZIP 1997, 496, dazu EWiR 1997, 627 *(J. Eckert)*.

geblich. Dabei stellt der Bundesgerichtshof auf die **Durchschnittserwartungen und -erkenntnismöglichkeiten von Privatpersonen** ab. Dass der konkrete Vertragspartner weitergehende Kenntnisse und Verständnismöglichkeiten hat, bleibt folglich außer Betracht.[259)] Dies gilt bspw. bei einer qualifizierten Ausbildung oder entsprechender Berufsausübung des Vertragspartners[260)] oder wenn der Vertragspartner ein privater Großkreditnehmer ist.[261)]

9.227 Auch Kunden, die sich langjährig und oftmals mit Annuitätendarlehen befasst haben, sind nach dem Maßstab des Durchschnittskunden zu behandeln. Dies hat der Bundesgerichtshof für den geschäftsführenden Gesellschafter einer Großhandels-GmbH, der in den Jahren 1977 bis 1984 22 Annuitätendarlehen über insgesamt fast 5,9 Mio. DM aufgenommen hatte, entschieden.[262)] Entsprechend § 310 BGB kommt eine vom Transparenzgebot abweichende Wertung somit nur für Kaufleute i. R. ihres Handelsgewerbes und juristische Personen des öffentlichen Rechts als Darlehensnehmer in Betracht.

9.228 Folgefrage zur Rechtsprechung über die nachschüssige Tilgungsverrechnung ist, nach welchen Maßstäben die Darlehenszinsen bei den betroffenen Krediten neu abzurechnen sind. Die Kreditinstitute wenden hierfür – bei sofortiger Tilgungsberücksichtigung – regelmäßig eine **lineare Methode** an. Dabei wird der Nominalzins durch die Zahl der im Vertrag vereinbarten unterjährigen Leistungsraten geteilt und hieraus der jeweilige Zinsanteil einer Rate berechnet. Den Instituten können hierdurch Zinseszinsen zugute kommen.

9.229 Dieser Ansatz ist verschiedentlich mit Hinweis darauf kritisiert worden, dass nach Wegfall der intransparenten Vertragsklausel der Gesamtbetrag geschuldeter Darlehenszinsen effektiv den Betrag nicht überschreiten dürfe, der nach dem Nominalzinssatz geschuldet sei. Dies ergebe sich, wenn für die Zinsberechnung eine finanzmathematische Methode angewendet werde.[263)] Der Bundesgerichtshof ist dieser Kritik nicht gefolgt und hält die Anwendung der linearen Methode für zulässig. Als entscheidend dafür, dass die Kreditinstitute die lineare Methode zugrunde legen können, sieht das Gericht an, dass dem Kunden der Zinseszinseffekt unterjähriger Ratenzahlungen unmittelbar ein-

---

259) BGH, Urt. v. 24.11.1988 – III ZR 188/87, BGHZ 106, 42 = ZIP 1988, 1530 (m. Bespr. *Baums*, ZIP 1989, 7) = WM 1988, 1780, dazu EWiR 1989, 1 *(Löwe)*; BGH, Urt. v. 15.10.1991 – XI ZR 192/90, BGHZ 116, 1 = ZIP 1991, 1474, dazu EWiR 1991, 1145 *(Hensen)*.

260) BGH, Urt. v. 10.7.1990 – XI ZR 275/89, BGHZ 112, 115 = ZIP 1990, 980, dazu EWiR 1990, 841 *(Koller)*.

261) BGH, Urt. v. 11.2.1992 – XI ZR 151/91 = ZIP 1992, 469 = WM 1992, 395, dazu EWiR 1992, 329 *(Alisch)*.

262) BGH, Urt. v. 23.5.1995 – XI ZR 129/94, ZIP 1995, 1171 (m. Anm. *Wehrt*, S. 1173) = WM 1995, 1262, dazu EWiR 1995, 731 *(Klanten)*.

263) Eingehend *Wehrt*, ZIP 1995, 1173 (Anm. zu BGH, Urt. v. 23.5.1995 – XI ZR 129/94), sowie *Wehrt*, ZBB 1994, 161.

sichtig sei und er hiervon regelmäßig auch ausginge. Das Verständnis zinssteigernder Wirkungen unterjähriger Zahlungen liege auch § 6 PAngV zugrunde, der gerade deshalb Effektiv- und Nominalzins unterscheide.[264)]

Ebenfalls nach Transparenzmaßstäben sind Vertragsregelungen über sog. **Vorfälligkeitstage** zu beurteilen. Diese ergeben sich dann, wenn die Zinszahlungen etwa bei monatlicher Fälligkeit nicht am Ende des jeweiligen Zeitraums, sondern in dessen Verlauf, z. B. jeweils zum 15., fällig werden, woraus wiederum ein zinssteigernder Effekt folgt.[265)] 9.230

Auch diese Problematik hat sich nach Einführung der PAngV zu Beginn des Jahres 1993 entschärft. Nach § 6 Abs. 2 (vormals § 4 Abs. 2) sind alle Leistungen des Darlehensnehmers bei der Ermittlung des effektiven Jahreszinses **taggenau** zu verrechnen. 9.231

3. Disagio

Als **Disagio** oder **Damnum** wird die Differenz zwischen dem vom Kreditnehmer zurückzuzahlenden Nominalbetrag des Darlehens und der tatsächlich ausgezahlten Kreditvaluta bezeichnet. Eine um den Betrag des Disagios reduzierte Kreditauszahlung ist z. B. teilweise in den Richtlinien der öffentlichen Hand für Wohnungsbauförderdarlehen vorgesehen. 9.232

Die praktische Bedeutung des Disagios i. R. privater Wohnungsbaufinanzierung ist dagegen in den letzten Jahren zurückgegangen. Zwar kann der Kreditnehmer durch das Disagio weiterhin seine sonstigen regelmäßigen Kreditkosten durch reduzierte laufende Zinszahlung verringern. Die **steuerrechtliche Bedeutung** des Disagios als absetzbare Werbungskosten oder Sonderausgaben i. R. einer eigengenutzten Baufinanzierung ist dagegen **weitgehend entfallen**. Zunächst wurden durch das Jahressteuergesetz 1996 und die Neuordnung privater Wohnungsbauförderung durch das Eigenheimzulagengesetz der pauschal abzugsfähige Vorkostenbetrag – z. B. in Form eines Damnums – auf einmalig 3.500 DM reduziert (§ 10i Abs. 1 Nr. 1 EStG). Mit dem Steuerentlastungsgesetz 1999/2000/2002 ist die vollständige Streichung der Vorkostenpauschale für Bauvorhaben bzw. Wohnungskäufe seit dem 1. Januar 1999 erfolgt.[266)] 9.233

Der Anspruch der Bank auf Zahlung des Disagios wird regelmäßig dadurch erfüllt, dass diese es bei der Darlehensauszahlung vom Nominalbetrag abzieht 9.234

264) BGH, Urt. v. 5.10.1993 – XI ZR 35/93, ZIP 1993, 1609 = ZBB 1994, 153 (*Wehrt*, S. 161) = WM 1993, 2001, dazu EWiR 1993, 1151 (*Wittkowski*); BGH, Urt. v. 23.5.1995 – XI ZR 129/94, ZIP 1995, 1171 (m. Anm. *Wehrt*, S. 1173) = WM 1995, 1262, dazu EWiR 1995, 731 (*Klanten*).

265) Hierzu *Köndgen*, Grundpfandrechtlich gesicherte Kredite, S. 87.

266) § 52 Abs. 29 EStG i. d. F. des Steuerentlastungsgesetzes v. 24.3.1999, BGBl. I, 402, 417.

und hierdurch konkludent eine Aufrechnung ihres Anspruchs mit dem Valutierungsanspruch des Kunden erklärt.[267)]

9.235 Das Disagio ist im Regelfall als Zinsvorauszahlung, also als **laufzeitabhängige Leistung** zu behandeln. Als maßgeblich hierfür sieht der Bundesgerichtshof an, dass das Disagio aus Sicht der Parteien Teil der Zinskalkulation ist. Ein Kreditnehmer könne vielfach zwischen den Varianten eines Darlehens mit geringem Disagio, aber höherem Nominalzins, oder einem solchen mit höherem Disagio, aber niedrigerem Nominalzins, wählen.[268)] Hieraus folgert der Bundesgerichtshof, dass dem Kreditnehmer bei vorzeitiger Beendigung des Darlehensvertrages regelmäßig ein Anspruch auf anteilige Erstattung des Disagios nach § 812 BGB zusteht (im Einzelnen oben Rz. 6.100).

4. Überziehungszinsen

9.236 Ausgehend von der Regelung des § 493 BGB[269)] ist zwischen einer eingeräumten und einer geduldeten Kontoüberziehung zu unterscheiden (vgl. oben Rz. 9.15 ff.). Nimmt ein Kunde eine geduldete Überziehung in Anspruch, berechnet ihm das Kreditinstitut einen **besonderen Überziehungszinssatz.** Rechtsgrundlage sind Nr. 12 Abs. 1 und 2 AGB-Bk/Nr. 17 Abs. 1 und 2 AGB-Spk (dazu oben Rz. 6.91). Nr. 18 AGB-Spk enthält sogar einen ausdrücklichen Hinweis für die Fälle einer Kreditinanspruchnahme über den vereinbarten Betrag hinaus. Der Kunden berechnete Überziehungszinssatz wird im Preisaushang ausgewiesen.

9.237 Der Überziehungszins stellt die vertragliche Gegenleistung des Kunden für die Geldleistung dar, die er vom Kreditinstitut bei der geduldeten Überziehung in Anspruch nimmt (vgl. auch § 493 Abs. 2 BGB und oben Rz. 9.17). Wegen des größeren Arbeitsaufwandes und des erhöhten Risikos geduldeter Überziehungen sieht der Bundesgerichtshof eine hierauf abgestimmte **Höhe des Überziehungszinses** als zulässig an. Beispielsweise ist ein im Preisaushang festgelegter Satz von 4 % über dem jeweiligen Zinssatz für (vereinbarte) Dispositionskredite bei einer geduldeten Überziehung wirksam, wobei insgesamt der Maßstab der Marktüblichkeit gilt.[270)]

---

267) BGH, Urt. v. 12.10.1993 – XI ZR 11/93, ZIP 1993, 1700 = WM 1993, 2003, dazu EWiR 1993, 1161 *(Steiner)*.

268) BGH, Urt. v. 29.5.1990 – XI ZR 231/89, BGHZ 111, 287 = ZIP 1990, 848 = ZBB 1990, 211 (*Köndgen/Busse*, S. 214), dazu EWiR 1990, 767 *(Westermann)*.

269) Bzw. § 504 und § 505 BGB i. d. F. ab dem 11.6.2010 aufgrund des Gesetzes zur Umsetzung der Verbraucherkreditrichtlinie u. a., v. 29.7.2009, BGBl. I 2009, 2355; vgl. oben Rz. 9.15 ff. und 9.37.

270) BGH, Urt. v. 14.4.1992 – XI ZR 22/91, ZIP 1992, 754 = WM 1992, 942 = NJW 1992, 1753, dazu EWiR 1992, 525 *(J. Eckert)*.

In zwei Entscheidungen aus dem Jahre 2003 hat der XI. Zivilsenat des Bundesgerichtshofes festgestellt, dass nach Ablauf eines befristeten Kontokorrentkreditvertrages eine Bank bzw. Sparkasse nicht berechtigt ist, einen über dem Vertragszins liegenden Überziehungszins zu berechnen, wenn die Überschreitung des Fälligkeitstermins ausdrücklich oder stillschweigend geduldet wird.[271)] 9.238

5. Sittenwidrigkeit von Ratenkreditverträgen

a) Missverhältnis zwischen Leistung und Gegenleistung

Besonders von Teilzahlungsbanken sind in der Vergangenheit wegen der dortigen anderen Kostenstruktur Darlehen an Konsumenten zu erheblich höheren Konditionen ausgereicht worden. Nach ständiger Rechtsprechung sind solche Ratenkreditverträge am Maßstab der Sittenwidrigkeit nach § 138 Abs. 1 BGB zu messen. Hierfür sind **objektive und subjektive Kriterien** maßgebend. Objektives Kriterium ist ein auffälliges Missverhältnis zwischen Leistung und Gegenleistung. Subjektiv muss hinzukommen, dass der Kreditgeber die wirtschaftlich schwächere Lage des Kreditnehmers, dessen wirtschaftliche Unterlegenheit, Rechtsunkundigkeit und Rechtsungewandtheit bei der Festlegung der Darlehensbedingungen bewusst zu dessen Nachteil ausnutzt; dem steht es gleich, wenn sich der Kreditgeber als objektiv sittenwidrig Handelnder zumindest leichtfertig dieser Einsicht verschließt.[272)] 9.239

Das objektive Kriterium des Missverhältnisses zwischen Leistung und Gegenleistung wird durch einen Vergleich zwischen dem Vertragszins und dem zum Zeitpunkt des Vertragsabschlusses üblichen Marktzins festgestellt. 9.240

Als Marktzins zog die Rechtsprechung in der Vergangenheit den von der deutschen Bundesbank in ihren Monatsberichten ausgewiesene „Schwerpunktzins" heran. Die Teilzahlungsbanken bilden demnach keinen Sondermarkt.[273)] Der Schwerpunktzins konnte sogar dann als Vergleichszins herangezogen werden, wenn der Kredit als Kontokorrentkredit ausgegeben wird.[274)] 9.241

---

271) BGH, Urt. v. 18.3.2003 – XI ZR 202/02, BGHZ 154, 230 = ZIP 2003, 840, dazu EWiR 2004, 639 *(Vortmann)*, hierzu WuB I A Nr. 18 AGB-Spk 1993 1.03 *(Steppeler)*; BGH, Urt. v. 20.5.2003 – XI ZR 235/02, ZIP 2003, 1435 = WM 2003, 1418, dazu EWiR 2004, 15 *(Vortmann)*, vgl. hierzu WuB I C 1.-1.03 *(Schwintowski)*; krit.: *Lang/Erdmann-Fietz*, ZBB 2004, 137; vgl. auch LG Ravensburg, Beschl. v. 24.3.2003 – 6 T 41/02, dazu EWiR 2003, 1007 *(Lang)*.

272) BGH, Urt. v. 12.3.1981 – III ZR 92/79, BGHZ 80, 153 = ZIP 1981, 369 = WM 1981, 353; BGH, Urt. v. 5.11.1987 – III ZR 98/86, ZIP 1988, 497 = NJW 1988, 818, dazu EWiR 1988, 223 *(W. Gottwald)*, ständige Rechtsprechung.

273) BGH, Urt. v. 12.3.1981 – III ZR 92/79, BGHZ 80, 153 = ZIP 1981, 369; BGH, Urt. v. 2.12.1982 – III ZR 90/81, ZIP 1983, 282 = NJW 1983, 1420 = WM 1983, 115.

274) BGH, Urt. v. 4.12.1990 – XI ZR 340/89, ZIP 1991, 301 = NJW 1991, 832, dazu EWiR 1991, 225 *(Taupitz)*.

9.242 Zum Marktzins wurden die üblichen Bearbeitungsgebühren addiert. Vermittlungsgebühren konnten einbezogen werden, wenn die Tätigkeit des Vermittlers vorwiegend im Interesse des Kreditnehmers lag.

9.243 Mit dem September 2003 wurde die neue **EWU-Zinsstatistik** eingeführt, deren Ergebnisse mit denen der bisherigen Bundesbank-Zinsstatistik nicht vergleichbar sind. Auch die Zinsstatistiken der EU sind keine adäquate Beurteilungsgrundlage, da es bislang noch keinen europaweiten Markt für Konsumentenkredite gibt.[275)] In der gerichtlichen Praxis wurde in der Folge der Wucherzins über **Gutachten der Bundesbank** ermittelt.

9.244 Nach einer Auffassung in der Literatur soll künftig eine Orientierung des marktüblichen Zinssatzes an die am 1. Januar 2007 in Kraft getretene Solvabilitätsverordnung (SolvV) erfolgen. Dadurch wäre es möglich, einen für den Kunden individuellen Überschreitungsprozentsatz in Abhängigkeit von seiner Ratingklasse zu bestimmen.[276)] Daneben sei die Bestimmung des marktüblichen Vergleichszinses anhand eines „modifizierten Bundesbankzinses" möglich, wobei auf die seit Januar 2003 publizierten Zinssätze für Konsumentenkredite der Bundesbank zurückzugreifen sei.[277)]

9.245 Aufgrund der Komplexität dieser durchaus innovativen Methoden ist es fraglich, ob sie für die Praxis geeignet sind und sich hier durchsetzen werden. Insofern ist wahrscheinlich, dass der Marktzins auch zukünftig über Auskünfte und Gutachten der Bundesbank ermittelt werden muss.

9.246 Handelt es sich jedoch um ein durch ein **Grundpfandrecht gesichertes Darlehen**, so kann beim Vergleichszins auf die Zinsangaben der Bundesbank für grundpfandrechtlich besicherte Kredite zurückgegriffen werden, soweit die Darlehensvaluta nicht mehr als 80 % des ermittelten Verkehrswertes des Grundstückes beträgt.[278)]

9.247 Beim **Vertragszins** sind die Bearbeitungsgebühren und die Vermittlungskosten zu addieren. Die Kosten der Restschuldversicherung werden – auf beiden Seiten – nicht berücksichtigt.[279)]

b) Absolute oder relative Überschreitung des Marktzinses

9.248 Ein auffälliges Missverhältnis nimmt der Bundesgerichtshof regelmäßig dann an, wenn der Vertragszins den Marktzins **relativ** um 100 % überschreitet.[280)]

---

275) Palandt-*Heinrichs*, BGB, § 138 Rz. 26.

276) *Schulte-Mattler*, WM 2007, 1865.

277) *Schulte-Mattler*, WM 2007, 1865.

278) BGH, Urt. v. 20.6.2000 – XI ZR 237/99, ZIP 2000, 1376 = ZfIR 2001, 37 (m. Anm. *Mues*, S. 40) = WM 2000, 1580, dazu EWiR 2000, 901 *(Weber)*.

279) Zur Berechnung im Einzelnen vgl. *Halstenberg*, WM 1988, Beilage 4, S. 10; Palandt-*Heinrichs*, BGB, § 138 Rz. 26.

Ein auffälliges Missverhältnis ist ferner indiziert, wenn der Vertragszins den Marktzins **absolut** um 12 % übersteigt.[281)] Die Vermutung, die aus der absoluten oder relativen Überschreitung des Marktzinses für das Vorliegen der objektiven Sittenwidrigkeitsvoraussetzungen abgeleitet wird, hat das allgemeine Zinsniveau bei der Kreditgewährung zu berücksichtigen, so z. B., ob der Kredit während einer Niedrigzinsphase langfristig ohne Zinsanpassungsklausel gewährt worden ist.[282)] Bei einer relativen Überschreitung von weniger als 90 % hält der Bundesgerichtshof ein auffälliges Missverhältnis zwischen Leistung und Gegenleistung im Regelfall nicht für gegeben.[283)]

c) Subjektive Merkmale

An die subjektiven Merkmale stellt die Rechtsprechung nur noch geringe Anforderungen, wenn der Zinsvergleich ein auffälliges Missverhältnis zwischen Leistung und Gegenleistung ergibt. Aus dem objektiven Tatbestand wird insoweit eine Vermutungswirkung für die Annahme der Sittenwidrigkeit nach § 138 Abs. 1 BGB abgeleitet. So hat der Bundesgerichtshof bspw. aus der Tatsache, dass günstigere Kredite durch eine teurere Umschuldung abgelöst wurden, die für § 138 Abs. 1 BGB ausreichende Unerfahrenheit des Kreditnehmers geschlossen.[284)] Die Bank kann sich nicht etwa mit dem Hinweis entlasten, entsprechende Vertragskonditionen seien von den Gerichten in der Vergangenheit als rechtmäßig angesehen worden.[285)] **9.249**

Für die Annahme des subjektiven Tatbestandes reicht dagegen nicht aus, dass die monatliche Belastung des Kreditnehmers höher ist als sein pfändbares Einkommen. Denn die Bank trifft diesbezüglich grundsätzlich keine Prüfungs- **9.250**

280) BGH, Urt. v. 24.3.1988 – III ZR 30/87, BGHZ 104, 102 = ZIP 1988, 630 = WM 1988, 645, dazu EWiR 1988, 543 *(Bülow)*; BGH, Urt. v. 13.3.1990 – XI ZR 252/89, BGHZ 110, 336 = ZIP 1990, 499, dazu EWiR 1990, 543 *(Kothe)*.

281) BGH, Urt. v. 13.3.1990 – XI ZR 252/89, BGHZ 110, 336 = ZIP 1990, 499, dazu EWiR 1990, 543 *(Kothe)*.

282) BGH, Urt. v. 4.12.1990 – XI ZR 340/89, ZIP 1991, 301 = NJW 1991, 832, dazu EWiR 1991, 225 *(Taupitz)*.

283) Z. B. BGH, Urt. v. 1.12.1988 – III ZR 175/87, ZIP 1989, 83 = NJW 1989, 829 = WM 1989, 165, dazu EWiR 1989, 535 *(Hübner)*.

284) BGH, Urt. v. 5.11.1987 – III ZR 98/86, ZIP 1988, 497 = WM 1988, 181, dazu EWiR 1988, 223 *(W. Gottwald)*.

285) BGH, Urt. v. 30.6.1983 – III ZR 114/82, ZIP 1983, 1047 = WM 1983, 951 = NJW 1983, 2692.

pflicht, woraus ihr gegenteiliges vorsätzliches oder grob fahrlässiges Verhalten abgeleitet werden könnte.[286)]

d) Rechtsfolgen

9.251 Der nichtige Ratenkreditvertrag wird nach Bereicherungsgrundsätzen rückabgewickelt. Obwohl den Normen des Zivilrechts kein Sanktionscharakter innewohnt, kommen die vom Bundesgerichtshof in diesem Zusammenhang aufgestellten Rechtsgrundsätze dem nahe. Der Kreditgeber hat nach der Rechtsprechung nur Anspruch auf **Rückzahlung des Kapitals** und ggf. der Hälfte der Prämie für eine Restschuldversicherung, da der Versicherungsschutz tatsächlich gewährt wurde. Zinsen oder ein sonstiges angemessenes Entgelt für die Kapitalnutzung – vgl. § 818 Abs. 2 BGB – stehen ihm wegen § 817 Satz 2 BGB nicht zu.[287)]

9.252 Aus § 817 Satz 2 BGB folgert der Bundesgerichtshof ferner, dass der Bereicherungsanspruch des Kreditgebers nicht sofort in einer Summe befriedigt werden muss. Vielmehr ist die Darlehensvaluta trotz der Nichtigkeit des Vertrags **ratenweise in der ursprünglich vereinbarten Zeitfolge** zurückzuzahlen. Der Kreditnehmer muss dabei nicht die in dem Kreditvertrag vereinbarte Ratenhöhe bezahlen, sondern nur die Beträge, die der ratenweisen Rückzahlung des Kapitalanteils (ggf. samt der Hälfte der Risikolebensversicherungsprämie) entsprechen.[288)]

9.253 Die **Rückforderungsansprüche des Kreditnehmers** für zuviel gezahlte Kreditkosten verjähren nach der Schuldrechtsmodernisierung in drei Jahren, §§ 195, 199 BGB. Zuvor betrug die Verjährungsfrist vier Jahre, was damit begründet wurde, dass der Bereicherungsanspruch sukzessive mit jeder Ratenzahlung nur

---

286) BGH, Urt. v. 16.3.1989 – III ZR 37/88, ZIP 1989, 487 = WM 1989, 595, dazu EWiR 1989, 441 *(Rümker)* und WuB I E 2 b. – 11.89 *(v. Rottenburg)*; OLG Celle, Urt. v. 5.4.1989 – 3 U 18/88, WM 1989, 84, dazu EWiR 1989, 645 *(Vortmann)*; a. A. z. B. OLG Stuttgart, Urt. v. 12.1.1988 – 6 U 86/87, WM 1988, 45, dazu EWiR 1988, 143 *(Koller)* und WuB I E 2 b. – 13.88 *(Emmerich)*; LG Lübeck, Urt. v. 3.12.1987 – 10 O 284/87, WM 1988, 966, dazu EWiR 1988, 963 *(Bultmann)* und WuB I E 2 b. – 21.88 *(J. Eckert)*.

287) BGH, Urt. v. 2.10.1986 – III ZR 163/85, ZIP 1987, 22 = WM 1986, 1519, dazu EWiR 1987, 17 *(Köndgen)* und WuB I E 2 b. – 3.87 *(Emmerich)*; BGH, Urt. v. 24.3.1988 – III ZR 24/87, ZIP 1988, 961 = WM 1988, 647, dazu EWiR 1988, 431 *(Emmerich)*, ständige Rechtsprechung.

288) BGH, Urt. v. 10.7.1986 – III ZR 133/85, ZIP 1986, 1037 = WM 1986, 991, dazu EWiR 1986, 869 *(Canaris)*; BGH, Urt. v. 10.7.1986 – III ZR 47/85, WM 1986, 1017, dazu EWiR 1986, 863 *(Bunte)*; ähnlich BGH, Urt. v. 12.2.1987 – III ZR 251/85, ZIP 1987, 504 = WM 1987, 463, dazu EWiR 1987, 751 *(W. Gottwald)* und WuB I E 2 b. – 6.87 *(Westermann)*.

i. H. d. zu Unrecht eingeforderten Zins- und Kostenanteils und damit als regelmäßig wiederkehrende Leistung i. S. d. § 197 BGB a. F. entstanden sei.[289)]

Allerdings kann der Kreditnehmer mit seinen verjährten Ansprüchen nach § 390 Satz 2 BGB aufrechnen, also z. B. bei einem nicht völlig abgewickelten Kreditverhältnis gegen die Ansprüche auf Rückzahlung des Kapitals mit den in gezahlten Raten enthaltenen, jedoch verjährten Kreditkosten.[290)] **9.254**

e) Durchbrechung der Rechtskraft und Änderung des Mahnverfahrens

Unter besonderen Umständen kann sogar ein rechtskräftiger Titel über eine objektiv sittenwidrige Ratenkreditforderung nicht vollstreckt werden. Der Bundesgerichtshof wendet hier § 826 BGB an, stellt jedoch **enge Kriterien für die Durchbrechung der Rechtskraft** auf.[291)] Der Titel muss materiell unrichtig sein, der Vollstreckungsgläubiger muss Kenntnis von der Unrichtigkeit haben oder zumindest haben können, und es müssen besondere zusätzliche Umstände vorliegen, aufgrund derer es dem Gläubiger zugemutet werden muss, seine Rechtsposition aufzugeben. Im praktischen Ergebnis bedeutet insbesondere das letztere Kriterium, dass in einem Urteilsverfahren erlangte Titel i. d. R. auch vollstreckbar sind. Wird der Titel jedoch im Mahnverfahren ohne ausreichende Schlüssigkeitsprüfung erwirkt, so kann die Ausnutzung des unrichtigen Vollstreckungsbescheids gegen § 826 BGB verstoßen und dementsprechend der Titel nicht vollstreckt werden.[292)] Dies soll aber schon dann nicht gelten, wenn der Schuldner während des Mahnverfahrens anwaltlich beraten und vertreten war.[293)] Auch hieraus folgt, dass § 826 BGB nur in besonders schwerwiegenden Fällen zur Durchbrechung der Rechtskraft führen darf, was die Rechtsprechung wiederholt betont hat.[294)] **9.255**

Im Zuge des Verbraucherkreditgesetzes hat der Gesetzgeber auch das Mahnverfahren geändert, um Konstellationen zu vermeiden, wie sie die Rechtsprechung nach § 826 BGB behandelt hat. Gemäß § 688 Abs. 2 Nr. 1 ZPO ist die Geltendmachung von Ansprüchen des Kreditgebers im Mahnverfahren bei Verbraucherdarlehen ausgeschlossen, wenn der (anfängliche) effektive Jahres- **9.256**

---

289) BGH, Urt. v. 10.7.1986 – III ZR 133/85, ZIP 1986, 1037 = WM 1986, 991, dazu EWiR 1986, 869 *(Canaris)* und WuB I E 2 b. – 6.86 *(Fischer)*; BGH, Urt. v. 10.7.1986 – III ZR 47/85, WM 1986, 1017, dazu EWiR 1986, 863 *(Bunte)*.

290) BGH, Urt. v. 2.10.1986 – III ZR 163/85, ZIP 1987, 22 = WM 1986, 1519, dazu EWiR 1987, 17 *(Köndgen)* und WuB I E 2 b. – 3.87 *(Emmerich)*.

291) Vgl. hierzu BGH, Urt. v. 13.9.2005 – VI ZR 137/04, BGHZ 164, 87 = WM 2005, 2203.

292) BGH, Urt. v. 24.9.1987 – III ZR 187/86, ZIP 1987, 1305, dazu EWiR 1987, 1085 *(Braun)*; vgl. auch OLG Frankfurt, Urt. v. 7.6.1995 – 23 U 25/95, dazu EWiR 1995, 975 *(Olzen)*.

293) BGH, Urt. v. 24.9.1987 – III ZR 264/86, ZIP 1987, 1309 = WM 1987, 1276, dazu EWiR 1987, 1195 *(Braun)*.

294) BVerfG, Beschl. v. 29.4.1992 – 1 BvR 1602/91, WM 1993, 1326; BGH, Urt. v. 4.5.1993 – XI ZR 9/93, WM 1993, 1324.

zins den bei Vertragsabschluss geltenden Basiszinssatz nach § 247 BGB um mehr als zwölf Prozentpunkte übersteigt. Damit das im Mahnverfahren zuständige Gericht diese Punkte nachhalten kann, sind nach § 690 Abs. 1 Nr. 3 ZPO das Datum des Vertragsabschlusses und der effektive Jahreszins im Mahnantrag anzugeben.

III. Schuldnerverzug, Vertragsbeendigung

1. Kündigung des Darlehens

9.257 Die Möglichkeiten, das Darlehen durch einseitige Gestaltungserklärung zu kündigen, richten sich zunächst nach den vertraglichen Vereinbarungen.

9.258 Aus Schuldnerschutzerwägungen gelten darüber hinaus gesetzliche Bestimmungen für das **Kündigungsrecht des Schuldners** nach § 489 BGB. Das gesetzliche Kündigungsrecht kann vertraglich nicht beschränkt werden, es sei denn, Darlehensnehmer ist die öffentliche Hand (§ 489 Abs. 4 BGB).

9.259 Bei **Darlehen mit variablem Zinssatz** besteht gemäß § 489 Abs. 2 BGB ein jederzeitiges Kündigungsrecht mit einer Frist von drei Monaten.

9.260 Bei **Festzinsdarlehen** besteht nach § 489 Abs. 1 BGB ein Kündigungsrecht

- zum Ende der Zinsbindungsfrist unter Einhaltung einer Frist von einem Monat; bei Darlehen, bei denen die Anpassung des Zinssatzes in bestimmten Zeiträumen bis zu einem Jahr vereinbart ist (sog. roll-over-Kredite), ist die Kündigung jeweils nur für den Tag des Fristendes möglich, Nummer 1;
- bei Darlehensgewährung an Verbraucher unter Einhaltung einer Frist von drei Monaten und frühestens sechs Monate nach der Darlehensvalutierung, wenn der Kredit nicht grundpfandrechtlich gesichert ist, Nummer 2;
- spätestens zehn Jahre nach der vollständigen Valutierung mit einer Kündigungsfrist von sechs Monaten, Nummer 3.

9.261 Mit Umsetzung der neuen Verbraucherkreditrichtlinie wird zum 11. Juni 2010 die bisherige Nummer 2 des § 489 Abs. 1 BGB aufgehoben und als **Sonderregelung für Kündigungen von Verbraucherdarlehen** in § 500 BGB n. F. aufgeführt.[295)] Nach § 500 Abs. 1 BGB n. F. kann der Verbraucher als Darlehensnehmer einen Verbraucherdarlehensvertrag ohne Einhaltung einer Frist ganz oder teilweise kündigen, soweit „eine Zeit für die Rückzahlung nicht bestimmt ist“ (unbefristete Kredite). Eine Zeit für die Rückzahlung ist nicht bestimmt u. a. bei Kontokorrentkrediten, bei Darlehen mit veränderlichem Sollzinssatz sowie bei Darlehensverträgen mit lediglich anfänglicher Zinsbindung. Unter die letztgenannten Verträge fallen unechte Abschnittsfinanzierungen bei Til-

---

295) Mit Umsetzung der neuen Verbraucherkreditrichtlinie wird zum 11.6.2010 die bisherige Nummer 2 aufgehoben und als Sonderregelung für Kündigungen von Verbraucherdarlehen in § 500 n. F. aufgeführt, vgl. oben Rz. 9.103 ff.

gungs- bzw. Annuitätendarlehen. Von besonderer Bedeutung ist das Recht des Darlehensnehmers, seine Verbindlichkeiten aus einem Verbraucherdarlehensvertrag **jederzeit (ganz oder teilweise) zu erfüllen**, § 500 Abs. 2 BGB n. F. In diesem Falle ist insbesondere § 502 BGB n. F. zu beachten, wonach der Darlehensgeber in einem eng beschriebenen Korsett eine Vorfälligkeitsentschädigung verlangen darf. Diese Norm ist insoweit für befristete Verträge (z. B. Festdarlehen, Abzahlungsdarlehen oder Kredite mit während der Vertragslaufzeit gebundenem Sollzins) von Bedeutung. Für „unbefristete Kredite", welche nach § 500 Abs. 1 BGB n. F. kündbar sind, kann aufgrund der Beschränkung des § 502 Abs. 1 BGB n. F. ein Vorfälligkeitsentgeld nicht verlangt werden. Zu der Kündigungsmöglichkeit nach § 489 Abs. 1 Nr. 3 BGB ist anzumerken, dass die Zehn-Jahres-Frist erneut beginnt, wenn danach eine neue Laufzeit und/oder ein neuer Zinssatz vereinbart wurde. In diesem Falle ist auf das Zustandekommen der Änderungsvereinbarung abzustellen.[296)]

Parallel zum Erlass des Verbraucherkreditgesetzes wurde in § 489 Abs. 3 BGB (bzw. in dessen Vorgängernorm § 609a Abs. 3 BGB) die **Fiktion der unterbliebenen Kündigung** aufgenommen. Damit gilt eine Kündigung des Schuldners als nicht erfolgt, wenn er den ausstehenden Darlehensbetrag nicht innerhalb von zwei Wochen nach Wirksamwerden der Kündigung zurückzahlt. Zweck dieser Regelung war, den Gleichlauf des Kündigungsrechts mit der zum Widerrufsrecht in § 7 Abs. 3 VerbrKrG getroffenen Regelung herzustellen. Ein Missbrauch des Kündigungsrechts schien möglich, weil der Schuldner bei Darlehenskündigung und unterbliebener Rückzahlung nicht mehr zur Leistung des Vertragszinses, sondern des aufgrund der pauschalierten Berechnung ggf. niedrigeren Verzugszinses verpflichtet wäre.[297)] **9.262**

Eine besondere Regelung zum **Kündigungsrecht des Darlehensgebers** ist für Verbraucherkredite in § 498 BGB enthalten. Danach darf der Kreditgeber ein Teilzahlungsdarlehen wegen Zahlungsverzugs des Verbrauchers erst kündigen und gesamtfällig stellen, wenn der Verbraucher mit mindestens zwei aufeinander folgenden Raten und mindestens 10 % bzw. bei einer Laufzeit des Darlehensvertrages über drei Jahren mit 5 % der Kreditsumme in Verzug ist. Darüber hinaus muss ihm eine weitere zweiwöchige Frist zur Zahlung der Rückstände gesetzt werden. Die Fristsetzung muss die Erklärung enthalten, dass bei Nichtzahlung die gesamte Restschuld verlangt werde, § 498 Abs. 1 Nr. 2 BGB. **9.263**

Die Bestimmung schränkt somit die Kündigungsbefugnisse des Darlehensgebers ein. Damit kann sich in bestimmten Fällen eine Konkurrenz dieser qualifizierten Kündigungsanforderungen mit dem Kündigungsrecht der Bank aus wichtigem Grund gemäß Nr. 19 Abs. 3 AGB-Bk bzw. Nr. 26 Abs. 2 AGB-Spk ergeben. Die Sonderregelungen für die Kündigung von Verbraucherdarlehens- **9.264**

296) Palandt-*Weidenkaff*, BGB, § 489 Rz. 13.

297) Vgl. Palandt-*Weidenkaff*, BGB, § 489 Rz. 16; unten Rz. 9.279.

verträgen wegen Verzugs haben hier zunächst zwingend den Vorrang, worauf Nr. 19 Abs. 4 AGB-Bk auch klarstellend verweist. Hiervon unberührt bleiben jedoch Kündigungsrechte außerhalb der Verzugsvoraussetzungen des § 498 BGB, wenn nach Gesamtwürdigung aller Umstände unter Berücksichtigung auch der Belange der anderen Vertragspartei das Festhalten am Vertrag unzumutbar ist, §§ 490 Abs. 3, 314 BGB. Hierunter zu fassen ist insbesondere die Verschlechterung der Vermögenslage des Darlehensnehmers. Insoweit wird das AGB-Kündigungsrecht in besonderen Fallgestaltungen den Vorrang haben, z. B. wenn wegen des Grades der Vermögensgefährdung, also des Ausfallrisikos, ein Festhalten am Kreditvertrag keinesfalls mehr zumutbar ist.[298)]

9.265 Im Rahmen des Risikobegrenzungsgesetzes (vgl. hierzu unter Rz. 9.301) wurde auch der Kündigungsschutz bei Immobiliardarlehen erweitert. Die Kündigung wegen Zahlungsverzuges bei Immobiliardarlehen, welche bislang aus dem strengeren Kündigungsregelungen des § 498 BGB ausgenommen waren (§ 498 Abs. 3 BGB a. F.), setzt nunmehr einen Verzug mit mindestens **zwei Teilzahlungen** und **2,5 % des Darlehensbetrages** voraus.[299)] Daneben muss auch hier der Darlehensgeber dem Darlehensnehmer erfolglos eine zweiwöchige Frist zur Zahlung des rückständigen Betrages setzten, welche mit der Erklärung zu versehen ist, dass bei Nichtzahlung innerhalb der Frist die gesamte Restschuld verlangt werde. Diese neue Regelung gilt für Verträge, welche nach Inkrafttreten und somit nach ab dem 19. August 2008 geschlossen worden sind. Die Regelung findet auch auf Bestandsverträge Anwendung, wenn das Darlehen auf einen neuen Darlehensgeber übertragen wurde, Art. 229 § 18 EGBGB.

2. Aufhebungsvereinbarung und Kündigungsrecht bei berechtigtem Interesse

9.266 Während die Kündigung ein einseitiges Gestaltungsrecht darstellt, können die Parteien den Darlehensvertrag auch einvernehmlich durch eine Aufhebungsvereinbarung beenden. Dieser Vertrag kommt nach den allgemeinen rechtsgeschäftlichen Anforderungen wiederum durch Angebot und Annahme gemäß §§ 145 ff. BGB zustande.

9.267 Ein Anspruch auf Vertragsaufhebung besteht indes grundsätzlich nicht. Die Bank kann insoweit die Aufhebung des Darlehensvertrages von der Zahlung

298) *Bruchner/Ott/Wagner-Wieduwilt*, VerbrKrG, § 12 Rz. 26; vgl. auch BGH, Urt. v. 27.9.2000 – VIII ZR 155/99, BGHZ 145, 203, dazu EWiR 2001, 97 *(Reinking)*.

299) § 498 Abs. 3 BGB bzw. – mit Inkrafttreten des Gesetzes zur Umsetzung der Verbraucherkreditrichtlinie u. a., BGBl. I 2009, 2355 – § 503 Abs. 3 BGB n. F.

eines Vorfälligkeitsentgeltes abhängig machen, welches grundsätzlich frei aushandelbar ist.[300)]

Von dem Grundsatz der Vertragstreue (pacta sunt servanda) ist nach Auffassung der Rechtsprechung dann eine Ausnahme zu machen, wenn dies Gesichtspunkte von Treu und Glauben erfordern. Der Bundesgerichtshof hatte im Jahre 1997 entschieden, dass eine **Modifizierung des Vertragsinhaltes** ohne Reduzierung des Leitungsumfangs von Darlehen mit fester Zinsvereinbarung für den möglich sein muss, wenn dies die „berechtigten Interessen“ des Darlehensnehmers „gebieten“.[301)] 9.268

Der Bundesgerichtshof nimmt für bestimmte Fallgestaltungen einen **Anspruch des Kreditnehmers auf vorzeitige Darlehensablösung**, d. h. Aufhebung der Vertragsvereinbarung, gegen Zahlung einer Vorfälligkeitsentschädigung an. Die Ausgleichszahlung ist dabei notwendiger Bestandteil der Aufhebungsvereinbarung, eine Verpflichtung des Darlehensgebers, ohne Entschädigung in die Auflösung des Vertrages einzuwilligen, ist abzulehnen.[302)] 9.269

Der Anspruch des Kreditnehmers auf eine vorzeitige Darlehensabwicklung findet nach Auffassung des Bundesgerichtshofes seine Rechtfertigung in der Erhaltung der **wirtschaftlichen Handlungsfreiheit**. Auf den Beweggrund für den Verkauf des beliehenen Objekts kommt es insoweit nicht an.[303)] Der Anspruch besteht insoweit bei einem Verkauf aus privaten Gründen (z. B. Ehescheidung, Krankheit, Arbeitslosigkeit, Überschuldung, Umzug) ebenso wie bei der Wahrnehmung einer günstigen Verkaufsgelegenheit. 9.270

Der **Gesetzgeber** hat die Thematik i. R. d. Schuldrechtsmodernisierung aufgegriffen und in § 490 Abs. 2 BGB statuiert. Dem Darlehensnehmer wird nunmehr ein Kündigungsrecht für realbesicherte, festverzinsliche Darlehen gewährt, soweit „seine berechtigten Interessen dies gebieten“. Die Regelung übernimmt insoweit die Terminologie der BGH-Entscheidung. Im Gegenzug muss der Darlehensnehmer dem Kreditinstitut eine **Vorfälligkeitsentschädigung** erstatten. 9.271

Als Beispielsfall für das Vorliegen des berechtigten Interesses nimmt das Gesetz den durch den Bundesgerichtshof entschiedenen Sachverhalt auf. Das be- 9.272

300) Vgl. BGH, Urt. v. 6.5.2003 – XI ZR 226/02, ZIP 2003, 1189 = ZfIR 2003, 856 = NJW 2003, 2230 = WM 2003, 1261, dazu EWiR 2003, 747 *(Rösler/Wimmer)* und WuB I E 3.-2.03 *(Blaurock)*.

301) BGH, Urt. v. 1.7.1997 – XI ZR 267/96, ZIP 1997, 1641 = ZfIR 1997, 596 = ZBB 1998, 24 (*Marburger*, S. 30) = WM 1997, 1747, dazu EWiR 1997, 921 *(Medicus)*.

302) BGH, Urt. v. 8.10.1996 – XI ZR 283/95, BGHZ 133, 355 = ZIP 1996, 1895 = WM 1996, 2047, dazu EWiR 1996, 1113 *(Reifner)*.

303) BGH, Urt. v. 1.7.1997 – XI ZR 267/96, ZIP 1997, 1641 = ZfIR 1997, 596 = ZBB 1998, 24 (*Marburger*, S. 30) = WM 1997, 1747, dazu EWiR 1997, 921 *(Medicus)*; vgl. hierzu und zur **Berechnung der Vorfälligkeitsentschädigung** oben Rz. 6.107.

rechtigte Interesse an der vorzeitigen Kündigung ist dann gegeben, wenn der Darlehensnehmer ein Bedürfnis nach einer anderweitigen Verwertung der zur Sicherung des Darlehens beliehenen Sache hat.

9.273 Eine Recht zur vorzeitigen Kündigung besteht in Anwendung der vor der Gesetzesänderung erfolgten Rechtsprechung auch dann, wenn der Darlehensnehmer ein belastetes Grundstück zur Absicherung eines erheblich umfangreicheren, bei der kreditgebenden Bank nicht erhältlichen Kredits benötigt.[304)] Die wirtschaftliche Handlungsfreiheit des Darlehensnehmers ist jedoch nicht betroffen, wenn durch Umschuldung und Ablösung des Darlehens günstigere Konditionen erstrebt werden[305)] oder bei Zahlungsschwierigkeiten des Darlehensnehmers.[306)]

3. Verzugszinsen

9.274 Kommt der Darlehensnehmer nach der Valutierung des Darlehens mit seinen Leistungspflichten, z. B. zur Ratentilgung, in Verzug, dann stehen der Bank die in den §§ 281, 283 BGB aufgezählten Rechte zu. Bei einer erheblichen Pflichtverletzung durch den Darlehensnehmer kann die Bank auch zur Kündigung aus wichtigem Grund gemäß Nr. 19 Abs. 3 AGB-Bk/Nr. 26 Abs. 2 AGB-Spk berechtigt sein. In diesen Fällen ist der Darlehensnehmer zur sofortigen Rückzahlung der Darlehensvaluta verpflichtet. Weiterer Fall einer Rückzahlungsverpflichtung ist der Zeitablauf des Darlehens. Kommt in allen diesen Fällen der Darlehensnehmer seiner Zahlungsverpflichtung nicht fristgerecht nach, dann kann die Bank nicht mehr Vertragszinsen als Gegenleistung des Kreditnehmers für das Kapitalnutzungsrecht, sondern nur noch Verzugszinsen unter dem Gesichtspunkt des Schadensersatzes verlangen.

9.275 Die früher umstrittene Frage, ob die Bank als **Schadensersatz** bei einem Verzug des Kunden weiterhin die Vertragszinsen oder wegen der eventuell teureren Refinanzierung sogar den höheren Überziehungszins für rückständige Beträge in Rechnung stellen kann, hat der Bundesgerichtshof in einem Grundsatzurteil von April 1988 für die Praxis geklärt.[307)] Ansatz des Bundesgerichts-

---

304) BGH, Urt. v. 1.7.1997 – XI ZR 197/96, ZIP 1997, 1646 = ZBB 1998, 28 (*Marburger*, S. 30) = WM 1997, 1799, dazu EWiR 1997, 923 *(Metz)*.

305) BGH, Urt. v. 6.5.2003 – XI ZR 226/02, ZIP 2003, 1189 = ZfIR 2003, 856 = NJW 2003, 2230 = WM 2003, 1261, hierzu WuB I E 3.-2.03 *(Blaurock)*; *Rösler/Wimmer*, WM 2000, 165.

306) *Berger* in: MünchKomm-BGB, § 490 Rz. 29; OLG Köln, Urt. v. 4.3.1999 – 18 U 156/98, WM 1888, 1167, hierzu WuB I E 3.-2.99 *(Weber)*.

307) BGH, Urt. v. 28.4.1988 – III ZR 57/87, BGHZ 104, 337 = ZIP 1988, 759 = WM 1988, 929, dazu EWiR 1988, 657 *(Rümker)* und WuB I E 1. – 12.88 *(Bruchner)*; mit gleichem Ergebnis BGH, Urt. v. 28.4.1988 – III ZR 120/87, ZIP 1988, 1172 = WM 1988, 1044, dazu EWiR 1988, 869 *(v. Stebut)*; ähnlich bereits BGH, Urt. v. 7.11.1985 – III ZR 128/84, ZIP 1986, 21 = WM 1986, 8, dazu EWiR 1986, 125 *(Hadding)* und WuB I E 1. – 5.86 *(Emmerich)*.

hof ist, dass der Vertragszins von der Bank nur so lange als Gegenleistung verlangt werden kann, wie dem Kreditnehmer das vertragsgemäße Kapitalnutzungsrecht zur Verfügung steht. Dass die Vertragszinsen auch nach dem Ende des Kapitalnutzungsrechts, z. B. nach der Kündigung, bis zur endgültigen Rückzahlung weitergelten sollen, kann demnach AGB-mäßig nicht vereinbart werden. Dies ist nur individualvertraglich – also z. B. in einer Stundungsvereinbarung nach Kreditkündigung – möglich.

Für den Verzugsschaden ist nach der Entscheidung eine **abstrakte Schadensberechnung** zulässig. Die Bank kann den marktüblichen Wiederanlagebetrag geltend machen, wofür sie einen **Durchschnittszinssatz** zugrunde zu legen hat. Dazu muss zunächst institutsspezifisch der Anteil der jeweiligen Kreditarten am Aktivgeschäft der Bank ermittelt werden. Für die jeweilige Kreditart kann die Bank dann entweder den Schwerpunktzinssatz für Standardkreditarten zugrunde legen, der in der Bundesbankstatistik enthalten ist, oder wiederum seine institutsspezifischen Zinssätze ansetzen. 9.276

Stützt sich die Bank auf die Bundesbankstatistik, gewährt aber Spezialkredite, die sich in die Statistik nicht einordnen lassen, so muss der marktangemessene Zinssatz für diese Kredite auf andere Weise ermittelt werden.[308] 9.277

Die Entscheidung von April 1988 schließt die Geltendmachung eines den Durchschnittszins übersteigenden Verzugsschadens nicht aus. Die Bank muss einen solchen Schaden allerdings konkret berechnen und darlegen.[309] 9.278

Für die Praxis erschien die Entscheidung von 1988 unter zwei Gesichtspunkten unbefriedigend: Zum einen ist das von der Bank zu berücksichtigende Berechnungsverfahren kompliziert. Zum anderen kann der Durchschnittszins in bestimmten Fallgestaltungen zu einer unbilligen Privilegierung des vertragsbrüchigen Schuldners führen. Der Durchschnittszins kann nämlich je nach der dem Vertrag zugrunde liegenden Kreditart günstiger sein als der Vertragszins (z. B. bei Konsumentendarlehen). Die letztgenannte Überlegung hat der Gesetzgeber u. a. mit § 489 Abs. 3 BGB aufgegriffen (oben Rz. 9.262). 9.279

Eine praxisgerechtere Berechnungsmöglichkeit für den Verzugszins steht den Kreditinstituten allerdings seit der Einführung des VerbrKrG für Verbraucherdarlehen und mit dem Gesetz zur Beschleunigung fälliger Zahlungen vom 30. März 2000[310] zur Verfügung. Im Rahmen der Schuldrechtsmodernisierung wurden diese Regelungen einheitlich in § 288 BGB gefasst. Hiernach können die Institute beim Verzug des Schuldners als pauschalierten Zins einen Satz von 9.280

308) BGH, Urt. v. 8.10.1991 – XI ZR 259/90, BGHZ 115, 268 = ZIP 1991, 1479 = WM 1991, 1983, dazu EWiR 1991, 1237 *(Bülow)*.

309) Vgl. z. B. BGH, Urt. v. 30.11.1989 – III ZR 197/88, ZIP 1990, 1054 = WM 1990, 174, dazu EWiR 1990, 141 *(Vortmann)*.

310) BGBl. I, 330.

5 % über dem jeweiligen Basiszinssatz nach § 247 BGB **(B+5)** geltend machen. Der Basiszinssatz ist an die Stelle des Diskontsatzes der Deutschen Bundesbank getreten. Er wird in § 247 BGB geregelt und wird jeweils zum 1. Januar und zum 1. Juli entsprechend dem Hauptrefinanzierungssatzes der EZB angepasst. Der Regelverzugszinssatz des § 288 Abs. 1 BGB hat über die Verbindung zum variablen Basiszinssatz eine Verknüpfung zum Marktzins. Der Regelverzugszinssatz entspricht etwa dem Schaden, welcher einem Gläubiger durch Leistungsverzögerungen typischerweise entsteht.[311)]

9.281 Bei **Verbraucherdarlehen**, für welche § 288 Abs. 1 BGB aufgrund der Verweisung des § 497 Abs. 1 BGB gilt, dürfen die Verzugszinsen nicht in einen Kontokorrent eingestellt werden; auch in Bezug auf die Tilgung gelten für den Schuldnerverzug besondere Regelungen (§ 497 Abs. 3 BGB).

9.282 Für den zeitlichen Anwendungsbereich ist zu beachten, dass Banken die Formel B+5 als abstrakten Verzugsschaden auch bei vor dem 1. Januar 1991 abgeschlossenen Verbraucherkreditverträgen zugrunde legen können.[312)]

9.283 Zuletzt gilt der Regelverzugszins B+5 im Umkehrschluss zu den Sonderregelungen des § 288 Abs. 2 BGB und § 497 Abs. 1 BGB (hierzu sogleich) für alle Geldforderungen aus gesetzlichen Schuldverhältnissen.[313)]

9.284 Bei Rechtsgeschäften, an denen ein Verbraucher nicht beteiligt ist, beträgt der Verzugszins für Entgeltforderungen acht Prozentpunkte über dem Basiszins, § 288 Abs. 2 BGB. Nach h. A. fallen unter diese Norm jedoch nicht **Firmendarlehen/gewerbliche Kredite**, da es bei ihnen nicht um Entgeltforderungen handelt. Unter den Begriff „Entgeltforderung“ werden, entsprechend der gesetzgeberischen Intention, nur Forderungen auf Zahlung eines Entgelts für die Lieferung von Gütern oder die Erbringung von Dienstleistungen gefasst.[314)]

9.285 Nach § 288 Abs. 4 BGB ist die Geltendmachung eines weiteren bzw. höheren Schadens nicht ausgeschlossen. Der Bank sind insoweit nach allgemeinen Schadensersatzgrundsätzen diejenigen Positionen zu ersetzen, die ihr bei rechtzeitiger Rückzahlung und anderweitiger Anlage zugeflossen wären. Insoweit ist es einem Kreditinstitut entsprechend den oben dargestellten Grundsätzen zur **abstrakten Schadensberechnung** auch möglich, ihren Schaden zu berechnen und geltend machen.

9.286 Bei **Immobiliardarlehensverträgen** ist in § 497 Abs. 1 Satz 2 BGB bzw. § 503 Abs. 2 BGB n. F. (vgl. oben Rz. 9.111) ein Verzugszinssatz von 2,5 Prozent-

311) BT-Drucks. 14/1246, S. 5.

312) BGH, Urt. v. 8.10.1991 – XI ZR 259/90, BGHZ 115, 268 = ZIP 1991, 1479 = WM 1991, 1983, dazu EWiR 1991, 1237 *(Bülow)*.

313) Schimansky/Bunte/Lwowski-*Bruchner*, Bankrechts-Hdb., § 80 Rz. 33.

314) Palandt-*Heinrichs*, BGB, § 288 Rz. 8 und § 286 Rz. 27; OLG Naumburg, Urt. v. 28.10.2004 – 2 U 33/04, OLGRep 2005, 637.

punkten über dem Basiszinssatz bestimmt. Hier ist aufgrund der Sonderregelung des Absatzes 1 keine abstrakte Schadensberechnung, sondern nur ein konkreter Schadensnachweis möglich.[315)]

4. Nichtabnahme

Sobald die Parteien den Darlehensvertrag geschlossen haben und das Kreditinstitut die Zurverfügungstellung des Darlehens verbindlich zugesagt hat, ist der Darlehensnehmer zum vereinbarten Termin zur Abnahme der Darlehensvaluta verpflichtet. Diese Abnahmepflicht ist eine vertragliche Hauptleistungspflicht, da erst mit Inanspruchnahme der Valuta und des Kapitalnutzungsrechts der Anspruch der Bank auf den Vertragszins besteht. 9.287

Nimmt der Kreditnehmer das Darlehen nicht zum vereinbarten Termin ab, kommt er mit dieser Vertragspflicht gemäß § 281 BGB in Verzug. Die Bank kann unter diesen Voraussetzungen einen gemäß §§ 249 ff. BGB zu errechnenden Schadensersatz fordern. Für die Höhe der **Nichtabnahmeentschädigung** gelten also die allgemeinen Grundsätze des Schadensersatzrechts. So sind etwa bei der Berechnung des entgangenen Gewinns den gesicherten Zinserwartungen der Bank eventuell ersparte Aufwendungen für Refinanzierungskosten unter dem Aspekt der Vorteilsausgleichung gegenzurechnen. Eine pauschalierte Berechnung ist zulässig.[316)] 9.288

IV. Der Verkauf von Krediten

1. Einführung, wirtschaftliche Hintergründe

Der Verkauf von Krediten kann für Banken aus vielerlei Beweggründen von Interesse sein und tangiert den Darlehensnehmer mit unterschiedlicher Intensität. Obwohl die Motive und auch die Wege hinsichtlich der Kreditveräußerung sehr vielfältig sind, wird die Thematik nicht immer differenziert und daneben sehr kritisch betrachtet. Dies mag zum einen daran liegen, dass Banken insbesondere grundpfandrechtlich besicherte Darlehen auch an ausländische **Finanzinvestoren** veräußerten und durch den Entzug der traditionellen Hausbank negative Auswirkungen in der Beziehung zum neuen Partner erwartet werden. 9.289

Zum anderen wurde die kritische Betrachtung auch durch die allgemeine **Finanzmarktkrise**, beginnend im Jahre 2008, bestärkt, welche ihren Ursprung in der US-Amerikanischen Subprimekrise hat. Der **Subprime-Markt** bezeichnet den Teil des privaten Hypothekendarlehensmarkt, der überwiegend aus Kreditnehmern mit geringer Bonität besteht. Die steigende Gewährung solcher Immobilienfinanzierungen einerseits und die kurze Zeit später einsetzenden Leit- 9.290

315) Schimansky/Bunte/Lwowski-*Bruchner*, Bankrechts-Hdb., § 80 Rz. 42, 59.

316) BGH, Urt. v. 12.3.1991 – XI ZR 190/90, ZIP 1991, 575 = WM 1991, 760, dazu EWiR 1991, 443 *(Derleder)*; vgl. im Einzelnen oben Rz. 6.95.

zinserhöhungen der US-Zentralbank führte dazu, dass US-Banken große Teile ihrer **Kreditforderungen** in strukturierten Finanzierungsformen bündelten und diese Papiere international **verkauft wurden**. Steigende Kreditzinsen und die Verschlechterung anderer kreditrelevanter Faktoren aus der sich bereits ankündigenden Rezession (sinkende Einkommen, Arbeitslosigkeit) führten zu einer Verschlechterung der Bonität der Darlehensnehmer und in der Folge zu einer Rating-Verschlechterung der strukturierten Papiere.

9.291 Obgleich die Veräußerung von Krediten in der öffentlichen Wahrnehmung negativ besetzt ist, so ist sie für einzelne Banken dennoch ein übliches und wesentliches Mittel zur **Risikosteuerung**. Durch die Veräußerung eines Kredites erreicht ein Kreditinstitut die Reduzierung von Kreditausfallrisiken, was der Entlastung des nach dem KWG und Basel II zur Risikoabdeckung vorzuhaltenden haftenden Eigenkapitals bzw. dem bankaufsichtsrechtlich geforderten Risikomanagement dient. Daneben kann hierdurch die Ausweitung von Kreditvergabekapazitäten (auch im Bereich der Mittelstandsfinanzierung) befördert werden. Schließlich bewirkt die Veräußerung von Krediten auch die Bereinigung des Kreditportfolios, was die Verbesserung bzw. die Vermeidung einer Verschlechterung des bankeigenen Ratings zur Folge haben kann und insofern auch der Verbesserung der **Refinanzierungsstruktur** dient.[317)]

2. Mögliche Transaktionen

9.292 Aus dargestellten Gründen kann es für einige Banken erstrebenswert sein, insbesondere ihre **notleidende Kredite** („non performing loans") zu veräußern. Ein Kredit ist dann notleidend, wenn der Kreditnehmer seine vertraglichen Zahlungspflichten verletzt und die Bank hierdurch entsprechend der vertraglichen oder auch gesetzlichen Bestimmungen zur Kündigung des Darlehens berechtigt ist. Zu der Kategorie „notleidend" zählen auch Kredite, die jederzeit gemäß § 490 Abs. 1 BGB (bzw. Nr. 19 Abs. 3 AGB-Bk/Nr. 26 Abs. 2 AGB-Spk) gekündigt werden können. Hierunter fallen im Wesentlichen Kredite, die wegen wesentlicher Verschlechterung der Vermögenslage des Kreditnehmers und nach Verstreichen einer angemessenen Frist zur Sicherheitenverstärkung kündbar sind.[318)] Unter gleichen Erwägungen ist auch eine Veräußerung von nicht kündigungsreifen Problemkrediten („under performing loans") denkbar und in selteneren Fällen kommt auch der Verkauf von Krediten des normal laufenden Kreditgeschäfts in Betracht („performing loans").

9.293 Zur Erreichung der unterschiedlichen dargestellten Ziele kann sich die Bank diverser Methoden bedienen. Bei einer **synthetischen Transaktion** wird lediglich das Kreditrisiko für eine bestimmte Zeit und mittels eines Kreditderivats an ei-

317) Vgl. hierzu Stellungnahme des Zentralen Kreditausschusses zu den Regelungsvorschlägen des geplanten Risikobegrenzungsgesetzes v. 18.1.2008, abrufbar unter www.zka-online.de.

318) *Nobbe*, ZIP 2008, 97.

nen Investor übertragen (Credit Default Swap; Credit Linked Note).[319] Solche **Derivate** haben den Vorteil, dass sie mit einem vergleichbar geringen Aufwand eingesetzt werden können und so das gegebene Kreditrisiko wirksam absichern können. Diesem Vorteil stehen freilich die Nachteile gegenüber, welche darin bestehen, dass sowohl eine bilanzielle als auch eine personelle Entlastung des Kreditinstituts nicht erfolgt. Eine weitere Variante besteht in der **Ausgliederung und Abspaltung** des Kreditrisikos. Hierbei wird von der Bank ein Kreditportfolio zusammengestellt, welches notleidende und nicht notleidende Kredite umfasst und im Wege der Ausgliederung oder Abspaltung auf eine neu begründete Gesellschaft übertragen (vgl. § 123 Abs. 2 Nr. 2 sowie Abs. 3 Nr. 2 UmwG). Die Anteile der Gesellschaft werden sodann an einen Investor verkauft, der sich durch Emission spezieller Schuldverschreibungen (sog. Asset Backed Securities, ABS) refinanziert.[320]

Zumeist werden die zu verkaufenden Forderungen jedoch zusammengefasst und an eine Zweckgesellschaft gemäß § 1 Abs. 26 KWG verkauft und dinglich abgetreten (**Forderungsverkauf**; True Sale). **9.294**

Auch die Zweckgesellschaft beschafft sich die für den Erwerb der Forderungen notwendigen Mittel durch die Begebung von Wertpapieren, welche durch die angekauften Forderungen (einschließlich der dafür bestehenden Sicherheiten) gedeckt sind. **9.295**

In der Praxis werden jedoch offene Rechtsfragen hinsichtlich der Übertragung von Grundpfandrechten gesehen. Problematisch ist hierbei insbesondere, dass die notwendige Übertragung von Briefgrundschulden einerseits recht bearbeitungsintensiv ist, andererseits die Übertragung von Buchgrundschulden der grundbuchlichen Eintragung bedarf und die Umschreibung somit publik würde; für Modelle, bei welchen Grundschulden treuhänderisch gehalten werden, stellt sich die Frage, ob eine solche Treuhand tatsächlich insolvenzfest ist.[321] Insofern bestand freilich das Bedürfnis, diese Positionen insolvenzfest übertragen zu können, da das für einen Erfolg des Refinanzierungsmodells erforderliche gute Rating der emittierten Wertpapiere nur dann zu erreichen ist, wenn die entsprechenden Forderungen und Sicherheiten auch tatsächlich als Haftungsmasse für die Papiere dienen. Dieses Bedürfnis hat der Gesetzgeber erfüllt, indem er das **Refinanzierungsregister** geschaffen hat (vgl. hierzu die §§ 22a **9.296**

---

319) Vgl. hierzu Schimansky/Bunte/Lwowski-*Lwowski*/*Wunderlich*, Bankrechts-Hdb., § 76 Rz. 146, 152; umfassend: *Früh*, WM 2000, 497.

320) ABS sind Schuldverschreibungen (Securities), welche durch Vermögenswerte, regelmäßig das erworbene Kreditportfolio (Asset) gesichert werden (Backed). Einen Unterfall stellen die Mortgage Backed Securities dar, bei welcher das Kreditportfolio grundpfandrechtlich besichert ist und der Anleger insoweit über eine doppelte Besicherung verfügt; vgl. Schimansky/Bunte/Lwowski-*Jahn*, Bankrechts-Hdb., § 114a Rz. 6; *Nobbe*, ZIP 2008, 97, 98.

321) Umfassend: *Pannen*/*Wolff*, ZIP 2006, 52, 55; *Fleckner*, ZIP 2004, 585.

bis 22o KWG). Erfolgt die Veräußerung von Forderungen und Grundpfandrechten zum Zwecke der Refinanzierung, so kann die veräußernde Bank diese Refinanzierungsmittel in ein von ihr zu führendes Register eintragen. Die Forderung und das Grundpfandrecht verbleiben dinglich beim (ursprünglichen) Inhaber. Die Eintragung bewirkt das Entstehen eines Aussonderungsrechts für die Zweckgesellschaft bzw. die Pfandbriefbank, welche angekaufte Forderungen/Grundpfandrechte für die Emission von Pfandbriefen verwendet.[322)]

3. Wirksamkeit von Abtretung und Übertragung

9.297 Bei der Ausgliederung und Abspaltung als auch beim Forderungsverkauf ergeben sich vielfältig Fragestellungen, welche zu einer großen Diskussion in der juristischen Literatur und in der Rechtsprechung geführt haben. Klarheit brachte ein Urteil des Bundesgerichtshof aus dem Jahre 2007.[323)] So ist nunmehr entschieden, dass die Abtretung von Darlehensforderungen nicht wegen eines **Verstoßes gegen das Bankgeheimnis** oder gegen Bestimmungen des **Datenschutzgesetzes** nichtig sind. Dies gilt unabhängig davon, ob die Abtretung notleidende oder nicht notleidende bzw. Firmen- oder Verbraucherdarlehen betrifft.

9.298 Die lange Zeit noch offene Frage, ob diese Entscheidung auch auf Sparkassen und Landesbanken übertragen werden kann, hat der Bundesgerichtshof in einer aktuellen Entscheidung bestätigt. In Betracht kam insofern § 134 BGB i. V. m. § 203 Abs. 2 Nr. 1 StGB (Verletzung von Privatgeheimnissen), da die Geschäftstätigkeit der Sparkassen (als Anstalten des öffentlichen Rechts) im strafrechtlichen Schrifttum als öffentliche Verwaltung und ihre Vorstandsmitglieder und Angestellte als Amtsträger angesehen werden.[324)] Der Bundesgerichtshof führt dazu aus, dass das von privaten Kreditinstituten zu wahrende Bankgeheimnis nicht vom Schutzbereich des § 203 StGB erfasst sei und dies zur Vermeidung eines Wertungswiderspruches auch für öffentlich-rechtliche Sparkassen gelten müsse.[325)] Ergänzend ist auszuführen, dass nach Wegfall der Gewährträgerhaftung eine unterschiedliche Behandlung von öffentlichen Kreditinstituten und Privat- bzw. Genossenschaftsbanken nicht mehr zu rechtfertigen ist. Die bankaufsichtsrechtlichen Vorgaben insbesondere im Hinblick auf

---

322) *Gaberdiel/Gladenbeck*, Kreditsicherung durch Grundschulden, Rz. 1005.1; *Tollmann*, WM 2005, 2017; *Fleckner*, WM 2006, 697.

323) BGH, Urt. v. 27.2.2007 – XI ZR 195/05, BGHZ 171, 180 = ZIP 2007, 619 = ZVI 2007, 255 = ZfIR 2007, 308 (m. Anm. *Deuber*, S. 313) = WM 2007, 643, hierzu WuB I B 2.-1.07 *(Cahn)*; gegen die Ausführungen des BGH bestehen keine verfassungsrechtlichen Bedenken: BVerfG, Beschl. v. 11.7.2007 – 1 BvR 1025/07, ZIP 2007, 2348 = NJW 2007, 3707 = WM 2007, 1694; hierzu WuB I B 2.-1.08 *(Schimansky)*; vgl. auch *Nobbe*, ZIP, 2008, 97, 100, 105); grundlegend: *Nobbe*, WM 2005, 1537.

324) Vgl. hierzu den Überblick bei *Nobbe*, ZIP 2008, 97, 100.

325) BGH, Urt. v. 27.10.2009 – XI ZR 225/08, ZIP 2009, 2329 = ZfIR 2010, 65 (m. Anm. *Jaeger*, S. 67) = WM 2009, 2307, dazu EWiR 2010, 97 *(Krüger)*.

die Eigenkapitalunterlegung gelten für Sparkassen und Landesbanken ebenso wie für die übrigen Kreditinstitute. Würden insoweit staatliche Reglementierungen i. S. v. § 134 BGB i. V. m. § 203 StGB die Erfüllung von bankaufsichtsrechtlichen und betriebswirtschaftlich mitunter sinnvollen Maßnahmen einseitig bei den Sparkassen verhindern, wäre hierin sicherlich ein Verstoß gegen das Willkürverbot gemäß Art. 3 Abs. 1 GG zu sehen.[326] Insofern ist der modale Schutzbereich des § 203 Abs. 2 Nr. 1 StGB unter dem Mantel des § 134 BGB so auszugestalten, dass er nicht den Schutz vor rein zivilrechtlichen, von der mitgliedschaftlichen Organisation des Kreditinstituts unabhängigen Sachverhalten bewirkt.

Gibt ein Kreditinstitut nicht anonymisierte kreditnehmerbezogene Daten bei **9.299** Verkauf bzw. Abtretung an einen Dritten weiter, liegt hierin unabhängig von den oben aufgeführten Erwägungen ein Verstoß gegen das Bankgeheimnis. Soweit der Kreditnehmer gegen seine Verpflichtungen aus dem Darlehensvertrag verstößt, er den Kapitaldienst nicht mehr erbringt oder das Darlehen aus anderen Gründen notleidend wird, kann das Kreditinstitut jedoch von ihm nach Treu und Glauben verlangen, von der aus dem Bankgeheimnis resultierenden **Verschwiegenheitspflicht befreit** zu werden.[327] Verhält sich der Darlehensnehmer jedoch vertragsgetreu, so besteht für die Befreiung von den Zwängen des Bankgeheimnisses kein Ansatz. Veräußert das Kreditinstitut eine Forderung aus einem nicht notleidenden Darlehensvertrag, stehen dem Darlehensnehmer insoweit Schadensersatzansprüche als auch Unterlassungsansprüche zu.

Die dargestellten Erwägungen gelten gleichsam für die Veräußerung und Ab- **9.300** tretung der Forderung als auch für die Übertragung der Forderung i. R. einer Ausgliederung und Abspaltung.

Obgleich wie dargestellt ein ausreichendes Regime gegen missbräuchliche Ver- **9.301** äußerungen von Darlehensforderungen besteht, wurde der Gesetzgeber tätig und verabschiedete am 18. August 2008 das **Risikobegrenzungsgesetz**, welches zum 19. August 2008 in Kraft trat.[328] Folgende Gesetzesänderungen werden hierdurch umfasst:[329]

Nach § 309 Nr. 10 BGB ist eine Klausel in **Allgemeinen Geschäftsbedingun-** **9.302** **gen**, mit welcher der Darlehensnehmer einer Auswechslung des Vertragspartners im Vorhinein zustimmt, unwirksam. Sowohl die Abtretung einer Darle-

326) Aufgrund des Wegfalls der Gewährträgerhaftung und der damit verbundenen Entflechtung von Sparkassen und ihren Trägerkommunen dürfte eine Berufung auf Art. 3 GG durch die öffentlichrechtlichen Anstalten nunmehr möglich sein; vgl. zum Themenkomplex insgesamt *Nobbe*, ZIP 2008, 97, 101.

327) *Nobbe*, ZIP 2008, 97, 104; Schimansky/Bunte/Lwowski-*Bruchner*/*Krepold*, Bankrechts-Hdb., § 39 Rz. 61; OLG Celle, Urt. v. 10.9.2003 – 3 U 137/03, ZInsO 2004, 924 = WM 2004, 1384, dazu EWiR 2004, 1115 *(Büchler)*.

328) BGBl. I, 1666.

329) Vgl. hierzu auch oben Rz. 9.265 und 9.69.

hensforderung und der Übergang des Vertrages i. R. d. Ausgliederung und der Abspaltung bleiben hiervon aber unberührt.[330] Es besteht nunmehr auch eine **vorvertragliche Informationspflicht** bei Immobiliardarlehen über die Abtretbarkeit bzw. die Übertragbarkeit des Darlehens auf Dritte, § 492 Abs. 1a Satz 3 BGB bzw. § 492 Abs. 2 BGB n. F. i. V. m. Art. 247 § 9 Abs. 1 EGBGB n. F. Der Kündigungsschutz bei Immobiliardarlehen wird erweitert, sodass eine Kündigung erst bei Verzug mit mindestens zwei Teilzahlungen und 2,5 % des Darlehensbetrages möglich ist.

9.303 Auch muss der Darlehengeber einem Verbraucher mit einer Vorlaufzeit von drei Monaten mitteilen, ob er nach Ende der Zinsbindungsfrist oder der Vertragslaufzeit zur **weiteren Kreditgewährung** bereit ist (§ 492a Abs. 2 BGB bzw. § 493 BGB n. F.; vgl. hierzu oben Rz. 9.70).

9.304 Nach § 1193 Abs. 2 Satz 2 BGB sind die bislang in der Praxis gebräuchlichen Abreden über die sofortige Fälligkeit bzw. die sofortige Kündbarkeit einer Grundschuld für Sicherungsgrundschulden nicht mehr möglich. Die **Kündigungsfrist** beträgt sechs Monate, § 1193 Abs. 1 Satz 3 BGB.

9.305 Eine **Sicherheitsleistung** für die Einstellung der Zwangsvollstreckung ist nicht mehr festzusetzen, wenn der Darlehensnehmer als Schuldner zu deren Erbringung nicht in der Lage ist und die Rechtsverfolgung durch ihn hinreichende Aussicht auf Erfolg bietet, § 769 Abs. 1 Satz 2 ZPO. Hat sich der Eigentümer eines Grundstücks in Ansehung einer Grundschuld in einer Urkunde der sofortigen Zwangsvollstreckung in das Grundstück unterworfen und betreibt ein anderer als der in der Urkunde bezeichnete Gläubiger die Vollstreckung, so ist dieser, soweit die Vollstreckung aus der Urkunde für unzulässig erklärt wird, dem Schuldner zum **Schadensersatz** verpflichtet, der ihm durch die Vollstreckung aus der Urkunde oder durch eine zur Abwendung der Vollstreckung erbrachte Leistung entsteht, § 799a ZPO.

9.306 Es soll nicht in Abrede gestellt werden, dass im Bereich des Darlehensforderungserwerbs einzelne Finanzinvestoren am Markt auftreten, deren Interessen konträr zu denen von (privaten) Darlehensnehmern bzw. Immobilieneigentümern stehen. Weit lohnender und am Ende effektiver wäre es jedoch gewesen, wenn der Gesetzgeber den Verkauf von Krediten sowie die Geschäftspraktiken einzelner Finanzinvestoren aufsichtsrechtlich durch Anpassung des KWG in den Fokus genommen hätte.

V. Bauträgermaßnahmen und Bauträgerfinanzierung

9.307 Eine Form des Kreditgeschäfts, welche speziellen juristischen Anforderungen unterliegt, ist die Finanzierung von gewerbsmäßig erstellten Immobilienanlagen bzw. die Bauträgerfinanzierung. Die Erstellung der Immobilienanlagen wird

---

330) Vgl. hierzu BT-Drucks. 16/9821, S. 20; *Langenbucher*, NJW 2008, 3169, 3170.

zumeist aus Liquiditätsgesichtspunkten kreditfinanziert. Die Finanzierung erfolgt regelmäßig über einen objektbezogenen Kredit („Objektfinanzierung"), wobei die Rückführung des Kredites aus dem Verkaufserlös oder aus den Erträgnissen des Objektes erbracht wird.[331] Bei der objektbezogenen Finanzierung stellt die Bank zuvorderst auf die objektbezogenen Daten ab, so den Standort, die Marktfähigkeit des Objektes sowie die Kosten und die Baudurchführung.[332]

1. Terminologie

Bei einem **Bauträger** handelt es sich regelmäßig um einen Gewerbetreibenden, der ein Bauvorhaben in Form einer Altbausanierung oder in der Erstellung eines Neubaues im eigenen Namen ausführt. Weiter kennzeichnend ist, dass der Bauträger Eigentum an dem zu veräußernden Objektes erwirbt und sich zur Herstellung bzw. Sanierung des Gebäudes zu einem Festpreis verpflichtet. Der Abschluss des **Bauträgervertrages** ist sowohl auf die Übertragung des Grundstücks gerichtet als auch auf die Errichtung des Gebäudes. Der **Bauträgervertrag** wird zumeist als Vertrag sui generis eingeordnet, der sowohl Elemente des Kauf- als auch des Werkvertrags enthält, sowie – je nach den Umständen des Einzelfalles – Bestandteile aus dem Auftrags- und Geschäftsbesorgungsrecht.[333] Hiervon ausgehend richtet sich die Mängelhaftung im Grundsatz für das Grundstück nach Kaufrecht, für das Bauwerk nach Werkvertragsrecht. Werkvertragsrecht ist auch beim Erwerb von Altbauten und hierbei gleichfalls für die Altbausubstanz anzuwenden, soweit der Bauträger mit Neubauarbeiten vergleichbare Herstellerpflichten übernimmt.[334] Ist das Bauwerk bei Vertragsschluss – z. B. als Musterhaus – vollständig fertig gestellt, kommt i. d. R. aber Kaufrecht zur Anwendung.[335] 9.308

Ein entscheidender Teil des **Bauträgervertrages** ist die Leistungsbeschreibung, nach welcher die Art der Bauausführung vereinbart wird. 9.309

2. Die Makler- und Bauträgerverordnung

Aufgrund der langen Laufzeiten bei der Objekterstellung und der hohen Investitionssummen wird der Bauträger bestrebt sein, die einzelnen Baukosten auf den Auftraggeber (Erwerber; Käufer) abzuwälzen. Diesbezügliche vertragliche Regelungen können den Auftraggeber in existenzielle Schwierigkeiten bringen, soweit das Bauvorhaben selbst oder aber die Solvenz des Bauträgers Probleme 9.310

---

331) Schimansky/Bunte/Lwowski-*v. Heymann*, Bankrechts-Hdb., § 86 Rz. 25.

332) Schimansky/Bunte/Lwowski-*v. Heymann*, Bankrechts-Hdb., § 86 Rz. 27 ff.

333) BGH, Urt. v. 12.7.1984 – VII ZR 268/93, BGHZ 92, 123 = ZIP 1984, 1355.

334) BGH, Urt. v. 16.12.2004 – VII ZR 257/03, ZfIR 2005, 134 (m. Anm. *Vogel*, S. 139) = NJW 2005, 1115 = MDR 2005, 622.

335) Palandt-*Sprau*, BGB, § 675 Rz. 14 und Vorbem. zu § 633 Rz. 3 m. w. H.

aufwirft. Zum Schutz und zur Sicherung der Vermögenswerte des Auftraggebers bei der Durchführung des Auftrags wurde auf der Grundlage des § 34c Abs. 3 GewO die Makler- und Bauträgerverordnung (MaBV) erlassen, welche u. a. für Bauträger Verpflichtungen zur Sicherheitsleistung, Versicherung, Zweckbindung des anvertrauten Vermögens sowie Auskunfts- und Rechnungslegungspflichten enthält.[336)]

a) Voraussetzungen für die Zahlungen des Erwerbes

9.311 Zum Schutz des Erwerbers definiert die MaBV einige gewichtige Voraussetzungen für die Zahlungspflichten des Erwerbers. Entsprechend § 3 Abs. 2 MaBV ist es dem Bauträger nur dann gestattet Zahlungen des Erwerbers entgegen zu nehmen, soweit diverse, in § 3 MaBV aufgeführte Anforderungen kumulativ erfüllt sind.

aa) Rechtswirksamkeit des Vertrages

9.312 Zunächst muss ein **rechtswirksamer Vertrag** gegeben sein, § 3 Abs. 1 Nr. 1 MaBV, welcher aufgrund der maßgeblichen Kaufvertragsbestandteile entsprechend dem Formerfordernis des § 311b BGB notariell beurkundet werden muss und bei welchem alle notwendigen zivilrechtlichen und öffentlich-rechtlichen Genehmigungen bestehen.

9.313 Fraglich ist in diesem Zusammenhang, welche Auswirkungen ein etwaiger **Widerruf** der auf den Vertragsschluss gerichteten Willenserklärung auf das Merkmal des „rechtswirksamen Kaufvertrages" hat. Zunächst wäre eine Widerrufsmöglichkeit nur aufgrund eines möglichen Haustürgeschäftes denkbar; da die auf den Kaufvertrag gerichtete Willenserklärung aber notariell zu beurkunden ist, ist die Widerrufsmöglichkeit letztlich ausgeschlossen, § 312 Abs. 3 Nr. 3 BGB. Der Kaufpreis wird jedoch in aller Regel durch den Erwerber kreditfinanziert. Bilden nun der Darlehensvertrag und der Kaufvertrag eine wirtschaftliche Einheit nach § 358 Abs. 3 Satz 3 BGB und handelt es sich bei dem Erwerber um einen Verbraucher i. S. v. § 13 BGB, so entfällt bei einem Widerruf der auf den Darlehensvertrag gerichteten Willenserklärung nach §§ 495 Abs. 1, 355, 358 Abs. 2 BGB auch die Bindung an den Kaufvertrag; er ist nach §§ 357, 346 BGB abzuwickeln. Die einstmals gegebene Privilegierung der Immobilien- bzw. Realdarlehen im Hinblick auf einen Ausschluss des Widerrufsrechts ist mit der Aufhebung des § 491 Abs. 3 Nr. 1 BGB a. F. zum 1.8.2002 entfallen (vgl. hierzu oben Rz. 9.38 ff. und 9.90 f.). Die nach neurer Rechtslage gegeben Möglichkeit des Widerrufs durch den Erwerber über den „Umweg des verbundenen Geschäfts" steht der Anforderung eines „wirksamen Kaufvertrages" letztendlich gleichwohl nicht entgegen. Denn die widerrufliche Willenser-

---

336) Vgl. hierzu Palandt-*Sprau*, BGB, Einf. vor § 652 Rz. 2.

klärung des Verbrauchers und die abgeschlossenen Verträge sind zunächst gültig[337] und die Rechtswirksamkeit des Darlehens- sowie des Kaufvertrages entfallen erst nachträglich.[338]

Zu den zum Vollzug erforderlichen öffentlich-rechtlichen Genehmigungen zählen vor allem die ggf. erforderliche Teilungsgenehmigung nach § 19 BauGB bzw. das entsprechende Negativattest zum Nachweis der Genehmigungsfreiheit. Daneben kommen hier das Vorkaufsrecht nach dem BauGB sowie die Vorkaufsrechte nach den Landesdenkmalschutzgesetzen in Betracht.[339] **9.314**

bb) Kein vertragliches Rücktrittsrecht des Bauträgers

§ 3 Abs. 1 Nr. 1 MaBV untersagt die Einräumung eines vertraglichen Rücktrittsrechts zugunsten des Bauträgers. Hat der Bauträger sich ein Rücktrittsrecht gleichwohl vorbehalten, ist dies nicht unwirksam bzw. nichtig. Das ergibt sich u. a. aus § 3 Abs. 1 MaBV, nach dem nicht die Vereinbarung des Rücktrittsrechts, sondern die Annahme von Zahlungen verboten ist und damit dem Auftraggeber ein aus dem Wirtschaftsverwaltungsrecht abgeleitetes privatrechtliches Leistungsverweigerungsrecht eingeräumt wird.[340] **9.315**

Gesetzliche Rücktrittsrechte, insbesondere nach § 323 BGB aufgrund von Zahlungsverzügen des Erwerbers, sind hiervon nicht betroffen und werden durch MaBV-Vorschrift nicht ausgeschlossen. **9.316**

cc) Auflassungsvormerkung

Zu Gunsten des Erwerbers muss im Grundbuch nach § 3 Abs. 1 Nr. 2 MaBV eine Auflassung- bzw. Eigentumsvormerkung an der vereinbarten Rangstelle eingetragen sein. Durch diese Vormerkung wird der Anspruch auf Eigentumsverschaffung gesichert, nicht jedoch der (schuldrechtliche) Werkherstellungsanspruch. **9.317**

Im Falle einer Insolvenz des Bauträgers kann der Insolvenzverwalter nach zuvor erfolgter Vormerkungseintragung nicht nach § 103 InsO zurücktreten, sondern muss dem Erwerber das Grundstück übereignen, § 106 Abs. 1 InsO. Der Verwalter kann sodann die Fertigstellung des Bauvorhabens ablehnen, wobei der Erwerber dann den Preis entsprechend dem Bautenstand zu leisten hat.[341] **9.318**

---

337) Palandt-*Grüneberg*, BGB, § 355 Rz. 4.

338) A. A. Lambert-Lang/Tropf/Frenz-*Holland*, Grundstückspraxis, Rz. 777.

339) Lambert-Lang/Tropf/Frenz-*Holland*, Grundstückspraxis, Rz. 776.

340) BGH, Urt. v. 8.11.1983 – VII ZR 42/84, NJW 1985, 438 = MDR 1985, 314.

341) Vgl. hierzu bzw. im Weiteren: Lambert-Lang/Tropf/Frenz-*Holland*, Grundstückspraxis, Rz. 784.

dd) Sicherung der Lastenfreistellung durch Freistellungserklärung

9.319 Der Bauträger wird zumeist das Bauprojekt mittels eines Bankdarlehens finanzieren. Besichert werden diese Darlehen durch (Global-) Grundschulden. Da die den Bauträger finanzierende Bank selbstredend nicht bereit sein wird, ihre Grundpfandrechte in der Rangstelle hinter die Eigentumsvormerkung zu stellen, ist der lastenfreie Erwerb des Erwerbers zunächst nicht sichergestellt. Um hieraus resultierende Risken für den Erwerber zu vermeiden, bestimmt § 3 Abs. 1 Nr. 3 MaBV, dass das Grundbuch von allen Grundpfandrechten freigestellt sein muss, die der Vormerkung des Erwerbers im Range vorgehen, gleichstehen und nicht übernommen werden sollen. Durch die Erklärung muss unabhängig von der Vollendung des Objektes die Löschung der Grundpfandrechte gewährleistet sein.

9.320 Wird sodann das Bauvorhaben tatsächlich nicht vollendet, so ist das Vertragsobjekt nach Zahlung der dem Bautenstand entsprechenden Vertragssumme freizugeben, § 3 Abs. 1 Satz 2 MaBV. Dies kann insoweit zu einer Zahlungsverpflichtung des Erwerbers unabhängig vom vereinbarten Ratenplan führen; soweit Zahlungen über den tatsächlichen Bautenstand hinaus geleistet worden sind, so verbleibt dem Erwerber lediglich ein Anspruch gegen den Bauträger.[342)] Im Falle der Insolvenz des Bauträgers ist dieser Anspruch freilich kaum realisierbar.

9.321 Die den Bauträger finanzierende Bank hat im Folgenden nun das **Wahlrecht**, ob sie das Objekt an den Erwerber freigibt oder aber die vertragsgemäß geleisteten Zahlungen des Erwerbers bis zum anteiligen Wert des Objektes zurückzahlt.[343)]

9.322 Die Freistellungserklärung wird in rechtsdogmatischer Hinsicht zumeist als Vertrag zwischen Bauträger und Bank zugunsten Dritter, also des Erwerbers, angesehen.[344)] Überzeugender erscheint es jedoch, die Freistellungserklärung als direkten Vertrag zwischen dem Erwerber und der Bank zu werten, da die Erklärung der Bank für den Erwerber erkennbar von erheblicher wirtschaftlicher Bedeutung ist und sie die Grundlage der Vermögensdisposition des Erwerbers darstellt.

9.323 Letztlich sind aufgrund von § 3 Abs. 1 Satz 3 MaBV weiter gehende Ansprüche des Erwerbers gegen die Bank des Bauträgers nach §§ 346 ff. BGB möglich. Durch die Ausübung des Wahlrechts durch die Bank ist privatrechtlich ein Rücktritt von dem Vertrag über ihre Freistellungsverpflichtung zu sehen. Hieraus und für diesen Falle folgt die Verpflichtung der Bank nach § 346 BGB, sämtliche Zahlungen samt Zinsen zurück zu erstatten.

---

342) Lambert-Lang/Tropf/Frenz-*Holland*, Grundstückspraxis, Rz. 798; vgl. auch *Weis/Rösler*, ZIP 2002, 1520.

343) Schimansky/Bunte/Lwowski-*v. Heymann*, Bankrechts-Hdb., § 86 Rz. 50 a. E.

344) Vgl. hierzu Schimansky/Bunte/Lwowski-*v. Heymann*, Bankrechts-Hdb., § 86 Rz. 51; Lambert-Lang/Tropf/Frenz-*Holland*, Grundstückspraxis, Rz. 796; *Usinger*, NJW 1987, 934; *Schöner*, DNotZ 1974, 330.

ee) Baugenehmigung

Weitere Voraussetzung dafür, dass Zahlungen vom Bauträger empfangen werden dürfen, ist das Vorliegen einer wirksamen, die vertraglich vorausgesetzte Nutzung umfassende Baugenehmigung, § 3 Abs. 1 Nr. 4 MaBV. Die Baugenehmigung ist auch dann erteilt, wenn sie – vorläufig rechtswirksam – grundsätzlich noch anfechtbar ist.[345] 9.324

Soweit das Vorhaben genehmigungsfrei ist, muss eine Negativbescheinigung der Baubehörde vorliegen. Ist eine Negativbescheinigung von der Behörde nicht zu erwarten, so kann der Bauträger bestätigen, dass entsprechend der baurechtlichen Vorschriften mit dem Vorhaben begonnen werden darf. Der Bauträger muss sich jedoch in diesem Falle mindestens einem Monat gedulden: § 3 Abs. 1 Nr. 4 Alt. 2 MaBV schreibt ausdrücklich vor, dass zwischen Ausreichung der Bestätigung und der Entgegennahme der Zahlungen mindestens ein Monat liegen muss. Dem Erwerber soll hierdurch die Möglichkeit eingeräumt werden, die baurechtlichen Zusammenhänge zu ergründen und sich die Genehmigungsfreiheit des Vorhabens von der zuständigen Behörde bestätigen zu lassen. 9.325

ff) Zahlung nach Baufortschritt

Der Bauträger wird bestrebt sein, die eigene Liquidität bzw. seine Verbindlichkeiten aufgrund der Projektfinanzierung zu reduzieren und somit Erwerbermittel schon i. R. d. Objekterstellung einzusetzen. Diesem durchaus berechtigten Interesse setzt § 3 Abs. 2 MaBV zum Schutze des Erwerbers Schranken und bekräftigt gleichzeitig auch das gesetzliche Leitbild, des § 641 BGB, wonach die Vergütung bei Abnahme des Werkes durch den Auftraggeber fällig ist.[346] Die Vorschrift legt Höchstsätze für einzelne Raten fest, welche nicht überschritten werden dürfen. Die Berechnung der Raten erfolgt auf der Grundlage der gesamten Vertragssumme. Der Bauträger darf aus 13 nach Baufortschritt beschriebenen Raten bis zu sieben Raten auswählen. Die letztliche Anzahl der Raten sowie deren inhaltliche Zusammensetzung muss im Notarvertrag geregelt werden.[347] 9.326

b) Ausnahmeregelungen: Die Bürgschaft nach § 7 MaBV

Die Regelungen der MaBV enthalten zwingendes, nicht dispositives Recht.[348] 9.327
Soweit es sich bei dem Erwerber jedoch um einen Kaufmann handelt, welcher

---

345) Vgl. *Usinger*, NJW 1987, 934; Schimansky/Bunte/Lwowski-*v. Heymann*, Bankrechts-Hdb., § 86 Rz. 52.

346) Lambert-Lang/Tropf/Frenz-*Holland*, Grundstückspraxis, Rz. 814.

347) *Kutter* in: Hagen/Brambring, Immobilienrecht 1998 (RWS Forum 13), S. 193, 195.

348) BGH, Urt. v. 22.12.2000 – VII ZR 310/99, BGHZ 146, 250 = ZIP 2001, 245 (m. Anm. *Grziwotz*, S. 250) = ZfIR 2001, 111 (m. Bespr. *Blank*, S. 85), dazu EWiR 2001, 181 *(Vogel)* = WM 2001, 482, hierzu WuB IV 1. § 134 BGB – 2.01 *(Maaß)*.

im Handels- bzw. Genossenschaftsregister eingetragen ist oder aber um eine juristische Person des öffentlichen Rechts, so kann nach § 7 Abs. 2 MaBV von den Zahlungsmodalitäten des § 3 Abs. 2 MaBV abgewichen werden. In diesem Falle muss jedoch der entsprechende Verzicht auf die Vorschriften der MaBV in separater Urkunde erklärt werden.[349)]

9.328 Eine Ausnahme von dem Grundsatz, wonach der Bauträger nur dann Vermögenswerte des Erwerbers entgegennehmen darf, wenn er die Sicherungspflichten des § 3 MaBV erfüllt, ist in § 7 Abs. 1 MaBV bestimmt. Hiernach ist eine Abweichung möglich, wenn der Erwerber durch eine **selbstschuldnerische Bürgschaft** eines Versicherungsunternehmens, eines Kreditinstituts oder einer Körperschaft des öffentlichen Rechts abgesichert wird. Soweit eine solche Bürgschaft zu stellen ist, tritt neben die Darlehensgewährung für das Projekt (Objektkredit) ein Avalkredit, welcher einen entsprechenden Avalauftrag durch den Bauträger an seine Bank voraussetzt (vgl. allgemein zum Avalkredit oben Rz. 9.10). Die Ausnahmeregelung des § 7 MaBV bezieht sich auf die Voraussetzung des gesamten § 3 MaBV, also auch auf den Grundsatz der Zahlungen nach Baufortschritt gemäß Absatz 2 der Vorschrift.[350)]

9.329 Für die Bürgschaft nach § 7 MaBV gelten zunächst die allgemeinen Regelungen der §§ 765 ff. BGB. Zu beachten ist jedoch, dass ein **Schriftformerfordernis** auch bei Vollkaufleuten gefordert ist.[351)]

9.330 Die Bürgschaftsurkunde ist nach § 2 Abs. 4 Satz 3 MaBV an den Auftraggeber auszuhändigen. Die in der Vergangenheit häufiger geübte Praxis, wonach die Bürgschaftsurkunde beim beurkundenden Notar hinterlegt wird, genügt dieser Anforderung nicht. Denkbar ist allenfalls die treuhänderische Verwahrung durch den Notar.[352)]

9.331 Die Bürgschaft besichert alle etwaigen Ansprüche des Erwerbers gegen den Bauträger auf Rückgewähr der geleisteten Vorauszahlungen. Die Bürgschaft umfasst somit sämtliche Geldansprüche, die sich aus mangelhafter oder unterlassener Erfüllung des Vertrages ergeben.[353)] Der Umfang richtet sich nach den Vereinbarungen zwischen dem Bauträger und dem Erwerber. Hierbei ist aber zu beachten, dass § 7 MaBV immer die Besicherung der gesamten Vertragssumme fordert. Denkbar ist allenfalls, die Bürgschaft für einen Teilbetrag

---

349) Schimansky/Bunte/Lwowski-*v. Heymann*, Bankrechts-Hdb., § 86 Rz. 56 ff.

350) Schimansky/Bunte/Lwowski-*v. Heymann*, Bankrechts-Hdb., § 86 Rz. 59; *Reithmann*, NJW 1997, 1816; die Gegenmeinung (vgl. Lambert-Lang/Tropf/Frenz-*Holland*, Grundstückspraxis, Rz. 843 ff. m. w. N.) wird sich nach Einführung des § 632a Abs. 2 BGB wohl nicht mehr vertreten lassen.

351) Schimansky/Bunte/Lwowski-*v. Heymann*, Bankrechts-Hdb., § 86 Rz. 59.

352) BGH, Urt. v. 11.1.2007 – VII ZR 229/05, ZfIR 2007, 233 (m. Anm. *Grziwotz*, S. 235).

353) BGH, Beschl. v. 2.5.2002 – VII ZR 178/02, ZIP 2002, 1197 = WM 2002, 1506.

i. H. v. 96,5 % der Vertragssumme und somit ohne die bis zur vollständigen Fertigstellung zurückhaltbare Schlusszahlung auszustellen.

Ein **Austausch der Bürgschaft** gegen die Sicherungen nach den §§ 2 bis 6 MaBV kann vertraglich vereinbart werden, da bei Vorliegen der Voraussetzungen insbesondere des § 3 MaBV eine weitere Sicherung nach § 7 MaBV unbegründet ist. Eine **Vermischung** der Sicherheiten des § 3 MaBV und des § 7 MaBV in der Form, dass sich eine Bürgschaft nach § 7 MaBV mit Baufortschritt reduziert, ist dem hingegen unzulässig.[354)] Insoweit kann der Bauträger eine Bürgschaft stellen, um einzelne Raten entgegennehmen zu können; die Bürgschaft muss dann jedoch, wie ausgeführt, die **gesamte Vertragssumme** erfassen. 9.332

Nach § 7 Abs. 1 Satz 3 MaBV ist die Bürgschaft bis zur vollständigen Fertigstellung des Objektes aufrechtzuerhalten. Eine darüber hinausgehende **Befristung** ist unwirksam. 9.333

Regelmäßig werden der Bauträger und der Erwerber durch verschiedene Kreditinstitute finanziert. Muss nun der Erwerber nach Stellung einer Bürgschaft gemäß § 7 MaBV in Vorleistung gehen, so stellt sich die Frage, wie die entsprechenden kreditierten Raten besichert werden können. Eine Sicherung kann durch eine (gesonderte) Bürgschaft der Bauträgerbank erfolgen. Um eine Inanspruchnahme sowohl durch den Erwerber (nach § 7 MaBV) als auch durch die jenen finanzierende Bank zu vermeiden, wird die Bauträgerbank regelmäßig verabreden, dass für den Fall der Inanspruchnahme Zahlungen nur auf das Kreditkonto des Erwerbers bei seiner Bank zu erfolgen haben.[355)] 9.334

Die den Bauträger finanzierende Bank wird ihre Ansprüche aus dem Objekt- als auch aus dem Avalkredit durch eine **Globalgrundschuld** i. H. d. Gesamtkosten des Projektes besichern. Um Risiken aus der von ihr abzugebenden Freistellungserklärung abzumildern, kann sie die Freigabe davon abhängig machen, dass Zahlungen der Raten auf ein bei ihr geführtes Konto des Bauträgers zu erfolgen haben. Um zu gewährleisten, dass die Ansprüche des Bauträgers gegen den Erwerber allein der Bank zur Finanzierungsabwicklung zur Verfügung stehen, empfiehlt sich die Abtretung der Ansprüche mittels einer **Globalzession.**[356)] 9.335

c) Rechtsfolgen bei Verstoß gegen die Normen der MaBV

Die Regelungen der MaBV sind öffentlich-rechtlicher Natur.[357)] Ein Verstoß gegen Bestimmungen der MaBV kann nach § 12 MaBV i. V. m. § 134 BGB 9.336

354) BGH, Urt. v. 6.5.2003 – XI ZR 33/02, ZIP 2003, 1290 (m. Anm. *Vogel*, S. 1292) = ZfIR 2003, 590 (m. Anm. *Grziwotz*, S. 592), dazu EWiR 2003, 879 *(Rösler)*.

355) Schimansky/Bunte/Lwowski-*v. Heymann*, Bankrechts-Hdb., § 86 Rz. 79.

356) Schimansky/Bunte/Lwowski-*v. Heymann*, Bankrechts-Hdb., § 86 Rz. 85 f.

357) BGH, Urt. v. 22.12.2000 – VII ZR 310/99, BGHZ 146, 250 = ZIP 2001, 245 (m. Anm. *Grziwotz*, S. 250) = ZfIR 2001, 111 (m. Bespr. *Blank*, S. 85) = WM 2001, 482, hierzu WuB IV 1. § 134 BGB – 2.01 *(Maaß)*.

gleichwohl die **Unwirksamkeit** der entsprechenden vertraglichen Regelung bewirken. Wie der Bundesgerichthof in seiner **„Bauträger I"-Entscheidung**[358] urteilte, ist im Falle der Unwirksamkeit einzelner Vertragsnormen aufgrund der Einordnung der MaBV-Regelungen als verwaltungsrechtliche Ordnungsvorschriften nicht auf die Regelungen der MaBV, sondern auf die des BGB zurückzugreifen.

9.337 In der Konsequenz führte diese Rechtsprechung des Bundesgerichtshofes dazu, dass der vom Bauträger gewünschte **Ratenzahlungsplan** des § 3 Abs. 2 MaBV nicht zur Anwendung kommen kann. Die Abwicklung der Leistungen erfolgt allein über die Werkvertragsvorschriften des BGB, welche eine Vorleistungspflicht des Erwerbers/Bestellers nicht kennen. Insoweit entsteht eine Vergütungspflicht erst mit der Fertigstellung und der Abnahme des Objektes.

9.338 Gleiches gilt zunächst für unwirksame Bestimmungen im Hinblick auf **Bürgschaften** nach § 7 MaBV. Eine im Bauträgervertrag enthaltene Reduzierungsklausel verstößt gegen die §§ 7 Abs. 1, 12 MaBV und ist somit nach § 134 BGB nichtig. Es ist jedoch zwischen dem Zivilrecht und dem öffentlichen Recht der MaBV zu differenzieren: Eine unzulässige Vermischung von Sicherheiten der §§ 3 und 7 MaBV berührt nicht das rein zivilrechtliche Rechtsverhältnis zwischen der bürgschaftsgebenden Bank und dem Erwerber. Eine etwaige Klausel, wonach sich die Bürgschaft entsprechend den Ratenzahlungen reduziert, ist demnach regelmäßig wirksam.[359] Ähnlich wird es sich verhalten, wenn eine zeitlich befristete Bürgschaft herausgegeben wird. Die im Bauträgervertrag enthaltene Befristung wird regelmäßig nichtig sein. Da die öffentlich-rechtlichen Vorschriften der MaBV jedoch nicht das Kreditinstitut binden, kann die zeitliche Befristung in der Bürgschaft gleichwohl Bestand haben. Nicht auszuschließen ist in diesem Zusammenhang freilich, dass sich die Bank vertraglicher **Nebenpflichtverletzungen** schuldig macht, wenn sie eine Bürgschaft nach § 7 MaBV ausreicht, obgleich eine solche Bürgschaft dieser Vorschrift aber nicht entspricht.[360]

9.339 Die „Bauträger I"-Entscheidung des Bundesgerichtshofes erlangte vor dem Hintergrund des § 632a BGB a. F. für den Bereich des Verbraucherrechts zusätzliche Brisanz.[361] Entgegen den Maßgaben der MaBV legt § 632a Satz 3 BGB a. F. fest, dass Vorauszahlungen durch den Gewerbetreibenden nur Zug um Zug gegen Übertragung des Eigentums an der Sache verlangt werden kön-

---

358) BGH, Urt. v. 22.12.2000 – VII ZR 310/99, BGHZ 146, 250 = ZIP 2001, 245 (m. Anm. *Grziwotz*, S. 250) = ZfIR 2001, 111 (m. Bespr. *Blank*, S. 85) = WM 2001, 482, hierzu WuB IV 1. § 134 BGB – 2.01 *(Maaß)*; vgl. *Drasdo*, NJW 2007, 2741.

359) BGH, Urt. v. 6.5.2003 – XI ZR 33/02, ZIP 2003, 1290 (m. Anm. *Vogel*, S. 1292) = ZfIR 2003, 590 (m. Anm. *Grziwotz*, S. 592), dazu differenzierend EWiR 2003, 879 *(Rösler)*.

360) *Freckmann*, BKR 2003, 399.

361) Vgl. hierzu ausführlich: *Drasdo*, NJW 2007, 2741, 2742.

nen. Die in der MaBV vorgesehene Zahlungsweise weicht somit von den Vorgaben des BGB-Werkvertragsrecht ab, worin von Teilen der Literatur ein Verstoß gegen § 307 Abs. 2 Nr. BGB gesehen wurde.[362] In der Folge wären somit vertragliche Bestimmungen nichtig, welche auf der Grundlage der MaBV geschlossen worden sind. Ein Vergütungsanspruch des Bauträgers würde somit erst nach vollständiger Fertigstellung des Werkes und nach Eigentumsumschreibung möglich werden.

Gegen diese Auffassung war zurecht eingewandt worden, dass eine der MaBV entsprechende Regelung nicht überraschend i. S. v. § 307 Abs. 2 BGB sein kann: Soweit der Gesetzgeber in den Vorschriften der MaBV eine Zahlung vor Eigentumsübertragung zulässt, kann eine solche Bestimmung nicht gleichzeitig über die Anwendung des § 632a BGB wieder aufgehoben werden.[363] Letztlich war auch dem Gesetzgeber die rechtliche Situation zu ungewiss. Auf der Grundlage des Art. 244 EGBGB wurde durch das Bundesjustizministerium am 23. Mai 2001 die Verordnung über Abschlagszahlungen bei Bauträgerverträgen geschaffen (Abschlagszahlungsverordnung oder Hausbauverordnung).[364] Nach § 1 dieser Verordnung können nunmehr wirksam und entgegen § 632a BGB Abschlagszahlungen entsprechend dem § 3 Abs. 2 MaBV vereinbart werden. 9.340

Der Bundesgerichtshof hat seine Rechtsprechung aus der „Bauträger I"-Entscheidung unter Einbeziehung der seinerzeit neuen Abschlagszahlungsverordnung nochmals bekräftigt.[365] Der VII. Zivilsenat betonte, dass durch die Abschlagszahlungsverordnung nur die Frage des Transparenzgebotes hinsichtlich der nach § 3 Abs. 2 MaBV zu vereinbarenden Raten geregelt wird. Entspricht die vertragliche Regelung den Vorgaben der MaBV, so ist sie wirksam; widerspricht die Vertragsnorm der MaBV, so führt dies zur Nichtigkeit. An die Stelle einer nach § 3 Abs. 2, § 12 MaBV i. V. m. § 134 BGB nichtigen Zahlungsvereinbarung tritt als Ersatzregelung weiterhin die allgemeine werkvertragliche Norm des § 641 Abs. 1 BGB. Soweit Zahlungen und Zahlungsvereinbarungen nichtig sind, beschränkt sich die Nichtigkeit dann auf die Abschlagszahlungsvereinbarung. Aus dem Zweck der Verordnung, den Erwerber vor Vermögensschäden zu schützen, ergibt sich, dass die Nichtigkeit der Abschlagszahlungsvereinbarung nicht zur Nichtigkeit des gesamten Vertrages führt. 9.341

Aufgrund des Forderungssicherungsgesetzes (FoSiG) vom 23. Oktober 2008[366] wurde der § 632a BGB um die Absätze 2 und 3 ergänzt. Der Absatz 2 stellt nunmehr auf der gesetzlichen Ebene klar, dass sich für Bauträgerverträge die 9.342

---

362) *Thode*, ZfIR 2001, 345; *Rösler*, ZfIR 2001, 259.

363) *Schmidt-Räntsch*, ZfIR 2000, 337; a. A. *Drasdo*, NJW 2007, 2741, 2742.

364) BGBl. I, 981.

365) BGH, Urt. v. 22.3.2007 – VII ZR 268/05, BGHZ 171, 364 = ZIP 2008, 322 (LS) = ZfIR 2007, 618 (m. Anm. *Hildebrandt*, S. 621).

366) BGBl. I, 2022.

zivilrechtliche Zulässigkeit von Vereinbarungen ausschließlich nach der – jeweils geltenden – Verordnung nach Art. 244 EGBGB und insoweit nach der MaBV richtet.[367)] Hiermit dürften nun Zweifel hinsichtlich der Erstreckung der Ermächtigung auf Bauträgerverträge, wie dies in Teilen der Literatur vertreten wird, beseitigt sein.[368)]

VI. Factoring

1. Einführung und wirtschaftliche Bedeutung

9.343 Neben dem etablierten Kreditgeschäft haben sich in den vergangenen Jahren mehrere innovative Finanzierungsformen entwickelt bzw. etabliert, welche einem Unternehmer wie bei einem klassischen Kreditvertrag die Liquiditäts- bzw. Wertbeschaffung auf Zeit ermöglicht, hierbei aber noch weitere Funktionen übernimmt.

9.344 So fasst das Factoring die Liquiditätsbeschaffung (**Finanzierungsfunktion**), den Schutz vor Forderungsausfällen (**Delcrederefunktion**) sowie die Entlastung in Verwaltungsaufgaben (Debitorenbuchhaltung und -überwachung, Inkasso etc.; **Dienstleistungsfunktion**) zusammen und wird durch diesen Mix zu einer attraktiven Finanzdienstleistung.

9.345 Beim Factoring verschafft sich der Unternehmer (**Klient**, Factorgeber oder auch Anschlusskunde genannt) Liquidität, indem er seine gegenwärtigen und zukünftigen Forderungen gegen seine Kunden (**Debitoren**, Drittschuldner) an einen **Factor** verkauft und überträgt. Der Factor zahlt an den Klienten den Kaufpreis vor der Fälligkeit der verkauften Forderung. Durch diese Bevorschussung verschafft er dem Klienten sofortige Liquidität und einen ständigen umsatzkongruenten Bargeldzufluss.

9.346 Die für das Factoring zu leistende Vergütung kann individuell vereinbart werden. In der Praxis zahlt der Factor den Kaufpreis i. H. d. Forderungsgegenwertes abzüglich eines Diskonts an den Klienten aus. Aus der einbehaltenen Differenz vereinnahmt der Factor eine Factoringgebühr und für die Übernahme des Kreditrisikos eine Delcrederegebühr. Daneben werden für die Bevorschussung banküblicher Zinsen verlangt. Die Höhe der Factoringgebühr berechnet sich nach dem Gesamtumsatz des Factors aus einer Klientenbeziehung, aus der Anzahl von Debitoren bzw. der Einzelrechnungen sowie nach dem Umfang der übernommenen Dienstleistungen.[369)] Der Factor behält weiter eine Sperr- bzw. Garantiesumme ein, welche einem Sperrkonto des Klienten zugeführt wird und

---

367) Palandt-*Sprau*, BGB, § 632a Rz. 14.

368) Vgl. hierzu Palandt-*Sprau*, BGB, § 632a Rz. 14; zu der Fragestellung, ob die Abschlagszahlungsverordnung europarechtlichen Vorgaben entspricht vgl. *Ullmann*, NJW 2002, 1073, 1077 m. w. N.

369) Schimansky/Bunte/Lwowski-*Martinek*/*Oechsler*, Bankrechts-Hdb., § 102 Rz. 14.

wodurch sich der Factor gegen Leistungsstörungen absichern möchte. Sobald nach einer gewissen Karenzzeit keine Sachmängelgewährleistungsansprüche der Debitoren anzunehmen sind, werden die entsprechenden Beträge dem Klienten zur Verfügung gestellt.

2. Echtes und unechtes Factoring

Die Variante des Factorings, welche in der Praxis die vorherrschende Rolle spielt, wird **echtes Factoring** genannt.[370)] Das echte Factoring wird in der Rechtsprechung und in der juristischen Literatur als überwiegend als gemischter Vertrag qualifiziert, bei welchem der Forderungskauf (§§ 433, 453 BGB) im Vordergrund steht.[371)] Der Klient haftet als Verkäufer für den Bestand der Forderung (Verität) und für deren Übertragbarkeit, nicht jedoch für deren Bonität (vgl. § 434 Abs. 1 BGB). Einer Verschärfung der Veritätshaftung steht der Bundesgerichtshof ablehnend gegenüber.[372)] Die einzelnen Forderungen des Klienten werden gemäß § 398 BGB an den Factor abgetreten, der somit an die Stelle des bisherigen Gläubigers tritt. Zumeist wird schon bei Abschluss des Factoringvertrages die Übertragung der Forderungen i. R. einer Globalzession vereinbart. Diese steht unter der aufschiebenden Bedingung, dass der Factor die einzelne Forderung auch tatsächlich ankauft.[373)] 9.347

Vom echten Factoring ist das **unechte Factoring** zu unterscheiden, bei welchem die Delcredere-Funktion fehlt. Diese Variante des Factorings wird überwiegend als Darlehensvertrag i. S. d § 488 Abs. 1 BGB angesehen,[374)] wobei die Forderung gegen die Debitoren als Kreditsicherheit anzusehen ist. Anders als beim „Leitbild" des durch eine Forderung besicherten Darlehens trifft den Klienten i. S. d. Darlehensnehmers beim Ausfall des Factors gegenüber dem Debitor lediglich eine sekundäre Rückzahlungsverpflichtung.[375)] 9.348

Beide Varianten des Factorings können in offener oder verdeckter Form erfolgen, als offenes oder stilles Factoring. Beim **offenen Factoring** wird dem Debitor die Forderungsabtretung an den Factor angezeigt, beim **stillen Factoring** unterbleibt die Anzeige. Das stille Factoring birgt die Gefahr, dass der Debitor 9.349

---

370) „Echtes" Factoring, da es dem amerikanischen Vorbild des Old-Line-Standard nachempfunden ist, vgl. Schimansky/Bunte/Lwowski-*Martinek/Oechsler*, Bankrechts-Hdb., § 102 Rz. 19.

371) BGH, Urt. v. 15.4.1987 – VIII ZR 97/86, BGHZ 100, 353 = ZIP 1987, 855, dazu EWiR 1987, 861 *(Blaurock)*; *Berger* in: MünchKomm-BGB, Vor § 488 Rz. 25; a. A. *Canaris*, Bankvertragsrecht, Rz. 1655.

372) BGH, Urt. v. 19.9.2002 – XI ZR 305/01, ZIP 2002, 2034 = WM 2002, 2192.

373) § 158 Abs. 1 BGB; vgl. Schimansky/Bunte/Lwowski-*Martinek/Oechsler*, Bankrechts-Hdb., § 102 Rz. 41.

374) BGH, Urt. v. 14.10.1981 – VIII 149/80, BGHZ 82, 50 = NJW 1982, 164; *Berger* in: MünchKomm-BGB, Vorbem. zu § 488 Rz. 25.

375) Schimansky/Bunte/Lwowski-*Martinek/Oechsler*, Bankrechts-Hdb., § 102 Rz. 44.

mit befreiender Wirkung an den Klienten als Altgläubiger leistet, § 407 BGB. Insoweit ist das offene Factoring in der Praxis häufiger verbreitet, wobei durch entsprechende vertragliche Regelungen auch das stille Factoring weitgehend rechtssicher gestaltet werden kann. Schließlich gibt es noch eine dritte Variante, das **halboffene Factoring**, bei welchem dem Drittschuldner im Rechnungsaufdruck ein Konto für seine Zahlung genannt wird, über welches allein der Factor verfügen kann. Dies wird dem Debitor jedoch nicht ausdrücklich mitgeteilt, sodass er über die tatsächliche Forderungszession keine positive Kenntnis erlangt.

3. Factoring-Globalzession und verlängerter Eigentumsvorbehalt

9.350 So wie bei der durch eine Globalzession besicherten Darlehensforderung kann es auch beim Factoring zu einer **Kollision mit dem verlängerten Eigentumsvorbehalt** des Warenlieferanten kommen (vgl. unten Rz. 9.530). Anders als bei der Konfliktsituation zwischen kreditsichernder Globalzession und verlängertem Eigentumsvorbehalt, welche der Bundesgerichtshof entsprechend der Vertragsbruchtheorie zugunsten des Warenlieferanten entscheidet, geht es bei der Kollision zwischen Factor und Warenlieferant nicht um einen Konflikt zwischen zwei Kreditgebern bzw. um den Streit über eine zweifach sicherungshalber abgetretene Forderung.[376)] Die juristische bzw. wirtschaftliche Situation des Warenlieferanten als Vorbehaltsverkäufer verschlechtert sich durch das Factoringgeschäft nicht wesentlich. Der Factor kauft die Forderung vom Klienten und leistet eine Barzahlung. Aus Sicht des Warenlieferanten entspricht diese Zahlung der Zahlung des Debitors. Hieraus ergibt sich, dass die Grundsätze der Vertragsbruchtheorie nicht zur Anwendung kommen können, sodass zunächst die Priorität des abgeschlossenen Vertrages von entscheidender Bedeutung ist. Dieses Ergebnis gilt auch dann, wenn die Factoring-Globalzession dem verlängerten Eigentumsvorbehalt zeitlich nachgeht.[377)]

9.351 Die Dinge liegen anders beim unechten Factoring. Da dieses als Darlehen einzuordnen ist und somit ein (atypisches) Darlehen den Rechtsgrund für die Globalzession darstellt, liegt die Situation wie bei der Interessenkollision zwischen dem Geldkreditgeber und dem Warenkreditgeber. Für die zeitlich vorgehende unechte Factoring-Globalzession gilt somit die Vertragsbruchtheorie (vgl. unten Rz. 9.532). Bei der zeitlich nachrangigen unechten Factoring-Globalzession verbleibt es bei dem Prioritätsgrundsatz, mit der Folge, dass diese ins Leere geht.[378)] Dem aus der Vertragsbruchtheorie entspringenden Problem der Sittenwidrigkeit kann der unechte Factor insoweit nur entkommen, soweit

376) BGH, Urt. v. 19.9.1977 – VIII ZR 169/76, BGHZ 69, 254 = NJW 1977, 2207.

377) BGH, Urt. v. 7.6.1978 – VIII ZR 80/77, BGHZ 72, 15.

378) BGH, Urt. v. 14.10.1981 – VIII ZR 149/50, BGHZ 82, 50 = NJW 1982, 164.

die dem verlängertem Eigentumsvorbehalt unterfallenden Forderungen mittels einer dinglichen **Teilverzichtsklausel** ausgenommen werden.

Soweit eine Factoring-Globalzession und eine **Globalzession zu Kreditsicherungszwecken** kollidieren, gilt der Prioritätsgrundsatz. Sowohl beim echten als auch beim unechten Factoring ist im Verhältnis zur Kreditsicherungs-Globalzession die zeitlich vorrangige Vereinbarung wirksam.[379)] 9.352

Eine mit Eigentumsvorbehalten der Warenkreditgeber konkurrierenden Factoring-Globalzession, welche durch vertragliche Gestaltungen die Delcrederehaftung des Factors weitgehend unterläuft, ist nach einer Entscheidung des Oberlandesgerichts Koblenz unwirksam, da hierdurch die Funktion eines echten Factorings umgangen würde. Es handele sich um eine sittenwidrige Gestaltung des Vertrages.[380)] 9.353

4. Factoring und Verbraucherkreditrecht

Da das echte Factoring im Wesentlichen als Forderungskaufvertrag einzuordnen ist, kann es nicht als Kreditgewährung, als Zahlungsaufschub oder als Finanzierungshilfe i. S. d. **Verbraucherkreditvorschriften** verstanden werden, sodass die entsprechenden Vorschriften der §§ 491 ff. BGB nicht zur Anwendung kommen.[381)] Beim unechten Factoring als atypischem Darlehensvertrag wird man eine Anwendung der Verbraucherkreditvorschriften annehmen müssen. 9.354

5. Abtretungsverbote

In der Praxis ist es nicht unüblich, dass Warenlieferanten versuchen, die Möglichkeit einer Teilnahme am Factoring durch den Klienten zu unterbinden. Insoweit werden Klauseln in die Verträge eingebracht, welche ein ausdrückliches **Abtretungsverbot** bezüglich der Weiterverkaufsforderung bestimmt. Soweit es sich allerdings nur um ein allgemeines Abtretungsverbot handelt, sieht die Rechtsprechung hierin jedoch lediglich die Verhinderung einer Inanspruchnahme von Gelddarlehen mittels einer Sicherungszession.[382)] Ein ausdrückliches Abtretungsverbot der Forderung i. R. eines echten Factoring wird durch 9.355

379) BGH, Urt. v. 19.12.1978 – VIII ZR 71/79, BGHZ 75, 391 = ZIP 1980, 183.

380) OLG Koblenz, Urt. v. 10.11.1987 – 3 U 1386/86, WM 1988, 45 = NJW-RR 1988, 568.

381) Schimansky/Bunte/Lwowski-*Martinek*/*Oechsler*, Bankrechts-Hdb., § 102 Rz. 92.

382) BGH, Urt. v. 7.6.1978 – VIII – ZR 80/77, BGHZ 72, 15.

die Rechtsprechung gegen deutliche Kritik aus dem juristischen Schrifttum akzeptiert.[383)]

9.356 Von dieser Thematik ist ein **Abtretungsverbot durch den Debitor** zu unterscheiden. Das in der Praxis beachtliche Problem des Abtretungsausschlusses ist mit der Einführung des § 354a HGB beseitigt worden. So ist nunmehr eine Abtretung trotz eines vertraglichen Abtretungsverbotes wirksam, soweit die zedierte Forderung auf einem Rechtsgeschäft beruht, welches für beide Teile, also für Klient und Debitor, ein Handelsgeschäft darstellt.

VII. Leasing

1. Einführung und wirtschaftliche Bedeutung

9.357 Eine weitere innovative Finanzierungsmethode ist das Leasing, welches sich seit Beginn der 1970er Jahre in der Bundesrepublik etabliert hat. Unter Leasing versteht man die entgeltliche Gebrauchsüberlassung einer Sache oder einer Sachgesamtheit durch einen Leasinggeber an einen Leasingnehmer, wobei die Gefahr oder die Haftung für Entstandhaltung, Sachmängel, Untergang und Beschädigung der Sache den Leasingnehmer trifft.[384)]

9.358 Der Leasinggeber überträgt seine eigenen Gewährleistungsansprüche gegen Dritte (Hersteller/Lieferanten) dem Leasingnehmer. Am Leasinggeschäft sind zumeist drei Parteien beteiligt: Dies ist der Unternehmer, der am Einsatz eines konkreten Wirtschaftsgutes interessiert ist (**Leasingnehmer**), der Hersteller bzw. **Lieferant** des Wirtschaftsgutes und der Financier, welcher das Leasinggut finanziert, als Eigentümer erwirbt und dem Leasingnehmer zur Verfügung stellt (**Leasinggeber**).[385)] Die Vorteile des Leasings sind betriebswirtschaftlicher und steuerrechtlicher Natur. So kann durch das Leasing eine **Entlastung der Liquidität** erreicht werden, da der Investitionsgegenstand nicht sofort vollständig bezahlt werden muss und während der Investitionsdauer das dem Unternehmen zur Verfügung stehende Kapital nicht gebunden wird. Daneben kann eine **Entlastung der Vermögensstruktur** erreicht werden, indem durch eine vollständige Fremdfinanzierung des Gutes und seine vollständige Beleihung eine weitere Sicherheitenbereitstellung vermieden wird. Entsprechend der Finanzierungsregel „pay as you earn“, wonach sich Investitionen möglich selbst und zwar über die gesamte Einsatzdauer finanzieren sollen, können die Lea-

---

383) BGH, Urt. v. 19.12.1978 – VIII ZR 71/79, BGHZ 75, 391 = ZIP 1980, 183; dagegen u. a. Schimansky/Bunte/Lwowski-*Martinek*/*Oechsler*, Bankrechts-Hdb., § 102 Rz. 104; *Canaris*, Bankvertragsrecht, Rz. 1689 mit dem Hinweis, dass eine Abtretungsverbotsklausel zu einer übermäßigen Einschränkung der Entscheidungs- und Organisationsfreiheit des Vorbehaltskäufers/Klienten führt.

384) BGH, Urt. v. 11.3.1998 – VIII ZR 205/97, ZIP 1998, 698 = WM 1998, 928, dazu EWiR 1998, 569 *(Reinking)*.

385) Schimansky/Bunte/Lwowski-*Martinek*/*Oechsler*, Bankrechts-Hdb., § 101 Rz. 1.

singraten schon aus den Erträgnissen geleistet werden, welche das Leasinggut erwirtschaftet.[386)]

Insbesondere vor dem Hintergrund der Basel II-Regelungen, also der durch den Basler Ausschuss für Bankenaufsicht vorgeschlagenen und über europäische Richtlinien kodifizierten Eigenkapitalvorschriften, wird das Leasing weiter an Bedeutung gewinnen. Aufgrund der Bilanzneutralität des Leasings bzw. der Verkürzung der Bilanzsumme verbessert sich die Eigenkapitalquote, welche zu einem verbesserten Rating führen kann. Eine verbesserte Ratingeinstufung kann unter gewissen Voraussetzungen zu günstigeren Konditionen und zu einem größeren Kreditrahmen führen. 9.359

2. Steuerrechtlicher Hintergrund

Der **steuerrechtliche Vorteil** nimmt seinen Ausgangspunkt darin, dass der Leasinggeber Eigentümer des Leasinggutes bleibt bzw. wird. Hierbei muss dem Leasinggeber das Eigentum jedoch nicht nur zivilrechtlich, sondern auch steuerrechtlich zugerechnet werden. Eine solche steuerrechtliche Zurechnung erfolgt dann, wenn das Steuerecht bei zivilrechtlich nicht eindeutig zuzuordnenden Vertragsformen auf eine wirtschaftliche Betrachtung zurückgreift, § 39 AO. Soweit also der Leasinggeber als **wirtschaftlicher Eigentümer** angesehen wird, kann der Leasingnehmer die Leasingrate in voller Höhe als Betriebsausgabe absetzen und muss seinen Aufwand nicht über die AfA über mehrere Jahre verteilen. Daneben erfolgt keine Verbuchung des Gutes im bilanziellen Anlagevermögen mit der Folge, dass keine Erhöhung des Wertzuwachses bzw. des Gewinnes gegeben ist. Eine entscheidende Prägung erhielt das Leasing insoweit auch durch insgesamt vier Leasing-Erlasse des Bundesfinanzministeriums. 9.360

Das Mobilien-Leasing erfuhr seine Prägung durch zwei Erlasse des Bundesfinanzministeriums, und zwar über **Vollamortisationsverträge** vom 19. April 1971[387)] und über **Teilamortisationsverträge** vom 22. Dezember 1975.[388)] 9.361

Der Vollamortisationserlass unterscheidet drei unterschiedliche Leasingvertragstypen: Beim **Leasingvertrag ohne Option** muss das Leasingobjekt nach Ende der Grundmietzeit zurückgegeben werden. Beim **Leasingvertrag mit Kaufoption** wird dem Leasingnehmer bei Vertragsschluss das Recht gewährt, das Leasinggut nach Ablauf der Grundleasingzeit zu erwerben. Der Kaufpreis entspricht dann regelmäßig dem restlichen Buchwert der ursprünglichen Anschaffungs- und Herstellungskosten. Für den **Leasingvertrag mit Mietverlän-** 9.362

386) Schimansky/Bunte/Lwowski-*Martinek*/*Oechsler*, Bankrechts-Hdb., § 101 Rz. 4.

387) BMF v. 19.4.1971 – IV B/2 – S 2170 – 30/71, abgedr. in: BB 1971, 506.

388) BMF v. 22.12.1975 – IV B/2 – S 2170 – 161/75, abgedr. in: BB 1976, 72; zum Immobilien-Leasing vergleiche die umfassenden Ausführungen bei *Koch* in: MünchKomm-BGB, Leasing (Bd. 3), Rz. 17, 19 ff.

gerungsoption besteht für den Leasingnehmer das Recht, nach Beendigung der Grundleasingzeit das Leasinggut weiter zu mieten.

9.363 Damit der Leasinggeber als wirtschaftlicher Eigentümer betrachtet wird, muss die Grundlaufzeit mindestens 40 % und höchstens 90 % der betriebsgewöhnlichen Nutzungsdauer (nach amtlichen AfA-Tabellen) betragen. Beim **Leasingvertrag mit Kaufoption** kommt hinzu, dass für den Falle der Optionsausübung der Kaufpreis nicht niedriger sein darf als der unter Anwendung der linearen Abschreibungen nach den amtlichen AfA-Tabellen ermittelte Buchwert (oder der niedrigere gemeine Wert im Zeitpunkt der Veräußerung). Der **Leasingvertrag mit Mietverlängerungsoption** führt zu einer Zurechnung des Wirtschaftsgutes an den Leasinggeber, wenn neben dem oben dargestellten Grundlaufzeitrahmen die Anschlussmiete so bemessen ist, dass sie den Wertverzehr für den Leasinggegenstand deckt, der sich auf der Basis des Buchwertes (oder auf der Basis des niedrigeren gemeinen Wertes) und der Restnutzungsdauer ergibt.

9.364 Der Teilamortisationserlass bestimmt die Zurechnung des wirtschaftlichen Eigentums des Leasingnehmers bei denjenigen Leasingverträgen, bei denen die vom Leasingnehmer zu zahlenden Leasingraten lediglich zu einer teilweisen Amortisation der Kosten des Leasinggebers führen. Die Grundlaufzeit des Vertrages muss zunächst wieder den oben dargelegten Rahmen umfassen. Beim **Leasingvertrag mit Andienungsrecht** des Leasinggebers trägt der Leasingnehmer das Risiko der Wertminderung. Er muss auf Verlangen des Leasinggebers das Leasinggut zum vereinbarten Preis kaufen, auch wenn der Wiederbeschaffungspreis für ein gleichwertiges Gut geringer ist. Umgekehrt hat der Leasinggeber die Chance der Wertsteigerung, da er begriffsnotwendig die Andienung nicht ausführen muss. In diesem Fall gilt der Leasinggeber als wirtschaftlicher (wie als rechtlicher) Eigentümer. Der **Leasingvertrag mit Aufteilung des Mehrerlöses** ist dadurch gekennzeichnet, dass der Leasinggeber das Leasinggut nach Ablauf der Grundlaufzeit zu veräußern hat und der Mehrerlös zwischen den Vertragsparteien aufgeteilt wird. Der Leasinggegenstand ist dem Leasinggeber dann zuzurechnen, wenn zuletzt eine Vollamortisation gewährleistet ist. Zuletzt gibt es das **Leasing mit Kündigungsrecht und Schlusszahlung**. Die während der Laufzeit eingetretene Wertsteigerung kommt in vollem Umfang dem Leasinggeber zugute, sodass dieser nicht nur rechtlicher, sondern auch wirtschaftlicher Eigentümer ist.

3. Arten von Leasingverträgen

9.365 Die häufigste Art des Leasings ist das **Finanzierungsleasing**. Es ist weitgehend deckungsgleich mit den erlasskonformen Vertragsgestaltungen des Leasings.[389)]

389) Vgl. aber Schimansky/Bunte/Lwowski-*Martinek*/*Oechsler*, Bankrechts-Hdb., § 101 Rz. 12.

Das Finanzierungsleasing ist gekennzeichnet durch eine längere Vertragsdauer mit einer Grundmietzeit (regelmäßig 2 bis 7 Jahre). Die Leasingraten sind hierbei so bemessen, dass sie die Anschaffungs- und Finanzierungskosten, den Zinsen sowie den Gewinn des Leasinggebers vollständig erfassen. Manche Finanzierungsleasingverträge kombinieren die Leasingformen der Leasingerlasse und gewähren dem Leasingnehmer nach Ablauf der Vertragszeit ein Wahlrecht zwischen Kauf, Mietverlängerung oder Rückgabe.[390)]

Das **Operatingleasing** gewährt dem Leasingnehmer das Nutzungsrecht an der Sache für eine unbestimmte und – gemessen an der Lebensdauer der Sache – recht kurze Zeit. Jedoch ist hier die Kündigung des Vertragsverhältnis jederzeit oder aber unter erleichterten Voraussetzungen möglich. Ähnlich einem originären Vermieter geht der Leasinggeber beim Operatingleasing von einer wiederholten Vergabe des Leasinggutes aus. Insoweit wird bei dieser Leasingform auch häufig die Wartung des Leasingobjektes durch den Leasinggeber übernommen.[391)] 9.366

Eine weitere Form des Leasings mit immenser wirtschaftlicher Bedeutung ist das **Sale-and-lease-back-Verfahren.** Hierbei verkauft und übereignet der Eigentümer eines Gutes dieses an den Leasinggeber und least es von diesem wieder zurück. Hierbei möchte der Eigentümer bzw. der Leasingnehmer Liquidität erlangen.[392)] 9.367

4. Rechtsnatur und Formfragen

Aufgrund der entgeltlichen Gebrauchsüberlassung einer Sache wird der Leasingvertrag von der Rechtsprechung als **atypischer Mietvertrag** eingeordnet.[393)] Für das Operationleasing ist diese Auffassung auch nahezu unumstritten. Das Finanzierungsleasing wird dem hingegen von Teilen der juristischen Literatur als gemischter Vertragstyp mit Geschäftsbesorgungs- und Darlehensanteilen angesehen,[394)] von anderer Seite als bifunktionaler Vertrag sui generis.[395)] 9.368

Für die Praxis ist jedoch von der Einordnung des Leasingvertrages als atypischer Mietvertrag auszugehen. Insoweit finden auf den Leasingvertrag die Vor- 9.369

390) Schimansky/Bunte/Lwowski-*Martinek*/*Oechsler*, Bankrechts-Hdb., § 101 Rz. 12.

391) Vgl. BGH, Urt. v. 30.10.2002 – VIII ZR 119/02, NJW 2003, 505 = WM 2003, 792.

392) Erman-*Jendrek*, BGB, Anh. § 535 Rz. 7; *v. Westphalen*, BB 1991, 149; BGH, Urt. v. 29.11.2989 – VIII ZR 323/88, BGHZ 109, 250 = ZIP 1990, 656.

393) BGH, Urt. v. 14.12.1989 – IX ZR 283/88, BGHZ 109, 368 = ZIP 1990, 180 (m. Anm. *Eckert*, S. 185) = ZBB 1991, 28 (*Henssler*, S. 33), dazu EWiR 1990, 173 *(Ackmann)*; BGH, Urt. v. 4.2.2004 – XII ZR 301/01, BGHZ 158, 19 = ZfIR 2004, 610 (LS) = WM 2004, 2268.

394) *Canaris*, AcP 190, 410; *Lieb*, DB 1988, 946.

395) *Martinek*, Moderne Vertragstypen, Bd. I, § 4 IX.

schriften der §§ 535 ff. BGB Anwendung. Hieraus folgt, dass Leasingverträge grundsätzlich formfrei geschlossen werden können. Bei Grundstücken sind jedoch die Formvorschriften der §§ 578 Abs. 1, 550 BGB zu beachten. Soweit bei dem Leasinggeschäft ein Unternehmer und ein Verbraucher als Leasingnehmer beteiligt ist, gelten die Formvorschriften der §§ 500, 492 Abs. 1 Sätze 1 bis 4 BGB bzw. §§ 506 Abs. 2, 492 BGB n. F.[396)]

9.370 Die gegenseitigen Rechte und Pflichten i. S. v. § 311 BGB können in den Grenzen der §§ 134, 138 BGB bzw. in denen der AGB-rechtlichen Vorgaben modifiziert werden. So ist es möglich, die **Instandhaltunspflicht** des Leasinggebers nach § 535 Abs. 1 Satz 2 BGB oder seine **Gewährleistungspflichten** gemäß §§ 536 ff. BGB auszuschließen. Voraussetzung hierfür ist jedoch, dass der Leasinggeber dem Leasingnehmer sein Ansprüche aus den §§ 459 ff. BGB bzw. §§ 633 ff. BGB gegen Lieferanten und Hersteller ausdrücklich und vorbehaltlos abtritt[397)] oder ihn ermächtigt, sie geltend zu machen.[398)]

9.371 Der Vertrag wird i. d. R. durch Zeitablauf beendet, § 542 BGB. Hinsichtlich einer etwaigen Rückgabe der Sache gelten die §§ 546, 546a BGB.[399)]

9.372 Vom Leasingvertrag ist der **Mietkauf** zu unterscheiden, bei welchem der Mieter berechtigt ist, innerhalb einer bestimmten Frist die Sache unter (teilweiser) Anrechnung des bereits gezahlten Mietentgelts zu einem festgelegten Preis zu erwerben. Auch bei einem Mietkauf ist ein Mietvertrag mit einer Kaufoption verbunden. Ein wesentlicher Unterschied zum Leasing besteht darin, dass beim Mietkauf mit Kaufoption die Gewährleistungs- und Instandhaltungspflichten nach §§ 535 Abs. 1 Satz 2, 536 bis 539 BGB beim Vermieter liegen.[400)]

5. Einzelheiten

a) Nichterfüllung aufgrund Nichtlieferung und verspätete Lieferung

9.373 Der Leasinggeber ist verpflichtet, dem Leasingnehmer das Leasinggut zur Nutzungsmöglichkeit zu verschaffen. Dies ist eine Hauptpflicht aus dem Leasingvertrag.[401)] Kommt der Leasinggeber mit der Lieferung in Verzug bzw. ist ihm

---

396) Änderung in der Paragraphenfolge aufgrund des Gesetzes zur Umwandlung der Verbraucherkreditrichtlinie u. a., v. 29.7.2009, BGBl. I 2009, 2355; vgl. oben Rz. 9.114.

397) BGH, Urt. v. 27.2.1985 – VIII ZR 328/83, BGHZ 94, 44 = ZIP 1985, 546, dazu EWiR 1985, 273 *(Graf v. Westphalen)*; BGH, Urt. v. 9.7.2002 – X ZR 70/00, WM 2003, 798, dazu EWiR 2003, 293 *(Vollkommer)*.

398) BGH, Urt. v. 17.12.1986 – VIII ZR 279/85, ZIP 1987, 240, dazu EWiR 1987, 555 *(v. Westphalen)*; Palandt-*Weidenkaff*, BGB, Einf. vor § 535 Rz. 57.

399) BGH, Urt. v. 22.3.1989 – VIII ZR 155/88, BGHZ 107, 123 = ZIP 1989, 647 (*Tiedke*, S. 1437), dazu EWiR 1989, 549 *(v. Westphalen)* – Anwendbarkeit auf § 557 BGB a. F.

400) Palandt-*Weidenkaff*, BGB, Einf. vor § 535 Rz. 30 und 45.

401) BGH, Urt. v. 16.9.1981 – VIII ZR 265/80, BGHZ 81, 298 = ZIP 1981, 1215 (m. Anm. *v. Westphalen*, S. 1219).

die Leistung unmöglich, haftet der Leasingnehmer dem Leasinggeber nach den Regelungen der §§ 280 Abs. 1, 286, 326 BGB. Daneben gebührt dem Leasingnehmer auch ein Schadensersatzanspruch (§ 536a BGB) und ein Kündigungsrecht (§ 543 BGB).

Der Lieferant (bzw. Hersteller) des Leasinggutes gilt regelmäßig als Erfüllungsgehilfe des Leasinggebers. Dies ist jedenfalls dann der Fall, wenn der Lieferant bei den Vertragsverhandlungen als Hilfsperson der Leasinggebers tätig wird und vertragsvorbereitende Tätigkeiten ausführt. Eine formularmäßige Haftungsfreizeichnung des Leasinggebers für das Verhalten seiner Lieferanten ist – auch im kaufmännischen Geschäftsverkehr – unwirksam.[402] Hat der Lieferant bei Vertragsverhandlungen mit dem Leasingnehmer Aufklärungs- bzw. Beratungspflichten verletzt, so haftet der Leasinggeber nach § 278 BGB aus den §§ 280 Abs. 1, 241 Abs. 2 BGB. 9.374

Anders dürfte es sich jedoch verhalten, wenn der Leasingnehmer, wie häufig, den Lieferanten bestimmt und das Leasinggut durch den Leasinggeber (lediglich) finanzieren lässt. Hier kann es unbillig sein, dem Leasinggeber einseitig die Gefahren der Arbeitsteilung aufzubürden.[403] 9.375

b) Gefahrtragungsklauseln

In den standardisierten Leasingverträgen wird regelmäßig die **Sachgefahr**, also das Risiko des zufälligen Untergangs bzw. einer zufälligen Verschlechterung des Objektes sowie die **Preisgefahr**, also die Verpflichtung zur Entrichtung der Leasingrate bei Realisierung der Sachgefahr, auf den Leasingnehmer abgewälzt. In der Rechtsprechung werden solche Klauseln überwiegend akzeptiert; dies allerdings nur, wenn dem Leasingnehmer bei unverschuldeter erheblicher Gebrauchsbeeinträchtigung oder Untergang ein **außerordentliches Kündigungsrecht** eingeräumt wird.[404] Auch eine Klausel, wonach der Leasingnehmer zur Versicherung des Leasingguts gegen die Gefahr von Zerstörung, Beschädigung etc. verpflichtet ist und hierdurch die Sachgefahr auf den Leasingnehmer abgewälzt wird, wird durch die Rechtsprechung als wirksam angesehen.[405] 9.376

c) Sachmängel

Die Haftung für die vertragsgemäße Beschaffenheit des Leasinggutes, welche grundsätzlich dem Leasinggeber gebührt, wird in den Formularverträgen gegen 9.377

402) BGH, Urt. v. 3.7.1985 – VIII ZR 102/84, BGHZ 95, 170 = ZIP 1985, 935 (m. Bespr. *v. Westphalen*, S. 1033), dazu EWiR 1985, 643 *(Paulusch)*.

403) vgl. Schimansky/Bunte/Lwowski-*Martinek*/*Oechsler*, Bankrechts-Hdb., § 101 Rz. 35.

404) BGH, Urt. v. 15.10.1986 – VIII ZR 319/85, ZIP 1986, 1566, dazu EWiR 1986, 1159 *(v. Westphalen)*; nunmehr nach § 314 Abs. 1 BGB.

405) BGH, Urt. v. 11.12.1991 – VIII ZR 31/91, BGHZ 116, 278 = ZIP 1992, 179, dazu EWiR 1992, 143 *(v. Westphalen)*.

Abtretung der Gewährleitungsansprüche an den Leasingnehmer zumeist ausgeschlossen. Entsprechende Klauseln sind i. S. v. § 307 BGB zulässig, da der Leasingnehmer durch die entsprechende Abtretung der Gewährleistungsansprüche gegen den Lieferanten nicht rechtlos gestellt wird. Von einer solchen Abtretung umfasst sind regelmäßig auch Gestaltungsrechte, wie Rücktritts- bzw. Minderungsrechte.[406)]

9.378 Tritt nunmehr der Leasingnehmer aufgrund der oben genannten Voraussetzungen gegenüber dem Lieferanten vom Kaufvertrag zurück, fehlt es dem Leasingvertrag an der Geschäftsgrundlage. Es ist zunächst der Kaufvertrag nach §§ 437 Nr. 2, 323, 346 ff. BGB und sodann der Leasingvertrag nach § 313 rückabzuwickeln.

d) Anwendbarkeit des Verbraucherdarlehensrecht

9.379 Nach den §§ 499, 500 BGB sind einzelne Regelungen zum Verbraucherkreditrecht auch auf das Finanzierungsleasing anwendbar, soweit es sich beim Leasinggeber um einen Unternehmer (§ 14 BGB) und beim Leasingnehmer um einen Verbraucher nach § 13 BGB handelt. Entsprechend anwendbar sind die Vorschriften zum Schriftformerfordernis nach § 492 Abs. 1 Satz 1–4, Abs. 2, Abs. 3 BGB und zum verbunden Geschäft (§§ 358, 359 BGB). Der Verweis auf die Regelungen zum verbundenen Geschäft hat keine große praktische Bedeutung, da sich das typische Leasinggeschäft auf Primärebene nicht als Dreipersonenverhältnis darstellt.[407)] Ebenfalls anwendbar sind die Bestimmungen über den effektiven Jahreszins nach § 492 Abs. 2 BGB und die Abschrift der Vertragserklärungen, § 492 Abs. 3 BGB. Die Regelungen über das Widerrufsrecht nach § 495 Abs. 1 BGB sind ebenfalls entsprechend anzuwenden, wobei der Widerruf im Leasingdreieck sowohl dem Leasinggeber als auch dem Lieferanten erklärt werden muss.[408)] Zuletzt gelten auch die Vorschriften über den Verzugszins, die Teilleistungen sowie die Gesamtfälligstellung, §§ 496-498 BGB. Mit Inkrafttreten des Gesetzes zur Umsetzung der Verbraucherkreditrichtlinie u. a.[409)] sind zum 11. Juni 2010 die Regelungen zur entgeltlichen Finanzierungshilfe durch die §§ 506 ff. angefügt worden. In § 506 Abs. 2 BGB n. F. ist sodann definiert, unter welchen Voraussetzungen ein Vertrag zwischen einem Unternehmer und einem Verbraucher über die entgeltliche Nutzung eines Gegenstandes als Finanzierungshilfe gilt. Nach § 506 Abs. 2 Nr. 2 BGB n. F., wird jeder Nutzungsvertrag einer entgeltlichen Finanzierungshilfe gleichgestellt, der dem Unternehmer die Möglichkeit einräumt, den Vertragspartner zum Erwerb des Vertragsgegenstandes zu verpflichten. Hierunter zu fassen ist auch das An-

---

406) *Zahn*, DB 2002, 985.

407) *Bülow/Artz* in: Hk-VerbrKrR, § 500 Rz. 11; Erman-*Saenger*, BGB, § 500 Rz. 2.

408) Erman-*Saenger*, BGB, § 500 Rz. 2.

409) BGBl. I 2009, 2355.

dienungsrecht in den klassischen Finanzierungsleasingverträgen, wonach der Unternehmer nach Ende des Nutzungszeitraums vom Vertragspartner den Erwerb des Vertragsgegenstandes zu Eigentum verlangen kann. Dies gilt auch dann, wenn der Unternehmer während der Vertragslaufzeit vom Vertrag zurücktreten kann und dadurch eine vertragliche Kaufverpflichtung seines Vertragspartners auslöst.[410] Aufgrund der Verweisung des § 506 Abs. 2 BGB n. F. sind entsprechend § 506 Abs. 1 BGB n. F. die Vorschriften der §§ 358, 359 BGB n. F. sowie das Verbraucherdarlehensvertragsrecht der §§ 491a bis 502 BGB n. F. mit Ausnahme des § 402 Abs. 4 BGB (Formbedürftigkeit der Vollmacht) anzuwenden.

VIII. Bürgschaft

Die Bürgschaft ist eine **Personalsicherheit.** Im Unterschied zu den Realsicherheiten steht dem Gläubiger und Sicherungsnehmer im Falle einer Inanspruchnahme kein bestimmter Sachwert, wie z. B. ein Grundstück bei Hypotheken oder Grundschulden, zur Verfügung, dessen Wertentwicklung oder Wertbeständigkeit vorrangig von den Marktgegebenheiten abhängt. Zugriffsobjekt ist vielmehr das gesamte persönliche Vermögen des Bürgen. Dies beinhaltet einerseits die Möglichkeit eines hohen Risikos für den Bürgen, andererseits für den Gläubiger wegen der offenen Bonitätsentwicklung des Bürgen einen nicht abschließend typisierbaren Sicherungswert der Bürgschaft. Auch gilt bei der Bürgschaft als schuldrechtlichem Vertrag zugunsten des Gläubigers nicht das mit dinglichen Sicherheiten verbundene sachenrechtliche Prioritätsprinzip, welches ihm einen Vorrang vor weiteren Gläubigern des Bürgen sichern kann. Bürgschaften werden daher im Bankgeschäft eher als ergänzende Sicherheit, häufig neben Mobiliarsicherheiten oder Grundpfandrechten zur Kreditsicherung eingesetzt. 9.380

Die Bürgschaft ist als Vertragstyp des besonderen Schuldrechts in §§ 765 ff. BGB gesetzlich geregelt. Sie ist ein **akzessorisches Sicherungsrecht,** d. h., die Bürgschaftsverpflichtung ist untrennbar mit dem Bestand der zu sichernden Hauptschuld verknüpft. Das geht vor allem aus § 767 Abs. 1 Satz 1 BGB hervor, wonach für die Verpflichtung des Bürgen der jeweilige Bestand der Hauptverbindlichkeit maßgebend ist. Der Akzessorietätsgrundsatz ist zwingendes Recht.[411] 9.381

Aus der Akzessorietät ergibt sich unter anderem, dass der Gläubiger der Hauptverbindlichkeit und der Bürgschaft identisch sein müssen. Dies verhin- 9.382

410) BT-Drucks. 16/11643, S. 92.

411) BGH, Urt. v. 19.11.1965 – Ib ZR 142/63, WM 1966, 122; BGH, Urt. v. 19.9.1985 – III ZR 214/83, BGHZ 95, 350 = ZIP 1985, 1257 = WM 1985, 1307, dazu EWiR 1985, 867 *(Bunte)*; siehe auch BGH, Urt. v. 8.3.2001 – IX ZR 236/00, BGHZ 147, 99 = ZIP 2001, 833 (m. Anm. *Nielsen*, S. 837) = ZfIR 2001, 452 (m. Anm. *Siegburg*, S. 455), dazu EWiR 2001, 617 *(Tiedtke)*.

dert eine Risikoerweiterung zum Nachteil des Bürgen durch die isolierte Abtretung der Hauptschuld.[412)]

9.383 Grundsätzlich kann auch eine Umschuldung der besicherten Darlehen zum Erlöschen der Bürgschaft führen. Entscheidend ist hierbei, ob die Umschuldung der Darlehen als Schuldumschaffung (sog. Novation) oder als lediglich Änderung des bestehenden Schuldverhältnis zu werten ist. Zu dieser Thematik hat sich der Bundesgerichtshof in einem Fall geäußert und entschieden, dass die Umwandlung eines Kontokorrentkredits in ein Darlehen unter Verwendung eines neuen Kontos als bankinterne Umschuldung im Zweifel lediglich eine Vertragsänderung bedeute. Dies habe zur Folge, dass eine zur Absicherung des Rückzahlungsanspruchs aus dem Kontokorrentkreditvertrag eingegangene Bürgschaft bestehen bleibe.[413)]

1. Bürgschaftsarten

a) Selbstschuldnerische Bürgschaft

9.384 Banküblich ist die Vereinbarung selbstschuldnerischer Bürgschaften. Bei diesen ist gemäß § 773 Abs. 1 Nr. 1 BGB die **Einrede der Vorausklage** ausgeschlossen. Der Gläubiger muss vor Inanspruchnahme des Bürgen nicht nachweisen, bereits eine erfolglose Zwangsvollstreckung gegen den Hauptschuldner versucht zu haben (§ 771 BGB).

9.385 Die üblichen Formularmuster sahen zudem regelmäßig einen Verzicht des Bürgen auf die **Einreden der Anfechtbarkeit und Aufrechenbarkeit** vor. Diese Rechte des Bürgen sind in § 770 BGB vorgesehen, können aber durch vertragliche Vereinbarung abgeändert werden. Die Rechtsprechung erkannte auch die formularmäßige Abbedingung an, insbesondere zur Einrede der Anfechtbarkeit wurde dies in der Literatur jedoch z. T. kritisch bewertet.[414)]

9.386 Vor dem Hintergrund dieser Kritik modifizierte der Bundesgerichtshof seine Rechtsprechung und stellte fest, dass der Bürge durch den formularmäßigen Ausschluss der Einrede der Aufrechenbarkeit unangemessen benachteiligt werde, und zwar wenn der Ausschluss auch für den Fall gilt, dass die Gegenforderung des Hauptschuldners unbestritten oder rechtskräftig festgestellt ist. Der

412) BGH, Urt. v. 19.9.1991 – IX ZR 296/90, BGHZ 115, 177 = ZIP 1991, 1350, dazu EWiR 1991, 1073 *(Bydlinski)* = WM 1991, 1869, dazu EWiR 1991, 1073 *(Bydlinski)* und WuB I F 1 a. – 2.92 *(Horn)*; BGH Urt. v. 12.4.2007 – VII ZR 50/06, ZIP 2007, 1320 = NJW 2007, 1957, dazu EWiR 2008, 63 *(Demharter)*. Dieser Grundsatz gilt auch für die Bürgschaft auf erstes Anfordern, BGH, Urt. v. 3.4.2003 – IX ZR 287/99, ZIP 2003, 1033 = WM 2003, 969, dazu EWiR 2003, 627 *(v. Gerkan)*.

413) BGH, Urt. v. 30.9.1999 – IX ZR 287/98, ZIP 1999, 1881 = NJW 1999, 3708, dazu EWiR 2000, 171 *(Tiedtke)*.

414) BGH, Urt. v. 19.9.1985 – III ZR 214/83, BGHZ 95, 350 = ZIP 1985, 1257 = WM 1985, 1307, dazu EWiR 1985, 867 *(Bunte)* und WuB I F 1 a. – 8.86 *(Schröter)*; krit. *G. Fischer*, WM 1998, 1705, 1712.

Ausschluss kann sogar insgesamt unwirksam sein, selbst wenn im konkreten Fall die Gegenforderung weder unbestritten noch rechtskräftig festgestellt ist. Hat nur der Gläubiger, nicht aber der – rechtskräftig verurteilte – Hauptschuldner die Aufrechnungsbefugnis, kann dem Bürgen gleichwohl die Einrede der Aufrechenbarkeit zustehen.[415)]

b) Bürgschaft auf erstes Anfordern

Bankbürgschaften enthalten teilweise die Klausel, dass die Bürgschaftssumme bzw. der jeweils geltend gemachte Teil auf erstes Anfordern des Gläubigers zahlbar sind. Diese Vereinbarungen, die im Bankverkehr verbreitet das früher übliche Bardepot abgelöst haben, werden von der Rechtsprechung trotz der damit verbundenen weitgehenden Aufweichung der Akzessorietät als zulässig angesehen. Ihr Zweck ist, dem Gläubiger sofort liquide Mittel zuzuführen, wenn er den Bürgschaftsfall für eingetreten hält. Auch im Auslandsgeschäft ist sie ein häufiges Sicherungsmittel.[416)] **9.387**

Die Anforderungen an die Erklärung, die die Zahlungspflicht auslöst, können **streng formalisiert** sein und sich auf das beschränken, was in der Verpflichtungserklärung (Bürgschaftsurkunde) als Voraussetzung der Zahlung genannt ist. Der Zahlungspflichtige hat lediglich zu prüfen, ob diese Erklärung des Gläubigers in sich schlüssig ist, nicht aber, ob in Bezug auf die Hauptschuld eine Berechtigung zur Inanspruchnahme besteht.[417)] **9.388**

Sind in einer Bürgschaft auf erstes Anfordern bspw. „fällige" Hauptansprüche verbürgt, so reicht für die Inanspruchnahme des Bürgen regelmäßig aus, dass der Gläubiger die Fälligkeit behauptet. Ein Einwand hiergegen kann nicht bereits daraus abgeleitet werden, dass die volle Durchsetzung des Hauptanspruchs im gerichtlichen Verfahren ggf. zweifelhaft ist.[418)] **9.389**

---

415) BGH, Urt. v. 16.1.2003 – IX ZR 171/00, BGHZ 153, 293 = ZIP 2003, 621, dazu EWiR 2003, 629 *(Medicus)* = WM 2003, 669, WuB I F 1a. – 5.04 *(Zimmermann)*.

416) *Kümpel*, Bank- und Kapitalmarktrecht, Rz. 6.106 m. w. N.

417) BGH, Urt. v. 28.10.1993 – IX ZR 141/93, ZIP 1993, 1851 = WM 1994, 106, dazu EWiR 1994, 131 *(Schütze)*; BGH, Urt. v. 13.7.1989 – IX ZR 223/88, ZIP 1989, 1108 = WM 1989, 1496, dazu EWiR 1989, 981 *(Blaurock)*; BGH, Urt. v. 24.11.1983 – IX ZR 2/83, ZIP 1984, 32 = WM 1984, 44 = NJW 1984, 923.

418) BGH, Urt. v. 17.10.1996 – IX ZR 325/95, ZIP 1996, 2062 = WM 1996, 2228, dazu EWiR 1997, 155 *(Bayer/Athanasiadis)*.

9.390 Einwendungen gegen die Inanspruchnahme kann der Bürge grundsätzlich erst nach seiner – vorläufigen – Zahlung durch eine **Rückforderungsklage** gegen den Begünstigten geltend machen.[419)]

9.391 Bereits bei der vorläufigen Zahlungspflicht und nicht erst in der Rückforderungsklage kann jedoch der Einwand geltend gemacht werden, dass schon nach der Auslegung der Bürgschaftsurkunde und der in Bezug genommenen Urkunden die Voraussetzungen für eine Inanspruchnahme des Bürgen fehlen.[420)] Prüfungsgegenstand ist dabei, ob gemäß den Urkunden eine Haftungszusage für den geltend gemachten Anspruch besteht. Für die Haftungsreichweite ist auch bei der Bürgschaft auf erstes Anfordern der Gläubiger darlegungs- und beweispflichtig.[421)]

9.392 Der vorläufigen Zahlungspflicht kann sich der Bürge zudem widersetzen, wenn ihm der **Einwand der unzulässigen Rechtsausübung** zusteht, wenn also der Gläubiger seine formale Rechtsstellung aus der Bürgschaftsurkunde für jedermann erkennbar missbräuchlich ausnutzt.[422)] Anders als bei der Auslegung der Bürgschaftsurkunde bezieht sich dieser Einwand auf die Hauptschuld, ist aber nach § 242 BGB bereits im Erstprozess zu prüfen.

9.393 Die Übernahme einer Bürgschaft auf erstes Anfordern ist aus den dargestellten Gründen und wegen der im Rückforderungsprozess umgekehrten Beweislast, nach der der Bürge alle Tatsachen darlegen und beweisen muss, die eine Rückforderung begründen, besonders risikoreich. Nach Auffassung des Bundesgerichtshofes kann eine Bürgschaft auf erstes Anfordern daher **formularmäßig wirksam nur von einem Kreditinstitut** oder einer Versicherung übernommen werden.[423)] Zur Begründung zieht der Bundesgerichtshof bei der Beurteilung des wirtschaftlichen Risikos aus einer Bürgschaft auf erstes Anfordern eine Parallele zum Garantiegeschäft, das gemäß § 1 Abs. 1 Nr. 8 KWG aufsichtsrecht-

---

419) BGH, Urt. v. 2.5.1979 – VIII ZR 157/78, BGHZ 74, 244 = WM 1979, 691; BGH, Urt. v. 21.4.1988 – IX ZR 113/87, WM 1988, 934, dazu EWiR 1988, 671 *(Lauer)*; BGH, Urt. v. 17.1.1989 – XI ZR 65/88, ZIP 1989, 437 = WM 1989, 433, dazu EWiR 1989, 467 *(Fischer)* und WuB I K 3. – 4.89 *(Nielsen)*; OLG Hamm, Urt. v. 27.10.2006 – 12 U 76/06, ZBB 2007, 146 = WM 2007, 550.

420) BGH, Urt. v. 10.2.2000 – IX ZR 397/98, BGHZ 143, 381 = ZIP 2000, 576 = ZfIR 2000, 865, dazu EWiR 2000, 619 *(Büchler)*.

421) BGH, Urt. v. 14.12.1995 – IX ZR 57/95, ZIP 1996, 172 = WM 1996, 193; BGH, Urt. v. 25.2.1999 – IX ZR 24/98, ZIP 1999, 836 = WM 1999, 895, dazu EWiR 1999, 939 *(Büchler)*.

422) BGH, Urt. v. 12.3.1984 – II ZR 198/82, BGHZ 90, 287 = ZIP 1984, 685; BGH, Urt. v. 11.12.1986 – IX ZR 165/85, ZIP 1987, 566 = WM 1987, 367, dazu EWiR 1987, 145 *(Grunsky)*; BGH, Urt. v. 28.10.1993 – IX ZR 141/93, ZIP 1993, 1851, dazu EWiR 1994, 131 *(Schütze)*; BGH, Urt. v. 10.2.2000 – IX ZR 397/98, BGHZ 143, 381 = ZIP 2000, 576 = ZfIR 2000, 865, dazu EWiR 2000, 619 *(Büchler)*.

423) BGH, Urt. v. 5.7.1990 – IX ZR 294/89, ZIP 1990, 1186 = WM 1990, 1410, dazu EWiR 1990, 981 *(v. Stebut)*; vgl. auch *G. Fischer*, WM 2005, 529.

lich den Kreditinstituten vorbehalten ist, soweit es in gewerbsmäßigem Umfang betrieben wird.

Individualvertraglich kann hingegen grundsätzlich jedermann eine Bürgschaft auf erstes Anfordern übernehmen. Dabei hat allerdings der Bürgschaftsgläubiger im Einzelfall abzuschätzen, ob dem Bürgen die besonderen Risiken der übernommenen Sicherheit bewusst sind. Anderenfalls treffen den geschäftskundigen Vertragspartner besondere Hinweis- und Aufklärungspflichten.[424)] 9.394

Unter Berücksichtigung der Prüfungspflicht, die den Gläubiger treffen kann, hat in Bezug auf die individualvertragliche Übernahme von Bürgschaften auf erstes Anfordern durch Privatpersonen die vom Bundesgerichtshof mit Urteil vom März 1992 aufgestellte Auslegungsregel weiter Bedeutung. Demnach ist eine individualvertragliche Bürgschaft, die einen im bankgeschäftlichen Verkehr für die Bürgschaft auf erstes Anfordern typischen Wortlaut enthält, außerhalb dieses Bereiches – also etwa bei Übernahme durch eine Privatperson – als einfache Bürgschaft auszulegen. Voraussetzung ist, dass der Gläubiger den Text der Bürgschaft gewählt hat und nicht davon ausgehen durfte, dass der Bürge ihn im banküblichen Sinne versteht.[425)] 9.395

Bürgschaften auf erstes Anfordern werden daher typischerweise als **Avalbürgschaften** von einer Bank im Auftrag ihres Kunden übernommen. Im Innenverhältnis ist die betroffene Avalkreditvereinbarung maßgeblich (oben Rz. 9.10). Dies gilt ebenso für den Rückgriffsanspruch der Bank bei der Inanspruchnahme durch den Gläubiger, der sich nach §§ 675, 670 BGB bemisst. Für den Rückgriffsanspruch gegen den Avalauftraggeber kommt es darauf an, dass die Bank ihre Zahlung aus der Bürgschaft, bezogen auf das Geschäftsbesorgungsverhältnis, als Aufwendung für erforderlich halten durfte. Der Bürgschaft auf erstes Anfordern muss somit im Innenverhältnis eine eindeutige Weisung des Kunden zugrunde liegen. Ferner hat das Kreditinstitut den Kunden vor der Zahlung über die Aufforderung des Gläubigers und ihre entsprechende Zahlungsbereitschaft zu informieren, um dem Kunden ein diesbezügliches Handeln zu ermöglichen. Die Rechtsprechung sieht hierin eine grundlegende Sorgfaltspflicht des geschäftsbesorgenden Bürgen.[426)] 9.396

---

424) BGH, Urt. v. 2.4.1998 – IX ZR 79/97, ZIP 1998, 905 = WM 1998, 1062, dazu EWiR 1998, 543 *(Nielsen)*; vgl. auch BGH, Urt. v. 23.1.1997 – IX ZR 297/95, ZIP 1997, 582 = WM 1997, 656, dazu EWiR 1997, 541 *(v. Stebut)*; OLG Köln, Urt. v. 12.10.1995 – 18 U 47/95, ZIP 1996, 631, dazu EWiR 1996, 1 *(Nielsen)*.

425) BGH, Urt. v. 12.3.1992 – IX ZR 141/91, ZIP 1992, 684 = WM 1992, 854, dazu EWiR 1992, 865 *(Tiedtke)*; vgl. auch BGH, Urt. v. 25.2.1999 – IX ZR 24/98, = ZIP 1999, 836 = WM 1999, 895.

426) BGH, Urt. v. 19.9.1985 – IX ZR 16/85, ZIP 1985, 1380 = WM 1985, 1387, dazu EWiR 1985, 973 *(Horn)*; OLG Köln, Urt. v. 9.1.2004 – 19 U 130/03, ZfIR 2004, 833 (LS); vgl. auch Herbst/Fischer/Engelken/Schaarschmidt-*Fischer*, Sparkassenkredite, Rz. 2.954.

c) Ausfallbürgschaft

9.397 Anders als bei der selbstschuldnerischen Bürgschaft und der Bürgschaft auf erstes Anfordern, die das Einstandsrisiko des Bürgen im Vergleich zum gesetzlichen Leitbild der §§ 765, 767 BGB erweitern, ist dieses Risiko bei der Ausfallbürgschaft zugunsten des Bürgen reduziert. Bei der **Ausfallbürgschaft im engeren Sinne** haftet der Bürge nur für den nachgewiesenen endgültigen Ausfall des Gläubigers in Bezug auf die abgesicherte Hauptschuld. Der Gläubiger hat also zunächst andere Sicherheiten zu verwerten und muss die erfolglose Zwangsvollstreckung nachweisen. Seine Nachweispflicht bezieht sich dabei nicht nur auf den objektiv eingetretenen Verlust, sondern auch darauf, dass der Ausfall trotz Einhaltung der Sorgfalt eingetreten ist, die bei der Anspruchsverfolgung geboten ist, oder dass er auch eingetreten wäre, wenn der Gläubiger diese Sorgfalt angewandt hätte.[427)]

9.398 Bei der **modifizierten Ausfallbürgschaft** wird der Ausfalltatbestand zugunsten des Gläubigers abweichend definiert. Hierbei sind jedoch aus der Typik der Ausfallhaftung Grenzen gesetzt. Eine Formularklausel, wonach der vom Bürgen zu deckende Ausfall bereits dann als festgestellt galt, wenn der Gläubiger rückständige Beträge aus der Hauptschuld anzeigte und diese sechs Monate nach der Anzeige nicht vollständig bezahlt waren, hat der Bundesgerichtshof als gegenüber dem Leitbild der Ausfallbürgschaft überraschend und damit unwirksam nach § 305c BGB (§ 3 AGBG a. F.) gewertet.[428)]

d) Höchstbetragsbürgschaft

9.399 Bei der Höchstbetragsbürgschaft wird eine summenmäßig bestimmte **Obergrenze des Haftungsrisikos** im Bürgschaftsvertrag vereinbart. Nach dem Akzessorietätsprinzip bezieht sich diese Obergrenze zunächst nur auf die Hauptschuld, nicht aber auf damit verbundene Folgekosten (vgl. § 767 Abs. 2 BGB).

9.400 Eine besonders fundierte Risikokalkulation des Bürgen vor Vertragsabschluss ermöglicht eine Höchstbetragsbürgschaft, wenn die Betragsobergrenze nach dem Inhalt der Erklärung ausdrücklich etwaige mit der Hauptschuld verbundene **Zinsen und Kosten einschließt**. Dies sehen die in der kreditwirtschaftlichen Praxis gebräuchlichen Formulare überwiegend auch vor. Dahinter steht in erster Linie die Überlegung, für den Verpflichteten eine weitgehende Entscheidungstransparenz bei seiner Erklärung herbeizuführen. Hinzu kommt, dass eine Formularklausel, die die **Betragsüberschreitung** durch Zinsen und Kosten vorsieht, bei als Höchstbetragsbürgschaft gekennzeichneten Formularen durch

---

427) BGH, Urt. v. 10.12.1998 – IX ZR 262/97, ZIP 1999, 234 = DB 1999, 426, dazu EWiR 1999, 1043 *(Böttcher)*; *Habersack* in: MünchKomm-BGB, § 765 Rz. 102.

428) BGH, Urt. v. 19.3.1998 – IX ZR 120/97, ZIP 1998, 822 = WM 1998, 976, dazu EWiR 1998, 643 *(v. Stebut)*.

den Bundesgerichtshof als überraschend gemäß § 307 Abs. 1 Satz 1, Abs. 2 Nr. 2 BGB eingestuft wird.[429)]

e) Zeitbürgschaft

Eine Bürgschaft kann auf einen bestimmten Zeitraum begrenzt erklärt werden. Eine **echte Zeitbürgschaft** gemäß § 777 BGB liegt nur dann vor, wenn der Bürge die Haftung für eine bestehende Verbindlichkeit übernimmt und sie – unabhängig von einem etwaigen Fortbestand der Hauptschuld – auf eine bestimmte Frist beschränkt. Wird die Hauptforderung während der Laufzeit der Bürgschaft nicht fällig, so kann der Bürge nicht in Anspruch genommen werden. Die Zeitbürgschaft erlischt.[430)] 9.401

Der Bürge wird gemäß § 777 Abs. 1 Satz 1 BGB frei, wenn nicht der Gläubiger die Einziehung der Forderung unverzüglich betreibt, das Verfahren ohne wesentliche Verzögerung fortsetzt und die Inanspruchnahme des Bürgern unverzüglich nach Beendigung des Verfahrens anzeigt. Im Falle der – regelmäßig vorliegenden – selbstschuldnerischen Bürgschaft wird der Bürge dann frei, wenn nicht der Gläubiger ihm unverzüglich die Inanspruchnahme anzeigt, § 777 Abs. 1 Satz 2 BGB. Im Falle der rechtzeitigen Anzeige dauert die Bürgschaftsverpflichtung wie bei einer unbefristeten Bürgschaft fort.[431)] 9.402

Keine Zeitbürgschaft, sondern eine **gegenständlich beschränkte Bürgschaft** liegt dagegen vor, wenn der Bürge für Verbindlichkeiten haften soll, die der Hauptschuldner innerhalb eines bestimmten Zeitraums eingegangen ist. So liegt der Fall etwa, wenn sich die Bürgschaftserklärung „auf die bis zum … entstandenen Forderungen" bezieht.[432)] 9.403

Ob eine echte Zeitbürgschaft oder eine gegenständlich beschränkte Bürgschaft vorliegt, ist durch Auslegung zu ermitteln. Nach einer Entscheidung des Bundesgerichtshofes ist bspw. eine Bürgschaft, die für künftige Verbindlichkeiten eingegangen wird, i. d. R. gegenständlich beschränkt.[433)] In dem entschiedenen Fall hatte sich der Bürge befristet bis zum 30. März 1986 selbstschuldnerisch für einen Kontokorrentkredit verbürgt. Nach dem Bundesgerichtshof sollte die 9.404

---

429) BGH, Urt. v. 18.7.2002 – IX ZR 294/00, BGHZ 151, 374 = ZIP 2002, 1611. dazu EWiR 2002, 901 *(Mues)*; vgl. auch OLG Nürnberg, Urt. v. 20.6.1990 – 9 U 3650/89, WM 1991, 985, dazu WuB I F 1 a. – 13.91 *(Moritz)*; OLG Hamm, Urt. v. 29.6.1995 – 5 U 45/95, WM 1995, 1872; OLG Stuttgart, Urt. v. 24.7.1996 – 9 U 40/96, ZIP 1996, 1508 m. w. N. (§ 9 AGBG), dazu EWiR 1996, 979 *(Tiedtke)*.

430) BGH, Urt. v. 14.6.1984 – IX ZR 83/83, ZIP 1984, 937 m. w. N.

431) Schimansky/Bunte/Lwowski-*Schmitz/Wassermann/Nobbe*, Bankrechts-Hdb., § 91 Rz. 285 unter Hinweis auf OLG Koblenz, Urt. v. 14.7.2005 – 5 U 267/05, ZIP 2005, 1822 = WM 2005, 2035.

432) OLG Zweibrücken, Urt. v. 7.2.1994 – 7 U 78/93, WM 1994, 788.

433) BGH, Urt. v. 17.12.1987 – IX ZR 93/87, ZIP 1988, 221 = WM 1988, 210, dazu EWiR 1988, 355 *(Volhard)*.

Bürgschaft über den 30. März 1986 hinaus für die vorher entstandenen Forderungen wirksam sein.

9.405 Sichert die Bürgschaft einen Kontokorrentkredit, stellt dies im Übrigen regelmäßig ein wesentliches Beweisanzeichen dafür dar, dass eine gegenständliche Beschränkung vereinbart ist. Eine Zeitbürgschaft i. S. d. § 777 BGB ist wirtschaftlich nur dann sinnvoll, wenn der Gläubiger den Hauptschuldner innerhalb der Laufzeit der Bürgschaft in Anspruch nehmen kann. Denn auch die fristgerechte Anzeige des Gläubigers, er nehme den Bürgen in Anspruch, erhält dem Gläubiger die Rechte aus der Bürgschaft grundsätzlich nur, wenn die Fälligkeit der Hauptschuld innerhalb der Bürgschaftszeit eintritt. Wollte man bei einer zeitlich begrenzten Bürgschaft für einen Kontokorrentkredit eine Zeitbürgschaft annehmen, so wäre der Gläubiger genötigt, jeweils vor Ablauf der bestimmten Zeit den Kredit zu kündigen, um sich die Rechte aus der Bürgschaft zumindest für die bereits entstandenen Verbindlichkeiten zu erhalten. Dies dürfte i. d. R. nicht dem Interesse der Bank und insbesondere des Hauptschuldners an einer ungestörten Fortsetzung ihrer Geschäftsverbindung entsprechen.[434)]

9.406 Ähnlich hat das Kammergericht Berlin entschieden, dass Bürgschaften der öffentlichen Hand, die der Wirtschaftsförderung dienen und bei denen in der Erklärung verlängerbare Fristen vorgesehen sind, im Regelfall ebenfalls als gegenständlich beschränkt anzusehen sind. Maßgeblich sei insoweit der Subventionszweck, der – soweit er fortbesteht – den festgelegten Terminen vorgehe.[435)]

9.407 Auch das Oberlandesgericht Köln hat bei einer Höchstbetragsbürgschaft, die bis zum festgelegten Kalendertermin für die Forderungen gegenüber einer GmbH übernommen worden war, eine gegenständlich beschränkte Bürgschaft angenommen. Zweck der Bürgschaft war nach den Feststellungen des Gerichts, die während der Frist in der Entwicklung begriffenen Verbindlichkeiten der GmbH abzudecken, wofür der Bürge dann zeitlich weitergehend einstehen sollte.[436)]

2. Bürgschaftsvertrag

a) Bestimmtheit

9.408 Das vom Bürgen übernommene Haftungsrisiko muss gemäß § 765 BGB in der Bürgschaftserklärung bestimmt oder aus ihr zumindest hinreichend bestimmbar sein. Die Erklärung muss die Person des Gläubigers und des Hauptschuld-

---

434) BGH, Urt. v. 15.1.2004 – IX ZR 152/00, ZIP 2004, 843 = WM 2004, 720, dazu EWiR 2004, 797 *(Tiedtke)*.

435) KG, Urt. v. 29.5.1995 – 24 U 7885/94, WM 1995, 1439, dazu WuB I F 1 a. – 11.95 *(Krumwiede)*.

436) OLG Köln, Urt. v. 23.2.1996 – 19 U 191/95, WM 1996, 1677.

ners sowie die fremde Schuld, für die gebürgt werden soll, in einer individuell bestimmbaren Weise bezeichnen. Ferner muss aus ihr der **Verbürgungswille** hervorgehen.[437)]

Eine summenmäßige Angabe zum Bürgenrisiko ist keine Wirksamkeitsvoraussetzung der Bürgschaftserklärung, was sich u. a. aus § 765 Abs. 2 BGB ergibt, wonach Bürgschaften auch für künftige Verbindlichkeiten übernommen werden können. Nach dem Bestimmtheitsgrundsatz des § 765 BGB ist also eine Bürgschaft wirksam, durch die der Bürge die Haftung für alle Verbindlichkeiten übernimmt, die in der bankmäßigen Geschäftsverbindung zwischen dem Kreditinstitut in der Gläubigerstellung und dem Hauptschuldner begründet sind oder noch werden.[438)] **9.409**

Dagegen ist der Haftungsumfang inhaltlich nicht bestimmt genug, wenn die Bürgschaft gegenüber einem Kreditinstitut noch weitergehend für Drittverbindlichkeiten des Hauptschuldners gelten soll, also bspw. auch für Garantien, die dieser gegenüber der Bank zugunsten weiterer Personen übernommen hat. Die damit verbundenen Haftungsrisiken sind für den Bürgen nicht mehr überschaubar.[439)] **9.410**

b) Schriftform

Der Bürge muss seine auf den Vertragsschluss zielende Erklärung nach § 766 Satz 1 BGB schriftlich abgeben. Erklärungen, die dieser Voraussetzung nicht genügen, sind gemäß §§ 125, 126 BGB formnichtig. Kein Formerfordernis gilt gemäß § 350 HGB bei Bürgschaften von Vollkaufleuten. **9.411**

Die Schriftform hat **Warnfunktion** und soll den Bürgen vor nicht ausreichend überlegten Erklärungen sichern.[440)] **9.412**

Die notwendige Schriftform kann auch bei einer **Blankobürgschaft** vorliegen, bei der der Bürge lediglich die Urkunde unterzeichnet, dann aber einen Dritten ermächtigt, die Urkunde im Weiteren, d. h. bezüglich Bürgschaftshöhe, Hauptschuld, Gläubiger und verbürgter Forderung, auszufüllen. Voraussetzung der wirksamen Ermächtigung ist indes, dass die **Vollmacht** zur Urkundsergänzung **9.413**

---

437) BGH, Urt. v. 14.11.1991 – IX ZR 20/91, WM 1992, 177, dazu EWiR 1992, 157 *(Tiedtke)*.

438) BGH, Urt. v. 10.10.1957 – VII ZR 419/56, BGHZ 25, 318 = WM 1957, 1430; BGH, Urt. v. 6.12.1984 – IX ZR 115/83, ZIP 1985, 267 = WM 1985, 155, dazu EWiR 1985, 83 *(Fischer)* und WuB I F 1 a. – 1.85 *(Schröter)*; BGH, Urt. v. 7.11.1985 – IX ZR 40/85, ZIP 1986, 85 = WM 1986, 95, dazu EWiR 1986, 671 *(Horn)* und WuB I F 1 a. – 6.86 *(Bruchner)*; zu den **AGB-rechtlichen Anforderungen** vgl. jedoch unten Rz. 9.436.

439) BGH, Urt. v. 5.4.1990 – IX ZR 111/89, ZIP 1990, 708 = WM 1990, 969, dazu EWiR 1990, 677 *(Tiedtke)* und WuB I F 1 a. – 9.90 *(Rimmelspacher)*; BGH, Urt. v. 16.1.1992 – IX ZR 113/91, ZIP 1992, 233 = WM 1992, 391, dazu EWiR 1992, 253 *(Schwintowski)* und WuB I F 1 a. – 8.92 *(Schröter)*.

440) BGH, Urt. v. 28.1.1993 – IX ZR 259/91, BGHZ 121, 224 = ZIP 1993, 424, dazu EWiR 1993, 561 *(Koziol)*.

schriftlich erteilt wird. § 167 Abs. 2 BGB, der Bevollmächtigungen grundsätzlich formfrei zulässt, wird insoweit durch § 766 BGB überlagert.[441)]

9.414 Das Schriftformerfordernis steht in engem Zusammenhang zum Bestimmtheitsgrundsatz und dem Akzessorietätsprinzip. Bei der Prüfung eines Bürgschaftsvertrages ist zunächst nach den allgemeinen Grundsätzen der §§ 133, 157 BGB der Inhalt des Vertrages, insbesondere hinsichtlich der Reichweite der übernommenen Haftung, auszulegen. In die **Auslegung** können die Entstehungsgeschichte **des Bürgschaftsvertrages**, ferner der Vertragszweck und die damit verbundene Interessenlage einbezogen werden. Möglich ist darüber hinaus die Bewertung des nachträglichen Verhaltens der Vertragsparteien, soweit sich hieraus Anhaltspunkte für deren tatsächlichen Vertragswillen ergeben.[442)]

9.415 In einem zweiten Schritt ist zu prüfen, ob die so ausgelegte Bürgschaftserklärung nach dem Vertragstext in der entsprechend § 766 Satz 1 BGB erforderlichen Schriftform abgegeben ist.[443)] Die Bürgschaft ist nach diesem Maßstab wirksam übernommen, wenn für den durch Auslegung ermittelten Umfang zumindest ein zureichender Anhaltspunkt in der Urkunde besteht, der Inhalt der Bürgschaftsverpflichtung also dort irgendwie zum Ausdruck gekommen ist. Gänzlich außerhalb der Urkunde liegende Umstände können nicht herangezogen werden.[444)] Verbleibende Zweifel gehen zulasten des Gläubigers.[445)]

c) Aufklärungspflichten

9.416 Die Bürgschaft ist ein einseitig verpflichtender Vertrag, durch den allein der Bürge ein Risiko übernimmt. Damit besteht **keine allgemeine Aufklärungspflicht** des Gläubigers, den Bürgen vor Vertragsabschluss auf sein Risiko hinzuweisen.[446)]

9.417 Anderes gilt nur in eng begrenzten Ausnahmefällen, etwa wenn die Vermögenssituation des Hauptschuldners bereits sehr schlecht ist und dieser kurz vor

---

441) BGH, Urt. v. 29.2.1996 – IX ZR 153/95, ZIP 1996, 745 = WM 1996, 762, dazu EWiR 1996, 785 *(Hadding)*; vgl. auch *Rösler*, NJW 1999, 1150, 1152.

442) BGH, Urt. v. 16.10.1997 – IX ZR 164/96, ZIP 1998, 106 m. w. N., dazu EWiR 1998, 167 *(Nielsen)*.

443) BGH, Urt. v. 13.10.1994 – IX ZR 25/94, ZIP 1994, 1860 = WM 1994, 2233, dazu EWiR 1995, 19 *(Tiedtke)*; BGH, Urt. v. 30.3.1995 – IX ZR 98/94, ZIP 1995, 812 = WM 1995, 900.

444) BGH, Urt. v. 14.5.1987 – IX ZR 88/86, ZIP 1987, 972 = WM 1987, 898, dazu EWiR 1987, 887 *(Bülow)*; BGH, Urt. v. 3.12.1992 – IX ZR 29/92, ZIP 1993, 102 = WM 1993, 239, dazu EWiR 1993, 137 *(Koziol)*; BGH, Urt. v. 21.1.1993 – IX ZR 90/92, ZIP 1993, 501 = WM 1993, 544, dazu EWiR 1993, 445 *(Bydlinski)*.

445) BGH, Urt. v. 5.1.1995 – IX ZR 101/94, ZIP 1995, 274 = WM 1995, 331, dazu EWiR 1995, 355 *(Bülow)*.

446) BGH, Urt. v. 24.2.1994 – IX ZR 93/93, BGHZ 125, 206 = ZIP 1994, 520 = WM 1994, 676, dazu EWiR 1994, 555 *(Honsell)*.

dem Konkurs steht, sodass schon bei Abschluss des Bürgschaftsvertrages die Inanspruchnahme des Bürgen gleichsam feststeht. Gleiches gilt, wenn der Gläubiger schuldhaft einen Irrtum des Bürgen über den Umfang seines Bürgschaftsrisikos herbeiführt.[447)]

Ähnliches kann bei der Verpflichtung eines ausländischen Bürgen gelten, wenn das Kreditinstitut wegen besonderer Umstände des Einzelfalles davon ausgehen muss, dass der Bürge das Vertragsverhältnis und sein hieraus resultierendes Risiko nicht durchschaut.[448)] Eine Informationspflicht des Gläubigers besteht im besonderen Fall auch, wenn der Bürge offensichtlich über den Haftungsrahmen im Irrtum ist und die Bank dies erkennen musste. So hatte die Bürgin in einem vom Bundesgerichtshof entschiedenen Fall die Übernahme einer Grundschuld abgelehnt, damit ihr Grundstück nicht zum Zugriffsobjekt werden konnte. Sie hatte aber die Übernahme einer Bürgschaft akzeptiert, ohne das damit verbundene Zugriffsrisiko auf den Grundbesitz zu erkennen.[449)] In derartigen Fällen ist der Gläubiger nach dem Grundsatz von Treu und Glauben gemäß § 242 BGB zur Aufklärung des Bürgen verpflichtet. Verstößt er schuldhaft gegen diese Pflicht, steht dem Bürgen gemäß §§ 311 Abs. 2, 280 Abs. 1, 241 Abs. 2 BGB (culpa in contrahendo, c. i. c. – Verschulden bei Vertragsverhandlungen) ein Schadensersatzanspruch zu, den er einer Inanspruchnahme durch den Gläubiger entgegenhalten kann. 9.418

Während der Laufzeit des Bürgschaftsvertrages gilt der Grundsatz, dass der Gläubiger **keine Vermögensinteressen des Bürgen wahrzunehmen** hat. Informationspflichten der Bank in der Gläubigerstellung nach wirksamem Zustandekommen des Vertrages sind somit nach der Rechtsprechung praktisch ausgeschlossen. Es sei Sache des Bürgen selbst, seine vertraglichen Interessen wahrzunehmen und sein für den Hauptschuldner übernommenes Risiko fortlaufend zu prüfen.[450)] 9.419

d) Anwendbarkeit der Regelungen zum Haustürwiderrufsrecht

Ob das Haustürwiderrufsgesetz auf Bürgschaftsverträge anwendbar ist und dem Bürgen demgemäß ein Widerrufsrecht zustehen kann, war in der Rechtsprechung umstritten. Der seinerzeit für das Bürgschaftsrecht zuständige 9.420

447) BGH, Urt. v. 7.5.1987 – IX ZR 198/85, ZIP 1987, 764 = WM 1987, 853, dazu EWiR 1987, 757 *(Gaberdiel)*; BGH, Urt. v. 22.10.1987 – IX ZR 267/86, ZIP 1987, 1519 = WM 1987, 1481, dazu EWiR 1988, 53 *(Bülow)*; BGH, Urt. v. 16.3.1989 – IX ZR 171/88, ZIP 1989, 629 = WM 1989, 667, dazu EWiR 1989, 567 *(Tiedtke)*.

448) BGH, Urt. v. 15.4.1997 – IX ZR 112/96, ZIP 1997, 1058 = BB 1997, 1273, dazu EWiR 1997, 877 *(Medicus)*.

449) BGH, Urt. v. 1.7.1999 – IX ZR 161/98, ZIP 1999, 1345 = WM 1999, 1614, dazu EWiR 2000, 321 *(Clemente)*.

450) Z. B. OLG Köln, Urt. v. 3.11.1994 – 18 U 44/94, WM 1995, 1268, dazu WuB I F 1 a. – 10.95 *(Krumwiede)*.

IX. Zivilsenat des Bundesgerichtshofes stellte lange darauf ab, dass vom Wortlaut des § 1 HWiG a. F. (§ 312 Abs. 1 Satz 1 BGB n. F.) nur Verträge über entgeltliche Leistungen erfasst sind, was bei der einseitigen Bürgenverbindlichkeit gerade ausscheidet, und lehnte ein Widerrufsrecht mit dieser Begründung ab.[451)] Die entgegengesetzte Position nahm der für das Bankrecht zuständige XI. Zivilsenat des Bundesgerichtshofes ein. Dies begründete er damit, dass für die Auslegung des Haustürwiderrufsgesetzes letztlich die zugrundeliegende EG-Richtlinie maßgeblich sei. Diese enthalte keine Beschränkung auf Verträge über entgeltliche Leistungen. Nach Auffassung des XI. Senates folgte hieraus das Widerrufsrecht des Bürgen.[452)]

9.421 Die Auseinandersetzung mündete in eine **Vorabentscheidung des Europäischen Gerichtshofes** vom 17. März 1998. Der EG-Haustürwiderrufsrichtlinie unterfällt eine von einem Verbraucher gestellte Bürgschaft demnach nur, wenn sie auch ein Verbraucherdarlehen i. S. d. entsprechenden Richtlinie (oben Rz. 9.5) absichert. Als entscheidend sah der Europäischen Gerichtshofes dabei einen engen Zusammenhang an, der nach seiner Ansicht zwischen dem Kreditvertrag und der seine Erfüllung absichernden Bürgschaft besteht.[453)]

9.422 Entsprechend dem Schlussurteil des Bundesgerichtshofes in der Vorlagesache unterfällt ein Bürgschaftsvertrag dem Haustürwiderrufsgesetz somit nur und ist eine Belehrung erforderlich, wenn die Bürgschaft von einem Verbraucher gestellt wird, die gesicherte Hauptverbindlichkeit ein Verbraucherkredit ist und dieser Kreditvertrag selbst als Haustürgeschäft abgeschlossen wurde.[454)]

9.423 Hiermit war jedoch noch nicht das letzte Wort gesprochen. Vielmehr entschied der nunmehr für das Bürgschaftsrecht zuständige XI. Zivilsenat in Abweichung von dieser Rechtsprechung, dass das Widerrufsrecht eines Sicherungsgebers nicht von der Verbrauchereigenschaft des Hauptschuldners oder einer auf diesen bezogenen Haustürsituation abhängen dürfe.[455)] Nach Auffassung des

---

451) BGH, Urt. v. 24.1.1991 – IX ZR 174/90, BGHZ 113, 287 = ZIP 1991, 223 = WM 1991, 359, dazu EWiR 1991, 483 *(Gilles)*.

452) BGH, Urt. v. 9.3.1993 – XI ZR 179/92, ZIP 1993, 585 = WM 1993, 683, dazu EWiR 1993, 791 *(Medicus)*.

453) EuGH, Urt. v. 17.3.1998 – C-45/96, ZIP 1998, 554 = WM 1998, 649, dazu EWiR 1998, 465 *(Pfeiffer)*. Der Vorlagebeschluss des BGH an den EuGH, Beschl. v. 11.1.1996 – IX ZR 56/95, ist abgedruckt in ZIP 1996, 375 = WM 1996, 384, dazu EWiR 1996, 749 *(Gilles/Ewert)*; die Schlussanträge des Generalanwalts am EuGH in ZIP 1997, 627, vgl. dazu EWiR 1997, 415 *(Pfeiffer)*.

454) BGH, Urt. v. 14.5.1998 – IX ZR 56/95, ZIP 1998, 1144 = ZBB 1999, 156 (m. Anm. *Auer*, S. 161) = WM 1998, 1388, dazu EWiR 1998, 845 *(H.-W. Eckert)*; dazu kritisch *Reinicke/Tiedtke*, DB 1998, 2001; zur Anwendbarkeit des Verbraucherkreditgesetzes auf Bürgschaften oben Rz. 9.48.

455) BGH, Urt. v. 10.1.2006 – XI ZR 169/05, BGHZ 165, 363 = ZIP 2006, 363 (m. Bespr. *Zahn*, S. 1069), dazu EWiR 2006, 195 *(Derleder)*; BGH, Urt. v. 27.2.2007 – XI ZR 195/05, BGHZ 171, 180 = ZIP 2007, 619 = ZVI 2007, 255 = ZfIR 2007, 308 (m. Anm. *Deuber*, S. 313), dazu EWiR 2007, 267 *(Schodder)*.

XI. Zivilsenats dient § 312 Abs. 1 Satz 1 Nr. 1 BGB (§ 1 HWiG a. F.) dem Schutz des Verbrauchers vor der Gefahr, bei der Anbahnung eines Vertrages in einer ungewöhnlichen räumlichen Situation überrumpelt und zu einem unüberlegten Geschäftsabschluss veranlasst zu werden. Diese Gefahr drohe einem Bürgen immer, wenn er sich selbst in einer sog. Haustürsituation befindet. Sie bestehe unabhängig davon, ob die Hauptschuld ein Verbraucherdarlehen oder ein gewerblicher Kredit ist und ob der Hauptschuldner ebenfalls durch eine Haustürsituation zum Vertragsschluss bestimmt worden ist. Die Akzessorietät der Bürgschaft rechtfertige hier keine andere Beurteilung. Der Bürgschaftsvertrag begründe ein eigenes Schuldverhältnis und – unabhängig von der Möglichkeit, sich auf das Widerrufsrecht des Hauptschuldners zu berufen – ein **eigenes Widerrufsrecht des Bürgen**. Die Entscheidung des Europäischen Gerichtshofes ändert nach den Ausführungen des XI. Zivilsenates hieran nichts. Denn die Mitgliedstaaten könnten günstigere Verbraucherschutzbestimmungen erlassen oder beibehalten. Zur Vermeidung von Wertungswidersprüchen dürfe der Bürge, der in einer Haustürsituation einen gewerblichen Zwecken dienenden Kredit verbürgt, nicht schlechter stehen als derjenige, der in einer solchen Situation den Kreditvertrag als Mithaftender unterzeichnet.

Insoweit ist nunmehr – wohl abschließend – entschieden, dass dem Bürgen sowie anderen Sicherungsgebern unter den Voraussetzungen des § 312 Abs. 1 Satz 1 BGB ein eigenes Widerrufsrecht zusteht. **9.424**

e) Einreden und Schutzrechte

Wegen der durch § 767 Abs. 1 Satz 1 BGB zum Ausdruck gebrachten Akzessorietät kann der Bürge dem Gläubiger bei Inanspruchnahme aus der Bürgschaft selbstverständlich entgegenhalten, dass die **gesicherte Forderung** durch den Hauptschuldner **bereits getilgt** ist. Diese Behauptung muss der Bürge allerdings in einem Prozess nach allgemeinen Grundsätzen darlegen und beweisen. Dies gilt auch dann, wenn sich die Bürgschaft auf eine Kontokorrentschuld bezieht und ein Saldoanerkenntnis des Hauptschuldners bestritten ist. In diesem Fall hat zwar der Gläubiger die Beweislast für den jeweiligen Tagessaldo, dessen Tilgung muss indes der Bürge darlegen.[456)] **9.425**

Den Grundsatz zu den Einreden, die dem Bürgen aus dem abgesicherten Rechtsverhältnis zustehen, normiert § 768 BGB. Demnach kann der Bürge die dem Hauptschuldner aus diesem Verhältnis zustehenden Einreden geltend machen. Er verliert eine Einrede auch nicht durch einen Verzicht, den der Hauptschuldner für seine Person erklärt (§ 768 Abs. 2 BGB). Anwendungsfall des § 768 BGB ist u. a. die **Einrede der Verjährung der Hauptschuld**. Der Bürge kann die Verjährung der Hauptschuld zu jedem Zeitpunkt des Bürgschaftsver- **9.426**

---

456) BGH, Urt. v. 7.12.1995 – IX ZR 110/95, ZIP 1996, 222 = WM 1996, 192, dazu EWiR 1996, 877 *(Büchler)*.

hältnisses geltend machen und sie auch gegen einen rechtskräftigen Vollstreckungstitel des Gläubigers aus dem Bürgschaftsvertrag, ggf. mit der Vollstreckungsabwehrklage gemäß § 767 ZPO, erheben.[457] Die Bürgschaftsgläubiger haben daher eine mögliche Verjährung der Hauptschuld zu überwachen und ggf. durch gerichtliche Geltendmachung gemäß § 204 BGB zu unterbrechen. Dies gilt auch, wenn sie für die Bürgschaft einen Titel erwirkt haben und hieraus vollstrecken.

9.427 Das Berufen auf die Verjährung der Hauptforderung ist dem Bürgen auch dann möglich, wenn die Hauptschuldnerin nach Übernahme der Bürgschaft wegen Vermögenslosigkeit bzw. Löschung im Handelsregister als Rechtsperson untergegangen ist und insoweit Forderungen gegen sie weggefallen sind.[458]

9.428 Ein weiteres gesetzliches Schutzrecht des Bürgen enthält **§ 776 BGB.** Danach wird der Bürge aus seiner Verpflichtung insoweit frei, als der Gläubiger ein anderes, für die Hauptforderung bestehendes Sicherungsrecht aufgibt. Die Vorschrift ist sowohl auf akzessorische wie auf treuhänderisch gestaltete Sicherheiten anzuwenden.[459]

9.429 Der Bundesgerichtshof hat mit Urteil vom 2. März 2000 – in Abweichung von der bisherigen Rechtsprechung – entschieden, dass ein formularmäßiger genereller Verzicht auf die Rechte aus § 776 BGB nach § 307 BGB (§ 9 AGBG a. F.) unwirksam ist, weil er den Bürgen entgegen den Geboten von Treu und Glauben unangemessen benachteiligt. Nach Auffassung des Bundesgerichtshofes kann ein solcher allgemeiner Ausschluss der dem Bürgen zustehenden Rechte allerdings rechtlich haltbar sein, sofern er sich lediglich auf Sicherheiten bezieht, die dem Kreditinstitut nicht aufgrund einer gesonderten Sicherungsvereinbarung, sondern schon nach dem Inhalt seiner Allgemeinen Geschäftsbedingungen zustehen.[460]

---

457) BGH, Urt. v. 9.7.1998 – IX ZR 272/96, ZIP 1998, 1478 = WM 1998, 1766; BGH, Urt. v. 5.11.1998 – IX ZR 48/98, ZIP 1999, 19 = WM 1998, 2540, dazu EWiR 1999, 155 *(Aden)*; vgl. auch BGH, Beschl. v. 4.12.2007 – XI ZR 144/06, NJW 2008, 1312.

458) BGH, Urt. v. 28.1.2003 – XI ZR 243/02, BGHZ 153, 337 = ZfIR 2003, 575 (LS), = ZIP 2003, 524, dazu EWiR 2003, 363 *(M. Weber)*.

459) So bereits BGH, Urt. v. 22.6.1966 – VIII ZR 50/66, WM 1966, 756 = NJW 1966, 2009; BGH, Urt v. 25.1.1967 – VIII ZR 124/64, WM 1967, 213 = DB 1967, 548.

460) BGH, Urt. v. 2.3.2000 – IX ZR 328/98, BGHZ 144, 52 = ZIP 2000, 656, dazu EWiR 2000, 813 *(Klaas)*; BGH, Urt. v. 25.10.2001 – IX ZR 185/00, ZIP 2001, 2169 = NJW 2002, 295, dazu EWiR 2002, 153 *(Büchler)*. Zur alten Rechtsprechung: BGH, Urt. v. 24.9.1980 – VIII ZR 291/79, BGHZ 78, 137 = ZIP 1980, 968 = WM 1980, 1255; BGH, Urt. v. 13.12.1990 – IX ZR 79/90, WM 1991, 558, dazu WuB I F 1 a. – 8.91 *(Lwowski)*; OLG Hamm, Urt. v. 13.5.1998 – 31 U 36/98, WM 1999, 1969.

f) Kündigungsrecht des Bürgen

Die gesetzlichen Bestimmungen sehen keine besondere Kündigungsbefugnis des Bürgen vor. Der in § 775 BGB geregelte Anspruch auf Befreiung richtet sich allein auf das Verhältnis zwischen Bürgen und Hauptschuldner und betrifft nicht unmittelbar die Rechtsposition des Gläubigers aus dem Bürgschaftsvertrag. Nach den allgemeinen Grundsätzen für Dauerschuldverhältnisse hat der Bürge prinzipiell nur das Recht zur Kündigung aus wichtigem Grund. 9.430

Die Rechtsprechung hat die Kündigungsbefugnis allerdings für Bürgschaften, die auf unbestimmte Zeit für einen Kontokorrentkredit übernommen wurden, erweitert. Unter dem Gesichtspunkt der Risikobegrenzung steht hier dem Bürgen ein **besonderes vertragliches Kündigungsrecht** nach Ablauf eines angemessenen Zeitraums zu. 9.431

> „Auch der Bürge, der es auf unbestimmte Zeit übernommen hat, für den einem Dritten eröffneten Kredit einzustehen, hat nach Treu und Glauben das Recht, die Bürgschaft nach Ablauf eines gewissen Zeitraums oder bei Eintritt besonders wichtiger Umstände mit Wirkung für die Zukunft zu kündigen. Es kann deshalb dahinstehen, ob allein die Verschlechterung der Vermögenslage der Hauptschuldnerin als besonders wichtiger Grund die Kündigung rechtfertigen konnte. …
>
> Das dem Bürgen bei einer unbefristeten Bürgschaft zustehende Kündigungsrecht aus § 242 BGB kann die Bürgschaftsverpflichtung zu einem anderen Zeitpunkt als dem Ende der Kontokorrentperiode beenden. In diesem Fall beschränkt sich die Verpflichtung des Bürgen der Höhe nach auf den Schuldsaldo, der sich zum Wirksamwerden der Kündigung errechnet. Auf diesem Zeitpunkt hat der Gläubiger daher das Konto dem Bürgen gegenüber abschließend zu saldieren.“[461]

Im Zuge der Schuldrechtsmodernisierung wurden die durch die Lehre und die Rechtsprechung entwickelten Grundsätze zur Kündigung von Dauerschuldverhältnissen aus wichtigem Grund in den § 314 BGB übernommen. Die Rechtsprechung des Bundesgerichtshofes zum Kündigungsrecht des Bürgen nach Ablauf eines angemessenen Zeitraums dürften gleichwohl über § 314 BGB zur Anwendung kommen.[462] 9.432

Welche Kündigungsfrist angemessen ist, ist nach Abwägung der Interessen der Beteiligten zu bestimmen. Je nach Sicherung des Gläubigers kann eine Frist von vier bis sechs Wochen ausreichen.[463] 9.433

Zu beachten ist, dass der Bürge nach Wirksamwerden der Kündigung weiterhin für alle i. R. d. Bürgschaft erfassten und bis zu diesem Zeitpunkt begründeten 9.434

---

461) BGH, Urt. v. 4.7.1985 – IX ZR 135/84, ZIP 1985, 984 = WM 1985, 969, dazu EWiR 1985, 668 (*v. Westphalen*).

462) Vgl. auch Schimansky/Bunte/Lwowski-*Schmitz/Wassermann/Nobbe*, Bankrechts-Hdb., § 91 Rz. 198.

463) So z. B. in der Entscheidung des OLG Celle, Urt. v. 5.10.1988 – 3 U 306/87, WM 1989, 1224.

Verbindlichkeiten des Hauptschuldners haftet. Dies wird in den in der kreditwirtschaftlichen Praxis verwendeten Formularen, die heute allgemein ein vertragliches Kündigungsrecht des Bürgen enthalten, ausdrücklich betont.[464)]

g) Sicherheitsleistung für die Bürgschaft

9.435 Der Charakter als Personalsicherheit bedingt, dass der Gläubiger auf das Vermögen des Bürgen nur so zugreifen kann, wie dieses im Sicherungsfall, d. h. bei Fälligkeit der Bürgschaftsforderung, zusammengesetzt ist (oben Rz. 9.380). Eine formularmäßige Verpflichtung, nach der der Bürge auf Verlangen des Kreditinstituts für seine Eventualverbindlichkeit aus der Bürgschaft Sicherheit zu leisten hat, hat der Bundesgerichtshof folglich AGB-rechtlich für unwirksam erklärt.[465)] Dies gilt auch hinsichtlich des AGB-Pfandrechts nach Nr. 14 AGB-Bk/Nr. 21 AGB-Spk, das gegenüber dem Bürgen erst mit Fälligkeit der Bürgschaftsverbindlichkeit zur Anwendung kommen kann.[466)]

3. Sicherungszweck und AGB-Recht

9.436 Die Rechtsprechung hat in der Vergangenheit die Vereinbarung einer auf die bankmäßige Geschäftsverbindung zwischen Kreditinstitut und Hauptschuldner bezogenen Bürgschaft, die dem Bestimmtheitserfordernis nach § 765 BGB gerecht wird, auch bei formularmäßiger Abrede als wirksam angesehen. Gegen die AGB-rechtliche Vereinbarkeit einer entsprechenden **Formularbürgschaft mit weitem Sicherungszweck** ergaben sich nach damaliger Einschätzung weder nach § 305c BGB (§ 3 AGBG a. F.) noch nach § 307 BGB (§ 9 AGBG a. F.) Bedenken. Das galt insbesondere für Kontokorrentkreditbürgschaften.[467)] In Anwendung dieser Grundsätze nahm der Bundesgerichtshof u. a. an, dass ein Bürge, der eine Bürgschaft für einen betragsmäßig begrenzten Kontokorrentkredit übernommen hatte, mit der Ausweitung des Kredits rechnen musste. Er haftete auch für i. R. d. Üblichen liegende Überschreitungen des Kreditlimits.[468)]

9.437 Hiergegen ist zunächst in der juristischen Literatur Kritik geübt worden. Die Bedenken gegen die Formularklauseln wurden damit begründet, es widerspreche dem gesetzlichen Leitbild der Bürgschaft, wenn der Bürge ein unüber-

---

464) Vgl. das bei Schimansky/Bunte/Lwowski-*Lwowski*, Bankrechts-Hdb., Anh. zu § 91, abgedruckte Muster.

465) BGH, Urt. v. 11.10.1984 – IX ZR 73/83, ZIP 1984, 1454.

466) BGH, Urt. v. 25.9.1990 – XI ZR 142/89, ZIP 1990, 1392 = WM 1990, 1910, dazu EWiR 1990, 1197 *(Brink)*.

467) BGH, Urt. v. 6.12.1984 – IX ZR 115/83, ZIP 1985, 267 = WM 1985, 155, dazu EWiR 1985, 83 *(Fischer)*; ständige Rechtsprechung noch bis BGH, Urt. v. 17.3.1994 – IX ZR 102/93, ZIP 1994, 697 = WM 1994, 784, dazu EWiR 1994, 521 *(E. Schmidt)*.

468) BGH, Urt. v. 22.9.1987 – IX ZR 220/86, ZIP 1987, 1439 = WM 1987, 1430, dazu EWiR 1987, 1183 *(Fischer)*.

schaubares Risiko übernehmen solle. Die abweichende Auslegung verstieß nach dieser Ansicht gegen den Bestimmtheitsgrundsatz und das Akzessorietätsprinzip. Die formularmäßige Vereinbarung eines weiten Sicherungszwecks erforderte demnach stets zumindest die Vereinbarung einer betragsmäßigen Haftungsgrenze für den Bürgen.[469)]

Der Bundesgerichtshof ist dieser Kritik schrittweise gefolgt. So hat der IX. Zivilsenat die Vereinbarung eines weiten Bürgschaftszwecks als **überraschende Klausel nach § 305c BGB (§ 3 AGBG** a. F.) in einem Fall als unwirksam eingestuft, in dem der Bürge vor Unterzeichnung der Bürgschaftserklärung unmissverständlich darauf hingewiesen hatte, er wolle nur für zwei zum damaligen Zeitpunkt bestehende Kredite des Hauptschuldners einstehen. Die Bank hatte diesem Hinweis nicht widersprochen. Der Bundesgerichtshof bejahte, dass der Bürge auf einen entsprechend begrenzten Sicherungszweck vertrauen durfte. Danach entfaltete der nach dem Vertragswortlaut weitergehende Bürgschaftszweck, der auch künftige Verbindlichkeiten erfasste, ihm gegenüber keine Wirkung.[470)] 9.438

Der XI. Zivilsenat sprach in Anwendung seiner zu Drittgrundschulden entwickelten **„Anlassrechtsprechung“** (unten Rz. 9.571) aus, dass die formularmäßige Vereinbarung einer weiten Zweckerklärung immer grundsätzlich überraschend und gemäß § 305c BGB (§ 3 AGBG a. F.) unwirksam sei, wenn die Bürgschaft zur Sicherung („aus Anlass“) eines bestimmten Tilgungskredits übernommen wurde.[471)] 9.439

Zu den noch verbliebenen, ohne sonstige besondere Umstände übernommenen Kontokorrentkreditbürgschaften hat sich der IX. Zivilsenat in einem Urteil von Mai 1995 der Literaturkritik angeschlossen und seine bisherige Rechtsprechung aufgegeben. Danach verstößt die formularmäßige Vereinbarung eines weiten Sicherungszwecks bei Bürgschaften, die von Privatpersonen übernommen werden, nicht nur gegen die vornehmlich subjektiv zu beurteilenden Kriterien der unzulässigen Überraschung und Überrumpelung nach § 305c BGB (§ 3 AGBG a. F.), sondern auch gegen die objektiven Merkmale einer **unangemessenen Benachteiligung gemäß § 307 BGB (§ 9 AGBG a. F.)**. 9.440

> „Anders als bisher entnimmt der Senat dem § 767 Abs. 1 Satz 3 BGB das Erfordernis einer Begrenzung der Bürgschaft. Die Vorschrift bestimmt, dass die Bürgenverpflichtung nicht durch ein Rechtsgeschäft erweitert wird, das der Hauptschuldner nach Übernahme der Bürgschaft vornimmt. Diese Regelung ist nicht lediglich dann anzuwenden, wenn eine Begrenzung konkret vereinbart ist. Vielmehr setzt das Gesetz zum Schutze des Bürgen neben der Bestimmtheit der zu

469) Z. B. *Horn* in: FS Merz, S. 217, 220; *Tiedtke*, ZIP 1995, 521, 532, je m. w. N.

470) BGH, Urt. v. 17.3.1994 – IX ZR 102/93, ZIP 1994, 697 = WM 1994, 784, dazu EWiR 1994, 521 *(E. Schmidt)*.

471) BGH, Urt. v. 1.6.1994 – XI ZR 133/93, BGHZ 126, 174 = ZIP 1994, 1096 = WM 1994, 1242, dazu EWiR 1994, 761 *(Tiedtke)*.

sichernden Forderungen eine summenmäßige Begrenzung der Bürgschaft als selbstverständlich voraus. Auf diese Weise soll verhindert werden, dass Hauptschuldner und Gläubiger den Umfang der Bürgschaft eigenmächtig ausweiten. Eine unbegrenzte Ausdehnung der Haftung durch rechtsgeschäftliches Handeln anderer widerspricht dem elementaren Schutz der Privatautonomie des Bürgen.“[472)]

9.441 Wichtig für die Bankpraxis ist, dass der Bundesgerichtshof mit weitem Sicherungszweck übernommene Formularbürgschaften **nicht als gesamtunwirksam** nach § 306 Abs. 3 BGB (§ 6 Abs. 3 AGBG a. F.) wertet. Vielmehr bleibt die Bürgschaft für alle bestehenden und künftigen, auch bedingten und befristeten Forderungen der Bank gegen den Hauptschuldner aus dem Kreditverhältnis wirksam, wie es bei Abgabe der Bürgschaftserklärung bestand. Der Bundesgerichtshof stellt damit letztlich auf die zu sichernden Forderungen ab, die zum Zeitpunkt des Vertragsabschlusses den „Bürgschaftsanlass“ bildeten.

9.442 Die Beschränkung des Sicherungszwecks führt nicht nur dazu, dass vom Hauptschuldner zukünftig aufgenommene Kredite nicht mehr von der Formularbürgschaft gedeckt sind. Vielmehr erstreckt sich die Haftung auch nicht auf Überschreitungen des Kreditlimits, wenn die Sicherung eines **betragsmäßig begrenzten Kontokorrentkredits** übernommen wurde. Soweit die Bankpraxis Überschreitungen des Kreditrahmens hinnehme, liege darin die Gewährung eines weiteren Kredits.[473)]

9.443 Wurde die Bürgschaft für einen nach dem Kreditvertrag betraglich nicht beschränkten, d. h. **unlimitierten Kontokorrentkredit** gestellt, so bezieht sich der Sicherungszweck nicht auf den gesamten, betragsmäßig nicht definierten Kredit. Für den Haftungsumfang des Bürgen ist statt dessen auf die Höhe des Kreditsaldos abzustellen, der für den Kontokorrent am Tage der Bürgschaftserklärung bestand.[474)]

9.444 Eine Sonderfrage im Bereich der Kontokorrentkredite war, ob **Kreditprolongationen** noch vom beschränkten Sicherungszweck gedeckt sind. Hiergegen lässt sich einwenden, dass mit der Prolongation das Kapitalnutzungsrecht über die zunächst vereinbarte Laufzeit hinaus gewährt wird, also aus Sicht des Bürgen eine von ihm nicht zu beeinflussende Erweiterung des Risikos vorliegt. Für Tilgungskredite ist dies zutreffend. Hingegen ist für Kontokorrentkredite zu beachten, dass diese sich üblicherweise von vornherein auf eine laufende, zeit-

---

472) BGH, Urt. v. 18.5.1995 – IX ZR 108/94, BGHZ 130, 19 = ZIP 1995, 1244 = WM 1995, 1397, dazu EWiR 1995, 971 *(Tiedtke)*.

473) BGH, Urt. v. 18.5.1995 – IX ZR 108/94, BGHZ 130, 19 = ZIP 1995, 1244, dazu EWiR 1995, 971 *(Tiedtke)*; BGH, Urt. v. 18.1.1996 – IX ZR 69/95, BGHZ 132, 6 = ZIP 1996, 456 = WM 1996, 436, dazu EWiR 1996, 735 *(Hadding)* und WuB I F 1 a. – 12.96 *(Richrath/Schröter)*.

474) BGH, Urt. v. 13.11.1997 – IX ZR 289/96, BGHZ 137, 153 = WM 1998, 67, dazu EWiR 1998, 165 *(Tiedtke)* und WuB I F 1 a. – 8.98 *(Hellner)*; krit.: *Masuch*, BB 1998, 2590.

lich nicht limitierte Geschäftsverbindung zwischen Gläubiger und Hauptschuldner beziehen. Zudem wurden Kontokorrentkredite in der Vergangenheit oftmals mit Blick auf die Eigenmittelunterlegung im Grundsatz I nur auf jeweils ein Jahr befristet gewährt, die Prolongation wurde dabei als grundsätzlich möglich angesehen. Zur besonderen Typik des Kreditverhältnisses kommt hinzu, dass der Bürge nach den Formularvereinbarungen regelmäßig ein Kündigungsrecht hat, also sein Haftungsrisiko für das Kontokorrentverhältnis auf den Saldo bei Wirksamwerden der Kündigung beschränken kann (vgl. oben Rz. 9.430). Prolongationen sind daher bei zunächst befristet gewährten Kontokorrentkrediten vom beschränkten Sicherungszweck gedeckt, wenn der Bürge hiervon nach den Geschäftsumständen oder durch ausdrücklichen Hinweis in der Formularerklärung ausgehen musste.[475)] Diese, zunächst in der Literatur vertretene Auffassung hat der Bundesgerichtshof zwischenzeitlich bestätigt. Die Prolongation enthalte zwar eine neue Kreditgewährung, diese sei aber für den Bürgen bei seiner Haftungszusage hinreichend konkretisiert, wenn der Kredit auf ein Jahr befristet, die Verlängerungsmöglichkeit besprochen und dies dem Bürgen erkennbar war.[476)] In der Praxis lässt sich die Problematik indes vermeiden, indem der Kontokorrentkredit nicht befristet, sondern „bis auf weiteres" gewährt wird. Für die Bank gilt dabei die Kündigungsmöglichkeit nach Nr. 19 Abs. 3 AGB-Bk/Nr. 26 Abs. 1 AGB-Spk.

Die Grundsätze zum eingeschränkten Sicherungszweck gelten für **Höchstbetragsbürgschaften** in gleicher Weise wie für betragsmäßig unbeschränkte Bürgschaften. Auch für Höchstbetragsbürgschaften stellt der Bundesgerichtshof darauf ab, dass bei Fortgeltung des weiten Sicherungszwecks Gläubiger und Hauptschuldner den Haftungsumfang des Bürgen entgegen § 767 Abs. 1 Satz 3 BGB ohne Mitwirkung des Bürgen bis zur Betragsgrenze des Haftungsversprechens erweitern könnten.[477)] **9.445**

Die Beschränkungen des Sicherungszwecks zum Schutz des Bürgen sind nach einer Entscheidung des Bundesgerichtshofes vom 24. September 1998 nicht nur auf Privatpersonen, sondern prinzipiell in gleicher Weise auch gegenüber **Kaufleuten** anzuwenden. Nachvollziehbar ist dies insoweit, als der Bundesgerichtshof seine Erwägungen auf § 307 BGB (§ 9 AGBG a. F.) stützt und diese **9.446**

---

475) In diesem Sinne *Ganter*, WM 1996, 1705, 1716; *G. Fischer*, WM 1998, 1705, 1711; vgl. auch OLG München, Urt. v. 19.12.1996 – 19 U 6354/95, WM 1997, 721 (keine Prolongation eines Ratenkredites).

476) BGH, Urt. v. 15.7.1999 – IX ZR 243/98, ZIP 1999, 1480 = WM 1999, 1761, dazu EWiR 1999, 1001 *(Tiedtke)*.

477) BGH, Urt. v. 7.3.1996 – IX ZR 43/95, ZIP 1996, 702 = WM 1996, 766, dazu EWiR 1996, 451 *(Bülow)* und WuB I F 1 a. – 12.96 *(Richrath/Schröter)*.

Vorschrift auch zugunsten von Kaufleuten im Verhältnis zum Verwender der Geschäftsbedingungen zur Anwendung kommt.[478)]

9.447 Etwas anderes gilt, wenn **Geschäftsführer, Allein- oder Mehrheitsgesellschafter der Hauptschuldnerin**, i. d. R. einer GmbH, eine Formularbürgschaft mit weitem Sicherungszweck übernehmen. Sie können die Art und Höhe der Verbindlichkeiten der Schuldnerin bestimmen, bedürfen also des Schutzes von § 767 Abs. 1 Satz 3 BGB nicht.[479)]

9.448 Folgerung der Rechtsprechungsgrundsätze für die Bankpraxis ist, dass Formularbürgschaften i. d. R. nur mit engem Sicherungszweck, d. h. zur Sicherung einer bestimmten Forderung hereingenommen werden sollten. Von den kreditwirtschaftlichen Verbänden wurde dies auch schon vor der Grundsatzentscheidung des Bundesgerichtshofes empfohlen.

4. Vermögenslose Bürgen

9.449 Zwischen dem IX. und XI. Zivilsenat des Bundesgerichtshofes war über Jahre auch die Frage umstritten, ob Bürgschaften, die von vermögenslosen Familienangehörigen des Hauptschuldners übernommen wurden, i. R. d. **vertraglichen Inhaltskontrolle** nach den Generalklauseln der §§ 138 und 242 BGB unter bestimmten Voraussetzungen als unwirksam oder nichtig zu werten sind. Die Meinungsdifferenzen in der Rechtsprechung wurden von der juristischen Literatur sogar als „Art U-Boot-Krieg der Senate" bezeichnet.[480)] Die entschiedenen Sachverhalte zeichneten sich durchgängig dadurch aus, dass sehr hohe Bürgenverpflichtungen von jüngeren, geschäftlich unerfahrenen oder vermögenslosen Personen, oftmals gerade volljährigen Kindern der Hauptschuldner, übernommen wurden. Das wirtschaftliche Leistungsvermögen und der übernommene Verpflichtungsumfang fielen jeweils weit auseinander.

9.450 Der IX. Zivilsenat beurteilte die Fälle in der Vergangenheit ausgehend vom Grundsatz wirksamer Risikoübernahme i. R. privatautonomer Entscheidungen. Im Ansatz zutreffend stellte er darauf ab, dass allein die Übernahme eines Geschäftsrisikos von erheblichem Umfang, das angesichts der Vermögenslage des

---

478) BGH, Urt. v. 24.9.1998 – IX ZR 425/97, ZIP 1998, 1868, dazu EWiR 1998, 1075 *(Luttermann)*; BGH, Urt. v. 16.1.2003 – IX ZR 171/00, BGHZ 153, 293 = ZIP 2003, 621 = NJW 2003, 1521.

479) BGH, Urt. v. 18.5.1995 – IX ZR 108/94, BGHZ 130, 19 = ZIP 1995, 1244, dazu EWiR 1995, 971 *(Tiedtke)*; BGH, Urt. v. 12.7.1996 – V ZR 280/94, NJW 1996, 3205; BGH, Urt. v. 10.11.1998 – XI ZR 347/9, ZIP 1998, 2145, dazu EWiR 1999, 403 *(Blaurock)*; so bereits *Reinicke/Tiedtke*, JZ 1986, 426, 430 m. w. N; abgrenzend hat der BGH festgehalten, dass die Ausnahme nicht gilt, soweit ein Gesellschafter 50 % der Anteile einer GmbH hält und ihm keine besonderen gesellschaftsvertraglichen Steuerungsrechte zustehen: BGH, Urt. v. 15.7.1999 – IX ZR 243/98, ZIP 1999, 1480 = WM 1999, 1761, dazu EWiR 1999, 1001 *(Tiedtke)*.

480) So *Köndgen*, NJW 1991, 2018 (Urteilsanm.).

Verpflichteten besonders groß ist, nicht die Anforderungen erfüllt, um ein Rechtsgeschäft als sittenwidrig gemäß § 138 Abs. 1 BGB einzustufen. Der Senat hielt die Bürgschaftsverpflichtungen daher jeweils für wirksam.[481)] Die Entscheidungen ließen sich indes kritisieren, weil der IX. Zivilsenat den Grundsatz der Privatautonomie für § 138 BGB vorrangig formal interpretierte und damit den jeweiligen Einzelfallumständen nicht stets gerecht wurde. Zutreffend war allerdings, dass eine allgemeine Aufklärungspflicht gegenüber dem Bürgen nach § 242 BGB und die von Instanzgerichten erwogene analoge Anwendung von § 310 BGB abgelehnt wurden.

Der XI. Zivilsenat zog dagegen in verschiedenen Entscheidungen zur **Mitverpflichtung** von Ehegatten, die bei wirtschaftlicher Bewertung ähnlich einer Bürgschaft zu behandeln ist (vgl. auch unten Rz. 9.470), die Einzelfallumstände eingehend heran. Die Sachverhalte, in denen junge oder geschäftsunerfahrene Ehefrauen, die keine qualifizierte Berufsausbildung hatten und kein eigenes Einkommen erzielten, der Kreditschuld des Mannes beitraten, typisierte der XI. Zivilsenat dahin, dass ein grobes Missverhältnis zwischen der wirtschaftlichen Leistungsfähigkeit der Ehefrau und der von ihr übernommenen Verpflichtung die objektiven Anforderungen einer Sittenwidrigkeit nach § 138 Abs. 1 BGB erfüllen könne. Wegen hinzukommender subjektiver Merkmale – die Banken in der Gläubigerstellung machten sich die geschäftliche Unerfahrenheit zunutze oder beachteten diese grob fahrlässig nicht – beurteilte er die Verpflichtung insgesamt als nichtig.[482)] 9.451

a) Typisierbare Umstandssittenwidrigkeit

Weitgehend geklärt wurde die Streitfrage durch einen Beschluss des Bundesverfassungsgerichts. An das Verfassungsgericht hatte sich u. a. eine Bürgin gewandt, die als damals 21-Jährige für ihren Vater eine Formularbürgschaft mit weitem Sicherungszweck bis zu einem Umfang von 100.000 DM zuzüglich Nebenleistungen übernommen hatte. Die Bürgin war bei Vertragsabschluss als ungelernte Arbeiterin mit einem Nettolohn von 1.150 DM monatlich beschäftigt und verfügte über kein weiteres Vermögen. Der IX. Zivilsenat des Bundesgerichtshofes hatte die Bürgschaft als wirksam angesehen. Das Bundesverfas- 9.452

---

481) Z. B. BGH, Urt. v. 19.1.1989 – IX ZR 124/88, BGHZ 106, 269 = ZIP 1989, 219 (m. Bespr. *Reinicke/Tiedtke*, S. 613) = WM 1989, 245, dazu EWiR 1989, 239 *(Bender)*; BGH, Urt. v. 28.2.1989 – IX ZR 130/88, BGHZ 107, 92 = ZIP 1989, 427 (m. Bespr. *Reinicke/Tiedtke*, S. 613) = WM 1989, 480, dazu EWiR 1989, 327 *(Medicus)* und WuB I F 1 a. – 12.89 *(Schröter)*; BGH, Urt. v. 16.5.1991 – IX ZR 245/90, ZIP 1991, 787 = WM 1991, 1154 = NJW 1991, 2015, dazu EWiR 1991, 663 *(Altmeppen)* und WuB I F 1 a. – 14.91 *(Westermann)*.

482) BGH, Urt. v. 22.1.1991 – XI ZR 111/90, ZIP 1991, 224 (*Knütel*, S. 493) = ZBB 1991, 260 (*Bydlinski*, S. 263) = WM 1991, 313, dazu EWiR 1991, 231 *(Ackmann)*; BGH, Urt. v. 24.11.1992 – XI ZR 98/92, ZIP 1993, 26 = WM 1992, 2129, dazu EWiR 1993, 123 *(Medicus)*.

sungsgericht folgerte aus der grundrechtlichen Gewährleistung der Privatautonomie in Art. 2 GG und dem Sozialstaatsgebot des Art. 20 GG, dass die Zivilgerichte in bestimmten Fällen zur vertraglichen Inhaltskontrolle im Einzelfall und zur Vertragskorrektur verpflichtet sind. Als geeignete Rechtsgrundlagen zur Korrektur bei **strukturellem Ungleichgewicht der Vertragsparteien** sieht das Bundesverfassungsgericht sowohl § 138 als auch § 242 BGB an.

> „Im Vertragsrecht ergibt sich der sachgerechte Interessenausgleich aus dem übereinstimmenden Willen der Vertragspartner. Beide binden sich und nehmen damit zugleich ihre individuelle Handlungsfreiheit wahr. Hat einer der Vertragsteile ein so starkes Übergewicht, dass er den Vertragsinhalt faktisch einseitig bestimmen kann, bewirkt dies für den anderen Teil Fremdbestimmung. ...
>
> Handelt es sich ... um eine typisierbare Fallgestaltung, die eine strukturelle Unterlegenheit des einen Vertragsteils erkennen lässt, und sind die Folgen des Vertrages für den unterlegenen Vertragsteil ungewöhnlich belastend, so muss die Zivilrechtsordnung darauf reagieren und Korrekturen ermöglichen."[483)]

9.453 Der IX. Zivilsenat hat die Grundsätze des Verfassungsgerichts in zwei Entscheidungen vom Februar 1994 aufgegriffen. Zum einen handelte es sich um die erneute zivilgerichtliche Entscheidung über das vom Verfassungsgericht behandelte Verfahren, zum anderen um eine Bürgschaft, die ein 24-Jähriger für einen Verpflichtungsumfang von mehreren Millionen D-Mark übernommen hatte, während sein monatliches Einkommen etwa 1.500 DM betrug. Der Senat hat diese Bürgschaften als gemäß § 138 Abs. 1 BGB sittenwidrig und nichtig angesehen.

> "Verpflichtet sich der Bürge in einem Umfang, der seine gegenwärtigen und zukünftig zu erwartenden Einkommens- und Vermögensverhältnisse weit übersteigt, kann ein solcher Vertrag dann gemäß § 138 Abs. 1 BGB nichtig sein, wenn der Bürge durch weitere Umstände in einer dem Gläubiger zurechenbaren Weise zusätzlich erheblich belastet wird, die zu einem unerträglichen Ungleichgewicht der Vertragspartner führen."

9.454 Zusätzliche subjektive Merkmale für eine solche **typisierbare Umstandssittenwidrigkeit** sieht der Senat in besonders krassen Ausnahmefällen als verzichtbar an. Allein die objektiven Umstände können für § 138 Abs. 1 BGB dann ausreichen, wenn die Hauptverbindlichkeit so hoch ist, dass bei Abschluss des Bürgschaftsvertrages feststeht, dass der Bürge zu einer Tilgung, auch nur zu großen Teilen, nicht in der Lage ist, weshalb die Verpflichtung wirtschaftlich völlig sinnlos ist.[484)]

---

483) BVerfG, Beschl. v. 19.10.1993 – 1 BvR 567, 1044/89, BVerfGE 89, 214 = ZIP 1993, 1775 (m. Anm. *Löwe*, S. 1759) = ZBB 1994, 155 (*Kohte*, S. 172) = WM 1993, 2199, dazu EWiR 1994, 23 *(Köndgen)*.

484) BGH, Urt. v. 24.2.1994 – IX ZR 93/93, BGHZ 125, 206 = ZIP 1994, 520 = WM 1994, 676, dazu EWiR 1994, 555 *(Honsell)*; BGH, Urt. v. 24.2.1994 – IX ZR 227/93, ZIP 1994, 614 = WM 1994, 680, dazu EWiR 1994, 447 *(Tiedtke)*.

In der Folge der Verfassungsgerichtsentscheidung näherte sich die Rechtsprechung der beiden Zivilsenate an, sodass schon vor der Zuständigkeitsübertragung für das Bürgschaftsrecht auf den XI. Zivilsenat im Jahre 2001 eine einheitliche Rechtsprechung erkennbar war. 9.455

Die Anwendung des § 138 BGB auf mit **privaten Sicherungsgeber** geschlossenen Bürgschaftsverträgen richtet sich nach dem Grad des Missverhältnisses zwischen dem Verpflichtungsumfang und der finanziellen Leistungsfähigkeit des dem Schuldner nahe stehenden Bürgen.[485)] 9.456

Zu den emotional nahe stehenden Personen zählt der Bundesgerichtshof Ehegatten, nichteheliche Lebenspartner und nahe Verwandte.[486)] Bei Geschwistern ist dies nur anzunehmen, wenn eine vergleichbar enge persönliche Beziehung im Zeitpunkt der Bürgschaftsübernahme bestand.[487)] 9.457

Da es bei einer Bürgschaft als einem einseitig verpflichtenden Vertrag an einem Leistungsaustausch i. S. v. § 138 Abs. 2 BGB fehlt, tritt bei der Prüfung der Sittenwidrigkeit an die Stelle des auffälligen Missverhältnisses von Leistung und Gegenleistung das **krasse Missverhältnis** von Verpflichtungsumfang und Leistungsfähigkeit.[488)] Dieses krasse Missverhältnis bzw. die krasse finanzielle Überforderung ist dann anzunehmen, wenn der Bürge innerhalb der vertraglich festgelegten Kreditlaufzeit voraussichtlich nicht einmal die aus dem Darlehensvertrag entspringende Zinslast bei Eintritt des Sicherungsfalls dauerhaft tragen kann. Maßgebend ist hierbei der unter Berücksichtigung von Unterhaltspflichten pfändbare Teil seiner Einkommens bzw. Vermögens.[489)] 9.458

Auf die wirtschaftliche Leistungsfähigkeit des Hauptschuldners kommt es nicht an. Anderweitige Sicherheiten können dann berücksichtigt werden, wenn sie das Haftungsrisiko des Bürgen in rechtlich sicherer Weise auf ein vertretbares Maß beschränken.[490)] 9.459

Bei der Beurteilung der krassen finanziellen Überforderung ist das pfändbare Vermögen des Bürgen zu berücksichtigen. Dies erfolgt in der Weise, dass der 9.460

---

485) BGH, Urt. v. 24.2.1994 – IX ZR 93/93, BGHZ 125, 206 = ZIP 1994, 520 = WM 1994, 676, dazu EWiR 1994, 555 *(Honsell)*; BGH, Urt. v. 24.2.1994 – IX ZR 227/93, ZIP 1994, 614 = WM 1994, 680, dazu EWiR 1994, 447 *(Tiedtke)*; BGH, Urt. v. 25.1.2005 – XI ZR 28/04, ZIP 2005, 432 = NJW 2005, 971, dazu EWiR 2005, 299 *(Simon)*; BGH, Urt. v. 25.4.2006 – XI ZR 330/05, FamRZ 2006, 1024.

486) BGH, Urt. v. 23.1.1997 – IX ZR 69/96, BGHZ 134, 325 = ZIP 1997, 406, dazu EWiR 1997, 289 *(Medicus)* = ZIP 1997, 406; BGH, Urt. v. 18.9.1997 – IX ZR 283/96, BGHZ 136, 347 = ZIP 1997, 1957, dazu EWiR 1998, 9 *(Medicus)*; BGH, Urt. v. 14.11.2000 – XI ZR 248/99, BGHZ 146, 37 = ZIP 2001, 189, dazu EWiR 2001, 301 *(Tiedtke)*.

487) BGH, Urt. v. 18.12.1997 – IX ZR 271/06, BGHZ 137, 329 = ZIP 1998, 196.

488) *Nobbe/Kirchhof*, BKR 2001, 5, 7.

489) BGH, Urt. v. 14.11.2000 – IX ZR 248/99, BGHZ 146, 37 = ZIP 2001, 189.

490) BGH, Urt. v. 28.5.2002 – XI ZR 205/01, ZIP 2002, 1482 = WM 2002, 1649, dazu EWiR 2003, 99 *(Büchler)*.

Wert des Vermögens von der Bürgschaftsschuld abgezogen wird. Sodann ist zu prüfen, ob die auf den so ermittelte Schuldbetrag entfallenden Zinsen voraussichtlich durch den pfändbaren Teil des Einkommens abgedeckt werden können.[491)]

9.461 Für die Beurteilung der Sittenwidrigkeit ist der Zeitpunkt des (Bürgschafts-) Vertragsschlusses entscheidend. Unter Berücksichtigung der in der Person des Bürgen angelegten Umstände, wie z. B. Schulausbildung, Fähigkeiten, familiäre Besonderheiten, ist eine **Prognose** für den Eintritt des Sicherungsfalles vorzunehmen.[492)] Hieraus entspringende Unsicherheiten können dadurch gemildert werden, dass von einer widerleglichen tatsächlichen Vermutung auszugehen ist, wonach die bei Eintritt des Sicherungsfalles tatsächlich vorhandenen Einkommens- und Vermögensverhältnisse des Bürgen bei Abschluss des Bürgschaftsvertrages voraussehbar waren.[493)]

9.462 Trotz deutlichen Auseinanderfallens von Verpflichtungsumfang und Leistungsfähigkeit, also in Konstellationen, bei denen grundsätzlich die objektiven Merkmale der Sittenwidrigkeit gemäß § 138 BGB vorliegen, kann die Bürgschaft oder Mitverpflichtung wirksam sein, wenn im Einzelfall ein **wirtschaftliches Eigeninteresse des Verpflichteten** an der Kreditgewährung für den Hauptschuldner besteht. Dies kommt z. B. in Betracht, soweit die Valuta des Kredits, für den sich eine Ehefrau mitverpflichtet hat, zur Gründung des gemeinsamen Hausstandes oder weitere im gemeinsamen Interesse der Ehepartner liegende Anschaffungen verwendet worden ist.[494)]

9.463 Dagegen ist von einem ausreichenden wirtschaftlichen Eigeninteresse nicht bereits dann auszugehen, wenn der Hauptschuldner das **Existenzgründungsdarlehen** eines öffentlichen Förderinstitutes erhält und die dortigen Vertragsbedingungen auf Vorgabe der aufsichtsführenden Ministerien in jedem Fall die Mitverpflichtung des Ehepartners – ohne Berücksichtigung seiner Einkommens- und Vermögensverhältnisse – verlangen. Auch der öffentliche Förderzweck schließt es nicht aus, die Verpflichtung als sittenwidrig zu bewerten.[495)] Die Vertragsbedingungen entsprechender Existenzgründungsdarlehen sind zwischenzeitlich der Rechtsprechung angepasst worden.

---

491) BGH, Urt. v. 14.5.2002 – XI ZR 50/01, BGHZ 151, 34 = ZIP 2002, 1187, dazu EWiR 2002, 865 *(Tiedtke)*; *Nobbe/Kirchhof*, BKR 2001, 5, 10.

492) *Nobbe/Kirchhof*, BGK 2001, 5, 10.

493) BGH, Urt. v. 25.4.1996 – IX ZR 177/95, BGHZ 132, 328 = ZIP 1996, 1126, dazu EWiR 1996, 833 *(Bydlinski)*.

494) BGH, Urt. v. 6.10.1998 – XI ZR 244/97, ZIP 1998, 1905 = WM 1998, 2366, dazu EWiR 1998, 1115 *(Bydlinski)*.

495) BGH, Urt. v. 11.3.1997 – XI ZR 50/96, ZIP 1997, 923, dazu EWiR 1997, 735 *(E. Schmidt)*; so auch OLG Celle, Urt. v. 15.6.1994 – 3 U 166/93, BB 1995, 219; a. A. noch OLG Hamm, Urt. v. 14.11.1994 – 31 U 193/93, WM 1995, 332, dazu WuB I F 1 a. – 6.95 *(Weber)*.

b) Anwendbarkeit von § 242 BGB

Für Ehegattenbürgschaften hat der IX. Zivilsenat die aus § 138 BGB abgeleitete Rechtsprechung für bestimmte Fallgruppen um Überlegungen aus § 242 BGB ergänzt. Obwohl zwischen dem Verpflichtungsumfang und der Leistungsfähigkeit des Bürgen ein grobes Missverhältnis besteht, sind danach Ehegattenbürgschaften nicht nach § 138 Abs. 1 BGB nichtig und zunächst wirksam zustande gekommen, wenn die Hereinnahme der **Bürgschaft aus besonderen Erwägungen des Gläubigers begründet** ist. In Betracht kommt hierfür das Interesse der Bank, während der Kreditlaufzeit das Risiko von Vermögensverschiebungen zwischen den Ehepartnern zu verhindern oder eine konkret in Aussicht stehende Erbschaft des bürgenden Ehegatten als Haftungspotential zu erfassen. 9.464

Eine Inanspruchnahme des Bürgen ist in solchen Fällen allerdings so lange blockiert, bis der die Bürgschaftsvereinbarung rechtfertigende Umstand, also z. B. die Vermögensverschiebung oder die Erbschaft, tatsächlich eingetreten ist. Bei prozessualer Geltendmachung ist der Anspruch aus der Bürgschaft bis zum Eintritt des Umstandes unbegründet. Dauerhaft blockiert ist die Inanspruchnahme des Bürgen gemäß § 242 BGB wegen Wegfalls der Geschäftsgrundlage dann, wenn die Ehe- oder Lebenspartner sich dauerhaft trennen. Aus Sicht des IX. Senates des Bundesgerichtshofes ist dann die wirtschaftliche Ausgangsbasis der Verpflichtung entfallen.[496)] 9.465

Für die Praxis ist zu beachten, dass die **besonderen Umstände**, aufgrund derer der Gläubiger trotz Auseinanderfallens von Leistungsfähigkeit und Verpflichtungsumfang die Bürgschaft hereinnimmt, **aus der Vereinbarung ausdrücklich hervorgehen** müssen. Der Gläubiger muss daher sein Motiv, sich gegen Vermögensverlagerungen zu schützen oder auf vom Bürgen später erworbenes Vermögen – z. B. eine konkret in Aussicht stehende Erbschaft – zugreifen zu können, in der Bürgschaftsurkunde niederlegen.[497)] 9.466

5. Verjährungsfrist für Bürgschaftsforderungen

Die Bürgschaftsforderung verjährt nach allgemeinen Vorschriften, § 195 BGB, nach drei Jahren. Aufgrund der strengen Akzessorietät der Bürgschaft war lange Zeit umstritten, wann bezogen auf die Sicherheit die Verjährungsfrist beginnt. 9.467

---

496) Grundlegend BGH, Urt. v. 5.1.1995 – IX ZR 85/94, BGHZ 128, 230 = ZIP 1995, 203 = WM 1995, 237, dazu EWiR 1995, 561 *(Honsell)*; ferner BGH, Urt. v. 25.4.1996 – IX ZR 177/95, ZIP 1996, 1126 = ZIP 1996, 1126 = WM 1996, 1124, dazu EWiR 1996, 833 *(Bydlinski)*; BGH, Urt. v. 23.1.1997 – IX ZR 69/96, ZIP 1997, 406 = WM 1997, 467, dazu EWiR 1997, 289 *(Medicus)*.

497) BGH, Urt. v. 8.10.1998 – IX ZR 257/97, ZIP 1998, 1999 = ZBB 1999, 27 (*Schapp*, S. 30) = WM 1998, 232, dazu EWiR 1999, 15 *(Tiedtke)*; BGH, Urt. v. 14.5.2002 – XI ZR 50/01, BGHZ 151, 34 = ZIP 2002, 1187, dazu EWiR 2002, 865 *(Tiedtke)*.

9.468 Der Bundesgerichtshof hat in einer Entscheidung vom 29. Januar 2008 entschieden, dass, sofern eine andere Vereinbarung der Parteien nicht besteht, die Verjährungsfrist für **selbstschuldnerische Bürgschaften** mit Fälligkeit der gesicherten Forderung beginnt.[498] Im Gesetz sei eine Leistungsaufforderung des Gläubigers als Entstehungs- oder Fälligkeitsvoraussetzung der Bürgschaftsforderung nicht vorgesehen, so der XI. Zivilsenat. Es komme für den Beginn der Verjährungsfrist somit auf die Geltendmachung der Bürgenverpflichtung durch den Gläubiger an. So sei auch der Gesetzgeber bei der Neufassung des § 771 BGB durch das Gesetz zur Modernisierung des Schuldrechts[499] ausdrücklich davon ausgegangen, dass „der Anspruch des Gläubigers gegen den Bürgen gleichzeitig mit der Hauptforderung" entsteht.[500] Auch der Grundsatz der Akzessorietät spreche dafür, dass die Fälligkeit der Bürgschaftsforderung mit der Fälligkeit der Hauptschuld eintritt.

9.469 Wenige Zeit später entschied der Bundesgerichtshof in gleicher Weise für die **Bürgschaft auf erstes Anfordern.**[501] Diese sei kein Sicherungsmittel eigener Art, sondern stelle lediglich eine besondere Form der Bürgschaft dar, die den Gläubiger bei der Durchsetzung privilegiere. Sie weise gegenüber einer selbstschuldnerischen Bürgschaft keine den Beginn der Verjährungsfrist beeinflussende Besonderheit auf. Zu der für den Verjährungsbeginn entscheidenden Frage, wann der die Fälligkeit auslösende Sicherungsfall eingetreten ist, weiche damit die Bürgschaft auf erstes Anfordern nicht von den allgemein für selbstschuldnerische Bürgschaften geltenden Regeln ab. Der Anspruch aus einer Bürgschaft auf erstes Anfordern entstehe folglich ebenfalls mit Fälligkeit der gesicherten Forderung sodass auch bei dieser Form der Bürgschaft der Lauf der Verjährungsfrist grundsätzlich zu diesem Zeitpunkt beginnt.

IX. Sonstige Personalsicherheiten

1. Schuldbeitritt

9.470 Der Schuldbeitritt, auch **Schuldmitübernahme** oder **Mitverpflichtung** genannt, ist gesetzlich nicht geregelt. Anders als bei der in §§ 414 ff. BGB normierten Schuldübernahme wird der ursprüngliche Schuldner durch den Schuldbeitritt nicht befreit. Vielmehr steht der Beitretende dem Gläubiger als weiterer Schuldner zur Verfügung. Im wirtschaftlichen Ergebnis entspricht der Schuldbeitritt weitgehend der Bürgschaft, ist aber abweichend von dieser nicht als

---

498) BGH, Urt. v. 29.1.2008 – XI ZR 160/07, BGHZ 175, 161 = ZIP 2008, 733, dazu EWiR 2008, 487 *(Podewils)*.

499) BGBl. I, 3138.

500) Beschlussempfehlung und Bericht des Rechtsausschusses des Deutschen Bundestages v. 9.10.2001, BT-Drucks. 14/7052, S. 206.

501) BGH, Urt. v. 8.7.2008 – XI ZR 230/07, ZIP 2008, 1762 = ZfIR 2008, 812 (LS) = WM 2008, 1731, dazu EWiR 2009, 139 *(Vogel)*; a. A. Palandt-*Ellenberger*, BGB, § 199 Rz. 3.

prinzipiell subsidiäre Haftung ausgestaltet. Der ursprüngliche Schuldner und der Beitretende haften gemäß § 421 BGB gesamtschuldnerisch.[502)]

Da § 766 BGB für den Schuldbeitritt nicht gilt, kann er grundsätzlich formfrei erfolgen. Soweit als Mitverpflichteter allerdings ein Verbraucher der Verpflichtung des Hauptkreditnehmers beitritt, muss die Erklärung die besonderen Formanforderungen gemäß § 492 BGB erfüllen. Ansonsten ist die Mitverpflichtung ohne Heilungsmöglichkeit nach § 494 Abs. 2 BGB nichtig (oben Rz. 9.81). **9.471**

Ähnlich wie bei der Bürgschaft muss der Darlehensgeber den Mitverpflichteten vor Abgabe seiner Erklärung grundsätzlich nicht über die damit verbundenen Risiken aufklären. Dies gilt jedenfalls dann, wenn der Gläubiger aufgrund der Umstände davon ausgehen darf, dass diese Risiken dem Dritten bekannt sind.[503)] **9.472**

Für die Mitverpflichtung vermögensloser Ehe- und Lebenspartner gelten die von der Rechtsprechung zur Bürgschaft entwickelten Grundsätze weitgehend entsprechend (oben Rz. 9.449). Entscheidend ist in diesem Zusammenhang, ob der Vereinbarung überhaupt ein Sicherungscharakter zukommt und ob insoweit eine Mithaftung oder eine Mitdarlehensnehmerschaft gegeben ist. Nach der Rechtsprechung des Bundesgerichtshofes gelten im zweiten Falle die Grundsätze zu Sittenwidrigkeit von Mithaftungserklärungen bzw. Bürgschaften nicht. Mitdarlehensnehmer ist nur, wer ein eigenes Interesse an der Kreditgewährung hat und über die Auszahlung und Verwendung der Darlehensvaluta mitentscheiden darf. Mithaftender ist, wer der Bank nicht als gleichberechtigter Darlehensnehmer gegenüber steht.[504)] **9.473**

Ebenfalls entsprechend heranzuziehen ist die aus § 307 BGB (§ 9 AGBG a. F.) entwickelte Rechtsprechung zum Sicherungszweck und zur nachträglichen Haftungserweiterung bei der Bürgschaft. Übernimmt z. B. ein nicht geschäftsführungsbefugter Minderheitsgesellschafter einer GmbH die Mitverpflichtung für einen Kontokorrentkredit der Gesellschaft, dann hat er für nachträgliche Erweiterungen des Limits nicht einzustehen.[505)] **9.474**

502) Vgl. auch *Kümpel*, Bank- und Kapitalmarktrecht, Rz. 6.99; *Lwowski*, Kreditsicherung, Rz. 423.

503) BGH, Urt. v. 16.1.1996 – XI ZR 151/95, ZIP 1996, 499 = WM 1996, 475, dazu EWiR 1996, 639 *(Allmendinger)*.

504) BGH, Urt. v. 14.11.2000 – XI ZR 248/99, BGHZ 146, 37 = ZIP 2001, 189.

505) BGH, Urt. v. 7.11.1995 – XI ZR 235/94, ZIP 1995, 1976 = WM 1995, 2180, dazu EWiR 1996, 3 *(Medicus)*.

2. Garantie

9.475 Im Garantievertrag verspricht der Verpflichtete eine **Erfolgshaftung.**[506] Wie der Schuldbeitritt ist die Garantie im Gesetz nicht geregelt und kann prinzipiell formlos vereinbart werden. Anders als beim Schuldbeitritt übernimmt der Garant – ebenso wie der Bürge – die Haftung für die Verbindlichkeit eines anderen.

9.476 Von der Bürgschaft unterscheidet sich die Garantie grundlegend dadurch, dass sie **nicht akzessorisch** ist. Die Einstandspflicht des Garanten ist damit vom Bestand der Hauptforderung unabhängig, der Garant kann sich nicht auf die Einwendungen des Hauptschuldners berufen. Die geschäftsmäßige Übernahme von Garantien ist bankaufsichtsrechtlich gemäß § 1 Abs. 1 Nr. 8 KWG Kreditinstituten vorbehalten (oben Rz. 9.393).

9.477 Als bankmäßige Sicherheit, u. a. im Außenhandelsgeschäft, ist die **Garantie auf erstes Anfordern** verbreitet. Der Bankgarantie europäischer Prägung entspricht dabei aus dem anglo-amerikanischen Rechtsraum der Funktion nach weitgehend der **Standby Letter of Credit.**[507]

9.478 Wie bei der Bürgschaft auf erstes Anfordern sind die **Voraussetzungen der Inanspruchnahme** des auf erstes Anfordern zahlungspflichtigen Garanten streng **formalisiert.** Dieser ist leistungspflichtig, wenn der Berechtigte ihm gegenüber die im Garantievertrag genannten Voraussetzungen darlegt, z. B. die vereinbarten Dokumente vorlegt (formeller Garantiefall). Dass die Voraussetzungen der Inanspruchnahme für das abgesicherte Schuldverhältnis nicht bestehen (materieller Garantiefall), kann der Garant nur bei rechtsmissbräuchlichem Handeln des Berechtigten geltend machen (vgl. auch oben Rz. 9.392).

9.479 Eine Bank muss als Garantin den Berechtigten allerdings nicht auf die Unvollständigkeit seiner formellen Erklärung zur Zahlungsaufforderung hinweisen, wenn diese Unvollständigkeit dem Garantiebegünstigten bekannt sein muss. So hat der Bundesgerichtshof die Zahlungspflicht einer Bank in einem Fall verneint, in dem die Begünstigte ein **extend-or-pay-Verlangen** geltend gemacht hatte, also von der garantierenden Bank eine Verlängerung der Garantiezusage oder deren Zahlung eingefordert hatte. Dass damit nicht sämtliche formellen Inanspruchnahmevoraussetzungen vorlagen, war der Begünstigten bekannt, diese hatte sich deshalb nochmals an die Bank gewandt. Vom Bundesgerichtshof wurde eine stillschweigende Verlängerung der Garantiefrist abgelehnt.[508]

---

506) *Lwowski*, Kreditsicherung, Rz. 424; Schimansky/Bunte/Lwowski-*Schmitz/Wassermann/Nobbe*, Bankrechts-Hdb., § 92 Rz. 1.

507) Schimansky/Bunte/Lwowski-*Nielsen*, Bankrechts-Hdb., § 121 Rz. 11 ff.; zur entsprechenden Anwendung der für die Garantie entwickelten Grundsätze auf den Standby Letter of Credit auch OLG Frankfurt, Urt. v. 18.3.1997 – 5 U 229/95, ZIP 1997, 1782, dazu EWiR 1997, 925 *(Nielsen)*.

508) BGH, Urt. v. 23.1.1996 – XI ZR 105/95, ZIP 1996, 454 = WM 1996, 393, dazu EWiR 1996, 341 *(Nielsen)*.

Wie bei der Bürgschaft auf erstes Anfordern kann auch bei der Garantie auf erstes Anfordern der Einwand des fehlenden materiellen Sicherungsfalles grundsätzlich erst im **Rückforderungsprozess** geltend gemacht werden. Wesentlicher Unterschied zwischen den beiden Sicherungsformen ist hierbei, dass der Rückforderungsprozess bei der Garantie – abweichend von der Bürgschaft auf erstes Anfordern – zwischen den Parteien des Valutaverhältnisses, also Schuldner und Gläubiger/Garantiebegünstigtem zu führen ist.[509)] 9.480

3. Dokumenten-Akkreditiv

Ein wichtiges Zahlungsinstrument des internationalen Handels sind die Dokumenten-Akkreditive. Hierbei wird von einer Bank – unabhängig von zugrundeliegenden Rechtsbeziehungen – ein Zahlungsversprechen abgegeben, durch das die Begleichung eines Kaufpreises gegen Vorlage von Warendokumenten (Transportpapiere, Faktura, Warenbegleitpapiere) gewährleistet wird. Am Akkreditivverhältnis beteiligt sind neben der Bank, die die Zahlungsverpflichtung eröffnet, der Akkreditivauftraggeber – beim Dokumenten-Akkreditiv der Warenimporteur – sowie der Akkreditivbegünstigte – also der verkaufende Exporteur. In der Praxis treten regelmäßig weitere Beteiligte, insbesondere Zweitbanken mit Sitz im Heimatland des Begünstigten, als Avisbank, als Zahlstelle oder als Bestätigungsbank hinzu.[510)] 9.481

Für das Exportgeschäft werden Dokumenten-Akkreditive weitgehend nach den Grundsätzen der **Einheitlichen Richtlinien und Gebräuche für Dokumenten-Akkreditive (ERA)** der Internationalen Handelskammer (ICC) abgeschlossen. Zum 1. Juli 2007 wurde die Fassung ERA 500 durch die ERA 600 abgelöst[511)] 9.482

4. Patronatserklärung

Die Patronatserklärung lässt sich rechtlich nicht genau definieren. Wiederkehrendes Merkmal ist, dass eine Muttergesellschaft im Unternehmensverkehr gegenüber einem Kreditgeber oder gegenüber der Allgemeinheit (etwa im Geschäftsbericht) verspricht, eine oder sämtliche konzernangehörige Tochtergesellschaften dahin zu unterstützen, dass diese ihren Verbindlichkeiten nachkommen können. 9.483

Zu differenzieren ist zwischen weichen und **harten Patronatserklärungen.** Weiche Patronatserklärungen sind ohne Rechtsbindungswillen abgegebene Absichtserklärungen, die harten Erklärungen begründen dagegen eine rechtliche 9.484

---

509) BGH, Urt. v. 10.11.1998 – XI ZR 370/97, ZIP 1999, 18 = WM 1998, 2522, dazu EWiR 1999, 253 *(Nölle/Bähr)*; *Canaris*, ZIP 1998, 493, 497.

510) Im Einzelnen Schimansky/Bunte/Lwowski-*Nielsen*, Bankrechts-Hdb., § 120 Rz. 28 ff.

511) Einzelheiten bei Schimansky/Bunte/Lwowski-*Nielsen*, Bankrechts-Hdb., § 120 Rz. 1 ff. 10 ff.; dazu auch *Nielsen*, WM 1994, Beilage 2.

Verpflichtung. Nur die harten Patronatserklärungen verschaffen den Adressaten eine bürgschafts- bzw. garantieähnliche Sicherheit. In der Regel steht dem Empfänger einer harten Patronatserklärung gegen die Muttergesellschaft ein Anspruch aus positiver Forderungsverletzung §§ 280 Abs. 1 und 3, 281 Abs. 1 BGB (pFV/pVV) zu, wenn diese der übernommenen Verpflichtung zur finanziellen Ausstattung der Tochtergesellschaft nicht nachkommt.[512)] Ein Anhaltspunkt dafür, dass eine harte Patronatserklärung vorliegt, liegt darin, daß diese bei der Muttergesellschaft als Eventualverbindlichkeit gemäß § 251 HGB bilanziert ist.[513)]

9.485 Harte Patronatserklärungen können auch formularmäßig wirksam übernommen werden. Zwar sollen nach einer – obergerichtlich aufgehobenen – Entscheidung des Landgerichts München I bankübliche Formulierungen für harte Patronatserklärungen zu unbestimmt sein, die haftende Patronin i. S. d. § 307 BGB (§ 9 AGBG a. F.) unangemessen benachteiligen sowie sogar gemäß § 138 BGB nichtig sein.[514)] Das Landgericht übersieht indessen, dass die harte Patronatserklärung zur **unmittelbaren Einstandspflicht des Patrons** gegenüber dem abgesicherten Kreditinstitut führt; die Einstandspflicht kommt aber erst mit dem Ausfall der gesicherten Tochtergesellschaft zum Tragen. Damit liegt ein hinreichend bestimmter, bürgschaftsähnlicher Charakter der Sicherheit vor. Der Schadensersatzanspruch des Sicherungsnehmers gegen den Patron aus §§ 280 Abs. 1 und 3, 281 Abs. 1 BGB (pFV) ist höchstrichterlich anerkannt.[515)]

X. Sicherungsübereignung

1. Begriff und vertragsrechtliche Einordnung

9.486 Bei der Sicherungsübereignung lässt sich die Bank bewegliche Gegenstände – z. B. ein Auto, ein Warenlager, bewegliche Maschinen – des Schuldners übereignen. Der Schuldner behält die Gegenstände, um damit weiterzuarbeiten. Damit liegt das rechtliche Eigentum vollständig beim Gläubiger und Sicherungsnehmer, die wirtschaftliche Nutzungsmöglichkeit und der Besitz beim Sicherungsgeber. Die Eigentumsübertragung wird nach §§ 929, 930 BGB herbeigeführt. Die an sich erforderliche Übergabe der Gegenstände durch den

---

512) Zu den Einzelheiten und vielfältigen Formulierungsmöglichkeiten *Michalski*, WM 1994, 1229.

513) OLG Karlsruhe, Urt. v. 7.8.1992 – 15 U 123/91, ZIP 1992, 1394 = WM 1992, 2088, dazu EWiR 1992, 1155 *(v. Gerkan)*.

514) LG München I, Urt. v. 2.3.1998 – 11 HKO 20623/97, ZIP 1998, 1956, dazu EWiR 1998, 1107 *(Fleischer)* und WuB I F 1 c. – 1.98 *(Schröter)*; aufgehoben durch Versäumnisurteil des OLG München (Urt. v. 21.10.1998 – 7 U 3960/98); vgl. den Hinweis in WM 1999, 686; KG Berlin, Urt. v. 18.1.2002 – 14 U 3416/00, WM 2002, 1190.

515) BGH, Urt. v. 30.1.1992 – IX ZR 112/91, BGHZ 117, 127 = ZIP 1992, 338, dazu EWiR 1992, 335 *(Rümker)*; so auch *Fleischer*, EWiR 1998, 1107, und *Schäfer*, WM 1999, 153, 162; vgl. ferner *v. Bernuth*, ZIP 1999, 1501, 1503 ff.

Schuldner an den Gläubiger wird ersetzt, indem die Parteien im Sicherungsvertrag ein **konkretes Besitzmittlungsverhältnis** (§ 868 BGB) vereinbaren. Das Besitzrecht bleibt i. R. einer Leihe oder Verwahrung beim Sicherungsgeber, der als Entleiher bzw. Verwahrer fungiert.[516)]

Die Sicherungsübereignung vermeidet auf diese Weise den für die Bankpraxis wesentlichen Nachteil des Mobiliarpfandes. Bei diesem ist gemäß § 1205 BGB neben der Einigung der Parteien über das Sicherungsrecht auch die Übergabe der Sache erforderlich mit der Folge, dass der Sicherungsnehmer und Pfandrechtsgläubiger den Gegenstand in unmittelbarem Besitz hat (unten Rz. 9.552). Dies ist bei Unternehmenskrediten, die der Kreditnehmer nur zurückführen kann, wenn er mit den Gegenständen weiterhin wirtschaften kann, nicht praktikabel. Aus diesen Erwägungen ist die Sicherungsübereignung als Kreditsicherheit zumindest gewohnheitsrechtlich anerkannt.[517)] **9.487**

Die Sicherungsübereignung ist eine **fiduziarische Sicherheit.** Die Übertragung der Eigentumsrechte ist mit dem verfolgten Zweck der Kreditabsicherung durch eine schuldrechtliche Treuhandabrede im Sicherungsvertrag (Sicherungsabrede) verknüpft. Aufgrund der treuhänderischen Bindung der Eigentumsübertragung ist der Sicherungsnehmer verpflichtet, das Eigentum an den Gegenständen zurückzuübertragen, wenn die gesicherten Forderungen erfüllt sind. **9.488**

2. Bestimmtheit des Sicherungsguts

Zur Rechtswirksamkeit der Sicherungsübereignung muss der übereignete Gegenstand **hinreichend individualisiert** sein. Er muss in der Sicherungsabrede so gekennzeichnet werden, dass er sich von gleichartigen Sachen des Sicherungsgebers deutlich unterscheidet und aufgrund der Beschreibung die Identität für jeden, der die Sicherungsabrede kennt, zweifelsfrei feststeht.[518)] Die gattungsmäßige Bezeichnung der Sache reicht nur, wenn andere, nicht übereignete Sachen der gleichen Gattung zum Zeitpunkt der Übereignung nicht vorhanden sind. So hat der Bundesgerichtshof zwar die Sammelbezeichnung Hausinventar eines gemeinsam bewohnten Einfamilienhauses zur Individualisierung genügen lassen, aber bei einer Vielzahl aufgelisteter Hausratsgegenstände schon die Einschränkung „soweit sie nicht unpfändbar sind" als Grund für die mangelnde Bestimmbarkeit angesehen.[519)] **9.489**

516) Vgl. die Regelungen in entsprechenden Musterverträgen, abgedruckt z. B. in: *Hellner/Steuer*, BuB, Rz. 4/368 und 4/378.

517) Vgl. nur BGH, Urt. v. 13.1.1994 – IX ZR 2/93, BGHZ 124, 371 = ZIP 1994, 309 = WM 1994, 419.

518) *Lwowski*, Kreditsicherung, Rz. 549 ff.

519) BGH, Urt. v. 3.12.1987 – IX ZR 228/86, WM 1988, 346, dazu EWiR 1988, 463 *(Gerhardt)* und WuB I F 5. – 1.88 *(Wolff)*; *Lwowski*, Kreditsicherung, Rz. 549.

9.490 Die bestimmte Bezeichnung ist grundsätzlich nur für die Fixierung der erfassten Gegenstände, nicht aber dafür erforderlich, wem sie als Eigentum zugeordnet sind. Gehören z. B. bei einem zur Sicherung übereigneten Warenlager einzelne Gegenstände Dritten, so hindert dies die Wirksamkeit der Sicherungsübereignung bezüglich der anderen Gegenstände nicht.

9.491 Bei der Sicherungsübereignung einer Vielzahl von Gegenständen, z. B. von Teilen von Warenlagern, kann die Individualisierung durch genaue Angabe bestimmter Merkmale – z. B. der Fabriknummer oder durch eine individuelle Kennzeichnung (Markierung) – erfolgen. Ist dies nicht möglich, so genügt auch eine räumliche Absonderung des Sicherungsguts durch die Vereinbarung eines sog. **Raumsicherungsvertrags.** Dabei wird vereinbart, dass sämtliche Waren oder Maschinen, die sich in einem bestimmten Lagerraum, auf einem bestimmten Betriebsgelände oder in einem bestimmten Regal befinden, übereignet sein sollen. Es muss eine deutlich abgrenzbare Trennung der Gegenstände vorliegen. Bei späterer Entfernung des Sicherungsguts aus dem bezeichneten Raum bleibt die Übereignung wirksam (allerdings Beweisproblem). Im Übrigen empfiehlt es sich, die betrieblichen Verhältnisse und insbesondere den tatsächlichen Bestand und den Zustand der übereigneten Gegenstände regelmäßig zu überprüfen. Bei Änderung der Betriebsabläufe kann innerhalb kurzer Zeit die Sicherungsübereignung weitgehend wertlos werden. In Betracht kommen vor allem folgende **Kontrollrechte**:

- Auskunftserteilung über den Lagerbestand durch den Sicherungsgeber;
- Einsicht in die schriftlichen Unterlagen über den Lagerbestand;
- Vorlage von Bestandslisten;
- Inaugenscheinnahme des Lagers zur Überprüfung an Ort und Stelle.[520)]

9.492 Zulässig ist ebenso die Sicherungsübereignung eines **Inventars mit wechselndem Bestand.** Aber auch hier ist die notwendige Bestimmbarkeit entscheidend. Die noch zu erwerbenden Sicherungsgüter müssen durch ein einfaches, nach außen erkennbares Verfahren als übereignet kenntlich gemacht werden, was bei einem Raumsicherungsvertrag durch entsprechende Lagerung der Ware in dem gekennzeichneten Raum möglich ist.

9.493 Der Sicherungsgeber ist nach dem Inhalt des Vertrags i. d. R. berechtigt, übereignete Ware weiterzuveräußern oder zu verarbeiten. Dies wird vielfach schon deshalb erforderlich sein, weil der Sicherungsgeber nur im Wege der **Veräußerung oder Verarbeitung der Waren** sein Handelsgewerbe weiterbetreiben kann. Im Zusammenhang mit der Bedienung der abgesicherten Kreditforderungen liegt dies im Interesse beider Parteien des Sicherungsvertrags.

520) Vgl. Schimansky/Bunte/Lwowski-*Ganter*, Bankrechts-Hdb., § 95 Rz. 102.

Für die Veräußerung wird diesbezüglich regelmäßig vereinbart, dass die Kaufpreisforderungen, die der Sicherungsnehmer auf diesem Wege gegen Dritte erwirbt, an den Sicherungsgeber abgetreten werden (zur möglichen Kollision mit einem verlängerten Eigentumsvorbehalt unten Rz. 9.531). 9.494

Hinsichtlich der Verarbeitung ist § 950 BGB zu berücksichtigen, wonach der Hersteller der durch Verarbeitung entstandenen neuen beweglichen Sache das Eigentum an dieser erwirbt. Ohne Vereinbarung einer sog. **„Verarbeitungsklausel"** würde das Recht des Sicherungsnehmers untergehen und in Bezug auf die hergestellte Sache auch nicht neu entstehen. Mit der Verarbeitungsklausel soll klargestellt werden, dass der Sicherungsnehmer als Hersteller der neuentstandenen Sache anzusehen ist. Probleme ergeben sich aber häufig, wenn andere, z. B. mit verlängertem Eigentumsvorbehalt belastete Gegenstände mitverarbeitet werden.[521] 9.495

3. Kollision mit anderen Sicherungsrechten

Der Sicherungsnehmer hat das juristische Eigentum. Vorher bestehende **Pfandrechte** – wie z. B. das Vermieterpfandrecht für in einer gemieteten Halle lagernde Waren – belasten das Sicherungseigentum. Hingegen erwirbt der Werkunternehmer, der im Auftrag des Sicherungsgebers ein sicherungsübereignetes Kraftfahrzeug repariert, kein gesetzliches Pfandrecht nach § 647 BGB. Auch stehen ihm grundsätzlich kein Verwendungsersatzanspruch und kein Bereicherungsanspruch gegen den Sicherungsnehmer zu. Der Werkunternehmer muss sich somit an seinen Auftraggeber halten.[522] Allerdings ist denkbar, dass der Sicherungsgeber aufgrund der Abreden mit dem Sicherungsnehmer berechtigt ist, mit dem Werkunternehmer zulasten der Sicherheit ein vertragliches Pfandrecht zu vereinbaren. 9.496

Die Kollision von Sicherungsübereignung und **Eigentumsvorbehalt** wird i. d. R. dadurch gelöst, dass bei Vorbehaltsware nicht das Eigentum, sondern nur das Anwartschaftsrecht als übertragen gilt. Der Sicherungsnehmer erwirbt das Eigentum unmittelbar vom Lieferanten, sobald der Vorbehalt wegfällt, also der Kaufpreis bezahlt ist. 9.497

4. Übersicherung und Freigabe

Anders als bei den akzessorischen Sicherheiten, deren Umfang stets forderungsabhängig gestaltet ist, kann es bei fiduziarischen Sicherheiten zur Übersi- 9.498

521) Eingehend *Lwowski*, Kreditsicherung, Rz. 596.

522) BGH, Urt. v. 18.5.1983 – VIII ZR 86/82, ZIP 1983, 950 = WM 1983, 843; BGH, Urt. v. 25.2.1987 – VIII ZR 47/86, ZIP 1987, 577 = WM 1987, 539, dazu EWiR 1987, 569 *(Serick)* und WuB I F 5. – 4.87 *(Lwowski)*.

cherung kommen. Eine solche liegt vor, wenn der Wert der Sicherheit die zu sichernde Forderung des Kreditinstituts unverhältnismäßig übersteigt.[523)]

9.499 Eine **anfängliche Übersicherung**, die bereits bei Zustandekommen des Sicherungsvertrages gegeben ist, ist an § 138 BGB zu messen. Wird den Interessen des Kreditinstituts in sittlich anstößiger Weise der Vorrang eingeräumt, ist die Abrede nichtig. Voraussetzung ist, dass bereits bei Vertragsschluss ein auffälliges Missverhältnis zwischen dem realisierbaren Wert der Sicherheiten und den gesicherten Forderungen für einen gedachten Verwertungsfall als gewiss zu unterstellen ist. Entscheidend sind stets die Umstände des Einzelfalles, Bewertungsunschärfen sind – auch mit Blick auf subjektive Anforderungen der Sittenwidrigkeit – angemessen zu berücksichtigen.[524)]

9.500 Die **nachträgliche Übersicherung**, die im Vertragsverlauf entweder durch die Tilgung der gesicherten Forderungen ohne Veränderung der Sicherheiten oder durch Anwachsen der Sicherheiten bei gleichbleibendem Bestand der zu sichernden Forderungen entstehen kann, ist dagegen an § 307 BGB (§ 9 AGBG a. F.) zu messen. Ein Verstoß gegen § 307 Abs. 1 BGB wird hierbei von der Rechtsprechung schon bejaht, wenn die Formularregelungen bei einer generalisierenden, von den konkreten Umständen des Einzelfalls absehenden Betrachtungsweise zur erheblichen Bevorzugung des Klauselverwenders, also des Kreditinstituts führen können.[525)] Diese Maßstäbe wendet der Bundesgerichtshof bei Sicherungsverträgen i. d. R. auch dann an, wenn die Sicherheiten von Kaufleuten gestellt werden.[526)]

9.501 Um einer nachträglichen Übersicherung vorzubeugen, muss der Sicherungsvertrag einen Freigabeanspruch des Sicherungsgebers enthalten. Dieser ist darauf gerichtet, dass das Kreditinstitut Sicherungsgegenstände, die es nicht nur vorübergehend zur Absicherung seiner Darlehensforderungen nicht mehr benötigt, schon im Verlauf des ansonsten fortbestehenden Sicherungsvertrages herauszugeben hat.

9.502 Ein solcher **ermessensunabhängig ausgestalteter Freigabeanspruch** muss nicht ausdrücklich vereinbart werden. Entsprechend §§ 133, 157, 242 BGB ergibt er sich bereits aus der treuhänderischen Bindung des Sicherungsvertrages. Er kommt nicht nur bei Vereinbarungen zum Tragen, die zur Freigabe kei-

---

523) *Ganter*, ZIP 1994, 257.

524) BGH, Urt. v. 12.3.1998 – IX ZR 74/95, ZIP 1998, 684 = WM 1998, 856, dazu EWiR 1998, 627 *(Medicus)* und WuB I F 4. – 1.98 *(Rimmelspacher)*; vgl. auch BGH, Urt. v. 4.12.1997 – IX ZR 47/97, ZIP 1998, 248 = WM 1998, 248, dazu EWiR 1998, 225 *(Gerhardt)*.

525) BGH, Urt. v. 8.10.1986 – VIII ZR 342/85, BGHZ 98, 303 = ZIP 1987, 85 = WM 1986, 1545, dazu EWiR 1987, 5 *(Meyer-Cording)*; *Ganter*, ZIP 1994, 257, 258.

526) Vgl. BGH, Urt. v. 9.2.1994 – VIII ZR 176/92, BGHZ 125, 83 = ZIP 1994, 542 = WM 1994, 585, dazu EWiR 1994, 1071 *(Tiedtke)*.

ne Aussage treffen, sondern auch bei solchen Verträgen, die die Freigabe in das Ermessen der Bank stellen, wie dies früher Nr. 19 Abs. 6 Satz 2 AGB-Bk 1986/Nr. 21 Abs. 4 Satz 2 AGB-Spk 1986 vorsahen. Diese Regelungen waren nach § 307 BGB (§ 9 AGBG a. F.) unangemessenen und damit unwirksam. Hier tritt der ermessensunabhängig ausgestaltete Anspruch entsprechend § 306 Abs. 1 und 2 BGB (§ 6 Abs. 1 und 2 AGBG a. F.) an die Stelle der weggefallenen Klausel.[527)]

Dass jeder fiduziarischen Kreditsicherheit aus der Treuhandbindung ein ermessensunabhängiger Freigabeanspruch innewohnt, wurde für die Praxis erst durch einen Beschluss des Großen Zivilsenates des Bundesgerichtshofes[528)] vom 27. November 1997 klargestellt. Bis zu diesem Zeitpunkt war die Freigaberegelung wegen nachträglicher Übersicherung bei Formularverträgen zwischen den Zivilsenaten des Bundesgerichtshofes in zahlreichen Punkten umstritten. **9.503**

Der VII., VIII. und IX. Zivilsenat forderten für Globalsicherheiten mit wechselndem Bestand, also z. B. Raumsicherungsübereignungen und Globalzessionen (unten Rz. 9.527), dass Formularverträge stets eine ausdrückliche **qualifizierte Freigabeklausel** enthalten mussten. Ansonsten sollten die Verträge gesamtunwirksam sein. Insoweit stellten der VIII. und IX. Zivilsenat auf § 306 in Verbindung mit § 307 BGB (§ 6 Abs. 3 in Verbindung mit § 9 AGBG a. F.) ab, der VII. Zivilsenat zog sogar die Sittenwidrigkeit gemäß § 138 Abs. 1 BGB heran.[529)] **9.504**

Damit eine ausdrückliche und ermessensunabhängig ausgestaltete Freigabeklausel im Formularvertrag nach dem Maßstab der Senate wirksam war, **9.505**

- musste sie eine **konkrete Deckungsgrenze**, bezogen auf den realisierbaren Wert der abgetretenen Forderungen enthalten. Hierfür war ein Wertverhältnis zwischen den übertragenen Sicherheiten, diese bewertet nach dem voraussichtlichen Verwertungserlös, und den gesicherten Forderungen zu bestimmen. Bei überschießendem Sicherheitenwert, also Überschreiten der Deckungsgrenze, musste die automatische Freigabepflicht folgen.

---

527) BGH GrS, Beschl. v. 27.11.1997 – GSZ 1, 2/97, ZIP 1998, 235 = ZBB 1998, 166 (*Saenger*, S. 174) = WM 1998, 227, dazu EWiR 1998, 155 *(Medicus)* und WuB I F 4. – 2.98 *(J. Eckert)*.

528) BGH GrS, Beschl. v. 27.11.1997 – GSZ 1, 2/97, BGHZ 137, 212 = ZIP 1998, 235 = ZBB 1998, 166 (*Saenger*, S. 174), dazu EWiR 1998, 155 *(Medicus)* und WuB I F 4.-2.98 *(J. Eckert)*.

529) Z. B. BGH, Urt. v. 29.11.1989 – VIII ZR 228/88, BGHZ 109, 240 = ZIP 1990, 25 = WM 1990, 51, dazu EWiR 1990, 215 *(Wolf)*; BGH, Urt. v. 19.3.1992 – IX ZR 166/91, BGHZ 117, 374 = ZIP 1992, 629 = ZBB 1992, 307 (*Lauer*, S. 310) = WM 1992, 813, dazu EWiR 1992, 687 *(Uhlenbruck)*; BGH, Urt. v. 26.4.1990 – VII ZR 39/89, ZIP 1990, 852 = WM 1990, 1326, dazu EWiR 1990, 863 *(H. Weber)*; BGH, Urt. v. 6.12.1990 – VII ZR 334/89, ZIP 1991, 152 = WM 1991, 276, dazu EWiR 1991, 227 *(H. Weber)*.

- Bei der Sicherungsübereignung war zudem eine leicht handhabbare Klausel für die Bewertung des Sicherungsgutes (**objektive Bezugsgröße**) erforderlich, die sich vorrangig am Herstellungs- oder Marktpreis der sicherungsübereigneten Waren bemessen sollte.[530)]

9.506 Diese Rechtsprechung wurde in der Literatur breit kritisiert. Hingewiesen wurde vor allem darauf, dass die gestellten Anforderungen praktisch kaum umzusetzen seien. So seien Bilanzierungsfragen bei den Einkaufs- und Herstellungskosten, die unternehmensinterne Entscheidung für ein LIFO- oder FIFO-Verfahren oder Fragen steuerlicher Abschreibung nicht berücksichtigt. Zudem unterstellten die Rechtsprechungskriterien bereits im Ausgangspunkt einen überhöhten, bei der Verwertung tatsächlich nicht erzielbaren Sicherheitenwert. Zur judizierten Rechtsfolge – Gesamtunwirksamkeit des Formularvertrags – wurde angemerkt, dass hierdurch letztlich die Insolvenzverwalter bzw. weiteren Insolvenzgläubiger eines früher sicherungsgebenden Unternehmens begünstigt wurden. Denn diese griffen abgeschlossene Insolvenzverfahren wieder auf, nachdem der Sicherungsgeber insolvent geworden war und das sicherungsnehmende Kreditinstitut seine Warensicherungsübereignung oder die Globalzession verwertet hatte. Mit Hinweis auf die fehlende qualifizierte Freigabeklausel verlangten sie die Rückzahlung der Verwertungserlöse, was nicht den Sicherungsgeber, sondern die Massegläubiger begünstigte. Faktisches Ergebnis war damit letztlich eine Drittbegünstigung, nicht aber der mit der AGB-Kontrolle verfolgte Schuldnerschutz.[531)]

9.507 Der Bundesgerichtshof kam der Kritik schrittweise nach. So stellte der IX. Zivilsenat u. a. klar, dass bei der Sicherungsübereignung von Einzelgegenständen oder von solchen Sachgesamtheiten, deren Bestand bereits bei Vertragsabschluss feststand und sich nicht zuungunsten des Sicherungsgebers verändern konnte, ein ermessensunabhängig ausgestalteter Freigabeanspruch auch ohne ausdrückliche Vertragsregelung anzunehmen war.[532)] Nach zahlreichen weiteren Einzelentscheidungen wurden die Unsicherheiten für die Praxis schließlich auf Vorlagebeschlüsse des IX. und XI. Zivilsenates im November 1997 beseitigt.[533)]

---

530) Vgl. *Nobbe*, ZIP 1996, 657, 660.

531) Darstellung im Einzelnen z. B. bei *Rellermeyer*, WM 1994, 1009 und 1053; *Klanten*, Sparkasse 1995, S. 439; *Nobbe*, ZIP 1996, 657.

532) BGH, Urt. v. 13.1.1994 – IX ZR 2/93, BGHZ 124, 371 = ZIP 1994, 309 = WM 1994, 419; BGH, Urt. v. 13.1.1994 – IX ZR 79/93, BGHZ 124, 380 = ZIP 1994, 305 = WM 1994, 414, dazu EWiR 1994, 209 *(Serick)*.

533) BGH GrS, Beschl. v. 27.11.1997 – GSZ 1, 2/97, ZIP 1998, 235 = ZBB 1998, 166 (*Saenger*, S. 174) = WM 1998, 227, dazu EWiR 1998, 155 *(Medicus)* und WuB I F. 4. – 2.98 *(J. Eckert)*; zur Vorgeschichte der Entscheidung des Großen Zivilsenates z. B. *Canaris*, ZIP 1997, 813; *Schröter*, WM 1997, 2193.

Als wesentliche **Eckwerte für die Kreditsicherungspraxis** sind dabei festzuhalten: 9.508

- Eine ausdrückliche Freigaberegelung im Formularvertrag ist nicht erforderlich, der ermessensunabhängige Anspruch geht aus dem Treuhandverhältnis unmittelbar hervor.
- Enthält der Sicherungsvertrag keine ausdrücklich vereinbarte Deckungsgrenze für den Freigabeanspruch oder ist eine vereinbarte Deckungsgrenze gemäß § 307 BGB (§ 9 AGBG a. F.) unwirksam – der Vertrag im Übrigen bleibt wirksam –, so gilt folgende Orientierungsgröße: Unter Berücksichtigung von Feststellungs- und Verwertungskosten des Sicherungsnehmers beträgt die Deckungsgrenze 110 % des Nennbetrages der gesicherten Forderungen. Die übertragenen Sicherheiten sind mit ihrem Sicherungswert, d. h. dem Erlös, der bei Verwertung der Waren und Forderungen realisiert werden kann, anzusetzen. Der 10 %ige Zuschlag orientiert sich an § 171 InsO. Bei Sicherungsübereignungen ist der Deckungsgrenze zudem der Betrag der gesetzlichen Mehrwertsteuer hinzuzurechnen, soweit die Verwertung für den Sicherungsnehmer einen steuerbaren Umsatz darstellt (vgl. unten Rz. 9.517).
- Zur Bewertung des Sicherungsgutes können nach den Feststellungen des Großen Senates keine allgemein gültigen, branchenunabhängigen Kriterien aufgestellt werden. Eine Orientierungshilfe gibt indes § 237 BGB. Danach ist der Sicherungswert bei beweglichen Sachen durch Anknüpfung an den Schätzwert unter Abzug eines pauschalen Risikoabschlages zu bemessen. Ohne besondere Anhaltspunkte ist der Schätzwert daher beim Freigabeanspruch mit 2/3 des Nennbetrages einer abgetretenen Forderung bzw. des Marktpreises einer sicherungsübereigneten Ware anzusetzen.
- Der 10 %ige Zuschlag bei der Deckungsgrenze und der Abschlag beim Schätzwert dürfen nicht zugunsten des Sicherungsnehmers kumuliert werden. Sie verfolgen unterschiedliche Zielsetzungen, um den abweichenden Interessenlagen von Sicherungsgeber und Sicherungsnehmer gerecht zu werden. So kann der Sicherungsgeber sich für die Prüfung, ob auf seiner Seite ein Freigabeanspruch besteht, zunächst am Nennbetrag bzw. Marktpreis der übertragenen Sicherheiten orientieren. Übersteigen die Preise der übereigneten Waren bzw. die Nennbeträge der Forderungen 150 % des Betrages der gesicherten Kreditforderungen, liegt eine Vermutung für den Freigabeanspruch vor. Das sicherungsnehmende Kreditinstitut kann dann unter Hinweis auf die Deckungsgrenze geltend machen, bei Anlegung des realisierbaren Wertes seien die Sicherheiten nicht mit mehr als 110 % der gesicherten Forderungen anzusetzen.

5. Verwertung

9.509 Bei der Verwertung des Sicherungsguts hat das Kreditinstitut auf die Interessen des Sicherungsgebers so weit wie möglich Rücksicht zu nehmen. Dies folgt aus der treuhänderischen Bindung des Sicherungseigentums.[534)]

9.510 Nr. 21 Abs. 5 AGB-Spk sieht zudem vor, dass dem sicherungsgebenden Kunden bei Eintritt des Sicherungsfalls, also wenn er seinen Verbindlichkeiten bei Fälligkeit und trotz Mahnung mit angemessener Nachfrist nicht nachkommt, die Verwertung vorab entsprechend § 1234 Abs. 1 BGB anzudrohen ist. Ähnliche Regelungen finden sich in den üblichen Formularverträgen. Zudem ist eine Fristsetzung vor der Verwertung entsprechend § 1234 Abs. 2 BGB bzw. bei Kaufleuten die auf eine Woche verkürzte Frist des § 368 Abs. 1 HGB vorgesehen. Dem Sicherungsgeber soll durch die Fristsetzung ermöglicht werden, die Verwertung durch Zahlung abzuwenden oder dem Kreditinstitut andere Sicherheiten zu stellen.

9.511 Die **vorherige Androhung der Verwertung** ist nach der Rechtsprechung bei formularmäßig bestellten Mobiliarsicherheiten allgemein erforderlich. Der Bundesgerichtshof hat in einer Entscheidung aus dem Jahr 1992[535)] ausgesprochen, dass Nr. 20 Abs. 2 AGB-Bk 1986 der Inhaltskontrolle nach § 307 BGB (§ 9 AGBG a. F.) nicht standhielt. Diese Regelung schloss – prinzipiell in Übereinstimmung mit § 1245 Abs. 1 BGB, der eine von § 1234 BGB abweichende Vertragsvereinbarung zulässt – eine vorherige Androhung der Verwertung aus. Hierin lag nach dem Bundesgerichtshof, so die allgemeine Aussage für fiduziarische Sicherheiten, eine unangemessene Benachteiligung des Sicherungsgebers.

9.512 Unwirksam ist entsprechend § 306 BGB (§ 6 AGBG a. F.) nur die beanstandete Klausel. Eine Sicherungsübereignung, die eine unzureichende Verwertungsregelung enthält, bleibt im Übrigen wirksam. An die Stelle der weggefallenen Regelung treten bei der Sicherungsübereignung die § 1234 BGB und § 368 HGB. In diesen Vorschriften sieht der Bundesgerichtshof das **gesetzliche Leitbild** der Verwertungsandrohung im Sicherungsvertrag (vgl. § 306 Abs. 2 BGB; § 6 Abs. 2 AGBG a. F.).[536)]

---

534) Vgl. BGH, Urt. v. 8.12.1988 – III ZR 107/87, ZIP 1989, 157 = WM 1989, 210, dazu EWiR 1989, 157 *(Clemente)*.

535) BGH, Urt. v. 7.7.1992 – XI ZR 274/91, ZIP 1992, 1068 = WM 1992, 1359, dazu EWiR 1992, 835 *(Kohte)*.

536) BGH, Urt. v. 13.1.1994 – IX ZR 79/93, BGHZ 124, 380 = ZIP 1994, 305 = WM 1994, 414, dazu EWiR 1994, 209 *(Serick)*; BGH, Urt. v. 27.6.1995 – XI ZR 8/94, ZIP 1995, 1167 = WM 1995, 1264, dazu EWiR 1995, 767 *(Tiedtke)*.

6. Sicherungseigentum in Zwangsvollstreckung und Insolvenz

Betreibt ein weiterer Gläubiger die **Einzelzwangsvollstreckung** gegen den Sicherungsgeber und will er hierbei auch auf einen sicherungsübereigneten Gegenstand Zugriff nehmen, so steht der sicherungsnehmenden Bank die Möglichkeit einer Drittwiderspruchsklage nach § 771 ZPO offen. Sie kann also das Sicherungseigentum als ein die Veräußerung hinderndes Recht geltend machen und damit die weitere Zwangsvollstreckung in den Gegenstand verhindern. 9.513

Unter Geltung der **Konkursordnung** stand dagegen bei der Insolvenz des Sicherungsgebers – anders als bei der Einzelzwangsvollstreckung – nicht allein der vollständige Eigentumserwerb der Bank im Vordergrund; vielmehr war auch die Treuhandbindung zu berücksichtigen. Die Bank konnte daher die sicherungsübereigneten Gegenstände nicht entsprechend § 43 KO a. F. aus der Konkursmasse aussondern. Ihr stand allerdings wie dem Gläubiger eines rechtsgeschäftlichen Pfandrechts ein Anspruch auf abgesonderte Befriedigung zu (§§ 47 ff. KO a. F.).[537] 9.514

Im Rahmen des § 127 KO a. F. konnte die Bank die Gegenstände eigenhändig und außerhalb der übrigen Konkursmasse verwerten. Diese Rechtslage hat sich durch die zum 1. Januar 1999 in Kraft getretene Insolvenzordnung geändert.[538] Auch nach der Insolvenzordnung besteht zwar weiterhin ein **Absonderungsrecht des Sicherungsnehmers** an sicherungsübereigneten Gegenständen. Vom Zeitpunkt der Eröffnung des Insolvenzverfahrens an ist jedoch – abweichend von § 127 KO a. F. – der **Verwalter verwertungsberechtigt**. 9.515

Gem. § 166 Abs. 1 InsO ist der Insolvenzverwalter zur freihändigen Verwertung des sicherungsübereigneten Gegenstandes berechtigt. Nach der Verwertung hat er den Erlös an den absonderungsberechtigten Sicherungsnehmer auszukehren. Vom Erlös sind allerdings pauschal 4 % für die Kosten der Feststellung und 5 % für die Verwertung des Gegenstandes vorweg zugunsten der Insolvenzmasse abzuziehen (§ 170 Abs. 1, § 171 InsO). 9.516

Erfolgt die Verwertung des Sicherungsgutes durch den Insolvenzverwalter, liegt im umsatzsteuerrechtlichen Sinne eine Lieferung des Insolvenzschuldners an den Erwerber vor. Soweit die Lieferung steuerrechtlich im Inland erfolgt ist (§ 3 UStG) und keine Steuerbefreiung gegeben ist (§ 4 UStG), ist die Lieferung umsatzsteuerpflichtig. Die Steuerschuld ist als Masseverbindlichkeit (§ 55 Abs. 1 Nr. 1 InsO) durch den Verwalter abzuführen. Sie kann aus dem Verwertungserlös einbehalten werden (§§ 170 Abs. 1, 171 Abs. 2 Satz 3 InsO), sodass der Sicherungsnehmer lediglich den Nettobetrag des Erlöses erhält. 9.517

---

537) BGH, Urt. v. 23.11.1977 – VIII ZR 7/76, WM 1977, 1422; *Kümpel*, Bank- und Kapitalmarktrecht, Rz. 6.355.

538) Insolvenzordnung (InsO) v. 5.10.1994, BGBl. I, 2866, zuletzt geändert durch Art. 8 Abs. 7 Gesetz v. 29.7.2009, BGBl. I, 2355; Gesetzeswortlaut und Entwurfsbegründung abgedr. in: *Kübler/Prütting*, RWS-Dok. 18, Bd. I, S. 43 ff.

9.518 Ein eigenes **Verwertungsrecht des Sicherungsnehmers** besteht nach § 173 InsO nur, soweit er den unmittelbaren Besitz an der Sache hat. Bei der Sicherungsübereignung wird dies nur im Ausnahmefall in Betracht kommen, nämlich wenn der Gläubiger vor Eröffnung des Insolvenzverfahrens bereits unmittelbaren Besitz an den Gegenständen begründet hat. Einschlägig ist § 173 InsO damit vor allem für das Mobiliarpfandrecht gemäß §§ 1205 ff. BGB, bei dem der unmittelbare Besitz des Pfandgläubigers tatbestandlich vorausgesetzt wird.[539)]

9.519 Soweit ausnahmsweise eine Verwertung des sicherungsübereigneten Gutes durch den Sicherungsnehmer erfolgt, liegt sowohl eine Lieferung vom Insolvenzschuldner an den Sicherungsnehmer als auch eine weitere Lieferung vom Sicherungsnehmer an den Abnehmer vor. Sind sowohl der Sicherungsgeber als auch der Sicherungsnehmer Unternehmer i. S. d. Umsatzsteuerrechts, liegt ein sog. **Doppelumsatz** vor. Ist nun die Lieferung im Inland erfolgt (vgl. § 3 UStG) und nicht umsatzsteuerbefreit (vgl. § 4 UStG), sind beide Lieferungen umsatzsteuerpflichtig. Hinsichtlich der ersten Lieferung ist wohl der Sicherungsnehmer Steuerschuldner, § 13b UStG.[540)] Die Geltendmachung der Vorsteuer ist ggf. möglich.

9.520 Der Verwalter kann auch das Sicherungseigentum dem Sicherungsnehmer zur Verwertung überlassen, § 170 Abs. 2 InsO. In diesem Falle muss der Sicherungsnehmer aus dem erzielten Verwertungserlös einen Betrag i. H. d. Feststellungskosten (4 %) sowie des Umsatzsteuerbetrages an die Masse abführen. Ein Doppelumsatz liegt nicht vor.[541)]

9.521 Im Rahmen seiner Verwaltung kann der Insolvenzverwalter zudem einen sicherungsübereigneten Gegenstand, z. B. eine im Produktionsablauf erforderliche Maschine, für die Insolvenzmasse benutzen. Den dadurch entstehenden Wertverlust hat er dem Gläubiger auszugleichen, soweit durch die Nutzung die Sicherung des Gläubigers beeinträchtigt wird (§ 172 Abs. 1 InsO).

XI. Sicherungsabtretung

9.522 Die Abtretung von Forderungen kommt in der Kreditsicherungspraxis in vielfältigen Formen vor. Abgetreten werden z. B. Forderungen aus einem Bankguthaben oder einem Bausparvertrag, Versicherungsforderungen, Lohn- und Mietforderungen sowie Kaufpreisansprüche. Um die Bonität des sicherungsgebenden Kunden auch nach der Abtretung zu schonen, wird regelmäßig eine **stille Zession** vereinbart. Dies gilt auch im gewerblichen Kreditgeschäft, wo Si-

539) Vgl. auch Begründung RegE § 200/§ 173 InsO, abgedr. in: *Kübler/Prütting*, RWS-Dok. 18, Bd. I, S. 404.

540) Schimansky/Bunte/Lwowski-*Ganter*, Bankrechts-Hdb., § 95 Rz. 187; zur gegenteiligen Auffassung vgl. die bei *Ganter* aufgeführten Nachweise.

541) Schimansky/Bunte/Lwowski-*Ganter*, Bankrechts-Hdb., § 95 Rz. 189.

cherungsabtretungen in Form der Mantelzession oder der Globalzession üblich sind.

Der Schuldner behält bei der stillen Zession das Recht, die Forderung einzuziehen, solange nicht die mit der Abtretung gesicherte Forderung notleidend wird und die Bank in der Zessionarsstellung die Abtretung offenlegt. Dies ist erforderlich, um die für den (Dritt-) Schuldner im Zessionsrecht vorgesehenen Schutzwirkungen der §§ 406 f. BGB abzuwenden. So muss der Zessionar nach § 407 BGB die Erfüllung der abgetretenen Forderung gegen sich gelten lassen, wenn der Schuldner an den Sicherungsgeber als früheren Gläubiger bspw. eine Kaufpreisschuld zahlt, soweit die Zahlung vor **Offenlegung der Zession** und Kenntniserlangung des Schuldners erfolgt ist. 9.523

Durch den aus Gründen der Mittelstandsförderung eingefügten § 354a HGB[542)] können im gewerblichen Kreditbereich von Kaufleuten auch Geldforderungen zur Sicherheit abgetreten werden, bei denen der (Dritt-) Schuldner mit dem Sicherungsgeber ein Abtretungsverbot gemäß § 399 Alt. 2 BGB vereinbart hat. Das vertragliche Abtretungsverbot nach § 399 BGB wirkt zwar grundsätzlich absolut und führt zur Unwirksamkeit der Zession.[543)] Dieser Grundsatz ist jedoch durch § 354a Satz 1 HGB für die Parteien des Sicherungsvertrags eingeschränkt, die Bank erwirbt die Forderung also wirksam trotz des Abtretungsverbotes. Der Drittschuldner kann allerdings nach § 354a Satz 2 HGB weiterhin mit befreiender Wirkung an den Sicherungsgeber zahlen. Dies gilt – anders als sonst nach § 407 BGB – auch nach Offenlegung der Abtretung, die Bank als Sicherungsnehmerin kann daher die befreiende Zahlung zwischen den ursprünglichen Parteien nicht verhindern. Bei der Bewertung der Sicherheiten ist dies zu berücksichtigen.[544)] 9.524

1. Individualisierung

Ähnlich wie bei der Sicherungsübereignung ist für die Wirksamkeit der Sicherungsabtretung entscheidend, dass die abgetretene Forderung hinreichend bestimmt oder wenigstens bestimmbar ist (vgl. oben Rz. 9.489). Während bei der Einzelabtretung die Individualisierung unproblematisch ist, muss bei der Abtretung von Forderungsgesamtheiten durch die Sicherungsabrede gewährleistet sein, dass sich die abgetretenen Forderungen von allen gleichartigen Rechten unterscheiden. 9.525

542) Gesetz zur Änderung des D-Markbilanzgesetzes und anderer handelsrechtlicher Bestimmungen v. 25.7.1994, BGBl. I, 1682.

543) Z. B. BGH, Urt. v. 1.2.1978 – VIII ZR 232/75, BGHZ 70, 299 = WM 1978, 267; BGH, Urt. v. 3.12.1987 – VII ZR 374/86, BGHZ 102, 293 = ZIP 1988, 175 = WM 1988, 460, dazu EWiR 1988, 241 *(M. Wolf)* und WuB IV B. – § 2 AGBG – 2.88 *(Johlke)*.

544) Eingehend *Bette*, WM 1994, 1909, 1918 f.

9.526 Es ist zulässig, auch **künftig entstehende Forderungen** im voraus abzutreten. Die Abtretung künftiger Forderungen wird erst voll wirksam, wenn die Forderung zugunsten des Zedenten entstanden ist. Im Sicherungsvertrag kann die Abtretung bereits aufschiebend bedingt so vereinbart sein, dass die Forderung mit ihrer Entstehung sofort auf den Sicherungsnehmer übergeht. Der Sicherungsvertrag kann aber ebenso eine lediglich schuldrechtliche Verpflichtung des Sicherungsgebers enthalten, künftige Forderungen nach ihrer Entstehung auf den Sicherungsnehmer zu übertragen.

9.527 Bei der **Globalzession,** bei der alle gegenwärtigen und künftigen Forderungen aus dem Geschäftsbetrieb an die Bank abgetreten werden, wird in der Sicherungsabrede bereits die aufschiebend bedingte Übertragung künftiger Forderungen vereinbart. Für den Forderungserwerb der Bank bedarf es damit keines weiteren Übertragungsakts. Die Individualisierung der Forderungen wird, wenn nicht sämtliche geschäftlich begründeten Forderungen des Sicherungsgebers, sondern nur ein Teil hiervon abgetreten werden sollen, dadurch erzeugt, dass nur die Ansprüche gegen Drittschuldner aus bestimmten Buchstabengruppen (bspw. Kunden mit den Anfangsbuchstaben A–F) übertragen werden sollen.[545)]

9.528 Bei der **Mantelzession** wird in der Sicherungsabrede eine schuldrechtliche Übertragungspflicht des Sicherungsgebers für künftig entstehende Forderungen vereinbart. Die Übertragung selbst wird dadurch herbeigeführt, dass die Forderungen in eine Zessionsliste eingetragen werden und dann mit der Übergabe der Liste vom Sicherungsgeber auf die Bank übergehen. Die Mantelzession dient insoweit zunächst nur dazu, zwischen den Parteien einen Mindestbestand an zu übertragenden Forderungen festzulegen. Wegen des erforderlichen besonderen Übertragungsaktes seitens des Zedenten ist der Sicherungswert dieser Zessionsform geringer als der der Globalzession. In der Praxis hat die Mantelzession daher nachrangige Bedeutung.[546)]

2. Kollision mit anderen Rechten

9.529 Zunächst ist darauf zu achten, dass die übertragenen Forderungen nicht bereits anderweitig abgetreten wurden. Bei einer Mehrfachabtretung ist nach dem **Grundsatz der Priorität** nur die zeitlich früheste Abtretung wirksam. Dies gilt prinzipiell auch für die Vorausabtretung künftiger Forderungen.

9.530 Einer besonderen Regelung im Sicherungsvertrag bedarf das **Verhältnis einer Globalzession zum verlängerten Eigentumsvorbehalt.** Hierbei behält sich ein Warenlieferant zur Sicherung seiner Kaufpreisforderung zunächst das Eigen-

545) Vgl. das entsprechende Formularmuster in: *Hellner/Steuer*, BuB, Rz. 4/754.

546) So auch Schimansky/Bunte/Lwowski-*Ganter*, Bankrechts-Hdb., § 96 Rz. 80; ein Vertragsmuster ist abgedr. in: *Hellner/Steuer*, BuB, Rz. 4/691a.

tum gemäß § 455 BGB vor, gestattet dem Händler aber die Veräußerung der Waren, wofür dieser ihm die gegen Drittkunden begründeten Kaufpreisforderungen abzutreten hat.

Die Rechtsprechung hält eine Globalzession, die auch Verkaufsforderungen des Sicherungsgebers umfassen soll, die in einen verlängerten Eigentumsvorbehalt fallen, für sittenwidrig. Der Bankkunde würde nämlich hierdurch verpflichtet, die mit seinem Lieferanten getroffenen Vertragsvereinbarungen fortwährend zu verletzen.[547)] 9.531

Sittenwidrig ist auch die Vereinbarung einer sog. **Zahlstellenklausel** im Globalzessionsvertrag. Darin verpflichtet sich der Zedent, Eingänge auf sein Konto bei der Gläubigerbank zu leiten. Damit würde, wenn der Drittschuldner auf ein debitorisches Konto des Zedenten zahlt, zunächst ein Saldoausgleich erfolgen und die Befriedigung der Bank zulasten des Warenlieferanten bewirkt. Wegen der Benachteiligung des Lieferanten wird die Klausel als nichtig gewertet. Die Bank hat auf die Klausel gestützte Zahlungen ohne Rechtsgrund erhalten und muss sie gemäß § 816 Abs. 2 BGB zugunsten des Vorbehaltslieferanten herausgeben.[548)] Zur Abwendung des Sittenwidrigkeitsurteils reicht die nur schuldrechtliche Vereinbarung, nach der die Bank sich verpflichtet, die Forderung an den Gläubiger des verlängerten Eigentumsvorbehalts abzutreten oder ihn zu befriedigen, nicht aus.[549)] 9.532

Erforderlich ist statt dessen eine **dingliche Teilverzichtsklausel.** Diese bestimmt, dass vom verlängerten Eigentumsvorbehalt erfasste Forderungen von vornherein aus der Globalabtretung vertraglich ausgeschlossen oder nur für den Fall aufgenommen werden, dass der verlängerte Eigentumsvorbehalt erloschen ist. Dabei reicht es aus, wenn der Vorrang eines später zustande gekommenen verlängerten Eigentumsvorbehalts des Warenkreditgläubigers auf Fälle des branchenüblichen Vorbehalts beschränkt ist.[550)] 9.533

3. Freigabe- und Verwertungsregeln

Bei der **Globalzession** gelten die bei der Sicherungsübereignung dargestellten Grundsätze zur ursprünglichen und nachträglichen **Übersicherung** sowie die vom Großen Zivilsenat entwickelten Eckpunkte (oben Rz. 9.508) entsprechend. 9.534

547) BGH, Urt. v. 30.4.1959 – VII ZR 19/58, WM 1959, 964, ständige Rechtsprechung.

548) BGH, Urt. v. 9.11.1978 – VII ZR 17/76, WM 1979, 13 = NJW 1979, 371; vgl. auch *Köper*, MDR 2005, 1141.

549) BGH, Urt. v. 9.11.1978 – VIII ZR 54/77, WM 1979, 11 = NJW 1979, 365.

550) BGH, Urt. v. 8.10.1986 – VIII ZR 342/85, BGHZ 98, 303 = ZIP 1987, 85 = WM 1986, 1545, dazu EWiR 1987, 5 *(Meyer-Cording)*; BGH, Urt. v. 8.12.1998 – XI ZR 302/97, ZIP 1999, 101 = WM 1999, 126, dazu EWiR 1999, 299 *(Medicus)*; BGH, Urt. v. 21.4.1999 – VIII ZR 128/98, ZIP 1999, 997 = WM 1999, 1216, dazu EWiR 1999, 677 *(Medicus)*.

9.535 Auch bei der Sicherungsabtretung sieht der Bundesgerichtshof § 1234 BGB und § 368 HGB als gesetzliche Leitbilder für die **Verwertung** an. Die vorherige Androhung ist dabei nicht nur für die Forderungsverwertung, d. h. deren Einziehung, sondern bei stillen Zessionen schon für die vorherige Offenlegung notwendig. Abweichende Formularregelungen sind nach § 307 BGB (§ 9 AGBG a. F.) unwirksam. An die Stelle der unwirksamen Klausel treten bei im Übrigen fortbestehendem Zessionsvertrag nach § 306 Abs. 1 und 2 BGB (§ 6 Abs. 1 und 2 AGBG) die genannten Gesetzesbestimmungen.[551)]

4. Behandlung im Insolvenzverfahren

9.536 Wie bei der Sicherungsübereignung besteht bei der fiduziarischen Sicherungsabtretung ein **Verwertungsrecht des Insolvenzverwalters**. Der Verwalter darf eine abgetretene Forderung einziehen oder in anderer Weise verwerten (§ 166 Abs. 2 InsO). Der Sicherungsnehmer hat als absonderungsberechtigter Gläubiger allerdings einen Auskunftsanspruch gegen den Verwalter. Dieser muss zumindest die Einsicht in die Bücher und Geschäftspapiere des Schuldners gestatten (§ 167 Abs. 2 InsO). Nach der Verwertung der Forderung hat der Insolvenzverwalter den Sicherungsnehmer aus dem Erlös zu befriedigen. Vom Erlös sind – wiederum entsprechend zur Sicherungsübereignung – für die Kosten der Feststellung und Verwertung pauschal 4 bzw. 5 % des Erlöses zugunsten der Masse abzuziehen (§ 170 Abs. 1, § 171 Abs. 1 und 2 InsO).

9.537 Die globalzedierten Forderungen unterliegen dem **Anfechtungsrecht** des Insolvenzverwalters unter den Voraussetzungen der §§ 129 ff. InsO an. Da die Forderung jeweils in der Zukunft und mithin nach Abschluss des Globalzessionsvertrages entsteht, ist nicht auf das Datum des Zessionsvertrages abzustellen, sondern auf das **Entstehungsdatum der einzelnen Forderung.**

9.538 In einer Entscheidung aus dem Jahre 2005 urteilte das Oberlandesgericht Karlsruhe,[552)] wenn eine dem Kreditinstitut i. R. einer Globalzession sicherungshalber abgetretene künftige Forderung in den letzten drei Monaten vor dem Antrag auf Eröffnung des Insolvenzverfahrens entsteht, sei der Forderungserwerb nach Maßgabe des § 131 InsO als inkongruente Deckung anfechtbar. Das Kreditinstitut habe vor Entstehung der Forderung noch keinen hinreichend bestimmten, zur Kongruenz führenden Anspruch auf ihre Abtretung inne gehabt. Insoweit wären Vorausabtretungen von Forderungen, die erst im letzten Monat vor einem Eröffnungsantrag gegen den Abtretenden ent-

---

551) BGH, Urt. v. 30.5.1995 – XI ZR 78/94, ZIP 1995, 1071 = WM 1995, 1219 (für die Abtretung einer Kapitallebensversicherung); BGH, Urt. v. 27.6.1995 – XI ZR 8/94, ZIP 1995, 1167 = WM 1995, 1264 (für die Globalzession), dazu EWiR 1995, 767 *(Tiedtke)*; zu den Besonderheiten bei Lohnzessionen nachfolgend.

552) OLG Karlsruhe, Urt. v. 8.4.2005 – 14 U 200/03, ZIP 2005, 1248 = WM 2005, 1762 m. zustimmender Anm. *H.P. Kirchhof* in: WuB VI A. § 131 InsO 1.06.

stehen, uneingeschränkt anfechtbar. Abtretungen in den letzten zwei oder drei Monaten vor dem Eröffnungsantrag wären dann anfechtbar, wenn der Abtretende zu dieser Zeit zahlungsunfähig war oder dem Gläubiger bekannt war, dass die Abtretung die Insolvenzgläubiger benachteiligte.[553)]

Für die Anfechtbarkeit einer Vorausabtretung gemäß § 140 Abs. 1 InsO kommt es nach Auffassung des Oberlandesgerichtes nicht schon auf das Datum der Abtretungsvereinbarung, sondern erst auf den Zeitpunkt an, in dem die jeweils abzutretende Forderung entsteht.[554)] Hiervon ausgehend hat das Oberlandesgericht die Abtretungen als inkongruente Deckungen gemäß § 131 Abs. 1 Nr. 2 bzw. Nr. 1 InsO für anfechtbar gehalten und als Begründung ausgeführt, dass der im voraus vereinbarte schuldrechtliche Anspruch auf Abtretung künftiger Forderungen sich erst in denjenigen Zeitpunkten auf jede einzelne dieser Forderungen konkretisiert, in denen diese ihrerseits entstehen. Falle ein solcher Zeitpunkt erst in die Drei-Monats-Frist des § 131 InsO, so sei die entsprechende Besicherung inkongruent.[555)] 9.539

Zur Begründung für diese enge Bestimmung der Kongruenz wird angeführt, dass anderenfalls alle wesentlichen Gläubiger im eigenen Interesse bestrebt sein müssten, sich von vornherein möglichst umfassend an sämtlichen künftigen Vermögen ihrer Schuldner zu sichern. Wären derart pauschale Vereinbarungen insolvenzfest, würden spätere Gläubiger mit ihren Forderungen ausfallen. Dies würde zu einem Verstoß gegen den in der Insolvenz geltenden Gleichbehandlungsgrundsatz führen.[556)] 9.540

Dieser **Auffassung ist der Bundesgerichtshof** in einer Entscheidung vom 29. November 2007 entgegengetreten.[557)] Neben weiteren Erwägungen hebt der IX. Zivilsenat hervor, dass der Umfang der in Zukunft auf die Sicherungsnehmerin übergehenden Forderungen in abstrakter Form bereits rechtlich bindend festgelegt wird. Die Abtretung der zukünftigen Forderungen enthalte alle Merkmale, aus denen der Übertragungstatbestand besteht. Wird nun bei Abschluss des Globalzessionsvertrages das dingliche Geschäft vollzogen und zur gleichen Zeit die schuldrechtliche Seite in dem vertragsrechtlich möglichen Maße konkretisiert, so dürfe die Kongruenz der Sicherheit nicht verneint werden. 9.541

---

553) § 131 Abs. 1 Nr. 3 InsO.

554) BGH, Urt. v. 30.1.1997 – IX ZR 89/96, WM 1997, 545, 5461 = ZIP 1997, 513, m. Anm. *Mankowski* in: WuB VI G. § 10 GesO 4.97.

555) Vgl. hierzu auch *Hoch/Kern/Schmider*, Sachsicherheiten, Rz. 142 ff.

556) *H.P. Kirchhof* in: WuB VI A. § 131 InsO 1.06.

557) BGH, Urt v. 29.11.2007 – IX ZR 30/07, ZIP 2008, 183 (m. Anm. *Mitlehner*, S. 189, m. Bespr. *Kuder*, S. 289 u. *Jacoby*, S. 385) = ZVI 2008, 24 = WM 2008, 204, dazu EWiR 2008, 187 *(Ries)*, dazu WuB VI A. § 130 InsO 2.08 *(Schönfelder)*.

9.542 Die Anfechtung einer Abtretung als kongruente Deckung erfolgt unter den Voraussetzungen des § 130 InsO und setzt die Kenntnis einer Zahlungsunfähigkeit des Schuldners durch den Sicherungsnehmer voraus bzw. bei Vorliegen eines Insolvenzeröffnungsantrages die Kenntnis des Antrages bzw. die Kenntnis der Zahlungsunfähigkeit.

9.543 Unabhängig von der Frage der Kongruenz ist zu beachten, dass eine Forderung grundsätzlich nicht mit ihrer Fakturierung bzw. Rechnungsstellung, sondern regelmäßig mit dem Vertragsschluss (Kaufvertrag) bzw. mit der Werkerstellung (Werkvertrag) entsteht. Anfechtungsrechtlich streitige Forderungen sind insoweit regelmäßig vor den anfechtbaren Zeiträumen entstanden.

5. Besonderheiten bei Lohn- und Gehaltsabtretungen

9.544 Die Lohnabtretung ist besonders bei Konsumentenkrediten ein häufig gebrauchtes Sicherungsmittel. Die früher üblichen Gestaltungsformen solcher Abtretungen sind durch eine Entscheidung des III. Zivilsenats des Bundesgerichtshofes erheblich eingeschränkt worden. Zwar hält der Bundesgerichtshof die Vorausabtretung künftiger Lohn- und Nebenansprüche in AGB für grundsätzlich zulässig. Bei der Inhaltskontrolle solcher Verträge ist aber nach § 307 BGB (§ 9 Abs. 1 AGBG a. F.)

> „das Sicherungsinteresse der Bank, der in solchen Fällen als einziges Kreditsicherungsmittel häufig nur die künftigen Lohn-, Gehalts-, Provisions- oder Sozialleistungsansprüche des Kreditnehmers zur Verfügung stehen, gegen das Interesse des Kunden an der Erhaltung seiner wirtschaftlichen Bewegungsfreiheit abzuwägen. Einer unverhältnismäßigen Übersicherung der Bank ist durch geeignete Ausgestaltung der Geschäftsbedingungen von vornherein zu begegnen."[558)]

9.545 Über eine Freigabeklausel hinaus fordert der Bundesgerichtshof dabei eine weitere angemessene Begrenzung der Zession. Diese sieht er in deren **betragsmäßiger Begrenzung,**

> „die sich am Gesamtumfang des Darlehens orientiert, also sowohl den Nettokredit wie die Kreditkosten einschließt. ... Dies kann in der Weise geschehen, dass dem Gesamtumfang des Darlehens ein Pauschalbetrag – zweckmäßigerweise in Gestalt eines Prozentsatzes – zugeschlagen wird."

9.546 Trotz verschiedener Probleme im Zusammenhang mit der Sicherheitenentwicklung und -überwachung sehen die heute üblichen Musterverträge derartige Betragsbegrenzungen vor.[559)] Weiterhin zulässig ist, bei der Lohnabtretung einen weiten Sicherungszweck zu vereinbaren.

9.547 **Besondere Anforderungen** stellt der Bundesgerichtshof bei der Lohnabtretung zudem **für die Verwertungsregelung.** Wegen der existentiellen Bedeu-

558) BGH, Urt. v. 22.6.1989 – III ZR 72/88, BGHZ 108, 98 = ZIP 1989, 968 = WM 1989, 1086, dazu EWiR 1989, 837 *(M. Wolf)*.

559) Vgl. das Muster in: *Hellner/Steuer*, BuB, Rz. 4/968.

tung, die das abgetretene Recht für den Sicherungsgeber hat, hält es der Bundesgerichtshof für unabdingbar, dass bei einer stillen Zession bereits deren Offenlegung an den Arbeitgeber mit Fristsetzung vorab angedroht wird. Ein Vertrag über eine Lohn- und Gehaltszession, der eine vorherige Androhung (z. B. über Nr. 20 Abs. 2 AGB-Bk 1986) ausschließt, wird demgemäß von der Rechtsprechung als gesamtunwirksam nach § 306 BGB (§ 6 Abs. 3 AGBG a. F.) gewertet.[560] Gleichartige Wertungen nimmt der Bundesgerichtshof für sonstige Vergütungsansprüche vor, die in ihrer Bedeutung für den Zedenten mit Lohnansprüchen gleichzusetzen sind. Dies hat das Gericht z. B. für Honorare aus Vortragstätigkeiten ausgenommen, die die wesentliche Einkommensquelle des Zedenten bildeten.[561]

6. Besonderheiten bei der Abtretung der Honorarforderungen von Freiberuflern

Bei der Kreditgewährung an Freiberufler (Ärzte, Architekten, Rechtsanwälte etc.) bildet die Globalzession ihrer Honorarforderungen gegen Patienten oder Mandanten oftmals auch aus Sicht des Kreditnehmers die einzige Möglichkeit einer Sicherung. Der Wert dieser Sicherheit ist dadurch erheblich eingeschränkt, dass das in § 203 StGB normierte Verbot einer Verletzung von Privatgeheimnissen, das sich u. a. auf Patienten- oder Mandantendaten bezieht, beachtet sein muss. Ist in einem Vertrag über einen Forderungskauf oder eine Sicherungszession entgegen dem Verbot vereinbart oder möglich, dass der Forderungserwerber Kenntnis von diesen Daten erlangt, verstößt der Vertrag gegen ein gesetzliches Verbot und ist gemäß § 134 BGB nichtig. Anderes gilt nur, falls die Patienten oder Mandanten der Abtretung und Weiterleitung ihrer Daten ausdrücklich zugestimmt haben.[562] **9.548**

Diese Zustimmungen einzuholen, ist bei Globalzessionen, also bei wechselnden Forderungsbeständen, nicht praktikabel. Damit bleibt nach dem Bundesgerichtshof für die Kreditsicherung durch Abtretung von Honorarforderungen nur die **Möglichkeit einer stillen Zession mit Einziehungsbefugnis des Zedenten.**[563] Der Sicherungsvertrag muss demnach vorsehen, dass nur der Sicherungsgeber die Forderungen einziehen kann und der Bank diese Befugnis auch im Sicherungsfall nicht zusteht. Bestandslisten, mittels derer die Bank während des bestehenden Kreditengagements u. a. die Geschäftsentwicklung beim Kre- **9.549**

560) BGH, Urt. v. 7.7.1992 – XI ZR 274/91, ZIP 1992, 1068 = WM 1992, 1359, dazu EWiR 1992, 835 *(Kohte)*.

561) BGH, Urt. v. 14.6.1994 – XI ZR 210/93, ZIP 1994, 1350 = WM 1994, 1613, dazu EWiR 1995, 25 *(Häuser)* und WuB I F 4. – 1.95 *(Neuhof)*.

562) Grundlegend BGH, Urt. v. 10.7.1991 – VIII ZR 296/90, BGHZ 115, 123 = NJW 1991, 2955, dazu EWiR 1991, 959 *(Mayer-Maly)*.

563) BGH, Urt. v. 25.5.1993 – XI ZR 140/92, ZIP 1993, 994 = NJW 1993, 1912, dazu EWiR 1993, 747 *(Ose)*; krit. zur Rechtsprechung *Berger*, NJW 1995, 1584.

ditnehmer nachhalten kann, sind ebenfalls zu anonymisieren, um eine Kenntniserlangung von Patientendaten bereits im Ansatz auszuschließen. Der Bank verbleiben damit kaum noch Einwirkungsmöglichkeiten aufgrund des Sicherungsvertrages; der Sicherungswert der Zession ist entsprechend begrenzt.

7. Besonderheiten bei der Abtretung von Lebensversicherungsansprüchen

9.550 Durch die 1992 geänderte Vorschrift des § 10 Abs. 2 Satz 2 EStG[564] ist die Abtretungsfähigkeit von Lebensversicherungsansprüchen zwar nicht in den zivilrechtlichen Gestaltungsmöglichkeiten, aber wegen der steuerrechtlichen Auswirkungen tatsächlich eingeschränkt worden. So können die Steuervergünstigungen für die Lebensversicherung entfallen, wenn die Versicherungsansprüche für den Erlebensfall zur Darlehenssicherung oder -tilgung abgetreten werden. Um dies im Sicherungsvertrag auszuschließen, müssen im einzelnen komplexe Regelungen vorgesehen sein.[565]Am 1. Januar 2005 traten die Neuregelungen zur Besteuerung von Renten und Altersvorsorgeaufwendungen und Änderungen i. R. d. privaten und betrieblichen Altersvorsorge in Kraft. Die Grundlagen hierfür enthält das **Alterseinkünftegesetz** (AltEinkG)[566], das die nachgelagerte Besteuerung für Renten aus der gesetzlichen Rentenversicherung einführte. Neben steuerlichen Änderungen bei privaten Rentenversicherungen und bei der betrieblichen Altersvorsorge wurde bei Kapitallebensversicherungen, welche ab dem 1. Januar 2005 abgeschlossen wurden, die bisher geltende steuerliche Privilegierung gänzlich abgeschafft.[567] Für Altverträge gilt hingegen Vertrauensschutz.[568]

9.551 Bei der Abtretung der Ansprüche aus einer kapitalbildenden **Lebensversicherung auf den Todesfall** zur Sicherheit hat der Tatrichter durch Auslegung der bei der Sicherungsabtretung abgegebenen Erklärung unter Berücksichtigung der Parteiinteressen und des Zwecks des Rechtsgeschäfts zu ermitteln, ob damit zugleich der Anspruch auf den **Rückkaufswert** erfasst ist. Ein entsprechender Anspruch ist von einer Sicherungsabtretung nicht mit erfasst, wenn Zedent und Zessionar mit der Beschränkung der Sicherungsabtretung auf den Anspruch auf den Todesfall das Ziel verfolgt haben, dem Sicherungsgeber steuerliche Vorteile, nämlich die Abzugsfähigkeit der Versicherungsprämien als

---

564) Gesetz zur Entlastung der Familien und zur Verbesserung der Ramenbedingungen für Investitionen und Arbeitsplätze (Steueränderungsgesetz 1992 – StÄndG 1992) v. 25.2.1992, BGBl. I, 297.

565) Einzelheiten in den BMF v. 19.5.1993, BStBl. I, 406 v. 2.11.1993, BStBl. I, 901, und v. 26.9.1994, BStBl. I, 749; vgl. auch *Dahm*, WM 1995, Beilage 2, S. 5 ff.

566) Gesetz zur Neuordnung der einkommensteuerrechtlichen Behandlung von Altersvorsorgeaufwendungen und Altersbezügen (Alterseinkünftegesetz) v. 5.7.2004, BGBl. I, 1427.

567) *Melchior*, DStR 2004, 1061.

568) *Wältermann*, DStR 2004, 2029; vgl. umfassend: *Redert*, NWB 2006, 1413.

Sonderausgaben und Steuerfreiheit der Kapitalerträge aus der Lebensversicherung zu erhalten.[569)]

XII. Mobiliarpfandrecht

1. Abgrenzung zu Sicherungsübereignung und -abtretung

Das Mobiliarpfandrecht ist in §§ 1204 ff. BGB als akzessorische Sicherheit gesetzlich geregelt. Zur wirksamen Bestellung eines Pfandrechts an beweglichen Sachen ist gemäß § 1205 BGB die Einigung über die Bestellung des Pfandrechts zwischen dem Eigentümer der Sache als Sicherungsgeber und dem Gläubiger sowie ferner die Übergabe der Sache an den Gläubiger erforderlich. Bei einem Pfandrecht an Forderungen tritt zur Einigung über die Pfandrechtsbestellung gemäß § 1280 BGB die Verpfändungsanzeige gegenüber dem Drittschuldner hinzu. 9.552

Das **Erfordernis der Sachübergabe bzw. der Verpfändungsanzeige** bei Forderungen bildet den wesentlichen Grund dafür, dass das Mobiliarpfandrecht als Kreditsicherheit im gewerblichen Bereich gegenüber der Sicherungsübereignung und der Sicherungsabtretung eine eher untergeordnete Bedeutung hat. Denn wesentliche Vorteile dieser Sicherungsformen – bei der Sicherungsübereignung die weitere Nutzungsmöglichkeit der Gegenstände, z. B. der Maschinen, durch den Sicherungsgeber bzw. bei der stillen Zession dessen fortbestehende Bonität gegenüber Dritten – fehlen beim Mobiliarpfandrecht gerade.[570)] 9.553

Die praktische Bedeutung der Verpfändung von Forderungen unter Geltung der Insolvenzordnung ist auch nicht, wie in der Vorauflage spekuliert, wieder gewachsen. Beim Mobiliarpfandrecht besteht zwar nach § 173 InsO ein eigenständiges Verwertungsrecht des gesicherten Gläubigers, sodass die pauschale Reduzierung des Verwertungserlöses i. H. v. 9 % für die Kosten der Feststellung und der Verwertung (§§ 170, 171 InsO) nicht anfällt (vgl. oben Rz. 9.516). Die oben dargestellten Nachteile überwiegen jedoch diesen Vorzug, was dazu führt, dass Sicherungsnehmer weiterhin zur Hereinnahme anderer Sicherungsmittel tendieren.[571)] 9.554

Von nicht zu vernachlässigender Bedeutung ist die pfandrechtliche Besicherung jedoch zum Teil aus anderen Gründen: So wird in der Bankpraxis an Wertpapieren und an Einlagenforderungen des Kunden regelmäßig ein Pfandrecht bestellt. Im Falle der Einlagen ist dies aus Gründen der Konfusionsgefahr (Erlöschen der Einlagenforderung aufgrund von Vereinigung der Gläubiger- und Schuldnerstellung) auch zwingend. 9.555

---

569) BGH, Urt. v. 13.6.2007 – IV ZR 330/05, ZIP 2007, 1375 = ZVI 2008, 71 = NJW 2007, 2320, dazu EWiR 2007, 567 *(Güther/Kohly)*.

570) Vgl. Schimansky/Bunte/Lwowski-*Merkel*, Bankrechts-Hdb., § 93 Rz. 2 f.

571) Vgl. aber Schimansky/Bunte/Lwowski-*Merkel*, Bankrechts-Hdb., § 93 Rz. 2 ff. 8.

9.556 Daneben kommt die Verpfändung auch bei der Kreditbesicherung durch Gesellschaftsanteile in Betracht, da bei einer Sicherungsübertragung der Anteile ggf. auch mitgliedschaftliche Rechte und Pflichten auf die Bank übergehen würden.

9.557 Zuletzt kann die Verpfändung auch bei Kreditsicherungsgeschäften mit Auslandsberührung von Vorteil sein, da in vielen ausländischen Rechtsordnungen die Sicherungsübertragung i. S. v. Sicherungseigentum und/oder Sicherungszession unbekannt ist. [572)]

2. Verpfändung mit wechselndem Bestand

9.558 Auch ein Mobiliarpfandrecht kann mit weitem Sicherungszweck vereinbart werden. Gemäß § 1204 Abs. 2 BGB kann das Pfandrecht nämlich zur Absicherung einer künftigen oder einer bedingten Forderung bestellt werden. Durch die damit verknüpfte Lockerung der Akzessorietät ist das Pfandrecht als **Sicherungsmittel für wechselnde Kredite** geeignet. Voraussetzung ist, dass die zu sichernden, künftig entstehenden Forderungen bereits bei der Bestellung des Pfandrechtes hinreichend bestimmbar sind. Für den Rang des Pfandrechtes gilt gemäß § 1209 BGB der Bestellungszeitpunkt.[573)] Ein weiter Sicherungszweck besteht bspw. beim AGB-Pfandrecht gemäß Nr. 14 Abs. 2 AGB-Bk/Nr. 21 Abs. 3 AGB-Spk.

9.559 Soweit als **Sicherungsgegenstand Forderungen im wechselnden Bestand** verpfändet werden sollen, also nach der Pfandrechtsbestellung auch künftig entstehende Forderungen erfasst sind, gelten grundsätzlich vergleichbare Maßstäbe zur Sicherungszession. Das zu verpfändende Recht muss damit im Zeitpunkt seiner Entstehung hinreichend und zweifelsfrei bestimmbar sein. Das Pfandrecht entsteht erst, wenn die verpfändete Forderung zur Entstehung gelangt.

9.560 Als problematisch erweist sich für die Verpfändung künftiger Forderungen aber vor allem die nach § 1280 BGB vorzunehmende Anzeige. Das sicherungsnehmende Kreditinstitut müsste hier für eine strikte Überwachung und den jeweils rechtzeitigen Versand der Anzeigen an die Drittschuldner sorgen, was in der Praxis auf Kapazitätsprobleme stoßen könnte. Die Verpfändungsanzeige kann allerdings nach h. M. auch schon vor Entstehen des verpfändeten Rechts erfolgen. Notwendig ist dabei, dass die Forderung nicht nur bestimmbar, sondern eindeutig bestimmt ist.[574)]

---

572) Vgl. hierzu umfassend Schimansky/Bunte/Lwowski-*Merkel*, Bankrechts-Hdb., § 93 Rz. 2 ff.

573) BGH, Urt. v. 26.1.1983 – VIII ZR 257/81, BGHZ 86, 340, 346 = ZIP 1983, 334 = WM 1983, 213; Staudinger-*Wiegand*, BGB, § 1204 Rz. 23.

574) *Damrau* in: MünchKomm-BGB, § 1273 Rz. 4.

XIII. Hypotheken und Grundschulden

Die Kreditgewährung gegen Stellung von Grundpfandrechten dient bei privaten Kunden hauptsächlich der Finanzierung von Grundstückskäufen oder Bauvorhaben. In Betracht kommt auch die Revalutierung einer bestellten Grundschuld, also die erneute Kreditgewährung auf ein bestehendes Grundpfandrecht. Bei Geschäftskunden werden Grundschulden häufig als ergänzendes Mittel zur Unternehmensfinanzierung bestellt. Obwohl das Gesetz in den §§ 1113 ff. BGB die Hypothek in den Mittelpunkt stellt, ist sie in der Kreditpraxis von der Grundschuld fast völlig verdrängt worden. Grund hierfür ist vor allem die größere Flexibilität der **Grundschuld,** die im Unterschied zur Hypothek **nicht akzessorisch** gestaltet ist und damit durch eine weite Sicherungszweckerklärung als Haftungsobjekt für die gesamte Geschäftsverbindung dienen kann. **9.561**

Die Grundschuld kommt im Wege vertraglicher Vereinbarung zwischen Bank und Grundschuldbesteller gemäß § 873 Abs. 1, § 1191 BGB durch Einigung und Eintragung zustande. Auch für die Grundschuld gilt der **sachenrechtliche Bestimmtheitsgrundsatz,** d. h., es muss der Betrag – i. d. R. zerlegt in Kapital und Zinsen –, für den das Grundstück haften soll, genau bestimmt und eingetragen werden. Für Forderungen wie Kosten der Kündigung und der Rechtsverfolgung haftet das Grundstück kraft Gesetzes (§§ 1192, 1118 BGB). **9.562**

Grundschuldzinsen werden banküblich mit einem deutlich höheren Prozentsatz bestellt und ins Grundbuch eingetragen, als diese vertraglich aus abgesicherten Krediten geschuldet sind. Die Eintragung von Zinssätzen i. H. v. 10 oder 15 % p. a. dient vor allem der Sicherung für Kosten eventueller Rechtsverfolgung und der Rangpriorität bei der Zwangsverwaltung oder -versteigerung eines Grundstücks. Diese erstreckt sich gemäß § 10 Abs. 1 Nr. 4 des Gesetzes über die Zwangsversteigerung und die Zwangsverwaltung (ZVG) neben dem Betrag des Grundpfandrechtes auch auf die Zinsbeträge des laufenden sowie der zwei zurückliegenden Jahre. **9.563**

Unabhängig von der Rangpriorität nach dem Zwangsversteigerungsgesetz ist die Frage zu beantworten, ob die **Verjährung von Zinsen aus einer Grundschuld** gehemmt ist, wenn die Grundschuld zur Absicherung von Krediten dient und der Sicherungsfall noch nicht eingetreten ist.[575)] Der XI. Zivilsenat, der die Hemmung der Verjährung ablehnt, hat zur Klärung dieser Frage an den IX. Senat eine Vorabanfrage gemäß § 132 Abs. 3 GVG gerichtet. Diese Anfrage hat der IX. Senat dahin gehend beantwortet, dass er an seiner früheren Auffassung nicht festhält. Die Rechtsprechung geht somit von der Verjährung laufen- **9.564**

575) Für die Hemmung noch BGH, Beschl. v. 21.1.1993 – IX ZR 174/92, ZIP 1993, 257, dazu EWiR 1993, 369 *(Clemente)*; BGH, Urt. v. 9.11.1995 – IX ZR 179/94, WM 1995, 2173, 2176 = ZIP 1995, 1973, vgl. dazu EWiR 1996, 147 *(Tiedtke)*.

der Zinsen aus der Grundschuld – ohne Hemmung durch die Sicherungsabrede – aus.[576)]

9.565 Die Verjährung der Grundschuldzinsen richtet sich nach den allgemeinen Verjährungsvorschriften. Die Verjährungsfrist beträgt nach dem Inkrafttreten des Schuldrechtsmodernisierungsgesetzes zum 1. Januar 2002 drei Jahre, §§ 195, 197 Abs. 2 BGB. Zuvor war eine Verjährungsfrist von vier Jahren bestimmt, §§ 197, 218 Abs. 2 BGB a. F.

9.566 Die Übernahme einer schuldrechtlichen Verpflichtung zur Grundschuldbestellung als Kreditsicherheit unterfällt, wenn sie vom Verpflichteten außerhalb der Geschäftsräume der Bank abgegeben wird, grundsätzlich § 312 BGB (§ 1 Abs. 1 HWiG a. F.). Dies gilt jedenfalls dann, wenn der Sicherungsgeber seine Verpflichtung in der erkennbaren Erwartung übernimmt, ihm oder einem Dritten werde hieraus ein – auch mittelbarer – Vorteil, z. B. die Kreditgewährung, erwachsen.[577)] Bei der Verpflichtung außerhalb der Geschäftsräume der Bank sollte daher stets eine Belehrung nach §§ 312, 355 BGB (§ 2 HWiG a. F.) erfolgen (zur Nichtanwendbarkeit des Verbraucherkreditgesetzes oben Rz. 9.52).

9.567 Das abstrakte, dingliche Rechtsgeschäft der Grundschuldbestellung ist hingegen nicht auf den Abschluss eines Vertrages über eine entgeltliche Leistung gerichtet, sondern lediglich auf Änderung der dinglichen Rechtslage. Es unterfällt insoweit nicht den Regelungen zum Haustürwiderruf.[578)]

1. Sicherungszweckerklärung

9.568 Die bereits erwähnten **Sicherungsgrundschulden** sind in der Kreditpraxis üblich. Bei ihnen wird durch eine schuldrechtliche Vereinbarung zwischen Sicherungsgeber und Bank die treuhänderische Bindung zwischen dem Grundpfandrecht und den gesicherten Forderungen hergestellt. Vorrangig aus Gründen der Verfahrensvereinfachung (leichtere Austauschbarkeit etc.) und wegen der dort nicht erforderlichen notariellen Form wird die Sicherungsabrede regelmäßig außerhalb der Grundschuldbestellungsurkunde gesondert vereinbart.

9.569 Die Vereinbarung einer **weiten Zweckerklärung** ist grundsätzlich zulässig. Demnach dient die Grundschuld

> „der Sicherung aller bestehenden, künftigen und bedingten Ansprüche, die der Bank . . . aus der bankmäßigen Geschäftsverbindung ... zustehen."[579)]

576) BGH, Vorlagebeschl. des XI. Senats v. 26.1.1999 – XI ZR 90/98, ZIP 1999, 705 = ZfIR 1999, 479 = WM 1999, 382; BGH, Antwortbeschl. des IX. Senats v. 15.4.1999 – XI ZR 90/98, ZIP 1999, 917 = ZfIR 1999, 481, dazu EWiR 1999, 773 *(Heinrichs)*; BGH, Urt. v. 28.9.1999 – XI ZR 90/98, ZIP 1999, 1883 = ZfIR 1999, 836, dazu EWiR 2000, 59 *(Medicus)*.

577) BGH, Urt. v. 26.9.1995 – XI ZR 199/94, ZIP 1995, 1813 = WM 1995, 2027, dazu EWiR 1995, 1107 *(Huff)*; OLG Hamm, Urt. v. 24.8.1998 – 5 U 58/98, WM 1999, 73.

578) OLG Koblenz, Urt. v. 29.1.1998 – 11 U 1690/96, ZBB 1999, 390 = WM 1999, 2068; Erman-*Saenger*, BGB, § 312 Rz. 30; Palandt-*Grüneberg*, BGB, § 312 Rz. 9.

579) Formulierung aus dem Musterformular abgedr. in: *Lwowski*, Kreditsicherung, S. 888.

AGB-rechtliche Bedenken ergeben sich aus dieser Formulierung nicht, soweit der Kreditnehmer gleichzeitig Sicherungsgeber ist und der Sicherungszweck auf dessen eigene Verbindlichkeiten beschränkt bleibt. Die weite Zweckerklärung ist dann prinzipiell weder überraschend noch unangemessen.[580)]

Anderes gilt, wenn der Kreditnehmer und der Sicherungsgeber (also i. d. R. der Grundstückseigentümer) nicht personenidentisch sind, was in der Praxis nicht selten vorkommt. Beispiele sind die Grundschuldbestellung eines Gesellschafters für die GmbH oder Grundschuldbestellungen von Ehegatten, bei denen zunächst eine gemeinsame Schuld (Baudarlehen) gesichert wird, die Grundschuld aber auch für Kredite allein an den Ehemann/die Ehefrau haften soll. Die weite Zweckerklärung kann dann, wenn **Anlass der Sicherung** eine bestimmte Kreditaufnahme war, überraschend oder unbillig sein: 9.570

> „Derjenige, der zur Sicherung eines fremden und zudem zweckgebundenen zinsvergünstigten Darlehens an seinem eigenen Grundstück eine Grundschuld zugunsten des Darlehensgebers bestellt, braucht billigerweise nicht damit zu rechnen, dass ohne besondere und mit ihm ausgehandelte Vereinbarung die Grundschuld als Sicherheit für alle zukünftigen Forderungen aus laufender Geschäftsverbindung zwischen dem Darlehensschuldner und dem Darlehensgläubiger dient."[581)]

Als wesentlichen, aus § 305c BGB (§ 3 AGBG a. F.) abgeleiteten Wertungsgesichtspunkt sieht der Bundesgerichtshof den Überrumpelungseffekt an, der in dem Widerspruch zwischen der Zweckvorstellung des Sicherungsgebers, die durch den besonderen Anlass der Grundschuldbestellung geprägt ist, und der davon abweichenden formularmäßigen Ausweitung des Sicherungszwecks liegt.[582)] 9.571

Der mit dem erweiterten Sicherungszweck verbundene Überraschungseffekt ist ausgeschlossen, wenn weitere Kreditaufnahmen für den Sicherungsgeber wegen enger persönlicher oder wirtschaftlicher Verbindung von Kreditnehmer und Drittsicherungsgeber für den letzteren berechenbar und vermeidbar sind.[583)] 9.572

Dagegen verstößt die Vereinbarung eines weiten Sicherungszwecks bei der Hereinnahme einer Grundschuld von einem Drittsicherungsgeber nicht gegen § 307 BGB (§ 9 AGBG a. F.). Eine Parallele zur Rechtsprechung für die Bürgschaft lässt sich hier nach Ansicht des Bundesgerichtshofes nicht ziehen, da der Grundschuldbesteller wegen der Beschränkung seiner Haftung auf die dingli- 9.573

---

580) BGH, Urt. v. 17.12.1980 – VIII ZR 307/79, ZIP 1981, 147 = WM 1981, 162; BGH, Urt. v. 8.5.1987 – V ZR 89/86, ZIP 1987, 829 = WM 1987, 802, dazu EWiR 1987, 781 *(Brych)*.

581) BGH, Urt. v. 29.1.1982 – V ZR 82/81, BGHZ 83, 56 = ZIP 1982, 290 = WM 1982, 290; BGH, Urt. v. 18.11.1988 – V ZR 75/87, ZIP 1989, 85 = WM 1989, 88, dazu EWiR 1989, 155 *(Gaberdiel)* und WuB I F 3. – 5.89 *(Rimmelspacher)*.

582) BGH, Urt. v. 20.2.1987 – V ZR 249/85, ZIP 1987, 695 = WM 1987, 586, dazu EWiR 1987, 679 *(Pfohl)*; ähnlich BGH, Urt. v. 28.11.1986 – V ZR 257/85, ZIP 1987, 245 = WM 1987, 584, dazu EWiR 1987, 343 *(Reimer)*, beide besprochen in WuB I F 3. – 12.87 *(Schröter)*.

583) BGH, Urt. v. 18.2.1992 – XI ZR 126/91, ZIP 1992, 386 = WM 1992, 563, dazu EWiR 1992,461 *(Clemente)*.

che Sicherheit nicht in gleicher Weise schutzwürdig ist wie ein Bürge oder Schuldbeitretender.[584)]

9.574 Gegenüber privaten Drittsicherungsgebern ist die Kreditpraxis jedoch bereits mit Blick auf § 305c BGB (§ 3 AGBG a. F.) vielfach dazu übergegangen, enge Sicherungszweckerklärungen hereinzunehmen und, wenn die Grundschuld später ein weiteres Darlehen sichern soll, eine weitere Erklärung einzuholen.

2. Zahlung auf Grundschuld oder Forderung

9.575 Zahlungen an die Bank werden nach den üblichen Vertragsformulierungen **auf die persönliche Forderung** und nicht auf die Grundschuld verrechnet. Diese Vereinbarung dient dazu, der Bank das Sicherungsrecht so weitgehend wie möglich zu erhalten und – bei weiter Zweckerklärung – die Grundschuld in voller Höhe für sonstige Forderungen gegen den persönlichen Schuldner weiter haften zu lassen. Problematisch ist das, wenn nicht der persönliche Schuldner, sondern der Drittsicherungsgeber mit der Bestimmung leistet, auf die Grundschuld zahlen zu wollen. Die Zahlung muss dann entweder zurückgewiesen oder auf die grundschuldgesicherten Ansprüche verrechnet werden.

9.576 Soweit die Sicherungsabrede formularmäßig eine **Verrechnungsvereinbarung** auf die persönliche Forderung vorsieht, kann diese von der Bank allerdings nicht mehr geltend gemacht werden, wenn sie angedroht hat, ihre Rechte aus der Grundschuld im Wege der Zwangsvollstreckung durchzusetzen. Zahlungen, die der Eigentümer und Grundschuldbesteller dann noch leistet, sind auch ohne besondere Bestimmung als zur Abwendung der Zwangsvollstreckung und auf die Grundschuld erbracht anzusehen.[585)]

9.577 Sind in der Sicherungszweckerklärung keine Vereinbarungen über die Verrechnung von Zahlungen enthalten, dann gilt § 366 BGB. Die **Tilgungsbestimmung** nach § 366 Abs. 1 BGB, auf die Grundschuld leisten zu wollen, kann vom Sicherungsgeber auch konkludent abgegeben werden. Sie kann etwa aus den Vertragsumständen zu folgern sein, wenn die Grundschuld mehrere Forderungen sichert.[586)]

9.578 Eine AGB-Klausel bei einer Grundschuld mit weiter Zweckerklärung, wonach eine Zahlung, die der Grundschuldbesteller geleistet hat, vom Gläubiger nach

---

584) BGH, Urt. v. 24.6.1997 – XI ZR 288/96, ZIP 1997, 1538 (m. Bespr. *Tiedtke*, S. 1949) = ZfIR 1997, 543 = WM 1997, 1615, dazu EWiR 1997, 1105 *(Hadding)*.

585) BGH, Urt. v. 26.6.1987 – V ZR 11/86, WM 1987, 1213, dazu EWiR 1987, 1199 *(M. Wolf)* und WuB I F 3. – 1.88 *(Schröter)*; BGH, Urt. v. 2.10.1990 – XI ZR 306/89, ZIP 1990, 1390 = WM 1990, 1927, dazu EWiR 1991, 45 *(Rehbein)*; BGH, Urt. v. 25.6.1992 – IX ZR 4/91, ZIP 1992, 1089 = WM 1992, 1502, dazu EWiR 1992, 841 *(Marotzke/Assmann)*; Schimansky/Bunte/Lwowski-*Epp*, Bankrechts-Hdb., § 94 Rz. 437 ff.

586) BGH, Urt. v. 27.6.1995 – XI ZR 213/94, ZIP 1995, 1404 = WM 1995, 1663, dazu EWiR 1995, 959 *(Clemente)*.

seinem billigen Ermessen auf die Forderungen verrechnet werden kann, ist nach § 307 BGB (§ 9 AGBG a. F.) unwirksam. Denn eine Tilgungsbestimmung des Grundschuldbestellers soll nach der Klausel nicht nur dafür ausgeschlossen sein, ob er auf Grundschuld oder Forderung zahlt, sondern auch dafür, auf welche gesicherte Forderung geleistet wird. Dies trägt nach Ansicht des Bundesgerichtshofes dem mit § 366 Abs. 1 BGB bezweckten Schuldnerschutz keine Rechnung und enthält damit eine unangemessene Benachteiligung.[587)]

§ 366 Abs. 1 BGB ist auf den Schuldnerschutz beim intakten Schuldverhältnis gerichtet. Die Vorschrift findet keine Anwendung, wenn die Grundschuld im Wege der Zwangsversteigerung verwertet wird. Ohne besondere Regelung greift in diesen Fällen die gläubigerorientierte Vorschrift des § 366 Abs. 2 BGB ein.[588)] 9.579

Soweit Zahlungen auf die Sicherungsgrundschuld erfolgen, besteht die persönliche Verpflichtung wegen der fehlenden Akzessorietät des Sicherungsrechtes fort.[589)] 9.580

3. Rückgewähranspruch

Hat sich der Sicherungszweck durch Tilgung der persönlichen Schuld erledigt, so hat der Sicherungsgeber einen Anspruch auf Rückgewähr der Grundschuld. Die Rückgewähr kann durch Abtretung, Aufhebung oder Verzicht der Bank erfolgen. 9.581

In der Praxis ist es üblich, dass sich andere Gläubiger – neben dem Inhaber der Grundschuld – die Rückgewähransprüche abtreten lassen. Die Abtretung kann sowohl als eigenständige Sicherheit wie zur **Verstärkung einer gleich- oder nachrangigen Grundschuld** (in Ergänzung des gesetzlichen Löschungsanspruchs nach § 1196 Abs. 3, § 1179a BGB) dienen. Nach der Abtretung kann der Rückgewähranspruch von Dritten nicht mehr gepfändet werden. Wird das Grundstück vor Rückgewähr verwertet, steht ein etwaiger Mehrerlös aus der Verwertung dem Inhaber des Rückgewähranspruchs vor der Befriedigung nachrangiger Grundpfandgläubiger zu. Allerdings ist der Sicherungswert des Rückgewähranspruchs gering, weil zuvor die Tilgung der gesicherten Forderung vorausgesetzt ist.[590)] Dies gilt besonders, wenn die vorrangige Grundschuld mittels weiter Zweckerklärung der Sicherung auch aller künftigen Verbind- 9.582

587) BGH, Urt. v. 9.3.1999 – XI ZR 155/98, ZIP 1999, 744 = ZfIR 1999, 433 = BB 1999, 1132, dazu EWiR 2000, 57 *(Derleder)*.

588) BGH, Urt. v. 23.2.1999 – XI ZR 49/98, ZIP 1999, 550 = WM 1999, 684 m. w. N.

589) BGH, Beschl. v. 23.1.1996 – XI ZR 75/95, ZIP 1996, 418.

590) Vgl. BGH, Urt. v. 1.10.1991 – XI ZR 186/90, ZIP 1991, 1481 = WM 1991, 2019, dazu EWiR 1991, 1175 *(Gaberdiel)*.

lichkeiten dient. Denn der Sicherungsnehmer muss insoweit keine Rücksicht auf den Sicherungsgeber oder weitere Gläubiger nehmen.[591)]

9.583 **Gläubiger des Rückgewähranspruchs** ist stets der Grundschuldbesteller. Dies ist zu beachten, wenn der Sicherungsgeber ausnahmsweise nicht zugleich Grundstückseigentümer ist. So liegt der Fall etwa, wenn der Sicherungsvertrag zwischen der Bank und dem persönlichen Schuldner zustande kommt, z. B., weil dem Schuldner aus einem anderen Rechtsverhältnis bereits eine Fremdgrundschuld zustand, die er an die Bank überträgt. Die Bank ist dann verpflichtet, die Grundschuld nach Befriedigung an den persönlichen Schuldner/Sicherungsgeber zurückzugewähren – und zwar auch dann, wenn der Grundstückseigentümer die Schuld erfüllt hat. In einem solchen Fall verletzt die Bank ihre Treuepflichten gegenüber dem Kreditnehmer, wenn sie ohne dessen Einwilligung auf die Grundschuld verzichtet oder sie aufhebt.[592)]

4. Unterwerfung unter die sofortige Zwangsvollstreckung und persönliche Haftungsübernahme

9.584 In der Bankpraxis verbreitet ist, dass sich der Sicherungsgeber bereits bei der Grundschuldbestellung der **sofortigen Zwangsvollstreckung in das Grundstück** unterwirft. Zweck der Unterwerfungserklärung, die notariell beurkundet werden muss, ist, der Bank bei Eintritt des Sicherungsfalls das Vorgehen aus dem Grundpfandrecht zu erleichtern. Sie kann auf diese Weise ihren Verwertungsanspruch aus §§ 1113, 1147, 1191 BGB ohne gerichtliches Urteil geltend machen, da die beurkundete Unterwerfungserklärung gemäß § 794 Abs. 1 Nr. 5 ZPO bereits Vollstreckungstitel ist. Die weiteren Voraussetzungen der Zwangsvollstreckung – Klausel und Zustellung – sind weiterhin ergänzend erforderlich.

9.585 Gemäß § 800 Abs. 1 ZPO kann sich der Eigentümer der sofortigen Zwangsvollstreckung aus dem Grundpfandrecht auch in der Weise unterwerfen, dass die Erklärung gegenüber allen weiteren, späteren Grundstückseigentümern gilt. Diese Erklärung bedarf für ihre Wirksamkeit der Eintragung ins Grundbuch, um die Information späterer Grundstückserwerber sicherzustellen.

9.586 Die Texte der Grundschuldbestellungsurkunden enthalten darüber hinaus oftmals eine Vereinbarung, durch die der Grundschuldbesteller auch die **persönliche Haftung** für den in der Urkunde genannten Betrag übernimmt. Anders als die Grundschuldbestellung, die eine dingliche Haftungsübernahme, also nach sachenrechlichen Grundsätzen, zum Ziel hat, bemisst sich die danebenstehende, persönliche Haftung nach schuldrechtlichen Maßstäben. Es handelt sich um

---

591) BGH, Urt. v. 27.4.1993 – XI ZR 120/92, ZIP 1993, 910 = WM 1993, 1078, dazu EWiR 1993, 653 *(Steiner)*.

592) BGH, Urt. v. 8.12.1988 – III ZR 107/87, ZIP 1989, 157 = WM 1989, 210, dazu EWiR 1989, 157 *(Clemente)* und WuB I F 3. – 6.89 *(Bülow)*.

ein abstraktes Schuldversprechen des Grundschuldbestellers gemäß § 780 BGB bzw. ein abstraktes Schuldanerkenntnis nach § 781 BGB.[593)]

Die dingliche und die persönliche Haftung sind voneinander rechtlich unabhängig und stehen prinzipiell nebeneinander. Gleichwohl ist zu berücksichtigen, dass sie aus Sicht des Grundschuldbestellers zur Sicherung derselben Forderung der Bank dienen. Eine vollstreckbare Urkunde über die Bestellung einer Grundschuld, in der auch die persönliche Schuld i. H. d. Grundschuldbetrages anerkannt wird, ist folglich i. d. R. dahin auszulegen, dass der Gläubiger den geschuldeten Betrag **nur einmal verlangen** kann, auch wenn die gesicherte Forderung höher ist.[594)] 9.587

Will die Bank die Haftung in doppelter Höhe herbeiführen, muss sie dies textlich klarstellen. Aus Gründen der Rechtssicherheit sollten zwei getrennte Urkunden erstellt werden, da eine wirksame Begründung nebeneinander stehender Haftungstatbestände in nur einem Formulartext unter AGB-rechtlichen Erwägungen zweifelhaft ist.[595)] 9.588

Die formularmäßige Übernahme der persönlichen Haftung in einer Grundschuldbestellungsurkunde ist grundsätzlich problematisch, wenn der Grundschuldbesteller nicht zugleich Kreditnehmer, also **Drittsicherungsgeber** ist. Sie geht über die eigentliche Zwecksetzung hinaus, dem Gläubiger ein dingliches Sicherungsrecht durch den Dritten zu verschaffen. Nach Ansicht des Bundesgerichtshofs verstößt die formularmäßige Übernahme der persönlichen Haftung bei der Grundschuldbestellung durch einen Drittsicherungsgeber gegen § 307 BGB (§ 9 AGBG) und ist unwirksam.[596)] 9.589

Wirksam ist die weitere Haftungsübernahme dagegen, wenn der Grundschuldbesteller, der die entsprechende Willenserklärung abgibt, zugleich der **Kreditnehmer** ist und damit beide Sicherheiten mit dessen eigenen Verbindlichkeiten in Beziehung stehen. Die mit der persönlichen Haftungsübernahme verbundene Möglichkeit eines erleichterten Vermögenszugriffs im Sicherungsfall sieht der Bundesgerichtshof als zulässiges Interesse der Bank an.[597)] Für einige Ver- 9.590

593) BGH, Urt. v. 10.12.1991 – XI ZR 48/91, ZIP 1992, 104 = WM 1992, 132, dazu EWiR 1992, 257 *(Rehbein)*; *Michalski*, ZBB 1995, 260, 269.

594) BGH, Urt. v. 3.12.1987 – III ZR 261/86, ZIP 1988, 80 = WM 1988, 109, dazu EWiR 1988, 153 *(Gaberdiel)* und WuB I F 3. – 6.88 *(Bülow)*; zur Bewertung der persönlichen Haftung bei Übertragung der Grundschuld vgl. BGH, Urt. v. 22.6.1999 – XI ZR 256/98, ZIP 1999, 1591, dazu EWiR 1999, 1055 *(Joswig)*.

595) Vgl. *Gaberdiel/Gladenbeck*, Kreditsicherung durch Grundschulden, Rz. 291, 298.

596) BGH, Urt. v. 5.3.1991 – XI ZR 75/90, ZIP 1991, 503 = WM 1991, 758, dazu EWiR 1991, 457 *(Clemente)*; BGH, Urt. v. 26.11.2002 – XI ZR 10/00, ZIP 2003, 247 = ZfIR 2003, 98 = = NJW 2003, 885, dazu EWiR 2003, 639 *(Weber/Madaus)*; BGH, Urt. v. 28.10.2003 – XI ZR 263/02, ZIP 2004, 64 = NJW 2004, 158.

597) BGH, Urt. v. 18.12.1986 – IX ZR 11/86, BGHZ 99, 274 = ZIP 1987, 439 = WM 1987, 228, dazu EWiR 1987, 323 *(Stürner/Münch)*; BGH, Urt. v. 10.12.1991 – XI ZR 48/91, ZIP 1992, 104 = WM 1992, 132, dazu EWiR 1992, 257 *(Rehbein)*.

wirrung in diesem Themenkomplex sorgten zwei aktuelle Urteile. So hat das Landgericht Hamburg entschieden, dass eine AGB-Klausel, durch welche sich ein Darlehensnehmer der sofortigen Zwangsvollstreckung in sein gesamtes Vermögen unterwirft, eine unangemessene Benachteiligung darstelle und deshalb nach § 307 Abs. 1 BGB unwirksam sei. Begründet wird die Auffassung mit dem „auftretenden Phänomen des massenhaften Verkaufs von Krediten durch Banken an Finanzinvestoren". Die unangemessene Benachteiligung bestehe in den der Bank gewährten Möglichkeiten, sich einerseits ohne gerichtliche Überprüfung der Rückzahlbarkeit der fälligen Darlehensforderungen einen Vollstreckungstitel zu verschaffen zu können und andererseits die Darlehensforderung abtreten zu können.[598)] Das Landgericht bleibt zunächst einen Beleg dafür schuldig, dass Kredite massenhaft an Finanzinvestoren verkauft werden. Entscheidender ist jedoch, dass durch einen etwaigen Verkauf einem Darlehensnehmer/Sicherheitengeber ein juristischer Nachteil nicht entsteht. Die theoretische Gefahr, dass lediglich die Grundschuld an einen Finanzinvestor gutgläubig übertragen wird (§§ 1157, 892 BGB), ist zu vernachlässigen. Denn ein professioneller Investor, auch wenn er aus dem Ausland stammt, wird immer grob fahrlässig und somit bösgläubig agieren, wenn er eine forderungsentkleidete Grundschuld erwirbt. Denn er weiß, dass deutsche Banken keine isolierten Grundschulden im Portfolio haben.[599)] Gleichwohl hat der Gesetzgeber aktuell auf die Thematik mit dem **Risikobegrenzungsgesetz** reagiert, welches zum 19. August 2008 in Kraft trat.[600)] Nunmehr ist in § 1192 Abs. 1a BGB bestimmt, dass Einreden aus dem Sicherungsvertrag auch dem Grundschulderwerber entgegen gehalten werden können.

9.591 Auch das Oberlandesgericht Hamm beschäftigte sich mit einer weiteren Facette der sofortigen Zwangsvollstreckungsunterwerfung. Enthält ein Darlehensvertrag eine Verpflichtung des Darlehensnehmers zur Bestellung einer Grundschuld, aber keine entsprechende zur Unterwerfung unter die sofortige Zwangsvollstreckung in sein gesamtes Vermögen und erfolgt die Unterwerfung dem hingegen erst in der Grundschuldbestellungsurkunde, so sei eine spätere Vollstreckung aus dieser Urkunde in das persönliche Vermögen unzulässig.[601)] Nach § 4 Abs. 1 Satz 4 Nr. 1g VerbrKrG a. F. (§ 492 Abs. 1 Satz 5 Nr. 7

---

598) LG Hamburg, Beschl. v. 9.7.2008 – 318 T 183/07, ZIP 2008, 1466 (m. Bespr. *Schulz*, S. 1858 u. *Bork*, S. 2049) = ZfIR 2008, 537 (m. Anm. *Clemente*, S. 545), dazu EWiR 2008, 543 *(Selke)*, nunmehr aufgehoben durch BGH, Beschl. v. 16.4.2009 – VII ZB 62/08, ZIP 2009, 855 (m. Bespr. *Bork*, S. 1261) = ZfIR 2009, 431 (m. Anm. *Hutner*, S. 432), dazu EWiR 2009, 359 *(Koch/Raphael)*; umfassend: *Schimansky*, WM 2008, 1049, auf dessen Erwägungen das Urteil des LG im Wesentlichen fußt.

599) *Bork*, ZIP 2008, 2049, 2055.

600) BGBl. I, 1666.

601) OLG Hamm, Urt. v. 4.6.2007 – 5 U 42/07, ZBB 2007, 396 = WM 2007, 1839.

BGB[602]) muss die vom Verbraucher zu unterzeichnende Erklärung die zu bestellenden Sicherheiten angeben. Nach § 6 Abs. 2 Satz 6 Halbs. 1 VerbrKrG a. F. (§ 494 Abs. 2 Satz 6 BGB[603]) können Sicherheiten bei fehlenden Angaben hierüber nicht gefordert werden. Soweit also die verbraucherdarlehensvertraglichen Regelungen einschlägig sind und ein Hinweis auf eine Verpflichtung des Darlehensnehmers zur Bestellung einer Sicherheit in der Form einer Zwangsvollstreckungsunterwerfung fehle, könne eine Zwangsvollstreckungsunterwerfung nicht gefordert werden. Ist gleichwohl nach Abschluss des Darlehensvertrages durch den Darlehensnehmer die Sicherheit bestellt worden, so stehe dem Darlehensnehmer ein bereicherungsrechtlicher Rückforderungsanspruch nach den §§ 812, 813 BGB zu.

Dem trat der Bundesgerichtshof in einer Entscheidung vom 22. Juli 2008 entgegen. So scheide ein Rückgewähranspruch des Darlehensnehmers deshalb aus, weil das abstrakte Schuldversprechen nach § 780 BGB i. V. m. der Vollstreckungsunterwerfung seinerseits mit Rechtsgrund eine wirksame Verbindlichkeit aus dem Verbraucherkreditvertrag sichert. Personalsicherheiten wie das hier abgegebene vollstreckbare Schuldversprechen tragen ihren Rechtsgrund in sich selbst. Dies bedeute das Bestehen eines Behaltensgrundes, solange die gesicherte Darlehensverbindlichkeit besteht. Ein nicht im Darlehensvertrag angegebenes vollstreckbares Schuldversprechen sei deshalb nicht kondizierbar.[604] 9.592

602) Mit Inkrafttreten des Gesetzes zur Umsetzung der Verbraucherkreditrichtlinie u. a., zum 11.6.2010 – § 492 Abs. 2 BGB n. F. i. V. m. Art. 247 § 6 und § 3 Abs. 1 Nr. 10 EGBGB n. F.; vgl hierzu oben Rz. 9.76.

603) Bzw. § 494 Abs. 6 Satz 2 BGB n. F.

604) BGH, Urt. v. 22.7.2008 – XI ZR 389/07, ZIP 2008, 1669 = ZfIR 2009, 88 (m. Anm. *Wolters*, S. 92) = WM 2008, 1679, dazu EWiR 2008, 703 *(Gladenbeck)*.

Kapitel 10 Zahlungsverkehr

Übersicht

I. Einleitung

10.1 Mit der nationalen Umsetzung der am 25. Dezember 2007 in Kraft getretenen **EU-Zahlungsdiensterichtlinie**[1)] hat der deutsche Gesetzgeber die Abwicklung des Zahlungsverkehrs grundlegend neu reguliert. Die aufsichtsrechtlichen Vorschriften der Zahlungsdiensterichtlinie, die für die neue Institutskategorie der Zahlungsinstitute ein spezifisches Erlaubnisverfahren und besondere Regelungen für eine laufende Aufsicht vorsehen, sind durch das „Gesetz zur Umsetzung der aufsichtsrechtlichen Vorschriften der Zahlungsdiensterichtlinie" (Zahlungsdiensteumsetzungsgesetz) in nationales Recht umgesetzt worden. Wesentlicher Bestandteil dieses Artikelgesetzes ist das **Zahlungsdiensteaufsichtsgesetz** (ZAG, Art. 1 des Zahlungsdiensteumsetzungsgesetzes), das die Beaufsichtigung der neuen Institutskategorie der Zahlungsinstitute regelt. Soweit die Zahlungsdiensterichtlinie zivilrechtliche Vorgaben enthält, sind diese in einem eigenständigen Gesetz („Gesetz zur Umsetzung der Verbraucherkreditrichtlinie, des zivilrechtlichen Teils der Zahlungsdiensterichtlinie sowie zur Neuordnung der Vorschriften über das Widerrufs- und Rückgaberecht") umgesetzt worden – und zwar im Wesentlichen durch eine Ergänzung des Bürgerlichen Gesetzbuches (§§ 675c–675z, 676–676c BGB n. F.) sowie des Einführungsgesetzes zum Bürgerlichen Gesetzbuch (Art. 248 EGBGB n. F.). Sowohl die aufsichtsrechtlichen als auch die zivilrechtlichen Vorschriften sind am 31. Oktober 2009 in Kraft getreten.

10.2 **Vor dem 31. Oktober 2009** war die Abwicklung des Zahlungsverkehrs in Deutschland überwiegend nicht gesetzlich geregelt. Einschlägig war in erster Linie Vertragsrecht, das die Kreditinstitute in Geschäftsbedingungen und zwischenbetrieblichen Abkommen (Interbankenabkommen) unter maßgeblicher Beteiligung von Wissenschaft und Rechtsprechung entwickelt haben. Grundlage war das Recht der Geschäftsbesorgung nach § 675 BGB, das auf das Auftragsrecht verweist. Für die Führung des Girokontos war außerdem das Recht des Kontokorrents (§§ 355 ff. HGB) maßgeblich. Bankaufsichtsrechtlich war der Zahlungsverkehr der von den Kreditinstituten ihren Kunden zur Verfügung gestellte Dienstleistungsbereich, den § 1 Abs. 1 Satz 2 Nr. 9 KWG als „Girogeschäft" bezeichnete und als Durchführung des bargeldlosen Zahlungsverkehrs und des Abrechnungsverkehrs definierte. Das Girogeschäft war Bankgeschäft i. S. d. Bankaufsichtsrechts.

10.3 Das am 31. Oktober 2009 in Kraft getretene neue Zahlungsverkehrsrecht sieht in Art. 229 § 22 EGBGB n. F. folgende **Übergangsregelung** vor:

---

1) Richtlinie 2007/64/EG des Europäischen Parlaments und des Rates über Zahlungsdienste im Binnenmarkt, zur Änderung der Richtlinien 97/7/EG, 2002/65/EG, 2005/60/EG und 2006/48/EG sowie zur Aufhebung der Richtlinie 97/5/EG, ABl. Nr. L 319 v. 5.12.2007, S. 1 ff. Umfangreich zur Richtlinie s. *Lohmann/Koch*, WM 2008, 57 ff.

„Auf Schuldverhältnisse, die die Ausführung von Zahlungsvorgängen zum Gegenstand haben und die vor dem 31. Oktober 2009 entstanden sind, ist Artikel 248 §§ 4 und 13 EGBGB n. F. nicht anzuwenden. Ist mit der Abwicklung eines Zahlungsvorgangs vor dem 31. Oktober 2009 begonnen worden, sind das Bürgerliche Gesetzbuch und die BGB-Informationspflichten-Verordnung jeweils in der bis dahin geltenden Fassung anzuwenden."

Die neuen umfangreichen Informationspflichten des Art. 248 §§ 4 und 13 EGBGB n. F. sind folglich im Bestandskundengeschäft (Geschäftsbeziehungen, die vor dem 31. Oktober 2009 begründet worden sind), nicht nachzuholen. Auf Zahlungsvorgänge, die ab 31. Oktober 2009 abgewickelt werden, kommt das neue Zahlungsverkehrsrecht zur Anwendung. Vor diesem Zeitpunkt gilt das „alte" Recht, wenn bspw. eine Überweisung vor dem 31. Oktober 2009 in Auftrag gegeben oder wenn vor dem 31. Oktober 2009 Geld am Geldautomaten verfügt worden ist. Diese gesetzgeberische Entscheidung macht es notwendig, sowohl die neuen gesetzlichen Regelungen als auch die vor dem 31. Oktober 2009 geltende Rechtslage darzustellen. Das neue Recht wird erst nach und nach die zahlungsverkehrsrechtlichen Sachverhalte und Gerichtsentscheidungen bestimmen. 10.4

Die folgenden Ausführungen beginnen daher unter dem Abschnitt II. mit der Darstellung des neuen Zahlungsverkehrsrechts, das ab 31. Oktober 2009 zur Anwendung kommt. Abschnitt III. beleuchtet die vor diesem Zeitpunkt geltende Rechtslage, die, wie gezeigt, nach Art. 229 § 22 EGBGB n. F. maßgeblich ist, wenn mit der Abwicklung eines Zahlungsvorgangs vor dem 31. Oktober 2009 begonnen worden ist. Unter der Ziff. 7 des Abschnitts III. werden – als Annex – die Inhalte der EU-Zahlungsdiensterichtlinie näher beschrieben. 10.5

II. Neues Zahlungsverkehrsrecht ab 31. Oktober 2009

1. Einleitung

Mit der zwischenzeitlich erfolgten Umsetzung der am 25. Dezember 2007 in Kraft getretenen EU-Zahlungsdiensterichtlinie[2)] hat der deutsche Gesetzgeber das Recht des Zahlungsverkehrs grundlegend neu geregelt. Die neuen Vorschriften treten im Wesentlichen am 31. Oktober 2009 in Kraft. Aufsichtsrechtlich wird zu diesem Zeitpunkt die neue Institutskategorie des "Zahlungsinstituts" eingeführt. Zahlungsinstitute unterliegen künftig, obwohl sie keine Kredit- oder Finanzdienstleistungsinstitute nach § 1 Abs. 1 oder Abs. 1a KWG sind, der Aufsicht durch die BaFin. Bestehende Einlagenkreditinstitute (§ 1 Abs. 3d KWG) benötigen allerdings keine neue Erlaubnis zum Anbieten von 10.6

2) Richtlinie 2007/64/EG des Europäischen Parlaments und des Rates über Zahlungsdienste im Binnenmarkt, zur Änderung der Richtlinien 97/7/EG, 2002/65/EG, 2005/60/EG und 2006/48/EG sowie zur Aufhebung der Richtlinie 97/5/EG, ABl. Nr. L 319 v. 5.12.2007, S. 1 ff. Dazu *Franck/Massari*, WM 2009, 1117 ff., zu den zivilrechtlichen Regelungen, sowie umfassend *Lohmann/Koch*, WM 2008, 57 ff.

Zahlungsdiensten nach Maßgabe der neuen aufsichtsrechtlichen Regeln. Zivilrechtlich werden auch bisher nicht im Detail geregelte Instrumente des Zahlungsverkehrs erfasst. Bis Oktober 2009 war die Abwicklung des Zahlungsverkehrs – abgesehen vom Überweisungsverkehr – in Deutschland überwiegend nicht gesetzlich geregelt. Die neuen zivilrechtlichen Regelungen gelten für Zahlungsdienste, d. h. etwa für Überweisungen, Lastschriften, Debit- und Kreditkartentransaktionen, Bareinzahlungen und -abhebungen von einem Zahlungskonto sowie das Online-Banking. Die Regelungsschwerpunkte sind:

- vorvertragliche und vertragliche Informationspflichten im Zusammenhang mit den relevanten Zahlungsdiensten sowie
- Einzelheiten zur Bereitstellung und Handhabung dieser Verfahren (Entgelte, Autorisierung, Widerruf, Einsatz von Zahlungsauthentifizierungsinstrumenten, Ausführungsfristen, Wertstellung, Leistungsstörung, Erstattungsansprüche, Haftung).

10.7 Die wesentlichen **Eckpunkte der gesetzlichen Neuregelung** sind folgende:

- Die neuen gesetzlichen Vorgaben betreffen zukünftig grundsätzlich alle inländischen und grenzüberschreitenden Zahlungen mittels Überweisung, Lastschrift und Karten, unabhängig von der Währung und der Betragshöhe. Abweichende Vereinbarungen können etwa für Zahlungen in und aus Drittstaaten sowie mit Unternehmen (Firmenkunden) getroffen werden.
- Für vorvertragliche Informationen und Vertragsänderungen ist künftig grundsätzlich die Textform nach § 126b BGB erforderlich.
- Bei Vertragsänderungen gilt zukünftig eine zweimonatige „Angebotsfrist".
- Die Ausführungsfrist für Zahlungen innerhalb Deutschlands und den EWR-Staaten beträgt ab dem 31. Oktober 2009 nur noch einen Geschäftstag. Bis zum 1. Oktober 2012 können Zahler und Zahlungsdienstleister allerdings noch eine hiervon abweichende Ausführungsfrist von maximal drei Tagen vereinbaren.
- Die Ausführungsfrist beginnt mit Zugang eines Zahlungsauftrags.
- Die Wertstellung bei Gutschriften auf dem Konto des Zahlungsempfängers hat immer zu dem Tag des Mittelzuflusses auf dem Konto des Zahlungsdienstleisters zu erfolgen.
- Der Kunde hat einen Rückerstattungsanspruch von 13 Monaten ab dem Belastungsdatum für von ihm nicht autorisierte Zahlungen (Ausschlussfrist).
- Der Kunde hat einen Rückerstattungsanspruch von acht Wochen ab Belastungsdatum für von ihm autorisierte Zahlungen, wenn der Betrag nicht bekannt war oder nicht im Rahmen seines bisherigen Geschäftsgebarens lag.

10.8 Aus Sicht der Kreditwirtschaft bedeutet das neue Zahlungsverkehrsrecht einen erheblichen **Anpassungsbedarf** hinsichtlich ihrer **Kundenbedingungen** (AGB,

Preis- und Leistungsverzeichnis, Bedingungen für den Überweisungsverkehr, Bedingungen für das Lastschriftverfahren, Lastschriftinkassovereinbarung, Bedingungen für den ec-/Maestro-Service, DTA-Bedingungen, DFÜ-Bedingungen, Online-Banking-Bedingungen, DTAZV-Bedingungen) sowie der bestehenden Interbankenvereinbarungen (Richtlinien für einheitliche Zahlungsverkehrsvordrucke, Überweisungsabkommen, Lastschriftabkommen, Clearingabkommen, Regelwerk für das Deutsche Geldautomatensystem, electronic cash-Vereinbarung, Vereinbarung über das institutsübergreifende System GeldKarte, DFÜ-Abkommen, Homebanking-Abkommen). Des Weiteren sind zahlreiche Formulare (z. B. Kontoeröffnungsvordrucke, Musterinformationen für Fernabsatzverträge, Kontoauszüge etc.) zu überarbeiten. Angesichts der Komplexität der Neuregelungen und der zu erwartenden Auslegungsfragen dürfte sich hier in den nächsten Jahren ein erhebliches Betätigungsfeld nicht nur für Bankjuristen auftun.

2. Rechtsgrundlagen und Übergangsregelungen

Die aufsichtsrechtlichen Vorschriften der Zahlungsdiensterichtlinie, die für die neue Institutskategorie der Zahlungsinstitute ein spezifisches Erlaubnisverfahren und besondere Regelungen für eine laufende Aufsicht vorsehen, sind durch das **„Gesetz zur Umsetzung der aufsichtsrechtlichen Vorschriften der Zahlungsdiensterichtlinie“** (Zahlungsdiensteumsetzungsgesetz)[3] in nationales Recht umgesetzt worden. Kern dieses Artikelgesetzes ist das Zahlungsdiensteaufsichtsgesetz (ZAG) vom 25. Juni 2009, das die Beaufsichtigung der neuen Institutskategorie der Zahlungsinstitute regelt. Neu gefasst wurde daneben § 1 Abs. 1 Satz 2 Nr. 9 KWG, der in seiner bisherigen Fassung den gesamten von den Kreditinstituten ihren Kunden zur Verfügung gestellten Dienstleistungsbereich des Zahlungsverkehrs als „Girogeschäft“ („Durchführung des bargeldlosen Zahlungsverkehrs und des Abrechnungsverkehrs“) und damit als Bankgeschäft i. S. d. Bankaufsichtsrechts behandelte. Bankgeschäft nach § 1 Abs. 1 Satz 2 Nr. 9 KWG n. F. sind künftig nur noch das Scheckeinzugsgeschäft, das Wechseleinzugsgeschäft und das Reisescheckgeschäft. 10.9

Die zivilrechtlichen Vorgaben der Zahlungsdiensterichtlinie sind mit dem **„Gesetz zur Umsetzung der Verbraucherkreditrichtlinie, des zivilrechtlichen Teils der Zahlungsdiensterichtlinie sowie zur Neuordnung der Vorschriften über das Widerrufs- und Rückgaberecht“** vom 29. Juli 2009[4] in nationales Recht transferiert worden. Das BGB würde durch einen detaillierte Vorschriften enthaltenen Untertitel 3 „Zahlungsdienste“ ergänzt (§§ 675c bis 675z BGB n. F. und §§ 676 bis 676c BGB n. F.). Mit den neuen zivilrechtlichen Regelungen werden die bisherigen Vorschriften des BGB zum Zahlungsverkehr, die vor 10.10

3) BGBl. I, 1506 ff.

4) BGBl. I, 2355 ff.

allem den Geschäftsbesorgungsvertrag, die Überweisung und den Girovertrag betreffen (§§ 675c bis 676c BGB), sowie die bisherigen Regelungen über Informationspflichten gemäß §§ 12, 13 BGB-Informationspflichten-Verordnung (BGB-InfoV) ersetzt und in ihrem materiellen Regelungsgehalt erheblich modifiziert und erweitert. Während bisher letztlich nur der Überweisungsvertrag und der entsprechende (Zahlungs-) Vertrag im Interbankenverhältnis detailliert geregelt waren, enthalten die neuen Regelungen nunmehr auch detaillierte Vorgaben für die sonstigen Zahlungsinstrumente (Lastschriften, Karten, Online-Banking sowie vorausbezahlte Zahlungsmittel). Art. 248 EGBGB n. F. enthält nunmehr in ebenfalls sehr detaillierten Vorschriften die Regelung von Informationspflichten bei der Erbringung von Zahlungsdiensten, einschließlich vorvertraglicher Informationspflichten. Insofern treten §§ 1 bis 19 des Art. 248 EGBGB an die Stelle der bisherigen Regelung in der BGB-InfoV.

10.11 Beide Umsetzungsgesetze führen jedoch kein Eigenleben.[5] Die Begriffsbestimmungen und Definitionen des ZAG, etwa hinsichtlich der einzelnen Kategorien der Zahlungsdienstleister (§ 1 Abs. 1 Nr. 1 bis 5 ZAG), der von ihnen angebotenen Zahlungsdienste (§ 1 Abs. 2 Nr. 1 bis 6 ZAG) sowie ein Anwendungsausschluss von nicht unter den Begriff des Zahlungsdienstes fallende Dienstleistungen (§ 1 Abs. 10 Nr. 1 bis 15 ZAG) gelten auch für die zivilrechtlichen Bestimmungen im BGB. So nimmt **§ 675c Abs. 3 BGB n. F.** auf die Begriffsbestimmungen des ZAG und des KWG ausdrücklich Bezug. Dies ist i. S. d. Rechtssicherheit durchaus zu begrüßen. Bislang führt die unterschiedliche Terminologie im privaten Bankvertragsrecht einerseits und im öffentlichen Bankaufsichtsrecht andererseits immer wieder zu Auslegungsproblemen bei der Rechtsanwendung.

10.12 Für die zivilrechtlichen Vorschriften enthält Art. 229 § 22 EGBGB n. F. folgende **Übergangsregelung:**

> „Auf Schuldverhältnisse, die die Ausführung von Zahlungsvorgängen zum Gegenstand haben und die vor dem 31. Oktober 2009 entstanden sind, ist Artikel 248 §§ 4 und 13 nicht anzuwenden. Ist mit der Abwicklung eines Zahlungsvorgangs vor dem 31. Oktober 2009 begonnen worden, sind das Bürgerliche Gesetzbuch und die BGB-Informationspflichten-Verordnung jeweils in der bis dahin geltenden Fassung anzuwenden."

10.13 Damit sind insbesondere die neuen umfangreichen Informationspflichten des Art. 248 §§ 4 und 13 EGBGB n. F. im sog. Bestandskundengeschäft der Kreditinstitute, d. h. in Geschäftsbeziehungen, die vor dem 31. Oktober 2009 begründet worden sind, nicht nachzuholen. Ist mit der Abwicklung eines Zahlungsvorgangs, also etwa mit der Ausführung einer Überweisung oder mit dem Abheben von Bargeld am Geldautomaten mittels einer Debitkarte, vor dem 31. Oktober 2009 begonnen worden, sind das BGB und die BGB-InfoV jeweils

---

5) *Findeisen*, BankPraktiker 2009, 322, 323.

in der bis dahin geltenden Fassung anzuwenden. Auf Zahlungsvorgänge, die ab dem 31. Oktober 2009 abgewickelt werden, kommt das neue Zahlungsverkehrsrecht hingegen uneingeschränkt zur Anwendung.

3. Begriffsbestimmungen und Anwendungsbereich

Die Umsetzung der Zahlungsdiensterichtlinie hat zahlreiche neue Begriffe in das deutsche Recht eingeführt, die dem BGB, wie auch dem deutschen Bankaufsichtsrecht, bislang unbekannt waren. Der Systematik des KWG folgend, enthält auch § 1 ZAG unter der Überschrift "Begriffsbestimmungen und Anwendungsbereich" einen umfassenden Definitionenkatalog. Weitere Begriffsbestimmungen enthält insbesondere § 675f BGB n. F. Dabei besteht hier ein Gleichlauf von aufsichts- und zivilrechtlicher Terminologie (§ 675c Abs. 3 BGB n. F.). Zum besseren Verständnis insbesondere des Anwendungsbereichs der neuen Regelungen seien die wichtigsten Begriffe nachstehend erläutert. **10.14**

Grundlegend ist der Begriff des **Zahlungsdienstleisters.** Dies sind nach § 1 Abs. 1 ZAG Kreditinstitute, E-Geld-Institute, der Bund, die Länder, die Gemeinden und Gemeindeverbände sowie die Träger bundes- oder landesmittelbarer Verwaltung, soweit sie nicht hoheitlich handeln, die Europäische Zentralbank, die Deutsche Bundesbank sowie andere Zentralbanken in der Europäischen Union oder den anderen Staaten des Abkommens über den Europäischen Wirtschaftsraum, wenn sie nicht in ihrer Eigenschaft als Währungsbehörde oder andere Behörde handeln, und sonstige Unternehmen, die gewerbsmäßig oder in einem Umfang, der einen in kaufmännischer Weise eingerichteten Geschäftsbetrieb erfordert, Zahlungsdienste erbringen. **10.15**

Nur bei den letztgenannten Unternehmen handelt es sich um **Zahlungsinstitute** (gemäß § 1 Abs. 1 Nr. 5 ZAG). Die Eigenschaft als Zahlungsinstitut einerseits und als Kredit- oder Finanzdienstleistungsinstitut (§ 1 Abs. 1 und Abs. 1a KWG) andererseits schließen sich gegenseitig aus. Anwendung findet auf ein Unternehmen entweder das ZAG oder das KWG, nicht hingegen beides.[6] Nur die Zahlungsinstitute gemäß § 1 Abs. 1 Nr. 5 ZAG sind Adressaten des ZAG. Die übrigen in § 1 Abs. 1 ZAG genannten Zahlungsdienstleister fallen nicht unter die Aufsichtsnormen dieses Gesetzes. Für alle Zahlungsdienstleister sind nur die Bestimmungen des § 7 ZAG (Diskriminierungsverbot beim Zugang zu Zahlungssystemen) und § 28 ZAG (Beschwerden über Zahlungsdienstleister) anwendbar. Denn hierbei handelt es sich nicht um aufsichtsrechtliche, sondern um wettbewerbsrechtliche bzw. verbraucherschützende Vorschriften.[7] **10.16**

---

6) Zum Verhältnis von Aufsicht nach ZAG einerseits und KWG andererseits vgl. auch die Begr. RegE des ZAG, BT-Drucks. 16/11613, S. 56.

7) *Findeisen*, BankPraktiker 2009, 322, 324.

10.17 **Zahlungsdienste** sind nach § 1 Abs. 2 ZAG:

- Dienstleistungen, mit denen Bareinzahlungen auf ein Zahlungskonto oder Barauszahlungen von einem Zahlungskonto ermöglicht werden, sowie alle für die Führung eines Zahlungskontos erforderlichen Vorgänge (Ein- oder Auszahlungsgeschäft);
- die Ausführung von Zahlungsvorgängen einschließlich der Übermittlung von Geldbeträgen auf ein Zahlungskonto des Zahlungsdienstnutzers beim Zahlungsdienstleister oder bei einem anderen Zahlungsdienstleister durch die Ausführung von Lastschriften einschließlich einmaliger Lastschriften (Lastschriftgeschäft), die Ausführung von Überweisungen einschließlich Daueraufträgen (Überweisungsgeschäft), die Ausführung von Zahlungsvorgängen mittels einer Zahlungskarte oder eines ähnlichen Zahlungsauthentifizierungsinstruments (Zahlungskartengeschäft), ohne Kreditgewährung (Zahlungsgeschäft);
- die Ausführung der vorstehend genannten Zahlungsvorgänge mit Kreditgewährung (Zahlungsgeschäft mit Kreditgewährung);
- die Ausgabe von Zahlungsauthentifizierungsinstrumenten oder die Annahme und Abrechnung von mit Zahlungsauthentifizierungsinstrumenten ausgelösten Zahlungsvorgängen (Zahlungsauthentifizierungsgeschäft);
- die Ausführung von Zahlungsvorgängen, bei denen die Zustimmung des Zahlers zur Ausführung eines Zahlungsvorgangs über ein Telekommunikations-, Digital-, oder IT-Gerät übermittelt wird und die Zahlung an den Betreiber des Telekommunikations- oder IT-Systems oder IT-Netzes erfolgt, sofern der Betreiber ausschließlich als zwischengeschaltete Stelle zwischen dem Zahlungsdienstnutzer und dem Lieferanten der Waren oder Dienstleistungen tätig ist (digitalisiertes Zahlungsgeschäft);
- Dienstleistungen, bei denen ohne Einrichtung eines Zahlungskontos auf den Namen eines Zahlers oder eines Zahlungsempfängers ein Geldbetrag des Zahlers ausschließlich zur Übermittlung eines entsprechenden Betrages an den Zahlungsempfänger oder an einen anderen, im Namen des Zahlungsempfängers handelnden Zahlungsdienstleister entgegengenommen wird oder bei dem der Geldbetrag im Namen des Zahlungsempfängers entgegengenommen und diesem verfügbar gemacht wird (Finanztransfergeschäft).

10.18 **Keine Zahlungsdienste** i. S. d. neuen Regelungen sind gemäß der Klarstellung in § 1 Abs. 10 ZAG:

- Zahlungsvorgänge, die ohne zwischengeschaltete Stellen ausschließlich als unmittelbare Bargeldzahlung vom Zahler an den Zahlungsempfänger erfolgen;

- Zahlungsvorgänge zwischen Zahler und Zahlungsempfänger über einen Handelsvertreter oder Zentralregulierer, der befugt ist, den Verkauf oder Kauf von Waren oder Dienstleistungen im Namen des Zahlers oder des Zahlungsempfängers auszuhandeln oder abzuschließen;
- der gewerbsmäßige Transport von Banknoten und Münzen einschließlich ihrer Entgegennahme, Bearbeitung und Übergabe;
- Dienstleistungen, bei denen der Zahlungsempfänger dem Zahler Bargeld im Rahmen eines Zahlungsvorgangs aushändigt, nachdem ihn der Zahlungsdienstnutzer kurz vor der Ausführung eines Zahlungsvorgangs zum Erwerb von Waren oder Dienstleistungen ausdrücklich hierum gebeten hat;
- Geldwechselgeschäfte, die bar abgewickelt werden;
- Zahlungsvorgänge, denen ein Scheck, ein Wechsel, ein Reisescheck oder eine Postanweisung (jeweils in Papierform) zugrunde liegt, wenn das Papier auf den Zahlungsdienstleister gezogen ist und die Bereitstellung eines Geldbetrages an einen Zahlungsempfänger vorsieht;
- Zahlungsvorgänge, die innerhalb eines Zahlungs- oder Wertpapierabwicklungssystems zwischen Zahlungsausgleichsagenten, zentralen Gegenparteien, Clearingstellen oder Zentralbanken und anderen Teilnehmern des Systems und Zahlungsdienstleistern abgewickelt werden;
- Zahlungsvorgänge im Zusammenhang mit der Bedienung von Wertpapieranlagen, die von den vorstehend genannten Unternehmen oder von Kreditinstituten, Finanzdienstleistungsinstituten oder Kapitalanlagegesellschaften im Rahmen ihrer Erlaubnis nach dem KWG oder dem Investmentgesetz durchgeführt werden;
- Dienstleistungen, die von technischen Dienstleistern erbracht werden, die zwar zur Erbringung der Zahlungsdienste beitragen, jedoch zu keiner Zeit in den Besitz der zu übermittelnden Geldbeträge gelangen, wie bspw. die Verarbeitung und Speicherung von Daten, vertrauensbildende Maßnahmen und Dienste zum Schutz der Privatsphäre, Nachrichten- und Instanzenauthentisierung, Bereitstellung von IT- und Kommunikationsnetzen sowie die Bereitstellung und Wartung der für Zahlungsdienste genutzten Endgeräte und Einrichtungen;
- Dienstleistungen, die auf Instrumenten beruhen, die für den Erwerb von Waren oder Dienstleistungen nur in den Geschäftsräumen des Ausstellers oder im Rahmen einer Geschäftsvereinbarung mit dem Aussteller entweder für den Erwerb innerhalb eines begrenzten Netzes von Dienstleistern oder für den Erwerb einer begrenzten Auswahl von Waren oder Dienstleistungen verwendet werden können;
- Zahlungsvorgänge, die über ein Telekommunikations-, ein Digital- oder IT-Gerät ausgeführt werden, an das Waren oder Dienstleistungen geliefert

werden und mittels dieses Gerätes genutzt werden sollen, sofern der Betreiber des Telekommunikations-, Digital- oder IT-Systems oder IT-Netzes nicht ausschließlich als zwischengeschaltete Stelle zwischen dem Zahlungsdienstnutzer und dem Lieferanten der Waren und Dienstleistungen tätig ist;

- Zahlungsvorgänge, die von Zahlungsdienstleistern untereinander auf eigene Rechnung oder von ihren Agenten oder Zweigniederlassungen untereinander auf eigene Rechnung ausgeführt werden;
- Zahlungsvorgänge innerhalb eines Konzerns oder zwischen Mitgliedern einer kreditwirtschaftlichen Verbundgruppe eines institutsbezogenen Sicherungssystems nach § 10c Abs. 2 KWG;
- Dienstleistungen von Dienstleistern, die keinen Rahmenvertrag mit Kunden geschlossen haben, bei denen Geld für einen oder mehrere Kartenemittenten an multifunktionalen Bankautomaten abgehoben wird, vorausgesetzt, dass diese Dienstleister keine anderen Zahlungsdienste erbringen; und
- die nicht gewerbsmäßige Entgegennahme und Übergabe von Bargeld im Rahmen einer gemeinnützigen Tätigkeit oder einer Tätigkeit ohne Erwerbszweck.

10.19 Zahlungsdienstleistungen der **Kreditanstalt für Wiederaufbau** (KfW) gelten nicht als Zahlungsdienste (§ 1 Abs. 12 ZAG).

10.20 Ein **Zahlungssystem** (§ 1 Abs. 6 ZAG) ist ein System zum Zwecke von Verarbeitung, Clearing, Verrechnung und Abwicklung von Zahlungsvorgängen auf Basis einer förmlichen Vereinbarung mit gemeinsamen Regeln, die zwischen einer Partei, die das System betreibt (Betreiber), und mindestens drei Teilnehmern zur Übermittlung von Geldbeträgen getroffen wurde. Dabei wird eine etwaige von dem Betreiber verselbständigte Ver- und Abrechnungsstelle, zentrale Vertragspartei oder Clearingstelle nicht mitgerechnet. Teilnehmer können nur Zahlungsdienstleister sein.

10.21 Ein **Zahlungskonto** (§ 1 Abs. 3 ZAG) ist ein auf den Namen eines oder mehrerer Zahlungsdienstnutzer lautendes und der Ausführung von Zahlungsvorgängen dienendes Konto, das die Forderungen und Verbindlichkeiten zwischen dem Zahlungsdienstnutzer und dem Zahlungsdienstleister innerhalb der Geschäftsbeziehung buch- und rechnungsmäßig darstellt und für den Zahlungsdienstnutzer dessen jeweilige Forderung gegenüber dem Zahlungsdienstleister bestimmt.

10.22 Durch einen **Einzelzahlungsvertrag** (§ 675f Abs. 1 BGB n. F.), z. B. einen Zahlschein, wird der Zahlungsdienstleister verpflichtet, für die Person, die einen Zahlungsdienst als Zahler, Zahlungsempfänger oder in beiden Eigenschaften in Anspruch nimmt (**Zahlungsdienstnutzer**), einen Zahlungsvorgang auszuführen.

Durch einen **Zahlungsdiensterahmenvertrag** (§ 675f Abs. 2 BGB n. F.), z. B. einen Kontovertrag, wird der Zahlungsdienstleister verpflichtet, für den Zahlungsdienstnutzer einzelne und aufeinander folgende Zahlungsvorgänge auszuführen sowie ggf. für den Zahlungsdienstnutzer ein auf dessen Namen oder die Namen mehrerer Zahlungsdienstnutzer lautendes Zahlungskonto zu führen. Ein Zahlungsdiensterahmenvertrag kann auch Bestandteil eines sonstigen Vertrages sein oder mit einem anderen Vertrag zusammenhängen. **10.23**

Zahlungsvorgang (§ 675f Abs. 3 Satz 1 BGB n. F.) ist jede Bereitstellung, Übermittlung oder Abhebung eines Geldbetrages, unabhängig von der zugrunde liegenden Rechtsbeziehung zwischen Zahler und Zahlungsempfänger. **10.24**

Zahlungsauftrag (§ 675f Abs. 3 Satz 2 BGB n. F.), z. B. Überweisungsauftrag, ist jeder Auftrag, den ein Zahler seinem Zahlungsdienstleister zur Ausführung eines Zahlungsvorgangs entweder unmittelbar oder mittelbar über den Zahlungsempfänger erteilt. **10.25**

Zahlungsbetrag (§ 675q Abs. 1 BGB n. F.) ist der Betrag, der Gegenstand des Zahlungsvorgangs ist, z. B. der Nennbetrag einer Überweisung. **10.26**

Eine **Lastschrift** (§ 1 Abs. 4 ZAG) ist ein vom Zahlungsempfänger ausgelöster Zahlungsvorgang zur Belastung des Zahlungskontos des Zahlers, dem dieser gegenüber dem Zahlungsempfänger, dessen Zahlungsdienstleister oder seinem eigenen Zahlungsdienstleister zustimmt. **10.27**

Ein **Zahlungsauthentifizierungsinstrument** (§ 1 Abs. 5 ZAG) ist jedes personalisierte Instrument oder Verfahren, das zwischen dem Zahlungsdienstnutzer und dem Zahlungsdienstleister für die Erteilung von Zahlungsaufträgen vereinbart wird und das vom Zahlungsdienstnutzer eingesetzt wird, um einen Zahlungsauftrag zu erteilen. **10.28**

Ein **Kleinbetragsinstrument** (§ 675i Abs. 1 Satz 2 BGB n. F.) ist ein Mittel, mit dem nur einzelne Zahlungsvorgänge bis höchstens 30 Euro ausgelöst werden können, das eine Ausgabenobergrenze von 150 Euro hat oder das Geldbeträge speichert, die zu keiner Zeit 150 Euro übersteigen. **10.29**

Ein Zahlungsvorgang ist gegenüber dem Zahler nur wirksam, wenn er diesem zugestimmt hat (**Autorisierung** gemäß § 675j Abs. 1 BGB n. F.). **10.30**

Die **Kundenkennung** (§ 675r Abs. 2 BGB n. F.) ist eine Abfolge aus Buchstaben, Zahlen oder Symbolen, die dem Zahlungsdienstnutzer vom Zahlungsdienstleister mitgeteilt wird und die der Zahlungsdienstnutzer angeben muss, damit der andere am Zahlungsvorgang beteiligte Zahlungsdienstnutzer oder dessen Zahlungskonto zweifelsfrei ermittelt werden kann (z. B. Kontonummer, IBAN). **10.31**

10.32 **Zeitpunkt des Zugangs:** Ein Zahlungsauftrag wird wirksam, wenn er dem Zahlungsdienstleister des Zahlers zugeht (§ 675n Abs. 1 Satz 1 BGB n. F.), z. B. mit Abgabe eines Überweisungsträgers am Bankschalter. Fällt der Zeitpunkt des Zugangs nicht auf einen Geschäftstag des Zahlungsdienstleisters des Zahlers, gilt der Zahlungsauftrag als am darauffolgenden Geschäftstag zugegangen (§ 675n Abs. 1 Satz 2 BGB n. F.).

10.33 **Geschäftstag** ist nach § 675n Abs. 1 Satz 4 BGB n. F. jeder Tag, an dem der an der Ausführung eines Zahlungsvorgangs beteiligte Zahlungsdienstleister den für die Ausführung von Zahlungsvorgängen erforderlichen Geschäftsbetrieb unterhält.

10.34 **Referenzzinssatz** (§ 675g Abs. 3 Satz 2 BGB n. F.) ist der Zinssatz, der bei der Zinsberechnung zugrunde gelegt wird und aus einer öffentlich zugänglichen und für beide Parteien eines Zahlungsdienstevertrages überprüfbaren Quelle stammt.

10.35 **Referenzwechselkurs** (§ 675g Abs. 3 Satz 3 BGB n. F.) ist der Wechselkurs, der bei jedem Währungsumtausch zugrunde gelegt und vom Zahlungsdienstleister zugänglich gemacht wird oder aus einer öffentlich zugänglichen Quelle stammt.

10.36 **Wertstellungsdatum** (§ 675t Abs. 1 Satz 2 BGB n. F.) ist der Zeitpunkt, den der Zahlungsdienstleister für die Berechnung der Zinsen bei Gutschrift oder Belastung eines Betrages auf einem Zahlungskonto zugrunde legt.

4. Umsetzung der aufsichtsrechtlichen Vorgaben der Zahlungsdiensterichtlinie

a) Allgemeines

10.37 Das ZAG sieht für die **neue Institutskategorie der Zahlungsinstitute** gemäß § 1 Abs. 1 Nr. 5 ZAG, d. h. Zahlungsdienste anbietende Nicht-Banken, ein spezifisches Erlaubnisverfahren und besondere Regelungen für eine laufende Aufsicht vor, deren Administration der BaFin in Zusammenarbeit mit der Deutschen Bundesbank obliegt. Reine Zahlungsinstitute spielen in Deutschland bislang nur eine geringe Rolle, weil Banken regelmäßig allen Kunden auf Antrag ein Girokonto einrichten, das alle Zahlungsdienstleistungen beinhaltet. In Deutschland ist – wie sonst innerhalb der EU nur noch in Österreich – der Markt für Zahlungsdienste ein reiner Bankenmarkt. Nicht zuletzt dieser Umstand war Anlass für die Europäische Kommission, den Markt für Zahlungsdienste auch für andere Anbieter zu öffnen.[8] Dem Prinzip der Vollharmonisierung entsprechend erfolgte die Richtlinienumsetzung weitgehend 1:1. Anders

8) Vgl. Erwägungsgründe 10 und 11 der Zahlungsdiensterichtlinie. S. ferner *Burgard,* WM 2006, 2065, 2067; *Findeisen,* BankPraktiker 2009, 322, 323; *Lohmann/Koch,* WM 2008, 57, 58; *Schäfer/Lang,* BKR 2009, 11, 12.

als von der Kreditwirtschaft und teilweise dem Schrifttum[9] gefordert, hat sich der Gesetzgeber nicht für eine Aufnahme der neuen Regelungen in das KWG entschieden, sondern im Interesse der Rechtsklarheit für den Erlass eines Spezialgesetzes, das grundsätzlich nur auf Zahlungsinstitute Anwendung findet. Ungeachtet der nunmehr bestehenden Dualität des Aufsichtsregimes folgt das ZAG in Aufbau und Systematik im Wesentlichen dem KWG. Wie Kredit- und Finanzdienstleistungsinstitute werden Zahlungsinstitute solvenzrechtlichen Vorschriften unterworfen, wobei die Anforderungen an Eigenkapital und Liquidität bei Zahlungsinstituten allerdings weniger komplex sind. Daneben sind Zahlungsinstitute – wie Kredit- und Finanzdienstleistungsinstitute nach dem KWG – einer Vielzahl spezieller aufsichtsrechtlicher Pflichten unterworfen, die nur für sie, nicht aber für Institute i. S. d. § 1 Abs. 1b KWG gelten. Umgekehrt gilt dies genauso, sodass im Ergebnis die Wahl einer spezialgesetzlichen Regelung die bessere Lösung war.[10]

b) Liberalisierung des Marktes für Zahlungsdienste

Art. 2 des „Gesetzes zur Umsetzung der aufsichtsrechtlichen Vorschriften der Zahlungsdiensterichtlinie" enthält eine durch Erlass des ZAG bedingte (Folge-) Änderung des KWG über das Betreiben des Zahlungsverkehrs als Bankgeschäft. Das bisher in § 1 Abs. 1 Satz 2 Nr. 9 KWG definierte **„Girogeschäft"** weist wesentliche gemeinsame Schnittmengen mit den im Annex der Zahlungsdiensterichtlinie näher beschriebenen bzw. nunmehr in § 2 Abs. 2 Nr. 1 bis 6 ZAG geregelten Zahlungsdiensten der Zahlungsinstitute auf. Demgemäß bleibt das Girogeschäft als erlaubnispflichtiges Bankgeschäft nur erhalten, soweit dies die Durchführung des bargeldlosen Zahlungsverkehrs für das Scheck- und Wechselinkasso sowie das Reisescheckgeschäft betrifft.[11] Der Begriff „Girogeschäft" in § 1 Abs. 1 Satz 2 Nr. 9 KWG wurde gestrichen und durch die Begriffe „Scheckeinzugsgeschäft", „Wechseleinzugsgeschäft" und „Reisescheckgeschäft" ersetzt. Das Erbringen von Zahlungsverkehrsdienstleistungen im Übrigen gilt somit nicht mehr als erlaubnispflichtiges Bankgeschäft gemäß § 1 Abs. 1 Satz 2 KWG. Dies stellt im Ergebnis eine Liberalisierung des Marktes für Zahlungsdienste dar. Ziel der Zahlungsdiensterichtlinie war die Schaffung eines freien Wettbewerbs und aufsichtsrechtlicher Gleichbehandlung für Anbieter im Zahlungsverkehr. Bislang konnten in Deutschland nur Kreditinstitute das vollständige Angebot an Zahlungsdienstleitungen gegenüber ihren Kunden erbringen, weil die Durchführung des bargeldlosen Zahlungs- und Abrechnungsverkehrs als „Girogeschäft" gemäß § 1 Abs. 1 Satz 2 Nr. 9 KWG – anders als in den meisten Mitgliedstaaten der EU – einer Lizenz als Vollbank **10.38**

9) *Schäfer/Lang,* BKR 2009, 11 ff.

10) So i. E. auch *Findeisen,* BankPraktiker 2009, 322, 324.

11) So die Begr. RegE des ZAG, BT-Drucks. 16/11613, S. 47 und 108 f.

bedurfte. Zahlungsinstitute dürfen nunmehr als neuer Wettbewerber Zahlungsdienste im bargeldlosen Zahlungsverkehr auf der Grundlage einer nach § 8 Abs. 1 ZAG erteilten Erlaubnis erbringen, ohne dass sie hierfür einer Bankerlaubnis nach § 32 KWG bedürfen und damit ohne der vollständigen Solvenzaufsicht durch BaFin und Bundesbank zu unterliegen. Einlagenkreditinstitute dürfen künftig allein aufgrund ihrer für Bankgeschäfte erteilten Erlaubnis Zahlungsdienste erbringen. Die Umsetzung der Zahlungsdiensterichtlinie führte damit in Deutschland letztlich zu einem aufsichtsrechtlichem „Downgrading" der für das „Girogeschäft" vorgesehenen Bankerlaubnis.[12]

10.39 Darüber hinaus wurden in § 1 Abs. 1a Satz 2 KWG die Nummern 6 und 8 aufgehoben, da nach den Vorgaben der Zahlungsdiensterichtlinie (umgesetzt mit § 2 Abs. 2 Nr. 3 und 6 ZAG) auch **Finanztransfer- und Kreditkartengeschäft** zu den Zahlungsdiensten gehören und folglich durch Zahlungsinstitute angeboten werden können. Finanztransfer- und Kreditkartengeschäft gelten mithin nicht mehr als Finanzdienstleistungsgeschäfte gemäß § 1 Abs. 1a Satz 2 KWG.

c) Anwendungsbereich des ZAG

10.40 Die neuen Regelungen des ZAG gelten – wie ausgeführt – grundsätzlich allein für **Zahlungsinstitute.** Dies sind nach § 1 Abs. 1 Nr. 5 ZAG Unternehmen, die gewerbsmäßig oder in einem Umfang, der einen in kaufmännischer Weise eingerichteten Geschäftsbetrieb erfordert, Zahlungsdienste erbringen. Einlagenkreditinstitute[13] und E-Geld-Institute[14], auch wenn sie Zahlungsdienste erbringen, gelten nicht als Zahlungsinstitute. Für sie gelten die besonderen Regelungen des ZAG daher grundsätzlich nicht. Auch bedürfen Einlagenkreditinstitute und E-Geld-Institute, die eine Banklizenz besitzen, keiner gesonderten Lizenz für die Erbringung von Zahlungsdiensten. Dies folgt unmittelbar aus Art. 1 Abs. 1 Buchst. a) der Zahlungsdiensterichtlinie.[15] Andere Kreditinstitute im Besitz einer Bankerlaubnis (sog. „Teilbanken") benötigen für das Betreiben von Zahlungsdiensten eine Erlaubnis nach § 8 Abs. 1 ZAG. Zahlreiche zentrale Regelungen des ZAG finden aber auch hier keine Anwendung, soweit das KWG jeweils eine inhaltsgleiche Regelung enthält (§ 1 Abs. 11 ZAG). Eine Doppelbelastung durch Beaufsichtigung nach dem ZAG und dem KWG soll auf diese Weise vermieden werden.

12) *Findeisen,* BankPraktiker 2009, 322, 329.

13) Einlagenkreditinstitute sind gemäß § 1 Abs. 3d Satz 1 KWG Kreditinstitute, die Einlagen oder andere unbedingt rückzahlbare Gelder des Publikums entgegennehmen und das Kreditgeschäft betreiben.

14) E-Geld-Institute sind gemäß § 1 Abs. 1 Satz 2 Nr. 11 Kreditinstitute, die elektronisches Geld (§ 1 Abs. 14 KWG) ausgeben und verwalten.

15) Vgl. auch die Begr. RegE des ZAG, BT-Drucks. 16/11613, S. 71.

Zu den **Zahlungsdiensten** gehören die in § 1 Abs. 2 ZAG aufgeführten Dienstleistungen, wie u. a. das Auszahlungs-, das Lastschrift-, das Überweisungs-, das Zahlungskarten-, das Zahlungsauthentifizierungs-, das digitalisierte Zahlungs- und das Finanztransfergeschäft. Über die Erbringung von Zahlungsdiensten hinaus ist Zahlungsinstituten nach § 8 Abs. 2 ZAG auch das Anbieten betrieblicher und eng verbundener Nebendienstleistungen, wie Devisengeschäfte, Dienstleistungen für die Sicherstellung des Datenschutzes sowie der Betrieb von Zahlungssystemen, gestattet. **10.41**

Keine Zahlungsdienste sind nach § 1 Abs. 10 ZAG u. a. der Scheck- und Wechselverkehr, der gewerbsmäßige Transport von Banknoten und Münzen, Zahlungsvorgänge, die innerhalb eines Zahlungs- oder Wertpapierabwicklungssystems abgewickelt werden, Zahlungsvorgänge im Zusammenhang mit der Bedienung von Wertpapieranlagen, Dienste, die von technischen Dienstleistern erbracht werden, die zwar zur Erbringung der Zahlungsdienste beitragen, jedoch zu keiner Zeit in den Besitz der zu übermittelnden Geldbeträge gelangen, Zahlungsvorgänge, die von Zahlungsdienstleistern untereinander auf eigene Rechnung oder von ihren Agenten oder Zweigniederlassungen untereinander auf eigene Rechnung ausgeführt werden sowie Zahlungsvorgänge innerhalb eines Konzerns und einer kreditwirtschaftlichen Verbundgruppe. **10.42**

d) Zulassung zum Geschäftsbetrieb

Das Betreiben von Zahlungsdiensten erfordert die vorherige **Zulassung des Unternehmens als Zahlungsinstitut durch die BaFin** (§ 8 Abs. 1 ZAG). Die Erlaubnis kann nur Personenhandelsgesellschaften oder juristischen Personen erteilt werden (§ 9 Nr. 1 ZAG). Die Voraussetzungen der Zulassung sind in § 8 Abs. 3 ZAG geregelt. Zwingende Versagungsgründe (negative Zulassungsvoraussetzungen) enthält § 9 ZAG (in Anlehnung an § 33 KWG). Insgesamt folgt das ZAG auch in diesem Zusammenhang der Systematik des KWG.[16] Zusammengefasst erfordert die Zulassung als Zahlungsinstitut den Nachweis **10.43**

- einer soliden Unternehmenssteuerung,
- einer klaren Organisationsstruktur,
- solider Verwaltungs- und Rechnungslegungsverfahren,
- eines Tätigkeitsprogramms des Zahlungsinstituts,
- eines Geschäftsplans mit Budgetplanung,
- eines hinreichenden Anfangskapitals,
- der entsprechenden Qualifizierung der Geschäftsleitung.

16) Vgl. §§ 32, 33 KWG, wobei § 33 KWG allerdings sowohl zwingende als auch Versagungsgründe mit Ermessensspielraum enthält.

10.44 Nach § 9 ZAG müssen Zahlungsinstitute insbesondere in Abhängigkeit von der erbrachten Dienstleistung ein **Anfangskapital** zwischen 20.000 bis 125.000 Euro nachweisen. So ist bspw. für das Betreiben des Finanztransfergeschäfts ein Anfangskapital i. H. v. 20.000 Euro vorzuhalten. Führt das Zahlungsinstitut hingegen Lastschriften, Überweisungen oder Kartentransaktionen aus, müssen 125.000 Euro nachgewiesen werden.

10.45 Ist die Zulassung von der BaFin erteilt worden, so gilt sie in allen Mitgliedstaaten der Europäischen Union und den übrigen Vertragsstaaten des Europäischen Wirtschaftsraums[17] und gestattet dem betreffenden Zahlungsinstitut auf der Grundlage der Dienstleistungs- oder der Niederlassungsfreiheit in allen Mitglied- bzw. Vertragsstaaten Zahlungsdienste zu erbringen, sofern die betreffenden Zahlungsdienste durch die Zulassung gedeckt sind („Europapass“). Die entsprechende Regelung des § 26 ZAG ist § 53b KWG nachgebildet.

e) Anforderungen an den laufenden Geschäftsbetrieb

10.46 Neben dem Anfangskapital als Voraussetzung zum Marktzugang ist auch nach Erlaubniserteilung eine **laufende Kapitalausstattung** vorzuhalten, die in Abhängigkeit von den Transaktionsvolumina berechnet wird (§ 12 ZAG). Die entsprechenden Regelungen sind im Einzelnen an §§ 10 f. KWG angelehnt (einschließlich Verordnungsermächtigung in § 12 Abs. 6 ZAG). Besondere Liquiditätsanforderungen bestehen dagegen nicht.

10.47 Schließlich sind zwingende **Sicherungsmaßnahmen** wie das sog. „Ring Fencing” (Trennung der Kundengelder von sonstigen Mitteln des Zahlungsinstituts) oder die Aufnahme von Versicherungen/Garantien zum Schutz der Kundengelder im Insolvenzfall oder vor Einzelvollstreckung vorgeschrieben (§ 13 ZAG).[18] Hintergrund dessen ist der Umstand, dass dem Zahlungsinstitut zur Ausführung eines Zahlungsauftrags ausgehändigte Gelder – anders als bei Kreditinstituten geleistete Einlagen – nicht von einer (gesetzlichen) Einlagensicherung abgedeckt sind.

10.48 Demgemäß stellt § 2 Abs. 1 ZAG klar, dass Zahlungsinstitute **keine Einlagen** entgegennehmen dürfen. Zahlungskonten dürfen von Zahlungsinstituten nur geführt werden, wenn diese ausschließlich für Zahlungsvorgänge genutzt werden. Einlagen oder andere rückzahlbare Gelder, auch nicht auf der Basis der Ausgabe von Inhaber- oder Orderschuldverschreibungen, dürfen Zahlungsinstitute nicht entgegennehmen. Guthaben auf Zahlungskonten, die bei einem Zahlungsinstitut geführt werden, dürfen nicht verzinst werden (§ 2 Abs. 2

17) Der Europäische Wirtschaftsraum (EWR) umfasst die Mitgliedstaaten der EU sowie Liechtenstein, Island und Norwegen.

18) Zu Einzelheiten s. *Findeisen,* BankPraktiker 2009, 323, 327

Satz 2 ZAG). Zudem ist es Zahlungsinstituten nicht gestattet, elektronisches Geld auszugeben (§ 1 Abs. 1 i. V. m. § 2 ZAG.)

Des Weiteren dürfen Zahlungsinstitute grundsätzlich **keine Kredite** vergeben. 10.49
Nach § 2 Abs. 3 ZAG ist Zahlungsinstituten die Kreditvergabe im Zusammenhang mit den in § 1 Abs. 2 Nr. 3 bis 5 ZAG genannten Zahlungsdiensten allerdings dann erlaubt, wenn folgende Voraussetzungen kumulativ vorliegen:

- Die Kreditgewährung ist Nebentätigkeit und erfolgt ausschließlich im Zusammenhang mit der Ausführung eines Zahlungsvorgangs.
- Die Rückzahlung erfolgt spätestens innerhalb von zwölf Monaten.
- Der Kredit wird nicht aus Kundengeldern refinanziert.

5. Umsetzung der zivilrechtlichen Vorgaben der Zahlungsdiensterichtlinie

Die neuen zivilrechtlichen Regelungen erfassen ab dem 31. Oktober 2009 10.50
grundsätzlich **alle inländischen und grenzüberschreitenden Zahlungen**. Abweichende Vereinbarungen können insbesondere für Zahlungen in und aus Drittstaaten sowie grundsätzlich mit Firmenkunden getroffen werden. Erfasste Zahlungsdienste sind u. a. Überweisungen, Lastschriften, Debit- und Kreditkartentransaktionen, Bareinzahlungen und -abhebungen von einem Zahlungskonto sowie das Online-Banking. Die zivilrechtlichen Regelungen der Zahlungsdiensterichtlinie flankieren den angestrebten einheitlichen Euro-Zahlungsverkehrsraum (SEPA – Single Euro Payments Area), indem sie einen einheitlichen Rechtsrahmen für die Erbringung von Zahlungsverkehrsleistungen vorgeben. Die nunmehr in deutsches Recht umgesetzten teilweise sehr detaillierten Vorgaben betreffen insbesondere

- neue vorvertragliche und vertragliche Informationspflichten im Zusammenhang mit den relevanten Zahlungsdiensten sowie
- Regelungen zur Bereitstellung und Handhabung der einzelnen Zahlverfahren (Entgelte, Autorisierung, Widerruf, Einsatz von Zahlungsauthentifizierungsinstrumenten, Ausführungsfristen, Wertstellung, Leistungsstörung, Erstattungsansprüche, Haftung).

Nach § 675e Abs. 1 BGB n. F. darf von den Vorschriften des neuen Untertitels 10.51
zum Nachteil des Zahlungsdienstenutzers grundsätzlich nicht abgewichen werden. Abweichende nachteilige Vereinbarungen sind – auch mit Unternehmern – nur zulässig, wenn ausdrücklich im Gesetz vorgesehen.[19)]

a) Zahlungsdienstevertrag

Die Umsetzung der Zahlungsdiensterichtlinie schafft im Bereich des Zahlungs- 10.52
verkehrs einen neuen Vertragstyp im deutschen Recht, den Zahlungsdienste-

19) Zu den Konsequenzen hieraus s. auch *Rösler/Werner*, BKR 2009, 1, 7.

vertrag als Sonderform des Geschäftsbesorgungsvertrages.[20] Unterschieden wird dabei zwischen dem **Einzelzahlungsvertrag** (§ 675f Abs. 1 BGB n. F.) und dem **Zahlungsdiensterahmenvertrag** (§ 675f Abs. 2 BGB n. F.). Von Relevanz ist diese Unterscheidung in erster Linie für die unterschiedlichen Anforderungen an die Informationspflichten (§ 675d Abs. 1 Satz 1 BGB n. F. i. V. m. Art. 248 EGBGB n. F.). Darüber hinaus können bestimmte Vereinbarungen in Bezug auf Zahlungsdienste, bspw. die Nutzung von Zahlungsauthentifizierungsinstrumenten (§§ 675k bis 675m BGB n. F.), nur innerhalb eines Zahlungsdiensterahmenvertrages getroffen werden. In Bezug auf den Zahlungsdiensterahmenvertrag besteht innerhalb des gesetzlichen Rahmens weitgehend Gestaltungsfreiheit. Bestehende Girokontoverträge oder ähnliche Rahmenvereinbarungen, die die Ausführung von Zahlungsvorgängen zum Gegenstand haben, werden nach Inkrafttreten der Neuregelung als Zahlungsdiensterahmenverträge gemäß § 675f Abs. 2 BGB n. F. einzuordnen sein. Ausgehend von der bisherigen Geschäftspraxis in Deutschland werden gerade Kreditinstitute solche Zahlungsdiensterahmenverträge nicht in ihrer Reinform, d. h. ausschließlich zur Erbringung von Zahlungsdienstleistungen, anbieten, sondern regelmäßig kombiniert mit anderen Bankdienstleistungen wie z. B. dem Kreditgeschäft (Dispositionskredit), Scheck- und Wechselinkasso.

b) Sachlicher, räumlicher und zeitlicher Anwendungsbereich

10.53 Die neuen Regelungen gelten für **Zahlungsdienste**, also u. a. für Überweisungen, Lastschriften, Debit- und Kreditkartentransaktionen, Bareinzahlungen und –abhebungen von einem Zahlungskonto sowie das Online-Banking. Ausgenommen sind u. a. Barzahlungen, Bargeldtransporte, Geldumtauschgeschäfte, sofern diese keinen Kontenbezug haben, Schecks, Wechsel, Gutscheine, Schuldscheine sowie Zahlungsvorgänge im Zusammenhang mit der Bedienung von Wertpapieranlagen. Die Begriffsbestimmungen orientieren sich an der Terminologie des KWG und des ZAG (§ 675c Abs. 3 BGB n. F.).

10.54 Erfasst werden grundsätzlich alle inländischen und grenzüberschreitenden Zahlungen unabhängig von Währung und Höhe, sodass bspw. auch **Zahlungsvorgänge mit Drittstaatenbezug** (z. B. eine Überweisung von Deutschland in die USA) in den Anwendungsbereich einbezogen sind.

10.55 Allerdings sieht **§ 675e BGB n. F.** in Abbildung des Anwendungsbereichs der Zahlungsdiensterichtlinie folgende Einschränkungen und vertragliche Gestaltungsmöglichkeiten vor:

- Bestimmte Regelungen gelten nur für EU-/EWR-Sachverhalte. Dies bedeutet zum einen, dass das Institut des Zahlers und das Institut des Zahlungsempfängers beide in einem Mitgliedstaat der EU oder einem anderen Ver-

---

20) Hierzu auch *Rösler/Werner*, BKR 2009, 1, 7 f.

tragsstaat des EWR ansässig sein müssen (räumlicher Anwendungsbereich). Zudem muss die Zahlung in einer Währung eines EU- oder anderen EWR-Mitgliedstaates erfolgen. Konkret betroffen sind die Regeln über Informationspflichten (§ 675d BGB n. F. i. V. m. Art. 248 EGBGB n. F.), zum Entgeltabzugsverbot und Entgeltteilungsgebot (§ 675q Abs. 1 und 3 BGB n. F.), zur Ausführungsfrist (§ 675s Abs. 1 BGB n. F.), zur Bareinzahlung auf ein Konto (§ 675t Abs. 2 BGB n. F.), zum Erstattungsanspruch bei autorisierten „Pull"-Zahlungen[21] (§ 675x Abs. 1 BGB n. F.), zur Haftung bei „Push"-Zahlungen[22] (§ 675y Abs. 1 BGB n. F.) und zur Verschuldenszurechnung bei Folgeansprüchen (§ 675z Satz 3 BGB n. F.).

- Die Verfügbarkeits- und Wertstellungsregeln in § 675t Abs. 1 Satz 1 und 2 BGB n. F. gelten grundsätzlich auch für Intra-EU/EWR-Zahlungen und Zahlungen in und aus Drittstaaten, letzteres allerdings nur unter der Voraussetzung, dass diese auf Euro oder eine andere Währung eines EU-/EWR-Mitgliedstaates lauten. Zahlungen in z. B. US-Dollar sind dagegen nicht erfasst.
- Darüber hinaus besteht mit Ausnahme des § 675t Abs. 1 BGB n. F. (Wertstellung) die Möglichkeit, bei Drittstaatensachverhalten durch vertragliche Vereinbarung mit dem Kunden aus den gesetzlichen Vorgaben heraus zu optieren und vertraglich von den gesetzlichen Regelungen abzuweichen.
- Schließlich hat der Zahlungsdienstleister die Möglichkeit, bei Verträgen mit Kunden, die keine Verbraucher[23] sind, per Vereinbarung bestimmte Vorschriften abzubedingen und durch andere vertragliche Regeln zu ersetzen. Dies betrifft die Informationspflichten gemäß § 675d Abs. 1, 3 und 4 BGB n. F., die Entgeltregelung in § 675f Abs. 4 Satz 2 BGB n. F., die Änderung von Zahlungsdiensterahmenverträgen nach § 675g BGB n. F., die Kündigungsvorschriften in § 675h BGB n. F., die Widerruflichkeit von Zahlungsaufträgen nach §§ 675j Abs. 2 und 675p BGB n. F. sowie die Haftungsregeln der §§ 675v bis 676 BGB n. F.

Auch die zivilrechtlichen Vorgaben traten – wie die aufsichtsrechtlichen Regelungen – zum 31. Oktober 2009 in Kraft. Darüber hinaus sind in Art. 229 § 22 EGBGB n. F. **besondere Übergangsvorschriften** vorgesehen, nach denen die vorvertraglichen Informationspflichten des Art. 248 §§ 4, 13 EGBGB n. F. bei bestehenden Verträgen nicht nachgeholt werden müssen. Art. 229 § 22 EGBGB n. F. regelt zudem, dass auf Zahlungsvorgänge, mit deren Abwicklung vor dem 31. Oktober 2009 begonnen wurde, die neuen Regelungen nicht anzuwenden **10.56**

---

21) Z. B. Lastschrift.

22) Z. B. Überweisung.

23) Verbraucher ist nach § 13 BGB jede natürliche Person, die ein Rechtsgeschäft zu einem Zwecke abschließt, der weder ihrer gewerblichen noch ihrer selbständigen beruflichen Tätigkeit zugerechnet werden kann.

sind. Diese Übergangsregelungen führen dazu, dass gegenüber sog. Bestandskunden der Kreditinstitute die zukünftig geltenden, umfangreichen vorvertraglichen Informationspflichten gemäß Art. 248 § 4 EGBGB n. F. nicht nachgeholt werden müssen. Mit dem Inkrafttreten der neuen Regelungen zum 31. Oktober 2009 gelten allerdings die übrigen neuen Regelungen auch für Bestandskunden. So gilt bspw. für alle Änderungen von Kundenbedingungen, die nach dem 31. Oktober 2009 vorgenommen werden, der neue Änderungsmechanismus des § 675g BGB n. F.

c) Unterrichtungspflichten

10.57 Wie schon aus anderen Bereichen der Finanzdienstleistungen (z. B. Fernabsatz, Verbraucherkredit) bekannt, definieren die neuen Regelungen **Informationspflichten**, die Zahlungsdienstleister, also auch Kreditinstitute, bei der Erbringung von Zahlungsdiensten gegenüber ihren Kunden zu erfüllen haben (§ 675d Abs. 1 BGB n. F.). Im Zusammenhang mit Zahlungsdienstleistungen bestehen nunmehr erstmals auch umfangreiche vorvertragliche Informationspflichten.

10.58 Die im Einzelnen nach Art. 248 § 4 EGBGB n. F. zu erteilenden **vorvertraglichen Informationen** sind mit 26 Punkten recht umfangreich. So ist der Kunde etwa zu informieren über den Dienstleister (Name, Adresse, zuständige Aufsichtsbehörde), die Nutzung des Zahlungsdienstes (wesentliche Merkmale, Ausführungsvoraussetzungen, Zugangszeitpunkt, Ausführungsfrist, Verfügungsgrenzen), die Entgelte, Zinsen und Wechselkurse, die Art und Weise der Kommunikation zwischen Institut und Kunde, bestehende Schutz- und Abhilfemaßnahmen, die Änderung und Kündigung des Zahlungsdiensterahmenvertrages sowie über zur Verfügung stehende außergerichtliche Rechtsbehelfe. Unterschieden wird dabei zwischen Informationspflichten hinsichtlich Einzelzahlungen und Zahlungsvorgängen, die Gegenstand eines Rahmenvertrages sind:

- Bei **Zahlungsdiensterahmenverträgen** (§ 675f Abs. 2 BGB n. F.), z. B. dem Kontovertrag, hat der Zahlungsdienstleister dem Zahlungsdienstnutzer die in Art. 248 §§ 3 bis 9 EGBGB n. F. genannten Informationen und Vertragsbedingungen in Textform mitzuteilen. Dies bedeutet, dass dem Kunden bspw. bei einer Kontoeröffnung nach dem 31. Oktober 2009 die in Art. 248 § 4 Abs. 1 EGBGB n. F. genannten Vertragsbedingungen und Informationen in Textform gemäß § 126b BGB, also z. B. papierhaft, auszuhändigen sind.
- Für **Einzelzahlungsverträge**, die nicht von einem Zahlungsdiensterahmenvertrag umfasst sind, also bspw. einem Zahlschein, den ein Kunde in Auftrag gibt, ohne dass er bei der Bank ein Konto unterhält, erlaubt Art. 248 § 12 EGBGB n. F. eine weniger strenge Form für die Erfüllung der Informationspflichten als in Art. 248 § 3 EGBGB n. F. vorgesehen. Es genügt

hier, dass dem Kunden die betreffenden Informationen „in leicht zugänglicher Form zur Verfügung gestellt werden“. Die Richtlinie geht davon aus, dass es sich bei solchen Einzelzahlungsverträgen i. d. R. um Geschäfte in Anwesenheit beider Vertragsparteien handelt und somit nicht die Mitteilung der Informationen in Textform vorgeschrieben werden muss. Der Zahlungsdienstleister kann also auch mündlich am Schalter Auskunft erteilen oder dafür sorgen, dass die Informationen anderweitig, z. B. durch Aushang in seinen Geschäftsräumen, erhältlich sind. Die Information über Entgelte und Wechselkurse bei Einzelzahlungsverträgen über den Preisaushang und das Preis- und Leistungsverzeichnis, wie sie der gängigen Praxis der Kreditinstitute entspricht, ist demnach auch künftig zulässig.

d) Änderungen des Zahlungsdiensterahmenvertrages

aa) Bisherige Regelung in den AGB-Banken

Der Änderungsmechanismus zur Anpassung von Kundenbedingungen im Bereich des Zahlungsverkehrs hat sich geändert. Bislang sah **Nr. 1 Abs. 2 AGB-Bk** vor, dass Änderungen von Kundenbedingungen (z. B. der Sonderbedingungen für den Überweisungsverkehr) dem Kunden schriftlich bekannt gegeben werden müssen. Sie gelten als genehmigt, wenn der Kunde nicht schriftlich oder auf dem vereinbarten elektronischen Wege widerspricht. Auf diese Folge wird ihn die Bank bei der Bekanntgabe besonders hinweisen. Der Kunde muss den Widerspruch innerhalb von **sechs Wochen nach Bekanntgabe** der Änderungen an die Bank absenden. **10.59**

bb) Neue Regelung für Zahlungsdienste

Nach § 675g Abs. 1 und 2 BGB n. F. setzt künftig eine Änderung eines Zahlungsdiensterahmenvertrages (z. B. eines Kontovertrages) auf Veranlassung des Zahlungsdienstleisters (z. B. der Bank) voraus, dass die beabsichtigte Änderung spätestens **zwei Monate vor dem vorgeschlagenen Zeitpunkt ihres Wirksamwerdens** dem Zahlungsdienstenutzer (dem Kunden) in der in Art. 248 §§ 2, 3 EGBGB vorgesehenen **Textform** angeboten wird. Der Zahlungsdienstleister und der Zahlungsdienstnutzer können vereinbaren, dass die Zustimmung des Zahlungsdienstnutzers zu einer Änderung als erteilt gilt, wenn dieser dem Zahlungsdienstleister seine Ablehnung nicht vor dem vorgeschlagenen Zeitpunkt des Wirksamwerdens der geänderten Bedingungen angezeigt hat (§ 675g Abs. 2 Satz 1 BGB n. F.). In diesem Fall ist der Zahlungsdienstnutzer berechtigt, den Zahlungsdiensterahmenvertrag vor dem vorgeschlagenen Tag des Wirksamwerdens der Änderung fristlos zu kündigen (§ 675g Abs. 2 Satz 2 BGB n. F.). Dann wiederum ist der Zahlungsdienstleister verpflichtet, den Zahlungsdienstnutzer mit dem Angebot zur Vertragsänderung auf die Folgen seines Schweigens sowie auf das Recht zur kostenfreien und fristlosen Kündigung hinzuweisen (§ 675g Abs. 2 Satz 3 BGB n. F.). **10.60**

e) Kündigung eines Zahlungsdiensterahmenvertrages

10.61 § 675h BGB n. F. regelt die Voraussetzungen der ordentlichen Kündigung des Zahlungsdiensterahmenvertrages **durch den Zahlungsdienstnutzer** (Kunden). Dieser kann einen Zahlungsdiensterahmenvertrag grundsätzlich jederzeit kündigen ohne Einhaltung einer Frist. Hiervon abweichend kann vertraglich eine Kündigungsfrist von höchstens einem Monat vereinbart werden.

10.62 § 675h Abs. 2 BGB n. F. regelt die ordentliche Kündigung **durch den Zahlungsdienstleister** (Bank). Ist ein Vertrag auf unbestimmte Zeit geschlossen und wurde ein Kündigungsrecht vereinbart, so beträgt die Kündigungsfrist für den Zahlungsdienstleister mindestens zwei Monate. Die Kündigung ist dem Zahlungsdienstnutzer in der vereinbarten Sprache und in Textform mitzuteilen. Ein Zahlungsdiensterahmenvertrag ohne entsprechende Vereinbarung kann vom Zahlungsdienstleister dagegen nicht ordentlich gekündigt werden.

f) Autorisierung von Zahlungsvorgängen

10.63 Nach § 675j Abs. 1 BGB n. F. ist ein Zahlungsvorgang gegenüber dem Zahler nur wirksam, wenn dieser dem Zahlungsvorgang zugestimmt hat (**Autorisierung**). Dies bedeutet, dass der Zahlungsdienstleister auch nur für einen autorisierten Zahlungsvorgang einen Anspruch auf Aufwendungsersatz hat. Dies entspricht dem heutigen Auftragsrecht.

10.64 Die Zustimmung kann entweder als **Einwilligung oder**, sofern zwischen dem Zahler und seinem Zahlungsdienstleister zuvor vereinbart, als **Genehmigung** erteilt werden. Art und Weise der Zustimmung sind zwischen dem Zahler und seinem Zahlungsdienstleister zu vereinbaren. Insbesondere kann vereinbart werden, dass die Zustimmung mittels eines bestimmten Zahlungsauthentifizierungsinstruments (also bspw. mittels einer Debitkarte) erteilt werden kann. § 675j Abs. 2 BGB n. F. regelt, dass die Zustimmung vom Zahler durch Erklärung gegenüber dem Zahlungsdienstleister so lange widerrufen werden kann, wie der Zahlungsauftrag nicht unwiderruflich ist (§ 675p BGB n. F.). Auch die Zustimmung zur Ausführung mehrerer Zahlungsvorgänge (z. B. bei Daueraufträgen) kann mit der Folge widerrufen werden, dass jeder nachfolgende Zahlungsvorgang nicht mehr autorisiert ist.

10.65 Im Hinblick auf die aktuell im Markt gängigen Zahlungsverkehrsprodukte ist insbesondere von Bedeutung, dass eine Autorisierung durch den Kunden nicht ausdrücklich zu erfolgen hat, sodass die in Nr. 7 Abs. 3 AGB-Bk geregelte **Genehmigungsfiktion** für die Genehmigung von Belastungsbuchungen aus Einzugsermächtigungslastschriften auch zukünftig Bestand hat.

g) Zeitpunkt des Zugangs (Beginn der Ausführungsfrist)

10.66 § 675n BGB n. F. definiert den Zugangszeitpunkt von Zahlungsaufträgen. Dieser Zeitpunkt hat besondere Relevanz, weil er für den Beginn der Ausführungs-

und Ablehnungsfrist von Zahlungsaufträgen (§§ 675s und 675o BGB n. F.) maßgeblich ist. Zeitpunkt des Zugangs ist danach der **Zeitpunkt, in dem der Zahlungsauftrag bei der Bank eingeht**. Wird also bspw. ein Überweisungsvordruck am Schalter der Bank abgegeben, so ist der Zeitpunkt der Abgabe gleichzeitig der Zugangszeitpunkt. Elektronische Aufträge (etwa Überweisungen i. R. d. Online-Banking) sind zugegangen, wenn sie in der elektronischen Empfangsvorrichtung der Bank (z. B. auf dem Server) eingehen. Bei Terminüberweisungen, Daueraufträgen und Lastschriften gilt der mit dem Kunden vereinbarte Termin als Zugangstag (§ 675n Abs. 2 BGB n. F.).

Voraussetzung des Zugangs gemäß § 675n Abs. 1 BGB n. F. ist jedoch regelmäßig, dass die Bank die **Empfangsvorrichtung** (z. B. den Briefkasten) für die Abgabe von Zahlungsaufträgen vorgesehen hat. Dies sollte durch deutliche Kennzeichnung[24] konkretisiert werden. Voraussetzung für den Zugang eines Zahlungsauftrags ist daneben, dass eine **wirksame Weisung des Kunden** vorliegt, die aus Sicht der Bank als ein Zahlungsauftrag zu werten ist. Die Gesetzesbegründung zu § 675f Abs. 3 BGB n. F. führt insoweit aus, dass ein „Zahlungsauftrag" die rechtliche Erklärung einschließlich der erforderlichen Zahlungsinformation (z. B. Betrags-, Zahler- und Zahlungsempfängerangaben usw.) beinhaltet, die einen Geldfluss auslöst. Liegt eine solche vor, erfolgt die Ausführung eines Zahlungsvorgangs im Verhältnis vom Zahlungsdienstleister zum Zahler berechtigt und in der Terminologie der Zahlungsdiensterichtlinie und der §§ 675c bis 676c BGB n. F. „autorisiert" (vgl. § 675j Abs. 1 Satz 1 BGB n. F.). Ein Zahlungsauftrag ist, auch wenn dies nach dem Wortlaut der Definition in Art. 4 Nr. 16 der Zahlungsdiensterichtlinie zunächst nicht offensichtlich ist, daher immer die Weisung des Zahlers an seinen Zahlungsdienstleister. Dies folgt auch aus Erwägungsgrund 25, Art. 4 Nr. 7, Art. 64, Art. 65 Abs. 3, Art. 66 Abs. 5, Art. 69 Abs. 3 der Zahlungsdiensterichtlinie. Fehlt es also bei einem Auftrag des Kunden an den wesentlichen Angaben, die bspw. eine Überweisung ausmachen, so fehlt es an einer rechtlichen Erklärung des Kunden. Es fehlt dann an einem Zahlungsauftrag, der i. S. d. § 675n Abs. 1 BGB n. F. zugehen kann. Eine Ausführungsfrist läuft in diesem Fall nicht. Grundsätzlich müsste auch eine Unterrichtung über die Nichtausführung eines Zahlungsvorgangs nach § 675o BGB n. F. dann nicht erfolgen. **10.67**

Der Zahlungsdienstleister kann sog. **„Cut-off-Zeiten"** für Zahlungsanweisungen festlegen, die nach einem bestimmten Zeitpunkt am Ende eines Geschäftstages eingehen, sodass diese so behandelt werden, als seien sie am darauffolgenden Geschäftstag eingegangen. Nach der Gesetzesbegründung ist eine weite Regelung der Cut-off-Zeiten möglich. Dabei kann auf die üblichen **10.68**

24) Soll eine Empfangsvorrichtung gerade nicht dem Zugang von Zahlungsaufträgen dienen, ist hierauf deutlich hinzuweisen, z. B. Aufkleber auf Briefkasten: „Kein Einwurf von Aufträgen, z. B. Überweisungen".

Schließungszeiten für den Publikumsverkehr abgestellt werden.[25] Dies entspricht der – insofern auch künftig zulässigen – bisherigen Praxis, nach der die Regelung von Cut-off-Zeiten (Annahmefristen für Überweisungen) im Preis- und Leistungsverzeichnis erfolgt.

h) Ablehnung von Zahlungsaufträgen

10.69 § 675o BGB n. F. regelt die Voraussetzungen für die Ablehnung der Ausführung eines Zahlungsauftrags durch einen Zahlungsdienstleister. Dies betrifft also bspw. den Fall, dass ein vom Kunden eingereichter Überweisungsauftrag mangels Deckung, wegen nicht leserlicher Empfängerkontonummer oder Fehlens einer Unterschrift des Kunden nicht ausgeführt werden kann. Lehnt die Bank die Ausführung ab, so hat sie den Kunden über die Ablehnung unverzüglich, spätestens aber innerhalb der Fristen des § 675s BGB n. F., zu unterrichten. „Unterrichten" bedeutet in diesem Zusammenhang, dass der Zahlungsdienstleister dem Zahlungsdienstnutzer grundsätzlich die Ablehnung „mitzuteilen" hat. Nur wenn die Parteien etwas anderes vereinbart haben, kann es ausreichen, dass der Zahlungsdienstleister die **Ablehnungsunterrichtung** zur Verfügung stellt, etwa über den Kontoauszugsdrucker oder das Online-Banking-Postfach. Für die Einhaltung der Frist muss es ausreichen, dass der Zahlungsdienstleister innerhalb der Frist alles in seiner Macht stehende unternommen hat, damit der Zahlungsdienstnutzer schnellstmöglich unterrichtet wird. Haben die Parteien keine anderweitigen Abreden über die gegenseitigen Kommunikationsmittel getroffen, bleibt dem Zahlungsdienstleister nur die Zusendung der Information auf dem Postwege, mit der Folge, dass der Zahlungsdienstnutzer aufgrund der Postlaufzeiten möglicherweise erst nach Ablauf der Frist des § 675s BGB n. F. unterrichtet wird, was dann jedoch durch das Gesetz als hinreichend akzeptiert wird.

10.70 Der Zahlungsdienstleister hat dem Zahlungsdienstnutzer auch die **Gründe für die Ablehnung** mitzuteilen und ihm ggf. zu erläutern, wie er Fehler, die zu der Ablehnung des Zahlungsauftrags geführt haben, beheben kann. Der Zahlungsdienstleister hat keine Gründe anzugeben, wenn diese Mitteilung gegen nationale Rechtsvorschriften (z. B. § 11 Abs. 5 GwG) oder Vorschriften des Gemeinschaftsrechts verstieße.

10.71 Ein abgelehnter Zahlungsauftrag gilt nach § 675o Abs. 3 BGB n. F. als **nicht i. S. v. § 675n BGB n. F. zugegangen**. Bei einem solchen Zahlungsauftrag haften die Zahlungsdienstleister dementsprechend auch nicht nach §§ 675y, 675z BGB n. F. für die nicht erfolgte oder fehlerhafte Ausführung. § 675o BGB n. F. regelt also im Wesentlichen die auch bislang als Nebenpflicht zum Girovertrag

---

25) Begr.RegE z. § 675n BGB n. F., BT-Drucks. 16/11643, S. 107 f.

zwischen Kunde und Bank bestehende Verpflichtung, den Kunden über die Nichtausführung eines Auftrags zu informieren.

i) Frühe Unwiderruflichkeit eines Zahlungsauftrags

§ 675p BGB n. F. regelt den **Zeitpunkt der Unwiderruflichkeit** eines Zahlungsauftrags. Nach Absatz 1 dieser Regelung kann ein Zahlungsauftrag nach seinem Eingang beim Zahlungsdienstleister des Zahlers nicht mehr widerrufen werden. Geht also bspw. ein Überweisungsauftrag bei der Bank ein, so kann dieser nach diesem Zeitpunkt nicht mehr widerrufen werden. Der Zeitpunkt der Unwiderruflichkeit des Zahlungsauftrags tritt damit künftig erheblich früher ein, als nach bisheriger Rechtslage nach § 676a Abs. 4 Satz 1 BGB für den Überweisungsvertrag. Nach bislang geltendem Recht ist ein Überweisungsvertrag erst dann nicht mehr widerrufbar, wenn der Überweisungsbetrag auf dem Konto des Kreditinstituts des Begünstigten eingegangen ist. 10.72

§ 675p Abs. 3 BGB n. F. ermöglicht **bei Vereinbarung eines bestimmten Termins**[26] **für die Ausführung** eines Zahlungsauftrags gemäß § 675n Abs. 2 BGB n. F. einen Widerruf noch bis zum Ende des Geschäftstages vor dem vereinbarten Termin. Dies bedeutet, dass bspw. der Widerruf eines Dauerauftrags, der zum 15. eines Monats ausgeführt werden soll, noch bis zum 14. des Monats möglich ist.[27] 10.73

j) Entgelte

Aus Sicht der Kreditwirtschaft dürfte der Regelung zu Entgelten bei Zahlungsvorgängen in § 675q BGB n. F. erhebliche geschäftspolitische Bedeutung zukommen: Für EU-/EWR-Sachverhalte (EU-/EWR-Raum und -Währungen) gilt ein **Entgeltabzugsverbot vom Zahlungsbetrag**. Der Zahlungsempfänger soll grundsätzlich den vollen Ursprungsbetrag erhalten. Bei Zahlungen ohne erforderliche Währungsumrechnung gilt zudem das Entgeltteilungsgebot, wonach Zahler und Zahlungsempfänger jeweils die von ihren Dienstleistern in Rechnung gestellten Entgelte tragen müssen. Für den grenzüberschreitenden Zahlungsverkehr innerhalb des EU-/EWR-Raums und für inländische Zahlungen in anderen EU-/EWR-Währungen als Euro können die neuen Rahmenbedingungen zu Änderungen der bisherigen Entgelterhebungspraxis führen. Beim SEPA-Überweisungsverfahren sind das Entgeltabzugsverbot und das Entgeltteilungsgebot bereits berücksichtigt. 10.74

---

26) Beispielsweise bei der Terminüberweisung oder dem Dauerauftrag.

27) Ist der 14. jedoch bspw. ein Sonntag, so ist ein Widerruf nur bis zum vorhergehenden Freitag möglich.

k) Ausführung anhand von Kundenkennungen

10.75 § 675r BGB n. F. erlaubt den beteiligten Zahlungsdienstleistern, einen Zahlungsvorgang ausschließlich auf Basis einer Kundenkennung (etwa der Kontonummer) auszuführen. Haben die an dem Zahlungsvorgang beteiligten Zahlungsdienstleister den Zahlungsvorgang in Übereinstimmung mit der vom Zahlungsdienstnutzer angegebenen Kundenkennung ausgeführt, gilt der Vorgang zumindest im Hinblick auf den durch die Kundenkennung bezeichneten Zahlungsempfänger als ordnungsgemäß ausgeführt. Eine Haftung der Zahlungsdienstleister wegen mangelhafter Ausführung ist ausgeschlossen. Nach den Vorgaben der Zahlungsdiensterichtlinie sind die beteiligten Zahlungsdienstleister, d. h. die Zahlungsdienstleister von Zahler und Zahlungsempfänger sowie die zwischengeschalteten Stellen zum Abgleich von Kontonummer bzw. Kundenkennung und Empfängername – anders als grundsätzlich nach bisherigem Recht – nicht mehr verpflichtet. Selbst wenn ein Zahlungsdienstnutzer noch weitere Angaben gemacht haben sollte, aus denen man hätte erkennen können, dass er einen Fehler in der Angabe der Kundenkennung gemacht hat, darf sich der Zahlungsdienstleister vollständig auf die Ausführung nach der angegebenen Kundenkennung beschränken.[28] Die Buchbarkeit nach der Kundenkennung ist – wie auch die kurzen Widerrufsfristen – erforderlich, um die verkürzten EU-/EWR-weiten Ausführungsfristen zu ermöglichen, die nur durch eine vollautomatisierte Bearbeitung ohne jegliche manuelle Intervention gewahrt werden können.[29] Ein **Kontonummer-Namensvergleich** durch die an der Ausführung beteiligten Institute ist folglich nach dem Inkrafttreten der neuen Regelungen nicht mehr zwingend. Eine etwaige Haftung bei dessen Unterlassung entfällt.

l) Ausführungsfristen

10.76 Nach § 675s Abs. 1 Satz 1 BGB n. F. müssen alle Zahlungsvorgänge **bis zum Ende des folgenden Geschäftstages** ausgeführt werden. Bis zum 31. Dezember 2011 kann jedoch eine Ausführungsfrist von höchstens drei Geschäftstagen vereinbart werden. Nur für beleggebundene und daher erst nach Umwandlung automatisiert zu verarbeitende Zahlungsvorgänge können diese Fristen nochmals um einen weiteren Geschäftstag verlängert werden (§ 675s Abs. 1 Satz 3 BGB n. F.). Von diesen Fristen kann aufgrund vertraglicher Vereinbarung nur für die in § 675d Abs. 1 Satz 2 BGB n. F. genannten Fälle (Drittstaatensachverhalte) sowie für Zahlungen innerhalb des EU-/EWR-Raumes in einer anderen EU-/EWR-Währung als Euro abgewichen werden (§ 675e Abs. 2 und 3 BGB n. F.). Für den letztgenannten Fall gilt jedoch § 675d Abs. 1 Satz 2 BGB n. F. Es kann also maximal eine viertägige Ausführungsfrist vereinbart werden,

---

28) So ausdrücklich auch Art. 74 Abs. 3 der Zahlungsdiensterichtlinie.

29) Begr. RegE z. § 675r BGB n. F., BT-Drucks. 16/11643, S. 110 f.

allerdings ohne die Möglichkeit einer Verlängerung für beleggebundene Zahlungen.

Die **Ausführungsfrist beginnt** mit dem Tag, an dem der Zahlungsauftrag dem Zahlungsdienstleister des Zahlers zugeht (§ 675n BGB n. F.). Sie endet mit dem Eingang des Zahlungsbetrags, dem Mittelzufluss auf dem Konto des Zahlungsdienstleisters des Zahlungsempfängers. 10.77

m) Wertstellung und Verfügbarkeit von Geldbeträgen

§ 675t Abs. 1 Sätze 1 und 2 BGB n. F. legen den **Wertstellungszeitpunkt** bei Gutschriften und den Zeitpunkt fest, ab dem der Zahlungsempfänger über für ihn bestimmte, bei seinem Zahlungsdienstleister eingegangene, Zahlungsbeträge verfügen können muss. § 675t Abs. 1 Satz 1 BGB n. F. regelt die Verfügbarkeit von Beträgen, die für den Nutzer eingegangen sind. 10.78

Die Regelung entspricht materiell dem aus der bisherigen Terminologie bekannten **„Anspruch aus der Gutschrift"**, der dem Zahlungsempfänger unverzüglich nach Mittelzufluss an dessen Zahlungsdienstleister zusteht. Selbstverständlich kann der Zahlungsdienstleister des Zahlungsempfängers den Geldbetrag nur in dem rechtlichen Umfang zur Verfügung stellen, in dem er ihn seinerseits im Clearing oder vom Zahlungsdienstleister des Zahlers erhalten hat. Muss der Zahlungsdienstleister des Zahlungsempfängers – etwa im Falle des Einzugs einer Lastschrift – damit rechnen, dass er im Verhältnis der Zahlungsdienstleister untereinander den Betrag wieder zu erstatten hat (z. B. wegen eines Erstattungsanspruchs des Zahlers – § 675x BGB n. F.), so kann er wie bisher die Gutschrift unter einer entsprechenden Bedingung („E.v."- Eingang vorbehalten) erteilen. 10.79

Ferner stehen § 675t Abs. 1 Sätze 1 und 2 BGB n. F. weder der Vereinbarung von üblichen **Pfand-, Zurückbehaltungs- und Aufrechnungsrechten** an dem Gutschriftbetrag, noch seiner Einbringung in eine Kontokorrentabrede entgegen. Eine Verfügbarkeit i. S. d. § 675t Abs. 1 Sätze 1 und 2 BGB n. F. liegt auch vor, wenn ein Zahlungsbetrag auf einem debitorisch geführten Konto gutgeschrieben wird und sich dadurch die Höhe eines in Anspruch genommenen Überziehungskredits reduziert.[30)] 10.80

Der **Zeitpunkt für die Wertstellung** bei Gutschriften nach der Zahlungsdiensterichtlinie entspricht inhaltlich der bisherigen Regelung für Gutschriften aufgrund von Überweisungen im bisherigen § 676g Abs. 1 Satz 4 BGB. So hat die Wertstellung (Valutierung) von Gutschriften nach spätestens zu dem Geschäftstag zu erfolgen, an dem dem Zahlungsdienstleister des Zahlungsempfängers der Betrag gutgeschrieben wurde (Pflicht zur taggleichen Wertstellung, „Mittelzuflussprinzip"). Von der Wertstellung ist die eigentliche Gutschriftbu- 10.81

---

30) Begr. RegE z. § 675t BGB n. F., BT-Drucks. 16/11643, S. 112 f.

chung zu unterscheiden, die – wie schon bislang in § 676g Abs. 1 Satz 4 BGB vorgesehen – noch am folgenden Geschäftstag erfolgen kann.

10.82 § 675t Abs. 2 BGB n. F. regelt den **Zeitpunkt der Verfügbarkeit und Wertstellung bei Bareinzahlungen** auf ein Zahlungskonto bei dem Zahlungsdienstleister des Empfängers, wenn Bargeld in der Währung eingezahlt wird, in der auch das Konto geführt wird. Zahlungsempfänger kann der Einzahlende selbst aber auch eine dritte Person sein, die ein Konto bei dem betreffenden Zahlungsdienstleister unterhält. Für Verbraucher gilt dabei eine strengere Regel („unverzüglich") als für Unternehmer.

10.83 § 675t Abs. 3 BGB n. F. regelt den **Zeitpunkt für die Wertstellung von Belastungen.** Dies ist der Zeitpunkt, zu dem der tatsächliche Mittelabfluss vom Konto des Zahlers stattfindet.

n) Haftung des Zahlungsdienstleisters für nicht autorisierte Zahlungen

10.84 § 675u BGB n. F. statuiert die grundsätzliche Haftung des Zahlungsdienstleisters des Zahlers **für Schäden, die durch nicht autorisierte Zahlungen entstanden sind.** Dies entspricht der bisherigen Rechtslage, wonach im Falle einer nicht autorisierten Zahlung (z. B. ohne wirksame Weisung) kein Aufwendungsersatzanspruch des Zahlungsdienstleisters gegen seinen Zahlungsdienstnutzer entsteht. Ist dennoch eine Belastung des Zahlers erfolgt, hat dieser gegen seinen Zahlungsdienstleister einen Erstattungsanspruch. Aufgrund des vollharmonisierenden Charakters der Zahlungsdiensterichtlinie ist dieser Erstattungsanspruch auch abschließend. Weitere Ansprüche des Zahlers gegen seinen Zahlungsdienstleister aus anderen Vorschriften, etwa aus ungerechtfertigter Bereicherung, bestehen für die Fälle nicht autorisierter Zahlungsvorgänge nicht.[31)]

o) Haftung bei missbräuchlicher Nutzung eines Zahlungsauthentifizierungsinstruments (z. B. Debitkarte)

10.85 § 675v BGB n. F. setzt Art. 61 der Zahlungsdiensterichtlinie um und bestätigt in **Fortschreibung des bisherigen § 676h BGB** weitgehend die in Deutschland bereits üblichen Verfahren nach den bestehenden Zahlungskartenvertragsbedingungen, dies allerdings mit dem Unterschied, dass § 675v BGB n. F. alle Arten von Zahlungsauthentifizierungsinstrumenten (z. B. auch PIN und TAN im Online-Banking) erfasst und sich nicht auf Zahlungskarten beschränkt. Insgesamt gilt Folgendes:

10.86 **Nach der Anzeige des Verlustes,** bspw. einer Debitkarte, beim Zentralen Sperrannahmedienst trifft den Karteninhaber keine Haftung mehr, es sei denn, er hat in betrügerischer Absicht gehandelt. Vor der Verlustanzeige ist seine

31) Begr. RegE z. § 675u BGB n. F., BT-Drucks. 16/11643, S. 113.

Haftung auf 150 Euro begrenzt, es sei denn, er hat mit betrügerischer Absicht, Vorsatz oder grober Fahrlässigkeit gehandelt. Die Haftung des Zahlers für die missbräuchliche Nutzung des Zahlungsauthentifizierungsinstruments ist in der Zahlungsdiensterichtlinie und dementsprechend in § 675v BGB n. F. abschließend geregelt. Daneben besteht kein Raum für einen weitergehenden Schadensersatzanspruch des Zahlungsdienstleisters, etwa nach § 280 BGB wegen leicht fahrlässiger Verletzung anderer Pflichten als der sicheren Aufbewahrung personalisierter Sicherheitsmerkmale in sonstigen Missbrauchsfällen.[32)]

p) Nachweis der Authentifizierung

§ 675w BGB n. F. stellt Mindestanforderungen an die **Darlegungs- und Beweislast** von Zahlungsdienstleistern, wenn zwischen einem Zahlungsdienstleister und seinem Nutzer die Autorisierung eines Zahlungsvorgangs streitig ist. Denn der Zahlungsdienstleister hat nur einen Anspruch auf Erstattung seiner Aufwendungen, wenn eine autorisierte Zahlung vorliegt (§§ 675c, 670 und Umkehrschluss aus § 675u BGB n. F.). Liegt dagegen eine nicht autorisierte Zahlung vor, hat der Zahlungsdienstleister gemäß § 675u BGB n. F. dem Zahler den Zahlungsbetrag zu erstatten, sofern er hiermit belastet wurde. Allerdings kann der Zahlungsdienstleister in diesem Fall einen Schadensersatzanspruch gegen den Zahlungsdienstnutzer haben (§ 675v BGB n. F.), der entweder in der Höhe begrenzt ist (§ 675v Abs. 1 BGB n. F.) oder den gesamten Schaden umfasst (§ 675v Abs. 2 BGB n. F.). 10.87

§ 675w BGB n. F. besagt, dass der Zahlungsdienstleister des Zahlers zum **Nachweis der Autorisierung** eines bereits ausgeführten Zahlungsvorgangs, einer (Sorgfalts-) Pflichtverletzung des Zahlungsdienstnutzers oder eines Handelns in betrügerischer Absicht, zumindest darzulegen und ggf. zu beweisen hat, dass der Zahlungsdienstnutzer authentifiziert wurde und der Zahlungsvorgang technisch einwandfrei abgelaufen ist. § 675w Satz 2 BGB n. F. definiert den Begriff der Authentifizierung. Diese ist erfolgt, wenn der Zahlungsdienstleister die Nutzung eines bestimmten Zahlungsauthentifizierungsinstruments, einschließlich seiner personalisierten Sicherheitsmerkmale, mit Hilfe eines Verfahrens überprüft hat. 10.88

In den Fällen, in denen der Zahlungsvorgang durch ein **Zahlungsauthentifizierungsinstrument** ausgelöst wurde, soll allein dieser Nachweis nicht in jedem Fall ausreichen, um entweder die Autorisierung eines Zahlungsvorgangs, eine Sorgfaltspflichtverletzung oder ein betrügerisches Handeln des Zahlungsdienstnutzers nachzuweisen. Durch § 675w Satz 3 BGB n. F. soll verhindert werden, dass ohne Ansehung des Einzelfalles allein die Aufzeichnung des Einsatzes eines Zahlungsauthentifizierungsinstruments einschließlich der Authen- 10.89

32) Begr. RegE z. § 675v BGB n. F., BT-Drucks. 16/11643, S. 113 f.

tifizierung ausreicht, um den Aufwendungsersatzanspruch oder einen Schadensersatzanspruch des Zahlungsdienstleisters zu begründen. Der Zahlungsdienstnutzer soll die Möglichkeit haben, mit einem substantiierten und glaubhaften Vortrag über den Geschehensablauf darzulegen, d. h. dass ein Diebstahl oder eine missbräuchliche Verwendung des Zahlungsauthentifizierungsinstruments vorgelegen hat und ggf. wie der Dieb oder missbräuchliche Verwender Zugang zu den personalisierten Sicherheitsmerkmalen bekommen haben kann. Die Würdigung, ob der Vortrag des Zahlungsdienstnutzers den Anschein einer Autorisierung oder einer Sorgfaltspflichtverletzung erschüttert, obliegt allein den Gerichten (§ 286 ZPO).

10.90 Im Ergebnis spiegelt Art. 59 der Zahlungsdiensterichtlinie die bisherige Praxis der Gerichte im Fall von Kartenmissbräuchen mittels Eingabe einer PIN wieder, sodass die neue gesetzliche Regelung in § 675w BGB n. F. keine grundlegenden Änderungen mit sich bringt.[33] Der auch vom Bundesgerichtshof anerkannte **Beweis des ersten Anscheins bei PIN-gestützten Zahlungstransaktionen** sollte daher auch künftig Bestand haben.[34]

q) Erstattungsanspruch bei autorisierten Zahlungsvorgängen

10.91 § 675x BGB n. F. setzt die Art. 62 und 63 der Zahlungsdiensterichtlinie um. Er findet nur Anwendung auf vom Zahlungsempfänger (z. B. durch Lastschrifteinzug oder über eine Kartentransaktion) angestoßene und autorisierte Zahlungsvorgänge. Für diese Fälle gewähren § 675x Abs. 1 und 2 BGB n. F. dem Zahler trotz grundsätzlich bestehenden Aufwendungsersatzanspruchs des Zahlungsdienstleisters einen **eigenen Erstattungsanspruch**, d. h. für den Fall, dass der Zahler ein Zahlungskonto unterhält, einen Anspruch auf Wiedergutschrift. Da § 675x BGB n. F. nur auf autorisierte Zahlungen anwendbar ist, gilt er nicht für die herkömmliche Einzugsermächtigungslastschrift nach in Deutschland üblicher Praxis. Denn diese ist nach herrschender Literaturmeinung und der sog. Genehmigungstheorie des Bundesgerichtshofs – bis zu dem Zeitpunkt ihrer Genehmigung – keine autorisierte Zahlung. Dagegen fallen grundsätzlich das Abbuchungsauftragsverfahren, Kreditkartenzahlungen sowie die beiden derzeit geplanten SEPA-Lastschriftverfahren[35] des EPC (European Payments Council) in den Anwendungsbereich dieser Vorschrift.

10.92 § 675x Abs. 1 BGB n. F. statuiert in Umsetzung von Art. 62 Abs. 1 und 2 der Zahlungsdiensterichtlinie für bestimmte Fälle trotz Vorliegens eines autorisierten Zahlungsvorgangs einen eigenen **Erstattungsanspruch des Zahlers gegen**

---

33) Begr. RegE z. § 675w BGB n. F., BT-Drucks. 16/11643, S. 114 f.

34) So auch *Lohmann/Koch*, WM 2008, 57, 62 f.

35) EPC plante den Start der beiden neuen europäischen Lastschriftverfahren „SEPA-Basislastschrift" (SEPA Direct Debit Core Scheme – SDD Core) und „SEPA-Firmenlastschrift" (SEPA Direct Debit B2B – SDD B2B) ab dem 2.11.2009.

seinen Zahlungsdienstleister. Ein solcher ist gegeben, wenn der Zahlungsauftrag zum Zeitpunkt der Autorisierung noch nicht die Angabe eines konkreten Geldbetrages enthielt und wenn der tatsächliche Zahlungsbetrag höher ist, als der Betrag, den der Zahler vernünftigerweise hätte erwarten können. Die Bestimmung des Erwartungshorizonts des Zahlers hat entsprechend der Vorgabe aus Art. 62 der Zahlungsdiensterichtlinie anhand des bisherigen Ausgabeverhaltens des Zahlers, den Bedingungen des Zahlungsdiensterahmenvertrages und den jeweiligen Umständen des Einzelfalles zu erfolgen. Der Europäischen Kommission schwebten dabei insbesondere die folgenden Fälle bei Hotelbuchungen und Autovermietungen vor: Bereits zu oder noch vor Beginn des Vertragsverhältnisses wird ein „blanko" (Kredit-) Kartenabdruck erstellt, ohne dass ein vollständig ausgefüllter Kartenbeleg vorliegt oder die Kartennummer telefonisch angegeben wird.[36] Auf Verlangen des Zahlungsdienstleisters hat der Zahler die Geltendmachung des Erstattungsanspruchs nach § 675x BGB n. F. besonders zu begründen. Dann hat er die Umstände darzulegen, wegen derer er sich auf das Vorliegen der Voraussetzungen in Satz 1 beruft. Ein Anspruch des Zahlers nach § 675x BGB n. F. lässt Ansprüche aus dem Grundgeschäft (Valutaverhältnis) unberührt.[37]

§ 675x Abs. 2 BGB n. F. ermöglicht, dass Zahlungsdienstleister und ihre Nutzer ein noch weitergehendes Erstattungsrecht für Lastschriften vereinbaren können, bspw. durch schlichte Erklärung des Widerspruchs gegen die Belastung ohne weitere Begründung. Dies ist auch für das SEPA-Basislastschriftverfahren „SDD Core" – vergleichbar dem bisherigen **Einzugsermächtigungsverfahren** – geplant. Die beiden europäischen Lastschriftverfahren des EPC beruhen auf einer vom Zahler sowohl an den Zahlungsempfänger als auch an den Zahlungsdienstleister des Zahlers gerichteten Weisung („Doppelweisung") und sind damit als ein autorisierter Zahlungsvorgang anzusehen, wodurch sich die beiden neuen SEPA-Lastschriftverfahren von der in Deutschland bislang praktizierten Einzugsermächtigungslastschrift unterscheiden. Ungeachtet der Tatsache, dass die Zahlung vom Zahler autorisiert ist, soll der Zahlungsdienstleister des Zahlers diesem dennoch ein zeitlich befristetes Erstattungsrecht ohne weitere Begründungserfordernisse einräumen können. Der Zahlungsdienstleister des Zahlers ist seinerseits durch die SEPA-Interbankenregeln (EPC-Regelwerke/EPC Rulebooks) abgesichert, indem diese ihm einen Anspruch auf Rückvergütung (und technische Rückabwicklung) gegen den Zahlungsdienstleister des Empfängers gewähren. Der Zahlungsdienstleister des Zahlungsempfängers wird sich in der Inkasso-Vereinbarung ein Rückbelastungsrecht gegen den Zahlungsempfänger ausdrücklich vorbehalten. 10.93

36) Begr. RegE z. § 675x BGB n. F., BT-Drucks. 16/11643, S. 115 f.

37) S. auch Erwägungsgrund 36 der Zahlungsdiensterichtlinie.

10.94 § 675x Abs. 3 BGB n. F. dient der Umsetzung von Art. 62 Abs. 3 der Zahlungsdiensterichtlinie. Abweichend vom Grundsatz des § 675x Abs. 1 BGB n. F. können Zahler und sein Zahlungsdienstleister für vom Zahlungsempfänger angestoßene Zahlungen vereinbaren, dass dem Zahler kein Erstattungsanspruch zusteht, wenn dieser seinem Zahlungsdienstleister unmittelbar die Zustimmung erteilt hat. Diese Ausnahmeregelung zielt insbesondere auch auf das deutsche **Abbuchungsauftragsverfahren** ab. Dieses fällt grundsätzlich unter die Regelung des § 675x Abs. 1 und 4 BGB n. F., die dem Verfahren seinen Vorteil für den Zahlungsempfänger, nämlich der frühen Endgültigkeit eines Zahlungsvorgangs, nehmen würde. Zwar wird das Abbuchungsauftragsverfahren heute überwiegend unter Unternehmern genutzt, die gemäß § 675e Abs. 3 BGB n. F. in Verträgen mit ihren Zahlungsdienstleistern von § 675x BGB n. F. abweichen können. Jedoch wäre ohne eine § 675x Abs. 3 BGB n. F. vergleichbare Regelung dieses Verfahren gänzlich für Verbraucher ausgeschlossen und die (Weiter-)Entwicklung vergleichbarer europäischer Lastschrift-Modelle behindert.

10.95 Nach § 675x Abs. 4 BGB n. F. muss der Zahler sein **Erstattungsbegehren innerhalb von acht Wochen nach Belastung** geltend machen. Daraufhin hat nach § 675x Abs. 5 BGB n. F. sein Zahlungsdienstleister ihm den vollständigen Betrag zu erstatten oder ihm Gründe für die Ablehnung mitzuteilen, samt Hinweis auf Beschwerde- und (einschlägige) außergerichtliche Streitbeilegungsstellen. § 675x Abs. 5 Satz 3 BGB n. F. dient der Klarstellung, dass im Falle der Gewährung eines weitergehenden vertraglichen Erstattungsanspruchs nach § 675x Abs. 2 BGB n. F. der Zahlungsdienstleister diesen nicht ablehnen kann, solange er innerhalb der vereinbarten Frist für die Geltendmachung vorgetragen wurde.[38]

10.96 § 675x Abs. 6 BGB n. F. stellt klar: Lastschriften, die erst nach ihrer Ausführung **(durch Genehmigung) autorisiert** worden sind, wie etwa die herkömmliche Einzugsermächtigungslastschrift, fallen nicht in den Anwendungsbereich des § 675x BGB n. F. bzw. der Art. 62 und 63 der Zahlungsdiensterichtlinie.

r) Haftung für nicht erfolgte oder fehlerhafte Ausführung

10.97 Mit § 675y BGB n. F. wurden Art. 75 und Art. 67 Abs. 3 der Zahlungsdiensterichtlinie umgesetzt. Diese regeln im Falle von Leistungsstörungen bei der Ausführung von Zahlungsvorgängen die **verschuldensunabhängigen Ansprüche des Nutzers** gegen seinen Zahlungsdienstleister.[39] Mögliche Leistungsstörungen sind dabei die fehlerhafte Ausführung (gekürzte Weiterleitung des Zahlungsbetrages, die verspätete Ausführung) oder die nicht erfolgte, die geschei-

---

38) Begr. RegE z. § 675x BGB n. F., BT-Drucks. 16/11643, S. 115 f.

39) S. Erwägungsgrund 46 der Zahlungsdiensterichtlinie.

terte Ausführung (kein Versuch einer Ausführung oder gänzlicher Verlust des Zahlungsbetrags bei Ausführung). § 675y BGB n. F. statuiert eigenständige Anspruchsgrundlagen des Zahlungsdienstnutzers gegenüber seinem Zahlungsdienstleister.

§ 675y Abs. 1 BGB n. F. findet Anwendung auf **vom Zahler ausgelöste Zahlungen**. Ist aufgrund eines nicht oder fehlerhaft ausgeführten Zahlungsauftrags der Zahlungsbetrag nicht beim Zahlungsdienstleister des Zahlungsempfängers eingegangen, beim Zahler jedoch der Zahlungsbetrag abgeflossen, so muss sein Zahlungsdienstleister ihm diesen Betrag erstatten (§ 675y Abs. 1 Satz 1 BGB n. F.). Führt der Zahler bei seinem Zahlungsdienstleister ein Zahlungskonto, ist dieses wieder auf den Stand zu bringen, auf dem es sich ohne den fehlerhaft ausgeführten Zahlungsvorgang befunden hätte, inklusive der Erstattung etwaiger vom Zahler gezahlter Sollzinsen oder ihm entgangener Habenzinsen (valutamäßige Buchung, § 675y Abs. 1 Satz 2 BGB n. F.). Für den Fall, dass nur ein Teil des Zahlungsbetrages beim Zahlungsdienstleister des Empfängers angekommen ist, es sich also um einen gesetzeswidrigen Abzug von Entgelten durch den Zahlungsdienstleister des Zahlers oder eine zwischengeschaltete Stelle handelt (siehe § 675q Abs. 2 BGB n. F.), stellt § 675y Abs. 1 Satz 3 BGB n. F. klar, dass der Zahlungsdienstleister des Zahlers diese Entgelte dem Zahlungsempfänger zu übermitteln hat. Die Pflicht des Zahlungsdienstleisters des Zahlers, für den gesetzeswidrigen Abzug von Entgelten einzustehen, ergibt sich aus Art. 67 Abs. 3 Satz 1 der Zahlungsdiensterichtlinie, der mit § 675y Abs. 1 Satz 3 BGB n. F. umgesetzt wurde. Es handelt sich hierbei um eine Spezialregelung der Haftung des Zahlungsdienstleisters des Zahlers für den Fall der gekürzten Übermittlung des Zahlungsbetrags. Eine Wahl des Zahlers zwischen der Erstattung der abgezogenen Entgelte entweder an ihn selbst oder an den Zahlungsempfänger, wie es die bisherige Regelung in § 676b Abs. 2 BGB für Überweisungen vorsieht, ist danach nicht mehr gegeben. Jedoch kommt die Regelung in § 675y Abs. 1 Satz 3 BGB n. F. auch den Interessen des Zahlers entgegen. Dieser hat im Regelfall eine Schuld zu begleichen und eher ein Interesse daran, seine Pflicht vollständig zu erfüllen, als in Folge der allgemeinen Haftungsregelung in § 675y Abs. 1 Satz 1 und 2 BGB n. F. bzw. Art. 75 Abs. 1 der Zahlungsdiensterichtlinie, den vollständigen Betrag erstattet zu bekommen.[40)] 10.98

Für die **verspätete Ausführung**[41)] eines Zahlungsvorgangs sieht die Zahlungsdiensterichtlinie keine Rechtsfolge vor. Der pauschalierte Verzinsungsanspruch für verspätete Überweisungen (§ 676g Abs. 1 Satz 2 und 3 BGB n. F.) wird im 10.99

40) Begr. RegE z. § 675y BGB n. F., BT-Drucks. 16/11643, S. 116 ff.

41) Z. B. der Überweisungsbetrag geht nicht innerhalb der vereinbarten Ausführungsfrist beim Empfängerinstitut ein.

Falle verspäteter Zahlungsvorgänge durch einen Schadensersatzanspruch nach § 280 Abs. 1 BGB i. V. m. § 675z BGB n. F. ersetzt.

10.100 Erbringt der Zahlungsdienstleister des Zahlers den **Nachweis, dass der Zahlungsbetrag rechtzeitig und ungekürzt beim Zahlungsdienstleister des Empfängers eingegangen ist**, ist er von seiner Haftung befreit. In diesem Fall ist der Zahlungsbetrag nachweislich beim Zahlungsdienstleister des Zahlungsempfängers eingegangen. Dieser ist seinem Vertragspartner gegenüber, dem Zahlungsempfänger, bereits nach § 675t BGB n. F. bzw. Art. 73 der Zahlungsdiensterichtlinie zur Wertstellung und Verfügbarmachung des Geldbetrags verpflichtet.

10.101 § 675y Abs. 2 BGB n. F. bestimmt den **Haftungsumfang von Zahlungsdienstleistern** bei vom Zahlungsempfänger angestoßenen Zahlungen in Umsetzung von Art. 75 Abs. 2 der Zahlungsdiensterichtlinie. Ist der angeforderte Zahlungsbetrag nicht eingegangen, muss der Zahlungsdienstleister des Zahlungsempfängers den fraglichen Zahlungsauftrag, so er seiner Hauptleistungspflicht nach § 675s Abs. 2 BGB n. F. (Art. 69 Abs. 3 der Zahlungsdiensterichtlinie) bisher nicht nachgekommen ist, unverzüglich an den Zahlungsdienstleister des Zahlers übermitteln. Hat er seine Primärpflicht bereits erfüllt, ist aber dennoch kein Eingang des Zahlungsbetrags zu verzeichnen und die Ausführung des Zahlungsauftrags nicht von dem Zahlungsdienstleister des Zahlers abgelehnt worden, muss er den Zahlungsauftrag erneut übermitteln (§ 675y Abs. 2 Satz 1 BGB n. F.). § 675y Abs. 2 Satz 2 BGB n. F. stellt klar, dass in den Fällen, in denen der Zahlungsdienstleister des Zahlungsempfängers seine Pflichten bei der Ausführung des Zahlungsvorgangs nachweislich erfüllt hat, nunmehr der Zahlungsdienstleister des Zahlers gegenüber dem Zahler haftet. In diesem Fall hat der Zahlungsdienstleister des Zahlers, sofern der Zahler mit dem Zahlungsbetrag belastet wurde, diesem den ungekürzten Betrag unverzüglich zu erstatten.

10.102 Die **Haftung für die Ordnungsmäßigkeit des Geldflusses ab Eingang des Zahlungsauftrags** trifft damit den Zahlungsdienstleister des Zahlers, der hierfür dem Zahler haftbar ist. Da der Zahlungsdienstleister des Zahlungsempfängers bei Beginn seiner Dienstleistung kein Geld „in Händen hält", sondern dieses erst vom Zahlungsdienstleister des Zahlers erhalten muss, erschien es dem Richtliniengeber angemessen, die Haftung des Zahlungsdienstleisters des Zahlungsempfängers auf die Übermittlung des Inkassoauftrags zu begrenzen bzw. diesen nur auf Herausgabe des Inkassogegenwerts haften zu lassen, wenn er diesen seinerseits bei der Abrechnung (Clearing) erhalten hat.

10.103 Abweichend von diesem Grundsatz hat der Zahlungsdienstleister des Zahlungsempfängers nach § 675y Abs. 1 Satz 3 BGB n. F. entsprechend Art. 67 Abs. 3 Satz 2 der Zahlungsdiensterichtlinie den gesetzeswidrigen Abzug von Entgelten vom Zahlungsbetrag gegenüber dem Zahlungsempfänger zu verantworten. Er haftet in diesem Fall auch für **Abzüge durch den Zahlungsdienstleister des Zahlers und zwischengeschalteten Stellen** und hat die abgezogenen Beträge dem Zahlungsempfänger entsprechend § 675t Abs. 1 BGB n. F. zur Verfügung zu stellen, obwohl er seinerseits keinen Gegenwert dafür beim Clearing erhalten hat. In diesem Fall steht dem Zahlungsdienstleister des Zahlungsempfängers ein Ausgleichsanspruch nach § 676a BGB n. F. gegen die Stelle (Zahlungsdienstleister des Zahlers oder zwischengeschaltete) zu, die den unerlaubten Abzug vorgenommen hat.

§ 675y Abs. 3 BGB n. F. stellt klar, dass die beteiligten Zahlungsdienstleister 10.104
dann nicht für eine nicht erfolgte oder fehlerhafte Ausführung haften, wenn diese durch eine vom Zahlungsdienstnutzer **fehlerhaft angegebene Kundenkennung** verursacht wurde. § 675y Abs. 3 Satz 2 BGB n. F. verpflichtet den Zahlungsdienstleister des Zahlers allerdings, sich in diesen Fällen im Rahmen seiner Möglichkeiten um die Wiedererlangung des Zahlungsbetrags zu bemühen. § 675y Abs. 3 Satz 3 BGB n. F. ermöglicht es dem Zahlungsdienstleister, für seine Leistung nach § 675y Abs. 3 Satz 2 BGB n. F. in Abweichung vom Grundsatz des § 675f Abs. 4 Satz 2 BGB n. F. ein entsprechendes Entgelt vom Zahlungsdienstnutzer zu verlangen, wenn dies vereinbart wurde.

Nach § 675y Abs. 4 BGB n. F. können Zahlungsdienstnutzer von ihrem jewei- 10.105
ligen Zahlungsdienstleister in Fällen nicht erfolgter oder fehlerhafter Ausführung von Zahlungsaufträgen alle **Entgelte und Zinsen** erstattet bekommen, die dieser ihnen gegenüber im Zusammenhang mit der – letztlich mangelhaften – Ausführung erhoben hat. Hierunter fallen bspw. die Entgelte des Zahlungsdienstleisters zur Durchführung oder Entgegennahme eines Zahlungsauftrags (§ 675f Abs. 4 Satz 1 BGB n. F., bisher § 676b Abs. 3 BGB). § 675y Abs. 4 BGB n. F. betrifft nur Zinsen und Entgelte, die i. R. v. Vertragsbeziehung zwischen Zahlungsdienstnutzer und Zahlungsdienstleister angefallen sind. (Verzugs-) Zinsen und Entgelte, die möglicherweise aufgrund der mangelhaften Ausführung des Zahlungsauftrags im Grundverhältnis zwischen Zahlungsempfänger und Zahler geschuldet sind, sind i. R. v. (verschuldensabhängigen) Folgeschadenshaftung nach § 675z BGB n. F. i. V. m. § 280 Abs. 1 BGB ersatzfähig.

s) Haftung für Folgeschäden

Hinsichtlich der Ansprüche wegen mangelhafter Ausführung eines Zahlungs- 10.106
auftrags sind die Vorschriften der Zahlungsdiensterichtlinie grundsätzlich abschließend. Allerdings erlaubt Art. 76 der Zahlungsdiensterichtlinie für diese Fälle eine über die Vorgaben der Zahlungsdiensterichtlinie hinausgehende **„finanzielle Entschädigung“** des Zahlungsdienstnutzers nach dem jeweiligen nationalen Recht. Hiervon hat der deutsche Gesetzgeber in § 675z BGB n. F. Gebrauch gemacht.

10.107 § 675z Satz 1 BGB n. F. stellt zunächst klar, dass, sofern ein Zahlungsdienstnutzer gegen seinen Zahlungsdienstleister nach § 675u oder § 675y BGB n. F. wegen mangelhafter Ausführung eines Zahlungsauftrags einen Anspruch hat, er sich **nicht** auf **zusätzliche, auf dieselben Rechtsfolgen gerichtete Ansprüche aufgrund anderer Vorschriften** berufen können soll. Ansprüche etwa auf Erstattung des Zahlungsbetrags oder von Zinsen und Entgelten nach anderen Vorschriften sind damit ausgeschlossen, auch wenn die jeweilige Anspruchsgrundlage, anders als §§ 675u und 675y BGB n. F., ein Verschulden voraussetzt. Nach Vorstellung des Richtliniengebers sollte die **Haftung von Zahlungsdienstleistern** für die nicht erfolgte oder fehlerhafte Ausführung hinsichtlich der in der Richtlinie geregelten Fälle **abschließend sein.**[42)]

10.108 Dies gilt jedoch nicht für den Ersatz von Schäden, die nicht von §§ 675u und 675y BGB n. F. erfasst sind, d. h. von **Folgeschäden** eines mangelhaften Zahlungsvorgangs nach § 280 Abs. 1 BGB, die im Grundverhältnis zwischen Zahler und Zahlungsempfänger entstanden sind (z. B. Verzugsschäden). Diese Haftung kann jedoch nach § 675y Satz 2 BGB n. F. auf 12.500 Euro begrenzt werden. Dies gilt nicht für Vorsatz und grobe Fahrlässigkeit, den Zinsschaden und für Gefahren, die der Zahlungsdienstleister besonders übernommen hat. § 675z Satz 3 BGB n. F. stellt (wie bisher § 676c Abs. 1 Satz 3 BGB) klar, dass zwischengeschaltete Stellen als Erfüllungsgehilfen des Zahlungsdienstleisters desjenigen Zahlungsdienstnutzers anzusehen sind, welcher die Zahlung angestoßen hat. Dies gilt nicht für die Fälle, in denen der Zahlungsdienstnutzer die Einschaltung einer bestimmten zwischengeschalteten Stelle vorgegeben hat und die wesentliche Ursache für den Fehler bei dieser Stelle liegt. Für den Fall einer Haftung der vom Zahlungsdienstnutzer vorgegebenen zwischengeschalteten Stelle ergibt sich aus § 675z Satz 4 BGB n. F. ein eigenständiger Anspruch des Zahlungsdienstnutzers gegen die zwischengeschaltete Stelle. Dies entspricht der bisherigen Regelung für Überweisungen nach § 676b Abs. 3 Satz 7 BGB und § 676c Abs. 2 BGB. Nach § 675z Satz 5 BGB n. F. bestehen Ansprüche auf Ersatz von Folgeschäden des Zahlungsdienstnutzers wegen nicht erfolgter oder fehlerhafter Ausführung gegen seinen Zahlungsdienstleister nicht, wenn es zu einer mangelhaften Ausführung aufgrund der vom Zahlungsdienstnutzer fehlerhaft angegebenen Kundenkennung kam.

t) Anzeige nicht autorisierter oder fehlerhaft ausgeführter Zahlungsvorgänge

10.109 § 676b BGB n. F. regelt in Umsetzung von Art. 58 der Zahlungsdiensterichtlinie die **Ausschlussfrist** für die Geltendmachung von Ansprüchen des Zahlungsdienstnutzers gegen seinen Zahlungsdienstleister wegen nicht autorisierter oder fehlerhaft ausgeführter Zahlungsvorgänge. Nach § 676b Abs. 1 BGB

42) Begr. RegE z. § 675z BGB n. F., BT-Drucks. 16/11643, S. 118.

n. F. ist ein Zahlungsdienstnutzer verpflichtet, seinem Zahlungsdienstleister gegenüber die Feststellung eines nicht autorisierten oder fehlerhaften Zahlungsvorgangs unverzüglich anzuzeigen.

Nach § 676b Abs. 2 BGB n. F. kann der Zahlungsdienstnutzer Ansprüche gegen seinen Zahlungsdienstleister wegen nicht autorisierter oder fehlerhaft ausgeführter Zahlungsvorgänge dann nicht mehr geltend machen, wenn er diese Vorgänge nicht innerhalb von **13 Monaten ab Belastung** angezeigt hat. Der Beginn des Laufs der Anzeige- bzw. Ausschlussfrist von 13 Monaten ist – zumindest für Verbraucher – an die Unterrichtung des Zahlungsdienstnutzers über die Belastung gemäß Art. 248 § 7, 10 und 14 EGBGB n. F. gekoppelt (§ 676b BGB Abs. 2 Satz 2 BGB n. F.). 10.110

§ 676b Abs. 3 BGB n. F. sieht vor, dass die Ausschlussfrist des § 676b Abs. 2 BGB n. F. grundsätzlich auch für Ansprüche auf den **Ersatz von Folgeschäden** (§ 675z Satz 2 BGB n. F. in Verbindung mit der jeweiligen Anspruchsnorm) gilt, es sei denn, der Zahlungsdienstnutzer war ohne Verschulden an der Einhaltung dieser Frist gehindert, bspw. weil der Schaden ihm gegenüber erst nach Ablauf der 13 Monate geltend gemacht wurde. 10.111

u) Haftungsausschluss bei höherer Gewalt

§ 676c BGB n. F. setzt Art. 78 der Zahlungsdiensterichtlinie um. Ansprüche nach Kapitel 3 sind ausgeschlossen, wenn die sie begründenden Umstände auf höherer Gewalt beruhen oder vom Zahlungsdienstleister herbeigeführt wurden, weil er hierzu aufgrund anderer als der in Untertitel 3 enthaltenen Rechtsvorschriften verpflichtet war. Gerade weil das Verständnis von **„höherer Gewalt"** in den Rechtsordnungen der EU-Mitgliedstaaten sehr unterschiedlich ist, wurde bereits bei den Richtlinienverhandlungen davon abgesehen, allein auf diesen Begriff abzustellen, wie noch im ursprünglichen Kommissionsvorschlag vorgesehen (nunmehr Art. 78 der Zahlungsdiensterichtlinie). Dementsprechend wird auch in § 676c BGB n. F., anders als im bisherigen § 676b Abs. 4 BGB, dieser Begriff nicht verwendet, sondern der Wortlaut des einschlägigen Artikels der Richtlinie wiedergegeben.[43] 10.112

v) Außergerichtliche Streitschlichtung

Zukünftig fallen Streitigkeiten aus den §§ 675c bis 676c BGB n. F. unter die Regelungen zur außergerichtlichen Streitschlichtung (Änderung § 14 UKlaG[44], § 9 SchlichtVerfV[45]). 10.113

43) Begr. RegE z. § 676c BGB n. F., BT-Drucks. 16/11643, S. 119.

44) Unterlassungsklagengesetz.

45) Schlichtungsstellenverfahrensverordnung, BGBl. I 2002, Nr. 47, v. 15.7.2002; geändert durch das Gesetz zur Änderung der Vorschriften über Fernabsatzverträge bei Finanzdienstleistungen v. 2.12.2004, BGBl. I 2004, 3102 ff.

III. Zahlungsverkehrsrecht vor dem 31. Oktober 2009

10.114 In künftigen zahlungsverkehrsrechtlichen Streitigkeiten wird das vor dem 31. Oktober 2009 geltenden Zahlungsverkehrsrecht nach wie vor eine große Rolle spielen, denn Art. 229 § 22 Abs. 1 Satz 2 EGBGB n. F. normiert für die Frage der Anwendbarkeit des neuen Rechts folgende Übergangsregelung:

> „Ist mit der Abwicklung eines Zahlungsvorgangs, also z. B. mit der Ausführung einer Überweisung oder mit dem Abheben von Bargeld am Geldautomaten mittels einer Debitkarte, vor dem 31. Oktober 2009 begonnen worden, sind das Bürgerliche Gesetzbuch und die BGB-Informationspflichten-Verordnung jeweils in der bis dahin geltenden Fassung anzuwenden."

10.115 Die folgenden Ausführungen beleuchten die vor dem 31. Oktober 2009 geltende Rechtslage, die – aufgrund der Übergangsregelung in Art. 229 § 22 Abs. 1 Satz 1 EGBGB n. F. – nach wie vor zahlungsverkehrsrechtliche Sachverhalte und Gerichtsentscheidungen bestimmen wird.

1. Der Überweisungsverkehr

10.116 Die Überweisung ist bislang – neben der Lastschrift – die in Deutschland am **meisten verbreitete Zahlungsverkehrsart.** So wurden im Jahr 2006 über 7 Mrd. Überweisungstransaktionen getätigt, mit einem Volumen von insgesamt über 31 Billionen Euro, bei einem gesamten Zahlungsverkehrsvolumen von ca. 17 Mrd. Vorgängen mit ca. 36 Billionen Euro Umsatz (zum Vergleich: ca. 7,3 Mrd. Gutschriften und Belastungen aus dem Lastschriftverkehr mit einem Volumen von ca. 3,6 Billionen Euro).[46)]

a) Neuordnung des Rechts der Überweisung

aa) Europarechtliche Vorgaben

10.117 Aufgrund europarechtlicher Vorgaben (Überweisungsrichtlinie und Zahlungssicherungsrichtlinie[47)]) wurde das **Recht des Überweisungsverkehrs und des**

---

46) Deutsche Bundesbank, Statistiken über den Zahlungsverkehr in Deutschland, 2002 – 2006 (Stand: Januar 2008), abrufbar unter www.bundesbank.de/download/zahlungsverkehr/zv_statistik.pdf; zur älteren Statistik der gesamten Kreditwirtschaft vgl. Schimansky/Bunte/Lwowski-*Schimansky*, Bankrechts-Hdb., § 46 Rz. 3.

47) Richtlinien des Europäischen Parlaments und des Rates 97/5/EG v. 27.1.1997 über grenzüberschreitende Überweisungen (Überweisungsrichtlinie), ABl. Nr. L 43, S. 25, und 98/26/EG v. 19.5.1998 über die Wirksamkeit von Abrechnungen in Zahlungs- und Wertpapierliefer- und -abrechnungssystemen (Zahlungssicherungsrichtlinie), ABl. Nr. L 146, S. 45, beide abgedr. bei *Fischer/Herbst*, RSP, Teil D 4.4.2 und 4.4; Erläuterungen vgl. *Hadding* in: Horn/Schimansky, RWS-Forum 12, S. 125 ff.; *Göbel*, WM 1997, 1832.

Girokontos bereits im Jahr 1999 grundlegend verändert. Für die Umsetzung der beiden Richtlinien hätte an sich eine Regelung des grenzüberschreitenden Überweisungsverkehrs in den Mitgliedsstaaten der Europäischen Union (EU)[48] und des Europäischen Wirtschaftsraums (EWR)[49] genügt. Das **Überweisungsgesetz** (ÜG)[50] regelt jedoch durch Änderung und Ergänzung der §§ 675–676g BGB a. F. den Überweisungsverkehr generell, es ist entsprechend den europarechtlichen Vorgaben am 14. August 1999 in Kraft getreten.

Die Überweisungsrichtlinie fordert vor allem folgende Regelungen: 10.118

- die **Information des Kunden** über die Dauer, die Entgelte und die sonstigen Kosten von Überweisungen,
- die **fristgerechte und ungekürzte Ausführung** von Überweisungen und
- bei fehlgeschlagener Überweisung die (quantitativ begrenzte) Gewährleistung der Gutschrift des Überweisungsbetrags durch die erstbeauftragte Bank (sog. **Money-back-Garantie**).

Außerdem bedarf es nach der Zahlungssicherungsrichtlinie verbindlicher Festlegungen hinsichtlich der Berechtigung des Auftraggebers, den **Auftrag zu kündigen.** 10.119

bb) Konzept der Neuregelung

Das Überweisungsgesetz sah Änderungen im Recht der Geschäftsbesorgung (§§ 675 ff. BGB a. F.) und vor allem die Schaffung eigenständiger Vertragstypen, nämlich des **Überweisungsvertrags** und des **Zahlungsvertrags** vor. Damit wird der Überweisungsauftrag als selbständiger Vertrag konzipiert, bei dem das erstbeauftragte Kreditinstitut nicht nur die Geschäftsbesorgung, sondern auch den Erfolg schuldet. Dementsprechend ist für den mehrgliedrigen Zahlungsverkehr eine Regelung gewählt worden, bei der das zwischengeschaltete Kredit- 10.120

48) Dies sind derzeit: Belgien, Bulgarien, Dänemark, Deutschland, Estland, Finnland, Frankreich, Griechenland, Irland, Italien, Lettland, Litauen, Luxemburg, Malta, Niederlande, Österreich, Polen, Portugal, Rumänien, Schweden, Slowakei, Slowenien, Spanien, Tschechien, Ungarn, Vereinigtes Königreich von Großbritannien und Nordirland, Zypern.

49) Dies sind derzeit: Island, Liechtenstein und Norwegen.

50) Überweisungsgesetz (ÜG) v. 21.7.1999, BGBl. I, 1642.

institut Erfüllungsgehilfe der erstbeauftragten Bank ist.[51] Das Gesetz trifft darüber hinaus eine kurze Regelung über den **Girovertrag**, die sich auf die Pflicht beschränkt, eingehende Zahlungen und Überweisungsverträge über dieses Konto abzuwickeln.

10.121 Im Gesetz sind die Regelfristen, die im grenzüberschreitenden Überweisungsverkehr aber abweichend vereinbart werden können, die Verzinsungspflicht bei Überschreitung der Frist, die betragsmäßig beschränkte Money-back-Garantie, Regelungen zu Haftung und Haftungsausschluss und zum Mindestinhalt der Kundeninformationen verankert.

b) Der Girovertrag

10.122 Mit Abschluss des Girovertrags verpflichtet sich die Bank, für den Kunden ein Konto einzurichten. Es wird in laufender Rechnung, also als Kontokorrent nach § 355 HGB geführt. Die Giroabrede enthält die Verpflichtung der Bank, eingehende Geldbeträge dem Konto gutzuschreiben und Weisungen über die

---

51) Nach überwiegender Ansicht in der Literatur (vgl. *Canaris,* Bankvertragsrecht, Teil I, 3. Bearb. 1988, Rz. 320 f.; *Hüffer,* WM 1987, 644; *Klanten,* Sparkasse 1993, S. 84, 88 f.) und der Rechtsprechung (vgl. BGH, Urt. v. 10.7.1991 – VIII ZR 296/90, DB 1991, 2033 = WM 1991, 798, dazu EWiR 1991, 959 *(Mayer-Maly)*) für die Auslandsüberweisung) wurden die nachgeschalteten Institute vor dem Inkrafttreten des Überweisungsgesetzes nicht im Pflichtenkreis der erstbeauftragten Bank und somit nicht als Erfüllungsgehilfen tätig. § 278 BGB kam nicht zur Anwendung. Der Auftraggeber konnte einen Ersatzanspruch nur gegen das Kreditinstitut richten, dessen Fehlverhalten für den Schaden unmittelbar ursächlich war. Die Anspruchsberechtigung ergab sich dabei aus den Grundsätzen des Vertrages mit Schutzwirkung für Dritte (vgl. OLG Düsseldorf, Urt. v. 11.2.1982 – 6 U 151/81, WM 1982, 575, 576 = ZIP 1982, 428; OLG Frankfurt, Urt. v. 9.2.1984 – 1 U 74/83, WM 1984, 727; OLG München, Urt. v. 4.12.1986 – 1 U 3855/86, WM 1988, 373) bzw. der Drittschadenliquidation (so *Hadding* in: FS Werner, 1989, S. 174 ff.). Mit Urteil v. 24.6.2008 – XI ZR 56/07, ZIP 2008, 1222 = NJW 2008, 2245 ff., dazu EWiR 2008, 577 *(M. Lange)* hat der BGH seine bisherige Rechtsprechung (BGH, Urt. v. 28.2.1977 – II ZR 52/75, BGHZ 69, 82, 85 ff. = WM 1977, 1042; BGH, Urt. v. 23.9.1985 – II ZR 172/84, BGHZ 96, 9, 17 = ZIP 1985, 1469, dazu EWiR 1985, 935 *(Westermann)* und BGH, Urt. v. 21.12.1987 – II ZR 177/87, ZIP 1988, 360 = WM 1988, 246, 247, dazu EWiR 1988, 319 *(Rümker)*) aufgegeben und festgestellt, dass im bargeldlosen Zahlungsverkehr die Vertragsverhältnisse zwischen den beteiligten Banken keine Schutzwirkung zugunsten Dritter entfalten. Dies gelte für den Überweisungs-, den Lastschrift- und den Scheckverkehr. Denn der Bankkunde komme mit den wechselseitigen vertraglichen Leistungen der Banken im bargeldlosen Zahlungsverkehr weder bestimmungsgemäß noch faktisch unmittelbar in Kontakt. Insbesondere aus § 676b Abs. 1, § 676c Abs. 1 Satz 3 und § 676e Abs. 1 BGB ergebe sich, dass der Überweisende sich auch bei Fehlern einer zwischengeschalteten Bank grundsätzlich zunächst an die erstbeauftragte Bank halten müsse, die ihrerseits Ersatz von der Zwischenbank verlangen könne. Aus diesen Gründen sei eine vertragliche Schutzwirkung für Dritte im bargeldlosen Zahlungsverkehr grundsätzlich abzulehnen. Dem Bankkunden stehen bei der Verletzung von Sorgfalts- und Warnpflichten durch die beteiligten Banken vertragliche Ersatzansprüche aus eigenem Recht nur gegen die von ihm beauftragte Bank zu, während er gegen die übrigen beteiligten Banken Ansprüche aus abgetretenem Recht seiner Bank im Wege der Drittschadensliquidation geltend machen könne.

Verwendung des Guthabens (bzw. eines eingeräumten oder geduldeten Kredits) auszuführen. Eine Verpflichtung, ein Girokonto einzurichten, ist dadurch jedoch nicht begründet. Der Girovertrag ist damit ein **Geschäftsbesorgungsvertrag nach § 675 BGB, der auch dienstvertragliche Elemente enthält.**[52)]

Weitere Nutzungsmöglichkeiten wie z. B. die Verwendung von Schecks, Wech- **10.123**
seln, kartengestützten Zahlungsverfahren oder Abwicklung eines Dispositionskredits i. R. d. Girovertrages bleiben der einzelvertraglichen Gestaltung in gesonderten Bedingungen überlassen.[53)]

Zum Anspruch auf Einrichtung eines Girokontos haben die Spitzenverbände **10.124**
der Kreditwirtschaft auf Anregung des Bundesfinanzministeriums und des Deutschen Bundestages eine Empfehlung abgegeben. Sie sieht vor, dass alle Kreditinstitute, die Girokonten für alle Bevölkerungsgruppen führen, ein Girokonto für jeden Bürger, insbesondere für einkommensschwache Personenkreise, bereithalten (**Girokonto für jedermann**). Das Girokonto kann jedoch auf Mindestleistungen (Kontoführung nur auf Guthabenbasis) beschränkt bleiben. Eine Kündigung soll nur dann zulässig sein, wenn die Führung des Kontos für das Kreditinstitut unzumutbar ist.[54)]

Obwohl die Verlautbarung der Spitzenverbände des Kreditgewerbes nur Emp- **10.125**
fehlungscharakter hat, achten die zuständigen Stellen darauf, dass sie von den Kreditinstituten eingehalten wird, und greifen Beschwerden bei Verweigerung der Kontoeröffnung oder durch die Empfehlung nicht gedeckte Kündigungen auf. Außerdem müssen die Spitzenverbände der Kreditwirtschaft über die Handhabung der Kontoeinräumung dem Bundesfinanzministerium berichten. Das **Sparkassenrecht** der meisten Bundesländer enthält außerdem einen **Kontrahierungszwang,** der der Verpflichtung, Girokonten für jedermann zu führen, weitgehend entspricht.[55)]

c) Rechtscharakter der Überweisung

aa) Rechtsbeziehungen

Für die rechtliche Beurteilung sind zu unterscheiden: **10.126**

- das Rechtsverhältnis zwischen dem Überweisenden und seinem Kreditinstitut (**Deckungsverhältnis**),

52) BGH, Urt. v. 11.12.1990 – XI ZR 54/90, ZIP 1991, 435 = WM 1991, 317, dazu EWiR 1991, 557 *(Pfister/Hohl)*; BGH, Urt. v. 10.10.1995 – XI ZR 263/94, ZIP 1995, 1886 = WM 1995, 2094, dazu EWiR 1996, 105 *(Bydlinski)*.

53) Vgl. Begr. RegE ÜG, Allg. Teil 3 h, BT-Drucks. 14/745, S. 13, abgedr. in: ZBB 1999, 106, 109 = ZIP 1999, 676 ff.

54) *Reifner*, ZBB 1995, 243; *Steuer*, WM 1998, 439.

55) Vgl. z. B. § 5 SpkVO NW v. 15.12.1995, GVBl. S. 1255.

- das Rechtsverhältnis zwischen dem Überweisungsempfänger und seinem Kreditinstitut (**Inkassoverhältnis**),
- das Rechtsverhältnis zwischen dem Überweisenden und dem Überweisungsempfänger (**Valutaverhältnis**).

10.127 Die Belastungsbuchung auf dem Konto des Auftraggebers ist entweder Ersatz für eine Aufwendung des Kreditinstituts i. S. d. § 670 BGB oder Vorschussverschaffung i. S. v. § 669 BGB für den künftigen **Anspruch auf Aufwendungsersatz**, was die Regel ist.

10.128 Im Rechtsverhältnis zwischen Kreditinstitut und dem Endbegünstigten ist zwischen Ansprüchen auf Gutschrift und Ansprüchen aus vollzogener Gutschrift – z. B. auf Barauszahlung – zu unterscheiden. Der **Anspruch auf Gutschrift** ergibt sich aus dem Girovertrag und qualifiziert sich als Herausgabeanspruch i. S. v. §§ 675, 667 BGB. Der **Anspruch aus vollzogener Gutschrift** ergibt sich aus dem abstrakten Schuldversprechen des Kreditinstituts i. S. d. §§ 780, 781 BGB. Das Kreditinstitut verspricht damit, alle dem Kundenkonto gutgeschriebenen Beträge abstrakt, d. h. losgelöst von irgendwelchen anderen Rechtsgründen, seinem Kunden zu schulden.

bb) Überweisungsvertrag

10.129 Das Konzept der neuen Regelung im **Überweisungsgesetz hat die Rechtsnatur** der Überweisung grundlegend geändert.[56] Durch den Überweisungsvertrag wird das Kreditinstitut (überweisendes Kreditinstitut) gegenüber demjenigen, der die Überweisung veranlasst (Überweisender), verpflichtet, dem Begünstigten einen bestimmten Geldbetrag zur Gutschrift auf dessen Konto beim überweisenden Kreditinstitut zur Verfügung zu stellen (Überweisung). (§ 676a Abs. 1 Satz 1 BGB a. F.) Damit hat die Überweisung nicht mehr nur die Qualität einer Weisung i. R. d. Giroverhältnisses, sondern wird als selbständiger, gemischt-typischer Geschäftsbesorgungsvertrag mit werkvertraglichen Elementen vereinbart.

10.130 Hiernach schuldet das beauftragte Institut nicht nur, seinerseits alles zu tun, um die Überweisung durchzuführen, und bei institutsübergreifendem Auftrag die Zwischeninstitute sorgfältig auszuwählen und zu beauftragen. Das erstbeauftragte Institut schuldet heute vielmehr auch den **Erfolg**. Es haftet also dafür, dass der Überweisungsbetrag auch beim Kreditinstitut des Begünstigten ankommt. Ob der Überweisungsbetrag dem Empfänger auch tatsächlich gutgeschrieben wird, liegt beim mehrgliedrigen Überweisungsauftrag nicht im Ver-

---

56) Kritik an der Vertragskonstruktion äußert Schimansky/Bunte/Lwowski-*Schimansky*, Bankrechts-Hdb., § 49 Rz. 1a ff., der im Wege einer richtlinienkonformen Auslegung des Begriffs „Überweisungsvertrag" vorschlägt, den Überweisungsvertrag weiterhin als einseitige Weisung zu behandeln. Dazu ausführlich Langenbucher/Gößmann/Werner-*Langenbucher*, Zahlungsverkehr, § 1 Rz. 2 ff.

antwortungsbereich des beauftragten oder des zwischengeschalteten Instituts (vgl. § 676a Abs. 1 Satz 2 und § 676g Abs. 1 Satz 1 BGB a. F.). Grundsätzlich gilt das zivilrechtliche Verschuldensprinzip. Das erstbeauftragte Institut haftet somit für eigenes Verschulden und das der von ihm als Erfüllungsgehilfen nach § 278 BGB eingesetzten zwischengeschalteten Institute. Darüber hinaus besteht auch eine verschuldensfreie Haftung i. R. d. Money-back-Garantie.

d) Vertragsschluss und Informationspflicht

aa) Zeitpunkt der Annahme

Grundsätzlich gelten die allgemeinen Vorschriften des Vertragsrechts, also die **10.131** §§ 145 ff. BGB. Dementsprechend bedarf der Überweisungsvertrag des Antrags und der Annahme, die allerdings im Regelfall gemäß § 151 BGB[57)] ohne ausdrückliche Erklärung zustande kommt. Das Kreditinstitut kann demnach auch bei Bestehen eines Girovertrags den Überweisungsvertrag ablehnen, z. B. wenn es bei Überweisung in ein „problematisches" Land das Risiko nicht übernehmen will. Es muss eine **Ablehnung unverzüglich erklären**. Allerdings ist dies nicht schon bei Übergabe eines schriftlichen Überweisungsauftrags oder Eingang im elektronischen Geschäftsverkehr zu erwarten, sondern erst nach Ablauf einer angemessen kurzen Zeit zur Prüfung des Auftrags. Die **Ausführungsfrist** beginnt nach § 676a Abs. 2 Satz 3 BGB a. F. grundsätzlich am nächsten Geschäftstag, sodass ab diesem Zeitpunkt eine Ablehnung des Antrags nicht mehr möglich ist. Die Ausführungsfrist kann nach der Regierungsbegründung[58)] jedoch in Geschäftsbedingungen oder in Verfahrensabsprachen mit Großkunden abweichend vereinbart werden. Die entsprechenden Musterbedingungen der Kreditinstitute[59)] sehen daher vor, dass die Ausführungsfrist mit Ablauf des Tages beginnt, an dem alle erforderlichen Angaben und hinreichende Deckung vorhanden sind. Darüber hinaus kann eine sog. **Annahmefrist** vereinbart und im Preis- und Leistungsverzeichnis genannt werden, innerhalb derer der Überweisungsauftrag eingereicht sein muss. Wird er später eingereicht, dann beginnt die Ausführungsfrist erst mit Ablauf des nächsten Tages. Der in den Überweisungsbedingungen gebrauchte Begriff der Annahmefrist ist im Rechtssinne missverständlich. Aus dem Sinnzusammenhang ergibt sich, dass nicht eine Frist für die Annahme des Vertragsangebots des Kunden i. S. d. §§ 147 ff. BGB gemeint ist, sondern ein Zeitraum bestimmt werden soll, nach dessen Ablauf die Bank vorübergehend (bis zum nächsten Tag) die Entgegennahme von Erklärungen des Kunden verweigert. Die eigentliche Annahme des

57) Vgl. Begr. RegE des ÜG, BT-Drs. 14/745, S. 43.

58) Besonderer Teil zu § 676a Abs. 1, Begr. RegE ÜG, BT-Drucks. 14/745, S. 17, abgedr. in: ZBB 1999, 106, 111 f. = ZIP 1999, 676 ff.

59) Von den Spitzenverbänden der Kreditwirtschaft dem Bundeskartellamt angezeigten „Bedingungen für grenzüberschreitende Überweisungen innerhalb der Europäischen Union und der EWR-Staaten", abgedr. bei: *Koch*, Der Zahlungsverkehr in der Bankpraxis, Anhang 1.

Angebots zum Abschluss eines Überweisungsvertrags erfolgt also nicht schon mit Beginn des nächsten Geschäftstages. Vielmehr beginnt am nächsten Geschäftstag eine angemessen kurze Erklärungsfrist, innerhalb derer die Bank den Antrag prüfen und ggf. unverzüglich die Ablehnung erklären kann.[60)]

bb) Geschäftsanbahnungsinformation

10.132 Für regelmäßig anfallende **standardisierte Geschäftsvorgänge** haben Kreditinstitute[61)] nach § 675a BGB a. F. schriftlich, in geeigneten Fällen auch elektronisch, unentgeltlich Informationen über Entgelte und Auslagen der Geschäftsbesorgung zur Verfügung zu stellen; bei Überweisungen, also standardisierten Geschäftsvorgängen, zusätzlich Informationen über Ausführungsfristen, Wertstellungszeitpunkte, Referenzkurse sowie über weitere in der auf der Grundlage von Art. 239 EGBGB a. F. erlassenen Rechtsverordnung, die in § 12 Informationspflichten von Kreditinstituten regelt, festgelegte Tatsachen.[62)] Neben den soeben genannten Informationspflichten, die vor Ausführung einer Überweisung zu erfüllen sind, legt § 12 Abs. 1 der Verordnung weitere, nach Ausführung der Überweisung zu erfüllende, spezielle Informationspflichten eines Kreditinstituts gegenüber dem Überweisenden fest, nämlich eine Bezugsangabe, die dem Überweisenden eine Zuordnung der Überweisung ermöglichen soll sowie Angaben zum Überweisungsbetrag, zum Betrag aller durch den Überweisenden zu zahlenden Entgelte und Auslagen und zum Wertstellungsdatum. Diese Angaben sind dem Kunden in Textform und in leicht verständlicher Form mitzuteilen, wobei eine Information über den **„Preisaushang"** oder das **„Preis- und Leistungsverzeichnis"** als ausreichend anerkannt wird.[63)]

10.133 Die Verordnung gilt nach § 675a Abs. 1 Satz 2, Halbs. 2 BGB a. F. nicht für die in § 676c Abs. 3 BGB a. F. genannten Überweisungsarten, also insbesondere nicht für Überweisungen in Drittstaaten und für Überweisungen über mehr als 75.000 Euro. Bis Ende 2001 bestanden die Kundeninformations-Pflichten nur für grenzüberschreitende Überweisungen in einen Staat, der der EU oder dem EWR angehört. Seit dem 1. Januar 2002 sind auch Inlandsüberweisungen einbezogen.

---

60) Vgl. auch Langenbucher/Gößmann/Werner-*Langenbucher*, Zahlungsverkehr, § 1 Rz. 18, die unter der Vereinbarung von Annahmefristen eine Vereinbarung über den Beginn der Ausführungsfrist versteht.

61) Nach § 1 KWG.

62) Zur Verordnung über Informations- und Nachweispflichten nach bürgerlichem Recht (BGB-InfoV) s. Palandt-*Sprau*, BGB, 67. Aufl. 2008, Anh. § 675a.

63) Palandt-*Sprau*, BGB, 67. Aufl. 2008, § 13 BGB-InfoV Rz. 2. Dies lässt sich in erster Linie damit erklären, dass die Vorgängerregelung von § 12 BGB-InfoV – § 1 der Verordnung über Kundeninformationspflichten v. 30.7.1999 – inhaltsgleich in die BGB-InfoV überführt worden ist. Unter der Geltung der Kundeninformationsverordnung genügte aber (wie nach § 675 Abs. 1 BGB) das bloße „Zur-Verfügung-Stellen" der Information, dem mit einem Preisaushang Genüge getan war. Weder § 675a BGB noch die Verordnung enthält Sanktionen für die Verletzung der Informationspflichten.

cc) Abweichende Vereinbarungen in AGB

Die gesetzlichen Regelungen zur Überweisung stehen vielfach unter dem **Vorbehalt abweichender Vereinbarung**, so z. B. bei den Fristen für grenzüberschreitende Überweisungen (§ 676a Abs. 2 Satz 3 Nr. 1 BGB a. F.), beim Fristbeginn (§ 676a Abs. 2 BGB a. F.) und bei bestimmten Arten von Überweisungen (§ 676c Abs. 3 BGB a. F.), oder die eine **Haftungsbeschränkung** zulassen (vgl. die verschiedenen Betragsvarianten in § 676c Abs. 1 und 3 BGB a. F.). Während des Gesetzgebungsverfahrens war in Frage gestellt worden, ob von diesen gesetzlich eingeräumten Vereinbarungsoptionen zum Nachteil des Verbrauchers auch in AGB Gebrauch gemacht werden darf. Nach dem Willen des Entwurfsverfassers (Bundesregierung) sollte dies angesichts der Praktikabilität und der weitreichenden Haftungsfolgen der Fall sein. Deshalb enthielt der Gesetzentwurf zunächst eine Regelung, die in § 9 Abs. 2 AGBG klarstellte, dass eine unangemessene Benachteiligung im Zweifel nicht vorliegt, „wenn eine Bestimmung von der gesetzlichen Regelung abweicht und dabei von einer dort ausdrücklich vorgesehenen Möglichkeit Gebrauch macht".[64] Dieser Gesetzesvorschlag wurde vom Deutschen Bundestag nicht übernommen, allerdings nicht, weil er inhaltlich abgelehnt worden wäre, sondern weil er als reine Klarstellung keinen Regelungsgehalt gehabt hätte. Danach bedeutet eine Abweichung vom gesetzlichen Leitbild nur „im Zweifel" eine unangemessene Benachteiligung. Bei gesetzlich ausdrücklich zugelassenen Abweichungen bringt der Gesetzgeber zum Ausdruck, dass der formale Umstand der Abweichung allein noch nicht die unangemessene Benachteiligung indiziert. Diese muss vielmehr am Maßstab des § 307 BGB festgestellt werden, der hier aber auch uneingeschränkt Anwendung findet.[65] Damit kann für den Regelfall davon ausgegangen werden, dass die Kreditinstitute von den gesetzlich eingeräumten Vorbehalten abweichender Vereinbarung und den Haftungsbeschränkungen in ihren AGB Gebrauch machen können. 10.134

e) Mehrgliedriger Zahlungsverkehr

Das Rechtsverhältnis der Kreditinstitute untereinander, die mit der Weiterleitung der Überweisung befasst sind, wird als **„Zahlungsvertrag"** bezeichnet und ist in §§ 676d und 676e BGB a. F. normiert. Bislang wurde das Interbankenverhältnis ausschließlich durch zweiseitige, selbständige Geschäftsbesorgungsverträge, die durch entsprechende Abkommen zwischen den Kreditinstituten konkretisiert wurden, geregelt.[66] Nach der Definition in § 676d Abs. 1 BGB 10.135

---

64) RegE ÜG, BT-Drucks. 14/745, S. 6, abgedr. in: ZBB 1999, 106, 118 = ZIP 1999, 676, 687.

65) Begr. Beschlussempfehlung des Rechtsausschusses zum RegE ÜG, BT-Drucks. 14/1301, S. 18; s. auch *Köndgen*, ZBB 1999, 103 ff.; *Bydlinski*, WM 1999, 1052 f.; *Löwe*, ZIP 1999, 830 ff.

66) Vgl. BGH, Urt. v. 25.1.1988 – II ZR 320/87, BGHZ 103, 143, 145 = ZIP 1988, 294 = NJW 1988, 1320, dazu EWiR 1988, 347 *(Rehbein)*.

a. F. verpflichtet sich ein zwischengeschaltetes Kreditinstitut durch den Zahlungsvertrag gegenüber einem anderen Kreditinstitut i. R. d. Überweisungsverkehrs, einen Überweisungsbetrag an ein weiteres Kreditinstitut oder an das Kreditinstitut des Begünstigten weiterzuleiten. Die Pflicht zur „Weiterleitung" ist indes nicht auf den Überweisungsbetrag begrenzt, sondern umfasst die Übermittlung sämtlicher mit ihm verknüpfter Informationen unter Beachtung erteilter Weisungen. Der Pflichtenumfang des zwischengeschalteten Instituts bestimmt sich folglich nach § 676a Abs. 1 BGB a. F.[67] Rückgriffsansprüche der Kreditinstitute untereinander ergeben sich aus § 676e BGB a. F.[68] Die nach wie vor bestehenden Abkommen zwischen den Kreditinstituten konkretisieren nunmehr den gesetzlich geregelten Zahlungsvertrag.

f) Frist für die Überweisung

10.136 Das Überweisungsgesetz gibt Fristen vor, innerhalb derer eine Überweisung ausgeführt, d. h. beim Institut des Begünstigten eingegangen sein soll (**Ausführungsfrist**).

10.137 § 676a Abs. 2 BGB a. F. verpflichtet die Institute, jede Art von Überweisung grundsätzlich **baldmöglichst** zu bewirken. Diese Vorgabe geht auf eine Stellungnahme des Bundesrates zurück, die die besondere Eilbedürftigkeit der Ausführung einer Überweisung unterstreichen sollte und dürfte in der Form einer Auslegungshilfe als **gesetzliches Leitbild** i. R. v. § 307 Abs. 2 Nr. 1 BGB zu berücksichtigen sein.[69] Demnach sind sämtliche Überweisungen – auch bei Vereinbarung einer Frist – „baldmöglichst" zu bewirken.[70] Dem tragen die Regelungen zu den Ausführungsfristen in den „Bedingungen für den Überweisungsverkehr" Rechnung.

10.138 Für Überweisungen in inländischer Währung **innerhalb eines Kreditinstituts** (Hausüberweisung) wird unterschieden zwischen Überweisungen innerhalb einer Haupt- oder Zweigstelle, die binnen eines Bankgeschäftstages[71] dem Konto des Begünstigten gutgeschrieben sein müssen, und **sonstigen institutsinternen Überweisungen** (von einer Filiale zur anderen einschließlich Auslandsfilialen), die binnen zwei Bankgeschäftstagen ausgeführt sein müssen. Letztere Variante ist etwas missverständlich formuliert, da sie „andere institutsinterne Überweisungen" nennt und damit auch hausinterne Überweisungen in

67) *Nobbe*, WM Sonderbeilage Nr. 4/2000, S. 20; Schimansky/Bunte/Lwowski-*Schimansky*, Bankrechts-Hdb., § 49 Rz. 137.

68) Dazu ausführlich Langenbucher/Gößmann/Werner-*Langenbucher*, Zahlungsverkehr, § 1 Rz. 109 ff.

69) Vgl. *Gößmann/van Look*, WM-Sonderbeilage Nr. 1/2000, S. 31.

70) Ebenso *Schneider*, WM 1999, 2189, 2193.

71) Bankgeschäftstage sind diejenigen Tage, an denen alle an der Ausführung der Überweisung beteiligten Institute gewöhnlich geöffnet hat, ausgenommen Sonnabende (vgl. § 676a Abs. 2 Satz 2 Nr. 1 BGB).

Fremdwährung meinen könnte. Dies ist jedoch aus dem Sinnzusammenhang zu verneinen. Eine so kurze Frist wäre außerdem angesichts der Beschaffungsdauer von Fremdwährungen häufig nicht einhaltbar.

Für **Überweisungen in Mitgliedsstaaten der EU und des EWR** gilt eine Frist von fünf Bankgeschäftstagen, bis zu der der Überweisungsbetrag dem Konto des Kreditinstituts des Begünstigten gutgeschrieben sein soll. Voraussetzung ist, dass der Überweisungsauftrag auf Euro oder die nationale Währung lautet. Die Frist ist in AGB abdingbar. Die Kreditinstitute haben in ihren Überweisungsbedingungen diese Frist zwar grundsätzlich vereinbart, sich jedoch vorbehalten, im Preis- und Leistungsverzeichnis für bestimmte Länder – je nach Effizienz der beteiligten Zahlungsverkehrssysteme – abweichende Fristen festzulegen. **10.139**

Für **Überweisungen in Drittstaaten** gilt ebenso wie bei Überweisungen in einer **Drittstaatenwährung** (also z. B. Überweisungen in die Schweiz oder USA oder in CHF oder US-Dollar) nur die allgemeine Verpflichtung des § 676a Abs. 2 Satz 1 BGB a. F., die Überweisung baldmöglichst zu bewirken. **10.140**

Der Gesetzgeber hat in diesem Zusammenhang eine **Legaldefinition des Bankgeschäftstags** gegeben, nämlich Werktage, an denen alle beteiligten Kreditinstitute gewöhnlich geöffnet haben, ausgenommen Sonnabende. Die Bankgeschäftstage sind demnach institutsindividuell definiert. Die Überweisungsdauer kann sich somit nicht nur durch gesetzliche Feiertage in den beteiligten Ländern, sondern auch durch spezifische Bankfeiertage verlängern. Beispiele sind der 24. und 31. Dezember, der Rosenmontag im Rheinland und sonstige Feiertage, die in den Bundesländern oder den Staaten, in denen ein zwischengeschaltetes Institut beteiligt ist, gelten. **10.141**

Die **Frist beginnt**, sobald der Überweisende alle notwendigen Angaben – also Name des Begünstigten, Kontonummer, Bankleitzahl, evtl. Länder-Code usw. – bekannt gegeben hat und ferner Deckung für Valuta und Entgelte vorhanden ist.[72] Vorher braucht das Institut mit der Ausführung nicht zu beginnen; Haftungsfolgen treten bis dahin grundsätzlich nicht ein. Macht der Kunde fehlerhafte Angaben und beginnt das Institut mangels Kenntnis des Fehlers mit der Ausführung, so läuft die Frist dennoch nicht. Das Institut kann auch dann den Vertrag noch kündigen. Kommt es zu einer Fehlleitung, so können die fehlerhaften Angaben Konsequenzen zulasten des Kunden bei der Schadensabwicklung haben. **10.142**

72) Welche und wie viele Angaben das Kreditinstitut vom Überweisenden fordert, steht in seinem Ermessen, wobei die Angaben zur Ausführung der Überweisung zweckdienlich sein müssen. Ebenso *Gößmann/van Look*, WM-Sonderbeilage Nr. 1/2000, S. 31. Die insoweit vom Kunden zu machenden Angaben werden in den Überweisungsbedingungen konkretisiert. Um den Kunden zur sorgfältigen und vollständigen Angabe der erforderlichen Daten anzuhalten, wird er ausdrücklich darauf hingewiesen, dass fehlerhafte Angaben zur Fehlleitung und Verzögerung führen können, woraus für den Kunden eventuelle Schäden entstehen können. Zudem besteht für das Kreditinstitut bei unvollständigen oder fehlerhaften Angaben die Möglichkeit, die Ausführung der Überweisung abzulehnen.

10.143 Der **Zeitpunkt der Gutschrift** ergibt sich bei institutsinternen Überweisungen (Hausüberweisung) aus § 676a Abs. 2 Satz 2 Nr. 2 und 3 BGB a. F. und bei institutsübergreifenden Überweisungen aus § 676g Abs. 1 BGB a. F. Die Gutschrift hat demnach bei einer Überweisung innerhalb einer Haupt- oder Zweigstelle binnen eines Bankgeschäftstages, bei Filialüberweisungen am nächsten Bankgeschäftstag zu erfolgen. Allerdings ist zu berücksichtigen, dass das Institut Annahmefristen vereinbaren kann und ein nach diesem Zeitpunkt hereingegebener Überweisungsauftrag erst am nächsten Tag ausgeführt und dementsprechend einen Tag später gutgeschrieben werden kann.

10.144 Davon zu unterscheiden ist der Zeitpunkt der **Wertstellung**. § 676g Abs. 1 Satz 3 BGB a. F. bestimmt, dass auch bei nachträglich erfolgter Gutschrift die Wertstellung taggleich mit dem Eingang des Betrags bei dem Kreditinstitut zu erfolgen hat.

10.145 Mit Eingang des Überweisungsbetrags bei dem Kreditinstitut des Begünstigten haben die beauftragte Bank und die Zwischenbanken ihre Rechtspflichten erfüllt. Damit endet auch deren Haftung. Für die rechtzeitige Gutbringung des Betrages auf dem Konto des Begünstigten ist dessen Kreditinstitut verantwortlich. Die Gutschrift muss spätestens mit **Ablauf des Tages nach dem Eingang des Geldbetrags** erfolgen.

g) Kündigung

10.146 Das überweisende **Kreditinstitut** kann den Überweisungsvertrag gemäß § 676a Abs. 3 Satz 1 BGB a. F., solange die Ausführungsfrist noch nicht begonnen hat ohne Angabe von Gründen, danach nur noch kündigen, wenn ein Insolvenzverfahren über das Vermögen des Überweisenden eröffnet worden oder ein zur Durchführung der Überweisung erforderlicher Kredit gekündigt worden ist. Der **Überweisende** kann den Überweisungsvertrag vor Beginn der Ausführungsfrist jederzeit, danach nur kündigen, wenn die Kündigung dem Kreditinstitut des Empfängers bis zu dem Zeitpunkt mitgeteilt wird, in dem der Überweisungsbetrag diesem Kreditinstitut endgültig zur Gutschrift auf dem Konto des Begünstigten zur Verfügung gestellt worden ist, § 676a Abs. 4 Satz 1 BGB a. F.[73)] Voraussetzung für die Wirksamkeit der Kündigung ist demnach immer die rechtzeitige Benachrichtigung des Empfängerinstitutes, die durch das erst-

---

73) Nach altem Recht konnte die Weisung bis zur Gutschrift auf dem Empfängerkonto bzw. bis zur Herstellung der sog. „Abrufpräsenz“ widerrufen werden (vgl. BGH, Beschl. v. 23.11.1999 – XI ZR 98/99, ZIP 2000, 123 = WM 2000, 25, dazu EWiR 2000, 283 *(Derleder)*). Die Regelungen zum ÜG verlagern diesen Zeitpunkt nach vorne, da das überweisende Kreditinstitut nur die Gutschrift auf dem Eingangskonto der Empfängerbank schuldet. Ab diesem Zeitpunkt schuldet das Kreditinstitut des Begünstigten die Gutschrift, § 676g Abs. 1 BGB. Die Kündigung muss vor dem Entstehen dieses Anspruchs zugehen, um ihn verhindern zu können. Geht sie danach zu, so geht sie „ins Leere“, da der Überweisungsvertrag erfüllt ist.

beauftragte Kreditinstitut zu erfolgen hat (§ 676a Abs. 4 Satz 2 BGB a. F.).[74] Mit dem Erstattungsverlangen des Überweisenden und dem Ablauf der Nachfrist (14 Bankgeschäftstage vom Erstattungsverlangen des Überweisenden an gerechnet, vgl. § 676b Abs. 3 Satz 1 BGB a. F.) gilt der Überweisungsvertrag nach § 676b Abs. 3 Satz 3 BGB a. F. als gekündigt.

Für **Drittstaatenüberweisungen** sehen die Überweisungsbedingungen in Ziff. IV.6 vor, dass das Kreditinstitut berechtigt ist, den Überweisungsvertrag zu kündigen, wenn die Fortsetzung des Vertrages unter Abwägung der beiderseitigen Interessen für die Bank nicht zumutbar ist und die Überweisung nicht bewirkt ist. Grund hierfür ist, dass für Drittstaatenüberweisungen die Kündigungsregelungen des § 676a Abs. 3 und Abs. 4 BGB a. F. nicht zur Anwendung kommen, das Kreditinstitut jedoch, da ein Überweisungsvertrag mit dem Überweisenden besteht, die Möglichkeit haben muss, sich von dem Vertrag wieder zu lösen. Maßgeblich für die Ausgestaltung dieses Kündigungsrechts sind Überlegungen, die die Kündigung zur Unzeit verbieten und die Rücksichtnahme auf die Belange des anderen Teils gebieten.[75] 10.147

Einer Kündigung bedarf es nicht, wenn das Institut einen Überweisungsvertrag nicht abschließt, also den Auftrag des Kunden ablehnt. In den Fällen, in denen der Kunde z. B. nicht die notwendige Deckung anschafft oder die zur Ausführung erforderlichen Angaben nicht beibringt, ergibt sich auch aus einem angenommenen Überweisungsvertrag keine Pflicht zur Ausführung, da die Ausführungsfrist nicht zu laufen beginnt (§ 676a Abs. 2 Satz 3 BGB a. F.). Die Regierungsbegründung nennt als **Anwendungsfälle** den Dauerauftrag, den angenommenen Überweisungsvertrag in Erwartung des Deckungseingangs und den Fall, dass der Kunde keine hinreichenden Angaben beschafft.[76] 10.148

Obwohl sich eine Ausführungsverpflichtung bei fehlenden Angaben oder fehlender Deckung ohnehin nicht ergibt, werden durch die Kündigung klare Verhältnisse geschaffen. Für die Form der Kündigung genügt es, wenn das Kreditinstitut die Kündigung wie folgt formuliert: 10.149

„Auftrag kann mangels Deckung ... mangels Angabe der Kontonummer ... usw. nicht ausgeführt werden."

Nachdem das Kreditinstitut mit der **Ausführung des Auftrags begonnen** hat, kann es nicht mehr kündigen. Gleiches gilt für zwischengeschaltete Kreditinstitute, die einen Zahlungsauftrag angenommen haben. 10.150

Der jeweils letzte Satz der §§ 676a Abs. 3 und 676d Abs. 2 BGB a. F. setzt Vorgaben der Zahlungssicherungsrichtlinie um. Er soll ermöglichen, dass das 10.151

---

74) An das Empfängerinstitut gerichtete Kündigungen durch den Überweisenden selbst sind unbeachtlich.

75) Vgl. *Gößmann/van Look,* WM-Sonderbeilage Nr. 1/2000, S. 33, 34.

76) Begr. RegE ÜG, BT-Drucks. 14/745, Besonderer Teil zu § 676a Abs. 3, S. 19 f., abgedr. in: ZBB 1999, 106, 112 = ZIP 1999, 676, 682.

Kündigungsrecht in **Zahlungsverkehrsabkommen** weiter eingeschränkt werden kann – z. B. um Bearbeitungsvorgänge technisch abschließen zu können – oder wenn aufgrund unterschiedlicher Rechtsordnungen eine Kündigung nicht oder nur unter engeren Voraussetzungen möglich ist.

h) Verzögerung, Fehlleitung, Verzinsungspflicht und Haftung

10.152 Entsprechend den Vorgaben der Überweisungsrichtlinie trifft das Überweisungsgesetz Haftungsregelungen für drei Arten von Leistungsstörungen: Den **gekürzten Überweisungsbetrag**, die **verspätete Überweisung** und den **verlorenen Überweisungsbetrag**. Das Gesetz setzt dies in einem abgestuften System von verschuldensabhängiger- und Garantiehaftung um. Dabei sind Haftungsbeschränkungen auch für die verschuldensabhängige Haftung möglich, vor allem für Überweisungen in Länder außerhalb der EU und des EWR. Die korrespondierende Haftungsbestimmung, die das zwischengeschaltete Institut verpflichtet, für eigene Fehlleistungen gegenüber dem erstbeauftragten Institut einzustehen, ist in § 676e BGB a. F. festgelegt.

aa) Verschuldenshaftung bei Verzögerung

10.153 Wird die Überweisung nicht innerhalb der vorgegebenen Frist ausgeführt, dann richten sich Schadensersatzansprüche zunächst nach allgemeinen zivilrechtlichen Grundsätzen. Dies bedeutet, dass das Institut außer dem gesetzlich geregelten Zinsschaden (§ 676b Abs. 1 BGB a. F.) den darüber hinausgehenden Begleitschaden zu ersetzen hat. Dabei haftet das beauftragte Institut für die zwischengeschalteten Institute nach § 278 BGB. Das Gesetz enthält jedoch eine für die Kreditinstitute günstige **Möglichkeit zur Haftungsbeschränkung**. Das Gesetz erklärt ausdrücklich, dass der über den Zinsschaden hinausgehende Verzugsschaden im Falle nur leichter Fahrlässigkeit (§ 676c Abs. 1 Satz 5 BGB a. F.) auf 12.500 Euro begrenzt werden kann. Die unbegrenzte Haftung der Auftraggeberbank für Begleitschäden – z. B. Verlust des Versicherungsschutzes wegen verspätet gezahlter Versicherungsprämie – ist damit bei leichter Fahrlässigkeit des Kreditinstituts oberhalb des genannten betragsmäßigen Rahmens abdingbar. Bei Auslandsüberweisungen kann ferner eine Haftungsbeschränkung für jede Art von Schäden bei Verschulden des zwischengeschalteten Kreditinstituts auf 25.000 Euro vereinbart werden (§ 676c Abs. 1 Satz 4 BGB a. F.). Die Überweisungsbedingungen der Kreditinstitute sehen solche Haftungsausschlüsse vor. Motiv hierfür ist, dass die Rückgriffshaftung gegenüber dem eingeschalteten ausländischen Zwischeninstitut nicht immer gesichert ist.

bb) Maßgeblichkeit der Empfängerbezeichnung

10.154 Als Hauptpflicht schuldet das Kreditinstitut die ordnungsgemäße Ausführung der Überweisung entsprechend den Weisungen des Auftraggebers. Dies kann problematisch sein, wenn eine Überweisung keine eindeutigen Weisungen enthält, z. B. bei Differenzen zwischen der angegebenen Kontonummer und dem Namen des Empfängers. Abweichend von früheren Regelungen in den AGB-Bk/AGB-Spk ist nach herrschender Rechtsprechung die namentliche **Empfängerbezeichnung** maßgeblich. Da den Kunden bei fehlerhafter Kontobezeichnung regelmäßig ein Mitverschulden trifft, ist eine Schadensverteilung nach § 254 BGB möglich. Beim beleggebundenen Zahlungsverkehr und, soweit möglich, auch beim beleglosen Datenverkehr nehmen die Kreditinstitute heute regelmäßig einen Kontonummer-Namens-Vergleich vor.

Die im Überweisungsgesetz vorgesehene Regelung ändert diese Haftungslage zwar nicht grundsätzlich. Die **Money-back-Garantie** greift wegen fehlerhafter Angaben des Kunden nicht ein. Es verbleibt bei der verschuldensabhängigen Vertragshaftung, die das erstbeauftragte Institut im Regelfall aber nur bei einer Hausüberweisung treffen kann. Denn für Fehler (mangelnder Kontonummer-Namens-Vergleich) des Empfängerinstituts haftet die erstbeauftragte Bank anders als für zwischengeschaltete Institute nicht (vgl. § 676c Abs. 1 Satz 3 i. V. m. § 676g BGB a. F.). **10.155**

Jedoch hat im institutsübergreifenden Überweisungsverkehr der **Begünstigte** nach § 676g Abs. 1 Satz 1 BGB a. F. einen **verschuldensunabhängigen Gutschriftsanspruch,** selbst wenn seine Bank infolge der fehlerhaften Kontoangabe den Betrag dem Konto eines Dritten gutgeschrieben hat. Denn anders als beim Verzögerungsschaden (§ 676g Abs. 1 Satz 2 BGB a. F.) besteht keine ausdrückliche Regelung, nach der sich der Begünstigte ein Verschulden des Auftraggebers entgegenhalten lassen muss. Damit würde bei Abweichung zwischen Kontonummer und Namensangabe ein Mitverschulden des Auftraggebers nicht berücksichtigt werden können. Da zwischen der Bank des Begünstigten und dem Auftraggeber keine unmittelbaren Rechtsbeziehungen bestehen, würde auch ein Regress der Empfängerbank gegen den Auftraggeber schwer begründbar sein (allenfalls abgeleitete Ansprüche aus positiver Forderungsverletzung im Verhältnis Auftraggeberbank zu Auftraggeber). Wenn dennoch der Gutschriftsanspruch des Begünstigten nach § 676g Abs. 1 Satz 1 BGB a. F. uneingeschränkt anwendbar wäre, hätte der Empfänger weitergehende Ansprüche, als sie dem Auftraggeber bei Rückabwicklung zustehen würden. Denn dieser müsste sich seinen Verschuldensanteil an dem Schaden anrechnen lassen. Eine ausschließliche Haftung der Bank des Begünstigten für Verschulden oder Mitverschulden des Auftraggebers ist aber offenkundig sachwidrig. Ein entsprechender gesetzgeberischer Wille oder Vorgaben der Überweisungsrichtlinie sind insoweit auch nicht erkennbar. Daher ist davon auszugehen, dass bei fehlerhafter Auftragserteilung dem Begünstigten kein Gutschriftsanspruch zusteht, auch wenn das Geld an irgendeiner Stelle bei seiner Bank angekommen ist. Vielmehr besteht ein Rückabwicklungsanspruch des Auftraggebers nach den hierfür entwickelten Grundsätzen (Schutzpflichtverletzung oder Dritt- **10.156** schadensliquidation). Hierbei muss sich der Auftraggeber seinen Mitverschuldensanteil nach § 254 BGB anrechnen lassen.

10.157 Eine andere Lösung wäre, den in § 676g Abs. 1 Satz 2 BGB a. F. für den Zinsschaden geltenden Grundsatz, nach dem ein Verschulden des Auftraggebers auch gegenüber dem Begünstigten wirkt, auf den Anspruch auf Gutschrift zu übertragen. § 676g Abs. 4 Satz 1 BGB a. F. steht nicht entgegen, da er nur regelt, dass es auf ein Verschulden der Bank bei den Garantieansprüchen nicht ankommt, aber nichts über die Zurechnung des Verschuldens des Auftraggebers aussagt. Demnach ist davon auszugehen, dass Fehler des Auftraggebers wie z. B. eine fehlerhafte Angabe der Kontonummer einen Gutschriftsanspruch des Begünstigten nicht entstehen lassen oder dass zumindest das Mitverschulden des Auftraggebers dem Begünstigten entgegengehalten werden kann.

10.158 Die von der Rechtsprechung geforderte Maßgeblichkeit des Empfängernamens macht im **automatisierten Überweisungsverkehr** Schwierigkeiten. Dabei ist zu unterscheiden zwischen Verfahren, bei denen der Kunde die maßgeblichen Daten selbst seinem Kreditinstitut per Magnetband, Diskette oder sonstigem Datenträger einreicht (Datenträgeraustausch-Verfahren) und solchen, bei denen erst das Kreditinstitut die beleghaft mitgeteilten Daten auf elektronische Datenträger umsetzt. In den Bedingungen für den Datenträgeraustausch ist geregelt, welche Angaben der Kunde auf dem Datenträger zu machen hat. In Nr. II Ziff. 4 dieser Bedingungen ist auch vereinbart, dass die Einreicher- und die Empfängerbank die Verarbeitung der Daten nur nach der Kontonummer vornehmen. Ein Kontonummer-Namens-Vergleich findet nicht statt. Die Rechtsprechung hat dies für den beleglosen Datenträgeraustausch zugelassen, hier also die Vereinbarung **der Maßgeblichkeit der Kontonummer** anerkannt.[77)]

10.159 Übernimmt hingegen die beauftragte Bank die **beleghaft erstellten Daten** des Kunden auf einen elektronischen Datenträger, so gelten für die weitere Verarbeitung die zwischen den Banken vereinbarten Abkommen, z. B. die Vereinbarung über den beleglosen Datenaustausch in der zwischenbetrieblichen Abwicklung des Inlandszahlungsverkehrs,[78)] die das Rechtsverhältnis zwischen beauftragter Bank und Kunde jedoch nicht beeinflussen.

---

77) BGH, Urt. v. 3.10.1989 – XI ZR 163/88, ZIP 1989, 1537 = WM 1989, 1754, dazu EWiR 1990, 37 *(Parthe)* und WuB I D 1. – 3.90 *(Möschel/Bartodziej)*; OLG Hamm, Urt. v. 15.11.1993 – 31 U 63/93, WM 1994, 1027, dazu EWiR 1994, 553 *(Häuser)* und WuB I D 1. – 6.94 *(Wand)*.

78) Vereinbarung über den beleglosen Datenaustausch in der zwischenbetrieblichen Abwicklung des Inlandszahlungsverkehrs von Februar 1998 – abgedr. bei *Fischer/Herbst*, RSP, Teil D 4.5.4 – und weitere entsprechende Abkommen.

Das Vorgängerabkommen enthielt noch folgende Vereinbarung, die vom Oberlandesgericht Hamm[79] anerkannt wurde: 10.160

„Sind Überweisungsaufträge unter Berücksichtigung des ‚Abkommens über die Umwandlung beleghaft erteilter Überweisungsaufträge in Datensätze und deren Bearbeitung (EZÜ-Abkommen)‘ zwischenbetrieblich beleglos ausgeführt worden, braucht das endbegünstigte Kreditinstitut keinen Kontonummer-Namens-abgleich vorzunehmen.“

Bei beleghaft erteilten Überweisungsaufträgen führte dies zu dem kuriosen Ergebnis, dass sich die beauftragte Bank einerseits von der Verpflichtung, den Auftrag nach dem Empfängernamen auszuführen, nicht freizeichnen konnte, das Empfängerinstitut diese Verpflichtung aber nicht erfüllen musste. Die neue Vereinbarung über den beleglosen Datenaustausch verpflichtet die beteiligten Institute hingegen, alle Daten – also auch die Namen des Auftraggebers und des Empfängers – zu übernehmen, was eine **Kontrolle beim Institut des Endbegünstigten** ermöglicht.[80] 10.161

In dem seit 1996 geltenden Abkommen zum Überweisungsverkehr ist dementsprechend im Interbankenverkehr eine **Haftung des Empfängerinstituts für die Unterlassung des Kontonummer-Namens-Abgleichs** geregelt (ggf. Schadensteilung nach § 254 BGB mit dem Auftraggeberinstitut wegen fehlerhafter Datenerfassung). 10.162

cc) Garantiehaftung, Zins- und Verkürzungsschaden

Nach dem Konzept der Überweisungsrichtlinie und dem Überweisungsgesetz trifft, soweit nichts anderes vereinbart ist, das beauftragte Institut nicht nur die Vertragspflicht, den vollen Überweisungsbetrag innerhalb einer vereinbarten oder der gesetzlichen Regelfrist weiterzuleiten, sondern auch eine Garantiehaftung. Besonders im grenzüberschreitenden Zahlungsverkehr kann nicht immer gewährleistet werden, dass **Vereinbarungen zur Kostentragung eingehalten** werden. Auch wenn sich der Überweisende mit der OUR-Klausel verpflichtete, alle Entgelte zu tragen, wurde nicht selten der Überweisungsbetrag um weitere Entgelte von zwischengeschalteten oder von dem Empfängerinstitut gekürzt. Dies wollen die EG-rechtlichen Vorgaben verhindern, dabei aber nicht die Möglichkeit abweichender Vereinbarung (Kostentragung durch Empfänger) abschneiden. Diese Regelung setzt voraus, dass das erstbeauftragte Institut die Kosten bis zum Empfänger kennt.[81] 10.163

79) OLG Hamm, Urt. v. 15.11.1993 – 31 U 63/93, WM 1994, 1027, dazu EWiR 1994, 553 *(Häuser)* und WuB I D 1. – 6.94 *(Wand)*; vgl. auch *Reiser*, WM 1990, 745, 746 ff.

80) Vereinbarung über den beleglosen Datenaustausch in der zwischenbetrieblichen Abwicklung des Inlandszahlungsverkehrs von Februar 1998 – abgedr. bei *Fischer/Herbst*, RSP, Teil D 4.5.4 – und weitere entsprechende Abkommen.

81) Zur Entgeltpraxis vgl. Begr. RegE ÜG, BT-Drucks. 14/745, Besonderer Teil zu § 676b Abs. 2 BGB, S. 21 f., abgedr. in: ZBB 1999, 106, 113 f. = ZIP 1999, 676, 683.

10.164 Das Gesetz sichert diese Vorgaben dadurch, dass das beauftragte Institut auch ohne Verschulden für eine **abredewidrige Verkürzung** des Überweisungsbetrags einzustehen hat (§ 676b Abs. 2 BGB a. F.). Es muss den Fehlbetrag entweder dem Überweisenden ohne Kosten nach dessen Wahl (§ 262 BGB) erstatten oder an den Begünstigten nachüberweisen. Hat ein zwischengeschaltetes Institut Abzüge an dem Überweisungsbetrag vorgenommen, so hat es diese zu erstatten (§ 676e Abs. 2 BGB a. F.).

10.165 Bei **Verzögerung** trifft die Institute – ebenfalls ohne Verschulden – eine Verzinsungspflicht. Sie tritt ein, sobald die gesetzliche oder eine vereinbarte Ausführungsfrist verstrichen ist. Der Zinssatz beträgt 5 % über dem Basiszinssatz pro Jahr (vgl. § 676b Abs. 1 Satz 2 BGB a. F.). Der Basiszins errechnet sich nach § 1 Abs. 1 DÜG.

10.166 Der Verzinsungsanspruch entfällt, wenn Überweisender oder Empfänger die Verspätung zu vertreten haben oder wenn der Überweisende das zwischengeschaltete Institut vorbestimmt hat und der Schaden von diesem verursacht ist. Ansprüche gegen dieses Institut ergeben sich aus § 676e Abs. 4 BGB a. F. Die Bestimmungen sind so formuliert, dass eine **Beweislastumkehr** eintritt, also das Institut nachzuweisen hat, dass der Schaden auf Vorgaben oder Fehlern des Auftraggebers (z. B. fehlerhafte Kontobezeichnung) beruht.

dd) Money-back-Garantie

10.167 Der Fall, dass eine Überweisung beim Empfänger nicht ankommt und auch nicht zurückgeleitet wird, war Anlass heftiger grundsätzlicher Diskussionen bei Erlass der Überweisungsrichtlinie. Der Fall dürfte allerdings selbst im internationalen Überweisungsverkehr äußerst selten sein. Die Regierungsbegründung[82] nennt die **Insolvenz eines zwischengeschalteten Instituts** oder den unwiderbringlichen Verlust durch **Buchungsfehler im Verrechnungssystem**. Zumindest letzterer Fall dürfte kein Rechtsproblem darstellen, da der letzte Eingang bei einem zwischengeschalteten Institut stets feststellbar sein müsste und dieses für die ordnungsmäßige Verarbeitung haftet. Der wirkliche physische Verlust eines Überweisungsbetrags innerhalb einer Kette von Kreditinstituten ist kaum realistisch. Das Problem dürfte eher darin bestehen, dass die Haftungsverhältnisse zwischen den in- und ausländischen Instituten bislang nicht immer eindeutig geklärt waren und Haftungsansprüche des Kunden mangels hinreichenden Rechtsschutzes bei verschuldetem Verschwinden eines Überweisungsbetrags u. U. nicht durchsetzbar waren. Daher ist auch in der deutschen Rechtsprechung der Fall vorgekommen, dass das Risiko eines nicht wieder beschaffbaren Überweisungsbetrags beim Auftraggeber verblieb.

---

82) Begr. RegE ÜG, BT-Drucks. 14/745, Besonderer Teil Vorbemerkung zu § 676b Abs. 3, S. 22, abgedr. in: ZBB 1999, 106, 114 = ZIP 1999, 676 , 681.

Die von der Regierungsbegründung zum Überweisungsgesetz (a. a. O.) hierfür zitierte Entscheidung des Bundesgerichtshofs[83] betrifft ebenfalls keinen Fall, bei dem der Überweisungsbetrag „verlorengegangen" ist. Vielmehr war auch in diesem Fall der Überweisungsweg nachvollziehbar. Die zwischengeschaltete Bank hatte jedoch – zumindest nach deutscher Rechtsauffassung – weisungswidrig gehandelt. Die BGH-Entscheidung bestätigt lediglich die h. M., dass die erstbeauftragte Bank nicht für das Verhalten der zwischengeschalteten Auslandsbank haftet, sondern der Aufwendungsersatzanspruch nach § 670 BGB endgültig dadurch entstanden ist, dass entsprechend der Kundenweisung der Überweisungsauftrag an die Empfängerbank übermittelt und die Deckung zur Verfügung gestellt wurde. Das Problem der **Tragung der Rechtsrisiken innerhalb der Überweisungskette** ist jetzt schon dadurch gelöst, dass das Gesetz vorsieht, dass die erstbeauftragte Bank für das Verhalten der Zwischenbanken haftet. 10.168

Dennoch sieht das Überweisungsgesetz entsprechend den Vorgaben der Überweisungsrichtlinie eine betragsmäßig **begrenzte Garantiehaftung** in § 676b Abs. 3 BGB a. F. vor. Kommt der Überweisungsbetrag beim Begünstigten nicht an, so hat der Auftraggeber gegen seine Bank einen Erstattungsanspruch bis zu einem Betrag von 12.500 Euro zuzüglich bereits entrichteter Entgelte und Kosten. 10.169

Die Frage, wann eine Überweisung als „verloren" gelten kann, löst das Überweisungsgesetz über die Festlegung von Fristen. Der Überweisende kann sofort nach Ablauf der vereinbarten Ausführungsfrist seine Garantieansprüche geltend machen. Diese brauchen aber nicht erfüllt zu werden, wenn der Geldbetrag noch bis zum Ablauf des 14. Bankgeschäftstages beim Begünstigten oder dem Empfängerinstitut ankommt. Die **14tägige Nachfrist** beginnt also erst, wenn der Überweisende seinen Anspruch geltend macht. Somit bleibt in jedem Falle dem Institut eine 14tägige Frist, um den Verbleib des Geldes zu ermitteln. Führt dies nicht zum Erfolg, so ist der Überweisungsbetrag samt Nebenforderungen gutzuschreiben, ohne dass es darauf ankommt, ob das beauftragte oder ein zwischengeschaltetes Institut ein Verschulden trifft. 10.170

Hat allerdings der Überweisende **fehlerhafte Angaben** gemacht, so ist der Garantieanspruch ausgeschlossen. Es fragt sich, ob der Ausschluss des Garantieanspruchs auch dann eingreift, wenn der Kunde bei richtiger Namensangabe eine falsche Kontonummer verwendet. Nach der oben zitierten Rechtsprechung ist grundsätzlich die Namensangabe maßgeblich. Dies würde dafür sprechen, dass eine „fehlerhafte" Weisung nicht vorliegt. Dagegen spricht aber, dass § 676a Abs. 2 Satz 2 BGB a. F. bei Fehlen der „zweckdienlichen Angaben" die Frist und damit auch die Leistungspflicht nicht beginnen lässt. Für die Frage 10.171

---

83) BGH, Urt. v. 19.3.1991 – XI ZR 102/90, ZIP 1991, 862 = WM 1991, 797, dazu EWiR 1991, 661 *(Blaurock)* und WuB 1 D 1. – 4.91 *(Horn)*.

der Auslegung, was eine fehlerhafte Weisung ist, ergibt die Rechtsprechung des Bundesgerichtshofs keine Fiktion, dass eine abweichende Kontonummer völlig unbeachtlich sei, wie die Mithaftung nach § 254 BGB zeigt. Die Bank trifft lediglich die vertragliche Verpflichtung, einen Kontonummer-Namens-Abgleich auszuführen. Somit greift die Garantiehaftung bei fehlerhafter Angabe der Kontonummer nicht ein.

10.172 Ist der Anspruch aus der Money-back-Garantie begründet, so sind dem Auftraggeber alle **belasteten Entgelte und Auslagen und der Überweisungsbetrag** bis max. 12.500 Euro zurückzuerstatten. Der Überweisungsbetrag ist von Beginn der Ausführungsfrist an bis zur Wiedergutschrift mit 5 % über dem Basiszinssatz p. a. zu verzinsen. Daraus folgt, dass die Wiedergutschrift nicht rückwirkend zum Zeitpunkt der Belastung valutiert werden muss. Dies ergibt sich auch aus § 676b Abs. 3 Satz 4 BGB a. F., der im Falle der Money-back-Garantie eine Kündigung des Überweisungsvertrags durch die Bank erst ab dem Zeitpunkt der Wiedergutschrift zulässt. Bei Inanspruchnahme eines Dispositionskredits wird regelmäßig ein Schaden in Form der Zinsdifferenz zwischen Sollzinsen und gesetzlich geregeltem Garantiezins verbleiben. Diesen kann der Überweisende bei Verschulden der beteiligten Banken als Schadensersatz geltend machen (vgl. § 676c Abs. 1 Satz 2 BGB a. F.).

ee) Haftungsbeschränkung und Haftungsausschluss

10.173 Das Überweisungsgesetz geht grundsätzlich von der Haftungszurechnung nach Verschulden aus. Dementsprechend sind die **Garantieansprüche ausgeschlossen,** wenn der Überweisende Ursachen gesetzt hat – z. B. durch fehlerhafte Angaben oder Vorgaben eines bestimmten Kreditinstituts, das den Fehler verursacht hat (§ 676 BGB a. F.). Ein Haftungsausschluss ist auch bei höherer Gewalt vorgesehen (§ 676b Abs. 4 BGB a. F.).

10.174 Unter **höherer Gewalt** sind nach Art. 9 der Überweisungsrichtlinie

> „ungewöhnliche und unvorhersehbare Ereignisse, auf die derjenige, der sich auf höhere Gewalt beruft, keinen Einfluss hat und deren Folgen trotz Anwendung der gebotenen Sorgfalt nicht hätten vermieden werden können“,

zu verstehen. Der Begriff ist damit verhältnismäßig weit definiert und verlangt nicht, dass es sich um einen externen Einfluss handelt.[84] Dennoch dürfte die Insolvenz eines zwischengeschalteten Instituts nach der Intention der Überweisungsrichtlinie nicht als höhere Gewalt zu verstehen sein, möglicherweise jedoch ein Streik im Bankgewerbe.

10.175 Weiterhin kann nach § 676c Abs. 1 Satz 4, 5 und Abs. 3 BGB a. F. eine **Haftungsbeschränkung** vereinbart werden

---

84) Vgl. RegE ÜG, Besonderer Teil zu § 676c Abs. 2, BT-Drucks. 14/745, S. 24, abgedr. in: ZIP 1999, 676, 680.

- für den leicht fahrlässig verschuldeten Verzugsschaden auf 12.500 Euro,
- für verschuldete Schäden zwischengeschalteter Institute bei einer Auslandsüberweisung auf 25.000 Euro,
- im Überweisungsverkehr ausschließlich zwischen Kreditinstituten,
- für Überweisungen, die 75.000 Euro übersteigen,
- für Überweisungen auf ein Konto in einem Drittstaat.

Die Musterbedingungen für grenzüberschreitende Überweisungen innerhalb der EU und des EWR enthalten für die Institute die Option, entsprechende Haftungsbeschränkungen zu vereinbaren. 10.176

i) Ansprüche des Empfängers

Das Überweisungsgesetz regelt einen unmittelbaren **Rechtsanspruch des Begünstigten auf Gutschrift** des Überweisungsbetrags (§ 676f BGB a. F.). Darüber hinaus gibt § 676g BGB dem Begünstigten im Wesentlichen die gleichen Ansprüche bei Fehlern seines Instituts, wie sie dem Auftraggeber gegenüber seiner Bank zustehen. 10.177

Die Haftung des erstbeauftragten Instituts endet, wenn der Gutschriftsbetrag dem Empfängerinstitut übermittelt wurde. Ab diesem Zeitpunkt hat der Begünstigte als Garantie ausgestaltete Ansprüche auf **Verzinsung des Betrags bei Verspätung** und auf **Wiedergutschrift von Entgelten**, die dem Auftrag nicht entsprechen. Voraussetzung des Verzinsungsanspruches ist, dass die Verspätung nach Eintreffen des Überweisungsbetrags beim Empfängerinstitut eingetreten ist und die Ursache der Verspätung weder dem Überweisenden noch dem Begünstigten zuzurechnen ist. Der Anspruch auf Wiedergutschrift von Entgelten setzt voraus, dass die Belastung des Empfängers nicht mit dem Überweisenden vereinbart ist. Will das Empfängerinstitut Entgelte für die Bearbeitung von Auslandsüberweisungen berechnen, so muss es – z. B. in Interbankenabkommen – Vereinbarungen mit den Vorgängerinstituten treffen, deren Anwendung entweder die zusätzliche Überweisung des Entgeltbetrages oder die weitere Vereinbarung mit dem Auftraggeber voraussetzt, dass der Begünstigte belastet werden darf. Weiterhin gelten die Haftungsgrundsätze und die Möglichkeit der Haftungsbeschränkung, wie sie für das Verhältnis zwischen dem Überweisenden und dem erstbeauftragten Institut geregelt sind, entsprechend für das Verhältnis zwischen Begünstigtem und seiner Bank. 10.178

j) Ausgleichsansprüche zwischen den beteiligten Banken

Das Überweisungsgesetz regelt mit dem Zahlungsvertrag (§ 676d BGB a. F.) das Verhältnis der am institutsübergreifenden Zahlungsverkehr beteiligten Banken. Nach der Gesetzessystematik ist zwar das **erstbeauftragte Institut für alle Leistungsstörungen** in der Kette der zwischengeschalteten Institute ver- 10.179

antwortlich. Der Kunde braucht also zur Durchsetzung seiner Ansprüche nicht zu ermitteln, an welcher Stelle ein Schaden verursacht worden ist. Dies gilt sowohl für Schadensersatzansprüche wie für die Garantiehaftung.

10.180 Letztlich soll jedoch das **Institut, dem eine Leistungsstörung zuzuordnen ist,** den Schaden tragen. Für die verschuldensunabhängigen Ansprüche – Verzinsungspflicht, abredewidrige Abzüge und Money-back-Garantie – gilt dies ebenfalls. Damit hat z. B. für den Fall der Insolvenz eines zwischengeschalteten Instituts die in der Kette vorherige Bank die Garantiehaftung zu übernehmen. Bei Mitverursachung mehrerer Institute ist eine Schadensteilung nach § 254 BGB möglich. Werden unberechtigte Abzüge vorgenommen, so kann eine Nachüberweisung des Fehlbetrages an den Empfänger vom zwischengeschalteten Verursacher verlangt werden. Schließlich sind auch die Institute, die die Leistungsstörung nicht verursacht haben, gesetzlich verpflichtet, an der Schadensbereinigung durch **Nachforschung** mitzuwirken (§ 676e Abs. 4 BGB a. F.). Sie können von dem aufgefundenen Überweisungsbetrag eine angemessene Aufwandsentschädigung einbehalten.

k) Rechtsverhältnis Überweisender/Überweisungsempfänger

aa) Überweisungsabrede

10.181 Gibt der Gläubiger in Briefen oder Rechnungen eine Bankverbindung an, ist der Schuldner berechtigt, seine Schuld mittels Überweisung zu tilgen. Auch ohne eine derartige gezielte Mitteilung der Bankverbindung ist der Schuldner zur Erfüllung der Verbindlichkeit durch Überweisung berechtigt, wenn zwischen den Parteien keine eindeutige Barleistungspflicht vereinbart wird.[85)]

bb) Zeitpunkt der Erfüllung

10.182 Der Schuldner hat seine Verbindlichkeit erfüllt, wenn der Gläubiger den geschuldeten Betrag endgültig zur freien Verfügung erhält. Das ist in dem Augenblick der Fall, in dem ihm der überwiesene Betrag auf seinem Konto gutgeschrieben wird.[86)]

10.183 Zu beachten ist jedoch, dass es für den Gläubiger möglich sein muss, die Überweisung zuzuordnen. Wenn der Gläubiger eine Information über den Verwendungszweck der Zahlung benötigt, tritt bei schlecht oder nicht ausgefüllten

85) Schimansky/Bunte/Lwowski-*Schimansky*, Bankrechts-Hdb., § 49 Rz. 205.

86) BGH, Urt. v. 15.5.1952 – IV ZR 157/51, BGHZ 6, 121, 122 f.; BGH, Urt. v. 2.2.1972 – VIII ZR 152/70, BGHZ 58, 108 = NJW 1972, 633; Schlegelberger-*Hefermehl*, HGB, Anh. § 365 Rz. 105. a. A. Langenbucher/Gößmann/Werner-*Langenbucher*, Zahlungsverkehr, § 1 Rz. 129 ff., die davon ausgeht, dass die Erfüllung in dem Zeitpunkt eintritt, in dem der geschuldete Betrag bei dem Kreditinstitut des Begünstigten eingegangen ist, § 676g Abs. 1 Satz 1 BGB.

Überweisungsträgern Erfüllung erst dann ein, wenn die Information nachgeliefert worden ist.[87)]

cc) Überweisung auf ein anderes als das angegebene Konto

Grundsätzlich ist es Sache des Schuldners, zu entscheiden, auf welches von mehreren Konten des Gläubigers er den geschuldeten Betrag überweist. Hat hingegen der Gläubiger – etwa auf einer Rechnung – dem Schuldner ein bestimmtes Konto angegeben, ist der Schuldner hieran gebunden. Überweist er dennoch auf ein anderes als das angegebene Konto des Gläubigers, tritt keine Tilgungswirkung ein.[88)] **10.184**

Überweist der Schuldner auf ein anderes als das angegebene Konto, bleibt die Forderung des Gläubigers zunächst bestehen. Da der Gläubiger jedoch i. H. d. auf das nicht angegebene Konto überwiesenen Betrages ungerechtfertigt bereichert i. S. d. §§ 812 ff. BGB ist, hat der Schuldner die Möglichkeit, gegen die noch bestehende Hauptforderung des Gläubigers mit dem Anspruch aus ungerechtfertigter Bereicherung aufzurechnen. Um zu verhindern, dass einer Überweisung auf das falsche Konto im Ergebnis doch Erfüllungswirkung zukommt, gewährt die Mehrheit der Literatur dem Gläubiger im Fall einer Überweisung auf ein falsches Konto ein Zurückweisungsrecht bezüglich des gutgeschriebenen Betrages.[89)] **10.185**

Der Bundesgerichtshof hat sich der Auffassung der Literatur nicht angeschlossen. Nach Auffassung des Bundesgerichtshofes besteht ein Zurückweisungsrecht nur, wenn im Rechtsverhältnis zwischen Schuldner und Gläubiger zum Zeitpunkt der Gutschrift der Anspruch nicht oder nicht mehr besteht.[90)] **10.186**

dd) Rechtzeitigkeit der Leistung

Gemäß § 270 Abs. 4 BGB in Verbindung mit § 269 BGB hat der Schuldner seine Übermittlungspflicht erfüllt, wenn er die Absendung veranlasst hat, vorausgesetzt, der geschuldete Betrag geht später tatsächlich beim Gläubiger ein. Danach hat der Schuldner seine Leistung grundsätzlich rechtzeitig erbracht, wenn er den Betrag bis zum Zahlungstermin absendet.[91)] Denn die Geldschuld ist nach überwiegender Ansicht eine sog. **qualifizierte Schickschuld**, sodass der **10.187**

---

87) Palandt-*Grüneberg*, BGB, 67. Aufl. 2008, § 362 Rz. 9; *Braun*, ZIP 1996, 617.

88) BGH, Urt. v. 5.5.1986 – II ZR 150/85, ZIP 1986, 1042 = NJW 1986, 2428, dazu EWiR 1986, 761 *(Koller)*.

89) *Canaris*, Bankvertragsrecht, Rz. 473; *Häuser* in: Festgabe Hellner, S. 15 ff.; *Hadding/Häuser*, WM 1989, 592.

90) BGH, Urt. v. 6.12.1994 – XI ZR 173/94, ZIP 1995, 109 = WM 1995, 149, dazu EWiR 1995, 243 *(Bydlinski)* mit Anm. *Escher-Weingart* WuB I D 1. – 3.95.

91) BGH, NJW 1969, 875, 876.

Leistungsort i. d. R. der Wohnsitz des Schuldners ist[92]. Dies bedeutet, dass die Leistung des Schuldners sowohl bei der hausinternen als auch bei der institutsübergreifenden Überweisung rechtzeitig erfolgt ist, wenn die Überweisung innerhalb der Zahlungsfrist bei der Schuldnerbank (überweisendes Kreditinstitut) eingeht und ausreichende Deckung zur Ausführung der Überweisung vorhanden ist.[93] Leistet der Schuldner im dargestellten Sinne rechtzeitig, hat er dem Gläubiger auch nicht den Schaden zu ersetzen, der aus dem – aus Gläubigersicht – verspäteten (nach Fristablauf) Eingang des Betrages auf dem Gläubigerkonto resultiert. Im konkreten Fall bedeutet dies, dass der Schuldner auch Anspruch auf Skonto hat, wenn er nur innerhalb der vereinbarten Frist den Überweisungsauftrag erteilt und zu diesem Zeitpunkt ausreichende Deckung bereithält.[94]

10.188 Etwas anderes kann sich allerdings aus der Vereinbarung der Parteien, vor allem einer vereinbarten Rechtzeitigkeitsklausel, ergeben. Dies setzt voraus, dass die Parteien ausdrücklich vereinbaren, dass es für die Rechtzeitigkeit der Leistung auf den Eingang des Betrages auf dem Gläubigerkonto ankommen soll.[95] Eine weitere Ausnahme gilt im Steuerrecht, da gemäß § 224 AO die Steuerschuld als Bringschuld ausgestaltet ist. Hier ist Rechtzeitigkeit der Leistung also nur gegeben, wenn der Betrag zu dem bestimmten Zeitpunkt bereits dem Empfängerkonto gutgeschrieben ist.

10.189 Im Anwendungsbereich der Richtlinie 2000/35/EG des Europäischen Parlaments und des Rates vom 29. Juni 2000 zur Bekämpfung von Zahlungsverzug im Geschäftsverkehr (**EG-Zahlungsverzugs-Richtlinie**)[96] ist allerdings aufgrund einer Entscheidung des Europäischen Gerichtshofes vom 3. April 2008 nunmehr zu berücksichtigen, dass eine Zahlung im Wege einer Banküberweisung im Geschäftsverkehr zwischen Unternehmen i. S. v. § 14 BGB nur dann rechtzeitig ist, wenn der geschuldete Betrag termingerecht auf dem Konto des Gläubigers gutgeschrieben wird.[97] Gegenstand der Entscheidung war eine Vorlage des Oberlandesgerichts Köln[98] nach Art. 234 Abs. 1 Buchst. b EG zum Zahlungsverzug im Geschäftsverkehr. Der Vorlagebeschluss betraf die Vereinbarkeit nationaler Regelungen mit Art. 3 Abs. 1 Buchstabe c Nr. ii der Richtli-

---

92) Palandt-*Heinrichs*, BGB, 67. Aufl. 2008, § 270 Rz. 1, 6 m. w. N.

93) OLG Koblenz, Entsch. v. 13.10.1992 – 3 U 637/92, NJW-RR 1993, 583; *Keller* in: MünchKomm-BGB, § 270 Rz. 22; Jauernig-*Vollkommer*, BGB, § 270 Anm. 3b; Erman-*Kuckuck*, BGB, § 270 Rz. 7.

94) BGH, Urt. v. 11.2.1998 – VIII ZR 287/97, ZIP 1998, 568 = NJW 1998, 1302.

95) Soergel-*Wolf*, BGB, § 270 Rz. 20.

96) Richtlinie 2000/35/EG, ABl. Nr. L 200, S. 35.

97) EuGH, Urt. v. 3.4.2008 – Rs. C-306/06, ZIP 2008, 732 = WM 2008, 678 – Deutsche Telekom/11151 Telekom.

98) OLG Köln, Beschl. v. 26.5.2006 – 18 U 78/05, ZIP 2006, 1986 = NJW 2007, 1024, dazu EWiR 2006, 745 *(U. Schroeter)*.

nie 2000/35/EG des Europäischen Parlaments und des Rates vom 29. Juni 2000 zur Bekämpfung von Zahlungsverzug im Geschäftsverkehr. Für seine Auslegung hat sich der Europäische Gerichtshof insbesondere auf den Wortlaut des Art. 3 Abs. 1 der Richtlinie berufen, nach dem eine Zahlung verspätet ist, wenn der Gläubiger nicht rechtzeitig über den geschuldeten Betrag verfügen könne. Bei einer Banküberweisung versetze aber nur die Gutschrift dieses Betrages auf seinem Konto den Gläubiger in die Lage, über den Betrag zu verfügen.

l) Streitschlichtung

Die **Überweisungsrichtlinie verpflichtete** die Mitgliedsstaaten, ein Verfahren einzurichten, mit dem Kundenbeschwerden außergerichtlich bereinigt werden können. 10.190

Diese Verpflichtung hat der Gesetzgeber ursprünglich in § 29 AGBG umgesetzt und primär die Deutsche Bundesbank als Schlichtungsstelle bestimmt. Seit dem 1. Januar 2002 ist die Einrichtung und Zuständigkeit der Schlichtungsstelle in § 14 Abs. 1 UKlaG geregelt. Einzelheiten des Schlichtungsverfahrens werden durch die Verordnung über das Verfahren der Schlichtungsstellen für Überweisungen (Schlichtungsstellenverfahrensverordnung – SchlichtVerfVO)[99] geregelt. 10.191

Gegenstand der Streitschlichtung können Streitigkeiten aus der Anwendung der §§ 675a bis 676g und 676h Satz 1 des Bürgerlichen Gesetzbuchs oder der Vorschriften des Bürgerlichen Gesetzbuchs betreffend Fernabsatzverträge über Finanzdienstleistungen einschließlich damit zusammenhängender Streitigkeiten aus der Anwendung des § 676h des Bürgerlichen Gesetzbuches. 10.192

Nach § 7 SchlichtVerfVO kann die Schlichtungsfunktion auf private Stellen übertragen werden, sodass Beschwerden über Kreditinstitute, die dem Bundesverband Öffentlicher Banken Deutschlands e. V., dem Bundesverband deutscher Banken e. V., dem Bundesverband der Deutschen Volksbanken und Raiffeisenbanken e. V., dem Sparkassenverband Baden-Württemberg, dem Rheinischer Sparkassen- und Giroverband angehören und an den dort eingerichteten Schlichtungsverfahren teilnehmen, an die vorgenannten Verbände zu richten sind. 10.193

Die **Pflicht zur Bereithaltung von Informationen** über die Streitschlichtung nach § 12 Abs. 1 Nr. 1e der BGB-InfoV a. F. wird erfüllt, wenn in einem Merkblatt oder einer sonstigen Kurzinformation die wesentlichen Angaben zur Streitschlichtung für den Kunden zugänglich bereitgehalten werden. Die Information muss zumindest die Adresse der Streitschlichtungsstelle und die für den Kunden maßgeblichen Verfahrensvoraussetzungen umfassen. Die Institute 10.194

---

99) BGBl. I 2002 v. 15.7.2002; geändert durch das Gesetz zur Änderung der Vorschriften über Fernabsatzverträge bei Finanzdienstleistungen v. 2.12.2004, BGBl. I 2004, 3102 ff.

setzten diese Vorgaben regelmäßig durch entsprechende Hinweise im Preis- und Leistungsverzeichnis um.

m) Einfluss der Insolvenz

10.195 Wird über das **Vermögen des Auftraggebers** das Insolvenzverfahren eröffnet, so erlischt nach §§ 116, 115 Abs. 1 InsO der Girovertrag. Will der Insolvenzverwalter die Kontobeziehung nicht beenden, so muss ein neuer Girovertrag – ggf. konkludent durch vorbehaltlose Weiterbenutzung – geschlossen werden. Durch das Erlöschen des Girovertrages wird jedoch nicht auch ein vor der Insolvenzeröffnung geschlossener Überweisungsvertrag hinfällig. Denn nach § 116 Satz 3 InsO bestehen Überweisungsverträge wie auch Zahlungs- und Übertragungsverträge mit Wirkung für die Masse fort.

10.196 Eine nach Eröffnung erteilte Überweisung ist mangels Verfügungsbefugnis des Insolvenzschuldners hingegen unwirksam. Hat das Kreditinstitut des insolventen Auftraggebers (Schuldner) in Unkenntnis der Insolvenz einen Überweisungsauftrag noch ausgeführt, so ist sein Aufwendungsersatzanspruch bei debitorisch geführtem Konto einfache Insolvenzforderung, bei kreditorischem Konto wird die Leistung als schuldtilgend angesehen.

10.197 Werden einem **Überweisungsempfänger nach Eröffnung des Insolvenzverfahrens** noch Beträge überwiesen, so besteht eine Verpflichtung des Kreditinstituts zur Gutschrift nur dann und nur insoweit, als mit dem Aufschub Gefahr verbunden ist (§§ 116, 115 Abs. 2 Satz 1 InsO, § 672 Satz 2 BGB). Aufgrund des bestehenden Vertragsverhältnisses zum Überweisenden, zur Überweisungs- oder einer Zwischenbank kann die Empfangsbank ausnahmsweise verpflichtet sein, rückzufragen, ob die Überweisung noch ausgeführt werden soll. Für den Regelfall ist dies jedoch abzulehnen.

10.198 Werden nach Eröffnung des Insolvenzverfahrens des Überweisungsempfängers eingehende Überweisungen zur Deckung des debitorischen Kontos verwendet, dann sind diese grundsätzlich der **Insolvenzanfechtung** nach §§ 130 ff. InsO ausgesetzt. Es kommt für den Bestand der Aufrechnung mit dem Debet daher darauf an, ob das Kreditinstitut Kenntnis von der Zahlungsunfähigkeit oder vom Eröffnungsantrag hatte. Das Kreditinstitut muss sich dabei die Kenntnis seiner Mitarbeiter zurechnen lassen.

10.199 Dem steht auch § 676g Abs. 1 Satz 1 BGB a. F. nicht entgegen. Der Begünstigte hat danach zwar einen gesetzlichen Gutschriftanspruch, während die §§ 116, 115 Abs. 1 InsO nur das Erlöschen des Auftragsverhältnisses, also der vertraglichen Girovertragsansprüche auf Gutschrift regeln. Mit dem Erlöschen des Girovertrags geht der gesetzliche Gutschriftanspruch jedoch ins Leere, da die Bank mit der Insolvenzeröffnung (mit Ausnahme der Sondersituation des § 115 Abs. 2 Satz 1 InsO) ein Konto für den Begünstigten nicht mehr führen und damit nichts mehr gutschreiben kann.

Für die Insolvenz einer **zwischengeschalteten Überweisungsbank** ist vor allem § 116 Satz 3 InsO von Bedeutung. Damit können vor Eröffnung des Verfahrens eingegangene Übertragungsaufträge noch ausgeführt werden, werden also von der Insolvenz nicht berührt. 10.200

2. Der Lastschriftverkehr

a) Rechtsgrundlagen

Im Lastschriftverkehr wird im Gegensatz zum Überweisungsverkehr der Zahlungsvorgang durch eine **Weisung des Gläubigers an sein Kreditinstitut** in Gang gesetzt. Der Gläubiger hat es selbst in der Hand, seine Forderung einzuziehen. Das Lastschriftverfahren wird wegen dieser kennzeichnenden Umkehr der Initiative anschaulich als eine Art „rückläufige Überweisung" umschrieben. Die Definition des Überweisungsvertrags in § 676a Abs. 1 Satz 1 BGB a. F. erfasst das Rechtsverhältnis im Lastschriftverfahren indes nicht. 10.201

Es gibt zwei Formen des Lastschriftverfahrens: Das Abbuchungsauftrags- und das Einzugsermächtigungsverfahren. Die Rechtsgrundlage für das **Abbuchungsauftragsverfahren** ist die Weisung des zahlungspflichtigen Kontoinhabers an sein Kreditinstitut, sein Konto zugunsten des Zahlungsempfängers zu belasten. Es handelt sich wie beim Überweisungsauftrag nach bisheriger Beurteilung um eine Weisung i. S. d. §§ 665, 675 BGB, allerdings mit der Besonderheit, dass der Zahlungsempfänger die Höhe der einzuziehenden Beträge bestimmt. Diese Verfahrensart wird vom Zahlungsempfänger gewählt, wenn er größere Beträge, z. B. Forderungen aus Warenlieferungen, einziehen will. 10.202

Das **Einzugsermächtigungsverfahren** dient für den Regelfall dem Einzug laufender Verbindlichkeiten – z. B. aus Gebühren, Steuern, Versicherungsprämien, Miet-, Pacht-, Zins- und anderen regelmäßigen Zahlungen. Die Einzugsermächtigung wird vom Schuldner gegenüber dem Zahlungsempfänger abgegeben. Beim Einzugsermächtigungsverfahren ermächtigt also der Zahlungspflichtige nicht sein Kreditinstitut, sondern seinen Gläubiger. Folglich fehlt es an einer Weisung des Schuldners an die Zahlstelle zur Einlösung von Lastschriften, sodass die Zahlstelle (zunächst) nicht berechtigt ist, das Konto des Schuldners zu belasten. Die Zahlstelle handelt ausschließlich aufgrund einer Weisung der Inkassostelle, die die Lastschrift für den Gläubiger einzieht.[100)] 10.203

Die bankmäßige Abwicklung des Lastschriftverkehrs beruht auf dem Abkommen über den Lastschriftverkehr (Lastschriftabkommen), das die Spitzenverbände der Kreditwirtschaft geschlossen haben. Das **Lastschriftabkommen** regelt grundsätzlich nur die Rechte und Pflichten der Kreditinstitute untereinander. 10.204

100) BGH, Urt. v. 11.4.2006 – XI ZR 220/05, WM 2006, 1001, 1003 = ZIP 2006, 1041, dazu EWiR 2006, 455 *(Müller)*.

10.205 Das Verhältnis zwischen dem Lastschriftempfänger und seiner Bank als erster Inkassostelle wird durch eine **Formularvereinbarung** (Vereinbarung über den Einzug von Forderungen durch Lastschriften/Inkassovereinbarung) geregelt.[101] Der Lastschriftempfänger muss sich insbesondere verpflichten, Lastschriften nur dann einzureichen, wenn der Schuldner auch tatsächlich schriftlich die Ermächtigung erteilt hat. Der Zahlungsempfänger verpflichtet sich darüber hinaus, Lastschriften, die nicht eingelöst bzw. wegen Widerspruchs zurückgegeben wurden, zurückzunehmen und wieder zu vergüten. Für nicht eingelöste bzw. wegen Widerspruchs des Zahlungspflichtigen zurückbelastete Lastschriften kann die erste Inkassostelle ein Rücklastschriftentgelt sowie darüber hinaus Ersatz der durch die Rücklastschrift entstandenen eigenen und fremden Aufwendungen berechnen.

b) Widerruf und Widerspruch

10.206 Einzugsermächtigungsauftrag und Abbuchungsauftrag sind jederzeit und ohne Angabe von Gründen widerruflich. Der **Widerruf des Abbuchungsauftrags** ist die einseitige Rücknahme der erteilten girovertraglichen Weisung, denn jede Weisung kann durch eine Gegenweisung negiert werden. Das Kreditinstitut hat nicht zu prüfen, ob der Zahlungspflichtige im Verhältnis zum Zahlungsempfänger zum Widerruf berechtigt ist. Wenn ein Abbuchungsauftrag nicht vorliegt oder rechtzeitig widerrufen ist, trägt das Risiko einer dennoch eingelösten Lastschrift das Kreditinstitut des unberechtigt in Anspruch genommenen Kunden. Kann seine Zustimmung nicht nachträglich erlangt werden, dann muss versucht werden, den Valutabetrag vom Zahlungsempfänger zurückzufordern. Im wirksam begründeten und nicht widerrufenen Abbuchungsverfahren ist ein Widerspruch gegen die einzelne Belastung hingegen nicht möglich, da der Zahlungspflichtige die Möglichkeit hatte, den Abbuchungsauftrag gegenüber seinem Kreditinstitut rechtzeitig zu widerrufen.

10.207 Im **Einzugsermächtigungsverfahren** ist der Zahlungspflichtige hingegen jederzeit und ohne Angabe von Gründen zum **Widerspruch** gegen die Kontobelastung berechtigt. Auch wenn der Kunde seinem Gläubiger eine Einzugsermächtigung eingeräumt hat, ändert dies an dieser Rechtslage nichts. Die Einzugsermächtigung wird nicht etwa als eine Art Weisung an die Bank über Dritte (Zahlungsempfänger) verstanden. Die Erteilung der Einzugsermächtigung wird von der h. M. nämlich nicht als Bevollmächtigung zur Ausübung des girovertraglichen Weisungsrechts zur Belastung des Schuldnerkontos verstanden. Vielmehr handelt der Veranlasser trotz gültiger Einzugsermächtigung zunächst als vollmachtloser Vertreter. Erst wenn der Schuldner die Belastung – ggf. konkludent – genehmigt, entsteht der Rechtsgrund für die Belastung. Erst

101) Die Ausgestaltung der Inkassovereinbarung obliegt der individuellen Gestaltung der Banken und Sparkassen. Einheitliche Vorgaben existieren nicht.

dann erlischt die Widerspruchsmöglichkeit (**Genehmigungstheorie**).[102] Sinn des Widerspruchsrechts ist es, dem Zahlungspflichtigen die Möglichkeit zu geben, gegen unberechtigte Lastschriften vorzugehen, gegen solche also, denen keine Forderung oder keine wirksame Einzugsermächtigung zugrunde lag. Der Widerspruch ist aber unabhängig von seiner materiellen Berechtigung für das Kreditinstitut grundsätzlich verbindlich. Es ist nicht Sache des Kreditinstituts zu prüfen, ob der Widerspruch im Verhältnis zum Zahlungsempfänger berechtigt ist.[103]

Der Widerspruch des Lastschriftschuldners gegen die Belastung seines Kontos kann nach einer Entscheidung des Bundesgerichtshofs[104] nicht widerrufen werden (**Widerruf des Widerspruchs**). Denn der Widerspruch ist als Versagung der Genehmigung nach § 184 BGB zu werten und wie diese als rechtsgestaltender Akt unwiderruflich. 10.208

c) Genehmigungsfiktion

Erst mit der Genehmigung entsteht der Aufwendungsersatzanspruch der Schuldnerbank gegen den Schuldner. Die Genehmigung kann durch ausdrückliche Erklärung gegenüber der Zahlstelle, aber auch stillschweigend[105] erteilt werden. Allerdings stellt es nach der Ansicht des Bundesgerichtshofs[106] noch keine stillschweigende Genehmigung dar, wenn es der Schuldner trotz Kenntnis unterlässt, einer Kontobelastung zu widersprechen. Das Schweigen des Zahlungspflichtigen auf die Zusendung eines Kontoauszugs könne grundsätzlich nicht als Genehmigung der ohne Auftrag durchgeführten Belastung des Kontos mit einer Lastschrift angesehen werden. Dies gelte trotz der Regelung in der Nr. 11 Abs. 4 AGB-Bk/Nr. 20 Abs. 1g AGB-Spk, wonach Einwendungen gegen Kontoauszüge unverzüglich erhoben werden müssen. Gleiches gelte grundsätzlich auch für ein Schweigen des Schuldners auf einen ihm zugestellten Rechnungsabschluss[107], da dem Schuldner mit der Zustellung des Rechnungsabschlusses die Rechtsfolge seines Schweigens nicht bewusst sei. Etwas anderes kann nach Auffassung des Bundesgerichtshofs nur gelten, wenn die Folge des 10.209

---

102) Vgl. Schimansky/Bunte/Lwowski-*van Gelder*, Bankrechts-Hdb., § 57 Rz. 31 ff. m. w. N. auch zu anderen Theorien.

103) Grundlegend BGH, Entsch. v. 28.5.1979 – II ZR 219/77, WM 1979, 828; Schimansky/Bunte/Lwowski-*van Gelder*, Bankrechts-Hdb., § 58 Rz. 56 ff.

104) BGH, Urt. v. 14.2.1989 – XI ZR 141/88, ZIP 1989, 492 = WM 1989, 520, dazu EWiR 1989, 447 *(Blaurock)* und WuB I D 2. – 3.89 *(Hadding/Häuser)*.

105) BGH, Urt. v. 24.6.1985 – II ZR 277/84, BGHZ 95, 103 = ZIP 1985, 919, dazu EWiR 1985, 575 *(Kuhn)*.

106) BGH, Urt. v. 24.6.1985 – II ZR 277/84, ZIP 1985, 919 = WM 1985, 905, dazu EWiR 1985, 575 *(Kuhn)*.

107) BGH, Urt. v. 6.6.2000 – XI ZR 258/99, ZIP 2000, 1379 = WM 2000, 1577, dazu EWiR 2000, 959 *(Koller)*.

Schweigens in den Allgemeinen Geschäftsbedingungen geregelt sei und der Kontoinhaber auf diese Folge hingewiesen werde.[108)]

10.210 In Umsetzung dieser Rechtsprechung hat die Kreditwirtschaft bereits im Jahr 2000 ihre Allgemeinen Geschäftsbedingungen angepasst und in der Nr. 7 Abs. 3 AGB-Bk[109)] geregelt, dass

> „der Kunde, sofern er eine Belastungsbuchung aus einer Lastschrift, für die er dem Gläubiger eine Einzugsermächtigung erteilt hat, nicht schon genehmigt hat, Einwendungen gegen diese im Saldo des nächsten Rechnungsabschlusses enthaltende Belastungsbuchung spätestens vor Ablauf von sechs Wochen nach Zugang des Rechnungsabschlusses zu erheben hat. Macht er seine Einwendungen schriftlich geltend, genügt die Absendung innerhalb der Sechs-Wochen-Frist. Das Unterlassen rechtzeitiger Einwendungen gilt als Genehmigung der Belastung. Auf diese Folge wird die Bank bei Erteilung des Rechnungsabschlusses besonders hinweisen."

10.211 Das heißt, die erforderliche Genehmigung des Schuldners wird fingiert, wenn er der Belastungsbuchung nicht vor Ablauf von sechs Wochen nach Zugang des Rechnungsabschlusses widersprochen hat.[110)]

10.212 Aus der Formulierung („ …, nicht schon genehmigt hat, … ") wird deutlich, dass eine Genehmigungswirkung bereits vor Ablauf von sechs Wochen nach Zugang des Rechnungsabschlusses erfolgen kann. Eine solche vorherige Genehmigung kann ausdrücklich oder durch schlüssiges Handeln erklärt werden. Auch der Bundesgerichtshof hatte in seiner Entscheidung vom 6. Juni 2000[111)] ausdrücklich die Möglichkeit einer Genehmigung durch schlüssiges Handeln (konkludente Genehmigung) offen gelassen. Der Genehmigungswille findet hier nicht unmittelbar in einer Erklärung seinen Ausdruck, der Kunde nimmt vielmehr Handlungen – wie bspw. die Fortsetzung des Zahlungsverkehrs über das Konto in Kenntnis der Belastungsbuchungen aus Einzugsermächtigungslastschriften – vor, die mittelbar einen Schluss auf den Genehmigungswillen zulassen.

---

108) BGH, Urt. v. 6.6.2000 – XI ZR 258/99, ZIP 2000, 1379 = WM 2000, 1577, dazu EWiR 2000, 959 *(Koller)*.

109) Nr. 7 Abs. 4 AGB-Spk lautet: „Einwendungen gegen eine Belastungsbuchung aus einer Lastschrift, für die er dem Gläubiger eine Einzugsermächtigung erteilt hat, muss der Kunde unverzüglich schriftlich ... erheben. Hat er eine im darauf folgenden Rechnungsabschluss enthaltene Belastungsbuchung nicht schon genehmigt, so gilt die Genehmigung spätestens dann als erteilt, wenn der Belastung nicht vor Ablauf von sechs Wochen nach Zugang des Rechnungsabschlusses widersprochen wird ...".

110) Rechtliche Bedenken gegen diese Klauseln bestehen nicht, so OLG München, Urt. v. 26.10.2006 – 19 U 2327/06, ZIP 2006, 2122, 2123 = ZVI 2006, 587, dazu EWiR 2006, 705 *(Toussaint)*; *Nobbe/Ellenberger*, WM 2006, 1885, 1887.

111) BGH, Urt. v. 6.6.2000 – XI ZR 258/99, ZIP 2000, 1379 = WM 2000, 1577, dazu EWiR 2000, 959 *(Koller)*.

d) Missbrauch des Widerspruchs

Wenn der Zahlungspflichtige den Widerspruch gegen eine berechtigte Lastschrift ohne „anerkennenswerte Gründe“ zu dem Zweck einlegt, um „Zahlungen auf begründete und von seiner Einzugsermächtigung gedeckte Gläubigeransprüche rückgängig zu machen, die er, wenn er sie überwiesen hätte, durch einen Widerruf nicht mehr hätte rückgängig machen können“, so nutzt er die ihm gegenüber der Zahlstelle zustehende Widerspruchsmöglichkeit „zweckfremd“ aus und handelt rechtsmissbräuchlich.[112] In diesem Fall entsteht ein **Schadensersatzanspruch** nach § 826 BGB gegenüber der Bank des Gläubigers. So ist es z. B. unzulässig, bei Zahlungsunfähigkeit des Zahlungsempfängers das Insolvenzrisiko durch den Widerspruch des Zahlungspflichtigen auf die erste Inkassostelle zu verlagern. Eine Prüfung des Missbrauchsgedankens empfiehlt sich immer dann, wenn kurz vor oder nach Eintritt der Insolvenz verstärkt Lastschriften eines Kunden nach Widerspruch zurückgebucht werden. 10.213

Zu einem ähnlichen Ergebnis kommt der Bundesgerichtshof in seiner Entscheidung vom 15. Juni 1987. Die amtlichen Leitsätze lauten: 10.214

> „1. Ein Schuldner handelt gegenüber seinem Gläubiger sittenwidrig, wenn er vor der Antragstellung auf Eröffnung des Konkursverfahrens über sein Vermögen der Belastung seines Kontos aufgrund einer berechtigten Einzugsermächtigungslastschrift allein deshalb widerspricht, um den Lastschriftbetrag einem anderen Gläubiger noch vor der Konkurseröffnung zuzuwenden.
>
> 2. Ein Kreditinstitut, das an der Begünstigung des anderen Gläubigers ein wirtschaftliches Interesse hat, weil dadurch dessen Kreditverbindlichkeit ihm gegenüber getilgt wird, und den Schuldner zum Widerspruch verleitet, handelt ebenfalls sittenwidrig und macht sich jedenfalls als Anstifter schadensersatzpflichtig.“[113]

Empfiehlt die Bank den Widerspruch gegen eine berechtigte Lastschrift, so kann auch sie sich schadensersatzpflichtig machen (Beihilfe zu § 826 BGB). 10.215

e) Wirkung der Lastschrift

Vergleichbar dem Überweisungsverfahren sind auch beim Einzug durch Lastschrift die materiellrechtlichen Folgen für das **Deckungs-, Inkasso- und das Valutaverhältnis** zu unterscheiden. Haben sich Zahlungsempfänger und Zahlungspflichtiger über die Zahlung durch Lastschrift geeinigt (Erteilung der Einzugsermächtigung), so wird nur die Leistung von Buchgeld – und zwar 10.216

---

112) So grundlegend BGH, Urt. v. 18.6.1979 – II ZR 84/78, WM 1979, 830, 831; Schimansky/Bunte/Lwowski-*van Gelder*, Bankrechts-Hdb., § 58 Rz. 95 ff.

113) BGH, Urt. v. 15.6.1987 – II ZR 301/86, ZIP 1987, 900 = WM 1987, 895, dazu EWiR 1987, 779 *(Hüffer)* und WuB I D 2. – 3.87 *(Hadding)*; OLG Frankfurt, Urt. v. 16.9.1996 – 18 U 92/94, ZIP 1996, 1824 = WM 1997, 211, dazu EWiR 1996, 1023 *(Hartung/Endell)* und WuB I D 2 – 1.97 *(Pönisch)*; einschränkend OLG Hamm, Urt. v. 21.12.1994 – 31 U 208/93, ZIP 1995, 206 = WM 1995, 479, dazu EWiR 1995, 245 *(W. Gottwald)* und WuB I D 2. – 1.95 *(Grün)*.

nicht mehr als Schickschuld nach § 270 BGB, sondern als Holschuld[114] – geschuldet. **Erfüllung** tritt deshalb mit Gutschrift auf dem Konto des Zahlungsempfängers ein, allerdings unter der Bedingung, dass mangels Widerspruchs die Kontogutschrift endgültig wird. Für die Frage, wann die Leistung des Zahlungspflichtigen als "rechtzeitig" anzusehen ist, kommt es auf den Zeitpunkt der Erteilung der Ermächtigung an.[115]

10.217 Sofern das Konto ausreichende Deckung aufweist, hat der Zahlungspflichtige das seinerseits Notwendige getan, wenn er den Einzugsermächtigungsauftrag oder den Lastschriftauftrag rechtzeitig erteilt hat. Das **Verspätungsrisiko** trägt dann entgegen der gesetzlichen Grundregel der Zahlungsempfänger; er hat es in der Hand, die Lastschrift zum Einzug zu geben und damit den Zahlungseinzug anzustoßen. Wenn allerdings die Lastschrift nicht eingelöst oder ihr widersprochen wird, lebt die ursprüngliche Zahlungsverpflichtung – i. d. R. als Schickschuld – wieder auf.

10.218 Ein Verzug des Schuldners kommt nur in Betracht, wenn eine berechtigte Lastschrift aus Gründen nicht eingelöst wird, die der Schuldner zu vertreten hat.[116] Beispiele hierfür sind fehlende Kontodeckung oder eine durch die Zahlstelle als Erfüllungsgehilfin des Schuldners verschuldete Verzögerung. Für Verzögerungen, die durch verspätete Lastschriftvorlage eintreten, hat der Gläubiger einzustehen.[117] Ebenso befindet sich der Schuldner nicht in (Prämien-)Verzug, wenn der Gläubiger (Versicherer) es trotz einer erteilten Einzugsermächtigung unterlässt, die fälligen Prämien einzuziehen, obwohl der Schuldner zu dem bestimmten Zeitpunkt ausreichende Deckung bereithält.[118]

f) Rückgabe der Lastschrift

10.219 Lastschriften, die – z. B. mangels Deckung – nicht eingelöst werden oder denen widersprochen wurde (**Rücklastschriften**), sind zurückzugeben. Sie werden dem Zahlungsempfänger rückbelastet. Das Risiko zwischenzeitlicher Insolvenz trägt die Bank des Zahlungsempfängers, jedenfalls innerhalb der Sechs-Wochen-Frist des Lastschriftabkommens. Abschnitt II des Abkommens enthält hierzu Vorschriften, die eine möglichst rasche Rückgabe und vorherige Information der Zahlstelle vorsehen (sog. Eilnachricht).

---

114) BGH, Urt. v. 7.12.1983 – VIII ZR 257/82, ZIP 1984, 185 = WM 1984, 163, 164.

115) Vgl. BGH, Urt. v. 7.12.1983 – VIII ZR 257/82, WM 1984, 163, 164 = ZIP 1984, 185.

116) So auch das AG Ludwigsburg in einem Urteil v. 26.7.2007, WM 2007, 2198, wonach der Schuldner, wenn der Lastschrifteinzug aufgrund von ihm zu vertretener Umstände scheitert, automatisch, d. h. ohne weitere Mahnung in Verzug gerät (Fall der Selbstmahnung gemäß § 286 Abs. 2 Nr. 4 BGB).

117) *Reiser/Krepold* in: BuB, Rz. 6/351.

118) BGH, Entsch. v. 19.10.1977 – IV ZR 149/76, BGHZ 69, 361: Der Gläubiger trägt in diesem Fall das Risiko der Nichtzahlung.

Nach der Rechtsprechung des Bundesgerichtshofs muss im Einzugsermächtigungsverfahren 10.220

> „die Schuldnerbank den **Lastschriftschuldner** über die Nichteinlösung der Lastschrift **unterrichten;** die Nachricht ist spätestens mit der Rückgabe der Lastschrift abzusenden“.[119)]

Zugrunde lag die „klassische“ Situation, dass die Lastschrift für die Erstprämie einer Versicherung mangels Deckung nicht eingelöst wurde. Das Konto des gerade volljährigen Schuldners wies erhebliche Unregelmäßigkeiten auf. Die Eltern hatten erklärt, für das überzogene Konto nicht mehr einstehen zu wollen, worauf das Institut eine Konto- und Bonitätssperre verfügte und dies den Eltern, jedoch nicht dem Kontoinhaber mitteilte. Dies hält der Bundesgerichtshof nicht für ausreichend. Er lässt offen, ob die Bank den Kunden schon vor Rückgabe informieren müsse. Jedenfalls müsse die Bank dem Kunden noch am gleichen Tage die Rückgabe einer Lastschrift mitteilen, auch wenn der Kunde nicht mit weiterer Kreditgewährung rechnen konnte. Eine Pflicht zur **Benachrichtigung des Lastschriftschuldners** wurde in der Literatur schon vorher vertreten.[120)]

g) Lastschriften in der Insolvenz

Mit drei im Wesentlichen gleichlautenden Urteilen hat der IX. Zivilsenat des Bundesgerichtshofs[121)] entschieden, dass dem (vorläufigen) Insolvenzverwalter ein weitergehendes Recht zum Widerspruch gegen Belastungsbuchungen zusteht, als es vor der Insolvenz der Lastschriftschuldner hatte. Außerhalb der Insolvenz handelt der Schuldner pflichtwidrig und macht sich gegenüber dem Gläubiger schadensersatzpflichtig, wenn er ohne anerkennenswerte Gründe der auf eine Einzugsermächtigung gestützten Belastungsbuchung widerspricht. Dies gilt jedoch nicht für den nach Eröffnung des Insolvenzverfahrens widersprechenden Insolvenzverwalter. 10.221

Zur Begründung führt der Senat an, es sei die Aufgabe des vorläufigen Insolvenzverwalters, die künftige Masse zu sichern und zu erhalten. Aus diesem Grund sei es nicht seine Sache, eine vor dem Eröffnungsantrag unvollständig erfüllte Verbindlichkeit des Schuldners vollständig zu erfüllen oder einer Erfüllungshandlung des Schuldners durch seine Zustimmung Wirksamkeit zu verleihen, falls dies nicht im Interesse aller Gläubiger liegt. 10.222

---

119) BGH, Urt. v. 28.2.1989 – XI ZR 80/88, ZIP 1989, 563 = WM 1989, 625, dazu EWiR 1989, 565 *(Koller)* und WuB I D 2. – 4.89 *(Reiser)*; Schimansky/Bunte/Lwowski-*van Gelder*, Bankrechts-Hdb, § 58 Rz. 107 ff.

120) *Hadding* in: FS Bärmann, S. 390; krit.: *Reiser*, WuB I D 2. – 4.89.

121) BGH, Urt. v. 4.11.2004 – IX ZR 22/03, ZIP 2004, 2442 = ZVI 2005, 33 = WM 2004, 2482 ff., dazu EWiR 2005, 121 *(Gundlach/Frenzel)*.; BGH, Urt. v. 4.11.2004 – IX ZR 82/03, ZinsO 2005, 40 ff., dazu EWiR 2005, 123 *(Streit/Schiermeyer)*; *Welsch*, DZWIR 2006, 221 ff. (Urteilsanm.).

10.223 Unter Zugrundelegung der o. g. Entscheidungen hat der IX. Senat des Bundesgerichtshofs in einem Urteil vom 25. Oktober 2007[122] die daran anknüpfende Rechtsfrage entschieden, welche Wirkung die Genehmigungsfiktion des Nr. 7 Abs. 3 AGB-Bk im Insolvenzeröffnungsverfahren bzw. nach Eröffnung des Insolvenzverfahrens hat. Nr. 7 Abs. 3 AGB-Bk, der im Wesentlichen Nr. 7 Abs. 4 der AGB-Spk entspricht, sieht Folgendes vor:

> „Hat der Kunde eine Belastungsbuchung aus einer Lastschrift, für die er dem Gläubiger eine Einzugsermächtigung erteilt hat, nicht schon genehmigt, so hat er Einwendungen gegen diese im Saldo des nächsten Rechnungsabschlusses enthaltene Belastungsbuchung spätestens vor Ablauf von sechs Wochen nach Zugang des Rechnungsabschlusses zu erheben. Macht er seine Einwendungen schriftlich geltend, genügt die Absendung innerhalb der Sechs-Wochen-Frist. Das Unterlassen rechtzeitiger Einwendungen gilt als Genehmigung der Belastung. …“[123]

10.224 Der IX. Senat führt nunmehr aus, dass § 305 BGB die Einbeziehung Allgemeiner Geschäftsbedingungen des Verwenders nur für dessen Vertragspartner vorsehe. Daraus folge, dass Allgemeine Geschäftsbedingungen – wie die AGB-Bk/AGB-Spk – die Gegenstand des Vertrages zwischen Gläubiger (hier: Kreditinstitut) und Schuldner (hier: Kunde) geworden sind, gegenüber dem vorläufigen und endgültigen Insolvenzverwalter rechtliche Bedeutung nur erlangen könnten, soweit dieser in die vertraglichen Rechte und Pflichten des Schuldners eingetreten sei.

10.225 Diese Voraussetzungen seien – bezogen auf einen mit Zustimmungsvorbehalt bestellten vorläufigen Insolvenzverwalter (§ 22 Abs. 2, § 21 Abs. 2 Satz 1 Nr. 2 Alt. 2 InsO) – nicht gegeben. Dessen Befugnis beschränke sich in dem betreffenden Bereich darauf, die Gläubigergesamtheit vor einer Vermögensminderung der Masse durch den Schuldner oder Dritte zu schützen. Dagegen sei er rechtlich nicht in der Lage, den Schuldner gegen dessen Willen zu Rechtshandlungen anzuhalten oder ihn daran zu hindern, Verpflichtungsgeschäfte einzugehen, aus denen Insolvenzforderungen entstehen. Ebenso wenig habe er die Rechtsmacht, anstelle des Schuldners im eigenen Namen zu handeln. Der vorläufige Insolvenzverwalter mit Zustimmungsvorbehalt könne daher aus eigenem Recht – also ohne Einwilligung des Schuldners – eine Belastungsbuchung

---

122) BGH, Urt. v. 25.10.2007 – IX ZR 217/06, BGHZ 174, 84 = ZIP 2007, 2273 = ZVI 2008, 64 = NJW 2008, 63.

123) Dazu im Vergleich Nr. 7 Abs. 4 AGB-Spk: „Einwendungen gegen eine Belastungsbuchung aus einer Lastschrift, für die er dem Gläubiger eine Einzugsermächtigung erteilt hat, muss der Kunde unverzüglich schriftlich oder, wenn i. R. d. Geschäftsbeziehung der elektronische Kommunikationsweg vereinbart wurde (z. B. Homebanking), auf diesem Wege erheben. Hat er eine im darauf folgenden Rechnungsabschluss enthaltene Belastungsbuchung nicht schon genehmigt, so gilt die Genehmigung spätestens dann als erteilt, wenn der Belastung nicht vor Ablauf von sechs Wochen nach Zugang des Rechnungsabschlusses widersprochen wird. Die Frist ist gewahrt, wenn der Widerspruch innerhalb von sechs Wochen abgesandt worden ist.“

nicht genehmigen. Anders als der vorläufige Insolvenzverwalter, auf den die Verwaltungs- und Verfügungsbefugnis übergegangen ist (§ 22 Abs. 1 InsO) könne er deswegen grundsätzlich keine Masseverbindlichkeit begründen (§ 55 Abs. 2 InsO). Damit habe er insgesamt keine Rechtsstellung erlangt, die es rechtfertigen könnte, dass er Rechtswirkungen, die ohne sein Zutun eintreten, gegen sich gelten lassen muss. Demgegenüber soll die in den AGB-Spk/AGB-Bk geregelte Genehmigungsfiktion im Rechtsverhältnis zwischen Schuldnerbank und dem vorläufigen starken sowie dem endgültigen Insolvenzverwalter in gleicher Weise wirken wie gegenüber dem Schuldner, solange dieser uneingeschränkt verfügungsberechtigt war.

Im Fall der Bestellung eines schwachen vorläufigen Insolvenzverwalters, der die Verfügungsbefugnis des Schuldners vollkommen unberührt lässt, kommt es demgegenüber weiterhin auf dessen Verhalten an.[124)] **10.226**

Vor diesem Hintergrund richtet sich die Frage der Wirkung der Nr. 7 Abs. 3 AGB-Bk – so der IX. Senat – nach der Rechtsstellung des Insolvenzverwalters in den jeweiligen Sechs-Wochen-Zeiträumen. Nur wenn in diesem Zeitraum ein vorläufiger, starker oder ein endgültiger Insolvenzverwalter bestellt ist, soll mithin die Genehmigungsfiktion eingreifen, nicht aber wenn in diesem Zeitraum ein schwacher (mit Zustimmungsvorbehalt bestellter) vorläufiger Insolvenzverwalter bestellt ist. Selbst wenn dieser später zum endgültigen Verwalter bestellt wird, kann sein weiteres Schweigen der Verfügung des Schuldners nicht mehr zur Wirksamkeit verhelfen.[125)] **10.227**

In der Praxis wird gerade zu Anfang des Insolvenzeröffnungsverfahrens häufig ein schwacher, mit Zustimmungsvorbehalt bestellter vorläufiger Insolvenzverwalter bestellt. Mithin dürfte die Genehmigungsfiktion der Nr. 7 Abs. 4 AGB-Spk/Nr. 7 Abs. 3 AGB-Bk nach der Rechtsprechung des IX. Zivilsenats häufig keine Wirkung entfalten. **10.228**

Der XI. Zivilsenat des Bundesgerichtshofes vertritt indes eine gegenteilige Auffassung.[126)] In seinem Urteil vom 10. Juni 2008[127)] kommt der XI. Zivilsenat zu dem Ergebnis, dass der Widerspruch des schwachen vorläufigen Insolvenzverwalters wirkungslos ist, da die Forderung des Lastschriftgläubigers durch den erfolgten Lastschrifteinzug auch auf der Grundlage der Genehmigungstheorie zum Lastschriftverfahren erfüllt sei. Die Genehmigung der Lastschriftbelastungsbuchung auf dem Schuldnerkonto sei im streitgegenständlichen Fall mangels Widerspruchs des Gemeinschuldners bzw. des Insolvenzverwalters gegenüber der Zahlstelle durch Nr. 7 Abs. 3 Nr. 3 AGB-Bk eingetreten, der – im **10.229**

124) So auch schon *Ganter*, WM 2005, 1557, 1563.

125) *Ganter*, WM 2005, 1557, 1563.

126) So schon die Bundesrichter *Nobbe* und *Ellenberger*, WM 2006, 1885 und KTS 2007, 397.

127) BGH, Urt. v. 10.6.2008 – XI ZR 283/07, ZIP 2008, 1977 (m. Anm. *Bork*, S. 1984 und *Haas*, S. 1985) = ZVI 2008, 477 = WM 2008, 1963, dazu EWiR 2008, 625 *(Keller)*.

Unterschied zur Ansicht des IX. Zivilsenats – auch den schwachen vorläufigen Insolvenzverwalter binde.

h) Bereicherungsanspruch gegen den Lastschriftgläubiger

10.230 Der Bundesgerichtshof hat in einem Urteil vom 11. April 2006[128] entschieden, dass die Zahlstelle im Einzugsermächtigungsverfahren einen direkten bereicherungsrechtlichen Anspruch gegen den Lastschriftgläubiger (Zahlungsempfänger) auf Herausgabe des diesem gutgeschriebenen Lastschriftbetrages besitzt, soweit der Lastschriftschuldner einer bislang noch nicht genehmigten Lastschrift widerspricht.

10.231 Die Entscheidung des Bundesgerichtshofes, die eine konsequente Fortführung der Rechtsprechung zur Genehmigungstheorie ist, stellt eine wesentliche Erleichterung für die Zahlstellen im Einzugsermächtigungsverfahren dar. In den Fällen, in denen der Lastschriftschuldner einer Belastungsbuchung aus Einzugsermächtigungslastschriften innerhalb der Frist aus Nr. 7 Abs. 3 AGB-Bk widerspricht, diese Lastschriften jedoch wegen Ablaufs der Sechs-Wochen-Frist aus Abschnitt III Nr. 2 des Lastschriftabkommens nicht mehr an die Inkassostelle zurückgereicht werden können, kann die Zahlstelle nach der Rechtsprechung des Bundesgerichtshofes beim Lastschriftgläubiger Rückgriff nehmen. Dies gilt auch im Falle einer unberechtigten Lastschrift, in dem der Zahlstelle zusätzlich der aus Abschnitt I Nr. 5 des Lastschriftabkommens resultierende Schadensersatzanspruch gegen die Inkassostelle zusteht. Die Zahlstelle kann in dieser Konstellation frei wählen, ob sie die Inkassostelle oder den Lastschriftgläubiger in Anspruch nehmen will. Der Bundesgerichtshof führt hierzu aus, dass die Inanspruchnahme des Lastschriftgläubigers, sofern dieser nicht insolvent ist, für die Zahlstelle ggf. einfacher sein könnte als die Inanspruchnahme der Inkassostelle. Im Verhältnis zum Lastschriftgläubiger genüge zur Geltendmachung des Anspruchs allein die Darlegung, dass der Lastschriftschuldner der (noch nicht genehmigten) Belastungsbuchung widersprochen habe, während ein Anspruch gegen die Inkassostelle nur gegeben sei, wenn die Zahlstelle darüber hinaus nachweisen kann, dass es sich um eine unberechtigte Lastschrift handelte.

i) Exkurs: Europäisches Lastschriftverfahren (SDD-SEPA Direct Debit)

10.232 Die neuen europäischen Lastschriftverfahren des European Payments Council (EPC) stehen ab dem 2. November 2009 zur Verfügung. Auf Grund der unterschiedlichen rechtlichen Rahmenbedingungen und verschiedenen nationalen Lastschriftverfahren hatte sich der EPC frühzeitig gegen eine Harmonisierung der bestehenden nationalen Lastschriftverfahren und für die Entwicklung eines

---

128) BGH, Urt. v. 11.4.2006 – XI ZR 220/05, ZIP 2006, 1041 = WM 2006, 1001, dazu EWiR 2006, 455 *(Ch. Müller)*.

völlig neuen Lastschriftverfahrens (SEPA Direct Debit Scheme SDD) entschieden. Aus deutscher Sicht wird das SDD einige vom deutschen Einzugsermächtigungslastschriftverfahren bekannte Elemente enthalten. So erteilt der Zahlungspflichtige – wie heute in Deutschland – dem Gläubiger ein sog. Mandat. Außerdem wird ihm ein Widerspruchsrecht eingeräumt. Allerdings werden sich auch einige Neuerungen ergeben, wie z. B. fest definierte Vorlauffristen für die Vorlage der Lastschrift bei der Zahlstelle (so müssen bei erstmaligem Einzug die Lastschriften fünf Tage, bei weiteren Einzügen zwei Tage vor Fälligkeit bei der Zahlstelle vorliegen). Darüber hinaus erarbeitet der EPC derzeit eine Variante des Lastschriftverfahrens, welche die Bedürfnisse von Geschäftskunden stärker berücksichtigen soll. (B2B-Variante als Firmenkundenlastschriftverfahren – vergleichbar dem deutschen Abbuchungsauftragsverfahren).

Im Einzelnen soll das europäische Lastschriftverfahren wie folgt abgewickelt 10.233
werden: Der Zahlungspflichtige erteilt dem Zahlungsempfänger ein „Mandat", das diesen zum Einzug von Forderungen ermächtigt und darüber hinaus die Zahlstelle anweist, die eingehende Lastschrift einzulösen. Bevor ein Zahlungsempfänger seinem Kreditinstitut die Lastschrift vorlegt, ist er verpflichtet, eine Voranzeige („Pre-Notification") an den Zahlungspflichtigen zu senden. Hierdurch soll dieser in die Lage versetzt werden, für die notwendige Deckung auf seinem Konto zu sorgen bzw. bei Unstimmigkeiten eine Klärung mit dem Zahlungsempfänger herbeizuführen. Die Pre-Notification kann etwa in der Form einer Rechnung erfolgen, die ein- oder mehrmalige Belastungen unter Nennung der jeweiligen Einzugsbeträge und Fälligkeitsdaten ankündigt (realisierbar durch bspw. Rechnungsversand). Sofern zwischen Zahlungsempfänger und Zahlungspflichtigem nichts anderes vereinbart wird, ist der Zahlungsempfänger verpflichtet, die Pre-Notification spätestens 14 Kalendertage vor Fälligkeit abzusenden. Über die erste Inkassostelle (Gläubigerbank) werden dann die Daten des Mandats als Teil der Lastschrift an die Zahlstelle weitergeleitet. Diese führt die Belastungsbuchung auf dem Konto des Zahlungspflichtigen am Fälligkeitstag („D") aus, an dem auch der Zahlungsausgleich („Settlement") durch die Weiterleitung des Einzugsbetrages an die erste Inkassostelle erfolgt.

Der Zahlungspflichtige hat die Möglichkeit, der Belastungsbuchung innerhalb 10.234
einer Frist von acht Wochen nach Vornahme der Belastungsbuchung auf dem Kundenkonto zu widersprechen.

3. Scheck als Zahlungsmittel

a) Rechtsgrundlagen

Grundlage für die wertpapierrechtliche Beurteilung des Schecks ist das Scheck- 10.235
gesetz (ScheckG) von 1933. Es bestimmt, wie ein Scheck ausgestellt und übertragen werden kann, ferner, wer unter welchen Voraussetzungen aus dem Scheck verpflichtet wird. Wesentlich für den Scheck sind seine Transport-, Le-

gitimations- und Garantiefunktion (Art. 17, 19, 21, 12, 18, ScheckG). Rechtlich verbrieft der Scheck die an eine bestimmte Form gebundene Anweisung (§ 783 BGB) an ein Kreditinstitut, bei dem der Aussteller ein entsprechendes Guthaben oder einen Kreditrahmen besitzt, eine bestimmte Geldsumme zu zahlen (Art. 1 bis 3, 54 ScheckG). Der Scheck ist ein „geborenes“ Orderpapier (Art. 5 Abs. 1 ScheckG) und kann deshalb vom Schecknehmer durch Indossament auf eine andere Person übertragen werden (Art. 14 ScheckG). Trägt er hingegen den Vermerk „nicht an Order“, so wird er zum Rektapapier (Namenspapier), das nur durch Abtretung der Forderung selbst nach §§ 398 ff. BGB übertragen werden kann (Art. 14 Abs. 2 ScheckG), nicht hingegen durch die bloße Übergabe des Papiers. Es gilt dann der Grundsatz: *„Das Recht am Papier folgt dem Recht aus dem Papier“*. Im deutschen Zahlungsverkehr kommen Order- oder Rektaschecks selten vor. Die allgemein gebräuchlichen Scheckformulare enthalten den Zusatz „oder Überbringer“. Der Scheck gilt dann als Inhaberscheck (Art. 5 Abs. 2 und 3 ScheckG). Es gilt der Grundsatz: *„Das Recht aus dem Papier folgt dem Recht am Papier“*. Zu seiner Übertragung genügen Einigung und Übergabe des Papiers mit erweiterter Möglichkeit des gutgläubigen Erwerbs (Art. 21 ScheckG). Das damit verbundene Risiko des Scheckverlustes lässt sich durch den quer über die Vorderseite des Schecks gesetzten Vermerk „nur zur Verrechnung“ mindern. Das bezogene Kreditinstitut darf einen solchen Verrechnungsscheck nicht bar, sondern nur bargeldlos einlösen (Art. 39 ScheckG).

10.236 Das Scheckgesetz regelt hingegen nicht die bankrechtlichen Fragen, die mit dem Einsatz des Schecks als Mittel zur bargeldlosen Zahlung verbunden sind. Das „interne Scheckrecht“, d. h. die Rechtsverhältnisse zwischen Bank und Scheckaussteller, dem Scheckeinreicher und den zum Inkasso eingeschalteten Banken sind vielmehr Gegenstand des Bankrechts im engeren Sinne. Neben den allgemeinen Vorschriften des bürgerlichen und des Handelsrechts, namentlich wiederum dem Recht der entgeltlichen Geschäftsbesorgung, sind für den Scheckverkehr die Sonderbedingungen der Kreditinstitute („Bedingungen für den Scheckverkehr“)[129] sowie entsprechende Abkommen der Spitzenverbände der Kreditwirtschaft („Abkommen über den Einzug von Schecks“ – Scheckabkommen, SchAbk)[130] maßgeblich.

10.237 Das Kreditinstitut ist gegenüber dem Inhaber und Vorleger des Schecks zur Zahlung grundsätzlich nicht verpflichtet. Eine **Zahlungsverpflichtung** ergibt sich jedoch im Verhältnis zum Scheckaussteller aufgrund des Girovertrags. Danach hat das Kreditinstitut die Weisung des Kunden an seine Bank, dem Scheckinhaber den Scheckbetrag auszuzahlen, zu beachten. Dies gilt selbstverständlich nicht, wenn eine solche Weisung nicht vorliegt (Fälschung), sie wi-

---

129) Abgedr. bei *Koch,* Der Zahlungsverkehr in der Bankpraxis, Anhang 2.

130) Abkommen über den Einzug von Schecks in der am 3.9.2007 in Kraft getretenen Fassung, abgedr. in: BuB, Rz. 6/1072.

derrufen (Schecksperre) oder das Kreditinstitut aus anderen Gründen gegenüber dem Kontoinhaber zur Einlösung nicht verpflichtet ist (z. B. mangelnde Deckung).

b) Schecksperre

Hat der Kontoinhaber rechtzeitig der Einlösung des Schecks widersprochen, also eine sog. Schecksperre veranlasst, und wird dennoch der Scheck eingelöst, dann haftet das Kreditinstitut. Dies gilt jedenfalls bei abhanden gekommenen Schecks, weil eine wirksame Scheckerklärung des Kontoinhabers nicht mehr vorliegt. Bei ordnungsgemäß ausgestellten Schecks ist ein Widerruf nach Art. 32 Abs. 1 ScheckG zwar grundsätzlich erst nach **Ablauf der Vorlegungsfrist** wirksam. Allerdings ist Art. 32 ScheckG nach h. M. abdingbar, sodass eine Beachtung des Widerrufs vereinbart werden kann.[131)] **10.238**

In der Regel beachtet das Kreditinstitut im Interesse seiner Kunden Schecksperren auch innerhalb der Sieben-Tage-Frist. Daraus schließt der Bundesgerichtshof[132)] eine konkludente Nebenpflicht aus dem Scheckvertrag, nach der die bezogene Bank die **Schecksperre zu beachten** hat. Daher hat der Bundesgerichtshof eine frühere in Nr. 10 Satz 1 der Scheckbedingungen a. F. getroffene Regelung, die der Bank entsprechend Art. 32 Abs. 1, Art. 29 Abs. 1 ScheckG das Recht, aber nicht die Pflicht zur Beachtung des Widerrufs ließ, nach § 9 Abs. 1 AGBG a. F. als unwirksam qualifiziert. **10.239**

> „Da die Regelung von Nr. 10 Satz 1 der Scheckbedingungen – entgegen der Verkehrssitte – das Regel-Ausnahme-Prinzip verkehrt und somit die Beachtung einer Schecksperre für den Ausnahmefall erklärt, verstößt diese Klausel gegen § 9 Abs. 1 AGBG und ist deshalb unwirksam ... Bei dieser Rechtslage bedarf es nicht für jede einzelne vorzeitige Schecksperre einer vertraglichen Vereinbarung. Da die Verpflichtung des Kreditinstituts bereits mit der Vereinbarung des Scheckvertrags begründet worden ist, genügt zu ihrer Konkretisierung der (einseitige) Widerruf des Scheckausstellers gegenüber der Bank."[133)]

Die Pflicht zur Beachtung der Schecksperre führte im entschiedenen Fall sogar dazu, dass die Sparkasse aufgrund ihres **Stornierungsrechts** nach Nr. 1 Abs. 5 AGB a. F. (entspricht Nr. 41 Abs. 2 AGB-Bk a. F.) eine bereits erfolgte Belastungsbuchung hätte rückgängig machen müssen. Diese weitgehende Rechtsprechung, die sogar die Vereinbarung der gesetzlichen Regelung für eine unangemessene Benachteiligung i. S. d. § 9 Abs. 2 Nr. 2 AGBG a. F. hält, erscheint im **10.240**

---

131) *Canaris*, Bankvertragsrecht, Rz. 702.

132) BGH, Urt. v. 13.6.1988 – II ZR 324/87, ZIP 1988, 1105 = WM 1988, 1325, dazu EWiR 1988, 1025 *(Hadding)* und WuB I D 3. – 15.88 *(Fischer)*; mit gegenteiligem Ergebnis die Vorinstanz: OLG Koblenz, Urt. v. 9.10.1987 – 2 U 51/86, WM 1988, 18, dazu EWiR 1988, 189 *(v. Stebut)* und WuB I D 3. – 8.88 *(Häuser)*.

133) BGH, Urt. v. 13.6.1988 – II ZR 324/87, ZIP 1988, 1105, dazu EWiR 1988, 1025 *(Hadding)*; krit. hierzu *Canaris*, Bankvertragsrecht, Rz. 702; Schimansky/Bunte/Lwowski-*Nobbe*, Bankrechts-Hdb., § 60 Rz. 139; *Fischer*, WuB I D 3. – 15.88; *Häuser*, WM 1988, 1505.

Ergebnis zwar unbefriedigend. Die Kreditinstitute müssen sie jedoch beachten und Schecksperren beim Scheckinkasso – einschließlich Filialinkasso – bis zum Zeitpunkt der endgültigen Buchung – also solange eine Stornierungsmöglichkeit noch besteht – trotz der gegenteiligen gesetzlichen Regelung in Art. 32 Abs. 1, Art. 29 Abs. 1 ScheckG berücksichtigen.

10.241 In Nr. 5 der Scheckbedingungen ist nunmehr Folgendes geregelt:

> „Der Widerruf eines Schecks kann nur beachtet werden, wenn er der kontoführenden Stelle so rechtzeitig zugeht, dass seine Berücksichtigung i. R. d. ordnungsmäßigen Geschäftsablaufes möglich ist. Nach Ablauf der Vorlegungsfrist hat das bezogene Institut eine Schecksperre nur für 6 Monate, gerechnet vom Eingang des Widerrufs, zu beachten; später vorgelegte Schecks kann das bezogene Institut einlösen, sofern der Aussteller die Sperre nicht schriftlich um weitere 6 Monate verlängert".

c) Scheckanfrage, Scheckeinlösungszusage

10.242 Bei Scheckanfragen sind Scheckbestätigung, Scheckeinlösungszusagen und sog. Sperrzusagen zu unterscheiden. Wird der Scheck unter **„banküblichem Vorbehalt"** vom bezogenen Institut bestätigt, besteht nur bei vorhandener Deckung und Ordnungsmäßigkeit des Schecks eine Zahlungsverpflichtung des bestätigenden Kreditinstituts. Ein noch vor Vorlage erfolgter Widerruf des Ausstellers kann – auch innerhalb der Vorlegungsfrist – beachtet werden.

10.243 Eine **Scheckbestätigung** etwa mit den Worten „Scheck geht in Ordnung" oder „Deckung vorhanden" begründet keine selbständige Einlösungszusage. Denn an eine als selbständige Garantie zu wertende Scheckeinlösungszusage sind angesichts des besonderen Risikos, das die Bank eingeht, strenge Anforderungen zu stellen. Dies soll nach einer Entscheidung des Bundesgerichtshofs[134)] sogar gelten, wenn die Bank erklärt hat, sie werde den Scheck einlösen, sich aus den Gesamtumständen jedoch keine selbständige Haftungsverpflichtung ergibt. Im vorstehend zitierten BGH-Fall lag der Bank bei Beantwortung der Scheckanfrage der Scheck bereits vor. Jedoch ergaben die Umstände, dass der Anfragende erkennbar keine Garantiezusage erwartet hatte.

10.244 Normalerweise wird die Zusage „Scheck wird eingelöst" oder „Scheck wird honoriert" jedoch als **Scheckeinlösungszusage** (Garantie) zu werten sein. Dies führt zu einer selbständigen Zahlungsverpflichtung des die Bestätigung abgebenden Kreditinstituts.[135)] Den dargestellten Grundregeln entsprechend hat der Bundesgerichtshof[136)] auch die Zusage eines Kreditinstituts, es garantiere die Einlösung eines Schecks, dahin gehend ausgelegt, das Kreditinstitut ver-

---

134) BGH, Urt. v. 20.2.1990 – XI ZR 47/89, ZIP 1990, 568 = WM 1990, 494, dazu EWiR 1990, 599 *(Häuser)* und WuB I D 3. – 11.90 *(Irmen)*.

135) BGH, Urt. v. 24.3.1980 – II ZR 188/79, ZIP 1980, 443 = NJW 1980, 1956.

136) BGH, Urt. v. 29.3.1982 – II ZR 39/81, ZIP 1982, 1057; ähnlich LG Hamburg, Entsch. v. 7.1.1985 – 62 O 112/84, WM 1985, 566, dazu WuB I D 3. – 2.85 *(Häuser)*.

pflichte sich hiermit, unter allen Umständen für die Zahlung des Scheckbetrags einstehen zu wollen. Bei einer Scheckeinlösungszusage kann das Kreditinstitut demnach im Regelfall weder einwenden, die Verpflichtung des Scheckausstellers sei nicht entstanden oder bereits wieder erloschen, noch, der Scheck sei ihm gegenüber wirksam widerrufen worden. Mit Rücksicht auf die abstrakte Natur der Scheckeinlösungsgarantie hindert dies die Parteien jedoch nicht, im Einzelfall zu vereinbaren, dass die Garantieleistung von der Erfüllung bestimmter Voraussetzungen abhängig sein soll.

d) Verrechnungsscheck

Schecks, die durch zwei parallele Striche schräg über die Vorderseite gekennzeichnet sind, werden üblicherweise als Verrechnungsschecks i. S. d. Art. 39 ScheckG behandelt, also nur über ein Konto eingelöst und **nicht bar ausbezahlt**. Dies ist nach inzwischen überholter Meinung des Oberlandesgericht Nürnberg[137] nicht zwingend. Nach dieser Entscheidung soll eine eindeutige Feststellung, im Geschäftsverkehr habe sich der Handelsbrauch entwickelt, quer durchgestrichene Schecks als Verrechnungsschecks zu behandeln, nicht getroffen werden können. Heute werden in der Bankpraxis solche Schecks als Verrechnungsschecks behandelt.[138] **10.245**

e) Haftungs- und Sorgfaltspflichten

Nach Nr. 2 der bis 1994 geltenden Sonderbedingungen für den Scheckverkehr haftete der Kunde für „alle Nachteile des Abhandenkommens, der missbräuchlichen Verwendung, der Fälschung und Verfälschung von Schecks, Scheckvordrucken“ usw. Das bezogene Institut haftete i. R. d. von ihm zu vertretenden Verschuldens nur in dem Maße, wie es im Verhältnis zu anderen Ursachen an der Entstehung des Schadens mitgewirkt hat. Diese Schadensverlagerung auf den Kunden beruhte auf der sog. „**Sphärentheorie**“. Sie geht davon aus, dass der Schaden von demjenigen zu tragen ist, aus dessen Sphäre das schadensbegründende Ereignis stammt. Da der Kunde die Scheckvordrucke (ebenso die Scheckkarte) im Besitz hat, stammen Schäden aus deren Abhandenkommen oder Verfälschung aus seiner Sphäre.[139] **10.246**

Die Sphärentheorie ist in den Scheckbedingungen von 1995 zunächst noch für kaufmännische Kunden und die öffentliche Hand und auch nur noch einge- **10.247**

---

137) OLG Nürnberg, Urt. v. 17.12.1975 – 4 U 9/75, WM 1976, 983; a. A. Schimansky/Bunte/Lwowski-*Nobbe*, Bankrechts-Hdb., § 60 Rz. 152.

138) So die h. M. Baumbach-*Hefermehl*, WechselG/ScheckG, Art. 39 ScheckG Rz. 1; *Bülow*, WechselG/ScheckG-AGB, Art. 39 ScheckG Rz. 2; *Liesecke*, WM 1969, 1366, 1375.

139) Ebenso *Canaris*, Bankvertragsrecht, Rz. 710, 711 m. w. N.; offen gelassen in BGH, Urt. v. 3.11.1992 – XI ZR 56/92, ZIP 1993, 29 = WM 1993, 12, 14, dazu EWiR 1993, 287 *(Bülow)* und WuB I D 3. – 4.93 *(Terpitz)*.

schränkt beibehalten worden. Der Bundesgerichtshof hat jedoch auch für den kaufmännischen Geschäftsverkehr eine Anwendung der Sphärentheorie als unangemessene Benachteiligung beurteilt.[140)]

10.248 Die geltenden Scheckbedingungen sehen daher nur noch Haftungsregelungen vor, die Verschulden voraussetzen. Die **Haftungsverteilung** richtet sich nach dem Maß des schadensbegründenden Verschuldens der Bank oder des Kunden (§ 254 BGB). Dabei sind – ähnlich wie bei der Haftungsregelung in den AGB-Bk/AGB-Spk – dem Kunden bestimmte Sorgfaltspflichten auferlegt. Insbesondere hat der Kunde nach Nr. 2 der Scheckbedingungen Scheckvordrucke und Schecks mit besonderer Sorgfalt aufzubewahren und das Abhandenkommen unverzüglich mitzuteilen. Außerdem sind die Scheckvordrucke eindeutig auszufüllen, und zwar so, dass nichts hinzugeschrieben oder verändert werden kann. Nach der neuen Haftungsregelung kann die Bank den Kunden nur dann mit dem Scheckbetrag belasten, wenn der Kunde den Scheck auch tatsächlich in dieser Höhe ausgestellt hat. Ist dies nicht der Fall, dann kann sie allenfalls einen Schadensersatzanspruch aufgrund der Scheckbedingungen nach den Grundsätzen des Mitverschuldens haben, wenn der Kunde durch schuldhaftes Verhalten, insbesondere durch eine Verletzung seiner Sorgfaltspflichten, zur Entstehung des Schadens beigetragen hat.[141)]

10.249 Kein Mitverschulden des Kunden soll jedoch vorliegen, wenn ein Scheck selbst über eine sehr hohe Summe (im entschiedenen Fall über 300.000 DM) mit **einfachem Brief** im Postwege versandt wird.[142)]

f) Einzelfälle zur Scheckprüfungspflicht

10.250 Nach Art. 21 ScheckG kann der Scheckinhaber (also bspw. die Inkassobank) an einem abhanden gekommenen Scheck nur Eigentum erwerben, wenn er beim Erwerb weder bösgläubig war, noch ihm beim Erwerb grobe Fahrlässigkeit zur Last fällt. Liegen die Voraussetzungen des Art. 21 ScheckG nicht vor, hat also bspw. die Inkassobank kein Eigentum erworben, da sie beim Erwerb grob fahrlässig gehandelt hat, kann der materiell berechtigte frühere Scheckinhaber von der Inkassobank nach § 985 BGB das Papier herausverlangen oder für den Fall, dass die Bank den Scheck nicht mehr in Besitz hat, von ihr Schadensersatz nach §§ 990, 989 BGB i. V. m. Art. 21 ScheckG verlangen.

---

140) BGH, Urt. v. 18.3.1997 – XI ZR 117/96, ZIP 1997, 838 = WM 1997, 910, dazu EWiR 1997, 531 *(Joost)* und WuB I D 3. – 3.97 *(Köndgen)*; Schimansky/Bunte/Lwowski-*Nobbe*, Bankrechts-Hdb., § 60 Rz. 101 und 132 ff.

141) BGH, Urt. v. 13.5.1997 – XI ZR 84/96, ZIP 1997, 1144 = WM 1997, 1250, dazu EWiR 1997, 643 *(Osterloh)* und WuB I D 3. – 7.97 *(Harbeke)*.

142) BGH, Urt. v. 16.6.1998 – XI ZR 254/97, ZIP 1998, 1351, dazu EWiR 1998, 1067 *(Schwintowski)*, dazu WuB I D 3. – 10.98 *(Ott)*; gegenteiliger Meinung das OLG Stuttgart als Vorinstanz.

Um demnach einen Order- oder Inhaberscheck gutgläubig zu erwerben, stellt sich die Frage nach den Prüfpflichten der Inkassobank bei der Hereinnahme von Schecks. Da sich beim Inhaberscheck der Einreicher allein durch den Besitz des Schecks legitimiert, ist die Inkassobank grundsätzlich gegenüber dem Scheckberechtigten nicht verpflichtet, die sachliche Berechtigung des Einreichers zu überprüfen. Aus dem Besitz des Inhaberpapiers folgt vielmehr die Vermutung, dass der formell Berechtigte auch materiell Berechtigter ist. Nur wenn sich aufgrund besonderer Umstände bei der Scheckeinreichung der Verdacht aufdrängt, dass der eingereichte Scheck einem früheren Berechtigten abhanden gekommen sein könnte, ist die Inkassobank verpflichtet, die materielle Berechtigung des Einreichers näher zu prüfen.[143)] 10.251

Die Rechtsprechung über **Sorgfaltspflicht und Sorgfaltsmaßstab** der Kreditinstitute bei der Prüfung vorgelegter Schecks ist kaum übersehbar und teilweise widersprüchlich. *Nobbe*[144)] unterscheidet Fälschungsverdachtsmomente aus der Unterschrift, aus der übrigen Scheckurkunde, außerhalb der Scheckurkunde und aus einer Gesamtbetrachtung. Liegen solche Verdachtsmomente vor, dann trifft die Bank eine Rückfragepflicht beim Aussteller vor Einlösung des Schecks. So hat das Oberlandesgericht Hamm[145)] festgestellt, dass das kontoführende Kreditinstitut bei der Einlösung eines gefälschten Barschecks (Eurocheque-Formular ohne Scheckkartennummer) über 5.800 DM zur Überprüfung der Identität des ihr nicht bekannten Scheckeinreichers grundsätzlich nur dann verpflichtet ist, wenn besondere Anhaltspunkte für eine Fälschung gegeben sind. 10.252

Der Bundesgerichtshof hält ein Kreditinstitut zwar gleichfalls grundsätzlich nicht für verpflichtet, die Berechtigung des Scheckinhabers nachzuprüfen, wenn nicht besondere Umstände den Verdacht nahelegen, der Scheck könne abhanden gekommen sein. Der **Barankauf** eines Inhaberverrechnungsschecks durch eine dritte (Nicht-Aussteller-)Bank ist jedoch nach Ansicht des Bundesgerichtshofs[146)] ein so ungewöhnliches Geschäft, dass eine Überprüfung der Berechtigung des Einreichers geboten ist. Ein weiteres – allerdings heftig umstrittenes – Verdachtsmoment soll die **Disparität,** also der Fall der Einreichung des Schecks durch einen nicht in der Scheckurkunde bezeichneten Scheckbegüns- 10.253

143) BGH, Urt. v. 16.3.1993 – XI ZR 103/92, ZIP 1993, 582 = WM 1993, 736, dazu EWiR 1993, 491 *(Bülow)*.

144) Schimansky/Bunte/Lwowski-*Nobbe*, Bankrechts-Hdb., § 60 Rz. 112.

145) OLG Hamm, Urt. v. 26.4.1985 – 20 U 361/84, WM 1985, 1032, dazu EWiR 1985, 707 *(Empelmann)*.

146) BGH, Urt. v. 26.9.1995 – XI ZR 159/94, ZIP 1995, 1745 = WM 1995, 1950, dazu EWiR 1995, 1119 *(Bülow)* und WuB I D 3. – 2.96 *(Müller-Christmann)*.

tigten, sein. Dies soll zumindest bei hohen Scheckbeträgen (über 5.000 DM) gelten.[147)]

10.254 Dient ein Verrechnungsscheck erkennbar **kaufmännischen** Zwecken und wird er von einer anderen Person als dem Empfänger über **ein Sparbuch** eingezogen, so handelt das Kreditinstitut grob fahrlässig, wenn es die Berechtigung des Einreichers nicht überprüft.[148)] Eine Verpflichtung der Inkassobank zur Überprüfung der Berechtigung des Einreichers schon dann, wenn ein Scheck, der ersichtlich geschäftlichen Zwecken dient, über ein durch die Kontonummer als privat gekennzeichnetes Girokonto eingezogen wird, besteht hingegen nicht.[149)]

10.255 Weiterhin verletzt das bezogene Kreditinstitut nach einer Entscheidung des Bundesgerichtshofs vom 9. Dezember 1985 (Zahnarztfall)[150)] seine Prüfungspflicht, wenn es einen nach den bisherigen Gepflogenheiten des Kontoinhabers **außergewöhnlich hohen Barscheck** an einen ihr unbekannten Einreicher in bar auszahlt, ohne zuvor bei dem Kontoinhaber telefonisch nachzufragen oder sich wenigstens den Personalausweis des Scheckeinreichers zur Personalienfeststellung vorlegen zu lassen.

10.256 Das Oberlandesgericht Köln geht mit seinem Urteil vom 28. Oktober 1986[151)] i. S. einer weiteren Verschärfung der Sorgfaltspflichten der Kreditinstitute noch weiter. Es hat entschieden, dass bei Vorlage eines Barschecks, der insbesondere im Hinblick auf dessen Höhe bzw. den Kontostand (Überziehung) nicht den **bisherigen Zahlungsgewohnheiten** des Kunden entspricht, das Kreditinstitut verpflichtet ist, die Echtheit des Schecks zu prüfen. Diese Rechtsprechung ist auf Widerspruch gestoßen. Sie dürfte allgemeine Geltung wohl nur für ungewöhnliche Fallkonstellationen, bei denen Verdachtsmomente offensichtlich sind, haben. Unter den Gegebenheiten des Massenverkehrs bei der Einlösung

---

147) BGH, Urt. v. 12.12.1995 – XI ZR 58/95, ZIP 1996, 270 = WM 1996, 248, dazu WuB I D 3. – 4.96 *(Hadding)*; BGH, Urt. v. 4.11.1997 – XI ZR 270/96, ZIP 1998, 330 = WM 1997, 2395, dazu EWiR 1998, 1029 *(Aden)* und WuB I D 3. – 3.98 *(Müller-Christmann)*; zu weiteren, teils gegensätzlichen Entscheidungen vgl. *Müller-Christmann*, WuB I D 3. – 2.99.

148) BGH, Urt. v. 12.1.1987 – II ZR 187/86, ZIP 1987, 360 = WM 1987, 337, dazu EWiR 1987, 391 *(Bülow)*.

149) BGH, Urt. v. 9.5.1989 – XI ZR 115/88, ZIP 1989, 908 = WM 1989, 944, dazu EWiR 1990, 183 *(Hadding)*; anders die Vorinstanz OLG Düsseldorf, Urt. v. 29.6.1988 – 17 U 204/87, ZIP 1988, 1108 = WM 1988, 1188, dazu EWiR 1988, 1117 *(Rehbein)* und WuB I D 3. – 13.88 *(Stützle)*.

150) BGH, Urt. v. 9.12.1985 – II ZR 185/85, ZIP 1986, 156 = WM 1986, 123, dazu EWiR 1986, 191 *(Vietor)* und WuB I D 3. – 3.86 *(Hadding)*; ebenso die Vorinstanz: OLG Düsseldorf, Urt. v. 13.6.1985 – 6 U 208/84, WM 1985, 1030, dazu EWiR 1985, 577 *(Bülow)*; mit ähnlichem Ergebnis OLG München, Urt. v. 8.4.1992 – 27 U 543/91, WM 1992, 1524, dazu WuB I D 3. – 7.92 *(Bülow)*.

151) OLG Köln, Urt. v. 28.10.1986 – 15 U 73/86, WM 1987, 404, dazu EWiR 1987, 615 *(Rehbein)* und WuB I D 3. – 7.87 *(Häuser)*.

von Schecks ist es praktisch kaum möglich, für jeden einzelnen Kunden festzustellen, wann sich ein Barscheck im „üblichen Rahmen" bewegt und wann eine Rückfrage beim Kunden oder eine Identitätsprüfung des Scheckinhabers zur Vermeidung von Risiken erforderlich ist.

Selbst wenn dem Kunden im Einzelfall wegen der nicht sorgfältigen Verwahrung der Scheckvordrucke und/oder einer nicht rechtzeitigen Benachrichtigung seines Kreditinstituts ein Mitverschulden angerechnet wird, können dennoch erhebliche Beträge zur Disposition stehen. Da die **Legitimationsprüfung** i. d. R. rascher als die Kundenrückfrage durchgeführt werden kann, kann es sich empfehlen, für Scheckbarauszahlungen ab einer Größenordnung von etwa 3.000 bis 5.000 Euro eine Legitimationsprüfung durch Vorlage eines amtlichen Lichtbildausweises durchzuführen. 10.257

Das Oberlandesgericht Köln[152)] hat entschieden, dass eine nicht kontoführende Stelle des bezogenen Kreditinstituts ihre Prüfungspflicht i. d. R. dann verletzt, wenn ihr bei Scheckprüfung **keine Originalunterschrift** des Kontoinhabers zu Vergleichszwecken zur Verfügung steht und sie einen Scheck an einen Einreicher bar auszahlt, der sich nicht als Kontoinhaber oder sonst Verfügungsberechtigter ausweisen kann. Die bis dahin zum Teil gebilligte Praxis, sich auf eine telefonische Abstimmung der Unterschriftsmerkmale zu beschränken, wird nicht für ausreichend gehalten. 10.258

Schließlich hat es der Bundesgerichtshof als grob fahrlässig angesehen, wenn die Bank die materielle Berechtigung des Einreichers eines Verrechnungsschecks nicht überprüft, auf dem das für die Eintragung des Schecknehmers vorgesehene Feld mit einem **Adressaufkleber** überklebt ist.[153)] 10.259

g) Belegloser Scheckeinzug

Hintergrund für die Änderung des Scheckabkommens im September 2007 war insbesondere die Einführung des sog. imagegestützten Scheckeinzugs (ISE-Verfahren), das das bisherige GSE-Verfahren ersetzt. Folgend sollen die Hintergründe der Einführung des ISE-Verfahrens näher beleuchtet werden: 10.260

Für den Einzug von Scheckgegenwerten wurden in Deutschland zwei Verfahren genutzt. Das beleglose Scheckeinzugsverfahren ohne Vorlage der Originalschecks (BSE-Verfahren) kam (und kommt) bei Schecks bis zu einem Wert von unter 6.000 Euro zur Anwendung. Schecks ab einem Betrag von 6.000 Euro 10.261

152) OLG Köln, Urt. v. 11.7.1985 – 12 U 194/84, dazu EWiR 1985, 799 *(Müller-Wüsten)*; ebenso OLG Celle, Urt. v. 21.10.1992 – 3 U 280/91, WM 1993, 101, dazu EWiR 1993, 19 *(Joost)* und WuB I D 3. – 5.93 *(Christoffel)*.

153) BGH, Urt. v. 7.12.1987 – II ZR 157/87, ZIP 1988, 156 = WM 1988, 147, dazu EWiR 1988, 709 *(Richardi)* und WuB I D 3. – 2.88 *(Hadding/Häuser)*; ähnlich OLG München, Urt. v. 17.12.1997 – 3 U 4563/96, WM 1998, 1813, dazu WuB I D 3. – 9.98 *(Bülow)*; vgl. hierzu auch *Nobbe*, WM Beilage zu Heft 10/1991, S. 12.

wurden im Großbetrag-Scheckeinzugsverfahren mit gesonderter Vorlage der Originale (GSE-Verfahren) über die Deutsche Bundesbank eingezogen. Diese beiden Scheckeinzugs-Verfahren sind im Scheckabkommen zwischenbetrieblich geregelt worden.

aa) BSE-Verfahren

10.262 Im BSE-Verfahren ist die erste Inkassostelle verpflichtet, die Scheckdaten zu erfassen und in Clearingdatensätze ins DTAUS[154)]-Format umzuwandeln. Der Einzug der Scheckgegenwerte erfolgt im EMZ[155)] der Deutschen Bundesbank, im Garagenclearing oder in eigenen Gironetzen, wobei die Datensätze mittels DFÜ[156)] bzw. Datenträger (Magnetbandkassetten/Disketten) ausgetauscht werden. Die Originalschecks verbleiben hingegen bei der ersten Inkassostelle. Jedes am BSE-Verfahren beteiligte Kreditinstitut kann von der ersten Inkassostelle die Auslieferung einer Scheckkopie – das bezogene Kreditinstitut auch den Originalscheck – innerhalb der im Scheckabkommen geregelten Aufbewahrungsfrist – verlangen.

bb) GSE-Verfahren

10.263 Die Überleitung von Schecks in das GSE-Verfahren erfolgte ausschließlich durch die Deutsche Bundesbank. Die von der ersten Inkassostelle beziehungsweise die von dem einreichenden Kreditinstitut (z. B. Zentralinstitut) eingereichten Schecks wandelte die Bundesbank in Clearingdatensätze um und zog die Scheckgegenwerte i. R. d. EMZ[157)] beleglos ein. Abweichend vom BSE-Verfahren wurden hierbei die Originalschecks an das bezogene Kreditinstitut ausgeliefert. Ferner wurden im GSE-Verfahren auch sonstige Einzugspapiere eingezogen (unechtes GSE-Verfahren). Hierbei handelte es sich um nicht BSE-fähige Schecks beziehungsweise Reiseschecks, die nicht beleglos eingezogen werden konnten, Schecks mit Mängeln in der Codierzeile beziehungsweise negativem Ergebnis bei der Prüfziffernkontrolle, Schecks mit Anforderung einer Bezahltmeldung, Retouren und Rückrechnungen einschließlich Rückschecks aus dem GSE-Verfahren sowie Schecks, die nicht den Anforderungen der Richtlinien für einheitliche Zahlungsverkehrsvordrucke entsprachen. Diese Papiere wurden von der ersten Inkassostelle in Korrekturhüllen in das GSE-Verfahren übergeleitet.

10.264 Im Rahmen des zwischenbetrieblichen Zahlungsverkehrs war das GSE-Verfahren das einzige Verfahren, bei dem zwischen Inkassostelle und Zahlstelle

154) Datenträgeraustausch.

155) Elektronischer Massenzahlungsverkehr.

156) Datenfernübertragung.

157) Elektronischer Massenzahlungsverkehr.

noch körperlich Zahlungsverkehrsbelege ausgetauscht wurden. Diese beleghafte Weiterleitung war allerdings aus folgenden Gründen mit erheblichem Aufwand verbunden:

- mehrfache physische Verteilung und Transport;
- mehrfache Erfassung und Archivierung;
- hoher manueller Arbeitsaufwand, da physische Scheckvorlage und Verrechnung getrennt erfolgen;
- für alle zur Bundesbank eingereichten Schecks musste die Codierzeile ausgefüllt werden (Nachcodierung Betrag – ggf. mit speziellen Maschinen oder mit optionaler Technik am Scanner);
- manueller und technischer Aufwand bei der ersten Inkassostelle, da GSE-Schecks durch zusätzliche Läufe aussortiert werden müssen;
- die Scheckvorlage war beim GSE-Scheck im Allgemeinen später als der Eingang der Datensätze im BSE-Verfahren;
- durch die Reduzierung der Filialen der Bundesbank wurde die körperliche Einreichung immer aufwendiger;
- Bundesbank-Entgelte waren aufgrund der von ihr erbrachten unterschiedlichen Dienstleistungen höher als beim BSE-Verfahren;
- aufwendiges Korrekturhüllenverfahren.

cc) ISE-Verfahren und scheckrechtliche Rahmenbedingungen

Zur Optimierung des Scheckverkehrs und zur Reduzierung des dargestellten Aufwandes hat die deutsche Kreditwirtschaft daher im Zusammenwirken mit der Deutschen Bundesbank eine Vereinfachung und Modernisierung des Scheckeinzugsverfahrens realisiert. Seit dem 3. September 2007 sind insoweit das Großbetrag-Scheckeinzugsverfahren mit gesonderter Vorlage der Originale (GSE-Verfahren) einschließlich der unechten GSE-Schecks durch die Einführung eines imagegestützten Scheckeinzugsverfahrens (ISE) abgelöst worden. 10.265

Beim ISE-Verfahren werden Schecks ab 6.000 Euro nicht mehr in Papierform, sondern in Form eines elektronischen Bildes (Image) nebst dem zugehörigen Clearing-Datensatz bei der Deutschen Bundesbank als Abrechnungsstelle gemäß Art. 31 ScheckG eingeliefert. Die Abrechnungsstelle leitet diese Scheckbilder an die bezogene Bank oder an eine von dieser bestimmten Stelle weiter, welche anhand des jeweiligen Scheckbildes die Einlösung des Schecks prüft. Eine Rückrechnung von Scheckgegenwerten nicht eingelöster Schecks erfolgt über die Abrechnungsstelle. Im Falle der Nichteinlösung und bei eingehaltener Vorlagefrist gemäß Art. 29 ScheckG gibt die Abrechnungsstelle zur Feststellung der Zahlungsverweigerung eine Erklärung gemäß Art. 40 Nr. 3 ScheckG ab und stellt diese dem Scheckeinreicher auf Anforderung zur Verfügung. 10.266

10.267 Das Bundesministerium der Justiz (BMJ) hat bereits im Oktober 2005 mit einer Änderung der „Verordnung über Abrechnungsstellen im Scheckverkehr (Abrechnungsstellenverordnung)“[158] die rechtlichen Voraussetzungen für das ISE-Verfahren geschaffen:

10.268 In § 1 Abrechnungsstellenverordnung ist die Deutsche Bundesbank als Abrechnungsstelle i. S. d. Art. 31 Scheckgesetz eingesetzt worden. § 2 Abrechnungsstellenverordnung ermöglicht die Einlieferung von Schecks im Wege der elektronischen Datenfernübertragung als Image. Nach § 2 Abs. 2 Abrechnungsstellenverordnung setzt die Einlieferung von Schecks im Wege der elektronischen Datenfernübertragung voraus, dass der Abrechnungsstelle nach ihren Vorgaben ein elektronisches Bild des Schecks übermittelt wird, das die Urkunde vollständig abbildet (d. h. mit allen in Art. 1 Scheckgesetz genannten bzw. nach Art. 2 Abs. 2 bis 4 ScheckG ersetzten Bestandteilen). Zweck der Regelung ist es, der bezogenen Bank nach Weiterleitung des elektronischen Bildes des Schecks durch die Abrechnungsstelle eine Prüfung der Einlösbarkeit des Schecks zu ermöglichen, die der Prüfung des Originalschecks bei körperlicher Vorlage weitgehend gleichwertig ist. Deshalb wird scheckrechtlich die Einlieferung des Images bei der Abrechnungsstelle der Vorlage des Schecks gleichgestellt.

10.269 Die aus dem ISE-Verfahren resultierenden wirtschaftlichen Vorteile bestehen vor allem in der deutlich reduzierten physischen Weiterleitung und Verteilung von Scheckdokumenten sowie in der Abschaffung der Korrekturhüllenverarbeitung und der Scheckcodierung. Rechtliche Nachteile sind mit dem neuen Scheckeinzugsverfahren – auch für den Scheckeinreicher – nicht verbunden, weil die vom BMJ vorgenommene Änderung der Abrechnungsstellenverordnung auch die Rückgriffsmöglichkeit nach Art. 40 ScheckG eröffnet. Denn die Abrechnungsstelle kann auch ohne körperliche Vorlage des Schecks durch datierte Erklärung, dass der Scheck rechtzeitig eingeliefert und nicht bezahlt worden ist, die Verweigerung der Zahlung gemäß Art. 40 Nr. 3 ScheckG feststellen. Damit wird die Führung eines Scheckprozesses nach der Zivilprozessordnung auch beim Einsatz des ISE-Verfahrens weiterhin möglich bleiben. Auch für die bezogene Bank sind keine Nachteile erkennbar. Denn sie kann anhand des zugeleiteten Scheckimages die Prüfung der Scheckeinlösung in gleicher Weise vornehmen, wie bei der Vorlage des Scheckbelegs. In etwaigen Zweifelsfällen bei der Unterschriftenprüfung bleibt es der bezogenen Bank nach dem modifizierten Scheckabkommen unbenommen, das Scheckoriginal für weitere Kontrollen anzufordern.

158) BGBl. I 2005 Nr. 63 v. 12.10.2005, S. 2926.

Die Einführung des ISE-Verfahrens und die daraus resultierende Ablösung des GSE-Verfahrens führten im Wesentlichen zu folgenden Änderungen im Scheckabkommen: 10.270

- Elektronische Auflieferung des Schecks statt körperlicher Vorlage (vgl. Nr. III 1, Verfahrenstechnik).
- Die Aufbewahrungspflichten der körperlichen Schecks obliegen – wie schon beim BSE-Verfahren – der ersten Inkassostelle (vgl. Nr. III 3 (4), Bearbeitung und zwischenbetriebliche Weiterleitung).
- Die Vorlage des Scheckbildes bei der Deutschen Bundesbank, die als Abrechnungsstelle fungiert, ist der körperlichen Vorlage gleichgestellt; daraus ergeben sich Konsequenzen für die mögliche Rückrechnung (vgl. Nr. V 1, Rückrechnungs- und Rückgabepflichten des bezogenen Kreditinstituts).
- Die Deutsche Bundesbank als Abrechnungsstelle erstellt bei Rückrechnungen aus dem Scheckabkommen eine Erklärung über die Nichteinlösung (vgl. Nr. V 4, Beleglose Rückrechnung von Zahlungsvorgängen aus dem Scheckabkommen).
- Das BSE-Verfahren soll weiterhin durchgeführt werden (vgl. Nr. II).

Seit dem 3. September 2007 sind Schecks ab 6.000 Euro sowie nicht BSE-fähige Einzugspapiere nur noch über das ISE-Verfahren einzureichen. Für GSE-Schecks, die aufgrund von Postlaufzeiten erst nach dem Umstellungstermin bei der Deutschen Bundesbank eingegangen sind, war eine Übergangsregelung vorgesehen, nach der diese Schecks von der Bundesbank in ISE-Imagedatensätze umgewandelt und weitergeleitet werden. 10.271

Mit Inkrafttreten der vorgesehenen Änderungen im Scheckabkommen wurde für die Kreditinstitute eine passive ISE-Pflicht begründet. Das heißt, alle Kreditinstitute bzw. die von ihnen eingesetzten und für sie agierenden Rechenzentren/Dienstleister müssen ISE-Clearingdatensätze aufnehmen und ISE-Imagedatensätze abrufen können. Zudem gilt auch eine aktive ISE-Pflicht, also die Umwandlung eines Schecks in einen ISE-Clearingdatensatz und einen ISE-Imagedatensatz. 10.272

h) Einzelne Regelungen des Scheckabkommens

Das Scheckabkommen in seiner am 3. September 2007 in Kraft getretenen Fassung gilt für alle Schecks, die ein Kreditinstitut einem anderen zum Einzug vorlegt, gleichgültig, welche Rechte der vorlegenden Bank an dem Scheck zustehen, ob sie als Erstbank den Scheck im Auftrag eines Kunden oder auf eigene Rechnung einzieht.[159] Es gilt grundsätzlich nicht für Schecks, die Kreditinsti- 10.273

159) BGH, Urt. v. 28.11.1989 – XI ZR 34/89, ZIP 1990, 28 = WM 1990, 96, dazu EWiR 1990, 185 *(Joost)*.

tute im Ausland auf Kreditinstitute im Inland gezogen haben, mit Ausnahme einer Nachrichtspflicht bei Nichteinlösung, sofern die Schecksumme 6.000 Euro überschreitet. Ob der Scheck den Formvorschriften des Scheckgesetzes genügt, ist unbeachtlich.[160)]

aa) Bestimmungen über den beleglosen Einzug von Scheckgegenwerten ohne Vorlage der Originalschecks (BSE-Verfahren)

10.274 Nach Abschnitt II Nr. 1 SchAbk sind auf Euro lautende Schecks, welche auf Beträge bis unter 6.000 Euro ausgestellt sind, grundsätzlich beleglos einzuziehen. Das umwandelnde Kreditinstitut ist ermächtigt, die Scheckgegenwerte von den bezogenen Kreditinstituten beleglos einzuziehen. Es verwahrt die Originalschecks oder davon erstellte Kopien der Vorder- und Rückseite, die eine bildliche Wiedergabe ermöglichen, entsprechend den handels- und steuerrechtlichen Vorschriften. Sofern ein Prüfzifferberechnungsverfahren des bezogenen Kreditinstituts für die Kontonummer des Scheckausstellers bekannt gegeben worden ist, hat das umwandelnde Kreditinstitut die richtige Erfassung der Kontonummer anhand dieser Prüfzifferberechnung zu prüfen.[161)]

10.275 Die erste Inkassostelle prüft die in das BSE-Verfahren einbeziehbaren Papiere auf ihre formelle Ordnungsmäßigkeit i. S. v. Art. 1 und 2 ScheckG.[162)] Nicht ordnungsgemäße Schecks hat die erste Inkassostelle in Korrekturhüllen nach den Bestimmungen in Abschnitt II Nr. 2 Abs. 2 i. V. m. Abschnitt III SchAbk einzuziehen. Bei Orderschecks hat die erste Inkassostelle zusätzlich die Pflicht zu prüfen, dass der Einreicher durch eine ordnungsgemäße Indossamentenkette i. S. v. Art. 35 ScheckG legitimiert ist und dass der Einreicher ihr den Orderscheck durch Indossament ohne einschränkenden Zusatz übertragen hat.[163)]

bb) Bestimmungen über den beleglosen Einzug von Scheckgegenwerten mit Vorlage des elektronischen Bildes des Originalschecks (ISE-Verfahren)

10.276 Im ISE-Verfahren werden u. a. Schecks, die auf Euro lauten, auf Kreditinstitute im Inland gezogen sind und auf Beträge ab 6.000 Euro ausgestellt sind, durch Vorlage des elektronischen Bildes des Schecks, das die Urkunde vollständig abbildet (Scheckbild), eingezogen. Die erste Inkassostelle prüft die in das ISE-Verfahren einbeziehbaren Papiere auf ihre formelle Ordnungsmäßigkeit i. S. v. Art. 1 und 2 ScheckG. Die Erstellung des Scheckbildes erfolgt durch die erste

160) Abschnitt I Nr. 2 Abs. 1 SchAbk.

161) Vgl. Abschnitt II Nr. 3 Abs. 2 und 3 SchAbk. Daneben haftet das umwandelnde Kreditinstitut der bezogenen Bank für die richtige Erfassung der Scheckdaten sowie für die Lagerung der Schecks, vgl. *Reiser*, WM 1986, 409.

162) Vgl. Abschnitt II Nr. 2 Abs. 1 SchAbk.

163) Vgl. Abschnitt IV Nr. 2 Abs. 2 SchAbk.

Inkassostelle. Die zwischenbetriebliche Weiterleitung des Scheckbildes erfolgt über die Deutsche Bundesbank als Abrechnungsstelle gemäß § 2 der Abrechnungsstellenverordnung. Das umwandelnde Institut verwahrt die Originalschecks drei Kalenderjahre. Das Scheckbild ist entsprechend den handels- und steuerrechtlichen Vorschriften aufzubewahren, Abschnitt III Nr. 3 SchAbk.

Nach Abschnitt III Nr. 5 ist die Deutsche Bundesbank ermächtigt, die Scheckgegenwerte von dem bezogenen Institut beleglos anhand der Clearingdatensätze einzuziehen. Die Scheckbilder stellt sie dem bezogenen Institut zur Verfügung. Das bezogene Institut ist verpflichtet, die Clearingdatensätze und Scheckbilder abzugleichen und Unstimmigkeiten der ausliefernden Stelle der Deutschen Bundesbank unverzüglich telefonisch oder auf telekommunikativem Wege anzuzeigen. **10.277**

cc) Bestimmungen im Falle der Nichteinlösung von Schecks

Von dem bezogenen Kreditinstitut sind Scheckgegenwerte von Schecks, die nach den Bestimmungen zum BSE-Verfahren eingezogen und nicht eingelöst wurden, spätestens an dem auf den Eingangstag[164] der Scheckdaten folgenden Bankarbeitstag an die erste Inkassostelle zurückzurechnen. Das bezogene Kreditinstitut hat die im Interbankenband angegebene Stelle der ersten Inkassostelle von der Nichteinlösung eines Schecks im Betrag von 6.000 Euro und darüber unmittelbar, spätestens an dem auf den Tag der Vorlage[165] folgenden Bankarbeitstag bis spätestens 14.30 Uhr auf telekommunikativem Wege zu benachrichtigen.[166] Rückrechnungen sind von dem bezogenen Institut beleglos vorzunehmen und an die erste Inkassostelle zu leiten. Die erste Inkassostelle bestätigt im Auftrag des bezogenen Instituts die Nichteinlösung durch folgenden Vermerk: „Vom bezogenen Kreditinstitut am … nicht bezahlt“. Der Vermerk ist auf dem Originalscheck bzw. auf der Scheckkopie aufzubringen und mit dem Namen der ersten Inkassostelle zu versehen. **10.278**

Im ISE-Verfahren sind vom bezogenen Institut Scheckgegenwerte von Schecks, die nicht eingelöst werden, spätestens an dem auf den Tag der Vorlage[167] des Scheckbilds bei der Deutschen Bundesbank folgenden Bankarbeitstag **10.279**

---

164) Der Eingangstag ist derjenige Bankarbeitstag, der auf den Tag der Übergabe der Scheckdaten an das die Scheckdaten im zwischenbetrieblichen Clearing aufnehmende bezogene Institut (ggf. aufnehmendes Zentralinstitut) folgt. (Beispiel: Übergabe der Scheckdaten durch die Deutsche Bundesbank an ein Kreditinstitut am Montag, Disposition durch die disponierende Stelle des im Scheck bezeichneten bezogenen Instituts am Dienstag (Eingangstag), Rückrechnung spätestens am Mittwoch.

165) Der Tag der Vorlage ist derjenige Bankarbeitstag, an dem der Scheck dem bezogenen Institut zugeht.

166) Eilnachricht, Abschnitt V Nr. 2 SchAbk.

167) Der Tag der Vorlage ist derjenige Bankarbeitstag, an dem der Scheck dem bezogenen Institut zugeht.

über die Deutsche Bundesbank an die erste Inkassostelle zurückzurechnen. Auch im ISE-Verfahren sind Rückrechnungen von dem bezogenen Institut beleglos vorzunehmen und über die Deutsche Bundesbank an die erste Inkassostelle zu leiten. Die Deutsche Bundesbank als Abrechnungsstelle erstellt bei der Rückrechnung eine Erklärung über die Nichteinlösung. Die erste Inkassostelle bestätigt im Auftrag des bezogenen Instituts die Nichteinlösung durch folgenden Vermerk: „Vom bezogenen Kreditinstitut am ... nicht bezahlt". Der Vermerk ist auf dem Originalscheck aufzubringen und mit dem Namen der ersten Inkassostelle sowie dem Stempelaufdruck „ISE" zu versehen. Liegt der ersten Inkassostelle der Originalscheck nicht mehr vor, händigt sie dem Scheckeinreicher eine Scheckkopie, versehen mit dem Stempelaufdruck „ISE" aus. Das Datum der Nichtbezahlung ist der beleglosen Rückrechnung zu entnehmen.

10.280 Die Bestimmungen zur Rückrechnung und Rückgabe von Valutaschecks (also auf ausländische Währung lautende Schecks) ergeben sich aus dem Abschnitt V Nr. 1 Abs. 1c SchAbk.

4. Das Kreditkartengeschäft

a) Grundlagen

10.281 Das Kreditkartensystem stammt aus den USA, wo sonstige Formen des bargeldlosen Zahlungsverkehrs weniger entwickelt sind, hat sich aber in der ganzen Welt durchgesetzt. Das Kreditkartengeschäft ist kein Bankgeschäft i. S. d. Kreditwesengesetzes, sondern es kann betrieben werden von Finanzdienstleistungsinstituten i. S. v. § 1 Abs. 1a KWG. Diese Einordnung gilt seit Juli 2002 (Viertes Finanzmarktförderungsgesetz). Zuvor war das Kreditkartengeschäft lediglich Finanzgeschäft, für das es keiner Bankerlaubnis bedurfte und das insofern lediglich einer eingeschränkten Aufsicht unterlag. Kreditkartenunternehmen sind nunmehr jedoch Finanzdienstleistungsinstitute und damit Institute i. S. d. § 1 Abs. 1b KWG. Zur Ausgabe von Kreditkarten bedarf es also nunmehr einer Bankerlaubnis.

b) Rechtsbeziehungen

10.282 Es sind im Grundsatz drei unterschiedliche Rechtsverhältnisse zu unterscheiden:

- das Verhältnis zwischen Kreditkartengesellschaft und angeschlossenem Vertragsunternehmen (**Teilnehmer- und Vollzugsverhältnis**);
- das Verhältnis zwischen der Kartengesellschaft bzw. dem kartenausgebenden Kreditinstitut und dem Karteninhaber (**Deckungsverhältnis**);
- und das Verhältnis zwischen Vertragsunternehmen und Karteninhaber (**Valutaverhältnis**);

- bei der Emission von Kreditkarten durch Kreditinstitute zusätzlich Rechtsbeziehungen zwischen dem **Kreditkartenunternehmen und der Karten aus-gebenden Bank**. In diesem Falle ist das Kreditkartenunternehmen i. d. R. Lizenzgeber für den Kartenemittenten, Vertragspartner für die Anschlussunternehmen, die es meist auch anwirbt, und übernimmt Funktionen bei der Zahlungsabwicklung.

aa) Kartenausgeber/Karteninhaber

(1) Kreditkartenvertrag

Die Herausgabe von Kreditkarten an Kunden erfolgt auf der Grundlage eines Kreditkartenvertrages[168)], der als Geschäftsbesorgungsvertrag mit werkvertraglichem Charakter i. S. d. §§ 675, 631 BGB zu qualifizieren ist.[169)] Dabei verpflichtet sich der Emittent gegenüber dem Karteninhaber zur Übernahme der Forderungen des Vertragsunternehmens gegen den Karteninhaber (Erfüllungsübernahme i. S. d. § 329 BGB).[170)] Der Karteninhaber zahlt für die vom Emittenten erbrachte Leistung ein Entgelt und verpflichtet sich darüber hinaus, die durch den Ausgleich seiner Verbindlichkeiten entstandenen Aufwendungen gemäß §§ 675, 670 BGB zu erstatten. Die Fälligkeit dieses Aufwendungsersatzanspruches hängt von den vertraglichen Abreden ab. Regelmäßig wird in den Kundenbedingungen eine monatliche Abrechnung durch Übersendung einer Saldomitteilung oder Rechnungszusammenstellung vereinbart.[171)] Der Aufwendungsersatzanspruch wird in diesem Fall mit Zugang der Abrechnung beim Karteninhaber fällig. Dies bedeutet gleichzeitig, dass der Aufwendungsersatzanspruch, der an sich mit Begleichung der Forderungen gegenüber dem Vertragsunternehmen entsteht, bis zu diesem Zeitpunkt gestundet ist.[172)] 10.283

Die Übersendung der Monatsabrechnung, aus der sich die einzelnen Aufwendungen des Emittenten ergeben, stellt ein Angebot auf Abschluss eines abstraktes Schuldanerkenntnisses i. S. d. § 781 BGB dar.[173)] Erhebt der Karteninhaber keine Einwendungen, gilt dies als Annahme des Angebotes. Diese Fiktion ist rechtlich nur dann nicht zu beanstanden, wenn der Karteninhaber 10.284

---

168) S. Kartenantrag für VISA/MasterCard nebst „Vertragsbedingungen für Kreditkarten“, abgedr. bei *Koch,* Der Zahlungsverkehr in der Bankpraxis, Anhang 5.

169) OLG Schleswig, Urt. v. 29.11.1990 – 5 U 143/89, WM 1991, 453, dazu EWiR 1991, 445 *(J. Eckert)*; *Bitter,* ZBB 1996, 104; für eine Einordnung als Dienstvertrag über eine Geschäftsbesorgung OLG Frankfurt, Urt. v. 10.12.1992 – 6 U 149/91, ZIP 1993, 665 = WM 1993, 889, dazu EWiR 1993, 319 *(Huff)*.

170) So auch Ziff. 7 und 10 der „Vertragsbedingungen für Kreditkarten“, Kartenantrag für VISA/MasterCard, abgedr. bei *Koch,* Der Zahlungsverkehr in der Bankpraxis, Anhang 5.

171) Vgl. Ziff. 7 „Vertragsbedingungen für Kreditkarten“, Kartenantrag für VISA/MasterCard, abgedr. bei *Koch,* Der Zahlungsverkehr in der Bankpraxis, Anhang 5.

172) *Pfeiffer,* Kreditkartenvertrag, Rz. 50.

173) Schimansky/Bunte/Lwowski-*Martinek/Oechsler,* Bankrechts-Hdb., § 67 Rz. 12.

mit Zusendung der Abrechnung auf die Folgen eines unterlassenen Widerspruchs ausdrücklich hingewiesen worden ist.

10.285 Daneben hat der Karteninhaber die Pflicht, die aus der Innehabung der Karte folgenden Sorgfaltspflichten zu beachten.[174)] Dies betrifft insbesondere den sorgfältigen, vor Drittmissbrauch schützenden Umgang mit der Karte. Hierauf sind die Grundsätze der Rechtsprechung zum Umgang mit der Debitkarte entsprechend anzuwenden.[175)] Der Karteninhaber hat die Karte nach Erhalt unverzüglich zu unterschreiben, damit sie ihren Blankocharakter verliert; er hat die Karte sorgfältig aufzubewahren, sie nicht an unbefugte Personen aus der Hand zu geben, ihren Verlust unverzüglich dem Kartenausgeber zu melden, und die Abrechnungen regelmäßig, zeitnah und sorgfältig zu prüfen.[176)] Dies ist nicht nur eine Obliegenheit des Karteninhabers, sondern eine Pflicht, weil durch die Kontrolle Systemmängel und Missbräuche aufgedeckt werden können; die Überprüfung der Abrechnung ist somit Teil der Sicherheit des Systems.[177)]

(2) Anwendbarkeit der Verbraucherdarlehensvorschriften

10.286 Bei den üblicherweise in Deutschland emittierten Kreditkarten (Chargecards) wird kein Kredit im rechtlichen Sinne gewährt. Zwar rechnet der Kartenausgeber die Zahlungen an die Vertragsunternehmen nicht sofort, sondern üblicherweise monatlich ab. Hierin liegt jedoch keine Kreditgewährung des Kartenausgebers an den Karteninhaber, da die Abrechnungen lediglich aus Gründen der technischen Vereinfachung periodisch erfolgen.[178)] Zudem fehlt es für die Anwendbarkeit der §§ 491 ff. BGB an der Entgeltlichkeit.[179)] Die Jahresgebühr für die Kreditkarte ist nicht das Entgelt für den konkreten Zahlungsaufschub, denn die Gebühr ist eine Pauschale, die der Karteninhaber unabhängig von der jeweiligen Nutzung der Karte zu zahlen hat.[180)] Gerät das Girokonto, über das der

---

174) LG Osnabrück, Urt. v. 2.3.1990 – 11 S 513/89, WM 1990, 1740, betreffend die Obliegenheit des Karteninhabers, alle erforderlichen und zumutbaren Schutzmaßnahmen zu ergreifen, wenn die Karte verloren gegangen ist, z. B. Anzeige zu erstatten (die Entscheidung erging zur ec-Karte). S. a. Ziff. 6 „Vertragsbedingungen für Kreditkarten", Kartenantrag für VISA/MasterCard, abgedr. bei *Koch*, Der Zahlungsverkehr in der Bankpraxis, Anhang 5.

175) *Nobbe*, Aktuelle höchst- und obergerichtliche Rechtsprechung, Rz. 378.

176) *Haun* in: BuB, Rz. 6/1974.

177) *Taupitz*, NJW 1996, 217, 220.

178) *Kümpel*, Bank- und Kapitalmarktrecht, Rz. 4.920; *Haun* in: BuB, Rz. 6/1913; Schimansky/Bunte/Lwowski-*Martinek/Oechsler*, Bankrechts-Hdb., § 67 Rz. 49; *Seibert*, DB 1991, 429; *Häde*, ZBB 1994, 33, 34.

179) Vgl. § 491 Abs. 1 BGB: „... entgeltliche Darlehensverträge ...". A. A.: *Bülow*, Verbraucherkreditrecht, § 491 BGB, Rz. 109; *Pfeiffer*, Kreditkartenvertrag, Rz. 42, der das Jahresentgelt als Gegenleistung für die systemimmanente Kreditschöpfungsmöglichkeit ansieht. Er schließt die Regelungen über das Verbraucherdarlehen nur aus, wenn der Karteninhaber über ein beim Kartenausgeber unterhaltenes Guthaben verfügt.

180) Schimansky/Bunte/Lwowski-*Martinek/Oechsler*, Bankrechts-Hdb., § 67 Rz. 49 m. w. N.

Ausgleich der Monatsabrechnung erfolgt, ins Debet, bestimmt sich nach § 493 BGB (Überziehungskredit), welche Informationen dem Kontoinhaber zur Verfügung zu stellen sind. Der Kreditkartenvertrag bleibt hiervon allerdings unberührt.

Ein Kartenausgeber kann jedoch anbieten, den Monatssaldo in Raten zurückzuzahlen; dies geschieht bspw. in der Form eines revolving credit. Dabei räumt der Kartenausgeber dem Karteninhaber einen Kreditrahmen ein, der ganz oder teilweise ausgeschöpft werden kann, dessen Saldo jedoch in Mindestraten zurückzuführen ist.[181] Ein solcher Kredit stellt eine Mischform aus Kontokorrentkredit und Ratenkredit dar, der nicht nur in den Anwendungsbereich der Vorschriften über das Verbraucherdarlehen fällt, sondern auch dem Schriftformerfordernis des § 492 BGB unterliegt.[182] 10.287

(3) Bepreisbarkeit von Zusatzdienstleitungen

Zusatzdienstleistungen sind i. d. R. bepreisbar.[183] Insoweit sind Bestimmungen in den Kartenbedingungen, die die Jahresgebühr auf Leistungen beschränken, die im Inland erbracht werden und damit eine Preisklausel für den Auslandseinsatz der Karte möglich machen, AGB-rechtlich nicht zu beanstanden.[184] Da es nach Ansicht des Bundesgerichtshofes ein gesetzliches Leitbild des Kreditkartenvertrages nicht gibt, kann der Kartenausgeber die von ihm angebotenen Leistungen frei bestimmen und damit auch sein Entgeltmodell frei gestalten; folgerichtig darf er auch den Auslandseinsatz gesondert bepreisen, wenn dieser nach den Vertragsbedingungen nicht vom Jahresentgelt abgedeckt ist. Insoweit hat er lediglich das Transparenzgebot zu beachten. Gleiches gilt für den Bar- 10.288

181) *Seibert*, DB 1991, 429, 430.

182) BGH, Urt. v. 4.12.1990 – XI ZR 340/89, ZIP 1991, 301 = NJW 1991, 832, dazu EWiR 1991, 225 *(Taupitz)*; *Gößmann* in: BuB, Rz. 3/397.

183) Die Ziff. 9 der „Vertragsbedingungen für Kreditkarten", Kartenantrag für VISA/MasterCard, abgedr. bei *Koch*, Der Zahlungsverkehr in der Bankpraxis, Anhang 5, verweist hinsichtlich der Höhe der jeweiligen Entgelte für besondere Leistungen auf das „Preis- und Leistungsverzeichnis" des Instituts. Bei der Gestaltung der Entgelte ist allerdings die am 1.7.2002 in Kraft getretene „Verordnung des Europäischen Parlaments und des Rates über grenzüberschreitende Zahlungen in Euro", Abl. 2001 Nr. L 344, S. 13) zu beachten. Danach dürfen für grenzüberschreitende elektronische Zahlungsvorgänge bis zu einem Betrag von 50.000 Euro (POS-Zahlungen mit Karte oder Auszahlungen am Geldautomaten) sowie für Auslandsüberweisungen keine höheren Entgelte verlangt werden, als für entsprechende inländische Zahlungsvorgänge (Grundsatz der Gebührengleichheit, Art. 3). Für die Zahlung mit Fremdwährungen innerhalb der EU und für Zahlungen in Drittstaaten, sei es in Euro oder in Drittwährungen, kann allerdings ein gesondertes Entgelt erhoben werden.

184) BGH, Urt. v. 14.10.1997 – XI ZR 167/96, ZIP 1997, 2118 = WM 1997, 2244, dazu EWiR 1998, 145 *(Pfeiffer)*; *Nobbe*, Aktuelle höchst- und obergerichtliche Rechtsprechung, Rz. 374; *Haun*, WuB I D 5a.-1.98.

geldservice.[185] Die BGH-Entscheidung zum Auslandseinsatz[186] lässt es dem Kartenausgeber unbenommen, neue Dienstleistungen außerhalb der Bargeldersatzfunktion zur Bezahlung von Rechnungen anzubieten und hierfür ein Entgelt zu verlangen. Bietet ein Kartenausgeber einen Bargeldservice an, indem die Karte bspw. GA-tauglich gestaltet wird, darf hierfür ein Entgelt verlangt werden, weil sowohl der GA-Einsatz (der GA-Betreiber stellt Entgelte in Rechnung) als auch die Abrechnung der Transaktionen zusätzliche Kosten verursachen.[187] Der Kartenausgeber hat in sein Vertragswerk dazu eine transparente Klausel aufzunehmen, aus welcher der Entgelttatbestand ebenso wie die Bemessungskriterien hervorgehen.[188] Dabei hat der Kartenausgeber eine Gestaltung zu vermeiden, die das Barauszahlungsentgelt zinsähnlich macht,[189] insbesondere wenn der Bargeldbetrag direkt zulasten des Kartenkontos gebucht wird.[190]

10.289 Für die Ausstellung einer Ersatzkarte darf ebenfalls ein Entgelt verlangt werden. Dies ist eine bepreisbare Sonderleistung, weil mangels eines gesetzlichen Leitbilds nirgends eine Regelung zu finden ist, welche die Aushändigung einer Ersatzkarte zur (gesetzlichen) Pflicht macht.[191] Der Kartenausgeber schuldet es dem Karteninhaber aus dem Ausgabevertrag, eine funktionsfähige Karte als Erst- oder Folgekarte zur Verfügung zu stellen. Mit der Aushändigung dieser Karte hat der Kartenausgeber seine Pflicht zur Zulassung zum System erfüllt. Die Ausstellung einer Ersatzkarte ist dann ein abtrennbarer Teil der vertraglichen Hauptleistung.[192] Die Entgeltklausel muss auch nicht zwischen vom Karteninhaber verschuldeten und unverschuldeten Fällen von Verlust und Beschädigung unterscheiden, weil sie nicht als Preisnebenabrede kontrollfähig ist.[193]

---

185) *Kümpel,* Bank- und Kapitalmarktrecht, Rz. 4.913; *Pfeiffer,* Kreditkartenvertrag, Rz. 89.

186) BGH, Urt. v. 14.10.1997 – XI ZR 167/96, ZIP 1997, 2118 = WM 1997, 2244, dazu EWiR 1998, 145 *(Pfeiffer)*.

187) Schimansky/Bunte/Lwowski-*Martinek/Oechsler,* Bankrechts-Hdb., § 67 Rz. 28.

188) LG Frankfurt, Entsch. v. 26.3.1991 – 2/13 O 295/90, NJW 1991, 2842.

189) OLG Köln, Beschl. v. 23.1.1992 – 13 U 206/91, WM 1993, 369; *Etzkorn,* WuB I D 5.-2.92; *Etzkorn,* WM 1991, 1901, 1905.

190) LG Heilbronn, Urt. v. 8.6.1995 – 3 S 589/94, WM 1995, 1621 f. Krit. dazu: *Harbeke,* WuB I D 5a.-3.96.

191) *Kümpel,* Bank- und Kapitalmarktrecht, Rz. 4954. Da die Karte kein Wertpapier ist *(Haun* in: BuB, Rz. 6/1869), scheiden wertpapierrechtliche Vorschriften als Leitbilder aus.

192) *Pamp,* WM 2002, 573, 574.

193) So aber: OLG Celle, Entsch. v. 4.5.2000 – 13 U 186/99, WM 2000, 2237. Das Gericht hält eine Entgeltklausel für unwirksam, die unterschiedslos zur Zahlung einer Entschädigung verpflichtet, also auch die Fälle vom Karteninhaber unverschuldeter Beschädigung abdeckt.

(4) Weisung und Widerruf der Weisung

Unterzeichnet der Karteninhaber den ihm durch das Vertragsunternehmen vorgelegten Leistungsbeleg oder nennt er seine Kreditkartennummer im Telefon-/Mailorder-Verkehr, erteilt er damit dem Kreditkartenunternehmen eine geschäftsbesorgungsvertragliche Weisung i. S. d. § 665 BGB auf Zahlung an das Vertragsunternehmen.[194] 10.290

Eine solche Weisung ist nach den zivilrechtlichen Regelungen grundsätzlich widerruflich. Das Widerrufsrecht endet jedoch, sobald der Geschäftsbesorger aufgrund der Weisung eine irreversible Disposition getroffen hat.[195] Im Kreditkartengeschäft ist die irreversible Disposition des Kartenunternehmens bereits darin zu sehen, dass das Kartenunternehmen gegenüber dem Vertragsunternehmen mit Unterzeichnung des Leistungsbelegs zur Zahlung verpflichtet ist. Daher ist der Widerruf der Weisung im Kreditkartengeschäft mit ihrer Erteilung grundsätzlich ausgeschlossen,[196] es sei denn es kommt ausnahmsweise ein Einwendungsdurchgriff nach § 242 BGB in Betracht. Dies ist dann der Fall, wenn der Karteninhaber dem Kreditkartenunternehmen offenkundige und leicht nachweisbare Einwendungen gegenüber dem Vertragsunternehmen mitteilt, also bspw., wenn der Karteninhaber einen Beleg präsentiert, aus dem hervorgeht, dass die Forderung des Vertragsunternehmens auf andere Art bereits beglichen wurde. Leistet das Kartenunternehmen in einem derartigen Fall dennoch, handelt es treuwidrig.[197] Zu beachten ist, dass ein solcher Ausnahmefall nur gegeben ist, wenn sowohl die tatsächliche Beweislage, als auch die rechtliche Beurteilung keine Probleme bereiten und das Kreditkartenunternehmen 10.291

194) BGH, Urt. v. 17.5.1984 – II ZR 280/83, BGHZ 91, 221 = ZIP 1984, 1075; OLG Schleswig, Urt. v. 29.11.1990 – 5 U 143/89, WM 1991, 453, dazu EWiR 1991, 445 *(Eckert)*; KG, Urt. v. 8.6.1993 – 13 U 119/93, ZIP 1993, 1303 = WM 1993, 2044, dazu EWiR 1993, 871 *(Huff)*; OLG München, Urt. v. 11.5.1999 – 5 U 6738/98, WM 1999, 2356; *Kümpel*, Bank- und Kapitalmarktrecht, Rz. 4.933; *Langenbucher*, Risikozuordnung, S. 247; *Eckert*, WM 1987, 161, 165.; *Martinek*, Moderne Vertragstypen, Bd. III, S. 78; *Gößmann*, Recht des Zahlungsverkehrs, Rz. 393.

195) Schimansky/Bunte/Lwowski-*Martinek*/*Oechsler*, Bankrechts-Hdb., § 67 Rz. 35.

196) BGH, Urt. v. 24.9.2002 – XI ZR 420/01, ZIP 2002, 2079 = WM 2002, 2195; OLG Köln, Urt. v. 14.11.2001 – 13 U 8/01, WM 2002, 1800; OLG Frankfurt, Urt. v. 19.1.1993 – 2/26 O 311/92, WM 1994, 111; OLG Schleswig, Urt. v. 29.11.1990 – 5 U 143/89, WM 1991, 453, dazu EWiR 1991, 445 *(Eckert)*; Langenbucher/Gößmann/Werner-*Gößmann*, Zahlungsverkehr, § 3 Rz. 43 ff.; *Reiser*, WuB I D 5a.-2.95; *Oechsler*, WuB I D 5.-3.84; *Etzkorn*, WM 1991, 1901, 1906; *Taupitz*, NJW 1996, 217, 219, der allerdings die Unwiderruflichkeit erst mit Zahlung eintreten lassen will. Ebenso OLG Karlsruhe, Urt. v. 28.11.1990 – 1 U 189/90, WM 1991, 184, 187 = ZIP 1991, 20, dazu EWiR 1991, 209 *(Wolf)*; LG Tübingen, Urt. v. 16.2.1995 – 1 S 268/94, NJW-RR 1995, 746; *Köndgen*, NJW 1992, 2263, 2272. Differenzierend: *Langenbucher*, Risikozuordnung, S. 267; die nicht auf die Unterzeichnung des Belegs abstellt, sondern abstrakt auf den Zeitpunkt der Bindungswirkung.

197) *Meder*, NJW 1994, 2597.

folglich nicht befürchten muss, an einer langwierigen Auseinandersetzung zwischen Vertragsunternehmen und Karteninhaber beteiligt zu werden.[198)]

(5) Einwendungsdurchgriff

10.292 Die mit dem Karteninhaber vereinbarten Sonderbedingungen für das Kreditkartengeschäft sehen i. d. R. vor, dass der Karteninhaber dem Kartenunternehmen keine Einwendungen aus dem Valutaverhältnis entgegenhalten kann.[199)] Eine derartige Regelung ist zulässig, da der Karteninhaber lediglich darauf verwiesen wird, seine Einwendungen in dem Verhältnis geltend zu machen, in dem sie entstanden sind.[200)]

(6) Schufa-Klausel

10.293 Mit der Unterzeichnung des Kartenantrages[201)] willigt der Antragsteller ein, dass der Kartenausgeber Daten über die Beantragung, den Abschluss und die Beendigung des Kreditkartenvertrages der SCHUFA Holding AG, Wiesbaden, übermittelt und Bankauskünfte über ihn einholt.[202)]

(7) Rückfrageklausel

10.294 In den Akquisitionsverträgen wird das Vertragsunternehmen verpflichtet, alle über ein Terminal abgewickelten Kreditkartenumsätze genehmigen zu lassen. Bei manueller Belegerstellung, von der das Vertragsunternehmen nur bei einer Störung bzw. beim Fehlen eines zugelassenen Terminals am Kassenplatz Gebrauch machen darf, ist der Umfang des Kartenumsatzes je Karteninhaber beschränkt. Überschreitet der Transaktionsbetrag den zuvor vereinbarten Höchstbetrag, ist das Vertragsunternehmen verpflichtet, vor Ausstellung des Leistungsbeleges die Zustimmung des Kartenunternehmens einzuholen. Fehlt es an der erforderlichen Genehmigung des Kartenunternehmens, ist dieses nicht zur Zahlung verpflichtet. Gegen eine solche Klausel in den Akquisitions-

---

198) Schimansky/Bunte/Lwowski-*Martinek/Oechsler*, Bankrechts-Hdb., § 67 Rz. 37. Vgl. BGH, Urt. v. 24.9.2002 – XI ZR 420/01, ZIP 2002, 2079 = WM 2002, 2195: „… wenn das Vertragsunternehmen das Kreditkartenunternehmen rechtsmissbräuchlich in Anspruch nimmt, weil offensichtlich oder liquide beweisbar ist, dass dem Vertragsunternehmen eine Forderung gegen den Karteninhaber nicht zusteht“.

199) Vgl. Ziff. 10 „Vertragsbedingungen für Kreditkarten“, Kartenantrag für VISA/MasterCard, abgedr. bei *Koch*, Der Zahlungsverkehr in der Bankpraxis, Anhang 5.

200) Vgl. BGH, Urt. v. 2.5.1990 – VIII ZR 139/89, ZIP 1990, 778 = NJW 1990, 2880, 2881, dazu EWiR 1990, 1059 *(Eckert)*.

201) S. Kartenantrag des DG Verlages für VISA/MasterCard, abgedr. bei *Koch*, Der Zahlungsverkehr in der Bankpraxis, Anhang 5.

202) Vgl. BGH, Urt. v. 19.9.1985 – III ZR 213/83, ZIP 1985, 1253 = WM 1985, 1305, dazu EWiR 1985, 837 *(Koller)*; OLG Koblenz, Urt. v. 12.4.1990 – 2 U 1157/88, WM 1990, 1108, dazu EWiR 1990, 523 *(Huff)* und WuB I B 7. – 1.91 *(Aepfelbach)*.

verträgen bestehen keine AGB-rechtlichen Bedenken[203)], da sie dem berechtigten Interesse der Kreditkartenunternehmen an der Überprüfung der vertragsgemäßen Nutzung der Kreditkarte sowie der Verhinderung von Missbrauch dient und darüber hinaus im Interesse der vertragstreuen Karteninhaber liegt.[204)]

(8) Missbrauch der Kreditkarte

Nach § 676h BGB kann der Kartenausgeber Aufwendungsersatz für die Verwendung von Zahlungskarten nur verlangen, wenn diese nicht von einem Dritten missbräuchlich verwendet wurden.[205)] Das heißt der Kartenausgeber hat gegen den Karteninhaber nur dann einen Aufwendungsersatzanspruch, wenn er i. R. v. Weisung des Karteninhabers gehandelt hat und es ein berechtigter Karteneinsatz war.[206)] Hieran fehlt es, wenn ein unbefugter Dritter die Karte eingesetzt hat. Daher erfasst § 676h BGB a. F. alle Fälle, in denen die Karte nicht durch die vorherige ordnungsgemäße Weisung genutzt worden ist.[207)] Nach den allgemeinen Grundsätzen ist der Kartenausgeber, der einen Aufwendungsersatzanspruch geltend macht, beweispflichtig.[208)] Diesen Beweis kann der Kartenausgeber bspw. mit dem Beleg führen, den der Karteninhaber unterzeichnet hat, aber auch durch das Transaktionsprotokoll, dem dieselbe Beweiskraft zukommt, wie bspw. einem GA-Protokoll. Das Risiko der Echtheit der Unterschrift und damit das Risiko des unbefugten Einsatzes der Karte trägt damit also grundsätzlich der Kartenausgeber. 10.295

Zulässig ist es allerdings, dem Karteninhaber Sorgfaltspflichten zur Minimierung des Missbrauchsrisikos aufzuerlegen, deren Verletzung ein Mitverschulden des Karteninhabers nach sich zieht.[209)] So verpflichten die Kreditkartenkundenbedingungen den Karteninhaber, die Karte sorgfältig aufzubewahren, 10.296

---

203) OLG Frankfurt., Urt. v. 22.11.1990 – 9 U 70/88, WM 1992, 1475, dazu WuB I D 5. – 5.92 *(Oechsler)*.

204) OLG Frankfurt, Urt. v. 22.11.1990 – 9 U 70/88, WM 1992, 1475, dazu WuB I D 5. – 5.92 *(Oechsler)*.

205) § 676h BGB ist durch das Fernabsatzgesetz, das seinerseits auf die europäische Fernabsatz-Richtlinie (Richtlinie 1997/7/EG v. 20.5.1997 über den Verbraucherschutz bei Vertragsabschlüssen im Fernabsatz, ABl. Nr. L 144, S. 19) zurückgeht, in das BGB eingefügt worden.

206) OLG Frankfurt, Urt. v. 11.4.2001 – 7 U 18/00, WM 2001, 1898; Palandt-*Sprau*, BGB, 67. Aufl. 2008, § 676h Rz. 16; BGH, Urt. v. 17.10.2000 – XI ZR 42/00, BGHZ 145, 337 = ZIP 2000, 2196, dazu EWiR 2001, 519 *(Lang Volker)*; *Pfeiffer*, Kreditkartenvertrag, Rz. 49; *Haun* in: BuB, Rz. 6/1958.

207) LG Karlsruhe, Urt. v. 11.2.2000 – 9 S 226/99, NJW-RR 2001, 770; Gesetzesbegründung BT-Drucks. 14/3195, 34.

208) BGH, Urt. v. 23.4.1991 – XI ZR 128/90, ZIP 1991, 792 = NJW 1991, 1886, dazu EWiR 1991, 627 *(Köndgen)*; BGH, Urt. v. 17.5.1984 – II ZR 280/83, ZIP 1984, 1075 = NJW 1984, 2460; *Taupitz*, NJW 1996, 217, 219; *Taupitz*, Zahlung mittels Kreditkarte, S. 27.

209) OLG Frankfurt, Urt. v. 11.4.2001 – 7 U 18/00, WM 2001, 1898; *Meder*, WuB I D 5a.-4.01; *Taupitz*, Zahlung mittels Kreditkarte, S. 27; *Pfeiffer*, Kreditkartenvertrag, Rz. 52.

ihm zumutbare Maßnahmen gegen Diebstahl und Missbrauch zu ergreifen, die Karte nicht an Dritte weiterzugeben und beim Karteneinsatz mit der gebotenen Sorgfalt vorzugehen.[210] Verletzt der Karteninhaber seine Pflichten schuldhaft, kann er auf Schadensersatz in Anspruch genommen werden. Hier greifen dieselben Mechanismen wie beim missbräuchlichen Einsatz der Debitkarte mit PIN. Der Kartenausgeber trägt die Beweislast für das Fehlverhalten des Karteninhabers.[211] Dabei greifen die Grundsätze des Beweises des ersten Anscheins, wenn die Karte von einem unbefugten Dritten mit PIN eingesetzt wird, da die Vermutung nahe liegt, dass der Dieb die PIN nicht selbst ermitteln konnte, sondern sie ihm durch ein Fehlverhalten des Karteninhabers bekannt geworden ist.[212]

10.297 Zur Schadensminderung trifft den Karteninhaber die Pflicht, den Verlust seiner Kreditkarte unverzüglich anzuzeigen und die Kartensperre zu veranlassen. Bei einer schuldhaften Verzögerung der Verlustmeldung haftet der Karteninhaber in vollem Umfang auf den Schaden, der durch die Verzögerung entsteht.[213]

(9) Zusatzkarten

10.298 Kreditkartenunternehmen bieten regelmäßig an, neben der Hauptkarte eine oder ggf. auch mehrere Zusatzkarten auszugeben. Im Firmenkundenbereich handelt es sich dabei bspw. um (Zusatz-) Karten für Arbeitnehmer, im Privatkundenbereich um Zusatzkarten für den Ehepartner oder die Kinder. In beiden Fällen werden die Umsätze der Haupt- und aller Zusatzkarten über ein Konto abgerechnet.[214]

(a) Haftung des Hauptkarteninhabers

10.299 Der Hauptkarteninhaber und der Zusatzkarteninhaber haften als Gesamtschuldner für sämtliche Verbindlichkeiten, die durch die Verwendung der Zu-

---

210) So auch die Ziff. 6 der „Vertragsbedingungen für Kreditkarten", Kartenantrag für VISA/MasterCard, abgedr. bei *Koch,* Der Zahlungsverkehr in der Bankpraxis.

211) So das OLG Frankfurt, Urt. v. 11.4.2001 – 7 U 18/00, WM 2001, 1898. Dieses Ergebnis ist nicht unumstritten. Es wird argumentiert (OLG Zweibrücken, Urt. v. 24.9.1990 – 4 U 31/90, ZIP 1990, 1548 = WM 1991, 67, dazu EWiR 1990, 1177 *(Kaiser)*), dass der Karteninhaber die Beweislast trüge, weil der Umgang mit Karte und PIN in seinen Verantwortungsbereich fiele. Angesichts der Entscheidung BGH, Urt. v. 23.4.1991 – XI ZR 128/90, ZIP 1991, 792 = WM 1991, 1110, dazu EWiR 1991, 627 *(Köndgen)* scheint die Auffassung des OLG Zweibrücken wohl nicht mehr haltbar.

212) OLG Brandenburg, Urt. v. 7.3.2007 – 13 U 69/06, WM 2007, 2193 ff.; OLG Frankfurt, Urt. v. 7.5.2002 – 8 U 268/01, WM 2002, 2101; *Meder,* WuB I D 5a. – 1.03; krit.: OLG Frankfurt, Urt. v. 11.4.2001 – 7 U 18/00, WM 2001, 1898.

213) OLG Frankfurt, Urt. v. 11.4.2001 – 7 U 18/00, WM 2001, 1898; *Taupitz,* NJW 1996, 217, 219; *Haun* in: BuB, Rz. 6/1973.

214) So auch die Regelung im Kartenantrag des DG Verlages für VISA/MasterCard, abgedr. bei *Koch,* Der Zahlungsverkehr in der Bankpraxis.

satzkarte eingegangen wurden.[215] Diese Klausel ist nicht zu beanstanden, weil der Hauptkarteninhaber den Inhaber der Zusatzkarte aussuchen und bestimmen kann.[216]

(b) Haftung des Zusatzkarteninhabers

Zunächst haftet der Zusatzkarteninhaber für Umsätze, die mit der Zusatzkarte getätigt wurden.[217] Allerdings ist eine Haftungsübernahme des Zusatzkarteninhabers in Kundenbedingungen für Umsätze, die der Hauptkarteninhaber oder ein anderer Zusatzkarteninhaber tätigt, nicht möglich.[218] 10.300

Werden auf Veranlassung des Arbeitgebers Firmenkarten an Mitarbeiter ausgegeben, haftet nach der Ansicht des Bundesarbeitsgerichts[219] der Mitarbeiter gesamtschuldnerisch gegenüber dem Kreditkartenunternehmen, wenn der Arbeitnehmer über die Kreditkarte Geschäftsspesen abgewickelt hat.[220] Nach anderer Auffassung ist eine solche Mithaftung unangemessen i. S. d. § 9 AGBG a. F. und die entsprechende Klausel demzufolge unwirksam.[221] Als Begründung wird angeführt, dass dem Zusatzkarteninhaber das Insolvenzrisiko in erheblich höherem Maße auferlegt werde, als bei einer Bar- oder Scheckzahlung für unternehmensbezogene Aufwendungen, da der Zeitraum zwischen der Zahlung und der aufwendungsnahen Abrechnung gegenüber dem Arbeitgeber kürzer sei als bei der Kreditkartenzahlung. 10.301

(c) Beendigung der Mithaftung

Die Haftung des Hauptkarteninhabers für Umsätze des Zusatzkarteninhabers endet erst, wenn der Hauptkarteninhaber oder der Zusatzkarteninhaber den Vertrag über die Zusatzkarte kündigt und die Karte zurückgegeben worden ist. 10.302

---

215) So auch die Ziff. 12 der „Vertragsbedingungen für Kreditkarten", Kartenantrag für VISA/MasterCard, abgedr. bei *Koch,* Der Zahlungsverkehr in der Bankpraxis.

216) OLG München, Urt. v. 28.4.1988 – 1 U 1929/88, NJW-RR 1988, 1076; OLG Frankfurt, Urt. v. 26.3.1987 – 3 U 233/85, NJW-RR 1989, 1523; LG Aachen, Urt. v. 26.1.1993 – 10 O 446/92, WM 1994, 2158, dazu WuB I D 5 a. – 3.95 *(Gößmann)*.

217) OLG Köln, Beschl. v. 23.1.1992 – 13 U 206/91, WM 1993, 369, dazu WuB I D 5. – 1. 94 *(Praschinger)*.

218) *Häde,* ZBB 1994, 33. Die Ziff. 12 der „Vertragsbedingungen für Kreditkarten", Kartenantrag für VISA/MasterCard, abgedr. bei *Koch,* Der Zahlungsverkehr in der Bankpraxis, legt daher fest, dass der Inhaber der Zusatzkarte nicht für die mit der Hauptkarte begründeten Zahlungsverpflichtungen haftet.

219) BAG, Urt. v. 30.4.1975 – 5 AZR 171/74, AP Nr. 1 zu § 67 KO.

220) OLG München, Urt. v. 28.4.1988 – 1 U 1929/87, NJW-RR 1988, 1076; OLG Frankfurt, Urt. v. 26.3.1987 – 3 U 233/85, NJW-RR 1989, 1523.

221) LG Bremen, Urt. v. 24.11.1988 – 6 O 2195/88, NJW-RR 1989, 1522.

Trotz erklärter Kündigung haftet der Hauptkarteninhaber also noch, wenn die Karte noch nicht zurück gegeben worden ist.[222)]

bb) Kartenausgeber/Vertragsunternehmen

(1) Akquisitionsvertrag

10.303 Je nach der Abwicklung des Geschäfts kann unmittelbar zwischen dem Kartenausgeber und dem Vertragsunternehmen eine vertragliche Beziehung (Akquisitionsvertrag)[223)] bestehen. Denkbar ist indes auch, dass die Akquisition von einem zwischengeschalteten Akquisitionsunternehmen betrieben wird. Dann besteht keine direkte Beziehung zwischen Kartenausgeber und Vertragsunternehmen.[224)] Für die auftretenden Rechtsfragen ist die Konstruktion indes ohne Belang. Der Vertrag (auch: Händlervertrag, Teilnehmervertrag, Servicevereinbarung genannt) ist ein Dauerschuldverhältnis, das das Vertragsunternehmen verpflichtet, die Kreditkarte als Zahlungsmittel zu akzeptieren, beim Karteneinsatz die Vorschriften zum ordnungsgemäßen Einsatz der Karte einzuhalten und Karteninhaber ebenso zu behandeln wie Bargeldzahler; dies wirkt wegen § 328 BGB zugunsten der Karteninhaber. Allerdings können die Bedingungen für den Telefon-/Mailorder-Verkehr Ausnahmen hiervon enthalten und das Vertragsunternehmen von der Annahmepflicht befreien.

10.304 Im Akquisitionsvertrag wird das Vertragsunternehmen regelmäßig verpflichtet, bestimmte Abrechnungsvoraussetzungen einzuhalten. Hierzu zählen, dass die Karte in ihrem zeitlichen Gültigkeitsrahmen vorgelegt wird und die Unterschrift des Karteninhabers trägt.[225)] Die Karte darf nicht in einer Sperrdatei gelistet sein. Die Karte selbst darf nicht erkennbar verändert oder unleserlich sein. Die auf dem Leistungsbeleg ausgedruckten Daten müssen mit denen auf der Karte identisch sein; der Belastungsbeleg muss ordnungsgemäß in zweifacher Ausfertigung[226)] erstellt sein. Zudem muss der Karteninhaber in Anwesenheit des Vertragsunternehmens unterschreiben.[227)] Im Telefon-/Mailorder-Verkehr kann die Erfassung des vollständigen Namens und der Adresse des Bestellers statt seiner Unterschrift verlangt werden.[228)] Von Bedeutung ist die

---

222) BezG Potsdam, Urt. v. 13.8.1992 – 2 S 49/92, WM 1993, 545, dazu WuB I D 5. – 2.93 *(Habersack)*. So auch die Regelung in der Ziff. 15 der „Vertragsbedingungen für Kreditkarten", Kartenantrag für VISA/MasterCard, abgedr. bei *Koch,* Der Zahlungsverkehr in der Bankpraxis.

223) Zur Rechtsnatur des Akquisitionsvertrages s. *Haun* in: BuB, Rz. 6/1877; *Eckert,* WM 1987, 161, 164.

224) So bspw. im MasterCard-Verbund. Vgl: *Haun* in: BuB, Rz. 6/1870.

225) Ein Foto auf der Karte muss mit der Person des Vorlegers übereinstimmen.

226) Bei elektronischer Abrechnung; dreifach bei manueller Abrechnung über Slip.

227) Diese Aufzählung ist beispielhaft; maßgeblich ist der Katalog des jeweiligen Akquisitionsvertrages.

228) *Meder,* ZBB 2000, 89, 97.

Einhaltung der genehmigungsfreien Höchstbeträge beim Karteneinsatz bzw. die Notwendigkeit, über diesen Höchstbetrag hinausgehende Beträge vom Kartenausgeber genehmigen zu lassen.[229] Zu den Pflichten des Vertragsunternehmens gehört die Bezahlung eines Disagios vom Forderungsbetrag als Entgelt an den Kartenausgeber für die Zulassung des Karteneinsatzes.

Der Kartenausgeber verpflichtet sich im Gegenzug, ordnungsgemäß abgewickelte Transaktionen (unter Abzug eines Disagios) dem Vertragsunternehmen zu bezahlen. Der Anspruch entsteht, sobald eine ordnungsgemäße Transaktion vollendet ist, das Vertragsunternehmen die Unversehrtheit der Kreditkarte und deren Gültigkeit geprüft hat, sodass dies als Bedingung für die Entstehung des Anspruchs gegen den Kartenausgeber angesehen werden muss.[230] 10.305

Im Telefon-/Mailorderverfahren besteht hingegen regelmäßig keine Annahmepflicht. Darüber hinaus enthalten die Bedingungen eine Reihe von Ausschlusskriterien, bei deren Vorliegen ein Karteneinsatz nicht möglich ist, so bspw., wenn derselbe Besteller an aufeinanderfolgenden Tagen mehrere identische Artikel bestellt, oder Artikel an Adressen außerhalb der EU geliefert werden sollen und/oder die Bestellungen einen bestimmten Betrag überschreiten.[231] 10.306

Klauseln in Allgemeinen Geschäftsbedingungen von Kreditkartenunternehmen, die Vertragsunternehmen verschuldensunabhängig mit dem vollen Risiko einer missbräuchlichen Verwendung der Kreditkarte durch unberechtigte Dritte im Telefon- oder Mailorderverfahren belasten, sind nach Auffassung des Bundesgerichtshofes wegen Verstoßes gegen § 307 BGB[232] unwirksam.[233] Bestreitet also der Karteninhaber die Bestellung oder die Echtheit der Unterschrift bei der schriftlichen Bestellung, hat nach dieser Auffassung das Kreditkartenunternehmen nicht die Möglichkeit, das Vertragsunternehmen zurück zu belasten.[234] Das Urteil des Bundesgerichtshofes ist zu Recht auf Kritik gestoßen. Den Kern der Argumentation des Bundesgerichtshofes bildet die Annahme, der Händler sei „wegen der räumlichen Distanz" zu einer Prüfung der Vertrauenswürdigkeit seiner Vertragspartner nicht in der Lage. Daher benach- 10.307

229) *Haun* in: BuB, Rz. 6/1872.

230) *Langenbucher*, Risikozuordnung, S. 266.

231) Vgl. *Meder*, ZBB 2000, 89, 97.

232) Vgl. § 307 BGB.

233) BGH, Urt. v. 16.4.2002 – XI ZR 375/00, ZIP 2002, 974 = WM 2002, 1120, dazu EWiR 2002, 1083 *(Derleder)*.

234) BGH, Urt. v. 16.4.2002 – XI ZR 375/00, ZIP 2002, 974 = WM 2002, 1120, dazu EWiR 2002, 1083 *(Derleder)*.

teilige eine solche Klausel die Händler unangemessen.[235] Als allgemeiner Erfahrungssatz ist diese Annahme jedoch nicht zu halten.[236] Vielmehr gehört das Risiko betrügerischer Besteller zu den typischen Risiken, mit denen Händler im Fernabsatzbereich seit jeher umzugehen haben. Daher kann auch die umgekehrte Annahme nicht zutreffen, die Kartenunternehmen seien besser als der Händler in der Lage, die mit dem Fernabsatz verbundenen Risiken zu beherrschen.[237] Tatsächlich können mangels Kontakt die Kartenunternehmen nicht feststellen, ob der angebliche Bestellvorgang tatsächlich von einem berechtigten Karteninhaber veranlasst wurde.[238] Zudem wurde in der Literatur befürchtet, dass sich die Kreditkartenunternehmen in Anbetracht des für sie unkalkulierbaren Missbrauchsrisikos aus diesem Geschäftsfeld zurückziehen.[239]

(2) Rechtsnatur der Zahlungsverpflichtung des Kartenausgebers

10.308 Der Bundesgerichtshof[240] vertritt die Auffassung, dass das Vertragsverhältnis zwischen Kreditkartenunternehmen und Vertragsunternehmen nicht als Forderungskauf,[241] sondern als abstraktes Schuldversprechen anzusehen ist. Dies ergebe sich aus dem Willen der Parteien des Akquisitionsvertrages, der auf die primäre, von einer vorherigen Inanspruchnahme des Karteninhabers unabhängige Leistungspflicht des Kreditkartenunternehmens gerichtet sei. Bei einem Forderungskauf hingegen müsste der Vertragshändler die Veritätshaftung der Forderung übernehmen, mit der Folge, dass er für den Bestand der verkauften Forderung haftet. Um der Bargeldersatzfunktion der Kreditkarte Rechnung zu tragen und dem Vertragshändler einen sicheren Ausgleich zuzugestehen, ist von einem abstrakten Schuldversprechen auszugehen, das nach der Ansicht des Bundesgerichtshofes aufschiebend bedingt durch die Einreichung ordnungsgemäßer Belastungsbelege sei, die in jedem Einzelfall die Zahlungspflicht des

---

235) A. A.: OLG Frankfurt, Urt. v. 15.3.2000 – 7 U 47/99, NJW 2000, 2114 = BKR 2002, 140; OLG Naumburg, Urt. v. 20.8.2002 – 11 U 140/01, ZIP 2002, 1795, dazu EWiR 2003, 197 *(Haertlein/Marx)*. Das OLG Naumburg weist zu Recht darauf hin, dass die Vertragsunternehmen über die Teilnahme am Mailorderverfahren im Einzelfall frei entscheiden können und den Vorteil haben, sich mit diesem Verfahren größere Absatzmärkte zu verschaffen und Waren zu günstigeren Bedingungen anbieten zu können.

236) So auch *Meder,* WM 2002, 1993.

237) *Meder,* WM 2002, 1993. *Bitter* weist in seiner Kommentierung zu dem Urteil des BGH in WuB I D 5 a. – 2.02 zutreffend darauf hin, dass wenn eine Person gezwungen wird, eine andere Person zu versichern, dieser jeder Anreiz genommen wird, die Realisierung des Risikos zu vermeiden. Zudem werde die Gefahr eines betrügerischen Zusammenwirkens von Vertragsunternehmen und Bestellern heraufbeschworen.

238) *Meder,* WM 2002, 1993.

239) Vgl. *Bitter,* ZIP 2002, 1219.

240) BGH, Urt. v. 16.4.2002 – XI ZR 375/00, ZIP 2002, 974 = WM 2002, 1120, dazu EWiR 2002, 1083 *(Derleder)*.

241) So die früher vom BGH vertretene Auffassung, vgl. BGH, Urt. v. 2.5.1990 – VIII ZR 139/89, ZIP 1990, 778 = WM 1990, 1059, dazu EWiR 1990, 1059 *(Eckert)*.

Kreditkartenunternehmens entstehen lassen. Das heißt, dass eine Zahlungspflicht des Kreditkartenunternehmens gegenüber dem Vertragsunternehmen zunächst nicht besteht, wenn der Karteninhaber behauptet, die auf dem Beleg geleistete Unterschrift stamme nicht von ihm. Nach den Regeln der Darlegungs- und Beweislast hat das Vertragsunternehmen den Nachweis zu führen, dass die Unterschrift durch den Inhaber der Karte geleistet wurde. Erst wenn dieser Nachweis erbracht ist, ist das Kartenunternehmen verpflichtet, an das Vertragsunternehmen zu zahlen.

Die dargestellten Grundsätze gelten auch im Telefon- oder Mailorderverfahren, wenn sich das Kartenunternehmen durch besondere Vereinbarung mit der Abwicklung telefonischer oder schriftlicher Bestellungen ausdrücklich einverstanden erklärt hat. Soweit dabei bestimmungsgemäß keine Unterzeichnung eines Belastungsbelegs durch den Karteninhaber erfolgt, tritt an die Stelle dieses Belegs die vom Vertragsunternehmen nach den jeweiligen Telefon- oder Mailorder-Bestimmungen erstellte Belegausfertigung. Sind diese formalen Voraussetzungen erfüllt, schuldet das Kreditkartenunternehmen aus dem abstrakten Schuldversprechen Zahlung an das Vertragsunternehmen. 10.309

Das abstrakte Schuldversprechen zwischen Kartenausgeber und Vertragsunternehmen kommt mittels Stellvertretung zustande. Stellvertreter ist der Kunde.[242] Er überbringt dem Händler das Angebot der Bank auf Abschluss eines abstrakten Schuldversprechens, welches das Vertragsunternehmen annimmt. Der Kartenausgeber wird vom Karteninhaber vertreten, weil ihm die selbst zu treffende Willensentscheidung überlassen bleibt, ob, wann und wem gegenüber das Schuldversprechen abgegeben wird. Auf einen Zugang der Annahmeerklärung kann gemäß § 151 BGB verzichtet werden. Die Bank bevollmächtigt ihren Kunden mit Abschluss des Kartenvertrages auf der Grundlage der Bedingungen. Zusätzlich händigt der Kartenausgeber dem Karteninhaber die Karte mit der Maßgabe aus, dass beim Karteneinsatz das abstrakte Schuldversprechen zustande gebracht wird. Damit ist der Karteninhaber befugt, eine hierauf gerichtete Willenserklärung für und gegen den Kartenausgeber abzugeben. 10.310

cc) Karteninhaber/Vertragsunternehmen

(1) Akzeptanzpflicht

Es wurde bereits dargestellt, dass aus dem Akquisitionsvertrag zwischen Kreditkartenunternehmen und Vertragsunternehmen ein Anspruch des Karteninhabers resultiert, mit der Kreditkarte zu zahlen. Diese Akzeptanzpflicht folgt 10.311

242) OLG Düsseldorf, Urt. v. 3.3.1975 – 6 U 168/74, WM 1975, 504. OLG Nürnberg, Urt. v. 8.6.1978 – 8 U 11/78, NJW 1978, 2513. *Hadding/Häuser,* WM 1993, 1357, 1358; *Hadding,* WuB I D 3.-3.88.

auch aus einem am Eingangbereich angebrachten Logo des Kartenausgebers.[243] Dies ist ein direkter Anspruch des Karteninhabers, der neben dem Anspruch aus § 328 BGB steht und aus dem sich Schadensersatzsprüche des Karteninhabers ergeben können, wenn die Annahme verweigert wird.[244] Die Anbringung des Logos stellt zunächst nur eine invitatio dar.[245] Kommt der Vertrag über den Kauf der Ware oder den Bezug der Dienstleistung mit dem Karteninhaber zustande, ist auch der Einsatz der Kreditkarte Vertragsbestandteil. Die Akzeptanzpflicht besteht allerdings erst dann, wenn der Vertrag über den Kauf der Ware oder den Bezug der Dienstleistung geschlossen ist. Zudem kann das Vertragsunternehmen die Kartenzahlung ablehnen, wenn Zweifeln an der Echtheit der Karte oder Zweifel an der Person des Karteninhabers bestehen.[246]

10.312 Alle Händlerbedingungen enthalten Preisaufschlagverbote. Kartenzahler sollen Bargeldzahlern gleichgestellt werden, um eine Zahlung des Disagios durch den Karteninhaber zu verhindern.

(2) Leistung erfüllungshalber

10.313 Die Zahlung mittels Kreditkarte stellt eine Leistung erfüllungshalber dar.[247] Das Vertragsunternehmen ist verpflichtet, zunächst aus der erfüllungshalber übertragenen Forderung gegen das Kreditkartenunternehmen Befriedigung zu suchen. Mit der Leistung erfüllungshalber ist eine Stundung der ursprünglichen Forderung gegen den Karteninhaber verbunden.

10.314 Die abgetretene Forderung aus dem Valutaverhältnis erlischt nicht bereits mit Zahlung des Kreditkartenunternehmens an das Vertragsunternehmen, weil sonst das Vertragsunternehmen seine Verpflichtung, die Forderung in Erfüllung des Kaufvertrages zu übertragen, nicht erfüllen könnte. Die abgetretene Forderung aus dem Valutaverhältnis erlischt vielmehr erst mit Zahlung des Karteninhabers an das Kartenunternehmen.[248]

---

243) AG Neuss, Entsch. v. 20.11.1989 – 30 C 496/89, WM 1990, 433; LG Düsseldorf, Urt. v. 24.10.1990 – 23 S 885/89, WM 1991, 1027; *Fervers*, WuB I D 5.-4.90; *Etzkorn*, WuB I D 5.-8.91.

244) *Taupitz*, Zahlung mittels Kreditkarte, S. 10: Die Ansprüche, z. B. Ersatzbeschaffung zu einem höheren Preis, Fahrtkosten, können sich auch gegen den Kartenausgeber richten.

245) Schimansky/Bunte/Lwowski-*Martinek*/*Oechsler*, in Bankrechts-Hdb., § 67 Rz. 70, wollen es dabei belassen und dem Karteninhaber keinen eigenen Anspruch geben. Sie halten es für eine reine Werbeaussage.

246) *Martinek*, Moderne Vertragstypen, Bd. III, S. 107.

247) LG Düsseldorf, Urt. v. 24.10.1990 – 23 S 885/89, WM 1991, 1027.

248) *Häde*, ZBB 1994, 33.

5. Das Debitkartengeschäft

a) Entwicklung

Im Jahre 1968 führte die deutsche Kreditwirtschaft mit der Ausgabe der ec-Karte sowie den dazugehörigen **eurocheque-Vordrucken** die Möglichkeit ein, durch eine **Scheckgarantie** die Akzeptanz von Schecks zu erhöhen. Schecknehmer waren dadurch nicht mehr dem Risiko ausgesetzt, dass ein Scheck mangels Deckung nicht eingelöst wird, da ihnen nunmehr ein selbständiger Zahlungsanspruch[249)] gegen das bezogene Kreditinstitut zustand.[250)] Nach anfänglich 200 DM wurde der Garantiebetrag je Scheck auf zuletzt 400 DM (oder die entsprechenden Gegenwerte in anderen europäischen Währungen) erhöht. Voraussetzung für das Zustandekommen des Zahlungsanspruchs war u. a. die Ausstellung des eurocheque-Vordrucks unter Verwendung der ec-Karte.[251)] Neben dem Einsatz der ec-Karte als Garantiekarte für den eurocheque kann sie zur Bargeldabhebung und Zahlung an automatisierten Kassen sowie als Geld-Karte (elektronische Geldbörse) verwendet werden. Darüber hinaus dient die ec-Karte dem Bezug von Kontoauszügen am Kontoauszugsdrucker sowie der Ausführung von Überweisungen an Selbstbedienungsterminals.[252)] Auf Grund eines Beschlusses der Lizenzgeberin für den eurocheque (der Europay International S.A., EPI) vom 22. April 1999 ist die eurocheque-Garantie zum Ende des Jahres 2001 generell ausgelaufen. Eurocheque-Vordrucke werden seitdem nicht mehr hergestellt. 10.315

Neben dem Wegfall der ec-Garantie ist aufgrund des Beschlusses der EPI die „Vereinbarung über das eurocheque-System", die die Voraussetzungen für die Berechtigung zur Ausgabe der ec-Medien in Deutschland regelte, ersatzlos entfallen. Gleiches gilt für die von der EPI vorgegebenen „Generellen Auszahlungsbestimmungen", die die Kreditinstitute bei der Barauszahlung der eurocheque-Gegenwerte zu beachten hatten. 10.316

249) BGH, Urt. v. 29.11.1984 – IX ZR 44/84, BGHZ 93, 71 = ZIP 1985, 150, dazu EWiR 1985, 25 *(Rümker)*; BGH, Urt. v. 25.1.1982 – II ZR 154/81, BGHZ 83, 28 = ZIP 1982, 553; *Canaris*, Bankvertragsrecht, Rz. 834; *Bülow*, WechselG/ScheckG/AGB, Art. 4 ScheckG, Rz. 13.

250) Die Zulässigkeit der Zusage des bezogenen Kreditinstituts gegenüber dem Scheckinhaber, den Scheck einzulösen, ist von der Rechtsprechung mehrfach bestätigt worden. Vgl. BGH, Urt. v. 6.3.1975 – II ZR 165/73, WM 1975, 466; BGH, Urt. v. 27.1.1966 – II ZR 210/63, WM 1966, 335.

251) Vgl. BGH, Urt. v. 30.3.1993 – XI ZR 192/92, WM 1993, 939, 940 = ZIP 1993, 747, dazu EWiR 1993, 607 *(Canaris)*; BGH, Urt. v. 25.1.1982 – II ZR 154/81, BGHZ 83, 28 = ZIP 1982, 553; *Bülow*, WechselG/ScheckG/AGB, Art. 4 ScheckG, Rz. 18 f.

252) Zu den Verwendungsmöglichkeiten der ec-Karte s. Baumbach-*Casper*, WechselG/ScheckG, Vierter Teil, Rz. 1.

b) Bargeldbezug am Geldautomaten

10.317 Zentrale Funktion der Debitkarte ist – wie schon die der ec-Karte – in Verbindung mit der persönlichen Geheimzahl (PIN) ihre Verwendung zur Abhebung von Bargeld an **Geldautomaten** (GA). Rechtliche Grundlage des deutschen Geldautomatensystems ist die Vereinbarung über das „Deutsche Geldautomaten-System" (**GA-Vereinbarung**)[253)] in der Fassung vom 1. September 2007, die zwischen den Verbänden des **Zentralen Kreditausschusses** (ZKA)[254)] geschlossen worden ist. Auf Grund eines internen Verfahrens innerhalb der Verbände ist die Vereinbarung für die angeschlossenen Institute verbindlich geworden. Das Rechtsverhältnis zum Kunden wird durch einen Kartenvertrag sowie die diesen konkretisierenden Kundenbedingungen geprägt.

aa) GA-Vereinbarung

(1) Überblick

10.318 Die GA-Vereinbarung enthält die Absprachen der Vertragspartner über den Betrieb und die Weiterentwicklung des „Deutschen Geldautomaten-Systems", das den Kunden der Kreditinstitute Abhebungen mittels einer Debitkarte am Geldautomaten ermöglicht.[255)] Da das deutsche Geldautomaten-System am internationalen Maestro- und Cirrus-Geldautomatensystem aufgrund der Vereinbarungen der deutschen Kreditwirtschaft mit MasterCard International teilnimmt, sind nicht nur die von deutschen Instituten emittierten Debitkarten mit dem ec-GA-Piktogramm, dem kombinierten ec-electronic cash-Piktogramm[256)] sowie dem girocard-Piktogramm[257)] zur Abhebung von Bargeld am Geldautomaten zugelassen, sondern auch Karten des weltweiten Geldautomatensystems Maestro und Cirrus.[258)] Für die Ausgabe von Karten, die mit dem Maestro- oder Cirrus-Zeichen versehen sind und die Akzeptanz von Karten, die von Instituten i. R. d. internationalen Maestro- und Cirrus-Geldautomatensystems ausgegeben sind, an Geldautomaten der angeschlossenen Institute gel-

---

253) Abgedr. bei *Koch*, Der Zahlungsverkehr in der Bankpraxis, Anhang 3.

254) Mitglieder im ZKA sind der Bundesverband deutscher Banken e. V. (BdB), der Bundesverband Öffentlicher Banken Deutschlands e. V. (VÖB), der Bundesverband der Deutschen Volksbanken und Raiffeisenbanken e. V. (BVR), der Deutsche Sparkassen- und Giroverband e. V. (DSGV) sowie der Verband deutscher Hypothekenbanken e. V. (VdH).

255) Der Rechtscharakter der Vereinbarung ist als ein Rahmenvertrag mit lizenzrechtlichem und dienstvertragsrechtlichem Charakter zu bewerten. Vgl. insoweit Schimansky/Bunte/Lwowski-*Gößmann*, Bankrechts-Hdb., § 54 Rz. 1 mit Verweis auf BGH, Entsch. v. 28.5.1979 – II ZR 219/77, BGHZ 74, 309 = NJW 1979, 2145 = WM 1979, 828; *Werner* in: BuB, Rz. 6/1425. In der Literatur wird die Vereinbarung auch als Gesellschaftsvertrag qualifiziert. Vgl. *Bieber*, WM Sonderbeilage Nr. 6/1987, S. 6.

256) Beide Piktogramme sind für MasterCard Europe sprl. eingetragene Zeichen.

257) Ein von der EURO Kartensysteme GmbH angemeldetes Markenzeichen.

258) Das Maestro- und das Cirrus-Zeichen sind eingetragene Markenzeichen von MasterCard International.

ten neben den zwischen der deutschen Kreditwirtschaft und MasterCard International getroffenen Vereinbarungen ergänzend die Vorschriften der MasterCard ATM & Debit Cash Advance Rules in der jeweils gültigen Fassung.

Soweit die Kreditwirtschaft darüber hinaus mit Wirkung für und gegen die angeschlossenen Institute mit in anderen Staaten ansässigen Betreibern oder Teilnehmern von Geldautomaten-Systemen (Kooperationspartner) entsprechende Kooperationsvereinbarungen abgeschlossen hat, gelten – vorbehaltlich spezieller abweichender Regelungen i. R. d. zwischen der Kreditwirtschaft und dem Kooperationspartner abgeschlossenen Vertrages – folgende Grundsätze: 10.319

Die von den angeschlossenen Instituten des „Deutschen Geldautomaten-Systems" ausgegebenen Karten werden im Geldautomatensystem des Kooperationspartners an den jenem System angeschlossenen Geldautomaten zu den technischen und rechtlichen Rahmenbedingungen akzeptiert, die im System des Kooperationspartners gelten. 10.320

Die dem „Deutschen Geldautomaten-System" angeschlossenen Kreditinstitute garantieren in ihrer Eigenschaft als kartenausgebendes Institut auch die Transaktionen, die ihre Karteninhaber an Geldautomaten tätigen, die dem System des Kooperationspartners angeschlossen sind. 10.321

Für die Geldausgabe an Inhaber von Karten eines angeschlossenen Institutes an einem Geldautomaten, der dem Geldautomatensystem des Kooperationspartners angeschlossen ist, ist das kartenemittierende Institut verpflichtet, das im Kooperationsvertrag zwischen der Kreditwirtschaft und dem Kooperationspartner vereinbarte Entgelt an den Geldautomatenbetreiber im Geldautomatensystem des Kooperationspartners zu zahlen. 10.322

Die dem Deutschen Geldautomaten-System angeschlossenen Institute sind verpflichtet, auch die i. R. d. Geldautomatensystems des Kooperationspartners von kartenausgebenden Instituten ausgegebene Karten an ihren Geldautomaten unter einem der in der Anlage zur GA-Vereinbarung aufgeführten Logos des Deutschen Geldautomaten-Systems und den damit verbundenen technischen und rechtlichen Rahmenbedingungen zu akzeptieren. 10.323

Die angeschlossenen Kreditinstitute, die Geldautomaten betreiben, erhalten für die Geldausgabe an Inhaber von Karten, die von kartenausgebenden Instituten des Geldautomatensystems des Kooperationspartners ausgegeben wurden, vom kartenausgebenden Institut das in der Kooperationsvereinbarung zwischen der Kreditwirtschaft und dem Kooperationspartner vereinbarte Entgelt. 10.324

Der Systemsicherung dient zudem die Verpflichtung der Institute in der Nr. 2 der GA-Vereinbarung, mit ihren Kunden, denen sie Karten zur Verfügung stel- 10.325

len, die „Sonderbedingungen für Bankkunden-Karten“[259] bzw. entsprechende Bedingungen zu vereinbaren. Auf Grund der Nr. 3 der GA-Vereinbarung verpflichten sich die angeschlossenen Institute, die von ihnen betriebenen Geldautomaten allen Karteninhabern institutsübergreifend und ohne Differenzierung in der zeitlichen Nutzungsmöglichkeit zur Verfügung zu stellen.[260]

(2) Entgelte

10.326 Da die automatenbetreibenden Institute aufgrund der GA-Vereinbarung verpflichtet sind, ihre Geldautomaten auch den Kunden anderer angeschlossenen Institute zur Verfügung zu stellen, können sie dem kartenausgebenden Kreditinstitut für diese Leistung ein Entgelt berechnen.[261] Ursprünglich sah die Nr. 7 Satz 2 der Vereinbarung vor, dass die maximale Höhe des Entgelts für Verfügungen mit deutschen Karten von den Vertragspartnern in einem Arbeitsstab festgesetzt wird. Die von diesem Arbeitsstab getroffene „Vereinbarung über die Festsetzung einer Höchstgebühr für die Benutzung der institutsübergreifenden Geldautomaten“ (**GA-Gebührenübereinkunft**), die am 1. Juli 1993 in Kraft getreten ist, sah vor, dass eine Transaktion i. R. d. institutsübergreifenden Geldautomatensystems bei Verfügungsbeträgen bis 400 DM mit einem Entgelt von höchstens 4 DM und bei Beträgen über 400 DM mit einem Entgelt i. H. v. maximal 1 % des Verfügungsbetrages belegt werden sollte. Diese Regelung ist jedoch vom Deutschen Sparkassen- und Giroverband e. V. mit Wirkung zum 1. März 1997 gekündigt worden.[262] Seitdem wird die Entgelthöhe von den automatenbetreibenden Instituten individuell festgelegt. Das kartenausgebende Institut kann seinen Kunden das ihm vom automatenbetreibenden Institut berechnete Entgelt als Auslagen gemäß Nr. 12 Abs. 5 AGB-Bk/Nr. 17 Abs. 3

---

259) Diese sind als Anlage 1 Bestandteil der Vereinbarung über das „Deutsche Geldautomaten-System“. Hierbei handelt es sich um eine dynamische Verweisung, d. h. es gelten die Bedingungen in ihrer jeweils aktuellen Fassung.

260) Zur Frage, ob dem Karteninhaber aufgrund der in Nr. 4 Satz 1 der Vereinbarung getroffenen Regelung ein unmittelbarer Anspruch auf Benutzung aller Geldautomaten zusteht, vgl. *Werner* in: BuB, Rz. 6/1433 f. m. w. N.

261) Vgl. Nr. 6 Abs. 1 der GA-Vereinbarung.

262) Zur Wirksamkeit der Kündigung der GA-Gebührenübereinkunft durch den DSGV vgl. *Fischer* in: Hadding/Hopt/Schimansky, Bankrechtstag 1998, S. 157; *Fischer* in: FS Schimansky, S. 111; a. A. *Werner* in: BuB, Rz. 6/1440, der die separate Kündigung der GA-Gebührenübereinkunft für nicht wirksam hält, da es sich hierbei um einen Bestandteil der GA-Vereinbarung handele, so dass eine Teilkündigung nicht zulässig sei.

AGB-Spk in Rechnung stellen.[263] Innerhalb der einzelnen kreditwirtschaftlichen Gruppen haben sich die Institute überwiegend darauf geeinigt, sich gegenseitig geringere Entgelte in Rechnung zu stellen.

Entgelte für Verfügungen i. R. v. Kooperationsvereinbarungen richten sich nach dem zwischen der Kreditwirtschaft und dem jeweiligen Kooperationspartner geschlossenen Vertrag. Entgelte für Verfügungen i. R. d. internationalen Maestro- bzw. Cirrus-Geldautomatensystem richten sich nach den Entgeltregeln von MasterCard Europe sprl. bzw. MasterCard International. **10.327**

(3) Verfahrens- und sicherheitstechnische Regelungen

Die Anlage 3 zur GA-Vereinbarung legt verfahrens- und sicherheitstechnische Bedingungen für den Betrieb des Systems fest. Ziel ist es, eine einheitliche Geräteausstattung zu definieren, um bei der Verfügung von Bargeld einheitliche Abläufe garantieren zu können sowie dafür Sorge zu tragen, dass ein einheitlicher hoher Sicherheitsstandard gewährleistet ist. Die Prüfung der Echtheit der Karte bei Verfügungen am Geldautomaten erfolgt im sog. **MM-Verfahren.** MM-Systeme unterliegen aufgrund der in ihnen gespeicherten kryptografischen Schüssel besonderen Sicherheitsanforderungen. Ihre Bereitstellung erfolgt nur über die zuständigen Verbände der angeschlossenen Institute bzw. von diesen beauftragten kreditwirtschaftlichen Stellen (bspw. Rechenzentren). Eine Auszahlung am Geldautomaten erfolgt nur dann, wenn zuvor das positive Ergebnis der MM-Prüfung festgestellt worden ist. Das Abheben von Bargeld am Automaten mit einer Kartenkopie unter Verwendung der richtigen PIN ist aufgrund der Echtheitsprüfung im MM-Verfahren also nicht möglich. **10.328**

Neben einer positiven **Kartenechtheitsprüfung** ist die Eingabe einer mindestens vierstelligen persönlichen Geheimzahl (PIN, **Personal Identification Number**) Voraussetzung für den Bargeldbezug am Geldautomaten. Jeder Karteninhaber erhält eine individuelle PIN in einem besonders gesicherten PIN-Brief, der nicht ohne Beschädigung geöffnet werden kann. Die PIN ist nur dem Karteninhaber bekannt. Weder Rechenzentrum noch das kartenausgebende Institut können die PIN bei Verlust oder Vergessen rekonstruieren. Sie ist nicht auf der Karte gespeichert, sondern wird bei jeder Transaktion von Sicherheitsmodulen im Geldautomaten aus der Kontonummer, der Kartenfolgenummer **10.329**

---

263) Bei der Gestaltung der Entgelte ist allerdings die am 1.7.2002 in Kraft getretene „Verordnung des Europäischen Parlaments und des Rates über grenzüberschreitende Zahlungen in Euro" (Abl. Nr. L 344, S. 13 v. 28.12.2001) zu beachten. Danach dürfen für grenzüberschreitende elektronische Zahlungsvorgänge bis zu einem Betrag von 50.000 Euro (POS-Zahlungen mit Karte oder Auszahlungen am Geldautomaten) sowie für Auslandsüberweisungen keine höheren Entgelte verlangt werden, als für entsprechende inländische Zahlungsvorgänge (Grundsatz der Gebührengleichheit, Art. 3). Für die Zahlung mit Fremdwährungen innerhalb der EU und für Zahlungen in Drittstaaten, sei es in Euro oder in Drittwährungen, kann allerdings ein gesondertes Entgelt erhoben werden.

und aus der jeweiligen Bankleitzahl des kartenausgebenden Instituts errechnet und mit der vom Benutzer eingebenden PIN verglichen. Die der Berechnung zugrunde liegenden Daten sind mittels kryptografischer Schüssel gesichert. Dieser als DES (DATA-Encryption-Standard) bezeichnete Schlüssel stellt eine Folge von 56 Bits dar, sodass 2^{56} (ca. 72 Billiarden) verschiedene Schlüssel zur Erzeugung der PIN möglich sind.[264)]

10.330 Da das deutsche Geldautomaten-System als Online-System zwischen den autorisierenden Stellen der Vertragspartner betrieben und jede Nachricht zum kartenausgebenden Institut bzw. der von ihnen beauftragten Stelle geleitet wird, erfolgt die Geldausgabe am Automaten erst dann, wenn eine Sperrdatei abgefragt und festgestellt worden ist, dass die Abhebung des gewählten Betrages innerhalb des mit der kartenausgebenden Stelle vereinbarten Verfügensrahmens liegt. Das automatenbetreibende Institut ist darüber hinaus verpflichtet, für jeden Geldautomaten ein vollständiges Protokoll über alle Aktivitäten, also auch über Fehler zu führen. Dieses sog. **GA-Journal** enthält u. a. das Ergebnis der Kartenechtheitsprüfung, Datum und Höhe der Verfügung, eine Transaktionsnummer sowie das Ergebnis der Prüfung, ob die PIN richtig eingegeben worden ist, vgl. Anlage 3 zur GA-Vereinbarung.

bb) Rechtsverhältnis zum Kunden

10.331 Die Ausgabe einer Debitkarte an den Kunden erfolgt auf der Grundlage eines im Vorfeld mit ihm vereinbarten Kartenvertrages, der durch die Debitkarten-Kundenbedingungen[265)] konkretisiert wird.

(1) Kartenvertrag

10.332 Der mit dem Kreditinstitut abgeschlossene Kartenvertrag berechtigt den Kunden, verschiedene Dienstleistungen des Instituts mit seiner Debitkarte zu nutzen. Hierzu gehören u. a. die Abhebung von Bargeld am Geldautomaten, das bargeldlose Zahlen an automatisierten Kassen sowie das Bezahlen mit der GeldKarte. Auf Grund der Vielzahl der Dienstleistungen, die der Kunde mit seiner Debitkarte nutzen kann, ist der **Kartenvertrag** nicht als Nebenabrede zum Girovertrag gemäß § 676f BGB a. F. zwischen Kreditinstitut und Kunden zu qualifizieren.[266)] Es handelt sich vielmehr um einen entgeltlichen Geschäftsbesorgungsvertrag mit dienstvertraglichem Charakter.[267)] Folglich macht der

264) Zu weiteren technischen Einzelheiten s. *Damveld*, Sparkasse 1999, S. 319; *Aepfelbach/Cimiotti*, WM 1998, 1218, 1222.

265) Sonderbedingungen für die VR-BankCard, abgedr. bei *Koch*, Der Zahlungsverkehr in der Bankpraxis, Anhang 4.

266) Ebenso *Bieber*, WM Sonderbeilage Nr. 6/1987, S. 6; a. A. *Canaris*, Bankvertragsrecht, Rz. 527h.

267) Palandt-*Sprau*, BGB, 67. Aufl. 2008, § 675 Rz. 10, § 676f Rz. 4, § 676h Rz. 7.

Kunde mit einer Abhebung am Geldautomaten nicht seinen Auszahlungsanspruch aus dem Girovertrag geltend.[268] Er übt mit seiner Verfügung sein girovertragliches Weisungsrecht i. S. v. § 665 BGB gegenüber seinem eigenen, also dem kartenausgebenden Institut aus.[269] In der Möglichkeit der Abhebung von Bargeld am Geldautomaten ist eine besondere Dienstleistung des kartenemittierenden Kreditinstituts zu sehen, die es berechtigt, die aus der Erbringung dieser Dienstleistung entstehenden Aufwendungen gemäß §§ 670, 675 BGB vom Kunden ersetzt zu verlangen.[270]

Mit der Auszahlung des Geldbetrages durch das automatenbetreibende Kreditinstitut an den berechtigten Karteninhaber erwirbt dieser das Eigentum an den Geldscheinen nach § 929 BGB. Das antizipierte Übereignungsangebot des Kreditinstituts setzt voraus, dass der Karteninhaber Verfügungen i. R. d. Kontoguthabens oder eines vorher für das Konto eingeräumten Kredits vornimmt (Ziff. A.II.2 der Kundenbedingungen). Überschreitet der Karteninhaber das Kreditlimit, so wird er aufgrund fehlender Einigung nicht Eigentümer des ausgegebenen Geldes.[271] 10.333

Ein Kontrahierungszwang zur Ausgabe einer Debitkarte an den Kunden besteht nicht. Den Kreditinstituten muss eine vorherige Bonitätsprüfung möglich sein. Denn aufgrund der Vereinbarung über das „Deutsche Geldautomaten-System" ist das kartenausgebende Kreditinstitut verpflichtet, dem geldautomatenbetreibenden Institut alle Beträge, die durch eine Benutzung der Debitkarten am Geldautomaten ausgezahlt worden sind, zuzüglich der hierdurch entstandenen Entgelte, zu erstatten. 10.334

(2) Debitkarten-Kundenbedingungen

Der mit dem Kunden vereinbarte Kartenvertrag wird durch **Kundenbedingungen** konkretisiert. Hierbei handelt es sich um allgemeine Geschäftsbedingungen, die mit dem Kunden vereinbart werden. Auf Änderungen hat das Kreditinstitut den Kunden ausdrücklich hinzuweisen. Nach erfolgtem Hinweis gelten 10.335

268) So aber *Canaris*, Bankvertragsrecht, Rz. 527h; Schimansky/Bunte/Lwowski-*Gößmann*, Bankrechts-Hdb., § 54 Rz. 15, der bei Verfügungen des Kunden an fremden Geldautomaten davon ausgeht, dass das automatenbetreibende Kreditinstitut als Erfüllungsgehilfe des kartenausgebenden Instituts tätig wird.

269) Palandt-*Sprau*, BGB, 67. Aufl. 2008, § 676 Rz. 16 f.

270) Insofern gehen auch die „Sonderbedingungen für die VR-BankCard" unter der Ziff. A.II.2 Abs. 2 davon aus, dass das Kreditinstitut berechtigt ist, den Ersatz der Aufwendungen zu verlangen, die aus der Nutzung der Debitkarte entstehen, abgedr. bei *Koch*, Der Zahlungsverkehr in der Bankpraxis.

271) AG Hamburg, Urt. v. 22.1.1986 – 149 Ds/73 Js 254/85, NJW 1986, 945; a. A. LG Lüneburg, Urt. v. 14.5.1985 – 9 O 372/84, ZIP 1985, 1132 = WM 1985, 914, dazu EWiR 1985, 471 *(Roeseler)*.

die Änderungen als genehmigt, wenn der Kunde ihnen nicht binnen sechs Wochen widerspricht.

(a) Wegfall der ec-Garantie

10.336 Die ursprünglich mit den Kunden vereinbarten ec-Kundenbedingungen sind aufgrund des Wegfalls der eurocheque-Garantie zum Ende des Jahres 2001 geändert worden. Der Begriff „ec-Karte" wurde durch die jeweils von den Instituten für ihre Debitkarten verwendeten Bezeichnungen (im Genossenschaftsbereich „VR-BankCard", im Sparkassenbereich „SparkassenCard") ersetzt. Das bisher in den alten ec-Kundenbedingungen im Abschnitt „Besondere Regeln für einzelne Nutzungsarten" geregelte „eurocheque-Garantie-Verfahren" ist aufgrund des Wegfalls der ec-Garantie ersatzlos gestrichen worden.

(b) Geltungsbereich

10.337 Der Karteninhaber kann die Debitkarte, soweit diese entsprechend ausgestattet ist, für folgende Dienstleistungen nutzen:

10.338 **In Verbindung mit der persönlichen Geheimzahl (PIN) in deutschen Debitkartensystemen:**

- zur Abhebung von Bargeld an Geldautomaten i. R. d. deutschen Geldautomatensystems, die mit dem ec-/GA-Logo gekennzeichnet sind,
- zur bargeldlosen Zahlung an automatisierten Kassen i. R. d. deutschen electronic cash-Systems, die mit dem electronic cash-Logo gekennzeichnet sind,
- zum Aufladen der GeldKarte an Ladeterminals, die mit dem GeldKarte-Logo gekennzeichnet sind,
- zum Aufladen eines Prepaid-Mobilfunk-Kontos, das ein Mobilfunknutzer bei einem Mobilfunkanbieter unterhält, an einem Geldautomaten, sofern das geldautomatenbetreibende Kreditinstitut diese Funktion anbietet und der Mobilfunkanbieter an dem System teilnimmt,
- zur Abhebung von Bargeld an Geldautomaten vom Sparkonto.

10.339 **In Verbindung mit der persönlichen Geheimzahl (PIN) in fremden Debitkartensystemen:**

- zur Abhebung von Bargeld an Geldautomaten i. R. d. internationalen Geldautomatensystems, die mit dem internationalen Maestro-Logo gekennzeichnet sind,
- zur bargeldlosen Zahlung an automatisierten Kassen i. R. d. internationalen Maestro-Systems, die mit dem Maestro-Logo gekennzeichnet sind. In einigen Ländern kann anstelle der PIN die Unterschrift gefordert werden,

- zur Abhebung von Bargeld an Geldautomaten sowie zur bargeldlosen Zahlung an automatisierten Kassen i. R. v. Debitkarten-Systemen, die in anderen Staaten betrieben werden, soweit mit einem solchen Zahlungssystem eine entsprechende Kooperationsvereinbarung besteht (Kooperationspartner). Die Akzeptanz der Karte i. R. d. Debitkarten-Systems eines Kooperationspartners erfolgt an allen Geldautomaten und automatisierten Kassen, die das Akzeptanzlogo des jeweiligen Zahlungssystems des Kooperationspartners tragen. Die Bank wird den Kunden über die Debitkarten-Systeme von Kooperationspartnern, mit denen Kooperationsvereinbarungen bestehen, unterrichten.

Ohne Einsatz der persönlichen Geheimzahl (PIN): 10.340

- als GeldKarte zum bargeldlosen Bezahlen an automatisierten Kassen des Handels- und Dienstleistungsbereiches, die mit dem GeldKarte-Logo gekennzeichnet sind (GeldKarte-Terminals),
- als Speichermedium für Zusatzanwendungen von Handels- und Dienstleistungsunternehmen nach Maßgabe der vom Karteninhaber mit diesen abgeschlossenen Verträge.

(c) Karteninhaber

Inhaber einer Debitkarte kann nur eine natürliche Person sein.[272] Die Karte ist personengebunden und kann entweder auf den (Mit-) Kontoinhaber oder auf einen Kontobevollmächtigten lauten. Eine Übertragung ist ausgeschlossen. Mit Ablauf des auf der Karte vermerkten Gültigkeitszeitraums ist das kartenemittierende Kreditinstitut berechtigt, die Karte zurückzuverlangen. 10.341

(d) Verfügungsrahmen/Auszahlungshöchstbetrag

Die Kundenbedingungen sehen für Verfügungen an Geldautomaten vor, dass das Kreditinstitut seinen Kunden einen jeweils für einen bestimmten Zeitraum geltenden **Verfügungsrahmen** für jedes Konto mitteilt, auf das mit der Debitkarte zugegriffen werden kann. Ist der Verfügungsrahmen erreicht, so wird – unabhängig vom aktuellen Kontostand und einem vorher zum Konto eingeräumten Kredit – die Transaktion abgewiesen. Hieran wird deutlich, dass der Verfügungsrahmen streng von dem vorhandenen Guthaben bzw. einer eingeräumten Kreditlinie zu unterscheiden ist. Er ist nicht bonitäts-, sondern transaktionsorientiert, sodass er auch dem Schutz des Kunden dient.[273] Nach Ablauf des dem Kunden vorher mitgeteilten Zeitraums steht der Verfügensrahmen wieder zur Verfügung. 10.342

---

272) *Harbeke*, WM 1989, 1709, 1711.

273) Schimansky/Bunte/Lwowski-*Gößmann*, Bankrechts-Hdb., § 54 Rz. 8.

10.343 Die Kundenbedingungen weisen den Karteninhaber darauf hin, dass der jeweilige Verfügensrahmen nur i. R. d. Kontoguthabens oder eines vorher für das Konto eingeräumten Kredits in Anspruch genommen werden darf, machen also deutlich, dass eine Auszahlung im Verfügensrahmen nicht als konkludente Erklärung des Kreditinstituts angesehen werden kann, den verfügten Betrag zu kreditieren. Da das kartenausgebende Institut aus der Vereinbarung über das „Deutsche Geldautomaten-System" in jedem Fall zur Erstattung der verfügten Beträge (zzgl. anfallender Entgelte) gegenüber dem automatenbetreibenden Institut verpflichtet ist, kann die daraufhin vorzunehmende Kontobelastung zu einer geduldeten Überziehung i. S. v. § 493 Abs. 2 BGB führen.[274)] Das Institut ist in diesen Fällen berechtigt, den höheren Zinssatz für geduldete Kontoüberziehungen zu verlangen.[275)] Eine Krediteinräumung kann dagegen nur dann angenommen werden, wenn das Institut die Rückführung des überzogenen Betrages nicht unverzüglich geltend macht. Der Kontoinhaber kann – auch für eine an einen Bevollmächtigten ausgebende Debitkarte zu seinem Konto – mit der kontoführenden Stelle eine Änderung des Verfügensrahmens für alle zu seinem Konto ausgegebenen Debitkarten vereinbaren. Neben dem Verfügensrahmen wird auch ein **Auszahlungshöchstbetrag** für jede Debitkarte festgelegt. Dieser beträgt nach der Anlage 3 (Ziff. 2.1 Nr. 10) der Vereinbarung über das „Deutsche Geldautomaten-System" je Abhebung mindestens 500 Euro.

(e) Aufwendungsersatzanspruch

10.344 Kommt es zu einer Verfügung am Geldautomaten und daraufhin zu einer Belastung des Kundenkontos i. H. d. verfügten Betrages (zzgl. Entgelt), so muss das Institut im Streitfall das Bestehen seines Aufwendungsersatzanspruches (§ 676h BGB a. F.) und damit insbesondere die Verfügung (Weisung i. S. v. § 665 BGB) des berechtigten Karteninhabers am Geldautomaten darlegen und beweisen.[276)] Hierzu kann das Kreditinstitut durch Vorlage des GA-Protokolls nachweisen, dass ein bestimmter Betrag unter Eingabe einer Debitkarte sowie der dazugehörigen Geheimzahl ordnungsgemäß i. S. d. Systems ausgezahlt worden ist. Ob nun tatsächlich der berechtigte Karteninhaber verfügt hat, steht damit noch nicht fest. Allgemein anerkannt ist jedoch, dass die ordnungsgemäße Dokumentation eines Auszahlungsvorgangs am Geldautomaten im GA-Protokoll den **Beweis des ersten Anscheins** dafür begründet, dass es zur Auszahlung des verfügten Betrages an den berechtigten Karteninhaber gekommen ist.

---

274) *Werner* in: BuB, Rz. 6/1483; Schimansky/Bunte/Lwowski-*Gößmann*, Bankrechts-Hdb., § 54 Rz. 7, *Schröter*, ZBB 1995, 395, 397.

275) Vgl. zur Zulässigkeit dieser Klausel BGH, Urt. v. 14.4.1992 – XI ZR 196/91, ZIP 1992, 751 = WM 1992, 940, dazu EWiR 1992, 527 *(Koller)*.

276) Vgl. Palandt-*Sprau*, BGB, 67. Aufl. 2008, § 676h Rz. 21.

Der Kunde kann diesen Anscheinsbeweis abwenden, indem er Tatsachen vorträgt, die den Anschein einer ordnungsgemäßen Abhebung erschüttern.[277)]

Der Anscheinsbeweis ist eine besondere Form des Indizienbeweises. Anwendung findet der Anscheinsbeweis bei typischen Geschehensabläufen. Unerheblich ist dabei, ob der zu beurteilende Sachverhalt streitig oder unstreitig ist.[278)] Der Beweispflichtige, zu dessen Gunsten der Anscheinsbeweis spricht, hat lediglich den den Anscheinsbeweis begründenden typischen Geschehensablauf darzulegen und ggf. zu beweisen. Derjenige, der einen von dem gewöhnlichen Verlauf abweichenden Gang des Geschehens behauptet, muss die ernsthafte Möglichkeit eines derartigen abweichenden Geschehensverlaufs darlegen; die Darlegung der nur vagen Möglichkeit reicht nicht aus.[279)] Werden Tatsachen bestritten, aus denen die Abweichung vom gewöhnlichen Gang des Geschehens hergeleitet werden soll, so muss dieses bewiesen werden.[280)] Das Gericht hat der Behauptung eines abweichenden Geschehensablaufs nachzugehen und kann ihn nicht dadurch entkräften, dass der behauptete Verlauf der Lebenserfahrung widerspricht. Welche Tatsachen zur Erschütterung des typischen Ablaufes genügen, um ernsthaft einen atypischen Ablauf wahrscheinlich werden zu lassen, ist Sache der richterlichen Beweiswürdigung. Wenn der Nachweis eines atypischen Geschehensablaufes gelingt, kann sich der Beweispflichtige nicht mehr auf den typischen, vom Anscheinsbeweis umfassten Geschehensablauf berufen; vielmehr muss er nun seinerseits vollen Beweis dafür erbringen, dass es sich um einen typischen Geschehensablauf gehandelt hat.[281)] **10.345**

Kann aufgrund des Kundenvortrags das Kreditinstitut seinen Aufwendungsersatzanspruch nicht beweisen, ist also der Anscheinsbeweis erschüttert, so ist ein möglicher Schadensersatzanspruch gegen den Kunden aufgrund der Verletzung seiner Sorgfaltspflichten aus dem Kartenvertrag, konkretisiert durch die Kundenbedingungen, zu prüfen.[282)] Auch hier kann der Beweis des ersten Anscheins dahin gehend angenommen werden, dass der Kunde, da es schließlich zu einer unberechtigten Verfügung am Geldautomaten gekommen ist, die ihn treffenden Sorgfaltspflichten, insbesondere zur Geheimhaltung der PIN und **10.346**

---

277) Zum Anscheinsbeweis vgl. BGH, Urt. v. 20.6.1978 – VI ZR 15/77, NJW 1978, 2032, 2033.

278) S. BGH, Urt. v. 29.6.1982 – VI ZR 206/80, NJW 1982, 2447, 2448.

279) S. BGH, Urt. v. 18.12.1952 – VI ZR 54/52, BGHZ 8, 239 = NJW 1953, 584; BGH, Urt. v. 20.6.1978 – VI ZR 15/77, NJW 1978, 2032, 2033.

280) S. BGH, Urt. v. 18.12.1952 – VI ZR 54/52, BGHZ 8, 239 f = NJW 1953, 584.

281) S. BGH, Urt. v. 23.5.1952 – I ZR 163/51, BGHZ 6, 169 = NJW 1952, 1137; BGH, Urt. v. 5.2.1987 – I ZR 210/84, BGHZ 100, 31, 34 = NJW 1987, 2876.

282) § 676h BGB schließt lediglich den Aufwendungsersatzanspruch gegen den Karteninhaber in Folge eines Missbrauchs aus. Schadensersatzansprüche aus § 280 BGB gegen den Karteninhaber sind von § 676h BGB nicht erfasst. Vgl. Palandt-*Sprau*, BGB, 67. Aufl. 2008, § 676h Rz. 16f.

zur Aufbewahrung der Debitkarte verletzt hat.283) Dieser Anscheinsbeweis kann allenfalls durch einen substantiierten Vortrag des Kunden erschüttert werden, dass das Geldautomatensystem nicht sicher sei. In tatsächlicher Hinsicht ist der Beweis des ersten Anscheins zugunsten der Sicherheit des PIN-Systems erforderlich, will das Kreditinstitut nicht einer Garantiehaftung für – angeblich – missbräuchliche Kartennutzungen unterliegen. Denn die Aufbewahrung und der Umgang mit der PIN und der Karte liegen im persönlichen Lebensbereich des Karteninhabers. Naturgemäß bestehen seitens des Kreditinstituts keine Möglichkeiten, diese persönliche Lebenssphäre des Karteninhabers zu überprüfen und somit nachzuvollziehen, ob unsorgfältig oder sorgfältig mit PIN und Karte umgegangen wird.

10.347 Insbesondere die neuere Rechtsprechung geht zutreffend von der Sicherheit der Verschlüsselung der PIN bei Debitkarten aus.284) Ein PIN-gestützter Debitkartenzugriff durch Unberechtigte ist grundsätzlich nur bei sorgfaltswidrigem Umgang des Berechtigten mit der PIN möglich. Bisher ist kein konkreter Beleg für eine Entschlüsselung oder sonstige rechnerische Ermittlung einer PIN in der für die Praxis allein sinnvollen kurzen Zeit von allenfalls wenigen Stunden bei einem wirtschaftlich vertretbaren und sinnvollen Aufwand erbracht worden. Kein Sachverständiger hat bisher in einem gerichtlichen Verfahren die theoretisch für möglich gehaltene Entschlüsselung einer PIN zu demonstrieren vermocht.285) Diese Auffassung vertritt auch das Amtsgericht Köln in seinem Urteil vom 11. Dezember 2001286) unter Verweis auf ein Sachverständigengutachten des Bundesamts für Sicherheit in der Informationstechnologie vom 29. November 2001, wonach eine Ermittlung der Geheimnummer

---

283) Palandt-*Sprau*, BGB, 67. Aufl. 2008, § 676h Rz. 13; *Werner*, WM 1997, 1516; *Gößmann*, WM 1998, 1264; *Aepfelbach/Cimiotti*, WM 1998, 1218, 1222; LG Bonn, Urt. v. 11.1.1995 – 5 S 163/94, NJW-RR 1995, 815; AG Bremen, Urt. v. 15.3.2000 – 6 C 37/99, WM 2000, 1639; LG Darmstadt, Urt. v. 10.11.1999 – 2 O 571/97, WM 2000, 911; AG Frankfurt a. M., Urt. v. 27.10.1998 – 31 C 2151/98, WM 1999, 1935; LG Stuttgart, Urt. v. 28.4.1999 – 13 S 239/98, WM 1999, 1934; LG Rottweil, Urt. v. 25.11.1998 – 1 S 148/98, WM 1999, 1934; LG Hannover, Urt. v. 16.3.1998 – 20 S 97/97, WM 1998, 1123; AG Darmstadt, Entsch. v. 24.2.1989 – 36 C 4386/87, WM 1990, 543.

284) Vgl. etwa BGH, Urt. v. 5.10.2004 – XI ZR 210/03, ZIP 2004, 2226 = ZVI 2004, 665 = NJW 2004, 3623, 3624, dazu EWiR 2005, 167 *(van Look)*; OLG Frankfurt, Urt. v. 30.1.2008 – 23 U 38/05, ZIP 2008, 774 ff. = WM 2008, 534, OLG Brandenburg, Urt. v. 7.3.2007 – 13 U 69/06, WM 2007, 2193 ff.; OLG Stuttgart, Urt. v. 13.3.2002 – 9 U 63/01, WM 2003, 125, 126 f. = BKR 2002, 547; OLG Frankfurt, Urt. v. 7.5.2002 – 8 U 268/01, WM 2002, 2101, 2102; OLG Frankfurt, Urt. v. 7.12.2001 – 24 U 188/99, ZIP 2002, 978, 981; LG Darmstadt, Urt. v. 10.11.1999 – 2 O 571/97, WM 2000, 911; LG Stuttgart, Urt. v. 28.4.1999 – 13 S 239/98, WM 1999, 1934; LG Hannover, Urt. v. 16.3.1998 – 20 S 97/97, WM 1998, 1123.

285) Ebenso *Damveld*, Sparkasse 1999, S. 319; *Aepfelbach/Cimiotti*, WM 1998, 1218, 1222.

286) AG Köln, Urt. v. 11.12.2001 – 138 C 487/01, n. v.

nicht möglich ist. Die Entscheidung des Oberlandesgerichtes Hamm[287] nach der der Anscheinsbeweis zugunsten des beklagten Kreditinstituts nicht mehr gelten sollte, ist schon deswegen nicht mehr relevant, da ihr eine Geldautomatenverfügung im zwischenzeitlich erneuerten PIN-Erstellungsverfahren zugrunde lag.[288]

(f) Exkurs: Sammelklage gegen Kreditinstitute wegen Haftung für Kartenmissbrauch

Nach einem Urteil des Bundesgerichtshofes vom 14. November 2006[289] ist die gerichtliche Einziehung von Forderungen durch Verbraucherzentralen im Interesse des Verbraucherschutzes erforderlich, wenn sie nicht nur Individualinteressen, sondern auch einem kollektiven Verbraucherinteresse dient und eine effektivere Durchsetzung dieses Interesses ermöglicht. Der Bundesgerichtshof hat in einem Sammelklageverfahren der Verbraucherzentrale Nordrhein-Westfalen gegen verschiedene Kreditinstitute wegen Haftung für Kartenmissbrauch entschieden, dass der klagenden Verbraucherzentrale die notwendige Aktivlegitimation zur Geltendmachung von an sie abgetretenen Ansprüchen nach Art. 1 § 3 Nr. 8 Rechtsberatungsgesetz zusteht. Nach dieser Vorschrift sei die gerichtliche Einziehung fremder und zu Einziehungszwecken abgetretener Verbraucherforderungen durch Verbraucherzentralen und andere Verbraucherverbände, die mit öffentlichen Mitteln gefördert werden, i. R. ihres Aufgabenbereichs zulässig, wenn dies im Interesse des Verbraucherschutzes erforderlich ist. 10.348

An diese Erforderlichkeit dürfen nach dem Urteil des Bundesgerichtshofes keine zu hohen Anforderungen gestellt werden. Die Einschaltung eines Verbraucherverbands ist danach erforderlich, wenn die Verbandsklage nicht nur zur Durchsetzung von Verbraucherinteressen geeignet, sondern außerdem auch effektiver als eine Individualklage der geschädigten Verbraucher ist, z. B. weil der Verband über aussagekräftigere und repräsentativere Informationen zu der Streitfrage verfügt oder das Beweispotential bei gebündelter Rechtswahrnehmung gründlicher ausgeschöpft werden kann. 10.349

---

287) OLG Hamm, Urt. v. 17.3.1997 – 31 U 72/96, ZIP 1997, 878 = WM 997, 1203 = NJW 1997, 1711, dazu EWiR 1997, 545 *(Spindler)*. Ebenso AG Wildeshausen, Urt. v. 28.5.1997 – 4 C 357/96 IV, WM 1998, 1128; LG Berlin, Urt. v. 16.11.1998 – 51 S 292/98, WM 1999, 1920; *Strube*, WM 1998, 1210.

288) Ebenso OLG Stuttgart, Urt. v. 13.3.2002 – 9 U 63/01, BKR 2002, 547 f. = WM 2003, 125; AG Hohenschönhausen, Urt. v. 9.5.2001 – 11 C 430/99, WM 2002, 1057. Vgl. zur Kritik an der Entscheidung des OLG Hamm *Werner*, WM 1997, 1516, 1518 f. Ferner LG Hannover, Urt. v. 16.3.1998 – 20 S 97/97, WM 1998, 1123.

289) BGH, Urt. v. 14.11.2006 – XI ZR 294/05, ZIP 2006, 2359 = WM 2007, 67, dazu EWiR 2007, 135 *(Meder)*.

10.350 Letztlich kommt es also für die Aktivlegitimation darauf an, ob die Einschaltung des Verbraucherschutzverbandes zur Durchsetzung der an diesen abgetretenen Ansprüche zu einer effektiveren Durchsetzung des kollektiven Verbraucherinteresses führt. Dies ist insbesondere dann der Fall, wenn zwar eine Klärung der jeweiligen Verbraucherfragen im Wege einer Individualklage nicht ausgeschlossen erscheint, faktisch aber Umstände vorliegen, die geeignet sind, den einzelnen Verbraucher hiervon abzuhalten. Solche Umstände können in der geringen Anspruchshöhe liegen, aber auch in unverhältnismäßig hohen Prozesskosten. Insbesondere im Bereich des Missbrauchs entwendeter ec-Karten können nach Ansicht des Bundesgerichtshofs Verbraucherschutzverbände substantiierter vortragen als der individuelle Kläger, um so das Gericht überhaupt zu einer Beweiserhebung über Sicherheitslücken der jeweiligen Verschlüsselungstechnik zu veranlassen.

(g) Sorgfalts- und Mitwirkungspflichten

10.351 In den Kundenbedingungen werden mit dem Karteninhaber auch allgemeine **Sorgfalts- und Mitwirkungspflichten** vereinbart. Um ein Abhandenkommen und einen Missbrauch der Karte zu verhindern, ist der Kunde gehalten, die Debitkarte mit besonderer Sorgfalt aufzubewahren sowie die ihm zur Verfügung gestellte PIN geheim zu halten. Diese darf daher insbesondere nicht auf der Debitkarte vermerkt oder in anderer Weise zusammen mit der Karte aufbewahrt werden.[290] Gegen seine Pflicht zur Geheimhaltung verstößt der Karteninhaber, wenn er sie etwa an Familienangehörige weitergibt.[291] Gleiches gilt, wenn er seine Geheimzahl in einem Notiz- oder Adressbuch notiert[292] oder wenn er den Brief, mit dem ihm die PIN mitgeteilt wurde, und die Karte in einem Ordner bei den persönlichen Papieren aufbewahrt.[293] Ein Karteninhaber verletzt ebenfalls grob fahrlässig seine Sorgfalts- und Mitwirkungspflichten, wenn er an einem defekten Geldautomaten auf Weisung eines vermeintlich hilfsbereiten Dritten die Geheimzahl in den Geldautomaten eintippt, ohne überprüft zu haben, ob über diesen Dritten tatsächlich Anweisungen eines autorisierten Vertreters der Bank übermittelt wurden.[294]

---

290) Zur Zulässigkeit dieser Klausel vgl. OLG Düsseldorf, Teilurt. v. 26.10.2007 – I-16 U 160/04, BKR 2008, 41 ff. = MDR 2008, 95, OLG Köln, Urt. v. 9.1.2002 – 13 U 54/01, n. v.; LG Köln, Urt. v. 17.1.2001 – 26 O 56/00, NJW-RR 2001, 1340 f. = WM 2001, 853; Fallbeispiele bei *Werner* in: BuB, Rz. 6/1467 ff. m. w. N.

291) LG Lüneburg, Urt. v. 14.5.1985 – 9 O 372/84, ZIP 1985, 1132 = WM 1985, 914, dazu EWiR 1985, 471 *(Roeseler)*.

292) AG Kassel, Urt. v. 16.11.1993 – 83 C 4162/93, WM 1994, 2110 dazu WuB I D 5b-1.95 *(Pfeiffer)*. A. A. LG Karlsruhe v. 9.6.1989 – 9 S 10/89, WM 1990, 63 m. abl. Anm. *Reiser* in: WuB 1 D5.-1.90.

293) OLG Nürnberg v. 14.10.1988 – 5 U 1230/88, WM 1989, 405, dazu WuB 1 D 5.-5.89 *(Harbeke)*.

294) AG Frankfurt a. M., Urt. v. 20.2.2007 – 31 C 3049/06-10, WM 2007, 1371 f.

Darüber hinaus ist der Karteninhaber für den Fall, dass er den Verlust seiner Debitkarte oder eine missbräuchliche Verfügung feststellt, verpflichtet, sein Kreditinstitut unverzüglich zu benachrichtigen. Den Verlust kann er auch gegenüber dem **Zentralen Sperrannahmedienst**[295] unter Angabe des Namens des Kreditinstituts und der Kontonummer anzeigen.[296] Der Zentrale Sperrannahmedienst sperrt daraufhin alle für die betroffenen Konten ausgebenden Debitkarten für die weitere Nutzung an Geldautomaten und automatisierten Kassen. Der Karteninhaber hat im Falle des Diebstahls oder der missbräuchlichen Verwendung seiner Debitkarte unverzüglich Anzeige bei der Polizei zu erstatten.[297] 10.352

(h) Haftung

Zentrale Bedeutung haben die **Haftungsregelungen** der Kundenbedingungen. Diese korrespondieren mit den zuvor definierten allgemeinen Sorgfalts- und Mitwirkungspflichten des Kunden. Nach den Sonderbedingungen für die VR-BankCard haftet die Bank für Schäden, die **nach der Verlustanzeige** gegenüber dem Kreditinstitut oder dem Zentralen Sperrannahmedienst entstanden sind, voll umfänglich. Für Schäden, die **vor der Verlustanzeige** entstanden sind, haftet der Kontoinhaber, wenn sie auf einer schuldhaften Verletzung seiner Sorgfalts- und Mitwirkungspflichten beruhen. Allerdings übernimmt das Institut die, grundsätzlich vom Kontoinhaber zu tragenden Schäden, wenn der Karteninhaber seine Sorgfalts- und Mitwirkungspflichten nicht grob fahrlässig verletzt hat. Als grobe Fahrlässigkeit in diesem Sinne definieren die Kundenbedingungen insbesondere das Vermerken der persönlichen Geheimzahl auf der Debitkarte, das gemeinsame Verwahren der PIN mit der Debitkarte,[298] die 10.353

---

295) Die Telefonnummer ist u. a. in den Kundenbedingungen angegeben: 0180/021021, teilweise auch 116 116.

296) Mit der Einrichtung eines Zentralen Sperrannahmedienstes entspricht die deutsche Kreditwirtschaft europäischen Forderungen zur Betrugsbekämpfung. Nach einer „Mitteilung der Kommission an den Rat, das Europäische Parlament, die Europäische Zentralbank, den Wirtschafts- und Sozialausschuss und Europool zur Vorbeugung von Betrug und Fälschung im Zusammenhang mit bargeldlosen Zahlungsmitteln" v. 9.2.2002 sind die Institute allerdings nicht zwingend verpflichtet, für alle emittierten Debitkarten einen zentralen Sperrannahmedienst einzurichten. Der der Mitteilung der Kommission als Anhang beigefügte „Aktionsplan zur Betrugsbekämpfung" fordert insoweit nur, „dass der Verlust und der Diebstahl eines Zahlungsmittels umgehend gemeldet werden kann und dass für die Folgen eines Betruges nicht der Verbraucher aufkommen muss, sondern die Haftung gerecht zwischen dem Geldinstitut und dem Verbraucher aufgeteilt wird".

297) Zur Zulässigkeit dieser Klausel OLG Stuttgart, Urt. v. 13.3.2002 – 9 U 63/01, BKR 2002, 547, 548 f. = WM 2003, 125.

298) Vgl. dazu Urteil des BGH v. 17.10.2000 – XI ZR 42/00, n. v. OLG Düsseldorf, Teilurt. v. 26.10.2007 – I-16 U 160/04, BKR 2008, 41 f. = MDR 2008, 95.

Mitteilung der persönlichen Geheimzahl an eine andere Person[299] sowie das nicht umgehende Melden des Kartenverlustes an das Kreditinstitut oder den Zentralen Sperrannahmedienst, obwohl dem Karteninhaber eine Mitteilung ohne weiteres möglich gewesen wäre und der Schaden durch die verspätete Meldung verursacht wurde. Weitere Voraussetzung für die Übernahme des grundsätzlich vom Kontoinhaber zu tragenden Schadens durch das Kreditinstitut ist die glaubhafte Darlegung der Voraussetzungen der Haftungsentlastung durch den Kontoinhaber und die Erstattung einer Anzeige bei der Polizei. Hat der Karteninhaber sich allerdings grob fahrlässig verhalten und kommt es zu einer Haftung des Karteninhabers aufgrund der dargestellten Klausel, so ist die Haftung des Kontoinhabers im Bereich der Sparkassen und Genossenschaftsbanken auf 500 Euro pro Kalendertag beschränkt.

10.354 Im Bereich der Privatbanken übernimmt das Institut alle Schäden, die nach Eingang der Verlustanzeige bei der kontoführenden Stelle oder dem Zentralen Sperrannahmedienst durch Verfügungen an Geldautomaten sowie automatisierten Kassen entstanden sind. Die Schadensübernahme gilt also auch dann, wenn der Verlust der Karte vom Karteninhaber verursacht oder verschuldet worden ist.

10.355 Die Bank übernimmt die bis zum Eingang der Verlustanzeige entstehenden Schäden, wenn der Karteninhaber die ihm obliegenden Sorgfaltspflichten erfüllt hat. Hat er durch schuldhaftes Verhalten zur Entstehung des Schadens beigetragen, so bestimmt sich die Haftungsverteilung nach den Grundsätzen des Mitverschuldens. Bei lediglich leichter Fahrlässigkeit des Kunden trägt die Bank jedenfalls 90 % des an sich vom Kunden zu tragenden Schadens. Bei grob fahrlässiger Verletzung seiner Sorgfaltspflicht haftet der Kunde dagegen in vollem Umfang für die entstehenden Schäden. Der Haftungsumfang ist allerdings stets auf den mitgeteilten Verfügungsrahmen beschränkt.

(i) Einzug und Sperre

10.356 Das Kreditinstitut ist zur Einziehung oder zur Sperre der Debitkarte berechtigt, wenn die Nutzungsberechtigung der Karte durch Gültigkeitsablauf oder durch ordentliche Kündigung endet. Bei einer Berechtigung zur Kündigung des Debitkartenvertrages aus wichtigem Grund ist das Kreditinstitut ebenfalls zur Sperrung und zum Einzug der Karte berechtigt.

---

299) OLG Düsseldorf, Teilurt. v. 26.10.2007 – I-16 U 160/04, BKR 2008, 41, 43 = MDR 2008, 95.

(j) Strafrechtliche Regelungen

Nach einer Entscheidung des Bundesgerichtshofs[300)] kann die Entnahme von Bargeld aus einem Geldautomaten unter Verwendung einer gefälschten Debitkarte als **Computerbetrug** nach § 263a StGB strafbar sein. 10.357

c) Bezahlung am Point of Sale (POS)

Außer zur Abhebung von Bargeld an inländischen und ausländischen Geldautomaten kann die Debitkarte in Verbindung mit der persönlichen Geheimzahl zur bargeldlosen Bezahlung an automatisierten Kassen i. R. d. inländischen electronic cash-Systems und des internationalen Maestro-Systems verwendet werden.[301)] Bei ausländischen Transaktionen kann zur Bezahlung an automatisierten Kassen an Stelle der PIN die Unterschrift verlangt werden.[302)] Das electronic cash-Verfahren gehört neben dem POZ-Verfahren (Point of Sale ohne Zahlungsgarantie)[303)] zum sog. **POS-System** der deutschen Kreditwirtschaft. Im Gegensatz zum electronic cash-Verfahren setzte das **POZ-Verfahren** nicht die Legitimation durch die PIN voraus. Vielmehr ermächtigte der Karteninhaber bei diesem Verfahren das Vertragsunternehmen schriftlich, den Rechnungsbetrag elektronisch im herkömmlichen Lastschriftverfahren einzuziehen. Im POZ-Verfahren gab das kartenausgebende Kreditinstitut kein Zahlungsversprechen gegenüber dem Händler ab. Die elektronisch generierte Einzugsermächtigung war grundsätzlich jederzeit widerruflich. 10.358

Sowohl für das electronic cash- als auch für das POZ-Verfahren sind drei Leistungsbeziehungen zwischen den Beteiligten zu unterscheiden.[304)] Das **Deckungsverhältnis** zwischen dem Karteninhaber und seinem Kreditinstitut (Kartenvertrag und Kundenbedingungen), das **Valutaverhältnis** zwischen dem Karteninhaber und dem Handels- bzw. Dienstleistungsunternehmen (bspw. Kaufvertrag) sowie das **Vollzugsverhältnis** zwischen dem Kreditinstitut des Karteninhabers und dem Vertragsunternehmen.[305)] 10.359

---

300) BGH, Urt. v. 22.11.1991 – 2 StR 376/91, ZIP 1992, 106 = WM 1992, 515, dazu EWiR 1992, 77 *(Huff)*.

301) Auf diese automatisierten Kassen wird im Inland durch das ec-electronic cash-Logo und im Ausland durch das Maestro-Logo hingewiesen.

302) *Hoffmann*, Die Bank 1992, 599, 600; *Schröter*, ZBB 1995, 395, 397.

303) Das POZ-System der deutschen Kreditwirtschaft ist zum 31.12.2006 eingestellt worden. Dementsprechend enthalten die aktuellen Debitkarten-Kundenbedingungen hierzu keine Ausführungen mehr.

304) Vgl. Schimansky/Bunte/Lwowski-*Gößmann*, Bankrechts-Hdb., § 68 Rz. 1 ff.

305) Vgl. Palandt-*Sprau*, BGB, 67. Aufl. 2008, § 676h Rz. 2 ff.

aa) electronic cash-System

(1) Abwicklung einer electronic cash-Transaktion

10.360 Um im electronic cash-System zu bezahlen, gibt der Kunde seine zum System zugelassene Karte in einen Kartenleser beim Händler ein, legitimiert sich durch seine persönliche Geheimzahl und bestätigt durch Tastendruck den zu zahlenden Betrag. Die im Magnetstreifen der Karte gespeicherten Daten, die PIN sowie der Verfügungsbetrag werden von dem electronic cash-Terminal des Händlers verschlüsselt zu einem Netzknoten übermittelt. Dort wird anhand der Bankleitzahl ermittelt, zu welcher Institutsgruppe die Debitkarte des Kunden gehört. In dem jeweiligen Autorisierungssystem der angesprochenen Institutsgruppe werden nun die Gültigkeit der Karte, die Korrektheit der Eingabe der Geheimzahl, möglicherweise vorliegende Kartensperren sowie die Einhaltung des im Vorfeld vom Kreditinstitut festgelegten Verfügungsrahmens überprüft. Das Ergebnis der Prüfung (Freigabe bzw. Nicht-Freigabe der Zahlung) wird dann, ebenfalls elektronisch und verschlüsselt, an das electronic cash-Terminal gesendet, sodass – bei positiver Antwort – der Zahlungsvorgang abgewickelt werden kann.[306] Der Rechnungsbetrag wird von dem electronic cash-Terminal des Händlers gespeichert und an ein **Inkassoinstitut** zum Einzug übermittelt. Das Inkassoinstitut schreibt die electronic cash-Umsätze dem Konto des Händlers gut und veranlasst den Einzug der einzelnen Verfügungsbeträge von den kartenausgebenden Kreditinstituten per Lastschrift im Einzugsermächtigungsverfahren.[307] Diese belasten wiederum in Wahrnehmung ihres Aufwendungsersatzanspruches die Konten der Karteninhaber.[308]

(2) Vertragsrechtliche Grundlagen

(a) electronic cash-Vereinbarung

10.361 Grundlage des electronic cash-Verfahrens ist die zwischen den Spitzenverbänden der Kreditwirtschaft getroffene "Vereinbarung über ein institutsübergreifendes System zur bargeldlosen Zahlung an automatisierten Kassen" (electronic cash-System), in der sich die Kreditwirtschaft zum Aufbau und zum Betrieb eines institutsübergreifenden Systems zur bargeldlosen Zahlung an automatisierten Kassen verpflichtet hat. Die Vereinbarung soll den Kunden derjenigen Institute, die die Vereinbarung anerkannt haben (angeschlossene Institute), das bargeldlose Zahlen mittels der ausgegebenen Debitkarten zulasten ihres Kontos an automatisierten Kassen im In- und Ausland ermöglichen. Die Kredit-

306) Durch diese Nachricht verpflichtet sich das kartenausgebende Kreditinstitut gegenüber dem Händler zum Ausgleich der Forderung.

307) Die Rückgabe der Lastschriften ist jedoch abweichend von den Regelungen des Lastschriftabkommens ausgeschlossen (Nr. 10 der electronic cash-Vereinbarung). Vgl. dazu *Werner* in: BuB, Rz. 6/1539.

308) Vgl. Schimansky/Bunte/Lwowski-*Gößmann*, Bankrechts-Hdb., § 68 Rz. 2.

wirtschaft verpflichtet sich in der **electronic cash-Vereinbarung** eine einheitliche Schnittstelle festzulegen, über die eingehende electronic cash-Umsätze in einem Autorisierungssystem genehmigt werden können, um so institutsübergreifend feststellen zu können, ob sich der Kartenumsatz i. R. d. festgelegten Verfügungsrahmens bewegt.[309)]

Die Ziff. 1 b der electronic cash-Vereinbarung regelt nunmehr Kooperationen mit in anderen Staaten ansässigen garantierten PIN-gestützten Debitkartensystemen. Insoweit wird festgelegt, dass Kooperationen nur mit Betreibern oder Teilnehmern anderer PIN-gestützter Kartenzahlungssysteme geschlossen werden dürfen. In solchen Kooperationen garantiert der Kartenherausgeber die autorisierte Transaktion auch gegenüber dem Akzeptanzpartner im Kooperationssystem. Ein dem electronic cash-System angeschlossener Händler erhält mit einer positiven Autorisierungsantwort ein Zahlungsversprechen des kartenausgebenden Instituts. Ferner wird geregelt, dass das dem electronic cash-System angeschlossene Handelsunternehmen auch für die Leistungen des Kartenherausgebers im Kooperationssystem das im electronic cash-System festgelegte Entgelt schuldet. Ein electronic cash-Kartenherausgeber erhält für Transaktionen mit seinen Karten in einem Kooperationssystem das gleiche Entgelt für die erbrachten Leistungen. Damit werden auch die Vorgaben der EU-Verordnung über grenzüberschreitende Zahlungen in Euro (2560/2001/EG, „EU-Preisverordnung“)[310)] umgesetzt, nach der grenzüberschreitende Zahlungen innerhalb der EU/EWR in Euro zu gleichen Preisen angeboten werden müssen wie die entsprechenden Inlandszahlungen. 10.362

Die Bereitstellung des electronic cash-Terminalnetzes ist Aufgabe der Netzbetreiber. Die electronic cash-Vereinbarung sieht vor, dass als Netzbetreiber zugelassen werden kann, wer die „notwendige Zuverlässigkeit“ besitzt und die Voraussetzungen, die in dem „Vertrag über die Zulassung als Netzbetreiber im electronic cash-System der deutschen Kreditwirtschaft“ (**Netzbetreibervertrag**) definiert werden, erfüllt. Die Netzbetreiber sind für die Aufstellung der electronic cash-Terminals, deren Anschluss an den Betreiberrechner sowie die technische Betreuung verantwortlich. Zudem obliegt den Netzbetreibern der Anschluss der Handels- und Dienstleistungsunternehmen auf der Grundlage der „Bedingungen der deutschen Kreditwirtschaft für die Teilnahme am electronic cash-System“ (Händlerbedingungen). 10.363

Die electronic cash-Vereinbarung bestimmt in Ziff. 10 des Weiteren, dass die kartenausgebenden Institute im In- und Ausland gegenüber den Unternehmen, die die Händlerbedingungen anerkannt haben, ein **Zahlungsversprechen** 10.364

309) Dies entspricht der Ziff. A.III.1.1 der Kundenbedingungen, wonach jedem Karteninhaber für Verfügungen an Geldautomaten und automatisierten Kassen ein jeweils für einen bestimmten Zeitraum geltender Verfügungsrahmen für jedes Konto mitgeteilt wird.

310) ABl. Nr. L 344 v. 28.12.2001, S. 13 ff.

i. H. d. am electronic cash-Terminal autorisierten Betrages abgeben. Gleiches gilt für die inländischen kartenausgebenden Institute innerhalb des Maestro-Systems gegenüber den im Ausland angeschlossenen Handels- und Dienstleistungsunternehmen. Soweit die Kreditwirtschaft mit Kooperationspartnern entsprechende Kooperationsvereinbarungen geschlossen hat, garantieren die angeschlossenen Institute auch die von ihren Karteninhabern i. R. d. Systems der Kooperationspartner bei angeschlossenen Handels- und Dienstleistungsunternehmen getätigten Umsätze i. H. d. autorisierten Betrages.

10.365 Voraussetzung für das Zahlungsversprechen gegenüber den dem electronic cash-System der deutschen Kreditwirtschaft angeschlossenen Handels- und Dienstleistungsunternehmen ist, dass das electronic cash-Terminal zugelassen und nach den mit dem Netzbetreiber vereinbarten Verfahren betrieben wurde und dass die vom Unternehmen zu beachtenden Anforderungen eingehalten wurden. Weiterhin ist Voraussetzung, dass der electronic cash-Umsatz einem Inkassoinstitut innerhalb von acht Tagen eingereicht wurde. Durch eine vom Unternehmen veranlasste Stornierung eines autorisierten Betrages entfällt das Zahlungsversprechen.[311)]

10.366 Voraussetzung für das Zahlungsversprechen gegenüber Handels- und Dienstleistungsunternehmen, die i. R. d. Systems eines Kooperationspartners zugelassen sind, ist, dass das POS-Terminal nach dem zwischen dem Kooperationspartner und der Kreditwirtschaft vereinbarten Verfahren betrieben wurde und die vom Kooperationspartner für den Betrieb seines Systems aufgestellten Anforderungen eingehalten wurden.

(b) Netzbetreibervertrag

10.367 Ziff. 7 der electronic cash-Vereinbarung sieht vor, dass die Bereitstellung des electronic cash-Terminalnetzes Aufgabe der **Netzbetreiber** ist. Der dies regelnde Vertrag wird zwischen dem potentiellen Netzbetreiber und der gesamten Kreditwirtschaft, vertreten durch die Spitzenverbände der Kreditwirtschaft, geschlossen. Die Vertragspartner vereinbaren darin die Zulassung des Netzbetreibers zum electronic cash-System der deutschen Kreditwirtschaft.

10.368 Dem Netzbetreiber obliegt die Bereitstellung der electronic cash-Terminals, die durch Rechner des Netzbetreibers gesteuert werden sowie die Weiterleitung von electronic cash- und Maestro-Umsätzen an die innerhalb der Kreditwirtschaft hierfür zuständigen Stellen zum Zwecke der Autorisierung. Aufgabe der Kreditwirtschaft ist es dagegen, ein funktionierendes Autorisierungssystem einzurichten. Darüber hinaus hat der Netzbetreiber sicherzustellen, dass das electronic cash-Terminalnetz die im Anhang zum Netzbetreibervertrag konkretisierten Sicherheitsanforderungen erfüllt. Die Sicherheit des Netzes und

311) Vgl. *Werner* in: BuB, Rz. 6/1535 ff.

die Einhaltung der Anforderungen an das electronic cash-Terminal sind vor Aufnahme des Betriebs durch ein Sachverständigengutachten nachzuweisen. Das Entstehen von Sicherheitslücken im System soll so verhindert werden.[312] Der Netzbetreiber verpflichtet sich, nur solche Unternehmen an sein electronic cash-Terminalnetz anzuschließen, die die Händlerbedingungen anerkannt haben. Die Händlerbedingungen werden also zwischen der Kreditwirtschaft und den Händlern vereinbart, jedoch erfolgen die Vermittlung und der Anschluss durch den Netzbetreiber. Die Vertragsbeziehung zum Händler regelt der Netzbetreiber durch individuell gestaltete Verträge. Ein Standard ist weder durch die electronic cash-Vereinbarung noch durch den Netzbetreibervertrag vorgegeben. Regelmäßig wird diese Vereinbarung jedoch Aussagen zu den vom Händler aufzustellenden Terminals, zur technischen Infrastruktur, zu Entgelten sowie zur Haftungsverteilung zwischen Netzbetreiber und Händler umfassen.[313] Zu den Aufgaben des Netzbetreibers gehört es zudem, die von den seinem electronic cash-Terminalnetz angeschlossenen Unternehmen geschuldeten electronic cash-Entgelte nach den Vorgaben der Kreditwirtschaft, also bankleitzahlspezifisch zu ermitteln, und die Entgelte an die kartenausgebenden Institute oder an eine von diesen bestimmte Zentralstelle zu überweisen.

(c) Rechtsverhältnis zwischen Händler und kartenemittierendem Institut

Die „Bedingungen für die Teilnahme von Handels- und Dienstleistungsunter- 10.369
nehmen am electronic cash-System der deutschen Kreditwirtschaft" (Händlerbedingungen) bilden die Rechtsgrundlage für das Vertragsverhältnis zwischen den am electronic cash-System angeschlossenen Händlern und den kartenemittierenden Kreditinstituten. Vertragspartner sind also der einzelne Händler sowie alle kartenausgebenden Kreditinstitute in Deutschland, die der electronic cash-Vereinbarung beigetreten sind.[314] Das jeweilige Vertragsunternehmen ist nach den Händlerbedingungen berechtigt, am electronic cash-System der deutschen Kreditwirtschaft teilzunehmen. Es wird verpflichtet, alle emittierten und in der electronic cash-Vereinbarung aufgelisteten Karten (u. a. ec-Karten, Kundenkarten) zu akzeptieren und zwar zu Barzahlungspreisen und -bedingungen, sodass bei Kartenzahlungen kein Aufschlag verlangt werden darf (Ziff. 2 der Händlerbedingungen). Aus dieser Regelung ergibt sich eine Drittbegünstigung des Karteninhabers.[315] Er hat die Wahl, wie er die Forderung des Händlers, bspw. aus einem Warenverkauf, begleicht. Wählt er statt der Barzahlung die

---

312) *Harbeke*, WM Sonderbeilage Nr. 1/1994, S. 10.

313) Vgl. *Werner* in: BuB, Rz. 6/1561.

314) *Harbeke*, WM Sonderbeilage Nr. 1/1994, S. 7.

315) OLG Düsseldorf, Urt. v. 5.3.1991 – U (Kart) 31/90, ZIP 1991, 753 = WM 1991, 913, dazu EWiR 1991, 587 *(Kulka)*; Schimansky/Bunte/Lwowski-*Gößmann*, Bankrechts-Hdb., § 68 Rz. 4; *Reiser*, WM Sonderbeilage Nr. 3/1989, S. 7.

Zahlung mittels electronic cash, ist der Händler verpflichtet, dies zu akzeptieren.[316)]

10.370 Soweit die Kreditwirtschaft mit in anderen Staaten ansässigen Betreibern oder Teilnehmern garantierter und PIN gestützter Debitkartensysteme (Kooperationspartner) entsprechende Kooperationsvereinbarungen getroffen hat, ist das Unternehmen verpflichtet, auch die im System eines Kooperationspartners von einem Kreditinstitut ausgegebenen Debitkarten für die bargeldlose Zahlung an electronic cash-Terminals zu den im electronic cash System geltenden Bedingungen zu akzeptieren. Der Netzbetreiber wird das Unternehmen über die Debitkarten der Kooperationspartner, die i. R. d. electronic cash-Systems zu akzeptieren sind, unterrichten und diese bei der technischen Abwicklung i. R. d. electronic cash-Systems berücksichtigen. Die Akzeptanz von Karten weiterer Systeme an electronic cash-Terminals ist hiervon nicht berührt, soweit sie die ordnungsgemäße Verarbeitung der im electronic cash-System zu akzeptierenden Karten nicht beeinträchtigt.

10.371 In der Nr. 5 der Händlerbedingungen wird – korrespondierend zur Ziff. 10 der electronic cash-Vereinbarung – festgelegt, dass die einzelnen kartenemittierenden Institute gegenüber dem Händler ein Zahlungsversprechen für alle autorisierten Umsätze im electronic cash-System abgeben, sofern das von dem Händler eingesetzte Terminal zugelassen, ordnungsgemäß betrieben und der Umsatz innerhalb von acht Tagen bei dem vom Vertragsunternehmen gewählten Inkassoinstitut eingereicht wird. Dieses Zahlungsversprechen ist als abstraktes Schuldversprechen gemäß § 780 BGB zu qualifizieren.[317)] Es kommt dadurch zustande, dass das kartenemittierende Kreditinstitut über die Autorisierungszentralen eine positive Autorisierung des übermittelten electronic cash-Umsatzes an das Händlerterminal abgibt. Da es sich bei der Abgabe des abstrakten Schuldversprechens durch das Kreditinstitut um ein Handelsgeschäft handelt, ist nach § 350 HGB die von § 780 BGB grundsätzlich geforderte Schriftform nicht erforderlich, sodass das Schuldversprechen auch, wie beschrieben, elektronisch erklärt werden kann.

10.372 Für den Betrieb des electronic cash-Systems und die Genehmigung der electronic cash-Umsätze in den Autorisierungssystemen der Kreditwirtschaft oder im Autorisierungssystem eines Kooperationspartners wird dem Unternehmen ein in den Händlerbedingungen festgelegtes Entgelt berechnet. Danach zahlt der Händler für electronic cash-Umsätze bis zu 25,56 Euro ein Entgelt i. H. v.

---

316) *Eckert*, WM 1987, 161, 164; AG Neuss, Entsch. v. 20.11.1989 – 30 C 496/89, WM 1990, 433.

317) *Harbeke*, WM Sonderbeilage Nr. 1/1994, S. 9; *Fischer/Klanten*, Bankrecht, 3. Aufl. 2000, Rz. 6.180; *Schröter*, ZBB 1995, 395, 396; *Häde*, ZBB 1994, 33, 41; a. A. *Bröcker*, WM 1995, 468, 479; *Ahlers*, WM 1995, 601, 605; *Bertrams*, ZIP 1985, 963, 967, die das „Zahlungsversprechen“ als Garantie ansehen.

0,08 Euro, für electronic cash-Umsätze über 25,56 Euro wird jeweils ein Entgelt i. H. v. 0,3 % des electronic cash-Umsatzes berechnet. Für stornierte Umsätze wird kein Entgelt erhoben. Das Entgelt wird für das Unternehmen von dem Netzbetreiber ermittelt und über diesen an die kartenausgebenden Institute abgeführt.

(d) Rechtsverhältnis zwischen Karteninhaber und Kreditinstitut

Der zwischen dem Karteninhaber und seinem Kreditinstitut abgeschlossene Kartenvertrag, konkretisiert durch die Kundenbedingungen, berechtigt den Kunden, verschiedene Dienstleistungen, unter anderem das bargeldlose Zahlen an automatisierten Kassen, mit seiner Debitkarte zu nutzen. Aufgrund dieses entgeltlichen Geschäftsbesorgungsvertrages mit dienstvertraglichem Charakter[318] ist der Karteninhaber auch berechtigt, Zahlungen (Weisungen i. S. v. § 665 BGB)[319] i. R. d. electronic cash-Systems vorzunehmen. Das kartenemittierende Kreditinstitut ist nach §§ 675, 670 BGB berechtigt, Ersatz der durch die Zahlung geleisteten Aufwendungen zu verlangen.[320] 10.373

Auf Einwendungen und sonstige Beanstandungen des Karteninhabers aus dem Valutaverhältnis kommt es nicht an. Diese sind unmittelbar gegenüber dem Unternehmen geltend zu machen.[321] Die Haftung für Schäden durch die missbräuchliche Verwendung der Karte an automatisierten Kassen richtet sich nach der Ziff. A.III.1.4 der Kundenbedingungen. Es gelten dieselben Regelungen wie für unberechtigte Verfügungen an Geldautomaten. Gleiches gilt für die Regelungen zum Verfügungsrahmen und zur Fehleingabe der Geheimzahl. 10.374

(e) Rechtsverhältnis zwischen Karteninhaber und Händler

Bei dem Rechtsverhältnis zwischen Karteninhaber und dem Händler (Valutaverhältnis) dürfte es sich i. d. R. um einen Kauf- oder Geschäftsbesorgungsvertrag handeln. Einwendungen aus diesem Vertragsverhältnis sind, so die 10.375

318) BGH, Urt. v. 17.5.1984 – II ZR 280/83, ZIP 1984, 1075 = WM 1984, 1213.

319) Die geschäftsbesorgungsrechtliche Weisung des Kunden i. S. v. § 665 BGB ist mit dem Zustandekommen der Zahlungsverpflichtung des kartenemittierenden Instituts gegenüber dem Händler unwiderruflich, da der Geschäftsbesorger dann aufgrund des Zahlungsversprechens unumkehrbare Dispositionen getroffen hat, die seinen Aufwendungsersatzanspruch nach §§ 675, 670 BGB entstehen lassen und die die grundsätzlich mögliche Widerruflichkeit von Weisungen ausschließen. Vgl. Schimansky/Bunte/Lwowski-*Gößmann*, Bankrechts-Hdb., § 68 Rz. 6. Zur grundsätzlichen Unwiderruflichkeit einer im Rahmen einer Kreditkartenverwendung erteilten Weisung vgl. OLG Köln, Urt. v. 14.11.2001 – 13 U 8/01, WM 2002, 1800, 1802 m. w. N.

320) Zur Durchsetzung dieses Anspruchs kann sich das Kreditinstitut, wie auch im Geldautomatensystem, auf den Anscheinsbeweis berufen. Grundlage ist auch im electronic cash-Verfahren die Sicherheit des Systems. Vgl. dazu *Werner* in: BuB, Rz. 6/1548.

321) Vgl. Ziff. A.III.1.3 Abs. 2 der Kundenbedingungen.

Ziff. A.III.1.3 Abs. 2 der Kundenbedingungen, unmittelbar gegenüber dem Händler geltend zu machen.

10.376 Aufgrund der Ziff. 2 der Händlerbedingungen hat der Karteninhaber einen unmittelbaren Anspruch (§ 328 BGB) gegen den Händler, die Bezahlung im electronic cash-Verfahren zu akzeptieren. Die Zahlung erfolgt **erfüllungshalber**, sodass der Händler gemäß § 364 Abs. 2 BGB verpflichtet ist, zunächst aus der Forderung gegen das kartenausgebende Kreditinstitut (also aus dem Zahlungsversprechen) vorzugehen. Die Forderung gegen den Karteninhaber (bspw. die Kaufpreisforderung) ist solange gestundet.[322)]

bb) „Wildes POS-Verfahren"

10.377 Neben den von der deutschen Kreditwirtschaft angebotenen Bezahlverfahren wie electronic cash und früher POZ haben Handels- und Dienstleistungsunternehmen ein eigenes System entwickelt, mit dem sie die in dem Magnetstreifen der Debitkarte enthaltenen Daten (insbesondere die Bankleitzahl und die Kontonummer) auslesen um aus diesen Angaben eine Einzugsermächtigungslastschrift zu generieren (sog. **„wildes POS-Verfahren"**). Ebenso wie beim früheren POZ-Verfahren erklärt sich der Kunde damit einverstanden, dass sein Kreditinstitut dem Händler seinen Namen und seine Anschrift auf Anfrage zur Verfügung stellt.

10.378 Im Gegensatz zu den von der deutschen Kreditwirtschaft angebotenen Verfahren finden jedoch keine Sperrdateiabfrage (so beim früheren POZ-Verfahren) und auch keine Autorisierung (so im electronic cash-Verfahren) der einzelnen Transaktionen statt. Der Händler trägt also das Risiko, dass die von ihm eingereichte Lastschrift mangels Deckung bzw. wegen Widerspruchs zurückgegeben wird. Das kartenemittierende Kreditinstitut ist trotz der Erklärung des Kunden nicht zur Weitergabe des Namens und der Adresse an den Händler verpflichtet. Denn durch die vom Kunden gegenüber dem Händler abgegebene Einwilligungserklärung kann keine Leistungsverpflichtung des Kreditinstituts begründet werden.[323)]

d) GeldKarte

10.379 Die Debitkarten der deutschen Kreditinstitute sind überwiegend mit einem Mikrochip ausgestattet. Dieser Chip enthält verschiedene Speicherplätze, von denen einer die Funktion der „elektronischen Geldbörse" beinhaltet. Der Kunde kann seine Karte mit elektronischen Werteinheiten zulasten seines Girokontos an speziellen Ladeterminals aufladen lassen und damit vor allem Kleinbeträge (Warenkäufe, Parkgebühren, öffentliche Verkehrsmittel, Eintrittsberechtigungen usw.) bezahlen. Soweit der Kunde kein Konto bei der kartenausgebenden

322) Palandt-*Sprau*, BGB, 67. Aufl. 2008, § 364 Rz. 6 ff.

323) LG Wuppertal, Urt. v. 23.12.1996 – 14 O 113/96, WM 1998, 122 ff.

Bank unterhält, sind auch GeldKarten gegen Barzahlung möglich. Bei von Kreditinstituten ausgegebenen Geldkarten führt die Bank interne Sammelkonten (**Börsenverrechnungskonten**), in die alle Zahlungsvorgänge an Geldkartenterminals ohne individuelle Zuordnung zu einzelnen Karten oder Kundenkonten eingebucht werden. Von diesen Börsenverrechnungskonten werden die Gegenwerte des Empfängers der GeldKartenzahlung abgebucht. Aus Sicherheitsgründen, insbesondere um Systemmanipulationen entdecken zu können, werden kartenindividuell sog. Schattensalden geführt, in die Aufladevorgänge und Verfügungen eingehen.

Die Bezahlung durch den Karteninhaber erfolgt an entsprechenden Terminals, die die Karte lesen, eine Sicherheitsprüfung vornehmen und Beträge von dem Chip ausbuchen können. Es erfolgt **keine besondere Legitimationsprüfung**, etwa durch eine Identifikationsnummer (PIN). Insofern entspricht die GeldKarte Bargeld, das bei Verlust von einem Dritten genutzt werden kann. Die von GeldKarten entnommenen Beträge werden zunächst im Händlerterminal gespeichert und i. d. R. einmal täglich zum Einzug über eine Händlereinzugszentrale und Zwischenbanken an die Schuldnerbank zur Belastung aus dem Börsenverrechnungskonto gesendet. 10.380

Das GeldKartesystem beruht auf folgenden **Abkommen und Bedingungen:** 10.381

- Vereinbarung über das institutsübergreifende System GeldKarte (Interbankenabkommen zwischen den Spitzenverbänden des Kreditgewerbes),
- Bedingungen für die Teilnahme am System GeldKarte (Händlerbedingungen),
- Bedingungen für Debitkarten (Kundenbedingungen des Karteninhabers) bzw. entsprechende Bedingungen für Kundenkarten.

Für das **Interbankenabkommen** zum GeldKartesystem gelten im Wesentlichen dieselben Grundsätze wie bei den anderen Zahlungsverkehrsabkommen des Kreditgewerbes. Darin sind die Rechte und Pflichten zwischen den Kreditinstituten, insbesondere die Verwendung bestimmter Bedingungen, Sicherheitsstandards und technische Regelungen, die gegenseitige Nutzung von Ladeterminals u. a. geregelt. 10.382

Die **Rechtsnatur der GeldKarte**-Funktion ist nicht ganz eindeutig geklärt. Teilweise wird der auf der GeldKarte gespeicherte Betrag als Guthaben bezeichnet.[324] Dagegen spricht aber, dass nach Belastung des Girokontos gerade kein Anspruch aus der bis dahin bestehenden Gutschrift mehr besteht, sondern dem Kunden außerhalb seines Konto unmittelbar ein Vermögenswert zugeordnet wird. Die einzelne Zahlung ist vielmehr als girovertragliche Weisung des Kunden an sein Kreditinstitut zu verstehen. Er weist das Institut an, dem 10.383

324) *Pfeiffer*, NJW 1997, 1036, 1038.

Händler den geschuldeten Betrag aus dem Börsenverrechnungskonto – und damit mittelbar aus dem zulasten seines Kontos dort eingebuchten Betrags – gutzuschreiben.

10.384 Der Kunde kann nach Zahlung aus dem Valutaverhältnis keine **Einwendungen** mehr geltend machen, wie in Abschnitt A.III.2.3 Abs. 2 der Debitkarten-Kundenbedingungen ausdrücklich geregelt ist.[325)]

10.385 Das **Verlustrisiko** für die Karte trägt nach Abschnitt A.III.3.5 der Kundenbedingungen der Inhaber. Er erhält keinen Ersatz für den noch aufgeladenen Geldbetrag auf einer verlorenen Debitkarte. Diese Regelung ist mit dem AGB-Recht vereinbar, da mit Aufladung der Karte diese die Funktion von Bargeld erhält und es der Kunde in der Hand hat, ob und in welcher Höhe er die Karte auflädt. Die weitere Haftungsverteilung ist im Wesentlichen analog zu der sonstigen Risikotragung bei Debitkarten geregelt. Schäden können insbesondere durch eine missbräuchliche Aufladung der Karte zulasten des Girokontos des Kunden entstehen. Bis zur Verlustmeldung ist die Haftung nach Verschuldensgrundsätzen verteilt. Für Zufallsschäden und für Schäden nach Verlustmeldung haftet die Bank.

10.386 Das **Rechtsverhältnis zum Zahlungsempfänger** ist ähnlich wie beim electronic-cash-System geregelt. Das dem System angeschlossene Vertragsunternehmen (Händler) erhält unabhängig vom Vorhandensein eines Guthabens auf dem Börsenverrechnungskonto eine Garantie gegen das kartenausgebende Institut i. H. d. getätigten Umsatzes.[326)]

e) Neue Einsatzmöglichkeiten der Debitkarte

aa) Zusatzanwendungen

10.387 Insbesondere von Akzeptanzunternehmen i. R. d. Systems „GeldKarte“ ist an die Kreditwirtschaft in der Vergangenheit wiederholt der Wunsch herangetragen worden, den auf Karten des deutschen Kreditgewerbes implementierten Chip im Zusammenhang mit der Akzeptanz der Karte zum Bezahlen ergänzend auch als Trägermedium für eine mit dem Bezahlvorgang im Zusammenhang stehende Leistung des Unternehmens nutzen zu können. Diese Anregung aufgreifend hat die Kreditwirtschaft im Jahre 1999 ein Pilotprojekt aufgesetzt, mit dem die Nutzung des auf der Karte befindlichen Chips für eine **unternehmensbezogene Zusatzanwendung** der Bremer Straßenbahn AG (BSAG) getestet wurde. Nach dem erfolgreichen Verlauf des Pilotprojekts haben nun-

---

325) *Wand,* Zahlung mittels Geldkarte, in: Hadding/Hopt/Schimansky, Bankrechtstag 1998, S. 97, 111 m. w. N.

326) Vgl. Nr. 4 der Bedingungen für die Teilnahme am System „GeldKarte“; weitere Einzelheiten vgl. *Gößmann* in: RWS-Forum 12, S. 67 ff.; *Kümpel*, WM 1997, 1037; *Pfeiffer*, NJW 1997, 1036; *Wand*, Zahlung mittels Geldkarte, in: Hadding/Hopt/Schimansky, Bankrechtstag 1998, S. 97.

mehr Handels- und Dienstleistungsunternehmen in Deutschland bundesweit die Möglichkeit, die von deutschen Kreditinstituten ausgegebenen Debitkarten, die über einen multifunktionalen Chip verfügen, als Speichermedium für eine unternehmensbezogene Zusatzanwendung zu nutzen.

(1) Rahmenvereinbarung zwischen den Kreditinstituten

Die für ein derartiges Angebot erforderlichen Regelungen sind in der „Vereinbarung über die Rahmenbedingungen für die Implementierung von unternehmensbezogene Zusatzanwendungen in die von Kreditinstituten ausgegebenen Karten" (Rahmenvereinbarung) nebst Anlagen zusammengefasst. 10.388

Die zwischen den ZKA-Verbänden geschlossene Vereinbarung regelt die Rahmenbedingungen für die Nutzung der Strukturen „Elektronischer Fahrschein" und „Marktplatz". Die unterzeichnenden Verbände verpflichten sich insbesondere, den Zugriff auf die Anwendungen „Elektronischer Fahrschein" und „Marktplatz" gemäß den technischen Anhängen verbandsübergreifend zu ermöglichen. Eine generelle gemeinschaftliche Verpflichtung, alle Chipkarten der deutschen Kreditwirtschaft mit Marktplatz- und Fahrschein-Applikationen auszustatten, besteht allerdings nicht. Zusatzanwendungsanbieter können auf die Strukturen der Zusatzanwendung nur unter Verwendung eines Sicherheitsmoduls (MSAM für die Marktplatz-Anwendung, FSAM für die Fahrschein-Anwendung) zugreifen. Hierdurch ist gewährleistet, dass die auf dem Chip aufgebrachten Informationen getrennt voneinander und sicher gespeichert werden. Das Sicherheitsmodul erhält das die Zusatzanwendung anbietende Unternehmen von seiner Händlerbank. 10.389

Darüber hinaus werden in der Rahmenvereinbarung die technischen Zulassungsverfahren der Zusatzanwendungsterminals geregelt. Auf Grund der Vielfalt der möglichen Zusatzanwendungen wird darauf verzichtet, eine inhaltliche Abnahme/Zulassung durchzuführen. In den Händlerbedingungen werden jedoch grundsätzliche Regeln definiert, die eine konkrete Zusatzanwendung einzuhalten hat. Technisch werden Zusatzanwendungsterminals daher nur auf Einhaltung der elektromechanischen Eigenschaften und des Übertragungsprotokolls zur Chipkarte überprüft und zugelassen. Ein bereits im GeldKarte-System zugelassenes Terminal erfüllt diese Anforderungen bereits und bedarf daher keiner erneuten Zulassung für Zusatzanwendungen. 10.390

(2) Rechtsverhältnis zwischen Kreditinstitut und Händler

Die Händlerbedingungen legen u. a. fest, dass ein Unternehmen eine Zusatzanwendung auf eine Chipkarte der deutschen Kreditwirtschaft nur gemäß den Händlerbedingungen und unter Einsatz eines Sicherheitsmoduls aufbringen kann, sofern die technischen Strukturen „Elektronischer Fahrschein" und „Marktplatz" auch auf der konkreten Karte vorhanden sind. 10.391

10.392 Grundlage für die inhaltliche Nutzung der Zusatzanwendung ist ein Vertragsverhältnis zwischen dem jeweiligen Unternehmen und dem Karteninhaber. Die Kreditwirtschaft stellt mit dem Speicherplatz in der Kundenchipkarte und dem Sicherheitsmodul lediglich die sicherheitstechnische Plattform zur Verfügung. Weder das kartenausgebende Institut noch das Händlerinstitut (als Sicherheitsmodul-Herausgeber) nehmen von der Datenkommunikation und von Inhalten der Zusatzanwendung Kenntnis. Der Speicherplatz auf der Chipkarte darf nur mit Kenntnis und im Einvernehmen mit dem Karteninhaber belegt werden. Auf Wunsch des Karteninhabers muss das Unternehmen die Zusatzanwendungsdaten löschen.

10.393 Für den Inhalt der Zusatzanwendung ist der Unternehmer verantwortlich. Die kartenausgebenden Institute stellen mit dem auf der Karte befindlichen Chip lediglich die technische Plattform zur Verfügung, die es dem Unternehmen ermöglicht, den Chip als Trägermedium für eigene Zusatzanwendungen zu nutzen. Das Unternehmen trägt die Verantwortung für den Inhalt der Zusatzanwendung und verpflichtet sich, diese so auszugestalten, dass damit nicht gegen geltendes Recht verstoßen wird. Insbesondere dürfen die mit der Chipkarte verbundenen ZKA-zugelassenen kartengestützten Zahlungssysteme (GeldKarte, electronic cash) weder technisch noch inhaltlich beeinträchtigt oder ersetzt werden. Das Unternehmen ist auch nicht berechtigt, Bankdaten (Kontonummer, Bankleitzahl o. Ä.) einzuspeichern, damit nicht über den Weg der Zusatzanwendungen Zahlungsverkehrsdienstleistungen etabliert werden können. Der Zugriff auf andere Speicherplätze ist dem Unternehmen nicht erlaubt.

10.394 Reklamationen des Karteninhabers, die sich auf eine Zusatzanwendung beziehen, sind von dem Unternehmen zu bearbeiten. Weiterhin muss das Unternehmen in der Lage sein, die Zusatzanwendungsdaten auf Kundenwunsch auf eine neue Karte zu übertragen. In keinem Fall ist das Unternehmen berechtigt, die Karte einzubehalten.

(3) Rechtsverhältnis zum Karteninhaber

10.395 Die von den Kreditinstituten verwendeten Kundenbedingungen für Debitkarten sind um die neuen Einsatzmöglichkeiten i. R. d. Zusatzanwendungen erweitert worden, um eine umfassende Information des Kunden in transparenter Form zu gewährleisten. Dabei wird der Kunde darauf hingewiesen, dass

- die Chipkarte als Speichermedium für Zusatzanwendungen von Handels- und Dienstleistungsunternehmen nach Maßgabe der vom Karteninhaber mit diesen abgeschlossenen Verträge fungiert,
- eine Sperrung von Zusatzanwendungen nur gegenüber dem jeweiligen Unternehmen in Betracht kommt, und auch nur, wenn dieses Unternehmen Sperrmechanismen vorsieht, d. h. es keine kreditwirtschaftliche Sperrverwaltung und -prüfung für Zusatzanwendungen von Leistungsanbietern gibt,

- ein Einzug der Karte durch ein Kreditinstitut zur Folge hat, dass die eingespeicherten Zusatzanwendungen durch den Karteninhaber zumindest so lange nicht mehr genutzt werden können, bis er die Karte vom kartenausgebenden Institut wieder ausgehändigt bekommt,
- das jeweilige Unternehmen für den Inhalt und die Reklamationsbearbeitung der Zusatzanwendung verantwortlich ist und
- i. R. d. Zusatzanwendungen keine vom kartenausgebenden Institut ausgegebene PIN verwendet werden darf.

bb) Altersmerkmale auf Chipkarten

Auf Grund der Neuregelung des **Jugendschutzgesetzes** ist ab 1. Januar 2007[327] sicherzustellen, dass die Abgabe von Tabakwaren über Automaten an Jugendliche unter 16 Jahre unterbunden wird. Damit ist der Betrieb derjenigen Zigaret- **10.396**

---

327) Die am 1.4.2003 in Kraft getretene Novellierung des Jugendschutzgesetzes regelt den Verkauf von alkoholischen Getränken und Tabakwaren an unbeaufsichtigten Automaten. § 10 des Gesetzes sieht vor, dass Tabakwaren in der Öffentlichkeit nicht in Automaten angeboten werden dürfen. Erlaubt ist der Automatenverkauf allerdings dann, wenn durch „technische Vorrichtungen" sichergestellt ist, dass Kinder und Jugendliche unter 16 Jahren die entsprechende Ware nicht entnehmen können: In § 9 ist eine gleich lautende Regelung für den Verkauf von alkoholischen Getränken an unbeaufsichtigten Automaten in gewerblichen Räumen zu finden. Hier ist die Altersgrenze 18 Jahre. Auszug aus dem Jugendschutzgesetz (JuSchG) v. 23.7.2002:

„§ 9 Alkoholische Getränke

…

(3) In der Öffentlichkeit dürfen alkoholische Getränke nicht in Automaten angeboten werden. Dies gilt nicht, wenn ein Automat
1. an einem für Kinder und Jugendliche unzugänglichen Ort aufgestellt ist oder
2. in einem gewerblich genutzten Raum aufgestellt und durch technische Vorrichtungen oder durch ständige Aufsicht sichergestellt ist, dass Kinder und Jugendliche alkoholische Getränke nicht entnehmen können.

§ 10 Rauchen in der Öffentlichkeit, Tabakwaren

…

(2) In der Öffentlichkeit dürfen Tabakwaren nicht in Automaten angeboten werden. Dies gilt nicht, wenn ein Automat
1. an einem Kindern und Jugendlichen unzugänglichen Ort aufgestellt ist oder
2. durch technische Vorrichtungen oder durch ständige Aufsicht sichergestellt ist, dass Kinder und Jugendliche unter sechzehn Jahren Tabakwaren nicht entnehmen können."

Um der Automatenwirtschaft Zeit zu geben, solche technischen Vorrichtungen zu entwickeln und zu installieren, sieht das Gesetz eine Übergangsfrist speziell für Zigarettenautomaten vor:

"§ 30 Inkrafttreten, Außerkrafttreten

…

(2) Abweichend von Absatz 1 Satz 1 treten § 10 Abs. 2 und § 28 Abs. 1 Nr. 13 am 1. Januar 2007 in Kraft."

Somit ist ab 1.1.2007 eine Legitimations- bzw. Altersprüfung des Kunden an einem unbeaufsichtigten Zigarettenautomaten Pflicht. Für den Verkauf von alkoholischen Getränken an Automaten existiert eine solche Übergangsfrist nicht.

tenautomaten bedroht, die für Jugendliche zugänglich sind und nicht permanent überwacht werden. Ein „unbedienter" Verkauf im Außenbereich bzw. im nicht überwachten Innenbereich ist dann nur noch möglich, wenn das Alter des Kunden kontrolliert werden kann. Die gesetzlichen Vorgaben erlauben jedoch explizit eine Altersprüfung durch geeignete „technische Vorrichtungen".

(1) Kooperation mit Automatenaufstellern

10.397 In Zusammenarbeit mit dem Bundesverband der Deutschen Tabakwaren-Großhändler und Automatenaufsteller e. V. (BDTA) wurden Lösungsmöglichkeiten für eine solche technische Kontrolle untersucht. Die optimale Lösung ist das Aufbringen eines Altersmerkmals auf den Chipkarten der Kreditinstitute. Die Grundidee besteht darin, ein **Jugendschutzmerkmal/Altersmerkmal** auf einer Chipkarte zu speichern, um diese als Zugangs-/Legitimationsmedium am Zigarettenautomaten nutzen zu können. Nur eine kontogebundene Chipkarte bietet eine hinreichende Werthaltigkeit und personalisierte Karteninhaberbindung, die eine Weitergabe an Dritte ausschließt. Gleichzeitig ist die GeldKarte-Funktion im Einsatz am Zigarettenautomaten anonym.

(2) Systemansatz

10.398 Die technische Lösung zur Implementierung des Jugendschutzmerkmals sieht vor, dass bei Minderjährigen (mit Einwilligung) das personenbezogene Geburtsdatum und bei Volljährigen anstelle des Datums eine Kennzeichnung über das Vorliegen der Volljährigkeit (Legitimationsvermerk) verschlüsselt in der Marktplatz-Struktur der Chipkarte abgelegt wird. Da für Volljährige somit kein personenbezogenes Datum gespeichert wird, kann für diese gemäß Feststellung der Datenschutzaufsichtsbehörden auf die Einholung einer Einwilligung zur Speicherung des Datums verzichtet werden. Lediglich für Minderjährige ist z. B. zusammen mit dem Kartenantrag eine Einwilligung einzuholen. Widerspricht der Minderjährige (sein gesetzlicher Vertreter) der Speicherung, so wird kein personenbezogenes Datum aufgebracht und die Karte kann zum Bezug von Tabakwaren an Automaten nicht verwendet werden.

10.399 Nur ein autorisierter Händler/Automat kann mittels einer erweiterten Händlerkarte das Jugendschutzmerkmal auswerten. Das Sicherheitsmodul beantwortet dabei gegenüber dem Automaten lediglich die Frage „Ist der Karteninhaber heute mindestens x Jahre alt?" Das Geburtsdatum bzw. der Legitimationsvermerk wird nur innerhalb des Sicherheitsmoduls entschlüsselt und verarbeitet und liegt niemals außerhalb des Sicherheitsmoduls vor.

(3) Rechtlicher Hintergrund

10.400 Der allgemeine Legitimationsvermerk, der auf Karten erwachsener Karteninhaber aufgebracht wird, stellt kein personenbezogenes Datum dar, sodass dieser

Vorgang datenschutzrechtlich nicht relevant ist. Auf Karten minderjähriger Karteninhaber wird dagegen ein verschlüsseltes Geburtsdatum aufgebracht. Bei diesem Vorgang handelt es sich datenschutzrechtlich um eine Nutzung bzw. Verarbeitung personenbezogener Daten, die der Einwilligung des Karteninhabers/seines gesetzlichen Vertreters bedarf. Die Anforderungen an die Einwilligung richten sich nach § 4a **Bundesdatenschutzgesetz** (BDSG). Danach muss die Einwilligung freiwillig abgegeben werden und der Einwilligende ist zuvor auf den Zweck der Datenverarbeitung hinzuweisen. Die Einwilligung bedarf der Schriftform. Soweit sie zusammen mit anderen Erklärungen abgegeben werden soll, ist die datenschutzrechtliche Einwilligung besonders hervorzuheben, also etwa durch Fettdruck. Die Einwilligungserklärung ist vom gesetzlichen Vertreter des Minderjährigen zu unterzeichnen. Der Widerruf der Einwilligung ist grundsätzlich jederzeit möglich. Er führt dazu, dass die Datenverarbeitung für die Zukunft unzulässig wird. Widerruft der Karteninhaber seine Einwilligung zur Aufbringung von Altersmerkmalen, so ist das verschlüsselte Geburtsdatum auf der Karte zu löschen. Ist eine Löschung auf der Karte nicht möglich, so ist dem Karteninhaber auf Verlangen eine neue Karte auszuhändigen, die das verschlüsselte Geburtsdatum nicht beinhaltet.

Das beschriebene Verfahren ist mit den obersten Datenschutzaufsichtsbehörden abgestimmt worden. Diese haben das Verfahren insbesondere deswegen begrüßt, da hierbei die Grundsätze der Datenvermeidung und der Datensparsamkeit besonders berücksichtigt werden, denn die überwiegende Anzahl der ZKA-Chipkarten wird nicht mit einem personenbezogenen Geburtsdatum versehen, sondern lediglich mit einem Legitimationsvermerk ausgestattet, da es sich bei diesen Karten um Karten erwachsener Kunden handelt. Sowohl das Geburtsdatum als auch der Legitimationsvermerk werden nur innerhalb des Sicherheitsmoduls am Automaten entschlüsselt und verarbeitet. Der Händler erhält keine Kenntnis über die personenbezogenen Daten. Zudem sind das Geburtsdatum und der Legitimationsvermerk in der verschlüsselten Form nicht unterscheidbar. Am multifunktionalen Taschenkartenleser wird in Bezug auf das Jugendschutzmerkmal immer nur der Text „Jugendschutz" angezeigt. 10.401

6. Online-/Internet-Banking

Im Zeitalter moderner Informations- und Kommunikationstechniken bietet der globale Datenaustausch gerade auch den Kreditinstituten die Chance, neue Wege der Interaktion mit ihren Kunden zu gehen. Dabei wird für immer mehr Deutsche das Online-Banking zu einer Selbstverständlichkeit. So wurden Anfang 2006 in Deutschland bereits mehr als 35 Mio. Konten online geführt.[328] Dafür gibt es gute Gründe: So sind im Allgemeinen Finanztransakti- 10.402

328) http://www.zentraler-kreditausschuss.de/upload/1145955729.1133257819.ZKA-2005–11–29-statistik-online-konten.pdf.

onen, die online abgewickelt werden, preiswerter als Geschäfte am Bankschalter.

10.403 Mit der Abwicklung von Bankgeschäften über das Internet sind auch eine Vielzahl von Rechtsfragen, wie u. a.

- zum Vertragsrecht sowie zur wirksamen Einbeziehung allgemeiner Geschäftsbedingungen,
- zur Beweiskraft elektronischer Dokumente,
- zu besonderen Informationspflichten im elektronischen Geschäftsverkehr,
- zum Datenschutz und zur Wahrung des Bankgeheimnisses,
- zu einzelne Fragen des Zahlungsverkehrs und der Kontoführung über das Internet,
- zum Umgang mit missbräuchlichen Verfügungen im Online-Banking (Phishing, Pharming) sowie
- zu Änderungen u. a. im Internetauftritt eines Instituts aufgrund des im März 2007 in Kraft getretenen Telemediengesetzes

verbunden, die im Folgenden näher erläutert werden sollen.

a) Technische Verfahren

10.404 Während Online- und Internet-Banking unterschiedliche Zugangssysteme bezeichnen, stehen das PIN/TAN- und das HBCI-Verfahren jeweils für unterschiedliche Sicherungs-/Legitimationsverfahren.

aa) Zugangssysteme

(1) Online-Banking

10.405 Beim Online-Banking, im weitesten Sinne einer Fortentwicklung des Btx-Verfahrens, tritt der Kunde mittels Bildschirm und Telefonleitung mit seinem Kreditinstitut in Verbindung, um Bankgeschäfte aller Art, namentlich Zahlungsverkehrsvorgänge abzuwickeln. Je nach technischer Ausrüstung kann der Online-Kunde Weisungen und Aufträge direkt in die EDV des Kreditinstituts eingeben oder dort in einem elektronischen Briefkasten „hinterlegen". Die Kommunikation erfolgt über ein **geschlossenes Netz.** Das Leistungsangebot der Kreditinstitute beim Online-Banking ist unterschiedlich. Jedes Institut entscheidet selbst, welche Dienste und Leistungen online angeboten werden. Im Bereich des Zahlungsverkehrs sind dies üblicherweise die Erteilung von Überweisungsaufträgen, die Einrichtung und Änderung von Daueraufträgen und die Erteilung von Lastschriftaufträgen, jeweils i. R. einer bestehenden Kontoverbindung. Hinzu tritt regelmäßig ein allgemeines Informationsangebot, das etwa die Abfrage von Kontoständen online ermöglicht. Soll auch die Kontoverbindung selbst, d. h. also die Eröffnung eines Girokontos oder Depotkontos online begründet werden, so ist zusätzlich, d. h. außerhalb des Systems, etwa unter Zuhilfenahme des von der

Deutschen Post AG angebotenen PostIdent-Services, den Legitimationsanforderungen des § 154 AO nebst Anwendungserlass Genüge zu tun.[329)]

Exemplarisch sei das Verfahren beim Online-Banking anhand des von der Telekom-Tochter T-Online zur Verfügung gestellten Online-Netzes beschrieben: Seit 1992 erreichen alle T-Online-Nutzer unter einer bundesweit gültigen Einwahlnummer zum Ortstarif dieses (geschlossene) Netz. Im Rahmen des Online-Banking im T-Online-Netz stellt die Deutsche Telekom AG sicher, dass nur eindeutig identifizierte Personen Zugang zu diesem Netz erhalten. Voraussetzung für den Netzzugang ist eine individuelle zwölfstellige Anschlusskennung sowie ein individuell festzulegendes Kennwort. Erst nach Prüfung der Anschlusskennung und des persönlichen Kennwortes wird der Zugang zum Netz freigegeben. Mittels eines speziellen Decoders kann der Kunde auf das Angebot von T-Online mit Hilfe einer speziellen Software zugreifen. Sofern der Kunde Online-Banking betreiben möchte, muss das kontoführende Kreditinstitut zunächst das Konto des Kunden für den Online-Zugriff freigeschaltet haben. **10.406**

(2) Internet-Banking

Neben dem Online-Banking über geschlossene Netze bieten Kreditinstitute – mittlerweile überwiegend – die Abwicklung von Bankgeschäften über das Internet, d. h. über ein **offenes Netz** an.[330)] Der Vorteil liegt darin, dass das Internet die Kommunikation zwischen unabhängigen Rechnernetzen erlaubt, die auf der Basis unterschiedlicher Betriebssysteme arbeiten. Dem steht der Nachteil gegenüber, dass offene Netze, die ohne Zulassung durch den Netzbetreiber genutzt werden können, naturgemäß ein höheres Risiko beinhalten als geschlossene Netze. **10.407**

Der Kunde benötigt für das Internet-Banking neben dem Betriebssystem eine spezielle Software zur Darstellung der Internetinhalte, einen sog. Browser. Der Zugang zum Internet erfolgt über einen Provider. Zur sicheren Übertragung werden **spezielle Verschlüsselungsmechanismen** eingesetzt. Einzelne Geschäftsvorgänge werden im sicheren Dialog (Secure Dialog/https)[331)] durchgeführt und durch sog. JAVA-Applets[332)] oder Active X Controls[333)] realisiert. **10.408**

---

329) Dazu Schimansky/Bunte/Lwowski-*Gößmann*, Bankrechts-Hdb., § 55 Rz. 12.

330) Dazu etwa Hörter/Wagner-*Eilenberger/Burr*, Visionen im Bankmanagement, S. 187 f.; *Roßbach/Braun*, Sparkasse 1998, S. 515 ff.

331) Das Internet bietet verschiedene Dienste an. Im Gegensatz zu http ist https eine gesicherte Verbindung, die insbesondere für kommerzielle Dienste genutzt wird. Eine solche sichere Verbindung wird in der Regel beim Internet-Banking verwandt.

332) JAVA-Applets sind Programme, die automatisch bei der Betrachtung einer der Web-Site heruntergeladen und ausgeführt werden.

333) Active X-Elemente sind Programme, die von fremden Internetrechnern in das Kundensystem übertragen werden und in die Systemumgebung des Kunden eingreifen können.

Zur Durchführung von Bankgeschäften wird eine **SSL-Verbindung**[334] aktiviert, sodass der Browser mit einer Verschlüsselungstiefe von 40 Bit arbeitet. Nach anschließender Ausführung eines vom Bankserver gesendeten JAVA-Applets erfolgt eine zusätzliche 128 Bit-Verschlüsselung jedes weiteren Datentransfers.

10.409 Auch beim Internet-Banking muss das Kreditinstitut das online geführte Konto freischalten bevor der Kunde im Netz Bankgeschäfte tätigen kann.

bb) Sicherungs-/Legitimationsverfahren

(1) PIN/TAN

10.410 Das PIN/TAN-Verfahren ermöglicht die Legitimation des Kunden durch eine **persönliche Identifikationsnummer** (PIN) und die Bestätigung einer einzelnen Anweisung mittels einer einmaligen **Transaktionsnummer** (TAN). Einzelne Kreditinstitute verwenden zusätzlich eine Bestätigungsnummer (BEN), die dem Kunden nach Eingang seines Auftrags zur Kontrolle übermittelt wird.

10.411 Die Online-PIN ist stets fünfstellig und kann sowohl aus Ziffern als auch aus Buchstaben bestehen. Für den erstmaligen Zugang erhält der Kunde von seinem Institut eine „Einstiegs-PIN“, die er nach erfolgter Anmeldung jederzeit (unter Verwendung einer TAN) durch elektronische Erklärung gegenüber seinem Kreditinstitut ändern kann. Sofern die Inanspruchnahme einzelner Dienstleistungen nur unter Zusammenwirken mehrerer Personen möglich ist (Konten mit gemeinschaftlicher Verfügungsbefugnis, Firmenkonten), ist von jedem Mitwirkenden eine gesonderte PIN einzugeben.

10.412 Die TAN dient nicht der Identifizierung des Kunden, sondern der Legitimation der einzelnen Transaktion, etwa der einzelnen Überweisung. TAN sind nur **einmalig verwendbar**. Sie werden dem Kunden von seinem Kreditinstitut zugeteilt und „verbrauchen“ sich jeweils mit Abgabe. Die TAN erhält der Kunde entweder aus einer **TAN-Liste**, einem **TAN-Generator** oder über ein **Mobiltelefon.**[335] Anders als die PIN werden sie zu Kontrollzwecken am Bildschirm angezeigt. Ob für einen Geschäftsvorgang eine TAN eingegeben werden muss, erfährt der Kunde aus der Benutzerführung auf dem Bildschirm. Über die TAN-Pflicht im Einzelnen entscheidet das Kreditinstitut.

10.413 Die Abwicklung einer Überweisung im Online-/Internet-Banking mittels PIN/TAN gestaltet sich wie folgt: Befindet sich der Kunde oder sein Bevollmächtigter („Nutzer“) auf der Online-/Internet-Banking-Plattform seines Kreditinstituts, um einen Geldbetrag zu überweisen, so hat er zunächst seine Kontonummer sowie seine PIN einzugeben, um Zugang zu seinem Konto zu

---

334) Secure Socket Layer ist ein Verschlüsselungsverfahren mit einem 40 Bit-Schlüssel.

335) Zu den einzelnen Verfahren s. die Ziff. 2 ff. der „Sonderbedingungen für die konto-/depotbezogene Nutzung des Online-Banking“ (Stand: Mai 2007), abgedr. bei *Koch,* Der Zahlungsverkehr in der Bankpraxis.

erhalten. Die Eingabe der PIN wird nicht am Bildschirm angezeigt. Sodann ist die in elektronischer Form auf dem Bildschirm vorgegebene Maske zur Ausführung von Überweisungen auszufüllen. Diese Maske entspricht – von wenigen Unterschieden abgesehen – den konventionellen Überweisungsvordrucken in Papierform. Der Kunde hat den Namen und die Kontonummer des Empfängers, die Bankleitzahl des Kreditinstituts des Empfängers (der Name des Empfängerinstituts wird durch das System automatisch ergänzt) sowie den zu überweisenden Betrag und – optional – einen Verwendungszweck einzugeben. Der Kunde kann zusätzlich ein Datum angeben, an dem die Überweisung ausgeführt werden soll. Klickt der Kunde auf das Feld „Auftrag ausführen" (o. Ä.), werden die Daten der Überweisung noch einmal mit der Möglichkeit zur Korrektur angezeigt. Zur Absendung des Datensatzes an den Bankrechner muss der Kunde eine TAN eingeben. Der Datensatz wird dann an den Bankrechner übermittelt und dort automatisch verbucht, wobei Sperren, Auftragsrückrufe sowie Verfügungsbeschränkungen berücksichtigt werden.

(2) HBCI

Mit dem **Homebanking Computer Interface** (HBCI) hat die deutsche Kre- **10.414**
ditwirtschaft einen Kommunikationsstandard zwischen PC-basierten Kundensystemen und entsprechenden Bankrechnern zur Durchführung von Internet-/Online-Banking-Transaktionen geschaffen.[336] Der HBCI-Standard beschreibt, wie die zwischen Kunden- und Kreditinstituts-Rechnern ausgetauschten Daten gegliedert und aufgebaut sein müssen, damit die elektronisch übermittelten Nachrichten „verstanden" werden können. Von dem auf dem **„Abkommen über Bildschirmtext"** aus dem Jahre 1984 beruhenden Btx-Dialog unterscheidet sich der HBCI-Dialog im Wesentlichen dadurch, dass er unabhängig vom Standard des Online-Diensteanbieters ist und neue Sicherheitsverfahren vorsieht, die eine sichere Abwicklung des Dialogs zwischen Kunde und Kreditinstitut auch über offene Netze, d. h. das Internet, gewährleisten. Während im Btx-Dialog als Legitimationsmedien die PIN und die TAN verwendet wurden, werden im HBCI-Dialog elektronische Signaturen nach dem international etablierten **„RSA-Verfahren"** eingesetzt. Durch dieses Verfahren werden die Nachrichteninhalte vor möglicher Ausspähung und Manipulation durch Verschlüsselung abgesichert. Zudem ist das Online-/Internet-Banking mit dem HBCI-Verfahren leistungsfähiger und für den Kunden in der Nutzung komfortabler als das derzeit noch vorherrschende PIN/TAN-Verfahren, insbesondere weil mit einer Software Bankgeschäfte bei verschiedenen Kreditinstituten abgewickelt werden können. Zukünftig sollen weitere Geschäftsvorfälle, die über die bislang i. R. d. heutigen Online-/Internet-Banking abgewickelten Transaktionen hinausgehen, angeboten und das im Online-/Internet-Banking einge-

336) Seit dem 10.5.2000 liegt die Version 2.2. vor.

setzte PIN/TAN-Verfahren sukzessive durch Signatur- und Verschlüsselungsverfahren abgelöst werden.[337] Zur Nutzung des neuen Standards benötigt der Kunde eine entsprechende Software und ggf. ein Chipkartenlesegerät. Um eine elektronische Signatur erzeugen und um Nachrichten verschlüsselt versenden und empfangen zu können, ist die Eingabe einer PIN notwendig. Die Eingabe einer TAN entfällt.

10.415 Die Abwicklung einer Überweisung im Online-/Internet-Banking unter Verwendung des HBCI-Standards gestaltet sich wie folgt: Auch zur Ausführung einer Überweisung im HBCI-Standard gelangt der Kunde zunächst durch die Eingabe seiner Kontonummer und der PIN zu seinem Konto, um dann die in einer elektronischen Maske vorgegebene Überweisung auszufüllen. Danach wird das elektronische Dokument mittels der HBCI-Software signiert und verschlüsselt. Dies geschieht durch einen auf einer Chipkarte oder einer Diskette gespeicherten **privaten Signierschlüssel** des Kunden (aktivierbar durch eine PIN) sowie – zur Verschlüsselung – durch einen öffentlichen Chiffrierschlüssel des Kreditinstituts. Zunächst werden dazu die Daten der Überweisung komprimiert und ein sog. **HASH-Wert** gebildet. Der HASH-Wert ist in etwa vergleichbar mit einer Quersumme oder einer Prüfnummer zu der jeweiligen Nachricht.[338] Nach Erzeugung des HASH-Wertes wird dieser mit dem privaten Signierschlüssel des Kunden signiert. Der daraus gebildete neue Wert stellt die eigentliche elektronische Signatur dar, die dann mit dem **öffentlichen Schlüssel** des Kreditinstituts und den Überweisungsdaten verknüpft und an die Empfängerbank übermittelt wird.[339] Um zu prüfen, ob die empfangene Nachricht im Internet verändert wurde, werden die an die Bank versandten Überweisungsdaten zunächst komprimiert, um einen (Vergleichs-) HASH-Wert zu ermitteln. Aus der vom Kunden übermittelten elektronischen Signatur kann die Bank mittels des öffentlichen Schlüssels den vom Kunden ursprünglich er-

---

337) Vgl. *Stein*, bank und markt 1998, 39 ff. Das PIN/TAN-Verfahren gilt jedoch nach wie vor als zuverlässig.

338) Näheres bei *Stockhausen*, WM 2001, 605, 609.

339) Eine Verknüpfung großer Datenmengen mit einem asymmetrischen Schlüssel ist sehr aufwendig. Daher erfolgt i. R. d. HBCI-Standards keine Verschlüsselung der Überweisungsdaten mittels eines öffentlichen Schlüssels, sondern eine Verschlüsselung durch einen neuen symmetrischen Schlüssel, der jeweils für den aktuellen Nachrichtenaustausch erstellt wird. Hierzu erzeugt die HBCI-Software des Kunden mittels des Triple-DES-Verfahrens und einer Zufallszahl einen eigenen symmetrischen Schlüssel, der nur für diese eine Datenübermittlung bestimmt ist. Nur dieser symmetrische Schlüssel wird zunächst mit dem bekannten öffentlichen Schlüssel der Bank verschlüsselt und an sie übermittelt. Mit dem öffentlichen Schlüssel kann die Bank dann diese Nachricht entschlüsseln. Die Bank und der Kunde sind damit im Besitz des neu gebildeten symmetrischen Schlüssels. Abschließend übersendet der Kunde mit dieser symmetrischen Verschlüsselung die Auftragsdaten zusammen mit der elektronischen Signatur. Aufgrund des ihr zuvor übermittelten symmetrischen Schlüssels kann die Bank nunmehr die Auftragsdaten und die elektronische Signatur lesen. Die Auftragsdaten und die elektronische Signatur liegen der Bank dann unverschlüsselt vor. Vgl. *Stockhausen*, WM 2001, 605, 610.

zeugten HASH-Wert ermitteln. Stimmen beide HASH-Werte überein, ist sichergestellt, dass während der Datenübermittlung im Internet keine Veränderungen an der Nachricht vorgenommen wurden. Der Auftrag des Kunden kann dann im normalen Bankbetrieb verarbeitet werden. Etwaige Sperren, Auftragsrückrufe oder Verfügungsbeschränkungen werden kontrolliert. Falls keine Beschränkungen bestehen, wird die Überweisung schließlich gebucht.

Im Rahmen der HBCI-Version 2.2 können folgende Zahlungsverkehrstransaktionen abgewickelt werden: 10.416

- Einzelüberweisung,
- Sammelüberweisung,
- Terminüberweisung,
- Einrichtung von Daueraufträgen,
- Einzellastschrift,
- Sammellastschrift,
- Zahlungsauftrag im Außenwirtschaftsverkehr.

Dabei können jeweils Höchstbetragsgrenzen, Vertretungsbefugnisse und der Umfang der Zugriffsberechtigung festgelegt werden.[340)]

cc) Neue Entwicklungen

Das HBCI-Verfahren der Kreditwirtschaft ist mit dem sog. **Financial Transaction Service (FinTS)** weiterentwickelt worden.[341)] FinTS ist ein baukastenbasierter Electronic-Banking-Standard, aber kein einzelnes Sicherheitsverfahren. FinTS basiert auf dem Sicherheitsverfahren HBCI sowie dem Sicherheitsverfahren PIN/TAN, wobei die Verfahren an den aktuellen Stand der Technik angepasst wurden, so u. a. durch eine Erhöhung der Schlüssellänge. 10.417

b) Elektronische Signaturen

aa) Elektronische Signatur und Signaturgesetz

Von grundlegender Bedeutung für die Akzeptanz des elektronischen Zahlungsverkehrs, insbesondere des Online- und Internet-Banking, ist die sichere Übermittlung der elektronischen Daten. Ohne technische Sicherungssysteme unterliegt der elektronische Rechtsverkehr erheblichen Sicherheitsrisiken: Per E-Mail übermittelte elektronische Dokumente können unbemerkt verfälscht werden (sog. „**Integritätsrisiko**") und des Weiteren nicht von dem Urheber 10.418

---

340) Zu weiteren Einzelheiten s. Schimansky/Bunte/Lwowski-*Gößmann*, Bankrechts-Hdb., § 55 Rz. 27 ff.

341) www.fints.de.

stammen, der als solcher ausgewiesen ist („**Authentizitätsrisiko**").[342] Ein weiteres Risiko besteht darin, dass die Darstellung einer Datei auf dem Bildschirm von der auf dem Speichermedium abgelegten Datei im technischen Sinne abweichen kann (sog. „**Präsentationsproblem**").[343] Daneben können Unsicherheiten darüber bestehen, ob der Urheber eine bestimmte elektronisch versandte Willenserklärung tatsächlich "willentlich" abgesandt hat. Diese Risiken beeinträchtigen den Beweiswert elektronischer Dokumente, was sich insbesondere dann nachteilig auswirkt, wenn es zwischen den Kommunikationspartnern zu einer gerichtlichen Auseinandersetzung kommt. Zum Zwecke der Risikominimierung bedürfen elektronisch versandte rechtsverbindliche Erklärungen zusätzlicher technischer und organisatorischer Vorkehrungen, die ihre Integrität und Authentizität sicherstellen.

10.419 Während es sich bei dem Präsentationsproblem sowie der Gefahr des „Abhandenkommens" einer elektronischen Willenserklärung („**Autorisierungsrisiko**"[344] um medienspezifische Risiken handelt, die der verwendeten Technik naturgemäß innewohnen, werden als technisch-organisatorisches Lösungsmodell zur Gewährleistung von Integrität und Authentizität im elektronischen Rechtsverkehr Konzepte der elektronischen Signatur vorgehalten. In Deutschland werden Rahmenbedingungen für elektronische Signaturen seit dem 1. August 1997 im **Signaturgesetz** (SigG 1997) geregelt. Dieses wurde zum Zwecke der Förderung elektronischer Signaturen i. R. d. **Informations- und Kommunikationsdienstegesetzes** (IuKDG) erlassen.[345] Das SigG 1997 beschränkte sich inhaltlich auf die Vorgabe rechtlicher und organisatorischer Anforderungen an sichere Signaturverfahren. Konkretisierende Regelungen enthielt die **Signaturverordnung** vom 22. Oktober 1997.[346] Die gesetzlichen Regelungen über elektronische Signaturen werden administriert durch die Regulierungsbehörde für Telekommunikation und Post.[347] In Umsetzung der EG-Signaturrichtlinie

---

342) Vgl. zur Risikosituation Kröger/Gimmy-*Bizer*, Hdb. Internetrecht, S. 39, 48 f. m. w. N.; *Damker/Müller*, DuD 1997, 24 ff.; Brumme/Weis-*Lapp*, Praxishdb. Internetrecht, S. 221.

343) Kröger/Gimmy-*Bizer*, Hdb. Internetrecht, S. 48.

344) Das medienspezifische Risiko der Autorisierung lässt sich allenfalls durch eine entsprechende organisatorisch-technische Gestaltung der Umgebungsbedingungen minimieren. S. dazu die Nachweise bei Kröger/Gimmy-*Bizer*, Hdb. Internetrecht, S. 50, Fn. 37.

345) Art. 3 IuKDG, BGBl. I, 1870, 1872. Vgl. dazu *Bröhl*, CR 1997, 73 ff.; *Engel-Flechsig/Maennel/Tettenborn*, NJW 1997, 2981 ff.; *Roßnagel*, DuD 1997, 75 ff.

346) Verordnung zur digitalen Signatur v. 22.10.1997, BGBl. I, 2498, geändert durch die 1. SigVÄndV v. 22.6.2000, BGBl. I, 981 und Art. 2 des „Ersten Gesetzes zur Änderung des Signaturgesetzes" (1. SigÄndG), BGBl. I, 2 ff.

347) Zukünftig: Bundesnetzagentur für Elektrizität, Gas, Telekommunikation, Post und Eisenbahnen.

vom 13. November 1999[348)] wurde das SigG 1997 mit Erlass des „Gesetzes über die Rahmenbedingungen für elektronische Signaturen" (SigG 2001) am 16. Mai 2001 umfassend novelliert.[349)] Die Signaturverordnung wurde am 16. November 2001 neu gefasst.[350)] Weitere Änderungen des Signaturgesetztes und der Signaturverordnung erfolgten durch Art. 1 und 2 des „Ersten Gesetzes zur Änderung des Signaturgesetzes" (1. SigÄndG), das am 11. Januar 2005 in Kraft getreten ist.[351)]

(1) Funktionsweise elektronischer Signaturen

Eine elektronische Signatur ist nicht etwa die elektronische Abbildung einer handschriftlichen Unterschrift. Ihr liegt vielmehr ein programmtechnisches Verfahren zugrunde, das bereits seit längerer Zeit von privaten Nutzern in Computernetzen eingesetzt wird, um versandte Nachrichten vor Veränderung und/oder Kenntnisnahme zu schützen. Das Signaturgesetz sieht die Einrichtung von Zertifizierungsstellen vor, die für die Ausgabe von Codeschlüsseln zuständig sind und durch Verwaltung dieser Daten die Zuordnung eines **„öffentlichen Schlüssels"** zu einer bestimmten Person ermöglichen. Die elektronische Signatur bezweckt demnach nicht die Verschlüsselung eines Dokuments sondern den Authentizitätsbeweis. Sie soll es ermöglichen, Verfälschungen oder Veränderungen von versandten Nachrichten zu erkennen. **10.420**

Das Signatur-Verfahren arbeitet mit zwei zusammengehörigen asymmetrischen Codeschlüsseln.[352)] Ein sog. **„privater Schlüssel"** dient der Generierung einer Prüfsumme (in Gestalt einer Kombination aus Zahlen, Buchstaben und sonstigen Zeichen) aus den Daten des elektronischen Textes. Er ist als geheimer Schlüssel nur dem Absender bekannt. Ein dazugehöriger – allgemein bekannter – „öffentlicher Schlüssel", der ebenfalls mit der Nachricht versandt wird, dient der Überprüfung von Integrität und Authentizität durch den Empfänger. Seine Kenntnis allein kann von unbefugten Dritten nicht missbräuchlich ausgenutzt werden. Der „private Schlüssel" wiederum kann nicht aus dem „öffentlichen Schlüssel" abgeleitet werden. Zum Signieren eines elektronischen Textes er- **10.421**

---

348) Richtlinie 1999/93/EG des Parlaments und des Rates v. 13.12.1999 über gemeinschaftliche Rahmenbedingungen für elektronische Signaturen, ABl. L 13 v. 19.1.2000, S. 12 ff. Vgl. zu den Entwicklungen in den USA: *Knupfer*, DSB 2000, 19f. Einen Überblick über die internationale Regulierung der Signaturverfahren geben *Büllesbach/Miedbrodt*, CR 2000, 751 ff. Zur Umsetzung in den europäischen Mitgliedstaaten vgl. *Dumortier/Rinderle*, CRi 2001, 5 ff.

349) BGBl. I, 876. S. dazu *Roßnagel*, NJW 2001, 1817 ff.

350) BGBl. I, 3074. S. dazu *Roßnagel*, BB 2002, 261 ff.

351) BGBl. I, 2 ff. v. 10.1.2005.

352) Zur Anwendung kommen RSA-Verschlüsselungsalgorithmen. Vgl. dazu *Kuner*, NJW-CoR 1995, 413 ff. Vgl. zum Ganzen ferner Kröger/Gimmy-*Bizer*, Hdb. Internetrecht, S. 49 f.; Brumme/Weis-*Lapp*, Praxishdb. Internetrecht, S. 222 ff.; Roßnagel-*Roßnagel*, Recht der Multimedia-Dienste, § 2 SigG, Rz. 33 f.

zeugt ein Programm durch Eingabe des „privaten Schlüssels" und des zu versendenden Textes eine Prüfsumme, die an den zu versendenden Text angehängt wird. Der zu versendende Datensatz setzt sich also aus dem Dokument selbst (Text), der eigentlichen elektronischen Signatur (angefügte Prüfsumme, „privater Schlüssel") und dem mitversandten „öffentlichen Schlüssel" des Absenders zusammen.[353)] Der Empfänger der so signierten Daten kann nun unter Verwendung des „öffentlichen Schlüssels" feststellen, ob der Text verändert worden ist und ob er vom Inhaber des „öffentlichen Schlüssels" stammt. Mit demselben Verfahren, nur in umgekehrter Reihenfolge, können auch die Daten selbst verschlüsselt und so in ihrer Vertraulichkeit gesichert werden.[354)] Will der Empfänger des signierten Dokuments sicher gehen, dass das Zertifikat des Signierenden zum Zeitpunkt der Signierung nicht gesperrt war, kann er bei der Zertifizierungsstelle eine Online-Abfrage durchführen.[355)]

(2) Rechtliche Rahmenbedingungen

10.422 Sowohl der europäische als auch der deutsche Gesetzgeber haben rechtliche Rahmenbedingungen zur Förderung elektronischer Signaturen erlassen. Deren Akzeptanz im Rechtsverkehr setzt eine funktionierende Infrastruktur der Schlüsselverwaltung sowie den Einsatz hinreichend sicherer technischer Verfahren und Komponenten voraus. In diesem Zusammenhang sind etwa entsprechende Haftungsregelungen ein taugliches Regulierungsinstrument. Von Bedeutung sind daneben Belange des Datenschutzes sowie die Gewährleistung von Beweissicherheit im elektronischen Rechtsverkehr.

(a) EG-Signaturrichtlinie

10.423 Die am 19. Januar 2000 in Kraft getretene EG-Signaturrichtlinie (SigRiLi) war bis zum 19. Juli 2001 von den Mitgliedstaaten in nationales Recht umzusetzen. Wie das deutsche Signaturgesetz legt die Richtlinie **rechtliche Rahmenbedingungen** für den Einsatz elektronischer Signaturen fest, um deren Anerkennung im Rechtsverkehr zu fördern (Art. 1 SigRiLi). Die Mitgliedstaaten dürfen die Bereitstellung von Zertifizierungsdiensten nach Art. 3 Abs. 1 SigRiLi nicht von einer vorherigen Genehmigung abhängig machen. Statt dessen sieht Art. 3 Abs. 2 SigRiLi die Schaffung eines geeigneten Systems zur Überwachung vor, wobei – zur Steigerung des Niveaus der erbrachten Zertifizierungsdienste – die Mitgliedstaaten optional freiwillige Akkreditierungssysteme einführen bzw. beibehalten können.

---

353) Vgl. *Bieser*, RDV 2000, 197, 198.

354) Vgl. *Roßnagel*, NJW 1998, 3313 f.

355) *Bieser*, RDV 2000, 197, 198.

Die Richtlinie unterscheidet zwischen „elektronischen Signaturen" und „fortgeschrittenen elektronischen Signaturen". **„Elektronische Signaturen"** sind Daten in elektronischer Form, die anderen elektronischen Daten beigefügt oder logisch mit ihnen verknüpft sind und der Authentifizierung dienen (Art. 2 Nr. 1 SigRiLi). **„Fortgeschrittene elektronische Signaturen"** sind solche elektronische Signaturen im vorgenannten Sinne, die ausschließlich dem Aussteller zugewiesen sind, dessen Identifizierung ermöglichen, mit Mitteln erstellt werden, die der Aussteller unter seiner alleinigen Kontrolle halten kann, und mit den übermittelten Daten in einer Weise verknüpft sind, dass eine nachträgliche Veränderung der abgesandten Daten offenkundig wird (Art. 2 Nr. 2 SigRiLi). 10.424

Nach Art. 5 Abs. 1 SigRiLi müssen „fortgeschrittene elektronische Signaturen" i. S. d. Art. 2 Nr. 2 SigRiLi, die zudem bestimmte, in den Anhängen I bis III der Richtlinie genannte Voraussetzungen erfüllen, einer handschriftlichen Unterschrift gleichgestellt und in Gerichtsverfahren gleichermaßen als Beweismittel zugelassen werden. 10.425

Nach Art. 6 SigRiLi haben die Mitgliedstaaten zu gewährleisten, dass eine Zertifizierungsstelle gegenüber jeder Person haftet, die „vernünftigerweise" auf ein von dieser ausgestelltes Zertifikat vertraut. Die **Haftung** hat sich zu erstrecken auf die Richtigkeit und Vollständigkeit der vorgeschriebenen Angaben im Zertifikat zum Zeitpunkt der Ausstellung sowie darauf, dass der Unterzeichner zum Zeitpunkt der Ausstellung im Besitz der Signaturerstellungsdaten war, die der im Zertifikat angegebenen „Signaturprüfeinheit" entsprechen. In den Fällen, in denen der Zertifizierungsdiensteanbieter sowohl die Signaturerstellungsdaten als auch die Signaturprüfdaten erzeugt hat, soll er auch dafür haften, dass die Signaturerstellungs- und Signaturprüfdaten in komplementärer Weise genutzt werden können. 10.426

(b) Signaturgesetz

Ziel des Signaturgesetzes ist es, einen hohen Sicherheitsstandards für eine offene Kommunikation, bei der zuverlässig auf den Aussteller von Nachrichten geschlossen werden kann und die Daten vor unbemerkter Veränderung geschützt sind, zu schaffen.[356] 10.427

(aa) Anwendungsbereich

In Anlehnung an die Richtlinie definiert das Signaturgesetz vier Signaturtypen mit ansteigenden Sicherheitsanforderungen: 10.428

- elektronische Signaturen (§ 2 Nr. 1 SigG),
- fortgeschrittene elektronische Signaturen (§ 2 Nr. 2 SigG),

356) Vgl. Begr. RegE des IuKDG, BT-Drucks. 13/7385, S. 26; Roßnagel-*Roßnagel*, Recht der Multimedia-Dienste, Einl. SigG Rz. 4.

- qualifizierte elektronische Signaturen (§ 2 Nr. 3 SigG) und
- qualifizierte elektronische Signaturen mit Anbieter-Akkreditierung (§ 2 Nr. 15, § 15 Abs. 1 SigG).[357)]

(bb) Elektronische Signaturen

10.429 Ausweislich der Begriffsbestimmung in § 2 Nr. 1 SigG sind „elektronische Signaturen" Daten in elektronischer Form, die anderen elektronischen Daten beigefügt oder logisch mit ihnen verknüpft sind und die zur Authentifizierung dienen. Ihre Funktion beschränkt sich auf die Identifizierung des Urhebers der Daten, ohne weitere Sicherheitsanforderungen erfüllen zu müssen („Signatur ohne Sicherheit"). Die Gesetzesbegründung nennt als Beispiel die eingescannte Unterschrift unter einem Dokument, die unter beliebig viele andere Dateien gesetzt werden und damit lediglich subjektiv der Authentifizierung dient.[358)]

(cc) Fortgeschrittene elektronische Signaturen

10.430 „Fortgeschrittene elektronische Signaturen" kennzeichnet § 2 Nr. 2 SigG durch vier zusätzliche Merkmale, die sie von „einfachen" Signaturen unterscheiden. Nach der Gesetzesbegründung bilden sie eine „Zwischenstufe" zwischen „einfacher" und „qualifizierter elektronischer Signatur".[359)] „Fortgeschrittene elektronische Signaturen" sind solche elektronische Signaturen i. S. v. § 2 Nr. 1 SigG, die

- ausschließlich dem Signaturschlüssel-Inhaber zugeordnet sind,
- die Identifizierung des Signaturschlüssel-Inhaber ermöglichen,
- mit Mitteln erzeugt werden, die der Signaturschlüssel-Inhaber unter seiner alleinigen Kontrolle halten kann, und
- mit den Daten, auf die sie sich beziehen, so verknüpft sind, dass eine nachträgliche Veränderung der Daten erkannt werden kann.

„Fortgeschrittene elektronische Signaturen" können bspw. mit dem System „Pretty Good Privacy" (PGP) erzeugt werden.[360)]

(dd) Qualifizierte elektronische Signaturen

10.431 Die dritte Sicherheitsstufe bilden „qualifizierte elektronische Signaturen". Sie weisen im Vergleich zu „fortgeschrittenen elektronische Signaturen" zwei zusätzliche Merkmale auf (§ 2 Nr. 3 SigG): Sie müssen

---

357) Ausführlich zum Ganzen Kröger/Gimmy-*Bizer*, Hdb. Internetrecht, S. 55 ff.

358) BT-Drucks. 14/4662, S. 18.

359) BT-Drucks. 14/4662, S. 18.

360) BT-Drucks. 14/4662, S. 18.

- auf einem zum Zeitpunkt ihrer Erzeugung gültigen qualifizierten Zertifikat beruhen und
- mit einer sicheren Signaturerstellungseinheit erzeugt werden.

Unter einem **qualifizierten Zertifikat** wird nach § 2 Nr. 6 und 7 SigG eine elektronische Bescheinigung verstanden, mit der Signaturprüfschlüssel einer Person zugeordnet werden und die Identität dieser Person bestätigt wird. Dabei muss dieses „Zertifikat" die in § 7 SigG geforderten Angaben enthalten und von einem Zertifizierungsdiensteanbieter ausgestellt sein, der mindestens die Anforderungen nach §§ 4 bis 14, 23 SigG und ergänzende Vorgaben der Signaturverordnung erfüllt. Es handelt sich dabei um Voraussetzungen subjektiver Natur, die an die Person des Anbieters (Zuverlässigkeit, Fachkunde) anknüpfen, teils um objektive Anforderungen an Organisation und Technik des Zertifizierungsdiensteanbieters. Während (einfache) „Zertifikate" auch auf juristische Personen ausgestellt werden können, müssen „qualifizierte Zertifikate" auf natürliche Personen lauten.[361] Dagegen können Zertifizierungsdiensteanbieter nach § 2 Nr. 8 SigG „natürliche oder juristische Personen" sein, die „qualifizierte Zertifikate" oder „qualifizierte Zeitstempel" ausstellen. 10.432

Gemäß § 5 Abs. 2 SigG 2001 können in ein qualifiziertes Zertifikat auch berufsspezifische oder sonstige Angaben zur Person („Attribute") aufgenommen werden. 10.433

Der Zertifizierungsdiensteanbieter hat gemäß § 6 Abs. 2 SigG den Antragsteller darüber zu unterrichten, dass eine „qualifizierte elektronische Signatur" im Rechtsverkehr die gleiche Wirkung hat, wie eine eigenhändige Unterschrift, wenn nicht durch Gesetz ein anderes bestimmt ist. Zu diesem Zweck ist dem Antragsteller nach § 6 Abs. 3 SigG eine Belehrung in Textform zu übermitteln, deren Kenntnisnahme dieser als Voraussetzung für die Ausstellung des qualifizierten Zertifikats in Textform zu bestätigen hat.[362] 10.434

(ee) Qualifizierte elektronische Signaturen mit Anbieter-Akkreditierung

Qualifizierte elektronische Signaturen mit Anbieter-Akkreditierung („akkreditierte Signaturen") bieten nach der Vorstellung des Gesetzgebers die höchste Sicherheitsstufe.[363] Der Betrieb eines Zertifizierungsdienstes ist genehmigungsfrei. Nach § 15 Abs. 1 SigG können sich Zertifizierungsdiensteanbieter **freiwillig** akkreditieren lassen. Die Akkreditierung setzt voraus, dass die Erfüllung der gesetzlichen Anforderungen und der eingesetzten Produkte vorab und 10.435

361) BT-Drucks. 14/4662, S. 19.

362) Einzelheiten zum Verfahren s. bei Brumme/Weis-*Lapp*, Praxishdb. Internetrecht, S. 225 ff. Ausführlich zum Ganzen auch Kröger/Gimmy-*Bizer*, Hdb. Internetrecht, S. 60 ff.

363) BT-Drucks. 14/4662, S. 27.

in regelmäßigen Abständen durch unabhängige Dritte geprüft und bestätigt wird.[364)]

10.436 Akkreditierte Zertifizierungsdiensteanbieter erhalten ein **Gütezeichen** der zuständigen Behörde. Mit diesem wird der Nachweis der umfassend geprüften technischen und administrativen Sicherheit für die auf ihren qualifizierten Zertifikaten beruhenden qualifizierten elektronischen Signaturen zum Ausdruck gebracht. Sie dürfen sich als akkreditierte Zertifizierungsdiensteanbieter bezeichnen und sich im Rechts- und Geschäftsverkehr auf die nachgewiesene Sicherheit berufen. Die nach dem SigG 1997 genehmigten Zertifizierungsstellen gelten nach § 25 Abs. 1 SigG als akkreditiert i. S. d. § 15 SigG, sofern sie innerhalb von drei Monaten nach Inkrafttreten des SigG 2001 der zuständigen Behörde einen Deckungsnachweis nach § 12 SigG 2001 vorgelegt haben.

(ff) Haftung

10.437 Nach § 11 SigG hat ein Zertifizierungsdiensteanbieter, sofern er die Anforderungen des SigG oder der Signaturverordnung verletzt oder seine Produkte für „qualifizierte elektronische Signaturen" oder sonstige technische Sicherungseinrichtungen versagen, einem Dritten den Schaden zu ersetzen, den dieser dadurch erleidet, dass er auf die Angaben in einem „qualifizierten Zertifikat", einem „qualifizierten Zeitstempel" oder auf eine Auskunft nach § 5 Abs. 1 Satz 2 SigG vertraut hat. Die Ersatzpflicht tritt nicht ein, wenn der Dritte die Fehlerhaftigkeit der Angabe kannte oder kennen musste. Gemäß § 11 Abs. 2 SigG tritt die Ersatzpflicht des Zertifizierungsdiensteanbieters auch dann nicht ein, wenn er nicht schuldhaft gehandelt hat. Nach § 11 Abs. 4 SigG haftet er für beauftragte Dritte wie für eigenes Handeln. Beschränkt ein „qualifiziertes Zertifikat" die Nutzung des Signaturschlüssels auf bestimmte Anwendungen nach Art oder Umfang, so tritt die Ersatzpflicht nur im Rahmen dieser Beschränkungen ein (§ 11 Abs. 3 SigG).[365)]

10.438 Vor dem Hintergrund der Haftungsanordnung verpflichtet § 12 SigG den Zertifizierungsdiensteanbieter, eine geeignete **Deckungsvorsorge** zu treffen, um etwaigen Haftungsverpflichtungen nachkommen zu können. Die Mindestsumme beträgt jeweils **250.000 Euro** für einen durch ein haftungsauslösendes Ereignis verursachten Schaden.

(gg) Internationale Anerkennung

10.439 § 23 Abs. 1 Satz 1 SigG gewährleistet die Gleichstellung elektronischer Signaturen aus einem anderen Mitgliedstaat der Europäischen Union oder aus einem

364) Einzelheiten bei Kröger/Gimmy-*Bizer*, Hdb. Internetrecht, S. 77 ff.

365) Ausführlich zu haftungsrechtlichen Fragen beim Einsatz gesetzlicher Signaturen s. *Koch*, Geschäftsverkehr im Internet am Beispiel des Vertriebes von Bankprodukten, S. 296 ff.

anderen Vertragsstaat des Abkommens über den Europäischen Wirtschaftsraum, soweit sie den Anforderungen an die Rechtswirkungen nach Art. 5 Abs. 1 SigRiLi entsprechen. Bei Zertifikaten von Anbietern aus Drittstaaten bestehen nach § 23 Abs. 1 Satz 2 SigG mehrere Optionen für eine Gleichstellung mit „qualifizierten elektronischen Signaturen" nach dem SigG , nämlich die Akkreditierung des Drittstaat-Zertifizierungsdienstanbieters in einem EU-Mitgliedstaat oder einem EWR-Vertragsstaat („Akkreditierungslösung"), des garantiemäßigen Einstehens eines innerhalb der EU niedergelassenen und richtlinienkonformen Zertifizierungsdienstanbieters für das Zertifikat („**Garantielösung**") und die Anerkennung der Zertifikate oder Zertifizierungsdienstanbieter im Wege bi- oder multilateraler Übereinkommen zwischen der EU und Drittstaaten oder internationaler Organisationen („**Anerkennungslösung**"). Für eine Gleichstellung mit „akkreditierten Signaturen" i. S. v. § 15 SigG muss nach § 23 Abs. 2 SigG eine „gleichwertige Sicherheit" nachgewiesen werden.

bb) Bedeutung für den Zahlungsverkehr

Das Modell des Signaturgesetzes erleichtert die Einführung qualifizierter elektronischer Signaturen. Gleichwohl sind Zertifizierungsdienste nach dem Signaturgesetz in der Praxis des E-Commerce zur Zeit noch von eher geringer Bedeutung.[366] Das Signaturgesetz ist **„technologieoffen"** ausgestaltet, sodass die von der Kreditwirtschaft entwickelten und im Online-/Internet-Banking eingesetzten technischen Verfahren (PIN/TAN und HBCI) weiter verwendet werden können. Für das Verhältnis der in der Kreditwirtschaft verwendeten Verfahren zum Signaturgesetz gilt Folgendes: 10.440

Beim von der Kreditwirtschaft im Online-/Internet-Banking eingesetzten PIN/TAN-Verfahren erhält der Kunden, nach entsprechender Legitimation durch Eingabe seiner Kontonummer und der persönlichen Geheimzahl, Zugriff auf sein Konto, um Informationen (etwa Kontostände) abfragen bzw. Transaktionen unter zusätzlicher Angabe einer Transaktionsnummer (TAN) ausführen zu können. Die eingesetzten Verschlüsselungsverfahren dienen der sicheren Datenübertragung. Das **PIN/TAN-Verfahren** ermöglicht hingegen keine Überprüfung auf Veränderung/Verfälschung der übertragenen Daten durch den Empfänger. Zertifizierungsdiensteanbieter, die „qualifizierte Zertifikate" nach § 2 Nr. 6 und 7 SigG ausstellen, sieht das PIN/TAN-Verfahren nicht vor. Folglich entspricht dieses Verfahren nicht demjenigen der „fortgeschrittenen" oder der „qualifizierten elektronischen Signatur" gemäß § 2 Nr. 3 und 4 SigG. Da aber PIN und TAN Daten in elektronischer Form sind, die anderen elektronischen Daten, bspw. einem Überweisungsdatensatz, beigefügt und logisch mit ihnen verknüpft sind sowie des Weiteren der Authentifizierung dienen, 10.441

366) *Grziwotz*, CR 1995, 71; *Roßnagel*, NJW-CoR 1994, 96, 98.

sind PIN und TAN („einfache") elektronische Signaturen i. S. v. § 2 Nr. 1 SigG.

10.442 Kommt es beim **HBCI-Verfahren** zum Einsatz des sog. RSA-Verfahrens,[367] so liegt eine „fortgeschrittene elektronische Signatur" gemäß Art. 2 Nr. 2 SigRiLi sowie § 2 Nr. 2 SigG vor, da die HBCI-Signatur ausschließlich dem Unterzeichner zugeordnet ist, seine Identifizierung ermöglicht und mit Mitteln erstellt wird, die der Unterzeichner unter seiner alleinigen Kontrolle hat. Nachträgliche Veränderungen der Daten werden erkennbar gemacht.[368] Die HBCI-Signatur entspricht jedoch weder einer „qualifizierten elektronischen Signatur" nach § 2 Nr. 3 SigG noch einer Signatur nach Art. 5 Abs. 1 SigRiLi, da das HBCI-Verfahren keine Zertifizierungsinstanzen kennt, die „qualifizierte Zertifikate" i. S. d. SigG erstellen.[369]

c) Vertragliche Rahmenbedingungen

aa) Interbankenvereinbarung, Homebanking-Abkommen

10.443 Das Homebanking-Abkommen definiert die Rahmenbedingungen für den Einsatz des HBCI-Verfahrens und verpflichtet die teilnehmenden Kreditinstitute, Online-/Internet-Banking zumindest auch im HBCI-Dialog durchzuführen. Mit dem Homebanking-Abkommen ist in der deutschen Kreditwirtschaft ein neuer technischer Standard für ein internetfähiges Dialogverfahren eingeführt worden, der es den Kunden der Kreditinstitute ermöglicht, im Wege dieses neuen elektronischen Dialogverfahrens Bankgeschäfte multibankfähig mit allen Kreditinstituten abzuwickeln.

bb) Kundenvereinbarung

10.444 Sowohl für das PIN/TAN-Verfahren, als auch für das HBCI-Verfahren gelten im Verhältnis des Kreditinstituts zum Kunden jeweils von den Spitzenverbänden der Kreditwirtschaft ausgearbeitete besondere Klauselwerke. Beim Online-/Internet-Banking mit PIN/TAN, mit elektronischer Signatur (HBCI-Software-Version) oder mit elektronischer Signatur (HBCI-Chipkarten-Version) wird zwischen Kreditinstitut und Kunde bspw. im genossenschaftlichen FinanzVerbund die **„Vereinbarung über die Nutzung des Online-Banking"** geschlossen.[370] Auf der Grundlage dieses **„Online-Banking-Vertrages"** ist der Kontoinhaber oder ein Bevollmächtigter (in den vertraglichen Regelwerken einheitlich als „Nutzer" bezeichnet) berechtigt, mittels der mit der Bank ver-

---

367) Das RSA-Verfahren ist ein asymmetrisches Verschlüsselungsverfahren, benannt nach den Anfangsbuchstaben der Nachnamen seiner Entwickler. Einzelheiten bei *Raßmann,* CR 1998, 36 ff.

368) Vgl. *Stockhausen,* WM 2001, 605, 613.

369) Ebenso *Stockhausen,* WM 2001, 605, 612.

370) Abgedr. bei *Koch,* Der Zahlungsverkehr in der Bankpraxis.

einbarten Zugangsmedien (PIN/TAN, elektronische Signatur), auf seine Konten und/oder Depots im Wege des Online-Banking zuzugreifen. Ergänzend zu den Regelungen im Online-Banking-Vertrag werden mit dem Kunden die **„Sonderbedingungen für die konto-/depotbezogene Nutzung des Online-Banking" (Online-Banking-Bedingungen)**[371] vereinbart. Hierbei handelt es sich um **Allgemeine Geschäftsbedingungen** i. S. v. §§ 305 ff. BGB. Geregelt oder modifiziert werden nicht die im Netz abgeschlossenen Rechtsgeschäfte selbst. Regelungsgegenstand sind vielmehr allein die sich aus der elektronischen Abwicklung ergebenden Besonderheiten in genereller Form. Auch der Umfang der im Wege des Online- oder Internet-Banking angebotenen Dienstleistungen bestimmt sich außerhalb dieser Regelwerke nach freiem Ermessen des jeweiligen Kreditinstituts (Nr. 1 Online-Banking-Bedingungen).

(1) Zulassung zum Online-Banking

Die Nutzung des Online-Angebots erfolgt, wie bereits erwähnt, aufgrund eines neben dem Girovertrag stehenden gesonderten „Online-Banking-Vertrages" zwischen dem Kreditinstitut und dem Kunden. Ein **Kontrahierungszwang** und demgemäß ein Anspruch des Kunden auf Zulassung zum Online-Banking besteht nicht. Maßgebliche Kriterien i. R. d. Ermessensentscheidung des Kreditinstituts über die Zulassung eines Kunden zum Online-Banking sind dessen Zuverlässigkeit und Bonität. Erstere ist anhand der Erfahrungen aus bestehender Geschäftsbeziehung zu beurteilen. **10.445**

Kunde und Institut vereinbaren zunächst, mittels welchen Zugangsmediums der Kunde Zugang zum Online-Banking-Angebot seines Kreditinstituts bekommen soll. In Betracht kommen PIN/TAN oder elektronische Signaturen. Der Kunde bestimmt darüber hinaus, welche Konten und Depots er für die Online-Nutzung freischalten möchte sowie die **Verfügungshöchstbeträge** für das jeweilige Konto. Die Festlegung einer Verfügungsgrenze erlaubt es, sowohl im Interesse des Kreditinstituts als auch im Interesse des Kunden, etwaige Missbrauchsrisiken durch ein im System verankertes Verfügungslimit der Höhe nach zu begrenzen. **10.446**

Beim Online-Banking mit PIN/TAN ist gemäß Nr. 2 Abs. 1 der Online-Banking-Bedingungen zur Abwicklung von Bankgeschäften im Online-Banking die Verwendung von Zugangsmedien – die PIN sowie ggf. eine TAN – erforderlich. Die TAN kann aus einer TAN-Liste, einem TAN-Generator oder über ein Mobiltelefon zur Verfügung gestellt werden. **10.447**

Werden elektronische Signaturen verwendet, benötigen Kontoinhaber oder Bevollmächtigter zur Identifizierung und Legitimation ein Signaturmedium, also eine Signatur-Chipkarte, eine Bankkarte mit Signaturfunktion, eine Diskette **10.448**

371) Abgedr. bei *Koch*, Der Zahlungsverkehr in der Bankpraxis.

mit Signatur-Schlüssel oder ein anderes von der Bank zugelassenes Gerät zum sicheren Erzeugen von elektronischen Signaturen, Nr. 2 Abs. 2 der Online-Banking-Bedingungen.

10.449 Nr. 5 a und b des Online-Banking-Vertrages verpflichtet den Nutzer, die technische Verbindung zum Online-Banking-Angebot des Kreditinstituts nur über die vom Kreditinstitut gesondert mitgeteilten **Online-Banking-Zugangskanäle** herzustellen. Hiermit soll gewährleistet werden, dass der Kunde nur die vom Kreditinstitut als sicher eingestuften Zugangskanäle nutzt.

(2) Hinweise und Informationen

10.450 Die Zulassung eines Kunden zum Online-Banking löst für das Kreditinstitut besondere Hinweis- und Informationspflichten als Nebenpflichten aus dem „Online-Banking-Vertrag" aus. Des Weiteren ist das Kreditinstitut verpflichtet, die Missbrauchsmöglichkeiten soweit wie technisch möglich und wirtschaftlich zumutbar einzuschränken. Die Informationspflicht beinhaltet die Erläuterung der Funktionsweise des Systems[372)], den Umfang des Leistungsangebots sowie insbesondere die Folgen eines Fehlverhaltens des Kunden, d. h. der Eingabe falscher PIN oder falscher oder verbrauchter TAN.

10.451 Des Weiteren muss der Kunde auf Missbrauchsmöglichkeiten des Online-Systems durch Dritte aufmerksam gemacht werden sowie auf die sich daraus ergebenden haftungsrechtlichen Folgen. Die Aufklärung über die besondere Sensibilität von PIN und TAN erfolgt durch die entsprechende Formulierung der Nr. 14 der Online-Banking-Bedingungen: Danach hat der Nutzer dafür Sorge zu tragen, dass keine dritte Person Kenntnis von den Identifikations- und Legitimationsmedien erlangt. Zur Geheimhaltung von PIN und TAN ist dabei insbesondere zu beachten, dass diese weder elektronisch gespeichert noch in anderer Form notiert werden, dass die dem Nutzer zur Verfügung gestellte TAN-Liste sicher verwahrt wird und dass bei Eingabe der PIN oder der TAN ein Ausspähen durch Dritte ausgeschlossen ist. Stellt der Nutzer fest, dass ein Dritter von den Identifikations- oder Legitimationsmedien Kenntnis erlangt hat oder besteht der Verdacht ihrer missbräuchlichen Nutzung, so ist er verpflichtet, unverzüglich seine PIN zu ändern und/oder die noch nicht verbrauchten TAN zu sperren. Sofern ihm dies nicht möglich ist, hat er das Kreditinstitut unverzüglich zu unterrichten. In diesem Fall wird das Kreditinstitut den Zugang sperren.

---

372) Die Funktionsweise des Systems wird dem Nutzer in den jeweiligen Verfahrensanleitungen, als Teil der Kundenbedingungen, erläutert. Dabei werden auch die technischen Voraussetzungen dargestellt, die beim Nutzer vorliegen müssen. Beschrieben werden die notwendigen Endgeräte, die Sicherungsverfahren und das Verfahren der Identifikation und Legitimation.

Besondere Hinweispflichten für das Institut ergeben sich, wenn sich der TAN-Generator oder die elektronische Signatur auf einer Chipkarte mit Zahlungsfunktion (z. B. VR-BankCard) befindet. Insoweit weist die Nr. 10 der Online-Banking-Bedingungen den Nutzer darauf hin, dass das Kreditinstitut den Einzug der Chipkarte mit Zahlungsfunktion und TAN-Generator oder Signaturfunktion (z. B. am Geldautomaten) veranlassen darf, wenn die Nutzungsberechtigung der Karte durch Gültigkeitsablauf oder durch ordentliche Kündigung endet. Der Einzug der Karte hat zur Folge, dass der Nutzer den TAN-Generator auf der Karte nicht mehr nutzen kann. 10.452

Mit diesen in den Online-Banking Bedingungen aufgestellten Verhaltenspflichten des Nutzers wird den in Art. 3 Abs. 3b Satz 2, Art. 5a und Art. 5c der Empfehlung der Europäischen Kommission vom 30. Juli 1997 „zu den Geschäften, die mit elektronischen Zahlungsinstrumenten getätigt werden (besonders zu den Beziehungen zwischen Emittenten und Inhabern solcher Instrumente)“[373] aufgestellten Vorgaben zur Beschreibung von Sorgfaltsmaßnahmen in Allgemeinen Geschäftsbedingungen bei der Handhabung von Legitimations- und Identifikationsmedien Rechnung getragen. 10.453

(3) Abgabe und Zugang von Willenserklärungen

Bei online abgegebenen Weisungen und Vertragsangeboten handelt es sich um **Willenserklärungen unter Abwesenden** gemäß § 147 Abs. 2 BGB. Das Netz ist lediglich ein Übermittlungs-, nicht aber ein Kommunikationsmedium. Die Willenserklärung des Nutzers wird in den „Online-Briefkasten“ des Kreditinstituts abgegeben. Dies ist durchaus wörtlich zu verstehen.[374] Die real-time-Verarbeitung innerhalb von Dispositionsfreibeträgen bildet die Ausnahme. Üblich ist die Prüfung und Disposition des Kreditinstituts vor Ausführung eines Auftrags oder Annahme eines Vertragsangebots. 10.454

Nach Nr. 4 der Online-Banking-Bedingungen sind (Willens-) Erklärungen jeder Art **abgegeben**, wenn sie abschließend zur Übermittlung an das Kreditinstitut freigegeben sind. Bei Vorgängen, die zusätzlich der Eingabe einer TAN bedürfen (bspw. Überweisungen) ist die Freigabe der TAN maßgebend. Beim Einsatz elektronischer Signaturen müssen alle Erklärungen vor der Abgabe mit dem Signaturmedium elektronisch signiert sein.[375] 10.455

Für den **Zugang** der Erklärung gilt § 130 BGB. Das heißt eine Erklärung ist dann online zugegangen, wenn das Empfänger-Kreditinstitut ungehindert auf sie zugreifen kann. Erforderlich ist der Eingang der Erklärung im eigenen On- 10.456

373) ABl. Nr. L 208, v. 2.8.1997, S. 52 ff.

374) Vgl. Schimansky/Bunte/Lwowski-*Gößmann*, Bankrechts-Hdb., § 55 Rz. 22 m. w. N.

375) Vgl. *Koch*, Geschäftsverkehr im Internet am Beispiel des Vertriebes von Bankprodukten, S. 124 ff.

line-Briefkasten des Kreditinstituts. Kein Zugang ist erfolgt, wenn das Institut zuvor noch eine Abfrage bei einem zwischengeschalteten Rechenzentrum durchführen muss. Allerdings gehen Störungen in einem von dem Kreditinstitut genutzten Rechenzentrum zu dessen Lasten. Störungen in von dem Empfänger-Institut genutzten Rechneranlagen werden diesem wie Störungen der eigenen Anlage zugerechnet. Der Nutzer trägt dagegen das „Leitungsrisiko" entsprechend dem Transportrisiko bei Absendung einer schriftlichen Erklärung. Dritte Netzbetreiber (etwa die Deutsche Telekom) sind genauso wenig Erfüllungsgehilfen des Empfängers einer Online-Erklärung wie Postunternehmen im Verhältnis zum Empfänger eines Briefes.

(4) Bearbeitung durch das Kreditinstitut

10.457 Nr. 5 der Online-Banking-Bedingungen stellt klar, dass Aufträge "i. R. d. **ordnungsgemäßen Arbeitsablaufes**" bearbeitet werden. Es besteht mithin keine Verpflichtung, online erteilte Aufträge schneller auszuführen als beleghaft eingereichte Aufträge. Der Begriff des „ordnungsgemäßen Arbeitsablaufes" bezieht sich auf das bei dem jeweiligen Kreditinstitut übliche Bearbeitungsverfahren. Insofern ist es nicht zu beanstanden, wenn das bankseitige Verfahren auf einem „elektronischen Briefkasten" basiert, der nur zu bestimmten Zeiten „geleert" wird und eine schnellere Bearbeitung als bei beleghaft erteilten Aufträgen dann nicht gewährleistet ist. Allerdings muss das empfangende Kreditinstitut den „elektronischen Briefkasten" in regelmäßigen Abständen „leeren", und zwar in demselben Rhythmus, in dem die auf herkömmlichem Wege eingehende Post bearbeitet wird.[376)] Teilweise sind die Verfahren bankseitig allerdings auch in einer Weise ausgestaltet, dass eingehende Aufträge zeitlich unmittelbar bzw. zeitnah nach Eingang bearbeitet werden. Die konkrete Ausgestaltung bleibt den Möglichkeiten und Entscheidungen des einzelnen Kreditinstituts überlassen. Nr. 5 der Online-Banking-Bedingungen verdeutlicht damit, dass das Online-Banking lediglich ein Übermittlungsmedium darstellt, das den beschleunigten Transport, nicht aber die beschleunigte Bearbeitung von Aufträgen und Weisungen gewährleistet. Die für die Bearbeitung selbst geltenden rechtlichen Vorgaben, etwa § 676a Abs. 2 BGB a. F. bei Überweisungen, bleiben freilich unberührt.

10.458 Das Online-Banking-Verfahren ist bei den meisten Kreditinstituten technisch in der Weise ausgestaltet, dass der Kunde den online erteilten Auftrag nicht innerhalb des Verfahrens ändern oder zurückrufen kann. Hierauf wird er in Nr. 11 Satz 1 der Online-Banking Bedingungen hingewiesen, wonach der Rückruf oder die Änderung von Aufträgen grundsätzlich nur außerhalb des Online-Banking-Verfahrens erfolgen kann. Sollte es ein Kreditinstitut auf-

---

376) Schimansky/Bunte/Lwowski-Gößmann, Bankrechts-Hdb., § 55 Rz. 25; *Koch*, Geschäftsverkehr im Internet am Beispiel des Vertriebes von Bankprodukten, S. 115 ff.

grund des von ihm verwendeten technischen Verfahrens seinem Kunden ermöglichen, auch innerhalb des Online-Verfahrens **Rückruf- oder Änderungsnachrichten** abzugeben, so wird dem Kunden dies vom Kreditinstitut ausdrücklich mitgeteilt.[377)] In Nr. 11 Satz 2 der Online-Banking-Bedingungen wird der Kunde darüber aufgeklärt, dass nur „rechtzeitig" zugehende Nachrichten beachtet werden können. „Rechtzeitig" zugegangen ist die Nachricht dann, wenn ihre Berücksichtigung i. R. d. „ordnungsgemäßen Arbeitsablaufs" möglich ist.

(5) Zugangssperre

Nach Nr. 8 der Online-Banking-Bedingungen ist eine Sperrung des Zugangs zum Online-Banking-Angebot durch das Kreditinstitut (nur) zulässig, wenn einer der genannten Sperr-Tatbestände gegeben ist. Wird beim Online-Banking mit PIN/TAN **dreimal hintereinander eine falsche PIN** eingegeben, so sperrt das Institut den Online-Zugang zum Konto/Depot. Der Nutzer kann diese Sperre aufheben, indem er neben der richtigen PIN eine gültige TAN eingibt. Werden **dreimal hintereinander falsche TAN** eingegeben, so werden alle noch nicht verbrauchten TAN, der TAN-Generator oder das mobile TAN-Verfahren für das betreffende Konto/Depot gesperrt. Beim Online-Banking mit elektronischer Signatur sperrt das Kreditinstitut das Signaturmedium für den Online-Banking-Zugang, wenn dreimal hintereinander Aufträge mit falscher elektronischer Signatur an das Institut übermittelt worden sind. Der Zugang wird durch das Institut gesperrt bei Verdacht einer missbräuchlichen Nutzung des Kontos über den Online-Banking-Zugang. Zwingend ist die Sperre bei Erteilung eines entsprechenden Wunsches des Kontoinhabers. **10.459**

(6) Anwendbares Recht

Nach Art. 3 Abs. 1 Satz 2 der Empfehlung der Europäischen Kommission zu elektronischen Zahlungsinstrumenten[378)] sollen die Allgemeinen Geschäftsbedingungen für das Online-Banking das auf den Vertrag anwendbare Recht angeben. Die neben den produktspezifischen Sonderbedingungen geltenden Allgemeinen Geschäftsbedingungen der Kreditinstitute enthalten für den kaufmännischen Bereich bereits eine ausdrückliche **Rechtswahlklausel** in Nr. 6 Abs. 1 AGB-Bk/AGB-Spk, wonach in der Geschäftsbeziehung mit Kaufleuten deutsches Recht als vereinbart gilt. Für Verträge mit Verbrauchern fehlt es in **10.460**

---

377) Diese Regelung entspricht Art. 5d der EU-Kommissionsempfehlung zu elektronischen Zahlungsinstrumenten, wonach der Homebanking-Nutzer „keinen Auftrag stornieren soll, den er mittels seines elektronischen Zahlungsinstruments erteilt hat, es sei denn, der Betrag war bei Erteilung des Auftrags noch offengeblieben". Das Online-/Internet-Banking entspricht diesen Anforderungen, da die Ausführung eines Auftrages ohne die Angabe eines Betrages nicht möglich ist.

378) ABl. Nr. L 208, v. 2.8.1997, S. 52 ff.

den AGB-Bk hingegen bislang an einer ausdrücklichen Rechtswahlklausel. Nr. 13 der Online-Banking-Bedingungen sieht daher vor, dass auf die Geschäftsbeziehung zwischen dem Kunden und dem Kreditinstitut grundsätzlich deutsches Recht anzuwenden ist, es sei denn, dieses verweist auf eine ausländische Rechtsordnung. Mit der Einschränkung im letzten Halbsatz soll – in Anlehnung an Nr. 6 Abs. 1 AGB-Bk/AGB-Spk – der in Art. 29 Abs. 1 EGBGB geregelten Beschränkung für Rechtswahlklauseln in Verbraucherverträgen Rechnung getragen werden.

(7) Haftung

10.461 Auf eine Haftungsregelung in den Online-Banking-Bedingungen ist – zur Vermeidung von Redundanzen – verzichtet worden. Es gelten die **allgemeinen gesetzlichen Haftungsregeln**, wonach jede der Vertragsparteien für die schuldhafte Verletzung von vertraglichen Pflichten haftet. Diese allgemeinen Regelung ist bereits in Nr. 3 Abs. 1 AGB-Bk/Nr. 19 Abs. 1 AGB-Spk wiedergegeben.

d) Beweisfragen

aa) PIN/TAN-Verfahren

10.462 Im Rahmen des Online-/Internet-Banking mit PIN und TAN kann das Kreditinstitut anhand der aufgezeichneten Protokolle über die Nutzung des Online-/Internet-Banking regelmäßig nachweisen, dass die Kontonummer des Kunden und seine PIN ordnungsgemäß eingegeben worden sind, sowie – dass zur Ausführung etwa einer Überweisung – zudem eine zulässige TAN verwendet worden ist. Des Weiteren kann das Institut ein elektronisches Dokument vorlegen, aus dem sich ein bestimmter Betrag, Verwendungszweck, die Kontonummer des Empfängers und die Bankleitzahl des Kreditinstituts des Empfängers ergeben. Da auch insoweit lediglich elektronische Dokumente vorliegen, kommt diesen Dokumenten schon aufgrund der fehlenden Urkundeneigenschaft nicht die **Beweiskraft von Privaturkunden** nach § 416 ZPO zu. Auch die **Beweiserleichterungen** des § 371a ZPO kommen nicht zum Tragen, da das PIN/TAN-Verfahren die gesetzlichen Anforderungen an eine „qualifizierte elektronische Signatur" i. S. d. § 2 Nr. 3 SigG nicht erfüllt und folglich nicht der elektronischen Form des § 126a BGB entspricht. Nicht ausgeschlossen ist es allerdings, einem solchen elektronischen Dokument i. R. d. freien Beweiswürdigung gemäß § 286 Abs. 1 ZPO (als Objekt des Augenscheins) eine gesteigerte Beweiskraft zuzuerkennen. Der Beweiswert richtet sich dann danach, inwieweit das Gericht von der Echtheit und Unverfälschtheit der Daten überzeugt werden kann. Da i. R. d. PIN/TAN-Verfahrens keine (gesetzlichen) Signaturen eingesetzt werden, ist insofern der Nachweis anderer Sicherungsverfahren, die die Echtheit und Unverfälschtheit der Daten gewährleisten, maßgeblich.

bb) HBCI-Standard

Auch i. R. d. Online-/Internet-Banking mit HBCI kann das Kreditinstitut lediglich elektronische Dokumente vorlegen. Diesen kommt ebenfalls nicht die Beweiskraft einer Privaturkunde nach § 416 ZPO zu. Denn die mit § 371a ZPO eingeführte Beweiserleichterung gilt nicht für das HBCI-Verfahren, da § 371a ZPO die elektronische Form des § 126a Abs. 1 BGB – also eine „qualifizierte elektronische Signatur" nach § 2 Nr. 3 SigG – voraussetzt. Eine solche kann zurzeit im HBCI-Verfahren noch nicht erzeugt werden, weil es an der erforderlichen Zertifizierungsinstanz fehlt.[379] Eine Berücksichtigung der elektronischen Dokumente ist jedoch i. R. d. freien Beweiswürdigung gemäß § 286 Abs. 1 ZPO als Beweis durch Augenschein möglich. Auch hier richtet sich der Beweiswert danach, inwieweit das Gericht von der Echtheit und Unverfälschtheit der Daten überzeugt werden kann. Da i. R. d. HBCI-Verfahrens Signaturen eingesetzt werden, die die Echtheit und Unverfälschtheit der Daten gewährleisten, dürfte elektronischen Dokumenten, die mit einer HBCI-Signatur versehen sind, i. R. d. freien Beweiswürdigung ein gesteigerter Beweiswert zugesprochen werden. 10.463

e) Geschäftsanbahnung beim Internet-Banking

Nach § 154 Abs. 2 **Abgabenordnung** (AO) besteht das **„Know-your-customer-Prinzip"**. Danach haben Kreditinstitute vor der Einrichtung eines Kontos oder eines Wertpapierdepots die Pflicht, sich über die Person und die Anschrift des Verfügungsberechtigten Gewissheit zu verschaffen. Nutzt der Kunde für sein Onlinebanking mit dem Institut das PIN/TAN-/HBCI-Verfahren, so verfügt er bereits über ein Girokonto bei seinem Kreditinstitut, das dieses Konto dann für den Online-Zugriff freischaltet. Daraufhin erhält der Kunde von seinem Institut PIN/TAN bzw. die HBCI-Komponenten. Die nach § 154 Abs. 1 AO für die Kontoeröffnung erforderliche Legitimationsprüfung ist dann i. d. R. „am Schalter" oder im Wege des Postidentverfahrens erfolgt. Das Institut verfügt also über die nach § 154 Abs. 2 Satz 1 AO erforderlichen Angaben (Name, Vorname, Anschrift, Geburtsdatum und eigenhändige Unterschrift des Kunden). Weitere Kontoeröffnungen sind dann mittels PIN/TAN bzw. HBCI möglich. Denn der Nutzer ist zur Geheimhaltung der Zugangsmedien verpflichtet, sodass an der Personenidentität des Antragstellers und des bereits identifizierten Kontoinhabers grundsätzlich keine Zweifel bestehen. Etwas anderes gilt jedoch, wenn die Daten im Antrag des Kunden (d. h. Name, Anschrift, Geburtsdatum) von denen in den Kontounterlagen abweichen. In diesem Fall ist eine erneute vollständige Kundenidentifizierung durchzuführen. Nicht möglich ist dagegen eine „Erstlegitimation" des Kunden über das Internet mittels PIN/TAN bzw. HBCI. 10.464

---

379) Vgl. auch *Stockhausen*, WM 2001, 605, 615.

f) Missbrauch im Online-/Internet-Banking

aa) Einleitung

10.465 Nach einer aktuellen Studie des amerikanischen Beratungsunternehmens *Gartner* wurde im Jahr 2007 in den USA durch Missbrauchsangriffe im Online-/Internet-Banking ein Schaden i. H. v. 3,2 Mrd. US-Dollar verursacht. Insgesamt waren 3,6 Mio. US-Bürger von den Angriffen betroffen. Dieses Ergebnis basiert auf einer repräsentativen Umfrage des Unternehmens an der 4.500 US-Bürger teilgenommen haben. Die Schadenssumme ist im Vergleich zu den Vorjahren deutlich gestiegen. Im Jahr 2006 lag der Gesamtschaden in den USA bei 2,3 Mrd. US-Dollar; im Jahr 2003 bei 1,2 Mrd. US-Dollar. Es ist davon auszugehen, dass auch Online-Banking-Nutzer in Deutschland zukünftig zunehmenden betrügerischen Angriffen ausgesetzt sind.[380] Folgend sollen die Angriffsszenarien sowie deren rechtliche Bewertung dargestellt werden.

bb) Varianten des Missbrauchs

10.466 Um unbefugt an die Kontodaten nebst PIN und TAN eines Kontoinhabers zu gelangen sind verschiedene Szenarien denkbar:

(1) Einbruch/Diebstahl

10.467 Die Täter können sich die Daten physisch verschaffen, indem sie die Post des Kontoinhabers unbefugt öffnen oder bei diesem einbrechen. Das unbemerkte Öffnen der Post wird durch die Gestaltung der PIN- und TAN-Sendungen in aufreißbaren Umschlägen praktisch verhindert, da dies dem Kontoinhaber regelmäßig auffällt. PIN und TAN-Liste werden durch die Institute zeitversetzt mit separaten Schreiben versandt, die im Regelfall wiederum nicht die vollständige Kontonummer enthalten. Alternativ könnten sich die Täter Zugang zum Zentralrechner der Bank des Kontoinhabers verschaffen. Dieses Angriffsszenario wird allerdings an den hohen Sicherheitsmaßnahmen der Banken scheitern.

(2) Ausspähen der Daten

10.468 Die Täter könnten die Daten mittels sog. Malware (**Viren, Trojaner** etc.) ausspionieren, die heimlich auf dem Computer des Kontoinhabers installiert wird (i. d. R. beim Öffnen von per E-Mail versandten Dateien oder bei dem Besuch einer Internetseite). Diese wertet die Eingaben des Computernutzers aus und übermittelt sie an die Täter. Dies ist auch bei gesicherten Verbindungen möglich. Um eine nicht verbrauchte TAN zu erlangen, existieren Programme, die nach Eingabe der TAN die Verbindung zur Bank unterbrechen (sog. Abbruch-Trojaner). Schutz vor dieser Art des Angriffs können Virenschutzprogramme bieten, die allerdings regelmäßig (meist täglich) aktualisiert werden müssen,

380) Zu aktuellen Informationen zum Online-Betrug s. www.bsi-fuer-buerger.de.

weil auch die schädlichen Programme schnell variiert und weiterentwickelt werden. Eine Firewall verhindert, dass Malware Daten über das Internet versendet oder dass Hacker unbefugten Zugriff auf den Computer des Nutzers nehmen. Malware hinterlässt stets Spuren auf dem infizierten Computer, nämlich zumindest das Schadprogramm selbst.

(3) Phishing

Die zumindest begrifflich bekannteste Angriffsvariante ist das sog. Phishing, 10.469
bei dem die Täter versuchen, E-Mails einer Bank nachzuahmen und die Kunden auffordern, ihr Konto – üblicherweise unter vorgetäuschten Sicherheitsgründen – durch Eingabe von Kontonummer, PIN und mehreren TAN erneut frei zu schalten. Teilweise sollen die Kunden ihre Daten in ein Formular in der E-Mail eintragen oder als Antwort zurücksenden. Üblicher und erfolgversprechender ist der Weg über einen in der E-Mail integrierten Link auf eine Internetseite, welche die Täter so gestaltet haben, dass sie der Seite der Bank ähnelt (sog. **Visual Spoofing**). Dort angekommen, wird der Kunde dann aufgefordert, PIN und TAN einzugeben.

Einen gewissen Schutz gegen Phishing-Angriffe bieten Spam-Filter, die anhand 10.470
von bestimmten Kriterien unter anderem gefälschte Mails erkennen und entweder schon auf dem Mailserver oder auf dem Computer des Nutzers herausfiltern. Auch die gefälschten Internetseiten sind zu erkennen, da im Regelfall die Adresse in der Adressleiste nicht die der Bank sein wird, die Verschlüsselung nicht aktiviert ist und die Seite kein gültiges, von der Bank ausgegebenes Authentifizierungszertifikat besitzt (Verschlüsselung und Zertifikat können allerdings auf verschiedene Weise vorgetäuscht werden). Auffällig ist auch, dass auf den gefälschten Seiten überwiegend sofort die Eingabe von PIN und mehreren TAN gefordert wird, wobei auch hier andere, geschicktere Gestaltungen möglich sind. Den besten Schutz vor Phishing bietet daher schlicht die Beachtung der inzwischen von allen Banken ausgegebenen goldenen Regel: „Geben Sie niemals auf telefonische Anfrage[381)] (Ausnahme: Telefon-Banking) oder auf eine E-Mail-Anfrage PIN oder TAN heraus!"

Phishing hinterlässt ebenfalls Spuren auf dem Computer des Betroffenen. Ne- 10.471
ben der Phishing-Mail kann anhand der Verlaufsprotokolle und temporären Dateien des Internet-Browsers meist noch relativ lange nachvollzogen werden, welche Internetseiten aufgesucht worden sind.

381) Diese Art des Angriffs wird auch als "Vishing" (V für Voice) bezeichnet, bei dem also die Kontodaten telefonisch abgefragt werden.

(4) Pharming

10.472 Das ebenfalls bekannte „Pharming" funktioniert wie folgt: Ruft der Kontoinhaber die Website seiner Bank auf, wird die Verbindung auf eine gefälschte Seite der Täter umgeleitet. Dies ist möglich, da es sich bei den üblichen Internetadressen (z. B. anonym4) nur um eine „Übersetzung" der eigentlichen Identifikation von Computern im Internet durch die sog. IP-Adresse, eine Kombination aus 4 Zahlenblöcken von 0 bis 255, handelt. Die „Übersetzung" erfolgt durch den Domain-Name-Service (DNS) entweder auf dem heimischen Computer des Nutzers in einer lokalen Host-Datei oder durch einen Name-Server. An beiden Stellen können Kriminelle ansetzen: Entweder wird die lokale Host-Datei durch Malware oder Internetseiten mit Schadsoftware ausgetauscht oder verändert oder der Eintrag auf dem Name-Server wird verändert (sog. Pharming, da es Tätergruppen gibt, die hierzu ganze „Serverfarmen" betreiben).

10.473 Die Veränderung der lokalen Datei kann durch Antivirenprogramme und die Vornahme bestimmter Sicherheitseinstellungen im Internet-Browser unterbunden werden. Auch wenn die aktuellen Versionen der im Internet verwendeten Kommunikationsprotokolle den Tätern das Pharming erschweren, gibt es hingegen keinen wirksamen technischen Schutz gegen Täter, die Name-Server „kapern" oder manipulieren. Zur Identifikation der gefälschten Seite gelten die gleichen Regeln wie beim Phishing. Auch beim Pharming kann der Aufruf der Internetseite der Täter im Regelfall auf dem Computer des Betroffenen nachvollzogen werden.

cc) Zivilrechtliche Aspekte

(1) Aufwendungsersatzanspruch der Bank

10.474 In den Fällen der Identitätstäuschung aufgrund Phishing und Pharming stellt sich die Frage, ob die Bank vom Kunden die Erstattung des Überweisungsbetrages gemäß §§ 670, 675, 676a BGB a. F. verlangen kann, wenn sie den angegebenen Geldbetrag angewiesen hat.[382] Dies ist dann der Fall, wenn ein wirksamer Überweisungsvertrag zwischen Bank und Kunde zustande gekommen ist. Sowohl beim Phishing als auch beim Pharming fehlt es hieran jedoch, da der (berechtigte) Kunde kein Angebot auf Abschluss eines Überweisungsvertrages an die Bank übermittelt hat.[383]

---

382) Zum Stornoanspruch der überweisenden Bank nach Nr. 8 AGB-Bk bei Fehlbuchungen in Folge von Phishing-Transaktionen, wenn es sich um eine Hausüberweisung handelt, s. OLG Karlsruhe, Beschl. v. 22.1.2008 – 17 U 185/07, WM 2008, 632 f. = ZIP 2008, 1373, dazu EWiR 2008, 613 *(Würdinger)*.

383) Palandt-*Sprau*, BGB, 67. Aufl. 2008, § 676a Rz. 11.

(2) Bindung kraft Rechtsscheins, Anscheinsvollmacht

Bei der Abwicklung von Transaktionen i. R. d. Zahlungsverkehrs, bspw. der Ausführung einer Überweisung im Online-/Internet-Banking mit PIN/TAN oder unter Verwendung des HBCI-Standards, stellt sich die Frage, ob auch die von einem unberechtigten Dritten, der sich etwa mittels Phishing oder Pharming missbräuchlich Kenntnis von der PIN des Berechtigten und einer diesem zugeordneten TAN verschafft hat, zulasten des Berechtigten durchgeführte Transaktionen diesem zugerechnet werden können. In derartigen Fällen können die Grundsätze der **Anscheinsvollmacht** zur Anwendung gelangen, wenn dem Verfügungsberechtigten die Kenntnis vom Auftreten des missbräuchlich handelnden Dritten zwar fehlt, er die missbräuchliche Verfügung bei Anwendung der pflichtgemäßen Sorgfalt aber hätte erkennen und verhindern können. Dies gilt insbesondere dann, wenn der nichtberechtigte Dritte der Auffassung sein konnte, der „Vertretene" billige sein Handeln. **10.475**

Die Voraussetzungen der Anscheinsvollmacht sind erfüllt, wenn der Kunde eines Kreditinstituts i. R. d. Online-/Internet-Banking seine Kontonummer, seine PIN und beim PIN/TAN-Verfahren eine nicht verbrauchte TAN an einen Dritten weitergibt. In diesem Fall hat der Kunde einen zurechenbaren Grund für seine Haftung gesetzt, sodass er an die Erklärung des unberechtigt Handelnden gebunden sein muss.[384)] Das Kreditinstitut darf darauf vertrauen, dass der Kunde im Einklang mit den Online-Banking-Bedingungen handelt und insbesondere die Einhaltung der dort definierten Sorgfaltspflichten zum sorgfältigen Umgang mit PIN und TAN beachtet. Verletzt der Kunde diese ihm obliegenden Sorgfaltspflichten, so erhöht er durch sein Handeln das Missbrauchsrisiko, was letztendlich die Anwendbarkeit der Rechtsscheinsgrundsätze rechtfertigt.[385)] Die Grundsätze der Anscheinsvollmacht können jedoch dann nicht zur Anwendung gelangen, wenn der Zugriff des unberechtigten Dritten nicht auf einem sorglosen Umgang des Kunden mit den Zugangsmedien zum Online-/Internet-Banking beruht, d. h. namentlich in Fällen deliktischen Verhaltens des Dritten, ohne dass dem Kunden ein vorsätzlicher oder fahrlässiger Verstoß gegen die Online-Banking-Bedingungen vorgeworfen werden kann. Es fehlt dann an einem Zurechnungstatbestand, sodass der betreffende Kunde sich die unberechtigte Verfügung im Verhältnis zum Kreditinstitut nicht nach den Grundsätzen der Anscheinsvollmacht zurechnen lassen muss. Allerdings trägt er im Prozess die entsprechende Darlegungs- und Beweislast. **10.476**

---

384) Schimansky/Bunte/Lwowski-*Gößmann*, Bankrechts-Hdb., § 55 Rz. 26.

385) LG Koblenz, Urt. v. 17.9.1990 – 3 S 78/90, NJW 1991, 1360.

(3) Schadensersatzansprüche der Bank

10.477 Steht der Bank kein Aufwendungsersatzanspruch gegen den Kunden zu und fehlt es darüber hinaus an einer Bindung durch Rechtsschein, so könnten der Bank Schadensersatzansprüche gemäß §§ 280 Abs. 1, 241 Abs. 2 BGB gegen den Kunden zustehen. Dies setzt voraus, dass der Kunde schuldhaft seine Sorgfaltspflichten aus dem Online-Bankingvertrag verletzt hat. Die Online- und Homebanking-Bedingungen enthalten keine eigene Haftungsregelung, vielmehr kommt die Haftungsregelung der Nr. 3 AGB-Bk zur Anwendung, welche eine verschuldensabhängige Haftung vorsieht.[386] Diese Haftungsklausel entspricht dem gesetzlichen Leitbild und ist mit § 307 BGB vereinbar. Für die Haftung beim Online-Banking ist dabei die **Pflichtenverteilung** zwischen Kunde und Bank entscheidend, die im Folgenden näher beleuchtet werden soll:

(a) Grundsätzliches

10.478 Die Bank ist **Initiator des Online-Banking**, sodass sie potentielle Risiken in ihrer Sphäre besser beherrschen kann als der Kunde. Die Kreditinstitute entscheiden in eigener Verantwortung über das angebotene Sicherungssystem und steuern damit im Hinblick auf neue Formen von Bedrohungen aus dem Internet das beim Kunden verbleibende Restrisiko und die von ihm zu treffenden Sicherungsmaßnahmen. Hinzu kommt grundsätzlich ein **Informationsvorsprung** der Banken, auch im Hinblick auf neu auftretende Bedrohungsformen.[387]

10.479 Allerdings ist zu berücksichtigen, dass der Kunde mit seinem privaten Computer über eine **potentielle Gefahrenquelle** verfügt, die in seiner Sphäre liegt. Hinzu kommt, dass beim Phishing und Pharming der PC des Kunden das primäre Angriffsziel bildet und Sicherheitsvorkehrungen somit notwendig auch beim Kunden (seinem PC) selbst ansetzen müssen. Ein maßgeblicher Gesichtspunkt ist hierbei die Möglichkeit des **Selbstschutzes**, d. h. inwieweit der Kunde mit einfachen und kostengünstigen Mitteln eigene Schutzvorkehrungen treffen kann.

10.480 Im Rahmen der Bestimmung der Pflichtenkreise ist auch zu berücksichtigen, dass das Online-Banking sowohl für den Kunden als auch die Banken erhebliche Vorteile mit sich bringt. Der Kunde profitiert von einer kostengünstigen Möglichkeit, seine Bankgeschäfte bequem von zu Hause aus abwickeln zu können. Die Vorteile für die Baken liegen grundsätzlich in der Einsparung von

---

386) *Borges*, NJW 2005, 3313, 3314; *Kind/Werner*, CR 2006, 353, 354; *Karper*, DuD 2006, 215, 216; Bräutigam/Leupold-*Bock*, Online-Handel, Kap. VII Rz. 81; *Langenbucher*, Die Risikozuordnung im bargeldlosen Zahlungsverkehr, S. 146.

387) *Spindler*, Bankrecht und E-Commerce – Sicherheit im Rechtsverkehr, in: Hadding/Hopt/Schimansky, Bankrechtstag 2001, S. 179; *Recknagel*, Vertrag und Haftung beim Internet-Banking, S. 225 f.

Personal, Filialen und der jederzeitigen Erreichbarkeit der Bank für den Kunden.

Insgesamt ist somit zu konstatieren, dass Kunde und Bank ein **gleich großes Interesse** an der Abwicklung von Bankgeschäften im Online-Banking haben. Die Bank wird aufgrund ihres Informationsvorsprungs als Initiator des Online-Banking die Pflicht treffen, den Kunden über mögliche Angriffsszenarien und Schutzmaßnahmen zu informieren. Die Weitergabe dieses Wissens und die Schaffung eines Risikobewusstseins auf Seiten des Kunden versetzen diesen in die Lage, die angemessenen Sicherheitsvorkehrungen zu ergreifen. Die vom Kunden verlangten Pflichten sind daher stets im Lichte der Pflichten, die der Bank obliegen, zu sehen. Ob mangels ausreichender Information bereits eine Pflichtverletzung des Bankkunden zu verneinen oder der Anspruch der Bank nach § 254 BGB zu kürzen ist, wird sich nur im Einzelfall beurteilen lassen. 10.481

(b) Pflichten der Bank

(aa) Technische Sicherheit

Die Bank unterliegt beim Online-Banking dem für ein Unternehmen üblichen Sorgfaltsanforderungen. Die allgemeinen **Organisationspflichten** im IT-Bereich ergeben sich hierbei aus § 25a KWG. Als grundlegende Pflicht obliegt der Bank die Bereitstellung eines technisch sicheren Online-Banking-Systems.[388] Das System muss danach einerseits Schutz vor gegen die Bank selbst gerichteten Angriffen bieten. Genauso hat die Bank durch die technische Gestaltung des Online-Banking-Verfahrens aber auch die technischen Voraussetzungen für eine sichere Benutzung des Online-Banking durch den Kunden zu schaffen und – soweit möglich – Missbräuchen durch Dritte bereits auf technischer Ebene zu begegnen, wobei sie sich der Mithilfe des Kunden bedienen kann. Aus Sicht des Gesetzgebers bestand zumindest vor Auftreten der ersten Fälle von Phishing und Pharming keine Notwendigkeit, einen allgemeinen Sicherheitsstandard gesetzlich, untergesetzlich oder auf freiwilliger Verpflichtung der Banken einzuführen.[389] Maßgeblich für die Sicherheitserwartungen des Verkehrs ist gegenwärtig der **jeweilige Stand der Technik.**[390] 10.482

388) *Kind/Werner,* CR 2006, 353, 357 f.; *Karper,* DuD 2006, 215, 217; *Koch,* Versicherbarkeit von IT-Risiken, Rz. 812; *Recknagel,* Vertrag und Haftung beim Internet-Banking, S. 151, 206; Schimansky/Bunte/Lwowski-*Gößmann,* Bankrechts-Hdb., § 55 Rz. 19.

389) Antwort der Bundesregierung v. 4.7.2000 auf die Kleine Anfrage der Abgeordneten *Rainer Funke, Dr. Edzard Schmidt-Jortzig, Dr. Max Stadler,* weiterer Abgeordneter und der Fraktion der F.D.P. – Drucks. 14/3603 –, BT-Drucks. 14/3757, S. 3.

390) So auch *Kind/Werner,* CR 2006, 353, 359; *Recknagel,* Vertrag und Haftung beim Internet-Banking, S. 207, 225.

(bb) Informations- und Warnpflichten

10.483 Die Bank hat den Kunden über das Verfahren des Online-Banking, möglichst im Vorfeld der erstmaligen Benutzung zu informieren. Mit Abschluss des Online-Bankingvertrages oder aber vor der ersten transaktionsbezogenen Nutzung ist der Kunde in die Benutzung des Systems und gängige Missbrauchsrisiken[391] einzuweisen. Erlangt die Bank Kenntnis von neuen Risiken hat sie ihre Kunden zu warnen. Die Information des Kunden kann in einem persönlichen Beratungsgespräch, einer gesonderten schriftlichen Bedienungsanleitung oder den Online- bzw. Homebanking-Bedingungen, einer Benutzerführung auf dem Bildschirm oder durch eine auffällige Information auf der Website des Kreditinstituts (ggf. in der Nähe des Login-Buttons) erfolgen.[392] Die Informationen müssen jeweils auch für einen Durchschnittskunden ohne größere technische Fähigkeiten verständlich sein.

(cc) Organisationspflichten

10.484 Erlangt die Bank Kenntnis von missbräuchlichen Transaktionen, hat sie dafür Sorge zu tragen, dass keine weiteren unberechtigten Transaktionen erfolgen können. Daneben hat die Bank Vorkehrungen dahin gehend zu treffen, dass der Kunde den Zugang zum Online-Banking bei Kenntnis oder Verdacht eines Missbrauchs sperren lassen kann.

(c) Pflichten des Kunden

10.485 Die Pflichten des Kunden werden konkretisiert durch die Online- und Homebanking-Bedingungen. Sie erfassen insbesondere die **Geheimhaltung** und den **sicheren Umgang** mit den zur Verfügung gestellten Identifikations- und Legitimationsmedien.

10.486 Fraglich ist darüber hinaus insbesondere, ob den Kunden i. R. d. Online-Banking **IT-spezifische Pflichten** (insbesondere Umgang mit Phishing-E-Mails, Installation von Virenschutz, Firewalls usw.) treffen. Das Landgericht Köln hat in seinem Urteil vom 5. Dezember 2007[393] insoweit ausgeführt,

> „dass man beim Online-Banking von einem verständigen, technisch durchschnittlich begabten Anwender fordern kann, dass er eine **aktuelle Virenschutzsoftware und eine Firewall** verwendet und regelmäßig Sicherheitsupdates für sein Betriebssystem und die verwendete Software einspielt. Ebenso muss ein

---

391) *Recknagel,* Vertrag und Haftung beim Internet-Banking, S. 220 f.; Bräutigam/Leupold-*Bock,* Online-Handel, Kap. VII Rz. 67; Schimansky/Bunte/Lwowski-*Gößmann,* Bankrechts-Hdb., § 55 Rz. 20.

392) *Kind/Werner,* CR 2006, 353 ,357; Bräutigam/Leupold-*Bock,* Online-Handel, Kap. VII Rz. 67 f.; *Recknagel,* Vertrag und Haftung beim Internet-Banking, S. 220; Schimansky/Bunte/Lwowski-*Gößmann,* Bankrechts-Hdb., § 55 Rz. 21.

393) LG Köln, Urt. v. 5.12.2007 – 9 S 195/07, ZIP 2008, 260 = WM 2008, 354, dazu EWiR 2008, 243 *(Meder/Blissenbach)*.

Kontoinhaber die Warnungen der Banken beachten, PIN und TAN niemals auf telefonische Anforderung oder Anforderung per Email herauszugeben. Außerdem wird man von ihm erwarten können, dass er **deutliche Hinweise auf gefälschte E-Mails und Internetseiten seiner Bank erkennt** (sprachliche Mängel, deutlich falsche Internet-Adresse, Adresse ohne https://, kein Schlüsselsymbol in der Statusleiste). Weitergehende Sicherheitsmaßnahmen wie etwa die Verwendung bestimmter, besonders leistungsfähiger Virenschutzprogramme oder spezialisierter Programme zum Schutz gegen bestimmte Schadsoftware, die Veränderung der Standard-Sicherheitseinstellungen von Betriebssystem und Programmen, das Arbeiten ohne Administratorrechte, die ständige Überprüfung der Zertifikate oder auch das Erkennen subtiler Abweichungen in der Internetadresse würden die Sorgfaltsanforderungen dagegen überspannen."

In der Praxis wird sich eine Pflichtverletzung des Kunden nur durch eine **Gesamtwürdigung aller Umstände** im Einzelfall feststellen lassen. **10.487**

Der Kunde ist verpflichtet, bei Kenntnis oder Verdacht von Unregelmäßigkeiten seiner Bank Mitteilung zu machen und den Online-Zugang seines Kontos sperren zu lassen oder, soweit möglich, selbst zu sperren. Unterlässt der Kunde eine ihm mögliche Mittelung und hätte die Bank die Transaktion bei unverzüglicher Meldung noch verhindern oder rückgängig machen können, haftet der Kunde gegenüber der Bank. Zur Vermeidung einer Vergrößerung des Schadens ist der Kunde nach einem erkannten Missbrauch gehalten, seine PIN zu ändern. **10.488**

dd) Beweislage

Kommt es zu einer Transaktion in Online-/Internet-Banking und daraufhin zu einer Belastung des Kundenkontos i. H. d. verfügten Betrages, so muss das Institut im Streitfall das Bestehen seines Aufwendungsersatzanspruches und damit insbesondere die Verfügung (Weisung i. S. v. § 665 BGB) des Berechtigten **darlegen und beweisen.**[394] Hierzu kann das Kreditinstitut durch Vorlage des Online-Protokolls nachweisen, dass ein bestimmter Betrag unter Eingabe von PIN und TAN ordnungsgemäß i. S. d. Systems überwiesen worden ist. Ob nun tatsächlich der Berechtigte verfügt hat, steht damit noch nicht fest. **10.489**

Im Bereich der Auszahlung am Geldautomaten ist jedoch allgemein anerkannt, dass die ordnungsgemäße Dokumentation eines Auszahlungsvorgangs am Geldausgabeautomaten im GA-Protokoll den **Beweis des ersten Anscheins** dafür begründet, dass es zur Auszahlung des verfügten Betrages an den berechtigten Karteninhaber gekommen ist. Der Kunde kann diesen Anscheinsbeweis abwenden, indem er Tatsachen vorträgt, die den Anschein einer ordnungsgemäßen Abhebung erschüttern.[395] **10.490**

---

394) Vgl. Palandt-*Sprau,* BGB, 67. Aufl. 2008, § 676h Rz. 16.

395) Zum Anscheinsbeweis vgl. BGH, Entsch. v. 20.6.1978 – VI ZR 15/77, NJW 1978, 2031, 2033.

10.491 Kann aufgrund des Kundenvortrags das Kreditinstitut seinen Aufwendungsersatzanspruch nicht beweisen, ist also der Anscheinsbeweis erschüttert, so ist ein möglicher Schadensersatzanspruch gegen den Kunden aufgrund der Verletzung seiner Sorgfaltspflichten aus dem Kartenvertrag, konkretisiert durch die Kundenbedingungen, zu prüfen.[396] Auch hier kann der Beweis des ersten Anscheins dahin gehend angenommen werden, dass der Kunde, da es schließlich zu einer unberechtigten Verfügung am Geldautomaten gekommen ist, die ihn treffenden Sorgfaltspflichten, insbesondere zur Geheimhaltung der PIN und zur Aufbewahrung der Debitkarte verletzt hat.[397] Dieser Anscheinsbeweis kann allenfalls durch einen substantiierten Vortrag des Kunden erschüttert werden, dass das Geldautomatensystem nicht sicher sei. In tatsächlicher Hinsicht ist der Beweis des ersten Anscheins zugunsten der Sicherheit des PIN-Systems erforderlich, will das Kreditinstitut nicht einer Garantiehaftung für – angeblich – missbräuchliche Kartennutzungen unterliegen. Denn die Aufbewahrung und der Umgang mit der PIN und der Karte liegen im persönlichen Lebensbereich des Karteninhabers. Naturgemäß bestehen seitens des Kreditinstituts keine Möglichkeiten, diese persönliche Lebenssphäre des Karteninhabers zu überprüfen und somit nachzuvollziehen, ob unsorgfältiger oder sorgfältig mit PIN und Karte umgegangen wird.

10.492 Diese höchstrichterliche Rechtsprechung zum EC-Karten-Missbrauch lässt sich aufgrund der vergleichbar hohen Systemsicherheit des Online-/Internet-Banking[398] auch auf die in diesen Systemen durchgeführten Transaktionen übertragen. Folglich spricht auch im Online-/Internet-Banking der erste An-

---

396) § 676h BGB schließt lediglich den Aufwendungsersatzanspruch gegen den Karteninhaber in Folge eines Missbrauchs aus. Schadensersatzansprüche aus § 280 BGB gegen den Karteninhaber sind von § 676h BGB nicht erfasst. Vgl. Palandt-*Sprau,* BGB, 67. Aufl. 2008, § 676h Rz. 17 f.

397) BGH, Urt. v. 5.10.2004 – XI ZR 210/03, ZIP 2004, 2226 = ZVI 2004, 665 = NJW 2004, 3623, 3624, dazu EWiR 2005, 167 *(van Look)*; OLG Brandenburg, Urt. v. 7.3.2007 – 13 U 69/06, WM 2007, 2193 ff.; OLG Stuttgart, Urt. v. 13.3.2002 – 9 U 63/01, WM 2003, 125, 126 f. = BKR 2002, 547; OLG Frankfurt, Urt. v. 7.5.2002 – 8 U 268/01, WM 2002, 2101, 2102; AG Hohenschönhausen, Urt. v. 9.5.2001 – 11 C 430/99, WM 2002, 1057; AG Bremen, Urt. v. 15.3.2000 – 6 C 37/99, WM 2000, 1639; LG Darmstadt, Urt. v. 10.11.1999 – 2 O 571/97, WM 2000, 911; AG Frankfurt a. M., Urt. v. 27.10.1998 – J1 C 2151/98, WM 1999, 1935; LG Stuttgart, Urt. v. 28.4.1999 – 13 S 239/98, WM 1999, 1934; LG Rottweil, Urt. v. 25.11.1998 – 1 S 148/98, WM 1999, 1934; LG Hannover, Urt. v. 16.3.1998 – 20 S 97/97, WM 1998, 1123; Palandt-*Sprau,* BGB, 67. Aufl. 2008, § 676h Rz. 13; *Werner,* WM 1997, 1516; *Gößmann,* WM 1998, 1264; *Aepfelbach/Cimiotti,* WM 1998, 1218, a. A. OLG Hamm, Urt. v. 17.3.1997 – 31 U 72/96, WM 1997, 1203, 1206 f. = ZIP 1997, 878, dazu EWiR 1997, 545 *(Spindler)* (allerdings bezogen auf das inzwischen erneuerte PIN-Erstellungsverfahren); OLG Frankfurt, Urt. v. 7.12.2001 – 24 U 188/99, WM 2002, 1055, 1056 f. = ZIP 2002, 978, dazu EWiR 2002, 669 *(Hensen)*; *Strube,* WM 1998, 1210.

398) Vgl. *Paul,* NJW-CoR-Hackerreport, NJW-CoR 1996, 62; s. auch die Antwort der Bundesregierung auf die Kleine Anfrage der FDP-Fraktion, BT-Drucks. 14/3757 v. 4.7.2000, Sicherheit beim Online-Banking und Online-Broking, S. 2.

schein dafür, dass der Kontoinhaber bei Eingabe der korrekten PIN und TAN die Transaktion entweder selbst vorgenommen oder durch Verletzung seiner Sorgfaltspflichten verursacht bzw. zum Missbrauch beigetragen haben muss.[399)]

7. Annex: Richtlinie über Zahlungsdienste im Binnenmarkt

a) Einleitung

Der Vorschlag für eine „Richtlinie des Europäischen Parlaments und des Rates über Zahlungsdienste im Binnenmarkt" wurde am 1. Dezember 2005 von der Europäischen Kommission vorgelegt[400)] und ist nach Abschluss des europäischen Gesetzgebungsverfahrens am 25. Dezember 2007 in Kraft getreten.[401)] Mit der auf Art. 47 Absatz 2 und Art. 95 Absatz 1 des EG-Vertrages gestützten Richtlinie soll eine gemeinsame Rahmenregelung für den Zahlungsverkehrsmarkt in der Europäischen Gemeinschaft geschaffen werden, um den Anbietern von Zahlungsverkehrsdienstleistungen eine Rationalisierung der Zahlungsinfrastruktur sowie der Zahlungsdienste zu ermöglichen und den Nutzern mehr Auswahl und einen besseren Schutz zu bieten.[402)] 10.493

Die folgenden Ausführungen beleuchten zunächst Hintergrund, Historie und Ziele der Richtlinie. Auf diese Weise werden die Motive und Beweggründe des europäischen Gesetzgebers für die im darauf folgenden Kapitel dargestellten wesentlichen Inhalte der Richtlinie deutlicher. 10.494

In einem weiteren Kapitel werden die Vorgaben der Richtlinie mit der derzeitigen Rechtslage in Deutschland verglichen und einer Bewertung zugeführt. Gegenstand der Untersuchung soll dabei auch eine prognostische Einschätzung sein, welche Auswirkungen die Richtlinie auf die bestehenden Zahlungsverfahren und die aktuelle Zahlungsverkehrspraxis in Deutschland hat. 10.495

b) Hintergrund und Zielsetzung der Richtlinie

aa) Hintergrund

Das Richtlinienvorhaben der Kommission traf die Mitgliedstaaten und die nationalen Kreditwirtschaften, die in erster Linie Adressaten der nationalen Umsetzungsgesetze sein werden, nicht überraschend. Bereits seit einigen Jahren 10.496

---

399) So die h. A. *Borges,* NJW 2005, 3313, 3317; *Karper,* DuD 2006, 215, 218; *Werner,* MMR 1998, 232, 235; *Mankowski,* CR 2003, 44, 47; LG Bonn, Entsch. v. 19.12.2003 – 2 O 472/03, CR 2004, 218, 220; a. A. *Kind/Werner,* CR 2006, 353, 359. Das AG Wiesloch sah in einem Urteil v. 20.6.2008 – 4 C 57/08, das das „einfache" TAN-Verfahren betraf, den Anscheinsbeweis als erschüttert an. Ob dieser generell besteht, bedurfte daher keiner Entscheidung.

400) KOM (2005) 603. Insgesamt krit. gegenüber dem Kommissionsvorschlag äußert sich *Burgard,* WM 2007, 2065 ff.

401) ABl. Nr. L 319 v. 5.12.2007, S. 1 ff. Umfangreich zur Richtlinie s. *Koch/Lohmann,* WM 2008, 57 ff.

402) Begr. zum Richtlinienvorschlag, KOM (2005) 603, S. 2.

fordern EU-Binnenmarktkommissar *Charlie McCreevy*, sein Amtsvorgänger *Frits Bolkenstein* sowie die Europäische Zentralbank die europäischen Banken auf, die nach wie vor bestehende Aufspaltung des Zahlungsverkehrs in nationale und grenzüberschreitende Zahlungsmärkte zu beseitigen und einen einheitlichen europäischen Zahlungsverkehrsraum zu schaffen. Trotz der Vollendung der Wirtschafts- und Währungsunion zum 1. Januar 2002 und bereits ergriffener Harmonisierungsmaßnahmen im Bereich des Zahlungsverkehrs[403)] seien vor allem elektronische Zahlungstransaktionen, wie Überweisungen, Lastschriften und Kartenzahlungen grenzüberschreitend nicht so einfach und günstig abzuwickeln wie nationale Zahlungen. EU-Bürger und -Unternehmen sowie Anbieter von Zahlungsdienstleistungen könnten die Vorteile eines wirklich integrierten Zahlungsverkehrsraums für unbare Zahlungen aufgrund technischer und rechtlicher Hürden nach wie vor nicht in vollem Umfang nutzen. So hätten Verbraucher nur begrenzten Zugang zu Produkten, die EU-weit funktionieren (bspw. gebe es kein effizientes grenzübergreifendes Lastschriftverfahren) und keinen Zugang zu Anbietern aus anderen Mitgliedstaaten, die ihnen ggf. einen kostengünstigeren und schnelleren Service bieten können.[404)] Zudem seien die derzeitigen national strukturierten Zahlungsverkehrssysteme für Banken und Nutzer von Finanzdienstleistungen zu teuer, was die Volkswirtschaft der Gemeinschaft insgesamt belaste, da Konsum und Wirtschaftswachstum gehemmt würden.[405)] Ohne preisgünstige, effiziente und sichere Zahlungsdienstleistungen sei schließlich auch ein reibungsloses Funktionieren des Binnenmarktes für Waren und Dienstleistungen nicht möglich.[406)] Für die tatsächliche Nutzung von Waren-, Dienstleistungs-, Kapital- und Personenfreizügigkeit im Binnenmarkt sei es unverzichtbar, dass auch eine Infrastruktur für die parallel zum Leistungsbezug verlaufenden Zahlungsvorgänge geschaffen werde. Zielsetzung müsse es demnach sein, dass die Kunden alle Zahlungsvorgänge, sowohl inländische als auch grenzüberschreitende, nach einem einheitlichen Verfahren abwickeln können.[407)]

403) Insbesondere Empfehlung 87/598/EWG der Kommission für einen Verhaltenskodex im Bereich des elektronischen Zahlungsverkehrs (ABl. Nr. L 365 v. 24.12.1987, S. 72); Empfehlung 88/590/EWG der Kommission zu Zahlungssystemen, insbesondere zu den Beziehungen zwischen Karteninhabern und Kartenausstellern (ABl. Nr. L 317 v. 24.11.1988, S. 55); Richtlinie 97/5/EG über grenzüberschreitende Überweisungen (ABl. Nr. L 43 v. 14.02.1997, S. 25); Verordnung 2560/2001 über grenzüberschreitende Zahlungen in Euro (ABl. Nr. L 344 v. 28.12.2001, S. 13).

404) Begr. zum Richtlinienvorschlag, KOM (2005) 603, S. 4.

405) Begr. zum Richtlinienvorschlag, KOM (2005) 603, S. 2.

406) Mitteilung der Kommission an den Rat und das Europäische Parlament „Ein neuer Rechtsrahmen für den Zahlungsverkehr im Binnenmarkt" (Konsultationspapier) v. 2.12.2003, S. 2; „EZB fordert klare Zielsetzung zu Zahlungsverkehrsraum" in Börsen-Zeitung v. 16.11.2005, S."4.

407) „Der Zahlungsverkehr in der EU soll einfacher werden" in FAZ v. 2.12.2005, S. 18.

bb) Bisherige Arbeiten von Kommission und Kreditwirtschaft

Zwischen 2000 und 2002 erarbeitete die Kommission eine Mitteilung und zwei Arbeitsunterlagen und führte zur Beurteilung der aktuellen Marktlage Umfragen in den Mitgliedstaaten durch. 2003 folgte eine Mitteilung der Kommission, auf deren Grundlage eine umfassende Konsultation in den Mitgliedstaaten zu Umfang und Inhalt eines neuen Rechtsrahmens für den Zahlungsverkehr im Binnenmarkt durchgeführt wurde. 2004 und 2005 wurden schließlich sechs weitere Arbeitspapiere mit vorläufigen Regelungsentwürfen und Folgenabschätzungen erarbeitet.[408] 10.497

Die europäischen Banken und Bankenverbände hatten sich bereits im Juni 2002 im **European Payments Council (EPC)** konstituiert. Die Arbeit des EPC besteht primär darin, die technischen und infrastrukturellen Voraussetzungen für die Schaffung eines einheitlichen Euro-Zahlungsverkehrsraums (**Single Euro Payments Area – SEPA**) zu erarbeiten.[409] Die EPC- Mitglieder haben sich zum Ziel gesetzt, ihren Kunden ab 2008 drei europaweit einheitliche Zahlungsverkehrsinstrumente anzubieten: **SEPA-Überweisung, SEPA-Lastschrift** und **SEPA-Kartenzahlung.**[410] Diese Instrumente sollen zunächst parallel zu den jeweiligen nationalen Verfahren betrieben werden. Es wird jedoch angestrebt, für die neuen Instrumente und Infrastrukturen möglichst schnell die erforderliche kritische Masse zu erreichen, um die bisherigen nationalen Systeme sukzessive abschalten zu können. Erst dann werde sich die erhoffte Kostenentlastung für die Kreditwirtschaft und damit auch für die Kunden ergeben.[411] Da das Erreichen hinreichender Volumina aber wesentlich von der Akzeptanz und Nutzung des Verfahrens durch die Beteiligten abhänge, sei der ursprünglich anvisierte Zeitpunkt für die vollständige Ablösung der nationalen Verfahren, vorgesehen war spätestens das Jahr 2010, eher unrealistisch.[412] 10.498

cc) Zielsetzung der Richtlinie

Die Anstrengungen der Kreditwirtschaft zur Vollendung des einheitlichen Zahlungsverkehrsraums gingen der Europäischen Kommission nicht weit und nicht schnell genug. EU-Binnenmarkt-Kommissar *McCreevy* beklagte in der Vergangenheit den mangelhaften Willen der Kreditinstitute, so rasch wie mög- 10.499

---

408) Begr. zum Richtlinienvorschlag, KOM (2005) 603, S. 5 f. m. w. N.

409) Zum SEPA-Raum zählt das EPC nicht nur die 25 EU-Mitgliedsstaaten, sondern auch Island, Norwegen, Liechtenstein und die Schweiz.

410) EPC, Press Release v. 21.9.2005, abrufbar unter www.europeanpaymentscouncil.org; ZKA, Pressemitteilung v. 21.9.2005, abrufbar unter www.zentralerkreditausschuss.de.

411) „Ein Megaprojekt für die Kreditwirtschaft" in FAZ v. 15.11.2005, S. 23.

412) *Fabritius* (Deutsche Bundesbank), „EZB fordert klare Zielsetzung zu Zahlungsverkehrsraum" in Börsen-Zeitung v. 16.11.2005, S. 4.

lich die unterschiedlichen Zahlungssysteme zu harmonisieren. Der Bankensektor müsse die ihm zufallenden Arbeiten beschleunigen.[413]

10.500 Die nunmehr vorliegende Richtlinie dient daher nicht nur dazu, die rechtlichen Rahmenbedingungen und die nötige Investitionssicherheit für die Vollendung eines einheitlichen europäischen Zahlungsverkehrsraums zu schaffen,[414] sondern zielt nicht zuletzt auch darauf ab, den Druck auf die Banken zu erhöhen. Vor allem die in der Richtlinie enthaltene Verschärfung der maximalen Ausführungszeit von Zahlungen und die gleichzeitige Vereinfachung der Zulassung von Nichtbanken zur Ausführung von Zahlungsverkehrsdienstleistungen verfolgen die Zielsetzung, den Wettbewerb und den Kostendruck auf dem Zahlungsverkehrsmarkt zu erhöhen, um die Kreditwirtschaft zu einer zügigen Schaffung effizienter Infrastrukturen für die Ausführung europäischer Zahlungen zu drängen. *McCreevy* äußerte sich bei der Veröffentlichung des Richtlinienvorschlags durch die Kommission bspw. Dahin gehend, dass für den Fall, in dem die Banken nicht in der Lage sein sollten, die beschleunigte Zahlungsabwicklung sicherzustellen, dies andere Anbieter übernehmen würden.[415]

c) Wesentliche Inhalte der Richtlinie

10.501 Die Richtlinie der Europäischen Kommission enthält 96 Artikel,[416] die in sechs Titeln zusammengefasst sind.

- Titel I hat Gegenstand, Anwendungsbereich und Begriffsbestimmungen zum Inhalt.
- Titel II enthält einheitliche Vorgaben für Zahlungsdienstleister,[417] insbesondere Zulassungsvoraussetzungen für sog. Zahlungsinstitute.
- Titel III hat Vorgaben für transparente Bedingungen für Zahlungsdienste zum Gegenstand. Hierzu zählen insbesondere Informationspflichten der Zahlungsdienstleister gegenüber den Zahlungsdienstnutzern.[418]
- Titel IV enthält Rechte und Pflichten bei der Erbringung und Nutzung von Zahlungsdiensten.

---

413) „EU dringt auf schnellere Überweisungen" in Handelsblatt v. 2.12.2005, S. 27; "Der Zahlungsverkehr in der EU soll einfacher werden" in FAZ v. 2.12.2005, S. 18.

414) Begr. zum Richtlinienvorschlag, KOM (2005) 603, S. 2 f.

415) „Scharfe Kritik der Banken an EU-Vorstoß" in Börsen-Zeitung v. 2.12.2005, S. 5.

416) Nicht näher bestimmte Artikel sind solche der Richtlinie.

417) Nach Art. 4 Nr. 9 ein Unternehmen im Sinne von Art. 1 Abs. 1 sowie natürliche und juristische Personen, die gemäß Art. 26 freigestellt sind.

418) Nach Art. 4 Nr. 10 eine natürliche oder juristische Person, die einen Zahlungsdienst als Zahler oder Zahlungsempfänger oder in beiden Eigenschaften in Anspruch nimmt.

- Die Titel V und VI regeln schließlich das Verfahren bei notwendigen Änderungen der Richtlinie, die Einsetzung eines Zahlungsverkehrsausschusses sowie Schlussbestimmungen.

In einem Anhang zur Richtlinie werden Zahlungsdienste nach Art. 4 Nr. 3 näher definiert. Die wesentlichen Inhalte der Richtlinie sollen im Folgenden näher dargestellt werden:

aa) Gegenstand und Anwendungsbereich

(1) Gegenstand

Die Richtlinie unterscheidet die folgenden vier Kategorien von **Zahlungsdienstleistern:** 10.502

- **Kreditinstitute** i. S. d. Richtlinie 2006/48/EG (sog. Bankenrichtlinie),[419)]
- **E-Geldinstitute** i. S. d. Richtlinie 2000/46/EG (E-Geld-Richtlinie),[420)]
- **Postscheckämter**, die nach einzelstaatlichem Recht zur Erbringung von Zahlungsdiensten berechtigt sind und
- **Zahlungsinstitute**, d. h. juristische Personen, die nach Art. 10 eine Zulassung für die gemeinschaftsweite Erbringung und Ausführung von Zahlungsdiensten erhalten haben.

(2) Anwendungsbereich

Von der Richtlinie erfasst sind alle **Zahlungsdienste**, die im Anhang abschließend aufgezählt werden. Hierzu gehören insbesondere Überweisungen, Lastschriften, Debit- und Kreditkartenzahlungen, Bareinzahlungen und -abhebungen von einem Zahlungskonto[421)] sowie das Online-Banking. 10.503

Im Vergleich zu den von der Kommission noch in ihrem Richtlinienvorschlag vom 1. Dezember 2005 vorgesehenen Regelungen wurde der Anwendungsbereich der Richtlinie nunmehr auf Zahlungsdienstleistungen innerhalb der Europäischen Gemeinschaft in Euro oder in einer anderen Währung eines Mitgliedstaates eingeschränkt. Grundsätzlich gelten die Regelungen der Richtlinie also nur, wenn sowohl der Zahlungsdienstleister des Zahlers[422)] als auch der des 10.504

---

419) ABl. Nr. L 126 v. 26.5.2000, S. 1.

420) ABl. Nr. L 275 v. 27.10.2000, S. 39.

421) Nach Art. 4 Nr. 14 ein auf den Namen eines oder mehrerer Zahlungsdienstnutzer lautendes Konto, das für die Ausführung von Zahlungsvorgängen genutzt wird.

422) Nach Art. 4 Nr. 7 eine natürliche oder juristische Person, die Inhaber eines Zahlungskontos ist und die eine Zahlungsanweisung von diesem Zahlungskonto gestattet oder – falls kein Zahlungskonto vorhanden ist – eine natürliche oder juristische Person, die die Anweisung für einen Zahlungsvorgang erteilt.

Zahlungsempfängers[423] in der Europäischen Gemeinschaft ansässig sind (Art. 2). **Drittstaatensachverhalte**, wie bspw. Überweisungen in oder aus den USA, die nach dem Kommissionsvorschlag noch in den Anwendungsbereich fielen, sind nicht erfasst.

10.505 Die Richtlinie zielt in erster Linie auf elektronische Zahlungen ab, da diese als Grundlage eines effizienten, modernen Zahlungsverkehrssystems angesehen werden.[424] Aus diesem Grund werden insbesondere reine, d. h. kontounabhängige Bargeldtransfers, Scheckzahlungen sowie Wechsel, die naturgemäß nicht so zügig bearbeitet werden können wie elektronische Zahlungen, vom Anwendungsbereich der Richtlinie ausgenommen (Art. 3).

bb) Zahlungsinstitute

(1) Hintergrund der Regelungen

10.506 Mit den Regelungen in den Art. 5 ff. ist eine **Harmonisierung der Marktzugangsanforderungen** für Zahlungsinstitute (Nichtbanken) beabsichtigt, um für diese gleiche Ausgangsbedingungen am Markt zu schaffen und die nationalen Märkte stärker für den Wettbewerb zu öffnen. Gleichzeitig soll damit der Marktentwicklung der letzten Jahre Rechnung getragen und der Markteintritt einer neuen Generation von Anbietern ermöglicht werden. Mit der neuen Zulassung für Zahlungsinstitute soll überdies die Sonderempfehlung VI der OECD-Arbeitsgruppe FATF (**Financial Action Task Force on Money Laundering**) zur Bekämpfung der Terrorismusfinanzierung[425] einheitlich umgesetzt werden.[426]

(2) Voraussetzungen für die Zulassung

10.507 Zahlungsinstitute sind juristische Personen, die Zahlungsdienste erbringen (vgl. Art. 4 Nr. 4). Neben der Erbringung von Zahlungsdiensten i. S. d. im Anhang der Richtlinie aufgeführten gewerblichen Tätigkeiten, d. h. insbesondere Ausgabe von Zahlungskarten, Ausführung von Lastschriften und Überweisungen sowie Zahlungen mittels Debit- oder Kreditkarte, dürfen Zahlungsinstitute auch operationelle und verbundene Nebendienstleistungen, wie Devisengeschäfte erbringen und Zahlungssysteme betreiben (Art. 16 Abs. 1).

---

423) Nach Art. 4 Nr. 8 eine natürliche oder juristische Person, die den bei einem Zahlungsvorgang transferierten Geldbetrag als Empfänger erhalten soll.

424) Begr. zum Richtlinienvorschlag, KOM (2005) 603, S. 2.

425) Die FATF-Sonderempfehlung VI fordert dazu auf, alle natürlichen und juristischen Personen, die Gelder oder Wertgegenstände übermitteln, zu registrieren oder zuzulassen und ihnen die gleichen Anforderungen an die Prävention von Geldwäsche und Terrorismusfinanzierung aufzuerlegen wie Banken; Wortlaut unter http://www.fatf-gafi.org/document/9/0,2340,en_32250379_32236920_34032073_1_1_1_1,00.html (Aufruf am: 5.4.2010).

426) Begr. zum Richtlinienvorschlag, KOM (2005) 603, S. 8.

Zahlungskonten dürfen von Zahlungsinstituten nur geführt werden, wenn diese ausschließlich für Zahlungsvorgänge genutzt werden. Geldbeträge, die Zahlungsinstitute von Zahlungsdienstnutzern für die Erbringung von Zahlungsdiensten erhalten, gelten nicht als Einlage oder andere rückzahlbare Gelder i. S. d. Art. 5 der Richtlinie 2006/48/EG Bankenrichtlinie)[427] oder als elektronisches Geld i. S. d. Art. 1 Abs. 3 der Richtlinie 2000/46/EG (E-Geld-Richtlinie).[428] Zudem ist ausdrücklich geregelt, dass Zahlungsinstitute nicht befugt sind, elektronisches Geld auszugeben.[429] **10.508**

Nach Art. 16 Abs. 3 ist Zahlungsinstituten die **Kreditvergabe** im Zusammenhang mit den unter den Nummern 4[430], 5[431] oder 7[432] des Anhangs genannten Zahlungsdiensten nur erlaubt, wenn folgende Voraussetzungen kumulativ vorliegen: **10.509**

- die Kreditgewährung ist Nebentätigkeit und erfolgt ausschließlich im Zusammenhang mit der Ausführung eines Zahlungsvorgangs,
- die Rückzahlung erfolgt spätestens innerhalb von 12 Monaten,
- der Kredit wird nicht aus Kundengeldern refinanziert[433] und
- die Eigenmittel des Zahlungsinstituts stehen jederzeit in einem angemessenen Verhältnis zum Gesamtbetrag der gewährten Kredite.

Nach Art. 6 haben Zahlungsinstitute in Abhängigkeit von der erbrachten Dienstleistung über ein **Anfangskapital** zwischen 20.000 bis 125.000 Euro zu verfügen. So ist bspw. für das Betreiben des **Finanztransfergeschäfts**[434] ein **10.510**

---

427) ABl. Nr. L 126 v. 26.5.2000, S. 1.

428) ABl. Nr. L 275 v. 27.10.2000, S. 39.

429) Erwägungsgrund (9) der Richtlinie.

430) Ausführung von Lastschriften, einschließlich einmaliger Lastschriften; Ausführung von Zahlungsvorgängen mittels einer Zahlungskarte oder eines ähnlichen Instruments; Ausführung von Überweisungen einschließlich Daueraufträgen.

431) Ausgabe von Zahlungsinstrumenten und/oder Annahme und Abrechnung („acquiring") von Zahlungsinstrumenten.

432) Ausführung von Zahlungsvorgängen, bei denen die Zustimmung des Zahlers zu einem Zahlungsvorgang über ein Telekommunikations-, Digital- oder IT-Gerät übermittelt wird und die Zahlung an den Betreiber des Telekommunikations- oder IT-Systems oder – Netzes erfolgt, der ausschließlich als Zwischenstelle für den Zahlungsdienstnutzer fungiert.

433) Erwägungsgrund (13) der Richtlinie verweist insoweit auf die Finanzierungsmöglichkeit aus Eigenmitteln des Zahlungsinstituts bzw. aus anderen, an den Kapitalmärkten aufgenommenen Mitteln.

434) Nach Art. 4 Nr. 13 ein Zahlungsdienst, bei dem ohne Einrichtung eines Zahlungskontos auf den Namen des Zahlers oder des Zahlungsempfängers ein Geldbetrag von einem Zahler ausschließlich zur Überweisung eines entsprechenden Betrags an einen Zahlungsempfänger oder an einen anderen, im Namen des Zahlungsempfängers handelnden Zahlungsdienstleister, entgegengenommen wird und/oder bei dem der Geldbetrag im Namen des Zahlungsempfängers entgegengenommen und diesem verfügbar gemacht wird.

Anfangskapital i. H. v. 20.000 Euro vorzuhalten. Führt das Zahlungsinstitut hingegen Lastschriften, Überweisungen oder Kartentransaktionen aus, sind 125.000 Euro vorgegeben.

10.511 Neben einem Anfangskapital ist eine laufende Kapitalausstattung (**Arbeitskapital**) vorzuhalten, die in Abhängigkeit von den Transaktionsvolumina berechnet wird, Art. 7. Darüber hinaus sind Maßnahmen wie das Ring-fencing[435] oder Versicherungen/Garantien zum Schutz der Kundengelder vorgesehen, Art. 9.

10.512 Das Betreiben von Zahlungsdiensten ist nur dann erlaubt, wenn das Zahlungsinstitut zuvor eine **Zulassung** beantragt hat. Die Voraussetzungen der Zulassung sind in Art. 10 geregelt und umfassen u. a. Folgendes:

- Solide Unternehmenssteuerung;
- klare Organisationsstruktur;
- solide Verwaltungs- und Rechnungslegungsverfahren;
- Tätigkeitsprogramm des Zahlungsinstituts;
- Geschäftsplan mit Budgetplanung;
- Nachweis über das Anfangskapital;
- Qualifizierung der Geschäftsführung.

10.513 Ist die Zulassung von der zuständigen Behörde eines Mitgliedstaates erteilt, so gilt sie in allen Mitgliedstaaten der Gemeinschaft und gestattet dem betreffenden Zahlungsinstitut, auf der Grundlage der Dienstleistungs- oder der **Niederlassungsfreiheit** überall in der Gemeinschaft Zahlungsdienste zu erbringen, sofern die betreffenden Zahlungsdienste durch die Zulassung gedeckt sind (Art. 10 Abs. 9).

10.514 Um grundsätzlich alle Finanztransferdienstleister zu registrieren und diese nicht in die Schattenwirtschaft zu drängen,[436] können die Mitgliedstaaten nach Art. 26 Ausnahmeregelungen für die Zulassung von Zahlungsinstituten vorsehen. So wäre es bspw. denkbar, dass Zahlungsinstitute zugelassen werden, obwohl sie das grundsätzlich für den jeweiligen Zahlungsdienst vorgeschriebene Anfangskapital nicht aufbringen können. Voraussetzung hierfür ist jedoch, dass der Gesamtbetrag der Zahlungsvorgänge im Monatsdurchschnitt unter 3 Mio. Euro liegt und keine Verstöße gegen die Regelungen zur Geldwäsche-/Terrorismusbekämpfung vorliegen. Nach Art. 26 Abs. 3 ist die Geschäftstätigkeit dieser Zahlungsinstitute allerdings auf den Mitgliedstaat beschränkt, d. h. Art. 10 Abs. 9 und Art. 25, also die Dienstleistungs- und Niederlassungsfreiheit des Zahlungsinstituts, gilt dann nicht.

---

435) Trennung der Kundengelder von sonstigen Mitteln des Zahlungsinstituts.

436) S. hierzu Erwägungsgrund (15) der Richtlinie.

(3) Diskriminierungsverbot

Schließlich enthält Art. 28 ein Diskriminierungsverbot, nach dem Vorschriften über den Zugang zu Zahlungssystemen objektiv, nicht diskriminierend und verhältnismäßig sein müssen. Einschränkungen zur Absicherung bestimmter Risiken, wie bspw. Erfüllungsrisiko, operationelles Risiko und unternehmerisches Risiko sowie zum Schutz der finanziellen und operativen Stabilität des Zahlungssystems sind jedoch zulässig. Unzulässig sind hingegen Beschränkungen, die auf den Status des teilnehmenden Instituts abstellen. 10.515

Ein **Zahlungssystem** i. S. d. Richtlinie ist jedes System zum Transfer von Geldbeträgen mit formalen und standardisierten Regeln und einheitlichen Vorschriften für Verarbeitung, Clearing und/oder Abwicklung von Zahlungsvorgängen (Art. 4 Nr. 6). Die Definition ist damit wesentlich weiter gefasst als für den in § 676a Abs. 3 Satz 2 BGB a. F. verwendeten Begriff „Zahlungsverkehrssystem", für den die speziellen Voraussetzungen von Art. 2 der Zahlungssicherungsrichtlinie[437] vorliegen müssen.[438] 10.516

Mit der Antidiskriminierungsregelung in Art. 28 soll sichergestellt werden, dass es zwischen den neu zugelassenen Zahlungsinstituten und den Kreditinstituten bei ihrer Tätigkeit innerhalb von Zahlungsverkehrssystemen und ihrem Zugang zu diesen Systemen zu keinerlei Diskriminierung kommt.[439] Hintergrund dieser Regelung ist nicht zuletzt der Umstand, dass eine Vielzahl der nationalen Zahlungsverkehrssysteme innerhalb der Europäischen Union von den nationalen Kreditwirtschaften betrieben wird. Ohne eine solche Antidiskriminierungsregelung bestünde die Gefahr, dass die verfahrensbetreibenden Kreditinstitute die Zulassungsbedingungen für ihre Zahlungsverkehrsverfahren derart ausgestalten, dass die künftig am Markt konkurrierenden Zahlungsinstitute faktisch ausgeschlossen würden (z. B. Zulassung nur mit Vollbanklizenz (unmittelbare Diskriminierung), Zulassung nur bei Einhaltung einer bestimmten Eigenkapitalquote (mittelbare Diskriminierung). Der von der Kommission beabsichtigte Wettbewerb zwischen den unterschiedlichen Marktteilnehmern könnte in diesem Fall nicht vollständig gewährleistet werden.[440] 10.517

cc) Transparente Bedingungen und Informationspflichten für Zahlungsdienste

Unter dem Titel III, Art. 30 ff. der Richtlinie werden **Informationspflichten für Zahlungsdienste** definiert, die sowohl für Kreditinstitute als auch für Zah- 10.518

437) Richtlinie 98/26/EG v. 19.5.1998, ABl. Nr. L 166, S. 45.

438) Palandt-*Sprau*, BGB, 67. Aufl. 2008, § 676a Rz. 3; Schimansky/Bunte/Lwowski-*Schimansky*, Bankrechts-Hdb., § 49 Rz. 26 ff.

439) Erwägungsgrund (16) der Richtlinie. Allerdings sind für Zahlungsinstitute, die unter die Ausnahmeregelung des Art. 26 fallen, strengere Zugangsvoraussetzungen zulässig.

440) Erwägungsgrund (17) der Richtlinie.

lungsinstitute gelten, wobei zwischen Informationspflichten für Einzelzahlungen (also bspw. eine Überweisung mittels Bareinzahlung) und Zahlungen, die innerhalb eines Rahmenvertrages[441] (also bspw. eine Überweisung im Rahmen eines Girovertrages) abgewickelt werden, unterschieden wird. Die Zahlungsdienstnutzer sollen mit Hilfe dieser Richtlinienvorgaben in ganz Europa ein gleich hohes Maß an verständlichen Informationen über Zahlungsdienste erhalten und so die Konditionen der verschiedenen Anbieter in der EU vergleichen und ihre Wahl in voller Kenntnis der Sachlage treffen können.[442]

(1) Einzelzahlungen

10.519 Nach Art. 36 der Richtlinie ist vorgesehen, dass der Zahlungsdienstleister dem Zahlungsdienstnutzer in einer für diesen leicht zugänglichen Form die in Art. 37 näher definierten Informationen und Vertragsbedingungen zugänglich macht und dies, bevor der Zahlungsdienstnutzer durch einen Vertrag über die Ausführung einer Einzelzahlung oder durch ein Vertragsangebot gebunden ist. Mitzuteilen sind gemäß Art. 37 u. a. die folgenden Angaben:

- die vom Zahlungsdienstnutzer zu liefernden Informationen oder Kundenidentifikatoren,[443] die für die ordnungsgemäße Ausführung einer Zahlungsauftrag[444] erforderlich sind,
- die maximale Ausführungszeit für den Zahlungsdienst,
- alle Entgelte, die der Zahlungsdienstnutzer an den Zahlungsdienstleister zu entrichten hat sowie ggf. der dem Zahlungsvorgang[445] zugrunde gelegte Wechsel- oder Referenzkurs.

10.520 Nach Ausführung des Zahlungsvorgangs ist der Zahlungsempfänger durch seinen Zahlungsdienstleister über Folgendes zu informieren (Art. 38 der Richtlinie):

- eine Referenz, die dem Zahlungsempfänger die Identifizierung des betreffenden Zahlungsvorgangs und ggf. des Zahlers ermöglicht, sowie die mit dem Zahlungsvorgang übermittelten Angaben,
- den mit dem Zahlungsvorgang angewiesenen Betrag,

---

441) Nach Art. 4 Nr. 12 ein Zahlungsdienstvertrag, der die zukünftige Ausführung einzelner und aufeinander folgender Zahlungsvorgänge regelt und die Verpflichtung zur Einrichtung eines Zahlungskontos und die entsprechenden Bedingungen enthalten kann.

442) Erwägungsgrund (21) der Richtlinie.

443) Art. 4 Nr. 21.

444) Nach Art. 4 Nr. 16 jeder Auftrag, den ein Zahler oder Zahlungsempfänger seinem Zahlungsdienstleister zur Ausführung eines Zahlungsvorgangs erteilt.

445) Nach Art. 4 Nr. 5 die bzw. der vom Zahler oder Zahlungsempfänger angewiesene Einzahlung, Transfer oder Abhebung eines Geldbetrags, unabhängig davon, welche Verpflichtungen sonst zwischen dem Zahler und dem Zahlungsempfänger bestehen.

- die vom Zahlungsempfänger zu entrichtenden Entgelte, sowie ggf. deren Aufschlüsselung, ggf. den Wechselkurs und den Betrag, der vor der Währungsumrechnung Gegenstand des Zahlungsvorgangs war, sowie
- das Datum der Wertstellung der Gutschrift.

Für den Zahler legt die Richtlinie schließlich in Art. 39 Informationspflichten nach Eingang der Zahlungsanweisung fest. Der Zahler erhält von seinem Zahlungsdienstleister folgende Informationen: 10.521

- eine Referenz, die dem Zahler die Identifizierung des betreffenden Zahlungsvorgangs ermöglicht, sowie ggf. Angaben zum Zahlungsempfänger,
- den mit dem Zahlungsvorgang angewiesenen Betrag,
- die vom Zahler zu entrichtenden Entgelte, sowie ggf. deren Aufschlüsselung,
- ggf. den Wechselkurs und den Betrag, der nach der Währungsumrechnung Gegenstand des Zahlungsvorgangs ist, sowie
- das Datum des Eingangs der Zahlungsanweisung.

(2) Rahmenverträge

(a) Mitteilung der Vertragsbedingungen

Soweit zwischen dem Zahlungsdienstleister und dem Zahlungsdienstnutzer eine Vereinbarung getroffen wurde, die den Zahlungsdienstleister dazu verpflichtet, aufeinanderfolgende oder einzelne Zahlungsanweisungen des Zahlenden künftig auszuführen, sollen für die im Rahmen dieser Vereinbarung abgewickelten Einzelzahlungsvorgänge geringere Informationsanforderungen gelten. Voraussetzung ist jedoch, dass der Zahlungsdienstleister den Zahlungsdienstnutzer rechtzeitig, bevor dieser durch den Rahmenvertrag oder durch ein Vertragsangebot gebunden ist, auf Papier oder auf einem anderen dauerhaften Datenträger[446] die in Art. 42 näher definierten Informationen und Vertragsbedingungen mitteilt (Art. 41). Als klassischer Rahmenvertrag im Sinne dieses Kapitels wird der Girovertrag (§ 676f BGB a. F.) angesehen werden können.[447] Mitzuteilen sind **vor** Vertragsbindung u. a.: 10.522

- Name des Zahlungsdienstleisters, Anschrift, E-Mail-Adresse,
- zuständige Aufsichtsbehörde, öffentliches Register,

446) Ein dauerhafter Datenträger ist gemäß Art. 4 Nr. 25 jedes Medium, das es dem Zahlungsdienstnutzer ermöglicht, persönlich an ihn gerichtete Informationen so zu speichern, dass sie für einen den Zweck dieser Information angemessenen Zeitraum konsultiert und unverändert reproduziert werden können. Diese Vorgaben werden insbesondere durch Ausdrucke von Kontoauszugsdruckern, Disketten, CD-ROM, DVD und PC-Festplattenlaufwerke, auf denen elektronische Post gespeichert wird, erfüllt.

447) Palandt-*Sprau*, BGB, 67. Aufl. 2008, § 676f Rz. 1; *Casper* in: MünchKomm-BGB, 4. Aufl. 2005, § 676f Rz. 3; *Klamt/Koch*, NJW 1999, 2776.

- Beschreibung der wesentlichen Merkmale des Zahlungsdienstes,
- die vom Zahlungsdienstnutzer zu übermittelnden Informationen oder Kundenidentifikatoren,
- die Form und das Verfahren für die Übermittlung der Zustimmung zur Ausführung eines Zahlungsvorgangs bzw. den Widerruf dieser Zustimmung,
- Zeitpunkt, ab dem eine Zahlungsanweisung als eingegangen gilt, und ggf. der vom Zahlungsdienstleister festgelegte Stichzeitpunkt,
- maximale Ausführungsfrist,
- die Möglichkeit der Festlegung von Ausgabenobergrenzen für die Nutzung des Zahlungsinstruments,[448)]
- alle Entgelte, sowie ggf. deren Aufschlüsselung,
- ggf. die zugrunde gelegten Zinssätze und Wechselkurse,
- soweit vereinbart, die unmittelbare Anwendung von Änderungen des Referenzzinssatzes,[449)]
- ggf. Kommunikationsmittel,
- Angaben dazu, wie und wie oft die Informationen nach Maßgabe der Richtlinie zu übermitteln oder zugänglich zu machen sind,
- die Sprache oder Sprachen, in der bzw. in denen der Rahmenvertrag zu schließen ist,
- Hinweise auf die Rechte des Zahlungsdienstnutzers,
- Vorkehrungen zur sicheren Verwahrung eines Zahlungsinstruments und Nachkommen der Anzeigepflicht durch den Zahlungsdienstnutzer,
- Bedingungen zur Sperre,
- Angaben zur Haftung des Zahlers einschließlich Angabe der Haftungssumme,
- Fristen zur Anzeige von nicht-autorisierten oder fehlerhaften Zahlungsvorgängen, sowie Angaben zur Haftung des Zahlungsdienstleisters bei nicht-autorisierten Zahlungsvorgängen,
- Angaben zur Haftung des Zahlungsdienstleisters für die Ausführung von Zahlungsvorgängen,
- Bedingungen für Rückerstattungen,
- Angaben zur Vertragslaufzeit,
- Hinweis auf das Recht des Zahlungsdienstnutzers, den Rahmenvertrag zu kündigen,

---

448) Art. 4 Nr. 23.

449) S. Art. 4 Nr. 20.

- Vertragsklauseln über das für den Rahmenvertrag maßgebliche Recht und/oder den Gerichtsstand,
- Möglichkeiten zur außergerichtlichen Streitbeilegung.

Wurde der Rahmenvertrag auf Wunsch des Zahlungsdienstnutzers mittels eines Fernkommunikationsmittels[450)] geschlossen, das es dem Zahlungsdienstleister nicht erlaubt, der soeben genannten Form der Kommunikation nachzukommen, so hat der Zahlungsdienstleister seine Pflichten unverzüglich nach Abschluss des Rahmenvertrages zu erfüllen, Art. 41 Abs. 2. Seinen Verpflichtungen kann der Zahlungsdiensteanbieter auch nachkommen, indem er eine Kopie des Rahmenvertragsentwurfes zusammen mit den Informationen bereitstellt (Art. 41 Abs. 3). **10.523**

(b) Mitteilung von Änderungen

Änderungen der dem Zahlungsdienstnutzer mitgeteilten Vertragsbedingungen hat der Zahlungsdienstleister dem Zahlungsdienstnutzer spätestens zwei Monate vor dem Tag ihrer geplanten Anwendung vorzuschlagen (Art. 44 Abs. 1 Satz 1 i. V. m. Art. 41 Abs. 1). Zahlungsdienstleister und Zahlungsdienstnutzer können vereinbaren, dass die Zustimmung des Nutzers als erteilt gilt, wenn dieser dem Zahlungsdienstleister nicht bis zum Inkrafttreten der geänderten Bedingungen seine Ablehnung mitgeteilt hat (Art. 44 Abs. 1 Satz 2). **10.524**

(c) Informationen vor und nach Einzelzahlungen

Ist ein Rahmenvertrag i. S. d. Art. 40 ff. abgeschlossen worden, soll der Zahlungsdienstleister vor Ausführung einer Einzelzahlung lediglich auf Verlangen des Zahlungsdienstnutzers ergänzende Auskünfte über die maximale Ausführungszeit sowie über die an ihn zu zahlenden Entgelte erteilen (Art. 46). Nach Ausführung einer Einzelzahlung sind dem Zahler die in Art. 47 der Richtlinie aufgezählten Angaben wie: **10.525**

- eine Referenz des betreffenden Zahlungsvorgangs sowie ggf. Angaben zum Zahlungsempfänger,
- der Betrag der Zahlung,
- ggf. der zu entrichtende Gebührensatz sowie dessen Aufschlüsselung,
- ggf. der Wechselkurs,
- das Wertstellungsdatum[451)] der Belastung oder das Datum des Eingangs der Zahlungsanweisung zu übermitteln.

---

450) Definition s. Art. 4 Nr. 24.

451) Nach Art. 4 Nr. 17 der Bezugszeitpunkt, den ein Zahlungsdienstleister bei der Berechnung der Zinsen für den von einem Zahlungskonto abgebuchten oder einem Zahlungskonto gutgeschriebenen Betrag zugrunde legt.

10.526 Im Rahmenvertrag kann vereinbart werden, dass die soeben genannten Angaben mindestens einmal monatlich und nach einem vereinbarten Verfahren so übermittelt oder zugänglich gemacht werden, dass der Zahler die Informationen in unveränderter Form speichern und wiedergeben kann.

10.527 Informationspflichten bestehen nach Art. 48 auch gegenüber dem Zahlungsempfänger. Diesem hat sein Zahlungsdienstleister die folgenden Angaben nach Ausführung einer Einzelzahlung zu übermitteln:

- Referenz des Zahlungsvorgangs sowie die mit dem Zahlungsvorgang übermittelten Angaben,
- den Betrag der Zahlung,
- ggf. den zu entrichtenden Gebührensatz sowie dessen Aufschlüsselung,
- ggf. den Wechselkurs,
- das Wertstellungsdatum der Gutschrift.

10.528 Besteht ein Rahmenvertrag, so kann darin ebenfalls vereinbart sein, dass die soeben gemachten Angaben mindestens einmal monatlich und nach einem vereinbarten Verfahren übermittelt oder zugänglich gemacht werden, sodass der Zahlungsempfänger die Informationen speichern und in unveränderter Form wiedergeben kann.

(3) Autorisierung von Zahlungsvorgängen

10.529 Nach Art. 54 gilt jede unter die Richtlinie fallende Zahlung nur dann als autorisiert, wenn der Zahlungspflichtige der Zahlungsanweisung zugestimmt hat. Eine solche Zustimmung kann vor oder – bei Vorliegen einer entsprechenden Vereinbarung – auch nach der Ausführung des Zahlungsvorgangs erfolgen. Zahler und sein Zahlungsdienstleister können vereinbaren, in welcher Form die Zustimmung zur Ausführung eines oder mehrerer Zahlungsvorgänge zu erteilen ist. Fehlt eine Zustimmung, gilt der Zahlungsvorgang als nicht autorisiert und es kommen die in Art. 58 f. festgelegten Rechtsfolgen zur Haftung des Zahlungsdienstleisters zur Anwendung.

(4) Unwiderrufbarkeit einer Zahlungsanweisung

10.530 In Art. 66 ist eine frühe Unwiderruflichkeit von Zahlungsanweisungen sowohl für die Überweisung als auch für die Lastschrift festgelegt. Der Zahlungsdienstnutzer kann eine Zahlungsanweisung nach dem Eingang beim Zahlungsdienstleister des Zahlers grundsätzlich nicht mehr widerrufen. Wenn der Zahlungsvorgang von dem Zahlungsempfänger oder über diesen angewiesen wurde, darf der Zahler die Zahlungsanweisung nach Art. 66 Abs. 2 nicht mehr widerrufen, nachdem er die Zahlungsanweisung oder seine Zustimmung dazu an den Zahlungsempfänger übermittelt hat. Im Fall einer Lastschrift kann der Zahler die Zahlungsanweisung unbeschadet etwaiger Erstattungsansprüche spätestens bis zum Ende des dem vereinbarten Termin für die Belastung der Mittel vorausgehenden Geschäftstags widerrufen (Art. 66 Abs. 3).

(5) Beweisregeln bei strittigen Autorisierungen

Art. 59 der Richtlinie enthält Regelungen zur **Beweislastverteilung** im Falle strittiger Autorisierungen. Für den Fall, dass ein Zahlungsdienstnutzer abstreitet, einen abgeschlossenen Zahlungsvorgang autorisiert zu haben, oder geltend macht, dass der Zahlungsvorgang nicht ordnungsgemäß ausgeführt wurde, muss der Zahlungsdienstleister nachweisen, dass der Zahlungsvorgang authentifiziert[452] war, ordnungsgemäß aufgezeichnet und verbucht und nicht durch eine technische Panne oder einen anderen Mangel beeinträchtigt worden ist (Art. 59 Abs. 1). 10.531

Streitet der Zahlungsdienstnutzer ab, einen ausgeführten Zahlungsvorgang autorisiert zu haben, reicht die vom Zahlungsdienstleister aufgezeichnete Nutzung eines Zahlungsinstruments für sich gesehen nicht notwendigerweise aus, um nachzuweisen, dass der Zahler entweder den Zahlungsvorgang autorisiert oder aber in betrügerischer Absicht gehandelt oder eine oder mehrere seiner Pflichten nach Art. 56 vorsätzlich oder grob fahrlässig verletzt hat. 10.532

(6) Haftung des Zahlungsdienstnutzers

Ist eine unautorisierte Zahlung mit Hilfe der unberechtigten Nutzung eines Zahlungsinstruments[453] (z. B. Debitkarte mit PIN) ausgeführt worden, haftet der Zahlungsdienstnutzer (d. h. der Karteninhaber) nach Art. 61 Abs. 1 der Richtlinie mit **maximal 150 Euro** für den hierdurch entstandenen Schaden, soweit er vor Erfüllung der ihm obliegenden Pflicht zur Anzeige eines Verlusts, Diebstahls oder Missbrauchs des Zahlungsinstruments (Art. 56 Abs. 1b) entstanden ist. Diese Haftungsbegrenzung gilt nach Art. 61 Abs. 2 jedoch nur dann, wenn der Zahlungsdienstnutzer nicht in betrügerischer Absicht oder durch Vorsatz oder grobe Fahrlässigkeit den Schaden herbeigeführt hat. Nach Anzeige des Verlusts des Zahlungsinstruments beim Zahlungsdienstleister trägt der Zahler keinerlei finanzielle Folgen aus der Verwendung des verlorenen oder missbräuchlich eingesetzten Instruments, es sei denn, er hat in betrügerischer Absicht gehandelt (Art. 61 Abs. 4). 10.533

452) Authentifizierung ist nach Art. 4 Nr. 19 ein Verfahren, mit dessen Hilfe der Zahlungsdienstleister die Nutzung eines bestimmten Zahlungsinstruments, einschließlich seiner personalisierten Sicherheitsmerkmale, überprüfen kann.

453) Nach Art. 4 Nr. 23 jedes personalisierte Instrument und/oder jeder personalisierte Verfahrensablauf, das bzw. der zwischen dem Zahlungsdienstnutzer und dem Zahlungsdienstleister vereinbart wurde und das bzw. der vom Zahlungsdienstnutzer eingesetzt werden kann, um eine Zahlungsanweisung zu erteilen.

(7) Erstattungsrecht

10.534 Art. 62 räumt dem Zahler das Recht auf Rückerstattung eines von einem oder über einen Zahlungsempfänger angewiesenen, autorisierten und bereits durch seinen Zahlungsdienstleister ausgeführten Zahlungsvorgangs ein, wenn zum Zeitpunkt der Autorisierung der genaue Zahlungsbetrag nicht angegeben war und der Betrag des Zahlungsvorgangs den Betrag übersteigt, den der Zahler entsprechend seinem bisherigen Ausgabeverhalten, den Bedingungen seines Rahmenvertrages und den jeweiligen Umständen des Einzelfalls normalerweise hätte erwarten können.

10.535 Liegen die in Art. 62 genannten Bedingungen vor, soll der Zahlende nach Art. 63 innerhalb von acht Wochen ab dem Zeitpunkt, zu dem die betreffenden Geldbeträge belastet wurden, die Rückerstattung der Zahlung beantragen können.

(8) Zeitpunkt des Eingangs und Ausführungszeiten

10.536 Art. 64 regelt den Eingang von Zahlungsanweisungen und damit den Beginn der in Art. 69 festgelegten Ausführungsfristen. Als **Zeitpunkt des Eingangs** gilt der Zeitpunkt, zu dem die unmittelbar von dem Zahler oder mittelbar von einem oder über einen Zahlungsempfänger übermittelte Zahlungsanweisung beim Zahlungsdienstleister des Zahlers eingeht. Fällt der Zeitpunkt des Eingangs nicht auf einen Geschäftstag[454] des Zahlungsdienstleisters des Zahlers, so wird die Zahlungsanweisung so behandelt als sei sie am darauf folgenden Geschäftstag eingegangen. Der Zahlungsdienstleister kann **Cutoff-Zeiten** für Zahlungsanweisungen festlegen, die nach einem bestimmten Zeitpunkt am Ende eines Geschäftstages eingehen, sodass diese so behandelt werden, als seien sie am darauf folgenden Geschäftstag eingegangen.

10.537 Steht der Zeitpunkt des Eingangs fest, hat der Zahlungsdienstleister des Zahlers nach Art. 69 sicherzustellen, dass der angewiesene Betrag dem Konto des Zahlungsdienstleisters des Zahlungsempfängers spätestens am Ende des folgenden Geschäftstags gutgeschrieben wird. Bis zum 1. Januar 2012 können Zahler und sein Zahlungsdienstleister jedoch eine maximal dreitägige Frist vereinbaren. Für in Papierform angewiesene Zahlungsvorgänge kann diese Frist um einen weiteren Geschäftstag verlängert werden.

(9) Haftung des Zahlungsdienstleisters

10.538 Der Zahlungsdienstleister haftet nach Art. 75 für die nicht erfolgte oder fehlerhafte Ausführung eines Zahlungsvorgangs sowie für alle dem Zahlungsdienstnutzer für diesen Vorgang in Rechnung gestellten Entgelte und Zinsen.

454) Nach Art. 4 Nr. 27 jeder Tag, an dem der an der Ausführung eines Zahlungsvorgangs jeweils beteiligte Zahlungsdienstleister des Zahlers bzw. des Zahlungsempfängers den für die Ausführung von Zahlungsvorgängen erforderlichen Geschäftsbetrieb unterhält.

Dies gilt nicht, wenn er gegenüber dem Zahler nachweisen kann, dass der angewiesene Betrag beim Zahlungsdienstleister des Zahlungsempfängers eingegangen ist. Der Zahlungsdienstleister ist hierbei auch für ein Verschulden anderer Parteien in der Zahlungskette bis zum Zahlungskonto des Zahlungsempfängers in vollem Umfang verantwortlich.[455] In diesem Fall hat der zunächst haftende Zahlungsdienstleister jedoch die Möglichkeit, die verantwortlichen zwischengeschalteten Stellen in Regress zu nehmen (Art. 77). Die noch im Richtlinienvorschlag der Kommission[456] vorgesehene verschuldensunabhängige Haftung des Zahlungsdienstleisters des Zahlers findet sich in der verabschiedeten Richtlinie nicht mehr.

Die Haftung des Zahlungsdienstleisters findet jedoch – unabhängig von den einschlägigen Verjährungsfristen – eine zeitliche Beschränkung in Art. 58 der Richtlinie. Der Zahlungsdienstnutzer kann hiernach nur dann eine Korrektur des fehlerhaft ausgeführten Zahlungsvorgangs durch den Zahlungsdienstleister erwirken, wenn er unverzüglich nach dessen Feststellung und nicht später als 13 Monate nach dem Tag der Belastung seinen Zahlungsdienstleister hiervon unterrichtet, es sei denn, der Zahlungsdienstleister hat ggf. die Angaben zu dem betreffenden Zahlungsvorgang nicht nach Maßgabe des Titels III übermittelt oder zugänglich gemacht. Bei der in Art. 58 festgelegten Frist handelt es sich aus rechtsdogmatischer Sicht um eine **Ausschlussfrist**. Ausschlussfristen, die im Gegensatz zu Verjährungsfristen nicht nur ein Leistungsverweigerungsrecht begründen, sondern die Geltendmachung von Gestaltungsrechten oder Ansprüchen ausschließen, sind dem deutschen Recht nicht fremd (vgl. z. B. §§ 121 Abs. 2, 124 Abs. 1, 148, 532, 651g BGB).[457] **10.539**

(10) Vollständige Harmonisierung und Unabdingbarkeit der Richtlinie

Nach Art. 86 Abs. 1 dürfen die Mitgliedstaaten in den Bereichen, in denen diese Richtlinie harmonisierte Bestimmungen enthält, keine anderen als die hier festgelegten Bestimmungen beibehalten oder einführen (vollständige Harmonisierung). **10.540**

Darüber hinaus haben die Mitgliedstaaten dafür zu sorgen, dass die Zahlungsdienstleister nicht zum Nachteil der Zahlungsdienstnutzer von den Richtlinienvorgaben bzw. ihren Umsetzungsgesetzen abweichen. Ein Abweichen von den Richtlinienvorgaben zugunsten des Zahlungsdienstnutzers wird jedoch ausdrücklich zugelassen (Art. 86 Abs. 3 Satz 2). **10.541**

---

455) Erwägungsgrund (47).

456) KOM (2005) 603.

457) *Peters* in: MünchKomm-BGB, 4. Aufl. 2005, Vor §§ 194 ff. Rz. 13; Palandt-*Heinrichs*, BGB, 67. Aufl. 2008, Vor § 194 Rz. 13.

Kapitel 11 Wertpapiergeschäft

Übersicht

I. Gesetzlicher Ordnungsrahmen

1. Europarechtliche Grundlagen

11.1 Der Ordnungsrahmen des Wertpapiergeschäfts ist größtenteils durch europarechtliche Vorgaben bestimmt. Dies gilt primär für die Verhaltensregeln (Rules of Conduct) und Organisationspflichten (insbesondere Compliance) für die kapitalmarktbezogene Tätigkeit der Wertpapierdienstleistungsunternehmen. Die **Wertpapierdienstleistungsrichtlinie von 1993**[1] setzte ab 1994 die Rahmenbedingungen für das nationale Recht, umgesetzt im Wertpapierhandelsgesetz (WpHG). Mittlerweile bildet die **Richtlinie über Märkte für Finanzinstrumente** von 2004 (Marktes in Financial Instruments Directive, MiFID)[2] die europarechtliche Grundlage für das nationale Recht. Die MiFID hat das Regulierungssystem geschlossener ausgestaltet, den Detaillierungsgrad der Vorgaben erhöht, nationale Abweichungsmöglichkeiten der Mitgliedstaaten eingeschränkt und erkannte Schwachstellen insbesondere im Anlegerschutz, abgestellt. Zudem wurden neue Regelungen für den börslichen und außerbörslichen Handel aufgestellt.

Weitere wichtige europarechtliche Bausteine des gesetzlichen Ordnungsrahmens bilden: 11.2

- die **Marktmissbrauchsrichtlinie**[3] mit Regelungen zum Verbot der Kursmanipulation und des Insiderhandels verbunden mit weiterführenden Rechtsakten zu ihrer Durchführung;[4]
- die **Kapitaladäquanzrichtlinie** mit Eigenkapitalanforderungen im Wertpapiergeschäft;[5]

---

1) Richtlinie des Rates 93/22/EWG v. 10.5.1993 über Wertpapierdienstleistungen (Wertpapierdienstleistungsrichtlinie), ABl. Nr. L 141, S. 27.

2) Richtlinie 2004/39/EG des Europäischen Parlaments und des Rates v. 21.4.2004 über Märkte für Finanzinstrumente, zur Änderung der Richtlinien 85/611/EWG und 93/6/EWG des Rates und der Richtlinie 2000/12/EG des Europäischen Parlaments und des Rates und zur Aufhebung der Richtlinie 93/22/EWG des Rates, ABl. Nr. L 145 v. 30.4.2004, S. 1.

3) Richtlinie 2003/6/EG des Europäischen Parlaments und des Rates v. 28.1.2003 über Insider-Geschäfte und Marktmanipulation (Marktmissbrauch), ABl. Nr. L 096 v. 12.4.2003, S. 16.

4) Richtlinie 2003/124/EG der Kommission v. 22.12.2003 zur Durchführung der Marktmissbrauchs-Richtlinie betreffend die Begriffsbestimmung und die Veröffentlichung von Insider-Informationen und die Begriffsbestimmung der Marktmanipulation, ABl. Nr. L 339 v. 24.12.2003, S. 70; Richtlinie 2003/125/EG der Kommission v. 22.12.2003 zur Durchführung der Richtlinie 2003/6/EG des Europäischen Parlaments und des Rates in Bezug auf die sachgerechte Darbietung von Anlageempfehlungen und die Offenlegung von Interessenkonflikten, ABl. Nr. L 339, S. 73; Richtlinie 2004/72/EG der Kommission v. 29.4.2004 zur Durchführung der Richtlinie 2003/6/EG des Europäischen Parlaments und des Rates – Zulässige Marktpraktiken, Definition von Insider-Informationen in Bezug auf Warenderivate, Erstellung von Insider-Verzeichnissen, Meldung von Eigengeschäften und Meldung verdächtiger Transaktionen, ABl. Nr. L 162 v. 30.4.2004, S. 70; Verordnung (EG) Nr. 2273/2003 der Kommission v. 22.12.2003 zur Durchführung der Marktmissbrauchs-Richtlinie – Ausnahmeregelungen für Rückkaufprogramme und Kursstabilisierungsmaßnahmen, ABl. Nr. L 336 v. 23.12.2003, S. 33.

5) Richtlinie 2006/49/EG des Europäischen Parlaments und des Rates v. 14.6.2006 über die angemessene Eigenkapitalausstattung von Wertpapierfirmen und Kreditinstituten (Neufassung), ABl. Nr. L 177 v. 30.6.2006, S. 1.

- die **Anlegerentschädigungsrichtlinie**[6)] mit Mindestanforderungen zur Absicherung der Anleger bei Insolvenz der Wertpapierfirma;
- die **Übernahme-Richtlinie**[7)] mit Grundsätzen beim Erwerb der Kontrolle über börsennotierte Gesellschaften;
- die **Transparenzrichtlinie**[8)] nebst Durchführungsrichtlinie[9)] mit Vorgaben zur Publikation von Kapitalmarktinformationen;
- die **Investmentrichtlinie**[10)] nebst Durchführungsrichtlinie[11)] zur Ausgestaltung des Fondsgeschäfts.

11.3 Auch die Zulassung von Wertpapieren zum Börsenhandel sowie die Prospektpflicht bei der Börsenzulassung bzw. beim öffentlichen Angebot von Wertpapieren bauen auf EG-Recht auf, nämlich auf:

- der Prospektrichtlinie[12)] und
- der Prospektrichtlinien-Durchführungsverordnung.[13)]

---

6) Richtlinie 97/9/EG des Parlamentes und des Rates v. 3.3.1997 über Systeme für die Entschädigung der Anleger (Anlegerentschädigungsrichtlinie), ABl. Nr. L 84, S. 2.

7) Richtlinie 2004/25/EG des Europäischen Parlaments und des Rates v. 21.4.2004 betreffend Übernahmeangebote, ABl. Nr. L 142 v. 30.4.2004, S. 12.

8) Richtlinie 2004/109/EG des Europäischen Parlaments und des Rates v. 15.12.2004 zur Harmonisierung der Transparenzanforderungen in Bezug auf Informationen über Emittenten, deren Wertpapiere zum Handel auf einem geregelten Markt zugelassen sind, und zur Änderung der Richtlinie 2001/34/EG; ABl. Nr. L 390 v. 31.12.2004, S. 38.

9) Richtlinie 2007/14/EG der Kommission v. 8.3.2007 mit Durchführungsbestimmungen zu bestimmten Vorschriften der Richtlinie 2004/109/EG zur Harmonisierung der Transparenzanforderungen in Bezug auf Informationen über Emittenten, deren Wertpapiere zum Handel an einem geregelten Markt zugelassen sind, ABl. Nr. L 69 v. 9.3.2007, S. 27.

10) Richtlinie 85/611/EWG des Rates v. 20.12.1985 zur Koordinierung der Rechts- und Verwaltungsvorschriften betreffend bestimmte Organismen für gemeinsame Anlagen in Wertpapieren (OGAW), Richtlinie 85/611/EWG des Rates v. 20.12.1985 zur Koordinierung der Rechts- und Verwaltungsvorschriften betreffend bestimmte Organismen für gemeinsame Anlagen in Wertpapieren (OGAW); zuletzt geändert durch Art. 1 ÄndRL 2008/18/EG v. 11.3.2008, ABl. Nr. L 375, S. 3.

11) Richtlinie 2007/16/EG der Kommission v. 19.3.2007 zur Durchführung der Richtlinie 85/611/EWG des Rates zur Koordinierung der Rechts- und Verwaltungsvorschriften betreffend bestimmte Organismen für gemeinsame Anlagen in Wertpapieren (OGAW) im Hinblick auf die Erläuterung gewisser Definitionen, ABl. Nr. L 79 v. 20.3.2007, S. 11.

12) Richtlinie 2003/71/EG des Europäischen Parlaments und des Rates v. 4.11.2003 betreffend den Prospekt, der beim öffentlichen Angebot von Wertpapieren oder bei deren Zulassung zum Handel zu veröffentlichen ist, und zur Änderung der Richtlinie 2001/34/EG (Text von Bedeutung für den EWR), ABl. Nr. L 345 v. 31.12.2003, S. 64.

13) Verordnung (EG) Nr. 809/2004 der Kommission v. 29.4.2004 zur Umsetzung der Richtlinie 2003/71/EG des Europäischen Parlaments und des Rates betreffend die in Prospekten enthaltenen Informationen sowie das Format, die Aufnahme von Informationen mittels Verweis und die Veröffentlichung solcher Prospekte und die Verbreitung von Werbung (ABl. Nr. L 149 v. 30.4.2004), ABl. Nr. L 215 v. 16.6.2004, S. 3.

Die genannten EG-Rechtsakte können größtenteils als die zweite Generation der gemeinschaftsrechtlichen Grundlagen bezeichnet werden. Fast alle gehen auf den **Aktionsplan für Finanzdienstleistungen**[14] der EU-Kommission von 1999 zurück, der die Verbesserungen der ersten Richtlinien-Generation forderte. Die meisten EG-Rechtsakte bedürfen allerdings nach wie vor eines Umsetzungsgesetzes, um in Deutschland Bestandteil des nationalen Rechts zu werden. Mittlerweile hat sich das WpHG über eine Vielzahl von Umsetzungsgesetzen als das zentrale Regelwerk für die Vorschriften des Wertpapiergeschäfts in Deutschland entwickelt. Das **Finanzmarkt-Richtlinie-Umsetzungsgesetz**[15], welches die MiFID in deutsches Recht transformiert hat, trug hierzu maßgeblich bei. Das BörsG, das die organisationsrechtlichen Vorgaben für die Börsen enthält, hat hingegen mit den zunehmenden Stellenwert des WpHG etwas von seiner früheren Bedeutung eingebüßt.[16] Die Zulassung von und die Solvenzaufsicht über Wertpapierdienstleistungsunternehmen regelt das Kreditwesengesetz (KWG) (dazu oben Rz. 2.4 ff.). Die marktbezogene Unternehmensaufsicht ist hingegen Gegenstand des Wertpapierhandelsgesetzes (WpHG). Das Wertpapierprospektgesetz (WpPG) enthält die Vorgaben der Prospektrichtlinie, das Investmentgesetz (InvG) die der Investmentrichtlinie. 11.4

Zunehmend setzt die EG jedoch auch Gemeinschaftsrecht ein, das unmittelbar in den Mitgliedstaaten zur Anwendung kommt. Dies erfolgt nicht zuletzt auch aufgrund des 2002 eingeführten Verfahrens zur Beschleunigung des europäischen Gesetzgebungsprozesses, dem sog. **Lamfalussy-Verfahren.**[17] Das Verfahren beruht auf **vier Stufen**. In der ersten Stufe nehmen die EG-Organe unter Federführung der EU-Kommission die Rahmenrechtsetzung vor. Detaillierte Durchführungsbestimmungen werden von der EU-Kommission mit Unterstützung von Fachausschüssen ausgearbeitet (2. Stufe). Diese Ausschüsse setzen sich aus Vertretern der Finanzministerien der EU-Mitgliedstaaten unter Federführung der Kommission zusammen. Sie stimmen über die von der Kommission vorgelegten Durchführungsbestimmungen ab. Die Kommission kann diese als unmittelbar in den Mitgliedstaaten geltende Verordnungen erlassen, wenn sich in den zuständigen Fachausschüssen eine qualifizierte Mehrheit findet. Bei der Ausarbeitung der Durchführungsbestimmungen wird die Kommission wiederum von Expertenausschüssen auf der 3. Stufe des Lamfalussy-Verfahrens beraten. Hierzu zählen der Ausschuss der europäischen Bankaufsichtsbehörden (CEBS) und der Ausschuss 11.5

---

14) http://ec.europa.eu/internal_market/finances/actionplan/index_de.htm.

15) Gesetz zur Umsetzung der Richtlinie über Märkte für Finanzinstrumente (RiLi 2004/39/EG, MiFID) und der Durchführungsrichtlinie (RiLi 2006/73/EG) der Kommission (Finanzmarkt-Richtlinie-Umsetzungsgesetz) v. 16.7.2007, BGBl. I 2007, 1330.

16) Näher *Schwark* in: FS von Rosen, S. 493, 496 f.

17) Benannt nach dem Vorsitzenden des für die Entwicklung des Verfahrens zuständigen Vorsitzenden *Alexandre Lamfalussy*. Ausführlich zum Verfahren z. B. *Sanio* in: FS von Rosen, S. 511 f.; ferner *Hupka*, WM 2009, 1351 ff.

der europäischen Wertpapierregulierungsbehörden (CESR). Die Expertenausschüsse beschäftigen sich auch mit dem aufsichtlichen Informationsaustausch, der konsistenten Umsetzung der europäischen Richtlinien und der Angleichung der Aufsichtspraxis im europäischen Markt für Finanzdienstleistungen. Auf der 4. Stufe achtet die EU-Kommission schließlich in enger Zusammenarbeit mit den Mitgliedstaaten und Experten der Privatwirtschaft auf eine einheitliche Anwendung des Gemeinschaftsrechts.

11.6 Hintergrund der Regulierungsdichte ist die gestiegene **Kapitalmarktorientierung des europäischen Finanzsystems.** Der Stellenwert des Einlagengeschäfts und des Kreditgeschäfts der Banken hat sich in den letzten Jahrzehnten verringert. Die Unternehmen nutzen verstärkt die Möglichkeiten der Kapitalmarktfinanzierung. Dies hat umgekehrt zu einer Bedeutungszunahme des **Investmentbankings**, zu dem das Geschäft mit Wertpapieren gehört, geführt.[18)]

2. Wertpapierhandelsgesetz (WpHG)

a) Anwendungsbereich und Begrifflichkeiten

11.7 Das WpHG[19)] ist nach seinem § 1 Abs. 1 auf die Erbringung von Wertpapierdienstleistungen und Wertpapiernebendienstleistungen, den börslichen und außerbörslichen Handel mit Finanzinstrumenten, den Abschluss von Finanztermingeschäften, auf Finanzanalysen sowie auf Veränderungen der Stimmrechtsanteile von Aktionären an börsennotierten Gesellschaften anzuwenden. Die Aufzählung in § 1 Abs. 1 WpHG bildet den **Anwendungsbereich** des Gesetzes allerdings nicht mehr vollständig ab. In zahlreichen Änderungen ist das Gesetz seit 1994 von ursprünglich sieben Abschnitten auf 14 Abschnitte mit verschiedensten Regelungen für Anleger und Emittenten sowie die dazwischenstehenden Intermediäre angewachsen. Es zeichnet sich eine Entwicklung des WpHG zu einem umfassenden Kapitalmarktgesetzbuch ab.

Im ersten Abschnitt des WpHG sind neben dem Überblick über den Anwendungsbereich des Gesetzes auch die wichtigsten Begriffe des Gesetzes definiert, auf die in den weiteren Abschnitten wiederholt Bezug genommen wird.

11.8 Die **Wertpapierdienstleistungen** sind in § 2 Abs. 3 WpHG legal definiert. Der Begriffsbestimmung unterfallen das Finanzkommissionsgeschäft, der Eigenhandel auf fremde und auf eigene Rechnung, die Abschlussvermittlung, die Anlagevermittlung, das Emissionsgeschäft, das Platzierungsgeschäft, die Finanzportfolioverwaltung, der Betrieb eines multilateralen Handelssystems und die Anlageberatung. Die Definitionen der Wertpapierdienstleistungen finden sich

---

18) S. hierzu z. B. *Pfundt/v. Rosen*, Kapitalmarkt im Wandel, S. 21 ff.

19) Wertpapierhandelsgesetz in der Fassung der Bekanntmachung v. 9.9.1998, BGBl. I S. 2708, zuletzt geändert durch Gesetz v. 31.7.2009, BGBl. I, 2512.

auch in § 1 KWG unter den Begriffen Bankgeschäft bzw. Finanzdienstleistungen wieder (siehe dazu Rz. 2.29 und 2.41).

Wertpapiernebendienstleistungen sind nach der gesetzlichen Definition des § 2 Abs. 3a WpHG insbesondere das Depotgeschäft, kreditfinanziertes Wertpapiergeschäft, sofern das Unternehmen, das den Kredit oder das Darlehen gewährt, an diesen Geschäften beteiligt ist, die Beratung zur Unternehmensfinanzierung und bei Fusionen und Übernahmen, Devisengeschäfte, die in Zusammenhang mit Wertpapierdienstleistungen stehen und die Finanzanalyse. 11.9

Die Wertpapierdienstleistungen und -nebendienstleistungen beziehen sich dabei regelmäßig nicht nur auf Wertpapiere, sondern auch auf Geldmarktinstrumente, Derivate und Rechte auf Zeichnung von Wertpapieren. Das WpHG fasst in § 2 Abs. 2b diese Kategorien unter dem Oberbegriff **Finanzinstrumente** zusammen. 11.10

Wertpapiere i. S. d. § 2 Abs. 1 WpHG sind alle Gattungen von übertragbaren Wertpapieren, die ihrer Art nach auf den Finanzmärkten handelbar sind. Das WpHG zählt sodann Beispiele auf, wie Aktien, andere Anteile an Unternehmen, soweit sie mit Aktien vergleichbar sind, aktienvertretende Zertifikate sowie eine Vielzahl von Schuldtiteln. Das Gesetz nennt Genussscheine und Schuldverschreibungen sowie Zertifikate, die Schuldtitel vertreten. Sodann werden sonstige Wertpapiere, die zum Erwerb oder zur Veräußerung von Aktien oder einer Barzahlung führen, die in Abhängigkeit von Wertpapieren, von Währungen, Zinssätzen oder anderen Erträgen, von Waren, Indices oder Messgrößen bestimmt wird, als Schuldtitel definiert. Damit sind letztlich die Optionsscheine gemeint, die bereits rechtstechnisch Schuldverschreibungen sind.[20] Schuldtitel, denen die Fungibilität der Wertpapiere fehlt, fallen grundsätzlich nicht unter den Wertpapierbegriff des WpHG. Diese fehlt z. B. bei Namensschuldverschreibungen wie Sparbriefen, die durch Abtretung gemäß §§ 398, 413 BGB übertragen werden.[21] Ausdrücklich ausgenommen vom Wertpapierbegriff sind Zahlungsinstrumente, wozu liquide Mittel wie Bargeld und Schecks gehören. Als Wertpapiere benennt das WpHG schließlich auch Anteile an Investmentvermögen, die von einer Kapitalanlagegesellschaft oder einer ausländischen Investmentgesellschaft ausgegeben werden (vgl. unten Rz. 11.81). Auf eine Verbriefung kommt es für den Wertpapierbegriff des WpHG übrigens nicht an. An einer Verbriefung fehlt es z. B. bei den Anleiheemissionen des Bundes und der Länder, die lediglich in den öffentlichen Schuldbüchern eingetragen sind.[22] 11.11

---

20) Assmann/Schneider-*Assmann*, WpHG, § 2 Rz. 31 f.

21) Vgl. Reg.-Begr. BT-Drucks. 16/4028, S. 54; differenzierend mit guten Gründen Assmann/Schneider-*Assmann*, WpHG, § 2 Rz. 28.

22) *Kümpel/Veil*, WpHG, § 2 Rz. 17; ferner unten Rz. 11.363.

11.12 **Geldmarktinstrumente** gemäß § 2 Abs. 1a WpHG sind alle Gattungen von Forderungen, die nicht unter § 2 Abs. 1 WpHG fallen und die üblicherweise auf dem Geldmarkt gehandelt werden, mit Ausnahme von Zahlungsinstrumenten. Sie unterscheiden sich von Wertpapieren durch die kurze Laufzeit der an Geldmärkten gehandelten Werte. Diese Instrumente sind ebenfalls durch ihre Fungibilität gekennzeichnet. Termingelder und Sparbriefe mit kurzer Laufzeit unterfallen damit nicht der Definition.[23)] Typische Geldmarktinstrumente, die nicht schon wie Schatzanweisungen, Einlagenzertifikate und Commercial Papers unter § 2 Abs. 1 WpHG fallen, sind Schatzwechsel sowie kurzfristige Schuldscheindarlehen.[24)]

11.13 **Derivate** werden nach § 2 Abs. 2 WpHG in fünf verschiedene Kategorien unterteilt. Bei allen handelt es sich um Termingeschäfte, deren Preis von einem Basispreis bzw. Basismaß abhängt. Termingeschäfte können als Fest- oder Optionsgeschäfte ausgestaltet sein.

- In Nummer 1 sind Finanzinstrumente, Devisen und Rechnungseinheiten, Zinssätze oder andere Erträge sowie Finanzindices oder Finanzmessgrößen als Basiswerte festgelegt.
- Nummer 2 legt als Basiswerte Waren, Frachtsätze, Emissionsberechtigungen, Klima- oder andere physikalische Variablen, Inflationsraten oder andere volkswirtschaftliche Variablen oder sonstige Vermögenswerte, Indices oder Messwerte fest. Hinzukommen muss hier regelmäßig, dass das Termingeschäft durch Barausgleich erfüllbar sein muss oder auf einem organisierten Markt oder in einem multilateralen Handelssystem geschlossen worden ist.
- Nummer 3 nennt finanzielle Differenzgeschäfte, auch Contracts for Difference (CFD)[25)] genannt. Hier bildet die Differenz quasi selbst den Basiswert.
- Nummer 4 definiert Kreditderivate als Kauf, Tausch oder anderweitig ausgestaltete Festgeschäfte oder Optionsgeschäfte, die zeitlich verzögert zu erfüllen sind und dem Transfer von Kreditrisiken dienen.
- Nummer 5 nimmt Bezug auf Basiswerte, die in Art. 39 EG-Verordnung Nr. 1287/2006[26)] definiert sind, sofern sie die Bedingungen der Nr. 2 erfüllen. Hinzukommen müssen hier auch die Zusatzbedingungen von Nr. 2.

---

23) Assmann/Schneider-*Assmann*, WpHG, § 2 Rz. 37; vgl. auch Regierungsbegründung 6. KWG-Novelle, BT-Drucks. 13/7142, S. 100, abgedr. in: ZBB 1997, 190, 192.

24) Fuchs-*Fuchs*, WpHG, § 2 Rz. 37 m. w. N.

25) Fuchs-*Jung*, WpHG, Vor §§ 37e und 37g Rz. 67.

26) Verordnung (EG) Nr. 1287/2006 der Kommission v. 10.8.2006 zur Durchführung der Richtlinie 2004/39/EG des Europäischen Parlaments und des Rates betreffend die Aufzeichnungspflichten für Wertpapierfirmen, die Meldung von Geschäften, die Markttransparenz, die Zulassung von Finanzinstrumenten zum Handel und bestimmte Begriffe im Sinne dieser Richtlinie. ABl. Nr. L 241 v. 2.9.2006, S. 1.

Ob Derivate verbrieft oder nicht verbrieft sind, ist für die Definition im WpHG unerheblich.[27)]

Geschäfte in Optionsscheinen, die als Derivate unter den Wertpapierbegriff fallen, und Derivate i. S. d. § 2 Abs. 2 WpHG werden in § 37e WpHG als **Finanztermingeschäfte** bezeichnet. Gegen Ansprüche aus Finanztermingeschäften – so § 37e WpHG –, bei denen mindestens ein Vertragsteil ein Unternehmen ist, das gewerbsmäßig oder in einem Umfang, der einen in kaufmännischer Weise eingerichteten Geschäftsbetrieb erfordert, Finanztermingeschäfte abschließt oder deren Abschluss vermittelt oder die Anschaffung, Veräußerung oder Vermittlung von Finanztermingeschäften betreibt, kann der Einwand des § 762 BGB – wonach durch Spiel oder Wette eine Verbindlichkeit nicht begründet wird – nicht erhoben werden.[28)] 11.14

Mit **Rechte zur Zeichnung von Wertpapieren**, der vierten Kategorie des Oberbegriffs Finanzinstrumente, sind gesetzliche, mitgliedschaftliche Bezugsrechte wie die Bezugsrechte des Aktionärs auf neue Aktien (§ 186 AktG), Wandelschuldverschreibungen, Gewinnschuldverschreibungen und Genussrechte (§ 221 Abs. 4 AktG) gemeint. Auch vertraglich eingeräumte Zeichnungsrechte sind Zeichnungsrechte i. S. d. Vorschrift. Unerheblich dabei ist, ob die zu beziehenden Wertpapiere bereits bestehen oder mit Abschluss des Zeichnungsvertrags erst entstehen.[29)] 11.15

Kreditinstitute und Finanzdienstleistungsinstitute sowie diesen nach § 53 Abs. 1 KWG gleichgestellte Zweigstellen ausländischer Unternehmen sind gemäß § 2 Abs. 4 WpHG **Wertpapierdienstleistungsunternehmen,** wenn sie Wertpapierdienstleistungen allein oder zusammen mit Wertpapiernebendienstleistungen erbringen. Die Erbringung der Dienstleistungen muss dabei gewerbsmäßig erfolgen bzw. in einem Umfang, der einen kaufmännisch eingerichteten Geschäftsbetrieb erfordert. § 2a WpHG nimmt als Ausnahmevorschrift gewisse Unternehmungen wieder aus dem Begriff der Wertpapierdienstleistungsunternehmen heraus, darunter z. B. die öffentliche Schuldenverwaltung, Versicherungen, freie Berufe und Börsenträger. Der Begriff des Wertpapierdienstleistungsunternehmens ist vor allem maßgeblich für die Bestimmung der Normadressaten für die Verhaltenspflichten des 6. Abschnitts des WpHG (vgl. hierzu Rz. 11.147 ff.). 11.16

Eine Vielzahl von Pflichten aus dem WpHG knüpft schließlich daran an, dass es sich um Finanzinstrumente handelt, die an einem **organisierten Markt** zum Handel zugelassen sind. Dieser Markt ist nach § 2 Abs. 5 WpHG ein multilaterales System, das die Interessen einer Vielzahl von Personen am Kauf und Ver- 11.17

---

27) Assmann/Schneider-*Assmann*, WpHG, § 2 Rz. 45.

28) Zum Erfordernis der Regelung vgl. Regierungsbegründung, BT-Drucks. 14/8017, S. 96.

29) Näher zur Auslegung des Begriffs Fuchs-*Fuchs*, WpHG, § 2 Rz. 69.

kauf von dort zum Handel zugelassenen Finanzinstrumenten innerhalb des Systems und nach festgelegten Bestimmungen in einer Weise zusammenbringt oder das Zusammenbringen fördert, die zu einem Vertrag über den Kauf dieser Finanzinstrumente führt. Bei dem System muss es sich um ein in einem Mitgliedstaat der EU oder einem EWR-Vertragsstaat betriebenes oder verwaltetes sowie durch staatliche Stellen genehmigtes, geregeltes und überwachtes System handeln. In Deutschland sind die Wertpapierbörsen nach § 3 Abs. 2 BörsG organisierte Märkte. Die Freiverkehre der Trägergesellschaften der Wertpapierbörsen gemäß § 48 BörsG werden nicht als organisierte Märkte angesehen, weil es sich wegen der Regelung durch Geschäftsbedingungen um privatrechtliche Veranstaltungen handelt. Die Freiverkehre stellen allerdings den Betrieb eines **multilateralen Handelssystems** dar, mithin eine Wertpapierdienstleistung. Der Gesetzgeber hat allerdings zu verstehen gegeben, dass die Freiverkehre an den Börsen nicht dem WpHG unterfallen. Das BörsG ist hier das speziellere Gesetz.[30]

11.18 Nach § 2 Abs 3 Nr. 8 WpHG ist der Betrieb eines multilateralen Systems, das die Interessen einer Vielzahl von Personen am Kauf und Verkauf von Finanzinstrumenten innerhalb des Systems und nach festgelegten Bestimmungen in einer Weise zusammenbringt, die zu einem Vertrag über den Kauf dieser Finanzinstrumente führt (**Betrieb eines multilateralen Handelssystems**), eine Wertpapierdienstleistung, die durch Wertpapierdienstleistungsunternehmen erbracht werden darf. Der wesentliche Unterschied zwischen der Definition eines multilateralen Handelssystems und einer Börse ist, dass letztere als teilrechtsfähige Anstalt öffentlichen Rechts organisiert ist. Bislang betreiben deutsche Wertpapierdienstleistungsunternehmen kaum solche Systeme. In einer gemeinsam von den EU-Wertpapieraufsichtsbehörden geführten Liste sind – neben den Freiverkehren an den Börsen – derzeit lediglich vier durch die BaFin beaufsichtigte Unternehmen als *multilateral trading facilities* (**MTF**) aufgeführt.[31] Spezielle Vorschriften über multilaterale Handelssysteme finden sich insbesondere in §§ 31f und 31g WpHG.

11.19 Neben den Begriffen „organisierter Markt" und „multilaterales Handelssystem" kennt das WpHG gemäß § 2 Abs. 10 WpHG als dritte Form für einen strukturierten Handel in Finanzinstrumenten den **systematischen Internalisierer.** Systematischer Internalisierer ist ein Unternehmen, das nach Maßgabe des Art. 21 EG-Verordnung Nr. 1287/2006 häufig regelmäßig und auf organisierte und systematische Weise auf eigene Rechnung (**Eigenhandel**) außerhalb organisierter Märkte und multilateraler Handelssysteme betreibt. Die Kriterien nach Art. 21 sind dabei, dass

30) Vgl. Stellungnahme des Bundesrats BT-Drucks. 16/4028, S. 166; anders noch die Bundesregierung, BT-Drucks. 16/4028, S. 105 f.

31) Vgl. http://mifiddatabase.cesr.eu/ (Stand: Ende 2009).

- die Tätigkeit im Geschäftsmodell des Unternehmens eine wesentliche kommerzielle Rolle spielt und nach nichtdiskretionärer Regeln und Verfahren ausgeübt wird,
- diese Tätigkeit von Personal bzw. mittels eines automatisierten technischen Systems ausgeführt wird, das zu diesem Zweck vorgesehen ist, und zwar unabhängig davon, ob sich das Personal ausschließlich diesem Zweck widmet bzw. das System ausschließlich darauf abgestimmt ist, und
- die Tätigkeit den Kunden auf regelmäßiger oder kontinuierlicher Basis zur Verfügung steht.

Rechtsfolgen für die systematische Internalisierung sind in den §§ 32a–d WpHG geregelt (Rz. 11.215 ff.). Systematisch internalisierter Handel wird wie das ohne spezielle Methode und nur im untergeordneten Umfang durchgeführte Festpreisgeschäft mitunter als bilateral bezeichnet.[32] Das greift allerdings etwas kurz. Auch bei der systematischen Internalisierung ist der Handel letztlich multilateral, nur ist die Handelsteilnahme hier nicht auf institutionelle Handelsteilnehmer begrenzt. 11.20

Auch die Frage, ob es sich um einen **Emittenten mit Herkunftsstaat Bundesrepublik Deutschland** (§ 2 Abs. 6 WpHG) oder einen **Inlandsemittenten** (§ 2 Abs. 7 WpHG) handelt, ist für die Anwendbarkeit verschiedener Vorschriften des WpHG von Bedeutung. Der Gesetzgeber hat daher auch diese Definitionen als zentrale Begriffe in § 2 WpHG vorangestellt.[33] 11.21

Im Gegensatz zu Emittenten und Wertpapierdienstleistungsunternehmen hält § 2 WpHG keine Definitionskategorien für Anleger-/Investorentypen bereit. Erst im Kundenverhältnis zwischen Wertpapierdienstleistungsunternehmen und Anleger unterscheidet das Gesetz in § 31a WpHG zwischen Privatkunden, professionellen Kunden sowie geeigneten Gegenparteien mit der Folge unterschiedlicher Pflichtenkataloge. Im Verhältnis Anleger und Emittent gibt es im WpHG grundsätzlich keine solche Abstufung.[34] 11.22

b) Staatliche Aufsicht nach dem WpHG

Im zweiten Abschnitt des WpHG werden grundlegende **Aufgaben und Befugnisse der BaFin** zusammengefasst geregelt. In § 4 Abs. 1 Satz 1 heißt es, dass die BaFin die Aufsicht nach den Vorschriften des WpHG ausübt. Zunächst weist das Gesetz der Behörde eine allgemeine **Missstandsaufsicht** zu. 11.23

32) Vgl. hierzu Ellenberger/Schäfer/Clouth/Lang-*Seiffert/Vollmuth*, Praktikerhandbuch, S. 569.

33) Graphische Übersichten zu den Verschachtelungen der § 2 Abs. 6 und 7 WpHG bei Assmann/Schneider-*Assmann*, WpHG, § 2 Rz. 166 und 175 sowie im Emittentenleitfaden der BaFin, S. 50 f.

34) Anders § 2 Nr. 6 WpPG (qualifizierter Anleger) und § 2 Abs. 11 Satz 2 InvG (institutionelle Anleger).

Konkret sind die Gebote und Verbote des Gesetzes zu überwachen. Ein mehr als nur unerheblicher Verstoß gegen zwingende Vorschriften des WpHG stellt i. d. R. einen Missstand dar.[35] Gleiches gilt auch für Verstöße gegen Verordnungen und Allgemeinverfügungen, die auf dem WpHG basieren. Mit der Aufsicht muss Zuständen entgegengewirkt werden, die die ordnungsgemäße Durchführung des Handels mit Finanzinstrumenten oder von Wertpapierdienst und -nebendienstleistungen beinträchtigen oder erhebliche Nachteile für den Finanzmarkt bewirken können.

Im Rahmen der Aufsicht kann die BaFin im Wege von Verwaltungsakten **Anordnungen** treffen. Hier nennt das Gesetz die Untersagung des Handels in einzelnen Finanzinstrumenten ausdrücklich. Die BaFin kann Auskünfte verlangen und Geschäftsräume betreten. Im Vorfeld dieser förmlichen Maßnahmen sind auch mildere Mittel, wie informelle Ermahnungen oder Missbilligungen der Marktteilnehmer, möglich. Die Maßnahmen der BaFin unterliegen der verwaltungsrechtlichen Kontrolle.

Die Aufsicht der BaFin über die Normen des WpHG tritt zu ihrer Aufsicht über die Einhaltung des KWG (siehe hierzu Rz. 2.69 ff.) hinzu. Auch wenn im FinDAG[36] der Begriff der **Allfinanzaufsicht** für die Ausrichtung der BaFin herangezogen wird, besteht nach wie vor eine **dreistufige Aufsichtsstruktur** im Bereich des Wertpapiergeschäfts. Es kommen die **Börsenaufsichtsbehörden der Länder** (§ 3 Abs. 1 BörsG), die die Aufsicht über Börsen nach dem BörsG ausübt, und als drittes Aufsichtsorgan die **Handelsüberwachungsstellen** an den jeweiligen Wertpapierbörsen (§ 7 BörsG) hinzu. Das dreistufige Aufsichtssystem wird immer wieder als kompliziert sowie verwaltungsintensiv kritisiert und ist – i. S. d. Zusammenlegung – Gegenstand politischer Diskussionen.[37] Im Ergebnis stellt es jedoch einen am bundesstaatlichen Aufbau orientierten, arbeitsteiligen Ansatz für die Aufsichtstätigkeit dar, bei dem auf der einen Seite durch die BaFin ein einheitlicher, genereller Standard gewährleistet wird, während auf der anderen Seite die Handelsüberwachungsstellen ein schnelles und auf die Gegebenheiten der jeweiligen Börse bezogenes Eingreifen ermöglichen.[38] Für die ggf. notwendige Abgrenzung von Zuständigkeiten gibt es Konfliktlösungsmechanismen. Der **Wertpapierrat**, gemäß § 5 Abs. 1 WpHG ein aus Vertretern der Länder bestehendes Gremium bei der BaFin, berät die Behörde bei der Abgrenzung von Zuständigkeiten. Bei der Durchführung eilbedürftiger Maßnahmen bei der Überwachung des Marktmissbrauchsverbots

35) Ellenberger/Schäfer/Clouth/Lang-*H. Schäfer*, Praktikerhandbuch, S. 799, unter Verweis auf BVerwGE 123, 203.

36) Finanzdienstleistungsaufsichtsgesetz v. 22.4.2002, BGBl. I, 1310, zuletzt geändert durch Gesetz v. 25.6.2009 (BGBl. I, 1528).

37) Vgl. nicht zuletzt die Überlegungen im Koalitionsvertrag von CDU, CSU und FDP v. 26.10.2009.

38) Näher *Fischer*, Sparkasse 1995, S. 7, 8 ff.

an den Börsen werden die Börsenaufsichtsbehörden der Länder nach § 6 Abs. 1 WpHG im Wege der Organleihe für die BaFin tätig. Im Übrigen sind die Behörden nach § 6 Abs. 2 WpHG zur gegenseitigen Information verpflichtet.

Wie im 2. Abschnitt werden der BaFin auch im 12. Abschnitt des WpHG unter der Überschrift **Straf- und Bußgeldvorschriften** Zuständigkeiten zugewiesen. Bei der Verhängung von Bußgeldern ist gemäß § 40 WpHG die BaFin die zuständige Verwaltungsbehörde. Der BaFin wird damit neben der Aufsicht zugleich die Rolle für die Verfolgung und Ahndung von Ordnungswidrigkeiten übertragen.[39] Eine recht große Zahl von Gesetzesverstößen gegen WpHG-Vorschriften stellen nach § 39 WpHG Ordnungswidrigkeiten dar. Einige Formen marktmissbräuchlichen Verhaltens können gemäß § 38 WpHG sogar als Straftaten verfolgt werden. Bei einem Verdacht einer solchen Straftat zeigt die BaFin dies nach § 4 Abs. 5 WpHG bei der Staatsanwaltschaft an. 11.24

Eine weitere Aufgabe nach dem WpHG ist der BaFin im 10. Abschnitt des (§§ 37i–m) zugeteilt worden. Märkte für Finanzinstrumente bzw. deren Betreiber mit Sitz außerhalb der EU bedürfen der schriftlichen Erlaubnis der Behörde, wenn sie Handelsteilnehmern mit Sitz in Deutschland den unmittelbaren Marktzugang über einen Handelsbildschirm gewähren. 11.25

c) Regelungsbereiche zur Kapitalmarkttransparenz

Die Abschnitte 3 (Insiderüberwachung), 5 (Mitteilung, Veröffentlichung und Übermittlung von Veränderungen des Stimmrechtsanteils an das Unternehmensregister), 7 (Haftung für falsche und unterlassene Kapitalmarktinformationen) und 11 (Überwachung von Unternehmensabschlüssen, Veröffentlichung von Finanzberichten) des WpHG enthalten allesamt Vorschriften mit Bezug zur **Information der Kapitalmarktteilnehmer**. Die Kapitalmarktpublizität soll den Anlegern fundierte Entscheidungen über ihr Anlageverhalten ermöglichen. Die Adressaten der Publizitätspflichten in diesen Abschnitten sind dabei die Emittenten, mittelbar auch Organe der Emittenten und Anleger. 11.26

Die **Publizitätspflichten für Emittenten** (z. B. Zwischenberichterstattung; Anzeige der Änderung der Rechtsgrundlagen des Emittenten oder der Änderung der verbrieften Rechte) waren früher als Teil der **Börsenzulassungsfolgepflichten** größtenteils im BörsG und der Börsenzulassungs-Verordnung geregelt. Aufgrund Vorgaben der EG-Transparenzrichtlinie knüpfen diese Zulassungsfolgepflichten nicht mehr an der inländischen Börsenzulassung, sondern am Herkunftsstaat des Emittenten an. Die Richtlinie fordert darüber hinaus, dass diese Pflichten von der zentralen Behörde i. S. d. Prospektricht- 11.27

39) Zu den damit verbundenen Abgrenzungsfragen Schäfer/Hamann-*Schröder*, Kapitalmarktgesetze, § 40 WpHG Rz. 19 ff.

linie – in Deutschland die BaFin – überwacht werden. Daher finden sich diese Vorschriften nunmehr verstärkt im WpHG.[40)]

11.28 Bereits seit 1994 Bestandteil des WpHG sind die Mitteilungs- und Veröffentlichungspflichten beim Erwerb oder bei der **Veräußerung von Stimmrechtsanteilen** an einem Emittenten, für den die Bundesrepublik Herkunftsstaat ist.[41)] Hierfür hat der Meldepflichtige nach § 21 Abs. 1 WpHG der betroffenen Gesellschaft sowie der BaFin unverzüglich das jeweilige Erreichen, Überschreiten oder Unterschreiten der im Gesetz genannten Beteiligungsschwellen mitzuteilen. **Schwellenwerte** für die Meldepflichten sind 3, 5, 10, 15, 20, 25, 30, 50 sowie 75 % der Stimmrechte. Sie stehen in engem Zusammenhang zu den Beteiligungserfordernissen für die Willensbildung in Aktiengesellschaften (z. B. Notwendigkeit der Zustimmung von 75 % des bei Beschlussfassung vertretenen Grundkapitals bzw. spiegelbildliche Sperrminorität von 25 % plus 1 Aktie bei Genehmigung von Unternehmensverträgen, § 293 Abs. 1 AktG). Die Gesellschaft hat wiederum gemäß § 26 Abs. 1 WpHG die ihr gemachten Mitteilungen bekannt zu machen, um die Kenntnis der sonstigen Marktteilnehmer sicherzustellen. Sie hat auch Änderungen der insgesamt vorhandenen Stimmrechte bekanntzugeben, § 26a WpHG.

11.29 Die für Anleger relevanten Informationen von und über einen Emittenten können heute über das nach § 8b HGB eingerichtete **elektronische Unternehmensregister** im Internet abgefragt werden.[42)] Finanzberichte, Zwischenmitteilungen, Ad-hoc-Meldungen, Directors Dealings, Stimmrechtsmitteilungen müssen vom Emittenten an dieses Evidenzmedium übermittelt werden.[43)]

3. Börsengesetz (BörsG)

11.30 Das BörsG[44)] regelt gemäß § 1 den Betrieb und die Organisation der Börsen, die Zulassung von Handelsteilnehmern zum Börsenhandel, die Zulassung von Finanzinstrumenten, Rechten und Wirtschaftsgütern zum Börsenhandel und die Ermittlung von Börsenpreisen.

Das BörsG enthält in § 2 Abs. 1 eine Legaldefinition für eine **Börse**. Börsen regeln und überwachen danach multilaterale Handelssysteme, welche eine Vielzahl von Personen am Kauf und Verkauf von dort zum Handel zugelassenen Handelsobjekte innerhalb des Systems nach festgelegten Bestimmungen in einer

40) Vgl. hierzu Fuchs-*Zimmermann*, WpHG Vor §§ 30a–30 Rz. 6 f.

41) Zur Auslegung der §§ 21 ff. WpHG vgl. insbesondere den Emittentenleitfaden der BaFin; abrufbar unter www.bafin.de.

42) Adresse: www.unternehmensregister.de.

43) Vgl. hierzu auch das Rundschreiben 11/2009 (WA) zu den Übermittlungspflichten an das Unternehmensregister.

44) Börsengesetz v. 16.7.2007, BGBl. I, 1330, 1351, das zuletzt durch Artikel 3a des Gesetzes v. 20.3.2009, BGBl. I, 607, geändert worden ist.

Weise zusammenbringen oder das Zusammenbringen fördern, die zu einem Vertrag über diese Handelsobjekte führt. Börsen sind nach der Gesetzesdefinition teilrechtsfähige **Anstalten des öffentlichen Rechts**. Sie regeln und überwachen daher die Handelssysteme mit hoheitlichen Mitteln. In verwaltungsrechtlichen Verfahren kann eine Börse unter ihrem Namen klagen und verklagt werden.

Das Gesetz unterscheidet bei den Börsen zwischen **Wertpapierbörsen** und **Warenbörsen**, § 2 Abs. 2 und 3 BörsG. Handelsobjekte an Wertpapierbörsen sind Wertpapiere i. S. d. WpHG und hierauf bezogene Derivate. Es können dort aber auch alle anderen im WpHG definierten Finanzinstrumente und Edelmetalle gehandelt werden. Warenbörsen sind Börsen, an denen Waren i. S. d. WpHG (fungible Wirtschaftsgüter, die geliefert werden können; dazu zählen Metalle, Erze und Legierungen, landwirtschaftliche Produkte und Energien wie Strom) und Termingeschäfte in Bezug auf Waren gehandelt werden. An Warenbörsen können auch Termingeschäfte i. S. d. § 2 Abs. 2 Nr. 2 WpHG und die diesen zugrunde liegenden Basiswerte (Frachtsätze, Emissionsberechtigungen, Klima- oder andere physikalische Variablen, Inflationsraten oder andere volkswirtschaftliche Variablen oder sonstige Vermögenswerte, Indices oder Messwerte) gehandelt werden. Wertpapier- und Warenbörsen weisen bei den handelbaren Objekten Überschneidungen auf. Der Geschäftsabschluss an den Börsen kann im **Präsenzhandel** und im **elektronischen Handel** erfolgen.[45] 11.31

Der Begriff der **Terminbörse** ist keine eigene Kategorie im BörsG.[46] Unzulässig ist damit eine reine Terminbörse aber nicht. Die **EUREX** ist historisch gesehen eine Wertpapierbörse, auch wenn an ihr keine Wertpapiere gehandelt werden, sondern auf Wertpapiere bezogene Derivate. Da an der EUREX künftig auch auf Waren bezogene Derivate gehandelt werden, wäre sie Wertpapier- und Warenbörse zugleich. Folgefragen, z. B. wonach sich die Zusammensetzung des Börsenrates zu richten hat, sollten sich nach dem Schwerpunkt der Derivate richten.

Bekannte, überregionale Warenbörsen sind die Energiebörse **EEX** in Leipzig und die bis zum Ende des dritten Quartals 2009 betriebene, auf landwirtschaftliche Produkte spezialisierte Börse Risk Management Exchange (RMX) in Hannover. Wertpapierbörsen, mit Wertpapierhandel gibt es in Frankfurt am

45) Vgl. z. B. § 2 BörsO FWB.

46) Vgl. allerdings § 1 Abs. 3e KWG, der eine eigene Definition enthält. Wertpapier- oder Terminbörsen i. S. d. KWG sind Wertpapier- oder Terminmärkte, die von den zuständigen staatlichen Stellen geregelt und überwacht werden, regelmäßig stattfinden und für das Publikum unmittelbar oder mittelbar zugänglich sind, einschließlich 1. ihrer Betreiber, wenn deren Haupttätigkeit im Betreiben von Wertpapier- oder Terminmärkten besteht, und 2. ihrer Systeme zur Sicherung der Erfüllung der Geschäfte an diesen Märkten (Clearingstellen), die von den zuständigen staatlichen Stellen geregelt und überwacht werden.

Main, Stuttgart, Berlin[47], Hamburg, Hannover, Düsseldorf und München, wobei dem Börsenplatz in Frankfurt die größte Bedeutung zukommt. Die Börse München hat 2009 wie die EEX Emissionsrechte in ihr Handelsspektrum aufgenommen und ist aus rechtlicher Sicht damit Wertpapier- und Warenbörse.[48]

11.32 Das BörsG lässt ferner den börslichen Handel in ausländischen Zahlungsmitteln (Devisen) zu. Vereinzelt ist der **Devisenhandel** in der BörsO noch vorgesehen[49], wenngleich er sich heute so gut wie ausschließlich außerbörslich abspielt.[50] Nach der Legaldefinition zur Wertpapierbörse zählen Devisen nicht zu den dort genannten Handelsobjekten. Konsequenterweise müsste der Devisenhandel dann an einer Warenbörse stattfinden[51], auch wenn § 51 BörsG für Devisen die Vorschriften zur Skontroführung an Wertpapierbörsen für anwendbar erklärt.

11.33 Die Errichtung einer Börse bedarf gemäß § 4 Abs. 1 BörsG der schriftlichen **Erlaubnis der Börsenaufsichtsbehörde**. Liegen die vom Gesetz in § 4 Abs. 2 BörsG genannten Voraussetzungen vor, ist die Genehmigung zu erteilen. Hierbei handelt es sich um einen begünstigenden Verwaltungsakt.[52] Die Erlaubnis ist bei Vorliegen eines in § 4 Abs. 3 BörsG genannten **Versagungsgrundes** nicht zu erteilen. Der Antrag ist vom künftigen **Börsenträger** zu stellen.[53] § 5 Abs. 1 BörsG verpflichtet diesen mit Erteilung der Erlaubnis zur Errichtung und zum Betrieb der Börse. Der Träger ist verpflichtet, die zur Durchführung und Fortentwicklung der Börse notwendigen Ressourcen zur Verfügung zu stellen. Beispielsweise sind die Deutsche Börse AG und die Scoach Europa AG[54] die Börsenträger für die Frankfurter Wertpapierbörse, die Eurex Deutschland AG für die EUREX. Statt eine Börsenerlaubnis zu beantragen, kann das Unternehmen auch den Status eines Finanzdienstleistungsin-

---

47) Die Börsenaufsichtsbehörde Berlin hat der Tradegate GmbH am 20.5.2009 die Erlaubnis zum Betrieb einer Wertpapierbörse (Tradegate Exchange) erteilt, so dass in Berlin neben der Börse Berlin eine zweite Wertpapierbörse existiert.

48) Zur Einordnung der Emissionsberechtigungen als Waren vgl. § 15 Treibhausgas-Emmissionshandelsgesetz, wonach Berechtigungen nach diesem Gesetz keine Finanzinstrumente i. S. d. § 1 Abs. 11 KWG bzw. § 2 Abs. 2b WpHG sind.

49) Vgl. z. B. § 1 BörsO Hanseatische Wertpapierbörse Hamburg und § 1 BörsO Niedersächsische Börse zu Hannover.

50) Vgl. hierzu Schäfer/Hamann-*Ledermann*, Kapitalmarktgesetze, § 63 BörsG a. F. Rz. 1.

51) Vgl. zur Frage, ob Devisen Waren sind, Schäfer/Hamann-*Ledermann*, Kapitalmarktgesetze, § 63 BörsG a. F. Rz. 2.

52) *Groß*, Kapitalmarktrecht, § 4 BörsG Rz. 4.

53) Vgl. hierzu auch die nach § 4 Abs. 6 BörsG erlassenen landesrechtlichen Vorschriften zum Antrag, wie z. B. § 1 hessische Börsenverordnung v. 16.12.2008, GVBl. I, 1061.

54) Gem. § 3 Abs. 1 BörsO FWB beschränkt sich die Trägerschaft und Betriebspflicht der Scoach Europa AG auf den Handel mit strukturierten Produkten. Im Hinblick auf den Handel mit anderen Wertpapieren ist ausschließlich die Deutsche Börse AG als Träger der FWB berechtigt und verpflichtet.

stituts nach dem KWG erwerben und den Betrieb eines multilateralen Handelssystems gemäß § 1 Abs. 1a Nr. 1b KWG unterhalten.[55)]

Die Leitung einer Börse obliegt der **Geschäftsführung,** § 15 Abs. 1 BörsG. Sie vertritt die Börse gerichtlich und außergerichtlich. Als weiteres Organ der Börse ist in § 12 BörsG der **Börsenrat** vorgesehen, der Satzungsgewalt hinsichtlich der Börsenordung, der Bedingungen für Geschäfte an der Börse, der Gebührenordnung, der Zulassungsordnung für Börsenhändler und der Handelsordnung für den Freiverkehr hat und die Geschäftsführung der Börse bestellt und überwacht. Wegen seiner Kompetenzen wird der Börsenrat als höchstes Börsenorgan bezeichnet.[56)] Der Börsenrat konstituiert sich bei Wertpapierbörsen aus Instituten, die zur Teilnahme am Börsenhandel zugelassen sind, Emittenten, Kapitalanlagegesellschaften und Anlegern. Nach § 7 Abs. 1 BörsG hat die Börse nach Maßgaben der Börsenaufsichtsbehörde eine **Handelsüberwachungsstelle** (HüSt) als Börsenorgan zu unterhalten, die den Handel und die Börsengeschäftsabwicklung überwacht. Der Leiter der HüSt wird vom Börsenrat bestellt und berichtet regelmäßig an die Börsenaufsichtsbehörde. In § 22 BörsG besteht eine Ermächtigung an die Landesregierungen, einen **Sanktionsausschuss** als Börsenorgan einzurichten, der Handelsteilnehmern Verweise aussprechen oder Ordnungsgelder verhängen darf.[57)] Die Börse, alle Börsenorgane, der Börsenträger, alle Einrichtungen, die sich auf den Börsenverkehr beziehen, und der Freiverkehr unterliegen nach § 3 Abs. 1 BörsG der **Aufsicht der Börsenaufsichtsbehörde.** 11.34

Die vom Börsenrat zu erlassende **Börsenordnung** soll sicherstellen, dass die Börse die ihr obliegenden Aufgaben erfüllen kann und dabei den Interessen des Publikums und des Handels gerecht wird; § 16 Abs. 1 BörsG. Sie enthält Bestimmungen über den Geschäftszweig der Börse, die Organisation der Börse, die Handelsarten (Präsenzhandel, elektronischer Handel), die Veröffentlichung der Preise und Kurse sowie der ihnen zugrunde liegenden Umsätze und eine Entgeltordnung für die Tätigkeit der Skontroführer. Bei Wertpapierbörsen muss die Börsenordnung zusätzlich Bestimmungen enthalten über die Bedeutung der Kurszusätze und -hinweise und über die Sicherstellung der Börsengeschäftsabwicklung und die zur Verfügung stehenden Abwicklungssysteme. Die Börsenordnung bedarf der Genehmigung durch die Börsenaufsichtsbehörde. Die vom Börsenrat zu erlassenen **Bedingungen für Geschäfte an der Börse** enthalten Regelungen, unter denen die Handelsteilnehmer ihre Verträge bei börslichen Geschäften schließen. Grundregel dabei ist, dass Geschäfte durch Ausführung von Orders zustande kommen.[58)] Vertragspartner werden dabei 11.35

55) Vgl. Baumbach/Hopt-*Hopt*, HGB, § 4 BörsG Rz. 2.

56) Vgl. z. B. Claussen-*Bröker*, Bank- und Börsenrecht, § 6 Rz. 37.

57) S. z. B. § 22 ff. hessische Börsenverordnung.

58) § 2 Abs. 1 Bedingungen für Geschäfte an der Frankfurter Wertpapierbörse.

entweder die Handelsteilnehmer untereinander oder jeweils mit einer sog. Zentralen Gegenpartei.[59] Die Handelsteilnehmer erhalten eine **Ausführungsbestätigung** mit Angabe von Ausführungszeit, Preis und ausgeführter Stückzahl.

11.36 Die Börsenordnung kann nach § 21 BörsG die **Anbindung von externen Abwicklungssystemen** (Zentrale Gegenparteien, Wertpapiersammelbanken) an die börslichen Systeme für den Börsenhandel und die Börsengeschäftsabwicklung vorsehen. Bei der Anbindung muss sichergestellt sein, dass das System für die angebotene Dienstleistung zur Abwicklung der Börsengeschäfte über die erforderlichen technischen Einrichtungen verfügt, und der Betreiber des Systems die notwendigen rechtlichen und technischen Voraussetzungen für eine Anbindung des Systems an die börslichen Systeme für den Handel und die Börsengeschäftsabwicklung geschaffen hat. Zudem muss eine ordnungsgemäße und unter wirtschaftlichen Gesichtspunkten effiziente Abrechnung und Abwicklung der Geschäfte an der Börse gewährleistet sein. Sind mehrere alternative Abwicklungssysteme verfügbar, ist es den Handelsteilnehmern freizustellen, welches der Systeme sie zur Erfüllung der Börsengeschäfte nutzen.

11.37 Wer an der Börse teilnehmen darf, reglementiert § 19 BörsG. Zur **Teilnahme am Börsenhandel** sind ausschließlich professionelle Teilnehmer mit persönlicher und fachlicher Eignung sowie hinreichender finanzieller Leistungsfähigkeit berechtigt. Die Zulassung erteilt die Börsengeschäftsführung mittels Verwaltungsakt.[60] Faktisch haben auch Privatanleger Börsenzugang, indem ihre Orders über Online-Banking[61] zu ihrer Bank zur Ausführung als Kommissionsgeschäft geleitet werden und dort über entsprechende technische Vorkehrungen (sog. **Ordersysteme mit elektronischer Direktanbindung**) in Aufträge der Bank zur Börse umgewandelt werden.[62] Die Bank wickelt den Handel der Privatkunden damit unter eigenem Namen ab.

11.38 Wirtschaftsgüter und Rechte, die an der Börse gehandelt werden sollen, bedürfen vor ihrer Handelbarkeit einer ausdrücklichen Entscheidung (**Zulassung**

59) Vgl. hierzu Brechmann/Glutting/Harter/Klanten et al.-*Klanten*, Wertpapiere in Theorie und Praxis, S. 201 f. Eine Legaldefinition für den zentralen Kontrahenten enthält § 1 Abs. 31 KWG: Ein zentraler Kontrahent ist ein Unternehmen, das bei Kaufverträgen innerhalb eines oder mehrerer Finanzmärkte zwischen den Käufer und den Verkäufer geschaltet wird, um als Vertragspartner für jeden der beiden zu dienen, und dessen Forderungen aus Kontrahentenausfallrisiken gegenüber allen Teilnehmern an seinen Systemen auf Tagesbasis hinreichend besichert sind. Vgl. auch Merkblatt der BaFin – Hinweise zum Tatbestand der Tätigkeit als zentraler Kontrahent (Stand: März 2009); abrufbar unter www.bafin.de.

60) *Groß*, Kapitalmarktrecht, § 19 BörsG Rz. 4, 16.

61) Auch Online Broking, Home Banking, oder Internet Banking genannt.

62) Vgl. hierzu Brechmann/Glutting/Harter/Klanten et al.-*Seewaldt*, Wertpapiere in Theorie und Praxis, S. 102.

bzw. **Einbeziehung** gemäß §§ 23, 32, 33 BörsG) mittels Verwaltungsakt[63] durch die Geschäftsführung der Börse. Die Entscheidung enthält die Erlaubnis, für Geschäfte in den betreffenden Gütern bzw. Rechten die Börseneinrichtungen zu benutzen.[64] Bei der **Zulassung von Wertpapieren**, die im regulierten Markt gehandelt werden sollen, hat der Emittent zusammen mit einem emissionsbegleitenen Kredit- bzw. Finanzdienstleistungsinstitut die Zulassung zu beantragen.[65] Für die Zulassung ist ein **Prospekt** nach dem WpPG oder InvestmentG erforderlich, der von Emittent und Emissionsbegleiter zu unterzeichnen ist (zum Prospekt siehe Rz. 11.50 ff.). Schuldverschreibungen des Bundes, seiner Sondervermögen, eines Bundeslandes oder eines EU-Mitgliedstaates bzw. EWR-Vertragssstaates sind kraft Gesetzes (§ 37 BörsG) zum Handel an jeder inländischen Börse zugelassen. Weitere Bestimmungen zu den Zulassungsvoraussetzungen für den regulierten Markt enthält die Börsenzulassungs-Verordnung.[66] Werden Wertpapiere bereits in einem regulierten Markt an einer anderen Börse gehandelt, können diese Papiere auf Antrag eines Handelsteilnehmers oder von Amts wegen von der Börsengeschäftsführung zum Handel in den regulierten Markt einbezogen werden. Vor der Aufnahme der Feststellung des Börsenpreises bedarf es bei zugelassenen Wertpapieren gemäß § 38 Abs. 1 BörsG noch einer weiteren Entscheidung der Geschäftsführung der Börse, der sog. **Einführung.**

§ 42 BörsG gestattet den Börsen Teilbereiche des regulierten Marktes vermittelt über die Börsenordnung zu modifizieren **(Segmentierung)**. Es können zusätzliche Voraussetzungen für die Einführung und weitere Unterrichtungspflichten für den Emittenten vorgesehen werden.[67] **11.39**

Die Geschäftsführung kann gemäß § 25 BörsG den **Handel** von Wirtschaftsgütern und Rechten bei zeitweiliger Gefährdung eines ordnungsgemäßen Handels oder zum Schutz des Publikums **aussetzen**, bzw. wenn ein ordnungsgemäßer Handel nicht mehr gewährleistet erscheint, auch **einstellen**. Kann der ord- **11.40**

---

63) *Groß*, Kapitalmarktrecht, § 23 BörsG Rz. 3.

64) Für Wertpapiere: *Groß*, Kapitalmarktrecht, § 32 BörsG Rz. 5.

65) Näher hierzu Schäfer/Hamann-*Gebhardt*, Kapitalmarktgesetze, § 30 BörsG a. F. Rz. 37 ff.

66) Börsenzulassungs-Verordnung – Verordnung über die Zulassung von Wertpapieren zum regulierten Markt an einer Wertpapierbörse (BörsZulV) in der Fassung der Bekanntmachung v. 9.9.1998, BGBl. I, 2832, zuletzt geändert durch Gesetz v. 21.12.2007, BGBl. I, 3089.

67) An der Frankfurter Wertpapierbörse ist für Aktien und aktienvertretende Zertifikate das Segment „Prime Standard" eingerichtet, für das u. a. Quartalsfinanzberichterstattung in deutscher und englischer Sprache Veröffentlichung eines Unternehmenskalenders, Durchführung mindestens einer Analystenkonferenz pro Jahr, Ad-hoc-Mitteilungen auch in englischer Sprache vorgesehen ist (§ 63 BörsO FWB). Die Einführung in den Prime Standard ist eine Voraussetzung für die Aufnahme in die DAX-Indices der Deutschen Börse AG. Für strukturierte Produkte existiert an der Frankfurter Wertpapierbörse das Segment „Scoach Premium".

nungsgemäße Börsenhandel bei Wertpapieren dauerhaft nicht gewährleistet werden, kommt es regelmäßig auch zum **Widerruf der Zulassung** durch die Geschäftsführung nach § 39 BörsG. Schließlich kann der Widerruf der Zulassung auch auf Antrag des Emittenten erfolgen (**Delisting**), der dem Schutz der Anleger nicht widersprechen darf.[68)]

11.41 Neben dem regulierten Markt ist es der Börse nach § 48 BörsG erlaubt, für Wertpapiere den Betrieb eines **Freiverkehrs** durch den Börsenträger zuzulassen. Die Rechtsbeziehungen zwischen den Teilnehmern werden in den Geschäftsbedingungen auf privatrechtlicher Grundlage geregelt. Der Freiverkehr lässt Untersegmentierungen zu; die Einbeziehung in den Freiverkehr kann mit und ohne die Zustimmung der Emittenten erfolgen. Im letzteren Fall dürfen diese nicht verpflichtet werden, Informationen im Hinblick auf die betroffenen Wertpapiere zu veröffentlichen.[69)]

Zu beobachten sind mittlerweile Handelsmöglichkeiten, die von einem Börsenträger organisiert werden, von diesem aber außerhalb des Freiverkehrs angesiedelt werden. Rechtlich dürfte es sich dann um einen außerbörslichen Handel handeln, selbst wenn der Handel unter Nutzung von Börseneinrichtungen erfolgt.[70)]

11.42 Preise, die während der Börsenzeit[71)] an einer Börse festgestellt werden, werden als **Börsenpreise** bezeichnet, § 24 Abs. 1 BörsG. Dies gilt auch für Preise, die im Freiverkehr festgestellt werden. Die Feststellung der Preise wird in der Praxis auch **Notierung** genannt. Dem Börsenpreis wird ein zuverlässiger Wertungsmaßstab zuerkannt, weshalb neben dem BörsG selbst viele Vorschriften anderer Rechtsbereiche, wie z. B. das Zivil-, Handels-, Bilanz-, Insolvenz-, Aktien-, Übernahme- und Steuerrecht auf den Börsenpreis Bezug nehmen.[72)] Im Präsenzhandel werden Börsenpreise durch Skontroführer festgestellt, §§ 27 ff.

---

68) Vgl. auch BGH, Urt. v. 25.11.2002 – II ZR 133/01, ZIP 2003, 387 (m. Anm. *Streit*, S. 392) = WM 2003, 533 = NJW 2003, 1032 – *Macrotron*.

69) An der Frankfurter Wertpapierbörse wird zwischen dem „Open Market“ und dem „Entry Standard“ mit erhöhten Transparenzanforderungen bei Aktien und aktienersetzenden Zertifikaten unterschieden. Ferner unterliegt der Freiverkehr in strukturierten Produkten in Form von Schuldverschreibungen einem eigenen Regelwerk.

70) So richtig Claussen-*Ekkenga*, Bank- und Börsenrecht, § 6 Rz. 250, für den Handel über Xetra in der Funktionalität Best Execution (Xetra Best); vgl. ferner auch das Handelssegment Contrex der Bayerische Börse AG, abrufbar unter www.contrex-trading.de.; a. A. wohl die Börsenträger, die von börslichem Handel ohne Börsenpreis ausgehen.

71) Die Börsenzeit ist die Zeit zwischen Beginn und Ende der Preisfeststellung, die von der Geschäftsführung der Börse festgelegt wird (Handelszeit); vgl. z. B. § 177 BörsO FWB.

72) Ausführliche Nachweise bei Schäfer/Hamann-*Ledermann*, Kapitalmarktgesetze, § 24 WpHG a. F. Rz. 2 ff.

BörsG. In (voll-)elektronischen Handelssystemen[73] kommen Börsenpreise zustande, wenn im Zentralrechner deckungsgleiche Kauf- und Verkaufsgebote zusammengeführt werden (sog. **Matching**).[74]

Hinsichtlich der Preisfeststellungsverfahren wird EU-einheitlich zwischen Orderbuch-Handelssystem, Market-Maker-Handelssystem, Auktionssystem und hybridem Handelssystem unterschieden.[75] Die Wahl des Preisermittlungsverfahrens ist in der BörsO zu treffen.[76] **11.43**

- Ein **Orderbuch-Handelssystem basierend auf einer fortlaufenden Auktion** ist ein System, das mittels eines Orderbuchs und eines Handelsalgorithmus ohne menschliche Intervention Verkauforders mit Kauforders auf der Grundlage des bestmöglichen Preises kontinuierlich zusammenführt.
- Ein **Market Maker-Handelssystem** ist ein System, bei dem die Geschäfte auf der Grundlage verbindlicher Kursofferten abgeschlossen werden, die den Teilnehmern kontinuierlich zur Verfügung gestellt werden, was die Market-Maker dazu anhält, ständig Kursofferten in einer Größenordnung zu halten, die das Erfordernis für Mitglieder und Teilnehmer, in einer kommerziellen Größenordnung zu handeln, mit den Risiken für die Market-Maker selbst in Einklang bringt.
- **Das Handelssystem basierend auf periodischen Auktionen** ist ein System, das Aufträge auf der Grundlage einer periodischen Auktion und eines Handelsalgorithmus ohne menschliche Intervention zusammenführt.
- Ein System, das unter zwei oder mehr der drei zuvor genannten Systeme fällt oder bei dem der Preisbildungsprozess anders geartet ist als bei diese Systemtypen, wird als **hybrides Handelssystem** bezeichnet.

Die **Preisermittlungsmethoden an deutschen Börsen** sind vielfach hybride Modelle. Selbst im fortlaufenden Handel kann es Liquiditätsanbieter (Skontroführer, Market Maker[77]), Designated Sponsor, Market Expert, Betreuer, Spezia-

73) An der Frankfurter Wertpapierbörse kommt das System Xetra zum Einsatz; vgl. hierzu näher Assmann/Schütze-*Franke*, Kapitalanlagerecht, § 2 Rz. 84 ff.; Xetra soll ab Ende 2010 durch ein neues System abgelöst werden.

74) Detailregelungen enthalten die jeweiligen Börsenordnungen der Wertpapierbörsen.

75) Verordnung (EG) Nr. 1287/2006 der Kommission v. 10.8.2006 zur Durchführung der Richtlinie 2004/39/EG des Europäischen Parlaments und des Rates betreffend die Aufzeichnungspflichten für Wertpapierfirmen, die Meldung von Geschäften, die Markttransparenz, die Zulassung von Finanzinstrumenten zum Handel und bestimmte Begriffe im Sinne dieser Richtlinie, ABl. Nr. L 142, S. 1.

76) Baumbach/Hopt-*Hopt*, HGB, § 24 BörsG Rz. 3.

77) Vgl. zur Definition des Market Makers § 23 Abs. 4 WpHG.

list), die zur Stellung von verbindlichen Ankauf- und Verkaufspreisen (Quotes) verpflichtet sind, und Unterbrechungen für periodische Auktionen geben.[78)]

11.44 Zur Sicherstellung der Qualität des Börsenpreises können an den Börsen bei der Ermittlung des Börsenpreises auch Preise einer anderen Börse oder eines multilateralen Handelssystems herangezogen werden (sog. **Referenzmarkt**). Bei einem systematischen Internalisier gefundene Preise sind hingegen keine Referenzmarktpreise.[79)]

11.45 Wichtig für die Qualität des Börsenpreises insgesamt ist schließlich **Transparenz und Chancengleichheit** für die Handelsteilnehmer. Deshalb muss ihnen die Angebotslage zugänglich sein (**Vorhandelstransparenz**); auch die Annahme der Angebote muss möglich sein, § 24 Abs. 2 Satz 2 BörsG. Hinsichtlich der Vorhandelstransparenz sind die Börsen bei Aktien und aktienvertretenen Zertifikaten, die zum Handel im regulierten Markt zugelassen bzw. einbezogen sind, gemäß § 30 BörsG zur kontinuierlichen Veröffentlichung der Preise des am höchsten limitierten Kaufauftrags und des am niedrigsten limitierten Verkaufauftrags und das zu diesen Preisen handelbare Volumen während der üblichen Geschäftszeiten der Börse verpflichtet. Über § 30 BörsG hinausgehende Einzelheiten zur Vorhandelstransparenz sind in der EG-Verordnung Nr. 1287/2006 und den jeweiligen Börsenordnungen geregelt. Schließlich sind die festgestellten Börsenpreise sowie das Volumen und ggf. der Zeitpunkt der Börsengeschäfte unverzüglich zu veröffentlichen (**Nachhandelstransparenz** gemäß §§ 24 Abs. 3, 31 BörsG). Auch hier sind die Einzelheiten hinsichtlich Aktien und aktienvertretender Zertifikate in der EG-Verordnung Nr. 1287/2006 und den Börsenordnungen geregelt. Vor- und Nachhandelstransparenz haben die Verhinderung von Marktmanipulationen zum Ziel.[80)]

4. Prospektgesetze, insbesondere Wertpapierprospektgesetz (WpPG)

11.46 Das **WpPG**[81)] regelt die Erstellung, Billigung und Veröffentlichung von **Prospekten für Wertpapiere**, die öffentlich angeboten oder zum Handel an einem organisierten Markt zugelassen werden sollen. Vom WpPG werden damit außerbörsliche und mit einem Börsenzulassungsverfahren einhergehende Emissionen erfasst, vgl. § 1 Abs. 1 WpPG.

11.47 **Wertpapiere** i. S. d. WpPG sind übertragbare Wertpapiere, die an einem Markt gehandelt werden können, insbesondere Aktien und andere Wertpapiere, die mit Aktien oder Anteilen an Kapitalgesellschaften oder anderen juristischen

78) Zu den Preisermittlungsmethoden an deutschen Börsen s. im Überblick z. B. bei Baumbach/Hopt-*Hopt,* HGB, § 24 BörsG Rz. 4 ff. oder ausführlich Brechmann/Glutting/Harter/Klanten et al.-*Seewaldt*, Wertpapiere in Theorie und Praxis, S. 68 ff., 86 ff., 140 ff.

79) Vgl. hierzu Claussen-*Ekkenga*, Bank- und Börsenrecht, § 6 Rz. 251.

80) Vgl. z. B. Claussen-*Bröker*, Bank- und Börsenrecht, § 6 Rz. 50.

81) Gesetz v. 22.6.2005, BGBl. I, 1698, zuletzt durch Gesetz v. 19.12.2008, BGBl. I, 2794.

Personen vergleichbar sind, sowie Zertifikate, die Aktien vertreten, Schuldtitel, insbesondere Schuldverschreibungen und Zertifikate, die andere Wertpapiere als Aktien vertreten, alle sonstigen Wertpapiere, die zum Erwerb oder zur Veräußerung von Aktien bzw. Schuldtiteln berechtigen oder zu einer Barzahlung führen, die anhand von übertragbaren Wertpapieren, Währungen, Zinssätzen oder -erträgen, Waren oder anderen Indizes oder Messgrößen bestimmt wird. Geldmarktinstrumente mit einer Laufzeit von weniger als zwölf Monaten sind keine Wertpapiere i. S. d. § 2 Abs. 1 WpPG.

Das WpPG findet **keine Anwendung auf Investmentfondsanteile** und Aktien von Investmentaktiengesellschaft mit veränderlichem Kapital. Hier ist das InvestmentG das speziellere Gesetz. Ferner sind Emissionen in Nichtdividendentiteln von Emittenten der öffentlichen Hand vom Anwendungsbereich des WpPG ausgenommen.

Andere Kapitalanlageformen als Wertpapiere werden vom WpPG nicht be- **11.48** rührt. Für diese gelten das **Verkaufsprospektgesetz** (VerkProspG)[82] und die Vermögensanlagen-Verkaufsprospekt-Verordnung (VermVerkProspV)[83]. Diese Vorschriften kommen zur Anwendung bei nicht in Wertpapieren i. S. d. WpPG verbrieften Anteilen, die eine Beteiligung am Ergebnis eines Unternehmens gewähren, bei Anteilen an einem Vermögen, das der Emittent oder ein Dritter in eigenem Namen für fremde Rechnung hält oder verwaltet (Treuhandvermögen) und bei Anteilen an sonstigen geschlossenen Fonds.

Die Pflicht zur Veröffentlichung eines Prospekts (**Prospektpflicht**) trifft den **11.49** Anbieter der Wertpapiere, § 3 Abs. 1 WpPG. **Anbieter** ist eine Person oder Gesellschaft, die Wertpapiere öffentlich anbietet. Anbieter können demzufolge der Emittent allein, Emittenten zusammen mit Dritten oder nur Dritte sein.

Prospekte dienen der Information über die Entwicklung der Geschäftstätigkeit **11.50** des Emittenten in der Vergangenheit und Gegenwart sowie über die Geschäftsaussichten. Adressaten des Prospekts sind in erster Linie potenzielle Kapitalanleger. Durch die Informationen sollen sie in die Lage versetzt werden, eine eigenverantwortliche Anlageentscheidung zu treffen. Prospekte erfüllen damit eine anlegerschützende Funktion.[84] Neben der Unterrichtung der Anleger kommen dem Prospekt auch Informationsaufgaben – wenn auch nur mittelbar – gegenüber Gläubigern, Wettbewerbern und sonstigen Interessengruppen zu.[85] Zugleich halten Prospekte die Transaktionskosten der Investoren für die Informationsbeschaffung gering. Durch Transparenz und niedrige Informationskosten werden nicht nur Zugangshemmnisse für Anleger zum Wertpapier-

82) Verkaufsprospektgesetz in der Fassung der Bekanntmachung v. 9.9.1998, BGBl. I, 2701, zuletzt geändert durch Gesetz v. 16.7.2007, BGBl. I, 1330.

83) Vermögensanlagen-Verkaufsprospektverordnung v. 16.12.2004, BGBl. I, 3464.

84) Vgl. z. B. Schäfer-*Hamann*, Wertpapierhandelsgesetze, Vor § 1 VerkProspG Rz. 2.

85) *Siebel/Gebauer*, WM 2001, 118, 188.

markt abgebaut, sondern die Effizienz bzw. Funktionsfähigkeit des Kapitalmarkts insgesamt gesteigert. Verkaufsprospekten ist damit auch Funktionenschutz in Bezug auf den Markt als solchen zuzuerkennen.[86)] Hinzuweisen ist in diesem Zusammenhang darauf, dass Prospekte nicht auf die persönliche Situation aller Anlageinteressenten zugeschnitten sein können. Ob die angebotenen Wertpapiere den Erwartungen und Anlagezielen gerecht werden, muss jeder Anleger selbst entscheiden. Sieht er sich dazu nicht in der Lage, ist er auf Individualberatung angewiesen.[87)] Verkaufsprospekte ersetzen die individuelle Beratung daher nicht, sondern ergänzen diese im Bedarfsfall.[88)]

11.51 Die **Prospektpflicht** ist an das **öffentliche Angebot** bzw. an **die Zulassung zum Handel** an einem organisierten Markt geknüpft, § 3 Abs. 1 und 3 WpPG. Beide Vorgänge können tatbestandlich zusammenfallen, müssen es aber nicht. Nicht öffentliche Angebote, also Angebote, die sich nicht an das Publikum wenden, (**Privatplatzierungen**, private placements) können prospektfrei abgegeben werden.

Das WpPG definiert in § 2 Nr. 4 den **Begriff des öffentlichen Angebots** von Wertpapieren als eine Mitteilung an das Publikum in jedweder Form und auf jedwede Art und Weise, die ausreichende Informationen über die Angebotsbedingungen und die anzubietenden Wertpapiere enthält, um einen Anleger in die Lage zu versetzen, über den Kauf oder die Zeichnung dieser Wertpapiere zu entscheiden. Es wird im Gesetz klargestellt, dass Mitteilungen aufgrund des Handels von Wertpapieren an einem organisierten Markt oder im Freiverkehr keine öffentlichen Angebote darstellen. Die Einbeziehung von Wertpapieren in den Freiverkehr allein ist deshalb noch kein öffentliches Angebot. Dies ist nur dann der Fall, wenn die Einführung durch Werbung unterstützt wird.[89)]

Das WpPG führt eine Reihe von Tatbeständen auf, bei denen ein Prospekt nicht veröffentlicht werden muss. Dabei unterscheidet das Gesetz Ausnahmen im Hinblick auf die Art des Angebots (qualifizierte Anleger, geringer Personenkreis; geringes Volumen, § 3 Abs. 2 WpPG) bzw. auf bestimmte Wertpapiere (§ 4 WpPG).

11.52 Das WpPG selbst enthält keine ausführlichen Vorschriften über den **Inhalt eines Prospekts.** Für dic Mindestangaben, die in einen Prospekt aufzunehmen

---

86) Vgl. z. B. *J. Hüffer*, Wertpapier-Verkaufsprospektgesetz, S. 9.

87) *J. Hüffer*, Wertpapier-Verkaufsprospektgesetz, S. 177.

88) Zur Anlageberatung vgl. Rz. 11.282 ff.

89) S. Regierungsbegründung z. § 2 WpPG, BT-Drucks. 15/4999, S. 28.

sind, verweist § 7 WpPG auf die EG-ProspVO.[90] § 5 Abs. 1 WpPG weist eine eher nur generalklauselartige Formulierung auf, wonach der Prospekt in leicht analysierbarer und verständlicher Form sämtliche Angaben enthalten muss, die im Hinblick auf den Emittenten und die Wertpapiere notwendig sind, um dem Publikum ein zutreffendes Urteil über die Vermögenswerte und Verbindlichkeiten, die Finanzlage, die Gewinne und Verluste, die Zukunftsaussichten des Emittenten und jedes Garantiegebers sowie über die mit diesen Wertpapieren verbundenen Rechte zu ermöglichen. Insbesondere muss der Prospekt Angaben über den Emittenten und über die Wertpapiere enthalten. Der Prospekt muss in einer Form abgefasst sein, die sein Verständnis und seine Auswertung erleichtern. Der Prospekt muss zudem eine **Zusammenfassung** enthalten, die kurz und allgemein verständlich die wesentlichen Merkmale und Risiken nennt, die auf den Emittenten, jeden Garantiegeber und die Wertpapiere zutreffen. Mit Hilfe der Zusammenfassung soll dem Anleger der Zugriff auf die zentralen Informationen erleichtert werden.[91] Die Zusammenfassung muss z. B. aber auch Warnhinweise enthalten, dass die Zusammenfassung als Einführung zum Prospekt zu verstehen ist und der Anleger jede Entscheidung zur Anlage in die betreffenden Wertpapiere auf die Prüfung des gesamten Prospekts stützen sollte.

Für gewisse Nichtdividendenpapiere i. R. v. Emissionsprogrammen oder Daueremissionen kann ein **Basisprospekt** erstellt werden, der noch nicht die endgültigen Bedingungen des Angebots enthält, die später jedoch zu ergänzen sind.

Bei der **Prospekterstellung** handelt es sich regelmäßig um einen umfangreichen **11.53** und zeitintensiven Prozess. An der Aufstellung nehmen verschiedene Berufsgruppen teil (Angestellte des Anbieters/Zulassungsantragstellers, resp. des Emittenten sowie externe Dienstleister wie Wirtschaftsprüfer, Rechtsanwälte, Banken und Public Relations-Agenturen). Schaltet der Emittent ein emissionsbegleitendes Institut ein, so wird i. R. d. Mandatsvereinbarung (sog. Letter of Engagement) über die Prospekterstellung eine vertragliche Regelung getroffen.[92] Dies erfolgt deshalb, weil die Banken bzw. Finanzdienstleister in den Kreis der Prospekthaftungsverpflichteten fallen können und deshalb ein Interesse daran haben, dass die gesetzlichen Vorschriften über den Prospektinhalt eingehalten werden. Der Zeitraum zwischen Beginn der Prospekterstellung und

90) Vgl. Anhang II der Verordnung (EG) Nr. 809/2004 der Kommission v. 29.4.2004 zur Umsetzung der Richtlinie 2003/71/EG des Europäischen Parlaments und des Rates betreffend die in Prospekten enthaltenen Informationen sowie das Format, die Aufnahme von Informationen mittels Verweis und die Veröffentlichung solcher Prospekte und die Verbreitung von Werbung, ABl. Nr. L 149, S. 23.

91) Rust/Voß/Ritz/Zeising-*Just*, WpPG, § 5 Rz. 23.

92) Muster bei *Bosch/Groß*, Emissionsgeschäft, Rz. 10/323; s. a. *Schanz*, Börseneinführung, § 9 Rz. 17.

Veröffentlichung kann bei einem Prospekt über Aktien ggf. mehrere Monate betragen.[93)]

11.54 Nach der Erstellung darf ein Prospekt nicht sofort veröffentlicht werden. Vielmehr ist ein **behördliches Prüfungsverfahren** vorgeschaltet. Prospekte müssen vom Anbieter der Wertpapiere bzw. den Personen, die die Zulassung zum Handel an einem organisierten Markt beantragen, vor ihrer Veröffentlichung an der BaFin übermittelt werden. Nach Eingang des Prospekts kann die Anstalt die Veröffentlichung gestatten (**Billigung**) oder untersagen.[94)] Die BaFin entscheidet hierüber nach Abschluss einer Vollständigkeitsprüfung des Prospekts einschließlich einer Prüfung der Kohärenz und Verständlichkeit der vorgelegten Informationen. Bei dieser Prüfung nach § 13 Abs. 1 Satz 2 WpPG handelt es sich um eine formelle Prüfungskompetenz. Eine Prüfung, ob die Prospektangaben inhaltlich richtig sind, hat nicht zu erfolgen.[95)] Die BaFin teilt dem Anbieter oder dem Zulassungsantragsteller innerhalb von zehn Werktagen nach Eingang des Prospekts ihre Entscheidung mit. Die Frist beträgt 20 Werktage, wenn das öffentliche Angebot Wertpapiere eines Emittenten betrifft, dessen Wertpapiere noch nicht zum Handel an einem in einem Staat des Europäischen Wirtschaftsraums gelegenen organisierten Markt zugelassen sind und der Emittent zuvor keine Wertpapiere öffentlich angeboten hat. Veröffentlicht ein Anbieter sein Angebot ohne gebilligten Prospekt, kann die BaFin nach § 21 Abs. 4 Satz 1 WpPG das Angebot untersagen.

11.55 Gemäß § 14 Abs. 1 WpPG hat der Anbieter oder Zulassungsantragsteller den **Prospekt** nach seiner Billigung bei der BaFin zu **hinterlegen** und unverzüglich, spätestens einen Werktag vor Beginn des öffentlichen Angebots zu **veröffentlichen**. Werden die Wertpapiere ohne vorheriges oder gleichzeitiges öffentliches Angebot in den Handel an einem organisierten Markt eingeführt, muss der Prospekt mindestens einen Werktag vor Einführung der Wertpapiere veröffentlicht werden. Findet vor der Einführung der Wertpapiere ein Handel von Bezugsrechten im organisierten Markt statt, muss der Prospekt mindestens einen Werktag vor dem Beginn dieses Handels veröffentlicht werden. Bei der Art der Veröffentlichung bestehen Wahlrechte zwischen Presseveröffentlichung, Internet und kostenloser Bereithaltung einer gedruckten Fassung.[96)]

11.56 **Werbung**, die sich auf ein öffentliches Angebot von Wertpapieren oder auf eine Zulassung zum Handel an einem organisierten Markt bezieht, hat nach

93) Musterzeitplan bei Marsch-Barner/Schäfer-*Meyer*, Hdb. börsennotierte AG, § 7 Rz. 94. Vgl. auch *Schanz*, Börseneinführung, § 12 Rz. 68.

94) Gemäß Jahresbericht BaFin 2008, S. 170 (abrufbar unter www.bafin.de), billigte die BaFin im Jahr 2008 2.681 Prospekte inkl. Nachträgen und verweigerte in sieben Fällen die Billigung.

95) S. Regierungsbegründung z. § 13 WpPG, BT-Drucks. 15/4999, S. 34; *Groß*, Kapitalmarktrecht, § 13 WpPG Rz. 8.

96) Ausführlich *Groß*, Kapitalmarktrecht, § 14 WpPG Rz. 6 ff.

§ 15 WpPG darauf hinzuweisen, dass ein Prospekt veröffentlicht wurde oder zur Veröffentlichung ansteht und, wo die Anleger ihn erhalten können. Werbeanzeigen müssen als solche klar erkennbar sein. Die darin enthaltenen Angaben dürfen nicht unrichtig oder irreführend sein. Die Angaben dürfen darüber hinaus nicht im Widerspruch zu den Angaben stehen, die der Prospekt enthält oder die im Prospekt enthalten sein müssen, falls dieser erst zu einem späteren Zeitpunkt veröffentlicht wird. Alle über das öffentliche Angebot oder die Zulassung zum Handel an einem organisierten Markt verbreiteten Informationen, auch wenn sie nicht zu Werbezwecken dienen, müssen mit den im Prospekt enthaltenen Angaben übereinstimmen.

Verstöße gegen die Prospektpflicht stellen gemäß § 30 WpPG **Ordnungswidrigkeiten** dar. Fehlerhafte bzw. fehlende Wertpapierprospekte können eine zivilrechtliche (**Prospekt-)Haftung** nach §§ 13 und 13a VerkProspG nach sich ziehen. Der Prospekt ist demzufolge auch ein Haftungsdokument.[97] 11.57

5. Wertpapiererwerbs- und Übernahmegesetz (WpÜG)

Ein für das Wertpapiergeschäft ferner relevantes Gesetz mit Bezug zur Kapitalmarkttransparenz ist das WpÜG[98]. Es ist anzuwenden auf Angebote zum **Erwerb von Aktien einer Zielgesellschaft**, die zum Handel an einem organisierten Markt zugelassen sind; § 1 Abs. 1 WpÜG. Angebote sind gemäß § 2 Abs. 1 freiwillige oder aufgrund einer Verpflichtung nach dem WpÜG erfolgende öffentliche Kauf- oder Tauschangebote zum Erwerb von Wertpapieren einer Zielgesellschaft. 11.58

Ein **Bieter** oder Bieterkonsortium hat eine **Angebotsunterlage** zu erstellen und zu veröffentlichen. Die Unterlage muss die Angaben enthalten, die für die Aktionäre notwendig sind, um in Kenntnis der Sachlage über eine Annahme entscheiden zu können. Die Angaben in der Unterlage müssen richtig und vollständig sein. Die Angebotsunterlage ist in deutscher Sprache und in einer Form abzufassen, die ihr Verständnis und ihre Auswertung erleichtert. Sie ist von dem Bieter zu unterzeichnen. Einzelheiten regelt § 11 WpÜG sowie die WpÜG-Angebotsverordnung.[99] Insbesondere hat der Bieter Angaben zu den Maßnahmen zu machen, die sicherstellen, dass er die Mittel zur Erfüllung des Angebots hat. Im Fall, dass das Angebot als Gegenleistung die Zahlung einer 11.59

---

97) Wer vorsätzlich falsche vorteilhafte Angaben macht oder nachteilige Tatsachen verschweigt, kann sich zudem des Kapitalanlagebetrugs nach § 264a StGB strafbar machen.

98) Wertpapiererwerbs- und Übernahmegesetz v. 20.12.2001, BGBl. I, 3822, zuletzt geändert durch Gesetz v. 30.7.2009, BGBl. I, 2479.

99) Verordnung über den Inhalt der Angebotsunterlage, die Gegenleistung bei Übernahmeangeboten und Pflichtangeboten und die Befreiung von der Verpflichtung zur Veröffentlichung und zur Abgabe eines Angebots (WpÜG-Angebotsverordnung) v. 27.12.2001, BGBl. I, 4263) die zuletzt durch die Verordnung v. 17.7.2006, BGBl. I, 1697, geändert worden ist.

Geldleistung vorsieht, ist durch ein vom Bieter unabhängiges Wertpapierdienstleistungsunternehmen schriftlich zu bestätigen, dass der Bieter die notwendigen Maßnahmen getroffen hat. Stellt sich später heraus, dass der Bieter die erforderlichen Maßnahmen nicht getroffen hat, so kann derjenige, der das Angebot angenommen hat, von dem Wertpapierdienstleistungsunternehmen Ersatz des ihm aus der nicht vollständigen Erfüllung entstandenen Schadens verlangen.

11.60 Das Angebot selbst kann nach § 19 WpÜG auf einen bestimmten Anteil (z. B. 15 %) oder eine bestimmte Anzahl (z. B. 1.000.000 Stück) begrenzt werden (**Teilangebot**). Allerdings gilt dies nur solange, wie nicht die Kontrolle an der Zielgesellschaft beabsichtigt wird. In diesem Falle spricht man auch von einem **einfachen öffentlichen Erwerbsangebot**.[100] Wird die Kontrolle – das Gesetz geht in § 29 Abs. 2 vom Halten von mindestens 30 % der Stimmrechte an der Zielgesellschaft aus – angestrebt, so handelt es sich gemäß § 29 Abs. 1 WpÜG um ein sog. **Übernahmeangebot.** Bei dieser Angebotsform ist ein Teilangebot gemäß § 32 WpÜG unzulässig, es muss sich vielmehr auf 100 % der Aktien der Zielgesellschaft beziehen. Gleiches gilt bei einem **Pflichtangebot** gemäß § 39 i. V. m. § 32 WpÜG. Ein Pflichtangebot ist nach § 35 Abs. 2 WpÜG zu veröffentlichen, wenn der entsprechende Aktionär die 30 %-Beteiligung ohne Übernahmeangebot – z. B. durch stetige Zukäufe über die Börse erreicht hat.

Aufgrund der drei verschiedenen Arten öffentlicher Erwerbsangebote spricht man auch vom **dreischichtigem Aufbau** des WpÜG.[101]

11.61 Bei Übernahme- und Pflichtangeboten muss die offerierte **Gegenleistung** angemessen sein. Neben der Gegenleistung in Form einer **Geldzahlung** in Euro kommen nach § 31 Abs. 2 auch **liquide Aktien** in Betracht. Es können beide Komponenten kombiniert oder als Wahlrecht ausgestaltet werden. Darüber hinaus sind andere Gegenleistungen zulässig, solange ein Wahlrecht mit einer gesetzlich vorgesehenen Gegenleistung besteht.[102]

11.62 Ähnlich wie bei Wertpapierprospekten ist auch bei der Angebotsunterlage ein **behördliches Prüfverfahren** vorgeschaltet. Bei freiwilligen Angeboten beginnt das Verfahren mit der Veröffentlichung der Entscheidung zur Abgabe eines Angebots, bei Pflichtangeboten mit der Veröffentlichung des Erreichens der Kontrollschwelle. Sodann ist innerhalb einer regelmäßigen Frist (§ 14 Abs. 1 WpÜG) von vier Wochen die erstellte Unterlage der BaFin zu übermitteln. Die Angebotsunterlage ist vom Bieter unverzüglich zu veröffentlichen, wenn die

---

100) Vgl. z. B. *Pfundt/v. Rosen*, Kapitalmarkt im Wandel, S. 39.

101) Schwark-*Noack*, Kapitalmarktrecht, Einl. WpÜG Rz. 8.

102) Schwark-*Noack*, Kapitalmarktrecht, § 31 WpÜG Rz. 21.

Bundesanstalt die Veröffentlichung gestattet hat[103)] oder wenn seit dem Eingang der Angebotsunterlage zehn Werktage verstrichen sind, ohne dass die Bundesanstalt das Angebot untersagt hat. Etwaige Mängel können im Verfahren abgestellt werden. Die BaFin prüft die Unterlage grundsätzlich auf formale Aspekte.[104)]

Die Angebotsunterlage ist gemäß § 14 Abs. 3 WpÜG zu veröffentlichen durch **Bekanntgabe** im Internet und Bekanntgabe im elektronischen Bundesanzeiger oder durch Bereithalten zur kostenlosen Ausgabe bei einer geeigneten Stelle im Inland. Im Fall der Bereithaltung ist im elektronischen Bundesanzeiger die Stelle zu benennen und unter welcher Adresse die Veröffentlichung der Angebotsunterlage im Internet erfolgt ist. Der Bieter hat der Bundesanstalt die Veröffentlichung unverzüglich mitzuteilen. **11.63**

Die BaFin kann unter gewissen Umständen auch von der Verpflichtung zur Veröffentlichung und Abgabe eines Pflichtangebots befreien. Die **Befreiungstatbestände** des § 37 WpÜG i. V. m. §§ 8 ff. WpÜG-AngebotsVO betreffen besondere Fallgestaltungen hinsichtlich Art und Ziel der Kontrollerlangung sowie die Dauer und Wahrnehmung der Kontrolle.

Mit der Veröffentlichung der Angebotsunterlage beginnt die **Annahmefrist.** **11.64** Diese darf nicht weniger als vier Wochen und längstens zehn Wochen betragen, § 16 Abs. 1 WpÜG. Der Bieter ist verpflichtet, die Öffentlichkeit wöchentlich sowie in der letzten Woche vor Ablauf der Annahmefrist täglich über den Stand der Annahmen zu informieren. Bei einem Übernahmeangebot können die Aktionäre der Zielgesellschaft, die das Angebot innerhalb der Frist nicht angenommen haben, das Angebot grundsätzlich innerhalb weiterer zwei Wochen annehmen, § 16 Abs. 2 WpÜG.

Nach einem Übernahme- oder Pflichtangebot sind dem Bieter, dem Aktien der **11.65** Zielgesellschaft i. H. v. mindestens 95 % des stimmberechtigten Grundkapitals gehören, auf seinen Antrag hin die übrigen stimmberechtigten Aktien gegen Gewährung einer angemessenen Abfindung durch Gerichtsbeschluss zu übertragen (§ 39a Abs. 1 WpÜG; sog. **squeeze out**).[105)] Umgekehrt können die verbliebenen Aktionäre, die das Angebot nicht angenommen haben, das Angebot innerhalb von drei Monaten nach Ablauf der Annahmefrist annehmen (sog. **sell out**).

103) Gemäß Jahresbericht BaFin 2008, S. 176 (abrufbar unter www.bafin.de), prüfte die BaFin im Jahr 2008 42 Angebotsunterlagen und gestattete 39 Angebote. Insgesamt wurde in neun Fällen das Angebot untersagt.

104) Str. bei der Angemessenheit der Gegenleistung vgl. OLG Frankfurt, Urt. v. 4.7.2003 – WpÜG 4/03, ZIP 2003, 1392 f. (m. Bespr. *Seibt,* S. 1865) = AG 2003, 513 = DB 2003, 1782; a. A. Assmann/Schütze-*Süßmann*, Kapitalanlagerecht, § 6 Rz. 53 f.

105) Zur verfassungsrechtlichen Zulässigkeit von squeeze out-Maßnahmen vgl. BVerfG, Beschl. v. 27.4.1999 – 1 BvR 1613/94, BVerfGE 100, 289 = ZIP 1999, 1436 (m. Anm. *Wilken*, S. 1443) = WM 1999, 1666, dazu EWiR 1999, 751 *(Neye)*.

11.66 Ein Bieter hat schließlich die Angebotsunterlage nach Gestattung durch die BaFin dem Vorstand der Zielgesellschaft unverzüglich nach der Veröffentlichung nach zu übermitteln. Vorstand und Aufsichtsrat der Zielgesellschaft haben eine **Stellungnahme** zu dem Angebot abzugeben, einschließlich ihrer eigenen Absicht, das Angebot anzunehmen, sofern sie Aktionäre sind. Im Falle einer ablehnenden Haltung (sog. **feindliche Übernahme**) begrenzt das WpÜG die möglichen Maßnahmen. Es gilt als Grundsatz das **Vereitlungsverbot**, wonach der Vorstand der Zielgesellschaft keine Handlungen vornehmen darf, durch die der Erfolg des Angebots verhindert werden könnte (§§ 33 ff. WpÜG).

11.67 Ein Verstoß gegen die Pflicht zur Veröffentlichung einer Angebotsunterlage stellt gemäß § 60 WpÜG eine **Ordnungswidrigkeit** dar. Fehlerhafte Angebotsunterlagen können eine zivilrechtliche **Haftung** gemäß § 12 WpÜG nach sich ziehen.

6. Schuldverschreibungsgesetz (SchVG) – Gesamtemissionen

11.68 Das Gesetz über Schuldverschreibungen aus Gesamtemissionen (SchVG)[106] gilt nach seinem § 1 für nach deutschem Recht begebene inhaltsgleiche Schuldverschreibungen aus Gesamtemissionen (**Schuldverschreibungen**). Eine europarechtliche Vorgabe für das Gesetz besteht nicht. Das SchVG gilt nicht für Pfandbriefemissionen nach dem Pfandbriefgesetz (siehe hierzu Rz. 11.71) und nicht für Schuldverschreibungen des Bundes, eines Sondervermögens des Bundes, eines Landes oder einer Gemeinde oder für die der Bund, ein Sondervermögen des Bundes, ein Land oder eine Gemeinde haftet.

11.69 Zunächst regelt das Gesetz in § 2 SchVG, dass die Bedingungen zur Beschreibung der Leistung sowie der Rechte und Pflichten des Schuldners (Emittent) und der Gläubiger (Inhaber der Anleihe) sich grundsätzlich aus der Urkunde ergeben müssen (**Anleihebedingungen**). Diese Aussage ließe sich auch schon aus § 793 BGB ableiten. Leitbild des BGB ist allerdings die verbriefte Einzelforderung.[107] Ist die Urkunde nicht zum Umlauf bestimmt – so wie bei den heute üblichen Globalverbriefungen nach § 9a Depotgesetz (DepotG) im Girosammelverkehr (vgl. Rz. 11.364) – kann in ihr auch auf außerhalb der Urkunde niedergelegte Anleihebedingungen Bezug genommen werden.[108] Anleihebe-

106) Gesetz betreffend die gemeinsamen Rechte der Besitzer von Schuldverschreibungen in der im Bundesgesetzblatt Teil III, Gliederungsnummer 4134-1, veröffentlichten bereinigten Fassung, das durch Gesetz v. 31.7.2009, BGBl. I, 2512, geändert worden ist.

107) BT-Drucks. 16/12814, S. 26.

108) Umstritten ist, ob Anleihebedingungen AGB sind, die einer Inhaltskontrolle unterliegen; vgl. BT-Drucks. 16/12814, S. 21; vgl. hierzu auch *Hopt* in: FS Schwark, S. 441, 444 ff.; bejahend jetzt BGH, Urt. v. 30.6.2009 – XI ZR 364/08, ZIP 2009, 1558 = WM 2009, 1500, dazu EWiR 2009, 661 *(Podewils)*.

dingungen außerhalb der Urkunde finden sich regelmäßig in den Wertpapierprospekten.

Die Anleihebedingungen müssen verständlich und transparent sein. § 3 SchVG verlangt, dass das Leistungsversprechen durch einen Anleger, der hinsichtlich der jeweiligen Art von Schuldverschreibungen sachkundig ist, ermittelt werden kann.

Das SchVG lässt über den allgemeinen Grundsatz hinaus, wonach Bestimmungen in Anleihebedingungen während der Laufzeit der Anleihe durch Rechtsgeschäft nur durch gleichlautenden Vertrag mit sämtlichen Gläubigern geändert werden können, **Einwirkungsmöglichkeiten auf die verbrieften Rechte** durch Mehrheitsentscheid der Gläubiger zu, § 4 SchVG. Dafür müssen die Anleihebedingungen vorsehen, dass die Gläubiger derselben Anleihe durch Mehrheitsbeschluss Änderungen der Anleihebedingungen zustimmen und zur Wahrnehmung ihrer Rechte einen gemeinsamen Vertreter für alle Gläubiger bestellen können. Ein Änderungsverlangen setzt von Gesetzes wegen keine Notlage des Schuldners voraus, allerdings wird dies regelmäßig der Fall sein. Die Gläubiger können durch Mehrheitsbeschluss nach Maßgabe des § 5 SchVG z. B. der Veränderung der Fälligkeit oder der Verringerung der Hauptforderung und Zinsen beschließen, aber auch den Schuldner austauschen oder Sicherheiten austauschen. Die Gläubiger beschließen dabei entsprechend der Festlegung in den Anleihebedingungen entweder in einer Gläubigerversammlung oder im Wege einer Abstimmung ohne Versammlung. Die Rechtfertigung findet die kollektive Bindung in der zwecktauglichen Ausgestaltung von Schuldverschreibungen als fungible Wertpapiere. Ohne Sicherheit über die inhaltliche Austauschbarkeit aller Wertpapiere derselben Emission wäre die Funktionsfähigkeit des auf schnelle und anonyme Abwicklung des Massengeschäfts ausgerichteten Kapitalmarkts gefährdet.[109] Die Gleichartigkeit aller Schuldverschreibungen einer Emission ist somit notwendige Voraussetzung für ihre Verkehrsfähigkeit. 11.70

7. Pfandbriefgesetz (PfandBG) und Pfandbriefgeschäft

Das PfandBG[110] regelt das **Pfandbriefgeschäft**. Dieses Geschäft betrifft die Ausgabe von Schuldverschreibungen durch Kreditinstitute, wobei die Schuldverschreibungen besonderen Sicherungsmechanismen hinsichtlich des Ausfallrisikos unterworfen sind. Die **Minimierung des Anlegerisikos** erfolgt durch Bereitstellung von registrierten Vermögenswerten des Emittenten. Beim 11.71

109) So die Gesetzesbegründung, BT-Drucks. 16/12814, S. 27 und 29 unter Bezugnahme auf BGH, Urt. v. 28.6.2005 – XI ZR 363/04, ZIP 2005, 1410 = BGHZ 163, 311 = WM 2005, 1567, dazu EWiR 2005, 853 *(Reiff)*.

110) Pfandbriefgesetz v. 22.5.2005, BGBl. I, 1373, das durch Gesetz v. 31.7.2009, BGBl. I, 2512, geändert worden ist.

Pfandbrief handelt es sich demnach um verbriefte Forderungen gegen eine Bank, die mit registrierten Vermögenswerten besichert sind. Bei Hypothekenpfandbriefen sind die Sicherheiten Hypotheken, bei Öffentlichen Pfandbriefen Forderungen gegen staatliche Stellen, bei Schiffspfandbriefen Schiffshypotheken und bei Flugzeugpfandbriefen Registerpfandrechte an Luftfahrzeugen.[111)]

Im PfandBG wurden die früheren Spezialregelungen des Hypothekenbankengesetzes für Hypothekenpfandbriefe, des öffentlichen PfandBG für öffentliche Pfandbriefe und die die Regelungen für Schiffs- und Flugzeugpfandbriefe zusammengeführt sowie zugleich europäischen Vorgaben angepasst.

11.72 Pfandbriefe unterliegen hinsichtlich der Prospektpflicht dem WpPG und der Börsenzulassung dem BörsG. Zur Emission ist jedes Kreditinstitut berechtigt, welches die **Erlaubnis der BaFin zum Pfandbriefgeschäft** eingeholt hat. Zu den zusätzlich zu erfüllenden Anforderungen zählen, dass das Kreditinstitut über ein Kernkapital von mindestens 25 Mio. Euro verfügt, die Erlaubnis für das Kreditgeschäft innehat und erhöhte organisatorische Voraussetzungen erfüllt, § 1 Abs. 1 Satz 2 Nr. 1a KWG, § 2 PfandBG.[112)] Zugleich wurden damit der Charakter der Hypothekenbanken als Spezialinstitute sowie das Pfandbriefprivileg öffentlich-rechtlicher Kreditinstitute aufgehoben.[113)]

11.73 Die der Sicherung dienenden Vermögenswerte müssen rechnerisch den Wert betragen der dem Nennwert einer gesamten Pfandbriefemission entspricht. Sie müssen mindestens den Ertrag bringen wie die ausgegebenen Pfandbriefe (**Deckungskongruenz**, § 4 PfandBG). Das Gesetz verlangt hierbei sogar eine Übersicherung um 2 %. Der zur Sicherung eines Pfandbriefs herangezogenen Hypotheken dürfen bei der Berechnung nicht zum Marktwert angesetzt werden, sondern mit maximal 60 % des Wertes des Gegenstands, der durch die Hypothek beliehen ist.

11.74 Alle als Deckungsmasse dienenden Sicherheiten müssen durch die Pfandbriefemittenten im **Deckungsregister** (§ 5 PfandBG) eingetragen werden, welches aktuell zu halten ist.[114)] Damit wird gewährleistet, dass für jeden Pfandbrief genau zurückverfolgt werden kann, durch welchen Vermögenswert er abgesichert ist. Für Kontroll- und Überwachungszwecke ist ein **Treuhänder** zu benennen (§§ 7 f. PfandBG).

---

111) Pfandbriefe haben nach Schätzungen des Verbandes der Pfandbriefbanken 25 % Anteil am Gesamtumlauf aller deutschen Schuldverschreibungen.

112) Merkblatt – Voraussetzungen für die Erteilung einer Erlaubnis zum Betreiben des Pfandbriefgeschäftes (§ 1 Abs. 1 Satz 2 Nr. 1a KWG), v. 2.4.2005, abrufbar unter www.bafin.de.

113) Vgl. oben Rz. 1.125.

114) Vgl. auch Verordnung über die Form und den Inhalt der Deckungsregister nach dem PfandBG und die Aufzeichnung der Eintragungen (Deckungsregisterverordnung – DeckRegV) v. 25.8.2006, BGBl. I, 2074; zuletzt geändert durch Gesetz v. 20.3.2009, BGBl. I, 607.

Bei **Insolvenz der Pfandbriefbank** fallen gemäß § 30 Abs. 1 PfandBG alle in den Deckungsregistern eingetragenen Vermögenswerte nicht in die Insolvenzmasse der Pfandbriefbank. Die Forderungen der Pfandbriefgläubiger sind aus den in das entsprechende Deckungsregister eingetragenen Werten voll zu befriedigen; sie werden von der Eröffnung des Insolvenzverfahrens über das Vermögen der Pfandbriefbank nicht berührt.[115] Die Pfandbriefinhaber werden somit unabhängig von den Forderungen anderer Gläubiger bedient. Ist die Deckungsmasse der im Deckungsregister eingetragenen Werte nicht ausreichend, um die ausgegebenen Pfandbriefe zu decken, findet ein gesondertes Insolvenzverfahren nur für diese Deckungsmasse statt, in dem nur die Pfandbriefinhaber aus der entsprechenden Deckungsmasse bedient werden. Eventuelle Ausfälle werden im Insolvenzverfahren über das sonstige Vermögen der Bank bedient. 11.75

8. Investmentgesetz (InvG) und Investmentgeschäft

a) Allgemeines

Das InvG[116] hat gemäß § 1 drei Anwendungsbereiche. Es ist anzuwenden 11.76

- auf inländische Investmentvermögen, soweit diese in Form von Investmentfonds oder Investmentaktiengesellschaften gebildet werden,
- die Aufsicht über inländische Gesellschaften, die Anteile oder Aktien über Investmentvermögen ausgeben, sowie
- den beabsichtigten und den tatsächlichen öffentlichen Vertrieb von ausländischen Investmentanteilen sowie den beabsichtigten und tatsächlichen Vertrieb von Anteilen an ausländischen Investmentvermögen, die hinsichtlich der Anlagepolitik mit Hedgefonds vergleichbar sind.

Insgesamt untergliedert sich das Gesetz in sechs Kapitel: Allgemeine Bestimmungen, Sondervermögen, Depotbank, Hedgefonds, Vertriebsvorschriften und Straf- und Bußgeldvorschriften.

Investmentvermögen sind Vermögen zur gemeinschaftlichen Kapitalanlage, die nach dem **Grundsatz der Risikomischung** in gesetzlich enumerativ aufgeführten Vermögensgegenständen angelegt sind. § 2 Abs. 4 InvG enthält eine abschließende Aufzählung der **Vermögensgegenstände (Asset-Klassen)**, die zumindest für einen der vom InvG vorgesehenen Investmentvermögensty- 11.77

115) Ausführlich hierzu *Buchmann*, WM 2009, 442 ff.

116) Investmentgesetz v. 15.12.2003, BGBl. I, 2676, das durch Gesetz v. 30.7.2009, BGBl. I, 2479, geändert worden ist.

pen[117] in Betracht kommen.[118] Verkürzt dargestellt handelt es sich dabei um Wertpapiere, Geldmarktinstrumente, Derivate, Bankguthaben, Immobilien, Beteiligungen an Immobilien-Gesellschaften und Anteile an anderen Investmentvermögen, bei Infrastruktur-Sondervermögen um Beteiligungen an Öffentliche Private Partnerschaften-Gesellschaften, bei sonstigen Sondervermögen zusätzlich um Edelmetalle, unverbriefte Darlehensforderungen und Unternehmensbeteiligungen, bei Mitarbeitersondervermögen zudem um unverbriefte Darlehensforderungen gegen Unternehmen, die ihren Arbeitnehmern freiwillige Leistungen zum Erwerb von Anteilen an diesen Investmentvermögen gewähren, und Beteiligungen einschließlich stiller Beteiligungen an diesen Unternehmen, bei Hegdefonds und Investmentaktiengesellschaften um stille Beteiligungen und bei Hedgefonds zusätzlich um Edelmetalle und Unternehmensbeteiligungen.

11.78 Der **Grundsatz der Risikomischung** ist typusprägend für die gemeinschaftliche Kapitalanlage nach dem InvG. Alle Typen von Investmentvermögen besitzen eigene investmentgesetzliche Anlagevorschriften, die den Mindestgrad der Risikomischung spezifizieren. Mit der gezielten Investition in mehrere Vermögensgegenstände soll das Risiko von Fehlinvestitionen verringert und langfristig eine adäquate Wertentwicklung des investierten Kapitals erreicht werden.[119]

b) Investmentfonds

11.79 Ein Investmentfonds ist nach § 2 Abs. 1 InvG ein von einer Kapitalanlagegesellschaft verwaltetes Publikums- oder Spezial-Sondervermögen. **Sondervermögen** sind nach § 2 Abs. 2 InvG Investmentvermögen, die von einer Kapitalanlagegesellschaft für Rechnung der Anleger nach Maßgabe des InvG, den Vertragsbedingungen, nach denen sich das Rechtsverhältnis der Kapitalanlagegesellschaft zu den Anlegern bestimmt, verwaltet werden, und bei denen die Anleger das Recht zur Rückgabe der Anteile haben.

11.80 **Kapitalanlagegesellschaften (KAG)** – auch Investmentgesellschaften genannt – sind Unternehmen, deren Geschäftsbereich darauf gerichtet ist, inländische Investmentvermögen zu verwalten, §§ 2 Abs. 6, 6 Abs. 1 InvG.[120] Die **Verwal-**

117) Das Gesetz unterscheidet hinsichtlich der Gestaltungsmöglichkeiten zwischen richtlinienkonformen Sondervermögen, Immobilien-Sondervermögen, gemischten Sondervermögen, Altersvorsorge-Sondervermögen, Infrastruktur-Sondervermögen, sonstigen Sondervermögen, Mitarbeiterbeteiligungs-Sondervermögen und Spezial-Sondervermögen.

118) Schimansky/Bunte/Lwowski-*Köndgen/Schmies*, Bankrechts-Hdb., § 113 Rz. 68.

119) Ausführlich Schimansky/Bunte/Lwowski-*Köndgen/Schmies*, Bankrechts-Hdb., § 113 Rz. 2, 67 ff.

120) Die BaFin gibt die Anzahl der Kapitalanlagegesellschaften mit 72 an; vgl. Gesamtliste der zugelassenen Kapitalanlagegesellschaften/zugelassenen Investmentaktiengesellschaften (Stand: 14.8.2009), www.bafin.de.

tung eines Investmentvermögens besteht vor allem darin, das von den Anlegern bei der Gesellschaft eingelegte Geld unter Beachtung des Grundsatzes der Risikomischung in verschiedenen Vermögensgegenständen gesondert vom Vermögen der Gesellschaft anzulegen. Eine KAG darf nur in der Rechtsform einer Aktiengesellschaft oder GmbH betrieben werden. Sie muss ihren satzungsmäßigen Sitz und die Hauptverwaltung in Deutschland haben. Der Geschäftsbetrieb einer KAG bedarf nach § 7 Abs. 1 InvG der schriftlichen **Erlaubnis der BaFin**. Die Vorschriften zur Beaufsichtigung sind den Vorschriften des KWG bzw. des WpHG ähnlich. Wer ohne die Erlaubnis das Geschäft einer KAG betreibt, macht sich gemäß § 143a InvG strafbar.

Eine KAG darf gemäß § 30 Abs. 3 InvG mehrere Sondervermögen verwalten, die sich in der Bezeichnung[121)] zu unterscheiden haben und getrennt zu halten sind. Die Sondervermögen selbst haben keine eigene Rechtspersönlichkeit.[122)] Rechtsträger der Sondervermögen ist entweder die KAG (**Treuhandlösung**) oder die Gemeinschaft der Anleger (**Miteigentumslösung**).[123)]

Gleichgültig, wer der Rechtsträger des Sondervermögens ist, die Anteile der Anleger am Sondervermögen werden gemäß § 33 Abs. 1 Satz 1 InvG wertpapiermäßig in **Anteilscheinen** (Investmentzertifikate) verbrieft. Die Anteilscheine können auf den Inhaber oder auf Namen lauten. Auch Sammelurkunden können ausgegeben werden. Anteilscheine dürfen gemäß § 35 Abs. 1 InvG nur dann in Sammelverwahrung i. S. d. DepotG genommen werden, wenn sie auf den Inhaber lauten oder blanko indossiert sind.[124)] Anteilscheine sind **Wertpapiere eigener Art**, auf die die Vorschriften zu den Inhaberschuldverschreibungen (§§ 793 ff. BGB) analog angewandt werden können, arg § 35 Abs. 2 InvG.[125)] Im Fall der Miteigentumslösung geht mit der Übertragung der in dem Anteilschein verbrieften Ansprüche auch der Anteil des Veräußerers an den zum Sondervermögen gehörenden Gegenständen auf den Erwerber über, § 33 Abs. 2 InvG. Eine gesellschaftsrechtliche Beteiligung an der KAG selbst gewähren die Anteilscheine nicht. **11.81**

Neben der Verwaltung von Investmentvermögen darf eine KAG gemäß § 7 Abs. 2 InvG eine Reihe **weiterer Dienstleistungen** und Nebendienstleistungen erbringen. Hierzu zählen die individuelle Vermögensverwaltung einschließlich der Portfolioverwaltung fremder Investmentvermögen und die Verwaltung **11.82**

121) Vgl. zur Bezeichnung von Fonds die Richtlinie zur Festlegung von Fondskategorien gemäß § 4 Abs. 2 InvG v. 14.12.2004, abrufbar unter www.bafin.de.

122) Assmann/Schütze-*Baur*, Kapitalanlagerecht, § 20 Rz. 316.

123) Assmann/Schütze-*Baur*, Kapitalanlagerecht, § 20 Rz. 277.

124) Blankoindossament ist ein auf der Rückseite der Urkunde befindendlicher Übertragungsvermerk, der aus der bloßen Unterschrift des Indossanten (KAG als Veräußerer) besteht. Daraus folgt, dass Indossatar (Erwerber) jeder Vorleger des Wertpapiers ist. Praktisch wird aus dem Namenspapier ein Inhaberpapier.

125) Claussen-*Ekkenga*, Bank- und Börsenrecht, § 6 Rz. 207.

einzelner in Immobilien angelegter Vermögen für andere. Soweit die Erlaubnis die individuelle Vermögensverwaltung umfasst, ist der KAG auch die Anlageberatung und die Verwahrung und Verwaltung von Investmentanteilen (Depotgeschäft) gestattet. Anlageberatung darf auch eine KAG erbringen, die Sonder-Immobilienvermögen auflegt. Als weitere Dienstleistungen ist der Fondsvertrieb zulässig und zwar bezogen auf die eigenen Anteile und die anderer Investmentgesellschaften.

Ferner ist der Abschluss von Altersvorsorgeverträgen gemäß Altersvorsorgeverträge-Zertifizierungsgesetz[126)] sowie von Verträgen zum Aufbau einer kapitalgedeckten Altersversorgung und die Abgabe einer Zusage gegenüber dem Anleger gestattet, dass bei Rücknahme von Anteilen bzw. bei Beendigung der Verwaltung von Anteilen mindestens ein bestimmter oder bestimmbarer Betrag an den Anleger gezahlt wird (Mindestzahlungszusage).

Mittels eines Auffangtatbestands erlaubt das InvG die Erbringung sonstiger, mit den genannten Dienstleistungen und Nebendienstleistungen unmittelbar verbundenen Tätigkeiten.

11.83 Aus Anlegerschutzgesichtspunkten müssen die KAG das Investmentvermögen vom sonstigen Vermögen der Gesellschaft getrennt halten (§ 30 Abs. 1 InvG). Das **Sondervermögen haftet nicht für Verbindlichkeiten der KAG**, bei der Zwangsvollstreckung bildet es kein Zugriffsobjekt der Gläubiger der Anlagegesellschaft. Ebenso fällt es nicht in die Insolvenzmasse der KAG (§§ 31 Abs. 2, 28 Abs. 1 Nr. 3, 38 Abs. 3 InvG).

11.84 Dem Anlegerschutz dient zudem die i. R. d. Unternehmensorganisation erforderliche **Trennung zwischen Verwaltung und Verwahrung** der Sondervermögen. Die Verwaltung obliegt gemäß § 9 Abs. 1 InvG dem Management der Kapitalanlagegesellschaft. Dieses hat zu entscheiden, wie das Portfolio des jeweiligen Fonds zusammengesetzt sein soll, welche Anlagegegenstände also bspw. verkauft oder angekauft werden sollen. Dabei müssen stets genügend liquide Mittel vorhanden sein, um einem Anteilseigner seinen Anteil am Sondervermögen gegen Rückgabe der darüber ausgestellten Anteilscheine auszahlen zu können (§ 37 Abs. 1 InvG).

Zur Verwahrung der Sondervermögen muss die KAG, ebenso wie mit der Ausgabe und Rücknahme von Anteilscheinen, ein anderes Kreditinstitut (**Depotbank**) beauftragen (§ 20 Abs. 1 InvG).[127)] Die Depotbank hat gemäß §§ 24–29 InvG Überwachungspflichten gegenüber der KAG und muss dabei die Interessen der Anteilinhaber wahrnehmen. In diesem Zusammenhang wird auch von

---

126) Gesetz über die Zertifizierung von Altersvorsorge- und Basisrentenverträgen (Altersvorsorgeverträge-Zertifizierungsgesetz – AltZertG) Art. 7 des Gesetzes v. 26.6.2001, BGBl. I, 1310, 1322, zuletzt geändert durch Gesetz v. 16.7.2009, BGBl. I, 1959.

127) Näher zur zivilrechtlichen Deutung des Vertrags *Einsele*, Bank- und Kapitalmarktrecht, § 10 Rz. 31 ff. und Rz. 34 ff.

Depotbankkontrollfunktion gesprochen.[128] Die Depotbank hat durch Vorschriften zu Organisation und Verfahren sicherzustellen, dass bei Wahrnehmung ihrer Aufgaben Interessenkonflikte zwischen der Depotbank und der KAG vermieden werden.

Der für die Ausgabe bzw. Rücknahme maßgebliche **Wert eines Anteils** ergibt sich aus der Teilung des Wertes des Sondervermögens durch die Zahl der in den Verkehr gelangten Anteile, § 36 Abs. 1 InvG. Der Wert eines Sondervermögens ist aufgrund des jeweiligen Verkehrswerts der Vermögensgegenstände abzüglich der Verbindlichkeiten von der Depotbank unter Mitwirkung der KAG oder von der KAG selbst grundsätzlich börsentäglich zu ermitteln. Der Preis für die Ausgabe von Anteilen (**Ausgabepreis**) muss dem Wert des Anteils am Sondervermögen zuzüglich eines in den Vertragsbedingungen festzusetzenden Aufschlags entsprechen. Der Preis für die Rücknahme von Anteilen (**Rücknahmepreis**) muss dem Wert des Anteils am Sondervermögen abzüglich eines in den Vertragsbedingungen festzusetzenden Abschlags entsprechen, § 23 Abs. 2 InvG. 11.85

Jeder Anleger kann von der KAG gemäß § 36 Abs. 1 InvG jederzeit zwingend verlangen, dass ihm gegen **Rückgabe des Anteils** sein Anteil an dem Sondervermögen aus diesem ausgezahlt wird. In den Vertragsbedingungen kann vorgesehen werden, dass die KAG die Rücknahme der Anteile aussetzen darf (§ 36 Abs. 2 InvG), wenn außergewöhnliche Umstände vorliegen, die eine Aussetzung unter Berücksichtigung der Interessen der Anleger erforderlich erscheinen lassen.[129] Solange die Rücknahme ausgesetzt ist, dürfen keine Anteile ausgegeben werden. 11.86

§ 43 Abs. 2 InvG sieht für Sondervermögen eine Genehmigungspflicht für die allgemeinen **Vertragsbedingungen des Investmentvertrages** durch die BaFin vor. Eine Vorabgenehmigung von Standardklauseln ist dabei vom Gesetz vorgesehen. Der Investmentvertrag zwischen dem Erwerber und der KAG ist bei der Erstausgabe eines Anteils kein Kaufvertrag, sondern ein Geschäftsbesorgungsvertrag, der auf eine Dienstleistung gerichtet ist, § 675 Abs. 1 i. V. m. §§ 611 ff. BGB.[130] Darüber hinaus besteht zwischen der KAG, wenn sie das Depotgeschäft als zulässige Dienstleistung betreiben darf, und dem Fondsinhaber regelmäßig ein Depotvertrag (**Investmentkontovertrag**), auf den die Regelungen des DepotG Anwendung finden.[131] Dementsprechend kommen bei Verfügungen über die Anteilsscheine die depotrechtlichen Übertragungsformen neben den sachenrechtlichen Übertragungsformen des BGB zur An- 11.87

128) Schimansky/Bunte/Lwowski-*Köndgen/Schmies*, Bankrechts-Hdb., § 113 Rz. 134.

129) Besonderheiten ergeben sich bei Immobilienfonds aus § 81 InvG.

130) Assmann/Schütze-*Baur*, Kapitalanlagerecht, § 20 Rz. 213.

131) Assmann/Schütze-*Baur*, Kapitalanlagerecht, § 20 Rz. 224.

wendung (siehe hierzu Rz. 11.267 ff.). Eine Übertragung von Fondsanteilen durch Abtretung gemäß § 398 BGB sollte hingegen ausgeschlossen sein.[132]

Hinzuweisen ist darauf, dass das Gesetz bei Hedgefonds eine schuldrechtliche Vinkulierung für die Übertragung vorgesehen hat. Zwischen KAG und Anlegern ist gemäß § 92 InvG mit schriftlicher Vereinbarung sicherzustellen, dass die Anteile nur mit Zustimmung der KAG übertragen werden dürfen.

11.88 Das Gesetz lässt nach Maßgabe der Vertragsbedingungen die Konstruktion von Subfonds zu. Dies betrifft die Ausgabe von Anteilen mit unterschiedlichen Rechten (**Anteilsklassen**; § 34 Abs. 1 InvG)[133] sowie Zusammenfassung von Teilfonds unter einen vertraglichen Schirm (**Umbrella-Konstruktion,** § 34 Abs. 2 InvG).

11.89 Zusätzlich zu den Vertragsbedingungen muss die Kapitalanlagegesellschaft für von ihr verwaltete Sondervermögen grundsätzlich einen vereinfachten und einen ausführlichen **Verkaufsprospekt** mit den Vertragsbedingungen dem Publikum zugänglich zu machen. Vor Vertragsschluss ist gemäß § 121 Abs. 1 InvG einem am Erwerb eines Anteils Interessierten der vereinfachte Verkaufsprospekt kostenlos und unaufgefordert anzubieten. Auf Verlangen ist auch der ausführliche Verkaufsprospekt kostenlos zur Verfügung zu stellen. Sowohl der ausführliche als auch der vereinfachte Verkaufsprospekt müssen die Angaben enthalten, die erforderlich sind, damit sich die Anleger über die ihnen angebotene Anlage und insbesondere über die damit verbundenen Risiken ein begründetes Urteil bilden können. Einzelheiten zum Prospektinhalt sind in § 42 Abs. 1 und 2 InvG geregelt. Anders als bei den Wertpapierprospekten gibt es beim Verkaufsprospekt für Investmentanteile kein behördliches Prüfverfahren.[134] Die zivilrechtliche Prospekthaftung ist in § 127 InvG geregelt.

11.90 Die dem InvG unterliegenden Sondervermögen sind regelmäßig als **Publikums-Sondervermögen** ausgestaltet. Es können jedoch auch **Spezial-Sondervermögen** aufgelegt werden, deren Anteile aufgrund schriftlicher Vereinbarungen mit der KAG ausschließlich von Anlegern, die nicht natürliche Personen sind, gehalten werden. Die dem InvG unterliegenden Fonds sind stets offene Fonds. Die Zahl der Anteile ist folglich nach dem sog. Open-End-Prinzip unbestimmt. Für die gesetzlich geregelten Fondsarten sind jeweils besondere Anlagevoraussetzungen zu berücksichtigen, die etwa die höchstzulässigen Anteile in bestimmten Anlageobjekten wie Wertpapiere, Geldmarktinstrumente oder Immobilien betreffen. Die damit bezweckte Risikomischung dient wiederum dem Anlegerschutz.

---

132) Str.; Assmann/Schütze-*Baur*, Kapitalanlagerecht, § 20 Rz. 285 m. w. N.

133) Verordnung über die buchhalterische Darstellung, Rechnungslegung und Wertermittlung der Anteilklassen von Sondervermögen (Anteilklassenverordnung – AntKlV) v. 24.3.2005, BGBl. I, 986.

134) Assmann/Schütze-*Assmann*, Kapitalanlagerecht, § 6 Rz. 63.

Auch **Hedgefonds** sind Sondervermögen, und zwar gemäß § 112 InvG solche mit besonderen Risiken. Ihr Hauptmerkmal besteht darin, flexible Anlagestrategien zu verfolgen bei größtmöglicher Freiheit der Fondsmanager hinsichtlich der Vermögensanlage.[135] Den Hedgefonds ist nach ihren Vertragsbedingungen grundsätzlich die unbeschränkte Aufnahme von Krediten, der Einsatz von Derivaten zur Erzielung von Hebeleffekten (Leverage) und der Verkauf von Vermögensgegenständen für gemeinschaftliche Rechnung der Anleger, die im Zeitpunkt des Geschäftsabschlusses nicht zum Sondervermögen gehören (Leerverkauf), erlaubt. Hedgefonds werden von der BaFin noch stärker überwacht. Obgleich eine Prospektpflicht besteht, ist der öffentliche Vertrieb i. S. d. § 2 Abs. 11 InvG gemäß § 112 Abs. 2 InvG untersagt.[136] Bei Hedgefonds sieht das Gesetz gemäß § 116 InvG Erleichterungen hinsichtlich der jederzeitigen Rücknahmeverpflichtung vor. 11.91

Weitere Besonderheit ist, dass sich Hedgefonds – wie international üblich – eines **Prime Brokers** bedienen dürfen. Nach § 2 Abs. 15 InvG ist ein Prime Broker ein Unternehmen, das Vermögensgegenstände für Hedgefonds verwahrt, sich diese ganz oder teilweise zur Nutzung auf eigene Rechnung übertragen lässt und ggf. sonstige mit Hedgefonds verbundene Dienstleistungen erbringt. Der Prime Broker wird daher nicht wie eine Depotbank im alleinigen Interesse der Anleger tätig.[137] Die Verwahrung erfolgt nicht in einer den §§ 20 ff. InvG entsprechenden Form. Auf das erhöhte Risiko, das aus der Verwahrung durch den Prime Broker resultiert, ist im zentralen Warnhinweis des Verkaufsprospekts gemäß § 117 Abs. 3 InvG hinzuweisen.

Neben den **„Single"-Hedgefonds** nach § 112 InvG sind auch **Dach-Hedgefonds** in § 113 InvG gesetzlich geregelt. Deren Investments bestehen in Anteilen an Single-Hedgefonds. Für diese Sondervermögen ist der öffentliche Vertrieb gestattet. 11.92

Ausländische Investmentgesellschaften, die die Absicht haben, ausländische Investmentanteile in Deutschland öffentlich vertreiben wollen, haben dies der BaFin unter Beifügung aussagekräftiger Unterlagen anzuzeigen, § 139 Abs. 1 InvG. Einer expliziten Genehmigung bedarf es nicht. Wenn die BaFin den Vertrieb nicht innerhalb von zwei Monaten nach Eingang der vollständigen Anzeige untersagt, sind die Anteile zum Vertrieb zugelassen. Das Verfahren existiert gemäß § 132 InvG auch beim **Vertrieb ausländischer Anteile** durch eine inländische KAG. 11.93

Fondsanteile können auch zum Börsenhandel zugelassen werden (sog. **Exchange Traded Funds, ETF**), womit ein weiterer Sekundarhandel neben der 11.94

---

135) Vgl. Regierungsbegründung, BT-Drucks. 15/1553, S. 67.

136) Krit. zu dieser Konstruktion Schimansky/Bunte/Lwowski-*Köndgen/Schmies*, Bankrechts-Hdb., § 113 Rz. 111.

137) Ausführlich zum Prime Broker Regierungsbegründung, BT-Drucks. 16/5576, S. 224.

Rückgabe und Wiederausgabe durch die KAG eröffnet ist.[138] Grundlage für die Börsenzulassung der Anteilsscheine bildet gemäß § 32 Abs. 3 BörsG der Verkaufsprospekt.

c) Investmentaktiengesellschaften

11.95 **Investmentaktiengesellschaften**[139] (InvAG) sind gemäß §§ 2 Abs. 5, 96 Abs. 2 InvG Unternehmen, deren Unternehmensgegenstand nach der Satzung auf die Anlage und Verwaltung ihrer Mittel nach dem Grundsatz der Risikomischung zur gemeinschaftlichen Kapitalanlage in investmentgesetzlich vorgegebene Vermögensgegenstände beschränkt ist und bei denen die Anleger das Recht zur Rückgabe ihrer Aktien haben. Einziges Ziel der Gesellschaft ist, die Aktionäre am Gewinn aus der Verwaltung des Vermögens der Gesellschaft zu beteiligen. Daneben kennt das Gesetz auch die **Spezial-Investmentaktiengesellschaft**, bei der Aktien nach der Satzung ausschließlich von Anlegern, die nicht natürliche Personen sind, gehalten werden dürfen.

11.96 InvAG dürfen nach § 96 Abs. 1 InvG nur in der Rechtsform der Aktiengesellschaft betrieben werden. Die Aktien einer InvAG bestehen **aus Unternehmensaktien und Anlageaktien**; eine Spezial-InvAG kann auf die Begebung von Anlageaktien verzichten. Die Unternehmensaktien werden von den Gründern übernommen. Anlageaktien gewähren kein Recht zur Teilnahme an der Hauptversammlung und kein Stimmrecht, es sei denn, die Satzung legt dies fest.

11.97 Die InvAG ist mit **veränderlichem Kapital**[140] ausgestattet und weicht damit in ihrem Wesen erheblich von der Aktengesellschaft des AktG ab. Der Vorstand ist gemäß § 104 InvG ermächtigt, das Gesellschaftskapital wiederholt durch Ausgabe neuer Anlageaktien gegen Einlagen zu erhöhen. Unternehmensaktionäre und Anlageaktionäre haben ein Bezugsrecht entsprechend § 186 AktG; für Anlageaktionäre gilt dies nur, wenn sie ein satzungsmäßiges Stimmrecht haben. Nach § 105 InvG kann die InvAG in den Grenzen eines in der Satzung festzulegenden Mindestkapitals und Höchstkapitals nach Maßgabe der folgenden Bestimmungen jederzeit ihre Aktien ausgeben und zurücknehmen. Aktionäre können von der InvAG verlangen, dass ihnen gegen Rückgabe von Aktien ihr Anteil am Gesellschaftskapital ausgezahlt wird. Mit der Rücknahme ist das Gesellschaftskapital herabgesetzt. Die Verpflichtung zur Rücknahme besteht nur,

---

138) Vgl. Schwark-*Heidelbach*,, Kapitalmarktrecht, § 30 BörsG Rz. 10.

139) Die BaFin gibt die Anzahl der Investmentaktiengesellschaften mit 15 an; vgl. Gesamtliste der zugelassenen Kapitalanlagegesellschaften/zugelassenen Investmentaktiengesellschaften (Stand: 14.8.2008), www.bafin.de.

140) Rechtskonstruktiv ist diese Gesellschaftsform der französischen, luxemburgischen, italienischen und schweizer SICAV (Société d'Investissement à Capital Variable bzw. Società di Investimento a Capitale Variabile) vergleichbar.

wenn durch die Rücknahme das Gesellschaftsvermögen den Betrag von 1,25 Mio. Euro nicht unterschreitet. Die Zahlung des Erwerbspreises bei der Rücknahme von Aktien gilt nicht als eine aktienrechtlich verbotene Rückgewähr von Einlagen.

Eine InvAG bedarf zum Geschäftsbetrieb der **schriftlichen Erlaubnis** durch die BaFin, § 97 Abs. 1 InvG. Voraussetzungen sind u. a. ein Anfangskapital von mindestens 300.000 Euro, Sitz und Geschäftsleitung in Deutschland, zuverlässige und fachliche geeignete Geschäftsleiter sowie Beauftragung einer Depotbank. 11.98

Diverse Vorschriften des AktG werden in § 99 Abs. 1 InvG von der Geltung für die InvAG ausgenommen, insbesondere das Verbot des § 23 Abs. 5 AktG, durch Satzung vom AktG abzuweichen. Durch Verweisungen in § 99 Abs. 3 InvG – z. B. auf die Prospektpflicht – sind zahlreiche Vorschriften für die KAG und deren Sondervermögen auf die Tätigkeit der InvAG entsprechend anwendbar. Die Regelungen zum Anteil gelten dann für die Aktie und die zum Anleger für den Aktionär. Der Terminus Vertragsbedingungen ist als Satzung und das Sondervermögen als Gesellschaftsvermögen zu interpretieren. Spätestens dies macht deutlich, dass es sich bei InvAG um eine organisationsrechtliche Form eines Investmentfonds[141] handelt. 11.99

Der Anlagekatalog für InvAG ist im InvG nicht für Immobilien freigegeben. Vielmehr hat der Gesetzgeber die im REITG[142] geregelte sog. **REIT-Aktiengesellschaft**[143] geschaffen, deren Unternehmensgegenstand sich im Wesentlichen darauf beschränkt, Eigentum oder dingliche Nutzungsrechte an unbeweglichen Vermögen mit Ausnahme von Bestandsmietwohnimmobilien zu erwerben, zu halten, i. R. d. Vermietung, der Verpachtung und des Leasings einschließlich notwendiger immobiliennaher Hilfstätigkeiten zu verwalten und zu veräußern. Die Aktien der REIT-AG müssen zum Handel an einem organisierten Markt i. S. v. § 2 Abs. 5 WpHG in einem Mitgliedstaat der EU oder in einem anderen EWR-Vertragsstaat zugelassen sein. Für die InvAG ist die Zulassung ihrer Aktien zum Börsenhandel hingegen optional. 11.100

Schließlich erlaubt das InvG den KAG bzw. den InvAG nicht die Auflage von Fonds, die ganz überwiegend in nicht-börsennotierte Gesellschaften investieren (**Private Equity-Fonds, Venture Capital-Fonds**). Anlagemöglichkeiten – ggf. auch als handelbare Wertpapiere ausgestaltet – können hier allerdings i. R. d. 11.101

141) Vgl. Begr. RegE, BR-Drucks. 274/07, S. 193.

142) Gesetz über deutsche Immobilien-Aktiengesellschaften mit börsennotierten Anteilen (REIT-Gesetz – REITG) Art. 1 des Gesetzes v. 28.5.2007, BGBl. I, 914; zuletzt geändert durch Gesetz v. 19.12.2008, BGBl. I, 2794. Vgl. zur rechtspolitischen Diskussion Assmann/Schütze-*Baur*, Kapitalanlagerecht, § 20 Rz. 85.

143) REIT ist die Abkürzung für Real Estate Investment Trust.

Unternehmensbeteiligungsgesetzes[144] und des Wagniskapitalbeteiligungsgesetzes[145] geschaffen werden.

9. Emissions- und Platzierungsgeschäft

11.102 Emissionsgeschäft und Platzierungsgeschäft sind Wertpapierdienstleistungen, die das Verhältnis des Wertpapierdienstleistungsunternehmens zum Emittent eines Finanzinstruments betreffen. Das Emissionsgeschäft ist zugleich Bankgeschäft nach § 1 Abs. 1 Nr. 10 KWG (siehe oben Rz. 2.36) und das Platzierungsgeschäft eine Finanzdienstleistung nach § 1 Abs. 1a Nr. 1c KWG.

§ 2 Abs. 3 Nr. 5 WpHG beschreibt als Emissionsgeschäft die Übernahme von Finanzinstrumenten für **eigenes Risiko** zur Platzierung oder die Übernahme gleichwertiger Garantien. § 2 Abs. 3 Nr. 6 WpHG definiert die Platzierung von Finanzinstrumenten **ohne feste Übernahmeverpflichtung** als Platzierungsgeschäft. Die Geschäftsarten unterscheiden sich damit hinsichtlich der wirtschaftlichen Risikotragung bei der Unterbringung der Finanzinstrumente bei den Kapitalanlagern.

11.103 Unter **Platzierung** ist die Unterbringung von Finanzinstrumenten im Kapitalmarkt oder an einen begrenzten Kreis von Personen oder Anlegern i. R. einer Emission zu verstehen. Zudem muss eine **Platzierungsabrede** vorliegen, d. h. eine Abrede, durch die der Emittent das Wertpapierdienstleistungsunternehmen mit der Unterbringung der Finanzinstrumente beauftragt.[146] Wegen der Zuhilfenahme des Unternehmens wird diese Form der Platzierung auch **Fremdemission** genannt. Platzierungen ohne Mitwirkung von Instituten (**Selbstemissionen**) sind in der Praxis eher die Ausnahme.[147] Wenn sie dennoch stattfinden, dann handelt es sich zumeist um nicht öffentliche Platzierungen.

11.104 Beinhaltet die Platzierungsabrede die feste Verpflichtung, die Finanzinstrument in den eigenen Bestand zu übernehmen (**Übernahmevertrag**, firm commitment underwriting), so liegt das **Absatzrisiko** bei dem Wertpapierdienstleister, mithin ein Emissionsgeschäft vor. Beim Platzierungsgeschäft handelt es sich um eine **offene Stellvertretung**, bei der Finanzinstrumente im fremden Namen und für fremde Rechnung veräußert werden. Soweit das Wertpapierdienstleistungsunternehmen im eigenen Namen aber für fremde Rechnung

144) Gesetz über Unternehmensbeteiligungsgesellschaften (UBGG) neugefasst durch Gesetz v. 9.9.1998, BGBl. I, 2765; zuletzt geändert durch Gesetz v. 17.12.2008, BGBl. I, 2586.

145) Gesetz zur Förderung von Wagniskapitalbeteiligungen (Wagniskapitalbeteiligungsgesetz – WKBG) v. 12.8.2008, BGBl. I, 1672.

146) Vgl. Nr. 1 lit. b, aa Merkblatt der BaFin – Hinweise zum Tatbestand des Emissionsgeschäfts, Stand: Januar 2009, und Nr. 1 lit. c Merkblatt der BaFin-Hinweise zum Tatbestand des Platzierungsgeschäfts, Stand: 10.12.2009, beide abrufbar unter www.bafin.de.

147) Schwintowski/Schäfer-*Schäfer*, Bankrecht, § 23 Rz. 5.

handelt (**verdeckte Stellvertretung**), liegt nach Auffassung der BaFin kein Platzierungsgeschäft, sondern ein **Finanzkommissionsgeschäft** nach § 2 Abs. 3 Nr. 1 WpHG vor.[148] Sollte sich das als Stellvertreter handelnde Institut verpflichten, den nach Ablauf einer bestimmten Frist nicht verkauften Teil einer Emission fest zu übernehmen, handelt es sich wiederum insgesamt um ein Emissionsgeschäft. Schließen sich mehrere Institute – was der Regelfall ist[149] – zu einem Übernahme- und oder Platzierungskonsortium zusammen, so erbringt nicht das Konsortium die Wertpapierdienstleistung, sondern jedes einzelne Konsortialmitglied.

Hinzuweisen ist darauf, dass das Aufsichtsrecht Wertpapiere – unabhängig ob sie Eigenkapital oder Fremdkapital verbriefen –, Geldmarktinstrumente und Derivate[150] im Hinblick auf das Emissionsgeschäft- und Platzierungsgeschäft gleich behandelt. Unterschiede in der rechtlichen Behandlung sind in der zivilrechtlichen Ausgestaltung zu suchen.[151] Das In-den-Verkehr-Bringen von Aktien, als ein **Hauptanwendungsfall des Emissionsgeschäfts** mag dies verdeutlichen. **11.105**

Aktienemissionen sind regelmäßig in eine Reihe gesellschaftsrechtlicher Maßnahmen (Hauptversammlungsbeschluss zur Kapitalerhöhung, Abwicklung der Zeichnung, Bezugsrechtsabwicklung, Handelsregistereintragung) eingebettet. Bei regulären Kapitalerhöhungen kommt es nahezu immer zu einer Risikoübernahme durch die die Wertpapierdienstleistung anbietende Bank. Hier wird den Altaktionären nur eine indirekte Bezugsmöglichkeit von neuen Aktien gemäß § 186 Abs. 5 AktG eingeräumt. Gesellschaft und Bank vereinbaren in einem Übernahmevertrag dann u. a., dass der gesamte nominale Erhöhungsbetrag (Nennbetrag, geringster Erhöhungsbetrag) vom Institut gezeichnet wird und dieses die neuen Aktien den Altaktionären zum Bezug anbietet. Durch die Übernahme des Erhöhungsbetrags wird das Institut formal Aktionär und geht damit ins Risiko.[152] Eine Rückgabe der Aktien an die Aktiengesellschaft ist aufgrund des Verbots der Einlagenrückgewähr rechtlich nicht möglich. Der nominale Erhöhungsbetrag ist allerdings regelmäßig nicht identisch mit dem am Markt erzielbaren höheren Preis für die Emission. Dieser wird bei Bezugs-

---

148) Nr. 1 lit. b, bb Merkblatt der BaFin – Hinweise zum Tatbestand des Emissionsgeschäfts, Stand: Januar 2009, und Nr. 1 lit. d Merkblatt der BaFin-Hinweise zum Tatbestand des Platzierungsgeschäfts, Stand: 10.12.2009, beide abrufbar unter www.bafin.de; a. A. z. B. Assmann/Schneider-*Assmann*, WpHG, § 2 Rz. 98, wonach beide Dienstleistungsarten gegeben sind.

149) *Bosch/Groß*, Emissionsgeschäft, Rz. 10/76.

150) Nach § 1 Abs. 11 KWG sind auch Devisen und Rechnungseinheiten erfasst.

151) Schimansky/Bunte/Lwowski-*Grundmann*, Bankrechts-Hdb., § 112 Rz. 10.

152) Hierzu Claussen-*Ekkenga*, Bank- und Börsenrecht, § 6 Rz. 352.

rechtsemissionen überwiegend im Wege des Festpreisverfahrens ermittelt und sich dabei am Börsenkurs der Altaktien orientieren.[153)]

Bei bezugsrechtsfreien Aktienemissionen wird der Preis vornehmlich im **Bookbuilding-Verfahren** festgestellt. Dieses Verfahren ermöglicht den interessierten Anlegern innerhalb einen festgelegten Frist Preisangebote i. R. einer indikativen Preisspanne zu machen, auf deren Grundlage dann über Preis und Zuteilung entschieden wird.[154)]

Zivilrechtlich stellt die Zeichnung neuer Aktien durch die Bank einen Beitrittsvertrag dar, der ein Vertrag eigener Art ist. Die feste Übernahme von Anleihen kann indessen als Kaufvertrag angesehen werden.[155)]

11.106 Nach § 2 Abs. 3a Nr. 6 WpHG sind **Dienstleistungen, die im Zusammenhang mit dem Emissionsgeschäft** stehen, als Wertpapiernebendienstleistungen klassifiziert. Hierunter fallen Sachverhalte wie die Mitarbeit bei der Prospekterstellung oder die Organisation der Verbriefung von Finanzinstrumenten.

II. Im Besonderen: WpHG-Vorgaben für Marktteilnehmer

1. Insiderüberwachung

a) Insiderverbote

11.107 Das **Ausnutzen von Wissensvorsprüngen** im Wertpapierhandel ist gemäß § 14 WpHG verboten. Durch das WpHG von 1994 wurden – in Umsetzung der EG-Insiderrichtlinie[156)] – für das deutsche Recht erstmalig gesetzliche Regelungen zur Überwachung des Insiderhandels im Wertpapierbereich geschaffen. 2004 wurde mit der Umsetzung der Marktmissbrauchsrichtlinie durch das Anlegerschutzverbesserungsgesetz[157)] das Insiderrecht des WpHG novelliert. Die Vorschriften des WpHG werden ergänzt und konkretisiert durch die Verordnung zur Konkretisierung von Anzeige-, Mitteilungs- und Veröffentlichungspflichten sowie der Pflicht zur Führung von Insiderverzeichnissen nach dem WpHG (WpAIV) vom 13. Dezember 2004.[158)]

Das Verbot, Wissensvorsprünge auszunutzen, dient dazu, das Vertrauen der Anleger in die Gleichbehandlung der Marktteilnehmer beim Zugang zu Insiderinformationen zu stärken und damit zugleich die Funktionsfähigkeit der

153) Marsch-Barner/Schäfer-*Meyer*, Hdb. börsennotierte AG, § 8 Rz. 26.

154) *Bosch/Groß*, Emissionsgeschäft, Rz. 10/86 und 10/92.

155) *Einsele*, Bank- und Kapitalmarktrecht, § 7 Rz. 22.

156) Richtlinie 89/592/EWG des Rates v. 13.11.1989 zur Koordinierung der Vorschriften betreffend Insidergeschäfte (Insiderrichtlinie), ABl. Nr. L 334/30.

157) Gesetz zur Verbesserung des Anlegerschutzes (Anlegerschutzverbesserungsgesetz – AnSVG), BGBl. I 2004, 630.

158) Wertpapierhandelsanzeige- und Insiderverzeichnisverordnung v. 13.12.2004, BGBl. I, 3376, die zuletzt durch Gesetz v. 12.8.2008, BGBl. I, 1666 geändert worden ist.

Kapitalmärkte zu verbessern. Das Insiderhandelsverbot wird als Bestandteil der guten Ordnung am Kapitalmarkt angesehen; es entspricht den Fairness-Vorstellungen der privaten und institutionellen Anleger. Insbesondere institutionelle ausländische Investoren erwarten von einem Finanzplatz mit internationalem Geltungsanspruch ein staatlich geregeltes und überwachtes Insiderhandelsverbot.[159)]

Ein Verstoß gegen das Verbot stellt eine **Ordnungswidrigkeit**, ggf. sogar eine **Straftat** dar, für die in § 38 WpHG als Strafrahmen Freiheitsstrafen bis zu fünf Jahren oder Geldstrafen vorgesehen sind.

Von der Überwachung erfasste **Insiderpapiere** sind entsprechend § 12 WpHG **11.108** Finanzinstrumente, die an einer inländischen Börse zum Handel zugelassen oder in den regulierten Markt oder in den Freiverkehr einbezogen sind oder die in einem anderen EU-Mitgliedstaat oder einem anderen EWR-Vertragsstaat zum Handel an einem organisierten Markt zugelassen sind. Gleiches gilt für Finanzinstrumente, deren Preis unmittelbar oder mittelbar von den genannten Finanzinstrumenten abhängt. Der Zulassung zum Handel an einem organisierten Markt oder der Einbeziehung in den regulierten Markt oder in den Freiverkehr steht gleich, wenn der Antrag auf Zulassung oder Einbeziehung gestellt oder öffentlich angekündigt ist.

Auf solche Papiere bezogene Informationen sind innerhalb des Verbotstatbe- **11.109** standes dann relevant, wenn sie die Begriffsmerkmale der Insiderinformation nach § 13 Abs. 1 WpHG erfüllen. Eine **Insiderinformation** ist eine **konkrete Information über nicht öffentlich bekannte Umstände**, die sich auf einen oder mehrere Emittenten von Insiderpapieren (**unternehmensbezogene Insiderinformation**) oder auf die Insiderpapiere selbst (**marktbezogene Insiderinformation**) bezieht und die geeignet ist, im Falle ihres öffentlichen Bekanntwerdens den Börsen- oder Marktpreis der Insiderpapiere erheblich zu beeinflussen.

Das Gesetz nennt selbst nur zwei **Beispiele für Insiderinformationen**. Dies betrifft Informationen über nicht öffentlich bekannte Umstände, die sich

- auf Aufträge von anderen Personen über den Kauf oder Verkauf von Finanzinstrumenten beziehen oder
- auf Derivate nach § 2 Abs. 2 Nr. 2 WpHG mit Bezug auf Waren beziehen und bei der Marktteilnehmer erwarten würden, dass sie diese Information in Übereinstimmung mit der zulässigen Praxis an den betreffenden Märkten erhalten würden.

Insgesamt ist festzuhalten, dass Tatsachen, Prognosen, Werturteile, Einschätzungen und ggf. auch Gerüchte Insiderinformation sein können.[160)] Weitere Bei-

159) Vgl. *Kümpel*, Bank- und Kapitalmarktrecht, Rz. 16.58 m. w. N.

160) Vgl. Regierungsbegründung, BT-Drucks. 15/3174, S. 33.

spiele sind Veräußerungen von Kernbereichen, Rückzug aus oder Aufnahme von neuen Kerngeschäftsfeldern, wesentliche gesellschaftsrechtliche Strukturmaßnahmen, Beherrschungs-, Gewinnabführungsverträge, Erwerb oder Veräußerung wesentlicher Beteiligungen, Kapitalmaßnahmen, Änderung des Dividendensatzes, bevorstehende Zahlungseinstellung, Überschuldung, Verlustanzeige, kurzfristige Kündigung wesentlicher Kreditlinien. erhebliche außerordentliche Aufwendungen/Erträge, Ausfall wesentlicher Schuldner, bedeutende Erfindungen, maßgebliche Produkthaftungsfälle, Antrag auf Widerruf der Börsenzulassung, Lohnsenkungen bzw. Lohnerhöhungen, Rückkaufprogramme. Diese und andere finden sich im **Emittentenleitfaden der BaFin,**[161] einer Norm interpretierenden Verwaltungsvorschrift.[162]

11.110 Einschränkend führt § 13 Abs. 2 WpHG aus, dass eine **Bewertung** die ausschließlich **aufgrund öffentlich bekannter Umstände** erstellt wird, **keine Insiderinformation** ist, selbst wenn sie den Kurs von Insiderpapieren erheblich beeinflussen kann. Diese Regelung zielt insbesondere auf Finanzanalysen ab. Das Wissen um die geplante Verwendung einer Bewertung, z. B. die Veröffentlichung in einem Börsendienst, kann jedoch die Kenntnis einer Insiderinformation darstellen.[163]

Öffentlich bekannt sind Umstände, wenn sie einem breiten Anlegerpublikum und damit einer unbestimmten Zahl von Personen zugänglich gemacht worden sind. Ob der Emittent die Umstände selbst veröffentlicht hat oder die Öffentlichkeit anderweitig davon Kenntnis erlangt hat, ist unerheblich.[164]

Gesetzlich präzisiert wird der Begriff **Umstände**. Nach § 13 Abs. 1 Satz 3 WpHG gelten als Umstände auch solche, bei denen mit hinreichender Wahrscheinlichkeit davon ausgegangen werden kann, dass sie in Zukunft eintreten werden. Die hinreichende Wahrscheinlichkeit sollte erst bei mehr als 50 % Eintrittswahrscheinlichkeit gegeben sein.[165] Relevant wird diese Wahrscheinlichkeitsbetrachtung u. a. bei **mehrstufigen bzw. gestreckten Entscheidungsprozessen,** wie z. B. bei einer Kapitalerhöhung oder einer Fusion, bei der der Vorstand bereits positiv votiert hat, das Aufsichtsratsgremium aber erst noch tagen wird. Der Verordnungsgeber tendiert, wie sich aus § 6 Satz 2 Nr. 2 WpAIV ergibt, zu der Auffassung, dass die Vorstandsentscheidung bereits genügt.

---

161) Emittentenleitfaden der BaFin, S. 34 i. V. m. S. 56 f.; abrufbar unter www.bafin.de.

162) BGH, Beschl. v. 25.2.2008 – II ZB 9/07, ZIP 2008, 639, 641 = WM 2008, 641, dazu EWiR 2008, 317 (*Wilsing/v. d. Linden*).

163) Assmann/Schneider-*Assmann*, WpHG, § 13 Rz. 76.

164) BaFin-Emittentenleitfaden, S. 32.

165) BGH, Beschl. v. 25.2.2008 – II ZB 9/07, ZIP 2008, 639, 641 = WM 2008, 641, dazu EWiR 2008, 317 (*Wilsing/v. d. Linden*).

Eine **Eignung zu erheblichen Kursbeeinflussung** ist gemäß § 13 Abs. 1 WpHG gegeben, wenn ein verständiger Anleger die Information bei seiner Anlageentscheidung berücksichtigen würde. Die zu stellende Testfrage lautet demnach: Würde ein verständiger Anleger die Information bei seiner Anlageentscheidung berücksichtigen? Das ist zu bejahen, wenn ein Kauf- oder Verkaufanreiz gegeben ist und das Geschäft dem verständigen Anleger „lohnend" erscheint.[166] **11.111**

Ein erhebliches Preisbeeinflussungspotenzial einer Information wird, darauf weist der Emittentenleitfaden der BaFin zu recht hin,[167] bei **festverzinslichen Wertpapieren** seltener anzunehmen sein als bei Aktien. Soweit der Emittent ausschließlich Anleihen emittiert hat, wird regelmäßig ein erhebliches Preisbeeinflussungspotenzial nur dann anzunehmen sein, wenn die Rückzahlung bzw. Ertragszahlung aufgrund der der Information zugrunde liegenden Umstände beeinträchtigt wäre.

Insider ist jeder, der Kenntnis von einer Insiderinformation hat, unabhängig davon, wie er sie erhalten hat. Wer jedoch Informationen als **Mitglied des Geschäftsführungs- oder Aufsichtsorgans** oder als persönlich haftender Gesellschafter des Emittenten oder eines mit dem Emittenten verbundenen Unternehmens oder aufgrund seiner Stellung als **Anteilseigner** des Emittenten oder eines mit dem Emittenten verbundenen Unternehmens, oder aufgrund seines **Berufs oder seiner Tätigkeit oder seiner Aufgabe** bestimmungsgemäß erhält (sog. **Primärinsider**), wird nach § 38 WpHG nicht nur beim Insiderhandel mit strafrechtlichen Sanktionen belegt, sondern auch bei der Informationsweitergabe.[168] Jede sonstigen Inhaber einer Insiderinformation (**Sekundärinsider)** handeln bei der Weitergabe von Insiderinformationen hingegen „nur" ordnungswidrig. **11.112**

Das WpHG kennt insgesamt drei Insiderverbote. Einem Insider ist nach § 14 Abs. 1 WpHG verboten, **11.113**

- unter Verwendung einer Insiderinformation Insiderpapiere für eigene oder fremde Rechnung oder für einen anderen zu erwerben oder zu veräußern (**Verwendungsverbot**),
- einem anderen Insiderinformationen unbefugt mitzuteilen oder zugänglich zu machen (**Weitergabeverbot**) oder
- einem anderen auf der Grundlage einer Insiderinformation den Erwerb oder die Veräußerung von Insiderpapieren zu empfehlen oder einen anderen auf sonstige Weise dazu zu verleiten (**Verleitungsverbot**).

166) S. hierzu BaFin-Emittentenleitfaden, S. 35.

167) BaFin-Emittentenleitfaden, S. 57

168) Auch aufgrund der Vorbereitung oder Begehung einer Straftat erlangte Insiderinformationen sind bei Weitergabe strafrechtlich zu verfolgen.

11.114 Für die Kapitalmarktpraxis von großer Relevanz ist das Weitergabeverbot. Insiderinformationen können nämlich weitergegeben werden, wenn die Weitergabe befugtermaßen erfolgt. Befugt ist eine Weitergabe dann, wenn sie im üblichen Rahmen bei Ausübung der Arbeit oder des Berufs oder in Erfüllung von Aufgaben des Insiders für den Emittenten geschieht.[169)] Die Weitergabe von Insiderinformationen an unternehmensexterne Berater wie z. B. Rechtsanwälte, Wirtschaftsprüfer, Steuerberater sowie Kredit- und Finanzdienstleistungsinstitute stellen keine unbefugte Weitergabe dar, wenn die Information von diesen Personen tatsächlich für die Erfüllung der ihnen übertragenen Aufgaben benötigt wird[170)] (sog. **need-to-know**)[171)].

11.115 Grundsätzlich nicht unter das need-to-kow Prinzip fällt die Weitergabe von Insiderinformationen, die der Ad-hoc-Publizitätspflicht unterliegen, an einzelne **Journalisten**. Ein Journalist erhält in diesem Falle eine Insiderinformation nur deshalb, weil der Informant gegen das Weitergabeverbot verstößt. Die Journalisten nehmen insoweit für sich in Anspruch, unbefugt weitergegebene Insiderinformationen publizieren zu dürfen. Verbote, Insiderinformationen zu verwenden, können nach Ansicht des Deutschen Presserats grundsätzlich nicht die journalistische Freiheit einschränken.[172)] Dass Journalisten Insiderinformationen durch Veröffentlichung weitergeben, wird – soweit ersichtlich – von den Staatsanwaltschaften im Hinblick auf die nach Art. 5 Abs. 1 Satz 2 GG grundgesetzlich geschützte Pressefreiheit nicht in Frage gestellt.[173)]

11.116 Der Handel mit eigenen Aktien i. R. v. Rückkaufprogrammen und Maßnahmen zur Stabilisierung des Preises von Finanzinstrumenten sind gemäß § 14 Abs. 2 WpHG vom Anwendungsbereich der Insiderverbote ausgenommen, soweit diese nach den Vorschriften der EG-VO zu den Ausnahmeregelungen für Rückkaufprogramme und Kursstabilisierungsmaßnahmen[174)] erfolgen.

b) Ad-hoc-Publizität

11.117 § 15 WpHG statuiert Mitteilungs- und Veröffentlichungspflichten im Hinblick auf Insiderinformationen, die Inlandsemittenten unmittelbar betreffen. Auf-

169) BaFin-Emittentenleitfaden, S. 41.

170) Die BaFin zählt im Emittentenleitfaden, S. 41, auch Ratingagenturen dazu; zweifelhaft, vgl. *Gebauer* in: DIRK, Hdb. Investor Relations, S. 505, 517.

171) Schimansky/Bunte/Lwowski-*Eisele*, Bankrechts-Hdb., § 109 Rz. 146.

172) Vgl Abschnitt I Journalistische Verhaltensgrundsätze und Empfehlungen des Deutschen Presserats zur Wirtschafts- und Finanzmarktberichterstattung – beschlossen v. Plenum des Deutschen Presserats am 2.3.2006; abrufbar unter www.deutsche-presserat.de.

173) Ermittlungsverfahren gegen potentielle Informanten werden regelmäßig eingestellt, weil die Journalisten sich auf ihr Zeugnisverweigerungsrecht nach § 53 Abs. 1 Nr. 5 StPO berufen; vgl. zum Gesamtkomplex *Cloppenburg/Kruse*, WM 2007, 1109 ff.

174) Verordnung (EG) Nr. 2273/2003 der Kommission v. 22.12.2003 zur Durchführung der Marktmissbrauchs-Richtlinie , ABl. Nr. L 336, S. 33.

grund der Verpflichtung des Emittenten, diese Insiderinformationen aus gegebenem Anlass einmalig unverzüglich zu veröffentlichen, hat sich der Begriff **Ad-hoc-Publizität** im Gegensatz zum Begriff der Regelpublizität durchgesetzt. § 4 WpAIV verlangt nunmehr auch in der Veröffentlichung die deutlich hervorgehobene Überschrift „Ad-hoc-Meldung nach § 15 WpHG". Die Ad-hoc-Publizität ergänzt die regelmäßige Kapitalmarktberichterstattung eines Emittenten (Jahresfinanzbericht, Halbjahresfinanzbericht, Quartalsfinanzbericht bzw. Zwischenmitteilungen) und bezweckt, dass Insiderinformationen durch Insider nicht mehr ausgenutzt werden können. Die Ad-hoc-Publizität ist damit präventives Korrelat zum Wissensvorsprung und Insiderhandel.[175)] Das mit ihr erreichte Informationsgleichgewicht vermeidet unzutreffende Börsenpreise.

Adressaten der Pflicht sind Inlandsemittenten i. S. d. § 2 Abs. 6 WpHG. Die 11.118 emittierten Wertpapiere bzw. Finanzinstrumente müssen zum Handel an einem organisierten Markt im Inland oder in der EU bzw. im EWR zugelassen sein. Der Emittent unterliegt der Ad-hoc-Publizitätspflicht nicht erst nach erfolgter Börsenzulassung der Finanzinstrumente, sondern bereits wenn ein **Antrag auf Zulassung** gestellt worden ist, § 15 Abs. 1 Satz 2 WpHG. Dies ist deshalb richtig, weil die entsprechenden Papiere bereits im Freiverkehr gehandelt werden können oder das Zeichnungsverfahren läuft.[176)] Für Emittenten nur im Freiverkehr gelisteter Werte besteht keine Ad-hoc-Publizitätspflicht.[177)]

Wichtig ist der Hinweis, dass nur Insiderinformationen i. S. d. § 13 Abs. 1 11.119 WpHG veröffentlicht werden müssen, die **den Emittenten unmittelbar betreffen.**[178)] § 15 Abs. 1 Satz 3 WpHG besagt, dass eine Insiderinformation den Emittenten insbesondere dann unmittelbar betrifft, wenn sie sich auf Umstände bezieht, die **in seinem Tätigkeitsbereich** eingetreten sind. Durch die Formulierung „insbesondere" wird aber deutlich, dass auch Insiderinformationen publizitätspflichtig sein können, die außerhalb des Tätigkeitsbereichs des Emittenten eingetreten sind. Beispiele hierfür sind die Übermittlung eines Übernahmeangebots oder Änderung der Einstufung durch eine Ratingagentur.[179)]

Der Emittent hat die zu veröffentlichende Information vor der Veröffent- 11.120 lichung unverzüglich den **Geschäftsführungen** der inländischen organisierten Märkte (Börsen), an denen die Finanzinstrumente zum Handel zugelassen sind, den Geschäftsführung der Börsen, an denen Derivate gehandelt werden, die sich auf die Finanzinstrumente beziehen und der **BaFin** mitzuteilen, § 15

175) So z. B. Schwark-*Zimmer*, Kapitalmarktrecht, § 15 WpHG Rz. 10.

176) BaFin-Emittentenleitfaden, S. 55.

177) Näher Fuchs-*Pfüller*, WpHG, § 15 Rz. 48 ff.

178) Beispiele für den Emittenten nur mittelbar betreffende Informationen finden sich CESR's Advice on Level 2 Implementing Measures for the proposed Market Abuse Directive, CESR/02-089 d, December 2002, abrufbar unter www.cesr-eu.org.

179) Regierungsbegründung., BT-Drucks. 15/3174, S. 35.

Abs. 4 WpHG. Die Börsengeschäftsführungen sollen mit dieser **Vorabmitteilung** Gelegenheit zur Prüfung erhalten, ob eine Notierung im betroffenen Titeln auszusetzen ist.

11.121 Die Information muss gemäß § 3a WpAIV Medien zur Veröffentlichung zugeleitet werden (**Medienbündel**), einschließlich solcher, bei denen davon ausgegangen werden kann, dass sie die Information in der gesamten EU und in den übrigen EWR-Vertragsstaaten verbreiten. § 5 WpAIV verlangt zudem die Verbreitung über ein **elektronisch betriebenes Informationsverbreitungssystem**, das bei Instituten, die ihren Sitz im Inland haben und an einer inländischen Börse zur Teilnahme am Handel zugelassen sind, und Versicherungsunternehmen weit verbreitet ist. In der Praxis übernehmen Dienstleister für die Emittenten die gesetzeskonforme Verbreitung der Informationen.[180] Sofern der Emittent über eine Adresse im **Internet** verfügt, muss die Ad-hoc-Meldung leicht auffindbar auch unter dieser Adresse für die Dauer von mindestens einem Monat verfügbar sein. Ferner ist die Meldung nach Veröffentlichung dem elektronischen **Unternehmensregister** i. S. d. § 8b HGB zur Speicherung zu übermitteln. Auch sind die Börsen und die BaFin über die erfolgte Veröffentlichung zu informieren.

11.122 Der Emittent ist nach § 15 Abs. 3 WpHG von der Pflicht zur Veröffentlichung so lange befreit, wie es der Schutz seiner berechtigten Interessen erfordert, keine Irreführung der Öffentlichkeit zu befürchten ist und der Emittent die Vertraulichkeit der Insiderinformation gewährleisten kann.[181] Einer Erlaubnis durch BaFin bedarf es nicht; der Emittent hat über die **Befreiung** selbst zu entscheiden. Anhaltspunkte für berechtigte Interessen, die eine **verzögerte Veröffentlichung** rechtfertigen, liefert § 6 WpAIV. Sie liegen vor, wenn die Interessen des Emittenten an der Geheimhaltung der Information die Interessen des Kapitalmarktes an einer vollständigen und zeitnahen Veröffentlichung überwiegen. Dies kann insbesondere dann der Fall sein, wenn das Ergebnis oder der Gang laufender Verhandlungen über Geschäftsinhalte von der Veröffentlichung wahrscheinlich erheblich beeinträchtigt und eine Veröffentlichung die Interessen der Anleger ernsthaft gefährden würden oder durch das Geschäftsführungsorgan des Emittenten abgeschlossene Verträge oder andere getroffene Entscheidungen zusammen mit der Ankündigung bekannt gegeben werden müssten, dass die für die Wirksamkeit der Maßnahme erforderliche Zustimmung eines anderen Organs des Emittenten noch aussteht, und dies die sachgerechte Bewertung der Information durch das Publikum gefährden würde.

11.123 Für den eher theoretischen Fall, dass der Emittent eine Insiderinformation befugt weiter gibt und der Empfänger der Information rechtlich nicht zur Ver-

---

180) Derzeit sind dies die Deutsche Gesellschaft für Ad-hoc-Publizität (DGAP), euro adhoc, Business Wire und Hugin.

181) Näher zu den Befreiungsregelungen BaFin-Emittentenleitfaden, Abschnitt IV 3.

traulichkeit verpflichtet ist[182]), statuiert § 15 Abs. 1 Satz 4 WpHG die Pflicht, dass der Emittent diese gleichzeitig nach § 15 Abs. 1 Satz 1 WpHG zu veröffentlichen hat. Erfolgte die Mitteilung oder Zugänglichmachung der Insiderinformation unwissentlich, so ist die Veröffentlichung unverzüglich nachzuholen. Unwichtig sind diese Aussagen dennoch nicht. Sie betonen das Verbot ungleicher Informationsweitergabe bzw. das Prinzip gleichmäßiger Information (**fair disclosure**).

Hinzuweisen ist auf § 10 Abs. 5 WpÜG. Demnach kommt § 15 WpHG nicht für Entscheidungen zur Abgabe eines öffentlichen Angebots zum Erwerb von Wertpapieren einer Zielgesellschaft zur Anwendung. Hierfür kommt das § 15 WpHG nachempfundene Veröffentlichungsverfahren des § 10 Abs. 3 WpÜG zum tragen. **11.124**

Bei falscher, nicht rechtzeitiger bzw. unterlassener Ad-hoc-Mitteilung bestehen gegenüber dem Emittenten **zivilrechtliche Schadenersatzansprüche** nach §§ 37b und 37c WpHG. Verstöße gegen die Ad-hoc-Publizitätspflicht sind nach § 39 Abs. 2 WpHG **bußgeldbewehrt**. Bei nachhaltigen und wiederholter Verletzung von § 15 WpHG ist auch der **Widerruf der Börsenzulassung** hinsichtlich der betroffenen Titel möglich. Das Unterlassen einer Ad-hoc-Mitteilung kann schließlich auch den Straftatbestand der Kurs- und Marktmanipulation (§ 20a WpHG i. V. m. §§ 38, 39 WpHG) erfüllen.[183]) **11.125**

c) Geschäfte von Führungskräften

Neben § 15 WpHG bezweckt auch die Veröffentlichungspflicht von Geschäften von Führungskräften (sog. **Directors Dealings**) nach § 15a Abs. 4 WpHG Markttransparenz (Anlegergleichbehandlung, Einschätzungs-, Beteiligungstransparenz).[184]) **11.126**

Personen, die bei einem Emittenten von Aktien Führungsaufgaben wahrnehmen, haben eigene Geschäfte mit Aktien des Emittenten oder sich darauf beziehenden Finanzinstrumenten, insbesondere Derivaten, gemäß § 15a Abs. 1 WpHG dem Emittenten und der BaFin innerhalb von fünf Werktagen mitzuteilen. Diese Verpflichtung trifft auch Personen, die mit einer solchen **Person in einer engen Beziehung** stehen. Die BaFin legt die Vorschrift dahin gehend aus, dass die Gewährung und der Erwerb von Finanzinstrumenten auf arbeitsvertraglicher Grundlage oder als Vergütungsbestandteil, als auch Erbschaften und Schenkungen nicht zu melden sind.[185]) Das Gesetz sieht eine Bagatellgren-

---

182) Vgl. *Kümpel/Veil*, WpHG, § 4 Rz. 31.

183) Regierungsbegründung, BT-Drucks. 14/8017 S. 89; vgl. auch Assmann/Schneider-*Vogel*, WpHG, § 20a Rz. 9.

184) Assmann/Schneider-*Sethe*, WpHG, § 15a Rz. 2 ff.

185) BaFin-Emittentenleitfaden, S. 89.

ze vor. Die Person mit Führungsaufgaben und die ihr nahe stehenden Personen brauchen Geschäfte erst zu melden, wenn diese einen Betrag von 5.000 Euro überschreiten. Wird die Bagatellgrenze überschritten, resultiert daraus eine Mitteilungspflicht für die zuvor getätigten Geschäfte.[186] Der Inhalt der Mitteilung richtet sich nach § 10 WpAIV.

11.127 Ein Inlandsemittent hat die ihm übermittelten Informationen nach Erhalt unverzüglich zu veröffentlichen und der BaFin mittels Beleg die erfolgte **Veröffentlichung** mitzuteilen; er hat die Informationen außerdem unverzüglich zur Speicherung dem **Unternehmensregister** i. S. d. § 8b HGB zu übermitteln. Für die Veröffentlichung ist zudem **europaweite Veröffentlichung** über die Nutzung eines Medienbündels erforderlich (§ 3a WpAIV). Die BaFin veröffentlicht die Information im **Internet** zudem unter ihrer Adresse.[187] Auch die Emittenten veröffentlichen die Geschäfte regelmäßig online. Der Inhalt der Veröffentlichung richtet sich nach § 12 WpAIV. §§ 13a, 3c WpAIV regeln den Inhalt des Belegs.

11.128 **Personen mit Führungsaufgaben** sind persönlich haftende Gesellschafter oder Mitglieder eines Leitungs-, Verwaltungs- oder Aufsichtsorgans des Emittenten sowie sonstige Personen, die regelmäßig Zugang zu Insiderinformationen haben und zu wesentlichen unternehmerischen Entscheidungen ermächtigt sind. **Personen, die mit diesen in einer engen Beziehung** stehen, sind deren Ehepartner, eingetragene Lebenspartner, unterhaltsberechtigte Kinder und andere Verwandte, die mit den Führungskräften zum Zeitpunkt des Abschlusses des meldepflichtigen Geschäfts seit mindestens einem Jahr im selben Haushalt leben. Auch juristische Personen bzw. sonstige Gesellschaften können zur Meldung ihrer Geschäfte an den Emittenten und die BaFin verpflichtet sein, wenn sie von Führungskräften bzw. deren Angehörigen beherrscht werden.

11.129 Die BaFin kann gegenüber den Mitteilungspflichtigen ein **Bußgeld** verhängen, wenn die Meldung nicht, nicht richtig, nicht vollständig, nicht in der vorgeschriebenen Weise oder nicht rechtzeitig vorgenommen wird (§ 39 Abs. 2 Nr. 1c WpHG). Auch der Emittent begeht eine Ordnungswidrigkeit, wenn die Veröffentlichung nicht, nicht richtig, nicht vollständig, nicht in der vorgeschriebenen Weise oder nicht rechtzeitig vorgenommen wird (§ 39 Abs. 2 Nr. 2b WpHG).

11.130 Um bereits den Anschein von Insiderhandel in Aktien des eigenen Unternehmens und hierauf bezogenen Derivaten zu vermeiden, richten Gesellschaften **Closed Periods** ein,[188] in denen die Führungskräfte des Unternehmens keine Geschäfte in diesen Werten tätigen sollen. In der deutschen Unternehmens-

186) BaFin-Emittentenleitfaden, S. 89, 93.

187) Vgl. § 13 WpAIV; Liste unter www.bafin.de abrufbar.

188) Vgl. Empfehlungen des Deutschen Aktieninstituts, abgedr. in: *v. Rosen*, Director's Dealings, Studien des DAI, Heft 19, S. 60 f.

praxis beginnen Closed Periods etwa zwei bis vier Wochen vor Quartalsende und bestehen bis zum Zeitpunkt der Veröffentlichung der Quartals- bzw. Jahresabschlusszahlen fort. Danach beginnt ein **Handelsfenster**, das nach ca. einem Monat wieder geschlossen wird. Die Veröffentlichung der Geschäfte der Führungskräfte nach § 15a WpHG dient den Unternehmen zugleich der Kontrolle, ob Handelsfenster beachtet wurden.

d) Insiderverzeichnisse

Emittenten und in ihrem Auftrag oder für ihre Rechnung handelnde Personen haben schließlich nach § 15b WpHG die Pflicht, **Insiderverzeichnisse** für Personen zu führen, die für sie tätig sind und bestimmungsgemäß Zugang zu Insiderinformationen haben. Das Verzeichnis ist regelmäßig zu aktualisieren. Die in ihm geführten Personen sind über die rechtlichen Pflichten, die sich aus dem Zugang zu Insiderinformationen ergeben, sowie über die Rechtsfolgen von Verstößen aufzuklären.[189] Es stellt bei Insiderermittlungsverfahren für die Aufsicht bzw. die Staatsanwaltschaften ein hilfreiches Instrumentarium bei der Nachvollziehung des Informationsflusses dar. 11.131

e) Insiderüberwachung durch die BaFin

Ebenfalls im Zusammenhang mit der Insiderüberwachung stehen die **Meldepflichten nach § 9 WpHG**. Nach dieser Vorschrift haben Wertpapierdienstleistungsunternehmen der BaFin sämtliche Geschäfte in Finanzinstrumenten, die zum Handel an einem organisierten Markt zugelassen oder in den regulierten Markt einer inländischen Börse oder den Freiverkehr einbezogen sind, spätestens an dem auf den Tag des Geschäftsabschlusses folgenden Werktag mitzuteilen. 11.132

Anhand der übermittelten Datenbestände soll die BaFin in die Lage versetzt werden, das Marktgeschehen insgesamt überwachen und Auffälligkeiten im Hinblick auf einen Insiderhandel – insbesondere durch Vergleich mit Ad-hoc-Meldungen – feststellen zu können. Durch den einzelnen Datensatz und im Wege der Kontaktaufnahme zum geschäftsbeteiligten Kreditinstitut kann dann der jeweilige Auftraggeber ermittelt werden. In der praktischen Abwicklung korrespondiert § 9 WpHG eng mit den **Befugnissen der BaFin**, für die laufende Insiderüberwachung nach § 4 Abs. 3 WpHG von den Dienstleistungsunternehmen Auskünfte über die Geschäfte zu verlangen. § 16 WpHG stellt hierbei klar, dass Wertpapierdienstleistungsunternehmen vor Durchführung von Aufträgen, die Insiderpapiere zum Gegenstand haben, die Identität des Auftraggebers dokumentieren müssen, um später die mögliche Auskunftspflicht gegenüber der Behörde erfüllen zu können.

189) Vgl hierzu den Aufklärungsbogen der BaFin zu § 15b Abs. 1 Satz 3 WpHG v. 25.10.2007; abrufbar unter www.bafin.de.

11.133 Eine wichtige zusätzliche Informationsquelle bei der Insiderüberwachung der BaFin stellt neben den Geschäften der Führungskräfte die Verdachtsanzeigepflicht nach § 10 WpHG dar. Wertpapierdienstleistungsunternehmen und andere Kreditinstitute haben danach bei der Feststellung von Tatsachen, die den Verdacht begründen, dass mit einem Geschäft über Finanzinstrumente gegen ein Insiderverbot verstoßen wird, diese unverzüglich der BaFin mitzuteilen.[190)]

2. Verbot der Marktmanipulation

11.134 Der Börsenpreis ist ein zuverlässiger Wertungsmaßstab für Finanzinstrumente (vgl. Rz. 11.42). Mit dem in § 20a WpHG aufgestellten Verbot, den Markt- und Börsenpreis in börsennotierten Werten zu manipulieren, soll die **Zuverlässigkeit und Wahrheit der Preisbildung** an den Märkten geschützt werden.[191)] Damit dient die Norm zuvorderst dem Schutz des Funktionierens der Märkte, hat aber auch – und sei es nur reflexartig – Schutzfunktion für das Vermögen der Anleger.[192)]

Wie Verstöße gegen das Verbot des Insiderhandels werden auch Verstöße gegen das Marktmanipulationsverbot als Form marktmissbräuchlichen Verhaltens mit **Bußgeld** (§ 39 Abs. 1 Nr. 1 und 2, Abs. 2 Nr. 11 WpHG), ggf. sogar mit **Kriminalstrafe**, belegt, für die in § 38 Abs. 2 i. V. m. Abs. 1 WpHG als Strafrahmen Freiheitsstrafen bis zu fünf Jahren oder Geldstrafen vorgesehen sind.

11.135 § 20a WpHG enthält in Abs. 1 Satz 1 drei Tatbestandsalternativen. Erstens ist verboten, **unrichtige oder irreführende Angaben über Umstände** zu machen, die für die Bewertung eines Finanzinstruments erheblich sind, oder solche Umstände entgegen bestehenden Rechtsvorschriften zu **verschweigen.** Die Angaben bzw. das Verschweigen müssen geeignet sein, auf den inländischen Börsen- oder Marktpreis eines Finanzinstruments oder auf den Preis eines Finanzinstruments an einem organisierten Markt in einem anderen EU-Mitgliedsstaat oder in einem anderen EWR-Vertragsstaat einzuwirken. Diese Form der Manipulation wird **informationsgestützte Manipulation** genannt.[193)]

Zweitens verbietet § 20a Abs. 1 Satz 1 WpHG, Geschäfte vorzunehmen oder Kauf- oder Verkaufsaufträge zu erteilen, die geeignet sind, **falsche oder irre-**

---

190) Ausführl. hierzu *Gebauer* in: Gedächtnisschrift Bosch, S. 31 ff.

191) Regierungsbegründung, BT-Drucks. 14/8017, S. 98.

192) Der bis 2004 geltende § 88 BörsG, Vorgängernorm von § 20a WpHG, wurde v. BGH nicht als Schutzgesetz i. S. d. § 823 Abs. 2 BGB angesehen, vgl. BGH, Urt. v. 19.7.2004 – II ZR 218/03, BGHZ 160, 134, 139 ff. = ZIP 2004, 1599 (m. Anm. *Leisch,* S. 1573) = WM 2004, 1731; für § 20a WpHG jetzt auch LG Berlin, Beschl. v. 20.5.2008 – 514 AR 1/07, WM 2008, 1470, 1472 = ZIP 2008, 1826 (LS), dazu EWiR 2008, 617 *(Mock)*.

193) Assmann/Schneider-*Vogel*, WpHG, § 20a Rz. 58.

führende Signale für das Angebot, die Nachfrage oder den Börsen- oder Marktpreis von Finanzinstrumenten zu geben oder ein künstliches Preisniveau herbeizuführen (**handelsgestützte Manipulation**).[194)]

Drittens ist es nach § 20 Abs. 1 Satz 1 Nr. 3 WpHG – der als Auffangtatbestand konzipiert ist[195)] – verboten, **sonstige Täuschungshandlungen** vorzunehmen, die geeignet sind, auf den inländischen Börsen- oder Marktpreis eines Finanzinstruments oder auf den Preis eines Finanzinstruments an einem organisierten Markt in einem anderen EU-Mitgliedstaat oder in einem anderen EWR-Vertragsstaat einzuwirken.

Um der nicht nur in der dritten Verbotsformulierung innewohnenden unbestimmten Weite entgegenzusteuern, zeichnet das Gesetz verschiedene Möglichkeiten vor, bei bestimmten Verhaltensweisen den Normbefehl des Verbots nicht zum Tragen kommen zu lassen.[196)] So stellen nach § 20a Abs. 3 WpHG der **Handel mit eigenen Aktien** i. R. v. Rückkaufprogrammen und **Maßnahmen zur Preisstabilisierung** von Finanzinstrumenten per se keinen Fall eines Verstoßes gegen das Verbot dar, wenn das entsprechende Vorgehen nach Maßgabe der EG-Verordnung über Ausnahmeregelungen für Rückkaufprogramme und Kursstabilisierungsmaßnahmen[197)] erfolgt. In diesem Zusammenhang wird auch von **safe harbours** – sicheren Häfen – gesprochen.[198)] **11.136**

Das Verbot handelsgestützter Manipulation gilt gemäß § 20a Abs. 2 WpHG zudem dann nicht, wenn die Handlung mit der **zulässigen Marktpraxis** auf dem betreffenden organisierten Markt vereinbar ist und der Handelnde hierfür legitime Gründe hat. Als zulässige Marktpraxis gelten nur solche Gepflogenheiten, die auf dem jeweiligen Markt nach vernünftigem Ermessen erwartet werden können und von der BaFin als zulässige Marktpraxis i. S. dieser Vorschrift anerkannt werden. Die BaFin hat bislang keine Marktpraxis als zulässig anerkannt.[199)] Zusätzliche safe harbours gibt es damit bislang nicht. **11.137**

Auf Grundlage der Verordnungsermächtigung in § 20a Abs. 5 WpHG hat das Finanzministerium die **Marktmanipulations-Konkretisierungsverordnung** – **11.138**

194) Assmann/Schneider-*Vogel*, WpHG, § 20a Rz. 142.

195) Vgl. z. B. Fuchs-*Fleischer*, WpHG, § 20a Rz. 58.

196) Str. ist, ob es sich um tatbestandsausschließende Gründe oder um Rechtfertigungsgründe handelt; vgl. hierzu. Assmann/Schneider-*Vogel*, WpHG, § 20a Rz. 171 und 242 ff.

197) Verordnung (EG) Nr. 2273/2003 der Kommission v. 22.12.2003 zur Durchführung der Marktmissbrauchs Richtlinie 2003 – Ausnahmeregelungen für Rückkaufprogramme und Kursstabilisierungsmaßnahmen, ABl. Nr. L 336, S. 33.

198) Assmann/Schneider-*Vogel*, WpHG, § 20a Rz. 239 ff.

199) Die Marktpraxis wäre durch eine Allgemeinverfügung i. S. d. § 35 Satz 2 VwVfG anzuerkennen; vgl. Fuchs-*Fleischer*, WpHG, § 20a Rz. 81, 87; krit. Assmann/Schneider-*Vogel*, WpHG, § 20a Rz. 183 f.

kurz MaKonV[200] – erlassen. Diese enthält insbesondere nähere Bestimmungen zu den drei Verbotsalternativen sowie zum Verfahren zur Anerkennung einer zulässigen Marktpraxis. Auch der Emittentenleitfaden der BaFin erläutert Aspekte der informationsgestützten Manipulation.

11.139 Das Manipulationsverbot gilt nach § 20a Abs. 1 Satz 2 WpHG für Finanzinstrumente, die an einer inländischen Börse zugelassen oder in den regulierten Markt oder in den Freiverkehr einbezogen sind. Es gilt auch für Finanzinstrumente, die in einem anderen EU-Mitgliedstaat oder einem anderen EWR-Vertragsstaat zum Handel an einem organisierten Markt zugelassen sind. Der Zulassung zum organisierten Markt oder der Einbeziehung in den regulierten Markt oder in den Freiverkehr steht es gleich, wenn der Antrag auf Zulassung oder Einbeziehung gestellt oder öffentlich angekündigt ist.

11.140 Hinsichtlich informationsgestützter Manipulationshandlungen führt § 2 MaKonV das Tatbestandsmerkmal **bewertungserhebliche Umstände** näher aus. In Anlehnung an die insiderrechtliche Definition der Umstände, die zur erheblichen Kursbeeinflussung geeignet sein müssen,[201] sind dies Tatsachen und Werturteile, die ein verständiger Anleger bei seiner Anlageentscheidung berücksichtigen würde. Als bewertungserhebliche Umstände gelten auch solche, bei denen mit hinreichender Wahrscheinlichkeit davon ausgegangen werden kann, dass sie in Zukunft eintreten werden. Ad-hoc-publizitätspflichtige Insiderinformationen und veröffentlichungspflichtige Entscheidungen nach dem WpÜG sind damit regelmäßig bewertungserhebliche Umstände.

11.141 Anders als bei den Insiderverboten spricht das Gesetz bei der Kursmanipulation Aspekte des Journalismus an. Für **Journalisten** gilt ein besonderer Beurteilungsmaßstab. Wenn sie in Ausübung ihres Berufes handeln, ist das Vorliegen der Voraussetzungen nach § 20a Abs. 1 Satz 1 Nr. 1 WpHG unter Berücksichtigung ihrer **berufsständischen Regeln** zu beurteilen, es sei denn, dass diese Personen aus den unrichtigen oder irreführenden Angaben direkt oder indirekt einen Nutzen ziehen oder Gewinne schöpfen. Dieser Maßstab kann nach Ansicht des Deutschen Presserats nur dann gelten, wenn der Journalist aus journalistischen Motiven tätig ist. Handelt er mit einer direkten persönlichen Gewinnabsicht, so unterliegt er hingegen dem allgemein geltenden Beurteilungsmaßstab.[202]

11.142 § 3 MaKonV beschreibt **Anzeichen und Regelbeispiele für handelsgestützte Manipulationen.** Anzeichen für falsche oder irreführende Signale oder die

---

200) Verordnung zur Konkretisierung des Verbotes der Marktmanipulation v. 1.3.2005, BGBl. I, 515.

201) Begr. MaKonV, BR-Drucks. 18/05 S. 12.

202) Abschnitt II.2 Journalistische Verhaltensgrundsätze und Empfehlungen des Deutschen Presserats zur Wirtschafts- und Finanzmarktberichterstattung – beschlossen v. Plenum des Deutschen Presserats am 2.3.2006; abrufbar unter www.deutsche-presserat.de.

Herbeiführung eines künstlichen Preisniveaus können nach § 3 Abs. 1 Nr. 1 MaKonV insbesondere Geschäfte oder Kauf- oder Verkaufsaufträge sein,

- die an einem Markt **einen bedeutenden Anteil am Tagesgeschäftsvolumen** ausmachen, insbesondere wenn sie eine erhebliche Preisänderung bewirken,
- durch die Personen erhebliche Preisänderungen bei Finanzinstrumenten bewirken, von denen sie **bedeutende Kauf- oder Verkaufspositionen** innehaben
- mit denen innerhalb kurzer Zeit **Positionen umgekehrt werden** und die am Markt einen bedeutenden Anteil am Tagesgeschäftsvolumen ausmachen und die mit einer erheblichen Preisänderung im Zusammenhang stehen könnten,
- die durch ihre **Häufung innerhalb eines kurzen Abschnitts** eine erhebliche Preisänderung bewirken, auf die eine gegenläufige Preisänderung folgt,
- die **nahe am Zeitpunkt der Feststellung eines Referenzpreis** erfolgen und mittels Einwirkung auf diesen Referenzpreis den Preis oder die Bewertung des Finanzinstruments oder des Vermögenswertes beeinflussen.

Anzeichen nach § 3 Abs. 1 Nr. 2 MaKonV können Kauf- oder Verkaufsaufträge sein, die auf die den Marktteilnehmern **ersichtliche Orderlage**, insbesondere auf die zur Kenntnis gegebenen Preise der am höchsten limitierten Kaufaufträge oder der am niedrigsten limitierten Verkaufsaufträge, einwirken und vor der Ausführung zurückgenommen werden und nach § 3 Abs. 1 Nr. 3 MaKonV Geschäfte sein, die zu keinem Wechsel des wirtschaftlichen Eigentümers eines Finanzinstruments führen (sog. **wash sales**).[203] **11.143**

Irreführende Signale werden schließlich nach § 3 Abs. 2 MaKonV insbesondere auch durch Geschäfte oder einzelne Kauf- oder Verkaufsaufträge über Finanzinstrumente gegeben, **11.144**

- die geeignet sind, über Angebot oder Nachfrage bei einem Finanzinstrument im Zeitpunkt der Feststellung eines bestimmten Börsen- oder Marktpreises, der als Referenzpreis für ein Finanzinstrument oder andere Produkte dient, zu täuschen, insbesondere wenn durch den Kauf oder Verkauf von Finanzinstrumenten bei Börsenschluss Anleger, die aufgrund des festgestellten Schlusspreises Aufträge erteilen, über die wahren wirtschaftlichen Verhältnisse getäuscht werden (sog. **marking the close**)[204],
- die zu im Wesentlichen gleichen Stückzahlen und Preisen von verschiedenen **Parteien, die sich abgesprochen haben**, erteilt werden, es sei denn,

203) Vgl. z. B. Fuchs-*Fleischer*, WpHG, § 20a Rz. 53.

204) Vgl. z. B. Fuchs-*Fleischer*, WpHG, § 20a Rz. 55.

diese Geschäfte wurden im Einklang mit den jeweiligen Marktbestimmungen rechtzeitig angekündigt (sog. **improper matched orders**)[205], oder

- die den unzutreffenden Eindruck wirtschaftlich begründeter Umsätze erwecken.

Für die zuletzt genannten drei Bespiele des § 3 Abs. 2 MaKonV bedarf es im Gegensatz zu § 3 Abs. 1 MaKonV keiner weiteren Einzelfallbetrachtung. Sie erfüllen ohne weiteres den Tatbestand der Marktmanipulation.[206]

11.145 § 4 MaKonV gibt dem Auffangtatbestand § 20a Abs. 1 Nr. 3 WpHG mehr Bestimmtheit, indem er zunächst in Absatz 1 eine allgemeine Definition aufstellt und danach in Absatz 2 Anzeichen beschreibt und in Absatz 3 verbindliche Beispiele nennt. Sonstige Täuschungshandlungen sind Handlungen oder Unterlassungen, die geeignet sind, einen verständigen Anleger über die wahren wirtschaftlichen Verhältnisse, insbesondere Angebot und Nachfrage in Bezug auf ein Finanzinstrument, an einer Börse oder einem Markt in die Irre zu führen und den inländischen Börsen- oder Marktpreis eines Finanzinstruments oder den Preis eines Finanzinstruments an einem organisierten Markt in einem anderen EU-Mitgliedstaat oder einem EWR-Vertragsstaat hoch- oder herunterzutreiben oder beizubehalten.

Anzeichen für sonstige Täuschungshandlungen sollen Geschäfte oder Kauf- oder Verkaufsaufträge, bei denen die Vertragspartner oder Auftraggeber oder mit diesen in enger Beziehung stehende Personen vorab oder im Nachhinein

- unrichtige oder irreführende Informationen weitergeben oder
- unrichtige, fehlerhafte, verzerrende oder von wirtschaftlichen Interessen beeinflusste Finanzanalysen oder Anlageempfehlungen erstellen oder weitergeben.

Weitgehend wird bei diesen Handlungen der vorrangige Tatbestand des § 20a Abs. 1 Nr. 1 WpHG erfüllt sein.[207]

11.146 Echte sonstige Täuschungshandlungen sind insbesondere

- die Sicherung einer marktbeherrschenden Stellung über das Angebot von oder die Nachfrage nach Finanzinstrumenten durch eine Person oder mehrere in Absprache handelnde Personen mit der Folge, dass unmittelbar oder mittelbar Ankaufs- oder Verkaufspreise dieser Finanzinstrumente bestimmt oder nicht marktgerechte Handelsbedingungen geschaffen werden (sog. **cornering** oder **abusive squeeze**)[208] und

205) Vgl. z. B. Fuchs-*Fleischer*, WpHG, § 20a Rz. 56.

206) Fuchs-*Fleischer*, WpHG, § 20a Rz. 54.

207) Fuchs-*Fleischer*, WpHG, § 20a Rz. 62, 64.

208) Krit. hierzu Fuchs-*Fleischer*, WpHG, § 20a Rz. 65.

- die Nutzung eines gelegentlichen oder regelmäßigen Zugangs zu traditionellen oder elektronischen Medien durch Kundgabe einer Stellungnahme oder eines Gerüchtes zu einem Finanzinstrument oder dessen Emittenten, nachdem Positionen über dieses Finanzinstrument eingegangen worden sind, ohne dass dieser Interessenkonflikt zugleich mit der Kundgabe in angemessener und wirksamer Weise offenbart wird (**Scalping**)[209].

3. Verhaltens- und Organisationspflichten

Der 6. Abschnitt des WpHG unter dem Titel „Verhaltenspflichten, Organisationspflichten, Transparenzpflichten" enthält in seinen 26 Paragraphen (§§ 31 ff. WpHG) einen umfangreichen **Pflichtenkatalog für Wertpapierdienstleistungsunternehmen.** Kraft Verweisung in § 5 Abs. 3 InvG gelten die §§ 31–31b, § 31d sowie die §§ 33–34a WpHG für **Kapitalanlagegesellschaften** entsprechend, wenn diese individuelle Vermögensverwaltung, Anlageberatung oder Verwahrung und Verwaltung von Fondsanteilen als Dienstleistungen anbieten. Zwischen den Pflichtenkategorien Verhaltens-, Organisations- und Transparenzpflichten gibt es keine klare Grenzziehung. Sie gehen vielmehr fließend ineinander über. Auch können sich einzelne Verhaltenspflichten tatbestandlich überschneiden.[210] **11.147**

Verhaltenspflichten (rules of conduct) beschreiben Handlungsweisen, die sich auf ein konkretes Kundenverhältnis beziehen. Hinsichtlich der Verpflichtung können sich **Transparenzpflichten** darüber hinaus auch auf den Markt und damit auch an potentielle Kunden richten. Transparenzpflichten enthalten zudem bereits ein organisatorisches Element.[211] Insgesamt setzt jede zu erfüllende Pflicht zu ihrer Erfüllung denknotwendig eine gewisse Organisation voraus. Ausformulierte **Organisationspflichten** unterstützen damit die Einhaltung der Verhaltens- und Transparenzpflichten. Die §§ 31 ff. WpHG als aufsichtsbehördlich überwachte Verhaltensstandards sind in ihrer Regelungsmaterie vom deutschen Gesetzgeber als öffentlich-rechtlich eingestuft worden.[212] Deutlich wird dies u. a. auch daran, dass bei Nichtbeachtung der Vorschriften zumeist **Bußgeldtatbestände** gemäß § 39 WpHG anknüpfen. **11.148**

Die Regelungen der §§ 31 ff. WpHG haben allerdings erhebliche **Ausstrahlungswirkung auf das Zivilrecht**, und zwar auf die Ausgestaltung und Aus-

209) Vgl. z. B. Fuchs-*Fleischer*, WpHG, § 20a Rz. 67. Die Frage, ob Scalping auch Insiderhandel sein kann, hat der BGH, Urt. v. 6.11.2003 – 1 StR 24/03, ZIP 2003, 2354 = NJW 2004, 302 = WM 2004, 69, dazu EWiR 2003, 307 *(Lenenbach)* verneint.

210) Schimansky/Bunte/Lwowski-*Eisele*, Bankrechts-Hdb., § 109 Rz. 14.

211) Vgl. hierzu Fuchs-*Fuchs*, WpHG, Vor §§ 31 bis 37a Rz. 1.

212) Vgl. Assmann/Schneider-*Koller*, WpHG, Vor § 31 Rz. 2.

legung von vertraglicher und sonstiger zivilrechtlicher Pflichten.[213] Ferner werden z. B. auch nach dem Unterlassungsklagengesetz (UKlaG) Unterlassungsansprüche gegen Wertpapierdienstleistungsunternehmen wegen verbraucherschutzgesetzwidrigen Verstößen gegen die Vorschriften des 6. Abschnitts des WpHG gemäß § 2 Abs. 2 Nr. 7 i. V. m. §§ 5 f. UKlaG dem zivilgerichtlichem Verfahren unterworfen. Einzelnen Vorschriften der §§ 31 ff. WpHG wird in der Literatur[214] zudem Schutzgesetzcharakter i. S. d. § 823 Abs. 2 BGB zuerkannt, die Rechtsprechung des **Bundesgerichtshofes**[215] verneint dies jedoch.

11.149 Der Schutz des Kunden entfällt nicht, wenn ein Wertpapierdienstleistungsunternehmen über ein anderes Wertpapierdienstleistungsunternehmen einen Auftrag, Wertpapierdienstleistungen oder Wertpapiernebendienstleistungen für einen Kunden zu erbringen, erhält.[216] Das den **Auftrag entgegennehmende Unternehmen** ist dann nach § 31e WpHG für die Durchführung der Wertpapierdienstleistung oder Wertpapiernebendienstleistung im Einklang mit den Bestimmungen des 6. Abschnitts des WpHG verantwortlich. Es braucht aber Kundenangaben und Kundenanweisungen, die ihm von dem anderen Wertpapierdienstleistungsunternehmen übermittelt werden, **nicht auf ihre Vollständigkeit und Richtigkeit zu überprüfen.** Auch kann es sich darauf verlassen, dass Empfehlungen in Bezug auf die Dienstleistungen dem Kunden von dem anderen Wertpapierdienstleistungsunternehmen im **Einklang mit den gesetzlichen Vorschriften** gegeben wurden. Das Vertrauen soll nach Ansicht der BaFin allerdings erschütterlich sein, soweit dem übernehmenden Wertpapierdienstleistungsunternehmen offensichtliche Anhaltspunkte vorliegen, dass das andere Unternehmen seinen aufsichtsrechtlichen Pflichten nicht vollumfänglich nachkommt.[217]

11.150 Hinzuweisen ist darauf, dass gemäß § 37 WpHG Geschäfte, die zwischen zwei Wertpapierdienstleistungsunternehmen an der Börse oder innerhalb eines multilateralen Handelssystems zustande kommen, nicht den Wohlverhaltensregeln der § 31 Abs. 1 Nr. 1 und Abs. 2 bis 8 WpHG, den Anforderungen an die bestmögliche Ausführung von Aufträgen nach § 33a WpHG, dem Verbot von

---

213) Fuchs-*Fuchs*, WpHG, Vor §§ 31 bis 37a Rz. 58, 60 ff.; *Kümpel*, WM 1995, 689, 691; *Schwark* in: Bankrechtstag 1995, S. 109, 120 ff.

214) Assmann/Schneider-*Koller*, WpHG, Vor § 31 R. 6 ff. m. w. N.

215) Vgl. zur Rechtslage vor November 2007: BGH, Urt. v. 19.2.2008 XI ZR 170/07, ZIP 2008, 873 = WM 2008, 825 = NJW 2008, 1734, dazu EWiR 2008, 415 (*Lange*); eingehend *F. Schäfer*, WM 2007, 1872.

216) Das erste Unternehmen muss dabei entweder als Bote oder Vertreter des Kunden handeln. Verdeckte Stellvertretung genügt nicht; vgl. Assmann/Schneider-*Koller*, WpHG, § 31e Rz. 2.

217) AT Nr. 5 MAComp; Rundschreiben 4/2010 (WA) – Mindestanforderungen an die Compliance-Funktion – v. 7.6.2010.

Zuwendungen nach § 31d WpHG und den Vorschriften für die Bearbeitung von Kundenaufträgen nach § 31c WpHG unterliegen. Im Umkehrschluss sind Mitglieder oder Teilnehmer eines multilateralen Handelssystems oder einer Börse allerdings zur Einhaltung dieser Vorschriften gegenüber ihren Kunden verpflichtet, sofern sie einen Kundenauftrag innerhalb des Systems oder des organisierten Marktes ausführen.

Die Verhaltenspflichten- und Organisationsvorschriften des WpHG werden insbesondere durch die Verordnung zur Konkretisierung der Verhaltensregeln und Organisationsanforderungen für Wertpapierdienstleistungsunternehmen (**Wertpapierdienstleistungs-Verhaltens- und Organisationsverordnung** – WpDVerOV) ergänzt.[218] Ferner hat die BaFin eine verwaltungsinterne Norm interpretierende Richtlinie **„Mindestanforderungen an Compliance** – MaComp" mittels Rundschreiben veröffentlicht.[219] **11.151**

Über § 4 WpHG hinausgehend ist die BaFin nach § 35 WpHG befugt, im Hinblick auf die Vorschriften des 6. Abschnitts des WpHG **ohne besonderen Anlass Prüfungen** bei den Wertpapierdienstleistungsunternehmen vornehmen. Es müssen für eine „Überraschungsprüfung" keine Anhaltspunkte für Verstöße gegen die Vorschriften der §§ 31 ff. WpHG vorliegen.[220] Die Einhaltung der Pflichten des 6. Abschnitts und der EG-Verordnung Nr. 1287/2006 sowie der Meldepflichten ist nach § 36 WpHG grundsätzlich jährlich durch einen geeigneten Prüfer zu prüfen. Bei Kreditinstituten ist mit dieser Prüfung zugleich das Depotgeschäft und die Einhaltung der §§ 128 und 135 AktG zu prüfen. Die Prüfer werden durch das Institut bestellt, die ihre Berichte an die BaFin und die Bundesbank abzuliefern haben. Mitarbeiter der BaFin können diese Prüfung vor Ort begleiten. Einzelheiten zur Prüfung sind in der WpDPV[221] geregelt. **11.152**

a) Kundenkategorisierung

Für eine Reihe von Pflichten des 6. Abschnitts macht das Gesetz die Anwendbarkeit von der Einstufung des Kunden in eine Kundenkategorie abhängig. § 31a WpHG unterscheidet zwischen **Privatkunden, professionellen Kunden** und **geeigneten Gegenparteien**. Besonders deutlich wird dies in § 31b WpHG, wonach Wertpapierdienstleistungsunternehmen, die das Finanzkommissionsgeschäft, die Anlage- und Abschlussvermittlung und den Eigenhandel sowie damit in direktem Zusammenhang stehende Wertpapiernebendienstleistungen gegenüber geeigneten Gegenparteien erbringen, nicht an die Vorgaben des § 31 **11.153**

---

218) Verordnung v. 20.7.2007, BGBl. I, 1432, zuletzt geändert am 31.7.2009, BGBl. I, 2512.

219) Rundschreiben 4/2010 (WA) v. 7.6.2010.

220) Fuchs-*Fuchs*, WpHG, § 35 Rz. 4, 7.

221) Wertpapierdienstleistungs-Prüfungsverordnung v. 16.12.2004, BGBl. I, 3515, zuletzt geändert durch die Verordnung v. 24.10.2007, BGBl. I, 2499; unten Rz. 11.352.

Abs. 2, 3 und Abs. 5 bis 7 sowie die §§ 31c, 31d und 33a WpHG gebunden sind.[222)]

11.154 **Privatkunden** werden im Gesetz negativ abgegrenzt Es sind diejenigen Kunden, die weder professionelle Kunden noch geeignete Gegenparteien sind. Für Privatkunden hält das WpHG das höchste Schutzniveau bereit. Wie sich aus der folgenden Definition des professionellen Kunden ergibt, können unabhängig von der Rechtsform auch kleine und mittlere Unternehmen in die Privatkundenkategorie fallen.

11.155 **Professionelle Kunden** sind gemäß § 31a Abs. 2 Satz 1 WpHG Kunden, bei denen das Wertpapierdienstleistungsunternehmen davon ausgehen kann, dass sie über ausreichende Erfahrungen, Kenntnisse und Sachverstand verfügen, um ihre Anlageentscheidungen zu treffen und die damit verbundenen Risiken angemessen beurteilen zu können. Explizit benennt § 31a Abs. 2 Satz 2 WpHG u. a. folgende Unternehmen: Wertpapierdienstleistungsunternehmen, sonstige zugelassene oder beaufsichtigte Finanzinstitute, Versicherungsunternehmen, Kapitalanlagegesellschaften und ihre Verwaltungsgesellschaften, sonstige beaufsichtigte institutionelle Anleger, Börsenhändler, Warenderivatehändler, nationale und regionale Regierungen[223)], Stellen der öffentlichen Schuldenverwaltung. Zentralbanken, Weltbank, Internationaler Währungsfonds. Auch andere große Unternehmen sind professionelle Kunden, wenn sie mindestens zwei von drei folgenden Kennzahlen überschreiten: erstens 20.000.000 Euro Bilanzsumme, zweitens 40.000.000 Euro Umsatzerlöse sowie drittens 2.000.000 Euro Eigenmittel.[224)]

Über die im Gesetz genannten professionellen Kunden hinaus können auch Privatanleger unter gewissen Voraussetzungen professionelle Kunden werden. Gegen ihren Willen ist dies nicht möglich. Entweder müssen diese einen Antrag stellen oder dem Umstufungsansinnen zustimmen.[225)] § 31a Abs. 7 WpHG verlangt für die **Höherstufung** eine Bewertung durch das Wertpapierdienstleistungsunternehmen, ob der Kunde die notwendigen Erfahrungen und Kenntnisse aufweist. Der bisherige Privatkunde muss zudem mindestens zwei der drei folgenden Kriterien erfüllen:

- Er hat an dem Markt, an dem die Finanzinstrumente gehandelt werden, für die er als professioneller Kunde eingestuft werden soll, während des letzten

---

222) Vgl. zur Bedeutung der unterschiedlichen Kundenkategorien v. Böhlen/Kan-*Rost*, MiFID-Kompendium, S. 97, 104 ff.

223) Hierzu zählen Gebietskörperschaften; Regierungsbegründung, BT-Drucks. 16/4028, S. 66.

224) Gemeint ist hier wohl Eigenkapital i. S. v. § 272 HGB; vgl. Ellenberger/Schäfer/Clouth/Lang-*Clouth*/*Seyfried*, Praktikerhandbuch, S. 44.

225) Fuchs-*Fuchs*, WpHG, § 31a Rz. 34.

Jahres durchschnittlich zehn Geschäfte von erheblichem Umfang im Quartal getätigt,

- er verfügt über Bankguthaben und Finanzinstrumente im Wert von mehr als 500.000 Euro und/oder
- er hat mindestens für ein Jahr einen Beruf am Kapitalmarkt ausgeübt, der Kenntnisse über die in Betracht kommenden Geschäfte, Wertpapierdienstleistungen und Wertpapiernebendienstleistungen voraussetzt.

Einzelheiten zur Höherstufung sind in § 2 Abs. 1 WpDVerOV geregelt.

§ 31a Abs. 4 WpHG enthält einen Katalogtatbestand **geeigneter Gegenparteien**, der weitgehend abschließend ist. Genannt werden u. a. Wertpapierdienstleistungsunternehmen, sonstige zugelassene oder beaufsichtigte Finanzinstitute, Versicherungsunternehmen, Kapitalanlagegesellschaften und ihre Verwaltungsgesellschaften, nationale und regionale Regierungen sowie Stellen der öffentlichen Schuldenverwaltung Zentralbanken, Weltbank, der Internationale Währungsfonds, allesamt Unternehmen, die bereits in der Definition für den professionellen Kunden aufgeführt wurden. Große Unternehmen – zwei der folgenden drei Kennzahlen müssen überschreiten sein: 20.000.000 Euro Bilanzsumme, 40.000.000 Euro Umsatzerlöse bzw. 2.000.000 Euro Eigenmittel – stehen geeigneten Gegenparteien gleich, wenn sie der **Höherstufung** zugestimmt haben, für alle oder einzelne Geschäfte als geeignete Gegenpartei behandelt zu werden. 11.156

Ein Wertpapierdienstleistungsunternehmen kann **Herabstufungen** in der Kategorisierung vornehmen. Gemäß § 31a Abs. 5 WpHG können geeignete Gegenparteien als professionelle Kunden oder Privatkunden und professionelle Kunden als Privatkunden eingestuft werden.[226] Das Wertpapierdienstleistungsunternehmen muss seine Kunden über eine Änderung der Einstufung informieren. § 31b Abs. 1 Satz 2 WpHG macht deutlich, dass die geeignete Gegenpartei mit dem Wertpapierdienstleistungsunternehmen für alle oder für einzelne Geschäfte auch vereinbaren kann, als professioneller Kunde oder als Privatkunde behandelt zu werden. 11.157

b) Allgemeine Verhaltenspflichten nach § 31 WpHG

aa) Sorgfaltspflicht im Kundeninteresse

Nach § 31 Abs. 1 Nr. 1 WpHG ist ein Wertpapierdienstleistungsunternehmen ganz allgemein verpflichtet, seine Dienstleistungen mit der **erforderlichen Sachkenntnis, Sorgfalt und Gewissenhaftigkeit im Interesse seiner Kunden** zu erbringen. Alle danach im Gesetz folgenden Informations-, Erkundigungs- und sonstigen Pflichten stellen – zum Teil auf einzelne Dienstleistungen be- 11.158

226) Laut v. Böhlen/Kan-*Rost*, MiFID-Kompendium, S. 102, machen vor allem Sparkassen davon Gebrauch und räumen allen Kunden höchstes Schutzniveau ein.

schränkt – Konkretisierungen dieser allgemeinen Grundaussagen zur Sorgfalt und Wahrung des Kundeninteresses dar.[227)]

11.159 Das **Kundeninteresse** wird gewahrt durch fremdnütziges und loyales Verhalten. Es verbietet Täuschungen und die Ausnutzung von Schwächen des Kunden. Es gebietet aber auch die Respektierung der Selbständigkeit und Risikobereitschaft eines Kunden. Schließlich fordert das Kundeninteresse Kompetenz und zumutbare Anstrengungen durch das Wertpapierdienstleistungsunternehmen.[228)] Dies bedeutet allerdings nicht, dass das Wertpapierdienstleistungsunternehmen nicht gewinnorientiert arbeiten darf, impliziert aber Transparenz über Art und Höhe des Entgelts.[229)]

bb) Erkundigungspflicht des Wertpapierdienstleistungsunternehmens

11.160 Zur Sorgfalt gehört, dass das Unternehmen seine Kunden, der das Wertpapiergeschäft betreiben, will nicht nur namentlich kennt, sondern ein profundes Wissen über die jeweiligen individuellen Verhältnisse besitzt (**know your customer**). Anders lässt sich das Kundeninteresse nicht ermitteln und die Kundenkategorisierung nicht vornehmen. Im Falle eines neuen Wertpapierkunden ist daher nicht nur die Identifizierung nach der Abgabenordnung und dem Geldwäschegesetz vorzunehmen, sondern es müssen gemäß WpHG Information über Anlageziele und finanzielle Verhältnisse sowie die Kenntnisse und Erfahrungen hinsichtlich der nachgefragten Dienstleistungen eingeholt werden.[230)] Gleiches gilt, wenn eine Bestandskunde eines Kreditinstituts erstmals Wertpapierdienstleistungen in Anspruch nehmen will.

11.161 Erbringt ein Wertpapierdienstleistungsunternehmen Anlageberatung oder Finanzportfolioverwaltung, muss es gemäß § 31 Abs. 4 WpHG von den Kunden alle **Informationen einholen über Kenntnisse und Erfahrungen** der Kunden in Bezug auf Geschäfte mit bestimmten Arten von Finanzinstrumenten oder Wertpapierdienstleistungen, **über die Anlageziele** der Kunden und über ihre **finanziellen Verhältnisse**, die erforderlich sind, um den jeweiligen Kunden ein für ihn geeignetes Finanzinstrument bzw. eine geeignete Wertpapierdienstleistung empfehlen zu können. Das Unternehmen hat vor einem geplanten Geschäft auf Grundlage der vorliegenden Informationen sodann einen **Geeignetheitstest (suitability test)** durchzuführen.[231)] Ungeeignete Anlageformen sind von vornherein auszuschließen. Ein konkretes Geschäft bzw. eine konkrete Dienstleistung i. R. d. Vermögensverwaltung muss dann den Anlagezielen des

---

227) Fuchs-*Fuchs*, WpHG, § 31 Rz. 32.

228) Assmann/Schneider-*Koller*, WpHG, § 31 Rz. 3.

229) Schimansky/Bunte/Lwowski-*Eisele*, Bankrechts-Hdb., § 109 Rz. 23.

230) Vgl. hierzu auch die korrespondierende Verpflichtung nach § 509 BGB und § 18 Abs. 2 KWG zur Bonitätsprüfung im Kreditgeschäft.

231) *Veil*, ZBB 2008, 34, 37 f.

Kunden entsprechen, die Risiken müssen für den Kunden finanziell tragbar sein und der Kunde muss die Anlagerisiken verstehen können.

Erhält das Wertpapierdienstleistungsunternehmen die benötigten Informationen nicht, darf es im Zusammenhang mit einer Anlageberatung oder Finanzportfolioverwaltung **keine Empfehlungen** abgeben. Bei professionellen Kunden darf das Wertpapierdienstleistungsunternehmen davon auszugehen, dass diese über die erforderlichen Kenntnisse und Erfahrungen hinsichtlich der nachgefragten Dienstleistungen verfügen, um die mit den Geschäften oder der Finanzportfolioverwaltung einhergehenden Risiken zu verstehen, und dass für sie etwaige mit dem Geschäft oder der Finanzportfolioverwaltung einhergehende Anlagerisiken entsprechend ihren Anlagezielen finanziell tragbar sind. § 31 Abs. 4 WpHG verpflichtet das Wertpapierdienstleistungsunternehmen nicht zur Anlageberatung.[232] **11.162**

Die Erkundigungspflichten bei Dienstleistungen ohne Beratung sind reduziert. **11.163** Hinsichtlich der Pflichten unterscheidet das WpHG **Geschäfte mit komplexen** und Geschäfte **mit nicht komplexen Finanzinstrumenten.** Im Rahmen eines reinen Ausführungsgeschäfts bei nicht komplexen Finanzinstrumenten gibt es unter Einhaltung weniger Prämissen keine Erkundigungspflicht. Im **beratungsfreien Geschäft mit komplexen Finanzinstrumenten** (Derivate) sind hingegen von den Kunden Informationen über Kenntnisse und Erfahrungen der Kunden in Bezug auf Geschäfte mit bestimmten Arten von Finanzinstrumenten oder Wertpapierdienstleistungen einzuholen, soweit diese Informationen erforderlich sind, um die Angemessenheit der Finanzinstrumente oder Wertpapierdienstleistungen für die Kunden beurteilen zu können, § 31 Abs. 5 WpHG.

Gelangt ein Wertpapierdienstleistungsunternehmen i. R. d. **Angemessenheitsprüfung (approriateness test)** zu der Auffassung, dass ein vom Kunden gewünschtes Finanzinstrument oder die Wertpapierdienstleistung für den Kunden nicht angemessen ist, hat es gegenüber dem Kunden eine **Hinweispflicht**. Ausführen darf es das Geschäft auf ausdrücklichen Wunsch des Kunden nach der Warnung dennoch.[233] Erlangt das Wertpapierdienstleistungsunternehmen vom Kunden nicht die erforderlichen Informationen, hat es den Kunden darüber zu informieren, dass eine Beurteilung der Angemessenheit nicht möglich ist. Vertreibt ein Wertpapierdienstleistungsunternehmen Anteile an Investmentvermögen, gelten die im vereinfachten Verkaufsprospekt enthaltenen Informationen als angemessen.

---

232) Assmann/Schneider-*Koller*, WpHG, § 31 Rz. 45; zur Schnittstelle zu den zivilrechtlichen Anforderungen der Anlageberatung unten Rz. 11.282 ff.

233) Fuchs-*Fuchs*, WpHG, § 31 Rz. 286.

11.164 Die Prämissen, wonach bei einem reinen Ausführungsgeschäft mit nicht komplexen Finanzinstrumenten keine Erkundigungspflicht nach § 31 Abs. 5 WpHG besteht, lauten gemäß § 31 Abs. 7 WpHG wie folgt: Das Wertpapierdienstleistungsunternehmen muss **auf Veranlassung des Kunden** Dienstleistungen in Bezug auf nicht komplexe Finanzinstrumente erbringen und den Kunden darüber informieren, dass **keine Angemessenheitsprüfung** vorgenommen wird.

11.165 **Nicht komplexe Finanzinstrumente** sind insbesondere börsennotierte Aktien, Geldmarktinstrumente, Schuldverschreibungen und andere verbriefte Schuldtitel, in die kein Derivat eingebettet ist, und richtlinienkonforme Investment-Sondervermögen.[234] Optionsscheine sind komplexe Finanzinstrumente.[235]

11.166 Geschäftsmöglichkeiten prinzipiell ohne Beratung bieten sog. **Discount Broker** an, die regelmäßig ohne Filialen operieren, sondern nur über Fernkommunikationsmittel, insbesondere Online-Verbindungen.[236] Wenn sie komplexe Finanzinstrumente anbieten, so sind die Erkundigungspflichten nach § 31 Abs. 5 WpHG einzuhalten.

11.167 Die Einholung von Kundenangaben erfolgt regelmäßig mittels eines Fragebogens (**Wertpapiererfassungsbogen**).[237] Bei längeren Geschäftsbeziehungen kann die Interessenwahrungspflicht eine Aktualisierung erforderlich machen.[238] Überprüfen muss das Unternehmen die vom Kunden gemachten Angaben nicht.[239] Die nach § 31 Abs. 4 WpHG einzuholenden Informationen sind in § 6 WpDVerOV[240] näher beschrieben.

cc) Information des Kunden

11.168 Unabhängig davon, ob letztlich Geschäfte aufgrund einer Beratung oder ohne Beratung getätigt werden sollen, hat ein Wertpapierdienstleistungsunternehmen gemäß § 31 Abs. 3 Satz 1 WpHG die Pflicht zur Unterrichtung seiner Kunden. Es muss rechtzeitig und in verständlicher Form **Informationen zur Verfügung stellen,** die angemessen sind, damit die Kunden nach vernünftigem Ermessen die Art und die Risiken der ihnen angebotenen oder von ihnen nachgefragten Arten von Finanzinstrumenten oder Wertpapierdienstleistungen verstehen und auf dieser Grundlage ihre Anlageentscheidungen treffen können.

234) Vgl. auch § 7 WpDVerOV.

235) Assmann/Schneider-*Assmann*, WpHG, § 2 Rz. 38.

236) Vgl. Fuchs-*Fuchs*, WpHG, § 31 Rz. 292.

237) Vgl. z. B. Fuchs-*Fuchs*, WpHG, § 31 Rz. 283.

238) Fuchs-*Fuchs*, WpHG, § 31 Rz. 195.

239) Fuchs-*Fuchs*, WpHG, § 31 Rz. 203.

240) Vgl. im Einzelnen unten Rz. 11.303.

Die Kundeninformationen zum Wertpapiergeschäft können in **standardisierter Form** quasi als Generalinformation zu Beginn einer Geschäftsbeziehung zur Verfügung gestellt werden.[241)]

Nicht nur die Pflichtinformation nach § 31 Abs. 3 WpHG, sondern sämtliche Informationen, einschließlich Werbemitteilungen, die Wertpapierdienstleistungsunternehmen ihren Kunden zugänglich machen, müssen gemäß § 31 Abs. 2 WpHG redlich, eindeutig und nicht irreführend sein. Die Absätze 2–11 des § 4 WpDVerOV enthalten hierzu eine Reihe von Voraussetzungen.[242)]

Wertpapierdienstleistungsunternehmen müssen ihren Kunden schließlich nach **11.169** § 31 Abs. 8 WpHG über die ausgeführten Geschäfte oder die erbrachte Finanzportfolioverwaltung berichten. § 8 WPDVerOV präzisiert, wonach dem Kunden unverzüglich nach Ausführung des Auftrags auf einem dauerhaften Datenträger die wesentlichen Informationen über die Ausführung des Auftrags zu übermitteln sind (**Abrechnung; Ausführungsanzeige**).

Einem Privatkunden ist die Anzeige gemäß § 8 Abs. 2 WpDVerOV grundsätzlich spätestens am ersten Geschäftstag nach Auftragsausführung oder, sofern das Wertpapierdienstleistungsunternehmen die Bestätigung von einem Dritten erhält, spätestens am ersten Geschäftstag nach Eingang dieser Bestätigung eine Bestätigung der Auftragsausführung zu übermitteln. Sie muss u. a. Handelstag, Handelszeitpunkt, Art des Auftrags, Ausführungsplatz, Menge, Stückpreis, Gesamtentgelt sowie Summe der in Rechnung gestellten Provisionen und Auslagen enthalten.

Wird der Erwerb von Finanzinstrumenten durch ein **Verbraucherdarlehen** des **11.170** Wertpapierdienstleisters finanziert, so sind neben dem WpHG auch die **vorvertraglichen Informationspflichten nach § 491a Abs. 3 BGB** zu beachten.[243)] Der Darlehensgeber ist verpflichtet, dem Darlehensnehmer vor Abschluss eines Verbraucherdarlehensvertrags angemessene Erläuterungen zu geben, damit der Darlehensnehmer in die Lage versetzt wird, zu beurteilen, ob der Vertrag dem von ihm verfolgten Zweck und seinen Vermögensverhältnissen gerecht wird. Wird der Darlehensvertrag später widerrufen, so hat dies keinen Einfluss auf das damit **verbundene Geschäft**, § 358 Abs. 6 BGB.[244)]

---

241) Zu den in der Praxis verwendeten Broschüren v. Böhlen/Kan-*Rost*, MiFID-Kompendium, S. 104; ferner unten Rz. 11.292.

242) Die BaFin hat darüber hinaus am 11.02.2010 ein „Schreiben zur Auslegung der Vorschriften des WpHG über Informationen einschließlich Werbung von Wertpapierdienstleistungsunternehmen an Kunden" veröffentlicht; abrufbar unter www.bafin.de.

243) Vgl. Regierungsbegründung z. Gesetz zur Umsetzung der Verbraucherkreditrichtlinie, BR-Drucks. 848/08, S. 116 f.; näher oben Rz. 9.120.

244) Vgl. Regierungsbegründung z. Gesetz zur Umsetzung der Verbraucherkreditrichtlinie, BR-Drucks. 848/08, S. 110.

11.171 Wird – wie bei Discount Brokern üblich – die vor der Erbringung der Dienstleistungen nach § 34 Abs. 2 WpHG erforderliche Rahmenvereinbarung mit Verbrauchern über Fernkommunikationsmittel geschlossen, so sind für diesen Vertrag auch die **Informationspflichten des Fernabsatzrechts** (§ 312c Abs. 2 BGB i. V. m. Art. 246 EGBGB) einzuhalten.[245] § 5 Abs. 3 WpDVerOV stellt dies ausdrücklich klar.

11.172 Die mit Ausschüttungen (Dividenden; Zinsen) oder sonstigen Zahlungen bei der Bedienung von Wertpapieren (Stückzinsen beim Verkauf) verbundenen Zahlungsvorgänge begründen keinen zusätzlichen Vertrag über die Erbringung von Zahlungsdiensten i. S. d. § 675c BGB.[246] Gleiches sollte auch für die mit einer Wertpapierorder verbundenen Zahlungsvorgänge (Kaufpreiszahlung; Gutschrift des Verkaufserlöses) gelten. Damit kommt es beim wertpapierbegleitenden Zahlungsverkehr grundsätzlich nicht zur Anwendung der für den **Zahlungsdienstevertrag einschlägigen vorvertraglichen Unterrichtungspflichten** nach § 675d BGB i. V. m. Art. 248 EGBGB. Werden allerdings ein Depot und ein Kontokorrentkonto gleichzeitig eröffnet, so überlagern sich auch hier die vorvertraglichen Informationspflichten des WpHG mit denen des BGB.

dd) Vermeidung von Interessenkonflikten

(1) Allgemein

11.173 Interessenkonflikte können die Kundeninteressen beeinträchtigen. Sie liegen vor, wenn sich die Handlungsmöglichkeiten des zur Interessenwahrung Verpflichtenden nicht mit den Treuepflichten gegenüber dem Auftraggeber vereinbaren lassen oder potentiell konfliktäre Treuepflichten gegenüber mehreren Personen bestehen.[247] Nach § 31 Abs. 1 Nr. 2 WpHG ist ein Wertpapierdienstleistungsunternehmen deshalb verpflichtet, sich um die **Vermeidung von Interessenkonflikten** zu bemühen und vor Durchführung von Geschäften für Kunden, diesen die allgemeine Art und Herkunft der **Interessenkonflikte darzulegen**, soweit organisatorischen Vorkehrungen nach § 33 Abs. 1 Satz 2 Nr. 3 WpHG (siehe Rz. 11.192) nicht ausreichen, um das Risiko der Beeinträchtigung von Kundeninteressen zu vermeiden.

---

245) Zum Fernabsatzrecht oben Rz. 8.50 ff.

246) Arg. § 1 Abs. 10 Zahlungsdiensteaufsichtsgesetz i. V. m. § 675 Abs. 3; vgl. auch Regierungsbegründung z. Zahlungsdiensteumsetzungsgesetz, BT-Drucks. 16/11613, S. 67.

247) Zu den vielfältigen Formen vgl. Schimansky/Bunte/Lwowski-*Eisele*, Bankrechts-Hdb., § 109 Rz. 26 ff.; Anhaltspunkte für Interessenkonflikte sind auch in § 13 Abs. 1 WpDVerOV enthalten.

(2) Zuwendungen

§ 31d Abs. 1 WpHG enthält zur Stärkung der Interessenwahrung[248] eine Beschränkung für die Wertpapierdienstleistungsunternehmen, **Zuwendungen** von Dritten anzunehmen oder an Dritte, die nicht Kunde der erbrachten Dienstleistung sind, zu gewähren. Eine Zuwendungen darf nur angenommen oder gewährt werden, wenn sie darauf ausgelegt ist, die **Qualität der für den Kunden erbrachten Dienstleistung zu verbessern** und nicht der ordnungsgemäßen Erbringung der Dienstleistung im Interesse des Kunden entgegenstehen. Zudem ist für die Zulässigkeit einer Zuwendung ihre Existenz, Art und Umfang dem Kunden vor der Erbringung der Dienstleistung in umfassender, zutreffender und verständlicher Weise **deutlich offenzulegen.**[249] Die Offenlegung sollte regelmäßig auch ein Grund für das Wertpapierdienstleistungsunternehmen sein, die Zuwendungen zivilrechtlich nicht nach §§ 675, 667 BGB herausgeben zu müssen, sondern behalten zu dürfen.[250] 11.174

Zuwendungen sind **Provisionen, Gebühren oder sonstige Geldleistungen sowie alle geldwerten Vorteile**, § 31d Abs. 2 WpHG. Die Gesetzesbegründung zählt als Beispiel für geldwerte Vorteile die Erbringung von Dienstleistungen, die Überlassung von Finanzanalysen, von Hard- und Software und Erbringung von Schulungen auf.[251] Die **Offenlegung** kann gemäß § 31d Abs. 3 WpHG in aggregierter Form erfolgen, sofern das Wertpapierdienstleistungsunternehmen dem Kunden die Offenlegung näherer Einzelheiten anbietet und auf Nachfrage gewährt. 11.175

Qualitätsverbesserungen können sich aus Zuwendungen ergeben, die dazu dienen, eine effiziente und hochwertige Infrastruktur für das Geschäft aufzubauen oder zu erhalten.[252] Erfolgt die Annahme einer Zuwendung im Zusammenhang mit einer Anlagebratung oder allgemeinen Empfehlungen, die Geschäfte in Finanzinstrumenten betreffen, und werden diese Dienstleistungen trotz der **Zuwendung unvoreingenommen erbracht**, wird nach § 31d Abs. 4 WpHG vermutet, dass die Zuwendung qualitätsverbessernd ist.[253] 11.176

Gebühren und Entgelte, die die Erbringung von Wertpapierdienstleistungen erst ermöglichen oder dafür notwendig sind, und die ihrer Art nach nicht ge- 11.177

---

248) Fuchs-*Fuchs,* WpHG, § 31d Rz. 1.

249) Für eine zivilrechtlich begründete Offenlegung von Zuwendungen in Form von Kick-back-Zahlungen vgl. BGH, Urt. v. 19.12.2000 – XI ZR 349/99, BGHZ 146, 235 = ZIP 2001, 230 (m. Anm. *Balzer,* S. 232) = NJW 2001, 962 und BGH, Urt. v. 19.12.2006 – XI ZR 56/05, BGHZ 170, 226 = ZIP 2007, 518 (m. Anm. *Lang/Balzer,* S. 521) = WM 2007, 488, dazu EWiR 2007, 217 *(Hanten/Hartig)*; vgl. unten Rz. 11.308 ff.

250) Fuchs-*Fuchs,* WpHG, § 31d Rz. 55 m. w. N.; *Hadding,* ZIP 2008, 529.

251) Regierungsbegründung, BT-Drucks. 16/2048, S. 42.

252) Regierungsbegründung, BT-Drucks. 16/2048, S. 42.

253) Sehr krit. zu diesem Regelungsansatz: *Assmann,* ZBB 2008, 21, 23 f.

eignet sind, die Beachtung des Kundeninteresses zu gefährden, sind von dem Zuwendungsverbot ausgenommen. Hierunter fallen Zahlungen für die Nutzung von Handelsplätzen, die Geschäftsabwicklung, und die Verwahrung von Finanzinstrumenten.[254)]

c) Bearbeitung von Kundenaufträgen

11.178 § 31c WpHG konkretisiert die in § 31 Abs. 1 Nr. 1 WpHG geregelte allgemeine Interessenwahrungspflicht im Hinblick auf die **Orderausführung.**[255)] In § 31c Abs. 1 WpHG werden sechs Einzelpflichten für das Wertpapierdienstleistungsunternehmen definiert. Es muss geeignete Vorkehrungen treffen, um

- Kundenaufträge unverzüglich und redlich im Verhältnis zu anderen Kundenaufträgen und den Handelsinteressen des Wertpapierdienstleistungsunternehmens auszuführen oder an Dritte weiterzuleiten,
- vergleichbare Kundenaufträge der Reihenfolge ihres Eingangs nach auszuführen oder an Dritte zum Zwecke der Ausführung weiterzuleiten,
- sicherzustellen, dass Kundengelder und Kundenfinanzinstrumente korrekt verbucht werden,
- bei der Zusammenlegung von Kundenaufträgen[256)] mit anderen Kundenaufträgen oder mit Aufträgen für eigene Rechnung des Wertpapierdienstleistungsunternehmens die Interessen aller beteiligten Kunden zu wahren,
- sicherzustellen, dass Informationen im Zusammenhang mit noch nicht ausgeführten Kundenaufträgen nicht missbraucht werden, und
- jeden betroffenen Kunden über die Zusammenlegung der Aufträge und damit verbundene Risiken und jeden betroffenen Privatkunden unverzüglich über alle ihm bekannten wesentlichen Probleme bei der Auftragsausführung zu informieren.

11.179 Können limitierte Kundenaufträge in Bezug auf Aktien, die zum Handel an einem organisierten Markt zugelassen sind, aufgrund der Marktbedingungen nicht unverzüglich ausgeführt werden, muss gemäß § 31c Abs. 2 WpHG das Wertpapierdienstleistungsunternehmen diese Aufträge grundsätzlich unverzüglich so bekannt machen, dass sie anderen Marktteilnehmern leicht zugänglich sind. Diese Verpflichtung gilt als erfüllt, wenn die Aufträge an einen organisierten Markt oder ein multilaterales Handelssystem weitergeleitet werden.

---

254) Regierungsbegründung, BT-Drucks. 16/2048, S. 43.

255) Fuchs-*Fuchs,* WpHG, § 31c Rz. 1

256) Vgl. zur Zusammenlegung auch § 10 WpDVerOV.

d) Verhaltenspflichten bei der Finanzanalyse

Adressaten des § 34b WpHG sind nicht nur Wertpapierdienstleistungsunternehmen. Bei der Finanzanalyse wird gemäß § 34b Abs. 1 WpHG die erforderliche **Sachkenntnis, Sorgfalt und Gewissenhaftigkeit** von Personen, die Finanzanalysen erstellen, verlangt. Auch ist die Sorgfalt und Gewissenhaftigkeit nicht zugleich automatisch an das Kundeninteresse gekoppelt, weil der Empfänger ggf. kein Kunde ist. Die Auslegung, was sorgfältig und gewissenhaft ist, ist im Zusammenspiel mit § 34b Abs. 1 Satz 2 WpHG zu ermitteln, wonach eine Finanzanalyse nur weitergegeben oder öffentlich verbreitet werden darf, wenn sie **sachgerecht erstellt und dargeboten** wird. **11.180**

§ 34b WpHG enthält **zwei Finanzanalysebegriffe**, Finanzanalysen im engeren Sinn und Finanzanalysen im weiteren Sinn.[257] Ersterer Begriff ist in § 34b Abs. 1 Satz 1 WpHG definiert. Eine Finanzanalyse liegt danach vor, wenn eine Information über ein börsennotiertes Finanzinstrument oder dessen Emittenten, die eine direkte oder indirekte **Empfehlung** für eine bestimmte Anlageentscheidung enthält, einem unbestimmten Personenkreis zugänglich gemacht werden soll. Ob die Darbietung der Finanzanalyse schriftlich, elektronisch oder auf sonstige Weise, wie z. B. i. R. v. öffentlichen Auftritten, erfolgt, ist dabei unerheblich. **11.181**

Die **Finanzanalyse im weiteren Sinn** wird in § 34b Abs. 5 Satz 3 WpHG angesprochen. Dies sind Analysen von Wertpapierdienstleistungsunternehmen über Finanzinstrumente, gleichgültig, ob diese börsennotiert sind oder nicht, oder deren Emittenten, die von diesen an Kunden oder in der Öffentlichkeit verbreitet werden sollen oder deren Verbreitung wahrscheinlich ist. Da die Finanzanalyse eine Wertpapiernebendienstleistung i. S. d. § 2 Abs. 3a Nr. 5 WpHG ist, gelten letztlich für die von Wertpapierdienstleistungsunternehmen erstellten Finanzanalysen im engeren wie im weiteren Sinne zusätzlich die allgemeinen Vorschriften des 6. Abschnitts des WpHG.

Die Analyse muss gemäß § 34b Abs. 1 WpHG die Namen der Personen, die für die Weitergabe oder die Verbreitung der Finanzanalyse verantwortlich sind, und Umstände oder Beziehungen, die bei den Erstellern, den für die Erstellung verantwortlichen juristischen Personen oder mit diesen verbundenen Unternehmen Interessenkonflikte begründen können, offenlegen. **11.182**

Einzelheiten zur sorgfältigen Analyseerstellung sind in der Verordnung über die Analyse von Finanzinstrumenten (**Finanzanalyseverordnung** – FinAnV) **11.183**

257) Schreiben der Bundesanstalt für Finanzdienstleistungsaufsicht zur Auslegung einzelner Begriffe des § 31 Abs. 2 Satz 4, § 34b WpHG in Verbindung mit der Verordnung über die Analyse von Finanzinstrumenten (Finanzanalyseverordnung – FinAnV) v. 21.12.2007 = BT 5 MaComp.

geregelt.[258] In § 3 FinAV – Grundsätze sachgerechter Erstellung und Darbietung – heißt es bspw., dass in der Finanzanalyse Angaben über Tatsachen, Angaben über Werturteile Dritter, insbesondere Interpretationen oder Schätzungen und eigene Werturteile, insbesondere Hochrechnungen, Vorhersagen und Preisziele sorgfältig voneinander zu unterscheiden und kenntlich zu machen sind. Die wesentlichen Grundlagen und Maßstäbe eigener Werturteile sind anzugeben. Die Zuverlässigkeit von Informationsquellen ist vor deren Verwendung, so weit als mit vertretbarem Aufwand möglich, sicherzustellen.

e) Organisationspflichten

aa) Sicherstellung der Gesetzeskonformität

11.184 Die wichtigsten aufsichtsrechtlichen Normen mit organisationsrechtlichen Auswirkungen für die Sicherstellung der Gesetzeskonformität (**Compliance**) im Wertpapiergeschäft sind § 25a Abs. 1 KWG und § 33 Abs. 1 WpHG, ferner die Regelungen in der auf § 33 WpHG fußenden Verordnung zur Konkretisierung der Verhaltensregeln und Organisationsanforderungen für Wertpapierdienstleistungsunternehmen (Wertpapierdienstleistungs-Verhaltens- und Organisationsverordnung – WpDVerOV). Für die Compliance in Wertpapierdienstleistungsunternehmen sind § 33 WpHG und die WpDVerOV als **Ergänzungen und Präzisierungen des § 25a KWG** im Hinblick auf das Wertpapiergeschäft anzusehen.[259]

11.185 In Absatz 1 Satz 1 von § 33 WpHG heißt es zunächst, dass ein Wertpapierdienstleistungsunternehmen die **organisatorischen Pflichten nach § 25a Abs. 1 und 4 KWG** einhalten muss (zu § 25a KWG vgl. Rz. 2.114). Sodann werden darüber hinaus in Satz 2 sechs **weitere Tatbestände** zur Beachtung vorgegeben: Das Unternehmen muss

- angemessene Grundsätze aufstellen, Mittel vorhalten und Verfahren einrichten, die darauf ausgerichtet sind, sicherzustellen, dass das Wertpapierdienstleistungsunternehmen selbst und seine Mitarbeiter den Verpflichtungen des WpHG nachkommen, wobei insbesondere eine dauerhafte und wirksame Compliance-Funktion einzurichten ist, die ihre Aufgaben unabhängig wahrnehmen kann;
- angemessene Vorkehrungen treffen, um die Kontinuität und Regelmäßigkeit der Wertpapierdienstleistungen und Wertpapiernebendienstleistungen zu gewährleisten;
- auf Dauer wirksame Vorkehrungen für angemessene Maßnahmen treffen, um Interessenkonflikte bei der Erbringung von Wertpapierdienstleistungen

---

258) Verordnung v. 17.12.2004, BGBl. I, 3522, geändert durch die Verordnung v. 20.7.2007, BGBl. I, 1430.

259) Hauschka-*Gebauer/Niermann*, Corporate Compliance, § 36 Rz. 18.

oder Wertpapiernebendienstleistungen zwischen ihm selbst einschließlich seiner Mitarbeiter und der mit ihm direkt oder indirekt verbundenen Personen und Unternehmen und seinen Kunden oder zwischen seinen Kunden zu erkennen und eine Beeinträchtigung der Kundeninteressen zu vermeiden;

- wirksame und transparente Verfahren für eine angemessene und unverzügliche Bearbeitung von Beschwerden durch Privatkunden vorhalten und jede Beschwerde sowie die zu ihrer Abhilfe getroffenen Maßnahmen dokumentieren;
- sicherstellen, dass die Geschäftsleitung und das Aufsichtsorgan in angemessenen Zeitabständen, zumindest einmal jährlich, Berichte der mit der Compliance-Funktion betrauten Mitarbeiter über die Angemessenheit und Wirksamkeit der Grundsätze, Mittel und Verfahren erhalten, die insbesondere angeben, ob zur Behebung von Verstößen des Wertpapierdienstleistungsunternehmens oder seiner Mitarbeiter gegen Verpflichtungen dieses Gesetzes oder zur Beseitigung des Risikos eines solchen Verstoßes geeignete Maßnahmen ergriffen wurden, sowie
- die Angemessenheit und Wirksamkeit der nach diesem Abschnitt getroffenen organisatorischen Maßnahmen überwachen und regelmäßig bewerten sowie die erforderlichen Maßnahmen zur Beseitigung von Unzulänglichkeiten ergreifen.

Die sechs Tatbestände des § 33 Abs. 1 Satz 2 WpHG, die mit einer Reihe unbestimmter Rechtsbegriffe durchsetzt sind, lassen sich nicht trennscharf voneinander abgrenzen.[260] Dies ist nicht allzu problematisch, weil die Ausgestaltung der Organisation abhängig vom Geschäftsmodell und den damit verbundenen Risiken ist. Die **Wirksamkeit aller Maßnahmen** ist nach Nr. 6 gemäß der Methodik des Risikomanagements zu überwachen und zu bewerten; so erkannte Schwachstellen sind abzustellen. **11.186**

Zudem gibt das Gesetz in § 33 Abs. 1 Satz 2 WpHG nochmals deutlich den **Flexibilitätsgedanken der Regelung** zu erkennen. Das Unternehmen hat bei den i. R. d. für die Einhaltung der WpHG-Vorschriften zu treffenden Vorkehrungen Art, Umfang, Komplexität und Risikogehalt seines Geschäfts sowie Art und Spektrum der von ihm angebotenen Wertpapierdienstleistungen zu berücksichtigen. Auch § 12 Abs. 5 WpDVerOV und die MaComp nehmen diesen Gedanken auf. Das Gesetz lässt damit abgestufte Anforderungen zu, die sich z. B. bei Spezialinstituten oder Banken, die wie Sparkassen und Genossenschaftsinstitute i. R. v. Verbundsystemen tätig sind, ergeben.[261]

260) Fuchs-*Fuchs*, WpHG, § 33 Rz. 5.

261) So bereits die frühere Compliance-Richtlinie der BaFin, vgl. BVR/DSGV/VöB, Handbuch der Compliance-Organisation, S. 21.

(1) Mittel und Verfahren

11.187 Wenn § 33 Abs. 1 Satz 1 Nr. 1 WpHG davon spricht, Mittel vorzuhalten, sind damit die für den ordnungsgemäßen Geschäftsbetrieb erforderlichen **personellen und sachlichen Ressourcen** gemeint. Es müssen qualifiziertes Personal vorhanden, ausreichende finanzielle Mittel verfügbar und technische Systeme einsatzbereit sein. Verfahren einrichten, ist die Umschreibung des regelgerechten internen Ablaufs, der in Grundsätze und Regeln gefasst ist. Die Einrichtung einer unabhängigen Compliance-Funktion wird vom Gesetz als eine Ausformung dieser Grundsätze verstanden.

11.188 Für den Großteil der Aufgaben einer Compliance-Funktion finden sich konkretisierende Vorschriften in § 12 WpDVerOV und in der MaComp. Nach § 12 Abs. 3 WpDVerOV muss Compliance die Angemessenheit und Wirksamkeit der Grundsätze und Vorkehrungen zur Gesetzeskonformität sowie die zur Behebung von Defiziten getroffenen Maßnahmen überwachen und regelmäßig bewerten und die Mitarbeiter im Hinblick auf die Einhaltung der WpHG-Bestimmungen und die internen Grundsätze beraten und unterstützen. Die MaComp betonen in AT 6. Abs. 1, dass Compliance präventiv und prozessbegleitend tätig werden muss. Gemäß § 12 Abs. 4 WpDVerOV muss das Wertpapierdienstleistungsunternehmen einen **Compliance-Beauftragten** benennen, der für die Compliance-Funktion sowie die Berichte an die Geschäftsleitung und das Aufsichtsorgan verantwortlich ist. Die Compliance-Funktion ist ein Instrument der Geschäftsleitung. Nach Auffassung der BaFin soll ungeachtet dessen der Vorsitzende des Aufsichtsorgans unter Einbeziehung der Geschäftsleitung direkt beim Compliance-Beauftragten Auskünfte einholen können: BT 1.1. Abs. 3 MaComp.

11.189 Die mit der **Compliance-Funktion** betrauten Personen müssen über die für eine ordnungsgemäße und **unabhängige Erfüllung ihrer Aufgaben** die erforderlichen Fachkenntnisse, Mittel und Kompetenzen sowie über Zugang zu allen für ihre Tätigkeit relevanten Informationen verfügen. Grundsätzlich dürfen sie nicht an Wertpapierdienstleistungen beteiligt sein. Auch darf die Art und Weise ihrer Vergütung keine Beeinträchtigung ihrer Unvoreingenommenheit bewirken oder wahrscheinlich erscheinen lassen. Die Unabhängigkeit der mit Compliance-Aufgaben betrauten Mitarbeiter beinhaltet jedoch keine Unabhängigkeit gegenüber der Geschäftsleitung.[262)]

(2) Geschäftskontinuität

11.190 Nach § 33 Abs. 1 Satz 2 Nr. 2 WpHG sind angemessene Vorkehrungen treffen, um die Kontinuität und Regelmäßigkeit der Dienstleistungen zu gewährleisten.

262) Hauschka-*Gebauer/Niermann*, Corporate Compliance, § 36 Rz. 65.

Hierbei geht es zuvorderst um die **Aufrechterhaltung wichtiger Geschäftsprozesse bei Störungen** durch Ersatzprozesse.[263)]

(3) Vermeidung von Interessenkonflikten

Bei den vielfältigen Kundenbeziehungen und Aktivitäten eines Wertpapier- **11.191**
dienstleisters kommt es zwangsläufig zu Interessenkonflikten im Unternehmen, die es nach § 33 Abs. 1 Satz 2 Nr. 3 WpHG richtig zu behandeln gilt. Kursrelevante Informationen fallen im Emissions-, Eigenhandels- und Kommissionsgeschäft (Großorders) an, ebenso bei der M&A-Beratung ggf. auch im Finanzanalysebereich. Es muss sichergestellt werden, dass diese Informationen nicht zum Nachteil eines Kunden oder zum Vorteil der Bank bzw. ihrer Mitarbeiter ausgenutzt wird. In § 13 Abs. 1 Nr. 1 bis 5 WpDVerOV ist ein **Prüfungskatalog für das Erkennen von Interessenkonflikten** aufgenommen worden, der von den Wertpapierdienstleistungsunternehmen bei den organisatorischen Maßnahmen zum Erkennen von Interessenkonflikten zu berücksichtigen ist. Die Institute katalogisieren ihre Konfliktpotentiale pro Unternehmensbereich, um im Anschluss denkbare Gegenmaßnahmen zur Konfliktlösung festzulegen. Die gewonnenen Erkenntnisse fließen in die schriftlich zu verfassenden Grundsätze für den Umgang mit Interessenkonflikten ein.

Als mögliche Gegenmaßnahmen kommen die **Separierung** der verschiedenen **11.192**
Kundenbereiche (Schaffung von Vertraulichkeitsbereichen, Chinese Walls), die **Abstandnahme** vom geplanten Geschäft, die **Offenlegung des Konflikts** gegenüber dem Kunden oder gegenüber anderen betroffenen Parteien und die Einholung des Einverständnisses, dass die Bank trotzdem tätig werden darf, in Betracht. Auch die Einräumung von **Priorität** kann konfliktbereinigend sein. Kundenaufträge lassen sich z. B. in der Reihenfolge ihrer Erteilung ausführen; werden Aufträge zeitgleich erteilt oder gebündelt und können nur teilweise ausgeführt werden, so sind diese Kunden pro rata zu bedienen.[264)]

Falls die organisatorischen Maßnahmen nicht ausreichen, um eine konfliktfreie Dienstleistungserbringung zu gewährleisten, müssen die Wertpapierdienstleistungsunternehmen ihren Kunden die allgemeine Art und Herkunft etwaiger Konflikte vor Dienstleistungserbringung eindeutig darlegen (§ 31 Abs. 1 Nr. 2 WpHG). Dies bedeutet, dass das Unternehmen vor einer Offenlegung Anstrengungen zu unternehmen hat, einen Interessenkonflikt zu lösen.[265)]

---

263) Vgl. hierzu Nr. 7.2 AT MaRisk.

264) Zu den Konfliktlösungsmöglichkeiten näher Schimansky/Bunte/Lwowski-*Eisele*, Bankrechts-Hdb., § 109 Rz. 32 f.

265) Primär geschuldet sind angemessene Organisationsmaßnahmen, Assmann/Schneider-*Koller*, WpHG, § 31 Rz. 10; vgl. auch den Normaufbau des § 13 WpDVerOV, der die Offenlegung erst in Absatz 4 nennt.

11.193 Neben der Konfliktkatalogisierung, bei der es um die abstrakte Erfassung des Konfliktpotentials geht, setzen Wertpapierdienstleistungsunternehmen zur Identifizierung von Konflikten auch ein konkretes, stets aktuell gehaltenes **Konfliktregister** ein.[266] In diesem Register werden die Namen von Kunden aufgenommen, mit denen die Bank eine wesentliche Geschäftsbeziehung im Beratungsbereich oder im Emissionsgeschäft unterhält. Daneben werden – sofern einschlägig – Designated Sponsorships, bedeutende Kreditmandate und Funktionen von Bankmitarbeitern bei anderen Gesellschaften aufgeführt. Sollen neue Geschäftsbeziehungen oder Mandate hinzukommen, werden diese zum Register gemeldet und auf Konflikte abgeglichen (**Conflict Check**). Im Falle eines Konflikts muss sodann im Wege eines geordneten Verfahrens eine Entscheidung getroffen werden.

11.194 Für **Mitarbeitergeschäfte** wird das Konfliktmanagement durch § 33b Abs. 2 und 3 WpHG ergänzt, wonach konfliktbehaftete Mitarbeitergeschäfte organisatorisch zu verhindern sind. Wertpapierdienstleistungsunternehmen müssen die Geschäfte ihrer Mitarbeiter auf Verstöße gegen das Insiderrecht kontrollieren. Für Geschäfte von Mitarbeitern, die mit der Erbringung von Wertpapierdienstleistungen befasst sind, ergibt sich die Verpflichtung aus § 33b Abs. 2 und 3 WpHG, für Geschäfte der übrigen Mitarbeiter, die Zugang zu Insiderinformationen haben, aus der Pflicht, organisatorische Maßnahmen gemäß § 25a Abs. 1 KWG zu ergreifen, um die Einhaltung von gesetzlichen Bestimmungen, also auch das Insiderverbot des § 14 WpHG, zu gewährleisten.[267] Diese Kontrollverpflichtung gilt für dienstlich veranlasste wie für private Geschäfte. Die jeweiligen Geschäfte werden hierbei gegen die **Insiderliste** (Watch List) abgeglichen.[268] Die Insiderliste ermöglicht auch die Überprüfung, ob Informationsbarrieren (**Vertraulichkeitsbereiche**; Chinese Walls) eingehalten werden. Häufen sich z. B. Geschäfte von Mitarbeitern in einem Wert, zu dem ein Vorgang auf der Liste existiert, und sind diese Mitarbeiter selbst nicht auf der Insiderliste vermerkt, so kann der Verdacht nahe liegen, dass die Vertraulichkeit nicht eingehalten wurden.[269]

Neben dem Insiderlisten-Monitoring kommt zum Management von Interessenkonflikten auch ein Sperrlisten- (**Restricted List**-) Monitoring zum Einsatz.[270] Dieses Verzeichnis wird unternehmensintern veröffentlicht, um Mitarbeiter auf Beschränkungen im Handel, in der Beratung oder bei ihren eigenen Geschäften aufmerksam zu machen. Der Aufnahme eines Wertes in diese Liste

---

266) Schimansky/Bunte/Lwowski-*Eisele*, Bankrechts-Hdb., § 109 Rz. 35.
267) Hauschka-*Gebauer/Niermann*, Corporate Compliance, § 36 Rz. 31.
268) S. hierzu *Gebauer* in: Gedächtnisschrift Bosch, S. 31, 35 f. m. w. N.
269) Hauschka-*Gebauer/Niermann*, Corporate Compliance, § 36 Rz. 33.
270) Schimansky/Bunte/Lwowski-*Eisele*, Bankrechts-Hdb., § 109 Rz. 139.

müssen keine Insiderinformationen zugrunde liegen. Es können auch geschäftspolitische und Reputationsüberlegungen eine Rolle spielen.

Die Compliance-Abteilung ist über das reine Insider-Monitoring hinaus angehalten, auch ein Monitoring durchzuführen, das gesetzeswidrige Verhaltensweisen erkennt, wie Empfehlungen gegen das Kundeninteresse, häufiges Depotumschichten bei der Vermögensverwaltung, nicht regelgerechte Zuteilung bei Neuemissionen, Empfehlung eines Geschäfts, das mit der Kunden- und Risikoklassifizierung nicht im Einklang steht oder Auftragsausführungen für Privatkunden ohne Übereinstimmung mit der Best Execution-Policy.[271] 11.195

Hinzuweisen ist darauf, dass die **Organisationsvorschriften in § 34b Abs. 5 WpHG** für die Ersteller von Finanzanalysen im Vergleich zu § 33 Abs. 1 Nr. 3 WpHG weniger streng ausfallen. Die organisatorischen Strukturen müssen darauf ausgerichtet sein, dass Interessenkonflikte möglichst gering sind. Ist der Ersteller allerdings ein Wertpapierdienstleistungsunternehmen, verschärft § 5a FinAV die Anforderungen wieder mit besonderem Blick auf die Wahrung der innerbetrieblichen Unabhängigkeit und Neutralität der Analysten. 11.196

(4) Beschwerdemanagement

Nach § 33 Abs. 1 Satz 2 Nr. 4 WpHG sind wirksame und transparente Verfahren für eine angemessene und unverzügliche Bearbeitung von Beschwerden durch Privatkunden vorzuhalten und jede Beschwerde sowie die zu ihrer Abhilfe getroffenen Maßnahmen dokumentieren. Diese Verpflichtung führt zur Vorhaltung eines systematischen und zentralisierten Beschwerdemanagements.[272] 11.197

(5) Compliance-Reporting

Der Compliance-Beauftragte ist als der Geschäftsleitung nachgeordnete Funktion verpflichtet, dieser über Compliance-Risiken regelmäßig zu berichten, § 12 Abs. 4 WpDVerOV. Die **Häufigkeit der Berichte** ist in § 33 Abs. 1 Satz 2 Nr. 5 WpHG geregelt, wonach der Geschäftsleitung und dem Aufsichtsorgan in angemessenen Zeitabständen, mindestens einmal jährlich, Berichte der mit der Compliance-Funktion betrauten Mitarbeiter über die Angemessenheit und Wirksamkeit der Grundsätze, Mittel und Verfahren zur Sicherstellung der Einhaltung der Bestimmungen des WpHG vorzulegen sind. Die Praxis geht mehr und mehr zu Quartalsberichten an die Gesamtgeschäftsleitung über, wobei der Jahresbericht von der Geschäftsleitung dem Aufsichtsrat zugeleitet wird.[273] Bei hohen bzw. realisierten Risiken werden die regelmäßigen Berichte durch 11.198

---

271) Hauschka-*Gebauer/Niermann*, Corporate Compliance, § 36 Rz. 35.

272) *Sethe*, ZBB 2007, 421, 429.

273) *Spindler*, WM 2008, 905, 913 f.; Hauschka-*Gebauer/Niermann*, Corporate Compliance, § 36 Rz. 45.

eine Ad hoc-Berichterstattung ergänzt. Hinsichtlich des Inhalts empfiehlt die BaFin in BT 1.2. Abs. 5 MaComp, sich an den für externe Prüfungen geltenden Berichtsinhalten gemäß § 6 Abs. 1 Satz 1 Nr. 2–16 WpDPV zu orientieren. Der Bericht soll auch Angaben zur Angemessenheit der Personal- und Sachausstattung der Compliance-Funktion und Angaben zum Schriftwechsel mit den Aufsichtsbehörden enthalten. Schließlich soll der Bericht unter Bezugnahme auf den Berichtszeitraum eine auf die Zukunft gerichtete Analyse der Risikolage des Wertpapierdienstleistungsunternehmens beinhalten.

(6) Kontrolle organisatorischer Vorkehrungen

11.199 Die Angemessenheit und Wirksamkeit der organisatorischen Maßnahmen ist gemäß § 33 Abs. 1 Satz 2 Nr. 6 WpHG zu überwachen und regelmäßig zu bewerten, ferner sind die erforderlichen Maßnahmen zur Beseitigung von Unzulänglichkeiten zu ergreifen. Da zu den organisatorischen Maßnahmen auch die Unterhaltung einer Compliance-Funktion zählt, kann die Überwachung und Bewertung nur bedingt durch den Compliance Beauftragten vorgenommen werden. Diese Aufgaben kommen damit dem Risikomanagement[274)] und der Revisionsabteilung zu.

bb) Sicherstellung bestmöglicher Auftragsausführung

11.200 Die in § 31 Abs. 1 Satz 1 WpHG geregelte Pflicht, sorgfältig und gewissenhaft im Kundeninteresse tätig zu werden, beinhaltet auch die Pflicht zur bestmöglichen Ausführung von Anschaffung bzw. Veräußerung von Finanzinstrumenten.[275)] Das Wertpapierdienstleistungsunternehmen hat **den kundengünstigsten Weg** in Bezug auf Kosten, Schnelligkeit und Abwicklungsverfahren zur Ausführung eines Auftrages sicherzustellen. Wie sich aus den organisatorischen Regelungen in § 33a WpHG allerdings ableiten lässt, bedeutet dies, dass Gegenstand dieser Pflicht nicht die Sicherstellung im Einzelfall ist, sondern die **Bereithaltung eines Systems**, das auf die Erfüllung der kundengünstigsten Ausführung ausgerichtet ist.[276)]

11.201 Die **Pflicht zur bestmöglichen Ausführung** bezieht sich auf alle Finanzinstrumente und jede Art der Ausführung von Kundenaufträgen i. S. d. WpHG. Das heißt, der Pflicht unterliegt die Ausführung von Kundenaufträgen im Wege des börslichen oder außerbörslichen Kommissionsgeschäfts sowie der Abschlussvermittlung. Dies Pflicht erfasst grundsätzlich auch Finanzinstrumente, für die kein börslicher Handel existiert.[277)] Auch i. R. d. Finanzportfolioverwal-

274) Regierungsbegründung, BT-Drucks. 16/4028, S. 71.

275) Regierungsbegründung, BT-Drucks. 16/4028, S. 72.

276) Regierungsbegründung, BT-Drucks. 16/4028, S. 53.

277) Vgl. Fuchs-*Zimmermann*, WpHG, § 33a Rz. 9.

tung sind die Vorgaben zur bestmöglichen Auftragsausführung entsprechend anzuwenden.[278)]

Die Ausgabe oder die Rücknahme von Anteilen an Sondervermögen oder Investmentaktiengesellschaften i. S. d. § 23 InvG über eine Depotbank soll nach den Vorstellungen des Gesetzgebers keine Ausführung von Kundenaufträgen sein. Die Preisermittlung erfolgt dabei gemäß § 36 InvG, der einen angemessenen Kundenschutz gewährleistet und damit als lex specialis den Regelungen des § 33a WpHG vorgeht.[279)]

Ein Wertpapierdienstleistungsunternehmen, das Aufträge seiner Kunden für den Kauf oder Verkauf von Finanzinstrumenten ausführt, muss gemäß § 33a Abs. 1 WpHG alle angemessenen Vorkehrungen treffen, um das beste Ergebnis für seinen Kunden zu erreichen, insbesondere **Grundsätze zur Auftragsausführung** (**Best Execution-Policy**) festschreiben. Das Unternehmen ist sodann verpflichtet sicherzustellen, dass die Ausführung jedes einzelnen Kundenauftrags in Übereinstimmung mit den aufgestellten Grundsätzen erfolgt. **11.202**

Vorgaben für den Inhalt der Grundsätze enthält § 33a Abs. 2 WpHG. Das Wertpapierdienstleistungsunternehmen muss bei der Erstellung alle relevanten Kriterien zur Erzielung des bestmöglichen Ergebnisses einbeziehen. Dies sind insbesondere die **Preise** der Finanzinstrumente, die mit der Ausführung verbundenen **Kosten**, die **Geschwindigkeit und Wahrscheinlichkeit** der Abwicklung des Auftrags sowie der **Umfang und die Art des Auftrags**. Die inhaltlichen Kriterien sind sodann unter Berücksichtigung der Merkmale des Kunden, des Kundenauftrags, des Finanzinstrumentes und des Ausführungsplatzes (Börse, multilaterales Handelssystem, systematischer Internalisierer, Market-Maker und sonstige Liquiditätsgeber)[280)] einer **Gewichtung** zu unterziehen.

Führt das Wertpapierdienstleistungsunternehmen **Aufträge von Privatkunden** aus, so nimmt das Gesetz bereits eine wichtige Gewichtung vorweg: gemäß § 33a Abs. 3 WpHG müssen die Ausführungsgrundsätze Vorkehrungen dafür enthalten, dass sich das **bestmögliche Ergebnis am Gesamtentgelt orientiert**. Das Gesamtentgelt ergibt sich aus dem Preis für das Finanzinstrument und sämtlichen mit der Auftragsausführung verbundenen Kosten.

Die Grundsätze müssen nach § 33a Abs. 5 WpHG **Angaben zu den verschiedenen Ausführungsplätzen in Bezug auf jede Gattung** von Finanzinstrumenten (Aktien, Schuldtitel, Derivate) und die ausschlaggebenden Faktoren für die Auswahl eines Ausführungsplatzes enthalten. Auch müssen mindestens **11.203**

278) Regierungsbegründung, BT-Drucks. 16/4028, S. 72.; s. hierzu auch *Zingel*, BKR 2007, 173, 174.

279) Regierungsbegründung, BT-Drucks. 16/4028, S. 72.; krit. Fuchs-*Zimmermann*, WpHG, § 33a Rz. 10.

280) Vgl. § 11 Abs. 1 WpDVerOV.

die Ausführungsplätze, an denen das Wertpapierdienstleistungsunternehmen gleichbleibend die bestmöglichen Ergebnisse bei der Ausführung von Kundenaufträgen erzielen kann, enthalten sein. In Deutschland sind dies prinzipiell alle Wertpapierbörsen. Aufgrund des in § 24 Abs. 2 Satz 3 BörsG geregelten Referenzmarktprinzips, haben alle Börsen die Chance, bestmögliche Ergebnisse anbieten, indem sie in ihren Handelsbedingungen garantierte Preiszusagen verankern, die an den Preisen des liquidesten Handelsplatz anknüpfen.[281)]

11.204 Lassen die Ausführungsgrundsätze auch eine **Auftragsausführung außerhalb organisierter Märkte und multilateraler Handelssysteme** zu (Festpreisgeschäft; systematische Internalisierung)[282)], muss das Wertpapierdienstleistungsunternehmen seine Kunden auf diesen Umstand gesondert hinweisen und deren **ausdrückliche Einwilligung** generell oder in Bezug auf jedes Geschäft einholen, bevor die Kundenaufträge an diesen Ausführungsplätzen ausgeführt werden, § 33a Abs. 5 Satz 2 WpHG.

11.205 Damit die Auftragsausführung nach den Vorgaben der Grundsätze erfolgen kann, darf allerdings keine **Weisung des Kunden** vorliegen. Eine Weisung wäre stets als vorrangig zu beachten. Führt das Wertpapierdienstleistungsunternehmen einen Auftrag gemäß einer ausdrücklichen Kundenweisung – z. B. hinsichtlich eines bestimmten Ausführungsplatzes – aus, gilt nach § 33 Abs. 4 WpHG die Pflicht zur Erzielung des bestmöglichen Ergebnisses entsprechend dem Umfang der Weisung als erfüllt.

11.206 § 33a Abs. 6 WpHG ergänzt § 31 Abs. 3 WpHG hinsichtlich der **Kundeninformation.** Die Kunden sind vor der erstmaligen Erbringung von Wertpapierdienstleistungen über die Ausführungsgrundsätze zu informieren und müssen diesen zustimmen. Die Ausführungsgrundsätze sind damit nicht nur ein internes Dokument, sondern zugleich ein externes. Sie sind regelmäßig über Nr. 2 Sonderbedingungen für das Wertpapiergeschäft zum Bestandteil der institutsbezogenen Sonderbedingungen erklärt worden. Die **Zustimmung** kann damit auch formularmäßig erfolgen.[283)] § 11 Abs. 1 WpDVerOV besagt, dass die Information eine **Beschreibung der vorgenommenen Gewichtung** der relevanten Kriterien zur Erzielung des bestmöglichen Ergebnisses oder eine Beschreibung der Methode, die für diese Gewichtung jeweils angewandt wird, enthalten muss. Auch ein **Verzeichnis der wesentlichen Ausführungsplätze**, an denen das Wertpapierdienstleistungsunternehmen gleichbleibend die bestmöglichen Ergebnisse bei der Ausführung von Kundenaufträgen erzielen kann, ist in die Information aufzunehmen. Privatkunden sind ausdrücklich darauf hinweisen, dass im Falle einer Kundenweisung das Wertpapierdienstleistungsunternehmen den Auftrag entsprechend der Kundenweisung ausführt und insoweit nicht

281) S. zur Xetra-Referenzierung *Dierkes*, ZBB 2008, 11, 13, 15 f.

282) Vgl. hierzu Claussen-*Ekkenga*, Bank- und Börsenrecht, § 6 Rz. 231.

283) Fuchs-*Zimmermann*, WpHG, § 33a Rz. 41.

verpflichtet ist, den Auftrag entsprechend seinen Grundsätzen zur Auftragsausführung zum bestmöglichen Ergebnis auszuführen.

Gemäß § 33a Abs. 7 WpHG muss das **Wertpapierdienstleistungsunternehmen** schließlich auch in der Lage sein, einem Kunden auf Anfrage darzulegen, dass sein Auftrag entsprechend den Ausführungsgrundsätzen ausgeführt wurde. 11.207

Führt ein Wertpapierdienstleistungsunternehmen, die Aufträge seiner Kunden nicht selbst aus, sondern bedient sich dabei Dritter, so muss das beauftragende Unternehmen Vorkehrungen zu treffen, dass das ausführende Unternehmen eine bestmögliche Ausführung sicherstellt, § 33a Abs. 8 WpHG. 11.208

Die Ausführungsrundsätze müssen nach § 33a Abs. 1 Nr. 1 WpHG mindestens jährlich einer **Überprüfung** unterzogen werden. Außerhalb des Jahresrhythmus ist eine Prüfung gemäß § 11 Abs. 1 Nr. 3 WpDVerOV dann vorzunehmen, wenn das Wertpapierdienstleistungsunternehmen von einer wesentlichen Veränderung Kenntnis erhält, die dazu führt, dass an den von den Ausführungsgrundsätzen umfassten Ausführungsplätzen eine Auftragsausführung nicht mehr gleichbleibend im bestmöglichen Interesse des Kunden gewährleistet ist.[284] 11.209

cc) Multilaterales Handelssystem

Ein Wertpapierdienstleistungsunternehmen, das ein multilaterales Handelssystem betreibt, trifft nach § 31f WpHG eine **Reihe von Organisationspflichten, die denen einer Börse ähnlich** sind. Das Unternehmen ist verpflichtet, Regelungen für den Zugang von Handelsteilnehmern zu dem Handelssystem, für die Einbeziehung von Finanzinstrumenten, die ordnungsgemäße Durchführung des Handels und der Preisermittlung sowie für die Abwicklung der abgeschlossenen Geschäfte zu implementieren. 11.210

Der Systembetreiber muss über **angemessene Kontrollverfahren** zur Überwachung des Handels und der Preisfeststellung und der Einhaltung des Verbots marktmissbräuchlichen Verhaltens verfügen. Er muss für eine **Preisfeststellung** im System entsprechend den Regelungen des § 24 Abs. 2 BörsG sorgen. Er muss über die erteilten Aufträge und abgeschlossenen Geschäfte **Aufzeichnungen** machen, die eine **lückenlose Überwachung durch die BaFin gewährleisten**. Der Betreiber hat der BaFin schwerwiegende Verstöße gegen die Handelsregeln und Störungen der Marktintegrität mitzuteilen; bei Anhaltspunkten für einen Verstoß gegen § 14 oder § 20a WpHG ist die BaFin unverzüglich zu unterrichten und bei ihren Untersuchungen umfassend zu unterstützen. Schließlich ist das Unternehmen verpflichtet, unter Berücksichtigung der Art der Nutzer und der gehandelten Finanzinstrumente alle für die Nutzung des 11.211

284) Näher hierzu MA Comp BT 4.3.

multilateralen Handelssystems erforderlichen und zweckdienlichen Informationen öffentlich bekannt zu geben.

11.212 Der Betreiber eines multilateralen Handelssystems hat schließlich – wie die Börsen auch – gemäß § 31g WpHG für **Vor- und Nachhandelstransparenz** zu sorgen. Für in das System einbezogene Aktien und Aktien vertretende Zertifikate, die zum Handel an einem organisierten Markt zugelassen sind, ist grundsätzlich der Preis des am höchsten limitierten Kaufauftrags und des am niedrigsten limitierten Verkaufauftrags und das zu diesen Preisen handelbare Volumen kontinuierlich während der üblichen Geschäftszeiten zu angemessenen kaufmännischen Bedingungen zu veröffentlichen. Der Marktpreis, das Volumen und den Zeitpunkt der in diesen Werten abgeschlossenen Geschäfte sind grundsätzlich zu angemessenen kaufmännischen Bedingungen und so weit wie möglich auf Echtzeitbasis zu veröffentlichen. Weitere Einzelheiten der Vor- und Nachhandelstransparenz sind in der EG-Verordnung Nr. 1287/2006 geregelt.

11.213 Wie an der Börse können auch an einem multilateralen Handelssystem keine Privatpersonen zum Handel zugelassen werden.[285] Den Privatanlegern kann wie bei der Börse faktisch Zugang zum multilateralen Handelsystem eingeräumt werden, indem ihre Aufträge über Online-Banking zu ihrer Bank zur Ausführung als Kommissionsgeschäft geleitet werden und dort über entsprechende technische Vorkehrungen (sog. **Ordersysteme mit elektronischer Direktanbindung**) in Aufträge der Bank zum System umgewandelt werden.

11.214 Banken unterhalten aber auch zunehmend Online-Handelsplattformen, bei denen nicht-institutionelle Kunden unmittelbare Handelsteilnehmer sind. Rechtlich handelt es sich bei der Zusammenführung der Privatkundenaufträge um einen Handel außerhalb organisierter Märkte und multilateraler Handelssysteme (**außerbörslicher Handel; OTC**),[286] ggf. im Wege systematischer Internalisierung entsprechend § 2 Abs. 10 WpHG. Sind börsennotierte Aktien Handelsgegenstand, so kommen die Vorschriften der §§ 32 ff. WpHG zur systematischen Internalisierung zur Anwendung. Die systematische Internalisierung in anderen Finanzinstrumenten ist – über § 2 Abs. 10 WpHG hinaus – nicht speziell reguliert. Für diese OTC-Abwicklung bedarf es gemäß § 33a Abs. 5 WpHG der ausdrücklichen Zustimmung des Kunden.

dd) Systematische Internalisierung

11.215 Ein systematischer Internalisierer gemäß § 2 Abs. 10 WpHG leitet die Kauf- oder Verkaufsaufträge über Finanzinstrumente nicht einer Börse oder einem multilateralen Handelssystem zu, sondern stellt sich gleichsam als planmäßig

285) Fuchs-*Fuchs*, WpHG, § 31f Rz. 4.

286) Instruktiv hierzu v. Böhlen/Kan-*Rößner*, MiFID-Kompendium, S. 268 ff.

und **strukturiert agierender Eigenhändler** als „Mittelsmann" zur Ausführung dieser Aufträge zur Verfügung. Der systematische Internalisierer ist selbst ein Handelsplatz, für den organisatorische Vorkehrungen erforderlich sind. Vor Aufnahme des Handels hat ein systematischer Internalisierer für börsennotierte Aktien bzw. Aktienvertretende Zertifikate zunächst der BaFin Anzeige zu erstatten.[287)] Bislang war nur die Deutsche Bank zeitweise als Internalisierer für Aktienhandel registriert.[288)]

Sodann ist der Internalisierer – sofern es sich um börsennotierte Aktien oder Aktien vertretende Zertifikate handelt, für die es einen liquiden Markt gibt, und soweit Aufträge bis zur standardmäßigen Marktgröße ausgeführt werden – verpflichtet, regelmäßig und kontinuierlich für die angebotenen Aktiengattungen verbindliche Kauf- und Verkaufsangebote (**Quotes**) zu veröffentlichen, §§ 32, 32a WpHG. Wenn ein Kunde zur offerierten Quote kaufen oder verkaufen möchte, wird dieser Vorgang gegen den eigenen Bestand des Internalisierers gebucht. Besteht kein liquider Markt, ist der Internalisierer verpflichtet, auf Anfrage seiner Kunden Quotes zu veröffentlichen. Die Preise der veröffentlichten Quotes müssen die vorherrschenden Marktbedingungen widerspiegeln. Der Internalisierer darf zur Begrenzung seines Risikos[289)] verbindliche Stückzahlen oder Auftragsvolumina in Geldbeträgen festlegen, § 32a Abs. 2 Satz 1 WpHG. **11.216**

Ein systematischer Internalisierer für Aktien und aktienvertretende Zertifikate ist verpflichtet, Aufträge zu dem zum Zeitpunkt des Auftragseingangs veröffentlichten Preis auszuführen. Die Ausführung von Aufträgen für Privatkunden muss den Anforderungen des § 33a WpHG genügen. **11.217**

Der Zugang zu den von dem Internalisierer veröffentlichten Quotes ist in objektiver und nicht diskriminierender Weise zu gewähren. Die **Zugangsgewährung** ist in eindeutiger Weise in den Geschäftsbedingungen zu regeln. Die Geschäftsbedingungen können u. a. vorsehen, dass die Aufnahme und Fortführung einer Geschäftsbeziehung mit Kunden abgelehnt werden kann, sofern dies aufgrund wirtschaftlicher Erwägungen, insbesondere der Bonität des Kunden, dem Gegenparteienrisiko oder der Abwicklung der Geschäfte geboten ist. Die Ausführung von Aufträgen eines Kunden kann in nicht diskriminierender Weise beschränkt werden, sofern dies zur Verminderung des Ausfallrisikos notwendig ist. **11.218**

---

287) Rundschreiben 6/2007 der BaFin (WA) – Anzeige der systematischen Internalisierung v. 9.10.2007.

288) Vgl. die gemeinsam von den EU-Wertpapieraufsichtsbehörden geführte Liste unter http://mifiddatabase.cesr.eu/.

289) Fuchs-*Fuchs*, WpHG, § 32a Rz. 9.

ee) Aufzeichnungen

(1) Allgemein

11.219 Ein Wertpapierdienstleistungsunternehmen unterliegt hinsichtlich der von ihm erbrachten Dienstleistungen und Geschäfte umfangreichen Dokumentations- und Aufzeichnungspflichten. Nach § 34 Abs. 1 WpHG sollen Aufzeichnungen hierüber ganz allgemein dergestalt gemacht werden, dass es der BaFin ermöglicht wird, die **Einhaltung der in Abschnitt 6 des WpHG geregelten Pflichten** zu prüfen. Nach § 14 Abs. 1 WpDVerOV sind Organisationsanweisungen und Aufzeichnungen über systemische Vorkehrungen geeignete Formen der Aufzeichnung, wenn sie die Nachvollziehbarkeit der Pflichterfüllung gewährleisten. Gemäß § 34 Abs. 5 WpHG erstellt und veröffentlicht die BaFin ein Verzeichnis über Mindestaufzeichnungspflichten.[290] Dieses enthält die konkreten Aufzeichnungspflichten des 6. Abschnittes des WpHG, der WpDVerOV, der EG-Verordnung Nr. 1287/2006 und nach den CESR-Empfehlungen „Recommendations on the List of minimum records in article 51(3) of the MiFID implementing Directive".

11.220 Nach § 34 Abs. 2 WpHG hat des Wertpapierdienstleistungsunternehmen Aufzeichnungen über Vereinbarungen mit Kunden zu erstellen.Bei der erstmaligen Erbringung einer Wertpapierdienstleistung für einen Privatkunden ist der Abschluss einer schriftlichen **Rahmenvereinbarung**, die mindestens die wesentlichen Rechte und Pflichten des Wertpapierdienstleistungsunternehmens und des Privatkunden enthält, verpflichtend. Die Rahmenvereinbarung muss dem Privatkunden in Papierform oder auf einem anderen dauerhaften Datenträger zur Verfügung gestellt werden.

11.221 Alle Aufzeichnungen unterliegen nach § 34 Abs. 3 WpHG der **Aufbewahrungspflicht** von mindestens **fünf Jahren** ab dem Zeitpunkt ihrer Erstellung. **Aufzeichnungen über Rechte und Pflichten** des Wertpapierdienstleistungsunternehmens und seiner Kunden sowie sonstige Bedingungen, zu denen Wertpapierdienstleistungen und Wertpapiernebendienstleistungen erbracht werden, sind mindestens für die **Dauer der Geschäftsbeziehung** mit dem Kunden aufzubewahren.

(2) Protokollpflicht bei der Anlageberatung

11.222 Ein Wertpapierdienstleistungsunternehmen muss über jede Anlageberatung bei einem Privatkunden gemäß § 34 Abs. 2a WpHG ein schriftliches **Protokoll anfertigen**. Das Protokoll soll zum einen die Aufsicht der BaFin über die Einhaltung der Wohlverhaltensregelungen ermöglichen, aber auch dem Anleger zu

290) Verzeichnis der Mindestaufzeichnungspflichten gemäß § 34 Abs. 5 WpHG v. 21.4.2008, abrufbar unter www.bafin.de.

Beweiszwecken dienen.[291] Deshalb hat der Gesetzgeber auch einen **zivilrechtlichen Anspruch** in § 34 Abs. 2b WpHG aufgenommen, wonach Kunde vom beratenden Unternehmen die Herausgabe einer Ausfertigung des Protokolls verlangen kann.[292] Die Protokollpflicht besteht auch dann, wenn es nicht zum Geschäftsschluss kommt.[293] Die inhaltlichen Mindestanforderungen an das Protokoll legt § 14 Abs. 6 WpDVerOV fest (näher Rz. 11.321).

ff) Getrennte Verwahrung

Verfügt ein Wertpapierdienstleistungsunternehmen über **keine Erlaubnis für das Einlagengeschäft bzw. das Depotgeschäft**, so ist es organisatorisch verpflichtet sicherzustellen, dass die Verwahrung der Kundengelder bzw. Kundenwertpapieren bei einem nach dem KWG bankrechtlich beaufsichtigtem Institut erfolgt. Dem **Trennungsgebot** nach § 34a Abs. 1 WpHG folgend, müssen Kundengelder grundsätzlich unverzüglich getrennt von den Geldern des Unternehmens und von anderen Kundengeldern auf einem **offenen Treuhandkonto** bei einem anderen Institut, welches zum Betreiben des Einlagengeschäftes befugt ist, verwahrt werden, bis die Gelder zum vereinbarten Zweck verwendet werden. Das Wertpapierdienstleistungsinstitut hat dem Kunden u. a. unverzüglich darüber zu unterrichten, bei welchem Institut und auf welchem Konto sein Geld verwahrt wird und ob das Institut, einer Einrichtung zur Sicherung der Ansprüche von Einlegern und Anlegern angehört und in welchem Umfang Kundengelder durch diese Einrichtung gesichert sind. Mit Zustimmung der Kunden (§ 34a Abs. 1 Satz 2 WpHG) kann ein Treuhandkonto auch für mehrere Kunden geführt werden (sog. **Omnibuskonto**). **11.223**

Depotfähige Finanzinstrumente,[294] die das Wertpapierdienstleistungsinstitut im Zusammenhang mit einer Dienstleistung entgegennimmt, sind nach § 34b Abs. 2 WpHG unverzüglich einem Kreditinstitut, das zum Betreiben des Depotgeschäftes befugt ist und bei welchem dem Kunden eine Rechtsstellung eingeräumt wird, die derjenigen nach dem DepotG gleichwertig ist, zur Verwahrung weiterzuleiten. **11.224**

Die Regelungen in § 34a WpHG erinnern im Ansatz an das Depotbank-Modell im Investmentrecht. Mit Einschaltung eines Dritten, soll der Kundenschutz erhöht werden. Vor allem soll dem Untreue- und **Insolvenzrisiko der Kunden** entgegengewirkt werden.[295] Ein nach § 34a Abs. 1 WpHG geführtes Treuhandkonto gewährt dem Treugeber im Insolvenzfalle des Treuhänders ein Aussonderungsrecht nach § 47 InsO. **11.225**

---

291) BR-Drucks. 180/09, S. 43.

292) *Stohmeyer*, ZBB 2009, 197, 200.

293) *Leuering/Zetzsche*, NJW 2009, 2856, 2861 m. w. N.

294) Vgl. Fuchs-*Fuchs*, WpHG, § 34a Rz. 21.

295) Fuchs-*Fuchs*, WpHG, § 34a Rz. 1; *du Buisson*, WM 2009, 834.

11.226 Das Wertpapierdienstleistungsunternehmen ist verpflichtet, jedem Kunden mindestens einmal jährlich auf einem dauerhaften Datenträger eine **Aufstellung der Gelder und Finanzinstrumente** zu übermitteln, die für ihn verwahrt werden, §§ 34a Abs. 3, 9a WpDVerOV.

11.227 § 14a WpDVerOV regelt hinsichtlich der getrennten Vermögensverwahrung eine Vielzahl weiterer Einzelheiten. Das Wertpapierdienstleistungsunternehmen muss danach bei der **Auswahl, Beauftragung und regelmäßigen Überwachung** des Dritten mit der erforderlichen Sorgfalt und Gewissenhaftigkeit vorgehen. Insbesondere sind die fachliche Eignung und die Reputation der Dritten zu prüfen. Um die Rechte von Kunden an den ihnen gehörenden Geldern und Finanzinstrumenten zu schützen, sind die Wertpapierdienstleistungsunternehmen verpflichtet, durch Aufzeichnungen und eine korrekte Buchführung jederzeit eine Zuordnung der von ihnen gehaltenen Gelder und Finanzinstrumente zu den einzelnen Kunden und deren Abgrenzbarkeit von eigenen Vermögenswerten zu gewährleisten. Auch sind organisatorische Vorkehrungen zu treffen, um das Risiko eines Verlustes oder Teilverlustes von Kundengeldern oder Finanzinstrumenten oder damit verbundenen Rechten durch Pflichtverletzungen so gering wie möglich zu halten.

4. Haftungsregelungen für Kapitalmarktinformationen

11.228 Bei den Vorschriften zur Prospektpflicht nach dem BörsG, dem WpPG, VerkProspG, InvG wurde auf die entsprechenden Vorschriften zur Prospekthaftung hingewiesen (sog. **spezialgesetzliche Prospekthaftung**)[296]. Gleiches gilt für die Haftung bei fehlerhafter Angebotsunterlage nach dem WpÜG. Fehlerhafte Prospekte und Angebotsunterlagen können zu Schadenersatzansprüchen führen. Die Adressaten der Normen haften für Fehler bei Kenntnis und grob fahrlässiger Unkenntnis.

11.229 Eine einheitliche, allumfassende Anspruchsgrundlage zum Ersatz für Schäden, die einem Anleger aus einem Wertpapiergeschäft in Folge fehlerhafter Informationen entstanden sind, gibt es bislang aber noch nicht.[297] Es ist daher in den Fällen, in denen es keine explizite Haftungsnorm gibt, auf die allgemeinen Grundsätze des Zivilrechts zurückzugreifen. Beruht die fehlerhafte Information auf der **Verletzung einer vorvertraglichen oder vertraglichen Informationspflicht**, so gelten die allgemeinen Vorschriften des bürgerlichen Rechts zum **Schadenersatz wegen Pflichtverletzung** gemäß § 280 BGB. Eine **deliktsrechtliche Haftung** kann nach § 823 Abs. 2 BGB in Betracht kommen. Dazu muss der die jeweilige gesetzliche Informationspflicht begründende Paragraph ein Schutzgesetz i. S. dieser Norm sein. Die Rechtsprechung des **Bundesge-**

296) Vgl. Assmann/Schütze-*Assmann*, Kapitalanlagerecht, § 6 Rz. 218 ff.; oben Rz. 11.57, 67 und 89.

297) Vgl. herzu z. B. *Kümpel/Veil*, WpHG, § 1 Rz. 5 und § 8 Rz. 2.

richtshofes stellt hier jedoch regelmäßig hohe Anforderungen.[298] Die Verletzung einer Informationspflicht kann schließlich eine **vorsätzliche sittenwidrige Schädigung** nach § 826 BGB darstellen. Auch hier ist die Rechtsprechung regelmäßig zurückhaltend, was die Bejahung der Voraussetzungen betrifft. Der Anleger hat insbesondere auch bei extrem unseriöser Kapitalmarktinformation den Kausalzusammenhang zwischen der Kenntnisnahme einer fehlerhaften Information und seinem Entschluss, eine Transaktion zu tätigen, zu beweisen; als Kausalitätsbeweis reicht das enttäuschte allgemeine Anlegervertrauen in die Integrität der Marktpreisbildung nicht aus.[299]

Der Gesetzgeber hat allerdings in der jüngeren Gesetzgebung zum Anlegerschutz gezeigt, dass neue spezialgesetzliche Haftungstatbestände im Falle der Verletzung von Informationspflichten eingeführt werden können. Die 2001 in das WpHG aufgenommenen Vorschriften §§ 37b und 37c zum Schadensersatz wegen unterlassener bzw. fehlerhafter Ad hoc-Publizität wurden bewusst eingeführt, um die Schutzgesetzdiskussion um § 15 WpHG künftig zu vermeiden.[300] Diese Haftung ist in der Grundstruktur der Prospekthaftung nachgebildet. **11.230**

Bei der Regelpublizität (Jahresabschlüsse, Lageberichte, Konzernabschlüsse, Konzernlageberichte sowie Halbjahresfinanzberichten) wird neben der Schutzgesetzdebatte (§ 823 Abs. 2 BGB) noch erwogen, diese Dokumente im Falle ihrer Fehlerhaftigkeit den **Grundsätzen der bürgerlich-rechtlichen Prospekthaftung**[301] zu unterwerfen.[302] Wünschenswert wäre, wenn der Gesetzgeber auch hier durch einen speziellen gesetzlichen Haftungstatbestand Klarheit schaffen würde. **11.231**

Falsche Darstellungen gegenüber den Kapitalmarktteilnehmern verursachen regelmäßig Streuschäden im ggf. mehrstelliger Millionenhöhe mit vielen Geschädigten und vergleichsweise geringer Schadenssumme beim Einzelnen.[303] Damit nicht jeder Anleger einen aufwendigen Rechtsstreit mit ggf. aufwendiger Beweisaufnahme und teuren Sachverständigengutachten führen muss, hat der Gesetzgeber das Gesetz über Musterverfahren in kapitalmarktrechtlichen Streitigkeiten (**Kapitalanleger-Musterverfahrensgesetz** – KapMuG)[304] verabschiedet. Neben der effektiven Durchsetzung von Schadensersatzansprüchen und **11.232**

---

298) Krit. und zu den rechtspolitischen Hintergründen *Hopt*, WM 2009, 1873, 1880.

299) Vgl. zuletzt BGH, Urt. v. 7.1.2008 – II ZR 229/05, ZIP 2008, 407 – Comroad IV.

300) Assmann/Schneider-*Sethe*, WpHG, §§ 37b, 37c Rz. 8.

301) Vgl. hierzu Assmann/Schütze-*Assmann*, Kapitalanlagerecht, § 6 Rz. 129 ff.

302) Ablehnend z. B. Assmann/Schütze-*Fleischer*, Kapitalanlagerecht, § 7 Rz. 59 ff. und speziell für Zwischenberichte Fuchs-*Zimmermann*, WpHG, Vor §§ 37v–37z Rz. 24 m. w. N.

303) So BT-Drucks. 15/5091, S. 1

304) BGBl. I 2005, 2437, 2437; zuletzt geändert durch Gesetz v. 5.1.2007 BGBl. I, 10; Geltung nach derzeitiger Regelung begrenzt bis 31.10.2010.

minimiertem Prozesskostenrisiko für die Kläger, sollen auch die Gerichte entlastet werden.[305] Komplizierte Rechtsfragen müssen nur einmal bearbeitet werden.

Durch **Musterfeststellungsantrag** kann gemäß § 1 Abs. 1 Satz 1 KapMuG in einem Verfahren, in dem ein Schadensersatzanspruch wegen falscher, irreführender oder unterlassener öffentlicher Kapitalmarktinformation oder ein Erfüllungsanspruch aus Vertrag, der auf einem Angebot nach dem WpÜG beruht, geltend gemacht wird, die Feststellung des Vorliegens oder Nichtvorliegens anspruchsbegründender oder anspruchsausschließender Voraussetzungen oder die Klärung von Rechtsfragen begehrt werden. Der Musterfeststellungsantrag kann nach § 1 Abs. 1 Satz 2 KapMuG vom Kläger und vom Beklagten gestellt werden.

11.233 **Öffentliche Kapitalmarktinformationen** sind gemäß § 1 Abs. 1 Satz 3 KapMuG für eine Vielzahl von Kapitalanlegern bestimmte Informationen über Tatsachen, Umstände, Kennzahlen und sonstige Unternehmensdaten, die einen Emittenten von Wertpapieren oder Anbieter von sonstigen Vermögensanlagen betreffen. Ausdrücklich benannt werden Angaben in Prospekten nach dem WpPG, VerkProspG und InvG, in Ad-hoc-Mitteilungen, Darstellungen, Übersichten, Vorträgen und Auskünften in der Hauptversammlung über die Verhältnisse der Gesellschaft einschließlich ihrer Beziehungen zu verbundenen Unternehmen i. S. d. § 400 Abs. 1 Nr. 1 AktG, in Jahresabschlüssen, Lageberichten, Konzernabschlüssen, Konzernlageberichten sowie Halbjahresfinanzberichten des Emittenten und in Angebotsunterlagen gemäß § 11 Abs. 1 Satz 1 WpÜG.

Vertragliche Erfüllungsansprüche nach dem WpÜG sind deshalb einbezogen, damit sichergestellt wird, dass die schuldrechtlichen Ansprüche hinsichtlich des Wertes der Gegenleistung (angemessener Kaufpreis) einheitlich beurteilt werden.[306]

11.234 Der Musterfeststellungsantrag wird vom Landgericht am Sitz des Emittenten in einem eigenen **Klageregister im elektronischen Bundesanzeiger** veröffentlicht, § 2 KapMuG. Mit der Bekanntmachung wird das ursprüngliche Einzelverfahren unterbrochen. Werden sodann mindestens neun gleichgerichtete Musterfeststellungsanträge in verschiedenen Rechtsstreiten zur Klärung derselben Musterfrage innerhalb von vier Monaten gestellt, holt das Landgericht gemäß § 4 KapMuG einen **Musterentscheid beim übergeordneten Oberlandesgericht** ein. Nach Anhängigkeit des Musterverfahrens beim Oberlandesgericht werden alle betroffenen Rechtsstreite der Kapitalanleger ausgesetzt, unabhängig davon, ob ein Musterfeststellungsantrag gestellt wurde. Das Ober-

305) BT-Drucks. 15/5091 S. 17.

306) BT-Drucks. 15/5091, S. 16.

landesgericht bestimmt einen Kläger von Amts wegen zum Musterkläger und lädt die übrigen Kläger zum Musterverfahren bei. Der aufgrund mündlicher Verhandlung nach § 14 KapMuG getroffene Musterentscheid bindet nach Rechtskraft gemäß § 16 KapMuG den Musterkläger, den Musterbeklagten sowie die übrigen Kläger. Unter Berücksichtigung des Musterentscheids werden schließlich die Individualprozesse entschieden.

III. Finanzkommissionsgeschäft in Wertpapieren

§ 1 Abs. 1 Nr. 4 KWG a. F. definierte das **Effektengeschäft** als Anschaffung und Veräußerung von Wertpapieren für andere. Der Wertpapierbegriff wurde in dieser gesetzlichen Definition selbst nicht bestimmt. Er unterschied sich vom allgemeinen Begriffsverständnis des Wertpapierrechts; zum Teil hatte der Wertpapierbegriff des Effektengeschäfts geringere Reichweite, zum Teil weitergehende Inhalte als der allgemeine Begriff. Dies gilt auch nach der Neufassung des § 1 Abs. 1 Nr. 4 KWG durch die 6. KWG-Novelle vom 22. Oktober 1997. Als Bankgeschäft wird nunmehr das **Finanzkommissionsgeschäft** geregelt, d. h. die Anschaffung und Veräußerung von Finanzinstrumenten im eigenen Namen für fremde Rechnung. Der Begriff der Finanzinstrumente umfasst gemäß § 1 Abs. 11 KWG neben Wertpapieren auch Devisen oder Rechnungseinheiten sowie Derivate und entspricht den in § 2 Abs. 1, 1a und 2 WpHG enthaltenen Definitionen (oben Rz. 11.10 ff.). **11.235**

Zivilrechtlich wird als Wertpapier im Allgemeinen eine Urkunde definiert, die ein subjektives Recht derart verbrieft, dass es nur vom Inhaber der Urkunde ausgeübt werden kann. In den Voraussetzungen noch darüber hinausgehend werden als **Wertpapiere im engeren Sinne** Urkunden bezeichnet, bei denen das Recht „aus dem Papier" dem Recht „am Papier" folgt, d. h., die Verfügung über das verbriefte Recht erfolgt durch Übereignung des Papiers.[307] **11.236**

Demgegenüber ist der **Wertpapierbegriff des Finanzkommissionsgeschäfts** enger, weil die Papiere anschaffungs- und veräußerungsfähig sein müssen. Die Papiere müssen mithin fungibel sein, zudem muss für sie ein zugänglicher Markt bestehen.[308] Weiter gefasst ist dieser Wertpapierbegriff, weil es auf eine urkundliche Verbriefung des Rechts nicht ankommt. So liegt etwa bei einer zunehmenden Zahl von Schuldverschreibungstiteln der öffentlichen Hand eine vollständige „Entbriefung" vor, Urkunden über die im Schuldbuch verzeichneten Titel werden nicht mehr ausgestellt. Gleichwohl sind diese Rechte vom Effektenbegriff umfasst.[309] **11.237**

---

307) Vgl. *Habersack* in: MünchKomm-BGB, Vor § 793 Rz. 7; Schimansky/Bunte/Lwowski-*Kümpel/Bruski*, Bankrechts-Hdb., § 104 Rz. 37.

308) *Kümpel*, Bank- und Kapitalmarktrecht, Rz. 8.9.

309) Assmann/Schütze-*Roth*, Kapitalanlagerecht, § 10 Rz. 36.

11.238 Durch das Merkmal, Wertpapiere für andere anzuschaffen oder zu veräußern, ist das Finanzkommissionsgeschäft vom Eigengeschäft bzw. **Nostrogeschäft** der Kreditinstitute abzugrenzen. Hierbei handeln die Institute ohne einen Kundenauftrag, also nur im eigenen Interesse. Mit den Nostrogeschäften kann neben der Absicht einer Gewinnerzielung für die Bank auch bezweckt sein, Kundengelder aus dem Einlagenbereich anzulegen, soweit sie aktuell im Kreditgeschäft der Bank nicht nachgefragt und damit wieder ausgelegt werden können.[310)]

11.239 Bei der Vertragsgestaltung und -erfüllung im Finanzkommissionsgeschäft sind gesetzliche Vorschriften aus dem BGB, dem HGB, dem BörsG und dem DepotG zu beachten. Für die Bankpraxis ist der Inhalt dieser Vorschriften in den **Sonderbedingungen für Wertpapiergeschäfte**[311)] (SoB WP) zusammengeführt worden, die seit Anfang 1995 die vertragliche Grundlage des Geschäftes mit Privatkunden bilden. Die Sonderbedingungen haben die bis dahin für den Bereich des Wertpapiergeschäftes fortgeltenden Nr. 29–39 AGB-Bk 1986/Nr. 36–46 AGB-Spk 1986 sowie die in ihrer bisherigen Form seit den siebziger Jahren geltenden Sonderbedingungen für Auslandsgeschäfte in Wertpapieren ersetzt.

11.240 Die Sonderbedingungen finden **Anwendung auf** sämtliche in der Praxis **nach Kassagrundsätzen abgewickelten Wertpapiergeschäfte**, also für die Anschaffung und Veräußerung sämtlicher verbrieften Rechte und die Schuldbuchtitel der öffentlichen Hand. Diese Zuordnung betrifft nur die Abwicklung und Erfüllung der Geschäfte mit Kunden. Sie kollidierte daher auch in der Vergangenheit nicht mit der nach §§ 50 ff. BörsG a. F. vorzunehmenden Einordnung, ob Geschäfte in bestimmten verbrieften Optionen Börsentermingeschäfte sind. So stufte der Bundesgerichtshof den Handel mit selbständigen Optionsscheinen als Börsentermingeschäft ein.[312)] Geschäfte in solchen Optionsscheinen waren bis zur Umsetzung der MiFID (Markets in Financial Instruments Directive)[313)] in deutsches Recht nur verbindlich, wenn beide Parteien gemäß § 53 BörsG a. F. börsentermingeschäftsfähig waren bzw. seit 2002 finanztermingeschäftsfähig gemäß § 37d WpHG. Mit der Umsetzung der MiFID durch das Finanzmarktrichtlinienumsetzungsgesetz (FRUG) wurde zum 1. November 2007 der § 37d WpHG ersatzlos aufgehoben. Für die Rechtsverbindlichkeit von Finanztermingeschäften kommt es nicht mehr auf eine gesondert zu erlangende Geschäftsfähigkeit in Bezug auf diese Papiere an. Für sie gelten dieselben Regeln wie für Geschäfte in sonstigen Finanzinstrumenten. Die verbrieften

---

310) Schimansky/Bunte/Lwowski-*Kümpel/Bruski*, Bankrechts-Hdb., § 104 Rz. 21.

311) Sonderbedingungen für Wertpapiergeschäfte, zuletzt geändert 2007; abgedr. in: Anhang IV.1.

312) BGH, Beschl. v. 25.10.1994 – XI ZR 43/94, ZIP 1994, 1924 = WM 1994, 2231, dazu EWiR 1995, 141 *(Schwark)*; BGH, Urt. v. 13.10.1998 – XI ZR 26/98, ZIP 1998, 2052 = WM 1998, 2331.

313) Oben Rz. 11.1.

Rechte werden an den Präsenz- oder auch elektronischen Börsen nach den dortigen Usancen gehandelt, die wiederum von den Sonderbedingungen für Wertpapiergeschäfte berücksichtigt werden.

Die SoB WP haben in Folge von Gesetzesänderungen **wesentliche Überarbeitungen** erfahren, so 2002 aufgrund des Vierten Finanzmarktförderungsgesetzes und 2007 aufgrund des FRUG.[314] Veränderungen der Marktgegebenheiten wie elektronische Handelssysteme und die Einführung des Zentralen Kontrahenten (Central Counterparty CCP) wurden ebenfalls in Anpassungen der Sonderbedingungen berücksichtigt. 11.241

Auf die SoB WP finden die §§ 305 ff. BGB Anwendung. Dennoch ist eine **„funktionale Reduktion" der allgemeinen AGB-Vorschriften** vorzunehmen, dies in Anlehnung an die BGH-Rechtsprechung zu Emissionsbedingungen von Inhaberschuldverschreibungen.[315] Der Bundesgerichtshof hat dort entschieden, dass die Anwendung der allgemeinen AGB-Vorschriften nicht die Funktionsfähigkeit des Marktes gefährden darf.[316] Da ein Zweiterwerber als Rechtsnachfolger nicht erkennen kann, ob beim Ersterwerb die Bedingungen wirksam einbezogen wurden oder ein Verbraucher beteiligt war, kann es auf die Besonderheiten des Einzelfalls nicht ankommen. Daher sollen Wertpapierbedingungen allein objektiv ausgelegt werden unter Aussparung individueller Aspekte. Maßstab ist der typische Anleger. Ziel ist, die Fungibilität der Wertpapiere zu erhalten. 11.242

1. Geschäfte in Wertpapieren

Nach Nr. 1 Abs. 1 SoB WP können Wertpapiergeschäfte zwischen dem Kunden und der Bank nur in zwei Formen abgeschlossen werden: als Kommissionsgeschäft oder als Festpreisgeschäft. 11.243

a) Kommissionsgeschäft

Nr. 29 AGB-Bk 1986/Nr. 39a AGB-Spk 1986 sah vor, dass ein Kundenauftrag, Wertpapiere im Wege der Kommission zu beschaffen oder zu veräußern, regelmäßig durch **Selbsteintritt des Kreditinstitutes** ausgeführt wurde. Bei Wertpapieren, die in den Börsensegmenten des amtlichen Handels oder des geregelten Marktes zugelassen waren, wurde der Auftrag daher entsprechend § 400 Abs. 1 HGB dadurch ausgeführt, dass die Bank als Kommissionärin die Wertpapiere bei einem Kaufauftrag selbst als Verkäuferin lieferte oder die Papiere bei einem Verkaufsauftrag des Kunden selbst als Käuferin übernahm. An- 11.244

314) Ausführlich hierzu *Wagner*, WM 2007, 1725.

315) *Bunte*, AGB-Banken und Sonderbedingungen, SB Wp Rz. 7.

316) BGH, Urt. v. 28.6.2005 – XI ZR 363/04, ZIP 2005, 1410 = WM 2005, 1567 = NJW 2005, 2917, dazu EWiR 2005, 853 *(Reiff)*.

ders als in §§ 383, 384 HGB für die **schlichte Kommission** vorgesehen, schloss die Bank kein Ausführungsgeschäft über die Wertpapiere mit einem Dritten ab. Wegen des ausdrücklichen Hinweises auf die Ausführung von Kommissionsaufträgen durch Selbsteintritt bedurfte es zudem keiner Anzeige an den Kunden nach § 405 HGB.

Ein theoretischer Nachteil aus Kundensicht lag bei diesem Verfahren darin, dass – anders als bei der schlichten Kommission – die Bank nicht nachweisen musste, das Geschäft zum bestmöglichen Kurs für den Kunden getätigt zu haben. Vielmehr hätte der Kunde die Beweislast dafür gehabt, dass der für den Selbsteintritt abgerechnete Kurs nach den Marktgegebenheiten zu ungünstig gewesen sei. Die Regelausführung von Kommissionsaufträgen durch Selbsteintritt wurde daher in der juristischen Literatur verschiedentlich kritisiert.[317]

11.245 Der AGB-mäßige Selbsteintritt ist bei den SoB WP vollständig entfallen. Nach Nr. 1 Abs. 2 der Bedingungen ist bei Kommissionsaufträgen vom Kreditinstitut **stets ein Ausführungsgeschäft** mit einem anderen Marktteilnehmer oder einer Zentralen Gegenpartei abzuschließen, von dem das Institut dem Kundenauftrag entsprechend die Wertpapiere ankauft oder an den Dritten verkauft. Das Kreditinstitut kann ferner einen anderen Kommissionär (Zwischenkommissionär) mit dem Abschluss des Ausführungsgeschäftes beauftragen. Diese Möglichkeit ist vor allem beim Abschluss von Geschäften im Ausland, bei denen dortige Broker beauftragt werden, oder bei Kreditinstituten mit einer dezentralen Verbundstruktur wie den Genossenschaftsbanken, für die jeweilige Zentralinstitute handeln können, von Bedeutung.

11.246 Allein im **elektronischen Handel** an einer Börse kann der Auftrag des Kunden auch gegen die Bank oder den Zwischenkommissionär unmittelbar ausgeführt werden, wenn die Bedingungen des Börsenhandels dies zulassen (vgl. Nr. 1 Abs. 2 Satz 2 SoB WP). Im Unterschied zum kritisierten Kommissionsgeschäft mit Selbsteintritt ist dabei zu beachten, dass der elektronische Handel anonym abläuft. Kauf- und Verkaufsorder werden in das Handelssystem eingestellt und dort elektronisch zusammengeführt, ohne dass die Kontrahenten zum Zeitpunkt des Geschäftsabschlusses ihre Gegenpartei kennen. Diese wird erst mit der Geschäftsbestätigung den Kontrahenten mitgeteilt. Soweit im elektronischen System von einer Bank sowohl eine Kauforder für einen Kunden als auch eine dem entsprechende Verkaufsorder für einen anderen Kunden beziehungsweise ein Eigengeschäft der Bank vorliegen, kann es zu einem **Matching (Zusammenführung dieser Geschäfte)** kommen. Weil dieses Matching anonym erfolgt, besteht bei der Bank kein Interessenkonflikt. Die beim Kommissionsgeschäft mit Selbsteintritt beanstandeten Risiken in Bezug auf die Interessenlage des Kunden liegen im elektronischen Handel nicht vor.

---

317) Nachweise bei *Kümpel*, WM 1995, 137, 138.

Daneben ist es gerade wegen der Anonymität des elektronischen Handels nicht möglich zu erkennen, ob auf Kauf- und Verkaufseite dieselbe Partei steht. Für das ordnungsgemäße Funktionieren des elektronischen Handels ist es somit notwendig, dass der Auftrag des Kunden auch unmittelbar gegen die Bank oder der Zwischenkommissionär ausgeführt werden darf.

b) Festpreisgeschäfte

Nach Nr. 1 Abs. 3 der Sonderbedingungen können Bank und Kunde für das einzelne Geschäft auch von vornherein einen festen Preis vereinbaren. Es kommt dann kein Kommissionsverhältnis, sondern ein **Kaufvertrag** zustande, für den sich die maßgeblichen Bestimmungen aus §§ 433 ff. BGB ergeben. Der Kunde hat bei einem Kaufgeschäft von vornherein einen festen Lieferanspruch auf die Wertpapiere gegen die Bank. Der Gesetzgeber hat solche Festpreisgeschäfte auch vor dem Hintergrund des § 10 BörsG a. F. ausdrücklich für zulässig erklärt.[318] **11.247**

Die Festpreisgeschäfte unterscheiden sich von den früheren Eigenhändlergeschäften in zweierlei Hinsicht. Die Eigenhändlergeschäfte sahen Nr. 29 Abs. 2 AGB-Bk 1986/Nr. 39a Abs. 2 AGB-Spk 1986 als Regelfall dann vor, wenn der Kunde einen Auftrag in nicht zum amtlichen Handel oder nicht zum geregelten Markt zugelassenen Wertpapieren erteilt hatte. Demgegenüber ist das Festpreisgeschäft keine Regelausführung eines Auftrages mit bestimmten Merkmalen. Es muss vielmehr für das jeweilige Geschäft vereinbart werden. Zudem müssen entsprechend § 433 BGB bereits zum Zeitpunkt des Vertragsabschlusses sämtliche Preisfaktoren zwischen der Bank und dem Kunden objektiv, also i. d. R. betragsmäßig bestimmt sein. Beim Eigenhändlergeschäft stand den Kreditinstituten dagegen ein einseitiges, an die Vorgaben des § 315 BGB gebundenes Preisbestimmungsrecht zu, das gegenüber dem Kunden in der Nettoabrechnung konkretisiert wurde.[319] **11.248**

Der vereinbarte Preis eines Festpreisgeschäftes hat sich regelmäßig am Marktpreis zu orientieren.[320] Dies ergibt sich aus der in den Verhaltensregeln verankerten Pflicht der Bank, unter Berücksichtigung des Kundeninteresses zu handeln.

c) Ausführungsgrundsätze für Wertpapiergeschäfte

Bis zum 1. November 2007 sah das BörsG in § 10, später § 22 BörsG, einen sog. **Börsenzwang** vor. Danach waren Aufträge für den Kauf und Verkauf von Wertpapieren, die zum Handel an einer inländischen Börse zugelassen oder in **11.249**

318) RegE-Begründung 2. FMFG, BT-Drucks. 12/6679, S. 69.

319) Vgl. *Klanten*, Sparkasse 1995, S. 113, 116.

320) *Ekkenga* in: MünchKomm-HGB, Effektengeschäft Rz. 474.

den Freiverkehr einbezogen sind, im Börsenhandel auszuführen. Ausnahmen galten, wenn der Kunde ausdrücklich eine andere Weisung erteilte oder wenn Auftragsgegenstand festverzinsliche Schuldverschreibungen waren, bei denen der Gesamtnennbetrag der Emission weniger als 2 Mrd. DM beträgt (§ 10 Abs. 3 BörsG a. F.). Letzterer Ausnahme lag zugrunde, dass erst bei großen Emissionen, die nach Auffassung des Gesetzgebers über der Zwei-Milliarden-Grenze lagen, die notwendige Marktliquidität, also die stetige Handelsfähigkeit, und eine ordnungsgemäße Börsenpreisbildung gesichert waren.[321)]

11.250 Mit der Umsetzung der MiFID wurde in § 33a WpHG die Verpflichtung des Wertpapierdienstleistungsunternehmens festgeschrieben, Kundenaufträge bestmöglich auszuführen (vgl. Rz. 11.200) Die Bank hat hierfür Grundsätze zur Auftragsausführung festzulegen, die sog. **Best Execution Policy**. Dies trägt der Überlegung Rechnung, dass neben den Angaben zu Orderart (Kauf/Verkauf), Wertpapier, Anzahl, Limit und Gültigkeit des Auftrages für eine Ausführung auch die Angabe erforderlich ist, an welchen Handelsplatz die Order gegeben werden soll. Wie die anderen Angaben kann dies als Weisung vom Kunden vorgegeben werden, unter Umständen auch als Ergebnis der Beratung durch die Bank. Während die Angaben zu Orderart, Wertpapier und Anzahl für die Ausführung zwingend notwendig sind und bei ihrem Fehlen der Auftrag zurückgewiesen wird, hat es sich in der Praxis durchgesetzt, die anderen Angaben im Kundeninteresse zu ersetzen. Für den Handelsplatz erfolgt dies seit November 2007 nach den Ausführungsgrundsätzen der Bank.

11.251 Nach § 33a Abs. 6 WpHG muss der Kunde über die Ausführungsgrundsätze nicht nur informiert werden, vielmehr ist seine Zustimmung erforderlich, bevor er die erste Order aufgibt. Grundsätzlich erfolgt das mit der Depoteröffnung durch Anerkennung von Nr. 2 Satz 3 SoB WP, d.h. durch die in den Banken-AGB verankerte Zustimmungsfiktion (Nr. 1 Abs. 2 AGB-Bk/Nr. 2 AGB-Spk). Zudem wird mit Blick auf die Überprüfungs- und Anpassungspflichten für die Ausführungsgrundsätze den Anforderungen an das Mengengeschäft Rechnung getragen, indem auch diese als **Bestandteil in die Sonderbedingungen** aufgenommen wurden. Voraussetzung ist aber stets, dass die Bank den Kunden über die Änderungen in den Ausführungsgrundsätzen informiert.

2. Besondere Regelungen für das Kommissionsgeschäft

a) Usancen/Unterrichtung/Preis

11.252 Gemäß § 384 Abs. 1 HGB – ergänzend sind die Vorschriften des Auftragsrechts in §§ 662 ff. BGB heranzuziehen – hat das Kreditinstitut bei der Ausführung des Auftrages so weit als möglich die Kundeninteressen wahrzunehmen. Eine Begrenzung hierfür ergibt sich aus den Standardisierungen, die an den

321) Bericht des Finanzausschusses z. 2. FMFG, BT-Drucks. 12/7918, S. 111.

Börsenmärkten, an denen die Ausführungsgeschäfte abgeschlossen werden, üblich sind. Die **Usancen der jeweiligen Börsenplätze**, d. h. die dortigen Geschäftsbedingungen, werden daher in Nr. 3 Abs. 1 SoB WP als Vorgabe für die jeweiligen Ausführungsgeschäfte genannt, genauso wie die Allgemeinen Geschäftsbedingungen des Vertragspartners. Die Einbeziehung der Usancen und Allgemeinen Geschäftsbedingungen hat lediglich deklaratorischen Charakter, sie gelten bereits nach kommissionsrechtlichen Grundsätzen auch im Verhältnis zwischen der Bank und dem Kommittenten.[322)]

Der Kommissionär ist gemäß § 384 Abs. 2 HGB und § 666 BGB gegenüber dem Kommittenten rechenschaftspflichtig. Die Bank hat folglich bei der Effektenkommission sämtliche im Zusammenhang mit der Auftragsausführung wesentlichen Informationen, insbesondere den beim Ausführungsgeschäft erzielten Wertpapierkurs sowie gezahlte Provisionen und Marklercourtagen, darzulegen (vgl. Nr. 3 Abs. 3 SoB WP). **11.253**

Aufsichtsrechtlich ist die Informationspflicht der Bank bei der Auftragsausführung in § 31 Abs. 8 WpHG und § 8 WpDVerOV konkretisiert. Nach Teil B Nr. 3.6.2 der Richtlinie gemäß § 35 Abs. 6 WpHG zur Konkretisierung der §§ 31 und 32 WpHG für das Kommissionsgeschäft, den Eigenhandel für andere und das Vermittlungsgeschäft der Wertpapierdienstleistungsunternehmen des BAWe[323)] hatte die Bank dem Kunden spätestens nach Ablauf des auf den Abschluss des Geschäfts folgenden Tages eine Ausführungsanzeige zuzuschicken. Diese Richtlinie wurde zeitgleich mit der Einführung der WpDVerOV ersetzt. **11.254**

Nach § 8 Abs. 1 WpDVerOV hat die Information nun unverzüglich zu erfolgen, konkrete Fristen sind nicht mehr vorgegeben. Dennoch ist weiterhin davon auszugehen, dass eine Information, die an dem auf die Erteilung folgenden Tag erstellt und verschickt wird, unverzüglich ist. Vom Handelsplatz erhält die Banken eine **Schlussnote über das ausgeführte Geschäft**. Diese ist die verbindliche Bestätigung des Geschäfts; ein Geschäft, das nicht mit einer Schlussnote bestätigt wird, gilt als nicht zustande gekommen.[324)] Einwendungen müssen bis spätestens zu Beginn des nächsten Erfüllungstages gegenüber dem Kontrahenten vorgebracht werden, danach liegt es im Ermessen des Kontrahenten, ob er diese gegen sich gelten lässt.[325)] Im Anschluss ist die Schlussnote für die Belieferung als Erfüllungsgeschäft verbindlich. Die auf der Bestätigung enthaltenen Informationen werden elektronisch am Ausführungstag an die

---

322) *Bunte*, AGB-Banken und Sonderbedingungen, SB Wp Rz. 41.

323) Aufgehoben zum 1.11.2007 mit Schreiben der BaFin v. 23.10.2007.

324) § 3 Abs. 1 Satz 2 der Bedingungen für Geschäfte an der Frankfurter Wertpapierbörse, Stand 12.10.2009; der genaue Zeitpunkt ist in den jeweiligen Börsenbedingungen geregelt, an der Börse in Frankfurt müssen beispielsweise die Einwendungen bis 09:00 Uhr geltend gemacht werden, in Stuttgart bis 10:00 Uhr.

325) § 4 Abs. 1 der Bedingungen für Geschäfte an der Frankfurter Wertpapierbörse (Stand 12.10.2009).

Bank gegeben. Dort gelangen sie in die Abwicklungssysteme. Wegen der umfangreich notwendigen Speicherkapazitäten im Massengeschäft, werden diese Daten erst in der Nachverarbeitung (Batchlauf) im System den Kundendaten zugeordnet und die Ausführungsanzeige in Form der Abrechnung erstellt. Die Abrechnung geht dann am folgenden Werktag in den Postlauf. Aufgrund der festen Fristvorgabe in der Richtlinie gemäß § 35 Abs. 6 WpHG wurde bei der Einrichtung der Abwicklungssysteme bei den Banken darauf verzichtet, die Frist für Einwendungen gegen die Schlussnote abzuwarten. Ansonsten hätten die Abrechnungen erst am zweiten Tag nach Auftragserteilung erstellt werden können und damit zu spät. Sollten es zu Einwendungen gegen oder zur Stornierung des Geschäfts kommen, erhält der Kunde von der Bank eine nachträgliche Korrektur seiner Abrechnung.

11.255 Nach § 8 Abs. 2 Nr. 15 WpDVerOV ist die Bank verpflichtet, den Kunden auf der Abrechnung darauf hinzuweisen, wenn die Gegenpartei des Wertpapiergeschäfts die Bank selbst, eine Person oder Gruppe, der die Bank angehört oder ein Kunde der Bank ist. Damit soll der Kunde über mögliche Interessenkonflikte informiert werden, wenn auch auf der Abrechnung erst nachträglich. Sofern die Bank bereits vor Abschluss des Geschäfts weiß, dass eine dieser Personen Gegenpartei werden wird, muss diese Aufklärung bereits vor Annahme des Kommissionsgeschäfts dem Kunden gegenüber offengelegt werden (§ 31 Abs. 1 Nr. 2 WpHG). Die Information kann aber auch auf der Abrechnung unterbleiben, wenn der Auftrag über ein Handelssystem ausgeführt wurde, das den anonymen Handel erleichtert (§ 8 Abs. 2 Nr. 15 WpDVerOV).

Diese Ausnahme wurde in Nr. 3 Abs. 2 Satz 2 SoB WP aufgenommen. Eine **gesonderte Benachrichtigung über die Gegenpartei darf unterbleiben**, auch wenn das Geschäft unmittelbar gegen die Bank oder einen Zwischenkommissionär ausgeführt wurde, soweit das Geschäft im elektronischen Handel an einer Börse ausgeführt wurde. Der elektronische Handel an einer Börse ist ein solches Handelssystem, das den anonymen Handel nicht nur erleichtert, sondern nur ihn zulässt.

11.256 Auf der Abrechnung ist nach § 8 Abs. 2 Nr. 12 WpDVerOV auch das Entgelt enthalten. Der Vergütungsanspruch der Bank ergibt sich aus § 396 Abs. 1 HGB, ferner aus dem Geschäftsbesorgungscharakter der Wertpapierkommission, mithin aus § 675 BGB und Nr. 12 AGB-Bk/Nr. 17 AGB-Spk. Neben der Information über die Ausführung und die Abrechnung des Entgelts sowie der Aufwendungen erfüllt die Orderabrechnung zudem die Funktion des Stückverzeichnisses i. S. d. depotgesetzlichen Regelungen (nachfolgend Rz. 11.267).

b) Gültigkeitsdauer der Aufträge

11.257 Regelungen zur Gültigkeitsdauer von Kundenaufträgen, bei denen eine entsprechende ausdrückliche Weisung des Kunden fehlt, enthalten Nr. 6 und 7 SoB WP.

Nr. 6 der Wertpapierbedingungen weicht dabei von den früheren Bestimmungen in Nr. 31 Abs. 1 AGB-Bk 1986/Nr. 37 AGB-Spk 1986 ab, wonach schriftlich ohne ausdrückliche Befristung erteilte Kundenaufträge bis zum letzten Börsentag des laufenden Monats (Ultimo) gültig waren. Nach der geltenden Regelung sind preislich unlimitierte und preislich limitierte Kundenaufträge zu unterscheiden. **Preislich unlimitierte, unbefristete** Aufträge, die nach der kommissionsrechtlichen Interessenwahrungspflicht im Verkaufsfall von der Bank grundsätzlich bestens, bei einem Kaufauftrag grundsätzlich billigst abzuwickeln sind, haben nur Tagesgültigkeit (Nr. 6 Abs. 1). Sofern eine unlimitierte Order aufgrund der Marktgegebenheiten nicht gleichtägig plaziert werden kann, sollte nämlich die Gelegenheit bestehen, die der Auftragserteilung zugrunde liegenden Dispositionen erneut zu überprüfen. Anders liegt die Interessenlage bei Aufträgen, die der Kunde zwar **ohne ausdrückliche Befristung, aber preislich limitiert** gemäß Nr. 4 der Bedingungen erteilt, sodass die aktuelle Marktentwicklung nicht von gleicher Bedeutung für die Aufrechterhaltung oder Neuerteilung des Auftrages ist. Die Wertpapierbedingungen sehen für solche Aufträge weiterhin die Ultimogültigkeit vor (Nr. 6 Abs. 2).

Besondere Bestimmungen sind in Nr. 7 der Bedingungen für die Gültigkeitsdauer von Aufträgen in Bezugsrechten enthalten, da für den **Bezugsrechtshandel** eigene Usancen verbreitet sind. Preislich unlimitierte Aufträge sind während der Dauer des Bezugsrechtshandels gültig. Der Bezugsrechtshandel ist häufig nur wenige Wochen oder auch nur Tage möglich. Nach dem Ende des Handels und ohne Ausübung des Bezugsrechts verfällt dieses wertlos. Vor dem Risiko des wirtschaftlichen Totalverlusts überwiegt das Interesse des Kunden, die unlimitierte Order aufrecht zu erhalten, gegenüber seinem Interesse an einer erneuten, gesonderten Dispositionsentscheidung. **11.258**

Preislich limitierte Orders gelten dagegen nur bis zum Ablauf des vorletzten Tages des Bezugsrechtshandels. Das steht in Zusammenhang mit der Regelung in Nr. 15 Abs. 1 SoB WP, wonach die Bank bei fehlender, anders lautender Weisung am letzten Tag des Bezugsrechtshandels die Bezugsrechte für den Kunden bestens verkaufen wird. Auf diese Weise verhindert die Bank im Interesse des Kunden, dass die Bezugsrechte wertlos verfallen. Weil am letzten Handelstag aufgrund dieser Regelung i. d. R. zahlreiche Bezugsrechte zum Verkauf angeboten werden, ist der Kurs meistens sehr gering – Beträge im Bruchteil-Centbereich sind nicht selten. Durch die Geltung der limitierten Bezugsrechtsorder bis zum Ablauf des vorletzten Handelstages liegen am letzten Handelstag keine Weisung mehr vor, und die Bank wird die Bezugsrechte bestens verkaufen. Der Kunde wird auf diese Weise wirtschaftlich besser gestellt als mit einer weiterhin gültigen limitierten Order, die nicht zur Ausführung kommt.

c) Erlöschen laufender Aufträge

11.259 Die Frankfurter Wertpapierbörse und die anderen Regionalbörsen haben in ihren Geschäftsbedingungen Regelungen getroffen, wonach preislich limitierte **Aktienorders börsenseitig** auch dann **erlöschen**, wenn für die betreffende Aktie eine Dividendenzahlung, sonstige Ausschüttungen, die Einräumung von Bezugsrechten oder Kapitalerhöhungen aus Gesellschaftsmitteln erfolgen. Diese Fallgestaltungen sind durch **Nr. 8 Abs. 1 SoB WP** berücksichtigt worden.

Bei der Festsetzung eines Limits orientiert sich der Auftraggeber an dem Wert, den die Aktie als Gesellschaftsanteil seiner Meinung nach zur Zeit der Limitbestimmung hat oder aber am aktuellen Kurswert des Papiers am Markt. Dieser Marktwert ist auch von dem inneren Wert der Aktie abhängig. Allen in Nr. 8 Abs. 1 SoB WP genannten Maßnahmen ist gemeinsam, dass durch diese Ereignisse die Gesellschaftsmittel reduziert werden und damit der innere Wert der Aktie um diese Reduzierung sinkt. Das wird regelmäßig im Kurswert des Papiers nachvollzogen. Damit ändern sich die äußeren Bedingungen, zu denen das Limit gesetzt wurde, und an den inländischen Börsen werden diese Orders gelöscht. Auf diese Weise soll eine neue Disposition unter Berücksichtigung der aktuellen Entwicklungen ermöglicht werden.[326)]

An der Börse wird der **Handelstag**, an dem die Aktien **nach der Durchführung einer Kapitalmaßnahme** gehandelt werden, als **„Ex-Tag"** bezeichnet. Kursnotierungen erhalten ab der Geltung der Maßnahme für einige Zeit den Zusatz „Ex". Dieser Kurszusatz dient der eindeutigen Unterscheidung, ob der Handel inklusive der Rechte aus dem Ereignis, z. B. der Dividendenrechte, erfolgt oder ob das Verpflichtungsgeschäft auf die Lieferung der Aktien ohne den Anspruch auf die Dividende, Bezugsrecht oder sonstige aus den Gesellschaftsmitteln gewährten Ansprüchen gerichtet ist.

Entsprechendes gilt bei der Veränderung der Einzahlungsquote teileingezahlter Aktien oder des Nennwertes von Aktien und im Falle eines Aktiensplittings.

11.260 Die in Nr. 8 Abs. 2 SoB WP enthaltenen Bestimmungen für die Auftragsgültigkeit bei einer **Kursaussetzung** knüpfen an § 25 Abs. 1 BörsG, ferner an die Bedingungen für Geschäfte an den deutschen Wertpapierbörsen an. Diese sind im Verhältnis zwischen der Bank und dem Dritten beim Ausführungsgeschäft maßgeblich. Nach dem BörsG ist die Notierung bestimmter Wertpapiere auszusetzen, wenn ein ordnungsgemäßer Handel zeitweilig gefährdet oder die Maßnahme zum Schutz des Publikums geboten erscheint. Die an den Wertpapierbörsen geltenden Bedingungen sehen in solchen Fällen das Erlöschen sämtlicher Orders vor, die an die betreffende Börse im jeweiligen Wertpapier geleitet wurden. Dies vollzieht Nr. 8 Abs. 2 SoB WP im Verhältnis von Bank und

326) *Bunte*, AGB-Banken und Sonderbedingungen, SB Wp Rz. 62.

Kunden nach. Auf diese Weise soll wiederum eine neue Disposition unter Berücksichtigung der aktuellen Entwicklungen ermöglicht werden.

Für die Ausführung an ausländischen Ausführungsplätzen verweisen die Wertpapierbedingungen auf die dort geltenden Usancen. Das stellt eine bloß deklaratorische Wiederholung der in Nr. 3 Abs. 1 SoB WP bereits festgelegten Geltung der Usancen am jeweiligen Handelsplatz. Die Regeln der inländischen Börsen in Bezug auf die Gültigkeit von Orders bei Kapitalmaßnahmen werden in ähnlicher Weise auch von anderen ausländischen Börsen vorgegeben, können aber nicht als weltweiter Standard angesehen werden. Die Gültigkeit der Order ist von den Bestimmungen der Börse abhängig, an der diese Order aufgegeben wurde. Daher ist die Verknüpfung zu den Usancen des ausländischen Ausführungsplatz durch die SoB WP notwendig. 11.261

Der Kunde wird von der Bank über das Erlöschen seines Auftrages, gleichgültig aus welchem Grund, unverzüglich informiert. Die Bank selbst ist von der Rückmeldung der Börse abhängig, die noch am selben Tag erfolgt. Die Anschreiben werden üblicher Weise im Massengeschäft im nächtlichen Batch-Lauf der IT-Systeme erstellt und am nächsten Tag in den Druck und Versand gegeben. 11.262

d) Haftung der Bank

Gemäß Nr. 9 Satz 1 SoB WP haftet die Bank **nach dem Abschluss des Ausführungsgeschäftes** dafür, dass dieses von ihrem Vertragspartner – oder bei Abschluss durch einen Zwischenkommissionär durch dessen Vertragspartner – erfüllt wird. Die Haftungsübernahme ist u. a. gemäß § 384 Abs. 3 HGB erforderlich, weil bei der banküblichen Wertpapierkommission die namentliche Benennung des Kontrahenten gegenüber dem Kunden nicht vorgesehen ist. Die Bank ist die dem Kunden bekannte Vertragspartei. Sie hat dann auch für die Erfüllung der Pflichten aus dem Ausführungsgeschäft einzustehen, dessen Vertragsparteien zwar nur die Bank und der Dritte sind, bei dem die wirtschaftlichen Folgen aber den Kunden treffen. Diese Regelung war der Abschaffung des Selbsteintrittsrechts geschuldet,[327] als dessen Folge der Kunde keine Kenntnis über die Person des Vertragspartners des Ausführungsgeschäfts hatte. Dabei geht sie über das nach § 384 Abs. 3 HGB geforderte Maß hinaus. Denn im anonymisierten Handel hat auch die Bank keine Möglichkeit, den Vertragspartner auf seine Zuverlässigkeit hin auszuwählen. Für die Bank folgen hieraus aber keine unüberschaubaren Haftungsrisiken. Denn für die Erfüllung des Ausführungsgeschäftes gilt usancemäßig das Zug-um-Zug-Prinzip, sodass die Bank 11.263

327) S. o. Rz. 11.244.

an den Dritten erst zahlt oder liefert, wenn dieser ebenfalls seine vertragliche Leistung erbringt.[328)]

11.264 **Vor Abschluss des Ausführungsgeschäftes** haftet die Bank nach Nr. 9 Satz 2 i. R. d. allgemeinen kommissionsrechtlichen Maßstäbe. Bei der Einschaltung eines Zwischenkommissionärs bedeutet dies die Haftung für dessen ordnungsgemäße Auswahl und Unterweisung.[329)]

3. Erfüllung

a) Grundsätzliches

11.265 Die Erfüllung des Geschäfts erfolgt gemäß Nr. 10 SoB WP im Inland, soweit nicht etwas anderes in den Sonderbedingungen oder in anderer Weise vereinbart wurde. Mit dem **Regelfall der Inlandserfüllung** wird das Kundeninteresse nachgezeichnet, Rechtspositionen nach den deutschen gesetzlichen Vorgaben zu erlangen. Eine hiervon abweichende, andere Vereinbarung erfolgt z. B. konkludent, wenn ein Geschäft auf Weisung des Kunden oder nach zwischen Kunde und Bank vereinbarten Ausführungsgrundsätzen (siehe Rz. 11.250) an einem ausländischen Handelsplatz ausgeführt wird. Dann gelten die Usancen dieser Börsen (Nr. 3 Abs. 1 SoB WP), die grundsätzlich eine Belieferung am Handelsplatz und in der Währung am Handelsplatz vorschreiben.[330)]

Die SoB WP zeichnen die börslichen Usancen sowie die gesetzlichen Vorgaben für die Stückeseite – den Wertpapiererwerb – in Nr. 11 und 12 nach. In Nr. 11 wird die Inlandserfüllung als Regelfall festgelegt. Die Bank verschafft dem Kunden üblicherweise Miteigentum am Wertpapiersammelbestand i. R. einer **Girosammel-Depotgutschrift** (GS-Gutschrift). Sind die Wertpapiere nicht zur Sammelverwahrung zugelassen, wird dem Kunden – zugleich mit einer Sonderverwahrung (**Streifbandverwahrung**) – Alleineigentum an den Wertpapieren verschafft.[331)] Nr. 12 SoB WP regelt die Anschaffung und Verwahrung der Papiere im Ausland.

11.266 Gemäß den allgemeinen Regeln gilt für die **Erfüllung auf der Geldseite** Folgendes: erteilt der Kunde einen Auftrag für eine Verkaufskommission oder schließt er ein Festpreisgeschäft zum Verkauf von Wertpapieren ab, dann hat ihm die Bank gemäß § 384 Abs. 2 HGB den Kurswert der Papiere als das aus der Kommissionsausführung Erlangte herauszugeben bzw. gemäß § 433 Abs. 2 BGB den Kaufpreis zu zahlen. Zur Erfüllung des Geschäftes ist dem Kunden

---

328) § 7 Abs. 2 der Bedingungen für Geschäfte an der Frankfurter Wertpapierbörse (Stand 12.10.2009).

329) Die Haftungsbeschränkung ist AGB-rechtlich unbedenklich, *Bunte*, AGB-Banken und Sonderbedingungen, SB WP Rz. 74 m. w. N.

330) § 40 der Bedingungen für Geschäfte an der Frankfurter Wertpapierbörse (Stand 12.10.2009) i. V. m. § 244 Abs. 1 BGB.

331) Zu den in §§ 2, 5 ff. DepotG geregelten Verwahrarten unten Rz. 11.359 ff.

der entsprechende Geldbetrag zu übereignen. In der Verbuchung des Geldbetrages auf dem der Bank bekannten Gutschriftskonto liegt regelmäßig die zwischen den Parteien vereinbarte Leistung. Die Geldbuchung beim Kunden wird von den Banken häufig bereits vorgenommen, bevor die Zug-um-Zug-Belieferung mit dem Kontrahenten abgeschlossen und sie selbst das Geld von diesem erhalten hat. Dann erfolgt die Buchung entsprechend Nr. 9 Abs. 1 AGB-Spk/AGB-Bk unter dem Vorbehalt des Eingangs. Sie kann rückgängig gemacht werden, soweit die Belieferung nicht erfolgt, selbst wenn zwischenzeitlich ein Rechnungsabschluss erfolgt ist.[332)] Im Gegenzug erhält der Kunde die verkauften Wertpapiere zurück.

b) Stückeseitige Erfüllung im Inland

Für die **Erfüllung einer Einkaufskommission** des Kunden gelten die besonderen Regeln des DepotG. Entsprechend § 31 DepotG sind sie auch bei einem auf Kauf gerichteten Festpreisgeschäft des Kunden heranzuziehen.[333)] Die Bank hat als Kommissionärin gemäß § 18 DepotG dem Kunden ein Verzeichnis der gekauften Stücke zu übersenden, in dem die Wertpapiere nach Gattung, Nennbetrag, Nummern oder sonstigen Bezeichnungsmerkmalen aufzulisten sind. Das Eigentum an den Papieren geht spätestens mit der Absendung des Stückeverzeichnisses auf den Kunden über, soweit die Bank über die Papiere verfügungsberechtigt ist. Hinter dieser Form der Erfüllung steht als Verwahrungsart der Wertpapiere die Sonderverwahrung. Das Gesetz sieht für die Übersendung des Stückeverzeichnisses eine Frist von einer Woche vor. An den Wertpapiermärkten im **Inland** gilt **usancemäßig** eine verkürzte **Erfüllungsfrist von zwei Tagen** nach dem Abschlusstag des Geschäftes, die auch den Kunden zugute kommt.[334)] **11.267**

Regelfall in der Praxis ist die **Verschaffung von Miteigentum an einem Wertpapiersammelbestand** i. R. d. Sammelverwahrung gemäß Nr. 11 SoB WP. Gemäß § 24 Abs. 2 DepotG erhält der Kunde das Miteigentum am Sammelbestand hierbei spätestens mit der Eintragung des Übertragungsvermerks im Verwahrungsbuch der Bank. Wie bei der Übersendung des Stückeverzeichnisses gemäß § 18 DepotG stellt also der gesetzliche Übertragungstatbestand auf einen Realakt ab.[335)] Voraussetzung ist wiederum, dass die Bank über die Papiere selbst verfügungsberechtigt ist. **11.268**

§ 24 Abs. 2 DepotG zeichnet die Praxis des sog. s**tückelosen Effektengiroverkehrs** nach. Zur Eigentumsverschaffung müssen bei **Übereignung von GS-**

---

332) Nr. 9 Abs. 1 Satz 3 AGB-Spk/AGB-Bk.

333) *Einsele* in: MünchKomm-HGB, Depotgeschäft Rz. 97.

334) Näher *Kümpel*, Bank- und Kapitalmarktrecht, Rz. 8.369 ff.; Claussen-*Ekkenga*, Bank- und Börsenrecht, § 6 Rz. 255.

335) *Einsele* in: MünchKomm-HGB, Depotgeschäft Rz. 97.

Anteilen – d. h. Miteigentum am Sammelbestand – keine körperlichen Urkunden bewegt werden. Für die sachenrechtliche Bestimmtheit genügt es, dass die Rechtsposition des Depotinhabers durch die Wertpapiergattung, den konkreten Sammelbestand und seine Miteigentumsquote definiert wird. Damit liegt eine depotrechtliche Ergänzung der Grundsätze des BGB vor.[336)]

11.269 Die Regelungen zum Effektengiroverkehr erstrecken sich gemäß § 5 Abs. 4 DepotG auch auf Sammelbestände, die bei einem ausländischen Sammelverwahrer belegen sind, soweit dieser eine gegenseitige Kontoverbindung mit der Deutschen Wertpapiersammelbank, Clearstream Banking Frankfurt (vgl. unten Rz. 11.361), unterhält. Zudem muss der dortige Bestand nach den Anforderungen in § 5 Abs. 4 DepotG einem Sammelbestand nach deutschen Vorgaben gleichgestellt, mithin als girosammelverwahrfähig angesehen werden. Dies setzt unter anderem eine Bewertung der Rechtsordnung des ausländischen Verwahrers und der dortigen Durchsetzbarkeit von Herausgabeansprüchen des Kunden (Hinterlegers) voraus.[337)] Bei Vorliegen der gesetzlichen Voraussetzungen erwirbt der Kunde i. R. d. **grenzüberschreitenden Effektengiroverkehrs** ebenfalls Miteigentum nach Maßgabe des deutschen Sachen- und Depotrechts.

11.270 Sowohl § 18 wie auch § 24 Abs. 2 DepotG gehen als Grundfall davon aus, dass der Kunde als Kommittent seine Eigentumsposition über den Kommissionär vermittelt, d. h. im **Durchgangserwerb von der Bank,** erhält. Dies kann im Fall der Insolvenz der Bank dazu führen, dass der Kunde seinen Anspruch auf Übereignung der Wertpapiere ggf. gegenüber der Masse geltend machen muss, obwohl er selbst bereits seine Zahlungspflicht i. R. d. Einkaufskommission durch Kontobelastung vorab erfüllt hat. § 32 DepotG sieht für diese Fallgestaltung Insolvenzvorrechte des Kunden vor.

11.271 Der Interessenlage des Kunden wird bei Erfüllung der Einkaufskommission indes besser Rechnung getragen, wenn der Kunde das Eigentum bzw. Miteigentum an den erworbenen Papieren bereits vor dem in § 18 oder § 24 Abs. 2 DepotG festgelegten Zeitpunkt nach den Regelungen des bürgerlichen Rechts erhält. Auf diese zeitlich vorgelagerte Erwerbsmöglichkeit weisen beide Normen ausdrücklich hin. Dem entspricht der Ablauf in der **Wertpapierpraxis**, in dem der **Eigentumserwerb durch Einigung und Übergabe nach § 929 BGB** erfolgt.[338)]

---

336) *Kümpel,* WM 1980, 422; Schimansky/Bunte/Lwowski-*Gößmann/Klanten*, Bankrechts-Hdb., § 72 Rz. 103.

337) Zu dem durch die Depotgesetznovelle 1985 eingeführten § 5 Abs. 4 DepotG Schimansky/Bunte/Lwowski-*Gößmann/Klanten*, Bankrechts-Hdb., § 72 Rz. 109; zur Prüfung der Rechtsordnungen und Durchsetzbarkeit der Position des Hinterlegers *Than* in: FS Kümpel, S. 543, 550.

338) Claussen-*Ekkenga*, Bank- und Börsenrecht, § 6 Rz. 260; *Decker* in: BuB, Rz. 8/69.

Weiterer Vorteil dieser Form des Erwerbes bzw. der Geschäftserfüllung ist, dass die Übertragung nach BGB-Regeln – anders als der Erwerb per Realakt gemäß DepotG – einen **Gut-Glaubens-Erwerb** zulässt, für den mit Blick auf die Funktionsfähigkeit des Wertpapiermarktes praktischer Bedarf besteht. Problematisch ist allerdings die Grundlage des Rechtsscheintatbestandes im Fall der GS-Gutschrift, da es an einem Alleinbesitz als unmittelbar nachvollziehbarem Anknüpfungspunkt fehlt. Geeigneter Anknüpfungspunkt ist hier das im Verwahrbuch dokumentierte Sammeldepotguthaben.[339] **11.272**

Beim Eigentumserwerb nach § 929 Satz 1 BGB erfolgt ein **Direkterwerb** nach den Grundsätzen über das Handeln für den, den es angeht. Das Einigungsangebot wird über die als Kommissionärin beauftragte Bank an die Wertpapiersammelbank übermittelt, die dieses als Stellvertreterin annimmt.[340] Die Übergabe vollzieht sich dadurch, dass der Verwahrer den zu übertragenen Sammelbestandsanteil künftig für den Erwerber besitzen will. Für den Vollzug des Eigentumserwerbs wird dabei in der Praxis auf die **Änderung des Besitzmittlungswillens** durch Abschluss des Buchungsvorgangs bei der Wertpapiersammelbank abgestellt.[341] **11.273**

Eine Besonderheit ergibt sich bei Aktiengeschäften, die an der Frankfurter Wertpapierbörse bzw. im elektronischen Handelssystem XETRA abgewickelt werden. Hier nimmt seit Frühjahr 2003 die Eurex Clearing AG die Funktion eines zentralen Kontrahenten (**Central Counter Party**) wahr. Dabei tritt der zentrale Kontrahent im börslichen Ausführungsgeschäft jeweils als Vertragspartner auf der kaufenden wie auf der verkaufenden Handelsseite ein. Für die Erfüllung entsprechender Kommissionsgeschäfte kann somit in Bezug auf die Annahme des Einigungsangebotes nicht mehr auf die Wertpapiersammelbank abgestellt werden. Diese ist aufgrund des im CCP-Verfahren praktizierten **Netting-Verfahrens** in die Abwicklung der Einzelgeschäfte nicht mehr einbezogen. An ihrer Stelle fungiert der zentrale Kontrahent als Empfangsvertreter[342] bzw. als Empfangsbote[343] des Käufers. Für die Übergabe wird bei CCP-Geschäften weiterhin auf die Änderung des Besitzmittlungswillens durch die Wertpapiersammelbank, ergänzend auf die Änderung des Besitzmittlungswillens **11.274**

---

339) H. M., z. B. *Decker* in: BuB, Rz. 8/76 ff.; Schimansky/Bunte/Lwowski-*Gößmann/Klanten*, Bankrechts-Hdb., § 72 Rz. 113 f.; Claussen-*Ekkenga*, Bank- und Börsenrecht, § 6 Rz. 264; krit. *Einsele* in: MünchKomm-HGB, Depotgeschäft Rz. 111 ff.

340) *Heinsius/Horn/Than*, DepotG, § 6 Rz. 84; *Horn*, WM 2002, Sonderbeilage 2, S. 9.

341) Vgl. Nr. 8 Abs. 1 AGB der Clearstream Banking Frankfurt; Schimansky/Bunte/Lwowski-*Gößmann/Klanten*, Bankrechts-Hdb., § 72 Rz. 104 ff.; Claussen-*Ekkenga*, Bank- und Börsenrecht, § 6 Rz. 262.

342) *Einsele* in: MünchKomm-HGB, Depotgeschäft Rz. 105; *Kümpel*, Bank- und Kapitalmarktrecht, Rz. 11.386 f.

343) *Horn*, WM 2002, Sonderbeilage 2, S. 19; Schimansky/Bunte/Lwowski-*Gößmann/Klanten*, Bankrechts-Hdb., § 72, Rz. 107.

der Kreditinstitute abgestellt, die in die Abwicklung als Clearing-Mitglieder einbezogen sind.[344]

c) Erfüllung bei Auslandsanschaffung

11.275 Haben Bank und Kunde die Anschaffung und Verwahrung der Wertpapiere im Ausland vereinbart, enthält § 22 DepotG eine Ausnahme von der Verpflichtung des Kommissionärs, unverzüglich Eigentum durch Übersendung des Stückeverzeichnisses zu verschaffen. Um den Besonderheiten der am ausländischen Verwahrungsort geltenden Rechtsvorschriften Rechnung zu tragen, reicht es für die Erfüllung seitens der Bank aus, wenn dem Kunden i. R. einer Treuhandvereinbarung eine **Gutschrift in Wertpapierrechnung** (WR-Gutschrift) für die im Ausland verwahrten Papiere verschafft wird.[345]

11.276 Für die Anschaffung und Verwahrung von Wertpapieren im Ausland verlangt § 22 Abs. 1 DepotG eine Vereinbarung zwischen Bank und Kunden. Diese wird standardisiert in Nr. 12 Abs. 1 SoB WP dahin getroffen, dass die Bank Wertpapiere im Ausland anschafft, wenn sie

- als Kommissionärin Kaufaufträge in in- oder ausländischen Wertpapieren im Ausland ausführt oder
- ausländische Wertpapiere als per Festpreisgeschäft veräußert werden, die im Inland weder börslich noch außerbörslich gehandelt werden oder
- die Papiere üblicherweise im Ausland angeschafft werden.

4. Geschäfte an Terminbörsen

11.277 In Abgrenzung zu verbrieften Termingeschäften, wie Geschäften in Optionsscheinen, die an den Präsenzbörsen abgewickelt werden,[346] werden unverbriefte Termingeschäfte an Terminbören abgewickelt. In Deutschland ist dies die Eurex Deutschland.[347]

11.278 Termingeschäfte, die als Optionsgeschäfte oder als Festgeschäfte (**Futures**) ausgestaltet sein können, treten in vielfältigen Erscheinungsformen auf, daher auch die weit gefasste Definition in § 2 Abs. 2 WpHG. Grundsätzlich ist der Verkäufer bei einem Future verpflichtet, einen Basiswert per bestimmtem Termin an den Käufer zu liefern; der Käufer ist zur Abnahme und Kaufpreiszahlung verpflichtet. Beim Optionsgeschäft kann die Lieferung (**Call-Option**) oder Veräußerung (**Put-Option**) eines Basiswertes per Termin an die andere

344) Im Einzelnen *Horn*, WM 2002, Sonderbeilage 2, S. 18 m. w. N.

345) *Kümpel*, Bank- und Kapitalmarktrecht, Rz. 8.388 und 448 ff.; *Decker* in: BuB, Rz. 8/123 ff.; Schimansky/Bunte/Lwowski-*Gößmann*/*Klanten*, Bankrechts-Hdb., § 72 Rz. 136 ff.; zur Auslandsverwahrung auch unten Rz. 11.370.

346) S. Rz. 11.30 und 240.

347) S. Rz. 11.31.

Partei verlangt werden. Diese Partei, der sog. **Stillhalter,** ist zur Abnahme bzw. Lieferung verpflichtet. Er erhält als Gegenleistung die Optionsprämie. Der Optionsinhaber kann wählen, ob er von seinem Forderungs- oder Lieferungsrecht Gebrauch macht oder zum bestimmten Termin hierauf verzichtet.[348)]

Zur standardisierten Abwicklung von Termingeschäften zwischen Kreditinstituten und Kunden gelten seit Anfang 1999 die neu gefassten **Sonderbedingungen für Termingeschäfte.**[349)] Diese Bedingungen haben die Sonderbedingungen für Börsentermingeschäfte ersetzt, die im Zusammenhang mit der Börsengesetznovelle 1989 erarbeitet und seit 1990 verwendet wurden. Die Sonderbedingungen für Termingeschäfte sind in weiten Teilen parallel zu den Sonderbedingungen für Wertpapiergeschäfte gestaltet. Dies betrifft zunächst den abgestimmten Anwendungsbereich – verbriefte Termin- und Optionsgeschäfte als Gegenstand der Sonderbedingungen für Wertpapiergeschäfte, unverbriefte Geschäfte als Gegenstand der Termingeschäftsbedingungen. 11.279

Gemäß Nr. 1 Abs. 1 Sonderbedingungen für Termingeschäfte werden Geschäftsabschlüsse an der Eurex im Wege schlichter Kommission abgewickelt. Um den Handels- und Clearingbedingungen der Terminbörse Rechnung zu tragen, wonach Ansprüche aus Geschäften mit der Eurex bzw. einem ihrer Generalclearing-Mitglieder nur Börsenteilnehmern zustehen sollen, vollzieht sich das **kommissionsrechtliche Ausführungsgeschäft in zwei Schritten**. Gleichzeitig mit dem Geschäft an der Börse wird ein inhaltsgleiches („spiegelbildliches“) Geschäft zwischen Kunde und Kreditinstitut abgeschlossen. 11.280

Kommissionsaufträge für **Geschäfte an ausländischen Börsen** werden nach Nr. 1 Abs. 2 der Termingeschäftsbedingungen ebenfalls durch schlichte Kommission ausgeführt. Nr. 2 bis 6 der Bedingungen enthalten weitere Regelungen zum Kommissionsgeschäft, die im Wesentlichen inhaltsgleich in den SoBWp enthalten sind.

Außerbörsliche Termingeschäfte werden nach Nr. 7 der Bedingungen als Eigenhändlergeschäft abgeschlossen. Die gemeinsamen Bestimmungen für börsliche und außerbörsliche Geschäfte in Nr. 8 ff. der Termingeschäftsbedingungen lehnen sich inhaltlich überwiegend an die früheren Sonderbedingungen für Börsentermingeschäfte an.[350)]

Während die Sonderbedingungen auf die Geschäftsbeziehung zwischen Bank und Privatkunden ausgelegt sind, werden Termingeschäfte zwischen institutionellen Marktteilnehmern – wie z. B. Banken und Versicherungsunternehmen – außerbörslich (**Over the Counter – OTC**) verbreitet unter Geltung standardisierter Rahmenverträge geschlossen und erfüllt. Marktstandards sind bspw. der 11.281

---

348) Eingehend Schimansky/Bunte/Lwowski-*Kienle*, Bankrechts-Hdb., § 106 Rz. 11 ff.

349) Fassung Januar 1999; abgedr. in: Anhang IV. 2.

350) Hierzu die Erläuterungen bei *Kümpel*, WM 1991, Beilage 1.

Rahmenvertrag für Finanztermingeschäfte und das **European Master Agreement.**[351)]

Neben der Vorgabe standardisierter Aufrechnungsklauseln und Netting-Vereinbarungen liegt ein wesentlicher Vorteil der Verwendung der Rahmenverträge darin, dass durch diese einzelne Derivatgeschäfte zu einem einheitlichen Geschäft verklammert werden. Das verklammerte Geschäft kann nur einheitlich beendet werden, sodass die Gesamtheit der Geschäfte als ein gegenseitiger Vertrag gilt. Als solcher ist er nach § 104 Abs. 2 Satz 3 InsO insolvenzrechtlich privilegiert, ein Wahlrecht des Insolvenzverwalters für Einzelgeschäfte unter dem Rahmenvertrag scheidet aus.[352)]

IV. Anlageberatung

1. Grundlagen

11.282 Rechtliche Grundlage der Anlageberatung ist der Beratungsvertrag. Der Berater schuldet die Abgabe von **persönlichen Empfehlungen**, die sich auf eine **Prüfung der persönlichen Umstände** des Anlegers stützen (vgl. die aufsichtsrechtliche Legaldefinition in § 1 Abs. 1a Nr. 1a KWG, § 2 Abs. 3 Nr. 9 WpHG) während der Leistungsempfänger das **vereinbarte Entgelt** zu zahlen hat. Ist kein Entgelt vereinbart, so schuldet der Kunde nach §§ 675, 611, 612 Abs. 1 BGB das für diese Dienstleistung Übliche. Kreditinstitute haben ihre Preisstruktur verbreitet in der Weise ausgerichtet, dass sie die Tätigkeit der Beratung im Standardgeschäft in die Order-/Depotentgelte einkalkuliert haben, und die Anlageberatung – bezogen auf die spezielle Leistung – „kostenfrei" anbieten. Vor dem Hintergrund der umfangreichen Haftungsrisiken bei einer unzureichenden oder falschen Beratung ist ein Verständnis, wonach die Anlageberatung im objektiven Sinne kostenfrei angeboten wird, dennoch nicht als „das Übliche" anzusehen; dies insbesondere unter Berücksichtigung von § 354 HGB, wonach ein Kaufmann seine Dienstleistung grundsätzlich nur gegen Entgelt erbringt. Vielmehr müssen bei fehlenden ausdrücklichen Vereinbarungen, bspw. im Preisaushang der Bank, die genauen Umstände berücksichtigt werden. Ein verständiger Kunde darf nicht davon ausgehen, die Bank als Kaufmann würde ihre Dienstleistung unentgeltlich erbringen. Von Bedeutung ist dies unter anderem mit Blick auf die Beurteilung anderer Provisionen bzw. von Zuwendungen (vgl. Rz. 11.308 ff.).

---

351) Eingehend, auch mit Erläuterungen der einzelnen Bestimmungen der Rahmenverträge, Schimansky/Bunte/Lwowski-*Jahn*, Bankrechts-Hdb., § 114 Rz. 35 ff.

352) Claussen-*Ekkenga*, Banken- und Börsenrecht, § 6 Rz. 197; zur Entwicklung der insolvenzrechtlichen Überlegungen eingehend *Bosch*, WM 1995, 365 und 413.

Die Anlageberatung ist auf den jeweiligen **Einzelfall ausgerichtet** und endet mit dem Abschluss der Beratung,[353] unabhängig davon, ob es zu einer Anlageentscheidung des Beratenen gekommen ist oder nicht. Der Beratungsvertrag ist kein Dauerschuldverhältnis; eine nachwirkende Pflicht, den Kunden über Änderungen der Umstände zu informieren, die Grundlage seiner Anlageentscheidung waren, besteht nicht.[354] Das wäre Inhalt eines neuen Beratungsvertrages. **11.283**

Der Beratungsvertrag kann formfrei geschlossen werden.[355] In der Bankenpraxis erfolgt der Vertragsschluss häufig **konkludent mit Beginn eines Beratungsgespräches**. Teilweise schließen Direktbanken in ihren Geschäftsbedingungen die Anlageberatung aus. Wenn deren Mitarbeiter jedoch auf Fragen des Kunden beratend antworten, so ist der Beratungsausschluss konkludent aufgehoben und der Beratungsvertrag mit allen Rechten und Pflichten vereinbart worden. **11.284**

Neben den allgemeinen zivilrechtlichen Anforderungen sind pflichtenkonkretisierend die Vorgaben des WpHG zu beachten. Umstritten ist die dogmatische Anknüpfung.[356] **11.285**

Nachdem der Bundesgerichtshof die Frage zunächst offen gelassen hatte,[357] entschied er 2008, die **§§ 31, 32 WpHG a. F.** seien **keine Schutzgesetze** i. S. v. § 823 Abs. 2 BGB, sondern Aufsichtsrecht. Soweit ihnen auch eine anlegerschützende Funktion zukommt,

> „so können sie zwar für Inhalt und Reichweite (vor-)vertraglicher Aufklärungs- und Beratungspflichten von Bedeutung sein. Ihr zivilrechtlicher Schutzbereich geht aber nicht über diese (vor-) vertraglichen Pflichten hinaus. Daraus folgt, dass ihnen keine eigenständige, über die zivilrechtlichen Aufklärungs- und Beratungspflichten hinausgehende schadensersatzrechtliche Bedeutung zukommt."[358]

Die Regeln des WpHG stellen somit keine eigenständige Anspruchsgrundlage für den Kunden dar. Diese ergibt sich allein aus dem zivilrechtlichen Beratungsvertrag, dessen Rechte und Pflichten durch die Vorschriften des WpHG **konkretisiert** werden, soweit dazu nach dem Wortlaut des Beratungsvertrags

353) Welter/Lang-*Balzer*, Hdb. der Informationspflichten, Rz. 9.3; Ellenberger/Schäfer-*Teuber*, Fehlgeschlagene Wertpapieranlagen, S. 225 ff.

354) BGH, Urt. v. 21.3.2006 – XI ZR 63/05, ZIP 2006, 891 (m. Anm. *Puczajler/Weber*, ZIP 2007, 401) = WM 2006, 851 = BKR 2006, 256, dazu EWiR 2006, 391 *(Allmendinger)*.

355) BGH, Urt. v. 4.3.1987 – IVa ZR 122/85, ZIP 1987, 500 = WM 1987, 495 = NJW 1987, 1815, dazu EWiR 1987, 575 *(Niehoff)*.

356) Näher, insbesondere inwieweit die Schutzgesetzeigenschaften nach § 823 Abs. 2 BGB vorliegen, *Möllers* in: KölnKomm-WpHG, § 31 a. F. Rz. 6 m. w. N; *F. Schäfer*, WM 2007, 1872; oben Rz. 11.148.

357) BGH, Urt. v. 19.12.2006 – XI ZR 56/05, ZIP 2007, 518 (m. Anm. *Lang/Balzer*, S. 521) = WM 2007, 488, dazu EWiR 2007, 217 *(Hanten/Hartig)*.

358) BGH, Urt. v. 19.2.2008 – XI ZR 170/07, ZIP 2008, 873 = BB 2008, 1132 = WM 2008, 825, dazu EWiR 2008, 415 *(Lange)*.

Raum ist. Hieran ist auch nach der Neufassung der §§ 31 ff. WpHG durch das FRUG per November 2007 festzuhalten.[359]

2. Auskunft, Aufklärung

11.286 Von der Beratung sind die Auskunft und die Aufklärung zu unterscheiden. Eine **Auskunft** ist eine unkommentierte Mitteilung über Tatsachen. Sie wird auf die ausdrückliche Anfrage des Empfängers der Auskunft hin erteilt oder auch ohne eine Anfrage.[360] Diese Mitteilung muss wahr sein.

11.287 Bei der **Aufklärung** werden im ersten Schritt ebenfalls Mitteilungen über Tatsachen gemacht, zusätzlich werden sie erläutert und kommentiert. Es handelt sich um Informationen i. S. v. § 31 Abs. 2 Satz 1 WpHG. Die WpHG-Vorschrift gibt insoweit Standards für die Informationen vor,[361] diese müssen redlich, eindeutig und nicht irreführend sein. Wenn die Informationen an Privatkunden (§ 31a Abs. 3 WpHG) gerichtet sind, müssen sie gemäß § 4 Abs. 1 Satz 1 WpDVerOV ausreichend und in einer Art und Weise dargestellt sein, dass sie für den angesprochenen Kundenkreis verständlich sind. An Informationen, die sich an Kunden ohne Erfahrung im Wertpapiergeschäft richten, können demnach andere Anforderungen an die Art der Darstellung gerichtet sein als bei solchen, die sich an sog. Heavy Trader (Privatkunden mit mehreren Umsätzen pro Tag) richten.

11.288 Die Informationen an Privatkunden sind nach § 4 Abs. 1 Satz 2 WpDVerOV[362] dann redlich, eindeutig und nicht irreführend, wenn

- nach Absatz 2 bei Werbeinformationen mögliche **Vorteile** nur hervorgehoben werden, wenn gleichzeitig eindeutig auf etwaige damit einhergehende **Risiken** verwiesen sowie wichtige Aussagen und Warnungen nicht missverständlich oder abgeschwächt dargestellt werden;
- nach Absatz 3 **Vergleiche** aussagekräftig und in einer ausgewogenen Darstellung erfolgen sowie die für die Vergleiche herangezogenen Informationsquellen, wesentlichen Fakten und Hypothesen angegeben werden;
- nach Absatz 4 **Aussagen über frühere Wertentwicklungen** nicht im Vordergrund der Information stehen und die Vorgaben zu dem Zeitraum der angegebenen Entwicklung, eindeutige Angaben zum Referenzzeitraum und der Informationsquellen enthalten sind, bei Fremdwährungen auf diese und

---

359) Für eine weiterhin gültige Anwendung der BGH-Rechtsprechung auf §§ 31 ff. n. F. Ellenberger/Schäfer/Clouth/Lang-*Ellenberger*, MiFID, S. 7; a. A. *Weichert/Enninger*, WM 2007, 627, 628 und 635.

360) *Hadding* in: FS Schimansky, S. 67.

361) Assmann/Schneider-*Koller*, WpHG, § 31 Rz. 11.

362) Eingehend Assmann/Schneider-*Koller*, WpHG, § 31 Rz. 14 ff.; Fuchs-*Fuchs*, WpHG, § 31 Rz. 112 ff.

die Gefahr von Währungsschwankungen hingewiesen wird sowie im Fall einer Bezugnahme auf die Bruttowertentwicklung angegeben wird, wie sich Provisionen, Gebühren und andere Entgelte darauf auswirken;

- nach Absatz 5 **Simulationen einer früheren Wertentwicklung** oder Verweise auf solche Simulationen sich nur auf ein Finanzinstrument, einen Basiswert, der einem Finanzinstrument zugrunde liegt, oder einen Finanzindex beziehen;
- nach Absatz 6 **Angaben zur künftigen Wertentwicklungen** nicht auf einer simulierten früheren Wertentwicklung beruhen. Sie müssen auf angemessenen, durch objektive Daten gestützte Annahmen basieren und bei Bruttowertentwicklungen deutlich angeben, wie sich Provisionen, Gebühren und andere Entgelte auswirken;
- nach Absatz 7 dargestellte Wertentwicklungen deutliche Hinweise enthalten, auf welchen Zeitraum sich die Angaben beziehen und dass frühere Wertentwicklungen, Simulationen oder Prognosen **kein verlässlicher Indikator** für die künftige Wertentwicklung sind;
- nach Absatz 8 **Informationen zu** einer bestimmten **steuerlichen Behandlung** den deutlichen Hinweis enthalten, dass die steuerliche Behandlung von den persönlichen Verhältnissen des jeweiligen Kunden abhängt und künftig Änderungen unterworfen sein kann;
- nach Absatz 9 Informationen aus Werbemitteilungen **nicht sonstigen Informationen widersprechen**, die die Bank dem Kunden in einem sonstigen Zusammenhang des Wertpapiergeschäftes gibt;
- sofern die Werbeinformation bereits ein **Vertragsangebot** der Bank oder eine **invitatio ad offerendum** beinhaltet, nach Absatz 10 bereits die Werbemitteilung die Information über Risiken, das Wertpapierdienstleistungsunternehmen, die Wertpapierdienstleistung, Kosten und Nebenkosten nach § 5 WpDVerOV enthalten. Das gilt nicht, wenn der Privatkunde zur Annahme des Angebots oder zur Abgabe eines eigenen Angebots noch weitere Dokumente heranziehen muss, die diese Angaben enthalten; und
- nach Absatz 11 der Name der zuständigen **Aufsichtbehörde** (in Deutschland die BaFin) nicht in einer Weise genannt wird, die so verstanden werden kann, dass die Produkte oder Dienstleistungen von der Behörde gebilligt oder genehmigt werden oder worden sind.

Aufklärung i. S. dieser Vorgaben sind insbesondere **allgemeine Informationen** über Produktgattungen, wie sie bspw. in den „Basisinformationen über die Vermögensanlage in Wertpapieren" von den Banken an ihre Kunden ausgehändigt, aber auch im Gespräch gegeben werden, ferner die **besondere Aufklärung** über ein konkretes Finanzmarktinstrument. **11.289**

11.290 Nach § 4 Abs. 6 WpDVerOV sind Prognosen ebenfalls Informationen i. S. v. § 31 Abs. 2 Satz 1 WpHG. Abzugrenzen sind hiervon **Marktgerüchte**. Über deren Vorliegen kann ebenfalls aufgeklärt werden, jedoch muss die Bank in der Erläuterung klarstellen, dass es sich um ein Gerücht und nicht um eine Tatsache handelt.

3. Beratung

11.291 Die Beratung erfolgt grundsätzlich auf Basis einer Aufklärung. Sie geht über diese hinaus, indem sie wesensimmanent eine **subjektive Empfehlung** für oder gegen eine Handlungsalternative in Bezug auf die Anlage enthält. Das ist i. d. R. eine konkrete Kauf-, Verkauf- oder Halteempfehlung.[363] Diese muss im jeweiligen Einzelfall an den individuellen Kunden gerichtet und auf seine persönlichen Umstände gestützt sein.[364] Eine allgemeine Einstufung, z. B. als „buy" in einer Wertpapieranalyse, ist nicht als Anlageberatung einzustufen, da ihr der individuelle Charakter fehlt.[365]

a) Allgemeine Aufklärungspflichten

11.292 Im Zusammenhang mit der grundlegenden Anforderung des Bundesgerichtshofes, dass die Anlageberatung im zivilrechtlichen Verständnis „anlegergerecht und objektgerecht" erfolgen muss,[366] hat der Berater – neben den Informationsstandards nach § 31 Abs. 2 WpHG – dem Kunden gemäß § 31 Abs. 3 WpHG rechtzeitig und in verständiger Form Informationen zur Verfügung stellen. § 31 Abs. 3 WpHG gibt aus aufsichtsrechtlicher Sicht **Basisinformationen als Grundlage der eigenen, informierten Anlegerentscheidung** vor.[367] Diese müssen so angelegt sein, dass der Kunde nach vernünftigen Ermessen die Art und die Risiken der ihm angebotenen oder von ihm nachgefragten Wertpapierdienstleistungen verstehen und auf dieser Grundlage die Anlageentscheidung treffen kann. Mithin liegt erneut eine Konkretisierung der vertraglichen Pflichten durch das Aufsichtsrecht vor.

---

363) Gegen die Einstufung einer Halteempfehlung als Anlageberatung *Mülbert*, WM 2007, 1149, 1156, wegen des vermuteten fehlenden Bezugs auf ein Geschäft; dafür *Veil*, WM 2007, 1821, 1822; BaFin und Deutsche Bundesbank im Gemeinsamen Informationsblatt v. 24.7.2007 zu § 1 Abs. 1a Nr. 1a KWG.

364) Vgl. die Legaldefinition in § 1 Abs. 1a Nr. 1a KWG und wortgleich § 2 Abs. 3 Nr. 9 WpHG: „die Abgabe von persönlichen Empfehlung an Kunden oder deren Vertreter, die sich auf Geschäfte mit bestimmten Finanzinstrumenten beziehen, sofern die Empfehlung auf eine Prüfung der persönlichen Umstände des Anlegers gestützt oder als für ihn geeignet dargestellt wird und nicht ausschließlich über Informationsverbreitungskanäle oder für die Öffentlichkeit bekannt gegeben wird (Anlageberatung)."

365) 79. Erwägungsgrund der Richtlinie 2004/39/EG (MiFID).

366) BGH, Urt. v. 6.7.1993 – XI ZR 12/93, ZIP 1993, 1148 = NJW 1993, 2433 = WM 1993, 1455, dazu EWiR 1993, 857 *(Köndgen)*.

367) Fuchs-*Fuchs*, WpHG, § 31 Rz. 119.

Die Informationen müssen sich auf den Berater – das heißt die Bank, wenn der Berater bei ihr angestellt ist – die Dienstleistungen, die Art der Finanzinstrument und der vorgeschlagenen Anlagestrategien einschließlich der damit verbundenen Risiken, der Ausführungsplätze und der Kosten und Nebenkosten beziehen.

§ 31 Abs. 3 WpHG wird in § 5 WpDVerOV weiter detailliert.[368] Nach Absatz 1 Satz 1 sind bei der Art und dem Umfang der Informationen die Einstufung des Kunden gemäß § 31a WpHG in Privatkunden, professionelle Kunden und geeignete Gegenpartei (siehe Rz. 11.154 ff.) zu berücksichtigen. Soweit relevant muss die Beschreibung der Risiken folgende Angaben enthalten: 11.293

- die **Risiken**, die bei der **Art des Finanzinstrumentes** (z. B. Optionsschein, Aktie, Rente) bestehen, einschließlich der Erläuterung der Hebelwirkung, wenn eine vorhanden ist, sowie des Risikos des Verlustes der gesamten Kapitalanlage. Diese Angaben und Hinweise müssen erfolgen, wenn sie durch die Art des Finanzinstrumentes gegeben sind (§ 5 Abs. 1 Nr. 1 WpDVerOV),
- das Ausmaß der Schwankungen des Preises (**Volatilität**) der Finanzinstrumente und etwaige **Beschränkungen** des für solche Finanzinstrumente **verfügbaren Marktes** (§ 5 Abs. 1 Nr. 2 WpDVerOV),
- den Umstand, dass der Anleger durch das Geschäft mit dem Finanzinstrument möglicherweise finanzielle oder **sonstige Verpflichtungen** übernehmen muss, die neben den Kosten für den Erwerb des Finanzinstruments anfallen (§ 5 Abs. 1 Nr. 3 WpDVerOV);
- **Einschusspflichten** oder ähnliche Verpflichtungen, die für Instrumente der betreffenden Art gelten (§ 5 Abs. 1 Nr. 4 WpDVerOV) und
- sofern zutreffend, dass die Risiken durch die **Verknüpfung verschiedener Finanzinstrumente** oder Wertpapierdienstleistungen in einem zusammengesetzten Finanzinstrument größer sind als die mit jedem der Bestandteile verbundenen Risiken, angemessene Informationen über die Bestandteile des betreffenden Instruments und die Art und Weise, in der sich das Risiko durch die gegenseitige Beeinflussung diese Bestandteile erhöht (§ 5 Abs. 1 Nr. 5 WpDVerOV).

Sofern der Kunde als **Privatkunde** klassifiziert wurde, umfassen die Informationen nach § 31 Abs. 3 WpHG auch solche über die **Vertragsbedingungen zwischen Kunde und Bank**. Diese müssen nach § 5 Abs. 2 WpDVerOV unter anderem folgenden Inhalt haben: 11.294

- Den Namen und die Anschrift des Wertpapierdienstleistungsunternehmens sowie Angaben von **Kontaktdaten**, über die der Kunde am effektivsten mit

368) Eingehend Assmann/Schneider-*Koller*, WpHG, § 31 Rz. 33 ff.; Fuchs-*Fuchs*, WpHG, § 31 Rz. 121 ff.

dem Unternehmen kommunizieren kann sowie die **Sprache**, in der die Kommunikation erfolgt, die Kommunikationsmittel, Name und Anschrift der **Zulassungsbehörde** des Wertpapierdienstleistungsunternehmens, einen Hinweis, sofern ein **Vermittler** zwischen Kunden und Bank eingeschaltet ist, Art, Häufigkeit und Zeitpunkt der Berichte, die die Bank dem Kunden zukommen lassen wird, eine Beschreibung über **Sicherungsmaßnahmen** zum Schutz der Kundengelder und -finanzinstrumente, die bei der Bank verwahrt werden, und eine Beschreibung der **Grundsätze** der Bank für den **Umgang mit Interessenkonflikten** (§ 5 Abs. 2 Nr. 1 WpDVerOV). Die Informationen sind Privatkunden nach § 5 Abs. 3 Satz 1 Halbsatz 1 WpDVerOV auf einem dauerhaften Datenträger (§ 5 Abs. 5 WPDVerOV) zur Verfügung zu stellen, bevor mit ihnen der Vertrag über die Dienstleistung geschlossen wird. Sofern der Vertragsschluss auf Verlangen des Kunden telefonisch oder über sonstige Fernkommunikation geschlossen wird, die ein **vorheriges Zurverfügungstellen** nicht möglich macht, so ist dies nach Abschluss des Vertrages unverzüglich gemäß § 5 Abs. 3 Satz 2 WpDVerOV nachzuholen. Die Regeln zum Fernabsatz des BGB bleiben davon unberührt.[369)]

- Hinsichtlich der Kosten und Nebenkosten Angaben zum **Gesamtpreis**, einschließlich aller Gebühren, Provisionen, Entgelte und Auslagen sowie über die Bank zu entrichtenden Steuern. Sofern die Angabe des genauen Preises nicht möglich ist (z. B. wegen der Abhängigkeit vom Börsenkurs oder den persönlichen steuerlichen Verhältnissen des Kunden), ist die Grundlage für die Berechnung des Gesamtpreises in überprüfbarer Form mitzuteilen. Die von der Bank in Rechnung gestellte Provision ist separat aufzuführen. Bei Positionen in Fremdwährung ist der anzuwendende Wechselkurs mit anzugeben bzw. die Grundlage seiner Berechnung. Zudem hat ein Hinweis auf die Möglichkeit zu erfolgen, dass neben dem Gesamtpreis noch weitere Kosten und Steuern entstehen können, die nicht über die Bank gezahlt oder von ihr in Rechnung gestellt werden. Zusätzlich müssen Bestimmungen über die Zahlung oder sonstige Gegenleistungen in der Information enthalten sein (§ 5 Abs. 2 Nr. 5 WpDVerOV).

Die Informationen können nach § 31 Abs. 3 Satz 2 WpHG auch in **standardisierter Form** zur Verfügung gestellt werden. Üblich ist die Verwendung der Broschüre „Basisinformationen über die Vermögensanlage in Wertpapieren".[370)]

11.295 Zusätzlich muss der Kunde nach § 5 WpDVerOV noch weitere Informationen von der Bank erhalten:

---

369) Zum Fernabsatzrecht vgl. Rz. 8.50 ff.

370) Zur Einordnung der Broschüre unter die einzelnen Anforderungen des § 31 Abs. 3 WpHG und § 5 WpDVerOV vgl. Fuchs-*Fuchs*, WpHG, § 31 Rz. 147 ff.

- falls ein **Prospekt** nach dem WpPG veröffentlicht worden ist und das Finanzinstrument zu diesem Zeitpunkt öffentlich angeboten wird, die Angabe, bei welcher Stelle dieser Prospekt erhältlich ist (§ 5 Abs. 2 Nr. 3 WpDVerOV);
- im Fall von Finanzinstrumenten, die eine Garantie durch einen Dritten beinhalten, alle wesentlichen **Angaben über die Garantie** und über den Garantiegeber (§ 5 Abs. 2 Nr. 4 WpDVerOV).

Bei den beiden letztgenannten Informationen handelt es sich um konkrete Angaben zu einzelnen Finanzinstrumenten. Dadurch ist eine standardisierte Darstellung in der Praxis nicht möglich.

b) Geeignetheit

Nach dem grundlegenden **„Bond-Urteil"** des Bundesgerichtshofes aus dem Jahr 1993[371)] muss eine Anlageberatung sowohl anlegergerecht als auch objektgerecht sein. Für die konkrete Ausgestaltung der Pflicht sind die Umstände des Einzelfalls entscheidend.[372)] 11.296

Für die **anlegergerechte Beratung** als ersten Schritt holt die Bank Auskünfte beim Kunden zu seinem **Wissensstand** über das Anlagegeschäft ein. Das kann unmittelbar im Beratungsgespräch erfolgen. Besteht bereits eine längere Geschäftsbeziehung mit dem Kunden, kann die Bank bei entsprechender Kenntnis auf eine erneute Exploration verzichten. Des Weiteren sind die **Risikobereitschaft** des Kunden und sein **Anlageziel** zu erfragen. So muss die Beratung bei einem risikogeneigtem Kunden anders ausfallen, als bei einem auf Sicherheit bedachten Kunden, der sein Geld z. B. für einen nahe bevorstehenden Ruhestand anlegen möchte. Soweit der Kunde über die Risikobereitschaft für das gewünschte Anlagegeschäft verfügt und seine Anlageziele damit im Einklang stehen, ihm aber das erforderliche Wissen um das Geschäft fehlt, so klärt die Bank darüber auf. Lässt sich der Kunde von einem Dritten vertreten, ist auf dessen Kenntnis abzustellen, während für die finanziellen Verhältnisse, die Risikobereitschaft und die Anlageziele weiterhin die Daten des Kunden von Bedeutung sind.[373)] 11.297

Die Angaben des Kunden werden üblicherweise von den Banken auf einem sog. „Beratungsbogen" **dokumentiert**. Eine Pflicht dazu besteht nicht. Wenn der Kunde diesen Bogen unterzeichnet, muss er die darin enthaltenen Angaben ge- 11.298

---

371) BGH, Urt. v. 6.7.1993 – XI ZR 12/93, ZIP 1993, 1148 = NJW 1993, 2433 = WM 1993, 1455, dazu EWiR 1993, 857 *(Köndgen)*.

372) BGH Urt. v. 6.7.1993 – XI ZR 12/93, ZIP 1993, 1148 = NJW 1993, 2433 = WM 1993, 1455, dazu EWiR 1993, 857 *(Köndgen)*.

373) BGH, Urt. v. 27.2.1996 – XI ZR 133/95, WM 1996, 664, 665 = ZIP 1996, 667, dazu EWiR 1996, 395 *(Steiner)*.

gen sich gelten lassen, selbst wenn die Datenaufnahme, z. B. per Ankreuzen bestimmter Rubriken, nicht von ihm selbst vorgenommen worden sind.[374)]

11.299 Zweiter Schritt ist die **objektgerechte Beratung**. Diese bezieht sich auf Eigenschaften und Risiken des Anlageobjekts, die für die jeweilige Anlageentscheidung wesentliche Bedeutung haben oder haben können.[375)] Das sind allgemeine Risiken wie Konjunkturlage oder die Entwicklung des Börsenmarktes, ferner spezielle Risiken, die aus dem konkreten Anlageobjekt resultieren, wie Kurs-, Währungs- oder Bonitätsrisiken. Die objektgerechte Beratung muss den in der anlegergerechten Beratung gewonnenen Erkenntnissen über den Kunden und seine Anlageziele entsprechen.

11.300 Die Beratung muss nach der BGH-Rechtsprechung

> „richtig und sorgfältig, dabei für den Kunden verständlich und vollständig sein, die Bank muss zeitnah über alle Umstände unterrichten, die für das Anlagegeschäft von Bedeutung sind. Fehlen ihr derartige Kenntnisse, so hat sie das dem Kunden mitzuteilen und offenzulegen, dass sie zu einer Beratung z. B. über das konkrete Risiko eines Geschäfts mangels eigener Information nicht in der Lage ist.“[376)]

11.301 Eine Bank, die für sich eine Fachkompetenz in Bezug auf die Beratung über bestimmte Anlageobjekte in Anspruch nimmt, hat sich die erforderlichen Informationen zu beschaffen.[377)] Für die **Informationsbeschaffung** sind auch **Veröffentlichungen in der Wirtschaftspresse** heranzuziehen. Dazu gehören zeitnahe und gehäufte negative Berichte in den üblichen Wirtschaftstageszeitungen, etwa der Börsenzeitung, der Financial Times Deutschland, dem Handelsblatt und der Frankfurter Allgemeinen Zeitung. Regionale Zeitungen oder fachfremde Spartenblätter und sog. Brancheninformationsdienste müssen nicht ausgewertet werden. Diese betrachtet die Rechtsprechung nicht als allgemein anerkannte Publikationen für Wirtschaftsfragen, *„deren Seriosität und Qualität über jeden Zweifel erhaben“*[378)] sind. Nur wenn die Bank unabhängig von einer Pflicht zur Auswertung solcher Medien positive Kenntnis von der negativen Berichterstattung hat, muss sie dies bei der Prüfung des Anlageobjekts berücksichtigen. Das Ergebnis dieser Prüfung ist dabei nicht an die Bewertung in der Berichterstattung gebunden, sondern liegt in der Fachkompetenz der Bank. Ein Hinweispflicht auf eine **Negativberichterstattung** außerhalb der Wirtschaftspresse ist

374) OLG Frankfurt, Urt. v. 15.12.2004 – 23 U 281/03, BKR 2005, 286 (LS) = VersR 2005, 797.

375) BGH, Urt. v. 6.7.1993 – XI ZR 12/93, ZIP 1993, 1148 = NJW 1993, 2433 = WM 1993, 1455, dazu EWiR 1993, 857 *(Köndgen)*.

376) BGH, Urt. v. 6.7.1993 – XI ZR 12/93, ZIP 1993, 1148 = NJW 1993, 2433 = WM 1993, 1455, dazu EWiR 1993, 857 *(Köndgen)*.

377) BGH, Urt. v. 21.3.2006 – XI ZR 63/05, ZIP 2006, 891 (m. Anm. *Puczajler/Weber*, ZIP 2007, 401) = WM 2006, 851 = BKR 2006, 256, dazu EWiR 2006, 391 *(Allmendinger)*.

378) BGH, Urt. v. 21.3.2006 – XI ZR 63/05, ZIP 2006, 891 (m. Anm. *Puczajler/Weber*, ZIP 2007, 401) = WM 2006, 851 = BKR 2006, 256, dazu EWiR 2006, 391 *(Allmendinger)*.

nicht ohne weiteres gegeben, wenn es sich um eine vereinzelt gebliebene Publikation handelt, deren Meinung sich in der Fachöffentlichkeit (noch) nicht durchgesetzt hat.[379)]

Es steht einer Bank frei, die Beratung auf **hauseigenen Produkte** zu beschränken. Der Kunde kann nicht erwarten, von der Bank über Konkurrenzprodukte informiert zu werden.[380)] Ob ein entsprechender Hinweis der Bank an den Kunden erfolgen soll, ist weder zivil- oder aufsichtsrechtlich geregelt noch bislang von der Rechtsprechung gefordert, aber empfehlenswert. 11.302

Auf Ebene des Aufsichtsrechts wurden die vertraglichen Grundsätze der anleger- und objektgerechten Beratung mit Umsetzung der MiFID in § 31 Abs. 4 WpHG nachgebildet. Danach hat die Bank eine **Geeignetheitsprüfung** durchzuführen.[381)] Nach der Konkretisierung der gesetzlichen Vorgabe in § 6 WpDVerOV sind als Informationen insbesondere und soweit erforderlich einzuholen: 11.303

- Angaben über Grundlage und Höhe regelmäßiger **Einkommen** und regelmäßiger finanzieller **Verpflichtungen** sowie über vorhandene Vermögenswerte, insbesondere Barvermögen, Kapitalanlagen und Immobilienvermögen (§ 6 Abs. 1 Nr. 1 WpDVerOV);
- Angaben über die **Anlagedauer**, die **Risikobereitschaft** und den **Zweck** der Anlage (§ 6 Abs. 1 Nr. 2 WpDVerOV);
- Angaben zu Arten von Wertpapierdienstleistungen oder Finanzinstrumenten, mit den der Kunde **vertraut** ist (§ 6 Abs. 2 Nr. 1 WpDVerOV);
- Angaben zu Art, Umfang, Häufigkeit und Zeitraum **zurückliegender Geschäfte** des Kunden mit Finanzinstrumenten (§ 6 Abs. 2 Nr. 2 WpDVerOV) und
- Angaben zur **Ausbildung** sowie der gegenwärtigen und relevanten früheren **beruflichen Tätigkeit** des Kunden (§ 6 Abs. 2 Nr. 3 WpDVerOV).

Die Verpflichtung, Angaben zur Ausbildung und Tätigkeit des Kunden einzuholen, ist vor dem Hintergrund der Entscheidung des Bundesgerichtshofes vom 28. September 2004[382)] kritisch zu sehen. Danach ist der Beruf des Kunden **kein Indiz** für dessen Kenntnisse und Professionalität. Wenn der Ausbildung und dem Beruf des Kunden keine Aussagekraft zukommen und die Kenntnisse sich allein aus den Angaben nach § 6 Abs. 2 Nr. 1 und 2 WpDVerOV richten, 11.304

379) Zum Meinungsstand und den Grenzen der Prüfungspflicht Schimansky/Bunte/Lwowski-*Hannöver*, Bankrechts-Hdb., § 110 Rz. 36; vgl. auch BGH, Urt. v. 5.11.2009 – III ZR 302/08, ZIP 2010, 526 = WM 2009, 2360, mit Anm. *Edelmann* in: WuB I G. 1-7.10.

380) BGH, Urt. v. 19.12.2006 – XI ZR 56/05, BGHZ 170, 226 = ZIP 2007, 518 (m. Anm. *Lang/Balzer*, S. 521) = WM 2007, 488, dazu EWiR 2007, 217 *(Hanten/Hartig)*.

381) Vgl. oben Rz. 11.61.

382) BGH, Urt. v. 28.9.2004 – XI ZR 259/03, ZIP 2004, 2178 = WM 2004, 2205.

besteht die Gefahr, dass die Vorschrift nach Nr. 3 für Banken und Kunden zum leeren Formalismus führt. Hinzu kommt, dass die Bank nach § 31 Abs. 4 Satz3 WpHG **keine Anlageberatung** gegenüber dem Kunden **erbringen** darf, soweit sie die nach § 31 Abs. 4 Satz 1 WpHG geforderten Auskünfte vom Kunden nicht erhält. Der Regelungszweck liegt darin, die Informationen zu erhalten, die für eine geeignete Anlageberatung in Bezug auf den jeweils individuellen Kunden gebraucht werden. Sofern der Kunde nicht über hinreichende Kenntnisse über die Finanzinstrumente verfügt, kann er diese Kenntnisse durch die Aufklärung im Beratungsgespräch erlangen. Soweit die Bank bei der Aufklärung bei fehlenden Angaben zum Beruf davon ausgeht, dass der Kunde nur über die Erfahrungen nach § 6 Abs. 2 Nr. 1 und 3 WpDVerOV verfügt und die Aufklärung und Beratung daran ausrichtet, ist der Regelungszweck der Norm erfüllt; die fehlende Berufsangabe ist nach Sinn und Zweck in dieser Konstellation obsolet.

11.305 Bei **professionellen Kunden** i. S. v. § 31a Abs. 2 WpHG darf die Bank nach § 31 Abs. 9 WpHG davon ausgehen, dass diese über die erforderlichen Kenntnisse und Erfahrungen verfügen, um die mit den Geschäften einhergehenden Risiken zu verstehen, und dass für sie etwaige mit dem Geschäft einhergehende Anlagerisiken entsprechend ihren Anlagezielen finanziell tragbar sind.

11.306 Die Bank darf nach § 31 Abs. 6 WpHG darauf **vertrauen**, dass der Kunde die seine **Angaben vollständig und richtig** abgibt. Sie hat die Fehlerhaftigkeit oder Unvollständigkeit nicht zu vertreten, es sei denn, die Unvollständigkeit oder Unrichtigkeit der Kundenangaben ist ihr bekannt oder infolge grober Fahrlässigkeit unbekannt. Ob dieser aufsichtsrechtlich formulierte Verschuldensmaßstab für die Explorationspflicht der Bank indes zivilrechtlich im Beratungsvertrag maßgeblich ist, ist fraglich. Teil des Beratungsvertrags ist die Einholung der Informationen im erforderlichen Umfang durch die Bank. Tut sie dies nicht oder nicht im erforderlichen Umfang, so ist sie dem Kunden nach §§ 280 Abs. 1, 311 Abs. 2, 241 Abs. 2 BGB schadenersatzpflichtig.[383)] Der Kunde hat die **wesentliche Mitwirkungspflicht**, richtige und vollständige Angaben über die für die Beratung notwendigen Informationen zu seinen Kenntnissen, finanziellen Verhältnissen, Anlagezielen und Risikogeneigtheit zu machen. Zivilrechtlicher Grundsatz ist, dass jede Partei Handlungen oder Unterlassen innerhalb ihres eigenen Verantwortungsbereichs zu vertreten hat, nicht jedoch solche aus dem Verantwortungsbereich der Vertragspartei. Im Regelungsbereich des § 31 Abs. 6 WpHG hat nicht die Bank die Einholung der Informationen unterlassen oder unvollständig vorgenommen, sondern der Kunde hat diese falsch oder unvollständig erteilt. Da er über die Informationen verfügt, ist davon auszugehen, dass er die Informationsweitergabe zumindest leicht fahrlässig nicht vorgenommen und damit seine Mitwirkungspflicht zurechenbar verletzt hat. In-

383) *Veil*, WM 2007, 1821, 1826.

dem § 31 Abs. 6 WpHG der Bank dafür eine (Mit-)Verantwortung zuweist, besteht ein Widerspruch zwischen aufsichtsrechtlichen Regeln und Zivilrecht.[384)]

Die Frage, ob die Anlageberatung fehlerhaft war, ist **ex ante** zu betrachten. Nach der Beratung eingetretene oder bekannt gewordenen Umstände sind nicht zu berücksichtigen. Auch muss die Bank nicht auf Selbstverständlichkeiten hinweisen. So besteht z. B. keine Pflicht einer Bank, den Anleger auf unterschiedliche Meinungen über die künftige Kursentwicklung hinzuweisen. Aus der Unsicherheit der künftigen Kursentwicklung folgt zwangsweise, dass hierzu unterschiedliche Auffassungen bestehen können.[385)] **11.307**

c) Kickback

Emittenten von Wertpapieren (einschließlich Fonds) sind daran interessiert, ihre Emissionen im Markt zu vertreiben, ohne ein eigenes, kostenintensives Vertriebsnetz zu unterhalten. Daher zahlen sie teilweise an Banken und sonstige Anlageberater für deren Tätigkeiten **Provisionen, Retrozessionen, Kickbacks**, die aus dem vom Kunden zu zahlenden Ausgabeaufschlag der Papiere finanziert werden. Die Banken wiederum finanzieren damit vielfach die von ihnen entgeltlos angebotene Anlageberatung bzw. kalkulieren das von ihnen geforderte Entgelt geringer. Dadurch können zwei **gegenläufige Interessen** zusammentreffen: das des Kunden an einer für ihn günstigsten Anlageempfehlung und das der Bank, eine möglichst hohe Provision für ihre Dienstleistung zu erhalten. In einer Beratungssituation vertraut der Kunde – auch in Übereinstimmung zur vertraglichen Pflichtenkonstellation – darauf, dass die Beratung sich an seinen Bedürfnissen und Anlagezielen ausrichtet und nicht an für ihn sachfremden Erwägungen. Dabei darf er nicht von unrealistischen Erwartungen ausgehen. Daraus ergibt sich für die Bank die Pflicht, die Interessen des Kunden in der Weise zu beachten, dass sie ihn **über bestehende Interessenkonflikte informiert**, sofern diese nicht völlig ausgeschlossen werden können. Dieser vom Bundesgerichtshof zivilrechtlich anerkannte Grundsatz[386)] ist in § 31 Abs. 1 Nr. 2 WpHG aufsichtsrechtlich nachvollzogen. Ein Wertpapierdienstleistungsunternehmen ist verpflichtet, sich um die Vermeidung von Interes- **11.308**

384) Im Gesetzgebungsverfahren z. FRUG ist lediglich auf die Umsetzung von Art. 37 Abs. 3 der Durchführungsrichtlinie (Richtlinie 2006/73/EG der Kommission v. 10.8.2006 zur Durchführung der Richtlinie 2004/39/EG des Europäischen Parlaments und des Rates in Bezug auf die organisatorischen Anforderungen an Wertpapierfirmen und die Bedingungen für die Ausübung ihrer Tätigkeiten sowie in Bezug auf die Definition bestimmter Begriffe für die Zwecke der genannten Richtlinie) verwiesen worden, ohne auf diesen Widerspruch einzugehen; Gesetzesbegründung B. zu Art. 1, zu Nr. 16, zu Buchst. c, zu Abs. 6, in BT-Drucks. 16/4028.

385) BGH, Urt. v. 23.11.2004 – XI ZR 137/03, ZIP 2005, 435 = WM 2005, 270, dazu EWiR 2005, 245 *(Balzer)*.

386) BGH, Urt. v. 20.1.2009 – XI ZR 510/07, ZIP 2009, 455 = WM 2009, 405, s. a. Baumbach/Hopt-*Hopt*, HGB, § 347 Rz. 30, „Grundsatz der Priorität des Empfängerinteresses".

senkonflikten zu bemühen und vor Durchführung von Geschäften für Kunden diesen die allgemeine Art und Herkunft von Interessenkonflikten eindeutig darzulegen, soweit organisatorische Vorkehrungen nicht ausreichen, um nach vernünftigem Ermessen das Risiko der Beeinträchtigung von Kundeninteressen zu vermeiden. Die Anwendung des Offenlegungsprinzips auf Provisions- und Retrozessionsvereinbarungen hat der Bundesgerichtshof in seiner umfangreichen **„Kickback"-Rechtsprechung** ausgeformt.

11.309 In seinem Urteil vom 19. Dezember 2000 („**Kickback I**")[387)] hat der Gerichtshof grundsätzlich entschieden, dass der Kunde über Kickbacks informiert werden muss. Diese Pflicht obliegt jedem seiner Vertragspartner, also neben dem Empfänger der Provision – im entschiedenen Fall war das der Vermögensverwalter des Kunden – auch seiner depotführenden Bank, die dem Vermögensverwalter für die Vermittlung des Kundendepots an sie und für die durch den Verwalter veranlassten Effektengeschäfte über sie die Provision gezahlt hatte. Im Verschweigen der Provisionen sah der Bundesgerichtshof eine schwerwiegende Treuwidrigkeit.

11.310 Genau sechs Jahre später entschied am 19. Dezember 2006 der Bundesgerichtshof in **„Kickbank II"**[388)], die Bank müsse den Kunden i. R. eines Beratungsvertrages auch informieren, wenn sie von der Fondsgesellschaft, deren Fondsanteile sie empfiehlt, Rückvergütungen und jährliche Verwahrgebühren erhält. Nur so könne der Kunde beurteilen, ob die Anlageempfehlung im Kundeninteresse nach den Kriterien der anleger- und objektgerechten Beratung erfolge. Die Information darf sich nicht nur darauf beschränken, ob Provisionen gezahlt werden, sondern muss auch enthalten, in welcher Höhe die Rückvergütungen anfallen.

11.311 Mit seinem Beschluss vom 20. Januar 2009 („**Kickback III**")[389)] hat der Bundesgerichtshof diese Rechtsprechung fortgesetzt. Dabei ging es um die Zeichnung eines Medienfonds. In Bezug auf das Offenlegen von Rückvergütungen ist zwischen Auskunfts- und Beratungsverträgen zu unterscheiden. Bei **Auskunftsverträgen** gilt die **Rechtsprechung des Bundesgerichtshofes zu Innenprovisionen**, wonach solche gegenüber dem Kunden nur mitgeteilt werden müssen, wenn diese nicht im Prospekt ausgewiesen sind und mehr als 15 % ausmachen,[390)] die Höhe der Innenprovision im Prospekt falsch angegeben

387) BGH, Urt. v. 19.12.2000 – XI ZR 349/99, ZIP 2001, 230 (m. Anm. *Balzer*, S. 232) = NJW 2001, 962, dazu EWiR 2001, 255 (*Tilp*).

388) BGH, Urt. v. 19.12.2006 – XI ZR 56/05, BGHZ 170, 226 = ZIP 2007, 518 (m. Anm. *Lang/Balzer*, S. 521) = WM 2007, 488, dazu EWiR 2007, 217 (*Hanten/Hartig*).

389) BGH, Urt. v. 20.1.2009 – XI ZR 510/07, ZIP 2009, 455 = WM 2009, 405.

390) BGH, Urt. v. 23.3.2004 – XI ZR 194/02, ZIP 2004, 1188 = WM 2004, 1221, dazu EWiR 2004, 959 (*Schwintowski*).

ist[391] oder der Prospekt dem Anleger nicht rechtzeitig vor Anteilserwerb vorliegt.[392] Bei einem **Beratungsvertrag** ist der Kunde **immer über die Rückvergütung aufzuklären**, unabhängig von ihrer Höhe. Auch ist es unerheblich, ob es sich um einen Aktien- oder Medienfonds – d. h. kein Finanzinstrument i. S. d. WpHG – handelt.

In der Praxis ist es für Banken teilweise nicht möglich, bereits im Vorfeld die genaue Höhe der zu erhaltenen Rückvergütungen zu benennen. Diese sind von den Emittenten häufig an Mindestgrenzen gebunden, die überschritten werden müssen, um Provisionen zu erhalten, und in Mengengruppen gestaffelt. Da im Vorhinein noch nicht bekannt ist, ob der **Schwellenwert** zum Stichpunkt überschritten wird und wenn ja, in welche **Provisionsstaffel** die Bank kommt, kann sie die Höhe dem Kunden nicht im Voraus mitteilen. In diesen Fällen sind entweder die Faktoren zur Berechnung der Provision offenzulegen oder die höchst mögliche Provision anzugeben. In beiden Fällen kann der Kunde erkennen und entscheiden, in welchem Umfang seine Interessen maximal gefährdet sein können. **11.312**

In der Entscheidung vom 12. Mai 2009 („**Kickback IV**") hat der Bundesgerichtshof zur Beweislast für das schuldhafte Verschweigen von Rückvergütungen entschieden.[393] Im Fall von Rückvergütungen liegt die Beweislast für die Frage des Verschuldens in Bezug auf die unterbliebene Information des Kunden nach § 280 Abs. 1 Satz 2 BGB bei der Bank. Diese müsse darlegen und beweisen, dass sie kein (Organisations-)Verschulden für die unterlassene Offenlegung treffe und ein möglicherweise entschuldigender Rechtsirrtum von ihr nicht zu vertreten ist.[394] **11.313**

Bei pflichtwidrig unterbliebener Information über Rückvergütungen ist die Bank gegenüber dem beratenen Kunden schadenersatzpflichtig. Der Bundesgerichtshof geht zugunsten des Kunden von **aufklärungskonformen Verhalten** aus. Die Bank hat den Kunden so zu stellen, als hätte er das empfohlene Geschäft nicht abgeschlossen. Davon sind aber nur solche Geschäfte betroffen, für die die Bank tatsächlich Provisionen erhalten hat. Wurden aufgrund der Empfehlung beispielhaft neben Fondsanteilen, für die eine Kickback-Vereinbarung bestand, auch Aktien zum Erwerb über eine Börse empfohlen, so hatte die Bank dafür nie Provisionen zu erwarten. Es lag kein Interessenkonflikt vor, **11.314**

---

391) BGH, Urt. v. 22.3.2007 – III ZR 218/06, ZIP 2007, 871 = ZfIR 2007, 443 (m. Anm. *Fuchs,* S. 445) = BKR 2007, 254.

392) BGH, Urt. v. 25.9.2007 – XI ZR 320/06, BKR 2008, 199.

393) BGH, Urt. v. 12.5.2009 – XI ZR 586/07, ZIP 2009, 1264 = NJW 2009, 2298, dazu EWiR 2009, 433 (*Koller*).

394) In seiner Entscheidung v. 19.12.2006 hatte der BGH entschieden, dass ein bloßer Rechtsirrtum auf Seiten der Bank den Vorsatz ausschließt, BGH, Urt. v. 19.12.2006 – XI ZR 56/05, BGHZ 170, 226 = ZIP 2007, 518 (m. Anm. *Lang/Balzer,* S. 521) = WM 2007, 488, dazu EWiR 2007, 217 (*Hanten/Hartig*).

folglich besteht keine Kausalität eines möglichen Schadens in diesen Geschäften zu der unterlassenen Offenlegung von Provisionen für andere Geschäfte, im Beispiel die Fondsanteile.[395)]

11.315 Ob der Kunde statt oder neben einem möglichen Schadensersatz einen weiteren Anspruch auf **Herausgabe der Provisionen** aus § 675 Abs. 1, § 667 BGB hat, ist streitig. Dabei kommt es darauf an, ob die Provisionen aus der oder lediglich anlässlich der Geschäftsbesorgung erlangt wurden.[396)] Höchstrichterlich ist diese Frage noch nicht entschieden worden. Dagegen könnte der i. R. d. MiFID-Umsetzung aufgenommene § 31d WpHG sprechen. Dieser lässt Zuwendungen ausnahmsweise zu, soweit diese der Qualitätsverbesserung dienen und gegenüber dem Kunden offengelegt sind.[397)]

11.316 Ein Rückforderungsanspruch besteht jedenfalls nicht, wenn der Kunde gegenüber der Bank darauf verzichtet hat.[398)] Soweit der **Verzicht** in der Form von Allgemeinen Geschäftsbedingungen erfolgt, unterliegen diese der Inhaltskontrolle der §§ 307 ff. BGB. Die Sachverhalte, für die auf die Provision verzichtet wird, müssen hinreichend bestimmt sein und offengelegt werden. Darüber hinaus muss eine ausdrückliche Verzichtserklärung des Kunden vorhanden sein, aus der er erkennen kann, dass er auf einen ihm zustehenden Anspruch verzichtet.

d) Protokoll

11.317 Mit dem Schuldverschreibungsgesetz wurde zum 5. August 2009 der neue § 34 Abs. 2a und Abs. 2b im WpHG aufgenommen. Danach ist ein Wertpapierdienstleistungsunternehmen seit Anfang 2010 verpflichtet, über jede **Anlageberatung** mit einem **Privatkunden** ein Protokoll anzufertigen. Mit dem Protokoll gemäß **§ 34 Abs. 2a WpHG** soll die **Aufsichtsbehörde** in die Lage versetzt werden, zu überprüfen, ob die Anlageberatung gemäß den aufsichtsrechtlichen Vorgaben erfolgt ist.[399)] Daher besteht die Protokollpflicht nicht, wenn das Wertpapierdienstleistungsunternehmen nur über Produkte berät, die keine Finanzinstrumente nach § 2 Abs. 2b WpHG sind.

395) Vgl. BGH, Urt. v. 19.12.2006 – XI ZR 56/05, BGHZ 170, 226 = ZIP 2007, 518 (m. Anm. *Lang/Balzer*, S. 521) = WM 2007, 488, dazu EWiR 2007, 217 *(Hanten/Hartig)*.

396) *Hadding*, ZIP 2008, 529 ff. m. w. N.; bereits tatbestandlich abzugrenzen sind im Prospekt ausgewiesene Innenprovisionen, für die keine Offenlegungspflicht aus dem Beratungsvertrag besteht, vgl. BGH, Urt. v. 27.10.2009 – XI ZR 338/08, ZIP 2009, 2380 = WM 2009, 2306, mit Anm. *Edelmann* in: WuB I G.1-6.10; zur Abgrenzung „Kickback-relevanter“ Sachverhalte eingehend *Varadinek/Röh*, ZIP 2009, 2383; *Spindler*, WM 2009, 1821.

397) S. o. Rz. 11.176.

398) So schließen einzelne Banken mit den Kunden eine „Rahmenvereinbarung für Wertpapiergeschäfte“ ab, in der der Kunde auf die Herausgabe der Vergütungen verzichtet.

399) BR-Drucks. 180/09, S. 43.

Zusätzlich wurde mit **§ 34 Abs. 2b WpHG** ein **zivilrechtlicher Anspruch** des Kunden auf Herausgabe des nach § 34 Abs. 2a WpHG angefertigten Protokolls aufgenommen. Das war notwendig, weil die Pflicht des § 34 Abs. 2a WpHG allein aufsichtsrechtlicher Natur ist und als solche dem Kunden keinen Anspruch gewährt hätte.[400] 11.318

Das Protokoll muss **schriftlich erstellt** und **von dem Anlageberater**, der die Beratung durchgeführt hat, **unterschrieben** werden. Nach Abschluss der Beratung ist es dem Kunden unverzüglich und noch vor einem auf der Beratung beruhenden Geschäftsabschluss auszuhändigen. Damit soll der Kunde in die Lage versetzt werden, das Protokoll zu überprüfen, gleichzeitig wird das Protokoll vor Manipulationen geschützt.[401] Da der Kunde nicht verpflichtet ist, das beratungsbasierte Geschäft bei dem Wertpapierdienstleister abzuschließen, der die Beratung vorgenommen hat, liegt es im Interesse der Bank das Protokoll möglichst zeitnah dem Kunden zur Verfügung zu stellen, da ihr die Kenntnis darüber fehlen kann, ob und wann er das Geschäft eingeht. 11.319

Soweit der Kunde für die Anlageberatung und den Geschäftsabschluss **Kommunikationsmittel wählt, die die Übermittlung des Protokolls vor Geschäftsabschluss nicht gestatten**, wie z. B. die telefonische Beratung, so muss das Wertpapierdienstleistungsunternehmen dem Kunden eine Ausfertigung des Protokolls unverzüglich nach Abschluss der Anlageberatung zusenden. Der Geschäftsabschluss kann bereits vor Zugang des Protokolls beim Kunden erfolgen, wenn dieser das ausdrücklich wünscht und ihm das Wertpapierdienstleistungsunternehmen ausdrücklich ein Rücktrittsrecht von einer Woche nach dem Zugang des Protokolls einräumt für den Fall, dass das Protokoll nicht richtig oder nicht vollständig ist, und den Kunden darauf hinweist. Dabei handelt es sich um ein vertraglich eingeräumtes Rücktrittsrecht, sodass die Regelung nicht in Widerspruch zu § 312d Abs. 4 Nr. 6, 2. Fall BGB steht.[402] Bei einem Rücktritt des Kunden innerhalb der genannten Frist, trägt das Wertpapierdienstleistungsunternehmen die **Beweislast für die Richtigkeit und Vollständigkeit** des Protokolls.[403] 11.320

In **§ 14 Abs. 6 WpDVerOV** werden Mindestanforderungen an den Inhalt eines Protokolls über die Anlageberatung genannt. Es muss angeben: 11.321

- Anlass und Dauer der Anlageberatung (§ 14 Abs. 6 Satz 1 Nr. 1 und 2 WpDVerOV),

400) BR-Drucks. 180/09, S. 43.

401) BR-Drucks. 180/09, S. 43.

402) Beschlussempfehlung des Rechtsausschusses, BT-Drucks. 16/13672, S. 33; zu § 312d BGB s. o. Rz. 8.109 ff.

403) Beschlussempfehlung des Rechtsausschusses, BT-Drucks. 16/13672, S. 33; krit. zur gesetzlichen Konstruktion *Leukering/Zetzsche*, NJW 2009, 2856, 2860.

- die der Beratung zugrunde liegenden Informationen über die persönliche Situation des Kunden, einschließlich der für die Geeignetheitsprüfung notwendigen Informationen, sowie Angaben über die Finanzinstrumente und Wertpapierdienstleistungen, die Gegenstand der Anlageberatung sind (§ 14 Abs. 6 Satz 1 Nr. 3 WpDVerOV),
- die von dem Kunden im Zusammenhang mit der Anlageberatung geäußerten wesentlichen Anliegen und deren Gewichtung (§ 14 Abs. 6 Satz 1 Nr. 4 WpDVerOV) und
- die im Verlauf des Beratungsgesprächs erteilten Empfehlungen und die für diese Empfehlung genannten wesentlichen Gründe (§ 14 Abs. 6 Satz 1 Nr. 5 WpDVerOV).

Hat der Kunde Kommunikationsmittel genutzt, die die Übermittlung des Protokolls vor Geschäftsabschluss nicht gestatten, so ist der von ihm geäußerte ausdrückliche Wunsch, den Geschäftsabschluss auch vor Erhalt des Protokolls zu tätigen, und der Hinweis auf das Rücktrittsrecht nach § 14 Abs. 6 Satz 2 WpDVerOV ebenfalls in das Protokoll aufzunehmen.

e) Verjährung

11.322 Schadensersatzansprüche aus fehlerhafter Anlageberatung oder Verletzung von Aufklärungspflichten verjährten nach § 37a WpHG a. F. innerhalb von drei Jahren von dem Zeitpunkt an, in dem der Anspruch entstanden war. Diese besondere Verjährungsregel wurde 1998 mit dem 3. Finanzmarktförderungsgesetz eingeführt, als die **regelmäßige Verjährungsfrist des BGB** noch 30 Jahre betrug und diese Regelfrist wegen der Schnelligkeit des Geschäftsverkehrs im Wertpapierbereich als unangemessen lang bewertet wurde.[404)]

11.323 Nachdem die regelmäßige Verjährungsfrist mit dem Schuldrechtsmodernisierungsgesetz seit Anfang 2002 gemäß § 195 BGB auf drei Jahre verkürzt wurde, wurde zum 5. August 2009 § 37a WpHG ersatzlos gestrichen. Für Ansprüche aus der Anlageberatung und der Aufklärung, die seit diesem Datum entstanden sind, gelten die Verjährungsregeln des BGB.[405)] Diese stellen nach § 199 BGB für die dreijährige Verjährung darauf ab, ob der Inhaber seinen Anspruch kannte oder kennen musste. Anderenfalls beträgt die Verjährung zehn Jahre ab Anspruchsentstehung.

---

404) Regierungsbegründung z. 3. FMFG, BT-Drucks. 13/8933, abgedr. in: ZBB 1997, 400, 407.
405) Vgl. die Übergangsregelung in § 43 WpHG.

V. Vermögensverwaltung

1. Grundlagen

Rechtliche Grundlage für die Vermögensverwaltung ist der **Vermögensverwaltungsvertrag**. Er ist gerichtet auf die Verwaltung einzelner oder mehrerer in Finanzinstrumenten angelegter Vermögen für den Kunden mit Entscheidungsspielraum des Verwalters.[406] § 2 Abs. 3 Nr. 7 WpHG spricht von „**Finanzportfolioverwaltung**". Aus dem Vertrag schuldet der Verwalter die Finanzverwaltung, der Kunde das vereinbarte Entgelt. Ist kein Entgelt vereinbart, so schuldet der Kunde nach §§ 675, 611, 612 Abs. 1 BGB das für diese Dienstleistung Übliche. 11.324

Bei der Vermögensverwaltung handelt es sich um ein Dauerschuldverhältnis, bei dem der Verwalter eine **Dispositionsbefugnis** über das von ihm verwaltete Anlagevermögen erhält.[407] Diese Dispositionsbefugnis kann rechtlich unterschiedlich ausgestaltet sein. Der Kunde kann dem Verwalter eine **Vollmacht** gemäß § 167 BGB auf sein Depot bei seiner Depotbank erteilen. Daneben kann er auch dem Verwalter das Anlagevermögen zur **Treuhandverwaltung** geben. Im zweiten Fall wird der Verwalter treuhänderischer Eigentümer des Vermögens und ist in seinen Verfügungen an die Vereinbarungen aus dem Treuhandvertrag mit dem Kunden gebunden.[408] Regelmäßig wird in Deutschland bei der Vermögensverwaltung die Vollmachtserteilung für die Dispositionsbefugnis gewählt, auch wegen der auch für Außenstehende eindeutigen und klar erkennbaren Eigentumssituation. 11.325

Aus dem Charakter des Dauerschuldverhältnisses ergibt sich, dass im Gegensatz zur Anlageberatung die Dienstleistung des Verwalters nicht mit der Anlageentscheidung und ihrer Ausführung erfüllt ist, sondern er die gemachten Investments **laufend überwachen** und regelmäßig sowie anlassbezogen neu evaluieren muss. 11.326

Der Verwaltungsvertrag kann **konkludent** abgeschlossen werden,[409] was in der Praxis jedoch kaum vorkommt. Da der Verwalter für die Übernahme der Vermögensverwaltung der Verfügungsmöglichkeit über die Anlagevermögen des Kunden bedarf, wird spätestens in diesem Zusammenhang ein schriftlicher 11.327

---

406) § 1 Abs. 1a Nr. 3 KWG und wortgleich § 2 Abs. 3 Nr. 7 WpHG.

407) Welter/Lang-*Balzer*, Hdb. der Informationspflichten, Rz. 9.3.

408) Schimansky/Bunte/Lwowski-*Kienle*, Bankrechts-Hdb., § 111 Rz. 9 f.

409) Einzelheiten zu den Anforderungen an einen konkludenten Vertragsschluss von Vermögenverwaltungsverträgen s. u. a. OLG Karlsruhe, Urt. v. 16.3.2000 – 12 U 127/99, ZIP 2000, 2060 = WM 2001, 805, dazu EWiR 2001, 57 *(Balzer)*; OLG München, Entsch. v. 25.4.1994 – 26 U 3219/93, WM 1994, 1424.

Verwaltungsvertrag abgeschlossen. Der zivilrechtliche Verwaltungsvertrag wird durch die Vorschriften des WpHG konkretisiert[410].

2. Anlagerichtlinien

11.328 Die Aufklärung und Beratung des Kunden i. R. d. Vermögensverwaltung unterscheidet sich in einem wesentlichen Grundsatz von der Anlageberatung. Bei der Vermögensverwaltung wird der Kunde nicht vor jeder Anlageentscheidung beraten. Denn diese Entscheidung trifft der Vermögensverwalter eigenständig. Eine Rücksprache mit dem Kunden erfolgt als Ausnahmefall der Vermögensverwaltung nur, wenn dies ausdrücklich so vereinbart wurde. Entscheidendes Merkmal der Vermögensverwaltung ist gerade, dass der Verwalter mit **eigenem Entscheidungsspielraum** tätig ist.[411] Die Aufklärung und Beratung erfolgt bei der Vermögensverwaltung in Bezug auf den Abschluss des Vermögensverwaltungsvertrags.

11.329 Die Rahmenbedingungen für die Tätigkeit des Verwalters werden dabei in den Anlagerichtlinien festgelegt, die das **Kernstück des Vermögensverwaltungsvertrags** bilden. Durch sie werden die Vermögensanlagen konkretisiert, die den Entscheidungsspielraum des Verwalters ausmachen.[412] Die Anlagerichtlinien sind als Weisungen des Kunden gemäß § 665 BGB für den Verwalter verbindlich.[413] Sie geben die **Risikogewichtung** des Portfolios, die **Liquiditätsquote** und die **Rentabilität vor.** Von diesen Vorgaben darf der Verwalter ohne vorherige ausdrückliche Zustimmung des Kunden grundsätzlich nicht abweichen. Eine Ausnahme ist nur in Fällen möglich, in denen Eilbedürftigkeit besteht und soweit dies im Kundeninteresse geschieht, etwa wenn der Verwalter bei einem Marktcrash den Liquiditätsanteil aus Sicherheitsgründen vorübergehend über die vereinbarte Quote erhöht. Der Kunde ist sodann im Anschluss zu informieren.

11.330 Zivilrechtlich ist eine Vermögensverwaltung **ohne Vereinbarung von Anlagerichtlinien** zulässig.[414] Dann hat die Verwaltung lediglich im Kundeninteresse und unter Berücksichtigung seiner Risikoeinstufung zu erfolgen. Aufsichtsrechtlich fordert allerdings § 5 Abs. 2 Nr. 2 WpDVerOV zumindest gegenüber Privatkunden (§ 31a WpHG) Informationen zur Erbringung der Finanzportfo-

---

410) Die bei der Anlageberatung gemachten Ausführungen zur pflichtenkonkretisierenden Wirkung des Aufsichtsrechts gelten insoweit entsprechend, Rz. 11.285.

411) Vgl. die Legaldefinition in § 2 Abs. 3 Nr. 7 WpHG; ferner Schimansky/Bunte/Lwowski-*Kienle*, Bankrechts-Hdb., § 111 Rz. 1.

412) *Lang*, Informationspflichten bei Wertpapierdienstleistungen, § 23 Rz. 29 ff.; Schimansky/Bunte/Lwowski-*Kienle*, Bankrechtshdb., § 111 Rz. 17 ff.

413) BGH, Urt. v. 28.10.1997 – XI ZR 260/96, ZIP 1997, 2149 = WM, 1998, 21, dazu EWiR 1998, 109 *(Horn/Balzer)*.

414) In diesem Sinne BGH, Urt. v. 29.3.1994 – XI ZR 31/93, ZIP 1994, 693 = WM 1994, 834, dazu EWiR 1994, 563 *(Tilp)*.

lioverwaltung, die eine Festlegung von Anlagerichtlinien bedingen. Vermögensverwalter werden daher bei Verträgen mit Privatkunden standardmäßig nur Vereinbarungen mit Anlagerichtlinien treffen.

In Bezug auf die Erbringung der Leistungen bei der Finanzportfolioverwaltung schreibt § 5 Abs. 2 Nr. 2 WpDVerOV gegenüber **Privatkunden** im Einzelnen folgende Angaben vor: **11.331**

- eine **Bewertungs- oder andere Vergleichsmethode**, die dem Kunden eine Bewertung der Leistung des Verwalters ermöglicht (§ 5 Abs. 2 Nr. 2a WpDVerOV);
- die **Managementziele**, das bei der Ausübung des Ermessens durch den Verwalter zu beachtende **Risikoniveau** und etwaige **spezifische Einschränkungen dieses Ermessens** (§ 5 Abs. 2 Nr. 2b WpDVerOV);
- die Art und Weise sowie die Häufigkeit der **Bewertung** der Finanzinstrumente im Kundenportfolios (§ 5 Abs. 2 Nr. 2c WpDVerOV);
- Einzelheiten über eine **Delegation der Vermögensverwaltung** mit Ermessensspielraum in Bezug auf alle oder einen Teil der Finanzinstrumente oder Gelder im Kundenportfolio (§ 5 Abs. 2 Nr. 2d WpDVerOV) und
- die **Art der Finanzinstrumente**, die in das Kundenportfolio aufgenommen werden können, und die **Art der Geschäfte**, die mit diesen Instrumenten ausgeführt werden können, einschließlich Angabe etwaiger **Einschränkungen** (§ 5 Abs. 2 Nr. 2e WpDVerOV).

Für die Vereinbarung der Anlagerichtlinien gelten dieselben **Aufklärungspflichten** wie für die Anlageberatung. Auch die vom Bundesgerichtshof entwickelten **Grundsätze der anleger- und objektbezogenen Beratung** finden Anwendung. **Aufsichtsrechtlich** werden in § 31 Abs. 4 WpHG die Anlageberatung und die Finanzportfolioverwaltung ebenfalls zusammen genannt, die Verpflichtung zur **Geeignetheitsprüfung** gilt daher im gleichen Maß. **11.332**

Im Gegensatz zur Anlageberatung enthält § 31 Abs. 4 Satz 3 WpHG kein Verbot, die Portfolioverwaltung für den Kunden nicht zu erbringen, wenn der Verwalter nicht alle in § 31 Abs. 4 WpHG geforderten Informationen erhält. Es ist dem Verwalter lediglich untersagt, eine Empfehlung abzugeben. Dennoch wird der Verwalter in einem solchen Fall schon zur Reduzierung eines möglichen Haftungsrisikos nur Anlageziele für eine sicherheitsorientierte, risikoarme Vermögensverwaltung akzeptieren.[415] **11.333**

Auch wenn eine Vereinbarung über die Anlageziele besteht, steht es dem Kunden frei, dem Verwalter **Einzelweisungen** zu erteilen. Soweit der Kunde zu erkennen gibt, dass er ein beratungsfreies Geschäft möchte, also gezielt den Erwerb oder Verkauf bestimmter Wertpapiere anweist, besteht keine Pflicht des **11.334**

---

415) Zu Nachforschungspflichten des Verwalters *Schödermeier*, WM 1995, 2053 ff.

Vermögensverwalters zur Beratung. Es fehlt bereits an einem eigenständigen Beratungsvertrag. Der Vermögensverwalter kann allenfalls eine Aufklärungs- und Warnpflicht haben, muss aber nicht über die konkrete vom Kunden gewünschte Anlage beraten. In diesem Fall besteht nach § 31 Abs. 5 WpHG die Pflicht zur **Angemessenheitsprüfung**, wenn der Verwalter für den Kunden die Depotbank beauftragt. Es wird geprüft, ob der Kunde über die erforderlichen Kenntnisse und Erfahrungen verfügt, um die Risiken im Zusammenhang mit der Art der Finanzinstrumente, Wertpapierdienstleistungen angemessen beurteilen zu können. Gelangt der Verwalter zu der Auffassung, dass das vom Kunden gewünschte Finanzinstrument oder die Wertpapierdienstleistung für den Kunden nicht angemessen ist, hat er den Kunden gemäß § 31 Abs. 5 Satz 2 und 3 WpHG darauf hinzuweisen. Soweit also das vom Kunden gewünschte Wertpapier einer höheren Risikoklasse zugeordnet ist, als es dem Risikoprofil des Kunden entspricht, hat der Verwalter das anzugeben. Dabei ist das allgemeine Risikoprofil des Kunden gemeint, dieses kann von den Risikovorgaben der Anlageziele durchaus abweichen. Das kann bspw. der Fall sein, wenn der Kunde selbst risikoaffin ist, für die Vermögensverwaltung aber Kapitalerhalt und Sicherheitsorientierung vereinbart wurde.

3. Kickback

11.335 Die **„Kickback"-Rechtsprechung** des Bundesgerichtshofes (siehe Rz. 11.309 ff.) findet bei der Vermögensverwaltung ebenfalls Anwendung. Die Aufklärung über den möglichen Interessenkonflikt, der durch Provisionszahlungen entstehen kann, muss vor dem Abschluss des Verwaltungsvertrags erfolgen. Im Gegensatz zur Anlageberatung liegt der durch eine unterlassene Aufklärung verursachte Nachteil nicht nur im Einzelgeschäft, für das der Verwalter die Provision erhält. Bei korrekter Aufklärung hätte der Kunden unter Umständen den Verwaltungsvertrag selbst nicht abgeschlossen. Es sind ihm alle i. R. d. Verwaltung entstandenen Verluste zu ersetzen.[416)]

11.336 Da der Vermögensverwaltungsvertrag ein Geschäftsbesorgungsvertrag ist, dürfte die Verpflichtung des Verwalters, die von Dritten erhaltenen Provisionen an den Kunden nach §§ 675 Abs. 1, 667 BGB herauszugeben, unstreitig sein, sofern nicht eine ausdrückliche, anders lautende Vereinbarung zwischen Verwalter und Kunden geschlossen wurde.[417)]

---

416) BGH, Urt. v. 19.12.2000 – XI ZR 349/99, BGHZ 146, 235 = ZIP 2001, 230 (m. Anm. *Balzer,* S. 232) = NJW 2001, 962, dazu EWiR 2001, 255 *(Tilp)*.

417) *Kümpel*, Bank- und Kapitalmarktrecht, Rz. 10.19; Schimansky/Bunte/Lwowski-*Kienle*, Bankrechts-Hdb., § 111 Rz. 29 m. w. N.

4. Information, Rechenschaft

Der Vermögensverwalter ist dem Auftraggeber gegenüber nach §§ 675 Abs. 1, 666 BGB zur Auskunft und Rechenschaft verpflichtet. Er muss ihm die **erforderlichen Nachrichten** geben, auf **Verlangen** über den **Stand des Geschäfts Auskunft** erteilen und nach der Ausführung des Auftrags **Rechenschaft** ablegen. Welche Nachrichten erforderlich sind, beurteilt sich nach dem Einzelfall. Der Verlust eines erheblichen Teils des verwalteten Kapitals ist immer unverzüglich zu melden, auch wenn es sich um noch nicht realisierte Buchverluste handelt.[418] Diese zivilrechtliche Pflicht ist aufsichtsrechtlich speziell in § 9 Abs. 5 i. V. m. § 8 Abs. 6 WpDVerOV geregelt. Danach muss der Privatkunde bei **Verlusten**, die **vereinbarte Schwellenwerte** überschreiten, spätestens am Ende des Geschäftstags, an dem der Schwellenwert überschritten wird, oder, falls das an einem geschäftsfreien Tag erfolgt, am Ende des folgenden Geschäftstag informiert werden. **11.337**

Die generelle aufsichtsrechtliche Regelung zur **Rechenschaftspflicht** erfolgt über § 31 Abs. 8 WpHG, spezifiziert durch § 9 WpDVerOV. Danach muss der Vermögensverwalter seine Kunden in geeigneter Form über die erbrachte Finanzportfolioverwaltung berichten. Die Information muss nach § 9 Abs. 1 WpDVerOV **periodisch** auf einem **dauerhaften Datenträger** erfolgen. Der Verwalter darf nur auf sie verzichten, wenn der Kunde bereits von anderer Seite eine Aufstellung über die erbrachten Dienstleistungen des Verwalters erhält. Ein doppelter Aufwand aus Formgründen ist nicht erforderlich. Der periodische Zeitraum beträgt nach § 9 Abs. 3 WpDVerOV bei Privatkunden grundsätzlich **sechs Monate**. **11.338**

Soweit relevant, muss die periodische Information an den Privatkunden Folgendes beinhalten: **11.339**

- **Name** des Verwalters und des Kundenkontos (§ 9 Abs. 2 Nr. 1 und 2 WpDVerOV);
- **Zusammensetzung** und **Bewertung** des Finanzportfolios mit Einzelangaben zu jedem gehaltenen Finanzinstrument, seinem Marktwert oder, wenn dieser nicht verfügbar ist, dem beizulegenden Zeitwert, dem Kontostand zum Beginn und zum Ende des Berichtszeitraums sowie der Wertentwicklung des Finanzportfolios während des Berichtszeitraums (§ 9 Abs. 2 Nr. 3 WpDVerOV);
- Gesamtbetrag der in dem Berichtszeitraum angefallenen **Gebühren** und **Entgelte**, mindestens aufgeschlüsselt in Gesamtverwaltungsgebühren und Gesamtkosten im Zusammenhang mit der Leistungserbringung sowie einen

418) BGH, Urt. v. 29.3.1994 – XI ZR 31/93, ZIP 1994, 693 = WM 1994, 834, dazu EWiR 1994, 563 *(Tilp)*.

Hinweis, dass eine detaillierte Aufschlüsselung auf Anfrage übermittelt wird (§ 9 Abs. 2 Nr. 4 WpDVerOV);

- **Vergleich** der Wertentwicklung während des Berichtszeitraums unter Angabe einer Vergleichsgröße, falls eine solche zwischen dem Verwalter und dem Kunden vereinbart wurde (§ 9 Abs. 2 Nr. 5 WpDVerOV);
- Gesamtbetrag der **Dividenden-, Zins- und sonstigen Zahlungen**, die während des Berichtszeitraums im Zusammenhang mit dem Kundenportfolio eingegangen sind (§ 9 Abs. 2 Nr. 6 WpDVerOV);
- Informationen über **sonstige Maßnahmen** des Verwalters, die Rechte in Bezugs auf im Finanzportfolio gehaltenen Finanzinstrumente verleihen (§ 9 Abs. 2 Nr. 7 WpDVerOV), und
- für jedes in dem Berichtszeitraum aufgeführte Geschäft die i. R. d. normalen Erwerbs und Verkauf von Wertpapieren zu übermittelnden Auskünfte nach § 8 Abs. 2 Nr. 3 bis 12 WpDVerOV, es sei denn, der Kunde hat **verlangt**, die Informationen jeweils gesondert für jedes ausgeführte Geschäft zu erhalten (§ 9 Abs. 2 Nr. 8 WpDVerOV).

11.340 Soweit ein Privatkunde die Informationen nicht periodisch, sondern für jedes Einzelgeschäft verlangt und erhält, muss er die Gesamtaufstellung nicht nach der Sechs-Monats-Frist erhalten, sondern nur mindestens alle **zwölf Monate**. Betreffen einzelne Geschäfte aber Derivate oder handelt es sich um Schuldtitel, die zum Erwerb oder Verkauf von Aktien oder mit Aktien vergleichbaren Wertpapieren berechtigen oder zu einer Barzahlung führen, die in Abhängigkeit von einem Basisinstrument oder Basiswert stehen, ist die periodische Aufstellung trotz Einzelabrechnung alle sechs Monate zu übermitteln, § 9 Abs. 4 Satz 3 WpDVerOV.

5. Verjährung

11.341 Schadensersatzansprüche aus fehlerhafter Beratung im Zusammenhang mit der Vermögensverwaltung, bspw. bei der Vereinbarung der Anlagerichtlinien oder Verletzung von Aufklärungspflichten verjähren seit Streichung des § 37a WpHG nach den Regeln des BGB.[419)]

VI. Depotgeschäft

11.342 Das Depotgeschäft ist in § 1 Abs. 1 Satz 2 Nr. 5 KWG aufsichtsrechtlich als Bankgeschäft, nämlich als **Verwahrung und Verwaltung von Wertpapieren für andere**, definiert. Somit ist das Betreiben des Depotgeschäftes Kreditinstituten vorbehalten. Der Wertpapierbegriff des bankmäßigen Depotgeschäftes ist gesetzlich in § 1 Abs. 11 Satz 2 KWG – und damit entsprechend dem Wertpapierbegriff in § 2 Abs. 1 WpHG – definiert. Umfasst sind u. a. Aktien und

419) Vgl. die Ausführungen zur Anlageberatung, Rz. 11.322.

andere Anteile an in- oder ausländischen juristischen Personen, Personengesellschaften und sonstigen Unternehmen, soweit sie Aktien vergleichbar sind, ferner Zertifikate, die Aktien vertreten, Schuldtitel, sonstige Wertpapiere, die zum Erwerb oder zur Veräußerung von Aktien, aktienähnlichen Instrumenten und Schuldtiteln berechtigen, sowie Anteile an Investmentvermögen, die von einer Kapitalanlagegesellschaft oder einer in ausländischen Investmentgesellschaft ausgegeben werden.

Der Begriff der Verwahrung ist im KWG dagegen nicht definiert. Insoweit verweist das KWG auf die Bestimmungen des DepotG. Wesentlich ist nach § 1 Abs. 2 DepotG, dass dem Verwahrer **Wertpapiere unverschlossen zur Verwahrung anvertraut** werden. Hiermit unterscheidet sich das bankmäßige Depotgeschäft vom Muster des Verwahrungsvertrages nach § 688 BGB. Dieser umfasst auch die verschlossene Verwahrung, weshalb in der Bankpraxis üblicherweise im Falle eines Verwahrvertrages gemäß § 688 BGB der Begriff des „verschlossenen Depots" verwandt wurde.[420] Zudem betrifft die Verwahrung gemäß § 688 BGB lediglich bewegliche Sachen, während zum bankmäßigen Depotgeschäft auch schuldrechtliche Ansprüche oder nicht verbriefte Wertrechte gehören.[421] Schließlich erstreckt sich die Verwahrung auf Basis der BGB-Vorschriften – anders als nach dem Depotvertrag – auch nicht auf die Verwaltung der hinterlegten Sachen.[422] Zum bankmäßigen Depotgeschäft abzugrenzen ist darüber hinaus der **Safevertrag**, durch den sich die Bank verpflichtet, dem Kunden ein Schrankfach zur Verfügung zu stellen. Hierin liegt ein Mietvertrag, der Kunde kann in das Schrankfach eigenständig Gegenstände i. R. d. Schrankfachbedingungen einliefern.[423] 11.343

1. Rechtsgrundlagen

a) Depotvertrag

Rechtsgrundlage zwischen Bank und Kunden ist im bankmäßigen Depotgeschäft der Depotvertrag. Er ist ein **gemischt-typischer Geschäftsbesorgungsvertrag** gemäß § 675 BGB, der neben dienstvertraglichen Merkmalen vor allem durch verwahrungsrechtliche Elemente geprägt ist.[424] Durch den Depotvertrag werden über die Einbeziehung der Sonderbedingungen für Wertpapiergeschäfte die Verwaltungspflichten des Kreditinstituts i. R. d. Depotverwahrung im Ein- 11.344

420) Schimansky/Bunte/Lwowski-*Gößmann*, Bankrechts-Hdb., § 74 Rz. 1.

421) *Einsele* in: MünchKomm-HGB, Depotgeschäft Rz. 6; zu Wertrechten auch unten Rz. 11.363.

422) *Henssler* in: MünchKomm-BGB, § 688 Rz. 13.

423) Schimansky/Bunte/Lwowski-*Gößmann*, Bankrechts-Hdb., § 73 Rz. 2.

424) BGH, Urt. v. 11.12.1990 – XI ZR 54/90, ZIP 1991, 435 = NJW 1991, 978 = WM 1991, 317, dazu EWiR 1991, 557 (*Pfister/Hohl*); OLG München, Urt. v. 5.3.1997 – 15 U 5361/96, WM 1997, 1802, 1804; *Einsele* in: MünchKom-HGB, Depotgeschäft Rz. 3.

zelnen definiert (Nr. 13–20 SoB WP; vgl. Rz. 11.374 ff.). Der Depotvertrag verpflichtet das Kreditinstitut hingegen nicht zur fortdauernden Vermögenssorge oder Beratungspflicht über tatsächliche Gegebenheiten auf dem Kapitalmarkt, dies in Abgrenzung zum Beratungsvertrag[425] bzw. zur Vermögensverwaltung.

11.345 Die Geschäftsverbindung im Depotgeschäft kann zwischen Bankkunden und Kreditinstitut in den typischen Erscheinungsformen des Kontenverkehrs begründet werden. Insbesondere können ein **Einzel- oder Gemeinschaftsdepot** vereinbart werden. Vergleichbar der Kontobeziehung kann das Gemeinschaftsdepot als Und- oder Oder-Depot ausgestaltet sein.[426] Beim **Und-Depot** bilden die Depotinhaber für die schuldrechtliche Beziehung zur Bank eine Bruchteilsgemeinschaft nach § 741 BGB und können Rechte gegenüber dem Kreditinstitut lediglich gemeinschaftlich ausüben. Demgegenüber besteht beim **Oder-Depot** eine Gesamtgläubigerschaft gemäß § 428 BGB, aus dem jedem Mitinhaber des Depots ein eigenständiges Weisungsrecht gegenüber der Bank zusteht. Die Bank ist indes nicht berechtigt, nach ihrem Belieben an einen Depotmitinhaber mit befreiender Wirkung zu leisten, sondern hat dies gegenüber dem Mitinhaber zu tun, der ihr die Weisung erteilt.[427] Wegen des sachenrechtlichen Ansatzes der Verwahrung findet die schuldrechtliche Auslegungsregel für die Gesamtgläubigerschaft in § 430 BGB auf das Eigentum an den verwahrten Wertpapieren keine Anwendung. Das Eigentumsrecht an den verwahrten Wertpapieren steht auch beim Gemeinschaftsdepot grundsätzlich nur demjenigen Depotmitinhaber zu, der die verwahrten Wertpapiere erworben oder in das Depot eingebracht hat. Eine schwache Vermutung für eine gemeinschaftliche Eigentumsberechtigung der Depotinhaber lässt sich im Einzelfall aus § 1006 BGB entnehmen, an eine anderweitige Beurteilung knüpft der Bundesgerichtshof aber keine hohen Anforderungen.[428]

b) Depotgesetz (DepotG)

11.346 Das DepotG[429] war bei seinem ursprünglichen Erlass im Jahr 1937 vom Leitbild der Wertpapierverwahrung körperlicher Urkunden geprägt. In der Rechtsentwicklung wurde seither zunehmend den Anforderungen der Bankpraxis und

425) BGH, Urt. v. 23.11.2004 – XI ZR 137/03, WM 2005, 270, 271 = ZIP 2005, 435, dazu EWiR 2005, 245 *(Balzer)*; Schimansky/Bunte/Lwowski-*Göẞmann/Klanten*, Bankrechts-Hdb., § 72 Rz. 4 m. w. N.

426) Zum Gemeinschaftskonto vgl. Rz. 12.14.

427) *Canaris*, Bankvertragsrecht, Rz. 225.

428) BGH, Urt. v. 25.2.1997 – XI ZR 321/95, ZIP 1997, 674 = WM 1997, 667, dazu EWiR 1998, 111 *(Rehbein)*.

429) Gesetz über die Verwahrung und Anschaffung von Wertpapieren i. d. F. der Bekanntmachung v. 11.1.1995, BGBl. I, 34, zuletzt geändert durch Art. 5 des Gesetzes v. 31.7.2009, BGBl. I, 2512.

des Effektengiroverkehrs (oben Rz. 11.268) Rechnung getragen. So wurde mit dem 2. Finanzmarktförderungsgesetz (2. FMFG) im Jahr 1994 das gesetzliche Leitbild der Regelverwahrung von der Sonderverwahrung auf die Girosammelverwahrung umgestellt. Dabei ist das DepotG sowohl für die Anschaffung wie auch für die Verwahrung von Wertpapieren weiterhin durch den **sachenrechtlichen Ansatz** geprägt. Hiergegen wird kritisch eingewandt, dass durch die zunehmende „Entbriefung von Wertpapieren", d. h. die Lösung vom Leitbild der Übertragung körperlicher Urkunden zur Verbuchung im Effektengiroverkehr, bis hin zur Berechtigung, die Ausfertigung von Urkunden, z. B. in der Satzung einer Aktiengesellschaft, ganz auszuschließen (vgl. § 10 Abs. 5 AktG), sachenrechtliche Prinzipien nicht mehr herangezogen werden könnten. Entsprechend sei rechtsfortbildend auf schuldrechtliche Treuhandkonstruktionen abzustellen.[430)] Für das geltende Recht ist indes mit der h. M. an der sachenrechtlichen Ausprägung des DepotG festzuhalten.[431)] Dies stimmt auch mit der Intention des Gesetzgebers überein.[432)]

Änderungen zum sachenrechtlichen Ansatz des DepotG könnten sich jedoch durch die künftige Internationalisierung und Harmonisierung des Depotrechts ergeben. So haben die UNIDROIT-Staaten[433)] sich im Oktober 2009 auf die **„Convention on Substantive Rules for Intermediated Securities"** verständigt und diese Konvention den Mitgliedstaaten zur Unterzeichnung und anschließenden Ratifizierung vorgelegt.[434)] Um den sachenrechtlichen Ansatz im Depotrecht kontinentaleuropäischer Staaten und das durch ein stufenweises schuldrechtliches Herangehen geprägte Depotrecht des anglo-amerikanischen Rechtsbereiches zusammenzuführen, stellt die UNIDROIT-Konvention i. S. eines Mindestkonsenses für den Erwerb von Wertpapierrechten entscheidend auf die Verbuchung beim Depotkunden ab (Art. 11 der UNIDROIT-Konvention). Die nach deutschem Recht erforderliche sachenrechtliche Einigung gemäß § 929 Satz 1 BGB wird dabei nicht ausdrücklich behandelt.[435)] **11.347**

---

430) Eingehend *Einsele*, WM 2001, 7, 11; vgl. auch *Habersack/Mayer*, WM 2000, 1678, 1680.

431) Vgl. bereits zur Erfüllung im Effektengiroverkehr s. o. Rz. 11.271 ff.

432) Etwa im Zusammenhang mit der Ergänzung von § 10 Abs. 5 AktG – Möglichkeit zum Ausschluss der Einzelverbriefung für den Aktionär, Nachweise bei *Horn*, WM 2002, Sonderbeilage 2, S. 16; *Schwintowski/Schäfer*, Bankrecht, § 17 Rz. 14; zu den Abgrenzungsfragen zwischen Gesellschafts- und Wertpapierrecht eingehend *Mülbert* in: FS Nobbe, S. 691, 693 ff.

433) UNIDROIT – das International Institute for the Unification of Private Law – ist eine eigenständige internationale Organisation mit ca. 60 Mitgliedstaaten, darunter allen EU-Mitgliedstaaten.

434) UNIDROIT 2009 – Conf. 11/2 – Dok.42 v. 9.10.2009.

435) Zum Entwurf der Konvention sowie Inhalt und Bedeutung der vorgesehenen Regelungen *Paech*, WM 2005, 1101; zu möglichen Wirkungen einer Umsetzung im deutschen Recht *Einsele*, WM 2005, 1109.

11.348 Die EU-Kommission strebt eine Harmonisierung des materiellen Depotrechts unter Berücksichtigung der UNIDROIT-Konvention in der **Securities Law Directive** an. Eine Vorabkonsultation zur Erörterung möglicher Regelungsprinzipien wurde im Sommer 2009 durchgeführt.[436)] Die Richtlinie soll im Entwurf im Jahresverlauf 2010 vorgelegt und bis Ende 2011 auf europäischer Ebene beschlossen werden. Sie steht im faktischen Zusammenhang mit dem ab 2013 für den europäischen Markt vorgesehenen einheitlichen Settlementsystem **Target2 Securities**. Hierdurch soll das Settlement, d. h. die Erfüllung von Wertpapiergeschäften, in Zentralbankgeld – Euro – in einem einheitlichen System gebündelt werden, das vom Europäischen System der Zentralbanken (ESZB) betrieben wird. Sowohl für die nationale wie insbesondere die grenzüberschreitende Erfüllung von Wertpapiergeschäften würden Kreditinstitute und Wertpapiersammelbanken auf die technische Infrastruktur von Target2 Securities zurückgreifen.[437)] Die Harmonisierung des Depotrechts soll insoweit rechtliche Zweifelsfragen der einheitlichen technischen Abwicklung ausschließen bzw. minimieren.

11.349 Kerndefinitionen zum Anwendungsbereich des DepotG enthält dessen § 1. **Erfasste Wertpapiere** sind demnach (§ 1 Abs. 1 DepotG) Aktien (Inhaber- und Namensaktien), Kuxe (Anteilsrechte an einer bergrechtlichen Gewerkschaft), Zwischenscheine (vorläufige Wertpapiere, § 10 Abs. 3 und 4 AktG), Zins- und Gewinnanteilsscheine als selbständige Nebenrechte (§ 803 BGB), Erneuerungsscheine als Legitimationspapiere (vgl. § 805 BGB), Inhaber- und Orderschuldverschreibungen sowie als Auffangklausel alle weiteren vertretbaren Wertpapiere.[438)] Damit sind auch Investmentanteilsscheine oder Namenschuldverschreibungen erfasst.

11.350 § 1 Abs. 3 DepotG definiert ferner **Wertpapiersammelbanken** als nach Landesrecht anerkannte Kreditinstitute. Neben den Voraussetzungen der Zulassung als Kreditinstitut nach dem KWG (siehe oben Rz. 2.95 ff.) bedürfen Wertpapiersammelbanken demnach einer besonderen landesrechtlichen Zulassung. In Deutschland verfügt derzeit allein die **Clearstream Banking Frankfurt AG** (CBF) über die entsprechende Erlaubnis.[439)]

---

436) Konsultationsdokument der EU-Kommission zur Vorbereitung der Securities Law Directive v. 16.04.2009 (GZ: G2/PP D(2009)); Basis ist u. a. der Second Advice of the Legal Certainty Group on Solutions to Legal Barriers related to Post-Trading within the EU, August 2008.

437) Vgl. hierzu die Darstellung bei *Vonderau*, Beilage zu ZKW 22/2009, S. 2

438) Zum Wertpapierbegriff des DepotG näher *Decker* in: BuB, Rz. 8/5; *Einsele* in: MünchKomm-HGB, Depotgeschäft, Rz. 4.

439) Zur Entwicklung der CBF aus dem früheren Deutschen Kassenverein *Than* in: FS Kümpel, S. 543; auch die Deutsche Bundesbank ist, bezogen auf Emissionen der öffentlichen Hand, als Wertpapiersammelbank tätig.

c) Aufsichtsrechtliche Vorgaben

Für die bankrechtliche Praxis von hoher Bedeutung ist zudem die **Depotbekanntmachung der BaFin.**[440] Hierin hält die Aufsichtsbehörde die wesentlichen Anforderungen zur Umsetzung der depotgesetzlichen Vorgaben in der Bankpraxis fest. Diese umfasst insbesondere die Sicherstellung der Rechtsstellung des Kunden, z. B. durch Gewährleistung der Fremdvermutung gemäß den gesetzlichen Vorgaben, die Vorgaben zur Depotbuchführung, ferner die Mindestanforderungen an die Verwaltungsleistungen, die i. R. d. standardmäßigen Depotgeschäftes in Nr. 13 ff. SoB WP abgebildet sind. 11.351

Die Einhaltung der Depotbekanntmachung sowie der gesetzlichen Anforderungen werden bei Kreditinstituten in der **jährlichen Depotprüfung** nachgehalten. Diese wird gemäß § 36 Abs. 1 Satz 2 WpHG gemeinsam mit der Prüfung der Meldepflichten nach § 9 WpHG und der Verhaltensregeln nach §§ 31 ff. WpHG durchgeführt. Einzelheiten sind in der WpDPV[441] geregelt. Gemäß § 4 Abs. 1 Satz 2 und 3 WpDPV umfasst die Depotprüfung neben der Einhaltung der Vorschriften des DepotG und der Depotbekanntmachung die Überprüfung der Informationspflichten der Depotbank nach dem AktG (§§ 128, 135 AktG) sowie – bei Tätigkeit für eine Kapitalanlagegesellschaft – die Einhaltung der §§ 22–29 InvG. Über die Depotprüfung ist ein schriftlicher Bericht zu erstellen und der BaFin zuzuleiten. Dessen Inhalte sind in § 6 Abs. 3 WpDPV näher beschrieben. 11.352

Zum Depotprüfer können Wirtschaftsprüfer, vereidigte Buchprüfer sowie Wirtschaftsprüfungs- und Buchprüfungsgesellschaften bestellt werden. Bei Kreditinstituten, die einem genossenschaftlichen Prüfungsverband angehören oder durch die Prüfungsstelle eines Sparkassen- und Giroverbandes geprüft werden, wird die Prüfung durch den Prüfungsverband bzw. die Prüfungsstelle vorgenommen (§ 36 Abs. 1 Satz 5 und 6 WpHG). Die **Auswahl des Depotprüfers** ist der BaFin vor Erteilung des Prüfungsauftrages anzuzeigen (§ 36 Abs. 2 WpHG). 11.353

2. Verwahrungsformen

a) Grundsätzliches

Das DepotG bezeichnet den Kunden, der der Bank seine Wertpapiere anvertraut, als Hinterleger (§ 2 DepotG), die Bank als Verwahrer, der im Betrieb ihres Gewerbes Wertpapiere unverschlossen zur Verwahrung anvertraut werden (§ 1 11.354

440) Bekanntmachung des Bundesaufsichtsamtes für das Kreditwesen (BaKred – jetzt BaFin) über die Anforderungen an die Ordnungsmäßigkeit des Depotgeschäftes und der Erfüllung von Wertpapierlieferungsverpflichtungen v. 21.12.1998, BAnz Nr. 246 v. 31.12.1998.

441) Verordnung über die Prüfung der Wertpapierdienstleistungsunternehmen nach § 36 WpHG – Wertpapierdienstleistungs-Prüfungsverordnung v. 16.12.2004, BGBl. I, 3515, zuletzt geändert durch Verordnung v. 24.10.2007, BGBl. I, 2499.

Abs. 2 DepotG). Die Depotbank kann die Wertpapiere selbst für den Kunden verwahren, in diesem Fall spricht man von **Hausverwahrung.**[442] Üblich ist dagegen, dass die Depotbank ihrerseits die Wertpapiere durch einen anderen Verwahrer verwahren lässt (**Zwischenverwahrer**, § 3 Satz 2 DepotG), der wiederum aus Sicht des Kunden als Drittverwahrer tätig wird. Die **Drittverwahrung** ist durch § 3 Abs. 1 DepotG ausdrücklich gestattet. Drittverwahrer sind vielfach Zentralinstitute oder spezialisierte Wertpapiertransaktionsbanken. Letzter Drittverwahrer im mehrstufigen Vertragsaufbau ist die Wertpapiersammelbank.[443]

11.355 Der besondere Rechtsschutz in Bezug auf die verwahrten Wertpapiere wird für den Kunden über die **gesetzliche Fremdvermutung** in § 4 DepotG sichergestellt. Nach § 4 Abs. 1 DepotG gilt dem Dritten als bekannt, dass die ihm anvertrauten Wertpapiere nicht dem (Zwischen-)Verwahrer gehören. Gemäß § 4 Abs. 1 Satz 2 DepotG kann der Dritte an den Wertpapieren nur ein Pfandrecht oder ein Zurückbehaltungsrecht wegen solcher Forderungen geltend machen, die mit Bezug auf diese Wertpapiere entstanden sind oder für die diese Wertpapiere nach dem einzelnen Geschäft, das zwischen Zwischenverwahrer und Drittverwahrer zustande gekommen ist, haften sollen.[444]

11.356 Ausnahmen von der Fremdvermutung können vertraglich vereinbart werden. Die **Verpfändungsermächtigung** muss die Voraussetzungen des § 12 DepotG erfüllen, wofür das Gesetz drei Arten nennt:

- die regelmäßige Ermächtigung zur Pfändung (§ 12 Abs. 2 DepotG),
- die unbeschränkte Ermächtigung zur Verpfändung (§ 12 Abs. 4 DepotG) und
- die beschränkte Verpfändung (§ 12 Abs. 3 DepotG).[445]

11.357 § 12a DepotG nennt darüber hinaus die Verpfändung als Sicherheit für Verbindlichkeiten aus Börsengeschäften. Praktisch relevant ist dies vor allem bei Geschäften an Terminbörsen, etwa der Eurex Deutschland.[446]

11.358 Die Fremdvermutung und die Einschränkungen hinsichtlich der Einräumung von Verpfändungs- und Sicherungsrechten an den hinterlegten Wertpapieren werden auch in der **Depotbuchführung** nachgezeichnet. Nr. 10 Abs. 4 der Depotbekanntmachung der BaFin nennt vier Depotarten:

---

442) *Decker* in: BuB, Rz. 8/49; *Einsele* in: MünchKom-HGB, Depotgeschäft Rz. 60.

443) Schimansky/Bunte/Lwowski-*Gößmann*/*Klanten*, Bankrechts-Hdb., § 72 Rz. 10.

444) Im Einzelnen *Einsele* in: MünchKomm-HGB, Depotgeschäft, Rz. 21 ff. m. w. N., auch zur verbleibenden, beschränkten Möglichkeit des Gutglaubenserwerbes durch den Drittverwahrer.

445) Claussen-*Ekkenga*, Bank- und Börsenrecht, § 6 Rz. 301 f.

446) *Decker* in: BuB, Rz. 8/25; Baumbach/Hopt-*Hopt*, HGB, § 12a DepotG Rz. 1.

- das Eigendepot (Depot A), das der Aufnahme eigener Wertpapiere des hinterlegenden Zwischenverwahrers dient. Der Zwischenverwahrer hat hierfür eine Eigenanzeige nach § 4 Abs. 2 DepotG abzugeben;
- das Fremddepot (Depot B), in dem i. S. einer Regelhinterlegung Kundenwertpapiere zusammengefasst sind, für die die gesetzliche Fremdvermutung gilt;
- das Pfanddepot (Depot C). Hier sind Wertpapiere zu verbuchen, für die eine Verpfändungsermächtigung nach § 12 Abs. 2 DepotG besteht;
- das Sonderpfanddepot (Depot D), in dem die Wertpapiere verbucht werden, für die eine Verpfändungsanzeige nach § 12 Abs. 3 DepotG abgegeben ist.

Für die Depotbuchhaltung zu unterscheiden sind darüber hinaus das **persönliche Depotbuch**, in dem gemäß § 14 DepotG, Nr. 10 Abs. 5 Depotbekanntmachung die Wertpapiere für jeden Depotkunden (Hinterleger) im Einzelnen identifiziert sind; darüber hinaus das **sachliche Depotbuch**, das die beim Verwahrer geführten Wertpapiere nach Wertpapiergattungen zusammengefasst abbildet.[447)]

b) Sonderverwahrung

Bei Erlass des DepotG 1937 stand die Übertragung körperlicher Urkunden im Vordergrund. Entsprechend war die Sonderverwahrung gemäß § 2 DepotG die gesetzliche Regelverwahrart. Erst mit dem 2. FMFG aus dem Jahr 1994[448)] wurde dies auf die Sammelverwahrung geändert. Bei der Sonderverwahrung bleibt das **Alleineigentum des Hinterlegers** unverändert erhalten, der Verwahrer hat die Wertpapiere äußerlich erkennbar gesondert von seinen eigenen Beständen und von denen Dritter aufzubewahren. Der Hinterleger behält somit gegenüber dem Verwahrer den sachenrechtlichen Herausgabeanspruch nach § 985 BGB, er gilt über die Besitzvermittlungskette als unmittelbarer Besitzer.[449)] Im Fall einer eventuellen Insolvenz des Verwahrers gilt das Aussonderungsrecht gemäß § 47 InsO. 11.359

Die Sonderverwahrung wird in der Praxis auch **Streifbandverwahrung** genannt. Hintergrund sind neben der gesetzlichen Anforderung, die Bestände äußerlich erkennbar getrennt zu verwahren, die Anforderungen aus Nr. 2 Depotbekanntmachung. Demnach hat das verwahrende Kreditinstitut aus Sicherheitsgründen auch die **Mantelurkunden** (Urkunden, die das Recht verbriefen) und die **Bogenurkunden** (Urkunden, die Nebenrechte, wie Zinsen, verbriefen) getrennt aufzubewahren.[450)] 11.360

---

447) Schimansky/Bunte/Lwowski-*Gößmann/Klanten*, Bankrechts-Hdb., § 72 Rz. 49.

448) BGBl. I, 1749:

449) OLG Hamm, Urt. v. 21.2.1990 – 8 U 107/89, WM 1991, 130 = ZBB 1991, 47 (LS).

450) *Decker* in: BuB, Rz. 8/46; *Einsele* in: MünchKomm-HGB, Depotgeschäft Rz. 41.

c) Sammelverwahrung

aa) Einbeziehung von Papieren und Wertrechten

11.361 Die Sammelverwahrung findet regelmäßig bei der Wertpapiersammelbank, d. h. in Deutschland bei der Clearstream Banking Frankfurt (CBF), statt. § 5 Abs. 1 DepotG lässt zur Sammelverwahrung **vertretbare Wertpapiere** zu, das heißt solche, die im Rechtsverkehr nach Stückzahl und Nennbetrag untereinander austauschbar sind.[451)] Die Einbeziehung in die Sammelverwahrung erfolgt durch die sog. **GS-Zulassung**, die CBF nach Maßgabe seiner Allgemeinen Geschäftsbedingungen vornimmt und bei erstmaliger Zulassung öffentlich bekannt macht.[452)] Mit GS-Zulassung nehmen die Wertpapiere am Effektengiroverkehr teil, der gemäß § 5 Abs. 4 DepotG auch den grenzüberschreitenden Effektengiroverkehr nach den dortigen Voraussetzungen umfasst (siehe oben Rz. 11.269).

11.362 In die Sammelverwahrung einbezogen sind auch **Namensaktien** und vinkulierte Namensaktien, obwohl diese als Orderpapier im Regelfall durch Indossament zu übertragen sind.[453)] Die AGB-CBF stufen Namensaktien als vertretbar ein, soweit sie mit einem Blanko-Indossament versehen sind.[454)] Ebenfalls einbezogen in die Sammelverwahrung sind Namensschuldverschreibungen, soweit sie auf den Namen der Wertpapiersammelbank ausgestellt sind. Gemeint sind damit sog. **Global Bonds**, Anleihen deutscher oder US-amerikanischer Schuldner, die sowohl in Deutschland als auch in den USA zum Handel zugelassen sind. Um Unklarheiten zu vermeiden, ob die in den USA gehandelten Papiere als Forderung und nicht nach sachenrechtlichen Prinzipien zu übertragen sind, ist die gesetzliche Klarstellung erfolgt, dass diese bei Registrierung auf die Sammelbank vertretbare Wertpapiere i. S. d. § 1 Abs. 1 DepotG darstellen. Sie können damit eine GS-Zulassung erhalten.[455)]

11.363 Ebenfalls nach den Grundsätzen der Sammelverwahrung werden Wertrechte behandelt, die in der Praxis als **Bucheffekten** bezeichnet werden. Sie werden als Sammelschuldbuchforderungen durch öffentlich-rechtliche Emittenten – Bund, Länder und Sondervermögen – begeben. Rechtsgrundlage für Emissionen des Bundes ist das Bundesschuldenwesengesetz (BSchuWG).[456)] Sammelschuldbuchforderungen gelten Kraft gesetzlicher Anordnung als Wertpapier-

---

451) Baumbach/Hopt-*Hopt*, HGB, § 5 DepotG Rz. 1.

452) Nr. 26 AGB CBF i. d. F.v. 1.2.2004; CBF hat die kurzfristige Neufassung ihrer AGB angekündigt, die dortige Regelung erfolgt in IX AGB-Entwurf.

453) *Hüffer*, AktG, § 68 Rz. 2.

454) Nr. 46 AGB CBF i. d. F. v. 1.2.2004; IX Abs. 1 AGB-Entwurf.

455) Ergänzt durch Gesetz v. 31.7.2009, BGBl. I, 2512; vgl. auch die Regierungsbegründung, BT-Drucks. 16/12814, S. 28.

456) Gesetz zur Regelung des Schuldenwesens des Bundes – BSchuWG v. 12.7.2006, BGBl. I, 1466.

sammelbestand (§ 6 Abs. 2 BSchuWG), die Gläubiger gelten als Miteigentümer nach Bruchteilen. Für die Verwaltung der Bucheffekten ordnet § 6 Abs. 2 Sätze 3–5 BSchuWG die treuhänderische Tätigkeit der Wertpapiersammelbank an.

bb) Sammelurkunden

Gemäß § 9a DepotG können Wertpapiere, die in die Sammelverwahrung einbezogen sind, in Sammelurkunden, auch **Globalurkunden** genannt, zusammengefasst werden. Eine Sammelurkunde fasst mehrere Rechte zusammen, die jedes für sich in vertretbaren Wertpapieren ein und derselben Art verbrieft sein könnten. Die Einzelrechte bleiben trotz der Zusammenfassung in der Sammelurkunde rechtlich selbständig.[457)] Ziel des § 9a DepotG ist die Rationalisierung der Verwahrung. Darüber hinaus erlaubt § 9a Abs. 3 Satz 2 DepotG aber auch die Ausgabe sog. Dauerglobalurkunden. Die Auslieferung einzelner Wertpapiere, die in der Dauerglobalurkunde zusammengefasst sind, kann in diesem Fall nicht verlangt werden. 11.364

Sammelurkunden gibt es in drei Erscheinungsformen[458)]: 11.365

- **Technische Globalurkunden** liegen vor, wenn der Emittent die Zusammenfassung von einzelnen Rechten in der Sammelurkunde verlangt, da ein Umsatz im Wertpapier regelmäßig den in der Urkunde zusammengefassten Bestand nicht betrifft, dieser also „unbeweglich" ist.
- **Interimistische Sammelurkunden** sollen bei Neuemissionen den Handel im regulierten Markt bereits vor Ausdruck und Lieferung von Einzelurkunden ermöglichen. Die Einzelurkunden müssen durch den Emittenten im Anschluss binnen festgesetzter Frist erstellt werden.
- Dritte Erscheinungsform ist die **Dauerglobalurkunde** gemäß § 9 Abs. 3 Satz 2 DepotG, die unter Berücksichtigung von § 10 Abs. 5 AktG insbesondere bei Aktiengesellschaften verbreitet ist.[459)]

cc) Rechtsstellung des Hinterlegers

Der Hinterleger erwirbt bei der Girosammelverwahrung gemäß § 6 DepotG **Miteigentum am Depotbestand**. Der Rechtserwerb vollzieht sich kraft Gesetzes, der Bruchteil jeden Miteigentümers bestimmt sich nach § 6 Abs. 1 Satz 2 DepotG nach dem Wertpapiernennbetrag, fehlt dieser, nach der Stückzahl. Gegenüber dem Verwahrer normiert § 7 DepotG einen schuldrechtlichen, § 8 DepotG einen dinglichen Herausgabeanspruch. 11.366

An den Miteigentumsanteilen des Hinterlegers kann ein **rechtsgeschäftliches Pfandrecht** gemäß §§ 1205, 1258, 1292 und 1293 BGB begründet werden. Die 11.367

---

457) *Decker* in: BuB, Rz. 8/88 ff.; *Than* in: FS Heinsius, S. 821.

458) *Einsele* in: MünchKomm-HGB, Depotgeschäft Rz. 54 ff.

459) *Hüffer*, AktG, § 10 Rz. 10 ff.

Zwangsvollstreckung an GS-verwahrten Wertpapieren erfolgt nach §§ 857, 828 ff. ZPO.[460] Im Fall der Insolvenz der Depotbank besteht ein Aussonderungsrecht nach § 47 InsO, das der Eigentumsstellung des Hinterlegers folgt.[461]

d) Sonderformen der Verwahrung

11.368 Bei der **Tauschverwahrung** nach § 10 DepotG ermächtigt der Hinterleger den Verwahrer, ihm anstelle der anvertrauten Wertpapiere solche derselben Art zurückzugewähren. Damit verliert der Hinterleger zu keiner Zeit Eigentum an Wertpapieren, da er Ersatzstücke erwirbt und somit insolvenz- und vollstreckungsrechtlich geschützt bleibt.[462] In der Praxis ist die Tauschverwahrung selten. Zur Tauschverwahrung bedarf der Verwahrer einer ausdrücklichen Ermächtigungserklärung durch den Hinterleger.

11.369 Bei der **unregelmäßigen Verwahrung** gemäß § 15 DepotG geht hingegen das Eigentum an den Wertpapieren auf den Verwahrer oder einen Dritten über, dieser erhält vom Hinterleger ein Wertpapierdarlehen.[463] Der Hinterleger erwirbt einen schuldrechtlichen Anspruch auf Rückgewähr. Hierdurch verliert er den dinglichen Rechtsschutz, auch in Bezug auf das Vollstreckungs- und Insolvenzrecht. Zum Schutz des Hinterlegers verlangt daher § 15 Abs. 2 DepotG eine ausdrückliche und schriftliche Erklärung des Hinterlegers.

e) Auslandsverwahrung

11.370 Bei der Erfüllung von Kommissionsgeschäften im Ausland hat der Verwahrer gemäß § 22 Abs. 1 DepotG dem Kunden Eigentum an den Wertpapieren durch Übersendung des Stückeverzeichnisses erst auf dessen Verlangen zu beschaffen. Damit wird den **Besonderheiten der ausländischen Rechtsordnung**, die sich für das Recht am Wertpapier nach der lex rei cartae sitae[464] richten, Rechnung getragen. Die vom Gesetz geforderte Vereinbarung für die Anschaffung der Wertpapiere im Ausland ist in Nr. 12 Abs. 1 SoB WP getroffen (vgl. Rz. 11.275).

11.371 Gemäß Nr. 12 Abs. 3 SoBWp erhalten Kunden für die im Ausland aufbewahrten Wertpapiere eine Gutschrift in Wertpapierrechnung (**WR-Gutschrift)** unter Angabe des Lagerlandes. Damit erhält der Kunde eine treuhänderische Rechtstellung, die auch insolvenz- und vollstreckungssicher ist.[465]

---

460) BGH, Beschl. v. 12.12.2007 – VII ZB 21/07, WM 2008, 400, 401 = ZVI 2008, 51; *Einsele* in: MünchKom-HGB, Depotgeschäft Rz. 130.

461) Kübler/Prütting/Bork-*Prütting*, InsO, § 47 Rz. 62.

462) *Decker* in: BuB, Rz. 8/201.

463) *Decker* in: BuB, Rz. 8/202; vgl. auch Nr. 4 der Depot-Bekanntmachung.

464) Zum IPR-Prinzip des „Rechtes der belegenen Sache" für das Werpapierrecht *Einsele*, WM 2003, 2349; *Schäfer/Mimberg* in: FS Hadding, S. 1063, 1078.

465) BGH, Urt. v. 8.2.1996 – XI ZR 151/95, WM 1996, 662 = NJW 1996, 1543; *Kümpel*, Bank- und Kapitalmarktrecht, Rz. 11.303.

Die Transparenz, dass die im Ausland aufbewahrten Wertpapiere nicht der Bank, sondern ihren Kunden gehören, wird im Verhältnis zum ausländischen Verwahrer durch die Vereinbarung der **Drei-Punkte-Erklärung** sichergestellt. Diese ist für alle Auslandslagerstellen, d. h. ausländischen Verwahrer der Depotbank, durch Nr. 3 Abs. 4 Depotbekanntmachung gefordert. Die Drei-Punkte-Erklärung ist eine vertragliche und vorrangige Erklärung des ausländischen Verwahrers, davon Kenntnis genommen zu haben, dass Fremdbestände verwahrt werden.[466] 11.372

Nach Nr. 12 Abs. 4 SoB WP bilden die Depotbank und ihre Kunden für den im Ausland hinterlegten Wertpapierbestand eine **Gefahrengemeinschaft**. Die Bank braucht die Auslieferungsansprüche des Kunden aus der ihm erteilten WR-Gutschrift nur aus dem unterhaltenen Deckungsbestand zu erfüllen. Daher trägt der Kunde anteilig alle wirtschaftlichen und rechtlichen Nachteile, die den Deckungsbestand aus nicht zu vertretenden Eingriffen im Ausland treffen können.[467] Das Prinzip, nicht zu vertretende, eventuelle Minderungen des gemeinsamen Bestandes durch alle Berechtigten zu tragen, findet sich allerdings ähnlich für die Miteigentumsanteile bei der GS-Verwahrung im Inland (§ 7 Abs. 2 Satz 1 DepotG).[468] 11.373

3. Dienstleistungen i. R. d. Verwahrung

Nr. 5 der Depotbekanntmachung zählt die Verwaltungsleistungen auf, die die BaFin aus aufsichtsrechtlicher Sicht auch dann als von der Depotbank geschuldet ansieht, wenn keine Einzelvereinbarung hierzu besteht. Hierzu zählt die Aufsicht die rechtzeitige Einlösung von Zins- und Dividendenscheinen sowie fälligen Wertpapieren, die Überwachung von Verlosungen und Kündigungen von Wertpapieren, die Prüfung der Wertpapiere auf Zahlungssperre im Falle der Einlieferung sowie die Feststellung, ob Bezugsrechte bestehen. Als **Verwaltungstätigkeiten des Kreditinstitutes** behandelt die Depotbekanntmachung darüber hinaus in ihrer Nr. 11 die Erstellung und Abstimmung von Depotauszügen, ferner in Nr. 12 und 13 die Informationspflichten zu Hauptversammlungen sowie die Ausübung von Depotstimmrechten nach §§ 128, 135 AktG. Zivilrechtlich sind die Verwaltungsleistungen durch den Geschäftsbesorgungscharakter des Depotvertrages abgedeckt. Ihre standardisierte Umsetzung unter Berücksichtigung der BaFin-Anforderungen erfolgt in Nr. 13 bis 20 SoB WP (siehe oben Rz. 11.344). 11.374

---

466) Schwintowski/Schäfer-*Schäfer*, Bankrecht, § 17 Rz. 35; eine Darstellung zur Geltung der Drei-Punkte-Erklärung in einzelnen Rechtsordnungen findet sich bei *Wagner* in: BuB, Rz. 7/137 ff.

467) Vgl. *Hellner* in: FS Heinsius, S. 211.

468) *Einsele* in: MünchKomm-HGB, Depotgeschäft Rz. 89.

a) Depotauszug

11.375 Gemäß Nr. 13 SoB WP erteilt die Bank dem Kunden mindestens einmal jährlich einen Depotauszug. Nr. 11 der Depotbekanntmachung spezifiziert die **geschäftsbesorgungsvertragliche Rechenschaftspflicht** dahin, dass auf diese Weise mit dem Depotkunden der Depotbestand abzustimmen ist. In der Praxis wird regelmäßig auf ein ausdrückliches Depotanerkenntnis des Kunden verzichtet. Dies gestattet Nr. 11 Abs. 4 der Depotbekanntmachung, soweit die Kreditinstitute eine funktionale Trennung zwischen der Auftragsabwicklung und der Depotbuchhaltung unterhalten, zudem die Erstellung der Depotauszüge durch die interne Revision des Kreditinstitutes begleitet wird. Die Aufbau- und Ablauforganisation der Institute ist entsprechend ausgerichtet.

b) Inkassotätigkeit

11.376 Bei **inlandsverwahrten Wertpapieren** übernimmt das depotführende Institut nach Nr. 14 Abs. 1 SoB WP die Einlösung von Zins-, Gewinnanteil- und Ertragsscheinen, ferner die Einlösung rückzahlbarer Wertpapiere bei Fälligkeit. Die Beträge werden auf dem Kundenkonto unter Vorbehalt gutgeschrieben. Soweit die Nebenrechte aus dem Wertpapier, also etwa die Zinsansprüche, urkundlich verbrieft sind, übernimmt die Bank auch die Erneuerung der entsprechenden Berechtigungsurkunden (Bogenerneuerung), Nr. 14 Abs. 1 Satz 3 SoB WP. Im Falle **auslandsverwahrter Wertpapiere** obliegen die Inkassopflichten nach Nr. 14 Abs. 2 SoB WP dem ausländischen Verwahrer.

11.377 Mit der Gutschrift des Betrages aus dem Zinsschein oder des Gegenwertes des Wertpapieres im Falle der Fälligkeitseinlösung verliert der Hinterleger auch sein (Mit-) Eigentum an den Papieren. Regelmäßig ist hierfür die Aushändigung an den Schuldner maßgeblich (§ 797 Satz 2 BGB). Da bei Fälligkeitszahlungen die Zahlstelle bzw. der Emittent sowie die Wertpapiersammelbank einbezogen sind, modifiziert sich dies nach den **Grundsätzen des Zug-um-Zug-Geschäftes**, das Wertpapierrecht geht erst mit Zahlungseingang nach den Regeln des Überweisungsverkehrs unter.[469)]

11.378 Die Tätigkeiten bei der Auslosung und Kündigung von Schuldverschreibungen gemäß Nr. 14 Abs. 3 SoB WP betreffen eine **Überwachungspflicht der Bank**. Bei diesen Schuldverschreibungen richtet sich die Rückzahlung nach der Kündigung durch den Emittenten oder danach, dass das Kundenwertpapier i. R. einer Auslosung für fällig erklärt wird. Erfolgt die Auslosung nach Urkundennummern, wird im Fall der Sammelverwahrung durch die Bank eine Zuordnung von Urkundennummern auf die dem Kunden zustehenden Miteigentumsanteile bzw. eine Aufteilung des Rückzahlungserlöses i. R. interner Auslosung vorgenommen. Maßstab für die Überwachungspflicht sind die Veröffentlichungen

469) Näher Schimansky/Bunte/Lwowski-*Gößmann*/*Klanten*, Bankrechts-Hdb., § 72 Rz. 175.

in den **Wertpapier-Mitteilungen**. Hierbei handelt es sich um ein Veröffentlichungsorgan, das die Kreditwirtschaft zwecks Rationalisierung ihres Depotgeschäfts und zur Erbringung standardisierter Dienstleistungen nutzt.[470] Über die Wertpapier-Mitteilungen werden die verfügbaren Informationen aufbereitet und gebündelt. Aus Sicht der Rechtsprechung bestehen gegen die Beschränkung der Überwachungspflicht auf diese zentrale Datenquelle keine Einwände.[471]

Werden Wertpapiere in fremder Währung eingelöst, schreibt die Bank den Einlösungsbetrag nach Nr. 14 Abs. 4 SoB WP dem Kunden dieser Währung gut, sofern er ein entsprechendes Devisenkonto unterhält. Anderenfalls erfolgt eine Devisenkonvertierung und anschließende Gutschrift in Euro. 11.379

c) Bezugsrechte/Optionsscheine/Wandelschuldverschreibungen

Bei Einräumung von Bezugsrechten informiert die Bank den Kunden, soweit eine Benachrichtigung in den Wertpapier-Mitteilungen erschienen ist. Für den Bezugsrechtshandel gelten im Anschluss besondere Regelungen aus Nr. 15 Abs. 1 SoB WP i. V. m. Nr. 7 SoB WP (siehe oben Rz. 11.258). Abweichend hiervon wird über den **Verfall von Rechten** aus Optionsscheinen und Wandlungsrechten der Kunde nach Nr. 15 Abs. 2 SoB WP lediglich informiert. Eine eigenständige Verwertung ohne ausdrücklichen Kundenauftrag im Einzelfall nimmt die Bank nicht vor. Bei diesen Rechten können z. B. steuerliche Überlegungen des Kunden dazu führen, dass eine automatische Ausübung – anders als bei Bezugsrechten – nachteilig wäre. Die Benachrichtigungspflicht nach Nr. 15 Abs. 2 SoB WP kann die Bank durch Zusendung mit normaler Post erfüllen.[472] 11.380

d) Weitergabe von Nachrichten

Wesentliche praktische Bedeutung hat die nach Nr. 16 SoB WP geschuldete Weitergabe von Nachrichten. Hierin kommt die **geschäftsbesorgungsrechtliche Unterrichtungspflicht** gemäß §§ 675, 666 BGB zum Ausdruck. Da aus dem Vertragsrecht grundsätzlich eine unbeschränkte Informationspflicht bestünde, diese aber im standardisierten Geschäft für die Bank weder leistbar wäre noch im Interesse des Kunden läge, trifft Nr. 16 SoB WP eine Beschränkung der Verpflichtung nach folgenden Kriterien: 11.381

- die die Wertpapiere des Kunden betreffenden Informationen müssen über die Wertpapier-Mitteilungen veröffentlicht oder der Bank vom Emittenten bzw. ausländischen Verwahrer übermittelt werden;

---

470) *Decker* in: BuB, Rz. 8/247.

471) OLG Karlsruhe, Urt. v. 20.12.1989 – 1 U 103/89, WM 1991, 276 = ZBB 1990, 168 (LS); auch BGH, Urt. v. 23.11.2004 – XI ZR 137/03, ZIP 2005, 435 = WM 2005, 270, dazu EWiR 2005, 245 *(Balzer)*.

472) LG Mönchengladbach, Urt. v. 26.11.2001 – 1 O 490/00, WM 2002, 386 = ZBB 2002, 128 (LS).

- die Informationen müssen sich auf die Rechtsposition des Kunden erheblich auswirken können und
- die Benachrichtigung muss zur Interessenwahrung für den Kunden erforderlich sein.
- Unterbleiben kann die Benachrichtigung, wenn die Information der Bank nicht so rechtzeitig vorliegt, dass sie dem Kunden noch mit vertretbarem Aufwand zugeleitet werden kann.

Als Beispiele für Unterrichtungspflichten nennt Nr. 16 SoB WP Informationen über gesetzliche Abfindungs- und Umtauschangebote, freiwillige Kauf- und Umtauschangebote sowie Sanierungsverfahren. Ziel ist, dem Kunden die erforderlichen Informationen zu geben, auf deren Basis er eine Beurteilung der sich ändernden Rechtsstellung in Bezug auf die Wertpapiere vornehmen kann.[473)]

11.382 Die **Zumutbarkeit der Benachrichtigungspflicht** für die Bank lässt sich beispielhaft bei der Veröffentlichung eines Angebotes nach § 14 WpÜG nachzeichnen (vgl. Rz. 11.63). Die WpÜG-Vorschrift verpflichtet den Anbieter, seine Offerte öffentlich, etwa über das Internet, bekannt zu machen. Gegenüber dem Depotkunden reicht insoweit eine Benachrichtigung über das Angebot an sich aus, hinsichtlich der Einzelheiten kann auf die anderen Veröffentlichungsquellen verwiesen werden.[474)] Vergleichbar muss bei den US-amerikanischen class actions nicht über alle Phasen des Sammelprozesses informiert werden. Es reicht aus, über Verfahrensschritte zu informieren, die Handlungsmöglichkeiten des Kunden eröffnen, etwa den Beitritt zur Klägergruppe oder den Beitritt zum Entschädigungsverfahren bei erfolgreicher Sammelklage. Zudem müssen entsprechende Informationen nur denjenigen Kunden zugeleitet werden, die zum Zeitpunkt der Information die relevanten Wertpapiere in ihrem Besitz halten. Eine Prüfung, ob (ehemalige) Kunden die Papiere früher besessen und dann veräußert haben, wird von der Bank nicht geschuldet.[475)]

Unklarheiten in Bezug auf die Reichweite der Informationspflicht bestehen auch bei den in der Praxis vielfach vorkommenden freiwilligen Kauf- und Umtauschangeboten. Teilweise werden hier unseriöse Angebote veröffentlicht, deren Annahme, z. B. aufgrund der Preisstellung, für den Depotkunden nachteilig wären. Schon mit Blick auf die **Interessenwahrungspflicht der Bank** als Geschäftsbesorgerin ihres Kunden kann in diesen Fällen eine Informationsweitergabe unterbleiben, soweit die Bank nach Prüfung das Angebot als nicht evident gegen Kundeninteressen gerichtet ansieht.[476)]

473) *Kümpel*, Bank- und Kapitalmarktrecht, Rz. 11.112.

474) *Kümpel*, Bank- und Kapitalmarktrecht, Rz. 11.110; *Decker* in: BuB, Rz. 8/254a.

475) *Wagner* in: BuB, Rz. 7/179; Schimansky/Bunte/Lwowski-*Gößmann*/*Klanten*, Bankrechts-Hdb., § 72 Rz. 186.

476) Zu den z. T. schwierigen Auslegungsfragen für die Praxis *Gericke*/*Saager*, WM 2008, 623, 625.

e) Prüfungspflichten bei Wertpapiereinlieferungen

Nach Nr. 17 SoB WP prüft das depotführende Kreditinstitut bei der Einreichung von Wertpapierurkunden anhand der Bekanntmachungen in den Wertpapier-Mitteilungen einmalig, ob die eingelieferten Urkunden von einer Verlustmeldung (**Opposition**), Zahlungssperren o. Ä. betroffen sind. Zu den Oppositionsmeldungen hat sich die Kreditwirtschaft auf einheitliche Veröffentlichungsgrundsätze verständigt.[477] Eine Überprüfung, ob Aufgebotsverfahren zur Kraftloserklärung von Wertpapierurkunden beantragt sind,[478] erfolgt fortlaufend. 11.383

f) Umtausch und Vernichtung von Urkunden

Nr. 18 SoB WP regelt die Berechtigung des depotführenden Institutes, ohne vorherige Benachrichtigung des Kunden **Urkunden umzutauschen**, soweit dies augenscheinlich im Kundeninteresse liegt. Anwendungsbeispiel ist die Umbenennung einer Gesellschaft oder der Austausch von Urkunden im Falle der Fusion, soweit die Urkunden in diesem Zusammenhang neu ausgefertigt werden. Eine Ausbuchung und **Vernichtung von Urkunden** ist zulässig, soweit die verbrieften Rechte erloschen sind und nur noch der Papierwert besteht. Praxisbeispiel ist der Ablauf von Ausübungsfristen bei Optionsscheinen. Nr. 18 Abs. 2 SoB WP regelt eine vorherige Benachrichtigungspflicht des Kunden, dies mit Blick darauf, diesem ein Herausgabeverlangen für Sonderstücke zu ermöglichen. 11.384

g) Ausländische Auskunftsersuchen

Von ausländischen Kapitalmarktaufsichtsbehörden, Börsen und anderen Stellen, die Überwachungsfunktionen im Kapitalmarkt ausüben, werden in Bezug auf im Ausland verwahrte Wertpapiere verschiedentlich Anfragen zu den berechtigten Kunden an die depotführenden Kreditinstitute gerichtet. Die ausländische Rechtsordnung kann eine **Verpflichtung zur Offenlegung** des Kundennamens, etwa im Zusammenhang mit dortigen Insiderregelungen oder auch steuerlichen Aspekten, vorsehen. Nr. 20 Abs. 1 SoB WP enthält hierzu eine Auskunftsberechtigung der Bank bzw. Sparkasse,[479] die mit der Interessenwahrungspflicht aus der Anschaffungs- und Verwahrungsvereinbarung der Nr. 12 SoB WP korrespondiert. 11.385

---

477) Abdruck bei *Decker* in: BuB, Rz. 8/380.

478) Das Verfahren zur Kraftloserklärung von Urkunden ist in §§ 466 ff. FamFG geregelt; Gesetz über das Verfahren in Familiensachen und in den Angelegenheiten der freiwilligen Gerichtsbarkeit v. 17.12.2008, BGBl. I, 2586.

479) Näher *Wagner*, WM 2007, 1725, 1728.

h) Informationspflichten und Stimmrechtsausübung nach AktG

11.386 Nach § 128 Abs. 1 AktG ist ein depotführendes Kreditinstitut verpflichtet, dem Depotkunden in seiner Eigenschaft als Aktionär Informationen weiterzuleiten, die ihm von der Aktiengesellschaft übermittelt wurden. Dies betrifft die Mitteilungen nach § 125 AktG, die der Vorstand der Aktiengesellschaft zur Einberufung der Hauptversammlung zu versenden hat. Abgestellt wird dabei auf den sog. **record date**, der als Stichtag auf den 21. Tag vor der Hauptversammlung festgelegt ist. Durch die Neuregelungen des ARUG[480] beschränkt sich die umfassende **Weiterleitungspflicht des depotführenden Institutes** auf Fälle, in denen die Aktiengesellschaft Hauptversammlungsinformationen in Papierform übermittelt. Hat die Gesellschaft von der gesetzlichen Option Gebrauch gemacht, die Übermittlung in der Satzung auf den Weg elektronischer Kommunikation zu beschränken, ist die Bank nur zur Weiterleitung in elektronischer Form verpflichtet; nach § 128 Abs. 1 Satz 2 AktG ist das Institut hingegen auch aus anderen Gründen nicht verpflichtet, die Information z. B. in Papierform an Aktionäre weiterzuleiten, die elektronisch nicht erreichbar sind. Die Informationspflicht nach § 666 BGB i. V. m. Nr. 16 SoB WP wird somit durch die aktienrechtliche Spezialvorschrift eingeschränkt.

11.387 Um eine Kostenbelastung des Depotinhabers und Aktionärs aus der Informationsweiterleitung auszuschließen, regelt § 128 Abs. 3 AktG eine **Kostenerstattungspflicht der Aktiengesellschaft** gegenüber dem Kreditinstitut. Die entsprechenden Erstattungssätze sind in der Verordnung über den Ersatz von Aufwendungen der Kreditinstitute[481] geregelt.

11.388 Nach § 135 AktG kann das depotführende Institut mit Vollmacht des Kunden dessen Stimmrechte in der Hauptversammlung der AG ausüben. Dabei hat das Institut ausdrückliche Weisungen des Kunden umzusetzen. Liegen solche nicht vor, ist nach § 135 Abs. 1 Satz 4 AktG eine generelle Vollmacht zulässig, in der die Berechtigung des Kreditinstitutes vereinbart werden kann, entsprechend eigenen Abstimmungsvorschlägen oder entsprechend den Vorschlägen der Verwaltung der AG abzustimmen. § 135 AktG wurde durch das ARUG neu gefasst, um das sog. **Depotstimmrecht der Banken** zu deregulieren und die Präsenz zu erhöhen.[482]

---

480) Gesetz zur Umsetzung der Aktionärsrechterichtlinie v. 30.7.2009, BGBl. I, 2479.

481) Verordnung v. 17.6.2003, BGBl. I, 885; Abdruck mit Einführung von *Seibert*, ZIP 2003, 1270.

482) Zu den Zielsetzungen des Gesetzgebers und den Inhalten der Neufassung im Einzelnen Regierungsbegründung, BT-Drucks. 16/11642, S. 33; zum Depotstimmrecht in der bisherigen Ausgestaltung *Decker* in: BuB, Rz. 8/280 ff.

Kapitel 12 Sparverkehr und sonstiges Einlagengeschäft

Übersicht

I. Einlagearten

12.1 Das **Einlagengeschäft** wird aufsichtsrechtlich in § 1 Abs. 1 Satz 2 Nr. 1 KWG als Bankgeschäft definiert. Demnach ist die Annahme fremder Gelder als Einlagen oder anderer unbedingt rückzahlbarer Gelder des Publikums, ohne Rücksicht darauf, ob Zinsen vergütet werden, Kreditinstituten vorbehalten. Keine Einlagen i. S. d. Vorschrift sind Forderungen, die in Inhaber- oder Orderschuldverschreibungen verbrieft sind. Sie sind vom Begriff der „anderen, unbedingt rückzahlbaren Gelder" ausgenommen. Der Begriff der Einlage ist im Übrigen nicht abschließend definiert. Wesentlich ist zunächst der Schutzzweck, ein Anleger gefährdendes Einlagengeschäft durch Nichtbanken auszuschließen.[1)]

12.2 Der **erweiterte Einlagenbegriff**, der auch die Annahme rückzahlbarer Gelder des Publikums umfasst, ist in § 1 KWG aufsichtsrechtlich seit Januar 1998 geregelt. Mit der gesetzlichen Ergänzung sollte der Einlagenbegriff des KWG der 2. Bankrechtskoordinierungsrichtlinie angenähert werden. Gleichwohl stimmen die Definitionen nicht vollständig überein, weshalb jeweils eine wertende Betrachtung für die Einordnung als Einlage erforderlich ist.[2)] Die Rechtsprechung stellt dabei auf eine funktionale Verknüpfung des Einlagengeschäftes mit dem Aktivgeschäft eines Kreditinstitutes in Form der **Refinanzierungsfunktion** ab. Ziel der Bank sei es, durch die Differenz zwischen den Zinssätzen für die entgegengenommene Einlage und das ausgelegte Aktivgeschäft einen Gewinn zu erzielen.[3)] Für alle Einlageformen gilt, das für den Rückzahlungsanspruch des

1) BGH, Urt. v. 9.3.1995 – III ZR 55/94, WM 1995, 874, 875 = ZIP 1995, 635, dazu EWiR 1995, 803 (*Schwark*); BVerwG, Urt. v. 27.3.1984 – 1 C 125.80, WM 1984, 1364, 1367 = NJW 1985, 928; Schimansky/Bunte/Lwowski-*Gößmann*, Bankrechts-Hdb., § 69 Rz. 5.

2) Boos/Fischer/Schulte-Mattler-*Schäfer*, KWG, § 1 Rz. 41 ff.

3) BVerwG, Urt. v. 27.3.1984 – 1 C 125.80, WM 1984, 1364 = NJW 1985, 928; Schimansky/Bunte/Lwowski-*Gößmann*, Bankrechts-Hdb., § 69 Rz. 6; Boos/Fischer/Schulte-Mattler-*Schäfer*, KWG, § 1 Rz. 38.

Kunden die Möglichkeit der Barauszahlung sowohl aufsichtsrechtlich (§ 3 Nr. 3 KWG) als auch zivilrechtlich nicht ausgeschlossen oder eingeschränkt werden darf.[4)]

12.3 Aus zivilrechtlicher Sicht befindet sich die Bank – spiegelbildlich zum typischen Darlehensgeschäft, dessen Gegenstand Zahlungskredite sind – beim Einlagengeschäft für die entgegengenommenen Gelder in der Schuldnerstellung. Der Kunde ist Gläubiger eines Auszahlungsanspruchs. Der Rückzahlungsanspruch des Kunden richtet sich nicht auf dasselbe Geld, sondern solches von gleicher Art, Güte und Menge. Die den einzelnen Einlagengeschäften zugrunde liegenden Vertragsarten sind somit generell als Darlehensverträge gemäß § 488 BGB oder als unregelmäßige Verwahrungsverträge gemäß § 700 Abs. 1 BGB anzusehen.

12.4 Als **Einlagearten** sind

- Sichteinlagen
- befristete Einlagen und
- Spareinlagen

zu unterscheiden. Die Begriffe wurden aufsichtsrechtlich ursprünglich durch die Zinsverordnung aus dem Jahr 1965 definiert.[5)] Bis zur Neufassung der Liquiditätsgrundsätze im Jahr 2000 ließ sich die Differenzierung auch den Eigenkapital- und Liquiditätsgrundsätzen II und III entnehmen. Aufsichtsrechtliche Bedeutung hat die Einstufung von Einlagearten aktuell noch für die **Mindestreserveunterlegung**. Rechtsgrundlage sind insoweit Art. 19 der Satzung des Europäischen Systems der Zentralbanken und der Europäischen Zentralbank (ESZB-Satzung) sowie Verordnungen der Europäischen Union aus den Jahren 1998,[6)] ferner der Europäischen Zentralbank aus den Jahren 2003 und 2008.[7)]

12.5 **Sichteinlagen** hat das Kreditinstitut „auf Sicht" zu halten, der Kunde muss also über die Einlage jederzeit verfügen können. Für diese täglich fälligen Gelder steht der Charakter einer unregelmäßigen Verwahrung nach § 700 Abs. 1 BGB im Vordergrund. Eine im Ergebnis gemischte Vertragsgestaltung wird bei Sichteinlagen im Verhältnis von Bank und Kunde dadurch herbeigeführt, dass

---

4) Vgl. die Einstufung als vertragstypische Leistungspflicht beim Girokonto BGH, Urt. v. 30.11.1993 – XI ZR 80/93, ZIP 1994, 21 = WM 1993, 2237, dazu EWiR 1994, 105 *(Hensen)*; BGH, Urt. v. 7.5.1996 – XI ZR 217/95, ZIP 1996, 1079 = WM 1996, 1080, dazu EWiR 1996, 817 *(C. Klaas)*.

5) Zinsverordnung v. 5.2.1965, BGBl. I, 53 (die bereits 1967 wieder aufgehoben wurde); vgl. auch *Gößmann* in: BuB, Rz. 2/173 ff.

6) Verordnung (EG) Nr. 2531/98 des Rates v. 23.11.1998 über die Auferlegung einer Mindestreservepflicht durch die Europäische Zentralbank, ABl. Nr. L 318 v. 27.11.1998, S. 1.

7) Verordnung (EG) Nr. 1745/2003 der EZB über die Auferlegung einer Mindestreservepflicht, ABl. Nr. L 250 v. 2.10.2003, S. 10; Verordnung (EG) Nr. 1052/2008 der EZB v. 22.10.2008, ABl. Nr. L 282, S. 14.

die Gelder üblicherweise auf Girokonten gehalten werden. Der Kunde kann durch das Girokonto am bargeldlosen Zahlungsverkehr teilnehmen, sodass im Girovertrag eine Geschäftsbesorgungsvereinbarung gemäß §§ 675 ff. BGB liegt.[8] Gleichwohl ist nach dem Bundesgerichtshof für den Anspruch des Kontoinhabers auf Rückzahlung der Sichteinlagen allein die als Holschuld ausgestaltete, verwahrungsvertragliche Rückgabepflicht der § 700 Abs. 1, §§ 695, 697 BGB maßgeblich.[9]

Befristete Einlagen oder **Termineinlagen** sind dadurch gekennzeichnet, dass sie als Festgelder zu einem bestimmten, vertraglich vereinbarten Termin in der Zukunft fällig werden, also eine von vornherein feste Laufzeit haben, oder dass ihre Fälligkeit an eine vereinbarte Kündigungsfrist geknüpft ist. Für die Vertragsbeziehung zwischen Bank und Kunden ist unmittelbar das Darlehensrecht der §§ 488 ff. BGB anwendbar.[10] Beispiele für Termineinlagen sind neben den ein-, drei- oder sechsmonatigen Festgeldern auch die **Sparbriefe**, für die bei Vertragsabschluss eine feste Laufzeit und ein bestimmter Fälligkeitstermin vereinbart werden. **12.6**

Der Begriff der **Spareinlage** ist seit der Aufhebung der alten Sparverkehrsvorschriften in §§ 21, 22 KWG a. F. durch die 4. KWG-Novelle aufsichtsrechtlich nicht mehr geschützt. Ziel des Gesetzgebers war es, diesen Bereich zu liberalisieren und den Kreditinstituten die individuelle Ausgestaltung und Bezeichnung von Spareinlagen zu ermöglichen.[11] Allerdings weist § 21 Abs. 4 RechKredV weiterhin Mindestdefinitionsmerkmale der Spareinlage aus, die zunächst für die Bilanzierung der Kreditinstitute maßgeblich sind.[12] Die i. S. d. RechKredV privilegierten Spareinlagen müssen unbefristet hereingenommen, über sie muss eine Urkunde ausgefertigt werden. Das Konto darf nicht für den Zahlungsverkehr bestimmt sein. Ferner müssen besondere Regelungen für den Rückzahlungsanspruch des Kunden und die Kündigung der Einlagegelder getroffen sein, die die ansonsten einschlägigen Vorschriften des Darlehensrechts (§§ 488, 489 BGB) modifizieren. Die RechKredV verlangt eine Mindestkündigungsfrist von drei Monaten. Die besondere Ausgestaltung wird erreicht, indem die Bank und der Kunde ihren Vertragsbeziehungen die „Bedingungen für den Sparverkehr" (unten Rz. 12.37) zugrunde legen. **12.7**

---

8) Vgl. oben Rz. 10.122.

9) BGH, Urt. v. 8.7.1982 – I ZR 148/80, BGHZ 84, 371 = ZIP 1982, 932 = WM 1982, 816; BGH, Urt. v. 30.11.1993 – XI ZR 80/93, ZIP 1994, 21 = WM 1993, 2237, dazu EWiR 1994, 105 *(Hensen)*; BGH, Urt. v. 7.5.1996 – XI ZR 217/95, ZIP 1996, 1079 = WM 1996, 1080, dazu EWiR 1996, 817 *(C. Klaas)*.

10) Schimansky/Bunte/Lwowski-*Gößmann*, Bankrechts-Hdb., § 70 Rz. 7.

11) RegBegr 4. KWG-Novelle, BT-Drucks. 12/4876, S. 6.

12) Verordnung über die Rechnungslegung der Kreditinstitute (RechKredV) i. d. F. der Bekanntmachung v. 11.12.1998, BGBl. I, 3658; zuletzt geändert durch Art. 2 der VO v. 18.12.2009, BGBl. I, 3934.

II. Kontogestaltung

1. Kontobegriff

12.8 Eine eindeutige Bestimmung des Kontobegriffes findet sich weder im öffentlichen noch im zivilen Bankrecht. Handelsrechtlich sind die über die Kundeneinlagen geführten Konten zunächst **Handelsbuch gemäß § 238 HGB**, die eine auf Dauer angelegte Geschäftsbeziehung belegen.[13] Teilregelungen fanden sich für das Girokonto durch das Überweisungsgesetz aus dem Jahr 1999[14] – bis zu dessen Aufhebung durch das neue Zahlungsverkehrsrecht im November 2009[15] – in §§ 676f und 676g BGB a. F. Ferner regelt § 14 DepotG Teilaspekte des Depotkontos im Wertpapierbereich. Für die einzelne Kontogestaltung ist jeweils die Zweckrichtung der Verbindung zwischen Bank und Kunden maßgeblich (Einlagenverwaltung, Zahlungsverkehr etc.). Hieraus ergeben sich zum einen die wechselseitigen Forderungen und Verpflichtungen der Parteien. Zum anderen wird die jeweils kontenspezifische rechtliche Ausprägung vorgegeben. So besteht beim Girokonto stets auch ein Kontokorrentverhältnis nach § 355 HGB.[16]

2. Kontoeröffnung

12.9 Mit Abschluss des Kontovertrages erwirbt der Kunde gegen das Kreditinstitut den Anspruch auf ordnungsgemäße Führung und Verbuchung seiner Einlage, er akzeptiert in der Praxis stets zugleich die Pflichten, die ihn aus den einbezogenen AGB treffen. Für die Kontoeröffnung sind zudem die Anforderungen aus § 154 AO betreffend die Identifikation des Kontoinhabers (**Legitimationsprüfung**), ferner die Anforderungen aus den geldwäscherechtlichen Vorgaben zu beachten.[17]

12.10 Bei einer **Kontoeröffnung durch einen Minderjährigen** liegt durch die Verpflichtung zur Entrichtung eines Kontoentgeltes sowie die übernommenen Pflichten aus den AGB kein lediglich rechtlich vorteilhaftes Geschäft gemäß § 107 BGB vor. Die Kontoeröffnung des beschränkt Geschäftsfähigen erfordert somit die Zustimmung des gesetzlichen Vertreters. Zur Regelung für die Praxis hat die Bankaufsicht in der „Verlautbarung zum Thema Bankgeschäfte mit Minderjährigen"[18] standardisierte Vorgaben zur Beurteilung eines aufsichtskon-

---

13) *Kümpel*, Bank- und Kapitalmarktrecht, Rz. 3.105; *Krepold/Fischbeck*, Bankrecht, S. 2.

14) Überweisungsgesetz (ÜG) v. 21.7.1999, BGBl. I, 1642.

15) Ausführlich Rz. 10.177.

16) *Krepold/Fischbeck*, Bankrecht, S. 5 ff.; Claussen-*van Look*, Bank- und Börsenrecht, § 2 Rz. 7 und Rz. 59.

17) Claussen-*van Look*, Bank- und Börsenrecht, § 2 Rz. 8 f.; ausführlich zur Legitimationsprüfung *Gößmann* in: BuB, Rz. 2/34 ff.; zur Identifizierungspflicht nach den geldwäscherechtlichen Vorgaben vgl. oben Rz. 4.20 ff.

18) Verlautbarung des ehem. BAKred v. 22.3.1995, abgedr. in: ZIP 1995, 691.

formen Vorgehens der Institute getroffen. So können Minderjährige i. R. einer hinreichend konkreten Vorgabe mit Zustimmung der gesetzlichen Vertreter auf Guthabenbasis über ein Konto, auch ohne Zustimmung für die Einzelweisung, verfügen (sog. **Generalermächtigung**).[19] Eine Kontoeröffnung im Zusammenhang mit einem Arbeits- oder Dienstverhältnis ist auch einem noch minderjährigen Auszubildenden möglich.

Wird ein Konto als **Treuhandkonto** eröffnet, erfolgt die Kontenerrichtung mit **12.11** dem gegenüber dem Kreditinstitut offen gelegten Zweck, auf diesem Konto Einlagen für einen wirtschaftlich berechtigten Dritten zu unterhalten. Im Regelfall soll gegenüber dem Kreditinstitut allein der formelle Kontoinhaber berechtigt und verpflichtet sein. In dieser Fallgestaltung liegt eine **Vollrechtstreuhand** vor, auch fiduziarische Treuhand genannt.[20] Das Kreditinstitut verzichtet gemäß den besonderen AGB-Regelungen für Treuhandkonten bei einer offen gelegten Treuhand auf vertragliche Zurückbehaltungsrechte sowie das AGB-Pfandrecht. Dem Treugeber, d. h. dem wirtschaftlich berechtigten Dritten, steht zudem im Fall der Insolvenz des treuhänderischen Kontoinhabers ein Aussonderungsrecht nach § 47 InsO zu. Bei Zwangsvollstreckung in das Konto kann der Treugeber Drittwiderspruchsklage nach § 771 ZPO erheben.[21] Das insolvenzrechtliche Aussonderungsrecht bzw. die zivilprozessuale Klagemöglichkeit können dem Treugeber auch bei einem verdeckten, d. h. gegenüber dem Kreditinstitut nicht offen gelegten, Treuhandkonto zustehen.[22]

Eine besondere Form des Treuhandkontos sind **Anderkonten**, die als offene **12.12** Treuhandkonten von Angehörigen besonderer Berufsgruppen, nämlich Notaren, Rechtsanwälten, Patentanwälten sowie Angehörigen der öffentlich bestellten wirtschaftsprüfenden und wirtschafts- und steuerberatenden Berufe eröffnet werden.[23] Für sie gelten spezielle AGB, die der besonderen Zweckbestimmung der Konten, i. R. d. Mandatsbeziehung des Kontoinhabers Vermögenswerte für Dritte zu verwahren, Rechnung tragen.[24]

Eine Rechtsverpflichtung, für Kunden Konten zu eröffnen (**Kontrahierungs-** **12.13** **zwang**), sehen teilweise die sparkassenrechtlichen Vorgaben vor. So sind nach § 5 Abs. 1 SpkG NRW die nordrhein-westfälischen Sparkassen verpflichtet, Spareinlagen entgegenzunehmen und entsprechend Sparkonten zu führen. Eine

19) *Kümpel*, Bank- und Kapitalmarktrecht, Rz. 3.183; Schimansky/Bunte/Lwowski-*Gößmann*, Bankrechts-Hdb., § 30 Rz. 5 m. w. N.

20) Schimansky/Bunte/Lwowski-*Hadding/Häuser*, Bankrechts-Hdb., § 37 Rz. 15; *Gößmann* in: BuB, Rz. 2/240.

21) Schimansky/Bunte/Lwowski-*Hadding/Häuser*, Bankrechts-Hdb., § 37 Rz. 61 ff., 70 ff.; Claussen-*van Look*, Bank- und Börsenrecht, § 2 Rz. 86.

22) Schwintowski/Schäfer-*Schwintowski*, Bankrecht, § 5 Rz. 28 m. w. N.

23) Schimansky/Bunte/Lwowski-*Hadding/Häuser*, Bankrechts-Hdb., § 37 Rz. 9.

24) Abdruck von Musterbedingungen bei Schimansky/Bunte/Lwowski-*Lwowski*, Bankrechts-Hdb., Anh. zu § 38.

Verpflichtung, auf Guthabenbasis ein Girokonto zu führen, ergibt sich aus § 5 Abs. 2 SpkG NRW.[25] Eine generelle Kontoführungspflicht besteht für Kreditinstitute ansonsten nicht, dies folgt auch nicht aus der ZKA-Empfehlung zum Girokonto für jedermann.[26] Der ZKA-Empfehlung fehlt die notwendige Rechtsverbindlichkeit, um eine Pflicht zum Vertragsabschluss für die Bank zu begründen. Die Empfehlung kann insoweit nicht als Vertragsversprechen zugunsten eines Dritten interpretiert werden.[27]

3. Gemeinschaftskonten

12.14 Je nach der Zahl der Kontoinhaber ist zwischen Einzelkonten und **Gemeinschaftskonten** zu differenzieren. Bei Gemeinschaftskonten wird die Rechtsbeziehung der Kontoinhaber zur Bank regelmäßig danach abgegrenzt, ob ein Und- oder ein Oder-Konto vorliegt.

a) Und-Konto

12.15 Beim Und-Konto darf die Bank Verfügungen über die Kontoeinlagen nur durch alle Kontoinhaber gemeinsam zulassen. Diese stehen der Bank ähnlich wie Mitgläubiger gegenüber. Dabei besteht allerdings oftmals nicht das für § 432 BGB typische Recht jedes einzelnen Gläubigers, von der Bank als Schuldnerin die Auszahlung der Einlage an sämtliche Gläubiger zu verlangen. Letztlich entscheidend ist für die vertragliche Ausgestaltung zwischen Bank und Kontoinhabern auf das Innenverhältnis der Kontoinhaber abzustellen. Diese werden regelmäßig eine Bruchteilsgemeinschaft gemäß § 741 BGB oder, wenn es sich um ein Konto für eine Gesellschaft bürgerlichen Rechts oder eine Erbengemeinschaft handelt, eine Gesamthandsgemeinschaft bilden (§§ 719, 2032, 2040 BGB). Für die Bruchteils- und Gesamthandsgemeinschaft sehen die gesetzlichen Vorschriften grundsätzlich die **gemeinschaftliche Verfügungs- oder Geschäftsführungsbefugnis** vor, die dann auch gegenüber der Bank maßgeblich ist.[28]

---

25) SpkG Nordrhein-Westfalen v. 18.11.2008, GV NRW, S. 696.

26) Vgl. oben Rz. 10.124.

27) OLG Bremen, Urt. v. 22.12.2005 – 2 U 57/05, ZIP 2006, 798 = ZVI 2006, 339; *Krepold/Fischbeck*, Bankrecht, S. 13; Palandt-*Grüneberg*, BGB, § 328 Rz. 9a; ausführlich Schimansky/Bunte/Lwowski-*Schimansky*, Bankrechts-Hdb., § 47 Rz. 5 ff.; a. A. LG Berlin, Urt. v. 8.5.2008 – 21 S 1/08, ZIP 2009, 119 = ZVI 2008, 362 (m. Anm. *Pieper*, S. 365), m. zust. Anm. *Steinicke*, EWiR 2009, 375.

28) Schwintowski/Schäfer-*Schwintowski*, Bankrecht, § 5 Rz. 11 f.; *Gößmann* in: BuB, Rz. 2/154; *Canaris*, Bankvertragsrecht, Rz. 232; *Schebesta*, WM 1985, 1329, 1330.

b) Oder-Konto

Das **Oder-Konto** ist ein Gemeinschaftskonto mit Einzelverfügungsberechtigung. Die rechtliche Ausgestaltung im Innenverhältnis der Kontoinhaber, z. B. ob eine Bruchteilsgemeinschaft besteht, ist für die Beziehung zwischen der Bank und den Kontoinhabern nicht maßgeblich. Hier ist stattdessen auf die vertraglich vereinbarte Gesamtgläubigerschaft gemäß § 428 BGB abzustellen.[29] Allerdings darf die Bank zur Erfüllung ihrer Verbindlichkeit nicht nach Belieben an einen Gesamtgläubiger leisten, sondern muss an den Kontoinhaber zahlen, der dies berechtigt verlangt.[30] **12.16**

Jeder Kontoinhaber des Oder-Kontos ist aufgrund der Vertragsbeziehung zur Bank allein berechtigt, die Auszahlung des Guthabens an sich zu fordern, die Bank ist diesbezüglich verpflichtet. Entsprechend den Grundsätzen zur **Gesamtgläubigerschaft** kann das Kreditinstitut den Anspruch auf die Einlage auch in sonstiger Weise dadurch erfüllen, dass es gegen die Forderung der Gesamtgläubiger die Aufrechnung mit einem Anspruch erklärt, der ihm nur gegen einen Kontoinhaber zusteht, sofern diese Aufrechnungsbefugnis nicht vertraglich eingeschränkt ist.[31] **12.17**

Die Gesamtgläubigerstellung der Kontoinhaber eines Oder-Kontos bezieht sich auf ihre Ansprüche aus dem Vertrag, also auf die Einlageforderung sowie bei Girokonten auf den ggf. eingeräumten Kredit. Diese Dispositionsmöglichkeit jedes einzelnen Kontoinhabers ist von der vertraglichen Stellung als Kontoinhaber zu trennen, **Verfügungsberechtigung** und **Kontoinhaberschaft** sind folglich **zu differenzieren**.[32] **12.18**

Formularvertragliche Regelungen, die es jedem Kontoinhaber eines Oder-Kontos, etwa durch entsprechende gegenseitige Bevollmächtigung bei Kontoeröffnung, gestatten, ohne Zustimmung der anderen Kontoinhaber im vollen Umfang allein über den Vertrag zu disponieren, z. B. das Oder-Konto ohne Zustimmung der anderen Inhaber auf ein Einzelkonto für sich umschreiben zu lassen, sind AGB-rechtlich problematisch. Dies gilt insbesondere für Giro- **12.19**

---

29) BGH, Urt. v. 8.7.1985 – II ZR 16/85, BGHZ 95, 185 = ZIP 1985, 1047= WM 1985, 1059, dazu EWiR 1985, 629 *(Rümker)*; OLG Celle, Beschl. v. 2.8.1995 – 3 W 65/93, WM 1995, 1871; BGH, Urt. v. 31.3.2009 – XI ZR 288/08, ZIP 2009, 904 = NJW 2009, 2054; Palandt-*Grüneberg*, BGB, § 428 Rz. 3.

30) *Gößmann* in: BuB, Rz. 2/139; Claussen-*van Look*, Bank- und Börsenrecht, § 2 Rz. 81.

31) Vgl. BGH, Urt. v. 11.11.1970 – VIII ZR 242/68, BGHZ 55, 20, 33; auch BGH, Urt. v. 20.2.2008 – XII ZR 58/04, NJW 2008, 1807 = WM 2008, 844; Palandt-*Grüneberg*, BGB, § 387 Rz. 6.

32) BGH, Urt. v. 30.10.1990 – XI ZR 352/89, ZIP 1990, 1538 = WM 1990, 2067, dazu EWiR 1990, 1183 *(Filzen)*; *Canaris*, Bankvertragsrecht, Rz. 226; zur Möglichkeit jedes Kontoinhabers, Überziehungskredit in Anspruch zu nehmen, und zur Haftung jedes Kontoinhabers per AGB vgl. BGH, Urt. v. 22.1.1991 – XI ZR 111/90, ZIP 1991, 224 = WM 1991, 313, dazu EWiR 1991, 231 *(Ackmann)*; OLG Köln, Urt. v. 7.10.1998 – 5 U 88/98, WM 1999, 1003.

konten, deren vorrangige Bedeutung nicht in einer Einlageforderung, sondern in der Möglichkeit liegt, am bargeldlosen Zahlungsverkehr teilzunehmen. Dem Girokonto kommt oftmals die **Funktion einer „wirtschaftlichen Drehscheibe"**, etwa für Gehaltszahlungen oder Mietüberweisungen etc., für sämtliche Mitkontoinhaber zu. Die formularvertraglich vorgesehene Möglichkeit, hiervon ohne eigene Mitwirkung ausgeschlossen zu werden, stellt daher eine nach § 307 BGB unangemessene Regelung dar.[33)]

12.20 Auch eine **Umschreibung des Oder-Kontos** in ein Und-Konto durch einen Kontoinhaber ist ohne Mitwirkung der anderen Inhaber unzulässig.[34)] Folglich kann eine Kontoauflösung ebenfalls nur einvernehmlich erfolgen.[35)] Umgekehrt kann jeder Kontoinhaber eines Oder-Kontos sein Weisungsrecht dahin gehend ausüben, dass er die Bank anweist, das Guthaben zunächst zu verwahren und nicht an einen anderen Mitkontoinhaber auf dessen Verlangen hin auszuzahlen.[36)] Faktisch führt dies dazu, dass für das entsprechend gebundene Guthaben nur noch die gemeinschaftliche Verfügung der Kontoinhaber möglich ist.

12.21 Aus der Gesamtgläubigerstellung im Kontovertrag kann bei Oder-Konten nicht auf eine gemeinsame Berechtigung der Kontoinhaber in ihrem **Innenverhältnis** rückgeschlossen werden. Es gilt zwar die Vermutung des § 430 BGB, wonach Gesamtgläubiger im Innenverhältnis zu gleichen Anteilen berechtigt sind. Jeder Mitkontoinhaber kann jedoch die abweichende Berechtigung im Innenverhältnis geltend machen; er hat dies dann prozessual darzulegen und zu beweisen.[37)]

4. Kontoinhaberschaft und Gläubigerstellung

12.22 Die Kontoinhaberschaft muss zivilrechtlich nicht mit der Gläubigerstellung an der Einlageforderung übereinstimmen, sondern kann im Einzelfall hiervon abweichen. Der **formellen Bezeichnung als Kontoinhaber** kommt allerdings weitreichende Bedeutung bei der Prüfung zu, wer im Einzelfall Gläubiger ist. Der im Kontoeröffnungsformular bezeichnete Inhaber ist regelmäßig auch

---

33) LG Kassel, Urt. v. 9.8.1991 – 10 S 398/91, WM 1991, 1948; Schimansky/Bunte/Lwowski-*Hadding/Häuser*, Bankrechts-Hdb., § 35 Rz. 15.

34) BGH, Urt. v. 30.10.1990 – XI ZR 352/89, ZIP 1990, 1538 = WM 1990, 2067, dazu EWiR 1990, 1183 *(Filzen)*.

35) *Gößmann* in: BuB, Rz. 2/149; Schimansky/Bunte/Lwowski-*Hadding/Häuser*, Bankrechts-Hdb., § 35 Rz. 15.

36) OLG Celle, Beschl. v. 2.8.1995 – 3 W 65/93, WM 1995, 1871.

37) BGH, Urt. v. 29.11.1989 – IVb ZR 4/89, ZIP 1990, 86 = WM 1990, 239, 240, dazu EWiR 1990, 665 *(Engau)*; BGH, Urt. v. 23.9.1992 – XII ZR 66/91, WM 1993, 1005.

materieller Gläubiger der Einlageforderung.[38] Letztlich ist aber nach den Umständen des Einzelfalles zu entscheiden, wer nach dem erkennbaren Willen desjenigen, der die Einzahlung bewirkt, die Gläubigerstellung gegenüber der Bank innehaben soll.[39]

Bei der Bewertung sind die typische Gestaltung und die praktische Bedeutung einzelner Kontoarten und Anlageformen zu berücksichtigen. So kommt bei der **Eröffnung eines Girokontos** der Bezeichnung des Kontoinhabers besonderes Gewicht zu. Denn der Giroverkehr ist auf eine unkomplizierte und rasche Abwicklung angelegt und fordert klare Rechtsverhältnisse, wozu die formelle Kontobezeichnung gehört.[40] **12.23**

Bei der **Anlage eines Sparbriefes** ist dessen Charakter als Namensschuldverschreibung (sog. Rektapapier) zu berücksichtigen.[41] Die Bank kann somit mit befreiender Wirkung nur an die in der Urkunde oder im Kaufvertrag als Gläubiger bezeichnete Person leisten, die ohne ausdrückliche anderslautende Vereinbarung stets auch der Kontoinhaber ist. **12.24**

Beim **Sparbuch** kommt demgegenüber der formellen Kontoinhaberschaft nicht so weitreichende Bedeutung zu. Wegen der in § 808 Abs. 1 Satz 1 BGB vorgesehenen Legitimations- bzw. Liberationswirkung kann das Kreditinstitut an jeden, der ein Sparbuch vorlegt, mit schuldbefreiender Wirkung leisten, sofern bei der Auszahlung keine grobe Fahrlässigkeit gegeben ist. Das Sparbuch ist ein sog. **qualifiziertes Legitimationspapier.**[42] Die Rechtsprechung misst dem Besitz des Sparbuches Indizwirkung für die materielle Forderungsberechtigung zu. Legt jemand ein Sparbuch auf den Namen einer anderen Person an, hält das Sparbuch jedoch in seinem eigenen Besitz, so soll der Besitzer – trotz der anderslautenden formellen Kontobezeichnung – im Zweifel die Gläubigerstellung an der Einlageforderung noch behalten.[43] Wird in einer solchen Fallgestaltung **12.25**

38) OLG München, Urt. v. 20.6.1984 – 3 U 1940/83, WM 1986, 33 und BGH, Nichtannahmebeschl. v. 26.9.1985 – III ZR 171/84, WM 1986, 35; OLG Düsseldorf, Beschl. v. 10.11.1988 – 6 W 74/88, WM 1989, 91.

39) BGH, Urt. v. 10.10.1989 – XI ZR 117/88, ZIP 1990, 303 = WM 1990, 537, 538, dazu EWiR 1990, 235 *(Denzer)*; BGH, Urt. v. 18.10.1994 – XI ZR 237/93, BGHZ 127, 229, 231 = ZIP 1994, 1926 = NJW 1995, 261, dazu EWiR 1995, 111 *(Philipowski)*; BGH, Urt. v. 25.4.2005 – II ZR 103/03, ZIP 2005, 1222 = NJW 2005, 2222 = WM 2005, 1216, dazu EWiR 2005, 723 *(M. Weber)*; Palandt-*Grüneberg*, BGB, § 328 Rz. 9a.

40) BGH, Urt. v. 12.12.1995 – XI ZR 15/95, NJW 1996, 840, 841 = ZIP 1996, 271, dazu EWiR 1996, 347 *(Schebesta)*; Schimansky/Bunte/Lwowski-*Gößmann*, Bankrechts-Hdb., § 29 Rz. 11.

41) BGH, Urt. v. 25.6.1987 – IX ZR 199/86, WM 1987, 1038.

42) *Habersack* in: MünchKomm-BGB, § 808 Rz. 23; Palandt-*Sprau*, BGB, § 808 Rz. 3; *Welter*, WM 1987, 1117, 1118.

43) BGH, Urt. v. 22./23.6.1965 – III ZR 251/63, WM 1965, 897; OLG Nürnberg, Urt. v. 24.1.1990 – 9 U 2491/89, WM 1990, 928; OLG Köln, Urt. v. 24.4.1995 – 16 U 120/94, WM 1995, 1956, 1957.

indes das Guthaben auf den Namen des Kindes angelegt, um steuerliche Freibeträge zu nutzen, ist aufgrund der steuerlichen Zuordnung auch zivilrechtlich von der Kontoinhaberschaft des Kindes auszugehen.[44] Im Einzelfall ist erforderlichenfalls eine umfassende Wertung der Gesamtumstände vorzunehmen. In der Praxis lassen sich Zweifelsfälle weitgehend durch klare Dokumentation der Gläubigerstellung im Kontoeröffnungsformular ausschließen.[45]

12.26 Die Bank trifft hinsichtlich der unterschiedlichen Rechtswirkungen der Kontoinhaberbezeichnung bei den verschiedenen Einlagearten grundsätzlich **keine Aufklärungspflicht**. So muss ein Kreditinstitut Eltern nicht ungefragt darüber aufklären, dass unabhängig vom Besitz einer etwaigen Urkunde über die Einlage auf einem Sparbrief bei Eintritt der Fälligkeit nur das Kind als berechtigter Gläubiger die Auszahlung verlangen kann. In einem Entscheidungsfall des Oberlandesgerichts Celle hatten die Eltern Geld, das zunächst auf einem auf den Namen des minderjährigen Kindes lautenden Sparbuch angelegt war, in einem Sparbrief anlegt, der erst nach Eintritt der Volljährigkeit des Kindes fällig wurde.[46]

5. Verfügungen zugunsten Dritter

12.27 In der Bankpraxis finden sich verbreitet Fallgestaltungen, bei denen der Kunde die Einlageforderung mit Eintritt eines bestimmten Ereignisses oder Zeitpunktes auf einen Dritten übertragen will. Vielfach soll die Einlage beim Tod des Anlegers ohne weiteres Zutun auf einen Dritten übergehen, der nicht testamentarischer oder gesetzlicher Erbe wird. Der Vermögenswert soll somit **außerhalb des Erbgangs** übergehen. Die Zuwendung wird üblicherweise als Rechtsgeschäft unter Lebenden ausgestaltet (vgl. §§ 328, 331 BGB), sodass die strengen Formerfordernisse des Erbrechts keine Anwendung finden.[47]

12.28 Im Verhältnis von Anleger und begünstigtem Dritten erfolgt die unentgeltliche Zuwendung im Wege der Schenkung gemäß § 516 BGB. Die von § 518 Abs. 1 BGB geforderte notarielle Form fehlt für diese Schenkung regelmäßig. Der Formmangel wird gemäß § 518 Abs. 2 BGB geheilt, wenn die versprochene Leistung bewirkt ist, also die Einlageforderung auf den Dritten übergeht. Ausreichend ist, dass der Schenker, d. h. der Anleger, alles seinerseits Erforderliche für die Versprechenserfüllung getan hat.[48]

---

44) Palandt-*Grüneberg*, BGB, § 328 Rz. 9a.

45) Schimansky/Bunte/Lwowski-*Gößmann*, Bankrechts-Hdb., § 29 Rz. 17.

46) OLG Celle, Urt. v. 16.2.1994 – 3 U 84/93, WM 1994, 1069, dazu EWiR 1994, 641 *(Vortmann)*.

47) Vgl. § 2301 Abs. 2 BGB; BGH, Urt. v. 19.10.1983 – IVa ZR 71/82, NJW 1984, 480, 481 = ZIP 1984, 162; OLG Düsseldorf, Urt. v. 31.5.1996 – 22 U 236/95, WM 1997, 867, 868; Palandt-*Edenhofer*, BGB, § 2301 Rz. 17.

48) Palandt-*Weidenkaff*, BGB, § 518 Rz. 9.

a) Konten zugunsten Dritter

In der Bankpraxis kommen für die Drittzuwendung vorrangig drei rechtliche Gestaltungsformen in Betracht. Am meisten verbreitet ist die an §§ 328, 331 BGB orientierte Errichtung eines **Kontos zugunsten Dritter** auf den Todesfall. 12.29

Zwischen dem Kontoinhaber, dem späteren Schenker, und der Bank wird hierbei ein Vertrag zugunsten Dritter gemäß § 328 BGB geschlossen (= **Deckungsverhältnis**). Die Bank verspricht dem Kontoinhaber, dass der Anspruch auf Auszahlung des Guthabens mit dem Tod des Kontoinhabers dem bezeichneten Dritten zustehen soll. 12.30

Im Verhältnis zwischen Kontoinhaber und Drittem ist als **Valutaverhältnis** zudem der Schenkungsvertrag erforderlich. Der Rechtserwerb an der zugewandten Einlageforderung vollzieht sich mit Eintritt des bezeichneten Ereignisses als Erfüllung des Valutaverhältnisses von selbst. Ein weiteres Handeln des Dritten ist nicht erforderlich. Der sog. „Von-Selbst-Erwerb" führt sowohl zum Vollzug der Schenkung i. S. d. § 2301 Abs. 2 BGB als auch zur Heilung des Formmangels beim nicht beurkundeten Schenkungsversprechen (§ 518 Abs. 2 BGB)[49]. Bis zum Eintritt des Ereignisses ergibt sich aus dem Valutaverhältnis hingegen noch kein Anspruch des Dritten, es besteht nur die Chance auf einen Rechtserwerb.[50] Besteht die als Zuwendungsgegenstand vorgesehene Einlageforderung bei Eintritt des Ereignisses nicht mehr, z. B. weil ein entsprechender Sparbrief bereits zuvor fällig geworden und durch Tilgung erloschen ist, dann läuft das Valutaverhältnis leer.[51] 12.31

Das Schenkungsangebot kann der zuwendende Kontoinhaber dem Dritten bereits zu Lebzeiten persönlich übermitteln. In diesem Fall ist unerheblich, ob der Kontoinhaber mit der Bank zu einem anderen Zeitpunkt abweichende Absprachen über den Inhalt des Schenkungsversprechens getroffen hat oder treffen will.[52] 12.32

Die persönliche Übermittlung des Schenkungsangebotes durch den Kontoinhaber bildet jedoch den Ausnahmefall. Üblich wird zwischen ihm und der Bank die Vereinbarung getroffen, dass das Kreditinstitut das **Schenkungsversprechen postmortal** als Bote an den Dritten **übermitteln** soll. Das Schenkungsversprechen liegt damit vor dem Tod des Kontoinhabers vor; dass es der Dritte erst nach dessen Tod annehmen kann, steht der Einordnung der Schenkung als Rechtsgeschäft unter Lebenden nicht entgegen. 12.33

---

49) BGH, Urt. v. 19.10.1983 – IVa ZR 71/82, NJW 1984, 480, 481 = ZIP 1984, 162; *Rösler*, Die Bank 1999, 40, 41; Claussen-*van Look*, Bank- und Börsenrecht, § 2 Rz. 26.

50) BGH, Beschl. v. 19.2.1982 – V ZR 234/81, NJW 1982, 1807, 1808 = ZIP 1982, 745.

51) OLG Celle, Urt. v. 6.9.1995 – 3 U 176/94, WM 1995, 1953.

52) OLG Köln, Urt. v. 31.5.1995 – 2 U 181/94, WM 1995, 1954, 1955.

12.34 Für den Kontoinhaber hat diese Gestaltungsmöglichkeit den Vorteil, dass der begünstigte Dritte von der Schenkung noch nichts erfahren muss. Aus Sicht der Bank enthält die Vertragsgestaltung indes den Nachteil, dass das Schenkungsversprechen als Willenserklärung gemäß § 130 Abs. 1 Satz 2 BGB widerruflich ist. Das Widerrufsrecht steht nach dem Tod des Kontoinhabers dessen Erben zu. Diese können also das Schenkungsangebot und dessen Übermittlung verhindern. Dabei hat die Bank ohne sonstige Weisung prinzipiell sogar eine Pflicht zur Rückfrage bei den Erben.[53] Diese Unsicherheit kann dadurch ausgeschlossen werden, dass der Kontoinhaber sein Schenkungsangebot und den Übermittlungsauftrag in dem mit der Bank geschlossenen Vertrag unwiderruflich abgibt. Der Ausschluss der Widerrufsmöglichkeit wirkt dann auch gegenüber den Erben. Er kann auch formularmäßig erklärt werden.[54]

b) Weitere Gestaltungsformen

12.35 Zweite Möglichkeit der Guthabenverfügung zugunsten Dritter auf den Todesfall ist die **Errichtung eines Oder-Kontos**. Als Kontoinhaber sind bei dieser Gestaltung der anlegende Schenker und der im Todesfall zu begünstigende Dritte anzugeben. Mit dem Tod des Anlegers erwirbt der Dritte bei entsprechender Vereinbarung zwischen ihm und dem Anleger nach der Rechtsprechung die Forderungsberechtigung am gesamten Guthaben. Für die Verfügungsberechtigung als Gesamtgläubiger gegenüber der Bank folgt dies aus der Gestaltung als Oder-Konto. Im Innenverhältnis zum Erben des Anlegers muss der Dritte allerdings seine Alleinberechtigung beweisen.[55]

12.36 Dritte Möglichkeit ist die Erteilung einer **postmortalen Vollmacht** durch den Schenker an den begünstigten Dritten. Bei dieser Gestaltung ist eine besondere Vertragsvereinbarung zwischen der Bank und dem Anleger zu dessen Lebzeiten nicht erforderlich. Stattdessen erteilt dieser für seinen Todesfall dem begünstigten Dritten die – gegenüber der Bank dokumentierte – Vollmacht zur Verfügung über das Kontoguthaben. Durch Gebrauch der Vollmacht kann der Dritte, dem ein solches Vertreterhandeln nach § 181 BGB gestattet ist, über das Konto wirksam zu seinen eigenen Gunsten verfügen und damit die ihm vom Anleger unter Lebenden versprochene, im Innenverhältnis erforderliche Schenkung vollziehen.[56] Die Bank ist bei Verfügung durch den Bevollmächtigten nicht

53) *Canaris*, Bankvertragsrecht, Rz. 214 m. w. N.

54) OLG Celle, Urt. v. 20.12.1995 – 3 U 275/94, WM 1996, 851, 854; *Rösler*, Die Bank 1999, 40, 42; *Kümpel*, Bank- und Kapitalmarktrecht, Rz. 3.220 ff m. w. N; Abdruck eines entsprechenden Formularmusters bei *Gößmann* in: BuB, Rz. 2/420.

55) BGH, Urt. v. 16.4.1986 – IVa ZR 198/84, WM 1986, 786, dazu EWiR 1986, 791 *(Fischer)*; *Canaris*, Bankvertragsrecht, Rz. 221.

56) Hierzu z. B.: BGH, Urt. v. 25.10.1994 – XI ZR 239/93, ZIP 1994, 1843 = WM 1994, 2190, dazu EWiR 1995, 21 *(Schebesta)*; mit Blick auf die bezweckte Drittzuwendung kritisch *Schultz*, NJW 1995, 3345.

verpflichtet, dessen Berechtigung im Innenverhältnis zu prüfen, und hat diese im Zweifel auszuführen und das Guthaben auszuzahlen.[57] Zum gleichen Ergebnis führt – bezogen auf das Kontoverhältnis zwischen Gläubiger und Bank – eine **transmortale Vollmacht**, die bereits zu Lebzeiten des Gläubigers den Bevollmächtigten zur Kontoverfügung berechtigt und über den Tod hinaus gilt. Wegen der Widerrufsberechtigung der Erben in Bezug auf die Bankvollmacht hat der Dritte jedoch keine gesicherte Rechtsposition.[58]

III. Ausgestaltung des Sparverkehrs

1. Bedingungen für den Sparverkehr

Seit dem 1. Juli 1993 verwenden die Kreditinstitute in den wesentlichen Bestimmungen gleich lautende AGB für den Sparverkehr (**Bedingungen für den Sparverkehr**), mit denen dem Wegfall der Sparverkehrsvorschriften in §§ 21, 22 KWG a. F. Rechnung getragen wurde.[59] Denn die Definitionsmerkmale für die aufsichtsrechtliche Anerkennung von Kundengeldern als privilegierte Spareinlagen sind seither in § 21 Abs. 4 RechKredV enthalten. Sie müssen sich auch in den entsprechenden zivilvertraglichen Beziehungen zwischen Bank und Kunde wiederfinden. **12.37**

Sichergestellt wird dies, indem die Bedingungen entgegengenommene Gelder eindeutig als Spareinlagen kennzeichnen, diese von Termineinlagen (oben Rz. 12.6) abgrenzen und – wie in § 21 Abs. 4 RechKredV gefordert – die Verwendung für den Zahlungsverkehr ausschließen. Auf ein Sparkonto können z. B. grundsätzlich keine Lastschriften gezogen werden. Ebenfalls werden die von der RechKredV geforderte Kündigungsfrist von mindestens drei Monaten für die Konten durch die Bedingungen vertraglich vereinbart und der **kündigungsfreie Verfügungsrahmen** auf 2.000 Euro pro Kalendermonat begrenzt. Auf weitergehende Verfügungsmöglichkeiten hat der Kunde keinen Anspruch, die Bank kann sie gleichwohl ausnahmsweise zulassen. In diesem Fall hat sie einen Anspruch auf einen Vorfälligkeitsentgelt. Das Vorfälligkeitsentgelt kann in Form von Vorschusszinsen vereinbart sein.[60] In geregelten Ausnahmefällen, z. B. bei Verwendung des Guthabens zum Kauf von Wertpapieren, kann in An- **12.38**

57) BGH, Urt. v. 25.10.1994 – XI ZR 239/93, BGHZ 127, 239 = ZIP 1994, 1843 = WM 1994, 2190, dazu EWiR 1995, 21 (*Schebesta*); Schimansky/Bunte/Lwowski-*Schramm*, Bankrechts-Hdb., § 32 Rz. 49.

58) Schimansky/Bunte/Lwowski-*Schramm*, Bankrechts-Hdb., § 32 Rz. 51; vgl. auch BGH, Urt. v. 24.3.2009 – XI ZR 191/08, ZIP 2009, 1000 = BGHZ 180, 191 = WM 2009, 980.

59) Schimansky/Bunte/Lwowski-*Gößmann*, Bankrechts-Hdb., § 71 Rz. 1; dort auch Abdruck und Kommentierung banküblicher Klauseln. Die Formulierungen und Nummerierungen sind zwischen Institutsgruppen unterschiedlich, die inhaltlichen Regelungen jedoch übereinstimmend.

60) Claussen-*van Look*, Bank- und Börsenrecht, § 2 Rz. 50.

lehnung an die früheren aufsichtsrechtlichen Vorgaben auf die Erhebung von Vorschusszinsen verzichtet werden.[61]

12.39 Die in § 808 Abs. 1 Satz 1 BGB vorgezeichnete **Legitimationswirkung** des Sparbuches als sog. qualifiziertes Legitimationspapier greifen die Sparbedingungen auf, indem das Kreditinstitut mit befreiender Wirkung an jeden Vorleger des Sparbuches fällige Zahlungen leisten und diesen für die Kündigung eines Guthabens als Berechtigten ansehen darf. Grenze der Legitimationswirkung ist die grobe Fahrlässigkeit des Kreditinstituts. Unter diesen Voraussetzungen kann das Institut auch bei verlorenen oder in sonstiger Weise abhanden gekommenen Sparbüchern befreiend leisten, bis der Kontoinhaber eine Sperre veranlasst bzw. den Verlust des Sparbuches in anderer geeigneter Weise anzeigt.[62]

12.40 Die Legitimationswirkung kommt unabhängig davon in Betracht, ob ein gebundenes Sparbuch, bei dem die Kontoblätter und die Hülle fest verklammert oder verklebt sind, oder ein Loseblattsparbuch vorliegt; hierbei werden einzelne Kontoauszüge lediglich auf einen Heftstreifen aufgeheftet. Loseblattsparbücher müssen dabei die wesentlichen Merkmale einer Sparurkunde aufweisen und u. a. die Firmenbezeichnung des Kreditinstitutes und den Gläubiger kenntlich machen sowie Aufschluss darüber geben, dass eine Spareinlage vorliegt. Zum einen können Loseblattsparbücher als Zusammenfassung einer Buchhülle mit einzuheftenden Einzelblättern, zum anderen auch als jeweils einzelner Kontoauszug gestaltet sein. Im letzteren Fall ist der jeweilige Kontoauszug die Sparurkunde und muss die vorgenannten Merkmale aufweisen.[63]

12.41 An einen nicht berechtigten Vorleger kann nur der in den Bedingungen genannte **Kündigungsfreibetrag** von bis zu 2.000 Euro pro Kalendermonat befreiend geleistet werden. Dies ist aus der Rechtsprechung zu § 808 BGB zu folgern, die noch während der Geltungszeit des § 22 KWG a. F. ergangen ist. Seinerzeit war als „versprochene Leistung" i. S. v. § 808 Abs. 1 Satz 1 BGB nur die nach § 22 KWG a. F. fällige Leistung – also die gekündigte Spareinlage oder bei gesetzlichen Spareinlagen ein Betrag von maximal 2.000 DM pro 30 Zinstage – anzusehen. Eine Bank, die ohne Kündigung mehr als 2.000 DM an einen nichtberechtigten Sparbuchvorleger auszahlte, wurde insoweit von der Leistungspflicht gegenüber dem Gläubiger nicht befreit.[64] Umstritten war in diesem Zusammenhang, ob die Auszahlung von Sparbeträgen über 2.000 DM bei Sparein-

61) Schimansky/Bunte/Lwowski-*Gößmann*, Bankrechts-Hdb., § 71 Rz. 73 ff. m. w. N.

62) Schimansky/Bunte/Lwowski-*Gößmann*, Bankrechts-Hdb., § 71 Rz. 49.

63) Schreiben des BAKred v. 20.3.1967, Gz. III 19-321; zur Abgrenzung einer vollständigen Sparurkunde und einem unzureichenden einzelnen Kontoblatt auch OLG Hamm, Entsch. v. 6.7.1984 – 11 U 30/84, WM 1985, 1290.

64) BGH, Urt. v. 24.4.1975 – III ZR 147/72, BGHZ 64, 278 = WM 1975, 733.

lagen mit gesetzlicher Kündigungsfrist an einen Nichtberechtigten hinsichtlich des monatlichen Sockelbetrages zur Schuldbefreiung führte.[65)]

Ausgehend von den Sparbedingungen ist der Auffassung zuzustimmen, die von einer teilweisen Schuldbefreiung i. R. d. Legitimationswirkung ausgeht. Der Auszahlungsbetrag stellt eine aus Sicht des Kreditinstituts teilbare Leistung dar, bei der i. H. v. 2.000 Euro eine Auszahlungsberechtigung aus den Sparbedingungen zugrunde liegt, während nur hinsichtlich des darüber hinausgehenden Betrages eine Zahlung im Ausnahmefall vorliegt, für die zudem ein – auf diesen Betrag beschränktes – Vorfälligkeitsentgelt zu berechnen wäre.[66)] **12.42**

Auch nach den geltenden Bedingungen für den Sparverkehr ist daran festzuhalten, dass die Legitimationswirkung bei einem **gesperrten Sparbuch** entfällt.[67)] Die Begründung ist darin zu sehen, dass sich mit der Eintragung eines Sperrvermerks der Charakter der „versprochenen Leistung" durch Vereinbarung zwischen dem Kreditinstitut und dem Gläubiger ändert. Die Leistung soll zumindest vorübergehend nicht mehr mit der Urkundenvorlage bewirkt werden können. **12.43**

2. Nutzung von Selbstbedienungstechniken

Im Zuge der allgemeinen Flexibilisierung von Finanzdienstleistungen wurde seit den neunziger Jahren auch der Sparverkehr zunehmend von der Anbindung an das Kreditinstitut während der allgemeinen Banköffnungszeiten gelöst und Selbstbedienungstechniken zugänglich gemacht. So werden von verschiedenen Kreditinstituten sog. **Multifunktionskonten** angeboten. Dem Kunden stehen dabei sämtliche Funktionen eines Girokontos zur Verfügung; ab einer bestimmten Einlagenhöhe wird ihm von der Bank ein besonderer, bei Spareinlagen üblicher Zinssatz gezahlt. Dieser Teil der Kontoabrede kann je nach der getroffenen Vereinbarung verschiedene zivilrechtliche Merkmale einer Spareinlage aufweisen. Eine Spareinlage im aufsichtsrechtlichen Sinne scheidet demgegenüber generell aus, da ein solches Konto für Zahlungsverkehrsfunktionen genutzt werden kann und somit die nach § 21 Abs. 4 Nr. 2 RechKredV erforderliche Abgrenzung fehlt. **12.44**

Die Nutzung im **Selbstbedienungsverfahren** ist jedoch **für Spareinlagen** i. S. d. § 21 Abs. 4 RechKredV nicht ausgeschlossen. Voraussetzung ist, dass die aufsichtsrechtlichen Definitionsmerkmale in der vertraglichen Vereinbarung **12.45**

---

65) So LG München I, Urt. v. 26.9.1984 – 15 S 5443/84, WM 1985, 599, dazu EWiR 1985, 673 *(Engau)*; ebenso OLG Hamm, Urt. v. 14.12.1988 – 31 U 169/87, WM 1989, 562, dazu WuB I C 2. – 2.89 *(Reiser)*; abl. LG Essen, Urt. v. 9.7.1987 – 16 O 143/87, WM 1987, 1452, dazu EWiR 1988, 255 *(Zotz)*, und WuB I C 2. – 1.88 *(Welter)*.

66) Mit ähnlichem Ansatz OLG Koblenz, Urt. v. 20.11.1998 – 10 U 1342/97; vgl. auch *Habersack* in: MünchKomm-BGB, § 808 Rz. 33; Palandt-*Sprau*, BGB, § 808 Rz. 6; Schimansky/Bunte/Lwowski-*Gößmann*, Bankrechts-Hdb., § 71 Rz. 53.

67) Vgl. BGH, Urt. v. 14.1.1988 – III ZR 4/87, WM 1988, 1478, dazu EWiR 1988, 779 *(Engau)* und WuB I C 2. – 5.88 *(Welter)*; *Habersack* in: MünchKomm-BGB, § 808 Rz. 30.

zwischen Bank und Kunde erhalten bleiben. Lediglich für den Zugang zum Konto wird anstelle der bisherigen Barkasse ein anderes – technisches – Medium vorgesehen. Dies kann bspw. für Abhebungen vom Sparkonto oder Umbuchungen vom Sparkonto auf das Girokonto der Geldausgabeautomat oder ein SB-Terminal sein, wobei der Kontenzugang über die EC-Karte oder eine sonstige Bankkarte und die diesbezüglichen Sicherheitsverfahren, d. h. die persönliche Geheimzahl, verschafft werden kann. Neben einer technischen Sperre gegenüber Zahlungsverkehrsfunktionen ist bei einem solchen Verfahren auch sicherzustellen, dass die Begrenzung der automatisierten Auszahlungen auf 2.000 Euro pro Monat gewährleistet wird. Ein Selbstbedienungsverfahren, das u. a. diese Voraussetzungen berücksichtigt, genügt den aufsichtsrechtlichen Anforderungen an eine Spareinlage.[68)]

12.46 Bei Auszahlungen im Selbstbedienungsverfahren kann sich die Bank nicht auf die Legitimationswirkung berufen. Denn die von § 808 Abs. 1 Satz 1 BGB vorausgesetzte Vorlage der über die Spareinlage ausgestellten Urkunde und deren Identifizierung ist durch Geldausgabeautomaten oder SB-Terminals technisch nicht sichergestellt. Dies gilt unabhängig davon, ob eine gebundene Sparurkunde, ein Loseblattsparbuch mit Hülle oder ein Einzelauszug vorliegt. Anknüpfungspunkt der Legitimation könnte allein die für die Automatennutzung bestimmte Karte sein. Als Urkunde über die Spareinlage die Datenspeicherung auf einer Chipkarte anzusehen, deren Vorlegung der Automat prüfen könnte, wird indes abgelehnt.[69)] Entscheidend wird dabei auf das herrschende **Begriffsverständnis der Urkunde** abgestellt, wonach die Gedankenerklärung durch Niederschrift verkörpert sein muss.[70)] Schon wegen des Wegfalls der früheren, eng nach Anlageformen und Laufzeitbändern getrennten Mindestreserveregelungen wurden Überlegungen zur Digitalisierung des Urkundsbegriffes im Bereich der Anforderungen an den Sparverkehr nicht mehr umfassend weiterverfolgt.[71)] Gleichwohl wird vertreten, dass die Datenspeicherung auf der Chip- oder Magnetstreifenkarte zu deren Einstufung als Namenspapier führt.[72)]

3. Weitere Regelungen

12.47 Vereinbaren Bank und Kunde eine **variable Verzinsung der Spareinlage**, gelten für die Zinsanpassungsmechanismen im Wesentlichen die aus dem Aktivgeschäft bekannten Rechtsprechungsvorgaben.[73)] Auch für das Passivgeschäft ist ein

68) Schreiben des BMJ v. 9.8.1994 – Gz. III A 3 – 3507 – 17 – 320959/94.

69) Vgl. das Schreiben des BMJ v. 9.8.1994 – Gz. III A 3 – 3507 – 17 – 320959/94.

70) Palandt-*Sprau*, BGB, § 793 Rz. 1; *Habersack* in: MünchKomm-BGB, § 808 Rz. 5 m. w. N.; *Schuppenhauer*, DB 1994, 2041.

71) Vgl. Vorauflage, Rz. 8.43.

72) *Hofmann*, WM 2005, 1305; *Habersack* in: MünchKomm-BGB, § 808 Rz. 24.

73) S. o. Rz. 6.83 ff.

berechtigtes Interesse der Kreditinstitute, ihre Zinssätze den veränderlichen Gegebenheiten des Kapitalmarktes bei bestehenden Verträgen anpassen zu können, grundsätzlich anerkannt.[74)] Die Zinsänderungsregelung muss jedoch für den Sparer zumutbar sein. Insoweit fordert der Bundesgerichtshof für Sparverträge mit dreimonatiger Kündigungsfrist und unbeschränkter Einzahlungsmöglichkeit grundsätzlich keine besonderen Vorgaben. Bei langfristigen Sparverträgen folgen hingegen für die Zinsanpassung besondere Zumutbarkeitsanforderungen aus § 308 Nr. 4 BGB. Die Anpassungsregelung muss somit die Voraussetzungen und den Umfang von Änderungen nachvollziehbar machen und das **Äquivalenzprinzip** während der Vertragslaufzeit durchgängig sicherstellen.[75)]

Da das Sparbuch als qualifiziertes Legimitationspapier kein Inhaberpapier ist, **12.48** erfolgt die Übertragung nicht nach sachenrechtlichen Grundsätzen. Entsprechend gelten für die **zivilrechtliche Verpfändung** die Regelungen zum Pfandrecht an Rechten (§§ 1273 ff. BGB). Eine Verpfändungsanzeige an die Bank gemäß § 1280 BGB ist erforderlich, die Übergabe des Sparbuches an den Pfandgläubiger reicht allein nicht aus.[76)] Die **Pfändung i. R. d. Zwangsvollstreckung** vollzieht sich nach §§ 828 ff. ZPO als Pfändung einer Geldforderung durch Pfändungs- und Überweisungsbeschluss nach § 829 ZPO. Der Schuldner ist zur Herausgabe des Sparbuches nach § 836 Abs. 3 ZPO verpflichtet, ohne dass dies für die Wirksamkeit der Pfändung von Bedeutung ist.[77)] Im Falle der Insolvenz des kontoführenden Kreditinstitutes erstreckt sich die Verpfändung eines Sparguthabens weder gemäß § 401 BGB noch kraft dinglicher Surrogation auf einen Entschädigungsanspruch des Sparers gegen die Einlagensicherungseinrichtung.[78)]

Zur **Verjährung der Spareinlage** nach Fälligkeit gelten die allgemeinen Rege- **12.49** lungen der §§ 195 ff. BGB. Praktische Bedeutung hat dies nur bei umsatzlosen Sparbüchern. Von wesentlicher Bedeutung für den Beginn der Verjährung der Spareinlage als Kündigungsgeld ist § 199 BGB. Demnach beginnt die Verjährungsfrist mit dem Schluss des Jahres, in dem die Kündigung der Einlage erfolgt ist.[79)] Zur Rechtslage vor der Schuldrechtsmodernisierung im Jahr 2002

---

74) BGH, Urt. v. 17.2.2004 – XI ZR 140/03, ZIP 2004, 798 = WM 2004, 825, dazu EWiR 2004, 587 *(Hensen)*.

75) BGH, Urt. v. 10.6.2008 – XI ZR 211/07, ZIP 2008, 1622 = WM 2008, 1493, dazu EWiR 2009, 11 *(Barnert)*; BGH, Urt. v. 17.2.2004 – XI ZR 140/03, ZIP 2004, 798 = WM 2004, 825, dazu EWiR 2004, 587 *(Hensen)*; zur ergänzenden Vertragsauslegung bei teilunwirksamer Zinsänderungsklausel BGH, Urt. v. 13.4.2010 – XI ZR 197/07, ZIP 2010, 1023.

76) Schimansky/Bunte/Lwowski-*Gößmann*, Bankrechts-Hdb., § 71 Rz. 20.

77) Schimansky/Bunte/Lwowski-*Gößmann*, Bankrechts-Hdb., § 71 Rz. 22.

78) BGH, Urt. v. 18.3.2008 – XI ZR 454/06, ZIP 2008, 824 = WM 2008, 830, dazu EWiR 2008, 329 *(Schulz/Schröder)*.

79) Schwintowski/Schäfer-*Schwintowski*, Bankrecht, § 4 Rz. 23; Palandt-*Ellenberger*, BGB, § 199 Rz. 4.

hat die Rechtsprechung zu § 199 BGB a. F. festgehalten, dass die Beweislast für die Kündigung und Verjährung das Kreditinstitut trifft, dies auch bei sog. Uraltguthaben, bei denen die letzte Kontobewegung lange zurückliegt.[80] Aus bankinternen Unterlagen und hinzutretenden weiteren Umständen kann sich jedoch im Einzelfall eine andere Beweislast ergeben.[81]

80) BGH, Urt. v. 4.6.2002 – XI ZR 361/01, ZIP 2002, 1392 = WM 2002, 1652 = NJW 2002, 2707.

81) OLG Köln, Urt. v. 9.7.2003 – 13 U 133/02, WM 2004, 1475.

Anhang I. Einlagensicherung

1. Statut des Einlagensicherungsfonds

Bundesverband Deutscher Banken (BdB)

Stand Juni 2009

Inhalt

§ 1 Einlagensicherungsfonds

Innerhalb des Bundesverbandes deutscher Banken e.V. – im Folgenden Bankenverband – besteht als unselbstständiges Sondervermögen ein Einlagensicherungsfonds deutscher Banken – im Folgenden Einlagensicherungsfonds genannt.

§ 2 Aufgabe und Zweck des Einlagensicherungsfonds

1. Der Einlagensicherungsfonds hat die Aufgabe, bei drohenden oder bestehenden finanziellen Schwierigkeiten von Banken, insbesondere bei drohender Zahlungseinstellung, im Interesse der Einleger Hilfe zu leisten, um Beeinträchtigungen des Vertrauens in die privaten Kreditinstitute zu verhüten.
2. Zur Durchführung der in Absatz 1 umschriebenen Aufgabe sind alle zur Hilfeleistung geeigneten Maßnahmen zulässig, und zwar insbesondere Zahlungen an einzelne Gläubiger – vor allem gemäß § 6 dieses Statuts –, Leistungen an Banken, die Übernahme von Garantien oder die Übernahme von Verpflichtungen im Rahmen von Maßnahmen gemäß § 46a KWG.

§ 2a Mitwirkung an dem Einlagensicherungsfonds

1. Alle Kreditinstitute, die Mitglied des Bankenverbandes sind – im Folgenden jeweils „Bank" genannt –, sind verpflichtet, am Einlagensicherungsfonds mitzuwirken, sofern nicht ein Ausnahmetatbestand gemäß Absatz 2 vorliegt.
2. Auf Antrag können von der Mitwirkung an dem Einlagensicherungsfonds befreit werden
   - Banken, die einer anderen inländischen Sicherungseinrichtung angehören; nicht als Sicherungseinrichtung in diesem Sinne gelten die Entschädigungseinrichtungen gemäß dem Einlagensicherungs- und Anlegerentschädigungsgesetz,
   - Zweigniederlassungen von ausländischen Banken.

§ 3 Voraussetzung für die Mitwirkung an dem Einlagensicherungsfonds

1. Voraussetzung für die Mitwirkung am Einlagensicherungsfonds ist, dass
   a) die Bank über ein haftendes Eigenkapital verfügt, das den Anforderungen entspricht, die die Bundesanstalt für Finanzdienstleistungsaufsicht für die Erteilung der Erlaubnis zum Betrieb eines Bankgeschäftes gemäß §§ 32 und 33 KWG zu Grunde legt und
   b) die Bank mindestens zwei Geschäftsleiter hat, die die erforderliche persönliche Eignung und Zuverlässigkeit besitzen, wobei die erforderliche persönliche Eignung vor allem voraussetzt, dass die betreffenden Personen über umfangreiche Bankerfahrung verfügen und Gewähr für eine Geschäftspolitik bieten, die eine Gefährdung der Einlagen ausschließt und im Einklang mit den unter Buchstabe d) niedergelegten Grundsätzen steht und
   c) keine Tatsachen vorliegen, welche die Annahme rechtfertigen, dass der Inhaber einer bedeutenden Beteiligung (§ 1 Absatz 9 KWG) oder

sein gesetzlicher oder satzungsmäßiger Vertreter oder persönlich haftender Gesellschafter nicht zuverlässig ist oder aus anderen Gründen nicht den im Interesse einer soliden und umsichtigen Führung der Bank zu stellenden Ansprüchen genügt und

d) die Bank ein insgesamt ausgeglichenes Ergebnis im laufenden Geschäft hat und die notwendige Liquidität gewährleistet sowie die Anforderungen erfüllt, die nach den Vorschriften des Gesetzes über das Kreditwesen an die ordnungsmäßige Durchführung von Bankgeschäften zu stellen sind und

e) die Bank Mitglied im Prüfungsverband deutscher Banken e.V. – im Folgenden Prüfungsverband – ist und

f) die Bank mindestens die Anforderungen erfüllt, die nach dem Klassifizierungsverfahren gemäß § 4a zu der Klasse BBB+ führen und

g) die Bank die Voraussetzungen für die Mitgliedschaft in einem Mitgliedsverband erfüllt, sie einen entsprechenden Aufnahmeantrag gestellt und der zuständige Verband erklärt hat, dass der Aufnahme nach Bestätigung der Mitwirkung am Einlagensicherungsfonds Hindernisse nicht im Wege stehen.

2. Die Mitwirkung an dem Einlagensicherungsfonds beginnt, sobald die neu aufgenommene Bank die Umlage gemäß § 5 Absatz 2 entrichtet sowie die Erklärungen gemäß § 5 Absatz 5 und 10 beigebracht hat und der Bankenverband ihr daraufhin die Mitwirkung bestätigt hat.

3. In Einzelfällen kann auf Antrag darauf verzichtet werden, dass eine Bank über ein haftendes Eigenkapital im Sinne von Absatz 1 Satz 1 Buchstabe a) verfügt oder mehr als einen Geschäftsleiter im Sinne des Absatzes 1 Satz 1 Buchstabe b) hat, sofern dadurch eine Gefährdung der Belange des Einlagensicherungsfonds nicht zu befürchten ist.

§ 4 Beendigung der Mitwirkung an dem Einlagensicherungsfonds

1. Die Mitwirkung an dem Einlagensicherungsfonds endet

a) mit Beendigung der Mitgliedschaft der Bank im Bankenverband,

b) mit Beendigung der Mitgliedschaft der Bank im Prüfungsverband,

c) durch Ausschluss von der Mitwirkung an dem Einlagensicherungsfonds.

2. Eine Bank kann von der Mitwirkung an dem Einlagensicherungsfonds ausgeschlossen werden,

a) wenn bei ihr die in § 3 Absatz 1 Satz 1 Buchstabe a) bis e) genannten Voraussetzungen für ihre Mitwirkung an dem Einlagensicherungsfonds nicht oder nicht mehr gegeben sind oder wenn sie die Erklärung gemäß § 5 Absatz 10 Satz 3 auch auf Anforderung nicht vorlegt oder

b) wenn sie aufgrund des Klassifizierungsverfahrens gemäß § 4a in die Klasse B- oder eine schlechtere Klasse eingestuft wurde und eine Verbesserung der Klassifizierung nicht zu erwarten ist.

3. Eine Bank kann ferner von der Mitwirkung an dem Einlagensicherungsfonds ausgeschlossen werden,

   a) wenn sie wesentliche Pflichten gegenüber dem Bankenverband, insbesondere aus oder im Zusammenhang mit diesem Statut, nicht nur unerheblich verletzt hat oder

   b) wenn sie anderweitig erheblich und nachhaltig gegen eine Bestimmung der Satzung des Bankenverbandes, dieses Statuts oder einen Beschluss eines zuständigen Organs des Bankenverbandes verstoßen hat.

   Ein solcher Ausschluss erfolgt nicht, sofern die Bank gegenüber dem Bankenverband nachweist, dass sie den Eintritt des betreffenden Ereignisses nicht zu vertreten hat oder die Pflichtverletzung nicht erheblich ist.

3a. Eine erhebliche Verletzung von wesentlichen Pflichten gegenüber dem Bankenverband liegt in der Regel vor, wenn die Bank

   a) im Hinblick auf den Einlagensicherungsfonds gegenüber dem Bankenverband unvollständige oder unrichtige Angaben macht oder

   b) mit der Vorlage der für die Klassifizierung gemäß § 4a erforderlichen Informationen in Verzug gerät oder

   c) die Verschwiegenheitspflicht hinsichtlich des Klassifizierungsergebnisses gemäß § 8 der Grundsätze für das Klassifizierungsverfahren nicht einhält oder

   d) mit der Leistung von Umlagen nach einer schriftlichen Mahnung länger als zwei Monate in Verzug gerät oder

   e) die in § 5 Absatz 4 vorgeschriebene Klausel nicht in ihre Allgemeinen Geschäftsbedingungen für das Inlandsgeschäft aufnimmt bzw. nicht den Geschäftsbeziehungen mit ihren Kunden im Inland zu Grunde legt oder

   f) die Erklärung gemäß § 5 Absatz 5 und die Bestätigung gem. § 5 Absatz 8 auf Anforderung nicht vorlegt oder

   g) dem Bankenverband nicht unverzüglich die Informationen gemäß § 5 Absatz 5a zur Verfügung stellt oder

   h) den Prüfungsverband nicht bei seiner Prüfungstätigkeit gemäß § 5 Absatz 7 unterstützt oder dessen Auflagen gemäß § 5 Absatz 7a nicht unverzüglich erfüllt oder

   i) dem Bankenverband nicht unverzüglich gemäß § 5 Absatz 9 die beabsichtigte Eröffnung einer Zweigniederlassung im Ausland anzeigt oder

j) den Bankenverband nicht gemäß § 5 Absatz 10 Satz 1 von Verlusten freistellt oder

k) die Erklärung gemäß § 5 Absatz 10 Satz 2 nicht abgibt oder

l) der Anzeigepflicht nach § 5 Absatz 10 Satz 5 nicht genügt oder

m) Auflagen des Bankenverbandes gemäß § 5 Absatz 11 nicht unverzüglich erfüllt oder

n) entgegen § 5 Absatz 13 mit der Sicherheit der Einlagen wirbt oder

o) gegenüber Kunden oder Interessenten unrichtige Angaben hinsichtlich der Sicherungsgrenze und der Art der gesicherten Einlagen macht.

4. Der Ausschluss von der Mitwirkung an dem Einlagensicherungsfonds ist mit einer Frist von sechs Monaten vorher anzudrohen. Im Fall des Absatzes 2 Buchstabe b) kann die Androhung erst erfolgen, wenn die Bank mehr als zwei aufeinander folgende Jahre der Klasse B- oder einer schlechteren Klasse angehört.

5. Über einen Ausschluss entscheidet der Vorstand des Bankenverbandes nach Anhörung der Bank. Der Vorstand wird bei seiner Entscheidung berücksichtigen, ob gemessen an den Belangen des Einlagensicherungsfonds der Ausschluss für die Bank eine unbillige Härte bedeutet.

6. Eine Entscheidung des Vorstandes über den Ausschluss einer Bank ist dieser durch eingeschriebenen Brief mit Rückschein zuzustellen; die Entscheidung wird einen Monat nach Zugang bei der Bank wirksam. Die Bank kann eine Überprüfung der Entscheidung durch die Delegiertenversammlung des Bankenverbandes verlangen; die Anrufung der Delegiertenversammlung hat durch eingeschriebenen Brief mit Rückschein zu erfolgen, der innerhalb der in Satz 1 festgesetzten Frist bei der Geschäftsstelle des Bankenverbandes eingehen muss. Die Anrufung der Delegiertenversammlung des Bankenverbandes hat aufschiebende Wirkung. Ein Ausschluss erfolgt nicht, wenn die Delegiertenversammlung dem Ausschluss mit einfacher Mehrheit widerspricht. Die Entscheidung der Delegiertenversammlung wird einen Monat nach Zugang bei der Bank wirksam.

7. Wird an einer Bank eine Beteiligung erworben, aufgrund derer der Beteiligte die Mehrheit der Stimmrechte oder des Kapitals hält oder in sonstiger Weise unmittelbar oder mittelbar einen beherrschenden Einfluss im Sinne von § 5 Absatz 10 ausüben kann, so endet die Mitwirkung der Bank am Einlagensicherungsfonds ohne Ausschlussverfahren nach Ablauf von neun Monaten ab dem Zeitpunkt des Erwerbs der Beteiligung, unabhängig davon, ob eine solche Beteiligung innerhalb dieser Frist an eine andere Person oder ein anderes Unternehmen weiterveräußert wird. Eine Beendigung der Mitwirkung am Einlagensicherungsfonds tritt nicht ein, wenn

a) dem Bankenverband zuvor Gelegenheit gegeben worden ist, festzustellen, dass der Inhaber einer bedeutenden Beteiligung (§ 1 Absatz 9 KWG) oder sein gesetzlicher oder satzungsmäßiger Vertreter oder persönlich haftender Gesellschafter zuverlässig ist und auch sonst den im Interesse einer soliden und umsichtigen Führung einer Bank zu stellenden Ansprüchen genügen (Eignung), und

b) innerhalb der in Satz 1 bestimmten Frist alle Tatsachen offen gelegt werden, die den Schluss auf die Zuverlässigkeit und Eignung erlauben und etwaige Zweifel an ihr ausräumen und insoweit alle erforderlichen Prüfungsfeststellungen ermöglicht wurden.

Der Bankenverband kann die Frist verlängern bzw. im Falle der bereits eingetretenen Beendigung der Mitwirkung eine vorläufige befristete Wiederaufnahme aussprechen.

8. Bei Banken, deren Mitwirkung an dem Einlagensicherungsfonds endet, bleibt die Verpflichtung zur Entrichtung der Umlage für das bei Wirksamwerden des Ausscheidens laufende Geschäftsjahr bestehen. Im Übrigen finden die Bestimmungen dieses Statuts einschließlich der sich aus ihnen ergebenden Verpflichtungen, insbesondere die Verpflichtung zur Duldung von Prüfungen und zur Erteilung und Beachtung von Auflagen, für die Bank, deren Mitwirkung am Einlagensicherungsfonds beendet ist, Anwendung, solange Einlagen dieser Bank gesichert sind (§ 6 Absatz 8 Satz 3). Der Bankenverband kann die Durchführung der Prüfung für den Zeitraum von der Beendigung der Mitwirkung am Einlagensicherungsfonds bis zur Beendigung der Sicherung der Einlagen auf den Prüfungsverband oder einen anderen geeigneten Dritten übertragen; eine solche Übertragung ist der betreffenden Bank schriftlich mitzuteilen. Im Falle einer Übertragung der Aufgaben einer Prüfungseinrichtung für den Zeitraum von der Beendigung der Mitwirkung am Einlagensicherungsfonds bis zur Beendigung der Sicherung der Einlagen auf einen anderen geeigneten Dritten gelten alle Bezugnahmen in diesem Statut auf den Prüfungsverband sinngemäß für einen etwaigen vom Bankenverband benannten anderen geeigneten Dritten. Die Bank, deren Mitwirkung am Einlagensicherungsfonds beendet ist, hat auf Anforderung Informationen zu den nach dem Statut noch gesicherten Einlagen zu übermitteln; der Nachweis kann nach Maßgabe der in diesem Statut und in der Satzung des Prüfungsverbandes enthaltenen Bestimmungen über Auskunftserteilung, Vorlage von Dokumenten und Nachweisen sowie die Vornahme örtlicher Prüfungen überprüft werden.

§ 4a Klassifizierung

Die Banken werden jährlich einer Klassifizierung unterzogen. Das Nähere regeln die „Grundsätze für das Klassifizierungsverfahren“, die Bestandteil dieses Statuts sind.

§ 5 Pflichten und Rechte der an dem Einlagensicherungsfonds mitwirkenden Banken

1. Die Banken sind verpflichtet, jeweils zum 30. Juni eines jeden Jahres eine Umlage in Höhe von 0,6 ‰ der Bilanzposition „Verbindlichkeiten gegenüber Kunden“ ihres letzten Jahresabschlusses, den sie vor dem 30. Juni aufgestellt haben, an den Bankenverband zu entrichten (Jahresumlage). Bei der Umlageberechnung unberücksichtigt bleiben:
   - Verbindlichkeiten gegenüber ausländischen konzernverbundenen Unternehmen der Bank im Sinne von § 18 AktG, die ein Bankgeschäft entsprechend § 1 Absatz 1 Satz 2 Ziffer 2 KWG betreiben,
   - Verbindlichkeiten aus Wertpapierpensions- bzw. Repogeschäften sowie Rücklieferungsverpflichtungen aus Wertpapierleihgeschäften,
   - Verbindlichkeiten aus begebenen Hypothekennamenspfandbriefen und öffentlichen Namenspfandbriefen sowie
   - Einlagen, zu deren Sicherstellung Hypothekennamenspfandbriefe und öffentliche Namenspfandbriefe ausgegeben sind.

   Bei Kreditinstituten mit Sonderaufgaben bleiben Verbindlichkeiten unberücksichtigt, die eine Restlaufzeit von mehr als fünf Jahren haben und für die den Gläubigern Schuldverschreibungen der Bank ausgehändigt worden sind. In besonders gelagerten Fällen kann der Vorstand des Bankenverbandes für einzelne Banken eine abweichende Bemessungsgrundlage festsetzen.

   Für Zweigniederlassungen ausländischer Banken aus Vertragsstaaten des Abkommens über den Europäischen Wirtschaftsraum (EWR-Staaten) gelten die besonderen Regelungen, die im Anhang zu diesem Statut niedergelegt sind.

1a. Banken, die aufgrund der Klassifizierung gemäß § 4a der Klasse BBB oder einer schlechteren Klasse zugewiesen sind, werden zu einer erhöhten Umlage herangezogen. Maßgeblich ist dabei die Klassifizierung der Bank zum 31. Dezember des vorausgegangenen Jahres bzw. zum Stichtag des vor dem 31. Dezember abgelaufenen Geschäftsjahres. Die Höhe der Zuschläge und deren Zuordnung auf die einzelnen Klassen wird von der Delegiertenversammlung des Bankenverbandes beschlossen. Der Zuschlag darf das 2,5fache der jeweils maßgeblichen Sätze im Sinne von § 5 Absatz 1 und Absatz 3 nicht überschreiten.

2. Neuaufgenommene Banken, die Jahresabschlüsse für drei volle Geschäftsjahre vorlegen können, werden neben der Umlage für das laufende Jahr zu einer einmaligen Zahlung in Höhe von 1,8 ‰ der nach Absatz 1 maßgeblichen Bemessungsgrundlage für die Umlage herangezogen, bezogen auf den letzten vor der Aufnahme liegenden Bilanzstichtag. Bei Banken, die noch keine Jahresabschlüsse für drei volle Geschäftsjahre vorlegen können, gelten für die Umlage im Jahr der Aufnahme sowie für die einmalige Zahlung in Höhe von 1,8 ‰ die nach Absatz 1 maßgeblichen Bemessungsgrundlagen, wie sie sich aus dem Jahresabschluss für das dritte volle Geschäftsjahr ergeben. Die einmalige Zahlung beträgt mindestens 25.000 €. Im Fall des Satzes 2 wird im Jahr der Aufnahme ein Vorschuss in Höhe von 2,4 ‰ bezogen auf das haftende Eigenkapital erhoben, mindestens jedoch ein Betrag von 25.000 €; die endgültige Abrechnung erfolgt nach Vorlage des Jahresabschlusses für das dritte volle Geschäftsjahr.
3. Der Vorstand des Bankenverbandes kann beschließen, dass die Anforderung der Jahresumlage ausgesetzt oder deren Höhe reduziert wird, wenn das Vermögen des Einlagensicherungsfonds eine angemessene Höhe erreicht hat. Der Vorstand des Bankenverbandes kann ferner auf Vorschlag des Ausschusses für die Einlagensicherung beschließen, dass Banken, die mehr als 20 Jahresumlagen gezahlt haben und der Klasse BBB+ oder einer besseren Klasse zugewiesen sind, von der Umlageverpflichtung befreit werden. Diese Befreiung gilt auch für solche Tochterbanken, für die die Bank eine Erklärung gemäß § 5 Absatz 10 des Statuts des Einlagensicherungsfonds abgegeben hat. Reichen die Mittel des Einlagensicherungsfonds für Maßnahmen zur Hilfeleistung im Sinne des § 2 Absatz 2 nicht aus oder ist es sonst zur Durchführung der Aufgaben des Einlagensicherungsfonds erforderlich, so kann der Vorstand des Bankenverbandes einen Zuschlag von 50 % auf die Jahresumlage oder die Erhebung einer Sonderumlage bis zur Höhe der Hälfte der Jahresumlage je Geschäftsjahr beschließen.
4. Jede Bank ist verpflichtet, in ihre Allgemeinen Geschäftsbedingungen folgende Klausel aufzunehmen und sie der Geschäftsbeziehung mit ihren Kunden zu Grunde zu legen:

   „Nummer 20“: Einlagensicherungsfonds

   (1) Schutzumfang:

   Die Bank ist dem Einlagensicherungsfonds des Bundesverbandes deutscher Banken e.V. angeschlossen. Der Einlagensicherungsfonds sichert alle Verbindlichkeiten, die in der Bilanzposition „Verbindlichkeiten gegenüber Kunden“ auszuweisen sind. Hierzu zählen Sicht-, Termin- und Spareinlagen einschließlich der auf den Namen lautenden Sparbriefe. Die Sicherungsgrenze je Gläubiger beträgt 30 % des für die Einlagensicherung maßgeblichen haften-

den Eigenkapitals der Bank. Diese Sicherungsgrenze wird dem Kunden von der Bank auf Verlangen bekannt gegeben. Sie kann auch im Internet unter www.bankenverband.de abgefragt werden.

(2) Ausnahmen vom Einlegerschutz:

Nicht geschützt sind Forderungen, über die die Bank Inhaberpapiere ausgestellt hat, wie z. B. Inhaberschuldverschreibungen und Inhabereinlagenzertifikate, sowie Verbindlichkeiten gegenüber Kreditinstituten.

(3) Ergänzende Geltung des Statuts des Einlagensicherungsfonds:

Wegen weiterer Einzelheiten des Sicherungsumfanges wird auf § 6 des Statuts des Einlagensicherungsfonds verwiesen, das auf Verlangen zur Verfügung gestellt wird.

(4) Forderungsübergang:

Soweit der Einlagensicherungsfonds oder ein von ihm Beauftragter Zahlungen an einen Kunden leistet, gehen dessen Forderungen gegen die Bank in entsprechender Höhe mit allen Nebenrechten Zug um Zug auf den Einlagensicherungsfonds über.

(5) Auskunftserteilung:

Die Bank ist befugt, dem Einlagensicherungsfonds oder einem von ihm Beauftragten alle in diesem Zusammenhang erforderlichen Auskünfte zu erteilen und Unterlagen zur Verfügung zu stellen.

5. Die Banken haben dem Bankenverband je eine Erklärung einzureichen, mit der sie die Bundesanstalt für Finanzdienstleistungsaufsicht, die Deutsche Bundesbank und den Prüfungsverband ermächtigen, den Bankenverband über alles zu unterrichten, was die bei der jeweiligen Bank unterhaltenen Einlagen als möglicherweise gefährdet erscheinen lässt. Gleichzeitig ist der Bankenverband ermächtigt, bei diesen Stellen alle hierfür erforderlichen Auskünfte einzuholen und sie über alle Vorfälle zu unterrichten, die ihm im Rahmen seiner Tätigkeit bekannt werden. Der Wortlaut der entsprechenden Ermächtigungserklärung ist als Anlage im Anhang zu diesem Statut wiedergegeben.

5a. Die Banken sind verpflichtet, den Bankenverband unverzüglich über das Entstehen, die Änderung und die Beendigung einer bedeutenden Beteiligung zu unterrichten und alle Informationen zur Verfügung zu stellen, damit beurteilt werden kann, ob die betroffenen Gesellschafter zuverlässig sind und den im Interesse der Gewährleistung einer soliden und umsichtigen Führung des Kreditinstituts zu stellenden Ansprüchen genügen.

6. Die Banken sind verpflichtet, die für die Klassifizierung gemäß § 4a erforderlichen Daten auf Anforderung zur Verfügung zu stellen.

7. Die Banken sind verpflichtet, den Prüfungsverband bei seiner Prüfungstätigkeit zu unterstützen. Für Zweigniederlassungen ausländischer Banken aus EWR-Staaten gelten die besonderen Regelungen, die im Anhang zu diesem Statut niedergelegt sind.

7a. Der Prüfungsverband kann einer Bank unter den nachfolgenden Voraussetzungen Auflagen erteilen, welche von der Bank unverzüglich zu erfüllen sind,

   a) wenn seitens einer in- oder ausländischen Aufsichtsbehörde oder Wirtschaftsprüfungsgesellschaft oder durch den Prüfungsverband im Rahmen einer Prüfung oder als Ergebnis einer bei Erwerb der Mitgliedschaft durchgeführten Aufnahmeprüfung eine Beanstandung erfolgt ist, welche das KWG, andere gesetzliche Regelungen, Rechtsverordnungen, Anordnungen, Verwaltungsvorschriften, die Aufsichtspraxis der zuständigen in- oder ausländischen Aufsichtsbehörde oder die Grundsätze des Innenbetriebes betrifft, oder

   b) wenn diese Auflagen geeignet sind, eine sonst drohende Gefahr einer Inanspruchnahme des Einlagensicherungsfonds abzuwenden.

   Außerdem kann der Prüfungsverband Auflagen erteilen, welche darauf abzielen, dass die bei Stellung des Aufnahmeantrages vorgetragenen wesentlichen Gegebenheiten und geschäftspolitischen Ziele, die als Grundlage für die Aufnahme der Bank dienten, eingehalten werden. Sofern die Bank insoweit eine wesentliche Änderung vornehmen will, hat vorher eine Beurteilung durch den Prüfungsverband zu erfolgen.

8. Die Banken übermitteln dem Bankenverband auf Anforderung unverzüglich eine Bestätigung ihres Abschlussprüfers, dass sie ihre Jahresumlage in richtiger Höhe berechnet haben.

9. Jede Bank ist verpflichtet, dem Bankenverband unverzüglich anzuzeigen, wenn die Eröffnung einer Zweigniederlassung im Ausland beabsichtigt ist.

10. Jede Bank ist verpflichtet, den Bankenverband von Verlusten freizustellen, die diesem durch eine Hilfeleistung zu Gunsten einer anderen Bank entstanden sind, an der der jeweiligen Bank die Mehrheit der Anteile gehört oder über die sie unmittelbar oder mittelbar einen beherrschenden Einfluss ausüben kann. Unbeschadet der sich aus Satz 1 ergebenden Verpflichtung haben die in Betracht kommenden Banken entsprechende ausdrückliche Erklärungen abzugeben.

    Außerdem haben Banken in entsprechender Anwendung der Sätze 1 und 2 eine Erklärung

    - von einer nicht an dem Einlagensicherungsfonds mitwirkenden natürlichen oder juristischen Person oder Personengesellschaft, der die Mehrheit der Anteile an der Bank gehört oder die unmittelbar oder mittelbar einen beherrschenden Einfluss auf die Bank ausüben kann, oder

- von mehreren Banken oder nicht an dem Einlagensicherungsfonds mitwirkenden natürlichen oder juristischen Personen oder Personengesellschaften, die gemeinsam unmittelbar oder mittelbar beherrschenden Einfluss auf die Bank ausüben können,

beizubringen.

Für die Beurteilung der Frage, ob in diesen Fällen jemandem die Mehrheit der Anteile gehört oder ein beherrschender Einfluss vorliegt, finden die §§ 16 ff. AktG unabhängig von der Rechtsform der Bank oder der beteiligten Banken, Kreditinstitute, natürlichen oder juristischen Personen und Personengesellschaften entsprechende Anwendung. Zur Durchführung der in den Sätzen 1 bis 4 enthaltenen Verpflichtungen haben die Banken dem Bankenverband jeweils unverzüglich anzuzeigen, an welchen Banken ihnen die Mehrheit der Anteile gehört und über welche Banken sie unmittelbar oder mittelbar einen beherrschenden Einfluss ausüben können; in entsprechender Weise haben die Banken den Bankenverband zu unterrichten, wenn bei ihnen die vorstehend genannten Voraussetzungen erfüllt sind. Der Wortlaut der entsprechenden Verpflichtungserklärung ist als Anlage im Anhang des Statuts wiedergegeben.

11. Jede Bank ist verpflichtet, die Auflagen zu erfüllen, die der Bankenverband im Zusammenhang mit einer für die Bank erfolgenden Maßnahme gemäß § 2 Absatz 2 vorschreibt; diese Auflagen können sachlicher und personeller Art sein. Soweit es im Hinblick auf Maßnahmen gemäß § 2 Absatz 2 notwendig ist, kann der Bankenverband von der jeweiligen Bank und deren Organen außerdem Auskünfte über alle Geschäftsangelegenheiten sowie die Vorlage von Büchern und Schriften verlangen. Bei der Ausführung von Tätigkeiten aufgrund des § 2 Absatz 2 haftet der Bankenverband oder ein von ihm Beauftragter gegenüber den Banken nur für Vorsatz und grobe Fahrlässigkeit.

11a. Führt der Bankenverband im Zusammenhang mit einer Maßnahme gemäß § 2 Absatz 2 von der Bank abgeschlossene Wertpapiergeschäfte aus, an deren Erfüllung diese infolge eines Zahlungs- oder Veräußerungsverbotes gemäß § 46a KWG gehindert ist, so gilt die Zustimmung der Bank zu allen Handlungen des Bankenverbandes als erteilt, die zu einer ordnungsgemäßen Durchführung dieser Geschäfte erforderlich sind.

11b. Jede Bank ist verpflichtet, dem Bankenverband unverzüglich anzuzeigen, wenn eine Abwicklung des bankgeschäftlichen Betriebes eingeleitet wird. Sofern nicht auszuschließen ist, dass während der Abwicklung Maßnahmen nach § 2 Absatz 2 notwendig werden, kann der Bankenverband Auflagen nach Absatz 11 vorschreiben.

12. Hat der Einlagensicherungsfonds zur Durchführung von Maßnahmen gemäß § 2 Absatz 2 Aufwendungen erbracht, so hat die Bank diese dem Bankenverband zu ersetzen, soweit nicht zwingende gesetzliche Vorschriften entgegenstehen. Die Geltendmachung sonstiger Ansprüche bleibt unberührt.

13. Die Information über die Mitwirkung am Einlagensicherungsfonds ist zulässig; die Banken sind berechtigt, die Tatsache ihrer Mitwirkung an dem Einlagensicherungsfonds, die Art der gemäß § 6 gesicherten Verbindlichkeiten und den Betrag, bis zu dem die Verbindlichkeiten gegenüber jedem Kunden durch den Einlagensicherungsfonds gesichert werden, durch Aushang in der Schalterhalle, durch Schreiben an bestimmte Personen und bei der Beantwortung von Anfragen bekannt zu geben. Nicht zulässig ist die Werbung mit der Sicherheit der Einlagen oder der Mitwirkung am Einlagensicherungsfonds in Presse, Rundfunk oder Fernsehen, durch Postwurfsendungen oder ähnliche Publikumswerbung. Die Banken sind verpflichtet, gegen eine unzulässige Werbung mit der Sicherheit ihrer Einlagen durch Dritte einzuschreiten.

14. Für Banken, die Mitglied des Bankenverbandes sind, ist ein einheitliches Signum geschaffen worden. Alle an der Einlagensicherung mitwirkenden Banken sind berechtigt, dieses Signum in ihren Schalterhallen, Schaufenstern oder Schaukästen sowie an den Eingangstüren aller Niederlassungen anzubringen und es im Schriftverkehr zu verwenden. Die Einzelheiten über die zulässigen Verwendungsformen, insbesondere über die Größe und Gestaltung des Signums, setzt die Delegiertenversammlung des Bankenverbandes fest. Für die Benutzung des Signums findet im Übrigen Absatz 13 Anwendung.

§ 6 Umfang der Einlagensicherung

1. Gesichert werden bei den Banken alle
   - Verbindlichkeiten gegenüber Nicht-Kreditinstituten (insbesondere Privatpersonen, Wirtschaftsunternehmen und öffentlichen Stellen), die in der Bilanzposition „Verbindlichkeiten gegenüber Kunden"[1)] auszuweisen sind;
   - Verbindlichkeiten gegenüber Kapitalanlagegesellschaften und deren Depotbanken, soweit es sich um Teile des Fondsvermögens handelt, und zwar in derselben Weise, wie die Verbindlichkeiten gegenüber Nicht-Kreditinstituten,

1) In dieser Position sind im Wesentlichen enthalten Sichteinlagen, Termineinlagen, Spareinlagen einschließlich der auf den Namen lautenden Sparbriefe.

und zwar je Gläubiger bis zu einer Sicherungsgrenze von 30 % des haftenden Eigenkapitals im Sinne von § 10 Absatz 2 KWG, wobei für die Bemessung der Sicherungsgrenze das Ergänzungskapital im Sinne von § 10 Absatz 2b KWG nur bis zur Höhe von 25 % des Kernkapitals im Sinne von § 10 Absatz 2a KWG Berücksichtigung findet. Maßgeblich sind die vom Prüfungsverband auf der Grundlage des letzten Prüfungsberichts des Jahresabschlussprüfers der Bank[2)] festgestellten Verhältnisse; darüber hinaus können Kapitalerhöhungen, die nach diesem Zeitpunkt von einem Wirtschaftsprüfer testiert worden sind, auf Antrag der Bank berücksichtigt werden. Setzt die Bundesanstalt für Finanzdienstleistungsaufsicht auf das haftende Eigenkapital einen Korrekturposten fest, so ist der Bankenverband befugt, die Sicherungsgrenze entsprechend zu verringern. Verbindlichkeiten, die die Sicherungsgrenze überschreiten, werden bis zur jeweiligen Höhe der Sicherungsgrenze geschützt. Bei Verbindlichkeiten gegenüber Kapitalanlagegesellschaften und deren Depotbanken gilt für die Berechnung der Sicherungsgrenze jeder Fonds als ein selbstständiger Gläubiger. Für Zweigniederlassungen ausländischer Banken aus EWR-Staaten gelten die besonderen Regelungen, die im Anhang zu diesem Statut niedergelegt sind.

1a. Nicht gesichert werden, auch wenn sie in der Bilanzposition „Verbindlichkeiten gegenüber Kunden“ auszuweisen sind,

- Verbindlichkeiten, über die eine Bank Inhaberpapiere ausgestellt hat,
- Verbindlichkeiten gegenüber ausländischen konzernverbundenen Unternehmen der Bank im Sinne von § 18 AktG, die ein Bankgeschäft entsprechend § 1 Absatz 1 Satz 2 Ziffer 2 KWG betreiben,
- Verbindlichkeiten aus Wertpapierpensions- bzw. Repogeschäften sowie Rücklieferungsverpflichtungen aus Wertpapierleihgeschäften,
- Verbindlichkeiten aus begebenen Hypothekennamenspfandbriefen und öffentlichen Namenspfandbriefen,
- Einlagen, zu deren Sicherstellung Hypothekennamenspfandbriefe und öffentliche Namenspfandbriefe ausgegeben sind,
- Verbindlichkeiten gegenüber Kreditinstituten mit Sonderaufgaben, die eine Restlaufzeit von mehr als fünf Jahren haben und für die den Gläubigern Schuldverschreibungen der Bank ausgehändigt worden sind.

---

2) Bei Zweigniederlassungen ausländischer Banken im Sinne von § 53 Absatz 1 KWG sind unter den in § 6 Absatz 1 genann- ten Voraussetzungen die Verbindlichkeiten bis zu einer Sicherungsgrenze von 30 % des haftenden Eigenkapitals zum Zeit- punkt des letzten veröffentlichten Jahresabschlusses der Zweigniederlassung gesichert. § 53 Absatz 2 Ziffer 4 KWG findet keine Anwendung.

2. Gehen Ansprüche aus Verbindlichkeiten, die nicht gemäß Absatz 1 gesichert werden, im Wege einer Einzel- oder Gesamtrechtsnachfolge auf ein Nicht-Kreditinstitut über, so sind diese Verbindlichkeiten nicht gesichert, wenn innerhalb von sechs Monaten seit dem Zeitpunkt des Übergangs die Durchführung von Maßnahmen gemäß § 2 Absatz 2 beschlossen wird.

3. Nicht gesichert sind ferner Verbindlichkeiten gegenüber

   a) Geschäftsleitern der Bank;

   b) persönlich haftenden Gesellschaftern der Bank, auch wenn sie keine Geschäftsleiter sind;

   c) Kommanditisten, Gesellschaftern einer Gesellschaft mit beschränkter Haftung, Aktionären und stillen Gesellschaftern, wenn der Kapitalanteil des Gesellschafters an der Bank 50 % und mehr beträgt; § 19 Absatz 2 KWG findet entsprechende Anwendung. Die Verbindlichkeiten sind jedoch gesichert, wenn es sich um solche aus Ansprüchen handelt, die zum gebundenen Vermögen im Sinne von § 54 VAG oder zum Fondsvermögen im Sinne von § 2 InvG zählen;

   d) Mitgliedern eines zur Überwachung der Geschäftsführung bestellten Organs der Bank, wenn die Überwachungsbefugnisse des Organs durch Gesetz geregelt sind (Aufsichtsorgan);

   e) Ehegatten und minderjährigen Kindern der unter Buchstaben a) bis d) genannten Personen, es sei denn, dass die Gelder aus dem eigenen Vermögen des Ehegatten und des minderjährigen Kindes stammen;

   f) dritten Personen, die für Rechnung einer der unter Buchstaben a) bis e) genannten Personen handeln.

   Gehen Ansprüche aus Verbindlichkeiten, die gegenüber den in Satz 1 aufgeführten Personen begründet worden waren, im Wege einer Einzel- oder Gesamtrechtsnachfolge auf eine dritte Person über, so sind diese Verbindlichkeiten ebenfalls nicht gesichert, wenn innerhalb von sechs Monaten seit dem Zeitpunkt des Übergangs die Durchführung von Maßnahmen gemäß § 2 Absatz 2 beschlossen wird.

   Nicht gesichert sind ferner Verbindlichkeiten, die auf Rechtshandlungen beruhen, die in einem Insolvenzverfahren gemäß §§ 129 ff. InsO i. V. mit § 46 c KWG anfechtbar wären.

4. Bei der Berechnung der geschützten Verbindlichkeiten im Sinne von Absatz 1 werden alle Verbindlichkeiten gegenüber einem Gläubiger zusammengerechnet; etwaige Gegenforderungen der Bank werden abgezogen, auch wenn diese noch nicht fällig sind. Ferner finden zu Gunsten des Bankenverbandes die für einen Bürgen geltenden Vorschriften der §§ 768, 770, 776 BGB entsprechende Anwendung.

5. Die Zahlungen umfassen im Rahmen der Sicherungsgrenze auch Zinsansprüche. Diese laufen grundsätzlich bis zur Rückzahlung der Verbindlichkeiten, längstens bis zur Eröffnung eines Insolvenzverfahrens. Der Einlagensicherungsfonds leistet Zahlungen jedoch nur für Zinsen in marktüblicher Höhe. Der Einlagensicherungsfonds kann seine sämtlichen Zahlungen an den einzelnen Gläubiger davon abhängig machen, dass dieser darauf verzichtet, die gemäß Satz 3 nicht geschützten Zinsansprüche gegenüber der Bank geltend zu machen.

6. Bei Anderkonten wird für die Berechnung der Sicherungsgrenze gemäß Absatz 1 auf die Person des Treugebers abgestellt. Gleiches gilt für offene Treuhandkonten, sofern in der Kontobezeichnung das Treuhandverhältnis sowie die Treugeber eindeutig gekennzeichnet sind und das Bestehen des Treuhandverhältnisses dem Einlagensicherungsfonds nachgewiesen wird. Im Übrigen werden die Treuhandkonten wie Konten des Treuhänders behandelt.

7. Bei Gemeinschaftskonten werden die Guthaben und Forderungen den Kontoinhabern – unabhängig von der Form des Kontos und von dem der Gemeinschaft zu Grunde liegenden Rechtsverhältnis – für die Berechnung der Sicherungsgrenze und der geschützten Verbindlichkeit zu gleichen Anteilen zugerechnet. Sodann werden zunächst die gegenüber den einzelnen Kontomitinhabern aus ihrer persönlichen Geschäftsverbindung mit der Bank bestehenden Verbindlichkeiten geschützt. Soweit diese Verbindlichkeiten die Sicherungsgrenze nicht ausschöpfen, wird der dem einzelnen Kontomitinhaber zustehende Anteil an dem Gemeinschaftsguthaben für die Sicherung des Gemeinschaftsguthabens verwendet. Diese Vorschriften gelten nicht für Konten von Wohnungseigentümergemeinschaften, die den Bestimmungen des Wohnungseigentumsgesetzes unterliegen; ihre Konten werden wie Einzelkonten gemäß den Absätzen 1 und 4 behandelt.

8. Endet die Mitwirkung einer Bank an dem Einlagensicherungsfonds, so hat sie ihre Gläubiger, gegenüber denen Verbindlichkeiten im Sinne des Absatzes 1 bestehen, hiervon unverzüglich in Kenntnis zu setzen und sie auf die Folgen hinzuweisen, die sich hieraus ergeben. Der Bankenverband gibt das Ausscheiden im Bundesanzeiger und in einer Tageszeitung am Sitz der Bank für deren Rechnung bekannt. Verbindlichkeiten, die später als einen Monat nach der Bekanntgabe im Bundesanzeiger begründet oder prolongiert werden oder die der Gläubiger nach diesem Zeitpunkt nicht zum nächstmöglichen Termin kündigt bzw. zurückfordert, sind nicht gesichert.

9. Maßgebend für die Entschädigung der Gläubiger ist die Sicherungsgrenze, die der Bank als Ergebnis der Feststellung des Prüfungsverbandes mitge-

teilt worden ist und im Internet unter www.bankenverband.de abgerufen werden kann. Eine Herabsetzung der Sicherungsgrenze wird mit Einstellung in das Internet wirksam. Die Bekanntgabe der neuen Sicherungsgrenze im Bundesanzeiger und in einer Tageszeitung am Sitz der Bank kann der Bankenverband für Rechnung der Bank vornehmen. Die Bank ist verpflichtet, die Gläubiger, die durch ein Herabsinken der Sicherungsgrenze betroffen werden, hierüber unverzüglich zu unterrichten. Diese Einlagen sind bis zur Fälligkeit oder bis zur nächstmöglichen Kündigung nach der Information über die Herabsetzung bis zur alten Sicherungsgrenze geschützt.

10. Ein Rechtsanspruch auf ein Eingreifen oder auf Leistungen des Einlagensicherungsfonds besteht nicht.

11. Der Einlagensicherungsfonds wird Entschädigungsleistungen nach dem Statut nur erbringen, wenn und soweit die Gläubiger nicht durch eine andere Sicherungseinrichtung oder durch eine Entschädigungseinrichtung gemäß dem Einlagensicherungs- und Anlegerentschädigungsgesetz entschädigt werden.

§ 7 Ausschuss für die Einlagensicherung

1. Beim Bankenverband wird ein Ausschuss für die Einlagensicherung gebildet. Er besteht aus

   a) je einem der Vertreter der Großbanken,

   b) drei Vertretern der Regionalbanken, der Auslandsbanken und der sonstigen Banken und

   c) drei Vertretern der Privatbankiers.

   Jedes Mitglied des Ausschusses hat einen derselben Bankengruppe angehörenden Stellvertreter. Mitglieder und Stellvertreter müssen aktive Inhaber oder Geschäftsleiter von an dem Einlagensicherungsfonds mitwirkenden Banken sein.

2. Der Ausschuss wird von der Delegiertenversammlung des Bankenverbandes für die Dauer von drei Jahren gewählt; seine Mitglieder und deren Stellvertreter bleiben im Amt bis ein neuer Ausschuss gewählt wird, längstens jedoch für die Dauer der aktiven Tätigkeit in ihrer Bank oder für die Dauer der Mitwirkung ihrer Bank an dem Einlagensicherungsfonds. Scheidet ein Mitglied des Ausschusses oder ein Stellvertreter vor Ablauf der Amtsdauer aus, so wählt die Delegiertenversammlung des Bankenverbandes für den Rest der Amtsdauer ein neues Mitglied oder einen neuen Stellvertreter.

3. Der Ausschuss wählt aus seiner Mitte seinen Vorsitzer und dessen Stellvertreter.

4. Der Ausschuss wird durch seinen Vorsitzer und bei dessen Verhinderung durch seinen Stellvertreter einberufen. Er muss einberufen werden, wenn es alle Vertreter einer Institutsgruppe verlangen. In dringenden Fällen kann der Vorsitzer oder bei dessen Verhinderung sein Stellvertreter schriftliche oder fernmündliche Abstimmung anordnen.

5. Der Ausschuss ist beschlussfähig, wenn mindestens sechs seiner Mitglieder an der Sitzung teilnehmen oder sich bei schriftlicher oder telefonischer Abstimmung äußern. Sind Mitglieder des Ausschusses verhindert, so können sie entweder ihren Stellvertreter entsenden oder ein anderes Mitglied ermächtigen, ihr Stimmrecht auszuüben; in diesen Fällen gilt das verhinderte Mitglied als anwesend. Zur Beschlussfassung ist eine Mehrheit von mindestens sechs Stimmen erforderlich.

6. Der Ausschuss hat folgende Aufgaben:
   a) Entscheidungen über Maßnahmen zur Hilfeleistung (§ 2 Absatz 2),
   b) Aufstellung von Richtlinien über die Anlage des Fondsvermögens,
   c) Vorlage der Jahresrechnung über das Fondsvermögen,
   d) Erledigung der ihm vom Vorstand des Bankenverbandes übertragenen Aufgaben; die Entscheidungen gemäß § 4 Absatz 5 können nicht übertragen werden,
   e) neben den in Buchstaben a) – d) geregelten Aufgaben noch die übrigen, ihm durch dieses Statut zugewiesenen Aufgaben.

   Der Vorstand des Bankenverbandes kann jederzeit die Aufgaben des Ausschusses übernehmen.

§ 8 Einschaltung des Prüfungsverbandes

Bei der Prüfung, ob die Voraussetzungen für die Mitwirkung an dem Einlagensicherungsfonds vorliegen, ist der Prüfungsverband einzuschalten. Zur Prüfung des Vorliegens der Voraussetzungen des § 3 Absatz 1 Buchstabe c) können Prüfungen auch bei folgenden Personen oder Unternehmen erfolgen:

a) Personen oder Unternehmen, welche eine bedeutende Beteiligung im Sinne des § 1 Absatz 9 KWG an einer Bank zu erwerben beabsichtigen oder bereits erworben haben, oder

b) Unternehmen, welche im Verhältnis zu einer Bank, oder einem Inhaber einer bedeutenden Beteiligung im Sinne des vorstehenden Buchstaben a) verbundene Unternehmen im Sinne des § 15 AktG oder des § 271 Absatz 2 HGB sind oder werden sollen.

§ 9 Bekanntgabe der Mitwirkung an dem Einlagensicherungsfonds

Der Bankenverband ist berechtigt, die Namen der an dem Einlagensicherungsfonds mitwirkenden Banken und diesbezügliche Veränderungen bekannt zu machen.

§ 10 Keine Ansprüche der Bank

Ein Rechtsanspruch der Banken auf Hilfeleistung oder auf das Vermögen des Einlagensicherungsfonds besteht nicht. Letzteres gilt insbesondere für Banken, deren Mitwirkung am Einlagensicherungsfonds geendet hat.

§ 11 Geheimhaltungs- und Schweigepflicht

1. Die Mitglieder der Organe und Ausschüsse des Bankenverbandes und seiner Mitgliedsverbände sind verpflichtet, alles, was sie in dieser Eigenschaft über die Tätigkeit und die Arbeitsergebnisse des Einlagensicherungsfonds sowie über die Verhältnisse der angeschlossenen Banken und über deren Kunden erfahren, unter Wahrung strengster Verschwiegenheit nicht unbefugt zu offenbaren oder zu verwerten, und zwar auch nicht nach Beendigung ihrer Zugehörigkeit zu den Organen und Ausschüssen. Diese Verpflichtung ist auch den Mitarbeitern des Bankenverbandes und den sonst von diesem eingeschalteten Personen aufzuerlegen.
2. Absatz 1 gilt nicht für Mitteilungen, die der Bundesanstalt für Finanzdienstleistungsaufsicht, der Deutschen Bundesbank oder dem Prüfungsverband von Organen des Bankenverbandes im Zusammenhang mit den Aufgaben des Einlagensicherungsfonds nach pflichtgemäßem Ermessen gemacht werden. Absatz 1 gilt ferner nicht für Mitteilungen an einen Mitgliedsverband des Bankenverbandes, die im Zusammenhang mit der Aufnahme oder dem Ausschluss einer Bank erfolgen.

§ 12 Auflösung des Einlagensicherungsfonds

Über die Auflösung des Einlagensicherungsfonds und die Verwendung des Fondsvermögens entscheidet die Mitgliederversammlung.

Zusatzregelung für die Mitwirkung von Zweigniederlassungen ausländischer Banken aus EWR-Staaten an der Einlagensicherung

Für die an der Einlagensicherung mitwirkenden Zweigniederlassungen von Banken mit Sitz in anderen EWR-Staaten gelten nachfolgende besondere Regelungen. Soweit Zweigniederlassungen von Banken aus Drittstaaten aufgrund von Verfügungen der zuständigen staatlichen deutschen Stellen den Zweigniederlassungen aus EWR-Staaten bankaufsichtsrechtlich ganz oder teilweise gleichgestellt sind, können die nachstehenden Regelungen auf Beschluss des

Ausschusses für die Einlagensicherung ganz oder teilweise auch auf diese Zweigniederlassungen Anwendung finden.

1. Umlage

Bezüglich der Bemessungsgrundlage für die Umlage gilt anstelle von § 5 Absatz 1 des Statuts des Einlagensicherungsfonds folgende Regelung: Die Zweigniederlassungen ausländischer Banken mit Sitz im Europäischen Wirtschaftsraum sind verpflichtet, jeweils zum 30. Juni eines jeden Jahres eine Umlage in Höhe von 0,6 ‰ derjenigen zum Stichtag des 31. Dezember des Vorjahres unterhaltenen Einlagen zu zahlen, die bei im Inland bilanzierungspflichtigen Banken in der Bilanzposition „Verbindlichkeiten gegenüber Kunden" auszuweisen wären. Hiervon sind die Einlagen abzuziehen, die durch die Sicherungseinrichtung des Heimatlandes geschützt sind. Die Zweigniederlassungen sind verpflichtet, das Volumen der diesbezüglichen Einlagen buchhalterisch zu erfassen und dem Bankenverband nachzuweisen.

2. Sicherungsgrenze

Statt § 6 Absatz 1 des Statuts des Einlagensicherungsfonds gilt folgende Bestimmung: Bei den Zweigniederlassungen ausländischer Banken mit Sitz im Europäischen Wirtschaftsraum wird die Sicherungsgrenze auf Antrag der Bank wie folgt festgelegt:

Alternative 1:

Unterhält die Zweigniederlassung in der Bundesrepublik Deutschland ein Dotationskapital im Sinne von § 53 Absatz 2 Ziffer 4 KWG, so kann dieses entsprechend der Regelung in § 6 Absatz 1 des Statuts als Bemessungsgrundlage für die Ermittlung der Sicherungsgrenze herangezogen werden, sofern das Dotationskapital dauerhaft zur Verfügung steht, mindestens jedoch bis zum nächsten Bilanzstichtag der Zentrale.

Alternative 2:

Der Teil des bankaufsichtsrechtlich anerkannten haftenden Eigenkapitals der Gesamtbank wird der Zweigniederlassung als Berechnungsgrundlage für die Ermittlung der Sicherungsgrenze zugewiesen, der dem Verhältnis der um alle Beziehungen zu den eigenen Häusern und zu verbundenen Unternehmen bereinigten Zweigniederlassungenbilanzsumme zu der entsprechend bereinigten Gesamtbilanzsumme der Bank zum Stichtag entspricht.

Die Zweigniederlassung ist verpflichtet, die folgenden vom Abschlussprüfer der Gesamtbank testierten Angaben zur Verfügung zu stellen:

- die Bilanzsumme der Gesamtbank, bereinigt um alle Beziehungen zu eigenen Häusern und zu verbundenen Unternehmen,

- die Bilanzsumme für die Zweigniederlassung, bereinigt um alle Beziehungen zu eigenen Häusern und zu verbundenen Unternehmen,
- die Höhe des bankaufsichtsrechtlich anerkannten haftenden Eigenkapitals der Gesamtbank, unterteilt nach Kern- und Ergänzungskapital,
- die Höhe der nach Ziffer 4 geschützten Kundeneinlagen der Zweigniederlassung.

Für diese Angaben ist grundsätzlich der letzte Bilanzstichtag der Zentrale maßgeblich; die Daten können jedoch auch für einen weiteren, vom Prüfungsverband anzugebenden Stichtag oder auch für mehrere Stichtage verlangt werden, sofern die Daten des Bilanzstichtages nach Auffassung des Prüfungsverbandes der durchschnittlichen Geschäftssituation der Zweigniederlassung nicht entsprechen.

Alternative 3:

Die Sicherungsgrenze wird ohne weiteren Nachweis auf 1,5 Mio Euro pauschal festgelegt.

3. Prüfung der Zweigniederlassungen

In Ergänzung zu § 5 Absatz 7 des Statuts des Einlagensicherungsfonds gilt folgende Regelung:

Die Zweigniederlassungen ausländischer Banken mit Sitz im Europäischen Wirtschaftsraum sind verpflichtet, dem Prüfungsverband die von diesem für erforderlich gehaltenen Auskünfte – auch soweit sie nur in der Zentrale der Bank beschafft werden können – zur Verfügung zu stellen, einer Einholung von Informationen bei der Aufsichtsbehörde des Heimatlandes zuzustimmen und sich durch den Prüfungsverband prüfen zu lassen. Der Prüfungsverband ist berechtigt, alle Prüfungshandlungen, die zur sicheren Beurteilung der Verhältnisse der Zweigniederlassung erforderlich erscheinen, ohne örtliche und sachliche Beschränkung bei der Bank durchzuführen.

4. Verhältnis zur Heimatlandeinlagensicherung

Der Einlagensicherungsfonds wird Entschädigungsleistungen entsprechend dem Statut nur erbringen, wenn und soweit die Guthaben durch die Heimatlandeinlagensicherung nicht geschützt werden.

Anlagen

Anlage zu § 4a des Statuts des Einlagensicherungsfonds

Grundsätze für das Klassifizierungsverfahren

§ 1 Alle an der Einlagensicherung mitwirkenden Banken werden jährlich klassifiziert. Eine Klassifizierung wird zusätzlich vorgenommen, wenn der

Prüfungsverband Erkenntnisse dafür hat, dass die Verhältnisse der Bank sich seit der letzten Klassifizierung erheblich verändert haben.

§ 2 Die Klassifizierung erfolgt aufgrund der Bewertung wesentlicher quantitativer und qualitativer Aspekte des Finanz- und des Geschäftsprofils mittels eines Kennziffern- und Kriteriensystems. Maßgeblich ist insoweit die Systembeschreibung zum Klassifizierungsverfahren, die nach Billigung des Ausschusses für die Einlagensicherung und des Vorstandes des Bankenverbandes von der Delegiertenversammlung des Bankenverbandes beschlossen wird. Die Delegiertenversammlung kann den Vorstand des Bankenverbandes ermächtigen, die für die Klassifizierung maßgeblichen Einzelkriterien sowie deren Gewichtung zu ändern.

§ 3 Eine Bank, für die eine andere am Einlagensicherungsfonds mitwirkende Bank eine Freistellungserklärung gemäß § 5 Absatz 10 des Statuts des Einlagensicherungsfonds abgegeben hat, erhält auf Antrag die Klassifizierung der beteiligten Bank, sofern deren Klassifizierung besser als die eigene ist. Beim Vorhandensein mehrerer Freistellungserklärungen von mitwirkenden Banken wird auf das beste Klassifizierungsergebnis abgestellt. Die vorstehende Regelung gilt entsprechend, wenn die Freistellungserklärung von einem nicht an der Einlagensicherung mitwirkenden inländischen Kreditinstitut oder einem solchen mit Sitz in einem anderen EWR-Staat abgegeben worden ist, und das beteiligte Kreditinstitut sich der Klassifizierung nach Maßgabe dieser Grundsätze unterworfen hat.

§ 4 Die Klassifizierung wird vom Prüfungsverband durchgeführt. Dieser kann sich zur Erfüllung seiner Aufgaben Dritter bedienen, insbesondere die Arbeiten an eine Beteiligungsgesellschaft übertragen. Der Prüfungsverband ist ferner ermächtigt, Wirtschaftsprüfer oder Wirtschaftsprüfungsgesellschaften mit der Ausführung von unterstützenden Leistungen bei der Klassifizierung von ausländischen Banken zu beauftragen, soweit solche Leistungen im Hinblick auf die Rechnungslegungsvorschriften oder andere Rechtsnormen des betreffenden Heimatlandes zweckmäßig erscheinen.

§ 5 Als Ergebnis der Klassifizierung wird eine Bank einer der 22 Klassen von AAA bis D zugewiesen.[3)]

Die Intensität der Einlagensicherungsprüfungen richtet sich auch nach der jeweiligen Einstufung der Bank.

§ 6 (weggefallen)

§ 7 Neu aufgenommene Banken, die noch keine Jahresabschlüsse für drei volle Geschäftsjahre vorlegen können, werden bis einschließlich zur Vor-

---

3) Ratingklassen: AAA, AA+, AA, AA–, A+, A, A– ;BBB+, BBB, BBB–, BB+, BB, BB–, B+, B, B– ; CCC+, CCC, CCC–, CC, C; D

lage des Jahresabschlusses für das dritte volle Geschäftsjahr der Eingangsstufe zugewiesen. Banken, die sich in der Eingangsstufe befinden, können vom Prüfungsverband häufiger und umfassender geprüft werden als sonstige an der Einlagensicherung mitwirkende Banken.

Banken können bei entsprechendem späteren Klassifizierungsergebnis auch schon während ihrer Zugehörigkeit zur Eingangsstufe zugleich in die Klasse BBB oder eine schlechtere Klasse eingestuft werden.

§ 8 Das Klassifizierungsergebnis wird ausschließlich der Geschäftsleitung der betroffenen Bank, dem Vorstand des Prüfungsverbandes sowie dem für die Einlagensicherung zuständigen Mitglied der Hauptgeschäftsführung des Bankenverbandes mitgeteilt.

Das Klassifizierungsergebnis ist von allen Beteiligten streng vertraulich zu behandeln. Die betroffenen Banken dürfen es insbesondere weder im Geschäftsverkehr bekannt geben noch in der Werbung erwähnen. Der Prüfungsverband ist berechtigt, das Klassifzierungsergebnis den zuständigen in- oder ausländischen Aufsichtsbehörden sowie dem Aufsichtsorgan der betroffenen Bank bekannt zu geben.

§ 9 Für die Bank besteht die Möglichkeit, wegen des Klassifizierungsergebnisses ein Schiedsgericht anzurufen, das darüber zu befinden hat, ob im konkreten Fall die Klassifizierung entsprechend der vorgegebenen Systembeschreibung vorgenommen worden ist.

Die betroffene Bank sowie der Prüfungsverband haben je einen Schiedsrichter zu benennen. Die Schiedsrichter verständigen sich auf einen Vorsitzenden, bei dem es sich um einen insbesondere mit der Prüfung von Banken befassten Wirtschaftsprüfer handeln soll.

Die Anrufung des Schiedsgerichts hat für die Pflicht zur Zahlung einer erhöhten Umlage und für sonstige Maßnahmen keine aufschiebende Wirkung. Die erhöhte Umlage wird jedoch erstattet, sofern das Schiedsgericht zu dem Ergebnis kommt, dass die Einstufung unzutreffend war.

Eine Bank, die in einem Schiedsverfahren ganz oder teilweise unterliegt, hat die Kosten des Schiedsgerichts im Umfange ihres Unterliegens zu tragen.

§ 10 Unabhängig von weiteren möglichen Konsequenzen aus § 4 Absatz 2 des Statuts wird eine Bank im Falle fehlender, unvollständiger oder auf Grund ihres beschränkten Aussagegehaltes unzureichender Klassifizierungsunterlagen nach Ablauf einer angemessenen Nachreichungsfrist einer entsprechend niedrigeren Klasse zugeordnet. Der Grad der Abstufung ist abhängig von Art und Umfang der betroffenen Klassifizierungsunterlagen, er kann bis zu drei Klassen betragen.

Anlage zu § 5 Absatz 5 des Statuts des Einlagensicherungsfonds

Wortlaut der Ermächtigungserklärungen

- Ich (Wir) ermächtige(n) hiermit die **Bundesanstalt für Finanzdienstleistungsaufsicht**[4], den Bundesverband deutscher Banken e.V. – Einlagensicherungsfonds – über alles zu unterrichten, was die bei mir (uns) unterhaltenen Einlagen als möglicherweise gefährdet erscheinen lässt. Gleichzeitig ermächtige(n) ich (wir) den Bundesverband deutscher Banken e.V. – Einlagensicherungsfonds –, bei der Bundesanstalt für Finanzdienstleistungsaufsicht alle hierfür erforderlichen Auskünfte einzuholen. Diese Erklärung ist für die Dauer meiner (unserer) Mitwirkung an dem innerhalb des Bundesverbandes deutscher Banken e.V. bestehenden Einlagensicherungsfonds und – solange bei mir (uns) unterhaltene Einlagen von dem Statut des Einlagensicherungsfonds geschützt sind – während des in § 4 Absatz 8 des Statuts des Einlagensicherungsfonds bestimmten Zeitraums unwiderruflich.
- Ich (Wir) ermächtige(n) hiermit die **Deutsche Bundesbank**, den Bundesverband deutscher Banken e.V. – Einlagensicherungsfonds – über alles zu unterrichten, was die bei mir(uns) unterhaltenen Einlagen als möglicherweise gefährdet erscheinen lässt. Gleichzeitig ermächtige(n) ich (wir) den Bundesverband deutscher Banken e.V. – Einlagensicherungsfonds –, bei der Deutschen Bundesbank alle hierfür erforderlichen Auskünfte einzuholen. Diese Erklärung ist für die Dauer meiner (unserer) Mitwirkung an dem innerhalb des Bundesverbandes deutscher Banken e.V. bestehenden Einlagensicherungsfonds und – solange bei mir (uns) unterhaltene Einlagen von dem Statut des Einlagensicherungsfonds geschützt sind – während des in § 4 Absatz 8 des Statuts des Einlagensicherungsfonds bestimmten Zeitraums unwiderruflich.
- Ich (Wir) ermächtige(n) hiermit den **Prüfungsverband deutscher Banken e.V.**, den Bundesverband deutscher Banken e.V. – Einlagensicherungsfonds – über alles zu unterrichten, was die bei mir (uns) unterhaltenen Einlagen als möglicherweise gefährdet erscheinen lässt oder was die Verpflichtungen betrifft, die sich für mich (uns) aus dem Statut des Einlagensicherungsfonds ergeben. Gleichzeitig ermächtige(n) ich (wir) den Bundesverband deutscher Banken e.V. – Einlagensicherungsfonds –, bei dem Prüfungsverband deutscher Banken e.V. alle hierfür erforderlichen Auskünfte einzuholen. Diese Erklärung ist für die Dauer meiner (unserer) Mitwirkung an dem innerhalb des Bundesverbandes deutscher Banken e.V. bestehenden Einlagensicherungsfonds und – solange bei mir (uns) unterhaltene Einlagen von dem Statut des Einlagensicherungsfonds geschützt sind – während des in

4) Bei Zweigniederlassungen ausländischer Banken mit Sitz in einem anderen Staat des Europäischen Wirtschaftsraums werden die Worte „Bundesanstalt für Finanzdienstleistungsaufsicht“ ersetzt durch „die Bankaufsichtsbehörde unseres Herkunftslandes, ...“ (amtliche Bezeichnung).

§ 4 Absatz 8 des Statuts des Einlagensicherungsfonds bestimmten Zeitraums unwiderruflich.

Anlage zu § 5 Absatz 10 des Statuts des Einlagensicherungsfonds

Wortlaut der Verpflichtungserklärung

Ich (Wir) stehe(n) zu d...................................... (im Folgenden „Bank") in einer Verbindung, wie sie § 5 Absatz 10 des Statuts des innerhalb des Bundesverbandes deutscher Banken e.V. bestehenden Einlagensicherungsfonds umschreibt. Ich (Wir) verpflichte(n) mich (uns), den Bundesverband deutscher Banken e.V. von allen Verlusten freizustellen, die diesem durch Maßnahmen gemäß § 2 Absatz 2 des Statuts des Einlagensicherungsfonds zu Gunsten der Bank entstehen.

Diese Erklärung bleibt bis zum Widerruf wirksam, und zwar unabhängig davon, ob meine (unsere) Verbindung im Sinne des § 5 Absatz 10 des Statuts des Einlagensicherungsfonds zu der Bank in irgendeiner Weise fortbesteht. Sie ist unwiderruflich, solange eine solche Verbindung fortbesteht. Wird diese Erklärung in einem Zeitpunkt widerrufen, in dem bereits Tatsachen vorliegen, die zu Maßnahmen gemäß § 2 Absatz 2 des Statuts des Einlagensicherungsfonds führen, so gilt meine (unsere) Verpflichtung gemäß Absatz 1 dieser Erklärung auch hinsichtlich dieser Maßnahmen.

Für Streitigkeiten aus dieser Erklärung ist ausschließlich das Landgericht Berlin zuständig.

Für alle Rechtsbeziehungen, die sich aus dieser Erklärung ergeben, gilt das Recht der Bundesrepublik Deutschland.

Frau/Herr/Firma .... ernennt und bevollmächtigt hiermit unwiderruflich .... als Zustellungsbevollmächtigten für alle Schriftstücke, Erklärungen und jede andere Form von Mitteilungen aus oder im Zusammenhang mit möglichen oder bereits anhängigen Rechtsstreitigkeiten aus oder im Zusammenhang mit dieser Erklärung. Für den Fall, dass der ernannte Zustellungsbevollmächtigte diese Aufgabe aus rechtlichen oder tatsächlichen Gründen nicht mehr ausüben kann, verpflichten wir uns, unverzüglich einen anderen im Gebiet der Bundesrepublik Deutschland ansässigen Zustellungsbevollmächtigten zu ernennen und diese Ernennung dem Einlagensicherungsfonds unverzüglich mitzuteilen.[5)]

Ort und Datum .... Unterschriften ....

5) Dieser Satz ist zu streichen, wenn der Unterzeichner dieser Erklärung seinen Sitz in der Bundesrepublik Deutschland hat.

2. Statut der Sicherungseinrichtung (SE-St)

Bundesverband der Deutschen Volksbanken und Raiffeisenbanken (BVR)

Stand Januar 2010

Inhalt

Präambel

[1] Beim Bundesverband der Deutschen Volksbanken und Raiffeisenbanken e. V. (BVR) besteht eine Sicherungseinrichtung mit einem Garantiefonds und einem Garantieverbund.

[2] Die Sicherungseinrichtung ist von entscheidender Bedeutung für die genossenschaftlichen Institute, denn sie stellt maßgeblich deren Bonität sicher. Wesentliche Voraussetzung für die Funktionsfähigkeit der Sicherungseinrichtung ist die Solidarität der genossenschaftlichen Institute. Diese Solidarität begrenzt zwar die genossenschaftlichen Grundsätze der Selbstverantwortung und Selbstverwaltung, ist aber eine notwendige Bedingung für die Selbstständigkeit der genossenschaftlichen Institute und die Dezentralität der genossenschaftlichen Institutsgruppe. Um ihre Aufgaben erfüllen zu können, muss die Sicherungseinrichtung über geeignete Strukturen und Instrumente verfügen.

I. Aufgabe der Sicherungseinrichtung; Anerkennung der Sicherungseinrichtung; Vermögen des BVR; Anschluss an die Sicherungseinrichtung; Klassifizierung

§ 1 Aufgabe der Sicherungseinrichtung

[1] Die Sicherungseinrichtung hat die Aufgabe, drohende oder bestehende wirtschaftliche Schwierigkeiten bei den dem Garantiefonds gemäß § 3 angeschlossenen Instituten abzuwenden oder zu beheben (Institutsschutz) und Beeinträchtigungen des Vertrauens in die genossenschaftlichen Institute zu verhüten.

[2] Zur Durchführung der in Absatz 1 umschriebenen Aufgabe sind insbesondere Maßnahmen zur Abwendung von Fehlentwicklungen bei Instituten, Deckungsmaßnahmen zu Gunsten von Instituten sowie die Übernahme von Verpflichtungen zur Vermeidung aufsichtsrechtlicher Maßnahmen gegenüber Instituten zulässig.

[3] Geschützt werden stets:

a) die Einlagen der Kunden bei den dem Garantiefonds gemäß § 3 Absatz 1 angeschlossenen Instituten, die Schuldverschreibungen der dem Garantiefonds gemäß § 3 Absatz 1 angeschlossenen Institute im Besitz von Kunden, die Verbindlichkeiten der dem Garantiefonds gemäß § 3 Absatz 1 angeschlossenen Institute aus Prozessbürgschaften und die Verbindlichkeiten der dem Garantiefonds angeschlossenen Institute gegenüber Kapitalanlagegesellschaften, soweit es sich um Teile des Fondsvermögens handelt; Einlagen der Kunden sind im Wesentlichen Spareinlagen, Sparbriefe, Termineinlagen und Sichteinlagen; im Übrigen wird auf die in den Verfahrensregeln genannten Bilanzpositionen verwiesen (vgl. auch Ziffer 1 der Verfahrensregeln),

b) die Mittel, die den dem Garantiefonds gemäß § 3 Absatz 1 angeschlossenen Instituten von Kreditinstituten außerhalb des genossenschaftlichen Verbundes für öffentlich geförderte Zwecke (z. B. von der Kreditanstalt für Wiederaufbau) zur Verfügung gestellt werden,

c) die Verbindlichkeiten der dem Garantiefonds gemäß § 3 Absatz 2 angeschlossenen Institute gegenüber Kunden aus Wertpapiergeschäften.

§ 1a Anerkennung der Sicherungseinrichtung

[1] Die Sicherungseinrichtung ist institutssichernde Einrichtung gemäß § 12 Einlagensicherungs- und Anlegerentschädigungsgesetz.

[2] Die Sicherungseinrichtung ist Sicherungssystem im Sinne von § 10c Absatz 2 Satz 1 KWG. Die Institute, die der Sicherungseinrichtung angeschlossen sind, sind Institute im Sinne von § 10c Absatz 2 Satz 1 Nr. 1 KWG.

§ 2 Vermögen des BVR

[1] Die im Garantiefonds angesammelten Mittel und das Garantievolumen des Garantieverbundes sind Vermögen des BVR.

[2] Die Garantiefondsmittel sind getrennt vom sonstigen Vermögen des BVR anzulegen (vgl. auch Ziffer 1a der Verfahrensregeln).

[3] Die Garantiefondsmittel und das Garantievolumen sind vom BVR getrennt von seinem sonstigen Vermögen zu verwalten.

§ 3 Anschluss an die Sicherungseinrichtung

[1] Einlagenkreditinstitute, die Mitglieder des BVR sind, sind dem Garantiefonds angeschlossen.

[2] Nicht-Einlagenkreditinstitute, die Mitglieder des BVR sind, können dem Garantiefonds angeschlossen werden. Auch Kapitalanlagegesellschaften sind Nicht-Einlagenkreditinstitute im Sinne des Statuts der Sicherungs-

einrichtung. Über den Anschluss entscheidet der Vorstand des BVR nach vorheriger Zustimmung des zentralen Ausschusses der Sicherungseinrichtung des BVR.

[3] Am Garantieverbund beteiligen sich die Einlagenkreditinstitute gemäß Absatz 1 und – nach einem Anschluss an den Garantiefonds – die Nicht-Einlagenkreditinstitute gemäß Absatz 2 durch Abgabe einer Garantieerklärung gemäß § 5.

[4] Einlagenkreditinstitute und Nicht-Einlagenkreditinstitute, die dem Garantiefonds angeschlossen sind, sind Institute im Sinne des Statuts der Sicherungseinrichtung.

§ 3a Klassifizierung

[1] Die Institute – mit Ausnahme der Institute gemäß Absatz 2 – werden jährlich klassifiziert (Primärinstitute). Das Nähere regeln die Grundsätze in Ziffer 1b der Verfahrensregeln.

[2] Die Institute, die gemäß § 3 Absatz 2 dem Garantiefonds angeschlossen sind und die Institute, die Verbundinstitute sind und von einer für die bankaufsichtliche Risikogewichtung anerkannten externen Ratinggesellschaft individuell geratet werden, werden nicht klassifiziert.

II. Beiträge zum Garantiefonds; Garantieerklärungen zum Garantieverbund

§ 4 Beiträge zum Garantiefonds

[1] Bemessungsgrundlagen der Beiträge der Institute – mit Ausnahme der in den Absätzen 2 und 3 genannten Institute – sind:

[1a] Die Summe der Positionswerte der nachfolgend auf der Grundlage von § 10 Absatz 1 Satz 9 KWG in Verbindung mit der Solvabilitätsverordnung in der Fassung der Bekanntmachung vom 14. Dezember 2006 (BGBl. I S. 2926), zuletzt geändert durch Artikel 13 des Gesetzes vom 29. Mai 2009 (BGBl. I S. 1102) – nachfolgend SolvV genannt – genannten Forderungsklassen entsprechend der Meldung zum Ende des letzten Kalenderjahres

a) bei Instituten, die den Kreditrisiko-Standardansatz (KSA) anwenden, die folgenden gemäß § 24 SolvV risikogewichteten KSA-Forderungsklassen

- Zentralregierungen,
- Regionalregierungen und örtliche Gebietskörperschaften,
- sonstige öffentliche Stellen,
- multilaterale Entwicklungsbanken,

- internationale Organisationen,
- Institute,
- von Kreditinstituten emittierte gedeckte Schuldverschreibungen,
- Unternehmen,
- Mengengeschäft,
- durch Immobilien besicherte Positionen,
- Investmentanteile,
- Beteiligungen,
- Verbriefungen (mit einem Risikogewicht von höchstens 350 %),
- sonstige Positionen (mit Ausnahme der Sachanlagen),
- überfällige Positionen,

wobei die in den Forderungsklassen enthaltenen

- Forderungen an Kunden mit einem Risikogewicht von höchstens 50 % in die Bemessungsgrundlage eingehen, wenn sie den Anforderungen des § 15 Absatz 2 Satz 1 RechKredV genügen und
- Positionswerte aufgrund von Risikoübernahmen aus verbundinternen Risikotransfer-Kreislauf-Transaktionen mit dem durchschnittlichen Risikogewicht eingehen, das den zuvor von dem übernehmenden Institut in dieselbe Transaktion eingebrachten Forderungen beigemessen wurde.

b) bei Instituten, die den auf internen Ratings basierenden Ansatz (IRBA) anwenden und über eine IRBA-Zulassung verfügen, die gemäß § 72 SolvV risikogewichteten IRBA-Forderungsklassen

- Zentralregierungen,
- Institute,
- Mengengeschäft,
- Beteiligungen,
- Verbriefungen (mit einem Risikogewicht von höchstens 350 %),
- Unternehmen,
- sonstige kreditunabhängige Aktiva (mit Ausnahme der Sachanlagen).

Bei der Risikogewichtung wird der Skalierungsfaktor gemäß § 86 Absatz 4 SolvV nicht berücksichtigt.

c) Von der Summe sind abzuziehen:

- risikogewichtete KSA- und IRBA-Positionswerte, die Forderungen an die DZ BANK, die WGZ BANK, die Verbundunternehmen und deren verbundene Unternehmen gemäß § 271 Absatz 2 HGB betreffen,

- risikogewichtete KSA- und IRBA-Positionswerte, die Beteiligungen oder Mitgliedschaften in eingetragenen Genossenschaften betreffen, welche in der handelsrechtlichen Rechnungslegung unter „Beteiligungen" bzw. „Beteiligungen und Geschäftsguthaben bei Genossenschaften" oder „Anteile an verbundenen Unternehmen" ausgewiesen werden,
- 20 % der Anlagepositionen der DZ BANK und der WGZ BANK, die sich aus der Liquiditätshaltung der DZ BANK/WGZ BANK für die Primärinstitute ergeben; die Liquiditätshaltung für die Primärinstitute errechnet sich aus der Summe der Verbindlichkeiten der DZ BANK/WGZ BANK gegenüber Primärinstituten und der Inhaberschuldverschreibungen der DZ BANK/WGZ BANK im Besitz von Primärinstituten abzüglich der Forderungen der DZ BANK/WGZ BANK an Primärinstitute,
- Forderungen an eine Kirche oder Religionsgesellschaft, die in der Rechtsform einer Körperschaft des öffentlichen Rechts verfasst ist und aufgrund Artikel 140 Grundgesetz in Verbindung mit Artikel 137 Absatz 6 der deutschen Verfassung vom 11.08.1919 Steuern erhebt oder am Steueraufkommen der steuererhebenden kirchlichen Körperschaften teilhat, entsprechend ihrem KSA-/IRBA-Risikogewicht.

[1b] Mit Wirkung bis zum 31.12.2014 gelten neben Absatz 1a unter Berücksichtigung von Absatz 1c folgende Bemessungsgrundlagen:

a) die Summe folgender Kredite nach dem jeweils letzten Jahresabschluss (Einzelabschluss):

aa) Forderungen an Kunden

- mit Ausnahme der Forderungen gemäß § 21 Absatz 2 Nr. 1, Absatz 3 Nr. 3 und 4 KWG,
- mit Ausnahme der Hälfte der Forderungen, die durch Grundpfandrechte gesichert sind, die den Erfordernissen der §§ 14, 16 Absatz 2 Sätze 1 bis 3 PfandbriefG entsprechen,
- mit Ausnahme der Forderungen bzw. Forderungsteile, für die ein anderes zum Garantiefonds beitragspflichtiges Institut das Obligo übernommen hat;

ab) Eventualverbindlichkeiten aus Bürgschaften und Gewährleistungsverträgen;

b) die Summe der Eigenkapitalanforderungen aus der Position „Derivative Adressenausfallrisikopositionen und Aufrechnungspositionen nach § 12 Abs. 1 SolvV".

[1c] Mit Ausnahme der in den Absätzen 2 und 3 genannten Institute kann die Berechnung des Beitrages der Institute für die Beitragsjahre bis zum 31.12.2014 auf der Bemessungsgrundlage gemäß Absatz 1b erfolgen. In diesem Fall gilt Ziffer 2 der Verfahrensregeln auch in Bezug auf die Bemessungsgrundlage gemäß Absatz 1b. Der BVR wird anhand der Bemessungsgrundlagen gemäß den Absätzen 1a und 1b die Garantiefondsbeiträge ermitteln, die Pflicht des Institutes zur Zahlung des Garantiefondsbeitrages gemäß Absatz 8 besteht nur in Bezug auf den geringeren Beitrag.

[2] Die Bemessungsgrundlage für die Beiträge der Institute, deren Geschäftsmodell durch das Pfandbriefgeschäft geprägt ist (Hypothekenbanken) oder auf die die Vorschriften des Gesetzes über Bausparkassen Anwendung finden, ist die jeweilige Bilanzsumme des jeweils letzten Jahresabschlusses (Einzelabschluss). Es gilt Ziffer 2 Satz 1 der Verfahrensregeln. Die Institute können auf das Ausnahmerecht gemäß Absatz 1 verzichten. Macht ein Institut von Satz 3 Gebrauch, gilt ergänzend Ziffer 2 Satz 2 der Verfahrensregeln.

[3] Über den Grundbeitrag von Nicht-Einlagenkreditinstituten, die der Sicherungseinrichtung gemäß § 3 Absatz 2 angeschlossen sind, entscheidet der Vorstand des BVR nach vorheriger Zustimmung des zentralen Ausschusses der Sicherungseinrichtung des BVR. Der Grundbeitrag muss in einem angemessenen Verhältnis zum abgesicherten Risiko stehen.

[4] a) Die Grunderhebungssätze betragen pro Jahr:

aa) für die Beiträge der Institute gemäß Absatz 1a 0,4 ‰ der dort genannten Bemessungsgrundlagen,

ab) für die Beiträge der Institute gemäß Absatz 1b 0,5 ‰ der dort genannten Bemessungsgrundlagen.

b) Der Grunderhebungssatz bei den Instituten gemäß Absatz 2 Satz 1 beträgt pro Jahr 0,045 ‰ der dort genannten Bemessungsgrundlage.

[5] Erhebungssätze, die über die Grunderhebungssätze gemäß Absatz 4 und Beiträge, die über den Grundbeitrag gemäß Absatz 3 hinausgehen, werden vom Verbandsrat des BVR auf Vorschlag des Vorstandes des BVR festgesetzt. Diese Festsetzung muss für alle Institute jeweils im gleichen Verhältnis vorgenommen werden. Bei der Festsetzung sind die Grenzen gemäß Absatz 7 zu beachten.

[6] a) Primärinstitute, die aufgrund der Klassifizierung gemäß § 3 a Absatz 1 zugewiesen sind:

aa) der Klasse A++ zahlen 80 % des jeweiligen Jahresbeitrages zum Garantiefonds,

ab) der Klasse A+ oder der Klasse A zahlen 90 % des jeweiligen Jahresbeitrages zum Garantiefonds,

ac) der Klasse A–, der Klasse B+ oder der Klasse B zahlen den jeweiligen Jahresbeitrag zum Garantiefonds,

ad) der Klasse B– zahlen auf den jeweiligen Jahresbeitrag zum Garantiefonds einen Zuschlag von 10 %,

ae) der Klasse C zahlen auf den jeweiligen Jahresbeitrag zum Garantiefonds einen Zuschlag von 20 %,

af) der Klasse D zahlen auf den jeweiligen Jahresbeitrag zum Garantiefonds einen Zuschlag von 40 %.

Maßgeblich ist dabei die Klassifizierung des Primärinstituts nach dem jeweils letzten Jahresabschluss.

b) Für Primärinstitute in der Sanierung (vgl. Ziffer 2a a der Verfahrensregeln), bei der Verschmelzung eines Primärinstituts mit einem Primärinstitut in der Sanierung, bei der Verschmelzung von Primärinstituten und bei der Änderung des Klassifizierungssystems gelten besondere Beitragsbestimmungen gemäß Ziffern 2a bis 2d der Verfahrensregeln.

[7] a) Die Institute gemäß Absatz 1 können insgesamt pro Jahr nur bis zur Höhe des Fünffachen des Grunderhebungssatzes gemäß Absatz 4 a aa herangezogen werden. Soweit ein Institut von seinem Recht gemäß Absatz 1c Gebrauch macht und der Jahresbeitrag auf der Grundlage von Absatz 1b erhoben wird, kann das Institut insgesamt pro Jahr nur bis zur Höhe des Vierfachen des Grunderhebungssatzes gemäß Absatz 4 a ab herangezogen werden. Die Grenzen gemäß den Sätzen 1 und 2 gelten unter zusätzlicher Berücksichtigung der Zuschläge gemäß Absatz 6 a ad bis af.

b) Die Institute gemäß Absatz 2 können insgesamt pro Jahr nur bis zur Höhe des Fünffachen des Grunderhebungssatzes gemäß Absatz 4 b herangezogen werden. Soweit sie auf das Ausnahmerecht gemäß Absatz 2 Satz 3 verzichten, können sie insgesamt pro Jahr nur bis zur Höhe des Fünffachen des Grunderhebungssatzes gemäß Absatz 4 a aa herangezogen werden.

c) Die Institute gemäß Absatz 3 können insgesamt pro Jahr nur bis zur Höhe des Fünffachen des Grundbeitrages gemäß Absatz 3 herangezogen werden.

[8] a) Die Institute gemäß Absatz 1 sind verpflichtet:

aa) die vom Verbandsrat des BVR gemäß § 12 der Satzung des BVR in Verbindung mit den Absätzen 1, 1a, 1b, 1c, 4 a, 5, 7 a Sätze 1, 2 festgesetzten Beiträge zum Garantiefonds zu leisten. Die Beitragsbestimmungen gemäß Absatz 6 a aa und ab sowie gemäß Ziffern 2b bis 2d der Verfahrensregeln bleiben unberührt,

ab) die Zuschläge gemäß Absatz 6 a ad bis af, Absatz 7 a Satz 3 zum Garantiefonds zu leisten. Die Zuschlagsbestimmungen gemäß Ziffern 2a bis 2d der Verfahrensregeln bleiben unberührt.

b) Die Institute gemäß Absatz 2 Satz 1 sind verpflichtet, die vom Verbandsrat des BVR gemäß § 12 der Satzung des BVR in Verbindung mit den Absätzen 2 Satz 1, 4 b, 5, 7 b Satz 1 festgesetzten Beiträge zum Garantiefonds zu leisten. Die Institute gemäß Absatz 2 Satz 3 sind verpflichtet, die vom Verbandsrat gemäß § 12 der Satzung des BVR in Verbindung mit den Absätzen 1a, 4 a aa, 5, 7 b Satz 2 festgesetzten Beiträge zum Garantiefonds zu leisten.

c) Die Institute gemäß Absatz 3 sind verpflichtet:

ca) den vom Vorstand des BVR nach vorheriger Zustimmung des zentralen Ausschusses der Sicherungseinrichtung des BVR gemäß Absatz 3 festgesetzten Grundbeitrag zum Garantiefonds zu leisten,

cb) die vom Verbandsrat des BVR gemäß § 12 der Satzung des BVR in Verbindung mit den Absätzen 5, 7 c festgesetzten Beiträge zum Garantiefonds zu leisten.

d) Die Institute gemäß den Absätzen 1 und 2 leisten bis spätestens zum 30. April auf ihren Jahresbeitrag eine Abschlagszahlung von 80 % des jeweiligen Jahresbeitrages zum Garantiefonds auf Basis der Bemessungsgrundlage aus der Beitragsveranlagung des Vorjahres. Die Beiträge zum Garantiefonds sind unter Berücksichtigung der Abschlagszahlung gemäß Satz 1 jährlich spätestens bis zum 30. November zu zahlen.

e) Die Institute gemäß Absatz 3 leisten ihren Beitrag zum Garantiefonds gemäß c bis spätestens zum 30. April.

[9] Institute, die neu in die Sicherungseinrichtung einbezogen werden, sind verpflichtet, neben den Beiträgen gemäß den Absätzen 1 bis 7 für das laufende Jahr ein Eintrittsgeld in Höhe des Dreifachen dieser Beiträge zu zahlen. Der Vorstand des BVR kann die Höhe des Eintrittsgeldes niedriger festsetzen sowie dessen Zahlung in Raten zulassen. Handelt es sich bei dem Institut, das neu in die Sicherungseinrichtung einbezogen wird, um eine Neugründung, werden die Höhe der ersten Beiträge und die Höhe des Eintrittsgeldes vom Vorstand des BVR in angemessener Weise festge-

setzt. Die Entscheidungen des Vorstandes des BVR bedürfen der vorherigen Zustimmung des zentralen Ausschusses der Sicherungseinrichtung des BVR.

[10] Zum Garantiefonds können freiwillige Beiträge geleistet werden.

§ 5 Garantieerklärungen zum Garantieverbund; Garantievolumen

[1] Zur Deckung von Garantie- oder Bürgschaftsverpflichtungen, die der BVR gemäß § 17 Absatz 3, Ziffer 13 der Verfahrensregeln zu Lasten des Garantieverbundes übernimmt, sind die Institute verpflichtet, die für sie zutreffende Garantieerklärung gemäß Ziffer 3 a, b oder c der Verfahrensregeln gegenüber dem BVR abzugeben. Die Höhe der Garantieerklärung beträgt:

- bei den Instituten gemäß § 4 Absatz 1 das Achtfache des Grunderhebungssatzes gemäß § 4 Absatz 4 a ab bzw. das Zehnfache des Grunderhebungssatzes gemäß § 4 Absatz 4 a aa;
- bei den Instituten gemäß § 4 Absatz 2 Satz 1 das Zehnfache des Grunderhebungssatzes gemäß § 4 Absatz 4 b; bei den Instituten gemäß § 4 Absatz 2 Satz 3 das Zehnfache des Grunderhebungssatzes gemäß § 4 Absatz 4 a aa;
- bei den Instituten gemäß § 4 Absatz 3 das Zehnfache des Grundbeitrages gemäß § 4 Absatz 3.

[2] Die Garantieerklärungen der Institute bilden das Garantievolumen des Garantieverbundes.

III. Allgemeine Pflichten der Institute, der Prüfungsverbände und des BVR

§ 6 Sorgfaltspflichten der Institute

[1] Die Institute sind verpflichtet, ihre Geschäfte nach den für sie geltenden gesellschaftsrechtlichen Sorgfaltspflichten zu führen, um finanzielle Belastungen der Sicherungseinrichtung zu vermeiden. Gesellschaftsrechtliche Sorgfaltspflichten werden insbesondere dadurch erfüllt, dass:

1. die Institute im Interesse ihrer positiven Entwicklung und einer frühzeitigen Erkennung negativer Entwicklungen ein Planungs-, Steuerungs- und Überwachungssystem einrichten, das der Art und dem Risikogehalt ihrer Geschäfte entspricht, um sicherzustellen, dass die in ihren Geschäften liegenden Ertrags- und Risikopotenziale angemessen festgestellt, beurteilt und gesteuert werden,
2. die Institute die für ihre jeweiligen Geschäfte erforderlichen personellen, sachlichen und organisatorischen Voraussetzungen schaffen, um die in den Geschäften liegenden Risiken bewältigen zu können,

3. die Institute bei ihren jeweiligen Geschäften die sie jeweils betreffenden Richtlinien und Empfehlungen beachten, die der Verbandsrat des BVR auf Vorschlag des Vorstandes des BVR beschließt.

[2] Mit dem Zweck der Sicherungseinrichtung sind bei Einlagenkreditinstituten grundsätzlich alle banküblichen und ergänzenden Geschäfte und die damit verbundenen wettbewerblichen Aktivitäten vereinbar, die den Sorgfaltspflichten gemäß Absatz 1 entsprechen und absehbar nur normale bzw. durchschnittliche kreditwirtschaftliche Risiken beinhalten. Für Nicht-Einlagenkreditinstitute gilt Satz 1 unter Berücksichtigung ihres Geschäftsmodells entsprechend. Derartige Geschäfte unterliegen insoweit keinerlei Beschränkung (vgl. auch Ziffer 4 der Verfahrensregeln).

[3] Mit dem Zweck der Sicherungseinrichtung sind geschäftliche Entwicklungen nicht vereinbar, in denen Risiken liegen, die zu einer krisenhaften Entwicklung des Instituts führen können. Solche geschäftlichen Entwicklungen können sich insbesondere ergeben:

- wenn die Planungs-, Steuerungs- und Überwachungssysteme sowie die Aufbau- und Ablauforganisation den Geschäfts- und Risikostrukturen des Instituts nicht entsprechen,
- wenn ein nicht angemessenes Verhältnis zwischen den von dem Institut eingegangenen Risiken, insbesondere den akuten und bemerkenswerten latenten Risiken im Kreditgeschäft, und dem bei dem Institut verfügbaren Risikodeckungspotenzial besteht,
- durch ein überproportionales Kreditwachstum ohne angemessenes Mitwachsen des Risikodeckungspotenzials sowie der personellen und organisatorischen Strukturen des Instituts,
- durch die Vergabe von Krediten ohne ausreichende Sicherheiten und/ oder ohne nachgewiesene ausreichende Kapitaldienstfähigkeit,
- durch eine einseitige Größen- und/oder Branchenstruktur der vergebenen Kredite,
- durch die Vergabe von Krediten, bei denen besondere Verflechtungen bestehen, etwa durch gegenseitige Bestellung von Sicherheiten durch die Kreditnehmer oder durch wechselseitige Abhängigkeit der Kreditnehmer,
- durch die Aufnahme neuer Geschäftsarten ohne vorherige ausreichende Analyse der darin liegenden Ertragschancen und Risikopotenziale,
- durch die Aufnahme von Finanzierungsmitteln bei institutionellen Anlegern und/oder Einlagenvermittlern zu nicht marktkonformen Konditionen,
- durch eine überproportionale Ausweitung und nicht ausgewogene Streuung des dividenden- und/oder zinsberechtigten Eigenkapitals,

- durch Investitionen, deren Folgekosten für das Institut wirtschaftlich nicht tragbar sind.

Vgl. auch Ziffer 5 der Verfahrensregeln.

[4] Die Primärinstitute sind verpflichtet, durch Tochtergesellschaften grundsätzlich nur die Geschäfte zu betreiben, die mit den bankküblichen oder ergänzenden Tätigkeiten gemäß § 2 der Mustersatzungen für Volksbanken und Raiffeisenbanken vereinbar sind und bei denen die Sorgfaltspflichten beachtet werden, die auch für die Primärinstitute selbst gelten (vgl. auch Ziffer 6 der Verfahrensregeln). Für die übrigen Institute und deren Tochtergesellschaften gilt Satz 1 unter Berücksichtigung ihres Geschäftsmodells entsprechend.

§ 7 Pflichten der Institute im Zusammenhang mit Prüfungen

[1] Die Institute sind verpflichtet, die Prüfungen zuzulassen, die der Vorstand des BVR anordnet.

[2] Die Primärinstitute sind verpflichtet, den zuständigen Prüfungsverband oder eine vom Prüfungsverband vorgeschlagene Prüfungsgesellschaft oder einen vom BVR vorgeschlagenen Prüfer auch ihre Tochtergesellschaften prüfen zu lassen (vgl. auch Ziffer 6 der Verfahrensregeln).

[3] Die Primärinstitute, die nicht in der Rechtsform der eG betrieben werden, sind verpflichtet:

a) dem BVR und dem Prüfungsverband, dem sie angehören, rechtzeitig anzuzeigen, welchen Abschlussprüfer sie zu bestellen beabsichtigen,

b) den Prüfungsauftrag so zu erteilen, dass er hinsichtlich Inhalt und Umfang der genossenschaftlichen Pflichtprüfung entspricht.

[4] Institute, die nicht durch einen gesetzlichen Prüfungsverband geprüft werden, sind verpflichtet, ihren Abschlussprüfer zu beauftragen, die Einhaltung der gesellschaftsrechtlichen Sorgfaltspflichten durch das Institut und dabei auch die Beachtung der Bestimmungen des Statuts der Sicherungseinrichtung des BVR einschließlich der Verfahrensregeln durch das Institut zu prüfen und darüber in den Prüfungsberichten Ausführungen zu machen.

[5] Die Institute sind verpflichtet, den zuständigen Prüfungsverband, den Abschlussprüfer und den aufgrund des KWG oder des Statuts tätig werdenden Prüfer bei seiner Prüfungstätigkeit zu unterstützen.

§ 8 Prüfungspflichten der Prüfungsverbände

Der zuständige Prüfungsverband ist berechtigt und verpflichtet, bei den von ihm zu prüfenden Instituten die Einhaltung der gesellschaftsrechtlichen Sorgfaltspflichten und dabei auch die Beachtung der Bestimmungen des Statuts der

Sicherungseinrichtung des BVR einschließlich der Verfahrensregeln zu prüfen und darüber in den Prüfungsberichten Ausführungen zu machen.

§ 9 Ermächtigungs- und Unterrichtungspflichten der Institute

[1] Die Institute haben dem BVR je eine Erklärung gemäß Ziffer 7 a bis c sowie – soweit für sie zutreffend – gemäß d bis h der Verfahrensregeln einzureichen, mit der sie die Bundesanstalt für Finanzdienstleistungsaufsicht, die Deutsche Bundesbank, die aufgrund des KWG oder des Statuts tätig werdenden Prüfer und – soweit für sie zutreffend – die zuständige DZ BANK/WGZ BANK, den zuständigen Prüfungsverband, den Abschlussprüfer sowie die zuständige Rechenzentrale ermächtigen, den BVR über alles zu unterrichten, was für diesen als Träger der Sicherungseinrichtung bedeutsam sein kann (vgl. auch Ziffer 7 i der Verfahrensregeln). Gleichzeitig ist der BVR ermächtigt, bei diesen Stellen alle für ihn als Träger der Sicherungseinrichtung bedeutsamen Auskünfte einzuholen und diese Stellen mit Ausnahme der Rechenzentralen über alle Vorfälle zu unterrichten, die ihm als Träger der Sicherungseinrichtung bekannt werden (vgl. auch Ziffer 7 j der Verfahrensregeln).

[2] Die dem Garantiefonds gemäß § 3 Absatz 1 angeschlossenen Institute sind verpflichtet, in ihre Allgemeinen Geschäftsbedingungen folgende Klausel aufzunehmen und sie der Geschäftsbeziehung mit ihren Kunden zugrunde zu legen: »Die Bank ist befugt, der Sicherungseinrichtung des BVR oder einem von ihr Beauftragten alle in diesem Zusammenhang erforderlichen Auskünfte zu erteilen und Unterlagen zur Verfügung zu stellen.« Für die dem Garantiefonds gemäß § 3 Absatz 2 angeschlossenen Institute gilt dies entsprechend.

[3] Die Institute sind verpflichtet, dem BVR auf dessen Verlangen über sich alle Auskünfte zu erteilen und Unterlagen vorzulegen, welche für die Sicherungseinrichtung bedeutsam sein können.

[4] Die Institute sind verpflichtet, dem BVR alle Mitteilungen zu machen, die erforderlich sind, damit die Sicherungseinrichtung die Anforderungen gemäß § 10c Absatz 2 Satz 1 Nr. 6 KWG erfüllen kann.

[5] Die Institute sind verpflichtet, an den Betriebsvergleichen teilzunehmen, die der BVR durchführt.

[6] Die Institute sind verpflichtet, Prüfungsberichte, Kennziffern und Werte des Institutes und seiner Tochtergesellschaften (vgl. Ziffer 6 der Verfahrensregeln) dem BVR auf dessen Verlangen unverzüglich zur Verfügung zu stellen. Die Primärinstitute gemäß § 7 Absatz 3 sind verpflichtet, die Prüfungsberichte dem Prüfungsverband, dem sie angehören, unverzüglich zur Verfügung zu stellen.

[7] Die Primärinstitute sind verpflichtet, die für die Klassifizierung gemäß § 3a erforderlichen Daten dem BVR auf dessen Verlangen zur Verfügung zu stellen.

[8] Die Institute sind verpflichtet, den BVR unverzüglich zu unterrichten, wenn sie die Übernahme, die Änderung und die Beendigung einer Beteiligung an einem anderen Unternehmen, das der Sicherungseinrichtung nicht angehört, beabsichtigen (vgl. auch Ziffer 8 der Verfahrensregeln).

[9] Die Institute sind verpflichtet, dem BVR unverzüglich anzuzeigen, wenn die Eröffnung einer Zweigniederlassung im Ausland beabsichtigt ist.

[10] Die DZ BANK und die WGZ BANK sind berechtigt und verpflichtet, den BVR und den zuständigen Prüfungsverband unverzüglich über alle Erkenntnisse und Informationen zu unterrichten, die für die Sicherungseinrichtung bedeutsam sein können.

[11] Die Institute sind verpflichtet, den BVR und den für sie zuständigen Prüfungsverband über geschäftliche Entwicklungen im Sinne von § 6 Absatz 3 unverzüglich zu unterrichten.

[12] Die Institute sind verpflichtet, den BVR unverzüglich zu unterrichten, wenn erkennbar wird, dass das Institut nicht in der Lage ist, die Risiken aus bei ihm vorhandenen und realisierbaren eigenen Mitteln abzudecken; Primärinstitute sind zu dieser unverzüglichen Unterrichtung auch gegenüber dem zuständigen Prüfungsverband verpflichtet. Die Institute sind verpflichtet, die Forderungen unverzüglich zu erfüllen, die der BVR in diesem Fall gemäß § 16 Absatz 1 erhebt.

[13] Die Institute sind verpflichtet, den BVR unverzüglich zu unterrichten, wenn das Institut eine Anzeige gemäß § 24 Absatz 1 Nr. 4 oder Nr. 9 KWG erstattet. Die Institute sind verpflichtet, die Forderungen unverzüglich zu erfüllen, die der BVR in diesem Fall gemäß § 16 Absatz 1 erhebt.

§ 10 Unterrichtungspflichten der Prüfungsverbände

[1] Die Prüfungsverbände sind berechtigt und verpflichtet, ihre Berichte über die Prüfungen ihrer Mitgliedsinstitute sowie Kennziffern und Werte, die sich auf ihre Mitgliedsinstitute beziehen, einschließlich der für die Klassifizierung ihrer Mitgliedsinstitute gemäß § 3a erforderlichen Daten dem BVR auf dessen Verlangen unverzüglich zur Verfügung zu stellen.

[2] Die Prüfungsverbände sind berechtigt und verpflichtet, den BVR unverzüglich über alle Tatsachen zu unterrichten, die für die Sicherungseinrichtung bedeutsam sein können, insbesondere über Anzeigen gemäß § 29 KWG, Prüfungen gemäß § 44 KWG und über sonstige Prüfungen sowie über Informationen, die sie von der Bundesanstalt für Finanzdienstleis-

tungsaufsicht und der Deutschen Bundesbank erhalten. Gegenüber der zuständigen DZ BANK/WGZ BANK sind die Prüfungsverbände zu diesen Unterrichtungen ebenfalls berechtigt.

[3] Die Prüfungsverbände sind berechtigt und verpflichtet, den BVR über geschäftliche Entwicklungen im Sinne von § 6 Absatz 3 bei ihren Mitgliedsinstituten unverzüglich zu unterrichten. Gegenüber der zuständigen DZ BANK/WGZ BANK sind die Prüfungsverbände zu diesen Unterrichtungen ebenfalls berechtigt.

[4] Werden einem Prüfungsverband Tatsachen bekannt, die bei einem seiner Mitgliedsinstitute sowie bei einem Mitgliedsinstitut eines anderen Prüfungsverbandes vorliegen und für die Sicherungseinrichtung bedeutsam sein können, so ist dieser Prüfungsverband berechtigt und verpflichtet, auch den anderen Prüfungsverband darüber unverzüglich zu unterrichten.

§ 11 Unterrichtungspflichten des BVR

[1] Der BVR ist berechtigt und verpflichtet, den zuständigen Prüfungsverband unverzüglich über alle ihm bekannt gewordenen Tatsachen zu unterrichten, die ein Mitgliedsinstitut dieses Prüfungsverbandes betreffen und für die Sicherungseinrichtung bedeutsam sein können.

[2] Werden dem BVR Tatsachen bekannt, die bei einem Mitgliedsinstitut eines Prüfungsverbandes sowie bei einem Mitgliedsinstitut eines anderen Prüfungsverbandes vorliegen und die für die Sicherungseinrichtung bedeutsam sein können, ist der BVR berechtigt und verpflichtet, die betroffenen Prüfungsverbände hierüber unverzüglich zu unterrichten.

IV. Präventivmaßnahmen gegenüber Instituten

§ 12 Hinwirken des BVR auf eine Änderung der Geschäftspolitik eines Instituts

Gewinnt der BVR die Überzeugung, dass die Geschäftspolitik eines Instituts mit den Grundsätzen des § 6 nicht zu vereinbaren ist, hat er das Recht und die Pflicht, den Vorstand und/oder den Aufsichtsrat und/oder die Generalversammlung/Vertreterversammlung/Hauptversammlung des Instituts rechtzeitig auf die möglichen Auswirkungen gemäß §§ 33, 35 hinzuweisen und auf eine Änderung der Geschäftspolitik hinzuwirken (vgl. auch Ziffer 9 der Verfahrensregeln).

§ 13 Hinwirken des zuständigen Prüfungsverbandes auf eine Änderung der Geschäftspolitik eines Primärinstituts

Gewinnt der zuständige Prüfungsverband die Überzeugung, dass die Geschäftspolitik eines Primärinstituts mit den Grundsätzen des § 6 nicht zu vereinbaren ist, hat er aufgrund des Gesetzes und seiner Verbandssatzung das Recht und die Pflicht, den Vorstand und/oder den Aufsichtsrat und/oder die Generalversammlung/Vertreterversammlung/Hauptversammlung des Primärinstituts rechtzeitig auf die möglichen Auswirkungen gemäß §§ 33, 35 hinzuweisen und auf eine Änderung der Geschäftspolitik hinzuwirken (vgl. auch Ziffer 10 der Verfahrensregeln).

§ 14 Verlangen des BVR auf Ausarbeitung von Neustrukturierungsmaßnahmen durch ein Institut

[1] Neustrukturierungsmaßnahmen

a) Bei geschäftlichen Entwicklungen im Sinne von § 6 Absatz 3 ist ein Institut auf Verlangen des BVR verpflichtet, zur Änderung dieser geschäftlichen Entwicklungen Neustrukturierungsmaßnahmen in einem Neustrukturierungskonzept gemäß c auszuarbeiten.

b) Der BVR ist berechtigt, an der Ausarbeitung des Neustrukturierungskonzeptes dadurch mitzuwirken, dass er dem betroffenen Institut beratende Hinweise gibt.

c) In dem Neustrukturierungskonzept sind insbesondere die Maßnahmen darzustellen, die erforderlich und geeignet sind, die Änderung der geschäftlichen Entwicklungen im Sinne von § 6 Absatz 3 herbeizuführen, sowie deren Auswirkungen auf die Vermögens-, Finanz- und Ertragslage.

d) Primärinstitute sind verpflichtet, das Neustrukturierungskonzept dem zuständigen Prüfungsverband und dem BVR zur Prüfung vorzulegen; der Prüfungsverband übersendet seine Stellungnahme zu dem Neustrukturierungskonzept an den BVR. Die übrigen Institute sind verpflichtet, das Neustrukturierungskonzept dem BVR zur Prüfung vorzulegen.

e) Das Neustrukturierungskonzept bedarf der Zustimmung des BVR.

f) Das Institut ist verpflichtet, das Neustrukturierungskonzept umzusetzen.

[2] Fortlaufende Überwachung

a) Die Umsetzung und die Ergebnisse des Neustrukturierungskonzeptes unterliegen einem fortlaufenden Controlling.

b) Im Rahmen des fortlaufenden Controllings ist das Institut verpflichtet, grundsätzlich vierteljährlich Controlling-Reports, insbesondere über die Umsetzung und die Ergebnisse des Neustrukturierungskonzeptes, auszuarbeiten.

c) Die fortlaufende Überwachung der Umsetzung des Neustrukturierungskonzeptes erfolgt insbesondere durch Auswertung der Controlling-Reports. Bei den Primärinstituten erfolgen die Auswertungen der Controlling-Reports durch den zuständigen Prüfungsverband und den BVR; der Prüfungsverband unterrichtet den BVR über seine Auswertung der Controlling-Reports. Bei den übrigen Instituten erfolgen die Auswertungen der Controlling-Reports durch den BVR.

[3] Fortschreibungen des Neustrukturierungskonzeptes

a) Ergibt sich im Rahmen der fortlaufenden Überwachung gemäß Absatz 2, dass Fortschreibungen des Neustrukturierungskonzeptes erforderlich sind, ist das Institut auf Verlangen des BVR verpflichtet, diese Fortschreibungen auszuarbeiten.

b) Ein Primärinstitut ist verpflichtet, die Fortschreibungen dem zuständigen Prüfungsverband und dem BVR zur Prüfung vorzulegen; der Prüfungsverband übersendet seine Stellungnahme zu den Fortschreibungen an den BVR. Die übrigen Institute sind verpflichtet, die Fortschreibungen dem BVR zur Prüfung vorzulegen.

c) Die Fortschreibungen bedürfen der Zustimmung des BVR.

d) Die Institute sind verpflichtet, die Fortschreibungen umzusetzen.

e) Für die fortlaufende Überwachung der Umsetzung und der Ergebnisse der Fortschreibungen gilt Absatz 2 entsprechend.

§ 15 Verlangen des zuständigen Prüfungsverbandes auf Ausarbeitung von Neustrukturierungsmaßnahmen durch ein Primärinstitut

Bei geschäftlichen Entwicklungen im Sinne von § 6 Absatz 3 sind die Primärinstitute auf Verlangen des zuständigen Prüfungsverbandes verpflichtet, zur Änderung dieser geschäftlichen Entwicklungen Neustrukturierungsmaßnahmen in einem Neustrukturierungskonzept auszuarbeiten (vgl. Ziffer 11 der Verfahrensregeln).

§ 16 Erhebung von Forderungen personeller und/oder sachlicher Art gegenüber Instituten durch den BVR

[1] Forderungen personeller und/oder sachlicher Art kann der Vorstand des BVR nach Anhörung des gemäß §§ 30, 31 zuständigen Ausschusses bei geschäftlichen Entwicklungen im Sinne von § 6 Absatz 3 auf der Grundlage der Unterlagen und Prüfungen gemäß § 14 bzw. § 15, gemäß § 9 Absatz 12 Satz 2 oder gemäß § 9 Absatz 13 Satz 2 erheben. Die Institute sind verpflichtet, die Forderungen unverzüglich zu erfüllen.

[2] Wenn die Geschäftsleitung des Institutes bei geschäftlichen Entwicklungen im Sinne von § 6 Absatz 3 nicht in der Lage ist, ein tragfähiges Kon-

zept gemäß § 14 bzw. § 15 vorzulegen, ist das Institut verpflichtet, auf Verlangen des Vorstandes des BVR, das der Anhörung des gemäß §§ 30, 31 zuständigen Ausschusses bedarf, ihre Geschäftsleitung in Abstimmung mit dem BVR personell zu ergänzen.

[3] Die Erfüllung der Forderungen wird bei Primärinstituten durch den zuständigen Prüfungsverband und den BVR überwacht; der Prüfungsverband unterrichtet den BVR über seine Überwachung. Bei den übrigen Instituten wird die Erfüllung der Forderungen durch den BVR überwacht.

V. Sanierung von Instituten

1. Deckungsmaßnahmen zur Darstellung des Jahresabschlusses

§ 17 Vornahme von Deckungsmaßnahmen

[1] Deckungsmaßnahmen sollen nur dann vorgenommen werden, wenn die Institute selbst nicht in der Lage sind, die bei ihnen drohenden oder bestehenden wirtschaftlichen Schwierigkeiten aus eigener Kraft zu überwinden.

[2] Zu Lasten des Garantiefonds werden übernommen:

- Garantien,
- Bürgschaften,
- Zuschüsse,
- Darlehen (vgl. Ziffer 12 a der Verfahrensregeln),
- Beteiligungen an Instituten zur Rekapitalisierung (vgl. Ziffer 12 b der Verfahrensregeln).

[3] Zu Lasten des Garantieverbundes werden als Bilanzierungshilfen übernommen:

- Garantien,
- Bürgschaften,

Vgl. auch Ziffer 13 der Verfahrensregeln.

§ 18 Heranziehung von Eigenkapital

[1] In jedem Deckungsfall ist zu prüfen, ob und inwieweit eine Heranziehung von Eigenkapital des Instituts zur Deckung eines Jahresfehlbetrages in seinem Jahresabschluss möglich ist.

[2] Stille Reserven sind grundsätzlich aufzulösen und ebenso wie offene Rücklagen grundsätzlich zur Deckung eines Jahresfehlbetrages im Jahresabschluss heranzuziehen. Auf die Heranziehung kann grundsätzlich nur verzichtet werden, wenn und soweit das Institut dadurch gegen die einschlägigen KWG-Bestimmungen verstoßen würde.

§ 19 Auflagen des BVR

[1] Deckungsmaßnahmen werden mit personellen und/oder sachlichen Auflagen verbunden.

[2] Die Institute sind verpflichtet, die im Zusammenhang mit Deckungsmaßnahmen zu Lasten des Garantiefonds oder des Garantieverbundes gemachten personellen und/oder sachlichen Auflagen des BVR unverzüglich zu erfüllen (vgl. auch Ziffer 14 der Verfahrensregeln).

[3] Erfüllt ein Institut nicht oder nicht vollständig die Auflagen, die mit der jeweiligen Deckungsmaßnahme verbunden sind, hat der BVR das Recht, zur Durchsetzung der Auflagen geeignete Maßnahmen zu ergreifen.

§ 20 Besserungsscheinverpflichtungen der Institute

[1] Im Falle einer Garantie oder Bürgschaft zu Lasten des Garantiefonds oder des Garantieverbundes sind die Institute verpflichtet, den BVR aus der Garantie oder Bürgschaft dadurch freizustellen, dass sie in ihren künftigen Jahresabschlüssen aus den jeweiligen Geschäftsergebnissen in größtmöglichem Umfang für das abgesicherte Risiko Einzelwertberichtigungen bzw. Rückstellungen bilden oder Abschreibungen vornehmen. Die Verpflichtung des BVR aus der Garantie oder Bürgschaft vermindert sich entsprechend.

[2] Im Falle der Inanspruchnahme des BVR aus einer Garantie oder Bürgschaft zu Lasten des Garantiefonds oder des Garantieverbundes sind die Institute verpflichtet, die erhaltenen Zahlungen in größtmöglichem Umfang aus ihren künftigen Jahresergebnissen zurückzuzahlen (vgl. auch Ziffer 15 der Verfahrensregeln).

[3] Im Falle der Gewährung eines Zuschusses zu Lasten des Garantiefonds sind die Institute verpflichtet, die erhaltenen Beträge im größtmöglichen Umfang aus ihren künftigen Jahresergebnissen zurückzuzahlen (vgl. auch Ziffer 15 der Verfahrensregeln).

§ 21 Abtretung von Schadensersatzansprüchen an den BVR

Die Institute treten auf Verlangen des BVR Schadensersatzansprüche, die ihnen gegebenenfalls gegen Personen zustehen, die den Sanierungsbedarf bei ihnen verursacht und verschuldet haben, an den BVR ab. Der BVR wird von der Abtretung nur in dem Umfang Gebrauch machen, in dem er Deckungsmaßnahmen für das jeweilige Institut erbracht hat.

§ 22 Entscheidung über Deckungsmaßnahmen und Auflagen

[1] Für Entscheidungen über Deckungsmaßnahmen und Auflagen für Institute, die der Sicherungseinrichtung angeschlossen sind, gilt Folgendes:

a) Der BVR entscheidet über Art und Umfang der Deckungsmaßnahmen und die damit verbundenen Auflagen auf der Grundlage des Vorschlages des gemäß §§ 30, 31 zuständigen Ausschusses.

b) Beabsichtigt der BVR, bei seiner Entscheidung vom Vorschlag des zuständigen Ausschusses in einem wesentlichen Punkt abzuweichen, muss er diese Absicht dem Verwaltungsrat mitteilen. Für das weitere Verfahren gelten die Bestimmungen gemäß c.

c) Über Angelegenheiten gemäß b beraten Vorstand und Verwaltungsrat des BVR gemeinsam und beschließen in getrennter Abstimmung. Gemeinsame Sitzungen werden vom Vorsitzenden des Verwaltungsrates des BVR oder dessen Stellvertreter einberufen. Den Vorsitz in den gemeinsamen Sitzungen führt der Vorsitzende des Verwaltungsrates des BVR oder dessen Stellvertreter. Der Vorstand und Verwaltungsrat des BVR beraten auch auf der Grundlage des Vorschlages des zuständigen Ausschusses gemäß §§ 30, 31. Hinsichtlich der Beschlussfähigkeit gelten § 18 Absatz 1, § 25 c Absatz 1 der Satzung des BVR, hinsichtlich der Mehrheitsverhältnisse gelten § 18 Absatz 2, § 25 c Absatz 2 Satz 1 der Satzung des BVR. Eine Entscheidung erfordert, dass sie die Mehrheit in Vorstand des BVR und Verwaltungsrat des BVR findet.

[2] Für Entscheidungen über Deckungsmaßnahmen für Institute, die der Sicherungseinrichtung nicht angeschlossen sind, die dazu dienen, Beeinträchtigungen des Vertrauens in die genossenschaftlichen Institute zu verhüten, gilt Folgendes:

Über Art und Umfang der Deckungsmaßnahmen beraten der Vorstand und Verwaltungsrat des BVR gemeinsam und beschließen in getrennter Abstimmung. Im Übrigen gelten die Bestimmungen in Absatz 1 c Sätze 2 bis 6 entsprechend.

§ 23 Abschluss des Vertrages über Deckungsmaßnahmen

[1] Der BVR und das Institut schließen einen Vertrag über Deckungsmaßnahmen ab. Darin werden insbesondere der Deckungsbedarf, Art und Umfang der Deckungsmaßnahmen und die mit den Deckungsmaßnahmen verbundenen Auflagen festgelegt.

[2] Für die Unterzeichnung des Vertrages über Deckungsmaßnahmen durch das Institut gilt Ziffer 16 der Verfahrensregeln.

§ 24 Fortlaufende Überwachung

Die Umsetzung und die Abwicklung des Vertrages über Deckungsmaßnahmen unterliegen einer fortlaufenden Überwachung (vgl. auch Ziffer 17 der Verfahrensregeln). Die fortlaufende Überwachung erfolgt bei den Primärinstituten durch den zuständigen Prüfungsverband und den BVR. Die Feststellungen teilt der zuständige Prüfungsverband dem BVR mit. Bei den übrigen Instituten erfolgt die laufende Überwachung durch den BVR.

2. Sanierungsmaßnahmen zur Wiederherstellung der betriebswirtschaftlichen Grundrentabilität

§ 25 Pflicht der Institute zur Ausarbeitung von Sanierungsmaßnahmen

[1] a) Werden für ein Institut Deckungsmaßnahmen gemäß § 17 übernommen, ist es grundsätzlich verpflichtet, ein Sanierungskonzept gemäß Absatz 2 auszuarbeiten.

b) Der BVR ist berechtigt, an der Ausarbeitung des Sanierungskonzeptes dadurch mitzuwirken, dass er dem betroffenen Institut beratende Hinweise gibt.

[2] a) Das Sanierungskonzept besteht aus der Status-quo-Analyse und dem Restrukturierungskonzept.

b) In der Status-quo-Analyse sind insbesondere darzustellen:

- die Ursachen für die Fehlentwicklung des Instituts,
- eventuelle Verantwortlichkeiten für die Sanierungsnotwendigkeit,
- die aktuelle Lage des Instituts.

c) In dem Restrukturierungskonzept sind insbesondere darzustellen:

- eine strategische und operative Planung einschließlich einer gesamtinstitutsbezogenen Geschäfts- und Ergebnisplanung,
- ein umfassender und verbindlicher Maßnahmenplan,
- ein Zeitplan für die Einleitung und den Abschluss von Sanierungsmaßnahmen.

[3] Ein Primärinstitut ist verpflichtet, die Status-quo-Analyse und das Restrukturierungskonzept dem zuständigen Prüfungsverband und dem BVR zur Prüfung vorzulegen; der Prüfungsverband übersendet seine Stellungnahme zu der Status-quo-Analyse und zu dem Restrukturierungskonzept an den BVR. Die übrigen Institute sind verpflichtet, die Status-quo-Analyse und das Restrukturierungskonzept dem BVR zur Prüfung vorzulegen.

[4] Das Restrukturierungskonzept bedarf der Zustimmung des BVR.

[5] Das Institut ist verpflichtet, das Restrukturierungskonzept umzusetzen.

§ 26 Fortlaufende Überwachung des Restrukturierungskonzeptes

[1] Die Umsetzung und die Ergebnisse des Restrukturierungskonzeptes unterliegen einem fortlaufenden Controlling.

[2] Im Rahmen des fortlaufenden Controllings ist das Institut verpflichtet, grundsätzlich vierteljährlich Controlling-Reports, insbesondere über die Umsetzung und die Ergebnisse des Restrukturierungskonzeptes, auszuarbeiten.

[3] Die fortlaufende Überwachung der Umsetzung des Restrukturierungskonzeptes erfolgt insbesondere durch Auswertung der Controlling-Reports. Die Auswertungen der Controlling-Reports erfolgen bei den Primärinstituten durch den zuständigen Prüfungsverband und den BVR; der Prüfungsverband unterrichtet den BVR über seine Auswertung der Controlling-Reports. Bei den übrigen Instituten erfolgen die Auswertungen der Controlling-Reports durch den BVR.

§ 27 Fortschreibungen des Restrukturierungskonzeptes

[1] Ergibt sich im Rahmen der fortlaufenden Überwachung gemäß § 26, dass Fortschreibungen des Restrukturierungskonzeptes erforderlich sind, ist das Institut auf Verlangen des BVR verpflichtet, diese Fortschreibungen auszuarbeiten.

[2] Ein Primärinstitut ist verpflichtet, die Fortschreibungen dem zuständigen Prüfungsverband und dem BVR zur Prüfung vorzulegen; der Prüfungsverband übersendet seine Stellungnahme zu den Fortschreibungen an den BVR. Die übrigen Institute sind verpflichtet, die Fortschreibungen dem BVR zur Prüfung vorzulegen.

[3] Die Fortschreibungen bedürfen der Zustimmung des BVR.

[4] Die Institute sind verpflichtet, die Fortschreibungen umzusetzen.

[5] Für die Überwachung der Umsetzung und der Ergebnisse der Fortschreibungen gilt § 26 entsprechend.

VI. Organisation der Sicherungseinrichtung

§ 28 Geschäftsführung

Dem Vorstand des BVR obliegt die Geschäftsführung der Sicherungseinrichtung und die Wahrnehmung der weiteren Funktionen, die ihm im Rahmen der Sicherungseinrichtung zugewiesen sind.

§ 29 Überwachung der Geschäftsführung

[1] Der Verwaltungsrat überwacht im Rahmen der Sicherungseinrichtung die Geschäftsführung des Vorstandes des BVR.

[2] Der Vorstand des BVR hat dem Verwaltungsrat zu berichten über alle Angelegenheiten der Sicherungseinrichtung, insbesondere über:

a) die Vorschläge des Vorstandes zur Erhebung von Beiträgen zum Garantiefonds, b) die Entwicklung des Garantiefonds und des Garantieverbundes,

c) die Maßnahmen der Prüfungsverbände gemäß § 13 und/oder des BVR gemäß § 12,

d) die geschäftlichen Entwicklungen im Sinne von § 6 Absatz 3 bei Instituten,

e) die Tätigkeit der Ausschüsse gemäß §§ 30, 31,

f) die Entwicklung der Sanierung von Instituten,

g) Auskunftsverlangen und Prüfungsmaßnahmen der Bundesanstalt für Finanzdienstleistungsaufsicht gegenüber der Sicherungseinrichtung gemäß § 12 Absatz 2 Satz 1 in Verbindung mit § 7 Absatz 3 Satz 4 des Einlagensicherungs- und Anlegerentschädigungsgesetzes,

h) Überprüfungen der Bundesanstalt für Finanzdienstleistungsaufsicht gemäß § 10c Absatz 2 Satz 1 Nr. 12 KWG.

[3] Darüber hinaus kann der Verwaltungsrat vom Vorstand jederzeit einen Bericht über alle Angelegenheiten der Sicherungseinrichtung und die Vorlage von Unterlagen verlangen, die Angelegenheiten der Sicherungseinrichtung betreffen.

[4] Der Verwaltungsrat überwacht die Geschäftsführung in den Fällen des § 22 Absätze 1 c, 2 im Wege der vorweggenommenen Kontrolle.

[5] Der Verwaltungsrat prüft den Jahresabschluss der Sicherungseinrichtung und den Geschäftsbericht über die Tätigkeit und die finanziellen Verhältnisse der Sicherungseinrichtung.

§ 30 Zentraler Ausschuss der Sicherungseinrichtung des BVR

[1] Der zentrale Ausschuss der Sicherungseinrichtung des BVR besteht aus:

- sechs Vertretern von Primärinstituten,
- zwei Vertretern der Prüfungsverbände,
- einem Vertreter der DZ BANK und einem Vertreter der WGZ BANK,
- einem Vertreter des BVR.

[2] Die sechs Vertreter der Primärinstitute und ihre Stellvertreter werden durch den Verwaltungsrat des BVR aus dem Kreis der Vertreter der Primärinstitute in den regionalen Sanierungsausschüssen gewählt. Die Vertreter der Prüfungsverbände und ihre Stellvertreter werden durch die Prü-

fungsverbände aus dem Kreis der Personen benannt, die die Prüfungsverbände auch für die regionalen Sanierungsausschüsse benannt haben. Die DZ BANK und die WGZ BANK benennen ihre Vertreter und deren Stellvertreter aus dem Kreis der Personen, die sie für die regionalen Sanierungsausschüsse benannt haben. Den Vertreter des BVR und seinen Stellvertreter benennt der Vorstand des BVR. Die Stellvertreter sind jeweils nur bei Verhinderung des Vertreters berechtigt, an den Sitzungen teilzunehmen. Die Mitgliedschaft im Verwaltungsrat des BVR schließt die Mitgliedschaft im zentralen Ausschuss der Sicherungseinrichtung des BVR aus.

[3] Die Amtsdauer der Vertreter beträgt drei Jahre. Die Amtsdauer der Vertreter der Primärinstitute, der Prüfungsverbände, der DZ BANK und der WGZ BANK endet vorzeitig, wenn ihre Amtsdauer im jeweiligen regionalen Sanierungsausschuss vorzeitig endet; sie endet insbesondere vorzeitig, wenn die Voraussetzungen des Absatzes 2 Satz 6 vorliegen. Die Amtsdauer des Vertreters des BVR endet vorzeitig beim Ausscheiden aus der Tätigkeit, die für seine Benennung bestimmend war.

[4] Der zentrale Ausschuss der Sicherungseinrichtung ist insbesondere zuständig für:

a) Angelegenheiten von grundsätzlicher Bedeutung für die Sicherungseinrichtung, insbesondere:

aa) Beobachtung der wirtschaftlichen Entwicklung der Sicherungseinrichtung und Ausarbeitung von Vorschlägen im Zusammenhang hiermit,

ab) Beratung von Grundsätzen für die Anlage von Garantiefondsmitteln,

ac) Stellungnahme zur Entwicklung von Richtlinien und Empfehlungen gemäß § 6 Absatz 1 Ziffer 3,

ad) Stellungnahme zur Weiterentwicklung des Klassifizierungssystems und des Klassifizierungsverfahrens gemäß § 3a, Ziffer 1b der Verfahrensregeln,

ae) Behandlung von Grundsatzfragen zu Neustrukturierungskonzepten gemäß §§ 14, 15,

af) Behandlung von Grundsatzfragen zu Sanierungskonzepten und zur Sanierungsabwicklung,

ag) Zustimmung zur Aufnahme von Nicht-Einlagenkreditinstituten in die Sicherungseinrichtung, Stellungnahme zur Aufnahme der übrigen Institute in die Sicherungseinrichtung,

ah) Zustimmung zum Ausschluss eines Instituts aus der Sicherungseinrichtung gemäß § 33 Absatz 3, ai) Zustimmung zum Grundbeitrag gemäß § 4 Absatz 3,

aj) Zustimmung zu den Beiträgen und Eintrittsgeldern gemäß § 4 Absatz 9;

b) die Vorlage von Vorschlägen für:

- Deckungsmaßnahmen (§ 1 Absatz 2, § 17) für Primärinstitute über 25 Mio. EUR je Deckungsfall und damit verbundene Auflagen (§ 19);
- Deckungsmaßnahmen (§ 1 Absatz 2, § 17) für die übrigen Institute und damit verbundene Auflagen (§ 19);
- Deckungsmaßnahmen für Institute, die nicht der Sicherungseinrichtung angeschlossen sind, die dazu dienen, Beeinträchtigungen des Vertrauens in die genossenschaftlichen Institute zu verhüten;

c) die Einholung einer Stellungnahme des jeweiligen regionalen Sanierungsausschusses, wenn im Ausschuss Deckungsmaßnahmen für Primärinstitute behandelt werden, die ihren Sitz im Bereich des betreffenden regionalen Sanierungsausschusses haben;

d) die Entgegennahme von Informationen des BVR über Angelegenheiten der Sicherungseinrichtung, insbesondere über:

da) die Klassifizierung der Institute gemäß § 3a Absatz 1, Ziffer 1b der Verfahrensregeln,

db) die geschäftliche Entwicklung von Instituten, bei denen Maßnahmen gemäß §§ 12 bis 16 erforderlich geworden sind,

dc) die Entscheidungen des BVR, bei denen dieser von Deckungsvorschlägen eines regionalen Sanierungsausschusses in einem wesentlichen Punkt abgewichen ist,

dd) die Entwicklung der Sanierung von Instituten.

[5] Den Vorsitz im zentralen Ausschuss der Sicherungseinrichtung führt der BVR.

[6] Der zentrale Ausschuss der Sicherungseinrichtung ist beschlussfähig, wenn mindestens drei Viertel seiner Mitglieder anwesend sind. Der zentrale Ausschuss fasst seine Beschlüsse mit einer Mehrheit von mindestens drei Vierteln der abgegebenen Stimmen. Vertreter der Prüfungsverbände und ein Vorsitzender eines regionalen Sanierungsausschusses, die jeweils gemäß Absatz 8 an Sitzungen des zentralen Ausschusses der Sicherungseinrichtung beratend teilnehmen, haben kein Stimmrecht. § 31 Absatz 8 Satz 4 gilt entsprechend.

[7] Der zentrale Ausschuss der Sicherungseinrichtung wird vom BVR einberufen.

[8] Ein Prüfungsverband, der nicht durch eines seiner Vorstandsmitglieder im zentralen Ausschuss der Sicherungseinrichtung vertreten ist, hat das Recht, durch eines seiner Vorstandsmitglieder an den Sitzungen des Ausschusses beratend teilzunehmen, in denen Deckungsmaßnahmen für ihm angehörende Primärinstitute behandelt werden. Ein regionaler Sanierungsausschuss, der nicht durch einen eigenen Vertreter eines Primärinstituts im Ausschuss vertreten ist, hat das Recht, durch seinen Vorsitzenden an Sitzungen des Ausschusses beratend teilzunehmen, in denen Deckungsmaßnahmen für Primärinstitute behandelt werden, die ihren Sitz im Bereich des betreffenden regionalen Sanierungsausschusses haben.

[9] Die Ergebnisse der Beratungen und Abstimmungen in den Sitzungen des zentralen Ausschusses der Sicherungseinrichtung sind vom BVR zu protokollieren. Der BVR übersendet die Protokolle an die Mitglieder des Ausschusses.

§ 31 Regionale Sanierungsausschüsse des BVR

[1] Es wird jeweils ein Sanierungsausschuss für die Bereiche der regionalen Prüfungsverbände eingerichtet. Die übrigen Prüfungsverbände können bei Bedarf jeweils einen Sanierungsausschuss einrichten; für diesen gelten die Absätze 2 bis 9 entsprechend. Ein Prüfungsverband kann mit einem anderen Prüfungsverband oder mit mehreren anderen Prüfungsverbänden einen gemeinsamen Sanierungsausschuss einrichten; für diesen gelten die Absätze 2 bis 9 entsprechend.

[2] Die Sanierungsausschüsse bestehen jeweils aus höchstens acht Mitgliedern:

- mindestens vier Vertretern von Primärinstituten,
- einem Vertreter des jeweiligen Prüfungsverbandes,
- einem Vertreter der zuständigen DZ BANK/WGZ BANK.

[3] Die Vertreter der Primärinstitute und ihre Stellvertreter werden von den zuständigen Gremien der Prüfungsverbände benannt. Die Vertreter der Primärinstitute und ihre Stellvertreter müssen hauptamtliche Vorstandsmitglieder von Primärinstituten sein. Die Vertreter der Prüfungsverbände und ihre Stellvertreter werden durch die Prüfungsverbände benannt. Die Vertreter der Prüfungsverbände und ihre Stellvertreter müssen Vorstandsmitglieder der Prüfungsverbände sein. Die Vertreter der zuständigen DZ BANK/WGZ BANK und ihre Stellvertreter werden durch die DZ BANK bzw. die WGZ BANK benannt. Sie müssen Vorstandsmitglieder der DZ BANK bzw. WGZ BANK sein. Die Stellvertreter sind jeweils nur bei Verhinderung des Vertreters berechtigt, an den Sitzungen teilzunehmen. Die Mitgliedschaft im Verwaltungsrat des BVR schließt die Mitgliedschaft im regionalen Sanierungsausschuss aus.

[4] Die Amtsdauer der Vertreter beträgt drei Jahre. Die Amtsdauer eines Vertreters endet vorzeitig beim Ausscheiden aus der Tätigkeit, die für seine Benennung bestimmend war. Die Amtsdauer eines Vertreters endet ferner vorzeitig, wenn die Voraussetzungen des Absatzes 3 Satz 8 vorliegen. Die Amtsdauer eines Vertreters eines Primärinstituts endet auch dann vorzeitig, wenn das Primärinstitut, bei dem er Vorstandsmitglied ist, die Hilfe des Garantiefonds oder des Garantieverbundes benötigt.

[5] Der BVR hat das Recht, an den Sitzungen der Sanierungsausschüsse beratend teilzunehmen.

[6] Die Sanierungsausschüsse sind insbesondere zuständig für:

a) die Vorlage von Vorschlägen für Deckungsmaßnahmen (§ 1 Absatz 2, § 17) bis zur Höhe von 25 Mio. EUR je Deckungsfall und damit verbundene Auflagen (§ 19) für Primärinstitute, die ihren Sitz im Zuständigkeitsbereich des jeweiligen Sanierungsausschusses haben;

b) die Abgabe von Stellungnahmen gegenüber dem zentralen Ausschuss der Sicherungseinrichtung, soweit dieser Deckungsmaßnahmen für Primärinstitute behandelt, die ihren Sitz im Bereich des betreffenden regionalen Sanierungsausschusses haben;

c) die Entgegennahme von Informationen des jeweiligen Prüfungsverbandes/des BVR über die Entwicklung der Primärinstitute, für die Deckungsmaßnahmen in dem jeweiligen regionalen Sanierungsausschuss bzw. im zentralen Ausschuss der Sicherungseinrichtung behandelt worden sind;

d) die Entgegennahme von Informationen des BVR über die Erhebung von Forderungen personeller und/oder sachlicher Art gegenüber Instituten gemäß § 16.

[7] Die Sanierungsausschüsse wählen jeweils einen Vorsitzenden und seinen Stellvertreter. Den Vorsitzenden wählen sie aus dem Kreis der jeweiligen Vertreter der Primärinstitute. Seinen Stellvertreter wählen sie aus dem Kreis der jeweiligen Vertreter.

[8] Die Sanierungsausschüsse sind beschlussfähig, wenn mehr als die Hälfte ihrer Mitglieder anwesend sind. Die Sanierungsausschüsse fassen ihre Beschlüsse mit der einfachen Mehrheit der abgegebenen Stimmen. Die Vertreter der Prüfungsverbände haben kein Stimmrecht. Soll ein Primärinstitut, für das Deckungsmaßnahmen behandelt werden, mit einem Primärinstitut verschmolzen werden, das durch ein Vorstandsmitglied im Sanierungsausschuss vertreten ist, hat dieses Mitglied des Sanierungsausschusses beim Deckungsvorschlag für das betroffene Primärinstitut kein Stimmrecht.

[9] Die Sanierungsausschüsse werden von den jeweiligen Prüfungsverbänden einberufen. Die Ergebnisse der Beratungen und Abstimmungen in den Sitzungen der Sanierungsausschüsse sind zu protokollieren. Die Protokolle werden von den jeweiligen Prüfungsverbänden gefertigt; diese stellen die jeweiligen Protokollführer. Die Protokolle werden den Mitgliedern des jeweiligen Sanierungsausschusses und dem BVR von den jeweiligen Prüfungsverbänden zugesandt.

VII. Allgemeine Bestimmungen

§ 32 Ausscheiden aus der Sicherungseinrichtung

Ein Institut scheidet aus der Sicherungseinrichtung aus:

a) wenn es als Mitglied beim BVR ausscheidet,

b) wenn es aus der Sicherungseinrichtung ausgeschlossen wird (§ 33),

c) wenn es die Zugehörigkeit zu der Sicherungseinrichtung kündigt (§ 34).

§ 33 Ausschluss aus der Sicherungseinrichtung

[1] Ein Institut kann aus der Sicherungseinrichtung ausgeschlossen werden, wenn es die ihm gegenüber der Sicherungseinrichtung obliegenden Pflichten erheblich verletzt hat. Eine erhebliche Pflichtverletzung liegt insbesondere vor, wenn ein Institut:

a) geschäftliche Entwicklungen im Sinne von § 6 Absatz 3 hat,

b) die Garantieerklärungen gemäß § 5 Absatz 1 oder die Ermächtigungserklärungen gemäß § 9 Absatz 1 auf Anforderung nicht vorlegt,

c) die in § 9 Absatz 2 vorgeschriebene Klausel nicht in seine Allgemeinen Geschäftsbedingungen aufnimmt bzw. nicht den Geschäftsbeziehungen mit seinen Kunden zugrunde legt,

d) die jeweiligen Pflichten im Zusammenhang mit Prüfungen gemäß § 7 oder die jeweiligen Pflichten gemäß §§ 14 bis 16 verletzt,

e) die Verpflichtung zur Ausarbeitung von Sanierungsmaßnahmen gemäß § 25 verletzt,

f) Auflagen des BVR gemäß § 19 nicht unverzüglich erfüllt,

g) die für die Klassifizierung gemäß § 3a erforderlichen Daten trotz des Verlangens des BVR nicht zur Verfügung stellt,

h) im Hinblick auf die Sicherungseinrichtung gegenüber dem BVR oder gegenüber dem zuständigen Prüfungsverband oder dem Abschlussprüfer oder dem aufgrund des KWG bzw. des Statuts tätig werdenden Prüfer schuldhaft unvollständige oder unrichtige Angaben macht,

i) den zuständigen Prüfungsverband oder den Abschlussprüfer oder den aufgrund des KWG bzw. des Statuts tätig werdenden Prüfer bei seiner Prüfungstätigkeit nicht unterstützt,

j) mit einer Zahlungspflicht zum Garantiefonds nach einer schriftlichen Mahnung durch den BVR länger als zwei Monate in Verzug gerät.

[2] Der Ausschluss ist dem Institut mit einer Frist von sechs Monaten vorher anzudrohen. Nach Ablauf dieser Frist kann das Institut aus der Sicherungseinrichtung ausgeschlossen werden, wenn die Pflichtverletzungen fortdauern, auf die der Ausschluss gegründet wird.

[3] Über den Ausschluss eines Instituts aus der Sicherungseinrichtung entscheidet der Vorstand des BVR nach vorheriger Zustimmung des zentralen Ausschusses der Sicherungseinrichtung des BVR. Der zentrale Ausschuss der Sicherungseinrichtung des BVR entscheidet mit einer Mehrheit von mindestens drei Vierteln der abgegebenen Stimmen. Im zentralen Ausschuss der Sicherungseinrichtung des BVR wirken auf Verlangen des auszuschließenden Primärinstituts der Vertreter eines Primärinstituts, das demselben Prüfungsverband angehört wie das auszuschließende Primärinstitut, und/oder der Vertreter dieses Prüfungsverbandes, wenn er dem zentralen Ausschuss der Sicherungseinrichtung des BVR angehört, nicht mit.

[4] Vor einer Entscheidung gemäß Absatz 3 hat der Vorstand des BVR – wenn es sich um ein Primärinstitut handelt – den zuständigen Prüfungsverband anzuhören sowie dem betroffenen Primärinstitut bzw. – wenn es sich nicht um ein Primärinstitut handelt – dem betroffenen Institut Gelegenheit zu geben, sich zu dem beabsichtigten Ausschluss zu äußern. Die Tatsachen, auf denen der Ausschluss beruht, sowie den Ausschließungsgrund (Absatz 1) teilt der Vorstand des BVR jeweils vorher schriftlich mit.

[5] Der Vorstand des BVR teilt die Tatsachen, auf denen der Ausschluss beruht, den Ausschließungsgrund (Absatz 1) sowie das Ergebnis der Anhörung des zuständigen Prüfungsverbandes und des betroffenen Instituts dem zentralen Ausschuss der Sicherungseinrichtung des BVR schriftlich mit, bevor dieser gemäß Absatz 3 über seine Zustimmung zu dem Ausschluss beschließt.

[6] Die Entscheidung des Vorstandes des BVR über den Ausschluss eines Instituts aus der Sicherungseinrichtung hat die Tatsachen, auf denen der Ausschluss beruht, sowie den Ausschließungsgrund (Absatz 1) zu enthalten.

[7] Die Entscheidung des Vorstandes des BVR über den Ausschluss eines Instituts aus der Sicherungseinrichtung ist dem Institut durch eingeschriebenen Brief mit Rückschein zuzustellen.

[8] Die Entscheidung des Vorstandes des BVR über den Ausschluss aus der Sicherungseinrichtung wird einen Monat nach Zugang bei dem Institut wirksam.

[9] Gegen die Entscheidung des Vorstandes des BVR kann das Institut innerhalb eines Monats nach Zugang den Verbandsrat des BVR anrufen. Das entsprechende Schreiben muss innerhalb der vorgenannten Frist beim BVR eingegangen sein. Die Anrufung des Verbandsrates des BVR hat aufschiebende Wirkung. Bei der Beschlussfassung des Verbandsrates des BVR wirken Mitglieder des zentralen Ausschusses der Sicherungseinrichtung des BVR, die auch im Verbandsrat des BVR vertreten sind, nicht mit. Ebenso wirken bei dieser Beschlussfassung auf Verlangen eines auszuschließenden Primärinstituts die Vertreter der Primärinstitute, die demselben Prüfungsverband angehören wie das auszuschließende Primärinstitut, und/oder der Vertreter des betreffenden Prüfungsverbandes nicht mit. Die Entscheidung des Verbandsrates des BVR ist dem Institut durch eingeschriebenen Brief mit Rückschein zuzustellen. Die Entscheidung des Verbandsrates des BVR wird einen Monat nach Zugang bei dem Institut wirksam.

Das Institut kann eine Überprüfung der Entscheidung des Verbandsrates des BVR durch die Mitgliederversammlung des BVR verlangen. Die Anrufung der Mitgliederversammlung des BVR hat durch eingeschriebenen Brief mit Rückschein zu erfolgen, der innerhalb eines Monats ab Zugang der Entscheidung des Verbandsrates des BVR beim BVR eingegangen sein muss. Die Anrufung der Mitgliederversammlung des BVR hat aufschiebende Wirkung. Ein Ausschluss erfolgt nicht, wenn die Mitgliederversammlung des BVR dem Ausschluss mit einer Mehrheit von zwei Dritteln der abgegebenen Stimmen widerspricht. Die Entscheidung der Mitgliederversammlung des BVR wird einen Monat nach Zugang bei dem Institut wirksam. Die Entscheidung der Mitgliederversammlung des BVR ist endgültig. Der ordentliche Rechtsweg ist nicht ausgeschlossen.

§ 34 Kündigung der Zugehörigkeit zur Sicherungseinrichtung durch ein Institut

Die Zugehörigkeit zur Sicherungseinrichtung kann ein Institut durch schriftliche Erklärung gegenüber dem BVR unter Einhaltung einer Frist von zwei Jahren zum Ende des Kalenderjahres kündigen. Die Kündigung hat durch eingeschriebenen Brief mit Rückschein zu erfolgen.

§ 35 Folgen des Ausscheidens aus der Sicherungseinrichtung

[1] Der BVR gibt das Ausscheiden eines Instituts aus der Sicherungseinrichtung im Bundesanzeiger und in einer Tageszeitung oder mehreren Tages-

zeitungen am Sitz des Instituts bekannt. Im Zusammenhang damit kann der BVR in einer ihm geeignet erscheinenden Weise die Kunden des Instituts über ihre Rechte unterrichten.

[2] Scheidet ein Institut aus der Sicherungseinrichtung aus, hat es die betroffenen Kunden hierüber unverzüglich schriftlich zu unterrichten und diese darauf hinzuweisen, dass sich der Schutzumfang künftig nach Absatz 3 richtet. Dies gilt sinngemäß auch für Verbindlichkeiten gegenüber Kapitalanlagegesellschaften.

[3] Einlagen der Kunden bei ausgeschiedenen Instituten, von diesen herausgegebene Schuldverschreibungen gemäß § 1 Absatz 3 a, Prozessbürgschaften ausgeschiedener Institute, Verbindlichkeiten ausgeschiedener Institute gegenüber Kapitalanlagegesellschaften, soweit es sich um Teile des Fondsvermögens handelt, und Verbindlichkeiten ausgeschiedener Institute gemäß § 3 Absatz 2 gegenüber Kunden aus Wertpapiergeschäften, sind geschützt, wenn sie vor den Bekanntgaben gemäß Absatz 1 begründet waren oder innerhalb eines Monats nach den Bekanntgaben gemäß Absatz 1 begründet werden. Verbindlichkeiten, die später als einen Monat nach den Bekanntgaben gemäß Absatz 1 begründet oder prolongiert werden oder die der Kunde nach diesem Zeitpunkt nicht zum nächstmöglichen Termin kündigt bzw. bei Fälligkeit nicht unverzüglich zurückfordert, sind nicht geschützt.

[4] Bei Instituten, die aus den in § 32 a und b genannten Gründen aus der Sicherungseinrichtung ausscheiden, bleiben die Zahlungspflichten gemäß § 4 für das bei Wirksamwerden des Ausscheidens laufende Geschäftsjahr bestehen. Dies gilt sinngemäß auch für die von ihnen übernommenen Garantieverpflichtungen. Bei Instituten, die durch Kündigung aus der Sicherungseinrichtung ausscheiden (§ 32 c), bleiben Zahlungspflichten gemäß § 4, die bis zum Ende ihrer Zugehörigkeit zur Sicherungseinrichtung begründet worden sind, bestehen. Dies gilt sinngemäß auch für die von ihnen übernommenen Garantieverpflichtungen. Die Informationsrechte und die Prüfungsrechte der Sicherungseinrichtung gegenüber den Instituten wirken fort, solange die Sicherungseinrichtung Verbindlichkeiten der ausgeschiedenen Institute schützt. Solange Verbindlichkeiten geschützt sind, sind die ausgeschiedenen Institute verpflichtet, für die jeweiligen Geschäftsjahre nach ihrem Ausscheiden spätestens bis jeweils zum 30. Juni eine Gebühr in Höhe von 0,3 ‰ der jeweils noch geschützten Verbindlichkeiten an den Garantiefonds zu zahlen.

[5] Ein Institut, das aus der Sicherungseinrichtung ausscheidet, scheidet zum gleichen Zeitpunkt auch als Mitglied des BVR aus.

[6] Ein Institut, das aus der Sicherungseinrichtung ausscheidet, darf das Firmenzeichen der genossenschaftlichen Institutsgruppe, ähnliche oder da-

mit verwechslungsfähige Zeichen oder Symbole nicht mehr gebrauchen und nicht mehr damit werben, dass es dem kreditgenossenschaftlichen Verbund angehört.

§ 36 Keine Rechtsansprüche der Institute

Ein Rechtsanspruch der Institute auf Hilfeleistung durch die Sicherungseinrichtung oder auf das Vermögen der Sicherungseinrichtung besteht nicht.

§ 37 Verschwiegenheitspflicht

[1] Die Mitglieder der Organe des BVR und der Ausschüsse gemäß §§ 30, 31, die Mitglieder der Organe und Ausschüsse der Prüfungsverbände sowie die Mitglieder der Organe der DZ BANK und der WGZ BANK sind zur Verschwiegenheit hinsichtlich aller Vorgänge verpflichtet, die ihnen im Zusammenhang mit der Sicherungseinrichtung zur Kenntnis kommen. Dementsprechend dürfen sie die ihnen bekannt gewordenen Tatsachen nicht unbefugt offenbaren oder verwerten. Dies gilt auch nach Beendigung ihrer Zugehörigkeit zu den in Satz 1 genannten Organen und Gremien. Dieser Verpflichtung unterliegen auch die Mitarbeiter des BVR, der Prüfungsverbände sowie der DZ BANK und der WGZ BANK.

[2] Im Falle von Ziffer 1b c Sätze 2, 3 der Verfahrensregeln ist der BVR verpflichtet, durch vertragliche Vereinbarungen die Geltung der Verschwiegenheitspflichten entsprechend Absatz 1 sicherzustellen.

[3] Absätze 1 und 2 gelten insbesondere nicht für Mitteilungen, die der Bundesanstalt für Finanzdienstleistungsaufsicht und der Deutschen Bundesbank nach pflichtgemäßem Ermessen gemacht werden.

§ 38 Verfahrensregeln

Die Verfahrensregeln sind wesentlicher Bestandteil dieses Statuts.

§ 39 Prüfung der Sicherungseinrichtung

[1] Der BVR erstellt jährlich einen Jahresabschluss und einen Geschäftsbericht zur Tätigkeit und zu den finanziellen Verhältnissen der Sicherungseinrichtung. Diese Unterlagen leitet er jeweils bis zum 31. Mai der Bundesanstalt für Finanzdienstleistungsaufsicht, der Deutschen Bundesbank, den Prüfungsverbänden und dem Verwaltungsrat des BVR zu.

[2] Der BVR beauftragt die Wirtschaftsprüfungsgesellschaft mit der Prüfung des Jahresabschlusses und des Geschäftsberichts, die die Mitgliederversammlung des BVR gemäß § 28 Absatz 2 d der Satzung des BVR wählt.

[3] Der BVR übersendet den Prüfungsbericht den Prüfungsverbänden und dem Verwaltungsrat des BVR.

§ 40 Zuleitung von Unterlagen an Dritte

[1] Den Jahresabschluss und den Geschäftsbericht zur Tätigkeit und zu den finanziellen Verhältnissen der Sicherungseinrichtung kann der BVR auch Dritten zuleiten, wenn dies im Interesse der genossenschaftlichen Institutsgruppe und der Sicherungseinrichtung liegt.

[2] Im Falle von Absatz 1 ist der BVR verpflichtet, durch vertragliche Vereinbarungen mit den Dritten die Geltung der Verschwiegenheitspflichten entsprechend § 37 Absatz 1 sicherzustellen.

§ 41 Abwicklung

Über den Wegfall der Notwendigkeit der Sicherungseinrichtung sowie über das Verfahren zu deren Abwicklung beschließt die Mitgliederversammlung des BVR.

§ 42 Änderung des Statuts

Über Änderungen dieses Statuts und der Verfahrensregeln beschließt die Mitgliederversammlung des BVR.

Verfahrensregeln zum Statut der Sicherungseinrichtung

1. Zu § 1 Absatz 3 a (Schutz durch die Sicherungseinrichtung)

In § 1 Absatz 3 a wird auf die in den Verfahrensregeln genannten Bilanzpositionen verwiesen. Dies sind:

a) »Verbindlichkeiten gegenüber Kunden«,

b) »Verbriefte Verbindlichkeiten« (im Besitz von Nicht-Kreditinstituten),

c) »Verbindlichkeiten aus Bürgschaften....« (soweit darin Prozessbürgschaften enthalten sind).

1a. Zu § 2 Absatz 2 (Verwaltung der Garantiefondsmittel)

a) Die Garantiefondsmittel sind nach dem Gesichtspunkt der Risikomischung so anzulegen, dass eine möglichst große Sicherheit und ausreichende Liquidität der Anlagen bei angemessener Rentabilität gewährleistet sind.

b) Der BVR führt die Erträge aus der Anlage der Garantiefondsmittel sowie die Erträge und Rückflüsse von verwendeten Garantiefondsmitteln diesen in voller Höhe zu.

1b. Zu § 3a Absatz 1 Satz 2 (Grundsätze für die Klassifizierung)

a) aa) Die Klassifizierung der Primärinstitute erfolgt anhand von Kennzahlen zur Vermögens- und Ertragslage sowie zur Risikolage. Die maßgeblichen Einzelkriterien sowie deren Gewichtung sind im Klassifizierungssystem zum Klassifizierungsverfahren festzulegen.

ab) Das Klassifizierungssystem zum Klassifizierungsverfahren wird nach Stellungnahme des zentralen Ausschusses der Sicherungseinrichtung des BVR von der Mitgliederversammlung des BVR beschlossen.

b) Die Primärinstitute werden jährlich klassifiziert.

c) Die Klassifizierung wird vom BVR durchgeführt. Der BVR kann sich zur Erfüllung seiner Aufgaben Tochtergesellschaften bedienen. Der BVR ist, soweit er sich zur Durchführung der Klassifizierung einer Tochtergesellschaft bedient, berechtigt, dieser auf Anforderung alle für die Klassifizierung erforderlichen Daten und Informationen zur Verfügung zu stellen.

d) Die Banken werden der:

- Klasse A++,
- Klasse A+,

- Klasse A,
- Klasse A–,
- Klasse B+,
- Klasse B,
- Klasse B–,
- Klasse C oder
- Klasse D

zugewiesen.

Die Kriterien, nach denen die Zuweisung zu den einzelnen Klassen erfolgt, sind im Klassifizierungssystem zum Klassifizierungsverfahren festzulegen.

e) Die Klassifizierung eines Primärinstituts und die jeweiligen besonderen Verhältnisse gemäß Ziffern 2a bis 2d werden ausschließlich der Geschäftsleitung des betroffenen Primärinstituts, dem Vorstand des BVR, dem zentralen Ausschuss der Sicherungseinrichtung des BVR, dem Vorstand des zuständigen Prüfungsverbandes, dem Vorstand der zuständigen DZ BANK/WGZ BANK und dem zuständigen regionalen Sanierungsausschuss des BVR und dem Verwaltungsrat des BVR mitgeteilt.

Die Klassifizierung eines Primärinstituts und die jeweiligen besonderen Verhältnisse gemäß Ziffern 2a bis 2d sind von allen Beteiligten streng vertraulich zu behandeln. Die betroffenen Primärinstitute dürfen sie insbesondere weder im Geschäftsverkehr bekannt geben, noch in der Werbung erwähnen. Der BVR ist berechtigt, die Klassifizierung eines Primärinstituts und die jeweiligen besonderen Verhältnisse gemäß Ziffer 2a bis 2d der Bundesanstalt für Finanzdienstleistungsaufsicht bekannt zu geben.

f) Gegen die Zuweisung zu den Klassen A+ bis D besteht für das betroffene Primärinstitut die Möglichkeit, ein Schiedsgericht anzurufen, das darüber zu befinden hat, ob im konkreten Fall die Klassifizierung entsprechend dem vorgegebenen Klassifizierungssystem vorgenommen worden ist.

Das betroffene Primärinstitut sowie der BVR haben je einen Schiedsrichter zu benennen. Vorsitzender des Schiedsgerichts ist ein Vertreter der Prüfungsgesellschaft, die die Mitgliederversammlung des BVR gemäß § 28 Absatz 2 d der Satzung des BVR wählt.

Die Entscheidung des Schiedsgerichts wird dem betroffenen Primärinstitut durch eingeschriebenen Brief mit Rückschein mitgeteilt.

Das betroffene Primärinstitut kann gegen eine negative Entscheidung des Schiedsgerichts innerhalb einer Frist von einem Monat ab deren Zugang die ordentlichen Gerichte anrufen. Zuständig ist das Gericht am Sitz des BVR.

Die Anrufung des Schiedsgerichts und der ordentlichen Gerichte hat für die Pflicht zur Zahlung des jeweiligen Beitrages zum Garantiefonds einschließlich eines Zuschlags auf den Jahresbeitrag zum Garantiefonds keine aufschiebende Wirkung. Ein zu hoch erhobener Beitrag zum Garantiefonds wird jedoch erstattet, wenn das Schiedsgericht oder ein ordentliches Gericht in einem rechtskräftigen Urteil zum Ergebnis kommt, dass die Einstufung unzutreffend war. Gleiches gilt, wenn die Klassifizierung in einem gerichtlichen Verfahren zu Gunsten des betroffenen Primärinstituts in einem Vergleich abgeändert wird.

2. Zu § 4 Absätze 1 a, 1c, 2 (Bemessungsgrundlagen für die Beiträge zum Garantiefonds)

Die Institute teilen ihre Bemessungsgrundlagen jährlich spätestens bis zum 31. Juli dem BVR mit. Die Institute beauftragen ihren Abschlussprüfer, diese Bemessungsgrundlagen zu prüfen.

2a. Zu § 4 Absatz 6 b (Besondere Beitragsbestimmungen für Sanierungsinstitute)

a) Ein Institut ist Sanierungsinstitut nach Ablauf des Stichtages, zu dem es die Hilfe des Garantiefonds und/oder des Garantieverbundes benötigt, bis zur endgültigen Abwicklung des mit ihm abgeschlossenen Vertrages über Deckungsmaßnahmen.

b) Ein Primärinstitut zahlt nach dem Ablauf des Stichtages, zu dem es die Hilfe des Garantiefonds und/oder des Garantieverbundes benötigt, bis zur endgültigen Abwicklung des mit ihm abgeschlossenen Vertrages über Deckungsmaßnahmen, höchstens jedoch für die Dauer von fünf Beitragsjahren nach dem Ablauf des Stichtages, keine Zuschläge auf den jeweiligen Jahresbeitrag zum Garantiefonds. Die Höchstdauer gilt auch, wenn bei diesem Primärinstitut eine Nachsanierung erfolgt.

2b. Zu § 4 Absatz 6 b (Besondere Beitragsbestimmungen bei der Verschmelzung eines Primärinstituts mit einem Institut gemäß Ziffer 2a a)

Das verschmolzene Primärinstitut zahlt für die Dauer von sechs Beitragsjahren nach der Verschmelzung:

- 80 % des jeweiligen Jahresbeitrages zum Garantiefonds, wenn vor der Verschmelzung mindestens ein Primärinstitut der Klasse A++ zugewiesen war,
- keinen höheren Beitrag zum Garantiefonds als 90 % des jeweiligen Jahresbeitrages zum Garantiefonds, wenn vor der Verschmelzung mindestens ein Primärinstitut der Klasse A+ oder der Klasse A zugewiesen war,

- keine Zuschläge auf den jeweiligen Jahresbeitrag zum Garantiefonds, wenn vor der Verschmelzung mindestens ein Primärinstitut der Klasse A–, der Klasse B+ oder der Klasse B zugewiesen war,
- keine höheren Zuschläge auf den jeweiligen Jahresbeitrag zum Garantiefonds als einen Zuschlag von 10 %, wenn vor der Verschmelzung mindestens ein Primärinstitut der Klasse B– zugewiesen war,
- keinen höheren Zuschlag auf den jeweiligen Jahresbeitrag zum Garantiefonds als einen Zuschlag von 20 %, wenn vor der Verschmelzung mindestens ein Primärinstitut der Klasse C zugewiesen war.

Die Dauer von sechs Beitragsjahren nach der Verschmelzung gilt auch, wenn bei dem verschmolzenen Primärinstitut eine Nachsanierung erfolgt.

2c. Zu § 4 Absatz 6 b (Besondere Beitragsbestimmungen bei der Verschmelzung von Primärinstituten)

Das verschmolzene Primärinstitut zahlt für die Dauer von vier Beitragsjahren nach der Verschmelzung:

- 80 % des jeweiligen Jahresbeitrages zum Garantiefonds, wenn vor der Verschmelzung mindestens ein Primärinstitut der Klasse A++ zugewiesen war,
- keinen höheren Beitrag zum Garantiefonds als 90 % des jeweiligen Jahresbeitrages zum Garantiefonds, wenn vor der Verschmelzung mindestens ein Primärinstitut der Klasse A+ oder der Klasse A zugewiesen war,
- keine Zuschläge auf den jeweiligen Jahresbeitrag zum Garantiefonds, wenn vor der Verschmelzung mindestens ein Primärinstitut der Klasse A–, der Klasse B+ oder der Klasse B zugewiesen war,
- keine höheren Zuschläge auf den jeweiligen Jahresbeitrag zum Garantiefonds als einen Zuschlag von 10 %, wenn vor der Verschmelzung mindestens ein Primärinstitut der Klasse B– zugewiesen war,
- keinen höheren Zuschlag auf den jeweiligen Jahresbeitrag zum Garantiefonds als einen Zuschlag von 20 %, wenn vor der Verschmelzung mindestens ein Primärinstitut der Klasse C zugewiesen war.

2d. Zu § 4 Absatz 6 b (Besondere Beitragsbestimmungen für Primärinstitute bei Änderung des Klassifizierungssystems)

Wird das Klassifizierungssystem geändert, zahlen die Primärinstitute für die Dauer von zwei Beitragsjahren nach dem Inkrafttreten des geänderten Klassifizierungssystems die jeweiligen Beiträge zum Garantiefonds nach der Klasse, die aufgrund ihrer Klassifizierung nach dem bisherigen Klassifizierungssystem und ihrer Klassifizierung nach dem geänderten Klassifizierungssystem für sie die jeweils günstigere Klasse ist (vgl. Ziffer 1b d und § 4 Absatz 6 a).

3. Zu § 5 (Garantieerklärungen zum Garantieverbund)

a) Die Institute gemäß § 4 Absatz 1 sind verpflichtet, die folgende Garantieerklärung abzugeben: Gemäß § 5 Absatz 1 des Statuts der Sicherungseinrichtung (SE-St) übernehmen wir hiermit gegenüber dem BVR eine Garantieverpflichtung unter Berücksichtigung von § 4 Absatz 1 c SE-St in Höhe des Achtfachen des für uns zutreffenden Grunderhebungssatzes gemäß § 4 Absatz 4 a ab SE-St bzw. des Zehnfachen des für uns zutreffenden Grunderhebungssatzes gemäß § 4 Absatz 4 a aa SE-St. Wir verpflichten uns, den BVR aus Garantie- oder Bürgschaftsverpflichtungen, die er gemäß § 17 Absatz 3 SE-St, Ziffer 13 a bis c der Verfahrensregeln zum SE-St zu Lasten des Garantievolumens übernimmt, durch Zahlung gemäß Ziffer 13 d der Verfahrensregeln zum SE-St an ihn freizustellen, wenn und soweit die Inanspruchnahme aus den Garantien oder Bürgschaften erforderlich wird.

b) Die Institute gemäß § 4 Absatz 2 sind verpflichtet, die folgende Garantieerklärung abzugeben: Gemäß § 5 Absatz 1 des Statuts der Sicherungseinrichtung (SE-St) übernehmen wir hiermit gegenüber dem BVR eine Garantieverpflichtung unter Berücksichtigung von § 4 Absatz 2 Satz 3 SE-St in Höhe des Zehnfachen des für uns zutreffenden Grunderhebungssatzes gemäß § 4 Absatz 4 b bzw. § 4 Absatz 4 a aa SE-St. Wir verpflichten uns, den BVR aus Garantie- oder Bürgschaftsverpflichtungen, die er gemäß § 17 Absatz 3 SE-St, Ziffer 13 a bis c der Verfahrensregeln zum SE-St zu Lasten des Garantievolumens übernimmt, durch Zahlung gemäß Ziffer 13 d der Verfahrensregeln zum SE-St an ihn freizustellen, wenn und soweit die Inanspruchnahme aus den Garantien oder Bürgschaften erforderlich wird.

c) Die Institute gemäß § 4 Absatz 3 sind verpflichtet, die folgende Garantieerklärung abzugeben: Gemäß § 5 Absatz 1 des Statuts der Sicherungseinrichtung (SE-St) übernehmen wir hiermit gegenüber dem BVR eine Garantieverpflichtung in Höhe des Zehnfachen des Grundbeitrages gemäß § 4 Absatz 3 SE-St. Wir verpflichten uns, den BVR aus Garantie- oder Bürgschaftsverpflichtungen, die er gemäß § 17 Absatz 3 SE-St, Ziffer 13 a bis c der Verfahrensregeln zum SE-St zu Lasten des Garantievolumens übernimmt, durch Zahlung gemäß Ziffer 13 d der Verfahrensregeln zum SE-St an ihn freizustellen, wenn und soweit die Inanspruchnahme aus den Garantien oder Bürgschaften erforderlich wird.

4. Zu § 6 Absatz 2 (Geschäfte, die mit dem Zweck der Sicherungseinrichtung vereinbar sind)

Das normale genossenschaftliche Bankgeschäft von Primärinstituten – grund sätzlich vorrangig konzentriert auf den angestammten, d. h. durch den Sitz und die Zweigstellen eines Primärinstituts bestimmten Geschäftsbereich – soll in keiner Weise eingeengt werden. Neben dieser grundsätzlich vorrangigen Konzentrierung der geschäftlichen Aktivitäten sind objektivierbar vernünftige Geschäftsbeziehungen über diesen Bereich hinaus möglich. So sollen derartige Geschäftsbeziehungen – z. B. mit Einheimischen, die nunmehr an einen anderen Ort verziehen, oder in grenznahen Gebieten – sowie die dynamische Entwicklung eines Primärinstituts auf solider Basis nicht berührt werden. Auch sollen normale Geldhandels- und Bürgschaftsgeschäfte nicht eingeschränkt werden.

5. Zu § 6 Absatz 3 (Geschäftliche Entwicklungen, die mit dem Zweck der Sicherungseinrichtung nicht vereinbar sind)

Insbesondere bei geschäftlichen Entwicklungen im Sinne von § 6 Absatz 3 ist der Aufsichtsrat des Instituts verpflichtet zu prüfen, ob und inwieweit diese geschäftlichen Entwicklungen auf die Verletzung gesellschaftsrechtlicher Sorgfaltspflichten durch das Leitungsorgan des Instituts zurückzuführen sind. Dabei kann sich der Aufsichtsrat in Abstimmung mit dem BVR der Hilfe eines Sachverständigen auf Kosten des Instituts bedienen. Ergibt die Prüfung, dass eine Verletzung von gesellschaftsrechtlichen Sorgfaltspflichten durch das Leitungsorgan des Instituts gegeben ist, ist der Aufsichtsrat aufgrund seiner gesellschaftsrechtlichen Sorgfaltspflichten grundsätzlich verpflichtet, die angemessenen Maßnahmen gegenüber den verantwortlichen Mitgliedern des Leitungsorgans zu ergreifen bzw. auf deren Vornahme hinzuwirken.

6. Zu § 6 Absatz 4, § 7 Absatz 2, § 9 Absatz 6 (Tochtergesellschaften)

Für die Bestimmung des Begriffs der Tochtergesellschaften im Sinne des Statuts der Sicherungseinrichtung gilt der Begriff der verbundenen Unternehmen gemäß § 15 AktG.

7. Zu § 9 Absatz 1 (Ermächtigungserklärungen)

a) Wir ermächtigen hiermit die Bundesanstalt für Finanzdienstleistungsaufsicht, den BVR über alles zu unterrichten, was für diesen als Träger der Sicherungseinrichtung bedeutsam sein kann. Gleichzeitig ermächtigen wir den BVR, bei der Bundesanstalt für Finanzdienstleistungsaufsicht alle für ihn als Träger der Sicherungseinrichtung bedeutsamen Auskünfte einzuholen und die Bundesanstalt für Finanzdienstleistungsaufsicht über alle Vorfälle zu unterrichten, die ihm als Träger der Sicherungseinrichtung bekannt werden.

b) Wir ermächtigen hiermit die Deutsche Bundesbank, den BVR über alles zu unterrichten, was für diesen als Träger der Sicherungseinrichtung bedeutsam sein kann. Gleichzeitig ermächtigen wir den BVR, bei der Deutschen Bundesbank alle für ihn als Träger der Sicherungseinrichtung bedeutsamen Auskünfte einzuholen und die Deutsche Bundesbank über alle Vorfälle zu unterrichten, die ihm als Träger der Sicherungseinrichtung bekannt werden.

c) Wir ermächtigen hiermit die aufgrund des KWG oder des Statuts tätig werdenden Prüfer, den BVR über alles zu unterrichten, was für diesen als Träger der Sicherungseinrichtung bedeutsam sein kann. Gleichzeitig ermächtigen wir den BVR, bei diesen Prüfern alle für ihn als Träger der Sicherungseinrichtung bedeutsamen Auskünfte einzuholen und diese Prüfer über alle Vorfälle zu unterrichten, die ihm als Träger der Sicherungseinrichtung bekannt werden.

d) Wir ermächtigen hiermit die für uns als Zentralbank zuständige DZ BANK, den BVR über alles zu unterrichten, was für diesen als Träger der Sicherungseinrichtung bedeutsam sein kann. Gleichzeitig ermächtigen wir den BVR, bei der DZ BANK alle für ihn als Träger der Sicherungseinrichtung bedeutsamen Auskünfte einzuholen und die DZ BANK – mit Ausnahme kundenbezogener Daten – über alle Vorfälle zu unterrichten, die ihm als Träger der Sicherungseinrichtung bekannt werden.

e) Wir ermächtigen hiermit die für uns zuständige WGZ BANK, den BVR über alles zu unterrichten, was für diesen als Träger der Sicherungseinrichtung bedeutsam sein kann. Gleichzeitig ermächtigen wir den BVR, bei der WGZ BANK alle für ihn als Träger der Sicherungseinrichtung bedeutsamen Auskünfte einzuholen und die WGZ BANK – mit Ausnahme kundenbezogener Daten – über alle Vorfälle zu unterrichten, die ihm als Träger der Sicherungseinrichtung bekannt werden.

f) Wir ermächtigen hiermit den für uns zuständigen Prüfungsverband, den BVR über alles zu unterrichten, was für diesen als Träger der Sicherungseinrichtung bedeutsam sein kann. Gleichzeitig ermächtigen wir den BVR, bei dem Prüfungsverband alle für ihn als Träger der Sicherungseinrichtung bedeutsamen Auskünfte einzuholen und den Prüfungsverband über alle Vorfälle zu unterrichten, die ihm als Träger der Sicherungseinrichtung bekannt werden.

g) Wir ermächtigen hiermit unseren Abschlussprüfer, den BVR über alles zu unterrichten, was für diesen als Träger der Sicherungseinrichtung bedeutsam sein kann. Gleichzeitig ermächtigen wir den BVR, bei unserem Abschlussprüfer alle für ihn als Träger der Sicherungseinrichtung bedeutsamen Auskünfte einzuholen und unseren Abschlussprüfer über alle Vorfälle zu unterrichten, die ihm als Träger der Sicherungseinrichtung bekannt werden.

h) Wir ermächtigen hiermit die für uns zuständige Rechenzentrale, den BVR über alles zu unterrichten, was für diesen als Träger der Sicherungseinrichtung bedeutsam sein kann. Gleichzeitig ermächtigen wir den BVR, bei der Rechenzentrale alle für ihn als Träger der Sicherungseinrichtung bedeutsamen Auskünfte einzuholen.

i) Der BVR und der zuständige Prüfungsverband werden sich unverzüglich mit dem betroffenen Institut in Verbindung setzen, wenn sich eine der in § 9 Absatz 1 genannten Stellen in einer für die Sicherungseinrichtung bedeutsamen Weise mit diesem Institut befasst.

j) Die Unterrichtung der zuständigen DZ BANK/WGZ BANK durch den BVR über Vorfälle, die ihm als Träger der Sicherungseinrichtung bekannt werden, ist auf nicht-kundenbezogene Daten beschränkt.

8. Zu § 9 Absatz 8 (Unterrichtungspflichten der Institute bei Beteiligungen)

Bei Übernahme oder Änderungen eines Beteiligungsverhältnisses sind die Institute zur Unterrichtung des BVR verpflichtet, wenn

a) dadurch 10 %, 20 %, 30 % oder 50 % des Kapitals oder der Stimmrechte des Unternehmens erreicht, über- oder unterschritten werden,

b) unmittelbar gehaltene Anteile ganz oder teilweise auf ein Tochterunternehmen übertragen werden.

9. Zu § 12 (Hinwirken des BVR auf eine Änderung der Geschäftspolitik eines Instituts)

Bei einem Vorgehen nach § 12 setzt sich der BVR grundsätzlich zunächst mit dem Vorstand und erforderlichenfalls mit dem Aufsichtsrat des betreffenden Instituts in Verbindung. Wenn dies nicht zu einer Änderung der – mit den Grundsätzen des § 6 nicht zu vereinbarenden – Geschäftspolitik des Instituts führt, wird der BVR an die Generalversammlung/Vertreterversammlung/Hauptversammlung des Instituts herantreten.

10. Zu § 13 (Hinwirken des zuständigen Prüfungsverbandes auf eine Änderung der Geschäftspolitik eines Primärinstituts)

Bei einem Vorgehen nach § 13 setzt sich der Prüfungsverband grundsätzlich zunächst mit dem Vorstand und erforderlichenfalls mit dem Aufsichtsrat des betreffenden Primärinstituts in Verbindung. Wenn dies nicht zu einer Änderung der – mit den Grundsätzen des § 6 nicht zu vereinbarenden – Geschäftspolitik des Primärinstituts führt, wird der Prüfungsverband an die Generalversammlung/Vertreterversammlung/Hauptversammlung des Primärinstituts im Rahmen seiner gesetzlichen und satzungsmäßigen Rechte und Pflichten herantreten.

11. Zu § 7, §§ 12 bis 16, 21 und Ziffer 5 (Koordinierung von Aktivitäten des BVR und der Prüfungsverbände gegenüber Primärinstituten)

a) In den Fällen des § 7 Absätze 1, 2, §§ 12, 14, 16, 21 und Ziffer 5 stimmt sich der BVR unverzüglich mit dem jeweils zuständigen Prüfungsverband ab, wenn er gegenüber einem Primärinstitut tätig wird.

b) In den Fällen der §§ 13 und 15 stimmt sich der Prüfungsverband mit dem BVR unverzüglich über sein Tätigwerden ab und unterrichtet über das Verhalten des Primärinstituts.

12. Zu § 17 Absatz 2 (Deckungsmaßnahmen zu Lasten des Garantiefonds)

a) Im Falle eines Darlehens zu Lasten des Garantiefonds sind mit dem Institut Vereinbarungen über Rückzahlungsmodalitäten und – wenn das Darlehen verzinslich ist – über die Verzinsung zu treffen.

b) Zur Rekapitalisierung können Beteiligungen an Instituten, insbesondere Anteile, stille Beteiligungen oder sonstige Bestandteile der Eigenmittel von Instituten erworben werden, wenn sich der angestrebte Zweck nicht besser oder wirtschaftlicher durch andere Deckungsmaßnahmen erreichen lässt. Über die Gegenleistung des Institutes und die sonstigen Bedingungen der Rekapitalisierung ist eine Vereinbarung zu treffen.

13. Zu § 17 Absatz 3 (Deckungsmaßnahmen zu Lasten des Garantieverbundes)

a) Die Übernahme einer Bilanzierungshilfe ist möglich, wenn bei vorsichtiger Beurteilung der Ertragsentwicklung des Instituts eine Freistellung des Garantieverbundes aus der Garantie oder Bürgschaft innerhalb von fünf Jahren zu erwarten ist.

b) Der Höhe nach sind die Garantien und Bürgschaften auf das Garantievolumen zu beschränken.

c) Durch Übernahme einer Garantie oder Bürgschaft wird das Garantievolumen entsprechend gebunden.

d) Bei Inanspruchnahme einer Garantie oder Bürgschaft zu Lasten des Garantieverbundes gelten die nachfolgenden Bestimmungen:

da) Ist entgegen den Erwartungen eine Inanspruchnahme aus einer Garantie oder Bürgschaft erforderlich, die zu Lasten des Garantievolumens übernommen wurde, werden zunächst die Garantiefondsmittel eingesetzt.

db) Sollte über den Einsatz der Garantiefondsmittel gemäß da hinaus eine Inanspruchnahme aus übernommenen Garantien oder Bürgschaften erforderlich werden, wird der Ausfallbetrag auf die Institute im Verhältnis ihres Anteils am Garantieverbund umgelegt.

dc) Übersteigt die Inanspruchnahme 25 % des Garantievolumens, sind die Beträge, die 25 % der Garantiesumme eines Instituts übersteigen, in drei weiteren Jahresraten zu zahlen. Dabei darf nur die letzte Rate weniger als 25 % der Garantiesumme betragen.

dd) Die Garantieverpflichtung des einzelnen Instituts ermäßigt sich in Höhe seiner Inanspruchnahme.

14. Zu § 19 Absatz 2 (Erfüllung der Auflagen)

Im Zusammenhang mit Maßnahmen und Vorgängen, die gemäß dem zwischen dem BVR und einem Primärinstitut abgeschlossenen Vertrag über Deckungsmaßnahmen der Zustimmung des BVR bzw. der Abstimmung mit dem BVR bedürfen, soll der BVR zuvor eine Stellungnahme des zuständigen Prüfungsverbandes einholen.

15. Zu § 20 Absätze 2, 3 (Rückzahlungsverpflichtungen)

Die wirtschaftlichen Verhältnisse des Instituts bestimmen den Zeitpunkt und die Höhe von Rückzahlungen.

16. Zu § 23 Absatz 2 (Unterzeichnung des Vertrages über Deckungsmaßnahmen durch das Institut)

Die Verträge über Deckungsmaßnahmen sind vom Vorstand und von allen Aufsichtsratsmitgliedern des Instituts zu unterzeichnen; in einem begründeten Ausnahmefall können anstelle aller Aufsichtsratsmitglieder auf der Grundlage eines Beschlusses des Aufsichtsrates auch der Aufsichtsratsvorsitzende und ein anderes Mitglied des Aufsichtsrates unterzeichnen.

17. Zu § 24 Satz 1 (Fortlaufende Überwachung der Umsetzung und der Abwicklung des Vertrages über Deckungsmaßnahmen)

Der fortlaufenden Überwachung unterliegt insbesondere:

- ob die Institute die personellen und/oder sachlichen Auflagen unverzüglich erfüllen, die der BVR im Zusammenhang mit Deckungsmaßnahmen gemacht hat,
- ob die Voraussetzungen für die Deckungsmaßnahmen, die für Institute übernommen wurden, noch gegeben sind,
- inwieweit die Institute nach ihren wirtschaftlichen Verhältnissen in der Lage sind, die Besserungsscheinverpflichtung zu erfüllen, d. h. die Sicherungseinrichtung aus übernommenen Garantien oder Bürgschaften freizustellen bzw. erhaltene Beträge zurückzuzahlen,

- ob die Institute ihre Besserungsscheinverpflichtungen, ihre Freistellungsverpflichtungen und ihre Rückzahlungsverpflichtungen gemäß § 20 erfüllen.

18. Verfahren bei Deckungsmaßnahmen für Primärinstitute

a) Nach der Ermittlung des Deckungsbedarfs durch das Primärinstitut, an der der BVR mitwirken kann, stellt das Primärinstitut seinen Antrag auf Deckungsmaßnahmen an den zuständigen Prüfungsverband und an den BVR.

b) Der zuständige Prüfungsverband und der BVR prüfen den Antrag des Primärinstituts auf Deckungsmaßnahmen. Der Prüfungsverband nimmt zum Antrag auf Deckungsmaßnahmen Stellung und unterbreitet Vorschläge zu Deckungsmaßnahmen. Er leitet seine Stellungnahme und seine Vorschläge dem BVR zu.

c) Der gemäß §§ 30, 31 zuständige Ausschuss prüft den Antrag des Primärinstituts auch auf der Grundlage der Stellungnahme und der Vorschläge des zuständigen Prüfungsverbandes gemäß b. Er nimmt dazu Stellung und beschließt einen Vorschlag zu Deckungsmaßnahmen für das Primärinstitut. Er leitet seine Stellungnahme und seinen Vorschlag dem BVR zu; ist ein regionaler Sanierungsausschuss des BVR zuständig, erfolgt die Zuleitung an den BVR durch den zuständigen Prüfungsverband.

19. Kosten im Zusammenhang mit einem Tätigwerden der Sicherungseinrichtung

a) Aufwendungen im Zusammenhang mit:

   - Prüfungen gemäß § 7, § 8, § 14, § 15, § 25, § 27, Ziffern 2 Satz 2, 18 b,
   - Überwachungen gemäß §§ 14 bis 16, § 24, § 26, § 27

   sind von den betroffenen Instituten zu zahlen.

b) Aufwendungen der Prüfungsverbände im Zusammenhang mit:

   - Unterrichtungen gemäß § 10, §§ 14 bis 16, §§ 24 bis 27, Ziffern 11, 18 b, c,
   - Sitzungen der regionalen Sanierungsausschüsse des BVR,
   - einer Anhörung gemäß § 33 Absatz 4 Satz 1

   werden vom BVR aus den Garantiefondsmitteln erstattet.

c) Aufwendungen der Prüfungsverbände, die aufgrund eines Auftrages des BVR im Rahmen der Sicherungseinrichtung anfallen, werden vom BVR aus den Garantiefondsmitteln erstattet.

3. Satzung für den Einlagensicherungsfonds

Bundesverband öffentlicher Banken Deutschlands e. V. (VÖB)

Stand Mai 2007

Inhalt

1. Abschnitt Struktur des Fonds

§ 1 Zweck/Vermögenszugehörigkeit

1. Der Einlagensicherungsfonds des Bundesverbandes Öffentlicher Banken Deutschlands e.V. (im Folgenden Fonds genannt) dient als Sicherheit für die in § 14 genannten Einlagen von Nichtkreditinstituten bei den Mitgliedern.
2. Zur Verfolgung des in Absatz 1 bezeichneten Zwecks sind alle zur Hilfeleistung geeigneten Maßnahmen, insbesondere Zahlungen an Einleger, zulässig.
3. Die im Fonds angesammelten Mittel sind Sondervermögen des VÖB; sie sind getrennt vom sonstigen Verbandsvermögen anzulegen und zu verwal-

ten. Der Fonds haftet nicht für Verbindlichkeiten des VÖB. Ebenso wenig haftet der VÖB für Verbindlichkeiten des Fonds. Unbeschadet der Regelungen des § 5 Abs. 2 und des § 18 haben die Mitglieder keinerlei Ansprüche auf die Auskehr dieser Mittel; die Fondsmittel werden ausschließlich zur Einlagensicherung, zur Anlegerentschädigung und zur Deckung der Verwaltungskosten des Fonds verwendet.

§ 2 Beirat

1. Dem Beirat obliegt die Willensbildung der Mitglieder des Fonds und die Kontrolle der Geschäftsführung des Fonds durch den VÖB, die Entlastung der Geschäftsführung, die Feststellung des Jahresabschlusses (§ 12 Abs. 2), ferner die Feststellung des Sicherungsfalles und die dabei zu treffenden Maßnahmen und Auflagen (§ 15 und § 16).
2. Folgende Geschäftsführungsmaßnahmen bedürfen der vorherigen Zustimmung des Beirats:
   a) Anforderung von Nachschüssen gemäß § 10 Abs. 5
   b) Entscheidung über die Anlagegrundsätze i. S. d. § 11 Abs. 2 und über die Anlagepolitik
   c) Einleitung von Rechtsstreitigkeiten
   d) Bestellung der Abschlussprüfer für den Fonds
3. Der Beirat besteht aus je einem Vertreter jedes Mitgliedsinstitutes. Die Vertreter werden dem VÖB benannt und sollen jeweils für die Dauer von zumindest fünf Jahren von ihrem Institut mit dieser Funktion betraut werden; ihre Vertretung ist zulässig, wobei die Vertretungsbefugnis durch schriftliche Vollmacht des Mitgliedsinstituts nachzuweisen ist.
4. Der Beirat tritt regelmäßig mindestens einmal im Jahr zusammen. Sonst tritt er bei Bedarf zusammen oder wenn drei Mitglieder dies verlangen. Abgesehen von Eilfällen gemäß Absatz 5 Satz 7 erfolgt die Einladung durch den Vorsitzenden des Beirats oder in dessen Auftrag durch den Hauptgeschäftsführer des VÖB unter Beifügung einer Tagesordnung mit einer Frist von 14 Tagen. Der Vorsitzende leitet die Sitzung.
5. Jedes Mitglied des Beirats hat eine Stimme. Beschlüsse werden mit der Mehrheit der Stimmen (ohne Berücksichtigung von Stimmenthaltungen) gefasst, soweit dieses Statut nicht etwas anderes bestimmt. Bei Stimmengleichheit entscheidet die Stimme des Vorsitzenden. Der Beirat ist beschlussfähig, wenn wenigstens drei Viertel seiner Mitglieder anwesend sind. Ist der Beirat nicht beschlussfähig, kann sofort eine weitere Sitzung des Beirats mit einer Frist von 14 Tagen einberufen werden. Bei dieser Sitzung reicht die Anwesenheit der Hälfte der Mitglieder zur Beschlussfähigkeit aus; in der Einladung ist auf diese Rechtsfolge hinzuweisen. In besonders

eiligen Fällen, beispielsweise im Sicherungsfall, kann ohne Wahrung von Fristen ein Beschluss über technische Kommunikationsmittel herbeigeführt werden; das Nähere regelt die Geschäftsordnung für den Beirat.

6. Den Vorsitz im Beirat führt der Vertreter des Mitgliedsinstituts mit dem höchsten Bestand an zu sichernden Einlagen; maßgeblich hierfür sind die schriftlichen Bestätigungen der Abschlussprüfer der Mitgliedsinstitute gemäß § 10 Abs. 2 Satz 2, die im abgelaufenen Fondsgeschäftsjahr eingereicht wurden. Ist er verhindert, führt der Vertreter des Mitgliedsinstituts mit dem zweithöchsten Bestand an abzusichernden Einlagen (zum letzten Stichtag) den Vorsitz.
7. Über jede Sitzung des Beirats wird ein Protokoll gefertigt und vom Vorsitzenden der Sitzung unterschrieben. Beschlüsse des Beirats können auch in anderen Fällen als denen des Absatz 5 Satz 7 außerhalb von Sitzungen im schriftlichen Umlaufverfahren, fernmündlich, fernschriftlich oder per Telefax getroffen werden, wenn alle Mitglieder an der Beschlussfassung teilnehmen und kein Mitglied dem Verfahren widerspricht. Außerhalb von Sitzungen gefasste Beschlüsse sind in das nächste Sitzungsprotokoll als solche gekennzeichnet aufzunehmen.
8. Der Beirat gibt sich eine Geschäftsordnung.
9. Die Mitglieder des Beirats erhalten Aufwendungsersatz für ihre Tätigkeit; der Beirat kann eine Aufwandspauschale festsetzen.
10. Der Beirat kann für die Anlagepolitik gemäß Ziffer 2b) einen Anlageausschuss aus Vertretern der Mitglieder bilden.

§ 3 Geschäftsführung durch den VÖB

1. Der VÖB führt die Geschäfte des Fonds nach Maßgabe der Beschlüsse des Beirats eigenverantwortlich im Rahmen dieses Statuts; verantwortlich gegenüber dem Beirat ist der Hauptgeschäftsführer des VÖB. Er kann Dritte mit der Führung der Geschäfte bei getrennter Rechnungslegung beauftragen.
2. Sämtliche durch die Fondsgeschäftsführung einschließlich der Überprüfung der zu sichernden Mitglieder anfallenden Verwaltungskosten werden getrennt ermittelt und aus den Erträgen des Fonds bestritten. Soweit Erträge des Fonds zur Deckung der Verwaltungskosten nicht ausreichen sollten, werden sie allein von den Mitgliedern des Fonds als Sonderumlage getragen. Die Umlage richtet sich nach dem Verhältnis der Höhe der zu sichernden Einlagen der einzelnen Mitglieder zur Höhe der zu sichernden Einlagen aller Mitglieder; maßgeblich für das Mitglied sind die schriftlichen Bestätigungen der Abschlussprüfer der Mitgliedsinstitute gemäß § 10 Abs. 2 Satz 2, die im abgelaufenen Fondsgeschäftsjahr eingereicht wurden. Auf die Verwaltungskosten kann der VÖB zu Beginn eines Geschäftsjahres vom Beirat zu genehmigende Vorschüsse erheben.

2. Abschnitt Mitgliedschaft im Fonds

§ 4 Erwerb der Mitgliedschaft

1. Alle Mitglieder des VÖB können dem Fonds beitreten, solange sie nicht einer Sicherungseinrichtung des Deutschen Sparkassen- und Giroverbandes angeschlossen sind.
2. Voraussetzung für die Aufnahme ist:
   a) ein schriftlicher Antrag in der für die Abgabe rechtsverbindlicher Erklärungen vorgeschriebenen Form
   b) die Anerkennung dieses Statuts
   c) der Nachweis geordneter wirtschaftlicher Verhältnisse. Deren regelmäßige Überprüfung hat der Fonds bei Wahrung des Bankgeheimnisses und gesetzlicher Schutzvorschriften vorzunehmen, um ggf. Konsultationen mit Organen der Mitglieder vorschlagen zu können. Vor Eintritt eines Sicherungsfalles können aufgrund dieser Überprüfungen keine Weisungen oder Auflagen erteilt werden.

   Über die Aufnahme neuer Mitglieder entscheidet der Beirat mit drei Viertel der abgegebenen Stimmen (ohne Berücksichtigung von Stimmenthaltungen).

§ 5 Erlöschen der Mitgliedschaft

1. Die Mitgliedschaft erlischt allein durch Austritt oder Ausschluss gemäß den nachfolgenden Bestimmungen.
2. Austrittserklärungen haben gegenüber dem Fonds durch eingeschriebenen Brief mit Rückschein zu erfolgen. Sie müssen spätestens zwölf Monate vor dem Schluss eines Fondsgeschäftsjahres auf diesen Zeitpunkt gegenüber dem Fonds erklärt werden. Die Mitgliedschaft endet mit Ablauf des Fondsgeschäftsjahres. Tritt das Mitglied einem anderen, dem Einlagensicherungsfonds des VÖB in seiner Zielsetzung gleichzustellenden Einlagensicherungssystem bei, kann der Beirat beschließen, dass der Teil des bei Beendigung der Mitgliedschaft nicht durch Sicherungsmaßnahmen gebundenen Fondsvermögens, der auf der Beitragsleistung des Mitglieds einschließlich der darauf entfallenden Erträge beruht, unmittelbar auf das andere Einlagensicherungssystem übertragen wird.
3. Über einen Ausschluss entscheidet der Beirat mit einer Mehrheit von drei Viertel der abgegebenen Stimmen (ohne Berücksichtigung von Stimmenthaltungen), wenn
   - das Mitglied durch falsche Angaben im Rahmen des § 4 Abs. 2 über seine wirtschaftlichen Verhältnisse getäuscht und dadurch seinen Beitritt

erreicht hat; in diesem Fall muss der Ausschluss innerhalb eines Monats nach Kenntnis des Ausschlussgrundes beschlossen werden
- das Mitglied falsche Angaben zur Beitragsermittlung macht
- das Mitglied nicht gemäß § 7 verfährt
- das Mitglied entgegen § 6 mit der Mitgliedschaft im Fonds wirbt
- das Mitglied mit seinen Beiträgen gemäß § 10 oder der Leistung der Sonderumlage gemäß § 3 Abs. 2 nach schriftlicher Mahnung länger als zwei Monate in Verzug gerät
- das Mitglied gegenüber Kunden unrichtige Angaben über die Art der gesicherten Einlagen oder über das Nichtbestehen einer Rechtspflicht zur Sicherungsleistung macht
- das Mitglied Auflagen gemäß § 16 nicht unverzüglich erfüllt
- das Mitglied aus dem VÖB ausscheidet.

Bei der Entscheidung des Beirats hat ein dem betroffenen Mitgliedsinstitut angehörendes Beiratsmitglied keine Stimme. Der Ausschluss wird mit seiner Bekanntgabe gegenüber dem betroffenen Institut wirksam. Unbeschadet dessen bleiben die Einlagen, einschließlich neu hereingenommener Einlagen, für den Zeitraum von zwölf Monaten nach Bekanntgabe des Ausschlusses durch den Fonds geschützt. Das ausgeschlossene Mitglied ist für das Fondsgeschäftsjahr, in das der Ausschluss fällt, zur Leistung eines vollen und für das folgende Fondsgeschäftsjahr bis zum Ende des Einlagenschutzes zur Leistung eines zeitanteiligen Beitrags, gegebenenfalls einschließlich Nachschuss, verpflichtet. Bis zum Ende des Einlagenschutzes behält der Fonds gegenüber dem ausgeschlossenen Mitglied ansonsten alle Rechte. Sind für das ausgeschlossene Mitglied Sicherungsleistungen erbracht worden, bleibt es bis zur vollständigen Rückholung der Sicherungsmittel an die Auflagen gemäß § 16 gebunden.

§ 6 Hinweis auf die Mitgliedschaft

1. Die Information über die Mitwirkung am Fonds ist zulässig; die Mitglieder sind berechtigt, die Tatsache ihrer Mitwirkung an dem Fonds und die Art der gemäß § 14 gesicherten Einlagen durch Aushang in der Schalterhalle, durch Schreiben an bestimmte Personen und bei der Beantwortung von Anfragen bekannt zu geben. Soweit Informationen über die Mitwirkung am Fonds gesetzlich vorgeschrieben sind, kommen die Mitglieder dem nach. Nicht zulässig ist die Werbung mit der Sicherheit der Einlagen oder der Mitwirkung am Fonds in Presse, Rundfunk oder Fernsehen, durch Postwurfsendungen oder ähnliche Publikumswerbung. Die Mitglieder sind verpflichtet, gegen eine unzulässige Werbung mit der Sicherheit ihrer Einlagen durch Dritte einzuschreiten.

2. Für die Mitglieder ist ein einheitliches Signum geschaffen worden. Die Mitglieder des Fonds sind berechtigt, dieses Signum in ihren Schalterhallen, Schaufenstern oder Schaukästen sowie an den Eingangstüren aller Niederlassungen anzubringen und es im Schriftverkehr zu verwenden. Die Einzelheiten über die zulässigen Verwendungsformen, insbesondere über die Größe und Gestaltung des Signums, setzt der Beirat fest. Für die Benutzung des Signums findet im übrigen Absatz 1 Anwendung.

§ 7 Hinweis in den Bank-AGB

1. Jedes Mitglied ist verpflichtet, in seinen Allgemeinen Geschäftsbedingungen folgende Klausel aufzunehmen und sie der Geschäftsbeziehung mit seinen Kunden zugrunde zu legen:

   Nummer ...
   Die Bank ist dem Einlagensicherungsfonds des Bundesverbandes Öffentlicher Banken Deutschlands e.V. (im Folgenden „Einlagensicherungsfonds" genannt) angeschlossen. Soweit der Einlagensicherungsfonds oder ein von ihm Beauftragter Zahlungen an einen Kunden leistet, gehen dessen Forderungen gegen die Bank in entsprechender Höhe Zug um Zug auf den Einlagensicherungsfonds über. Entsprechendes gilt, wenn der Einlagensicherungsfonds die Zahlungen mangels Weisung eines Kunden auf ein Konto leistet, das zu seinen Gunsten bei einer anderen Bank eröffnet wird. Die Bank ist befugt, dem Einlagensicherungsfonds oder einem von ihm Beauftragten alle in diesem Zusammenhang erforderlichen Auskünfte zu erteilen und Unterlagen zur Verfügung zu stellen.

2. Sollte eine Regelung gemäß Absatz 1 bei einem Mitglied nicht in den Allgemeinen Geschäftsbedingungen in Frage kommen, stellt das Mitglied die Geltung entsprechender Regelungen in den Geschäftsbeziehungen mit seinen Kunden in anderer geeigneter Weise sicher.

3. Abschnitt Aufbringung des Fondsvermögens

§ 8 Fondsvermögen

1. Das Gesamtvolumen des Fonds beträgt 0,1 % der Summe der gemäß § 14 zu sichernden Einlagen aller Mitglieder.
2. Alle fünf Jahre, erstmals für das Geschäftsjahr 2000, ist die Angemessenheit des Fondsvermögens zu überprüfen und ggf. das Fondsvermögen neu festzusetzen; Maßstab dafür ist das Volumen aller zu sichernden Einlagen gemäß § 14 und das durch den Bankbetrieb der Mitglieder begründete Risiko, diese Einlagen nicht zurückzahlen zu können.

§ 9 Mittelaufkommen

Das in § 8 Abs. 1 festgesetzte Gesamtvermögen wird durch folgende Einnahmen aufgebracht:

a) Beiträge gemäß § 10

b) Erträge aus der Anlage der Fondsmittel
c) Mittelrückflüsse gemäß § 17

§ 10 Beiträge

1. Bemessungsgrundlage für die Beiträge ist die Höhe der gemäß § 14 zu sichernden Einlagen zum Stichtag eines Jahresabschlusses, der im letzten Jahr vor dem Beitragsjahr lag (Beitragsjahr 1995 = Stichtag in 1994; Beitragsjahr 1996 = Stichtag in 1995 etc.); fallen mehrere Stichtage in dieses Jahr, ist der zeitlich letzte maßgebend.
2. Die Mitglieder zahlen jeweils zum 30. September einen Betrag in Höhe von 0,005 % ihrer Bemessungsgrundlage, mindestens jedoch 2.500 Euro als Beitrag. Bis spätestens zum 30. September eines Jahres legen sie dem Fonds eine schriftliche Bestätigung ihres Abschlussprüfers darüber vor, dass die angegebene Bemessungsgrundlage zutreffend ermittelt wurde. § 8 Abs. 2 gilt entsprechend.
3. Der Beitrag ist für fünf Geschäftsjahre des Fonds ab In-Kraft-Treten dieses Statuts zu leisten (Pflicht zur Ausstattung des Fonds).
4. Liegt das Fondsvermögen nach der Ausstattung gemäß Absatz 3 unter drei Viertel des in § 8 Abs. 1 festgelegten Betrags, sind Beiträge gemäß Absatz 2 zu leisten, bis drei Viertel dieses Betrags erreicht sind; Gleiches gilt, wenn das Fondsvermögen unter drei Viertel des in § 8 Abs. 1 festgelegten Betrags sinkt (Pflicht zur Auffüllung des Fonds). Für Mitglieder mit Anstaltslast/ Gewährträgerhaftung entfallen ab dem Geschäftsjahr 2003 entsprechende Beitragszahlungen, soweit Ende 2002 die Summe der von dem einzelnen Mitglied geleisteten Beiträge 0,075 % der abzusichernden Einlagen des betreffenden Instituts erreicht oder überschritten hat. Für die Mitglieder mit Anstaltslast/Gewährträgerhaftung, bei denen Ende 2002 die Summe ihrer geleisteten Beiträge 0,075 % der abzusichernden Einlagen des betreffenden Instituts nicht erreicht oder überschritten hat, entfällt die Beitragszahlung in dem Geschäftsjahr, welches dem Geschäftsjahr folgt, in dem von diesem Institut diese Grenze erreicht oder überschritten wurde.
5. In Sicherungsfällen haben die Mitglieder bei Bedarf Nachschüsse zu leisten. Die Nachschusspflicht ist für jedes Mitglied begrenzt, und zwar für die gesamte Dauer des Fonds sowie für alle Sicherungsfälle insgesamt auf den auf ihn entfallenden Teil des in § 8 Abs. 1 festgelegten Gesamtvolumens des Fonds, vermindert um alle von ihm bereits geleisteten Beiträge (Ausstattung, Auffüllung, Nachschuss).
6. Später beitretende Mitglieder haben eine zusätzliche einmalige Leistung bei Wirksamwerden des Beitritts zu erbringen. Die Höhe dieser Leistung legt der Beirat fest; er richtet sich dabei nach dem wirtschaftlichen Vorteil, den die bereits erbrachte Ausstattung des Fonds für das beitretende Mitglied hat.

7. Die Mitglieder haben dem Fonds jährlich ihren Jahresabschluss unverzüglich nach dessen Feststellung einzureichen.

4. Abschnitt Vermögensanlage

§ 11 Vermögensanlage

1. Der Beirat verabschiedet gemäß § 2 Ziffer 2b) Grundsätze für die Anlagepolitik, insbesondere zu Anlageformen und Anlageadressen. Erlass, Änderung und Aufhebung der Grundsätze bedürfen einer Mehrheit von drei Viertel der abgegebenen Stimmen (ohne Berücksichtigung von Stimmenthaltungen). Der Beirat kann für Anlagepolitik gemäß § 2 Abs. 10 einen Anlageausschuss aus Vertretern der Mitgliedsbanken bilden.
2. Der VÖB legt gemäß der Vorgaben nach Absatz 1 und mit Unterstützung durch den eventuell gebildeten Anlageausschuss die Mittel des Fonds sicher und ertragbringend gesondert und bei gesonderter Rechnungslegung vom sonstigen Verbandsvermögen an. Dabei achtet er darauf, dass die Mittel im Bedarfsfall rechtzeitig zur Verfügung stehen.

§ 12 Rechnungslegung und Prüfung

1. Geschäftsjahr für den Fonds ist das Kalenderjahr.
2. Der VÖB stellt in den ersten drei Monaten des Folgejahres einen Jahresabschluss nach handelsrechtlichen Grundsätzen für den Fonds auf. Dieser besteht aus einer Bilanz, einer Gewinn- und Verlustrechnung und einem Fondsbericht. Im Fondsbericht sind insbesondere darzustellen:
   a) die Höhe des tatsächlichen Fondsvermögens, unterteilt nach freiem und durch Sicherungsmaßnahmen gemäß § 1 Abs. 2 gebundenem Vermögen
   b) die Verfügbarkeit des tatsächlichen Fondsvermögens (Anlage fälligkeiten)
   c) die Höhe der Jahresbeiträge für jedes Mitglied
   d) die Ermittlung des Fondsvermögens gemäß § 8 Abs. 1
   e) die Höhe der Ausstattungs-, Auffüllungs- und Nachschusspflichten gemäß § 10 für jedes Mitglied
   f) die im Berichtsjahr gemäß § 1 Abs. 2 erbrachten Sicherungsleistungen, aufgeteilt nach Instituten
   g) die im Berichtsjahr gemäß § 16 ausgesprochenen Auflagen und ihre Verfolgung sowie die Verfolgung der in Vorjahren ausgesprochenen Auflagen
   h) die im Berichtsjahr gemäß § 17 rückgeholten Sicherungsmittel, aufgeteilt nach Instituten

i) die Abrechnungsstände noch nicht restlos rückabgewickelter Sicherungsfälle

j) das Bestehen von Anstaltslast, Gewährträgerhaftung oder sonstigen öffentlich-rechtlichen Sicherungsformen sowie das Bestehen von Mehrheitsbeteiligungen und Beherrschung (§ 16 ff. AktG) bei den einzelnen Mitgliedern.

3. Der Jahresabschluss unterliegt der Prüfung durch einen Wirtschaftsprüfer oder eine Wirtschaftsprüfungsgesellschaft. Stellung und Befugnisse des Abschlussprüfers richten sich nach den Vorschriften über die Prüfung von Jahresabschlüssen großer Kapitalgesellschaften. Der Abschlussprüfer leitet seinen schriftlichen Prüfungsbericht dem Fonds zu, der ihn unverzüglich an alle Beiratsmitglieder weiterleitet.

4. Nach Feststellung des Jahresabschlusses durch den Beirat leitet der Fonds den Jahresabschluss nebst Prüfungsbericht der Bundesanstalt für Finanzdienstleistungsaufsicht sowie der Deutschen Bundesbank zu.

5. Abschnitt Sicherungsleistungen des Fonds

§ 13 Ausschluss von Rechtsansprüchen

Auf das Eingreifen oder auf Sicherungsleistungen des Fonds besteht kein Rechtsanspruch. Dies gilt sowohl für die Mitglieder als auch für deren Kunden oder sonstige Personen.

§ 14 Geschützte Einlagen

1. Gesichert werden bei den Mitgliedern die Einlagen von Nichtkreditinstituten, soweit der Einleger nicht bereits Ansprüche an den gesetzlichen Fonds hat.

2. Einlagen i. S. d. Absatz 1 sind vorbehaltlich von Absatz 3:

a) Verbindlichkeiten gegenüber Kunden einschließlich der Zinsen

b) Verbindlichkeiten gegenüber Kreditinstituten, soweit es sich um Kapitalanlagegesellschaften oder deren Depotbanken handelt, und die Einlagen für Sondervermögen nach dem Gesetz über Kapitalanlagegesellschaften bestehen, deren Anleger keine Kreditinstitute sind, einschließlich der Zinsen

c) eigene Akzepte und Solawechsel im Umlauf

d) begebene Schuldverschreibungen

e) Verpflichtungen zur Lieferung von Schuldverschreibungen

f) Zinsen für begebene Schuldverschreibungen

g) Treuhandverbindlichkeiten einschließlich Zinsen.

3. Verbindlichkeiten, über die ein Mitglied Inhaberpapiere ausgestellt hat, sowie vinkulierte Wertpapiere und Rücklieferungsverpflichtungen aus Wertpapierleihgeschäften sind nicht gesichert. Nicht gesichert sind Verbindlichkeiten aus Pfandbriefen und Kommunalschuldverschreibungen oder sonstigen gesetzlich gedeckten Schuldverschreibungen, auch wenn sie auf den Namen lauten. Nicht gesichert sind ferner Einlagen:

   a) des Bundes, der Bundesländer und deren Sondervermögen
   b) von Geschäftsleitern der Bank
   c) von Mitgliedern eines zur Überwachung der Geschäftsführung bestellten Organs der Bank, wenn die Überwachungsbefugnisse des Organs durch Gesetz geregelt sind (Aufsichtsorgan)
   d) von Ehegatten und minderjährigen Kindern der unter Buchstaben b) und c) genannten Personen, es sei denn, dass die Gelder aus dem eigenen Vermögen des Ehegatten oder des minderjährigen Kindes stammen
   e) von dritten Personen, die für Rechnung einer der unter Buchstaben b) bis d) genannten Personen handeln
   f) Einlagen von Finanzierungstöchtern der Fondsmitglieder.

   Gehen Ansprüche aus Verbindlichkeiten, die gegenüber den in Satz 3 aufgeführten Personen begründet worden waren, im Wege der Einzel- oder der Gesamtrechtsnachfolge auf eine dritte Person über, so sind diese Verbindlichkeiten ebenfalls nicht gesichert, wenn innerhalb von sechs Monaten seit dem Zeitpunkt des Übergangs die Durchführung von Maßnahmen gemäß § 1 Abs. 2 beschlossen wird.

§ 15 Sicherungsfall

Die Fondsmittel können bei drohenden oder bestehenden finanziellen Schwierigkeiten eines Mitglieds, insbesondere bei drohender Zahlungseinstellung, eingesetzt werden. Die Ursache der wirtschaftlichen Schwierigkeiten muss in den geschäftlichen Verhältnissen dieses Instituts liegen. Eine allgemeine Krise der Kreditwirtschaft kann keinen Sicherungsfall begründen. Über die Feststellung des Sicherungsfalls und die zu ergreifenden Maßnahmen entscheidet der Beirat. Die Beschlussfassung erfolgt mit einer Mehrheit von drei Viertel der abgegebenen Stimmen (ohne Berücksichtigung von Stimmenthaltungen).

§ 16 Auflagen bei der Gewährung von Sicherungsmitteln

1. Der Beirat kann im Rahmen der Beschlussfassung nach § 15 Sicherungsmittel unter Auflagen gewähren.
2. Jedes Mitglied ist verpflichtet, die Auflagen zu erfüllen, die der Beirat vorschreibt, soweit sie mit dem Gesetz vereinbar sind; diese Auflagen können sachlicher und personeller Art sein. Soweit es im Hinblick auf Maßnahmen

gemäß § 1 Abs. 2 notwendig ist, kann der Beirat von dem jeweiligen Mitglied und dessen Organen außerdem Auskünfte über alle Geschäftsangelegenheiten sowie die Vorlage von Büchern und Schriften verlangen. Bei der Ausführung von Tätigkeiten aufgrund des § 1 Abs. 2 und hinsichtlich der Auflagen haftet der VÖB oder ein von ihm Beauftragter gegenüber den Mitgliedern nur für Vorsatz und grobe Fahrlässigkeit.

3. Bei Mitgliedern, für die sonstige öffentlich-rechtliche Sicherungsformen (ausgenommen Anstaltslast/Gewährträgerhaftung) bestehen, oder bei Mitgliedern, die sich in Mehrheitsbesitz befinden oder von einem Dritten beherrscht werden (§ 16 ff. AktG), ist die Leistung von Sicherungsmitteln davon abhängig, dass ein ansonsten öffentlich-rechtlicher Verpflichteter oder das Mutterunternehmen die Erfüllung von Ansprüchen gemäß § 17 Abs. 2 bzw. von sonstigen Ansprüchen gegen das Mitglied aufgrund oder im Zusammenhang mit Leistungen von Sicherungsmitteln garantiert.

§ 17 Rückholung geleisteter Sicherungsmittel

1. Grundsätzlich sind Sicherungsmittel, die an ein Mitglied oder im Interesse eines Mitgliedes erbracht wurden, dem Fonds vom betreffenden Mitglied zurück zu erstatten; Regelungen erfolgen dazu vor der Leistung von Sicherungsmitteln in jedem Einzelfall. Soweit dem Mitglied Ansprüche gegen Dritte zustehen oder der Fonds infolge seiner Leistung Ansprüche gegen Dritte erwirbt, ist das Mitglied auf Anforderung verpflichtet, diese Ansprüche treuhänderisch und unentgeltlich für den Fonds durchzusetzen; Weisungen des Fonds sind dabei zu beachten.
2. Soweit der Fonds durch seine Leistungen Verpflichtungen eines Mitglieds erfüllt, gehen die Ansprüche gegen das Mitglied auf ihn über. Der Fonds hat insoweit die Stellung eines selbstschuldnerischen Bürgen.
3. Der Fonds kann auf Ansprüche gegen Mitglieder, die er durch Sicherungsleistungen oder im Zusammenhang mit der Leistung von Sicherungsmitteln erlangt hat, gegen Besserungsschein verzichten. Die Rückholung dieser Mittel erfolgt dann nur aus sonst entstehenden Jahres- oder Liquidationsüberschüssen oder aus dem sonstigen freien Vermögen des betroffenen Mitglieds.

6. Abschnitt Auflösung des Fonds

§ 18 Auflösung des Fonds

1. Die Auflösung des Fonds bedarf eines einstimmigen Beschlusses aller Mitglieder des Fonds.
2. Über die Auflösung des Fonds und die Verwendung des Fondsvermögens entscheidet der Beirat.

3. Auf den Auflösungsstichtag ist eine Schlussbilanz aufzustellen. § 12 Abs. 2 bis 4 gelten entsprechend.

7. Abschnitt Schlussbestimmungen

§ 19 Geheimhaltung

1. Die Mitglieder der Organe des VÖB und des Fonds (Beirat und Ausschüsse) sind verpflichtet, alles, was sie in dieser Eigenschaft über die Tätigkeit und die Arbeitsergebnisse des Fonds sowie über die Verhältnisse der angeschlossenen Mitglieder und über deren Kunden erfahren, unter Wahrung strengster Verschwiegenheit nicht unbefugt zu offenbaren oder zu verwerten, und zwar auch nicht nach Beendigung ihrer Zugehörigkeit zu den Organen und Ausschüssen, insbesondere der Beiratszugehörigkeit. Diese Verpflichtung ist auch den Mitarbeitern und den sonst vom VÖB eingeschalteten Personen aufzuerlegen.
2. Absatz 1 gilt nicht für Mitteilungen, die der Bundesanstalt für Finanzdienstleistungsaufsicht oder der Deutschen Bundesbank von Organen des VÖB im Zusammenhang mit den Aufgaben des Fonds nach pflichtgemäßem Ermessen gemacht werden.

§ 20 Schlussbestimmungen

1. Dieses Statut tritt vom 31.12.1994 auf den 01.01.1995 in Kraft.
2. Änderungen dieses Statuts bedürfen des Beschlusses durch den Beirat, der mit einer Mehrheit von neun Zehnteln zu fassen ist. Sie werden wirksam mit Zustellung des entsprechenden Sitzungsprotokolls an alle Mitglieder.
3. Gerichtsstand für Streitigkeiten aus oder im Zusammenhang mit diesem Statut ist Berlin.
4. Die Gründungskosten gehen zu Lasten des Fonds.
5. Sollte eine Bestimmung dieses Statuts unwirksam oder undurchführbar sein oder werden, berührt dies die Wirksamkeit der übrigen Bestimmungen nicht. Die unwirksame oder undurchführbare Bestimmung soll durch eine wirksame und durchführbare ersetzt werden, die dem wirtschaftlichen Zweck dieses Statuts am Nächsten kommt. Das Gleiche gilt im Falle einer Regelungslücke.

Anmerkung:

Die Satzung wurde

- in § 10 Abs. 4 und § 16 Abs. 3 durch Beschluss des Beirats am 8. Dezember 2003,

- in § 5 Abs. 2 Satz 4 und § 14 Abs. 2 und Abs. 3 Satz 1 durch Beschluss des Beirats am 28. April 2005,
- in § 2 Abs. 3 Satz 2 zweiter Halbsatz, § 2 Abs. 6 Satz 2, § 18 Abs. 2 und § 20 Abs. 3 durch Beschluss des Beirats am 5. Mai 2006 sowie
- in § 10 Abs. 2 Satz 1 durch Beschluss des Beirats am 4. Mai 2007 geändert; die Änderungen sind eingearbeitet.

4. Satzung für die Sicherungsreserve der Landesbanken und Girozentralen

Deutscher Sparkassen- und Giroverband (DSGV)

Stand Dezember 2008

Inhalt

I. Aufgabe der Sicherungsreserve, Mitglieder, Stützungsfall

§ 1 Sicherungsreserve der Landesbanken, der Girozentralen und der angeschlossenen Institute

(1) Als institutssichernde Einrichtung gemäß § 12 Einlagensicherungs- und Anlegerentschädigungsgesetz für die folgenden Institute (ordentliche Mitgliedsinstitute der Sicherungsreserve)
Bayerische Landesbank
Bremer Landesbank Kreditanstalt Oldenburg – Girozentrale –
DekaBank Deutsche Girozentrale
HSH Nordbank AG
Landesbank Baden-Württemberg
Landesbank Berlin AG
Landesbank Hessen-Thüringen – Girozentrale –
Landesbank Saar
Norddeutsche Landesbank Girozentrale
WestLB AG
ist beim Deutschen Sparkassen- und Giroverband e. V. (DSGV) als Bestandteil des Verbandsvermögens ein Fonds (Sicherungsreserve) eingerichtet.

(2) Institute, die der Sparkassen-Finanzgruppe nahe stehen, können an die Sicherungsreserve einzeln oder über einen gesonderten Fonds angeschlossen werden (angeschlossene Mitgliedsinstitute der Sicherungsreserve). Der Anschluss soll nur erfolgen, wenn die Sicherheit der betreffenden Institute gewährleistet ist. Der Anschluss erfolgt durch einen Anschlussvertrag zwischen dem betreffenden Institut und dem DSGV. Der Inhalt dieses Anschlussvertrages muss mit den Vorgaben dieser Satzung übereinstimmen und wird von den ordentlichen Mitgliedsinstituten der Sicherungsreserve gemäß § 26 beschlossen.

(3) Soweit ein Institut gemäß Absatz 2 angeschlossen wird, das im überwiegenden Interesse der Sparkassen tätig ist, wird es über einen gesonderten Fonds angeschlossen. Im Anschlussvertrag wird festgelegt, dass im Stützungsfalle dieses Institutes zunächst die Mittel des gesonderten Fonds eingesetzt werden und, soweit diese nicht ausreichen, der Überregionale Ausgleich und erst dann der Haftungsverbund – nach Maßgabe der jeweiligen Satzungen – eintritt. Kommt es zu einem Stützungsfall bei einem Mitgliedsinstitut der Sicherungsreserve, werden die Mittel des gesonderten Fonds erst auf der Stufe des Haftungsverbundes – nach Maßgabe der jeweiligen Satzung – eingesetzt.

§ 2 Aufgabe und Schutzzweck der Sicherungsreserve (Institutssicherung)

Die Sicherungsreserve hat die Aufgabe, die Mitgliedsinstitute selbst zu schützen, insbesondere deren Liquidität und Solvenz zu gewährleisten (Institutssicherung). Sie leistet Hilfe bei drohenden oder bestehenden wirtschaftlichen Schwierigkeiten dieser Institute. Sie schützt stets die Einlagen der Kunden bei den Mitgliedsinstituten (Bilanzposition „Verbindlichkeiten gegenüber Kunden", d.h. gegenüber Privatpersonen, Wirtschaftsunternehmen, öffentlichen Stellen) und die Schuldverschreibungen der Mitgliedsinstitute im Besitz von Kunden. Einlagen der Kunden sind insbesondere Spareinlagen, Sparbriefe, Termineinlagen und Sichteinlagen. Geschützt werden auch Verbindlichkeiten gegenüber Kapitalanlagegesellschaften und deren Depotbanken (aus der Bilanzposition „Verbindlichkeiten gegenüber Kreditinstituten"), soweit es sich um Teile des Fondsvermögens handelt, und Mittel, die den Mitgliedsinstituten von Kreditinstituten außerhalb der Sparkassen-Finanzgruppe für öffentlich geförderte Zwecke (z. B. von der Kreditanstalt für Wiederaufbau) zur Verfügung gestellt werden.

§ 3 Stützungsfall

(1) Ein Stützungsfall liegt bei drohenden oder bestehenden wirtschaftlichen Schwierigkeiten eines Mitgliedsinstitutes vor, insbesondere wenn dieses aus eigener Kraft nicht in der Lage ist, einen den eigenen Bestand gefährdenden Verlustausweis oder eine Zahlungseinstellung zu vermeiden.

(2) Die Voraussetzungen nach Absatz 1 sind in der Regel in folgenden Fällen erfüllt:

- Der Solvabilitätskoeffizient von 8 % (§ 2 Abs. 1 Grundsätze über die Eigenmittel und die Liquidität – Grundsatz I) wird fortdauernd unterschritten,
- die Liquiditätskennzahl nach § 2 Abs. 2 Satz 3 Grundsätze über die Eigenmittel und die Liquidität – Grundsatz II wird fortdauernd unterschritten,
- das Mitgliedsinstitut hat einen Bilanzverlust erwirtschaftet, der im Hinblick auf die allgemeine Geschäftsentwicklung und die konkrete Risikosituation und unter Berücksichtigung der zu Grunde liegenden Geschäftsjahre als nachhaltig einzustufen ist, oder
- es werden Tatsachen gemäß § 29 Abs. 3 KWG angezeigt, die den Bestand des Mitgliedsinstitutes gefährden können.

(3) Die ordentlichen Mitgliedsinstitute der Sicherungsreserve stellen das Vorliegen eines Stützungsfalles gemäß § 26 fest.

(4) Werden in einem Stützungsfall Stützungsmaßnahmen (§ 12) ergriffen, so ist ein Sanierungsvertrag zu schließen (§ 14). Wurde mit einem Mitgliedsinstitut ein Sanierungsvertrag abgeschlossen und beantragt das Institut während der Laufzeit dieses Vertrages erneut Stützungsmaßnahmen, so liegt satzungsrechtlich ein neuer Stützungsfall vor. Soweit Art, Umfang

und Schwierigkeit eines konkreten Stützungsfalles dies erfordern, kann in dem Vertrag eine anderweitige Vereinbarung getroffen werden. Wird im Laufe eines derartigen Stützungsfalles der Haftungsverbund angerufen, so können der Gemeinsame Ausschuss und die Bausparkassenkonferenz die Erforderlichkeit überprüfen und hiervon Stützungsmaßnahmen abhängig machen.

II. Präventivmaßnahmen

§ 4 Früherkennung von Risiken, Risikomonitoring, Meldung an den Transparenzausschuss

(1) Ziel der Sicherungseinrichtungen der Sparkassen-Finanzgruppe ist es, Risiken und Gefährdungslagen bei den Mitgliedsinstituten möglichst frühzeitig zu erkennen und entsprechende Gegenmaßnahmen einleiten zu können. Die Mitgliedsinstitute sind verpflichtet, alle Maßnahmen zu unterstützen, die der Früherkennung von Risiken dienlich sind.

(2) Die Sicherungsreserve unterhält ein System für das Risikomonitoring, das der Früherkennung von Risiken und der Abstufung der Informations- und Eingriffsrechte dient. Weiteres regeln die Grundsätze für das Risikomonitoring der Sicherungseinrichtungen der Sparkassen-Finanzgruppe, die Bestandteil dieser Satzung sind.[1)]

(3) Die Ergebnisse des Risikomonitorings werden dem Transparenzausschuss gemeldet (§ 11 Abs. 3 der Satzung für den Haftungsverbund zwischen den Sparkassenstützungsfonds und der Sicherungsreserve der Landesbanken und Girozentralen sowie dem Sicherungsfonds der Landesbausparkassen).

§ 5 Jährliche Prüfung

Das Mitgliedsinstitut hat seinen Abschlussprüfer auf eigene Kosten zu beauftragen, mindestens jährlich zu bestätigen, dass die Meldungen von Zahlen im Rahmen des Risikomonitorings (§ 4 Abs. 2) den tatsächlichen Verhältnissen entsprochen haben. Der Abschlussprüfer hat das Recht und die Pflicht, die Sicherungsreserve sowie den Vorstand und das Aufsichtsgremium des Mitgliedsinstituts über das Vorliegen einer überdurchschnittlichen Risikosituation oder die Verletzung von Sorgfaltspflichten (§ 6) schriftlich zu informieren.

§ 6 Allgemeine Sorgfaltspflichten

(1) Die Beachtung der allgemeinen Sorgfaltspflichten gemäß Absatz 2 durch die Mitgliedsinstitute ist im Rahmen der Abschlussprüfung zu prüfen. Die

---

1) Die Grundsätze für das Risikomonitoring der Sicherungseinrichtungen der Sparkassen-Finanzgruppe werden von der Mitgliederversammlung des DSGV gesondert beschlossen.

Mitgliedsinstitute müssen ihren Abschlussprüfer beauftragen, die Beachtung der Bestimmungen der Sicherungsreserve und dieser Sorgfaltspflichten in die Prüfung mit einzubeziehen und das Ergebnis im Prüfungsbericht zu vermerken.

(2) Zu den allgemeinen Sorgfaltspflichten gehören insbesondere:

- Erfüllung der rechtlichen, insbesondere der organisationsrechtlichen, satzungsmäßigen und bankenaufsichtsrechtlichen Sorgfaltspflichten;
- angemessene Planung, Steuerung und Überwachung;
- Schaffung und Erhalt der für die Geschäfte erforderlichen personellen, sachlichen und organisatorischen Voraussetzungen;
- Wahrung eines angemessenen Verhältnisses zwischen den von dem Mitgliedsinstitut eingegangenen Risiken einschließlich der Größen- und/oder Branchenstruktur bei Adressenausfallrisiken und dem bei dem Mitgliedsinstitut verfügbaren Risikodeckungspotenzial;
- angemessene Analyse der Ertragschancen und Risikopotentiale vor der Aufnahme neuer Geschäftsarten.

§ 7 Informationen bei besonderen Ereignissen

(1) Die Mitgliedsinstitute sind verpflichtet, die Sicherungsreserve unverzüglich über folgende Entwicklungen zu unterrichten:

- Sachverhalte gemäß § 3 Abs. 2;
- Eingehen und Aufgabe wesentlicher Beteiligungen gemäß § 10 Abs. 6 Nr. 1 KWG;
- Entstehen von Risiken aus einem Verstoß gegen Sorgfaltspflichten gemäß § 6;
- Entstehen von Risiken, durch die zu erwarten ist, dass die Eigenmittel unter die Vorgaben nach § 10 Abs. 1 KWG absinken;
- Meldungen nach § 24 Abs. 1 Nrn. 5 und 10 KWG;
- Bekanntwerden von Tatsachen, die zu wesentlichen Verlusten führen können;
- außergewöhnliche Änderung von Kennzahlen des Risikomonitorings.

(2) Folgende Stellen sind berechtigt, die Sicherungsreserve über alles zu unterrichten, was den Bestand oder die Entwicklung der Mitgliedsinstitute wesentlich beeinträchtigen kann:

- Träger der Mitgliedsinstitute;
- Bundesanstalt für Finanzdienstleistungsaufsicht;
- Deutsche Bundesbank;

- Abschlussprüfer der Mitgliedsinstitute;
- ein auf Grundlage der Bestimmungen des KWG oder dieser Satzung tätiger Prüfer.

Die Sicherungsreserve ist berechtigt, bei diesen Stellen alle für sie als Sicherungseinrichtung bedeutsamen Informationen einzuholen.

§ 8 Informationspflichten bei Hinweisen auf eine besondere Risikolage

Die Mitgliedsinstitute sind verpflichtet, auf Verlangen der Sicherungsreserve alle Informationen und Unterlagen zu liefern und Auskünfte zu geben, die bei Hinweisen auf eine besondere Risikolage zur Erklärung und Aufhellung beitragen.

§ 9 Prüfung bei besonderen Risikolagen

Die Mitgliedsinstitute sind verpflichtet, bei begründeten Hinweisen auf eine besondere Risikolage jederzeit Prüfungen auf ihre Kosten zuzulassen, die von der Sicherungsreserve angeordnet wurden. Sie haben Zugang zu allen Unterlagen zu gewähren, die für eine sorgfältige Prüfung notwendig sind. Sonderprüfungen sollen von einem Prüfer vorgenommen werden, der in keinem der drei vorhergehenden Geschäftsjahre Abschlussprüfer des Mitgliedsinstitutes war.

§ 10 Einwirkungsrechte bei gefährdeten Mitgliedsinstituten

Die Sicherungsreserve hat das Recht, eine Sitzung mit den Mitgliedern des Aufsichtsgremiums und des Vorstands des betroffenen Mitgliedsinstituts einzuberufen, wenn eine besondere Risikolage gegeben ist. Sie kann die Erarbeitung eines Konzepts zur Neustrukturierung des Mitgliedsinstitutes oder die Einleitung zweckdienlicher Maßnahmen verlangen. Sie kann zur Abwendung von Stützungsmaßnahmen die Umsetzung personeller oder sachlicher Maßnahmen fordern.

III. Abwicklung von Stützungsfällen

§ 11 Informationspflichten im Stützungsfalle

Die Mitgliedsinstitute haben im Stützungsfalle (§ 3) der Sicherungsreserve zum Zwecke der Transparenz umfassenden Einblick in die wirtschaftlichen Verhältnisse zu gewähren. Sie müssen alle verfügbaren Informationen, die zur Einschätzung der Lage des Institutes erforderlich sind, zur Verfügung stellen.

§ 12 Stützungsmaßnahmen

Die ordentlichen Mitgliedsinstitute der Sicherungsreserve entscheiden gemäß § 26 über Art und Umfang der durchzuführenden Stützungsmaßnahmen und die entsprechenden Auflagen (§ 13). In Abhängigkeit von der wirtschaftlichen

Situation des betroffenen Mitgliedsinstitutes kommen insbesondere folgende Stützungsmaßnahmen in Betracht:

- Zuwendung von Haftungsmitteln, auch in Form verlorener Zuschüsse (Eigenkapitalzufuhr);
- Übernahme von Garantien oder Bürgschaften;
- Übernahme verzinslicher Schuldversprechen;
- Erfüllung gegen das Mitgliedsinstitut gerichteter Ansprüche Dritter gegen Übertragung der Ansprüche auf die Sicherungsreserve.

§ 13 Restrukturierungs- und Sanierungskonzept, Auflagen

(1) Basis aller Stützungsmaßnahmen ist die Erstellung eines Restrukturierungs- und Sanierungskonzepts, das im Auftrag der Sicherungsreserve durch das Mitgliedsinstitut oder einen sachkundigen Dritten erstellt wird. Das Konzept soll insbesondere umfassen:

- Analyse der Problemsituation sowie deren Ursachen;
- Katalog für kurzfristige Stützungsmaßnahmen;
- Zeitplan für Einleitung, Durchführung und Abschluss notwendiger Stützungsmaßnahmen;
- Einschätzung und Beurteilung künftiger Entwicklungschancen des Mitgliedsinstitutes.

(2) Stützungsmaßnahmen (§ 12) können von der Erfüllung von Auflagen abhängig gemacht werden. Als Auflagen kommen insbesondere in Betracht:

- Aufbringung eines angemessenen Sanierungsbeitrages durch den/die Träger des Mitgliedsinstitutes[2)];
- Heranziehung offener Rücklagen und Auflösung von Vorsorgereserven gemäß § 340f HGB und § 26a KWG (alt) zur Deckung von Verlusten, sofern dies im Hinblick auf rechtliche Vorgaben möglich und zulässig ist;
- bilanzielle Maßnahmen (z. B. Abschreibungen und Wertberichtigungen nur in zwingend erforderlichem Umfang, Ausschöpfung der Bewertungswahlmöglichkeiten, Zuschreibungen im Rahmen der rechtlichen Möglichkeiten);
- Verkauf bzw. Übertragung von Beteiligungen und anderen Vermögenswerten;
- Durchführung sachlicher Maßnahmen, insbesondere aufbauorganisatorischer Art;

2) Gilt entsprechend für andere Organisationsformen.

- Durchführung personeller Maßnahmen, insbesondere Abberufung der verantwortlichen Vorstandsmitglieder;
- Zusammenführung von Instituten im Rahmen der rechtlichen Möglichkeiten;
- Übertragung von Anteilen an dem Institut im Rahmen der rechtlichen Möglichkeiten und unter Beachtung der verbandspolitischen Ausrichtung der Sparkassen-Finanzgruppe;
- Beauftragung externer Berater mit der erforderlichen Erfahrung und Sachkunde;
- Abgabe eines Besserungsscheins.

(3) Auflagen werden unter Berücksichtigung der konkreten Problemsituation des Mitgliedsinstitutes und der mit einer Auflage verbundenen Auswirkungen getroffen. Die Mitgliedsinstitute sind verpflichtet, die Auflagen unverzüglich zu erfüllen.

§ 14 Sanierungsvertrag

Die an der Sanierung Beteiligten schließen einen Sanierungsvertrag. In diesem Vertrag werden die Sanierungsmaßnahmen, die aufzuwendenden Mittel, die Auflagen und die Dauer der Sanierungsphase sowie die Voraussetzungen geregelt, unter denen das Mitgliedsinstitut zur Rückgewähr von Sanierungsmitteln verpflichtet ist.

IV. Aufbringung der Mittel zur Sicherungsreserve

§ 15 Beiträge

Die Beiträge zur Sicherungsreserve werden nach dem Risiko der Mitgliedsinstitute differenziert und vom DSGV bei den Mitgliedsinstituten eingezogen. Zur Bestimmung der Beitragshöhe gelten Grundsätze für die risikoorientierte Beitragsbemessung der Sicherungseinrichtungen der Sparkassen-Finanzgruppe als Bestandteil dieser Satzung. Anfallende Zinsen und Erträge sind Bestandteil des Fondsvermögens.

§ 16 Gesamtvolumen, Auffüllungen, Nachschusspflichten

(1) Das Gesamtvolumen der Sicherungsreserve setzt sich aus den Barmitteln und der Nachschusspflicht zusammen und wird auf Grundlage der in § 15 genannten einheitlichen Grundsätze ermittelt. Die aufzubringenden Barmittel betragen mindestens ein Drittel des Gesamtvolumens (Einzahlungs-Soll). In der verbleibenden Höhe (maximal zwei Drittel des Gesamtvolumens) besteht eine Nachschusspflicht. Die ordentlichen Mitgliedsinstitute der Sicherungsreserve können eine höhere Barmittelgrenze über dem Ein-

zahlungs-Soll gemäß § 26 festsetzen. Soweit hiervon Gebrauch gemacht wurde, ist dies auf die verbleibende Nachschusspflicht anzurechnen.

(2) Die Mitgliedsinstitute leisten jährlich Barmittel in Höhe von mindestens 15 % des Einzahlungs-Solls, soweit der Fonds 65 % des Einzahlungs-Solls nicht erreicht. Sie leisten jährlich Barmittel in Höhe von mindestens 7,5 % des Einzahlungs-Solls, soweit die Summe der Barmittel 65 % des Einzahlungs-Solls erreicht oder übersteigt, aber noch nicht das Einzahlungs-Soll erreicht. In Ergänzung dieser regelmäßigen Auffüllungspflicht kann die Sicherungsreserve aufgrund eines Beschlusses der ordentlichen Mitgliedsinstitute der Sicherungsreserve gemäß § 26 durch Sonderumlagen ganz oder teilweise aufgefüllt werden.

(3) Eine besondere Auffüllungspflicht besteht, wenn ein Stützungsfall eintritt und die Barmittel der Sicherungsreserve das Einzahlungs-Soll nicht erreichen. Reichen in diesem Falle die vorhandenen Barmittel der Sicherungsreserve zur Abwicklung des Stützungsfalles nicht aus, sind diese zunächst auf das erforderliche Maß, maximal das Einzahlungs-Soll aufzufüllen.

(4) Sind durch die Inanspruchnahme für einen Stützungsfall die Barmittel der Sicherungsreserve in Höhe des Einzahlungs-Solls erschöpft und besteht weiterer Bedarf, greift die Nachschusspflicht, die auf erstes Anfordern zu erfüllen ist. Die Nachschusspflicht besteht bis zur Höhe des Gesamtvolumens abzüglich der bereits geleisteten Barmittel. Reicht auch diese zur Abwicklung des Stützungsfalles nicht aus, kann der Haftungsverbund angerufen werden.

(5) Die Inanspruchnahme aus der Nachschusspflicht (§ 16 Abs. 1) bzw. Auffüllungspflicht (§ 16 Abs. 3) darf nicht zu einer substanziellen Gefährdung der einzelnen Mitgliedsinstitute führen. Das betroffene Mitgliedsinstitut hat seine substanzielle Gefährdung unverzüglich geltend zu machen, spätestens jedoch vor der Beschlussfassung gemäß § 12 Abs. 1. Stellen die ordentlichen Mitgliedsinstitute der Sicherungsreserve gemäß § 26 eine solche substanzielle Gefährdung eines Mitgliedsinstitutes fest, so können sie dieses Institut teilweise oder vollständig von seiner Pflicht befreien oder ihm diese Leistung stunden. Der Ausgleich erfolgt grundsätzlich innerhalb der Sicherungsreserve. Das Beschlussverfahren richtet sich nach § 26. Die Mitgliedsinstitute, die ihre Leistungen nicht erbringen, sind bei der Beschlussfassung nach Satz 3 und § 12 nicht stimmberechtigt.

(6) Führen Leistungen aus der Nachschusspflicht (§ 16 Abs. 1) und insbesondere der Auffüllungspflicht (§ 16 Abs. 3) dazu, dass es bei mehreren Mitgliedsinstituten der Sicherungsreserve zu einer substanziellen Gefährdung kommt, kann die Sicherungsreserve den Haftungsverbund anrufen und die vorzeitige Übernahme von Stützungsmaßnahmen durch den Haftungsverbund beantragen.

V. Ausscheiden

§ 17 Ausscheiden von Mitgliedsinstituten

Ein Mitgliedsinstitut scheidet aus der Sicherungsreserve aus, wenn seine Mitgliedschaft im DSGV endet, wenn es seine Mitgliedschaft in der Sicherungsreserve kündigt oder wenn es aus der Sicherungsreserve ausgeschlossen wird.

§ 18 Verfahren zum Ausscheiden

(1) Ein Mitgliedsinstitut kann seine Zugehörigkeit zur Sicherungsreserve schriftlich unter Einhaltung einer Kündigungsfrist von zwei Jahren zum Ablauf des Kalenderjahres kündigen. Die Kündigung hat schriftlich an den Präsidenten des DSGV zu erfolgen.

(2) Ein Mitgliedsinstitut scheidet nach Ablauf von zwei Jahren aus der Sicherungsreserve aus, nachdem seine Mitgliedschaft beim DSGV erloschen ist. Bei einem freiwilligen Austritt gemäß § 5 Abs. 1 Buchstabe b der Satzung für den DSGV e. V. beginnt die Frist bereits mit Zugang der Austrittserklärung.

(3) Der Vorstand des DSGV kann die Fristen gemäß Absatz 1 oder 2 mit Zustimmung des ausscheidenden Mitgliedsinstituts verkürzen.

(4) Ein Mitgliedsinstitut kann aus der Sicherungsreserve ausgeschlossen werden, wenn es seine Verpflichtungen gegenüber den Sicherungseinrichtungen der Sparkassen-Finanzgruppe erheblich verletzt oder gegen wichtige Vorschriften dieser Satzung verstößt. Ein Verstoß liegt insbesondere vor, wenn:

- gegen die in § 6 definierten Sorgfaltspflichten nachhaltig verstoßen wurde,
- gegen wichtige Informationspflichten verstoßen wurde,
- den Auflagen der Sicherungseinrichtung von den zuständigen Gremien des Mitgliedsinstituts nicht zugestimmt wurde oder diese nicht umgesetzt werden,
- eine unangemessen riskante Geschäftspolitik betrieben wird oder
- der Beitragspflicht nicht nachgekommen wird.

(5) Der Ausschluss wird dem betroffenen Mitgliedsinstitut vom Präsidenten des DSGV schriftlich angedroht. Dabei sind die Tatsachen, die den Ausschluss begründen, und der Ausschlussgrund mitzuteilen. Dauert der Ausschlussgrund nach Ablauf von sechs Monaten noch an, so wird der Ausschluss auf Vorschlag der ordentlichen Mitgliedsinstitute der Sicherungsreserve vom Gemeinsamen Ausschuss (§ 2 der Satzung für den Überregionalen Ausgleich der Sparkassenstützungsfonds) mit einer Dreiviertelmehrheit der vertretenen Stimmen beschlossen. Der Vorschlag nach Satz 3 bedarf seiner-

seits der Dreiviertelmehrheit der vertretenen Stimmen der ordentlichen Mitgliedsinstitute der Sicherungsreserve gemäß § 26. Das betroffene Mitgliedsinstitut ist nicht stimmberechtigt, ihm ist aber zuvor Gelegenheit zur Stellungnahme zu geben.

(6) Der Präsident des DSGV teilt dem Mitgliedsinstitut den Ausschluss schriftlich unter Angabe der Gründe mit. Der Ausschluss wird zum Ende des der schriftlichen Mitteilung nachfolgenden Monats wirksam. Binnen dieser Frist kann das Mitgliedsinstitut gegen den Ausschluss Einspruch beim Vorstand des DSGV erheben. Der Einspruch hat aufschiebende Wirkung, er muss schriftlich begründet sein und darlegen, warum die Gründe, die gegen den Ausschluss sprechen, erst zu diesem Zeitpunkt vorgebracht werden können. Über den Einspruch entscheidet der Vorstand. Soweit das betroffene Mitgliedsinstitut im Vorstand des DSGV vertreten ist, ist es nicht stimmberechtigt. Gibt der Vorstand des DSGV dem Einspruch statt, so gilt der Ausschluss als nicht erfolgt, andernfalls wird der Ausschluss zum Ende des der schriftlichen Mitteilung der Entscheidung des Vorstands nachfolgenden Monats wirksam.

§ 19 Folgen des Ausscheidens

(1) Unverzüglich nach Ausscheiden eines Mitgliedsinstitutes aus der Sicherungsreserve hat es die betroffenen Kunden zu unterrichten und darauf hinzuweisen, dass sich der Schutzumfang (künftig) nach den Voraussetzungen des Absatzes 2 richtet. Der DSGV kann das Ausscheiden des Mitgliedsinstitutes aus der Sicherungsreserve im Bundesanzeiger und in den ortsüblichen Tageszeitungen am Sitz des Mitgliedsinstitutes bekannt geben. Soweit das Mitgliedsinstitut seinen Pflichten aus Satz 1 nicht nachkommt, kann auch der DSGV die betroffenen Kunden in angemessener Weise über die Sach- und Rechtslage informieren.

(2) Einlagen der Kunden des ausscheidenden Institutes und von diesem herausgegebene Schuldverschreibungen nach Maßgabe des § 2 sind von der Sicherungsreserve geschützt, wenn sie vor den Bekanntgaben nach Absatz 1 begründet waren oder innerhalb eines Monats nach diesen Bekanntgaben begründet werden. Verbindlichkeiten, die nach dieser Frist begründet oder auf Veranlassung des Kunden prolongiert werden, oder die der Kunde nach diesem Zeitpunkt nicht zum nächstmöglichen Termin kündigt bzw. zurückfordert, sind nicht geschützt.

(3) Die Rechte und Pflichten des ausscheidenden Mitgliedsinstitutes aus der Teilnahme an den Sicherungseinrichtungen der Sparkassen-Finanzgruppe bleiben bis zum Ablauf des Kalenderjahres, in dem das Institut ausscheidet, bestehen. Für Verpflichtungen der Sicherungsreserve und aus dem Haftungsverbund, die bis zu diesem Zeitpunkt entstanden sind, haftet das Mit-

gliedsinstitut fort. Die Informations- und Sorgfaltspflichten des Mitgliedsinstitutes sowie die Kontrollrechte der Sicherungseinrichtungen wirken fort, solange Verbindlichkeiten des ausgeschiedenen Mitgliedsinstitutes gesichert sind.

VI. Sonstige Vorschriften

§ 20 Monitoringausschuss

Es wird ein Monitoringausschuss eingerichtet. Weiteres regelt Ziffer V der Grundsätze für das Risikomonitoring der Sicherungseinrichtungen der Sparkassen-Finanzgruppe (§ 4 Abs. 2).

§ 21 Verschwiegenheitspflicht

Alle, die an Stützungsmaßnahmen beteiligt sind oder für die Zwecke der Sicherungseinrichtungen der Sparkassen-Finanzgruppe tätig werden, sind hinsichtlich der Vorgänge und Informationen, die sie in diesem Zusammenhang erlangen, zur Verschwiegenheit verpflichtet. Dies gilt gleichermaßen für Mitarbeiter sowie die Mitglieder der Organe, Gremien und Ausschüsse und wirkt fort, auch wenn sie ihre Tätigkeit beendet haben.

§ 22 Ausschluss eines Rechtsanspruchs der Mitgliedsinstitute

Die Mitgliedsinstitute haben keinen Rechtsanspruch auf Stützungsmaßnahmen.

§ 23 Mitwirkung im Haftungsverbund

Die Mitgliedsinstitute beteiligen sich aktiv und passiv am Haftungsverbund mit den Sparkassenstützungsfonds der Regionalverbände und dem Sicherungsfonds der Landesbausparkassen nach Maßgabe der Satzung für den Haftungsverbund.

§ 24 Besonderes Verfügungsrecht des DSGV über die Sicherungsreserve

(1) Der DSGV ist berechtigt, jährlich über höchstens 15 % des Gesamtvolumens der Sicherungsreserve zu verfügen. Die Mittel sollen für Stützungsfälle innerhalb der Sparkassen-Finanzgruppe eingesetzt werden, wenn dies zur Wahrung sparkassenpolitischer Interessen von besonderer Bedeutung oder zur Erhaltung des bestehenden gruppenspezifischen Sicherungssystems geboten erscheint. Über die Inanspruchnahme der Mittel entscheidet der Vorstand des DSGV. Die Gewährung von Hilfen kann von der Erfüllung von Auflagen abhängig gemacht werden. Der Beschluss nach Satz 3 kann nur auf der Grundlage eines vorher gefassten und der Inanspruchnahme zustimmenden Beschlusses der ordentlichen Mitgliedsinstitute der Sicherungsreserve gemäß § 26 erfolgen.

(2) Die Mitgliederversammlung des DSGV kann mit einer Mehrheit von neun Zehntel ihrer Mitglieder beschließen, dass die Mittel nach Absatz 1 für Hilfsmaßnahmen außerhalb der Sparkassen-Finanzgruppe verwendet werden, wenn dies der Förderung des Sparkassenwesens dient und insbesondere zur Vermeidung schwerwiegender Nachteile für die Sparkassen-Finanzgruppe unumgänglich ist. Absatz 1 Sätze 3 – 5 gilt entsprechend.

§ 25 Verwaltung der Fondsmittel

Der DSGV verwaltet die Mittel der Sicherungsreserve und legt sie als rechtlich unselbstständiges Sondervermögen getrennt vom sonstigen Verbandsvermögen an. Die eingezahlten Mittel werden verzinslich so angelegt, dass die erforderliche Liquidität unter Wahrung angemessener Mischung und Streuung jederzeit gewährleistet ist.

§ 26 Zuständigkeiten, Beschlussfassung

(1) Beschlüsse für die Sicherungsreserve erfolgen durch die in § 1 Abs. 1 genannten ordentlichen Mitgliedsinstitute grundsätzlich mit einer Vierfünftelmehrheit der vertretenen Stimmen, soweit in den Satzungswerken der Sparkassen-Finanzgruppe nichts anderes bestimmt ist. Jedes der ordentlichen Mitgliedsinstitute hat eine Grundstimme. Darüber hinaus erhält jedes der ordentlichen Mitgliedsinstitute pro angefangene 10 % Anteil am Gesamtvolumen der Sicherungsreserve eine Zusatzstimme. Maßgebend für die Anteilsberechnung ist der Stand am 31. Dezember des Vorjahres. Diese Beschlüsse gelten als Beschlüsse eines Ausschusses des DSGV. Der Präsident des DSGV nimmt teil und erhält insgesamt drei Stimmen. Den Vorsitz hat der Vorsitzende der Girozentralleiter-Konferenz.

(2) Über die Aufnahme ordentlicher und angeschlossener Mitgliedsinstitute entscheidet die Mitgliederversammlung des DSGV mit einer Dreiviertelmehrheit der vertretenen Stimmen, sofern vorher die in § 1 Abs. 1 genannten ordentlichen Mitgliedsinstitute ihrerseits mit einer Vierfünftelmehrheit der vertretenen Stimmen gemäß Absatz 1 zugestimmt haben. Die Beschlussfassung kann im schriftlichen Verfahren erfolgen, wenn die Entscheidung eine Voraussetzung zum Erwerb der Banklizenz für das betroffene Institut ist und der nächste Sitzungstermin nicht abgewartet werden kann.

§ 27 Jahresabschluss, Geschäftsbericht

Der DSGV erstellt für den Fonds jährlich zum 31. Dezember einen Jahresabschluss und einen Geschäftsbericht. Diese Unterlagen werden jährlich bis zum 31. Mai der Bundesanstalt für Finanzdienstleistungsaufsicht, der Deutschen Bundesbank und den Mitgliedsinstituten der Sicherungsreserve zugeleitet.

§ 28 Auflösung der Sicherungsreserve

Über die Auflösung der Sicherungsreserve, das Verfahren zu deren Abwicklung und die Verwendung des dann vorhandenen Fondsvermögens entscheidet die Mitgliederversammlung des DSGV auf Vorschlag der ordentlichen Mitgliedsinstitute der Sicherungsreserve.

§ 29 Satzungsänderung

Änderungen dieser Satzung werden von der Mitgliederversammlung des DSGV mit einer Dreiviertelmehrheit der vertretenen Stimmen beschlossen, wenn zuvor ein Beschluss der ordentlichen Mitgliedsinstitute der Sicherungsreserve gemäß § 26 ergangen ist. § 9 Abs. 1 Sätze 4 und 5 der Satzung des DSGV e. V. gilt entsprechend.

5. Satzung für den Haftungsverbund zwischen den Sparkassenstützungsfonds und der Sicherungsreserve der Landesbanken und Girozentralen sowie dem Sicherungsfonds der Landesbausparkassen

Deutscher Sparkassen- und Giroverband (DSGV)

Stand November 2006

Inhalt

§ 1 Eintritt des Haftungsverbundes

(1) Die Sicherungseinrichtungen der Sparkassen-Finanzgruppe (Gemeinschaft der Sparkassenstützungsfonds im Überregionalen Ausgleich, Sicherungsreserve der Landesbanken und Girozentralen, Sicherungsfonds der Landesbausparkassen) bilden einen Haftungsverbund, in dem die Mittel gegenseitig für Stützungsmaßnahmen eingesetzt werden.

(2) Sofern die für die Regelung eines Stützungsfalles notwendigen Aufwendungen die Mittel einer Sicherungseinrichtung (Barmittel und Nachschusspflichten) übersteigen, tritt der Haftungsverbund zu den jeweils anderen beiden Sicherungseinrichtungen nach Maßgabe der nachfolgenden Bestimmungen ein.

§ 2 Bereitstellung der Mittel

(1) Die Sicherungseinrichtung, die Mittel aus dem Haftungsverbund beantragt, erhält diese vom DSGV. Der DSGV setzt die Mittel der beiden anderen Sicherungseinrichtungen (Barmittel und Nachschusspflichten) im Verhältnis des Gesamtvolumens zueinander für die Stützungsmaßnahme ein. Die Regionalverbände sind verpflichtet, die von ihnen aufzubringenden Mittel an den DSGV oder eine von ihm zu benennende Stelle zu zahlen.

(2) Führen Leistungen aus der Nachschuss- und insbesondere der Auffüllungspflicht nach den Vorgaben der Satzung für die Sicherungsreserve der Landesbanken und Girozentralen, der Satzung für den Sicherungsfonds der Landesbausparkassen oder der Satzung für den Überregionalen Ausgleich der Sparkassenstützungsfonds dazu, dass es bei mehreren Mitgliedsinstituten zu einer substanziellen Gefährdung kommt, so kann die betroffene Sicherungseinrichtung unmittelbar den Haftungsverbund anrufen und die vorzeitige Übernahme von Sanierungsleistungen im Haftungsverbund beantragen. Die betroffene Sicherungseinrichtung hat die substanzielle Gefährdung unverzüglich geltend zu machen, spätestens jedoch vor der Beschlussfassung gemäß Absatz 3. Das Beschlussverfahren richtet sich nach Absatz 3. Die Sicherungseinrichtungen und im Rahmen der Vorschaltbeschlüsse nach Absatz 3 Ziffern 2 und 3 die Mitgliedsinstitute, die ihre Leistungen nicht erbringen, sind bei der Beschlussfassung nach Absatz 3 nicht stimmberechtigt.

(3) Der Vorstand des DSGV stellt fest, ob die Voraussetzungen für den Eintritt des Haftungsverbundes erfüllt und welche Maßnahmen zu treffen sind. Dies erfolgt mit einfacher Mehrheit der vertretenen Stimmen und unter den nachfolgenden Voraussetzungen:

1. Einsatz der Mittel der Sparkassenstützungsfonds
   Für den Einsatz von Mitteln aus den regionalen Sparkassenstützungsfonds für Stützungsmaßnahmen zu Gunsten von Landesbanken, Girozentralen oder Landesbausparkassen ist ein zustimmender Beschluss des Gemeinsamen Ausschusses (§ 2 der Satzung für den Überregionalen Ausgleich der Sparkassenstützungsfonds) mit einer Dreiviertelmehrheit der vertretenen Stimmen erforderlich.
2. Einsatz der Mittel der Sicherungsreserve der Landesbanken und Girozentralen Für den Einsatz der Mittel der Sicherungsreserve der Landesbanken und Girozentralen für Stützungsmaßnahmen zu Gunsten von Sparkassen oder Landesbausparkassen ist ein zustimmender Beschluss der ordentlichen Mitgliedsinstitute der Sicherungsreserve der Landesbanken und Girozentralen mit Dreiviertelmehrheit der vertretenen Stimmen erforderlich. Das Beschlussverfahren richtet sich nach § 26 Abs. 1 der Satzung für die Sicherungsreserve der Landesbanken und Girozentralen.
3. Einsatz der Mittel des Sicherungsfonds der Landesbausparkassen
   Für den Einsatz der Mittel des Sicherungsfonds der Landesbausparkassen für Stützungsmaßnahmen zu Gunsten von Sparkassen oder Landesbanken/Girozentralen bedarf es des zustimmenden Beschlusses der Bausparkassenkonferenz. Die Beschlussfassung erfolgt mit einer Dreiviertelmehrheit der vertretenen Stimmen, wobei jedes Institut über eine Stimme verfügt.

(4) Sofern ein nach Absatz 3 Ziffern 1 bis 3 erforderlicher Gremienbeschluss nicht die erforderliche Mehrheit erreicht, kann der Vorstand des DSGV mit einer Mehrheit von zwei Drittel der vertretenen Stimmen den Vorgang einmal zur erneuten Beschlussfassung an das zuständige Gremium zurückverweisen.

§ 3 Voraussetzungen der Inanspruchnahme

Vor Eintreten des Haftungsverbundes müssen zunächst die Barmittel und Nachschusspflichten der beantragenden Sicherungseinrichtung nach deren jeweils gültigen Satzung eingesetzt werden. Im Falle der Stützung einer Sparkasse ist zunächst der Überregionale Ausgleich nach Maßgabe der Satzung für den Überregionalen Ausgleich der Sparkassenstützungsfonds herbeizuführen. § 2 Abs. 2 bleibt unberührt.

§ 4 Mitteilungspflicht

Die Sicherungseinrichtung, die den Haftungsverbund in Anspruch nehmen möchte, unterrichtet den DSGV rechtzeitig im Voraus über die Notwendigkeit einer Inanspruchnahme, die beabsichtigten Maßnahmen und die Höhe der voraussichtlich erforderlichen Mittel. Sofern die Voraussetzungen für die Inanspruchnahme des Haftungsverbundes gegeben sind, unterrichtet der DSGV die anderen betroffenen Sicherungseinrichtungen.

§ 5 Informationspflicht

Die beantragende Sicherungseinrichtung hat die Pflicht, die in § 2 Abs. 3 genannten Gremien umfassend über den Stützungsfall zu unterrichten. Sie hat rechtzeitig vor den Sitzungen Unterlagen beizubringen, aus denen sich die Gründe für den Stützungsfall, die aktuelle Risikosituation, die bereits geleisteten Stützungsmaßnahmen, die erteilten Auflagen und die Prognose für die Zukunft des zu stützenden Institutes ergeben.

§ 6 Sanierungsmaßnahmen

Der Vorstand des DSGV kann nach Maßgabe des § 2 Abs. 3 die erforderlichen Sanierungsmaßnahmen anordnen. In Abhängigkeit von der wirtschaftlichen Situation des betroffenen Mitgliedsinstituts kommen insbesondere folgende Stützungsmaßnahmen in Betracht:

- Zuwendung von Haftungsmitteln, auch in Form verlorener Zuschüsse (Eigenkapitalzufuhr);
- Übernahme von Garantien und Bürgschaften;
- Übernahme verzinslicher Schuldversprechen;
- Erfüllung gegen das Mitgliedsinstitut gerichteter Ansprüche Dritter gegen Übertragung der Ansprüche auf die zuständige Sicherungseinrichtung.

§ 7 Auflagen

Die Bereitstellung von Mitteln im Haftungsverbund kann der Vorstand des DSGV von Auflagen abhängig machen. § 13 der Mustersatzung für die Sparkassenstützungsfonds der Regionalverbände gilt entsprechend.

§ 8 Sanierungsvertrag

Die an der Sanierung Beteiligten schließen einen Sanierungsvertrag. Für den Haftungsverbund zeichnen der Präsident des DSGV sowie ein weiteres geschäftsführendes Mitglied. § 14 der Mustersatzung für die Sparkassenstützungsfonds der Regionalverbände gilt entsprechend.

§ 9 Ausschluss des Rechtsanspruchs der Institute

Die Mitgliedsinstitute oder die anrufenden Sicherungseinrichtungen der Sparkassen-Finanzgruppe haben keinen Rechtsanspruch auf Stützungsmaßnahmen im Rahmen des Haftungsverbundes.

§ 10 Schriftliches Beschlussverfahren

Die erforderlichen Entscheidungen können im schriftlichen Verfahren getroffen werden.

§ 11 Transparenzausschuss

(1) Es wird ein Transparenzausschuss eingerichtet, der sich ausschließlich mit der Risikosituation der zum Haftungsverbund zusammengeschlossenen Sicherungseinrichtungen der Sparkassen-Finanzgruppe befasst. Diesem gehören sechs Mitglieder an, davon

- zwei Vertreter für die Sparkassenstützungsfonds der Regionalverbände,
- zwei Vertreter für die Sicherungsreserve der Landesbanken und Girozentralen,
- ein Vertreter für den Sicherungsfonds der Landesbausparkassen und
- ein Vertreter des DSGV, der durch den Präsidenten benannt wird.

Die Vertreter der jeweiligen Gruppe werden auf Vorschlag der Verbandsvorsteher, der ordentlichen Mitgliedsinstitute der Sicherungsreserve bzw. der Bausparkassenkonferenz durch den Vorstand des DSGV bestellt.

(2) Aufgaben des Transparenzausschusses sind,

- die Transparenz über die Risikosituation zwischen den Sicherungseinrichtungen der Sparkassen-Finanzgruppe sicherzustellen
- die einheitliche Anwendung der Grundsätze für das Risikomonitoring der Sicherungseinrichtungen der Sparkassen-Finanzgruppe sicherzustellen

- die Aktualität der Konzeption des Risikomonitorings zu überprüfen und sicherzustellen und
- Impulse zur Weiterentwicklung des Risikomonitorings zu geben.

(3) Jede Sicherungseinrichtung der Sparkassen-Finanzgruppe ist verpflichtet, Informationen zu ihrer Risikosituation zu jeder Erhebung an den Transparenzausschuss zu melden und von diesem angeforderte Informationen und Stellungnahmen zu erteilen. Dazu zählen insbesondere die Verteilung der Mitgliedsinstitute auf die Monitoringstufen (Grün, Gelb, Rot), der Stand aktueller Stützungsmaßnahmen sowie die Belegung der Fondsmittel mit Stützungszusagen oder Bürgschaften. Der Ausschuss bewertet diese Informationen.

(4) Der Transparenzausschuss tagt mindestens zweimal jährlich oder auf Antrag einer Sicherungseinrichtung der Sparkassen-Finanzgruppe. Er berichtet mindestens jährlich an den Präsidialausschuss des DSGV. Der Bericht soll besondere Risikolagen aufzeigen sowie eine Gesamtübersicht der Risiken im Haftungsverbund geben. Abschriften dieses Berichtes sind allen Sicherungseinrichtungen der Sparkassen-Finanzgruppe zur Verfügung zu stellen. Dabei ist die Vertraulichkeit von Geschäftsdaten sicherzustellen. Ferner tritt der Transparenzausschuss zusammen, wenn die Summe der beschlossenen Stützungsvolumina aller Sicherungseinrichtungen des Haftungsverbundes aus den letzten zwölf Monaten ein Drittel des Gesamtvolumens des Haftungsverbundes übersteigt. In diesem Fall sind stets der Präsidialausschuss des DSGV und die Sicherungseinrichtungen über die gesamte Risikolage zu informieren.

(5) Geschäftsstelle des Transparenzausschusses ist der DSGV, der die Informationen entgegennimmt und die Ausschusssitzungen vorbereitet.

(6) Über die Weitergabe von Informationen des Transparenzausschusses an Dritte entscheidet der Vorstand des DSGV.

§ 12 Verschwiegenheitspflicht

Alle, die an Stützungsmaßnahmen beteiligt sind oder für die Zwecke der Sicherungseinrichtungen der Sparkassen-Finanzgruppe tätig werden, sind hinsichtlich der Vorgänge und Informationen, die sie in diesem Zusammenhang erlangen, zur Verschwiegenheit verpflichtet. Dies gilt gleichermaßen für Mitarbeiter sowie die Mitglieder der Organe, Gremien und Ausschüsse und wirkt fort, auch wenn sie ihre Tätigkeit beendet haben.

§ 13 Satzungsänderungen

Änderungen dieser Satzungen werden von der Mitgliederversammlung des DSGV mit einer Dreiviertelmehrheit der vertretenden Stimmen beschlossen. § 9 Abs. 1 Sätze 4 und 5 der Satzung des DSGV e. V. gilt entsprechend.

[illegible]

[illegible]

§ 12 Verschwiegenheitspflicht

Alle, die an Sitzungen der [illegible] teilnehmen, haben [illegible] die Zwecke der [illegible] und namen der [illegible] ausgesprochen werden; Sie haben [illegible] Vorgänge und Informationen, die sie in dieser Zusammenhang [illegible] mit [illegible] Tätigkeit [illegible] Informationen für [illegible] die [illegible] Organe, Gremien und Ausschüsse und [illegible] die [illegible] bekannt haben.

§ 13 Satzungsänderungen

Änderungen der Satzung werden von der Mitgliederversammlung [illegible] mit [illegible] beschlossen. [illegible]

6. Mustersatzung für die Sparkassenstützungsfonds der Regionalverbände[1)]

Deutscher Sparkassen- und Giroverband (DSGV)

Geltung seit Januar 2006

Inhalt

---

1) Beschlossen in der DSGV-Mitgliederversammlung vom 11. Dezember 1975, neugefasst durch Beschluss der DSGV-Mitgliederversammlung vom 18. Dezember 2003 mit Wirkung zum 1. Januar 2006, zuletzt geändert durch Beschluss der DSGV-Mitgliederversammlung vom 1. Dezember 2004.

I. Aufgabe des Sparkassenstützungsfonds, Mitglieder, Stützungsfall

§ 1 Sparkassenstützungsfonds, Mitglieder

(1) Gemäß §... der Satzung des... Verbandes (Verband) wird zur Sicherung der Mitgliedssparkassen dieses Verbandes (Institutssicherung gemäß § 12 Einlagensicherungs- und Anlegerentschädigungsgesetz) ein Stützungsfonds als Bestandteil des Verbandsvermögens unterhalten (Sparkassenstützungsfonds).

(2) Die Mittel für den Sparkassenstützungsfonds werden von den Mitgliedssparkassen im Rahmen der Verbandsumlage aufgebracht.

§ 2 Aufgabe und Schutzzweck des Sparkassenstützungsfonds (Institutssicherung)

Der Sparkassenstützungsfonds hat die Aufgabe, die Mitgliedssparkassen selbst zu schützen, insbesonderen deren Liquidität und Solvenz zu gewährleisten (Institutssicherung). Er leistet Hilfe bei drohenden oder bestehenden wirtschaftlichen Schwierigkeiten dieser Institute. Er schützt stets die Einlagen der Kunden bei den Mitgliedssparkassen (Bilanzposition „Verbindlichkeiten gegenüber Kunden", d. h. gegenüber Privatpersonen, Wirtschaftsunternehmen, öffentliche Stellen) und die Schuldverschreibungen der Mitgliedssparkassen im Besitz von Kunden. Einlagen der Kunden sind insbesondere Spareinlagen, Sparkassenbriefe, Termineinlagen und Sichteinlagen. Geschützt werden auch Verbindlichkeiten gegenüber Kapitalanlagegesellschaften und deren Depotbanken (aus der Bilanzposition „Verbindlichkeiten gegenüber Kreditinstituten"), soweit es sich um Teile des Fondsvermögens handelt, und Mittel, die den Mitgliedssparkassen von Kreditinstituten außerhalb der Sparkassen-Finanzgruppe für öffentlich geförderte Zwecke (z. B. von der Kreditanstalt für Wiederaufbau) zur Verfügung gestellt werden.

§ 3 Stützungsfall

(1) Ein Stützungsfall liegt bei drohenden oder bestehenden wirtschaftlichen Schwierigkeiten einer Mitgliedssparkasse vor, insbesondere wenn diese aus eigener Kraft nicht in der Lage ist, einen den eigenen Bestand gefährdenden Verlustausweis oder eine Zahlungseinstellung zu vermeiden.

(2) Die Voraussetzungen nach Absatz 1 sind in der Regel in folgenden Fällen erfüllt:

- Der Solvabilitätskoeffizient von 8 % (§ 2 Abs. 1 Grundsätze über die Eigenmittel und die Liquidität – Grundsatz I) wird fortdauernd unterschritten,
- die Liquiditätskennzahl nach § 2 Abs. 2 Satz 3 Grundsätze über die Eigenmittel und die Liquidität – Grundsatz II wird fortdauernd unterschritten,

- die Mitgliedssparkasse hat einen Bilanzverlust erwirtschaftet, der im Hinblick auf die allgemeine Geschäftsentwicklung und die konkrete Risikosituation und unter Berücksichtigung der zu Grunde liegenden Geschäftsjahre als nachhaltig einzustufen ist, oder
- es werden Tatsachen gemäß § 29 Abs. 3 KWG angezeigt, die den Bestand der Mitgliedssparkasse gefährden können.

(3) Der Verbandsvorstand stellt das Vorliegen eines Stützungsfalles nach vorheriger Einschaltung der Prüfungsstelle mit einer Mehrheit von zwei Dritteln seiner Mitglieder fest. Sobald zu erwarten ist, dass ein Stützungsfall eintritt, unterrichtet der Verband den DSGV schriftlich hierüber sowie über alle in Aussicht genommenen Stützungsmaßnahmen und stellt ihm frei, Vertreter zu entsenden, die anzuhören sind.

(4) Werden in einem Stützungsfall Stützungsmaßnahmen (§ 12) ergriffen, so ist ein Sanierungsvertrag zu schließen (§ 14). Wurde mit einer Mitgliedssparkasse ein Sanierungsvertrag abgeschlossen und beantragt das Institut während der Laufzeit dieses Vertrages erneut Stützungsmaßnahmen, so liegt satzungsrechtlich ein neuer Stützungsfall vor. Soweit Art, Umfang und Schwierigkeit eines Stützungsfalles dies erfordern, kann im Sanierungsvertrag eine anderweitige Vereinbarung getroffen werden. Wird im Laufe eines derartigen Stützungsfalles der Überregionale Ausgleich angerufen, so können der Gemeinsame Ausschuss die Erforderlichkeit der anderweitigen Vereinbarung überprüfen und hiervon Stützungsmaßnahmen abhängig machen.

II. Präventivmaßnahmen

§ 4 Früherkennung von Risiken, Risikomonitoring, Meldung an den Transparenzausschuss

(1) Ziel der Sicherungseinrichtungen der Sparkassen-Finanzgruppe ist es, Risiken und Gefährdungslagen bei den Mitgliedssparkassen möglichst frühzeitig zu erkennen und entsprechende Gegenmaßnahmen einleiten zu können. Die Mitgliedssparkassen sind verpflichtet, alle Maßnahmen zu unterstützen, die der Früherkennung von Risiken dienlich sind.

(2) Der Sparkassenstützungsfonds unterhält ein System für das Risikomonitoring, das der Früherkennung von Risiken und der Abstufung der Informations- und Eingriffsrechte dient. Weiteres regeln die „Grundsätze für das Risikomonitoring der Sicherungseinrichtungen der Sparkassen-Finanzgruppe“, die Bestandteil dieser Satzung sind.[2]

2) Die Grundsätze für das Risikomonitoring der Sicherungseinrichtungen der Sparkassen-Finanzgruppe werden von der Mitgliederversammlung des DSGV gesondert beschlossen.

(3) Die Ergebnisse des Risikomonitorings werden dem Transparenzausschuss gemeldet (§ 11 Abs. 3 der Satzung für den Haftungsverbund zwischen den Sparkassenstützungsfonds und der Sicherungsreserve der Landesbanken und Girozentralen sowie dem Sicherungsfonds der Landesbausparkassen).

§ 5 Jährliche Prüfung

Zur Verwirklichung der in § 4 Abs. 1 genannten Ziele und zur Einschätzung der Gefahr eines Stützungsfalles steht dem Verband das Recht zu, durch seine Prüfungsstelle die wirtschaftliche Situation jeder Mitgliedssparkasse auf deren Kosten zu prüfen. Diese Prüfung ist mindestens einmal jährlich durchzuführen. Die Ergebnisse dieser Prüfung und deren bewertende Analyse durch die Prüfungsstelle werden dem Verbandsvorsteher mitgeteilt und den Mitgliedern des Vorstandes und des Verwaltungsrates der Mitgliedssparkasse in einer Sitzung erläutert. Dabei ist die wirtschaftliche Lage der Mitgliedssparkasse zu analysieren und für die Beteiligten nachvollziehbar zu beschreiben. Diese Sitzung kann mit der Verwaltungsratssitzung zur Schlussbesprechung des Prüfungsergebnisses über den Jahresabschluss verbunden werden.

§ 6 Allgemeine Sorgfaltspflichten

(1) Die Beachtung der allgemeinen Sorgfaltspflichten gemäß Absatz 2 durch die Mitgliedssparkassen ist im Rahmen der Abschlussprüfung zu prüfen.[3)]

(2) Zu den allgemeinen Sorgfaltspflichten gehören insbesondere:

- Erfüllung der rechtlichen, insbesondere der organisationsrechtlichen, satzungsmäßigen und bankenaufsichtsrechtlichen Sorgfaltspflichten;
- angemessene Planung, Steuerung und Überwachung;
- Schaffung und Erhalt der für die Geschäfte erforderlichen personellen, sachlichen und organisatorischen Voraussetzungen;
- Wahrung eines angemessenen Verhältnisses zwischen den von der Mitgliedssparkasse eingegangenen Risiken einschließlich der Größen- und/oder Branchenstruktur bei Adressenausfallrisiken und dem bei der Mitgliedssparkasse verfügbaren Risikodeckungspotenzial;
- angemessene Analyse der Ertragschancen und Risikopotentiale vor der Aufnahme neuer Geschäftsarten.

3) Institute, die nicht durch die Prüfungsstelle des Verbandes geprüft werden, müssen ihren Abschlussprüfer beauftragen, die Beachtung dieser Sorgfaltspflichten in die Prüfung mit einzubeziehen und im Prüfungsbericht zu vermerken.

§ 7 Informationen bei besonderen Ereignissen

(1) Die Mitgliedssparkassen sind verpflichtet, den Verband unverzüglich über folgende Entwicklungen zu unterrichten:

- Sachverhalte gemäß § 3 Abs. 2;
- Eingehen und Aufgabe wesentlicher Beteiligungen gem. § 10 Abs. 6 Nr. 1 KWG;
- Entstehen von Risiken aus einem Verstoß gegen Sorgfaltspflichten gemäß § 6;
- Entstehen von Risiken, durch die zu erwarten ist, dass die Eigenmittel unter die Vorgaben nach § 10 Abs. 1 KWG absinken;
- Meldungen nach § 24 Abs. 1 Nrn. 5 und 10 KWG;
- Bekanntwerden von Tatsachen, die zu wesentlichen Verlusten führen können;
- außergewöhnliche Änderung von Kennzahlen des Risikomonitorings.

(2) Folgende Stellen sind berechtigt, den Verband über alles zu unterrichten, was den Bestand oder die Entwicklung der Mitgliedssparkassen wesentlich beeinträchtigen kann:

- Träger der Mitgliedssparkassen;
- Bundesanstalt für Finanzdienstleistungsaufsicht;
- Deutsche Bundesbank;
- Abschlussprüfer der Mitgliedssparkassen;
- ein auf Grundlage der Bestimmungen des KWG oder dieser Satzung tätiger Prüfer.

Der Verband ist berechtigt, bei diesen Stellen alle für sie als Träger des Sparkassenstützungsfonds bedeutsamen Informationen einzuholen.

§ 8 Informationspflichten bei Hinweisen auf eine besondere Risikolage

Die Mitgliedssparkassen sind verpflichtet, auf Verlangen des Verbandes alle Informationen und Unterlagen zu liefern und Auskünfte zu geben, die bei Hinweisen auf eine besondere Risikolage zur Erklärung und Aufhellung beitragen.

§ 9 Prüfung bei besonderen Risikolagen

Die Mitgliedssparkassen sind verpflichtet, bei begründeten Hinweisen auf eine besondere Risikolage jederzeit Prüfungen auf ihre Kosten zuzulassen, die von dem Verband für den Sparkassenstützungsfonds angeordnet wurden. Sie haben Zugang zu allen Unterlagen zu gewähren, die für eine sorgfältige Prüfung notwendig sind.

§ 10 Einwirkungsrechte bei gefährdeten Mitgliedssparkassen

Der Verbandsvorsteher ist berechtigt und verpflichtet, den Verbandsvorstand oder den Stützungsfondsausschuss (§ 17) über Prüfungen nach §§ 5 und 9 zu unterrichten, wenn eine besondere Risikolage gegeben ist. Der Verbandsvorstand oder der Stützungsfondsausschuss haben das Recht, eine Sitzung mit den Mitgliedern des Verwaltungsrats und des Vorstands der Mitgliedssparkasse einzuberufen, um die Risikolage zu erörtern. Sie können die Erarbeitung eines Konzepts zur Neustrukturierung der Mitgliedssparkasse oder die Einleitung zweckdienlicher Maßnahmen verlangen. Sie können zur Abwendung von Stützungsmaßnahmen die Umsetzung personeller oder sachlicher Maßnahmen fordern. Der DSGV wird über das Risiko und etwaige Auflagen ohne Nennung der betroffenen Mitgliedssparkassen schriftlich unterrichtet.

III. Abwicklung von Stützungsfällen

§ 11 Informationspflichten im Stützungsfall

Die Mitgliedssparkassen haben im Stützungsfall (§ 3) dem Verband zum Zwecke der Transparenz umfassenden Einblick in die wirtschaftlichen Verhältnisse zu gewähren. Sie müssen alle verfügbaren Informationen, die zur Einschätzung der Lage des Institutes erforderlich sind, zur Verfügung stellen.

§ 12 Stützungsmaßnahmen

(1) Der Verbandsvorstand entscheidet mit einer Mehrheit von zwei Dritteln seiner Mitglieder über Art und Umfang der durchzuführenden Stützungsmaßnahmen und die entsprechenden Auflagen (§ 13). In Abhängigkeit von der wirtschaftlichen Situation des betroffenen Mitgliedssparkassen kommen insbesondere folgende Stützungsmaßnahmen in Betracht:

- Zuwendung von Haftungsmitteln, auch in Form verlorener Zuschüsse (Eigenkapitalzufuhr);
- Übernahme von Garantien oder Bürgschaften;
- Übernahme verzinslicher Schuldversprechen;
- Erfüllung gegen die Mitgliedssparkasse gerichteter Ansprüche Dritter gegen Übertragung der Ansprüche auf den Sparkassenstützungsfonds.

(2) Die Gewährung verlorener Zuschüsse, bei denen eine Rückzahlung auf Grundlage eines Besserungsscheins nicht zu erwarten ist, sollte auf den Ausnahmefall beschränkt sein. Der Verbandsvorstand entscheidet ausschließlich über die Gewährung verlorener Zuschüsse bis zur Höhe von 10 % des Gesamtvolumens des Sparkassenstützungsfonds (§ 16), maximal 2 % der Bilanzsumme der zu stützenden Mitgliedssparkasse im Einzelfall. Diese Regelung gilt für ein Stützungsvolumen von nicht mehr als 20 % des

Gesamtvolumens des Sparkassenstützungsfonds jährlich. Bei Stützungsmaßnahmen, die außerhalb der vorgenannten selbständigen Entscheidungsbefugnis des Verbandsvorstandes liegen, aber das Gesamtvolumen des Sparkassenstützungsfonds nicht übersteigen, wird die Stellungnahme des Präsidialausschusses des DSGV, im Übrigen die des Gemeinsamen Ausschusses eingeholt. An den Beratungen des Präsidialausschusses, die den Stützungsfall betreffen, nimmt ein Vertreter des Verbandes mit beratender Stimme teil. Ist der Vertreter des Verbandes selbst Mitglied des Präsidialausschusses, so nimmt seine Funktion im Präsidialausschuss sein Vertreter in diesem Gremium wahr.

(3) Das Volumen sämtlicher übernommener Bilanzierungshilfen des Sparkassenstützungsfonds (Bürgschaften und/oder Garantien) darf nicht mehr als 25 % des Gesamtvolumens des Sparkassenstützungsfonds betragen. Sofern von dieser Regelung abgewichen werden soll, wird bei Bilanzierungshilfen bis zur Höhe des gesamten Fondsvermögens die Stellungnahme des Präsidialausschusses des DSGV, im Übrigen die des Gemeinsamen Ausschusses eingeholt. Absatz 2 Sätze 5 und 6 finden Anwendung.

§ 13 Restrukturierungs- und Sanierungskonzept, Auflagen

(1) Basis aller Stützungsmaßnahmen ist die Erstellung eines Restrukturierungs- und Sanierungskonzepts, das im Auftrag des Verbandes durch die Mitgliedssparkasse oder einen sachkundigen Dritten erstellt wird. Das Konzept soll insbesondere umfassen:

- Analyse der Problemsituation sowie deren Ursachen;
- Katalog für kurzfristige Stützungsmaßnahmen;
- Zeitplan für Einleitung, Durchführung und Abschluss notwendiger Stützungsmaßnahmen;
- Einschätzung und Beurteilung künftiger Entwicklungschancen der Mitgliedssparkasse.

(2) Stützungsmaßnahmen (§ 12) können von der Erfüllung von Auflagen abhängig gemacht werden. Als Auflagen kommen insbesondere in Betracht:

- Aufbringung eines angemessenen Sanierungsbeitrages durch den/die Träger der betroffenen Mitgliedssparkasse[4)];
- Heranziehung offener Rücklagen und Auflösung von Vorsorgereserven gemäß § 340f HGB und § 26a KWG (alt) zur Deckung von Verlusten, sofern dies im Hinblick auf rechtliche Vorgaben möglich und zulässig ist;

---

4) Gilt entsprechend für andere Organisationsformen.

- bilanzielle Maßnahmen (z. B. Abschreibungen und Wertberichtigungen nur in zwingend erforderlichem Umfang, Ausschöpfung der Bewertungswahlmöglichkeiten, Zuschreibungen im Rahmen der rechtlichen Möglichkeiten);
- Verkauf bzw. Übertragung von Beteiligungen und anderen Vermögenswerten;
- Durchführung sachlicher Maßnahmen, insbesondere aufbauorganisatorischer Art;
- Durchführung personeller Maßnahmen, insbesondere Abberufung der verantwortlichen Vorstandsmitglieder;
- Zusammenführung von Mitgliedssparkassen im Rahmen der sparkassenrechtlichen Möglichkeiten;
- Übertragung der Trägerschaft der Mitgliedssparkasse auf den Verband oder eine von diesem hierfür geschaffene Organisationseinheit im Rahmen der sparkassenrechtlichen Möglichkeiten und unter Beachtung der verbandspolitischen Ausrichtung der Sparkassen-Finanzgruppe;
- Beauftragung externer Berater mit der erforderlichen Erfahrung und Sachkunde;
- Abgabe eines Besserungsscheins.

(3) Auflagen werden unter Berücksichtigung der konkreten Problemsituation der Mitgliedssparkasse und der mit einer Auflage verbundenen Auswirkungen erteilt. Die Mitgliedssparkassen sind verpflichtet, die Auflagen unverzüglich zu erfüllen.

§ 14 Sanierungsvertrag

Die an der Sanierung Beteiligten schließen einen Sanierungsvertrag. In diesem Vertrag werden die Stützungsmaßnahmen, die aufzuwendenden Mittel, die Auflagen und die Dauer der Sanierungsphase sowie die Voraussetzungen geregelt, unter denen die Mitgliedssparkasse zur Rückgewähr von Sanierungsmitteln verpflichtet ist.

IV. Aufbringung der Mittel zum Stützungsfonds

§ 15 Beiträge

Die Beiträge zum Sparkassenstützungsfonds werden nach dem Risiko der Mitgliedssparkassen differenziert. Zur Bestimmung der Teile der Verbandsumlagen, die zur Aufbringung der Beiträge für den Stützungsfonds erhoben werden, gelten die „Grundsätze für die risikoorientierte Beitragsbemessung der Sicherungseinrichtungen der Sparkassen-Finanzgruppe" als Bestandteil dieser Satzung. Anfallende Zinsen und Erträge sind Bestandteil des Fondsvermögens.

§ 16 Gesamtvolumen, Auffüllungen, Nachschusspflichten

(1) Das Gesamtvolumen des Sparkassenstützungsfonds setzt sich aus den Barmitteln und der Nachschusspflicht zusammen und wird auf Grundlage der in § 15 genannten einheitlichen Grundsätze ermittelt. Die aufzubringenden Barmittel betragen mindestens ein Drittel des Gesamtvolumens (Einzahlungs-Soll). In der verbleibenden Höhe (maximal zwei Drittel des Gesamtvolumens) besteht eine Nachschusspflicht. Der Verbandsvorstand kann eine höhere Barmittelgrenze über dem Einzahlungs-Soll festsetzen. Soweit hiervon Gebrauch gemacht wurde, ist dies auf die verbleibende Nachschusspflicht anzurechnen.

(2) Die Mitgliedssparkassen leisten jährlich Barmittel in Höhe von mindestens 15 % des Einzahlungs-Solls, soweit der Fonds 65 % des Einzahlungs-Solls nicht erreicht. Sie leisten jährlich Barmittel in Höhe von mindestens 7,5 % des Einzahlungs-Solls, soweit die Summe der Barmittel 65 % des Einzahlungs-Solls erreicht oder übersteigt, aber noch nicht das Einzahlungs-Soll erreicht. In Ergänzung dieser regelmäßigen Auffüllungspflicht kann der Sparkassenstützungsfonds aufgrund eines Beschlusses des Verbandsvorstandes durch Sonderumlagen ganz oder teilweise aufgefüllt werden.

(3) Eine besondere Auffüllungspflicht besteht, wenn ein Stützungsfall eintritt und die Barmittel des Sparkassenstützungsfonds das Einzahlungs-Soll nicht erreichen. Reichen in diesem Falle die vorhandenen Barmittel des Sparkassenstützungsfonds zur Abwicklung des Stützungsfalles nicht aus, sind diese zunächst auf das erforderliche Maß, maximal das Einzahlungs-Soll aufzufüllen.

(4) Sind durch die Inanspruchnahme für einen Stützungsfall die Barmittel des Sparkassenstützungsfonds in Höhe des Einzahlungs-Solls erschöpft und besteht weiterer Bedarf, greift die Nachschusspflicht, die auf erstes Anfordern zu erfüllen ist. Die Nachschusspflicht besteht bis zur Höhe des Gesamtvolumens abzüglich der bereits geleisteten Barmittel. Reicht auch diese zur Abwicklung des Stützungsfalles nicht aus, kann der Überregionale Ausgleich angerufen werden.

(5) Die Inanspruchnahme aus der Nachschusspflicht (§ 16 Abs. 1) bzw. Auffüllungspflicht (§ 16 Abs. 3) darf nicht zu einer substanziellen Gefährdung der einzelnen Mitgliedssparkassen führen. Das betroffene Mitgliedssparkasse hat die substanzielle Gefährdung unverzüglich geltend zu machen, spätestens jedoch vor der Beschlussfassung gemäß § 12 Abs. 1. Stellt der Verbandsvorstand eine solche substanzielle Gefährdung einer Mitgliedssparkasse fest, so kann er diese Sparkasse teilweise oder vollständig von ihrer Pflicht befreien oder ihr diese Leistung stunden. Der Ausgleich erfolgt grundsätzlich innerhalb des Sparkassenstützungsfonds.

(6) Führen Leistungen aus der Nachschusspflicht (§ 16 Abs. 1) und insbesondere der Auffüllungspflicht (§ 16 Abs. 3) dazu, dass es bei mehreren Mitgliedssparkassen des Sparkassenstützungsfonds zu einer substanziellen Gefährdung kommt, kann der Verband den Überregionalen Ausgleich anrufen und die vorzeitige Übernahme von Stützungsmaßnahmen durch den Überregionalen Ausgleich beantragen.

V. Organisation

§ 17 Stützungsfondsausschuss

Der Verbandsvorstand kann einen Stützungsfondsausschuss bilden und diesem Aufgaben übertragen. Diesem Ausschuss sollten mindestens der Vorsitzende der Verbandsversammlung, der Verbandsvorsteher und der Landesobmann angehören. Der Prüfungsstellenleiter nimmt mit beratender Stimme teil.

§ 18 Monitoringausschuss

Es wird ein Monitoringausschuss eingerichtet. Weiteres regeln die Grundsätze für das Risikomonitoring der Sicherungseinrichtungen der Sparkassen-Finanzgruppe (§ 4 Abs. 2).

VI. Sonstige Vorschriften

§ 19 Verschwiegenheitspflicht

Alle, die an Stützungsmaßnahmen beteiligt sind oder für die Zwecke der Sicherungseinrichtungen der Sparkassen-Finanzgruppe tätig werden, sind hinsichtlich der Vorgänge und Informationen, die sie in diesem Zusammenhang erlangen, zur Verschwiegenheit verpflichtet. Dies gilt gleichermaßen für Mitarbeiter sowie die Mitglieder der Organe, Gremien und Ausschüsse und wirkt fort, auch wenn sie ihre Tätigkeit beendet haben.

§ 20 Ausschluss eines Rechtsanspruchs der Mitgliedssparkassen

Die Mitgliedssparkassen haben keinen Rechtsanspruch auf Stützungsmaßnahmen.

§ 21 Mitwirkung am Überregionalen Ausgleich und im Haftungsverbund

Der Verband und die Mitgliedssparkassen beteiligen sich aktiv und passiv am Überregionalen Ausgleich der Sparkassenstützungsfonds und am Haftungsverbund mit der Sicherungsreserve der Landesbanken/Girozentralen und dem Sicherungsfonds der Landesbausparkasse nach Maßgabe der jeweiligen Satzung.

§ 22 Verwaltung der Fondsmittel

Der Verband verwaltet die Mittel des Sparkassenstützungsfonds und legt sie als rechtlich unselbstständiges Sondervermögen getrennt vom sonstigen Verbandsvermögen an. Die eingezahlten Mittel werden verzinslich so angelegt, dass die erforderliche Liquidität unter Wahrung angemessener Mischung und Streuung jederzeit gewährleistet ist.

§ 23 Jahresabschluss, Geschäftsbericht

Der Verband erstellt für den Sparkassenstützungsfonds jährlich zum 31. Dezember einen Jahresabschluss und einen Geschäftsbericht. Diese Unterlagen werden jährlich bis zum 31. Mai der Obersten Sparkassenaufsichtsbehörde, der Bundesanstalt für Finanzdienstleistungsaufsicht, der Deutschen Bundesbank und dem DSGV zugeleitet.

§ 24 Auflösung des Stützungsfonds

Über die Auflösung des Sparkassenstützungsfonds, das Verfahren zu dessen Abwicklung und die Verwendung des dann vorhandenen Fondsvermögens entscheidet die Verbandsversammlung.

§ 25 Satzungsänderungen

Änderungen dieser Mustersatzung werden von der Mitgliederversammlung des DSGV mit einer Dreiviertelmehrheit der vertretenen Stimmen beschlossen. § 9 Abs. 1 Sätze 4 und 5 der Satzung des DSGV e.V. gilt entsprechend.[5)]

5) Dieser Paragraph ist nicht in die jeweiligen Satzungen für die regionalen Sparkassenstützungsfonds aufzunehmen.

Anhang II. AGB

1. AGB-Banken

Stand Oktober 2009

Inhalt

(1) Mitteilung von Änderungen
(2) Klarheit von Aufträgen
(3) Besonderer Hinweis bei Eilbedürftigkeit der Ausführung eines Auftrags
(4) Prüfung und Einwendungen bei Mitteilungen der Bank
(5) Benachrichtigung der Bank bei Ausbleiben von Mitteilungen

Kosten der Bankdienstleistungen

12. Zinsen, Entgelte und Auslagen
(1) Zinsen und Entgelte im Privatkundengeschäft
(2) Zinsen und Entgelte außerhalb des Privatkundengeschäfts
(3) Nicht entgeltfähige Leistung
(4) Änderung von Zinsen; Kündigungsrecht des Kunden bei Erhöhung
(5) Änderung von Entgelten bei typischerweise dauerhaft in Anspruch genommenen Leistungen
(6) Auslagen
(7) Besonderheiten bei Verbraucherdarlehensverträgen und Zahlungsdiensteverträgen mit Verbrauchern für Zahlungen innerhalb des Europäischen Wirtschaftsraums (EWR) in einer EWR-Währung

Sicherheiten für die Ansprüche der Bank gegen den Kunden

13. Bestellung oder Verstärkung von Sicherheiten
(1) Anspruch der Bank auf Bestellung von Sicherheiten
(2) Veränderung des Risikos
(3) Fristsetzung für die Bestellung oder Verstärkung von Sicherheiten

14. Vereinbarung eines Pfandrechts zugunsten der Bank
(1) Einigung über das Pfandrecht
(2) Gesicherte Ansprüche
(3) Ausnahmen vom Pfandrecht
(4) Zins- und Gewinnanteilscheine

15. Sicherungsrechte bei Einzugspapieren und diskontierten Wechseln
(1) Sicherungsübereignung
(2) Sicherungsabtretung
(3) Zweckgebundene Einzugspapiere
(4) Gesicherte Ansprüche der Bank

16. Begrenzung des Besicherungsanspruchs und Freigabeverpflichtung
(1) Deckungsgrenze
(2) Freigabe
(3) Sondervereinbarungen

17. Verwertung von Sicherheiten
(1) Wahlrecht der Bank
(2) Erlösgutschrift nach dem Umsatzsteuerrecht

Kündigung

18. Kündigungsrechte des Kunden
(1) Jederzeitiges Kündigungsrecht
(2) Kündigung aus wichtigem Grund
(3) Gesetzliche Kündigungsrechte

19. Kündigungsrechte der Bank
(1) Kündigung unter Einhaltung einer Kündigungsfrist
(2) Kündigung unbefristeter Kredite

Grundregeln für die Beziehung zwischen Kunde und Bank

1. Geltungsbereich und Änderungen dieser Geschäftsbedingungen und der Sonderbedingungen für einzelne Geschäftsbeziehungen

(1) Geltungsbereich

Die Allgemeinen Geschäftsbedingungen gelten für die gesamte Geschäftsverbindung zwischen dem Kunden und den inländischen Geschäftsstellen der Bank (im folgenden Bank genannt). Daneben gelten für einzelne Geschäftsbeziehungen (zum Beispiel für das Wertpapiergeschäft, den Zahlungsverkehr und für den Sparverkehr) Sonderbedingungen, die Abweichungen oder Ergänzungen zu diesen Allgemeinen Geschäftsbedingungen enthalten; sie werden bei der Kontoeröffnung oder bei Erteilung eines Auftrages mit dem Kunden vereinbart. Unterhält der Kunde auch Geschäftsverbindungen zu ausländischen Geschäftsstellen, sichert das Pfandrecht der Bank (Nummer 4 dieser Geschäftsbedingungen) auch die Ansprüche dieser ausländischen Geschäftsstellen.

(2) Änderungen

Änderungen dieser Geschäftsbedingungen und der Sonderbedingungen werden dem Kunden spätestens zwei Monate vor dem vorgeschlagenen Zeitpunkt ihres Wirksamwerdens in Textform angeboten. Hat der Kunde mit der Bank im Rahmen der Geschäftsbeziehung einen elektronischen Kommunikationsweg vereinbart (zum Beispiel das Online-Banking), können die Änderungen auch auf diesem Wege angeboten werden. Die Zustimmung des Kunden gilt als erteilt, wenn er seine Ablehnung nicht vor dem vorgeschlagenen Zeitpunkt des Wirksamwerdens der Änderungen angezeigt hat. Auf diese Genehmigungswirkung wird ihn die Bank in ihrem Angebot besonders hinweisen. Werden dem Kunden Änderungen von Bedingungen zu Zahlungsdiensten (zum Beispiel Überweisungsbedingungen) angeboten, kann er den von der Änderung betroffenen Zahlungsdiensterahmenvertrag vor dem vorgeschlagenen Zeitpunkt des Wirksamwerdens der Änderungen auch fristlos und kostenfrei kündigen. Auf dieses Kündigungsrecht wird ihn die Bank in ihrem Angebot besonders hinweisen.

2. Bankgeheimnis und Bankauskunft

(1) Bankgeheimnis

Die Bank ist zur Verschwiegenheit über alle kundenbezogenen Tatsachen und Wertungen verpflichtet, von denen sie Kenntnis erlangt (Bankgeheimnis). Informationen über den Kunden darf die Bank nur weitergeben, wenn gesetzliche Bestimmungen dies gebieten oder der Kunde eingewilligt hat oder die Bank zur Erteilung einer Bankauskunft befugt ist.

(2) Bankauskunft

Eine Bankauskunft enthält allgemein gehaltene Feststellungen und Bemerkungen über die wirtschaftlichen Verhältnisse des Kunden, seine Kreditwürdigkeit und Zahlungsfähigkeit; betragsmäßige Angaben über Kontostände, Sparguthaben, Depot- oder sonstige der Bank anvertraute Vermögenswerte sowie Angaben über die Höhe von Kreditinanspruchnahmen werden nicht gemacht.

(3) Voraussetzungen für die Erteilung einer Bankauskunft

Die Bank ist befugt, über juristische Personen und im Handelsregister eingetragene Kaufleute Bankauskünfte zu erteilen, sofern sich die Anfrage auf ihre geschäftliche Tätigkeit bezieht. Die Bank erteilt jedoch keine Auskünfte, wenn ihr eine anders lautende Weisung des Kunden vorliegt. Bankauskünfte über andere Personen, insbesondere über Privatkunden und Vereinigungen, erteilt die Bank nur dann, wenn diese generell oder im Einzelfall ausdrücklich zugestimmt haben. Eine Bankauskunft wird nur erteilt, wenn der Anfragende ein berechtigtes Interesse an der gewünschten Auskunft glaubhaft dargelegt hat und kein Grund zu der Annahme besteht, dass schutzwürdige Belange des Kunden der Auskunftserteilung entgegenstehen.

(4) Empfänger von Bankauskünften

Bankauskünfte erteilt die Bank nur eigenen Kunden sowie anderen Kreditinstituten für deren Zwecke oder die ihrer Kunden.

3. Haftung der Bank; Mitverschulden des Kunden

(1) Haftungsgrundsätze

Die Bank haftet bei der Erfüllung ihrer Verpflichtungen für jedes Verschulden ihrer Mitarbeiter und der Personen, die sie zur Erfüllung ihrer Verpflichtungen hinzuzieht. Soweit die Sonderbedingungen für einzelne Geschäftsbeziehungen oder sonstige Vereinbarungen etwas Abweichendes regeln, gehen diese Regelungen vor. Hat der Kunde durch ein schuldhaftes Verhalten (zum Beispiel durch Verletzung der in Nr.11 dieser Geschäftsbedingungen aufgeführten Mitwirkungspflichten) zu der Entstehung eines Schadens beigetragen, bestimmt sich nach den Grundsätzen des Mitverschuldens, in welchem Umfang Bank und Kunde den Schaden zu tragen haben.

(2) Weitergeleitete Aufträge

Wenn ein Auftrag seinem Inhalt nach typischerweise in der Form ausgeführt wird, dass die Bank einen Dritten mit der weiteren Erledigung betraut, erfüllt die Bank den Auftrag dadurch, dass sie ihn im eigenen Namen an den Dritten weiterleitet (weitergeleiteter Auftrag). Dies betrifft zum Beispiel die Einholung von Bankauskünften bei anderen Kreditinstituten oder die Verwahrung und Verwaltung von Wertpapieren im Ausland. In diesen Fällen beschränkt sich die Haftung der Bank auf die sorgfältige Auswahl und Unterweisung des Dritten.

(3) Störung des Betriebs

Die Bank haftet nicht für Schäden, die durch höhere Gewalt, Aufruhr, Kriegs- und Naturereignisse oder durch sonstige von ihr nicht zu vertretende Vorkommnisse (zum Beispiel Streik, Aussperrung, Verkehrsstörung, Verfügungen von hoher Hand im In- oder Ausland) eintreten.

4. Grenzen der Aufrechnungsbefugnis des Kunden

Der Kunde kann gegen Forderungen der Bank nur aufrechnen, wenn seine Forderungen unbestritten oder rechtskräftig festgestellt sind.

5. Verfügungsberechtigung nach dem Tod des Kunden

Nach dem Tod des Kunden kann die Bank zur Klärung der Verfügungsberechtigung die Vorlegung eines Erbscheins, eines Testamentsvollstreckerzeugnisses oder weiterer hierfür notwendiger Unterlagen verlangen; fremdsprachige Urkunden sind auf Verlangen der Bank in deutscher Übersetzung vorzulegen. Die Bank kann auf die Vorlage eines Erbscheins oder eines Testamentsvollstreckerzeugnisses verzichten, wenn ihr eine Ausfertigung oder eine beglaubigte Abschrift der letztwilligen Verfügung (Testament, Erbvertrag) nebst zugehöriger Eröffnungsniederschrift vorgelegt wird. Die Bank darf denjenigen, der darin als Erbe oder Testamentsvollstrecker bezeichnet ist, als Berechtigten ansehen, ihn verfügen lassen und insbesondere mit befreiender Wirkung an ihn leisten. Dies gilt nicht, wenn der Bank bekannt ist, dass der dort Genannte (zum Beispiel nach Anfechtung oder wegen Nichtigkeit des Testaments) nicht verfügungsberechtigt ist, oder wenn ihr dies infolge Fahrlässigkeit nicht bekannt geworden ist.

6. Maßgebliches Recht und Gerichtsstand bei kaufmännischen und öffentlichrechtlichen Kunden

(1) Geltung deutschen Rechts

Für die Geschäftsverbindung zwischen dem Kunden und der Bank gilt deutsches Recht.

(2) Gerichtsstand für Inlandskunden

Ist der Kunde ein Kaufmann und ist die streitige Geschäftsbeziehung dem Betriebe seines Handelsgewerbes zuzurechnen, so kann die Bank diesen Kunden an dem für die kontoführende Stelle zuständigen Gericht oder bei einem anderen zuständigen Gericht verklagen; dasselbe gilt für eine juristische Person des öffentlichen Rechts und für öffentlich-rechtliche Sondervermögen. Die Bank selbst kann von diesen Kunden nur an dem für die kontoführende Stelle zuständigen Gericht verklagt werden.

(3) Gerichtsstand für Auslandskunden

Die Gerichtsstandsvereinbarung gilt auch für Kunden, die im Ausland eine vergleichbare gewerbliche Tätigkeit ausüben, sowie für ausländische Institutionen, die mit inländischen juristischen Personen des öffentlichen Rechts oder mit einem inländischen öffentlich-rechtlichen Sondervermögen vergleichbar sind.

Kontoführung

7. Rechnungsabschlüsse bei Kontokorrentkonten (Konten in laufender Rechnung)

(1) Erteilung der Rechnungsabschlüsse

Die Bank erteilt bei einem Kontokorrentkonto, sofern nicht etwas anderes vereinbart ist, jeweils zum Ende eines Kalenderquartals einen Rechnungsabschluss; dabei werden die in diesem Zeitraum entstandenen beiderseitigen Ansprüche (einschließlich der Zinsen und Entgelte der Bank) verrechnet. Die Bank kann auf den Saldo, der sich aus der Verrechnung ergibt, nach Nummer 2 dieser Geschäftsbedingungen oder nach der mit dem Kunden anderweitig getroffenen Vereinbarung Zinsen berechnen.

(2) Frist für Einwendungen; Genehmigung durch Schweigen

Einwendungen wegen Unrichtigkeit oder Unvollständigkeit eines Rechnungsabschlusses hat der Kunde spätestens vor Ablauf von sechs Wochen nach dessen Zugang zu erheben; macht er seine Einwendungen in Textform geltend, genügt die Absendung innerhalb der Sechs-Wochen-Frist. Das Unterlassen rechtzeitiger Einwendungen gilt als Genehmigung. Auf diese Folge wird die Bank bei Erteilung des Rechnungsabschlusses besonders hinweisen. Der Kunde kann auch nach Fristablauf eine Berichtigung des Rechnungsabschlusses verlangen, muss dann aber beweisen, dass zu Unrecht sein Konto belastet oder eine ihm zustehende Gutschrift nicht erteilt wurde.

8. Storno- und Berichtigungsbuchungen der Bank

(1) Vor Rechnungsabschluss

Fehlerhafte Gutschriften auf Kontokorrentkonten (zum Beispiel wegen einer falschen Kontonummer) darf die Bank bis zum nächsten Rechnungsabschluss durch eine Belastungsbuchung rückgängig machen, soweit ihr ein Rückzahlungsanspruch gegen den Kunden zusteht (Stornobuchung); der Kunde kann in diesem Fall gegen die Belastungsbuchung nicht einwenden, dass er in Höhe der Gutschrift bereits verfügt hat.

(2) Nach Rechnungsabschluss

Stellt die Bank eine fehlerhafte Gutschrift erst nach einem Rechnungsabschluss fest und steht ihr ein Rückzahlungsanspruch gegen den Kunden zu, so wird sie in Höhe ihres Anspruchs sein Konto belasten (Berichtigungsbuchung). Erhebt der Kunde gegen die Berichtigungsbuchung Einwendungen, so wird die Bank den Betrag dem Konto wieder gutschreiben und ihren Rückzahlungsanspruch gesondert geltend machen.

(3) Information des Kunden; Zinsberechnung

Über Storno- und Berichtigungsbuchungen wird die Bank den Kunden unverzüglich unterrichten. Die Buchungen nimmt die Bank hinsichtlich der Zinsberechnung rückwirkend zu dem Tag vor, an dem die fehlerhafte Buchung durchgeführt wurde.

9. Einzugsaufträge

(1) Erteilung von Vorbehaltsgutschriften bei der Einreichung

Schreibt die Bank den Gegenwert von Schecks und Lastschriften schon vor ihrer Einlösung gut, geschieht dies unter dem Vorbehalt ihrer Einlösung, und zwar auch dann, wenn diese bei der Bank selbst zahlbar sind. Reicht der Kunde andere Papiere mit dem Auftrag ein, von einem Zahlungspflichtigen einen Forderungsbetrag zu beschaffen (zum Beispiel Zinsscheine), und erteilt die Bank über den Betrag eine Gutschrift, so steht diese unter dem Vorbehalt, dass die Bank den Betrag erhält. Der Vorbehalt gilt auch dann, wenn die Schecks, Lastschriften und anderen Papiere bei der Bank selbst zahlbar sind. Werden Schecks oder Lastschriften nicht eingelöst oder erhält die Bank den Betrag aus dem Einzugsauftrag nicht, macht die Bank die Vorbehaltsgutschrift rückgängig. Dies geschieht unabhängig davon, ob in der Zwischenzeit ein Rechnungsabschluss erteilt wurde.

(2) Einlösung von Lastschriften und vom Kunden ausgestellter Schecks

Einzugsermächtigungs- und Abbuchungsauftragslastschriften sowie Schecks sind eingelöst, wenn die Belastungsbuchung nicht spätestens am zweiten Bankarbeitstag[1)] nach ihrer Vornahme rückgängig gemacht wird. Für Lastschriften aus anderen Verfahren gelten die Einlösungsregeln in den hierfür vereinbarten Sonderbedingungen. Barschecks sind bereits mit Zahlung an den Scheckvorleger eingelöst. Schecks sind auch schon dann eingelöst, wenn die Bank im Einzelfall eine Bezahltmeldung absendet. Schecks, die über die Abrechnungsstelle der Bundesbank vorgelegt werden, sind eingelöst, wenn sie nicht bis zu dem von der Bundesbank festgesetzten Zeitpunkt zurückgegeben werden.

10. Fremdwährungsgeschäfte und Risiken bei Fremdwährungskonten

(1) Auftragsausführung bei Fremdwährungskonten

Fremdwährungskonten des Kunden dienen dazu, Zahlungen an den Kunden und Verfügungen des Kunden in fremder Währung bargeldlos abzuwickeln. Verfügungen über Guthaben auf Fremdwährungskonten (zum Beispiel durch Überweisungen zu Lasten des Fremdwährungsguthabens) werden unter Einschaltung von Banken im Heimatland der Währung abgewickelt, wenn sie die Bank nicht vollständig innerhalb des eigenen Hauses ausführt.

(2) Gutschriften bei Fremdwährungsgeschäften mit dem Kunden

Schließt die Bank mit dem Kunden ein Geschäft (zum Beispiel ein Devisentermingeschäft) ab, aus dem sie die Verschaffung eines Betrages in fremder Währung schuldet, wird sie ihre Fremdwährungsverbindlichkeit durch Gutschrift auf dem Konto des Kunden in dieser Währung erfüllen, sofern nicht etwas anderes vereinbart ist.

(3) Vorübergehende Beschränkung der Leistung durch die Bank

Die Verpflichtung der Bank zur Ausführung einer Verfügung zu Lasten eines Fremdwährungsguthabens (Absatz) oder zur Erfüllung einer Fremdwährungsverbindlichkeit (Absatz 2) ist in dem Umfang und solange ausgesetzt, wie die Bank in der Währung, auf die das Fremdwährungsguthaben oder die Verbindlichkeit lautet, wegen politisch bedingter Maßnahmen oder Ereignisse im Lande dieser Währung nicht oder nur eingeschränkt verfügen kann. In dem Umfang und solange diese Maßnahmen oder Ereignisse andauern, ist die Bank auch nicht zu einer Erfüllung an einem anderen Ort außerhalb des Landes der Währung, in einer anderen Währung (auch nicht in Euro) oder durch Anschaffung von Bargeld verpflichtet. Die Verpflichtung der Bank zur Ausführung einer Verfügung zu Lasten eines Fremdwährungsguthabens ist dagegen nicht ausge-

1) Bankarbeitstage sind alle Werktage außer: Sonnabende, 24. und 3. Dezember.

setzt, wenn sie die Bank vollständig im eigenen Haus ausführen kann. Das Recht des Kunden und der Bank, fällige gegenseitige Forderungen in derselben Währung miteinander zu verrechnen, bleibt von den vorstehenden Regelungen unberührt.

(4) Wechselkurs

Die Bestimmung des Wechselkurses bei Fremdwährungsgeschäften ergibt sich aus dem „Preis- und Leistungsverzeichnis". Bei Zahlungsdiensten gilt ergänzend der Zahlungsdiensterahmenvertrag.

Mitwirkungspflichten des Kunden

11. Mitwirkungspflichten des Kunden

(1) Mitteilung von Änderungen

Zur ordnungsgemäßen Abwicklung des Geschäftsverkehrs ist es erforderlich, dass der Kunde der Bank Änderungen seines Namens und seiner Anschrift sowie das Erlöschen oder die Änderung einer gegenüber der Bank erteilten Vertretungsmacht (insbesondere einer Vollmacht) unverzüglich mitteilt. Diese Mitteilungspflicht besteht auch dann, wenn die Vertretungsmacht in ein öffentliches Register (zum Beispiel in das Handelsregister) eingetragen ist und ihr Erlöschen oder ihre Änderung in dieses Register eingetragen wird. Darüber hinaus können sich weitergehende gesetzliche Mitteilungspflichten, insbesondere aus dem Geldwäschegesetz, ergeben.

(2) Klarheit von Aufträgen

Aufträge müssen ihren Inhalt zweifelsfrei erkennen lassen. Nicht eindeutig formulierte Aufträge können Rückfragen zur Folge haben, die zu Verzögerungen führen können. Vor allem hat der Kunde bei Aufträgen auf die Richtigkeit und Vollständigkeit seiner Angaben, insbesondere der Kontonummer und Bankleitzahl oder IBAN[2] und BIC[3] sowie der Währung zu achten. Änderungen, Bestätigungen oder Wiederholungen von Aufträgen müssen als solche gekennzeichnet sein.

(3) Besonderer Hinweis bei Eilbedürftigkeit der Ausführung eines Auftrags

Hält der Kunde bei der Ausführung eines Auftrags besondere Eile für nötig, hat er dies der Bank gesondert mitzuteilen. Bei formularmäßig erteilten Aufträgen muss dies außerhalb des Formulars erfolgen.

---

2) International Bank Account Number (Internationale Bankkontonummer).

3) Bank Identifier Code (Bank-Identifizierungs-Code).

(4) Prüfung und Einwendungen bei Mitteilungen der Bank

Der Kunde hat Kontoauszüge, Wertpapierabrechnungen, Depot- und Erträgnisaufstellungen, sonstige Abrechnungen, Anzeigen über die Ausführung von Aufträgen sowie Informationen über erwartete Zahlungen und Sendungen (Avise) auf ihre Richtigkeit und Vollständigkeit unverzüglich zu überprüfen und etwaige Einwendungen unverzüglich zu erheben.

(5) Benachrichtigung der Bank bei Ausbleiben von Mitteilungen

Falls Rechnungsabschlüsse und Depotaufstellungen dem Kunden nicht zugehen, muss er die Bank unverzüglich benachrichtigen. Die Benachrichtigungspflicht besteht auch beim Ausbleiben anderer Mitteilungen, deren Eingang der Kunde erwartet (Wertpapierabrechnungen, Kontoauszüge nach der Ausführung von Aufträgen des Kunden oder über Zahlungen, die der Kunde erwartet).

Kosten der Bankdienstleistungen

12. Zinsen, Entgelte und Auslagen

(1) Zinsen und Entgelte im Privatkundengeschäft

Die Höhe der Zinsen und Entgelte für die im Privatkundengeschäft üblichen Kredite und Leistungen ergibt sich aus dem „Preisaushang

– Regelsätze im standardisierten Privatkundengeschäft“ und ergänzend aus dem „Preis- und Leistungsverzeichnis“. Wenn ein Kunde einen dort aufgeführten Kredit oder eine dort aufgeführte Leistung in Anspruch nimmt und dabei keine abweichende Vereinbarung getroffen wurde, gelten die zu diesem Zeitpunkt im Preisaushang oder Preis- und Leistungsverzeichnis angegebenen Zinsen und Entgelte. Für die Vergütung der darin nicht aufgeführten Leistungen, die im Auftrag des Kunden oder in dessen mutmaßlichem Interesse erbracht werden und die, nach den Umständen zu urteilen, nur gegen eine Vergütung zu erwarten sind, gelten, soweit keine andere Vereinbarung getroffen wurde, die gesetzlichen Vorschriften.

(2) Zinsen und Entgelte außerhalb des Privatkundengeschäfts

Außerhalb des Privatkundengeschäfts bestimmt die Bank, sofern keine andere Vereinbarung getroffen wurde und gesetzliche Bestimmungen dem nicht entgegen stehen, die Höhe von Zinsen und Entgelten nach billigem Ermessen (§ 3 5 des Bürgerlichen Gesetzbuches).

(3) Nicht entgeltfähige Leistung

Für eine Leistung, zu deren Erbringung die Bank kraft Gesetzes oder aufgrund einer vertraglichen Nebenpflicht verpflichtet ist oder die sie im eigenen Interesse wahrnimmt, wird die Bank kein Entgelt berechnen, es sei denn, es ist gesetzlich zulässig und wird nach Maßgabe der gesetzlichen Regelung erhoben.

(4) Änderung von Zinsen; Kündigungsrecht des Kunden bei Erhöhung

Die Änderung der Zinsen bei Krediten mit einem veränderlichen Zinssatz erfolgt aufgrund der jeweiligen Kreditvereinbarungen mit dem Kunden. Die Bank wird dem Kunden Änderungen von Zinsen mitteilen. Bei einer Erhöhung kann der Kunde, sofern nichts anderes vereinbart ist, die davon betroffene Kreditvereinbarung innerhalb von sechs Wochen nach der Bekanntgabe der Änderung mit sofortiger Wirkung kündigen. Kündigt der Kunde, so werden die erhöhten Zinsen für die gekündigte Kreditvereinbarung nicht zugrunde gelegt. Die Bank wird zur Abwicklung eine angemessene Frist einräumen.

(5) Änderung von Entgelten bei typischerweise dauerhaft in Anspruch genommenen Leistungen

Änderungen von Entgelten für solche Leistungen, die vom Kunden im Rahmen der Geschäftsverbindung typischerweise dauerhaft in Anspruch genommen werden (zum Beispiel Konto- und Depotführung), werden dem Kunden spätestens zwei Monate vor dem vorgeschlagenen Zeitpunkt ihres Wirksamwerdens in Textform angeboten. Hat der Kunde mit der Bank im Rahmen der Geschäftsbeziehung einen elektronischen Kommunikationsweg vereinbart (zum Beispiel das Online-Banking), können die Änderungen auch auf diesem Wege angeboten werden. Die Zustimmung des Kunden gilt als erteilt, wenn er seine Ablehnung nicht vor dem vorgeschlagenen Zeitpunkt des Wirksamwerdens der Änderung angezeigt hat. Auf diese Genehmigungswirkung wird ihn die Bank in ihrem Angebot besonders hinweisen. Werden dem Kunden Änderungen angeboten, kann er den von der Änderung betroffenen Vertrag vor dem vorgeschlagenen Zeitpunkt des Wirksamwerdens der Änderungen auch fristlos und kostenfrei kündigen. Auf dieses Kündigungsrecht wird ihn die Bank in ihrem Angebot besonders hinweisen. Kündigt der Kunde, wird das geänderte Entgelt für die gekündigte Geschäftsbeziehung nicht zugrunde gelegt.

(6) Auslagen

Die Bank ist berechtigt, dem Kunden Auslagen in Rechnung zu stellen, die anfallen, wenn die Bank in seinem Auftrag oder seinem mutmaßlichen Interesse tätig wird (insbesondere für Ferngespräche, Porti) oder wenn Sicherheiten bestellt, verwaltet, freigegeben oder verwertet werden (insbesondere Notarkosten, Lagergelder, Kosten der Bewachung von Sicherungsgut).

(7) Besonderheiten bei Verbraucherdarlehensverträgen und Zahlungsdiensteverträgen mit Verbrauchern für Zahlungen innerhalb des Europäischen Wirtschaftsraums (EWR) in einer EWR-Währung

Bei Verbraucherdarlehensverträgen und Zahlungsdiensteverträgen mit Verbrauchern für Zahlungen innerhalb des Europäischen Wirtschaftsraums[4) (EWR) in einer EWR-Währung[5) richten sich die Zinsen und die Kosten (Entgelte und Auslagen) nach den jeweiligen vertraglichen Vereinbarungen und Sonderbedingungen sowie ergänzend nach den gesetzlichen Vorschriften.

Sicherheiten für die Ansprüche der Bank gegen den Kunden

13. Bestellung oder Verstärkung von Sicherheiten

(1) Anspruch der Bank auf Bestellung von Sicherheiten

Die Bank kann für alle Ansprüche aus der bankmäßigen Geschäftsverbindung die Bestellung bankmäßiger Sicherheiten verlangen, und zwar auch dann, wenn die Ansprüche bedingt sind (zum Beispiel Aufwendungsersatzanspruch wegen der Inanspruchnahme aus einer für den Kunden übernommenen Bürgschaft). Hat der Kunde gegenüber der Bank eine Haftung für Verbindlichkeiten eines anderen Kunden der Bank übernommen (zum Beispiel als Bürge), so besteht für die Bank ein Anspruch auf Bestellung oder Verstärkung von Sicherheiten im Hinblick auf die aus der Haftungsübernahme folgende Schuld jedoch erst ab ihrer Fälligkeit.

(2) Veränderung des Risikos

Hat die Bank bei der Entstehung von Ansprüchen gegen den Kunden zunächst ganz oder teilweise davon abgesehen, die Bestellung oder Verstärkung von Sicherheiten zu verlangen, kann sie auch später noch eine Besicherung fordern. Voraussetzung hierfür ist jedoch, dass Umstände eintreten oder bekannt werden, die eine erhöhte Risikobewertung der Ansprüche gegen den Kunden rechtfertigen. Dies kann insbesondere der Fall sein, wenn

– sich die wirtschaftlichen Verhältnisse des Kunden nachteilig verändert haben oder sich zu verändern drohen oder

---

4) Zum Europäischen Wirtschaftsraum gehören derzeit: Belgien, Bulgarien, Dänemark, Deutschland, Estland, Finnland, Frankreich, Griechenland, Irland, Island, Italien, Lettland, Liechtenstein, Litauen, Luxemburg, Malta, Niederlande, Norwegen, Österreich, Polen, Portugal, Rumänien, Schweden, Slowakei, Slowenien, Spanien, Tschechische Rupublik, Ungarn, Vereinigtes Königreich von Großbritannien und Nordirland, Zypern.

5) Zu den EWR-Währungen gehören derzeit: Euro, Britische Pfund Sterling, Bulgarische Lew, Dänische Krone, Estnische Krone, Isländische Krone, Lettische Lats, Litauische Litas, Norwegische Krone, Polnische Zloty, Rumänische Leu, Schwedische Krone, Schweizer Franken, Tschechische Krone, Ungarische Forint.

– sich die vorhandenen Sicherheiten wertmäßig verschlechtert haben oder zu verschlechtern drohen.

Der Besicherungsanspruch der Bank besteht nicht, wenn ausdrücklich vereinbart ist, dass der Kunde keine oder ausschließlich im Einzelnen benannte Sicherheiten zu bestellen hat. Bei Verbraucherdarlehensverträgen besteht der Anspruch auf die Bestellung oder Verstärkung von Sicherheiten nur, soweit die Sicherheiten im Kreditvertrag angegeben sind; wenn der Nettokreditbetrag 75.000,– Euro übersteigt, besteht der Anspruch auf Bestellung oder Verstärkung auch dann, wenn der Kreditvertrag keine oder keine abschließenden Angaben über Sicherheiten enthält.

(3) Fristsetzung für die Bestellung oder Verstärkung von Sicherheiten

Für die Bestellung oder Verstärkung von Sicherheiten wird die Bank eine angemessene Frist einräumen. Beabsichtigt die Bank, von ihrem Recht zur fristlosen Kündigung nach Nr. 9 Absatz 3 dieser Geschäftsbedingungen Gebrauch zu machen, falls der Kunde seiner Verpflichtung zur Bestellung oder Verstärkung von Sicherheiten nicht fristgerecht nachkommt, wird sie ihn zuvor hierauf hinweisen.

14. Vereinbarung eines Pfandrechts zugunsten der Bank

(1) Einigung über das Pfandrecht

Der Kunde und die Bank sind sich darüber einig, dass die Bank ein Pfandrecht an den Wertpapieren und Sachen erwirbt, an denen eine inländische Geschäftsstelle im bankmäßigen Geschäftsverkehr Besitz erlangt hat oder noch erlangen wird. Die Bank erwirbt ein Pfandrecht auch an den Ansprüchen, die dem Kunden gegen die Bank aus der bankmäßigen Geschäftsverbindung zustehen oder künftig zustehen werden (zum Beispiel Kontoguthaben).

(2) Gesicherte Ansprüche

Das Pfandrecht dient der Sicherung aller bestehenden, künftigen und bedingten Ansprüche, die der Bank mit ihren sämtlichen in- und ausländischen Geschäftsstellen aus der bankmäßigen Geschäftsverbindung gegen den Kunden zustehen. Hat der Kunde gegenüber der Bank eine Haftung für Verbindlichkeiten eines anderen Kunden der Bank übernommen (zum Beispiel als Bürge), so sichert das Pfandrecht die aus der Haftungsübernahme folgende Schuld jedoch erst ab ihrer Fälligkeit.

(3) Ausnahmen vom Pfandrecht

Gelangen Gelder oder andere Werte mit der Maßgabe in die Verfügungsgewalt der Bank, dass sie nur für einen bestimmten Zweck verwendet werden dürfen (zum Beispiel Bareinzahlung zur Einlösung eines Wechsels), erstreckt sich das

Pfandrecht der Bank nicht auf diese Werte. Dasselbe gilt für die von der Bank selbst ausgegebenen Aktien (eigene Aktien) und für die Wertpapiere, die die Bank im Ausland für den Kunden verwahrt. Außerdem erstreckt sich das Pfandrecht nicht auf die von der Bank selbst ausgegebenen eigenen Genussrechte/Genussscheine und nicht auf die verbrieften und nicht verbrieften nachrangigen Verbindlichkeiten der Bank.

(4) Zins- und Gewinnanteilscheine

Unterliegen dem Pfandrecht der Bank Wertpapiere, ist der Kunde nicht berechtigt, die Herausgabe der zu diesen Papieren gehörenden Zins- und Gewinnanteilscheine zu verlangen.

15. Sicherungsrechte bei Einzugspapieren und diskontierten Wechseln

(1) Sicherungsübereignung

Die Bank erwirbt an den ihr zum Einzug eingereichten Schecks und Wechseln im Zeitpunkt der Einreichung Sicherungseigentum. An diskontierten Wechseln erwirbt die Bank im Zeitpunkt des Wechselankaufs uneingeschränktes Eigentum; belastet sie diskontierte Wechsel dem Konto zurück, so verbleibt ihr das Sicherungseigentum an diesen Wechseln.

(2) Sicherungsabtretung

Mit dem Erwerb des Eigentums an Schecks und Wechseln gehen auch die zugrunde liegenden Forderungen auf die Bank über; ein Forderungsübergang findet ferner statt, wenn andere Papiere zum Einzug eingereicht werden (zum Beispiel Lastschriften, kaufmännische Handelspapiere).

(3) Zweckgebundene Einzugspapiere

Werden der Bank Einzugspapiere mit der Maßgabe eingereicht, dass ihr Gegenwert nur für einen bestimmten Zweck verwendet werden darf, erstrecken sich die Sicherungsübereignung und die Sicherungsabtretung nicht auf diese Papiere.

(4) Gesicherte Ansprüche der Bank

Das Sicherungseigentum und die Sicherungsabtretung dienen der Sicherung aller Ansprüche, die der Bank gegen den Kunden bei Einreichung von Einzugspapieren aus seinen Kontokorrentkonten zustehen oder die infolge der Rückbelastung nicht eingelöster Einzugspapiere oder diskontierter Wechsel entstehen. Auf Anforderung des Kunden nimmt die Bank eine Rückübertragung des Sicherungseigentums an den Papieren und der auf sie übergegangenen Forderungen an den Kunden vor, falls ihr im Zeitpunkt der Anforderung keine zu sichernden Ansprüche gegen den Kunden zustehen oder sie ihn über den Gegenwert der Papiere vor deren endgültiger Bezahlung nicht verfügen lässt.

16. Begrenzung des Besicherungsanspruchs und Freigabeverpflichtung

(1) Deckungsgrenze

Die Bank kann ihren Anspruch auf Bestellung oder Verstärkung von Sicherheiten so lange geltend machen, bis der realisierbare Wert aller Sicherheiten dem Gesamtbetrag aller Ansprüche aus der bankmäßigen Geschäftsverbindung (Deckungsgrenze) entspricht.

(2) Freigabe

Falls der realisierbare Wert aller Sicherheiten die Deckungsgrenze nicht nur vorübergehend übersteigt, hat die Bank auf Verlangen des Kunden Sicherheiten nach ihrer Wahl freizugeben, und zwar in Höhe des die Deckungsgrenze übersteigenden Betrages; sie wird bei der Auswahl der freizugebenden Sicherheiten auf die berechtigten Belange des Kunden und eines dritten Sicherungsgebers, der für die Verbindlichkeiten des Kunden Sicherheiten bestellt hat, Rücksicht nehmen. In diesem Rahmen ist die Bank auch verpflichtet, Aufträge des Kunden über die dem Pfandrecht unterliegenden Werte auszuführen (zum Beispiel Verkauf von Wertpapieren, Auszahlung von Sparguthaben).

(3) Sondervereinbarungen

Ist für eine bestimmte Sicherheit ein anderer Bewertungsmaßstab als der realisierbare Wert oder ist eine andere Deckungsgrenze oder ist eine andere Grenze für die Freigabe von Sicherheiten vereinbart, so sind diese maßgeblich.

17. Verwertung von Sicherheiten

(1) Wahlrecht der Bank

Wenn die Bank verwertet, hat die Bank unter mehreren Sicherheiten die Wahl. Sie wird bei der Verwertung und bei der Auswahl der zu verwertenden Sicherheiten auf die berechtigten Belange des Kunden und eines dritten Sicherungsgebers, der für die Verbindlichkeiten des Kunden Sicherheiten bestellt hat, Rücksicht nehmen.

(2) Erlösgutschrift nach dem Umsatzsteuerrecht

Wenn der Verwertungsvorgang der Umsatzsteuer unterliegt, wird die Bank dem Kunden über den Erlös eine Gutschrift erteilen, die als Rechnung für die Lieferung der als Sicherheit dienenden Sache gilt und den Voraussetzungen des Umsatzsteuerrechts entspricht.

Kündigung

18. Kündigungsrechte des Kunden

(1) Jederzeitiges Kündigungsrecht

Der Kunde kann die gesamte Geschäftsverbindung oder einzelne Geschäftsbeziehungen (zum Beispiel den Scheckvertrag), für die weder eine Laufzeit noch eine abweichende Kündigungsregelung vereinbart ist, jederzeit ohne Einhaltung einer Kündigungsfrist kündigen.

(2) Kündigung aus wichtigem Grund

Ist für eine Geschäftsbeziehung eine Laufzeit oder eine abweichende Kündigungsregelung vereinbart, kann eine fristlose Kündigung nur dann ausgesprochen werden, wenn hierfür ein wichtiger Grund vorliegt, der es dem Kunden, auch unter Berücksichtigung der berechtigten Belange der Bank, unzumutbar werden lässt, die Geschäftsbeziehung fortzusetzen.

(3) Gesetzliche Kündigungsrechte

Gesetzliche Kündigungsrechte bleiben unberührt.

19. Kündigungsrechte der Bank

(1) Kündigung unter Einhaltung einer Kündigungsfrist

Die Bank kann die gesamte Geschäftsverbindung oder einzelne Geschäftsbeziehungen, für die weder eine Laufzeit noch eine abweichende Kündigungsregelung vereinbart ist, jederzeit unter Einhaltung einer angemessenen Kündigungsfrist kündigen (zum Beispiel den Scheckvertrag, der zur Nutzung von Scheckvordrucken berechtigt). Bei der Bemessung der Kündigungsfrist wird die Bank auf die berechtigten Belange des Kunden Rücksicht nehmen. Für die Kündigung eines Zahlungsdiensterahmenvertrages (zum Beispiel laufendes Konto oder Kartenvertrag) und eines Depots beträgt die Kündigungsfrist mindestens zwei Monate.

(2) Kündigung unbefristeter Kredite

Kredite und Kreditzusagen, für die weder eine Laufzeit noch eine abweichende Kündigungsregelung vereinbart ist, kann die Bank jederzeit ohne Einhaltung einer Kündigungsfrist kündigen. Die Bank wird bei der Ausübung dieses Kündigungsrechts auf die berechtigten Belange des Kunden Rücksicht nehmen.

Soweit das Bürgerliche Gesetzbuch Sonderregelungen für die Kündigung eines Verbraucherdarlehensvertrages vorsieht, kann die Bank nur nach Maßgabe dieser Regelungen kündigen.

(3) Kündigung aus wichtigem Grund ohne Einhaltung einer Kündigungsfrist

Eine fristlose Kündigung der gesamten Geschäftsverbindung oder einzelner Geschäftsbeziehungen ist zulässig, wenn ein wichtiger Grund vorliegt, der der Bank deren Fortsetzung auch unter Berücksichtigung der berechtigten Belange des Kunden unzumutbar werden lässt. Ein wichtiger Grund liegt insbesondere vor,

– wenn der Kunde unrichtige Angaben über seine Vermögensverhältnisse gemacht hat, die für die Entscheidung der Bank über eine Kreditgewährung oder über andere mit Risiken für die Bank verbundene Geschäfte (zum Beispiel Aushändigung einer Zahlungskarte) von erheblicher Bedeutung waren, oder
– wenn eine wesentliche Verschlechterung der Vermögensverhältnisse des Kunden oder der Werthaltigkeit einer Sicherheit eintritt oder einzutreten droht und dadurch die Rückzahlung des Darlehens oder die Erfüllung einer sonstigen Verbindlichkeit gegenüber der Bank – auch unter Verwertung einer hierfür bestehenden Sicherheit – gefährdet ist oder
– wenn der Kunde seiner Verpflichtung zur Bestellung oder Verstärkung von Sicherheiten nach Nummer 3 Absatz 2 dieser Geschäftsbedingungen oder aufgrund einer sonstigen Vereinbarung nicht innerhalb der von der Bank gesetzten angemessenen Frist nachkommt.

Besteht der wichtige Grund in der Verletzung einer vertraglichen Pflicht, ist die Kündigung erst nach erfolglosem Ablauf einer zur Abhilfe bestimmten angemessenen Frist oder nach erfolgloser Abmahnung zulässig, es sei denn, dies ist wegen der Besonderheiten des Einzelfalles (§ 323 Absätze 2 und 3 des Bürgerlichen Gesetzbuches) entbehrlich.

(4) Kündigung von Verbraucherdarlehensverträgen bei Verzug

Soweit das Bürgerliche Gesetzbuch Sonderregelungen für die Kündigung wegen Verzuges mit der Rückzahlung eines Verbraucherdarlehensvertrages vorsieht, kann die Bank nur nach Maßgabe dieser Regelungen kündigen.

(5) Abwicklung nach einer Kündigung

Im Falle einer Kündigung ohne Kündigungsfrist wird die Bank dem Kunden für die Abwicklung (insbesondere für die Rückzahlung eines Kredits) eine angemessene Frist einräumen, soweit nicht eine sofortige Erledigung erforderlich ist (zum Beispiel bei der Kündigung des Scheckvertrages die Rückgabe der Scheckvordrucke).

Schutz der Einlagen

20. Einlagensicherungsfonds

(1) Schutzumfang

Die Bank ist dem Einlagensicherungsfonds des Bundesverbandes deutscher Banken e.V. angeschlossen. Der Einlagensicherungsfonds sichert alle Verbindlichkeiten, die in der Bilanzposition „Verbindlichkeiten gegenüber Kunden" auszuweisen sind. Hierzu zählen Sicht-, Termin- und Spareinlagen einschließlich der auf den Namen lautenden Sparbriefe. Die Sicherungsgrenze je Gläubiger beträgt 30 % des für die Einlagensicherung maßgeblichen haftenden Eigenkapitals der Bank. Diese Sicherungsgrenze wird dem Kunden von der Bank auf Verlangen bekannt gegeben. Sie kann auch im Internet unter www.bankenverband.de abgefragt werden. Sofern es sich bei der Bank um eine Zweigniederlassung eines Instituts aus einem anderen Staat des Europäischen Wirtschaftsraumes handelt, erbringt der Einlagensicherungsfonds Entschädigungsleistungen nur, wenn und soweit diese Verbindlichkeiten nicht vom Schutzumfang der Heimatlandeinlagensicherung umfasst sind. Der Umfang der Heimatlandeinlagensicherung kann im Internet auf der Webseite der jeweils zuständigen Sicherungseinrichtung abgefragt werden, deren Adresse dem Kunden auf Verlangen von der Bank mitgeteilt wird.

(2) Ausnahmen vom Einlegerschutz

Nicht geschützt sind Forderungen, über die die Bank Inhaberpapiere ausgestellt hat, wie z.B. Inhaberschuldverschreibungen und Inhabereinlagenzertifikate, sowie Verbindlichkeiten gegenüber Kreditinstituten.

(3) Ergänzende Geltung des Statuts des Einlagensicherungsfonds

Wegen weiterer Einzelheiten des Sicherungsumfanges wird auf § 6 des Statuts des Einlagensicherungsfonds verwiesen, das auf Verlangen zur Verfügung gestellt wird.

(4) Forderungsübergang

Soweit der Einlagensicherungsfonds oder ein von ihm Beauftragter Zahlungen an einen Kunden leistet, gehen dessen Forderungen gegen die Bank in entsprechender Höhe mit allen Nebenrechten Zug um Zug auf den Einlagensicherungsfonds über.

(5) Auskunftserteilung

Die Bank ist befugt, dem Einlagensicherungsfonds oder einem von ihm Beauftragten alle in diesem Zusammenhang erforderlichen Auskünfte zu erteilen und Unterlagen zur Verfügung zu stellen.

Ombudsmannverfahren

21. Außergerichtliche Streitschlichtung

Für die Beilegung von Streitigkeiten mit der Bank besteht für Verbraucher die Möglichkeit, den Ombudsmann der privaten Banken anzurufen. Betrifft der Beschwerdegegenstand eine Streitigkeit aus dem Anwendungsbereich des Zahlungsdiensterechts (§§ 675c bis 676c des Bürgerlichen Gesetzbuches), können auch Kunden, die keine Verbraucher sind, den Ombudsmann der privaten Banken anrufen. Näheres regelt die „Verfahrensordnung für die Schlichtung von Kundenbeschwerden im deutschen Bankgewerbe", die auf Wunsch zur Verfügung gestellt wird oder im Internet unter www.bankenverband.de abrufbar ist.

Die Beschwerde ist schriftlich an die Kundenbeschwerdestelle beim Bundesverband deutscher Banken e. V., Postfach 04 03 07, 0062 Berlin, zu richten.

2. AGB-Sparkassen

Stand Oktober 2009

Inhalt

Allgemeines

Nr. 1 – Grundlagen der Geschäftsbeziehung

(1) Geschäftsbeziehung als Vertrauensverhältnis

Die Geschäftsbeziehung zwischen dem Kunden und der Sparkasse ist durch die Besonderheiten des Bankgeschäfts und ein besonderes Vertrauensverhältnis geprägt. Der Kunde kann sich darauf verlassen, dass die Sparkasse seine Aufträge mit der Sorgfalt eines ordentlichen Kaufmanns ausführt und das Bankgeheimnis wahrt.

(2) Allgemeine und besondere Geschäftsbedingungen

Für die Geschäftsbeziehung gelten ergänzend zu den einzelvertraglichen Vereinbarungen diese Allgemeinen Geschäftsbedingungen (AGB). Für einzelne Geschäftszweige gelten ergänzend oder abweichend besondere Bedingungen, z. B. für die Bereiche des Zahlungsverkehrs, des Sparverkehrs und der Wertpapiergeschäfte; diese werden beim Vertragsabschluss (etwa bei der Kontoeröffnung) oder bei der Erteilung von Aufträgen mit dem Kunden vereinbart.

Nr. 2 – Änderungen der Geschäftsbedingungen

(1) Angebot der Sparkasse

Änderungen der Allgemeinen Geschäftsbedingungen oder der besonderen Bedingungen oder die Einführung zusätzlicher Bedingungen werden dem Kunden spätestens zwei Monate vor dem vorgeschlagenen Zeitpunkt ihres Wirksamwerdens in der jeweils gesetzlich zugelassenen Form angeboten.

(2) Zustimmung zu Änderungen

Die Zustimmung des Kunden zum Angebot der Sparkasse gilt als erteilt, wenn er seine Ablehnung nicht vor dem vorgeschlagenen Zeitpunkt des Wirksamwerdens der Änderungen angezeigt hat. Auf diese Genehmigungswirkung wird ihn die Sparkasse in ihrem Angebot besonders hinweisen. Die Sparkasse wird dann die geänderte Fassung der Allgemeinen Geschäftsbedingungen, die geänderten besonderen Bedingungen bzw. die zusätzlich eingeführten Bedingungen der weiteren Geschäftsbeziehung zugrunde legen.

(3) Sonderkündigungsrecht bei Änderungen von Bedingungen zu Zahlungsdiensten

Werden dem Kunden Änderungen von Bedingungen zu Zahlungsdiensten (z. B. Überweisungsbedingungen) angeboten, kann er den von den Änderungen betroffenen Zahlungsdiensterahmenvertrag vor dem vorgeschlagenen Zeitpunkt des Wirksamwerdens der Änderungen auch fristlos und kostenfrei kündigen. Auf dieses Kündigungsrecht wird ihn die Sparkasse in ihrem Angebot besonders hinweisen.

(4) Abweichende Vereinbarungen

Das Änderungsverfahren gemäß Absatz 1 und Absatz 2 findet keine Anwendung, soweit abweichende Vereinbarungen getroffen sind. Satz 1 gilt nicht für Änderungen von Bedingungen zu Zahlungsdiensten.

Nr. 3 – Bankauskünfte

(1) Inhalt von Bankauskünften

Bankauskünfte sind allgemein gehaltene Feststellungen und Bemerkungen über die wirtschaftlichen Verhältnisse von Kunden, deren Kreditwürdigkeit und Zahlungsfähigkeit. Betragsmäßige Angaben über Kontostände, Sparguthaben, Depot- oder sonstige der Sparkasse anvertraute Vermögenswerte sowie Kreditinanspruchnahmen werden nicht gemacht.

(2) Voraussetzungen für die Auskunftserteilung

Die Sparkasse darf Bankauskünfte über juristische Personen und im Handelsregister eingetragene Kaufleute erteilen, sofern sich die Anfrage auf deren geschäftliche Tätigkeit bezieht und der Sparkasse keine anders lautende Weisung des Kunden vorliegt. In allen anderen Fällen darf die Sparkasse Bankauskünfte nur erteilen, wenn der Kunde dem allgemein oder im Einzelfall ausdrücklich zugestimmt hat. Bankauskünfte erhalten nur eigene Kunden sowie andere Kreditinstitute für deren eigene Zwecke und die ihrer Kunden; sie werden nur erteilt, wenn der Anfragende ein berechtigtes Interesse an der gewünschten Auskunft glaubhaft darlegt.

(3) Schriftliche Bestätigung

Bei mündlichen Auskünften über Kreditwürdigkeit und Zahlungsfähigkeit behält sich die Sparkasse eine unverzügliche schriftliche Bestätigung vor, deren Inhalt von diesem Zeitpunkt an maßgeblich ist.

Nr. 4 – Vertretungs- und Verfügungsbefugnisse

(1) Bekanntgabe

Der Sparkasse bekannt gegebene Vertretungs- oder Verfügungsbefugnisse gelten, bis ihr eine Mitteilung über das Erlöschen oder eine Änderung schriftlich oder, wenn im Rahmen der Geschäftsbeziehung der elektronische Kommunikationsweg vereinbart wurde (z. B. Online Banking), auf diesem Wege zugeht, es sei denn, diese Umstände sind der Sparkasse bekannt oder infolge Fahrlässigkeit nicht bekannt. Dies gilt auch, wenn die Befugnisse in einem öffentlichen Register eingetragen sind und eine Änderung veröffentlicht ist.

(2) Mangel in der Geschäftsfähigkeit des Vertreters

Der Kunde trägt den Schaden, der daraus entstehen sollte, dass die Sparkasse von einem eintretenden Mangel in der Geschäftsfähigkeit seines Vertreters unverschuldet keine Kenntnis erlangt.

Nr. 5 – Legitimationsurkunden

(1) Erbnachweise

Nach dem Tode des Kunden kann die Sparkasse zur Klärung der rechtsgeschäftlichen Berechtigung die Vorlegung eines Erbscheins, eines Testamentsvollstreckerzeugnisses oder ähnlicher gerichtlicher Zeugnisse verlangen; fremdsprachige Urkunden sind auf Verlangen der Sparkasse mit deutscher Übersetzung vorzulegen. Die Sparkasse kann auf die Vorlegung eines Erbscheins oder eines Testamentsvollstreckerzeugnisses verzichten, wenn ihr eine Ausfertigung oder eine beglaubigte Abschrift vom Testament oder Erbvertrag des Kunden sowie der Niederschrift über die zugehörige Eröffnungsverhandlung vorgelegt wird.

(2) Leistungsbefugnis der Sparkasse

Die Sparkasse ist berechtigt, auch die in Urkunden nach Absatz 1 Satz 2 als Erbe oder Testamentsvollstrecker bezeichneten Personen als Berechtigte anzusehen, insbesondere sie verfügen zu lassen und mit befreiender Wirkung an sie zu leisten. Dies gilt nicht, wenn der Sparkasse die Unrichtigkeit oder Unwirksamkeit dieser Urkunden bekannt oder infolge Fahrlässigkeit nicht bekannt geworden ist.

(3) Sonstige ausländische Urkunden

Werden der Sparkasse ausländische Urkunden als Ausweis der Person oder zum Nachweis einer Berechtigung vorgelegt, so wird sie prüfen, ob die Urkunden zum Nachweis geeignet sind. Sie haftet jedoch für deren Eignung, Wirksamkeit und Vollständigkeit sowie für deren richtige Übersetzung und Auslegung nur bei Fahrlässigkeit oder wenn die Urkunde insgesamt gefälscht ist. Im vorstehenden Rahmen kann die Sparkasse die in den Urkunden als Berechtigte bezeichneten Personen als berechtigt ansehen, insbesondere sie verfügen lassen und mit befreiender Wirkung an sie leisten.

Nr. 6 – Rechtswahl, Gerichtsstand, Erfüllungsort

(1) Deutsches Recht

Auf die Geschäftsbeziehung findet deutsches Recht Anwendung, sofern dem nicht zwingende gesetzliche Regelungen entgegenstehen.

(2) Erfüllungsort

Erfüllungsort für die Sparkasse und den Kunden ist der Sitz der Sparkasse.

(3) Gerichtsstand

Ist der Kunde ein Kaufmann, eine juristische Person des öffentlichen Rechts oder ein öffentlich-rechtliches Sondervermögen, kann die Sparkasse an ihrem allgemeinen Gerichtsstand klagen und nur an diesem Gerichtsstand verklagt werden.

Kontokorrentkonten und andere Geschäfte

Nr. 7 – Kontokorrent, Rechnungsabschluss

(1) Kontokorrent

Die Sparkasse führt ein Konto zur Abwicklung des laufenden Geschäfts- und Zahlungsverkehrs (Girokonto) als Kontokorrent im Sinne des § 355 des Handelsgesetzbuches (Konto in laufender Rechnung).

(2) Rechnungsabschluss

Soweit nichts anderes vereinbart ist, erteilt die Sparkasse jeweils zum Ende eines Kalenderquartals einen Rechnungsabschluss. Bei Vorliegen eines berechtigten Interesses einer der Vertragsparteien wird der Rechnungsabschluss auch zu sonstigen Terminen erteilt.

(3) Einwendungen gegen den Rechnungsabschluss

Einwendungen gegen Rechnungsabschlüsse müssen der Sparkasse schriftlich oder, wenn im Rahmen der Geschäftsbeziehung der elektronische Kommunikationsweg vereinbart wurde (z. B. Online Banking), auf diesem Weg zugehen. Unbeschadet der Verpflichtung, Einwendungen gegen Rechnungsabschlüsse unverzüglich zu erheben (Nr. 20 Absatz 1 Buchst. g), gelten diese als genehmigt, wenn ihnen nicht vor Ablauf von sechs Wochen nach Zugang des Rechnungsabschlusses widersprochen wird. Zur Wahrung der Frist genügt die rechtzeitige Absendung. Die Sparkasse wird den Kunden bei Erteilung des

Rechnungsabschlusses auf diese Folgen besonders hinweisen. Stellt sich nachträglich die Unrichtigkeit heraus, so können sowohl der Kunde als auch die Sparkasse eine Richtigstellung aufgrund gesetzlicher Ansprüche verlangen.

Nr. 8 – Korrektur fehlerhafter Gutschriften

(1) Stornobuchung vor Rechnungsabschluss

Gutschriften, die ohne einen verpflichtenden Auftrag gebucht werden (z. B. wegen Irrtums, Schreibfehlers), darf die Sparkasse bis zum nächsten Rechnungsabschluss durch einfache Buchung rückgängig machen (Stornobuchung), soweit ihr ein Rückforderungsanspruch gegen den Kunden zusteht.

(2) Korrekturbuchung nach Rechnungsabschluss

Den Rückforderungsanspruch nach Absatz 1 kann die Sparkasse auch noch nach Rechnungsabschluss durch Korrekturbuchung geltend machen, wenn sie die fehlerhafte Gutschrift nicht mehr rechtzeitig vor diesem Zeitpunkt festgestellt hat. Bei Widerspruch des Kunden wird die Sparkasse die Korrekturbuchung rückgängig und ihren Anspruch anderweitig geltend machen.

(3) Kennzeichnung

Storno- und Korrekturbuchungen werden im Kontoauszug gekennzeichnet.

Nr. 9 – Gutschriften und Einlösung von Einzugspapieren

(1) Gutschriften „Eingang vorbehalten"

Schreibt die Sparkasse den Gegenwert von Schecks, Lastschriften oder anderen Einzugspapieren schon vor ihrer Einlösung gut, so geschieht dies unter dem Vorbehalt der Einlösung und des Einganges des Gegenwertes (E.v.-Gutschrift). Das gilt auch dann, wenn die Schecks, Lastschriften oder anderen Einzugspapiere bei der Sparkasse selbst zahlbar sind. Werden Schecks oder Lastschriften nicht eingelöst oder geht der Sparkasse der Gegenwert aus einem Einzugspapier nicht zu, so macht sie die Gutschrift gemäß Nr. 23 Absatz 2 dieser AGB rückgängig, und zwar auch nach einem zwischenzeitlich erfolgten Rechnungsabschluss.

(2) Einlösung

Einzugsermächtigungs- und Abbuchungsauftragslastschriften, Schecks und andere Einzugspapiere sind erst eingelöst, wenn die Belastungsbuchung nicht bis zum Ablauf des übernächsten Bankarbeitstages[1] rückgängig gemacht wird. Sie sind auch eingelöst, wenn die Sparkasse ihren Einlösungswillen schon vor-

1) Bankarbeitstage sind alle Werktage, außer Sonnabende und 24. und 31. Dezember.

her Dritten gegenüber erkennbar bekundet hat (z. B. durch Bezahltmeldung). Für Lastschriften aus anderen Verfahren gelten die Einlösungsregeln in den hierfür vereinbarten besonderen Bedingungen. Über die Abrechnungsstelle der Bundesbank eingezogene Schecks sind eingelöst, wenn sie nach deren Geschäftsbedingungen nicht mehr zurückgegeben werden können. Barschecks sind mit Zahlung an den Scheckvorleger eingelöst.

Nr. 10 – Auftragsbestätigung vor Ausführung

Bei telefonischen oder auf anderen technischen Wegen erteilten sowie bei nicht unterschriebenen Aufträgen behält sich die Sparkasse die unverzügliche Einholung einer Bestätigung vor Auftragsausführung vor.

Nr. 11 – Aufrechnung und Verrechnung

(1) Aufrechnung durch den Kunden

Der Kunde darf Forderungen gegen die Sparkasse nur insoweit aufrechnen, als seine Forderungen unbestritten oder rechtskräftig festgestellt sind.

(2) Verrechnung durch die Sparkasse

Die Sparkasse darf bestimmen, auf welche von mehreren fälligen Forderungen Zahlungseingänge, die zur Begleichung sämtlicher Forderungen nicht ausreichen, zu verrechnen sind. Dies gilt nicht, soweit der Kunde anderes bestimmt hat oder eine andere Verrechnung gesetzlich zwingend vorgeschrieben ist.

Nr. 12 – Konten in ausländischer Währung

Konten in ausländischer Währung dienen ausschließlich zur bargeldlosen Abwicklung von Zahlungen an den Kunden und von Verfügungen des Kunden in ausländischer Währung.

Nr. 13 – Leistungsbefreiung bei Geschäften in ausländischer Währung

Die Verpflichtung der Sparkasse zur Ausführung einer Verfügung zulasten eines Guthabens in ausländischer Währung oder zur Erfüllung einer Verbindlichkeit in ausländischer Währung ist in dem Umfang und solange ausgesetzt, wie die Sparkasse in der Währung, auf die das Guthaben oder die Verbindlichkeit lautet, wegen politisch bedingter Maßnahmen oder Ereignisse im Lande dieser Währung nicht oder nur eingeschränkt verfügen kann. In dem Umfang und solange diese Maßnahmen oder Ereignisse andauern, ist die Sparkasse auch nicht zu einer Erfüllung an einem anderen Ort außerhalb des Landes der Währung, in einer anderen Währung (auch nicht in Euro) oder durch Anschaffung von Bargeld verpflichtet. Die Verpflichtung der Sparkasse zur Ausführung einer Verfügung zulasten eines Guthabens in ausländischer Währung ist dagegen nicht ausgesetzt, wenn die Sparkasse diese vollständig im eigenen Haus ausführen kann. Das Recht des Kunden und der Sparkasse, fällige gegenseitige Forderungen in derselben Währung miteinander zu verrechnen, bleibt von den vorstehenden Regelungen unberührt.

Nr. 14 – Geldeingang in ausländischer Währung

Geldbeträge in ausländischer Währung darf die Sparkasse mangels ausdrücklicher gegenteiliger Weisung des Kunden in Euro gutschreiben, sofern sie nicht für den Kunden ein Konto in der betreffenden Währung führt.

Nr. 15 – Wechselkurs

Die Bestimmung des Wechselkurses bei Geschäften in ausländischer Währung ergibt sich aus dem Preis- und Leistungsverzeichnis. Bei Zahlungsdiensten gilt ergänzend der Zahlungsdiensterahmenvertrag.

Nr. 16 – Einlagengeschäft

Mangels abweichender Vereinbarungen sind Einlagen ohne Kündigung fällig (täglich fällige Gelder). Täglich fällige Gelder werden mit dem jeweiligen Zinssatz, den die Sparkasse für Einlagen dieser Art zahlt, verzinst; dieser Zinssatz wird durch Aushang bekannt gemacht. Für die Zinsberechnung bei Einlagen wird jeder Monat zu 30 Tagen gerechnet.

Entgelte einschließlich Überziehungszinsen

Nr. 17 – Zinsen und Entgelte,

(1) Zinsen und Entgelte im Geschäftsverkehr mit Verbrauchern

Die Höhe der Zinsen und Entgelte für die im Geschäftsverkehr mit Verbrauchern üblichen Kredite und Leistungen ergibt sich aus dem Preisaushang und ergänzend aus dem Preis- und Leistungsverzeichnis. Wenn ein Verbraucher einen dort aufgeführten Kredit oder eine dort aufgeführte Leistung in Anspruch nimmt und dabei keine abweichende Vereinbarung getroffen wurde, gelten die zu diesem Zeitpunkt im Preisaushang oder Preis- und Leistungsverzeichnis angegebenen Zinsen und Entgelte.

(2) Zinsen und Entgelte außerhalb des Geschäftsverkehrs mit Verbrauchern

Außerhalb des Geschäftsverkehrs mit Verbrauchern bestimmen sich die Zinsen und Entgelte für in Anspruch genommene Kredite und Leistungen nach der getroffenen Vereinbarung, ergänzend nach dem Preis- und Leistungsverzeichnis in der zum Zeitpunkt der Inanspruchnahme geltenden Fassung.

(3) Entgelte für sonstige Leistungen

Für Leistungen, die nicht Gegenstand einer Vereinbarung oder im Preisaushang bzw. im Preis- und Leistungsverzeichnis aufgeführt sind und die im Auftrag des Kunden oder in dessen mutmaßlichem Interesse erbracht werden und die, nach den Umständen zu urteilen, nur gegen eine Vergütung zu erwarten sind, kann die Sparkasse ein nach Maßgabe der gesetzlichen Bestimmungen angemessenes Entgelt verlangen.

(4) Nicht entgeltpflichtige Tätigkeiten

Für Tätigkeiten, zu deren Erbringung die Sparkasse bereits gesetzlich oder aufgrund einer vertraglichen Nebenpflicht verpflichtet ist oder die sie im eigenen Interesse erbringt, wird die Sparkasse kein Entgelt berechnen, es sei denn, es ist gesetzlich zulässig und wird nach Maßgabe der gesetzlichen Regelungen erhoben.

(5) Änderung von Zinsen, Kündigungsrecht des Kunden bei Erhöhung

Die Änderung der Zinsen bei Krediten mit einem veränderlichen Zinssatz erfolgt aufgrund der jeweiligen Kreditvereinbarungen mit dem Kunden. Die Sparkasse wird dem Kunden Änderungen von Zinsen mitteilen. Bei einer Erhöhung kann der Kunde, sofern nichts anderes vereinbart ist, die davon betroffene Kreditvereinbarung innerhalb von sechs Wochen nach der Bekanntgabe der Änderung mit sofortiger Wirkung kündigen. Kündigt der Kunde, so werden die erhöhten Zinsen für die gekündigte Kreditvereinbarung nicht zugrunde gelegt. Eine Kündigung des Kunden gilt als nicht erfolgt, wenn er den geschuldeten Betrag nicht binnen zweier Wochen nach Wirksamwerden der Kündigung zurückzahlt.

(6) Änderung von Entgelten bei typischerweise dauerhaft in Anspruch genommenen Leistungen

Änderungen von Entgelten für solche Leistungen, die vom Kunden im Rahmen der Geschäftsverbindung typischerweise dauerhaft in Anspruch genommen werden (z. B. Depotführung), werden dem Kunden spätestens zwei Monate vor dem vorgeschlagenen Zeitpunkt ihres Wirksamwerdens in Textform angeboten. Hat der Kunde mit der Sparkasse im Rahmen der Geschäftsbeziehung einen elektronischen Kommunikationsweg vereinbart (z. B. das Online Banking), können die Änderungen auch auf diesem Wege angeboten werden. Die Zustimmung des Kunden gilt als erteilt, wenn er seine Ablehnung nicht vor dem vorgeschlagenen Zeitpunkt des Wirksamwerdens der Änderungen angezeigt hat. Auf diese Genehmigungswirkung wird ihn die Sparkasse in ihrem Angebot besonders hinweisen. Werden dem Kunden Änderungen angeboten, kann er den von den Änderungen betroffenen Vertrag vor dem vorgeschlagenen Zeitpunkt des Wirksamwerdens der Änderungen auch fristlos und kostenfrei kündigen. Auf dieses Kündigungsrecht wird ihn die Sparkasse in ihrem Angebot besonders hinweisen. Kündigt der Kunde, wird das geänderte Entgelt für die gekündigte Geschäftsbeziehung nicht zugrunde gelegt.

(7) Besonderheiten bei Verbraucherdarlehensverträgen

Bei Verbraucherdarlehensverträgen richten sich die Zinsen und Entgelte nach den jeweiligen vertraglichen Vereinbarungen sowie ergänzend nach den gesetzlichen Vorschriften.

(8) Besonderheiten bei Zahlungsdiensteverträgen mit Verbrauchern

Bei Zahlungsdiensteverträgen mit Verbrauchern richten sich die Entgelte nach den jeweiligen vertraglichen Vereinbarungen und besonderen Bedingungen. Soweit dort keine Regelung getroffen ist, gelten die Absätze 1 und 4 sowie – für die Änderung jeglicher Entgelte bei Zahlungsdiensterahmenverträgen (z. B. Girovertrag) – Absatz 6.

Nr. 18 – Auslagen

Die Sparkasse ist berechtigt, dem Kunden Auslagen in Rechnung zu stellen, die anfallen, wenn die Sparkasse in seinem Auftrag oder seinem mutmaßlichen Interesse tätig wird (insbesondere für Femgespräche, Porti) oder wenn Sicherheiten bestellt, verwaltet, freigegeben oder verwertet werden (insbesondere Notarkosten, Lagergelder, Kosten der Bewachung von Sicherungsgut).

Pflichten und Haftung von Sparkasse und Kunde

Nr. 19 – Haftung der Sparkasse

(1) Haftung für Verschulden

Die Sparkasse haftet für eigenes Verschulden sowie das Verschulden von Personen, derer sie sich zur Erfüllung ihrer Verpflichtung gegenüber dem Kunden bedient, soweit sich nicht aus den folgenden Absätzen, den besonderen Bedingungen oder aus einzelvertraglichen Regelungen etwas Abweichendes ergibt. Haftet die Sparkasse und ist ein Schaden nicht ausschließlich von der Sparkasse verursacht oder verschuldet, so richtet sich die Verpflichtung zum Schadensersatz nach den Grundsätzen des Mitverschuldens, § 254 Bürgerliches Gesetzbuch.

(2) Haftung für Dritte

Die Sparkasse darf Aufträge bei Fehlen einer gegenteiligen Weisung ganz oder teilweise auf Dritte zur selbstständigen Erledigung übertragen, soweit dies unter Berücksichtigung der Art des Auftrages und der Interessen von Sparkasse und Kunde erforderlich erscheint. In diesen Fällen beschränken sich die Verpflichtung und Haftung der Sparkasse auf die Weiterleitung des Auftrags einschließlich sorgfältiger Auswahl und Unterweisung des Dritten.

(3) Haftung bei höherer Gewalt

Die Sparkasse haftet nicht für Schäden, die durch Störung ihres Betriebs (z. B. Bombendrohung, Banküberfall), insbesondere infolge von höherer Gewalt (z. B. von Kriegs- und Naturereignissen) sowie infolge von sonstigen, von ihr nicht zu vertretenden Vorkommnissen (z. B. Streik, Aussperrung, Verkehrsstörung) verursacht sind oder die durch Verfügungen von hoher Hand des In- und Auslands eintreten.

Nr. 20 – Mitwirkungs- und Sorgfaltspflichten des Kunden

(1) Grundsatz

Die Sparkasse führt die Aufträge des Kunden mit der Sorgfalt eines ordentlichen Kaufmanns aus. Für den Kunden bestehen seinerseits besondere Mitwirkungs- und sonstige Sorgfaltspflichten, insbesondere folgende Pflichten:

a) Mitteilung wesentlicher Angaben und Änderungen

Der Sparkasse sind unverzüglich schriftlich oder, wenn im Rahmen der Geschäftsbeziehung der elektronische Kommunikationsweg vereinbart wurde (z. B. Online Banking), auf diesem Wege alle für die Geschäftsbeziehung wesentlichen Tatsachen anzuzeigen, insbesondere Änderungen des Namens, der Anschrift, des Personenstandes, der Verfügungs- oder Verpflichtungsfähigkeit des Kunden (z. B. Eheschließung, Eingehung einer Lebenspartnerschaft, Änderung des Güterstandes) oder der für ihn zeichnungsberechtigten Personen (z. B. nachträglich eingetretene Geschäftsunfähigkeit eines Vertreters oder Bevollmächtigten) sowie Änderungen des wirtschaftlich Berechtigten oder der der Sparkasse bekannt gegebenen Vertretungs- oder Verfügungsbefugnisse (z. B. Vollmachten, Prokura). Die Anzeigepflicht besteht auch dann, wenn die Tatsachen in öffentlichen Registern eingetragen und veröffentlicht werden. Die Namen der für den Kunden vertretungs- oder verfügungsbefugten Personen sind der Sparkasse mit eigenhändigen Unterschriftsproben auf den Vordrucken der Sparkasse bekannt zu geben. Darüber hinaus können sich weitergehende gesetzliche Mitteilungspflichten, insbesondere aus dem Geldwäschegesetz ergeben.

b) Eindeutige Angaben bei Aufträgen und Weisungen

Aufträge und Weisungen jeder Art müssen den Inhalt des Geschäfts zweifelsfrei erkennen lassen. Abänderungen und Bestätigungen müssen als solche gekennzeichnet sein. Bei Zahlungsaufträgen hat der Kunde insbesondere auf richtige, vollständige, unmissverständliche und leserliche Angaben, vor allem der Kontonummer und Bankleitzahl oder IBAN[2] und BIC[3] zu achten.

c) Sorgfalt bei besonderer Auftragsübermittlung
Bei telefonischen oder auf anderen technischen Wegen erteilten Aufträgen oder Weisungen hat der Kunde dafür zu sorgen, dass sich keine Übermittlungsfehler, Missverständnisse, Missbräuche und Irrtümer ergeben.

d) Verwendung von Vordrucken
Für bestimmte Geschäfte, insbesondere im Scheck- und Lastschriftverkehr, bei Barabhebungen, Überweisungen, sind die von der Sparkasse zugelassenen Vordrucke zu verwenden.

e) Ausdrücklicher Hinweis bei besonderer Weisung
Besondere Weisungen für die Ausführung von Aufträgen hat der Kunde der Sparkasse gesondert mitzuteilen, bei formularmäßig erteilten Aufträgen außerhalb des Formulars. Dies gilt insbesondere, wenn Zahlungen auf bestimmte Forderungen der Sparkasse verrechnet werden sollen.

f) Hinweis auf Fristen und Termine
Der Kunde hat entsprechend Buchst. e) besonders darauf hinzuweisen, wenn Aufträge innerhalb bestimmter Fristen oder zu bestimmten Terminen ausgeführt sein sollen oder wenn bei nicht ordnungsgemäßer, insbesondere nicht fristgemäßer Ausführung von Aufträgen außergewöhnliche Schäden drohen. Auf die besondere Hinweispflicht bei knappen Scheckvorlegungsfristen nach Nr. 24 wird verwiesen.

g) Unverzügliche Reklamation
Einwendungen gegen Rechnungsabschlüsse, Lastschriften, Kontoauszüge, Wertpapieraufstellungen oder sonstige Mitteilungen der Sparkasse sowie Einwendungen gegen die Ordnungsmäßigkeit von der Sparkasse gelieferter Wertpapiere oder sonstiger Werte müssen unverzüglich erhoben werden. Falls Rechnungsabschlüsse oder Depotaufstellungen dem Kunden nicht zugehen, muss er die Sparkasse unverzüglich benachrichtigen. Die Benachrichtigungspflicht besteht auch beim Ausbleiben anderer Anzeigen, Mitteilungen oder Sendungen, deren Eingang der Kunde erwarten oder mit deren Eingang er rechnen muss.

h) Kontrolle von Bestätigungen der Sparkasse
Soweit Bestätigungen der Sparkasse von Aufträgen oder Weisungen des Kunden abweichen, hat er dies unverzüglich zu beanstanden.

---

2) International Bank Account Number.

3) Bank Identifier Code.

(2) Haftung bei Pflichtverletzungen

Schäden und Nachteile aus einer schuldhaften Verletzung von Mitwirkungs- und sonstigen Sorgfaltspflichten gehen zu Lasten des Kunden. Bei schuldhafter Mitverursachung des Schadens durch die Sparkasse richtet sich die Haftung nach den Grundsätzen des Mitverschuldens, § 254 Bürgerliches Gesetzbuch.

AGB-Pfandrecht, Nachsicherung, Sicherheitenfreigabe

Nr. 21 – Pfandrecht, Sicherungsabtretung

(1) Umfang

Der Kunde räumt hiermit der Sparkasse ein Pfandrecht ein an Werten jeder Art, die im bankmäßigen Geschäftsverkehr durch den Kunden oder durch Dritte für seine Rechnung in ihren Besitz oder ihre sonstige Verfügungsmacht gelangen. Zu den erfassten Werten zählen sämtliche Sachen und Rechte jeder Art (Beispiele: Waren, Devisen, Wertpapiere einschließlich der Zins-, Renten- und Gewinnanteilscheine, Sammeldepotanteile, Bezugsrechte, Schecks, Wechsel, Konnossemente, Lager- und Ladescheine). Erfasst werden auch Ansprüche des Kunden gegen die Sparkasse (z. B. aus Guthaben). Forderungen des Kunden gegen Dritte sind an die Sparkasse abgetreten, wenn über die Forderungen ausgestellte Urkunden im bankmäßigen Geschäftsverkehr in die Verfügungsmacht der Sparkasse gelangen.

(2) Ausnahmen

Gelangen Gelder oder andere Werte mit der ausdrücklichen Zweckbestimmung für eine bestimmte Verwendung in die Verfügungsmacht der Sparkasse (z. B. Bareinzahlung zur Einlösung eines Schecks, Wechsels oder Ausführung einer bestimmten Überweisung), so erstreckt sich das Pfandrecht der Sparkasse nicht auf diese Werte. Im Ausland verwahrte Wertpapiere unterliegen – vorbehaltlich anderweitiger Vereinbarung – nicht dem Pfandrecht. Dasselbe gilt für die von der Sparkasse selbst ausgegebenen Genussrechte/Genussscheine und für Ansprüche des Kunden aus nachrangigem Haftkapital (z. B. nachrangig haftende Inhaberschuldverschreibung).

(3) Gesicherte Ansprüche

Das Pfandrecht sichert alle bestehenden und künftigen, auch bedingten oder befristeten, auch gesetzlichen Ansprüche der Sparkasse gegen den Kunden, die sie im Zusammenhang mit der Geschäftsverbindung erwirbt. Ansprüche gegen Kunden aus von diesen für Dritte übernommenen Bürgschaften werden erst ab deren Fälligkeit gesichert.

(4) Geltendmachung des Pfandrechts

Die Sparkasse darf die dem AGB-Pfandrecht unterliegenden Werte nur bei einem berechtigten Sicherungsinteresse zurückhalten. Ein solches besteht insbesondere unter den Voraussetzungen des Nachsicherungsrechts gemäß Nr. 22.

(5) Verwertung

Die Sparkasse ist zur Verwertung dieser Werte berechtigt, wenn der Kunde seinen Verbindlichkeiten bei Fälligkeit und trotz Mahnung mit angemessener Nachfrist und einer Androhung der Verwertung entsprechend § 1234 Absatz 1 Bürgerliches Gesetzbuch nicht nachkommt. Unter mehreren Sicherheiten hat die Sparkasse die Wahl. Bei der Auswahl und Verwertung wird die Sparkasse auf die berechtigten Belange des Kunden Rücksicht nehmen. Die Sparkasse hat das Recht, Verwertungserlöse, die nicht zur Befriedigung sämtlicher Forderungen ausreichen, nach ihrem billigen Ermessen zu verrechnen. Die Sparkasse wird dem Kunden erteilte Gutschriften über Verwertungserlöse so gestalten, dass sie als Rechnungen im Sinne des Umsatzsteuerrechts anzusehen sind.

Nr. 22 – Nachsicherung und Freigabe

(1) Nachsicherungsrecht

Die Sparkasse kann vom Kunden die Bestellung oder Verstärkung von Sicherheiten für seine Verbindlichkeiten verlangen, wenn sich aufgrund nachträglich eingetretener oder bekannt gewordener Umstände, z. B. aufgrund einer Verschlechterung oder drohenden Verschlechterung der wirtschaftlichen Verhältnisse des Kunden, eines Mithaftenden oder Bürgen oder des Werts bestehender Sicherheiten, eine Veränderung der Risikolage ergibt.

Bei Verbraucherdarlehensverträgen besteht ein Anspruch auf die Bestellung oder Verstärkung von Sicherheiten nur, soweit die Sicherheiten im Kreditvertrag angegeben sind; wenn der Nettokreditbetrag 75.000 Euro übersteigt, besteht der Anspruch auf Bestellung oder Verstärkung auch dann, wenn der Kreditvertrag keine oder keine abschließenden Angaben über Sicherheiten enthält.

(2) Freigabe-Verpflichtung

Die Sparkasse ist auf Verlangen zur Freigabe von Sicherheiten nach ihrer Wahl verpflichtet, soweit der realisierbare Wert aller Sicherheiten den Gesamtbetrag aller Forderungen der Sparkasse nicht nur vorübergehend um mehr als 10 v. H. übersteigt. Diese Deckungsgrenze erhöht sich um den jeweils aktuellen Umsatzsteuersatz, soweit die Sparkasse im Verwertungsfall mit der Abführung der Umsatzsteuer aus Verwertungserlösen belastet ist. Die Sparkasse wird bei der Auswahl der freizugebenden Sicherheiten auf die berechtigten Belange des Kunden Rücksicht nehmen.

Einzugspapiere

Nr. 23 – Inkasso im Einzugsgeschäft

(1) Inkasso-Vereinbarung

Schecks, Wechsel, Lastschriften oder sonstige Einzugspapiere werden von der Sparkasse nur zum Einzug (Inkasso) hereingenommen, soweit nichts anderes vereinbart ist.

(2) Rückbelastung

Hat die Sparkasse den Gegenwert von Einzugspapieren schon vor Eingang gutgeschrieben, so kann sie den Gegenwert bei Nichteinlösung der Papiere rückbelasten, und zwar auch nach einem zwischenzeitlichen Rechnungsabschluss. Das Gleiche gilt, wenn

- ihr der Gegenwert nicht zugeht oder
- die freie Verfügung über den Gegenwert durch Gesetz oder behördliche Maßnahmen beschränkt ist oder
- die Papiere infolge unüberwindlicher Hindernisse nicht oder nicht rechtzeitig vorgelegt werden können oder
- der Einzug mit im Zeitpunkt der Hereinnahme nicht bekannten unverhältnismäßigen Schwierigkeiten verbunden ist oder
- in dem Land, in dem die Papiere einzulösen sind, ein Moratorium ergangen ist.

Unter den gleichen Voraussetzungen kann die Sparkasse Einzugspapiere auch schon vor Fälligkeit zurückgeben. Die Rückbelastung ist auch zulässig, wenn die Papiere nicht zurückgegeben werden können. Ist dies von der Sparkasse zu vertreten, so trägt sie einen sich hieraus ergebenden Schaden des Kunden.

Nr. 24 – Vorlegungsfrist, Eilmittel

Wenn Schecks, die am Bankplatz der Sparkasse zahlbar sind, nicht spätestens am dritten Geschäftstag, Schecks auf auswärtige Bankplätze nicht spätestens am vierten Geschäftstag vor Ablauf der Vorlegungsfrist (Artikel 29 Scheckgesetz) eingereicht werden bzw. bei Übersendung nicht innerhalb dieser Fristen vor Geschäftsschluss bei der Sparkasse eingehen, so hat der Kunde auf den Ablauf der Vorlegungsfrist und die eventuelle Anwendung von Eilmitteln gesondert hinzuweisen.

Nr. 25 – Sicherungsrechte im Einzugsgeschäft

(1) Sicherungseigentum

Mit der Einreichung von Schecks und Wechseln zum Einzug überträgt der Kunde der Sparkasse das Sicherungseigentum an den Papieren für den Fall, dass das Einzugspapier nicht eingelöst wird und der Sparkasse aufgrund von Vorausverfügungen des Kunden im Hinblick auf das Einzugsgeschäft Ansprüche gegen den Kunden zustehen, und zwar bis zum Ausgleich dieser Ansprüche. Mit dem Erwerb des Sicherungseigentums gehen auch die zugrunde liegenden Forderungen auf die Sparkasse über.

(2) Sicherungsabtretung

Werden andere Papiere zum Einzug eingereicht (z. B. Lastschriften, kaufmännische Handelspapiere), so gehen die zugrunde liegenden Forderungen unter den Voraussetzungen des Absatzes 1 auf die Sparkasse über.

Auflösung der Geschäftsbeziehung

Nr. 26 – Kündigungsrecht

(1) Ordentliche Kündigung

Soweit keine zwingenden Vorschriften entgegenstehen und weder eine Laufzeit noch eine abweichende Kündigungsregelung vereinbart ist, können sowohl der Kunde als auch die Sparkasse die gesamte Geschäftsbeziehung oder einzelne Geschäftszweige jederzeit ohne Einhaltung einer Kündigungsfrist kündigen. Kündigt die Sparkasse, so wird sie den berechtigten Belangen des Kunden angemessen Rechnung tragen, insbesondere nicht zur Unzeit kündigen.

Für die Kündigung eines Zahlungsdiensterahmenvertrages (z. B. Girovertrag oder Kartenvertrag) durch die Sparkasse beträgt die Kündigungsfrist mindestens zwei Monate.

(2) Kündigung aus wichtigem Grund

Ungeachtet anderweitiger Vereinbarungen können sowohl der Kunde als auch die Sparkasse die gesamte Geschäftsbeziehung oder einzelne Geschäftszweige jederzeit fristlos kündigen, wenn ein wichtiger Grund vorliegt, aufgrund dessen dem Kündigenden die Fortsetzung der Geschäftsbeziehung nicht zugemutet werden kann. Dabei sind die berechtigten Belange des anderen Vertragspartners zu berücksichtigen. Für die Sparkasse ist ein solcher Kündigungsgrund insbesondere gegeben, wenn aufgrund der nachfolgend beispielhaft aufgeführten Umstände die Einhaltung der Zahlungsverpflichtungen des Kunden oder die Durchsetzbarkeit der Ansprüche der Sparkasse – auch unter Verwertung etwaiger Sicherheiten – gefährdet wird:

a) wenn eine wesentliche Verschlechterung oder eine erhebliche Gefährdung der Vermögensverhältnisse des Kunden oder in der Werthaltigkeit der für ein Darlehen gestellten Sicherheiten eintritt, insbesondere wenn der Kunde die Zahlungen einstellt oder erklärt, sie einstellen zu wollen, oder wenn von dem Kunden angenommene Wechsel zu Protest gehen;

b) wenn der Kunde seiner Verpflichtung zur Bestellung oder zur Verstärkung von Sicherheiten (Nr. 22 Absatz 1) nach Aufforderung durch die Sparkasse nicht innerhalb angemessener Frist nachkommt;

c) wenn der Kunde unrichtige Angaben über seine Vermögensverhältnisse gemacht hat;

d) wenn gegen den Kunden eine Zwangsvollstreckung eingeleitet wird;

e) wenn sich die Vermögensverhältnisse eines Mitverpflichteten oder des persönlich haftenden Gesellschafters wesentlich verschlechtert haben oder erheblich gefährdet sind, sowie bei Tod oder Wechsel des persönlich haftenden Gesellschafters.

Besteht der wichtige Grund in der Verletzung einer Pflicht aus dem Vertrag, ist die Kündigung erst nach erfolglosem Ablauf einer zur Abhilfe bestimmten Frist oder nach erfolgloser Abmahnung zulässig. Etwas anderes gilt nur, wenn der Kunde die Leistung ernsthaft und endgültig verweigert, er die Leistung zu einem im Vertrag bestimmten Termin oder innerhalb einer bestimmten Frist nicht bewirkt, obwohl die Sparkasse den Fortbestand ihres Leistungsinteresses vertraglich an die Rechtzeitigkeit der Leistung gebunden hat, oder wenn besondere Umstände vorliegen, die unter Abwägung der beiderseitigen Interessen eine sofortige Kündigung rechtfertigen.

(3) Kündigung bei Verbraucherdarlehensverträgen

Soweit das Bürgerliche Gesetzbuch zwingende Sonderregelungen für die Kündigung von Verbraucherdarlehensverträgen vorsieht, kann die Sparkasse nur nach Maßgabe dieser Regelungen kündigen.

(4) Rechtsfolgen bei Kündigung

Mit der Auflösung der gesamten Geschäftsbeziehung oder einzelner Geschäftszweige werden die auf den betroffenen Konten geschuldeten Beträge sofort fällig. Der Kunde ist außerdem verpflichtet, die Sparkasse insoweit von allen für ihn oder in seinem Auftrag übernommenen Verpflichtungen zu befreien.

Die Sparkasse ist berechtigt, die für den Kunden oder in seinem Auftrag übernommenen Verpflichtungen zu kündigen und sonstige Verpflichtungen, insbesondere solche in fremder Währung, mit Wirkung gegen den Kunden auszugleichen sowie hereingenommene Wechsel und Schecks sofort zurückzubelasten; die wechsel- oder scheckrechtlichen Ansprüche gegen den Kunden und jeden aus dem Papier Verpflichteten auf Zahlung des vollen Betrages der Wechsel und Schecks mit Nebenforderungen verbleiben der Sparkasse jedoch bis zur Abdeckung eines etwaigen Schuldsaldos.

Nr. 27 – Weitergeltung der Allgemeinen Geschäftsbedingungen

Auch nach Auflösung der gesamten Geschäftsbeziehung oder einzelner Geschäftszweige gelten für die Abwicklung und in dem Abwicklungsverhältnis entsprechenden Umfange die Allgemeinen Geschäftsbedingungen weiter.

Nr. 28 – Schutz der Einlagen durch Institutssicherung

Die Sparkasse ist dem Sicherungssystem der Deutschen Sparkassen-Finanzgruppe angeschlossen. Als institutssichernde Einrichtung im Sinne des Einlagensicherungs- und Anlegerentschädigungsgesetzes schützt dieses System den Bestand der angeschlossenen Institute und überwacht die Risikosituation. Die Sparkasse ist befugt, dem Sicherungssystem oder einem von ihm Beauftragten alle in diesem Zusammenhang erforderlichen Auskünfte zu erteilen und Unterlagen zur Verfügung zu stellen.

Anhang III. Bankauskunft und SCHUFA

1. Bankauskunftsverfahren

Die technische Abwicklung des Bankauskunftsverfahrens zwischen den Kreditinstituten ist in den „Grundsätzen für die Durchführung des Bankauskunftsverfahrens zwischen den Kreditinstituten" festgelegt, die folgenden Wortlaut haben:

Das Bankauskunftsverfahren nach Nr. 2/Nr. 3 AGB-Banken/-Sparkassen wird zwischen Kreditinstituten wie folgt durchgeführt:

Auskunftsanfragen

1. Auskunftsanfragen sollen schriftlich, nur in Ausnahmefällen fernschriftlich oder (fern-)mündlich gestellt werden.
2. In der Auskunftsanfrage ist der Anfragegrund, mit dem das berechtigte Interesse an der Bankauskunft glaubhaft gemacht wird, anzugeben. Das anfragende Kreditinstitut hat klarzustellen, ob es die Auskunft im eigenen oder Kundeninteresse einholt.
3. Bei Auskunftsanfragen im Interesse des Kunden wird dessen Name nicht genannt. Das anfragende Kreditinstitut ist jedoch verpflichtet, den Namen des anfragenden Kunden dem angefragten Kreditinstitut zu nennen, wenn dem Kunden, über den eine Auskunft erteilt wurde, ein Anspruch auf Nennung des Anfragers zusteht.

Weiterleitung von Auskunftsanfragen

4. Wird eine Auskunftsanfrage von dem angefragten Kreditinstitut an ein drittes Kreditinstitut weitergeleitet, ist das Anfrageschreiben weiterzugeben.

Zustimmung des Betroffenen

5. Soweit nach Nr. 2/Nr. 3 AGB eine Bankauskunft nur mit ausdrücklicher Zustimmung des Betroffenen erteilt werden darf, genügt auch die Versicherung des anfragenden Kreditinstituts, dass ihm diese Zustimmungserklärung vorliegt. Das anfragende Kreditinstitut ist verpflichtet, diese Erklärung auf Verlangen vorzulegen. Das anfragende Kreditinstitut haftet dem auskunftgebenden Kreditinstitut für alle Schäden, die diesem daraus entstehen, dass es im Vertrauen auf die Versicherung eine unberechtigte Bankauskunft erteilt hat.

Auskunftserteilung

6. Bankauskünfte sollen allgemein gehalten sein. Sie sollen schriftlich, nur in Ausnahmefällen fernschriftlich oder (fern-)mündlich erteilt werden; münd-

lich erteilte Auskünfte sind zu dokumentieren und sollten in der Regel schriftlich bestätigt werden.

Von einem Verbot der Weitergabe der Bankauskunft ist abzusehen, wenn die Anfrage im Kundeninteresse gestellt worden ist.

7. Bankauskünfte werden nur aufgrund von Erkenntnissen erteilt, die der auskunftgebenden Stelle vorliegen. Es werden keine Recherchen angestellt.

8. Bankauskünfte werden – auch im Fall der Weiterleitung gemäß Ziff. 4 – unmittelbar der anfragenden Stelle erteilt.

Auskunftsverweigerung

9. Auskunftsverweigerungen sollen allgemein gehalten sein. Liegt bei Privatkunden eine Einwilligung nicht vor oder hat bei Geschäftskunden der Kunde die Erteilung einer Auskunft untersagt, ist die Auskunftsverweigerung so zu dokumentieren, dass sie nicht als negative Auskunft verstanden werden kann. Hat die angefragte Stelle keinen Einblick in die wirtschaftlichen Verhältnisse des Kunden, ist dies in der Antwort deutlich zum Ausdruck zu bringen.

Weitergabe der Auskunft an den Kunden

10. Die im Kundeninteresse eingeholte Bankauskunft wird an diesen inhaltlich unverändert weitergegeben. Der Kunde, der eine Bankauskunft erhält, ist ausdrücklich darauf hinzuweisen, dass er empfangene Informationen nur für den angegebenen Zweck verwenden und nicht an Dritte weitergeben darf.

2. Kommuniqué über das Bankauskunftsverfahren

Einigkeit über die Erteilung von Bankauskünften haben die Kreditwirtschaft, die für den Datenschutz im privaten Bereich zuständigen Behörden (Düsseldorfer Kreis) und die Konferenz der Datenschutzbeauftragten des Bundes und der Länder erzielt. Ziel der Verhandlungen war es, die datenschutzrechtlichen Voraussetzungen und Grenzen des Bankauskunftsverfahrens zu präzisieren, die Kunden über Inhalt und Zweck dieses Verfahrens umfassend zu unterrichten und sie auf ihre Rechte hinzuweisen. In die Gespräche ist auch das SCHUFA-Verfahren einbezogen worden.

I. In der Diskussion haben sich die Beteiligten von dem Grundsatz leiten lassen, dass dem Vertrauensverhältnis zwischen Kunden und Kreditinstitut (Bankgeheimnis) – unverändert – wesentliche Bedeutung zukommt. Deshalb dürfen Bankauskünfte nur erteilt werden, sofern dies dem Willen des Kunden entspricht. Darüber hinaus können Kreditinstitute aufgrund gesetzlicher Bestimmungen verpflichtet sein, Auskünfte zu erteilen (z. B. im Strafverfahren, Steuerverfahren). Für das Bankauskunftsverfahren gelten nunmehr folgende Anforderungen:

   1. Das Kreditinstitut ist berechtigt, über Geschäftskunden (juristische Personen und Kaufleute) Bankauskünfte zu erteilen, sofern ihm keine anderslautende Weisung des Kunden vorliegt.

   2. Bankauskünfte über Privatkunden erteilt das Kreditinstitut nur dann, wenn diese allgemein oder im Einzelfall ausdrücklich zugestimmt haben.

   3. Bankauskünfte sind allgemein gehaltene Feststellungen und Bemerkungen über die wirtschaftlichen Verhältnisse des Kunden, seine Kreditwürdigkeit und Zahlungsfähigkeit; betragsmäßige Angaben über Kontostände, Sparguthaben, Depot- oder sonstige dem Kreditinstitut anvertraute Vermögenswerte sowie Kreditinanspruchnahmen werden nicht gemacht.

   4. Bankauskünfte erhalten nur eigene Kunden sowie andere Kreditinstitute für deren eigene Zwecke und die ihrer Kunden; sie werden nur dann erteilt, wenn der Anfragende ein berechtigtes Interesse an der gewünschten Auskunft glaubhaft darlegt.

II. Für die Durchführung des Bankauskunftsverfahrens wird ergänzend auf folgendes hingewiesen:

   1. Die Auskunftsverweigerung wegen fehlender Einwilligung ist so zu formulieren, dass sie nicht als negative Auskunft verstanden werden kann. Liegt bei Privatkunden eine Einwilligung nicht vor oder hat bei Geschäftskunden der Kunde die Erteilung einer Auskunft untersagt oder hat die angefragte Stelle keinen Einblick in die wirtschaftlichen Ver-

hältnisse des Kunden, ist dies in der Antwort deutlich zum Ausdruck zu bringen.

2. Die Auskunft darf sich nur auf die wirtschaftlichen Verhältnisse des Kunden und sein Verhalten im Geschäftsleben beziehen.
3. Bankauskünfte werden nur aufgrund von Erkenntnissen erteilt, die der auskunftgebenden Stelle vorliegen. Es werden keine Recherchen (etwa mit Hilfe von Wirtschaftsauskunfteien) angestellt.
4. Hat das Kreditinstitut eine von Anfang an unrichtige Auskunft erteilt, so ist es zur Richtigstellung gegenüber dem Auskunftsempfänger verpflichtet.
5. Der Kunde, der eine Auskunft erhält, ist ausdrücklich darauf hinzuweisen, dass er empfangene Informationen nur für den angegebenen Zweck verwenden und nicht an Dritte weitergeben darf.
6. Mündlich erteilte Bankauskünfte werden dokumentiert und sollen in der Regel schriftlich bestätigt werden.
7. Auf Verlangen des Betroffenen hat das Kreditinstitut den Inhalt einer erteilten Auskunft mitzuteilen.
8. Wirtschaftsauskunfteien erhalten keine Bankauskünfte.

3. SCHUFA-Klausel

Ich/Wir willige(n) ein, dass die

(Name der Bank)

der SCHUFA HOLDING AG, Kormoranweg 5, 65201 Wiesbaden, Daten über die Beantragung, die Aufnahme (Kreditnehmer, Kreditbetrag, Laufzeit, Ratenbeginn) und vereinbarungsgemäße Abwicklung (z. B. vorzeitige Rückzahlung, Laufzeitverlängerung) dieses Kredites übermittelt.

Unabhängig davon wird die Bank der SCHUFA auch Daten aufgrund nichtvertragsgemäßen Verhaltens (z. B. Forderungsbetrag nach Kündigung) übermitteln. Diese Meldungen dürfen nach dem Bundesdatenschutzgesetz nur erfolgen, soweit dies nach der Abwägung aller betroffenen Interessen zulässig ist.

Insoweit befreie(n) ich/wir die Bank zugleich vom Bankgeheimnis.

Die SCHUFA speichert und übermittelt die Daten an ihre Vertragspartner im EU-Binnenmarkt, um diesen Informationen zur Beurteilung der Kreditwürdigkeit von natürlichen Personen zu geben. Vertragspartner der SCHUFA sind vor allem Kreditinstitute sowie Kreditkarten- und Leasinggesellschaften. Daneben erteilt die SCHUFA auch Auskünfte an Handels-, Telekommunikations- und sonstige Unternehmen, die Leistungen und Lieferungen gegen Kredit gewähren. Die SCHUFA stellt personenbezogene Daten nur zur Verfügung, wenn ein berechtigtes Interesse hieran im Einzelfall glaubhaft dargelegt wurde. Zur Schuldnerermittlung gibt die SCHUFA Adressdaten bekannt. Bei der Erteilung von Auskünften kann die SCHUFA ihren Vertragspartnern ergänzend einen aus ihrem Datenbestand errechneten Wahrscheinlichkeitswert zur Beurteilung des Kreditrisikos mitteilen (Score-Verfahren).

Ich kann/Wir können Auskunft bei der SCHUFA über die mich/uns betreffenden gespeicherten Daten erhalten. Weitere Informationen über das SCHUFA-Auskunfts- und -Score-Verfahren enthält ein Merkblatt, das auf Wunsch zur Verfügung gestellt wird. Die Adressen der SCHUFA lauten:

SCHUFA HOLDING AG, Verbraucherservice, Postfach 600509, 44845 Bochum.

SCHUFA HOLDING AG, Verbraucherservice, Postfach 5640, 30056 Hannover.

4. SCHUFA-Merkblatt

Die Schutzgemeinschaft für allgemeine Kreditsicherung, besser bekannt unter der Kurzbezeichnung SCHUFA, ist eine Gemeinschaftseinrichtung der kreditgebenden Wirtschaft in Deutschland. Anteilseigner der SCHUFA Holding AG sind Sparkassen, Banken, Volksbanken und Raiffeisenbanken, Ratenkreditbanken sowie Einzelhandelsunternehmen einschließlich des Versandhandels.

Aufgabe der SCHUFA

Aufgabe der SCHUFA ist es, ihren Vertragspartnern Informationen zu geben, um sie vor Verlusten im Kreditgeschäft mit natürlichen Personen (Verbraucher, Einzelkaufleute, Ausübende freier Berufe) zu schützen und ihnen damit gleichzeitig die Möglichkeit zu eröffnen, die Kreditnehmer durch Beratung vor einer übermäßigen Verschuldung zu bewahren. Zu diesem Zweck übermitteln zum Beispiel Kreditinstitute der SCHUFA bestimmte Daten aus der Geschäftsverbindung mit natürlichen Personen. Die SCHUFA speichert diese Daten, um daraus ihren Vertragspartnern Informationen zur Beurteilung der Kreditwürdigkeit von Kunden geben zu können. Die Zusammenarbeit der SCHUFA mit ihren Vertragspartnern unterliegt dem Bundesdatenschutzgesetz; die Grundsätze des Verfahrens sind mit den Datenschutzaufsichtsbehörden abgestimmt.

Vertragspartner der SCHUFA

Vertragspartner der SCHUFA können Unternehmen sein, die natürlichen Personen gewerbsmäßig Geldkredite geben, Waren oder Dienstleistungen kreditieren sowie Unternehmen, die gewerbsmäßig Forderungen einziehen. Bei den Unternehmen, die Geldkredite geben oder Waren kreditieren, handelt es sich in erster Linie um Kreditinstitute, auf die die weit überwiegende Zahl der SCHUFA-Auskünfte entfällt. Außerdem sind die Unternehmen, die Geschäfte in Form des Mobilienleasings bzw. Mietkaufs tätigen, Einzelhandelsunternehmen (vor allem Versandhandel, Waren- und Kaufhäuser), Kreditkartenunternehmen sowie Telekommunikations- und Energieversorgungsunternehmen Vertragspartner der SCHUFA, ferner Versicherungen und Bausparkassen. Vertragspartner mit Sitz außerhalb Deutschlands sind bezüglich der von der SCHUFA übermittelten Daten vertraglich auf Datenschutzgrundsätze verpflichtet, die den in Deutschland geltenden Datenschutzregeln und den Vorgaben der europäischen Datenschutzrichtlinie entsprechen (unter anderem Datenverarbeitung nur für festgelegte und rechtmäßige Zwecke, Datensicherung, Ansprüche der Betroffenen auf Berichtigung unrichtiger und Löschung unzulässig gespeicherter Daten).

SCHUFA-Verfahren

Die SCHUFA arbeitet nach dem Prinzip der Gegenseitigkeit. Danach kann nur selbst Auskunft von der SCHUFA erhalten, wer der SCHUFA auch Informationen gibt. Die Auskünfte, die ein Vertragspartner erhält, beruhen auf den Informationen, die andere Vertragspartner zuvor der SCHUFA gegeben haben, oder die diese aus öffentlichen Verzeichnissen (z. B. Schuldnerverzeichnis) entnommen hat. Die Vertragspartner erhalten nur dann Daten von der SCHUFA, wenn sie ein berechtigtes Interesse an der Datenübermittlung glaubhaft darlegen. Ein Vertragspartner der SCHUFA darf daher nur über Personen eine Auskunft einholen, die bei ihm einen Geld oder Warenkredit aufnehmen oder bei ihm eine Bürgschaftsverpflichtung eingehen oder ein sonstiges Geschäft (z. B. Dienstleistung) abschließen wollen, das mit einem Kreditrisiko verbunden ist. Außerdem dürfen Vertragspartner die Adressen von unbekannt verzogenen Schuldnern bei der SCHUFA erfragen. Kreditinstitute dürfen zudem vor der Eröffnung eines Girokontos eine SCHUFA-Auskunft einholen, weil den Kunden allgemein nach relativ kurzer Zeit ein Dispositionskredit und die Teilnahme an Zahlungskartenverfahren (z. B. Kreditkarte) angeboten werden. Anfragen zu anderen Zwecken, z. B. Personalfragen, sind unzulässig und führen in letzter Konsequenz zum Ausschluss des Vertragspartners aus der SCHUFA.

Neben den Auskünften aufgrund von Anfragen erhalten die Vertragspartner, wenn das berechtigte Interesse fortbesteht (beispielsweise bei einem noch bestehenden Kredit), von der SCHUFA auch nachträglich bekannt gewordene Informationen, die die ursprüngliche Auskunft ergänzen (Nachmeldungen). Der Vertragspartner wird z. B. informiert, wenn sich Unregelmäßigkeiten bei der Abwicklung eines Kredits ergeben, den der Kunde bei einem anderen Vertragspartner der SCHUFA aufgenommen hat.

Der Informationsbedarf der einzelnen Gruppen von Vertragspartnern der SCHUFA ist nicht einheitlich. Deshalb haben sie auch verschiedene Verträge mit unterschiedlichen Informationsrechten und Meldepflichten.

Kreditinstitute übermitteln der SCHUFA Daten über

- die Beantragung von Krediten und vorgesehenen Bürgschaften,
- die Aufnahme und vereinbarungsgemäße Abwicklung von Krediten (nicht jedoch von Dispositionskrediten) bis zu dem in § 18 Kreditwesengesetz genannten Höchstbetrag sowie die Übernahme von Bürgschaften und ihre Erledigung,
- die Eröffnung und Beendigung einer Girokontoverbindung oder eines Kreditkarten- oder Leasingvertrags,
- Unregelmäßigkeiten bei der Vertragsabwicklung.

Entsprechend dem Gegenseitigkeitsprinzip erhalten Kreditinstitute auf Anfrage auch Auskünfte über alle bei der SCHUFA vorhandenen Daten (Vollauskünfte). Diese Auskünfte enthalten jedoch keine Angabe darüber, wer die Daten unter welcher Kontonummer gemeldet hat. Unternehmen, die grundpfandrechtlich gesicherte Darlehen einschließlich dinglich unbesicherter Bauspardarlehen geben (Kreditinstitute, Bausparkassen, Versicherungen), können nach ihrer Wahl von der SCHUFA Vollauskünfte oder lediglich Daten aufgrund nicht vertragsgemäßer Abwicklung erhalten. Im ersten Fall melden sie – unabhängig von der Höhe des aufgenommenen Kredits – die Tatsache der Kreditgewährung, die vertragsgemäße Erledigung und etwaige Abwicklungsdaten, im letzten Fall ausschließlich Abwicklungsdaten.

Einzelhandelsunternehmen (einschließlich des Versandhandels) und sonstige Unternehmen, die natürlichen Personen Warenkredite (z. B. durch Lieferung gegen Rechnung oder unter Einräumung von Zahlungszielen) geben, übermitteln der SCHUFA nur Daten über eine nicht vertragsgemäße Abwicklung. Sie erhalten daher auch nur SCHUFA-Auskünfte über vorhandene entsprechende Daten, nicht jedoch über aufgenommene Kredite, Girokonten, Leasingverträge, Kreditkartenverträge und bestehende Bürgschaftsverpflichtungen usw. Unternehmen, die natürlichen Personen gewerbsmäßig für eigene Rechnung in größerem Umfang Waren auf Teilzahlungsbasis liefern, können mit Einwilligung des Kunden (SCHUFA-Klausel) ebenfalls Daten über die Aufnahme und Abwicklung dieser Kredite übermitteln; sie erhalten insoweit auch Vollauskünfte. Unternehmen, die Energie, Telekommunikationsdienste oder sonstige Dienstleistungen anbieten bzw. Unternehmen, die gewerbsmäßig Forderungen einziehen, erhalten von der SCHUFA nur Daten über eine nicht vertragsgemäße Abwicklung.

Welche Daten werden der SCHUFA übermittelt?

Kreditinstitute übermitteln insbesondere folgende Merkmale an die SCHUFA:

1. Merkmale über die Beantragung, Aufnahme und vertragsgemäße Abwicklung einer Geschäftsbeziehung:
   - Anfrage zur Girokontoeröffnung,
   - Anfrage zur Krediteinräumung,
   - Anfrage zur Kreditkarte,
   - Anfrage zur Bürgschaftsübernahme,
   - Anfrage zum Abschluss eines Mobilien-Leasing/Mietkaufgeschäftes,
   - Anfrage zur grundpfandrechtlich gesicherten Krediteinräumung,
   - Ratenkredit (mit Betrag, Ratenzahlung, Ratenbeginn),
   - Nichtratenkredite und Kredit auf Girokonten mit Betrag und Beginn,

- Rahmenkreditvertrag mit einem Kreditinstitut (mit Betrag, Laufzeitbeginn und Laufzeit, Befristung),
- Grundpfandrechtlich gesicherter Kredit,
- Bürgschaft (mit Betrag, Laufzeit, Ratenbeginn),
- Girokontoeröffnung,
- Erledigung einer Gesamtforderung,
- Mobilienleasing bzw. Mietkauf (mit Betrag, Leasingdauer, Beginn)
- Ausgabe einer Kreditkarte.

2. Merkmale über nicht vertragsgemäßes Verhalten des Kunden und die Einleitung gerichtlicher Maßnahmen:
   - Missbrauch eines Kontos (Giro-, Kreditkarten- und Kreditkonto) nach Nutzungsverbot,
   - Rückständige Forderung bei Verzug (Saldo),
   - Saldo nach Gesamtfälligstellung (z. B. bei Kündigung des Vertrags),
   - Saldo nach gerichtlicher Entscheidung (insbesondere durch Vollstreckungsbescheid, Endurteil und gerichtlichen Vergleich/Titulierung),
   - Verkauf einer Forderung an Dritte nach Zahlungsverzug des Schuldners,
   - Uneinbringliche titulierte Forderung.
3. Merkmale aufgrund von Kundenreaktionen:
   - Widerspruch zum titulierten Saldo, sobald ein Rechtsmittel/Rechtsbehelf gegen die Titulierung eingelegt wurde (z. B. Einspruch gegen Vollstreckungsbescheid und Berufung gegen Endurteil),
   - Widerspruch zur SCHUFA-Klausel,
   - Saldoausgleich.

Die Datenübermittlung durch Kreditinstitute an die SCHUFA setzt die Zustimmung des Kunden voraus. Unabhängig von der Einwilligung erfolgt die Übermittlung von Daten über eine nicht vertragsgemäße Abwicklung durch Kreditinstitute an die SCHUFA nur dann, wenn die Datenweitergabe zur Wahrung berechtigter Interessen des Kreditinstituts, eines Vertragspartners der SCHUFA oder der Allgemeinheit erforderlich ist und dadurch schutzwürdige Belange des Kunden nicht beeinträchtigt werden. Dies setzt in der Regel eine Prüfung des Einzelfalls voraus. Ist davon auszugehen, dass das Verhalten des Kunden auf Zahlungsunwillig- bzw. Zahlungsunfähigkeit beruht, so wird die Interessenabwägung allgemein dazu führen, dass das betreffende Merkmal übermittelt werden darf.

Legt ein Kunde Widerspruch zu einer von ihm bereits unterschriebenen SCHUFA-Klausel ein, so wird dies ebenfalls der SCHUFA übermittelt. Die übermittelten Daten werden bei der SCHUFA gespeichert. Bei Wohnsitzwechsel ins Ausland verbleiben die Daten dort.

Was enthält die SCHUFA-Datei?

Die SCHUFA-Datei enthält nur objektive Daten, keine Werturteile. In der SCHUFA-Datei sind neben dem so genannten Personenstammsatz (Vorname, Name, Geburtstag, Geburtsort – soweit bekannt – Anschrift) nur Daten enthalten, die von Vertragspartnern übermittelt oder aus den öffentlich zugänglichen Verzeichnissen, z. B. Schuldnerverzeichnissen der Gerichte, entnommen werden. Dies sind Daten, die ein Kunde in einem Kreditgespräch korrekterweise angeben müsste (z. B. bestehende Verbindlichkeiten, Unregelmäßigkeiten bei der Abwicklung früherer Kredite). Informationen über den Familienstand, das Einkommen, Guthaben oder Depotwerte und über sonstige Vermögensverhältnisse enthält die SCHUFA-Datei nicht. Auskünfte werden von der SCHUFA nur erteilt, wenn bei einer Anfrage die Angaben zur Person des Kunden mit den bei der SCHUFA gespeicherten Daten übereinstimmen.

Die in der SCHUFA-Datei gespeicherten Daten werden nach Ablauf bestimmter Fristen gelöscht. Kreditverpflichtungen bleiben z. B. bis zur Rückzahlung im Datenbestand. Danach werden sie als erledigte Kredite für weitere drei Jahre gespeichert und anschließend gelöscht. Langjährige Erfahrungen bestätigen, dass Merkmale über erledigte Kredite den betreffenden Kunden als kreditwürdig ausweisen und damit die beste Empfehlung für einen neuen Kredit sind. Daten über eine nicht vertragsgemäße Abwicklung werden am Ende des dritten Kalenderjahres nach ihrer Einspeicherung ebenfalls gelöscht. Haben sich Abwicklungsdaten vor Ablauf der Löschfrist erledigt, z. B. weil ein Kunde nach Titulierung eine offene Forderung ganz oder teilweise beglichen hat, so wird dies in der SCHUFA-Datei vermerkt.

Die Daten der SCHUFA unterliegen strengen Sicherheitsbestimmungen und werden von der SCHUFA vertraulich behandelt. Auch die Mitarbeiter sind zu strenger Verschwiegenheit verpflichtet. Jeder Kunde hat die Möglichkeit, bei der SCHUFA eine Auskunft über die zu seiner Person gespeicherten Daten einzuholen. Diese Auskunft ist umfassender als die SCHUFA-Auskünfte an Vertragspartner, denn neben den gespeicherten Daten enthält sie auch Angaben darüber, wer diese Daten zur Speicherung übermittelt und wer innerhalb der letzten zwölf Monate – sofern keine Informationen im SCHUFA-Datenbestand waren, innerhalb der letzten drei Monate – eine Anfrage an die SCHUFA gerichtet hat.

SCHUFA-Score-Verfahren

Bei der Erteilung von Auskünften kann die SCHUFA ihren Vertragspartnern ergänzend einen aus ihrem Datenbestand errechneten Wahrscheinlichkeitswert mitteilen (Score-Verfahren), der bei der Beurteilung der Kreditwürdigkeit unterstützend herangezogen werden kann.

Ein Score (englisch: Punktwert) stellt einen Wahrscheinlichkeitswert über das künftige Verhalten von Personengruppen dar; er wird auf der Grundlage statistisch-mathematischer Analyseverfahren berechnet. Bei Score-Verfahren schließt man aus Erfahrungswerten der Vergangenheit auf gleichartige Ergebnisse in Gegenwart und Zukunft. Derartige Methoden werden seit langem bei Marktforschungsanalysen und Wahlhochrechnungen oder der Ermittlung von Einschaltquoten im Fernsehen angewandt sowie im Bereich der Wirtschaft als geeignete Instrumente zur Risikosteuerung eingesetzt.

Für das SCHUFA-Score-Verfahren wird der SCHUFA-Datenbestand anonym ausgewertet. Aufgrund der Auswertungsergebnisse kann z. B. prognostiziert werden, dass ein bestimmter Kreditvertrag ähnlich verlaufen wird, wie die Kreditverträge von Vergleichspersonen in der Vergangenheit verlaufen sind. Ein solcher in einem Scorewert zusammengefasster Wahrscheinlichkeitswert beschreibt immer nur ein allgemeines Risiko für Kreditverträge mit vergleichbaren Merkmalen.

Der einzelne Scorewert wird nur zusammen mit einer Auskunft übermittelt und bezieht sich nur auf einen bestimmten Zeitpunkt. Die Entscheidung, ob ein Kreditantrag angenommen oder abgelehnt wird, trifft allein der Kreditgeber. Nur er kann aufgrund der ihm zur Verfügung stehenden Informationen, einschließlich des Scorewertes, das mit einem Kreditvertrag verbundene Risiko umfassend bewerten. Das Score-Verfahren der SCHUFA wird nur unterstützend zur Beurteilung der Kreditwürdigkeit herangezogen. Nach den datenschutzrechtlichen Bestimmungen dürfen Kreditentscheidungen zulasten des Betroffenen grundsätzlich nicht ausschließlich auf eine automatisierte Verarbeitung des Scorewertes gestützt werden. Weitere Auskünfte zum SCHUFA-Score-Verfahren erteilt Ihnen die SCHUFA. Sofern dem Kreditinstitut der ihm übermittelte Scorewert vorliegt, wird er auf Nachfrage mitgeteilt; weitere Informationen sind über die SCHUFA erhältlich.

Anhang IV. Sonderbedingungen im Bereich des Wertpapiergeschäfts

1. Sonderbedingungen Wertpapiergeschäft[1)]

Geltung seit November 2007

Inhalt

---

1) Geltung gegenüber Kunden seit der MiFID-Umsetzung per 01.11.2007.

Diese Sonderbedingungen gelten für den Kauf oder Verkauf sowie für die Verwahrung von Wertpapieren, und zwar auch dann, wenn die Rechte nicht in Urkunden verbrieft sind (nachstehend: „Wertpapiere“).

Geschäfte in Wertpapieren

1. Formen des Wertpapiergeschäfts

(1) Kommissions-/Festpreisgeschäfte

Bank/Sparkasse und Kunde schließen Wertpapiergeschäfte in Form von Kommissionsgeschäften (2) oder Festpreisgeschäften (3) ab.

(2) Kommissionsgeschäfte

Führt die Bank/Sparkasse Aufträge ihres Kunden zum Kauf und Verkauf von Wertpapieren als Kommissionärin aus, schließt sie für Rechnung des Kunden mit einem anderen Marktteilnehmer oder einer Zentralen Gegenpartei ein Kauf- oder Verkaufgeschäft (Ausführungsgeschäft) ab, oder sie beauftragt einen anderen Kommissionär (Zwischenkommissionär), ein Ausführungsgeschäft abzuschließen. Im Rahmen des elektronischen Handels an einer Börse kann der Auftrag des Kunden auch gegen die Bank/Sparkasse oder den Zwischenkommissionär unmittelbar ausgeführt werden, wenn die Bedingungen des Börsenhandels dies zulassen.

(3) Festpreisgeschäfte

Vereinbaren Bank/Sparkasse und Kunde für das einzelne Geschäft einen festen oder bestimmbaren Preis (Festpreisgeschäft), so kommt ein Kaufvertrag zustande; dementsprechend übernimmt die Bank/Sparkasse vom Kunden die Wertpapiere als Käuferin oder sie liefert die Wertpapiere an ihn als Verkäuferin. Die Bank/Sparkasse berechnet dem Kunden den vereinbarten Preis, bei verzinslichen Schuldverschreibungen zuzüglich aufgelaufener Zinsen (Stückzinsen).

2. Ausführungsgrundsätze für Wertpapiergeschäfte

Die Bank/Sparkasse führt Wertpapiergeschäfte nach ihren jeweils geltenden Ausführungsgrundsätzen aus. Die Ausführungsgrundsätze sind Bestandteil der Sonderbedingungen. Die Bank/Sparkasse ist berechtigt, die Ausführungsgrundsätze entsprechend den aufsichtsrechtlichen Vorgaben zu ändern. Über die Änderungen der Ausführungsgrundsätze wird die Bank/Sparkasse den Kunden jeweils informieren.

Besondere Regelungen für das Kommissionsgeschäft

3. Usancen/Unterrichtung/Preis

(1) Geltung von Rechtsvorschriften/Usancen/Geschäftsbedingungen

Die Ausführungsgeschäfte unterliegen den für den Wertpapierhandel am Ausführungsplatz geltenden Rechtsvorschriften und Geschäftsbedingungen (Usancen); daneben gelten die Allgemeinen Geschäftsbedingungen des Vertragspartners der Bank/Sparkasse.

(2) Unterrichtung

Über die Ausführung des Auftrags wird die Bank/Sparkasse den Kunden unverzüglich unterrichten. Wurde der Auftrag des Kunden im elektronischen Handel an einer Börse gegen die Bank/Sparkasse oder den Zwischenkommissionär unmittelbar ausgeführt, bedarf es keiner gesonderten Benachrichtigung.

(3) Preis des Ausführungsgeschäfts/Entgelt/Auslagen

Die Bank/Sparkasse rechnet gegenüber dem Kunden den Preis des Ausführungsgeschäftes ab; sie ist berechtigt, ihr Entgelt und ihre Auslagen einschließlich fremder Kosten in Rechnung zu stellen.

4. Erfordernis eines ausreichenden Kontoguthabens/Depotbestandes

Die Bank/Sparkasse ist zur Ausführung von Aufträgen oder zur Ausübung von Bezugsrechten nur insoweit verpflichtet, als das Guthaben des Kunden, ein für Wertpapiergeschäfte nutzbarer Kredit oder der Depotbestand des Kunden zur Ausführung ausreichen. Führt die Bank/Sparkasse den Auftrag ganz oder teilweise nicht aus, so wird sie den Kunden unverzüglich unterrichten.

5. Festsetzung von Preisgrenzen

Der Kunde kann der Bank/Sparkasse bei der Erteilung von Aufträgen zum Kauf oder Verkauf von Wertpapieren Preisgrenzen für das Ausführungsgeschäft vorgeben (preislich limitierte Aufträge).

6. Gültigkeitsdauer von unbefristeten Kundenaufträgen

(1) Preislich unlimitierte Aufträge

Ein preislich unlimitierter Auftrag gilt entsprechend den Ausführungsgrundsätzen (Nr. 2) nur für einen Handelstag; ist der Auftrag für eine gleichtägige Ausführung nicht so rechtzeitig eingegangen, dass seine Berücksichtigung im Rahmen des ordnungsgemäßen Arbeitsablaufes möglich ist, so wird er für den nächsten Handelstag vorgemerkt. Wird der Auftrag nicht ausgeführt, so wird die Bank/Sparkasse den Kunden hiervon unverzüglich benachrichtigen.

(2) Preislich limitierte Aufträge

Ein preislich limitierter Auftrag zum Kauf oder Verkauf von Wertpapieren ist bis zum letzten Handelstag des laufenden Monats gültig (Monats-Ultimo). Ein am letzten Handelstag eines Monats eingehender Auftrag wird, sofern er nicht am selben Tag ausgeführt wird, entsprechend den Ausführungsgrundsätzen (Nr. 2) für den nächsten Monat vorgemerkt. Die Bank/Sparkasse wird den Kunden über die Gültigkeitsdauer seines Auftrags unverzüglich unterrichten.

7. Gültigkeitsdauer von Aufträgen zum Kauf oder Verkauf von Bezugsrechten

Preislich unlimitierte Aufträge zum Kauf oder Verkauf von Bezugsrechten sind für die Dauer des Bezugsrechtshandels gültig. Preislich limitierte Aufträge zum Kauf oder Verkauf von Bezugsrechten erlöschen mit Ablauf des vorletzten Tages des Bezugsrechtshandels. Die Gültigkeitsdauer von Aufträgen zum Kauf oder Verkauf ausländischer Bezugsrechte bestimmt sich nach den maßgeblichen ausländischen Usancen. Für die Behandlung von Bezugsrechten, die am letzten Tag des Bezugsrechtshandels zum Depotbestand des Kunden gehören, gilt Nr. 15 Abs. 1.

8. Erlöschen laufender Aufträge

(1) Dividendenzahlungen, sonstige Ausschüttungen, Einräumung von Bezugsrechten, Kapitalerhöhung aus Gesellschaftsmitteln

Preislich limitierte Aufträge zum Kauf oder Verkauf von Aktien an inländischen Ausführungsplätzen erlöschen bei Dividendenzahlung, sonstigen Ausschüttungen, der Einräumung von Bezugsrechten oder einer Kapitalerhöhung aus Gesellschaftsmitteln mit Ablauf des Handelstages, an dem die Aktien letztmalig einschließlich der vorgenannten Rechte gehandelt werden, sofern die jeweiligen Regelungen des Ausführungsplatzes ein Erlöschen vorsehen. Bei Veränderung der Einzahlungsquote teileingezahlter Aktien oder des Nennwerts von Aktien und im Falle des Aktiensplittings erlöschen preislich limitierte Aufträge mit Ablauf des Handelstages vor dem Tag, an dem die Aktien mit erhöhter Einzahlungsquote bzw. mit dem veränderten Nennwert bzw. gesplittet notiert werden.

(2) Kursaussetzung

Wenn an einem inländischen Ausführungsplatz die Preisfeststellung wegen besonderer Umstände im Bereich des Emittenten unterbleibt (Kursaussetzung), erlöschen sämtliche an diesem Ausführungsplatz auszuführenden Kundenaufträge für die betreffenden Wertpapiere, sofern die Bedingungen des Ausführungsplatzes dies vorsehen.

(3) Ausführung von Kundenaufträgen an ausländischen Ausführungsplätzen

Bei Ausführung von Kundenaufträgen an ausländischen Ausführungsplätzen gelten insoweit die Usancen der ausländischen Ausführungsplätze.

(4) Benachrichtigung

Über das Erlöschen eines Kundenauftrags wird die Bank/Sparkasse den Kunden unverzüglich benachrichtigen.

9. Haftung der Bank/Sparkasse bei Kommissionsgeschäften

Die Bank/Sparkasse haftet für die ordnungsgemäße Erfüllung des Ausführungsgeschäfts durch ihren Vertragspartner oder den Vertragspartner des Zwischenkommissionärs. Bis zum Abschluss eines Ausführungsgeschäfts haftet die Bank/Sparkasse bei der Beauftragung eines Zwischenkommissionärs nur für dessen sorgfältige Auswahl und Unterweisung.

Erfüllung der Wertpapiergeschäfte

10. Erfüllung im Inland als Regelfall

Die Bank/Sparkasse erfüllt Wertpapiergeschäfte im Inland, soweit nicht die nachfolgenden Bedingungen oder eine anderweitige Vereinbarung die Anschaffung im Ausland vorsehen.

11. Anschaffung im Inland

Bei der Erfüllung im Inland verschafft die Bank/Sparkasse dem Kunden, sofern die Wertpapiere zur Girosammelverwahrung bei der deutschen Wertpapiersammelbank (Clearstream Banking AG) zugelassen sind, Miteigentum an diesem Sammelbestand – Girosammel-Depotgutschrift – (GS-Gutschrift). Soweit Wertpapiere nicht zur Girosammelverwahrung zugelassen sind, wird dem Kunden Alleineigentum an Wertpapieren verschafft. Diese Wertpapiere verwahrt die Bank/Sparkasse für den Kunden gesondert von ihren eigenen Beständen und von denen Dritter (Streifbandverwahrung).

12. Anschaffung im Ausland

(1) Anschaffungsvereinbarung

Die Bank/Sparkasse schafft die Wertpapiere im Ausland an, wenn

- sie als Kommissionärin Kaufaufträge in Wertpapieren im Ausland ausführt, oder
- sie dem Kunden im Wege eines Festpreisgeschäfts ausländische Wertpapiere verkauft, die im Inland weder börslich noch außerbörslich gehandelt werden, oder
- sie als Kommissionärin Kaufaufträge in ausländischen Wertpapieren ausführt oder dem Kunden ausländische Wertpapiere im Wege des Festpreisgeschäftes verkauft, die zwar im Inland börslich oder außerbörslich gehandelt, üblicherweise aber im Ausland angeschafft werden.

(2) Einschaltung von Zwischenverwahrern

Die Bank/Sparkasse wird die im Ausland angeschafften Wertpapiere im Ausland verwahren lassen. Hiermit wird sie einen anderen in- oder ausländischen Verwahrer (z.B. Clearstream Banking AG) beauftragen oder eine eigene ausländische Geschäftsstelle damit betrauen. Die Verwahrung der Wertpapiere unterliegt den Rechtsvorschriften und Usancen des Verwahrungsortes und den für den oder die ausländischen Verwahrer geltenden Allgemeinen Geschäftsbedingungen.

(3) Gutschrift in Wertpapierrechnung

Die Bank/Sparkasse wird sich nach pflichtgemäßem Ermessen unter Wahrung der Interessen des Kunden das Eigentum oder Miteigentum an den Wertpapieren oder eine andere im Lagerland übliche, gleichwertige Rechtsstellung verschaffen und diese Rechtsstellung treuhänderisch für den Kunden halten. Hierüber erteilt sie dem Kunden Gutschrift in Wertpapierrechnung (WR-Gutschrift) unter Angabe des ausländischen Staates, in dem sich die Wertpapiere befinden (Lagerland).

(4) Deckungsbestand

Die Bank/Sparkasse braucht die Auslieferungsansprüche des Kunden aus der ihm erteilten WR-Gutschrift nur aus dem von ihr im Ausland unterhaltenen Dekkungsbestand zu erfüllen. Der Deckungsbestand besteht aus den im Lagerland für die Kunden und für die Bank/Sparkasse aufbewahrten Wertpapieren derselben Gattung. Ein Kunde, dem eine WR-Gutschrift erteilt worden ist, trägt daher anteilig alle wirtschaftlichen und rechtlichen Nachteile und Schäden, die den Deckungsbestand als Folge von höherer Gewalt, Aufruhr, Kriegs- und Naturereignissen oder durch sonstige von der Bank/Sparkasse nicht zu vertretende Zugriffe Dritter im Ausland oder im Zusammenhang mit Verfügungen von hoher Hand des In- oder Auslandes treffen sollten.

(5) Behandlung der Gegenleistung

Hat ein Kunde nach Abs. 4 Nachteile und Schäden am Deckungsbestand zu tragen, so ist die Bank/Sparkasse nicht verpflichtet, dem Kunden den Kaufpreis zurückzuerstatten.

Die Dienstleistungen im Rahmen der Verwahrung

13. Depotauszug

Die Bank/Sparkasse erteilt mindestens einmal jährlich einen Depotauszug.

14. Einlösung von Wertpapieren/Bogenerneuerung

(1) Inlandsverwahrte Wertpapiere

Bei im Inland verwahrten Wertpapieren sorgt die Bank/Sparkasse für die Einlösung von Zins-, Gewinnanteil- und Ertragscheinen sowie von rückzahlbaren Wertpapieren bei deren Fälligkeit. Der Gegenwert von Zins-, Gewinnanteil- und Ertragscheinen sowie von fälligen Wertpapieren jeder Art wird unter dem Vorbehalt gutgeschrieben, dass die Bank/Sparkasse den Betrag erhält, und zwar auch dann, wenn die Papiere bei der Bank/Sparkasse selbst zahlbar sind. Die Bank/Sparkasse besorgt neue Zins-, Gewinnanteil- und Ertragscheinbogen (Bogenerneuerung).

(2) Auslandsverwahrte Wertpapiere

Diese Pflichten obliegen bei im Ausland verwahrten Wertpapieren dem ausländischen Verwahrer.

(3) Auslosung und Kündigung von Schuldverschreibungen

Bei im Inland verwahrten Schuldverschreibungen überwacht die Bank/Sparkasse den Zeitpunkt der Rückzahlung infolge Auslosung und Kündigung anhand der Veröffentlichungen in den „Wertpapier-Mitteilungen“. Bei einer Auslosung von im Ausland verwahrten rückzahlbaren Schuldverschreibungen, die anhand deren Urkundennummern erfolgt (Nummernauslosung), wird die Bank/Sparkasse nach ihrer Wahl den Kunden für die ihnen in Wertpapierrechnung gutgeschriebenen Wertpapiere entweder Urkundennummern für die Auslosungszwecke zuordnen oder in einer internen Auslosung die Aufteilung des auf den Deckungsbestand entfallenden Betrages auf die Kunden vornehmen.

Diese interne Auslosung wird unter Aufsicht einer neutralen Prüfungsstelle vorgenommen; sie kann stattdessen unter Einsatz einer elektronischen Datenverarbeitungsanlage durchgeführt werden, sofern eine neutrale Auslosung gewährleistet ist.

(4) Einlösung in fremder Währung

Werden Zins-, Gewinnanteil- und Ertragscheine sowie fällige Wertpapiere in ausländischer Währung oder Rechnungseinheiten eingelöst, wird die Bank/Sparkasse den Einlösungsbetrag auf dem Konto des Kunden in dieser Währung gutschreiben, sofern der Kunde ein Konto in dieser Währung unterhält. Anderenfalls wird sie dem Kunden hierüber eine Gutschrift in Euro erteilen, sofern nicht etwas anderes vereinbart ist.

15. Behandlung von Bezugsrechten/Optionsscheinen/ Wandelschuldverschreibungen

(1) Bezugsrechte

Über die Einräumung von Bezugsrechten wird die Bank/Sparkasse den Kunden benachrichtigen, wenn hierüber eine Bekanntmachung in den „Wertpapier-Mitteilungen" erschienen ist. Soweit die Bank/Sparkasse bis zum Ablauf des vorletzten Tages des Bezugsrechtshandels keine andere Weisung des Kunden erhalten hat, wird sie sämtliche zum Depotbestand des Kunden gehörenden inländischen Bezugsrechte bestens verkaufen; ausländische Bezugsrechte darf die Bank/Sparkasse gemäß den im Ausland geltenden Usancen bestens verwerten lassen.

(2) Options- und Wandlungsrechte

Über den Verfall von Rechten aus Optionsscheinen oder Wandlungsrechten aus Wandelschuldverschreibungen wird die Bank/Sparkasse den Kunden mit der Bitte um Weisung benachrichtigen, wenn auf den Verfalltag in den „Wertpapier-Mitteilungen" hingewiesen worden ist.

16. Weitergabe von Nachrichten

Werden in den „Wertpapier-Mitteilungen" Informationen veröffentlicht, die die Wertpapiere des Kunden betreffen, oder werden der Bank/Sparkasse solche Informationen vom Emittenten oder von ihrem ausländischen Verwahrer/Zwischenverwahrer übermittelt, so wird die Bank/Sparkasse dem Kunden diese Informationen zur Kenntnis geben, soweit sich diese auf die Rechtsposition des Kunden erheblich auswirken können und die Benachrichtigung des Kunden zur Wahrung seiner Interessen erforderlich ist. So wird sie insbesondere Informationen über

– gesetzliche Abfindungs- und Umtauschangebote

– freiwillige Kauf- und Umtauschangebote
– Sanierungsverfahren

zur Kenntnis geben. Eine Benachrichtigung des Kunden kann unterbleiben, wenn die Information bei der Bank/Sparkasse nicht rechtzeitig eingegangen ist oder die vom Kunden zu ergreifenden Maßnahmen wirtschaftlich nicht zu vertreten sind, weil die anfallenden Kosten in einem Missverhältnis zu den möglichen Ansprüchen des Kunden stehen.

17. Prüfungspflicht der Bank/Sparkasse

Die Bank/Sparkasse prüft anhand der Bekanntmachungen in den „Wertpapier-Mitteilungen" einmalig bei der Einlieferung von Wertpapierurkunden, ob diese von Verlustmeldungen (Opposition), Zahlungssperren und dergleichen betroffen sind. Die Überprüfung auf Aufgebotsverfahren zur Kraftloserklärung von Wertpapierurkunden erfolgt auch nach Einlieferung.

18. Umtausch sowie Ausbuchung und Vernichtung von Urkunden

(1) Urkundenumtausch

Die Bank/Sparkasse darf ohne vorherige Benachrichtigung des Kunden einer in den „Wertpapier-Mitteilungen" bekannt gemachten Aufforderung zur Einreichung von Wertpapierurkunden Folge leisten, wenn diese Einreichung offensichtlich im Kundeninteresse liegt und damit auch keine Anlageentscheidung verbunden ist (wie z.B. nach der Fusion der Emittentin mit einer anderen Gesellschaft oder bei inhaltlicher Unrichtigkeit der Wertpapierurkunden). Der Kunde wird hierüber unterrichtet.

(2) Ausbuchung und Vernichtung nach Verlust der Wertpapiereigenschaft

Verlieren die für den Kunden verwahrten Wertpapierurkunden ihre Wertpapiereigenschaft durch Erlöschen der darin verbrieften Rechte, so können sie zum Zwecke der Vernichtung aus dem Depot des Kunden ausgebucht werden. Im Inland verwahrte Urkunden werden, soweit möglich, dem Kunden auf Verlangen zur Verfügung gestellt. Der Kunde wird über die Ausbuchung, die Möglichkeit der Auslieferung und die mögliche Vernichtung unterrichtet. Erteilt er keine Weisung, so kann die Bank/Sparkasse die Urkunden nach Ablauf einer Frist von zwei Monaten nach Absendung der Mitteilung an den Kunden vernichten.

19. Haftung

(1) Inlandsverwahrung

Bei der Verwahrung von Wertpapieren im Inland haftet die Bank/Sparkasse für jedes Verschulden ihrer Mitarbeiter und der Personen, die sie zur Erfüllung ihrer Verpflichtungen hinzuzieht. Soweit dem Kunden eine GS-Gutschrift erteilt wird, haftet die Bank/Sparkasse auch für die Erfüllung der Pflichten der Clearstream Banking AG.

(2) Auslandsverwahrung

Bei der Verwahrung von Wertpapieren im Ausland beschränkt sich die Haftung der Bank/Sparkasse auf die sorgfältige Auswahl und Unterweisung des von ihr beauftragten ausländischen Verwahrers oder Zwischenverwahrers. Bei einer Zwischenverwahrung durch die Clearstream Banking AG oder einen anderen inländischen Zwischenverwahrer sowie einer Verwahrung durch eine eigene ausländische Geschäftsstelle haftet die Bank/Sparkasse für deren Verschulden.

20. Sonstiges

(1) Auskunftsersuchen

Ausländische Wertpapiere, die im Ausland angeschafft oder veräußert werden oder die ein Kunde von der Bank/Sparkasse im Inland oder im Ausland verwahren lässt, unterliegen regelmäßig einer ausländischen Rechtsordnung. Rechte und Pflichten der Bank/Sparkasse oder des Kunden bestimmen sich daher auch nach dieser Rechtsordnung, die auch die Offenlegung des Namens des Kunden vorsehen kann. Die Bak/Sparkasse wird entsprechende Auskünfte an ausländische Stellen erteilen, soweit sie hierzu verpflichtet ist; sie wird den Kunden hierüber benachrichtigen.

(2) Einlieferung/Überträge

Diese Sonderbedingungen gelten auch, wenn der Kunde der Bank/Sparkasse in- oder ausländische Wertpapiere zur Verwahrung effektiv einliefert oder Depotguthaben von einem anderen Verwahrer übertragen lässt. Verlangt der Kunde die Verwahrung im Ausland, wird ihm eine WR-Gutschrift nach Maßgabe dieser Sonderbedingungen erteilt.

2. Sonderbedingungen Termingeschäft

Geltung seit Januar 1999

Inhalt

Diese Sonderbedingungen gelten für Geschäfte an Terminbörsen sowie für außerbörsliche Termingeschäfte in Devisen und Edelmetallen (im folgenden »Geschäfte«). Sie gelten nicht für solche außerbörslichen Geschäfte, für die die Anwendung des Rahmenvertrags für Finanztermingeschäfte oder eines anderen Rahmenvertrags vereinbart ist, der alle unter ihm dokumentierten Geschäfte zu einem einheitlichen Vertrag verbindet. Für Geschäfte, bei denen die Rechte in Urkunden verbrieft sind (z. B. bei Optionsscheinen), gelten die Sonderbedingungen für Wertpapiergeschäfte.

Geschäfte an Terminbörsen

1. Ausführung der Geschäfte

(1) Geschäfte in Kontrakten der Eurex Deutschland

Die Bank/Sparkasse wird alle Aufträge, die sich auf die zum Handel an der Eurex Deutschland zugelassenen Options- und Futures-Kontrakte beziehen, als Kommissionärin im eigenen Namen für Rechnung des Kunden an der Eurex Deutschland ausführen. Die Bank/Sparkasse kann auch einen anderen Kommissionär (Zwischenkommissionär) mit der Ausführung des Auftrags beauftragen. Mit dem Zustandekommen des Geschäfts an der Eurex Deutschland (Ausführungsgeschäft) kommt gleichzeitig ein entsprechendes Geschäft zwischen dem Kunden und der Bank/Sparkasse zustande. Für sämtliche Geschäfte mit dem Kunden in Kontrakten, die zum Handel an der Eurex Deutschland zugelassen sind, gelten die Handels- und Clearingbedingungen sowie die Börsenordnung der Eurex Deutschland.

(2) Geschäfte an ausländischen Terminbörsen

Aufträge zum Abschluss von Geschäften an ausländischen Terminbörsen führt die Bank/Sparkasse als Kommissionärin im eigenen Namen für Rechnung des Kunden aus. Die Bank/Sparkasse kann auch einen Zwischenkommissionär beauftragen, das Ausführungsgeschäft abzuschließen. Sie haftet nur für die sorgfältige Auswahl der im Ausland in die Ausführung des Kundenauftrages eingeschalteten Stellen; sie wird dem Kunden bei Leistungsstörungen ihre Ansprüche gegen die eingeschalteten Stellen abtreten.

Die Ausführungsgeschäfte in Kontrakten, die an ausländischen Terminbörsen gehandelt werden, unterliegen den dort geltenden Rechtsvorschriften und Geschäftsbedingungen (Usancen); daneben gelten die „Allgemeinen Geschäftsbedingungen“ des Vertragspartners der Bank/Sparkasse. Dies gilt auch für den Inhalt und die Abwicklung der Ausführungsgeschäfte, z. B. hinsichtlich des Ausübungszeitpunktes, der Laufzeit oder der Anforderung von Sicherheiten, aber auch der Aussetzung oder Einstellung der Geschäftsabwicklung durch die an der Börse bestehenden Clearingstellen und durch die sonstigen von der Bank/Sparkasse in die Durchführung des Kundenauftrages eingeschalteten Stellen.

2. Preis des Geschäfts/Entgelt/Auslagen

Die Bank/Sparkasse rechnet gegenüber dem Kunden den Preis des Ausführungsgeschäfts ab; sie ist berechtigt, ihr Entgelt und ihre Auslagen einschließlich fremder Kosten in Rechnung zu stellen.

3. Wahl des Ausführungsplatzes

Sind Aufträge an verschiedenen Börsen ausführbar, so bestimmt die Bank/Sparkasse mangels anderweitiger Weisung den Ausführungsplatz unter Wahrung der Interessen des Kunden und wird ihn über den Ausführungsplatz unverzüglich unterrichten.

4. Festsetzung von Preisgrenzen

Der Kunde kann der Bank/Sparkasse bei der Erteilung von Aufträgen Preisgrenzen für das Ausführungsgeschäft vorgeben (preislich limitierte Aufträge).

5. Gültigkeitsdauer von unbefristeten Aufträgen

Ein ohne ausdrückliche Bestimmung der Gültigkeitsdauer erteilter Auftrag zum Abschluss von Geschäften an Terminbörsen gilt nur für den Tag der Auftragserteilung.

6. Aussetzung des Handels

Wird an einer Terminbörse auf Veranlassung der Börsengeschäftsführung der Handel in bestimmten Geschäften ganz oder teilweise ausgesetzt und werden daraufhin alle Aufträge in diesen Geschäften gelöscht, erlöschen sämtliche an dieser Börse auszuführenden Kundenaufträge für die betreffenden Geschäfte; die Bank/Sparkasse wird den Kunden hiervon unverzüglich benachrichtigen.

Außerbörsliche Geschäfte

7. Eigenhändlergeschäft

(1) Ausführung der Geschäfte

Bei außerbörslichen Geschäften in Devisen und Edelmetallen schließt die Bank/Sparkasse das Geschäft mit dem Kunden als Eigenhändlerin im eigenen Namen und auf eigene Rechnung ab.

(2) Preis des Geschäfts

Die Bank/Sparkasse kann den Preis nach billigem Ermessen bestimmen (§ 315 des Bürgerlichen Gesetzbuchs), soweit nicht ein fester Preis vereinbart ist.

Bestimmungen für börsliche und außerbörsliche Geschäfte

8. Nichtausführung mangels Deckung

Die Bank/Sparkasse ist berechtigt, von der Ausführung des Auftrags abzusehen, soweit das Guthaben des Kunden oder ein für Termingeschäfte nutzbarer Kredit zur Ausführung nicht ausreichen. Führt die Bank/Sparkasse den Auftrag ganz oder teilweise nicht aus, so wird sie den Kunden unverzüglich unterrichten.

9. Sicherheiten

(1) AGB-Pfandrecht

Die dem Pfandrecht der Bank/Sparkasse nach Nr. 14 *(Banken)* bzw. 21 *(Sparkassen)* ihrer „Allgemeinen Geschäftsbedingungen" (AGB-Pfandrecht) unterliegenden Wertpapiere, Sachen und Ansprüche des Kunden gegen die Bank/Sparkasse sichern uneingeschränkt auch alle bestehenden und künftigen – auch bedingten oder befristeten – Ansprüche der Bank/Sparkasse gegen den Kunden aus den Geschäften. Sind Sicherheiten gesondert vereinbart worden, werden die Ansprüche der Bank/Sparkasse auch hierdurch gesichert, soweit die Sicherungszweckerklärung auch die Geschäfte erfasst (sonstige Sicherheiten).

(2) Unterhaltung ausreichender Vermögenswerte als Sicherheit

Die Bank/Sparkasse kann verlangen, dass der Kunde bei ihr Vermögenswerte unterhält, die ihr im Rahmen des AGB-Pfandrechtes und sonstiger Sicherheiten zugleich als Sicherheit für alle Ansprüche aus den Geschäften dienen. Sicherheiten müssen jeweils in der Höhe bestellt werden, die die Bank/Sparkasse nach ihrer Einschätzung der Zins-, Kurs- und Preisänderungsrisiken (Verlustrisiken) aus den Geschäften mit dem Kunden für erforderlich hält. Ändert sich die Risikoeinschätzung oder der Wert der vorhandenen Vermögenswerte, so kann die Bank/Sparkasse jederzeit innerhalb angemessene Frist, die im Hinblick auf die Besonderheiten der Geschäfte sehr kurz, gegebenenfalls auch nach Stunden, bemessen sein kann, verlangen, dass der Kunde weitere Vermögenswerte als Sicherheit stellt bzw. für bislang unbesicherte Risiken erstmals Sicherheiten stellt.

(3) Separierung oder gesonderte Buchung der Vermögenswerte

Die Bank/Sparkasse darf jederzeit Vermögenswerte des Kunden im Hinblick auf die Verlustrisiken aus den Geschäften getrennt buchen oder anderweitig separieren. Das AGB-Pfandrecht der Bank/Sparkasse an diesen und den sonstigen Vermögenswerten des Kunden wird hierdurch nicht berührt. Sämtliche Vermögenswerte haften daher unverändert sowohl für Ansprüche aus den Geschäften als auch für sonstige Ansprüche aus der bankmäßigen Geschäftsverbindung. Über die getrennt gebuchten oder anderweitig separierten Vermögenswerte kann der Kunde nur mit Zustimmung der Bank/Sparkasse verfügen.

(4) Sicherheiten bei Geschäften an der Eurex Deutschland

Bei allen Aufträgen zum Abschluss von Geschäften an der Eurex Deutschland sind Sicherheiten mindestens in der Höhe zu stellen, die sich nach der Berechnungsmethode der Eurex Deutschland ergibt.

(5) Zwischenzeitliche Gutschriften oder Belastungen bei laufenden Geschäften

Werden vorläufige Gewinne aus der täglichen Bewertung von Geschäften vor deren endgültiger Abwicklung oder Glattstellung von der Bank/Sparkasse gutgeschrieben – gegebenenfalls auf einem gesonderten Konto –, kann über sie nur mit Zustimmung der Bank/Sparkasse verfügt werden. Ergeben sich aus einer solchen Bewertung Verluste, so wird die Bank/Sparkasse den Kunden entsprechend belasten. Die Bank/Sparkasse wird den Kunden in regelmäßigen Abständen über die Buchungen unterrichten. Die Bank/Sparkasse ist berechtigt, zum Ausgleich derartiger Belastungsbuchungen das Kontokorrentkonto des Kunden zu belasten, auch wenn hierdurch Kredit in Anspruch genommen wird.

10. Folgen bei Ausbleiben von Sicherheiten; Insolvenz; Ausgleichsansprüche

(1) Vorzeitige Beendigung und Glattstellung

Verlangt die Bank/Sparkasse zusätzliche Sicherheiten und werden diese innerhalb der von ihr gesetzten Frist nicht gestellt oder wird die Stellung zusätzlicher Sicherheiten abgelehnt, so kann die Bank/Sparkasse – sofern sie dies angedroht hat – die den offenen Positionen zugrundeliegenden Geschäfte und Auftragsverhältnisse ohne Fristsetzung ganz oder teilweise beenden bzw. die aus solchen Geschäften resultierenden offenen Positionen ganz oder teilweise durch ein Gegengeschäft glattstellen. Das gleiche gilt, wenn der Kunde seiner Verpflichtung zum Ausgleich von vorläufigen Verlusten, die sich aus der täglichen Bewertung der Geschäfte ergeben, nicht nachkommt.

(2) Vorzeitige Beendigung im Insolvenzfall

Im Insolvenzfall enden alle Geschäfte der Bank/Sparkasse mit dem Kunden und die Auftragsverhältnisse, die den für den Kunden abgeschlossenen Geschäften zugrunde liegen, ohne Kündigung. Der Insolvenzfall ist gegeben, wenn das Konkurs- oder ein sonstiges Insolvenzverfahren über das Vermögen einer Partei beantragt wird und diese Partei entweder den Antrag selbst gestellt hat oder zahlungsunfähig oder sonst in einer Lage ist, die die Eröffnung eines solchen Verfahrens rechtfertigt.

(3) Ausgleichsansprüche

Wenn die Bank/Sparkasse nach Abs. 1 Geschäfte glattgestellt oder beendet hat oder Geschäfte wegen Insolvenz nach Abs. 2 beendet wurden, können statt Erfüllung nur Forderungen wegen Nichterfüllung geltend gemacht werden. Diese Forderungen richten sich auf den Unterschied zwischen den vereinbarten Preisen und den Markt- oder Börsenpreisen, die am Tag der Beendigung oder Glattstellung für ein Geschäft mit der vereinbarten Erfüllungszeit maßgeblich sind, und sind stets auf Euro gerichtet.

11. Ausübung von Optionen durch den Kunden

(1) Spätester Ausübungszeitpunkt

Die Erklärung des Kunden, eine Option auszuüben, muss der Bank/Sparkasse spätestens bis zu dem Zeitpunkt zugehen, den sie dem Kunden bekannt gegeben hat. Erklärungen des Kunden, die der Bank/Sparkasse nach diesem Zeitpunkt zugehen, werden für den nächsten Bankarbeitstag berücksichtigt, sofern die Option dann noch ausgeübt werden kann.

(2) Vorverlegung des Zeitpunktes bei Umtausch- und Abfindungsangeboten

Findet bei Umtausch-, Abfindungs- oder Kaufangeboten oder bei der Aufforderung zur Abgabe derartiger Angebote usancegemäß eine Verkürzung der Laufzeit der Option statt, so muss die Ausübungserklärung des Kunden der Bank/Sparkasse bis zu dem in der Mitteilung über die Verkürzung der Laufzeit angegebenen vorverlegten Zeitpunkt zugegangen sein.

(3) Keine gesonderten Hinweispflichten

Darüber hinaus ist die Bank/Sparkasse nicht verpflichtet, den Kunden auf den bevorstehenden Ablauf der Option und seine Erklärungsfrist aufmerksam zu machen.

12. Ausübung von Optionsrechten durch die Bank/Sparkasse gegenüber dem Kunden

(1) Bevollmächtigung der Bank/Sparkasse

Durch den Verkauf einer Option (Eingehen einer Stillhalterposition) erteilt der Kunde der Bank/Sparkasse unter Befreiung von den Beschränkungen des § 181 BGB unwiderruflich Vollmacht, die Erklärung der Bank/Sparkasse über die Ausübung der Option für ihn entgegenzunehmen. Die Bank/Sparkasse unterrichtet den Kunden unverzüglich über die Ausübung.

(2) Belastung des Kundendepots; Beschaffung der Basiswerte, Kosten, Schadenersatz

Bei Ausübung einer Kaufoption gegenüber dem Kunden ist die Bank/Sparkasse berechtigt, den im Depot oder auf dem Konto des Kunden nicht verfügbaren Teil der für die Belieferung benötigten Basiswerte (z. B. Wertpapiere, Devisen, Edelmetalle) zu seinen Lasten anzuschaffen. Sofern es der Bank/Sparkasse nicht möglich ist, die Basiswerte im Rahmen eines Anschaffungsgeschäfts bis zu dem Termin zu beschaffen, an dem sie selbst aufgrund der Inanspruchnahme aus einer im Kundenauftrag eingegangenen Stillhalterposition zur Lieferung verpflichtet ist, kann die Bank/Sparkasse sich die benötigten Basiswerte anderweitig, z. B. im Wege des Wertpapierdarlehens, besorgen, um die Dauer der Lieferschwierigkeiten zu überbrücken. Die Kosten hierfür sowie für einen weitergehenden Verzugsschaden trägt ebenfalls der Kunde.

13. Auslosung bei Zuteilung von Optionsausübungen

Die Bank/Sparkasse wird die auf sie nach einem Zufallsprinzip entfallenden Zuteilungen von Optionsausübungen durch eine interne neutrale Auslosung auf ihre Stillhalter-Kunden verteilen.

14. Abwicklung von belieferbaren Futures-Kontrakten

Der Kunde kann bei Futures-Kontrakten, die durch Lieferung zu erfüllen sind, die Lieferung oder die Abnahme der Basiswerte verlangen, sofern er die Kontrakte nicht durch ein Gegengeschäft glattgestellt hat. Die Weisung, dass die Bank/Sparkasse die Lieferung herbeiführen soll, muss bei der Bank/Sparkasse spätestens bis zu dem von der Bank/Sparkasse dem Kunden bekannt gegebenen Zeitpunkt vorliegen. Sofern die Bank/Sparkasse keine rechtzeitige Weisung erhält oder der Kunde die für die Lieferung erforderlichen Wertpapiere bzw. Mittel bis zu diesem Zeitpunkt nicht angeschafft hat, wird sie sich bemühen, den Futures-Kontrakt unverzüglich auf Rechnung des Kunden glattzustellen, um eine Abwicklung durch Lieferung zu vermeiden.

15. Abwicklung von Devisentermingeschäften

(1) Mitwirkungspflicht des Kunden

Bei Devisentermingeschäften muss der Kunde der Bank/Sparkasse bis zu einem ihm bekannt gegebenen Zeitpunkt (in der Regel bis zum zweiten Bankarbeitstag vor Fälligkeit) mitteilen, dass die von ihm anzuschaffende Währung (Euro oder Fremdwährung) am Fälligkeitstag wie vereinbart zur Verfügung stehen wird. Die Mitteilung ist entbehrlich, wenn der Kunde zu dem nach Satz 1 maßgeblichen Zeitpunkt auf einem seiner Konten bei der Bank/Sparkasse über ein entsprechendes Guthaben verfügt.

(2) Unterbleiben der Mitteilung

Bei Devisentermingeschäften muss der Kunde der Bank/Sparkasse bis zu einem ihm bekannt gegebenen Zeitpunkt (in der Regel bis zum zweiten Bankarbeitstag vor Fälligkeit) mitteilen, dass die von ihm anzuschaffende Währung (Euro oder Fremdwährung) am Fälligkeitstag wie vereinbart zur Verfügung stehen wird. Die Mitteilung ist entbehrlich, wenn der Kunde zu dem nach Satz 1 maßgeblichen Zeitpunkt auf einem seiner Konten bei der Bank/Sparkasse über ein entsprechendes Guthaben verfügt.

Stichwortverzeichnis

F